Karsten Schmidt · Uhlenbruck

Die GmbH in Krise, Sanierung und Insolvenz

Die GmbH in Krise, Sanierung und Insolvenz

Gesellschaftsrecht, Insolvenzrecht, Steuerrecht, Arbeitsrecht, Bankrecht und Organisation bei Krisenvermeidung, Krisenbewältigung und Abwicklung

herausgegeben von

Prof. Dr. Dres. h.c. Karsten Schmidt
und
Prof. Dr. Wilhelm Uhlenbruck

bearbeitet von

Prof. Dr. Georg Crezelius
Universitätsprofessor, Erlangen/Bamberg

Dr. Karl Heinz Maus
Wirtschaftsprüfer, Steuerberater, Frechen

Dr. Wilhelm Moll, LL.M.
Rechtsanwalt, Köln

Dr. Alexandra Schluck-Amend
Rechtsanwältin, Stuttgart

Prof. Dr. Dres. h.c. Karsten Schmidt
Universitätsprofessor em., Bonn
Präsident der Bucerius Law School, Hamburg

Prof. Dr. Wilhelm Uhlenbruck
Richter am Amtsgericht i.R., Köln
Honorarprofessor an der Universität zu Köln

Prof. Dr. Heinz Vallender
Richter am Amtsgericht, Köln
Honorarprofessor an der Universität zu Köln

Dr. Jobst Wellensiek
Rechtsanwalt, Heidelberg

Arne Wittig
Banksyndikus, Frankfurt/Main

4. neu bearbeitete und erweiterte Auflage
2009

Verlag
Dr. Otto Schmidt
Köln

Zitierempfehlung:
Verfasser in Karsten Schmidt/Uhlenbruck (Hrsg.), Die GmbH in Krise, Sanierung und Insolvenz, 4. Aufl. 2009, Rz. …

Bibliografische Information der Deutschen Nationalbibliothek

Die Deutsche Nationalbibliothek verzeichnet diese Publikation in der Deutschen Nationalbibliografie; detaillierte bibliografische Daten sind im Internet über http://dnb.d-nb.de abrufbar.

Verlag Dr. Otto Schmidt KG
Gustav-Heinemann-Ufer 58, 50968 Köln
Tel. 02 21/9 37 38-01, Fax 02 21/9 37 38-943
info@otto-schmidt.de
www.otto-schmidt.de

ISBN 978-3-504-32209-0

Das verwendete Papier ist aus chlorfrei gebleichten Rohstoffen hergestellt, holz- und säurefrei, alterungsbeständig und umweltfreundlich.

Einbandgestaltung: Jan P. Lichtenford, Mettmann
Gesamtherstellung: Bercker, Kevelaer
Printed in Germany

Vorwort

Die erste, 1997 erschienene Auflage dieses Buchs hatte noch auf der Maßgeblichkeit der bis 1998 in Kraft befindlichen Insolvenzgesetze basiert (Konkursordnung, Vergleichsordnung und Gesamtvollstreckungsordnung) und das neue Insolvenzrecht nur vorausschauend und vergleichend einbezogen. Die zweite Auflage von 1999 und die dritte Auflage von 2003 waren bereits ganz auf die Insolvenzordnung ausgerichtet und hatten das Ziel, die variantenreichen Strategien des neuen Insolvenzrechts unter Berücksichtigung seiner Ausstrahlungswirkungen auf die allgemeine Praxis des Krisenmanagements, der Unternehmenssanierung und der Abwicklung insolventer Unternehmen systematisch und anwendungsorientiert darzustellen. Die nunmehr vorgelegte vierte Auflage steht unter dem beherrschenden Eindruck des Gesetzes zur Modernisierung des GmbH-Rechts und zur Bekämpfung von Missbräuchen (MoMiG). Sie stellt sich wiederum als umfassende Neubearbeitung dar. Verarbeitet ist neben den weitreichenden Änderungen durch das MoMiG eine anwachsende Rechtsprechung und Literatur zur Insolvenzordnung, vor allem aber auch eine reichhaltige Judikatur zum Gesellschafts-, Arbeits- und Kreditsicherungsrecht. Selbstverständlich wurde die Steuergesetzgebung bis hin zur Abgeltungsteuer und zur Erbschaftsteuerreform ebenso einbezogen wie die reiche finanzgerichtliche Praxis. Dies alles machte eine vollständige Überarbeitung des gesamten Buchs und eine noch intensivere Verzahnung der einzelnen Teile erforderlich, was den Autoren noch mehr Arbeitsaufwand als bei den Vorauflagen abverlangte.

Geblieben ist das Ziel dieses Werks: Es soll bei der schwierigen Aufgabe helfen, Gestaltungsspielräume der Finanzierung, Krisenvermeidung und Krisenbewältigung zu nutzen und Fehlentscheidungen sowie Haftungsrisiken zu vermeiden. Ein Anliegen der Autoren ist es somit, Beratern, Geschäftsführern und Gläubigern Kenntnisse zu vermitteln, die unerlässlich sind, um sich bei der Unternehmensfinanzierung, der Kreditbesicherung und Insolvenzvorsorge auf das neue Recht einzustellen, ggf. aber auch im „Wettbewerb um die beste Verfahrensart" die optimale Form der Haftungsverwirklichung zu erkennen und durchzusetzen. Für all dies bedarf es einer umfassenden Berücksichtigung auch bank-, arbeits- und steuerrechtlicher Fragen, folglich einer umfassenden Sachkunde, die durch den Autorenkreis gewährleistet ist. Die Heranziehung des Werks auch in den Gründen höchstrichterlicher Entscheidungen hat die Herausgeber und Autoren in ihrem Bewusstsein bestärkt, hiermit der Praxis zu dienen. Der Text befindet sich auf dem Stand von Januar 2009.

Sämtlichen an diesem Werk Beteiligten sei an dieser Stelle herzlich gedankt für das Engagement und die Mitwirkung am Zustandekommen der Neuauflage. Der Autorenkreis, der sich schon des öfteren zur Gestaltung der Kölner GmbH-Tage zusammengefunden und auf diesen mehrfach umgestalteten Tagungen den Austausch mit anspruchsvollen Fachleuten intensiv gepflegt hat, hat wiederum einen Einsatz gezeigt, der über eine routinemäßige Aktualisierung weit hinausgehen musste. Neu unter den Verfassern ist Frau Rechtsanwältin Dr. Alexandra Schluck-Amend.

Besonderer Dank gilt dem Verlag, vor allem aber Frau Dr. Birgitta Peters und Frau Dr. Sabine Kick, die das Werk im Lektorat sachkundig und umsichtig betreut und bei dieser Neubearbeitung besonders viel Mühe auf sich genommen haben. Anregungen aus dem Leserkreis, für die wir stets dankbar sind, erbitten wir an die Anschrift des Verlags. Dafür steht auch eine Antwortkarte (am Ende des Buches) zur Verfügung.

Hamburg und Köln, im Februar 2009

Karsten Schmidt Wilhelm Uhlenbruck

Inhaltsübersicht

5. Teil: Das Insolvenzeröffnungsverfahren

6. Teil: Abweisung und Einstellung mangels Masse sowie Massearmut

7. Teil: Die Gesellschaft im eröffneten Insolvenzverfahren

8. Teil: Das Insolvenzplanverfahren

9. Teil: Die Eigenverwaltung

10. Teil: Restschuldbefreiung für Geschäftsführer, Gesellschafter und andere Mithaftende der GmbH

11. Teil: Haftungs- und Strafbarkeitsrisiken bei Verfahrensverschleppung und Insolvenzverursachung

12. Teil: Grenzüberschreitende GmbH-Insolvenzen

Inhaltsverzeichnis

Seite

3. Teil
Liquidation

A. Tatbestände und gesellschaftsrechtliche Folgen der Auflösung

B. Arbeitsrecht in der Liquidation

C. Steuerrecht in der Liquidation

4. Teil
Sanierung und Zerschlagung als alternative Ziele des Insolvenzverfahrens

A. Zwecke und Ziel des Insolvenzverfahrens

B. Rechtliche Möglichkeiten einer Unternehmenssanierung im Insolvenzverfahren

5. Teil
Das Insolvenzeröffnungsverfahren

A. Insolvenzgründe

D. Kredite und Kreditsicherheiten im Insolvenzeröffnungsverfahren

E. Vorfinanzierung von Insolvenzgeld

F. Vorläufige Insolvenzverwaltung

7. Teil
Die Gesellschaft im eröffneten Insolvenzverfahren

D. Kredite und Kreditsicherheiten im eröffneten Insolvenzverfahren

E. Steuerrechtliche Folgen im eröffneten Insolvenzverfahren

F. Die GmbH & Co. KG im gerichtlichen Insolvenzverfahren

G. Beendigung des Verfahrens und gesellschaftsrechtliche Rechtsfolgen

8. Teil
Das Insolvenzplanverfahren

A. Der Insolvenzplan

B. Verfahrensablauf

C. Rechtswirkungen des bestätigten Plans

10. Teil
Restschuldbefreiung für Geschäftsführer, Gesellschafter und andere Mithaftende der GmbH

11. Teil
Haftungs- und Strafbarkeitsrisiken bei Verfahrensverschleppung und Insolvenzverursachung

12. Teil
Grenzüberschreitende GmbH-Insolvenzen

Autorenverzeichnis

Prof. Dr. Georg Crezelius ist seit 1983 Professor und lehrte zunächst an der Universität Mainz, seit 1985 an der Universität Bamberg/Erlangen, wo er den Lehrstuhl für Steuerrecht innehat. Daneben war er Mitglied der „Unternehmenssteuerreform-Kommission". Prof. Crezelius ist Autor zahlreicher Veröffentlichungen, wobei der Schwerpunkt seiner Publikationen im bürgerlichen Recht sowie im Steuer- und Gesellschaftsrecht liegt. Er hat Lehrbücher zum Steuerrecht und zum Bilanzrecht verfasst und ist Mitautor im von Scholz begründeten Kommentar zum GmbH-Gesetz.

Dr. Karl Heinz Maus ist Wirtschaftsprüfer und Steuerberater und seit 1974 in eigener Praxis tätig. Er ist beruflich überwiegend mit Sanierungsberatung befasst. Dr. Maus ist Dozent für die Fernuniversität in Hagen sowie Mitherausgeber der Zeitschrift KTS (Zeitschrift für Insolvenzrecht). Dr. Maus ist Autor/Mitautor einer Vielzahl von Buch- und Zeitschriftenbeiträgen, u.a. des Uhlenbruck, „Insolvenzordnung" und Maus, „Steuern im Insolvenzverfahren".

Dr. Wilhelm Moll, LL.M., ist Fachanwalt für Arbeitsrecht und Partner einer international und wirtschaftsrechtlich tätigen Anwaltskanzlei. Seine Tätigkeitsschwerpunkte liegen im Arbeits- und Gesellschaftsrecht. Daneben tritt Dr. Moll seit Jahren als Referent auf Fortbildungsveranstaltungen und Seminaren auf. Er ist Autor zahlreicher Veröffentlichungen und u.a. Bearbeiter des Teils „Arbeitsrecht" im GmbH-Handbuch herausgegeben von der Centrale für GmbH sowie der §§ 113, 114, 120–128 InsO in dem von Kübler/Prütting/Bork herausgegebenen Kommentar zur Insolvenzordnung.

Prof. Dr. Dres. h.c. Karsten Schmidt war von 1977 bis 1997 Professor an der Universität Hamburg und dort Direktor des Seminars für Handels-, Schifffahrts- und Wirtschaftsrecht, von 1997 bis 2004 Direktor des Instituts für Handels- und Wirtschaftsrecht der Universität Bonn. Seit 2004 ist er Präsident der Bucerius Law School in Hamburg. Der Schwerpunkt seiner zahlreichen Buchveröffentlichungen liegt im Handels-, Wirtschafts- und Gesellschaftsrecht. Hervorzuheben sind seine Lehrbücher zum „Handelsrecht" und zum „Gesellschaftsrecht". Er ist Autor u.a. der Werke „Liquidationsbilanzen und Konkursbilanzen" und „Wege zum Insolvenzrecht der Unternehmen" sowie des Kommentars von Kilger/Karsten Schmidt, „Insolvenzgesetze". Er arbeitet mit an Großkommentaren zum BGB, zum HGB, zum AktG, zur ZPO, zum Kartellrecht sowie an dem von Scholz begründeten GmbHG-Kommentar und ist Mitherausgeber der ZHR (Zeitschrift für das gesamte Handelsrecht und Wirtschaftsrecht). Gemeinsam mit Marcus Lutter gibt er einen AktG-Kommentar heraus. 1982 hat er das Juristentagsgutachten über die Sanierung von Unternehmen verfasst. Karsten Schmidt war von 1987–1995 Fachgutachter der Deutschen Forschungsgemeinschaft und von 1993–1995 Vorsitzender der Zivilrechtslehrer-Vereinigung. Er ist Vorstandsmitglied der ZEIT-Stiftung Gerd und Ebelin Bucerius in Hamburg und Mitglied zahlreicher wissenschaftlicher Vereinigungen im In- und Ausland. Im Jahr 2002 erhielt er die Ehrendoktorwürde der Universitäten Athen und Wien.

Dr. Alexandra Schluck-Amend ist Betriebswirtin und Rechtsanwältin. Sie ist seit vielen Jahren im Insolvenz- und Gesellschaftsrecht tätig. Sie berät Unternehmen, Konzerne, Gesellschafter und Organe insbesondere bei Umstrukturierungen, Restrukturierung, Umfinanzierungen, Unternehmensverkäufen und -käufen im Krisenumfeld, aber auch bei der Durchsetzung ihrer Rechte in der Krise von Vertragspartnern. Seit 2008 ist Dr. Schluck-Amend Partnerin der Kanzlei CMS Hasche Sigle in Stuttgart. Daneben ist sie als Dozentin an der Ruprecht-Karls-Universität Heidelberg sowie der Andrássy Universität Budapest und bei verschiedenen Lehr- und Vortragsveranstaltungen tätig, sowie Autorin zahlreicher Veröffentlichungen.

Prof. Dr. Wilhelm Uhlenbruck ist Honorarprofessor an der Universität zu Köln und war bis 1995 Abteilungsleiter der Konkursabteilung am Amtsgericht Köln. Er war Mitglied der Reformkommission für Insolvenzrecht. 30 Jahre war er Vorsitzender des Arbeitskreises für Insolvenzwesen Köln e.V. Er ist u.a. Bearbeiter des Braun/Uhlenbruck, „Unternehmensinsolvenz", des Pape/Uhlenbruck, „Insolvenzrecht" und des Uhlenbruck/Delhaes, „Konkurs- und Vergleichsverfahren", Mitherausgeber des Uhlenbruck, „Insolvenzordnung", des Laufs/Uhlenbruck, „Handbuch des Arztrechts", Verfasser des Handbuchs „Die GmbH & Co. KG in Krise, Konkurs und Vergleich" (2. Auflage 1988), der Bücher „Die anwaltliche Beratung bei Konkurs-, Vergleichs- und Gesamtvollstreckungsantrag" (2. Auflage 1996), „Selbstbestimmtes Sterben", „Neues Insolvenzrecht" und „Insolvenzrecht" sowie Mitarbeiter des von Gottwald herausgegebenen „Insolvenzrechts-Handbuchs". Zahlreiche weitere Beiträge zu insolvenzrechtlichen, aber auch arztrechtlichen Themen stammen aus seiner Feder.

Prof. Dr. Heinz Vallender ist Insolvenzrichter am Amtsgericht Köln. Dort leitet er seit 1995 die Insolvenzabteilung. Seit 1997 ist er Vorsitzender des Arbeitskreises für Insolvenzwesen Köln e.V. Er ist u.a. Mitherausgeber des Kommentars Uhlenbruck, „Insolvenzordnung" und des „Handbuch zur Insolvenz" sowie Autor zahlreicher Veröffentlichungen zum Insolvenzrecht. Seit 2004 ist Prof. Dr. Vallender Honorarprofessor an der Universität zu Köln. Er ist ferner Mitherausgeber der Zeitschriften KTS, NZI und ZIK (Österreich).

Dr. Jobst Wellensiek ist seit 1960 Rechtsanwalt in Heidelberg und Senior-Sozius der Anwaltssozietät Wellensiek Rechtsanwälte, Partnerschaftsgesellschaft. Er ist inzwischen in über 900 Insolvenzverfahren, darunter etlichen Großverfahren (u.a. Neff-Werke, Maxhütte, Klöckner, Bremer Vulkan), als Liquidator, Vergleichsverwalter, Konkursverwalter/Insolvenzverwalter, Sachwalter und Treuhänder tätig geworden. Das Insolvenzrecht bildet auch den Schwerpunkt seiner umfangreichen Vortragstätigkeit als Dozent auf Lehr- und Seminarveranstaltungen. Daneben ist Dr. Wellensiek Mitglied diverser Aufsichtsräte, Ausschüsse und Beiräte und gehört dem Gravenbrucher Kreis an. Er ist zudem Mitherausgeber der Zeitschrift NZI und Verfasser zahlreicher Beiträge zu insolvenzrechtlichen Themen.

Arne Wittig ist als General Counsel in der Zentrale einer deutschen Großbank in Frankfurt am Main für die rechtliche Beratung des Bankkonzerns in Deutschland und Zentraleuropa verantwortlich. Der Schwerpunkt seiner Tätigkeit liegt seit vielen Jahren in der rechtlichen Begleitung des Kreditgeschäfts der Bank, insbesondere auch bei Sanierungen und Insolvenzen. Erfahrungen im internationalen Kreditgeschäft hat er durch seine zweijährige Tätigkeit als Jurist in der New Yorker Filiale der Bank erworben. Daneben betreut er als Redaktionsmitglied den Beitragsteil einer juristischen Fachzeitschrift zum Wirtschafts- und Bankrecht. Arne Wittig ist Autor zahlreicher Veröffentlichungen zu Rechtsfragen des Kreditgeschäfts und zum Insolvenzrecht, u.a. als Mitautor eines Großkommentars zur Insolvenzordnung.

Allgemeines Literaturverzeichnis

Adler/Düring/Schmaltz, Rechnungslegung und Prüfung der Unternehmen, 6. Aufl. 1995 ff.

Andres/Leithaus, Insolvenzordnung, 2006

Balz/Landfermann, Die neuen Insolvenzgesetze, 2. Aufl. 1999

Baetge (Hrsg.), Beiträge zum neuen Insolvenzrecht, 1998

Bankrecht und Bankpraxis s. Hellner/Steuer

Baumbach/Hopt, Handelsgesetzbuch, 33. Aufl. 2008

Baumbach/Hueck, GmbH-Gesetz, 18. Aufl. 2006

Baur/Stürner, Zwangsvollstreckungs-, Konkurs- und Vergleichsrecht, Bd. II, Insolvenzrecht, 12. Aufl. 1990

Beck/Depré, Praxis der Insolvenz, 2003

Beck'scher Bilanz-Kommentar, Handels- und Steuerbilanz – §§ 238–339, 342–342e HGB, 6. Aufl. 2006

Beck'sches Handbuch der GmbH – hrsg. von Müller/Hense, 3. Aufl. 2002

Berkowsky, Die betriebsbedingte Kündigung, 5. Aufl. 2002

Blersch/Goetsch/Haas, Berliner Kommentar Insolvenzrecht (Loseblatt)

Bley/Mohrbutter, Vergleichsordnung, 4. Aufl. 1979/81

Böckenförde, Unternehmenssanierung, 2. Aufl. 1996

Bork, Einführung in das Insolvenzrecht, 4. Aufl. 2005

Bork, Zahlungsverkehr in der Insolvenz, 2002

Brandstätter, Die Prüfung der Sanierungsfähigkeit notleidender Unternehmen, 1993

Braun (Hrsg.), Insolvenzordnung (InsO), Kommentar, 3. Aufl. 2007

Braun/Uhlenbruck, Unternehmensinsolvenz, 1997

Budde/Förschle/Winkeljohann, Sonderbilanzen, 4. Aufl. 2008

Buth/Hermanns (Hrsg.), Restrukturierung, Sanierung, Insolvenz, 2. Aufl. 2004

Caspers, Personalabbau und Betriebsänderung im Insolvenzverfahren, 1998

Dötsch/Jost/Pung/Witt, Die Körperschaftsteuer (Loseblatt)

Drukarczyk, Theorie und Politik der Finanzierung, 2. Aufl. 1993

Drukarczyk, Unternehmen und Insolvenz, 1987

Ehlers/Drieling, Unternehmenssanierung nach der Insolvenzordnung, 2. Aufl. 2000

Erman, BGB-Handkommentar, 12. Aufl. 2008

Fischer, Strafgesetzbuch, 56. Aufl. 2009

Frankfurter Kommentar zur Insolvenzordnung – hrsg. von Wimmer, 4. Aufl. 2007

Gemeinschaftskommentar zum Kündigungsschutzgesetz (KR) und zu sonstigen kündigungsschutzrechtlichen Vorschriften, 8. Aufl. 2007

GmbH-Handbuch – hrsg. von der Centrale für GmbH (Loseblatt)

Götker, Der Geschäftsführer in der Insolvenz der GmbH, 1999; 2. Aufl. 2006

Goette, Einführung in das neue GmbH-Recht, 2008

Gottwald (Hrsg.), Insolvenzrechts-Handbuch, 3. Aufl. 2006

Graf-Schlicker (Hrsg.), Kommentar zur Insolvenzordnung (InsO), 2007

Groß, Sanierung durch Fortführungsgesellschaften, 2. Aufl. 1988

Großkommentar zum Aktiengesetz – hrsg. von Hopt/Wiedemann, 4. Aufl. 1992 ff.

Grunsky/Moll, Arbeitsrecht und Insolvenz, 1997

Haarmeyer/Wutzke/Förster, Handbuch zur Insolvenzordnung, 3. Aufl. 2001

Haarmeyer/Wutzke/Förster, Gesamtvollstreckungsordnung (GesO), Kommentar, 4. Aufl. 1998

Häsemeyer, Insolvenzrecht, 4. Aufl. 2007

Hamburger Kommentar zum Insolvenzrecht – hrsg. von A. Schmidt, 2. Aufl. 2007

Handbuch der Personengesellschaften – hrsg. von H. P. Westermann/Wertenbruch (Loseblatt)

Hartung, Insolvenzbedrohte und insolvente Mandanten, 1990

Harz/Hub/Schlarb, Sanierungs-Management, 3. Aufl. 2006

Heidelberger Kommentar zur Insolvenzordnung – hrsg. von Eickmann/Flessner/Irschlinger/Kirchhof/Kreft/Landfermann/Marotzke/Stephan, 4. Aufl. 2005

Hellner/Steuer, Bankrecht und Bankpraxis (Loseblatt)

Herrmann/Heuer/Raupach, Einkommensteuer- und Körperschaftsteuergesetz (Loseblatt)

Hess, Insolvenzrecht, 6. Aufl. 2003

Hess, Insolvenzarbeitsrecht, Kommentar, 2. Aufl. 2000

Hess, Insolvenzrecht, Großkommentar, 2007

Hess, Konkursordnung (KO), Kommentar, 6. Aufl. 1998

Hess/Binz/Wienberg, Gesamtvollstreckungsordnung, 4. Aufl. 1998

Hess/Fechner/Freund/Körner, Sanierungshandbuch, 3. Aufl. 1998

Hess/Obermüller, Insolvenzplan, Restschuldbefreiung und Verbraucherinsolvenz, 3. Aufl. 2003

Hess/Pape, InsO und EGInsO – Grundzüge des neuen Insolvenzrechts, 1995

Hess/Weis, Das neue Anfechtungsrecht, 1996

Hesselmann/Tillmann/Mueller-Thuns, Handbuch der GmbH & Co. KG, 19. Aufl. 2005

Hoffmann/Liebs, Der GmbH-Geschäftsführer, 2. Aufl. 2000

Holzapfel/Pöllath, Unternehmenskauf in Recht und Praxis, 13. Aufl. 2008 (12. Aufl. 2005)

von Hoyningen-Huene/Linck, Kündigungsschutzgesetz, 14. Aufl. 2007

Huber, Anfechtungsgesetz, 10. Aufl. 2006

Hueck/Windbichler, Gesellschaftsrecht, 21. Aufl. 2008

Huhn, Die Eigenverwaltung im Insolvenzverfahren, 2003

Jaeger, Konkursordnung, 8. Aufl. 1958ff.

Jaeger/Henckel, Konkursordnung, 9. Aufl. 1977ff.

Jaeger/Henckel/Gerhardt, Insolvenzordnung, 2004 ff.

Jauernig/Berger, Zwangsvollstreckungs- und Insolvenzrecht, 22. Aufl. 2007

Kilger/Karsten Schmidt, Insolvenzgesetze – KO/VglO/GesO, 17. Aufl. 1997

Knobbe-Keuk, Bilanz- und Unternehmenssteuerrecht, 9. Aufl. 1993

Kölner Schrift zur Insolvenzordnung – hrsg. vom Arbeitskreis für Insolvenz- und Schiedsgerichtswesen, 2. Aufl. 2000

Kohler-Gehrig, Außergerichtlicher Vergleich zur Schuldenbereinigung und Sanierung, 1987

Kraemer (Hrsg.), Handbuch zur Insolvenz (Loseblatt)

Kübler/Prütting (Hrsg.), Das neue Insolvenzrecht, 2. Aufl. 2000

Kübler/Prütting/Bork (Hrsg.), InsO – Kommentar zur Insolvenzordnung (Loseblatt)

Kübler/Prütting/Keller (Hrsg.), Unternehmensinsolvenz, Rechtsprechungssammlung (Loseblatt)

Kümpel, Bank- und Kapitalmarktrecht, 3. Aufl. 2004

Künne, Außergerichtliche Vergleichsordnung, 7. Aufl. 1968

Küting/Weber (Hrsg.), Handbuch der Rechnungslegung (Loseblatt)

Leipold (Hrsg.), Insolvenzrecht im Umbruch, KTS-Schriften zum Insolvenzrecht, Bd. 1, 1991

Lutter/Hommelhoff, GmbH-Gesetz, 16. Aufl. 2004

Michalski, GmbHG, 2002

Mönning, Betriebsfortführung in der Insolvenz, 1997

Mohr, Bankrottdelikte und übertragende Sanierung, 1993 (Kurzzitat: Bankrottdelikte)

Mohrbutter/Ringstmeier, Handbuch der Insolvenzverwaltung, 8. Aufl. 2007

Münchener Anwaltshandbuch GmbH-Recht – hrsg. von Römermann, 2002

Münchener Anwaltshandbuch Sanierung und Insolvenz – hrsg. von Nerlich/Kreplin, 2006

Münchener Handbuch zum Arbeitsrecht – hrsg. von Richardi/Wlotzke, 2. Aufl. 2000

Münchener Handbuch des Gesellschaftsrechts. Bd. 3: Gesellschaft mit beschränkter Haftung – hrsg. von Priester, 2. Aufl. 2003

Münchener Kommentar zum BGB – hrsg. von Rebmann/Säcker, 4. Aufl. 2000 ff.

Münchener Kommentar zum Handelsgesetzbuch – hrsg. von Karsten Schmidt, 2. Aufl. 2005 ff.

Münchener Kommentar zur Insolvenzordnung – hrsg. von Kirchhof/Lwowski/Stürner, 2. Aufl. 2007/2008 ff.

Münchener Kommentar zur Zivilprozessordnung – hrsg. von Rauscher/Wax/Wenzel, 3. Aufl. 2007/2008

Nerlich/Römermann, Insolvenzordnung (InsO), Kommentar (Loseblatt)

Obermüller, Handbuch Insolvenzrecht für die Kreditwirtschaft, 4. Aufl. 1991

Obermüller, Insolvenzrecht in der Bankpraxis, 7. Aufl. 2007

Obermüller/Hess, InsO, 4. Aufl. 2002

Palandt, Bürgerliches Gesetzbuch, 67. Aufl. 2008

Pape/Uhlenbruck, Insolvenzrecht, 2002

Picot (Hrsg.), Unternehmenskauf und Restrukturierung, 3. Aufl. 2004

Picot/Aleth, Unternehmenskrise und Insolvenz, 1999

Pohlmann, Befugnisse und Funktionen des vorläufigen Insolvenzverwalters, 1998

Prütting (Hrsg.), Insolvenzrecht 1996, 1997

Raiser/Veil, Recht der Kapitalgesellschaften, 4. Aufl. 2006

Rosenberg/Gaul/Schilken, Zwangsvollstreckungsrecht, 11. Aufl. 1997

Rosenberg/Schwab/Gottwald, Zivilprozessrecht, 16. Aufl. 2004

Roth/Altmeppen, Gesetz betreffend die Gesellschaften mit beschränkter Haftung, 5. Aufl. 2005

Rowedder/Schmidt-Leithoff, Gesetz betreffend die Gesellschaften mit beschränkter Haftung, 4. Aufl. 2002

Runkel (Hrsg.), Anwalts-Handbuch Insolvenzrecht, 2. Aufl. 2008

Saitz/Braun (Hrsg.), Das Kontroll- und Transparenzgesetz, 1999

Schaub, Arbeitsrechts-Handbuch, 12. Aufl. 2007 (11. Aufl. 2004)

Schiessler, Der Insolvenzplan, 1997

Schlegelberger, Handelsgesetzbuch, 5. Aufl. 1973ff.

Karsten Schmidt, Gesellschaftsrecht, 4. Aufl. 2002

Karsten Schmidt, Wege zum Insolvenzrecht der Unternehmen, 1990

Schmidt-Räntsch, Insolvenzordnung. Gesetz-Materialien-Einführung, 1995

Schönke/Schröder, Strafgesetzbuch, 27. Aufl. 2006

Scholz, Kommentar zum GmbH-Gesetz, 10. Aufl. 2006/2007 (Bd. I und II), 9. Aufl. 2002 (Bd. II)

Schulz, Treuepflichten unter Insolvenzgläubigern, 2003

Seibert (Hrsg.), Gesetz zur Modernisierung des GmbH-Rechts und zur Bekämpfung von Missbräuchen (MoMiG), 2008

Smid, Grundzüge des Insolvenzrechts, 4. Aufl. 2002

Smid (Hrsg.), Gesamtvollstreckungsordnung, 3. Aufl. 1996/97

Smid (Hrsg.), Insolvenzordnung (InsO), Kommentar, 2. Aufl. 2001

Smid/Rattunde, Der Insolvenzplan, 2. Aufl. 2005

Soergel, Bürgerliches Gesetzbuch, 13. Aufl. 1998 ff.

Staub, Handelsgesetzbuch, 4. Aufl. 1983 ff.

Staudingers Kommentar zum Bürgerlichen Gesetzbuch, 13. Bearb. 1993 ff.

Stein/Jonas, Kommentar zur Zivilprozessordnung, 22. Aufl. 2002 ff.

Thomas/Putzo, ZPO, 29. Aufl. 2008

Tiedemann, Insolvenz-Strafrecht, 2. Aufl. 1996

Uhlenbruck, Insolvenzordnung, 12. Aufl. 2003

Uhlenbruck, Neues Insolvenzrecht. Wege aus dem modernen Schuldturm, Deutscher Industrie- und Handelstag, 2. Aufl. 2002

Uhlenbruck, Die anwaltliche Beratung bei Konkurs-, Vergleichs- und Gesamtvollstreckungsantrag, 2. Aufl. 1996

Uhlenbruck, Das neue Insolvenzrecht, 1994

Uhlenbruck, Die GmbH & Co. KG in Krise, Konkurs und Vergleich, 2. Aufl. 1988

Uhlenbruck, Gläubigerberatung in der Insolvenz, 1983

Ulmer, GmbHG, Großkommentar – hrsg. von Ulmer/Habersack/Winter, 2005 ff.

Weyand/Divery, Insolvenzdelikte, 7. Aufl. 2006

Winnefeld, Bilanz-Handbuch, 4. Aufl. 2006

Thomas Wolf, Überschuldung, 1998

Zöller, Zivilprozessordnung, 27. Aufl. 2009

Abkürzungsverzeichnis

a.A.	anderer Ansicht
abl.	ablehnend
ABl. EG/EU	Amtsblatt der Europäischen Gemeinschaften/Union
Abs.	Absatz
ADS	Adler/Düring/Schmaltz
a.E.	am Ende
AFG	Arbeitsförderungsgesetz
AFRG	Arbeitsförderungs-Reformgesetz
AG	Aktiengesellschaft; Amtsgericht
AGB	Allgemeine Geschäftsbedingungen
AGG	Allgemeines Gleichbehandlungsgesetz
AktG	Aktiengesetz
allg.M.	allgemeine Meinung
Alt.	Alternative
Anh.	Anhang
Anm.	Anmerkung
AnwBl.	Anwaltsblatt
AO	Abgabenordnung
AP	Arbeitsrechtliche Praxis
AR-Blattei	Arbeitsrecht-Blattei
ArbG	Arbeitsgericht
ArbGG	Arbeitsgerichtsgesetz
Art.	Artikel
Aufl.	Auflage
BA	Bundesanstalt für Arbeit
BAG	Bundesarbeitsgericht
BayObLG	Bayerisches Oberstes Landesgericht
BB	Der Betriebs-Berater
BC	Bilanzbuchhalter und Controller
Bd.	Band
BdB	Bundesverband deutscher Banken
BdF	Bundesminister(ium) der Finanzen
Begr.	Begründung
BetrAVG	Gesetz zur Verbesserung der betrieblichen Altersversorgung (= Betriebsrentengesetz)
BetrVG	Betriebsverfassungsgesetz
BFH	Bundesfinanzhof
BFuP	Betriebswirtschaftliche Forschung und Praxis
BGB	Bürgerliches Gesetzbuch
BGBl.	Bundesgesetzblatt
BGH	Bundesgerichtshof
BGHSt	Entscheidungen des Bundesgerichtshofes in Strafsachen

BGHZ	Entscheidungen des Bundesgerichtshofes in Zivilsachen
BKR	Zeitschrift für Bank- und Kapitalmarktrecht
BMF	Bundesministerium der Finanzen
BMJ	Bundesminister der Justiz
BpO 2000	Betriebsprüfungsordnung
BR-Drucks.	Bundesrats-Drucksache
BSG	Bundessozialgericht
Bsp.	Beispiel
BStBl.	Bundessteuerblatt
BT-Drucks.	Bundestags-Drucksache
Buchst.	Buchstabe
BVerfG	Bundesverfassungsgericht
BZRG	Bundeszentralregistergesetz
bzw.	beziehungsweise
DB	Der Betrieb
DBW	Die Betriebswirtschaft
DGVZ	Deutsche Gerichtsvollzieherzeitung
Diss.	Dissertation
DJT	Deutscher Juristentag
DStR	Deutsches Steuerrecht
DStZ	Deutsche Steuer-Zeitung
DSWR	Datenverarbeitung – Steuer – Wirtschaft – Recht
DVFA	Deutsche Vereinigung für Finanzanalyse und Anlageberatung
DZWIR	Deutsche Zeitschrift für Wirtschaftsrecht (ab 1999 Deutsche Zeitschrift für Wirtschafts- und Insolvenzrecht)
EG	Europäische Gemeinschaften; Vertrag zur Gründung der Europäischen Gemeinschaft
EGInsO	Einführungsgesetz zur Insolvenzordnung
EInsO	Referentenentwurf für ein Gesetz zur Reform des Insolvenzrechts
EK	Eigenkapital
EKEG	Eigenkapitalersatz-Gesetz (Österreich)
EStG	Einkommensteuergesetz
EuGH	Europäischer Gerichtshof
EWiR	Entscheidungen zum Wirtschaftsrecht
EzA	Entscheidungen zum Arbeitsrecht
FamFG	Gesetz über das Verfahren in Familiensachen und in den Angelegenheiten der freiwilligen Gerichtsbarkeit
FAR IDW	Fachausschuss Recht des Instituts der Wirtschaftsprüfer
f., ff.	folgende (Singular, Plural)
FG	Finanzgericht

FGG	Gesetz über die Angelegenheiten der Freiwilligen Gerichtsbarkeit
FMStG	Finanzmarktstabilisierungsgesetz
Fn.	Fußnote
FR	Finanz-Rundschau
FS	Festschrift
GA	Goltdammer's Archiv für Strafrecht
GBO	Grundbuchordnung
gem.	gemäß
GesO	Gesamtvollstreckungsordnung
GewStG	Gewerbesteuergesetz
GK	Gemeinschaftskommentar
GmbH	Gesellschaft mit beschränkter Haftung
GmbHG	Gesetz betr. die Gesellschaften mit beschränkter Haftung
GmbHR	GmbH-Rundschau
GmbH-StB	Der GmbH-Steuer-Berater
GRUR	Gewerblicher Rechtsschutz und Urheberrecht
GUG	Gesetz über die Unterbrechung von Gesamtvollstreckungsverfahren
GUV	Gewinn- und Verlustrechnung
GVG	Gerichtsverfassungsgesetz
HGB	Handelsgesetzbuch
h.L.	herrschende Lehre
h.M.	herrschende Meinung
Hrsg.	Herausgeber
IAS	International Accounting Standards
IASB	International Accounting Standards Board
IASC	International Accounting Standards Committee
i.d.F.	in der Fassung
i.d.R.	in der Regel
IDW	Institut der Wirtschaftsprüfer
IDW-HFA	Hauptfachausschuss des Instituts der Wirtschaftsprüfer
InsG-DA	Durchführungsanweisungen zum Insolvenzgeld
InsO	Insolvenzordnung
InVo	Insolvenz & Vollstreckung
JbFSt.	Jahrbuch der Fachanwälte für Steuerrecht
JR	Juristische Rundschau
JuS	Juristische Schulung
JW	Juristische Wochenschrift
JZ	Juristenzeitung
KapAEG	Kapitalaufnahmeerleichterungsgesetz
KG	Kommanditgesellschaft

KO	Konkursordnung
KonTraG	Gesetz zur Kontrolle und Transparenz im Unternehmensbereich
KSchG	Kündigungsschutzgesetz
KSI	Krisen-, Sanierungs- und Insolvenzberatung
KStG	Körperschaftsteuergesetz
KStR	Körperschaftsteuer-Richtlinien
KTS	Zeitschrift für Insolvenzrecht (vormals Konkurs, Treuhand, Sanierung, davor Zeitschrift für Konkurs-, Treuhand- und Schiedsgerichtswesen)
KWG	Gesetz über das Kreditwesen
LAG	Landesarbeitsgericht
LAGE	Entscheidungen der Landesarbeitsgerichte
LArbG	Landesarbeitsgericht
LG	Landgericht
LM	Nachschlagewerk des Bundesgerichtshofs, hrsg. von Lindenmaier, Möhring u.a.
LöschG	Löschungsgesetz
MaRisk	Mindestanforderungen an das Risikomanagement
MBO	Management Buy-out
MDR	Monatsschrift für Deutsches Recht
MoMiG	Gesetz zur Modernisierung des GmbH-Rechts und zur Bekämpfung von Missbräuchen
MünchHdb.GesR	Münchener Handbuch des Gesellschaftsrechts
MünchKomm.	Münchener Kommentar
m.w.N./m.w.Nachw.	mit weiteren Nachweisen
n.F.	neue Fassung
NJW	Neue Juristische Wochenschrift
NJW-RR	NJW-Rechtsprechungs-Report
Nr.	Nummer
NStZ	Neue Zeitschrift für Strafrecht
NWB	Neue Wirtschafts-Briefe
NZA	Neue Zeitschrift für Arbeitsrecht
NZI	Neue Zeitschrift für Insolvenz und Sanierung
öKo	Österreichische Konkursordnung
OGH	(Österreichischer) Oberster Gerichtshof
OLG	Oberlandesgericht
OLGZ	Entscheidungen der Oberlandesgerichte in Zivilsachen
PSVaG	Pensionssicherungsverein auf Gegenseitigkeit
RBerG	Rechtsberatungsgesetz
RdA	Recht der Arbeit
RegE	Regierungsentwurf

RG	Reichsgericht
RGBl.	Reichsgesetzblatt
RGZ	Entscheidungen des Reichsgerichts in Zivilsachen
RMS	Risikomanagementsystem
Rpfleger	Der Rechtspfleger
Rz.	Randziffer
s.	siehe
S.	Seite
SGB	Sozialgesetzbuch
Slg.	Sammlung
SolvV	Solvabilitätsverordnung
SprAuG	Sprecherausschussgesetz
Stbg.	Die Steuerberatung
StGB	Strafgesetzbuch
StPO	Strafprozessordnung
str.	streitig
TVG	Tarifvertragsgesetz
UmwG	Umwandlungsgesetz
UmwStG	Umwandlungssteuergesetz
URG	Unternehmensreorganisationsgesetz (Österreich)
Urt.	Urteil
UStDV	Umsatzsteuer-Durchführungsverordnung
UStG	Umsatzsteuergesetz
u.U.	unter Umständen
VerbrKrG	Verbraucherkreditgesetz
Verf.	Verfasser
vgl.	vergleiche
VglO	Vergleichsordnung
WiB	Wirtschaftsrechtliche Beratung
WiSt	Wirtschaftsstrafgesetz
wistra	Zeitschrift für Wirtschaft, Steuer, Strafrecht
WM	Wertpapier-Mitteilungen
WPg	Die Wirtschaftsprüfung
WPK-Mitt.	Wirtschaftprüferkammer-Mitteilungen
WPrax	Wirtschaftsrecht und Praxis
WuB	Entscheidungssammlung zum Wirtschafts- und Bankrecht
z.B.	zum Beispiel
ZBB	Zeitschrift für Bankrecht und Bankwirtschaft
ZfB	Zeitschrift für Betriebswirtschaft
ZfbF	Schmalenbachs Zeitschrift für betriebswirtschaftliche Forschung

ZfP	Zeitschrift für Planung
ZGR	Zeitschrift für Unternehmens- und Gesellschaftsrecht
ZHR	Zeitschrift für das gesamte Handelsrecht und Wirtschaftsrecht
ZInsO	Zeitschrift für das gesamte Insolvenzrecht
ZIP	Zeitschrift für Wirtschaftsrecht
ZPO	Zivilprozessordnung
ZSEG	Zeugen- und Sachverständigen-Entschädigungsgesetz
zust.	zustimmend
ZVG	Gesetz über die Zwangsversteigerung und die Zwangsverwaltung
ZVI	Zeitschrift für Verbraucher- und Privat-Insolvenzrecht

1. Teil: Krisenvermeidung, Krisenfrüherkennung und Krisenbewältigung

A. Begriff und Ursachen der Krise

I. Begriffsbildung

1. Betriebswirtschaftlicher Begriff der Krise

Das Wort „Krise" leitet sich aus dem altgriechischen „Krisis" ab[1]. In gebräuchlicher Übersetzung beschreibt der Begriff die kritische Entwicklungsphase einer Krankheit und die kritische Zuspitzung einer Handlungssituation im antiken Drama. Nach *Pohl*[2] hat die analoge Verwendung des Krisenbegriffes in den modernen Sozialwissenschaften das Merkmal der Lebensbedrohung aus der Sprache der Medizin und das Merkmal der entscheidenden Wendung aus der Dramatik übernommen. 1.1

Krise ist derjenige Zustand eines Schuldners bzw. eines schuldnerischen Unternehmens, der seine **Lebensfähigkeit in Frage stellt**[3]. Auch nach *Witte*[4] wird nur eine solche Bedrohung hochrangiger Ziele der Entscheidungseinheit als Krise gekennzeichnet, die eine Existenzgefährdung des Systems, also der selbständigen Unternehmung bedeutet. Nicht alle unerwünschten und bewältigungsbedürftigen Probleme des Unternehmens können als Krise bezeichnet werden. Eine Krise der Gesellschaft liegt beispielsweise nicht schon vor, wenn Zwangsvollstreckungsmaßnahmen einzelner Gläubiger erfolgen. Entscheidend ist die wirtschaftliche Gesamtsituation des Unternehmens. 1.2

Nach *Witte*[5] kann von einer Krise *nicht* gesprochen werden, wenn feststeht, dass die Bedrohung unheilbar zur Existenzauflösung des Unternehmens führt, also keine Chance für die „kritische" Wendung besteht; es handelt sich in diesem Fall um den Anfang vom Ende. Ebenso soll der Krisenbegriff vermieden werden, wenn von vornherein ersichtlich ist, dass der Fortgang der Ereignisse – ohne tief greifende Eingriffe – zu einem guten Ausgang führt. Unter Ausklammerung dieser beiden Grenzfälle kann die Unternehmenskrise als **„multivalente Entscheidungssituation unter Existenzgefährdung des Unternehmens bei begrenzter Entscheidungszeit"** verstanden werden. Die Einengung des Krisenbegriffs auf den Tatbestand der Existenzbedrohung hat sich 1.3

---

1 *Witte,* Die Unternehmenskrise – Anfang vom Ende oder Neubeginn?, in Bratschitsch/Schnellinger, Unternehmenskrisen – Ursachen, Frühwarnung, Bewältigung, 1981, S. 9 ff.

2 *Pohl,* Krisen in Organisationen, Diss Mannheim 1977, S. 117.

3 *Witte* in Bratschitsch/Schnellinger, Unternehmenskrisen – Ursachen, Frühwarnung, Bewältigung, 1981, S. 9.

4 *Witte* in Bratschitsch/Schnellinger, Unternehmenskrisen – Ursachen, Frühwarnung, Bewältigung, 1981, S. 10.

5 *Witte* in Bratschitsch/Schnellinger, Unternehmenskrisen – Ursachen, Frühwarnung, Bewältigung, 1981, S. 11.

auch mittlerweile in der Betriebswirtschaftslehre und in der Unternehmenspraxis durchgesetzt. Unternehmensbedrohung bedeutet nicht zwingend Unternehmens Vernichtung. Die in dem Begriff der Unternehmenskrise enthaltene Chance zur positiven Wende ist nach *Krystek*[1] vielmehr wesensbestimmend für den Begriff der Unternehmenskrise. Grundsätzlich sieht *Krystek*[2] Unternehmenskrisen als „ungeplante und ungewollte Prozesse von begrenzter Dauer und Beeinflussbarkeit sowie mit ambivalentem Ausgang". Wenn also auch im Fall der Existenzgefährdung übereinstimmend von einer wirtschaftlichen Krise der Unternehmung gesprochen wird, so ist doch *Müller-Merbach*[3] zuzustimmen, dass der Krisenbegriff in Wissenschaft und Praxis dauern „Aktualitätsschwankungen" unterworfen ist. Die Feststellung des Beginns einer Krise des Unternehmens ist nach dem Gesamtbild der Verhältnisse zu treffen. Verallgemeinerungen helfen wenig weiter. Auch umfangreiche Kataloge und Checklisten lassen keinen zuverlässigen Rückschluss auf das Vorliegen einer Unternehmenskrise zu[4].

2. Rechtlicher Begriff der Krise

1.4 „Krise" ist auch ein Begriff des Rechtsalltags. Der Begriff wird in der **Rechtswissenschaft** und in der **Rechtsprechung** ebenso häufig verwandt wie in der **Betriebswirtschaftslehre**. In der durch das MoMiG außer Kraft gesetzten Regelung über eigenkapitalersetzende Gesellschafterdarlehen (§ 32a Abs. 1 Satz 1 GmbHG a.F.) war die „Krise der Gesellschaft" gesetzlich definiert als ein „Zeitpunkt, in dem die Gesellschafter ihr (der Gesellschaft) als ordentliche Kaufleute Eigenkapital zugeführt hätten". Die Konkretisierung des Begriffs bereitete trotzdem erhebliche Schwierigkeiten[5]. Es gibt jedenfalls keinen übergeordneten Rechtsbegriff der Krise, der in allen Rechtsbereichen gilt. Andere Gesetze als das GmbHG knüpfen Rechtsfolgen der Krise an eigene Tatbestände mit jeweils besonderen Krisenmerkmalen an[6]. Auch verwenden diese anderen Gesetze nicht den Begriff der „Krise", sondern den des **„Risikos"**[7] oder der **„den Fortbestand der Gesellschaft gefährdenden Entwicklungen"**[8]. Nach Meinung von *Haas*[9] sollten die Begriffe „erhebliche Gefährdung" oder „bestandgefährdendes Risiko" als Krisenwarnsignale auch in das GmbH-Recht Eingang finden; knüpfe die Einberufungspflicht des Geschäftsführers (§ 49 GmbHG) an solche Indikatoren statt an den Verlust der Hälfte des Stamm-

1 *Krystek*, Unternehmenskrisen: Schicksal oder Kunstfehler des Managements, Vortrag vor dem Förderkreisstudium und Wirtschaft des Fachbereichs Wirtschaft an der Fachhochschule Gießen, 1983, S. 2.

2 *Krystek*, Unternehmenskrisen: Schicksal oder Kunstfehler des Managements, 1983, S. 2.

3 *Müller-Merbach*, Frühwarnsysteme zur Voraussage und Bewältigung von Unternehmenskrisen, in Aschfalk/Helfors/Marettek, Unternehmensprüfung und -beratung, 1976, S. 159–177.

4 *Holzer*, NZI 2005, 308.

5 *Lutter/Hommelhoff*, §§ 32a/b GmbHG Rz. 18.

6 *Reuter*, BB 2003, 1797.

7 §§ 289 Abs. 1, 315 Abs. 1, 317 Abs. 2 HGB.

8 § 91 Abs. 2 AktG, § 322 HGB.

9 DStR 2006, 993, 997.

kapitals an, so könne dadurch ein „punktgenauer“ Beitrag zur Insolvenzprophylaxe geleistet werden.

Die Begriffe „Krise“ und „Risiko“ unterscheiden sich dadurch, dass die Krise, im Gegensatz zum Risiko, wenn auch abwendbar, immer existenzbedrohend ist. Beim Risiko hängt es vom Ausmaß, von der Intensität der Verlustgefahr ab, ob Existenzbedrohung gegeben ist. Risiko ist gleich bedeutend mit Gefahr. Unter Risiko ist allgemein **die Möglichkeit ungünstiger künftiger Entwicklungen** zu verstehen[1]. Risiko bedeutet die Möglichkeit der Abweichung des tatsächlichen Ergebnisses von dem ursprünglich erwarteten (dem geplanten) Ergebnis (Zielabweichung). Als „Risiko“ wird die Gefahr bezeichnet, Ziele zu verfehlen. Risiko ist Ausdruck der Unsicherheit über die zukünftige Entwicklung des Unternehmens. In der Krise ist aus der Unsicherheit insoweit Sicherheit geworden, dass die Entwicklung ungünstig ist. 1.5

Nach der **Rechtsprechung des BGH**[2] ist die Krise das Vorstadium der Insolvenz. Das Wesentliche von der Lehre und der Rechtsprechung unter der Geltung des § 32a GmbHG a.F. herausgearbeiteten Kriteriums für die Krise ist – außer der Insolvenzreife – die **Kredit- bzw. Überlassungsunwürdigkeit**. Schon mit Urteil vom 7. 11. 1994[3] hat der BGH zur Beurteilung von in der Krise stehen gelassenen Krediten ausgeführt, dass es tatrichterlicher Würdigung zu der Frage bedarf, „wann die Überschuldung der GmbH tatsächlich eingetreten ist oder die Gesellschaft doch jedenfalls den zur Fortsetzung ihres Geschäftsbetriebes Kredit nicht mehr zu den marktüblichen Bedingungen aus eigenen Kraft erhalten konnte“. Die Kreditunwürdigkeit ist dem Stadium der Überschuldung (Insolvenzreife) vorgelagert[4]. Insolvenzreife und Kredit- bzw. Überlassungsunwürdigkeit sind eigenständige und voneinander unabhängige Tatbestände des Eigenkapitalersatzrechtes[5]. 1.6

Kreditunwürdigkeit liegt vor, wenn eine Gesellschaft von dritter Seite keinen Kredit zu marktüblichen Bedingungen erhält und ohne Kapitalzufuhr liquidiert werden müsste[6]. Eine Kreditunwürdigkeit scheidet solange aus, wie die Gesellschaft noch über Vermögensgegenstände verfügt, welche ein vernünftig handelnder Kreditgeber als Sicherheit akzeptieren würde[7]. Die Unterbilanz ist kein zusätzliches notwendiges Tatbestandsmerkmal für die Qualifizierung einer Unternehmenssituation als Krise. Auch die Bürgschaft ist kein Indiz für eine Kreditunwürdigkeit der Gesellschaft. Nach Auffassung des OLG Düsseldorf[8] 1.7

---

1 IDW PS 340 (3).

2 BGH v. 20. 6. 2005 – II ZR 18/03, ZInsO 2005, 762: „... War die Schuldnerin zum Zeitpunkt der Entnahme in einer Krise und darüber hinaus sogar insolvenzreif ...“; BGH v. 23. 2. 2004 – II ZR 207/01, BB 2004, 1240: „... nicht erst für die (rechtliche) Überschuldung, sondern erst recht für das vorgelagerte Stadium der Kreditunwürdigkeit.“.

3 II ZR 270/93, ZIP 1994, 1934.

4 BGH v. 23. 2. 2004 – II ZR 207/01, BB 2004, 1240.

5 BGH v. 3. 4. 2006 – II ZR 332/05, BB 2006, 1178.

6 *Haas*, NZI 2001, 1, 6.

7 BGH v. 29. 9. 1987 – II ZR 28/87, ZIP 1987, 1541.

8 OLG Düsseldorf v. 31. 8. 2000 – 12 U 27/00, GmbH-Steuerpraxis 2001, 548.

ist eine GmbH nur dann kreditunwürdig, wenn die Gesellschaft bereits alle Kreditsicherungsmittel eingesetzt hat und ein Kreditgeber die Vergabe von weiteren Mitteln von persönlichen Bürgschaften der Gesellschafter abhängig macht. Die Kreditunwürdigkeit setzt nach *Schatte/Metzeler*[1] die **Feststellung eines konkreten Kreditbedarfs** voraus.

1.8 Die Frage, ob eine Gesellschaft kreditunwürdig ist, kann nach *Goette*[2] nicht im Sinne eines „schwarz" oder „weiß" beantwortet werden. Die Besonderheiten des Einzelfalls sind entscheidend. Gleichwohl bleibt nach der Meinung von *Karsten Schmidt* „unleugbare Rechtsunsicherheit insbesondere für das Kriterium der Kreditunwürdigkeit"[3]. Beruhigend ist deshalb die Feststellung des BGH[4], dass „der genaue Zeitpunkt des Eintritts einer finanziellen Krise ... oft für die Betroffenen selbst nicht eindeutig und für Außenstehende noch schwerer zu erkennen (ist)". Offenbar ist der BGH von seiner früheren Meinung[5] abgerückt, „dass an die Möglichkeit, die Krise wenigstens erkennen zu können, keine hohen Anforderungen gestellt werden (dürfen), vielmehr ist die Erkennbarkeit prinzipiell als gegeben anzusehen".

1.9 **Österreich** hat den Begriff der Krise in Bezug auf das Eigenkapitalersatzrecht im Eigenkapitalersatz-Gesetz (EKEG), das am 1. Januar 2004 (BGBl. I 2003, 128) in Kraft getreten ist, gesetzlich geregelt. Eine Gesellschaft befindet sich gem. § 2 EKEG in der Krise, wenn eine der drei Definitionen zutrifft:

- **Zahlungsunfähigkeit (§ 66 öKO):**
  Zahlungsunfähigkeit liegt dann vor, wenn der Schuldner mangels liquider Mittel nicht imstande ist, binnen angemessener Frist und bei redlicher wirtschaftlicher Gebarung alle seine fälligen Verbindlichkeiten zu begleichen.
- **Überschuldung (§ 67 öKO):**
  Der Tatbestand der Überschuldung tritt ein, wenn keine positive Fortbestehensprognose erstellt werden kann und die Passiva größer als die Aktiva zu Liquidationswerden sind (= rechnerische Überschuldung).
- **Reorganisationsbedarf:**
  Die Voraussetzungen für die Vermutung eines Reorganisationsbedarfs i.S. des URG (Unternehmens-Reorganisationsgesetz) sind erfüllt, wenn die Eigenmittelquote der Gesellschaft weniger als 8 % und die fiktive Schuldentilgungsdauer mehr als 15 Jahre betragen. Es sei denn, ein Gutachten eines Wirtschaftstreuhänders ergibt, dass doch kein Reorganisationsbedarf besteht.

1.10 Zu den vom EKEG betroffenen bzw. **erfassten Gesellschaften** zählen nach § 4 EKEG

- Kapitalgesellschaften (GmbH und AG)
- Genossenschaften mit beschränkter Haftung sowie

---

1 *Schatte/Metzeler* in Kraemer, Handbuch zur Insolvenz, Kap. 16 Rz. 32.
2 ZInsO 2001, 529.
3 GmbHR 2005, 707, 800.
4 BGH v. 6. 4. 2000 – IX ZR 422/98, ZIP 2000, 895.
5 BGH v. 29. 9. 1987 – II ZR 28/87, ZIP 1987, 1541.

– Personengesellschaften, bei denen kein unbeschränkter haftender Gesellschafter eine natürliche Person ist (zum Beispiel eine GmbH & Co. KG).

II. Krisenursachen

1. Allgemeine Beobachtungen

Unternehmenskrisen können vielfältige Ursachen haben. Ihre Erkennbarkeit und der Grad ihrer Beeinflussbarkeit richten sich in einem gewissen Umfang danach, ob unternehmensinterne oder externe Umstände die Krise ausgelöst haben. In beiden Fällen muss allerdings von dem Management verlangt werden, dass die ersten Krisenanzeichen mit Hilfe geeigneter Instrumente frühzeitig erkannt werden und planvoll gegengesteuert wird. 1.11

Von herausragender Bedeutung für eine krisenhafte Entwicklung von Unternehmen aller Wirtschaftszweige und aller Größenordnungen sind vor allem: 1.12

1. Fehlende oder mangelnde Kenntnis der strukturellen Änderungen auf den relevanten Märkten. Dies gilt vor allem für die Absatzmärkte, aber auch für die Beschaffungsmärkte.
2. Mangelnde Transparenz der leistungs- und finanzwirtschaftlichen Situation des eigenen Unternehmens.
3. Unzureichendes Rechnungs- und Informationswesen.
4. Verkrustung der Gesellschafter- und Führungsstruktur.

2. Unternehmensexterne und unternehmensinterne Krisenursachen

Unterteilt nach unternehmensexternen und unternehmensinternen Krisenursachen können folgende Ereignisse die Unternehmensentwicklung negativ beeinflussen: 1.13

Unternehmensextern

- „Höhere Gewalt" (Naturkatastrophen),
- Änderung politischer Verhältnisse, z.B. im Arbeitsrecht (Kündigungsschutz) oder im Steuerrecht (Unternehmenssteuern),
- bei exportorientierten Unternehmen negative Entwicklungen anderer Volkswirtschaften,
- bei den Fluggesellschaften steigende Ölpreise,
- Zusammenbruch eines Großkunden oder Hauptlieferanten,
- Erstarken eines mit öffentlichen Mitteln geförderten Konkurrenten.

Unternehmensintern

- Falsche Beurteilung des Marktes und der strategischen Position,
- unzureichend geplante Kapazitätsausdehung und/oder Diversifizierung durch Kauf von Unternehmen oder Beteiligungen sowie die Gründung von Tochtergesellschaften,

- plötzlicher Ausfall eines wichtigen Managers,
- Ausfall von Forderungen,
- unzureichender Versicherungsschutz,
- hohe Personalfluktuation, hohe Personalkosten,
- Unterschätzung des Liquiditätsbedarfes,
- die drohende Krise wird zwar erkannt, die Abwehrmaßnahmen werden aber nicht konsequent umgesetzt; Geschäftsmodell und Leistungsspektrum werden nicht wirklich auf den Prüfstand gestellt.

3. Aktuelle Krisenszenarien

1.14 Im Zuge der **Globalisierung** gewinnen die externen Einflüsse und Krisenursachen immere größere Bedeutung. Werden strukturelle Änderungen der Beschaffungs- und Absatzmärkte nicht rechtzeitig erkannt, drohen kurzfristig schwere und kaum noch aufholbare Markteinbrüche. Die Sony Corporation, mit einem Umsatz von weltweit 66,9 Mrd. US-Dollar in 2004/2005 einer der größten Anbieter auf dem Markt für Unterhaltungselektronik, hatte in den Jahren ab 2004 wirtschaftliche Probleme, weil sie den weltweiten Zuwachs an LCD-Fernsehern zu Lasten von Röhren- und Plasmafernsehern unterschätzt hatte. In ähnlicher Weise hatte der Kamerahersteller Leika den weltweiten Wechsel von der analogen zur Digitalfotografie „verschlafen“. Nachdem die Gesellschaft „monatelang am Rande der Insolvenz stand“[1] brachte erst ein „Strategieschwenk“ Erfolg in Form steigender Umsätze und sinkender Verluste.

1.15 Besonders krisengefährdet sind in der Rechtsform der GmbH geführte **Klein- und Mittelbetriebe** mit weniger als 50 Mitarbeitern in den ersten vier Jahren nach der Gründung. Die Ursachen dieser Krisenanfälligkeit sind mangelhafte Planung („probieren geht über studieren“) und unzureichende Kapitalausstattung. Der Begriff „Krisenbewältigung“ findet sich nicht im Vokabular dieser Unternehmen. Es gibt i.d.R. weder ein Krisenfrüherkennungssystem noch ein Sanierungskonzept noch die Möglichkeiten, Sanierungsmaßnahmen zu finanzieren.

1 Financial Times Deutschland v. 24. 5. 2006, S. 5.

B. Krisenvorsorge

I. Kapitalausstattungsgebot und Kapitalsicherung

1. Zum Verständnis des Kapitalschutzsystems

Das Gläubigerschutzsystem des GmbH-Gesetzes ruht auf drei Säulen: 1.16

- dem **Kapitalschutzsystem**[1],
- den gesellschaftsrechtlichen **Governanceregeln**, ergänzt durch die Verbote der Insolvenzverschleppung (Rz. 1.110) und der Existenzvernichtung (Rz. 11.87 ff.)[2] und
- dem **Informationssystem**, insbesondere im Recht der Rechnungslegung[3].

Das **Kapitalschutzsystem** ist im vorliegenden Werk nicht systematisch darzustellen. Es interessiert hier nur insoweit, als es der Krisenvermeidung dient (Rz. 1.18 ff., 1.23 ff.) oder bei der Krisenüberwindung Beachtung verdient (vgl. über Kapitalaufbringungsregeln bei der Kapitalerhöhung [Rz. 2.19 ff.]) oder durch Insolvenzverwalterklagen sanktioniert wird. 1.17

2. Kein allgemeines Unterkapitalisierungsverbot

a) Das GmbH-Gesetz setzt zum Zweck der Krisenvermeidung auf **Eigenkapital und Kapitalschutz**[4]. Allerdings kennt das geltende Recht kein gesetzliches Gebot, die Gesellschaft mit einem für ihr Unternehmen ausreichenden Eigenkapital auszustatten[5]. Insbesondere enthält die Regelung über das gesetzliche Mindeststammkapital (§ 5 Abs. 1 GmbHG) kein solches Gebot, sondern nur eine „Seriositätsschwelle" und „Eintrittskarte" zur Rechtsform der GmbH[6]. Mit § 5 GmbHG verbindet sich nicht die Erwartung, das satzungsmäßige Stammkapital reiche für die Unternehmensfinanzierung aus. Demgemäß lässt sich dem Gesetz auch keine Haftungssanktion für den Fall entnehmen, dass sich das satzungsmäßige Eigenkapital der Gesellschaft nachträglich als zu gering erweist. Das muss allerdings nicht besagen, dass eine Unternehmensführung ohne hinreichende Kapitalausstattung ohne Weiteres rechtens ist. 1.18

b) Unterkapitalisierung, d.h. eine für Zwecke und Tätigkeit der Gesellschaft unzureichende Eigenkapitalausstattung der GmbH, ist eine Gefahr für den nachhaltigen Bestand der Gesellschaft und gilt als ein Verstoß gegen die all- 1.19

---

1 Dazu etwa *Kleindiek*, ZGR 2006, 335 ff.; *Pellens/Kemper/A. Schmidt*, ZGR 2008, 381 ff.

2 Dazu sinngemäß *Karsten Schmidt* in Lutter, Das Kapital der Aktiengesellschaft in Europa, 2006, S. 188 ff.

3 Vgl. *Pellens/Kemper/A. Schmidt*, ZGR 2008, 381, 387 f.

4 *Kleindiek*, ZGR 2006, 335 ff.

5 BGH v. 14. 12. 1959 – II ZR 187/57, BGHZ 31, 258, 268; BGH v. 4. 5. 1977 – VIII ZR 298/75, BGHZ 68, 312, 319; BGH v. 24. 3. 1980 – II ZR 213/77, BGHZ 76, 326, 334; BGH v. 28. 4. 2008 – II ZR 264/06, BGHZ 176, 203 = GmbHR 2008, 805 m. Anm. *Ulrich*; *Scholz/H. Winter/H. P. Westermann*, § 5 GmbHG Rz. 18 m.w.N.

6 *Ulmer* in Großkommentar zum GmbHG, Einl. A GmbHG Rz. A 45.

gemeinen **Gebote der Unternehmensfinanzierung**[1]. Deren rechtliche Relevanz ist indes unsicher. Von materieller Unterkapitalisierung wird gesprochen, „wenn das Eigenkapital nicht ausreicht, um den nach Art und Umfang der Geschäftstätigkeit bestehenden, nicht durch Kredite Dritter zu deckenden mittel- oder langfristigen Finanzbedarf zu befriedigen"[2]. Das GmbH-Gesetz kennt **keine allgemeine Durchgriffshaftung in Fällen der Unterkapitalisierung** und auch **keine allgemeine Nachschusspflicht** der Gesellschafter in der Krise[3]. Der BGH hat im Hinblick auf § 13 Abs. 2 GmbHG berechtigte Scheu vor einer generalisierenden Durchgriffshaftung[4]. Selbst das durch das „Trihotel"-Urteil vom 16. 7. 2007 teilweise wieder zurückgenommene „KBV"-Urteil vom 24. 6. 2002[5], wonach die Verantwortung der Gesellschafter für die „Zweckbindung der GmbH" außerhalb des Insolvenzverfahrens zu einer echten Durchgriffshaftung der Gesellschafter gegenüber den Gesellschaftsgläubigern führen sollte (dazu Rz. 11.87), hatte zur Grundlage ein gesellschafts- und gläubigerschädigendes Fehlverhalten eines individuellen Gesellschafters, nicht eine gesetzliche Kapitalgarantie[6]. Nachdem das „Trihotel"-Urteil vom 16. 7. 2007[7] den **Haftungsdurchgriff auf vorsätzliche sittenwidrige Schädigungen (§ 826 BGB) beschränkt** hat, hat der BGH durch das **„Gamma"-Urteil vom 28. 4. 2008**[8] klargestellt, dass Unterkapitalisierung auch auf der Grundlage des Existenzvernichtungsmodells vorbehaltlich einer vorsätzlichen sittenwidrigen Schädigung nicht zur Durchgriffshaftung der Gesellschafter führt, weil die Unterkapitalisierung keinen existenzvernichtenden Eingriff darstellt. Dieses Urteil wird vorerst als das Ende der allgemeinen Durchgriffsdiskussion in der Praxis interpretiert[9]. Ob damit die Haftung von Gesellschaftern wegen Unterkapitalisierung endgültig ausgeschlossen ist, ist allerdings zu bezweifeln.

---

1 Dazu *Lutter*, GmbHR 2000, 301, 302.

2 *Hachenburg/Ulmer*, Anh. § 30 GmbHG Rz. 17; *Karsten Schmidt*, Gesellschaftsrecht, S. 240; anders jetzt *Eckhold*, Materielle Unterkapitalisierung, 2002, S. 29–59: Unterkapitalisierung als Kreditunfähigkeit; nach h.M. kann Kreditunfähigkeit als Krise der Gesellschaft (§ 32a Abs. 1 GmbHG a.F.) Resultat der Unterkapitalisierung sein, doch ist nicht beides dasselbe.

3 Vgl. m.w.N. *Baumbach/Hueck/Fastrich*, § 5 GmbHG Rz. 6; *Altmeppen* in Roth/Altmeppen, § 13 GmbHG Rz. 29 ff.; *Vonnemann*, GmbHR 1992, 77 ff.; *Altmeppen*, ZIP 1999, 881 ff.; gegen jede Durchgriffshaftung *Ehricke*, AcP 199 (1999), 257; a.M. *Bitter*, WM 2001, 2133 ff.

4 Vgl. zur Durchgriffsfestigkeit der GmbH allgemein BGH v. 13. 4. 1994 – II ZR 16/93, BGHZ 125, 366 = LM Nr. 24 zu § 13 GmbHG = GmbHR 1994, 390; BGH v. 16. 7. 2007 – II ZR 3/04, BGHZ 173, 246 = GmbHR 2007, 927; *Boujong*, FS Odersky, 1996, S. 742 ff.; *Karsten Schmidt*, ZIP 1994, 837.

5 BGH v. 24. 6. 2002 – II ZR 300/00, BGHZ 151, 181 = LM § 6 GmbHG m. Anm. *Roth* = GmbHR 2002, 902.

6 Auch die vom Bundessozialgericht entschiedenen Fälle des angeblichen Durchgriffs wegen Unterkapitalisierung betrafen Sachverhalte der Verhaltenshaftung; vgl. *Karsten Schmidt*, Gesellschaftsrecht, S. 241 ff.

7 BGH v. 16. 7. 2007 – II ZR 3/04, BGHZ 173, 264 = GmbHR 2007, 927; dazu *Altmeppen*, NJW 2007, 2657.

8 BGH v. 28. 4. 2008 – II ZR 264/06, BGHZ 176, 204 = GmbHR 2008, 805 m. Anm. *Ulrich* = ZIP 2008, 1232.

9 Eingehend *Altmeppen*, ZIP 2008, 1201 ff.; *Leuering*, NJW-Spezial 2008, 431; kritisch *Kleindiek*, NZG 2008, 686, 689 f.; *Bruns*, EWiR 2008, 493, 494.

Nach der hier vertretenen Ansicht bedeutet die Ablehnung eines Haftungsdurchgriffs nur, dass keine unbeschränkte persönliche Haftung der Gesellschafter für alle Verbindlichkeiten der unterkapitalisierten GmbH eintritt. Nicht ohne Weiteres ausgeschlossen ist eine auf Schadensersatz gehende Haftung der Gesellschafter oder Geschäftsführer für gläubigerschädigendes Fehlverhalten (vgl. zur „Insolvenzverursachungshaftung" Rz. 11.87 ff.). Dass nicht auch in der Gründung und im Betrieb einer unterkapitalisierten GmbH oder GmbH & Co. KG ein haftungsbegründender Tatbestand liegen kann, ist auch nach dem „Gamma"-Urteil[1] nicht ein für allemal ausgemacht. Der Gedanke der gläubigerschädigenden existenziellen Gefährdung und Schädigung der Gesellschaft kann nach der hier vertretenen Ansicht durchaus noch haftungsrelevant sein, insbesondere zur Schadensersatzhaftung der Gesellschafter in Unterkapitalisierungsfällen wegen Existenzvernichtung führen. Selbst das „Gamma"-Urteil hält eine Geschäftsführerhaftung aus § 826 BGB und eine Teilnehmerhaftung der Gesellschafter gegenüber der GmbH auf Freistellung von unerfüllbaren Verbindlichkeiten (z.B. ungedeckten Löhnen) im Fall dieser unterkapitalisierten Gesellschaft nicht für ausgeschlossen.

3. Zur Finanzierungsverantwortung von Gesellschaftern und Geschäftsführern

a) An die Stelle eines generellen Unterkapitalisierungsverbots tritt ein **Prinzip der Finanzierungsverantwortung**[2]. Deshalb ist bei erkennbarer Unterkapitalisierung schon vor dem Einsetzen der sog. Insolvenzantragspflichten (unten Rz. 1.109 ff.) an die Verantwortung der Geschäftsführung und der Gesellschafter zu denken (dazu Rz. 11.1 ff.). Während die **Haftung der Gesellschafter** auf schuldhaft existenzgefährdende Maßnahmen begrenzt und vom BGH sogar auf die Fälle des § 826 BGB beschränkt wurde (Rz. 1.19), obliegt den **Geschäftsführern** eine umfassende **Verantwortung in Gestalt ständiger Solvenzprüfungspflichten**. Diese setzen als **Governance-Regeln** im Rahmen der Geschäftsführerverantwortlichkeit nach § 43 GmbHG ggf. schon vor den sog. Insolvenzantragspflichten (§ 15a InsO), also vor Zahlungsunfähigkeit oder Überschuldung ein (Rz. 1.72)[3]. Dazu gehört eine transparente Finanzplanung, und dazu können auch Solvenztests gehören. Wer als Geschäftsführer gegen diese Regeln verstößt, verletzt nicht nur Vertragspflichten, sondern auch seine korporativen Pflichten nach § 43 GmbHG. Die **Satzung** einer auf Fremdgeschäftsführung angelegten GmbH kann diese Pflicht noch verschärfen. Sie kann insbesondere ein **Warnsystem** installieren und den Geschäftsführern **Berichtspflichten** (z.B. in Gestalt von Quartalsberichten) auch **hinsichtlich der Finanzplanung** auferlegen[4]. Die Methoden der laufenden Kontrolle sind bei Rz. 1.73 ff. dargestellt. Ein Indiz für die vom Gesetz stillschweigend unterstellte **ständige Selbstprüfungspflicht der Geschäftsführung** ist zudem § 49 Abs. 3 GmbHG: Bei Verlust der Hälfte des Stammkapitals – genauer: wenn das Reinvermögen der Gesellschaft nicht mehr die Hälfte des Stammkapitals 1.20

1 BGH v. 28. 4. 2008 – II ZR 264/06, BGHZ 176, 204 = GmbHR 2008, 805 m. Anm. *Ulrich* = ZIP 2008, 1232.
2 Vgl. m.w.N. *Wüst*, JZ 1995, 990 ff.
3 Vgl. dazu *Buck-Heeb*, FS Westermann, 2008, S. 845 ff.
4 Vgl. *Kallmeyer* in GmbH-Handbuch, Rz. I 2335.

deckt – ist die Gesellschafterversammlung einzuberufen (dazu auch Rz. 1.76). Geschäftsführer, die durch Vernachlässigung der Selbstprüfungspflicht eine Liquiditätskrise oder eine Kreditunwürdigkeit verkennen und den Gesellschaftern nicht rechtzeitig Gelegenheit zur Abwendung einer solchen Krisensituation geben, können sich nach **§ 43 GmbHG** gegenüber der GmbH schadensersatzpflichtig machen.

1.21 **b)** Das mehr und mehr unausgewogene **Verhältnis zwischen der strengen Geschäftsführerhaftung und der** durch die Urteile „Trihotel"[1] und „Gamma"[2] sowie durch die GmbH-Reform 2008 (MoMiG) immer stärker eingeschränkte **Gesellschafterverantwortlichkeit** lässt auch daran denken, ob unter Umständen **Gesellschafter**, die Einfluss auf haftungsbegründende Maßnahmen des Geschäftsführers ausgeübt haben, **als faktische Geschäftsführer** nach den Grundsätzen des § 43 GmbHG oder als Teilnehmer an einer unerlaubten Handlung[3] haften, also z.B. für die Übernahme von Verbindlichkeiten, die die Gesellschaft auf Grund ihrer Unterkapitalisierung nicht begleichen kann. In der gegenwärtigen Rechtsprechung scheint eine solche Haftung allerdings nicht angelegt. Auch würde es sich wiederum um **keine allgemeine Durchgriffshaftung wegen Unterkapitalisierung** handeln, sondern um individuell zu begründende Schadensersatzpflichten.

4. Der formelle Kapitalschutz

1.22 Von den bisher angestellten Überlegungen sind die formellen **Regeln über die Kapitalaufbringung und Kapitalerhaltung** zu unterscheiden. Die Bedeutung dieser Regeln kommt nicht selten erst im Insolvenzverfahren ans Licht, wenn nämlich der Insolvenzverwalter unerfüllte Einlageansprüche (§ 19 GmbHG) bzw. Rückforderungsansprüche wegen verbotener Ausschüttungen (§ 31 GmbHG) einklagt. Diese strengen Regeln müssen aber schon bei der Krisenvorsorge bzw. im Zuge der Sanierung beachtet werden. Die Liberalisierung der §§ 19, 30 GmbHG durch das MoMiG hat hieran im Grundsatz nichts geändert. Aus der Perspektive des vorliegenden Buchs, das die GmbH oder GmbH & Co. KG als bereits gegründet und als operativ tätig ansieht, stellen sich diese Normen wie folgt dar:

a) Die **Kapitalerhaltung** (§§ 30, 31 GmbHG) ist ein unbedingtes Muss bei der Krisenvermeidung und Krisenbereinigung (Rz. 1.23 ff.).

b) Die **Kapitalaufbringungsregeln** (§§ 7 ff., 19 GmbHG) stellen sich im Bereich der Krise und Sanierung im Wesentlichen **als Rechtsfragen der Kapitalerhöhung** dar (vgl. Rz. 2.19 ff.).

1 BGH v. 16. 7. 2007 – II ZR 3/04, BGHZ 173, 264 = GmbHR 2007, 927.
2 BGH v. 28. 4. 2008 – II ZR 264/06, BGHZ 176, 204 = GmbHR 2008, 805 m. Anm. *Ulrich* = ZIP 2008, 1232.
3 Ansätze hierzu im „Gamma"-Urteil.

II. Das Ausschüttungsverbot des § 30 GmbHG

1. Der Verbotstatbestand

a) Von der nur unzureichend gesicherten Aufbringung risikodeckender Eigenmittel ist das strenge Ausschüttungsverbot des § 30 GmbHG zu unterscheiden. Die Bestimmung stellt nach der Rechtsprechung ein **„Kernstück" des Rechts der GmbH als einer Kapitalgesellschaft** dar[1]. Als solches muss es auch von der Geschäftsführung begriffen und respektiert werden. Das **MoMiG** hat hieran **nichts Grundsätzliches geändert**. Im Zuge der Reformarbeiten war erwogen worden, die Ausschüttungssperre des § 30 GmbHG durch prognostische Solvenztests zu ersetzen[2]. Der Gesetzgeber hat es aber mit Recht bei dem einfacher zu handhabenden **bilanziellen Unterbilanztest des § 30 Abs. 1 Satz 1 GmbHG** belassen[3]. Das bedeutet nicht, dass etwa Solvenztests rechtlich ohne Bedeutung wären. Sie sind es im allgemeinen Recht der Finanzierungsverantwortung (dazu schon Rz. 1.20) sowie bei dem neuen Zahlungsverbot des § 64 Satz 3 GmbHG (Rz. 11.94). 1.23

Das **Ausschüttungsverbot des § 30 Abs. 1 GmbHG** basiert nach wie vor – und seit der MoMiG-Reform von 2008 nur noch eindeutiger – auf einer streng bilanziellen Prüfung. „Auszahlungen" des „zur Erhaltung des Stammkapitals erforderlichen Vermögens" sind untersagt, doch ist diese Formulierung in mehrfacher Richtung missverständlich. Da § 30 Abs. 1 GmbHG **das bilanzielle Gesellschaftsvermögen** schützen soll, geht es nicht in jedem Fall um „Zahlungen" (schon gar nicht um „Rückgewähr der Einlagen", wie das Ausschüttungsverbot missverständlich in § 57 AktG beschrieben ist), sondern jede „causa societatis" geleistete, also auf der Gesellschaftereigenschaft beruhende Zuwendung kann gegen § 30 Abs. 1 GmbHG verstoßen, wenn sie die bilanzielle Deckung des Stammkapitals berührt. Namentlich gilt das für **verdeckte Ausschüttungen**. Zuwendungen aus dem Gesellschaftsvermögen einschließlich geldwerter Vorteile (Nutzungen, Zinslosigkeit bei Darlehen etc.), die einem Drittvergleich nicht standhalten, also einem Nichtgesellschafter nicht zukämen, können gegen § 30 Abs. 1 GmbHG verstoßen, auch wenn es sich nicht um Zahlungen handelt[4]. **Zuwendungen an den Gesellschaftern nahe stehende Dritte** (z.B. konzernzugehörige Gesellschaften), die ein echter 1.24

---

1 BGH v. 30. 6. 1958 – II ZR 213/56, BGHZ 28, 77, 78 = GmbHR 1958, 149; vgl. auch *Karsten Schmidt*, Gesellschaftsrecht, S. 1111; *Scholz/H. P. Westermann*, § 30 GmbHG Rz. 1.

2 Eingehend m.w.N. *Eidenmüller*, ZGR 2007, 168, 190 ff.; *Engert*, ZHR 170 (2006), 296 ff.; *Haas* in Verhandlungen des 66. DJT, Band I, 2006, S.W. 123 ff.; E 130 f.; *Jungmann*, ZGR 2006, 638 ff.; *Kuhner*, ZGR 2005, 753, 777 ff.; *Weller*, DStR 2007, 116 ff.; distanziert *Arnold*, Der Konzern 2007, 118, 120 ff.; *Hennrichs*, Der Konzern 2008, 42 ff. m. umfangr. Nachw.

3 Vgl. Begr. RegE MoMiG, BT-Drucks. 16/6140, S. 41 = ZIP-Beilage Heft 23/2007, S. 16; näher *Karsten Schmidt*, GmbHR 2007, 1072, 1074.

4 Vgl. *Habersack* in Großkommentar zum GmbHG, § 30 GmbHG Rz. 75 ff ; *Scholz/H.P.Westermann*, § 30 GmbHG Rz. 31 ff.; *Baumbach/Hueck/Fastrich*, § 30 GmbHG Rz. 20.

Dritter so nicht erhalten hätte, stehen dem gleich (zur Rückzahlungspflicht in diesem Fall vgl. Rz. 1.32)[1].

1.25 **b)** Die Vorschrift verbietet nicht jede eines Ausschüttungsbeschlusses entbehrende oder gar verdeckte Ausschüttung[2]. Verboten sind nur **Ausschüttungen aus dem zur Erhaltung des Stammkapitals erforderlichen Vermögen**. Dieser Vermögensschutz ist nicht gegenständlich, sondern vermögensmäßig, also „bilanziell" zu verstehen: Das Aktivvermögen einer GmbH ist nicht in gebundene und ungebundene Vermögensgegenstände geteilt, sondern jeder Vermögensgegenstand unterliegt der Bindung nach § 30 Abs. 1 GmbHG, sobald eine Unterbilanz besteht oder durch die Zuwendung an den Gesellschafter herbeigeführt oder vergrößert wird. Verboten ist m.a.W. nicht die Überführung bestimmter der Gesellschaft gehörender Vermögensbestandteile in das Gesellschaftervermögen, sondern die **Herbeiführung oder Vergrößerung einer Unterbilanz** durch Zuwendungen an Gesellschafter[3]. Jede bestehende oder durch die Zuwendung bewirkte Unterbilanz macht die Zuwendung unzulässig. Dies zu prüfen, ist **Geschäftsführeraufgabe**. Eine **Unterbilanz** liegt vor, wenn das Reinvermögen der Gesellschaft (Aktiva minus Verbindlichkeiten) das Stammkapital nicht deckt[4]. Ob eine Unterbilanz besteht, richtet sich nach den für einen ordnungsgemäß aufgestellten **Jahresabschluss** geltenden Regeln, bezogen auf den Ausschüttungsstichtag (sog. **Unterbilanzstatus**)[5]. In zweifelhaften Fällen muss also ein sich nach den Regeln der Jahresbilanz richtender Unterbilanzstatus auf den Ausschüttungstag erstellt werden[6]. Stille Rücklagen werden nicht aktiviert[7]. Hierdurch unterscheidet sich der Unterbilanztest von einer Überschuldungsprüfung nach § 19 Abs. 2 InsO. Die bilanzielle Betrachtungsweise gilt nicht nur für die Voraussetzungen des Verbots (deckt das Vermögen das Stammkapital?), sondern auch für die Behandlung des beabsichtigten Vermögenstransfers (handelt es sich um eine „Auszahlung" i.S. von § 30 Abs. 1 GmbHG?). Ein Vorgang, der das Vermögen der Gesellschaft nicht schmälert, kann keine „Auszahlung" sein[8]. Ein bloßer Aktiventausch (Kasse

1 Vgl. BGH v. 15. 10. 2007 – II ZR 243/06, DStR 2007, 2270; *Habersack* in Großkommentar zum GmbHG, § 30 GmbHG Rz. 65 ff.; *Scholz/H. P. Westermann*, § 30 GmbHG Rz. 40 ff.

2 In dieser Richtung aber *Winter*, ZHR 148 (1984), 579 ff. sowie BGH v. 29. 5. 1987 – 3 Str 242/86, BGHSt 34, 379 = GmbHR 1987, 464.

3 BGH v. 5. 2. 1990 – II ZR 114/89, GmbHR 1990, 249, 250; *Karsten Schmidt*, Gesellschaftsrecht, S. 1131; *Scholz/H. P. Westermann*, § 30 GmbHG Rz. 15 f.; eingehend *Joost*, ZHR 148 (1984), 27; *Wilhelm*, ZHR 159 (1995), 454 ff.

4 *Karsten Schmidt*, Gesellschaftsrecht, S. 1132.

5 BGH v. 11. 12. 1989 – II ZR 78/89, BGHZ 109, 334, 337 f. = NJW 1990, 1109; BGH v. 11. 5. 1987 – II ZR 226/86, GmbHR 1987, 390; OLG Celle v. 3. 12. 2003 – 9 U 119/03, GmbHR 2004, 309.

6 Näher *Baumbach/Hueck/Fastrich*, § 30 GmbHG Rz. 11; die Zwischenbilanz ist allerdings nicht notwendige Voraussetzung einer zulässigen Auszahlung; solange objektiv kein Anhalt für eine Unterbilanz besteht, kann der Geschäftsführer Auszahlungen vornehmen, ohne einen Unterbilanzstatus aufzustellen.

7 BGH v. 11. 12. 1989 – II ZR 78/89, BGHZ 109, 334, 337 f. = NJW 1990, 1109; *Baumbach/Hueck/Fastrich*, § 30 GmbHG Rz. 11; *Rowedder/Schmidt-Leithoff/Pentz*, § 30 GmbHG Rz. 10.

8 A.M. *Habersack* in Großkommentar zum GmbHG, § 30 GmbHG Rz. 43 ff.

gegen vollwertige Forderung) ist keine Ausschüttung i.S. von § 30 GmbHG[1]. **Nicht verboten** ist die **bloße Weiterreichung von Liquidität** ohne Vermögenseinbuße[2]. Das gilt nicht nur für Darlehen an solvente Gesellschafter (Rz. 1.47), sondern z.B. auch, wenn die Gesellschaft Sanierungsmittel an eine 100 %ige Tochtergesellschaft weiterleitet[3], vorausgesetzt, hieraus erwächst der Gesellschaft ein den Mittelabfluss kompensierender vollwertiger Anspruch[4].

c) Das Ausschüttungsverbot gilt selbstverständlich **auch** und erst recht, **wenn die Gesellschaft materiell insolvent (also überschuldet oder zahlungsunfähig) ist**. Nur durch ein überholtes (gegenständliches) Bild des Auszahlungsverbots erklärbar und mit Recht aufgegeben ist die ältere Rechtsprechung, nach der die §§ 30, 31 GmbHG im Fall bereits eingetretener Überschuldung lediglich analoge Anwendung finden sollten[5]. Die Fehlvorstellung ging dahin, dass die bereits überschuldete GmbH gar kein Stammkapital mehr „hat" und dass es deshalb auch kein der Erhaltung dieses Stammkapitals dienendes Vermögen mehr gibt. Das war eine gegenständliche und damit unrichtige Vorstellung vom Kapitalschutz und eine Verwechslung des (auf der Passivseite zu bilanzierenden) Stammkapitals mit dem Reinvermögen der Gesellschaft. Bei bilanzieller Betrachtung ist klar: Die §§ 30, 31 GmbHG sind unmittelbar auf jede Zuwendung anzuwenden, die eine Unterbilanz herbeiführt oder verschärft[6]. Doch beginnt die Relevanz des § 30 GmbHG nicht erst mit dem Tatbestand der Unterbilanz. Schon im Vorhinein sind die **Geschäftsführer** verpflichtet, jede Ausschüttung auf ihre Vereinbarkeit mit § 30 GmbHG zu prüfen. Diese schon vor dem Eintritt einer materiellen Insolvenz ihnen obliegende Prüfung ist Bestandteil der bei Rz. 1.109 ff. behandelten Selbstprüfungspflicht des Managements. Nur erwähnt sei im vorliegenden Zusammenhang, dass die Geschäftsführer insbesondere **verdeckte Ausschüttungen** nicht nur unter dem Gesichtspunkt des § 30 GmbHG, sondern auch unter den **Gesichtspunkten des allgemeinen Schädigungsverbots und der Gleichbehandlung der Gesellschafter** im Auge behalten müssen (von der steuerrechtlichen Relevanz einmal abgesehen). Zur Geschäftsführerhaftung vgl. Rz. 1.37 ff. 1.26

2. Rückzahlungspflicht des Empfängers

a) Das Ausschüttungsverbot richtet sich an die durch den Geschäftsführer vertretene Gesellschaft und als Verbot der Entnahme auch an die Gesellschafter. § 30 GmbHG ist **kein Verbotsgesetz i.S. von § 134 BGB**[7] und auch **kein** 1.27

---

1 Durch das MoMiG überholt ist das abweichende Grundlagenurteil BGH v. 24. 11. 2003 – II ZR 171/01, BGHZ 157, 72 = ZIP 2004, 263.

2 A.M. *Habersack* in Großkommentar zum GmbHG, § 30 GmbHG Rz. 48.

3 Dazu (wohl zu allgemein) OLG München v. 6. 7. 2005 – 7 U 2230/05 (offenbar nachträglich rechtskräftig geworden), ZIP 2006, 564, 567.

4 Vgl. *Baumbach/Hueck/Fastrich*, § 30 GmbHG Rz. 20 m.w.N.

5 So noch BGH v. 29. 3. 1973 – II ZR 25/70, BGHZ 60, 324, 331 = GmbHR 1973, 163.

6 BGH v. 5. 2. 1990 – II ZR 114/89, GmbHR 1990, 249; *Karsten Schmidt*, Gesellschaftsrecht, S. 1135 f.; *Habersack* in Großkommentar zum GmbHG, § 30 GmbHG Rz. 42.

7 BGH v. 23. 6. 1997 – II ZR 220/95, BGHZ 136, 125 = JZ 1997, 965 m. Anm. *Altmeppen*; *Karsten Schmidt*, Gesellschaftsrecht, S. 1139; *Habersack* in Großkommentar zum GmbHG, § 30 GmbHG Rz. 96 f.

Schutzgesetz i.S. von § 823 Abs. 2 BGB[1]. Diese nur auf den ersten Blick verwundernde Feststellung bedeutet: Die gegen § 30 GmbHG verstoßenden Geschäfte sind nicht nichtig (Rückabsicherung also nach § 31 GmbHG und nicht nach § 812 BGB)[2], und der Verstoß gibt nicht jeder dadurch geschädigten Person einen individuellen Schadensersatzanspruch. Eine Schadensersatzhaftung kommt nur unter dem Gesichtspunkt eines Durchgriffs nach § 826 BGB (Rz. 1.19) oder einer Insolvenzverursachungshaftung in Betracht, nicht schon nach § 823 Abs. 2 BGB wegen der bloßen Verletzung des § 30 GmbHG.

1.28 **b)** Die **Haftung des Empfängers verbotener Ausschüttungen** (§ 31 Abs. 1 GmbHG) setzt nur einen Verstoß gegen § 30 GmbHG und nicht zusätzlich eine Bösgläubigkeit oder sonst ein Verschulden des Empfängers voraus[3]. Das sich aus § 31 Abs. 2 GmbHG ergebende Privileg für gutgläubige Empfänger verbotener Ausschüttungen ist in der Praxis unbedeutend und hilft auch nicht in Krise und Insolvenz, denn auch hier wird gehaftet, soweit dies für die Gläubigerbefriedigung erforderlich ist.

1.29 **c)** Der **Umfang der Haftung** ist umstritten. Der nur auf Zahlungen eingerichtete Gesetzeswortlaut klärt die Frage nicht. Eine am Normzweck des § 30 GmbHG orientierte **vermögensorientierte Sichtweise**[4] geht davon aus, dass die Höhe der Haftung am Ausschüttungsstichtag ein für allemal feststeht[5]: Der Empfänger schuldet **Wiederherstellung der Vermögensdeckung**. Das bedeutet, dass der Anspruch grundsätzlich auf Geld gerichtet ist[6]. Zu zahlen ist genau der Betrag, um den die Vermögensdeckung unter Verstoß gegen § 30 GmbHG reduziert worden ist. Handelte es sich um die Übertragung eines bestimmten Wirtschaftsguts, so gehen **zwischenzeitliche Werterhöhungen oder Wertminderungen** zu Gunsten oder zu Lasten des Empfängers[7]. Der Empfänger kann sich von der Rückzahlungspflicht auch dadurch ganz oder teilweise entlasten, dass er den erlangten Vermögensgegenstand in das Gesellschaftsvermögen zurücküberträgt, dann aber unter Anrechung des aktuellen Verkehrswerts auf den geschuldeten Betrag (im Fall der Entwertung führt dies zur Zuzahlung)[8]. Die **herrschende Meinung** folgt demgegenüber einer einzelgegenständlichen Betrachtung[9]: Soweit der Verstoß in der Übertragung eines Vermögensgegenstands besteht, hat der Empfänger diesen Gegenstand zurückzuübertragen[10].

1 *Habersack* in Großkommentar zum GmbHG, § 30 GmbHG Rz. 22.
2 BGH v. 23. 6. 1997 – II ZR 220/95, BGHZ 136, 125 = JZ 1997, 965 m. Anm. *Altmeppen*; *Karsten Schmidt*, Gesellschaftsrecht, S. 1139; *Habersack* in Großkommentar zum GmbHG, § 30 GmbHG Rz. 96 f.
3 BGH v. 29. 5. 2000 – II ZR 118/98, BGHZ 144, 336 = GmbHR 2000, 771.
4 *Karsten Schmidt*, Gesellschaftsrecht, S. 1138; grundlegend *Joost*, ZHR 148 (1984), 27, 53 f.
5 Vgl. zum Folgenden *Karsten Schmidt*, JZ 2008, 736 f.
6 *Karsten Schmidt*, Gesellschaftsrecht, S. 1138; *Karsten Schmidt*, JZ 2008, 736 f.
7 *Karsten Schmidt*, JZ 2008, 737.
8 Vgl. ebd.; im Anschluss an *Karsten Schmidt*, Gesellschaftsrecht, S. 1138.
9 Kritische Darstellung bei *Karsten Schmidt*, JZ 2008, 735.
10 Zusammenfassend BGH v. 17. 3. 2008 – II ZR 24/07, BGHZ 176, 62 = BB 2008, 1192 m. Anm. *König* = JZ 2008, 734 m. Anm. *Karsten Schmidt*; *Habersack* in Großkommentar zum GmbHG, § 31 GmbHG Rz. 23 f.; *Rowedder/Schmidt-Leithoff/Pentz*,

Etwaige Wertsteigerungen kommen der Gesellschaft zugute und müssen in Geld ausgeglichen werden[1]. Etwaige Wertverluste muss der Gesellschafter als Empfänger ausgleichen[2]. Anderes gilt nach der herrschenden Auffassung, wenn der Verlust auch die Gesellschaft getroffen hätte[3]. Zu überzeugen vermag diese Einschränkung allerdings nicht.

Sie vernachlässigt die Tatsache, dass die Gefahr auf den Gesellschafter übergegangen ist und sich nachträgliche Wertveränderungen allein in seinem Vermögen abspielen. Deshalb sollten nachträgliche Wertminderungen auf seine Kosten und Wertsteigerungen zu seinen Gunsten gehen[4]. Der Umfang der Haftung steht im Zeitpunkt des verbotenen Empfangs fest. 1.30

d) Hiervon zu unterscheiden ist die **Frage einer nachträglichen Kompensation durch vermögensmehrende Gewinne**. Nach einer inzwischen aufgegebenen Auffassung des BGH sollte diese Haftung vorbehaltlich der Verjährung (Rz. 1.36) so lange – aber auch nur so lange – andauern, bis die **Unterbilanz** auf andere Weise **nachträglich ausgeglichen** ist[5]. Der Empfänger einer verbotenen Zahlung sollte also geltend machen können, dass zwischenzeitlich Sanierung eingetreten sei. Auch für den Geschäftsführer hatte dies beträchtliche Konsequenzen. Sofern keine Unterbilanz bestand, brauchte kein Geschäftsführer in der Vergangenheit nach verbotenen Zahlungen zu fahnden. **Von dieser Beschränkung ist der BGH** in zwei Entscheidungen vom 29. 5. 2000, darunter das bekannte Urteil „Balsam/Procedo" **wieder abgerückt**. Nunmehr ist herrschende Auffassung, **dass ein** einmal wegen Verstoßes gegen § 30 Abs. 1 GmbHG **entstandener Erstattungsanspruch der Gesellschaft nicht von Gesetzes wegen entfällt**, wenn das Gesellschaftsvermögen zwischenzeitlich auf sonstige Weise in Höhe des Stammkapitals wieder hergestellt ist[6]. Noch we- 1.31

§ 31 GmbHG Rz. 15; grundlegend *Hommelhoff*, FS Kellermann, 1991, S. 165, 167 f.; *Ulmer*, FS 100 Jahre GmbHG, 1992, S. 363, 376 ff.

1 *Habersack* in Großkommentar zum GmbHG, § 31 GmbHG Rz. 24.

2 BGH v. 10. 5. 1993 – II ZR 74/92, BGHZ 122, 333 = GmbHR 1993, 427; BGH v. 10. 5. 1993 – II ZR 74/92, BGHZ 122, 333 = GmbHR 1993, 427; BGH v. 17. 3. 2008 – II ZR 24/07, BGHZ 176, 62 = BB 2008, 1192 m. Anm. *König* = JZ 2008, 734 m. Anm. *Karsten Schmidt*; *Baumbach/Hueck/Fastrich*, § 31 GmbHG Rz. 16; *Altmeppen* in Roth/Altmeppen, § 30 GmbHG Rz. 88; *Habersack* in Großkommentar zum GmbHG, § 31 GmbHG Rz. 25.

3 Zusammenfassend BGH v. 17. 3. 2008 – II ZR 24/07, BGHZ 176, 62 = BB 2008, 1192 m. Anm. *König* = JZ 2008, 734 m. Anm. *Karsten Schmidt*; OLG Celle v. 17. 5. 2006 – 9 U 192/05, GmbHR 2006, 940; *Habersack* in Großkommentar zum GmbHG, § 31 GmbHG Rz. 25.

4 *Karsten Schmidt*, JZ 2008, 737.

5 BGH v. 11. 5. 1987 – II ZR 226/86, GmbHR 1987, 390, 391; abl. m.w.N. *Lutter/Hommelhoff*, § 31 GmbHG Rz. 11; *Altmeppen* in Roth/Altmeppen, § 31 GmbHG Rz. 11 ff.; *Rowedder/Schmidt-Leithoff/Pentz*, § 31 GmbHG Rz. 17.

6 BGH v. 29. 5. 2000 – II ZR 118/98, BGHZ 144, 336 = GmbHR 2000, 771; BGH v. 29. 5. 2000 – II ZR 347/97, ZIP 2000, 1256; bestätigend BGH v. 18. 6. 2007 – II ZR 86/06, BGHZ 173, 1, 8 f. = GmbHR 2007, 1102; ebenso *Baumbach/Hueck/Fastrich*, § 31 GmbHG Rz. 17; *Lutter/Hommelhoff*, § 31 GmbHG Rz. 11; zust. zu dem Urteil *Kort*, ZGR 2001, 615 ff.; zögernd *Karsten Schmidt*, Gesellschaftsrecht, S. 1139; *Altmeppen* in Roth/Altmeppen, § 31 GmbHG Rz. 13; krit. *Servatius*, GmbHR 2000, 1028 ff.; *Wagner/Sperneac-Wolfer*, NZG 2001, 9 ff.

niger darf sich der Empfänger gegenüber der Inanspruchnahme nach § 31 GmbHG auf die nachträgliche Ansammlung stiller Rücklagen berufen. Der BGH betrachtet die Rückzahlungsverpflichtung wegen verbotener Ausschüttung als Kehrseite der Einlagepflicht des Gesellschafters und meint, ebenso wenig wie diese Pflicht könne die Rückzahlungsverpflichtung aus § 31 Abs. 1 GmbHG durch Gewinne der GmbH erlöschen. Der BGH sieht also gewissermaßen in Höhe der verbotenen Ausschüttung die Einlage des Empfängers als nicht geleistet an (vgl. als Parallele zu dieser Vorstellung § 172 Abs. 4 HGB). Hiermit geht nach der Rechtsprechung ein strenges Aufrechnungsverbot einher: Der Gesellschafter kann gegen eine Rückzahlungsforderung der Gesellschaft aus § 31 Abs. 1 GmbHG analog § 19 Abs. 2 Satz 2 GmbHG nicht aufrechnen[1]. Diese sinngemäße **Anwendung des strengen Kapitalaufbringungsrechts** auf die Verwirklichung des Rückzahlungsanspruchs ist nicht ohne **Gefahren für die Beteiligten**. Die **Entschärfung des § 19 Abs. 2 GmbHG und die Einführung der neuen Absätze 4 und 5 durch das MoMiG** stellt keine zuverlässige Hilfe dar, wenn man sich auf den Wortlaut beschränkt. In der dritten Auflage wurde deshalb angeregt, **über die Segnungen der durch „Balsam/Procedo" eingeleiteten Rechtsprechung nachzudenken**[2]. Der haftungsrechtliche Nutzen der strengen Rechtsprechung ist allerdings nicht zu verkennen. Sie entlastet Rückforderungsprozesse aus § 31 GmbHG von der mühsamen Prüfung des im Streitfall vielleicht nur als Schutzbehauptung hergeholten Einwands, die Gesellschaft sei nach der verbotenen Auszahlung zwischenzeitlich saniert gewesen. Die herrschende Auffasung lässt den Empfänger gnadenlos haften, bis die Rückzahlungspflicht durch Zahlung erfüllt oder verjährt ist. Allen Beteiligten sei deshalb **dringend geraten, etwa bemerkte Verstöße gegen § 30 Abs. 1 GmbHG durch Zahlung zu bereinigen** (zur Verjährung vgl. Rz. 1.36). Doch hat die GmbH-Reform von 2008 die durch verdeckte Einlagen und durch Hin- und Herzahlen entstandenen Haftungsrisiken eingeschränkt (§ 19 Abs. 4, 5 GmbHG n.F.). Die künftige Rechtsprechung sollte dies berücksichtigen. Gegen eine gut dokumentierte Verrechnung – z.B. mit ausschüttungsfähigen Gewinnanteilen – wird nach der Reform nichts mehr einzuwenden sein, wenn die Kapitaldeckung materiell vollwertig ist. Die ipso iure-Heilung durch Gewinne der Gesellschaft dagegen wird der BGH voraussichtlich weiterhin ablehnen.

3. Haftung von Nicht- und von Mitgesellschaftern

1.32 a) **Rückzahlungspflichtig** ist der Empfänger (§ 31 GmbHG), regelmäßig also der Gesellschafter, an den oder für dessen Rechnung die verbotene Leistung erbracht worden ist. **Leistungen an nahe stehende Nichtgesellschafter** – z.B. bei Treuhandverhältnissen, Konzernverbindungen oder naher Verwandtschaft – können indes gleichfalls gegen § 30 GmbHG verstoßen und sodann Ansprü-

1 BGH v. 27. 11. 2000 – II ZR 83/00, BGHZ 146, 105 = GmbHR 2001, 142; dagegen *Lange*, NJW 2002, 2293; zu dieser Begründung abl. auch *Altmeppen* in Roth/Altmeppen, § 31 GmbHG Rz. 13; *Altmeppen*, NZG 2000, 887.

2 3. Aufl., Rz. 63; dass ein Innenausgleich bei verdeckter Gewinnausschüttung unberührt bleiben sollte, versteht sich von selbst.

che auch gegen diese Empfänger auslösen[1]. Der Gesellschafter als Normadressat wird hierdurch nicht haftungsfrei[2]. Bei einem aus Gesellschaftsmitteln finanzierten **Buy-Out** (zu solchen Fällen vgl. Rz. 2.137) kann dies zur Haftung sowohl der Anteilsveräußerer als auch der Erwerber führen[3]. Gegen sonstige Dritte – z.B. gegen die Hausbank der Gesellschaft – richten sich die §§ 30, 31 GmbHG nicht[4]. Selbstverständlich kommt aber § 30 GmbHG zum Zuge, wenn die Gesellschaft für Rechnung eines Gesellschafters an eine Bank oder an einen sonstigen Dritten zahlt. Doch dann haftet nicht der Dritte, sondern der Gesellschafter.

b) aa) Eine **Haftung von Mitgesellschaftern** ergibt sich aus **§ 31 Abs. 3** 1.33
GmbHG: Ist Zahlung vom Empfänger nicht zu erlangen, so haften für den zu erstattenden Betrag, soweit für die Gläubigerbefriedigung erforderlich, die übrigen Gesellschafter nach dem Verhältnis ihrer Geschäftsanteile (Satz 1), bei Ausfall von Mitgesellschaftern auch für deren Haftungsbeiträge (Satz 2). Im Ergebnis kann also, wenn kein zahlungsfähiger Mitgesellschafter vorhanden ist, die Ausfallhaftung komplett auf einen einzigen Mitgesellschafter zukommen, der keine Zahlung erhalten hat. Im Hinblick darauf, dass die §§ 30, 31 GmbHG auch in einer Überschuldungssituation zum Zuge kommen können (Rz. 1.26), kann sich hieraus ein schwer kalkulierbares Risiko ergeben. Die Mitgesellschafter sind durch eine **summenmäßige Haftungsbegrenzung** geschützt[5]: Das ist zwar mehrfach bestritten[6], aber inzwischen vom BGH prinzipiell anerkannt worden[7]. Unentschieden ist immer noch die **Methode und damit der Umfang dieser summenmäßigen Beschränkung**: Die **herrschende Meinung** begrenzt die Ausfallhaftung auf die **Höhe des Stammkapitals**[8], wobei z.T. die eigene Einlage des in Anspruch genommenen Mitgesellschafters in Abzug gebracht wird[9]. Das kann bei wiederholten Ausschüttungen an mehrere Gesellschafter zur Haftung auf das Mehrfache des Stammkapitals

1 BGH v. 14. 12. 1959 – II ZR 187/57, BGHZ 31, 258, 266 f. = NJW 1960, 285; BGH v. 26. 11. 1979 – II ZR 104/77, BGHZ 75, 334, 335 f. = NJW 1980, 592; BGH v. 28. 9. 1981 – II ZR 223/80, BGHZ 81, 365 = NJW 1982, 386; BGH v. 10. 5. 1993 – II ZR 74/92, BGHZ 122, 333, 339 f. = NJW 1993, 1922; BGH v. 13. 11. 1995 – II ZR 113/94, LM § 29 GmbHG Nr. 6 m. Anm. *Heidenhain* = NJW 1996, 589; *Habersack* in Großkommentar zum GmbHG, § 31 GmbHG Rz. 19 ff.

2 BGH v. 15. 10. 2007 – II ZR 243/06, DStR 2007, 2270.

3 Dazu BGH v. 18. 6. 2007 – II ZR 86/06, BGHZ 173, 1 = GmbHR 2007, 1102.

4 BGH v. 19. 3. 1998 – IX ZR 22/97, NJW 1998, 2592, 2594 mit Angaben zum Streitstand.

5 So bereits 2. Aufl., Rz. 67 m.w.N.

6 *Wilhelm,* FS Flume II, 1978, S. 361; *Immenga,* ZGR 1975, 491; *Fabritius* ZHR 144 (1980), 635; *Wissmann,* EWiR 1992, 788; *Reemann,* ZIP 1990, 1309 ff.; *Kleffner,* Erhaltung des Stammkapitals und Haftung nach §§ 30, 31 GmbHG, 1993, S. 177; *Jungmann,* DStR 2004, 688; *Jungmann,* WuB II C § 31 GmbHG 1.04; vgl. auch OLG Oldenburg v. 10. 5. 2001 – 1 U 52/99, EWiR 2001, 761, das den Gesamtbetrag allerdings im Verhältnis der Beteiligung des Mitgesellschafters am Stammkapital der Gesellschaft kürzen will.

7 BGH v. 25. 2. 2002 – II ZR 196/00, BGHZ 150, 61, 64 ff. = ZIP 2002, 848, 850.

8 *Baumbach/Hueck/Fastrich,* § 24 GmbHG Rz. 1; *Habersack* in Großkommentar zum GmbHG, § 30 GmbHG Rz. 94, § 31 GmbHG Rz. 44; dort weitere Nachweise.

9 *Lutter/Hommelhoff,* § 31 GmbHG Rz. 21.

führen. Die hier bereits in den Vorauflagen vertretene **Gegenauffassung** begrenzt sie auf die **Stammeinlage des jeweils ausgefallenen Schuldners**[1]. Dieses Haftungskonzept ist spiegelbildlich aus § 24 GmbHG abzuleiten. Der Empfänger haftet, ähnlich wie ein Einlageschuldner, in voller Höhe. Für ihn haften die anderen bis zur Höhe der vom Empfänger versprochenen Stammeinlage, und jeder Mitgesellschafter haftet auch für jeden ausfallenden Mitgesellschafter bis zur Höhe von dessen Stammeinlage, woraus sich – ganz i.S. der Intention der herrschenden Meinung – für jeden Gesellschafter im schlimmsten Fall (Ausfall aller Mitgesellschafter) ein Gesamtrisiko in Höhe des Stammkapitals ergibt.

1.34 An einem **Beispiel** dargestellt bedeutet dies: Es sei angenommen, die Gesellschafter A, B, C, D und E wären am Stammkapital von 50 000 Euro mit je 10 000 Euro beteiligt, und es hätte der E eine verbotene Ausschüttung von 100 000 Euro erhalten. A muss dann diese Summe zurückzahlen. Fällt er ganz oder teilweise aus, so müssten A–D einspringen, aber nicht mit je 25 000 Euro (unbeschränkte Haftung) und auch nicht mit je 12 500 Euro (Begrenzung auf das Stammkapital), sondern mit je 2500 Euro (Begrenzung auf die Einlage des Empfängers), dies allerdings auch mit Ausfallhaftung füreinander. Ganz wie im Fall des § 24 GmbHG kann sich eine solche Ausfallhaftung maximal bis zur Höhe des Stammkapitals (abzüglich der eigenen Einlage) addieren. Angenommen, es hätte jeder Gesellschafter entgegen § 30 GmbHG 10 000 Euro erhalten, und nur A wäre solvent, so haftete A in Höhe von 10 000 Euro auf Rückzahlung der selbst empfangenen Summe, und zusätzlich nach § 31 Abs. 3 GmbHG in Höhe von viermal 10 000 Euro.

1.35 **bb) Nicht summenmäßig begrenzt** ist die etwa bestehende **Verschuldenshaftung der Mitgesellschafter** für die Mitwirkung an Schädigungen des Gesellschaftsvermögens durch verbotene Ausschüttungen[2]. Dafür ist sie sachlich, d.h. in ihren Voraussetzungen, begrenzt. Die **Rechtsprechung** ist **uneinheitlich**. Der BGH hatte diese Verantwortlichkeit der Mitgesellschafter zunächst recht weit gezogen und im Jahr 1984 ausgesprochen[3]: Der GmbH-Gesellschafter, der die Geschäftsführung durch zustimmende Mitwirkung in einem Gesellschafterbeschluss zu Auszahlungen aus den zur Erhaltung des Stammkapitals erforderlichen oder bereits überschuldeten Gesellschaftsvermögen veranlasst hat, ist der Gesellschaft auch zum Ersatz für diejenigen Zahlungen verpflichtet, die an Mitgesellschafter geflossen sind. In einem Urteil von 1999 hatte der BGH sodann gegenüber dieser Entscheidung „klargestellt", dass die Gesellschafter der GmbH grundsätzlich keinen Schadensersatz zu leisten haben, wenn sie ihr einvernehmlich handelnd Vermögen entziehen[4]. Seit dem

1 *Karsten Schmidt,* Gesellschaftsrecht, S. 1143; zur Begründung dieses Standpunkts vgl. *Karsten Schmidt,* FS Raiser, 2005, S. 311 ff.; *Karsten Schmidt,* BB 1985, 156 f.; *Karsten Schmidt,* BB 1995, 530 f.; in der 9. Aufl. noch zust. *Scholz/H.P.Westermann,* § 31 GmbHG Rz. 30; vgl. dagegen 10. Aufl., § 31 GmbHG Rz. 30; *Bitter,* WuB II C. § 13 GmbHG 2.02; *Jungmann,* DStR 2004, 688, 694; *Jungmann,* WuB II C § 31 GmbHG 1.04; unentschieden BGH v. 25. 2. 2002 – II ZR 196/00, BGHZ 150, 61, 66 = ZIP 2002, 848, 850.

2 Dazu *Karsten Schmidt,* Gesellschaftsrecht, S. 1144 ff.

3 BGH v. 10. 12. 1984 – II ZR 308/83, BGHZ 93, 146 = GmbHR 1985, 191; vgl. auch BGH v. 27. 3. 1995 – II ZR 30/94, LM § 30 GmbHG Nr. 49 = GmbHR 1995, 442 (betr. GmbH & Co. KG).

4 BGH v. 21. 6. 1999 – II ZR 47/98, BGHZ 142, 92 = GmbHR 1999, 921; dazu scharf ablehnend *Wilhelm,* DB 1999, 2349; *Altmeppen,* ZIP 1999, 1354 f.

„Bremer Vulkan"-Urteil von 2001 konnte aber doch wieder als anerkannt gelten, dass es eine Verantwortlichkeit und Haftung der Gesellschafter für Schädigungen der eigenen Gesellschaft geben kann, dies freilich mit Begrenzung auf existenzgefährdende Eingriffe[1]. Die Urteile **„Trihotel" vom 16. 7. 2007** und **„Gamma" vom 28. 4. 2008** haben diese Haftung dann aber weiter eingegrenzt und sie auf Tatbestände des § 826 BGB (vorsätzliche sittenwidrige Schädigung) beschränkt (dazu Rz. 1.19)[2]. Auch eine Haftung als faktischer Geschäftsführer für verbotene Zahlungen – insbesondere nach § 64 GmbHG (dazu Rz. 11.30 ff.) – trifft den Gesellschafter (außer im Fall der Führungslosigkeit) selbst dann nicht, wenn er Verfügungsgewalt über das Konto hat[3]. Die von § 826 BGB unabhängige Existenzvernichtungshaftung als eine Variante der bei Rz. 11.87 ff. noch zu behandelnden **Insolvenzverursachungshaftung** ist durch die neuere Rechtsprechung unsicher geworden (vgl. schon zur Unterkapitalisierung Rz. 1.18). Eine gläubigerschädigende Plünderung der eigenen Gesellschaft kann eine derartige Haftung auslösen. Aber die bloße Mitwirkung an einem Verstoß gegen § 30 GmbHG hat diese Folge nicht.

4. Verjährung

Die Verjährung der Ansprüche aus § 31 GmbHG war durch die Schuldrechts- 1.36 modernisierung zweifelhaft geworden und wurde durch das Verjährungsanpassungsgesetz vom 9. 12. 2004 geändert[4]. Die Gesetzesänderung hat den § 31 Abs. 5 GmbHG an die Schuldrechtsreform angepasst und nachhaltig modernisiert. Sie ist hier nicht eingehend darzustellen[5], ebenso wenig die bis 2004 noch höchst umstrittene frühere Rechtslage[6]. Nach **§ 31 Abs. 5 GmbHG** verjährt der gegen den Empfänger gerichtete Rückzahlungsanspruch aus § 31 Abs. 1 GmbHG in zehn Jahren vom Zeitpunkt der verbotenen Leistung an, der Anspruch aus § 31 Abs. 3 GmbHG bezüglich der Haftung von Mitgesellschaftern in fünf Jahren. Die Verjährung beginnt mit dem Ablauf des Tages, an welchem die Zahlung, deren Erstattung beansprucht wird, geleistet ist. Wird vor der Verjährung das Insolvenzverfahren über das Vermögen der Gesellschaft eröffnet, so tritt die Verjährung nicht vor Ablauf von sechs Monaten nach der Verfahrenseröffnung ein.

5. Geschäftsführerhaftung

a) Eine Geschäftsführerhaftung wegen Verstoßes gegen § 30 GmbHG kann 1.37 sich aus **§ 43 GmbHG** ergeben[7]. Es haften auch Geschäftsführer, die nicht selbst gegen § 30 GmbHG verstoßen, wohl aber den Verstoß bemerkt und

1 BGH v. 17. 9. 2001 – II ZR 178/99, BGHZ 149, 10 = NJW 2001, 3622; seither std. Rspr.
2 BGH v. 16. 7. 2007 – II ZR 3/04, BGHZ 173, 264 = GmbHR 2007, 927.
3 BGH v. 11. 2. 2008 – II ZR 291/06, DB 2008, 1202 f.
4 Übergangsregelung bei Art. 229 § 12 EGBGB.
5 Vgl. statt dessen *Scholz/H. P. Westermann*, § 31 GmbHG Rz. 33–38.
6 Dazu noch 3. Aufl., Rz. 65.
7 BGH v. 20. 3. 1986 – II ZR 114/85, WM 1986, 789; BGH v. 13. 3. 2006 – II ZR 165/04, GmbHR 2006, 537; OLG Hamburg v. 31. 8. 2005 – 11 U 55/04, NZG 2005, 1008.

nicht verhindert haben[1]. Der Schaden kann durch Rückerstattung seitens des Gesellschafters behoben werden[2]. Zur Inanspruchnahme der Gesellschafter sind die Geschäftsführer verpflichtet. Wird dies versäumt, so kann auch dies die Haftung eines an der Auszahlung nicht beteiligten Geschäftsführers begründen.

1.38 Das Verbot gilt auch für sog. **faktische Geschäftsführer** (zu ihnen vgl. Rz. 5.298). Andere Mitarbeiter der GmbH – auch Prokuristen – sind nicht Adressaten des in § 30 GmbHG enthaltenen Verbots, können aber für erkennbare, von ihnen veranlasste oder durchgeführte Verstöße gegen § 30 GmbHG unter dem Gesichtspunkt der Vertragsverletzung zum Schadensersatz verpflichtet sein[3]. Den Geschäftsführer entlastet das Handeln durch diese Angestellten nicht. Er haftet für das schuldhafte Gewährenlassen.

1.39 **b)** Ein **Gesellschafterbeschluss**, der eine nach § 30 GmbHG unzulässige Auszahlung anordnet, entlastet die Geschäftsführer nicht[4]. Die Geschäftsführerhaftung kommt auch in einem solchen Fall zum Zuge, soweit dies zur Befriedigung von Gesellschaftsgläubigern erforderlich ist (§ 43 Abs. 1 Satz 3 GmbHG). Der Beschluss kann nach einer Entscheidung des OLG Celle anfechtbar sein, auch wenn die Unterbilanz noch gar nicht vorhanden ist, sondern bevorsteht[5]. Richtigerweise ist ein solcher Beschluss, wenn er einen Verstoß gegen das Verbot anordnet, nichtig. Dieser Fall ist selten. In anderen Fällen ist schlicht der Vollzug des Beschlusses verboten, sobald dieser Vollzug auf Kosten der Kapitaldeckung erfolgen würde[6]. Dazu braucht der Beschluss nicht angefochten zu werden. § 30 GmbHG setzt bei der Zahlung und nicht bei der Beschlussfassung an. Das Verbot gilt auch, wenn der die Ausschüttung anordnende Beschluss selbst in einem Zeitpunkt gefasst wurde, in dem die Auszahlung problemlos gewesen wäre[7].

1.40 **c)** Die **strafrechtliche Relevanz** des Kapitalerhaltungsgebots ist umstritten. Einschlägiger Straftatbestand ist die **Untreue nach § 266 StGB**[8]. Zwischen der GmbH und dem Geschäftsführer besteht ein Treueverhältnis, die diesen dem Treubruchtatbestand unterwirft[9]. Der BGH ist in früheren Jahren mit der Anwendung des § 266 StGB im Kapitalschutzbereich außerordentlich schnell bei der Hand gewesen[10]. Eine Gegenansicht will § 266 StGB jedenfalls bei der Zustimmung aller Gesellschafter ausschließen, weil diese über das Vermögen der GmbH disponieren können und die Gläubiger daran keine eigenen Vermö-

---

1 BGH v. 20. 3. 1986 – II ZR 114/85 , WM 1986, 789.
2 OLG Hamburg v. 31. 8. 2005 – 11 U 55/04, NZG 2005, 1008, 1011.
3 BGH v. 25. 6. 2001 – II ZR 38/99, GmbHR 2001, 771.
4 *Scholz/Uwe H. Schneider*, § 43 GmbHG Rz. 271.
5 OLG Celle v. 6. 8. 1997 – 9 U 224/96, GmbHR 1998, 140.
6 Ähnlich wohl *Kort*, ZGR 2001, 634.
7 Vgl. BFH v. 7. 11. 2001 – I R 11/01, GmbHR 2001, 337, 338 f.; *Scholz/Karsten Schmidt*, § 45 GmbHG Rz. 74.
8 Eingehend *Scholz/Tiedemann*, 9. Aufl., vor §§ 82 ff. GmbHG Rz. 12 ff.; *Schäfer*, GmbHR 1993, 787 ff.; *Wodicka*, Die Untreue zum Nachteil der GmbH bei Zustimmung aller Gesellschafter, 1993.
9 *Scholz/Tiedemann*, 9. Aufl., vor §§ 82 ff. GmbHG Rz. 15.
10 BGH v. 29. 5. 1987 – 3 Str 242/86, BGHSt 34, 379 = GmbHR 1987, 464.

gensrechte haben[1]. Aber diese Dispositionsbefugnis endet jedenfalls an der Grenze des gesetzlichen Ausschüttungsverbots, so dass sich der Geschäftsführer dann nach § 266 StGB strafbar macht, wenn er vorsätzlich gegen § 30 GmbHG verstößt, sei es mit oder ohne Zustimmung der Gesellschafter[2]. Ob der strafrechtliche Kapitalschutz noch weiter reicht, ist umstritten. Als herrschend kann wohl die Auffassung angesehen werden, dass der Geschäftsführer dann den Straftatbestand der Untreue verwirklicht, wenn er durch die willkürliche Verschiebung von Vermögen die Gesellschaft existenzgefährdend schädigt, sei es auch mit Zustimmung der Gesellschafter und ohne Beeinträchtigung des Stammkapitals[3]. Die von der Strafrechtsdoktrin meist beschworene Bestimmtheit der Tatbestände lässt allerdings auch nach dieser Entschärfung zu wünschen übrig. Jedenfalls kann allen Geschäftsführern nicht entschieden genug in das Bewusstsein gerufen werden, **dass die GmbH auch in strafrechtlicher Hinsicht als Rechts- und Vermögenssubjekt respektiert werden muss**, und zwar **auch im Fall einer Einpersonen-GmbH**[4]. Dieser strafrechtliche Schutz der GmbH setzt bereits vor der nach § 15a Abs. 4, 5 InsO (vormals § 84 GmbHG) gleichfalls strafbewehrten Insolvenzantragspflicht (Rz. 11.1) ein. Besonders gravierend ist diese strafrechtliche Seite des Kapitalerhaltungsschutzes, wenn man den Schutz mit den bei Rz. 1.42 genannten Stimmen auf einen allgemeinen Schutz gegen solvenzgefährdende Zahlungen ausdehnt.

6. GmbH & Co. KG

Im Fall der **GmbH & Co. KG** ist analog § 30 GmbHG auch das Vermögen der Kommanditgesellschaft geschützt[5], und zwar auch gegen Auszahlungen an Nur-Kommanditisten[6]. Dementsprechend greift in der **GmbH & Still** der 1.41

1 Vgl. *Kubiciel*, NStZ 2005, 353, 359; *Altmeppen* in Roth/Altmeppen, § 43 GmbHG Rz. 129 m.w.N.; *Schönke/Schröder/Lenckner/Perron*, 27. Aufl. 2006, § 266 StGB Rz. 216.

2 BGH v. 6. 5. 2008 – 5 StR 34/08, JR 2008, 384 = wistra 2008, 379; BGH v. 11. 8. 1989 – 3 Str 75/89, GmbHR 1989, 465; dazu *Schäfer*, GmbHR 1993, 795.

3 Vgl. BGH v. 24. 8. 1988 – 3 Str 232/88, BGHSt 35, 333 = GmbHR 1988, 477; BGH v. 11. 11. 1988 – 3 Str 335/88, BB 1989, 974; BGH v. 20. 7. 1999 – 1 Str 668/98, NJW 2000, 154; BGH v. 21. 6. 1999 – II ZR 47/98, BGHZ 142, 92, 94 = NJW 1999, 2817, 2818; BGH v. 30. 9. 2004 – 4 StR 381/04, NStZ-RR 2005, 86; BGH v. 3. 5. 2006 – 2 StR 511/05, Wistra 2006, 309; BGH v. 6. 5. 2008 – 5 StR 34/08, wistra 2008, 379 Rz. 14; *Rowedder/Schmidt-Leithoff/Schaal*, vor §§ 82 ff. GmbHG Rz. 17; BGH v. 17. 9. 2001 – II ZR 178/99, BGHZ 149, 10 = GmbHR 2001, 1036; *Scholz/Tiedemann*, 9. Aufl., vor §§ 82 ff. GmbHG Rz. 15; *Wodicka*, Die Untreue zum Nachteil der GmbH bei Zustimmung aller Gesellschafter, 1993, S. 266 ff., 275 ff.; *Bramsen*, DB 1989, 1609, 1615; *Maurer*, GmbHR 2004, 1549, 1552; *Schäfer*, GmbHR 1993, 789 ff.

4 BGH v. 29. 5. 1987 – 3 Str 242/86, BGHSt 34, 379, 384 = GmbHR 1987, 464; BGH v. 17. 9. 2001 – II ZR 178/99, BGHZ 149, 10 = GmbHR 2001, 1036; *Schäfer*, GmbHR 1993, 789 f.; *Stapelfeld*, BB 1991, 1502 f.

5 BGH v. 29. 3. 1973 – II ZR 25/70, BGHZ 60, 324 = NJW 1973, 1036; BGH v. 27. 9. 1976 – II ZR 162/75, BGHZ 67, 171, 175 = NJW 1977, 104, 105 m. Anm. *Karsten Schmidt*; st. Rspr.

6 BGH v. 19. 2. 1990 – II ZR 268/88, BGHZ 110, 342 = NJW 1990, 1725; *Karsten Schmidt* in Münchener Kommentar zum HGB, 2. Aufl. 2007, §§ 171/172 HGB Rz. 128.

Schutz auch bei Auszahlungen an stille Gesellschafter ein[1]. Sinngemäß gelten damit auch die Ausführungen zu § 31 GmbHG und zur Geschäftsführerhaftung.

III. Liquiditätsschutz

1. Kreditgewährung oder Kreditbesicherung zu Lasten des Gesellschaftsvermögens: § 30 GmbHG als Liquiditätsschutz der Gesellschaft?

1.42 a) Zur Krisenvermeidung gehört auch die **Sorge für Liquidität der Gesellschaft** (Rz. 1.63 ff.). Dies ist in erster Linie eine **Geschäftsführeraufgabe**. Der Geschäftsführer darf bei der Schwachstellenanalyse und Selbstprüfung des Unternehmens (Rz. 1.109 ff.) selbstverständlich die Gewährleistung nachhaltiger Liquidität nicht vernachlässigen. Das gebieten schon seine Pflichten aus § 43 GmbHG. Eine völlig andere Frage ist, ob die strikte Regel des § 30 GmbHG außer verdeckten Ausschüttungen auch gegenüber den Gesellschaftern liquiditätsgefährdende Maßnahmen, insbesondere die **Verwendung des Gesellschaftsvermögens für die Kreditvergaben an Gesellschafter oder an Konzerngesellschaften**, verbietet. Das Ausschüttungsverbot des § 30 GmbHG ist als **Vermögensschutz** zu verstehen, **nicht** als **Liquiditätsschutz**. Geschützt wird das zur Erhaltung des Stammkapitals erforderliche Reinvermögen der Gesellschaft gegen Ausschüttungen, die eine Unterbilanz herbeiführen oder vergrößern[2]. Der Tatbestand des § 30 GmbHG ist deshalb **von einer bilanziellen Betrachtungsweise beherrscht** (Rz. 1.25)[3]. Ein vermögensrechtlich neutraler Aktiventausch – mag er auch auf der Gesellschafterstellung eines Leistungsempfängers beruhen – ist nach dieser Auslegung des § 30 GmbHG nur eine Maßnahme der Mittelverwendung in der GmbH und kann keine verbotene Ausschüttung sein: Die Lieferung an einen Gesellschafter ist nur dann eine „Auszahlung" i.S. von § 30 Abs. 1 GmbHG, wenn keine gleichwertige Gegenleistung erfolgt (verdeckte Gewinnausschüttung), die Kreditgewährung nur, wenn sie aus Solvenzgründen à fonds perdu erfolgt (kein vollwertiger Rückgewähranspruch) oder wenn und soweit keine angemessenen Zinsen gezahlt werden (dann aber verdeckte Gewinnausschüttung nur in der Höhe der Zinsdifferenz). Die Fälle der verdeckten Gewinnausschüttung aus dem zur Deckung des Stammkapitals erforderlichen Vermögen sind im Ergebnis unstreitig[4]. Die bloße **Kreditgewährung oder Kreditbesicherung aus bzw. an dem Gesellschaftsvermögen** stellt dagegen nach dieser rein vermögensrechtlichen Betrachtung **keinen Verstoß gegen § 30 GmbHG** dar, wenn der Gesellschafter als

---

1 BGH v. 7. 11. 1988 – II ZR 46/88, BGHZ 106, 7, 9 ff. = NJW 1989, 982; BGH v. 13. 12. 2006 – II ZR 62/04, GmbHR 2006, 531; *Karsten Schmidt* in Münchener Kommentar zum HGB, 2. Aufl. 2007, § 230 HGB Rz. 171.

2 Vgl. *Karsten Schmidt*, Gesellschaftsrecht, S. 1133 ff.; *Sotiropoulos*, GmbHR 1996, 653 ff.; *Rowedder/Schmidt-Leithoff/Pentz*, § 30 GmbHG Rz. 34; *Joost*, GmbHR 1983, 285 ff.; *Joost*, ZHR 148 (1984), 27 ff.

3 *Karsten Schmidt*, Gesellschaftsrecht, S. 1133 ff.

4 Vgl. nur *Baumbach/Hueck/Fastrich*, § 30 GmbHG Rz. 25; *Lutter/Hommelhoff*, § 30 GmbHG Rz. 28 f.; *Altmeppen* in Roth/Altmeppen, § 30 GmbHG Rz. 91 ff.; *Scholz/Emmerich*, § 29 GmbHG Rz. 174.

Darlehensnehmer kreditwürdig, der Rückzahlungs- bzw. Freistellungsanspruch der Gesellschaft also vollwertig ist[1]. Das hat die GmbH-Reform 2008 (MoMiG) für die Zukunft wieder klargestellt (**§ 30 Abs. 1 Satz 2 GmbHG n.F.**): Ein vollwertiger Rückgewähranspruch schließt danach die Anwendung des § 30 Abs. 1 Satz 1 GmbHG auf die **Ausreichung eines Kredits an einen Gesellschafter** aus. Im Fall der **Kreditbesicherung durch die Gesellschaft** (Beispiel: Die Tochter-GmbH besichert einen von der Muttergesellschaft aufgenommenen Bankkredit) steht der Belastung der Gesellschaft ein Freistellungs- bzw. Regressanspruch gegen den Kreditnehmer gegenüber (§ 670 BGB bzw. §§ 774, 1143, 1225 BGB), und es kommt auf die Vollwertigkeit dieses Anspruchs an.

b) Die Folgerungen aus § 30 Abs. 1 Satz 2 GmbHG n.F. sind hiernach eindeutig: Die Neufassung ist ein Bekenntnis zur bilanziellen Betrachtung des § 30 GmbHG. Die Bestimmung gewährleistet **Vermögensschutz, nicht Liquiditätsschutz**! 1.43

2. Überwundene Haftungsrisiken

a) Zwischenzeitlich wurde allerdings mehr und mehr auch die Kreditgewährung an Gesellschafter und – weitaus wichtiger – die Kreditbesicherung auf Kosten des Gesellschaftsvermögens unter § 30 Abs. 1 GmbHG subsumiert[2]. 1.44

Das Schlagwort hieß: **Aufgabe der bilanziellen Betrachtungsweise**[3] Im **Sonnenring-Urteil** des BGH vom 21. 9. 1981 hatte sich der lapidare Satz gefunden, auch eine zu Gunsten der Beklagten vereinbarte Stundung unterliege den Kapitalerhaltungsvorschriften der §§ 30, 31 GmbHG „mit der Folge, dass die Beklagte einen in der Stundung liegenden Vermögensvorteil nicht behalten dürfte, soweit er zu Lasten des Stammkapitals geht“[4]. Deutlicher wurde der 1.45

1 *Baumbach/Hueck/Fastrich,* § 30 GmbHG Rz. 26; *Habersack* in Großkommentar zum GmbHG, § 30 GmbHG Rz. 48 ff.; *Altmeppen* in Roth/Altmeppen, § 30 GmbHG Rz. 91 ff. (s. aber Rz. 97); *Rowedder/Schmidt-Leithoff/Pentz,* § 30 GmbHG Rz. 34; *Scholz/H.P.Westermann,* § 30 GmbHG Rz. 19 ff.; *Uwe H. Schneider,* FS Döllerer, 1988, S. 543 f.; *Sotiropoulos,* Kredite und Kreditsicherheiten der GmbH zu Gunsten ihrer Gesellschafter und nahe stehender Dritter, 1996, S. 33 ff., 96 ff.; *Sotiropoulos,* GmbHR 1996, 654 m.w.N.; entgegen *Altmeppen* in Roth/Altmeppen, § 30 GmbHG Rz. 97, geht es bei diesem vollwertigen Anspruch natürlich nicht um den des § 31 GmbHG; nicht die Betrachtung des Textes, sondern die Unterstellung von *Altmeppen* ist „absurd“ und „verfehlt“.

2 Vgl. mit erheblichen Unterschieden im Detail BGH v. 21. 9. 1981 – II ZR 104/80, BGHZ 81, 311, 321 = GmbHR 1982, 133, 136; BGH v. 24. 11. 2003 – II ZR 171/01, BGHZ 157, 72 = ZIP 2004, 263; OGH Wien v. 25. 6. 1996 – 4 Ob 2078/96 AG 1996, 572; OLG München v. 19. 6. 1998 – 21 U 6130/97, GmbHR 1998, 986; KG v. 11. 1. 2000 – 14 U 7683/97, NZG 2000, 479 m. Anm. *Kleindiek*; *Baumbach/Hueck/Fastrich,* § 30 GmbHG Rz. 27; *Habersack* in Großkommentar zum GmbHG, § 30 GmbHG Rz. 48; *Altmeppen* in Roth/Altmeppen, § 30 GmbHG Rz. 97 f.; *Fleck,* JbFSt 1984/85, S. 554; *Schön,* ZHR 159 (1995), 356 ff.; *Mülbert,* ZGR 1995, 582 ff. m.w.N.; steuerrechtlich: *Neumann,* GmbHR 1996, 424 ff.

3 *Altmeppen* in Roth/Altmeppen, § 30 GmbHG Rz. 97 ff.; grundlegend *Stimpel,* FS 100 Jahre GmbHG, 1992, S. 335 ff.; *Schön,* ZHR 159 (1995), 351, 359 ff.

4 BGH v. 21. 9. 1981 – II ZR 104/80, BGHZ 81, 311, 321 = GmbHR 1982, 133, 136.

BGH im **„Novemberurteil" vom 24. 11. 2003**: „Kreditgewährungen an Gesellschafter, die nicht aus Rücklagen oder Gewinnvorträgen, sondern zu Lasten des gebundenen Vermögens der GmbH erfolgen, sind auch dann grundsätzlich als verbotene Auszahlung von Gesellschaftsvermögen zu bewerten, wenn der Rückzahlungsanspruch gegen den Gesellschafter im Einzelfall vollwertig sein sollte."[1] Diese Entscheidung hatte eine gesetzliche Vorgeschichte und ein gesetzliches Nachspiel. In § 43a GmbHG (Kredite an Gesellschafter) hatte die Novelle von 1980 die Kreditgewährung an Gesellschafter nicht berücksichtigt und zwar in der Annahme, dass § 30 GmbHG auch Kreditgewährungen bei Unterbilanz erfasste. Dem Bundesratsvorschlag, auch Kredite an Gesellschafter dem § 43a GmbHG zu unterwerfen[2], widersprach die Bundesregierung mit dem Hinweis auf den hinreichenden Schutz durch § 30 GmbHG[3], und der Rechtsausschuss schloss sich dem an[4]. Der **Wille des Gesetzgebers von 1980** war insofern eindeutig. **Die Kreditvergabe bzw. Kreditbesicherung zu Gunsten von Gesellschaftern sollte nicht aus dem zur Erhaltung des Stammkapitals erforderlichen Vermögen bestritten werden!**[5] Die Frage war nur, ob dieser Schutz über § 30 GmbHG gewährt werden kann. Der IX. Zivilsenat des BGH hatte dies im Jahr 1998 noch ausdrücklich offen gelassen[6], bevor er dann **im Novemberurteil von 2003** den § 30 GmbHG für anwendbar erklärte. Im vorliegenden Werk wurde die Anwendung des § 30 GmbHG auf die Ausreichung von Krediten an solvente Gesellschafter bereits in den Vorauflagen abgelehnt[7], denn:

- Das Prinzip des § 30 GmbHG zielt auf Vermögensschutz und erfasst nicht den bloßen Aktiventausch (Forderung gegen Kasse).
- Das Prinzip des § 30 GmbHG zielt auf den kritischen Zeitpunkt des Mittelabflusses, während es bei der Kredit- oder Sicherungsgewährung durch die Gesellschaft zu Gunsten eines solventen Gesellschafters um die Herbeiführung einer das Gesellschaftsvermögen nicht aktuell schmälernden, aber gefährdenden Vermögenssituation geht.

1.46 **b)** Das nach diesen Überlegungen unglückliche **„Novemberurteil" von 2003** hat eine unvergleichliche Diskussion ausgelöst[8], nicht nur, aber besonders wegen seiner vielfach befürchteten Auswirkungen auf das Cash Pooling (dazu

---

1 BGH v. 24. 11. 2003 – II ZR 171/01, BGHZ 157, 72 = ZIP 2004, 263; zust. z.B. *Habersack* in Großkommentar zum GmbHG, § 30 GmbHG Rz. 49; *Bayer/Lieder*, ZGR 2005, 133 ff.; *Saenger/Koch*, NZG 2004, 271 ff.; abl. z.B. *Cahn*, Der Konzern, 2004, 235 ff.; *Helmreich*, GmbHR 2004, 457; *J. Vetter*, BB 2004, 1509, 1512.

2 BT-Drucks. 8/1347, S. 64, 67.

3 BT-Drucks. 8/1347, S. 72, 74.

4 BT-Drucks. 8/3908, S. 20.

5 A.M. *Altmeppen* in Roth/Altmeppen, § 30 GmbHG Rz. 93.

6 BGH v. 19. 3. 1998 – IX ZR 22/97, BGHZ 138, 291, 298 = NJW 1998, 2592, 2594.

7 3. Aufl., Rz. 69; vgl. *Karsten Schmidt,* Gesellschaftsrecht, S. 1134; *Altmeppen* in Roth/Altmeppen, 4. Aufl. 2003, § 30 GmbHG Rz. 93; wohl auch *Scholz/H. P. Westermann,* § 30 GmbHG Rz. 44 f.; differenzierend *Rowedder/Schmidt-Leithoff/Pentz,* § 30 GmbHG Rz. 34 (Kreditgewährung nein), Rz. 37 (Kreditbesicherung ja).

8 Überblick bei *Habersack* in Großkommentar zum GmbHG, § 30 Rz. 48 f.; *Altmeppen* in Roth/Altmeppen, § 30 GmbHG Rz. 91 ff.

Rz. 1.58 f.)[1]. Die **Reform von 2008 (MoMiG)** sucht dieser Diskussion durch **Rückkehr zur bilanziellen Betrachtungsweise** ein Ende zu bereiten[2] Die Kreditgewährung an einen Gesellschafter aus dem zur Deckung des Stammkapitals erforderlichen Vermögen verstößt nach **§ 30 Abs. 1 Satz 2 GmbHG n.F.** nicht mehr gegen das Ausschüttungsverbot, wenn sie durch einen vollwertigen Gegenanspruch gedeckt ist, m.a.W. nicht mehr als einen Aktiventausch bewirkt (Kasse gegen Forderung). Der Gesetzgeber wollte hierdurch die mit dem „Novemberurteil" von 2003 verbundenen Turbulenzen beenden[3]. Das ist gelungen: Das Zahlungsverbot des § 30 GmbHG darf nur noch als eine **Vermögensschutzregel, nicht** mehr als eine **Liquiditätsschutzregel** verstanden werden (vgl. Rz. 1.42). Ein aktienrechtliches Urteil vom 1. 12. 2008[4] zeigt, dass der II. Zivilsenat **auch für Altfälle** aus der Zeit vor dem MoMiG zur bilanziellen Betrachtungsweise zurückkehrt.

3. Kredite an Gesellschafter nach geltendem Recht

a) Aus dem MoMiG darf nicht gefolgert werden, dass Kreditausreichungen nicht unter das Verbot des § 30 GmbHG fallen können. Bei der **Vergabe von Krediten an Gesellschafter** und bei der **Besicherung von Krediten zu Gunsten der Gesellschafter** sind vielmehr folgende **Prüfungen** notwendig: 1.47

- Vor der Vergabe von Krediten an Gesellschafter ist eine im Fall der Kreditvergabe entstehende **hypothetische Unterbilanz** (bei Nichtmitrechung des Darlehens-Rückgewähranspruchs) zu prüfen. Diese indiziert eine mögliche Verletzung des § 30 Abs. 1 GmbHG.
- Zu prüfen ist sodann die **Vollwertigkeit des Anspruchs gegen den Kreditnehmer** (im Fall der Kreditbesicherung die Vollwertigkeit des Freistellungsanspruchs gegen den Kreditnehmer). Ist die Vollwertigkeit gewährleistet, so schließt dies eine Verletzung des § 30 GmbHG aus.
- Ferner ist für eine **marktgerechte Verzinsung** des Kredits (bei Kreditbesicherung für eine marktgerechte Avalprovision) zu sorgen (sonst Verstoß gegen § 30 GmbHG in Höhe der Zinsdifferenz, soweit das Eigenkapital nicht gedeckt ist).

b) Einen wesentlich **intensiveren Liquiditätsschutz** ermöglichte die auf *Uwe H. Schneider* zurückgehende[5], seither mehrfach diskutierte **analoge Anwendung des § 43a GmbHG auf Kredite an Gesellschafter** (und ggf. an ihnen nahe stehende Dritte)[6]. Diese Auffassung hatte gegenüber dem Liquiditätsschutz 1.48

---

1 Dazu namentlich *Altmeppen*, ZIP 2006, 665; *Grothans/Halberkamp*, GmbHR 2005, 1317; *Langner*, GmbHR 2005, 1017; *Reidenbach*, WM 2004, 1421.

2 Dazu etwa *Altmeppen*, ZIP 2009, 49 ff.; *Drygala/Kremer*, ZIP 2007, 1289, 1296; *Kallmeyer*, DB 2007, 2755, 2757; *Karsten Schmidt*, GmbHR 2007, 1072, 1074 f.

3 Begr. RegE MoMiG, BT-Drucks. 16/6140, S. 41 = ZIP-Beilage zu Heft 23/2007, S. 16.

4 BGH v. 1. 12. 2008 – II ZR 102/07, BB 2008, 2749 = DB 2009, 106 = ZIP 2009, 70.

5 *Scholz/Uwe H. Schneider,* § 43a GmbHG Rz. 61 ff.; *Uwe H. Schneider,* FS Döllerer, 1988, S. 537; *Uwe H. Schneider,* GmbHR 1982, 197.

6 Eingehend *Sotiropoulos,* Kredite und Kreditsicherheiten der GmbH zu Gunsten ihrer Gesellschafter und nahe stehender Dritter, 1996, S. 17 ff., 37 ff., 100 ff.; *Sotiropoulos,*

über § 30 GmbHG, der für einen solchen Schutz nicht konzipiert ist, rechtssystematische und überdies auch rechtspolitische Vorteile[1]. Sie ging von der jetzt durch das MoMiG unterstützten Annahme aus, die in der Reform von 1980 von Bundesregierung und Rechtsausschuss vertretene Ansicht, Kredite an Gesellschafter seien bereits nach § 30 GmbHG erfasst, sei rechtlich unrichtig, womit nicht § 30 GmbHG, wohl aber § 43a GmbHG lückenhaft geworden sei. Die auf der Fehleinschätzung des § 30 GmbHG beruhende Beschränkung des § 43a GmbHG auf Kredite an Geschäftsführer habe diese Bestimmung bezüglich der Kredite und Kreditsicherheiten zu Gunsten von Gesellschaftern lückenhaft werden lassen, und diese Lücke sei durch analoge Anwendung zu füllen. Für konzerninterne Darlehen sollte ein Konzernprivileg gelten[2], und die Cash Pool-Finanzierung, bei der es wirtschaftlich nicht um Kreditausreichungen geht (ein Kreditnehmer nutzt die Liquidität für eigene Zwecke), war ohnedies nicht erfasst. Gegenüber der Anwendung des § 30 GmbHG brächte die **analoge Anwendung des § 43a GmbHG** eine **erhebliche Verschärfung** mit sich: **Maßgeblicher Zeitpunkt** ist nach zwar bestrittener, aber normgerechter Auslegung in Fällen des § 43a GmbHG nicht die Gewährung des Kredits oder der Kreditsicherheit, sondern **auch während der Laufzeit des Kredits** oder der Kreditsicherheit kann der Rückforderungstatbestand eingreifen[3]. Der vor dem „Novemberurteil" von 2003 ausgetragene Streit um die Einschlägigkeit des § 30 GmbHG oder des analog anzuwendenden § 43a GmbHG hatte nach dieser Auffassung eine höchst praktische Tragweite. Überwiegend und auch durch das „Novemberurteil" des BGH wurde die analoge Anwendung des § 43a GmbHG zwar abgelehnt[4], aber sie hätte dem der Novelle von 1980 zu Grunde liegenden Gesetzgeberwillen, auch Darlehen an Gesellschafter dem Kapitalschutz zu unterwerfen, voll und ganz Rechnung getragen, und zwar ohne Verbiegung des § 30 GmbHG. **Seit der Reform von 2008 scheint ein Rückgriff auf § 43a GmbHG ausgeschlossen**. Formaljuristisch könnte zwar argumentiert werden, dass § 30 Abs. 1 Satz 2 GmbHG n.F. nur eine Anwendung des § 30 GmbHG auf die Ausreichung vollwertiger Kredite ausschließt, nicht auch die vom BGH bisher abgelehnte, jedoch gut begründbare analoge Anwendung des § 43a GmbHG. Aber die schärfere Rechtsfolge des § 43a GmbHG scheint nach dem aus dem MoMiG sprechenden Gesetzgeberwillen ausgeschlossen. Die **Neufassung des § 30 Abs. 1 GmbHG** schließt die Annahme einer Lücke im Gesetz aus. Das hat **Auswirkungen insbesondere in Buy-Out-Fällen**. Gewährt in einem solchen Fall die Ziel-GmbH der von den Ge-

---

GmbHR 1996, 655; Standpunkt des Verfassers bei *Karsten Schmidt,* Gesellschaftsrecht, S. 1147 ff.

1 *Karsten Schmidt,* Gesellschaftsrecht, S. 1147 ff.

2 *Karsten Schmidt,* Gesellschaftsrecht, S. 1149; *Sotiropoulos,* Kredite und Kreditsicherheiten der GmbH zu Gunsten ihrer Gesellschafter und nahe stehender Dritter, 1996, S. 71 ff.

3 *Scholz/Uwe H. Schneider,* § 43a GmbHG Rz. 43; a.M. z.B. *Paefgen* in Großkommentar zum GmbHG, § 43a GmbHG Rz. 27 m.N.

4 Vgl. etwa BGH v. 24. 11. 2003 – II ZR 171/01, BGHZ 157, 72, 74 = ZIP 2004, 263. *Baumbach/Hueck/Zöllner,* § 43a GmbHG Rz. 3; *Paefgen* in Großkommentar zum GmbHG, § 43a GmbHG Rz. 13; *Altmeppen* in Roth/Altmeppen, § 30 GmbHG Rz. 94; *Rowedder/Schmidt-Leithoff/Koppensteiner,* § 43a GmbHG Rz. 3; *Kühbacher,* Darlehen an Konzernunternehmen, 1993, S. 45 ff.; *Schön,* ZHR 159 (1995), 360.

schäftsführern gegründeten „NewCo" (Neu-GmbH) Kredit oder Kreditsicherheit, damit diese die Anteile erwirbt, so ist der Schutz nach § 43a GmbHG zweifelhaft[1]. Nicht als Kredit an die NewCo als Gesellschafterin, sondern allenfalls als mittelbarer Kredit an die Geschäftsführer kann diese Finanzierung unter § 43a GmbHG fallen.

4. Kredite an Geschäftsführer

a) Für Kredite an Geschäftsführer, Prokuristen und Generalhandlungsbevollmächtigte – nach h.M. nicht für Kredite an Gesellschafter (Rz. 1.48) und auch nicht für Kredite an Aufsichtsratsmitglieder[2] – gilt das Verbot, Kredit aus dem zur Deckung und das Gebot, einen solchen Kredit zurückzuzahlen (**§ 43a GmbHG**). 1.49

§ 43a GmbHG basiert auf dem **Tatbestand einer fiktiven Unterbilanz**[3]: Diese ist insofern fiktiv, als der Anspruch auf Darlehens-Rückzahlung aus der Bilanz weggedacht wird. 1.50

- Bei **Kreditgewährung durch die Gesellschaft** zu Gunsten von Geschäftsführern gilt: Wenn das Reinvermögen der Gesellschaft – Aktiva minus Verbindlichkeiten – unter Vernachlässigung des Anspruchs auf Rückgewähr des Darlehens nicht mehr das Stammkapital deckt, ist (oder wird!) die Kreditgewährung unerlaubt, und eine Rückforderung ist nach § 43a GmbHG geboten.
- Bei **Kreditbesicherung am Gesellschaftsvermögen** zu Gunsten von Geschäftsführern gilt: Wenn das Reinvermögen der Gesellschaft unter Vernachlässigung ihres Freistellungs- bzw. Erstattungsanspruchs gegen den Kreditnehmer im Fall der Verwertung der Sicherheit nicht mehr das Stammkapital deckt, ist die zu Gunsten eines Gesellschafters gewährte Kreditsicherheit unerlaubt.

Ein **Verstoß** gegen § 43a GmbHG **führt nicht zur Nichtigkeit** des Kredit- oder Sicherungsgeschäfts[4], sondern lediglich zu einem Leistungsverbot bzw. zu einer Pflicht der Geschäftsführer, Kredite zurückzufordern bzw. die Freigabe von Sicherheiten zu verlangen. 1.51

b) Kredite und Kreditsicherheiten zu Gunsten eines Geschäftsführers sollten zu Lasten der GmbH nur unter dem **Vorbehalt** gewährt werden, **dass der Kreditnehmer diese Leistung bei Eintritt einer Unterbilanz zurückgewähren muss** und im Fall einer Kreditbesicherung verpflichtet und gegenüber dem Kreditgeber – typischerweise: der Bank – berechtigt ist, die am Gesellschaftsvermögen bestellte Sicherheit abzulösen oder zu ersetzen. Diese Dauerwirkung des Kapitalschutzes und die damit verbundene **permanente nachhaltende Kontrolle** bei Krediten und Kreditsicherheiten zu Gunsten eines Geschäfts- 1.52

1 Verneinend *Baumbach/Hueck/Zöllner/Noack*, § 43a GmbHG Rz. 4.
2 Nachweise bei *Paefgen* in Großkommentar zum GmbHG, § 43a GmbHG Rz. 12.
3 Vgl. *Lutter/Hommelhoff*, § 43a GmbHG Rz. 1.
4 *Paefgen* in Großkommentar zum GmbHG, § 43a GmbHG Rz. 30; *Lutter/Hommelhoff*, § 43a GmbHG Rz. 12; zweifelnd *Altmeppen* in Roth/Altmeppen, § 43a GmbHG Rz. 10.

führers ist ohne Parallele bei § 30 GmbHG, wo das Gesetz ganz auf den Zeitpunkt der Zuwendung abstellt (Rz. 1.30).

5. Konzerninterne Darlehen

1.53 **a)** Schon nach der **Rechtslage bis 2008** musste im Bereich der **Konzernfinanzierung** eine Ausnahme von dem strengen Schutz der Gesellschaft gegen Kreditgewährung und Kreditbesicherung aus dem zur Erhaltung des Stammkapitals erforderlichen Vermögen gemacht werden: Durch die Verlustausgleichspflicht des im GmbH-Vertragskonzern analog anzuwendenden § 302 AktG werden die Risiken von Mutter- und Tochtergesellschaft konsolidiert, die Ausschüttungssperren demgemäß aufgehoben[1]. Dem entsprach auch die Befreiung der Kreditgewährung und Kreditbesicherung von den Fesseln des § 30 GmbHG bzw. des analog anzuwendenden § 43a GmbHG[2]. Die zum Verlustausgleich verpflichtete Muttergesellschaft darf, obwohl Gesellschafterin, von der Tochter Kredite auch aus dem zur Deckung des Stammkapitals erforderlichen Vermögen entgegennehmen und auch das Vermögen der Tochtergesellschaft für die Besicherung eigenen Kreditbedarfs verwenden. Allerdings gilt dieses **Konzernprivileg nur im Fall vertraglicher Absicherung**, nicht auch im Fall bloß faktischer Abhängigkeit[3]. Ohne eine durch Satzung oder Vertrag gesicherte Verlustdeckungszusage kann sich das Mutterunternehmen nicht unter Berufung auf ein „Konzernprivileg" von dem Verbot, Kredite oder Kreditsicherheiten aus dem Vermögen der Tochtergesellschaft noch in deren Krise in Anspruch zu nehmen, frei machen[4]. Für Sicherheiten am Gesellschaftsvermögen der Tochtergesellschaft gilt im Ergebnis nichts anderes[5]. Nur auf den ersten Blick großzügiger ist ein Urteil des – für Insolvenzrechtssachen, nicht für Gesellschaftsrechtssachen zuständigen – IX. Zivilsenats des BGH vom 19. 3. 1998 über die Insolvenzanfechtung bei der Erweiterung eines Sicherheitenpools. Die Entscheidung trägt den folgenden Leitsatz[6]: „Besichert eine GmbH einen ihrer Muttergesellschaft gewährten Kredit, ist das Sicherungsgeschäft nicht schon deshalb sittenwidrig, weil die GmbH danach nicht mehr genügend freies Vermögen hat, um ihre Gläubiger zu befriedigen". Im konkreten Fall hatte eine später zusammengebrochene GmbH-Tochter Kontokorrentkredite zu Gunsten ihrer Muttergesellschaft besichert. Es ging jedoch nicht um eine Klage gegen die Muttergesellschaft als Alleingesellschafterin, sondern verklagt war die kreditgebende Bank. Insofern beschränkt sich das Urteil auf die Feststellung, dass ein bloßer Verstoß gegen den Kapitalschutz

---

1 Vgl. für die AG § 291 Abs. 3 AktG; für die GmbH *Fleck,* FS 100 Jahre GmbHG, 1992, S. 395 f.

2 Vgl. zur entsprechenden Anwendung des § 43a GmbHG *Karsten Schmidt,* Gesellschaftsrecht, S. 1149; *Sotiropoulos,* Kredite und Kreditsicherheiten der GmbH zu Gunsten ihrer Gesellschafter und nahe stehender Dritter, 1996, S. 75 ff.; bezogen auf § 30 GmbHG, *Schön,* ZHR 159 (1995), 373.

3 *Sotiropoulos,* Kredite und Kreditsicherheiten der GmbH zu Gunsten ihrer Gesellschafter und nahe stehender Dritter, 1996, S. 73; *Schön,* ZHR 159 (1995), 372.

4 Ausführlicher noch 2. Aufl., Rz. 77.

5 Eingehend *Dampf,* Der Konzern 2007, 157 ff.; *Hirte,* ZInsO 2004, 1161 ff.

6 BGH v. 19. 3. 1998 – IX ZR 22/97, BGHZ 138, 291 = NJW 1998, 2592.

bei der GmbH die Kreditsicherungsverträge zwischen dieser und der Bank weder nach § 134 BGB noch nach § 138 BGB nichtig macht (vgl. Rz. 1.27).

b) Grundsätzlich beschränkten sich die Kapitalschutzprobleme auf **aufsteigende Kredite („Upstream Loans") bzw. Kreditsicherheiten** zu Gunsten von Muttergesellschaften als Gesellschafterinnen. **Absteigende Kredite („Downstream Loans")** werden grundsätzlich als **Maßnahmen der Kapitalverwendung in der GmbH**, nicht als Quasi-Ausschüttungen an die Muttergesellschaft (vgl. allerdings zur Würdigung der Auszahlung an eine von den Gesellschaftern beherrschte Drittgesellschaft als Fall des Hin- und Herzahlens Rz. 2.37 ff.) betrachtet. So entschied etwa das OLG München[1]: „Die verbotene Einlagenrückgewähr i.S. des § 30 GmbHG setzt eine Minderung des im Gläubigerinteresse gebundenen Gesellschaftsvermögens voraus. Daran fehlt es bei einer Übertragung von liquiden (Sanierungs-)Mitteln auf eine hundertprozentige Tochter- oder Enkelgesellschaft bereits deshalb, weil sich dieser Vorgang für die übertragende Obergesellschaft als vermögensneutral darstellt: Im Umfang des Mittelabflusses erhöht sich nämlich der Wert ihrer Beteiligung." Zu bedenken ist allerdings, dass absteigende Darlehen in Bezug auf die Tochtergesellschaft dem Sonderrecht der Gesellschafterdarlehen unterliegen können[2]. 1.54

c) Die **Rechtslage ab 2008** wird durch **§ 30 Abs. 1 Satz 2 GmbHG n.F.** auch in dieser Hinsicht **vereinfacht**. Diese auf dem MoMiG beruhende Regelung lautet: „Satz 1 gilt nicht bei Leistungen, die zwischen den Vertragsteilen eines Beherrschungs- oder Gewinnabführungsvertrags (§ 291 des Aktiengesetzes) erfolgen oder durch einen vollwertigen Gegenleistungs- oder Rückgewähranspruch gegen den Gesellschafter gedeckt sind." Sie enthält damit[3] 1.55

- eine eindeutige **Regelung des Konzernprivilegs** für Vertragskonzerne sowie
- die schon bei Rz. 1.24 f. besprochene Festlegung des § 30 GmbHG auf eine **bilanzielle Betrachtungsweise**.

Für **aufsteigende Kreditvergabe** („Upstream loans") bedeutet dies: 1.56

- **In jedem Konzern** ist eine Darlehensgewährung an das herrschende Unternehmen zulässig, sofern der Rückgewähranspruch vollwertig ist.
- **Im Vertragskonzern** können an die nach § 302 AktG zum Verlustausgleich verpflichtete Muttergesellschaft nicht nur Kredite, sondern auch echte Ausschüttungen ohne Begrenzung durch § 30 Abs. 1 Satz 1 GmbHG geleistet werden.

d) Nicht ausgeschlossen ist damit allerdings, dass eine Aushöhlung des Vermögens oder der Liquidität der Tochtergesellschaft gegen Geschäftsführerpflichten (**§ 43 GmbHG**) verstößt oder eine Haftung von Gesellschaftern wegen existenzvernichtenden Eingriffs nach sich zieht (zu dieser Haftung vgl. Rz. 11.87)[4]. Die **absteigende Kreditvergabe** („Downstream loan") ist Mittelverwendung in der 1.57

1 OLG München v. 6. 7. 2005 – 7 U 2230/05, ZIP 2006, 564 (offenbar nachträglich rechtskräftig geworden).
2 Näher *Spindler*, ZHR 171 (2007), 245, 269 ff.
3 Eingehend *Altmeppen*, ZIP 2009, 49 ff.
4 Begr. RegE MoMiG, BT-Drucks. 16/6140, S. 41 = ZIP-Beilage zu Heft 23/2007, S. 16.

kreditgebenden Gesellschaft (Rz. 1.54). Allerdings obliegt den Geschäftsführern im Rahmen der Mittelverwendung auch hier die Aufgabe der Vollwertigkeitsprüfung. Besonders hinzuweisen ist auch auf das Verbot, durch Zahlungen an Gesellschafter die Zahlungsunfähigkeit herbeizuführen (Rz. 11.94 ff.).

6. Cash Pool-Probleme

1.58 **a) Nach bisherigem Recht** brachten Cash Pool-Praktiken sowohl **Kapitalaufbringungsprobleme bei Kapitalerhöhungen** (dazu Rz. 2.27 ff.) als auch **Kapitalerhaltungsprobleme** mit sich. Die Rede ist hier vom „echten", nicht bloß rechnerischen („virtuellen"[1]) Cash Pooling, also die Sammlung der Konzernliquidität bei der Muttergesellschaft. Die Schwierigkeit war bisher eine doppelte: Zum einen sah die Rechtsprechung den Cash Pool als einen Kredit an und vernachlässigte die treuhänderische Funktion dieses Sondervermögens. Zum anderen hatte der BGH aus § 30 GmbHG eine Liquiditätsschutznorm gemacht (dazu oben Rz. 1.42 f.). Der bessere Denkansatz ist der, dass der Cash Pool wirtschaftlich wie ein **Gemeinschaftskonto der Konzerngesellschaften** funktioniert. Im Cash Pool-System hält gleichsam jede Konzerngesellschaft Buchgeld bei einem Gemeinschaftskonto[2]. Das Kapitalsicherungsproblem dieser Art Konzernfinanzierung besteht im Grunde nur darin, dass dieser Pool nicht so gut wie eine der Aufsicht unterliegende Bank ist und dass im Cash Pool die Gefahr einer Quersubventionierung der Gesellschaften droht. Doch blieb die Rechtlage unsicher.

– Unter Kapital**aufbringungs**gesichtspunkten hatte der BGH durch Urteil vom 16. 1. 2006 die Einspeisung der Bareinlagen in einen bei der Muttergesellschaft gehaltenen Cash Pool unter Berufung auf das „Novemberurteil" als unwirksam angesehen[3]. Die Gesellschafter hatten die Einlagen von je 750 000 DM auf ein Treuhandkonto der GmbH eingezahlt, und diese hatte sie in den bei der Muttergesellschaft geführten Cash Pool weitergeleitet, wo sie für Schuldentilgungen verwendet wurden. Die Gesellschafter wurden zur nochmaligen Einzahlung verurteilt. Der Leitsatz des BGH-Urteils lautet: „Die in ein Cash Pool-System einbezogenen Gesellschaften mit beschränkter Haftung unterliegen – ohne dass ein Sonderrecht für diese Art der Finanzierung anerkannt werden könnte – bei der Gründung und der Kapitalerhöhung den Kapitalaufbringungsvorschriften des GmbHG und den dazu von der höchstrichterlichen Rechtsprechung entwickelten Grundsätzen." Diese Rechtsfolge ist dramatisch, der empfohlene Ausweg in Gestalt einer Sachkapitalerhöhung[4] wenig praxisnah.

1 Zum „virtuellen" Cash Pooling („virtual cash pool") vgl. m.w.N. *Grothaus/Halberkamp*, GmbHR 2005, 1317, 1322 f.

2 Skeptisch allerdings *Burg/Westerheide*, BB 2008, 62 ff.

3 BGH v. 16. 1. 2006 – II ZR 76/04, BGHZ 166, 8 = BB 2006, 847 m. Anm. *Flitsch/Schellenberger* = GmbHR 2006, 477; dazu eingehend m.w.N. *Dieter Mayer*, FS Priester, 2007, S. 445 ff.; *Altmeppen*, ZIP 2006, 1025 ff.; *Gehrlein*, MDR 2006, 789 ff.; *Bayer/Lieder*, GmbHR 2006, 449 ff.; *Cahn*, ZHR 166 (2002), 278 ff.; *Hentzen*, DStR 2006, 948 ff.; *Lamb/Schluck-Amend*, DB 2006, 879 ff.; *Priester*, ZIP 2006, 1557 ff.; *Schmelz*, NZG 2006, 456 ff.

4 Dazu *Dieter Mayer*, FS Priester, 2007, S. 445, 463 f.; *Cahn*, ZHR 166 (2002), 278, 303 ff.; *Priester*, ZIP 2006, 1557, 1560.

– Unter Kapital**erhaltungs**gesichtspunkten hatte das **„Novemberurteil" des BGH** (Rz. 1.45) für Diskussionsstoff gesorgt: Wenn die Ausreichung von Darlehen aus dem zur Deckung des Stammkapitals erforderlichen Vermögen gegen § 30 GmbHG verstößt[1], ist dann die Sammlung der Konzernliquidität bei der Muttergesellschaft verboten und haftungsrechtlich riskant[2]? Das OLG München hatte entschieden[3]: „Ein Finanzierungs- und Liquiditätsausgleich zwischen verbundenen Unternehmen (Cash Pool-Management) unter Einbeziehung gebundenen Vermögens verstößt jedenfalls dann gegen § 30 Abs. 1 GmbHG, wenn die Erhaltung des Stammkapitals nicht hinreichend abgesichert ist." Andere hingegen hielten das Cash Pooling auch unter dem Regime des „Novemberurteils" für zulässig[4]. Der BGH hatte offen gelassen, „ob die Gewährung eines Darlehens aus gebundenem Vermögen ausnahmsweise zulässig sein kann, wenn die Darlehensvergabe im Interesse der Gesellschaft liegt, die Darlehensbedingungen dem Drittvergleich standhalten und die Kreditwürdigkeit des Gesellschafters selbst bei Anlegung strengster Maßstäbe außerhalb jedes vernünftigen Zweifels steht oder die Rückzahlung des Darlehens durch werthaltige Sicherheiten voll gewährleistet ist." Dieser Vorbehalt eignete sich allerdings wenig als Grundlage der Rechtfertigung einer Cash Pool-Finanzierung.

b) Die **GmbH-Reform von 2008** hat die Cash Pool-Finanzierung in verschiedener Hinsicht erleichtert[5]: 1.59

– In puncto **Kapitalaufbringung** soll folgender § 19 Abs. 5 GmbHG n.F. helfen:

> „Ist vor der Einlage eine Leistung an den Gesellschafter vereinbart worden, die wirtschaftlich einer Rückzahlung der Einlage entspricht und die nicht als verdeckte Sacheinlage im Sinne von Absatz 4 zu beurteilen ist, so befreit dies den Gesellschafter von seiner Einlageverpflichtung nur dann, wenn die Leistung durch einen vollwertigen Rückgewähranspruch gedeckt ist, der jederzeit fällig ist oder durch fristlose Kündigung durch die Gesellschaft fällig werden kann. Eine solche Leistung oder die Vereinbarung einer solchen Leistung ist in der Anmeldung nach § 8 anzugeben."

– In puncto **Kapitalerhaltung** hilft der schon behandelte **§ 30 Abs. 1 Satz 2 GmbHG n.F.** (Rz. 1.42). Danach ist ein vollwertiger Cash Pool im Vertragskonzern unter dem Gesichtspunkt des § 30 GmbHG problemfrei. Es kommt also darauf an, ob der Anteil der Gesellschaft am Cash Pool vollwertig ist. Ist dies der Fall, so verstößt die Überführung der Liquidität in den Cash Pool nicht gegen § 30 GmbHG.

1 BGH v. 24. 11. 2003 – II ZR 171/01, BGHZ 157, 72 = ZIP 2004, 263.

2 Vgl. nur *Bender*, BB 2005, 1492 ff.; *Fuhrmann*, NZG 2004, 552 ff.; *Habersack/Schürnbrand*, NZG 2004, 689 ff.; *Langner*, GmbHR 2005, 1017 ff.; *Schilmar*, DB 2004, 1411 ff.; *Seidel*, DStR 2004, 1130 ff.

3 OLG München v. 24. 11. 2005 – 23 U 3480/05, GmbHR 2006, 144; dazu *Schilmar*, DStR 2006, 568 ff.

4 *Schäfer*, GmbHR 2005, 133, 135 ff.; *Ulmer*, ZHR 169 (2005), 1, 3 ff.; *Engert* BB 2005, 1951, 1956 f.

5 *Goette*, Einführung, Rz. 21, 26, 51; *Priester*, ZIP 2008, 55.

7. Verbot solvenzbedrohender Auszahlungen und Kreditbesicherungen?

1.60 a) Auf ein **Verbot solvenzbedrohender Entnahmen** jenseits des § 30 GmbHG hat schon die Vorauflage hingewiesen[1]. Das OLG Karlsruhe hatte im Jahr 1997 rechtskräftig entschieden[2]: „Die Befugnis zur Disposition über das Vermögen einer GmbH durch den Alleingesellschafter (oder die Gesamtheit aller Gesellschafter) stößt auch jenseits des von § 30 GmbHG gewährten Vermögensschutzes auf das schutzwerte Eigeninteresse der Gesellschaft, wenn es um die Haftung für den Entzug von existenznotwendiger Liquidität geht. Die Disposition des Gesellschafters über das Vermögen der GmbH wird auch außerhalb gesellschaftsrechtlicher Regeln durch Gesetz und Sittenordnung begrenzt. Auch die eingliedrige GmbH ist bei sittenwidriger Verfügung über ihr Vermögen durch den Alleingesellschafter in den Schutzbereich des § 826 BGB einbezogen". In der Vorauflage wurde deshalb die Frage gestellt, ob auf der Basis des § 826 BGB ein vorgezogener Kapitalschutz entstehe. Seit 2008 gilt **§ 64 Satz 3 GmbHG n.F.**, wonach insolvenzauslösende Auszahlungen an Gesellschafter den Geschäftsführer zur Erstattung verpflichten (Rz. 11.94). Unter Existenzvernichtungsgesichtspunkten kommt auch eine Gesellschafterhaftung in Betracht.

1.61 b) Dieser Schutz ist auf die **Bestellung von Sicherheiten** auszudehnen. Insolvenzbegründende Kreditsicherheiten zu Gunsten von Gesellschaftern dürfen unabhängig von § 30 GmbHG (bzw. § 43a GmbHG) nicht bestellt werden. Dieses Verbot kompensiert eine Schwachstelle des gesetzlichen Solvenzschutzsystems[3]. Auch ohne direkt als „Auszahlung" unter § 30 Abs. 1 GmbHG zu fallen (Rz. 1.25), ist die Verwendung von Gesellschaftsvermögen zur Besicherung von Schulden der Gesellschafter grundsätzlich unerlaubt, weil dieses Vermögen i.d.R. für die eigene Liquiditätssicherung, insbesondere für die Besicherung von Bankkrediten, unentbehrlich ist. Geschäftsführer haften nach § 43 GmbHG, Gesellschafter nur in den engeren Grenzen der Existenzvernichtungshaftung (Rz. 11.87).

8. Fazit

1.62 **§ 30 GmbHG** bleibt reiner **Vermögensschutz**. Daneben ergibt sich damit auch ohne Überdehnung des § 30 GmbHG ein umfangreiches, der herrschenden Auffassung sogar überlegenes **Liquiditätsschutzarsenal**. Für die Geschäftsführung einer GmbH ergeben sich hieraus bereits **vor der Krise und erst recht in der Krise** strenge Verhaltensregeln:

- Ausschüttungen, auch verdeckte Ausschüttungen, unterliegen dem strikten Verbot des § 30 GmbHG, wenn sie eine Unterbilanz herbeiführen oder verschärfen.
- Kredite und Kreditsicherheiten zu Gunsten von Gesellschaftern (auch: Muttergesellschaften) sind Gegenstand der Mittelverwendung in der Gesellschaft. Die Ausreichung oder Besicherung von Krediten auch aus dem zur Deckung des Stammkapitals erforderlichen Vermögen kann zulässig sein,

1 3. Aufl., Rz. 80.
2 OLG Karlsruhe v. 25. 7. 1997 – 15 U 131/96, GmbHR 1998, 235.
3 Vgl. sinngemäß schon vor der Reform 3. Aufl., Rz. 89.

vorausgesetzt, der Rückgewähranspruch ist vollwertig (§ 30 Abs. 1 Satz 2 GmbHG n.F.). Die Leistungen müssen aber zurückgefordert bzw. von den Gesellschaftern abgelöst werden, sobald ohne Aktivierung des Rückforderungs- bzw. Freistellungsanspruchs der Gesellschaft eine (fiktive) Unterbilanz entsteht (§ 43a GmbHG).

- Kredite an Geschäftsführer verstoßen gegen § 43a GmbHG, wenn durch sie im Zeitpunkt der Leistung oder später eine fiktive Unterbilanz entsteht. Sinngemäß Gleiches gilt für die Besicherung von Krediten an Geschäftsführer aus Vermögen der Gesellschaft.
- Solvenzbedrohende Zahlungen und Kreditbesicherungen sind unabhängig von §§ 30, 43a GmbHG untersagt und verpflichten ggf. den Geschäftsführer zum Ersatz (vgl. § 64 Satz 3 GmbHG n.F., § 43 GmbHG).

IV. Liquiditätsvorsorge

1. Betriebswirtschaftliche Vergaben *(Maus)*

a) Die „**Liquiditätskrise**" ist nach der „Strategischen Krise" und der „Ergebniskrise" das Letzte Glied in der Kette der Krisenarten[1]. Im Vergleich mit den beiden anderen Krisenarten trifft die Liquiditätskrise das Unternehmen an wichtigster Stelle: Fehlt es an Geld, dann droht entweder die Zahlungsunfähigkeit oder sie ist bereits eingetreten. In dem einen Fall (drohende Zahlungsunfähigkeit, § 18 InsO) ist die Gesellschaft berechtigt, Insolvenzantrag zu stellen. Im anderen Fall (eingetretene Zahlungsunfähigkeit, § 17 InsO) ist sie dazu verpflichtet. 1.63

Zeichnet sich eine Liquiditätskrise ab, dann bleibt nicht mehr viel Zeit, eine Insolvenz zu vermeiden. Zwar verpflichtet eine (vorübergehende) Zahlungsstockung nicht zur Insolvenzantragstellung. Der BGH hat aber für die **Abgrenzung der Zahlungsstockung von der Zahlungsunfähigkeit** klare Grenzen gezogen und den Zeitraum der bloßen Zahlungsstockung eingeengt[2]. Danach ist eine Zahlungsstockung anzunehmen, wenn der Zeitraum nicht überschritten wird, den eine kreditwürdige Person benötigt, um sich die benötigten Mittel zu leihen. Dafür sind nach BGH-Auffassung drei Wochen erforderlich, aber auch ausreichend. Beträgt eine innerhalb von drei Wochen nicht zu beseitigende Liquiditätslücke des Schuldners weniger als 10 % seiner fälligen Gesamtverbindlichkeiten, ist regelmäßig von Zahlungsfähigkeit auszugehen, es sei denn, es ist bereits absehbar, dass die Lücke demnächst mehr als 10 % erreichen wird. Beträgt die Liquiditätslücke des Schuldners 10 % oder mehr, ist regelmäßig von Zahlungsunfähigkeit auszugehen, sofern nicht ausnahmsweise mit an Sicherheit grenzender Wahrscheinlichkeit zu erwarten ist, dass die Liquiditätslücke demnächst vollständig oder fast vollständig beseitigt werden wird und den Gläubigern ein Zuwarten nach den besonderen Umständen des Einzelfalls zuzumuten ist. 1.64

1 Vgl. *Kraus/Glees* in Buth/Hermanns, Restrukturierung, Sanierung, Insolvenz, § 4 Rz. 8.
2 BGH v. 24. 5. 2005 – IX ZR 123/04, DStR 2005, 1616.

1.65 Der BGH schränkt mit seinem Urteil vom 24. 5. 2005 zwar den Zeitraum, innerhalb dessen die Zahlungsstockung beseitigt sein muss, andernfalls sie als Zahlungsunfähigkeit behandelt wird, gegenüber der Rechtsprechung unter der Geltung der Konkursordnung und der Gesamtvollstreckungsordnung um eine Woche ein. Andererseits weist er den **Weg, bei nur geringen Liquiditätslücken eine Insolvenz zu vermeiden**. Das Geschäftsleben ist nach den Feststellungen des BGH in weiten Teilen dadurch gekennzeichnet, dass Phasen mit guter Umsatz- und Ertragslage und Rückschläge sich abwechseln. Insbesondere mittelständische Unternehmen mit geringer Eigenkapitalausstattung, etwa Handwerksbetriebe, seien oft darauf angewiesen, dass Kundenzahlungen vollständig und zeitnah erfolgen. Werde ein größerer Auftrag nicht bezahlt, könne dies eine Liquiditätskrise auslösen. Je kleiner die Liquiditätslücke ist, desto begründeter sei die Erwartung, dass es dem Schuldner gelingen werde, das Defizit in absehbarer Zeit zu beseitigen – sei es durch eine Belebung seiner Geschäftstätigkeit, sei es durch die anderweitige Beschaffung neuer flüssiger Mittel, sei es durch Einigung mit Gläubigern –, also die Zahlungsfähigkeit wieder zu erlangen. Sofern die Auftragslage des Schuldners gut ist und künftig mit anderen Zahlungseingängen gerechnet werden könne, wäre es unangemessen, wenn er wegen einer vorübergehenden Unterdeckung von wenigen Prozent, die nicht binnen drei Wochen beseitigt werden kann, Insolvenz anmelden müsste. Der damit verbundene Eingriff in grundrechtlich geschützte Positionen (Art. 12, 14 GG) wäre unter dem Gesichtspunkt der Verhältnismäßigkeit bedenklich. Der BGH bricht auch eine Lanze für die Saisonbetriebe. In bestimmten Branchen seien regelmäßig saisonale Flauten zu überbrücken, die teilweise mehrere Monate andauern. Als Beispielsfälle nennt der BGH insbesondere die Bauwirtschaft, den Fremdenverkehr und die Hersteller typischer Saisonartikel (etwa Bademoden, Wintersportgeräte und -bekleidung). Wer sich auf einem derartigen Wirtschaftssektor als Anbieter betätigt, müsse immer wieder mit Liquiditätsengpässen rechnen. Er dürfe jedoch normalerweise mit einer wirtschaftlichen Erholung rechnen, sobald die Saison wieder angelaufen ist. Müsse er trotzdem, sobald die Grenze der Zahlungsstockung überschritten ist, selbst bei prozentual geringfügiger Liquiditätslücke Insolvenz anmelden, würde dies in manchen Wirtschaftszweigen zu erheblichen Problemen führen.

1.66 Der BGH macht mit seinem Urteil vom 24. 5. 2005 **Vorgaben für die Liquiditätsvorsorge der Unternehmen bestimmter Branchen**. Der Bauunternehmer *muss* aus der Erfahrung wissen, dass auf Zeiten guter Ertragslage schlechte Jahre folgen können. In schlechten Zeiten darf er aus der Erfahrung auf gute hoffen. Das Wissen um dieses konjunkturelle Auf und Ab in der Baubranche zwingt in guten Zeiten zur Risikovorsorge. In schlechten Zeiten will der BGH dem Bauunternehmer dadurch helfen, dass nicht bereits eine nur geringe Liquiditätsunterdeckung zur Insolvenz führt. Bei den Produzenten und Händlern von Saisonartikeln ist das nicht anders. Auch sie müssen sich liquiditätsmäßig darauf einstellen, dass auf Zeiten mit guten Umsätzen Zeiten geringer Beschäftigung folgen.

1.67 Wenn der BGH **drei Wochen** für ausreichend hält, damit eine kreditwürdige Person sich die zur Behebung der Finanzkrise benötigten Mittel beschaffen kann, dann ist diese Aussage relativ. Sicherlich wird dies einer bankbekannt kreditwürdigen Person gelingen, also einer Person, deren Planung die Rückzahlung der neuen Fremdmittel als sicher erscheinen lässt und die ausreichende Kreditsicherheiten zu bieten hat. Für alle anderen Unternehmen sind drei Wochen für die Lösung finanzieller Probleme viel zu kurz. Diese Unternehmen müssen mit der Liquiditätsvorsorge früher beginnen. Das Liquiditätsstreben der Unternehmensleitung muss darauf ausgerichtet sein, die Liquidität (i.S. der Zahlungsfähigkeit) der Unternehmung zu jedem Zeitpunkt zu gewährleisten, zugleich aber auch, soweit kein Zielkonflikt entsteht, die übrigen Finanzierungsziele zu berücksichtigen. Vorrangiges Ziel der Liquiditätsvorsorge muss die unbedingte Vermeidung kurzfristiger Liquiditätsengpässe sein. Die Liquiditätsgrundsätze des Strebens nach Fristenkongruenz, der Disposition kurzfristig aktivierbarer Zahlungsmittelreserven und der exakten zeit- und volumensmäßigen Disposition der Anlage von Zahlungsmittelüberschüssen zur Vermeidung einer Überliquidität ergänzen das Ziel der Vermeidung kurzfristiger Liquiditätsengpässe.

b) Ausgangspunkt einer zeitweisen oder permanenten Liquiditätsprüfung ist die **Liquiditätsanalyse**. Zwei Arten von Liquiditätsanalysen sind gebräuchlich: 1.68

1. Analyse der (zeitpunktbezogenen) statischen Liquidität: Vermögensteile werden zu Verbindlichkeiten unter Fristigkeitsgesichtspunkten in Relation gesetzt. Instrumente sind u.a. Liquiditätsbilanz, Liquiditätskennzahlen, Anlagendeckungsgrad. Da die mit diesen Methoden gewonnenen Informationen vergangenheits- und stichtagsbezogen sind, ist ihr Aussagewert hinsichtlich der gegenwärtigen und künftigen Unternehmensliquidität allerdings begrenzt.
2. Analyse der (zeitraumbezogenen) dynamischen Liquidität: Sie eröffnet die Möglichkeit der Liquiditätsplanung und auf deren Basis die der laufenden Kontrolle. Instrumente sind u.a. der Finanzplan, die Kapitalflussrechnung und die Cash-Flow-Analyse.

Aufgabe des **Finanzplans** ist es, die Liquidität und die Stabilität des Unternehmens aufrechtzuerhalten (dazu auch unten Rz. 5.103). Im mehrjährigen Zeitraum geht es darum, das Verhältnis von Eigen- und Fremdkapital (Stabilität) unter Berücksichtigung der vorzunehmenden Investitionen und entsprechend den Vorgaben im Unternehmensplan auszugestalten. Der Finanzplan soll feststellen, ob die Zukunft des Unternehmens unter Beibehaltung der Zahlungsfähigkeit finanzierbar ist. 1.69

Dazu muss geplant werden, welche Finanzmittel wann in den Planjahren benötigt werden und aus welchen Quellen diese zu welchen Zeitpunkten kommen sollen. Der Finanzplan ist ein Teilplan der gesamten betrieblichen Planung. Er hat im Wesentlichen drei Aufgaben: 1.70

1. die Ermittlung des Finanzbedarfs einer Periode,
2. die Planung der Liquidität, d.h. die Planung der ununterbrochenen Aufrechterhaltung der Zahlungsfähigkeit des Unternehmens,
3. die Feststellung der optimalen Mittelbeschaffung (Selbstfinanzierung, Abschreibungen, Anleihen, Bankkredit).

1.71 Der Finanzplan besteht i.d.R. aus verschiedenen Teilplänen, z.B. kurzfristigem Finanzplan (Liquiditätsplan), langfristigem Finanzplan, Kreditplan, Debitorenbudget. Das Finanzbudget fasst die verschiedenen Teilpläne zusammen und lässt die Höhe des Finanzüberschusses bzw. -fehlbetrags erkennen. Unerlässlich ist die ständige Aktualisierung des Planes, d.h. die Anpassung und Korrektur der Planzahlen an die Entwicklung.

2. Rechtspflichten *(Karsten Schmidt)*

1.72 Die Liquiditätsvorsorge obliegt in erster Linie dem Geschäftsführer (den Geschäftsführern)[1]. Sie sind die Akteure der Risikokontrolle[2]. Die **Selbstprüfungspflichten der Geschäftsführer** (Rz. 1.109 ff.) erschöpfen sich nicht in der Solvenzprüfung. Sie setzen nicht erst im Vorfeld von Krise und Insolvenz ein, sondern sie sind ständige Begleiter des GmbH-Managements. Die Geschäftsführer haben nicht nur Verlustentwicklungen im Auge zu behalten und die Gesellschafter hierüber in Kenntnis zu setzen (§ 49 Abs. 3 GmbHG ist Ausdruck dieser allgemeinen Verpflichtung)[3]. Auch die **Vermeidung von Forderungsausfällen** durch Besicherung der von der Gesellschaft vergebenen Kredite[4] und nachhaltige Bonitätsprüfung gehört dazu[5]. Die ständige Prüfung von Waren- und Kassenbeständen[6] sollte sich von selbst verstehen, ebenso das Nachsetzen bei Außenständen. Zur Liquiditätsvorsorge gehört aber auch die **rechtzeitige Verhandlung mit der Hausbank** über etwa notwendige Kreditlinien und die Einschaltung der Gesellschafter im Fall einer Kreditunfähigkeit. Für Verletzungen dieser Pflichten haftet der Geschäftsführer der Gesellschaft nach § 43 GmbHG auf Ersatz des hierdurch verursachten Schadens im Gesellschaftsvermögen (zu dieser Geschäftsführerhaftung Rz. 11.92).

V. Krisenabwehr durch laufende Kontrolle *(Wellensiek/Schluck-Amend)*

1.73 Da der Faktor Zeit bei der Krisenabwehr eine zentrale Rolle spielt, ist eine laufende Kontrolle derjenigen Bereiche erforderlich, in denen Signale bevorstehender Unternehmenskrisen auftreten können.

1. Bilanzanalyse

1.74 Das klassische Gebiet zur Diagnose von Unternehmenskrisen ist der Finanzbereich eines Unternehmens[7]. Durch den laufenden **Vergleich der verschiedenen Positionen** von Bilanz und Gewinn- und Verlustrechnung der letzten

1 Vgl. *Lutter*, GmbHR 2000, 301, 305.
2 *Scholz/Uwe H. Schneider*, § 43 GmbHG Rz. 96.
3 Dazu *Kallmeyer* in GmbH-Handbuch, Rz. I 2334.
4 *Goette*, Die GmbH, 2. Aufl. 2002, § 8 Rz. 131.
5 Vgl. *Kallmeyer* in GmbH-Handbuch, Rz. I 2451.
6 *Goette*, Die GmbH, 2. Aufl. 2002, § 8 Rz. 131.
7 S. *Bea/Haas*, Strategisches Management,4. Aufl. 2005, S. 293 f.

Rechnungsperioden[1] untereinander (ggf. mittels daraus gebildeter Kennzahlen wie z.B. Eigenkapitalausstattung, Verschuldensgrad, Zinsdeckung und Liquidität; vgl. dazu Rz. 1.146 ff.[2]) sowie mit den durchschnittlichen Branchenvergleichsdaten lassen sich Unternehmenskrisen zumindest im Stadium der Erfolgskrise identifizieren.

Oben wurde dargelegt, dass ein Krisensignal darin zu erblicken ist, dass Verluste das Stammkapital angreifen. Dieser Befund kann sich zunächst aus dem Jahresabschluss der GmbH ergeben, der nach den §§ 242, 264 HGB am Ende eines jeden Geschäftsjahres zu erstellen ist. 1.75

Nach ganz h.M. besteht eine Pflicht zur Einberufung der Gesellschafterversammlung nach § 49 Abs. 3 GmbHG in Anlehnung an § 92 Abs. 1 AktG jedoch schon, sobald das Erreichen der darin beschriebenen Kennzahlen erkennbar wird[3]. Zu fordern ist somit eine **laufende Kontrolle der gesellschaftlichen Vermögenssituation**, damit die in § 49 Abs. 3 GmbHG vorgesehene Krisenreaktion, die Einberufung der Gesellschafterversammlung, schnellstmöglich erfolgen kann[4]. Die Bilanzierung sollte – soweit verhältnismäßig[5] – zumindest in monatlichen Abständen erfolgen[6]. 1.76

Neben den Zahlen aus dem Bereich der Kapitalausstattung geben auch andere bilanzielle Veränderungen mehr oder weniger deutliche Hinweise auf eine mögliche Unternehmenskrise, z.B. die Erhöhung der kurzfristigen Verbindlichkeiten, Umschichtungen im Umlaufvermögen zu Gunsten von Forderungen aus Lieferungen und Leistungen oder zu Gunsten von Lagerbeständen an Fertigerzeugnissen, der Rückgang von Umsatz[7], der Rückgang des ordentlichen betrieblichen Erfolges (ggf. verbunden mit der Erhöhung des Anteils außerordentlicher Erträge am Gesamtergebnis oder der Verminderung der Abschreibungsquote) oder der Anstieg zwingender Sonderabschreibungen. 1.77

Über die klassische Bilanzanalyse hinaus wurden in der Betriebswirtschaft zur Erkennung von Strategiekrisen Frühwarnsysteme auf der Basis von Kennzahlen entwickelt, u.a. die sog. **Diskriminanzanalyse**[8]. Näher zum Risikofrüherkennungssystem unten Rz. 1.134. 1.78

1 Dazu *Hauschildt,* Erfolgs-, Finanz- und Bilanzanalyse, 3. Aufl. 1996, S. 131 ff.
2 Vgl. hierzu auch *Drukarczyk/Kippes* in Gottwald, Insolvenzrechts-Handbuch, § 2 Rz.9 ff., die die Kennzahlen in verschiedene Gruppen einteilen.
3 S. *Hüffer* in Großkommentar zum GmbHG, § 49 GmbHG Rz. 22; *Baumbach/Hueck/Zöllner,* § 49 GmbHG Rz. 19; *Lutter/Hommelhoff,* § 49 GmbHG Rz. 14; *Uhlenbruck,* GmbHR 1999, 313, 320.
4 S. *Rowedder/Schmidt-Leithoff/Koppensteiner,* § 49 GmbHG Rz. 11.
5 Vgl. *Kallmeyer,* ZGR 1993, 111 f.
6 *Hoffmann/Liebs,* Der GmbH-Geschäftsführer, Rz. 602.
7 S. *Hess/Fechner/Freund/Körner,* Sanierungshandbuch, S. 93.
8 *Drukarczyk/Kippes* in Gottwald, Insolvenzrechts-Handbuch, § 2 Rz. 19 ff.

2. Betriebliche Statistik

1.79 Aus Sicht des Krisenmanagements wichtiger noch als die Analyse des finanzwirtschaftlichen Bereichs eines Unternehmens ist die Untersuchung der leistungswirtschaftlichen Daten, aus denen wertvolle Schlussfolgerungen über die Erfolgs- und Risikopotentiale des Unternehmens im Strategiebereich gezogen werden können[1]. Eine Krisenfrüherkennung nur anhand einer Bilanzanalyse würde regelmäßig erhebliche Lücken bzw. Nachteile aufweisen[2], da das externe Rechnungswesen primär auf eine ordnungsgemäße Rechnungslegung ausgerichtet ist. Demgegenüber kommt dem internen Rechnungswesen daher eine zentrale Funktion im Hinblick auf die Unterstützung der Geschäftsleitung durch zusätzliche Informationen zu[3]. Dies gilt insbesondere für **Daten aus dem Beschaffungs-, Produktions-, Absatz- und Logistikbereich** des Unternehmens, die ggf. mit Hilfe von Kennzahlen statistisch aufzubereiten sind.

1.80 Insbesondere eine **Analyse des Produktsortiments** ist aufschlussreich. Hauptaugenmerk muss hier der Altersstruktur gelten: Wird der Hauptumsatz mit Produkten erwirtschaftet, deren **Produktlebenszyklus** bereits die sog. Sättigungsphase erreicht hat, liegt eine strategische Krise des Unternehmens nahe, da mit sinkenden Absatzchancen zu rechnen ist[4]. In der Betriebswirtschaftslehre wird eine Sortimentsstruktur empfohlen, bei der 40–50 % des Umsatzes auf Produkte entfallen, die sich im Zenit ihres Lebenszyklus, der sog. Reifephase, befinden, während sich die übrigen 50–60 % möglichst gleichmäßig auf die anderen Phasen, Einführungsphase, Wachstumsphase, Sättigungsphase und Degenerationsphase, verteilen sollen[5]. Viele Unternehmen zögern jedoch, ertragsschwache Produkte rechtzeitig aus dem Produktionsprogramm zu eliminieren oder den Marktbedürfnissen entsprechend zu variieren. Absatzwiderständen, die in der Sättigungsphase des Produktlebenszyklus regelmäßig auftreten, wird stattdessen oft durch verstärkte Absatzbemühungen begegnet.

1.81 Auch die Erfolgsbeiträge der einzelnen Produkte sind zu untersuchen. Aufschlussreich ist zunächst der **Umsatzanteil** der verschiedenen Produkte am Gesamtumsatz. Wichtigstes Kriterium des Erfolgsbeitrages ist insoweit jedoch der sog. **Deckungsbeitrag**, der sich aus der Differenz zwischen den dem Produkt zurechenbaren Erlösen und der auf dieses entfallenden Kosten ergibt[6].

---

1 Vgl. *Hauschildt*, Erfolgs-, Finanz- und Bilanzanalyse, 3. Aufl. 1996, S. 1; *Brandstätter*, Die Prüfung der Sanierungsfähigkeit notleidender Unternehmen, S. 230; *Ulrich/Fluri*, Management, 7. Aufl. 1995, S. 149 f.

2 *Haghani* in Bickhoff/Blatz, Die Unternehmenskrise als Chance, 2004, S. 48 f.

3 *Winnefeld*, Bilanz-Handbuch, 4. Aufl. 2006, Rz. 915 f.

4 *Brandstätter*, Die Prüfung der Sanierungsfähigkeit notleidender Unternehmen, S. 197; vgl. weiterhin *Haghani* in Bickhoff/Blatz, Die Unternehmenskrise als Chance, 2004, S. 54 f.

5 *Hess/Fechner/Freund/Körner*, Sanierungshandbuch, S. 94 ff.; *Brandstätter*, Die Prüfung der Sanierungsfähigkeit notleidender Unternehmen, S. 195 ff.

6 Näher *Hess/Fechner/Freund/Körner*, Sanierungshandbuch, S. 100 f.; *Harz/Hub/Schlarb*, Sanierungs-Management, S. 58, 152 ff.; *Brandstätter*, Die Prüfung der Sanierungsfähigkeit notleidender Unternehmen, S. 198 f.; *Gras* in Nerlich/Kreplin, Münchener Anwaltshandbuch, § 2 Rz. 28 f.

Darüber hinaus kann eine **Analyse der Produktion** sinnvoll sein. Analysiert werden hier die Produktionsverfahren[1], die Betriebsmittel[2], die Personalsituation[3] sowie die sonstigen Produktionsbedingungen (lokale Infrastuktur, räumliche Verhältnisse, geltende Sicherheits- und Umweltschutzbestimmungen sowie Abgabenlast). Unter strategischen Gesichtspunkten ist des Weiteren eine Analyse im Bereich der Kostensituation, des Marketings und der Forschung und Entwicklung möglich[4]. 1.82

Auch **unternehmensexterne Daten** sind, soweit sie für das Unternehmen von Relevanz sein können (Rz. 1.89), von der betrieblichen Statistik zu sammeln, so z.B. Daten zur Entwicklung der Beschaffungs- und Absatzmärkte oder zum Verhalten von Konkurrenzunternehmen[5]. Gerade in diesem Bereich werden häufig Unternehmenskrisen verursacht, etwa wenn wichtige Entwicklungen am Absatzmarkt, wie beispielsweise Trendwechsel, Änderungen des Nachfrageverhaltens oder technologische Neuerungen, nicht erkannt oder falsch eingeschätzt werden[6]. 1.83

3. Unternehmensplanung

Finanzanalyse und betriebliche Statistik liefern ausschließlich vergangenheitsbezogene Informationen auf einer mehr oder weniger veralteten Datenbasis. Über dieses Instrumentarium erkannte Unternehmenskrisen befinden sich bereits in einem kritischen Stadium. Aktuelle Fehlentwicklungen im Unternehmen lassen sich zeitnah nur über einen ständigen Soll/Ist-Vergleich auf Basis einer detaillierten Unternehmensplanung ausmachen (vgl. auch Rz. 1.116 ff.)[7]. 1.84

Unternehmensplanung meint die **Vorgabe der Unternehmensaktivitäten im strategischen und operativen Bereich**. Während Allein- und Kleinunternehmer weitgehend intuitiv über das zukünftige Unternehmensverhalten zu entscheiden pflegen, ist bei steigendem Komplexitätsgrad der unternehmerischen Verhältnisse eine systematische Vorbereitung der Entscheidungen über künftiges Verhalten für einen nachhaltigen Unternehmenserfolg unabdingbar[8]. 1.85

Unternehmensplanung ist vor diesem Hintergrund als eine Methode zu verstehen, die Schritte konkret vorauszuplanen, die zur Erreichung der angestreb- 1.86

1 U.a. in Bezug auf Flexibilität, Komplexität und Lagerintensität (*Brandstätter,* Die Prüfung der Sanierungsfähigkeit notleidender Unternehmen, S. 202 f.).
2 U.a. in Bezug auf Auslastung, Altersstruktur und Qualität (*Brandstätter,* Die Prüfung der Sanierungsfähigkeit notleidender Unternehmen, S. 204 f., 230).
3 U.a. in Bezug auf Qualifikation, Fluktuation und Fehlzeiten (*Brandstätter,* Die Prüfung der Sanierungsfähigkeit notleidender Unternehmen, S. 205 f.).
4 Hierzu *Brandstätter,* Die Prüfung der Sanierungsfähigkeit notleidender Unternehmen, S. 207 ff.
5 *Haghani* in Bickhoff/Blatz, Die Unternehmenskrise als Chance, 2004, S. 49 f.
6 *Eichholz,* BC 1998, 49; *Brandstätter,* Die Prüfung der Sanierungsfähigkeit notleidender Unternehmen, S. 232.
7 Vgl. *Gless,* Unternehmenssanierung, 1996, S. 40.
8 *Vogelsang,* ZfbF 1988, 105; *Feddersen,* ZGR 1993, 116.

ten Primärziele des Unternehmens erforderlich sind[1]. Manifestiert sich die Unternehmenskrise darin, dass diese Primärziele nicht erreicht werden, dann ermöglicht eine Kontrolle der Unternehmensplanung die Früherkennung dieser Krisen mit der Aussicht auf rechtzeitige Abwendung[2]. Eine **Reihe von Unternehmenskrisen** lassen sich dementsprechend auf Mängel in der Unternehmensplanung zurückführen[3].

1.87 Für ein Planungs- und Kontrollsystem dieser Art ist zunächst eine Umwelt- und eine Unternehmensanalyse durchzuführen. Auf Grund der gewonnenen Daten ist eine **strategische Planung** zu erstellen, mit der die Verwirklichung der unternehmenspolitischen Grundsatzentscheide erreicht werden soll. Sie legt die grundsätzliche zukünftige Entwicklung des Unternehmens fest. Dabei hat die strategische Planung die zukünftige Unternehmensentwicklung zu sichern, indem sie die Voraussetzungen späterer andauernder Erfolge schafft[4]. Die Unternehmensziele sind hierfür klar zu formulieren[5]. Durch die **operative Planung** ist sodann die strategische Planung auf regelmäßige Planungsperioden zu übertragen und in operationale Ziele und Maßnahmepläne umzusetzen. Die betrieblichen Aktivitäten sind dazu in detaillierten Plänen und Budgets für alle Teilbereiche des Unternehmens aufeinander abzustimmen[6].

1.88 Die Zielverwirklichung muss mit einem auf die Planung abgestellten Kontrollsystem auf allen Ebenen laufend überprüft werden, damit Plan- und Budgetabweichungen rechtzeitig erkannt werden und notwendige Korrekturmaßnahmen eingeleitet werden können **(Controlling)**[7]. Der Soll/Ist-Vergleich sollte – soweit verhältnismäßig[8] – zumindest in monatlichen Abständen erfolgen[9].

4. Analyse der Unternehmensumwelt

1.89 Unter der Annahme, dass die Unternehmenskrise in der Regel aus einer unzureichenden Anpassung an veränderte wirtschaftliche Rahmenbedingungen folgt und zunächst im strategischen Bereich auftritt, ist Krisenfrüherkennung aber auch durch genaue Beobachtung des wirtschaftlichen Umfeldes möglich, das das Unternehmen umgibt[10]. Ziel ist es, sog. **„schwache Signale“** sich

1 *Kallmeyer,* ZGR 1993, 108 f.; *Brandstätter,* Die Prüfung der Sanierungsfähigkeit notleidender Unternehmen, S. 227.

2 Vgl. *Ulrich/Fluri,* Management, 7. Aufl. 1995, S. 108; *Brandstätter,* Die Prüfung der Sanierungsfähigkeit notleidender Unternehmen, S. 228.

3 *Brandstätter,* Die Prüfung der Sanierungsfähigkeit notleidender Unternehmen, S. 227 f.

4 *Ulrich/Fluri,* Management, 7. Aufl. 1995, S. 110.

5 *Brandstätter,* Die Prüfung der Sanierungsfähigkeit notleidender Unternehmen, S. 227.

6 *Ulrich/Fluri,* Management, 7. Aufl. 1995, S. 110 f.

7 *Ulrich/Fluri,* Management, 7. Aufl. 1995, S. 152 f.; *Hoffmann/Liebs,* Der GmbH-Geschäftsführer, Rz. 137 ff., 602 ff.

8 Vgl. *Kallmeyer,* ZGR 1993, 111 f.

9 *Hoffmann/Liebs,* Der GmbH-Geschäftsführer, Rz. 137 ff., 602.

10 *Brandstätter,* Die Prüfung der Sanierungsfähigkeit notleidender Unternehmen, S. 231.

ankündigender Veränderungsprozesse frühzeitig zu erkennen, um ausreichende Zeit zur Reaktion zur Verfügung zu haben[1]. Erforderlich dafür ist die permanente und vor allem ungerichtete, also nicht vorab auf bestimmte Bereiche fixierte Umweltanalyse („Scanning")[2].

Je früher ein derartiges Signal jedoch aufgenommen wird, desto schwerer fällt seine Interpretation (Beispiel von *Bea/Haas*[3]: die Auswirkung bestimmter Fortschritte in der Mikroelektronik auf die deutsche Uhrenindustrie). Schwache Signale lassen sich auch nicht in Kennziffern ausdrücken[4]. Oft lässt sich nicht einmal die Wirkungsrichtung dieser Signale (positiv oder negativ) ausmachen[5]. Neben diesem **Interpretationsproblem** besteht aber auch ein **Implementationsproblem**, da wegen der Ungerichtetheit dieser Wahrnehmungsaufgabe spezifische Handlungsanweisungen für deren Umsetzung kaum gegeben werden können[6]. Aus der unüberschaubaren Menge von Umweltbedingungen sind diejenigen Daten herauszufiltern, die für die gegenwärtige Lage relevant sind oder für die zukünftige Lage des Unternehmens relevant werden können. Entscheidender Erfolgsfaktor dieses Konzeptes ist eine entsprechende Sensibilisierung der Unternehmung für schwache Signale[7]. 1.90

VI. Krisenvermeidende Organisation

Aber auch organisatorische Mängel, z.B. eine ineffiziente Aufbauorganisation[8] oder eine schwerfällige Ablauforganisation[9], können zur Krisenanfälligkeit des Unternehmens erheblich beitragen und eine durchdachte Organisation andererseits einen wichtigen Beitrag zur Krisenabwehr darstellen. Im Interesse eines präventiven Krisenmanagements sind daher organisatorische Mängel zu beseitigen. 1.91

Vornehmlich in älteren Unternehmen hat sich oftmals ein „Verwaltungswasserkopf" gebildet, der den Informationsfluss im Unternehmen bremst und 1.92

---

1 *Bea/Haas,* Strategisches Management, 4. Aufl. 2005, S. 299 ff. und WiSt 1994, 488; *Eichholz,* BC 1998, 49; weiterhin *Wilden* in Buth/Hermanns, Restrukturierung, Sanierung, Insolvenz, § 1 Rz. 51.

2 Vgl. Rz. 1.121 ff.; *Bea/Haas,* Strategisches Management, 4. Aufl. 2005, S. 302 f. und WiSt 1994, 488; *Haag,* ZfP 1993, 264.

3 *Bea/Haas,* WiSt 1994, 488.

4 *Gless,* Unternehmenssanierung, 1996, S. 41.

5 Eine Möglichkeit zur Bewältigung dieses Problems ist die sog. Szenario-Analyse, in der die möglichen Auswirkungen, geordnet nach Eintrittswahrscheinlichkeit, einander gegenübergestellt werden (vgl. *Bea/Haas,* Strategisches Management, 4. Aufl. 2005, S. 287 und WiSt 1994, 489 ff.).

6 *Bea/Haas,* WiSt 1994, 488 f.

7 *Bea/Haas,* Strategisches Management, 4. Aufl. 2005, S. 206.

8 Aufbauorganisation bedeutet die Strukturierung der Unternehmung in organisatorische Einheiten (*Jung,* Allgemeine Betriebswirtschaftslehre, 10. Aufl. 2006, S. 266 f., 321 f.).

9 Gemeint ist die Gestaltung von Arbeitsprozessen innerhalb des von der Aufbauorganisation bereitgestellten Gerüsts (*Wöhe,* Einführung in die Allgemeine Betriebswirtschaftslehre, S. 129 f.).

hohe Kosten verursacht. Es ist somit bezüglich des nicht unmittelbar am Wertschöpfungsprozess beteiligten Personals zu prüfen, ob eine (zurückzuführende) **Überbesetzung** vorliegt[1].

1.93 In der Unternehmensorganisation ist jedoch auch dafür Sorge zu tragen, dass die zur Abwehr von Unternehmenskrisen geeigneten Frühwarnsysteme in die **Unternehmensstruktur** aufgenommen werden, so dass sie im Unternehmen auch zur tatsächlichen Anwendung kommen.

1. Krisenaverse Organisationsstrukturen

1.94 Allgemein sind aus Sicht der Krisenprävention **flexible und innovationsförderliche Organisationsstrukturen** anzustreben, die ein rasches Reagieren auf kurzfristig veränderte Rahmenbedingungen erlauben („Lean Management")[2].

1.95 Die betriebswirtschaftliche Organisationslehre zählt hierzu u.a. eine **flache Hierarchie** mit kurzen Kommunikationswegen, eine starke **Dezentralisierung**[3], **geringe Spezialisierung** auf Stellen- und Abteilungsebenen und die Minimierung der Stärke zentraler unterstützender Abteilungen (Stäbe)[4].

1.96 Letztlich kann die Zweckmäßigkeit der Unternehmensorganisation jedoch nur unter **Berücksichtigung der konkreten Gegebenheiten** vor Ort beurteilt werden. Ein steigender Dezentralisationsgrad vergrößert beispielsweise den Koordinationsaufwand. Gerade bei dezentralen Organisationsstrukturen kann eine Unternehmenskrise aber auf mangelnde Koordination zurückzuführen sein[5].

1.97 Bei der Aufbauorganisation ist darauf hinzuwirken, dass sich **Aufgabenbereiche, Kompetenz und Ergebnisverantwortung** möglichst entsprechen[6]. Generell ist auf eine zweckmäßige Abteilungsgliederung mit klaren Kompetenzabgrenzungen zu achten[7]. Bei der Ablauforganisation ist ein **Gleichgewicht von Stabilität und Elastizität** anzustreben, d.h. einerseits müssen gleichartige Aufgaben nach standardisierten Verfahren erledigt werden können, andererseits muss die Organisationsstruktur auch genügend Elastizität bieten, um bei au-

---

1 Eine von *Spiegelberger* (Kauf von Krisenunternehmen, 1996, S. 122, 260) durchgeführte Befragung amerikanischer Turnaround-Manager ergab, dass Krisenunternehmen durchschnittlich zu 30 % personell überbesetzt sind.

2 Vgl. auch *Freilinger/Klis,* Organisation 2000, 1994, S. 62 ff.

3 Gemeint ist die Verteilung gleichartiger Aufgaben auf mehrere Stellen (s. *Jung,* Allgemeine Betriebswirtschaftslehre, 10. Aufl. 2006, S. 323, 295).

4 *Kieser/Walgenbach,* Organisation, 5. Aufl. 2007, S. 440; *Jung,* Allgemeine Betriebswirtschaftslehre, 10. Aufl. 2006, S. 295 f.

5 *Brandstätter,* Die Prüfung der Sanierungsfähigkeit notleidender Unternehmen, S. 223.

6 S. *Ulrich/Fluri,* Management, 7. Aufl. 1995, S. 174; *Vogelsang,* ZfbF 1988, 100 f.; *Brandstätter,* Die Prüfung der Sanierungsfähigkeit notleidender Unternehmen, S. 233. Insbesondere beim sog. „Stab-Liniensystem" besteht die Möglichkeit, dass bestimmte Stellen Entscheidungen herbeiführen, die sie nicht verantworten (s. *Wöhe,* Einführung in die Allgemeine Betriebswirtschaftslehre, S. 129 f.). Beispiel: Einstellung ungeeigneter Arbeitskräfte durch die Personalabteilung. Ähnliche Probleme entstehen bei der sog. „Matrix-Organisation" (vgl. *Ulrich/Fluri,* Management, 7. Aufl. 1995, S. 183 ff.).

7 *Hess/Fechner/Freund/Körner,* Sanierungshandbuch, S. 72.

ßergewöhnlichen Aufgaben ausreichenden Dispositionsspielraum für flexible Reaktionen zur Verfügung stellen zu können[1].

Bei der Organisation des Managements ist insbesondere bei kleinen und mittleren Betrieben eine unzureichende **Aufgabendelegation** festzustellen. Dadurch wird die Geschäftsleitung mit Routinearbeiten überlastet, und die eigentlichen Führungsaufgaben werden vernachlässigt[2]. 1.98

2. Organisation der Unternehmenskontrolle

Trotz aller Effizienz im Hinblick auf den Unternehmensertrag sind in der Unternehmensorganisation jedoch auch Vorkehrungen zu treffen, welche die **Implementation von Krisenfrühwarnsystemen** ermöglichen. Hierzu bedarf es grundsätzlich bestimmter Kontrollinstanzen. 1.99

a) Statutarische Berichtspflichten der Geschäftsführung

Die gesetzlich vorgesehene Kontrollinstanz der GmbH ist die Gesellschafterversammlung. Organisatorisch ist dabei zu regeln, auf welcher Grundlage eine derartige Kontrolle erfolgen kann. Der jährlich erstellte Jahresabschluss als gesetzliche Mindestgrundlage der Unternehmenskontrolle ist hierfür unzureichend[3]. Empfehlenswert ist es deshalb, in den Gesellschaftsvertrag eine dem **§ 90 AktG** entsprechende Klausel aufzunehmen, wonach die Geschäftsführung u.a. verpflichtet ist, der Gesellschafterversammlung vierteljährlich über den Gang der Geschäfte zu berichten, damit der Gesellschafterversammlung genug Informationen zur Verfügung stehen, um Unternehmenskrisen frühzeitig erkennen und darauf reagieren zu können[4]. Die konkrete Ausgestaltung der **Berichtspflicht** ist dabei auf die besonderen Verhältnisse der Gesellschaft abzustimmen[5]. 1.100

b) Externe Unternehmenskontrolle

Auch extern erstellte Prüfungsberichte sind ein Mittel zur Kontrolle der wirtschaftlichen Entwicklung eines Unternehmens. Eine externe Revision (**Wirtschaftsprüfung**) ist unter bestimmten Voraussetzungen gesetzlich vorgeschrieben. Nach § 316 HGB besteht für solche Kapitalgesellschaften, die keine kleinen i.S. des § 267 Abs. 1 HGB sind, die zwingende Pflicht, den Jahresabschluss 1.101

1 *Wöhe,* Einführung in die Allgemeine Betriebswirtschaftslehre, S. 138; *Brandstätter,* Die Prüfung der Sanierungsfähigkeit notleidender Unternehmen, S. 222.

2 *Brandstätter,* Die Prüfung der Sanierungsfähigkeit notleidender Unternehmen, S. 223; *Hess/Fechner/Freund/Körner,* Sanierungshandbuch, S. 73.

3 *Hommelhoff,* ZIP 1983, 386.

4 Vgl. auch *Scholz/Uwe H. Schneider,* § 43 GmbHG Rz. 143; nach dem durch das TransPuG neu gefassten § 90 Abs. 1 Nr. 1 AktG ist der Bericht des Vorstands an den Aufsichtsrat um Abweichungen von früher berichteten Zielen unter Angabe von Gründen zu erweitern (sog. follow-up). Damit wird eine Soll-Ist-Analyse ermöglicht bzw. erleichtert.

5 In diesem Sinne: *Hommelhoff,* ZIP 1983, 388 f.

und den Lagebericht durch einen Abschlussprüfer prüfen zu lassen; aber auch kleine Kapitalgesellschaften können sich (freiwillig) einer Wirtschaftsprüfung unterziehen. Die Rolle der Abschlussprüfer als Unternehmenskontrolleure zur Vermeidung von Unternehmenskrisen wurde durch das Gesetz zur Kontrolle und Transparenz im Unternehmensbereich vom 27. 4. 1998 (KonTraG)[1] und durch das Gesetz zur weiteren Reform des Aktien- und Bilanzrechts, zu Transparenz und Publizität vom 19. 7. 2002 (TransPuG)[2] nochmals aufgewertet.

1.102 Ziel der externen Revision ist in der Regel die Feststellung der Ordnungsmäßigkeit des Rechnungswesens und der Richtigkeit der finanziellen Berichterstattung. Gem. dem durch das KonTraG neu gefassten und erweiterten § 321 HGB hat der Abschlussprüfer über das Ergebnis seiner Prüfung schriftlich zu berichten (§ 321 Abs. 1 HGB: **Prüfungsbericht**). Der Abschlussprüfer hat dabei im Hauptteil des Prüfungsberichts die Posten des Jahresabschlusses aufzugliedern und zu erläutern (§ 321 Abs. 2 HGB). Zuvor hat er aber zur Beurteilung der Unternehmenslage durch die Geschäftsleitung Stellung zu nehmen, wobei er insbesondere auf die Beurteilung des Fortbestandes und der künftigen Entwicklung des Unternehmens einzugehen hat. Nach dem durch das TransPuG neu gefassten § 321 Abs. 1 Satz 3 und Abs. 2 HGB muss der Abschlussprüfer künftig nicht mehr nur berichten, dass bestandsgefährdende oder die Entwicklung des Unternehmens wesentlich beeinträchtigende Maßnahmen vorliegen, sondern welche Auffälligkeiten festgestellt worden sind[3]. Der Prüfungsbericht kann deshalb **wichtige Hinweise auf mögliche Krisensituationen** liefern. Krisen, die erst im Rahmen des § 321 HGB entdeckt werden, sind allerdings i.d.R. bereits weit fortgeschritten; eine ausreichende Krisenvorsorge kann durch die externe Wirtschaftsprüfung daher nicht gewährleistet werden. Schließlich hat der Abschlussprüfer durch den durch das TransPuG eingeführten § 321 Abs. 2 Satz 4 HGB „auch auf wesentliche Bewertungsgrundlagen sowie darauf einzugehen, welchen Einfluss Änderungen in den Bewertungsgrundlagen einschließlich der Ausübung von Bilanzierungs- und Bewertungswahlrechten und der Ausnutzung von Ermessensspielräumen sowie sachverhaltsgestaltende Maßnahmen insgesamt auf die Darstellung der Vermögens-, Finanz- und Ertragslage haben“[4]. Um zu gewährleisten, dass der Abschlussprüfer seiner gesetzlichen Berichtspflicht auch tatsächlich nachkommt, insbesondere der nach § 321 Abs. 1 Satz 2 HGB u.a. geforderten Stellungnahme zur Lagebeurteilung, hat der IDW angeregt, den Verfahrensbevoll-

---

1 BGBl. I 1998, 786.

2 BGBl. I 2002, 2681, in Kraft getreten am 26. 7. 2002.

3 So *Theiss*, GmbHR 2002, 231, 235: Ersatz der Negativerklärung zu Gunsten einer Positiverklärung.

4 Die Regierungsbegründung führt eine ganze Reihe von bilanzpolitischen Maßnahmen auf, über die bei wesentlicher Auswirkung zu berichten ist: Abschreibungen bei schlechter wirtschaftlicher Entwicklung oder unterlassene Abschreibungen; Angemessenheit der von der Geschäftsleitung zugrunde gelegten Ertragsaussichten, die gegebenenfalls für den Verkehrswert von Vermögensgegenständen von Bedeutung sind; Auflösung von Rückstellungen auf Grund geänderter Beurteilung der Wahrscheinlichkeit; sachverhaltsgestaltende Maßnahmen wie sale-and-lease-back usw., vgl. Begr. RegE des TransPuG, BR-Drucks. 109/02 v. 8. 2. 2002, S. 72.

mächtigten auf Antrag Einblick in die Prüfungsberichte der letzten drei Geschäftsjahre vor Eröffnung des Insolvenzverfahrens zu gewähren[1].

c) Interne Kontrolle

Zur Früherkennung von Unternehmenskrisen ist es deshalb notwendig, organisatorisch eine interne Unternehmenskontrolle zu installieren. Insbesondere bei solchen Frühwarnsystemen, die auf innerbetriebliche Krisenindikatoren abstellen, reicht es in der Praxis nicht aus, dem Geschäftsführer gesetzlich oder statutarisch bestimmte Einberufungs- oder Berichtspflichten aufzuerlegen. Denn dieser wird sich für derartige Fehlentwicklungen i.d.R. in irgendeiner Weise persönlich verantwortlich fühlen[2]. Es besteht also die Gefahr, dass das **Krisensignal vom Geschäftsführer** – bewusst oder unbewusst – **unterdrückt** wird und die rechtzeitige Einberufung der Gesellschafterversammlung unterbleibt[3]. Es bedarf somit eines von der operativen Geschäftsführung organisatorisch getrennten Kontrollsystems, das über die wirtschaftliche Lage der GmbH ständig wacht. 1.103

Zu diesem Zweck muss das Unternehmen über ein internes Kontrollsystem verfügen, dem die Überwachung und Kontrolle der betrieblichen Tätigkeit obliegt (**Controlling- und Revisionsabteilung**)[4]. Die speziellen Aufgaben und der Umfang der Überwachung sind je nach Art des Wirtschaftszweiges und der Betriebsgröße unterschiedlich. Die ihr zugedachte Funktion kann diese Kontrollinstanz jedoch nur dann voll ausüben, wenn sie der Geschäftsleitung angehört oder dieser zumindest direkt unterstellt ist[5]. Die Notwendigkeit eines solchen internen Kontrollsystems (IKS) hat der Gesetzgeber erkannt und deshalb durch das **KonTraG**[6] große und mittelgroße Kapitalgesellschaften und Personengesellschaften zur Einführung eines solchen institutionalisierten Risikokontrollsystems gem. § 91 Abs. 2 AktG gezwungen[7]; allerdings ist die Mehrzahl der GmbHs und GmbH & Co. KGs hiervon auf Grund ihrer Größe nicht betroffen. Die Einführung eines solchen Kontrollsystems kann daher in diesen Fällen lediglich auf freiwilliger Basis empfohlen werden[8]. Der in kleineren Wirtschaftseinheiten oftmals anzutreffenden „Kaufmännischen Lei- 1.104

1 IDW, WPg 2000, 1027, 1031 f.; hierzu auch *Ebke* in Münchener Kommentar zum HGB, 2. Aufl. 2008, § 321a HGB Rz. 1.

2 Vgl. dazu auch *Holzer*, NZI 2005, 308, 315, der zu Recht darauf hinweist, dass sich die zuständigen Organe oftmals nicht eingestehen wollen, dass das Unternehmen in die Krise geraten ist; weiterhin *Uhlenbruck/Leibner*, KTS 2004, 505, 506 f.; *Buchalik* in Buth/Hermanns, Restrukturierung, Sanierung, Insolvenz, § 2 Rz. 65, S. 46.

3 *Böckenförde,* Unternehmenssanierung, S. 54.

4 *Harz/Hub/Schlarb,* Sanierungs-Management, S. 47.; *Brandstätter,* Die Prüfung der Sanierungsfähigkeit notleidender Unternehmen, S. 224.

5 *Ulrich/Fluri,* Management, 7. Aufl. 1995, S. 154.

6 BGBl. I 1998, 786. Das Gesetz ist am 1. 5. 1998 in Kraft getreten.

7 *Winnefeld,* Bilanz-Handbuch, 4. Aufl. 2006, Rz. 880.

8 Ein solches internes Kontrollsystem ist auch Voraussetzung dafür, dass die Geschäftsführer bei erfolgter Geschäftsverteilung ihre dennoch bestehende Informations- und Überwachungsverantwortung wahrnehmen können, zu dieser vgl. *Scholz/Uwe H. Schneider*, § 43 GmbHG Rz. 39.

tung" sollten daher ebenfalls Controllingaufgaben zugewiesen werden. Dabei muss aber beachtet werden, dass die Kontrollaufgabe nicht mit dem bloßen Zusammentragen von Daten verwechselt wird und aus den vorhandenen Informationen keine entsprechenden Anstöße gegenüber den anderen Abteilungen bzw. der Geschäftsleitung erfolgen[1].

3. Errichtung eines Aufsichtsorgans

1.105 Dem Bedürfnis nach Kontrolle der Geschäftsführung kann aber auch durch weitere Maßnahmen im Bereich der Unternehmensverfassung, durch die Einrichtung eines Kontrollorgans, Rechnung getragen werden[2]. Denn die GmbH verfügt – im Gegensatz zur AG – im Normalfall[3] über kein obligatorisches Aufsichtsorgan, das die Tätigkeit der Geschäftsführung laufend zu überwachen hat. Eine effektive Krisenprävention hängt aber davon ab, die Gesellschafterversammlung rechtzeitig über Fehlentwicklungen des Unternehmens zu informieren. Zu diesen Zwecken ist ein unabhängiges Gesellschaftsorgan zu errichten, welches zur Kontrolle der Geschäftsführung berufen ist[4]. GmbH-rechtlich handelt es sich dabei stets um einen **Aufsichtsrat i.S. des § 52 GmbHG**, auch wenn das Organ in der Satzung als Beirat, Gesellschafterausschuss oder Verwaltungsrat bezeichnet wird[5].

1.106 Der Aufsichtsrat hat – neben der Gesellschafterversammlung – die Geschäftsführung auf **Legalität, Ordnungsmäßigkeit, Zweckmäßigkeit** und **Wirtschaftlichkeit** zu überwachen und dahin gehend zu beraten[6]. Diese Aufgabe bezieht sich nicht nur auf die Vergangenheit, sondern ist vor allem auch ex ante Kontrolle begleitender und vorausschauender Natur[7]. Satzungsmäßig ist diesem Organ die Einberufungskompetenz und -pflicht für die Gesellschafterversammlung einzuräumen, wenn es im Zuge seiner Tätigkeit auf bestimmte Warnsignale stößt.

1.107 Dem Aufsichtsrat sollten fest **umrissene Kompetenzen und Verantwortlichkeiten** übertragen werden. Die Mitglieder des Aufsichtsrats sollten zumindest

1 S. hierzu auch *Gras* in Münchener Anwaltshandbuch, Sanierung und Insolvenz, § 2 Rz. 67.

2 Das TransPuG setzt eine Reihe von Empfehlungen des Deutschen Corporate Governance Kodex vom 26. 2. 2002 um, abgedruckt in ZIP 2002, 452. Der Kodex enthält in Ziff. 3 umfassende Regelungen zum verstärkten Zusammenwirken von Geschäftsführung und Aufsichtsorgan, insbesondere zu Informations- und Berichtspflichten der Geschäftsführung, vgl. Ziff. 3.4.

3 Anders bei der mitbestimmten GmbH (vgl. *Scholz/Uwe H. Schneider,* § 52 GmbHG Rz. 13 ff., 27 ff.: insbesondere nach § 1 Abs. 1 DrittelbG bei Gesellschaften mit mehr als 500 Arbeitnehmern).

4 *Brandstätter,* Die Prüfung der Sanierungsfähigkeit notleidender Unternehmen, S. 223 f.

5 *Lutter/Hommelhoff,* § 52 GmbHG Rz. 4.

6 *Raiser/Heermann* in Großkommentar zum GmbHG, § 52 GmbHG Rz. 87 f.; *Gras* in Münchener Anwaltshandbuch, Sanierung und Insolvenz, § 2 Rz. 48 f.

7 *Scholz/Uwe H. Schneider,* § 52 GmbHG Rz. 93; *Raiser/Heermann* in Großkommentar zum GmbHG, § 52 GmbHG Rz. 89; BGH v. 25. 3. 1991 – II ZR 188/89, BGHZ 114, 127, 130 zum Aktienrecht.

nicht ausschließlich aus Gesellschaftern der GmbH bestehen; nach Möglichkeit sollte die Gesellschafterversammlung stattdessen **besonders qualifizierte, erfahrene und unabhängige Persönlichkeiten** berufen[1]. Selbst bei kleineren GmbHs muss ein Aufsichtsrat keinen unverhältnismäßig großen Aufwand bedeuten; nach h.M. ist schon ein Ein-Personen-Aufsichtsrat möglich[2].

Nach dem durch das TransPuG veranlassten § 110 Abs. 3 AktG, der sinngemäß über § 52 Abs. 1 GmbHG auch für den Aufsichtsrat der GmbH greift, wird die Sitzungsfrequenz des Aufsichtsrates auf grundsätzlich zwei Sitzungen im Kalenderhalbjahr erhöht, wobei in nicht börsennotierten Gesellschaften der Aufsichtsrat beschließen kann, dass eine Sitzung ausreichend ist. 1.108

1 *Vogelsang,* ZfbF 1988, 100.
2 S. *Scholz/Uwe H. Schneider,* § 52 GmbHG Rz. 208; krit. *Lutter/Hommelhoff,* § 52 GmbHG Rz. 5.

C. Krisenfrüherkennung

I. Selbstprüfung und Früherkennung durch die Geschäftsführer

1. Selbstprüfungspflicht der Gesellschaftsorgane

1.109 **a)** Auf die Bedeutung der **Selbstprüfungspflicht der Organe** im Vorfeld der Insolvenz wurde schon bei Rz. 1.20 hingewiesen. Die kontinuierliche Kontrolle der Finanzsituation der Gesellschaft gehört zu den „10 Geboten an den Geschäftsführer“[1]. Sie ist **Bestandteil der Corporate Governance in der GmbH.** Das Gesetz zwingt zwar nicht zur Einrichtung eines betriebswirtschaftlich perfektionierten Krisenwarnsystems (vgl. demgegenüber § 91 Abs. 2 AktG), aber das Fehlen einer gesetzlichen Vorschrift entlastet die Geschäftsführer einer GmbH nicht von dieser Aufgabe[2]. Das GmbH-Recht lässt lediglich mehr Flexibilität zu. Dass durch Satzung oder Gesellschafterbeschluss sogar ein **förmliches Krisenwarnsystem** installiert werden kann, wurde bereits herausgestellt (Rz. 1.20)[3]. Die Selbstprüfungsaufgabe ist notwendige Voraussetzung einer erfolgreichen Tätigkeit der Gesellschaft und setzt nicht erst im Vorfeld der Krise ein (vgl. auch zur Liquiditätsvorsorge Rz. 1.63 ff.). Sie erfährt aber eine Zuspitzung, wo es um **Krisenvermeidung**, **Sanierung und Insolvenz-Früherkennung** geht. Die **Verpflichtung eines etwa vorhandenen Aufsichtsrats** zur Solvenz- und Sanierungsbedarfsprüfung versteht sich gleichfalls von selbst. Aber wiederum gilt, dass die Kontrollaufgabe eines Aufsichtsrats den Geschäftsführer ebenso wenig entlastet wie das gänzliche Fehlen eines Aufsichtsorgans. Im Vorfeld der Insolvenz bedarf es besonders intensiver Anstrengung der in § 43 Abs. 1 GmbHG apostrophierten „Sorgfalt eines ordentlichen Geschäftsmanns“[4]. Jeder **Sanierungsbedarf**, jede **Sanierungsstrategie**, jede konkrete **Sanierungsmaßnahme** oder deren Unterlassung bedarf rascher, gewissenhafter und zielorientierter Prüfung. Zur Pflicht, die Gesellschafterversammlung einzuberufen (§ 49 Abs. 2 und 3 GmbHG), vgl. Rz. 1.76.

1.110 **b)** Je näher die Überschuldung oder Zahlungsunfähigkeit bzw. die Gefahr ihres Eintritts rückt, um so mehr konkretisieren und verschärfen sich die Selbstprüfungspflichten. Die sog. **Insolvenzantragspflicht des § 15a InsO** (früher § 64 Abs. 1 GmbHG a.F. bzw. § 130a Abs. 1 HGB a.F.) ist bisweilen als ein sanierungsfeindliches Rechtsinstrument verstanden (missverstanden!) worden. Man hat geradezu nach der Abschaffung dieser gesetzlichen Pflicht im Sanierungsinteresse gerufen[5]. Der recht verstandene § 15a InsO ist aber ein **Aufruf zur selbstverantwortlichen Solvenz- und Sanierungsprüfung**, nicht eine Totengräbervorschrift für Unternehmen[6]. Die Bedeutung dieser Selbstprü-

---

1 Vgl. *Lutter*, GmbHR 2000, 301, 305.
2 Vgl. zum Risikomanagement *Scholz/Uwe H. Schneider*, § 43 GmbHG Rz. 96; *Spindler*, Unternehmensorganisationspflichten, 2001, S. 386 ff.; *Altmeppen*, ZGR 1999, 300.
3 Dazu etwa *Kallmeyer* in GmbH-Handbuch, Rz. I 2335.
4 Über Fakten vgl. *Eidenmüller*, Unternehmenssanierung zwischen Markt und Gesetz, 1999, S. 414 ff.
5 Z.B. *Wüst*, JZ 1985, 819 ff.
6 *Karsten Schmidt* in 54. DJT, Band 1, 1982, Gutachten D, S. D 107 f.

fungspflicht für das Verständnis des § 15a InsO schlägt sich rechtspolitisch und rechtspraktisch in der Einschätzung der sog. Insolvenzantragspflichten nieder. Die **sog. Insolvenzantragspflicht** ist der Sache nach nichts als ein **Verbot der Insolvenzverschleppung**. Verbotene Insolvenzverschleppung ist die **deutsche Variante des „wrongful trading“** (vgl. Rz. 11.4)[1]. Entgegen dem ersten Anschein hält § 15a InsO die Geschäftsführer nicht an, um jeden Preis den Weg zum Insolvenzrichter anzutreten, sondern die Bestimmung hält sie dazu an, **Krisen zu vermeiden** und im Fall einer Krise die Gesellschaft **rechtzeitig zu sanieren oder (!) den Insolvenzantrag zu stellen**. Hinter der vom MoMiG-Gesetzgeber insolvenzrechtlich eingeordneten[2] Regel des § 15a InsO verbirgt sich als **ungeschriebene unternehmensrechtliche Regel** das **Gebot der Krisenvermeidung, der Krisenfrüherkennung und der Krisenüberwindung durch frühe Sanierung**. Die Geschäftsführung wird den Geboten des § 15a InsO deshalb immer noch am besten gerecht, indem sie durch laufende Selbstprüfung des Unternehmens drohende Krisen abwendet oder eingetretene Krisen durch Sanierungsmaßnahmen kompensiert. Und wenn sie dies versäumt, handelt sie gesetzwidrig nicht (nur) durch das Unterlassen eines Insolvenzantrags, sondern durch die verbotene Fortführung der Geschäfte trotz eingetretener Insolvenz[3].

2. Pflichtenkonflikte

a) Die **Konfliktsituation der Geschäftsführer** im Vorfeld des § 15a InsO ist trotz der vorstehenden Erwägungen unbestreitbar. Die Geschäftsführer müssen theoretisch punktgenau reagieren und haften bei verspätetem Insolvenzantrag nach § 823 Abs. 2 BGB, § 15a InsO den Gläubigern (Rz. 11.8 ff.) bzw. nach § 64 Satz 1 GmbHG, §§ 130a Abs. 2, 177a HGB der Gesellschaft (Rz. 11.30 ff.). Bei verfrühtem Insolvenzantrag können sie nach § 43 GmbHG der Gesellschaft gegenüber haftpflichtig sein. Eine präzise Feststellung, wann genau Überschuldung eintritt (Rz. 5.53 ff.), ist aber selbst bei seriösester Anstrengung und bei Kenntnis aller relevanten Fakten regelmäßig nicht möglich. Auch ist die **Drei-Wochen-Frist** des § 15a InsO kein Freibrief für untätiges Zuwarten, sondern eine **Chance für letzte Sanierungsanstrengungen**, besser: eine Chance zur Vollendung bereits laufender Sanierungspläne. Der durch die Pflichten zum Schutz der Gesellschaft und ihrer Gläubiger entstehenden Konfliktlage entgeht der Geschäftsführer am besten nicht durch den bloßen Blick auf die sog. Insolvenzantragspflicht, sondern durch **ständige Prüfung und ggf. rechtzeitige Sanierungsbemühungen**. Der Ablauf der Frist wirkt definitiv. Nach ihrem Ablauf kann nicht mehr geltend gemacht werden, dass der Geschäftsführer noch an Sanierungschancen glauben durfte. Eine verspätete Sanierung kann den einmal begonnenen Verstoß gegen § 15a InsO stets nur für die Zukunft in Fortfall bringen, so dass nach Ablauf der Drei-Wochen-Frist eine Verletzung des § 15a InsO nicht mehr verneint oder rückgängig gemacht 1.111

1 *Karsten Schmidt* in Lutter, Das Kapital der Aktiengesellschaft in Europa, 2006, S. 201; *Scholz/Karsten Schmidt*, 9. Aufl., § 64 GmbHG Rz. 13.
2 Begr. RegE, BT-Drucks. 16/6140, S. 55 = ZIP-Beilage zu Heft 23/2007, S. 31.
3 Vgl. zu den strafrechtlichen Konsequenzen *Karsten Schmidt*, FS Rebmann, 1989, S. 419 ff.

werden kann. Ziel des Geschäftsführerhandelns muss deshalb eine **Vermeidung oder Beseitigung einer Zahlungsunfähigkeit bzw. Überschuldung vor dem Ablauf der Drei-Wochen-Frist** sein, und das bedeutet im praktischen Ergebnis: schon wenn sich die Krise abzeichnet. Der Geschäftsführer muss alles daran setzen, die Gesellschaft vor Ablauf der Frist jedenfalls in einen die für die Überschuldung meist ausschlaggebende Negativprognose ausschließenden Zustand zu versetzen. Bloße Sanierungshoffnung beseitigt die Insolvenzantragspflicht selbstverständlich nicht, kann sogar Ausdruck schuldhafter Verletzung des § 15a InsO sein. Auch eine Niederlegung des Amts als Geschäftsführer lässt die Pflicht des Zurücktretens nur für die Zukunft entfallen (selbst dies ist umstritten), beseitigt aber nicht begangene Verstöße[1]. Einer Haftung gegenüber der Gesellschaft aus § 43 GmbHG wegen Versäumung der Geschäftsführerpflichten kann der Geschäftsführer nicht einmal durch rechtzeitige Insolvenzantragstellung zuverlässig ausweichen (vgl. zur sog. Insolvenzverursachungshaftung des Geschäftsführers unten Rz. 11.87 ff.). Im Lichte der Selbstprüfungspflicht verstanden, harmonieren die Geschäftsführerpflichten aus § 15a InsO und aus § 43 GmbHG.

1.112 **b)** Ist der Geschäftsführer den Gläubigern gegenüber offenbarungspflichtig? **Im Verhältnis zu Insolvenzgläubigern** kann ein **Konflikt zwischen Vertraulichkeit und Transparenz** entstehen. Erst mit Eintritt der materiellen Insolvenz (Überschuldung oder Zahlungsunfähigkeit) bzw. mit dem Ablauf der Drei-Wochen-Frist ist die GmbH als Schuldnerin, sind also ihre Geschäftsführer gegenüber jedem Gläubiger offenbarungspflichtig[2]. Hier endet jedes berechtigte Interesse der Gesellschaft an Vertraulichkeit über die wirtschaftliche Situation. Im **Vorfeld der Insolvenz** hängen die Offenbarungspflichten teils von den Vereinbarungen mit den Gläubigern ab (über Covenants vgl. Rz. 1.142 ff.), teils von den schuldrechtlichen Treupflichten, also von der konkreten Verhandlungssituation und vom Umfang des vom Gläubiger eingegangenen Solvenzvertrauens[3].

3. Früherkennungssysteme *(Maus)*

1.113 Die „Risikovorsorge" der Unternehmen bzw. Gesellschaften hat durch das am 1. 5. 1998 in Kraft getretene „Gesetz zur Kontrolle und Transparenz im Unternehmensbereich" (KonTraG)[4] einen neuen rechtlichen Rahmen und auch neue betriebswirtschaftliche Impulse erhalten. Nach § 91 Abs. 2 AktG hat der Vorstand der Aktiengesellschaft geeignete Maßnahmen zu treffen, insbesondere ein **Überwachungssystem** einzurichten, damit den Fortbestand der Gesellschaft gefährdende Entwicklungen früh erkannt werden. Bei einer börsennotierten Aktiengesellschaft hat der Wirtschaftsprüfer im Rahmen der Jahresabschlussprüfung zu beurteilen, ob der Vorstand die ihm nach § 91 Abs. 2 des

1 *Scholz/Karsten Schmidt*, 9. Aufl., § 64 GmbHG Rz. 22.
2 BGH v. 27. 10. 1982 – VIII ZR 187/81, GmbHR 1983, 44 (unter IId); BGH v. 25. 1. 1984 – VIII ZR 227/82, GmbHR 1985, 51; *Scholz/Karsten Schmidt*, 9. Aufl., § 64 GmbHG Rz. 69; a.M. OLG Düsseldorf v. 18. 11. 1980 – 4 U 99/80, GmbHR 1981, 194.
3 OLG Celle v. 19. 11. 1993 – 4 U 46/91, GmbHR 1994, 467.
4 BGBl. I 1998, 786.

Aktiengesetzes obliegenden Maßnahmen in einer geeigneten Form getroffen hat und ob das danach einzurichtende Überwachungssystem seine Aufgaben erfüllen kann (§ 317 Abs. 4 AktG). Die Prüfung erfolgt als Systemprüfung[1]. Systemprüfungen stellen auf die zweckmäßige Konzeption (Erfassungsprüfung, Systemprüfung i.e.S.) und Funktionsfähigkeit (Funktionsprüfung) ab[2]. Die Prüfung gem. § 317 Abs. 4 HGB stellt eine erhebliche Ausweitung der gesetzlich vorgeschriebenen Abschlussprüfung dar. Denn sie umfasst neben Buchführung, Rechnungslegung und deren internen Kontrollen alle sonstigen betrieblichen Bereiche, aus denen einzeln oder kumuliert bestandsgefährdende Risiken erwachsen können[3].

Welche Maßnahmen zur Einrichtung des Früherkennungssystems (RFS) konkret zu ergreifen sind, lässt das Gesetz zu Recht offen, denn die Anforderungen an ein wirksames und zweckmäßiges Risikofrüherkennungssystem sind letztlich unternehmensindividuell zu formulieren. Von großer praktischer Relevanz ist allerdings, dass die Gesetzesbegründung eindeutig und unzweifelhaft von einer Abstrahlung des § 91 Abs. 2 AktG auch auf andere Gesellschaftsformen, insbesondere mittlere und große GmbHs, aber auch Personenhandelsgesellschaften ausgeht. Damit wird die **gesetzliche Verpflichtung** zur Einrichtung eines RFS **auf mittelständische Unternehmen ausgeweitet**. Die Geschäftsführer der GmbH werden sich also ggf. dafür zu verantworten haben, dass sie ein solches RFS nicht eingerichtet und seine Funktionsfähigkeit überwacht haben. Immer häufiger verlangt auch die Kreditvergabepolitik von Banken auch von kleineren und mittleren Unternehmen ein RFS nach KonTraG. Banken sehen in einem RFS offenbar ein Instrument zur Absicherung gegenwärtigen und potentiellen Kreditarrangements. 1.114

§ 91 Abs. 2 AktG ist infolge der Entwicklung von **Corporate Governance**-Regeln entstanden[4]. Als Corporate Governance wird der rechtliche und faktische Ordnungsrahmen für die Leitung und Überwachung eines Unternehmens verstanden, Corporate Governance-Konzepte stellen Verhaltensregeln für den Vorstand und Aufsichtsrat auf, die über die kodifizierten Vorgaben des Aktiengesetzes hinausgehen[5]. Das KonTraG hat deshalb auch nicht den Anspruch, Corporate Governance-Regeln voll umfänglich in solches Recht umzusetzen, sondern hat nur punktuell einzelne Elemente der Unternehmenskontrolle und -steuerung in das Aktiengesetz eingefügt. Der Deutsche Corporate Governance Kodex[6] legt in Ziff. 4.1.4. die allgemeine Pflicht des Vorstands fest, für ein angemessenes Risikomanagement und Risikocontrolling im Unternehmen zu sorgen. Der Aufsichtsrat berät und überwacht den 1.115

1 Vgl. *Giese*, WPg 1998, 453; *Brebeck/Förschle* in Saitz/Braun, Das Kontroll- und Transparenzgesetz, 1999, S. 184; IDW PS 340, WPg 1999, 660, Tz. 19.

2 Vgl. *Carmichael/Willingham/Schaller*, Auditing Concepts and Methods 6. Aufl. 1996, S. 107 f.; grundlegend zum Ablauf von Systemprüfungen *Leffson* Wirtschaftsprüfung, 4. Aufl. 1988, S. 8, 61.

3 *Dobler*, DStR 2001, 2086.

4 *Hommelhoff*, AG 1998, 249 ff.

5 Zu den verschiedenen Corporate Governance-Richtlinien vgl. *Pellens/Hillebrandt*, BB 2001, 1243 ff.; *Uwe H. Schneider/Strenger*, AG 2000, 106 ff.; *Volk*, DStR 2001, 412 ff.

6 Geltende Fassung vom 6. 6. 2008, abrufbar unter www.corporate-governance-code.de.

Vorstand bei der Leitung des Unternehmens (Ziff. 5.1.1.). Um den Deutsche Corporate Governance Kodex über eine Entsprechenserklärung von Vorstand und Aufsichtsrat gesetzlich zu verankern, sieht der durch das Gesetz zur weiteren Reform des Aktien- und Bilanzrechts, zu Transparenz und Publizität (TransPuG) vom 19. 7. 2002 eingefügte § 161 AktG vor, dass Vorstand und Aufsichtsrat einer börsennotierten Gesellschaft jährlich erklären, ob den im elektronischen Bundesanzeiger bekannt gemachten Verhaltensempfehlungen der Kodex-Kommission entsprochen wurde und wird.

1.116 Das KonTraG hat die Unternehmensleitung verpflichtet, neben dem Risikofrüherkennungssystem auch ein **Überwachungssystem im Unternehmen** einzurichten. Das Überwachungssystem umfasst organisatorische Sicherungsmaßnahmen, interne Kontrollen und interne Prüfungen (insbesondere die interne Revision). Das Überwachungssystem hat unter Risikogesichtspunkten zwei Aufgaben zu erfüllen[1]:

- Bestehende und potentielle Risiken sollen vermieden oder zumindest vermindert werden (**Präventivfunktion des Überwachungssystems**).
- Die Funktionsfähigkeit der Maßnahmen des Risikomanagementsystems soll durch umfassende Prüfungen festgestellt und, falls erforderlich, korrigiert werden (**Korrekturfunktion des Überwachungssystems**).

1.117 Das Risikofrüherkennungssystem i.S. von § 91 Abs. 2 AktG ist auf die Früherkennung bestandsgefährdender Entwicklungen und damit auf einen wichtigen Teilaspekt des Risikomanagementsystems ausgerichtet. Werden Risiken erkannt, so sind die Informationen unverzüglich an die zuständigen Entscheidungsträger weiterzuleiten, so dass diese in geeigneter Weise reagieren können. Wichtige Teilbereiche des RFS können sein[2]:

- Festlegung der Risikofelder, die zu bestandsgefährdenden Entwicklungen führen können,
- Risikoerkennung,
- Risikoanalyse,
- Risikobewertung,
- Risikokommunikation,
- Zuordnung von Verantwortlichkeiten und Aufgaben,
- Einrichtung des Überwachungssystems.

1.118 Die Beschränkung des KonTraG auf Risiken i.e.S. ist aus betriebswirtschaftlicher Sicht nicht sinnvoll, klammert sie doch die Möglichkeit zur **Erfassung von Chancen** aus. Gerade in heutiger Zeit geht schon vom Nichterkennen einer Chance ein beträchtliches Risikopotential aus. Insofern muss aus betriebswirtschaftlicher Sicht an die Stelle des vom Gesetzgeber verlangten Risikofrüherkennungssystem ein modernes **Risikomanagementsystem** (RMS) treten, das von einem weiten Risikobegriff ausgeht, der neben Risiken auch Chan-

1 *Lück*, DB 1998, 1925, 1928.
2 IDW-FN 1999, 352, 353.

cen erfasst. Als Risikomanagement kann die Gesamtheit aller organisatorischen Regelungen und Maßnahmen zur Risikoerkennung und zum Umgang mit den Risiken unternehmerischer Betätigung bezeichnet werden[1]. Das Risikofrüherkennungssystem i.S. von § 91 Abs. 2 AktG ist auf die Früherkennung bestandsgefährdender Entwicklungen und damit auf einen zwar wichtigen, aber nur einen Teilaspekt des Risikomanagements ausgerichtet. Insoweit kann das **RFS als die Pflicht** und das **RMS als die Kür** gelten. RMS bietet weit mehr Chancen als das vom KonTraG geforderte frühzeitige Erkennen bestandsgefährdender Risiken: Ein systematisches Management aller wesentlichen Risiken ermöglicht erst eine wert- und erfolgsorientierte Unternehmenssteuerung[2]. Eine wertorientierte Unternehmensführung ist ein gezieltes Management von Chancen und Risiken in einem immer dynamischeren, globalen Umfeld. Weil der Wert eines Unternehmens (als wichtiger Erfolgsmaßstab) sowohl von den zukünftigen Erträgen als auch deren Risiken abhängt, wird RMS zum unverzichtbaren Bestandteil jeder strategischen Unternehmensführung. Das Risikomanagementsystem hat durch organisatorische Regelungen – insbesondere durch eine klare Verantwortungszuordnung – sicherzustellen, dass Risiken frühzeitig identifiziert und regelmäßig bewertet werden. Außerdem sind für ein Risikomanagementsystem, das den Vorschriften des KonTraG entspricht, die Berichtswege zu Vorstand und Aufsichtsrat festzulegen.

Mit dem Begriff **„System“** sind alle systematischen Anstrengungen gemeint, die die Unternehmensleitung hinsichtlich der Erkennung, Bewertung und Steuerung von Risiken unterstützen sollen[3]. Eine eindeutig strukturierte Risikolandschaft setzt sich aus den folgenden **Bausteinen** zusammen[4]: 1.119

- Risikoidentifikation,
- Risikoanalyse,
- Risikobewertung,
- Risikoplanung und -steuerung,
- Darstellung der Risikosituation des Unternehmens,
- Vergleich der Risikosituation mit den Vorgaben der Risikostrategie,
- Überarbeitung der Risikostrategie,
- Festlegung der Maßnahmen des Risikomanagements.

Durch das RMS muss sichergestellt sein, dass die identifizierten, analysierten und bewerteten Risiken angemessen gesteuert werden. Um Risiken steuern zu können, müssen Maßnahmen der Risikovermeidung, Risikoverminderung, Risikoüberwälzung und Risikokompensation festgelegt werden. Die Risikosituation des Unternehmens ist in regelmäßigen Zeitabständen darzustellen und mit den Vorgaben der Risikostrategie zu vergleichen, um die bestehende Risikostrategie überarbeiten zu können. 1.120

1 IDW-FN 1999, 351.
2 *Gleißner/Meier*, DSWR 2000, 6.
3 *Ertl*, DSWR 2000, 3, 4.
4 *Lück*, DB 1998, 1925, 1926.

1.121 Zu unterscheiden sind Systeme zur **operativen** und solche zur **strategischen** Früherkennung von Krisensignalen. **Operative Frühwarnsysteme** bauen auf **„harten" Informationen** über Erfolg und Liquidität des Unternehmens auf. Informationslieferant ist in der Regel die Bilanzanalyse, aus der Kennzahlen und Kennzahlensysteme zur Standortbestimmung entwickelt werden. Der entscheidende Nachteil dieser Systeme, die auch Unternehmensexternen (Gläubigern) zur Verfügung stehen können (Rz. 1.74), ist die Vergangenheitsbezogenheit der Daten. Dieser Hauptmangel der operativen Frühwarnsysteme hat die **Verfahren zur strategischen Frühaufklärung** gefördert. Im Gegensatz zur vergangenheitsbezogenen operativen Frühwarnung ist die strategische Frühaufklärung zukunftsorientiert. Strategische Frühwarnsysteme verlassen den vergleichsweise engen Planungshorizont der operativen Systeme, der für den Kontroller oder den Produktionsleiter ausreichend war. Der Planungshorizont der Unternehmensführung ist dagegen ein anderer. Er muss sowohl längerfristiger sein als auch solche Signale mit einbeziehen, die schwächer zu empfangen sind als die „harten" Informationen für die operative Planung. Die strategische Planung bezieht das Gesamtunternehmen ein, die operative Planung kann sich auf Teilbereiche des Unternehmens beschränken. Der Zweck der strategischen Frühaufklärung besteht letztlich darin, die langfristige Überlebensfähigkeit des Unternehmens durch entsprechende Weichenstellungen in der Gegenwart zu ermöglichen[1]. Die frühzeitige Wahrnehmung **„schwacher Signale"** ist die primäre Aufgabe bei der strategischen Frühaufklärung. Durch eine permanente Beobachtung des relevanten Umfeldes eines Unternehmens müssen frühzeitig die Signale aufgenommen und verarbeitet werden, die zu strategischen Anpassungsmaßnahmen führen.

II. Früherkennung durch die Gesellschaftsgläubiger

1. Vertragsgläubiger

1.122 Das Problem der Krisenfrüherkennung durch die Vertragsgläubiger, d.h. Außenstehende, liegt in der Beschaffung **betriebsinterner Informationen**[2]. Dies gilt vor allem für die große Zahl der Gläubiger, die nicht ständig und nur in geringem Umfang in Geschäftsbeziehungen zu dem krisengefährdeten Unternehmen stehen. Die Informationen, die sie sporadisch vom Management verlangen, können wahr, halbwahr, unwahr, vollständig, unvollständig usw. sein. Das Management kann den Informationsgehalt gezielt steuern. Andere Gläubigergruppen, z.B. die Arbeitnehmer, die Hausbanken (vgl. dazu Rz. 1.134), die Finanzverwaltung und die Sozialversicherungsträger, stehen sich vergleichsweise besser. Sie können kraft ihrer rechtlichen und tatsächlichen Gläubigerposition regelmäßige Informationen über die wirtschaftliche Situation des Unternehmens verlangen. Darüber hinaus verfügen sie regelmäßig über geeignete Methoden, mit denen der Wahrheitsgehalt der Informationen verifiziert und die geeigneten und überprüften Informationen systematisch ausgewertet

1 Vgl. *Nagel/Ley*, Unternehmenssignale, 1994.
2 *Harz/Hub/Schlarb*, Sanierungs-Management, S. 47.

werden können[1] Informationslieferant für die Vertragsgläubiger kann der **Jahresabschluss** des Schuldners sein. Die gesetzlichen Vertreter von Kapitalgesellschaften haben den Jahresabschluss unverzüglich nach seiner Vorlage an die Gesellschafter, jedoch spätestens vor Ablauf des zwölften Monats des dem Abschlussstichtag nachfolgenden Geschäftsjahrs, mit dem Bestätigungsvermerk oder dem Vermerk über dessen Versagung zum Handelsregister des Sitzes der Kapitalgesellschaft einzureichen (§ 325 Abs. 1 Satz 1 HGB).

Aus den Jahresabschlüssen können **Kennzahlen** und **Kennzahlensysteme** zur **Bonitätsbeurteilung** von Unternehmen entwickelt werden[2]. Kennzahlen sind verdichtete Maßgrößen, die entweder in Form von Verhältniszahlen oder absoluten Zahlen in konzentrierter Form über einen zahlenmäßig erfassbaren Sachverhalt berichten. Die einzelnen Kennzahlen und Kennzahlensysteme lassen sich den folgenden fünf großen Unternehmensbereichen zuordnen: Rentabilität, Innenfinanzierungsvolumen und Finanzierungskraft, Umschlagsgeschwindigkeit, Aufwands- und Ertragsstruktur, Kapital- und Vermögensstruktur. Ihre Zahl ist unübersehbar geworden. *Drukarczyk/Kippes*[3] schätzen die Zahl der zur Analyse geeigneten Kennzahlen auf 150 bis 200. Eine der gebräuchlichsten Kennzahlen zur Signalisierung einer Krise ist der **cash flow**. Er kann als Indikator sowohl der Ertrags- als auch der Finanzkraft interpretiert werden[4]. Der cash flow soll eine Aussage über den Zahlungsmittelüberschuss bzw. das Zahlungsmitteldefizit des Unternehmens erlauben. Der Begriff wird allerdings unterschiedlich definiert. In seiner Grundform kann er wie folgt dargestellt werden: 1.123

Jahresüberschuss
+ Aufwendungen, die nicht Auszahlungen der gleichen Periode sind
– Erträge, die nicht Einzahlungen der gleichen Periode sind
+ Einzahlungen aus der laufenden Betriebstätigkeit, die nicht Ertrag der gleichen Periode sind
– Auszahlungen aus der laufenden Betriebstätigkeit, die nicht Ertrag der gleichen Periode sind

In einem **Kennzahlensystem** werden einzelne Kennzahlen entsprechend der Zusammenfügung von betrieblichen Systemelementen zu dem Systemunternehmen zu einem System mit Wechselwirkungen kombiniert, um funktionale Abhängigkeiten sichtbar zu machen. Das bekannteste mathematisch-statistische Verfahren zur Gewinnung einer signifikanten Kennzahl zur Unterscheidung gesunder von kranken Unternehmen auf der Basis von Bilanzanalysen ist die **Diskriminanzanalyse**. Ihre methodischen Grundlagen wurden von 1.124

1 *Wilden* in Buth/Hermanns, Restrukturierung, Sanierung, Insolvenz, § 1 Rz. 8, bezeichnet diesen unterschiedlichen Umfang und die unterschiedliche Werthaltigkeit der Unternehmensinformationen für die einzelnen Gläubigergruppen als Informationsasymmetrie.

2 *Staehle*, Kennzahlen und Kennzahlensysteme als Mittel der Organisation und Führung von Unternehmen, 1969, S. 70; *Baetge*, WPg 1980, 651; *Beaver*, Financial Ratios as Predictors of Failure, in Empirical Research in Accounting: Selected Studies of Accounting Research 4, 1966, S. 71–111.

3 In Gottwald, Insolvenzrechts-Handbuch, § 2 Rz. 9.

4 *Kußmaul*, DStR 1999, 1579.

Beaver und *Altmann* gelegt. Die von *Beaver* angewandte **Univariate Diskriminanzanalyse** wurde von *Altmann* zur **Multivariaten Linearen Diskriminanzanalyse** fortentwickelt. Letztere hat in der Praxis, vor allem bei den Banken und den Kreditversicherern, große Bedeutung erlangt[1]. Trotz der beachtlichen Ergebnisse, die mit der Diskriminanzanalyse erzielt wurden, darf nicht übersehen werden, dass dieses Verfahren ein Klassifikations- und nicht ein Prognoseverfahren ist. Das Verfahren kann allenfalls als **„vorausschauende Klassifikation"** bezeichnet werden[2]. Im Übrigen hat das Diskriminanzanalyseverfahren diejenigen Mängel, die für alle Bilanzanalyse-Methoden zur Früherkennung von Krisen gelten. Die Klassifizierungsregeln entstehen aus Daten vergangener Abrechnungsperioden. Der Vorschlag von *Rösler*[3], das mathematisch-statistische Verfahren der Diskriminanzanalyse mit Prognoseverfahren zu kombinieren, also die Diskriminanzanalyse auf einen prognostizierten Jahresabschluss anzuwenden, hat sich in der Praxis nicht durchgesetzt. Schließlich werden bei dem Diskriminanzanalyseverfahren Finanzierungsgesetzmäßigkeiten unterstellt, die bisher nicht bewiesen sind.

1.125 Neben dem Jahresabschluss sind auch der **Lagebericht** und der Bericht des Aufsichtsrats zum Handelsregister des Sitzes der Kapitalgesellschaft einzureichen (§ 325 Abs. 1 HGB)[4]. Einblicke in den Lagebericht können lohnend sein, denn im Lagebericht sind der Geschäftsverlauf einschließlich des Geschäftsergebnisses und die Lage der Kapitalgesellschaft so darzustellen, dass ein den tatsächlichen Verhältnissen entsprechendes Bild vermittelt wird. Der Lagebericht hat eine ausgewogene und umfassende, dem **Umfang** und der Komplexität der Geschäftstätigkeit entsprechende Analyse des Geschäftsverlaufs und der Lage der Gesellschaft zu enthalten. In die Analyse sind die für die Geschäftstätigkeit bedeutsamsten finanziellen Leistungsindikatoren einzubeziehen und unter Bezugnahme auf die im Jahresabschluss ausgewiesenen Beträge und Angaben zu erläutern. Ferner ist im Lagebericht die **voraussichtliche Entwicklung mit ihren wesentlichen Chancen und Risiken** zu beurteilen und zu erläutern. Der Lagebericht soll auch eingehen auf Vorgänge von besonderer Bedeutung, die nach dem Schluss des Geschäftsjahrs eingetreten sind, die Risikomanagementziele und -methoden der Gesellschaft einschließlich ihrer Methoden zur Absicherung aller wichtigen Arten von Transaktionen, die im Rahmen der Bilanzierung von Sicherungsgeschäften erfasst werden, sowie die Preisänderungs-, Ausfall- und Liquiditätsrisiken und die Risiken aus Zahlungsstromschwankungen, denen die Gesellschaft ausgesetzt ist (§ 289 Abs. 1, 2 HGB). Haben die geschäftsführenden Organe die Pflichtangaben nicht oder nicht vollständig erteilt, können sie schadensersatzpflichtig sein.

1.126 Diejenigen Vertragsgläubiger, denen die Kennzahlensysteme nicht zur Verfügung stehen, müssen auf einfachere Informationen über die wirtschaftliche

1 *Wilden* in Buth/Hermanns, Restrukturierung, Sanierung, Insolvenz, § 1 Rz. 22 ff.
2 *Oser*, BB 1996, 368.
3 *Rösler*, Bilanzanalyse durch Vergleich von projizierten und realisierten Jahresabschlüssen – Eine empirische Untersuchung über Projektionstechniken in der Bilanzauswertung und ihre Einsatzmöglichkeiten, Kiel 1986.
4 Das gilt nicht für kleine Kapitalgesellschaften i.S. von § 267 HGB (§ 326 HGB).

Situation ihres Geschäftspartners ausweichen. **Allgemeine Krisenanzeichen** sind[1]

- Verzicht auf Skontoausnutzung bei vorheriger Skontoinanspruchnahme,
- vereinbarte Zahlungsziele werden überschritten,
- die Zahlungsweise ändert sich häufiger,
- Mahnungen werden nicht mit Zahlungen beantwortet,
- die Neigung zu Reklamationen steigt,
- Aufträge werden storniert,
- es werden Ratenzahlungen gewünscht,
- die Lieferanten werden häufiger gewechselt,
- die Bestellmengen werden kleiner.

Seit dem 1. 1. 2005 haben kapitalmarktorientierte Unternehmen, von einigen Ausnahmen abgesehen, ihre **Konzernabschüsse nach IAS/IFRS** zu erstellen und zu veröffentlichen. Für die Konzernabschlüsse nicht kapitalmarktorientierter Unternehmen und für Einzelabschlüsse besteht eine Option der EU-Mitgliedstaaten, IFRS-Abschlüsse wahlweise zuzulassen oder vorzuschreiben. Nächstes Ziel der Rechnungslegung nach internationalen Grundsätzen sind Rechnungslegungsstandards für mittelständische Unternehmen (Accounting Standards for small and medium-sized Entities [SMEs]). Für Unternehmen, die nach IAS/IFRS bilanzieren, ist der seit dem 1. 1. 2007 geltende IFRS 7 von Bedeutung. IFRS 7 regelt erstmals die **umfassende Berichterstattung über finanzielle Risiken**. Nach IFRS sind anzugeben 1.127

- die Risikomanagementstrategie,
- die hierzu erlassenen Richtlinien,
- deren Verfolgung und
- deren Auswirkung auf die Risikosituation des Unternehmens.

IFRS 7 verlangt ferner Angaben zu

- Marktrisiken (IFRS 7.40–42),
- Kreditrisiken (IFRS 7.36–38) und
- Liquiditätsrisiken (IFRS 7.39).

2. Sozialversicherungsträger/Finanzbehörden

Die Sozialversicherungsträger sind „Hauptkunden" der deutschen Insolvenzgerichte[2]. Der Grund hierfür liegt in der Erleichterung der Antragsvoraussetzungen. Sozialversicherungsträger müssen zur Glaubhaftmachung der Zahlungsunfähigkeit des Arbeitgebers lediglich Leistungsbescheide oder Beitragsnachweise der Arbeitgeber vorlegen. Nach *Frind*[3] reicht der Satz: „Unsere 1.128

1 *Harz/Hub/Schlarb*, Sanierungs-Management, S. 49.
2 *Frind*, ZInsO 2001, 1133.
3 *Kußmaul*, DStR 1999, 1579.

Forderung beträgt gem. Kontoauszug x DM und beruht auf einem Rückstand von mehr als sechs Monaten, nämlich vom ... bis ...". Der zuständige Sachbearbeiter des Sozialversicherungsträgers druckt als Anlage einfach einen „Kontoauszug" über diesen Zeitraum aus, den er weder beglaubigt noch gesiegelt oder unterschrieben bei Gericht einreicht.

1.129 Grundlage für intensivere Kenntnis der Sozialversicherungsträger von den wirtschaftlichen Verhältnissen können **Betriebsprüfungen** sein. Die Rentenversicherungsträger führen mindestens alle vier Jahre eine Betriebsprüfung bei den Arbeitgebern durch. Im Wesentlichen geht es dabei um die Überprüfung der korrekten versicherungsrechtlichen Beurteilung sowie der Beitragsberechnung- und abführung. Der Arbeitgeber ist dabei zur Mitwirkung verpflichtet. Über das Ergebnis der Prüfung erhält der Arbeitgeber einen Prüfbericht. Die Krankenkassen als Einzugsstellen können an den Betriebsprüfungen teilnehmen und sind dabei auf ihr Verlangen hin anzuhören. Der Prüfungszeitraum von vier Jahren steht in engem Zusammenhang mit der sozialversicherungsrechtlichen Vorschrift zur Verjährung von Beitragsforderungen (§ 25 SGB IV). Es ist nicht bekannt, dass die Sozialversicherungsträger kürzere Prüfungszeiträume allein aus dem Grund fordern, um Informationen über die wirtschaftliche Situation des Arbeitgebers zu erhalten und sich auf diese Situation einzurichten. Ausreichendes Krisenwarnsignal ist für sie die Beständigkeit der Beitragszahlung. Zahlungsunfähigkeit des Arbeitgebers wird von den Kassen offensichtlich nicht schon nach nur wenigen Beitragsrückständen angenommen. Nach *Frind*[1] sind rückständige Sozialversicherungsbeiträge von einem Jahr und mehr sind bei Antragstellung keine Seltenheit.

1.130 Die **Finanzämter** erhalten ständige Informationen über die Krisengefährdung der Steuerpflichtigen durch die Regelmäßigkeit der Steuervorauszahlungen. Die Steuererklärungen unterrichten umfassend über die wirtschaftliche Situation des Bürgers und der Gesellschaften. Reichen die Steuererklärungen den Finanzbehörden nicht aus, können sie sich durch **Betriebsprüfungen** einen Überblick verschaffen. Den Betriebsprüfungsstellen der Finanzämter können auch Außenprüfungen im Sinne des § 193 Abs. 2 AO, Sonderprüfungen sowie andere Tätigkeiten mit Prüfungscharakter, zum Beispiel Liquiditätsprüfungen, übertragen werden; dies gilt nicht für Steuerfahndungsprüfungen (§ 2 Abs. 2 BpO 2000). Die Finanzbehörde entscheidet nach pflichtgemäßem Ermessen, ob und wann eine Außenprüfung durchgeführt wird (§ 2 Abs. 3 BpO 2000).

1.131 **Liquiditätsprüfungen** i.S. von § 2 Abs. 2 BpO 2000 stützten sich als Ermittlungsmaßnahme zum Zwecke der Vollstreckung auf die entsprechende Ermittlungsbefugnis der Finanzbehörden und die Auskunfts- und Mitwirkungspflichten des Steuerpflichtigen aus den §§ 88 ff., 249 Abs. 2 AO. Der Liquiditätsprüfer erhält einen schriftlichen Ermittlungsauftrag – vergleichbar mit dem Vollstreckungsauftrag nach § 285 Abs. 2 AO für den Vollziehungsbeamten. Der Ermittlungsauftrag ist eine behördeninterne Entscheidung, die nicht anfechtbar ist. Im Gegensatz zur Außenprüfung gem. §§ 193 ff. AO oder zur

1 *Kußmaul*, DStR 1999, 1579.

Durchsuchung zum Zwecke der Pfändung gem. § 287 AO ist die Liquiditätsprüfung grundsätzlich nicht erzwingbar. Soweit erforderlich kann der Liquiditätsprüfer aber von einem Vollziehungsbeamten begleitet werden, dem ein üblicher Vollstreckungsauftrag erteilt wird. In diesen Fällen hat der Vollziehungsbeamte die Federführung in dem Verfahren, so dass es sich um eine reine Vollstreckungsmaßnahme handelt. Soweit der Liquiditätsprüfer gegen den Willen des Steuerpflichtigen dessen Wohn- bzw. Geschäftsräume zum Zwecke der Feststellung der Vermögensverhältnisse durchsuchen möchte, bedarf es dazu eines gerichtlichen Durchsuchungsbeschlusses.

Im Rahmen der Befugnis zur Sachverhaltsermittlung von Amts wegen und insbesondere zur Ermittlung der Vermögens- und Einkommensverhältnisse des Steuerpflichtigen hat der Liquiditätsprüfer folgende **Aufgaben**: 1.132

- Ermittlung von Vollstreckungsmöglichkeiten,
- Ermittlung anfechtbarer Rechtshandlungen,
- Ermittlung möglicher Haftungsschuldner und ggf. der Haftungsquote,
- Ermittlungen unter dem Gesichtspunkt „Zahlungsfähigkeit",
- Ermittlungen zu den Gesichtspunkten „Erlass-/Stundungsbedürftigkeit" im Rahmen von Billigkeitsverfahren,
- Prüfung der Werthaltigkeit angebotener Sicherheiten,
- Prüfung möglicher Übersicherung anderer Gläubiger (z.B. Banken),
- Überprüfung von Sanierungskonzepten – insbesondere von Insolvenzplänen,
- Beteiligung an Fahndungsprüfungen – insbesondere wenn der Fall bereits in Vollstreckung ist.

Nach Durchführung der Liquiditätsprüfungen kennt niemand die wirtschaftliche Situation des Steuerpflichtigen besser als das Finanzamt. Der **insolvenzrechtlichen Anfechtung** (§§ 129 ff. InsO) sind deshalb Tür und Tor geöffnet. 1.133

III. Früherkennung durch Kreditinstitute *(Wittig)*

1. Klassische Krisenanzeichen

a) Bedeutung und Möglichkeiten der Krisenfrüherkennung für Kreditinstitute

Nicht nur für die Geschäftsführung des von einer Insolvenz bedrohten Unternehmens ist es von überragender Bedeutung, die bevorstehende oder bereits eingetretene Krise möglichst frühzeitig zu erkennen, um den endgültigen Zusammenbruch in der Insolvenz zu vermeiden (dazu Rz. 1.109 ff.). Auch die Gläubiger des Unternehmens haben ein gesteigertes Interesse daran, so rechtzeitig von der Krise zu erfahren, dass sie durch geeignete Maßnahmen einen Ausfall von Forderungen bei einer möglichen Insolvenz ihres Schuldners verhindern können. Dieses **Gläubigerinteresse** an einer Früherkennung der Krise ist gerade **bei Kreditinstituten besonders ausgeprägt**. Denn sie sind in der Mehrzahl der Fälle die größten Gläubiger eines bedrohten Unternehmens, haben also bei einer überraschend auftretenden Insolvenz am meisten zu verlie- 1.134

ren, sofern sie nicht ausreichend besichert sind. Entsprechend ist den Kreditinstituten auch kraft Gesetzes aufgegeben, sich über die wirtschaftlichen Verhältnisse ihrer Kreditnehmer zu informieren, um Kreditausfälle zu verhindern. § 18 KWG verpflichtet die Kreditinstitute, sich von Kreditnehmern, denen sie insgesamt Kredite von mehr als 750 000 Euro oder 10 % ihres haftenden Eigenkapitals[1] gewähren, regelmäßig – vor der ersten Kreditvergabe und während der gesamten Laufzeit eines Kredites – die wirtschaftlichen Verhältnisse, insbesondere durch Vorlage der Jahresabschlüsse, offen legen zu lassen, wenn nicht das Verlangen nach Offenlegung offensichtlich unbegründet wäre, weil im Hinblick auf die gestellten Sicherheiten oder die wirtschaftlichen Verhältnisse eines Mitverpflichteten keinerlei vernünftige Zweifel daran aufkommen können, dass die Bedienung des Kredites gewährleistet ist. Darüber hinaus kann das Kreditinstitut von der laufenden Offenlegung insbesondere dann absehen der Kreditnehmer die geschuldeten Zins- und Tilgungsleistungen störungsfrei erbringt. Daneben sind die Kreditinstitute gem. § 25a KWG, konkretisiert in den MaRisk[2], verpflichtet, alle für das sog. Adressenausfallrisiko eines Kreditengagements bedeutsamen Aspekte herauszuarbeiten und zu beurteilen, und zwar turnusmäßig mindestens jährlich und auch anlassbezogen.

1.135 Um dem Interesse der Gläubiger an einer frühzeitigen Warnung vor einer bevorstehenden Insolvenz ihres Schuldners Rechnung zu tragen, sind in der Literatur zahlreiche Kriterien benannt worden, die auf eine Krise in dem Unternehmen des Schuldners schließen lassen[3]. Allerdings ist zu berücksichtigen, dass die Erkenntnismöglichkeiten der Gläubiger sehr unterschiedlich sind, je nachdem in welchen Geschäftsbeziehungen sie zu dem krisenbedrohten Unternehmen stehen. Daher können beispielsweise Krisenanzeichen, die für Warenlieferanten von Bedeutung sind, für Kreditinstitute ohne Aussagekraft sein, da die Kreditinstitute nicht über die gleichen Informationen wie die Warenlieferanten verfügen[4]. Vielmehr muss eine Zusammenstellung der **„klassischen Krisenanzeichen" aus Sicht der Kreditinstitute**, also eine Sammlung von Indizien, die auch oder ausschließlich für Kreditinstitute erkennbar auf eine drohende Insolvenz des Kreditnehmers hindeuten, solche Informationen heranziehen, die gerade den Kreditinstituten in ihrer Funktion als Kreditgeber und Vermittler des Zahlungsverkehrs zur Verfügung stehen[5].

1 Bis zum Jahr 2005 lag die maßgebliche Grenze noch bei 250 000 Euro, sie wurde durch Art. 2 Nr. 3a des Gesetzes zur Neuordnung des Pfandbriefrechts (BGBl. I 2005, 1373) mit Wirkung ab 22. 5. 2005 auf 750 000 Euro angehoben.

2 Rundschreiben 5/2007 der Bundesanstalt für Finanzdienstleistungsaufsicht (BaFin), Mindestanforderungen an das Risikomanagement – MaRisk – v. 30. 10. 2007, veröffentlicht auch im Internet, http://www.bafin.de.

3 Beispielsweise bei *Hess/Fechner/Freund/Körner*, Sanierungshandbuch, Teil B, Rz. 32 ff.; *Groß*, Sanierung durch Fortführungsgesellschaften, S. 4 ff.

4 So auch *Obermüller*, Insolvenzrecht in der Bankpraxis, Rz. 1.148, 1.151.

5 S. beispielsweise die Indizienkataloge bei *Rösler/Mackenthun/Pohl*, Handbuch Kreditgeschäft, 6. Aufl. 2002, S. 668 ff., und *Obermüller*, Insolvenzrecht in der Bankpraxis, Rz. 1.149.

b) Kontoführung und Kreditgewährung

Von erheblicher Bedeutung für die Kreditinstitute sind Krisenanzeichen, die sich aus der Kontoführung und aus der sonstigen unmittelbaren Geschäftsbeziehung erkennen lassen. Denn solche Indizien sind einerseits von besonderer Aussagekraft, wenn das durch die Krise bedrohte Unternehmen den gesamten oder überwiegenden Teil seines Zahlungsverkehrs über die Konten der betreffenden Bank abwickelt. Zum anderen handelt es sich dabei um Erkenntnisse, die das kontoführende Kreditinstitut ohne besonderen Aufwand, quasi nebenbei, gewinnen kann. Als solche klassische **Krisenanzeichen unmittelbar aus dem Kreditverhältnis und aus der Kontoführung** kommen vor allem in Betracht: 1.136

- verspätete Zins- und/oder Tilgungsleistungen,
- Zahlung von Zins- und/oder Tilgungsraten zu Lasten von Kreditlinien, ohne dass im Anschluss eine entsprechende Rückführung dieser Kreditlinien aus Zahlungseingängen erfolgt,
- Verlangen nach Freigabe von Gesellschafter- und/oder Geschäftsführersicherheiten (zu diesen Sicherheiten s. auch bei Rz. 7.418 ff.), auch im Austausch für Sicherheiten aus dem Vermögen der GmbH,
- überraschender Kreditbedarf,
- Nichtrückführung von Saison- oder befristeten Zusatzkrediten,
- angespannte Kontoführung mit Überziehungstendenz (so genannte steife Kontoführung),
- Rückgang des Kontoumsatzes,
- Abweichungen zwischen angekündigten und tatsächlichen Zahlungsein- und -ausgängen,
- hohes Scheckobligo,
- Umstellung von Überweisungs- auf Scheckzahlung und von Scheck- auf Wechselzahlung,
- Ausnutzung von Respekttagen bei Wechseln und späte Anschaffung der Deckung für Schecks/Wechsel,
- Ausstellung vordatierter Schecks,
- Verschlechterung in der Qualität der zum Diskont eingereichten Wechsel,
- verstärkte Einreichung und Rückgabe eigener Schecks, gezogen auf andere Kreditinstitute, mit Gefahr der Scheckreiterei,
- Rückgabe von zur Einziehung eingereichten Lastschriften durch die Bezogenen,
- Wechsel- und Scheckproteste, Rückgabe von auf den Kreditnehmer gezogenen Lastschriften,
- Zahlungen an Rechtsanwälte und Gerichtsvollzieher,
- (Konto-)Pfändungen, insbesondere wegen Steuern und Sozialabgaben,
- Häufung von Auskunftsanfragen und Verschlechterung neuer Auskünfte.

c) Einsichtnahme in die wirtschaftlichen Verhältnisse (§ 18 KWG, § 25a KWG i.V.m. den MaRisk)

1.137 Von entscheidender Bedeutung sind daneben **Krisenanzeichen**, die für die Kreditinstitute **erkennbar** sind, wenn sie ihrer Verpflichtung aus § 18 KWG und § 25a KWG i.V.m. den MaRisk[1] nachkommen, sich vor und während der gesamten Laufzeit der Kreditgewährung die wirtschaftlichen Verhältnisse ihres Kreditnehmers offen legen zu lassen und eine Beurteilung der Adressausfallrisiken der Kreditnehmer turnusmäßig mindestens jährlich sowie immer dann anlassbezogen unverzüglich durchzuführen, wenn dem Institut aus externen oder internen Quellen Informationen bekannt werden, die auf eine wesentliche negative Änderung der Risikoeinschätzung der Engagements oder der Sicherheiten hindeuten. Dazu nehmen die Kreditinstitute insbesondere Einsicht in die Jahresabschlüsse der bilanzierungspflichtigen Kreditnehmer[2] und lassen sich erforderlichenfalls weitere Unterlagen, insbesondere auch den Prüfungsbericht des Abschlussprüfers, vorlegen, die ein klares Urteil über die wirtschaftlichen Verhältnisse ermöglichen. Dabei sind die für die Beurteilung des Risikos wichtigen Faktoren unter besonderer Berücksichtigung der Kapitaldienstfähigkeit des Kreditnehmers zu analysieren und zu beurteilen; und die Kreditinstitute müssen auf der Basis quantitativer und qualitativer Risikomerkmale Indikatoren für eine frühzeitige Risikoidentifizierung entwickeln[3].

1.138 Als **Krisenanzeichen**, die sich **aus der Vorlage und Auswertung der Jahresabschlüsse** und der damit in Zusammenhang stehenden Informationen erkennen lassen, werden vor allem folgende Indizien angesehen:

- Verzögerungen bei der Einreichung von Bilanzen, GuV, Statuszahlen oder Inventuren,
- Unklarheiten in der Buchhaltung,
- Verschiebungen im Bilanzierungszeitpunkt, insbesondere zur Schaffung unterschiedlicher Bilanzierungszeitpunkte bei Mutter- und Tochtergesellschaften (Gefahr von Liquiditätsverschiebungen),
- fehlendes oder eingeschränktes Testat des Wirtschaftsprüfers oder Steuerberaters,
- fehlende Bilanzunterschrift und Weigerung der Vorlage unterzeichneter Bilanzen im Original,
- negative Abweichungen von vorläufigen und endgültigen Zahlen,
- Änderung der Abschreibungsmethoden oder sonstige Vermeidung/Reduzierung von Abschreibungen,

---

1 Rundschreiben 5/2007 der BaFin, Mindestanforderungen an das Risikomanagement – MaRisk – v. 30. 10. 2007, veröffentlicht auch im Internet, http://www.bafin.de.

2 Zur Durchsetzung der vertraglich vereinbarten Pflicht zur Offenlegung der wirtschaftlichen Verhältnis sind die Kreditinstitute berechtigt, bei unzureichenden Auskünften des Kreditnehmers über seine wirtschaftlichen Verhältnisse letztlich den Kredit zu kündigen, so BGH v. 1. 3. 1994 – XI ZR 83/93, WM 1994, 838 = WuB I E 1 – 8.94 *Eckhardt-Letzelter*.

3 Rundschreiben 5/2007 der BaFin, Mindestanforderungen an das Risikomanagement – MaRisk – v. 30. 10. 2007, veröffentlicht auch im Internet, http://www.bafin.de.

- Verringerung von Investitionen,
- steigende Vorräte ohne Erhöhung der Außenstände,
- hohe Forderungen gegen verbundene Unternehmen,
- Eigenkapitalmangel, Abzug von Gesellschafter-Darlehen und hohe Privatentnahmen, fehlende Einlagen (zur Kapitalausstattung und zur Eigenkapitalaufzehrung als Krisenwarnsignal s. auch Rz. 1.16 ff., 1.75 ff.),
- falsche Finanzierung (mangelnde Fristenkongruenz, zur Finanzierung der GmbH)[1],
- Auflösung von Reserven (Wertberichtigungen, Rückstellungen, Rücklagen),
- Aufdeckung stiller Reserven (z.B. sale-and-lease-back, auch Betriebsaufspaltung),
- Umbuchungen von Posten des Umlaufvermögens in das Anlagevermögen (Bilanzierung zu Anschaffungs-/Herstellungskosten statt zum Niederstwertprinzip).

d) Kundenbesuche/Sicherheitenprüfungen

Kreditinstitute haben auch die Möglichkeit, Einblick in den betrieblichen Be- 1.139
reich ihres Kunden zu nehmen, beispielsweise bei **Kundenbesuchen und Sicherheitenprüfungen**[2]. Wird diesen Erkenntnisquellen besondere Aufmerksamkeit geschenkt, können aus folgenden Anzeichen Rückschlüsse auf eine drohende oder eingetretene Krise gezogen werden:

- Verschiebung von Gesprächsterminen bzw. Terminen für Sicherheitenprüfungen,
- vermehrte Eintragung von Grundschulden,
- Rückgang des Sicherheitenwertes beim Umlaufvermögen (Globalzession und Sicherungsübereignung von Warenlagern), Abweichungen zwischen den Bestandsmeldungen und dem bei der Sicherheitenprüfung festgestellten Bestand des Sicherungsgutes,
- Fehler im Management (fehlende Qualifikation der Geschäftsleitung, häufiger Wechsel – insbesondere im Finanz- und Rechnungswesen –, mangelnde Erfahrung, schlechter Führungsstil, unzureichende Nachfolgeregelung),
- überraschender Austausch der Geschäftsführung, insbesondere durch offensichtlich nicht qualifizierte Personen,
- Verlegung des Unternehmenssitzes, insbesondere unter Änderung der Firma[3],

1 Zur Bedeutung der Fristenkongruenz oder Fristenentsprechung für das Kreditrisiko *Rösler/Mackenthun/Pohl,* Handbuch Kreditgeschäft, 6. Aufl. 2002, S. 582 ff.

2 Zur Sicherheitenprüfung durch die Kreditinstitute *Lwowski,* Das Recht der Kreditsicherung, 8. Aufl. 2000, S. 53 ff.; *Cartano* in Gößmann/Hellner/Schröter/Steuer/Weber, Bankrecht und Bankpraxis, Rz. 4/354 ff. (für die Sicherungsübereignung).

3 Zur missbräuchlichen Sitzverlegung im Vorfeld einer Insolvenz durch sog. „Firmenbestatter" s. z.B. *Kleindiek,* ZGR 2007, 276 ff.; *Pape,* ZIP 2006, 877 ff.; BGH v. 20. 3. 1996 – X ARZ 90/96, WM 1996, 933 = WuB VI B § 71 KO – 1.96 *Uhlenbruck.* Zu den

- falsche Geschäftspolitik und Markteinschätzung, vor allem zu große Exportabhängigkeit, zu geringe Diversifikation, zu große Abhängigkeit von Lieferanten/Abnehmern,
- mangelnde kaufmännische Effizienz: Rechnungswesen, Planung und Kalkulation unzureichend,
- hohe Personalkosten, unqualifiziertes Personal, Personalfluktuation, fehlende Motivation des Personals,
- Mängel im Einkauf, in der Lagerhaltung, Produktion und im Absatz,
- Umsatz-Rückgänge, Absatzeinbußen wegen falscher Produkt-, Preis- und Sortimentspolitik, Ausfall von Forderungen, Verluste im Betrieb, aus Beteiligungen, Bürgschaften,
- mangelnde Kapazitätsauslastung, unrationelle Produktion, veraltete Anlagen, schlechte Materialwirtschaft, fehlende Qualitätskontrolle,
- fehlender Versicherungsschutz,
- Gesellschafter-Streitigkeiten.

e) Geschäftsbeziehungen des Kreditnehmers zu Dritten

1.140 Schließlich können Kreditinstitute Erkenntnisse aus den **Geschäftsbeziehungen ihres Kreditnehmers zu seinen Lieferanten, Abnehmern und anderen Banken** gewinnen. Für das kreditgebende Institut erkennbare Krisenanzeichen in diesem Bereich können insbesondere sein:

- **Lieferanten**: Verschärfung der Liefer- und Zahlungsmodalitäten (Vorauskasse, Avalstellung), Ausdehnung des Lieferantenkreises, Reklamationen gegenüber den Lieferanten, Sicherheitenpoolung durch Kreditversicherer,
- **Abnehmer**: Abhängigkeit von wenigen Abnehmern, Zahlungsverzögerungen und Insolvenzen im Kreis der Abnehmer,
- **Kreditinstitute**: Ablösungswünsche für Kredite anderer Institute, Kreditkündigungen, Kreditsicherungen zu Gunsten anderer Institute, Aufnahme weiterer Bankverbindungen.

f) Erkenntnismöglichkeiten auf Grund der Krisenanzeichen

1.141 Die Problematik dieser klassischen Krisenanzeichen liegt allerdings darin, dass keines der Indizien für sich allein die zwingende Erkenntnis liefert, dass bei dem Kreditnehmer die Insolvenz und damit ein Kreditausfall droht. Denn für die meisten der genannten Anhaltspunkte kann es auch andere Erklärungen als eine bevorstehende Krise geben. Deshalb kann allenfalls eine **Gesamtbetrachtung aller verfügbaren Informationen über den Kreditnehmer**, bei der die genannten Anzeichen herangezogen werden, Rückschlüsse auf eine kri-

---

Neuregelungen des MoMiG zur Verhinderung von Missbräuchen, insbesondere durch Erleichterung der Zustellung bei Führungslosigkeit (§ 35 InsO), Begr. RegE MoMiG, BT-Drucks. 16/6140, S. 61, 101 f.

senhafte Entwicklung zulassen. Diese Beurteilung wird aber noch dadurch erschwert, dass angesichts der wesentlichen Bedeutung der Bankverbindung und der gewährten Bankkredite für die Vermeidung oder Überwindung einer Krise die Kreditnehmer häufig besonderes Augenmerk darauf richten, dass ihre Kreditfähigkeit und Kreditwürdigkeit durch die Kreditinstitute nicht in Frage gestellt wird, dass also die Krisenanzeichen den kreditgebenden Instituten verborgen bleiben. Um die bisherigen Kreditlinien nicht zu verlieren oder die Kreditgeber zu weiteren Kreditvergaben zu veranlassen, neigen Kreditnehmer gerade gegenüber ihren Banken sogar dazu, ihre wirtschaftlichen Verhältnisse günstiger darzustellen, als sie tatsächlich sind[1]. Entsprechend häufig kommt es vor, dass im Kreis der Lieferanten oder Wettbewerber die Krise eines Unternehmens schon lange bekannt ist, während dieser Umstand den Kreditinstituten verborgen bleibt, weil ihr Kreditnehmer seine Verpflichtungen ihnen gegenüber noch vertragsgetreu erfüllt, vor allem Zins- und Tilgungsleistungen pünktlich erbringt. Daher kann keine Rede davon sein, dass die Kreditinstitute gegenüber den anderen Gläubigern regelmäßig einen Informationsvorsprung genießen[2].

2. Financial Covenants als Krisenindikatoren

a) Einleitung

Kreditinstitute versuchen, die Kreditwürdigkeit ihrer Kreditnehmer und die Kreditrisiken während der Laufzeit der Kredite enger zu überwachen, als dies durch Beobachtung der vorgenannten klassischen Krisenanzeichen möglich ist. Dabei ist das Ziel nicht nur, die sich anbahnende Krise früher erkennen zu können, sondern die Kreditgeber wollen auf verschlechterte Kreditrisiken auch schneller mit Maßnahmen zur Begrenzung des Kreditrisikos reagieren, vor allem Nachbesicherung verlangen oder notfalls ihre Kredite durch Kündigung vorzeitig fällig stellen. Eines der Instrumente dazu ist die Vereinbarung von **Financial Covenants**[3]. 1.142

Financial Covenants sind **Klauseln im Kreditvertrag**[4], die dem Kreditnehmer auferlegen, bestimmte Dinge bei der Führung seines Wirtschaftsunternehmens zu tun oder zu unterlassen. Darin sind sie anderen Vereinbarungen ähnlich, die zur Begrenzung von Kreditrisiken getroffen werden, so z.B. der Negativerklärung und der Pari-Passu-Klausel, die ein Verbot bzw. ein durch die gleichwertige Besicherung des Kreditgebers auflösend bedingtes Verbot der Sicherheitenbestellung begründen, oder der Rangrücktrittserklärung, mit der 1.143

1 Vgl. *Groß*, Sanierung durch Fortführungsgesellschaften, S. 5, der sogar einen Fall benennt, in dem bei einem konkursreifen Unternehmen noch Scheingewinne ausgewiesen und die damit verbundenen Steuerzahlungen in Kauf genommen wurden, um die Kreditgeber nicht zu verunsichern.

2 So auch *Obermüller*, Insolvenzrecht in der Bankpraxis, Rz. 1.151.

3 Zu Financial Covenants *Wittig*, WM 1996, 1381; *Sundermeier/Wilhelm*, DStR 1997, 1127; *Fleischer*, ZIP 1998, 313; *Heemann*, Der Syndikus 2002, 7; *Hoffmann*, ZBB 2007, 413; aus betriebswirtschaftlicher Sicht *Thießen*, ZBB 1996, 19.

4 S. dazu den Vorschlag für einen Musterdarlehensvertrag für gewerbliche Kredite bei *Wand*, WM 2005, 1969 ff.

für Gesellschafterdarlehen das Verbot der Rückzahlung vereinbart wird[1]. Die Eigenart von **Financial Covenants**[2], verglichen mit diesen Vereinbarungen, liegt darin,

- dass sie sich auf die finanzielle Situation des Kreditnehmers bzw. seines Wirtschaftsunternehmens insgesamt beziehen,
- dass sie Mindestanforderungen an die Vermögenssituation (Eigenkapital und Verschuldung), den Ertrag oder die Liquidität des Kreditnehmers stellen und
- dass sie diese Mindestanforderungen durch Zahlen festlegen; absolut oder in Form von Verhältnisangaben (daher auch „Financial Ratios").

1.144 Financial Covenants werden als **Indikatoren zur Früherkennung von Krisen** bei dem Kreditnehmer herangezogen, weil ihnen der Gedanke zugrunde liegt, dass eine verschlechterte wirtschaftliche Lage des Kreditnehmers frühzeitig daran erkennbar sein sollte, dass die vereinbarten Financial Covenants nicht eingehalten werden können[3]. Zugleich sollen Financial Covenants Kreditrisiken auf ein für den Kreditgeber akzeptables Maß beschränken. Denn um ihre Funktion als Krisenindikatoren erfüllen zu können, werden mit Financial Covenants die vereinbarten Mindestanforderungen an die wirtschaftliche Lage des Kreditnehmers in der Weise festgelegt, dass die laufende Bedienung des Kredites sowie seine endgültige Rückführung als sicher erscheinen und das Kreditrisiko gering bleibt, solange die festgelegten Grenzen eingehalten werden.

b) Inhalt typischer Financial Covenants

1.145 Wer nach dem typischen Inhalt von Financial Covenants fragt, sieht sich mit einer scheinbar **unüberschaubaren Anzahl gebräuchlicher Klauseln** konfrontiert[4]. Denn Financial Covenants können die finanzielle Lage des Kreditnehmers und das daraus resultierende Kreditrisiko an einer Vielzahl von Kenn-

---

1 Zu diesen Vereinbarungen ausführlich *Wittig* in Gößmann/Hellner/Schröter/Steuer/Weber, Bankrecht und Bankpraxis, Rz. 4/3039 ff., 4/3124 ff., 4/2978 ff.

2 Diese spezifische Natur von Financial Covenants in Abgrenzung zu anderen typischen Vertragsklauseln (z.B. Negative Covenants, Affirmative Covenants, Events of Defaults) übersieht *Köndgen* in Prütting, Insolvenzrecht 1996, S. 127 ff., bei seiner praxisfernen Betrachtung. Für eine saubere Unterscheidung s. z.B. *Stern,* Structuring Commercial Loan Agreements, Second Edition, Loseblatt 1997, S. 6–15 f. und passim.

3 Zu dieser Aufgabe *Kühbacher,* Darlehen an Konzernunternehmen, Besicherung und Vertragsanpassung, 1993, S. 191 ff.; *Thießen,* ZBB 1996, 19; *Fleischer,* ZIP 1998, 313, 314.

4 Vgl. für die angloamerikanische Kreditdokumentation: *Rich,* Financial Covenants Revisited – The Banks Perspective, Butterworths Journal of International Banking and Financial Law 1992, 518; *Gooch/Klein,* Loan Documentation, Second Edition 1991, S. 62 ff.; *Wood,* Law and Practice of International Finance, First Edition 1980, S. 159 ff.; *Lingard,* Bank Security Documents, First Edition 1993, S. 67 ff.; *Stern,* Structuring Commercial Loan Agreements, Second Edition, Loseblatt 1997, S. 6–22 ff.; so auch die Analyse von *Thießen,* ZBB 1996, 19; für deutsche Kreditverträge finden sich Beispiele bei *Kühbacher,* Darlehen an Konzernunternehmen, Besicherung und Vertragsanpassung, 1993, S. 191 ff.; *Obermüller,* Ersatzsicherheiten im Kreditgeschäft, 1987, Rz. 452, und *Peltzer,* GmbHR 1995, 15, 23.

zahlen messen. Darüber hinaus werden die maßgeblichen Kennzahlen (z.B. für die höchstzulässige Verschuldung) durch Financial Covenants in verschiedener Weise (z.B. für die Verschuldung durch absolute Beträge oder im Verhältnis zum Eigenkapital) festgelegt. Bei näherer Analyse lassen sich aber vier Kriterien benennen, für die Financial Covenants typischerweise Mindestanforderungen bestimmen. Dabei handelt es sich um die Eigenkapitalausstattung, die Verschuldung, den Ertrag und die Liquidität des Kreditnehmers oder seines Konzerns. Die im Folgenden dargestellten Vereinbarungen, die auch in der Praxis häufig gewählt werden, können daher als **typische Financial Covenants** angesehen werden, weil sie sich jeweils auf eines dieser Kriterien beziehen.

aa) Eigenkapitalausstattung

Die am häufigsten zu findende Klausel zur Eigenkapitalausstattung (im Englischen: Net Worth Requirement) verlangt, dass das **Eigenkapital des Kreditnehmers einen bestimmten, in absoluten Zahlen festgelegten Betrag nicht unterschreitet**. Oft wird dabei vorgesehen, dass der vereinbarte Mindestbetrag während der Laufzeit des Kredites ansteigt, und zwar in Stufen für jedes Geschäftsjahr des Kreditnehmers. 1.146

Das in der Bilanz ausweisbare Eigenkapital repräsentiert denjenigen Betrag, der idealerweise dem Kreditnehmer verbleiben sollte, nachdem sämtliche Aktiva zu Buchwerten liquidiert und aus den Erlösen sämtliche Verbindlichkeiten, insbesondere die Forderungen des Kreditgebers, zurückgeführt worden sind. Solange (positives) Eigenkapital ausgewiesen werden kann, sollte also theoretisch jederzeit, selbst bei Liquidation des Kreditnehmers, die Rückführung des Kredites möglich sein. Anders ausgedrückt: Solange die Anforderungen dieser Eigenkapitalklausel erfüllt werden, sollte kein Insolvenzverfahren über das Vermögen des Kreditnehmers wegen Überschuldung eröffnet werden können. Darüber hinaus dient das Eigenkapital dazu, mögliche Verluste aufzufangen, ohne dass es zur Überschuldung kommt. Je höher daher in einer solchen Eigenkapitalklausel der Mindestbetrag des Eigenkapitals auf Grund der tatsächlich vorzufindenden Eigenkapitalausstattung des Kreditnehmers festgelegt werden kann, desto größere Verluste kann der Kreditnehmer verkraften, ohne dass die Kreditrückführung durch die Überschuldung des Kreditnehmers gefährdet wird[1]. Wird diese Grenze unterschritten, ist dies also ein Indikator für das gestiegene Kreditrisiko. 1.147

bb) Verschuldung

Eine typische Klausel dieser Gruppe („Verschuldungsgradklausel", im Englischen: Gearing Ratio) zieht Grenzen für den relativen Verschuldungsgrad, indem sie dem Kreditnehmer auferlegt, dass **die Summe der Verbindlichkeiten im Verhältnis zum Eigenkapital eine vereinbarte Obergrenze nicht übersteigen darf**. Die absolute Obergrenze für die zugelassene Verschuldung ist 1.148

---

1 Zu dieser Funktion des Eigenkapitals als „Polster" („cushion"), das die Kreditrückzahlung absichert, s. *Stern*, Structuring Commercial Loan Agreements, Second Edition, Loseblatt 1997, S. 6–3.

damit abhängig von der Eigenkapitalausstattung, d.h. mit einem Wachsen des Eigenkapitals (z.B. durch Gewinnthesaurierung oder Kapitalerhöhung) ist dem Kreditnehmer eine proportional entsprechende Ausweitung seiner Verschuldung möglich, während umgekehrt eine geschmälerte Eigenkapitalbasis (durch Verluste) eine Rückführung der Verschuldung verlangt.

1.149 Mit Festlegung einer Grenze für die Verschuldung relativ zum Eigenkapital erfolgt zugleich eine Festlegung, zu welchem Anteil an der Bilanzsumme Eigenkapital zur Verfügung stehen soll, um Verluste auszugleichen und damit eine Insolvenz auf Grund der Überschuldung des Kreditnehmers zu verhindern (zur Bedeutung der Eigenkapitalausstattung für die Krisenvermeidung bei der GmbH s. auch Rz. 1.16 ff.). Daneben erlaubt der Verschuldungsgrad den Rückschluss, wie sensibel Gewinn bzw. Verlust des Kreditnehmers auf seinen größeren bzw. geringeren geschäftlichen Erfolg reagieren. Denn während Zinsen für die Verschuldung (zumindest für den überwiegenden, verzinslichen Teil der Verbindlichkeiten) unabhängig davon gezahlt werden müssen, ob der Kreditnehmer geschäftlich erfolgreich war, braucht das Eigenkapital nur dann durch Gewinnausschüttungen verzinst zu werden, wenn tatsächlich Gewinne erwirtschaftet wurden. Anders ausgedrückt: Ein Rückgang des Ertrages vor Zinsen mag bei einem in hohem Grade durch Eigenkapital finanzierten Unternehmen lediglich den Gewinn aufzehren, so dass keine Dividende gezahlt werden kann. Dagegen müssen bei einem sehr viel stärker durch Fremdkapital finanzierten Unternehmen in der gleichen Situation trotz des Ertragsrückganges die Kreditzinsen bezahlt und deshalb Verluste ausgewiesen werden, die zur Überschuldung und damit zum Kreditausfall in der Insolvenz führen können.

cc) Ertrag

1.150 Die in dieser Gruppe häufig zu findende Vereinbarung („Zinsdeckungsklausel", im Englischen: Interest Cover Ratio), mit der bestimmte Anforderungen an die Ertragslage des Kreditnehmers gestellt werden, sieht vor, dass **der Gewinn des Kreditnehmers vor Steuer- und Zinsaufwendungen (EBIT, Earnings Before Interest and Taxes)** im Verhältnis zum gesamten Zinsaufwand nicht unter eine bestimmte Mindestgröße, ausgedrückt als Verhältniszahl, fallen darf.

1.151 Während Financial Covenants zur Eigenkapitalausstattung und zum Verschuldungsgrad im Wesentlichen die Fähigkeit des Kreditnehmers zur Rückzahlung des Kredites messen sollen, dient die Zinsdeckungsklausel als Maßstab, ob während der Laufzeit des Kredites **die wiederkehrenden Zinszahlungen** durch den Kreditnehmer **erbracht werden können**. Ist der Kreditnehmer nicht in der Lage, so profitabel zu wirtschaften, dass er seine Zinsverpflichtungen bedienen kann, so sind nicht nur Verluste und die daraus resultierende Insolvenz wegen Überschuldung zu erwarten. Vielmehr ist in dieser Situation auch die Zahlungsfähigkeit des Kreditnehmers gefährdet, und diese Gefahr wird verstärkt durch drohende Kreditkündigungen, falls Zinszahlungen nicht geleistet werden. Weiterhin zeigt das Verhältnis zwischen dem Gewinn vor Zinsaufwendungen und dem Zinsaufwand, wie empfindlich die Ertragslage des Kreditnehmers auf Steigerungen des allgemeinen Zinsniveaus oder Rückgänge des Gewinns reagieren wird. Je höher die erzielte Zinsdeckung ist, desto stabiler erscheint die wirtschaftliche Lage des Kreditnehmers. Schließlich werden in aller Regel demjenigen Kreditnehmer, dessen Gewinne vor Zinsen den Zinsaufwand nicht deutlich übersteigen, auf Dauer die Mittel für Neuinvestitionen und vor allem für die Kredittilgung fehlen.

dd) Liquidität

Eine sehr gebräuchliche Vereinbarung („Liquiditätsklausel", im Englischen: Current Ratio), mit der die Einhaltung bestimmter Liquiditätsanforderungen vereinbart wird, sieht vor, dass während der Laufzeit des Kredites beim Kreditnehmer **die kurzfristig realisierbaren Mittel um ein festgelegtes Maß, als Verhältniszahl ausgedrückt, die kurzfristigen Verbindlichkeiten übersteigen müssen**[1]. 1.152

Neben der Eigenkapitalausstattung, der Verschuldung und der Ertragskraft bestimmt die Liquidität des Kreditnehmers entscheidend – vor allem kurzfristig – das Kreditrisiko. Denn selbst bei einer im Übrigen guten wirtschaftlichen Situation führt die Zahlungsunfähigkeit des Kreditnehmers zum Insolvenzverfahren. Hintergrund dieser Klausel, die sich auf die – in der Terminologie der Bilanzanalyse – „Liquidität zweiten Grades" bezieht, ist die Überlegung, dass zur Begleichung der kurzfristig fällig werdenden Verbindlichkeiten dem Kreditnehmer jeweils ausreichende Zahlungsmittel zur Verfügung stehen müssen, um ein Insolvenzverfahren wegen Zahlungsunfähigkeit zu vermeiden. Die erforderlichen Zahlungsmittel kann sich der Kreditnehmer verschaffen, sofern sie ihm nicht schon als flüssige Mittel zur Verfügung stehen, indem er seinerseits die kurzfristigen Forderungen einzieht und sein Vorratsvermögen umsetzt. Solange die „Current Assets" die „Current Liabilities" übersteigen, sollte also die Zahlungsfähigkeit des Kreditnehmers nicht gefährdet sein. 1.153

c) Vereinbarung

Die direkte Übersetzung von „Covenant" bedeutet nichts anderes als „Übereinkunft" oder „Vertrag". Im angelsächsischen Sprachraum werden mit diesem Begriff vor allem Vertragsnebenabreden bezeichnet[2]. Entsprechend dieser Wortbedeutung werden Financial Covenants zwischen Kreditgeber und Kreditnehmer als **Bestandteile des Kreditvertrages** vereinbart. Dabei werden regelmäßig die eigentlichen Financial Covenants (Festlegung der einzuhaltenden Kennzahlen und Definition der dabei verwandten Begriffe) durch eine Reihe weiterer Klauseln (Kontinuität der Bilanzierung, Information, Sanktionen bei Verletzung der Financial Covenants) ergänzt[3]. 1.154

1 Statt der Current Ratio finden sich häufig auch Financial Covenants, die ein bestimmtes Working Capital verlangen. In der Sache liegt darin aber kein prinzipieller Unterschied, denn zur Ermittlung des Working Capital wird lediglich an Stelle des Quotienten aus kurzfristig realisierbaren Mitteln und kurzfristigen Verbindlichkeiten die Differenz dieser beiden Werte gebildet. Siehe dazu *Stern,* Structuring Commercial Loan Agreements, Second Edition, Loseblatt 1997, S. 6–22 ff.

2 *Thießen,* ZBB 1996, 19.

3 Zu einer etwas abweichenden Unterscheidung dieser Bestandteile von Financial Covenants *Thießen,* ZBB 1996, 19.

1.155 Die nachstehende Struktur kann als typisch für den **Inhalt** von Financial Covenants angesehen werden:

Der Kreditnehmer wird dafür Sorge tragen, dass während der Laufzeit des Kredites bei den finanziellen Verhältnissen des Kreditnehmers (des X-Konzerns) zu jeder Zeit folgende Anforderungen eingehalten werden:			
Eigenkapitalausstattung Net Worth	Verschuldungsgrad Gearing	Zinsdeckung Interest Cover	Liquidität Current Ratio
Das Eigenkapital darf einen Betrag von 50 Mio. Euro nicht unterschreiten.	Das Verhältnis der Verschuldung zum Eigenkapital darf nicht größer sein als 3:2.	In den jeweils letzten 12 Monaten darf das Ergebnis der gewöhnlichen Geschäftstätigkeit vor Zinsaufwand nicht geringer sein als das 1,5fache des Zinsaufwandes.	Die kurzfristig realisierbaren Mittel müssen die kurzfristigen Verbindlichkeiten um das 1,5fache übersteigen.
Exakte Definition	Exakte Definition	Exakte Definition	Exakte Definition
Information			
Die Einhaltung der vorgenannten Anforderungen wird der Kreditnehmer der Bank monatlich durch die Vorlage seiner betriebswirtschaftlichen Auswertung, halbjährlich durch die Vorlage einer Zwischenbilanz und jährlich durch den testierten Jahresabschluss nachweisen.			

Kontinuität
Der Kreditnehmer ist verpflichtet, für die von ihm gem. vorstehender Regelung beizubringenden Zahlenwerke seine bei Abschluss dieses Kreditvertrages zuletzt angewandten Bilanzierungs- und Bewertungsmethoden während der Laufzeit des Kredites beizubehalten.

Maßnahmen der Risikobegrenzung
Der Kreditnehmer und die Bank sind darüber einig, dass bei Verletzung der vorstehend vereinbarten Anforderungen an seine finanziellen Verhältnisse eine erhöhte Risikobewertung der Ansprüche gegen den Kreditnehmer gerechtfertigt ist. In diesem Fall ist die Bank berechtigt, die Bestellung (Verstärkung) von bankmäßigen Sicherheiten für diesen Kredit zu verlangen. Kommt der Kreditnehmer seiner Verpflichtung zur Bestellung (Verstärkung) von Sicherheiten nicht innerhalb der von der Bank dafür gesetzten angemessenen Frist nach, ist die Bank zur fristlosen Kreditkündigung aus wichtigem Grund berechtigt.

d) Bewertung von Financial Covenants als Krisenindikatoren

1.156 Mit Financial Covenants werden Kennzahlen für die wirtschaftliche Situation des Kreditnehmers in einer solchen Weise festgelegt, dass bei Einhaltung der Kennzahlen der wirtschaftliche Fortbestand des Unternehmens nicht gefährdet und daher die Bedienung der ausgereichten Kredite möglich ist. Werden beispielsweise Financial Covenants in der oben gezeigten Weise vereinbart, kann es im Grundsatz **weder zur Überschuldung noch zur Zahlungsunfähig-**

keit des Kreditnehmers und damit zu keinem Insolvenzverfahren kommen, solange die vereinbarten Financial Covenants nicht verletzt werden. Die bloße Vereinbarung von Kennzahlen bleibt aber als Mittel der Risikobegrenzung bedeutungslos. Denn ob die verabredeten Financial Covenants eingehalten werden, steht nicht in der Macht des Kreditnehmers, sondern hängt zwingend von seinem wirtschaftlichen Erfolg ab. Kommt es beispielsweise zu einem Verlust, der das Eigenkapital des Kreditnehmers übersteigt, hat dies die Überschuldung zur Folge, selbst wenn in Financial Covenants vereinbart worden ist, dass der Kreditnehmer stets ein bestimmtes Eigenkapital aufweisen muss. Dementsprechend leisten Financial Covenants nach üblicher Einschätzung ihren Beitrag zur Begrenzung des Kreditrisikos auch nicht, solange der Kreditnehmer die vereinbarten Kennzahlen mühelos einhält, sondern dann, wenn diese Kennzahlen verletzt werden (üblicherweise unter dem Begriff „breach of covenants" erörtert) oder die Verletzung droht, weil eine Krise des Kreditnehmers eingetreten ist[1].

Dabei soll der besondere Beitrag von Financial Covenants zur Begrenzung von Kreditrisiken zunächst in ihrer Funktion als **Krisenindikatoren** liegen, weil ein breach of covenants die eintretende Krise des Kreditnehmers erkennen lässt und damit dem Kreditgeber die Möglichkeit gibt, auf die Verschlechterung des Kreditrisikos zu reagieren, bevor die Krise in ein Insolvenzverfahren und den damit verbundenen Kreditausfall mündet[2]. Ob Financial Covenants als Krisenindikatoren aber tatsächlich eine eigene Bedeutung haben, erscheint aus verschiedenen Gründen zumindest zweifelhaft. 1.157

Financial Covenants beziehen sich auf die **Zahlen aus der Bilanz und der GuV** oder aus **vergleichbaren Zahlenwerken**[3]. Anhand dieser Zahlenwerke kann nur derjenige Teilbereich des unternehmerischen Handelns beurteilt werden, der in Form von Geldbeträgen in das Zahlenwerk eingeht. Die Zahlenwerke erlauben aber (zumindest unmittelbar) kein Urteil über andere wesentliche, nicht bezifferbare Erfolgsfaktoren, z.B. über Produktionsprogramme, Sortimente, Stellung am Markt, technische Stärken, Innovationskraft, Kundentreue, Fähigkeiten und Fertigkeiten der Belegschaft, Schlagkraft der Organisation oder Leistungs- und Leitungsfähigkeit des Managements, sondern bieten allenfalls Anhaltspunkte zur Beurteilung solcher Potentiale, die für die Leistungsfähigkeit des Kreditnehmers und damit für seine Kreditwürdigkeit wenigstens mittelfristig ausschlaggebend sind[4]. 1.158

Weiterhin messen Financial Covenants die wirtschaftliche Situation des Kreditnehmers lediglich an Zahlen, die sich auf einen **vergangenen Stichtag** bzw. 1.159

1 Ausführlich dazu aus betriebswirtschaftlicher Sicht *Thießen*, ZBB 1996, 19.
2 *Kühbacher*, Darlehen an Konzernunternehmen, Besicherung und Vertragsanpassung, 1993, S. 192; *Thießen*, ZBB 1996, 19.
3 So ausdrücklich *Stern*, Structuring Commercial Loan Agreements, Second Edition, Loseblatt 1997, S. 6–15, 6–17, 6–21. Dies verkennt *Köndgen* in Prütting (Hrsg.), Insolvenzrecht 1996, S. 133, der in Unkenntnis der Praxis unzutreffend davon ausgeht, dass es bei Financial Covenants um „weiche" Informationen, z.B. Zukunftsprognosen (?) geht.
4 *Hauschildt*, Erfolgs-, Finanz- und Bilanz-Analyse, 3. Aufl. 1996, S. 1.

auf einen **abgelaufenen Zeitraum** beziehen[1]. Krisenhafte Entwicklungen finden aber zum einen Einfluss in dieses Zahlenwerk erst mit Verspätung, also u.U. zu spät, um die eingetretene Krise an der Verletzung der Financial Covenants erkennen zu können, bevor sie zur Insolvenz führt[2]. Zum anderen sind zahlreiche bedeutsame, für die zukünftige Entwicklung wesentliche Risiken, bei deren Verwirklichung die Insolvenz des Kreditnehmers drohen kann, aus den Bilanzzahlen nicht ersichtlich, zumindest solange der bilanzierende Kreditnehmer darauf verzichtet, für diese Risiken Rückstellungen zu bilden. Beispielhaft seien genannt Steuernachzahlungen auf Grund von Betriebsprüfungen, Unterversicherungen, Kontraktverpflichtungen oder „moralische" Verpflichtungen aus weichen Patronatserklärungen[3]. Insoweit ist von besonderer Bedeutung auch, dass in der Praxis häufig bei einer sich verschärfenden Krise des Kreditnehmers die vorzeitige Fälligstellung von Bankkrediten durch außerordentliche Kündigung mehr oder weniger plötzlich die Zahlungsunfähigkeit des Kreditnehmers herbeiführt. Dieses Risiko ist aber aus den Bilanzzahlen des Kreditnehmers nicht ablesbar[4].

1.160 Daneben muss der Kreditgeber bedenken, dass die Einhaltung von Financial Covenants in gewissem Umfang von **Manipulationen des Kreditnehmers** abhängt[5]. Denn bei der unternehmerischen Rechnungslegung hat der Kreditnehmer maßgebliche Entscheidungen zu treffen, z.B. zur Bewertung der Vorräte oder über den Umfang der Rückstellungen für zweifelhafte Forderungen. Weil dem Kreditnehmer damit erheblicher Einfluss auf die Aussage seiner Rechnungslegung zum jeweiligen Stichtag verbleibt, ist es so wichtig, ihm bei der Vereinbarung von Financial Covenants aufzuerlegen, dass stets die gleichen Bilanzierungs- und Bewertungsmethoden beibehalten werden, um zumindest willkürliche und wechselnde Bewertungen zu untersagen. Doch selbst bei gleichmäßiger Bewertung und Bilanzierung hat der Kreditnehmer Spielraum, seine Bilanz oder andere maßgebliche Zahlenwerke für den jeweiligen Stichtag so zu gestalten, dass Financial Covenants eingehalten werden. Als Beispiel möge dienen, dass der Kreditnehmer über kurzfristig realisierbare Mittel in Höhe von 100 000 Euro verfügt, denen kurzfristige Verbindlichkeiten von 50 000 Euro gegenüberstehen. Ist eine Liquiditätsklausel (Current Ratio) von

---

1 Generell zur Problematik, dass Financial Covenants sich auf vergangenheitsbezogene Zahlenwerke stützen müssen und deshalb nachteilige Veränderungen in der wirtschaftlichen Situation des Kreditnehmers erst mit erheblicher Verspätung an einer Verletzung der Financial Covenants erkennbar sind, *Stern,* Structuring Commercial Loan Agreements, Second Edition, Loseblatt 1997, S. 6–17 f.

2 Zur Problematik der Vergangenheitsbezogenheit auch *Hauschildt,* Erfolgs-, Finanz- und Bilanz-Analyse, 3. Aufl. 1996, S. 1 f.; aus dem gleichen Grund sehr kritisch zum Wert von Financial Covenants für die Krisenfrüherkennung *Obermüller,* Insolvenzrecht in der Bankpraxis, Rz. 1.154a. Zu modernen Formen der Bilanzanalyse *Baetge,* DB 2002, 2281 ff.

3 Ausführlich zu den nicht aus der Bilanz ersichtlichen Risiken *Kohler,* Bilanzanalyse in der Kreditpraxis und in der Insolvenzprognose, 1983, S. 33 ff.

4 Zu den Grenzen der Insolvenzprognose aus Bilanzkennzahlen s. auch *Uhlenbruck,* Gläubigerberatung in der Insolvenz, S. 51.

5 Zum Nachstehenden insgesamt *Stern,* Structuring Commercial Loan Agreements, Second Edition, Loseblatt 1997, S. 6–18.

3:1 vereinbart (s. dazu oben Rz. 1.152 f.), wäre diese verletzt. Nutzt der Kreditnehmer jedoch 40 000 Euro seiner liquiden Mittel, um damit zum Stichtag für die Ermittlung der Financial Covenants kurzfristige Verbindlichkeiten zurückzuzahlen, so hat er an diesem Stichtag kurzfristig realisierbare Mittel von 60 000 Euro, denen kurzfristige Verbindlichkeiten von nur noch 10 000 Euro gegenüberstehen, womit bei einer Current Ratio von nunmehr 6:1 die vereinbarten Financial Covenants problemlos eingehalten sind. Auch wenn dieses Beispiel sehr vereinfacht ist, zeigt es, dass der Kreditnehmer seine Zahlen in gewissem Ausmaß kontrolliert und dass er den Zeitpunkt seiner finanziellen Transaktionen so planen kann, dass sich seine wirtschaftlichen Verhältnisse, soweit sie aus seiner Rechnungslegung erkennbar sind, zum jeweiligen Stichtag im besten Licht zeigen.

Und im schlimmsten Fall muss der Kreditgeber damit rechnen, dass die Zahlen, die der Kreditnehmer liefert, gerade im **Insolvenzvorfeld ohne jede Aussagekraft** sind, deshalb trotz der eingetretenen Krise die Financial Covenants nicht verletzt werden und ihre Funktion als Krisenindikatoren nicht erfüllen. Denn die Analyse von Unternehmenszusammenbrüchen zeigt, dass in der Krise das Rechnungswesen des Kreditnehmers häufig nur über mangelnde oder fehlerhafte Daten verfügt, weil typisch für einen Unternehmenszusammenbruch auch die über längere Zeit vor dem Insolvenzantrag unordentliche, unvollständige Buchhaltung ist. Je näher die Insolvenz des Kreditnehmers kommt, desto mehr verlieren erfahrungsgemäß die vorliegenden Jahresabschlussinformationen an Zuverlässigkeit[1]. 1.161

Schließlich muss berücksichtigt werden, dass die **Bilanz- bzw. Abschlussanalyse**, also die Analyse der von dem Kreditnehmer vorgelegten Zahlen, insbesondere des Jahresabschlusses, schon immer ein Standardelement der Kreditwürdigkeitsprüfung gewesen ist (s. auch Rz. 1.137 ff.)[2]. Wird das Kreditengagement vom Kreditgeber mit einer solchen Analyse eng begleitet, sollte damit eine Krise des Kreditnehmers – sofern sie trotz der vorgenannten Probleme aus den Zahlen ersichtlich ist – bei einer Verschlechterung der Daten ohnehin frühzeitig erkannt werden können. Dazu brauchen die maßgeblichen Kennzahlen nicht in Form von Financial Covenants im Kreditvertrag festgeschrieben zu sein. Vielmehr kann eine solche Festschreibung sogar nachteilig sein, wenn sie den Kreditgeber dazu verleitet, nur die Einhaltung der – notwendigerweise wenigen – vereinbarten Financial Covenants zu überprüfen und dabei krisenhafte Entwicklungen, die sich in anderen Daten niederschlagen, außer Acht zu lassen. 1.162

1 *Groß*, Sanierung durch Fortführungsgesellschaften, S. 5; *Uhlenbruck*, Gläubigerberatung in der Insolvenz, S. 48.

2 Speziell zur Bilanzanalyse im Kreditgeschäft: *Kohler*, Bilanzanalyse in der Kreditpraxis und in der Insolvenzprognose, 1983; *Rösler/Mackenthun/Pohl*, Handbuch Kreditgeschäft, 6. Aufl. 2002, S. 433 ff.

IV. Basel II: Kreditrisiko-Rating

1. Rechtsgrundlagen

1.163 Am 26. 6. 2004 hatte der Baseler Ausschuss für Bankenaufsicht[1] unter dem Titel[2] „Internationale Konvergenz der Kapitalmessung und Eigenkapitalanforderungen" eine neue Rahmenvereinbarung über regulatorische Eigenkapitalstandards verabschiedet. Diese so genannte **Neue Baseler Eigenkapitalvereinbarung (oder kurz: „Basel II")** ist eine Vereinbarung der Notenbankgouverneure der Zehnergruppe (G 10) und der Leiter der Bankaufsichtsbehörden dieser Länder, mit der u.a. Mindestanforderungen an die Eigenkapitalausstattung von international tätigen Kreditinstituten gestellt werden. Auf europäischer Ebene erfolgte die Umsetzung von Basel II in verbindliches Recht durch die Veröffentlichung der Bankenrichtlinie (2006/48/EG)[3] und der Kapitaladäquanzrichtlinie (2006/49/EG)[4] im Juni 2006. In Deutschland sind die neuen Eigenkapitalregeln unter Basel II mit Wirkung zum 1. 1. 2007 durch Änderungen im Kreditwesengesetz und durch ergänzende Verordnungen, insbesondere mit der auf Grund von § 10 Abs. 1 Satz 2 KWG erlassenen Solvabilitätsverordnung (SolvV), nationales Recht geworden[5].

1 Der Baseler Ausschuss für Bankenaufsicht ist ein Gremium der Bankaufsichtsbehörden, das von den Zentralbankgouverneuren der G-10-Länder 1975 gegründet wurde. Es setzt sich aus den leitenden Vertretern der Bankenaufsichtsbehörden und der Zentralbanken aus Belgien, Kanada, Frankreich, Deutschland, Italien, Japan, Luxemburg, den Niederlanden, Spanien, Schweden, der Schweiz, dem Vereinigten Königreich und den Vereinigten Staaten zusammen. Es trifft sich gewöhnlich in der Bank für internationalen Zahlungsausgleich in Basel, wo auch sein ständiges Sekretariat angesiedelt ist.

2 So der Titel in der Übersetzung der Deutschen Bundesbank, die veröffentlicht ist auf der Web-Site der Deutschen Bundesbank bei http://www.bundesbank.de/bankenaufsicht/bankenaufsicht_basel.php. Im englischen Original, veröffentlicht auf der Webseite der Bank für internationalen Zahlungsausgleich (Bank for International Settlements) bei http://www.bis.org/publ/bcbsca.htm, lautet der Titel „International Convergence of Capital Measurement and Capital Standards".

3 Richtlinie 2006/48/EG des Europäischen Parlaments und des Rates v. 14. Juni 2006 über die Aufnahme und Ausübung der Tätigkeit der Kreditinstitute (Neufassung), ABl. EU 2006, Nr. L 177/1.

4 Richtlinie 2006/49/EG des Europäischen Parlaments und des Rates v. 14. Juni 2006 über die angemessene Eigenkapitalausstattung von Wertpapierfirmen und Kreditinstituten (Neufassung), ABl. EU 2006, Nr. L 177/201.

5 Verordnung über die angemessene Eigenmittelausstattung von Instituten, Institutsgruppen und Finanzholding-Gruppen (Solvabilitätsverordnung – SolvV) v. 14. 12. 2006, BGBl. I 2006, 2926. Zur Umsetzung von Basel II in das deutsche Recht s. auch *Cluse/Cremer*, ZfKW 2006, 329; *Mielk*, WM 2007, 621 ff.; *Fischer* in Schimansky/Bunte/Lwowski, Bankrechts-Handbuch, 3. Aufl. 2007, § 129 Rz. 46 ff.; *Wittig*, Bankaufsichtsrechtliche Grundlagen des (internen) Ratings und seine Transformation in das Darlehensverhältnis mit Unternehmen, ZHR 169 (2005), 212 ff.; *Wittig*, Basel II: Das (externe) Rating von Emittenten und Emissionen als Maßstab für die Eigenkapitalerfordernisse der Kreditinstitute, in Kohler/Obermüller/Wittig, Kapitalmarkt – Recht und Praxis, Gedächtnisschrift für Ulrich Bosch, 2005, S. 293 ff. Speziell zum Rating im Sanierungsfall *Zöllner/App*, DZWiR 2008, 328 ff.

2. Grundzüge der Mindestkapitalanforderungen

Basel II und die Solvabilitätsverordnung schreiben gegenüber früheren Regelungen im Ausgangspunkt unverändert fort, dass Kreditinstitute eine Eigenkapitalanforderung in Höhe von mindestens 8 % ihrer Risikoaktiva erfüllen müssen. Wesentliche Neuerung ist aber, dass Darlehen und andere Forderungen auf die Eigenkapitalanforderungen nicht mehr mit ihrem Nennwert, sondern mit **differenzierten Risikogewichten** in die Berechnung der Eigenkapitalquote eingehen. 1.164

Um die Risikogewichtung vorzunehmen, können die Kreditinstitute **drei unterschiedliche Messmethoden** nutzen: Den sog. Standardansatz (Standardized Approach), bei dem die Risikogewichtung einzelner Forderungen gegen Staaten, Banken und Unternehmen auf externes Rating gestützt wird, oder zwei sog. IRB-Ansätze (Internal Rating Based Approach), die für die Risikogewichtung das interne Rating des Kreditrisikos durch das Kreditinstitut heranziehen. 1.165

a) Standardansatz (Standardized Approach)

Bei Anwendung des in §§ 24 ff. SolvV geregelten Standardansatzes für die Bemessung des Kreditrisikos hängt die Risikogewichtung einer Forderung in recht pauschalierter Weise von der Kreditqualität der Forderung gem. externem Rating ab[1]. Zur Bewertung der Kreditqualität von Darlehen und andere Forderungen gegen Staaten, Banken und Unternehmen können gem. §§ 41 ff. SolvV die **externen Ratings aufsichtsbehördlich anerkannter Ratingagenturen**[2] (External Credit Assessment Institution, ECAI) oder bei Staaten die Ratings von Exportversicherungsagenturen für den betreffenden Schuldner bzw. für die betreffende Forderung herangezogen werden[3]. 1.166

Je nach Einstufung des Kreditrisikos in eine Bonitätsstufe, die grundsätzlich durch das externe Rating bestimmt wird, erhalten Forderungen eine Risikogewichtung von 0 %, 20 %, 50 %, 100 % oder 150 %. Forderungen, für die kein externes Rating besteht, werden grundsätzlich mit 100 % gewichtet[4]. Dabei legt gem. § 54 SolvV die BaFin fest, welche externen Ratings der anerkannten Ratingagenturen den Risikogewichtskategorien im Standardansatz zuzuord- 1.167

1 Dazu im Detail *Wittig*, Basel II: Das (externe) Rating von Emittenten und Emissionen als Maßstab für die Eigenkapitalerfordernisse der Kreditinstitute, in Kohler/Obermüller/Wittig, Kapitalmarkt – Recht und Praxis, Gedächtnisschrift für Ulrich Bosch, 2005, S. 293 ff.

2 Anerkannt durch die BaFin sind zurzeit Fitch Ratings, Moody's, DBRS und Standard & Poor's; s. dazu BaFin, Liste der für die bankaufsichtliche Risikogewichtung anerkannten Ratingagenturen samt Mapping v. 28. 6. 2007, Bonn/Frankfurt a.M., veröffentlicht im Internet auf den Web-Seiten der Bafin, http://www.bafin.de.

3 Dazu im Überblick auch (noch auf dem Stand des Zweiten Konsultationspapiers) *Boos/Schulte-Mattler*, Basel II: Externes und internes Rating, Die Bank 2001, 346, 347 ff.

4 Als Ausnahme werden bei Verwendung der sog. Option 2 Forderungen gegenüber Kreditinstituten, die nicht geratet sind, mit 50 % gewichtet.

nen sind (sog. Mapping), d.h. sie entscheidet, welche Ratingkategorien welchen Risikogewichten entsprechen[1].

b) IRB-Ansatz (Internal Rating Based Approach)

1.168 Die Neue Baseler Eigenkapitalvereinbarung und in ihrer Umsetzung §§ 55 ff. SolvV lassen auch zu, dass Kreditinstitute die regulatorische Eigenmittelunterlegung für Kreditrisiken mittels **bankinterner Verfahren auf der Grundlage interner Ratings** bestimmen[2]. Dabei werden die Eigenkapitalanforderungen bei Forderungen an Unternehmen[3], also außerhalb der Retail-Portfolien, für jedes einzelne Risikoaktiva, also getrennt für jedes Darlehen, errechnet.

1.169 Bei Verwendung des IRB-Ansatzes hängt das Risikogewicht einer Forderung gem. § 86 SolvV von **vier Risikokomponenten** („Parametern") ab: Erstens von dem **Forderungswert** (im Sprachgebrauch der Neuen Baseler Eigenkapitalvereinbarung: **Exposure at Default – EAD**). Zweitens von der **Ausfallwahrscheinlichkeit (Probability of Default – PD).** Drittens von der **Verlustquote bei Ausfall (Loss Given Default – LGD)**. Und viertens von der **Restlaufzeit der Forderungen (Maturity – M)**. Die Risikokomponenten dienen als Eingabeparameter für Risikogewichtsfunktionen, wobei für die in § 73 SolvV genannten verschiedenen Forderungsklassen abweichende Funktionen anzuwenden sind.

1.170 Nach den Vorgaben der Neuen Baseler Eigenkapitalvereinbarung, die die Solvabilitätsverordnung in §§ 87 ff. SolvV umsetzt, wird mit der **Ausfallwahrscheinlichkeit (PD)** der langfristige Durchschnittswert der auf ein Jahr (so § 129 SolvV) bezogenen Ausfallrate der Kreditnehmer in einer Risikoklasse dargestellt[4]. Ein solcher Ausfall im Hinblick auf einen spezifischen Schuldner gilt nach § 125 SolvV als gegeben, wenn entweder das Kreditinstitut davon ausgehen muss, dass der Schuldner seinen Kreditverpflichtungen mit hoher Wahrscheinlichkeit nicht in voller Höhe nachkommen wird oder eine wesentliche Verbindlichkeit des Schuldners gegenüber dem Kreditinstitut mehr als 90 Tage überfällig ist[5]. Für den **Forderungswert** wird durch die Neue Baseler Eigenkapitalvereinbarung vorgegeben, dass EAD als das erwartete Bruttokreditvolumen zum Zeitpunkt des Ausfalls des Kreditnehmers zu bestimmen ist. Für bilanzielle Forderungen bedeutet dies gem. den detaillierten Vorgaben in

1 S. dazu auch die Neue Baseler Eigenkapitalvereinbarung, Tz. 92. Die Zuordnung (Mapping) ist erfolgt in BaFin, Liste der für die bankaufsichtliche Risikogewichtung anerkannten Ratingagenturen samt Mapping v. 28. 6. 2007, Bonn/Frankfurt a.M., veröffentlicht im Internet auf den Web-Seiten der BaFin, http://www.bafin.de.

2 Dazu *Wittig*, Bankaufsichtsrechtliche Grundlagen des (internen) Ratings und seine Transformation in das Darlehensverhältnis mit Unternehmen, ZHR 169 (2005), 212 ff.; s. auch (noch auf dem Stand des Zweiten Konsultationspapiers) *Boos/Schulte-Mattler*, Basel II: Externes und internes Rating, Die Bank 2001, 346, 350 ff.

3 Zum internen Rating für andere Kreditnehmer, insbesondere die öffentliche Hand, *Walter*, Banken-Rating für Kommunen, Der Gemeindehaushalt 2004, 1 ff.

4 Neue Baseler Eigenkapitalvereinbarung, Tz. 447.

5 Bankenrichtlinie, Anhang VII, Teil 4 Nr. 44, in Umsetzung der Neuen Baseler Eigenkapitalvereinbarung, Tz. 452.

§ 100 SolvV, dass die EAD-Schätzungen nicht geringer sein dürfen als der aktuell in Anspruch genommene Kreditbetrag[1]. Der Entwurf der Bankenrichtlinie sieht entsprechend vor, dass der Forderungswert grundsätzlich nach dem Bilanzwert von Forderungen vor Abzug von Wertberichtigungen zu bemessen ist[2]. Bei der Ermittlung der **Verlustquote bei Ausfall (LGD)** ist gem. § 126 SolvV der ökonomische Verlust maßgeblich, also nicht ausschließlich die als Verlust gebuchten Beträge. Vielmehr müssen alle relevanten Faktoren berücksichtigt werden, also insbesondere auch wesentliche Diskontierungseffekte sowie wesentliche direkte und indirekte Kosten der Beitreibung ebenso wie die in der Beitreibung erzielten Erlöse (Wiedergewinnungsquote)[3].

Der **Unterschied zwischen den beiden IRB-Ansätzen**, nämlich dem Foundation Approach und dem Advanced Approach außerhalb des Retail-Portfolios, liegt darin, welche der vier Risikokomponenten bankintern geschätzt und welche Risikokomponenten aufsichtlich vorgegeben sind. Im **Foundation Approach**, also bei Verwendung des einfacheren IRB-Basisansatzes für Kredite an Unternehmen sowie Staaten und Banken, haben die Kreditinstitute bankintern nur die Ausfallwahrscheinlichkeit (PD) für jeden Kreditnehmer einzuschätzen. Der Forderungswert (EAD) und die Verlustquote (LGD) werden bankaufsichtlich vorgegeben und sind abhängig von der Art des Darlehens sowie den gestellten Sicherheiten. So wird z.B. vorrangigen Forderungen an Unternehmen, Staaten und Banken (ohne Besicherung durch anerkannte Sicherheiten) gem. § 93 SolvV ein LGD in Höhe von 45 % und allen nachrangigen Forderungen an Unternehmen, Staaten und Banken ein LGD in Höhe von 75 % zugewiesen[4]. Auch die Restlaufzeit (M) ist durch die Aufsichtsregeln vorgegeben und wird für Forderungen an Unternehmen, Banken und Staaten grundsätzlich auf 2,5 Jahre festgesetzt[5]. 1.171

Im **Advanced Approach**, also bei Ermittlung der Risikogewichte für Kredite an Unternehmen sowie Staaten und Banken mit dem fortgeschrittenen IRB-Ansatz, schätzen die Kreditinstitute dagegen alle vier Risikokomponenten (PD, LGD, EAD, M) selbst. In der Praxis wird dies wegen der Komplexität der erforderlichen Verfahren unter Kosten-Nutzen-Aspekten allerdings nur von einer Minderheit großer Kreditinstitute getan. Nach ursprünglicher Einschätzung der Bundesbank wollten von den 800 Instituten, die potenziell den IRB-Ansatz verwenden werden, dies schon per 1. 1. 2008 nur 42 in Form des Advanced Approach tun[6]. Tatsächlich hatte aber per 1. 8. 2008 die BaFin nur 1.172

1 Neue Baseler Eigenkapitalvereinbarung, Tz. 474.
2 Bankenrichtlinie, Anhang VII, Teil 3, Nr. 1.
3 Neue Baseler Eigenkapitalvereinbarung, Tz. 460.
4 Neue Baseler Eigenkapitalvereinbarung, Tz. 287 f.
5 Deutsche Bundesbank, Monatsbericht September 2004, S. 80.
6 Deutsche Bundesbank, Monatsbericht September 2004, S. 80; Deutsche Bundesbank, Die Zulassung bankinterner Ratingsysteme für die Berechnung der bankenaufsichtlichen Eigenkapitalanforderungen in Deutschland, Juni 2005, S. 2; per Juni 2006 hatten sich 11 deutsche Banken für den fortgeschrittenen IRB-Ansatz und 74 für den IRB-Standardansatz entschieden, so die Deutsche Bundesbank, Ergebnisse der fünften Auswirkungsstudie zu Basel II in Deutschland; alle Dokumente veröffentlicht im Internet bei www.bundesbank.de.

41 Institute zum IRB-Ansatz zugelassen, davon nur rund die Hälfte in Form des Advanced Approach[1].

3. Die Bedeutung des internen Ratings

1.173 Wie dargestellt, setzt die Verwendung des IRB-Ansatzes voraus, dass die Kreditinstitute zumindest die Risikokomponente PD, also die **Ausfallwahrscheinlichkeit für die einzelnen Forderungen** an Unternehmen, Banken und Staaten bzw. für jeden Forderungspool bei Retailforderungen selbst schätzen. Für den Advanced Approach müssen die Kreditinstitute darüber hinaus insbesondere auch die Risikokomponenten LGD und EAD schätzen[2]. Diese Schätzung muss gem. §§ 56, 60 ff. SolvV im Rahmen eines oder mehrerer[3] geeigneter Ratingsysteme erfolgen, wobei gem. § 60 SolvV mit dem Begriff „Ratingsystem" alle Methoden, Prozesse, Kontrollen, Datenerhebungen und EDV-Systeme umfasst werden, die zur Bestimmung von Kreditrisiken, zur Zuweisung interner Ratings und zur Quantifizierung von Ausfall- und Verlustschätzungen dienen[4]. Soweit die Risikokomponenten für einzeln zu betrachtende Kredite an Unternehmen, Staaten und Banken ermittelt werden, muss das Ratingsystem eigenständig und voneinander getrennt zum einen das Ausfallrisiko (PD) des Kreditnehmers ermitteln und zum anderen transaktionsspezifische Merkmale, z.B. Kreditsicherheiten, Nachrangigkeit, Produktart usw., berücksichtigen und damit die Verlustquote (LGD) separat ausweisen. Für den Foundation Approach genügt es allerdings, wenn insgesamt nur eine fazilitätsspezifische Komponente ermittelt wird, die sowohl die kreditnehmerspezifischen als auch die transaktionsspezifischen Faktoren berücksichtigt[5].

1.174 In der Praxis werden zur **Schätzung des Faktors Ausfallwahrscheinlichkeit (PD)** Mischformen von Modellen und Methoden eingesetzt, die sowohl quantitative als auch qualitative Bonitätsfaktoren miteinander kombinieren. Dabei werden alle relevanten, die Ausfallwahrscheinlichkeit beeinflussenden und verfügbaren Informationen eines Kreditnehmers berücksichtigt[6]. Quantitative Faktoren („Hard Facts") gehen ebenso ein wie qualitative Faktoren („Soft Facts"). Den Kern interner Ratingverfahren[7] bildet in der Regel die Finanzanalyse des Jahresabschlusses auf Basis eines empirisch-statistischen Ratingverfahrens. In die Bewertung des Jahresabschlusses fließen in der Regel Kennzahlen zur Finanz- und Ertragslage sowie zur Liquidität ein (z.B. Cash Flow,

---

1 Bundesanstalt für Finanzdienstleistungsaufsicht (BaFin), Jahresbericht 2007, S. 135, veröffentlicht im Internet auf den Web-Seiten der Bafin, http://www.bafin.de.

2 So ausdrücklich auch die Neue Baseler Eigenkapitalvereinbarung, Tz. 391.

3 Kreditinstitute können für verschiedene Bereiche, z.B. bestimmte Branchen oder Marktsegmente, unter bestimmten Voraussetzungen verschiedene Ratingsysteme verwenden, so die Neue Baseler Eigenkapitalvereinbarung, Tz. 395.

4 Neue Baseler Eigenkapitalvereinbarung, Tz. 391, 394.

5 Neue Baseler Eigenkapitalvereinbarung, Tz. 396 ff.

6 Hierzu und zum Folgenden Initiative Finanzstandort Deutschland (IFD), Rating Broschüre, September 2006, S. 16 f., veröffentlicht im Internet bei www.finanzstandort.de/BaseCMP/documents/5000/final_ratingbroschuerefr_homepage.pdf.

7 Zum Ratingverfahren der Sparkassen und Volksbanken detailliert *Müller*, DStR 2008, 787.

Eigenkapitalquote, Liquiditätsgrad, Verschuldungsgrad, Kapitalstruktur etc.). Qualitative Faktoren sind z.B. die Markt- und Wettbewerbssituation des Kreditnehmers, Organisationsstrukturen, Managementqualität u.Ä.

Die **Ratingsysteme für Forderungen an Unternehmen, Staaten und Banken** müssen mindestens sieben kreditnehmerbezogene Ratingklassen für nicht ausgefallene Schuldner und eine Klasse für ausgefallene Kreditnehmer aufweisen. Eine Ratingklasse ist dabei definiert als eine Einstufung des Schuldnerrisikos auf der Grundlage mehrerer unterschiedlicher Ratingkriterien, aus denen die Schätzung der Ausfallwahrscheinlichkeit (PD) abgeleitet werden kann[1]. Innerhalb der Unternehmens-, Staats- und Bankportfolien muss jedem Schuldner ein Rating zugewiesen werden; außerdem muss jeder Kredit im Rahmen des Kreditgenehmigungsprozesses ein geschäftsspezifisches Rating erhalten. 1.175

4. Krisenfrüherkennung durch Rating

Die internen Ratings werden nicht unveränderlich für die gesamte Laufzeit des Kredites festgelegt, sondern sie und damit die Risikogewichte ebenso wie daraus resultierenden Eigenkapitalanforderungen **ändern sich mit einer veränderten Bonität des Kreditnehmers**[2]. Die Kreditnehmerratings und die geschäftsspezifischen Ratings sind mindestens einmal jährlich zu aktualisieren[3]. Bestimmte Kredite, insbesondere an Schuldner mit höherem Risiko oder problembehaftete Forderungen, sind in kürzeren Abständen zu überprüfen. Darüber hinaus muss das Rating aktualisiert werden, wenn wesentliche neue Informationen über den Kreditnehmer oder das finanzierte Geschäft bekannt werden. Damit dies geschehen kann, müssen die Kreditinstitute über wirksame Verfahren verfügen, um die relevanten und wesentlichen Informationen über die finanziellen Verhältnisse eines Schuldners oder eines Geschäftes zu erhalten und zu aktualisieren, die Einfluss auf die Verlustquote (LGD) und die künftige Kreditinanspruchnahme (EAD) haben (wie z.B. über den Wert der Sicherheiten). Durch entsprechende Vorgaben muss sichergestellt sein, dass das Kreditnehmerrating innerhalb einer bestimmten Zeit nach Erhalt der Informationen erneuert wird[4]. 1.176

1 Neue Baseler Eigenkapitalvereinbarung, Tz. 404 f.

2 Dazu auch *Sanio*, Basel II: Ein neuer Ansatz in der Bankenaufsicht, in Hadding/Hopt/Schimansky (Hrsg.), Bankrechtstag 2003, Schriftenreihe der Bankrechtlichen Vereinigung, Band 22, 2004, S. 9.

3 Dabei stellt sich auch die Frage, ob und unter welchen (vertraglichen) Voraussetzungen eine Änderung des Ratings eine Änderung des Zinssatzes rechtfertigt. Zu dieser in der Literatur intensiv geführten Diskussion s. z.B. *Achtert*, Kündigungsrechte und Tarifwahl bei bonitätsabhängigen Zinsänderungsklauseln, BKR 2007, 318; *Ohletz*, Bonitätsorientierte Zinsänderungsklauseln in Verträgen mit Verbrauchern und Unternehmern, BKR 2007, 129; *Wittig*, Bankaufsichtsrechtliche Grundlagen des internen) Ratings und seine Transformation in das Darlehensverhältnis mit Unternehmen, ZHR 169 (2005), 212 ff.; *Langenbucher*, Vereinbarungen über den Zinssatz – zugleich eine Anmerkung zu Nr. 5 und Nr. 6 der neuen Bedingungen für den gewerblichen Musterdarlehensvertrag, BKR 2005, 134 ff.; *Mülbert*, Bonitätsgestufte Zinsabreden in Festzinskrediten als eine Antwort auf Basel II, WM 2004, 1205 ff.

4 Neue Baseler Eigenkapitalvereinbarung, Tz. 424 f.

1.177 Deshalb **berücksichtigen Kreditinstitute im laufenden Rating- und Kreditüberwachungsprozess Warnindikatoren**, z.B. das Kontoführungsverhalten oder Verstöße gegen kreditvertragliche Vereinbarungen etc.[1]. Welche Faktoren als Warnindikatoren gewertet werden bzw. ob und wie stark diese das Ratingergebnis beeinflussen, ist institutsspezifisch und abhängig auch von den anderen ratingrelevanten Faktoren[2]. Damit bieten Ratingsysteme auch Anhaltspunkte für die Kreditinstitute, um systematisch Gegenmaßnahmen zur Abwendung von Kreditausfällen in einem möglichst frühen Stadium einer drohenden sprunghaften Bonitätsverschlechterung einzuleiten.

5. Transparenz des internen Ratings: IFD-Rating

1.178 Für die Transparenz der eingesetzten internen Ratingsysteme sorgen zum einen die in der Neuen Baseler Eigenkapitalvereinbarung vorgesehenen und in §§ 319 ff. SolvV festgelegten Offenlegungspflichten der Kreditinstitute zu den Risikosystemen. Darüber hinaus haben sich verschiedene Kreditinstitute im Rahmen der **Initiative Finanzstandort Deutschland (IFD)**, einem im Mai 2003 gegründetem Zusammenschluss von Instituten aus allen Bereichen der deutschen Kreditwirtschaft, der Versicherungen, der Deutschen Börse, der Deutschen Bundesbank, des Bundesfinanzministeriums sowie der Spitzenverbände der deutschen Finanzwirtschaft[3] verabredet, das interne Rating der Kreditinstitute für Unternehmen transparenter zu gestalten. Zu diesem Zweck haben sich die beteiligten Kreditinstitute und Spitzenververbände als freiwillige Selbstverpflichtung darauf verständigt, für Unternehmen ihre internen Ratings in eine einheitliche sechsstufige Ratingskala (IFD-Ratingskala), die die Ausfallrisiken dieser Kreditnehmer, also PD, misst, zu übertragen[4]. Diese Verwendung einer einheitlichen IFD-Ratingskala sorgt für die Vergleichbarkeit des internen Ratings eines Unternehmens bei verschiedenen Kreditinstituten.

1.179 Darüber hinaus haben sich die Kreditinstitute im Rahmen von IFD selbst verpflichtet, um die Vergleichbarkeit und die Transparenz hinsichtlich des internen Ratings zu erreichen, ihren Unternehmenskunden **die internen Ratings bilateral offen zu legen**; d.h. dem Darlehensnehmer wird auf Anfrage das interne Rating mitgeteilt und damit eine klare Aussage zur Einschätzung seiner Bonität gegeben[5]. Durch die neue IFD-Ratingskala kann der Kunde die

---

1 Hierzu und zum folgenden Initiative Finanzstandort Deutschland (IFD), Rating Broschüre, September 2006, S. 18, veröffentlicht im Internet bei www.finanzstandort.de/BaseCMP/documents/5000/final_ratingbroschuerefr_homepage.pdf.

2 Beispiele für Kriterien, die gerade für das Rating im Sanierungsfall wichtig sein können, bei *Zöllner/App*, DZWiR 2008, 328 ff.

3 S. auch http://www.finanzstandort.de.

4 S. Initiative Finanzstandort Deutschland (IFD), Rating Broschüre, September 2006, S. 22 ff., veröffentlicht im Internet bei www.finanzstandort.de/BaseCMP/documents/5000/final_ratingbroschuerefr_homepage.pdf.

5 Zum genauen Inhalt der Selbstverpflichtung s. Initiative Finanzstandort Deutschland (IFD), Rating Broschüre, September 2006, S. 30, veröffentlicht im Internet bei www.finanzstandort.de/BaseCMP/documents/5000/final_ratingbroschuerefr_homepage.pdf. Durch die Kenntnis seiner Bonität und der Bedeutung der Risikofaktoren innerhalb des Ratings kann der Kreditnehmer aktiv an der Verbesserung seines Risikoprofils

Ratingentscheidungen verschiedener Kreditinstitute vergleichen. Dies schafft Transparenz im Ratingprozess und trägt so zu einem sachlichen Dialog zwischen Kreditinstituten und Kreditnehmern bei.

V. Warnpflichten von Wirtschaftsprüfern, Steuerberatern und Rechtsanwälten? *(Karsten Schmidt)*

1. Grundlagen

Im Rahmen der Krisenfrüherkennung spielt die **Expertise Dritter** eine nicht geringe Rolle. Keiner Diskussion bedarf dies in Fällen, bei denen die Einschätzung strategischer und finanzieller Stärken und Schwächen **Teil des Geschäftsbesorgungsauftrags** ist, sei es auf Grund Einzelauftrags, sei es auf Grund einer kontinuierlichen Betreuung, die den Experten gleichsam zum „Hausarzt des Unternehmens" macht. Jeder Berater muss aber **auch außerhalb seines beschränkten Mandats** warnen, wenn ihm im Feld seiner Expertise existenzielle Gefahren auf Seiten der Gesellschaft bekannt werden oder wenn diese für den Berater offenkundig sind, die Gesellschaft als Mandantin aber nicht die angezeigten Schlüsse zieht[1]. 1.180

2. Wirtschaftsprüfer, Steuerberater und Rechtsanwälte

a) Ein **Wirtschaftsprüfer** muss im Rahmen eines Testatauftrags nicht nur auf die Richtigkeit des Testats achten, sondern er muss die Mandantin auch auf außerhalb seines Prüfungs- und Testatsauftrags liegende für ihn erkennbare Vermögensrisiken hinweisen[2], auch auf interne Solvenzrisiken[3]. 1.181

b) Ein **Steuerberater** muss auf erkannte oder offenkundige Solvenzrisiken hinweisen. Das versteht sich von selbst, wenn der Auftrag die Erstellung des Jahresabschlusses umfasst[4]. Gegenüber zweifelnden Stimmen[5] ist darauf hinzuweisen, dass der die Rechnungslegung betreuende, diese häufig auch in der Gesellschafterversammlung erläuternde, Steuerberater in vielen Gesellschaften mbH bzw. Kommanditgesellschaften durch Expertise und Autorität erheblichen Einfluss ausübt. In manchen Gesellschaften dient der Steuerberater als „Hausarzt". Mit dieser Vertrauensstellung ist Verantwortlichkeit verbunden. Engere Grenzen kann die Prüfungs- und Beratungspflicht bei einem eingeschränkten, vielleicht sogar einmaligen Mandat haben. Schon bei der Beauftragung mit reinen Steuerfragen kann aber die Frage auftreten, inwieweit der 1.182

---

und damit seiner Zukunftsfähigkeit arbeiten, vgl. *Bräunig/Hartmann/Hauser/Kox*, Mittelstandsfinanzierung, ZfKW 2004, 177, 181.

1 Vgl. zur Sanierungsberatung *Frege*, NZI 2006, 545 ff.

2 BGH v. 27. 2. 1975 – II ZR 111/72, BGHZ 64, 52 = NJW 1975, 974; dazu *Ebke* in Münchener Kommentar zum HGB, 2. Aufl. 2008, § 323 HGB Rz. 16; *Karsten Schmidt*, DB 1975, 1781.

3 Über die Aufgabe des Monitoring allgemein *Ebke* in Krieger/Uwe H. Schneider, Handbuch Managerhaftung, 2007, § 13 Rz. 18.

4 BGH v. 18. 2. 1987 – IVa ZR 232/85, GmbHR 1987, 463; dazu eingehend *Kraemer*, Stbg 1988, 320 ff.

5 So OLG Schleswig v. 28. 5. 1993 – 10 U 13/92, Stbg 1994, 279.

Berater Fragen am Rande seines Mandats nachgehen muss und inwieweit er auf die Sachkunde des Mandanten vertrauen kann[1]. Grundsätzlich besteht keine allgemeine Prüfungspflicht bezüglich nicht-steuerlicher, z.B. rein kommerzieller Risiken. Sie können aber Anlass zur Warnung sein[2]. Auch ein Steuerberatungsverhältnis zu einem Gesellschafter kann zum Schutz dieses Mandanten Warnpflichten auslösen, soweit sich der Beratungsauftrag auf die Verhältnisse in der Gesellschaft erstreckt[3]. Auf erkannte oder auf Grund seiner Expertise unverkennbare Solvenzrisiken muss der Steuerberater hinweisen. Erkennt der Steuerberater ein Risiko, kann er aber dessen Bestehen und Ausmaß nur grob und kursorisch einschätzen, so darf er die Mandantin über die Grenzen dieser Beurteilungsmöglichkeit nicht im Unklaren lassen und macht sich durch eine unabgesicherte, jedoch vorbehaltlose Auskunft ggf. schadensersatzpflichtig[4].

1.183 **c) Bei Rechtsanwälten** liegt die Überwachung der Finanzstärke und Solvenz der Gesellschaft typischerweise außerhalb des Mandats. Aber auch hier ist nach dem Umfang des Vertrauensverhältnisses zu unterscheiden. Ein sich der Rundumbetreuung annäherndes Mandat (Rechtsanwalt als ständiger Berater der Geschäftsführung, möglicherweise sogar als Besucher der Gesellschafterversammlungen) bringt Betreuungspflichten auch bezüglich finanzieller Strategien und Risiken mit sich[5]. Noch eindeutiger wird dies, wenn ein Rechtsanwalt mit Sanierungsaufgaben betraut wird, etwa mit der Vorbereitung eines außergerichtlichen Vergleichs. In einem solchen Fall hat der Rechtsanwalt auch auf außerhalb des direkten Auftrags liegende rechtliche Risiken und Pflichten, insbesondere auf das Verbot der Verfahrensverschleppung, hinzuweisen und die Geschäftsführung hierüber zu belehren[6].

3. Dritthaftung

1.184 Die Versäumung einer gegenüber der Gesellschaft als Mandantin begründeten Warnpflicht kann unter besonderen Voraussetzungen auch zu einer Dritthaftung führen[7]. Nach **§ 323 Abs. 1 Satz 3 HGB** kann im Fall einer vorsätzlichen

1 Dazu BGH v. 26. 1. 1995 – IX ZR 10/94, BGHZ 128, 358 = NJW 1995, 958; BGH v. 21. 7. 2005 – IX ZR 6/02, WM 2005, 1904; OLG Zweibrücken v. 10. 2. 2006 – 2 U 3/05, OLGR 2006, 611 Rz. 22; OLG Köln v. 27. 1. 2005 – 8 U 66/04, VersR 2006, 87.

2 BGH v. 4. 3. 1987 – IVa ZR 222/85, BB 1987, 1204.

3 Charakteristisch OLG Düsseldorf v. 5. 3. 2002 – 23 U 82/01, GI 2002, 271 (zur GbR); OLG Düsseldorf v. 9. 9. 2003 – 23 U 191/02, DStRE 2004, 664.

4 Vgl. für die Beratung eines Gesellschafters OLG Düsseldorf v. 9. 9. 2003 – 23 U 191/02, DStRE 2004, 664.

5 Vgl. BGH v. 27. 11. 1997 – IX ZR 141/96, WM 1998, 776; BGH v. 4. 6. 1996 – IX ZR 51/95, WM 1996, 1824; *Vollkommer/Heinemann*, Anwaltshaftungsrecht, 2. Aufl. 2003, S. 141.

6 BGH v. 26. 10. 2000 – IX ZR 289/99, WM 2001, 98 = WuB IVA § 675 BGB 3.01 (*Smid*).

7 Eingehend *Ebke* in Münchener Kommentar zum HGB, 2. Aufl. 2008, § 323 HGB Rz. 86 – 170; *Wiedemann* in Ebenroth/Boujong/Joost, 2. Aufl. 2007, § 323 HGB Rz. 22 ff.; *Ebke* in Krieger/Uwe H. Schneider, Handbuch Managerhaftung, 2007, § 13 Rz. 27 ff.; *Ebke/Scheel*, WM 1999, 389 ff.; *Zugehör*, NJW 2000, 1601 ff.; *Martin Weber*, NZG 1999, 1 ff.

oder fahrlässigen Verletzung von Abschlussprüferpflichten nicht nur die zu prüfende Gesellschaft, sondern auch ein etwa vorhandenes **verbundenes Unternehmen** den Ersatz der ihm entstehenden Schäden verlangen. Im Gegenschluss ist daraus zu folgern, dass die strenge Haftung nach § 323 HGB bei der gesetzlichen Abschlussprüfung[1] nicht gegenüber jedem geschädigten Dritten eintritt[2]. Nicht ausgeschlossen sind damit aber **individuelle Drittansprüche** auf der **Grundlage eines Vertrags mit Schutzwirkung zu Gunsten Dritter**[3]. Die Abgrenzung des Kreises geschützter Dritter wird hierbei nur noch nominell aus dem Vertragswillen hergeleitet[4], während sich in Wahrheit eine quasigesetzliche Expertenhaftung gegenüber vertrauenden Dritten abzeichnet, die auch dann zum Zuge kommt, wenn die Interessen des Dritten mit denen des Auftraggebers nicht konvergieren[5]. Eine allgemeine Schutzwirkung zu Gunsten jedes gegenwärtigen oder künftigen Gesellschaftsgläubigers ist allerdings nicht anzuerkennen[6]. Wäre es anders, so würde der Berater ähnlich streng für Insolvenzausfälle haften. Geschützt sind aber bei einer personalistischen Gesellschaft (insbesondere im Fall einer Einpersonen-Gesellschaft) entgegen der sehr zurückhaltenden herrschenden Auffassung die **Gesellschafter** der beratenen Gesellschaft[7]. Geschützt sind weiter **konzernzugehörige Gesellschaften**, soweit die Solvenz der Gesellschaft direkt auf ihre Risiken durchschlägt[8]. Einzelne **Gläubiger** sind geschützt, soweit eine besondere Leistungsnähe zum Beratungsgegenstand erkennbar und die Haftung dem Wirtschaftsprüfer zuzumuten ist, wie gegenüber institutionellen Kreditgebern, soweit deren Vertrauen auf die Expertise erwartet wird[9] oder gegenüber den Mitgliedern eines Gläubigerkonsortiums in einem Sanierungsfall.

1 Vgl. *Ebke* in Münchener Kommentar zum HGB, 2. Aufl. 2008, § 323 HGB Rz. 1 ff.

2 BGH v. 2. 4. 1998 – III ZR 245/96, BGHZ 138, 257 = GmbHR 1998, 600; dazu ausführlich *Ebke* in Krieger/Uwe H. Schneider (Hrsg.), Handbuch Managerhaftung, 2007, § 13 Rz. 30 ff.; *Ebke*, JZ 1998, 991 ff.; *Martin Weber*, NZG 1999, 1 ff.

3 BGH v. 2. 4. 1998 – III ZR 245/96, BGHZ 138, 257 = GmbHR 1998, 600; BGH v. 15. 12. 2005 – III ZR 424/04, AG 2006, 197; BGH v. 6. 4. 2006 – III ZR 256/04, BGHZ 167, 155, 162 ff. = ZIP 2006, 954; *Baumbach/Hopt*, 33. Aufl. 2008, § 323 HGB Rz. 8, § 347 HGB Rz. 21; *Wiedmann* in Ebenroth/Boujong/Joost/Strohn, 2. Aufl. 2008, § 323 HGB Rz. 25; *Otto/Mittag*, WM 1996, 325, 329 ff.; *Martin Weber*, NZG 1999, 1, 2 f.; skeptisch *Ebke* in Krieger/Uwe H. Schneider, Handbuch Managerhaftung, 2007, § 13 Rz. 41 ff.; *Ebke*, JZ 1998, 991, 992 ff.

4 Vgl. die Methodenkritik bei *Martin Weber*, NZG 1999, 1, 3.

5 Vgl. nur BGH v. 2. 4. 1998 – III ZR 245/96, BGHZ 138, 257, 261 = GmbHR 1998, 600, 601.

6 BGH v. 18. 2. 1987 – IVa ZR 232/85, GmbHR 1987, 463.

7 A.A. OLG Saarbrücken v. 5. 6. 2007 – 4 U 136/06, GmbHR 2007, 1108; OLG Düsseldorf v. 19. 11. 1998 – 5 U 59/98, NZG 1999, 901.

8 Vgl. als Fall LG Hamburg v. 22. 6. 1998 – 402 O 70/97, WM 1999, 139 ff.; dazu *Feddersen*, WM 1999, 105, 108.

9 Vgl. OLG Düsseldorf v. 8. 2. 1995 – 15 U 215/93, GI 1997, 39.

D. Bankgeschäfte in der Unternehmenskrise

I. Grundlagen

1. Die maßgeblichen Themen

1.185 Spätestens mit dem Eintritt der Krise bei einer GmbH stellt sich für das Kreditinstitut, das die Bankgeschäfte für diesen Kunden abwickelt, die Frage, ob und inwieweit diese **Bankgeschäfte im Insolvenzverfahren der GmbH rechtsbeständig bleiben** würden. Grund sind insbesondere die insolvenzrechtlichen Anfechtungsvorschriften der §§ 129 ff. InsO, die nach Eröffnung eines Insolvenzverfahrens dem Insolvenzverwalter erlauben, Geschäftsvorfälle, die vorher – also in der Krise – abgewickelt wurden, rückgängig zu machen. In der Praxis betrifft dies vor allem den Zahlungsverkehr der anschließend insolventen GmbH und die für die Kreditverbindlichkeiten der GmbH gestellten Sicherheiten. In fast jedem Insolvenzverfahren wird der Insolvenzverwalter auf Grundlage der Anfechtungsvorschriften versuchen, Zahlungsverkehrsvorgänge sowie die Bestellung von Kreditsicherheiten aus Zeiten der Krise vor der Verfahreseröffnung im dann eröffneten Verfahren rückwirkend zu annullieren. Daher müssen vorausschauend der Zahlungsverkehr (unten bei Rz. 1.186 ff.) und die Kreditbesicherung (unten bei Rz. 1.251 ff.) mit einer GmbH in der Krise daraufhin betrachtet werden, welche Auswirkungen die Eröffnung eines Insolvenzverfahrens auf die Geschäftsvorfälle hätte. Soweit das Kreditinstitut der insolvenzbedrohten GmbH mit Darlehen zur Verfügung steht, ist auch zu prüfen, ob und unter welchen Voraussetzungen eine Kündigung möglich ist (unten bei Rz. 1.304 ff.), um so einen drohenden Ausfall bei Eintritt der Insolvenz des Kreditnehmers zu vermeiden.

2. Insbesondere: Zahlungsverkehr in der Krise

1.186 Angesichts der großen Bedeutung, die dem bargeldlosen Zahlungsverkehr – also der Abwicklung von Zahlungsein- und -ausgängen über Konten bei Kreditinstituten – heutzutage im Wirtschaftsleben und damit auch für die GmbH zukommt, ist es nicht verwunderlich, dass der Insolvenzverwalter fast immer zu prüfen hat, ob die Abwicklung des Zahlungsverkehrs des Schuldners vor dem Insolvenzverfahren in der Krise **rechtmäßig und insolvenzfest** erfolgt ist. Dies konzentriert sich im Verhältnis zwischen der GmbH als Kontoinhaber und dem kontoführenden Kreditinstitut auf zwei Fragen: Erstens ist zu prüfen, ob und bis zu welchem Zeitpunkt das kontoführende Kreditinstitut die bei ihm zu Gunsten der GmbH eingegangenen Zahlungen „behalten", also mit einem Sollsaldo oder einer sonstigen Kreditverbindlichkeit der GmbH insolvenzfest verrechnen kann. Zweitens muss beantwortet werden, inwieweit der Insolvenzverwalter Zahlungsausgänge, die auftrags des Kontoinhabers zu Lasten eines Kontoguthabens der GmbH oder durch Krediterhöhung erfolgt sind, gegen die Masse gelten lassen muss.

II. Zahlungseingänge

Gehen zu Gunsten des Kontos einer GmbH, die sich in der Krise befindet, bei dem kontoführenden Kreditinstitut Zahlungen ein, stellen sich **zwei Fragen**. Zum einen muss geklärt werden, ob das kontoführende Kreditinstitut die eingehende Zahlung dem Konto der GmbH noch **gutschreiben** muss bzw. darf. Zum anderen fragt sich, wenn ein Insolvenzverfahren über das Vermögen der GmbH eröffnet worden ist, ob und bis zu welchem Zeitpunkt das Kreditinstitut eingehende Zahlungen mit einem debitorischen Kreditsaldo oder mit anderen Forderungen insolvenzfest **verrechnen** durfte[1]. 1.187

1. Berechtigung und Verpflichtung zur Gutschrift des Zahlungseingangs

Werden an eine GmbH in der Krise Zahlungen von Dritten bargeldlos auf ein Konto der GmbH geleistet[2], so ist das kontoführende Kreditinstitut **gegenüber der GmbH berechtigt und verpflichtet, die Gelder gutzuschreiben**. Dies folgt aus dem der Kontoführung zugrunde liegenden Girovertrag im Sinne der §§ 676f–676g BGB, der nach § 676f BGB das Kreditinstitut verpflichtet, für den Kunden ein Konto einzurichten, eingehende Zahlungen auf dem Konto gutzuschreiben und abgeschlossene Überweisungsverträge zu Lasten dieses Kontos abzuwickeln[3]. Dieser Girovertrag bleibt in der Krise bestehen, selbst nach einem Antrag des Kontoinhabers auf Insolvenzeröffnung und Anordnung eines Verfügungsverbot, denn der Girovertrag ist eine besondere Form des Geschäftsbesorgungsvertrages. Für solche Verträge ordnen §§ 115, 116 InsO das Erlöschen erst mit Eröffnung des Insolvenzverfahrens an[4]. 1.188

2. Unanfechtbare Verrechnung von Zahlungseingängen

Da das kontoführende Kreditinstitut berechtigt und verpflichtet ist, eingehende Zahlungen dem Konto der insolvenzbedrohten GmbH gutzuschreiben, stellt sich weiter die Frage, inwieweit das Kreditinstitut solche **Zahlungseingänge mit einem debitorischen Saldo des Kontoinhabers verrechnen** darf und ob eine solche Verrechnung nach Eröffnung des Insolvenzverfahrens auch gegenüber dem Insolvenzverwalter zu Lasten der Masse Bestand hat[5]. Dabei gilt im Ausgangspunkt, dass die Verrechnung mit einem debitorischen Saldo auf demjenigen Konto, auf dem die Zahlungen eingehen, zunächst quasi automatisch mit dem nächsten Kontoabschluss auf Grund der antizipierten Verrechnungsabrede aus dem Girovertrag erfolgt. Ist die antizipierte Verrechnungsabrede wegen der Anordnung eines allgemeinen Verfügungsverbots im Antragsverfahren erloschen, bleibt dem Kreditinstitut die Möglichkeit, die Verrechnung durch ausdrückliche Erklärung der Aufrechnung vorzunehmen. 1.189

1 Dazu im Überblick auch *Stapper*, BB 2007, 2017.

2 Zu einer evtl. Warn- und Hinweispflicht ggü. dem Auftraggeber der Zahlung s. bei Rz. 1.181.

3 Dazu eingehend *Bork*, Zahlungsverkehr in der Insolvenz, 2002, Rz. 8; *Steinhoff*, ZIP 2000, 1141.

4 BGH v. 26. 6. 2008 – IX ZR 47/05, WM 2008, 1442; BGH v. 15. 12. 2005 – IX ZR 227/04, WM 2006, 194 ff.

5 Dazu im Überblick auch *Zuleger*, ZInsO 2002, 49 ff.

1.190 Beide Möglichkeiten der Verrechnung laufen jedoch im Ergebnis auf das gleiche wirtschaftliche Ergebnis hinaus, da stets zu prüfen ist, ob **zum Zeitpunkt des Zahlungseingangs der Verrechnung Anfechtungsgründe entgegenstanden**. Denn liegt ein Anfechtungsgrund vor, kann entweder die Verrechnung auf Grund der Kontokorrentabrede angefochten werden, oder die Aufrechnung ist nach § 96 Nr. 3 InsO ausgeschlossen, da das Kreditinstitut die Möglichkeit der Aufrechnung durch eine anfechtbare Rechtshandlung erlangt hat. Eine solche Anfechtung scheidet aber in zwei Fällen grundsätzlich aus; nämlich zum einen bei der Sicherungsabtretung der Forderung, auf die der Auftraggeber zahlt, zum anderen beim Ausgleich von Zahlungseingängen durch Zahlungsausgänge in gleicher Höhe.

a) Sicherungsabtretung der Zahlungsansprüche

1.191 Die Anfechtbarkeit der Verrechnung eines Zahlungseingangs zu Gunsten der GmbH mit einem debitorischen Saldo auf deren Konto ist zum einen stets ausgeschlossen, wenn die Forderung, die der Zahlungsauftraggeber begleichen wollte, dem kontoführenden Kreditinstitut **anfechtungsfrei zur Sicherheit abgetreten** war[1]. Denn alle Anfechtungstatbestände setzen gem. § 129 InsO voraus, dass die Insolvenzgläubiger in ihrer Gesamtheit objektiv benachteiligt werden. Hieran fehlt es, wenn ein Gläubiger Befriedigung oder Deckung erhält, die nach der besonderen Fallgestaltung auch der Insolvenzverwalter hätte gewähren müssen, denn dann erhält der betreffende Gläubiger nicht etwas zu Lasten der Masse. Dementsprechend scheidet eine Anfechtung aus, wenn das kontoführende Kreditinstitut durch die Verrechnung des Zahlungseingangs nur das erhalten hat, was dem Institut auf Grund der Sicherungszession ohnehin zugestanden hätte. Weil schon die Grundvoraussetzung jeglicher Insolvenzanfechtung nach § 129 InsO, nämlich die Gläubigerbenachteiligung fehlt[2], kommt es im Übrigen nicht darauf an, ob der Zahlungseingang auf die abgetretene Forderung wegen Fälligkeit des Kreditsaldos eine kongruente oder mangels Fälligkeit eine inkongruente Deckung war[3]. Ebenso ist es unerheblich, ob die Zession im Zeitpunkt des Zahlungseingangs bereits aufgedeckt war oder noch still behandelt wurde. Denn dies ist nur für die Frage von Bedeutung, ob der Drittschuldner durch die Zahlung auf das Konto seines ursprünglichen Gläubigers mit befreiender Wirkung gegenüber dem Zessionar

1 BGH v. 26. 6. 2008 – IX ZR 47/05, WM 2008, 1442; BGH v. 26. 6. 2008 – IX ZR 144/05, WM 2008, 1512; BGH v. 1. 10. 2002 – IX ZR 360/99, WM 2002, 2369. Im Überblick *Kirchhof* in Münchener Kommentar zur InsO, § 129 InsO Rz. 142a, 148a, 156. Ausführlich zur Bedeutung einer Sicherungszession für die Anfechtung von Zahlungseingängen im Kontokorrent *Streit/Jordan*, Anfechtbarkeit von Kontokorrentverrechnungen und Sicherungs-Globalzession in der Insolvenz des Kontoinhabers, DZWIR 2004, 441, 446 ff.

2 Die Bedeutung der Gläubigerbenachteiligung gerade auch für die Anfechtbarkeit bei der Verrechnung von Zahlungsein- und -ausgängen betont BGH v. 7. 3. 2002 – IX ZR 223/01, WM 2002, 951.

3 Die eine Insolvenzanfechtung ausschließende Bedeutung der fehlenden Gläubigerbenachteiligung bei Zahlungseingängen und sicherungshalber abgetretene Forderungen übersieht *Feuerborn*, ZIP 2002, 290, 294 ff., die deshalb fälschlich nach Fälligkeit des Kreditsaldos differenzieren will.

leisten konnte und ob etwaige verlängerte Eigentumsvorbehalte untergehen, hat aber auf die materielle Berechtigung des Kreditinstituts keinen Einfluss. Denn obwohl bei einer stillen Zession die Zahlung des Drittschuldners auf das Konto seines Gläubigers die abgetretene Forderung erlöschen lässt, erlischt damit nicht das Absonderungsrecht des gesicherten Kreditinstituts, sondern an seine Stelle tritt ein Ersatzabsonderungsrecht an dem Zahlungseingang[1].

Erfolgt ein Zahlungseingang von einem Drittschuldner des Kontoinhabers auf eine Forderung, die dem kontoführenden Kreditinstitut zur Sicherheit abgetreten ist, insbesondere im Wege der Globalzession, scheidet daher eine Anfechtbarkeit wegen fehlender Gläubigerbenachteiligung aus. Etwas anderes kann ausnahmsweise nur dann gelten, wenn das Kreditinstitut auch schon sein **Absonderungsrecht auf Grund der Zession in anfechtbarer Weise erworben** hat. Soweit es sich um eine Globalzession handelt, die auch die Abtretung künftiger Forderungen vorsieht, ist dabei maßgeblicher Zeitpunkt nicht (nur) der Abschluss des Globalzessionsvertrages. Vielmehr ist gem. § 140 Abs. 1 InsO auch später für jede einzelne von der Globalzession erfasste Forderung zu prüfen, ob zum Zeitpunkt ihrer Entstehung oder ihres Werthaltigwerdens die Abtretung oder das Werthaltigmachen der Forderung[2] anfechtbar sind. Dabei scheidet aber eine Anfechtung nach § 131 InsO aus, weil es sich bei der Abtretung der einzelnen Forderungen unter einem Globalzessionsvertrag jeweils um eine kongruente Deckung handelt[3]. 1.192

b) Bargeschäft bei Zahlungsein- und -ausgängen

Die **Privilegierung des Bargeschäfts** schließt die Anfechtbarkeit der Verrechnung von Zahlungseingängen nach den praktisch besonders relevanten Tatbeständen der §§ 130, 131 InsO auch dann aus, wenn das kontoführende Kreditinstitut eine bestehende Kreditline offen gehalten und dem Kontoinhaber in Höhe der eingegangenen Beträge Verfügungen gestattet hat[4]. Das kontoführende Kreditinstitut ist objektiv nicht begünstigt und die übrigen Gläubiger werden nicht benachteiligt, wenn im Rahmen der Kontoverbindung die Zahlungseingänge in entsprechender Höhe durch Zahlungsausgänge ausgeglichen sind und damit der Kreditsaldo insgesamt nicht zurückgeführt wird. Dementsprechend hat der BGH entschieden, dass es sich bei den Verrechnungen um 1.193

---

1 BGH v. 9. 12. 1999 – IX ZR 318/99, ZIP 2000, 244 = WM 2000, 262; BGH v. 17. 9. 1998 – IX ZR 300/97, WM 1998, 2160. Dies übersieht bei seiner Kritik aber *Spliedt*, Anm. zu BGH v. 9. 12. 1999, DZWIR 2001, 27 ff.

2 Dazu BGH v. 26. 6. 2008 – IX ZR 47/05, WM 2008, 1442 ff.; BGH v. 26. 6. 2008 – IX ZR 144/05, WM 2008, 1512; BGH v. 29. 11. 2007 – IX ZR 165/05, WM 2008, 363 ff.

3 Grundlegend BGH v. 29. 11. 2007 – IX ZR 30/07, WM 2008, 204 ff.; bestätigt durch BGH v. 17. 1. 2008 – IX ZR 134/07, DZWiR 2008, 253.

4 BGH v. 25. 2. 1999 – IX ZR 353/98, WM 1999, 781; bestätigt durch BGH v. 25. 1. 2001 – IX ZR 6/00, WM 2001, 689; BGH v. 7. 3. 2002 – IX ZR 223/01, WM 2002, 951; BGH v. 1. 10. 2002 – IX ZR 360/99, WM 2002, 2369; BGH v. 17. 6. 2004 – IX ZR 124/03, WM 2004, 1576; BGH v. 11. 10. 2007 – IX ZR 195/04, WM 2008, 222; BGH v. 26. 6. 2008 – IX ZR 47/05, WM 2008, 1442. Dazu im Überblick auch *Kirchhof* in Münchener Kommentar zur InsO, § 142 InsO Rz. 13a, 13b.

ein Bargeschäft handelt, wenn den Zahlungseingängen ohne Saldorückführung in engem wirtschaftlichen, rechtlichen und zeitlichen Zusammenhang Zahlungsausgänge gegenüberstehen, die das Kreditinstitut gem. seinen vertraglichen Verpflichtungen gegenüber dem Schuldner zulässt[1]. Solche Bargeschäfte sind gem. § 142 InsO grundsätzlich nicht anfechtbar. Es bleibt damit nur die Anfechtbarkeit insoweit, wie Zahlungseingänge per Saldo trotz dagegenstehender Zahlungsausgänge zu einer Verringerung des Debetsaldos des Schuldners geführt haben.

1.194 Für die Annahme eines Bargeschäfts kommt es dabei nicht darauf an, ob die Zahlungseingänge früher oder später als die dagegenstehenden Zahlungsausgänge erfolgt sind. Erforderlich für das Bargeschäft ist allein ein so **enger zeitlicher Zusammenhang**, dass noch von einem „unmittelbaren" Leistungsaustausch i.S. von § 142 InsO gesprochen werden kann. Dies ist nach der Rechtsprechung[2] der Fall, wenn zwischen den kontokorrentmäßig zu verrechnenden Soll- und Habenbuchungen weniger als zwei Wochen vergehen. Umgekehrt erscheint dem BGH die quartalsmäßige Abrechnungsperiode für die Annahme eines Bargeschäfts als zu lang[3]. Im Übrigen dürfen nur solche Ein- und Ausgänge in die Betrachtung einbezogen werden, die innerhalb des von der Anfechtung erfassten Zeitraums liegen[4].

1.195 Nach diesen Grundsätzen **liegt ein Bargeschäft auch dann vor, wenn eine offene Kreditlinie** bestand und das Kreditlimit selbst ohne die Verrechnung der Zahlungseingänge nicht überschritten worden wäre[5]. Für die Annahme eines Bargeschäfts i.S. von § 142 InsO reicht allein die objektive Gleichwertigkeit der ausgetauschten Leistungen aus. Eine solche gleichwertige Leistung erbringt das Kreditinstitut aber mit den Zahlungsausgängen selbst bei offener Kreditlinie, da das Kreditinstitut nicht mit Einräumung einer Kreditlinie oder mit einer Krediterhöhung dem Kunden eine Leistung gewährt, sondern auch insoweit, als es ihn einen schuldrechtlich versprochenen Kredit tatsächlich ausnutzen lässt. Wollte man dagegen bei offener Kreditlinie die Anfechtung zulassen, würde dies nicht dem Sinn des Bargeschäfts gerecht. § 142 InsO soll es dem Schuldner ermöglichen, auch in der Zeit seiner wirtschaftlichen Krise noch Rechtsgeschäfte, welche die Insolvenzgläubiger nicht unmittelbar be-

---

1 BGH v. 25. 2. 1999 – IX ZR 353/98, WM 1999, 781; bestätigt durch BGH v. 25. 1. 2001 – IX ZR 6/00, WM 2001, 689; BGH v. 7. 3. 2002 – IX ZR 223/01, WM 2002, 951; BGH v. 1. 10. 2002 – IX ZR 360/99, WM 2002, 2369; BGH v. 17. 6. 2004 – IX ZR 124/03, WM 2004, 1576; BGH v. 11. 10. 2007 – IX ZR 195/04, WM 2008, 222; BGH v. 26. 6. 2008 – IX ZR 47/05, WM 2008, 1442.

2 BGH v. 25. 2. 1999 – IX ZR 353/98, WM 1999, 781; bestätigt durch BGH v. 25. 1. 2001 – IX ZR 6/00, WM 2001, 689; BGH v. 7. 3. 2002 – IX ZR 223/01, WM 2002, 951; BGH v. 1. 10. 2002 – IX ZR 360/99, WM 2002, 2369; BGH v. 17. 6. 2004 – IX ZR 124/03, WM 2004, 1576.

3 *Kirchhof* in Münchener Kommentar zur InsO, § 142 InsO Rz. 18a, stellt auf den Gesamteindruck eines laufenden wiederkehrenden Zahlungsverkehrs ab, dessen Abstände höchstens bis zu einem Monat schwanken dürfen.

4 BGH v. 25. 2. 1999 – IX ZR 353/98, WM 1999, 781; bestätigt durch BGH v. 25. 1. 2001 – IX ZR 6/2000, WM 2001, 689.

5 BGH v. 7. 3. 2002 – IX ZR 223/01, WM 2002, 951; *Kirchhof* in Münchener Kommentar zur InsO, § 142 InsO Rz. 13a.

nachteiligen, zeitnah abzuwickeln. Bei keinem Kreditinstitut kann die Bereitschaft unterstellt werden, trotz nicht voll ausgeschöpfter Kreditlinie weitere Verfügungen des Schuldners über sein Konto zuzulassen, wenn es damit das Risiko eingeht, Zahlungen des Schuldners an Dritte später aus eigenen Mitteln an die Insolvenzmasse erstatten zu müssen. Mit Kenntnis auch nur der Gefahr einer wirtschaftlichen Krise des Schuldners würde es daher erfahrungsgemäß sofort den diesem zuvor eingeräumten Kredit fristlos kündigen. Damit würde dem Schuldner im Ergebnis schon die Chance genommen, in einer zwar riskanten, aber noch nicht aussichtslosen Lage planmäßig weiteren Kredit in Anspruch zu nehmen, sogar wenn eingehende Gutschriften wieder einen gewissen Spielraum bis zur Kreditobergrenze eröffneten.

Allerdings liegt selbstverständlich kein Bargeschäft vor, wenn die Belastungsbuchungen im wirtschaftlichen Sinn gar keine Zahlungsausgänge, also keine Zahlungen an Dritte zur Erfüllung von Vertragspflichten sind, sondern lediglich **interne Überweisungen an das kontoführende Kreditinstitut selbst** zur Tilgung eigener, auf anderen Konten verbuchter Kreditforderungen[1]. Denn in einem solchen Fall erfolgt entgegen dem Wesen des Bargeschäfts nicht eine bloße Umschichtung im Vermögen des Kontoinhabers, durch die andere Gläubiger nicht benachteiligt werden, sondern die entsprechenden „Zahlungsausgänge" kommen einzig dem kontoführenden Kreditinstitut zugute und führen dessen Forderungen zurück. 1.196

3. Anfechtbare Verrechnung von Zahlungseingängen

Anfechtbar kann somit die Verrechnung von Zahlungseingängen nur in den übrigen Fällen sein, wo Gutschriften auf dem Konto der GmbH im Insolvenzvorfeld zur Rückführung eines debitorischen Saldos auf dem Konto oder zur Tilgung anderer Kredite verrechnet worden sind, ohne dass das Kreditinstitut die Zahlungseingänge auf Grund eines Sicherungsrechts beanspruchen konnte oder ihnen Zahlungsausgänge gegenüberstanden. Hier ist stets **gem. §§ 129 ff. InsO zu prüfen**, ob die Verrechnung im Kontokorrent anfechtbar bzw. die Aufrechnung wegen der anfechtbaren Erlangung der Aufrechnungslage nach § 96 Abs. 1 Nr. 3 InsO ausgeschlossen ist. Dazu muss danach differenziert werden, in welchem Zeitraum vor dem Insolvenzantrag der Zahlungseingang erfolgt ist[2]. 1.197

a) Eingänge bis zu 10 Jahren vor Insolvenzantrag

Von den Anfechtungsmöglichkeiten reicht die Anfechtung wegen **vorsätzlicher Benachteiligung nach § 133 Abs. 1 InsO** am weitesten zurück. Theoretisch kann die Verrechnung von Zahlungseingängen, die in den letzten 10 Jahren vor dem Insolvenzantrag eingegangen sind, in einem nachfolgenden Insol- 1.198

1 BGH v. 17. 6. 2004 – IX ZR 124/03, WM 2004, 1576, 1577; BGH v. 24. 5. 2005 – IX ZR 46/02, NZI 2005, 630; BGH v. 11. 10. 2007 – IX ZR 195/04, WM 2008, 222.

2 Der maßgebliche Zeitpunkt wird dabei nicht durch Gutschrift auf dem Empfängerkonto, sondern durch den Zahlungseingang bei dem Kreditinstitut bestimmt, BGH v. 20. 6. 2002 – IX ZR 177/99, WM 2002, 1690.

venzverfahren angefochten werden, wenn der Kontoinhaber bei Eingang der Zahlung den Vorsatz hatte, seine Gläubiger zu benachteiligen und das kontoführende Kreditinstitut dies wusste. Aus praktischen Gründen ist der zeitliche Anwendungsbereich der Absichtsanfechtung jedoch erheblich beschränkt.

1.199 Einen **Benachteiligungsvorsatz** kann nämlich der Schuldner nur dann hegen, wenn im Zeitpunkt des Zahlungseingangs sein Vermögen nicht mehr ausreicht, seine Gläubiger sämtlich zu befriedigen, wenn er also schon überschuldet ist oder wenn er schon einen Anlass hatte, mit dem baldigen Eintritt einer Krise und einer nachfolgenden Insolvenz zu rechnen. Dagegen ist selbst eine inkongruente Deckung kein Indiz für einen Benachteiligungsvorsatz, wenn der Schuldner bei Vornahme der Rechtshandlung zweifelsfrei liquide war oder davon ausging, mit Sicherheit sämtliche Schuldner befriedigen zu können[1] (dazu auch unten Rz. 1.269 ff.). Im Ergebnis führt dies also dazu, dass nach § 133 Abs. 1 InsO eine Anfechtung überhaupt nur dann in Betracht kommt, wenn zumindest schon die Krise des Kontoinhabers eingetreten war.

1.200 Sodann müssen für eine erfolgreiche Anfechtung **subjektive Umstände**, nämlich der Benachteiligungsvorsatz des Kontoinhabers und die Kenntnis des Kreditinstituts von diesem Vorsatz, festgestellt werden, was im Anfechtungsprozess zu erheblichen Schwierigkeiten führt. Deshalb sind erfolgreiche Absichtsanfechtungen in der Praxis äußerst selten. Allerdings wird diese Anfechtung durch die Insolvenzordnung erleichtert. Wenn das kontoführende Kreditinstitut nämlich wusste, dass die Zahlungsunfähigkeit des Kunden drohte und die Handlung dessen Gläubiger benachteiligte, wird seine Kenntnis von dem entsprechenden Vorsatz des Kontoinhabers vermutet (§ 133 Abs. 1 Satz 2 InsO).

1.201 Liegen diese Voraussetzungen vor, scheitert die Anfechtbarkeit einer Verrechnung von Überweisungseingängen nicht in jedem Fall daran, dass die Gutschrift auf Zahlungsaufträge von Drittschuldnern zurückgeht, während nach § 133 InsO nur **Rechtshandlungen des Schuldners** anfechtbar sind. Vielmehr genügt für § 133 InsO eine mittelbare Gläubigerbenachteiligung. Damit kommen als Anknüpfungspunkt für eine Anfechtbarkeit wegen vorsätzlicher Gläubigerbenachteiligung alle Handlungen des Schuldners in Betracht, die unter Inkaufnahme einer mindestens mittelbaren Benachteiligung seiner übrigen Gläubiger darauf gerichtet sind, für einen das Kreditinstitut begünstigenden Zahlungseingang auf dem Girokonto zu sorgen. Damit kann eine Anfechtbarkeit insbesondere dann gegeben sein, wenn der Schuldner in Phasen angespannter Liquidität seine Drittschuldner mit Gläubigerbenachteiligungsvorsatz zur Zahlung auf ein bestimmtes Girokonto auffordert und dem kontoführenden Institut diese Absicht im maßgebenden Zeitpunkt, nämlich bei Eingang der buchmäßigen Deckung bei ihm, bekannt war.

1 BGH v. 1. 4. 2004 – IX ZR 305/00, ZIP 2004, 957 ff.

b) Eingänge in den letzten drei Monaten vor Insolvenzantrag

Erhält ein Kreditinstitut einen Zahlungseingang zu Gunsten einer GmbH, deren Konto einen debitorischen Saldo aufweist, innerhalb der letzten drei Monate vor dem Insolvenzantrag, so ist das Kreditinstitut auf Grund des Giroverhältnisses zur Gutschrift verpflichtet. Die damit verbundene Verrechnung im Kontokorrent kann jedoch unter Umständen nach den Tatbeständen der **Deckungsanfechtung** (§§ 130, 131 InsO) angefochten werden. Diese Tatbestände der Deckungsanfechtung haben für den Zahlungsverkehr in der Praxis die größte Bedeutung. Denn einerseits liegt angesichts des größtmöglichen Anfechtungszeitraums von drei Monaten vor dem Insolvenzantrag eine hinreichende zeitliche Nähe zur Krise des Schuldners vor, die dem Insolvenzverwalter den Nachweis der Anfechtungsvoraussetzungen in objektiver und subjektiver Hinsicht, sofern diese vorliegen, erlaubt. Zum anderen beruht der Gegenstand der Anfechtung, nämlich die Herbeiführung einer oder mehrerer Verrechnungslagen, meist nicht auf Handlungen des Schuldners, sondern seiner Drittschuldner, die Zahlungen zu Gunsten des Schuldners auf sein Konto bei einem Kreditinstitut leisten. Allein die Tatbestände der Deckungsanfechtung ermöglichen die Anfechtung von Rechtshandlungen anderer Personen als der des Schuldners. 1.202

Wegen **der unterschiedlichen Voraussetzung der Anfechtung einer kongruenten Deckung nach § 130 InsO oder einer inkongruenten Deckung nach § 131 InsO** muss dabei zunächst als Vorfrage geklärt werden, ob und unter welchen Voraussetzungen die Verrechnung eines Zahlungseingangs als kongruente oder inkongruente Sicherung oder Befriedigung anzusehen ist. **Inkongruente Deckungen** sind gem. § 131 Abs. 1 InsO solche Zahlungseingänge, die das kontoführende Kreditinstitut nicht oder nicht in der Art oder nicht zu der Zeit zu beanspruchen hatte. Umgekehrt handelt es sich demnach um eine **kongruente Deckung**, wenn das Kreditinstitut auf die Zahlung in der konkreten Form einen fälligen Anspruch hatte. Da bei Zahlungseingängen auf ein Konto im Soll das Kreditinstitut einen Betrag in der eingegangenen Höhe und in der empfangenen Art zu beanspruchen hatte, hängt die Antwort auf diese Frage, ob die Rückführung eines debitorischen Saldos durch Verrechnung von Zahlungseingängen eine inkongruente Deckung oder eine kongruente Deckung darstellt, im Wesentlichen davon ab, ob das Kreditinstitut die Deckung auch zu dieser Zeit verlangen konnte. Maßgebend ist also, ob das Institut gegen den Kontoinhaber einen dem Zahlungseingang entsprechenden fälligen Zahlungsanspruch hatte. Dies wiederum richtet sich danach, welcher Art die Forderung des Kreditinstituts ist[1]: 1.203

Handelt es sich um eine nur geduldete, nicht aber vereinbarte oder zugesagte **Überziehung des Girokontos** oder handelt es sich um die nicht vereinbarte oder zugesagte Überziehung einer Kreditlinie, so kann das Kreditinstitut jederzeit Rückführung auf den vereinbarten Saldo verlangen; das Institut hat einen 1.204

1 Eingehend zu der nachfolgenden Differenzierung BGH v. 13. 1. 2005 – IX ZR 457/00, WM 2005, 319; BGH v. 17. 6. 1999 – IX ZR 62/98, WM 1999, 1577 ff. S. dazu im Überblick auch *Kirchhof* in Münchener Kommentar zur InsO, § 131 InsO Rz. 44 f.

fälligen Anspruch auf Zahlung bis zum Ausgleich der Überziehung[1]. Es liegt also in einem solchen Fall beim Eingang einer Zahlung eine kongruente Deckung vor[2]. Allerdings kann auch bei einer zunächst bloß geduldeten Überziehung eine vertragliche Vereinbarung zur Duldung der Überziehung stillschweigend zu Stande kommen, so dass ein fälliger Anspruch des kontoführenden Kreditinstituts erst entsteht, wenn eine Kündigung erfolgt ist[3]. Ist der Darlehnsvertrag wirksam gekündigt worden, stellt eine anschließende Rückzahlung des Darlehens aber wiederum eine kongruente Deckung dar[4].

1.205 Handelt es sich dagegen um einen **fest zugesagten und für eine bestimmte Zeit zur Verfügung gestellten Kredit**, so erhält das Kreditinstitut durch Rückführung des Kredits aus den Zahlungseingängen eine Deckung, die es zu dieser Zeit nicht zu beanspruchen hatte, mithin eine inkongruente Deckung[5]. Dies gilt insbesondere auch für Annuitätendarlehen und sonstige Ratenkredite, die nicht auf dem laufenden Konto gewährt werden und bei denen keine Verrechnung, sondern allenfalls eine Aufrechnung in Betracht käme. Ausnahmsweise wäre hier jedoch die Aufrechnung nur als kongruente Deckung anfechtbar, wenn eine fällige Rate (für Zins oder Tilgung) aussteht und durch den Überweisungseingang gedeckt wird[6].

1.206 Gleiches gilt bei einer zugesagten **Kontokorrentkreditlinie**, auch wenn diese bis auf weiteres (b.a.w.), d.h. für unbestimmte Zeit, zugesagt war[7]. Zwar kann eine solche Kreditlinie nach den Allgemeinen Geschäftsbedingungen des Kreditgewerbes (Nr. 19 Abs. 2 AGB-Banken, Nr. 26 Abs. 1 AGB-Sparkassen) durch das Kreditinstitut jederzeit ohne Gründe und fristlos gekündigt werden. Dies spricht dafür, Zahlungseingänge als kongruente Deckung anzusehen, da das Kreditinstitut jederzeit eine solche Rückführung nach Kündigung verlangen konnte. Aber ohne eine Kündigung sind der Saldo oder die jeweils bestehende Inanspruchnahme gerade noch nicht zur Rückzahlung fällig, was eher für eine inkongruente Deckung sprechen würde. Deshalb hat der Bundesgerichtshof eine **differenzierende Lösung** gefunden[8]: Grundsätzlich reicht die Pflicht des kontoführenden Kreditinstituts zur Annahme eingehender Gelder für eine kongruente Deckung nicht aus, sondern es kommt allein darauf an, ob das Institut die Deckung zum Zeitpunkt des Zahlungseingangs verlangen konnte. Dies ist aber bei einem ungekündigten Kontokorrentkredit zu verneinen, sondern eine Verrechnung eingehender Zahlungen kann, auch bei b.a.w.-Kredit-

---

1 BGH v. 13. 1. 2005 – IX ZR 457/00, WM 2005, 319; OLG München v. 21. 12. 2001 – 23 U 4002/21, ZIP 2002, 608.
2 *Brandes* in Münchener Kommentar zur InsO, § 96 InsO Rz. 33.
3 BGH v. 13. 1. 2005 – IX ZR 457/00, WM 2005, 319; BGH v. 17. 6. 1999 – IX ZR 62/98, WM 1999, 1577, 1578.
4 OLG Köln v. 15. 9. 2000 – 11 W 56/00, NZI 2001, 262.
5 BGH v. 13. 1. 2005 – IX ZR 457/00, WM 2005, 319; *Brandes* in Münchener Kommentar zur InsO, § 96 InsO Rz. 33.
6 So BGH v. 17. 6. 1999 – IX ZR 62/98, WM 1999, 1577.
7 BGH v. 13. 1. 2005 – IX ZR 457/00, WM 2005, 319. Dazu auch *Steinhoff*, ZIP 2000, 1141, 1144.
8 BGH v. 17. 6. 1999 – IX ZR 62/98, WM 1999, 1577, 1578; BGH v. 7. 3. 2002 – IX ZR 223/01, WM 2002, 951; BGH v. 13. 1. 2005 – IX ZR 457/00, WM 2005, 319.

linien, nur als kongruente Deckung angesehen werden, wenn und soweit zum maßgeblichen Zeitpunkt nach erfolgter Kündigung oder hinsichtlich einer Überziehung ein fälliger Anspruch des Kreditinstituts auf Rückführung der Kreditinanspruchnahme bestand[1].

Soweit dagegen bei ungekündigter Kreditlinie **Zahlungseingänge zu einer Rückführung des Kreditsaldos im maßgeblichen Anfechtungszeitraum führen, ist die darin liegende Kredittilgung als inkongruente Deckung anfechtbar**, weil schon die Herstellung der Verrechnungslage auf Grund der Zahlungseingänge die anderen Insolvenzgläubiger des Kontoinhabers benachteiligt[2]. Die Höhe der anfechtbaren Verrechnungen ergibt sich dabei aus dem Betrag, um den während des gesamten Anfechtungszeitraums die verrechneten Einzahlungen die Auszahlungen überstiegen; der höchste im Anfechtungszeitraum ist unerheblich[3] Soweit dagegen keine Rückführung des Kreditsaldos im Anfechtungszeitraum erfolgt ist, weil das Kreditinstitut die Kontokorrentabrede eingehalten, den Giroverkehr fortgesetzt und insbesondere unter Offenhaltung der eingeräumten Kreditlinie Zahlungsausgänge zugelassen hat, sind auch die Zahlungseingänge vertragsgemäße, also kongruente Deckungen[4]. 1.207

Ist der Zahlungseingang zu Gunsten der GmbH in der Krise bei dem kontoführenden Kreditinstitut als **kongruente Deckung anzusehen**, so ist dies **nach § 130 InsO nur anfechtbar**, wenn die GmbH zurzeit der Handlung zahlungsunfähig war und das Kreditinstitut die Zahlungsunfähigkeit kannte. Der positiven Kenntnis des Gläubigers von der Zahlungsunfähigkeit des Schuldners steht dabei die Kenntnis von Umständen, die zwingend auf die Zahlungsunfähigkeit schließen lassen, gleich (§ 130 Abs. 2 InsO). Damit ist die Verrechnung eines Zahlungseingangs als kongruente Deckung im Vorfeld des Insolvenzantrags nur dann möglich, wenn sich die Krise des Schuldners schon so verfestigt hat, dass eine objektive Voraussetzung erfüllt ist, nämlich die Zahlungsunfähigkeit des Schuldners vorliegt, und wenn auf Seiten des Gläubigers zusätzlich eine subjektive Voraussetzung erfüllt wird. 1.208

Handelt es sich dagegen bei dem Zahlungseingang zu Gunsten der GmbH in der Krise um **eine inkongruente Deckung**, ist die Verrechnung des Zahlungseingangs **nach § 131 InsO unter wesentlich erleichterten Voraussetzungen anfechtbar**. Ist der Zahlungseingang innerhalb des zweiten oder dritten Monats vor dem Insolvenzantrag der GmbH erfolgt und war die GmbH zu dieser Zeit bereits zahlungsunfähig, so ist die Anfechtung möglich, ohne dass es auf den Kenntnisstand des Anfechtungsgegners ankommt (§ 131 Abs. 1 Nr. 2 InsO). Ebenso ist die Anfechtung von Zahlungseingängen in diesem Zeitraum möglich, wenn die GmbH bei Zahlungseingang noch nicht zahlungsunfähig oder überschuldet, aber dem kontoführenden Kreditinstitut bekannt war, dass 1.209

1 BGH v. 17. 6. 1999 – IX ZR 62/98, WM 1999, 1577, 1578. So auch im Anschluss daran OLG München v. 21. 12. 2001 – 23 U 4002/21, ZIP 2002, 608.

2 BGH v. 15. 11. 2007 – IX ZR 212/06, ZInsO 2008, 159; BGH v. 13. 1. 2005 – IX ZR 457/00, WM 2005, 319; BGH v. 7. 3. 2002 – IX ZR 223/01, WM 2002, 951.

3 BGH v. 15. 11. 2007 – IX ZR 212/06, ZInsO 2008, 159.

4 BGH v. 15. 11. 2007 – IX ZR 212/06, ZInsO 2008, 159; BGH v. 13. 1. 2005 – IX ZR 457/00, WM 2005, 319; BGH v. 7. 3. 2002 – IX ZR 223/01, WM 2002, 951.

die Insolvenzgläubiger der GmbH benachteiligt werden (§ 131 Abs. 1 Nr. 3 InsO). Der Insolvenzverwalter muss in diesem Fall also beweisen, dass dem Kreditinstitut als Anfechtungsgegner die Benachteiligung der anderen Gläubiger positiv bekannt war. Dazu muss das Kreditinstitut der sicheren Überzeugung sein, das Vermögen des Schuldners werde zur vollen Befriedigung aller seiner Gläubiger ausreichen oder der Schuldner werde die dafür erforderlichen Mittel in absehbarer Zeit erhalten[1]. Ebenso reicht für die Anfechtung der Nachweis, dass das Kreditinstitut Kenntnis von Umständen hatte, die zwingend auf die Benachteiligung schließen lassen (§ 131 Abs. 2 InsO). Schließlich ist die Verrechnung von Zahlungseingängen, die zu Gunsten des Kontos der GmbH im letzten Monat vor dem Insolvenzantrag erfolgt sind, bei Inkongruenz nach § 131 Abs. 1 Nr. 1 InsO grundsätzlich anfechtbar. Subjektive Momente sind für diesen Anfechtungstatbestand nicht erforderlich. Damit ist in jedem Fall einer inkongruenten Rückführung des Kontosaldos durch Zahlungseingänge im letzten Monat vor dem Insolvenzantrag die Verrechnung auf Grund eines späteren Kontoabschlusses anfechtbar und eine spätere Aufrechnung nach § 96 Nr. 3 InsO nicht mehr möglich. Die aus den Überweisungen eingegangenen Zahlungen müssen gem. § 143 InsO an den Insolvenzverwalter zu Gunsten der Masse herausgegeben werden.

4. Eingänge in der Insolvenz

a) Überweisungseingänge nach Insolvenzantrag

1.210 Ohne die Anordnung von vorläufigen Sicherungsmaßnahmen ändert die bloße Stellung eines Insolvenzantrags nichts an der **grundsätzlichen Verrechnungsbefugnis des Kreditinstituts**. Denn der Girovertrag und das Kontokorrentverhältnis werden durch die Stellung eines Insolvenzantrags nicht berührt. Jedoch bleibt es dabei, dass die Verrechnung von Zahlungseingängen gem. §§ 130, 131 InsO nach den schon erläuterten Grundsätzen der Deckungsanfechtung wie folgt anfechtbar ist[2]:

1.211 Erfolgen Zahlungseingänge zu Gunsten der insolventen GmbH auf einem Konto bei einem Kreditinstitut nach dem Insolvenzantrag, bleibt es bei **inkongruenten Zahlungen** wegen der Anfechtungsmöglichkeit nach § 131 Abs. 1 Nr. 1 InsO dabei, dass weder eine Aufrechnung noch eine Verrechnung insolvenzfest möglich sind. Bei **kongruenten Deckungen** scheidet eine insolvenzfeste Verrechnung wegen der Anfechtbarkeit nach § 130 Abs. 1 Nr. 2 InsO aus, wenn das kontoführende Kreditinstitut zum Zeitpunkt des Zahlungseingangs entweder die Zahlungsunfähigkeit des Kontoinhabers oder den Eröffnungsantrag kannte.

1.212 Diese Rechtslage ändert sich auch nicht mit Anordnung eines allgemeinen Verfügungsverbots. Da das allgemeine Verfügungsverbot, wie oben erläutert, den Girovertrag nicht beendet, bleibt das kontoführende Kreditinstitut verpflichtet, auch nach seiner Anordnung Überweisungseingänge für die insol-

1 BGH v. 13. 1. 2005 – IX ZR 457/00, WM 2005, 319.
2 *Steinhoff*, ZIP 2000, 1141, 1146.

vente GmbH ihrem Konto gutzuschreiben. Das Kreditinstitut kann die eingegangenen Gelder jedoch **nicht mehr durch Einstellung in das Kontokorrent zur Verrechnung mit dem debitorischen Saldo bringen**. Denn wie oben ausgeführt, hat das Verfügungsverbot die Unwirksamkeit rechtsgeschäftlicher Verfügungen des Schuldners über Gegenstände der künftigen Insolvenzmasse zur Folge. Davon wird aber das Recht des Kreditinstituts zur Aufrechnung grundsätzlich nicht berührt. Daher wäre grundsätzlich eine Verrechnung des Zahlungseingangs mit einem debitorischen Saldo auf dem gleichen Konto oder mit Krediten auf anderen Konten der GmbH möglich. In aller Regel wird jedoch in einer solchen Situation die Wirksamkeit der **Aufrechnung** an § 96 Nr. 3 InsO scheitern, da nach dem Insolvenzantrag regelmäßig ein Anfechtungsgrund vorliegen wird.

b) Eingänge nach Verfahrenseröffnung

Zwar erlöschen mit Eröffnung des Insolvenzverfahrens nach §§ 115, 116 InsO sämtliche Geschäftsbesorgungsverträge, die die insolvente GmbH abgeschlossen hatte, und damit auch der Girovertrag. Dennoch bleibt das Kreditinstitut **zur Entgegennahme von Überweisungseingängen weiter verpflichtet**. Dies ergibt sich aus einer nachwirkenden Vertragspflicht der beendeten Geschäftsverbindung. Da mit Eröffnung des Insolvenzverfahrens über das Vermögen des Kontoinhabers auch das **Kontokorrentverhältnis einschließlich der Verrechnungsabrede erlischt**, ist das kontoführende Kreditinstitut nicht mehr berechtigt, Überweisungseingänge durch Gutschriften auf dem debitorischen Konto des Schuldners automatisch zu verrechnen und hierdurch seine Forderungen zu reduzieren[1]. Im Übrigen folgt dies auch aus § 91 Abs. 1 InsO, dem sich entnehmen lässt, dass Vorausverfügungen des Schuldners über zukünftige Forderungen – auch in Gestalt von Aufrechnungs- und Verrechnungsverträgen – in der Insolvenz keinen Bestand haben sollen, wenn die fragliche Forderung erst nach Verfahrenseröffnung zur Entstehung gelangt. 1.213

Auch eine **Aufrechnung** des kontoführenden Kreditinstituts mit seinem Anspruch aus dem Debetsaldo des Schuldners gegen dessen nachvertraglichen Anspruch auf Herausgabe des von dem Kreditinstitut entgegengenommenen Geldbetrages ist gem. § 96 Nr. 1 InsO ausgeschlossen. Denn nach dieser Vorschrift kann das Institut nicht mehr aufrechnen, wenn es auf Grund eines Überweisungseingangs erst nach Insolvenzeröffnung dem Kunden etwas schuldig geworden ist[2]. Ob eine Zahlung vor oder nach Insolvenzeröffnung eingegangen ist, richtet sich dabei danach, zu welchem Zeitpunkt das Kreditinstitut buchmäßige Deckung erhalten hat. Im Ergebnis muss also das kontoführende Kreditinstitut sämtliche Zahlungseingänge zu Gunsten der insolventen GmbH nach Verfahrenseröffnung zwar noch entgegennehmen, aber das Institut muss die eingegangenen Zahlungsbeträge für Verfügungen des Insolvenzverwalters bereitstellen und gem. § 667 BGB analog auf dessen Verlangen an die Masse herausgeben. 1.214

---

1 *Steinhoff*, ZIP 2000, 1141, 1142.

2 *Brandes* in Münchener Kommentar zur InsO, § 96 InsO Rz. 15; *Steinhoff*, ZIP 2000, 1141, 1142.

III. Zahlungsausgänge

1.215 Während bei Zahlungseingängen zu Gunsten der GmbH in der Krise bei anschließender Eröffnung des Insolvenzverfahrens zu prüfen ist, ob das kontoführende Kreditinstitut diese Eingänge „behalten“, also mit einem Debetsaldo auf dem Konto oder mit sonstigen Forderungen verrechnen darf, stellt sich bei Zahlungsaufträgen der GmbH, die zu Zahlungsausgängen führen, eine umgekehrte Frage. Hier wird nämlich im Insolvenzverfahren darum gestritten, ob solche **Zahlungsausgänge vom Kreditinstitut wirksam von einem Guthaben des Kontoinhabers und Schuldners „abgezogen“**, also damit verrechnet werden können oder ob dem Insolvenzverwalter ein Anspruch auf Auszahlung des ungekürzten Guthabens in die Insolvenzmasse zusteht.

1. Grundstrukturen am Beispiel der Überweisung

1.216 Für die insolvenzrechtliche Betrachtung werden alle Zahlungsaufträge, die ein Kreditinstitut im Auftrag des Kontoinhabers zu Lasten des Kontos ausführt, von der Rechtsprechung als **Verfügungen des Schuldners über sein Vermögen**, also das Kontoguthaben bei seinem Kreditinstitut angesehen[1]. Dies gilt auch für die Überweisung.

1.217 Gesetzliche Grundlage für den Überweisungsverkehr sind die §§ 676a ff. BGB. Während andere Zahlungsaufträge eine einseitige, rechtsgestaltende Weisung des Kontoinhabers im Rahmen des auf Dauer angelegten Giroverhältnisses sind, wird durch § 676a BGB die Überweisung, gleich ob sie innerhalb oder außerhalb eines bestehenden Girovertrags vorgenommen wird, als **gesondertes Vertragsverhältnis** konstruiert. Der Überweisungsauftrag des Kunden ist ein Angebot zum Abschluss eines Überweisungsvertrags an das Kreditinstitut. Das Angebot wird in der Regel durch Einreichung eines Überweisungsträgers oder Übermittlung eines Überweisungsauftrags vom Kunden gestellt. Der Überweisungsvertrag kommt zustande, wenn das Kreditinstitut diesen Antrag annimmt. Im Rahmen eines bestehenden Girovertrags kommt diese Annahme durch Schweigen nach § 362 Abs. 1 HGB zustande, wenn das Kreditinstitut den Überweisungsauftrag nicht unverzüglich zurückweist.

1.218 Der abgeschlossene Überweisungsvertrag ist nach allgemeiner Überzeugung ein **Geschäftsbesorgungsvertrag mit Werkvertragscharakter**. Das beauftragte Kreditinstitut schuldet einen bestimmten Erfolg, nämlich entweder, bei einer institutsinternen Überweisung, die rechtzeitige Gutschrift des ungekürzten Überweisungsbetrags auf dem Konto des begünstigten Zahlungsempfängers oder, bei Überweisung an ein Konto bei einem anderen Institut, die rechtzeitige und ungekürzte Übermittlung des Überweisungsbetrages an das Kreditinstitut des Begünstigten.

1 Für die Gleichstellung von Überweisung und Barauszahlung direkt an den Schuldner ausdrücklich BGH v. 15. 12. 2005 – IX ZR 227/04, WM 2006, 194 ff.

2. Ausführung vor Zahlungsunfähigkeit und Insolvenzantrag

Bis zur Eröffnung des Insolvenzverfahrens kann der Bankkunde, sofern kein allgemeines Verfügungsverbot erlassen ist (§§ 21, 24 InsO), **unbeschränkt über sein Vermögen verfügen**. Demgemäß kann die GmbH auch noch in der Krise wirksam Zahlungsaufträge erteilen und insbesondere Überweisungsverträge abschließen. Führt das Kreditinstitut diese Zahlungsaufträge noch vor der Zahlungsunfähigkeit der GmbH oder ihrem Insolvenzantrag aus, so erwirbt das Kreditinstitut – unanfechtbar – einen Aufwendungsersatzanspruch, den das Institut in das Kontokorrent einstellen kann[1]. In Höhe dieses Aufwendungsersatzanspruchs ermäßigt sich ein etwaiger Guthabensaldo; ein debitorischer Saldo erhöht sich entsprechend[2]. 1.219

3. Ausführung nach Zahlungsunfähigkeit und Insolvenzantrag

Auch nach Eintritt der Zahlungsunfähigkeit und nach einem Insolvenzantrag bleibt die GmbH **zur Erteilung von Zahlungsaufträgen und zum Abschluss von Überweisungsverträgen berechtigt**, sofern kein allgemeines Verfügungsverbot erlassen ist oder andere Sicherungsmaßnahmen angeordnet worden sind. Das Verhalten des Kreditinstituts und die Folgen eines solchen Überweisungsvertrags hängen dann davon ab, ob das Kreditinstitut von der Zahlungsunfähigkeit oder dem Insolvenzantrag Kenntnis hatte. 1.220

Hat das Kreditinstitut bei der Ausführung des Überweisungsauftrags von der Zahlungsunfähigkeit oder dem Insolvenzantrag des überweisenden Auftraggebers keine Kenntnis, wird es den **Auftrag ausführen** und das Konto mit dem Überweisungsbetrag belasten. Ein etwaiger Guthabensaldo ermäßigt sich entsprechend; die Aufrechnungsverbote des § 96 InsO sind nicht einschlägig. Wird der Saldo dagegen debitorisch oder erhöht sich der Sollsaldo, so erwirbt das kontoführende Kreditinstitut eine entsprechende Forderung gegen den Kontoinhaber, die – sofern das Kreditinstitut keine Sicherheiten besitzt – eine einfache Insolvenzforderung darstellt. 1.221

Hat das Kreditinstitut Kenntnis von der Zahlungsunfähigkeit oder dem Insolvenzantrag, so wird das Institut den Auftrag schon **aus wirtschaftlichen Gründen nicht ausführen** wollen, wenn das Konto der GmbH einen debitorischen Saldo aufweist oder durch die Ausführung des Auftrags debitorisch werden würde. Bewegt sich die Kontoverfügung allerdings im Rahmen einer zugesagten Kreditlinie oder hat die GmbH der Bank ausreichende Sicherheiten bestellt, so stehen der Ausführung des Auftrags keine Hindernisse entgegen. 1.222

Solange die Kreditlinie nicht gekündigt ist, kann das Kreditinstitut deren Ausnutzung nicht verhindern. Denn gem. § 676a Abs. 3 BGB darf das Kreditinstitut, sofern ausreichend Kredit eingeräumt ist und damit die Ausführungsfrist begonnen hat, den Überweisungsvertrag erst kündigen, wenn das Insolvenz- 1.223

1 So auch *Obermüller/Wunderer* in Hellner/Steuer, Bankrecht und Bankpraxis, Rz. 15/128.

2 *Bork*, Zahlungsverkehr in der Insolvenz, Rz. 123.

verfahren eröffnet worden oder der zur Durchführung der Überweisung erforderliche Kredit gekündigt worden ist. Ein generelles Leistungsverweigerungsrecht steht dem Kreditinstitut nicht zu. Wenn das Kreditinstitut dennoch die Ausführung verweigert, kann der Kontoinhaber, nicht jedoch der Überweisungsempfänger das Kreditinstitut schadensersatzpflichtig machen.

1.224 War das **Konto kreditorisch** und hatte das Kreditinstitut Kenntnis von der Zahlungsunfähigkeit oder dem Insolvenzantrag des Kontoinhabers, so muss das Kreditinstitut die Überweisung dennoch ausführen. Denn gem. § 676a Abs. 2 BGB beginnt die Ausführungsfrist auch dann, wenn ein zur Ausführung der Überweisung ausreichendes Guthaben vorhanden ist. Damit stellt sich die Frage, ob das Kreditinstitut seinen Aufwendungsersatzanspruch aus der Durchführung der Überweisung mit dem Guthabensaldo verrechnen kann bzw. ob bei Ausführung zu Lasten einer Kreditlinie bestehende Kreditsicherheiten für den erhöhten Saldo haften.

1.225 Die Aufrechnungsverbote des § 96 InsO verhindern die **Verrechnung mit einem Guthaben** nicht. Zwar ist nach § 96 Nr. 3 InsO die Aufrechnung ausgeschlossen, wenn ein Insolvenzgläubiger die Aufrechnungslage durch eine anfechtbare Rechtshandlung erlangt hat. Das Kreditinstitut, bei dem der Überweisungsauftraggeber ein Guthaben unterhält, ist aber sein Schuldner und nicht Insolvenzgläubiger. Die allgemeinen Anfechtungsvorschriften (§§ 129 ff. InsO) können damit zwar den Überweisungsempfänger treffen, aber nicht im Verhältnis zu dem überweisenden Kreditinstitut eingreifen[1]. Selbst wenn man aber von der grundsätzlichen Anwendbarkeit des § 96 Abs. 1 Nr. 3 InsO ausgeht mit der Begründung, die Regelung erfasse entgegen ihrem Wortlaut alle Fälle der anfechtbaren Herstellung einer Aufrechnungslage, kommt man zum gleichen Ergebnis[2]. Denn jedenfalls liegt mit der Ausführung des Überweisungsvertrags Zug um Zug gegen Herstellung einer Aufrechnungslage mit einem vorhandenen Guthaben ein der Anfechtung entzogenes Bargeschäft i.S. von § 142 InsO vor.

4. Ausführung nach Anordnung eines allgemeinen Verfügungsverbots

1.226 Nach Anordnung des allgemeinen Verfügungsverbots darf das Kreditinstitut einen **Zahlungsauftrag der insolventen GmbH grundsätzlich nicht mehr ausführen**[3]. Dies gilt gleichermaßen für neu erteilte wie für schon vorliegende, bei Anordnung des Verbots aber noch nicht bearbeitete Aufträge. Denn ein allgemeines Verfügungsverbot hat die Unwirksamkeit rechtsgeschäftlicher Verfügungen des Schuldners über Gegenstände der künftigen Insolvenzmasse zur Folge. Verfügungen sind Rechtsgeschäfte, die unmittelbar darauf gerichtet sind, auf ein bestehendes Recht einzuwirken, es zu verändern, zu übertragen

1 So *Obermüller*, Insolvenzrecht in der Bankpraxis, Rz. 3.7d; *Obermüller*, Insolvenzrechtliche Wirkungen des Überweisungsgesetzes, ZInsO 1999, 691 f.

2 *Bork*, Zahlungsverkehr in der Insolvenz, Rz. 127 ff.; *Obermüller*, Insolvenzrecht in der Bankpraxis, Rz. 3.7d.

3 Im Überblick dazu auch *Obermüller/Wunderer* in Hellner/Steuer, Bankrecht und Bankpraxis, Rz. 15/172.

oder aufzuheben. Zu den rechtsgeschäftlichen Verfügungen, die durch das allgemeine Verfügungsverbot untersagt sind, gehört auch die Einziehung von Forderungen durch den Schuldner. Da das kontoführende Institut mit der Ausführung eines Zahlungsauftrags eine Leistung an den Kontoinhaber erbringt, stellt dies eine Art der Einziehung der Guthabenforderungen dar und fällt damit unter das allgemeine Verfügungsverbot[1].

Die **Konsequenzen**, die sich daraus für die Ausführung einer Überweisung nach Anordnung eines allgemeinen Verfügungsverbots ergeben, unterscheiden sich je nach Kenntnis des Kreditinstituts von der Anordnung des allgemeinen Verfügungsverbots[2]. Obwohl das allgemeine Verfügungsverbot nach § 23 InsO öffentlich bekannt gemacht werden muss, kann das Kreditinstitut dies übersehen und auch sonst keine Kenntnis von dem Verfügungsverbot erlangen. In diesem Fall wird es den Zahlungsauftrag ausführen. Das Kreditinstitut hat dann mit **befreiender Wirkung aus einem etwaigen Guthaben** des Kunden geleistet (§§ 21, 24, 82 InsO)[3]. Bei einer Ausführung vor der öffentlichen Bekanntmachung wird die Unkenntnis vermutet; andernfalls trägt das Kreditinstitut die Beweislast für seine Unkenntnis. Ist das Konto der insolventen GmbH dagegen debitorisch, kann das kontoführende Kreditinstitut seinen Aufwendungsersatzanspruch als Insolvenzforderung geltend machen. Das Verfügungsverbot steht der Einbeziehung des Aufwendungsersatzanspruchs unter die Deckung von nichtakzessorischen Sicherheiten und Pfandrechten nicht entgegen, sofern diese Sicherheiten schon vor Erlass des Verbots unanfechtbar bestellt wurden. 1.227

Führt ein Kreditinstitut einen Zahlungsauftrag des Kontoinhabers **trotz Kenntnis des allgemeinen Verfügungsverbots** aus, so liegt darin gem. §§ 24 Abs. 1, 81 Abs. 1, 82 InsO keine wirksame Verfügung des Schuldners über sein Vermögen bzw. keine wirksame Leistung des Kreditinstituts an den Schuldner[4]. Deshalb kann ein Kreditinstitut seinen Aufwendungsersatzanspruch aus der Ausführung eines Zahlungsauftrags, obwohl die Anordnung des allgemeinen Verfügungsverbots bekannt war, grundsätzlich nicht gegen eine etwaige Guthabenforderung des Kunden verrechnen. Ebenso kann das Kreditinstitut seine Aufwendungsersatzforderungen nicht mehr in das Kontokorrent einstellen und auch nicht später als Insolvenzforderung geltend machen, falls das Konto des Kunden debitorisch war. Dem Kreditinstitut bleibt allenfalls, einen Bereicherungsanspruch gegen den Empfänger der Zahlung geltend zu machen. 1.228

Für **Überweisungsverträge** gilt jedoch die **Sonderregelung des § 676a Abs. 3 BGB**. Danach hat das Kreditinstitut einen Überweisungsauftrag grundsätzlich auszuführen und kann ihn nach Beginn der Ausführungsfrist, d.h. wenn ein ausreichendes Guthaben vorhanden war, nur noch kündigen, wenn ein Insol- 1.229

1 Ebenso BGH v. 15. 12. 2005 – IX ZR 227/04, WM 2006, 194 ff.
2 BGH v. 15. 12. 2005 – IX ZR 227/04, WM 2006, 194 ff.
3 BGH v. 15. 12. 2005 – IX ZR 227/04, WM 2006, 194 ff.; *Bork*, Zahlungsverkehr in der Insolvenz, Rz. 153; *Obermüller/Wunderer* in Hellner/Steuer, Bankrecht und Bankpraxis, Rz. 15/172.
4 BGH v. 15. 12. 2005 – IX ZR 227/04, WM 2006, 194 ff.

venzverfahren über das Vermögen des Überweisenden eröffnet wurde. Diese gesetzliche Regelung stellt eine Spezialregelung gegenüber der Insolvenzordnung dar. Daraus folgt, dass trotz Anordnung des allgemeinen Verfügungsverbots das Kreditinstitut einen Überweisungsvertrag aus einem vorhandenen Guthaben der insolventen GmbH auch dann ausführen muss, wenn das Kreditinstitut nach Vertragsabschluss, aber noch vor der Abwicklung von der Anordnung des Verfügungsverbots Kenntnis erlangt hatte. Als Konsequenz daraus kann das Kreditinstitut seinen Aufwendungsersatzanspruch aus der Durchführung der Überweisung gegen die Guthabenforderung des Kunden verrechnen. Die Aufrechnungsverbote des § 96 InsO greifen nicht ein, und die Überweisung kann in einem nachfolgenden Insolvenzverfahren gegenüber der Bank nicht nach §§ 129 ff. InsO angefochten werden.

5. Ausführung nach Verfahrenseröffnung

1.230 Mit Eröffnung des Insolvenzverfahrens **erlöschen** grundsätzlich alle von der GmbH ihrem Kreditinstitut erteilten **Aufträge und Geschäftsbesorgungsverträge** (§ 116 InsO). Demgemäß endet auch der Girovertrag mit Insolvenzeröffnung. Neue Zahlungsaufträge zu Lasten seines insolvenzbefangenen Kontos kann der Kunde nicht mehr erteilen. Ebenso erlöschen grundsätzlich (zur Ausnahme für Überweisungsverträge s. unten) von dem Schuldner schon erteilte, aber noch nicht ausgeführte Zahlungsaufträge mit Insolvenzeröffnung. Denn Zahlungsaufträge sind rechtlich als Weisung i.S. der §§ 675, 665 BGB im Rahmen des Girovertrages anzusehen[1]. Aus dieser Rechtslage ergibt sich, dass bei Ausführung eines Zahlungsauftrags nach Insolvenzeröffnung unterschieden werden muss, ob das Kreditinstitut bei der Ausführung von der Insolvenzeröffnung Kenntnis hatte oder nicht.

1.231 Ist dem Kreditinstitut bei Ausführung eines Zahlungsauftrags die Insolvenzeröffnung nicht bekannt, so wird das Kreditinstitut trotz Erlöschen des Auftrags **von seiner Schuld befreit** bzw. erwirbt – falls seine Unkenntnis nicht auf Fahrlässigkeit beruhte – Aufwendungsersatzansprüche gegen die Insolvenzmasse. Dies richtet sich danach, ob das Konto des Kunden ein Guthaben aufweist oder sich im Soll befindet. Wies das Konto des Kunden ein Guthaben auf, so wird das Kreditinstitut, das in Unkenntnis von der Insolvenzeröffnung einen Zahlungsauftrag ausführte, durch die Zahlung an den Empfänger von seiner Schuld gegenüber dem Kontoinhaber **nach § 82 InsO befreit**[2]. Die Zahlung an den Empfänger ist nämlich rechtlich als Leistung an den Kontoinhaber zu werten. Für die Anwendung der Schutzvorschrift des § 82 InsO ist es ohne Bedeutung, ob das Guthaben, aus dem das Kreditinstitut geleistet hat, schon bei Verfahrenseröffnung vorhanden war oder ob es erst durch Zahlungseingänge nach Verfahrenseröffnung entstanden ist. § 82 InsO bezieht sich unterschiedslos auf sämtliche Verbindlichkeiten, die „zur Insolvenzmasse zu erfüllen" waren.

---

1 *Obermüller/Wunderer* in Hellner/Steuer, Bankrecht und Bankpraxis, Rz. 15/338.

2 *Steinhoff*, ZIP 2000, 1141, 1142; *Ott* in Münchener Kommentar zur InsO, § 82 InsO Rz. 21.

Wies das Konto der insolventen GmbH bei Ausführung des Zahlungsauftrags einen Debetsaldo aus, so kann das kontoführende Kreditinstitut seinen Aufwendungsersatzanspruch als Insolvenzforderung geltend machen (§§ 116, 115 Abs. 3 InsO)[1]. Denn nach § 115 Abs. 3 InsO gilt ein Auftrag, und damit nach § 116 InsO auch ein **Geschäftsbesorgungsvertrag, als fortbestehend**, solange der Beauftragte die Eröffnung des Verfahrens ohne Verschulden nicht kannte. Mit den Ersatzansprüchen aus dieser Fortsetzung ist der Beauftragte Insolvenzgläubiger. Für die Schutzwirkung der §§ 116, 115 Abs. 3 InsO ist aber wesentlich, ob die Unkenntnis des Kreditinstituts auf Fahrlässigkeit beruht; in diesem Fall erwirbt es keinen Aufwendungsersatzanspruch, da das Fortbestehen des Auftrags nur dann fingiert wird, wenn dem Beauftragten das Erlöschen des Auftrags weder bekannt war noch bekannt sein musste. Das Kreditinstitut ist jedoch nicht auf die Insolvenzquote verwiesen, wenn ihm andere Werte der insolventen GmbH als **Sicherheit für seine Forderung haften**. § 115 Abs. 3 InsO schließt nämlich nicht aus, dass das Kreditinstitut für seine Forderung ein Absonderungsrecht erhält, sondern stellt nur klar, dass keine Masseforderungen entstehen, obwohl das Kreditinstitut nach Verfahrenseröffnung keine Leistung zu Gunsten der Masse erbringt. Dabei können Sicherungsrechte insbesondere auch auf Grund des AGB-Pfandrechts an Werten bestehen, die vor Verfahrenseröffnung in den Besitz des Kreditinstituts gelangt sind. 1.232

Führt das Kreditinstitut einen Zahlungsauftrag der GmbH mit Kenntnis oder auf Grund fahrlässiger Unkenntnis der Insolvenzeröffnung aus, so erwirbt das Kreditinstitut gegen den insolventen Kunden **im Grundsatz keinen Aufwendungsersatzanspruch**, den es mit einem Guthaben verrechnen oder im Falle eines debitorischen Saldos als Insolvenzforderung anmelden könnte. Denn nach dem Erlöschen des Girovertrages und des Zahlungsauftrags konnte ein Aufwendungsersatzanspruch nicht mehr begründet werden. Eine entsprechende Belastung des Schuldnerkontos wäre gegenüber der Insolvenzmasse gem. § 82 InsO unberechtigt und unwirksam[2]. Stattdessen ist das Kreditinstitut auf einen **Bereicherungsanspruch gegen den Empfänger der Zahlung** angewiesen[3]. Dabei kommt es nicht darauf an, ob der Zahlungsempfänger die Insolvenzeröffnung kannte. Soweit der Zahlungsbegünstigte jedoch gutgläubig war, besteht für ihn die Möglichkeit, gegen den Bereicherungsanspruch die Einrede der Entreicherung zu erheben. 1.233

Für Überweisungsverträge trifft aber § 116 Satz 3 InsO eine Sonderregelung. Danach bleiben Überweisungsverträge, die bereits vor Verfahrenseröffnung wirksam abgeschlossen wurden, trotz der Verfahrenseröffnung bestehen[4]. Anders als bei anderen Zahlungsaufträgen, bei denen ein schon erteilter, 1.234

1 *Ott* in Münchener Kommentar zur InsO, § 116 InsO Rz. 38, für Überweisungsaufträge vor In-Kraft-Treten des Überweisungsgesetzes.

2 *Nobbe*, Die Rechtsprechung des Bundesgerichtshofs zum Überweisungsverkehr, WM-Sonderbeilage 4/2001, S. 5, unter Berufung auf BGH v. 9. 10. 1974 – VIII ZR 190/73, WM 1974, 1127, 1129; *Ott* in Münchener Kommentar zur InsO, § 82 InsO Rz. 21.

3 Dazu *Ott* in Münchener Kommentar zur InsO, § 82 InsO Rz. 22.

4 Dazu ausführlich *Obermüller*, ZInsO 1999, 690, 695 ff.; *Bork*, Zahlungsverkehr in der Insolvenz, Rz. 163 ff.

aber noch nicht ausgeführter Zahlungsauftrag mit der Insolvenzeröffnung erlischt, bleibt das Kreditinstitut damit berechtigt und verpflichtet, die Überweisung weiter abzuwickeln. Daran wird das Kreditinstitut zwar kein Interesse haben, wenn für die Überweisung ein Kredit in Anspruch genommen würde. Um sich von der vertraglichen Verpflichtung zur Durchführung der Überweisung zu lösen, muss das Kreditinstitut jedoch den Überweisungsvertrag kündigen; dazu ist das Institut wegen der Insolvenzeröffnung gem. § 676a Abs. 3 BGB berechtigt[1]. Zur Ausübung des Kündigungsrechts ist das Kreditinstitut jedoch nicht verpflichtet. Verzichtet das Kreditinstitut auf die Kündigung, so erwirbt es aus der **Ausführung der Überweisung** einen Aufwendungsersatzanspruch, der nunmehr als **Masseforderung** zu bedienen ist[2]. Denn nach § 116 Satz 3 InsO bestehen Überweisungsverträge mit Wirkung für die Masse fort. Ist ein Guthaben vorhanden, kann daher das Kreditinstitut die Überweisung, ohne selbst Nachteile zu erleiden, weiter abwickeln. Dies kann der Insolvenzverwalter nur verhindern, wenn er seinerseits von dem Kündigungsrecht des Überweisungsauftraggebers aus § 676a Abs. 4 BGB Gebrauch macht. Gelingt ihm dies nicht rechtzeitig, so wird die Überweisung durchgeführt, und das Kreditinstitut erwirbt den Aufwendungsersatzanspruch als Masseforderung nach § 116 Satz 3 InsO. Mit diesem Anspruch kann das Kreditinstitut gegen die Guthabenforderung aufrechnen, da die Aufrechnungsverbote des § 96 InsO nicht eingreifen. Denn sie gelten nicht für Massegläubiger.

IV. Besonderheiten bei Lastschrifteinlösungen im Einzugsermächtigungsverfahren

1.235 Lastschrifteinlösungen können im Wege des Abbuchungsauftrags oder im Wege des Einzugsermächtigungsverfahrens erfolgen. Beim **Abbuchungsauftrag** ermächtigt der Zahlungspflichtige sein Kreditinstitut, die sog. Zahlstelle, Lastschriften eines bestimmten Gläubigers entweder unbeschränkt oder limitiert bis zu einem bestimmten Höchstbetrag auf seine Rechnung einzulösen und damit wie bei der Einlösung eines Schecks zu Lasten seines Kontos mit befreiender Wirkung an den Zahlungsempfänger zu leisten. Für diesen Fall der Lastschrifteinlösung ergeben sich weit gehende Parallelen zur Insolvenz des Überweisungsauftraggebers. Insofern kann auf die obigen Ausführungen verwiesen werden, wobei allerdings zu berücksichtigen ist, dass die besonderen Regelungen der § 116 Satz 3 InsO, § 676a Abs. 3 BGB nicht gelten.

1.236 Beim **Einzugsermächtigungsverfahren** ermächtigt der Zahlungspflichtige den Gläubiger, bestimmte Zahlungen zu Lasten seines Kontos einzuziehen. Es fehlt also an einer Weisung des Zahlungspflichtigen an sein Kreditinstitut zur

1 *Nobbe*, Die Rechtsprechung des Bundesgerichtshofs zum Überweisungsverkehr, WM-Sonderbeilage 4/2001, S. 5.

2 *Ott* in Münchener Kommentar zur InsO, § 166 InsO Rz. 52; *Nobbe*, Die Rechtsprechung des Bundesgerichtshofs zum Überweisungsverkehr, WM-Sonderbeilage 4/2001, S. 5.

Einlösung der Lastschrift, so dass die Kontobelastung im Verhältnis zum Zahlungspflichtigen zunächst unberechtigt ist und seiner Genehmigung bedarf. Die Genehmigung kann nicht schon in der stillschweigenden Hinnahme der Verfügung der Zahlstelle über sein Guthaben gesehen werden. Wegen dieser Konstruktion des Einzugsermächtigungsverfahrens ergeben sich verschiedene Besonderheiten.

1. Nach Insolvenzeröffnung erteilte Genehmigung

Einzugsermächtigungen bleiben trotz der wirtschaftlichen Schwierigkeiten der GmbH unverändert **bestehen**; neue können erteilt werden. Demgemäß kann das Kreditinstitut Lastschriften, die auf Grund von Einzugsermächtigungen ausgestellt sind, zu Lasten des Kontos der zahlungspflichtigen GmbH einlösen. Im Einzugsermächtigungsverfahren erwirbt das Kreditinstitut des Zahlungspflichtigen jedoch nicht schon mit der Einlösung der Lastschrift, sondern erst **mit der Genehmigung der Einlösung einen unbedingten Aufwendungsersatzanspruch**. Wird über das Vermögen des Zahlungspflichtigen zwischen der Einlösung und der Genehmigung der Belastung das Insolvenzverfahren eröffnet, so kann die Genehmigung nur noch von dem Insolvenzverwalter erteilt oder verweigert werden. 1.237

Dieser Umstand wirft die Frage auf, ob das Kreditinstitut wegen der Erteilung der Genehmigung nach Insolvenzeröffnung auch **erst nach Insolvenzeröffnung einen unbedingten Aufwendungsersatzanspruch als Insolvenzforderung erwirbt**. Dies hätte zur Folge, dass die Verrechnung des Zahlungsausgangs mit einem Guthaben nicht mehr möglich wäre. Denn zwar würde § 95 InsO grundsätzlich die Aufrechnung erlauben. Dieses Aufrechnungsrecht könnte das Kreditinstitut aber erst dann ausüben, wenn genehmigt worden ist und die Forderung des Kunden aus dem Kontoguthaben nicht schon vorher unbedingt und fällig geworden ist (§ 95 Abs. 1 Satz 3 InsO). Sofern das Guthaben auf einem Kontokorrentkonto, also z.B. nicht als Festgeld, dem Kunden zur Verfügung steht, wird die Fälligkeit aber spätestens mit der Eröffnung des Insolvenzverfahrens gegeben sein. Dies würde bedeuten, dass in aller Regel eine Verrechnung nicht möglich wäre. 1.238

Eine solche Auslegung ist aber zu verneinen, da die **Erteilung der Genehmigung rückwirkende Kraft** hat[1]. Bei der Belastungsbuchung handelt es sich also um eine auflösend bedingte Forderung des Kreditinstituts. Damit gilt die Belastung des Kontos des Zahlungspflichtigen bereits als vor Insolvenzeröffnung erfolgt. Die Einstellung des Lastschriftbetrags in das Kontokorrent und die darin vorgenommene Verrechnung bleiben nach allgemeinen Grundsätzen wirksam. Die Aufrechnung wird auch nicht dadurch ausgeschlossen, dass zur Zeit der Eröffnung des Verfahrens die aufzurechnenden Forderungen oder eine von ihnen noch bedingt waren; sie kann allerdings erst vorgenommen werden, wenn die Voraussetzungen eingetreten sind (§ 95 Abs. 1 Satz 1 InsO), d.h. die Genehmigung erteilt worden ist. Mit Einlösung der Lastschrift hatte das Kre- 1.239

1 So auch, mit differenzierender Begründung, *Bork*, Zahlungsverkehr in der Insolvenz, Rz. 259 ff.

ditinstitut aber eine solche auflösend bedingte Forderung erworben, und mit Erteilung der Genehmigung kann die auflösende Bedingung nicht mehr eintreten. Solche auflösend bedingten Forderungen können im Insolvenzverfahren zur Aufrechnung verwendet werden. Dies bedeutet, dass das Kreditinstitut den Lastschriftbetrag, den es noch vor Zahlungsunfähigkeit oder Insolvenzantrag in das Kontokorrent eingestellt hat, **gegen eine etwaige Guthabenforderung des Zahlungspflichtigen verrechnen** kann. Beim debitorischen Saldo erwirbt das Kreditinstitut eine entsprechend erhöhte Forderung, die von einer etwa vorhandenen Sicherheit gedeckt werden kann, auch wenn die Belastung erst nach Insolvenzeröffnung genehmigt wird. Auf die – insbesondere bei einer stillschweigenden oder konkludenten Genehmigung – schwierige Bestimmung des Zeitpunkts der Genehmigung kommt es demgemäß nicht an.

2. Widerspruch des Kontoinhabers gegen die Belastung

1.240 Da vom Grundsatz her Belastungsbuchungen auf Grund von Lastschriften im Einzugsermächtigungsverfahren rückgängig gemacht werden können, wenn diesen Belastungen berechtigt widersprochen wird, stellt sich im Insolvenzverfahren und in seinem Vorfeld regelmäßig die Frage, **ob und wer zur Ausübung eines solchen Widerspruchs berechtigt ist**. Ausgangspunkt dazu ist, dass der Zahlungspflichtige, also der Kontoinhaber selbst, im Einzugsermächtigungsverfahren der Belastung zeitlich unbegrenzt widersprechen kann[1]. Der Zahlungspflichtige ist insbesondere in seiner Widerspruchsmöglichkeit nicht durch den Ablauf der in Abschnitt III Nr. 2 Lastschriftabkommen (LSA) vorgeschriebenen Sechs-Wochen-Frist beschränkt, weil diese Frist nur im Innenverhältnis der beteiligten Kreditinstitute (Abschnitt IV Nr. 1 LSA) gilt. Außenwirkung entfaltet diese Regelung – entgegen der früher weit verbreiteten Ansicht – nicht.

1.241 Vielmehr ergibt sich bei einer Lastschrift im Einzugsermächtigungsverfahren die Widerspruchsmöglichkeit des Kontoinhabers aus dem Giroverhältnis und der **ungenehmigten Belastung des Kontos**. In diesem Verfahren handelt die Zahlstelle, also das kontoführende Kreditinstitut, das eine Lastschrift einlöst, nach ständiger Rechtsprechung des BGH nur auf Grund einer im eigenen Namen erteilten Weisung der Gläubigerbank im Rahmen des zwischen den Kreditinstituten bestehenden Giroverhältnisses. Die Belastung des Girokontos des Kontoinhabers geschieht aber ohne entsprechende Weisung des Kontoinhabers. Der Zahlstelle steht deshalb ein Aufwendungsersatzanspruch nach § 670 BGB, den sie mit der Belastungsbuchung gegen den Kontoinhaber geltend macht, erst zu, wenn der Kontoinhaber die Belastungsbuchung gegenüber der Zahlstelle, also gegenüber seinem Kreditinstitut, genehmigt. Da der Schuldner in den Verfügungen über sein Konto frei ist und somit im Verhältnis zu seinem Kreditinstitut keiner Beschränkung bei der Entscheidung unterliegt, ob und warum er einer Einzugsermächtigungs-Lastschrift widerspricht, ist sein Widerspruch für das kontoführende Kreditinstitut grundsätzlich immer verbindlich. Daraus folgt, dass der Kontoinhaber der Belastungsbuchung

1 BGH v. 6. 6. 2000 – XI ZR 258/99, WM 2000, 1577.

auf Grund einer Einzugsermächtigungs-Lastschrift zeitlich unbegrenzt widersprechen kann.

Die Widerspruchsmöglichkeit des Kontoinhabers und Lastschriftschuldners **erlischt erst mit wirksamer Genehmigung** der Buchung. Dabei handelt es sich um die Genehmigung i.S. von § 684 Satz 2 BGB der zunächst ohne Auftrag vorgenommenen Zahlung des kontoführenden Kreditinstituts. Eine solche Genehmigung kann ausdrücklich, konkludent oder – auf Grund der gem. § 308 Nr. 5b BGB rechtlich zulässigen Fiktion in den Allgemeinen Geschäftsbedingungen des Kreditgewerbes (Nr. 7 Abs. 3 AGB-Banken, Nr. 7 Abs. 4 AGB-Sparkassen) – durch Schweigen des Kontoinhabers auf Zugang des Rechnungsabschlusse erfolgen[1]. 1.242

Erfolgt keine Genehmigung, sondern ein Widerspruch gegen eine Belastung im Einzugsermächtigungsverfahren, muss das Kreditinstitut **den Lastschriftbetrag wieder gutschreiben**. Es kann im Ausgleich dafür von der ersten Inkassostelle Rückvergütung des Lastschriftbetrages verlangen. Diese nimmt ihrerseits wiederum bei dem Zahlungsempfänger Rückgriff, da die Gutschrift auf dessen Konto ja nur unter dem Vorbehalt des Zahlungseingangs erfolgt ist. Der zulässige Widerspruch des Zahlungspflichtigen hat zur Folge, dass die auflösende Bedingung, unter der die Belastung stand, eintritt und der Saldo wieder seine ursprüngliche Höhe erreicht, d.h. ein Guthabensaldo erhöht sich. Die Auszahlung des Guthabens zur Insolvenzmasse kann dann der Insolvenzverwalter verlangen. War das Konto dagegen debitorisch, kommt der Widerspruch der Zahlstelle, also dem kontoführenden Kreditinstitut, als Rückführung des Sollsaldos zugute. Denn der Widerspruch hat zur Folge, dass die auflösende Bedingung, unter der die Belastung des Kundenkontos stand, eintritt und der Saldo lediglich wieder seine ursprüngliche Höhe erreicht[2]. Insbesondere wenn dem kontoführenden Kreditinstitut für den Saldo Sicherheiten aus dem Vermögen des Schuldners haften, mehrt dies aber auch die Insolvenzmasse. 1.243

Für die Frage, ob **der Kontoinhaber sein Widerrufsrecht auch ausüben darf**, ist jedoch zu bedenken, dass der Schuldner mit dem Widerspruch das Risiko eines Zahlungsausfalls im Insolvenzverfahren begründet: Bei einem Widerspruch in den ersten sechs Wochen für die erste Inkassostelle, die zur Rücknahme der Lastschrift verpflichtet ist, und jedenfalls für den Zahlungsempfänger, der entweder durch Rückbuchung der ersten Inkassostelle oder – nach Abaluf von sechs Wochen – auf Grund des Bereicherungsdurchgriffs der Zahlstelle die bereits erhaltene Zahlung zurückgeben muss. Eine solche unbegründete Verschiebung des Insolvenzrisikos wäre ein **Missbrauch des Widerspruchs**, der den Schuldner nur davor schützen soll, dass unter Ausnutzung des Einzugsermächtigungsverfahren die Schuldnerbank ohne einen entsprechenden Auftrag des Schuldners dessen Konto belastet mit unberechtigten Lastschriften belastet. 1.244

---

1 BGH v. 6. 6. 2000 – XI ZR 258/99, WM 2000, 1577; OLG München v. 28. 6. 2005 – 23 U 5681/04, BKR 2006, 37 f. = ZIP 2005, 2102 ff.

2 So auch *Brandes* in Münchener Kommentar zur InsO, § 95 InsO Rz. 13.

1.245 Deshalb ist allgemein anerkannt, dass der Zahlungspflichtige **nur aus „anerkennenswerten Gründen" widersprechen darf**[1], nämlich wenn er[2]

- entweder überhaupt keine Lastschrifteinzugsermächtigung erteilt hat
- oder den Gläubiger zwar generell ermächtigt hat, aber den im Einzelfall zum Einzug gegebenen Lastschriftbetrag nicht schuldet, also ein Anspruch des Gläubigers auf den geltend gemachten Betrag unbegründet ist;
- oder wenn der Anspruch gegen den Kontoinhaber zwar an sich begründet ist, aber dem Kontoinhaber in dem Zeitpunkt, zu dem ihm der Kontoauszug mit der Belastungsanzeige zugeht, zu Recht Leistungsverweigerungs-, Zurückbehaltungs- oder Aufrechnungsrechte geltend machen kann.

3. Widerspruch des (vorläufigen) Insolvenzverwalters gegen die Belastung

1.246 Bis zur Eröffnung des Insolvenzverfahrens bleibt **grundsätzlich der Kontoinhaber** zum Widerspruch berechtigt. Auch wenn im Insolvenzantragsverfahren ein schwacher vorläufiger Verwalter eingesetzt wird, ohne dass ein Zustimmungsvorbehalt oder ein allgemeines Verfügungsverbot nach § 21 Abs. 2 Nr. 2 InsO erlassen wird, geht das Widerspruchsrecht nicht auf den vorläufiger Verwalter über.

1.247 Etwas anderes gilt aber schon dann, wenn ein **schwacher vorläufiger Insolvenzverwalter mit einem Zustimmungsvorbehalt** eingesetzt ist. Denn in der Sache geht es bei dem vermeintlichen „Widerspruchsrecht" gegen eine Belastungsbuchung im Einzugsermächtigungsverfahren nicht etwa um die aktive Ausübung eines Verfügungsrechts, das dem schwachen vorläufigen Insolvenzverwalter nicht zustehen würde[3]. Vielmehr liegt die Verfügung darin, dass der Schuldner die Belastungsbuchung genehmigen muss, damit die Zahlung im Einzugsermächtigungsverfahren ihm gegenüber wirksam wird. Ist aber durch Anordnung eines Zustimmungsvorbehalts der Schuldner daran gehindert, allein, also ohne Zustimmung des schwachen vorläufigen Insolvenzverwalters, diese Genehmigung wirksam vorzunehmen, so hängt die Wirksamkeit der Belastungsbuchung davon ab, ob der schwache vorläufige Insolvenzverwalter seine Zustimmung erklärt. „Widerspricht" der schwache vorläufige Insolvenz-

---

1 OLG Hamm v. 11. 12. 2003 – 27 U 130/03, NZI 2004, 256 ff.; BGH v. 28. 5. 1979 – II ZR 85/78, WM 1979, 689; BGH v. 28. 5. 1979 – II ZR 219/77, WM 1979, 828, 830 f.; BGH v. 27. 11. 1984 – II ZR 294/83, WM 1985, 82 = WuB I D 2 – 1.85 *Hadding/Häuser*, BGH v. 15. 6. 1987 – II ZR 301/86, WM 1987, 895 = WuB I D 2 – 3.87 *Hadding*; OLG Hamm v. 27. 9. 1983 – 27 U 270/82, WM 1984, 300; OLG Hamm v. 5. 10. 1984 – 20 U 78/84, WM 1985, 888 = WuB I D 2-4 – 5.85 *Hadding*; OLG Oldenburg v. 6. 3. 1986 – 1 U 164/85, WM 1986, 1277 = WuB I D 2 – 1.87 *Häuser*; LG Münster v. 13. 10. 1984 – 16 O 259/84, WM 1985, 412 = WuB I D 2 – 2.85 *Obermüller*; LG Dortmund v. 22. 12. 1983 – 2 O 320/83, WM 1985, 886 = WuB I D 2-4 – 5.85 *Hadding*; *Laws*, Insolvenz des Schuldners – Ausübung des Widerspruchsrechtes im Einzugsermächtigungsverfahren, MDR 2001, 15, 16 f.

2 So auch die Auflistung der Gründe bei BGH v. 4. 11. 2004 – IX ZR 22/03, WM 2004, 2482; 2483; OLG Hamm v. 11. 12. 2003 – 27 U 130/03, NZI 2004, 256 ff.; LG Erfurt v. 20. 8. 2002 – 10 O 1105/02, NZI 2002, 667 ff.

3 Dazu *Spliedt*, Lastschriftwiderspruch: Masse und Insolvenzverwalterhaftung aus dem „Nichts"?, ZIP 2005, 1260 ff.

verwalter der Belastungsbuchung im Einzugsermächtigungsverfahren, so ist dies deshalb dahin zu verstehen, dass damit die Versagung der Genehmigung des Schuldners verlautbart wird, ohne dass eine eigene Verfügung des schwachen vorläufigen Verwalters vorliegt[1].

Erst recht geht in diesem Sinne das „Widerspruchsrecht" auf den vorläufigen Insolvenzverwalter über, wenn im Insolvenzantragsverfahren ein so genannter **starker vorläufiger Verwalter** eingesetzt wird, d.h. ein allgemeines Verfügungsverbot erlassen und ein vorläufiger Verwalter eingesetzt wird Ebenso liegt das „Widerspruchsrecht" nach Eröffnung des Insolvenzverfahren über das Vermögen des Zahlungspflichtigen beim **Insolvenzverwalter**[2]. 1.248

Dem (vorläufigen) Insolvenzverwalter steht nach Auffassung des IX Zivilsenats des BGH das Recht zu, durch Widerspruch die Genehmigung von Belastungsbuchungen im Einzugsermächtigungsverfahren auch dann zu verhindern, wenn **keine sachliche Einwendungen gegen die eingezogene Forderung** erhoben werden können[3]. Allerdings ist diese Auffassung auf **massive Kritik** gestoßen[4]. Gegen die Auffassung des IX. BGH-Zivilsenats spricht, dass der Insolvenzverwalter mit Übernahme seines Amtes in die Rechte und Pflichten des Gemeinschuldners eintritt. Er kann grundsätzlich für die Masse nicht mehr und keine anderen Rechte beanspruchen als dem Gemeinschuldner zustehen. Der Insolvenzverwalter muss deshalb die Lasten und Beschränkungen, die sich aus dem Schuldnervermögen ergeben, beachten und die bei Eröffnung des Verfahrens bestehende Rechtslage übernehmen, sofern nicht, insbesondere in den Vorschriften der Insolvenzordnung, etwas anderes bestimmt ist. Alleine der Grundsatz der Gläubigergleichbehandlung ändert hieran nichts; er vermag dem Insolvenzverwalter keine zusätzlichen Rechte zu verschaffen[5]. 1.249

Auf Grundlage dieser BGH-Rechtsprechung steht auch dem **vorläufigen Insolvenzverwalter** das Recht zu, mit einem Widerspruch die Genehmigung von Zahlungen, die per Lastschrift im Einzugsermächtigungsverfahren erfolgt sind, zu verweigern[6]. Für den starken vorläufigen Insolvenzverwalter, also 1.250

1 *Ganter*, Die Rückbuchung von Lastschriften auf Betreiben des vorläufigen Insolvenzverwalters – Bestandsaufnahme nach dem Urteil des BGH vom 4. November 2004 und Ausblick, WM 2005, 1557 ff.

2 BGH v. 6. 6. 2000 – XI ZR 258/99, WM 2000, 1577.

3 Grundlegend BGH v. 4. 11. 2004 – IX ZR 22/03, WM 2004, 2482, 2485 ff.; bestätigt durch BGH v. 21. 9. 2006 – IX ZR 173/02, WM 2006, 2092 ff.; BGH v. 25. 10. 2007 – IX ZR 217/06, WM 2007, 2246; zustimmend *Feuerborn*, Der Widerspruch gegen Lastschriften durch den (vorläufigen) Insolvenzverwalter, ZIP 2005, 604 ff.; *Ganter*, Die Rückbuchung von Lastschriften auf Betreiben des vorläufigen Insolvenzverwalters – Bestandsaufnahme nach dem Urteil des BGH vom 4. November 2004 und Ausblick, WM 2005, 1557 ff.; ebenso schon vor dem BGH-Urteil *Rattunde/Berner*, Widerruf von Banklastschrifteinzügen durch den Insolvenzverwalter, DZWIR 2003, 185 ff.

4 Insbesondere *Nobbe/Ellenberger*, Unberechtigte Widersprüche des Schuldners im Lastschriftverkehr, „sittliche Läuterung" durch den vorläufigen Insolvenzverwalter?, WM 2006, 1885 ff. S. z.B. auch *Jungmann*, WM 2007, 1633.

5 OLG Hamm v. 11. 12. 2003 – 27 U 130/03, NZI 2004, 256 ff.

6 Hierzu und zum Folgenden BGH v. 4. 11. 2004 – IX ZR 22/03, WM 2004, 2482, 2483 ff.; *Ganter*, Die Rückbuchung von Lastschriften auf Betreiben des vorläufigen

dann, wenn dem Schuldner ein allgemeines Verfügungsverbot auferlegt wurde, ergibt sich dies nach Auffassung des BGH schon aus der Aufgabe, die künftige Masse zu sichern und zu erhalten (§ 22 Abs. 1 Satz 2 Nr. 1 InsO). Daraus folgt, dass der starke vorläufige Insolvenzverwalter die Forderungen einzelner Gläubiger nur erfüllen – und somit das Schuldnervermögen nur vermindern – darf, wenn dies im Einzelfall zur Erfüllung der ihm obliegenden Aufgaben, etwa zur Fortführung des Schuldnerunternehmens, im Interesse der Gläubigergesamtheit erforderlich oder wenigstens zweckmäßig erscheint. Gleiches gelte prinzipiell auch für den schwachen vorläufigen Insolvenzverwalter, wenn er mit einem Zustimmungsvorbehalt ausgestattet wurde. Deshalb dürfe auch der schwache vorläufigen Insolvenzverwalter in Ausübung seines Zustimmungsvorbehalts „widersprechen", also die Genehmigung einer Lastschriftbuchung im Einzugsermächtigungsverfahren verweigern, ohne dass dafür ein sachlicher Grund im Leistungsverhältnis zwischen dem Insolvenzschuldner und dem Zahlungsempfänger vorliegt[1].

V. Kreditbesicherung in der Krise

1.251 Mit der Krise der GmbH geht eine gravierende Verschlechterung ihrer Kreditwürdigkeit einher. Deshalb suchen Kreditinstitute (und andere Gläubiger) der GmbH in der Krise des Schuldners nach Wegen zur **Begrenzung des Kreditrisikos**. Und eine der Möglichkeiten, die sich hier anbieten, ist die Hereinnahme von (zusätzlichen) Kreditsicherheiten. Dabei müssen sich die Kreditinstitute aber im Klaren sein, dass spätestens mit dem Eintritt der Krise das Gesetz, vor allem im Interesse der Gleichstellung aller Gläubiger, aber auch zum Erhalt der wirtschaftlichen Freiheit des Kreditnehmers, Grenzen für die wirksame Besicherung zieht. Diese finden ihre Ausprägung in den Tatbeständen der Insolvenzanfechtung (§§ 129 ff. InsO) und dem allgemeinen Verbot sittenwidrigen Handelns (§ 138 BGB).

1.252 Um diese **Grenzen der Kreditbesicherung in der Krise** zu beurteilen, muss – vor allen Dingen im Hinblick auf die Anfechtung – zwischen der Besicherung von neu oder zusätzlich ausgereichten Krediten (dazu Rz. 1.253 ff.) und der nachträglichen Besicherung von bereits gewährten Darlehen (dazu Rz. 1.264 ff.) unterschieden werden. Soweit die Kreditbesicherung im Insolvenzvorfeld auch an die allgemeine Wirksamkeitsschranke der Sittenwidrigkeit (dazu Rz. 1.287 ff.) stößt, ist diese Unterscheidung von geringerer Bedeutung.

1. Besicherung neu gewährter Kredite

1.253 Im Hinblick auf Anfechtungstatbestände ist eine Besicherung in der Krise weitgehend unproblematisch, wenn der Kreditgeber angesichts des gestiegenen Kreditrisikos die **Bestellung von Sicherheiten für neu zu gewährende Kredite** von der GmbH verlangt. Hier ist nämlich, obwohl die Sicherheitenbestellung schon in der Krise der GmbH erfolgt, die Anfechtung in einem nach-

---

Insolvenzverwalters – Bestandsaufnahme nach dem Urteil des BGH vom 4. November 2004 und Ausblick, WM 2005, 1557 ff.; *Wagner*, NZI 2008, 345 ff.

1 Anders noch LG Erfurt v. 20. 8. 2002 – 10 O 1105/02, NZI 2002, 667 ff.

folgenden Insolvenzverfahren der GmbH in der Regel ausgeschlossen, weil ein Bargeschäft vorliegt.

Die **Insolvenzordnung** regelt in § 142 InsO ausdrücklich, dass eine Anfechtung ausgeschlossen ist, wenn für die Leistung des Schuldners unmittelbar eine gleichwertige Gegenleistung in dessen Vermögen gelangt. Dabei hat sich der Gesetzgeber entscheidend von der wirtschaftlichen Überlegung leiten lassen, dass ein Schuldner, der sich in der Krise befindet, praktisch vom Geschäftsverkehr ausgeschlossen wäre, wenn selbst die von ihm abgeschlossenen Bargeschäfte mit dem Risiko der Anfechtung behaftet wären[1]. 1.254

Für die **Besicherung von Krediten, die im Insolvenzvorfeld neu gewährt werden**, bedeutet dies, dass die Bestellung von Sicherheiten in aller Regel nicht anfechtbar ist, wenn sie in engem zeitlichem Zusammenhang zur Kreditgewährung erfolgt[2]. Dies ist im Insolvenzvorfeld gerade bei der Bestellung von Sicherheiten für **Sanierungskredite** von Bedeutung. Denn damit ist die Anfechtung ausgeschlossen, wenn der Wert der für den Sanierungskredit bestellten Sicherheiten die Höhe des Kredites nicht wesentlich übersteigt, und zwar selbst dann, wenn die Sanierung scheitert und zum Zeitpunkt der Eröffnung des Insolvenzverfahrens der Kreditbetrag im Schuldnervermögen nicht mehr vorhanden ist. Eine Anfechtung kommt aber da in Betracht, wo sich der Kreditgeber für den Sanierungskredit Sicherheiten bestellen lässt, deren Wert außer Verhältnis zur Kredithöhe steht[3]. Ebenso geht die Rechtsprechung davon aus, dass insgesamt kein Bargeschäft, sondern ein in vollem Umfang anfechtbares Rechtsgeschäft vorliegt, wenn eine Kreditsicherheit zugleich ein im Gegenzug neu gewährtes Darlehen und andere Forderungen des Kreditgebers aus schon früher gewährten Krediten abdecken soll, ohne dass festzustellen ist, ob und in welchem Umfang sich die Sicherheitenbestellung auf bestimmte Ansprüche bezieht. Eine andere Beurteilung ist nur gerechtfertigt, falls ein Rangverhältnis in der Weise festgelegt ist, dass die Sicherheit vorrangig die Forderung aus dem Sanierungskredit abdecken soll[4]. 1.255

Für die Beurteilung, ob ein Bargeschäft vorliegt, muss auch im Rahmen der Insolvenzordnung das Urteil des BGH v. 30. 9. 1993[5] beachtet werden, wonach 1.256

1 Ausführlich zu dieser Überlegung des Gesetzgebers Begründung zum Regierungsentwurf der Insolvenzordnung (RegE), BR-Drucks. 1/92, § 161 RegE, S. 167.

2 Zum Ausschluss der Anfechtung der Sicherheitenbestellung beim Bargeschäft BGH v. 29. 11. 2007 – IX ZR 30/07, WM 2008, 204; *Obermüller,* Insolvenzrecht in der Bankpraxis, Rz. 6.68 ff.

3 *Kirchhof* in Münchener Kommentar zur InsO, § 142 InsO Rz. 12, 13c; *Obermüller,* Insolvenzrecht in der Bankpraxis, Rz. 6.70.

4 BGH v. 12. 11. 1992 – IX ZR 236/91, WM 1993, 270 = WuB VI B § 31 Nr. 1 KO – 1.93 *Hefermehl/Branz;* OLG Hamburg v. 26. 10. 1984 – 11 U 168/83, WM 1984, 1616; zur Rechtslage auf Grund dieser Entscheidungen auch *Kirchhof* in Münchener Kommentar zur InsO, § 142 InsO Rz. 12 ff., § 143 InsO Rz. 18. *Obermüller,* Insolvenzrecht in der Bankpraxis, Rz. 6.77 f., geht auf Grund BGH v. 11. 11. 1993 – IX ZR 257/92, ZIP 1994, 40, davon aus, dass eine bloße Teilanfechtung nur der Besicherung des Altkredits auch ohne Vereinbarung eines Rangverhältnisses dann in Betracht kommt, wenn das Rechtsgeschäft der Sicherheitenbestellung teilbar ist.

5 BGH v. 30. 9. 1993 – IX ZR 227/92, WM 1993, 2099 = WuB VI B § 30 Nr. 1 KO – 1.94 *Uhlenbruck;* dazu *Kuhn/Uhlenbruck,* 11. Aufl. 1994, § 30 KO Rz. 23.

für ein Bargeschäft nicht allein ein Austausch gleichwertiger Leistungen genügt, sondern gerade die **vereinbarten Leistungen** erbracht werden müssen. Dabei können die Beteiligten ihre Vereinbarungen längstens bis zu dem Zeitpunkt abändern, in dem die erste Leistung erbracht wird[1]. Für die Kreditbesicherung im Insolvenzvorfeld hat diese Rechtsprechung zur Folge, dass kein unanfechtbares Bargeschäft vorliegt, wenn zunächst der Kredit ausgezahlt wird und anschließend – selbst in engem zeitlichem Zusammenhang – einvernehmlich eine andere als die vereinbarte Sicherheit bestellt wird[2].

1.257 Hinsichtlich des **zeitlichen Zusammenhangs** gilt, dass der Leistungsaustausch nicht Zug um Zug erfolgen muss; aber es darf kein solcher Abstand zwischen den Leistungen liegen, dass die erste Leistung unter Berücksichtigung der üblichen Zahlungsbräuche den Charakter einer Kreditgewährung erhält[3]. Die Rechtsprechung überspannt aber insoweit die Anforderungen an ein Bargeschäft nicht und bemisst insbesondere bei Besicherung eines Kredites durch Grundschulden die noch zulässige Zeitspanne zwischen Kreditauszahlung und der maßgeblichen Grundbucheintragung recht großzügig. So wurde beispielsweise ein unanfechtbares Bargeschäft auch dann noch angenommen, als ein Kredit gegen Grundschuldbesicherung gewährt und die Grundschuld erst zweieinhalb Monate oder sogar vier Monate nach Auszahlung des Kredits im Grundbuch eingetragen wurde, sofern die Beteiligten die Verzögerung nicht zu vertreten hatten[4].

1.258 Nach § 142 InsO ist **ausnahmsweise** die **Anfechtung** eines Bargeschäfts **möglich**, wenn die Voraussetzungen der Anfechtung nach § 133 InsO erfüllt sind, weil der Schuldner mit der Kreditbesicherung vorsätzlich seine Gläubiger benachteiligt und der Kreditgeber davon Kenntnis hatte[5]. Bedenklich daran ist, dass beim Bargeschäft wegen des Austauschs gleichwertiger Leistungen gerade keine Gläubigerbenachteiligung gegeben sein kann, selbst wenn die Gegenleistung, die in das Vermögen des Gemeinschuldners gelangt, beispielsweise weil es sich um Bargeld handelt, leichter aufgebraucht oder verschleudert werden kann als der hingegebene Vermögensgegenstand[6]. Dennoch hatte der BGH eine (mittelbare) Gläubigerbenachteiligung schon früher dann bejaht,

1 Zur Bedeutung der Verknüpfung von Leistung und Gegenleistung durch die Parteivereinbarung s. Begründung zum Regierungsentwurf der Insolvenzordnung (RegE), BR-Drucks. 1/92, § 161 RegE, S. 167.

2 Missverständlich insoweit *Obermüller,* Insolvenzrecht in der Bankpraxis, Rz. 6.70, wonach die Bestellung einer anderen als der vereinbarten Sicherheit lediglich zur Inkongruenz führt, anders und i.S. der hier vertretenen Auffassung dagegen bei Rz. 6.76.

3 So auch die ausdrückliche Begründung zum Regierungsentwurf der Insolvenzordnung (RegE), BR-Drucks. 1/92, § 161 RegE, S. 167; zu den Anforderungen an den zeitlichen Zusammenhang auch BGH v. 19. 12. 2002 – IX ZR 377/99, WM 2003, 524; *Kirchhof* in Münchener Kommentar zur InsO, § 142 InsO Rz. 15.

4 BGH v. 26. 1. 1977 – VIII ZR 122/75, WM 1977, 254; OLG Hamburg v. 26. 10. 1984 – 111 U 168/83, WM 1984, 1616; OLG Brandenburg v. 21. 3. 2002 – 8 U 71/01, ZInsO 2002, 929 ff.

5 BGH v. 30. 9. 1993 – IX ZR 227/92, WM 1993, 2099 = WuB VI B § 30 Nr. 1 KO – 1.94 *Uhlenbruck.*

6 So früher BGH v. 9. 2. 1955 – IV ZR 173/54, WM 1955, 404; *Kuhn/Uhlenbruck,* 11. Aufl. 1994, § 29 KO Rz. 22, § 31 KO Rz. 13.

wenn der Schuldner den Erlös aus dem Bargeschäft seinen Gläubigern entzieht[1]. Da § 142 InsO dies so auch regelt, kann für Kreditgeber Konsequenz sein, dass die Besicherung eines neu gewährten Kredites im Insolvenzvorfeld nach § 142 InsO anfechtbar ist, obwohl ein Bargeschäft vorliegt, wenn der Schuldner den Kreditbetrag seinen Gläubigern entziehen will und der Kreditgeber dies erkennt[2].

2. Anspruch auf Nachbesicherung für bestehende Kredite

Gerät der Kreditnehmer in eine Krise, so werden die Kreditgeber aber nicht nur für neue Kredite (sofern diese überhaupt noch gewährt werden) eine Besicherung fordern, sondern zur Verringerung des Kreditrisikos regelmäßig erwägen, die Bestellung bzw. Verstärkung von Sicherheiten auch für bereits bestehende Kredite zu verlangen. Dabei können sich **Kreditinstitute auf die Regelungen in ihren allgemeinen Geschäftsbedingungen** (Nr. 13 Abs. 2 AGB-Banken, Nr. 22 Abs. 1 AGB-Sparkassen) stützen[3]. Denn dort ist vereinbart, dass das Kreditinstitut auch dann, wenn bei der Kreditgewährung zunächst von der Bestellung von Sicherheiten ganz oder teilweise abgesehen worden ist, die Bestellung oder Verstärkung von Sicherheiten nachträglich verlangen kann. Voraussetzung ist, dass Umstände eintreten oder bekannt werden, die eine erhöhte Risikobewertung der Ansprüche gegen den Kunden rechtfertigen, insbesondere falls sich die wirtschaftlichen Verhältnisse des Kunden nachhaltig verändert haben oder zu verändern drohen[4], also eine Krise eingetreten ist. Die Rechtswirksamkeit dieses Nachbesicherungsanspruchs hat die Rechtsprechung in mehreren, überwiegend höchstrichterlichen Entscheidungen anerkannt, weil die Kreditinstitute ein schutzwürdiges Interesse an der Sicherung ihrer Kredite haben[5]. Der Nachbesicherungsanspruch besteht nur dann nicht, wenn vereinbart ist, dass der Kunde keine oder ausschließlich im Einzelnen benannte Sicherheiten zu bestellen hat[6]. Für die Kreditpraxis ist besonders 1.259

1 BGH v. 30. 9. 1993 – IX ZR 227/92, WM 1993, 2099 = WuB VI B § 30 Nr. 1 KO – 1.94 *Uhlenbruck.*

2 *Obermüller,* Insolvenzrecht in der Bankpraxis, Rz. 6.79; für eine geringe praktische Bedeutung dieser Regelung dagegen *Kirchhof,* ZInsO 1998, 3, 6.

3 Dazu *Gößmann* in Gößmann/Hellner/Schröter/Steuer/Weber (Hrsg.), Bankrecht und Bankpraxis, Rz. 1/356 ff.

4 So die Regelung in Nr. 13 Abs. 2 AGB-Banken, eine weitgehend übereinstimmende Regelung findet sich auch in Nr. 22 Abs. 1 AGB-Sparkassen.

5 BGH v. 19. 9. 1979 – III ZR 93/76, WM 1979, 1176; BGH v. 18. 12. 1980 – III ZR 157/78, WM 1981, 150; BGH v. 9. 6. 1983 – III ZR 105/82, WM 1983, 926; OLG Celle v. 15. 10. 1983 – 3 U 16/83, mit zust. BGH-Beschluss v. 28. 5. 1984 – III ZR 231/82, WM 1984, 1175; alle Urteile noch zu Nr. 19 AGB-Banken alter Fassung, die der Bank sogar „jederzeit" einen nicht an objektive Voraussetzungen geknüpften Anspruch auf die Bestellung von Sicherheiten gab. Die Wirksamkeit der Regelung in Nr. 13 Abs. 2 AGB-Banken wird anerkannt durch BGH v. 3. 12. 1998 – IX ZR 313/97, WM 1999, 12, 14; OLG Hamm v. 7. 5. 2001 – 31 U 196/00, WM 2001, 2438 (implizit).

6 So die ausdrückliche Regelung in Nr. 13 Abs. 2 AGB-Banken im Anschluss an die frühere Rechtsprechung zu Nr. 19 AGB-Banken a.F.: BGH v. 19. 9. 1979 – III ZR 93/76, WM 1979, 1176; BGH v. 18. 12. 1980 – III ZR 157/78, WM 1981, 150; BGH v. 9. 6. 1983 – III ZR 105/82, WM 1983, 926; OLG Celle v. 15. 10. 1983 – 3 U 16/83, WM 1984, 1175, mit zust. BGH-Beschluss v. 28. 5. 1984 – III ZR 231/82, WM 1984, 1175.

wichtig, dass eine solche Vereinbarung nicht schon dann stillschweigend getroffen ist, wenn im Kreditvertrag keine oder lediglich bestimmte Sicherheiten vereinbart sind[1]. Jedoch sollten sich die Kreditgeber vor Abreden im Kreditvertrag hüten, nach denen der Kredit „blanko" oder „unbesichert" gewährt wird, da darin ein individualvertraglicher Ausschluss des AGB-Nachbesserungsanspruchs gesehen werden kann.

1.260 Allerdings müssen die Kreditinstitute dann, wenn sie ihren Nachbesicherungsanspruch für bereits ausgereichte Kredite durchsetzen, die **Risiken der Anfechtung** genauso in Kauf nehmen wie sonstige Kreditgeber, die eine Nachbesicherung auf Grund von Verhandlungen erreichen. Denn in diesen Fällen erfolgt die Besicherung ohne unmittelbaren zeitlichen Zusammenhang nach der Kreditgewährung, so dass kein Bargeschäft vorliegt und die Bestellung der Kreditsicherheit anfechtbar sein kann. Ein unberechtigtes Nachbesicherungsverlangen löst aber keine Schadensersatzpflichten aus, weil darin keine Verletzung von Vertragspflichten durch das Kreditinstitut zu sehen ist[2].

3. Bestellung von Drittsicherheiten

1.261 Jedoch ist, selbst wenn es sich um die nachträgliche Besicherung von bereits gewährten Krediten handelt, die **Anfechtung in der Insolvenz der kreditnehmenden GmbH ausgeschlossen**, sofern die Kredite nicht aus dem Vermögen der von der Krise bedrohten GmbH selbst, sondern von Dritten (dies sind in der Praxis häufig die Gesellschafter und/oder Geschäftsführer der GmbH sowie deren Angehörige; zur Sicherheitenbestellung durch diesen Personenkreis s. ausführlich unten Rz. 7.418 ff.) bestellt werden. Denn die Insolvenzordnung hat in § 129 InsO den schon bisher geltenden Grundatz ausdrücklich übernommen, dass nur solche Rechtshandlungen anfechtbar sind, die die Insolvenzgläubiger benachteiligen.

1.262 Eine solche **Benachteiligung der Insolvenzgläubiger** liegt nur vor, wenn sie in ihrer Gesamtheit objektiv benachteiligt werden, weil die haftende Aktivmasse des Schuldnervermögens durch belastende Verfügungen oder sonstige Beeinträchtigungen verkleinert und damit die Befriedigungsmöglichkeit der Gläubiger beeinträchtigt wird. Damit ist in einem Insolvenzverfahren überhaupt nur die Besicherung aus dem Vermögen des jeweiligen Schuldners anfechtbar. Die Bestellung so genannter Drittsicherheiten, die nicht vom Kreditnehmer (= Schuldner des Insolvenzverfahrens), sondern durch Dritte bestellt werden, kann dagegen in der Insolvenz des Kreditnehmers nicht angefochten werden, weil die Bestellung von Sicherheiten durch Dritte die Haftungsmasse für die Gläubiger des insolventen Schuldners nicht verkürzt[3].

---

1 Tendenziell noch anders OLG Düsseldorf v. 18. 9. 1978 – 6 U 112/77, WM 1978, 1300; aber aufgehoben durch BGH v. 18. 12. 1980 – III ZR 157/78, WM 1981, 150; so auch BGH v. 19. 9. 1979 – III ZR 93/76, WM 1979, 1176; BGH v. 9. 6. 1983 – III ZR 105/82, WM 1983, 926; OLG Celle v. 15. 10. 1983 – 3 U 16/83, mit zust. BGH-Beschluss v. 28. 5. 1984 – III ZR 231/82, WM 1984, 1175.

2 OLG Hamm v. 7. 5. 2001 – 31 U 196/00, WM 2001, 2438.

3 So im Ergebnis auch *Obermüller*, Insolvenzrecht in der Bankpraxis, Rz. 6.67.

Eine Anfechtung kommt allerdings selbst bei Drittsicherheiten in Betracht, wenn nicht nur ein Insolvenzverfahren für die kreditnehmende GmbH, sondern daneben ein **weiteres Insolvenzverfahren über das Vermögen des Drittsicherungsgebers** eröffnet wird[1]. Denn die Sicherheitenbestellung für die Verbindlichkeiten der GmbH verkürzt natürlich die Insolvenzmasse in diesem Insolvenzverfahren und benachteiligt damit die Insolvenzgläubiger des Sicherungsgebers. Tatsächlich hat dieses Anfechtungsrisiko für die Kreditgeber eine erhebliche Bedeutung, da im Rahmen der Insolvenzordnung häufig damit gerechnet werden muss, dass es parallel zum Insolvenzverfahren über das Vermögen der GmbH auch zu einem Insolvenzverfahren über das Vermögen der typischen Drittsicherungsgeber, nämlich der Gesellschafter und/oder Geschäftsführer sowie deren Angehörigen, kommt. Denn mit der Möglichkeit der Restschuldbefreiung nach Abwicklung eines (Verbraucher-)Insolvenzverfahrens ist für diesen Personenkreis ein starker Anreiz geschaffen worden, der Mithaft für die Verbindlichkeiten der insolventen GmbH durch ein separates Insolvenzverfahren über ihr eigenes Vermögen ledig zu werden. 1.263

4. Anfechtbarkeit nachträglicher Besicherung aus dem Vermögen der GmbH

Wie vorstehend (Rz. 1.253 ff., 1.261 ff.) erläutert, können in einem Insolvenzverfahren über das Vermögen der GmbH überhaupt nur solche in der Krise vorgenommenen Sicherungsgeschäfte angefochten werden, bei denen die **GmbH aus ihrem eigenen Vermögen nachträglich für bereits bestehende Verbindlichkeiten Sicherheiten gestellt** hat, wenn also weder ein Bargeschäft noch die Bestellung von Drittsicherheiten vorliegt. Denn nur in diesem Fall benachteiligt die nachträgliche Besicherung i.S. von § 129 InsO die anderen Insolvenzgläubiger[2]. Für die Anfechtung dieser nachträglichen Bestellung von Sicherheiten sind in der Praxis die Tatbestände der Vorsatzanfechtung (§ 133 InsO) und der allgemeinen Insolvenzanfechtung (§§ 130, 131 InsO) von besonderer Bedeutung. Daneben kann bei einer Gesellschafterbeteiligung des Kreditgebers an der kreditnehmenden GmbH der Anfechtungstatbestand für Gesellschafterdarlehen (§ 135 InsO) einschlägig sein. Demgegenüber spielt die Anfechtung unentgeltlicher Leistungen (§ 134 InsO) praktisch kaum eine Rolle. Im Einzelnen gilt für die Anfechtungstatbestände Folgendes: 1.264

a) Vorsatzanfechtung nach § 133 InsO

Nach den Regelungen der **Insolvenzordnung** ist die Bestellung von Sicherheiten in den letzten zehn Jahren vor dem Eröffnungsantrag anfechtbar, wenn der Schuldner dabei mit dem Vorsatz handelte, seine Gläubiger zu benachteiligen, und der Kreditgeber den Vorsatz des Schuldners kannte. Voraussetzung für die Anfechtung nach § 133 InsO ist, dass die angefochtene Rechtshandlung **objek-** 1.265

1 Ausführlich zur Anfechtung von Sicherungsleistungen Dritter in deren Insolvenz, insbesondere nach § 134 InsO, *Wittig*, Die Bedeutung der Schenkungsanfechtung (§ 134 InsO) für das Kreditgeschäft, NZI 2005, 606.

2 Dabei kommt es nur auf den Nachteil für die Insolvenzmasse und nicht auf den Sicherheitenwert für den gesicherten Gläubiger an; so OLG Hamburg v. 9. 5. 2001 – 8 U 8/01, ZIP 2001, 1332.

tiv zu einer Benachteiligung der Insolvenzgläubiger geführt hat, wobei eine mittelbare Gläubigerbenachteiligung genügt[1]. Da die Bestellung einer Sicherheit aus dem Vermögen der GmbH den mit dem Sicherungsrecht belasteten Vermögensgegenstand dem Zugriff der Insolvenzgläubiger entzieht, liegt eine solche objektive Benachteiligung bei einer nachträglichen Besicherung von Krediten stets vor. Damit scheinen auf den ersten Blick sämtliche Besicherungen in den letzten zehn Jahren vor dem Insolvenzantrag anfechtbar zu sein. Wegen der praktischen Probleme, die darüber hinaus erforderlichen subjektiven Elemente auf Seiten des Schuldners und des Anfechtungsgegners nachzuweisen, ist jedoch tatsächlich der zeitliche Anwendungsbereich der Vorsatzanfechtung wesentlich eingeschränkter[2].

1.266 Für die Anfechtung nach § 133 InsO ist nämlich neben der objektiven Benachteiligung weiter erforderlich, dass der **Schuldner die Rechtshandlung mit dem Vorsatz vorgenommen** hat, seine Gläubiger im Allgemeinen zu benachteiligen. Dabei genügt, wenn der Schuldner mit bedingtem Vorsatz eine Gläubigerbenachteiligung wenigstens als notwendige (Neben-)Folge seines Handelns billigend in Kauf nimmt[3]. Lediglich fahrlässige Unkenntnis der Gläubigerbenachteiligung als Folge der Rechtshandlung genügt aber für die Anfechtung nach § 133 InsO nicht[4].

1.267 Schließlich muss für die Vorsatzanfechtung festgestellt werden, dass der **Anfechtungsgegner Kenntnis vom Benachteiligungsvorsatz des Schuldners** hatte. Ein unlauteres Zusammenwirken zwischen Schuldner und Anfechtungsgegner ist nicht erforderlich[5]. Dazu muss der Anfechtungsgegner gewusst haben, dass der Schuldner seine Handlung für Gläubiger benachteiligend hielt und eine solche Folge auch wenigstens billigend in Kauf genommen hat. Hatte dagegen allein der Anfechtungsgegner die Benachteiligung der anderen Gläubiger beabsichtigt, so reicht dies für die Anfechtung nach § 133 InsO nicht aus, wenn ein Benachteiligungsvorsatz beim Schuldner nicht gegeben war[6]. Wusste aber der Anfechtungsgegner, dass die Zahlungsunfähigkeit des Schuldners drohte und dass die Handlung die Gläubiger objektiv benachteiligte, so wird seine Kenntnis vom Benachteiligungsvorsatz des Schuldners gem. § 133 Abs. 1 Satz 2 InsO vermutet.

1.268 Damit ergeben sich folgende **Grundsätze für die Vorsatzanfechtung** (§ 133 InsO) einer nachträglichen Sicherheitenbestellung[7]:

1.269 Mit **Benachteiligungsvorsatz** kann der Kreditnehmer nur handeln, wenn im Zeitpunkt der Sicherheitenbestellung sein Vermögen nicht mehr ausreichte, alle Gläubiger zu befriedigen (also Überschuldung vorlag), oder wenn er schon Anlass hatte, mit dem baldigen Eintritt der Krise und einer nachfolgenden

1 *Kirchhof* in Münchener Kommentar zur InsO, § 133 InsO Rz. 11.
2 *Obermüller*, Insolvenzrecht in der Bankpraxis, Rz. 6.85.
3 Dazu BGH v. 24. 5. 2007 – IX ZR 97/06, NZI 2007, 512.
4 *Kirchhof* in Münchener Kommentar zur InsO, § 133 InsO Rz. 13 ff.
5 BGH v. 17. 7. 2003 – IX ZR 272/02, WM 2003, 1923.
6 *Kirchhof* in Münchener Kommentar zur InsO, § 133 InsO Rz. 19.
7 Zur Vorsatzanfechtung der nachträglichen Sicherheitenbestellung *Obermüller*, Insolvenzrecht in der Bankpraxis, Rz. 685 ff.

Insolvenz zu rechnen[1]. Der Kreditnehmer muss also entweder wissen, dass er neben dem Anfechtungsgegner nicht alle Gläubiger innerhalb angemessener Zeit befriedigen kann, oder aber sich diese Folge als möglich vorgestellt, sie aber in Kauf genommen haben, ohne sich durch die Vorstellung dieser Möglichkeit von seinem Handeln abhalten zu lassen[2]. War dagegen der Schuldner auf Grund konkreter Vorstellungen davon überzeugt, dass ein Insolvenzverfahren so gut wie ausgeschlossen ist und dass er alle seine Gläubiger in absehbarer Zeit befriedigen kann, ist ein Benachteiligungsvorsatz ausgeschlossen[3].

Eine **inkongruente Besicherung** (dazu unten Rz. 1.278 f.) ist regelmäßig ein starkes Beweisanzeichen, dass der Sicherungsgeber mit Benachteiligungsvorsatz handelte und der Kreditgeber dies erkannt hat[4]. Dies wird zwar zum Teil bestritten mit der Begründung, § 131 Abs. 1 Nr. 3 InsO treffe für die Anfechtung einer inkongruenten Deckung eine vorrangige Spezialregelung, die die gesonderte Feststellung der Kenntnis des Gläubigers von der Benachteiligung verlange[5]. Jedoch verkennt diese Auffassung, dass die Bewertung der Inkongruenz als Indiz für den Benachteiligungsvorsatz und die Kenntnis davon nicht aus der Anwendung materiellen Insolvenzrechts folgt. Vielmehr lehrt die Erfahrung, dass Schuldner im Allgemeinen nicht bereit sind, anderes oder mehr oder früher zu leisten, als sie schulden. Tun sie dies dennoch zu Gunsten eines Gläubigers, liegt der Verdacht nahe, dieser sollte zum Nachteil der anderen Gläubiger begünstigt werden. Damit ergibt sich der Schluss von der Inkongruenz auf die Benachteiligungsabsicht und die Kenntnis davon als allgemeiner Grundsatz der freien Beweiswürdigung aus § 286 ZPO, den auch der Gesetzgeber der Insolvenzordnung nicht eingeschränkt hat[6]. 1.270

Bei einer **kongruenten Besicherung** (dazu unten Rz. 1.278 f.) reicht das Bewusstsein des Kreditnehmers, dass die Bestellung von Sicherheiten für die übrigen Gläubiger nachteilig ist, für die Annahme des Benachteiligungsvorsatzes nicht aus. Vielmehr liegt die Annahme näher, dass es dem Kreditnehmer auf die Erfüllung seiner vertraglichen Verpflichtung ankam. Selbst das Bewusstsein des Gemeinschuldners, dass er in der Folge nicht mehr alle anderen Gläubiger vollständig befriedigen kann, und sogar die Kenntnis des Gemeinschuldners von seiner Überschuldung reichen regelmäßig nicht aus, um bei einer kongruenten Deckung die Abnahme des Benachteiligungsvorsatzes zu rechtfertigen[7]. 1.271

1 OLG Düsseldorf v. 30. 6. 1983 – 6 U 120/81, WM 1983, 873; *Obermüller*, Insolvenzrecht in der Bankpraxis, Rz. 6.86.
2 BGH v. 24. 5. 2007 – IX ZR 97/06, NZI 2007, 512.
3 BGH v. 24. 5. 2007 – IX ZR 97/06, NZI 2007, 512; BGH v. 28. 11. 1997 – V ZR 178/96, WM 1998, 245; BGH v. 19. 3. 1998 – IX ZR 22/97, WM 1998, 968 = WuB I F 4. – 4.98 *Wittig*.
4 BGH v. 20. 6. 2002 – IX ZR 177/99, ZIP 2002, 1408, 1412; BGH v. 11. 3. 2004 – IX ZR 160/02, ZIP 2004, 1060; BGH v. 29. 11. 2007 – IX ZR 121/06, WM 2008, 223; *Kirchhof* in Münchener Kommentar zur InsO, § 133 InsO Rz. 29 f. m.w.N.
5 So insbesondere *Paulus*, WM 2000, 2225, 2230.
6 *Kirchhof* in Münchener Kommentar zur InsO, § 133 InsO Rz. 30.
7 OLG Frankfurt v. 30. 6. 1959 – 5 U 331/58, WM 1959, 1079; BGH v. 26. 3. 1984 – II ZR 171/83, WM 1984, 625; BGH v. 18. 4. 1991 – IX ZR 149/90, WM 1991, 1273 = WuB I F 4. – 7.92 *Benckendorff*.

1.272 Werden im Rahmen eines **Sanierungskonzepts** Sicherheiten auch für schon früher gewährte Kredite gewährt, so ist das in der inkongruenten Deckung liegende Beweisanzeichen für den Beteiligungsvorsatz des Gemeinschuldners entkräftet, wenn das Sanierungskonzept zumindest in seinen Anfängen schon in die Tat umgesetzt war und ernsthafte Aussicht auf Erfolg bestand[1]. Dabei schließt ein ernsthafter Sanierungsversuch, bei dem die Ausgangslage und die Durchführbarkeit von einem unvoreingenommenen, branchenkundigen Fachmann sachgerecht geprüft worden sind, schon objektiv eine Gläubigerbenachteiligung aus, auch wenn die Sanierung letztlich scheitert. Und selbst wenn die Sanierungsbemühungen nicht diese Qualität erreichen, weil z.B. nur ein Überbrückungskredit ohne fachmännische Prüfung des Sanierungskonzepts der GmbH ausgereicht wird, so fehlen die subjektiven Anfechtungsvoraussetzungen (Gläubigerbenachteiligungsvorsatz beim Schuldner, Kenntnis beim Anfechtungsgegner), falls die Beteiligten redlich und mit aus ihrer Sicht tauglichen Mitteln die Sanierung anstreben[2].

b) Anfechtung der Sicherheitenbestellung für Gesellschafterdarlehen nach § 135 Nr. 1 InsO

1.273 Nach § 135 Nr. 1 InsO kann die Bestellung von Sicherheiten angefochten werden, sofern die Sicherheitenbestellung in den letzten zehn Jahren vor dem Insolvenzantrag erfolgt ist und die Sicherheit für ein Gesellschafterdarlehen im Sinne des § 39 Abs. 1 Nr. 5 InsO oder für eine gleichgestellte Forderung gewährt worden ist. Dabei ist für die Anfechtung der Besicherung eines Gesellschafterdarlehens auf Grund der Neufassung von § 135 InsO durch das MoMiG **keine Krise der GmbH für eine erfolgreiche Anfechtung erforderlich**. Vielmehr genügt für die Anfechtung nach § 135 Nr. 1 InsO, dass ein Gesellschafterdarlehen in den letzten zehn Jahren vor dem Antrag auf Eröffnung eines Insolvenzverfahrens besichert worden ist. Dies bedeutet im Ergebnis, dass jeder Kreditgeber, der von der GmbH bestellte Sicherheiten hält, der Anfechtung im eröffneten Insolvenzverfahren ausgesetzt ist, sofern er eine Beteiligung von mehr als 10 % am Kapital der GmbH hält[3] (im Einzelnen zu den insolvenzrechtlichen Regelungen für Gesellschafterdarlehen bei Rz. 2.51 ff.).

1.274 **Subjektive Momente**, z.B. Benachteiligungsvorsatz bzw. Kenntnis davon, werden von diesem Anfechtungstatbestand weder beim Schuldner noch beim Gläubiger gefordert.

---

1 So BGH v. 12. 11. 1992 – IX ZR 236/91, WM 1993, 270 = WuB VI B § 31 Nr. 1 KO – 1.93 *Hefermehl/Branz*; so in der Tendenz auch schon BGH v. 18. 4. 1991 – 149/90, WM 1991, 1273 = WuB I F 4. – 7.92 *Benckendorff*; dazu *Kirchhof* in Münchener Kommentar zur InsO, § 133 InsO Rz. 37.

2 BGH v. 4. 12. 1997 – IX ZR 47/97, WM 1998, 248 = WuB VI B § 31 Nr. 1 KO – 198 *Cartano*; zur Indizwirkung eines objektiv sachgerechten Sanierungsversuchs für fehlenden Benachteiligungsvorsatz auch BGH v. 3. 12. 1998 – IX ZR 313/97, WM 1999, 12, 14.

3 Dieser Schwellenwert sieht § 39 Abs. 5 InsO vor.

c) Schenkungsanfechtung nach § 134 InsO

In den letzten vier Jahren vor dem Insolvenzantrag können nach § 134 InsO **unentgeltliche Leistungen des Schuldners** angefochten werden. Der Begünstigte muss beweisen, dass die Schenkung vor dem Anfechtungszeitraum lag. 1.275

Jedoch kann die Bestellung von **Sicherheiten für eigene Verbindlichkeiten der GmbH** aus diesem Rechtsgrund nicht angefochten werden[1]. Unabhängig davon nämlich, ob die GmbH als Kreditnehmer auf Grund des Kreditvertrages zur Bestellung der konkreten Sicherheit verpflichtet ist, das Kreditinstitut einen allgemeinen Anspruch auf die Bestellung der Sicherheiten aus den Allgemeinen Geschäftsbedingungen hatte (Nr. 13 AGB-Banken; Nr. 22 Abs. 1 AGB-Sparkassen) oder ob der Kreditnehmer ohne rechtliche Verpflichtung die Sicherheiten bestellt hat, liegt bei der Bestellung von Sicherheiten durch den Kreditnehmer jedenfalls kein unentgeltliches Rechtsgeschäft i.S. der Anfechtungsvorschriften vor. Denn die Anfechtung einer Besicherung nicht weiter gehen kann als die Erfüllung der besicherten Forderung; und diese ist keine unentgeltliche Leistung, weil der Gegenwert für die Tilgung in der Befreiung von der Schuld liegt[2]. Deshalb ist die Bestellung einer Sicherheit für eine eigene, durch eine entgeltliche Gegenleistung begründete Verbindlichkeit nicht nach § 134 InsO als unentgeltliche Verfügung anfechtbar[3]. 1.276

d) Anfechtung der Sicherheitenbestellung für nahe stehende Personen nach § 133 Abs. 2 InsO

Anfechtbar sind entgeltliche Verträge mit nahe stehenden Personen in den letzten beiden Jahren vor dem Eröffnungsantrag nach § 133 Abs. 2 InsO, sofern sie die Insolvenzgläubiger unmittelbar benachteiligen und sofern dem begünstigten Gläubiger nicht der Beweis gelingt, dass er keine Kenntnis vom Benachteiligungsvorsatz des Schuldners hatte[4]. Für Kreditinstitute kommt dieser Anfechtungstatbestand im Kreditgeschäft mit einer GmbH praktisch nur in Betracht, wenn sie gem. § 138 Abs. 2 Nr. 1 InsO eine direkte oder indirekte Beteiligung von mehr als 25 % am Stammkapital der insolventen GmbH halten. Bei einer geringeren Beteiligung ist dagegen die Anfechtung nach dieser Regelung ausgeschlossen, selbst wenn der Kreditgeber auf Grund gesellschaftsrechtlicher oder vertraglicher Regelungen umfangreiche Informationsmöglichkeiten hat. Denn die Rechtsprechung sieht in der nach § 138 1.277

---

1 BGH v. 22. 7. 2004 – IX ZR 183/03, WM 2004, 1837; ausführlich zur Anfechtung von Sicherungsleistungen nach § 134 InsO *Wittig*, Die Bedeutung der Schenkungsanfechtung (§ 134 InsO) für das Kreditgeschäft, NZI 2005, 606.

2 So zur Konkursordnung BGH v. 12. 6. 1990 – IX ZR 245/89, WM 1990, 1588 = WuB VI B § 32 Nr. 1 KO – 2.90 *Obermüller*, und zur Gesamtvollstreckungsordnung BGH v. 11. 12. 1997 – IX ZR 341/95, WM 1998, 275; BGH v. 11. 12. 1997 – IX ZR 278/96, WM 1998, 304. Ebenso zur Insolvenzordnung *Obermüller*, Insolvenzrecht in der Bankpraxis, Rz. 6.90 f. Kritisch aber *Ganter*, WM 1998, 2084.

3 BGH v. 22. 7. 2004 – IX ZR 183/03, WM 2004, 1837.

4 Dazu und insbesondere zum Begriff der nahe stehenden Person detailliert *Kirchhof*, ZInsO 2001, 825.

Abs. 2 Nr. 1 InsO erforderlichen Kapitalbeteiligung von mindestens einem Viertel eine absolute Grenze[1], so dass Gesellschafter, die weniger als 25 % am Kapital der GmbH halten, auch dann keine nahe stehenden Personen sind, wenn sie auf Grund von Regelungen im Gesellschaftsvertrag, beispielsweise wegen Zustimmungserfordernissen für bestimmte Rechtsgeschäfte, weiter gehenden Einfluss auf die Geschäfte der Gesellschaft haben. Und andere, nicht durch gesellschaftsrechtliche, sondern durch geschäftliche Beziehungen begründete Informationsmöglichkeiten qualifizieren den Kreditgeber nicht als nahe stehende Person, weil die Regelung des § 138 InsO verlangt, dass die in Betracht kommenden Personen besondere Informationsmöglichkeiten durch ihre Tätigkeit gerade innerhalb des Schuldnerunternehmens haben müssen[2]. Deshalb können z.B. auch sehr umfangreiche Informationspflichten im Kreditvertrag nicht die Anfechtung nach § 133 Abs. 2 InsO rechtfertigen.

e) Allgemeine Insolvenzanfechtung nach §§ 130, 131 InsO

aa) Kongruente und inkongruente Besicherung

1.278 Die Voraussetzungen der allgemeinen Insolvenzanfechtung sind in §§ 130, 131 InsO differenziert geregelt für kongruente und inkongruente Besicherungen. Eine Sicherung ist nur dann als kongruent anzusehen, wenn der Kreditgeber einen **fälligen Anspruch gerade auf die konkrete Sicherheit** hat. Erforderlich sind dazu Vereinbarungen, die auf bestimmte Gegenstände gerichtet sind. Absprachen, die es dem freien Belieben des Schuldners überlassen, welche konkrete Sicherheit gestellt wird, sind dagegen nicht geeignet, die Besserstellung des Gläubiger im Insolvenzverfahren zu rechtfertigen[3]. Solche auf die Stellung bestimmter Vereinbarungen können im Kreditvertrag, aber auch in einer besonderen Vereinbarung, z.B. einer sog. Positiverklärung, begründet sein[4]. Demgegenüber genügt der generelle Anspruch der Kreditinstitute auf die Bestellung oder Verstärkung bankmäßiger Kreditsicherheiten auf Grund allgemeiner Geschäftsbedingungen (Nr. 13 AGB-Banken; Nr. 22 Abs. 1 AGB-Sparkassen) nicht für eine kongruente Besicherung[5]. Ein Kreditinstitut, das in der Krise der GmbH auf Grund des Nachbesicherungsanspruchs in seinen allgemeinen Geschäftsbedingungen nachträglich die Bestellung oder Verstärkung von Sicherheiten verlangt, hat daher das Risiko zu tragen, dass diese Nachbesicherung nach den wesentlich schärferen Regelungen für inkongruente Deckungen anfechtbar ist.

1.279 Dagegen ist die fortlaufende Entstehung und **Abtretung der künftigen Einzelforderungen unter einem Globalzessionsvertrag nur als kongruente Deckung**

1 BGH v. 23. 11. 1995 – IX ZR 18/95, WM 1996, 136.
2 BGH v. 11. 12. 1997 – IX ZR 278/96, WM 1998, 304.
3 BGH v. 29. 11. 2007 – IX ZR 30/07, WM 2008, 2004; BGH v. 7. 3. 2002 – IX ZR 223/01, WM 2002, 951 ff.
4 Zur Positiverklärung *Wittig* in Gößmann/Hellner/Schröter/Steuer/Weber, Bankrecht und Bankpraxis, Rz. 4/3078 ff.
5 BGH v. 29. 11. 2007 – IX ZR 30/07, WM 2008, 2004; *Obermüller*, Insolvenzrecht in der Bankpraxis, Rz. 6.101 f.

anfechtbar[1]. Zwar sind im Zeitpunkt des Globalabtretungsvertrages die künftig entstehenden Forderungen nicht konkret bestimmt. Die Begründung zukünftiger Forderungen ist jedoch – anders als bei Sicherheiten gem. Nr. 13 bis 15 AGB-Banken – nach Inhalt und Sinn des Globalzessionsvertrages dem freien Belieben des Schuldners entzogen. Vielmehr beruht die getroffene Sicherungsvereinbarung gerade darauf, dass die Vertragspartner davon ausgehen, der Kreditnehmer werde den Geschäftsbetrieb im bisherigen Umfang fortsetzen und daher ständig neue Ansprüche gegen Kunden erwerben, die dann abgetreten sind. Der Umfang der in Zukunft auf das gesicherte Kreditinstitut übergehenden Forderungen des Schuldners sind dabei in abstrakter Form bereits rechtlich bindend festgelegt[2].

bb) Anfechtbarkeit inkongruenter Besicherung nach § 131 InsO

Nach der Regelung der Insolvenzordnung (§ 131 Abs. 1 Nr. 2 InsO) sind inkongruente Sicherheitenbestellungen, also die nachträgliche Bestellung von Sicherheiten in den Fällen, wo der Kreditgeber keinen fälligen Anspruch auf die konkrete Sicherheit hatte, immer dann anfechtbar, wenn sie in den letzten **drei Monaten vor dem Antrag** auf Eröffnung des Insolvenzverfahrens vorgenommen worden sind und der Sicherungsgeber zum Zeitpunkt der Besicherung **zahlungsunfähig** war. Die neuere Rechtsprechung des BGH nimmt an, dass regelmäßig Zahlungsunfähigkeit vorliegt, wenn die Liquiditätslücke des Schuldners 10 % oder mehr beträgt, soweit nicht ausnahmsweise mit an Sicherheit grenzender Wahrscheinlichkeit zu erwarten ist, dass diese Lücke innerhalb von drei Wochen (fast) vollständig beseitigt werden wird und den Gläubigern ein solches Zuwarten zuzumuten ist[3]. Dabei ist eine Forderung dann als fällig anzusehen, wenn aus einer Gläubigerhandlung, z.B. der Übersendung einer Rechnung, im Allgemeinen der Wille ergibt, vom Schuldner Erfüllung zu verlangen[4]. 1.280

Dabei kommt es für die Anfechtung von inkongruenten Besicherungen durch einen zahlungsunfähigen Kreditnehmer auf subjektive Elemente beim Kreditgeber überhaupt nicht an, sondern allein der Umstand, dass die **Sicherheitenbestellung nach Eintritt der Zahlungsunfähigkeit** erfolgt ist, führt zur Anfechtbarkeit nach § 131 Abs. 1 Nr. 2 InsO. Diese Regelung wurde vom Gesetzgeber getroffen, weil wegen der besonderen Verdächtigkeit des inkongruenten Erwerbs von einem zahlungsunfähigen Schuldner die sonst erforderlichen subjektiven Voraussetzungen auf Seiten des Anfechtungsgegners unwiderleglich zu vermuten seien[5]. Es obliegt aber dem Insolvenzverwalter, die Zahlungsunfähigkeit des Schuldners zumindest in ihren Grundzügen darzulegen und zu beweisen[6]. 1.281

1 BGH v. 29. 11. 2007 – IX ZR 30/07, WM 2008, 2004. S. dazu *Kuder*, Insolvenzfestigkeit revolvierender Kreditsicherheiten, ZIP 2008, 289; *Heinze*, Die Wertauffüllung einer globalzedierten Forderung in der Rechtsprechung des BGH, DZWIR 2008, 185.
2 BGH v. 29. 11. 2007 – IX ZR 30/07, WM 2008, 2004.
3 BGH v. 24. 5. 2005 – IX ZR 123/04, WM 2005, 1468.
4 BGH v. 19. 7. 2007 – IX ZB 36/07, ZIP 2007, 1666.
5 Begründung zum Regierungsentwurf der Insolvenzordnung (RegE), BR-Drucks. 1/92, § 146 RegE, S. 158 f.
6 Dazu BGH v. 12. 7. 2007 – IX ZR 210/04, WM 2007, 1886.

1.282 Nach § 131 Abs. 1 Nr. 3 InsO ist eine inkongruente Besicherung in den letzten **drei Monaten vor dem Eröffnungsantrag** außerdem auch dann anfechtbar, wenn der Schuldner noch nicht zahlungsunfähig war, sondern dem Gläubiger zurzeit der Handlung die **Benachteiligung der Insolvenzgläubiger bekannt** war. § 131 Abs. 2 InsO lässt für die Anfechtung in subjektiver Hinsicht auf Seiten des Anfechtungsgegners statt positiver Kenntnis von der Benachteiligung anderer Insolvenzgläubiger auch die Kenntnis von Umständen genügen, die zwingend auf die Benachteiligung schließen lassen. Dabei darf aber nicht allein die Inkongruenz als ein Umstand angesehen werden, der zwingend auf die Benachteiligung der Insolvenzgläubiger schließen lässt; denn da die Inkongruenz der Deckung für § 131 InsO schon objektives Tatbestandsmerkmal ist, wäre sonst das subjektive Tatbestandsmerkmal immer zu bejahen und hinfällig[1].

1.283 Schließlich ist eine **inkongruente Kreditbesicherung** nach der Insolvenzordnung (§ 131 Nr. 1 InsO) auf jeden Fall anfechtbar, wenn die Sicherheit **im letzten Monat vor dem Antrag** auf Eröffnung des Insolvenzverfahrens bestellt worden ist. Irgendwelche weiteren Voraussetzungen in objektiver oder subjektiver Hinsicht müssen dafür weder auf Seiten des Schuldners noch auf Seiten des Kreditgebers erfüllt sein.

1.284 Der Gesetzgeber hat den Grund für diese scharfen Anfechtungsvorschriften darin gesehen, dass der Gläubiger, der eine ihm nicht oder nicht zu der Zeit oder nicht in der Art zustehende Sicherung oder Befriedigung, also eine inkongruente Deckung, erhält, ohnehin wenig schutzwürdig sei. Die von der Rechtsprechung anerkannte besondere Verdächtigkeit einer inkongruenten Deckung rechtfertige es, den Anfechtungszeitraum auf einen Monat vor Eröffnungsantrag auszudehnen und auf subjektive Voraussetzungen beim Anfechtungsgegner völlig zu verzichten[2].

cc) Anfechtbarkeit kongruenter Besicherung

1.285 Demgegenüber ist eine kongruente Besicherung im Insolvenzvorfeld, die also der Kreditgeber in der Art und zu der Zeit zu beanspruchen hatte, nur unter wesentlich engeren Voraussetzungen anfechtbar. Nach § 130 Abs. 1 Nr. 1 InsO ist die Bestellung von kongruenten Sicherheiten beginnend mit den **letzten drei Monaten vor dem Antrag** auf Eröffnung eines Insolvenzverfahrens nur dann anfechtbar, wenn zurzeit der Bestellung der Sicherheit einerseits der Schuldner zahlungsunfähig war und andererseits der Kreditgeber die Zahlungsunfähigkeit kannte. Zahlungsunfähigkeit liegt nach der auch für § 130 Abs. 1 InsO maßgeblichen Legaldefinition in § 17 Abs. 2 InsO vor, wenn der Schuldner nicht in der Lage ist, seine fälligen Zahlungsverpflichtungen zu erfüllen. Damit wollte der Gesetzgeber die Anfechtung auch ermöglichen in den häufig vorkommenden Fällen, in denen der Gemeinschuld-

---

1 So *Paulus,* WM 2000, 2225, 2229; differenzierend *Kirchhof* in Münchener Kommentar zur InsO, § 131 InsO Rz. 63.

2 So die Begründung zum Regierungsentwurf der Insolvenzordnung (RegE), BR-Drucks. 1/92, § 146 RegE, S. 158 f.

ner noch einzelne Gläubiger befriedigt, obwohl er bereits zahlungsunfähig ist[1].

Hinsichtlich der **subjektiven Anforderungen beim Anfechtungsgegner** verschärft § 130 Abs. 2 InsO die Anfechtungsregelung. Danach steht es der Kenntnis der Zahlungsunfähigkeit gleich, wenn der Anfechtungsgegner die Kenntnis von Umständen hatte, die zwingend auf die Zahlungsunfähigkeit schließen lassen. Dafür ist aber eine allgemeine Kenntnis von schlechten wirtschaftlichen Verhältnissen des Kreditnehmers, die ein Kreditinstitut – vor allem auf Grund der nach § 18 KWG vorgeschriebenen laufenden Bonitätsprüfung – erlangt hat, nicht ausreichend[2], da zum einen die Zahlungsunfähigkeit gegenüber der bloßen Verschlechterung der wirtschaftlichen Verhältnisse eine wesentliche Verschärfung der Krise erfordert und zum anderen der Eintritt der Zahlungsunfähigkeit durch die Kreditnehmer oft verschleiert wird[3]. Demgegenüber lässt der Umstand, dass ein Schuldner, der mit seinen laufenden Verbindlichkeiten seit mehreren Monaten zunehmend in Rückstand geraten ist, lediglich eine Teilzahlung leistet, ohne dass konkreten Anhaltspunkte für eine schnelle Zahlung aller fälligen Forderungen bestehen, zwingend auf die Zahlungsunfähigkeit des Schuldners schließen[4]. Bloße fahrlässige Unkenntnis von der Zahlungsunfähigkeit schadet dem Anfechtungsgegner aber nicht[5]. 1.286

5. Sittenwidrigkeit der Besicherung

Hat der Kreditgeber der GmbH einen ungesicherten oder nicht ausreichend gesicherten Kredit eingeräumt, so sind der nachträglichen Bestellung oder Verstärkung von Sicherheiten nicht nur Grenzen gesetzt durch die spezifisch insolvenzrechtlichen Anfechtungsregelungen. Vielmehr kann gerade im Insolvenzvorfeld die nachträgliche Sicherheitenbestellung auch nach der allgemeinen Regelung des § 138 Abs. 1 BGB nichtig sein, weil in dieser Phase die Sicherheitenbestellung leicht an die **Grenze der Sittenwidrigkeit** stößt. Dabei überschneiden sich die Regelungen insofern, als auch bei den wegen Sittenwidrigkeit nichtigen Rechtsgeschäften statt oder neben der Nichtigkeit die Anfechtung geltend gemacht werden kann[6]. Umgekehrt wird die Nichtigkeit wegen Sittenwidrigkeit nicht durch die Vorschriften über die Anfechtung gläubigerbenachteiligender Rechtsgeschäfte ausgeschlossen[7]. 1.287

Der Umstand allein, dass es sich um eine nachträgliche Besicherung im Insolvenzvorfeld handelt, führt noch nicht zur Sittenwidrigkeit der Sicherhei- 1.288

1 Begründung zum Regierungsentwurf der Insolvenzordnung (RegE), BR-Drucks. 1/92, § 145 RegE, S. 157 f.
2 In der Tendenz anders *Paulus*, WM 2000, 2225, 2228.
3 So im Ergebnis auch *Kirchhof* in Münchener Kommentar zur InsO, § 130 InsO Rz. 39.
4 BGH v. 9. 1. 2003 – IX ZR 175/02, WM 2003, 400.
5 Beschlussempfehlung des Rechtsausschusses zu § 145 RegE, BT-Drucks. 12/7302, S. 173.
6 Dazu im Detail *Kirchhof* in Münchener Kommentar zur InsO, vor §§ 129 bis 147 InsO Rz. 50 ff.; § 129 InsO Rz. 134 f.
7 BGH v. 16. 3. 1995 – IX ZR 72/94, WM 1995, 995 = WuB IV A § 138 BGB – 1.95 *Wittig*.

tenbestellung, weil die nachträgliche Besicherung von bis dahin ohne Sicherheit gewährten oder nicht ausreichend gesicherten Krediten grundsätzlich zulässig ist[1]. Vielmehr verlangt § 138 Abs. 1 BGB das Hinzutreten weiterer Umstände, die im Hinblick auf die Größe der einer unbestimmten Vielzahl von Gläubigern drohenden Gefahr und der gewissenlosen Einstellung des Sicherungsnehmers sogar **über die Voraussetzungen der Vorsatzanfechtung hinausgehen**[2]. Welche besonderen Merkmale dies sind, lässt sich abstrakt kaum abschließend bestimmen. Denn während die Anfechtbarkeit einer Kreditbesicherung anhand der durch die gesetzlichen Regelungen klar umrissenen Tatbestände zu beurteilen ist, kann nicht schon stets beim Vorliegen bestimmter typischer Merkmale die Sittenwidrigkeit bejaht und bei ihrem Fehlen die Sittenwidrigkeit verneint werden. Vielmehr ist erst auf Grund einer umfassenden Würdigung der objektiven Verhältnisse, unter denen ein Kredit- und Sicherungsvertrag geschlossen wurde, und der für den Vertragsschluss leitenden Absichten und Beweggründe der Parteien ein Urteil möglich, ob eine Kreditbesicherung gegen das Anstandsgefühl aller billig und gerecht denkenden Kaufleute verstößt und deshalb wegen Sittenwidrigkeit nach § 138 BGB nichtig ist[3]. Immerhin lassen sich aber Fallgruppen bilden, in denen die Sittenwidrigkeit der nachträglichen Sicherheitenbestellung typischerweise zumindest nahe liegt. Diese sollen hier unter den häufig verwandten Stichworten der „Knebelung" (Rz. 1.289 ff.) und „Gläubigergefährdung" (Letztere häufig auch als „Gläubigerbenachteiligung" oder „Kredittäuschung" bezeichnet) (Rz. 1.297 ff.) erörtert werden[4].

a) Knebelung

1.289 Unserer Rechtsordnung liegt der Gedanke zugrunde, dass auf einen Kernbereich menschlicher Freiheit, zu dem auch die Freiheit der wirtschaftlichen Betätigung gehört, durch Rechtsgeschäft nicht verzichtet werden kann. Daher kann ein Sicherungsvertrag wegen Knebelung **sittenwidrig und damit nichtig** sein, wenn der Sicherungsnehmer den Sicherungsgeber durch die Inanspruchnahme der Sicherheiten in seiner wirtschaftlichen Bewegungsfreiheit übermäßig einengt; sei es, weil dem Sicherungsgeber keine freien Mittel zur eigenen freien Verfügung mehr verbleiben, oder sei es, weil dem Sicherungsgeber in anderer Weise die Möglichkeit zu wirtschaftlich selbständigem Handeln genommen wird[5]. Die Knebelung kann sowohl durch den Umfang der Sicherhei-

1 BGH v. 14. 4. 1964 – VI ZR 219/62, WM 1964, 671.

2 BGH v. 16. 3. 1995 – IX ZR 72/94, WM 1995, 995 = WuB IV A § 138 BGB – 1.95 *Wittig*; BGH v. 23. 4. 2002 – XI ZR 136/01, WM 2002, 1186.

3 So BGH v. 20. 12. 1957 – VI ZR 188/56, WM 1958, 249; BGH v. 4. 3. 1958 – VIII ZR 213/57, WM 1958, 590; diesen Gesichtspunkt betonend auch *Wenzel* in Gößmann/Hellner/Schröter/Steuer/Weber, Bankrecht und Bankpraxis, Rz. 4/139.

4 Schon das Reichsgericht hat diese beiden Tatbestände als Fallgruppen benannt, in denen Sicherungsverträge wegen Sittenwidrigkeit nichtig sein können: RG v. 21. 12. 1933 – VI 196/33, RGZ 143, 48; zusammenfassend zur Sittenwidrigkeit wegen Knebelung und Gläubigergefährdung siehe auch *Kirchhof* in Münchener Kommentar zur InsO, vor §§ 129–147 InsO Rz. 68 ff.; *Obermüller*, Insolvenzrecht in der Bankpraxis, Rz. 6.4 ff.

5 So BGH v. 19. 3. 1998 – IX ZR 22/97, WM 1998, 968 = WuB I F 4 – 4.98 *Wittig*; s. auch OLG Celle v. 30. 6. 1982 – 3 U 258/81, ZIP 1982, 942; *Wenzel* in Gößmann/Hellner/Schröter/Steuer/Weber, Bankrecht und Bankpraxis, Rz. 4/140.

tenbestellung als auch durch die Einflussnahme auf den Geschäftsbetrieb des Kreditnehmers seitens des Kreditgebers herbeigeführt werden[1].

Gerade wegen des **Umfangs der Sicherheitenbestellung** scheint es häufig nahe zu liegen, die nachträgliche Bestellung von Sicherheiten im Insolvenzvorfeld als sittenwidrig zu bezeichnen. Denn als Folge der Krise des Kreditnehmers wird sein Vermögen oft durch Verluste weitgehend aufgezehrt sein, so dass notgedrungen für eine werthaltige Besicherung das verbliebene freie Vermögen des Kreditnehmers nahezu vollständig belastet werden muss. Aber der Umstand allein, dass sich der Kreditgeber das wesentliche freie Vermögen des Unternehmens als Sicherheit hat übertragen lassen, führt noch nicht zur sittenwidrigen Knebelung, solange der Umfang der Sicherheitenbestellung in einem angemessenen Verhältnis zur Höhe der Kredite steht[2] und dem Kreditnehmer noch genügend wirtschaftliche Bewegungsfreiheit zur Führung seines Unternehmens verbleibt[3]. Dieses notwendige Mindestmaß an Bewegungsfreiheit ist gewährleistet, wenn 1.290

- dem Kreditnehmer für die Bestellung der Sicherheiten „Gegenwerte" in Form von Krediten zufließen, durch die er sein Geschäft weiter betreiben kann[4], oder wenn
- der Kreditnehmer in seiner Entscheidung, durch freiwillige Leistung auch andere Gläubiger zu befriedigen, nicht beeinträchtigt wird[5] oder wenn
- der Kreditnehmer über die zur Sicherung übertragenen Forderungen und Gegenstände in seinem Geschäftsbetrieb weiter verfügen kann, solange das Kreditverhältnis ungestört verläuft[6].

Im Hinblick auf den letzten Gesichtspunkt führt die Belastung des gesamten **Anlagevermögens** als Sicherheit für Bankkredite nicht zu einer sittenwidrigen Knebelung, da das Anlagevermögen gerade nicht zur Veräußerung bestimmt ist, sondern nachhaltig die Erträge erwirtschaften soll, aus denen die Fremdfinanzierung eines Unternehmens zu bedienen ist[7]. Vielmehr kommt es bei einer Sicherheitenbestellung, die nahezu das gesamte Vermögen des Kredit- 1.291

---

1 Für einen Gesamtüberblick zur Knebelung durch die Bestellung von Kreditsicherheiten s. auch *Obermüller,* Insolvenzrecht in der Bankpraxis, Rz. 6.8 ff.; *Wenzel* in Gößmann/Hellner/Schröter/Steuer/Weber, Bankrecht und Bankpraxis, Rz. 4/140 ff.

2 Werden Sicherheiten in solchem Umfang hereingenommen, dass bereits bei Vertragsschluss ein auffälliges Missverhältnis zwischen deren realisierbarem Wert und dem gesicherten Kredit feststeht, kann die Besicherung auch ohne Knebelung wegen ursprünglicher Übersicherung sittenwidrig und damit nach § 138 BGB unwirksam sein; dazu BGH v. 12. 3. 1998 – IX ZR 74/95, WM 1998, 856.

3 BGH v. 11. 10. 1961 – VIII ZR 113/60, WM 1961, 1297; BGH v. 4. 3. 1958 – VIII ZR 213/57, WM 1958, 590.

4 BGH v. 21. 11. 1955 – II AZR 1/55, WM 1955, 1666; BGH v. 4. 3. 1958 – VIII ZR 213/57, WM 1958, 590.

5 BGH v. 20. 12. 1957 – VI ZR 188/56, WM 1958, 249; BGH v. 21. 11. 1955 – II AZR 1/55, WM 1955, 1666; BGH v. 4. 3. 1958 – VIII ZR 213/57, WM 1958, 590.

6 BGH v. 19. 3. 1998 – IX ZR 22/97, WM 1998, 968 = WuB I F 4 – 4.98 *Wittig;* BGH v. 11. 10. 1961 – VIII ZR 113/60, WM 1961, 1297; BGH v. 4. 3. 1958 – VIII ZR 213/57, WM 1958, 590; BGH v. 4. 3. 1955 – I ZR 183/53, WM 1955, 914.

7 OLG Celle v. 30. 6. 1982 – 3 U 258/81, ZIP 1982, 942.

nehmers umfasst, zur Vermeidung der Sittenwidrigkeit darauf an, dass der unternehmerisch tätige Kreditnehmer in seinem gewöhnlichen Geschäftsbetrieb insbesondere über sein **Umlaufvermögen** verfügen kann, auch wenn das Umlaufvermögen, also vor allem die Forderungen aus Lieferung und Leistung, und die Vorräte im Wege der Globalzession und der (Raum-)Sicherungsübereignung mit Sicherungsrechten belastet worden sind. Denn nur in diesem Fall kann der Kreditnehmer seinen Betrieb ungehindert fortführen[1]. Die im Kreditgewerbe eingesetzten Standardverträge tragen diesem Umstand Rechnung. So sehen die üblichen Verträge für die Vereinbarung einer Globalzession vor, dass der Sicherungsgeber die zur Sicherung abgetretenen Forderungen im Rahmen eines ordnungsgemäßen Geschäftsbetriebs einziehen kann, solange das gesicherte Kreditverhältnis ungestört verläuft (sog. Einziehungsbefugnis)[2]. In vergleichbarer Weise bleibt dem Sicherungsgeber bei dem im Kreditgewerbe gebräuchlichen Mustervertrag für eine Raumsicherungsübereignung die Befugnis erhalten, über das Sicherungsgut im Rahmen eines ordnungsgemäßen Geschäftsbetriebes zu verfügen[3]. Lassen sich Kreditinstitute mit den üblichen Sicherungsverträgen im Insolvenzvorfeld Sicherheiten bestellen, die nahezu das gesamte Vermögen des Sicherungsgebers erfassen, kann daher der Umfang der Sicherheitenbestellung allein nicht zur Knebelung des Sicherungsgebers und damit zur Sittenwidrigkeit der Verträge führen, weil bis zum Eintritt des Verwertungsfalls dem Kreditnehmer eine weit gehende Verfügungs- und Verwaltungsmöglichkeit für sein Umlaufvermögen verbleibt[4].

1.292 Neben dem Umfang der Sicherheitenbestellung kann auch die **Einflussnahme des Kreditgebers auf den Geschäftsbetrieb des Kreditnehmers** dazu führen, dass Sicherungsverträge wegen Knebelung des Kreditnehmers sittenwidrig sind. Voraussetzung dafür ist ein solcher Grad an Einflussnahme, dass der Kreditgeber die so genannte stille Geschäftsinhaberschaft übernommen hat, weil – so die Definition des Reichsgerichts[5] – „der Sicherungsnehmer den Schuldner zu seinem bloßen Strohmann erniedrigt, der nur noch nach außen hin als Inhaber des Geschäfts erscheint, ihm gegenüber in Wirklichkeit nur noch die Stellung eines abhängigen Verwalters hat, und zwar so, dass der ganze Gewinn des Geschäfts dem Sicherungsnehmer zufließt, ein etwaiger

---

1 So für die Sicherung des Warenkreditgebers durch verlängerten Eigentumsvorbehalt BGH v. 4. 3. 1955 – I ZR 183/53, WM 1955, 914.

2 So die Vertragsmuster für Globalzession in Gößmann/Hellner/Schröter/Steuer/Weber (Hrsg.), Bankrecht und Bankpraxis, Rz. 4/754 und 4/756; s. auch *Herget* in Gößmann/Hellner/Schröter/Steuer/Weber, Bankrecht und Bankpraxis, Rz. 4/629 ff. zur Bedeutung der Einziehungsbefugnis insbesondere im Hinblick auf die Vermeidung der Sittenwidrigkeit.

3 So das Muster für einen Raumsicherungsübereignungsvertrag in Gößmann/Hellner/Schröter/Steuer/Weber (Hrsg.), Bankrecht und Bankpraxis, Rz. 4/378; vgl. dazu auch *Cartano* in Gößmann/Hellner/Schröter/Steuer/Weber, Bankrecht und Bankpraxis, Rz. 4/333 ff.

4 So im Ergebnis BGH v. 19. 3. 1998 – IX ZR 22/97, WM 1998, 968 = WuB I F 4 – 4.98 *Wittig,* und BGH v. 11. 10. 1961 – VIII ZR 113/60, WM 1961, 1297; in gleicher Weise *Rösler/Mackenthun/Pohl,* Handbuch des Kreditgeschäfts, 6. Aufl. 2002, S. 822 f.

5 RG v. 9. 4. 1932 – IX 74/31, RGZ 136, 247.

Verlust aber von ihm nicht getragen und jede Haftung für die Geschäftsschulden auch bei fehlender Deckung von ihm abgelehnt wird".

Solche extremen Fälle, in denen der Kreditgeber die Geschäftsführung des Kreditnehmers seinen Weisungen unterwirft, um sämtliche Liquidität aus dem Geschäft zur Tilgung seiner eigenen Forderungen an sich zu ziehen, während alle übrigen Gläubiger deshalb leer ausgehen, werden in der Praxis des Kreditgeschäfts kaum einmal vorkommen. Aber die Rechtsprechung sieht die o.g. Definitionen des Reichsgerichts für sittenwidriges Handeln von Kreditinstituten bei der Besicherung von Krediten im Insolvenzvorfeld nur als beispielhafte, nicht aber abschließende Aufzählung an, so dass in jedem Einzelfall die Gesamtheit der Beschränkungen, denen der Kreditnehmer durch einen Sicherungsvertrag in Verbindung mit der sonstigen Einflussnahme des Kreditgebers unterliegt, und den Geist, in dem der Kreditgeber seine Rechte ausübt, beurteilt werden muss[1]. Insbesondere führt nicht jede **Entsendung von Mitarbeitern oder Vertrauenspersonen in das Unternehmen des Kreditnehmers**, die der Geschäftsführung mit Rat und Tat zur Seite stehen und den Kreditgeber über die Entwicklung des bedrohten Unternehmens unterrichten, zur sittenwidrigen Knebelung. Auch hier ist die Grenze zur Sittenwidrigkeit erst überschritten, wenn der Kreditgeber den Kunden, z.B. durch Drohung mit der Kreditkündigung, veranlasst, eine solch weit gehende Überwachung seiner geschäftlichen Tätigkeit zu dulden, dass jede Verfügung über Vermögenswerte von der Zustimmung des Kreditgebers abhängig ist[2]. Im Übrigen muss zur Beurteilung der Sittenwidrigkeit neben dem Umfang der Sicherheitenbestellung in Betracht gezogen werden, welche **Möglichkeiten dem Kreditnehmer verbleiben**, trotz der Sicherungsübertragung **über sein Vermögen** auf Grund eigener geschäftlicher Entscheidung **zu verfügen**, ob der Kreditnehmer selbständig über die Begleichung seiner Verbindlichkeiten gegenüber dritten Gläubigern entscheidet, ob der Kreditnehmer frei bleibt, im Rahmen der ihm eingeräumten Kreditlinie Waren oder Rohstoffe nach eigener Entscheidung zu beziehen, ob er seine Waren und Fertigprodukte nach eigenem Gutdünken verkaufen kann, ob er in der Einstellung und Entlassung des Personals Beschränkungen unterliegt und in welchem Umfang der Kreditgeber auf die Unternehmensplanung Einfluss nimmt[3]. 1.293

Hat der Kreditgeber mit dem Kreditnehmer nacheinander **mehrere Sicherungsverträge** für die Deckung von Krediten abgeschlossen, mag zwar jeder Sicherungsvertrag für sich allein rechtmäßig sein und nicht gegen die guten Sitten verstoßen. Dennoch kann der Kreditgeber auf diese Weise nach und nach das gesamte als Sicherheit verwertbare Vermögen in die Hand bekommen, so dass 1.294

---

1 *Obermüller*, Insolvenzrecht in der Bankpraxis, Rz. 6.19, weist deshalb zu Recht darauf hin, dass es Kreditinstituten damit schwer fällt, in der Krise des Kreditnehmers zu entscheiden, welche Maßnahmen noch zulässig sind.

2 BGH v. 14. 4. 1964 – VI ZR 219/62, WM 1964, 671; BGH v. 9. 2. 1965 – VI ZR 153/63, WM 1965, 475.

3 Beispiele für solche Abwägungen bei BGH v. 3. 3. 1956 – VI ZR 334/55, WM 1956, 527; BGH v. 14. 4. 1964 – VI ZR 219/62, WM 1964, 671; BGH v. 9. 2. 1965 – VI ZR 153/63, WM 1965, 475.

beim Hinzutreten weiterer Umstände durch die Verträge in ihrer Gesamtheit der Tatbestand der Knebelung erfüllt wird. Das hat aber nicht zur Folge, dass nunmehr auch frühere Sicherungsverträge, soweit sie weder für sich allein noch in ihrer Gesamtheit sittenwidrig waren, durch das Hinzutreten des weiteren Vertrages sittenwidrig und damit nichtig werden. Denn frühere Verträge, die zurzeit ihres Abschlusses einwandfrei waren, werden nicht dadurch sittenwidrig, dass durch später getroffene, im Voraus nicht geplante Maßnahmen die Gesamtwirkung zu sittenwidrigem Handeln führt. Eine andere Beurteilung wäre nur dann gerechtfertigt, wenn zwar die Sicherheiten auf Grund von solchen Einzelverträgen gewährt werden, aber diese nur die Erfüllung eines von vornherein auf die Bestellung übermäßiger Sicherheiten gerichteten Gesamtvertrages darstellen[1].

1.295 **Rechtsfolge der Knebelung** ist nach § 138 Abs. 1 BGB die **Nichtigkeit des Sicherungsvertrages** wegen Sittenwidrigkeit. Nichtig ist in einem solchen Fall das dingliche Rechtsgeschäft der Sicherheitenbestellung, so dass die gewollte Rechtsänderung zu Gunsten des Kreditnehmers nicht eintritt und der Sicherungsgeber Eigentümer des Sicherungsgutes bzw. Inhaber der Forderungen bleibt. Die Sicherungsgegenstände und Verwertungserlöse, die dem Kreditgeber auf Grund des nichtigen Vertrags zugeflossen sind, können vom Kreditnehmer bzw. dessen Insolvenzverwalter zurückgefordert werden[2].

1.296 Dagegen können dritte Gläubiger wegen der Knebelung keine **Schadensersatzansprüche** gegen den gesicherten Kreditgeber geltend machen, da die Dritten nicht schon dadurch einen Schaden erleiden, dass die wirtschaftliche Freiheit des Schuldners – wenn auch in sittenwidriger Weise – eingeschränkt wird. Erst wenn weitere durch die Rechtsordnung missbilligte Umstände hinzutreten, insbesondere wenn der Knebelungsvertrag gleichzeitig auch zu einer Gläubigergefährdung geführt hat, kommen Schadensersatzansprüche der anderen Gläubiger in Betracht[3].

b) Gläubigergefährdung

1.297 Sicherungsverträge können auch, selbst wenn der Tatbestand der Knebelung nicht verwirklicht ist, wegen Gläubigergefährdung sittenwidrig sein[4]. Zwar bringt jede Bestellung von Kreditsicherheiten für einen bestimmten Gläubiger, insbesondere im Insolvenzvorfeld bei ungünstiger Vermögenslage des Kreditnehmers, die Gefahr für die übrigen (ungesicherten) Gläubiger mit sich,

---

1 BGH v. 8. 7. 1958 – VIII ZR 201/57, WM 1958, 1369; *Wenzel* in Gößmann/Hellner/Schröter/Steuer/Weber, Bankrecht und Bankpraxis, Rz. 4/145; *Obermüller*, Insolvenzrecht in der Bankpraxis, Rz. 6.31 f.

2 *Obermüller*, Insolvenzrecht in der Bankpraxis, Rz. 6.30; *Wenzel* in Gößmann/Hellner/Schröter/Steuer/Weber, Bankrecht und Bankpraxis, Rz. 4/139.

3 *Uhlenbruck*, Gläubigerberatung in der Insolvenz, S. 117; *Wenzel* in Gößmann/Hellner/Schröter/Steuer/Weber, Bankrecht und Bankpraxis, Rz. 4/145; *Obermüller*, Insolvenzrecht in der Bankpraxis, Rz. 6.33.

4 Für einen Überblick zur Gläubigergefährdung durch die Bestellung von Sicherheiten im Insolvenzvorfeld s. auch *Obermüller*, Insolvenzrecht in der Bankpraxis, Rz. 6.39 ff.; *Kirchhof* in Münchener Kommentar zur InsO, vor §§ 129–147 InsO Rz. 74 f.

dass ihre Zugriffsmöglichkeiten auf das Schuldnervermögen vermindert werden. Dies allein führt aber noch nicht zur Sittenwidrigkeit der Besicherung, selbst wenn der Kreditnehmer fast sein gesamtes freies Vermögen zur Sicherung überträgt[1]. Hinzutreten muss vielmehr das Element der **Täuschungsabsicht oder des Schädigungsvorsatzes**[2], d.h. die ausbedungene Sicherung muss gerade durch ihre Undurchsichtigkeit die Gefahr mit sich bringen, dass andere Gläubiger Schaden erleiden, und die Parteien (Sicherungsgeber und Kreditgeber) müssen eine solche Schädigung bewusst in Kauf nehmen[3].

Diese **Voraussetzungen der Gläubigergefährdung** sind nach Ansicht des BGH[4] erfüllt, wenn 1.298

- der Schuldner sein letztes zur Gläubigerbefriedigung taugliches Vermögen an einen bestimmten Kreditgeber überträgt und
- dadurch gegenwärtige und künftige Gläubiger über die Kreditwürdigkeit des Schuldners getäuscht werden und
- beide Vertragspartner bei dieser Täuschung zusammengewirkt haben. Die Täuschung muss allerdings nicht der Zweck ihres Handelns sein, sondern es genügt, wenn sie mit der Möglichkeit gerechnet haben, dass andere Gläubiger geschädigt werden. Kennt der begünstigte Kreditgeber die Umstände, die einen bevorstehenden Zusammenbruch des Schuldners nahe legen, handelt er schon dann sittenwidrig, wenn er sich über die Erkenntnis, dass andere Gläubiger möglicherweise geschädigt werden, mindestens grob fahrlässig hinwegsetzt.

Sittenwidrig können danach insbesondere Kreditsicherungsverträge im Insolvenzvorfeld sein, durch die der Kreditnehmer sein verbliebenes freies Vermögen ganz oder nahezu vollständig einem Kreditgeber in einer solchen Weise zur Sicherheit überträgt, dass wegen der **Undurchsichtigkeit der Besicherung** den anderen Gläubigern und Geschäftspartnern die **wirtschaftliche Lage des Schuldners verborgen bleibt** und sie auf diese Weise über die Liquidität des Kreditnehmers getäuscht werden[5]. Grundsätzlich darf zwar kein Kreditgeber auf die Kreditwürdigkeit des Schuldners nur deshalb vertrauen, weil andere Gläubiger dem Unternehmen Kredit eingeräumt haben, sondern jeder Gläubiger muss das Risiko seiner Kreditgewährung selbst tragen[6]. Hat aber gerade die Undurchsichtigkeit der Sicherheiten dazu geführt, dass ein anderer Kreditgeber die fehlende Kreditwürdigkeit des Schuldners nicht erkennen konnte, weil die Sicherheiten nach außen nicht publik geworden sind, kann der gesicherte 1.299

1 BGH v. 19. 3. 1998 – IX ZR 22/97, WM 1998, 968 = WuB I F 4 – 4.98 *Wittig*; BGH v. 4. 3. 1958 – VIII ZR 213/57, WM 1958, 590; dazu auch *Wenzel* in Gößmann/Hellner/Schröter/Steuer/Weber, Bankrecht und Bankpraxis, Rz. 4/146.

2 BGH v. 19. 3. 1998 – IX ZR 22/97, WM 1998, 968 = WuB I F 4 – 4.98 *Wittig*.

3 *Obermüller,* Insolvenzrecht in der Bankpraxis, Rz. 6.52 f.

4 BGH v. 16. 3. 1995 – IX ZR 72/94, WM 1995, 995 = WuB IV A § 138 BGB – 1.95 *Wittig*; BGH v. 19. 3. 1998 – IX ZR 22/97, WM 1998, 968 = WuB I F 4 – 4.98 *Wittig*.

5 *Wenzel* in Gößmann/Hellner/Schröter/Steuer/Weber, Bankrecht und Bankpraxis, Rz. 4/146.

6 BGH v. 3. 3. 1956 – VI ZR 334/55, WM 1956, 527; so in der Tendenz auch BGH v. 20. 12. 1957 – VI ZR 188/56, WM 1958, 249.

Kreditgeber nicht darauf verweisen, dass dem Gläubiger, der Kredit einräumt ohne eigene Prüfung der Kreditwürdigkeit und ohne hinreichende Sicherung, die daraus folgenden Kreditrisiken selbst zur Last fallen. Denn mit der undurchsichtigen Gestaltung der Sicherheiten hat der gesicherte Kreditgeber verhindert, dass der andere Gläubiger sich ein zutreffendes Bild von der fehlenden Kreditwürdigkeit des Schuldners verschaffen konnte[1].

1.300 Die Bestellung von Kreditsicherheiten im Insolvenzvorfeld läuft Gefahr, in diesem Sinne als **undurchsichtig** angesehen zu werden, selbst wenn seitens des Sicherungsgebers und des Kreditgebers keine besonderen Vorkehrungen zur Geheimhaltung getroffen worden sind. Allerdings besteht das Risiko, dass Sicherheiten als undurchsichtig gewertet werden, lediglich bei den publizitätslosen Mobiliarsicherheiten wie Sicherungsabtretung und Sicherungsübereignung, nicht dagegen bei Grundpfandrechten, deren Existenz dritte Gläubiger durch Einsicht ins Grundbuch feststellen können, und auch nicht bei den – in der Praxis allerdings sehr seltenen – Verpfändungen[2].

1.301 Der **Kreis der möglichen Geschädigten** beschränkt sich nicht nur auf Gläubiger, deren Forderungen erst nach Abschluss des beanstandeten Vertrages mit dem Kreditinstitut zu Stande kommen, andererseits werden auch nicht sämtliche dieser Gläubiger gefährdet. Allgemeine Grundsätze lassen sich auch hier nicht aufstellen, vielmehr muss stets anhand des Einzelfalles geprüft werden, welche Gläubiger überhaupt gefährdet werden können. Gläubiger, die bei Abschluss des beanstandeten Vertrages bereits ausreichend gesichert sind, können nachträglich nicht mehr gefährdet werden. Das Gleiche gilt für Gläubiger, denen der Kreditnehmer nach Abschluss des beanstandeten Vertrages noch Sicherheiten durch verlängerten Eigentumsvorbehalt bestellt, wenn er dazu auf Grund einer dinglichen und nicht nur schuldrechtlichen Teilverzichtsklausel in Verhältnis zu dem Kreditinstitut berechtigt ist. Eine Gläubigergefährdung ist auch dann ausgeschlossen, wenn die schlechte wirtschaftliche Lage des Kreditnehmers in den betreffenden Kreisen bereits bekannt war oder wenn die Gläubiger auf Grund der allgemeinen Situation in der betreffenden Branche oder Region davon ausgehen müssen, dass durchweg das vorhandene Vermögen derartiger Unternehmen nicht einmal ausreicht, um die kreditgewährenden Banken zu sichern[3].

1.302 Steht fest, dass die Sicherungsverträge durch ihren Umfang und ihre Undurchsichtigkeit objektiv zur Gefährdung dritter Gläubiger geeignet waren, so kann dem besicherten **Kreditgeber** ein sittenwidriges Verhalten schon dann vorgeworfen werden, wenn er die **Auswirkungen auf andere Gläubiger kannte** oder wenn ihm zwar diese Gefahren nicht bewusst waren, er sich aber über die wirtschaftlichen Verhältnisse des Kreditnehmers mangelhaft unterrichtet und sich **aus grober Nachlässigkeit der Erkenntnis verschlossen** hat, dass Dritte hierdurch Schaden erleiden können. Dabei muss der Kreditgeber desto sorgfältiger die Auswirkungen der Sicherheitenbestellung auf das Vermögen des

1 *Obermüller,* Insolvenzrecht in der Bankpraxis, Rz. 6.54.
2 *Obermüller,* Insolvenzrecht in der Bankpraxis, Rz. 6.49.
3 *Obermüller,* Insolvenzrecht in der Bankpraxis, Rz. 6.55 ff.

Schuldners prüfen, je größer und konkreter die Gefahr des wirtschaftlichen Zusammenbruchs ist. Unterlässt er diese Prüfung, trifft ihn der Vorwurf, sich leichtfertig über die Gefährdung der anderen Gläubiger durch Kredittäuschung hinweggesetzt zu haben[1]. Umgekehrt kann den Kreditgeber der Vorwurf sittenwidrigen Handelns dann nicht treffen, wenn er nach sachgerechter Prüfung annehmen durfte, dass mit der Bestellung der Sicherheiten für Dritte keine Gefahren verbunden sind, weil das Unternehmen des Kreditnehmers nicht existentiell bedroht erscheint oder noch über hinreichend anderes, freies Vermögen verfügt[2].

Ist der Vorwurf der Gläubigergefährdung gerechtfertigt, so haben als **Rechtsfolge** dritte Gläubiger gegen den besicherten Kreditgeber aus § 826 BGB **Schadensersatzansprüche**. Daneben führt die Gläubigergefährdung nach Auffassung der Rechtsprechung[3] und weit verbreiteter Ansicht in der Literatur[4] gem. § 138 Abs. 1 BGB zur **Nichtigkeit der Sicherungsverträge** wegen Sittenwidrigkeit. Diese Auffassung ist aber abzulehnen, weil kein Bedürfnis besteht, wegen der Gefährdung anderer Gläubiger den Vertrag auch für den Schuldner, der bei dieser Gefährdung Dritter mitgewirkt hat, als nicht verbindlich anzuerkennen. Wurde mit dem Abschluss von Sicherungsverträgen nur der Tatbestand der Gläubigergefährdung erfüllt, ist daher das Vertragswerk, das den Vorwurf der Gläubigergefährdung begründet, nicht nichtig, und weder der Kreditnehmer noch dessen Insolvenzverwalter können auf Grund der Gläubigergefährdung Ansprüche gegen den besicherten Kreditgeber herleiten[5]. Allerdings wird eine Gläubigergefährdung häufig mit anderen Tatbeständen einhergehen, die die Nichtigkeit der Verträge auslösen, wie z.B. mit der Knebelung. 1.303

VI. Kreditkündigung

Kreditinstitute, die einer GmbH in der Krise mit Darlehen zur Verfügung stehen, müssen angesichts des gestiegenen Kreditrisikos und der dargestellten (s. vorstehend bei Rz. 1.264 ff.) rechtlichen Probleme, das erhöhte Kreditrisiko durch eine insolvenzfeste Nachbesicherung auszugleichen, darüber nachdenken, ob der bei Insolvenz des Darlehensnehmers drohende **Ausfall durch Kündigung der Darlehensverträge verhindert** oder zumindest begrenzt werden kann, weil so die ausgereichten Kreditmittel noch vor Insolvenz zurückgefordert werden oder zumindest eine Inanspruchnahme noch offener Kreditlinien verhindert wird. Dies erfordert aber eine sorgfältige Prüfung, ob die Voraussetzungen für eine – ordentliche oder außerordentliche – Kündigung vorliegen, 1.304

1 BGH v. 16. 3. 1995 – IX ZR 72/94, WM 1995, 995 = WuB IV A § 138 BGB – 1.95 *Wittig*; *Wenzel* in Gößmann/Hellner/Schröter/Steuer/Weber, Bankrecht und Bankpraxis, Rz. 4/148.

2 *Wenzel* in Gößmann/Hellner/Schröter/Steuer/Weber, Bankrecht und Bankpraxis, Rz. 4/148.

3 BGH v. 16. 3. 1995 – IX ZR 72/94, WM 1995, 995 = WuB IV A § 138 BGB – 1.95 *Wittig*.

4 So z.B. *Wenzel* in Gößmann/Hellner/Schröter/Steuer/Weber, Bankrecht und Bankpraxis, Rz. 4/147.

5 *Obermüller*, Insolvenzrecht in der Bankpraxis, Rz. 6.61.

da eine unberechtigte Kündigung das Kreditinstitut zum Schadensersatz verpflichten kann.

1. Ordentliches Kündigungsrecht

1.305 Ist für den Kredit **keine feste Laufzeit vereinbart, so steht jedem Kreditinstitut ein ordentliches Kündigungsrecht** zu. Dieses Kündigungsrecht folgt – sofern es nicht ausdrücklich in der Kreditvereinbarung niedergelegt ist – für schon ausgezahlte Darlehen aus § 488 Abs. 3 BGB; die Kündigungsfrist beträgt drei Monate[1]. In aller Regel werden Kreditinstitute ihre Kreditkündigung aber auf die speziellen Vereinbarungen in den allgemeinen Geschäftsbedingungen des Kreditgewerbes stützen. Nr. 19 Abs. 2 AGB-Banken bzw. – im Ergebnis weitgehend übereinstimmend – Nr. 26 Abs. 1 AGB-Sparkassen berechtigen die Kreditinstitute, Kredite und Kreditzusagen, für die weder eine Laufzeit noch eine abweichende Kündigungsregelung vereinbart ist, jederzeit ohne Einhaltung einer Kündigungsfrist zu kündigen[2].

1.306 Dieses in den AGB der Kreditwirtschaft vereinbarte Recht, das bis auf weiteres, also nicht für eine festgelegte Laufzeit, zugesagte Darlehen **ohne Einhaltung einer Frist kündigen zu können, hatte die Rechtsprechung stets für wirksam erachtet**[3] und Einschränkungen nur über das Verbot der Kündigung zur Unzeit erreicht (dazu sogleich bei Rz. 1.311 ff.). Eine vertragliche Vereinbarung, die die gesetzliche Kündigungsfrist von drei Monaten aus § 488 Abs. 3 BGB für die ordentliche Kündigung eines bis auf weiteres zugesagten Darlehens verkürzt, ist wirksam[4], da die gesetzliche Regelung nach dem ausdrücklichen Willen des Gesetzgebers dispositiv sein soll[5]. Ebenso bleibt die Vereinbarung vertraglicher, ordentlicher Kündigungsrechte, wie sie sich z.B. aus Nr. 19 Abs. 2 AGB-Banken bzw. Nr. 26 Abs. 1 AGB-Sparkassen ergeben, von den Regelungen der außerordentlichen Kündigungsrechte in § 490 BGB unberührt[6]. Insbesondere wegen der dem Darlehensnehmer nach Nr. 19 Abs. 5 AGB-Banken einzuräumenden angemessenen Abwicklungsfrist verstößt das vereinbarte Recht zur ordentlichen fristlosen Kündigung in Nr. 19 Abs. 2 AGB-Banken bzw. Nr. 26 Abs. 1 AGB-Sparkassen nicht ein gesetzliches Leitbild und benachteiligt daher auch nicht im Sinne von § 307 Abs. 2 Nr. 1 BGB den Darlehensnehmer unangemessen[7].

1 Zum Darlehensrecht im Überblick *Mülbert,* WM 2002, 465 ff.; *Wittig/Wittig,* WM 2002, 145 ff. Speziell zur Kündigung *Freitag,* WM 2001, 2370 ff.; *Obermüller,* ZInsO 2002, 97 ff.; *Wittig,* NZI 2002, 633.

2 Zur Kündigung nach Nr. 19 Abs. 2 AGB-Banken ausführlich *Gößmann* in Gößmann/Hellner/Schröter/Steuer/Weber, Bankrecht und Bankpraxis, Rz. 1/559 ff., mit Nachw. der Rechtsprechung.

3 BGH v. 5. 4. 1984 – III ZR 2/83, ZIP 1984, 676; BGH v. 30. 5. 1985 – III ZR 112/84, WM 1985, 1136; OLG Köln v. 22. 1. 1999 – 6 U 70/98, WM 1999, 1004; LG Bonn v. 25. 2. 1998 – 26 O 90/97, WM 1998, 1067.

4 Ebenso *Wittig/Wittig,* WM 2002, 145.

5 Begründung zum Fraktionsentwurf, BT-Drucks. 14/6040 v. 14. 5. 2001, zu § 488, S. 253.

6 Begründung zum Fraktionsentwurf, BT-Drucks. 14/6040 v. 14. 5. 2001, zu § 490, S. 254.

7 So im Ergebnis auch *Grundmann,* BKR 2001, 66, 69; *Obermüller,* ZInsO 2002, 97.

2. Außerordentliches Kündigungsrecht

Kreditinstituten steht auch bei **Krediten, die für eine bestimmte Laufzeit vergeben worden sind oder für die das Recht zur ordentlichen Kündigung ausgeschlossen worden ist**, ein Kündigungsrecht auf Grund der allgemeinen Geschäftsbedingungen des Kreditgewerbes zu. Die Kündigung solcher Kredite kann aber nur als (fristlose) außerordentliche Kündigung erfolgen, wozu ein wichtiger Grund vorliegen muss. Ein wichtiger Grund in diesem Sinne ist nach der Regelung in Nr. 19 Abs. 3 AGB-Banken (ähnlich Nr. 26 Abs. 2 AGB-Sparkassen) gegeben, wenn dem Kreditgeber, auch unter angemessener Berücksichtigung der Belange des Kreditnehmers, die Fortsetzung des Kreditverhältnisses unzumutbar ist. Als „Regelbeispiele" für solch einen wichtigen Grund nennt Nr. 19 Abs. 3 AGB-Banken, 1.307

- wenn der Kreditnehmer unrichtige Angaben über seine Vermögenslage gemacht hat, die für das Kreditinstitut bei der Entscheidung über die Kreditgewährung von erheblicher Bedeutung waren,
- wenn der Kunde seiner Verpflichtung zur Bestellung oder Verstärkung von Sicherheiten, die sich aus Nr. 13 Abs. 2 AGB-Banken oder einer sonstigen Vereinbarung ergibt, nicht innerhalb der von dem Kreditinstitut gesetzten angemessenen Frist nachkommt, oder
- wenn eine wesentliche Verschlechterung der Vermögenslage des Kreditnehmers oder in der Werthaltigkeit einer für das Darlehen gestellten Sicherheit eintritt oder einzutreten droht und dadurch die Erfüllung der Verbindlichkeiten des Kreditnehmers gegenüber dem Kreditinstitut gefährdet ist.

In der Krise ist naturgemäß der letztgenannte Kündigungsgrund, also die **Gefährdung der Rückerstattung des Darlehens**, von besonderer Bedeutung. Mit den Regelungen in den Allgemeinen Geschäftsbedingungen der Kreditwirtschaft wird weitgehend wörtlich das außerordentliche Kündigungsrecht des § 490 Abs. 1 BGB übernommen[1]. Für die Rechtmäßigkeit einer Kündigung sind danach ausdrücklich auch die für das Darlehen bestellten Sicherheiten zu berücksichtigen: Zum einen kann die (drohende) Verschlechterung in der Werthaltigkeit der Sicherheit schon ausreichender Kündigungsgrund sein, sofern dadurch die Rückerstattung des Darlehens gefährdet wird[2]. Zum anderen ist für die Frage, ob die Rückerstattung des Darlehens gefährdet ist, auch eine Verwertung der Sicherheiten und die Rückführung aus Verwertungserlösen einzubeziehen[3]. Darauf ist unten bei Rz. 1.314 ff. noch einzugehen. Voraussetzung jeder Kündigung nach dieser Regelung ist aber, dass die Umstände, die die Rückzahlung gefährden, erst im Verlauf der Kreditbeziehung eintreten 1.308

1 Dazu *Mülbert,* WM 2002, 465 ff.; *Wittig/Wittig,* WM 2002, 145 ff.; *Freitag* WM 2001, 2370 ff.; *Obermüller,* ZInsO 2002, 97 ff.; *Wittig,* NZI 2002, 633.

2 So auch schon OLG Köln v. 15. 9. 2000 – 11 W 56/00, NZI 2001, 262. Eine Kreditkündigung wegen Wegfalls einer Sicherheit scheidet dagegen aus, wenn die Sicherheit ohnehin von Anfang an nicht werthaltig war: OLG Frankfurt/M. v. 15. 2. 2002 – 24 U 5/01, ZIP 2002, 1030.

3 Dazu aus grundsätzlichen Gründen sehr kritisch *Freitag,* WM 2001, 2370, 2374.

oder einzutreten drohen. Dagegen besteht kein Recht zur außerordentlichen Kündigung, wenn die Umstände, die zur Kündigung herangezogen werden, dem Kreditgeber bereits im Zeitpunkt der Kreditgewährung bekannt waren[1].

1.309 Die **benannten Kündigungsgründe sind nicht abschließend**, wie durch die „insbesondere"-Formulierung in Nr. 19 Abs. 3 AGB-Banken verdeutlicht wird. Dies wird durch die ausdrückliche gesetzliche Regelung in § 490 Abs. 3 BGB gestützt, wonach das Kündigungsrecht des Darlehensgebers wegen Gefährdung der Rückerstattung aus § 490 Abs. 1 Satz 1 BGB keine abschließende Regelung darstellt, sondern daneben das allgemeine Recht zur Kündigung von Dauerschuldverhältnissen aus wichtigem Grund gem. § 314 BGB unberührt bleibt. Mit dieser Norm hat der Gesetzgeber den schon früher allgemein anerkannten Grundsatz, dass auch Dauerschuldverhältnisse aus wichtigem Grund fristlos gekündigt werden können, generell normiert. Damit bleibt z.B. die Kündigung aus wichtigem Grund bei Zahlungsverzug des Darlehensnehmers möglich, auch wenn keine Verschlechterung in den Vermögensverhältnissen des Schuldners oder in der Werthaltigkeit einer Sicherheit eingetreten ist[2]. Soweit jedoch seine Tatbestandsmerkmale erfüllt sind, ist § 490 Abs. 1 BGB im Verhältnis zu § 314 BGB lex specialis[3], so dass § 490 Abs. 1 BGB abschließend das Kündigungsrecht des Darlehensgebers regelt, wenn kein anderer Kündigungsgrund als die Gefährdung des Rückzahlungsanspruchs vorliegt[4]. Sonstige Gründe, die eine außerordentliche Kündigung rechtfertigen sollen, müssen außerdem qualitativ gleich schwerwiegend sein, so dass noch nicht jede Vertragsverletzung Kreditinstitute zur außerordentlichen Kreditkündigung berechtigt. Für das Kreditgeschäft mit einer insolvenzbedrohten GmbH oder einem sonstigen Kreditnehmer in der Krise ist aber entscheidend, dass eine Berechtigung zur Kreditkündigung in einem solchen Fall nahezu immer gegeben sein sollte, weil die Rechtsprechung das Recht zur außerordentlichen Kreditkündigung wegen **schwerwiegender Verletzung der vertraglichen Verpflichtungen** in typischen Fällen, die einer Insolvenz vorausgehen, bejaht hat, so z.B. wenn der Kreditnehmer die ihm eingeräumten Kreditlinien nachhaltig überschreitet, wenn er die Kreditmittel abredewidrig verwendet oder Zahlungen „umleitet", an denen der Kreditgeber Sicherungsrechte geltend machen kann, wenn der Kreditnehmer mit der Zahlung von Zinsen in Verzug gerät[5], wenn er Zins- oder sogar Tilgungszahlungen verweigert oder wenn er damit droht, seine Zahlungsunfähigkeit zu erklären und die Zahlungen völlig einzustellen[6].

---

1 Dazu BGH v. 7. 5. 2002 – XI ZR 236/01, WM 2002, 26.

2 *Mülbert,* WM 2002, 465, 473.

3 Begründung zum Fraktionsentwurf, BT-Drucks. 14/6040 v. 14. 5. 2001, Vorbemerkung zu § 314, S. 177.

4 Zur Konkurrenz beider Vorschriften ausführlich *Mülbert,* WM 2002, 465, 473; *Wittig/Wittig,* WM 2002, 145 ff. Dagegen mit Kritik an der gesetzlichen Regelung *Freitag,* WM 2001, 2370, 2377.

5 Zur außerodentlichen Kündigung wegen Verzugs mit Zinsraten OLG Köln v. 30. 1. 2002 – 13 U 32/01, BKR 2002, 999; OLG Schleswig v. 27. 4. 2006 – 5 U 176/05, WM 2006, 1338.

6 *Gößmann* in Gößmann/Hellner/Schröter/Steuer/Weber, Bankrecht und Bankpraxis, Rz. 1/595 mit Nachw. der Rechtsprechung.

Die Zulässigkeit des ordentlichen wie des außerordentlichen Kündigungsrechts ist von der Rechtsprechung allgemein anerkannt[1]. Wie bei jeder anderen Rechtsposition gilt aber auch hier das allgemeine **Willkürverbot**, d.h. ein Kreditinstitut darf sein Kündigungsrecht nicht willkürlich ausüben, sondern unterliegt gewissen Schranken. Diese werden für die Ausübung des Kündigungsrechts aus den §§ 627 Abs. 2, 671 Abs. 2, 675, 723 Abs. 2 BGB hergeleitet und im Allgemeinen unter dem Begriff des Verbots der Kündigung zur Unzeit erörtert[2]. 1.310

3. Einschränkung des Kündigungsrechts mit Rücksicht auf die Schuldnerinteressen

Kreditinstitute dürfen ihr Kündigungsrecht nicht ohne Rücksicht darauf ausüben, ob dem Kreditnehmer ein vermeidbarer und durch eigene Interessen des Kreditinstituts nicht gerechtfertigter Nachteil zugefügt wird[3]. Auf Grund dieser Einschränkungen ist aber die **Kündigung in den für das Kreditgeschäft mit einer insolvenzbedrohten GmbH besonders relevanten Fällen nicht ausgeschlossen**. Denn hier wird regelmäßig ein Recht zur außerordentlichen Kündigung aus wichtigem Grund bestehen. Dieses ist mit dem Recht zur ordentlichen Kündigung strukturell nicht vergleichbar, weil gerade wegen des wichtigen Grundes die Fortsetzung des Kreditverhältnisses dem Kreditgeber unzumutbar geworden ist. Daher kommt eine Einschränkung des außerordentlichen Kündigungsrechts wegen berechtigter Belange des Kreditnehmers nur in ganz seltenen Ausnahmefällen in Betracht, da andernfalls der Kreditgeber zu einer Kreditversorgung des Unternehmens in der Krise verpflichtet wäre, zu der noch nicht einmal die Gesellschafter verpflichtet sind[4]. 1.311

So ist insbesondere dann, wenn die **GmbH oder ein anderer Kreditnehmer eingeräumte Kreditlinien überschreitet**, das Kreditinstitut unter keinem rechtlichen Gesichtspunkt verpflichtet, eine solche länger andauernde erhebliche Kontoüberziehung trotz wiederholter Abmahnung hinzunehmen. Nur wenn der Kreditgeber häufige Überziehungen der Kreditlinie unbeanstandet hingenommen hat, kann er eine erneute Überziehung nicht ohne weiteres zum Anlass für eine Kündigung nehmen. Vielmehr muss er die kreditnehmende GmbH, genau wie jeden anderen Kreditnehmer, vorher warnen, weil sich das Kreditinstitut andernfalls in unzulässiger Weise widersprüchlich verhalten und ein zuvor in zurechenbarer Weise geschaffenes Vertrauen verletzen würde[5]. 1.312

---

1 BGH v. 10. 11. 1977 – III ZR 39/76, WM 1978, 234, 237.

2 BGH v. 7. 2. 1956 – I ZR 43/54, WM 1956, 530; dazu *Rümker*, KTS 1981, 493, 495 ff.; *Uhlenbruck*, Gläubigerberatung in der Insolvenz, S. 107.

3 Dazu BGH v. 10. 11. 1977 – III ZR 39/76, WM 1978, 234, 237; BGH v. 19. 9. 1979 – III ZR 93/76, WM 1979, 1179; OLG Zweibrücken v. 21. 9. 1984 – 1 U 244/82, ZIP 1984, 1334; ausführlich dazu *Gößmann* in Gößmann/Hellner/Schröter/Steuer/Weber, Bankrecht und Bankpraxis, Rz. 1/568 ff.

4 *Gößmann* in Gößmann/Hellner/Schröter/Steuer/Weber, Bankrecht und Bankpraxis, Rz. 1/577 f.

5 BGH v. 10. 11. 1977 – III ZR 39/76, WM 1978, 234, 237; BGH v. 14. 7. 1983 – III ZR 176/82, WM 1983, 1038; BGH v. 12. 7. 1984 – III ZR 32/84, WM 1984, 1273; BGH v. 28. 2. 1985 – III ZR 223/83, WM 1985, 769; OLG Zweibrücken v. 21. 9. 1984 – 1 U

1.313 Auch bei einem Kredit, der für die **wirtschaftliche Existenz der GmbH notwendig** ist, verbietet die Rücksichtnahme auf die Interessen des Kreditnehmers nicht jede Kündigung des Kredits. Vielmehr kann auch ein solcher Kredit von dem Kreditinstitut jedenfalls dann fristlos gekündigt werden, wenn objektive Umstände die Annahme rechtfertigen, dass der wirtschaftliche Zusammenbruch des Kreditnehmers durch Zwangsmaßnahmen Dritter unvermeidlich geworden ist[1].

4. Einschränkung des Kündigungsrechts wegen ausreichender Sicherheiten

1.314 § 490 Abs. 1 BGB, der in den Allgemeinen Geschäftsbedingungen der Kreditwirtschaft (Nr. 19 Abs. 3 AGB-Banken, Nr. 26 Abs. 1 AGB-Sparkassen) fast wörtlich übernommen wurde, legt ausdrücklich fest, dass für die Feststellung dieses Kündigungsgrundes auch eine Verwertung der Sicherheiten und die Rückführung aus Verwertungserlösen einzubeziehen ist[2]. Dazu weisen die Gesetzesmaterialien darauf hin, dass bei Vorliegen hinreichender Sicherheiten trotz einer wesentlichen Verschlechterung in den Vermögensverhältnissen des Darlehensnehmers der Darlehensgeber kein Kündigungsrecht habe, weil die Gefährdung der Rückerstattung durch die Sicherheiten ausgeschlossen sei. Für die Beurteilung des Sicherheitenwertes sollen bei Sachsicherheiten die Werthaltigkeit der als Sicherheit gestellten Sache und bei Personalsicherheiten Dritter, insbesondere bei der Bürgschaft, die Vermögensverhältnisse des dritten Sicherungsgebers maßgeblich sein[3].

1.315 Damit Sicherheiten in dieser Weise den Ausschluss der Kündigung rechtfertigen, ist aber erforderlich, dass sie nach dem Urteil eines unbeteiligten, sachkundigen und unterrichteten Beobachters im Hinblick auf die Gesamtumstände **zur Deckung des vollen Kreditrisikos ausreichen und ohne nennenswerte Schwierigkeiten verwertbar** sind[4]. Dazu sind strenge Anforderungen zu erfüllen:

- Der Wert der gestellten Sicherheiten darf nicht nur für den Kapitalbetrag und die schon aufgelaufenen Zinsen reichen. Vielmehr ist auch zu berücksichtigen, für welchen Zeitraum durch die Sicherheiten auch die weiter anfallenden Zinsen gedeckt sind. Ist dagegen zu befürchten, dass ohne eine Verbesserung der finanziellen Verhältnisse des Darlehensnehmers das Kreditinstitut durch den Ausfall mit weiterhin auflaufenden Zinsen einen Verlust erleiden wird, so ist es nicht zumutbar, die Kündigung des Darlehens bis dahin zurückzustellen[5].

244/82, ZIP 1984, 1334; dazu auch *Rümker,* KTS 1981, 493; *Hopt,* ZHR 143 (1979), 139; *Gößmann* in Gößmann/Hellner/Schröter/Steuer/Weber, Bankrecht und Bankpraxis, Rz. 1/579.

1 BGH, EWiR Nr. 17 AGB Banken 2/85, 533.

2 Dazu *Mülbert,* WM 2002, 465 ff.; *Wittig/Wittig,* WM 2002, 145 ff.; *Freitag,* WM 2001, 2370 ff.; *Obermüller,* ZInsO 2002, 97 ff.; *Wittig,* NZI 2002, 633.

3 Gegenäußerung der Bundesregierung, BT-Drucks. 14/6857 v. 31. 8. 2001, zu Nr. 110, S. 64.

4 So auch *Obermüller,* ZInsO 2002, 97, 100, unter Berufung auf BGH v. 5. 5. 1981 – 1 StR 487/80, NStZ 1981, 351.

5 *Obermüller,* ZInsO 2002, 97, 100.

- Bei Hinausschieben der Kündigung darf keine Beeinträchtigung des Wertes der zur Verfügung stehenden Sicherheiten zu befürchten sein. Denn § 490 Abs. 1 BGB lässt für die außerordentliche Kündigung schon genügen, dass in der Werthaltigkeit einer für das Darlehen gestellten Sicherheit eine wesentliche Verschlechterung erst einzutreten droht.
- Die Sanierungsfähigkeit des Kreditnehmers muss grundsätzlich gegeben sein[1]. Denn ist eine Insolvenz ohnehin unvermeidbar, kann dem gesicherten Kreditinstitut mangels eines schutzwürdigen Interesses des Kreditnehmers an der Fortführung des Darlehensvertrages nicht zugemutet werden, die Rückführung des Darlehens durch Verwertung der Sicherheiten bis zum endgültigen Eintritt der Insolvenz hinauszuschieben. Denn damit würde dem Kreditinstitut das Risiko einer zwischenzeitlichen Wertminderung oder gar eines Verlustes der Sicherheiten (z.B. bei der besitzlosen Sicherungsübereignung durch Untreuehandlungen des Kreditnehmers) auferlegt.

Sind diese engen Voraussetzungen einer Einschränkung des Kündigungsrechts 1.316 wegen ausreichender Besicherung nicht gegeben, kann das Kreditinstitut nach der Kündigung auf die gestellten Sicherheiten zumindest bei Unternehmen sofort zurückgreifen und zu diesem Zweck auch **Verwertungsmaßnahmen** ergreifen, die an die Öffentlichkeit dringen, also vor allem eine Globalzession offen legen. Wird der Kreditnehmer als Folge dieser Verwertungsmaßnahmen gezwungen, einen Insolvenzantrag zu stellen, so ist das Kreditinstitut bei einer berechtigten Kündigung weder dem Kreditnehmer noch gegenüber dessen Gläubigern zum Schadensersatz verpflichtet[2].

5. Rechtsfolgen unzulässiger Kündigung

Ist die Kündigung nach den oben dargelegten Grundsätzen unzulässig, so sind 1.317 **Schadensersatzansprüche** Dritter ausgeschlossen[3]. Der Kreditnehmer kann jedoch der Kündigung entgegentreten und Schadensersatz vom Kreditgeber wegen einer zur Unzeit ausgesprochenen Kündigung fordern. Dabei erfasst der Schadensersatzanspruch auch den durch die Eröffnung eines Insolvenzverfahrens entstandenen Schaden des Kreditnehmers, sofern die unzeitige Kündigung das Insolvenzverfahren adäquat-kausal verursacht hat[4].

1 So schon OLG Celle v. 30. 6. 1982 – 3 U 258/81, ZIP 1982, 942. Ebenso *Obermüller,* ZInsO 2002, 97, 100.
2 *Uhlenbruck,* Gläubigerberatung in der Insolvenz, S. 107.
3 BGH v. 3. 3. 1956 – IV ZR 301/55, WM 1956, 597.
4 Dazu auch *Obermüller,* Insolvenzrecht in der Bankpraxis, Rz. 5.95 f.

E. Krisenmanagement

I. Schwachstellenanalyse

1.318 Ausgangsbasis der Schwachstellenanalyse ist die **Analyse des ganzen Unternehmens**. Sie deckt Sachverhalte und Zusammenhänge auf, die sich aus den vorliegenden Daten nicht unmittelbar ergeben. Es kommen hierfür sowohl verschiedene Methoden der Aufbereitung quantitativer Merkmale als auch Verfahren zur Ermittlung qualitativer Daten in Betracht. In Wissenschaft und Praxis sind eine Vielzahl von Methoden und Techniken der Unternehmensanalyse wie z.B. die Konkurrentenanalyse, Szenario-Analyse, Wertanalyse und Portfolio-Methoden entwickelt worden. Die Bestimmung des im Einzelfall anzuwendenden Verfahrens steht im pflichtgemäßen Ermessen des Analysierenden; seinen besonderen Kenntnissen und Erfahrungen kommt daher große Bedeutung zu. Bei der Verfahrensauswahl ist auch zu berücksichtigen, dass Umfang und Tiefe der Analyse durch die geringe Zeit, die im Rahmen der Unternehmenssanierung zur Verfügung steht, begrenzt sind. Die Analyse des Unternehmens erstreckt sich sowohl auf die **Lagebeurteilung** als auch die **Analyse der unternehmensinternen Krisenursachen und Schwachstellen**.

1.319 Die strategische Ausrichtung des Unternehmens erweist sich schon seit Jahren als einer der gravierenden Schwachpunkte vieler Unternehmenskonzepte. Marktveränderungen werden entweder überhaupt nicht oder zu spät zur Kenntnis genommen. Der **strategischen Analyse** kommt deshalb eine herausragende, in vielen Fällen die entscheidende Bedeutung zu. Die strategische Analyse muss der Unternehmensführung die notwendigen betriebsinternen Veränderungen aufzeigen, mit denen sie auf strukturelle Marktveränderungen zu reagieren hat. Ansatzpunkt der strategischen Analyse ist die Erfassung der sich verändernden unternehmensexternen Bedingungen. Hierzu gehören im Wesentlichen[1]

- die Analyse des gesamten Marktes,
- die Analyse eigenen Branche und
- die Analyse des Wettbewerbs.

1.320 Das Unternehmen prüft zweckmäßige Anpassungsmaßnehmen an die sich verändernden Marktbedingungen durch

- eine **Potentialanalyse**; sie soll die kurz-, mittel- und langfristig mobilisierbaren Unternehmensressourcen aufzeigen,
- eine **Stärken-/Schwächenanalyse**, mit der insbesondere die möglichen Reaktionen auf das Verhalten des Wettbewerbs untersucht werden,
- eine **Chancen-/Risikenanalyse** in Ergänzung der Stärken-/Schwächenanalyse zur Eingrenzung des möglichen Erfolgs bzw. des Misserfolgs und schließlich eine
- **Portfolioanalyse**, die die „Machbarkeit" der Anpassungsmaßnahmen zum Untersuchungsgegenstand hat.

---

1 Vgl. *Kußmaul*, DStR 1999, 1579, 1583.

II. Strategien *(Wellensiek/Schluck-Amend)*

Je nach Stadium der eingetretenen Krise eröffnen sich mehrere Stoßrichtungen für ein Krisenmanagement. Die **Krisendiagnose** bietet hierfür den Ausgangspunkt. Ist die Krise bereits soweit fortgeschritten, dass die Insolvenz droht oder unmittelbar bevorsteht, so müssen neben Sanierungsmaßnahmen im operativen Bereich auch rechtliche Sanierungsmaßnahmen im Hinblick auf etwaige Insolvenzgründe eingeleitet werden[1]. Im **fortgeschrittenen Krisenstadium** ist es einzelnen Personen meist nicht mehr möglich, die vielfältigen erforderlichen Schritte in die Wege zu leiten, geschweige denn diese allein umzusetzen. Eine personelle Verstärkung zur Unterstützung der Geschäftsführung ist daher meist unumgänglich. 1.321

1. Krisenmanagement im operativen Bereich

a) Veränderungen in der Geschäftsleitung

Stellen die Gesellschafter einer GmbH fest, dass die bisherige Geschäftsführung den veränderten Umständen in der Unternehmenskrise nicht gewachsen ist, so kann die Notwendigkeit bestehen, die **Geschäftsführung auszutauschen** oder zumindest **durch einen Krisenmanager zu ergänzen**[2]. Solche Personalentscheidungen und insbesondere deren Umsetzung erfordern regelmäßig ein gewisses Fingerspitzengefühl gegenüber den bisherigen Gesellschaftsorganen und gleichzeitig die erforderliche Entschlossenheit. Gefährlich wird die Situation allerdings dann, wenn die bisherige Geschäftsführung lediglich als „Bauernopfer" abberufen wird. Gewonnen ist damit noch nichts, zumal das Unternehmen dann mit der bisherigen Geschäftsführung oft dringend benötigte Knowhow-Träger verliert. 1.322

Zudem besteht in der Praxis regelmäßig die Problematik, geeignete Krisenmanager zu finden, die auch bereit sind, die Organstellung in der Gesellschaft zu übernehmen. Vor dem Hintergrund einer etwaigen Geschäftsführerhaftung, deren Umfang gerade in Krisensituationen äußerst weit sein kann, neigen viele Krisenmanager dazu, als „Bevollmächtigte" neben den eigentlichen Geschäftsführern aufzutreten, ohne sich allerdings als Gesellschaftsorgan bestellen zu lassen. Dass für **„faktische Geschäftsführer"** die **identischen Haftungsmaßstäbe** gelten wie für diejenigen, die im Handelsregister eingetragen sind, wird dabei freilich nur allzu oft übersehen. Zu begegnen ist ebenso dem Irrtum, dass die Implementierung eines einzigen Krisenmanagers ausreicht, um der Unternehmenskrise wirksam begegnen zu können[3]. Die vielfältigen und sich z.T. erheblich voneinander unterscheidenden Aufgaben sind meist nur durch eine größere Anzahl von Leistungsträgern zu bewältigen. 1.323

---

1 S. zur Krisenintensität *Holzer*, NZI 2005, 308, 311.

2 *Kaufmann* in Buth/Hermanns, Restrukturierung, Sanierung, Insolvenz, § 16 Rz. 7 S. 379, spricht sogar von „Schönwetterkapitänen", deren Managementstil nicht zur Krisenbewältigung tauge.

3 Ebenso *Buchalik* in Buth/Hermanns, Restrukturierung, Sanierung, Insolvenz, § 2 Rz. 66 S. 46 f.

1.324 Die Verstärkung der Geschäftsführung durch Krisenmanager führt in vielen Fällen zu einer **objektiveren Sicht** der tatsächlichen Krisensituation. Die bisherige Geschäftsführung neigt oftmals zu einem zu großen Optimismus. Zudem muss bedacht werden, dass die Unternehmenskrise und die damit einhergehende Insolvenzgefahr automatisch zu einer persönlichen Bedrohung der bisherigen Geschäftsführung wird. Denn die ggf. erforderlich werdende Beantragung eines Insolvenzverfahrens geht oftmals auch mit dem absehbaren Ende der Stellung als Geschäftsführer einher. Die **psychologische Hemmschwelle**, die einer frühzeitigen Einleitung eines Insolvenzverfahrens entgegensteht, besteht regelmäßig auch bereits bei der tatsächlichen Auseinandersetzung mit der Unternehmenskrise[1]. Im fortgeschrittenen Stadium einer Krise weicht der eingangs beschriebene Optimismus der Geschäftsführung oftmals einer lähmenden Resignation. Dies führt dazu, dass die Geschäftsleitung die Krise zwar nunmehr in vollem Umfang wahrnimmt oder zumindest zur Kenntnis nehmen muss, gleichzeitig aber nicht mehr davon ausgeht, dass sie die Krise bewältigen kann[2]. Externe Krisenmanager unterliegen diesen Mechanismen naturgemäß nicht.

1.325 Gleichwohl kann die **Implementierung externer Krisenmanager** aber aus anderen Gründen **problematisch** sein. Um effiziente Sanierungsmaßnahmen einleiten zu können, ist die Geschäftsleitung auf **Informationen aus dem Unternehmen** und die Unterstützung der Mitarbeiter angewiesen. Gerade hier besteht die Gefahr, dass die wesentlichen Informationen auf Grund fehlenden Vertrauens oder der Angst, selbst Opfer von Sanierungsmaßnahmen zu werden, nicht an externe Krisenmanager weitergeleitet werden.

1.326 Problematisch sind weiterhin die Fälle, in denen externe Krisenmanager auf **Druck beteiligter Gläubiger**, insbesondere Banken, implementiert werden. Diese Krisenmanager werden oft als „einseitige Interessenvertreter" wahrgenommen, weshalb ihnen die nötige Akzeptanz im Unternehmen fehlt[3]. Unter diesen Umständen erfordern die Versuche, die Krise zu bewältigen, erhöhte Anstrengungen.

b) Verbesserung der Informationsstruktur zur Ermöglichung der Umsetzung von Sanierungsmaßnahmen

1.327 Ausgehend von der Krisendiagnose bzw. Schwachstellenanalyse gilt es in einem zweiten Schritt nunmehr, die erforderlichen Maßnahmen in die Wege zu leiten, um die erkannten Schwachstellen zu beseitigen. Im Rahmen eines **Sanierungsplans** sind die erforderlichen Maßnahmen zu erarbeiten. Gleichzeitig sind Zeitfenster für die Erfüllung der festgelegten Maßnahmen zu definieren. Ebenso nötig ist die Festlegung von regelmäßigen Zwischenkontrollen, um etwaigen Umsetzungsproblemen zeitnah begegnen zu können.

1 Vgl. hierzu auch *Lange* in Bickhoff/Blatz, Die Unternehmenskrise als Chance, 2004, S. 124.

2 *Uhlenbruck/Leibner*, KTS 2004, 505, 506 f.

3 Auf die Gefahr, dass ein von Kreditgebern empfohlener Krisenmanager gar als „Beauftragter" des Gläubigers tätig wird, weist *Kaufmann* in Buth/Hermanns, Restrukturierung, Sanierung, Insolvenz, § 16 Rz. 18 S. 382 f., zu Recht hin.

Ein maßgeblicher Schritt, um überhaupt die Grundlagen für ein erfolgreiches Krisenmanagement zu legen, ist in vielen Fällen die **Veränderung der unternehmensinternen Informationsstruktur**. Der Informationsfluss muss straffer und schneller gestaltet werden. Da die Auswertung des externen Rechnungswesens auf Grund der verzögerten Erstellung des Datenmaterials bereits für die Krisenabwehr nur eingeschränkt tauglich ist, ist sie für die Bewältigung einer bereits eingetretenen Krise nahezu unbrauchbar. Anhand des externen Rechnungswesens kann erst hinterher überprüft werden, ob eingeleitete Sanierungsmaßnahmen greifen. 1.328

Mit der Veränderung der unternehmensinternen Informationsstrukturen muss auch eine **organisatorische und operative Einbindung** des ggf. neuen „Krisen-Stabs" einhergehen[1]. Ebenso sind die jeweiligen Verantwortlichen aus den betroffenen Unternehmensbereichen festzulegen, welche die Umsetzung der jeweiligen Sanierungsmaßnahmen vollziehen sollen. Dies setzt voraus, dass sich die Geschäftsführung „nach unten" öffnet und die oftmals vernachlässigte oder bewusst schlecht informierte „zweite Ebene" innerhalb der Unternehmenshierarchie gezielt in das Krisenmanagement mit einbindet. Auch wenn dies für die bisherige Geschäftsführung mit dem unerfreulichen unternehmensinternen Eingeständnis der Krise verbunden sein mag, so ist dieser Schritt in der Mehrzahl der Fälle unerlässlich. Ebenso kann sich die Bildung von **Projektgruppen** mit Mitarbeitern aus allen Unternehmenshierarchien anbieten, um konkrete Sanierungsmaßnahmen am effizientesten zu gestalten[2]. 1.329

c) Kontrollmaßnahmen und Signale

Um die Umsetzung bzw. das Gelingen der angestrebten Sanierungsmaßnahmen überprüfen zu können, ist es erforderlich, dass die festgelegten **Zwischenkontrollen**, d.h. der Soll-Ist-Vergleich, strikt eingehalten werden. Krisensituationen ist immanent, dass sie ein hohes Maß an Eigendynamik entwickeln. Umso wichtiger ist es, durch **strukturierte Abläufe** zu gewährleisten, dass die **geplanten Aktionen** durchgeführt werden und die Tätigkeit des Krisenmanagements sich **nicht in Reaktionen** auf ständig neue Problempunkte erschöpft. 1.330

Um die nötige Akzeptanz für Sanierungsmaßnahmen bei der Belegschaft im Krisenunternehmen zu erlangen, kann es angezeigt sein, dass die Geschäftsleitung entsprechende **Signale setzt**. Gehen den Sanierungsmaßnahmen insbesondere Einschnitte auf der Geschäftsleitungsebene voraus, so wird dies das Vertrauen der ggf. ebenfalls betroffenen Belegschaft in einen ernsthaften Sanierungswillen stärken, der auch vor der „Chef-Etage" nicht halt macht. Gleich wenn die Aufgabe von Statussymbolen (z.B. der unternehmenseigene Fahrdienst etc.) in finanzieller Hinsicht – gemessen am gesamten Einspa- 1.331

1 *Kaufmann* in Buth/Hermanns, Restrukturierung, Sanierung, Insolvenz, § 16 Rz. 36 ff. S. 386.

2 *Harenberg/Wlecke* in Buth/Hermanns, Restrukturierung, Sanierung, Insolvenz, § 15 Rz. 92 S. 361.

rungsvolumen – nicht entscheidend ins Gewicht fallen werden, so demonstrieren sie dennoch die nötige Entschlossenheit des Krisenmanagements[1].

2. Krisenmanagement im rechtlichen Bereich

1.332 Hat die Krise ein Stadium erreicht, in dem bereits die Zahlungsunfähigkeit droht (oder gar eingetreten ist) oder eine Überschuldung im insolvenzrechtlichen Sinne gegeben ist, so gilt es, neben den Sanierungsmaßnahmen im operativen Bereich auch die **Insolvenzgründe zu beseitigen oder zu verhindern**.

1.333 Dies kann durch **Maßnahmen der Gesellschafter oder Dritter** kurzfristig erreicht werden. Die nachhaltigste Maßnahme der Gesellschafter ist die Durchführung einer Kapitalerhöhung. Anstelle einer Kapitalerhöhung könnten die Gesellschafter auch eine beschränkte Nachschusspflicht durch Satzungsänderung nach §§ 26, 28 GmbHG einführen. All diese Maßnahmen sind in der Regel nur mittelfristig möglich. Kurzfristig kann die Insolvenz durch mit einem Rangrücktritt versehene Kredite abgewendet werden, im Fall bloßer Überschuldung auch durch den Rangrücktritt an sich oder durch eine harte Patronatserklärung der Gesellschafter. Auch Finanz- und Warenkredite Dritter können mit einem Rangrücktritt versehen werden.

1.334 Bevor aber mit solchen Sanierungsmaßnahmen im rechtlichen Bereich begonnen werden kann, muss meistens **„psychologische Vorarbeit"** geleistet werden. Befindet sich ein Unternehmen in der Krise, so ist das Vertrauensverhältnis zwischen der Geschäftsführung und den Gesellschaftern häufig gestört. Wechselseitige Schuldvorwürfe vergrößern den eingetretenen Vertrauensverlust. Dies führt dazu, dass Sanierungskonzepte der Geschäftsführung nicht die nötige Akzeptanz durch die Gesellschafter erfahren[2]. Ist zudem eine Kapitalzufuhr erforderlich oder dienlich, so kann dies von der Geschäftsführung nur schwerlich vermittelt werden. Hier kann die Einschaltung externer Berater durch die Geschäftsführung oder durch die Gesellschafter dazu führen, das **Vertrauensverhältnis wieder herzustellen**. Dieselbe Funktion erfüllt auch ein Krisenmanager, der als weiteres oder neues Gesellschaftsorgan in die Geschäftsleitung eintritt.

1.335 Auch das Vertrauensverhältnis zwischen finanzierenden Banken, Warenkreditversicherern einerseits und der Geschäftsführung und den Gesellschaftern andererseits ist im Krisenfall regelmäßig gestört. Hier kann es sich ebenfalls anbieten, dass **zusätzliche Sanierungsberater** vermittelnd tätig werden. Von entscheidender Bedeutung ist hierbei allerdings, dass die beauftragten Sanierungsberater die nötige Akzeptanz bei der Geschäftsführung genießen[3] und

---

1 Vgl. hierzu *Harenberg/Wlecke* in Buth/Hermanns, Restrukturierung, Sanierung, Insolvenz, § 15 Rz. 191 S. 373, die zu Recht vom symbolischen Schlachten „Heiliger Kühe" sprechen.

2 Vgl. *Kraus/Haghani* in Bickhoff/Blatz, Die Unternehmenskrise als Chance, 2004, S. 19 f.

3 Dies impliziert ebenfalls die Notwendigkeit, dass sich Krisenmanager oder Sanierungsberater auch gegen die Interessen der Geschäftsführung und Gesellschafter durchsetzen können müssen, vgl. *Kaufmann* in Buth/Hermanns, Restrukturierung, Sanierung, Insolvenz, § 16 Rz. 15 S. 381.

gleichzeitig unabhängig von den beteiligten Gläubigern sind. Erst auf Basis dieses wieder gewonnenen Vertrauens können dann konkrete Sanierungsmaßnahmen im rechtlichen Bereich eingeleitet werden.

Begleitend zu den Verhandlungen mit Gesellschaftern und Gläubigern ist un- 1.336
ternehmensintern stets dafür Sorge zu tragen, dass die **rechtlichen Rahmenbedingungen eingehalten** werden. Dies gilt insbesondere im Hinblick auf eine u.U. schon laufende Insolvenzantragsfrist. Gerade vor diesem Hintergrund ist darauf zu achten, dass etwaige Zugeständnisse durch Kreditgeber nicht lediglich dazu führen, dass die Insolvenz zu Lasten anderer Gläubiger hinausgezögert wird[1]. Ist dies der Fall, so können hieraus nicht unerhebliche Schadensersatzansprüche resultieren[2].

1 *Uhlenbruck/Leibner*, KTS 2004, 505, 508.
2 *Buchalik* in Buth/Hermanns, Restrukturierung, Sanierung, Insolvenz, § 2 Rz. 72 f. S. 48.

2. Teil: Außergerichtliche Unternehmenssanierung

A. Vor- und Nachteile einer außergerichtlichen (freien) Sanierung

I. Vorteile der außergerichtlichen Sanierung

Die außergerichtliche (freie) Sanierung bietet für das Krisenunternehmen und seine organschaftlichen Vertreter erhebliche Vorteile. Zu den Vorteilen gehören u.a. **mangelnde Publizität, Flexibilität, größere Effizienz, geringere Kosten** und **kürzere Verfahrensdauer**[1]. Die außergerichtliche (freie) Sanierung vermindert das **strafrechtliche Risiko der Geschäftsführung**. Eine Bestrafung wegen Bankrottdelikts nach §§ 283, 283a–d StGB kommt meist nicht in Betracht, weil nach § 283 Abs. 6 StGB die Tat nur strafbar ist, wenn die GmbH ihre Zahlungen eingestellt hat oder über ihr Vermögen das Insolvenzverfahren eröffnet oder die Eröffnung mangels Masse (§ 26 InsO) abgewiesen worden ist. Die Tatbestände der Verletzung der Buchführungspflicht (§ 283b StGB), der Gläubigerbegünstigung (§ 283c StGB) und der Schuldnerbegünstigung (§ 283d StGB) werden oftmals nicht geahndet, weil es entweder an der objektiven Bedingung der Strafbarkeit (§ 283 Abs. 6 StGB) fehlt oder weil die Staatsanwaltschaft keinen Anlass zur Strafverfolgung sieht, wenn die Sanierung gelingt. Eine bereits eingetretene Zahlungsunfähigkeit oder Überschuldung kann im Einzelfall ungeahndet beseitigt werden, obwohl der **Tatbestand der Insolvenzverschleppung** nach § 15a Abs. 4, 5 InsO erfüllt ist. Trotzdem sollte der Geschäftsführer einer GmbH immer im Auge behalten, dass er bei Vorliegen eines antragspflichtigen Insolvenzgrundes für den Fall des Scheiterns der Sanierung nicht nur den Gläubigern gegenüber zum Schadensersatz verpflichtet ist, sondern wegen Insolvenzverschleppung mit **Freiheitsstrafe bis zu drei Jahren** oder mit Geldstrafe bestraft werden kann (§ 15a Abs 4 InsO). Handelt der Geschäftsführer **fahrlässig**, so ist die Strafe Freiheitsstrafe bis zu einem Jahr oder Geldstrafe (§ 15a Abs. 5 InsO). Ein **Vorteil für den Geschäftsführer** liegt bei der freien Sanierung darin, dass er zwar von der Gesellschafterversammlung abberufen und gekündigt werden kann, nicht aber der kurzen Kündigungsfrist im Insolvenzverfahren nach § 113 InsO ausgesetzt ist. 2.1

1 Einzelheiten bei 3. Aufl., Rz. 419 ff.; *Uhlenbruck*, BB 2001, 1641 ff.; *Uhlenbruck*, Außergerichtliche Sanierung, in Knops/Bamberger/Maier-Reimer, Recht der Sanierungsfinanzierung, 2005, § 5 Rz. 11 ff.; *Eidenmüller*, Unternehmenssanierung zwischen Markt und Gesetz, 1999, S. 331 ff.; *Maus* in Römermann, Steuerberater Handbuch Neue Beratungsfelder, 2005, Rz. 86 S. 744; *Kurz*, Rechtliche Probleme bei der außergerichtlichen Sanierung, in Feldbauer-Durstmüller/Schlager, Krisenmanagement – Sanierung – Insolvenz, 2002, S. 1231, 1254 ff. Zur Mediation in der außergerichtlichen Unternehmenssanierung s. *Schuhmacher/Thiemann*, DZWIR 1999, 441, 444. Zu den verschiedenen Aspekten außergerichtlicher Sanierungsentscheidungen s. *Drukarczyk/Kippes* in Gottwald, Insolvenzrechts-Handbuch, § 3.

II. Risiken und Nachteile einer außergerichtlichen Sanierung

2.2 Nach einer rechtssoziologischen Untersuchung von *Gessner/Rohde/Strate/Ziegert* aus dem Jahr 1978[1] werden vor Insolvenzantragsstellung zwar in jedem dritten Insolvenzfall Versuche unternommen, das gerichtliche Insolvenzverfahren abzuwenden. Die **Zahl der fehlgeschlagenen außergerichtlichen Sanierungsversuche** wird in der Untersuchung mit 23 % angegeben[2]. Festzustellen ist, dass die außergerichtliche (freie) Sanierung eine notwendige Ergänzung des gerichtlichen Insolvenzverfahrens ist. Die außergerichtliche Sanierung wird vom **Prinzip der Vertragsfreiheit** beherrscht. Dabei dürfen allerdings die Risiken und Nachteile einer außergerichtlichen Sanierung nicht vernachlässigt werden. So läuft z.B. die Dreiwochenfrist für die **gesetzliche Insolvenzantragspflicht (§ 15a Abs. 1 Satz 1 InsO)** bei Vorliegen der Zahlungsunfähigkeit (§ 17 InsO) oder Überschuldung (§ 19 InsO) trotz aussichtsreicher Sanierungsbemühungen „gnadenlos" weiter, so dass bei einem schuldhaften Überschreiten zivil- und strafrechtliche Sanktionen drohen[3]. Liegt ein antragspflichtiger Insolvenzgrund vor, ist der Insolvenzantrag **unverzüglich**, also bereits vor Ablauf der Drei-Wochen-Frist, zu stellen, wenn erkennbar ist, dass mit einer fristgerechten Sanierung nicht ernstlich gerechnet werden kann[4]. Anders als im gerichtlichen Insolvenzverfahren können im Rahmen einer freien Sanierung **Minderheiten** der Gläubiger **nicht überstimmt** werden. Grundsätzlich müssen sämtliche Gläubiger der GmbH, soweit sie nicht wegen der minimalen Höhe ihrer Forderungen mit Zustimmung der nachrangigen Gläubiger volle Befriedigung beanspruchen können, dem Vergleich zustimmen. Sogen. **„Akkordstörer"** können nicht gezwungen werden, dem außergerichtlichen Vergleich beizutreten. Kann im Rahmen der freien Sanierung eine hundertprozentige Zustimmung der Gläubiger nicht erreicht werden, bleibt wegen des Verbots eines Vorzugsabkommens meist nur der Weg über das gerichtliche Insolvenzverfahren, in dem gem. §§ 76 Abs. 2, 244 Abs. 1, 245 InsO Minderheiten überstimmt werden können. Im außergerichtlichen Vergleich als freie Sanierung besteht **keine allgemeine Vollstreckungssperre**, so dass die dem Vergleich nicht zustimmenden Gesellschaftsgläubiger nicht gehindert sind, in das Gesellschaftsvermögen zu vollstrecken[5].

1 Die Praxis der Konkursabwicklung in der Bundesrepublik Deutschland, S. 34.

2 *Gessner/Rohde/Strate/Ziegert*, Die Praxis der Konkursabwicklung in der Bundesrepublik Deutschland, 1978, S. 261.

3 S. §§ 823 Abs. 2, 826 BGB i.V.m. § 15a Abs. 4, 5 InsO. Zur früheren Vorschrift § 64 Abs. 1 GmbHG *Baumbach/Hueck/Schulze-Osterloh*, § 64 GmbHG Rz. 51; *Scholz/Karsten Schmidt*, 9. Aufl., § 64 GmbHG Rz. 16 ff.; *Rowedder/Schmidt-Leithoff*, § 64 GmbHG Rz. 12, 13; *Lutter/Kleindiek* in Lutter/Hommelhoff, § 64 GmbHG Rz. 29; *Michalski/Nerlich*, § 64 GmbHG Rz. 34; *Kübler/Prütting/Noack*, InsO, Gesellschaftsrecht Rz. 266; *Altmeppen* in Roth/Altmeppen, § 64 GmbHG Rz. 55, 56.

4 BGH v. 30. 7. 2003 – 5 StR 221/03, NJW 2003, 3787, 3788; BGH v. 9. 7. 1979 – II ZR 118/77, BGHZ 75, 96, 111; *Scholz/Karsten Schmidt*, 9. Aufl., § 64 GmbHG Rz. 16, 20; *Baumbach/Hueck/Schulze-Osterloh*, § 64 GmbHG Rz. 51; *Altmeppen* in Roth/Altmeppen, § 64 GmbHG Rz. 56; *Haas*, DStR 2003, 423, 426.

5 BGH v. 12. 12. 1991 – IX ZR 178/91, NJW 1992, 967; BGH v. 11. 12. 1967 – III ZR 115/67, NJW 1968, 700; *Künne*, Außergerichtliche Vergleichsordnung, S. 54; *Kohler-Gehrig*, Außergerichtlicher Vergleich, S. 98; *Huhn*, Das Stillhalteabkommen der Vergleichsgläubiger, 1964, S. 50; *Ebenroth/Grasshoff*, BB 1992, 865 ff.

Mobiliarsicherungsgläubiger müssen durch Einzelvereinbarungen daran gehindert werden, betriebsnotwendiges Anlage- und Umlaufvermögen aus dem Unternehmen zwecks Verwertung herauszuholen. Bei **Zwangsversteigerung des Betriebsgrundstücks** haben die Geschäftsführer zur Sicherung der Sanierung nach den §§ 30a, 30b, 30c ZVG die Möglichkeit, beim Zwangsversteigerungsgericht die einstweilige bzw. erneute Einstellung der Zwangsversteigerung zu beantragen. Zu beachten ist dabei aber, dass die Einstellung höchstens für **sechs Monate** (§ 30a Abs. 1 ZVG) erfolgt und nur angeordnet wird, wenn die Aussicht besteht, dass durch die Einstellung die Versteigerung vermieden wird und wenn die Einstellung nach den persönlichen und wirtschaftlichen Verhältnissen des Schuldnerunternehmens sowie nach der Art der Schuld der Billigkeit entspricht[1].

Der **außergerichtliche Vergleich** über das Vermögen der GmbH beschränkt oder beseitigt nicht ohne Weiteres die **persönliche Haftung von Gesellschaftern und Geschäftsführern**. Eine Ausfall- oder Differenzhaftung der Gesellschafter bleibt grundsätzlich ebenso bestehen wie eine Durchgriffshaftung wegen existenzvernichtenden Eingriffs oder eine Haftung wegen unzulässiger Einlagenrückgewähr nach § 30 Abs. 1 GmbHG. Gleiches gilt für die Außenhaftung der Geschäftsführer. Es empfiehlt sich, im außergerichtlichen Vergleich nicht nur eine **Enthaftung der Geschäftsführer** zu vereinbaren, sondern auch die Haftung der Gesellschafter in den Vergleich mit einzubeziehen. Die **interne Haftung des Geschäftsführers** gegenüber der Gesellschaft, z.B. nach § 43 GmbHG, wird durch den außergerichtlichen Vergleich der Gesellschaft als externe Sanierung nicht berührt. 2.3

Nach § 7 Abs. 1 Satz 4 Nr. 2 BetrAVG stellt der **außergerichtliche Vergleich** (Stundungs-, Quoten- oder Liquidationsvergleich) des Arbeitgebers mit seinen Gläubigern zur Abwendung eines Insolvenzverfahrens einen **Sicherungsfall** dar, wenn ihm der Träger der Insolvenzsicherung (PSVaG) zustimmt. Der PSVaG ist weder verpflichtet, einem außergerichtlichen Vergleich zuzustimmen, noch besteht ein Rechtsanspruch auf Zustimmung[2]. Rechtlich bedeutet die Zustimmung des PSVaG lediglich, dass der zwischen der schuldnerischen GmbH und den Gläubigern zu Stande gekommene außergerichtliche Vergleich als Sicherungsfall anerkannt wird. Zutreffend weist *Höfer*[3] darauf hin, dass der PSVaG mit seiner „Zustimmung" nunmehr die Funktion wahrnimmt, die ihm ähnlich durch die Rechtsprechung des BAG für den Siche- 2.4

1 Einzelheiten zu den Risiken und Nachteilen der außergerichtlichen (freien) Sanierung bei *Uhlenbruck*, BB 2001, 1641 ff.; *Uhlenbruck* in Knops/Bamberger/Maier-Reimer, Recht der Sanierungsfinanzierung, 2005, § 5 Rz. 15 ff.; *Uhlenbruck*, Unternehmenssanierung durch Insolvenzverfahren, in Kystek/Moldenhauer, Handbuch Krisen- und Restrukturierungsmanagement, 2007, S. 259 ff., 3. Aufl. Rz. 460 ff.; *Kurz*, Rechtliche Probleme bei der außergerichtlichen Sanierung, in Feldbauer-Durstmüller/Schlager, Krisenmanagement – Sanierung – Insolvenz, 2002, S. 1231, 1256 ff.; *Eidenmüller*, Unternehmenssanierung zwischen Markt und Gesetz, 1999, S. 344 ff.

2 *Berenz* in Kemper/Kisters-Kölkes/Berenz/Bode/Pühler, BetrAVG, 3. Aufl. 2008, § 7 Rz. 37 m.w. Literatur und Rspr.

3 Gesetz zur Verbesserung der betrieblichen Altersversorgung (BetrAVG), Bd I, 8. Aufl. 2004, § 7 BetrAVG Rz. 4357.

rungsfall „wirtschaftliche Notlage" zugewiesen worden war. Da der Sicherungsfall der „wirtschaftlichen Notlage" weggefallen ist, übernimmt der PSVaG wegen seiner Einstandspflicht die Prüfung und Feststellung, ob und bejahendenfalls in welcher Höhe ein Eingriff in die Verpflichtungen aus betrieblicher Altersversorgung zur Abwendung eines Insolvenzverfahrens notwendig ist. Damit wird de facto der PSVaG an Stelle der Versorgungsberechtigten in die Gläubigerposition gebracht, die ihm de iure erst mit dem gesetzlichen Forderungsübergang nach § 9 Abs. 2 Satz 1 BetrAVG bzw. mit der Mitteilung nach § 9 Abs. 1 Satz 1 BetrAVG zusteht. In der Literatur[1] ist teilweise davon die Rede, dass der PSVaG einem außergerichtlichen Vergleich zustimmen kann. Richtig ist dagegen, dass der PSVaG an dem Zustandekommen des außergerichtlichen Vergleichs nur **mittelbar beteiligt** wird, indem er den **Vergleich als Sicherungsfall anerkennt**. Zustimmungsberechtigt bleiben bis zur Anerkennung bzw. Übernahme der Ruhegeldverpflichtungen die Versorgungsberechtigten. Da einerseits ein Versorgungsberechtigter einem außergerichtlichen Vergleich nur dann zustimmen wird, wenn der PSVaG seine Zustimmung nach § 7 Abs. 1 Satz 4 Nr. 2 BetrAVG erteilt hat, andererseits aber der PSVaG die Zustimmung zu dem Vergleich nur erteilt, wenn realistische Erfolgsaussichten auf Vermeidung eines Insolvenzverfahrens und auf eine nachhaltige Sanierung der GmbH bestehen, scheint es sinnvoll, den Träger der Insolvenzsicherung bereits frühzeitig in die Prüfung des Vergleichsvorschlags einzubeziehen[2].

2.5 Besondere Gläubigerrisiken bestehen beim **außergerichtlichen Liquidationsvergleich**[3]. Der außergerichtliche Liquidationsvergleich führt regelmäßig zu einer treuhänderischen Übertragung des Gesellschaftsvermögens mit der Maßgabe, dass nach Verwertung oder Ausschüttung an die Gläubiger diese als befriedigt gelten. Da der außergerichtliche Vergleich **keine Mindestquote** kennt, geben sich die Gläubiger vergleichsweise mit dem zufrieden, was aus der Verwertung des Gesellschaftsvermögens erlöst wird. Dies kann im Einzelfall weniger als 10 % der Gläubigerforderungen sein. Deshalb sollte beim außergerichtlichen Vergleich eine **Wiederauflebensklausel** vereinbart werden, wonach die Forderungen in ihrem ursprünglichen Bestand wieder aufleben, wenn die Liquidation die angebotene Mindestquote nicht erbringt. Im Übrigen sollten die Gläubiger beim außergerichtlichen Vergleich der GmbH auf einer **Mindestquote** bestehen. Schließlich sollte die Vergleichserfüllung durch eine **Vertrauensperson der Gläubiger überwacht** werden. Mit der Vermögensübertragung auf einen Treuhänder hat das Schuldnerunternehmen seine Verpflichtungen gegenüber den Gläubigern erfüllt. Die Übertragung hat für die GmbH **schuldbefreiende Wirkung** i.S. von § 364 Abs. 2 BGB. Ein **Verzug des Treuhänders** wird der GmbH grundsätzlich nicht zugerechnet. Überschreitet der Treuhänder Verwertungs- und Ausschüttungsfristen, kommt es ohne eine entsprechende Wiederauflebensklausel weder zu einem Verzug noch zu einem

1 Vgl. z.B. *Berenz* in Kemper/Kisters-Kölkes/Berenz/Bode/Pühler, 3. Aufl. 2008, § 7 BetrAVG Rz. 36, 37.

2 Zum Widerruf von betrieblichen Versorgungszusagen wegen wirtschaftlicher Notlage s. *Uhlenbruck*, KSI 2006, 121 ff.

3 Einzelheiten 3. Aufl. Rz. 455 ff.

Insolvenzverfahren. In der Praxis werden oftmals Besserungsscheine oder Besserungsklauseln vereinbart[1]. Als **Besserungsschein** bezeichnet man ein abstraktes Schuldanerkenntnis i.S. von § 781 BGB mit dem Inhalt einer aufschiebenden Bedingung, dass den Gläubigern, die im Rahmen eines außergerichtlichen Vergleichs oder im Insolvenzplan auf einen Teil ihrer Forderungen verzichtet haben, die erlassenen Forderungen aus den zukünftigen Gewinnen der GmbH oder aus dem Liquidationserlös zu bedienen sind (auch unten Rz. 2.449 ff.). Im Gegensatz zum Besserungsschein ist die **Besserungsklausel** im Vergleich enthalten und teilt dessen Schicksal. Wird der Vergleich aus irgendwelchen Gründen hinfällig bzw. angefochten, so treten die Folgen auch für die Besserungsklausel ein. Letztlich sollte auf die **exakte Formulierung des Vergleichsvorschlags** ebenso großer Wert gelegt werden wie auf die Verpflichtung des Treuhänders, über den Stand der Liquidation in kurzen Abständen **Bericht zu erstatten**[2].

1 Vgl. hierzu *Schrader*, Die Besserungsabrede, 1995; *Herlinghaus*, Forderungsverzicht und Besserungsvereinbarung zur Sanierung von Kapitalgesellschaften, 1994, S. 83 ff.; *Uhlenbruck*, Gläubigerberatung in der Insolvenz, 1983, S. 548 ff.

2 Zu den Risiken einer außergerichtlichen übertragenden Sanierung s. *Uhlenbruck*, Außergerichtliche Sanierung, in Knops/Bamberger/Maier-Reimer, Recht der Sanierungsfinanzierung, 2005, Rz. 35 f.

B. Interne Sanierung

I. Grundlagen

1. Begriffsbildung

2.6 Der Begriff der internen Sanierung ist kein mit wissenschaftlicher Schärfe zu präzisierender terminus technicus. Bei Rz. 2.8 wird er durch leistungswirtschaftliche oder finanzwirtschaftliche Maßnahmen innerhalb des Unternehmens beschrieben und gegen die von außen – z.B. durch Gläubigermitwirkung – in das Unternehmen hineinwirkende externe Sanierung abgegrenzt. Das muss für den Abgrenzungszweck genügen, obwohl z.B. die Zufuhr von Kapital oder Liquidität aus Gesellschafterhand durchaus bereits externe Züge aufweist. Die Varianten interner Sanierung sind zahlreich[1].

2. Praxis

2.7 In der Praxis pflegt eine Sanierung aus einem **Paket aufeinander abgestimmter Maßnahmen** zu bestehen, die teils mit den Kräften des Unternehmens und der an ihm beteiligten Gesellschafter, teils mit Hilfe vorhandener und neuer Gläubiger geleistet werden[2]. In diesem Sinne ist, wenn man „interne Sanierung", „externe Sanierung" und „kombinierte Sanierung" unterscheiden will, die typische Sanierung eine „kombinierte", nämlich **aus internen und externen Maßnahmen** zusammengesetzte Unternehmenssanierung[3]. Typischerweise erfolgt eine Krisenvermeidung (also die Abwendung einer Krise) rein intern, eine die Krise überwindende Sanierung dagegen gleichzeitig intern und extern. Je später eine Sanierung einsetzt, umso weniger wird sie eine rein interne Sanierung bleiben können. Besser als die traditionelle Unterscheidung zwischen internen und externen Sanierungen wäre insofern die **Unterscheidung zwischen internen und externen Sanierungs*maßnahmen***. Gleichwohl soll es hier bei der traditionellen Terminologie bleiben. Immerhin bleiben ja auch Fälle, in denen sich die Sanierung wirklich auf interne Maßnahmen beschränkt, insbesondere wenn sich eine Unternehmenskrise als Resultat von Mängeln der Eigenkapitalfinanzierung oder von Liquiditätslücken oder gar nur von Organisationsmängeln erweist, die von innen behebbar sind.

3. System der internen Sanierungsmaßnahmen

2.8 **a)** Die folgende Darstellung konzentriert sich neben leistungswirtschaftlichen Maßnahmen (Rz. 2.10 ff.) auf **finanzielle Maßnahmen** und weist neben deren

---

1 *Kraus/Gless* in Buth/Hermanns, Restrukturierung, Sanierung, Insolvenz, § 4 Rz. 13 ff.; *Picot/Aleth*, Unternehmenskauf und Restrukturierung, Rz. 75 ff.

2 Über typische Abläufe vgl. *Eidenmüller,* Unternehmenssanierung zwischen Markt und Gesetz, 1999, S. 288 ff.; *Picot/Aleth,* Unternehmenskauf und Restrukturierung, Rz. VIII 74 ff., 94 ff.

3 Maßnahmenkataloge bei *Fechner* in Hess/Fechner/Freund/Körner, Sanierungshandbuch, Teil E; *Kraus/Gless* in Buth/Hermanns, Restrukturierung, Sanierung, Insolvenz, § 4; *Picot/Aleth*, Unternehmenskauf und Restrukturierung, Rz. VIII 75.

Chancen und rechtlichen Möglichkeiten auch auf deren rechtliche Risiken hin. Klassische finanzielle Sanierungsmaßnahme ist die Kapitalzufuhr: entweder durch **Deckung erhöhten Eigenkapitals**, typischerweise in Gestalt einer Kapitalerhöhung (Rz. 2.19 ff.), oder durch **Zuführung bloßer Liquidität**, typischerweise in Gestalt von Gesellschafterdarlehen oder gesellschafterbesicherten Drittdarlehen (Rz. 2.51 ff.).

b) Strukturändernde Eingriffe in die Organisation der Gesellschaft kommen hinzu (Rz. 2.120 ff.), ebenso und mit großer Brisanz Maßnahmen im Personalbereich (Rz. 2.154 ff.). 2.9

4. Leistungswirtschaftliche Maßnahmen *(Maus)*

Leistungswirtschaftliche Sanierungsmaßnahmen haben sich ebenso wie Sanierungsmaßnahmen in allen anderen Unternehmensbereichen streng an das Sanierungskonzept zu halten, das für das Gesamtunternehmen oder für Unternehmensbereiche erstellt wurde. Der Einsatz der denkbaren Maßnahmen richtet sich danach, ob sie möglichst schnell wirken sollen, um beispielsweise gravierenden Liquiditätsprobleme zu lösen, oder ob sie Teil einer Strategie zur mittel- oder langfristigen Anpassung an sich verändernde Marktbedingungen sind. Aber auch bei Maßnahmen, die „auf den ersten Blick" schnelle Wirkung zeigen, z.B. bei Personalentlassungen, sind die Folgekosten zu beachten, die mittel- und langfristig wirken und den Anfangserfolg in Frage stellen können. 2.10

Der **Einsatz geeigneter Sanierungsmaßnahmen** richtet sich naturgemäß nach den Besonderheiten der jeweiligen Unternehmenssituation. Die folgende Checkliste kann deshalb nicht abschließend sein, sondern nur Anregungen für einen detaillierten, an den Einzelfall angepassten Maßnahmenkatalog geben. 2.11

Sanierungsmaßnahmen im leistungswirtschaftlichen Bereich: 2.12

1. Personalbereich
   - a) Einstellungsstop
   - b) Überstundenverbot
   - c) Kurzarbeit
   - d) Aufhebungsverträge
   - e) Vorzeitige Pensionierung
   - f) Gezielte Urlaubsplanung
   - g) Umwandlung von Voll- in Teilzeitarbeitsverträge
   - h) Kündigung von Dienstverträgen freier Mitarbeiter
   - i) Kündigung von Verträgen mit Subunternehmer
2. Produktionsbereich
   - a) Konzentration der Fertigung durch Aufgabe von Fertigungsstätten
   - b) Produktivitätssteigerung durch Verbesserung der Produktionsanlagen, Verbesserung der Arbeitsabläufe, Verminderung der von Fertigungslöh-

nern ausgeführten Gemeinkostenarbeiten, Verbesserung der Lohnsysteme, Kürzung der Vorgabezeiten

c) Reduzierung der Materialkosten und Fremdleistungen durch Reduzierung des Mengengerüstes in der Konstruktionsphase und die Durchführung von Produktwertanalysen

3. Entwicklungsbereich

a) Materialbereich (Lagerabbau)

b) Vertriebsbereich

- Ersetzung von Handelsvertretern durch Mitarbeiter des Unternehmens
- Verzicht auf Belieferung bestimmter Märkte oder Handelsstufen
- Konzentration der Werbeaktivitäten
- Überprüfung der Preisgestaltung

c) Managementbereich

- Auswechselung des Unternehmensmanagements durch Krisenmanagement
- Reorganisation der Entscheidungsprozesse

2.13 Bleibt keine Zeit für die Ausarbeitung eines ausgefeilten Sanierungskonzeptes, ggf. unter Mitwirkung eines erfahrenen Beraters, können die folgenden **schnell wirkenden Sanierungsmaßnahmen** im leistungswirtschaftlichen Bereich in Betracht kommen:
- Einstellungs- und Investitionsstopp,
- Senkung der Bestände,
- Aktives Debitorenmanagement,
- Verlängerung der Zahlungsziele,
- Abbau von Komfort- und Serviceleistungen.

2.14 **Langfristige Maßnahmen** sind vorrangig:
- Bereinigung der Produktpalette,
- Einführung innovativer Produkte,
- Neupositionierung des Unternehmens am Markt,
- Eliminierung der Kostenantriebskräfte.

II. Sofortmaßnahmen *(Karsten Schmidt)*

1. Geschäftsführung

2.15 Der **Geschäftsführer** wird – soweit irgend möglich mit der Rückendeckung einer nach § 49 Abs. 2 GmbHG einzuberufenden **Gesellschafterversammlung** – jedenfalls unter Information der Gesellschafter auf Grund der Schwachstellenanlyse Sofortmaßnahmen einleiten. Diese Sofortmaßnahmen müssen sowohl an die Gesamtsituation der Gesellschaft als auch untereinander angepasst, also planvoll angelegt sein. Insbesondere wird die Geschäftsführung

- einen **Bericht an die Gesellschafter** verfassen,
- die **Liquidität** sichern bzw. wiederherstellen[1],
- **logistische Voraussetzungen** für die Unternehmensfortführung schaffen[2],
- die **Versilberung nicht betriebsnotwendigen Anlagevermögens** einleiten[3],
- **arbeitsrechtliche Notmaßnahmen**, z.B. Kurzarbeit, in die Wege leiten[4],
- einen vorläufigen **Sanierungs-Businessplan** vorbereiten und mit den Gesellschaftern abstimmen[5].

Der Business-Plan unterliegt einer ständigen Kontrolle, Bereinigung und Ak- 2.16
tualisierung. Wohl bedacht sein muss die **Einschaltung von Sanierungshelfern** sowie die **Beratung mit Gläubigern**. Die Umstände des Einzelfalls müssen darüber entscheiden, wie lange auf die Einschaltung Dritter verzichtet werden kann. Auch ist die Zuziehung eines Sanierungsexperten Vertrauensache und setzt eine sorgsame Vorprüfung voraus. Wiederum wird sich der Geschäftsführer der **Rückendeckung seitens der Gesellschafter** vergewissern. Die bloße Fühlungnahme mit einem Mehrheitsgesellschafter – ein sehr verbreitetes Vorgehen! – kann bei Vorüberlegungen helfen, ersetzt aber nicht die Einschaltung der Gesellschaftergesamtheit, insbesondere die Einladung der Versammlung nach § 49 GmbHG.

2. Gesellschafter

Die Gesellschafter können 2.17

- auf die zeitnahe **Abhaltung einer** außerordentlichen **Gesellschafterversammlung** dringen, falls diese nicht vom Geschäftsführer einberufen wird,
- **Information** über die wirtschaftliche Situation und ihre Ursachen einfordern (§ 51a GmbHG),
- ggf. auch einen **Geschäftsführerwechsel** beschließen.

Die letztere Maßnahme, vor allem als Abberufung aus wichtigem Grund, will 2.18
wohl bedacht sein (auch wegen der Außenwirkung). Ggf. ist auch eine Auflösung des Dienstvertrags durch Kündigung zu erwägen (dazu Rz. 2.126). Die Abberufung der Geschäftsführer ohne Neubestellung versetzt die Gesellschaft in den Stand der **Führungslosigkeit** mit den hieraus für die Gesellschafter

1 *Buchalik* in Buth/Hermanns, Restrukturierung, Sanierung, Insolvenz, § 2 Rz. 18 und 26 ff.; s. auch *Groß* in Buth/Hermanns, Restrukturierung, Sanierung, Insolvenz, § 10 Rz. 57.

2 *Jugel* in Buth/Hermanns, Restrukturierung, Sanierung, Insolvenz, § 8 Rz. 88 unter Nr. 5.

3 *Hermanns* in Buth/Hermanns, Restrukturierung, Sanierung, Insolvenz, § 27 Rz. 18.

4 *Seefelder*, Unternehmensfinanzierung, 2. Aufl. 2007, S. 197 f.

5 Über Businesspläne und Maßnahmenmanagement vgl. *Harenberg/Wlecke* in Buth/Hermanns, Restrukturierung, Sanierung, Insolvenz, § 15.

folgenden Risiken (z.B. aus § 15a Abs. 3 InsO; dazu Rz. 7.148). Der Eintritt der Führungslosigkeit sollte unbedingt vermieden werden. Handelt es sich um den alleinigen Gesellschafter und Geschäftsführer, so ist die Amtsniederlegung ohnedies regelmäßig wegen Rechtsmissbrauchs unwirksam[1].

III. Eigenkapitalmaßnahmen

1. Kapitalerhöhung und Kapitalschnitt

a) Ordentliche Kapitalerhöhung

2.19 **aa)** Die **effektive Kapitalerhöhung** (§§ 55 ff. GmbHG)[2] vergrößert das Eigenkapital auf der Passivseite der Bilanz. Sie führt zur **Einbringung neuer Bar- oder Sachmittel** auf der Aktivseite. Die Kapitalerhöhung führt zu einer Erhöhung des **nach § 30 GmbHG gebundenen und im Insolvenzfall letztrangigen** (vgl. § 199 InsO) **Risikokapitals.** Die **Kapitalerhöhung** wird grundsätzlich **durch satzungsändernden Beschluss** bewirkt (§§ 53, 55 GmbHG), der der Anmeldung und Eintragung beim Handelsregister bedarf (§ 57 GmbHG). Seit der Reform 2008 lässt das Gesetz auch **genehmigtes Kapital** zu, also die Ermächtigung der Geschäftsführung zur Kapitalerhöhung (§ 55a GmbHG n.F.)[3]. Es ist zu bezweifeln, ob § 55a GmbHG in der Praxis Bedeutung erlangen wird. In Sanierungssituationen wird eine Ermächtigung jedenfalls kaum je vorliegen. Das Gesetz unterscheidet **Barkapitalerhöhungen** (§ 55 GmbHG) und **Sachkapitalerhöhungen** (§ 56 GmbHG) und verweist für die Mindestleistungen auf erhöhtes Stammkapital auf die Gründungsvorschrift des § 7 Abs. 2 GmbHG (§ 56a GmbHG). Entgegen der früher vorherrschenden Auffassung lässt die Praxis die nachträgliche Umwandlung eines Kapitalerhöhungsbeschlusses in eine Sachkapitalerhöhung zu, und zwar nicht nur zum Zweck der Heilung verdeckter Sacheinlagen[4]. Strategische Bedeutung kann das **Bezugsrecht der Gesellschafter** haben, genauer: der Bezugsrechtsausschluss für die Gewinnung eines Sanierungsinvestors. Diese Frage wird bei Rz. 2.142 behandelt.

2.20 **bb) Einlagepflichten** entstehen nicht schon durch den Kapitalerhöhungsbeschluss, sondern erst durch **Abschluss eines** formgerechten **Übernahmevertrags** (§ 55 GmbHG)[5]. Die Gesellschafter sind grundsätzlich zur quotengerechten Übernahme neuer Stammeinlagen berechtigt (**Bezugsrecht bei der GmbH**)[6], sofern nicht das Bezugsrecht aus Sachgründen ausdrücklich oder

---

1 OLG Köln v. 1. 2. 2008 – 2 WX 3/08 = BB 2008, 638 = GmbHR 2008, 544 = ZIP 2008, 646.

2 Eine Kapitalerhöhung aus Gesellschaftsmitteln nach § 57c GmbHG bleibt in Krise und Sanierung außer Betracht.

3 Zu § 55a GmbHG vgl. *Priester*, GmbHR 2008, 1177.

4 KG v. 26. 10. 2004 – 1 W 21/04, GmbHR 2005, 95; OLG Hamburg v. 24. 4. 2005 – 2 WX 75/03, GmbHR 2005, 997; LG Stuttgart v. 4. 3. 2004 – 32 T 1/04 KfH, GmbHR 2004, 666.

5 Vgl. nur *Baumbach/Hueck/Zöllner*, § 55 GmbHG Rz. 31 ff.

6 Zum Bezugsrecht bei der GmbH BGH v. 18. 4. 2005 – II ZR 151/03, GmbHR 2005, 925; *Baumbach/Hueck/Zöllner*, § 55 GmbHG Rz. 25 ff.; grundlegend *Scholz/Priester*, 9. Aufl., § 55 GmbHG Rz. 52 ff.

stillschweigend ausgeschlossen wird (**Sanierung durch einen Sanierungsinvestor**)[1]. Zum Bezugsrecht bei der Kapitalherabsetzung auf Null vgl. Rz. 2.23. Eine Verpflichtung zu quotengerechter Beteiligung am erhöhten Stammkapital besteht grundsätzlich nicht, auch nicht aus der Treupflicht[2]. Vorverträge (Übernahmeverpflichtungsverträge) bedürfen der Form des § 55 GmbHG[3]. Die bloß treuwidrige Enttäuschung von Verhandlungsvertrauen (widersprüchliches Verhalten) kann äußerstensfalls – und auch dies nur in exzeptionellen Fällen – zum Schadensersatz gegenüber getäuschten Mitgesellschaftern führen, nicht zur Einlagepflicht. **Scheitert die Sanierung nach dem Kapitalerhöhungsbeschluss und nach Abschluss des Übernahmevertrages**, so bleiben die Übernehmer gebunden. Eine hierauf gegründete außerordentliche Kündigung des Übernahmevertrags[4] wird nicht anerkannt, wenn der Kapitalerhöhungsbeschluss in Kenntnis der Krise gefasst wurde[5].

b) Vereinfachte Kapitalherabsetzung

aa) Die **sanierende Kapitalerhöhung** geht typischerweise – vor allem bei disquotaler Kapitalerhöhung – einher mit einer nominellen Kapitalherabsetzung (sog. **Kapitalschnitt**). Diese Kombination verhindert eine Quersubventionierung des entwerteten Altkapitals durch das Neukapital und sie verbessert im Blick auf § 30 GmbHG die Aussicht auf künftige Ausschüttungen. Ein sog. **Kapitalschnitt bei der GmbH** war bis 1994 dadurch erschwert, dass neben einer Kapitalerhöhung eine vereinfachte Kapitalherabsetzung nach dem Vorbild der §§ 229 ff. AktG noch nicht möglich war. Das GmbHG unterschied in seinem § 58 nicht zwischen der effektiven und der nominellen Kapitalherabsetzung. Das Gesetz verstand die Kapitalherabsetzung nach diesem Stand als eine Teil-Liquidation und verlangte deshalb im Gläubigerinteresse den Gläubigeraufruf, die Einhaltung eines Sperrjahrs etc. In der Sanierungssituation ist eine solche Prozedur inakzeptabel. Um überhaupt zu helfen, wurden im Schrifttum Ersatzlösungen angeboten, insbesondere eine „vorgezogene" Kapitalherabsetzung. Die Rechtsprechung lehnte aber einen Verzicht auf die Einhaltung des Sperrjahrs und des Mindeststammkapitals ab[6]. In der Vergangenheit hat es Fälle gegeben, in denen sanierungsbedürftige Gesellschaften mbH nur um der vereinfachten Kapitalherabsetzung willen in Aktiengesellschaften umgewandelt wurden[7]. Umso bedeutsamer war auf Grund nachhaltiger rechtspolitischer Forderungen[8] die Einführung der **§§ 58a ff. GmbHG (verein-** 2.21

---

1 Dazu etwa *Baumbach/Hueck/Zöllner*, § 55 GmbHG Rz. 55 ff.

2 BGH v. 18. 4. 2005 – II ZR 151/03, GmbHR 2005, 925; *Baumbach/Hueck/Zöllner*, § 55 GmbHG Rz. 41.

3 Dazu *Baumbach/Hueck/Zöllner*, § 55 GmbHG Rz. 40.

4 OLG Hamm v. 15. 6. 1988 – 8 U 2/88, GmbHR 1989, 162; *Scholz/Priester*, 9. Aufl., § 55 GmbHG Rz. 88.

5 BGH v. 7. 11. 1994 – II ZR 248/93, GmbHR 1995, 113.

6 LG Frankfurt v. 15. 5. 1991 – 3/11 T 9/91, GmbHR 1992, 381; LG Saarbrücken v. 11. 6. 1991 – 7 T 3/91 IV, GmbHR 1992, 380.

7 Dazu *Karsten Schmidt,* AG 1985, 150 ff.

8 Zuerst wohl *Karsten Schmidt* in Verhandlungen des 54. DJT, Band I, 1982, S. D 110; *Karsten Schmidt,* ZGR 1982, 533 f.

fachte Kapitalherabsetzung) im Jahr 1994[1]. Damit ist, wie im Aktienrecht, für eine **Sanierung durch vereinfachte Kapitalherabsetzung** gesorgt. Es bedarf keines Gläubigeraufrufs, und auch ein Sperrjahr braucht nicht abgewartet zu werden.

2.22 Bemerkenswert ist, dass auch eine Stammkapitalherabsetzung unter 25 000 Euro zulässig ist, wenn die uno actu beschlossene effektive Kapitalerhöhung das Stammkapital wieder auf den gesetzlichen Mindestbetrag bringt (§ 58a Abs. 4 GmbHG)[2]. Ältere Literatur und Rechtsprechung zu dieser Frage ist dadurch überholt. Im Wesentlichen gelten folgende Grundsätze[3]:

- Eine vereinfachte Kapitalherabsetzung muss der Verlustdeckung dienen und setzt die Auflösung der offenen Eigenkapitalposten voraus (§ 58a Abs. 1, 2 GmbHG).
- Die aus der Kapitalherabsetzung und der Rücklagenauflösung gewonnenen Beträge dürfen nur zur Verlustdeckung und für die Kapitalrücklage verwendet werden (§ 58b Abs. 1 und 2 GmbHG), und zwar einschließlich solcher Beträge, deren Vorhandensein sich nachträglich bei der Rechnungslegung für das Geschäftsjahr herausstellt (§ 58c GmbHG: Nichteintritt erwarteter Verluste).
- Die in die Kapitalrücklage eingestellten Beträge unterliegen einer Ausschüttungssperre von fünf Jahren (§ 58b Abs. 3 GmbHG), und künftige Gewinne dürfen nur in begrenztem Umfang ausgeschüttet werden (§ 58d GmbHG).

2.23 Möglich ist sogar eine **Kapitalherabsetzung auf Null**[4]. Bei der mit ihr verbundenen Kapitalerhöhung müssen aber **Treupflichten** gegenüber der Minderheit beachtet werden. Diese darf in einem solchen Fall grundsätzlich nicht vom Bezugsrecht ausgeschlossen, also nicht auf kaltem Wege aus der Gesellschaft eleminiert werden[5]. Die steuerrechtlichen Folgen der Kapitalerhöhung werden bei Rz. 2.366 ff. behandelt.

2.24 **bb)** Als Maßnahme der Sanierung impliziert die vereinfachte Kapitalherabsetzung eine **strategische Komponente**, vor allem im Zusammenhang mit der regelmäßig mit ihr einhergehenden effektiven Kapitalerhöhung. Aber nach dem auf die Aktiengesellschaft bezogenen „Sachsenmilch"-Urteil des BGH vom 9. 2. 1998[6] **bedarf** ein Beschluss über die vereinfachte Kapitalherabset-

1 Eingehend dazu *Hirte,* Die vereinfachte Kapitalherabsetzung bei der GmbH, 1997; *Geißler,* GmbHR 2005, 1102 ff.; *Naraschewski,* GmbHR 1995, 637 ff.; *Maser/Sommer,* GmbHR 1996, 22 ff.; *Wirth,* DB 1996, 867 ff.

2 Dazu *Geißler,* GmbHR 2005, 1102, 1105; *Maser/Sommer,* GmbHR 1996, 26, 29 f.; *Altmeppen* in Roth/Altmeppen, § 58a GmbHG Rz. 25; *Rowedder/Schmidt-Leithoff/Zimmermann,* § 58a GmbHG Rz. 16.

3 Näher *Scholz/Priester,* 9. Aufl., Vor § 58a GmbHG Rz. 7 ff.; *Maser/Sommer,* GmbHR 1996, 26 ff.

4 *Rowedder/Schmidt-Leithoff/Zimmermann,* § 58a GmbHG Rz. 16.

5 *Rowedder/Schmidt-Leithoff/Zimmermann,* § 58a GmbHG Rz. 16, im Anschluss an BGH v. 5. 7. 1999 – II ZR 126/98, BGHZ 142, 167 = NZG 1999, 1158 m. Anm. *Rottnauer* (Hilgers).

6 BGH v. 9. 2. 1998 – II ZR 278/96, BGHZ 138, 71 = AG 1998, 284; dazu *Scholz/Priester,* 9. Aufl., § 58a GmbHG Rz. 16; *Hirte,* ZInsO 1999, 616 ff.; *Krieger,* ZGR 2000, 885.

zung **keiner sachlichen Rechtfertigung**. Die Legitimation liegt grundsätzlich in der gesetzlichen Regelung, die auf einer abstrakten Abwägung der Aktionärsbelange und des Interesses der Gesellschaft an der Maßnahme beruht. Gleichfalls entschieden wurde (allerdings für den Fall eines eröffneten Insolvenzverfahrens)[1]: „Kann durch die zum Zwecke der Verlustdeckung beschlossene Kapitalherabsetzung eine Überschuldung oder Unterbilanz der Gesellschaft nicht vollständig beseitigt werden, so braucht die Kapitalherabsetzung jedenfalls dann nicht mit einem Kapitalerhöhungsbeschluss verbunden zu werden, wenn eine solche Maßnahme absehbar nicht zu einer erfolgreichen Sanierung der Gesellschaft führen würde."

cc) Grundsätzlich gilt also: Jeder Gesellschafter kann nach eigenem Ermessen für oder gegen eine sanierende Kapitalherabsetzung stimmen[2], so wie er auf der anderen Seite auch für oder gegen die Kapitalerhöhung stimmen kann (über Treupflichten vgl. Rz. 2.20) und grundsätzlich nicht zur Übernahme neuer Stammeinlagen verpflichtet ist. Allerdings kann die Abgabe einer Nein-Stimme, wenn diese dem Gesellschafter keinen Vorteil und die Kapitalerhöhung keinen unzumutbaren Nachteil bringt, ausnahmsweise treupflichtwidrig sein[3]. 2.25

c) Besonderheiten bei der GmbH & Co. KG

Bei der GmbH & Co. KG **empfiehlt** es **sich**, das **GmbH-Kapital unverändert** zu lassen. Wird es erhöht und führt die GmbH die neue eingezahlte Einlage dem Vermögen der Kommanditgesellschaft zu, so droht nach einer für die Praxis kaum akzeptablen[4] Rechtsprechung des BGH[5] die Gefahr einer doppelten Einzahlungspflicht (dazu krit. Rz. 2.38 f.). Empfehlenswert ist eine andere Technik: Erhöht wird das **Kommanditkapital**. Die hierbei zu beachtenden Regeln (Einstimmigkeit? Qualifizierte Mehrheit? Bezugsrechte?) richten sich nach dem Gesellschaftsvertrag und nach den im Einzelfall zu beachtenden Treupflichten. Grundsätzlich sind Gesellschafter nicht verpflichtet, Nachschüsse zu leisten. **Vertragsklauseln über Nachschusspflichten der Gesellschafter** sind unwirksam, wenn sie zu unabsehbaren Risiken führen, insbesondere keine Obergrenze enthalten[6]. 2.26

1 BGH v. 9. 2. 1998 – II ZR 278/96, BGHZ 138, 71 = AG 1998, 284; dazu *Scholz/Priester*, 9. Aufl., § 58a GmbHG Rz. 16; *Hirte*, ZInsO 1999, 616 ff.; *Krieger*, ZGR 2000, 885.

2 Zusammenfassend *Altmeppen*, ZIP 2005, 119; *Kessler*, GmbHR 2005, 257, 261; *Geißler*, GmbHR 2005, 1102, 1106.

3 Vgl. zur AG BGH v. 20. 3. 1995 – II ZR 205/94, BGHZ 129, 136 = NJW 1995, 1739 m. Anm. *Altmeppen*; dazu *Lutter*, JZ 1995, 1053.

4 Dazu kritisch *Karsten Schmidt*, ZIP 2008, 481 ff.

5 BGH v. 10. 12. 2007 – II ZR 180/06, BGHZ 174, 370 = BB 2008, 181 m. Anm. *Witt* = GmbHR 2008, 203.

6 BGH v. 3. 12. 2007 – II ZR 304/06, ZIP 2008, 695; BGH v. 5. 11. 2007 – II ZR 230/06, ZIP 2007, 2413; BGH v. 19. 3. 2007 – II ZR 73/06, ZIP 2007, 812; BGH v. 5. 3. 2007 – II ZR 282/05, GmbHR 2007, 535.

2. Risiken der Kapitalerhöhung

a) Grundsätzliches

2.27 **aa)** Die **Durchführung der sanierenden Kapitalerhöhung** führt immer wieder zu spezifischen Kapitalaufbringungsproblemen und damit zum Risiko einer Doppelleistung, wenn die Einlagen auf erhöhtes Stammkapital nicht wirksam erbracht sind. Neben den Fällen des Hin- und Herzahlens und der verdeckten Sacheinlage (Rz. 2.37 ff.) ist besonders hinzuweisen auf die Praxis zur **Zahlung auf debitorische Konten** (Rz. 2.29), zur **Mittelverwendung vor Eintragung der Kapitalerhöhung** (Rz. 2.30), zur **Leistung an Gesellschaftsgläubiger**, zur **bestimmungsmäßigen Verwendung** und zur **Vorauszahlung auf geplante Kapitalerhöhung** (Rz. 2.34 ff.). Alle drei Gesichtspunkte spielen bei der sanierenden Kapitalerhöhung eine erhebliche Rolle. Alle drei stehen in Zusammenhang mit dem vormals extrem streng gehandhabten Gebot der **„freien Verfügung der Geschäftsführer"** über die zu leistenden Einlagen, das früher wörtlich verstanden wurde[1], jedoch nur bedeutet, dass der Mitteltransfer wirklich vollzogen und ein Zugriff des leistenden Gesellschafters ausgeschlossen sein muss[2]. Das Merkmal der „freien Verfügung" darf nicht buchstäblich, sondern nur in dem Sinne verstanden werden, dass die Kapitalaufbringung beendet und das Stadium der Kapitalverwendung erreicht sein muss.

2.28 **bb)** Die **Haftungsrisiken einer Kapitalerhöhung** treffen über § 24 GmbHG nicht nur diejenigen Alt- oder Neugesellschafter, die neue Stammeinlagen übernommen haben, sondern auch die **Mitgesellschafter**[3]. Diese in Anbetracht des Mehrheitsprinzips bei einer Kapitalerhöhung nicht unproblematische, aber dem Solidaritätsgedanken des § 24 GmbHG entsprechende Auffassung stellt vor allem Altgesellschafter vor schwer übersehbare Haftungsrisiken. **Selbst** auf **überstimmte Mitgesellschafter**, die gegen eine Kapitalerhöhung oder gegen einen Bezugsrechtsausschluss gestimmt haben, wird die Bestimmung angewandt[4]. Dem überstimmten Gesellschafter wird zur Abwendung eines drohenden Ausfallhaftungsrisikos nur ein Austrittsrecht zugebilligt, das er alsbald auszuüben hat[5]. Es ist also nicht nur im Interesse des Sanierungszwecks, sondern auch im Interesse mitbetroffener Gesellschafter, tunlichst für Volleinzahlung zu sorgen (zum Haftungsumfang nach § 24 GmbHG vgl. Rz. 1.33).

---

1 Vgl. zur Herkunft des Begriffs *Karsten Schmidt,* AG 1986, 106 ff.

2 BGH v. 18. 3. 2002 – II ZR 363/00, BGHZ 150, 197 = ZIP 2002, 799.

3 LG Mönchengladbach v. 23. 10. 1985 – 7 O 45/85, GmbHR 1986, 312; *Baumbach/Hueck/Fastrich,* § 24 GmbHG Rz. 5; *Lutter/Hommelhoff,* § 24 GmbHG Rz. 8; *Altmeppen* in Roth/Altmeppen, § 24 GmbHG Rz. 16, § 55 GmbHG Rz. 7; *Scholz/Emmerich,* § 24 GmbHG Rz. 16 f.; *Scholz/Priester,* 9. Aufl., § 55 GmbHG Rz. 17.

4 *Baumbach/Hueck/Fastrich,* § 24 GmbHG Rz. 5; *Scholz/Emmerich,* § 24 GmbHG Rz. 16; einschränkend *Scholz/Priester,* 9. Aufl., § 55 GmbHG Rz. 17.

5 LG Mönchengladbach v. 23. 10. 1985 – 7 O 45/85, ZIP 1986, 306; *Scholz/Emmerich,* § 24 GmbHG Rz. 17; *Scholz/Priester,* 9. Aufl., § 55 GmbHG Rz. 23.

b) Typische Szenarien

aa) Die **Einzahlung der Bareinlage auf ein debitorisch geführtes Bankkonto** kann befreiende Wirkung haben[1]. Die Rechtsprechung verlangte lange Zeit, dass bei Zahlungseingang weder die Kreditlinie überschritten noch der Überziehungskredit fällig gestellt sei[2]. Der Gedanke besteht darin, dass eine Bareinlage Liquidität verschaffen muss und nicht bloß die Verbindlichkeiten der Gesellschaft reduzieren darf[3]. **Vorsorglich** sollten sich die Beteiligten nach wie vor auf diese Rechtsprechung einrichten, was bedeutet: Der Geschäftsführer sollte vor dem Eingang neuer Bareinlagen vorsorglich ein neues, aktivisches Konto einrichten oder mit der Bank über die Kreditlinie verhandeln. Denn es genügt, dass der Geschäftsführer auf Grund der Einzahlung über den Betrag verfügen kann[4]. Eine bloß geduldete Kontoüberziehung soll nach der wohl noch h.M. nicht ausreichen[5]. In einzelnen Fällen ist der BGH aber großzügiger verfahren. So soll nach einem Urteil von 2004 die geduldete Überziehung des Kontos ausreichen[6]. Es soll auch genügen, wenn die Bank auf Grund der Einzahlung einen Kreditspielraum auf einem anderen Konto eingeräumt hat[7]. Im Sinne der **Klarheit und Einfachheit** ist zu wünschen, dass der BGH i.S. der neuen Rechtsprechung die Einzahlung der Einlage auf ein debitorisches Konto für die Befreiung allgemein ausreichen lässt. Damit ist der Kapitaltransfer vollzogen. Eine Sonderbehandlung wäre selbstverständlich am Platz, wenn die kontoführende Bank selbst eine Bareinlage auf das erhöhte Kapital gezeichnet hat. Eine Zahlung, auf die sie als Inferentin selbst wieder zurückgreifen kann, stellt einen Fall des Hin- und Herzahlens dar und befreit nur unter den engen Voraussetzungen des § 19 Abs. 5 GmbHG (Rz. 2.41 f.). Die Bank muss also die Verfügung über das Konto zulassen. Auch ist zu ergänzen, dass sich der Geschäftsführer nach § 43 GmbHG schadensersatzpflichtig machen kann, wenn er durch die Einziehung von Einlagen auf ein debitorisches Bankkonto die beabsichtigte Liquiditätszufuhr vereitelt. 2.29

bb) Die **Mittelverwendung vor Eintragung der Kapitalerhöhung** schloss nach der älteren Rechtsprechung die Anerkennung einer zur freien Verfügung der Geschäftsführer stehenden Einlage aus[8]. Schuldrechtliche Verwendungsabreden, wie sie bei Kapitalerhöhungen an der Tagesordnung sind, wurden allerdings als rechtens angesehen, sofern sie nicht auf eine Rückgewähr an den 2.30

1 BGH v. 18. 3. 2002 – II ZR 363/00, BGHZ 150, 197 = ZIP 2002, 799.
2 BGH v. 24. 9. 1990 – II ZR 203/89, NJW 1991, 226; BGH v. 3. 12. 1990 – II ZR 215/89, ZIP 1991, 445; BGH v. 21. 6. 1996 – II ZR 98/95, ZIP 1996, 1467; *Baumbach/Hueck/Fastrich*, § 7 GmbHG Rz. 8; *Rowedder/Schmidt-Leithoff/Zimmermann*, § 57 GmbHG Rz. 7; *Scholz/H. Winter/Veil*, § 7 GmbHG Rz. 37.
3 Dazu *Karsten Schmidt*, AG 1986, 106.
4 BGH v. 8. 11. 2004 – II ZR 362/02, GmbHR 2005, 229; *Ulmer* in Großkommentar zum GmbHG, § 7 GmbHG Rz. 34.
5 *Baumbach/Hueck/Fastrich*, § 7 GmbHG Rz. 8; *Scholz/H. Winter/Veil*, § 7 GmbHG Rz. 37.
6 BGH v. 8. 11. 2004 – II ZR 362/02, GmbHR 2005, 229, 230.
7 *Goette*, DStR 2003, 887, 891.
8 Vgl. noch OLG Koblenz v. 28. 5. 1986 – 6 U 140-141/86, ZIP 1986, 1559, 1561; *Henze*, ZHR 154 (1990), 117 f.

Einlagepflichtigen zielten[1]. Erst Schritt für Schritt wurde das traditionelle **Thesaurierungsgebot aufgegeben**[2]. Die Rechtsprechung bis 2002 verlangte noch die Garantie einer „wertgleichen Deckung" im Eintragungszeitpunkt. Dieses Prinzip lief darauf hinaus, dass eingezahlte Beträge nur gegen aktivierungsfähige Wirtschaftsgüter eingetauscht oder für den Abbau von Gesellschaftsschulden verwendet werden durften. Nach einer aktienrechtlichen Grundlagenentscheidung von 1992 sollte die Erklärung über die freie Verfügung auch die Versicherung enthalten, dass der eingezahlte Betrag wertmäßig im Gesellschaftsvermögen gedeckt ist[3]. Dieses sog. **Erfordernis der wertgleichen Deckung** wurde durch zwei Urteile vom 18. 3. 2002 vollständig **aufgegeben**[4]:

„a) Bei einer Kapitalerhöhung ist die Bareinlage schon dann zur (endgültig) freien Verfügung der Geschäftsführung geleistet worden, wenn sie nach dem Kapitalerhöhungsbeschluss in ihren uneingeschränkten Verfügungsbereich gelangt ist und nicht an den Einleger zurückfließt (Aufgabe von BGHZ 119, 177 Leitsätze a und b).

b) Bei der Anmeldung der Kapitalerhöhung zur Eintragung in das Handelsregister hat die Geschäftsführung zu versichern, dass der Einlagebetrag für die Zwecke der Gesellschaft zur (endgültig) freien Verfügung der Geschäftsführung eingezahlt und auch in der Folge nicht an den Einleger zurückgezahlt worden ist."

2.31 Ausreichend war nun also, dass die Einlage nach dem Kapitalerhöhungsbeschluss in ihren uneingeschränkten Verfügungsbereich gelangt ist und nicht an den Einleger zurückfließt[5]. Das ist i.S. der Sanierungspraxis eine klare Verbesserung. Ein alsbaldiger Rückfluss der Mittel vor der Beschlussfassung – auch als Darlehen – war und blieb aber unzulässig[6]. Die weitere Liberalisierung durch das MoMiG von 2008 (§§ 56a, 19 Abs. 5 GmbHG n.F. und dazu Rz. 2.41 f.) wird bei einer sanierenden Kapitalerhöhung kaum zum Zuge kommen.

2.32 **cc)** Die **Zahlung an einen Dritten, insbesondere an einen Gesellschaftsgläubiger**, befreit den Einlageschuldner nach der bis heute herrschenden Auffassung auch dann nicht, wenn sie auf Weisung des Geschäftsführers erfolgt[7]. Diese Auffassung beruht gleichfalls auf der Vorstellung, dass die Bareinlage verwertbare Liquidität beschaffen und nicht bloß die Verbindlichkeiten verringern darf. Sie wird außerdem auf eine sinngemäße Anwendung des § 54 Abs. 3 AktG und auf ein hierzu ergangenes Grundsatzurteil des BGH[8] gestützt[9]. So

1 BGH v. 18. 2. 1991 – II ZR 104/90, BGHZ 113, 335, 348 = NJW 1991, 1754, 1757; BGH v. 24. 9. 1990 – II ZR 203/89, GmbHR 1990, 554, 556; BGH v. 22. 6. 1992 – II ZR 30/91, GmbHR 1992, 601, 603; *Rowedder/Schmidt-Leithoff/Zimmermann*, § 57 GmbHG Rz. 9; *Scholz/H. Winter/Veil*, § 7 GmbHG Rz. 36.

2 Dazu *Scholz/Priester*, 9. Aufl., § 56a GmbHG Rz. 14 ff.; *Lutter*, NJW 1989, 2649 ff.

3 BGH v. 13. 7. 1992 – II ZR 263/91, BGHZ 119, 177 = ZIP 1992, 1387; *Rowedder/Schmidt-Leithoff/Zimmermann*, § 57 GmbHG Rz. 7.

4 BGH v. 18. 3. 2002 – II ZR 363/00, BGHZ 150, 197 = ZIP 2002, 799; BGH v. 18. 3. 2002 – II ZR 11/01, GmbHR 2002, 993.

5 BGH v. 18. 3. 2002 – II ZR 363/00, BGHZ 150, 197 = ZIP 2002, 799; BGH v. 18. 3. 2002 – II ZR 11/01, GmbHR 2002, 993.

6 BGH v. 2. 12. 2002 – II ZR 101/02, NJW 2003, 825.

7 BGH v. 18. 3. 2002 – II ZR 363/00, BGHZ 150, 197, 200 = ZIP 2002, 799.

8 BGH v. 13. 7. 1992 – II ZR 263/91, BGHZ 119, 177 = NJW 1992, 3300; dazu *Hüffer*, 8. Aufl. 2008, § 54 AktG Rz. 12.

9 Vgl. nur *Baumbach/Hueck/Fastrich*, § 7 GmbHG Rz. 11; *Ulmer* in Großkommentar zum GmbHG, § 7 GmbHG Rz. 42.

diskussionswürdig dieser Standpunkt ist, der Geschäftsführer sollte ihn doch als **eiserne Regel** behandeln. Wie in Fällen der Zahlung auf ein debitorisches Bankkonto ist die Gerichtspraxis aber aufgerufen, diese Regel zu lockern. Wenn dem Geschäftsführer Verwendungsvorgaben gemacht werden können (vgl. Rz. 2.27), sollte auch eine vom Geschäftsführer veranlasste, evtl. sogar von den Gesellschaftern beschlossene Zahlung an einen Gesellschaftsgläubiger für die Befreiung ausreichen. Zur Sonderbehandlung der Einzahlung auf ein debitorisches Bankkonto vgl. Rz. 2.29.

dd) Verwendungsabsprachen oder entsprechende **Weisungen der Gesellschafter** schließen eine wirksame Einlageleistung „zur freien Verfügung" nicht aus[1]. Sie sind zulässig und in Fällen der Kapitalerhöhung geradezu charakteristischerweise mit Investitions- oder Sanierungsstrategien verbunden. 2.33

ee) Anders verhält es sich mit **Vorleistungen auf eine noch nicht beschlossene Kapitalerhöhung**. Gegenüber einem solchen – bei Sanierungs- wie bei Investitionsvorgängen durchaus nicht seltenen – Vorgehen ist eine **dringende Warnung** angebracht. Der BGH hat **für Sacheinlagen** entschieden[2]: ‚Gegenstände und Sachwerte, deren Besitz einer GmbH bereits vor dem Kapitalerhöhungsbeschluss überlassen worden ist, können nur dann als Sacheinlage eingebracht werden, wenn sie zumindest im Zeitpunkt des Kapitalerhöhungsbeschlusses noch gegenständlich im Gesellschaftsvermögen vorhanden sind. Ist das nicht der Fall, kommt als Sacheinlage lediglich eine dem Gesellschafter zustehende Erstattungs- oder Ersatzforderung in Betracht (im Anschluss an BGHZ 51, 157 = NJW 1969, 840 = LM § 55 GmbHG Nr. 4). Ob die Vorleistung von im Zeitpunkt der Kapitalerhöhung nicht mehr vorhandenen Gegenständen und Sachwerten im Sanierungsfall unter bestimmten engen Voraussetzungen als Sacheinlage anerkannt werden kann, bleibt offen." Bei **Bareinlagen** ist die Rechtslage nicht weniger problematisch. Wenn der Zeichner einen **Vorschuss auf das noch zu erhöhende Kapital** leistet, wäre dies zunächst nur ein Kredit. Die sich aus diesem Transfer ergebende Forderung wäre tauglicher Gegenstand einer Sacheinlage, und eine Verrechnung als Bareinlage wäre mit dem Risiko versehen, dass sie als verdeckte Sacheinlage angesehen würde[3]. Eine solche befreit aber selbst nach der **Neufassung des § 19 Abs. 4 GmbHG durch das MoMiG** nur, wenn die statt Barzahlung verrechnete Forderung des Gesellschafters im Zeitpunkt der Registeranmeldung oder der etwa noch später liegenden Verrechnung noch vollwertig ist, und genau hierauf können sich die Beteiligten in Sanierungsfällen nicht verlassen. 2.34

Die sich umso dringender stellende Frage, ob eine **Vorauseinzahlung unmittelbar als befreiende Bareinlage** anerkannt werden kann, ist Im Grundsatz **klar zu verneinen**. Der BGH hatte die genauen Voraussetzungen einer solchen 2.35

1 BGH v. 22. 3. 2004 – II ZR 7/02, GmbHR 2004, 896; *Karsten Schmidt*, Gesellschaftsrecht, S. 1177; *Karsten Schmidt*, AG 1986, 106, 109 f.; jetzt wohl h.M.; vgl. *Baumbach/Hueck/Fastrich*, § 19 GmbHG Rz. 9; *Altmeppen* in Roth/Altmeppen, § 19 GmbHG Rz. 30; a.M. noch *Ulmer* in Großkommentar zum GmbHG, § 7 GmbHG Rz. 57.

2 BGH v. 18. 9. 2000 – II ZR 365/98, BGHZ 145, 150 = GmbHR 2000, 1198.

3 Zur verdeckten Sacheinlage vgl. eingehend *Karsten Schmidt*, Gesellschaftsrecht, S. 1122 ff.; *Scholz/Uwe H. Schneider/H. P. Westermann*, § 19 GmbHG Rz. 124 f.; *Scholz/Priester*, 9. Aufl., § 56a GmbHG Rz. 19 ff.

Vorausleistung noch im Jahr 2000 unentschieden gelassen[1]. Fest stand zunächst nur, dass es sich um einen Sanierungsfall handeln[2], die Voreinzahlung zur Krisenbewältigung notwendig sein[3] und ein unmittelbarer zeitlicher Zusammenhang mit einer bevorstehenden, mit aller gebotenen Beschleunigung eingeleiteten Kapitalerhöhung bestehen musste[4]. **Klarheit schufen dann zwei Urteile von 2004[5] und 2006[6].** Beide unterstreichen die **Haftungsdramatik der Voreinzahlungsfälle**:

In dem 2004 entschiedenen Fall hatte der beklagte Gesellschafter den bar zu erbringenden Teil der auf erhöhtes Stammkapital zu leistenden Einlage wenige Tage vor dem Kapitalerhöhungsbeschluss eingezahlt. Der Insolvenzverwalter der GmbH verlangte nochmalige Einzahlung von umgerechnet etwa 700 000 Euro, und der BGH gab ihm Recht. Der Leitsatz des Urteils lautet[7]: „Im Kapitalaufbringungssystem der GmbH bildet der Kapitalerhöhungsbeschluss die maßgebliche Zäsur. Voreinzahlungen auf die künftige Kapitalerhöhung haben schuldtilgende Wirkung nur dann, wenn der eingezahlte Betrag im Zeitpunkt der Fassung des Erhöhungsbeschlusses noch als solcher im Vermögen der Gesellschaft vorhanden ist. Dem steht es nicht gleich, dass auf ein debitorisches Konto der Gesellschaft eingezahlt wird und die Bank nach Verrechnung der Gutschrift eine Verfügung über den Einlagebetrag zulässt (Klarstellung von BGH v. 21. 6. 1996 – II ZR 98/95, ZIP 1996, 1466 = GmbHR 1996, 772)."

Im Urteil von 2006 war das Kapital einer GmbH sukzessiv um nahezu 1 Mio. DM erhöht worden, und wiederum waren Vorleistungen vor den Erhöhungsbeschlüssen geleistet worden. Die vom Insolvenzverwalter zunächst auf 100 000 Euro begrenzte Teilklage hatte Erfolg. Der Leitsatz dieses BGH-Urteils lautet[8]: „Voreinzahlungen auf eine künftige Kapitalerhöhung haben grundsätzlich nur dann Tilgungswirkung, wenn der eingezahlte Betrag im Zeitpunkt der Beschlussfassung und der mit ihr üblicherweise verbundenen Übernahmeerklärung als solcher noch im Gesellschaftsvermögen zweifelsfrei vorhanden ist (Bestätigung von BGH v. 15. 3. 2004 – II ZR 210/01, BGHZ 158, 283 = GmbHR 2004, 736 m. Komm. Heidinger). Ausnahmsweise können Voreinzahlungen unter engen Voraussetzungen als wirksame Erfüllung der später übernommenen Einlageschuld anerkannt werden, wenn nämlich die Beschlussfassung über die Kapitalerhöhung im Anschluss an die Voreinzahlung mit aller gebotenen Beschleunigung nachgeholt wird, ein akuter Sanierungsfall vorliegt, andere Maßnahmen nicht in Betracht kommen und die Rettung der sanierungsfähigen Gesellschaft scheitern würde, falls die übliche Reihenfolge der Durchführung der Kapitalerhöhungsmaßnahme betrachtet werden müsste."

2.36 Der BGH hat diese Rechtsprechung im Jahr 2008 bestätigt[9]. Sein Standpunkt verdient Zustimmung. In der typischen GmbH wird – anders als beim langen

1 BGH v. 18. 9. 2000 – II ZR 365/98, BGHZ 145, 150, 154 = GmbHR 2000, 1198, 1200; vgl. bereits BGH v. 7. 11. 1994 – II ZR 248/93, GmbHR 1995, 113.

2 BGH v. 13. 4. 1992 – II ZR 277/90, BGHZ 118, 83 = ZIP 1992, 995; BGH v. 7. 11. 1994 – II ZR 248/93, ZIP 1995, 28; BGH v. 21. 6. 1996 – II ZR 98/95, ZIP 1996, 1466.

3 BGH v. 7. 11. 1994 – II ZR 248/93, ZIP 1995, 28.

4 BGH v. 7. 11. 1994 – II ZR 248/93, ZIP 1995, 28.

5 BGH v. 15. 3. 2004 – II ZR 210/01, BGHZ 158, 283 = GmbHR 2004, 736 m. Anm. *Heidinger*; dazu eingehend *Blöse*, DB 2004, 1140 ff.

6 BGH v. 26. 6. 2006 – II ZR 43/05, BGHZ 168, 201 = GmbHR 2006, 1328 m. Anm. *Werner*.

7 BGH v. 15. 3. 2004 – II ZR 210/01, BGHZ 158, 283 = GmbHR 2004, 736 m. Anm. *Heidinger*.

8 BGH v. 26. 6. 2006 – II ZR 43/05, BGHZ 168, 201 = GmbHR 2006, 1328 m. Anm. *Werner*.

9 BGH v. 11. 2.2008 – II ZR 171/06, GmbHR 2008, 483; BGH v. 24. 4. 2008 – III ZR 233/06, GmbHR 2008, 766, 767.

Vorlauf einer AG-Hauptversammlung – die Notwendigkeit einer Vorauszahlung nicht ohne Weiteres ersichtlich sein. In den in Betracht kommenden Fällen ist nämlich ein förmlicher Kapitalerhöhungsbeschluss ohne Verzug leicht zu bewerkstelligen oder, wo dies zweifelhaft ist, umso weniger als verlässliche Basis der Vorauszahlung geeignet. Für die Sanierungspraxis erweist sich deshalb **jede dem Kapitalerhöhungsbeschluss vorausgehende Zahlung** als ein **schwerer Kunstfehler**. Verstöße gegen diese Vorsichtsregel kommen allerdings immer noch erstaunlich oft vor. Im Fall von 2006[1] hatte sogar der – notariell beurkundete! – Kapitalerhöhungsbeschluss dahin gelautet, dass die Bareinlage „bereits erbracht" sei. In Fällen eines dringenden Liquiditätsbedarfs ist an ein Doppelkonto[2] oder an die Aufnahme eines vorübergehend durch den Gesellschafter besicherten Überbrückungskredits bei der Hausbank nachzudenken[3]. Es ist aber nicht auszuschließen, dass die Rechtsprechung in einer solchen Umgehung einen unerlaubten Rückfluss an den Inferenten sieht. Es bleibt damit bei der generellen Warnung.

3. Besondere Risiken durch Hin- und Herzahlen sowie durch verdeckte Sacheinlage

Eine besondere Warnung ist gegenüber dem **Hin- und Herzahlen** bzw. gegenüber **Maßnahmen der sog. verdeckten Sacheinlage** geboten (vgl. auch Rz. 2.278). Beides sind typische Kapitalerhöhungsprobleme (nicht Gründungsprobleme), und diese werden gerade in Sanierungsfällen virulent, weil im ungünstigsten Fall hinterher ein Insolvenzverwalter vor der Tür steht. 2.37

a) Rechtslage bis 2008

aa) Nach der für **das bis 2008 geltende Recht** ständigen Rechtsprechung des BGH befreite sich ein Gesellschafter nicht von der Einlagepflicht, wenn der Einlagebetrag, z.B. als Kredit, alsbald wieder an ihn zurückfließt (**Hin- und Herzahlung**)[4]. Das gilt auch dann, wenn der Rückfluss nicht dem Gesellschafter selbst, sondern einer von ihm beherrschten Gesellschaft zugeleitet wird[5]. Eine spiegelbildliche Situation liegt vor, wenn die Gesellschaft dem Gesellschafter im Voraus ein Darlehen gewährt und diese Kreditmittel für die Einlagezahlung verwendet werden[6]. Der BGH verneinte in diesen Fällen eine Ein- 2.38

1 BGH v. 26. 6. 2006 – II ZR 43/05, BGHZ 168, 201 = GmbHR 2006, 1328 m. Anm. *Werner*.

2 *Blöse*, DB 2004, 1140.

3 Wird dieser Kredit durch den künftigen Einlagenschuldner besichert, so ist mit dem Risiko zu rechnen, dass die Besicherung im etwaigen Insolvenzfall unter § 44a InsO fällt.

4 Vgl. nur BGH v. 21. 11. 2005 – II ZR 140/04, BGHZ 165, 113 = GmbHR 2006, 43; BGH v. 9. 1. 2006 – II ZR 72/05, BGHZ 165, 352 = ZIP 2003, 211.

5 BGH v. 21. 2. 1994 – II ZR 60/93, BGHZ 125, 141, 144 = ZIP 1994, 701, 702; BGH v. 2. 12. 2002 – II ZR 101/02, BGHZ 153, 107, 111 = ZIP 2003, 211, 212; BGH v. 16. 1. 2006 – II ZR 76/04, BGHZ 166, 815 = ZIP 2006, 665, 667; BGH v. 20. 11. 2006. – II ZR 176/05, BGHZ 170, 47, 53 = ZIP 2007, 178, 180; BGH v. 10. 12. 2007 – II ZR 180/06, BGHZ 174, 370 = ZIP 2008, 174.

6 BGH v. 12. 6. 2006 – II ZR 334/04, GmbHR 2006, 982 = ZIP 2006, 1633.

lageleistung „zur freien Verfügung" der Geschäftsführer[1]. Erst wenn auf die nach der Einschätzung des BGH nichtige Darlehensabrede gezahlt worden war, erkannte der BGH diese Zahlung als befreiende Einlageleistung an[2].

2.39 **bb)** In ähnlichem Sinne führt die Umgehung der Sacheinlagevorschriften durch sog. **verdeckte Sacheinlagen** – insbesondere Verwendung von Bareinlagen für Rechtsgeschäfte mit dem Gesellschafter und für die Verrechnung mit Forderungen des Gesellschafters – dazu, dass die **Bareinlageschuld nicht getilgt**, die **Bareinlage also nochmals zu zahlen** ist[3]. Mit dieser Judikatur wurde eine im kaufmännischen Bereich überaus verbreitete Kapitalaufbringungstechnik – insbesondere die Verrechnung bei Bareinlagen – zu einer haftungsrechtlichen Falle. **Verdeckte Einlagen drohen bei nahezu allen mit der Kapitalerhöhung kombinierten Geschäften zwischen der Gesellschaft und dem Einlageschuldner**. Nur echte Umsatzgeschäfte sind von diesem Risiko grundsätzlich frei[4]. Entgeltliche Transfers[5] sind ebenso gefährlich wie Verrechnungen[6] oder Schaukelfinanzierungen zwischen gesellschafteridentischen Gesellschaften[7]. Eine verdeckte Einlage wurde auch in einem Fall angenommen, in dem die von der Muttergesellschaft (also der herrschenden Gesellschafterin) auf erhöhtes Stammkapital eingezahlte Liquidität dafür verwendet worden war, den Erwerb eines Betriebs von einer Schwestergesellschaft zu finanzieren[8]. Die haftungsrechtliche Härte dieser Rechtsprechung fand neben vielen Befürwortern vereinzelt auch Kritik[9], weil sie keine Rücksicht auf die Vollwertigkeit der verdeckten Sacheinlage nahm, also selbst dann zur Neueinzahlungspflicht führte, wenn die beanstandete Transaktion zu einer uneingeschränkten Kapitaldeckung geführt hatte[10]. Einzelne Stimmen wollten schon nach bisherigem

1 BGH v. 21. 11. 2005 – II ZR 140/04, BGHZ 165, 113, 116 = GmbHR 2006, 43.
2 BGH v. 21. 11. 2005 – II ZR 140/04, BGHZ 165, 113 = GmbHR 2006, 43; s. auch BGH v. 9. 1. 2006 – II ZR 72/05, BGHZ 165, 352 = ZIP 2003, 211; anders noch OLG Schleswig v. 27. 1. 2005 – 5 U 22/04, ZIP 2005, 1827.
3 BGH v. 15. 1. 1990 – II ZR 164/88, BGHZ 110, 47 = BB 1990, 382 (AG); BGH v. 18. 2. 1991 – II ZR 104/90, BGHZ 113, 335 = GmbHR 1991, 255; BGH v. 4. 3. 1996 – II ZB 8/95, BGHZ 132, 141 = GmbHR 1996, 351 = LM § 19 GmbHG Nr. 18; BGH v. 4. 3. 1996 – II ZR 89/95, GmbHR 1996, 283; BGH v. 2. 12. 1999 – II ZR 415/98, GmbHR 2000, 131; BGH v. 11. 2. 2008 – II ZR 171/06, GmbHR 2008, 483; s. auch BGH v. 18. 2. 2008 – II ZR 132/06, BGHZ 175, 265 = AG 2008, 383 (verdeckte gemischte Sacheinlage bei der AG); Überblick bei *Karsten Schmidt,* Gesellschaftsrecht, S. 1122 ff.; *Baumbach/Hueck/Fastrich,* § 19 GmbHG Rz. 41 ff.; *Ulmer* in Großkommentar zum GmbHG, § 5 GmbHG Rz. 178 f.; *Lutter/Hommelhoff/Lutter/Bayer,* § 5 GmbHG Rz. 47 ff.; *Scholz/Priester,* 9. Aufl., § 56 GmbHG Rz. 21 ff.
4 OLG Hamm v. 17. 8. 2004 – 27 U 189/03, AG 2005, 444 = ZIP 2005, 1138.
5 Vgl. nur BGH v. 7. 7. 2003 – II ZR 235/01, BGHZ 155, 329 = ZIP 2003, 1540.
6 Vgl. nur BGH v. 16. 9. 2003 – II ZR 1/00, BGHZ 152, 37 = BB 2002, 2347; s. auch BGH v. 4. 3. 1996 – II ZB 8/95, BB 1996, 813.
7 BGH v. 2. 12. 2002 – II ZR 101/02, BGHZ 153, 107 = GmbHR 2003, 231.
8 OLG München v. 6. 10. 2005 – 23 U 2381/05, GmbHR 2005, 1606.
9 Besonders exponiert die Kritik bei *Meilicke,* Die verschleierte Sacheinlage – eine deutsche Fehlentwicklung, 1989; *Mildner,* Bareinlage, Sacheinlage und ihre „Verschleierung" im Recht der GmbH, 1989.
10 Vgl. dazu auch *Karsten Schmidt,* Gesellschaftsrecht, S. 1178; *Karsten Schmidt* in Blaurock (Hrsg.), Das Recht der Unternehmen in Europa, 1993, S. 116 ff.; *Kübler,* ZHR 157 (1993), 209.

Recht dem Gesellschafter den Beweis der Vollwertigkeit gestatten[1]. Durchgesetzt hatte sich dieser Vorschlag vor der Reform von 2008 nicht[2]. Der BGH ließ zwar die **Heilung verdeckter Sacheinlagen durch formgerechte Umwandlung der Barkapitalerhöhung in eine Sachkapitalerhöhung** zu[3], aber diese Abhilfe funktioniert nur, solange sich die Gesellschaft noch nicht in der Krise befindet, denn sie setzt Vollwertigkeit voraus[4]. Die Vollwertigkeit wird bei der **Heilung verdeckter Sacheinlagen** nicht – wie allerdings vorgeschlagen worden ist[5] – für den Zeitpunkt des verdeckten Vermögenstransfers, sondern für den gegenwärtigen Zeitpunkt des Heilungsverfahrens festgestellt[6]. Dann aber ist der Gegenstand der verdeckten Sacheinlage (z.B. eine Forderung) häufig entwertet oder nicht mehr vorhanden. Die Heilung verdeckter Sacheinlagen ist ein Schönwetterinstrument. Sie **dient der Haftungsprophylaxe** für den Gesellschafter, **nicht** dagegen taugt sie **als Sanierungsinstrument** für die Gesellschaft. Außer acht lassen sollte man sie bei Sanierungsaktivitäten allerdings nicht. Soweit **nach geglückter Sanierung** festgestellt wird, dass im Zuge dieser Sanierungen verdeckte Sachkapitalerhöhungen stattgefunden haben, sollte die Chance der Heilung nicht ungenutzt bleiben. Das bedeutet: **Die Heilung verdeckter Sacheinlagen gehört in das Vorfeld der Haftungsprophylaxe und in die Phase der Konsolidierung nach geglückter Sanierung.** In diesem Sinne kann sie trotz des komplizierten Beschluss- und Eintragungsverfahrens genutzt werden. Aber sobald die Krise droht, stößt diese Abhilfe auf Grenzen.

b) Die GmbH-Reform 2008 (MoMiG)

Die Reform bringt sowohl bezüglich der verdeckten Sacheinlagen als auch hinsichtlich des Hin- und Herzahlens substanzielle Veränderungen mit sich. 2.40

aa) Eine **Neuregelung bezüglich des Hin- und Herzahlens** findet sich in **§ 19 Abs. 5 i.V.m. § 56a GmbHG n.F.**: 2.41

„Ist vor der Einlage eine Leistung an den Gesellschafter vereinbart worden, die wirtschaftlich einer Rückzahlung der Einlage entspricht und die nicht als verdeckte Sacheinlage im Sinne von Absatz 4 zu beurteilen ist, so befreit dies den Gesellschafter von seiner Einlageverpflichtung nur dann, wenn die Leistung durch einen vollwertigen Rückgewähranspruch gedeckt ist, der jederzeit fällig ist oder durch fristlose Kündigung durch die Gesellschaft fällig werden kann. Eine solche Leistung oder die Vereinbarung einer solchen Leistung ist in der Anmeldung nach § 8 anzugeben."

1 So namentlich *Grunewald*, Gesellschaftsrecht, 5. Aufl. 2005, 2.C.28; *Grunewald*, FS Rowedder, 1994, S. 117 f.; *Altmeppen* in Roth/Altmeppen, § 19 GmbHG Rz. 61; *Einsele*, NJW 1996, 2681 ff.

2 Eingewandt wurde, diese Auffassung entspreche den Prinzipien des KG-Rechts (vgl. BGH v. 25. 6. 1973 – II ZR 133/70, BGHZ 61, 59), nicht des Kapitalgesellschaftsrechts.

3 BGH v. 4. 3. 1996 – II ZB 8/95, BGHZ 132, 141 = GmbHR 1996, 351 = LM § 19 GmbHG Nr. 18 m. Anm. *Noack*; BGH v. 24. 7. 2000 – II ZR 202/98, GmbHR 2001, 31; dazu *Baumbach/Hueck/Fastrich*, § 5 GmbHG Rz. 53; *Scholz/Priester*, 9. Aufl., § 56 GmbHG Rz. 37 ff.; *Priester*, JbFSt. 1996/97, S. 254 ff.; *Priester*, ZIP 1996, 1025 ff.

4 Näher *Baumbach/Hueck/Fastrich*, § 19 GmbHG Rz. 18, 22.

5 *Sernetz*, ZIP 1995, 188 ff.

6 BGH v. 4. 3. 1996 – II ZB 8/95, BGHZ 132, 141 = GmbHR 1996, 351, 356 = LM § 19 GmbHG Nr. 18 m. Anm. *Noack*.

2.42 Diese Regelungen waren im Zuge der GmbH-Reformdiskussion durchaus umstritten[1]. Sie kommen der Gründungs- und Kapitalerhöhungspraxis aber durch **Verringerung von Haftungsrisiken** und **Entformalisierung des Kapitalaufbringungsrechts** entgegen[2]. Die rein formale Betrachtung der Kapitalgarantie wird durch eine Wertdeckungsgarantie mit Beweislast des Einlageschuldners ersetzt. **Für Barkapitalerhöhungen in Sanierungsfällen** sind aber diese Haftungserleichterungen **wenig hilfreich**. Die Unterdeckungsrisiken beim Hin- und Herzahlen bzw. bei verdeckten Sacheinlagen sind in der Krise der Gesellschaft hoch. Die Grundtendenz wird also **weiterhin** lauten: **Hände weg von der Hin- und Herzahlung**!

2.43 **bb)** Die **verdeckte Sacheinlage** wird nunmehr in dem folgenden **§ 19 Abs. 4 GmbHG i.V.m. § 56 Abs. 2 n.F.** geregelt[3]:

„Ist eine Geldeinlage eines Gesellschafters bei wirtschaftlicher Betrachtung und auf Grund einer im Zusammenhang mit der Übernahme der Geldeinlage getroffenen Abrede vollständig oder teilweise als Sacheinlage zu bewerten (verdeckte Sacheinlage), so befreit dies den Gesellschafter nicht von seiner Einlageverpflichtung. Jedoch sind die Verträge über die Sacheinlage und die Rechtshandlungen zu ihrer Ausführung nicht unwirksam. Auf die fortbestehende Geldeinlagepflicht des Gesellschafters wird der Wert des Vermögensgegenstandes im Zeitpunkt der Anmeldung der Gesellschaft zur Eintragung in das Handelsregister oder im Zeitpunkt seiner Überlassung an die Gesellschaft, falls diese später erfolgt, angerechnet. Die Anrechnung erfolgt nicht vor Eintragung der Gesellschaft in das Handelsregister. Die Beweislast für die Werthaltigkeit des Vermögensgegenstandes trägt der Gesellschafter."

2.44 Auch hier gilt wegen des Unterdeckungsrisikos nach wie vor: **Hände weg**, auch wenn die Rechtsfolgen nicht mehr so scharf sind.

4. Konsequenzen

2.45 Was lehrt diese Gerichtspraxis für die Durchführung interner Sanierungen?

- Die **Umwandlung von Forderungen in haftendes Kapital** (Rz. 2.219 ff.) kann Bestandteil eines Sanierungskonzepts sein, sollte aber nur im Wege der **Sachkapitalerhöhung** erfolgen, die freilich immer noch das Differenzhaftungsrisiko des § 9 GmbHG mit sich bringt (Rz. 2.223). Wo dies nicht akzeptiert wird, sollte die Sachkapitalerhöhung überhaupt vermieden werden. Altgläubiger der Gesellschaft fahren, wenn sie einen Sanierungsbeitrag leisten wollen, mit einem **Rangrücktritt mit Besserungsabrede** (dazu Rz. 2.217 f.) haftungsrechtlich besser als mit der Verwendung ihrer Forderungen für eine Kapitalerhöhung.
- Auch **Gesellschafter** sollten, was den Einsatz ihrer Forderungen für die Sanierung anlangt, den Rangrücktritt vorziehen (dazu Rz. 2.94).
- Nur nach geglückter Sanierung sind **verdeckte Sachkapitalerhöhungen** heilbar und sollten geheilt werden. Bei Kapitalerhöhungen im Zuge einer Sanie-

1 Vgl. insbesondere *Büchel*, GmbHR 2007, 1065; ähnlich *Priester*, ZIP 2008, 55.
2 *Karsten Schmidt*, GmbHR 2007, 1072, 1073.
3 Dazu z.B. *Bormann*, GmbHR 2007, 897; *Noack*, DB 2007, 1395, 1397; *Karsten Schmidt*, GmbHR 2007, 1072, 1073; *Veil*, ZIP 2007, 1241, 1243; abl. freilich z.B. *Büchel*, GmbHR 2007, 1065, 1067; *Wirsch*, GmbHR 2007, 736 ff.

rung gilt es auch unter dem neuen Recht, ein Hin- und Herzahlen ebenso zu vermeiden wie eine verdeckte Sacheinlage.

IV. Atypische Risikokapitalerhöhung *(Maus)*

1. Private Equity

Nach der Definition der European Venture Capital and Private Equity Association (EVCA) ist Private Equity der Oberbegriff, der den gesamten **Markt für privates Beteiligungskapital** umfasst. Geldgeber sind institutionelle Investoren – etwa Pensionskassen, Banken, Versicherungen – sowie vermögende Privatleute. Sie beteiligen sich entweder direkt an Unternehmen oder stellen ihr Geld Fonds zur Verfügung, die es dann in Firmenanteile investieren. Die Geldgeber kaufen Unternehmen oder Unternehmensbeteiligungen, die als unterbewertet gelten, mit dem Ziel, das Unternehmen zu restrukturieren und mittelfristig (nach drei bis sechs Jahren) mit möglichst hohem Gewinn zu verkaufen. 2.46

Innerhalb der Branche wird der Begriff Private Equity auch in Abgrenzung zu **Venture Capital** verwendet. Das Venture Capital ist ein bedeutender Teilbereich des Private-Equity-Marktes. Venture Capital wird in erster Linie zur Finanzierung junger Technologiefirmen mit guten Zukunftsaussichten eingesetzt wird. Der Begriff Venture Capital bezieht sich auf Early stage- (Frühphasenfinanzierung: Seed und Start up) und Later stage-(Expansions-)Finanzierung. Kleinere Venture-Capital-Gesellschaften sind auf Krisenunternehmen spezialisiert. Häufig stellen sie neben dem notwendigen Kapital auch den Sanierungsmanager. 2.47

Private-Equity-Gesellschaften werden oft kritisiert, weil ihre einzige Zielsetzung die Gewinnoptimierung darstellt. Andere Beweggründe (wie z.B. die Erhaltung oder Schaffung von Arbeitsplätzen) treten i.d.R. zu Gunsten möglichst hoher Renditen in den Hintergrund. Als störend wird auch die relativ kurze Verweildauer des Investors im Unternehmen angesehen. Misstrauisch wird die Tendenz zu so genannten **Quick Flips** beobachtet, bei denen die Private-Equity-Firmen nicht drei bis sechs Jahre im Unternehmen bleiben, sondern sehr schnell weiterziehen. Insbesondere Gesellschafter von Familienunternehmen wollen die Kontinuität ihrer Unternehmen sicherstellen. Sie fürchten die Ungewissheit beim Ausscheiden des Investors. Werden sie dazu in der Lage sein, die Beteiligung des ausscheidenden Investors (zurück) zu kaufen? Oder müssen sie, um das künftige Schicksal des Unternehmens und ihr eigenes finanzielles Überleben nicht zu gefährden, ihre Anteile mitverkaufen? 2.48

Inzwischen gibt es aber auch für diese Familienunternehmen **maßgeschneiderte Finanzierungskonzepte** von Private-Equity-Investoren. Anlaufstelle für die Suche nach Investoren, die länger im Unternehmen bleiben wollen und keine übertriebenen Renditeerwartungen haben, kann der Bundesverband Deutscher Kapitalbeteiligungsgesellschaften – German Private Equity and Venture Capital Association e.V. (BVK) sein. Der BVK ist die Organisation der 2.49

deutschen und der in Deutschland tätigen Repräsentanten ausländischer Kapitalbeteiligungsgesellschaften. Die in diesem Verband organisierten Private-Equity-Gesellschaften sind an über 5000 kleinen und mittleren Unternehmen mit mehr als 20 Mrd. Euro beteiligt.

2. Mezzaninkapital

2.50 Mezzanine Capital[1] ist ein sehr flexibles Finanzierungsinstrument, das bilanziell zwischen dem Eigenkapital und dem Fremdkapital steht. Finanzierungstechnisch bieten Mezzanine-Instrumente die Möglichkeit, die Elemente der Eigen- und Fremdkapitalfinanzierung optimal miteinander zu verbinden. Den Unternehmen wird diese Kapitalart in einer Phase zugeführt, in der eigentlich Eigenkapital erforderlich ist. Mezzanine Capital kann in Form von Genussscheinen, Genussrechten oder durch eine stille Beteiligung begeben werden. Möglich sind auch Wandelanleihen und Umtauschanleihen möglich. Der große Vorteil des Mezzanine Capital besteht darin, dass die Unternehmen ihre Eigenkapitalbasis verstärken können, ohne dafür den Investoren volle Gesellschafterrechte einräumen zu müssen. Steigende Bedeutung hat die Mezzanine-Finanzierung für die Anwendung der seit 2007 geltenden Kreditsicherheitslinien für Banken („BASEL II"), weil die Bilanzstruktur zu Gunsten des Eigenkapitals verbessert und damit die Kreditwürdigkeit des Unternehmens erhöht wird.

V. Kreditfinanzierung durch Gesellschafter *(Karsten Schmidt)*

1. Das Nebeneinander von altem und neuem Recht

2.51 Das Recht der Gesellschafterdarlehen und darlehensähnlicher Fremdfinanzierung unterliegt seit dem Inkrafttreten des MoMiG am 1. 11. 2008 (MoMiG Art. 25) zwei ganz **unterschiedlichen Haftungsregimen: Rechtshandlungen vor dem 1. 11. 2008** werden **nach altem Recht** beurteilt, soweit ein Insolvenzverfahren vor dem 1. 11. 2008 eröffnet worden ist (Art. 103d EGInsO). Für **Rechtshandlungen ab 1. 11. 2008** gilt neues Recht (dazu Rz. 2.78 ff.)[2].

2. Kreditfinanzierung durch Gesellschafter als Kapitalersatz nach der Rechtslage bis 2008

a) Das traditionelle Konzept (§§ 32a, b GmbHG a.F.)

2.52 **aa)** Die **Bedeutung des bisherigen Eigenkapitalersatzrechts** bestand darin, dass die **Krisenfinanzierung durch Gesellschafter** Risikokapital generiert, auch wenn sie nicht durch Kapitalerhöhung (§§ 55 ff. GmbHG), sondern durch Gesellschafterdarlehen (§ 32a Abs. 1 GmbHG a.F.) oder gleichzuachtende Finanzierungsmaßnahmen vollzogen wird (§ 32a Abs. 2, Abs. 3 Satz 1 GmbHG a.F.)[3].

1 Der Begriff Mezzanine stammt ursprünglich aus dem Italienischen und meint ein Zwischengeschoss in der Architektur.

2 Überblick bei *Goette*, Einführung, Rz. 84 ff.

3 **Spezialliteratur**: *v. Gerkan/Hommelhoff* (Hrsg.), Handbuch des Kapitalersatzrechts, 2. Aufl. 2002; *Goette/Kleindiek*, Eigenkapitalersatzrecht in der Praxis, 5. Aufl. 2007.

Diese Regeln gelten **für alle Kapitalersatzfälle bis zum 31. 10. 2008** (vgl. § 103d EGInsO). Sie spielen also vor den Gerichten weiterhin eine Rolle.

Das Sonderrecht der eigenkapitalersetzenden Gesellschafterdarlehen war ausweislich der Rechtsprechung des II. BGH-Senats nicht ein Spezialproblem nur der GmbH (§ 32a GmbHG a.F.) und der GmbH & Co. KG (§ 172a HGB a.F.)[1]. Sonderregeln für solche Finanzierungsleistungen hat der BGH praeter legem auch bei der Aktiengesellschaft[2] anerkannt. Abgestellt wurde auf die fehlende persönliche Haftung der Gesellschafter[3]. Nicht gleichgestellt wurden deshalb Gesellschafterkredite bei der typischen Kommanditgesellschaft und bei der offenen Handelsgesellschaft auf Gesellschafter mit unbeschränkter Haftung[4], während die Anwendung auf Kommanditisten in der gesetzestypischen KG unentschieden blieb[5]. Die gesetzlichen **Sanktionen des Rechts der eigenkapitalersetzenden Darlehen** waren schon bisher in der Insolvenzordnung zu finden (§§ 39 Abs. 1 Nr. 5, 135 InsO). Hierauf beruhte die bereits bisher verbreitete These, Eigenkapitalersatz sei Bestandteil des Insolvenzrechts und nicht eigentlich ein Gesellschaftsrechtsproblem[6]. Das **Rechtsprechungsrecht der eigenkapitalersetzenden Darlehen** enthielt aber ein Sanktionsprogramm, mit dem auch die Gesellschaft im Krisenvorfeld umzugehen hatte: Es ging um die **haftungsrechtliche Gleichstellung von Fremdfinanzierungsleistungen mit haftendem Kapital**. Eigenkapitalersetzende Leistungen der Gesellschafter unterlagen für die Dauer der Krise wie Einlagen dem kapitalsichernden Ausschüttungsverbot des § 30 GmbHG (vgl. Rz. 1.44 ff.). Deshalb spielten die bisherigen Grundsätze des § 32a GmbHG a.F. nicht erst – wie es die meist von Insolvenzverwaltern erstrittenen veröffentlichten Entscheidungen mutmaßen lassen – im Insolvenzfall und nicht nur in Prozessen eine Rolle, sondern sie waren allgemeine Regeln über die Finanzierung und ggf. Sanierung im aktiven Unternehmen. 2.53

bb) Das **Thema des Eigenkapitalersatzes** ist die Bindung von Fremdmitteln – z.B. Gesellschafterdarlehen – nach eigenkapitalähnlichen Regeln. Diese **Bindung** kann auf sehr unterschiedliche Weise – auch gleichzeitig! – herbeige- 2.54

1 *Karsten Schmidt*, Gesellschaftsrecht, S. 530; *Karsten Schmidt*, AG 1984, 12 ff.; *Karsten Schmidt*, ZIP 1991, 1 ff.

2 BGH v. 26. 3. 1984 – II ZR 171/83, BGHZ 90, 381 = GmbHR 1984, 343; BGH v. 9. 5. 2005 – II ZR 66/03, AG 2005, 617 = NZG 2005, 712; dazu umfassend *Fleischer* in Karsten Schmidt/Lutter, 2008, § 57 AktG Rz. 54 ff.; *Habersack*, ZHR 162 (1998), 201 ff.

3 *Karsten Schmidt*, Gesellschaftsrecht, S. 533; *Karsten Schmidt* in Münchener Kommentar zum HGB, § 130a HGB Rz. 25; *Karsten Schmidt*, ZIP 1991, 1 ff.; *Karsten Schmidt*, GmbHR 2005, 797 ff.; dort auch, was hier nicht auszuführen ist, zur entgegenstehenden h.M.; nur Finanzplankredite werden anerkannt von *Habersack*, ZHR 162 (1998), 214.

4 Unentschieden noch BGH v. 2. 7. 1990 – II ZR 139/89, BGHZ 112, 31, 38 = NJW 1990, 3145, 3147.

5 Ebd.; für Anwendung entgegen der h.M. *Karsten Schmidt* in Münchener Kommentar zum HGB, § 130a HGB Rz. 15.

6 Vgl. *Georg Winter*, Die Haftung der Gesellschafter im Konkurs der unterkapitalisierten GmbH, 1973; *Noack* in Prütting, Insolvenzrecht 1996, 1997, S. 199; dagegen *Scholz/Karsten Schmidt*, §§ 32a, b GmbHG Rz. 7 f.; ambivalent *Habersack* in Großkommentar zum GmbHG, §§ 32a, b GmbHG Rz. 2, 8.

führt werden: **durch Rechtsgeschäft**, also durch den Willen der Beteiligten (vgl. Rz. 2.95, 2.110 ff. zum Finanzplankredit, Rz. 2.94 zum Rangrücktritt) **oder durch Gesetz**. Die ganz unterschiedliche Art dieser Bindungen spielte für die Rechtsfolgen eine erhebliche Rolle. Die in § 32a GmbHG a.F. enthaltenen bzw. daran anknüpfenden Regeln betrafen allein die zwingende gesetzliche Bindung von Eigenkapitalersatz.

2.55 **cc)** Die **bisherigen §§ 32a, b GmbHG a.F.** – immer noch wichtig für die Beurteilung von Alt-Fällen und für das Verständnis der geänderten Rechtslage ab 2008 – hatten folgenden Wortlaut:

§ 32a [Rückgewähr von Darlehen] (1) Hat ein Gesellschafter der Gesellschaft in einem Zeitpunkt, in dem ihr die Gesellschafter als ordentliche Kaufleute Eigenkapital zugeführt hätten (Krise der Gesellschaft), statt dessen ein Darlehen gewährt, so kann er den Anspruch auf Rückgewähr des Darlehens im Insolvenzverfahren über das Vermögen der Gesellschaft nur als nachrangiger Insolvenzgläubiger geltend machen.

(2) Hat ein Dritter der Gesellschaft in einem Zeitpunkt, in dem ihr die Gesellschafter als ordentliche Kaufleute Eigenkapital zugeführt hätten, statt dessen ein Darlehen gewährt und hat ihm ein Gesellschafter für die Rückgewähr des Darlehens eine Sicherung bestellt oder hat er sich dafür verbürgt, so kann der Dritte im Insolvenzverfahren über das Vermögen der Gesellschaft nur für den Betrag verhältnismäßige Befriedigung verlangen, mit dem er bei der Inanspruchnahme der Sicherung oder des Bürgen ausgefallen ist.

(3) Diese Vorschriften gelten sinngemäß für andere Rechtshandlungen eines Gesellschafters oder eines Dritten, die der Darlehensgewährung nach Absatz 1 oder 2 wirtschaftlich entsprechen. Die Regeln über den Eigenkapitalersatz gelten nicht für den nicht geschäftsführenden Gesellschafter, der mit zehn von Hundert oder weniger am Stammkapital beteiligt ist. Erwirbt ein Darlehensgeber in der Krise der Gesellschaft Geschäftsanteile zum Zweck der Überwindung der Krise, führt dies für seine bestehenden oder neugewährten Kredite nicht zur Anwendung der Regeln über den Eigenkapitalersatz.

§ 32b [Haftung für zurückgezahlte Darlehen] Hat die Gesellschaft im Fall des § 32a Abs. 2, 3 das Darlehen im letzten Jahr vor dem Antrag auf Eröffnung des Insolvenzverfahrens oder nach diesem Antrag zurückgezahlt, so hat der Gesellschafter, der die Sicherung bestellt hatte oder als Bürge haftete, der Gesellschaft den zurückgezahlten Betrag zu erstatten; § 146 der Insolvenzordnung gilt entsprechend. Die Verpflichtung besteht nur bis zur Höhe des Betrags, mit dem der Gesellschafter als Bürge haftete oder der dem Wert der von ihm bestellten Sicherung im Zeitpunkt der Rückzahlung des Darlehens entspricht. Der Gesellschafter wird von der Verpflichtung frei, wenn er die Gegenstände, die dem Gläubiger als Sicherung gedient hatten, der Gesellschaft zu ihrer Befriedigung zur Verfügung stellt. Diese Vorschriften gelten sinngemäß für andere Rechtshandlungen, die der Darlehensgewährung wirtschaftlich entsprechen.

b) Der Tatbestand des eigenkapitalersetzenden Gesellschafterdarlehens § 32a Abs. 1 GmbHG a.F.

2.56 **aa)** § 32a Abs. 1 Satz 1 GmbHG beschrieb das eigenkapitalersetzende Gesellschafterdarlehen dahin, dass ein Gesellschafter in einem Zeitpunkt, in dem ordentliche Kaufleute Eigenkapital zugeführt hätten („Krise der Gesellschaft"), stattdessen ein Darlehen gewährt. Diese Generalklausel wurde nach heute h.M. dahin aufgelöst, dass **drei Typen der Krisendarlehen** unterschieden wurden[1]:

---

1 *Kilger/Karsten Schmidt*, § 32a KO Anm. 3c; *Scholz/Karsten Schmidt*, §§ 32a, b GmbHG Rz. 38 ff.

- der **Sanierungskredit** als eindeutiger Anwendungsfall des § 32a Abs. 1 GmbHG,
- die **Kreditgewährung bei Kreditunwürdigkeit** sowie
- **das Stehenlassen bei Kreditunwürdigkeit** als praktisch wichtigster Fall des § 32a Abs. 1 GmbHG.

Darauf, ob der Kredit objektiv der **Sanierung** dienen konnte, kam es nicht an. 2.57
Auch eine Finanzierungshilfe, die nicht mehr der Sanierung, sondern nur noch der Durchführung eines bestimmten Geschäfts in der Krise diente, konnte eigenkapitalersetzend sein[1]. Überhaupt kommt es nicht mehr darauf an, ob noch Sanierungsaussicht besteht und ob diese ernsthaft verfolgt wurde. Auch eine Kreditgewährung, die ex post betrachtet nur noch Verschleppungscharakter haben konnte, war eigenkapitalersetzend.

Maßstab für die Krise der Gesellschaft war ihre **Kreditunwürdigkeit**[2]. Diese 2.58
setzte nicht notwendig materielle Insolvenz (z.B. Überschuldung) voraus[3]. Kreditunwürdigkeit würde angenommen, wenn die Gesellschaft von dritter Seite den zur Fortführung des Unternehmens benötigten Kredit nicht mehr erhalten kann und deshalb ohne den Gesellschafterkredit liquidiert werden müsste[4]. Im Prozess musste die Kreditunwürdigkeit als Voraussetzung der Kapitalersatzbindung nachgewiesen werden[5], konnte aber nachträglich aus Hilfstatsachen wie der eingetretenen Kapital- und Rentabilitätseinbuße indiziell erschlossen werden[6]. Auch Überbrückungskredite konnten eigenkapitalersetzend sein[7].

bb) Ganz maßgebliche Bedeutung hatte in der Rechtsprechung der **Tatbestand** 2.59
des Stehenlassens von Gesellschafterdarlehen erlangt[8]. Die genauen Voraussetzungen waren umstritten. Die Vorschläge reichten vom Erfordernis einer – sei es auch konkludenten – Stundungsabrede[9] bis zur rein objektiven Feststellung des Nicht-Abzugs des Kredits unter Verzicht auf jedes subjektive Merkmal[10]. Zwischen dieser engsten und weitesten Abgrenzung gab es ein ganzes Spektrum von Abgrenzungsvorschlägen. Die Frage wurde in der Rechtspre-

1 Vgl. BGH v. 19. 9. 1996 – IX ZR 249/95, GmbHR 1996, 844.

2 BGH v. 24. 3. 1980 – II ZR 213/77, BGHZ 76, 326, 330 = NJW 1980, 1524, 1525; BGH v. 13. 7. 1981 – II ZR 256/79, BGHZ 81, 252, 255 = NJW 1981, 2570, 2571; BGH v. 19. 9. 1988 – II ZR 255/87, BGHZ 155, 168, 185 = NJW 1988, 3143, 3147; std. Rspr.

3 BGH v. 3. 4. 2006 – II ZR 332/05, GmbHR 2006, 703 = ZIP 2006, 996.

4 Vgl. BGH v. 2. 12. 1996 – II ZR 243/95, LM § 30 GmbHG Nr. 54a = GmbHR 1997, 501; weniger klar (weil auf die vom Gesellschafter gegebenen Konditionen abstellend) BGH v. 2. 6. 1997 – II ZR 211/95, LM § 32a GmbHG Nr. 28 = GmbHR 1997, 890.

5 BGH v. 7. 3. 2005 – II ZR 138/03, AG 2005, 482 = GmbHR 2005, 615.

6 BGH v. 4. 12. 1995 – II ZR 281/94, LM § 32b GmbHG Nr. 9 = NJW 1996, 720 = GmbHR 1996, 199.

7 BGH v. 19. 9. 1996 – II ZR 249/95, BGHZ 133, 298 = DStR 1996, 1779; BGH v. 17. 7. 2006 – II ZR 106/05, GmbHR 2006, 1326 = ZIP 2006, 2130.

8 Eingehend *Scholz/Karsten Schmidt*, §§ 32a, b GmbHG Rz. 47 ff.

9 So namentlich mit umfassenden Nachweisen *Jaeger/Henckel*, § 32a KO Rz. 18 ff. (in Neukommentierung § 39 InsO offen gelassen).

10 So namentlich *Altmeppen* in Roth/Altmeppen, § 32a GmbHG Rz. 42; *Altmeppen*, ZIP 1994, 1939 ff.

chung zunächst weitgehend offen gelassen[1]. Nach der sich allmählich herauskristallisierenden Rechtsprechung des BGH musste der Gesellschafter wenigstens die Möglichkeit gehabt haben, die Krise der Gesellschaft bei Wahrnehmung seiner Verantwortung für eine ordnungsgemäße Finanzierung der Gesellschaft zu erkennen. Hieran wurden jedoch keine hohen Anforderungen gestellt. Fehlende Kenntnismöglichkeit wurde als Ausnahme angesehen, deren Voraussetzungen der Gesellschafter darlegen und beweisen musste[2]. Es sei Sache des Gesellschafters selbst, eine zuverlässige Information über die wirtschaftliche Lage der Gesellschaft sicherzustellen[3]. Der Gesellschafter konnte nach der Rechtsprechung die Umqualifizierung des Kredits in Eigenkapitalersatz dadurch abwenden, dass er die Kreditmittel abzog[4] oder die Gesellschaft beizeiten zur Auflösung brachte[5] oder binnen einer angemessenen Überlegungsfrist Insolvenzantrag stellte[6]. Diese Rechtsprechung löste bisweilen Verwunderung aus, weil sie sanierungsfeindlich schien[7]. Doch war dies ein Missverständnis, denn es ging allein um die Frage, ob und unter welchen Voraussetzungen ein (wie die Rechtsprechung oft unterstellen musste) zuvor nicht eigenkapitalersetzender Kredit mit den in § 32a GmbHG a.F. beschriebenen Folgen zu Risikokapital werden konnte. Die Erfahrung lehrte, dass **Neukredite der Gesellschafter in der Krise** ausnahmslos eigenkapitalersetzend waren und dass **Altkredite der Gesellschafter** in der Krise in aller Regel längst eigenkapitalersetzend geworden waren, bevor die Gesellschafter die Entscheidung „Sanierung, Liquidation oder Insolvenz?" trafen. Die vom Bundesgerichtshof formulierten Handlungsalternativen zur Abwendung des Stehenlassens dienten insofern mehr als Legitimationsmuster für die Anwendung des § 32a GmbHG denn als ernsthaft empfohlene Kreditgeberstrategien bei Eintritt der Krise. Dazu passt, dass es für das Stehenlassen nicht darauf ankam, ob der Gesellschafter eine für die Auflösung der Gesellschaft ausreichende Stimmenmehrheit besaß[8]. In der Praxis liefen Altkredite mehr oder weniger unbemerkt in die Eigenkapitalersatzbindung hinein, wenn die Krise einmal da war.

---

1 Vgl. BGH v. 19. 9. 1988 – II ZR 255/87, BGHZ 105, 168, 186 = GmbHR 1989, 19, 24; BGH v. 16. 10. 1989 – II ZR 307/88, BGHZ 109, 55, 60 = GmbHR 1990, 118.

2 BGH v. 17. 12. 1992 – II ZR 154/91, NJW 1992, 1764; BGH v. 7. 11. 1994 – II ZR 270/93, BGHZ 107, 336 = GmbHR 1995, 38 = ZIP 1994, 1934 m. Anm. *Altmeppen*; BGH v. 11. 12. 1995 – II ZR 128/94, LM § 32b GmbHG Nr. 10 = GmbHR 1996, 198; BGH v. 2. 12. 1996 – II ZR 243/95, LM § 30 GmbHG Nr. 54a = GmbHR 1997, 501; BGH v. 15. 6. 1998 – II ZR 17/97, GmbHR 1998, 936 = ZIP 1998, 1352; eingehend dazu *Rowedder/Schmidt-Leithoff/Pentz*, § 32a GmbHG Rz. 145 f.

3 BGH v. 7. 11. 1994 – II ZR 270/93, BGHZ 127, 336 = GmbHR 1995, 38 = ZIP 1994, 1934 m. Anm. *Altmeppen*; BGH v. 28. 11. 1994 – II ZR 77/93, GmbHR 1995, 35 = ZIP 1995, 23 m. Anm. *Altmeppen*; kritisch *v. Gerkan*, GmbHR 1996, 401 f.

4 Nachweise bei BGH v. 2. 12. 1996 – II ZR 243/95, LM § 30 GmbHG Nr. 54a = NJW-RR 1997, 606, 607 = GmbHR 1997, 501.

5 BGH v. 13. 7. 1981 – II ZR 256/79, BGHZ 81, 252, 257 = GmbHR 1982, 19, 20.

6 BGH v. 19. 12. 1994 – II ZR 10/94, DB 1995, 569 = GmbHR 1995, 219; BGH v. 15. 6. 1998 – II ZR 17/97, GmbHR 1998, 936 = ZIP 1998, 1352.

7 Vgl. *Klaus Müller*, GmbHR 1982, 39 f.

8 *Karsten Schmidt*, ZIP 1999, 1244 ff.; zust. *Rowedder/Schmidt-Leithoff/Pentz*, § 32a GmbHG Rz. 146.

c) Ausdehnung des Tatbestands auf andere Arten der kapitalersetzenden Gesellschafterleistungen und Anwendung auf nahe stehende Dritte (§ 32a Abs. 2 und Abs. 3 Satz 1 GmbHG a.F.)

aa) Standardfälle der eigenkapitalersetzenden Leistungen waren die Darlehen nach **§ 32a Abs. 1 GmbHG a.F.** (jetzt § 39 Abs. 1 Nr. 5 InsO). Eigenkapitalersetzend konnten nach **§ 32a Abs. 2 GmbHG a.F.** (jetzt § 44a InsO) auch **Bürgschaften oder sonstige Kreditsicherheiten** eines Gesellschafters sein, wobei nicht der kreditgebende Dritte, sondern der sicherheitsgebende Gesellschafter an die Kapitalersatzregeln gebunden war[1]. Stehen gebliebene Bürgschaften standen – wie stehen gebliebene Kredite – den erst bei Kreditunwürdigkeit gegebenen Bürgschaften gleich[2]. Der Grundgedanke des § 32a Abs. 2 GmbHG a.F. leuchtete ein[3]: Die Gesellschaft kann durch einen von einem Gesellschafter besicherten Bankkredit genau so auf dessen Risiko über Wasser gehalten werden wie durch einen Kredit des Gesellschafters. Deshalb ist der Gesellschafter als Sicherungsgeber für die Dauer der Krise im Verhältnis zur Gesellschaft nicht etwa regressberechtigt (§§ 774, 1143, 1225 BGB), sondern im Gegenteil freistellungspflichtig[4]. Kommt es dennoch zum Insolvenzverfahren, so muss sich auch der Kreditgeber (die Bank) primär an den sichernden Gesellschafter halten und meldet nur den Ausfall im Insolvenzverfahren an (§ 32a Abs. 2 GmbHG a.F., § 44a InsO n.F.). 2.60

bb) Gleichgestellt waren nach **§ 32a Abs. 3 Satz 1 GmbHG a.F.** andere **Rechtshandlungen** eines Gesellschafters oder eines einem Gesellschafter nahe stehenden Dritten[5], **die der Darlehensgewährung (Abs. 1) oder der Darlehensbesicherung (Abs. 2) wirtschaftlich entsprechen**. Diese Ausdehnung auf Quasi-Gesellschafterdarlehen wird **auch künftig** ihre Bedeutung haben, denn sie wird in § 39 Abs. 1 Nr. 5 InsO n.F. wiederholt (dazu Rz. 2.91). Es kann nicht Aufgabe der vorliegenden Darstellung sein, die überwältigende Kasuistik über eigenkapitalersetzende Leistungen nach Art der Kommentare oder der Spezialdarstellungen komplett zu dokumentieren[6]. **Neben der stillen Einlage**[7] verdienen es aber **zwei Fragenkreise**, besonders hervorgehoben zu werden. 2.61

1 BGH v. 19. 11. 1984 – II ZR 84/84, BB 1985, 424 = GmbHR 1985, 81; OLG Hamm v. 4. 7. 2002 – 27 U 187/01, ZIP 2002. 1321.

2 Vgl. BGH v. 11. 12. 1995 – II ZR 128/94, LM § 32b GmbHG = GmbHR 1996, 198; dazu *Pape*, ZIP 1996, 1409 ff.

3 Dazu *Thonfeld*, Eigenkapitalersetzende Gesellschaftersicherheiten und der Freistellungsanspruch der Gesellschaft, 2005; *Karsten Schmidt*, ZIP 1999, 1829 ff.

4 BGH v. 9. 12. 1991 – II ZR 43/91, GmbHR 1992, 166 = ZIP 1992, 108; *Thonfeld*, Eigenkapitalersetzende Gesellschaftersicherheiten und der Freistellungsanspruch der Gesellschaft, 2005, S. 126 ff., 143 ff., 150 ff.; *Altmeppen* in Roth/Altmeppen, § 32a GmbHG Rz. 140; *Scholz/Karsten Schmidt*, §§ 32a, b GmbHG Rz. 180; *Fastrich*, NJW 1983, 263; *Dostal*, DB 1997, 613; *Karsten Schmidt*, ZIP 1999, 1821, 1825.

5 Dazu m.w.N. *Altmeppen* in Roth/Altmeppen, § 32a GmbHG Rz. 143 ff.

6 Vgl. stattdessen außer den Kommentaren zu § 32a GmbHG vor allem *v. Gerkan/Hommelhoff*, Handbuch des Kapitalersatzrechts, 2. Aufl. 2002; Überblick ferner z.B. bei *Maser*, ZIP 1995, 1319 ff.; *v. Gerkan*, ZGR 1997, 173 ff.

7 BGH v. 8. 11. 2004 – II ZR 300/02, GmbHR 2005, 232 = ZIP 2005, 182.

2.62 **cc)** Da ist zunächst die **Quasi-Kreditlinie des Gesellschafters als Lieferanten** (Dienstleister, Vermieter und Verpächter eingeschlossen). Der Bundesgerichtshof hat 1995 entschieden[1]: „Lässt es ein Gesellschafter – mit oder ohne Stundungsabrede – zu, dass die Gesellschaft Forderungen, die ihm gegen sie aus Warenlieferungen zustehen, fortlaufend um bis zu mehrere Monate verspätet begleicht, so kann darin ... in Höhe des durchschnittlichen offenen Forderungssaldos eine nach Kapitalersatzregeln zu beurteilende Kreditgewährung liegen." Nicht die Summe aller einzelnen Forderungen des Gesellschafters aus den Lieferungen (bzw. Dienstleistungen oder Gebrauchsüberlassungen), wohl aber die auf diese Weise de facto entstehende Kreditlinie stellt in solchen Fällen eine mindestens darlehnsähnliche Leistung dar. Die Folge besteht nicht etwa darin, dass alle zu spät beglichenen Forderungen in der Summe eigenkapitalersetzend geworden sind – diese ließen sich im Insolvenzfall zu gigantischen Rückforderungsansprüchen der Gesellschaft und entsprechenden Klagen des Insolvenzverwalters gem. §§ 30 GmbHG, 135 InsO addieren –, sondern der Eigenkapitalersatz besteht in dem revolvierenden Waren-, Dienstleistungs- oder Nutzungskredit, und das bedeutet: In Höhe der konkludent durch Geschäftsverbindungsbrauch entstandenen Kreditlinie – der Bundesgerichtshof formuliert vorsichtiger: „in Höhe des durchschnittlich offenen Forderungssaldos" – entsteht eine darlehensähnliche Kreditgewährung.

2.63 **dd)** Das Hauptaugenmerk gebührt immer noch der erst allmählich verfestigten **Rechtsprechung über die Nutzungsüberlassung**[2]. Bekanntlich hat der Bundesgerichtshof unter dem alten Recht in ständiger Rechtsprechung auch Nutzungsüberlassungen als darlehensähnlich (§ 32a Abs. 3 Satz 1 GmbHG a.F.) und unter den Voraussetzungen des § 32a GmbHG a.F. als eigenkapitalersetzend angesehen[3]. Es geht um Eigenkapitalersatz durch Miet-, Pacht, Leasing- oder Lizenzverträge, in der Praxis meist um die Vermietung von Geschäftsräumen oder Grundstücken. Diese Rechtsprechung geht in ihren Rechtsfolgen weit über die unbestreitbare Anwendung des § 32a GmbHG auf in der Krise gestundete, stehen gebliebene Miet- oder Pachtzinsen hinaus. Zahlungsforderungen aus dem Nutzungsverhältnis können ohne weiteres durch Stehenlas-

1 BGH v. 28. 11. 1994 – II ZR 77/93, LM § 30 GmbHG Nr. 46 m. Anm. *Roth* = GmbHR 1995, 35; vgl. auch *Scholz/Karsten Schmidt*, §§ 32a, b GmbHG Rz. 123.

2 Überblick bei *Baumbach/Hueck/Fastrich*, § 32a GmbHG Rz. 32 ff.; *Hueck*, FS Odersky, 1996, S. 823 ff.

3 BGH v. 16. 10. 1989 – II ZR 307/88, BGHZ 109, 55 = GmbHR 1990, 118; BGH v. 14. 12. 1992 – II ZR 298/91, BGHZ 121, 31, 34 = GmbHR 1993, 87, 88; BGH v. 11. 7. 1994 – II ZR 146/92, BGHZ 127, 1 = GmbHR 1994, 612; BGH v. 11. 7. 1994 – II ZR 162/92, BGHZ 127, 17 = GmbHR 1994, 691; BGH v. 7. 12. 1998 – II ZR 382/96, BGHZ 140, 147 = GmbHR 1999, 175; BGH v. 31. 1. 2000 – II ZR 309/98, GmbHR 2000, 325 = ZIP 2000, 455; BGH v. 26. 6. 2000 – II ZR 370/98, GmbHR 2000, 932 = ZIP 2000, 1491; BGH v. 18. 12. 2000 – II ZR 191/99, GmbHR 2001, 197 = ZIP 2001, 139; BGH v. 31. 1. 2005 – II ZR 240/02, GmbHR 2005, 534 = ZIP 2005, 484; BGH v. 28. 2. 2005 – II ZR 103/02, DB 2005, 881 = ZIP 2005, 660; BGH v. 28. 4. 2008 – II ZR 207/06, DB 2008, 1371 = ZIP 2008, 1176; Rechtsprechungsbericht bei *Goette/Kleindiek*, Eigenkapitalersatzrecht in der Praxis, 5. Aufl. 2007, Rz. 102 ff., 169 ff.; *Haas* in Gottwald, Insolvenzrechts-Handbuch, § 92 Rz. 405 ff.

sen zu kreditähnlichen Forderungen werden. Bei der eigenkapitalersetzenden Nutzungsüberlassung ging es dagegen um die eigenkapitalähnliche Bindung des Nutzungsrechts im Gesellschaftsvermögen (zu den Rechtsfolgen vgl. Rz. 2.74 ff.). Die herrschende Lehre stimmte dieser Rechtsprechung bisher zu[1] und die Praxis hatte sich auf sie einrichten müssen[2]. Bedenken, die gerade der Verfasser gegen diese Rechtsprechung geäußert hatte[3], blieben für die bis 2008 geltende Rechtslage bei den Gerichten ohne durchschlagende Wirkung. Das ändert allerdings aus der hier vertretenen Sicht nichts an der Feststellung, dass die Unsicherheit in den Rechtsfolgen – schon § 32a Abs. 1 GmbHG a.F. passte evidentermaßen nicht, und ebenso wenig passt § 39 Abs. 1 Nr 5 InsO (wo ist die nachrangige Insolvenzforderung?) – einen Fehlgriff im Tatbestand indizierte. Dies ließ den Verdacht aufkommen, das unausgesprochene Kernproblem dieser Fälle liege in der Unterkapitalisierung der nutzungsbefugten Gesellschaften und die herrschende Auffassung bediene sich im verständlichen Bestreben nach einem „gesetzesnahen" Gläubigerschutz eines unpassenden, weil auf die hier nicht vorhandene Zuführung von eigenkapitalersetzendem Fremdkapital zugeschnittenen Rechtsinstituts[4]. Doch musste die Praxis mit dieser eher verunglückten Rechtsprechung leben, denn die Gerichte wollten es so. Ob die Gerichte unter dem Eindruck der Neuregelung (§ 135 Abs. 3 InsO und dazu Rz. 2.107) auch für das alte Recht klein beigeben werden, bleibt abzuwarten.

Der **Tatbestand der eigenkapitalersetzenden Nutzungsüberlassung** wurde in sinngemäßer Anwendung der bei Rz. 2.56 ff. aufgezeigten Kriterien abgegrenzt, wobei an die Stelle der „Kreditunwürdigkeit" die **„Überlassungsunwürdigkeit"** trat[5]. Schon bei der Gründung einer Gesellschaft und jedenfalls schon lange vor Eintritt ihrer Kredit- oder „Überlassungsunwürdigkeit" kann eine Nutzungsüberlassung durch Vereinbarung einer Kapitalbindung unterworfen sein, jedoch nicht kraft Gesetzes, sondern kraft Rechtsgeschäfts (**Finanzplan-Nutzungsüberlassung**). 2.64

1 Vgl. statt vieler anderer die Kommentierungen von *Baumbach/Hueck/Fastrich*, § 32a GmbHG Rz. 32 ff.; *Habersack* in Großkommentar zum GmbHG, §§ 32a, b GmbHG Rz. 121 ff.; *Rowedder/Schmidt-Leithoff/Pentz*, § 32a GmbHG Rz. 55 ff.; *Lutter/Hommelhoff*, §§ 32a, b GmbHG Rz. 138 ff.

2 Vgl. denn auch die Rechtsfolgendiskussion bei *Scholz/Karsten Schmidt*, §§ 32a, b GmbHG Rz. 138 ff.

3 *Karsten Schmidt*, Gesellschaftsrecht, S. 1159 ff.; *Scholz/Karsten Schmidt*, §§ 32a, b GmbHG Rz. 133 ff.; *Kilger/Karsten Schmidt*, Insolvenzgesetze, 17. Aufl. 1997, § 32a KO Anm. 6c; *Karsten Schmidt*, ZIP 1990, 69 ff.; *Karsten Schmidt*, ZIP 1993, 161 ff.; zust. *Altmeppen* in Roth/Altmeppen, § 32a Rz. 202; *Altmeppen*, NJW 1994, 2354; *Altmeppen*, ZIP 1996, 909 f.; *Weilbach*, GmbHR 1991, 58 ff.

4 Vgl. die Kritik von *Altmeppen* in Roth/Altmeppen, § 32a GmbHG Rz. 202; *Scholz/Karsten Schmidt*, §§ 32a, b GmbHG Rz. 135.

5 BGH v. 16. 10. 1989 – II ZR 307/88, BGHZ 109, 55, 63 f. = GmbHR 1990, 118, 121; BGH v. 14. 12. 1992 – II ZR 298/91, BGHZ 121, 31, 39 = NJW 1993, 392, 394; BGH v. 16. 6. 1997 – II ZR 154/96, LM § 30 GmbHG Nr. 55 m. Anm. *Döser* = NJW 1997, 3026, 3027; OLG Karlsruhe v. 29. 3. 1996 – 15 U 39/95, GmbHR 1996, 524, 525; OLG Stuttgart v. 5. 11. 1997 – 20 U 74/97, NZG 1998, 308, 309; *Lutter/Hommelhoff*, §§ 32a, b GmbHG Rz. 142.

2.65 **ee) Nicht** gleichgestellt wurden **bloße Dienstleistungen eines Gesellschafters**[1]. Bei ihnen erkannte man besonders gut auch den unproblematischen und den problematischen Teil der Anwendung von § 32a GmbHG auf Nicht-Kredite: Die Anwendung der Regeln über Gesellschafterdarlehn auf gestundete Dienstleistungsentgelte war unter den näheren Voraussetzungen des § 32a GmbHG unproblematisch, die Anwendung auf die Dienstleistung selbst dagegen abzulehnen.

2.66 **ff)** Die **Ausdehnung auf Leistungen (z.B. Darlehen) nahe stehender Dritter** hat anhaltende Diskussion ausgelöst. Der Fragenkreis ist bei der **Einschaltung Dritter in die Gesellschaftsfinanzierung und -sanierung** von großer Bedeutung und wird diese Bedeutung **auch nach neuem Recht** behalten (vgl. **§ 39 Abs. 1 Nr. 5 InsO n.F.** und dazu Rz. 2.91).

2.67 Für sich allein nicht ausreichend ist die **Familienzugehörigkeit** bei natürlichen Gesellschaftern[2] oder die (vielleicht ganz entfernte) **Konzernzugehörigkeit** bei Handelsgesellschaften als Gesellschafterin[3]. Anders verhält es sich naturgemäß, wenn ein nahe stehender Dritter bei der **Kreditvergabe für Rechnung eines Gesellschafters** handelt[4]. Die Kausuistik ist reich an Varianten. Gleichgestellt sind namentlich mittelbare Gesellschafter wie Treugeber bei der **Treuhand am Anteil**[5] und mittelbar auf die Gesellschaft einwirkende **Konzern-Obergesellschaften**[6]. Ist ein Landkreis Gesellschafter, so ist ein vom Landkreis in Gewährträgerhaft finanziertes Kreditinstitut erfasst[7].

d) Ausnahmen für Kleinbeteiligungen und für Sanierungsgesellschafter

2.68 Nach der ursprünglichen Rechtsprechung sollte jeder Gesellschafter allein schon durch seine Beteiligung dem Recht der Gesellschafterdarlehen unterliegen[8]. Der **Vorwurf der Sanierungsfeindlichkeit** ließ nicht lange auf sich warten[9]. Der Vorschlag des Verfassers, Ausnahmen zuzulassen, wo ein Gesell-

---

1 *Rowedder/Schmidt-Leithoff/Pentz*, § 32a GmbHG Rz. 169; *Lutter/Hommelhoff*, §§ 32a, b GmbHG Rz. 154; *Scholz/Karsten Schmidt*, §§ 32a, b GmbHG Rz. 143; *Priester*, DB 1993, 1173 ff.; *Karsten Schmidt*, ZIP 1990, 73; a.M. OLG Hamm v. 19. 11. 1991 – 27 U 145/91, GmbHR 1992, 607.

2 BGH v. 28. 9. 1981 – II ZR 223/80, BGHZ 81, 365, 368 ff. = ZIP 1981, 1332, 1333.

3 BGH v. 5. 5. 2008 – II ZR 108/07, DB 2008, 1370 = WM 2008, 1164; KG v. 26. 7. 2004 – 8 U 360/03, GmbHR 2004, 1334; eingehend *Scholz/Karsten Schmidt*, §§ 32a, b GmbHG Rz. 147 f.

4 Vgl. BGH v. 18. 2. 1991 – II ZR 259/89, GmbHR 1991, 155 = ZIP 1991, 366; OLG Schleswig v. 3. 5. 2007 – 5 U 128/06, ZIP 2007, 1217.

5 BGH v. 14. 12. 1959 – II ZR 187/57, BGHZ 31, 258, 264 ff. = NJW 1960, 285; BGH v. 24. 3. 1980 – II ZR 213/77, BGHZ 76, 326, 329 f. = NJW 1980, 1524; BGH v. 15. 2. 1996 – IX ZR 245/94, NJW 1996, 1341, 1342; std. Rspr.

6 Vgl. BGH v. 16. 12. 1991 – II ZR 294/90, BB 1992, 305 = ZIP 1992, 242; OLG Hamm v. 28. 9. 1989 – 27 U 81/88, GmbHR 1990, 260, 261 = ZIP 1989, 1398, 1399; *Scholz/Karsten Schmidt*, §§ 32a, b GmbHG Rz. 147.

7 OLG Brandenburg v. 12. 1. 2005 – 7 U 97/04, ZIP 2006, 184.

8 BGH v. 19. 9. 1988 – II ZR 255/87, BGHZ 105, 168 = NJW 1988, 3143 = GmbHR 1989, 19; so auch *Ulmer*, ZIP 1984, 1167.

9 Vgl. nur *Götz/Hegerl*, DB 1997, 2365; früher *Uhlenbruck*, GmbHR 1982, 141 ff.; *Rümker*, ZIP 1982, 1396.

schafter nicht aus der unternehmensrechtlichen Finanzierungsverantwortung, sondern z.B. als Mitglied eines Kreditkonsortiums handelt[1], konnte sich nicht durchsetzen[2]. Der Schematismus der solche Differenzierungen ablehnenden herrschenden Meinung ließ den **Ruf nach** ebenso **schematischen Freistellungen** laut werden[3]. Diesem Ruf folgte der Gesetzgeber mit zwei den § 32a Abs. 3 GmbHG ergänzenden Regelungen, die **auch für das neue Recht nach dem MoMiG** weiterhin Geltung behalten. Gemeint sind das sog. **Zwerganteilsprivileg (Kleinbeteiligungsprivileg)** des § 32a Abs. 3 Satz 2 GmbHG a.F. (= § 39 Abs. 5 InsO n.F.) und das **Sanierungsprivileg** des § 32a Abs. 3 Satz 3 GmbHG a.F. (= § 39 Abs. 4 Satz 2 InsO n.F.).

aa) Nach **§ 39 Abs. 4 Satz 2 InsO n.F.** (bis 2008: **§ 32a Abs. 3 Satz 2 GmbHG** 2.69 i.d.F. des Kapitalaufnahmeerleichterungsgesetzes v. 20. 4. 1998[4]) gelten die Regeln über den Eigenkapitalersatz nicht für den nicht geschäftsführenden Gesellschafter, der mit zehn vom Hundert oder weniger am Stammkapital beteiligt ist. Dieses **Kleinbeteiligungsprivileg** sollte nach der Intention seiner Initiatoren die Finanzierung mittelständischer Unternehmen erleichtern[5]. Es hat neben vereinzelter Zustimmung[6] viel Kritik erfahren, die sich dahin zusammenfassen lässt, dass der Gesetzgeber mit diesem Privileg dem Zurechnungsprinzip im Recht der Gesellschafterdarlehen untreu wird[7]. Nennenswerte Bedeutung hat das Zwerganteilsprivileg niemals erlangt[8]. Die Bestimmung schafft überdies **Zurechnungsprobleme**[9]. Es ist keineswegs leicht, auf der Grundlage dieses Privilegs dem Sonderrecht der Gesellschafterdarlehen zu entgehen. Gesellschaftergruppen, die in einer auf die Gesellschaft durchschlagenden Interessenverbindung stehen, können und müssen zusammengerechnet werden. Das gilt eindeutig, wenn etwa **Treuhand- oder Stimmbindungsverhältnisse** zwischen Gesellschaftern bestehen. Ein **Sanierungskonsortium**, aber selbst schon die koordinierte Kreditvergabe bzw. Belassung von Kreditmitteln durch Gesellschafter – ein bei der Kreditgewährung in der Krise geradezu typisches Szenario! – führt zur Zusammenrechnung der Beteiligten und ihrer Anteilsquoten[10]. Die bloße Zusammengehörigkeit von Fami-

1 *Scholz/Karsten Schmidt*, §§ 32a, b GmbHG Rz. 45; *Karsten Schmidt*, ZHR 147 (1983), 184 ff.; *Karsten Schmidt*, ZIP 1996, 1588 f.; s. aber auch *Dauner-Lieb*, DStR 1998, 614.
2 Zust. aber *Karollus*, ZIP 1996, 1894.
3 Vgl. *Claussen*, GmbHR 1996, 316 ff.
4 BGBl. I 1998, 707.
5 Näher *Seibert*, GmbHR 1998, 309 ff.
6 Vgl. nur *Lutter/Hommelhoff*, §§ 32a, b GmbHG Rz. 66; *Reiner*, FS Boujong, 1996, S. 420 ff.
7 Vgl. nur *Barth*, Der Anwendungsbereich des Eigenkapitalersatzrechts nach § 32a Abs. 3 Satz 2 und Satz 3 GmbHG, 2001; *Altmeppen*, ZIP 1997, 1455 ff.; *Dauner-Lieb*, DStR 1998, 609 ff.; *v. Gerkan*, GmbHR 1997, 677 ff.; *Goette*, ZHR 162 (1998), 227; *Hirte*, ZInsO 1998, 152 ff.; *Pentz*, BB 1997, 1265 ff.; *Karsten Schmidt*, ZIP 1996, 1588 f.
8 Charakteristisch BGH v. 11. 7. 2005 – II ZR 285/03, ZIP 2005, 1638.
9 Eingehend *Pentz*, GmbHR 1999, 444 ff.; *Karsten Schmidt*, GmbHR 1999, 1269 ff.
10 *Rowedder/Schmidt-Leithoff/Pentz*, § 32a GmbHG Rz. 93; *Scholz/Karsten Schmidt*, §§ 32a, b GmbHG Rz. 206; *Karsten Schmidt*, GmbHR 1999, 1272.

liengesellschaftern wird für eine Zurechnung nicht generell ausreichen, aber wie verhält es sich beispielsweise bei den Miterben eines Gesellschafters[1]? Solange sich der ererbte Geschäftsanteil ungeteilt in der Erbengemeinschaft befindet, steht die Zusammenrechnung der verbundenen Erben außer Zweifel. Die Tatsache, dass ein Anteil von über 10 % auf mehrere Miterben übergegangen und von ihnen gemeinschaftlich zu verwalten ist, bringt noch keine Zwerganteile zu Stande. Aber wie, wenn der Geschäftsanteil im Zuge der Erbauseinandersetzung geteilt wird? Wie, wenn ein mit 12 % beteiligter GmbH-Gesellschafter die Hälfte seiner Mitgliedschaft im Wege der vorweggenommenen Erbfolge auf seine volljährigen Kinder überträgt? Hier wird man darauf abstellen müssen, ob sich die Kapitalgeber noch strategisch verständigt haben.

2.70 **bb)** Eine weitere Ausnahme macht auf Grund des Gesetzes über die Kontrolle und Transparenz im Unternehmensbereich vom 27. 4. 1998[2] das **sog. Sanierungsprivileg** des **§ 32a Abs. 3 Satz 3 GmbHG a.F., jetzt § 39 Abs. 5 InsO**: Erwirbt ein Darlehensgeber oder ein gleichgestellter Kreditgeber in der Krise Geschäftsanteile zum Zweck der Überwindung der Krise, führt dies für seine bestehenden oder neugewährten Kredite nach § 32a Abs. 3 Satz 3 GmbHG nicht zur Anwendung der Regeln über den Eigenkapitalersatz[3]. Diese Regelung hat, anders als das Zwerganteilsprivileg einige praktische Bedeutung erlangt[4]. Nach bisherigem Recht befreite das Privileg nicht nur von den insolvenzrechtlichen Sonderregeln, sondern auch von den „Rechtsprechungsregeln" über Eigenkapitalersatz[5]. Das Sanierungsprivileg soll **Anreize für den Anteilserwerb** durch Gesellschaftsgläubiger oder durch Kreditgeber **in der Krise** schaffen[6]. Rechtspolitisch kann man auch über dieses Privileg streiten[7]. Aber dass der **Anteilserwerb eines Kreditgebers** – evtl. die Totalübernahme der GmbH –, **oft verbunden mit weiterer Kreditvergabe**, nicht zur Anwendung der Bestimmungen über Gesellschafterdarlehen führt, kann ein **Sanierungsanreiz** sein.

2.71 **cc)** Das Kleinbeteiligungsprivileg und das Sanierungsprivileg befreien nur von den gesetzlichen Bindungstatbeständen, nicht dagegen befreien sie von den Regeln über den **Finanzplankredit**, denn da bei diesem die Eigenkapitalersatzfunktion auf der Finanzierungsentscheidung der Gesellschafter und nicht auf dem zwingenden Recht beruht (Rz. 2.110 ff.), kann das Gesetz Kleingesell-

1 Nur anteilsmäßige Zurechnung bei Beteiligung eines Nichtgesellschafters; BGH v. 16. 6. 1997 – II ZR 154/96, GmbHR 1997, 793.
2 BGBl. I 1998, 786.
3 Dazu *Rümker/Denicke*, FS Lutter, 2000, S. 665 ff.
4 BGH v. 21. 11. 2005 – II ZR 277/03, BGHZ 165, 106 = ZIP 2006, 279.
5 BGH v. 21. 11. 2005 – II ZR 277/03, BGHZ 165, 106 = ZIP 2006, 279; *Scholz/Karsten Schmidt*, §§ 32a, b GmbHG Rz. 218.
6 *Seibert*, GmbHR 1998, 310.
7 Überblick bei *Barth*, Der Anwendungsbereich des Eigenkapitalersatzrechts nach § 32a Abs. 3 Satz 2 und Satz 3 GmbHG, 2001, S. 151 f.; *Grunewald*, FS Bezzenberger, 2000, S. 85 ff.; *Hirte*, ZInsO 1998, 147 ff.

schafter und Sanierungsgesellschafter nicht davor schützen, dass sie an ihrer eigenen Finanzierungsentscheidung festgehalten werden[1].

e) Rechtsfolgen eigenkapitalersetzender Gesellschafterleistungen (Rechtszustand bis 2008)

aa) Die gesetzlichen Rechtsfolgen des § 32a GmbHG a.F. waren und bleiben hinsichtlich der vor dem 1. 11. 2008 vollzogenen Rechtshandlungen auch nach der Reform die folgenden: 2.72

- Die **Geltendmachung im Insolvenzverfahren** war beschränkt: Der Gesellschafter als Kreditgeber konnte die Kreditforderung nur als nachrangige Forderung im Insolvenzverfahren geltend machen **(§ 32a Abs. 1 GmbHG a.F., § 39 Abs. 1 Nr. 5 InsO)**. Der Gläubiger einer gesellschafterbesicherten Forderung konnte quotenmäßige Befriedigung nur für seinen Forderungsausfall verlangen **(§ 32a Abs. 2 GmbHG a.F.)**, während der sicherungsgebende Gesellschafter mit seiner Regressforderung wiederum nur nachrangiger Insolvenzgläubiger war[2].
- **Rückzahlungen an den kreditgebenden Gesellschafter**, die im letzten Jahr vor dem Antrag auf Insolvenzeröffnung erfolgt sind, unterlagen und unterliegen noch heute im Insolvenzverfahren der Anfechtung (§ 135 Nr. 1 InsO), ebenso Besicherungen aus den letzten zehn Jahren **(§ 135 Nr. 2 InsO)**[3]. Hatte ein Dritter den Kredit gegeben und hatte der Gesellschafter hierfür eine eigenkapitalersetzende Sicherheit gewährt, so richtete sich die Anfechtung der Rückzahlung nicht gegen den Dritten, sondern gegen den durch die Rückzahlung befreiten Gesellschafter (§ 32b GmbHG a.F., jetzt § 135 Abs. 2 InsO)[4].

bb) Die spezialgesetzlichen Regeln des Insolvenzrechts über die Rechtsfolgen des § 32a GmbHG a.F. (vgl. zu diesen Rz. 2.53, 2.72) spielten in der Praxis nur eine geringe Rolle, denn sie wurden durch die viel schärferen **Rechtsprechungsregeln** überdeckt. Der Bundesgerichtshof wandte die **§§ 30, 31 GmbHG** auf die Rückzahlung eigenkapitalersetzender Gesellschafterleistungen in der Krise analog an[5]. Das bedeutete: Eigenkapitalersatz unterlag, solange die Krise nicht nachhaltig überwunden war, wie Eigenkapital der gesetzlichen **Rückzahlungssperre**. Diese Rückzahlungssperre endete erst, wenn das Stammkapital der Gesellschaft nachhaltig wiederhergestellt war, also keine Unterbilanz 2.73

1 *Scholz/Karsten Schmidt*, §§ 32a, b GmbHG Rz. 208; *Habersack*, ZHR 161 (1997), 461 f.; *Karsten Schmidt*, ZIP 1996, 1584.

2 Vgl. *Scholz/Karsten Schmidt*, §§ 32a, b GmbHG Rz. 167 ff.

3 Die Anfechtung von Sicherheiten hatte kaum praktische Bedeutung; vgl. dazu noch die 3. Aufl., Rz. 408 f.

4 Über § 32b GmbHG a.F. als Insolvenzanfechtungstatbestand vgl. *Habersack* in Großkommentar zum GmbHG, §§ 32a, b GmbHG Rz. 180; *Kilger/Karsten Schmidt*, Insolvenzgesetze, § 32a KO Anm. 7; *Scholz/Karsten Schmidt*, §§ 32a, b GmbHG Rz. 185 ff.; *Karsten Schmidt*, DB 1993, 1505 f.

5 BGH v. 14. 12. 1969 – II ZR 187, 57, BGHZ 31, 258 = NJW 1960, 285; BGH v. 26. 3. 1984 – II ZR 14/84, BGHZ 90, 370 376 ff. = NJW 1984, 1891; BGH v. 7. 11. 1988 – II ZR 46/88, BGHZ 106, 7, 11 = NJW 1989, 982, 983; std. Rspr.

mehr bestand[1]. Die analoge Anwendung der §§ 30 f. GmbHG (dazu Rz. 1.44 ff.) hatte zur Folge, dass der Geschäftsführer eigenkapitalersetzende Gesellschafterdarlehen nicht aus dem zur Erhaltung des Stammkapitals erforderlichen Vermögen zurückgewähren durfte. Weder die Qualität als Eigenkapitalersatz noch die Ausschüttungssperre hinderte zwar den Zinslauf[2]: **Zinsen** konnten dem Kreditgeber weiterhin gutgebracht, allerdings nur unter Berücksichtigung des § 30 GmbHG ausgezahlt werden. **Im Fall einer eigenkapitalersetzenden Sicherheit** (§ 32a Abs. 2 GmbHG) verbot § 30 GmbHG nicht die Zahlung an den kreditgebenden Nichtgesellschafter, verpflichtete aber den sichernden Gesellschafter zur präventiven Freistellung der Gesellschaft von der Kreditschuld.

f) Insbesondere: Rechtsfolgen der eigenkapitalersetzenden Nutzungsüberlassung

2.74 **aa)** Lange umstritten waren die **Rechtsfolgen**, die von der Rechtsprechung an die Eigenkapitalersatzfunktion **von Nutzungsüberlassungen** geknüpft werden könnten[3]. Befürchtungen, dass die sich um 1990 herausbildende Rechtsprechung praktisch zu einem vollständigen Verlust der Aussonderungsrechte führen könne, bewahrheiteten sich nicht. Weder das Grundstück selbst noch sein Substanzwert wurde zur Insolvenzmasse gezogen, wohl aber der vertragsmäßige **Nutzungswert**[4]. In dem Urteil **„Lagergrundstück III"** vom 11. 7. 1994 formulierte der Bundesgerichtshof die folgenden Leitsätze[5]:

„1. Für eigenkapitalersetzende Nutzungsüberlassungen gelten grundsätzlich die im Überlassungsvertrag vereinbarten zeitlichen Grenzen. Wäre jedoch ein inhaltsgleicher Vertrag mit einem außenstehenden Dritten unter Vereinbarung einer längeren Überlassungsdauer oder längerer Kündigungsfristen geschlossen worden, dann hat der Gesellschafter der Gesellschaft das Nutzungsrecht für den sich daraus ergebenden Mindestzeitraum zu überlassen.

2. Im Konkurs ist der Konkursverwalter befugt, das Nutzungsrecht ... durch eigene Nutzung, durch Überlassung an Dritte zur Ausübung oder durch Weiterübertragung ... zu verwerten. Eine Verwertung der Sachsubstanz ist nicht gestattet.

3. Der Gesellschafter ist grundsätzlich nicht verpflichtet, an Stelle der weiteren Überlassung der Gegenstände den Wert des Nutzungsrechts in Geld zu ersetzen. Ein Anspruch auf Wertersatz besteht jedoch dann, wenn die weitere Nutzungsüberlassung dadurch unmöglich wird, dass der Gesellschafter die Gegenstände gegen den Willen der Gesellschaft oder des Konkursverwalters veräußert oder wenn diese einverständlich veräußert werden und zwischen den Beteiligten Einigkeit darüber besteht, dass der Erlös in Höhe des Restwerts des Nutzungsrechts der Gesellschaft oder der Konkursmasse zufließen soll."

---

1 BGH v. 19. 9. 2005 – II ZR 229/03, GmbHR 2005, 1570 = ZIP 2005, 1168; weniger streng *Scholz/Karsten Schmidt*, §§ 32a, b GmbHG Rz. 54.

2 BGH v. 15. 2. 1996 – IX ZR 245/94, NJW 1996, 1341 = GmbHR 1996, 285.

3 Überblick bei *Lutter/Hommelhoff*, §§ 32a, b GmbHG Rz. 145 ff.; *Scholz/Karsten Schmidt*, §§ 32a, b GmbHG Rz. 138 ff.

4 Eingehend *Scholz/Karsten Schmidt*, §§ 32a, b GmbHG Rz. 139.

5 BGH v. 11. 7. 1994 – II ZR 146/92, BGHZ 127, 1 = GmbHR 1994, 612; dazu *Rowedder/Schmidt-Leithoff/Pentz*, § 32a GmbHG Rz. 165; *Bäcker*, GmbHR 1994, 766 ff.; *v. Gerkan*, ZHR 158 (1994), 688 ff.; *Goette*, DStR 1994, 1658; *Priester*, JbFSt. 1995/96, S. 247; *Real*, GmbHR 1994, 777.

Und die Leitsätze des Urteils **„Lagergrundstück IV"** vom selben Tag lauteten[1]: 2.75

„1. Die eigenkapitalersetzende Nutzungsüberlassung eines Betriebsgrundstücks begründet im Konkurs der Gesellschaft keinen Anspruch der Konkursmasse auf Übertragung des Eigentums an dem Grundstück oder auf dessen Herausgabe an den Konkursverwalter zum Zwecke der Verwertung durch Veräußerung.

2. Ebenso wenig besteht grundsätzlich ein Anspruch der Masse auf Ersatz des Verkehrswertes oder des kapitalisierten Wertes der weiteren Nutzung des Grundstücks.

3. Der Konkursverwalter ist jedoch berechtigt, das der Gemeinschuldnerin in eigenkapitalersetzender Weise überlassene oder belassene Grundstück zu Gunsten der Konkursmasse durch Weiternutzung innerhalb des Gesellschaftsunternehmens oder durch anderweitige Vermietung oder Verpachtung weiter zu verwerten."

Der Bundesgerichtshof entschied sodann, dass sich die Umqualifizierung in Eigenkapitalersatz auch auf Verpflichtungen des Gesellschafters erstreckt, die er im **Gebrauchsüberlassungsvertrag** übernommen hat, wie z.B. die Versorgung des Grundstücks mit Energie[2]. Auch die sich hieraus ergebenden Kosten musste also der Gesellschafter der Gesellschaft im Insolvenzverfahren von der Hand halten, ohne seinerseits ein Entgelt verlangen zu können. Hatte der Gesellschafter das Grundstück nicht an sich genommen, sondern es einem Dritten übereignet, so haftete auch hiernach er selbst für Ersatz, nicht der Grundstückserwerber[3]. Allerdings ließ der BGH das der Gesellschaft und damit im Insolvenzfall der Masse zustehende Gebrauchsrecht enden, wenn über das Vermögen des Gesellschafters das Insolvenzverfahren eröffnet[4] oder auf Grund eines Grundpfandrechts oder eines sonst insolvenzfesten Titels durch **Zwangsversteigerung oder Zwangsverwaltung** auf das Grundstück zugegriffen wurde[5]. Auch die Veräußerung des Grundstücks an einen Dritten, der einem Gesellschafter nicht gleichgestellt werden kann, konnte zur Beendigung der Kapitalersatzbindung des Nutzungsrechts führen[6], allerdings um den Preis einer Ersatzpflicht des Gesellschafters, sofern der Verwalter das Grundstück hätte nutzen können[7]. 2.76

bb) Die **insolvenzrechtliche Abwicklung der eigenkapitalersetzenden Nutzungsüberlassung** hing in der Praxis (und hängt bei der Abwicklung von Altfällen noch immer) nicht zuletzt von der **Strategie der Beteiligten** ab. Da Insolvenzverwalter häufig nicht in der Lage sind, Betriebsgrundstücke für begrenzte Zeit zu nutzen oder an Dritte zu vermieten oder zu verpachten, konnte die Abwicklungspraxis die Rechtsprechung in erster Linie durch **Abschätzung des Lästigkeitswertes** nutzen, der **im Vergleichswege** zwischen Ge- 2.77

1 BGH v. 11. 7. 1994 – II ZR 162/92, BGHZ 127, 17 = GmbHR 1994, 691; dazu *Priester*, JbFSt. 1995/96, S. 250.
2 BGH v. 26. 6. 2000 – II ZR 370/98, GmbHR 2000, 937 = ZIP 2000, 1491.
3 BGH v. 2. 2. 2006 – IX ZR 67/02, GmbHR 2006, 487 = ZIP 2006, 578.
4 BGH v. 28. 4. 2008 – II ZR 207/06, GmbHR 2008, 761.
5 BGH v. 7. 12. 1998 – II ZR 382/96, BGHZ 140, 147 = GmbHR 1999, 175; BGH v. 31. 1. 2000 – II ZR 309/98, GmbHR 2000, 325 = ZIP 2000, 525; BGH v. 31. 1. 2005 – II ZR 240/02, GmbHR 2005, 534 = ZIP 2005, 484.
6 Vgl. BGH v. 2. 2. 2006 – II ZR 67/02, GmbHR 2006, 487 = ZIP 2006, 578.
7 BGH v. 31. 1. 2005 – II ZR 240/02, ZIP 2005, 484; BGH v. 28. 2. 2005 – II ZR 103/02, GmbHR 2005, 538 = ZIP 2005, 660.

sellschaftern und Insolvenzverwaltern durch Zahlung abgelöst werden kann. Die **Konsequenz dieser BGH-Rechtsprechung für die Unternehmensfinanzierung** in der Krise lag auf der Hand: Wer an Stelle fehlenden Eigenkapitals die Nutzung von Sachen oder Rechten – auch **Marken und Titelrechte** gehörten dazu! – zur Verfügung gestellt hatte, büßte im Insolvenzfall zwar nicht den Gegenstand selbst ein, wohl aber drohte die unentgeltliche Nutzungsüberlassung auf Zeit und die Rückzahlung eingezogener Miet- oder Pachtzinsen. Mit Recht ist darauf hingewiesen worden, dass diese **Rechtsfolgen vor allem bei fremdfinanzierten Grundstücken** schon bedrohlich zu nennen waren[1]. **Miet- und Pachtzahlungen an Gesellschafter in der Krise** waren dem Stigma potentieller Rechtswidrigkeit (§ 30 GmbHG) und Rückzahlungspflicht (§ 31 GmbHG) ausgesetzt. Das hat sich, wie zu zeigen sein wird, durch die Reform von 2008 für Neufälle geändert (Rz. 2.108).

3. Die gesetzliche Neuregelung des Rechts der Gesellschafterkredite

a) Was bedeutet die „Abschaffung" des Eigenkapitalersatzrechts für die Sanierungspraxis?

2.78 Die **GmbH-Reform von 2008 (MoMiG)** hat die Sonderregeln über eigenkapitalersetzende Kredite beseitigt, nicht aber die Sonderbehandlung der Gesellschafterkredite und wirtschaftlich gleich zu achtender Finanzierungsmaßnahmen. Ihre Hauptmerkmale sind die folgenden[2]:

- **Gleichbehandlung aller Gesellschafterkredite** bei allen Gesellschaften ohne persönliche Gesellschafterhaftung (keine Beschränkung auf die Krisenfinanzierung),
- **Beseitigung der gesellschaftsrechtlichen Bindung** analog §§ 30, 31 GmbHG (Wegfall der sog. „Rechtsprechungsregeln"),
- **rein insolvenzrechtliche Lösung** (Nachrang nach § 39 Abs. 1 Nr. 5 InsO und Anfechtung von Besicherung und Rückzahlungen nach § 135 InsO).

2.79 Die wesentlichen **gesetzlichen Regeln** sind die folgenden:

2.80 **aa)** Die **Totalverlagerung des Regelungsbereichs in das Insolvenzrecht** kommt zum Ausdruck in der **Streichung der §§ 32a, b GmbHG sowie der §§ 129a, 172a HGB.** Die Regelungen sind stattdessen zu finden in den §§ 19 Abs. 2, 39, 44a, 135, 143 InsO.

2.81 **bb)** Damit einher geht die **Änderung und Ergänzung des § 39 InsO (nachrangige Forderungen)**: Die Grundregel (bisher § 32a Abs. 1 GmbHG a.F.) ist enthalten in **§ 39 Abs. 1 Nr. 5 InsO n.F.** Die Bestimmung erfasst „nach Maßgabe der Ab-

---

1 *Priester*, JbFSt. 1995/96, S. 248.

2 Überblick bei *Altmeppen*, NJW 2008, 3601; *Blöse*, GmbHR-Sonderheft Oktober 2008, 71; *Noack*, DB 2007, 1395; *Eidenmüller*, FS Canaris, Bd. II, 2007, S. 49 ff.; *Fliegner*, DB 2008, 1668, 1670 f.; grundlegend für das Konzept *Huber/Habersack*, BB 2006, 1 ff.; zust. etwa *Bayer/Graff*, DStR 2006, 1654; *Noack*, DB 2006, 1475, 1486 f.; *Karsten Schmidt*, GmbHR 2007, 1072, 1076 f.; rechtspolitische Kritik noch bei *Hommelhoff* in VGR (Hrsg.), Die GmbH-Reform in der Diskussion, 2006, S. 115 ff.; *Karsten Schmidt*, ZIP 2006, 1925; *Karsten Schmidt*, GmbHR 2007, 1, 8 f.

sätze 4 und 5 Forderungen auf Rückgewähr eines Gesellschafterdarlehens oder Forderungen aus Rechtshandlungen, die einem solchen Darlehen wirtschaftlich entsprechen." Die in Bezug genommenen neuen **Absätze 4 und 5** lauten:

„(4) Absatz 1 Nr. 5 gilt für Gesellschaften, die weder eine natürliche Person noch eine Gesellschaft als persönlich haftenden Gesellschafter haben, bei der ein persönlich haftender Gesellschafter eine natürliche Person ist. Erwirbt ein Gläubiger bei drohender oder eingetretener Zahlungsunfähigkeit der Gesellschaft oder bei Überschuldung Anteile zum Zweck ihrer Sanierung, führt dies bis zur nachhaltigen Sanierung nicht zur Anwendung von Absatz 1 Nr. 5 auf seine Forderungen aus bestehenden oder neu gewährten Darlehen oder auf Forderungen aus Rechtshandlungen, die einem solchen Darlehen wirtschaftlich entsprechen.

(5) Absatz 1 Nr. 5 gilt nicht für den nicht geschäftsführenden Gesellschafter einer Gesellschaft im Sinn des Absatzes 4 Satz 1, der mit zehn Prozent oder weniger am Haftkapital beteiligt ist."

Ersichtlich regelt § 39 Abs. 4 Satz 1 InsO den allgemeinen **Geltungsbereich** der Regelungen (GmbH und GmbH & Co. KG fallen darunter). Das **Sanierungsprivileg** (Rz. 2.70) ist nunmehr in **§ 39 Abs. 4 Satz 2 InsO** enthalten, das **Kleinbeteiligungsprivileg** (Rz. 2.69) in **§ 39 Abs. 5 InsO**. Sie gelten fort[1].

cc) Neu gefasst ist auch die auf Gesellschafterdarlehen und gleichgestellte Finanzierungsmaßnahmen bezogene **Insolvenzanfechtungsregel** des **§ 135 InsO**. Die **Absätze 1, 2 und 4** der Bestimmung lauten nunmehr wie folgt: 2.82

„(1) Anfechtbar ist eine Rechtshandlung, die für die Forderung eines Gesellschafters auf Rückgewähr eines Darlehens im Sinne des § 39 Abs. 1 Nr. 5 oder für eine gleichgestellte Forderung

1. Sicherung gewährt hat, wenn die Handlung in den letzten zehn Jahren vor dem Antrag auf Eröffnung des Insolvenzverfahrens oder nach diesem Antrag vorgenommen worden ist, oder

2. Befriedigung gewährt hat, wenn die Handlung im letzten Jahr vor dem Eröffnungsantrag oder nach diesem Antrag vorgenommen worden ist; dies gilt sinngemäß für Leistungen auf Forderungen, die einem Darlehen wirtschaftlich entsprechen.

(2) Anfechtbar ist eine Rechtshandlung, mit der eine Gesellschaft einem Dritten für eine Forderung auf Rückgewähr eines Darlehens im Sinne des § 39 Abs. 1 Nr. 5 oder für eine gleichgestellte Forderung innerhalb der in Absatz 1 Nr. 2 genannten Fristen Befriedigung gewährt hat, wenn ein Gesellschafter für die Forderungen eine Sicherheit bestellt hatte oder als Bürge haftete.

(3) ...

(4) § 39 Abs. 4 und 5 gilt entsprechend."

Abs. 1 ist wenig verändert. **Abs. 2** ersetzt den früheren § 32b GmbHG a.F. (Rz. 2.72). **Abs. 3** über die Nutzungsüberlassung wird bei Rz. 2.107 ff. geschildert. 2.83

dd) Mit dieser Regel geht eine **„Abschaffung" der sog. „Rechtsprechungsregeln"** einher, also der entsprechenden Anwendung der §§ 30, 31 GmbHG auf die Rückgewähr eigenkapitalersetzender Gesellschafterdarlehen bzw. gleichgestellter Finanzierungsleistungen (dazu Rz. 1.44 ff.). Der diesbezügliche **§ 30 Abs. 1 Satz 3 GmbHG n.F.** bestimmt, dass § 30 Abs. 1 Satz 1 und damit auch 2.84

1 Für Neuorientierung *Habersack*, ZIP 2008, 2385, 2387 (bedenklich!).

§ 31 GmbHG keine Anwendung findet „auf die Rückgewähr eines Gesellschafterdarlehens und Leistungen auf Forderungen aus Rechtshandlungen, die einem Gesellschafterdarlehen wirtschaftlich entsprechen." Diese Verlagerung aus dem Gesellschaftsrecht in das Insolvenzrecht geht über eine systematische Änderung weit hinaus. Während das bisherige Kapitalersatzrecht tief in die Regeln der Unternehmensfinanzierung eingriff und harte Rechtsregeln auch außerhalb des Insolvenzverfahrens schuf, macht sich das neue Recht der Gesellschafterdarlehen außerhalb von Insolvenz und Anfechtung gewissermaßen unsichtbar. Trotzdem werden Vorwirkungen zu konstatieren sein (Rz. 2.88 ff.).

2.85 **ee)** Nach dem MoMiG-Regierungsentwurf sollte in Anbetracht der nunmehr allgemeinen Nachrangigkeit die zuvor vom Bundesgerichtshof angenommene **Passivierungspflicht bei der Überschuldungsfeststellung**[1] entfallen[2]. Dagegen bestanden gerade im Hinblick auf die entfallende Rückzahlungssperre (§ 30 Abs. 1 Satz 3 GmbHG n.F.) gravierende Bedenken[3]. Die Gesetzesfassung ist mit Recht zur Passivierungspflicht zurückgekehrt und gibt damit dem **Rangrücktritt** wieder die bisherige überschuldungsvermeidende Bedeutung. **§ 19 Abs. 2 Satz 2 InsO n.F.** lautet nunmehr:

„Forderungen auf Rückgewähr von Gesellschafterdarlehen oder aus Rechtshandlungen, die einem solchen Darlehen wirtschaftlich entsprechen, für die gem. § 39 Abs. 2 zwischen Gläubiger und Schuldner der Nachrang im Insolvenzverfahren hinter den in § 39 Abs. 1 Nr. 1 bis 5 bezeichneten Forderungen vereinbart worden ist, sind nicht bei den Verbindlichkeiten nach Satz 1 zu berücksichtigen."

2.86 Das bedeutet im Klartext: Diese Verbindlichkeiten sind im Überschuldungsstatus zu passivieren, es sei denn, es ist ein Nachrang nach den Verbindlichkeiten gem. § 39 Abs. 2 InsO vereinbart (dazu im Zusammenhang mit dem Überschuldungstatbestand Rz. 5.184 ff.).

2.87 **ff)** Das **Übergangsrecht des MoMiG** unterscheidet mit Bezug auf das Inkrafttreten des Gesetzes (1. 11. 2008) teils nach dem Zeitpunkt der Insolvenzverfahrenseröffnung, teils nach dem Zeitpunkt der zu prüfenden Rechtshandlung. Art. 103d EGInsO lautet:

„Auf Insolvenzverfahren, die vor dem Inkrafttreten des Gesetzes vom 23. Oktober 2008 (BGBl. I S. 2026) am 1. November 2008 eröffnet worden sind, sind die bis dahin geltenden gesetzlichen Vorschriften weiter anzuwenden. Im Rahmen von nach dem 1. November 2008 eröffneten Insolvenzverfahren sind auf vor dem 1. November 2008 vorgenommene Rechtshandlungen die bis dahin geltenden Vorschriften der Insolvenzordnung über die Anfechtung von Rechtshandlungen anzuwenden, soweit die Rechtshandlungen nach dem bisherigen Recht der Anfechtung entzogen oder in geringerem Umfang unterworfen sind."

Die Folge ist: In **Altinsolvenzverfahren** gelten weiterhin die bei Rz. 2.52–2.77 dargestellten Grundsätze. Im Hinblick auf § 30 Abs. 1 Satz 3 GmbHG n.F. ist

---

1 BGH v. 8. 11. 2001 – II ZR 88/99, BGHZ 146, 264 = BB 2001, 430; *Scholz/Karsten Schmidt*, §§ 32a, b GmbHG Rz. 105.

2 § 19 Abs. 2 Satz 3 RegEInsO; dazu Begr. RegE, BT-Drucks. 16/6140, S. 56 = ZIP-Beilage 23/2007, S. 32; *Huber/Habersack*, BB 2006, 1, 6 f.; *Gehrlein*, BB 2008, 846 f.; ablehnend *Haas*, ZInsO 2007, 617, 626 f.; *Hölzle*, GmbHR 2007, 729, 735 f.; *Karsten Schmidt*, BB 2008, 461 ff.; *Karsten Schmidt*, GmbHR 2008, 449, 454.

3 *Karsten Schmidt*, BB 2008, 461 ff.

allerdings umstritten, ob damit auch die Anwendbarkeit der §§ 30, 31 GmbHG auf Rückzahlungsvorgänge fortgilt[1] oder ob nunmehr auch Altfälle im Lichte des § 30 Abs. 1 Satz 3 GmbHG n.F. zu behandeln sind[2]. Der für Altfälle weiterhin zuständige II. Zivilsenat hat am 26. 1. 2009 (II ZR 260/07) im ersteren Sinn entschieden.

b) Gesellschafterstrategien bei der Finanzierung durch Gesellschafterdarlehen und gleichgestellte Finanzierungsmaßnahmen

Die **Folgen der geschilderten Neuregelungen für die Unternehmensfinanzierung und Sanierungspraxis** sind noch nicht vollständig abzusehen. Unrichtig wäre es jedenfalls, die Verlagerung des Rechts der Gesellschafterdarlehen aus dem Gesellschaftsrecht in das Insolvenzrecht in dem Sinne misszuverstehen, dass die Sonderregeln über Gesellschafterdarlehen, nur weil die Merkmale „Krise" und „Eigenkapitalersatz" aus dem Gesetz gestrichen sind und weil die Sonderregeln erst in der Insolvenz zum Tragen kommen, in Krise und Sanierung ganz ohne Bedeutung sind. Davon kann keine Rede sein. Aufmerksamkeit verdienen vielmehr auch die **Vorwirkungen der insolvenzrechtlichen Regeln über Gesellschafterdarlehen in der Krise und Sanierung**. 2.88

Die nachfolgenden Regeln sind nicht als buchstabengetreue Anwendungen der Gesetzesregeln, sondern als Hinweise zu verstehen, in welchem Sinne die Kreditfinanzierung durch Gesellschafter künftig zu betreiben ist. Die Hauptregeln sind die folgenden: 2.89

aa) Alle Kredite aus Gesellschafterhand (und gleichgestellte Finanzierungsleistungen) sollten in dem Bewusstsein gegeben werden, dass diese Kredite im Insolvenzfall nachrangig sind und dass eine Besicherung des Kredits erst nach zehn Jahren anfechtungsfest wird (vgl. § 135 Abs. 1 Nr. 1 InsO). Die Anfechtbarkeit etwaiger Rückflüsse an den Gesellschafter als Kreditgeber, wenn binnen Jahresfrist Insolvenzantrag gestellt wird (§ 135 Abs. 1 Nr. 2 InsO), kann eine zwiespältige Wirkung haben. Sie kann einerseits Antrieb sein, den Kredit möglichst früh abzuziehen. Sie kann auf der anderen Seite auch eine de-facto-Bindung des Kredits bewirken, zumal der Geschäftsführer die Rückzahlung ablehnen kann, wenn sie zur Zahlungsunfähigkeit führt und er sich ersatzpflichtig nach § 64 Satz 3 GmbHG machen würde. Theoretisch – aber wohl nur theoretisch – wird den Gesellschaftern die Entscheidung für die Kreditfinanzierung durch das neue Recht schwerer als bisher gemacht. 2.90

Als **kreditgleiche Leistungen** sind z.B. erfasst (vgl. zum bisherigen Recht Rz. 2.61 ff.): 2.91

– gestundete Forderungen (auch Miet- und Pachtzinsforderungen)[3],

1 So *Goette*, Einführung, Rz. 84; *Altmeppen*, NJW 2008, 3601; ebenso *Wedemann*, GmbHR 2008, 1131, 1135 f., die wegen des Fehlens einer entsprechenden Übergangsbestimmung auf den allgemeinen Rechtsgedanken der Art. 170, 229 § 5 und 232 § 1 EGBGB abstellt.

2 Dafür *Hirte*, WM 2008, 1429, 1435, der aus dem gesetzgeberischen Ziel und dem systematischen Zusammenhang einen entsprechenden gesetzgeberischen Willen ableitet.

3 Vgl. nur BGH v. 13. 7. 1981 – II ZR 256/79, BGHZ 81, 252, 262 f. = NJW 1981, 2570; OLG Düsseldorf v. 15. 9. 1994 – 12 U 98/93, ZIP 1995, 1907, 1910.

- die Einräumung einer Waren-Kreditlinie durch Duldung nachträglicher Forderungsbegleichung[1],
- typische stille Einlagen seitens eines Gesellschafters (gesplittete Einlagen)[2].

2.92 **bb)** Die **Kreditfinanzierung an Stelle einer Kapitalerhöhung** ist nach wie vor eine erlaubte und interessante Sanierungsstrategie. Ob dies eine „Krisenfinanzierung" ist und ob die Gesellschafter „als ordentliche Kaufleute Eigenkapital zugeführt hätten" (so § 32a Abs. 1 GmbHG a.F.), spielt rechtlich keine Rolle mehr. Aber die insolvenzrechtlichen Rechtsfolgen im Fall eines Scheiterns der Sanierung unterscheiden sich nur marginal von der früheren Praxis. Auch die Erstreckung des § 39 Abs. 1 Nr. 5 InsO (Nachrangigkeit) und des § 135 InsO (Anfechtung von Rückzahlungen) auf alle Gesellschafterdarlehen ist im praktischen Ergebnis nicht so weltbewegend wie es zunächst scheint. Im Rahmen des § 135 InsO erreichte der BGH fast dasselbe mit Hilfe einer unwiderleglichen Vermutung. War der Kredit in der kritischen Jahresfrist vor dem Insolvenzantrag zurückgezahlt (war also der Zeitraum des § 135 InsO eingehalten), so ließ der BGH schon bisher den Gegenbeweis, dass das Darlehen nicht kapitalersetzend gewesen sei, nicht zu[3]. Dieser Unterstellung bedarf es nicht mehr. Das Gesellschafterdarlehen fällt immer unter § 39 bzw. § 135 InsO. Allerdings ist seine Rückzahlung anfechtungsfrei, wenn sie vor der kritischen Jahresperiode des § 135 Abs. 1 Nr. 2 InsO erfolgt ist (keine Anwendung des § 31 GmbHG mehr).

2.93 **cc)** Während der **Laufzeit des Kredits** ergibt sich aus dem Gesetz auch während der Krise **keine gesetzliche Rückzahlungssperre** analog § 30 GmbHG mehr (Beseitigung der „Rechtsprechungsregeln" durch § 30 Abs. 1 Satz 3 GmbHG n.F.; vgl. Rz. 2.84). Es gibt also auch kein ex-ante-Hindernis mehr für die Verwertung von Sicherheiten (der Anfechtungstatbestand des § 135 InsO wirkt erst nach der Insolvenzverfahrenseröffnung, dann allerdings rückwirkend). Den Geschäftsführern wird damit gegenüber den Gesellschaftern der leicht darzulegende Einwand aus der Hand geschlagen, dass eine Rückzahlung oder Sicherheitenverwertung nach § 30 GmbHG ungesetzlich wäre. Von seiner Befürchtung, gegen § 64 Satz 3 GmbHG zu verstoßen, wird der Geschäftsführer die Gesellschafter viel schwerer überzeugen. Auf der anderen Seite entfällt auch der Anreiz, den Sonderregeln über Gesellschafterdarlehen dadurch zu entgehen, dass der Kredit sogleich bei Beginn der Krise alsbald zurückgezogen wird (um eine Bindung des Kredits durch eigenkapitalersetzendes „Stehenlassen in der Krise" nach Rz. 2.59 zu vermeiden). Aus § 135 Abs. 1 Nr. 2 InsO könnte allerdings gefolgert werden, dass das Gesetz einen **Anreiz** gibt, **den Kredit dem Zugriff des Rechts zu entziehen**, dass der Kredit mehr als ein Jahr vor dem Zusammenbruch der Gesellschaft anfechtungsfrei zurückgezogen oder eine Kreditsicherheit anfechtungsfrei verwertet wird (Rz. 2.92). Doch ist von einer solchen Strategie entschieden abzuraten, denn

1 Vgl. sinngemäß BGH v. 28. 11. 1994 – II ZR 77/93, LM Nr. 46 zu § 30 GmbHG m. Anm. *Roth* = ZIP 1995, 23 m. Anm. *Altmeppen.*
2 Vgl. sinngemäß *Scholz/Karsten Schmidt*, §§ 32a, b GmbHG Rz. 127.
3 BGH v. 30. 1. 2006 – II ZR 357/03, GmbHR 2006, 421 = ZIP 2006, 466.

- erstens ist der Zeitlauf von mindestens einem Jahr vor dem Insolvenzantrag nicht mit hinreichender Sicherheit im Vorhinein abzuschätzen,
- zweitens kann die Rückzahlung weiterhin gegen eine mit der Gesellschaft oder unter den Gesellschaftern vereinbarte Finanzplanbindung verstoßen (dazu bei Rz. 2.117),
- drittens unterliegt der Geschäftsführer einer Ersatzhaftung, wenn er Zahlungen an Gesellschafter vorgenommen hat, soweit diese zur Zahlungsunfähigkeit der Gesellschaft führen mussten (§ 64 Satz 3 GmbHG n.F. und dazu Rz. 11.94).
- viertens kann der Liquiditätsentzug ein zur Gesellschafterhaftung führender existenzvernichtender Eingriff sein (vgl. allerdings zur Entschärfung der diesbezüglichen Rechtsprechung Rz. 11.53).

dd) Die vom Gesetz versprochene **Rechtssicherheit** in der Krise ist nach dem neuen Recht **ex post** (d.h. aus der Perspektive des Insolvenzverfahrens) betrachtet **größer als vor der GmbH-Reform** von 2008. **Ex ante, also aus der Krisensituation heraus, betrachtet**, ist eine **Rangrücktrittsvereinbarung zwischen der Gesellschaft und dem Gesellschafter-Gläubiger** nach der GmbH-Reform von 2008 nicht, wie noch der MoMiG-Regierungsentwurf gemeint hatte[1], überflüssig, sondern noch **bedeutsamer** wird **als zuvor**: Soll ein Gesellschafterdarlehen nicht nur eine Zahlungsunfähigkeit, sondern auch eine Überschuldung vermeiden, so empfiehlt sich eine Regelung über die Laufzeit des Darlehens in der Krise, verbunden mit einem Rangrücktritt, der den in § 39 Abs. 1 Nr. 5 InsO festgeschriebenen Nachrang schon vor der Verfahrenseröffnung zum Tragen bringt. Was die **Tiefe des vereinbarten Rangrücktritts** anlangt, so bietet § 19 Abs. 2 Satz 2 InsO eine **klare Vereinfachung**. Bis 2008 stand der Geschäftsführer vor der Schwierigkeit, den Rangrücktritt präzise zu formulieren, und zwar so, dass er von der Passivierungspflicht im Überschuldungsstatus befreite, ohne doch steuerschädlich zu sein[2]. Der Bundesgerichtshof hatte einen qualifizierten Rangrücktritt auf die Ebene des § 199 Satz 2 InsO verlangt[3]. Jetzt genügt ein schlichter Rangrücktritt nach § 39 Abs. 2 InsO. Eine Präzisierung des Rangs ist also nicht mehr erforderlich[4]. Das ist eine klare Erleichterung. 2.94

Mit dem Rangrücktritt verwandt ist die **Finanzplanbindung von Gesellschafterdarlehen** (dazu Rz. 2.110 ff.). Weil sie nicht auf dem Gesetz beruht, ist die Praxis der sog. **Finanzplandarlehen** durch das MoMiG weder geregelt noch, wie das Eigenkapitalersatzrecht, abgeschafft (Rz. 2.114). Diese Kredite **unterliegen einer rechtsgeschäftlichen, nicht gesetzlichen, Finanzplanbindung** (dazu Rz. 2.115 f.). Die Hauptbedeutung einer bewusst als Instrument eingesetzten Finanzplanbindung von Gesellschafterdarlehen besteht in dem Gewinn an **Rechtssicherheit außerhalb eines Insolvenzverfahrens**. Ist die Finanzplanbin- 2.95

1 BT-Drucks. 16/6140, S. 56 = ZIP-Beilage 23/2007, S. 32; Kritik bei *Karsten Schmidt*, BB 2008, 461 ff.
2 Eingehend *Karsten Schmidt*, DB 2006, 2503.
3 BGH v. 8. 1. 2001 – II ZR 88/99, BGHZ 146, 264, 271 = BB 2001, 430, 432.
4 Dafür schon vor der Reform *Karsten Schmidt*, DB 2006, 2503, 2505.

dung zwischen dem Kreditgeber und der Gesellschaft vereinbart, so enthält sie konkludent auch einen Rangrücktritt (Rz. 2.118).

c) Gesellschaftersicherheiten für Drittkredite

2.96 **aa)** Da die §§ 32a Abs. 2, 32b GmbHG a.F. über **eigenkapitalersetzende Gesellschaftersicherheiten** entfallen, ist das **Recht der von Gesellschaftern besicherten Drittforderungen**[1] gleichfalls neu geregelt (oben unter Rz. 2.60). Die Verlagerung in die Insolvenzordnung ist ein richtiger Schritt. Aber die Unübersichtlichkeit ist nach wie vor groß[2].

2.97 An die Stelle von § 32a Abs. 2 GmbHG a.F. tritt **§ 44a InsO n.F.**:

In dem Insolvenzverfahren über das Vermögen einer Gesellschaft kann ein Gläubiger nach Maßgabe des § 39 Abs. 1 Nr. 5 für eine Forderung auf Rückgewähr eines Darlehens oder für eine gleichgestellte Forderung, für die ein Gesellschafter eine Sicherheit bestellt oder für die er sich verbürgt hat, nur anteilsmäßige Befriedigung aus der Insolvenzmasse verlangen, soweit er bei der Inanspruchnahme der Sicherheit oder des Bürgen ausgefallen ist.

2.98 Für § 32b GmbHG a.F. gelten – systematisch überzeugender als bisher – die **§§ 135 Abs. 2 und 143 Abs. 3 InsO**. Sie lauten folgendermaßen:

§ 135 Abs. 2

Anfechtbar ist eine Rechtshandlung, mit der eine Gesellschaft einem Dritten für eine Forderung auf Rückgewähr eines Darlehens innerhalb der in Absatz 1 Nr. 2 genannten Fristen Befriedigung gewährt hat, wenn ein Gesellschafter für die Forderung eine Sicherheit bestellt hatte oder als Bürge haftete; dies gilt sinngemäß für Leistungen auf Forderungen, die einem Darlehen wirtschaftlich entsprechen.

§ 143 Abs. 3

Im Fall der Anfechtung nach § 135 Abs. 2 hat der Gesellschafter, der die Sicherheit bestellt hatte oder als Bürge haftete, die dem Dritten gewährte Leistung zur Insolvenzmasse zu erstatten. Die Verpflichtung besteht nur bis zur Höhe des Betrages, mit dem der Gesellschafter als Bürge haftete oder der dem Wert der von ihm bestellten Sicherheit im Zeitpunkt der Rückgewähr des Darlehens oder der Leistung auf die gleichgestellte Forderung entspricht. Der Gesellschafter wird von der Verpflichtung frei, wenn er die Gegenstände, die dem Gläubiger als Sicherheit gedient hatten, der Insolvenzmasse zur Verfügung stellt.

2.99 **bb) Die eigentlich entscheidenden Regelungen** verschweigt das Gesetz. Es sind die folgenden[3]:

Die von einem Gesellschafter gegebene Personal- oder Sachsicherheit für eine Drittforderung ist eine **Leistung des Gesellschafters, die einer Darlehensgewährung wirtschaftlich entspricht**, also im Grunde nichts als ein speziell geregelter Fall der Auffangklausel in § 39 Abs. 1 Nr. 5 InsO. Die vom Gesellschafter gegebene Sicherheit, nicht der von einem Dritten gegebene Kredit ist

1 Dazu unter der Geltung der §§ 32a, b GmbHG *Thonfeld*, Eigenkapitalersetzende Gesellschafterleistungen und der Freistellungsanspruch der Gesellschaft, 2005; *Saenger*, GmbHR 1999, 837 ff.; *Karsten Schmidt*, ZIP 1999, 1821 ff.

2 Eingehend *Karsten Schmidt*, BB 2008, 1972 ff.

3 *Altmeppen*, NJW 2008, 3601, 3606; eingehend *Karsten Schmidt*, BB 2008, 1966 ff.

Regelungsgegenstand (das ist in § 135 Abs. 2 InsO nicht hinreichend klargestellt). Diese Sicherung, nicht die Drittforderung, unterliegt dem Sonderrecht der §§ 39, 135 InsO.

cc) Der einem Sicherungsgeber gegen den Schuldner zukommende **Freistellungs- bzw. Regressanspruch des Gesellschafters** gegenüber der Gesellschaft als Schuldnerin **ist** in der Insolvenz nach § 39 Abs. 1 Nr. 5 InsO **nachrangig**. Die gesetzliche Verweisung des Kreditgebers auf die Inanspruchnahme der Sicherheit (§ 44a InsO n.F.) hat nichts mit einer Nachrangigkeit seines Gläubigeranspruchs, sondern mit einer Nachrangigkeit des sichernden Gesellschafters in der Insolvenz zu tun. Er bzw. die von ihm gestellte Sicherheit soll im Insolvenzverfahren regresslos für die Gesellschaftsschuld haften. Die früher analog § 30 GmbHG abgeleitete Freistellungspflicht des sichernden Gesellschafters in der Krise (Rz. 2.60) gibt es nicht mehr, weil die Sonderregeln erst mit der Insolvenzverfahrenseröffnung zum Zuge kommen. Eine Freistellungspflicht außerhalb des Insolvenzverfahrens muss besonders vereinbart werden. 2.100

Diese Sichtweise wirkt sich auch auf die **Überschuldungsprüfung** aus. Der Gesellschafter als Sicherungsgeber wird ähnlich behandelt als wäre er der Kreditgeber. Das bedeutet: Im **Insolvenzstatus** darf der gesicherten Verbindlichkeit gegenüber dem Kreditgeber ein Freistellungsanspruch gegen den Gesellschafter analog § 19 Abs. 2 Satz 2 InsO nur entgegengesetzt werden, wenn 2.101

- erstens eine **Freistellungspflicht des Gesellschafters** zu Gunsten der Gesellschaft vereinbart und
- zweitens der **Regressanspruch des Gesellschafters** als Sicherungsgeber mit einer **Nachrangigkeitsvereinbarung** versehen ist.

Nur dann ist die von § 19 Abs. 2 Satz 2 InsO intendierte **Klarstellung des Nachrangs** gesichert. Der Gesellschafter verspricht der Gesellschaft gewissermaßen schon außerhalb des Insolvenzverfahrens das, was im Fall eines Insolvenzverfahrens das Gesetz von ihm verlangt (§§ 135 Abs. 2, 143 Abs. 3 InsO). 2.102

dd) Die **Anfechtbarkeit einer Gläubigerbefriedigung** nach **§§ 135 Abs. 2, 143 Abs. 3 InsO n.F.** ist richtigerweise nichts als die Anfechtbarkeit eines Freiwerdens der Sicherheit. Das ist im Gesetz nahezu unverständlich formuliert, ist aber nur die natürliche Folge dieser Sichtweise: Da der Gesetzgeber nicht den Drittkredit, sondern die Gesellschaftersicherheit wirtschaftlich wie ein Gesellschafterdarlehen behandelt, ist überhaupt nicht die Rückzahlung an den Gläubiger, sondern die hierdurch eintretende Befreiung des Sicherungsgebers die anfechtbare Rechtshandlung. 2.103

d) Gebrauchsüberlassungen

aa) Umstritten war **nach dem MoMiG-Regierungsentwurf**, ob und inwieweit das bei Rz. 2.74 ff. dargestellte Rechtsprechungsrecht der Nutzungsüberlassungen nach der Reform Bestand haben wird[1]. Der Regierungsentwurf hatte 2.104

1 Meinungsüberblick bei *Hueck/Windbichler*, Gesellschaftsrecht, § 24 Rz. 16 ff.

die Frage nicht im Wortlaut geklärt. Die Begründung[1] hatte zu der Fallgruppe der Nutzungsüberlassung lediglich in dem Sinne Stellung genommen, für sie könnten

„die Neuregelungen zu Gesellschafterdarlehen und gleichgestellten Forderungen einschließlich der Aufgabe der Rechtsprechungsregeln ... zumindest hinsichtlich der Rechtsfolgen nicht ohne Auswirkungen bleiben: Bislang nimmt die Rechtsprechung in diesen Fällen auf Grund einer Umqualifizierung der Leistung in Eigenkapital u.a. eine Verpflichtung des Gesellschafters an, der Gesellschaft das Wirtschaftsgut für den vertraglich vereinbarten Zeitraum (und bei einer missbräuchlichen Zeitbestimmung für den angemessenen Zeitraum) unentgeltlich zu belassen. Diese Begründung für eine von den Grundregeln der §§ 103 ff. InsO abweichende Rechtsfolge findet in den Neuregelungen keine Grundlage, da diese nach ihrer Systematik durchgängig nicht mehr an einen ‚eigenkapitalersetzenden' Charakter der Leistung anknüpfen und die Insolvenz selbstverständlich auch weiterhin keine Auswirkung auf die Eigentümerstellung des Gesellschafters hinsichtlich des überlassenen Gegenstandes hat. Eine ausdrückliche gesetzliche Klarstellung in dem (etwa in § 3 Abs. 3 des österreichischen Eigenkapitalersatz-Gesetzes [EKEG] enthaltenen) Sinne, dass im Falle einer Nutzungsüberlassung die ‚Kreditgewährung nur das Entgelt betreffen', nicht aber in der Nutzungsüberlassung selbst liegen könne, ist vor diesem Hintergrund nicht geboten."

2.105 Was das im Einzelnen bedeuten sollte, war unklar.

- Fest stand, dass nicht mehr zwischen „eigenkapitalersetzender" und „nicht eigenkapitalersetzender" Nutzungsüberlassung unterschieden werden kann.
- Fest stand sodann, dass stehen gebliebene, insbesondere vom Gesellschafter gestundete Miet- oder Pachtzinsen – wie schon vor 2008 – Kreditcharakter oder kreditähnlichen Charakter haben können und deshalb nach § 39 Abs. 1 Nr. 5 InsO nachrangig bzw. nach § 135 InsO der Insolvenzanfechtung zugänglich sein können[2].
- Fest stand schließlich wohl auch, dass Rechtsfolgen, die in Analogie zu §§ 30, 31 GmbHG aus den „Rechtsprechungsregeln" des BGH abgeleitet wurden, insbesondere das Recht der Gesellschaft zu unentgeltlicher Weiternutzung und das Verbot, ihr diese Nutzung zu entziehen bzw. das Verbot der Entgeltzahlung keinen Bestand mehr haben konnten[3].
- Umstritten war dagegen schon, ob im eröffneten Insolvenzverfahren dem Insolvenzverwalter das Recht abgesprochen werden kann, den Nutzungsgegenstand für die vertragsmäßige Dauer bis zum nächsten ordentlichen Kündigungstermin unentgeltlich weiterzunutzen[4] und Mietzinszahlungen gem. § 135 InsO anzufechten[5].

---

1 Begr. RegE MoMiG, BT-Drucks. 16/6140, S. 56 = ZIP-Beilage zu Heft 23/2007, S. 21.

2 Vgl. OLG Celle v. 13. 7. 1977 – 2 U 31/77, DB 1977, 1839, 1840 ; OLG Düsseldorf, v. 15. 9. 1994 – 12 U 98/93, ZIP 1995, 1907, 1910; *Scholz/Karsten Schmidt*, §§ 32a, b GmbHG Rz. 131.

3 So z.B. auch *Gehrlein*, BB 2008, 846, 851; *Heinze*, ZIP 2008, 110; *Noack*, DB 2007, 1395, 1398; a.A. *Haas*, ZInsO 2007, 617, 622 f.

4 Für Fortbestand dieser Rechtsfolgen vgl. *Bork*, ZGR 2007, 250, 266 f.; *Haas*, ZInsO 2007, 617, 623 f.; *Knof*, ZInsO 2007, 125, 130 f.; unentschieden *Gehrlein*, BB 2008, 846, 851.

5 Für Fortbestand dieses Rechts *Haas*, ZInsO 2007, 617, 623 f.; *Knof*, ZInsO 2007, 125, 131.

– Vollends umstritten war, ob die Praxis über die Nutzungsüberlassung als Darlehensäquivalent endgültig beendet werden sollte[1].

Den Vorzug verdiente von vornherein die **Beendigung der bisherigen Praxis**. Sie rechtfertigte sich allerdings nicht direkt aus dem MoMiG-Entwurf. Dieser hatte das Sonderrecht der Nutzungsüberlassungen – im Gegensatz zu den §§ 32a, b GmbHG und zu den sog. „Rechtsprechungsregeln", also zur analogen Anwendung der §§ 30, 31 GmbHG auf die Darlehensrückgewähr in der Krise (§ 30 Abs. 1 Satz 3 GmbHG n.F.) – nicht explizit beseitigt. Formell gesehen stellt sich nach wie vor der Reform nämlich die Frage: Handelt es sich bei der Gebrauchsüberlassung durch Gesellschafter bzw. durch nahe stehende Dritte um „Rechtshandlungen", die einem Gesellschafterdarlehen „wirtschaftlich entsprechen" (§ 39 Abs. 1 Nr. 5 InsO n.F.; § 32a Abs. 3 Satz 1 GmbHG a.F.)? Diese Frage war bisher vom BGH und von der herrschenden Auffassung bejaht worden, und nur die Sanktionen wurden statt auf die §§ 39, 135, 143 InsO auf die §§ 30, 31 GmbHG gestützt[2]. Die Gegenansicht hatte von Anfang an schon den Tatbestand des Eigenkapitalersatzes verneint (Rz. 2.63) und die Ungeeignetheit der Sanktionen als ein zusätzliches Indiz für die Verfehltheit der Rechtsprechung betrachtet[3]. Das Konzept des MoMiG-Regierungsentwurfs machte die unveränderte Bedenklichkeit der vorausgegangenen Rechtsprechung nur noch besser sichtbar[4]. Wie nach dem österreichischen Eigenkapitalersatzgesetz (EKEG)[5] stand deshalb schon nach dem Regierungsentwurf auch ohne besondere gesetzliche Klarstellung fest, dass nach wie vor zwar stehengebliebene Entgeltforderungen dem Recht der Gesellschafterkredite unterstellt werden könnten, nicht aber die Nutzungsrechte als solche[6]. 2.106

1 Dafür *Noack*, DB 2007, 1395, 1398; *Gehrlein*, BB 2008, 846, 851; *Karsten Schmidt*, GmbHR 2007, 1, 9 f.

2 BGH v. 16. 10. 1996 – II ZR 307/88, BGHZ 109, 55, 58 f. = ZIP 1989, 1542, 1543 (m. Bespr. *Karsten Schmidt*, ZIP 1990, 69 und *Büscher/Klusmann*, ZIP 1991, 10) = GmbHR 1990, 118, dazu EWiR 1990, 371 (*Fabritius*); BGH v. 14. 12. 1992 – II ZR 298/91, BGHZ 121, 31 = ZIP 1993, 189 (m. Bespr. *Karsten Schmidt*, S. 161) = GmbHR 1993, 87 (Lagergrundstück II), dazu EWiR 1993, 155 (*Fleck*) = GmbHR 1993, 87; BGH v. 11. 7. 1994 – II ZR 146/92, BGHZ 127, 1 = ZIP 1994, 1261 = NJW 1994, 2349 (m. Anm. *Altmeppen*) = GmbHR 1994, 612, dazu EWiR 1994, 1201 (*Timm*); BGH v. 11. 7. 1994 – II ZR 162/92, BGHZ 127, 17 = ZIP 1994, 1441 = GmbHR 1994, 691 (Lagergrundstück IV), dazu EWiR 1994, 1107 (*Fleck*); BGH v. 7. 12. 1998 – II ZR 382/96, BGHZ 140, 147 = ZIP 1999, 65, dazu EWiR 2000, 31 (*v. Gerkan*); BGH v. 31. 1. 2005 – II ZR 240/02, ZIP 2005, 484, dazu EWiR 2005, 355 (*Herbst/Flitsch*); offen gelassen in BGH v. 2. 2. 2006 – IX ZR 67/02, BGHZ 166, 125 = GmbHR 2006, 487.

3 *Scholz/Karsten Schmidt*, §§ 32a, b GmbHG Rz. 135 m.w.N.; *Karsten Schmidt*, ZIP 1990, 69, 76 f.; *Karsten Schmidt*, ZIP 1993, 161, 168.

4 Näher *Karsten Schmidt*, DB 2008, 1727, 1731.

5 § 3 Abs. 3 EKEG lautet: „Wird der Gesellschaft eine Sache zum Gebrauch überlassen oder ihr eine Dienstleistung erbracht, so kann eine Kreditgewährung nur das Entgelt betreffen, nicht aber in der Nutzungsüberlassung oder der Erbringung der Dienstleistung selbst liegen."

6 In diesem Sinne wohl auch die Begr. RegE MoMiG, BT-Drucks. 16/6140, S. 56 = ZIP-Beilage zu Heft 23/2007, S. 21; vgl. *Karsten Schmidt*, GmbHR 2007, 1, 9; a.M. *Jaeger/Henckel*, § 135 InsO Rz. 16; *Bork*, ZGR 2006, 250, 266 f.; *Bormann*, DB 2006, 2616 f.; *Haas*, ZInsO 2007, 617, 622 f.; *Knof*, ZInsO 2007, 125, 130 f.

2.107 **bb)** Die **Gesetzesfassung** schließt sich nunmehr ausdrücklich an das österreichische Recht an. **§ 135 Abs. 3 InsO n.F.** enthält folgende Regelung:

Wurde dem Schuldner von einem Gesellschafter ein Gegenstand zum Gebrauch oder zur Ausübung überlassen, so kann der Aussonderungsanspruch während der Dauer des Insolvenzverfahrens, höchstens aber für eine Zeit von einem Jahr ab der Eröffnung des Insolvenzverfahrens nicht geltend gemacht werden, wenn der Gegenstand für die Fortführung des Unternehmens des Schuldners von erheblicher Bedeutung ist. Für den Gebrauch oder die Ausübung des Gegenstands gebührt dem Gesellschafter ein Ausgleich; bei der Berechnung ist der Durchschnitt der im letzten Jahr vor Verfahrenseröffnung geleisteten Vergütung in Ansatz zu bringen, bei kürzerer Dauer der Überlassung ist der Durchschnitt während dieses Zeitraums maßgebend.

2.108 Die Bestimmung ist in vielerlei Hinsicht unklar und wirft Interpretationsfragen auf. Festzuhalten ist allerdings eines: Um eine sinngemäße Fortsetzung der Rechtsprechung über die Darlehensähnlichkeit der Nutzungsüberlassung, gewissermaßen nur verkürzt um das Merkmal der „Krise" (§ 32a GmbHG a.F.), um den Gedanken der Eigenkapitalersatzbindung und um die Anwendung der §§ 30, 31 GmbHG handelt es sich dabei nicht. Es liegt ein **neuartiges Konzept** vor. Auszugehen ist nach neuem Recht von folgenden Grundsätzen[1]:

- Ohne Weiteres fortgesetzt werden kann auf der neuen, insolvenzrechtlichen Ebene nur die bereits geklärte **Behandlung gestundeter Entgeltforderungen als Quasi-Gesellschafterdarlehen**. Sie sind im Insolvenzfall nachrangig nach § 39 Abs. 1 Nr. 5 InsO, und etwa der Stundung nachfolgende Zahlungen unterliegen der Anfechtung nach § 135 InsO. Aber dies liegt außerhalb des Streits über die Behandlung des Nutzungsrechts und war schon bisher unstreitig (Rz. 2.62).
- Die **Gebrauchsüberlassung als solche ist keine Rechtshandlung, die einer Kreditgewährung i.S. von § 39 Abs. 1 Nr. 5 InsO wirtschaftlich entspricht**[2]. Aus § 39 InsO ergibt sich deshalb für oder gegen den Anspruch des Gesellschafters auf Rückgabe oder Entgeltzahlung nichts.
- Die neue Regelung des **§ 135 Abs. 3 InsO ist keine Anfechtungsregelung**[3]. Sie steht in sachlichem Zusammenhang mit den Regeln der **§§ 103, 108 ff. InsO** über die Erfüllung oder Nichterfüllung gegenseitiger Verträge. Das Verhältnis zu diesen Regeln ist allerdings unklar. Hinreichend klar im Gesetzeswortlaut zum Ausdruck gebracht scheint immerhin, (1.) dass es sich um Nutzungsverhältnisse an Immobilien und Mobilien handeln kann (Pacht, Miete, Leasing, Lizenzvertrag), (2.) dass dieses Wirtschaftsgut der Gesellschaft schon vor der Insolvenz überlassen worden sein muss (denn sonst wäre nicht an den im Gesetz behandelten Aussonderungsanspruch zu denken)[4] sowie (3.) dass eine Fortsetzung des Überlassungsverhältnisses durch den Insolvenzverwalter nach §§ 103, 108 ff. InsO Vorrang vor der

1 Eingehend *Karsten Schmidt*, DB 2008, 1727 ff.; zust. *Altmeppen*, NJW 2008, 3601, 3607.

2 *Karsten Schmidt*, DB 2008, 1727, 1729 f.; a.M. *Marotzke*, ZInsO 2008, 1281, 1285.

3 *Karsten Schmidt*, DB 2008, 1727, 1732; wie hier trotz distanzierten Zitats („wohl a.A.") *Altmeppen*, NJW 2008, 3601, 3607.

4 Zu dieser Einschränkung auch bei § 108 InsO vgl. BGH v. 5. 7. 2007 – IX ZR 185/06, BGHZ 173, 116 = ZIP 2007, 2087.

Nutzung nach dem neuen § 135 Abs. 3 InsO hat (denn in diesem Fall ist gleichfalls nicht an eine Aussonderung des Wirtschaftsguts zu denken)[1].

- Die **Bestimmung gibt dem Insolvenzverwalter** neben den §§ 103, 108 ff. InsO **eine zusätzliche Entscheidungsoption**[2]. Er kann das vereinbarte Nutzungsverhältnis fortsetzen (also bei Immobilien von der Kündigung nach § 109 InsO absehen bzw. bei Mobilien nach § 103 InsO die Erfüllung wählen). Dann bleiben beide Teile an das Rechtsverhältnis gebunden (für den Gesellschafter als Vermieter oder Verpächter gilt die Kündigungssperre des § 112 InsO)[3]. Wenn der Insolvenzverwalter das Nutzungsverhältnis nicht fortsetzt, kann er nach § 135 Abs. 3 InsO zu den gesetzlichen Bedingungen im Rahmen eines gesetzlichen Schuldverhältnisses den Nutzungsgegenstand weiternutzen, wenn die Nutzung für die Fortführung des Unternehmens von erheblicher Bedeutung ist. **Hierin liegt kein widersprüchliches Verhalten**, solange der Verwalter den Gesellschafter nicht im Unklaren über seine Wahl lässt. Der Verwalter kann sein Wahlrecht auch in der Absicht ausüben, sich in der Phase der gesetzlichen Nutzungsberechtigung mit dem Gesellschafter über neue vertragliche Konditionen zu einigen. Er kann das gesetzliche Nutzungsverhältnis vor Ablauf eines Jahres beenden, indem er Tatsachen schafft, die die Fortführungsrelevanz der Weiternutzung beenden. Er ist hierbei treupflichtgebunden und darf ohne triftigen Grund keine Überraschungsentscheidung treffen[4].
- Ganz anders als nach der bisherigen Rechtsprechung (Rz. 2.74) muss der Gesellschafter den Gegenstand **nicht kostenlos** überlassen. Setzt der Insolvenzverwalter das Rechtsverhältnis fort, so ist der Miet- oder Pachtzinsanspruch bzw. das Leasing- oder Lizenzentgelt von der Verfahrenseröffnung an **Masseschuld nach § 55 InsO**. Nutzt der Verwalter den Gegenstand ohne Fortsetzung des Nutzungsvertrags nach § 135 Abs. 3 InsO, erhält der Gesellschafter kraft Gesetzes einen „Ausgleich", über dessen Bemessung die durchschnittlich gezahlte Vergütung des letzten Jahres (resp. des kürzeren Überlassungszeitraums) entscheidet. Ansprüche auf Nutzungsentgelt aus der Zeit vor der Verfahrenseröffnung sind einfache Insolvenzforderungen. Waren die Ansprüche gestundet, so sind sie nach § 39 Abs. 1 Nr. 5 InsO sogar nachrangig (vgl. Rz. 2.105).
- Vollends unklar ist die Rechtslage, wenn **die Nutzungsüberlassung vor der Verfahrenseröffnung beendet** wurde. Aus dem Wortlaut des § 135 Abs. 3 InsO folgt für diesen Fall unmittelbar nichts. Die Praxis wird zu klären haben, ob der Verwalter vom Gesellschafter in einem solchen Fall die Wieder-Überlassung verlangen kann. Der Zweck der Norm und ihre Begründung aus der Treupflicht des Gesellschafters spricht dafür[5].

---

1 *Karsten Schmidt*, DB 2008, 1727, 1732.
2 *Karsten Schmidt*, DB 2008, 1727, 1734.
3 Lizenzverträge sind allerdings bisher nicht insolvenzfest (vgl. *Wegener* in Frankfurter Kommentar zur InsO, § 103 InsO Rz. 12b; *Stickelbrock*, WM 2004, 549 *Schmoll/Hölder*, GRUR 2004, 743); zur geplanten Änderung vgl. RegE § 108a InsO, BT-Drucks. 16/7416.
4 *Karsten Schmidt*, DB 2008, 1727, 1734.
5 Dazu *Karsten Schmidt*, DB 2008, 1727, 1734.

2.109 **cc)** Welche **Folgerungen für die Sanierungsphase** ergeben sich hieraus? Die erste Folgerung besteht darin, dass das **Risiko einer entgeltlichen Gebrauchsüberlassung** nunmehr für den Gesellschafter **übersehbar** ist. Die Folge der Gebrauchsüberlassung kann nur noch in einer Pflicht zu weiterer entgeltlicher (!) Überlassung bestehen, aber nicht in einer Subventionierung der Masse durch kostenlose Weiterüberlassung oder durch Ersatzzahlung. Nur wenn im Jahr vor der Verfahrenseröffnung kein Nutzungsentgelt geflossen ist, muss der Gegenstand maximal für ein weiteres Jahr der Masse (also der Gesellschaft) kostenlos weiterbelassen werden. Allerdings sollte auf die **pünktliche Begleichung von Mietzins-, Pachtzins- oder Lizenzgebühransprüchen** geachtet werden, weil sonst

- das Risiko einer Nachrangigkeit ausstehender Forderungen (§ 39 Abs. 1 Nr. 5 InsO) und ggf. auch
- das Risiko einer nur beschränkten Ausgleichszahlung für entgehende Mietzins-, Pachtzins- oder Lizenzansprüche aus der Masse

besteht. Das führt zu einer **Änderung der Beraterempfehlungen in der Krise**. Dieselben Zahlungen, die bis 2008 als Verstöße gegen § 30 GmbHG eingestuft wurden und zur Rückzahlung analog § 31 GmbHG (daneben § 135 InsO) führen konnten, sind jetzt dringend anzuraten. Der Geschäftsführer darf diese **Zahlungen nur noch verweigern,** wenn sie gegen eine (Finanzplan-)Abrede verstoßen. Gesetzlich verboten sind die Zahlungen nicht mehr, und zwar wohl auch dann nicht, wenn sie zur Zahlungsunfähigkeit der Gesellschaft führen würden (vgl. § 64 Satz 3 InsO n.F. und dazu Rz. 11.94). Denn der Gesellschafter könnte diese Zahlungen sogar aus der Insolvenzmasse verlangen.

4. Finanzplanfinanzierung durch Gesellschafter

2.110 Von einer Finanzplanfinanzierung kann gesprochen werden, wenn im Wege der Fremdfinanzierung Leistungen zur Verfügung gestellt werden sollen oder zur Verfügung gestellt worden sind, die **bestimmungsgemäß den Eigenkapitalbedarf der Gesellschaft ersetzen sollen**. In Betracht kommen namentlich

- Darlehen der Gesellschafter,
- Kreditbesicherungen durch die Gesellschafter zu Gunsten der Gesellschaft,
- alle Leistungen, die i.S. von § 39 Abs. 1 Nr. 5 InsO einem Gesellschafterdarlehen gleichgestellt werden könnten.

2.111 Hinzukommen kann die Vereinbarung einer **„Finanzplan-Nutzungsüberlassung“**: Nicht als Anwendungsfall der gesetzlichen Sonderregeln über Gesellschafterdarlehen[1], wohl aber als finanzplanmäßig gebundene Finanzierungsleistung kann dann die Nutzungsüberlassung von Anfang an vereinbart sein, z.B. dergestalt, dass eine (entgeltliche) Nutzung durch die Gesellschaft als Beitrag (nicht: Einlage!) eines Gesellschafters geschuldet ist.

1 So offenbar zu § 32a GmbHG a.F. OLG Karlsruhe v. 29. 3. 1996 – 15 U 39/95, GmbHR 1996, 524 m. Anm. *Kallmeyer* = ZIP 1996, 918; krit. mit Recht *Altmeppen*, ZIP 1999, 909 ff.; *Drygala*, GmbHR 1996, 489 ff.

a) Rechtslage vor und nach der GmbH-Reform 2008

aa) Das Problem der **Finanzplanfinanzierung**[1] war zunächst durch die Gerichtspraxis über das eigenkapitalersetzende Stehenlassen von Miet- oder Pachtzinsforderungen (Rz. 2.59) überdeckt, nicht selten sogar geleugnet worden. Vertreten wurde aber auch, Finanzplankredite seien Anwendungsfälle des § 32a GmbHG a.F., also Fälle des Eigenkapitalersatzes[2]. Im Jahr 1998 hatte dann der Gesetzgeber durch Aufnahme des Klammerzusatzes „Krise der Gesellschaft" in § 32a Abs. 1 GmbHG a.F. klargestellt, dass es keine gesetzliche Bindung eigenkapitalersetzender Finanzierungsleistungen vor der Krise gibt, womit die strenge Anwendung des § 32a GmbHG a.F. ausscheiden musste[3]. Die diesbezügliche **Grundlagenentscheidung des BGH von 1999** wurde mit folgenden Leitsätzen veröffentlicht[4]: 2.112

„1. Der sog. ‚Finanzplankredit' ist keine eigenständige Kategorie des Eigenkapitalersatzrechts und begründet erst recht keine Haftung wegen ‚materieller Unterkapitalisierung'. Inwieweit ein Gesellschafter verpflichtet ist, ein derartiges Darlehen zur Verfügung zu stellen, richtet sich nach Inhalt und Fortbestand der zwischen den Gesellschaftern untereinander oder mit der Gesellschaft – sei es auf satzungsrechtlicher Grundlage, sei es in Form einer schuldrechtlichen Nebenabrede – getroffenen Vereinbarungen. Im Übrigen gelten für die Umqualifizierung der Darlehen, die auf Grund einer solchen Vereinbarung gewährt worden sind, die allgemeinen Grundsätze über eigenkapitalersetzende Leistungen.

2. Nach Eintritt der Krise hat der Gesellschafter das wie eine Einlageverpflichtung zu behandelnde Versprechen zu erfüllen, ohne sich auf die inzwischen eingetretene Verschlechterung der Vermögensverhältnisse der Gesellschaft berufen zu können. Mit Rücksicht auf die einlageähnlich wirkende Bindung kann der Gesellschafter von der Erfüllung seines Versprechens nur außerhalb der Krise befreit werden, indem die Satzung geändert oder die Nebenabrede einvernehmlich aufgehoben wird."

Dieses Urteil wurde zunächst von einem Teil der Praxis mit Erleichterung aufgenommen. Die Nichtanwendung des § 32a GmbHG a.F. erschien auf den ersten Blick als Wiederherstellung von Rechtssicherheit und wurde aus Gesellschaftersicht als gute Nachricht begrüßt. Der BGH hatte aber keineswegs ausgesprochen, dass Finanzplankredite vor einer Anwendung des § 32a GmbHG a.F. sicher und gleichsam eine dem § 32a GmbHG a.F. entzogene Kreditform seien. Entschieden war nur, dass diese Kredite **nicht schon vor der Krise den gesetzlichen Eigenkapitalersatzregeln, wohl aber eigenen, rechtsgeschäftlichen Bindungen unterliegen**. Solange die Bindung bestand, sah der BGH darin nicht nur eine vertragliche Rückzahlungssperre, sondern sogar 2.113

1 Vgl. nur *Fleischer*, Finanzplankredite und Eigenkapitalersatz im Gesellschaftsrecht, 1995; *Fleischer*, DStR 1999, 1774; *v. Gerkan*, ZGR 1997, 192 ff.; *Habersack*, ZHR 161 (1997), 457; *Michalski/de Vries*, NZG 1999, 181; *Karsten Schmidt*, ZIP 1999, 1241; *Sieger/Aleth*, GmbHR 2000, 4621; Überblick bei *Scholz/Karsten Schmidt*, §§ 32a, b GmbHG Rz. 89 ff.

2 So noch *Verf.* in der 1. Aufl. dieses Buchs.

3 Vgl. *Lutter/Hommelhoff*, §§ 32a/b GmbHG Rz. 169; *Scholz/Karsten Schmidt*, §§ 32a, b GmbHG Rz. 97.

4 BGH v. 28. 6. 1999 – II ZR 272/98, BGHZ 142, 116 = BB 1999, 1672 m. Anm. *Thümmel* = GmbHR 1999, 911 m. Anm. *Brauer*; dazu *Habersack* in Großkommentar zum GmbHG, §§ 32a, b GmbHG Rz. 242; *Habersack*, ZGR 2000, 384; *Karsten Schmidt*, ZRP 1999, 1241.

eine Verpflichtung, den lediglich versprochenen Kredit einzuzahlen, und zwar ohne ein auf die Krise der Gesellschaft gestütztes außerordentliches Kündigungsrecht nach § 490 Abs. 1 BGB[1]. Die rechtsgeschäftliche Bindung konnte allerdings – nach Ansicht des BGH freilich nur bis zum Eintritt der Krise[2] – durch Vertrag zwischen dem Kreditgeber und der GmbH aufgehoben werden[3]. Die Finanzplanbindung schloss aber eine **gleichzeitige oder nachfolgende Bindung nach den gesetzlichen Eigenkapitalersatzregeln** nicht aus[4]. Das bedeutete: Ein in der Krise gewährter oder stehen gelassener Finanzplankredit war nach § 32a GmbHG und den daran anknüpfenden Regeln gebunden, unterlag also vor allem der zwingenden **Rückzahlungssperre** analog § 30 GmbHG[5]. Vor allem Sanierungskredite mehrerer oder aller Gesellschafter werden deshalb häufig gleichzeitig Finanzplankredite und eigenkapitalersetzende Darlehen sein.

2.114 **bb)** Die **Bedeutung dieser Rechtsprechung nach der GmbH-Reform von 2008 (MoMiG)** ist zweifelhaft. Fraglos lässt das Gesetz die Finanzplanbindung, die ja eben nicht auf den durch den MoMiG beseitigten §§ 32a, 129a, 172a HGB beruhte, weiterhin zu[6]. Die Bedeutung dieser Bindung außerhalb des Insolvenzverfahrens **wird sogar wachsen**, weil eine gesetzliche Bindung von Gesellschafterdarlehen analog § 30 GmbHG nicht mehr anerkannt wird (§ 30 Abs. 1 Satz 3 GmbHG a.F. und dazu Rz. 2.84). Vereinbarungen, die darauf hinauslaufen, der Gesellschaft an Stelle erhöhten Stammkapitals Kredite zuzuführen, sind **aus der Sanierungspraxis wohl kaum noch hinfortzudenken**.

b) Bindungsvereinbarung und Bindungswirkung

2.115 **aa)** Die Finanzplanbindung beruht entweder auf einer diesbezüglichen **Einigung zwischen dem kreditgebenden Gesellschafter und der durch den Geschäftsführer vertretenen Gesellschaft** als Kreditnehmerin oder aber auf einer **alle Gesellschafter umfassenden Bindung** durch die Satzung bzw. – weitaus häufiger – durch eine satzungsbegleitende Nebenabrede[7]. Diese unterschiedlichen Bindungsformen können zusammentreffen. Der Unterschied spielt vor allem für die Frage eine Rolle, ob die Finanzplanbindung durch bloße Vereinbarung mit dem Geschäftsführer oder nur durch Vereinbarung bzw. Beschluss-

1 BGH v. 28. 6. 1999 – II ZR 272/98, BGHZ 142, 116 = BB 1999, 1672 m. Anm. *Thümmel* = GmbHR 1999, 911 m. Anm. *Brauer*; *Scholz/Karsten Schmidt*, §§ 32a, b GmbHG Rz. 88.

2 Gegen die Begrenzung hier schon die 3. Aufl., Rz. 414; s. auch *Scholz/Karsten Schmidt*, §§ 32a, b GmbHG Rz. 103; *Karsten Schmidt*, ZIP 1999, 1250; zust. *Rowedder/Schmidt-Leithoff/Pentz*, § 32a GmbHG Rz. 57; *Altmeppen*, NJW 1999, 2813.

3 BGH v. 28. 6. 1999 – II ZR 272/98, BGHZ 142, 116, 120 ff. = BB 1999, 1672, 1673 m. Anm. *Thümmel* = GmbHR 1999, 911, 912 f. m. Anm. *Brauer* = NJW 1999, 2809, 2810 f. m. Anm. *Altmeppen*.

4 *Scholz/Karsten Schmidt*, §§ 32a, b GmbHG Rz. 96; *Karsten Schmidt*, ZIP 1999, 1243.

5 Näher *Scholz/Karsten Schmidt*, §§ 32a, b GmbHG Rz. 96; *Karsten Schmidt*, ZIP 1999, 1243.

6 Vgl. nur *Ekkenga*, WM 2006, 1986 ff.; *Karsten Schmidt*, ZIP 2007, 1, 9.

7 Vgl. *Rowedder/Schmidt-Leithoff/Pentz*, § 32a GmbHG Rz. 48; eingehend *Scholz/Karsten Schmidt*, §§ 32a, b GmbHG Rz. 93, 97 f.

fassung aller Gesellschafter wieder aufgehoben werden kann (Rz. 2.116). Die Finanzplanbindung kann **mit einer Kapitalerhöhung verbunden** werden (gesplittete Einlage des Inferenten, bestehend aus gezeichneter Einlage auf erhöhtes Kapital zuzüglich Kredit)[1].

bb) Die Finanzplanbindung ist **aufhebbar**, der Finanzplankredit also rückzahlbar, wenn die Finanzplanbindung aufgehoben ist. Der BGH ließ dies in seinem Grundlagenurteil von 1999 zwar nur vor dem Eintritt der Krise zu[2]. Aber diese Einschränkung konnte allenfalls darauf beruhen, dass auch der rechtsgeschäftlich gesperrte Finanzplankredit nach dem bis 2008 geltenden Recht in die gesetzliche Rückzahlungssperre des alten Eigenkapitalrechts hineinlaufen konnte. Spätestens mit der Beseitigung der § 32a GmbHG, §§ 129a, 172a HGB a.F. und der an § 30 GmbHG anknüpfenden „Rechtsprechungsregeln" (Rz. 2.84) ist diese Begrenzung beseitigt. Die **Voraussetzungen dieser Entsperrung** hängen davon ab, ob die Finanzplanbindung (a) auf bloß zweiseitiger Abrede mit der durch den Geschäftsführer vertretenen Gesellschaft oder (b) auf allseitiger satzungsmäßiger oder satzungsbegleitender Bindung der Gesellschafter beruht (vgl. soeben Rz. 2.115)[3]. Im ersten Fall können Kreditgeber und Geschäftsführer die Bindung aufheben, im zweiten Fall nur die Gesellschafter insgesamt[4]. 2.116

c) Rechtsfolgen

aa) Die Rechtsfolgen sind nicht gesetzlich bestimmt, sondern sie ergeben sich aus dem Umfang der rechtsgeschäftlichen Bindung. Deshalb besteht ein **Bedürfnis nach** möglicher **Inhaltsklarheit von Finanzplanabreden bei der Gesellschaftsanbindung**. 2.117

- Die **mindeste Rechtsfolge** ist **die eines Rangrücktritts** (§ 39 Abs. 2 InsO). Vorbehaltlich ihrer Aufhebung macht deshalb die Finanzplanabrede die Forderung unabhängig von § 39 Abs. 1 Nr. 5 InsO kraft Vertrags nachrangig (näher Rz. 2.118).
- Die weitere **Rechtsfolge** kann die **eines Rückzahlungsverbots bis zur Überwindung der Krise** sein (auch dies mit dem Vorbehalt einer wirksamen Aufhebung der Finanzplanabrede). Dazu kann eine Stundung der Zinszahlungen gehören, evtl. auch eine gänzliche Unterbrechung des Zinslaufs bis zum Ende der Krise[5]. Entsprechend kann im Fall einer Finanzplan-Nutzungsüberlassung (Rz. 2.111) auch eine **Stillhaltepflicht bezüglich Miet- oder Pachtzinsen** vereinbart werden. Dies läuft auf eine Vereinbarung der früheren „Rechtsprechungsregeln" hinaus, nur dass sich die Grundlage nicht zwingend aus dem Gesetz (§§ 30, 31 GmbHG) ergibt, sondern nur aus

1 Vgl. *Scholz/Karsten Schmidt*, §§ 32a, b GmbHG Rz. 100.
2 BGH v. 28. 6. 1999 – II ZR 272/98, BGHZ 142, 116, 123 f. = NJW 1999, 2809, 2810 f. m. Anm. *Altmeppen* = BB 1999, 1672, 1673 m. Anm. *Thümmel* = GmbHR 1999, 911, 912 m. Anm. *Brauer*; ebenso *Baumbach/Hueck/Fastrich*, § 32a GmbHG Rz. 53; krit. *Karsten Schmidt*, ZIP 1999, 1250.
3 Zu diesen unterschiedlichen Grundlagen der Bindung vgl. *Scholz/Karsten Schmidt*, §§ 32a, b GmbHG Rz. 90 ff.
4 *Scholz/Karsten Schmidt*, §§ 32a, b GmbHG Rz. 96, 103.
5 *Scholz/Karsten Schmidt*, §§ 32a, b GmbHG Rz. 100.

der Abrede. Wegen der ungünstigen Folgen bezüglich § 135 Abs. 3 InsO n.F. im Insolvenzfall wird sich eine solche Stillhaltevereinbarung bei Nutzungsverträgen wenig empfehlen. Dazu ist auf Rz. 2.108 zu verweisen.

- Schließlich kann, wie vom BGH im Jahr 1999 entschieden[1], auch eine Verpflichtung bestehen, über das bloße Belassen gegebener Fremdmittel auch **versprochene, noch nicht vollzogene Leistungen** zu erbringen (Rz. 2.113). Die Kündigung aus wichtigem Grund (§§ 490 Abs. 1, 543 BGB) ist dann ausgeschlossen. Die Finanzplanbindung hat insofern eine ähnliche Bindungswirkung wie die Übernahmevereinbarung in Fällen der Kapitalerhöhung (vgl. dazu Rz. 2.20).

2.118 **bb)** Die Finanzplanbindung hat **Rangrücktrittswirkungen**[2]. Dies sollte aber tunlichst besonders vereinbart werden, und zwar mit dem Geschäftsführer, weil dann eine Aufhebung der Bindung ohne Zutun des Geschäftsführers nicht möglich ist (Rz. 2.116). Der Rangrücktritt führt dazu, dass mit Kreditmitteln nicht nur die Zahlungsunfähigkeit, sondern auch die Überschuldung abgewendet werden kann, weil der Kredit im Insolvenzstatus nicht passiviert werden muss (§ 19 Abs. 2 Satz 2 InsO n.F. und dazu Rz. 5.184 f.).

2.119 **cc)** Unabhängig von der Finanzplanbindung unterliegt der Kredit den gesetzlichen **Regeln der §§ 39, 135 InsO**. Das bedeutet: Auch wenn die Finanzplanbindung aufgehoben ist, ist die Rückzahlungsforderung im eröffneten Insolvenzverfahren nachrangig (§ 39 Abs. 1 Nr. 5 InsO), und die Rückzahlung vor der Verfahrenseröffnung kann anfechtbar sein (§ 135 InsO).

VI. Eingriffe in Organisation und Struktur

1. Auswechselung und Abfindung von Geschäftsführern *(Uhlenbruck)*

2.120 Die Analysen der **Insolvenzursachen** bei der GmbH zeigen seit vielen Jahren, dass der Unternehmenszusammenbruch oftmals auf innerbetrieblichen Fehlern und persönlichem Verschulden der Geschäftsführer beruht[3]. Falsches Prestigedenken, unverantwortliche Ausweitung der Geschäftstätigkeit und nicht finanzierbare Übernahme anderer Unternehmen, die Verschiebung der unternehmerischen Verantwortung auf eine untere Ebene, Reduzierung der Entscheidungsqualität, Kurzzeitstrategien und operative Managementfehler

---

1 BGH v. 28. 6. 1999 – II ZR 272/98, BGHZ 142, 116 = BB 1999, 1672 m. Anm. *Thümmel* = GmbHR 1999, 911 m. Anm. *Brauer* = ZIP 1999, 1263; *Scholz/Karsten Schmidt*, §§ 32a, b GmbHG Rz. 94; *Habersack*, ZHR 161 (1997), 477; *Karsten Schmidt*, ZIP 1999, 1249.

2 *Scholz/Karsten Schmidt*, §§ 32a, b GmbHG Rz. 100; *Karsten Schmidt*, ZIP 1999, 1249 f.

3 *Uhlenbruck*, Abschreibungsgesellschaften, Anlegerprobleme bei Sanierung, Konkurs und Vergleich, 1974, S. 65 ff.; *Reske/Brandenburg/Mortsiefer*, Insolvenzursachen mittelständischer Betriebe – Eine empirische Studie, Nr. 70 der Schriften zur Mittelstandsforschung; *H. Keiser*, Betriebswirtschaftliche Analyse von Insolvenzen bei mittelständischen Einzelhandlungen, 1966, S. 99 ff. Zur ähnlichen Entwicklung in Österreich vgl. die jährlichen Mitteilungen des Kreditschutzverbandes von 1870 zu den Insolvenzursachen.

sowie die Entlassung bzw. Demotivation hoch qualifizierter Mitarbeiter und eine fehlerhafte unwirtschaftliche Unternehmensstrukturierung führen nicht selten zur Krise oder Insolvenz. Unabhängig von der Frage einer Schadensersatzpflicht des Geschäftsführers wegen „wrongful trading" (§ 43 GmbHG, § 826 BGB; s. dazu auch Rz. 2.128 und 11.1 ff.)[1] besteht in diesen Fällen meist die Notwendigkeit, die Geschäftsführung schnellstens abzuberufen, den Anstellungsvertrag zu kündigen und neue Geschäftsführer einzusetzen.

Zu unterscheiden ist zwischen der **Organstellung** und dem **Anstellungsverhältnis** eines Geschäftsführers[2]. Der „wichtige Grund" zur Abberufung nach § 38 Abs. 2 GmbHG ist nicht notwendig auch ein „wichtiger Grund" zur Kündigung des Anstellungsverhältnisses nach § 626 Abs. 1 BGB (dazu unten Rz. 2.128). Die organschaftliche Bestellung und der Anstellungsvertrag können jeweils unterschiedliche rechtliche Schicksale haben. So kann z.B. der Anstellungsvertrag und damit der Vergütungsanspruch des Geschäftsführers trotz Abberufung und Beendigung der Organstellung bestehen bleiben. Andererseits kann jemand zum Geschäftsführer bestellt werden, ohne dass ein Anstellungsvertrag zustande kommt[3]. 2.121

a) Abberufung von Geschäftsführern

Nach § 38 Abs. 1 GmbHG ist die Bestellung des Geschäftsführers zu jeder Zeit widerruflich, und zwar unbeschadet der Entschädigungsansprüche aus bestehenden Verträgen. Ist im Gesellschaftsvertrag die Zulässigkeit einer Abberufung auf den Fall des Vorliegens eines **wichtigen Grundes** beschränkt, so kann der Geschäftsführer nur bei **grober Pflichtverletzung oder Unfähigkeit zur ordnungsgemäßen Geschäftsführung** abberufen werden (§ 38 Abs. 2 Satz 2 GmbHG). Die Gründe, die zur Krise der Gesellschaft geführt haben, sind oftmals wichtige Gründe i.S. von § 38 Abs. 2 GmbHG, vor allem, wenn sie zu einem **Vertrauensverlust bei den Gesellschaftern** geführt haben[4]. Ein wichtiger Grund zur Abberufung ist u.a. gegeben, wenn der Geschäftsführer pflichtwidrig oder gar schuldhaft gehandelt hat und der Gesellschaft durch dieses Verhalten ein Schaden entstanden ist[5]. Wichtige Gründe sind beispielsweise 2.122

---

1 S. *Altmeppen*, ZIP 1995, 881; *Dreher*, ZGR 1992, 22; *Fleck*, GmbHR 1974, 224; *Meyke*, Die Haftung des GmbH-Geschäftsführers, 5. Aufl. 2007, S. 17 ff. Rz. 30 ff.; *Heil*, BB 1998, 1749; *Jula*, GmbHR 2001, 806; *Kessler*, GmbHR 1994, 429; *Kust*, DB 2002, 2258; *Leibner*, GmbHR 2002, 424; *Lutter*, ZHR 154 (1993), 464; *Lutter*, GmbHR 1997, 329; *Lutter*, GmbHR 2000, 301.

2 Vgl. BGH v. 28. 10. 2002 – II ZR 146/02, GmbHR 2003, 100, 101 m. Anm. *Haase*; *Moll*, FS Schwerdtner, 2003, S. 453, 545 ff.; *Lutter/Hommelhoff*, § 38 GmbHG Rz. 25; *Scholz/Uwe H. Schneider*, § 38 GmbHG Rz. 32–36a; *Hoffmann/Liebs*, Der GmbH-Geschäftsführer, Rz. 265 ff. S. 118 ff.; *Altmeppen* in Roth/Altmeppen, § 38 GmbHG Rz. 5.

3 S. hierzu *Hoffmann/Liebs*, Der GmbH-Geschäftsführer, S. 83 ff.

4 Vgl. *Altmeppen* in Roth/Altmeppen, § 38 GmbHG Rz. 37; *Lutter/Hommelhoff*, § 38 GmbHG Rz. 20 ff.; *Baumbach/Hueck/Zöllner/Noack*, § 38 GmbHG Rz. 11; *Michalski/Terlau/Schäfers*, § 38 GmbHG Rz. 44; *Scholz/Uwe H. Schneider*, § 38 GmbHG Rz. 43 ff.

5 Vgl. OLG Düsseldorf v. 30. 6. 1988 – 6 U 310/87, NJW 1989, 172; *Lutter/Hommelhoff*, § 38 GmbHG Rz. 20.

Fälschung von Buchungsunterlagen, langjährige Bilanzmanipulationen, Steuerhinterziehung, schwerer Vertrauensbruch sowie nachdrücklicher und andauernder Verstoß gegen Weisungen der Gesellschafter. Voraussetzung für die Bindungswirkung der Weisung ist aber, dass sich die Beschlüsse und Weisungen im Rahmen von Gesetz, Satzung und guten Sitten halten[1]. Die Forderung der Hausbank, einen Geschäftsführer abzuberufen, andernfalls eine für die GmbH oder GmbH & Co. KG lebenswichtige Kreditlinie nicht verlängert werde, ist jedenfalls bei Insolvenzreife der Gesellschaft ein wichtiger Grund für eine Abberufung des Geschäftsführers[2]. Ein wichtiger Grund kann auch der Verstoß gegen § 49 Abs. 3 GmbHG sein, vor allem, wenn den Gesellschaftern durch die Unterlassung die Möglichkeit genommen wird, rechtzeitig Sanierungsmaßnahmen einzuleiten. Es kommt eine Vielzahl von Sachverhalten in Betracht, die sich unter Berücksichtigung der gesamten Umstände als Grund für die Abberufung ergeben. So kann z.B. der Verlust des Vertrauens von Kunden und Kreditgebern in die Person des Geschäftsführers ausreichen, selbst wenn dieser keinen Grund hierfür gesetzt hat[3].

2.123 Streitig ist, ob die **Überschuldung (§ 19 InsO)** bzw. Verschuldung des Geschäftsführers ein wichtiger Grund für die Abberufung ist[4]. Der Vermögensverfall eines Geschäftsführers wird wohl nur dann einen wichtigen Grund zur Abberufung darstellen, wenn die wirtschaftlichen Verhältnisse des Geschäftsführers, vor allem eine Insolvenzeröffnung über sein Vermögen, eine ordnungsgemäße Erfüllung seiner Aufgaben nicht mehr zulassen. Ist im Gesellschaftsvertrag die Zulässigkeit des Widerrufs nicht gem. § 38 Abs. 2 Satz 1 GmbHG auf wichtige Gründe beschränkt, führt die **freie Widerruflichkeit** (§ 38 Abs. 1 GmbHG) dazu, dass im Einzelfall die Abberufung auch auf „offenbar unsachlichen Gründen" beruhen kann[5]. Ist der abzuberufende Geschäftsführer gleichzeitig Gesellschafter, hat er bei freier Abberufung nach § 38 Abs. 1 GmbHG ein **Stimmrecht** bei der Beschlussfassung, kein Stimmrecht dagegen bei der Abberufung aus wichtigem Grund nach § 38 Abs. 2 GmbHG[6].

2.124 Gegen einen mangels fristgerechter Anfechtung gesellschaftsrechtlich verbindlichen Abberufungsbeschluss der Gesellschafterversammlung einer GmbH kann sich der abberufene Fremdgeschäftsführer nicht mit der allgemeinen Feststellungsklage (§ 256 ZPO), gerichtet auf Feststellung der Unwirksamkeit

1 Vgl. BGH v. 14. 3. 1983 – II ZR 103/82, ZIP 1983, 824; *Zacher*, GmbHR 1994, 842, 843; *Meyke*, Die Haftung des GmbH-Geschäftsführers, 5. Aufl. 2007, Rz. 81 S. 44.

2 So BGH v. 23. 10. 2006 – II ZR 298/05, ZIP 2007, 119 für das Vorstandsmitglied einer Aktiengesellschaft.

3 *Scholz/Uwe H. Schneider*, § 38 GmbHG Rz. 52; anders BGH v. 25. 1. 1960 – II ZR 207/57, WM 1960, 289, 292.

4 Bejahend BGH v. 25. 1. 1960 – II ZR 207/57, WM 1960, 291; OLG Hamburg v. 27. 8. 1954 – 1 U 395/53, BB 1954, 978; einschränkend *Lutter/Hommelhoff*, § 38 GmbHG Rz. 21; verneinend *Michalski/Terlau/Schäfers*, § 38 GmbHG Rz. 45; *Baumbach/Hueck/Zöllner/Noack*, § 38 GmbHG Rz. 12.

5 So *Altmeppen* in Roth/Altmeppen, § 38 GmbHG Rz. 4; str., a.A. OLG Zweibrücken v. 5. 6. 2003 – 4 U 117/02, GmbHR 2003, 1206; *Scholz/Uwe H. Schneider*, § 38 GmbHG Rz. 94, 95.

6 S. *Eckardt/van Zwoll*, Der Geschäftsführer der GmbH, 2004, 1.2.1.2 S. 35.

des Beschlusses, wehren. Etwas anderes gilt nur dann, wenn der Beschluss nichtig ist[1].

b) Suspendierung (Freistellung) von Geschäftsführern

Eine vorläufige Amtsenthebung (Suspendierung, Freistellung) ist keine Abberufung, sondern die Anordnung der Gesellschafter, dass sich der Geschäftsführer ab sofort jeglicher Ausübung seines Amtes enthält[2]. Umstritten ist, ob und bejahendenfalls mit welchen Rechtsfolgen eine Suspendierung (Freistellung) von GmbH-Geschäftsführern zulässig ist. Überwiegend wird in der Literatur[3] die Auffassung vertreten, dass eine Suspendierung bzw. vorläufige Amtsenthebung durch die Gesellschafter unzulässig ist. Nach dieser Auffassung besteht – anders als bei der AG – bei der GmbH kein Bedürfnis, eine vorläufige Amtsenthebung mit dem Inhalt zuzulassen, dass der Geschäftsführer von allen Pflichten und Befugnissen zeitweise entbunden ist. Es bestehe jederzeit die Möglichkeit, dass die Gesellschafter einem Geschäftsführer die Weisung erteilen, sich zeitweise, wie z.B. bis zur Klärung bestimmter Vorwürfe, jeglicher Tätigkeit für die Gesellschaft zu enthalten. Im Übrigen kann die GmbH mit einem Geschäftsführer jederzeit vereinbaren, dass er nach einer Kündigung bis zum Ausscheiden von der Geschäftsführertätigkeit **freigestellt** wird[4]. Bejaht man die Zulässigkeit einer Suspendierung, müssen im Einzelfall **schwerwiegende Gründe** vorliegen, die eine sofortige Beendigung der Geschäftsführertätigkeit erfordern. Eine Suspendierung ist vor allem dann gerechtfertigt, wenn strafbare Handlungen eines Geschäftsführers aufgedeckt werden, durch die die GmbH geschädigt oder gar ruiniert worden ist. Eine vorläufige Amtsenthebung (Suspendierung) kann auch notwendig sein, wenn ein Geschäftsführer **Insolvenzantrag** stellt, obgleich das Vorliegen eines Insolvenzgrundes von den Gesellschaftern oder/und Mitgeschäftsführern mit guten Gründen verneint wird. Da der Insolvenzantrag als öffentlich-rechtliche Verpflichtung nicht dem Weisungsrecht der Gesellschafter unterliegt, wird man in diesen Fällen auf eine Suspendierung nicht verzichten können[5]. 2.125

c) Kündigung des Anstellungsvertrages

Wird ein Geschäftsführer in der Krise der GmbH abberufen, muss darüber hinaus zwecks Beendigung seines Anstellungsvertrages grundsätzlich eine Kündigung beschlossen und ausgesprochen werden, denn die Organstellung ist von dem Anstellungsverhältnis rechtlich zu trennen (s. oben Rz. 2.121). Im 2.126

---

1 BGH v. 11. 2. 2008 – II ZR 187/06, GmbHR 2008, 426 m. Anm. *Werner*.

2 Vgl. *Hoffmann/Liebs*, Der GmbH-Geschäftsführer, Rz. 214 S. 90; *Meyer-Landrut/Miller/Niehus*, § 38 GmbHG Rz. 127; *Scholz/Uwe H. Schneider*, § 38 GmbHG Rz. 94, 95.

3 So z.B. *Lutter/Hommelhoff*, § 38 GmbHG Rz. 39; *Rowedder/Schmidt-Leithoff/Koppensteiner*, § 38 GmbHG Rz. 32; *Scholz/Uwe H. Schneider*, § 38 GmbHG Rz. 94 f.

4 Vgl. OLG Düsseldorf v. 28. 12. 1984 – 8 U 64/84, EWiR § 35 GmbHG 1/85, 299 (*Semler*); *Scholz/Uwe H. Schneider*, § 38 GmbHG Rz. 95.

5 Zur Schadensersatzpflicht wegen verfrühten Insolvenzantrags (§ 43 Abs. 2 GmbHG) s. *Scholz/Karsten Schmidt*, 9. Aufl., § 64 GmbHG Rz. 12; *Lutter/Kleindiek* in Lutter/Hommelhoff, § 64 GmbHG Rz. 45; *Goette* in FS 50 Jahre BGH, 2000, S. 123, 137; *Meyke*, Die Haftung des GmbH-Geschäftsführers, 5. Aufl. 2007, Rz. 102 S. 54.

Geschäftsführervertrag kann die Abberufung als Geschäftsführer als eine auflösende Bedingung für das Anstellungsverhältnis vereinbart werden[1]. Allerdings dürfen durch eine Kopplung zwischen Abberufung und Beendigung des Anstellungsvertrages die Mindestkündigungsfristen des § 622 Abs. 1 BGB nicht unterlaufen werden. Nur für den Unternehmer-Geschäftsführer gilt die kürzere Frist gem. § 621 Nr. 3 BGB[2]. Der **Anstellungsvertrag** kann im Übrigen – anders als die Abberufung nach § 38 Abs. 1 GmbHG – nur aus **wichtigem Grund nach § 626 BGB** fristlos gekündigt werden, wenn gleichzeitig den Geschäftsführer ein **Verschulden** trifft[3]. Zwar ist in Ausnahmefällen in der Abberufungserklärung zugleich auch die Kündigung des Anstellungsvertrages zu sehen[4]; um Unklarheiten zu vermeiden, sollten beide Erklärungen jedoch voneinander getrennt werden. Grundsätzlich enthält die Abberufung mit sofortiger Wirkung nicht zugleich auch die Erklärung, der Anstellungsvertrag werde außerordentlich gekündigt[5]. In einer Kündigungserklärung ist, vor allem, wenn es sich um einen Gesellschafter-Geschäftsführer handelt, nicht unbedingt eine konkludente Abberufung enthalten[6].

2.127 Die Kündigung aus wichtigem Grund kann nur **innerhalb von zwei Wochen** nach Kenntnis des für die außergerichtliche Kündigung maßgeblichen Sachverhalts erfolgen (§ 626 Abs. 2 BGB). Ob im Einzelfall ein wichtiger Grund i.S. von § 626 Abs. 1 BGB vorliegt, ist auf Grund sämtlicher nachweisbaren Umstände sowie in Abwägung der gegenseitigen Interessen zu entscheiden[7]. Die **Abwägung der einzelnen Interessen** hat aus der objektiven Sicht eines verständigen Dritten zu erfolgen[8].

2.128 Als **wichtiger Grund**, der regelmäßig eine fristlose Kündigung rechtfertigt, ist anzusehen: Fälschung von Buchungsunterlagen, über einen längeren Zeitraum unterlassene Buchführung, schwere Loyalitätsverletzung gegenüber der Ge-

---

1 Vgl. BGH v. 28. 5. 1990 – II ZR 245/89, GmbHR 1990, 345, 346.

2 OLG Hamm v. 27. 1. 1992 – 8 U 200/91, ZIP 1992, 418; *Baumbach/Hueck/Zöllner/Noack*, § 35 GmbHG Rz. 243; *Paefgen* in Ulmer, § 38 GmbHG Rz. 37 f.; str., a.A. *Scholz/Uwe H. Schneider/Sethe*, § 35 GmbHG Rz. 314, die § 622 BGB unabhängig von der Beteiligung oder Beherrschung anwenden.

3 Vgl. hierzu *Rowedder/Schmidt-Leithoff/Koppensteiner*, § 38 GmbHG Rz. 46 und die dort in Fn. 187 angegebene Literatur und Rechtsprechung.

4 Vgl. OLG Hamburg v. 28. 6. 1991 – 11 U 148/90, GmbHR 1992, 43, 48; *Rowedder/Schmidt-Leithoff/Koppensteiner*, § 38 GmbHG Rz. 31, 44, 50.

5 So *Hoffmann/Liebs*, Der GmbH-Geschäftsführer, Rz. 267 sub 1. S. 120; *Rowedder/Schmidt-Leithoff/Koppensteiner*, § 38 GmbHG Rz. 50; *Altmeppen* in Roth/Altmeppen, § 38 GmbHG Rz. 6, 7; *Scholz/Uwe H. Schneider*, § 38 GmbHG Rz. 34.

6 Vgl. BGH v. 24. 11. 1980 – II ZR 182/79, BGHZ 79, 38, 41; BGH v. 21. 9. 1981 – II ZR 104/80, NJW 1982, 383; OLG Frankfurt v. 18. 2. 1994 – 10 U 16/93, GmbHR 1994, 549.

7 BGH v. 9. 11. 1992 – II ZR 234/91, ZIP 1993, 32, 34; *Scholz/Uwe H. Schneider/Sethe*, § 35 GmbHG Rz. 326 ff., 334; *Michalski/Heyder*, § 6 GmbHG Rz. 211; *Hommelhoff/Kleindiek* in Lutter/Hommelhoff, Anh. § 6 GmbHG Rz. 57; *Goette*, DStR 1995, 1140; *Rowedder/Schmidt-Leithoff/Koppensteiner*, § 38 GmbHG Rz. 37; *Baumbach/Hueck/Zöllner/Noack*, § 35 GmbHG Rz. 220.

8 *Michalski/Heyder*, § 6 GmbHG Rz. 211; *Baumbach/Hueck/Zöllner/Noack*, § 35 GmbHG Rz. 218; *Hommelhoff/Kleindiek* in Lutter/Hommelhoff, Anh. § 6 GmbHG Rz. 57.

sellschaft oder den Gesellschaftern, erhebliche Gefährdung der Vermögenslage der Gesellschaft, eigenmächtige Überführung von Gesellschaftsvermögen in die Privatsphäre des Gesellschafters zwecks Sicherung seiner Ansprüche gegen die Gesellschaft[1], Spesenbetrug[2], das ständige Überschreiten der Geschäftsführungsbefugnisse, das Überschreiten der Kreditlinie oder die Gesellschaft schädigende Geschäfte mit einem anderen Unternehmen, an dem der Geschäftsführer oder sein Ehepartner beteiligt ist[3]. Auch die Vernachlässigung der Verpflichtung, sich laufend über die wirtschaftliche Lage der Gesellschaft zu informieren, kann eine fristlose Kündigung rechtfertigen[4]. Eine massive und nicht korrigierbare Verschlechterung der wirtschaftlichen Situation der GmbH lässt es im Einzelfall unzumutbar erscheinen, den Geschäftsführer bis zum Zeitpunkt der ordentlichen Beendigung des Dienstverhältnisses weiter zu beschäftigen[5]. Auch eine **schuldhafte Insolvenzverschleppung** durch den Geschäftsführer einer GmbH berechtigt die Gesellschaft zur Kündigung seines Anstellungsvertrages aus wichtigem Grund (§ 626 Abs. 1 BGB). Die **Ausschlussfrist** des § 626 Abs. 2 Satz 1 BGB beginnt nicht vor der Beendigung des pflichtwidrigen Dauerverhaltens[6]. Zwar genügt dafür nach Auffassung des BGH die Verletzung des § 64 Abs. 1 GmbHG a.F. (jetzt § 15a Abs. 1 InsO) für sich allein nicht; maßgebend ist vielmehr, ob der Gesellschaft die Fortsetzung des Anstellungsverhältnisses wegen der Pflichtverletzung nicht mehr zugemutet werden kann. Das **Nachschieben von Kündigungsgründen** durch die Gesellschafter ist zulässig[7]. Eine **vorherige Abmahnung** ist nicht erforderlich[8]. Eine **Verdachtskündigung** ist unzulässig[9]. Der wichtige Grund zur außerordentlichen Kündigung braucht nicht immer zwingend in der Person des Geschäftsführers zu liegen.

Auch die **wirtschaftliche Krise der GmbH** kann im Einzelfall eine außerordentliche Kündigung des Geschäftsführers rechtfertigen[10]. Das gilt jedoch nur 2.129

1 Vgl. OLG Köln v. 28. 6. 1995 – 2 U 97/94, GmbHR 1996, 290. Einzelheiten bei *Scholz/Uwe H. Schneider/Sethe*, § 35 GmbHG Rz. 329, 330.
2 Einzelheiten zur Kündigung wegen Spesenbetrugs bei *Diller*, GmbHR 2006, 333 ff.
3 OLG Brandenburg v. 13. 7. 1999 – 6 U 286/96, NZG 2000, 143; *Hommelhoff/Kleindiek* in Lutter/Hommelhoff, Anh. § 6 GmbHG Rz. 59; *Michalski/Heyder*, § 6 GmbHG Rz. 216 ff.; *Rowedder/Schmidt-Leithoff/Koppensteiner*, § 38 GmbHG Rz. 46.
4 BGH v. 15. 12. 1994 – IX ZR 18/94, ZIP 1995, 297, 300; *Rowedder/Schmidt-Leithoff/Koppensteiner*, § 38 GmbHG Rz. 46.
5 So zutreffend *Rowedder/Schmidt-Leithoff/Koppensteiner*, § 38 GmbHG Rz. 46 unter Berufung auf BGH v. 21. 4. 1975 – II ZR 2/73, WM 1975, 761; OLG Stuttgart v. 18. 9. 1981 – 2 U 27/81, ZIP 1981, 1336, 1337. S. auch *Scholz/Uwe H. Schneider/Sethe*, § 35 GmbHG Rz. 332.
6 So BGH v. 20. 6. 2005 – II ZR 18/03, NZG 2005, 1714, 1716.
7 BGH v. 20. 6. 2005 – II ZR 18/03, NZG 2005, 714, 716 = ZIP 2005, 1365, 1367; BGH v. 25. 6. 1979 – II ZR 219/78, BGHZ 75, 209, 211; *Uhlenbruck/Hirte*, § 11 InsO Rz. 127.
8 BGH v. 14. 2. 2000 – II ZR 218/98, NJW 2000, 1638, 1639; *Hommelhoff/Kleindiek* in Lutter/Hommelhoff, Anh. § 6 GmbHG Rz. 61a; *Uwe H. Schneider*, GmbHR 2003, 1 ff.
9 *Scholz/Uwe H. Schneider/Sethe*, § 35 GmbHG Rz. 238; str., a.A. OLG Celle v. 5. 3. 2003 – 9 U 111/02, GmbHR 2003, 773; *Baumbach/Hueck/Zöllner/Noack*, § 35 GmbHG Rz. 220.
10 OLG Stuttgart v. 18. 9. 1981 – 2 U 27/81 u. 64/81, ZIP 1981, 1336, 1337, wonach eine außerordentliche, nicht aber eine fristlose Kündigung zulässig ist; *Scholz/Uwe H. Schneider/Sethe*, § 35 GmbHG Rz. 331, 332; *Michalski/Heyder*, § 6 GmbHG Rz. 220.

in den Fällen, in denen die Fortsetzung des Anstellungsvertrages für die GmbH unzumutbar ist, weil andernfalls ein Insolvenzverfahren droht und durch die ordentliche Kündigung eine wesentliche finanzielle Entlastung nicht rechtzeitig herbeigeführt werden kann[1]. Die **Verschlechterung der wirtschaftlichen Verhältnisse** einer GmbH stellen grundsätzlich keinen wichtigen Grund i.S. von § 626 Abs. 1 BGB dar, es sei denn, dass für die Geschäftsführertätigkeit in der vereinbarten Art kein Raum mehr ist oder der Betrieb stillgelegt wird[2]. Vielmehr kann einem Geschäftsführer aus **betrieblichen Gründen** nur ordentlich gekündigt werden, weil der Dienstberechtigte sein Wirtschafts- und Betriebsrisiko nicht auf die Dienstverpflichteten abschieben darf[3]. Meist ist eine **außerordentliche fristlose Kündigung** des Geschäftsführers möglich, wenn er die Krise der GmbH zu verantworten hat.

d) Einwechselung von „Insolvenzgeschäftsführern"

2.130 Um zu gewährleisten, dass die Anordnung einer beabsichtigten oder beantragten Eigenverwaltung „nicht zu einer Verzögerung des Verfahrens oder sonstigen Nachteilen für die Gläubiger führen wird" (§ 270 Abs. 2 Nr. 3 InsO), werden vor allem bei Großinsolvenzen in zunehmendem Maße renommierte Insolvenzfachleute (Insolvenzverwalter und Insolvenzberater) in den Vorstand oder in die Geschäftsführung des Krisenunternehmens eingewechselt[4]. Dieses Modell der Eigenverwaltung im Wege der **Integration externer Insolvenzspezialisten** wurde beispielsweise in den Insolvenzfällen *Sachsenring Automobiltechnik, Sachsenring Fahrzeugtechnik, Philipp Holzmann, Fairchild Dornier, Babcock Borsig* und *Kirch Media* erfolgreich praktiziert. Nach Feststellung des Rechtslehrers *Peter Gottwald*[5] zeigt vor allem der Fall *Kirch Media*, dass die amerikanische Philosophie einer aktiven „Insolvenzplanung" des Schuldners nun auch Deutschland erreicht zu haben scheint (s. auch die Ausführungen zur Eigenverwaltung, 9. Teil Rz. 9.1 ff.). Die Eigenverwaltung nach den §§ 270 ff. InsO (dazu ausführlich unten Rz. 9.3) ist nicht nur bei Scheitern eines außergerichtlichen Vergleichs oder in Fällen notwendiger Umstrukturierung das geeignete Verfahren, sondern wegen Fehlens eines Konzerninsolvenzrechts auch bei der Sanierung von Großunternehmen und Konzernen. Zu beachten ist aber, dass die in die Vorstände und Geschäftsführung eingewechselten Insolvenzfachleute durch die Einwechselung **nicht** etwa den **Status eines Insolvenzverwalters** erlangen mit entsprechender Honorierung nach der InsVV. Vielmehr bestimmen sich Haftung und Vergütung nach gesellschaftsrechtlichen Grundsätzen. Wird ein Insolvenzfachmann in der Unternehmens-

---

1 OLG Düsseldorf v. 14. 4. 2000 – 16 U 109/99, NZG 2000, 1044; OLG Hamm v. 2. 6. 1986 – 8 U 298/85, ZIP 1987, 121, 123; *Michalski/Heyder*, § 6 GmbHG Rz. 220.

2 Vgl. *Scholz/Uwe H. Schneider/Sethe*, § 35 GmbHG Rz. 331.

3 OLG Naumburg v. 16. 4. 2003 – 5 U 12/03, GmbHR 2004, 423; *Schwerdtner* in Münchener Kommentar zum BGB, § 626 BGB Rz. 152; *Staudinger/Preis*, § 626 BGB Rz. 236.

4 S. *Görg*, Grundzüge der finanziellen Restrukturierung der Philipp Holzmann AG im Winter 1999/2000, FS Uhlenbruck, 2000, S. 117, 123 f.; *Görg/Stockhausen*, Eigenverwaltung für Großinsolvenzen?, FS Metzeler, 2003, S. 105, 111 f.

5 NZI 2002, Heft 8 S. V.

krise eingewechselt, unterliegt er den gesetzlichen Insolvenzantragspflichten wie jeder andere Vorstand oder Geschäftsführer. Überhöhte Vergütungen laufen im später eröffneten Insolvenzverfahren über das Vermögen der GmbH der Gefahr einer Insolvenzanfechtung nach den §§ 129 ff. InsO.

e) Anfechtbarkeit vertraglicher Abfindungen

Zwecks Vermeidung gerichtlicher Auseinandersetzung wird oftmals die **einvernehmliche Aufhebung des Anstellungsvertrages** zwischen den Beteiligten vereinbart. Die einvernehmliche Beendigung des Anstellungsvertrages ist jederzeit möglich. Im Rahmen einer einvernehmlichen Beendigung können alle offenen und streitigen Punkte geregelt werden, wie z.B. Abfindung, Urlaub, Niederlegung des Geschäftsführeramtes sowie die Niederlegung weiterer Ämter, die mit der Stellung als Geschäftsführer verbunden sind[1]. Wird trotz der Unternehmenskrise einvernehmlich eine **Abfindung** als Entschädigung für die vorzeitige Beendigung des Anstellungsvertrages vereinbart, besteht die Gefahr, dass in einem späteren Insolvenzverfahren der Insolvenzverwalter die Abfindungszahlung nach den §§ 129 ff. InsO anficht. Mit einer Insolvenzanfechtung ist vor allem zu rechnen, wenn einem Geschäftsführer, der an der GmbH beteiligt ist, eine über der Höhe des Verkehrswertes seines Geschäftsanteils liegende Abfindung gezahlt wird. War eine Abfindung **bereits im Anstellungsvertrag vereinbart** worden, empfiehlt sich in der Krise der GmbH die Prüfung, ob es sich insoweit um eine unzulässige und damit nichtige Vereinbarung handelt, durch die die Kündigung aus wichtigem Grund erschwert wird[2]. Eine **unzulässige Einschränkung des Kündigungsrechts** aus § 626 Abs. 1 BGB ist z.B. gegeben, wenn der Anstellungsvertrag für den Fall der Kündigung des Vertrages aus wichtigem Grund eine Abfindung vorsieht[3]. 2.131

Mitgeschäftsführer haben schließlich die Haftungsvorschrift des § 64 Satz 3 GmbHG zu beachten, denn in der Krise der GmbH greift das Ausschüttungsverbot des § 30 Abs. 1 Satz 1 GmbHG auch für Gesellschafter-Geschäftsführer. Zahlungen an Gesellschafter, die unter Verstoß gegen das Auszahlungsverbot des § 30 GmbHG geleistet worden sind, müssen der Gesellschaft erstattet werden (§ 31 Abs. 1 GmbHG). Daneben haften gem. § 64 Satz 3 GmbHG die Geschäftsführer der GmbH für Zahlungen an Gesellschafter-Geschäftsführer, soweit diese zur Zahlungsunfähigkeit der Gesellschaft führen mussten. Eine Ausnahme gilt nur insoweit, als dies auch bei Anwendung der Sorgfalt eines ordentlichen Geschäftsmannes nicht erkennbar war. § 64 Satz 3 GmbHG ergänzt insoweit die Vorschrift des § 30 Abs. 1 Satz 1 GmbHG und soll existenzbedrohende Auszahlungen an Gesellschafter verhindern. Besonderheiten gelten für **Abfindungen i.S. von § 3 BetrAVG**. Danach können un- 2.132

1 *Michalski/Heyder*, § 6 GmbHG Rz. 233 unter Berufung auf BGH v. 1. 2. 1993 – II ZR 1/92, DB 1993, 875.

2 Vgl. *Eckardt/van Zwoll*, Der Geschäftsführer der GmbH, 2004, 5.1. S. 92.

3 BGH v. 3. 7. 2000 – II ZR 282/98, ZIP 2000, 1442, 1444; BAG AP Nr. 1 zu § 626 BGB (Kündigungserschwerung); BAG AP Nr. 27 zu § 626 BGB; *Schwerdtner* in Münchener Kommentar zum BGB, § 626 BGB Rz. 70; *Franzen* in Anwaltkommentar BGB, § 626 BGB Rz. 11.

verfallbare Anwartschaften im Falle der Beendigung des Arbeitsverhältnisses und laufende Leistungen nur unter den besonderen Voraussetzungen des § 3 Abs. 2 BetrAVG abgefunden werden. Durch Art. 6 Nr. 4 des Gesetzes zur Neuordnung der einkommensteuerrechtlichen Behandlung von Altersvorsorgeaufwendungen und Altersbezügen (Alterseinkünftegesetz) v. 5. 7. 2004[1] hat der Gesetzgeber die Abfindungsmöglichkeiten neu geregelt. **Laufende Versorgungsleistungen** können, soweit der Rentenbeginn nach dem 31. 12. 2004 liegt, nur noch in den Grenzen des § 3 BetrAVG abgefunden werden[2]. Scheitert die Sanierung und wird über das Vermögen der GmbH das Insolvenzverfahren eröffnet, entfällt eine Anfechtbarkeit der Abfindungszahlung nach §§ 129 ff. InsO, weil es sich insoweit um eine Gegenleistung für geleistete Arbeit handelt. Erfolgt eine Abfindung, ohne dass die Voraussetzungen des § 3 BetrAVG vorliegen, ist die Abfindung wegen Verstoßes gegen ein gesetzliches Verbot gem. § 134 BGB unwirksam[3].

2. Übertragende Sanierung *(Karsten Schmidt)*

a) Chancen und Risiken

2.133 **aa)** Die übertragende Sanierung[4] gilt bis heute als ein **Hauptinstrument der Sanierung von Unternehmen und Unternehmensteilen**[5]. Diese Sanierungstechnik ist im eröffneten Insolvenzverfahren ohne weiteres durch die Beteiligung der Gläubigergremien legitimiert (dazu unten Rz. 7.99). An übertragenden Sanierungen **außerhalb des Insolvenzverfahrens** gibt es **Kritik** in der Literatur, vor allem vom Verfasser dieses Textes[6]. Diese Kritik ist unpopulär[7], weil sie als sanierungsfeindlich gilt und weil Anteilseigner, Geschäftsführung, Arbeitnehmerschaft und Großgläubiger bei der übertragenden Sanierung an einem Strang zu ziehen pflegen. Indes: Es geht nicht darum, ein bestimmtes Sanierungskonzept für „gut" oder „böse" zu erklären, sondern es geht um die Legitimation der Sanierung gegenüber denen, die die Sanierungsopfer erbringen. Das sind bei der übertragenden Sanierung die Gläubiger in ihrer Gesamtheit, weil ihnen der Zerschlagungswert des Unternehmens als Tei-

---

1 BGBl. I 2004, 1427 ff.

2 Vgl. *Kisters-Kölkes* in Kemper/Kisters-Kölkes/Berenz/Bode/Pühler, 3. Aufl. 2008, § 3 BetrAVG Rz. 1 ff.; *Heubeck* in Picot, Unternehmenskauf und Restrukturierung, Teil IV Rz. 35 ff. S. 624 ff.

3 *Kisters-Kölkes* in Kemper/Kisters-Kölkes/Berenz/Bode/Pühler, 3. Aufl. 2008, § 3 BetrAVG Rz. 5.

4 Die Bezeichnung geht auf den Verfasser zurück (vgl. ZIP 1980, 328, 337; näher dazu *Karsten Schmidt*, Wege zum Insolvenzrecht, S. 1385; *Karsten Schmidt* in Leipold, Insolvenzrecht im Umbruch, S. 67 ff.; *Falk/Schäfer*, ZIP 2004, 1337 ff.).

5 Eingehend *Groß*, Sanierung durch Fortführungsgesellschaften; *Hermanns* in Buth/Hermanns, Restrukturierung, Sanierung, Insolvenz, § 14 Rz. 16 f.; *Hess/Fechner/Freund/Körner*, Sanierungshandbuch, Rz. E III 250 ff.; *Picot/Aleth* in Picot, Unternehmenskauf und Restrukturierung, Teil VIII Rz. 120 ff.; *Hölzle*, DStR 2004, 1433 ff.; *Müller-Feldhammer*, ZIP 2009, 2186 ff. (rechtsvergleichend).

6 *Karsten Schmidt*, Handelsrecht, 5. Aufl. 1999, S. 234; *Karsten Schmidt*, Wege zum Insolvenzrecht, S. 141 ff.; *Karsten Schmidt* in Leipold, Insolvenzrecht im Umbruch, S. 67 ff.

7 Ablehnend etwa *Stürner*, ZIP 1982, 769 f.; *Canaris*, ZIP 1989, 1163.

lungsmasse angeboten wird, während der Ertragswert, losgelöst von den Schulden, in der Auffanggesellschaft realisiert werden soll. Ob diese Loslösung von den Schulden möglich und ohne Mitwirkung der Gläubiger zulässig ist – das ist das Problem! Sowohl **§ 613a BGB** als auch **§ 25 HGB** und **§ 75 AO** können zum Zuge kommen. Die materielle Insolvenz des Unternehmens (Zahlungsunfähigkeit oder Überschuldung) schließt die Haftung des Erwerbers für Altverbindlichkeiten nicht aus (zum eröffneten Verfahren vgl. dagegen Rz. 7.99)[1]. Die Haftung des Unternehmenserwerbers nach **§ 25 HGB** setzt allerdings nach der dem klaren Wortlaut folgenden herrschenden Auffassung die **Fortführung der Firma** durch den übernehmenden Rechtsträger voraus[2]. Die Firmenfortführung wird deshalb in der Sanierungspraxis vermieden, was heute leichter als früher ist, weil die Firmenbildung seit dem Handelsrechtsreformgesetz wesentlich freier ist als bis 1998 (§§ 18 ff. HGB n.F.)[3] und weil die Firmenfortführung für den Unternehmenswert in der Wirtschaftspraxis nicht mehr dieselbe Bedeutung hat wie früher. Die Rechtsprechung lässt aber die bloße Firmenähnlichkeit und die Fortsetzung eines identifizierenden Produkt-Logos für die Haftung aus § 25 HGB genügen[4], und der Verfasser will entgegen der herrschenden Ansicht auf das Erfordernis der Firmenfortführung sogar ganz verzichten[5]. Zuverlässigen Schutz gibt die **Eintragung eines Nicht-Haftungsvermerks** in das Handelsregister (§ 25 Abs. 2 HGB), aber auch sie schützt nicht gegen **§ 613a BGB** (Übernahme von Arbeitsverhältnissen) und gegen die steuerliche Haftung des Erwerbers nach **§ 75 AO**. Beteiligt sich die sanierungsbedürftige Gesellschaft selbst an der Auffanggesellschaft, so muss nach dem „Rheinmöve"-Urteil des BGH vom 18. 2. 2008 sogar mit der Beurteilung der diesen Vorgang finanzierenden Kapitalerhöhung als gemischte verdeckte Sacheinlage gerechnet werden[6]. Mit Recht wird also gegenüber der übertragenden Sanierung außerhalb des Insolvenzverfahrens zur **Vorsicht** ermahnt[7].

bb) Auch **insolvenzrechtliche Risiken im Fall einer Insolvenzverfahrenseröffnung** dürfen nicht vernachlässigt werden. Hingewiesen wird vor allem auf die Möglichkeit einer **Anfechtung der Unternehmensübertragung durch den Insolvenzverwalter** als eines nachteiligen Geschäfts nach §§ 129 ff., 132 Abs. 1 Nr. 2, 143 InsO[8]. Die Anfechtung würde zur Rückführung des übertragenen Unternehmens in toto in die Insolvenzmasse führen[9]. Dass damit in der Realität zu rechnen wäre, ist unwahrscheinlich. Aber schon der Lästigkeitswert einer vom Verwalter drohenden Klage und die Möglichkeit einer Geldkom- 2.134

1 BGH v. 28. 11. 2005 – II ZR 355/03, ZIP 2006, 367 = DB 2006, 444.
2 Dagegen aber *Karsten Schmidt*, Handelsrecht, 5. Aufl. 1999, S. 244 ff.
3 Gesetz zur Neuregelung des Kaufmanns- und Firmenrechts (Handelsrechtsreformgesetz) v. 22. 6. 1998, BGBl. I 1998, 1474.
4 BGH v. 4. 11. 1991 – II ZR 85/91, NJW 1992, 911; dazu *Karsten Schmidt*, ZGR 1992, 621 ff.
5 *Karsten Schmidt*, Handelsrecht, 5. Aufl. 1999, S. 242 ff.
6 BGH v. 18. 2. 2008 – II ZR 132/06, BGHZ 175, 265 = BB 2008, 1026 m. Anm. *Krause*; dazu *Böttcher*, NZG 2008, 416.
7 Zusammenfassend *Hölzle*, DStR 2004, 1433 ff.
8 *Menke*, BB 2003, 1133.
9 Dazu *Karsten Schmidt*, Handelsrecht, 5. Aufl. 1999, S. 166 f.

pensation in Gestalt eines Vergleichs ist für den Unternehmenserwerber eine fragwürdige Perspektive.

2.135 cc) Nicht zu vernachlässigen ist schließlich die Gefahr einer **Altlasten-Erwerberhaftung**. Soweit nach § 4 Abs. 3 BBodSchG der Inhaber der tatsächlichen Gewalt oder nach dem Kreislaufwirtschafts- und Abfallgesetz der Abfallbenutzer verantwortlich ist, kann die Übernahme von Betriebsgrundstücken bzw. von nicht entsorgtem Umlaufvermögen den Erwerber der ordnungsrechtlichen Verantwortung unterwerfen[1].

b) Mitwirkung der Gesellschafter

2.136 Alle Maßnahmen der übertragenden Sanierung setzen außerhalb eines Insolvenzverfahrens eine **Mitwirkung der Gesellschafter** voraus. Für Kapitalerhöhung und Kapitalherabsetzung sowie für Umwandlungsmaßnahmen (§ 53 GmbHG, §§ 13, 125 UmwG) ist dies gesetzlich vorgeschrieben. Aber auch darüber hinaus sind die Geschäftsführer verpflichtet, Grundlagenentscheidungen den Gesellschaftern zur Beschlussfassung vorzulegen[2]. Insbesondere gelten die Grundsätze der zum Aktienrecht ergangenen Urteile „Holzmüller"[3] und „Gelatine"[4] in wesentlich verschärfter Form für die weisungsgebundenen und deshalb vorlagepflichtigen Geschäftsführer einer GmbH bzw. GmbH & Co. KG (s. auch Rz. 2.153). Als allgemeiner, nicht nur aktienrechtlicher Grundsatz verdient vor allem der Gedanke des § 179a AktG Respekt (vgl. auch Rz. 3.15)[5]: Eine Gesamtvermögensveräußerung ist ohne Zustimmung der Gesellschafter nicht nur unzulässig, sondern das Fehlen dieser Zustimmung macht das Verpflichtungsgeschäft sogar unwirksam.

3. Management Buy-out *(Uhlenbruck)*

a) Bedeutung als Sanierungsinstrument

2.137 In Deutschland haben die Buy-outs vor allem durch Unternehmensverkäufe der Treuhandanstalt bzw. Bundesanstalt für vereinigungsbedingte Sonderaufgaben (BVS) Bedeutung erlangt. In letzter Zeit gewinnen die Buy-out-Aktivitäten vor allem auch im Bereich von Private Equity zwecks Finanzierung innovativer Unternehmen an Relevanz[6]. Bei einem Management Buy-out

1 Vgl. nur BVerwG v. 22. 7. 2004 – 7 C 17/03, ZIP 2004, 1766, 1767.

2 BGH v. 25. 2. 1991 – II ZR 76/90, GmbHR 1991, 197; *Scholz/Uwe H. Schneider*, § 37 GmbHG Rz. 12 ff.; *Scholz/Karsten Schmidt*, § 46 GmbHG Rz. 115; krit. *Zitzmann*, Die Vorlagepflichten des GmbH-Geschäftsführers, 1991, S. 35 ff., 85 ff.

3 BGH v. 25. 2. 1982 – II ZR 174/80, BGHZ 83, 122 = AG 1982, 158.

4 BGH v. 26. 4. 2004 – II ZR 155/02, BGHZ 159, 3 = AG 2004, 384 = DStR 2004, 922 m. Anm. *Goette* = ZIP 2004, 568 m. Anm. *Altmeppen*.

5 BGH v. 9. 1. 1995 – II ZR 24/94, DB 1995, 621; dazu *Karsten Schmidt*, ZGR 1995, 675 ff.

6 Vgl. *Weitnauer*, Management Buy-Out, 2003, Teil A. Rz. 38 S. 15; *Picot*, Unternehmenskauf und Restrukturierung, Teil I. VII. Rz. 156; *Holzapfel/Pöllath*, Unternehmenskauf in Recht und Praxis, Rz. 372 ff.; *Hohaus*, BB 1995, 1291; *Schockenhoff*, ZIP 2005, 1009.

(MBO) erfolgt die Übernahme des Unternehmens durch seine Geschäftsführer bzw. sonstigen Mitarbeiter. Da das Management den **Kaufpreis des Übernahmeobjekts** im Regelfall nicht aus eigenen Mitteln finanzieren kann, wird der MBO meist mit Hilfe von Investoren oder Kreditgebern fremdfinanziert. Bei den Investoren handelt es sich oftmals um Beteiligungsgesellschaften, wie z.B. Private Equity-Gesellschaften, die sich in Form von Mezzaninedarlehen oder Minderheitsbeteiligungen mit Sperrminorität engagieren. Ein **Leveraged Buy-Out** liegt vor, wenn das Management auf Grund des hohen Finanzierungsanteils weniger als 10 Prozent der Anteile hält.

Als **Management Buy-ins** bezeichnet man den Unternehmenserwerb durch mehrere nicht unternehmenszugehörige Manager[1]. Ein **Spin-Off** liegt vor, wenn das Management einer Konzerngesellschaft aus dem Konzern einen Betriebsteil herauskauft und ihn in eine von ihm gegründete und geführte Gesellschaft eingliedert[2]. Buy-out-Modelle bieten sich nicht zuletzt auch für die Sanierung von Krisenunternehmen an. Die Manager des Krisenunternehmens verfügen oftmals zwar über spezifische Unternehmens- und Sanierungskenntnisse, nicht aber über die erforderlichen Finanzmittel, um den **Unternehmenskauf** zu finanzieren. 2.138

b) Durchführung

Gesellschaftsrechtlich unterscheidet man verschiedene Stufen des MBO. Beim **einstufigen MBO** erfolgt der unmittelbare Erwerb der Zielgesellschaft, ohne dass eine Übernahmegesellschaft eingeschaltet wird, die die Zielgesellschaft kauft[3]. Die Regel ist der **zweistufige MBO**. Hier erwirbt die Übernahmegesellschaft in der ersten Stufe die Gesellschaftsanteile des Zielunternehmens. Da es bei einem Share Deal grundsätzlich nicht möglich ist, die im Kaufpreis enthaltenen stillen Reserven der Zielgesellschaft in Abschreibungspotential zu verwandeln, wird in einer zweiten Stufe entweder das Gesellschaftsvermögen im Wege der Einzelübertragung auf die Übernahmegesellschaft transferiert (Asset Deal-Modell), oder die Zielgesellschaft wird in eine GmbH & Co. KG umgewandelt (Umwandlungsmodell)[4]. Bei Krisenunternehmen werden im Rahmen des MBO oftmals erhebliche Abschläge vom Kaufpreis vereinbart, möglicherweise sogar ein negativer Kaufpreis, z.B. zur Abdeckung von Sozialplanansprüchen der Arbeitnehmer oder anderer Sanierungskosten[5]. Im Regelfall wird bei einem MBO von der Erwerbergruppe eine GmbH gegründet, die ihrerseits als Käufer auftritt. 2.139

1 Vgl. *Hess/Freund* in Hess/Fechner/Freund/Körner, Sanierungshandbuch, G. V. Rz. 359.
2 Einzelheiten bei *Weitnauer*, Management Buy-Out, 2003, Teil A. IV. Rz. 64 ff. S. 29 ff.
3 *Picot*, Unternehmenskauf und Restrukturierung, Teil I. VII. Rz. 161.
4 Einzelheiten hierzu bei *Picot*, Unternehmenskauf und Restrukturierung, Teil I. VII. Rz. 161–164.
5 Vgl. *Holzapfel/Pöllath*, Unternehmenskauf in Recht und Praxis, Rz. 376.

c) Finanzierungsmodelle

2.140 Für die Finanzierung des MBO sind in der Praxis unterschiedliche Finanzierungsmodelle entwickelt worden, das Darlehensmodell, das Sicherheitenmodell und das Verpfändungsmodell[1]. Handelt es sich bei der übernommenen Gesellschaft um eine GmbH, so hat das übernehmende Management die Kapitalerhaltungsvorschrift des § 30 Abs. 1 GmbHG sowie das Kreditgewährungsverbot des § 43a GmbHG zu beachten. Dies bedeutet, dass eine Darlehens- und Sicherheitengewährung zu Lasten des GmbH-Vermögens eine **unzulässige Auszahlung** an die übernehmenden Gesellschafter darstellt, wenn die Darlehensaufnahme zu einer Unterbilanz bei der GmbH führt[2]. Die Bestellung von Sicherheiten steht einer Auszahlung i.S. von § 30 Abs. 1 Satz 1 GmbHG gleich. Ohne auf Einzelheiten zivilrechtlicher Problematik näher einzugehen, ist festzustellen, dass der MBO für die Beteiligten zugleich auch **strafrechtliche Risiken** birgt. Kaufen z.B. die Geschäftsführer der zu übernehmenden GmbH deren Anteile von den Gesellschaftern und wird der Kaufpreis direkt von der übernommenen Gesellschaft beglichen, liegt ungeachtet der Zustimmung aller Gesellschafter der übernommenen GmbH der **Untreuetatbestand** des § 266 StGB (dazu Rz. 11.54) vor, wenn durch die Zahlung aus dem GmbH-Vermögen eine Unterbilanz entsteht. Erfolgt die Finanzierung aus dem GmbH-Vermögen dagegen darlehensweise unter Verbuchung einer entsprechenden Forderung gegen die Gesellschafter, so entscheidet die Werthaltigkeit des Rückforderungsanspruchs gegen die Gesellschafter darüber, ob die in der Darlehensgewährung liegende „Auszahlung" zu einer Unterbilanz führt. Aus strafrechtlicher Sicht soll es nicht darauf ankommen, ob im Einzelfall § 43a GmbHG anwendbar ist[3].

d) Problem der Hinauskündigung

2.141 Ein besonderes Problem bei einer MBO ist die **freie Hinauskündigung** von Mitgesellschaftern. Grundsätzlich ist die Vereinbarung von Hinauskündigungsklauseln unzulässig und nach § 138 BGB nichtig[4]. Allerdings kann im Einzelfall eine vertragliche Hinauskündigungsklausel bei der MBO sachdienlich und gerechtfertigt sein. Ein Liquiditätsproblem kann entstehen, wenn die übernehmende Gesellschaft dem ausscheidenden Gesellschafter den wirtschaftlichen Wert (Verkehrswert) des Geschäftsanteils zu erstatten hat.

---

1 Eingehend hierzu *Picot*, Unternehmenskauf und Restrukturierung, Teil I. VII. Rz. 165 ff. S. 219 f.; *Weitnauer*, Management Buy-Out, 2003, Teil C Rz. 8 ff. S. 68 ff. und Teil E Rz. 9 ff. S. 160 ff.

2 Vgl. BGH v. 10. 12. 2001 – II ZR 30/00, ZIP 2002, 436 f.; *Scholz/H. P. Westermann*, § 30 GmbHG Rz. 47; *Altmeppen* in Roth/Altmeppen, § 30 GmbHG Rz. 108; *Weitnauer*, ZIP 2005, 790, 792; *Koppensteiner*, ZHR 155 (1991), 97 ff.; *Kerber*, WM 1989, 473, 475 ff. u. 513 ff.; *Picot*, Unternehmenskauf und Restrukturierung, Teil I. VII. Rz. 169 S. 220 f.

3 Einzelheiten bei *C. Schäfer*, GmbHR 1993, 780, 795 f.

4 Vgl. BGH v. 19. 9. 2005 – II ZR 173/04, GmbHR 2005, 1558; BGH v. 14. 3. 2005 – II ZR 153/03, ZIP 2005, 706 = GmbHR 2005, 620 m. Anm. *Werner*; s. auch *Benecke*, ZIP 2005, 1437; *Gehrlein*, NJW 2005, 1969; *Battke/Grünberg*, GmbHR 2006, 225 ff.

4. Aufnahme neuer Gesellschafter *(Karsten Schmidt)*

a) Kapitalmaßnahmen

Die **Aufnahme neuer Gesellschafter im Zuge der Kapitalerhöhung** stellt einen meist unentbehrlichen Bestandteil eines Sanierungskonzepts dar. In der Regel besteht die Schwierigkeit darin, einen solchen Investor zu gewinnen, nicht darin, ihn zur Kapitalerhöhung zuzulassen. Es ist allerdings zu beachten, dass nach der heute wohl schon h.M. der GmbH-Gesellschafter bei einer Kapitalerhöhung ein **Bezugsrecht** hat, obwohl dieses im GmbH-Gesetz (anders als in § 186 AktG) nicht geregelt ist[1]. Die prinzipielle Geltung des Bezugsrechts bei der GmbH[2] muss namentlich angesichts der zunehmend restriktiven Gesetzgebung und BGH-Praxis zu § 186 AktG[3] unterstrichen werden. Auch der Bundesfinanzhof geht von einem solchen Bezugsrecht aus[4], ebenso der österreichische OGH[5]. Anhaltende Diskussionen um das Bezugsrecht[6] betreffen im Wesentlichen nur noch rechtstechnische Details, nicht mehr das Prinzip[7]. Das **Bezugsrecht** könnte sich **als** ein **Sanierungshindernis** erweisen. Als ein den Bezugsrechtsausschluss rechtfertigender Grund wird aber der Fall anerkannt, dass ein Gesellschafter oder ein Dritter im Gegensatz zu den übrigen Gesellschaftern bereit ist, über den Wert des neuen Anteils hinaus Sonderleistungen zu erbringen, z.B. in Gestalt von Zuschüssen oder Bürgschaften[8]. Auch die gebotene Schnelligkeit der Sanierungsleistung kann dafür sprechen, unter Hintanstellung der vorhandenen Gesellschafter einen liquiden Dritten zur Übernahme von Stammeinlagen zuzulassen. Ein zusätzlicher Gesellschafter als „Sanierungshelfer" kann also nach Lage des Falls im Wege der **Kapitalerhöhung mit Bezugsrechtsausschluss** aufgenommen werden, wenn hierdurch die Sanierungserwartung signifikant erhöht wird[9]. Die vorhandenen Gesellschafter können sich einem Bezugsrechtsausschluss nicht widersetzen, sofern sie nicht eine gleichwertige Sanierung finanzieren können. Zur Kapitalerhöhung vgl. im Übrigen Rz. 2.19 ff. 2.142

Mit **Gefahren** verbunden ist die **„Umwandlung" von Kreditforderungen in haftendes Kapital** (vgl. zum Debt Equity Swap Rz. 2.219 ff.). Diese müsste im Wege der **Sachkapitalerhöhung** geschehen (§ 56 GmbHG) und ist mit dem Differenzhaftungsrisiko nach § 9 GmbHG i.V.m. § 56 Abs. 2 GmbHG 2.143

1 *Karsten Schmidt,* Gesellschaftsrecht, S. 1170 f.; *Baumbach/Hueck/Zöllner,* § 55 GmbHG Rz. 30; eingehend *Scholz/Priester,* 9. Aufl., § 55 GmbHG Rz. 41 ff.; im Ergebnis auch *Roth* in Roth/Altmeppen, § 55 GmbHG Rz. 20 ff.
2 A.M. etwa noch *Meyer-Landrut,* § 55 GmbHG Rz. 19.
3 Vgl. BGH v. 23. 6. 1997 – II ZR 132/93, BGHZ 136, 133 = AG 1997, 465; s. auch § 186 Abs. 3 Satz 4 AktG.
4 BFH v. 8. 4. 1992 – I R 128/88, BStBl. II 1992, 761, 762.
5 Österreichischer OGH v. 16. 12. 1980 – 5 Ob 649/80, GmbHR 1984, 235 m. Anm. *Nowotny.*
6 Überblick bei *Baumbach/Hueck/Zöllner,* § 55 GmbHG Rz. 20.
7 Das gilt vor allem für die Gegenposition von *Hachenburg/Ulmer,* § 55 GmbHG Rz. 40 ff. (Gleichbehandlungs- und Verhältnismäßigkeitsgrundsatz).
8 *Scholz/Priester,* 9. Aufl., § 55 GmbHG Rz. 55.
9 Enger wohl *Baumbach/Hueck/Zöllner,* § 55 GmbHG Rz. 27: „wenn anders Sanierung nicht erreichbar".

verbunden. Forderungen gegen die sanierungsbedürftige Gesellschaft sind als Einlagegegenstände aber regelmäßig ungeeignet bzw. nur zu einem erheblich wertberichtigten Betrag geeignet. Kein Ausweg ist die Verrechnung im Wege der Barkapitalerhöhung, denn wiederum kommt die **Rechtsprechung über sog. verdeckte Sacheinlagen** bzw. seit der Reform 2008 (MoMiG) immer noch die **Differenzhaftung nach § 19 Abs. 4 i.V.m. § 56 Abs. 2 GmbHG** zum Zuge (zu dieser Rechtsprechung vgl. Rz. 2.39). Die Gesetzesfassung des § 19 Abs. 4 GmbHG hat im Übrigen nur eine Anrechnungslösung gebracht und die Gesetzwidrigkeit der verdeckten Sacheinlage nicht beseitigt[1]. Die Hoffnung eines Gesellschaftsgläubigers, durch Beteiligung an einer Barkapitalerhöhung zur Sanierung beizutragen und gleichzeitig durch Verrechnung seine gefährdete Forderung zum Nennwert zu verwerten, wäre verfehlt. Eine solche Sanierung kann sich als **schwerer Kunstfehler** erweisen. Als Beitrag eines solchen Gläubigers zur Sanierung – nicht aber als Einlage auf erhöhtes Stammkapital! – bietet sich eine Besserungsabrede an (s. auch Rz. 2.258 ff.)[2], die ggf. mit einer echten Bareinlage als Gesellschafter kombiniert werden mag, aber neben der Kapitalerhöhung hergeht. Über **§ 24 GmbHG** können sich aus einer fehlgehenden Kapitalerhöhung **Haftungsrisiken** auch für die Altgesellschafter ergeben (dazu oben bei Rz. 2.28). Umgekehrt haftet nach der vorherrschenden Auffassung ein durch Kapitalerhöhung hinzutretender Gesellschafter gem. § 24 GmbHG für ausstehende Alt-Stammeinlagen[3]. Selbst Gesellschafter, die nachträglich Geschäftsanteile hinzu erworben haben, müssen sich auf dieses Risiko einstellen. Dieses doppelseitige Haftungsrisiko darf bei der Sanierung nicht vernachlässigt werden. Ihm kommt man am sichersten durch Volleinzahlung aller Alt- und Neu-Stammeinlagen zuvor.

b) Stille Beteiligungen

2.144 Nur von der Aufnahme neuer GmbH-Gesellschafter war bisher die Rede. Es ist aber auch an **strategische Alternativen** zu denken. Z.B. kann auch die **Begründung stiller Beteiligungen** zur Sanierung beitragen. Zu bemerken ist allerdings, dass die Zuführung typischer stiller Einlagen nach der gesetzgeberischen Wertung (vgl. § 236 HGB) Kreditzufuhr und nicht Zufuhr haftenden Kapitals ist. Die Aufnahme typischer stiller Gesellschafter beseitigt demgemäß allenfalls die Zahlungsunfähigkeit, nicht auch eine Überschuldung. Als zusätzliche Sanierungsmaßnahme kann sich deshalb auch hier ein **Rangrücktritt mit Besserungsklausel** empfehlen. Anders verhält es sich, wenn ein atypisch stiller Gesellschafter rechnerisch wie ein Kommanditist am Gesellschaftsvermögen beteiligt wird[4]. Handelt es sich bei dem stillen Gesellschafter nicht um einen Dritten, sondern um einen Gesellschafter der zu sanierenden GmbH, so kann die typische stille Einlage den Regeln über Ge-

1 Vgl. *Bormann/Urlichs*, GmbHR-Sonderheft Oktober 2008, 37, 39 f.
2 Dazu *Schrader*, Die Besserungsabrede, 1994; *Schulze-Osterloh*, WPg 1996, 97 ff.
3 *Scholz/Emmerich*, § 24 GmbHG Rz. 16; *Scholz/Priester*, 9. Aufl., § 55 GmbHG Rz. 17.
4 BGH v. 17. 12. 1984 – II ZR 36/84, WM 1985, 284.

sellschafterdarlehen unterliegen (§ 39 Abs. 1 Nr. 5, § 135 InsO)[1]. Auch in diesem Fall empfiehlt sich eine Rangrücktrittsvereinbarung, weil sie die Geschäftsführer der Passivierungspflicht im Überschuldungsstatus enthebt (dazu Rz. 2.95).

c) Ausnutzung des Sanierungsprivilegs

Eine weitere strategische Alternative könnte sich im Hinblick auf **§ 39 Abs. 4 Satz 2 InsO (Sanierungsprivileg)** anbieten (dazu Rz. 2.69): Ein Gläubiger der Gesellschaft oder ein Financier übernimmt eine Einlage auf erhöhtes Stammkapital oder erwirbt einen (Teil-)Geschäftsanteil und trägt durch Sanierungskredite oder stille Einlagen zur Finanzierung der GmbH bei. Nach § 39 Abs. 4 Satz 2 InsO führt dann der Anteilserwerb nicht zur Nachrangigkeit seiner Forderungen, solange nicht eine nachhaltige Sanierung der Gesellschaft eingetreten ist. 2.145

5. Restrukturierung, insbesondere Umwandlung/Verschmelzung/Sanierungsfusion

a) Rechtliche und betriebswirtschaftliche Fragen

Die **Restrukturierung** stand vor allem bei der Diskussion um die Insolvenzrechtsreform stark im Zentrum der Sanierungsdiskussion. Klarheit muss darüber bestehen, dass die Restrukturierung eines der Sanierung oder der Insolvenzprophylaxe bedürftigen Unternehmens **in erster Linie ein betriebswirtschaftliches und erst in zweiter Linie ein juristisches Thema** ist (vgl. deshalb Rz. 1.318 ff.). Was die rechtliche Seite der Restrukturierung anlangt, so ist auch sie zunächst Spiegelbild der betriebswirtschaftlichen Seite und weist deshalb eine große **Vielfalt** auf: Betriebsführungsverträge, Unternehmensverträge, Umbauten im Konzern (z.B. das „Umhängen" von Konzerntöchtern), Änderungen der Binnenorganisation (Beiratsverfassung), Austausch des Managements und arbeitsrechtliche Maßnahmen, all dies können Bausteine nicht nur einer Insolvenzprophylaxe, sondern auch einer Sanierung sein[2]. Die Umwandlung i.S. von **§ 1 UmwG** erfasst nur einen Teilbereich der Restrukturierungsmöglichkeiten, und vor allem kann auch sie immer nur Teil eines umfassenden Sanierungskonzepts sein (zum Steuerrecht vgl. Rz. 2.416 ff.). Im Hinblick auf das Umwandlungsgesetz wird man feststellen dürfen[3]: 2.146

- Der **Formwechsel** nach §§ 190 ff. UmwG spielte vor der Einführung der §§ 58a ff. GmbHG als Sanierungskonzept eine gewisse Rolle (vgl. Rz. 2.21); nach wie vor kann er aber im Verein mit betrieblichen Umstrukturierungen eine Sanierungshilfe sein. Im Mittelpunkt steht der Formwechsel nicht.

1 *Habersack* in Großkommentar zum GmbHG, §§ 32a, b GmbHG Rz. 113; *Scholz/Karsten Schmidt*, §§ 32a, b GmbHG Rz. 127; vgl. darüber hinaus BGH v. 7. 11. 1988 – II ZR 46/88, LM Nr. 24 zu § 30 GmbHG = GmbHR 1989, 152.

2 Vgl. dazu etwa *Brandstätter*, Die Prüfung der Sanierungsfähigkeit notleidender Unternehmen, S. 249 ff.

3 *Hermanns* in Buth/Hermanns, Restrukturierung, Sanierung, Insolvenz, § 14 Rz. 26 ff.; *Picot/Müller-Eising* in Picot, Unternehmenskauf und Restrukturierung, Teil II.

- Die **Verschmelzung** (§§ 2 ff. UmwG) kann ein Sanierungsinstrument sein, insbesondere bei der Verschmelzung durch Aufnahme seitens einer gesunden Gesellschaft (kartellrechtlich: Problem der Sanierungsfusion[1], bei der es sich aber nicht um eine gesellschaftsrechtliche Verschmelzung handeln muss). Der Gläubigerschutz nach § 22 UmwG wird hingegen nicht selten ein faktisches Verschmelzungshindernis sein, so dass sich für einen Investor eher eine **Übernahme von Anteilen und Kapitalerhöhung** empfehlen wird. Erhöht die übernehmende Gesellschaft zur Durchführung einer Verschmelzung ihr Stammkapital, so wird nach §§ 57a i.V.m. 9c Satz 2 GmbHG die Werthaltigkeit des durch Verschmelzung eingebrachten Unternehmens geprüft[2].
- Zu denken ist an die **Spaltung**, insbesondere an die Aufspaltung oder Ausgliederung als Sanierungsinstrument (§§ 123 ff. UmwG). Regelmäßig wird es aber nur mit Zustimmung der Großgläubiger gelingen, die Verbindlichkeiten der spaltungsbeteiligten Unternehmen auch rückwirkend zu entzerren. Nach § 133 UmwG haften für die Verbindlichkeiten des übertragenden Rechtsträgers, die vor dem Wirksamwerden der Spaltung begründet worden sind, die an der Spaltung beteiligten Rechtsträger als Gesamtschuldner. Hinzu kommt, dass im Umwandlungsgesetz die §§ 25 ff. HGB ausdrücklich als unberührt bezeichnet werden (§ 133 Abs. 1 Satz 2 UmwG).

2.147 Das Umwandlungsrecht mit dem durch dieses Gesetz vermittelten **Gläubigerschutz**[3] lässt es nicht zu, Altverbindlichkeiten auf Kosten der Gläubiger abzuschütteln, sucht dies vielmehr sogar zu verhindern. Die im Umwandlungsrecht vorgesehenen Umstrukturierungen taugen deshalb eher als Insolvenzprophylaxe für die künftige Wirtschaftstätigkeit eines Unternehmens oder Unternehmensteils und als Wege zur langfristigen Segmentierung von Risiken denn als echte Sanierungsinstrumente. Immerhin können sie Bestandteile eines umfassenden Sanierungskonzepts sein.

b) Rechtstechnische Varianten

2.148 Soweit ein **Sanierungskonzept** auf **Umwandlungsmaßnahmen** hinausläuft, bedarf stets der Prüfung, ob die Umwandlung

- nach dem Umwandlungsgesetz oder
- durch Verschmelzung von Personengesellschaften außerhalb dieses Gesetzes oder schließlich
- durch Einzelübertragung

stattfinden soll. Verschmelzungsvorgänge lassen die **Verbindlichkeiten** allerdings auf den Ziel-Rechtsträger **übergehen**. Die **Verschmelzung einer Perso-**

---

1 Vgl. nur BGH v. 12. 12. 1978 – K VR 6/77, BGHZ 73, 65, 78 f.= WuW/E BGH 1533, 1539 (Erdgas Schwaben); *Mestmäcker/Veelken* in Immenga/Mestmäcker, Wettbewerbsrecht, Bd. II, 4. Aufl. 2007, § 36 Rz. 328 ff.

2 *Kallmeyer*, Umwandlungsgesetz, 3. Aufl. 2006, § 53 UmwG Rz. 11; *Lutter/M.Winter*, Umwandlungsgesetz, 4. Aufl. 2009, § 55 UmwG Rz. 29.

3 Dazu *Petersen*, Der Gläubigerschutz im Umwandlungsrecht, 2001; *Ihrig*, GmbHR 1995, 623; *Karsten Schmidt*, ZGR 1993, 366 ff.; die Verweisung des § 133 Abs. 1 Satz 2 UmwG auf §§ 25 ff. HGB geht auf den Vorschlag des *Verf.* in ZGR 1990, 598 ff. zurück.

nengesellschaft durch Übertragung aller Anteile auf eine andere Gesellschaft hat gegenüber dem Umwandlungsgesetz den Vorteil, dass die Beteiligten den Zeitpunkt einer Verschmelzung exakt bestimmen können (die Registereintragung wirkt hier nur deklaratorisch). Die Verschmelzung nach **§§ 2 ff. UmwG** ist in dieser Hinsicht schwerfälliger: Sie wird erst mit der Eintragung wirksam (§ 20 UmwG). Dies kann aber auch die Chance einer „Notbremsung" geben: Der Bundesgerichtshof hat am 18. 12. 1995 entschieden, dass die aufnehmende Gesellschaft, wenn der Eintragungsantrag zurückgenommen oder zurückgewiesen und auf diese Weise die Eintragung vermieden wird, bei dieser **steckengebliebenen Verschmelzung** weder nach den Grundsätzen über die fehlerhafte Gesellschaft noch nach altem Recht gem. § 419 BGB a.F. (Vermögensübernahme) haftet[1]. Von der Verschmelzung zu unterscheiden ist die Einzelübertragung des Betriebsvermögens oder von Betriebsteilen, die einen automatischen Übergang aller Verbindlichkeiten auf den übernehmenden Rechtsträger vermeidet, jedoch die schon besprochenen Haftungsprobleme nach § 25 HGB, § 613a BGB, § 75 AO aufwirft (Rz. 2.133).

6. Sanierung von Konzernunternehmen

Die Sanierung im Konzern kann unterschiedlich ansetzen. Das beginnt mit der Frage, ob sich die **Unternehmensgruppe insgesamt** in einer Krise befindet, oder ob **einzelne Krisenherde** innerhalb der Unternehmensgruppe noch abgegrenzt sein können. Im ersten Fall entziehen sich die Sanierungsvarianten in ihrer Vielfalt der Beschreibung. Dagegen kann die Konzernstruktur eine große Hilfe sein, wenn die Krisenherde segmentiert, also auch die Sanierungseingriffe segmentierbar sind. 2.149

a) Sanierung von Tochtergesellschaften

Charakteristische Mittel der Sanierung von Tochtergesellschaften sind etwa: 2.150

- strategische Maßnahmen der Muttergesellschaft (dazu allgemein Rz. 1.321 ff.),
- organisatorische Umstrukturierungen und Neubesetzung des Managements (dazu Rz. 2.120 ff.),
- Kapitalerhöhungen (Rz. 2.19 ff.) mit Einlagen der Muttergesellschaft oder mit Hilfe von Drittinvestoren,
- Gesellschafterdarlehen oder Bereitstellung von Sicherheiten (Rz. 2.51 ff.),
- Patronatserklärungen und Liquiditätszusagen (Rz. 1.333, vgl. Rz. 5.153).

Die Sanierung einer Tochtergesellschaft im Konzern kann aber nicht nur durch organisatorische oder finanzielle Hilfen der Mutter bewerkstelligt werden, sondern durch **Herauslösung aus dem Konzern**, also durch Verkauf der Anteile (share deal) bzw. – sofern dies haftungsrechtlich vertretbar ist – durch Unternehmensverkauf (asset deal). Eine solche Sanierungsmaßnahme vermeidet, ähnlich wie die Kapitalerhöhung mit Hilfe von Drittinvestoren, zugleich eine Gefährdung der Muttergesellschaft. 2.151

1 BGH v. 18. 12. 1995 – II ZR 294/93, AG 1996, 713; dazu *Karsten Schmidt*, DB 1996, 1859 ff.

b) Sanierung der Muttergesellschaft

2.152 Eine Sanierung der Muttergesellschaft ist u.a. möglich durch

- Organisations- und Kapitalmaßnahmen bei der Muttergesellschaft (insbesondere Kapitalerhöhung),
- Teilveräußerungen von Anteilen an Tochtergesellschaften,
- Teilliquidation im Konzern.

2.153 **c)** Alle Maßnahmen der vorstehenden Art setzen eine **Mitwirkung der Gesellschafter** voraus, auch wo das Gesetz dies nicht, wie bei Kapitalerhöhung und Kapitalherabsetzung oder bei Umwandlungsmaßnahmen (§ 53 GmbHG, §§ 13, 125 UmwG), vorschreibt. Die Geschäftsführer sind verpflichtet, **Grundlagenentscheidungen** den Gesellschaftern zur Beschlussfassung vorzulegen[1]. Insbesondere gelten Grundsätze der zum Aktienrecht ergangenen Urteile „Holzmüller" und „Gelatine" – Vorlagepflicht bei elementaren Eingriffen in Gesellschafterrechte[2] – nur noch mehr auch für die Geschäftsführer einer GmbH (vgl. schon Rz. 2.136). Die früher umstrittene **Frage nach der erforderlichen Mehrheit**[3] ist für Maßnahmen der Umstrukturierung durch das aktienrechtliche „Gelatine"-Urteil geklärt[4]: Hier bedarf es einer qualifizierten (3/4) Mehrheit[5]. Dies betrifft nicht den Konzern insgesamt, sondern nur die jeweils betroffene Gesellschaft. Aber die Pflicht der Geschäftsführer zur Befragung der Gesellschafter beginnt schon weit unter der („Gelatine"-)Zone der „faktischen Satzungsänderungen". Ungewöhnliche, insbesondere **strategische Maßnahmen** gehören generell in die Gesellschafterversammlung, die dann allerdings mit einfacher Mehrheit entscheiden kann[6]. Diese Mitwirkungsrechte der Gesellschafter können auch in einer Gesellschaft (z.B. Holdinggesellschaft) bestehen, die nicht unmittelbar Gegenstand der zu beschließenden Maßnahme, von dieser aber schwerwiegend betroffen ist. Dass von den Stimmrechten nur in den Grenzen der **Treupflicht** Gebrauch gemacht werden darf und dass die Treupflicht auch in Sanierungsrichtung gehen kann, versteht sich, nachdem der Bundesgerichtshof im „Girmes"-Urteil[7] sogar Minderheitsaktionären ein Obstruktionsverbot bei der Beschlussfassung über sachgerechte Sanierungsmaßnahmen auferlegt hat (zum Obstruktionsverbot beim Insolvenzplan vgl. Rz. 8.57 ff.). Mit den Mitwirkungsrechten gehen also **Treupflichten** einher.

1 BGH v. 25. 2. 1991 – II ZR 76/90, GmbHR 1991, 197; *Scholz/Uwe H. Schneider*, § 37 GmbHG Rz. 12 ff.; *Scholz/Karsten Schmidt*, § 46 GmbHG Rz. 115; krit. *Zitzmann*, Die Vorlagepflichten des GmbH-Geschäftsführers, 1991, S. 35 ff., 85 ff.

2 BGH v. 25. 2. 1982 – II ZR 174/80, BGHZ 83, 122 = AG 1982, 158 (Holzmüller); BGH v. 26. 4. 2004 – II ZR 155/02, BGHZ 159, 30 = AG 2004, 384 = DStR 2004, 922 m. Anm. *Goette* = ZIP 2004, 568 m. Anm. *Altmeppen* (Gelatine).

3 Ausführlich noch in der 3. Aufl., Rz. 383.

4 BGH v. 26. 4. 2004 – II ZR 155/02, BGHZ 159, 30 = AG 2004, 384 = DStR 2004, 922 m. Anm. *Goette* = ZIP 2004, 568 m. Anm. *Altmeppen* (Gelatine).

5 So hier schon 3. Aufl., Rz. 383.

6 *Scholz/Uwe H. Schneider*, § 37 GmbHG Rz. 12 ff.; *Scholz/Karsten Schmidt*, § 46 GmbHG Rz. 115.

7 BGH v. 20. 3. 1995 – II ZR 205/94, BGHZ 129, 136 = NJW 1995, 1739 m. Anm. *Altmeppen*; zust. *Lutter*, JZ 1995, 1053 ff.; *Marsch-Barner*, ZIP 1996, 853 ff.; *Häsemeyer*, ZHR 160 (1996), 109 ff.; scharf abl. *Flume*, ZIP 1996, 161 ff.

Grundsätzlich zu verneinen sind dagegen Leistungspflichten, insbesondere Nachschusspflichten der Gesellschafter (Rz. 1.19)[1].

VII. Arbeitsrechtliche Aspekte der Sanierung: Personalabbau *(Moll)*

1. Ausgangspunkt und Regelungskomplexe

Arbeitsrechtliche Aspekte der Sanierung ergeben sich in zweierlei Hinsicht. 2.154
Zum einen kann eine **Reduzierung von Leistungen** an die Arbeitnehmer erwogen werden[2]. Zum anderen ist die Sanierung regelmäßig mit **Rationalisierungen und Umstrukturierungen** verbunden, die sich auf den Bestand und den Inhalt von Arbeitsverhältnissen auswirken. Es kommt regelmäßig zu Änderungs- ebenso wie Beendigungskündigungen.

Ein Personalabbau erfordert regelmäßig die **Beachtung von vier Regelungskomplexen**: 2.155

- Die das jeweilige Arbeitsverhältnis betreffende Maßnahme muss den **Anforderungen des Individualarbeits- bzw. Kündigungsschutzrechts** genügen, d.h. eine Versetzung muss vom Direktionsrecht des Arbeitgebers gedeckt, etwaige Änderungs- und Beendigungskündigungen müssen aus betriebsbedingten Gründen nach den Maßgaben des Kündigungsschutzgesetzes sozial gerechtfertigt sein, soweit dieses nach seinem **persönlichen** und **sachlichen** Geltungsbereich anwendbar ist (§ 1 Abs. 1 KSchG und § 23 KSchG).
- Rationalisierungen und Umstrukturierungen stellen regelmäßig Betriebsänderungen i.S.d. §§ 111 ff. BetrVG dar, so dass die diesbezüglichen **Beteiligungsrechte des Betriebsrats** zu beachten sind.
- Die Häufung arbeitsrechtlicher Entlassungsmaßnahmen kann dazu führen, dass es sich im Einzelfall um eine Massenentlassung i.S.d. §§ 17 ff. KSchG handelt, so dass **Anzeigepflichten** zu erfüllen sind.
- Die **Durchführung der einzelnen personellen Maßnahmen** bedarf der Beteiligung des Betriebsrats nach den §§ 99 ff. BetrVG. Dies gilt insbesondere für die Zustimmung zu Versetzungen und für die Anhörung bei Kündigungen.

Schwerpunkt der folgenden Ausführungen sind die **Voraussetzungen des Kündigungsschutzgesetzes** für den Ausspruch und die Wirksamkeit betriebsbedingter Kündigungen. Die unter dem Gesichtspunkt der Betriebsänderung zu 2.156

1 Dazu *Karsten Schmidt,* Gesellschaftsrecht, S. 141 f.; vgl. OLG Dresden v. 18. 9. 1996 – 12 U 1727/95, ZIP 1996, 1780 (allerdings aufgehoben durch das „Sachsenmilch-Urteil" des BGH v. 9. 2. 1998 – II ZR 278/96, AG 1998, 284).

2 Vgl. zum Abbau von Arbeitsbedingungen etwa *Hromadka* (Hrsg.), Änderung von Arbeitsbedingungen, 1990; *Junker/Oechsler/Steckhan/Wank,* Die Zukunft der Arbeitswelt – Flexibilisierung von Arbeitsbedingungen, 1995; *Richardt,* Arbeitsvertragliche Flexibilisierung von Entgeltbedingungen, 1998. S. zur Änderungskündigung zwecks Arbeitszeitverlängerung oder Entgeltherabsetzung etwa BAG v. 26. 6. 2008 – 2 AZR 139/07, DB 2008, 2141; *Bauer/Winzer,* BB 2006, 266 ff.; *Berkowsky,* NZA 2006, 607 ff.; *Gaul,* DB 1998, 1913 ff. S. zu Tarifregelungen zwecks Arbeitszeitverkürzung und Entgeltminderung etwa BAG v. 25. 10. 2000 – 4 AZR 438/99, AP Nr. 1 zu § 1 TVG Tarifverträge: Internationaler Bund = DB 2001, 547.

beachtenden betriebsverfassungsrechtlichen Erfordernisse werden später anzusprechen sein (Rz. 3.34 ff.).

2. Betriebsbedingte Kündigung[1]

2.157 Die betriebsbedingte Kündigung setzt voraus, dass erstens Beschäftigungsmöglichkeiten für Arbeitnehmer auf Grund dringender betrieblicher Erfordernisse entfallen (Rz. 2.158 ff.) und dass zweitens soziale Gesichtspunkte bei der Auswahl des von der Kündigung betroffenen Arbeitnehmers ausreichend berücksichtigt worden sind (Rz. 2.173 ff.). Dem Arbeitnehmer steht ein Wiedereinstellungsanspruch zu, wenn während der Kündigungsfrist die betrieblichen Kündigungsgründe wegfallen[2].

a) Dringende betriebliche Erfordernisse (§ 1 Abs. 2 KSchG)

2.158 Die Prüfung dringender betrieblicher Erfordernisse vollzieht sich nach folgendem Darlegungs- und Prüfungsschema[3]:

- Liegt überhaupt ein „an sich" betriebsbedingter Kündigungsgrund vor?
- Liegt der Kündigung eine unternehmerische Entscheidung zugrunde?
- Liegen die angeführten inner- und außerbetrieblichen Ursachen, die zur unternehmerischen Entscheidung geführt haben, vor?
- Bedingt die unternehmerische Entscheidung den verringerten Personalbedarf (wirkt sie sich auf den Arbeitsplatz des gekündigten Arbeitnehmers aus)?
- Fällt der Arbeitsplatz spätestens mit Ablauf der Kündigungsfrist weg bzw. besteht der verringerte Personalbedarf mindestens bis dahin (Prognose)?
- Ist die Kündigung erforderlich oder ist ein geeignetes milderes Mittel vorhanden?
- Ist das betriebliche Erfordernis auch „dringend" i.S. des § 1 Abs. 2 KSchG?

2.159 Jeder betriebsbedingten Kündigung liegt eine unternehmerische Entscheidung zugrunde, auf Grund deren Arbeitsplätze entfallen. Ausgangspunkt für die Begründung der betriebsbedingten Kündigung ist, dass nach den konzeptionellen, strukturellen Entscheidungen des Arbeitgebers **keine Beschäftigungsmöglichkeiten mehr gegeben** sind[4]. Die unternehmerische Entscheidung kann durch

---

1 S. als Überblick etwa *Bauer*, NZA 2004, Sonderbeilage zu Heft 18, 38 ff.; *Däubler*, NZA 2004, 177 ff.; *Hoß*, MDR 2000, 305 ff.; *Kleinebrink*, DB 2008, 1858 ff.; *Schiefer*, NZA-RR 2005, 1 ff.; *Tschöpe*, BB 2000, 2630 ff.

2 Vgl. BAG v. 6. 8. 1997 – 7 AZR 557/96, AP Nr. 2 zu § 1 KSchG 1969 Wiedereinstellung; BAG v. 28. 6. 2000 – 7 AZR 904/98, AP Nr. 6 zu § 1 KSchG 1969 Wiedereinstellung. S. dazu etwa *Boewer*, NZA 1999, 1177 ff.; *Günzel*, DB 2000, 1227 ff.; *Kaiser*, ZfA 2000, 205 ff.; *Nicolai/Noack*, ZfA 2000, 87 ff.; *Raab*, RdA 2000, 147 ff.

3 Vgl. *U. Preis*, NZA 1995, 241, 244; *J. Vetter*, NZA 2005, Beilage 1, S. 64, 72.

4 Vgl. BAG v. 17. 6. 1999 – 2 AZR 456/98, AP Nr. 103 zu § 1 KSchG 1969 Betriebsbedingte Kündigung; BAG v. 17. 6. 1999 – 2 AZR 552/98, AP Nr. 102 zu § 1 KSchG 1969 Betriebsbedingte Kündigung; BAG v. 17. 6. 1999 – 2 AZR 141/99, AP Nr. 101 zu

außer- oder innerbetriebliche Gründe veranlasst sein[1]. Sie ist nicht auf ihre Zweckmäßigkeit zu überprüfen. Sie muss aber **endgültig und ernsthaft** sein. Die **Arbeitsgerichte** haben die unternehmerische Entscheidung hinzunehmen, die zum Wegfall einer Beschäftigungsmöglichkeit führt. Sie können nicht Notwendigkeit oder Zweckmäßigkeit der unternehmerischen Entscheidung prüfen, sondern lediglich eine **Missbrauchskontrolle** dahin gehend anstellen, ob die unternehmerische Entscheidung **offensichtlich unsachlich oder willkürlich** ist[2]. Die Missbräuchlichkeit hat der Arbeitnehmer darzulegen[3]. Es ist daher unzutreffend, wenn das LAG Berlin den Arbeitgeber beschränkt[4], eine Fremdvergabe von Reinigungsarbeiten vorzunehmen, um Arbeitsplätze für „unkündbare" Arbeitnehmer zu erhalten. Die Rechtsprechung hat Rechtsmissbräuchlichkeit angenommen, wenn ein Arbeitnehmer durch die Bildung separater betrieblicher Organisationsstrukturen bei unverändertem Beschäftigungsbedarf aus dem Betrieb gedrängt wird, indem die tatsächlichen Arbeitsabläufe unangetastet bleiben und nur pro forma in ein zu diesem Zweck erdachtes rechtliches Gefüge eingepasst werden[5]. Das Arbeitsgericht prüft nach, ob die von dem Arbeitgeber geltend gemachten außerbetrieblichen oder innerbetrieblichen Gründe vorliegen und ob sich auf Grund der insoweit getroffenen gerichtsfreien unternehmerischen Entscheidung des Arbeitgebers ergibt, dass kein Bedürfnis mehr für die Weiterbeschäftigung von Arbeitnehmern besteht[6].

Jegliche Beschäftigungsmöglichkeit entfällt evident mit einer Betriebsstilllegung[7]. Das bloße Auslaufen eines Auftrags rechtfertigt eine betriebsbedingte Kündigung nicht ohne weiteres, es sei denn, es liegen objektive Anhaltspunkte dafür vor, dass zwingend mit einer Auftragsvergabe an einen Dritten gerechnet werden muss[8]. Der Entschluss des Arbeitgebers, ab sofort keine neuen Aufträge mehr anzunehmen, allen Arbeitnehmern zum nächstmöglichen Kündigungstermin zu kündigen, zur Abarbeitung der vorhandenen Aufträge eigene Arbeitnehmer während der jeweiligen Kündigungsfristen einzusetzen und so den Betrieb schnellstmöglich stilllegen, ist als unternehmeri- 2.160

§ 1 KSchG 1969 Betriebsbedingte Kündigung (für die Ausdünnungs- und Stellenabbauentscheidung als unternehmerische Maßnahme grundlegend).

1 Vgl. BAG v. 26. 6. 1975 – 2 AZR 499/74, AP Nr. 1 zu § 1 KSchG 1969 Betriebsbedingte Kündigung; BAG v. 7. 12. 1978 – 2 AZR 155/77, AP Nr. 6 zu § 1 KSchG 1969 Betriebsbedingte Kündigung = DB 1979, 650.

2 Vgl. BAG v. 30. 4. 1987 – 2 AZR 184/86, AP Nr. 42 zu § 1 KSchG 1969 Betriebsbedingte Kündigung = DB 1987, 2207; BAG v. 18. 1. 1990 – 2 AZR 183/89, AP Nr. 27 zu § 2 KSchG 1969 = DB 1990, 1773; BAG v. 26. 9. 2002 – 2 AZR 636/01 (Ausgliederungsfall bei finanziell, organisatorisch und wirtschaftlich eingegliederter Tochtergesellschaft zur Verselbständigung von Serviceleistungen); *Berscheid,* Anwaltsblatt 1995, 8, 12; *Bitter/Kiel,* RdA 1994, 333, 347.

3 Vgl. BAG v. 23. 4. 2008 – 2 AZR 1110/06, DB 2008, 1631.

4 Vgl. LAG Berlin v. 3. 4. 2001 – 3 Sa 2778/00.

5 Vgl. BAG v. 23. 4. 2008 – 2 AZR 1110/06, DB 2008, 1631.

6 Vgl. BAG v. 7. 12. 1978 – 2 AZR 155/77, AP Nr. 6 zu § 1 KSchG 1969 Betriebsbedingte Kündigung = DB 1979, 650.

7 Vgl. BAG v. 18. 1. 2001 – 2 AZR 514/99, AP Nr. 115 zu § 1 KSchG 1969 Betriebsbedingte Kündigung = DB 2001, 1370; BAG v. 7. 7. 2005 – 2 AZR 447/04, DB 2005, 2474; BAG v. 29. 9. 2005 – 8 AZR 647/04, DB 2006, 846.

8 Vgl. BAG v. 13. 2. 2008 – 2 AZR 543/06, NZA 2008, 821.

sche Entscheidung grundsätzlich zur Rechtfertigung betriebsbedingter Kündigungen geeignet. Das gleiche gilt selbst dann, wenn zunächst eine kleinere Betriebsabteilung fortgeführt werden soll. Bei der **Schließung eines Betriebsteils** kommt es für die Frage nach dem Wegfall der Beschäftigungsmöglichkeit im Rahmen einer betriebsbedingten Kündigung maßgeblich auf das Schließungskonzept des Arbeitgebers an. Entschließt sich der Arbeitgeber zur schnellstmöglichen, dauerhaften Aufhebung der Betriebs- und Produktionsgemeinschaft, entfällt die Beschäftigungsmöglichkeit mit dem Ablauf der individuellen Kündigungsfrist.

2.161 Die Unternehmerentscheidung kann (außerbetrieblich) an **Absatzschwierigkeiten** oder **Auftragsmangel** anknüpfen. Der Arbeitgeber kann feststellen, dass angesichts des Arbeitsanfalls die Belegschaft überbesetzt ist. Ertragsverschlechterung oder Kostenerhöhungen können für den Arbeitgeber **Anlass** sein, betriebliche Maßnahmen zur Verbesserung der Situation zu ergreifen, etwa Produktionsbereiche aufzugeben oder einzuschränken, Hierarchieebenen zu bereinigen oder Personal- und Stellenstrukturen zu straffen. Witterungsgründe können ebenfalls Ausgangspunkt für eine unternehmerische Entscheidung über einen Stellenabbau sein[1]. Macht der Arbeitgeber einen **Umsatzrückgang** geltend, der die Einschränkung eines Produktionsbereichs oder eine Herabsetzung der Belegschaft erfordert, so wird er die Umsatzentwicklung aufzeigen und darstellen, wie er im Einzelnen auf diesen Umsatzrückgang reagiert hat, d.h. wie sich aus den von ihm getroffenen Dispositionen der Arbeitsplatzwegfall ergibt[2]. Der Arbeitgeber kann (und muss) bei der **Geltendmachung eines Arbeitskräfteüberhangs** darlegen, dass und wie er eine bestimmte Arbeitsmenge nunmehr auf eine geringere Anzahl von Arbeitnehmern verteilt. Der Arbeitgeber kann sich dabei arbeitswissenschaftlicher und betriebswirtschaftlicher Erkenntnisse bedienen. Er kann auf Messziffernsysteme Bezug nehmen; je differenzierter und fallbezogener ein derartiges Messziffernsystem ist, desto plausibler kann dem Arbeitsgericht ein Arbeitskräfteüberhang dargetan werden[3]. Der Arbeitgeber kann auch Vergleichsrechnungen zwischen der früheren und der jetzigen Arbeitsmenge aufzeigen, um darzutun, dass die bisherige Belegschaft gegenüber der verbliebenen Arbeitsmenge überdimensioniert ist. Es geht letzlich um eine Plausibilitätskontrolle[4]. Macht der Arbeitgeber geltend, dass er zur Kostenersparnis und Verbesserung der Wirtschaftlichkeit eine Hierarchiestraffung konzipiert hat, so muss er dartun, dass er die Entscheidung getroffen hat, die Arbeit und Funktionen auf beispielsweise drei anstatt fünf Ebenen zu verteilen, und er muss nachvollziehbar machen, dass es sich dabei nicht nur um eine fiktive, irreale Überlegung handelt, sondern um eine solche, die zu einem anderen (möglichen) Betriebsablauf und Organisationsplan führt, so dass Beschäftigungs-

1 Vgl. BAG v. 7. 3. 1996 – 2 AZR 810/95, AP Nr. 76 zu § 1 KSchG 1969 Betriebsbedingte Kündigung = DB 1996, 1523.

2 Vgl. BAG v. 30. 5. 1985 – 2 AZR 321/84, AP Nr. 24 zu § 1 KSchG 1969 Betriebsbedingte Kündigung; BAG v. 11. 9. 1986 – 2 AZR 564/85, EzA § 1 KSchG Betriebsbedingte Kündigung Nr. 54 = BB 1987, 1882.

3 Vgl. BAG v. 26. 6. 1975 – 2 AZR 499/74, AP Nr. 1 zu § 1 KSchG 1969 Betriebsbedingte Kündigung.

4 Vgl. LAG Düsseldorf v. 11. 10. 2001 – 13 (14) Sa 997/01, NZA-RR 2001, 187.

möglichkeiten in der bisherigen Form nicht mehr gegeben sind[1]. Läuft die unternehmerische Entscheidung nur auf den Abbau von Arbeitsplätzen oder gar die Entlassung eines Arbeitnehmers hinaus und wird dies verbunden mit einer **Neuverteilung** der den betroffenen Arbeitnehmern bisher zugewiesenen Arbeitsaufgaben, so hat der Arbeitgeber zur Begründung einer betriebsbedingten Kündigung darzulegen, welche konkreten Arbeitsaufgaben mit welchem Arbeitsvolumen auf andere Arbeitnehmer zu einem bestimmten Zeitpunkt übertragen werden. Der Arbeitgeber hat darzulegen, welche Arbeitsaufgaben mit welchen Arbeitszeitvolumina bisher die Arbeitnehmer durchgeführt haben, auf die durch die Neuverteilung neue Arbeitsaufgaben übertragen werden, damit die bisherige und zukünftige Entwicklung der Arbeitsmenge ohne überobligationsmäßige Leistungen des verbliebenen Personals festgestellt werden kann[2].

Personalabbau und Stellenreduzierung können auch ohne äußere Anlässe die betriebsbedingte Kündigung begründen. Der Entschluss des Arbeitgebers zur Stellenreduzierung führt zu dem für die betriebsbedingte Kündigung maßgeblichen Stellenwegfall[3]. Dies gilt auch dann, wenn der Arbeitgeber entscheidet, die Belegschaft generell um eine bestimmte Anzahl zu verkleinern[4]. Der Arbeitgeber ist bei Abnahme des Arbeitsvolumens nicht gehalten, nur solche Folgerungen zu ziehen, die lediglich auf eine proportionale Stellenreduzierung hinauslaufen. Eine Stellenreduzierung kommt auch dann in Betracht und ist als unternehmerische Maßnahme zu respektieren, wenn damit eine „Leistungsverdichtung" einhergeht[5]. Ein bloßer Einsparungs- oder Kostenreduzierungsbeschluss genügt nicht[6]. Die Entscheidung muss in eine betrieblich-organisatorische Maßnahme münden. Beispiele: Einführung eines rollierenden Einsatzsystems[7], Einführung einer Halbtagsstelle statt einer Vollzeitstelle[8], Entfallen einer Hierarchiestufe und Umgestaltung von Führungsstrukturen[9], Einführung eines rollierenden Einsatzsystems[10], Ausgliederung/Fremdvergabe[11], Ersetzung ab- 2.162

1 Vgl. *Ascheid,* Kündigungsschutzrecht, 1993, Rz. 264 ff., S. 162 ff.

2 Vgl. BAG v. 13. 2. 2008 – 2 AZR 1041/06, DB 2008, 1689; LAG Berlin v. 22. 3. 2003 – 2 Sa 810/03, LAGE § 1 KSchG Betriebsbedingte Kündigung; LAG Köln v. 2. 2. 2005 – 3 Sa 1045/04, LAGE § 1 KSchG Betriebsbedingte Kündigung Nr. 73.

3 Vgl. LAG Köln v. 10. 2. 1995 – 13 Sa 708/94, LAGE § 1 KSchG Betriebsbedingte Kündigung Nr. 30; LAG Köln v. 12. 5. 1995 – 13 Sa 1184/94, LAGE § 1 KSchG Betriebsbedingte Kündigung Nr. 32; LAG Köln v. 9. 8. 1996 – 11 Sa 271/96, LAGE § 1 KSchG Betriebsbedingte Kündigung Nr. 41; *B. Preis,* NZA 1997, 625 ff. S. aber kritisch *U. Preis,* NZA 1997, 1073, 1079.

4 Vgl. LAG Köln v. 8. 5. 1996 – 7 Sa 764/95, LAGE § 1 KSchG Betriebsbedingte Kündigung Nr. 38.

5 Vgl. BAG v. 24. 4. 1997 – 2 AZR 352/96, AP Nr. 42 zu § 2 KSchG = DB 1997, 1776; LAG Düsseldorf v. 11. 10. 2001 – 13 (14) Sa 997/01, NZA-RR 2002, 353; LAG Baden-Württemberg v. 12. 8. 2004 – 22 Sa 99/03; *Hümmerich/Spirolke,* NZA 1998, 797 ff.

6 Vgl. LAG Baden-Württemberg v. 24. 4. 1995 – 15 Sa 162/94, LAGE § 2 KSchG Nr. 18.

7 Vgl. LAG Düsseldorf v. 26. 5. 1999 – 9 Sa 335/99, DB 2000, 1029.

8 Vgl. BAG v. 23. 11. 2000 – 2 AZR 617/99, AP Nr. 63 zu § 2 KSchG 1969 = NZA 2001, 500.

9 Vgl. BAG v. 27. 9. 2001 – 2 AZR 176/00, DB 2002, 1163.

10 Vgl. LAG Düsseldorf v. 26. 5. 1999 – 9 Sa 335/99, DB 2000, 500.

11 Vgl. BAG v. 21. 2. 2002 – 2 AZR 556/00, DB 2002, 2276 (Übertragung der Aufgaben von „Field-Koordinatoren" von einem Pharmaunternehmen auf ein Drittunterneh-

hängiger Arbeitnehmer durch selbständige Unternehmer oder freie Mitarbeiter[1]. Dem Arbeitgeber ist überlassen, wie er sein Unternehmensziel kostengünstig und zweckmäßig am Markt verfolgt, und er kann unter diesem Gesichtspunkt auch das System und die Vertragsformen für Mitarbeiter im Außendienst umorganisieren[2]. Die Unternehmensentscheidung muss allerdings konkrete organisatorische Auswirkungen haben. Eine bloß etikettenmäßige, formale Umbenennung genügt nicht[3]. Eine unternehmerische Entscheidung zur Reorganisation kann auch ein Gesamtkonzept beinhalten, das sowohl die Umgestaltung aller bisherigen Arbeitsplätze als auch die Reduzierung des bisherigen Arbeitsvolumens zum Gegenstand hat. Ein solches Gesamtkonzept ist nicht zu beanstanden und nimmt an der nur auf Missbrauch beschränkten gerichtlichen Kontrolle teil[4].

b) Ultima-Ratio-Prinzip

2.163 Die **Beendigungskündigung** ist das **äußerste und letzte** Mittel: ultima ratio. Ein betriebliches Erfordernis bedingt die Entlassung nur dann, wenn es dem Arbeitgeber nicht möglich ist, entweder durch eine andere Beschäftigung den betroffenen Arbeitnehmer unterzubringen oder durch eine andere Maßnahme dem betrieblichen Erfordernis Rechnung zu tragen, um so die Entlassung zu vermeiden; nur wenn derartige andere Mittel nicht zur Verfügung stehen, ist der betriebliche Grund so dringend, dass er die Beendigung des Arbeitsverhältnisses rechtfertigt[5]. Dies ist bei einem dauerhaft arbeitsunfähigen Arbeitnehmer fraglich[6].

2.164 Die Möglichkeit der **Weiterbeschäftigung auf einem anderen, freien und gleichwertigen Arbeitsplatz** steht einer betriebsbedingten Kündigung entgegen (§ 1 Abs. 2 Satz 2 Nr. 1 Buchst. b KSchG).

Die Möglichkeit einer Weiterbeschäftigung auf einem anderen, freien und gleichwertigen Arbeitsplatz ist auch dann gegenüber der Entlassung vorrangig, wenn dies erst nach zumutbaren **Fortbildungs- oder Umschulungsmaßnah-**

---

men); BAG v. 12. 4. 2002 – 2 AZR 740/00, EzA § 1 KSchG Betriebsbedingte Kündigung Nr. 117; BAG v. 27. 6. 2002 – 2 AZR 489/01, NZA 2002, 1304 (Fremdvergabe von Laborleistungen); BAG v. 16. 12. 2004 – 2 AZR 66/04, NZA 2005, 761 (Übertragung der Aufgaben von Produktionsleitern einer Zeitung auf „Team-Dispatcher" eines Drittunternehmens).

1 Vgl. BAG v. 13. 3. 2008 – 2 AZR 1037/06, DB 2008, 1575.

2 Vgl. BAG v. 9. 5. 1996 – 2 AZR 438/95, AP Nr. 79 zu § 1 KSchG Betriebsbedingte Kündigung = DB 1996, 2033 (Umstellung von Arbeitsverträgen auf „Partnerverträge").

3 Vgl. BAG v. 26. 9. 1996 – 2 AZR 200/96, AP Nr. 80 zu § 1 KSchG 1969 Betriebsbedingte Kündigung = DB 1997, 178 („Austauschkündigung"); BAG v. 16. 12. 2004 – 2 AZR 66/04, NZG 2005, 761.

4 Vgl. BAG v. 22. 9. 2005 – 2 AZR 208/05, AP Nr. 141 zu § 1 KSchG 1969 Betriebsbedingte Kündigung = DB 2006, 1118.

5 Vgl. BAG v. 25. 6. 1989 – 2 AZR 600/88, AP Nr. 45 zu § 1 KSchG 1969 Betriebsbedingte Kündigung = DB 1989, 2384.

6 Vgl. BAG v. 21. 9. 2000 – 2 AZR 440/99, AP Nr. 112 zu § 1 KSchG 1969 Betriebsbedingte Kündigung; LAG Berlin v. 14. 1. 2000 – 6 Sa 1547/98, NZA-RR 2001, 187.

men möglich ist (§ 1 Abs. 2 Satz 3 Alt. 1 KSchG). Der Fortbildungs- oder Umschulungsaspekt bezieht sich allerdings nur auf das Leistungsprofil des Arbeitnehmers in der Breite.

Vorrang vor der Entlassung hat ebenfalls die Möglichkeit einer **Weiterbeschäftigung auf einem anderen, freien Arbeitsplatz zu geänderten Arbeitsbedingungen** (§ 1 Abs. 2 Satz 3 Alt. 2 KSchG). Der Arbeitgeber hat, soweit rechtlich möglich, dem Arbeitnehmer eine entsprechende Beschäftigung kraft des Direktionsrechts zuzuweisen oder, soweit die Maßnahme vom Direktionsrecht nicht gedeckt ist, ein Änderungsangebot zu unterbreiten[1]. Es gilt in allen Fällen der **Grundsatz des Vorrangs der Änderungskündigung vor der Beendigungskündigung** als Ausprägung des Grundsatzes der Verhältnismäßigkeit. Arbeitsplätze sind frei, wenn sie zum Zeitpunkt des Zugangs der Kündigung unbesetzt sind[2]. Der Arbeitgeber kann sich allerdings nach dem Rechtsgedanken des § 162 BGB nicht auf einen von ihm selbst treuwidrig durch eine vorgezogene Stellenbesetzung verursachten Wegfall freier Arbeitsplätze im Kündigungszeitpunkt berufen[3]. Ein freier vergleichbarer (gleichwertiger) Arbeitsplatz oder ein freier Arbeitsplatz zu geänderten (schlechteren) Arbeitsbedingungen ist nur dann in die Betrachtung einzubeziehen, wenn der Arbeitnehmer über die hierfür erforderlichen **Fähigkeiten und Kenntnisse** verfügt. Das Anforderungsprofil bestimmt der Arbeitgeber bis zur Grenze der offensichtlichen Unsachlichkeit (Beispiel: Berufserfahrung)[4]. Etwas anderes gilt für rein persönliche Merkmale ohne Bezug zur konkreten Arbeitsaufgabe. Ein Arbeitsplatz kann nicht als frei angesehen werden, solange ein zur Erledigung der dort anfallenden Arbeit dem Arbeitgeber arbeitsvertraglich verpflichteter Arbeitnehmer vorhanden ist. Daran ändert auch eine **Krankheit bzw. vorübergehende Arbeitsunfähigkeit** nichts. Selbst wenn wahrscheinlich ist oder feststeht, dass der erkrankte Arbeitnehmer nicht zurückkehren wird, ist allein dadurch der betreffende Arbeitsplatz nicht als frei anzusehen, solange der Arbeitsvertrag mit dem Erkrankten besteht. Es ist bis zur Grenze des Missbrauchs Sache des Arbeitgebers, darüber zu bestimmen, ob und ggf. wie lange er eine Krankheitsvakanz auf einen bestimmten Arbeitsplatz hinnimmt und ob und wie er sie überbrückt[5]. Dem Arbeitnehmer muss keine Stelle mit einer höherwertigen Qualifikation oder auf einer höherwertigen Funktionsebene eingeräumt werden, auch wenn diese frei ist. 2.165

Einen Anspruch auf **Beförderung** gibt es nicht[6]. Ein Anspruch auf Beförderung und damit auf Qualifizierung für höherwertige Aufgaben wird insbesondere 2.166

---

1 Vgl. BAG v. 29. 3. 1990 – 2 AZR 369/89, AP Nr. 50 zu § 1 KSchG 1969 Betriebsbedingte Kündigung.

2 Vgl. BAG v. 2. 2. 2006 – 2 AZR 38/05, AP Nr. 142 zu § 1 KSchG 1969 Betriebsbedingte Kündigung = NZA 2007, 352.

3 Vgl. BAG v. 25. 4. 2002 – 2 AZR 260/01, DB 2003, 158.

4 Vgl. BAG v. 24. 6. 2004 – 2 AZR 326/03, DB 2004, 2431; BAG v. 7. 7. 2005 – 2 AZR 399/04, DB 2006, 341; BAG v. 5. 6. 2008 – 2 AZR 107/07, NZA 2008, 1180.

5 Vgl. BAG v. 2. 2. 2006 – 2 AZR 38/05, AP Nr. 142 zu § 1 KSchG 1969 Betriebsbedingte Kündigung.

6 Vgl. BAG v. 29. 3. 1990 – 2 AZR 369/89, AP Nr. 50 zu § 1 KSchG 1969 Betriebsbedingte Kündigung = DB 1991, 173.

auch durch § 1 Abs. 2 Satz 3 Alt. 1 KSchG nicht begründet[1]. Der Arbeitgeber kann anlässlich einer Umgestaltung des Arbeitsablaufs und einer Verlagerung von Arbeiten in andere Betriebe oder Betriebsabteilungen nur dann geltend machen, dass eine Besetzung der insoweit neu geschaffenen Stellen mit den früheren Arbeitsplatzinhabern nicht in Betracht komme, weil es sich um „Beförderungsstellen" handele, wenn die Beschäftigungsmöglichkeit andere, neue Tätigkeiten beinhaltet und nicht letztlich die alten Verrichtungen fortgesetzt werden; im letztgenannten Fall handelt es sich um gleichartige, vergleichbare Arbeitsplätze[2]. Wenn der Arbeitgeber Beschäftigungsmöglichkeiten von einem Betrieb oder Betriebsteil in einen anderen verlegt, so folgt aus einer höheren Vergütung für die neuen Positionen nicht, dass es sich um Beförderungsstellen handelt, wenn die Tätigkeit ganz überwiegend gleich geblieben ist[3]. Die (unternehmensbezogene) Weiterbeschäftigungspflicht (§ 1 Abs. 2 Satz 2 Nr. 1 Buchst. b KSchG) kann dazu führen, dass mehrere Arbeitnehmer aus verschiedenen Betrieben um denselben Arbeitsplatz in einem der Betriebe konkurrieren: Der Arbeitgeber hat dann bei seiner Entscheidung über die Besetzung dieses Arbeitsplatzes die **sozialen Belange** der betroffenen Arbeitnehmer zu berücksichtigen[4].

2.167 Der Abbau von Leiharbeitnehmern ist jedenfalls dann nicht vorrangig, wenn diese (nur) zum Auffangen von Arbeitsspitzen oder zu Vertretungszwecken eingesetzt werden[5].

2.168 Der **Abbau von Überstunden** kann im Einzelfall eine Erwägung im Rahmen des Grundsatzes der Verhältnismäßigkeit sein[6]. Die Verteilung der durch die Überstunden erledigten Arbeit auf die zu entlassenden Arbeitnehmer muss aber tatsächlich und rechtlich möglich sein. Dies ist nicht möglich, wenn der zu entlassende Arbeitnehmer nicht in dem Bereich beschäftigt werden kann, in dem Überstunden geleistet werden. Es ist auch nicht möglich, wenn die Arbeitsmenge deshalb nicht anders verteilt werden kann, weil es allein um die Einhaltung bestimmter Liefertermine geht, ohne dass ansonsten das Arbeitsvolumen für mehr Arbeitnehmer ausreichend ist. Betriebsbedingte Kündigungen in einem Bereich eines Unternehmens sind also durchaus unabhängig davon möglich, ob in einem anderen Bereich des Unternehmens Überstunden geleistet werden.

---

1 Vgl. BAG v. 29. 3. 1990 – 2 AZR 369/89, AP Nr. 50 zu § 1 KSchG 1969 Betriebsbedingte Kündigung = DB 1991, 173; BAG v. 7. 2. 1991 – 2 AZR 205/90, AP Nr. 1 zu § 1 KSchG 1969 Umschulung.

2 Vgl. BAG v. 10. 11. 1994 – 2 AZR 242/94, AP Nr. 65 zu § 1 KSchG 1969 Betriebsbedingte Kündigung.

3 Vgl. BAG v. 5. 10. 1995 – 2 AZR 269/95, AP Nr. 71 zu § 1 KSchG Betriebsbedingte Kündigung = DB 1996, 281.

4 Vgl. BAG v. 15. 12. 1994 – 2 AZR 320/44, DB 1995, 878; BAG v. 21. 9. 2000 – 2 AZR 385/99, DB 2001, 1207.

5 Vgl. BAG v. 17. 3. 2005 – 2 AZR 4/04, AP Nr. 71 zu § 1 KSchG 1969 Soziale Auswahl; LAG Hamm v. 5. 3. 2007 – 11 Sa 1338/06, DB 2007, 1701; LAG Hamm v. 24. 7. 2007 – 12 Sa 320/07, NZA-RR 2008, 239. S. dazu ausf. *Moll/Ittmann*, RdA 2008, 321 ff.

6 Vgl. *Berkowsky*, Die betriebsbedingte Kündigung, 6. Aufl. 2008, § 6 Rz. 193 f.

Die **Einführung von Kurzarbeit** als Mittel zur Vermeidung von betriebsbedingten Kündigungen ist umstritten[1]. Das Bundesarbeitsgericht hat früher angenommen, dass eine umfassende Interessenabwägung auch die Prüfung erfordere, ob der Arbeitgeber betriebsbedingte Kündigungen durch die Einführung von Kurzarbeit abwenden könne[2]. Es hat dies später jedoch abgeschwächt[3]. Die Einführung von Kurzarbeit als Mittel zur Vermeidung von Entlassungen ist aus zwei Gründen abzulehnen. Zum einen stellt Kurzarbeit eine vorübergehende Maßnahme dar, während die unternehmerische Entscheidung des Arbeitgebers mit der Folge des Wegfalls von Beschäftigungsmöglichkeiten eine Neu- und Umstrukturierung zum Inhalt hat, die auf Dauer angelegt ist, so dass Kurzarbeit eine entsprechend begründete betriebsbedingte Kündigung nicht erübrigen kann. Zum anderen entsteht bei einer Einbeziehung von Kurzarbeit in die Prüfung der Verhältnismäßigkeit ein unauflösbarer Widerspruch zur grundsätzlich anerkannten Gerichtsfreiheit der unternehmerischen Maßnahme, aus der sich ergibt, dass das Bedürfnis für die Beschäftigung von Arbeitnehmern entfällt. Es gehört im Kern zur unternehmerischen Prärogative zu entscheiden, ob innerbetriebliche Anpassungsmaßnahmen erfolgen oder ob diese nicht erfolgen und die Folgen einer Nichtanpassung bzw. eines Nichtstrukturwandels lediglich durch Kurzarbeit (vorübergehend) wirtschaftlich abgemildert werden. Hat der Arbeitgeber Kurzarbeit eingeführt, so kann dies allerdings ein Indiz dafür sein, dass der Arbeitgeber nur von einem vorübergehenden Arbeitsmangel ausgegangen ist, also kein Entfallen einer Beschäftigungsmöglichkeit vorliegt, das eine betriebsbedingte Kündigung rechtfertigen könnte. Der Arbeitgeber kann dieses Indiz jedoch durch konkreten, substantiierten Sondervertrag entkräften und dartun, dass Beschäftigungsmöglichkeiten für in Kurzarbeit befindliche Arbeitnehmer dauerhaft entfallen sind[4]. 2.169

Der Arbeitgeber ist nicht gehalten, eine Politik der **Arbeitsstreckung** zu betreiben, um Arbeitsplätze zu erhalten, für die auf der Grundlage seiner konzeptionellen und strukturellen Unternehmerentscheidung kein Bedürfnis besteht[5]. 2.170

---

1 Vgl. *Berkowsky,* Die betriebsbedingte Kündigung, 6. Aufl. 2008, § 6 Rz. 195 ff.; APS/*Kiel,* 3. Aufl. 2007, § 1 KSchG Rz. 570 ff.; *Griebeling* in Gemeinschaftskommentar zum Kündigungsschutzgesetz und zu sonstigen kündigungsschutzrechtlichen Vorschriften, 8. Aufl. 2007, § 1 KSchG Rz. 531; *Stahlhacke/Preis/Vossen,* Kündigung und Kündigungsschutz im Arbeitsverhältnis, 9. Aufl. 2005, Rz. 1020; *Wank,* RdA 1987, 129, 142; jew. m.w.N.

2 Vgl. BAG v. 25. 6. 1964 – 2 AZR 382/63, AP Nr. 14 zu § 1 KSchG Betriebsbedingte Kündigung = DB 1964, 958.

3 Vgl. BAG v. 7. 2. 1985 – 2 AZR 91/84, AP Nr. 9 zu § 1 KSchG 1969 Soziale Auswahl = DB 1986, 436; BAG v. 4. 3. 1986 – 1 ABR 15/84, AP Nr. 3 zu § 87 BetrVG Kurzarbeit = DB 1986, 1395; BAG v. 11. 9. 1986 – 2 AZR 564/85, EzA § 1 KSchG Betriebsbedingte Kündigung Nr. 54.

4 Vgl. BAG v. 26. 6. 1997 – 2 AZR 494/96, AP Nr. 86 zu § 1 KSchG Betriebsbedingte Kündigung = DB 1997, 2079.

5 S. auch *Berkowsky,* Die betriebsbedingte Kündigung, 6. Aufl. 2008, § 6 Rz. 191 ff.; *Stahlhacke/Preis/Vossen,* Kündigung und Kündigungsschutz im Arbeitsverhältnis, 9. Aufl. 2005, Rz. 1019.

2.171 Das Bundesarbeitsgericht hat es **dem Arbeitgeber überlassen** (und ihn insoweit nicht nach dem Grundsatz der Verhältnismäßigkeit beschränkt), **ob er im Falle des Wegfalls von Beschäftigungsmöglichkeiten entweder eine geringere Anzahl von Beendigungskündigungen oder eine größere Anzahl von Änderungskündigungen ausspricht**, um Arbeitskapazität/Arbeitszeit an die Veränderungen bei Art und Volumen der zu verrichtenden Aufgaben anzupassen[1].

c) Interessenabwägung

2.172 Es ist umstritten, ob dann, wenn das Bedürfnis für die Tätigkeit eines Arbeitnehmers auf Grund dringender betrieblicher Gründe entfallen ist, noch zusätzlich eine Interessenabwägung stattfinden kann oder muss, um endgültig zu bestimmen, ob die Entlassung als sozial (un)gerechtfertigt anzusehen ist. Das Bundesarbeitsgericht hat ausgeführt, dass eine betriebsbedingte Kündigung sozial ungerechtfertigt sei, wenn die für den Arbeitgeber von der Kündigung zu erwartenden Vorteile in keinem vernünftigen Verhältnis zu den Nachteilen stehen, die sich für den Arbeitnehmer aus der Kündigung ergeben[2]. Eine „an sich" begründete betriebsbedingte Kündigung kann danach in Ausnahmefällen auf Grund der Interessenabwägung unwirksam sein. Die Interessenabwägung ist abzulehnen[3]. Das dringende betriebliche Erfordernis führt nur zur Kündigung, wenn die Beschäftigungsmöglichkeit für den Arbeitnehmer entfallen ist und keine andere, mildere Maßnahme zur Verfügung steht (Verhältnismäßigkeitsgrundsatz). Es verbleibt bei der Ableitung der betriebsbedingten Kündigung aus der gerichtsfreien unternehmerischen Entscheidung des Arbeitgebers einerseits und dem sich unter Anwendung des Verhältnismäßigkeitsgrundsatzes ergebenden Fehlen der Weiterbeschäftigungsmöglichkeit für den betroffenen Arbeitnehmer andererseits kein Raum für eine allgemeine, darüber hinausgehende Interessenabwägung.

d) Sozialauswahl (§ 1 Abs. 3 KSchG)[4]

2.173 Steht auf Grund der dringenden betrieblichen Erfordernisse fest, dass Beschäftigungsmöglichkeiten entfallen sind und dass für eine Anzahl von Arbeitnehmern kein Bedürfnis einer Weiterbeschäftigung mehr besteht, so ist auf Grund der sozialen Auswahl zu entscheiden, welcher von mehreren Mitarbeitern zu entlassen ist. Eine Kündigung ist, auch wenn dringende betriebliche Erforder-

---

1 Vgl. BAG v. 19. 5. 1993 – 2 AZR 584/92, AP Nr. 31 zu § 2 KSchG 1969 = DB 1993, 1879; *Griebeling* in Gemeinschaftskommentar zum Kündigungsschutzgesetz und zu sonstigen kündigungsschutzrechtlichen Vorschriften, 8. Aufl. 2007, § 1 KSchG Rz. 530.

2 Vgl. BAG v. 30. 4. 1987 – 2 AZR 184/86, AP Nr. 42 zu § 1 KSchG Betriebsbedingte Kündigung = DB 1987, 2207; *Griebeling* in Gemeinschaftskommentar zum Kündigungsschutzgesetz und zu sonstigen kündigungsschutzrechtlichen Vorschriften, 8. Aufl. 2007, § 1 KSchG Rz. 547.

3 Vgl. BAG v. 18. 1. 1990 – 2 AZR 183/89, AP Nr. 27 zu § 2 KSchG 1969 (B I 2c der Gründe) = DB 1990, 1773; *U. Preis*, NZA 1997, 1073, 1078.

4 S. dazu etwa *Bröhl*, BB 2006, 1050 ff.; *Lunk*, NZA 2005, Beilage 1, S. 41 ff.; *Müller*, MDR 2002, 491 ff.; *Schiefer*, NZA-RR 2002, 169 ff.

nisse vorliegen, sozial ungerechtfertigt, wenn der Arbeitgeber bei der Auswahl des zu entlassenden Arbeitnehmers die Betriebszugehörigkeit, das Lebensalter, die Unterhaltspflichten und die Schwerbehinderung nicht oder nicht ausreichend berücksichtigt hat (§ 1 Abs. 3 Satz 1 KSchG). Grundlage der Prüfung ist, welcher Arbeitnehmer durch die Kündigung am wenigsten hart betroffen wird, d.h. welcher Arbeitnehmer auf seinen Arbeitsplatz am wenigsten angewiesen ist[1]. Dem können im Einzelfall berechtigte betriebliche Interessen entgegenzuhalten sein (§ 1 Abs. 3 Satz 2 KSchG).

Die **Feststellung des auf Grund der sozialen Auswahl zu entlassenden Arbeitnehmers** vollzieht sich in mehreren Schritten. Als Erstes ist der in die Auswahl einzubeziehende Arbeitnehmerkreis festzulegen. Als nächstes geht es darum, die Auswahl unter den betriebsangehörigen und vergleichbaren Arbeitnehmern zu treffen. Diese Auswahl betrifft zwei Fragen, die Bestimmung der Schutzwürdigkeit und die Berücksichtigung betrieblicher Interessen. Die „betriebswichtigen" Arbeitnehmer sind nicht in die Sozialauswahl einzubeziehen, wenn berechtigte betriebliche Interessen gegeben sind, die gewichtig genug sind, um Schutzwürdigkeitspräferenzen außer Kraft zu setzen[2]. 2.174

aa) Einzubeziehende Arbeitnehmer

Die Sozialauswahl erfolgt nach der Rechtsprechung betriebsweit[3]. Sie ist nicht, wie von *Wank* sinnvoll vorgeschlagen worden ist[4], auf den Bereich beschränkt, in dem jeweils die Ursache für den Wegfall der Beschäftigungsmöglichkeit gesetzt worden ist. **Bezugspunkt der Sozialauswahl ist der Betrieb**[5]. Eine Beschränkung der Sozialauswahl auf Abteilungen oder Bereiche findet nicht statt. Die Sozialauswahl kann daher nicht von vornherein auf einzelne Abteilungen oder Bereiche beschränkt werden. Der Arbeitgeber darf seine Sozialauswahl nicht auf Arbeitnehmer eines Betriebsteils beschränken. Dies gilt auch bei räumlich weit entfernt liegenden Betriebsteilen[6]. Die Sozialauswahl ist nur dann auf einen **Betriebsteil** beschränkt, wenn der Arbeitnehmer nach seinem Arbeitsvertrag **nicht** im Wege des Direktionsrechts **in andere Betriebsteile versetzt** werden kann[7]. Die Sozialauswahl ist nach Ansicht des Bundesarbeitsgerichts auf solche Betriebsteile zu erstrecken, die veräußert werden, so dass auch Arbeitnehmer einzubeziehen sind, die im Zeitpunkt der Kündigungserklärung dem **zur Veräußerung vorgesehenen** Betriebsteil ange- 2.175

1 Vgl. *Berscheid,* Anwaltsblatt 1995, 8, 12.
2 S. dazu näher APS/*Kiel,* 3. Aufl. 2007, § 1 KSchG Rz. 747 ff.; *Bader,* NZA 1996, 1125, 1129; *Grunsky/Moll,* Arbeitsrecht und Insolvenz, 1997, Rz. 107 ff.; *Leinemann,* BB 1996, 1381, 1383; *Löwisch,* NZA 1996, 1009, 1010; *B. Preis,* DB 1998, 1761, 1766; *U. Preis,* NJW 1996, 3369, 3371.
3 Vgl. BAG v. 28. 8. 2003 – 2 AZR 368/02, DB 2004, 604.
4 Vgl. *Wank,* Anm. zu BAG v. 15. 6. 1989, AR-Blattei D, Kündigungsschutz, Entscheidung 304.
5 Vgl. *Berkowsky,* Die betriebsbedingte Kündigung, 6. Aufl. 2008, § 7 Rz. 96 ff.; *Berkowsky* in Münchener Handbuch Arbeitsrecht, Band 2, 2. Aufl. 2000, § 139 Rz. 25 ff.; jew. m.w.N.
6 Vgl. BAG v. 3. 6. 2004 – 2 AZR 577/03, DB 2005, 231.
7 Vgl. BAG v. 24. 5. 2005 – 8 AZR 333/04, DB 2005, 2696.

hören[1]. Die Betriebsbezogenheit der Sozialauswahl ist auch für den **Gemeinschaftsbetrieb** maßgeblich, und zwar unabhängig davon, wie viele Arbeitgeber den Gemeinschaftsbetrieb bilden[2]. Die unternehmensübergreifende Sozialauswahl im Gemeinschaftsbetrieb entfällt, wenn eines der Unternehmen seinen Teil stilllegt oder wenn der Gemeinschaftsbetrieb aufgelöst wird[3]. Dies gilt dann und deshalb, wenn und weil die einheitliche Leitung entfällt.

2.176 Ob eine **betriebsüberschreitende** Sozialauswahl stattfinden kann und muss, wenn der Arbeitnehmer betriebsüberschreitend einsetzbar ist oder eingesetzt worden ist, d.h. insbesondere, wenn der Arbeitgeber sich das Direktionsrecht vorbehalten hat, den Arbeitnehmer auch in anderen Betrieben einzusetzen, ist problematisch. Die Beschränkung der Sozialauswahl auf den Betrieb besteht richtigerweise auch dann, wenn der Arbeitgeber sich kraft Direktionsrechts einen betriebsüberschreitenden Einsatz vorbehalten hat[4]. Etwas anderes kann gelten, wenn der Einsatz tatsächlich in mehreren Betrieben erfolgt. Die Rechtsprechung hat bei **Filialen** angenommen, dass die Gesamtheit aller Verkaufsstellen zusammen mit der Zentrale einen Betrieb i.S. des Kündigungsschutzgesetzes bilde[5]. Die Sozialauswahl hat in einem derartigen Fall daher über die Gesamtheit der Filialen hinweg zu erfolgen, wenn nicht der Einsatzbereich des Arbeitnehmers auf Grund des Arbeitsvertrags auf eine konkrete Filiale beschränkt ist. Die Sozialauswahl kann in keinem Falle weiter reichen als der Bereich der Arbeitspflicht des Arbeitnehmers[6]. Der **Arbeitsvertragsinhalt** der einzelnen Arbeitnehmer beschränkt die für die Sozialauswahl relevante Vergleichbarkeit[7]. Eine betriebsweite Sozialauswahl kommt daher dann nicht in Betracht, wenn ein Arbeitnehmer auf Grund seines Arbeitsvertrags ausschließlich für eine Tätigkeit in einer bestimmten Abteilung oder einem bestimmten Bereich vorgesehen ist.

2.177 **Ausgangspunkt für die Feststellung der Vergleichbarkeit von Arbeitnehmern ist der Arbeitsplatz**. Es ist festzustellen, welche Arbeitsplätze entfallen und welche in Anbetracht des für die Arbeitsplätze geltenden Anforderungsprofils vergleichbaren Arbeitsplätze vorhanden sind[8]. Die Vergleichbarkeit wird da-

1 Vgl. BAG v. 28. 10. 2004 – 8 AZR 391/03, DB 2005, 673.

2 Vgl. z.B. BAG v. 27. 11. 2003 – 2 AZR 48/03, DB 2004, 2759; BAG v. 24. 2. 2005 – 2 AZR 214/04, DB 2005, 1523.

3 Vgl. BAG v. 29. 11. 2007 – 2 AZR 763/06, ZIP 2008, 1598.

4 Vgl. BAG v. 2. 6. 2005 – 2 AZR 158/04, DB 2005, 2196; BAG v. 15. 12. 2005 – 6 AZR 199/05, DB 2006, 1326; *Griebeling* in Gemeinschaftskommentar zum Kündigungsschutzgesetz und zu sonstigen kündigungsschutzrechtlichen Vorschriften, 8. Aufl. 2007, § 1 KSchG Rz. 608.

5 Vgl. BAG v. 26. 8. 1971 – 2 AZR 233/70, AP Nr. 1 zu § 23 KSchG 1969 = DB 1971, 2319.

6 Vgl. *Gaul,* NZA 1992, 673, 674.

7 Vgl. *Berkowsky,* NZA 1996, 290 ff.

8 Vgl. BAG v. 15. 6. 1989 – 2 AZR 580/88, AP Nr. 18 zu § 1 KSchG 1969 Soziale Auswahl = DB 1990, 380; BAG v. 29. 3. 1990 – 2 AZR 369/89, AP Nr. 50 zu § 1 KSchG 1969 Betriebsbedingte Kündigung = DB 1991, 173; BAG v. 3. 6. 2004 – 2 AZR 577/03, DB 2005, 231; BAG v. 2. 2. 2006 – 2 AZR 38/05, AP Nr. 142 zu § 1 KSchG 1969 Soziale Auswahl; *v. Hoyningen-Huene/Linck,* Kommentar zum Kündigungsschutzgesetz, 14. Aufl. 2007, § 1 KSchG Rz. 899.

durch begründet, dass Arbeitnehmer auf Grund arbeitsplatzbezogener Merkmale austauschbar sind. Dies richtet sich sowohl nach dem **Arbeitsplatz** als auch nach dem **Arbeitsvertrag** des jeweiligen Arbeitnehmers. Arbeitnehmer und Arbeitsplätze sind als vergleichbar anzusehen, wenn Arbeitnehmer die Arbeitsaufgabe ohne weiteres übernehmen können, wobei völlige Identität nicht erforderlich ist. Der betroffene Arbeitnehmer muss in der Lage sein, ohne eine erhebliche Einarbeitungszeit den anderen Arbeitsplatz auszufüllen[1]. Eine Vergleichbarkeit besteht nicht, wenn die andere Tätigkeit nicht kraft **Direktionsrecht** angewiesen werden kann, weil die bisherige Tätigkeit arbeitsvertraglich festgeschrieben ist[2]. Soweit Tätigkeiten nicht identisch, sondern verschieden sind, und der Arbeitnehmer meint, er könne auch genauso gut eine anderweitige Tätigkeit ausüben, so ist dem nachzugehen. Es kommt **nicht** auf eine **wechselseitige** Austauschbarkeit an, sondern allein darauf, welche Tätigkeit der Arbeitnehmer wahrnehmen kann, dessen Arbeitsplatz entfallen ist. **Berufsausbildung und Eingruppierung sind in aller Regel taugliche Anknüpfungspunkte**[3]. Erfahrungen und Tätigkeitsinhalte im Laufe der **Berufsentwicklung** können jedoch die Ausbildung insbesondere angesichts einer **Spezialisierung** in den Hintergrund treten lassen, so dass eine Vergleichbarkeit nicht (mehr) besteht. Der Arbeitgeber muss jedoch bei gleichen Ausbildungsstufen oder Studienabschlüssen im Einzelnen dartun, welche **Anforderungen** oder **Entwicklungen** den Mangel an Vergleichbarkeit begründen[4]. Ein bloßer Routinevorsprung ist unerheblich. Die Einarbeitungszeit darf nicht erheblich, sondern allenfalls kurzfristig sein[5]. Die Grenzziehung ist in der Rechtsprechung der Instanzgerichte nicht immer sicher auszumachen und hängt auch von der Dauer des Arbeitsverhältnisses ab. Eine Wechselwirkung zwischen Einarbeitungszeit und Kündigungsfristen besteht aber nicht, weil Einarbeitungszeiten jedenfalls von drei Monaten über das Zumutbare hinausgehen.

Ob Vergleichbarkeit zwischen **Teilzeit- und Vollzeitbeschäftigten** oder zwi- 2.178
schen Teilzeitbeschäftigten mit unterschiedlichen Wochenarbeitszeiten besteht, ist von der unternehmerischen Konzeption abhängig[6].

Arbeitnehmer, die gesetzlich **„unkündbar"** sind, sind mit Arbeitnehmern 2.179
ohne solchen Sonderkündigungsschutz nicht vergleichbar[7]. Die Behandlung

1 Vgl. BAG v. 5. 5. 1994 – 2 AZR 917/93, AP Nr. 23 zu § 1 KSchG 1969 Soziale Auswahl = DB 1994, 1827; BAG v. 5. 6. 2008 – 2 AZR 907/06, DB 2008, 2143.

2 Vgl. BAG v. 27. 9. 2001 – 2 AZR 246/00, NZA 2002, 696; BAG v. 23. 11. 2004 – 2 AZR 38/04, DB 2005, 1225; BAG v. 5. 6. 2008 – 2 AZR 907/06, DB 2008, 2143.

3 Vgl. BAG v. 2. 2. 2006 – 2 AZR 38/05, AP Nr. 142 zu § 1 KSchG 1969 Soziale Auswahl.

4 Vgl. BAG v. 5. 5. 1994 – 2 AZR 917/93, AP Nr. 23 zu § 1 KSchG 1969 Soziale Auswahl = DB 1994, 1827.

5 Vgl. *Rost,* Die betriebsbedingte Kündigung in der Unternehmenskrise und bei Insolvenz, 1987, S. 32.

6 Vgl. BAG v. 3. 12. 1998 – 2 AZR 341/98, AP Nr. 39 zu § 1 KSchG 1969 Soziale Auswahl = DB 1999, 487; BAG v. 12. 8. 1999 – 2 AZR 12/99, AP Nr. 44 zu § 1 KSchG 1969 Soziale Auswahl = DB 2000, 228; BAG v. 15. 7. 2004 – 2 AZR 376/03, DB 2004, 2375.

7 Vgl. BAG v. 8. 8. 1985 – 2 AZR 464/84, AP Nr. 10 zu § 1 KSchG 1969 Soziale Auswahl; APS/*Kiel,* 3. Aufl. 2007, § 1 KSchG Rz. 703.

von arbeitsvertraglich oder kollektivvertraglich „unkündbaren" Arbeitnehmern ist umstritten[1]. Eine Sozialauswahl findet allerdings innerhalb der Gruppe derartig „unkündbarer" Arbeitnehmer statt[2].

2.180 Die soziale Auswahl hat **horizontal** zu erfolgen, d.h. es können nur solche Arbeitnehmer einbezogen werden, die sich auf derselben hierarchischen Ebene befinden[3]. Eine vertikale Verdrängung von oben nach unten findet nicht statt. Erst recht kann ein betroffener Arbeitnehmer nicht eine soziale Auswahl im Hinblick auf besser gestellte bzw. qualifizierte Arbeitnehmer geltend machen.

bb) Soziale Schutzbedürftigkeit

2.181 Die Bestimmung der konkreten Rangfolge bei der sozialen Schutzbedürftigkeit hat bestimmte **Grunddaten** zu berücksichtigen: Betriebszugehörigkeit, Lebensalter, Unterhaltspflichten und Schwerbehinderung (§ 1 Abs. 3 Satz 1 KSchG)[4]. Die Rechtsprechung lehnt abstrakte Vorgaben für die Gewichtung ab und betont, dass die Einzelfallumstände maßgeblich sind und keinem Kriterium ein genereller Vorrang zukommt[5]. Dem Arbeitgeber steht ein Beurteilungsspielraum im Rahmen einer Gesamtabwägung zu[6]. Die **Betriebszugehörigkeit** hat nach den Grundwertungen des Kündigungsschutzgesetzes allerdings nennenswertes Gewicht. Ihr kommt Bedeutung im Auswahlvorgang zu[7]. Eine Anrechnung von Beschäftigungszeiten ist bis zur Missbrauchsgrenze möglich[8]. Die Gewichtung des **Lebensalters** steht demgegenüber regelmäßig

1 Vgl. BAG v. 5. 2. 1998 – 2 AZR 227/97, AP Nr. 143 zu § 626 BGB; BAG v. 17. 9. 1998 – 2 AZR 419/97, AP Nr. 148 zu § 626 BGB; BAG v. 13. 4. 2000 – 2 AZR 259/99, AP Nr. 162 zu § 626 BGB; BAG v. 7. 3. 2002 – 2 AZR 173/01, DB 2002, 1724; BAG v. 13. 6. 2002 – 2 AZR 391/01, DB 2003, 210; BAG v. 27. 6. 2002 – 2 AZR 367/01, AP Nr. 3 zu § 55 BAT; BAG v. 8. 4. 2003 – 2 AZR 355/02, AP Nr. 181 zu § 626 BGB = NZA 2003, 856; BAG v. 25. 3. 2004 – 2 AZR 153/03, BB 2004, 2303; BAG v. 6. 10. 2005 – 2 AZR 362/04, DB 2006, 1278; BAG v. 18. 5. 2006 – 2 AZR 207/05, DB 2006, 1851; ArbG Cottbus v. 17. 5. 2000 – 6 Ca 38/00, DB 2000, 1817; *Bröhl,* Die außerordentliche Kündigung mit notwendiger Auslauffrist, 2005; *Kiel,* NZA 2005, Beilage 1, 18 ff.; *Moll,* FS Wiedemann, 2002, S. 333, 355 ff.; *Oetker,* ZfA 2001, 287, 311 ff.; *Preis/Hamacher,* FS 50 Jahre Arbeitsgerichtsbarkeit Rheinland-Pfalz, 1999, S. 245 ff.

2 Vgl. BAG v. 17. 9. 1998 – 2 AZR 725/97, AP Nr. 36 zu § 1 KSchG 1969 Soziale Auswahl.

3 Vgl. BAG v. 7. 2. 1985 – 2 AZR 91/84, AP Nr. 9 zu § 1 KSchG 1969 Soziale Auswahl = DB 1986, 436; BAG v. 29. 3. 1990 – 2 AZR 369/89, AP Nr. 50 zu § 1 KSchG 1969 Betriebsbedingte Kündigung = DB 1991, 173.

4 S. zur Kanalisierung der Sozialdaten z.B. *Löwisch,* BB 2004, 154, 155; *Richardi,* DB 2004, 486, 487.

5 Vgl. BAG v. 5. 12. 2002 – 2 AZR 549/01, NZA 2003, 791; BAG v. 16. 3. 2005 – 2 AZR 4/04, DB 2005, 1390.

6 Vgl. BAG v. 18. 10. 1984 – 2 AZR 543/83, AP Nr. 6 zu § 1 KSchG 1969 Soziale Auswahl = DB 1985, 1083; BAG v. 18. 1. 1990 – 2 AZR 357/89, AP Nr. 19 zu § 1 KSchG 1969 Soziale Auswahl = DB 1990, 1335.

7 Vgl. BAG v. 12. 10. 1979 – 7 AZR 959/77, AP Nr. 7 zu § 1 KSchG 1969 Betriebsbedingte Kündigung = DB 1980, 502; *Stahlhacke/Preis/Vossen,* Kündigung und Kündigungsschutz im Arbeitsverhältnis, 9. Aufl. 2005, Rz. 1095, S. 433.

8 Vgl. BAG v. 2. 6. 2005 – 2 AZR 480/04, DB 2006, 110.

zurück[1]. Das Lebensalter wird als ambivalente Größe angesehen[2]. Es wird geltend gemacht, dass nicht einzusehen sei, dass der individuelle Besitzstand und die konkrete Schutzbedürftigkeit wesentlich durch das Lebensalter geprägt seien[3]. Altersunterschiede sind jedenfalls bei jüngeren Arbeitnehmern bis etwa 40 oder 45 Jahren nur von geringem Gewicht[4]. Das Lebensalter ist nicht zuletzt deshalb im Gewicht mit Augenmaß zu handhaben, weil es in Zeiten eines schwachen Arbeitsmarktes für alle Altersgruppen Probleme bereitet, einen neuen Arbeitsplatz zu finden[5]. Die Berücksichtigung des Lebensalters ist unter Geltung des AGG zu hinterfragen. Das Verbot der Altersdiskriminierung gilt auch im Kündigungsschutzgesetz. Es steht der Berücksichtigung des Lebensalters in § 1 Abs. 3 Satz 1 KSchG allerdings nicht entgegen[6]. Das Alterskriterium wird bei angemessener Handhabung den Anforderungen des § 10 Satz 1 und 2 AGG gerecht. Dies gilt insbesondere dann, wenn Raum für Besonderheiten des Einzelfalles insbesondere im Hinblick auf die Arbeitsmarktchancen bleibt. Es ist dabei wichtig, dass im Zusammenspiel mit anderen Kriterien keine Überbewertung des Lebensalters stattfindet[7]. Die **Unterhaltsverpflichtungen** spielen eine erhebliche Rolle. Die betriebliche Praxis bringt für Personen mit Unterhaltspflichten („Familienväter") regelmäßig Verständnis auf. Unterhaltspflichten sind nach dem Prognoseprinzip für den Ablauf der Kündigungsfrist zu beurteilen[8]. Ein **Doppelverdienst** ist richtigerweise zu berücksichtigen[9]. Die Berücksichtigung des Doppelverdiensts bei der Sozialauswahl ist sachlich gerechtfertigt, da dieser Gesichtspunkt in einem Zusammenhang mit den zu beachtenden Unterhaltsverpflichtungen steht, die sich nach familienrechtlichen Bestimmungen der §§ 1360 ff., 1569 ff., 1601 ff. BGB richten. Berücksichtigt man bei der Sozialauswahl zugunsten eines Arbeitnehmers Unterhaltspflichten, muss man auch mögliche Unterhaltsansprüche aus § 1360 BGB gegenüber dem mitverdienenden Ehegatten beachten. Dies ist kein Verstoß gegen Art. 6 Abs. 1 GG[10]. Ob und im Hinblick auf welche Gesichtspunkte der Arbeitgeber sich auf Eintragungen in der Lohnsteuerkarte verlassen darf oder ob ihn eine Erkundigungspflicht trifft, ist umstritten[11]. Das BAG geht

1 Vgl. BAG v. 24. 3. 1983 – 2 AZR 21/82, AP Nr. 12 zu § 1 KSchG 1969 Betriebsbedingte Kündigung = DB 1983, 830; BAG v. 20. 10. 1983 – 2 AZR 211/82, AP Nr. 13 zu § 1 KSchG 1969 Betriebsbedingte Kündigung = DB 1984, 563; BAG v. 8. 8. 1985 – 2 AZR 464/84, AP Nr. 10 zu § 1 KSchG 1969 Soziale Auswahl = DB 1986, 1577.

2 Vgl. *Stahlhacke/Preis/Vossen*, Kündigung und Kündigungsschutz im Arbeitsverhältnis, 9. Aufl. 2005, Rz. 1100, S. 435.

3 Vgl. *Berkowsky*, Die betriebsbedingte Kündigung, 6. Aufl. 2008, § 7 Rz. 179.

4 Vgl. *Linck*, Die soziale Auswahl bei der betriebsbedingten Kündigung, 1990, S. 90.

5 Vgl. *Bauer/Lingemann*, NZA 1993, 625, 627.

6 Vgl. BAG v. 6. 11. 2008 – 2 AZR 701/07.

7 Vgl. BAG v. 6. 11. 2008 – 2 AZR 701/07.

8 Vgl. ArbG Berlin v. 16. 2. 2005 – 9 Ca 27525/04, BB 2006, 1455; *Moll/Steinbach*, MDR 1997, 711 ff.

9 Vgl. BAG v. 5. 12. 2002 – 2 AZR 549/01, NZA 2003, 791; LAG Düsseldorf v. 4. 11. 2004 – 11 Sa 957/04, DB 2005, 454 (§§ 1360 ff., 1569 ff., 1601 ff. BGB: Erkundigungspflicht!).

10 Vgl. LAG Düsseldorf v. 4. 11. 2004 – 11 Sa 957/04, DB 2005, 454.

11 Vgl. LAG Hamm v. 6. 7. 2000 – 4 Sa 233/00, ZInsO 2001, 336 (u.U. sind fehlende Punkte auf Grund fehlender Angaben nachzutragen); LAG Schleswig-Holstein v. 10. 8. 2004 – 5 Sa 93/04, NZA-RR 2004, 582; LAG Köln v. 29. 7. 2004 – 5 Sa 63/04,

davon aus, dass der Arbeitgeber auf die ihm bekannten Daten vertrauen kann, wenn er keinen Anlass zu der Annahme hat, sie könnten nicht zutreffen[1].

2.182 Der Sozialauswahl braucht nicht Rechnung getragen zu werden, soweit der Arbeitgeber bei einer **Betriebsschließung** die Belegschaftsangehörigen auf der Grundlage der von ihm getroffenen Stilllegungsentscheidung gem. den jeweiligen Kündigungsfristen entlässt[2]. Eine **Stilllegungsentscheidung** mit dem Inhalt der Einstellung der werbenden Tätigkeit und Entlassung aller Arbeitnehmer mit der für sie geltenden Kündigungsfrist lässt für die Sozialauswahl keinen Raum.

cc) Betriebliche Interessen

2.183 Dass eine Bestimmung der zu entlassenden Arbeitnehmer allein nach Gesichtspunkten der sozialen Schutzbedürftigkeit die Funktionsfähigkeit eines intakten Betriebs beeinträchtigt und die Sanierung eines angeschlagenen Betriebs erschwert, wenn nicht vereitelt, liegt auf der Hand. Eine alte, kranke und unqualifizierte Arbeitnehmerschaft wird die geretteten Arbeitsplätze nicht erhalten können. Das Gesetz lässt daher zu, dass Arbeitnehmer nicht in die soziale Auswahl einbezogen werden, wenn ihre Weiterbeschäftigung im berechtigten betrieblichen Interesse liegt, insbesondere wegen ihrer Fähigkeiten, Kenntnisse und Leistungen oder zur Sicherung einer ausgewogenen Personalstruktur (§ 1 Abs. 3 Satz 2 KSchG). Es ist unsicher, welches **Gewicht** die betrieblichen Belange haben müssen, die einer Sozialauswahl entgegenstehen. Ein bloßer Nützlichkeitsaspekt oder Zweckmäßigkeitsgesichtspunkt reicht nicht aus. Es ist aber nicht erforderlich, dass der Betrieb ohne den Arbeitnehmer in eine Zwangslage kommt, dass also das „Wohl und Wehe" des Betriebs von der Weiterbeschäftigung des Arbeitnehmers abhängt. Das Bundesarbeitsgericht hat in der Vergangenheit darauf abgestellt, ob **die Weiterbeschäftigung eines bestimmten Arbeitnehmers erforderlich** ist[3]. § 1 Abs. 3 Satz 2 KSchG ist eine ausschließlich im **Interesse des Arbeitgebers** liegende Regelung. Ein Arbeitnehmer kann weder gegenüber dem Arbeitgeber noch gegenüber einem Arbeitskollegen geltend machen, dass er aus der Sozialauswahl herauszunehmen sei, weil seine Weiterbeschäftigung im berechtigten betrieblichen Interesse liege. Ob ein Arbeitnehmer aus diesem Grunde aus der Sozialauswahl herausgenommen wird, beurteilt und entscheidet der Arbeitgeber[4]. Entspre-

---

LAGE § 1 KSchG Soziale Auswahl Nr. 45a; LAG Düsseldorf v. 4. 11. 2004 – 11 Sa 957/04, DB 2005, 454; LAG Hamm v. 29. 3. 1985 – 2 Sa 560/85, LAGE § 1 KSchG Soziale Auswahl Nr. 1; ArbG Darmstadt v. 6. 4. 2004 – 4 Ca 669/03; *Kleinebrink*, DB 2005, 2522 ff.

1 Vgl. BAG v. 17. 1. 2008 – 2 AZR 405/06, DB 2008, 1688.

2 Vgl. BAG v. 18. 1. 2001 – 2 AZR 514/99, AP Nr. 115 zu § 1 KSchG 1969 Betriebsbedingte Kündigung = DB 2001, 1370.

3 Vgl. BAG v. 24. 3. 1983 – 2 AZR 21/82, AP Nr. 12 zu § 1 KSchG Betriebsbedingte Kündigung = DB 1983, 830; BAG v. 27. 9. 2001 – 2 AZR 246/00, EzA § 2 KSchG Nr. 41; *Rost*, Die betriebsbedingte Kündigung in der Unternehmenskrise und bei Insolvenz, 1987, S. 39.

4 Vgl. APS/*Kiel*, 3. Aufl. 2007, § 1 KSchG Rz. 747; *Bader*, NZA 1996, 1125, 1129; *Grunsky/Moll*, Arbeitsrecht und Insolvenz, 1997, Rz. 131; *Schiefer/Worzalla*, Das Ar-

chendes muss richtigerweise gelten, wenn es mehrere Arbeitnehmer gibt, die – möglicherweise – aus der Sozialauswahl ausgeklammert werden könnten, weil sie vergleichbare Fertigkeiten und Vorzüge haben; weder können diese Arbeitnehmer geltend machen, dass sie im Verhältnis zu anderen Arbeitnehmern nicht in die Sozialauswahl einbezogen werden, noch kann ein Einzelner dieser Arbeitnehmer geltend machen, dass er und nicht ein anderer, entsprechender Arbeitnehmer aus der Sozialauswahl herauszunehmen ist.

§ 1 Abs. 3 Satz 2 KSchG nimmt solche Arbeitnehmer von der Sozialauswahl aus, deren Beschäftigung „im berechtigten betrieblichen Interesse liegt". Die diesbezüglichen Tatsachen muss der Arbeitgeber konkret und substantiiert vortragen. Der Arbeitgeber muss das betriebliche Interesse an dem bevorzugten **Leistungsträger** mit den sozialen Belangen des schwächeren Arbeitnehmers abwägen. Je schwerer das soziale Interesse wiegt, um so gewichtiger müssen die Gründe für die Ausklammerung des Leistungsträgers sein[1]. Die **generelle** Herausnahme von sogenannten Leistungsträgern aus der Sozialauswahl verstößt gegen die in § 1 Abs. 3 KSchG enthaltenen Grundsätze, weil eine einzelfallbezogene Interessenabwägung stattzufinden hat[2]. 2.184

Die folgenden Gesichtspunkte können im Rahmen von § 1 Abs. 3 Satz 2 KSchG erheblich sein[3]: 2.185

- Abkehrwille.
- Erforderlichkeit der Qualifikation eines Arbeitnehmers für bestimmte technische Arbeitsabläufe oder für selten vorkommende Arbeiten.
- Erforderlichkeit eines Arbeitnehmers für die Wahrnehmung von Führungsaufgaben.
- Fähigkeiten beim Umgang mit Mitarbeitern.
- Beziehungen zu Kunden und Lieferanten auf Grund besonderer, spezieller Fähigkeiten oder Kontakte.
- Fähigkeiten, Kenntnisse, Leistungsschwäche, Leistungsstärke, Qualifikationsunterschiede, Schlechtarbeit, Zuspätkommen[4].
- Eine Verbesserung der Ertragslage und Stärkung der Leistungsfähigkeit des Betriebs kann es insbesondere in Krisensituationen erforderlich machen, dass ein eingearbeiteter Stamm an leistungsfähigen Arbeitnehmern als unentbehrlich erhalten bleibt[5].

---

beitsrechtliche Beschäftigungsförderungsgesetz und seine Auswirkungen für die betriebliche Praxis, 1996, Rz. 65; *Wlotzke,* BB 1997, 414, 419.

1 Vgl. BAG v. 12. 4. 2002 – 2 AZR 706/00, DB 2002, 2277.

2 Vgl. LAG Köln v. 24. 3. 2005 – 6 Sa 1364/04, NZA-RR 2006, 20.

3 S. dazu näher APS/*Kiel,* 3. Aufl. 2007, § 1 KSchG Rz. 750 ff.; *Berkowsky,* Die betriebsbedingte Kündigung, 6. Aufl. 2008, § 7 Rz. 302 ff.; *Berscheid,* Anwaltsblatt 1995, 8, 13 ff.; *Rost,* Die betriebsbedingte Kündigung in der Unternehmenskrise und bei Insolvenz, 1987, S. 38 ff.

4 S. dazu etwa BAG v. 24. 3. 1983 – 2 AZR 21/82, AP Nr. 12 zu § 1 KSchG Betriebsbedingte Kündigung = DB 1983, 1822.

5 Vgl. BAG v. 24. 3. 1983 – 2 AZR 21/82, AP Nr. 12 zu § 1 KSchG Betriebsbedingte Kündigung = DB 1983, 830.

- Ein berechtigter betrieblicher Belang liegt bei Massenentlassungen darin, dass das Ausmaß der auf Grund von Sozialauswahlerwägungen erwogenen Austauschmaßnahmen innerhalb der Belegschaft nicht über das hinausgeht, was in einzelnen Abteilungen bzw. Untereinheiten möglich ist, ohne deren Funktionsfähigkeit zu beeinträchtigen. Betriebliche Ablaufstörungen können eine Auswahl nach sozialen Gesichtspunkten entwickeln. Der Arbeitgeber kann von einem innerbetrieblichen Austausch auf Grund der Sozialauswahl absehen, soweit entweder durch die Sprengung notwendiger personeller Einheiten oder durch das Gesamtausmaß der einzeln jeweils unerheblichen Einarbeitungszeiten ein **ordnungsgemäßer Betriebsablauf beeinträchtigt oder gefährdet** wird[1]. Der Arbeitgeber hat darzulegen, wie viele Arbeitnehmer der unterschiedlichen Qualifikationsstufen in einer Abteilung oder Untereinheit bei Durchführung einer betriebsweiten sozialen Auswahl ausgetauscht werden können, ohne dass der Arbeitsprozess in Mitleidenschaft gezogen wird. Die Sozialauswahl beschränkt sich dann auf diese Arbeitnehmer. Die mit jeder sozialen Auswahl bei einer Massenkündigung im Rahmen der Stilllegung eines Betriebsteils verbundenen Schwierigkeiten können zwar berechtigte betriebliche Interessen i.S. von § 1 Abs. 3 Satz 2 KSchG begründen; diese Schwierigkeiten erlauben es dem Arbeitgeber aber nicht, völlig von einer Auswahl nach sozialen Gesichtspunkten abzusehen. Er muss vielmehr darlegen und ggf. unter Beweis stellen, wie viele vergleichbare Arbeitnehmer zwischen den verschiedenen Betriebsteilen ausgetauscht werden können, ohne dass der ordnungsgemäße Ablauf des Betriebs gestört wird. Auf diese Zahl von Arbeitnehmern beschränkt sich die soziale Auswahl. Eine Herausnahme von 70 % der Belegschaft aus der Sozialauswahl begründet eine Vermutung der Fehlerhaftigkeit eines solchen Vorgehens[2].
- Arbeitsunfähigkeitszeiten und Gesundheitsprobleme werden nur dann als relevant angesehen, wenn sie ein Ausmaß erreichen, welches für den Ausspruch einer darauf gestützten personenbedingten Kündigung ausreicht[3].
- Ein berechtigter betrieblicher Belang ist auch in der **Sicherung einer ausgewogenen Personalstruktur** zu sehen[4]. Der Gesichtspunkt der Personalstruktur ist nicht auf den Altersaspekt begrenzt, wird für diesen jedoch besonders nachhaltig diskutiert. Es ist allerdings nicht geklärt, was als ausgewogene Personalstruktur anzusehen ist: Vermeidung einer Vergreisung, Nutzbarmachung langjähriger und verlässlicher Erfahrung sowie Heranbildung eines guten Nachwuchses sind ins Verhältnis zu setzende Gesichts-

1 Vgl. BAG v. 25. 4. 1985 – 2 AZR 140/84, AP Nr. 7 zu § 1 KSchG 1969 Soziale Auswahl = DB 1985, 2205; BAG v. 31. 5. 2007 – 2 AZR 276/06, DB 2008, 1106; *B. Preis,* DB 1994, 2244 ff.

2 Vgl. BAG v. 5. 12. 2002 – 2 AZR 697/01, DB 2003, 1909 (Plausibilisierung).

3 Vgl. BAG v. 24. 3. 1983 – 2 AZR 21/82, AP Nr. 12 zu § 1 KSchG Betriebsbedingte Kündigung = DB 1983, 830.

4 S. zu diesem Gesichtspunkt bereits BAG v. 23. 11. 2000 – 2 AZR 533/99, AP Nr. 114 zu § 1 KSchG 1969 Betriebsbedingte Kündigung; BAG v. 20. 4. 2005 – 2 AZR 201/04, DB 2005, 1691; BAG v. 6. 7. 2006 – 2 AZR 442/05, NZA 2007, 139; *Bauer/Lingemann,* NZA 1993, 625, 628; *Berkowsky,* DB 1996, 778, 779; *Berscheid,* Anwaltsblatt 1995, 8, 14; *Buchner,* DB 1994, 504, 509; *Moll,* NJW 1994, 499, 500; *Stindt,* DB 1993, 1363 ff.; jew. m.w.N.

punkte[1]. Die Anforderungen werden teilweise dahin gehend umschrieben, dass dargetan werden müsse, dass ohne die Schaffung einer ausgewogenen Personalstruktur der Betrieb keine „Überlebenschancen" habe[2]. Dieser Maßstab erscheint unter Zugrundelegung der allgemeinen Grundsätze des § 1 Abs. 3 Satz 2 KSchG als zu streng. Es ist nicht zu verlangen, dass „Wohl und Wehe" des Betriebs in Rede stehen. Es muss genügen, dass die Entwicklung des Betriebs sowohl im Hinblick auf Effektivität als auch im Hinblick auf Nachwuchsplanung ohne die Sicherung der Personalstruktur Schaden nimmt. Ein berechtigtes betriebliches Interesse an der Erhaltung einer ausgewogenen Altersstruktur ist zu bejahen, wenn die Gefahr besteht, dass es zu erheblichen Verschiebungen in der Altersstruktur kommt, die im betrieblichen Interesse nicht hinnehmbar sind[3]. Anhaltspunkte mögen von den Verhältnissen anderer Unternehmen in der Branche oder aus etwaigen Grundsätzen der Personalpolitik abzuleiten sein. Die **Ausgewogenheit** muss nicht eine mathematisch gleiche Beteiligung diverser Arbeitnehmergruppen zum Inhalt haben. Es kommt letztlich auf die **Beibehaltung** der bisherigen Verhältnisse an. Die Erhaltung der Altersstruktur erfolgt durch die Bildung von Altersgruppen[4]. **Die Kündigungen werden verhältnismäßig auf die Altersgruppen verteilt**. Die Sozialauswahl kann dann innerhalb der Altersgruppen vorgenommen werden. Eine derartige Altersgruppenbildung ist nach § 10 Satz 1 und 2 AGG gerechtfertigt. Es wird abzuwarten sein, welche Altersgruppeneinteilung und welche Gewichtung sich letztlich in der Praxis unter dem Gesichtspunkt der Ausgewogenheit herausbilden werden[5]. Unter dem Gesichtspunkt der **Leistungsstärke der Belegschaft** wird eine Einteilung in fünf Gruppen erwogen[6]: Altersgruppe unter 25 Jahren, Altersgruppe 25–35 Jahre, Altersgruppe 35–45 Jahre, Altersgruppe 45–55 Jahre, Altersgruppe über 55 Jahre. Unter dem **Gesichtspunkt effektiver Führungsstrukturen** wird für die Leitungsebene eine Dreiteilung der Altersgruppen vorgeschlagen[7]: Altersgruppe unter 35 Jahren, Altersgruppe 35–50 Jahre, Altersgruppe über 50 Jahre. Andere Altersgruppeneinteilungen sind denkbar. Die Kontrollmöglichkeit der Arbeitsgerichte im Hinblick darauf, was eine ausgewogene Altersstruktur sei, ist ungeklärt. Dem Arbeitgeber wird man insoweit eine entsprechende Entscheidungskompetenz einräumen müssen, wie sie im Falle der Betriebsorganisation und der Stellenstruktur besteht[8]. Die Entscheidung des Arbeitgebers unterliegt der Missbrauchskontrolle. Die Herausnahme einzelner Beschäftigter aus der Sozialauswahl ohne eine abstrakte starre Gruppeneinteilung erscheint auch möglich.

1 Vgl. *Berscheid*, Anwaltsblatt 1995, 8, 14.
2 Vgl. *Warrikoff*, BB 1994, 2338, 2343.
3 Vgl. BAG v. 6. 7. 2006 – 2 AZR 442/05, NZA 2007, 139.
4 Vgl. BAG v. 6. 7. 2006 – 2 AZR 442/05, NZA 2007, 139; BAG v. 6. 9. 2007 – 2 AZR 387/06, NZA 2008, 405.
5 S. näher unten Rz. 7.277 ff.
6 Vgl. APS/*Kiel*, 3. Aufl. 2007, § 1 KSchG Rz. 771; *Berkowsky*, Die betriebsbedingte Kündigung, 6. Aufl. 2008, § 7 Rz. 296 ff.; *Berscheid*, Anwaltsblatt 1995, 8, 14; *Grunsky/Moll*, Arbeitsrecht und Insolvenz, 1997, Rz. 153 ff.
7 Vgl. *Berscheid*, Anwaltsblatt 1995, 8, 14.
8 Vgl. *Kübler/Prütting/Bork/Moll*, § 125 InsO Rz. 60.

Die Personalstruktur wird bei Einzelkündigungen nicht berührt, so dass der Gesichtspunkt der ausgewogenen Personalstruktur nur bei einer Mehrheit von Kündigungen anwendbar ist[1], auch wenn man nicht das Erfordernis des Vorliegens einer Massenentlassung aufstellen kann.

2.186 Die Berücksichtigung der Altersstruktur im Rahmen von § 1 Abs. 3 Satz 2 KSchG ist von der Rechtsprechung teilweise restriktiv gehandhabt worden. Es sei in jedem Einzelfall eine konkrete Darlegung dazu erforderlich, dass und warum die Personalstruktur im berechtigten betrieblichen Interesse liegt, d.h. welchen Nachteil der Betrieb erleidet, wenn sich die Personalstruktur ändert[2]. Dies ist – über die allgemeinen Gesichtspunkte zu dieser Problematik hinaus – praktisch nicht zu leisten, so dass der Personalstrukturaspekt zu § 1 Abs. 3 Satz 2 KSchG damit letztlich leerläuft[3]. Die Rechtsprechung dürfte sich zwischenzeitlich an Plausibilität ausrichten[4]: Es genügt, wenn erkennbar wird, dass ganz überwiegend jüngeren Beschäftigten gekündigt werden müsste und das Durchschnittsalter etwa auf über 50 Jahre anstiege oder dass der jüngste Arbeitnehmer 41 Jahre alt gewesen und das Durchschnittsalter erheblich gestiegen wäre.

dd) Gesamtwürdigung

2.187 Der Arbeitgeber hat eine Gesamtwürdigung vorzunehmen. Die Rechtsprechung räumt dem Arbeitgeber einen **Beurteilungsspielraum** ein[5]. Dies wird damit begründet, dass das Gesetz (nur) eine *ausreichende* Berücksichtigung der sozialen Gesichtspunkte vorschreibt[6]. Die Rechtsprechung hat es dementsprechend zu Recht abgelehnt, dass die Arbeitsgerichte die Überprüfung der Sozialauswahl nach von ihnen konzipierten Auswahlschemata oder Punktetabellen vornehmen[7]. Dies ist konsequent, weil anderenfalls der Beurteilungsspielraum des Arbeitgebers im Rahmen von § 1 Abs. 3 Satz 1 KSchG gegenstandslos würde. Geringfügige Unterschiede führen nicht ohne weiteres dazu, dass soziale Gesichtspunkte „nicht oder nicht ausreichend" berücksichtigt sind.

ee) Rechtsfolge einer fehlerhaften Sozialauswahl

2.188 Die Rechtsfolge einer fehlerhaften Sozialauswahl ist bei Massenentlassungen bis zur jüngsten Rechtsprechungsänderung gravierend gewesen. Die Recht-

---

1 Vgl. *Bader,* NZA 1996, 1125, 1129; *Grunsky/Moll,* Arbeitsrecht und Insolvenz, 1997, Rz. 142; *Wlotzke,* BB 1997, 414, 418.

2 Vgl. BAG v. 20. 4. 2005 – 2 AZR 201/04, DB 2005, 1691.

3 S. kritisch zutreffend *Wank,* RdA 2006, 239 ff.

4 Vgl. BAG v. 6. 7. 2006 – 2 AZR 442/05, NZA 2007, 139; BAG v. 6. 9. 2007 – 2 AZR 387/06, NZA 2008, 405.

5 Vgl. BAG v. 18. 10. 1984 – 2 AZR 543/83, AP Nr. 6 zu § 1 KSchG 1969 Soziale Auswahl = DB 1985, 1083; BAG v. 18. 1. 1990 – 2 AZR 357/89, AP Nr. 19 zu § 1 KSchG 1969 Soziale Auswahl = DB 1990, 1335; *U. Preis,* DB 1998, 1761, 1763.

6 Vgl. *Berkowsky,* DB 1996, 778, 780.

7 Vgl. BAG v. 24. 3. 1983 – 2 AZR 21/82, AP Nr. 12 zu § 1 KSchG 1969 Betriebsbedingte Kündigung = DB 1983, 830.

sprechung hat angenommen, dass dann, wenn auch nur einem Arbeitnehmer nicht gekündigt worden ist, den unter Heranziehung der Grundsätze des § 1 Abs. 3 KSchG die Kündigung treffen müsste, sich alle (anderen) betroffenen Arbeitnehmer auf diese fehlerhafte soziale Auswahl berufen können[1]. Dies hat bedeutet, dass unter Umständen eine **große Anzahl von Kündigungen unwirksam** ist, nur weil **in einem einzigen Fall der „falsche" Arbeitnehmer die Kündigung erhalten** hat. Die Rechtsprechung hat teilweise mit einzelfallbezogenen Lösungen „geholfen"[2]. Das Bundesarbeitsgericht hat diese Rechtsprechung inzwischen jedenfalls bei der Sozialauswahl mittels Auswahlrichtlinie (Punkteschema) aufgegeben[3]: Es ist nunmehr bei jedem einzelnen Arbeitnehmer, der eine fehlerhafte soziale Auswahl geltend macht, zu prüfen, ob er bei ordnungsgemäßer Sozialauswahl tatsächlich den Vorrang erhalten und (deshalb) **mit seiner Kündingungsschutzklage obsiegt** hätte; ist dies nicht der Fall, „nützt" ihm der Sozialauswahlfehler des Arbeitgebers nichts.

ff) Besonderheiten der sozialen Auswahl bei der Änderungskündigung

Die soziale Auswahl bei der Änderungskündigung hat darauf abzustellen, für 2.189 welchen Arbeitnehmer die Änderung der Arbeitsbedingungen in sozialer Hinsicht am ehesten zumutbar ist[4]. Ausgangspunkt sind zwar die klassischen Auswahlkriterien. Diese können jedoch bei der Zuweisung anderer Tätigkeiten an Gewicht verlieren. Es ist auch bedeutsam, welchem Arbeitnehmer die Umstellung nach seinen Eigenschaften, seiner Tätigkeit und seiner Vorbildung leichter oder schwerer fällt[5]. Die Sozialauswahl hat dabei nicht nur darauf abzustellen, ob die Arbeitnehmer auf ihren bisherigen Arbeitsplätzen miteinander vergleichbar sind. Es muss vielmehr hinzukommen, dass die Arbeitnehmer auch im Hinblick auf die den Gegenstand des Änderungsangebots bildende Tätigkeit wenigstens annähernd gleich geeignet sind; die Austauschbarkeit muss sich auf den mit der Änderungskündigung angebotenen Arbeitsplatz beziehen[6].

e) Auswahlrichtlinien (§ 1 Abs. 4 KSchG)

Die im Rahmen der Sozialauswahl gebotene Gesamtwürdigung wird in der 2.190 Praxis vielfach mit Hilfe von Punkteschemata vorgenommen[7]. Die Rechtspre-

1 Vgl. BAG v. 18. 10. 1984 – 2 AZR 543/83, AP Nr. 6 zu § 1 KSchG 1969 Soziale Auswahl = DB 1985, 1083.
2 Vgl. BAG v. 7. 12. 1995 – 2 AZR 1008/94, AP Nr. 29 zu § 1 KSchG 1969 Soziale Auswahl = DB 1996, 783.
3 Vgl. BAG v. 9. 11. 2006 – 2 AZR 812/05, DB 2007, 1087.
4 Vgl. *Hromadka,* NZA 1996, 1, 8 m.w.N.
5 Vgl. BAG v. 13. 6. 1986 – 7 AZR 623/84, AP Nr. 13 zu § 1 KSchG 1969 Soziale Auswahl = DB 1987, 335.
6 Vgl. BAG v. 13. 6. 1986 – 7 AZR 623/84, AP Nr. 13 zu § 1 KSchG 1969 Soziale Auswahl = DB 1987, 335.
7 S. dazu ausführlich *Moll* in Henssler/Moll, Kündigung und Kündigungsschutz in der betrieblichen Praxis, 2000, S. 141, 150 ff.

chung hat dies anerkannt, jedoch früher verlangt, dass in jedem Falle Raum für eine Berücksichtigung der Einzelfallumstände bleiben müsse[1].

2.191 Punkteschemata sind Richtlinien über die personelle Auswahl i.S. von § 95 Abs. 1 BetrVG. Die Aufstellung einer Auswahlrichtlinie bedarf nach § 95 Abs. 1 BetrVG der **Zustimmung des Betriebsrats**. Der Betriebsrat kann nach § 95 Abs. 2 BetrVG in Betrieben mit mehr als 500 Arbeitnehmern die Aufstellung von Auswahlrichtlinien kraft eigenen Initiativrechts verlangen. Die Auswahlrichtlinien können nicht von den Vorgaben des § 1 Abs. 3 KSchG abweichen und nicht die Rechtsprechungsgrundsätze zur Sozialauswahl durchbrechen[2]. Die Rechtsprechung hat Auswahlrichtlinien i.S. von § 95 Abs. 1 und 2 BetrVG im Hinblick auf die Einhaltung der Vorgaben des § 1 Abs. 3 Satz 1 KSchG seit jeher nur beschränkt gerichtlich überprüft, nämlich dahin gehend, ob die Auswahlrichtlinien die Grundwertungen der Sozialauswahl beachten, ob Spielraum für eine abschließende individuelle Bewertung des Einzelfalles bleibt und ob berechtigte betriebliche Belange erst im Rahmen von Satz 2 und nicht bereits im Rahmen von Satz 1 des § 1 Abs. 3 KSchG berücksichtigt werden[3]. Den Betriebspartnern hat auch schon vor der Einfügung von § 1 Abs. 4 KSchG bei der Aufstellung von Auswahlrichtlinien ein Beurteilungsspielraum zugestanden, der über denjenigen hinausgeht, der dem Arbeitgeber bei der Durchführung der Sozialauswahl zugebilligt wird.

2.192 § 1 Abs. 4 KSchG bestimmt, dass die soziale Auswahl nur **auf grobe Fehlerhaftigkeit überprüft** werden kann, wenn in einer Betriebsvereinbarung einer Personalvertretungsrichtlinie oder in einem Tarifvertrag geregelt wird, wie die sozialen Gesichtspunkte i.S. von § 1 Abs. 3 Satz 1 KSchG im Verhältnis zueinander bewertet werden. Die Begründung des Gesetzentwurfs führt dazu aus, dass dadurch eine bessere Berechenbarkeit der Zulässigkeit von Kündigungen zu erzielen sei[4]. § 1 Abs. 4 KSchG bestätigt, dass in kollektiven Regelungen die Gewichtung der sozialen Gesichtspunkte vor Durchführung der Sozialauswahl generell erfolgen kann. Dies geschieht typischerweise durch die Aufstellung von Punktetabellen.

2.193 Die Beschränkung der Überprüfung der sozialen Auswahl auf grobe Fehlerhaftigkeit bedeutet, dass zu fragen ist, ob die Gewichtung der Sozialdaten **jede Ausgewogenheit vermissen** lässt[5]. Der Maßstab der groben Fehlerhaftigkeit eröffnet einen über den im Rahmen von § 1 Abs. 3 Satz 1 KSchG bestehenden

---

1 Vgl. BAG v. 18. 1. 1990 – 2 AZR 357/89, AP Nr. 19 zu § 1 KSchG 1969 Soziale Auswahl = DB 1990, 1335. Beispiele für Punkteschemata finden sich u.a. bei *Berkowsky,* Die betriebsbedingte Kündigung, 6. Aufl. 2008, § 7 Rz. 238.

2 Vgl. BAG v. 11. 3. 1976 – 2 AZR 43/75, AP Nr. 1 zu § 95 BetrVG 1972; BAG v. 15. 6. 1989 – 2 AZR 580/88, AP Nr. 18 zu § 1 KSchG 1969 Soziale Auswahl; BAG v. 18. 1. 1990 – 2 AZR 357/89, AP Nr. 19 zu § 1 KSchG 1969 Soziale Auswahl = DB 1990, 1335.

3 Vgl. BAG v. 20. 10. 1983 – 2 AZR 211/82, AP Nr. 13 zu § 1 KSchG 1969 Betriebsbedingte Kündigung = DB 1984, 563; BAG v. 18. 1. 1990 – 2 AZR 357/89, AP Nr. 19 zu § 1 KSchG 1969 Soziale Auswahl = DB 1990, 1335.

4 Vgl. BT-Drucks. 13/4612, S. 9. S. auch BT-Drucks. 13/5107, S. 30.

5 Vgl. BAG v. 5. 12. 2002 – 2 AZR 697/01, DB 2003, 1909; BT-Drucks. 13/4012, S. 9; *Lorenz,* DB 1996, 1973, 1974; *Schwedes,* BB 1996, Beilage 17, S. 2, 4.

Beurteilungsspielraum des Arbeitgebers hinausgehenden Spielraum. Die Grenze der groben Fehlerhaftigkeit ist überschritten, wenn eines der in § 1 Abs. 3 Satz 1 KSchG genannten Kriterien gänzlich vernachlässigt wird.

Die kollektive Regelung i.S. von § 1 Abs. 4 KSchG hat die Gesichtspunkte nach Abs. 3 Satz 1 zu bestimmen und zu bewerten, stellt also auf Betriebszugehörigkeit, Lebensalter, Unterhaltspflichten und Schwerbehinderungen ab. Sie kann darüber hinausgehende Gesichtspunkte berücksichtigen. § 1 Abs. 4 KSchG eröffnet zu Gunsten von Kollektivregelungen zwar einen weiter gehenden Spielraum, ändert aber nichts am Ausgangspunkt des § 1 Abs. 3 Satz 1 KSchG. Entscheidend ist in § 1 Abs. 4 KSchG mithin, ob bei Berücksichtigung aller Sozialerwägungen die Gesichtspunkte des § 1 Abs. 3 Satz 1 KSchG in einer Weise beachtet sind, die erkennen lässt, dass keiner von ihnen gänzlich vernachlässigt worden ist. 2.194

Die Privilegierung der Auswahlrichtlinie durch § 1 Abs. 4 KSchG bezieht sich auf die soziale Auswahl. Ob damit auch die Feststellung des Kreises der vergleichbaren Arbeitnehmer erfasst ist, ist unsicher und und wird von der Rechtsprechung verneint[1]. Die Privilegierung ist auch nicht im Hinblick auf die Feststellung und Würdigung berechtigter betrieblicher Interessen i.S. von § 1 Abs. 3 Satz 2 KSchG anwendbar[2]. 2.195

Der Arbeitgeber hat die Auswahlrichtlinie korrekt anzuwenden. Eine abschließende Abwägung der Einzelfallumstände ist im Anschluss an die Neufassung des § 1 Abs. 3 Satz 1 KSchG seit dem 1. 1. 2004 bei der Anwendung einer Punktetabelle nach § 1 Abs. 4 KSchG nicht mehr erforderlich[3]. Das Arbeitsgericht prüft nach, ob der Arbeitgeber die Auswahlrichtlinie richtig angewandt hat. Weicht der Arbeitgeber von der Auswahlrichtlinie ab, ist die Kündigung unwirksam; die Sozialauswahl ist bei Verstoß gegen eine Auswahlrichtlinie fehlerhaft[4]. 2.196

Die Auswahlrichtlinie kann unwirksam sein. Dies besagt allerdings noch nichts zwingend für das Ergebnis des Sozialauswahlvorgangs. Die Ergebnisse des Sozialauswahlvorgangs sind ohne Anwendung der Auswahlrichtlinie auf ihre Rechtmäßigkeit zu überprüfen. Der Privilegierungseffekt des § 1 Abs. 4 KSchG kommt nicht zum Tragen. Ob die tatsächlich getroffene Sozialauswahl rechtmäßig ist oder nicht, ist in jedem Einzelfall unter Zugrundelegung des § 1 Abs. 3 KSchG zu überprüfen. **Die Unwirksamkeit der Auswahlrichtlinie beseitigt nur die Privilegierungswirkungen des § 1 Abs. 4 KSchG**. Die Sozialauswahl kann gleichwohl nach § 1 Abs. 3 KSchG rechtmäßig sein. 2.197

1 Vgl. BAG v. 5. 6. 2008 – 2 AZR 907/06, DB 2008, 2143.
2 Vgl. BAG v. 5. 6. 2008 – 2 AZR 907/06, DB 2008, 2143; *Grunsky/Moll,* Arbeitsrecht und Insolvenz, 1997, Rz. 244; *v. Hoyningen-Huene/Linck,* DB 1997, 41, 44. Siehe aber demgegenüber *U. Preis,* NJW 1996, 3369, 3372.
3 Vgl. BAG v. 9. 11. 2006 – 2 AZR 812/05, DB 2007, 1087.
4 Vgl. LAG Sachsen v. 21. 9. 2000 – 6 Sa 153/00, NZA-RR 2001, 586; *Moll* in Henssler/Moll, Kündigung und Kündigungsschutz in der betrieblichen Praxis, 2000, S. 141, 164.

f) Namensliste (§ 1 Abs. 5 KSchG)

2.198 § 1 Abs. 5 KSchG regelt nach dem Vorbild des § 125 InsO die Möglichkeit eines Interessenausgleichs (§ 112 Abs. 1 Satz 1 BetrVG) mit Namensliste. Die Regelung enthält ebenso wie § 125 InsO eine Vermutungswirkung hinsichtlich des Fehlens von Beschäftigungsmöglichkeiten und die Beschränkung der Sozialauswahlüberprüfung auf grobe Fehlerhaftigkeit. Wegen der Einzelheiten kann auf die Ausführungen zu § 125 InsO verwiesen werden. Ein wesentlicher Unterschied besteht darin, dass § 1 Abs. 5 Satz 2 KSchG nur die Erhaltung der bisherigen Personalstruktur privilegiert, während § 125 InsO die Prüfung auch auf die Schaffung einer neuen Personalstruktur erstreckt.

3. Eingriffe in die Vergütung und Ruhegehaltsansprüche von Geschäftsführern *(Uhlenbruck)*

2.199 In jeder Krise einer GmbH stellt sich die Frage, ob und in welchem Umfang der oder die arbeitnehmerähnlichen Geschäftsführer Eingriffe in ihre Bezüge und Ruhegehaltsansprüche im Interesse einer nachhaltigen Sanierung der Gesellschaft hinzunehmen haben. Hinsichtlich der durch das Betriebsrentengesetz geschützten Ruhegeldzusagen wird allgemein die Auffassung vertreten, dass seit der Streichung des Sicherungsfalles der **„wirtschaftlichen Notlage"** (§ 7 Abs. 1 Satz 3 Nr. 5 BetrAVG in der bis 31. 12. 1998 gültigen Fassung) durch das EGInsO das von der Rechtsprechung aus den Grundsätzen über den Wegfall der Geschäftsgrundlage entwickelte Recht zum Widerruf insolvenzgeschützter betrieblicher Versorgungsrechte wegen wirtschaftlicher Notlage nicht mehr besteht[1]. Richtig ist, dass es seit dem 1. 1. 1999 nur noch folgende **gesetzlich geschützten Sicherungsfälle** gibt: die Eröffnung des Insolvenzverfahrens, die Abweisung mangels Masse und den außergerichtliche Vergleich, soweit der PSVaG seine Zustimmung erteilt, sowie die vollständige Beendigung der Betriebstätigkeit im Geltungsbereich des BetrAVG, wenn ein Antrag auf Eröffnung des Insolvenzverfahrens nicht gestellt worden ist und ein Insolvenzverfahren offensichtlich mangels Masse nicht in Betracht kommt (§ 7 Abs. 1 Satz 2 Ziff. 1, Satz 4 Ziff. 1–3 BetrAVG). Fraglich ist aber, ob – wie z.B. das BAG[2] meint – mit dem Wegfall des Insolvenzschutzes für den Fall des Wiederrufs wegen wirtschaftlicher Notlage auch ein solches Widerrufsrecht wegen der vom Gesetzgeber gewollten Verknüpfung von Widerrufsrecht und Insolvenzschutz weggefallen ist. Ungeklärt ist auch die Frage, ob unverfallbare Versorgungsanwartschaften, Ruhegeldzusagen und Ruhegeldzahlungen, die nicht dem gesetzlichen Insolvenzschutz unterfallen, nach wie vor bei existenzgefährdender wirtschaftlicher Notlage der GmbH widerrufen werden können.

1 Vgl. BAG v. 17. 6. 2003 – 3 AZR 396/02, DB 2004, 324; *Höfer*, Gesetz zur Verbesserung der betrieblichen Altersversorgung, 8. Aufl. 2004, Bd. I (Stand Juni 2006), § 7 BetrAVG Rz. 4381 ff.; *Berenz* in Kemper/Kisters-Kölkes/Berenz/Bode/Pühler, 3. Aufl. 2008, § 7 BetrAVG Rz. 18a; *Schwerdtner*, Die Kürzung oder Einstellung betrieblicher Versorgungsleistungen wegen wirtschaftlicher Notlage des Arbeitgebers, FS Uhlenbruck, 2000, S. 799 ff.; *Uhlenbruck*, KSI 2006, 121 ff.
2 BAG v. 17. 6. 2003 – 3 AZR 396/02, DB 2004, 324.

a) Herabsetzung der Geschäftsführerbezüge

Unabhängig von den erfolgsabhängigen Vergütungskomponenten, wie z.B. Tantiemen, kann der Geschäftsführer bei einer wesentlichen Verschlechterung der wirtschaftlichen Situation der Gesellschaft auf Grund seiner **Treuepflicht** ausnahmsweise verpflichtet sein, einer **zeitweisen Herabsetzung** seiner festen Bezüge zuzustimmen. Der Alleingeschäftsführer und Hauptgesellschafter einer GmbH kann in der Krise der Gesellschaft die Pflicht haben, sein Gehalt zu reduzieren[1]. Das gilt insbesondere, wenn durch die Fortzahlung der Bezüge in bisheriger Höhe der Gesellschaft Mittel entzogen würden, auf die sie zum Überleben dringend angewiesen ist[2]. Selbst wenn die Vorschrift des § 87 Abs. 2 AktG für die GmbH keine entsprechende Anwendung findet[3], lässt sich aus dieser Vorschrift jedenfalls das „allgemeine Rechtsprinzip" entnehmen, dass die Bezüge der Organwalter bei einer grundlegenden Veränderung der Verhältnisse entsprechend anzupassen sind."[4] Die Herabsetzung der Bezüge muss für die Gesellschaft objektiv erforderlich und dem Geschäftsführer subjektiv zumutbar sein[5]. Eine **Pflicht des Geschäftsführers**, der Herabsetzung seiner Bezüge zuzustimmen, kommt nach Auffassung des OLG Naumburg[6] nur in Betracht, wenn sich die wirtschaftlichen Verhältnisse der Gesellschaft in wesentlichem Masse verschlechtert haben. Ist im Gesellschaftsvertrag eine Anpassung der Bezüge vereinbart worden, kommt es darauf an, ob die Verschlechterung der Wirtschaftslage bei der letzten Festsetzung der Bezüge bereits berücksichtigt wurde. Zwingende weitere Voraussetzung ist jedoch, dass die Herabsetzung zur Herbeiführung einer **nachhaltigen Sanierung der Gesellschaft** beiträgt. Die Darlegungs- und Beweislast hierfür hat die Gesellschaft[7]. 2.200

Der **Umfang der Herabsetzung**, d.h. die Herabsetzung auf das billige und die Unbilligkeit der Weitergewährung des bisherigen Gehalts ist eine im Einzel- 2.201

1 OLG Köln v. 6. 11. 2007 – 18 U 131/07, NZG 2008, 637 m. Anm. *Krüger/Achsnik*, EWiR 2008, 655 f.

2 BGH v. 15. 6. 1992 – II ZR 88/91, GmbHR 1992, 605; OLG Naumburg v. 16. 4. 2003 – 5 U 12/03, GmbHR 2004, 423; *Goette*, DStR 1998, 1138; *Bauder*, BB 1993, 369 ff.; *H.-F. Müller*, Der Verband in der Insolvenz, 2002, S. 84 f.; *Hommelhoff/Kleindiek* in Lutter/Hommelhoff, Anh. § 6 GmbHG Rz. 34a; *Michalski/Heyder*, § 6 GmbHG Rz. 152; *Altmeppen* in Roth/Altmeppen, § 6 GmbHG Rz. 54; *Tillmann/Mohr*, GmbH-Geschäftsführer, 9. Aufl. 2009, Rz. 227 f.; *Scholz/Uwe H. Schneider/Sethe*, § 35 GmbHG Rz. 241; *Rowedder/Schmidt-Leithoff/Koppensteiner*, § 35 GmbHG Rz. 100; *Fleck*, FS Hilger/Stumpf, 1983, S. 197, 219; *Hoffmann/Liebs*, Der GmbH-Geschäftsführer, Rz. 642 S. 222; *Baumbach/Hueck/Zöllner/Noack*, § 35 GmbHG Rz. 187.

3 *Scholz/Uwe H. Schneider/Sethe*, § 35 GmbHG Rz. 241; anders aber *Baumbach/Hueck/Zöllner/Noack*, § 35 GmbHG Rz. 187.

4 *H.-F. Müller*, Der Verband in der Insolvenz, 2002, S. 84; BGH v. 15. 6. 1992 – II ZR 88/91, GmbHR 1992, 605; *Scholz/Uwe H. Schneider/Sethe*, § 35 GmbHG Rz. 241.

5 *Scholz/Uwe H. Schneider/Sethe*, § 35 GmbHG Rz. 241, die hinsichtlich der Verpflichtung auf die organschaftliche Treuepflicht abstellen.

6 OLG Naumburg v. 16. 4. 2003 – 5 U 12/03, GmbHR 2004, 423; *Bauder*, BB 1993, 369, 370.

7 So *Fleck*, FS Hilger/Stumpf, 1983, S. 219; *Hommelhoff/Kleindiek* in Lutter/Hommelhoff, Anh. § 6 GmbHG Rz. 34a.

fall zu beurteilende Tatfrage. Handelt es sich um einen Gesellschafter-Geschäftsführer, so sind nach Auffassung des OLG Naumburg[1] die diesem gewährten Leistungen mit dem Gehalt zu vergleichen, das ein Fremdgeschäftsführer unter denselben Umständen für die gleiche Tätigkeit erhalten hätte. Ist die Vergütung unter Berücksichtigung aller Umstände als Entgelt für die Geschäftsführertätigkeit angemessen, so liegt kein Verstoß gegen § 30 Abs. 1 GmbHG vor[2].

2.202 Eine **nur vorübergehende Verschlechterung der wirtschaftlichen Situation** der Gesellschaft lässt eine Herabsetzung der Bezüge nicht zu. Eine **unbefristete Herabsetzung** ist nur angemessen, wenn sich die Verbesserung der wirtschaftlichen Situation der Gesellschaft nicht absehen lässt[3]. Gelingt die Sanierung oder scheitert sie, lebt der ursprüngliche Vergütungsanspruch in voller Höhe wieder auf und genießt, wenn es sich um einen abhängigen Geschäftsführer handelt, den Insolvenzschutz nach dem BetrAVG.

2.203 Wird die Vergütung herabgesetzt, steht dem Geschäftsführer ein **Kündigungsrecht** analog § 87 Abs. 2 Satz 3 AktG zu[4]. Die **Darlegungs- und Beweislast** dafür, dass sich die wirtschaftliche Lage der GmbH wesentlich verschlechtert hat und die Weitergewährung der Bezüge in der bisherigen Höhe für die Gesellschaft eine schwere Unbilligkeit darstellen würde, trägt die Gesellschaft[5].

2.204 Wird das Gehalt eines Gesellschafter-Geschäftsführers gemindert oder erklärt dieser teilweise einen Gehaltsverzicht, so ergeben sich zahlreiche **steuerliche Fragen**[6]. Grundsätzlich hat der Verzicht auf einen noch nicht entstandenen Gehaltsanspruch weder bei der Gesellschaft noch beim Gesellschafter-Geschäftsführer steuerliche Konsequenzen[7]. Von einer **Gehaltsminderung** oder einem **Verzicht** zu unterscheiden ist die **Gehaltsstundung** durch den Geschäftsführer wegen Liquiditätsschwierigkeiten der Gesellschaft. Bei der Stundung wird von dem Beteiligten davon ausgegangen, dass die Nachholung der Gehaltszahlung möglich sein wird. Die Nachzahlung wird durch eine sog. **Besserungsabrede** vereinbart. Allerdings muss die Besserungsabrede hinreichend konkretisiert und eindeutig bestimmt sein. Verzichtet ein Gesellschafter-Geschäftsführer auf Grund der wirtschaftlichen Situation der GmbH teilweise auf sein Gehalt und werden die Zahlungen ohne Vorliegen eines hinreichend klaren und eindeutigen Besserungsvorbehalts und ohne ausdrücklichen

1 OLG Naumburg v. 16. 4. 2003 – 5 U 12/03, GmbHR 2004, 423.
2 BGH v. 15. 6. 1992 – II ZR 88/91, GmbHR 1992, 605; OLG Naumburg v. 16. 4. 2003 – 5 U 12/03, GmbHR 2004, 423, 424.
3 OLG Naumburg v. 16. 4. 2003 – 5 U 12/03, GmbHR 2004, 423, 424; *Mertens* in Kölner Kommentar zum AktG, § 87 AktG Rz. 11.
4 *Michalski/Heyder*, § 6 GmbHG Rz. 152.
5 BGH v. 15. 6. 1992 – II ZR 88/91, GmbHR 1992, 605, 607; OLG Naumburg v. 16. 4. 2003 – 5 U 12/03, GmbHR 2004, 423; *Scholz/Uwe H. Schneider/Sethe*, § 35 GmbHG Rz. 241; *Hommelhoff/Kleindiek* in Lutter/Hommelhoff, Anh. § 6 GmbHG Rz. 34a; *Michalski/Heyder*, § 6 GmbHG Rz. 152; *Baumbach/Hueck/Zöllner/Noack*, § 35 GmbHG Rz. 101.
6 Vgl. *Neumann*, GmbH-StB 2006, 40.
7 BFH v. 14. 3. 1989 – I R 8/85, BFHE 156, 452 = BStBl. II 1989, 633.

Gesellschafterbeschluss wieder aufgenommen, so stellen sie **verdeckte Gewinnausschüttungen** dar[1]. Die Anwendung der **Überversorgungsgrundsätze** bei sanierungsbedingten Gehaltsabsenkungen wird nach wie vor kontrovers diskutiert[2]. Mit Schreiben vom 24. 8. 2005[3] hat das BMF eine Anregung der Bundessteuerberaterkammer vom 28. 7. 2005 abgelehnt, sein Schreiben vom 3. 11. 2004[4] dahingehend zu ergänzen, dass bei einer sanierungsbedingten Herabsetzung von Geschäftsführergehältern die Überversorgungsgrundsätze nicht anzuwenden sind. Nach Feststellung von *K.-F. Kohlhaas*[5] dürften auf der Grundlage der BFH-Rechtsprechung auch bei einer **dauerhaften sanierungsbedingten Gehaltskürzung** die Überversorgungsgrundsätze keine Anwendung finden. Solange allerdings das BMF sein Schreiben vom 3. 11. 2004 in dieser Hinsicht nicht ändere, bleibe für die Praxis nur die **befristete sanierungsbedingte Gehaltsabsenkung** als adäquates Mittel der Sanierung.

b) Zeitweise Einstellung und Kürzung von Ruhegeldzahlungen wegen existenzbedrohender Notlage

Die Auffassung[6], dass eine existenzbedrohende Notlage der Gesellschaft den Geschäftsführer nach den Grundsätzen des Wegfalls der Geschäftsgrundlage (§ 313 BGB) verpflichten kann, in die Herabsetzung des Ruhegehaltsanspruchs einzuwilligen, kann heute in dieser Allgemeinheit nicht aufrecht erhalten werden. Durch Art. 8 des Gesetzes zur Reform der gesetzlichen Rentenversicherung v. 16. 12. 1997[7] hat der Gesetzgeber in § 7 BetrAVG den **Sicherungsfall der wirtschaftlichen Notlage** des Arbeitgebers ersatzlos gestrichen[8]. Nach einem Urteil des BAG[9] besteht seit der Streichung des Sicherungsfalls der wirtschaftlichen Notlage (§ 7 Abs. 1 Satz 3 Nr. 5 BetrAVG a.F.) und Anpassung des § 7 BetrAVG an die Insolvenzordnung durch Art. 91 EGInsO das von der Rechtsprechung aus den Grundsätzen über den Wegfall der Geschäftsgrundlage entwickelte **Recht zum Widerruf insolvenzgeschützter betrieblicher Versorgungsrechte** wegen wirtschaftlicher Notlage nicht mehr (s. oben Rz. 2.199)[10]. 2.205

1 BFH v. 18. 12. 2002 – I R 27/02, GmbHR 2003, 546 m. Anm. *Hoffmann*; *Crezelius*, NZI 2006, 339.

2 Vgl. *Paus*, FR 2005, 409, 410; *Kohlhaas*, GmbHR 2006, 521; *Neumann*, GmbH-StB 2006, 40.

3 BMF v. 24. 8. 2005 – IV B 2 – S 2176-65/05, GmbHR 2006, 560.

4 BMF v. 3. 11. 2004 – IV B 2 – S 2176–13/04, BStBl. I 2004, 1045 = GmbHR 2005, 126.

5 GmbHR 2006, 521, 524.

6 BGH v. 8. 12. 1960 – II ZR 107/59, WM 1961, 299, 300; BGH v. 19. 10. 1978 – II ZR 42/77, WM 1979, 250, 251; BGH v. 11. 2. 1985 – II ZR 194/84, ZIP 1985, 760, 762; *Rowedder/Schmidt-Leithoff/Koppensteiner*, § 35 GmbHG Rz. 97; *Hommelhoff/Kleindiek* in Lutter/Hommelhoff, Anh. § 6 GmbHG Rz. 39; *Altmeppen* in Roth/Altmeppen, § 6 GmbHG Rz. 61; *Scholz/Uwe H. Schneider/Sethe*, § 35 GmbHG Rz. 284, 285.

7 BGBl. I 1997, 2998.

8 Vgl. *Scholz/Uwe H. Schneider/Sethe*, § 35 GmbHG Rz. 285; *Höfer*, Gesetz zur Verbesserung der betrieblichen Altersversorgung, 8. Aufl. 2004, Bd. I (Stand Juni 2006), § 7 BetrAVG Rz. 4381.

9 BAG v. 17. 6. 2003 – 3 AZR 396/02, DB 2004, 324.

10 Vgl. *Schwerdtner*, Die Kürzung oder Einstellung betrieblicher Versorgungsleistungen wegen wirtschaftlicher Notlage des Arbeitgebers, FS Uhlenbruck, 2000, S. 799 ff.;

Die Bundesregierung hat im Gesetzgebungsverfahren[1] die Auffassung vertreten, die Rechtsprechung des BAG habe den in der Praxis weitgehend bedeutungslosen Sicherungsfall der wirtschaftlichen Notlage so stark in die Nähe des Sicherungsfalles des außergerichtlichen Vergleichs gerückt, dass er als gesonderter Sicherungsfall entbehrlich sei. Auf Grund des untrennbaren Zusammenhangs zwischen der Berechtigung zum Wiederruf einer Anwartschaft und der Eintrittspflicht des PSVaG sei nach Streichung des Sicherungsfalls der wirtschaftlichen Notlage ein einseitiger Widerruf auch arbeitsrechtlich nicht mehr zulässig. Ein Rückgriff auf die Grundsätze der in § 313 BGB geregelten Störung der Geschäftsgrundlage zur Rechtfertigung eines solchen Widerrufsrechts sei nach der gesetzlichen Wertung ausgeschlossen. Nach der Gesetzesbegründung verbiete sich die Annahme, der Arbeitgeber dürfe zumindest dann wegen wirtschaftlicher Notlage widerrufen, wenn seine Bemühungen um einen außergerichtlichen Vergleich unter Einschaltung des PSVaG gescheitert seien[2]. Der Gesetzgeber habe für wirtschaftliche Notlage die **Möglichkeit eines außergerichtlichen Vergleichs** unter Einschaltung des Trägers der Insolvenzsicherung belassen und verweise den Arbeitgeber ansonsten auf den Weg des Insolvenzverfahrens[3]. In der insolvenzrechtlichen Literatur wird – soweit überhaupt auf die Problematik eingegangen wird – teilweise die Auffassung vertreten, eine Kürzungsmöglichkeit wegen wirtschaftlicher Notlage sei nach wie vor zulässig, wenn mit einer erfolgreichen Sanierung des Unternehmens gerechnet werden könne[4]. Nach Auffassung von *R. Höfer*[5] und *K. Heubeck*[6] bedeutet die Streichung des Sicherungsfalls der wirtschaftlichen Notlage in § 7 Abs. 1 Satz 3 Nr. 5 BetrAVG nicht, dass ein Widerruf wegen wirtschaftlicher Schwierigkeiten gänzlich ausgeschlossen ist. Beide Autoren gehen aber davon aus, dass die Lösung der Problematik über einen **außergerichtlichen Vergleich** zu suchen ist. Der außergerichtliche Vergleich stellt einen Sicherungsfall i.S. von § 7 Abs. 1 Satz 4 Nr. 2 BetrAVG dar. Der PSVaG wird dem außergerichtlichen Vergleich (Stundungs-, Quoten- oder Liquidationsvergleich) aber nur zustim-

---

Berenz in Kemper/Kisters-Kölkes/Berenz/Bode/Pühler, 3. Aufl. 2008, § 7 BetrAVG Rz. 18a; s. auch *Blomeyer*, NZA 1998, 911; *Wohlleben*, Die Insolvenzsicherung von Betriebsrenten, in Höfer, Die Novellierung des Betriebsrentengesetzes, 1998, S. 130; *Uhlenbruck*, KSI 2006, 121 ff.

1 BT-Drucks. 12/3803, S. 109, 110.

2 So aber *Diller*, ZIP 1997, 765, 772.

3 Dies entspricht im Ergebnis auch dem Vorschlag von *Höfer*, Gesetz zur Verbesserung der betrieblichen Altersversorgung, 8. Aufl. 2004, Bd. I (Stand Juni 2006), § 7 BetrAVG Rz. 4388, wonach der Arbeitgeber verpflichtet ist, sich um einen außergerichtlichen Vergleich mit dem PSVaG zu bemühen, wenn er sich auf sein Leistungsverweigerungsrecht wegen wirtschaftlicher Notlage berufen wolle. Lehne der PSVaG den außergerichtlichen Vergleich ab, wäre der Arbeitgeber verpflichtet, die Eröffnung des Insolvenzverfahrens zu beantragen, denn das Berufen auf die wirtschaftliche Notlage lasse erkennen, dass ein Eröffnungsgrund i.S.d. §§ 17–19 InsO vorliege.

4 So z.B. *Jaeger/H.-F. Müller*, § 19 InsO Rz. 83; *Drukarczyk/Schüler* in Münchener Kommentar zur InsO, § 19 InsO Rz. 103.

5 Gesetz zur Verbesserung der betrieblichen Altersversorgung, Bd. I, § 7 BetrAVG Rz. 4385 ff.

6 *Heubeck* in Picot, Unternehmenskauf und Restrukturierung, Teil IV. II. Rz. 56 S. 634 f.

men, wenn der Arbeitgeber in seinem Antrag auf Zustimmung **substantiiert darlegt**, dass Art und Ausmaß der geplanten Maßnahmen in Form einer Stundung, Kürzung oder Einstellung laufender Leistungen zur Fortführung des Betriebes unumgänglich notwendig sind und dass **realistische Erfolgsaussichten** auf eine nachhaltige Sanierung und damit Vermeidung des Insolvenzverfahrens bestehen[1]. Zutreffend weist *K. Heubeck*[2] darauf hin, dass Gläubiger im Regelfall „einem Sanierungsplan nicht zustimmen, wenn sie feststellen müssen, dass ihr Beitrag das einzige Opfer ist, das erbracht werden soll, oder dass ihr Beitrag gar nicht geeignet ist, um die Sanierung herbeizuführen." Da einem Arbeitnehmer-Geschäftsführer ebenso wie jedem anderen Arbeitnehmer nicht zuzumuten ist, ohne ein Opfer auch der übrigen Gläubiger ein Sonderopfer zu bringen, reicht der außergerichtliche Vergleich als interne Sanierungsmaßnahme nicht aus, denn der PSVaG wird einem solchen internen Sanierungsvergleich seine Zustimmung im Regelfall versagen. Nur die **externe Sanierung** unter Einbeziehung der übrigen Gläubiger der notleidenden GmbH trägt im Übrigen dem Grundsatz der Gläubigergleichbehandlung Rechnung.

Nach wie vor umstritten ist die Frage, ob **beherrschende Gesellschafter-Geschäftsführer,** die nicht unter den Schutz des BetrAVG fallen, in der Krise der GmbH verpflichtet sind, in die Herabsetzung des Ruhegehaltsanspruchs einzuwilligen und ob unverfallbare und unwiderrufliche **Versorgungsanwartschaften**, die nicht dem gesetzlichen Insolvenzschutz unterfallen, bei **existenzbedrohender wirtschaftlicher Notlage** widerrufen werden können. Nach Auffassung von *R. Höfer*[3] ist bei nicht dem gesetzlichen Insolvenzschutz unterfallenden Versorgungsrechten auch weiterhin ein (Teil-)**Widerruf zulässig**, wenn eine wirtschaftliche Notlage vorliegt. Dies ergebe sich aus dem Umkehrschluss aus der vom Gesetzgeber gewollten zwingenden Verknüpfung von Widerrufsrecht und gesetzlichem Insolvenzschutz. Bei ernsten wirtschaftlichen Schwierigkeiten des Arbeitgebers sei es gerechtfertigt, zu seinen Gunsten auch weiterhin die Grundsätze über die Störung der Geschäftsgrundlage (§ 313 BGB) anzuwenden. Da insoweit bereits der nicht ausdrücklich vorbehaltene Widerruf wegen wirtschaftlicher Notlage gem. § 313 BGB greife, sei „hier insbesondere der ausdrückliche **Widerrufsvorbehalt zu beachten**."[4] Nach anderer Auffassung ist ein Widerruf von Versorgungsleistungen und Versorgungszusagen unter dem Gesichtspunkt der wirtschaftlichen Notlage im Betriebsrentenrecht grundsätzlich nicht mehr zulässig, denn das Versorgungsversprechen sei Teil des von dem Dienstberechtigten geschuldeten Entgelts. Mit ihm werde auch die langjährig bewiesene Betriebstreue des Dienstver- 2.206

1 So zutr. *Berenz* in Kemper/Kisters-Kölkes/Berenz/Bode/Pühler, 3. Aufl. 2008, § 7 BetrAVG Rz. 35. Vgl. auch BAG v. 24. 4. 2001 – 3 AZR 402/00, EzA § 7 BetrAVG Nr 64 = DB 2001, 1787.

2 In Picot, Unternehmenskauf und Restrukturierung, Teil IV. II. Rz. 56 S. 635.

3 Gesetz zur Verbesserung der betrieblichen Altersversorgung, 8. Aufl. 2004, Bd. I (Stand Juni 2006), § 7 BetrAVG Rz. 4389.4.

4 *Höfer*, Gesetz zur Verbesserung der betrieblichen Altersversorgung, 8. Aufl. 2004, § 7 BetrAVG Rz. 4389.6.

pflichteten abgegolten[1]. *P. Schwerdtner*[2] hält den Fürsorgegedanken für längst überholt. Leistungen der betrieblichen Altersversorgung stellten „unzweifelhaft Arbeitsentgelt dar". Eine Berufung auf den Wegfall der Geschäftsgrundlage scheitere schon an § 279 BGB a.F. (heute § 276 BGB)[3]. Könne der Arbeitgeber die fälligen Versorgungsleistungen wegen Zahlungsunfähigkeit nicht mehr erbringen, habe er ein gerichtliches Insolvenzverfahren zu beantragen.

2.207 Abschließend ist festzustellen, dass für die durch das Betriebsrentengesetz geschützten Ruhegehaltsansprüche und unverfallbaren Anwartschaften der Geschäftsführer ein Widerruf wegen existenzbedrohender wirtschaftlicher Notlage nicht mehr in Betracht kommt[4]. Insoweit bleibt der GmbH nichts anderes übrig, als sich um einen **außergerichtlichen Vergleich** zu bemühen und den PSVaG einzuschalten (§ 7 Abs. 1 Satz 4 Nr. 2 BetrAVG), was nach Auffassung des BAG[5] „in der Regel jedenfalls bei Unternehmen mit einem größeren Rentnerbestand auf unüberwindliche praktische Schwierigkeiten stoßen" wird. Stimmt der PSVaG dem außergerichtlichen Vergleich nicht zu, kann der gesetzliche Insolvenzschutz nur durch die Beantragung eines Insolvenzverfahrens herbeigeführt werden. Im Übrigen wird der PSVaG nur dann einem außergerichtlichen Vergleich zustimmen, wenn „eine die wirtschaftliche Lage und geeignete Abhilfemöglichkeiten feststellende sachverständige betriebswirtschaftliche Analyse" vorgelegt wird, der Widerruf also Teil eines „ausgewogenen Sanierungskonzepts" ist[6]. Das BAG hat ausdrücklich darauf hingewiesen, dass ein Widerruf bzw. Teilwiderruf auch nicht auf den steuerunschädlichen Vorbehalt in Ziffer Vc) Abs. 2 Nr. 1 VO gestützt werden kann, der im Wesentlichen dem sog. allgemeinen Mustervorbehalt entspricht. Der Vorbehalt drücke „nur das klarstellend aus, was von Rechts wegen ohnehin gilt." Der Mustervorbehalt wirke nur deklaratorisch; er begründe kein eigenständiges Recht zum Widerruf. Lediglich bei **gesetzlich nicht insolvenzgeschützten Versorgungsrechten**, also bei **verfallbaren Anwartschaften** oder bei **Überschreiten der gesicherten Höchstleistungen** (§ 7 Abs. 3 BetrAVG) besteht die Chance, die Zusage wegen der Krise der GmbH widerrufen zu können. Laufende Ruhegeldzahlungen können dagegen nicht herabgesetzt oder widerrufen werden[7]. Ein

1 So z.B. BGH v. 13. 12. 1999 – II ZR 152/98, ZIP 2000, 380, 381; *Bepler*, Betriebliche Altersversorgung, 1/2000, 19, 24; *Andresen/Förster/Rössler/Rühmann*, Arbeitsrecht der betrieblichen Altersversorgung, Loseblatt, Teil 12 Rz. 378.

2 FS Uhlenbruck, 2000, S. 799, 809. Zu entgeltfinanzierten Direktversicherungen in der Insolvenz des Arbeitgebers s. auch *Kießling*, NZI 2008, 469 ff., nach dessen Auffassung der Versicherungswert bei Entgeltumwandlung auch bei widerruflichem Bezugsrecht vorrangig dem Arbeitnehmer als Aussonderungsrecht zusteht.

3 Vgl. auch *Steinmeyer* in Erfurter Kommentar zum Arbeitsrecht, 8. Aufl. 2008, § 7 BetrAVG Rz. 40.

4 *Uhlenbruck*, KSI 2006, 121 ff.

5 BAG v. 17. 6. 2003 – 3 AZR 396/02, DB 2004, 324; BGH v. 13. 7. 2006 – IX AZR 90/05, DB 2006, 1951, 1952 f. S. auch *Uhlenbruck*, KSI 2006, 121 ff.; *Blomeyer/Rolfs/Otto*, Betriebsrentengesetz, Gesetz zur Verbesserung der betrieblichen Altersversorgung, 4. Aufl. 2006, Anh. § 1 BetrAVG, Rz. 524; *Berenz* in Kemper/Kisters-Kölkes/Berenz/Bode/Pühler, BetrAVG, 3. Aufl. 2008, § 7 BetrAVG Rz. 18a.

6 So BAG v. 17. 6. 2003 – 3 AZR 396/02, DB 2004, 324.

7 So *Scholz/Uwe H. Schneider/Sethe*, § 35 GmbHG Rz. 284 unter Berufung auf BGH, WM 1976, 56.

solcher Widerruf kann jedoch nur zeitlich begrenzt sein. Gelingt oder scheitert die Sanierung, so leben die Versorgungsrechte des Geschäftsführers in ihrer ursprünglichen Höhe wieder auf. Er ist berechtigt, in einem Insolvenzverfahren über das Vermögen der GmbH die Forderung im Rang des § 38 InsO, also als einfache Insolvenzforderung geltend zu machen und zur Insolvenztabelle anzumelden. **Unverfallbare Anwartschaften** sind gem. § 45 InsO kapitalisiert zur Tabelle anzumelden. Da die Dauer der Leistungen unbestimmt ist, richtet sich die Höhe der Forderung nach der wahrscheinlichen Lebenserwartung des Rentenberechtigten, gekürzt um den Zwischenzins nach § 41 Abs. 2 InsO. Handelt es sich bei dem Geschäftsführer weder um einen Arbeitnehmer noch um eine diesem gem. § 17 Abs. 1 Satz 2 BetrAVG gleichgestellte Person, also um einen **Gesellschafter-Geschäftsführer**, der entweder allein oder zusammen mit einem weiteren Mitgeschäftsführer 50 % oder mehr Anteile an der GmbH hält, berechtigt die Versorgungsanwartschaft lediglich zu einer **Sicherung**, die bei der Verteilung gem. § 190 Abs. 1 Satz 2 InsO zurückzubehalten ist[1]. Die Beteiligten können in einem **Insolvenzplanverfahren** abweichende Vereinbarungen treffen und für alle Versorgungsanwartschaften ohne Differenzierung eine insolvenzmäßige Berücksichtigung als sofort fälliger Kapitalanspruch vereinbaren[2].

c) Verwirkung von Versorgungszusagen und Ruhegeldzahlungen

Der Anspruch auf Zahlung von Ruhegeld sowie eine unverfallbare Anwartschaft kann vor oder nach Eintritt des Versorgungsfalls in bestimmten Ausnahmefällen schwerster Verfehlungen des Geschäftsführers bzw. ehemaligen Geschäftsführers herabgesetzt oder widerrufen werden[3]. Nicht jeder Grund, der eine fristlose Entlassung des Geschäftsführers rechtfertigen würde, berechtigt zum Widerruf einer unverfallbaren Versorgungsanwartschaft oder eines Versorgungsanspruchs. Es muss sich vielmehr um eine **besonders verwerfliche schwerwiegende Treuepflichtverletzung** handeln, die dazu führt, dass es an der erwarteten Gegenleistung fehlt und deren Inanspruchnahme deshalb rechtsmissbräuchlich wäre. So z.B., wenn ein besonders gewichtiger Verstoß gegen Dienstpflichten vorliegt und sich wegen der Zufügung eines schweren, die Existenz bedrohenden Schadens die Betriebstreue des Dienstverpflichteten 2.208

1 BGH v. 7. 4. 2005 – IX ZR 138/04, NJW 2005, 2231, 2232; BGH v. 9. 6. 1980 – II ZR 255/78, BGHZ 77, 233, 241 f.; BGH v. 10. 7. 1997 – IX ZR 161/96, BGHZ 136, 220, 223 = NJW 1998, 312 f.; *Bitter* in Münchener Kommentar zur InsO, § 45 InsO Rz. 15, 16. Eingehend zur Problematik der insolvenzmäßigen Behandlung unverfallbarer Versorgungsanwartschaften *Bitter*, NZI 2000, 399 ff.; ferner die bei *Jaeger/Henckel*, § 45 InsO Rz. 10 Fn. 38 angeführte Literatur. Auch nach Auffassung von *Henckel* begründen unwiderrufliche Versorgungsanwartschaften grundsätzlich aufschiebend bedingte Ansprüche, die mit ihrem nach § 45 InsO ermittelten Schätzwert nur zur Sicherstellung berechtigen.

2 *Bitter* in Münchener Kommentar zur InsO, § 45 InsO Rz. 16a.

3 BGH v. 13. 12. 1999 – II ZR 152/98, ZIP 2000, 380, 381 m. Anm. *Blomeyer*; BGH v. 3. 7. 2000 – II ZR 381/98, ZIP 2000, 1452, 1554; *Altmeppen* in Roth/Altmeppen, § 6 GmbHG Rz. 57; *Hommelhoff/Kleindiek* in Lutter/Hommelhoff, Anh. § 6 GmbHG Rz. 38; *Goette*, DStR 1996, 71; *Rose*, DB 1993, 186.

für den Dienstberechtigten als wertlos oder erheblich entwertet erweist[1]. Der **Umfang der Herabsetzung bzw. des Widerrufs** ist letztlich im Wege einer Gesamtwürdigung aller Umstände zu ermitteln. Dabei sind Dauer und Schwere der Verfehlung, der eingetretene Schaden einerseits und die Verdienste des Geschäftsführers sowie die Dauer seiner Tätigkeit für die GmbH andererseits gegeneinander abzuwägen[2]. Die Frage, ob dem Versorgungsberechtigten der Anspruch auch **ohne Existenzgefährdung der Gesellschaft** im Ausnahmefall wegen der besonderen Umstände seines Verhaltens und der extremen Höhe des von ihm verursachten Schadens entzogen werden kann, hat der BGH bislang offen gelassen[3].

1 BGH v. 13. 12. 1999 – II ZR 152/98, ZIP 2000, 380, 381 m. Anm. *Blomeyer*; BGH v. 25. 11. 1996 – II ZR 118/95, NJW-RR 1997, 348; BGH v. 19. 12. 1983 – II ZR 71/83, GmbHR 1984, 75; BGH v. 7. 1. 1971 – II ZR 23/70, NJW 1971, 1127; BAG v. 8. 2. 1983 – 3 AZR 463/80, DB 1983, 1770; OLG Stuttgart v. 8. 7. 1998 – 20 U 112/97, GmbHR 1998, 1034; *Kemper* in Kemper/Kisters-Kölkes/Berenz/Bode/Pühler, 3. Aufl. 2008, § 1 BetrAVG Rz. 308; *Hoffmann/Liebs*, Der GmbH-Geschäftsführer, Rz. 251 S. 111; *Dörner/Luczak/Wildschütz*, Handbuch Arbeitsrecht, 4. Aufl. 2004, C. Rz. 2795 ff.; *Scholz/Uwe H. Schneider/Sethe*, § 35 GmbHG Rz. 281; *Michalski/Heyder*, § 6 GmbHG Rz. 175; *Altmeppen* in Roth/Altmeppen, § 6 GmbHG Rz. 35.

2 Vgl. BGH v. 13. 12. 1999 – II ZR 152/98, ZIP 2000, 380, 381 m. Anm. *Blomeyer*.

3 Vgl. z.B. BGH v. 17. 12. 2001 – II ZR 222/99, GmbHR 2002, 380, 381; BGH v. 11. 3. 2002 – II ZR 5/00, NZG 2002, 635, 636. S. auch *Blomeyer/Rolfs/Otto*, Betriebsrentengesetz. Gesetz zur Verbesserung der betrieblichen Altersversorgung, Anh. § 1 BetrAVG Rz. 528.

C. Externe Sanierung

I. Begriff

Im Rahmen der freien Sanierung wird unterschieden zwischen interner (autonomer) Sanierung und externer Sanierung (vgl. schon oben Rz. 2.6). Bei der internen Sanierung handelt es sich um eine Sanierung aus eigener Kraft, also um Maßnahmen im leistungswirtschaftlichen (organisatorischen), finanzwirtschaftlichen oder rechtlichen Bereich des Krisenunternehmens[1]. Bei der externen Sanierung handelt es sich um Sanierungsmaßnahmen, durch die **Dritte**, vor allem die Gläubiger der GmbH, **in das Sanierungskonzept einbezogen werden**. Bei der externen Sanierung bringen demgemäß nicht nur Gesellschafter und Arbeitnehmer Opfer zu Gunsten einer nachhaltigen Unternehmenssanierung, sondern vor allem die Gesellschaftsgläubiger. Die typische Sanierung ist meist eine **kombinierte Sanierung**, die sich aus internen und externen Maßnahmen zusammensetzt[2]. 2.209

Unbedingte Voraussetzung jeder erfolgreichen Sanierung ist ein **verlässliches Sanierungskonzept**, das ein Leitbild des zukünftigen Unternehmens nach Abschluss der Sanierungsmaßnahmen enthält[3]. 2.210

II. Sanierungsbeiträge der Gesellschaftsgläubiger

1. Forderungsstundung (Moratorium)

Bei einem **echten Moratorium** handelt es sich um eine Forderungsstundung, d.h. das Schuldnerunternehmen vereinbart mit einem oder mehreren Gläubigern, dass die Fälligkeit der Rückzahlung aufgeschoben wird. Ähnliches gilt beim sogen. **Ratenvergleich**. Dieser stellt ebenfalls eine Stundung dar, jedoch ist die Forderung nicht auf einmal zu zahlen; vielmehr folgt die Bezahlung in mehreren Raten zu aufeinander folgenden Terminen. Sowohl beim Stundungs- als auch beim Ratenvergleich handelt es sich um ein Moratorium[4]. Das Moratorium spielt in der Praxis vor allem im Rahmen der freien Sanierung eine Rolle. Wirtschaftlich gesehen verwandelt das Moratorium kurzfris- 2.211

---

1 Vgl. *Uhlenbruck*, KTS 1991, 513, 536; *Uhlenbruck*, Außergerichtliche Sanierung, in Knops/Bamberger/Maier-Reimer, Recht der Sanierungsfinanzierung, 2005, § 5 Rz. 2; *Gottwald*, KTS 1984, 1, 3; *Picot/Aleth* in Picot, Unternehmenskauf und Restrukturierung, Teil VIII. I. Rz. 74 ff. S. 1179 ff.; *Harz/Hub/Schlarb*, Sanierungs-Management, 3. Aufl. 2006.

2 Zum betriebswirtschaftlichen, steuerlichen und rechtlichen Sanierungsbegriff vgl. *Uhlenbruck*, KTS 1981, 513, 534 ff. mit Literaturangaben.

3 Einzelheiten bei *Picot/Aleth* in Picot, Unternehmenskauf und Restrukturierung, Teil VIII. I. S. 1179 ff. Rz. 74 ff.; *Eidenmüller*, Jahrbuch für neue politische Ökonomie, 2000, S. 188 ff.; *Fechner* in Hess/Fechner/Freund/Körner, Sanierungshandbuch, E. II. Rz. 213 ff. S. 254 ff.

4 So *Kohler-Gehrig*, Außergerichtlicher Vergleich, S. 11; *Künne*, Außergerichtliche Vergleichsordnung, S. 56; *Nerlich* in Münchener Anwaltshandbuch Sanierung und Insolvenz, § 4 Rz. 256; *Uhlenbruck*, Gläubigerberatung in der Insolvenz, S. 155 ff.; *Uhlenbruck*, GmbH & Co. KG, S. 803.

tig fällige Verbindlichkeiten in langfristige Schulden. Zu beachten ist, dass das Moratorium als Sanierungsmaßnahme keineswegs geeignet ist, eine bestehende Überschuldung zu beseitigen. Vielmehr führt der Stundungs- oder Ratenvergleich lediglich zur **zeitweiligen Beseitigung einer eingetretenen Zahlungsunfähigkeit** i.S. von § 17 Abs. 2 Satz 1 InsO. Allerdings kann die aufgeschobene Fälligkeit einer Forderung im Rahmen der Zahlungsunfähigkeit nur berücksichtigt werden, wenn die **Stundung ausdrücklich vereinbart** worden ist[1]. Ein erst *nach* Eintritt der Zahlungsunfähigkeit vereinbartes Moratorium beseitigt nicht die Zahlungsunfähigkeit, bevor das Schuldnerunternehmen auf Grund dessen die Zahlungen im Allgemeinen wieder aufnimmt[2]. Gleiches gilt für ein sogen. **Stillhalteabkommen** zwischen Schuldnerunternehmen und Gläubigern bzw. einem Hauptgläubiger, dessen Forderung mehr als 10 % der Gesamtverbindlichkeiten ausmacht. Eine „stillschweigende Stundung", die oftmals durch Nichtzahlung vom Schuldner erzwungen wird, reicht nicht aus, um eine Zahlungsunfähigkeit zu beseitigen. Allein durch Nichtzahlung bzw. verspätete Zahlung kann das Schuldnerunternehmen eine Stundung nicht erzwingen. Ebenso wenig reicht es aus, dass Gläubiger von aussichtslosen Vollstreckungsmaßnahmen absehen. Allerdings bleiben im Rahmen der Zahlungsunfähigkeit i.S. von § 17 InsO solche Verbindlichkeiten außer Betracht, bezüglich derer die Gläubiger sich von vornherein und unbeanstandet mit **Teilzahlungen** zufrieden geben. Gleiches gilt, wenn Gläubigerbanken unbeanstandet die eingeräumten Kreditlinien überziehen lassen[3].

2.212 Das **befristete Moratorium als Stillhalteabkommen** der Gläubiger **beseitigt** nicht nur zeitweise die Zahlungsunfähigkeit des Schuldnerunternehmens, sondern zugleich auch die **Insolvenzantragspflicht** und die Gefahr einer Haftung bzw. Strafbarkeit wegen Insolvenzverschleppung[4]. Da das Moratorium ausschließlich liquiditätsmäßige Wirkung hat, ist es als Sanierungsbeitrag für eine überschuldete GmbH weitgehend ungeeignet. Sinnvoll ist es jedoch, für die Zeit der Stundung einen **Verzicht auf Zinszahlungen** zu vereinbaren. Wird das Moratorium mit einem Verzicht auf die während der Dauer der Stundung fällig werdenden Zinsen verbunden, handelt es sich insoweit um einen echten Forderungserlass. Bei Vorschlägen des Schuldnerunternehmens auf Zinsverzicht ist besondere Vorsicht geboten, weil oftmals ein völliger Zinsstop für längere Zeit herbeigeführt werden soll[5].

2.213 Das Moratorium sollte **zeitlich befristet** werden, denn Ziel ist die Herbeiführung der Sanierungsfähigkeit der notleidenden Gesellschaft[6]. Gewährt allein

1 So *Uhlenbruck*, § 17 InsO Rz. 8; *Kirchhof* in Heidelberger Kommentar zur InsO, § 17 InsO Rz. 9, 43; *Schmerbach* in Frankfurter Kommentar zur InsO, § 17 InsO Rz. 11.

2 BGH v. 25. 10. 2001 – IX ZR 17/01, BGHZ 149, 101, 109; BGH v. 20. 11. 2001 – IX ZR 48/01, BGHZ 149, 178, 188; RGZ 136, 155; *Kirchhof* in Heidelberger Kommentar zur InsO, § 17 InsO Rz. 9, 43; *Jaeger/Henkel*, § 30 KO Rz. 33.

3 S. *Harz*, ZInsO 2001, 194 f.; *Kirchhof* in Heidelberger Kommentar zur InsO, § 17 InsO Rz. 11.

4 S. BGH v. 29. 5. 2001 – VI ZR 114/00, ZIP 2001, 1412, 1413; *Mayer-Reimer* in Knops/Bamberger/Mayer-Reimer, Recht der Sanierungsfinanzierung, 2005, § 4 Rz. 43.

5 S. *Uhlenbruck*, Gläubigerberatung in der Insolvenz, S. 156.

6 *Nerlich* in Münchener Anwaltshandbuch Sanierung und Insolvenz, § 4 Rz. 256.

die kreditgebende Hausbank zwecks Überwindung der Unternehmenskrise einen Zahlungsaufschub bzw. ein Moratorium, so handelt es sich ebenso wie bei der Stundung von Zinsraten um einen **Teilvergleich**, weil die übrigen Gläubiger nicht einbezogen werden. Zur **Stundung von Zins- und/oder Tilgungsraten** durch die kreditgebende Bank s. unten Rz. 2.244 ff.

Festzustellen ist, dass kein Gläubiger gezwungen ist, einem Krisenunternehmen Forderungen oder Zinsen zu stunden. Das gilt auch für einen außergerichtlichen Vergleich, selbst wenn alle übrigen Gläubiger dem Vergleich zustimmen. Im Übrigen ist eine Stundung von fälligen Forderungen nur sinnvoll, wenn sie **im Zusammenhang mit anderen Sanierungsmaßnahmen** erfolgt, denn die lediglich Stundung von Gläubigerforderungen führt zwar zur **Überbrückung von Liquiditätsschwierigkeiten** oder einer eingetretenen Zahlungsunfähigkeit, nicht jedoch zu einer nachhaltigen Beseitigung des Insolvenzgrundes[1]. Das sogen. **Stillhalten von Banken**, also die stillschweigende Weitergewährung von bereits gewährten Krediten ohne deren Kündigung lässt nicht ohne weiteres eine bestehende Zahlungsunfähigkeit des Schuldnerunternehmens entfallen. Zudem besteht bei einem solchen Stillhalteabkommen die Gefahr, dass andere Gläubiger die Zeit nutzen, sich wegen ihrer Forderung vorzugsweise Sicherheiten oder eine Befriedigung zu verschaffen. Die Insolvenzanfechtung nach den §§ 129 ff. InsO hilft bei einem später eröffneten Insolvenzverfahren meist wenig, denn die Anfechtung setzt im Fall einer kongruenten Deckung voraus, dass die Sicherheit oder Befriedigung zurzeit der Zahlungsunfähigkeit geleistet bzw. erfolgt ist und der Gläubiger zu dieser Zeit die Zahlungsunfähigkeit kannte (§ 130 Abs. 1 Nr. 1 InsO)[2]. Eine **Stundungsvereinbarung der Finanzbehörde** mit einem zahlungsunfähigen Schuldner, nach der Stundung gegen Abtretung einer Kundenforderung gewährt wird, ist nach Auffassung des BGH[3] auch dann inkongruent, wenn sich die Forderung des Schuldners ebenfalls gegen einen Träger hoheitlicher Gewalt richtet. Die Tatsache, dass sich nach höchstrichterlicher Rechtsprechung Kreditinstitute grundsätzlich darauf beschränken können, abwartend stillzuhalten, beseitigt eine eingetretene Zahlungsunfähigkeit beim Schuldnerunternehmen nicht, sondern schließt lediglich eine Haftung bzw. Strafbarkeit der Mitarbeiter der Bank wegen Beteiligung an einer Insolvenzverschleppung aus. Zum **Stillhalten von Bankengläubigern** s. oben Rz. 1.311 ff. 2.214

1 S. auch *Hess/Fechner/Freund/Körner*, Sanierungshandbuch, Teil E II. Rz. 222, 223; *Buth/Hermanns*, Restrukturierung, Sanierung, Insolvenz, § 13 Rz. 46.

2 Etwas anderes gilt nur, wenn die Sicherung oder Befriedigung durch Zwangsvollstreckung oder zur Abwendung von Zwangsvollstreckungsmaßnehmen des Gläubigers erfolgt. Eine Leistung zur Abwendung der Zwangsvollstreckung bewirkt eine inkongruente Deckung, wenn der Schuldner zurzeit seiner Leistung damit rechnen muss, dass ohne sie der Gläubiger nach dem kurz bevorstehenden Ablauf der letzten Zahlungsfrist mit der ohne weiteres zulässigen Zwangsvollstreckung beginnen wird. Voraussetzung ist aber, dass die Leistung innerhalb des Drei-Monats-Zeitraums vor dem Antrag auf Eröffnung des Insolvenzverfahrens liegt. Vgl. BGH v. 28. 9. 2004 – IX ZR 155/03, NJW 2004, 3772, 3774; BGH v. 27. 5. 2003 – IX ZR 169/02, BGHZ 155, 75, 82.

3 BGH v. 29. 9. 2005 – IX ZR 184/04, ZIP 2005, 2025.

2. Forderungsverzicht und Besserungsschein

2.215 Während die Forderungsstundung (Moratorium) ausschließlich dazu dient, eine Zahlungsstockung oder temporäre Zahlungsunfähigkeit zu beseitigen bzw. zu überbrücken, ist der Forderungsverzicht der Gläubiger oftmals ein geeignetes Mittel, die **Überschuldung der GmbH zu beseitigen**[1]. Der vollständige oder teilweise Forderungsverzicht Einzelner oder sämtlicher Gläubiger des Krisenunternehmens stellt einen **Erlassvertrag gem. § 397 Abs. 1 BGB** dar. Er erfordert einen zweiseitigen Vertrag zwischen Gläubigern und dem Schuldnerunternehmen, in dem der oder die Gläubiger erklären, dass die zu sanierende GmbH ihre Verbindlichkeiten ihm oder ihnen gegenüber ganz oder teilweise nicht mehr begleichen muss. Da die Forderung mit dem Erlassvertrag erlischt, werden **akzessorische Sicherheiten** frei. Nicht-akzessorische Sicherheiten sind vom Gläubiger freizugeben. Bei der Bilanzierung des Forderungsverzichts auf Seiten der GmbH kommt es zu einem Wegfall der Verbindlichkeiten im Überschuldungsstatus mit der Folge, dass die Passivseite entlastet und die Überschuldung oftmals beseitigt wird. Erfolgt der Forderungserlass sämtlicher Gläubiger im Rahmen eines außergerichtlichen Vergleichs, kommt der Erlassvertrag nur zustande, wenn **sämtliche Gläubiger** dem Vergleich **zustimmen**. Schon aus Beweisgründen sollte der Erlassvertrag, auch wenn er zwischen dem Schuldnerunternehmen und einzelnen Gläubigern zu Stande kommt, **schriftlich** abgeschlossen werden[2]. Verzichten **Gesellschafter der GmbH** auf Forderungen gegen die Krisengesellschaft, so handelt es sich regelmäßig um den Verzicht auf eine nachrangige Forderung i.S. von § 39 Abs. 1 Nr. 5 GmbHG oder § 39 Abs. 2 GmbHG. Zur **steuerlichen Behandlung des** sich aus dem Forderungsverzicht ergebenden **bilanziellen Sanierungsgewinns** s. unten Rz. 2.433 ff.

2.216 Ein **Erlassvertrag** kann auch unter einer **aufschiebenden** oder **auflösenden Bedingung** vereinbart werden. Da sich der oder die Gläubiger die Chance einer späteren Befriedigung ihrer Forderungen erhalten wollen, wird in der Praxis oftmals der Forderungsverzicht mit einer **Besserungsvereinbarung** verknüpft, d.h. der Erlassvertrag steht unter der auflösenden Bedingung, dass er bei Besserung der Vermögensverhältnisse der GmbH entfällt[3]. Mit Eintritt einer Vermögensbesserung lebt also die Gläubigerforderung – je nach Vereinbarung

---

1 Vgl. BGH v. 14. 2. 1995 – XI ZR 65/94, WM 1995, 695; *Herlinghaus*, Forderungsverzichte und Besserungsvereinbarungen zur Sanierung von Kapitalgesellschaften, 1994; *Buth/Hermanns*, Restrukturierung, Sanierung, Insolvenz, § 13 Rz. 48; *Wittig*, NZI 2001, 169 ff.; *Ehlers*, DStR 1998, 1756, 1758; *Nerlich* in Münchener Anwaltshandbuch Sanierung und Insolvenz, § 4 Rz. 252 ff.; *Picot/Aleth* in Picot, Unternehmenskauf und Restrukturierung, Teil VIII. Rz. 97; *Wittig*, unten Rz. 2.258 ff.

2 Vgl. *Herlinghaus*, Forderungsverzichte und Besserungsvereinbarungen zur Sanierung von Kapitalgesellschaften, 1994, S. 6; *Obermüller*, Insolvenzrecht in der Bankpraxis, Rz. 1.164; *Wittig*, unten Rz. 2.258 ff. Ausnahmsweise ist der Erlassvertrag aber formbedürftig, wenn er den Schutzbereich gesetzlicher Formvorschriften berührt.

3 Einzelheiten bei *Herlinghaus*, Forderungsverzichte und Besserungsvereinbarungen zur Sanierung von Kapitalgesellschaften, 1994, S. 83 ff.; *Schrader*, Die Besserungsabrede, 1995; *Wittig*, NZI 2001, 169, 170; *Wittig*, unten Rz. 2.260; *Nerlich* in Münchener Anwaltshandbuch Sanierung und Insolvenz, § 4 Rz. 256 f.; *Buth/Hermanns*, Restrukturierung, Sanierung, Insolvenz, Rz. 31, 48.

ganz oder teilweise – wieder auf[1]. Als Bedingung der Besserungsabrede wird regelmäßig vereinbart, dass auf die erlassene Schuld Nachzahlungen zu leisten sind, soweit sich die Vermögensverhältnisse des Schuldnerunternehmens bessern, insbesondere aus zukünftigen Gewinnen oder aus einem etwaigen Liquidationserlös[2]. Da die erlassenen Forderungen erloschen sind, werden auch bei Vereinbarung eines Besserungsscheins **akzessorische Sicherheiten** frei. Nicht-akzessorische Sicherheiten sind freizugeben[3]. Da erst mit Besserung der Vermögensumstände die erlassenen Forderungen wieder aufleben, sind die erlassenen Forderungen bis zu diesem Zeitpunkt nicht zu verzinsen, es sei denn, dass die Parteien ausdrücklich eine andere Abrede treffen[4]. Zu den **steuerlichen Folgen der Besserungsvereinbarung** s. unten Rz. 2.449 ff.

3. Rangrücktritt *(Karsten Schmidt)*

a) Der Rangrücktritt unterscheidet sich vom Forderungsverzicht dadurch, 2.217
dass kein Erlöschen der Forderung eintritt (vgl. auch zur steuerrechtlichen Behandlung Rz. 2.433). Die **Rangrücktrittsvereinbarung** bewirkt zunächst nicht mehr, als dass die Forderung im Insolvenzfall ohne besondere Aufforderung nicht als Insolvenzforderung angemeldet (§ 174 Abs. 3 InsO) und im Rang sogar noch nach den Forderungen nach § 39 Abs. 1 InsO berücksichtigt wird (§ 39 Abs. 2 InsO). Die Forderungen bleiben als Gesellschafterverbindlichkeiten im Jahresabschluss passivierbar[5]. Anders als beim Forderungsverzicht mit Besserungsschein (Rz. 2.449) tritt auch die Frage nicht auf, ob durch einen Fortfall der Verbindlichkeit ein steuerschädlicher Buchgewinn entsteht. Im Insolvenzstatus braucht die im Rang zurückgetretene Forderung, obwohl der Rangrücktritt erst nach der Verfahrenseröffnung rechtlich zum Tragen kommt, nicht passiviert zu werden (vgl. für Gesellschafterdarlehen ausdrücklich § 19 Abs. 2 Satz 2 InsO n.F. und dazu Rz. 2.85)[6]. Die **rechtliche Einordnung des Rangrücktritts** ist umstritten[7]. Die wohl h.M. sieht darin einen verfügenden Schuldabänderungsvertrag[8].

---

1 *Wittig*, NZI 2001, 169, 170; *Wittig*, unten Rz. 2.260; *Picot/Aleth* in Picot, Unternehmenskauf und Restrukturierung, Rz. 97; *Nerlich* in Münchener Anwaltshandbuch Sanierung und Insolvenz, § 4 Rz. 256; *Buth/Hermanns*, Restrukturierung, Sanierung, Insolvenz, § 13 Rz. 31. Nach Auffassung von *Herlinghaus* (Forderungsverzicht und Besserungsvereinbarungen zur Sanierung von Kapitalgesellschaften, 1994, S. 83 ff.) stellt die Besserungsvereinbarung ein abstraktes Schuldanerkenntnis dar, „dessen Fälligkeit durch die Besserungsabrede aufgeschoben wird, so dass im Ergebnis von einer Stundungsvereinbarung auszugehen ist" (S. 182). Einzelheiten zum Meinungsstreit bei *Schrader*, Die Besserungsabrede, 1995. Vgl. auch *Haack*, KTS 1980, 309.

2 So *Wittig*, unten Rz. 2.260.

3 *Karsten Schmidt*, GmbHR 1999, 9, 11; *Wittig*, NZI 2001, 169; *Wittig*, unten Rz. 2.260.

4 Einzelheiten bei *Herlinghaus*, Forderungsverzicht und Besserungsvereinbarungen zur Sanierung von Kapitalgesellschaften, 1994, S. 136 f. mit Nachweisen von Rechtsprechung und Literatur.

5 BFH v. 18. 10. 1989 – IV B 149/88, BFHE 158, 426 = BB 1987, 1444; BGH v. 30. 3. 1993 – IV R 57/91, BFHE 170, 449 = GmbHR 1993, 600; BFH v. 20. 10. 2004 – I R 11/03, BFHE 207, 295 = GmbHR 2005, 303.

6 *Obermüller*, Insolvenzrecht in der Bankpraxis, Rz. 1.1019.

7 Überblick bei *Obermüller*, Insolvenzrecht in der Bankpraxis, Rz. 1.1015.

8 *Obermüller*, Insolvenzrecht in der Bankpraxis, Rz. 1.1015.

2.218 **b)** Wichtiger sind die **Wirkungen des Rangrücktritts.** Diese sollten sich nicht auf den Nachrang im Insolvenzverfahren beschränken. Schon in der Krise und in der Sanierung besteht ein Interesse an Rangrücktrittswirkungen. Zweckmäßigerweise sollte die Wirkung des Rangrücktritts vor der Verfahrenseröffnung mit bedacht und die Rangrücktrittsvereinbarung insoweit als ein **Stillhalteabkommen (pactum de non petendo)** betrachtet werden, dem im Insolvenzverfahren die Wirkung des § 39 Abs. 2 InsO beigegeben wird und das mit einer konkludenten Besserungsklausel versehen ist[1]. Da diese Auslegung aber nicht gesichert ist, empfiehlt sich eine ausdrückliche Vereinbarung darüber, unter welchen Voraussetzungen (aus welchen freien Mitteln) die im Rang zurücktretende Forderung bedient werden soll. Ein Rangrücktritt, dessen Wirkung sich in einer Entlastung des Überschuldungsstatus erschöpft und der nicht auch das Illiquiditätsrisiko verringert, ist nämlich kein effektiver Sanierungsbeitrag. Zweckmäßig ist deshalb eine Kombination von (a) Rangrücktritt, (b) pactum de non petendo und (c) Besserungsabrede über die künftige Begleichung der im Rang zurückgetretenen Verbindlichkeit aus frei werdenden Mitteln. Im Zweifel sollte eine mit Sanierungsabsicht getroffene Sanierungsvereinbarung in diesem Sinne ausgelegt werden (str.). Über den Rangrücktritt bei Gesellschafterdarlehen vgl. Rz. 2.85.

4. Forderungsumwandlung in Beteiligung – Debt Equity Swap

2.219 **a)** Die **Teilnahme von Gläubigern an sanierenden Kapitalmaßnahmen** kann nicht nur im Erlass, in der Stundung oder in der Subordinierung von Ansprüchen bestehen (dazu Rz. 2.211 ff.), sondern auch in der **Kontrollübernahme.** Diese kann auf sehr unterschiedliche Weise zu Stande kommen:

- durch Übernahme, also durch **Anteilserwerb** (Rz. 2.226),
- und durch **Barkapitalerhöhung** oder
- durch **Umwandlung von Forderungen in haftendes Kapital (Sachkapitalerhöhung).**

2.220 Anteilserwerb und Kapitalerhöhung können zusammentreffen, etwa indem derselbe Sanierungsinvestor alle vorhandenen Anteile erwirbt und im Wege der Kapitalerhöhung neue Anteile schafft. Die Chancen und Risiken einer solchen Sanierung sind rein betriebswirtschaftlicher Art, wenn der Weg des Anteilserwerbs und (oder) der Barkapitalerhöhung gewählt wird und hierbei kein technischer Fehler gemacht wird. Hier wird Geld an die Anteilseigner (Anteilserwerb) bzw. in das Gesellschaftsvermögen (Barkapitalerhöhung) gezahlt, und die Frage ist nur, ob dieses Geld der richtige Preis für die Sanierungschance ist oder ob es am Ende verloren geht, weil die Sanierung scheitert.

2.221 **b)** Spezifisch juristische Risiken bringt der **Debt Equity Swap** mit sich, also die **Umwandlung von Forderungen in haftendes Kapital**[2]: Der Gläubiger ver-

1 Vgl. *Häuselmann*, BB 1993, 1552, 1553.

2 Dazu *Beck* in Beck/Depré, § 10 Rz. 49 f.; *Buth/Hermanns*, Restrukturierung, Sanierung, Insolvenz, § 13 Rz. 49; *Kestler/Striegel/Jesch*, Distressed Debt Investments, 2006; *Obermüller*, Insolvenzrecht in der Bankpraxis, Rz. 1995 ff.; *Picot/Aleth* in Picot,

wendet – im buchstäblichen oder im wirtschaftlichen Sinne! – seine Forderungen für die Erhöhung des Stammkapitals (im Fall einer KG: des Kommanditkapitals). Dies kann geschehen:

- durch eine **Sachkapitalerhöhung** nach § 56 GmbHG (im Fall der Kommanditgesellschaft durch eine Erhöhung der Kommanditeinlage gegen Einbringung der Forderung) oder
- durch **Verrechnung** der Forderung gegen die auf erhöhtes Stammkapital zu zahlende Einlage.

Debt Equity Swaps werden nicht selten als ultima ratio geschildert, zu der der Gläubiger greift, wenn alle anderen Sanierungsmaßnahmen gescheitert sind[1]. Genau dann ist aber eine Sanierungsbeteiligung des Gläubigers im Wege des Debt Equity Swap mit besonderen juristischen **Risiken** verbunden, denn diese bestehen im Wesentlichen darin, dass die gegen Beteiligung einzutauschenden Forderungen nicht vollwertig sind (dazu Rz. 2.223 ff.). Gesicherte Gläubiger werden zögern, sich auf diese Weise zu beteiligen, denn sie tauschen Sicherheiten gegen Haftungsrisiken ein[2]. Ungesicherte Gläubiger werden über diese Strategie nachdenken, wenn der Fortführungswert des Unternehmens höher ist als der Zerschlagungswert[3]. Aber genau hierher rühren die **Haftungsrisiken**. Werden Forderungen zum Nennwert gegen Beteiligungen eingetauscht und misslingt die Sanierung, so ist damit zu rechnen, dass der Wert dieser Forderungen auf den Einbringungs- bzw. Verrechnungsstichtag herabgestuft und der Gläubiger gezwungen wird, der gescheiterten Sanierung noch eine Geldleistung hinterher zu werfen. Die Entschärfung des Kapitalaufbringungsrechts durch das MoMiG verspricht keine Beseitigung dieses Risikos. 2.222

c) Bei einer **Sachkapitalerhöhung** ist die Form der §§ 55, 56 GmbHG zu beachten. Das **Hauptproblem** liegt bei **der Vollwertigkeit** der einzubringenden Forderungen gegen die sanierungsbedürftige GmbH. Fehlt es daran, so kann die Eintragung der Sachkapitalerhöhung verweigert werden[4], und es besteht eine Differenzhaftung in Höhe des fehlenden Werts der Stammeinlage (§ 9 GmbHG)[5]. Eine solche Differenzhaftung besteht im Übrigen auch, wenn **bei der GmbH & Co. KG** eine **erhöhte Kommanditeinlage** mit einer gegen die Gesellschaft gerichteten Forderung belegt wird[6]: Deckt die Einlage nicht die im Handelsregister eingetragene Haftungssumme, so haftet der Kommanditist 2.223

Unternehmenskauf und Restrukturierung, Teil VIII Rz. 98; *Redeker*, BB 2007, 673 ff.; *Wittig*, FS Uhlenbruck, 2000, S. 685 ff.

1 Vgl. *Redeker*, BB 2007, 673 mit Hinweis auf FINANCE-Magazin Juni 2006, 38 ff.: „letzte Rettung".

2 Vgl. *Wittig*, FS Uhlenbruck, 2000, S. 701.

3 *Redeker*, BB 2007, 673.

4 *Baumbach/Hueck/Zöllner*, § 57a GmbHG Rz. 10.

5 Vgl. nur *Baumbach/Hueck/Zöllner*, § 56 GmbHG Rz. 18; *Redeker*, BB 2007, 673, 676; *Paulus*, DZWiR 2008, 6, 9.

6 Vgl. *Westermann/Sassenrath*, Handbuch der Personengesellschaften, Loseblatt (Stand: März 2008), Rz. I 2812, I 2915.

nach § 171 Abs. 1 HGB auf die Differenz[1]. Bei der **Kommanditgesellschaft** besteht ein Ausweg darin, nur die Einlage und nicht die Haftsumme zu erhöhen. Bei der **GmbH** gibt es diese Möglichkeit nicht. Die Hauptschwierigkeit liegt in der Forderungsbewertung. Diese richtet sich nach dem Einbringungs- bzw. Aufrechnungszeitpunkt. Sie ist aus der Sicht der Sanierungsbeteiligten eine prognostische Entscheidung, die aber im Fall einer gescheiterten Sanierung ex post im Prozess überprüft wird.

2.224 **d)** Bei der GmbH kam bis zum Jahr 2008 noch das **Risiko der Neueinzahlungspflicht wegen verdeckter Sacheinlage hinzu**: Wurde eine Bar-Kapitalerhöhung eingetragen, stattdessen aber mit einer Forderung verrechnet oder an Stelle der Verrechnung hin- und hergezahlt, so war dies ein Fall der verdeckten Sacheinlage, so dass der Einlageschuldner nicht befreit war[2]. Seit der **Reform von 2008 (MoMiG)** ist dies anders: Der Gesellschafter haftet nicht, soweit er die Werthaltigkeit der Forderung nachweist (§ 19 Abs. 4 GmbHG n.F.). Aber das **Unterdeckungsrisiko** bleibt gravierend, und die verdeckte Sacheinlage ist auch nach neuem Recht ungesetzlich (Anrechnungslösung).

2.225 **e)** Eine zusätzliche Frage bestand in Fällen **bis 2008** darin, ob das **Eigenkapitalersatzrecht** einen Debt Equity Swap hinderte[3], und zwar vor allem in Fällen des sog. **Distressed Debt Purchase**[4]. Bei diesem erwirbt der Investor die gegen die Gesellschaft gerichteten Forderungen (z.B. von Banken oder Lieferanten), um sie sodann in Eigenkapital umzuwandeln (Debt Equity Swap)[5]. Nach der bisherigen BGH-Praxis waren eigenkapitalersetzende Gesellschafterforderungen hierfür ungeeignet, weil sie in sinngemäßer Anwendung des § 30 GmbHG während der Krise nicht erfüllt werden durften[6]. Solche analog § 30 GmbHG gebundenen Forderungen konnten auch nicht für eine Sachkapitalerhöhung verwendet werden[7]. Das bedeutete: Ein Gesellschafter, der bereits mit mehr als 10 % am Stammkapital beteiligt war oder Geschäftsführungsbefugnisse hatte (vgl. § 32a Abs. 3 Satz 2 GmbHG a.F., nunmehr § 39 Abs. 5 InsO), konnte die Kredite nicht für die Kapitalerhöhung verwenden[8]. Das Eigenkapitalersatzrecht verhinderte dann eine wirksame Einlageleistung[9]. Der Gesellschafter musste den Betrag in bar aufbringen. Durch das **Sanierungsprivileg** (§ 32a Abs. 3 Satz 3 GmbHG a.F., § 39 Abs. 4 Satz 2 InsO n.F.) bevorzugt war

1 Vgl. BGH v. 25. 6. 1973 – II ZR 133/70; BGHZ 61, 59, 72 = NJW 1973, 1691, 1694 f.; *Karsten Schmidt* in Münchener Kommentar zum HGB, §§ 171, 172 HGB Rz. 55.

2 BGH v. 18. 2. 1991 – II ZR 104/90, BGHZ 113, 335, 347 = GmbHR 1991, 255; BGH v. 4. 3. 1996 – II ZB 8/95, BGHZ 132, 141 = GmbHR 1996, 351.

3 Dazu etwa *Redeker*, BB 2007, 673, 676.

4 Dazu *Himmelsbach/Achsnick*, NZI 2006, 561, 562.

5 *Himmelsbach/Achsnick*, NZI 2006, 561, 562.

6 Grundlegend BGH v. 14. 12. 1959 – II ZR 187/57, BGHZ 31, 258, 272 f. = GmbHR 1960, 43.

7 BGH v. 26. 3. 1984 – II ZR 14/84, BGHZ 90, 370, 376 = GmbHR 1984, 313; BGH v. 8. 7. 1985 – II ZR 269/84, BGHZ 95, 188, 191 = GmbHR 1986, 21 zur GmbH & Co. KG; OLG Schleswig v. 14. 12. 2000 – 5 U 182/98, NZG 2001, 566.

8 BGH v. 26. 3. 1984 – II ZR 269/84, BGHZ 95, 188, 191 = GmbHR 1986, 21 zur KG; OLG Schleswig v. 14. 12. 2000 – 5 U 182/98, NZG 2001, 567, 568.

9 *Redeker*, BB 2007, 673, 676.

allerdings ein Gesellschafter, der erst im Zuge der Sanierung Gesellschafter wurde, denn das Privileg befreite auch von der analogen Anwendung des § 30 GmbHG[1]. Wer als **Neuinvestor** durch Debt Equity Swap einstieg, war in dieser Hinsicht im Vorteil[2]. Nach dem neuen Recht der Gesellschafterdarlehen hat sich diese Frage erledigt (vgl. § 30 Abs. 1 Satz 3 GmbHG). Das Recht der Gesellschafterdarlehen ist deshalb kein Hindernis mehr für den Debt Equity Swap. Aber die anderen Probleme bleiben. Das gilt vor allem für das Unterdeckungsrisiko.

5. Anteilserwerb

Die externe **Sanierung durch Anteilserwerb** (im äußersten Fall im Wege der Übernahme des Unternehmens durch einen externen Investor) ist nur die Kehrseite der bei Rz. 2.142 geschilderten Aufnahme neuer Gesellschafter. Mit dem Anteilserwerb pflegen zusätzliche finanzielle Engagements einherzugehen. Soweit es sich um Kredite und um gestundete Forderungen handelt, kommt dem Investor das Sanierungsprivileg des § 39 Abs. 4 Satz 2 InsO n.F. (früher § 32a Abs. 3 Satz 2 GmbHG a.F.) zugute (dazu Rz. 2.145). 2.226

III. Die Rolle der Banken *(Wittig)*

1. Sanierungsbeiträge der Kreditinstitute

a) Sanierungsbeiträge im weiteren Sinne

Ziel jedes Sanierungsbeitrags ist es, die **wirtschaftliche Krise der GmbH zu überwinden**. Als Krise kann das Endstadium eines Prozesses verstanden werden, in dessen Verlauf die Erfolgspotentiale, das Reinvermögen und/oder die Liquidität des betroffenen Unternehmens sich so ungünstig entwickelt haben, dass die Existenz des Unternehmens durch die bevorstehende Insolvenz (Überschuldung und/oder Zahlungsunfähigkeit) akut bedroht ist[3]. 2.227

Einen Sanierungsbeitrag im weiteren Sinne bildet dann **jede Maßnahme, die die Unternehmenskrise überwindet, bevor die Insolvenz eingetreten ist**. Solche Sanierungsbeiträge im weiteren Sinne können auch durch die kreditgebenden Banken der GmbH geleistet werden. Dabei kommen insbesondere folgende Maßnahmen in Betracht[4]: 2.228

- Einschaltung externer Berater zur Schwächen- und Fehleranalyse,
- Angebot von Bankprodukten zur Straffung des Zahlungsverkehrs und Steuerung der Liquidität (Cash-Management, Factoring),
- Hilfestellung bei der Ergänzung/Auswechslung des Managements,

---

1 BGH v. 21. 11. 2005 – II ZR 277/03, BGHZ 165, 106 = GmbHR 2006, 311.

2 Eingehend *Himmelsbach/Achsnick*, NZI 2006, 561 ff.; *Redeker*, BB 2007, 673, 676 f.; *Redeker*, BB 2007, 673, 677.

3 So *Hess/Fechner/Freund/Körner*, Sanierungshandbuch, Teil A, Rz. 15 ff.

4 S. dazu *Cranshaw*, ZInsO 2008, 421; *Herrhausen*, Die Bank 1979, 358, und für einen Maßnahmenkatalog *Hess/Fechner/Freund/Körner*, Sanierungshandbuch, Teil E, Rz. 180 ff.

- Herstellung von Kontakten zu Kooperationspartnern bis hin zur Vermittlung von Kapitalbeteiligungen oder Interessenten für die Übernahme von defizitären Unternehmensteilen,
- Unterstützung bei der Liquidation nicht betriebsnotwendigen Vermögens und der Mobilisierung stiller Reserven (sale-and-lease-back),
- Abschluss einer Stillhaltevereinbarung aller Kreditinstitute mit der GmbH, die eine vorzeitige Kündigung von Krediten durch einzelne Institute ausschließt und damit die Liquidität der GmbH durch Offenhaltung ihrer Kreditlinien sichert,
- Abschluss eines Sicherheiten-Pool-Vertrages zwischen allen kreditgebenden Banken, mit dem die Kreditinstitute gleichrangig an allen ihnen bestellten Sicherheiten teilhaben, umso die Möglichkeiten der GmbH zur Kreditaufnahme durch optimale Nutzung der Sicherheiten vollständig auszuschöpfen (s. dazu Rz. 2.298 ff.).

b) Typische Sanierungsbeiträge

2.229 Typische Sanierungsbeiträge, mit denen Kreditinstitute ihren Teil dazu beitragen können, im Rahmen eines Sanierungskonzepts die Zahlungsunfähigkeit und/oder Überschuldung der GmbH zu beseitigen, sind neben der Gewährung neuer Kredite (dazu nachstehend bei Rz. 2.234 ff.) Stundung und Verzicht von Kreditforderungen (nachstehend bei Rz. 2.244 ff.), Rangrücktritt und Forderungsverzicht mit Besserungsschein (nachstehend bei Rz. 2.258 ff.) und die Umwandlung von Krediten in Eigenkapital des Schuldners (nachstehend bei Rz. 2.270 ff.)[1].

c) Interessenlage

2.230 **In aller Regel** müssen diese **Sanierungsbeiträge**, soweit sie nicht von den Gesellschaftern kommen, **durch Kreditinstitute** erbracht werden. Zwar sind neben den Gesellschaftern und den kreditgebenden Banken auch die anderen Gläubiger einer insolvenzbedrohten GmbH an deren Sanierung interessiert, vor allem die beiden anderen großen Gläubigergruppen der Arbeitnehmer und Lieferanten[2]. In der Praxis werden aber von diesen anderen Gläubigern bzw. Gläubigergruppen Sanierungsbeiträge im eigentlichen Sinne zur kurzfristigen Überwindung von Zahlungsunfähigkeit und/oder Überschuldung nur selten zu erlangen sein. Denn zum einen sind Sanierungsbeiträge in diesem Bereich wegen der Vielzahl der Betroffenen nur schwer zu organisieren, und zum anderen können die erforderlichen Beiträge wegen der teilweise geringen finanziellen Leistungsfähigkeit der einzelnen Gläubiger aus diesen Gruppen auch kaum im erforderlichen Umfang erbracht werden. Daher kommt den

1 Für einen Überblick über mögliche Maßnahmen zur Beseitigung von Zahlungsunfähigkeit oder Überschuldung s. auch *Wittig,* NZI 1998, 49 ff.; *Obermüller,* Insolvenzrecht in der Bankpraxis, Rz. 1.155 ff., 1.940 ff.; *Cranshaw,* ZInsO 2008, 421 ff.

2 Zu Sanierungsbeiträgen dieser Gläubigergruppen s. *Hess/Fechner/Freund/Körner,* Sanierungshandbuch, Teil E, Rz. 231 ff.

Kreditinstituten bei der Sanierung von Unternehmen üblicherweise eine Schlüsselstellung in dem Sinne zu, dass ohne ihre Mitwirkung eine Sanierung selten gelingt[1].

Kreditinstitute beteiligen sich nicht selten an solchen Sanierungen mit Beiträgen, weil sie ein **eigenes Interesse** an der Sanierung des Kreditnehmers haben, vor allem, um so ihre bereits gewährten Kredite retten zu können. Auch das Interesse an der Erhaltung des Kunden zur Wahrung der mit ihm verbundenen künftigen Geschäftschancen, die Auswirkungen auf das geschäftliche Prestige des Kreditinstituts bei einer Insolvenz eines wichtigen Kreditnehmers und die Schwächung des eigenen Wirtschaftsraums mit der Gefahr von Sekundärinsolvenzen spielen eine mehr oder weniger wichtige Rolle bei der Entscheidung eines Kreditinstituts, sich an der Sanierung des Kreditnehmers mit einem eigenen Sanierungsbeitrag zu beteiligen[2]. 2.231

d) Keine Rechtspflicht zur Sanierung

Kreditinstitute trifft aber keine Rechtspflicht, ihren Kreditnehmer mit Sanierungsbeiträgen zu stützen und ihm das wirtschaftliche Überleben zu ermöglichen, selbst wenn ein langjähriges Kreditverhältnis bestand. Zwar wird in der Literatur vereinzelt eine rechtliche Verpflichtung der Kreditinstitute zur Beteiligung an Sanierungsmaßnahmen, vor allem durch Einräumung neuer Kredite auf gesicherter Grundlage, unter dem Gesichtspunkt der nebenvertraglichen Treuepflicht aus einem langjährigen Kreditverhältnis erwogen[3]. Ob und durch welche Maßnahmen ein Kreditgeber einen Beitrag dazu leistet, die Sanierung seines Kreditkunden zu ermöglichen, muss aber allein dem Kreditgeber als **unternehmerische Entscheidung** überlassen bleiben. Denn die bestehenden vertraglichen Bindungen aus dem Kreditverhältnis beschränken sich auf die bereits abgeschlossenen Verträge. Nur im Rahmen dieser bestehenden vertraglichen Bindungen sind auch nebenvertragliche Treupflichten denkbar. Wirtschaftliche Schwierigkeiten beim Kreditnehmer, die über das eingegangene Kreditengagement hinausgehen, berühren jedoch die vertraglichen Verpflichtungen des Kreditinstituts nicht mehr. Ob das Kreditinstitut gewillt ist, Sanierungsbeiträge über das vereinbarte Kreditverhältnis mit seinen bestehenden vertraglichen Pflichten hinaus zu leisten, bedarf einer erneuten unternehmerischen Entscheidung, die im Rahmen der verfassungsmäßig garantierten Vertragsfreiheit allein Sache des Kreditinstituts ist. Andernfalls würde dem Kreditinstitut, obwohl es lediglich Mittel seiner Einleger ausleiht, eine unternehmerische Verantwortung für den Kreditnehmer auferlegt, die noch über die Stellung eines Gesellschafters hinausginge. Denn selbst die Gesellschafter des Kreditnehmers sind nicht zur Erhöhung ihrer verein- 2.232

1 *Uhlenbruck,* GmbHR 1988, 141; *Groß,* Sanierung durch Fortführungsgesellschaften, III. Kap. Rz. 47; *Hess/Fechner/Freund/Körner,* Sanierungshandbuch, Teil E, Rz. 220.
2 *Groß,* Sanierung durch Fortführungsgesellschaften, III. Kap. Rz. 51 ff.
3 So vor allem *Canaris,* ZHR 134 (1979), 113. Zur Diskussion dieser Frage s. auch *Obermüller,* Insolvenzrecht in der Bankpraxis, Rz. 5.153 ff.; *Hess/Fechner/Freund/Körner,* Sanierungshandbuch, Teil E, Rz. 206 ff.

barten Gesellschafterbeiträge oder zur Ergänzung ihrer durch Verlust verminderten Einlage verpflichtet, um der kreditnehmenden Gesellschaft das Überleben zu ermöglichen[1].

2.233 Eine andere Beurteilung, die zu einer Pflicht zu Sanierungsbeiträgen, insbesondere zur Kreditüberlassung und Kreditgewährung, führt, ist nur dann gerechtfertigt, wenn zwischen dem Kreditinstitut und der krisenbedrohten GmbH ein **Sanierungsvertrag** geschlossen worden ist. Ein solcher Sanierungsvertrag muss nicht schriftlich, sondern kann auch mündlich oder durch konkludentes Handeln geschlossen werden. Die bloße Duldung von Überziehungen einer vereinbarten Kreditlinie zur Deckung des dringenden Liquiditätsbedarfs beim Kreditnehmer reicht dafür aber noch nicht aus. Vielmehr ist eine verbindliche Zusage des Kreditinstituts erforderlich, sich an Sanierungsbeiträgen zu beteiligen[2].

2. Gewährung zusätzlicher Kredite

a) Konzept des Sanierungsbeitrags

2.234 Die existenzbedrohende Krise eines Unternehmens reduziert sich im Endstadium stets auf die Frage der **Zahlungsfähigkeit**. Kann diese nicht aufrechterhalten werden, so muss die Geschäftsführung nach den gesetzlichen Regelungen, wie unten (Rz. 5.12) dargestellt, unvermeidlicherweise den Antrag auf Eröffnung eines Insolvenzverfahrens stellen. Daraus ergibt sich, dass die Zuführung neuer Liquidität durch Gewährung zusätzlicher Kredite (neudeutsch: fresh money) als Sanierungsbeitrag der Kreditinstitute in der Krise der GmbH oder eines anderen Unternehmens regelmäßig von zentraler Bedeutung ist und damit die Kreditinstitute in zahlreichen Fällen über Sein oder Nichtsein eines Unternehmens entscheiden, indem sie ihre Kredite offen halten und ausweiten oder kündigen[3].

2.235 Bei der Gewährung neuer Kredite handelt es sich um den denkbar **einfachsten Sanierungsbeitrag**. Die Bereitstellung zusätzlicher Kreditmittel kann in der technischen Abwicklung durch schlichte Duldung von Überziehungen, durch förmliche Zusage neuer Kreditlinien oder im Rahmen eines Sanierungskon-

---

1 OLG München v. 14. 10. 1993 – 19 U 3437/93, WM 1994, 1028 = WuB I E 1 – 9.94 *Vortmann*; OLG Karlsruhe v. 3. 8. 1990 – 10 U 168/89, WM 1990, 1332 = WuB I E 1 – 13.91 *Münstermann*; OLG Düsseldorf v. 9. 2. 1989 – 6 U 90/88, WM 1989, 1838 = WuB I E 1 – 3.90 *Hopt*; OLG Zweibrücken v. 21. 9. 1984 – 1 U 244/82, WM 1984, 1635; *Batereau*, WM 1992, 1517; *Obermüller*, Insolvenzrecht in der Bankpraxis, Rz. 5.153 ff.; *Uhlenbruck*, Gläubigerberatung in der Insolvenz, S. 109 ff.

2 *Vortmann*, Anm. zu OLG München v. 14. 10. 1993 – 19 U 3437/93, WM 1994, 1028, in WuB I E 1 – 9.94; *Hopt*, Anm. zu OLG Düsseldorf v. 9. 2. 1989 – 6 U 90/88, WM 1989, 1838, in WuB I E 1 – 3.90. Ein Beispiel für eine solche Sanierungsvereinbarung findet sich bei OLG Hamm v. 22. 1. 1990 – 8 U 129/89, WM 1991, 1116 = WuB I E 1 – 11.91 *Christoffel*.

3 Zum Sanierungskredit im Überblick auch *Wallner/Neuenhahn*, NZI 2006, 553; *Schäffler*, BB 2006, 56; *Kiethe*, KTS 2005, 179; *Wittig*, NZI 1998, 49; *Häuser* in Schimansky/Bunte/Lwowski, Bankrechts-Handbuch, 3. Aufl. 2007, § 85.

zepts durch Konsortialkredite aller kreditgebenden Banken erfolgen. Mit diesem Sanierungsbeitrag kann in kürzester Zeit der erforderliche schnelle Erfolg erzielt werden, nämlich die Zahlungsfähigkeit des insolvenzbedrohten Kreditnehmers wieder hergestellt werden. Selbst eine Besicherung des neugewährten Sanierungskredites aus dem Vermögen des Kreditnehmers ist möglich, da die Bestellung solcher Sicherheiten als Bargeschäft nach § 142 InsO nicht angefochten werden kann[1] (s. dazu oben bei Rz. 1.253 ff.).

Allerdings kann durch die Zufuhr neuer Liquidität mit der Gewährung neuer oder zusätzlicher Kredite lediglich die **Zahlungsunfähigkeit** vermieden oder beseitigt werden. Die Einräumung der neuen Kredite beseitigt nicht die drohende oder eingetretene **Überschuldung**, da dem durch die Zuführung der liquiden Mittel entstehenden Aktivposten auf der Passivseite der Bilanz bzw. des Überschuldungsstatus eine entsprechende Verbindlichkeit gegenübersteht[2]. Darüber hinaus führt die Einräumung neuer Kredite auch langfristig nicht zu einer Überwindung der Krise, da mit dem Zinsaufwand für die zusätzlichen Kredite auch die Kosten des sanierungsbedürftigen Unternehmens für seine Fremdfinanzierung steigen. Darum wird in aller Regel die Zuführung neuer Liquidität durch Kreditvergabe nur Bestandteil eines umfassenderen Sanierungskonzeptes sein können. 2.236

b) Insolvenzverschleppung durch das Kreditinstitut?

Kreditinstitute werden darüber hinaus auf die Einbettung der neuen Kreditvergabe in ein Gesamtkonzept zur Sanierung der krisenbedrohten GmbH bestehen, um sich nicht **Schadensersatzansprüchen anderer Gläubiger aus § 826 BGB** wegen sittenwidriger Insolvenzverschleppung auszusetzen. Denn bei der Gewährung neuer Kredite besteht grundsätzlich das Risiko, dass die Sanierung des Kreditnehmers misslingt. Dies kann zu einer Schädigung anderer Gläubiger führen, die auf Grund der Kreditgewährung und der damit verbundenen Liquiditätszufuhr die Lage des Kreditnehmers zu günstig beurteilt haben und deshalb ihre bestehenden Forderungen nicht rechtzeitig eingezogen oder gesichert haben bzw. noch neue Geschäfte eingegangen sind. Deshalb hat die Rechtsprechung Grundsätze entwickelt, die Kreditinstitute wegen Insolvenzverschleppung in die Haftung nehmen, wenn sie den Betrieb des an sich insolvenzreifen Kreditnehmers mit der Gewährung neuer Kredite ohne Sanierungsaussichten noch eine Zeit lang aufrechterhalten, um eigennützige Ziele zu verfolgen, z.B. um bereits früher gewährte Kredite noch zurückzuführen, Sicherheiten hereinzunehmen, Anfechtungsfristen zu überwinden oder Sicherheiten ungestört zu verwerten[3]. 2.237

Allerdings fällt dem Kreditinstitut **nicht bei jeder Kreditgewährung in der Krise** der Vorwurf sittenwidrigen Handelns zur Last, bloß weil die Möglichkeit des Misslingens der Sanierung und damit einer Schädigung der anderen 2.238

1 *Kirchhof* in Münchener Kommentar zur InsO, § 129 InsO Rz. 151, 168; *Obermüller,* Insolvenzrecht in der Bankpraxis, Rz. 5.136.
2 *Obermüller,* Insolvenzrecht in der Bankpraxis, Rz. 1.156.
3 Dazu *Groß,* Sanierung durch Fortführungsgesellschaften, Rz. 235; *Neuhof,* NJW 1998, 3225, 3228 ff.; *Wenzel,* NZI 1999, 294 ff.; *Ahnert,* BKR 2002, 254, 256 ff.

Gläubiger besteht. Denn grundsätzlich ist ein Kreditinstitut auch dann noch zur Vergabe neuer Kredite berechtigt, wenn ein Unternehmen sich in der Krise befindet oder sogar schon insolvenzreif ist[1]. Die Kreditgewährung in einer solchen Situation kann nur dann als sittenwidrige Schädigung anderer Gläubiger i.S. von § 826 BGB angesehen werden, die zu einer Schadensersatzpflicht führt, wenn absehbar ist, dass mit der Vergabe neuer Kredite der Zusammenbruch des Kreditnehmers nicht auf Dauer verhindert werden kann, sondern das Kreditinstitut die Insolvenz des krisenbedrohten Kreditnehmers nur hinausschieben will, um sich dadurch eigennützig die Gelegenheit zu verschaffen, die eigene Stellung gegenüber anderen Gläubigern zu verbessern[2].

2.239 Demgegenüber handelt es sich bei der Vergabe neuer Kredite an sanierungsbedürftige Unternehmen dann um **keine Insolvenzverschleppung, sondern um einen ernsthaften Sanierungsversuch**, wenn der Zweck der Kreditvergabe die Sanierung des Unternehmens ist und die Kreditvergabe zur Sanierung objektiv geeignet ist. Denn der Vorwurf sittenwidrigen Verhaltens ist unbegründet, wenn Kreditgeber und Kreditnehmer auf Grund einer sachkundigen und sorgfältigen Prüfung der Lage des Schuldners und besonders der Geschäftsaussichten davon überzeugt sein durften, dass das Sanierungsvorhaben Erfolg haben und damit eine Schädigung dritter Gläubiger letztlich nicht eintreten wird[3]. Dabei ist nicht erforderlich, dass die Möglichkeit des Fehlschlagens der Sanierung von vornherein auszuschließen war. Vom Erfolg der Sanierung darf das Kreditinstitut vielmehr schon dann überzeugt sein, wenn keine ernsthaften Zweifel am Gelingen des Sanierungsversuches bestehen[4].

2.240 **Voraussetzung für einen ernsthaften Sanierungsversuch**[5] ist aber mindestens ein in sich schlüssiges Konzept, das von den erkannten und erkennbaren tatsächlichen Gegebenheiten ausgeht und nicht offensichtlich undurchführbar ist. Sowohl für die Frage der Erkennbarkeit der Ausgangslage als für die Prognose der Durchführbarkeit ist dabei auf die Beurteilung eines unvoreinge-

1 BGH v. 3. 3. 1956 – IV ZR 334/55, WM 1956, 527; BGH v. 21. 6. 1961 – VIII ZR 139/60, WM 1961, 1106; *Hess,* § 117 KO Rz. 26; *Obermüller,* Insolvenzrecht in der Bankpraxis, Rz. 5.106; *Hess/Fechner/Freund/Körner,* Sanierungshandbuch, Teil G, Rz. 10.

2 S. dazu die Ausgangsentscheidung BGH v. 9. 7. 1953 – IV ZR 242/52, BGHZ 10, 228. Aus der Rechtsprechung auch BGH v. 24. 5. 1965 – VII ZR 46/63, WM 1965, 918. Zusammenfassende Überblicke zur Rechtslage bei *Batereau,* WM 1992, 1517; *Groß,* Sanierung durch Fortführungsgesellschaften, Rz. 235; *Obermüller,* Insolvenzrecht in der Bankpraxis, Rz. 5.108 ff.

3 BGH v. 9. 7. 1953 – IV ZR 242/52, BGHZ 10, 228; BGH v. 24. 5. 1965 – VII ZR 46/63, WM 1965, 918; OLG Düsseldorf v. 30. 6. 1983 – 6 U 120/81, WM 1983, 873; *Groß,* Sanierung durch Fortführungsgesellschaften, Rz. 235.

4 BGH v. 10. 11. 1978 – V ZR 181/76, WM 1979, 253; BGH v. 9. 7. 1979 – II ZR 118/77, WM 1979, 878; OLG Düsseldorf v. 30. 6. 1983 – 6 U 120/81, WM 1983, 873.

5 S. zu den bisher von der Rechtsprechung benannten Voraussetzungen für einen ernsthaften Sanierungsversuch BGH v. 4. 12. 1997 – IX ZR 47/97, WM 1998, 248 m.w.Nachw. für die durch dieses Urteil zusammengefasste Rechtsprechung. Dazu auch detailliert *Wallner/Neuenhahn,* NZI 2006, 553.

nommenen – nicht notwendigerweise unbeteiligten – branchenkundigen Fachmanns abzustellen, dem die vorgeschriebenen oder üblichen Buchhaltungsunterlagen zeitnah vorliegen. Eine solche Prüfung muss die wirtschaftliche Lage des Schuldners im Rahmen seiner Wirtschaftsbranche analysieren und die Krisenursachen sowie die Vermögens-, Ertrags- und Finanzlage erfassen[1]. Erforderlich ist also, dass ein objektiver Dritter bei der Prüfung nach seiner pflichtgemäßen Einschätzung auf Grund einer ex-ante-Betrachtung zu dem Ergebnis kommt, dass die Gesellschaft objektiv sanierungsfähig ist und die für ihre Sanierung konkret in Angriff genommenen Maßnahmen zusammen objektiv geeignet sind, die Gesellschaft in überschaubarer Zeit durchgreifend zu sanieren[2]. Diese Anforderungen gelten im Übrigen grundsätzlich auch für Sanierungsversuche bei kleineren Unternehmen, denn auch dort können Gläubiger in für sie beträchtlichem Umfang geschädigt werden. Jedoch kann das Ausmaß der Prüfung dem Umfang des Unternehmens und der verfügbaren Zeit angepasst werden[3].

Eine solche **Prüfung des Sanierungskonzepts** durch unvoreingenommene, 2.241
branchenkundige Experten ist allerdings nicht nur wegen der damit verbundenen Kostenbelastung für das ohnehin liquiditätsschwache Krisenunternehmen in einem Sanierungsfall problematisch, sondern erfordert in aller Regel auch mehr Zeit als die drei Wochen, die gem. § 15a Abs. 1 InsO nach Eintritt der Zahlungsunfähigkeit bei der GmbH dafür zur Verfügung stehen[4]. Weil aber auch eine Ablehnung des dringend erforderlichen Sanierungskredites in einem solchen Fall angesichts des drohenden Zusammenbruchs des Unternehmens mit der Zerschlagung seiner Vermögenswerte und dem Verlust von Arbeitsplätzen nicht leichtfertig erfolgen darf, ist es nicht als sittenwidrige Insolvenzverschleppung anzusehen, wenn das Kreditinstitut bei einer bereits eingeleiteten Prüfung der Sanierungsaussichten zusätzliche Kredite in einem solchen Umfang gewährt, wie sie zur Aufrechterhaltung der Zahlungsfähigkeit der GmbH während des Zeitraums bis zum Abschluss der Prüfung erforderlich sind, selbst wenn das Kreditinstitut dabei auch eigennützige Motive, nämlich die Rettung seiner bereits gewährten Kredite, mitverfolgt[5]. Voraussetzung dafür, dass bei solchen **Überbrückungskrediten** der Vorsatz der Gläubigerschädigung verneint und subjektiv redliches Handeln bejaht werden kann, ist aber, dass die Beteiligten ernsthaft und mit aus ihrer Sicht tauglichen Mitteln die Sanierung anstreben[6].

---

1 BGH v. 4. 12. 1997 – IX ZR 47/97, WM 1998, 248 m.w.N.

2 So BGH v. 21. 11. 2005 – II ZR 277/03, WM 2006, 399 zu den Voraussetzungen des früheren Sanierungsprivilegs aus § 32a Abs. 3 GmbHG für kapitalersetzende Darlehen.

3 BGH v. 4. 12. 1997 – IX ZR 47/97, WM 1998, 248 m.w.N.

4 *Batereau,* WM 1992, 1517; zur Prüfungspflicht bei Sanierungskrediten s. ausführlich auch *Obermüller,* Insolvenzrecht in der Bankpraxis, Rz. 5.122 ff.; *Hess/Fechner/Freund/Körner,* Sanierungshandbuch, Teil F., Rz. 16 ff.

5 OLG Schleswig v. 2. 10. 1981 – 11 U 160/80, WM 1982, 25; *Hess/Fechner/Freund/Körner,* Sanierungshandbuch, Teil G., Rz. 18; *Obermüller,* Insolvenzrecht in der Bankpraxis, Rz. 5.134 f.; *Hess,* § 117 KO Rz. 35.

6 BGH v. 4. 12. 1997 – IX ZR 47/97, WM 1998, 248.

2.242 Als **Rechtsfolge der Insolvenzverschleppung**[1] durch Gewährung zusätzlicher Kredite drohen dem Kreditinstitut Schadensersatzansprüche dritter Gläubiger aus § 826 BGB. Dabei können die Altgläubiger, die schon vor der Gewährung des Kredites Forderungen gegen die zusammengebrochene GmbH besaßen, als Schaden nur den Unterschiedsbetrag geltend machen zwischen der Insolvenzquote, die sie bei früherer Verfahrenseröffnung ohne die Aufrechterhaltung der Zahlungsfähigkeit erzielt hätten, und der tatsächlich gezahlten Quote. Neugläubiger, die erst nach Gewährung des Kredites im Vertrauen auf die Kreditwürdigkeit der tatsächlich nicht zu rettenden GmbH Forderungen durch ihre Leistungen erworben haben, können dagegen Ersatz ihres gesamten negativen Interesses – abzüglich der Insolvenzquote – verlangen[2], haben also einen Anspruch darauf, so gestellt zu werden, als ob sie wegen des ohne die Insolvenzverschleppung früher eröffneten Insolvenzverfahrens das betreffende Geschäft mit der GmbH nicht vorgenommen hätten. Auch der Insolvenzverwalter kann Schadensersatzansprüche geltend machen, jedoch nur insoweit, wie die Insolvenzmasse insgesamt verkürzt worden ist. Dies kann beispielsweise der Fall sein, wenn die durch den sittenwidrigen Neukredit gewonnene Zeit von dem Kreditinstitut dazu genutzt worden ist, zu Lasten der Insolvenzmasse früher gewährte Kredite zurückzuführen. Darüber hinaus kann der Insolvenzverwalter die für den Neukredit bestellten Sicherheiten zurückverlangen, da im Falle der Insolvenzverschleppung nicht nur der Kreditvertrag, sondern auch die dafür erfolgte Sicherheitenbestellung nach § 138 BGB wegen Sittenwidrigkeit nichtig ist.

c) Kündigung des Sanierungskredits

2.243 Wird ein Sanierungskredit einmal gewährt, ist seine Kündigung nur unter wesentlich engeren Voraussetzungen möglich, als sie für die Kündigung sonstiger Kredite gelten (dazu oben bei Rz. 1.304)[3]. Grundsätzlich gilt, dass bei einem Sanierungskredit durch den von den Vertragspartnern vereinbarten Sanierungszweck die **ordentliche Kündigung zumindest konkludent ausgeschlossen** ist[4]. Dagegen bleibt eine **außerordentliche, fristlose Kündigung möglich**, wenn in den Vermögensverhältnissen des Darlehensnehmers seit dem Zeitpunkt, in dem das Kreditinstitut seine Mitwirkung an der Sanierung zugesagt hat, eine wesentliche Verschlechterung eingetreten ist, die die Sanierung als nicht mehr aussichtsreich erscheinen lässt[5]. Einer Verschlechterung steht es gleich, wenn sich erst nach Gewährung des Sanierungskredits herausstellt, dass die Sanierungsaussichten bei Einräumung des Kredits falsch einge-

1 Im Überblick dazu *Obermüller,* Insolvenzrecht in der Bankpraxis, Rz. 5.138 ff.; *Wenzel,* NZI 1999, 294, 298 f.; *Wittig,* NZI 1998, 49, 51 f. jeweils mit Nachweisen der Rechtsprechung.

2 BGH v. 30. 3. 1998 – II ZR 146/96, WM 1998, 944.

3 Dazu auch *Wallner/Neuenhahn,* NZI 2006, 553.

4 BGH v. 6. 7. 2004 – XI ZR 254/02, WM 2004, 1676; BGH v. 14. 9. 2004 – XI ZR 184/03, WM 2004, 220. Im Detail dazu *Häuser* in Schimansky/Bunte/Lwowski, Bankrechts-Handbuch, 3. Aufl. 2007, § 85 Rz. 62 ff.

5 BGH v. 14. 9. 2004 – XI ZR 184/03, WM 2004, 220; BGH v. 20. 12. 1955 – I ZR 171/53, WM 1956, 217.

schätzt wurden und die Voraussetzungen für eine Sanierung von Anfang objektiv nicht gegeben waren[1]. Ebenso ist das Kreditinstitut auch dann zur Kündigung eines Sanierungskredits berechtigt, wenn das sanierungsbedürftige Unternehmen von dem Sanierungsplan abweicht und deshalb die Sanierung zu scheitern droht[2].

3. Stundung, Verzicht und Rangrücktritt

a) Stundung von Zins- und/oder Tilgungsraten

Der geringste Beitrag, der einer kreditgebenden Bank zur Überwindung einer Unternehmensinsolvenz bei der GmbH abverlangt werden kann, ist die Stundung von Zins- und/oder Tilgungsraten; auch als **Zahlungsaufschub oder Moratorium** bezeichnet[3]. Kreditinstitute sind allerdings aus den oben (Rz. 2.232 f.) genannten Gründen selbst dann nicht verpflichtet, Tilgungs- oder Zinsstundungen zu gewähren, wenn ein langjähriges Kreditverhältnis zu dem insolventen Unternehmen bestand und die zu überbrückende Zahlungsunfähigkeit möglicherweise nur vorübergehend ist[4]. 2.244

Insolvenzrechtlich führt eine Stundung dazu, dass die Forderungen, für die der Gläubiger sich mit einer späteren Befriedigung einverstanden erklärt hat, bei der Prüfung der Zahlungsunfähigkeit des Schuldners unberücksichtigt bleiben kann[5]. **Zivilrechtlich** handelt es sich bei der Stundung um eine vertragliche Abrede, mit der die Fälligkeit einer Forderung hinausgeschoben wird. Die Stundung führt gem. § 205 BGB zur Hemmung der Verjährung, was u.U. für Zinszahlungen von Bedeutung sein kann. Der Vorteil der Stundung liegt darin, dass es sich um einen denkbar schwachen Eingriff in das Vertragsverhältnis handelt, der den Bestand der gestundeten Kreditforderung unberührt lässt. 2.245

Problematisch kann die Stundung sein, wenn für die gestundeten Kreditforderungen **Drittsicherheiten** gestellt sind, beispielsweise Bürgschaften, Pfandrechte oder Grundschulden Dritter. Da bei einer Stundung die Forderung bestehen bleibt, haften die für diese Forderung gestellten Sicherheiten trotz Stundung weiter. Zwar hat der BGH entschieden[6], dass dann, wenn auf Grund einer Abrede zwischen dem Kreditinstitut und dem Kreditnehmer der ursprüngliche Kreditvertrag fortgesetzt wird, also bei gleicher Kredithöhe lediglich seine Laufzeit verlängert wird, der prolongierte Kredit nicht mehr durch eine für den ursprünglichen Kredit übernommene Bürgschaft abgesichert wird, sofern es sich bei der Prolongationsvereinbarung um einen neuen, selb- 2.246

1 *Wallner/Neuenhahn*, NZI 2006, 553; *Häuser* in Schimansky/Bunte/Lwowski, Bankrechts-Handbuch, 3. Aufl. 2007, § 85 Rz. 74.

2 *Häuser* in Schimansky/Bunte/Lwowski, Bankrechts-Handbuch, 3. Aufl. 2007, § 85 Rz. 75.

3 Dazu auch *Cranshaw*, ZInsO 2008, 421, 429 f. Allgemein zur Stundung oben bei Rz. 2.244.

4 OLG Karlsruhe v. 3. 8. 1990 – 10 U 168/89, WM 1990, 1332 = WuB I E 1 – 13.91 *Münstermann*.

5 BGH v. 20. 12. 2007 – IX ZR 93/06, ZIP 2008, 420; BGH v. 19. 7. 2007 – IX ZB 36/07, ZIP 2007, 1666.

6 BGH v. 15. 7. 1999 – IX ZR 243/98, WM 1999, 1761.

ständigen Vertrag handelt. Jedoch wird der Bürge oder ein anderer Sicherungsgeber dadurch nicht aus seiner Haftung vollkommen frei, sondern die Haftung besteht fort für den ursprünglich besicherten Kredit in Höhe der Forderungen des Kreditinstituts zum Zeitpunkt der Prolongation[1]. Nur für Forderungen, die den Kreditbetrag erst nach dem ursprünglich vereinbarten Schlusstag des Kredites erhöhen, also vor allem für die danach entstehenden Zinsen, aber auch für nachträgliche Ausnutzungen freier Linien, haftet der Bürge nicht[2]. Und insbesondere dann, wenn ein Kontokorrentkredit in einen Tilgungskredit „bankintern umgeschuldet" wird, was zur Ausnutzung günstigerer Zinsen gerade bei der Stundung häufig geschieht, ist darin regelmäßig keine Schuldumschaffung, sondern nur die Änderung des bestehenden Vertragsverhältnisses zu sehen, selbst wenn der umgeschuldete Kredit unter einer anderen Kontonummer verbucht wird, so dass die Bürgenhaftung in dem Umfang bestehen bleibt, wie sie begründet war[3].

2.247 Wird aber ein Kontokorrentkredit „gestundet", indem er in gleicher Höhe als **Kreditlinie verlängert** wird, bleibt das Risiko, dass jeder Zahlungseingang nach Prolongation die Bürgenhaftung ermäßigt, ohne dass erneute Verfügungen des Kreditnehmers dagegen gerechnet werden können. Und auch dann, wenn die Stundung eines Tilgungskredits oder eines endfälligen Kredits erfolgt, haftet der Sicherungsgeber nicht mehr für die nach der Stundungsvereinbarung anfallenden Zinsen. Um bei einer Stundung die Drittsicherheiten für diese Ansprüche nicht zu verlieren, sollten Kreditinstitute daher möglichst darauf bestehen, dass Drittsicherheiten für den gestundeten Kredit neu bestellt bzw. darauf ausdrücklich erstreckt werden – wobei Letzteres wohl nicht von vornherein formularmäßig erfolgen kann[4]. Eine solche Erneuerung der Drittsicherheiten kann aber unterbleiben, falls ein weiter Sicherungszweck, der alle Verbindlichkeiten des Kreditnehmers aus der bankmäßigen Geschäftsverbindung erfasst, bereits bei der Bestellung der Drittsicherheiten wirksam vereinbart worden ist, weil der Drittsicherungsgeber als Geschäftsführer und/oder Mehrheitsgesellschafter in der Lage war, eine Erweiterung der besicherten Verbindlichkeiten durch den Kreditnehmer zu verhindern[5].

---

1 BGH v. 15. 7. 1999 – IX ZR 243/98, WM 1999, 1761; BGH v. 30. 9. 1999 – IX ZR 287/98, WM 1999, 2251. Zuvor aber missverständlich BGH v. 18. 5. 1995 – IX ZR 108/94, WM 1995, 1397 = WuB I F 1a – 13.95 *Schröter*; BGH v. 7. 11. 1995 – XI ZR 235/94, WM 1995, 2180 = WuB I F 1c – 1.96 *Schröter* (Schuldbeitritt). Dazu auch *Obermüller*, Insolvenzrecht in der Bankpraxis, Rz. 5.46a.

2 Und erst recht haftet der Bürge nicht für nachträgliche Kreditaufstockungen, selbst wenn die Haftung für den ursprünglichen Kreditbetrag bestehen bleibt, LG München I v. 24. 11. 1998 – 29 O 7360/98, WM 1999, 1971.

3 BGH v. 30. 9. 1999 – IX ZR 287/98, WM 1999, 2251.

4 BGH v. 15. 7. 1999 – IX ZR 243/98, WM 1999, 1761, 1762 re.Sp. verlangt vom Bürgen „eine entsprechend konkretisierte Ergänzung seiner Willenserklärung".

5 So im Grunde auch BGH v. 15. 7. 1999 – IX ZR 243/98, WM 1999, 1761; BGH v. 30. 9. 1999 – IX ZR 287/98, WM 1999, 2251. Zu den Ausnahmefällen, in denen für Drittsicherheiten ein weiter Sicherungszweck formularmäßig wirksam vereinbart werden kann: BGH v. 18. 1. 1996 – XI ZR 69/95, WM 1996, 436; BGH v. 18. 5. 1995 – IX ZR 108/94, WM 1995, 1397 = WuB I F 1a – 13.95 *Schröter*; BGH v. 27. 6. 1995 – XI ZR 213/94, WM 1995, 1663 = WuB I F 3 – 1.96 *Grün*.

Für die **Bewertung der Stundung als Sanierungsbeitrag** gilt, dass Kreditinstitute dazu am ehesten bereit sind, weil dieser Sanierungsbeitrag ihnen ein nur geringes Opfer abverlangt und insbesondere auch nicht den Ertrag des Kreditinstituts belastet, sofern sich der Verzicht auf Wertberichtigungen für die gestundeten Forderungen rechtfertigen lässt. In aller Regel wird eine Stundung aber als Sanierungsbeitrag nicht ausreichen, da sie bei dem insolventen Unternehmen allenfalls dazu beiträgt, die momentane Zahlungsunfähigkeit zu überwinden, aber weder neue Mittel zuführt, um andere fällige Forderungen zu begleichen, noch eine eingetretene Überschuldung beseitigt. Außerdem wird mit der Stundung die Gewinn- und Verlustrechnung des Schuldners nicht entlastet. Da die Stundung ausschließlich liquiditätsmäßige Wirkungen zeigt, ist sie als Sanierungsbeitrag, insbesondere wenn die zu sanierende GmbH überschuldet ist, nur im Rahmen weiterer Sanierungsmaßnahmen einschließlich von Eigenkapitalzuführungen sinnvoll[1]. 2.248

b) Verzicht auf Zinszahlungen

Als weiter gehender Sanierungsbeitrag kommt daher der (ganz oder teilweise) Verzicht auf Zinszahlungen in Betracht. Der Zinsverzicht (bzw. die Herabsetzung des Zinssatzes) erfolgt durch **vertragliche Änderung des bestehenden Kreditvertrages**. Ein solcher Änderungsvertrag lässt das ursprüngliche Schuldverhältnis unter Wahrung seiner Identität fortbestehen. Akzessorische Sicherheiten haften daher – ebenso wie nicht-akzessorische Sicherheiten – weiter[2]. Der Änderungsvertrag kann wie der ursprüngliche Kreditvertrag formlos geschlossen werden, aus Beweisgründen ist aber eine schriftliche Vereinbarung zu empfehlen. 2.249

Bei der **Bewertung dieses Sanierungsbeitrags** ist zu beachten, dass der Zinsverzicht nicht nur zur Liquiditätsentlastung bei dem insolventen Schuldner führt, sondern durch Stärkung seiner Ertragskraft auch dazu beiträgt, eine künftige Überschuldung zu verhindern[3]. Kann das insolvente Unternehmen aber außer den Zinszahlungen auch andere Forderungen nicht begleichen, so überwindet der Zinsverzicht die Zahlungsunfähigkeit genauso wenig wie eine bereits eingetretene Überschuldung. Auf Seiten des Kreditinstitutes führt der Zinsverzicht zu Ertragsausfällen. Um diese Ertragsausfälle nach gelungener Sanierung zu kompensieren, kann sich daher statt eines bloßen Zinsverzichts die Umwandlung des Kreditverhältnisses in ein partiarisches Darlehen empfehlen, bei dem Zinsen abhängig von einem späteren Gewinn oder Liquiditätsüberschuss des Kreditnehmers auch über das dann übliche Zinsniveau hinaus zu zahlen sind[4]. 2.250

---

1 *Hess/Fechner/Freund/Körner*, Sanierungshandbuch, Teil E, Rz. 222.
2 *Palandt/Heinrichs*, § 311 BGB Rz. 3.
3 *Hess/Fechner/Freund/Körner*, Sanierungshandbuch, Teil E, Rz. 223.
4 Zum partiarischen Darlehen und anderen mezzaninen bzw. hybriden Finanzierungen als Sanierungsbeiträge *Cranshaw*, ZInsO 2008, 421, 427.

c) Forderungsverzicht

2.251 Muss (auch) die **Überschuldung des insolventen Kreditnehmers** beseitigt werden, wird den kreditgebenden Banken als Sanierungsbeitrag häufig ein Forderungsverzicht abverlangt[1]. Kreditinstitute können dazu im Rahmen eines Sanierungskonzepts bereit sein, wenn und soweit ihre Forderungen, also vor allem die unbesicherten Kredite, in der Krise des Kreditnehmers durch aufgelaufene Verluste, die das Eigenkapital und die Gesellschafterdarlehen übersteigen, ohnehin „entwertet" sind, zumal mit dem Forderungsverzicht in der Regel die Hoffnung verbunden ist, im künftigen Bankgeschäft mit dem sanierten Schuldner wieder Gewinne zu erzielen[2].

2.252 Der Forderungsverzicht erfolgt durch **Erlass**, bei dem das Kreditinstitut erklärt, dass das zu sanierende Unternehmen seine Kreditverbindlichkeiten (ganz oder teilweise) nicht mehr zu begleichen hat. Ein solcher Erlass erfordert nach § 397 BGB einen zweiseitigen Vertrag zwischen Gläubiger und Schuldner, da ein einseitiger Verzicht auf Forderungen innerhalb des Rechts der Schuldverhältnisse wirkungslos ist[3]. Der Erlassvertrag kann formfrei geschlossen werden und setzt lediglich voraus, dass der Verzicht auf die erlassene Forderung eindeutig gewollt ist[4]. In der Praxis wird der Erlassvertrag bei Sanierungsverhandlungen zwischen Kreditinstituten und Kreditnehmern fast ausnahmslos schriftlich geschlossen[5].

2.253 **Kreditsicherheiten** können wegen der schuldtilgenden Wirkung nach Erlass der Forderung nicht mehr verwertet werden. Sie sind vom gesicherten Kreditgeber, sofern sie nicht zugleich für andere Forderungen bestellt sind, freizugeben bzw. werden als akzessorische Sicherheiten kraft Gesetzes frei.

2.254 Ein Risiko tragen Kreditinstitute, die in Verhandlungen über einen solchen Sanierungsbeitrag stehen, weil ein **Erlassvertrag auch gegen den wirklichen Willen des Kreditgebers** als abgeschlossen gelten kann. Denn die Rechtsprechung geht davon aus, dass dann, wenn in Vorverhandlungen für ein Sanierungskonzept Einigkeit über alle wichtigen Punkte eines Teilerlasses zwischen dem Kreditnehmer und seinen Gläubigerbanken erzielt worden ist, in der nachfolgenden vorbehaltlosen Verbuchung des abredegemäß vom Kreditnehmer überwiesenen Restkreditbetrages eine stillschweigende Annahme des Angebots zum Abschluss des Erlassvertrages liegt, selbst wenn die so handelnde Gläubigerbank in den Vorverhandlungen ihre Zustimmung zu dem Sanierungskonzept und zu ihrem Sanierungsbeitrag in Form des Teilerlasses

---

1 Ausführlich dazu *Herlinghaus,* Forderungsverzichte und Besserungsvereinbarungen zur Sanierung von Kapitalgesellschaften, 1994. Zu einem solchen Fall in der Praxis BGH v. 14. 2. 1995 – XI ZR 65/94, WM 1995, 695.

2 *Groß,* Sanierung durch Fortführungsgesellschaften, IX. Kap., Rz. 96; *Hess/Fechner/Freund/Körner,* Sanierungshandbuch, Teil E, Rz. 224.

3 RG v. 12. 11. 1909 – VII 29/09, RGZ 72, 168; *Schrader,* Die Besserungsabrede, 1995, S. 32 f. m.w.N.; *Herlinghaus,* Forderungsverzichte und Besserungsvereinbarungen zur Sanierung von Kapitalgesellschaften, 1994, S. 5 f.

4 *Herlinghaus,* Forderungsverzichte und Besserungsvereinbarungen zur Sanierung von Kapitalgesellschaften, 1994, S. 6.

5 *Obermüller,* Insolvenzrecht in der Bankpraxis, Rz. 1.164, 1.1005.

ausdrücklich von einem sog. Gremienvorbehalt, also der noch ausstehenden internen Genehmigung durch die zuständigen Gremien des Kreditinstituts, abhängig gemacht hatte[1]. Kreditinstitute, die in einer solchen Situation den Abschluss des Erlassvertrages verhindern wollen, müssen dies dem Kreditnehmer unverzüglich nach Eingang der Überweisung mitteilen und dürfen den überwiesenen Betrag nur unter dem Vorbehalt der Rückgabe bei endgültiger Verweigerung des Erlasses entgegennehmen[2].

Ohne vorangegangene Sanierungsverhandlungen laufen Kreditinstitute demgegenüber kaum noch Gefahr, in eine sog. **Erlassfalle** zu tappen[3]. Dabei handelte es sich um die vor einigen Jahren zunehmenden und teilweise unverfrorenen Versuche von Kreditnehmern, auf Grundlage der Rechtsprechung des BGH[4] mit dem Angebot der Tilgung eines geringen Teils der Gesamtschuld einen Erlass der Restschuld durch das Kreditinstitut zu suchen. Dies geschah, indem der Kreditnehmer in einem Schreiben die Teilzahlung unter der Voraussetzung des Erlasses der Restforderung anbot, über den angebotenen Teilzahlungsbetrag einen Scheck beifügte oder per separater Post übersandte und zugleich klarstellte, dass er nach § 151 BGB auf den Zugang einer Annahmeerklärung verzichtete, sondern die Einlösung des Schecks als konkludente Annahme gelten lassen wollte[5]. Löste dann der Kreditgeber den Scheck tatsächlich ein, kam damit nach der ursprünglichen Auffassung der Rechtsprechung *im Regelfall* ein Erlassvertrag zu Stande[6]. Diese Rechtsprechung versuchten sich Schuldner zunutze zu machen, indem sie lächerlich geringe Summen zur Zahlung für den Erlass aller anderen Forderungen anboten[7] und darauf hofften, dass die Einlösung des Schecks im Bankbetrieb routinemäßig erfolgte, ohne dass die daran geknüpfte Erlassfalle bemerkt wurde. Jedoch hat die Rechtsprechung diesen Missbrauch erkannt, stärker auf die Umstände des 2.255

1 BGH v. 14. 2. 1995 – XI ZR 65/94, WM 1995, 695. Zu dieser Fallgestaltung auch *Obermüller,* Insolvenzrecht in der Bankpraxis, Rz. 1.1006.

2 BGH v. 14. 2. 1995 – XI ZR 65/94, WM 1995, 695.

3 Dazu aus der Literatur *BdB-Info* 1997, 50; *Eckhardt,* BB 1996, 1945; *v. Randow,* ZIP 1995, 445; *Lange,* WM 1999, 1301.

4 Vor allem BGH v. 18. 12. 1985 – VIII ZR 297/84, WM 1986, 322 = WuB IV A – 2.86 *Peltzer;* BGH v. 28. 3. 1990 – VIII ZR 258/89, WM 1990, 873 = WuB IV A – 2.90 *Ott.* S. auch BGH v. 14. 2. 1995 – XI ZR 65/94, WM 1995, 695.

5 So der Sachverhalt bei BGH v. 18. 12. 1985 – VIII ZR 297/84, WM 1986, 322 = WuB IV A – 2.86 *Peltzer.*

6 BGH v. 18. 12. 1985 – VIII ZR 297/84, WM 1986, 322 = WuB IV A – 2.86 *Peltzer;* BGH v. 28. 3. 1990 – VIII ZR 258/89, WM 1990, 873 = WuB IV A – 2.90 *Ott;* ablehnend *v. Randow,* ZIP 1995, 445.

7 Der Sachverhalt bei AG Ebersberg v. 15. 5. 1997 – 4 C 66/97, WM 1997, 1569, sah so aus, dass für den Erlass von titulierten Forderungen von knapp 200 000 DM die Zahlung von 150 DM angeboten wurde. Im Falle von LG München I v. 24. 6. 1997 – 23 O 1860/97, WM 1997, 2214, sollte eine Forderung von 1,13 Mio. DM nach Scheckzahlung von 1000 DM erlassen werden. S. zu solchen Fällen auch LG München I v. 13. 3. 1997 – 22 O 1048/97, WM 1997, 2213; LG Lübeck v. 14. 4. 1997 – 12 O 137/97, WM 1997, 2223; LG Bayreuth v. 1. 9. 1997 – 2 O 348/97, WM 1998, 1446; LG Waldshut-Tiengen v. 17. 10. 1997 – 1 O 150/97, WM 1998, 1447; LG Bremen v. 26. 8. 1997 – 1 O 1396/97, WM 1998, 2189; LG Waldshut-Tiengen v. 10. 7. 1997 – 1 O 48/97, WM 1998, 2191.

Einzelfalls abgestellt und deshalb mittlerweile in solchen Fällen immer trotz erfolgter Einziehung des Schecks das Zustandekommen eines Erlassvertrages verneint[1]. Maßgebend dafür waren z.B. ein am Tage der Scheckeinziehung geschriebener und das Angebot ablehnender Brief oder auch nur das bloße, außergewöhnlich hohe Missverhältnis zwischen Forderung und angebotener Teilzahlung. Dennoch sollten Kreditinstitute derartige Abfindungsangebote einer sorgfältigen Einzelfallprüfung unterziehen und im Zweifelsfall auf die Einziehung des vom Schuldner übersandten Schecks verzichten. Sollte im normalen Geschäftsgang der Scheck eingelöst worden sein, kann auch ein unverzüglich an den Schuldner gesandtes Schreiben, mit dem die Annahme des „Vergleichsangebots" abgelehnt wird, für eine spätere gerichtliche Auseinandersetzung als Indiz dienen, dass der Scheckeinlösung kein Erklärungswert als konkludenter Abschluss eines Erlassvertrages zukommt[2].

2.256 Bei der Bilanzierung des Forderungsverzichts auf Seiten der GmbH kommt es mit Wirksamkeit des Erlassvertrages zum **Wegfall der Kreditverbindlichkeiten aus dem Überschuldungsstatus**, so dass diese Entlastung der Passivseite eine eingetretene Überschuldung beseitigen kann. Auch in der Handelsbilanz der zu sanierenden GmbH führt das Erlöschen der Forderung, wie bei jedem anderen bilanzierenden Unternehmen, zur Ausbuchung der Verbindlichkeit. Dieser Buchgewinn schlägt sich in der Gewinn- und Verlustrechnung des Kreditnehmers als außerordentlicher Ertrag in Höhe der entfallenden Verbindlichkeit nieder. Der Kreditgeber hat dagegen in seiner Bilanz die Forderung im Moment des Verzichts ergebniswirksam auszubuchen, soweit sie nicht bereits zuvor wertberichtigt worden ist[3].

2.257 Für die **Bewertung des Forderungsverzichts als Sanierungsbeitrag** ist fest zu halten, dass es sich um ein einfaches und schnelles Mittel zur Beseitigung der Überschuldung handelt, das außerdem die künftigen Finanzierungskosten des zu sanierenden Unternehmens senkt und damit dessen Ertragskraft stärkt. Jedoch kann der Forderungsverzicht die Zahlungsunfähigkeit des insolventen Unternehmens nicht beseitigen. Auf Seiten des Kreditinstituts vermindert der Forderungsverzicht das Ergebnis im laufenden Geschäftsjahr, soweit der Erlass der Höhe nach über bereits gebildete Wertberichtigungen hinausgeht.

d) Rangrücktritt/Forderungsverzicht mit Besserungsschein

aa) Konzept des Sanierungsbeitrags

2.258 Der Forderungsverzicht führt bei der kreditgebenden Bank zu einem endgültigen Verlust der Kreditforderung und verhindert so, dass die Bank nach gelungener Sanierung von der wirtschaftlichen Gesundung ihres Schuldners profi-

1 OLG Dresden v. 31. 8. 1998 – 17 W 1185/98, WM 1999, 487; OLG Dresden v. 14. 10. 1998 – 8 U 2209/98, WM 1999, 488; OLG Karlsruhe v. 12. 6. 1998 – 9 U 127/97, WM 1999, 490; BGH v. 10. 5. 2001 – XII ZR 60/99, ZIP 2001, 1329.

2 So z.B. bei LG Waldshut-Tiengen v. 17. 10. 1997 – 1 O 150/97, WM 1998, 1447.

3 *Herlinghaus*, Forderungsverzichte und Besserungsvereinbarungen zur Sanierung von Kapitalgesellschaften, 1994, S. 9, 31 m.w.N.; *Groß*, Sanierung durch Fortführungsgesellschaften, IX. Kap., Rz. 96.

tiert. Deshalb sind die Kreditinstitute häufig nur dann bereit, einen Sanierungsbeitrag durch „Forderungsverzicht" zu leisten, wenn damit **kein endgültiger Verlust ihrer Kreditforderung** verbunden ist, sondern sie lediglich die Geltendmachung der Kreditforderungen zurückstellen müssen, bis die Sanierung des Unternehmens gelungen ist. Diesem Bedürfnis der Banken dienen die Rangrücktrittsvereinbarung und die Vereinbarung eines Forderungsverzichts mit Besserungsschein[1].

Die genaue dogmatische Einordnung von Erlassvertrag, Rangrücktritt und Besserungsschein war in Praxis und Literatur umstritten. Eine (gefestigte) Rechtsprechung lag zunächst nicht vor. Besserungsabreden und Rangrücktrittsvereinbarungen erschienen im Hinblick auf ihren oben erläuterten wirtschaftlichen Zweck nahezu austauschbar[2]. Entsprechend uneinheitlich wurden die Begriffe verwandt. Zum Teil wurde angenommen, dass es sich bei der Rangrücktrittsvereinbarung und dem Forderungsverzicht mit Besserungsschein um identische rechtliche Konstruktionen handelt[3]. Mit seinem Urteil v. 8. 1. 2001 hat aber der BGH[4], so wie zuvor und danach die Rechtsprechung des BFH[5], deutlich gemacht, dass eine **Unterscheidung zwischen dem Forderungsverzicht mit Besserungsschein und dem Rangrücktritt erforderlich** ist[6]. Dem soll hier gefolgt werden. 2.259

bb) Forderungsverzicht mit Besserungsschein

Nach der hier vertretenen Auffassung handelt es sich bei der Vereinbarung eines **Besserungsscheins** im Grunde um einen Forderungsverzicht durch Erlassvertrag. Jedoch steht der Erlass auf Grund des Besserungsscheins unter einer auflösenden Bedingung, so dass der Forderungserlass bei Besserung der Vermögensverhältnisse entfällt[7]. Als Bedingung des Besserungsscheins oder 2.260

1 Ausführlich dazu *Herlinghaus,* Forderungsverzichte und Besserungsvereinbarungen zur Sanierung von Kapitalgesellschaften, 1994; *Teller/Steffan,* Rangrücktrittsvereinbarungen zur Vermeidung der Überschuldung bei der GmbH, 3. Aufl. 2003; *Obermüller,* Insolvenzrecht in der Bankpraxis, Rz. 1.1010 ff.

2 *Schrader,* Die Besserungsabrede, 1995, S. 15.

3 Dazu mit beachtlichen Argumenten *Teller/Steffan,* Rangrücktrittsvereinbarungen zur Vermeidung der Überschuldung bei der GmbH, 3. Aufl. 2003, S. 143 ff.; beispielhaft für die fehlende Unterscheidung auch *Haack,* KTS 1980, 309; entsprechend findet sich auch die Bezeichnung „Rangrücktritt mit Besserungsschein".

4 BGH v. 8. 1. 2001 – II ZR 88/99, WM 2001, 317 ff.; dazu ausführlich *Wittig,* NZI 2001, 169.

5 BFH v. 18. 10. 1989 – IV B 149/88, DB 1990, 564; BFH v. 30. 5. 1990 – I R 41/87, DB 1990, 1998; BFH v. 10. 11. 2005 – IV R 13/04, ZInsO 2006, 212. Ebenso auch die Finanzverwaltung, BMF-Schreiben v. 8. 9. 2006 – IV B 2 – S 2133 – 10/06.

6 S. dazu auch *Martinek/Omlor,* WM 2008, 617 ff.; *Kammeter/Geißelmeier,* NZI 2007, 214 ff.; *Karsten Schmidt,* FS Raupach, 2006, S. 405 ff.; *Karsten Schmidt,* DB 2006, 2503 ff.

7 Ausführliche Rechtsprechungs- und Literaturnachweise für diese Auffassung bei *Herlinghaus,* Forderungsverzichte und Besserungsvereinbarungen zur Sanierung von Kapitalgesellschaften, 1994, S. 110, Fn. 112, 113. Eine eingehende Auseinandersetzung mit den verschiedenen dogmatischen Beurteilungen der Besserungsabrede findet sich bei *Schrader,* Die Besserungsabrede, 1995. *Haack,* KTS 1980, 309, sieht diese Konstruktion dagegen als einen Rangrücktritt an.

der Besserungsklausel wird regelmäßig vereinbart, dass auf die erlassene Schuld Nachzahlungen zu leisten sind, soweit sich die Vermögensverhältnisse des Schuldners bessern, insbesondere aus zukünftigen Gewinnen oder aus einem Liquidationserlös[1]. Hinsichtlich des Erlassvertrages kann auf die obigen Ausführungen zum Forderungsverzicht verwiesen werden (Rz. 2.260 ff.). Der Besserungsschein als auflösende Bedingung des Erlassvertrages ändert nichts daran, dass die erlassenen Forderungen erlöschen (womit auch die akzessorischen Sicherheiten frei werden bzw. nichtakzessorische Sicherheiten freizugeben sind)[2]. Erst bei Eintritt der besseren Vermögensumstände als auflösende Bedingung für den Erlassvertrag entstehen die erlassenen Forderungen wieder. Dementsprechend sind die erlassenen Forderungen auch bis zu diesem Zeitpunkt nicht zu verzinsen, sofern die Parteien nicht ausdrücklich eine andere Abrede treffen[3].

2.261 Für die **Bilanzierung der betroffenen Kreditverbindlichkeiten** sowohl im Überschuldungsstatus wie auch in der Handelsbilanz gilt, dass diese wegen des Forderungsverzichts bis zum Zeitpunkt des Bedingungseintritts nicht zu passivieren sind, da bis zu diesem Zeitpunkt rechtlich keine Verbindlichkeit der Gesellschaft mehr besteht. Daran ändert auch die Vereinbarung des Besserungsscheins nichts[4]. Allerdings sind die Besserungsverpflichtungen bei der zu sanierenden GmbH im Bilanzanhang anzugeben. Für Aktiengesellschaften ist dies in § 160 Abs. 1 Nr. 6 AktG ausdrücklich geregelt. Für die GmbH existiert zwar keine solche Vorschrift, jedoch wird eine Angabepflicht im Anhang gem. § 285 Nr. 3 HGB aus dem Verbot des True-and-Fair-View (§ 264 Abs. 2 HGB) abgeleitet[5]. Zur steuerlichen Gestaltung unten bei Rz. 2.449 ff.

cc) Rangrücktrittserklärung

2.262 Bei der Rangrücktrittserklärung handelt es sich demgegenüber um einen verfügenden Schuldänderungsvertrag gem. § 311 Abs. 1 BGB, der den Bestand der Kreditforderung grundsätzlich unberührt lässt. Für Gesellschafterdarlehen findet sich jetzt nach der Neufassung im **MoMiG** eine (rudimentäre) Regelung der Voraussetzungen und Rechtsfolgen des Rangrücktritts in § 19 Abs. 2 InsO (dazu Rz. 2.85 f.; 5.180 ff.). Für den außenstehenden Gläubiger, z.B. ein Kreditinstitut, fehlen gesetzliche Regelungen des Rangrücktritts weiterhin. Mit dem

1 Ausführlich zur Vereinbarung, wann die maßgebliche Besserung der Vermögensverhältnisse eingetreten ist, *Herlinghaus*, Forderungsverzichte und Besserungsvereinbarungen zur Sanierung von Kapitalgesellschaften, 1994, S. 129 ff.

2 Speziell zu den Sicherheiten s. *Martinek/Omlor*, WM 2008, 617 ff., 665 ff.; *Karsten Schmidt*, GmbHR 1999, 9, 11; *Wittig*, NZI 2001, 169.

3 *Herlinghaus*, Forderungsverzichte und Besserungsvereinbarungen zur Sanierung von Kapitalgesellschaften, 1994, S. 136 f. m.N. von Rechtsprechung und Literatur.

4 So die h.M.: BFH v. 18. 10. 1989 – IV B 149/88, DB 1990, 564; *Groh*, BB 1993, 1882, 1884; *Gross/Fink*, BB 1991, 1379; a.A. *Herlinghaus*, Forderungsverzichte und Besserungsvereinbarungen zur Sanierung von Kapitalgesellschaften, 1994, S. 147 ff., der die erlassene Verbindlichkeit wie bei einer Rangrücktrittserklärung bilanzieren will.

5 *Heymann* in Beck'sches Handbuch der Rechnungslegung, Loseblatt, B 231 Rz. 29; *Adler/Düring/Schmaltz*, Rechnungslegung und Prüfung der Unternehmen, 6. Aufl. 1998 ff., § 246 HGB Rz. 152.

Rangrücktritt unterwirft sich der im Rang zurücktretende Kreditgeber auf vertraglicher Basis den **Rechtsfolgen, wie sie für Gesellschafterdarlehen in der Insolvenz gelten, nämlich einem Nachrang und einem Rückforderungsverbot**, und stellt damit klar, dass das Darlehen den Gläubigern wie haftendes Kapital zur Verfügung steht. Dazu ist nach dem Urteil des BGH v. 8. 1. 2001[1] erforderlich, dass der Gläubiger – zumindest sinngemäß – erklärt, er wolle – bis zur Abwendung der Krise – wegen der zurücktretenden Forderungen erst nach der Befriedigung sämtlicher Gesellschaftsgläubiger und auch nicht vor, sondern nur zugleich mit den Einlagerückgewähransprüchen der (Mit-)Gesellschafter berücksichtigt werden, also so behandelt werden, als handele es sich bei seiner Gesellschafterleistung um statutarisches Kapital. Im Hinblick auf eine Befriedigung außerhalb der Krise muss ergänzend zum Rangrücktritt erklärt werden, dass die Tilgung der zurückgetretenen Forderungen erst nach Beseitigung der Überschuldungsgefahr aus künftigen Gewinnen, sonstigem, die anderen Schulden der Gesellschaft übersteigendem Vermögen oder aus einem Liquidationsüberschuss verlangt werden kann[2]. Dabei wird man aber in der Praxis eine ungenau formulierte Rangrücktrittserklärung im vorgenannten Sinne auszulegen haben, sofern nur der Zweck hinreichend deutlich wird, die Überschuldung zu beseitigen bzw. zu vermeiden[3]. Mit der Forderung bleiben trotz des Rangrücktritts auch die für sie bestellten Sicherheiten erhalten[4]. Entsprechend den Grundsätzen für Gesellschafterdarlehen ist jedoch bei Misslingen der Sanierung eine abgesonderte Befriedigung aus Sicherheiten der zu sanierenden GmbH nicht zulässig. Sofern die Sicherheiten von dritter Seite bestellt sind, ist der Kreditgeber dagegen durch den Rücktritt nicht an der Verwertung der Sicherheiten gehindert, da zumindest nach dem Antrag auf Eröffnung eines Insolvenzverfahrens der mit dem Rangrücktritt verfolgte Zweck offenbar nicht mehr zu erreichen ist. Ebenso bleibt, soweit nicht ausdrücklich eine abweichende Regelung getroffen worden ist, die Zinspflicht des Kreditnehmers beim Rangrücktritt mit einer verzinslichen Kreditforderung bestehen. Wie den Anspruch auf das Kapital kann der Kreditgeber die Zinsen aber erst dann rückwirkend geltend machen, wenn und soweit das Aktivvermögen der zu sanierenden GmbH (oder eines anderen Schuldners) die Verbindlichkeiten übersteigt[5].

Ein Rangrücktritt in ausreichendem Maße kann zum einen die Zahlungsunfähigkeit des Schuldners vermeiden bzw. beseitigen. Denn Forderungen, für die der Gläubiger sich mit einer nachrangigen Befriedigung einverstanden erklärt 2.263

1 BGH v. 8. 1. 2001 – II ZR 88/99, WM 2001, 317 ff., Nr. I. 2. c) bb) der Entscheidungsgründe; dazu *Wittig*, NZI 2001, 169.

2 BGH v. 9. 2. 1987 – II ZR 104/86, WM 1987, 468 f.; OLG Düsseldorf v. 19. 1. 1995 – 6 U 272/93, WM 1996, 1922 ff.; OLG Düsseldorf v. 25. 11. 1996 – 5 Ss 303/96 – 93/96 I, WM 1997, 489 = WuB II C § 84 GmbHG – 1.97 *Schulze-Osterloh*; *Scholz/Karsten Schmidt*, §§ 32a, 32b GmbHG Rz. 63; *Herlinghaus*, Forderungsverzichte und Besserungsvereinbarungen zur Sanierung von Kapitalgesellschaften, 1994, S. 86 ff.; *Schrader*, Die Besserungsabrede, 1995, S. 14 f.

3 BFH v. 10. 11. 2005 – IV R 13/04, ZInsO 2006, 212.

4 Ausführlich dazu *Martinek/Omlor*, WM 2008, 617 ff., 665 ff.

5 *Teller/Steffan*, Rangrücktrittsvereinbarungen zur Vermeidung der Überschuldung bei der GmbH, 3. Aufl. 2003, S. 111 f.

hat, können bei der Prüfung der Zahlungsunfähigkeit des Schuldners unberücksichtigt bleiben[1]. Für den **Ansatz im Überschuldungsstatus** hat der BGH in seinem Urteil v. 8. 1. 2001[2] klargestellt, dass für die Entlastung des Überschuldungsstatus ein Forderungsverzicht nicht erforderlich ist, sondern ein Rangrücktritt mit dem vorgenannten Inhalt ausreicht, damit die zurückgetretene Forderung im Überschuldungsstatus nicht mehr passiviert werden muss[3]. Denn stellt sich ein Gläubiger in dieser Weise wegen seiner Ansprüche aus einer in funktionales Eigenkapital umqualifizierten Drittleistung auf dieselbe Stufe, auf der die (Mit-)Gesellschafter hinsichtlich ihrer Einlagen stehen, besteht keine Notwendigkeit, diese Forderungen in den Überschuldungsstatus der Gesellschaft aufzunehmen. Würde man darüber hinaus einen Verzicht auf die Forderung verlangen, so würden durch ihn – nach Überwindung der Krise oder bei Vorhandensein eines Liquidationsüberschusses – ausschließlich die (Mit-)Gesellschafter begünstigt, während die Interessen der außenstehenden Gläubiger durch die beschriebene Rangrücktrittserklärung ebenso gewahrt worden sind, wie dem Wunsch, die schuldnerische Gesellschaft erhalten zu können, Rechnung getragen worden ist[4]. Ein Rangrücktritt für Forderungen in ausreichendem Umfang kann somit als Sanierungsbeitrag die insolvenzrechtliche Überschuldung beseitigen.

2.264 Offen geblieben ist aber auch nach dem Urteil des BGH v. 8. 1. 2001[5], in **welchen Rang** die Forderungen zurückzutreten haben, um den Überschuldungsstatus in der gewollten Weise zu entlasten[6]. Nach der Insolvenzordnung kommen dazu **drei Rangklassen** in Betracht[7]: Der Rang des § 39 Abs. 1 Nr. 5 InsO, also ein Rücktritt in den Rang von Gesellschafterdarlehen; der Rücktritt in den Rang des § 39 Abs. 2 InsO, in dem nach der in § 39 Abs. 2 InsO getroffenen Auslegungsregel bei der Vereinbarung eines Rücktritts ohne ausdrückliche Bestimmung des Rangs im Zweifel die betroffenen Forderungen befriedigt werden[8]; oder schließlich der – absolute letzte – Rang des § 199 Satz 2 InsO, in dem – theoretisch – nach Vollbeendigung der insolventen Gesellschaft und Befriedigung aller Gläubiger die verbliebene Insolvenzmasse – die es in der Praxis nicht gibt – an die Gesellschafter ausgezahlt würde[9]. Der BGH hat als Inhalt des Rangrücktritts die Erklärung des Gläubigers gefordert, er

1 BGH v. 19. 7. 2007 – IX ZB 36/07, ZIP 2007, 1666.

2 BGH v. 8. 1. 2001 – II ZR 88/99, WM 2001, 317 ff.; dazu ausführlich *Wittig,* NZI 2001, 169 ff.; *Altmeppen*, ZIP 2001, 240 ff.; *Goette*, DStR 2001, 179 ff; *Habersack/Mayer*, NZG 2001, 365 ff.; *Paulus*, ZGR 2002, 321 ff.; *Karsten Schmidt*, JbFfSt 2002/2003, 276 ff.

3 Im Anschluss an das BGH-Urteil so auch OLG Dresden v. 25. 2. 2002 – 13 W 2009/01, InVo 2004, 53.

4 BGH v. 8. 1. 2001 – II ZR 88/99, WM 2001, 317 ff., Nr. I. 2. c) bb) (2) der Entscheidungsgründe.

5 BGH v. 8. 1. 2001 – II ZR 88/99, WM 2001, 317 ff.

6 Dazu auch *Haas/Scholl,* ZInsO 2002, 645; *Altmeppen,* Anm. zum Urteil des BGH v. 8. 1. 2001, ZIP 2001, 240, 241.

7 Ausführlich dazu *Wittig,* NZI 2001, 169.

8 Nach OLG Dresden v. 25. 2. 2002 – 13 W 2009/01, InVo 2004, 53 soll ein Rangrücktritt in diesen Rang nicht zur Entlastung des Überschuldungsstatus ausreichen.

9 Ausführlich dazu *Wittig,* NZI 2001, 169.

wolle wegen seiner zurücktretenden Forderung erst nach der Befriedigung sämtlicher Gesellschaftsgläubiger und nur zugleich mit den Einlagerückgewähransprüchen der Gesellschafter befriedigt werden, also als handele es sich bei seiner Forderung um statutarisches Kapital[1]. Dies könnte darauf schließen lassen, dass zur Beseitigung der Überschuldung ein Rücktritt der betroffenen Forderungen bis in den Rang des § 199 Satz 2 InsO erforderlich ist[2]. Dagegen spricht aber auch[3], dass damit die Auslegungsregel des § 39 Abs. 2 InsO ins Leere gehen würde. Denn Sinn und Zweck des vereinbarten Rangrücktritts wird praktisch immer sein, die Überschuldung der durch den Rücktritt begünstigten Gesellschaft zu vermeiden. Dieses Ziel würde jedoch in jedem Fall einer nicht näher bestimmten Rangrücktrittserklärung verfehlt, wenn für die Entlastung des Überschuldungsstatus in den Rang des § 199 Satz 2 InsO zurückgetreten werden müsste, da nach der Auslegungsregel des § 39 Abs. 2 InsO die von einer nicht näher spezifizierten Rangrücktrittserklärung erfasste Forderung nur in diesen, gegenüber § 199 Satz 2 InsO vorrangigen Rang zurücktreten würde. Umgekehrt kann aber aus der Auslegungsregel des § 39 Abs. 2 InsO nicht gefolgert werden, dass nur ein Rücktritt in diesen Rang die Überschuldung beseitigt[4].

Nunmehr hat aber das MoMiG[5] mit der **Neuregelung in § 19 Abs. 2 Satz 3 InsO** eine Klärung herbeigeführt. Danach sind Forderungen auf Rückgewähr von Gesellschafterdarlehen oder gleichgestellte Forderungen nur dann nicht im Überschuldungsstatus zu berücksichtigen, wenn für sie der Rücktritt im Rang hinter die in § 39 Abs. 1 Nr. 1 bis 5 InsO bezeichneten Forderungen vereinbart worden ist[6]. Da der Gesetzgeber damit deutlich zu erkennen gegeben hat, dass ein Rücktritt hinter den Rang des § 39 Abs. 1 Nr. 5 InsO erforderlich, aber auch ausreichend ist, muss man davon ausgehen, dass alle **Darlehens- oder andere Forderungen in den Rang des § 39 Abs. 2 InsO zurücktreten müssen, um den Überschuldungsstatus zu entlasten**. Ein Rangrücktritt auf die Stufe von § 199 Satz 2 InsO ist nicht erforderlich. Die Forderung des BGH, dass ein Zurücktreten in den Rang des statutarischen Eigenkapitals 2.265

1 BGH v. 8. 1. 2001 – II ZR 88/99, WM 2001, 317 ff., bei Nr. I 2. c) bb) (2) der Entscheidungsgründe.

2 So *Goette*, DStR 2001, 179. Dagegen auch *Altmeppen*, Anm. zum Urteil des BGH v. 8. 1. 2001, ZIP 2001, 240, 241.

3 Zu anderen Argumenten, auf Grund deren kein Rücktritt in den Rang des § 199 Satz 2 InsO notwendig erscheint, *Wittig*, NZI 2001, 169; *Altmeppen*, Anm. zum Urteil des BGH v. 8. 1. 2001, ZIP 2001, 240, 241.

4 So aber im Ergebnis *Altmeppen*, Anm. zum Urteil des BGH v. 8. 1. 2001, ZIP 2001, 240, 241. Demgegenüber hat *Karsten Schmidt*, GmbHR 1999, 9, 12, richtigerweise schon früher darauf hingewiesen, dass § 39 Abs. 2 InsO für die erforderliche „Tiefe" des Rangrücktritts nichts besagt.

5 Gesetz zur Modernisierung des GmbH-Rechts und zur Bekämpfung von Missbräuchen (MoMiG) v. 23. 10. 2008, BGBl. I 2008, 2026.

6 S. zur Begründung für diese erst vom Rechtsausschuss in das MoMiG eingeführte Regelung Beschlussempfehlung und Bericht des Rechtsausschusses v. 24. 6. 2008, BT-Drucks. 16/9737, S. 104 f. Dagegen hatte noch der Regierungsentwurf MoMiG v. 23. 5. 2007, BT-Drucks. 16/1640, S. 30, 135 f. ausdrücklich vorgesehen, dass Gesellschafterdarlehen auch ohne Rangrücktritt im Überschuldungsstatus unberücksichtigt bleiben. Sehr kritisch zu diesem ursprünglichen Vorhaben des Gesetzgebers *Karsten Schmidt*, BB 2008, 461 ff.

erfolgen müsse[1], erscheint dem Gesetzgeber ausdrücklich unberechtigt, zumindest nach der Neufassung der Insolvenzordnung durch das MoMiG und aus Gründen des Gläubigerschutzes auch nicht erforderlich[2]. Der Rücktritt nur in den Rang des § 39 Abs. 1 Nr. 5 InsO ist dagegen angesichts der Neuregelung in § 19 Abs. 2 Satz 3 InsO nicht mehr ausreichend[3].

2.266 Nach der ausdrückliehen gesetzlichen Regelung in § 19 Abs. 2 Satz 3 InsO ist der **Rücktritt in den Rang des § 39 Abs. 2 InsO auch für Gesellschafterdarlehen und gleichgestellte Forderungen erforderlich**, damit diese im Überschuldungsstatus unberücksichtigt bleiben können. Damit hat der Gesetzgeber trotz ursprünglich anderer Pläne[4] die Auffassung des BGH zu den früheren kapitalersetzenden Darlehen[5] mit dem MoMiG für die Gesellschafterdarlehen fortgeschrieben. Der Grund für diese Regelung liegt für den Gesetzgeber darin[6], dass zwar die Interessen außenstehender Gläubiger bereits mit dem gesetzlichen Nachrang gem. § 39 Abs. 1 Nr. 5 InsO für Gesellschafterdarlehen ausreichend gewahrt seien, dass aber das Erfordernis des Rangrücktritts eine Warnfunktion für die Gesellschafter entfalte, die sich bewährt habe. Weil – ggfs. nach Aufforderung durch den Geschäftsführer – mit der Erklärung des Rangrücktritts eine aktive Handlung der Gesellschafter erforderlich sei, um die Insolvenz zu vermeiden, beuge das Erfordernis der Rücktrittserklärung der Gefahr einer unkontrollierten Zunahme masseloser Insolvenzen vor. Zudem gewährleiste der Rangrücktritt dem Geschäftsführer Rechtssicherheit, da er einfach und klar entscheiden könne, ob Gesellschafterforderungen in der Überschuldungsbilanz unberücksichtigt bleiben können. Da dafür ein ausdrücklicher Rangrücktritt erforderlich sei, entfielen für den Geschäftsführer etwaige Abgrenzungsschwierigkeiten.

2.267 Da beim Rangrücktritt nach der hier vertretenen Auffassung ein **schuldändernder Vertrag** vorliegt, muss er durch zweiseitiges Rechtsgeschäft zwischen dem zu sanierenden Unternehmen und der kreditgebenden Bank erfolgen[7]. Damit der Rangrücktritt den gewünschten Erfolg, also keine Passivierung der zurücktretenden Kreditforderung in der Überschuldungsbilanz, erreicht, muss durch seinen Inhalt sichergestellt sein, dass eine Tilgung des Kredites solange

1 BGH v. 8. 1. 2001 – II ZR 88/99, WM 2001, 317 ff.; dazu *Wittig*, NZI 2001, 169.

2 Beschlussempfehlung und Bericht des Rechtsausschusses v. 24. 6. 2008, BT-Drucks. 16/9737, S. 105.

3 So aber noch zur alten Rechtslage hier in der 3. Aufl. bei Rz. 518; ebenso zur früheren Rechtslage *Wittig*, NZI 2001, 169; *Altmeppen*, ZIP 2001, 240, 241; *Karsten Schmidt*, GmbHR 1999, 9, 12 f.; *Karsten Schmidt*, ZIP 1999, 1241, 1247.

4 Der Regierungsentwurf MoMiG v. 23. 5. 2007, BT-Drucks. 16/1640, S. 30, 135 f. hatte noch ausdrücklich vorgesehen, dass Gesellschafterdarlehen auch ohne Rangrücktritt im Überschuldungsstatus unberücksichtigt bleiben. Sehr kritisch zu diesem ursprünglichen Vorhaben des Gesetzgebers *Karsten Schmidt*, BB 2008, 461 ff.

5 BGH v. 8. 1. 2001 – II ZR 88/99, WM 2001, 317 ff.; dazu *Wittig*, NZI 2001, 169.

6 Hierzu und zum Folgenden Beschlussempfehlung und Bericht des Rechtsausschusses v. 24. 6. 2008, BT-Drucks. 16/9737, S. 104 f. In diesem Sinne auch schon *Karsten Schmidt*, BB 2008, 461 ff.

7 So auch *Fichtelmann*, GmbHR 2007, 518 ff. Vorschläge für die Einbeziehung der Gesellschafter und Formulierungsmuster bei *Obermüller*, Insolvenzrecht in der Bankpraxis, Rz. 1.1024 ff.

nicht verlangt werden kann, wie die Schulden der Gesellschaft das Aktivvermögen übersteigen. Außerdem muss die nachrangige Befriedigung im Insolvenzverfahren vereinbart sein[1].

Da der Rangrücktritt den Bestand der subordinierten Forderung unberührt lässt, sind die im Rang zurückgetretenen Forderungen weiterhin in der **Handelsbilanz** und – auf Grund des Maßgeblichkeitsprinzips – auch in der **Steuerbilanz**[2] als Verbindlichkeit auszuweisen, wobei ein entsprechender klarstellender Ausweis im Bilanzanhang oder durch einen Vermerk erfolgen kann[3]. Dass der Rangrücktritt auf der anderen Seite dazu führt, die Forderung aus dem Überschuldungsstatus entfallen zu lassen, steht dem nicht entgegen. Denn die Behandlung im Überschuldungsstatus muss mit der bilanziellen Handhabung nicht übereinstimmen, weil der Überschuldungsstatus eine Sonderbilanz ist mit dem einzigen Zweck, die Insolvenzverfahrensreife der Gesellschaft zu prüfen[4]. 2.268

dd) Praktischer Nutzen

Neben den dogmatischen Problemen, die Besserungsschein und Rangrücktritt bereiten, ergeben sich in der Praxis erhebliche Schwierigkeiten vor allen Dingen bei der **Formulierung der Voraussetzungen**, unter denen die erlassene oder subordinierte Forderung wieder getilgt werden soll. Viele Besserungsklauseln sind wegen mangelnder Präzision unwirksam oder unbrauchbar, weil die Bemessungsgrundlage nicht hinreichend definiert ist, die Konsequenzen schwankender Bemessungsgrundlagen nicht hinreichend berücksichtigt werden oder der Einfluss steuerlicher Hinzu- und Abrechnungen auf das nach Steuern verbleibende Ergebnis keine Berücksichtigung findet[5]. Doch selbst wenn der Besserungsschein bzw. die Voraussetzungen der Beendigung des Rangrücktritts sorgfältig formuliert worden sind, hat sich häufig gezeigt, dass dem sanierten Unternehmen in aller Regel Wege offen stehen, z.B. durch geschickte Bilanzierung, sich den Zahlungsverpflichtungen aus einem Besserungsschein zu entziehen, zumal Besserungsklauseln häufig zeitlich begrenzt werden müssen, um nicht den Gesellschaftern für einen unübersehbaren Zeitraum jede Aussicht auf eine Gewinnausschüttung zu nehmen. Diese Schwierigkeiten bei der Durchsetzung von Besserungsklauseln entwerten in der Praxis erheblich die theoretischen Vorteile, die Besserungsscheine und Rangrücktrittserklärungen gegenüber dem schlichten Forderungsverzicht haben. 2.269

1 *Teller/Steffan*, Rangrücktrittsvereinbarungen zur Vermeidung der Überschuldung bei der GmbH, 3. Aufl. 2003, S. 93 m.w.N. und Formulierungsvorschlägen auf S. 217 ff.

2 BFH v. 18. 10. 1989 – IV B 149/88, DB 1990, 564; BFH v. 30. 5. 1990 – I R 41/87, DB 1990, 1998.

3 So die h.M., insbesondere BFH v. 10. 11. 2005 – IV R 13/04, ZInsO 2006, 212 ff.; HFA (IDW), FN-IDW Nr. 8/2005, S. 552; ebenso *Fichtelmann*, GmbHR 2007, 518 ff.; *Groh*, DB 2006, 1286 ff.; a.A. *Berndt*, BB 2006, 2744 ff.

4 BFH v. 18. 10. 1989 – IV B 149/88, DB 1990, 564; BFH v. 30. 5. 1990 – I R 41/87, DB 1990, 1998; *Karsten Schmidt*, GmbHR 1999, 9, 10.

5 So *Kuhn/Uhlenbruck*, 11.Aufl. 1994, § 174 KO Rz. 1 f.

4. Umwandlung von Krediten in Eigenkapital

a) Konzept des Sanierungsbeitrags

2.270 Statt einem in der Praxis unbefriedigenden Forderungsverzicht mit Besserungsschein bzw. einem Rangrücktritt scheint sich daher anzubieten, dass kreditgebende Banken einen Sanierungsbeitrag durch die Umwandlung von Kreditverbindlichkeiten in Eigenkapital leisten (Neudeutsch: **Debt-Equity-Swap**). Eine solche Umwandlung beseitigt den Überschuldungstatbestand und stärkt die künftige Ertragskraft des zu sanierenden Unternehmens durch die damit verbundene Verringerung der Finanzierungskosten einerseits ebenso wie ein Forderungsverzicht. Anderseits erhält das Kreditinstitut als Gesellschafter durch die unternehmerischen Mitspracherechte die Möglichkeit, Einfluss auf das Gelingen der Sanierung zu nehmen, damit den Wert seiner Forderungen zu retten und im besten Fall mit dem Wertgewinn seines Gesellschaftsanteils bei einer gelungenen Sanierung den Verlust der Kreditforderung auszugleichen. Schließlich kann gerade die Beteiligung von Kreditinstituten bei einem krisenbedrohten Unternehmen in besonderem Maße dazu beitragen, das Vertrauen von Lieferanten und Kunden in die Überlebensfähigkeit wieder herzustellen[1].

2.271 Dennoch war diese scheinbar nahe liegende Form des Sanierungsbeitrages in der Vergangenheit, vor allem bei Unternehmen in der Rechtsform der GmbH, sehr selten. Denn die Beteiligung als Gesellschafter an dem Kreditnehmer führte nach früherem Recht für Gläubiger gerade bei der GmbH (mehr noch als bei Kreditnehmern in der Rechtsform der Aktiengesellschaft) zu praktisch unüberwindbaren **rechtlichen Risiken** unter den Gesichtspunkten des Kapitalersatzes, der verdeckten Sacheinlage und der Differenzhaftung[2]. Mit Einführung eines Sanierungsprivilegs für kapitalersetzende Darlehen im KonTraG[3], das im MoMiG[4] für Gesellschafterdarlehen beibehalten wurde, und der Haftungsbegrenzung bei der verdeckten Sacheinlage auf eine Differenzhaftung im MoMiG haben sich die gesetzlichen Rahmenbedingungen aber deutlich zu Gunsten dieses Sanierungsinstruments verbessert.

---

1 Ausführlich zu verschiedenen Formen des debt-equity-swaps und zu anderen Formen des Erwerbs der Gesellschafterstellung als Sanierungsbeitrag von Kreditinstituten und Distressed Debt-Investoren *Wittig*, FS Uhlenbruck, 2000, S. 685 ff.; *Cranshaw*, ZInsO 2008, 421, 424 ff.; *Redeker*, BB 2007, 673 ff.; *Himmelsbach/Achsnik*, NZI 2006, 561 ff.; *Halász/Kloster*, WM 2006, 2152 ff.; *Sydow/Beyer*, AG 2005, 635 ff., *Toth-Feher/Schick*, ZIP 2004, 491 ff.

2 Zur Problematik dieser Regelungen als Sanierungshindernis *Eidenmüller*, ZIP 2007, 1729 ff. Zur Sitzverlagerung nach England für einen Debt-to-Equity-Swap nach englischem Recht *Paulus*, DZWIR 2008, 6 ff.

3 Gesetz zur Kontrolle und Transparenz im Unternehmensbereich (KonTraG) v. 27. 4. 1998, BGBl. I 1998, 786 ff. Dazu Beschlussempfehlung des *Rechtsausschusses* zu Art. 9a KonTraG, BT-Drucks. 13/10038 v. 4. 3. 1998.

4 Gesetz zur Modernisierung des GmbH-Rechts und zur Bekämpfung von Missbräuchen (MoMiG) v. 23. 10. 2008, BGBl. I 2008, 2026. S. dazu auch Regierungsentwurf MoMiG v. 23. 5. 2007, BT-Drucks. 16/6140.

b) Gesellschafterdarlehen und Sanierungsprivileg

Der Erwerb einer Gesellschafterstellung in der GmbH von mehr als 10 % am Stammkapital führt, auch wenn dies durch Umwandlung von Krediten in Eigenkapital geschieht, nach § 39 Abs. 1 Nr. 5 InsO dazu, dass die Forderungen auf Rückgewähr von weiterhin bestehenden Alt-Darlehen und auch von neu ausgereichten Darlehen **in der Insolvenz nachrangig** sind[1]. Sämtliche Tilgungen, die auf diese Gesellschafterdarlehen im letzten Jahr vor dem Antrag auf Eröffnung eines Insolvenzverfahrens erfolgt sind, müssen ohne weiteres auf Grund der Anfechtung nach § 135 InsO an die Insolvenzmasse erstattet werden. Ebenso sind sämtliche Sicherheiten, die für diese Gesellschafterdarlehen in den letzten 10 Jahren vor dem Eröffnungsantrag durch die GmbH bestellt wurden, nach § 135 InsO an die Insolvenzmasse freizugeben (ausführlich zu den Regelungen für Gesellschafterdarlehen bei Rz. 2.51 ff.). 2.272

Um dennoch die Bereitschaft von Kreditgebern zu fördern, zu einer Sanierung des Unternehmens des Kreditnehmers in dessen Krise durch die Umwandlung von Forderungen in Kapital beizutragen, hatte der Gesetzgeber durch das Gesetz zur Kontrolle und Transparenz im Unternehmensbereich (KonTraG)[2] bereits 1998 in § 32a Abs. 3 GmbHG a.F. ein **Sanierungsprivileg** geschaffen und die Anwendbarkeit der früheren Kapitalersatzregeln eingeschränkt[3]. Mit dem MoMiG[4] wurde im Jahr 2008 dieses Sanierungsprivileg für Gesellschafterdarlehen im Grundsatz beibehalten und in § 39 Abs. 4 Satz 2 InsO geregelt[5]. 2.273

Voraussetzung für das Sanierungsprivileg in § 39 Abs. 4 Satz 2 InsO ist, dass ein Gläubiger bei drohender oder eingetretener Zahlungsunfähigkeit der Gesellschaft oder bei Überschuldung Anteile zum Zweck ihrer Sanierung erwirbt. Privilegiert wird also nur der Erwerb der Gesellschafterstellung und die Stärkung der Eigenkapitalbasis durch einen Gläubiger, insbesondere einen Kreditgeber, nicht aber umgekehrt die (zusätzliche) Kreditgewährung durch einen (Alt-)Gesellschafter. Wie schon früher[6] steht aber eine bereits vor der (drohenden) Insolvenz bestehende Beteiligung an der GmbH unterhalb des 10 %-Schwellenwerts (§ 39 Abs. 5 InsO) dem Sanierungsprivileg für Gesellschafterdarlehen nicht im Wege, wenn der Kreditgeber seine Beteiligung in der Krise aufstockt. Denn nach dem ausdrücklichen Willen des Gesetzgebers 2.274

1 Einen Überblick zu den Neuregelungen des MoMiG für Gesellschafterdarlehen bietet *Bork*, ZGR 2007, 250 ff., allerdings noch auf Basis des in Details abweichenden Referentenentwurfs.

2 Gesetz zur Kontrolle und Transparenz im Unternehmensbereich (KonTraG) v. 27. 4. 1998, BGBl. I 1998, 786 ff. Dazu Beschlussempfehlung des *Rechtsausschusses* zu Art. 9a KonTraG, BT-Drucks. 13/10038 v. 4. 3. 1998.

3 Zu diesem Sanierungsprivileg *Rümker/Denicke*, FS Lutter, 2000, S. 665 ff.; *Fichler*, WM 1999, 411 ff.; *Obermüller*, ZInsO 1998, 51.

4 Gesetz zur Modernisierung des GmbH-Rechts und zur Bekämpfung von Missbräuchen (MoMiG) v. 23. 10. 2008, BGBl. I 2008, 2026. S. dazu auch Regierungsentwurf MoMiG v. 25. 7. 2007, BT-Drucks. 16/6140.

5 Dazu *Habersack*, ZIP 2007, 2145 ff. S. auch, allerdings noch auf Basis des in Teilen inhaltlich abweichenden Referentenentwurfs des MoMiG *Seibert*, ZIP 2006, 1157 ff.; *Bormann*, DB 2006, 2616 ff.; *Noack*, DB 2006, 1475; *Bayer/Graff*, DStR 2006, 1654 ff.

6 Zur alten Rechtslage *Obermüller*, ZInsO 1998, 51.

gilt das Sanierungsprivileg für alle Personen, die vor dem Anteilserwerb aus dem Anwendungsbereich des § 39 Abs. 1 Nr. 5 InsO herausfielen, die also weder Gesellschafter noch gleichgestellte Person waren, einschließlich solcher Gesellschafter, die vor dem Hinzuerwerb weiterer Anteile dem Kleinbeteiligtenprivileg nach § 39 Abs. 5 InsO unterfielen[1].

2.275 Das Sanierungsprivileg des § 39 Abs. 4 Satz 2 InsO kommt dem Kreditgeber oder einem anderen Gläubiger nur dann zugute, wenn der Erwerb der Anteile **bei drohender oder eingetretener Zahlungsunfähigkeit der Gesellschaft oder bei Überschuldung** erfolgt. Damit ist die Regelung enger als das frühere Sanierungsprivileg in § 32a Abs. 3 GmbHG a.F., wo ausreichte, dass der Anteilserwerb in der Krise erfolgte.

2.276 Schließlich ist Voraussetzung für das Sanierungsprivileg des § 39 Abs. 4 Satz 2 InsO, dass der Kreditgeber oder eine anderer Gläubiger die Anteile **zum Zwecke der Sanierung der Gesellschaft** erwirbt. Dazu müssen objektive und subjektive Voraussetzungen erfüllt sein[2]. Ojektiv muss die Gesellschaft zum Zeitpunkt des Anteilserwerbs sanierungsfähig sein, und die für ihre Sanierung konkret in Angriff genommenen Maßnahmen zusammen müssen objektiv geeignet sein, die Gesellschaft in überschaubarer Zeit durchgreifend zu sanieren. Beides ist nach der pflichtgemäßen Einschätzung eines objektiven Dritten zu beurteilen. Subjektiv ist erforderlich, dass der Erwerber des Gesellschaftsanteils mit Sanierungswillen handelt. Dies ist aber im Regelfall als selbstverständlich zu vermuten[3].

2.277 Mit dem MoMiG ist geklärt worden, **für welche Dauer** eine zum Zwecke der Sanierung erworbene Beteiligung an einem Kreditnehmer auf Grund des Sanierungsprivilegs in § 39 Abs. 4 Satz 2 InsO von der Anwendung der Regeln für Gesellschafterdarlehen ausgenommen ist[4]. Gem. der gesetzlichen Regelung finden die Regeln über Gesellschafterdarlehen bei Eingreifen des Sanierungsprivilegs weder auf bestehende noch auf neu gewährte Darlehen Anwendung bis zur nachhaltigen Sanierung der Gesellschaft. Dabei wird man davon ausgehen müssen, dass eine nachhaltige Sanierung erst dann eingetreten ist, wenn sich die wirtschaftliche Lage der Gesellschaft so weit gebessert hat, dass sie die von dem Sanierungsgesellschafter gewährten Alt- und Neukredite vollständig zurückzahlen kann. Anderenfalls bliebe das Sanierungsprivileg aus Sicht des Kreditgebers nahezu nutzlos, da er bei Übernahme der Gesellschafterstellung in der (drohenden) Insolvenz der Gesellschaft befürchten müsste, dass trotz seines Beitrags zur Sanierung seine Kredite in einer erneuten Krise den Regeln über Gesellschafterdarlehen unterliegen, ohne dass er die Möglichkeit hatte, dies durch Abzug der Kredite zu verhindern.

---

1 So Regierungsentwurf MoMiG v. 23. 5. 2007, BT-Drucks. 16/6140, S. 138.

2 Zum folgenden BGH v. 21. 11. 2005 – II ZR 277/03, WM 2006, 399 ff., noch zu § 32a Abs. 3 GmbHG a.F.

3 Dazu auch *Goette*, DStR 2006, 387 ff.; *Nolting*, BB 2006, 572 ff.; *Pentz*, ZIP 2006, 1169 ff.

4 Zu dieser Frage bei der früheren Regelung in § 32a Abs. 3 GmbHG a.F. s. *Wittig*, FS Uhlenbruck, 2000, S. 685, 694; *Casper/Ullrich*, GmbHR 2000, 480 f.; *Obermüller*, ZInsO 1998, 51, 53 f.; *Pichler*, WM 1999, 411, 418 f.; *Hirte*, ZInsO 1998, 147, 151.

c) Verdeckte Sacheinlage und Differenzhaftung

Neben der drohenden Anwendung der Regeln für Gesellschafterdarlehen ist der Kreditgeber bei der Umwandlung von Darlehen in Eigenkapital stets dem Risiko ausgesetzt, das sich aus den **gesetzlichen Vorschriften zum Schutze der Kapitalaufbringung** ergibt. Allerdings sind diese Risiken mit dem MoMiG[1] zumindest zum Teil, nämlich hinsichtlich der verdeckten Sacheinlage, entfallen. Nach § 19 Abs 4 GmbHG steht selbst dann, wenn der Debt-to-Equity-Swap so strukturiert wird, dass eine Geldeinlage des Gesellschafters bei wirtschaftlicher Betrachtung und auf Grund einer im Zusammenhang mit der Übernahme der Geldeinlage getroffenen Abrede vollständig oder teilweise als Sacheinlage der Kreditforderung zu bewerten ist (verdeckte Sacheinlage), dies der Erfüllung der Einlageschuld zwar entgegen, aber mit einer Begrenzung der Haftung auf die Wertdifferenz. Es kann daher zulässigerweise jetzt der Kreditgeber eine Bareinlage übernehmen mit der Abrede, dass aus der Bareinzahlung seine bestehende Kreditforderung (teilweise) getilgt wird, ohne dass diese Rückzahlung dazu führt, dass die Einlageverpflichtung offen bleibt, weil es sich um eine verdeckte Sacheinlage handelte. Es bleibt aber in diesem Fall gem. § 19 Abs. 4 Satz 2 GmbHG ebenso wie bei der Umwandlung von Kreditforderungen in Eigenkapital durch eine offene Sacheinlage gem. § 9 Abs. 1 GmbHG das Risiko einer Differenzhaftung auf Geldausgleich zwischen dem Wert der Kreditforderung und dem Betrag der dafür übernommenen Stammeinlage. Einzelheiten dazu bei Rz. 2.37 ff. 2.278

5. Distressed Debt – Verkauf von Kreditforderungen

a) Einleitung

In der Vergangenheit hatten Kreditinstitute Darlehen grundsätzlich gewährt, um sie für die gesamte Laufzeit in den eigenen Büchern zu halten, und dabei unvermeidlich in Kauf genommen, in einer finanziellen Krise des Kreditnehmers selbst die Sanierung betreuen und bei einer Insolvenz die Abwicklung des Kreditengagements selbst durchführen zu müssen. Seit einigen Jahren finden sich aber zahlreich und zunehmend **institutionelle Investoren (vielfach aus dem Ausland), die bereit sind, von den Kreditinstituten notleidende Kredite entgeltlich zu übernehmen**, und Kreditinstitute nutzen diese Gelegenheiten zum Ausstieg aus den notleidenden Engagements. Ein reger Handel mit notleidenden Krediten, bezeichnet als *distressed debt trading* oder auch als Handel mit *non-performing loans* bzw. *impaired debt*, ist entstanden[2]. Dies wird zum Teil auch mit Sorge gesehen, so dass das Risikobegrenzungs- 2.279

---

1 Gesetz zur Modernisierung des GmbH-Rechts und zur Bekämpfung von Missbräuchen v. 23. 10. 2008, BGBl. I 2008, 2026. S. dazu auch Regierungsentwurf MoMiG v. 23. 5. 2007, BT-Drucks. 16/6140.

2 Dazu z.B. *Nobbe*, ZIP 2008, 97 ff.; *Bredow/Vogel*, BKR 2008, 271 ff.; *Zimmermann*, BKR 2008, 95 ff.; *Köchling*, ZInsO 2008, 232 ff.; *Schulz/Schröder*, DZWIR 2008, 177; *Wittig*, Distressed Debt Trading – Handel mit notleidenden Krediten unter besonderer Berücksichtigung von Bankgeheimnis und aufsichtsrechtlichen Anforderungen, in Bankrechtstag 2005, Schriftenreihe der Bankrechtlichen Vereinigung, Band 25, 2006, S. 145 ff.

gesetz[1] neue, zusätzliche Schutzvorschriften für die Kreditnehmer eingeführt hat[2].

2.280 Die Übernahme von Kreditforderungen durch Distressed Debt-Investoren bietet, anders als manche aufgeregte Diskussion in der Tagespresse vermuten lässt[3], nicht nur Risiken für den Kreditnehmer, sondern kann auch **Chancen für eine Sanierung eröffnen**. Denn Distressed Debt-Investoren verfolgen naturgemäß eine Politik der Wertmaximierung. Doch sie sind dabei – manchmal eher als die ursprünglichen Kreditgeber – auch bereit, für die Sanierung des Darlehensnehmers zusätzliche Kreditmittel zur Verfügung zu stellen oder sogar Eigenkapitalpositionen zu übernehmen[4]. Hinzu kommt, dass Distressed Debt-Investoren, die ihrerseits die Darlehensforderungen mit einem Abschlag übernommen haben, eher Sanierungen mit einem sinnvollen Forderungsverzicht unterstützen können, als dies die ursprünglichen Kreditgeber tun, die zumindest emotional – selbst wenn Wertberichtigungen erfolgt sind – eine Rückführung des Darlehens zum Nominalwert erwarten. Deshalb kann es dem Kreditnehmer nicht selten leichter fallen, mit dem neuen Kreditgeber Einigkeit über eine Sanierung zu erzielen als mit den ursprünglichen Kreditgebern. Denn die neuen Investoren haben bewusst eine Entscheidung zur Finanzierung des Unternehmens in der Krise getroffen, während Entscheidungen der bisherigen Kreditgeber vielfach von der Enttäuschung über das fehlgeschlagene Kreditengagement mitbestimmt werden.

b) Motive und Strategien der Investoren

2.281 Letztendliches **Motiv der institutionellen Investoren** beim Erwerb von Kreditforderungen ist die Erwartung, mit diesem Investment Gewinn zu erzielen. Zur Erreichung dieses Zieles werden unterschiedliche Strategien verfolgt[5].

2.282 Zum einen finden sich sog. passive Investoren. Der **passive Investor** ist dadurch gekennzeichnet, dass er selbst keine besonderen Anstrengungen unternimmt, um einen Wertzuwachs für die erworbenen notleidenden Kredite zu generieren. Vielmehr vertraut der passive Investor darauf, dass der Verkäufer den Wert der veräußerten Forderungen zu gering einschätzt, z.B. weil Zweifel an den Erfolg von Sanierungsbemühungen beim Kreditnehmer bestehen oder

1 Gesetz zur Begrenzung der mit Finanzinvestitionen verbundenen Risiken (Risikobegrenzungsgesetz) v. 12. 8. 2008, BGBl. I 2008, 1666 ff.

2 S. dazu im Überblick *Köchling*, ZInsO 2008, 848 ff.

3 So z.B. Börsen-Zeitung v. 17. 9. 2003, Nr. 179, S. 18: „Rechtsprobleme bei Übertragung von Kreditportfolien sind lösbar"; manager magazin 8/2003, S. 72: „Unter Geiern"; Frankfurter Allgemeine Zeitung v. 14. 9. 2004: „In Deutschland kommt der Handel mit Krediten in Fahrt"; Frankfurter Allgemeine Zeitung v. 17. 9. 2004: „Hypo Real Estate verkauft milliardenschweres Kreditpaket".

4 Zur Übernahme von Eigenkapitalpositionen durch einen Debt-To-Equity-Swap *Himmelsbach/Achsnik*, NZI 2006, 561 ff.; *Halász/Kloster*, WM 2006, 2152 ff.; *Sydow/Beyer*, AG 2005, 635 ff.; *Toth-Feher/Schick*, ZIP 2004, 491 ff. Wesentlich skeptischer zu den Vorgehensweisen von Distressed Debt-Investoren *Reuter/Buschmann*, ZIP 2008, 1003 ff.

5 Dazu ausführlich *Reuter/Buschmann*, ZIP 2008, 1003 ff.

der Wert von Kreditsicherheiten anders beurteilt wird, und dass im Ergebnis, z.B. nach erfolgreicher Sanierung oder vorteilhafter Liquidation der Kreditsicherheiten, eine Wertsteigerung eintritt. Dieser passive Investor setzt darauf, eine solche Wertsteigerung dann als Handelsgewinn durch den Weiterverkauf der nunmehr höher bewerteten Darlehen, aus dem Sicherheitenerlös oder durch die Rückzahlung des Kredits zum Nominalbetrag bei der planmäßigen Fälligkeit oder im Rahmen einer Refinanzierung zu realisieren.

Im Gegensatz dazu strebt der sog. **aktive Investor** als Erwerber von Unternehmenskrediten danach, den Wertzuwachs durch aktives Management seines Investments selbst zu schaffen[1]. Ein typisches Mittel dafür ist z.B. die Entwicklung und Umsetzung eigener Sanierungskonzepte für ein notleidendes Kreditengagement, mit dem ein Ausfall der erworbenen Darlehensforderung verhindert werden soll. Dabei kann der typische aktive Investor im Vergleich zum ursprünglichen Darlehensgeber Vorteile nutzen: Zum einen wird, da keine Rücksicht genommen werden muss auf gewachsene Geschäftsverbindungen, die Sanierung häufig stringenter und umfassender angestrebt; bis hin – trotz aller damit verbundenen rechtlichen Probleme – zur Einsetzung eines *Chief Restructuring Officers* (CRO), der das Vertrauen des Distressed Debt-Investors genießt, in die Geschäftsleitung des Kreditnehmers. Zum anderen strebt der Investor häufig danach, die Bankverschuldung des Kreditnehmers (nahezu) vollständig zu übernehmen, so dass Sanierungskonzepte aus einer Hand, ohne Abstimmungsbedarf mit sanierungsunwilligen anderen Kreditinstitute entwickelt und umgesetzt werden können. Und schließlich ist der typische Distressed Investor häufig auch bereit, im Rahmen eines Gesamtkonzepts zur Sanierung des Kreditnehmers mit zusätzlichen Krediten („*fresh money*") zur Verfügung zu stehen, da ja eine bewusste Entscheidung zum Einstieg in ein notleidendes Engagement getroffen worden ist, während die bisherigen Kreditgeber eher dazu neigen, dem vermeintlich „schlechten Geld kein gutes Geld mehr hinterher zu werfen." Typischerweise strebt der aktive Investor als Erwerber von Unternehmenskrediten danach, als Bestandteil des Sanierungskonzepts oder nach gelungener Sanierung die erworbenen Darlehen in einer Eigenkapitalbeteiligung zu wandeln (Debt-to-Equity-Swap – s. dazu bei Rz. 2.270 ff.) und den Wertzuwachs durch den Verkauf des sanierten Unternehmens zu realisieren. 2.283

c) Transaktionsstrukturen

Die typische Transaktion zwischen einem deutschen Kreditinstitut und Distressed Debt-Investoren spielt sich häufig in zwei Stufen ab[2]. Im ersten Schritt übernimmt der Investor gegen Zahlung des Kaufpreises durch eine **(stille) Unterbeteiligung** von dem abgebenden Kreditinstitut bereits wirtschaftlich 2.284

1 Zu diesen Strategien s. manager magazin 8/2003, S. 72: „Unter Geiern"; *Reuter/Buschmann*, ZIP 2008, 1003 ff.

2 Zu Transaktionstrukturen auch *Nobbe*, ZIP 2008, 97 ff.; *Wittig*, Distressed Debt Trading – Handel mit notleidenden Krediten unter besonderer Berücksichtigung von Bankgeheimnis und aufsichtsrechtlichen Anforderungen, in Bankrechtstag 2005, Schriftenreihe der Bankrechtlichen Vereinigung, Band 25, 2006, S. 145 ff.

sämtliche Chancen und Risiken aus dem Kreditverhältnis[1]. Veräußerer und Erwerber vereinbaren, dass der Erwerber im Innenverhältnis durch den Veräußerer so gestellt wird, als sei der Erwerber bereits in sämtliche Rechte und Pflichten aus dem Darlehensverhältnis eingetreten. Der Veräußerer hält also nach Vereinbarung der Unterbeteiligung die betreffenden Forderungen und die dafür bestellten Sicherheiten treuhänderisch weiter im eigenen Namen, jedoch für Risiko und Rechnung des Erwerbers. Der Veräußerer bleibt aber im Außenverhältnis zum Schuldner mit sämtlichen Rechten und Pflichten Darlehensgeber.

2.285 In einem zweiten Schritt, nämlich nach Erfüllung aller erforderlichen „Formalitäten" (dazu zugleich) übernimmt dann der Distressed Debt Investor auch im **Außenverhältnis die Stellung als Darlehensgeber**, tritt also die Rechtsnachfolge des ursprünglichen Kreditgebers an. Soweit es sich bei dem *distressed asset*, das Gegenstand der Veräußerung ist, um einen voll ausgezahlten, nicht revolvierend ausnutzbaren Kredit, also eine reine Darlehensforderung handelt, kann der Rechtsübergang durch bloße Abtretung von dem Veräußerer an den Erwerber auch ohne Zustimmung des Darlehensnehmers erfolgen. Handelt es sich dagegen um eine Kreditlinie, aus der der Darlehensnehmer Anspruch auf weitere Ziehungen (zumindest nach vorübergehender Rückführung) in Höhe einer offenen Kreditlinie hat, oder ist das Darlehen noch nicht voll valutiert, so muss eine – gesetzlich nicht ausdrücklich geregelte – Vertragsübernahme erfolgen. Dafür ist eine dreiseitige Vereinbarung zwischen dem Veräußerer des notleidenden Darlehens, dem Erwerber und dem Kreditnehmer erforderlich. Da nicht selten die Zustimmung des Erwerbers erst eingeholt werden muss, nachdem sich der Veräußerer und der Erwerber bereits über die Transaktion einig geworden sind, wird regelmäßig die (stille) Unterbeteiligung der Vertragsübernahme vorgeschaltet. In Allgemeinen Geschäftsbedingungen kann eine Vertragsübernahme für Darlehensverträge gem. § 309 Nr. 10 BGB nur sehr eingeschränkt vorab vereinbart werden[2].

2.286 Aber auch dann, wenn eine bloße Abtretung reicht, um das *distressed asset* vollständig auf den Investor zu übertragen, sind häufig noch **Zustimmungen Dritter** erforderlich. In der Praxis spielt dabei bei Unternehmenskrediten die Zustimmung der anderen Kreditgeber deshalb eine überaus wichtige Rolle, weil üblicherweise in der Krise des Schuldnerunternehmens die finanzierenden Kreditinstitute einen Sicherheitenpool bilden. Die vorherige Vereinbarung der bilateralen (stillen) Unterbeteiligung dient in dieser Konstellation auch der Überbrückung des Zeitraums, bis die Zustimmung der anderen Kreditinstitute eingeholt ist. Ebenso ergibt sich z.B. ein zu überbrückender Zeitraum, wenn Darlehen durch Buchgrundschulden besichert sind. Hier kann zwar die Darlehensforderung sofort abgetreten werden, die Rechte aus der Buchgrundschuld können aber im ersten Schritt zunächst nur treuhänderisch durch den Veräußerer für den Erwerber gehalten werden, bis auch die Übertragung der

1 Zur Ausgestaltung der stillen Unterbeteiligung s. auch *Kristen/Kreppel*, NPL-Transaktionen aus Sicht des Verkäufers – Risiken und Lösungsansätze, BKR 2005, 123, 125.

2 Zu dieser durch das Risikobegrenzungsgesetz 2008 neu eingeführten Regelung s. *Köchling*, ZIP 2008, 848, 851.

Buchgrundschuld auf den Erwerber durch Eintragung im Grundbuch vollzogen ist[1].

d) Wirksamkeit der Abtretung trotz Bankgeheimnis und Datenschutz

Der Handel mit notleidenden Krediten erzwingt häufig schon wegen § 18 KWG eine **Einsichtnahme des Erwerbers in die wirtschaftlichen Verhältnisse des Kreditnehmers**. Außerdem ist eine umfassende Unterrichtung des Erwerbers über die Bonität des Schuldners und die Qualität der gestellten Sicherheiten auch praktisch fast immer unerlässlich für die Transaktionen, da eine umfassender Beurteilung der wirtschaftlichen Verhältnisse des Darlehensnehmers durch den Erwerber Voraussetzung für die Investitionsentscheidung ist. Schließlich muss der Veräußerer spätestens nach Abtretung der notleidenden Kreditforderungen an den Erwerber diesem gem. § 402 BGB als dem neuen Gläubiger die zur Geltendmachung der Forderung nötigen Auskünfte erteilen und ihm die zum Beweis der Forderung dienenden Urkunden, also z.B. den Darlehensvertrag und die Sicherheitenverträge, übergeben. 2.287

Diese Offenlegung der wirtschaftlichen Verhältnisse des Kreditnehmers steht aber im Konflikt mit den Vertraulichkeitsverpflichtungen des Kreditgebers auf Grund des Bankgeheimnisses und der datenschutzrechtlichen Regelungen. Daher war in der Vergangenheit intensiv diskutiert worden, **ob Bankgeheimnis und Bundesdatenschutzgesetz eine wirksame Abtretung notleidender Forderungen verhindern**. Vereinzelt wurde dabei vertreten, dass die Abtretung notleidender Darlehensforderungen gem. § 134 BGB wegen des damit zwangsläufig verbundenen Verstoßes gegen das Bankgeheimnis nichtig sei[2]. Nach anderer Auffassung sollten die Verschwiegenheitsverpflichtung des Kreditinstituts aus dem Bankgeheimnis oder auf Grund datenschutzrechtlicher Regelungen Grund eines stillschweigend vereinbarten Abtretungsverbotes sein, so dass eine Abtretung notleidender Darlehensforderungen gem. §§ 399, 400 BGB unwirksam wäre[3]. 2.288

1 Zur Übertragung von Sicherungsgrundschulden beim Handel mit Non-Performing Loans *Heemann/Grieser*, Die Abtretung von Grundschulden beim Verkauf notleidender Kredite, Syndikus 2003, 22 ff.; *Hofmann/Walter*, Die Veräußerung notleidender Kredite – aktives Risikomanagement der Bank im Spannungsverhältnis zwischen Bankgeheimnis und Datenschutz, WM 2004, 1566, 1569 f.; *Kristen/Kreppel*, NPL-Transaktionen aus Sicht des Verkäufers – Risiken und Lösungsansätze, BKR 2005, 123, 126.

2 So tendenziell OLG Frankfurt v. 25. 5. 2004 – 8 U 84/04, WM 2004, 1386, 1387 f. Andererseits hatte aber der BGH bereits 1982 eine Abtretung von Darlehensforderungen zu Beitreibungszwecken für wirksam gehalten, ohne allerdings die Problematik von Vertraulichkeitspflichten zu erörtern: BGH v. 13. 5. 1982 – III ZR 164/80, WM 1982, 839 ff.

3 So OLG Frankfurt v. 25. 5. 2004 – 8 U 84/04, WM 2004, 1386, 1387 f. Dagegen richtigerweise LG Frankfurt a.M. v. 17. 12. 2004 – 2/21 O 96/02, WM 2005, 1120 ff.; LG Koblenz v. 25. 11. 2004 – 3 O 496/03, ZIP 2005, 21, 22 ff.; *Nobbe*, Bankgeheimnis, Datenschutz und Abtretung von Darlehensforderungen, WM 2005, 1537, 1540 ff.; *Kuder*, Bankgeheimnis als Abtretungsverbot?, ZInsO 2004, 903, 904; *Bruchner*, Kein stillschweigender Abtretungsausschluss bei Bankforderungen, BKR 2004, 394, 395 f.

2.289 Dazu hat aber der BGH 2007 in Fortsetzung seiner früheren Rechtsprechung[1] entschieden, dass die Vertraulichkeitspflichten von Kreditinstituten aus dem Bankgeheimnis und nach datenschutzrechtlichen Regeln **der wirksamen Abtretung von Darlehensforderungen nicht entgegenstehen**[2]. Nach Auffassung des BGH verstößt die Abtretung nicht gegen ein gesetzliches Abtretungsverbot i.S. von § 134 BGB, da sich ein solches weder aus der (unanwendbaren) strafrechtlichen Vertraulichkeitsschutzregel des § 203 Abs. 2 Nr. 1 StGB[3] noch aus dem Bankgeheimnis als Gewohnheitsrecht noch aus dem Bundesdatenschutzgesetz ergibt. Auch können Bankgeheimnis und Datenschutzregeln nicht so interpretiert werden, dass damit ein stillschweigend vereinbartes vertragliches Abtretungsverbot anzunehmen ist. Denn ein solcher Abtretungsausschluss widerspräche – für den Kunden erkennbar – den berechtigten Interessen des Kreditinstituts, das an einer freien Abtretbarkeit der Kreditforderungen zum Zwecke der Refinanzierung oder der Risiko- und Eigenkapitalentlastung interessiert ist. Diese Auffassung ist durch das Bundesverfassungsgericht bestätigt worden, da Bankgeheimnis und Bundesdatenschutzgesetz auch im Lichte des Rechts auf informationelle Selbstbestimmung (Art. 2 Abs. 1 i.V.m. Art. 1 Abs. 1 GG) der wirksamen Abtretung einer Darlehensforderung nicht entgegenstehen[4].

2.290 Damit kann sich die Unwirksamkeit einer Abtretung nur aus einem für den Einzelfall vereinbarten **vertraglichen Abtretungsverbot** ergeben. Mit dem Risikobegrenzungsgesetz[5] hat der Gesetzgeber § 354a HGB um einen Absatz 2 dahingehend ergänzt, dass auch im kaufmännischen Geschäftsverkehr vertragliche Abtretungsverbote ausnahmsweise Wirksamkeit entfalten, wenn sie Forderungen aus einem Darlehensvertrag betreffen, bei dem Kreditgeber ein Kreditinstitut i.S. des Kreditwesengesetzes ist[6]. Damit kann auch die GmbH als Kreditnehmerin mit ihrem Kreditinstitut wirksam ein vertragliches Abtretungsverbot vereinbaren.

e) Verletzung des Bankgeheimnisses?

2.291 Ungeachtet der Wirksamkeit der Abtretung von Darlehensforderungen beim Distressed Debt-Trading kann aber auf schuldrechtlicher Ebene ein damit verbundener **Verstoß gegen die Verschwiegenheitspflicht des Kreditinstituts eine**

---

1 BGH v. 27. 1. 1998 – XI ZR 208/97 (unveröffentlicht).

2 BGH v. 27. 2. 2007 – XI ZR 195/05, BGHZ 171, 180 ff.; bestätigt durch BGH v. 5. 7. 2007 – IX ZB 166/06 (veröffentlicht in Juris). Dazu auch *Nobbe*, ZIP 2008, 97 ff.; *Lieth*, BKR 2007, 198 ff. Ebenso schon früher *Nobbe*, Bankgeheimnis, Datenschutz und Abtretung von Darlehensforderungen, WM 2005, 1537, 1545. Ablehnend *Schwintowski/Schantz*, NJW 2008, 472 ff.

3 Zur Situation bei öffentlich-rechtlichen Kreditinstituten *Schulz/Schröder*, DZWIR 2008, 177 ff.

4 BVerfG v. 11. 7. 2007 – 1 BvR 1025/07, WM 2007, 1694 ff.

5 Gesetz zur Begrenzung der mit Finanzinvestitionen verbundenen Risiken (Risikobegrenzungsgesetz), BGBl. I 2008, 1666 ff.

6 Dazu und zu den anderen neuen Schutzvorschriften für Darlehensnehmer im Risikobegrenzungsgesetz s. *Köchling*, Die Neuregelungen zur Kreditverkäufen im Risikobegrenzungsgesetz, ZInsO 2008, 848 ff.

Schadensersatzpflicht wegen positiver Vertragsverletzung aus § 280 Abs. 1 BGB i.V.m. § 241 Abs. 2 BGB auslösen[1]. Einigkeit besteht aber, dass das Bankgeheimnis nicht uneingeschränkt zur Vertraulichkeit des Kreditinstituts gegenüber jedermann und in jeder Situation verpflichtet, sondern dass die Vertraulichkeitsverpflichtung Grenzen hat, und zwar über die in den Allgemeinen Geschäftsbedingungen des Kreditgewerbes genannten Ausnahmen hinaus[2].

Dazu gilt nach dem **Grundsatz von Treu und Glauben** gem. § 242 BGB insbesondere, dass derjenige nicht die Einhaltung vertraglicher Pflichten seines Vertragspartners verlangen darf, der selber vertragsuntreu geworden ist, weil sonst Rechtsmissbrauch vorläge[3]. Diese zutreffende Schranke für das Bankgeheimnis rechtfertigt eine Offenlegung zum Zwecke der Beitreibung fälliger Forderungen, zumindest nach Mahnung. Und da der Verkauf fälliger, nicht bezahlter Forderungen eine Form der Beitreibung ist, ergibt sich, dass die Veräußerung notleidender Kredite und die damit verbundene Offenlegung von Kundeninformationen zumindest dann ohne Verstoß gegen das Bankgeheimnis erfolgen kann, wenn eine echte Beitreibungssituation eingetreten ist, also der Darlehensnehmer insolvent geworden ist oder seinen fälligen Zahlungsverpflichtungen, auch soweit die Fälligkeit durch berechtigte Kündigung herbeigeführt werden, nicht nachkommt. 2.292

Darüber hinaus erscheint es wegen der engen Verknüpfung der Vertraulichkeitspflichten aus Bankgeheimnis und Datenschutz richtig, den **Rechtsgedanken des § 28 Abs. 1 Nr. 2 BDSG** als generelle Schranke für die datenschutzrechtliche Vertraulichkeit und das Bankgeheimnis anzusehen[4]. Entsprechend hat der BGH 1985 in seiner Entscheidung zur Schufa-Klausel erkennen lassen, dass die datenschutzrechtliche Interessenabwägung nach (damals) § 24 BDSG (jetzt § 28 BDSG) die Übermittlung von Informationen zum Kreditnehmer auch im Hinblick auf die Vertraulichkeitspflichten des Bankgeheimnisses rechtfertigen kann[5]. Gem. § 28 BDSG ist die Übermittlung von Informationen, selbst wenn es sich um datenschutzrechtlich geschützte personenbezogene Daten handelt, dann und soweit zulässig, wie es zur Wahrung berechtigter Interessen der zur Vertraulichkeit verpflichteten Stelle erforderlich ist und schutzwürdige Interessen des Betroffenen an der Wahrung der Vertraulichkeit nicht überwiegen. Nimmt man diese Interessenabwägung bei der Veräußerung verschiedener Kategorien notleidender Kredite vor, so kann festgestellt werden, dass vielfach eine Offenlegung von Informationen über das Darlehensverhältnis und den Kreditnehmer an den Erwerber ohne Verstoß gegen 2.293

1 BGH v. 27. 2. 2007 – XI ZR 195/05, BGHZ 171, 180 ff.

2 Für alle: *Cahn*, Bankgeheimnis und Forderungsverwertung, WM 2004, 2041, 2046.

3 Zur Interessenabwägung beim Handel mit notleidenden Krediten nach § 242 BGB auch *Nobbe*, Bankgeheimnis, Datenschutz und Abtretung von Darlehensforderungen, WM 2005, 1537, 1547; *Kuder*, Bankgeheimnis als Abtretungsverbot?, ZInsO 2004, 903; *Kristen/Kreppel*, NPL-Transaktionen aus Sicht des Verkäufers – Risiken und Lösungsansätze, BKR 2005, 123, 131; *Klüwer/Meister*, Forderungsabtretung und Bankgeheimnis, WM 2004, 1157, 1162.

4 Ebenso *Schulz/Schröder*, DZWIR 2008, 177. Kritisch *Nobbe*, Bankgeheimnis, Datenschutz und Abtretung von Darlehensforderungen, WM 2005, 1537, 1546.

5 BGH v. 19. 9. 1985 – III ZR 213/83, WM 1985, 1305 ff.

die Vertraulichkeitspflichten aus dem Bankgeheimnis und den datenschutzrechtlichen Regelungen möglich ist.

aa) Darlehensforderungen gegen insolvente Kreditnehmer

2.294 Hat der Kreditnehmer selbst einen Insolvenzantrag gestellt oder steht die materielle Insolvenz des Kreditnehmers nach einem Drittantrag auf Grund Verfahrenseröffnung oder Ablehnung mangels Masse fest, so kann der Kreditgeber Erwerbsinteressenten Informationen über das Darlehensverhältnis ohne Verstoß gegen Vertraulichkeitspflichten aus Bankgeheimnis und Datenschutz offenbaren und die (Insolvenz-)Forderungen aus dem Darlehensverhältnis rechtmäßig veräußern. Denn mit der Insolvenz steht fest, dass der Kreditnehmer seine Forderungen nicht mehr selbst vollumfänglich bedienen wird, so dass der Kreditgeber ein **berechtigtes Interesse an der bestmöglichen Beitreibung** seiner Forderung hat, soweit dies noch möglich ist. Andererseits sind spätestens mit Einleitung des Insolvenzverfahrens keine schutzwürdigen Interessen des Kreditnehmers an der Wahrung der Vertraulichkeit zu erkennen. Denn in einem Insolvenzverfahren werden ohnehin die wirtschaftlichen Verhältnisse des Kreditnehmers öffentlich, und der Kreditgeber muss ohne Veräußerung seiner Darlehensforderungen jedenfalls diese zur öffentlichen Tabelle anmelden.

bb) Darlehensforderungen nach Kündigung oder bei Nichtzahlung trotz Fälligkeit

2.295 Eine vergleichbare Interessenabwägung rechtfertigt die Offenlegung von Informationen zum Darlehensverhältnis und zum Darlehensnehmer auch dann, wenn der Kreditnehmer mit seinen Zahlungsverpflichtungen aus dem Darlehen in Verzug ist, sei es nach Kündigung oder nach vertragsgemäßer Fälligkeit[1]. Denn einerseits hat das Kreditinstitut in einem solchen Fall ein **berechtigtes Interesse daran, alle Maßnahmen zur Durchsetzung der fälligen Forderung zu ergreifen** – und die Veräußerung gegen Entgelt stellt der Sache nach eine solche Form der Beitreibung dar. Andererseits könnte das Kreditinstitut nach Verzug des Darlehensnehmers seine Forderung auch durch eine Klage beitreiben, wozu eine Offenlegung der maßgeblichen Informationen im öffentlichen Gerichtsverfahren notwendig wäre. Schon aus diesem Gesichtspunkt fehlt für den Kreditnehmer ein schutzwürdiges Interesse an der Wahrung von Vertraulichkeit seiner Informationen[2]. Darüber hinaus kann das Interesse des Darlehensnehmers in diesen Fällen auch deshalb nicht vollumfänglich als schutzwürdig angesehen werden, weil der Darlehensnehmer sich mit Nichtzahlung trotz Fälligkeit selbst nicht vertragsgerecht verhält[3]. Entsprechend

---

1 OLG Celle v. 10. 9. 2003 – 3 U 137/03, WM 2004, 1384, 1385; LG Mainz v. 23. 6. 2003 – 3 S 42/03, juris KORE419862003, Rz. 11.

2 Im Ergebnis ebenso *Bruchner/Krepold* in Schimansky/Bunte/Lwowski, Bankrechts-Handbuch, 3. Aufl. 2007, § 39 Rz. 60 ff.; *Nobbe*, Bankgeheimnis, Datenschutz und Abtretung von Darlehensforderungen, WM 2005, 1537, 1547; *Bomhard/Kessler/Dettmeier*, Wirtschafts- und steuerrechtliche Gestaltungsfragen bei der Ausplatzierung Not leidender Immobilienkredite, BB 2004, 2085, 2086.

3 LG Frankfurt a.M. v. 17. 12. 2004 – 2/21 O 96/02, WM 2005, 1120, 1123.

hatte der BGH bereits 1982 die Abtretung einer fälligen Darlehensforderung zu Beitreibungszwecken für wirksam gehalten, ohne allerdings die Problematik von Vertraulichkeitspflichten zu erörtern[1].

cc) Darlehensforderungen bei Kündbarkeit wegen Zahlungsverzug oder wesentlicher Verschlechterung der wirtschaftlichen Verhältnisse

Eine Abtretung mit Offenlegung von Informationen zum Darlehensnehmer kann ohne Verstoß gegen Vertraulichkeitspflichten auch dann erfolgen, wenn das Darlehensverhältnis noch nicht gekündigt worden ist, sondern „nur" eine **Kündbarkeit** vorliegt, weil der Darlehensnehmer einzelne Zahlungen nicht geleistet hat oder eine wesentliche Verschlechterung der wirtschaftlichen Verhältnisse des Darlehensnehmers eingetreten ist, die eine Kündigung rechtfertigen[2]. Denn die tatsächliche Kündigung und Gesamtfälligstellung würde regelmäßig zu einer Wertminderung der Darlehensforderung führen, da zumindest juristische Personen und die gleichgestellten Personengesellschaften wegen Zahlungsunfähigkeit nach Kündigung gezwungen sein können, Insolvenzantrag zu stellen und die Insolvenz nahezu ausnahmslos zu einer Vernichtung von Werten beim Darlehensnehmer führt. Deshalb nimmt ein Kreditinstitut berechtigte Interessen wahr, wenn es in diesen Fällen statt der Kündigung die notleidende Darlehensforderung unter Offenlegung von Informationen veräußert. Und schutzwürdige Interessen des Darlehensnehmers stehen dem nicht entgegen, da einerseits ja spätestens nach der Kündigung zur gerichtlichen Beitreibung oder im Insolvenzverfahren die Informationen ohnehin offenbar würden. Andererseits erscheint in einer solchen Situation die Veräußerung der notleidenden Forderung auch für den Darlehensnehmer häufig als das mildere Mittel gegenüber einer Kündigung, weil damit u.U. die Insolvenz vermieden werden kann, sofern der Erwerber bereit ist, das Darlehensverhältnis ohne Kündigung fortzusetzen[3]. 2.296

dd) Sonstige Darlehensforderungen

Vereinzelt wird – zumindest in der Tendenz – postuliert, dass als Ergebnis der Interessenabwägung zwischen den Vertraulichkeitspflichten und dem Interesse an der Übertragung von Kreditforderungen eine Übertragung unter Offenlegung von Informationen über den Kreditnehmer an einen Erwerber **immer ohne Verletzung von Bankgeheimnis und datenschutzrechtlichen Vorschriften** möglich sei, solange nur der Erwerber, also der neue Gläubiger verpflichtet 2.297

---

1 BGH v. 13. 5. 1982 – III ZR 164/80, WM 1982, 839 ff.

2 Im Ergebnis ebenso *Nobbe*, Bankgeheimnis, Datenschutz und Abtretung von Darlehensforderungen, WM 2005, 1537, 1547, der allerdings bei Kündbarkeit wegen wesentlicher Verschlechterung der wirtschaftlichen Verhältnisse vor Weitergabe zumindest personenbezogener Daten ein Fristsetzung zur Nachbesicherung und damit Abwendung der Kündbarkeit fordert. Enger *Bomhard/Kessler/Dettmeier*, Wirtschafts- und steuerrechtliche Gestaltungsfragen bei der Ausplatzierung Not leidender Immobilienkredite, BB 2004, 2085, 2086.

3 Zu diesem Aspekt auch *Hofmann/Walter*, Die Veräußerung notleidender Kredite – aktives Risikomanagement der Bank im Spannungsverhältnis zwischen Bankgeheimnis und Datenschutz, WM 2004, 1566, 1573.

ist, die Verschwiegenheit über Kundeninformationen im gleichen Umfange zu wahren, wie das veräußernde Kreditinstitut selbst[1], insbesondere weil der Erwerber seinerseits ein Kreditinstitut ist[2]. Begründet wird dies damit, dass einerseits Kreditinstitute ein elementares und vitales wirtschaftliches Interesse daran haben, zum Zwecke der Risikosteuerung und Eigenkapitalentlastung Darlehensforderungen zu veräußern. Umgekehrt habe der Kreditnehmer kein schutzwürdiges Interesse, dass kein Gläubigerwechsel stattfinde – die Erwartung, sich bei der Abwicklung des Darlehens nur mit einem bestimmten Kreditinstitut auseinander setzen zu müssen, werde durch die Rechtsordnung nicht geschützt[3]. Für das berechtigte Geheimhaltungsinteresse bietet dagegen die Vertraulichkeitsverpflichtung des Erwerbers ausreichend Schutz. Im Ergebnis liege die Veräußerung von Darlehensforderungen sogar im Interesse des Kunden, der von der Möglichkeit seines Kreditinstituts zu solcher Refinanzierung und Gesamtrisikosteuerung jedenfalls mittelbar durch günstigere Kreditkonditionen profitiere[4]. Ob eine so weit gehende Auffassung die Billigung der Rechtsprechung finden wird, erscheint angesichts des besonderen Vertrauens, das Kunden ihren Kreditinstituten entgegenbringen, zumindest zweifelhaft. Dies zeigen insbesondere auch die Diskussionen um die Einführung von zusätzlichen Schutzvorschriften zu Gunsten der Darlehensnehmer bei der Veräußerung von Krediten im Risikobegrenzungsgesetz[5]. Vorsorglich sind Kreditinstitute daher dazu übergegangen, die Zustimmung zur Abtretung mit Weitergabe von Informationen in den Vertragsbedingungen ausdrücklich zu vereinbaren[6].

6. Poolen von Sicherheiten

a) Überblick

2.298 In einem Sicherheitenpoolvertrag schließen sich Kreditinstitute (oder andere Gläubiger, zumeist Warenlieferanten) zusammen, um mit Einverständnis des Kreditnehmers Sicherheiten zu poolen, um also **die Gesamtheit der einbezogenen Sicherheiten (Sicherheitenpool) quotal zur Sicherung aller einbezogenen Kreditforderungen zu nutzen**, ohne dass es darauf ankommen soll, welche

1 So *Bruchner*, Kein stillschweigender Abtretungsausschluss bei Bankforderungen, BKR 2004, 394, 396; *Früh*, Abtretungen, Verpfändungen, Unterbeteiligungen, Verbriefungen und Derivate bei Kreditforderungen vor dem Hintergrund von Bankgeheimnis und Datenschutz, WM 2000, 497, 503.

2 So wohl *Langenbucher*, Bankgeheimnis und Kapitalmarktfähigkeit von Kreditportfolios, BKR 2004, 333, 334.

3 *Langenbucher*, Bankgeheimnis und Kapitalmarktfähigkeit von Kreditportfolios, BKR 2004, 333, 334.

4 *Früh*, Abtretungen, Verpfändungen, Unterbeteiligungen, Verbriefungen und Derivate bei Kreditforderungen vor dem Hintergrund von Bankgeheimnis und Datenschutz, WM 2000, 497, 503.

5 S. dazu die „Diskussionspunkte" und „Formulierungshilfen" zur öffentlichen Anhörung zum Regierungsentwurf des Riskobegrenzungsgesetzes im Finanzausschuss des Deutschen Bundestags, veröffentlicht auf den Webseiten des Deutschen Bundestags, http://www.bundestag.de/ausschuesse/a07/anhoerungen/082/index.html.

6 Dazu, insbesondere auch zur AGB-rechtlichen Zulässigkeit, s. *Hofmann*, BKR 2008, 241 ff.

Sicherheit für welches Kreditinstitut bestellt ist[1]. Dabei können neben bereits bestellten auch bei Abschluss des Sicherheitenpoolvertrags neu bestellte oder künftige Sicherheiten in den Poolvertrag einbezogen sein, und der Sicherheitenpoolvertrag kann außer bereits vereinbarten auch zusätzliche, neu zu gewährende Kredite besichern.

Sicherheitenpoolverträge zwischen und mit Kreditinstituten werden **meist in einer der beiden folgenden Situationen** abgeschlossen: 2.299

- Hat ein Unternehmen einen außergewöhnlich großen Kreditbedarf, etwa für Investitionszwecke, so werden üblicherweise solche **Kredite syndiziert beziehungsweise als Konsortialkredit zur Verfügung gestellt**, d.h. in Teilbeträgen von mehreren Kreditinstituten gewährt, um damit für jedes beteiligte Kreditinstitut das Kreditrisiko zu verringern[2]. Bei einer solchen Kreditsyndizierung wird zur Vereinfachung der Verwaltung und ggf. der Verwertung der Sicherheiten häufig in einem Sicherheitenpoolvertrag („Finanzierungspoolvertrag") vereinbart, dass die für den Gesamtkredit bestellten Sicherheiten allen beteiligten Kreditgebern wirtschaftlich gleichrangig haften sollen, aber technisch nur einem einzigen Kreditinstitut, dem Poolführer oder Sicherheitentreuhänder („Collateral Agent"), bestellt werden, das die Poolsicherheiten für die übrigen Kreditgeber treuhänderisch mitverwaltet[3].
- Daneben werden Sicherheitenpoolverträge für Unternehmen zwischen den finanzierenden Kreditinstitute häufig dann abgeschlossen, wenn sich **in den wirtschaftlichen Verhältnissen des Kreditnehmers eine Krise abzeichnet** (Sanierungspoolvertrag).

Der **Sanierungspoolvertrag stellt einen Beitrag zur Sanierung des Unternehmens** dar, weil er zur Aufrechterhaltung bestehender Kredite beiträgt und die Grundlage für die Ausreichung neuer Kredite in der Krise schaffen kann[4]. Dies wird mit dem Sicherheitenpoolvertrag zum einen deshalb erreicht, weil er tatsächliche und rechtliche Schwierigkeiten bei der Abgrenzung der verschiedenen Sicherheiten (z.B. Sicherungsübereignungen, Eigentumsvorbehalte) zwischen den Kreditinstituten beseitigt, für die Kreditinstitute damit die Durchsetzung und Verwertung der Sicherheiten erleichtert und so das Vertrauen der Kreditinstitute stärkt, dass bestehende und neue Kredite auf der Grundlage 2.300

1 Zum Sicherheitenpoolvertrag auch *Obermüller*, FS Lüer, 2008, S. 415; *Gundlach/Frenzel/Schmidt*, NZI 2003, 142; *Wenzel*, WM 1996, 561; *Serick*, KTS 1989, 743; *Bucksch*, Der Poolvertrag, 2. Aufl. 1998; *Obermüller*, Insolvenzrecht in der Bankpraxis, Rz. 6.122 ff.; *Martinek/Oechsler* in Schimansky/Bunte/Lwowski, Bankrechts-Handbuch, 3. Aufl. 2007, § 97 Rz. 1 ff.; *Wenzel* in Gößmann/Hellner/Schröter/Steuer/Weber, Bankrecht und Bankpraxis, Rz. 4/284a ff. Aus der Rechtsprechung zur grds. Zulässigkeit des Sicherheitenpoolvertrags BGH v. 19. 3. 1998 – IX ZR 22/97, WM 1998, 968; BGH v. 3. 11. 1988 – IX ZR 213/87, WM 1988, 1784.

2 *Obermüller*, Insolvenzrecht in der Bankpraxis, Rz. 6.123; *Wenzel* in Gößmann/Hellner/Schröter/Steuer/Weber, Bankrecht und Bankpraxis, Rz. 4/284c.

3 *Martinek/Oechsler* in Schimansky/Bunte/Lwowski, Bankrechts-Handbuch, 3. Aufl. 2007, § 97 Rz. 4; *Wenzel* in Gößmann/Hellner/Schröter/Steuer/Weber, Bankrecht und Bankpraxis, Rz. 4/284c; *Obermüller*, Insolvenzrecht in der Bankpraxis, Rz. 6.124.

4 Dazu auch *Martinek/Oechsler* in Schimansky/Bunte/Lwowski, Bankrechts-Handbuch, 3. Aufl. 2007, § 97 Rz. 8 ff.

wirksamer und ggf. durchsetzbarer Sicherheiten ausgereicht sind. Zum anderen hat der Sicherheitenpoolvertrag den Vorteil, dass nicht jedes Kreditinstitut gesondert den üblichen Abschlag in der Sicherheitenbewertung vornimmt und daran die Höhe seiner Kreditlinie bemisst. Damit erhöht sich der Beleihungswert vorhandener Sicherheiten, der dann als Grundlage zusätzlicher Kredite dienen kann. Schließlich erlaubt es der Sicherheitenpoolvertrag problemlos, freie Spitzen des Beleihungswerts einzelner Sicherheiten, die sonst nur sehr schwierig als Kreditgrundlage für zusätzliche Kredite mobilisiert werden könnten, z.B. durch nachrangige Verpfändung, unkompliziert zur Besicherung einer weiteren Finanzierung heranzuziehen. Der Sicherheitenpoolvertrag führt so durch die gleichrangige Teilhabe aller beteiligten Kreditinstitute an den gepoolten Sicherheiten dazu, dass das Unternehmen in der Krise alle bestehenden Möglichkeiten zur Mittelbeschaffung ausschöpfen und eine optimale Nutzung seiner Kreditsicherheiten erreichen kann[1].

b) Inhalt des Sicherheitenpoolvertrags[2]

2.301 Ausgangspunkt und Grundlage der im Sicherheitenpoolvertrag getroffenen Regelungen ist die **Bezeichnung der einbezogenen Kreditforderungen mit den jeweiligen Kreditgebern sowie der einbezogenen Kreditsicherheiten**. Dabei kann sich der Sicherheitenpoolvertrag als Sanierungsbeitrag sowohl nur auf bereits gewährte Kredite und bestellte Kreditsicherheiten beziehen als auch die Ausreichung neuer, zusätzlicher Kredite oder die Bestellung neuer, zusätzlicher Kreditsicherheiten vorsehen. Kennzeichen gerade des Sanierungspoolvertrages ist die Verpflichtung der Kreditinstitute untereinander, sämtliche einbezogenen Kredite zu gewähren, für die Dauer des Sicherheitenpoolvertrags aufrechtzuerhalten und Reduzierungen oder Streichungen der Kredite nur im gegenseitigen Einvernehmen vorzunehmen. Damit leistet der Sanierungspoolvertrag unmittelbar einen wesentlichen Beitrag zur Rettung des Unternehmens, indem er die Kreditversorgung sicherstellt. Denn regelmäßig kann die Sanierung angeschlagener Unternehmen nur gelingen, wenn alle wesentlichen Kreditgeber sich in ihrem Sanierungswillen einig sind und die Rettung gemeinsam versuchen[3].

2.302 Grundsätzliche und wichtigste Regelung des Sicherheitenpoolvertrags ist die **Festlegung und Erweiterung des Sicherungszwecks für alle einbezogenen Kreditsicherheiten**. Dazu sieht der Sicherheitenpoolvertrag vor, dass sämtliche im Poolvertrag genannten, nicht-akzessorischen Sicherheiten zur Besicherung sämtlicher genannter, in den Poolvertrag einbezogenen Kredite der beteiligten Kreditinstitute dienen, unabhängig davon, welchem Kreditinstitut diese Kre-

1 *Wenzel* in Gößmann/Hellner/Schröter/Steuer/Weber, Bankrecht und Bankpraxis, Rz. 4/284c.

2 Zu den typischen Vertragsinhalten auch *Martinek/Oechsler* in Schimansky/Bunte/Lwowski, Bankrechts-Handbuch, 3. Aufl. 2007, § 97 Rz. 12 ff. Muster für Sicherheitenpoolverträge bei *Wenzel* in Gößmann/Hellner/Schröter/Steuer/Weber, Bankrecht und Bankpraxis, Rz. 4/287; *Obermüller*, Insolvenzrecht in der Bankpraxis, Rz. 6.128.

3 *Berner*, KTS 2006, 359; *Wenzel* in Gößmann/Hellner/Schröter/Steuer/Weber, Bankrecht und Bankpraxis, Rz. 4/284b.

ditsicherheiten bestellt worden sind. Sollen auch akzessorische Sicherheiten, z.B. Pfandrechte an laufenden Kontoguthaben, einbezogen sein, müssen diese entweder zusätzlich zu Gunsten aller beteiligten Kreditinstitute neu vereinbart werden, damit gesicherte Forderung und Berechtigung aus dem jeweiligen Sicherungsvertrag in der Person des gesicherten Gläubigers zusammenfallen, oder, auch wenn dies in der Praxis weniger gebräuchlich ist, die Kreditforderungen der ungesicherten Gläubiger könnten an den durch ein akzessorisches Sicherungsrecht gesicherten Gläubiger bzw. Poolführer abgetreten werden[1].

Den zweiten wesentlichen Kernbestandteil des Sicherheitenpoolvertrags bilden Regelungen, die dafür sorgen, dass die **beteiligten Kreditinstitute quotal gleichmäßig im Verhältnis ihrer einbezogenen Kredite durch die Poolsicherheiten besichert** sind. Dazu sehen Poolverträge im ersten Schritt vor, dass der Kreditnehmer möglichst alle einbezogenen Kredite gleichmäßig quotal bei den Kreditinstituten in Anspruch nehmen soll. Im Verwertungsfall erfolgt darüber hinaus ein Saldenausgleich, bei dem die Kreditinstitute untereinander im Auftrag des Kreditnehmers ihre Kreditforderungen so übertragen, dass bei sämtlichen Kreditinstituten die Kreditinanspruchnahme im Verhältnis der einbezogenen Kredite steht. Im zweiten Schritt erfolgte dann im Verwertungsfall eine Verteilung des Erlöses aus der Verwertung der Sicherheiten an die Kreditinstitute gleichrangig im Verhältnis der Kreditinanspruchnahmen nach Saldenausgleich. 2.303

Daneben finden sich **zahlreiche mehr technische Regelungen**, zum Beispiel zur Verwaltung und Verwertung der Sicherheiten durch ein als Poolführer benanntes Kreditinstitut, zu den Kosten und Steuern[2], zur Information der beteiligten Kreditinstitute untereinander, zu Befristung und Kündigung sowie zu Gerichtsstand und anzuwendendem Recht[3]. 2.304

Der Sicherheitenpoolvertrag wird üblicherweise **abgeschlossen zwischen den finanzierenden Kreditinstituten**. Sie bilden eine Gesellschaft bürgerlichen Rechts[4]. Der Kreditnehmer unterzeichnet regelmäßig ebenfalls den Sicherheitenpoolvertrag, seine Unterschrift führt aber nicht zu seinem Eintritt als Poolmitglied, sondern dient nur der Bekundung seines Einverständnisses mit denjenigen Vertragsänderungen, die mit dem Abschluss eines Sicherheitenpoolvertrags zwangsläufig verbunden sind, also insbesondere für die Erweiterung des Sicherungszwecks auf alle Poolkredite[5]. 2.305

1 Zu dieser Gestaltung *Obermüller*, Insolvenzrecht in der Bankpraxis, Rz. 6.129.

2 Zu den umsatzsteuerlichen Regelungen für den Sicherheitenpoolvertrag ausführlich *de Weerth*, DB 2008, 1288.

3 Muster für Sicherheitenpoolverträge bei *Wenzel* in Gößmann/Hellner/Schröter/Steuer/Weber, Bankrecht und Bankpraxis, Rz. 4/287.

4 Ausführlich zu dieser h.M. *Martinek/Oechsler* in Schimansky/Bunte/Lwowski, Bankrechts-Handbuch, 3. Aufl. 2007, § 97 Rz. 17 f.; *Wenzel* in Gößmann/Hellner/Schröter/Steuer/Weber, Bankrecht und Bankpraxis, Rz. 4/284d. So auch *Obermüller*, Insolvenzrecht in der Bankpraxis, Rz. 6.131. A.A. (Gemeinschaft) *Stürner*, ZZP 94 (1981), 263, 275 f.

5 *Obermüller*, Insolvenzrecht in der Bankpraxis, Rz. 6.131.

c) Bestandskraft des Sicherheitenpoolvertrags bei Insolvenz des Kreditnehmers

2.306 Die Vereinbarung des Sicherheitenpoolvertrags und der Saldenausgleich **verstoßen nicht gegen das Verbot des „Unter-Deckung-Nehmen" von ungesicherten Forderungen**. Grundsätzlich steht zwar der Einwand der unzulässigen Rechtsausübung nach § 242 BGB Konstruktionen entgegen, bei denen sich ein gesicherter Gläubiger mit einer wertmäßig nicht ausgeschöpften Sicherheit die Forderungen eines ungesicherten Gläubigers abtreten lässt, um sie unter die Deckung der Sicherheiten zu nehmen[1]. Mit dem Abschluss des Sicherheitenpoolvertrags wird aber zum einen durch den Kreditnehmer der Sicherungszweck der Kreditsicherheiten gerade zu Gunsten aller beteiligten Kreditinstitute erweitert, so dass keine ungesicherten Forderungen bestehen. Eine solche Aufnahme von Ansprüchen dritter, bisher ungesicherter Gläubiger in den Sicherungszweck einer nicht-akzessorischen Sicherheit ist aber rechtlich möglich und allenfalls anfechtbar[2]. Zum anderen stellen mit der wirksamen Erweiterung des Sicherungszwecks alle am Pool beteiligten Kreditinstitute einen Gesamtkredit zur Verfügung, den der Schuldner durch die gestellten Sicherheiten insgesamt absichert. Beim Saldenausgleich wird deshalb lediglich eine gesicherte (Teil-)Forderung gegen eine andere gesicherte (Teil-)Forderung getauscht, und trotz Saldenausgleich nach Eröffnung des Insolvenzverfahrens werden die Poolsicherheiten nicht in einem höheren Ausmaß in Anspruch genommen, als dies ohne Saldenausgleich der Fall wäre[3].

2.307 Die Bildung des Sicherheitenpools kann in der Insolvenz des Kreditnehmers **anfechtbar nach §§ 129 ff. InsO** sein, sofern damit andere, nicht beteiligte Gläubiger benachteiligt werden. Eine solche **Benachteiligung** liegt vor, wenn die in den Pool eingebrachten Sicherungsrechte im Falle ihrer individuellen Geltendmachung deshalb nicht durchsetzbar gewesen wären, weil es bis zur Einbringung in den Pool an den rechtlichen Voraussetzungen fehlte, unter denen sie als genügend bestimmbar angesehen werden konnten. Denn dann führt erst die Poolbildung, die die mangelnde Bestimmtheit beseitigt, zum Übergang des Sicherungsgutes von dem Kreditnehmer auf die im Pool zusammengeschlossenen Kreditgeber. Ebenso ist eine Benachteiligung anderer Gläubiger gegeben, wenn durch den Poolvertrag teilweise ungesicherte Forderungen einerseits mit nicht voll valutierten Sicherungsrechten andererseits verknüpft werden. Denn die Poolbildung unter Zustimmung des Kreditnehmers führt zu dessen Verzicht auf seinen schuldrechtlichen Anspruch, im Fall der Befriedigung eines der beteiligten Kreditinstitute von diesem die Rückgabe der gewährten Sicherheiten zu verlangen. Unanfechtbar bleibt dagegen eine bloße Beseitigung von Beweisproblemen, die sich ohne Poolvertrag ergeben könnten, weil unklar ist, für welches der finanzierenden Kreditinstitute die Sicherheit bestellt war. Darin liegt keine Benachteiligung anderer Gläubiger i.S. von

1 BGH v. 20. 3. 1991 – IV ZR 50/90, WM 1991, 846; BGH v. 31. 1. 1983 – II ZR 24/82, WM 1983, 537; BGH v. 27. 2. 1981 – V ZR 48/80, WM 1981, 518. Dazu auch *Wenzel* in Gößmann/Hellner/Schröter/Steuer/Weber, Bankrecht und Bankpraxis, Rz. 4/199 f.

2 BGH v. 21. 2. 2008 – IX ZR 255/06, WM 2008, 602.

3 *Wenzel* in Gößmann/Hellner/Schröter/Steuer/Weber, Bankrecht und Bankpraxis, Rz. 4/285l. Mit anderer Differenzierung *Obermüller*, Insolvenzrecht in der Bankpraxis, Rz. 6.144 ff.

§ 129 InsO, da es lediglich zu einem Gleichlauf der materiellen Rechtslage mit der prozessualen Durchsetzbarkeit kommt[1].

Neben der Anfechtung der Poolbildung kommt auch die **Anfechtung solcher Sicherheiten** in Betracht, die bei Abschluss des Poolvertrages neu bestellt werden[2]. Voraussetzung der Insolvenzanfechtung des Sicherheitenpoolvertrags oder der einzelnen Sicherheit ist aber immer, dass auch die weiteren Umstände des jeweiligen Anfechtungstatbestands vorliegen, also zum Beispiel der Vorsatz der Gläubigerbenachteiligung beim Kreditnehmer für die Anfechtung nach § 133 InsO. Maßgeblicher Zeitpunkt ist insoweit der Abschluss des Sicherheitenpoolvertrags bzw. die Bestellung der einzelnen Sicherheit. Im Übrigen wird die Anfechtung nicht schon nach § 142 InsO wegen des Vorliegens eines Bargeschäfts ausgeschlossen, falls mit dem Sicherheitenpoolvertrag auch die Gewährung neuer Kredite vereinbart wird. Denn wenn der Sicherheitenpoolvertrag gleichrangig auch die Erweiterung des Sicherungszwecks für alle einbezogenen Kreditsicherheiten auf die bereits gewährten Kredite vorsieht, handelt es sich um ein insgesamt inkongruentes, in vollem Umfang anfechtbares Deckungsgeschäft, wenn nicht festgestellt werden kann, ob und in welchem Umfang sich die Sicherungen auf bestimmte Ansprüche beziehen. Anders ist dagegen die Rechtshandlung zu beurteilen, sofern die Sicherheit vorrangig die Forderung aus den im Gegenzug neu gewährten Krediten abdecken soll[3], was deshalb in der Praxis so vorgesehen wird. 2.308

Darüber hinaus stellte sich bislang die Frage, ob **Anfechtung der Auskehrung des Sicherheitenerlöses durch den dinglich berechtigten Sicherungsnehmer an die anderen Kreditinstitute**, die die jeweilige Sicherheit nicht dinglich gehalten haben, in Betracht kommt. Grund dafür war eine Entscheidung des BGH aus dem Jahr 2005 zu Globalzession im Rahmen eines Sicherheitenpoolvertrags[4]. 2.309

Danach soll die Verrechnung einer Gutschrift mit der Kreditforderung eines Kreditinstituts aus der Zahlung auf eine sicherungshalber an ein anderes Kreditinstitut abgetretenen Forderung selbst dann eine Benachteiligung aller anderen Gläubiger darstellen, wenn das unmittelbar dinglich-berechtigte Kreditinstitut die Sicherheiten auf Grund eines Sicherheitenpoolvertrags auch treuhänderisch für das andere Kreditinstitut erhalten hat. Denn ein Sicherheitenpoolvertrag, nach dem die einbezogenen Sicherheiten jeweils auch für die anderen am Pool beteiligten Gläubiger gehalten werden, begründe in der Insolvenz des Sicherungsgebers kein Recht dieser weiteren Gläubiger auf abgesonderte Befriedigung, selbst wenn der Sicherungsgeber dem Vertrag zugestimmt habe[5]. Dies war überwiegend so verstanden worden, dass allgemein 2.310

1 *Obermüller*, FS Lüer, 2008, S. 415, 420 f.
2 Zu einem solchen Fall BGH v. 19. 3. 1998 – IX ZR 22/97, WM 1998, 968.
3 BGH v. 12. 11. 1992 – IX ZR 236/91, WM 1993, 270.
4 BGH v. 2. 6. 2005 – IX ZR 181/03, WM 2005, 1790 = WuB VI A § 51 InsO – 1.05; *Tetzlaff*. Dazu *Obermüller*, FS Lüer, 2008, S. 415; *Berner*, KTS 2006, 359; *Leithaus*, NZI 2005, 592; *Zeidler/Wendt*, ZBB 2006, 191; *Leiner*, ZInsO 2006, 460; *Jacobi*, ZIP 2006, 2351.
5 BGH v. 2. 6. 2005 – IX ZR 181/03, WM 2005, 1790 = WuB VI A § 51 InsO – 1.05 *Tetzlaff*.

aus einer treuhänderischen Verwaltung eines Sicherungsrechts, auch beim Sicherheitenpoolvertrag, der nicht unmittelbar dinglich gesicherte Gläubiger kein eigenes Recht auf abgesonderte Befriedigung herleiten könne[1].

2.311 Ein solcher allgemeiner Rechtssatz wäre aber zum einen sehr zweifelhaft, da er die Begünstigung des nicht dinglich berechtigten Kreditinstituts mit der Benachteiligung aller anderen Gläubiger gleichsetzt. Dieses ist nicht gerechtfertigt, weil der Nachteil für alle anderen Gläubiger nicht erst mit der Auskehrung des Sicherheitenerlöses eintritt, sondern bereits mit Bestellung der Kreditsicherheit zu Gunsten des dinglich berechtigten Kreditinstituts, zum Beispiel durch Abtretung der als Sicherungsgegenstand dienenden Forderungen. Diese Abtretungen sind selbstverständlich anfechtbar, sofern zum Zeitpunkt der Zession die Voraussetzungen eines Anfechtungstatbestands vorliegen. War aber die Abtretung unanfechtbar, so stellt die Auskehrung des Sicherheitenerlöses keinesfalls eine Benachteiligung der anderen Gläubiger dar, weil ihnen bereits mit Bestellung der Kreditsicherheit das Absonderungsrecht vorgeht. Ob dann der Sicherheitenerlös an den dinglich Berechtigten fließt oder von diesem auf Grund der internen Absprachen in einem Sicherheitenpoolvertrag an einen dritten Gläubiger ausgekehrt wird, berührt die anderen Gläubiger nicht mehr.

2.312 Zum anderen dürfte diese Entscheidung des BGH aber **mittlerweile auch überholt** sein. Denn in 2008 hat der BGH klargestellt, dass aus einer treuhänderischen Verwaltung eines Sicherungsrechts, wie sie auch beim Poolvertrag durch den dinglich Berechtigten zu Gunsten aller einbezogenen Gläubiger erfolgt, ein Recht auf abgesonderte Befriedigung hergeleitet werden kann, das sogar die Übertragung der Sicherheit an den zunächst nur schuldrechtlichberechtigten Gläubiger unanfechtbar erscheinen lässt[2]. Erst recht muss dies dann für die Auskehrung des Sicherheitenerlöses gelten.

IV. Finanzierungshilfen der öffentlichen Hand (Beihilfen) *(Vallender)*

2.313 Gerät eine GmbH in die Krise, greift der Staat nicht selten direkt oder indirekt ein, um die Krisensituation abzuwenden oder die Insolvenz zu verhindern[3]. Mit den Beihilfen staatlicher Stellen können erhebliche wettbewerbsverzerrende Implikationen verbunden sein, weil sie den Beihilfeempfängern Vorteile

1 So z.B. *Leithaus*, NZI 2005, 592; *Leiner*, ZInsO 2006, 460. Dies ausdrücklich ablehnend jetzt aber BGH v. 21. 2. 2008 – IX ZR 255/06, WM 2008, 602.

2 BGH v. 21. 2. 2008 – IX ZR 255/06, WM 2008, 602.

3 In der Europäischen Gemeinschaft gilt Deutschland als „Beihilfeweltmeister". Von den 475 Entscheidungen der Kommission, die im Jahre 2000, ergangen sind, betrafen Deutschland 122, gefolgt von Spanien mit 79 Entscheidungen (s. Europäische Kommission XXX. Bericht über die Wettbewerbspolitik, 2000, Statistischer Überblick S. 394). Hintergrund dieser Entwicklung ist vor allem der Umstand, dass es den Mitgliedstaaten der EU immer mehr verwehrt ist, die heimische Wirtschaft vor Konkurrenz aus dem europäischen Ausland durch Zölle und andere Handelshemmnisse zu schützen. Stattdessen fördern die Mitgliedstaaten inländische Unternehmen durch Beihilfen, meistens mit der Intention, Arbeitsplätze zu erhalten.

bringen, die den Konkurrenten nicht zuteil werden[1]. Die Unterstützung von Sanierungsbemühungen existenzbedrohter Unternehmen durch die öffentliche Hand in Form von **Subventionen** bzw. **Beihilfen** kommt indes nur in Betracht, wenn Unternehmen, Gesellschafter und Gläubiger zuvor alle Möglichkeiten zur Sanierung voll ausgeschöpft haben.

Die **staatliche Hilfe** stellt den **Ausnahmefall** dar und wird nur unter engen Voraussetzungen gewährt[2]. Nur bei Vorliegen eines überzeugenden Sanierungskonzepts besteht die Möglichkeit der Förderung im Rahmen der Gemeinschaftsaufgabe „Verbesserung der regionalen Wirtschaftsstruktur" (GA), die allerdings nicht in allen Bundesländern zur Verfügung steht. Darüber hinaus können Investitionshilfen über die im Juli 2003 aus der Fusion der Kreditanstalt für Wiederaufbau (KfW) und der Deutschen Ausgleichsbank (DStA) hervorgegangenen KfW-Mittelstandsbank in Anspruch genommen werden[3]. Auch die **Übernahme von Bürgschaften durch die öffentliche Hand** ist eine Form der Finanzierungshilfe. Sie setzt indes voraus, dass für die GmbH ein Sanierungskonzept besteht, nach dem das Unternehmen über ausreichend Haftkapital verfügt, und ein Kreditinstitut zur Kreditvergabe bereit ist[4]. 2.314

1. Subventionen und Beihilfen

Nach herrschender Auffassung in der Literatur[5] sind unter Subventionen vermögenswerte Zuwendungen zu verstehen, die ein Träger öffentlicher Verwaltung einer Privatperson ohne eine entsprechende Gegenleistung gewährt, um durch deren Verhalten einen im öffentlichen Interesse liegenden Zweck zu fördern, ohne dass hierfür eine marktmäßige Gegenleistung erfolgt. **Beihilfen im europarechtlichen Sinne** gehen über den Subventionsbegriff des nationalen Rechts hinaus[6]. Sie umfassen – anders als der Subventionsbegriff des nationalen Wirtschaftsverwaltungsrechts – neben positiven Zuwendungen (direkten Subventionen, Leistungssubventionen) Realförderungen und den staatlichen Verzicht auf vom Beihilfenbegünstigten geschuldete Leistungen, wie etwa 2.315

1 Nationale Begünstigungen im Rahmen eines Insolvenzverfahrens sind grundsätzlich beihilferechtskonform, es sei denn, dass der Staat das spezielle Regime des Insolvenzverfahrens nutzt, um ein Unternehmen über längere Zeit rechtsmissbräuchlich, insbesondere zu Lasten der Neugläubiger lebensfähig zu erhalten (vgl. EuGH v. 12. 10. 2000 – Rs. C-480/08 („Megafesa"), ZIP 2000, 1938; *Wessely*, EWiR 2000, 425 ff.

2 *Picot/Aleth* in Picot, Unternehmenskauf und Restrukturierung, VIII Rz. 110.

3 Nach Auffassung von *Pannen/Deuchler/Kahlert/Undritz*, Sanierungsberatung, 2005, VII Rz. 883, eignen sich diese Programme wegen des langen Bewilligungsverfahrens nur für sehr frühzeitig erkannte Probleme.

4 Näher zu Bürgschaften der öffentlichen Hand s. Ausführungen Rz. 2.320.

5 Vgl. *R. Schmidt*, Wirtschaftspolitik, Wirtschaftsverwaltungsorganisation, Wirtschaftsförderung, in Achterberg/Püttner/Würtenberger, Besonderes Verwaltungsrecht Band I, 2. Aufl. 2000, S. 3 ff. Rz. 149; *Maurer*, Allgemeines Verwaltungsrecht, 17. Aufl. 2009.

6 *Schluck-Amend*, Die Rückforderung gemeinschaftsrechtswidriger Beihilfen in ihren Auswirkungen auf das nationale Gesellschafts- und Insolvenzrecht, 2004, S. 65.

Abgaben (indirekte Subventionen, Verschonungssubventionen)[1]. Als Empfänger einer Beihilfe kommen auch öffentliche Unternehmen in Betracht[2].

2.316 Nach *Grüner*[3] können die wesentlichen Kriterien für Hilfen existenzbedrohter Unternehmen wie folgt zusammengefasst werden:

- Die staatlichen Finanzierungshilfen dürfen nur vorübergehend und nur als Hilfen zur Selbsthilfe an sanierungsfähige Unternehmen gewährt werden.
- Die Erhaltung von Arbeitsplätzen in einem bestimmten Unternehmen rechtfertigt allein nicht die Gewährung von Finanzierungshilfen.
- Die für andere Unternehmen und Bereiche entstehenden Folgen einer etwaigen staatlichen Hilfe sind besonders zu berücksichtigen.
- Die Hilfen sollen in ihrem Subventionswert möglichst niedrig und in geeigneten Fällen mit einer Rückzahlungsverpflichtung versehen werden. Kapitalbeteiligungen des Bundes scheiden als Sanierungshilfe aus.
- Es muss ein tragfähiges Sanierungskonzept mit Finanzierungsplan vorliegen.
- Die Vorschriften der EG über die Gewährung staatlicher Hilfen sind zu beachten.

2. Formen der Beihilfe zur Unternehmensfinanzierung

2.317 Beihilfen zur Unternehmensfinanzierung können zu unterschiedlichen Zwecken und in unterschiedlichen Formen gewährt werden. Zu unterscheiden sind **Erhaltungsbeihilfen, Anpassungsbeihilfen, Produktivitätshilfen** und sonstige Hilfen[4]. Die stattliche Hilfe kann wiederum in verschiedenen Vergabeformen erfolgen. Bei der **Leistungssubvention**[5] gewährt die staatliche Stelle verlorene Zuschüsse als Finanzhilfen, Prämien, Zinszuschüsse, Kreditzuschüsse, Spenden oder Investitionszuschüsse oder in Form von Darlehen. Im Falle einer indirekten Subventionsfinanzierung, die auch als **Verschonungs- oder Belastungssubvention** bezeichnet wird[6], fehlt es an einem Mittelzufluss. Bei dieser Finanzierungshilfe werden Finanzmittel dadurch erspart, dass eine Steuer- oder Abgabenreduzierung gewährt wird oder eine Realförderung erfolgt durch verbilligten oder kostenlosen Bezug von Roh-, Hilfs- und Betriebsstoffen oder durch Bevorzugung bei der Vergabe öffentlicher Aufträge, durch staatliche Marktregulierung oder die Übernahme von **Garantien und Bürgschaften** für die Gewährung von Sanierungskrediten durch Kreditinstitute[7].

1 *Schluck-Amend,* Die Rückforderung gemeinschaftsrechtswidriger Beihilfen in ihren Auswirkungen auf das nationale Gesellschafts- und Insolvenzrecht, 2004, S. 65 m.w.N.

2 *Haverkate* in R. Schmidt, Öffentliches Wirtschaftsrecht Besonderer Teil I, 2. Aufl. 2007, S. 331 ff. § 4 Rz. 9.

3 DB 1986, 682.

4 *Schluck-Amend,* Die Rückforderung gemeinschaftsrechtswidriger Beihilfen in ihren Auswirkungen auf das nationale Gesellschafts- und Insolvenzrecht, 2004, S. 66.

5 *Stober,* Allgemeines Wirtschaftsverwaltungsrecht, § 31 III.

6 *Stober,* Allgemeines Wirtschaftsverwaltungsrecht, § 31 III.

7 *Schluck-Amend,* Die Rückforderung gemeinschaftsrechtswidriger Beihilfen in ihren Auswirkungen auf das nationale Gesellschafts- und Insolvenzrecht, 2004, S. 66.

Die eine **Beihilfe** gewährende Stelle kann das Beihilfeverhältnis dem **öffentlichen** oder dem **privaten Recht** unterstellen. Möglich ist aber auch ein gemischt öffentlich-privatrechtliches Beihilfeverhältnis. Erfolgt die Beihilfegewährung durch direkte Subventionierung (verlorener Zuschuss), kommt die Bewilligung in Form eines Verwaltungsaktes in Betracht. Erschöpft sich die Beihilfebewilligung nicht in der einmaligen Bewilligung, sondern tritt – wie bei der Gewährung von Darlehen oder Bürgschaften – noch ein privatrechtliches Rechtsverhältnis hinzu, das den Bewilligungsbescheid vollzieht, liegt eine **zweistufige Beihilfebewilligung** vor[1]. Daneben können Beihilfen auch durch öffentlich-rechtlichen Vertrag gewährt werden. Die entsprechenden Vorgaben für den Abschluss **verwaltungsrechtlicher Verträge** finden sich in §§ 54 ff. VwVfG. 2.318

Auch bei **privat-rechtlicher Beihilfegewährung** bleibt die Verwaltung nach Art. 1 Abs. 3 GG gebunden; sie ist in jeder Form ihres Handelns öffentlich-rechtlichen Bindungen unterworfen[2]. Die privat-rechtliche Beihilfevergabe ist Verwaltungsprivatrecht[3]. 2.319

Zur **Unternehmensfinanzierung** kann die staatliche Stelle die Beihilfe in Form von Darlehen, Bürgschaften, Beteiligung an Kapitalerhöhungen bzw. Übernahme von Geschäftsanteilen, Garantien pp. privatrechtlich gewähren. Die Finanzierungsleistung hat indes nur dann Beihilfecharakter, wenn sie eine Begünstigung darstellt, es also an einer entsprechenden marktüblichen Gegenleistung fehlt. Um sicherzugehen, dass keine unzulässige Beihilfe i.S.v. Art. 87 EG vorliegt (näher dazu Rz. 2.322), ist zunächst zu prüfen, ob ein wettbewerbsorientiertes privatwirtschaftliches Unternehmen diesen Beitrag zur Unternehmensfinanzierung unter denselben Marktbedingungen geleistet hätte („market economy investor"-test[4]). Nur wenn dies nicht der Fall ist, 2.320

1 Die Zweistufentheorie stößt immer mehr auf Kritik, weil sie einen einheitlichen Lebenssachverhalt in zwei Bereiche zerreißt und diese unterschiedlichen Rechtswegen zuweist (vgl. *Schluck-Amend*, Die Rückforderung gemeinschaftsrechtswidriger Beihilfen in ihren Auswirkungen auf das nationale Gesellschafts- und Insolvenzrecht, 2004, S. 67). Der Bundesgerichtshof (v. 7. 11. 1996 – IX ZB 15/96, NJW 1997, 328 ff.) nimmt die zweistufige Gewährung von Beihilfen allerdings nach wie vor als eine vor allem bei Bürgschaften und Garantien noch übliche Form der Beihilfegewährung hin. Die Verwaltung kann indes mittels Verwaltungsakt das Darlehen auch rein öffentlich-rechtlich gewähren. Der Verwaltungsakt begründet ein Dauerrechtsverhältnis, das den Charakter eines öffentlich-rechtlichen Darlehensverhältnisses hat (*Zulegg*, Die Zweistufenlehre, in Oberdorfer, Verwaltung im Dienste von Wirtschaft und Gesellschaft, FS Fröhler, 1980, S. 275, 286 ff.).

2 Vgl. *Ehlers* in Erichsen/Ehlers, Allg. Verwaltungsrecht, 13. Aufl. 2006, § 2 Rz. 77 ff. m.w.N.; *Ehlers*, Verwaltung in Privatrechtsform, 1984, S. 216 ff.; *Pietzker*, AöR 107 (1982), 61, 71 ff.

3 Gewährt ein von der öffentlichen Verwaltung eingeschaltetes Unternehmen die Beihilfe in Privatrechtsform vertraglich, ist die Anwendbarkeit des Verwaltungsprivatrechts mit seiner öffentlich-rechtlichen Bindung umstritten (näher dazu *Schluck-Amend*, Die Rückforderung gemeinschaftsrechtswidriger Beihilfen in ihren Auswirkungen auf das nationale Gesellschafts- und Insolvenzrecht, 2004, S. 67).

4 Vgl. EuGH v. 21. 3. 1991 – Rs. C-305/89 („Alfa Romeo"), Slg. 1991, I-1603, 1640 Rz. 20.

liegt überhaupt eine Beihilfe vor, die zur Prüfung der Voraussetzungen der Art. 87 ff. EG führt mit der eventuellen Folge einer Rückforderungsanordnung durch die Kommission. Gleiches gilt, wenn die Beihilfevergabe in Form von Eigenkapital und kapitalersetzenden Leistungen erfolgt. Auch insoweit ist darauf abzustellen, ob auch ein privater Investor in einer vergleichbaren Situation diesen Beitrag zur Unternehmensfinanzierung geleistet hätte.

3. Beihilfen im europarechtlichen Sinne

2.321 Staatliche Förderungen der Mitgliedstaaten der Europäischen Gemeinschaft müssen sich am Gemeinschaftsrecht messen lassen. **Art. 87 bis 89 EG** regeln das Beihilfeaufsichtsverfahren der Europäischen Gemeinschaft, dem staatliche Beihilfen unterliegen. Durch die Beihilfeaufsicht sollen mögliche **Wettbewerbsverzerrungen im Gemeinsamen Markt in erster Linie unterbunden,** und sofern sie bereits eingetreten sind, dann wenigstens **beseitigt werden**[1].

2.322 Nach Art. 87 EG sind solche staatlichen oder aus staatlichen Mitteln gewährte Beihilfen mit dem Gemeinsamen Markt unvereinbar, wenn sie durch **Begünstigung** bestimmter Unternehmen oder Produktionszweige den **Wettbewerb verfälschen** oder den **Handel zwischen den EU-Mitgliedstaaten beeinträchtigen**. Die Förderung einzelner Unternehmen gilt dabei als Beschränkung der anderen Unternehmen in ihren Wettbewerbsmöglichkeiten. Sollen solche Beihilfen gewährt werden, müssen sie gem. Art. 87, 88 EG der Europäischen Kommission von dem betreffenden Mitgliedstaat bzw. für diesen von der Beihilfe gewährenden Stelle vorab **notifiziert** werden. Die Beihilfe darf dann erst gewährt werden, wenn die Europäische Kommission sie als mit dem Gemeinsamen Markt vereinbar erklärt hat oder wenn seit der **Notifizierung** zwei Monate verstrichen sind. Wird dieses Prozedere nicht eingehalten, so kann die Europäische Kommission, wenn sie später die Unvereinbarkeit mit dem Gemeinsamen Markt feststellt, den Mitgliedstaat zur Rückabwicklung auffordern[2]. Eine entgegen diesem Verfahren gewährte Beihilfe ist rechtswidrig, ein ihnen zugrunde liegender Vertrag nichtig[3]. Ausgenommen von der Notifizierungspflicht sind **„geringfügige Beihilfen"**. Dies sind Beihilfen, die **100 000,00 Euro** über einen Zeitraum von drei Jahren nicht überschreiten (*de-minimis*-Regelung)[4].

2.323 Für **kleine und mittlere Unternehmen (KMU)** gelten besondere – weniger strenge – Beihilfebestimmungen[5], wenn sich das Unternehmen nicht bereits

1 *Schluck-Amend*, Die Rückforderung gemeinschaftsrechtswidriger Beihilfen in ihren Auswirkungen auf das nationale Gesellschafts- und Insolvenzrecht, 2004, S. 21; *Cranshaw*, Einflüsse des Europäischen Rechts auf das Beihilfeverfahren, 2006, S. 41 ff.

2 Für eine solche Aufforderung zur Rückabwicklung s. Europäische Kommission v. 29. 5. 1996 – 96/475/EG, ABl. Nr. L 246, S. 43 ff. („Jadekost").

3 BGH v. 4. 4. 2003 – V ZR 314/02, EuZW 2003, 444, 445.

4 Verordnung (EG) Nr. 69/2001 der Europäischen Kommission v. 12. 1. 2001 über die Anwendung der Art. 87 und 88 EG auf staatliche Beihilfen an kleine und mittlere Unternehmen, ABl. Nr. L 10 v. 13. 1. 2001, S. 33–42.

5 Verordnung (EG) Nr. 69/2001 der Europäischen Kommission v. 12. 1. 2001 über die Anwendung der Art. 87 und 88 EG auf „de-minimis-Beihilfen", ABl. Nr. L 10 v. 13. 1. 2001, S. 30–32.

in wirtschaftlichen Schwierigkeiten befindet. KMU sind Betriebe, die weniger als 250 Personen beschäftigen und deren Jahresumsatz 40 Mio. EUR nicht übersteigt. Für KMU, die bereits sanierungsbedürftig sind, können sich die Mitgliedstaaten allgemeine Rettungs- und Umstrukturierungsregelungen von der Kommission genehmigen lassen[1]. Im Rahmen solcher Programme können individuelle Beihilfen an KMU vergeben werden, ohne dass dies von der Kommission erneut notifiziert werden muss. Die meisten Bundesländer haben von dieser Möglichkeit Gebrauch gemacht[2].

Art. 87–89 EG enthalten kein absolutes Beihilfeverbot (vgl. Art. 87 Abs. 2 und 3 EG). Allerdings sind nach ständiger Rechtsprechung des EuGH alle Ausnahmen von dem in Art. 87 Abs. 1 EG niedergelegten allgemeinen Grundsatz der Unvereinbarkeit staatlicher Beihilfen mit dem gemeinsamen Markt eng auszulegen[3]. Bei der Auslegung einer Gemeinschaftsvorschrift sind nicht nur deren Wortlaut, sondern auch ihr Zusammenhang und die Ziele zu berücksichtigen, die mit der Regelung, zu der sie gehört, verfolgt werden. 2.324

Die **Rechtmäßigkeit** einer Entscheidung im Bereich staatlicher Beihilfe ist anhand der Auskünfte zu beurteilen, über die die Kommission zum Zeitpunkt ihres Erlasses verfügte. Ein Mitgliedstaat kann sich für die Anfechtung der Rechtmäßigkeit nicht auf Umstände berufen, die er der Kommission im Verwaltungsverfahren nicht zur Kenntnis gebracht hat[4]. 2.325

4. Sanierungskredit und staatliche Beihilfe in Form von Bürgschaften und Garantien

Nicht nur wegen der u.U. drohenden Insolvenzverschleppung, sondern auch auf Grund des erheblichen Kreditrisikos fällt es **Kreditinstituten** schwer, einer **insolvenzbedrohten GmbH** noch einen **Sanierungskredit einzuräumen**. Denn Sicherheiten aus dem Vermögen des zu sanierenden Unternehmens stehen im Krisenfall kaum noch zur Verfügung. Soweit die öffentliche Hand, und zwar die Gebietskörperschaften, bereit sind, für die Sanierungskredite eine Bürgschaft oder Garantie zu übernehmen, ist die Wirksamkeit von Haftungen der öffentlichen Hand möglicherweise dadurch in Frage gestellt, dass Bürgschaften und Gewährleistungen **Beihilfen i.S. von Art. 87 EG** sein können. 2.326

Für Kreditinstitute besteht danach das Risiko, dass Bürgschaften, Garantien oder sonstige Gewährleistungen der öffentlichen Hand keine tauglichen Kreditsicherheiten in einem Sanierungsfall einer GmbH für neu zu gewährende Sanierungskredite bilden, sofern nicht eine **Notifizierung** erfolgt. Die Europäische Kommission hat im Jahre 2000 mit der endgültigen Fassung der **Mitteilung**[5] zu 2.327

1 Näher dazu *Fischer*, WM 2001, 277 ff.

2 *Pannen/Deuchler/Kahlert/Undritz*, Sanierungsberatung, 2004, Rz. 887.

3 EuGH v. 19. 9. 2000 – Rs. C-156/98, Slg. 2000, 6857 Rz. 49 = EuZW 2000, 723; EuGH v. 29. 4. 2004 – C 277/00 Rz. 20, NZI 2004, 392.

4 Vgl. EuGH v. 14. 9. 1994 – Rs. C-278/92, C-279/92 u. C-280/92, Slg. 1994 – I-4103 Rz. 31 = EuZW 1994, 701.

5 Europäische Kommission, Mitteilung der Kommission über die Anwendung der Art. 87 und 88 EG auf staatliche Beihilfen in Form von Haftungsverpflichtungen und

den Auswirkungen von Art. 87, 88 EG auf die Bestandskraft von Garantien der öffentlichen Hand eine zurückhaltende und differenzierte Haltung eingenommen. Darin wird anerkannt, dass eine staatliche Garantie als Beihilfe gewöhnlich nur den Kreditnehmer begünstigt und nur unter bestimmten Umständen (auch) der Kreditgeber von der Beihilfe profitiert. Ein solcher Ausnahmefall soll insbesondere vorliegen, wenn für einen gewährten Kredit eine staatliche Garantie übernommen wird, ohne dass die Konditionen des Kredits entsprechend angepasst werden. Dies gilt nach Auffassung der Europäischen Kommission entsprechend, wenn ein mit einer Garantie versehener Kredit dazu benutzt wird, um einen anderen, nicht garantierten Kredit an dasselbe Kreditinstitut zurückzuzahlen. In solchen Fällen kann nach Auffassung der Kommission die Garantie auch eine Beihilfe für den Kreditgeber darstellen, da seine Kredite stärker gesichert werden. Dies sei geeignet, den Kreditgeber zu begünstigen und den Wettbewerb zu verzerren, und soll somit auch im Hinblick auf den Kreditgeber in den Anwendungsbereich von Art. 87 EG fallen.

2.328 In kritischen Fällen wird der Kreditgeber auf der Notifizierung bestehen, zumal dies den Kreditgebern auch von der Europäischen Kommission empfohlen wird[1]. Dabei begegnen Kreditsicherheiten, die für Sanierungskredite gestellt werden, allerdings nur dann Bedenken auf Grund von Art. 87 EG, wenn folgende **fünf Kriterien** erfüllt sind[2]:

- Bei der gestellten Sicherheit handelt es sich um eine staatliche oder aus staatlichen Mitteln gewährte Leistung.
- Der Beihilfebegünstigte, also der Kreditnehmer des Sanierungskredits, ist ein Unternehmen, wobei jedes öffentliche oder private Produktions-, Dienstleistungs- oder Handelsunternehmen in betracht kommt, nicht jedoch Privatpersonen, kirchliche oder karitative Einrichtungen oder sonstige gemeinnützige Organisationen.
- Es liegt eine Begünstigung gerade des Kreditnehmers vor (sogen. Beihilfeelement), also keine allgemeine Maßnahme der Konjunktur- oder Wirtschaftspolitik. Gesetzliche oder sonstige öffentliche Bürgschaftsprogramme sind jedoch keine solchen allgemeinen Maßnahmen, vielmehr ist jede darunter ausgestellte einzelne Gewährleistung auf ihre Beihilferelevanz zu prüfen, sofern nicht, wie im Regelfall, die Bürgschaftsprogramme der Europäischen Kommission bereits notifiziert und von dieser genehmigt worden sind.
- Die Sicherheitenbestellung verfälscht den Wettbewerb oder droht ihn zu verfälschen.
- Mit der Sicherheitenbestellung erfolgt eine Beeinträchtigung des Handels zwischen den Mitgliedstaaten.

Bürgschaften v. 11. 3. 2000 – 2000/C 71/07, ABl. 2000 Nr. C 71, S. 14 ff.; dazu *Fischer*, WM 2001, 277 ff.; *Tollmann*, WM 2000, 2030 ff.

1 Europäische Kommission in Nr. 6.5 der Mitteilung über die Anwendung der Art. 87 und 88 EG auf staatliche Beihilfen in Form von Haftungsverpflichtungen und Bürgschaften v. 11. 3. 2000 – 2000/C 71/07, ABl. 2000 Nr. C 71, S. 14 ff.

2 Ausführlich dazu *Hopt/Mestmäcker*, WM 1996, 753, die allerdings nach drei Tatbestandsmerkmalen abgrenzen. Ähnlich wie hier *Scherer/Schödermeier*, ZBB 1996, 165; *Fischer*, WM 2001, 277, 278 ff.

Im Rahmen der sorgfältigen Prüfung der vorstehend genannten fünf Kriterien am konkreten Einzelsachverhalt unter Berücksichtigung aller bekannten sowie erkennbaren Gesamtumstände wird die Vereinbarkeit einer staatlichen Kreditsicherheit für Sanierungskredite an eine **insolvenzbedrohte GmbH** sich in der Regel an der Frage des Wettbewerbsverfälschungs- bzw. des Handelsbeeinflussungspotentials entscheiden, sofern im Einzelfall das Beihilfeelement von 100 000 Euro überschritten ist. Führt die Prüfung zum Ergebnis, dass möglicherweise eine Beihilfe vorliegt, wird in der Praxis der Kreditgeber vor der Vergabe von Sanierungskrediten, die auf staatliche Bürgschaften oder sonstige Kreditsicherheiten der öffentlichen Hand abgestellt sind, auf eine Bestätigung des Sicherungsgebers bestehen müssen, dass eine Notifizierung der Europäischen Kommission erfolgt ist und entweder die Europäische Kommission die Vereinbarkeit mit dem Gemeinsamen Markt festgestellt oder die Sicherheitsleistung innerhalb von zwei Monaten nicht aufgegriffen hat. 2.329

5. Rückforderung zu Unrecht gewährter staatlicher Beihilfen

Die rechtliche Grundlage für die Rückforderung zu Unrecht gewährter staatlicher Beihilfen schafft Art. 88 Abs. 2 EG. Dort heißt es: 2.330

„Stellt die Kommission fest, nachdem sie den Beteiligten eine Frist zur Äußerung gesetzt hat, dass eine von einem Staat oder aus staatlichen Mitteln gewährte Beihilfe mit dem Gemeinsamen Markt nach Art. 87 unvereinbar ist oder dass sie missbräuchlich angewandt wird, so entscheidet sie, dass der betreffende Staat sie binnen einer von ihr bestimmten Frist aufzuheben oder umzugestalten hat."

Ergänzend gilt die **Verfahrensordnung in Beihilfesachen**[1]. Gelangt die Kommission nach **Durchführung eines förmlichen Prüfverfahrens** zu dem Ergebnis, dass bestimmte von einem Mitgliedstaat gewährte Beihilfen nicht genehmigungsfähig sind, entscheidet sie, dass diese nicht eingeführt werden dürfen (sogen. „Negativentscheidung" nach Art. 7 Abs. 4 der Verordnung 659/1999). In diesem Fall ordnet die Kommission an, dass der betreffende Mitgliedstaat alle notwendigen Maßnahmen ergreifen muss, um die Beihilfen vom Empfänger zurückzufordern (Art. 14 Abs. 1 der Verordnung 659/1999)[2]. Eine an die Bundesrepublik Deutschland gerichtete Kommissionsentscheidung, eine gegen das Gemeinschaftsrecht verstoßende Beihilfe zurückzufordern, ist öffentlich-rechtlicher Natur und gestaltet das Rückforderungsverhältnis gegenüber dem betroffenen Beihilfeempfänger ebenfalls öffentlich-rechtlich aus[3]. 2.331

Eine Rückforderungsmöglichkeit kommt nur dann nicht in Betracht, wenn dies „absolut unmöglich" ist bzw. wenn andere Bestimmungen des Gemeinschaftsrechts (z.B. der Grundsatz der Verhältnismäßigkeit) verletzt würden[4]. Die Zahlungsunfähigkeit oder die Beantragung bzw. Eröffnung eines Insolvenzverfahrens über das Vermögen des Begünstigten oder wirtschaftliche Schwierigkeiten infolge der Rückforderung sind nach der Rechtsprechung des 2.332

1 Verordnung (EG) Nr. 658/1999.
2 Vgl. EuGH v. 12. 7. 1973 – Rs. 70/72, Slg. 1973, I-813 Rz. 20.
3 OVG Berlin-Brandenburg v. 7. 11. 2005 – 8 S 93.05, NVwZ 2006, 104.
4 Vgl. EuGH v. 15. 1. 1986 – Rs. 52/84, Kommission gegen Belgien, Slg. 1986, 89 ff.

EuGH keine solche Gründe, die zur absoluten Unmöglichkeit führen würden[1].

2.333 Die **Aufhebung einer rechtswidrigen Beihilfe im Wege der Rückforderung** ist die logische Folge der Feststellung ihrer Rechtswidrigkeit und zielt auf die Wiederherstellung der früheren Lage ab[2]. Die Durchführung der Rückforderung richtet sich nach nationalem Recht des Mitgliedsstaates (Art. 14 Abs. 3 Verordnung 659/1999). Der Staat muss sich mithin bei der Rückforderung so verhalten, wie er sich verhalten würde, wenn es um die rein innerstaatliche Beitreibung staatlicher Forderungen, wie etwa Steuer- oder Sozialversicherungsschulden, ginge. Er erlangt die Stellung eines Insolvenzgläubigers, wenn über das Vermögen des Unternehmens, das rechtwidrige Beihilfen erhalten hat, das Insolvenzverfahren eröffnet worden ist[3].

2.334 Die **Anwendbarkeit des nationalen Rechts** steht hierbei unter einem *„effet utile"*-Vorbehalt. Die gemeinschaftsrechtlich vorgeschriebene Rückforderung darf beispielsweise nicht durch nationale Regelungen praktisch unmöglich gemacht werden.

2.335 Erfolgte die Beihilfegewährung durch einen **Verwaltungsakt**, richtet sich die Rückabwicklung nach § 48 VwVfG. Unklar ist demgegenüber die Rechtslage bei einer Beihilfegewährung durch einen privatrechtlichen Vertrag. Während eine Auffassung[4] den Rückforderungsanspruch auf § 812 BGB stützt, weil mit Annahme der Nichtigkeit des Vertrages nach § 134 BGB die rechtliche Grundlage für die Subventionierung entfallen sei, zieht eine zweite Auffassung[5] die Rechtsfigur eines faktischen Beihilfeempfängers zur Begründung des Rückforderungsanspruchs heran.

2.336 Soweit **Beihilfen** vor abschließender Prüfung seitens der Kommission **„illegal" gewährt worden** sind („formell rechtswidrige Beihilfe"), nehmen der EuGH und der BGH[6] Nichtigkeit gegenüber dem Beihilfeempfänger an[7]. Bei einer Beihilfegewährung durch Verwaltungsakt eröffnet dies die Möglichkeit des Widerrufs, der praktisch wegen des fehlenden Vertrauensschutzes unbefristet möglich ist[8].

---

1 Vgl. z.B. EuGH v. 7. 6. 1988 – Rs. 63/87, Kommission gegen Griechenland, Slg. 1988, 2875.
2 Vgl. EuGH v. 8. 5. 2003 – Rs. C-328/99 u. C-399/00, Slg. 2003, I-4035 Rz. 66 = EuZW 2003, 368.
3 *Ehricke,* ZIP 2000, 1656, 1659, 1660.
4 BGH v. 20. 1. 2004 – XI ZR 53/03, WM 2004, 468 = BGHReport 2004, 672; *Koenig,* BB 2000, 573.
5 *Ehricke,* ZIP 2000, 1656, 1666.
6 BGH v. 20. 1. 2004 – XI ZR 53/03, WM 2004, 468 = BGHReport 2004, 672.
7 S. *Cranshaw,* Einflüsse des Europäischen Rechts auf das Insolvenzverfahren, 2006, S. 348.
8 *Cranshaw,* Einflüsse des Europäischen Rechts auf das Insolvenzverfahren, 2006, S. 348.

a) Rückforderung bei Übertragung von Sachgesamtheiten auf eine Nachfolgegesellschaft im Wege der übertragenden Sanierung

Zu der Problematik der Übertragung von Sachgesamtheiten auf eine Nachfolgegesellschaft im Wege der übertragenden Sanierung hat inzwischen der EuGH Stellung genommen. Seinem Urteil vom 29. 4. 2004[1] in Sachen System Microelectronic Innovation GmbH (SMI) lag im Wesentlichen folgender Sachverhalt zugrunde[2]: Der Insolvenzverwalter hatte im eröffneten Verfahren eine Auffanggesellschaft – SiMi – gegründet, deren Anteile er an den Übernehmer (MD&D) veräußerte. Dieser erwarb sogleich das mobile Anlagevermögen der Insolvenzschuldnerin SMI. Sowohl SMI als auch SiMi hatten – rechtswidrige – Beihilfen erhalten. Fraglich war, ob diese Konstruktion darauf angelegt war, die Rückforderungsansprüche zu umgehen. Die Kommission hat die Frage bejaht. Die Entscheidung lautete auf Feststellung der Rechtswidrigkeit der Beihilfen und auf Verpflichtung der Bundesrepublik zur Rückforderung. Rückzahlungsschuldner sei dabei das Unternehmen, dass die Beihilfen unmittelbar erhalten habe sowie jedes Unternehmen, dem die Vermögenswerte der Beihilfeschuldnerin übertragen worden sind, um die Konsequenzen der Rückforderungsentscheidung zu umgehen – hier also die SiMi und die MD&D. Der EuGH hat mit seinem vorgenannten Urteil die Entscheidung der Kommission in Bezug auf die Erstreckung der Haftung der SiMi und der MD&D für Beihilfen der SiMi aufgehoben. 2.337

Dabei bezog sich das Gericht auf die ständige Rechtsprechung des EuGH. Werde ein Unternehmen, das eine rechtswidrige staatliche Beihilfe erhalten hat, zum Marktpreis erworben, das heißt zum höchsten Preis, den ein privater Investor unter normalen Wettbewerbsbedingungen für diese Gesellschaft in der Situation, in der sie sich – insbesondere nach dem Erhalt staatlicher Beihilfen – befand, zu zahlen bereit war, werde das Beihilfeelement zum Marktpreis bewertet und in den Kaufpreis einbezogen. Unter diesen Umständen könne der Erwerber nicht als Nutznießer eines Vorteils gegenüber den übrigen Marktteilnehmern angesehen werden[3]. Behalte also das Unternehmen, dem rechtswidrige staatliche Beihilfen gewährt wurden, seine Rechtspersönlichkeit und übe weiterhin für eigene Rechnung die mit den staatlichen Beihilfen subventionierten Tätigkeiten aus, verbleibe normalerweise der mit der fraglichen Beihilfe verbundene Wettbewerbsvorteil bei diesem Unternehmen, so dass ihm die Verpflichtung obliege, einen Betrag in Höhe dieser Beihilfen zurückzuzahlen. Vom Erwerber könne daher die Rückzahlung solcher Beihilfen nicht verlangt werden. 2.338

b) Kapitalersatzrecht gegen EG-Beihilferecht?

Einer höchstrichterlichen Klärung bedarf die Frage, ob das Gemeinschaftsrecht die Kapitalersatzregeln verdrängt. Während *Lühe/Lösler*[4] dies bejahen, 2.339

1 Rs. C-277/00, ZIP 2004, 1013.
2 Näher dazu *Mairose*, DZWIR 2004, 141 ff.
3 EuGH v. 20. 9. 2001 – Rs. C-390/98, Slg. 2001, I-6117 Rz. 77.
4 ZIP 2002, 1572.

vertritt das OLG Jena[1] die Auffassung, dass im Rahmen der Rückforderung europarechtswidrig gewährter Beihilfen die Vorschriften des deutschen Kapitalerhaltungs- und Insolvenzrecht zu beachten seien, soweit hierdurch nicht der Zielsetzung des Beihilfenverbots zuwider gehandelt werde. Der Entscheidung lag im Wesentlichen folgender Sachverhalt zugrunde: Der Kläger beansprucht als Insolvenzverwalter von der beklagten Gesellschafterin die Erstattung von Zahlungen eines Käufers an die Beklagte, mit der eigenkapitalersetzende Darlehen zurückgeführt wurden.

2.340 Der Beurteilung der europarechtlichen Feststellung des Gerichts ist beizupflichten. Die Rückforderung zu Unrecht gewährter staatlicher Beihilfen verfolgt das Ziel, die durch die Beihilfe eingetretene Wettbewerbsverzerrung zunächst durch Abzug der gewährten Mittel zu beseitigen. Der EuGH hat es für das Erreichen des Zieles der Rückforderung als ausreichend angesehen, wenn die Ansprüche zur Insolvenztabelle angemeldet werden und der Staat wie ein gewöhnlicher Gläubiger behandelt wird. Das Insolvenzverfahren gewährleiste die Beseitigung einer Wettbewerbsverzerrung[2]. Das OLG Jena ist – zutreffend – der Auffassung, dass dieser Grundsatz auch auf den Zeitraum vor dem Insolvenzantrag übertragen werden könne und sich auf Ansprüche aus Eigenkapitalersatz erstrecke. *Breitling/Gütler*[3] vertreten in diesem Zusammenhang die Auffassung, die Ansprüche des Gesellschafters gegenüber der Gesellschaft auf Darlehensrückzahlung seien, wenn diese eigenkapitalersetzend verstrickt sind, im Rang des § 39 Abs. 1 Nr. 5 InsO aufzunehmen.

2.341 Dagegen greift der **Vorrang des Gemeinschaftsrechts** gegenüber dem nationalen Recht im Verhältnis zur analogen Anwendung der §§ 30, 31 GmbHG, soweit lediglich eine Unterdeckung stattfinden würde, und gegenüber § 6 AnfG durch[4].

c) Änderungen auf Grund des MoMiG

2.342 Mit Recht vertritt *Kiethe*[5] die Auffassung, dass das **MoMiG** zu einer weiteren zulässigen **Einschränkung der Rückforderung von staatlichen Beihilfen** führen wird. Als Grund für diese Annahme lässt sich anführen, dass das Recht der Gesellschafterdarlehen und vergleichbaren Leistungen keine Gesellschafterkrise mehr voraussetzt. Gesellschafterdarlehen und staatliche Beihilfen als gleichgestellte Leistungen sind generell nachrangig zu behandeln. Durch die Abschaffung der Rechtsprechungsregeln ist als kritischer Zeitraum für Beihilferückzahlungen im Vorfeld einer Insolvenz nur noch das letzte Jahr vor Stellung des Antrags auf Eröffnung des Insolvenzverfahrens zu betrachten[6]. Damit bleibt der Konflikt zwischen dem europäischen Beihilferecht und nach dem nationalen Insolvenz- und Anfechtungsrecht auch nach dem Inkrafttreten des MoMiG bestehen.

1 OLG Jena v. 30. 11. 2005 – 6 U 906/04, ZIP 2005, 2218 = WM 2006, 222.
2 EuGH v. 29. 4. 2004 – Rs. C-277/00, ZIP 2004, 1013.
3 EWiR 2006, 435, 436.
4 *Kiethe*, ZIP 2007, 1248, 1254.
5 *Kiethe*, ZIP 2007, 1248, 1254.
6 *Kiethe*, ZIP 2007, 1248, 1254.

D. Steuerrechtliche Folgen der Sanierung

I. Steuersystematische Grundlagen

Das deutsche Ertragsteuerrecht ist prinzipiell auf Gewinnsituationen zugeschnitten, demgegenüber es bei den hier interessierenden Krisen- bzw. Insolvenzkonstellationen in erster Linie um die Frage geht, ob der bei der Gesellschaft oder bei dem Gesellschafter eingetretene Verlust steuerrechtlich im Wege eines innerperiodischen Verlustausgleichs, eines Verlustrücktrags oder eines Verlustvortrags genutzt werden kann. Das hängt letztlich von der steuerrechtlichen Qualifikation der jeweils getroffenen Maßnahmen ab. Im Übrigen ist bei der steuerrechtlichen Betrachtung der Kapitalgesellschaft/GmbH und ihres Anteilseigners davon auszugehen, dass das Steuerrecht hier – anders als bei Personengesellschaften (§ 15 Abs. 1 Satz 1 Nr. 2 EStG) – an das zivilrechtliche **Trennungsprinzip** anknüpft. Zwar löste sich das frühere Körperschaftsteuersystem (1977) mit seiner Vollanrechnung auf der Anteilseignerebene (bei unbeschränkt Steuerpflichtigen) von einer strikten Trennungsbetrachtung, wenn es um ausgeschüttete Gewinne der Kapitalgesellschaft ging, doch änderte auch dies nichts daran, dass es sich bei der Körperschaftsteuer auf thesaurierte Gewinne um eine echte Besteuerung des Einkommens von Körperschaften handelte und dass das kapitalgesellschaftsrechtliche Mitgliedschaftsrecht des Anteilseigners ein steuerrechtlich eigenes Schicksal hatte. 2.343

Die Anknüpfung des Steuerrechts an das Trennungsprinzip bei der juristischen Person wird durch die gegenwärtige Rechtslage noch verstärkt. Die Körperschaftsteuerbelastung mit 15 v.H. nach **§ 23 Abs. 1 KStG** ist eine **Definitivbelastung**, so dass es im Prinzip bei ausgeschütteten Gewinnen zu einer Doppelbelastung mit Körperschaftsteuer und Einkommensteuer des Anteilseigners kommt, wenn Letzterer denn eine natürliche Person ist. Im Einzelnen ist die Besteuerungssituation durch das **Abgeltungsteuersystem 2009** (Anwendungsregeln in § 52a EStG) verkompliziert worden. 2.344

Zunächst ist danach zu unterscheiden, ob der Anteilseigner der Kapitalgesellschaft die kapitalgesellschaftsrechtliche Beteiligung in einem **Privatvermögen** oder in einem **Betriebsvermögen** hält. Handelt es sich um eine private Beteiligung, dann sind **Dividenden** nach § 20 Abs. 1 Nr. 1 EStG steuerpflichtig, doch kommt es über § 32d Abs. 1 EStG zu einer Quellenbesteuerung mit **Abgeltungswirkung** von 25 v.H. Im Gegenzug wird der Werbungskostenabzug durch § 20 Abs. 9 EStG eingeschränkt. Möglich ist nur noch der Abzug des Sparer-Pauschbetrags von 801,– Euro; im Übrigen ist der Abzug der tatsächlichen Werbungskosten ausgeschlossen. Anders liegt es, wenn die Beteiligung an der Kapitalgesellschaft in einem Betriebsvermögen liegt. Hier schließt die Konkurrenzregel des § 20 Abs. 8 EStG das Abgeltungsteuersystem aus, so dass ausgeschüttete Dividenden nach § 3 Nr. 40 lit. a EStG zu 40 v.H. steuerfrei sind, so dass im Ergebnis 60 v.H. der Dividende besteuert werden. Kommt dieses sog. **Teileinkünfteverfahren** zur Anwendung, dann ist auch § 3c Abs. 2 EStG anwendbar, so dass bei der Einkunftsermittlung nur 60 v.H. der Aufwendungen geltend gemacht werden können. Ist der Anteilseigner nicht natürli- 2.345

che Person, vielmehr seinerseits Körperschaft, dann gilt wieder ein anderes System: Nach § 8b Abs. 1 Satz 1 KStG bleiben Dividendenerträge zunächst „außer Ansatz", doch zeigt dann § 8b Abs. 5 Satz 1 KStG, dass 5 v.H. der Bezüge als nichtabziehbare Betriebsausgaben qualifiziert werden sollen, so dass im Ergebnis eine Steuerbefreiung in Höhe von 95 v.H. stattfindet.

2.346 Eine wesentliche Folge des Einkunftsartensystems des § 2 Abs. 2 EStG ist die unterschiedliche Behandlung bzw. Steuerbarkeit von realisierten Wertsteigerungen des Vermögens. Die Zuordnung von Einkünften zu einer Einkunftsart entscheidet über die Art der Einkunftsermittlung und auch darüber, ob der durch Eigenkapitalvergleich ermittelte Gewinn (§§ 4 ff. EStG) oder nur die Einnahmen (§ 8 EStG) der Besteuerung zugrunde zu legen sind. Bei der **Gewinnermittlung nach §§ 4 ff. EStG**, die über § 8 Abs. 1 KStG auch für die steuerpflichtigen Kapitalgesellschaften gilt, ist eine Vermögensrechnung vorzunehmen. Veräußert also ein Steuerpflichtiger Gegenstände des Betriebsvermögens und erzielt er einen Veräußerungserlös, der über dem letzten Bilanzansatz liegt, dann fließt der Mehrerlös in die Gewinnermittlung ein und ist damit grundsätzlich steuerbar. Liegt demnach ein GmbH-Geschäftsanteil in einem Betriebsvermögen des Anteilseigners, also in einem einzelunternehmerischen Betriebsvermögen, im Gesamthandsvermögen einer gewerblich tätigen oder gewerblich geprägten Personengesellschaft (§ 15 Abs. 1 Satz 1 Nr. 2, Abs. 3 Nr. 2 EStG) oder im Vermögen einer anderen Kapitalgesellschaft, dann ist die Beteiligung über den Eigenkapitalvergleich der §§ 4 ff. EStG in der Weise steuerverstrickt, dass ein etwaiger **Veräußerungsgewinn** oder **Veräußerungsverlust** steuerrechtlich prinzipiell erheblich ist.

2.347 Ist der Anteilseigner eine **Kapitalgesellschaft**, die stets Betriebsvermögen hat (§ 8 Abs. 2 KStG), dann wird durch § 8b Abs. 2 KStG die Steuerfreiheit von Dividenden auch auf die Veräußerung der Beteiligung, des Betriebsvermögens, ausgedehnt. Der innere Grund für diese Maßnahme des Gesetzgebers liegt in der Überlegung, dass der Veräußerungsgewinn einbehaltene oder zukünftige Dividenden repräsentiert, die erst dann steuerpflichtig sein sollen, wenn sie auf die Ebene einer einkommensteuerpflichtigen natürlichen Person weitergeleitet werden[1]. Allerdings schränkt § 8b Abs. 3 Satz 1 KStG dies – wie bei den Dividenden – so ein, dass im Ergebnis nur 95 v.H. außer Ansatz bleiben.

2.348 Anders ist die Rechtslage, wenn es sich um **Privatvermögen** des Anteilseigners handelt, also um Konstellationen, bei denen die GmbH-Beteiligung nicht unternehmerisch gebunden ist. Liegt in diesen Fällen eine **qualifizierte Beteiligung nach § 17 EStG** vor, ist also der jeweilige Anteilsinhaber zu mindestens 1 v.H. unmittelbar oder mittelbar an der Kapitalgesellschaft beteiligt (§ 17 Abs. 1 Satz 1 EStG), dann bleibt es zwar dabei, dass es sich um Privatvermögen handelt, doch fingiert § 17 EStG in diesen Fällen gewerbliche Einkünfte bzw. Verluste, wenn die qualifizierte Beteiligung veräußert oder „liquidiert" wird. Auch im Anwendungsbereich privat gehaltener kapitalgesellschaftsrechtlicher Beteiligungen ist die Rechtslage durch das Abgeltungsteuersystem 2009 unübersichtlich geworden. Sind die Voraussetzungen des § 17 EStG ge-

1 *Crezelius*, DB 2001, 221; *Kanzler*, FR 2000, 1245.

geben, dann zeigt **§ 20 Abs. 8 EStG**, dass die Abgeltungsteuerregeln nicht anzuwenden sind. Es kommt daher in Veräußerungssituationen zur Besteuerung nach §§ 17, 3 Nr. 40 lit. c EStG, so dass bei einem realisierten Gewinn 60 v.H. steuerpflichtig sind. Andererseits zeigt dann **§ 3c Abs. 2 Satz 1 EStG**, dass auch nur 60 v.H. der Verluste geltend gemacht werden können. Bleibt der Anteilsinhaber unter der Beteiligungsschwelle des § 17 Abs. 1 Satz 1 EStG, dann sind Veräußerungsgewinne in den Anwendungsbereich der Abgeltungsteuer einbezogen, unterliegen also dem Pauschalsteuersatz von 25 v.H. (§§ 20 Abs. 2 Satz 1 Nr. 1, 32d Abs. 1 EStG). Für Verlustsituationen sind dann die Einschränkungen in § 20 Abs. 6 EStG zu beachten.

Eine praktisch wichtige Sonderkonstellation findet sich im Bereich des **UmwStG**. Es geht um diejenige Umstrukturierungsvariante, in der ein Personenunternehmen (Einzelunternehmen, Mitunternehmeranteil nach § 15 Abs. 1 Satz 1 Nr. 2 EStG) gegen Gewährung von Gesellschaftsrechten in eine Kapitalgesellschaft eingebracht wird und die aufnehmende Kapitalgesellschaft das eingebrachte Vermögen nicht mit dem Teilwert/gemeinen Wert ansetzt (§§ 20 ff. UmwStG). Für konkrete Sachverhalte ist danach zu unterscheiden, wann sich die Umstrukturierung vollzogen hat: 2.349

Ob altes oder neues Recht anzuwenden ist, richtet sich nach **§ 27 UmwStG**. Nach § 27 Abs. 1 UmwStG sind die Neuregelungen erstmals auf Umwandlungen und Einbringungen anzuwenden, bei denen die Anmeldung zur Eintragung in das für die Wirksamkeit maßgebende öffentliche Register nach dem **12. 12. 2006** erfolgt. Ist eine Handelsregistereintragung nicht nötig, dann ist das neue Recht anzuwenden, wenn das wirtschaftliche Eigentum an den eingebrachten Wirtschaftsgütern nach dem 12. 12. 2006 übergegangen ist. Wenn das alte Recht Anwendung findet, dann kommt es, und zwar auf Dauer (!), zu sog. **einbringungsgeborenen Anteilen** nach **§ 21 UmwStG a.F.** Diese einbringungsgeborenen Anteile sind hinsichtlich ihrer realisierten Wertsteigerungen und Wertverluste steuerverstrickt, so dass bei einem Veräußerungstatbestand oder ihnen gleichgestellten Sachverhalten (§ 21 Abs. 2 UmwStG a.F.) die aufgedeckten stillen Reserven oder Verluste einkommensteuerrechtlich erheblich sind[1]. Allerdings ist darauf hinzuweisen, dass die einbringungsgeborenen Anteile des bisherigen Rechts sowohl nach dem weiterhin anwendbaren § 3 Nr. 40 Satz 3, 4 EStG a.F. als auch nach § 8b Abs. 4 KStG a.F. einem **Sonderrecht** unterliegen. Sowohl das Halbeinkünfteverfahren des § 3 Nr. 40 EStG a.F. als auch die Steuerfreiheit nach § 8b Abs. 2 KStG sind grundsätzlich erst dann anwendbar, wenn die einbringungsgeborenen Anteile 7 Jahre nach dem Zeitpunkt der Einbringung veräußert werden. Das ist steuersystematisch kaum überzeugend, weil dasjenige Steuersubjekt, welches sich in den Anwendungsbereich des Körperschaftsteuersystems durch einen Einbringungsvorgang nach § 20 UmwStG begibt, nicht durch eine Behaltefrist benachteiligt sein dürfte. 2.350

Sind die **neuen** Vorschriften der **§§ 20 ff. UmwStG** anzuwenden, dann existieren heute sog. **sperrfristbehaftete Anteile**, soweit in den Fällen einer Sachein- 2.351

1 Ausführlich *Widmann/Mayer*, Umwandlungsrecht, § 21 UmwStG a.F. passim; *Crezelius*, FS Haas, 1996, S. 79.

lage unter dem gemeinen Wert (§ 20 Abs. 2 Satz 2 UmwStG) der Einbringende die erhaltenen Anteile innerhalb eines Zeitraums von 7 Jahren nach dem Einbringungszeitpunkt veräußert. Findet dies statt, dann ist der Gewinn aus der Einbringung rückwirkend im Wirtschaftsjahr der Einbringung als Gewinn des Einbringenden nach § 16 EStG zu versteuern.

Beispiel: Frau F bringt im Jahre 2007 ihr Einzelunternehmen (Buchwert 300 000 Euro, gemeiner Wert 1 Mio. Euro) zum Buchwert gegen Gesellschaftsrechte in die X-GmbH ein. Die GmbH setzt den Buchwert an. 2010 veräußert F ihren Anteil für 1,5 Mio. Euro.

2.352 Die **Besteuerung des Anteilseigners** wird in **§ 22 UmwStG** geregelt. Die Anteilsveräußerung mit dann erfolgender Besteuerung des sog. Einbringungsgewinns I ist ein rückwirkendes Ereignis nach § 175 Abs. 1 Satz 1 Nr. 2 AO (§ 22 Abs. 1 Satz 2 UmwStG), so dass es rückwirkend und fiktiv zu gewerblichen Einkünften kommt, ohne dass die Privilegien der §§ 16 Abs. 4, 34 EStG eingreifen. Das eigentlich Neue des § 22 UmwStG besteht darin, dass sich der Einbringungsgewinn um jeweils ein Siebtel für jedes seit dem Einbringungsvorgang abgelaufene Zeitjahr vermindert (§ 22 Abs. 1 Satz 3 UmwStG). Diese **Siebtelungsregelung** ist offenbar von der Idee des Steuergesetzgebers getragen, dass die bei Einbringung des Personenunternehmens in die Kapitalgesellschaft vorhandenen stillen Reserven sich durch Zeitablauf gleichsam verflüchtigen. Allerdings dürfte die Regelung außerordentlich unpraktisch und vor allem streitträchtig sein, weil nämlich die Ermittlung des gemeinen Werts des zunächst erfolgsneutral eingebrachten Betriebsvermögens erst später, bei Veräußerung stattfinden soll[1]. Kommt es zu einer Besteuerung des Einbringungsgewinns I, dann hat das Auswirkungen für spätere Anteilsveräußerungen. Insoweit verringert sich auch der spätere Gewinn aus der Anteilsveräußerung. Nach § 22 Abs. 1 Satz 4 UmwStG führt der **Einbringungsgewinn I** zu **nachträglichen Anschaffungskosten** der nach § 20 UmwStG ausgegebenen Anteile, letztlich also zu einem niedrigeren Veräußerungsgewinn nach §§ 17 Abs. 1 Satz 1, 3 Nr. 40 lit. c EStG.

2.353 Im Gesetz nicht unmittelbar geregelt sind die hier interessierenden **Verlustsituationen**. Wenn in dem oben gebildeten Beispielsfall die Anteilseignerin ihren Geschäftsanteil zu 150 000 Euro veräußert, dann gelten die normalen Regeln der Besteuerung des Einbringungsgewinns I. Es ist somit bezogen auf den Einbringungszeitpunkt der gemeine Wert zu ermitteln; der Buchwert des eingebrachten Betriebsvermögens ist dann abzuziehen (im Beispiel ergibt dies 700 000 Euro). Sodann ist die Siebtelungsregelung anzuwenden. Der sich dann ergebende Betrag führt beim Gesellschafter zu Einkünften aus § 16 EStG. Erst in einem zweiten Schritt ist der tatsächliche Veräußerungsverlust zu ermitteln. Vom Veräußerungspreis ist der Buchwert der Anteile abzuziehen, so dass sich im Beispiel ein Negativbetrag von 150 000 Euro ergibt. Zu diesem Betrag sind die nachträglichen Anschaffungskosten aus dem Einbringungsgewinn I hinzuzuaddieren (4/7 aus 700 000 Euro), so dass sich ein Veräußerungsverlust von 550 000 Euro ergibt, der dann wiederum den Beschränkungen des § 3c Abs. 2 EStG unterliegt.

---

1 Kritisch *Dötsch/Pung*, DB 2006, 2763, 2766.

Speziell für die im vorliegenden Zusammenhang bedeutsamen Verlustkonstellationen ist auf das Grundproblem der **§ 3c Abs. 2 EStG, § 8b Abs. 3 KStG** hinzuweisen. Wenn Erträge aus kapitalgesellschaftsrechtlichen Beteiligungen dem Teileinkünfteverfahren unterliegen, sollen nach Auffassung des Gesetzgebers auch Betriebsvermögensminderungen, Anschaffungskosten, Betriebsausgaben und Werbungskosten, die mit der kapitalgesellschaftsrechtlichen Beteiligung im Zusammenhang stehen, nur hälftig gegengerechnet werden. Dies ist äußerst kritisch zu betrachten[1], weil die Idee des Teileinkünfteverfahrens in der Abmilderung der körperschaftsteuerrechtlichen und einkommensteuerrechtlichen Doppelbelastung zu sehen ist; damit hat die Teilabzugsfähigkeit des § 3c Abs. 2 EStG nichts zu tun. Im Übrigen liegt hier ein Verstoß gegen das steuerrechtliche **Nettoprinzip** vor, der besonders deutlich wird, wenn es um einen Veräußerungsverlust im Körperschaftsteuerbereich geht, der nach § 8b Abs. 3 Satz 3 KStG unberücksichtigt bleiben soll. Auch hier ist der Gesetzgeber der Auffassung, dass dann, wenn der Gewinn nach § 8b Abs. 2 KStG nicht (in voller Höhe) besteuert wird, im Gegenzug auch der realisierte Verlust unerheblich sein soll. Das ist steuersystematisch wenig folgerichtig, weil § 8b Abs. 2 KStG allein eine mehrfache Besteuerung auf Grund des Körperschaftsteuersystems verhindern will, eine Überlegung, die mit der Verlustgeltendmachung überhaupt nichts zu tun hat. 2.354

II. Gesetzliche Sanierungshindernisse: Besteuerung von Sanierungsgewinnen und Zinsschranke

1. Sanierungsgewinne

Vielfach werden einem (überschuldeten) Unternehmen von seinen Gläubigern die Schulden ganz oder teilweise erlassen, um den Fortbestand des Unternehmens zu sichern. Damit fällt auf der Passivseite des bilanzierenden Unternehmens eine Verbindlichkeit weg, so dass es buchmäßig zu einem Gewinn kommt. Nach früherer Rechtslage war ein derartiger Sanierungsgewinn nach **§ 3 Nr. 66 EStG a.F.** steuerbefreit. Allerdings ist § 3 Nr. 66 EStG ab dem Veranlagungszeitraum 1998 gestrichen worden[2]. Das ist auch aus steuersystematischen Gründen zu bedauern. Zu berücksichtigen ist nämlich, dass es sich bei dem Gewinn auf Grund des Schuldenerlasses gleichsam um eine Vermögensmehrung extra commercium handelt, bei der es wenig einsichtig ist, dass sie besteuert werden soll. 2.355

Handelt es sich um einen Sanierungsgewinn, dann sind allerdings steuerrechtliche **Billigkeitsmaßnahmen** möglich[3]. Dabei handelt es sich jedoch nicht um eine Maßnahme materiellen Rechts, vielmehr kommt nur die Steuerstundung oder der Steuererlass nach §§ 163, 222, 227 AO in Betracht. Für die Praxis ergeben sich daraus Schwierigkeiten, weil selbst dann, wenn ein Sanierungsgewinn gegeben ist, sachliche Billigkeitsgründe vorliegen müssen. Im Übrigen ergibt sich aus dem BMF-Schreiben, dass die Billigkeitsmaßnahme von einem 2.356

1 Anders BFH v. 19. 6. 2007 – VIII R 69/05, DStR 2007, 1756.
2 Zur Entwicklung *Kanzler*, FR 2003, 480.
3 BMF, BStBl. I 2003, 240; dazu *Schmidt/Heinicke*, § 3 EStG „Sanierungsgewinn".

Verwaltungsakt abhängig ist, so dass jedenfalls unmittelbar keine Konsequenzen für den **Überschuldungsstatus** zu ziehen sind. Anders formuliert: Soweit der „Billigkeitsbescheid" der Finanzverwaltung noch nicht existiert, muss in einem eventuellen Überschuldungsstatus eine Rückstellung für Steuern gebildet werden.

2.357 Was die **Voraussetzungen** für die Annahme eines Sanierungsgewinns angeht, nimmt das BMF-Schreiben[1] auf die früheren Voraussetzungen des § 3 Nr. 66 EStG Bezug, also auf die Elemente der Sanierungsbedürftigkeit, der Sanierungsfähigkeit, der Sanierungseignung und der Sanierungsabsicht. Vor diesem Hintergrund sind aktuelle Entscheidungen zur früheren Rechtslage auch weiterhin von Bedeutung[2]. Nach einer nicht rechtskräftigen Entscheidung des FG München[3] kann es nicht zu Billigkeitsmaßnahmen kommen, wenn dem Grunde nach ein begünstigungsfähiger Sanierungsgewinn nicht gegeben ist, wenn es also an den Voraussetzungen des früheren § 3 Nr. 66 EStG fehlt. Insbesondere soll es dem Steuerpflichtigen verwehrt sein, sich auf persönliche Billigkeitsgründe zu berufen. Das dürfte zutreffend sein, weil eine Billigkeitsmaßnahme dann nicht in Betracht kommen sollte, wenn selbst bei unterstellter materieller Steuerfreiheit die Voraussetzungen eines Sanierungsgewinns nicht gegeben sind.

2.358 **Zusätzlich** zu den traditionellen Voraussetzungen des Sanierungsgewinns verlangt die Finanzverwaltung, dass die Sanierungsgewinne zunächst mit allen denkbaren Verlusten sowie Verlustvorträgen und Verlustrückträgen des Steuerpflichtigen **verrechnet** werden. Der danach verbleibende Betrag soll ein Sanierungsgewinn sein, und nur die darauf entfallende Steuer soll erlassen werden. Vor diesem Hintergrund ist es empfehlenswert, Gewinne aus anderen Sanierungsmaßnahmen, beispielsweise Notverkäufen, vorzuziehen[4].

2.359 Die Billigkeitsmaßnahmen, die auf Grund des BMF-Schreibens möglich sind, haben eine erweiterte Bedeutung dadurch erlangt, dass die Neuregelung zum sog. **Mantelkauf** in **§ 8c KStG** (Rz. 2.382 ff.) keine Sanierungsklausel mehr enthält, so dass die Steuersubjekte auf Billigkeitsmaßnahmen angewiesen sind!

2. Zinsschranke

2.360 Mit der Zinsschrankenregelung des § 4h EStG findet ein erheblicher Eingriff in das steuerrechtliche **Nettoprinzip** statt. Nach der Grundidee der Zinsschranke sind betrieblich veranlasste Schuldzinsen prinzipiell nur noch bis zur Höhe von 30 v.H. des Gewinns vor Zinsen, Steuern und Abschreibungen (EBITDA) als Betriebsausgaben abziehbar[5]. Auf Grund der Zinsschranke **nichtabziehbare Schuldzinsen** werden in die steuerlichen Folgeperioden **vorgetragen**.

1 BStBl. I 2003, 240 Tz. 4.
2 BFH v. 10. 4. 2003 – IV R 63/01, BStBl. II 2004, 9; auch *Crezelius*, NZI 2006, 573.
3 V. 12. 12. 2007 – 1 K 4487/06, DB 2008, 1291.
4 *Düll/Fuhrmann/Eberhard*, DStR 2003, 862.
5 Näher *Rödder/Stangl*, DStR 2007, 479; *Töben/Fischer*, BB 2007, 974.

Die Zinsschranke wird **betriebsbezogen** angewendet (§ 4h Abs. 1 Satz 1 EStG). Dabei bleibt im Wortlaut des Gesetzes offen, was unter Betrieb zu verstehen ist. Maßgeblich dürfte der Betriebsbegriff der §§ 6 Abs. 3, 16 EStG, §§ 20, 24 UmwStG sein. Eine Kapitalgesellschaft hat stets nur einen Betrieb[1]. 2.361

Die Zinsschrankenregelung kennt drei **Ausnahmen**: 2.362

- Ausgenommen von der Abzugsbegrenzung sind Betriebe, bei denen der Überschuss der Schuldzinsen über die Erträge weniger als 1 Mio. Euro beträgt.
- Trotz Überschreitens der **Freigrenze** unterliegen die Betriebe nicht dem § 4h EStG, die **nicht** oder nur anteilsmäßig zu einem **Konzern** gehören, wenn denn keine schädliche Gesellschafter-Fremdfinanzierung nach § 8a KStG vorliegt.
- Auch bei konzernierten Betrieben wird die Zinsschranke nicht angewendet, wenn deren **Eigenkapitalquote** die durchschnittliche Eigenkapitalquote des Konzerns nicht unterschreitet; bei Kapitalgesellschaften darf aber auch hier kein Fall des § 8a KStG gegeben sein.

§ 4h Abs. 1 EStG erfasst alle betrieblichen **Zinsaufwendungen**, soweit sie die in derselben Periode erzielten Zinserträge übersteigen. Zu den Zinsaufwendungen gehören alle Vergütungen für Fremdkapital, die den maßgeblichen **Gewinn gemindert** haben (§ 4h Abs. 3 Satz 2 EStG). Die nach § 4h EStG nicht abziehbaren Zinsen werden vorgetragen und nach § 4h Abs. 4 EStG durch das Betriebsfinanzamt gesondert festgestellt. In den Vortragsjahren können die vorgetragenen Zinsen, soweit sie zusammen mit den in diesen Jahren angefallenen Schuldzinsen die Zinserträge im Vortragsjahr übersteigen, wiederum nur in den Grenzen des § 4h EStG genutzt werden. 2.363

Nach § 4h Abs. 5 EStG kommt es in Sachverhalten der Aufgabe oder der Übertragung des Betriebs zu einem **Untergang** des Zinsvortrags, also zu einer endgültigen Vernichtung des steuersystematisch eigentlich zulässigen Verlustvortrags. 2.364

Die vorstehend skizzierten Zinsschrankenregeln machen speziell bei **Krisenunternehmen** Schwierigkeiten[2]. Handelt es sich um ein sanierungsbedürftiges Konzernunternehmen mit einer ertragsstarken Muttergesellschaft, dann liegt die Eigenkapitalquote des Tochterunternehmens regelmäßig unter der Konzerneigenkapitalquote, so dass die Ausnahmeregel (Rz. 2.362) nicht greift. Und weiterhin: Da Krisenunternehmen in aller Regel eine hohe Verschuldungsquote aufweisen, wird der negative Zinssaldo häufig die Freigrenze von 1 Mio. Euro übersteigen[3]. 2.365

1 BFH v. 9. 8. 1989 – X R 130/87, BStBl. II 1989, 901.
2 Näher *Eickhorst*, BB 2007, 1707.
3 *Herzig/Bohn*, DB 2007, 8.

III. Kapitalerhöhung und Kapitalherabsetzung

1. Kapitalerhöhung

a) Grundsätze

2.366 Eine GmbH kann ihr Stammkapital (Nennkapital) entweder durch Einlagen ihrer Anteilseigner oder aus eigenen, vorhandenen Mitteln erhöhen. Je nachdem, welcher Weg im Einzelfall gewählt wird, können sich unterschiedliche Konsequenzen auch für das Eigenkapital der Gesellschaft und die steuerrechtliche Behandlung der Anteilseigner ergeben. Handelt es sich um eine Kapitalerhöhung, dann kommt es zu einer Erhöhung des Nennkapitals, ohne dass sich körperschaftsteuerrechtliche Konsequenzen ergeben. Es handelt sich um einen steuerrechtlich **erfolgsneutralen** Vorgang. Dies gilt sowohl für die effektive Kapitalerhöhung durch Einlagen als auch für die nominelle Kapitalerhöhung aus Gesellschaftsmitteln.

2.367 Eine unbeschränkt steuerpflichtige Körperschaft hat die nicht in das Nennkapital geleisteten Einlagen, mithin die handelsrechtlichen **Kapitalrücklagen**, dem steuerrechtlichen Einlagekonto zuzuschreiben (§ 27 Abs. 1 Satz 1 KStG). Der Bestand des Einlagekontos wird gesondert festgestellt. Dieses Einlagekonto ist grundsätzlich keine steuerrechtliche Sonderrechnung, vielmehr wird es regelmäßig mit der handelsrechtlichen Kapitalrücklage des § 272 Abs. 2 HGB übereinstimmen[1].

2.368 All dies ist materiell-rechtlich einsichtig, weil der Betrag einer Stammkapitalerhöhung nicht für Ausschüttungen verwendet werden kann und der in die Kapitalrücklage geleistete Betrag (gleichfalls) kein von der Kapitalgesellschaft verdientes Einkommen darstellt, mithin beide Größen auf der Ebene der Gesellschaft körperschaftsteuerrechtlich ohne Auswirkungen sein müssen.

2.369 Was die Ebene des **Anteilseigners** angeht, sind die im Zuge einer Kapitalerhöhung geleisteten Einlagen zunächst ohne ertragsteuerrechtliche Auswirkungen. Handelt es sich um eine steuerverstrickte Beteiligung, mithin um einen GmbH-Geschäftsanteil in einem anderen Betriebsvermögen oder um eine qualifizierte Beteiligung nach § 17 EStG, dann kommt es insoweit zu Anschaffungskosten, die einen späteren Veräußerungsgewinn mindern oder einen späteren Veräußerungsverlust erhöhen[2]. Barkapitalerhöhungen führen in Höhe der übernommenen Stammeinlagen, eventuell zuzüglich Agio, zu nachträglichen Anschaffungskosten. Bei Kapitalerhöhungen aus Gesellschaftsmitteln sind die Anschaffungskosten für die Altanteile auf diese und die neuen Anteile aufzuteilen.

2.370 Aus Vorstehendem folgt im Umkehrschluss, dass bei **nicht steuerverstrickten GmbH-Beteiligungen** einkommensteuerrechtlich unerhebliche Anschaffungskosten gegeben sind. Trotzdem sollten hier die Anschaffungskosten festgehalten werden, da es in Zukunft im Zuge einer steuerrechtlichen Zusammenrechnung (§ 17 Abs. 1 Satz 4 EStG) von GmbH-Geschäftsanteilen zu einer

---

1 Näher und zu Ausnahmen *Dötsch/Jost/Pung/Witt*, Loseblatt, § 27 KStG Rz. 35.
2 Vgl. *Kirchhof/Gosch*, § 17 EStG Rz. 205.

qualifizierten Beteiligung des bislang nur unwesentlich Beteiligten kommen kann, beispielsweise durch einen Erbfall. In einer derartigen Konstellation sind die Geschäftsanteile mit der Folge steuerverstrickt, dass die ursprünglichen Anschaffungskosten der vorher unwesentlichen Beteiligung im Fall eines Veräußerungsgewinns oder eines Veräußerungsverlusts erheblich sind.

Liegt es so, dass bezüglich der GmbH eine steuerverstrickte Beteiligung nach § 17 EStG oder nach § 21 UmwStG a.F., § 22 UmwStG vorliegt, dann können durch eine Kapitalerhöhung gegen Bareinlage die **alten Anteile verwässert** werden. Nach früherer Ansicht der Finanzverwaltung[1] wurde in dieser Variante ein Veräußerungstatbestand bezüglich der steuerverstrickten Anteile fingiert. Das ist mittlerweile überholt, weil nach der Rechtsprechung des BFH[2] das Überspringen stiller Reserven nicht als Gewinnrealisierung aufgefasst wird. Soweit **stille Reserven** auf die neuen Anteile übergehen, gelten diese als partiell steuerverstrickt. Die Auffassung des BFH führt zu einem wirtschaftlich vernünftigen Ergebnis, welches methodisch aber nicht unangreifbar ist. Zwar ist dem BFH zuzustimmen, dass unmittelbar kein Veräußerungstatbestand gegeben ist, doch ist es nicht ohne Bedenken, wenn im Ergebnis die durch Kapitalerhöhung entstandenen Anteile als teilweise unentgeltlich erworbene angesehen werden. Für die Gründung bzw. die Kapitalerhöhung gegen Sacheinlagen/Anteilstausch findet sich nunmehr ausdrücklich eine gesetzliche Regelung der Mitverstrickung in **§ 22 Abs. 7 UmwStG**. 2.371

b) Verwendung von Gesellschafterdarlehen

Eine Sondersituation ergibt sich (auch) aus steuerrechtlicher Sicht, soweit eine Kapitalerhöhung mit Gesellschafterdarlehen (eines Anteilseigners der GmbH) vorgenommen wird. Die handelsbilanzrechtliche und steuerbilanzielle Ausgangssituation ist die, dass auf der Passivseite der Bilanz der GmbH das Darlehen eines Gesellschafters als Fremdkapital ausgewiesen ist. 2.372

Wenn der tatsächliche **Wert** des Gesellschafterdarlehens den Nominalbetrag der von dem betreffenden Gesellschafter im Zuge der Kapitalerhöhung übernommenen Einlage entspricht, dann kommt es bei der GmbH aus bilanzieller Sicht zu einem erfolgsneutralen Tausch von Passiva. Eine Fremdverbindlichkeit fällt weg, und im Gegenzug erhöht sich im gleichen Umfang das Nennkapital der GmbH. Das für Ausschüttungen zur Verfügung stehende Eigenkapital der GmbH wird nicht berührt, da auf Grund der Kapitalerhöhung eine Zuordnung zum Nennkapital erfolgt. 2.373

Auf der Ebene des **Anteilseigners** geht es ebenfalls um einen erfolgsneutralen „Aktivtausch", weil die Darlehensforderung gegenüber der GmbH erlischt und an ihre Stelle der aus der Kapitalerhöhung resultierende GmbH-Geschäftsanteil tritt[3]. Handelt es sich in der Person des GmbH-Gesellschafters um eine steuerverstrickte Beteiligung, dann erhöht sich insoweit das Volu- 2.374

---

1 BMF, BStBl. I 1978, 235 Tz. 66.
2 BFH v. 10. 11. 1992 – VIII R 40/89, BStBl. II 1994, 222.
3 BFH v. 25. 1. 1984 – I R 183/81, BStBl. II 1984, 422; BFH v. 11. 9. 1991 – XI R 15/90, BStBl. II 1992, 404.

men der Anschaffungskosten. Wird auf Grund der Kapitalerhöhung ein neuer GmbH-Geschäftsanteil gebildet, dann entsprechen die steuerrechtlich erheblichen Anschaffungskosten dem vormaligen Wert des Darlehens, welches zur Kapitalerhöhung verwendet worden ist.

2.375 Liegt es – wie in der Krise regelmäßig – im Einzelfall so, dass die Darlehensforderung aus der Sicht des Gesellschafters **nicht** mehr **vollwertig** ist, weil sich die GmbH beispielsweise kurz vor der Überschuldung befindet, dann kommt es zu Gewinnauswirkungen, die nach den Grundsätzen der Entscheidung des Großen Senats des BFH v. 9. 6. 1997[1] zu beurteilen sind. Auf der Ebene der GmbH ist die Darlehensforderung in einen werthaltigen und einen nichtwerthaltigen Teil **aufzuspalten**. Zwar erlischt die Darlehensverbindlichkeit der GmbH durch die Verwendung des Darlehens als Sacheinlage in voller Höhe. Der Einlagewert ist jedoch nur in der Höhe anzunehmen, in der das Darlehen noch werthaltig gewesen ist. Der nichtwerthaltige Teil des Darlehens führt zum Erlöschen einer Darlehensverbindlichkeit und damit zu einem Gewinn der GmbH. Insoweit kommt es entweder zur körperschaftsteuerrechtlichen Definitivbelastung nach § 23 Abs. 1 KStG oder zum Verbrauch eines eventuell vorhandenen Verlustvortrags nach § 8 Abs. 1 KStG, § 10d EStG. Handelt es sich bei der Darlehensforderung um eine Forderung aus einem (anderen) Betriebsvermögen des GmbH-Gesellschafters, dann kommt es auf Grund des Erlöschens der Darlehensforderung zu einem Verlust in Höhe des nichtwerthaltigen Teils. Im Gegenzug kommt es zu Anschaffungskosten bezüglich des durch die Kapitalerhöhung erlangten GmbH-Geschäftsanteils in Höhe des werthaltigen Teils des zur Kapitalerhöhung eingesetzten Darlehens. Hier ist dann allerdings bei natürlichen Personen als Anteilseigner **§ 3c Abs. 2 Satz 1 EStG** für zukünftige Veräußerungskonstellationen zu beachten.

2.376 Ist der betrieblich beteiligte Anteilseigner seinerseits Körperschaft, dann war es nach früherer Rechtslage umstritten, ob Verluste aus Gesellschafterdarlehen von der Verlustausgleichsbeschränkung des **§ 8b Abs. 3 Satz 3 KStG a.F.** erfasst werden. Hintergrund dieses Problems ist/war die Möglichkeit, unter Umständen durch die Hingabe eines Darlehens § 8b Abs. 3 Satz 3 KStG vermeiden zu können. Den Befürwortern einer Einbeziehung von Gesellschafterdarlehen in § 8b Abs. 3 Satz 3 KStG[2] ist entgegenzuhalten, dass Darlehensforderungen eines Gesellschafters auch dann, wenn sie nach gesellschaftsrechtlicher Rechtslage funktionales Eigenkapital sind/waren, Fremdkapital darstellen. Erst wenn es zu einer Gewinnminderung des Darlehens kommt, ist zu klären, ob dieser Betrag in den Anwendungsbereich des § 8b Abs. 3 Satz 3 KStG fällt. Dies ist zu verneinen[3]. Die Beteiligung an einer Kapitalgesellschaft und das (zusätzliche) Gesellschafterdarlehen sind zwei separate Wirtschaftsgüter, so dass § 8b Abs. 3 Satz 3 KStG nicht eingreifen kann. Mittlerweile ist § 8b KStG jedoch geändert worden. Nach **§ 8b Abs. 3 Satz 4 ff. KStG**[4] wird das Verlustausgleichsverbot auf

1 GrS 1/94, BStBl. II 1998, 307 = GmbHR 1997, 851.
2 Z.B. *Buchna/Sombrowski*, DB 2005, 1539.
3 Vgl. BFH v. 16. 5. 2001 – I B 143/00, BStBl. II 2002, 436; *Crezelius*, FS Raupach, 2006, S. 327, 336 ff.; *Gosch/Roser*, § 8 KStG Rz. 123 ff.
4 Ausführlich *Herrmann/Heuer/Raupach/Nöcker*, EStG/KStG, § 8b KStG Rz. J 07-5 ff.

gesellschaftsrechtlich veranlasste Darlehen und Sicherheiten erweitert. Durch die Erweiterung des Anwendungsbereichs des § 8b Abs. 3 Satz 3 KStG wird eine körperschaftsteuerrechtliche Berücksichtigung einer Gewinnminderung auf gesellschaftsrechtlich veranlassten Darlehen und Sicherheiten in Zukunft nicht mehr möglich sein. Eine gesellschaftsrechtliche Veranlassung wird bei Darlehen, die der zu mehr als 25 v.H. beteiligte Gesellschafter oder eine ihm nahe stehende Person an die Gesellschaft gibt, vermutet. Allerdings besteht die Möglichkeit des Gegenbeweises durch Drittvergleich (§ 8b Abs. 3 Satz 6 KStG). Die Neuregelung betrifft allein die Ebene des Anteilseigners, der an die GmbH ein Darlehen ausgereicht hat.

Steuersystematisch auffällig ist es, dass mit der Neufassung des § 8b Abs. 3 KStG allein derjenige **Anteilseigner** betroffen wird, der seinerseits **Körperschaft** ist. Ist der Anteilseigner natürliche Person, dann findet sich keine entsprechende Regelung in § 3c Abs. 2 EStG. 2.377

Ist die im Zuge der Kapitalerhöhung eingelegte Sacheinlage (Gesellschafterdarlehen) **überbewertet** worden, handelt es sich also um eine Differenz zwischen dem wahren Wert der Darlehensforderung im Zeitpunkt der Anmeldung der Kapitalerhöhung im Handelsregister und einem höheren Nennwert der übernommenen Stammeinlage, dann bleibt die Einlageverpflichtung des Anteilseigners als Bareinlageverpflichtung bestehen. Werden auf Grund dieser Differenzhaftung Bareinlagen durch den Gesellschafter geleistet, dann handelt es sich aus steuerrechtlicher Sicht gleichfalls um Leistungen auf das Nennkapital. Sowohl auf der Ebene der GmbH als auch auf der Anteilseignerebene ist dies ein erfolgsneutraler Vorgang, der das körperschaftsteuerrechtliche Eigenkapital nicht berührt. 2.378

2. Kapitalherabsetzung

Was die Ebene der GmbH angeht, so richtet sich die steuerrechtliche Behandlung einer Kapitalherabsetzung danach, ob das heruntergesetzte Kapital von den Gesellschaftern im Wege der **Bareinlage** oder der **Sacheinlage** aufgebracht worden oder ob es durch die Umwandlung von Rücklagen entstanden war. Ist das Stammkapital ausschließlich durch Bareinlage oder Sacheinlage aufgebracht worden, dann gehört das Nennkapital nicht zum ausschüttungsfähigen Eigenkapital. Infolgedessen vollzieht sich in diesen Konstellationen die Kapitalherabsetzung allein auf der Vermögensebene, und sie wirkt sich auch nicht auf das steuerpflichtige Einkommen der Gesellschaft aus. Eine Ausnahme gibt es aber bei Kapitalrückzahlungen in **Sachwertform**, soweit dabei wegen der Aufgabe der Qualität als Betriebsvermögen der Kapitalgesellschaft stille Reserven aufgedeckt werden[1]. 2.379

Die vorstehend geschilderte (traditionelle) Sichtweise hat sich nach der Abschaffung des sog. Anrechnungsverfahrens nicht geändert[2]. Es ist weiterhin 2.380

1 *Winter*, GmbHR 1993, 577.

2 Zur steuerrechtlichen Behandlung der Kapitalherabsetzung bis zum Veranlagungszeitraum 2000 *Gosch/Schwedhelm/Spiegelberger/Roser*, GmbH-Beratung, Loseblatt, „Kapitalherabsetzung" sub 3.

danach zu differenzieren, ob das von der Herabsetzung betroffene Kapital aus Erträgen der Gesellschaft erwirtschaftet ist oder von den Anteilseignern zur Verfügung gestellt wurde. Die Rückzahlung der von den Gesellschaftern geleisteten Einlagen ist bei den Anteilseignern prinzipiell keine steuerpflichtige Einnahme. **§ 20 Abs. 1 Nr. 1 Satz 3 EStG** formuliert das so, dass es nicht zu Kapitalvermögenseinkünften kommt, soweit die Bezüge des Anteilseigners aus Ausschüttungen stammen, die aus dem steuerrechtlichen Einlagekonto des § 27 KStG stammen. Das ist in der Sache zutreffend, weil es sich insoweit nicht um eine Bereicherung des Anteilseigners handeln kann. Andererseits unterliegt die Auskehrung im Nennkapital umgewandelter Gewinnrücklagen nach **§ 20 Abs. 1 Nr. 2 EStG** der Besteuerung. Dabei ist dann aber wieder danach zu differenzieren (Rz. 2.343 ff.), ob der Empfänger dieser Bezüge in den Anwendungsbereich des Abgeltungsteuersystems oder unter die Regeln des Teileinkünfteverfahrens fällt.

2.381 Nach allem sind Einlagen von Gewinnrücklagen abzugrenzen. U.a. deshalb wird das **Einlagekonto** nach § 27 KStG geführt. §§ 27, 28 KStG machen deutlich, dass das Einlagekonto von denjenigen Gewinnrücklagen abzugrenzen ist, die in Nennkapital umgewandelt wurden. Diese separate Erfassung der Einlagen und der in Nennkapital umgewandelten Gewinnrücklagen ist erforderlich, weil Gewinnausschüttungen, und zwar unabhängig davon, ob dieser Betrag bei der GmbH steuerpflichtig oder steuerbefreit ist, beim Anteilseigner einkommensteuerpflichtig ist bzw. unter den Voraussetzungen des § 8b KStG steuerfrei gestellt wird.

IV. Sog. Mantelkauf/§ 8c KStG

1. Entwicklung

2.382 Steuerrechtlich kann der Erwerb von GmbH-Geschäftsanteilen u.a. auch im Hinblick auf den ertragsteuerrechtlichen Verlustabzug von Interesse sein. Da der **Verlustabzug nach § 8 Abs. 1 KStG, § 10d EStG** nur demjenigen Steuersubjekt zusteht, welches den Verlust erlitten hat, sind die Verluste einer Kapitalgesellschaft nicht mehr ausgleichsfähig, wenn sie ihren Betrieb einstellt und liquidiert wird. Diese Konsequenz könnte vermieden werden, wenn der Mantel einer liquidationsreifen Körperschaft erworben wird. Der Mantelkäufer könnte die Kapitalgesellschaft finanziell wiederbeleben und einen gewinnbringenden Betrieb in sie einbringen und die Altverluste mit den in Zukunft anfallenden Gewinnen ausgleichen.

2.383 Mit mehreren Entscheidungen aus dem Jahre 1986 hatte der BFH bezüglich der Berechtigung zum Verlustabzug allein auf die rechtliche Identität der Kapitalgesellschaft vor und nach dem Gesellschafterwechsel abgestellt[1]. Der Steuergesetzgeber hat auf diese Rechtsprechung mit § 8 Abs. 4 KStG a.F. reagiert. Die Norm ist zwischenzeitlich mehrfach geändert worden[2].

1 BFH v. 29. 10. 1986 – I R 202/82, BStBl. II 1987, 308; BFH v. 29. 10. 1986 – I R 318/83, BStBl. II 1987, 310.

2 Zur Entwicklung *Gosch/Roser*, § 8 KStG Rz. 1390 ff.

Mit dem UntStReformG 2008 wird **§ 8 Abs. 4 KStG a.F. durch** die Neuregelungen in **§ 8c KStG ersetzt**. § 8c KStG findet erstmals mit dem Veranlagungszeitraum 2008 und auf Anteilsübertragungen nach dem 31. 12. 2007 Anwendung (§ 34 Abs. 7b KStG). § 34 Abs. 6 KStG regelt aber, dass der „gestrichene" § 8 Abs. 4 KStG a.F. zeitweise neben § 8c KStG anwendbar ist, nämlich letztmals, wenn mehr als die Hälfte der Anteile innerhalb eines Zeitraums von fünf Jahren übertragen werden, der vor dem 1. 1. 2008 beginnt, wenn denn der Verlust der wirtschaftlichen Identität vor dem 1. 1. 2013 eintritt. 2.384

Im Ergebnis können sich daher das alte und das neue Recht überlappen[1]. Das Ergebnis der nebeneinander möglichen Anwendung von § 8 Abs. 4 KStG a.F. einerseits und § 8c KStG andererseits besteht darin, dass innerhalb der Übergangsphase sowohl der komplette Wegfall des Verlustabzugs nach § 8 Abs. 4 KStG a.F. in Betracht kommt[2], aber auch der vollständige oder teilweise Wegfall des Verlustabzugs nach § 8c KStG möglich ist. Da es sich bei der **Übergangsregelung** um eine schematisierende Anordnung handelt, könnte das Übermaßverbot verletzt sein, weil sowohl § 8 Abs. 4 KStG a.F. als auch § 8c KStG letztlich Missbrauchskonstellationen verhindern wollen, dabei aber das Übergangsrecht weit über das Ziel hinausschießt. Dem könnte allerdings entgegengehalten werden, dass nach Absicht des Steuergesetzgebers die Neuregelung in § 8c KStG bezweckt, die Rechtsanwendungsschwierigkeiten des früheren Rechts zu beseitigen. Im Übrigen meint man, einen Paradigmenwechsel in der Weise vollzogen zu haben, dass an Stelle der kodifizierten Missbrauchsregel in § 8 Abs. 4 KStG a.F. eine schlichte Verlustvernichtungsregel getreten ist[3]. Nach hier vertretener Auffassung sind das mehr oder weniger rein plakative Begründungen, hinter denen sich allein fiskalische Erwägungen verbergen, weil insbesondere § 8c KStG als Gegenfinanzierungsmaßnahme zur Steuersatzsenkung des § 23 Abs. 1 KStG dienen soll[4]. 2.385

Steuersystematisch schwerwiegender ist der Hinweis darauf, dass sowohl § 8 Abs. 4 KStG a.F. als auch § 8c KStG einen Verstoß gegen das **Nettoprinzip** als Ausprägung des Leistungsfähigkeitsprinzips darstellen, so dass insoweit der Gleichheitssatz des Art. 3 Abs. 1 GG verletzt sein dürfte[5]. Diese steuersystematischen/verfassungsrechtlichen Zweifel werden noch durch das Zusammenspiel mit der **Mindestbesteuerung** der § 8 Abs. 1 KStG, § 10d Abs. 2 EStG verstärkt. Nach der Mindestbesteuerung ist eine unbeschränkte Verlustverrechnung mit einem Verlustvortrag nur bis zur Höhe von 1 Mio. Euro möglich. Das übersteigende Volumen kann nur noch bis zu 60 v.H. mit Verlusten aus vergangenen Zeiträumen verrechnet werden. Hat eine GmbH also in der Vergangenheit vor dem Hintergrund der Mindestbesteuerungsregel keinen unbeschränkten Verlustausgleich vornehmen können, dann kann dieser künst- 2.386

1 Kritisch *Herrmann/Heuer/Raupach/Suchanek*, EStG/KStG, § 8c KStG J 07-4; *Korn*, Beratungsbrennpunkt Unternehmensteuerreform 2008, 2007, S. 63.
2 BT-Drucks. 16/5491, S. 22.
3 BT-Drucks. 16/4841, S. 75.
4 Vgl. BT-Drucks. 16/4841, S. 75.
5 Vgl. *Hey*, BB 2007, 1303; *Lenz/Ribbrock*, BB 2007, 587; *Suchanek/Herbst*, FR 2007, 863.

lich gestreckte Verlustvortrag nach den körperschaftsteuerrechtlichen Sonderregeln des alten und neuen Rechts vollkommen untergehen.

2. § 8 Abs. 4 KStG a.F.

2.387 Die grundsätzliche Technik des früheren, aber noch weiter anwendbaren (Rz. 2.385) Rechts besteht darin, dass § 8 Abs. 4 Satz 1 KStG a.F. einen allgemeinen Rechtsgrundsatz formuliert, wonach es Voraussetzung für den Verlustabzug bei einer Kapitalgesellschaft ist, dass diese nicht nur rechtlich, sondern auch wirtschaftlich mit der Körperschaft identisch ist, die den Verlust erlitten hat. In § 8 Abs. 4 Satz 2 KStG wird dann ein **Regelbeispiel** formuliert, wonach die wirtschaftliche Identität insbesondere dann nicht vorliegen soll, wenn mehr als die Hälfte der Anteile an einer Kapitalgesellschaft übertragen wird und die Kapitalgesellschaft ihren Geschäftsbetrieb mit überwiegend neuem Betriebsvermögen fortführt oder wieder aufnimmt.

2.388 Im potentiellen **Anwendungsbereich** des § 8 Abs. 4 KStG war/ist so gut wie alles streitig[1].

Aus der Rechtsprechung des BFH ist zunächst auf die Entscheidung des I. Senats des BFH v. 13. 8. 1997[2] hinzuweisen. Die Entscheidung stellt klar, dass § 8 Abs. 4 Satz 2 KStG den **Fortbestand der wirtschaftlichen Identität** einer Kapitalgesellschaft nicht abschließend regelt, wobei der BFH aber offenbar Konstellationen vor Augen hat, dass im konkreten Sachverhalt die Voraussetzungen des Regelbeispiels nicht gegeben sind, so dass rechtsmethodologisch auf die Grundregel in § 8 Abs. 4 Satz 1 KStG zurückgegriffen werden kann. Angesichts der zahlreichen dogmatischen Schwierigkeiten der Norm wäre eine klare Aussage dahingehend wünschenswert gewesen, dass selbst dann, wenn das Regelbeispiel im konkreten Fall gegeben ist, eine Anwendung des § 8 Abs. 4 KStG a.F. über § 8 Abs. 4 Satz 1 KStG a.F. als Auffangregel scheitern kann.

2.389 Vollkommen unklar ist/war, wie der Begriff des **Betriebsvermögens** in § 8 Abs. 4 Satz 2 KStG a.F. zu verstehen ist. Da der Begriff im Steuerrecht nicht einheitlich verwendet wird, muss normspezifisch ausgelegt werden. Viele gehen davon aus, dass nur das Aktivvermögen gemeint sei[3]. Die Saldogröße „Eigenkapital" wäre damit nicht maßgebend, so dass auch eine insolvenzrechtlich überschuldete Gesellschaft noch über einen positiven Bestand an Betriebsvermögen verfügen könnte. Die Zuführung von Betriebsvermögen würde dann eine Mehrung des Aktivvermögens voraussetzen. Maßnahmen, die allein dazu dienen, dem Insolvenztatbestand der Überschuldung vorzubeugen, haben auf die Liquiditätslage der Gesellschaft und damit auf das Aktivvermögen keinen Einfluss. Mittlerweile vertritt der BFH aber eine gegenständliche Betrachtungsweise dergestalt, dass (wohl) grundsätzlich das **Anlagevermögen**

1 Übersicht bei *Herrmann/Heuer/Raupach/Prinz*, EStG/KStG, § 8 KStG Rz. G 4 ff.
2 I R 89/96, BStBl. II 1997, 829.
3 BFH v. 13. 8. 1997 – I R 89/96, BStBl. II 1997, 829; *Ernst & Young/Lang*, Loseblatt, § 8 KStG Rz. 1273.1.

gemeint ist[1]. Anders dürfte es nur liegen, wenn ein **Branchenwechsel** vorgenommen wird. Nach der Entscheidung des BFH v. 5. 6. 2007[2] kann auch die Zuführung von Umlaufvermögen zu neuem (schädlichem) Betriebsvermögen führen, wenn sie mit einem Branchenwechsel verbunden ist. Die Einbeziehung von Umlaufvermögen erscheint problematisch, weil es wenig einsichtig ist, dass beispielsweise bei einem Handelsunternehmen die kurzfristige Zuführung von Umlaufvermögen schädlich im Sinne des § 8 Abs. 4 Satz 2 a.F. KStG sein soll.

Besonders umstritten war/ist es, ob und welcher **zeitliche** und **sachliche Zusammenhang** zwischen der potentiell schädlichen Anteilsübertragung und der Zuführung neuen Betriebsvermögens gegeben sein muss. Mit Urteil v. 14. 3. 2006[3] hat der I. Senat des BFH entschieden, dass der Verlust der wirtschaftlichen Identität nach § 8 Abs. 4 Satz 2 KStG a.F. einen zeitlichen und sachlichen Zusammenhang zwischen der Anteilsübertragung und der Betriebsvermögenszufuhr voraussetzt. Jedenfalls bei einem zeitlichen Zusammenhang bis zu einem Jahr besteht nach Auffassung des BFH eine widerlegbare Vermutung eines sachlichen Zusammenhangs. Damit hatte sich der BFH in Gegensatz zur Auffassung der Finanzverwaltung gebracht. Aufgrunddessen hat sich das BMF[4] geäußert. Nach Auffassung der Verwaltung ist eine Frist von einem Jahr für die Annahme eines zeitlichen und sachlichen Zusammenhangs zu kurz bemessen, vielmehr soll von einem zeitlichen und sachlichen Zusammenhang bei Anteilsübertragungen innerhalb von zwei Jahren auszugehen sein. Auch diese geänderte Auffassung der Finanzverwaltung stimmt mit der Position des BFH nicht überein, weil die zitierte BFH-Entscheidung von einer individuellen Betrachtung des jeweiligen Sachverhalts ausgeht und diesen konkreten Sachverhalt mit der Regelungsidee des § 8 Abs. 4 KStG a.F. abgleicht. 2.390

Häufig übersehen wird, dass nach der Rechtsprechung des BFH[5] auch die Übernahme von **Bürgschaften** oder die Gestellung von **Sicherheiten** als Vorgänge qualifiziert werden, die mit der Zuführung neuen Betriebsvermögens vergleichbar sind. Damit wird der Gestellung von Sicherheitsleistungen und Bürgschaften für die Kapitalgesellschaft die gleiche Bedeutung beigemessen wie der Zuführung bilanziell ausgewiesenen Aktivvermögens in Form liquider Mittel oder von Anlagevermögen. Diese Gleichstellung scheint nicht zwingend. Führt ein Gesellschafter Aktivvermögen zu, dann ist es unerheblich, ob dieses in Form von Eigenkapital oder von Fremdkapital geschieht. Jedes Darlehen eines Gesellschafters ist also bei § 8 Abs. 4 KStG a.F. zu berücksichtigen. Problematisch erscheinen dann aber Nutzungsüberlassungen von Betriebsmitteln, bei denen es nicht zur Übertragung der dinglichen Position und damit nicht zu einem aktivierungsfähigen Zuwachs von Aktivvermögen kommt. Stellt man hier auf den gemeinen Wert des Nutzungsrechts ab, muss 2.391

1 BFH v. 8. 8. 2001 – I R 9/06, BStBl. II 2002, 392.
2 I R 9/06, DB 2007, 2808.
3 I R 8/05, DStR 2006, 1076 = GmbHR 2006, 767.
4 DB 2007, 1786.
5 BFH v. 8. 8. 2201 – I R 29/00, BStBl. I 2002, 392.

eine den Vorteil ausgleichende Gegenleistung beachtlich sein. Eine Zuführung von Mitteln zum Betriebsvermögen ist also nur dann gegeben, wenn die Nutzungsüberlassung unentgeltlich erfolgt oder als Eigenkapitalersatz zu beurteilen ist.

2.392 § 8 Abs. 4 Satz 3 KStG a.F. enthält eine **Sanierungsklausel**, wonach die grundsätzlich schädliche Zufuhr von Betriebsvermögen wiederum unschädlich ist, wenn sie allein der Sanierung des Geschäftsbetriebs dient, der den Verlustvortrag verursacht hat, und die Körperschaft den Geschäftsbetrieb in einem nach dem Gesamtbild der wirtschaftlichen Verhältnisse vergleichbaren Umfang in den folgenden fünf Jahren fortführt. Nach dem Wortlaut des Gesetzes ist klar, dass das Sanierungsprivileg des § 8 Abs. 4 Satz 3 KStG a.F. einen Verlust der wirtschaftlichen Identität voraussetzt. Wenn es daran fehlt, kommt es auf das Sanierungsprivileg nicht an.

2.393 Bei **internen Sanierungen** kann es sich als notwendig erweisen, einen Teil der Anteile der zu sanierenden Gesellschaft rechtsgeschäftlich zu übertragen oder nach Durchführung eines Kapitalschnitts neue Gesellschafter qua Kapitalerhöhung in die Gesellschaft aufzunehmen. Das könnte § 8 Abs. 4 Satz 2 KStG a.F. erfüllen. Allerdings werden bei einer effektiven Kapitalerhöhung neue Anteile gebildet. Deshalb fehlt es an einer Übertragung bestehender Anteile im Sinne des Regelbeispiels. Ein Rückgriff auf den Grundtatbestand in § 8 Abs. 4 Satz 1 KStG a.F. bleibt zwar möglich, setzt aber einen der rechtsgeschäftlichen Übertragung vergleichbaren Vorgang voraus[1]. Danach kann nur eine Kapitalerhöhung mit Bezugsrechtsausschluss bei den Altgesellschaftern einschlägig sein, wenn die verhältniswahrend ausgegebenen neuen Anteile nominal mehr als der Hälfte der Anteile entsprechen.

2.394 Liegen die Voraussetzungen der Sanierungsklausel vor, dann werden insoweit die nachteiligen Folgen der Streichung des § 3 Nr. 66 EStG a.F. (Rz. 2.355 ff.) abgemildert. In § 8 Abs. 4 Satz 3 KStG a.F. wird der **Begriff der Sanierung** nicht erläutert. Klar scheint nur, dass die Sanierungsklausel nur Fälle der Fortführung des Geschäftsbetriebs trifft, also nicht Sachverhalte der Einstellung mit nachfolgender Wiederaufnahme, so dass ein einmal eingestellter Geschäftsbetrieb nicht mehr saniert werden kann[2]. Entscheidend kommt es daher darauf an, ob die Voraussetzungen des früher steuerfreien Sanierungsgewinns gegeben sein müssen[3]. Dort wurden als Sanierung alle Maßnahmen verstanden, welche die finanzielle Gesundung des Unternehmens bezwecken und geeignet sind, das Unternehmen vor dem Zusammenbruch zu bewahren und wieder ertragsfähig zu machen.

2.395 Gegen eine unbesehene Übernahme der früheren einkommensteuerrechtlichen Dogmatik spricht, dass der Gesetzgeber mit der Ausnahme in § 8 Abs. 4 Satz 3 KStG a.F. einen Status beibehalten wollte, bei dem die strengen Kriterien des Sanierungsgewinns keine Rolle spielen. Zum anderen führt das Sanie-

1 BFH v. 13. 8. 1997 – I R 89/96, BStBl. II 1997, 829.
2 BMF, BStBl. I 1999, 455 Tz. 18; *Ernst & Young/Lang*, Loseblatt, § 8 KStG Rz. 1299.1.
3 Grundlegend BFH v. 25. 2. 1972, BStBl. II 1972, 531.

rungsprivileg des § 8 Abs. 4 Satz 3 KStG erst dann zu einem wirtschaftlichen Vorteil, wenn die Sanierung erfolgreich durchgeführt wird, indem ausgleichsfähige Gewinne erzielt werden und der sanierte Geschäftsbetrieb fünf Jahre vergleichbar fortgeführt wird. Es besteht daher kein Anlass, wie bei § 3 Nr. 66 EStG a.F., der den Sanierungsgewinn sofort steuerfrei stellte, auf eine zusätzliche objektive Sanierungseignung ex ante abzustellen.

Wenn § 8 Abs. 4 Satz 3 KStG a.F. eine vergleichbare **Betriebsfortführung** für fünf Jahre vorsieht, dann ist das eine praktisch und betriebswirtschaftlich unsinnige Voraussetzung. Letztlich wirkt diese Regel arbeitsplatzvernichtend, weil die Kapitalgesellschaft gezwungen sein kann, den Verlust verursachenden Betriebsteil mit seinen Arbeitnehmern weitere fünf Jahre zu erhalten. Das kann dazu führen, dass auch die gesunden Betriebsteile in der Art und Weise infiziert werden, dass die Kapitalgesellschaft als solche in die Insolvenz gerät. 2.396

3. § 8c KStG

a) Konzept

Der für Anteilsübertragungen nach dem 31. 12. 2007 anzuwendende[1] § 8c Abs. 1 KStG wählt eine **neue Technik**, um den Wegfall der Verlustvortragsposition nach § 10d EStG bei Kapitalgesellschaften zu beeinträchtigen. Werden innerhalb von fünf Jahren mittelbar oder unmittelbar **mehr als 25 v.H.** des gezeichneten Kapitals der Mitgliedschaftsrechte an einen Erwerber oder diesem nahe stehende Personen übertragen oder liegt ein vergleichbarer Sachverhalt vor, sind insoweit die bis zum schädlichen Beteiligungserwerb nicht genutzten Verluste nicht mehr abziehbar. Werden innerhalb von fünf Jahren mittelbar oder unmittelbar **mehr als 50 v.H.** übertragen, dann sind die bis zum Erwerb noch nicht genutzten Verluste der Gesellschaft vollständig nicht mehr abziehbar. Im Ergebnis handelt es sich – wie schon bei § 8 Abs. 4 KStG a.F. – um eine **Durchbrechung** des zivilrechtlichen **Trennungsprinzips** und der steuerrechtlichen Subjektfähigkeit einer Körperschaft[2]. Diesen grundsätzlichen rechtssystematischen Einwand versucht der Steuergesetzgeber mit der Begründung zu überspielen, dass die wirtschaftliche Identität einer Gesellschaft durch den Anteilseignerwechsel und das wirtschaftliche Engagement eines anderen Anteilseigners geändert werde[3]. Das ist eine kaum hinnehmbare Begründung, weil es gerade die Eigenart einer juristischen Person ist, dass die rechtliche und wirtschaftliche Identität vom Wechsel des Anteilseignerbestandes unabhängig ist. Auch steuersystematisch ist die Neuregelung bedenklich, weil ihr eine wirtschaftliche Betrachtungsweise zugrunde liegt, die letztlich dazu führt, dass jedenfalls in Verlustkonstellationen und im Anwendungsbereich des § 8c KStG eine transparente Behandlung wie bei Personengesellschaften/Mitunternehmerschaften stattfindet. Im Gegensatz zu § 8 Abs. 4 KStG a.F. spielt die Zuführung neuen Betriebsvermögens keine Rolle mehr. Auch die frühere **Sanierungs-** 2.397

1 S. § 34 Abs. 7b KStG.
2 Kritisch *Herrmann/Heuer/Raupach/Suchanek*, EStG/KStG, § 8c KStG J 07-2; *Schwedhelm*, GmbHR 2008, 404, 405 f.
3 BT-Drucks. 16/4841, S. 76.

klausel ist **aufgehoben** worden, so dass in konkreten Sachverhalten allein der sog. Sanierungserlass aus dem Jahre 2001 weiterhelfen kann[1].

2.398 Zwar geht der Steuergesetzgeber in der Begründung zu § 8c KStG davon aus, dass es sich um eine vollkommen neue Grundkonzeption handelt, doch wird andererseits ausgeführt, dass § 8c KStG als Nachfolgenorm zu § 8 Abs. 4 KStG a.F. zu begreifen ist. § 8 Abs. 4 KStG a.F. war aber eine typisierte Missbrauchsvorschrift[2]. In seiner Wirkungsweise geht § 8c KStG aber weit über den **Missbrauchsverhinderungsgedanken** hinaus, weil die Voraussetzungen der Norm in Einzelnen zeigen, dass auch Sachverhalte erfasst werden, bei denen es wirtschaftlich nicht um „Verlusterwerbskonstellationen" geht. Das zeigt sich insbesondere daran, dass es schwer nachvollziehbar ist, dass bei einem Anteilseignerwechsel zwischen 25 v.H. und 50 v.H. ein missbräuchlicher Verlusterwerb angenommen werden soll, weil nämlich eine derartige Beteiligungsquote nicht immer wesentlichen Einfluss auf die Kapitalgesellschaft vermitteln muss[3]. Nach allem ist § 8c KStG eine allein von fiskalischen Erwägungen bestimmte „Verlustvernichtungsnorm"[4].

2.399 **Maßgebliches Kriterium** ist nunmehr allein der **Anteilseignerwechsel**, wobei § 8c Abs. 1 KStG **zweistufig** aufgebaut ist: Es kommt zu einem quotalen Untergang des Verlustabzugs bei Anteils- oder Stimmrechtsübertragungen von mehr als 25 v.H. bis einschließlich 50 v.H. Wird diese Quote überschritten, dann geht der Verlust vollständig unter. Entgegen der bisherigen Rechtsprechung des BFH[5] können die schädlichen Übertragungen sowohl unmittelbar als auch mittelbar erfolgen.

2.400 **Beispiel:** A ist im Jahre 2008 Alleingesellschafter der X-GmbH. Er überträgt in jedem der Folgejahre 20 v.H. seiner Anteile an den Neugesellschafter B. Am ersten der Veräußerung vorausgehenden Stichtag existiert ein Verlust von 800 000 Euro. Jährlich wird ein Verlust von 100 000 Euro erwirtschaftet. Die erste schädliche Veräußerung erfolgt im Jahre 2010, so dass der zum 31. 12. 2009 festgestellte Verlust von 900 000 Euro zu 40 v.H. untergeht. Die Übertragung im Jahre 2011 lässt den Verlust vollständig untergehen.

2.401 Nach § 10a Satz 8 GewStG ist § 8c KStG auf vortragsfähige **Gewerbeverluste** analog anwendbar. Allerdings hat § 8c KStG bei einer Kapitalgesellschaft als Mitunternehmerin einer Personengesellschaft keinen Einfluss auf den vortragsfähigen Gewerbeverlust des § 10a Satz 1 GewStG der Mitunternehmerschaft für die Frage der Unternehmeridentität, da hier zivilrechtliche Maßstäbe angelegt werden, ob der Gewerbebetrieb im Abzugsjahr von demselben Unternehmer betrieben wird[6].

1 BMF, BStBl. I 2003, 240.
2 Vgl. BFH v. 14. 3. 2006 – I R 8/05, BStBl. II 2007, 602.
3 *Meyer*, BB 2007, 1415; *Schwedhelm*, GmbHR 2008, 404, 406.
4 *Hey*, BB 2007, 1303, 1306; *Herrmann/Heuer/Raupach/Suchanek*, EStG/KStG, § 8c KStG J 07-2; *Wiese*, DStR 2007, 741, 744.
5 BFH v. 20. 8. 2003 – I R 61/01, BFH/NV 2003, 1672 = GmbHR 2003, 1441.
6 BFH (GrS) v. 3. 5. 1993 – GrS 3/92, BStBl. II 1993, 616.

b) Erwerb der Beteiligung

Nach § 8c Abs. 1 Satz 1 KStG muss die (schädliche) Übertragung an einen Erwerber oder diesem nahe stehende Personen erfolgen. Dabei ist das Kriterium des Nahestehens nur im Verhältnis der Erwerber zueinander, nicht im Verhältnis des bisherigen Gesellschafters zu dem Erwerber oder den Erwerbern maßgebend[1]. Umstritten ist, ob der Begriff der **nahe stehenden Person** nach den Kriterien des § 1 Abs. 2 AStG oder nach der Dogmatik der Figur der verdeckten Gewinnausschüttung zu bestimmen ist[2]. Nach hier vertretener Auffassung kann es allein auf die Begrifflichkeiten des § 1 Abs. 2 AStG ankommen, weil Sinn und Zweck der Figur der verdeckten Gewinnausschüttung mit § 8c KStG nichts zu tun hat. 2.402

Nahe stehende Personen nach § 8c Abs. 1 Satz 1 KStG sind damit alle natürlichen und juristischen Personen sowie Personengesellschaften, die einem Näheverhältnis stehen[3]. Kommt es im Einzelfall zu einer potentiellen Zusammenrechnung der Anteile von Ehegatten, dann führt die Erfüllung der Tatbestandsvoraussetzungen des § 8c Abs. 1 Satz 1 KStG zu einem Verstoß gegen Art. 6 Abs. 1 GG[4]. 2.403

Da es nahe liegt, dass beispielsweise vier einander nicht nahe stehende Erwerber zu gleichen Teilen 25 v.H. eine Kapitalgesellschaft mit Verlustvortrag erwerben, um § 8c KStG zu vermeiden, sollen derartige Strukturen zusammengefasst werden[5]. Voraussetzung muss aber sein, dass der **Erwerb der Anteile auf Grund gleichgerichteter Interessen** erfolgt; in diesem Zusammenhang verweist die Gesetzesbegründung auf den Umstand, dass die Kapitalgesellschaft von den Erwerbern gemeinsam beherrscht wird. Dabei sollte es allerdings auf das tatsächliche Beherrschen ankommen, nicht auf die reine Möglichkeit. Für diese Lösung spricht schon die Überlegung, dass bei einer Erwerbergruppe, die sich untereinander fremd ist und nicht nahe steht, bei einem Erwerb von mehr als 50 v.H. immer die faktische Möglichkeit besteht, die Gesellschaft zu beherrschen, so dass § 8c KStG immer erfüllt wäre. Nach Auffassung der Finanzverwaltung[6] müssen sich die gleichgerichteten Interessen auf den Erhalt des Verlustvortrags der Kapitalgesellschaft richten; dafür soll die gemeinsame Beherrschung indizielle Bedeutung haben. 2.404

c) Anteilseignerwechsel

§ 8c Abs. 1 Satz 1 KStG geht im Grundtatbestand davon aus, dass eine kapitalgesellschaftsrechtliche Beteiligung übertragen wird. § 8c Abs. 1 Satz 4 KStG regelt dann ausdrücklich, dass eine **Kapitalerhöhung** der Übertragung des ge- 2.405

1 *Beuß*, DB 2007, 1549.
2 Vgl. *Lang*, DStZ 2007, 652, 653; *Meyer*, BB 2007, 1415, 1418; *Neumann*, GmbH-StB 2007, 249.
3 Einzelheiten bei *Herrmann/Heuer/Raupach/Suchanek*, EStG/KStG, § 8c KStG J 07-15.
4 Vgl. BVerfG v. 3. 10. 1989 – 1 BvL 78/86, 1 BvL 79/86, BVerfGE 81, 1, 6.
5 BT-Drucks. 16/5491, S. 22; auch *Lang*, DStZ 2007, 652, 653 f.
6 BMF, BStBl. I 2008, 736 Tz. 27.

zeichneten Kapitals gleichsteht, soweit sie zu einer Veränderung der Beteiligungsquoten am Kapital der Gesellschaft führt. Diese Gleichstellung der Kapitalerhöhung (mit neuen Anteilen) mit dem Grundtatbestand des § 8c Abs. 1 Satz 1 KStG führt insbesondere in Sanierungskonstellationen dazu, dass der Hinzutritt von Neugesellschaftern einen existenten Verlustvortrag der GmbH beeinträchtigen bzw. vernichten kann.

2.406 Die **quantitativen Voraussetzungen** des § 8c KStG beziehen sich auf das gezeichnete Kapital, die Mitgliedschaftsrechte, die Beteiligungsrechte oder die Stimmrechte. Dabei sollte von einem zivilrechtlichen Verständnis ausgegangen werden, weil der Begriff der Übertragung im zivilrechtlichen Sinne als rechtsgeschäftliche Übertragung zu verstehen ist. Im Grundsatz kommt es also auf die Übertragung des Mitgliedschaftsrechts an. Wenn zusätzlich auf die Stimmrechte abgestellt wird, dann handelt es sich um Sachverhalte, in denen zwar nicht mehr als 25 v.H. der jeweiligen Beteiligung, aber mehr als 25 v.H. der Stimmrechte der betroffenen Gesellschaft übertragen werden. Damit wird allein auf Grund des Stimmrechts die wirtschaftliche Identität vor und nach dem Vorgang verneint. Im Anwendungserlass zu § 8c KStG meint die Finanzverwaltung[1], dass derjenige Vorgang maßgebend sei, der „die weitestgehende Anwendung des § 8c KStG erlaubt"; das ist eine nicht mehr hinnehmbare schlichtweg profiskalische Auslegung des Gesetzes.

2.407 Von besonderer Bedeutung und auch streitträchtig dürfte sein, dass § 8c Abs. 1 Satz 1 KStG auch „**vergleichbare Sachverhalte**" erfasst. Das ist eine sehr unbestimmte Anordnung[2], die in der Unsicherheit des Steuergesetzgebers begründet ist. Rechtsmethodologisch sollte der Auffangtatbestand des „vergleichbaren Sachverhalts" nur angenommen werden können, wenn die Maßstäbe der Beteiligungsübertragung zu einer Vergleichbarkeit führen. Dass das neue Tatbestandsmerkmal des „vergleichbaren Sachverhalts" problematisch ist, zeigt sich darin, dass im Schrifttum in folgenden Konstellationen über die Frage diskutiert wird, ob § 8c KStG einschlägig ist[3]:

- quotenverändernde Kapitalherabsetzung;
- Erwerb eigener Anteile;
- Stimmrechtsverzichte und Einstimmigkeitsabreden;
- disquotale Gewinnverteilungsregeln;
- Beherrschungsvertrag.

2.408 In der Praxis besonders häufig ist die **atypisch stille Beteiligung** an einer GmbH. Hier ist zu fragen, ob die Begründung einer atypisch stillen Gesellschaft mit der GmbH als vergleichbarer Sachverhalt nach § 8c Abs. 1 Satz 1 KStG zu qualifizieren ist. Dafür könnte sprechen, dass das atypisch stille Gesellschaftsverhältnis so ausgestaltet ist, dass der atypisch stille Gesell-

1 BMF, BStBl. I 2008, 736 Tz. 5.
2 Kritisch zu Recht *Schwedhelm*, GmbHR 2008, 404, 407.
3 Näher *Herrmann/Heuer/Raupach/Suchanek*, EStG/KStG, § 8c KStG J 07-17; *Meyer*, BB 2007, 1415; auch BMF, BStBl. I 2008, 736 Tz. 7.

schafter Mitwirkungsrechte und eine Beteiligung an den Verlusten und den stillen Reserven eingeräumt bekommt. Letztlich ist die Anwendung des § 8c KStG aber zu verneinen, weil die atypisch stille Beteiligung an einer Kapitalgesellschaft eine Mitunternehmerschaft des § 15 Abs. 1 Satz 1 Nr. 2 EStG zwischen der Kapitalgesellschaft und dem stillen Gesellschafter ist[1]. Da der atypisch stille Gesellschafter echte Beteiligungsrechte allein in der Mitunternehmerschaft erwirbt, aber nicht an der GmbH, bei der die Verluste vorhanden sind, kann es sich nicht um einen vergleichbaren Sachverhalt nach § 8c Abs. 1 Satz 1 KStG handeln.

d) Unmittelbare und mittelbare Übertragungen

Wie schon bisher bei § 8 Abs. 4 KStG a.F. ist die unmittelbare Anteilsübertragung ein möglicher **schädlicher Tatbestand**. Dabei kommt es nicht darauf an, ob es sich bei dem neuen Anteilseigner um eine natürliche Person, eine Kapitalgesellschaft oder eine Personengesellschaft handelt[2]. 2.409

Wird strikt auf den Wortlaut des § 8c Abs. 1 Satz 1 KStG abgestellt, dann können Erwerber der Anteile auch schon beteiligte Gesellschafter sein. Unerheblich ist es, auf wie viele Erwerber und wie viele Erwerbsvorgänge sich die übertragenen Anteile verteilen. Maßgebend ist allein die von § 8c KStG statuierte Schädlichkeitsquote. 2.410

Neu und verschärfend erfasst § 8c Abs. 1 Satz 1, 2 KStG nunmehr auch **mittelbare Übertragungen**. Der BFH[3] hat zum früheren Recht die Auffassung vertreten, dass mittelbare Anteilsübertragungen nicht § 8 Abs. 4 KStG a.F. subsumierbar sind, weil eine wirtschaftliche Vergleichbarkeit fehle, wenn sich innerhalb einer mehrstufigen Beteiligungsstruktur die Mehrheitsverhältnisse auf einer höheren Ebene verändern. Das neue Recht erfasst nun ausdrücklich auch die Änderung mittelbarer Beteiligungsverhältnisse. Ein mittelbarer Anteilseignerwechsel kann auch vorliegen, wenn es sich bei der zwischengeschalteten Gesellschaft um eine Personengesellschaft handelt. 2.411

Beispiel: Die A-GmbH ist zu 100 v.H. an der T-GmbH beteiligt, die ihrerseits zu 100 v.H. an der E-GmbH, die über einen Verlustvortrag verfügt, beteiligt ist. Wenn die A ihre Beteiligung an T an den Dritten D veräußert, bleibt der unmittelbare Anteilseigner der Verlustgesellschaft unverändert, doch geht der Verlust unter.

Bei mittelbaren Anteilsübertragungen können sich Probleme ergeben, wie bei einer nicht 100 v.H. betragenden Beteiligung die schädliche Übertragungsquote zu berechnen ist. Ausweislich der Gesetzesbegründung[4] soll in Fällen einer mittelbaren Anteilsübertragung die auf die Verlustgesellschaft durchgerechnete Beteiligungsquote zugrunde gelegt werden. In diesem Zusammenhang ist 2.412

1 BFH v. 28. 5. 1997 – VIII R 25/96, BStBl. II 1997, 724 = GmbHR 1997, 1013.
2 Vgl. BFH v. 20. 8. 2003 – I R 81/02, BStBl. II 2004, 614 = GmbHR 2004, 126; BMF, BStBl. I 1999, 455 Tz. 28; *Lang*, DStZ 2007, 652, 655.
3 BFH v. 20. 8. 2003 – I R 81/02, BStBl. II 2004, 614 = GmbHR 2004, 126.
4 BR-Drucks. 220/07, S. 126.

aber ungeklärt, bis zu welcher **Beteiligungsstufe** mittelbare Anteilsübertragungen schädlich sind. *Lang*[1] meint, dass zwar der Wortlaut des § 8c KStG keine Beschränkung enthalte, doch sollten nur dreistufige Konzerne erfasst werden, weil nur dann dem Sinn und Zweck des § 8c KStG (missbräuchliche Verlustnutzungen) Genüge getan werde[2].

2.413 Mit der Frage der mittelbaren Anteilsübertragungen ist das Grundproblem verknüpft, ob es bei **konzerninternen Umstrukturierungen**, speziell auf Grund von Verlustsituationen eines Konzernunternehmens, zum Verlustuntergang nach § 8c KStG kommen kann[3]. Auszugehen ist davon, dass § 8c KStG keine Konzernklausel enthält, so dass nach dem Wortlaut der Norm auch konzerninterne Übertragungen erfasst werden. Das hat zur Folge, dass konzerninterne Umstrukturierungen steuerneutral nicht vollzogen werden können und möglicherweise sachwidrig verfestigt werden[4].

Beispiel: Die Muttergesellschaft ist jeweils zu 100 v.H. an der Tochtergesellschaft 1 und der Tochtergesellschaft 2 beteiligt. Die Tochtergesellschaft 1 hält 100 v.H. der Enkelgesellschaft, die ihrerseits eine Beteiligung von 60 v.H. an der Urenkelgesellschaft hält. Nun überträgt die Tochtergesellschaft 1 60 v.H. der Anteile an der Enkelgesellschaft auf die Tochtergesellschaft 2.

Wenn die Urenkelgesellschaft einen Verlustvortrag hat, gilt Folgendes: Durch die Übertragung der Anteile an der Enkelgesellschaft erfolgt keine Änderung der unmittelbaren Beteiligungsverhältnisse an der Urenkelgesellschaft. Aus der Sicht der übertragenden Tochtergesellschaft 1 tritt allerdings eine Änderung der mittelbaren Beteiligungsverhältnisse an der Urenkelgesellschaft ein. Aus der Sicht der Muttergesellschaft ändert sich auch hinsichtlich der mittelbaren Beteiligung nichts. Hier ist fraglich, ob § 8c KStG gilt. Stellt man auf die Sichtweise der übertragenden Tochtergesellschaft ab, kommt es zu einer schädlichen Übertragung von 36 v.H., so dass insoweit ein quotaler Untergang des Verlustvortrags bei der Urenkelgesellschaft eintritt.

e) Rechtsfolgen

2.414 § 8c KStG enthält ein nicht unmittelbar einsichtiges Rechtsfolgensystem: Werden innerhalb des Zeitraums von fünf Jahren mehr als 25 v.H. und bis zu 50 v.H. der Anteile schädlich übertragen, dann geht der Verlust quotal (beispielsweise zu 30 v.H.) unter. Aus dem Umkehrschluss des § 8c Abs. 1 Satz 2 KStG ergibt sich, dass weitere Erwerbe eines zunächst quotal schädlichen Erwerbvorgangs, die unterhalb der Grenze des § 8c Abs. 1 Satz 2 EStG bleiben, in der Folgezeit unschädlich sind. Es kommt also nur insoweit zur Rechtsfolge des § 8c Abs. 1 Satz 1 KStG als die 25 v.H. überschritten sind. Nachfolgende Übertragungen werden nicht hinzuaddiert, vielmehr lösen sie einen neuen fünfjährigen Beobachtungszeitraum aus, wenn denn nicht die Grenze des § 8c Abs. 1 Satz 2 KStG überschritten wird. Daraus ergibt sich die Möglichkeit, in

1 DStZ 2007, 652, 655.
2 Anders wohl BMF, BStBl. I 2008, 736 Tz. 11 f.
3 Dazu *Sistermann/Brinkmann*, DStR 2008, 897.
4 Kritisch daher *Schwedhelm*, GmbHR 2008, 404, 407 f.

einem ersten Schritt mehr als 25 v.H. der Anteile zu übertragen, später dann weitere Anteile zu übertragen, die aber nicht mehr als 50 v.H. der Beteiligung ausmachen[1].

Vom Verlustuntergang erfasst ist derjenige Verlust, der im Zeitpunkt des schädlichen Anteileignerwechsels besteht. Hier ist ungeklärt, ob mit der Bezugnahme des Gesetzes auf die bis zum schädlichen Beteiligungserwerb nicht genutzten Verluste bei **unterjährigem Anteileignerwechsel** auch die bis zu diesem Stichtag erwirtschafteten negativen Einkünfte betrifft[2]. Zwar scheint der Wortlaut dafür zu sprechen, dass auch die unterjährigen Verluste betroffen sind, doch ergibt sich bei systematischer Lösung Folgendes: § 8c KStG betrifft den Verlustvortrag einer Kapitalgesellschaft, der auf Grund §§ 8 Abs. 1 KStG, 5 Abs. 1 Satz 1 EStG, 238 ff. HGB im rechtlichen Sinne erst dann existiert, wenn er bilanzmäßig festgestellt wird (§ 46 Nr. 1 GmbHG). Der unterjährige Verlust entsteht also im Rechtssinne erst mit dem Bilanzfeststellungsbeschluss im Folgejahr. Daraus ist zu folgern, dass der unterjährige Verlust trotz schädlichen Beteiligungswechsels erhalten bleibt. 2.415

V. Umwandlungen

1. UmwStG

Als Sanierungsmittel kommen auch Umwandlungen in Betracht, die sich steuerrechtlich nach dem UmwStG richten. Durch das **SEStEG** v. 7. 12. 2006[3] haben sich einige Änderungen ergeben. Das frühere Umwandlungssteuerrecht behandelte bei den Umwandlungskonstellationen der Verschmelzung und der Spaltung von Kapitalgesellschaften prinzipiell nur inländische Umstrukturierungsvorgänge und war nur bei Beteiligung unbeschränkt steuerpflichtiger Rechtsträger anwendbar. Durch das SEStEG ist das **Umwandlungssteuerrecht europäisiert** worden. Einzelheiten ergeben sich aus § 1 UmwStG[4]. Der Anwendungsbereich der steuerrechtlichen Regelungen über die Verschmelzung und über die Spaltung (§§ 3 ff., 11 ff., 15 ff. UmwStG) betrifft auch Verschmelzungen und Spaltungen einer nach den Rechtsvorschriften eines Mitgliedstaats der EU oder des EWR gegründeten und in einem dieser Staaten mit Sitz und Ort der Geschäftsleitung ansässigen Körperschaft auf eine andere Körperschaft im EU- oder EWR-Bereich. Dabei ist aber darauf hinzuweisen, dass internationale Aufspaltungen und Abspaltungen gesellschaftsrechtlich derzeit nicht möglich sind[5]. 2.416

Soll eine GmbH im Zuge einer Sanierung umstrukturiert werden, dann geht es in erster Linie um die Verschmelzung, wobei danach zu unterscheiden ist, ob es sich um eine Verschmelzung einer Kapitalgesellschaft auf eine andere 2.417

1 *Lang*, DStZ 2007, 652, 657; *Meyer*, BB 2007, 1415, 1417.
2 Bejahend BMF, BStBl. I 2008, 736 Tz. 31; zum Problem u. m.w.N. *Herrmann/Heuer/Raupach/Suchanek*, EStG/KStG, § 8c KStG J 07-18.
3 BGBl. I 2006, 2782.
4 Ausführlich *Widmann/Mayer*, Umwandlungsrecht, § 1 UmwStG passim.
5 Vgl. *Bodden*, FR 2007, 265, 266; *Rödder/Schumacher*, DStR 2006, 1524, 1534.

Kapitalgesellschaft handelt oder um eine Verschmelzung auf ein Personenunternehmen.

2. Verschmelzung

a) Verschmelzung GmbH auf GmbH

2.418 Die Verschmelzung im Rahmen einer Sanierung sieht vor, dass ein Krisenunternehmen von einem „gesunden" Unternehmen oder umgekehrt aufgenommen wird (Verschmelzung zur Aufnahme) oder beide Unternehmen auf eine neue Gesellschaft verschmolzen werden (Verschmelzung zur Neugründung). Die zweite Möglichkeit wird in der Praxis seltener gewählt, beispielsweise aus Kostengründen. Bei der Verschmelzung zur Aufnahme sind regelmäßig durch Kapitalerhöhungen neue Geschäftsanteile bei der Übernehmerin zu schaffen, die den Gesellschaftern der übertragenen Gesellschaft zu gewähren sind.

2.419 Als Sanierungsinstrument hatte die Verschmelzung in der Vergangenheit deshalb besondere Bedeutung, weil nach **§ 12 Abs. 3 Satz 2 UmwStG a.F.** ein verbleibender **Verlustabzug** nach § 10d EStG von der übertragenen Kapitalgesellschaft auf die übernehmende Kapitalgesellschaft übergehen konnte. Durch die **Neufassung** der **§§ 12 Abs. 3 Satz 1, 4 Abs. 2 UmwStG** gehen verrechenbare Verluste, verbleibende Verlustvorträge oder vom übertragenden Rechtsträger nicht ausgeglichene negative Einkünfte nicht mehr auf die übernehmende Gesellschaft über. Obwohl es bei der Verschmelzung zu einer Gesamtrechtsnachfolge kommt und das Verlustvortragsvolumen in der deutschen Körperschaftsteuersphäre bleibt, sollen Verlustvorträge und Verluste des Übertragungsjahres der übertragenden Kapitalgesellschaft nur noch im Rahmen einer etwaigen Wertaufstockung in der Schlussbilanz der übertragenden Gesellschaft nutzbar sein können. Begründet wird dies mit der (zweifelhaften) Befürchtung, es könne zu einem Import ausländischer Verluste kommen[1]. Die Rechtsfolge des Verlustübernahmeverbots ist europarechtlich und verfassungsrechtlich nicht unbedenklich. Zu berücksichtigen ist nämlich, dass der EuGH in der Rechtssache „Marks & Spencer"[2] hervorgehoben hat, dass ein Verlust in erster Linie in dem Staat verrechnet werden muss, in dessen Hoheitsgebiet er entstanden ist. Für die nationale, verfassungsrechtliche Situation verstößt der Verlustuntergang im Zuge einer Verschmelzung gegen die Besteuerung nach der Leistungsfähigkeit in Form des objektiven Nettoprinzips[3]. Als Ausweg bleibt auch nicht der umgekehrte Weg der Verschmelzung einer Gewinn-Kapitalgesellschaft auf die Verlust-Kapitalgesellschaft, weil in dieser Variante § 8c KStG (Rz. 2.397 ff.) eingreifen wird.

2.420 Von diesem Sonderproblem des Verlustübergangs abgesehen kommt es bei der Verschmelzung der einen auf die andere Kapitalgesellschaft zu **keinen größeren steuerrechtlichen Problemen**, weil beide Rechtsträger im Binnensystem

1 Näher *Dörfler/Rautenstrauch/Adrian*, BB 2006, 1657.
2 IStR 2006, 19.
3 *Bodden*, FR 2007, 265, 276; *Körner*, DStR 2006, 469, 470.

der deutschen Körperschaftsbesteuerung bleiben. Die Verschmelzung kann ohne Ertragsteuerbelastung durchgeführt werden, soweit die Besteuerung der in der untergehenden Kapitalgesellschaft ruhenden stillen Reserven gewährleistet bleibt. Nach der durch das SEStEG eingeführten neuen Besteuerungstechnik ist ein Antrag der übertragenden Gesellschaft erforderlich, wenn sie in ihrer steuerrechtlichen Schlussbilanz einen Wert unter dem neuerdings grundsätzlich **maßgeblichen gemeinen Wert** ansetzen möchte (**§ 11 Abs. 2 UmwStG**). Die Vermeidung der Besteuerung der stillen Reserven im Falle der Verschmelzung ist nach § 11 Abs. 1 UmwStG an die Voraussetzungen geknüpft, dass die Besteuerung der stillen Reserven, die in den übergehenden Wirtschaftsgütern liegen, später sichergestellt ist und eine Gegenleistung nicht gewährt wird oder die gewährte Gegenleistung allein in Gesellschaftsrechten besteht. Wenn eine sanierungsbedürftige GmbH als übertragende Gesellschaft nicht über stille Reserven verfügt, ergeben sich keine Probleme. Ein grundsätzlich bei der untergehenden Gesellschaft mit Körperschaftsteuer und Gewerbesteuer (§ 19 Abs. 1 UmwStG, § 7 GewStG) belasteter steuerpflichtiger Übertragungsgewinn kommt dann nicht in Betracht. Die Wirtschaftsgüter sind in der Schlussbilanz der untergehenden Gesellschaft mit Buchwerten, die dem gemeinen Wert entsprechen, zu bilanzieren.

Die übernehmende Gesellschaft hat die auf sie übergehenden Wirtschaftsgüter mit den Wertansätzen der untergehenden Gesellschaft zu übernehmen (§§ 12 Abs. 1, 4 Abs. 1 UmwStG). 2.421

Bei der Verschmelzung kann sich ein Gewinn der übernehmenden Gesellschaft ergeben, weil infolge des Vermögensübergangs Forderungen und Verbindlichkeiten, die zwischen den zu verschmelzenden Gesellschaften bestehen, durch Konfusion untergehen. Auf diesen **Übernahmefolgegewinn** wird auf Grund § 12 Abs. 4 Satz 2 UmwStG § 6 Abs. 1, 2 UmwStG entsprechend angewandt. Die übernehmende Kapitalgesellschaft ist berechtigt, für einen Übernahmefolgegewinn eine gewinnmindernde Rücklage einzustellen, die innerhalb von drei Jahren jeweils mit einem Drittel gewinnerhöhend aufzulösen ist. Eine gewinnmindernde Rücklage darf nicht für die Gewinne gebildet werden, die durch die Auflösung von Rückstellungen entstanden sind, die wegen der Verschmelzung aufgelöst werden. 2.422

Die übernehmende Kapitalgesellschaft kann die **AfA** auf die Wertansätze vornehmen, die sie von der untergehenden Kapitalgesellschaft übernommen hat. Eine Neufestsetzung der betriebsgewöhnlichen Nutzungsdauer ist nicht erforderlich. Nach § 4 Abs. 2 Satz 3 UmwStG, auf den § 12 Abs. 3 UmwStG verweist, ist für die Frage der Dauer der Zugehörigkeit eines Wirtschaftsguts zum Betriebsvermögen die Vorbesitzzeit der untergehenden Körperschaft bei der übernehmenden anzurechnen. Das ist praktisch wichtig, weil damit die Verschmelzung nicht die Vergünstigungen nach § 2 InvZulG gefährdet. Im Übrigen tritt die übernehmende Gesellschaft nach § 12 Abs. 3 Satz 1 UmwStG auch bezüglich der erhöhten Absetzungen und anderer Sonderabschreibungen in die Rechtsposition der untergehenden Gesellschaft ein. 2.423

Die Besteuerung der **Anteilseigner** der übertragenden Gesellschaft wird in § 13 UmwStG geregelt. **§ 13 UmwStG** geht davon aus, dass die Anteile an der 2.424

übertragenen Körperschaft, die Altanteile an einer GmbH, als zum gemeinen Wert veräußert und die Anteile an der übernehmenden Körperschaft (Neuanteile) zum selben Wert als angeschafft gelten. Allerdings können auf Antrag die neuen Anteile nach § 13 Abs. 2 Satz 1 UmwStG zu Buchwerten (Betriebsvermögen) oder zu Anschaffungskosten (Privatvermögen) angesetzt werden, wenn die deutsche Steuerverstrickung erhalten bleibt.

b) Verschmelzung GmbH auf Personengesellschaft

2.425 Wird eine Kapitalgesellschaft auf eine Personengesellschaft verschmolzen, so ist zwischen einer Verschmelzung durch Aufnahme und einer Verschmelzung durch Neugründung zu unterscheiden. Die Verschmelzung kann zulässigerweise auf eine OHG oder KG vorgenommen werden. Das steuerrechtliche Problem des Vermögensübergangs von einer Kapitalgesellschaft auf eine Personengesellschaft ist darin begründet, dass das Betriebsvermögen einer zu verschmelzenden GmbH den Bereich der **Körperschaftsteuer verlässt**, also auch das System der Definitivbesteuerung des § 23 Abs. 1 KStG. Das gilt sowohl für den Fall der Verschmelzung der Kapitalgesellschaft auf eine Personengesellschaft als auch für den Formwechsel einer Kapitalgesellschaft in eine Personengesellschaft. Die bisherigen Gesellschafter der untergehenden Kapitalgesellschaft werden Mitunternehmer des neuen Rechtsträgers (§ 15 Abs. 1 Satz 1 Nr. 2 EStG). Anders als für das Zivilrecht ist steuerrechtlich also zu entscheiden, ob es steuerrechtlich zur Anwendung der Liquidationsregeln des § 11 KStG kommt.

2.426 Nach der Besteuerungssystematik der **§§ 3 ff. UmwStG** ist die übertragende Kapitalgesellschaft im Ausgangspunkt verpflichtet, die Wirtschaftsgüter in ihrer steuerlichen Schlussbilanz mit dem gemeinen Wert anzusetzen. Auf Antrag ist jedoch ein **Buchwertansatz** oder ein **Zwischenwertansatz** möglich (§ 3 Abs. 2 UmwStG), wobei das Recht zur Buchwertfortführung regelmäßig voraussetzt, dass eine spätere Versteuerung der stillen Reserven in Deutschland gewährleistet ist. Daher fordert das Gesetz, dass das übergehende Vermögen der zu verschmelzenden GmbH bei der aufnehmenden Personengesellschaft zu steuerrechtlichem Betriebsvermögen wird.

2.427 Nach § 37 KStG wird das frühere System der ausschüttungsbedingten Gutschrift eines Körperschaftsteuerguthabens (alten Rechts) in Form einer Körperschaftsteuerminderung durch eine **ratierliche Auszahlung** des Körperschaftsteuerguthabens ersetzt. Der Auszahlungszeitraum reicht bis 2017; der Anspruch ist unverzinslich und deswegen abgezinst zu aktivieren. Der abgezinste Betrag ist in der Schlussbilanz der übertragenen Körperschaft auszuweisen, hat aber keinen Einfluss auf deren Einkommen. Nach Verschmelzung steht der Auszahlungsanspruch der übernehmenden Personengesellschaft als Rechtsnachfolgerin zu.

2.428 Bei der Besteuerung der übernehmenden (Personen-)Gesellschaft geht § 4 Abs. 1 Satz 1 UmwStG vom Prinzip der **Wertverknüpfung** aus, so dass das übernehmende Personenunternehmen die von der GmbH übergegangenen Wirtschaftsgüter mit denen in der steuerlichen Schlussbilanz der übertragenden Körperschaft enthaltenen Wert zu übernehmen, zu bilanzieren hat. Dadurch wird die spätere Versteuerung der stillen Reserven gewährleistet, wenn diese nicht bereits bei der abgebenden Gesellschaft aufgedeckt worden sind.

Für **Sanierungskonstellationen** besonders wichtig ist, dass § 4 Abs. 2 Satz 2 UmwStG anordnet, dass ein Verlustabzug nach § 10d EStG, der bei der untergehenden Kapitalgesellschaft existierte, nicht auf das übernehmende Personenunternehmen übergeht. Das ist in der Praxis eine erhebliche „Sanierungsbremse", weil die Umstrukturierung der GmbH in ein Personenunternehmen zur Verlustvernichtung führt. In praktischen Fällen ist daher daran zu denken, dass nach § 3 Abs. 2 UmwStG vorgegangen wird und zumindest ein Wert **aufgedeckt** wird, der den bestehenden Verlustvortrag abdeckt, wenn denn stille Reserven im Vermögen der untergehenden GmbH vorhanden sind. 2.429

Im Übrigen tritt die übernehmende Personengesellschaft bezüglich der **AfA**, der Sonderabschreibungen usw. in die Rechtsstellung der übertragenden GmbH steuerbilanzrechtlich ein. Sind die Wirtschaftsgüter in der Schlussbilanz der übertragenden GmbH mit den Buchwerten angesetzt, so wird die bisher geltende Abschreibungsdauer in der übernehmenden Personengesellschaft fortgesetzt. Aus dem Grundsatz der Gesamtrechtsnachfolge folgt auch, dass beim übernehmenden Rechtsträger Vorbesitzzeiten angerechnet und Haltefristen nicht unterbrochen werden. Da das Vermögen jedoch im Wege der Gesamtrechtsnachfolge übergeht, liegt keine Anschaffung der übergehenden Wirtschaftsgüter vor, so dass beispielsweise (neue) Investitionszulagen nicht gewährt werden können. 2.430

Bezüglich der Besteuerung der **Anteilseigner** der übertragenden Kapitalgesellschaft, die nunmehr Mitunternehmer nach **§ 15 Abs. 1 Satz 1 Nr. 2 EStG** werden, hat sich durch das SEStEG die Neuerung ergeben, dass nunmehr die Besteuerung der **offenen Rücklagen** anlässlich der Umwandlung statt durch die Ermittlung des Übernahmeergebnisses vorrangig durch eine sog. **Ausschüttungsfiktion** erfolgt. Der steuerrechtliche Ausgangspunkt ist **§ 7 UmwStG**. Die offenen Rücklagen werden den Anteilseignern als Einnahmen aus Kapitalvermögen nach § 20 Abs. 1 Nr. 1 EStG zugerechnet; im Ergebnis kommt es zur Anwendung der § 3 Nr. 40 lit. d EStG, § 8b KStG. Bei der Ermittlung des Übernahmeergebnisses nach § 4 Abs. 4 Satz 1 EStG sind die Bezüge nach § 7 UmwStG als Abzugsposten zu berücksichtigen (§ 4 Abs. 5 Satz 2 UmwStG). Das ist steuersystematisch richtig, weil es sonst zu einer doppelten Belastung der offenen Rücklagen kommen würde. 2.431

Da nach der Konzeption des Gesetzes steuerverstrickte Anteile an der Kapitalgesellschaft nach § 4 UmwStG als in die Personengesellschaft eingelegt gelten und damit **fiktiv** zum Betriebsvermögen der Personengesellschaft gehören, ergibt sich nach § 4 Abs. 4 UmwStG infolge des Vermögensübergangs ein **Übernahmegewinn** oder ein **Übernahmeverlust**. dabei handelt es sich um den Unterschiedsbetrag zwischen dem Wert, mit dem die übergegangenen Wirtschaftsgüter zu übernehmen sind und dem Buchwert/den Anschaffungskosten der Anteile an der übertragenen Kapitalgesellschaft. Da der übernehmende Rechtsträger steuerrechtlich transparent behandelt wird (§ 15 Abs. 1 Satz 1 2.432

Nr. 2 EStG), ist das Übernahmeergebnis für jeden der nunmehrigen Personengesellschafter separat zu ermitteln. Seinem Anteilswert nach § 5 UmwStG ist der anteilige Wert des von der Personengesellschaft angesetzten Betriebsvermögens der vormaligen Kapitalgesellschaft gegenüberzustellen. Das heißt, dass der Übernahmegewinn oder der Übernahmeverlust **gesellschafterbezogen** ermittelt wird. Dabei wird es auf Grund der individuell zu beachtenden Besonderheiten jeden Gesellschafters regelmäßig zu einer Ermittlung unterschiedlicher Übernahmeergebnisse kommen. Das Übernahmeergebnis zählt dann zu den Einkünften aus Gewerbebetrieb nach § 15 Abs. 1 Satz 1 Nr. 2 EStG und ist von dem für die Personengesellschaft zuständigen Feststellungsfinanzamt einheitlich und gesondert nach §§ 179, 180 AO festzustellen. Allerdings regelt § 4 Abs. 6 UmwStG, dass ein Übernahmeverlust außer Ansatz bleibt, wenn er auf eine Kapitalgesellschaft als Mitunternehmerin der Personengesellschaft entfällt. Das ist steuersystematisch konsequent, weil dies den Wertungen des § 8b Abs. 3 Satz 3 KStG entspricht.

VI. Darlehen von Gesellschaftern, insbesondere Rangrücktritt und Forderungsverzicht

1. Rangrücktritt

2.433 Hinzuweisen ist zunächst darauf, dass es bei einer Vereinbarung zwischen der GmbH und ihrem Gesellschafter, die möglicherweise als Rangrücktritt zu qualifizieren ist, nicht darauf ankommt, wie die Vereinbarung bezeichnet wird (iura novit curia). Entscheidend ist – auch für das Steuerrecht – allein, ob die Vereinbarung lediglich **schuldrechtlichen** Charakter hat oder ob **dinglich** in den Stand der Verbindlichkeit/Forderung eingegriffen wird.

2.434 Bei dem (schuldrechtlichen) Rangrücktritt handelt es sich um eine Vereinbarung, welche zivilrechtlich nicht zu einem Erlöschen der Darlehensverbindlichkeit der GmbH führt, die vielmehr in erster Linie den Zweck hat, die Überschuldung der Kapitalgesellschaft zu verhindern oder zu beseitigen, indem die Verbindlichkeit so modifiziert wird, dass sie im Überschuldungsstatus nicht zu passiveren ist. Wird also beispielsweise von den Parteien in der Rangrücktrittsvereinbarung lediglich der Wortlaut des früheren § 32a Abs. 1 GmbHG wiederholt, dann hat diese Vereinbarung keinen Einfluss auf die Existenz der Verbindlichkeit. Die Abrede verändert den Inhalt der Forderung nur dergestalt, dass die Durchsetzung in der Insolvenzsituation einstweilen ausgeschlossen ist und erst wieder möglich sein soll, wenn die jeweils beschriebene Krise beendet ist[1].

2.435 **Handelsrechtlich** sind Gesellschafterdarlehen im Jahresabschluss der GmbH gesondert auszuweisen oder im Anhang anzugeben (§ 42 Abs. 3 GmbHG). Unverzinsliche oder niedrig verzinsliche Verbindlichkeiten sind mit ihrem Rückzahlungsbetrag anzusetzen. Eine Abzinsung ist nicht möglich, weil dem das handelsrechtliche Realisationsprinzip entgegensteht (§§ 253 Abs. 1 Satz 2, 252 Abs. 1 Nr. 4 HGB). Für das **Steuerbilanzrecht** gilt für unverzinsliche Darlehen,

1 Vgl. *Schulze-Osterloh*, WPg 1996, 97 f.

die am Bilanzstichtag eine Restlaufzeit von 12 Monaten oder mehr besitzen, ein Abzinsungsverbot auf Grund §§ 6 Abs. 1 Nr. 3, Abs. 1 Nr. 2 EStG). Wenn für den handelsrechtlichen Jahresabschluss für eine unter einen Rangrücktritt fallende Verbindlichkeit grundsätzlich eine Passivierungspflicht als Fremdkapital besteht[1], dann ist diese Betrachtungsweise deshalb konsequent, weil es auf Grund des schuldrechtlichen Rangrücktritts dabei bleibt, dass das Darlehen als Verbindlichkeit und damit als Belastung der GmbH weiterhin existiert. Im Übrigen ist zu bedenken, dass die Kapitalersatzregeln des früheren Rechts und die Neuregelung in § 39 Abs. 1 Nr. 5 InsO auf die Insolvenzsituation zugeschnitten sind, so dass die schlichte Vereinbarung des Rangrücktritts an der Passivierungsfähigkeit als Verbindlichkeit nichts ändern kann.

2.436 Für die steuerrechtliche Behandlung eines mit einer Rangrücktrittsvereinbarung versehenen Gesellschafterdarlehens ist die zivilrechtliche bzw. die handelsrechtliche Sichtweise maßgebend[2]. Aufgrunddessen ist eine Rangrücktrittsvereinbarung, die nur schuldrechtlich in die Darlehensabrede „eingreift" und bei der es im Wesentlichen darum geht, den Ausweis einer Überschuldung im Überschuldungsstatus zu vermeiden, weiterhin als Verbindlichkeit zu passivieren, also **nicht gewinnerhöhend** aufzulösen. Zwar ist vor dem Hintergrund der Rechtsprechung des BGH[3] die Auffassung vertreten worden, dass der vom BGH für die Nichtberücksichtigung im Überschuldungsstatus erforderliche „qualifizierte Rangrücktritt" (vgl. § 199 InsO) steuerrechtliche Konsequenzen habe[4], doch ist der BFH dabei geblieben, dass eigenkapitalersetzende Darlehen des früheren Rechts steuerrechtlich Fremdkapital sind[5]. Zu berücksichtigen ist, dass die zitierte Entscheidung des BFH zeitlich nach derjenigen des BGH liegt, so dass davon auszugehen ist, dass der BFH in Kenntnis der Rechtsprechung des BGH zum qualifizierten Rangrücktritt bei seiner Auffassung geblieben ist, dass Gesellschafterdarlehen steuerrechtlich Fremdkapital darstellen, auch wenn sie mit einer Rangrücktrittserklärung versehen sind. Entscheidend ist, dass die Rangrücktrittsvereinbarung den Bestand der Forderung rechtlich unangetastet lässt, so dass sowohl für den handelsrechtlichen Jahresabschluss als auch für die steuerrechtliche Gewinnermittlung eine Passivierungspflicht als Fremdkapital besteht[6].

2.437 In der Folgezeit hat es Bestrebungen der **Finanzverwaltung** gegeben, die Konsequenzen eines Rangrücktritts anders zu sehen, als dies von der BFH-Rechtsprechung vertreten wird. Das BMF-Schreiben v. 18. 8. 2004[7] knüpft zwar an

1 BGH v. 6. 12. 1993 – II ZR 102/93, GmbHR 1994, 176; BFH v. 30. 3. 1993 – IV R 57/91, BStBl. II 1993, 502.
2 BGH v. 8. 1. 2001 – II ZR 88/99, BGHZ 146, 264; BFH v. 5. 2. 1992 – I R 127/90, BStBl. II 1992, 532; BFH v. 30. 3. 1993 – IV R 57/91, BStBl. II 1993, 502; BFH v. 16. 5. 2001 – I B 143/00, BStBl. II 2002, 436; *Crezelius*, FS Raupach, 2006, S. 327, 332 ff.; *Ernst & Young/Lang*, Loseblatt, § 8 KStG Rz. 548.7; *Schmidt/Weber-Grellet*, § 5 EStG Rz. 550 „Gesellschafterfinanzierung".
3 BGH v. 8. 1. 2001 – II ZR 88/99, BGHZ 146, 264.
4 *Vogt*, DStR 2001, 1881.
5 BFH v. 16. 5. 2001 – I B 143/00, BStBl. II 2002, 436.
6 Näher m.w.N. *Hölzle*, GmbHR 2005, 852.
7 BStBl. I 2004, 850.

die Rechtsprechung des BFH an und akzeptiert die Bilanzierung des Gesellschafterdarlehen als Fremdkapital trotz Rangrücktrittsvereinbarung. Wenn aber bei einer solchen Vereinbarung eine Bezugnahme auf die Möglichkeit einer Tilgung auch aus sonstigem freien Vermögen fehle, soll eine aus künftigen Gewinnen zu erfüllende Verbindlichkeit vorliegen, die nach **§ 5 Abs. 2a EStG** auszubuchen sein. Dem ist entgegenzuhalten, dass § 5 Abs. 2a EStG nach seinem Sinn und Zweck und seiner Entstehungsgeschichte nur Verbindlichkeiten erfasst, die von Beginn an aus künftigen Einnahmen oder Gewinnen zu erfüllen sind[1]. Im Übrigen bleibt bei dieser Ansicht offen, welche Konsequenzen sich aus der Auffassung der Finanzverwaltung ergeben sollen. Es könnte zu den gleichen Rechtsfolgen kommen wie bei einem Forderungsverzicht gegen Besserungsschein (Rz. 2.443 ff.) also zunächst zu einer Gewinnrealisierung in Höhe des nicht werthaltigen Teils des Darlehens. Es ist sowohl zivilrechtlich als auch steuersystematisch unzutreffend, bei einem qualifizierten Rangrücktritt von einer (teilweisen) Umwandlung in Eigenkapital auszugehen. Ein Verzicht oder ein Verzicht mit Besserungsabrede einerseits und der lediglich schuldrechtlich wirkende Rangrücktritt andererseits sind dogmatisch und wirtschaftlich nicht vergleichbar und können daher steuerbilanzrechtlich nicht identisch behandelt werden. Das nur mit einem Rangrücktritt versehene Darlehen bleibt existent und letztlich in seiner wirtschaftlichen Verursachung unverändert bestehen. Dem muss das Steuerbilanzrecht Rechnung tragen. Im Übrigen ist **die restriktive Auffassung** der Finanzverwaltung durch das BFH-Urteil v. 10. 11. 2005[2] **überholt**. Dort hat der **BFH** deutlich ausgeführt, dass ein Rangrücktritt auch ohne präzise Bezugnahme auf das zugreifbare Vermögen nicht zu einer Gewinnrealisierung bei der Gesellschaft führt. Dem hat sich nunmehr auch die Finanzverwaltung angeschlossen[3]. Einschränkend ist aber darauf aufmerksam zu machen, dass die BFH-Entscheidung ausführt, dass es je nach Formulierung der Rangrücktrittsvereinbarung doch zu einer Anwendung des § 5 Abs. 2a EStG kommen kann und daher die Ausgestaltung des Rangrücktritts zwecks Vermeidung einer Überschuldung auf der einen Seite und die Anwendung des § 5 Abs. 2a EStG auf der anderen Seite abgewogen werden müssen[4].

2.438 Nach Inkrafttreten des **MoMiG** zeigt schon § 30 Abs. 1 GmbHG, dass es grundsätzlich bei Fremdkapital bleibt. Offen ist derzeit nur, wann im Einzelfall § 5 Abs. 2a EStG eingreift[5]. Das ist deshalb von praktischer Bedeutung, weil im Fall der Ausbuchung der Verbindlichkeit des Gesellschafters ein Gewinn mit entsprechenden Steuerverbindlichkeiten/Steuerrückstellungen entsteht, der insolvenzrechtlich wiederum in die Überschuldung führen könnte. § 5 Abs. 2a EStG ist jedenfalls dann nicht gegeben, wenn die Begleichung der Verbindlichkeit zeitlich aufschiebend bedingt – bis zur Krisenabwendung – verweigert werden kann[6]. Auch wenn es sich um eine qualifizierte Rangrück-

1 Vgl. *Schmidt/Weber-Grellet*, § 5 EStG Rz. 315.
2 BStBl. II 2006, 618.
3 BMF, BStBl. I 2006, 496.
4 Zu möglichen Formulierungen *Wälzholz*, GmbH-StB 2006, 76.
5 Dazu m.w.N. *Schmidt/Weber-Grellet*, § 5 EStG Rz. 315.
6 BMF, BStBl. I 2006, 496 Tz. 7; *Ernst & Young/Lang*, Loseblatt, § 8 KStG Rz. 551.10 f.

trittsvereinbarung im Sinne der BGH-Rechtsprechung handelt, liegt keine Besserungseinrede vor. Der Zugriff des einen qualifizierten Rangrücktritt erklärenden Gesellschafters auf den Liquidationsüberschuss oder das sonstige freie Vermögen wird prinzipiell nicht eingeschränkt, vielmehr wird eine zeitliche Reihenfolge vorgegeben, nämlich nach der Befriedigung sämtlicher Gesellschaftsgläubiger nicht vor, sondern nur zugleich mit den Einlagerückgewähransprüchen der Mitgesellschafter bedient zu werden.

2. Forderungsverzicht

a) Erlass

Entschließt sich ein Gesellschafter der GmbH in der Krise der Gesellschaft, die Gesellschaft finanziell durch Zuführung von Kapital zu stützen, dann muss er prinzipiell Eigenkapital und nicht Fremdkapital zuführen. Führt er gleichwohl Letzteres zu, dann wird das zugeführte Fremdkapital nach den früheren Regeln der §§ 32a, b GmbHG a.F., § 135 InsO a.F. bzw. den Rechtsprechungsregeln des BGH zum Eigenkapitalersatz unterworfen. Nach der neuen Rechtslage wird nicht mehr danach unterschieden, ob das Darlehen des Gesellschafters eigenkapitalersetzend war oder nicht. Es kommt allein darauf an, dass es sich um Gesellschafterdarlehen handelt, welches nach § 39 Abs. 1 Nr. 5 InsO behandelt wird. 2.439

Was die **Ebene** der **GmbH** angeht, so bereitet der Erlass der Darlehensverbindlichkeiten durch den Gesellschafter keine Schwierigkeiten, wenn diese im Zeitpunkt des Erlöschens voll **werthaltig** gewesen ist. Handelsrechtlich geht es dann um einen Fall des § 272 Abs. 2 Nr. 4 HGB (Kapitalrücklage), steuerrechtlich handelt es sich um eine nicht steuerbare verdeckte Einlage, soweit der Forderungserlass mit Rücksicht auf das Gesellschaftsverhältnis durchgeführt wird. Allerdings dürfte die vorstehend beschriebene Konstellation der Ausnahmefall sein, da in einer Krisensituation der GmbH das Darlehen des Gesellschafters regelmäßig nicht mehr voll werthaltig ist. 2.440

Nach **früher** gängiger Auffassung führte ein Forderungsverzicht des Gesellschafters, weil er formal zum Wegfall einer Verbindlichkeit führt und der Verzicht aus Gründen zu erklären ist, die im Anteilseignerverhältnis liegen, zu einer Einlage, die mit dem Nennwert der weggefallenen Verbindlichkeit zu bewerten war. Steuerrechtlich folgte daraus für die Gesellschaftsebene, dass der Nennwert der Verbindlichkeit ebenfalls als Einlage zu qualifizieren war, da die Verbindlichkeit um diesen Betrag gemindert wurde. 2.441

Nach überwiegender **handelsrechtlicher** Ansicht können nur aus der Sicht des Gläubigers vollwertige Forderungen Gegenstand einer offenen Sacheinlage sein[1]. Daraus ergibt sich die weitere handelsrechtliche Frage, ob aus einer fehlenden Sacheinlagefähigkeit zu folgern ist, dass ein Ausweis in der Kapitalrücklage des § 272 Abs. 2 Nr. 4 HGB ausscheidet. Steuerrechtlich resultiert daraus das Problem, ob die durch den Forderungserlass bewirkte Vermögens- 2.442

1 Z.B. *Lutter/Hommelhoff*, § 56 GmbHG Rz. 4 ff.

mehrung auf Gesellschaftsebene tatsächlich einen erfolgsneutralen Finanzierungsvorgang oder einen steuerbaren Gewinn darstellt[1].

2.443 Maßgebend ist heute die **Grundsatzentscheidung** des **Großen Senats** des **BFH** aus dem Jahre 1997[2]. In dem Beschluss ist über die Rechtsfolgen des Forderungsverzichts eines GmbH-Gesellschafters entschieden worden, soweit es die Steuerrechtsebene der GmbH angeht. Danach führt ein aus dem Gesellschaftsverhältnis beruhender Verzicht eines Gesellschafters auf seine nicht mehr vollwertige Forderung gegenüber einer Kapitalgesellschaft bei der Kapitalgesellschaft (GmbH) zu einer **Einlage** in Höhe des **Teilwerts** der Forderung. Das gilt auch dann, wenn die entsprechende Verbindlichkeit auf abziehbare Aufwendungen zurückgeht. Der Verzicht des Gesellschafters auf eine Forderung gegenüber seiner Kapitalgesellschaft im Wege der verdeckten Einlage führt korrespondierend beim Gesellschafter zum fiktiven Zufluss des werthaltigen Teils der Forderung. Im Übrigen kann eine verdeckte Einlage auf der Ebene der Kapitalgesellschaft auch dann anzunehmen sein, wenn der Forderungsverzicht von einer dem Gesellschafter nahe stehenden Person ausgesprochen wird. In dieser Variante wird der Erlass also steuerrechtlich so beurteilt, als habe der Dritte die Forderung auf den Gesellschafter übertragen und dieser der GmbH die Forderung erlassen. War in dieser Konstellation die Darlehensforderung durch den Gesellschafter besichert, dann ist dieser Absicherung bei der Ermittlung des werthaltigen Teils der Forderung nicht zu berücksichtigen. Entscheidend ist allein, in welcher Höhe die Forderung für den Gesellschafter werthaltig ist.

2.444 Mit der Entscheidung des Großen Senats des BFH ist die Rechtslage für den Verzicht auf nicht vollwertige Forderungen gegenüber der Kapitalgesellschaft durch den Anteilseigner prinzipiell verändert worden. Bei der Kapitalgesellschaft ist allein der **werthaltige Teil** der Forderung **Einlage** und damit dem steuerrechtlichen Einlagekonto des § 27 KStG zuzuschreiben. Der **Unterschiedsbetrag** zwischen werthaltigem Teil und Nennbetrag des bislang bei der Kapitalgesellschaft als Fremdkapital passivierten Gesellschafterdarlehens ist **steuerbares Einkommen** der Kapitalgesellschaft, welches nach Aufhebung des § 3 Nr. 66 EStG (Rz. 2.353 ff.) auch nicht als steuerfreier Sanierungsgewinn begünstigt werden kann. In Konsequenz davon kommt es entweder zu einer Körperschaftsbesteuerung des nicht werthaltigen Teils nach § 23 Abs. 1 KStG oder zu einem Verbrauch des körperschaftsteuerrechtlichen Verlustvortrags durch den nicht werthaltigen Teil des erlassenen Gesellschafterdarlehens.

2.445 Im Ergebnis ist die sich aus der Auffassung des Großen Senats des BFH ergebende Dogmatik eine konsequente Fortsetzung des Grundsatzes, dass ein zivilrechtliches Gesellschafterdarlehen – nach altem und neuem Recht – für die laufende Besteuerung zunächst irrelevant ist. Erst dann, wenn der Anteilseigner **dinglich** in den Bestand der Verbindlichkeit eingreift, wird das formale Fremdkapital in Eigenkapital umqualifiziert, allerdings entsprechend dem Grundsatz, dass nur werthaltige Forderungen einlagefähig sind, nur in Höhe des Betrages, der noch werthaltig ist. Dieses Ergebnis entspricht sowohl der

1 Dazu *Thiel*, GmbHR 1992, 20; *Wassermeyer*, DB 1990, 2288.
2 BFH (GrS) v. 9. 6. 1997 – GrS 1/94, BStBl. II 1998, 307 = GmbHR 1997, 851.

gesellschaftsrechtlichen als auch der steuerrechtlichen Interessenlage. Vor der Verzichtsvereinbarung ist das Darlehen bei der GmbH Fremdkapital. Kommt es zum Verzicht, dann wird der potentielle Eigenkapitalcharakter des Darlehens so berücksichtigt, das bei der Prüfung, in welcher Höhe das Darlehen werthaltig ist, die wirtschaftliche Situation der GmbH maßgebend ist. Die daraus resultierende Eigenkapitalverstärkung (Rücklage) wird aus Gläubigerschutzgesichtspunkten nur in Höhe der Werthaltigkeit der ehemaligen Verbindlichkeit angenommen.

Auf der **Ebene** des **Gesellschafters** führt der Erlass in Höhe des werthaltigen Teils der Forderung zu einer Erhöhung der Anschaffungskosten der Beteiligung, sofern es sich um eine steuerverstrickte Beteiligung handelt (Betriebsvermögen, § 17 EStG, § 22 UmwStG). Wenn die Darlehensforderung, auf die der Gesellschafter verzichtet hat, zu einem Betriebsvermögen des Gesellschafters gehört, dann kann der Erlass beim Gesellschafter, je nach dem Buchwert der Forderung, entweder zu einem Verlust oder zu einem Gewinn führen, es kann sich aber auch um einen erfolgsneutralen Vorgang handeln. Entspricht der Buchwert des Darlehens in der Bilanz des an der GmbH beteiligten Gesellschafters dem Nominalwert der Darlehensforderung, dann entsteht durch den Erlass des Gesellschafterdarlehens ein Verlust des nicht werthaltigen Teils der Forderung, der auf der Ebene der GmbH zu einem steuerbaren Gewinn geführt hat. War der Buchwert der Darlehensforderung schon gesunken, dann führt der Erlass auf dieses Darlehen zu einem Gewinn in der Bilanz des Gesellschafters, soweit der Wert der Einlage höher ist als der Buchwert. Entspricht der Buchwert des Darlehens der Bilanz des GmbH-Anteilseigners der Werthaltigkeit, dann ist der Erlass erfolgsneutral, weil der Buchwert mit dem Wert der verdeckten Einlage korrespondiert. 2.446

Kommt es in Betriebsvermögensfällen zu einem **Verlust**, dann ist danach zu unterscheiden, ob der Gesellschafter Einkommensteuer- oder Körperschaftsteuersubjekt ist. Bei Körperschaftsteuersubjekten ist dies der Anwendungsbereich des § 8b Abs. 3 Satz 3 ff. KStG, bei Einkommensteuersubjekten ist umstritten, ob das Teilabzugsverbot des § 3c Abs. 2 EStG eingreift (Rz. 7.456 ff.). Da in einem Betriebsvermögen die Beteiligung als solche und das Gesellschafterdarlehen separate Wirtschaftsgüter darstellen und im Bereich des EStG eine Sonderregel wie die des § 8b Abs. 3 Satz 3 ff. KStG fehlt, muss nach hier vertretener Auffassung die volle Verlustgeltendmachung möglich sein. 2.447

Zusammenfassend ist fest zu halten, dass ein unbedingter Erlass auf ein Gesellschafterdarlehen gegenüber der GmbH aus steuerrechtlicher Sicht nicht zu empfehlen ist, soweit die Darlehensforderung nicht mehr voll werthaltig ist bzw. das Darlehen zum nicht steuerverstrickten Privatvermögen des Anteilseigners gehört. Im ersten Fall kommt es zu einer Körperschaftsbesteuerung der GmbH oder zu einer Minderung des körperschaftsteuerrechtlichen Verlustvortrags. In der zweiten Variante kann ein Verlust auf Gesellschafterebene nur in Fällen der Steuerverstrickung und dann auch nur bei einer Veräußerung geltend gemacht werden, dann aber mit den Folgeproblemen der § 3c Abs. 2 EStG, § 8b Abs. 3 Satz 3 KStG. Aus steuerrechtlicher Sicht ist daher in jedem Fall der schuldrechtliche Rangrücktritt vorzugswürdig. 2.448

b) Besserungsabreden

2.449 Eine Sondersituation ergibt sich, wenn die Parteien die Forderungen zwar dinglich erlassen wollen, jedoch den Erlass mit einer Besserungsvereinbarung verknüpfen[1]. Dogmatisch handelt es sich dabei um einen Erlass, der unter der auflösenden Bedingung vereinbart ist, dass die Wirkungen des Erlasses enden, wenn die GmbH wieder in die Lage versetzt ist, das Darlehen zu tilgen und zu verzinsen. Aus §§ 158 Abs. 2, 159 BGB ergibt sich, dass im Grundsatz der Eintritt der Bedingung keine Rückwirkung hat, dass jedoch schuldrechtlich vereinbart werden kann, dass der Bedingungseintritt zurückwirkt. Eine Vereinbarung mit schuldrechtlicher Rückwirkung schon in dem ursprünglichen Erlassvertrag hat Bedeutung, wenn die Darlehenzinsen auch mit steuerrechtlicher Wirkung für die Zeit der Krise an den Gläubiger/Gesellschafter nachgezahlt werden sollen.

2.450 Auch für den Erlass mit Besserungsvereinbarungen ergeben sich Konsequenzen aus der Entscheidung des **Großen Senats** des **BFH**[2]. Ist der Erlass mit Besserungsvereinbarung durch das **Gesellschaftsverhältnis** veranlasst und die Forderung – wie regelmäßig – nicht mehr in voller Höhe werthaltig, dann kommt es ebenso wie bei einem Erlass ohne Besserungsvereinbarung auf der Ebene der **GmbH** zu einem steuerbaren **Gewinn** in Höhe des nicht mehr werthaltigen Teils des Darlehens. Für die Verpflichtung auf Grund der Besserungsvereinbarung darf auf Ebene der Gesellschaft keine Rückstellung gebildet werden, weil es sich um eine aufschiebend bedingte Verbindlichkeit handelt, die erst aus künftigen Gewinnen zu tilgen ist[3]. In Höhe des werthaltigen Teils ist auch der Erlass mit Besserungsvereinbarung eine Einlage, die das steuerrechtliche **Einlagekonto** des § 27 KStG bei der Kapitalgesellschaft erhöht. Im Gegenzug erhöht dieser werthaltige Teil die **Anschaffungskosten** der Beteiligung des Gesellschafters. Es ergeben sich also ganz andere Konsequenzen als beim Rangrücktritt (Rz. 2.433 ff.). Das ist zutreffend, weil der Forderungsverzicht mit Besserungsabrede und der Rangrücktritt sowohl dogmatisch als wirtschaftlich nicht vergleichbar sind und deshalb auch steuerbilanziell nicht identisch behandelt werden können. Die Eigenart des Rangrücktritts ist seine lediglich schuldrechtliche Wirkung und der bestehen bleibende Erfüllungszwang, demgegenüber beim Forderungsverzicht mit Besserungsvereinbarung die aktuelle Belastung wegfällt.

2.451 Eine Konstellation des Eintritts der auflösenden Bedingungen hat der BFH schon im Jahre 1990 entschieden[4]. Nach Auffassung der Rechtsprechung führt der auflösend bedingte Forderungsverzicht zunächst für die Dauer der Krise zur Bildung von Eigenkapital der Gesellschaft. Im Zeitpunkt des Bedingungseintritts wandelt sich das Eigenkapital wieder in Fremdkapital um. Die Umwandlung des Eigenkapitals in Fremdkapital stellt nach Ansicht des BFH keine Gewinnausschüttung, vielmehr eine Art negative Einlage dar. Bei **Ein-**

1 Vgl. BFH v. 30. 5. 1990 – I R 41/87, BStBl. II 1991, 588; BMF, BStBl. I 2003, 648; *Schmidt/Weber-Grellet*, § 5 EStG Rz. 550 „Gesellschafterfinanzierung".

2 BFH v. 9. 6. 1997 – GrS 1/94, BStBl. II 1998, 307 = GmbHR 1997, 851.

3 *Groh*, BB 1983, 1882.

4 BFH v. 30. 3. 1990 – I R 41/87, BStBl. II 1991, 588.

tritt der **Bedingung** kommt es zur automatischen Umwandlung in Fremdkapital. Vor dem Hintergrund der neuen Rechtsprechung es BFH[1] ist nunmehr der Betrag mit ex nunc-Wirkung vom steuerrechtlichen Einlagekonto des § 27 KStG abzuziehen, der im Zeitpunkt des Erlasses auf Grund der Werthaltigkeit das Einlagekonto erhöht hatte. Hatte der Erlass bei der GmbH in Höhe des wertlosen Teils des Darlehens zu Gewinn geführt (Rz. 2.444), dann mindert sich in der Rechnungsperiode des Eintritts der Bedingung der Gewinn der GmbH durch die **erneute Passivierung** des Darlehens als Fremdkapital. Dem folgt auch die Finanzverwaltung[2]: Im Zeitpunkt des Bedingungseintritts, im Zeitpunkt der Erfüllung der Besserungsabrede sind die geleisteten Zahlungen gezielt vom Einlagekonto abzuziehen, auch wenn dieses negativ wird. Zu fragen ist aber, ob diese Beurteilung auch nach dem Inkrafttreten des SEStEG beizubehalten ist[3]. Hintergrund der Problematik ist § 27 Abs. 1 Satz 3, 4 KStG, wonach die Verrechnung mit dem Einlagekonto unabhängig von der handelsrechtlichen Einordnung der Leistung ist und das Einlagekonto nicht negativ werden kann. Nach hier vertretener Auffassung bleibt es bei der bisherigen Rechtslage, weil die Erfüllung des Besserungsversprechens keine Leistung des § 27 Abs. 1 KStG darstellt. Wenn der BFH[4] im Zeitpunkt des Verzichts des Anteilseigners auf eine gegen die GmbH gerichtete Forderung gegen Besserungsabrede eine Einlage annimmt, die im Einlagekonto zu erfassen ist, dann geschieht dies allein auf Grund der Besonderheiten des Erlasses mit Besserungsvereinbarung. Die in das Einlagekonto zugeführte Leistung ist letztlich nur temporäres Eigenkapital, welches bei Eintritt des Besserungsfalls zum Wiederaufleben der Gesellschafterforderung führt. Diese negative Einlage ist nach § 27 Abs. 1 Satz 1 KStG vom Einlagekonto abzuziehen.

Auf der **Gesellschafterebene** mindern sich die nachträglichen Anschaffungs- 2.452
kosten einer steuerverstrickten Beteiligung im Zeitpunkt des Bedingungseintritts, des Wiederauflebens der Darlehensforderung, soweit der vorherige Erlass in Höhe des werthaltigen Teils zu Anschaffungskosten geführt hatte. Diese eher unproblematische Rechtslage wird kompliziert, wenn ein GmbH-Gesellschafter mit einer steuerverstrickten Beteiligung, beispielsweise ein nach § 17 EStG qualifiziert Beteiligter, seinen GmbH-Geschäftsanteil zu einem Zeitpunkt vor Eintritt der auflösenden Bedingung veräußert hat. Im Zeitpunkt der Veräußerung ist in der Person des Beteiligten entweder ein Veräußerungsgewinn oder ein Veräußerungsverlust (nach § 17 EStG) entstanden. Da die auflösende Bedingung nicht zurückwirkt, ist daran zu denken, dass die auf Grund des Erlasses erhöhten Anschaffungskosten bei der Ermittlung des Veräußerungsgewinns oder des Veräußerungsverlustes zu berücksichtigen sind.

Sowohl für die Rechtslage nach § 8 Abs. 4 KStG a.F. (Rz. 2.387 ff.) als auch im 2.453
Anwendungsbereich des **§ 8c KStG** (Rz. 2.397 ff.) stellt sich die Frage, ob durch einen Erlass mit Besserungsvereinbarung der **Verlustvortrag** in eine andere Steuerperiode **verlagert**, mithin „gerettet" werden kann. Im Einzelnen geht es

1 (GrS) v. 9. 6. 1997 – GrS 1/94, BStBl. II 1998, 307 = GmbHR 1997, 851.
2 BMF, BStBl. I 2003, 366 Tz. 29.
3 Zum Problem *Dötsch/Jost/Pung/Witt*, Loseblatt, § 27 KStG Rz. 63.
4 BFH v. 30. 3. 1990 – I R 41/87, BStBl. II 1991, 588.

darum, dass durch einen Erlass mit Besserungsabrede und nicht vorhandener Werthaltigkeit des Gesellschafterdarlehens ein Gewinn entsteht, der durch einen Verlustvortrag kompensiert werden kann. Zum Zeitpunkt des Eintritts der Besserungsvoraussetzungen entsteht das Gesellschafterdarlehen wieder als Fremdverbindlichkeit, und zwar als erfolgsneutraler (Rz. 2.451) Vorgang. Zu fragen ist, ob diese Konstruktion geeignet ist, auch nach einem Anteilseignerwechsel, der heute die Voraussetzungen des § 8c KStG erfüllt, einen Verlustvortrag der GmbH zu transferieren[1]. Für diese Konstellation vertritt die Finanzverwaltung folgende Auffassung[2]: Wenn zwischen dem Zeitpunkt der Ausbuchung und der Wiedereinbuchung der Verbindlichkeit „eigentlich" der Tatbestand des § 8b KStG a.F. erfüllt wurde, dann soll davon ausgegangen werden, dass der sich aus der Wiedereinbuchung ergebende steuerrechtliche Aufwand, der Unterschied zwischen dem Nennbetrag und dem Teilwert der Forderung im Verzichtszeitpunkt, nicht abzugsfähig sei, da insoweit der Verlust verloren gegangen sei. Die Auffassung der Finanzverwaltung ist weder für das frühere Recht[3] als auch für potentielle Anwendungsfälle des § 8c KStG[4] vom Wortlaut des Gesetzes gedeckt. § 8c KStG ist jedenfalls dann nicht gegeben, wenn im Zeitpunkt des Anteilseignerwechsels ein technischer Verlustvortrag des § 10d EStG nicht vorhanden ist. Auch § 42 AO kann nicht anwendbar sein, weil die Rechtsprechung mehrfach entschieden hat, dass die Nutzung eines bestehenden Verlustes nicht zu beanstanden ist[5]. Auch aus dem Zusammenwirken von Erlass mit Besserungsvereinbarung einerseits und Anteilsübertragung andererseits kann kein Missbrauch hergeleitet werden[6], weil der Forderungserlass mit Besserungsvereinbarung ein gebräuchliches Sanierungsmittel darstellt. Aber selbst wenn der Missbrauchsvorwurf erhoben wird, kann die steuerpflichtige Gesellschaft über § 42 Abs. 2 Satz 2 AO außersteuerliche Gründe für die gewählte Gestaltung darlegen.

c) Forderungsverzicht bei GmbH & Co. KG

2.454 Steuerrechtliche Probleme durch einen Forderungsverzicht des Gesellschafters können auch im Bereich der Personengesellschaften, insbesondere bei der GmbH & Co. KG zu lösen sein. Im Grundsatz ist darauf hinzuweisen, dass die Besteuerung der Personengesellschaften/der Mitunternehmerschaften des § 15 Abs. 1 Satz 1 Nr. 2 EStG **transparent** ist, also nicht – wie im Körperschaftsteuerrecht – dogmatisch zwischen der Besteuerungsebene der Kapitalgesellschaft und derjenigen des Anteilseigners zu unterscheiden ist.

2.455 Personengesellschaftsrechtlich liegt es zweifelsfrei so, dass auch der Personengesellschafter mit „seiner" Gesellschaft in schuldrechtliche Beziehungen tre-

1 Näher *Pohl*, DB 2008, 1531.
2 BMF, BStBl. I 2003, 648.
3 *Boeck*, GmbHR 2004, 221; *Hoffmann*, DStR 2004, 293.
4 *Pohl*, DB 2008, 1531.
5 BFH v. 19. 8. 1999 – I R 77/96, BStBl. II 2001, 43 = GmbHR 1999, 1258; BFH v. 17. 10. 2001 – I R 97/00, BFH/NV 2002, 240 = GmbHR 2002, 169; BFH v. 7. 8. 2002 – I R 64/01, BFH/NV 2003, 205.
6 A.A. *Pohl*, DB 2008, 1531, 1532 f.

ten kann. § 15 Abs. 1 Satz 1 Nr. 2 EStG macht aber nicht nur deutlich, dass bei einer Personengesellschaft/einer steuerrechtlichen Mitunternehmerschaft der einzelne Gesellschafter als Steuersubjekt zu qualifizieren ist, vielmehr zeigt die Norm auch, dass **schuldrechtliche Beziehungen** zwischen Gesellschaft und Gesellschafter steuerrechtlich im Ergebnis **nicht anerkannt** werden. Daraus soll aber nicht die Folgerung zu ziehen sein, dass eine Forderung eines Mitunternehmers gegen die Personengesellschaft in eine Forderung gegen sich selbst und gegen die übrigen Gesellschafter/die Gesellschaft aufzuspalten ist[1]. Ist also eine Darlehenshingabe durch den Gesellschafter an die Personengesellschaft im weitesten Sinne gesellschaftsrechtlich veranlasst[2], dann wird die Darlehensforderung des Gesellschafters steuerrechtlich als **Sonderbetriebsvermögen I** eingeordnet und in der Sonderbilanz des betreffenden Mitunternehmers in der Mitunternehmerschaft aktiviert[3]. Korrespondierend kommt es in der Bilanz der Personengesellschaft, also auf Gesamthandsebene, zu einer Fremdverbindlichkeit, und zwar unabhängig davon, ob dem Kredit ein eigenständiger und vom Gesellschaftsverhältnis unabhängiger Vertrag zugrunde liegt oder ob er als gesellschaftsrechtlicher Beitrag des Personengesellschafters geschuldet wird[4].

Zu einer Aktivierung in der Sonderbilanz des darlehensgewährenden Gesellschafters kommt es auch dann, wenn die Forderung bei diesem Gesellschafter eigentlich zu einem eigenen, **anderen Betriebsvermögen** gehören würde[5]. Dabei ist nicht ganz geklärt, ob dieser Vorrang des Sonderbetriebsvermögens vor einem eigenen Betriebsvermögen des Mitunternehmers auch dann einschlägig ist, wenn es sich um Forderungen des Gesellschafters aus dem eigenen Betrieb und laufende Lieferungen und Leistungen handelt[6]. Bei laufenden Lieferungen und Leistungen zwischen einem anderen Betriebsvermögen und der Mitunternehmerschaft kann bezweifelt werden, ob sich dies noch als Verwirklichung des Gesellschaftsverhältnisses im weitesten Sinn darstellt. 2.456

Wird davon ausgegangen, dass die Darlehensverbindlichkeit der GmbH & Co. KG bzw. die Darlehensforderung des Gesellschafters der GmbH & Co. KG zur **Gesamtbilanz** der Mitunternehmerschaft zählen, dann sind die auf das Darlehen von der Gesellschaft gezahlten Zinsen Betriebsausgaben und entsprechend beim Gesellschafter nach § 15 Abs. 1 Satz 1 Nr. 2 EStG zu erfassende Sonderbetriebseinnahmen. Im Ergebnis führt das dazu, dass der Anspruch des Gesellschafters zwar nicht zu dem in der Bilanz der Gesellschaft auszuweisenden Eigenkapital gehört, wohl aber zum Sonderbetriebsvermögen des Gesellschafters, welches in der aus der Gesellschaftsbilanz und der Sonderbilanz zu bildenden Gesamtbilanz der Mitunternehmerschaft als Eigenkapital behandelt wird[7]. 2.457

1 BFH v. 8. 12. 1982 – I R 9/79, BStBl. II 1983, 570; *Schmidt/Wacker*, § 15 EStG Rz. 540.
2 Vgl. *Woerner*, DStZ 1980, 203.
3 BFH v. 28. 3. 2000 – VIII R 28/98, BStBl. II 2000, 347, 348 = GmbHR 2000, 570.
4 BFH v. 13. 10. 1998 – VIII R 78/97, BStBl. II 1999, 163, 166 = GmbHR 1999, 199
5 BFH v. 7. 12. 2000 – III R 35/98, BStBl. II 2001, 316, 319 = GmbHR 2001, 358; *Brandenberg*, FR 1997, 88.
6 Näher *Schmidt/Wacker*, § 15 EStG Rz. 549.
7 BFH v. 5. 6. 2003 – IV R 36/02, BStBl. II 2003, 871, 874.

2.458 **Verzichtet** der Personengesellschafter auf die in seiner Sonderbilanz aktivierte Forderung, dann ist zu entscheiden, ob es zu vergleichbaren Rechtsfolgen kommt wie beim Forderungsverzicht eines Kapitalgesellschafters. Wird auf die Forderung des Gesellschafters auf Grund gesellschaftsrechtlicher Veranlassung verzichtet, dann handelt es sich um eine Einlage in Höhe des Nennwerts der Forderung[1]. Wird unterstellt, dass der Gesellschafter aus eigenbetrieblichem Interesse auf die Darlehensforderung verzichtet, um beispielsweise seine Geschäftsbeziehungen zu der Personengesellschaft aufrecht zu erhalten, dann wird vertreten, dass auch in dieser Variante eine gesellschaftsrechtlich vereinlasse Einlage anzunehmen ist[2]. Nach anderer Auffassung soll es hier zu einer Parallele zum Forderungsverzicht des Kapitalgesellschafters kommen[3]. Dann ist nur in Höhe des werthaltigen Teils der Forderung bei der Personengesellschaft eine Einlage anzunehmen, beim Gesellschafter kommt es zu einer Entnahme und in Höhe des Volumens des nicht mehr werthaltigen Teils bei der Personengesellschaft zu steuerpflichtigem Ertrag und korrespondierend beim Mitunternehmer zu abzugsfähigem Aufwand in seiner Sondergewinnermittlung. Letztlich geht es darum, ob der Verzicht auf Grund eigenbetrieblicher Motivation des Gesellschafters zu einem Ergebnis führt, welches der Rechtslage bei der vom Trennungsprinzip bestimmten Kapitalgesellschaft entspricht. Anders formuliert: Es ist gut begründbar, dass dann, wenn der Verzicht aus eigenbetrieblichen Gründen erfolgt, der Gedanke der transparenten Mitunternehmerbesteuerung zurückzutreten hat.

2.459 Wird ein Forderungsverzicht des Gesellschafters der GmbH & Co. KG als Einlage auf Gesellschaftsebene, auf Gesamthandsebene behandelt, dann kommt es zu einer erfolgsneutralen Erhöhung des Eigenkapitals in der Steuerbilanz der Personengesellschaft. Maßgebend ist der Buchwert/Nennbetrag der bislang passivierten Verbindlichkeit. Im Gegenzug mindert sich dann das Kapital des verzichtenden Gesellschafters in der Sonderbilanz erfolgsneutral um denselben Betrag. Aus dieser **korrespondierenden Betrachtungsweise** zwischen Sonderbilanz des Gesellschafters und Bilanz der Gesellschaft sollte auch zu folgern sein, dass die Erhöhung des Kapitals auf der Personengesellschaftsebene grundsätzlich dem Gesellschafter zugute kommen muss, der auf die Forderung verzichtet hat.

2.460 Sollte es im Einzelfall so liegen, dass die bislang in der Sonderbilanz des Gesellschafters aktivierte Forderung von dem derzeitigen Gesellschafter zu einem **unter Nennwert** liegenden Preis von einem Dritten **erworben** worden ist, dann sollte die Forderung in der Sonderbilanz mit den Anschaffungskosten aktiviert werden[4]. Das ist daraus zu folgern, dass das Anschaffungskostenprinzip auch für Aktivierungen in der Sonderbilanz gelten muss[5]. Folgt man dem, dann wird die Verbindlichkeit auf Gesellschaftsebene mit dem Nennwert passiviert, in der Sonderbilanz des Gesellschafters dagegen nur mit den niedri-

1 *Kirchhof/Reiß*, § 15 EStG Rz. 404; *Schmidt/Wacker*, § 15 EStG Rz. 550.
2 *Kirchhof/Reiß*, § 15 EStG Rz. 404; *Ley*, KÖSDI 2005, 14815, 14822.
3 *Schmidt/Wacker*, § 15 EStG Rz. 550.
4 Zutreffend *Ley*, KÖSDI 2005, 14815, 14822.
5 BFH v. 31. 10. 2000 – VIII R 85/94, BStBl. II 2001, 185 = GmbHR 2001, 205.

geren Anschaffungskosten. Das könnte mit der korrespondierenden Bilanzierung zwischen Gesellschaftsbilanz und Sonderbilanz kollidieren, doch ist zu berücksichtigen, dass dieser Grundsatz darauf abzielt, dass eine Forderung des Mitunternehmers im Ergebnis innerhalb der Mitunternehmerschaft nicht mit Gewinnauswirkung wertberichtigt werden kann.

3. Verzicht auf Pensionsanwartschaft

Gerade in Krisensituation der GmbH wird es vielfach so liegen, dass der Gesellschafter, der zugleich Geschäftsführer ist und dem eine Pensionszusage gewährt worden ist, auf diesen Vermögenswert verzichten will, um die Kapitalgesellschaft zu sanieren. Auch hier ist zu entscheiden, wie sich der **Wegfall** des Passivpostens „**Pensionsrückstellung**" bei der GmbH und bei ihrem Gesellschafter auswirkt. 2.461

Mit einer Entscheidung aus dem Jahre 1993 hatte der BFH entschieden, dass der Verzicht eines Gesellschafter-Geschäftsführers einer GmbH auf die ihm zugesagte Pension nicht zu einer Einlage in das Vermögen der GmbH führt[1]. Der BFH hat damals die Lösung des Problems nicht auf der Anteilseignerebene, sondern auf der Ebene der Kapitalgesellschaft gesucht. Wenn es sich nicht um eine Einlage in das Eigenkapital der GmbH handelt, kommt es zwangsläufig zu einem steuerbaren Gewinn in Höhe des weggefallenen Passivpostens, der Pensionsrückstellung. 2.462

Die vorstehend referierte Entscheidung des I. Senats des BFH ist durch die Entscheidung des **Großen Senats** des **BFH** zum Forderungsverzicht (ebenfalls) überholt[2]. Der Große Senat des BFH ist nunmehr der Meinung, dass ein durch das Gesellschaftsverhältnis veranlasster Verzicht zu einer Realisierung der Pensionsanwartschaft führe und dass demnach der Gesellschafter-Geschäftsführer prinzipiell **Einnahmen** aus **nichtselbständiger Arbeit** (§ 19 EStG) erzielen könne. Im Ergebnis ist also auch bei einem Verzicht auf eine Pensionsanwartschaft für die Ebene der GmbH zu fragen, ob und in welcher Höhe das Anwartschaftsrecht des pensionsberechtigten Gesellschafters **werthaltig** war oder nicht. In Höhe des werthaltigen Teils kommt es zu einer Einlage des Gesellschafter-Geschäftsführers und körperschaftsteuerrechtlich zu einer Erhöhung des Einlagekontos des § 27 KStG. Ist der Teilwert der Einlage im Einzelfall höher als die auf Grund § 6a EStG berechnete und passivierte Pensionsrückstellung, dann kommt es auf Grund des Verzichts des Gesellschafters in Höhe der Differenz zwischen dem Teilwert des Pensionsanwartschaftsrechts und der Rückstellung nach § 6a EStG zu einer Gewinnminderung auf der Gesellschaftsebene. Liegt der Einlagewert unterhalb des Werts nach § 6a EStG, dann entsteht in Höhe des Unterschiedsbetrags ein zu versteuernder Gewinn[3]. Der Teilwert ist unter Beachtung der allgemeinen Teilwertermittlungsgrundsätze im Zweifel nach den Wiederbeschaffungskosten zu ermitteln. Es kommt also darauf an, welchen Betrag der Gesellschafter im Zeit- 2.463

1 BFH v. 19. 5. 1993 – I R 34/92, BStBl. II 1993, 804.
2 BFH (GrS) v. 9. 6. 1997 – GrS 1/94, BStBl. II 1998, 307 = GmbHR 1997, 851.
3 BFH v. 15. 10. 1997 – I R 58/93, BStBl. II 1998, 305 = GmbHR 1998, 289.

punkt des Verzichts hätte aufwenden müssen, um eine gleichhohe Pensionsanwartschaft gegen einen vergleichbaren Schuldner zu erwerben.

2.464 Auf der **Ebene** des auf die Pensionsanwartschaft verzichtenden **Gesellschafters** kommt es zu erstaunlichen Ergebnissen: Der Verzicht auf das Anwartschaftsrecht führt in Höhe des **werthaltigen Teils** zu einer **Einlage**, durch die sich korrespondierend die Anschaffungskosten einer steuerverstrickten Beteiligung erhöhen. In entsprechender Höhe soll der Verzicht nach Auffassung des BFH aber auch zu **Einnahmen** aus nichtselbständiger Arbeit (§ 19 EStG) führen. Im Ergebnis wird damit ein **Zufluss** nach § 11 EStG **fingiert**. Hinsichtlich des nicht werthaltigen Teils des Anwartschaftsrechts hat der Verzicht für den Gesellschafter-Geschäftsführer keine steuerrechtlichen Konsequenzen.

2.465 Die Auffassung der Rechtsprechung, dass der werthaltige Teil der Pensionsanwartschaft im Falle eines Verzichts zu Einkünften aus nichtselbständiger Arbeit beim Gesellschafter führt, ist steuersystematisch bedenklich. Zunächst ist es fraglich, ob hier tatsächlich ein Zufluss nach § 11 EStG fingiert werden kann, obgleich der verzichtende Gesellschafter den Wert des Pensionsanwartschaftsrechts tatsächlich gar nicht erhält. Im Übrigen ergibt sich die überraschende Konsequenz, dass der werthaltige Teil zugleich zu Einkünften aus nichtselbständiger Arbeit nach § 19 EStG und in gleicher Höhe zu nachträglichen Anschaffungskosten bei einer steuerverstrickten Beteiligung führt. Das erscheint ungereimt, weil bei kapitalgesellschaftsrechtlichen Beteiligungen, die in einem Privatvermögen gehalten werden, der Betrag der Anschaffungskosten grundsätzlich aus versteuertem Einkommen gebildet wird, so dass keine Korrespondenz zwischen zufließenden Einnahmen, die zu versteuern sind, und dem Anschaffungskostenvolumen besteht.

2.466 Der Forderungsverzicht als gesellschaftsrechtlich veranlasst verdeckte Einlage ist von einer **betrieblich** veranlassten **Sanierungsmaßnahme** abzugrenzen[1]. Maßstab ist die Sorgfalt eines ordentlichen Kaufmanns. Ein Forderungsverzicht ist gesellschaftsrechtlich und nicht betrieblich veranlasst, wenn der Anteilseigner bei Anwendung der Sorgfalt eines ordentlichen Kaufmanns die Schulden nicht erlassen hätte. Indiz für die gesellschaftsrechtliche Veranlassung des Forderungsverzichts ist es, wenn sich fremde Gläubiger nicht an der Sanierung beteiligen, wobei es im Wesentlichen auf das Verhalten von Großgläubigern ankommt.

1 Vgl. BFH v. 29. 7. 1997 – VIII R 57/94, BStBl. II 1998, 652 = GmbHR 1998, 93; *Ernst & Young/Lang*, Loseblatt, § 8 KStG Rz. 528 ff.

E. „Wegweiser" nach Scheitern der außergerichtlichen Sanierung

I. Optionen

1. Anhaltende Selbstprüfungspflichten

a) Kann die Krise nicht mehr abgewendet und auch nicht mehr durch Sanierung überwunden werden, so engt dies die Handlungsoptionen ein. Das **Scheitern der außergerichtlichen Restrukturierung der GmbH** kommt i.d.R. nicht unversehens. Es kündigt sich durch Signale an. Die unter Rz. 1.109 ff. herausgestellten unternehmerischen Selbstprüfungspflichten bestehen während der Sanierungsanstrengungen fort und verschärfen sich sogar. Nach außen geht es darum, wie lange ohne Verstoß gegen **§ 15a InsO** (Insolvenzantragspflicht) an einem Sanierungskonzept festgehalten werden kann (dazu Rz. 1.111). Nach innen (§ 43 GmbHG) geht es um die unablässige Prüfung und Optimierung oder Beendigung des eingeschlagenen Weges zur Unternehmens-Restrukturierung. 2.467

b) Die **Wahlmöglichkeiten** sind im Lichte der § 15a InsO, § 43 GmbHG in dieser Situation nur noch beschränkt. Ist keine freie Sanierung mehr möglich oder ist die Dreiwochenfrist des § 15a InsO abgelaufen, so bleibt nur die **Stellung eines Insolvenzantrags**. Aber auch außerhalb der Insolvenzantragspflicht handelt der Geschäftsführer unter einem **Regime strenger Pflichtbindung**. Dieser Pflichtbindung kann der Geschäftsführer i.d.R. nur durch **Einbeziehung der Gesellschafter in strategische Überlegungen** gerecht werden (vgl. auch zu den Risiken eines Eigenantrags nach § 18 InsO Rz. 5.49 ff.). Aus der situativen Einberufungspflicht im Interesse der Gesellschaft (§ 49 Abs. 2 GmbHG) wird eine kontinuierliche Berichts- und ggf. Vorlagepflicht der Geschäftsführer gegenüber den Gesellschaftern[1]. Die Geschäftsführer müssen jede strategische Entscheidung, soweit diese nicht direkt durch gesetzliche Pflichten vorgegeben ist, **im Benehmen mit den Gesellschaftern** (nicht nur mit einem Mehrheitsgesellschafter) treffen (vgl. auch Rz. 2.16). Die **Verständigung mit den Hauptgläubigern** kommt hinzu, ersetzt aber in keinem Fall die Solvenzprüfung und die Einschaltung der Gesellschafter. 2.468

2. Sanierung im gerichtlichen Insolvenzverfahren?

Die **vorsorgende Strategie im Vorfeld der Insolvenz** ist eine entscheidende Aufgabe, wenn noch die **Restchance einer Sanierung trotz Insolvenzverfahrenseröffnung** bleiben soll. Das gilt sowohl für die übertragende Sanierung im Insolvenzverfahren (Rz. 7.99) als auch für die Sanierung im Insolvenzplanverfahren nach §§ 217 ff. InsO (Rz. 7.100). Die Geschäftsführung sollte deshalb – auch dies in ständigem Kontakt mit den Gesellschaftern und eventuell mit den Großgläubigern – vorausschauend nicht nur die Alternative „Geschäfts- 2.469

1 BGH v. 20. 2. 1995 – II ZR 9/94, GmbHR 1995, 299, 300; *Scholz/Karsten Schmidt/Seibt*, § 49 GmbHG Rz. 23.

fortführung oder Insolvenzverfahren?" im Auge haben, sondern bei allen Sanierungsanstrengungen auch deren „Anschlussfähigkeit" unter Insolvenzbedingungen mit bedenken. Hieran kann ein Interesse auch dann bestehen, wenn die Chance gewahrt werden soll, die Sanierungsanstrengungen in Eigenverwaltung nach §§ 270 ff. InsO im Insolvenzverfahren fortzusetzen (dazu Rz. 9.1 ff.).

II. Zerschlagungsstrategien

1. Zerschlagung durch Liquidation

2.470 Eine Zerschlagung des Unternehmens im Liquidationsverfahren setzt die Auflösung durch **Auflösungsbeschluss** nach § 60 Abs. 1 Nr. 2 GmbHG – im Fall einer GmbH & Co. KG nach § 131 Abs. 1 Nr. 2 i.V.m. § 161 Abs. 2 HGB – voraus (dazu Rz. 3.3). In Anbetracht der Insolvenzantragspflicht nach § 15a InsO kommt eine Liquidation nach §§ 65 ff. GmbHG aber nur in Betracht, solange weder Überschuldung noch Zahlungsunfähigkeit eingetreten ist (zum Sonderfall der masselosen Liquidation vgl. Rz. 3.5, 6.1 ff.). Selbst nach begonnener Liquidation bestehen Selbstprüfungspflicht und Insolvenzverschleppungsverbot fort. Ein Auflösungsbeschluss setzt eine sorgsame **strategische Vorbereitung** voraus, weil die Abwicklung sehr unterschiedliche Wege gehen kann, von der Totalversilberung bis hin zur Teilveräußerung (zur Abwicklung nach Plan vgl. Rz. 3.3 f.).

2. Zerschlagung durch Insolvenzverfahren

2.471 Auch eine Zerschlagung durch Insolvenzverfahren kann durchaus unterschiedliche Wege gehen und muss nicht in einer Totalversilberung bestehen (Rz. 4.1). Deshalb muss ein **Eigenantrag der Gesellschaft** gleichfalls **strategisch vorbereitet** werden. Das gilt nicht nur für den Eigenantrag wegen drohender Zahlungsunfähigkeit nach § 18 InsO (dazu vgl. Rz. 5.41 ff.), sondern auch für einen Eigenantrag, der unter dem Druck der Insolvenzantragspflicht nach § 15a InsO steht. Zwar gibt die Geschäftsführung mit der Eröffnung des Insolvenzverfahrens die Durchführung des Verwertungsprozesses aus der Hand (§§ 80, 148 ff., 156 ff. InsO). Aber es ist selbst noch im Vorfeld des Insolvenzantrags wichtig, die Vorbedingungen für eine optimale Verwertung auch noch im Insolvenzverfahren zu schaffen. Ein Geschäftsführer, der diese Aufgabe vernachlässigt, handelt pflichtwidrig und kann sich schadensersatzpflichtig machen (§ 43 GmbHG).

3. Teil: Liquidation

A. Tatbestände und gesellschaftsrechtliche Folgen der Auflösung

I. Auflösungstatbestände und Typen der Liquidation

1. Die gesellschaftsrechtlichen Tatbestände

Die wichtigsten Auflösungstatbestände sind in § 60 GmbHG geregelt[1]. Neben der Eröffnung des Insolvenzverfahrens, auf die unter Rz. 5.1 ff. einzugehen sein wird, stehen im Vordergrund: 3.1

- der Auflösungsbeschluss (§ 60 Abs. 1 Nr. 2 GmbHG; bei der GmbH & Co. KG §§ 131 Abs. 1 Nr. 2, 161 Abs. 2 HGB) und
- die Masselosigkeit (§ 60 Abs. 1 Nr. 5 GmbHG; bei der GmbH & Co. KG §§ 131 Abs. 2 Nr. 1, 161 Abs. 2 HGB).

Dagegen ist **Vermögenslosigkeit**, obwohl in § 60 Abs. 1 Nr. 7 GmbHG behandelt, kein Auflösungs-, sondern ein Löschungstatbestand: Die wegen Vermögenslosigkeit nach § 141a FGG (ab 1. 9. 2009: § 394 FamFG) gelöschte Gesellschaft erlischt, soweit sie wirklich vermögenslos ist, mit der konstitutiv wirkenden Löschung. Stellt sich heraus, dass doch noch Vermögen vorhanden ist, wird sie abgewickelt wie eine wegen Insolvenzablehnung mangels Masse aufgelöste Gesellschaft (vgl. § 66 Abs. 5 GmbHG resp. §§ 145 Abs. 3, 161 Abs. 2 HGB, dazu Rz. 6.1). 3.2

a) Der **Auflösungsbeschluss** bedarf nach § 60 Abs. 1 Nr. 2 GmbHG einer Mehrheit von Dreiviertel der abgegebenen Stimmen. Der notariellen Beurkundung nach § 53 Abs. 2 GmbHG bedarf er nicht, denn es liegt keine Satzungsänderung vor[2]. Der Beschluss unterliegt grundsätzlich keiner Inhaltskontrolle[3], kann allerdings im Einzelfall wegen Treupflichtwidrigkeit anfechtbar sein[4]. Der Beschluss kann ganz unterschiedliche wirtschaftliche Gründe und strategische Zwecke verfolgen. Er kann beispielsweise der Umstrukturierung, der Zerschlagung oder der Teilliquidation von Unternehmen dienen. Die **Liquidation der Gesellschaft** kommt nicht ohne weiteres einer **Liquidation des Unternehmens** gleich (vgl. auch zur übertragenden Sanierung Rz. 2.133 ff., 7.99 ff.). Die Auflösung als solche ist ein wenig zielführender Beschlussgegen- 3.3

---

1 Eingehend zum Folgenden auch *Eller*, Liquidation der GmbH, 2009; *Passarge/Torwegge*, Die GmbH in der Liquidation, 2008.

2 RG v. 6. 3. 1907 – I 329/06, RGZ 65, 266; RG v. 10. 12. 1920 – II 245/20, RGZ 101, 78; BayObLG v. 2. 11. 1994 – 3 Z BR 159/94, GmbHR 1995, 54 = NJW-RR 1995, 1001; OLG Karlsruhe v. 30. 3. 1982 – 11 W 22/82, GmbHR 1982, 276 f.

3 BGH v. 28. 1. 1980 – II ZR 124/78, BGHZ 76, 352 = NJW 1980, 1278; zur AG vgl. BGH v. 1. 2. 1988 – II ZR 78/87, BGHZ 103, 184 = JR 1989, 443 m. Anm. *Wiedemann* = JR 1988, 505 m. Anm. *Bommert* = NJW 1988, 1579 m. Anm. *Timm*.

4 BGH v. 28. 1. 1980 – II ZR 124/78, BGHZ 76, 352, 355 = NJW 1980, 1278.

stand. Die einem Auflösungsbeschluss typischerweise vorausgehenden strategischen Verhandlungen unter den Gesellschaftern finden in einem auf die Auflösung der Gesellschaft begrenzten Beschluss nicht hinreichend Ausdruck. Zweckmäßigerweise wird deshalb mit der Auflösung ein **Liquidationsplan** beschlossen. Dieser konkretisiert das Ziel der Liquidation und die Aufgaben und Pflichten der Liquidatoren. Der Gesetzeswortlaut kennt einen solchen Liquidationsplan nicht, sieht ihn auch nicht als Bestandteil des Auflösungsbeschlusses an. Das Gesetz unterwirft die Beschlussfassung über den Liquidationsplan also nicht der qualifizierten Mehrheit nach § 60 Abs. 1 Nr. 2 GmbHG. Der Liquidationsplan ähnelt insofern einem Weisungsbeschluss gegenüber den Liquidatoren. Demgemäß kann der Liquidationsplan mit einfacher Mehrheit geändert werden, auch wenn er tatsächlich gemeinsam mit dem Auflösungsbeschluss mit qualifizierter Mehrheit beschlossen wurde[1]. Doch sind die Gesellschafter der **Treupflicht** unterworfen.

3.4 **b)** Der Liquidationsplan kann als **allseitige Gesellschaftervereinbarung** vereinbart werden. Eine solche Gesellschaftervereinbarung hat nach der Rechtsprechung des Bundesgerichtshofs korporativ bindende Kraft[2], kann allerdings durch einen bloßen Mehrheitsbeschluss weder hergestellt noch durch Beschluss aufgehoben werden. Die durch allseitigen Konsens hergestellte Sicherheit wird allerdings durch eine andere Unsicherheit erkauft: Das große Geheimnis der satzungsbegleitenden Nebenabreden ist die Frage, wie lange sie binden, insbesondere ob sie nach § 723 BGB kündbar sind[3]. Im Fall des Liquidationsplans ist davon auszugehen, dass die Bindung anhält, solange die Prämissen des Liquidationsplans – z.B. Teil-Fortführung betrieblicher Einheiten, Bereitstehen von Auffanggesellschaften, Unternehmensveräußerungsmöglichkeit – halten. Im Fall einer Geschäftsgrundlagenänderung (§ 313 BGB) kann nach Lage des Falls einem Gesellschafter ein Recht zur Kündigung oder ein Recht auf Nachverhandlung zustehen. Im Übrigen steht jeder Liquidationsplan unter dem Vorbehalt der Treupflicht.

2. Der insolvenzrechtliche Tatbestand der Masselosigkeit

3.5 **a)** Ganz anderer Art ist die **Liquidation wegen Masselosigkeit** (§ 60 Abs. 1 Nr. 5 GmbHG). Bei ihr handelt es sich der Sache nach um ein verunglücktes Insolvenzverfahren, so dass sowohl der Auflösungsgrund als auch richtigerweise die Abwicklung selbst insolvenzrechtlich gedacht werden muss (dazu unten Rz. 6.11 ff.). Nach § 60 Abs. 1 Nr. 5 GmbHG ist die Gesellschaft mit der Rechtskraft eines Beschlusses aufgelöst, durch den die Eröffnung eines Insol-

1 Zur erforderlichen Mehrheit bei Auflösungsbeschlüssen vgl. *Scholz/Karsten Schmidt*, § 45 GmbHG Rz. 33.

2 BGH v. 20. 1. 1983 – II ZR 243/81, GmbHR 1983, 196 = BB 1983, 996; BGH v. 27. 10. 1986 – II ZR 240/85, GmbHR 1987, 94 = BB 1987, 218; str., näher *Scholz/Emmerich*, § 3 GmbHG Rz. 114 ff.; *Scholz/Karsten Schmidt*, § 45 GmbHG Rz. 116, § 47 GmbHG Rz. 55; ablehnend z.B. *Lutter/Hommelhoff*, Anh. § 47 GmbHG Rz. 48; *Ulmer* in Großkommentar zum GmbHG, § 3 GmbHG Rz. 124; *Hüffer* in Großkommentar zum GmbHG, § 47 GmbHG Rz. 84.

3 Vgl. dazu *Karsten Schmidt*, Gesellschaftsrecht, S. 95.

venzverfahrens mangels Masse abgelehnt worden ist (vgl. § 26 InsO). Wird ein eröffnetes Insolvenzverfahren mangels Masse eingestellt (§ 207 InsO), so bleibt es bei der durch die Verfahrenseröffnung eingetretenen Auflösung. Aber die Abwicklung folgt auch in diesem Fall den bei Masselosigkeit geltenden Grundsätzen (vgl. wiederum Rz. 6.11 ff.).

b) **Masselosigkeit** liegt vor, wenn das Gesellschaftsvermögen voraussichtlich nicht ausreichen wird, um die Kosten des Verfahrens zu decken (§ 26 Abs. 1 InsO; dazu Rz. 6.2). Die Abgrenzung dieses Begriffs und die Feststellung im Einzelfall ist schwierig und mit einer Fülle unsicherer Prognosen belastet[1], zumal die Massekostendeckung häufig eine Frage der Realisierbarkeit und Liquidierbarkeit von Forderungen und Sachwerten ist[2]. **Im Insolvenzeröffnungsverfahren** wird die Frage, ob eine unzulängliche Masse vorliegt, durch Gutachter geprüft. Im schon eröffneten Verfahren ist zwischen dem Fall der Masselosigkeit (§ 207 InsO) und der bloßen Masseunzulänglichkeit (§ 208 InsO) zu unterscheiden. Nur die Masselosigkeit hindert eine Durchführung des Insolvenzverfahrens. Wegen der Abwicklung der Gesellschaft in Fällen der Masselosigkeit vgl. Rz. 6.15 ff. 3.6

II. Gesellschaftsrechtliche Folgen der Auflösung

1. Allgemeine Regeln

Nach **§ 69 GmbHG** (im Fall einer GmbH & Co. KG nach § 156 HGB gelten die allgemeinen Vorschriften zunächst weiter. Die Gesellschaft verfolgt nach wie vor ihren unternehmerischen Zweck. Ihre Organe bestehen weiter (an Stelle der Geschäftsführer treten die regelmäßig mit ihnen identischen Liquidatoren), und die Gesellschaft kann nach wie vor Bevollmächtigte und sogar Prokuristen haben[3]. Das wurde in der Rechtsprechung und Literatur herkömmlich bestritten, ist jetzt aber h.M.[4]. Auch die **Treupflicht** der Gesellschafter besteht fort[5]. Dies bedeutet, dass sowohl die Verzögerung der Abwicklung als auch die Verhinderung einer sinnvollen Fortsetzung treupflichtwidrig sein kann. Ähnlich wie ein Insolvenzverfahren kann die gesellschaftsrechtliche Liquidation auf eine **Zerschlagung oder Reorganisation** der Gesellschaft hinauslaufen, regelmäßig allerdings in Zerschlagungsrichtung. Ein Kompromiss ist auch hier die **übertragende Sanierung** (vgl. zur Unternehmensveräußerung in der aufgelösten Gesellschaft Rz. 3.15). Aber für sie gelten die bei Rz. 2.13 dargestellten Grundsätze, nicht die Sonderregeln der übertragenden Sanierung im Insolvenzverfahren (dazu Rz. 7.99). Die „Richtung der Treupflicht" (Zerschlagungsrichtung oder Fortsetzungsrichtung) hängt von den Gegebenheiten des Einzelfalls, insbesondere von der Fortführungsfähig- 3.7

1 Umfassende Angaben bei *Uhlenbruck*, § 26 InsO Rz. 4 ff.
2 Vgl. *Uhlenbruck*, § 26 InsO Rz. 10.
3 *Karsten Schmidt*, Handelsrecht, 5. Aufl. 1999, S. 460; *Karsten Schmidt*, BB 1989, 229 ff.
4 Vgl. nur *Altmeppen* in Roth/Altmeppen, § 69 GmbHG Rz. 1 ff.
5 BGH v. 25. 9. 1986 – II ZR 262/85, BGHZ 98, 276, 283 = GmbHR 1986, 426, 427; BGH v. 23. 3. 1987 – II ZR 244/86, GmbHR 1987, 349.

keit des Unternehmens ab. Wie bei Rz. 3.3 f. festgestellt, können sich die Gesellschafter, wenn die Auflösung auf Beschluss beruht, durch einen „Liquidationsplan" auf eine bestimmte Richtung der Liquidation festlegen und die Liquidatoren entsprechend binden. Die Gesellschaft kann, solange die Fortsetzung beschlossen werden kann, nach wie vor **Umwandlungsbeschlüsse** fassen (§ 3 Abs. 3 sowie § 191 Abs. 3 UmwG). Das A und O dieser Regelung ist die **Fortsetzungsfähigkeit der Gesellschaft** und die **Fassung eines wirksamen Fortsetzungsbeschlusses**[1]. Aber der Formwechsel ist kein tauglicher Liquidationsersatz, denn:

- Ein Formwechsel ist nur möglich, wenn gleichzeitig die Fortsetzung der Gesellschaft beschlossen und den Gründungsregeln der neuen Rechtsform entsprochen wird (vgl. § 197 UmwG). Das wiederum bedeutet: Der Formwechsel kann nur Bestandteil einer Unternehmenssanierung sein.
- Eine Aufspaltung oder Ausgliederung (§ 123 Abs. 2, 3 UmwG) setzt gleichfalls voraus, dass die aufgelöste Gesellschaft fortgesetzt wird und als Schwester- oder Muttergesellschaft für die Verbindlichkeiten der der Spaltung unterzogenen Unternehmensteile weiterhaften kann (§ 133 UmwG).
- Eine Aufspaltung (§ 123 Abs. 1 UmwG) vermag die Liquidation nicht wirklich zu ersetzen. Sie führt zwar formal zum Erlöschen der aufgespaltenen Gesellschaft (§ 131 Abs. 1 Nr. 2 UmwG), lässt aber die Zielrechtsträger gesamtschuldnerisch haften (§ 133 UmwG).

3.8 **Kapitalerhöhungen** und **Kapitalherabsetzungen** sind weiterhin möglich (umstritten allerdings für die Kapitalherabsetzung), und möglich ist vor allem die **Fortsetzung der Gesellschaft**[2]. Diese setzt einen Fortsetzungsbeschluss und eine Beseitigung des Auflösungsgrundes voraus und ist nach Beginn der Vermögensverteilung nicht mehr zulässig. Liquidationspflicht und Fortsetzungschance bestimmen die strategischen Eckpunkte in der Auflösungssituation. Die Gesellschafter einer aufgelösten GmbH müssen auch hier **planvoll** agieren. Sie sind gehalten, dem Abwicklungsverfahren eine bestimmte Richtung – Abwicklung durch Zerschlagung des Unternehmens? Abwicklung durch Unternehmensveräußerung? Fortsetzung der Gesellschaft? – zu geben und hierdurch die in vielen Auflösungsfällen störende Schwebelage zu beenden[3].

2. Kapitalbindung in der Liquidation

3.9 Der **Gläubigerschutz** wird im Liquidationsverfahren in mehrfacher Hinsicht verstärkt[4], nicht zuletzt durch die Sperrjahresvorschrift des § 73 GmbHG. Bis zum **Ablauf des Sperrjahrs** darf nach dieser Bestimmung keine Verteilung an Gesellschafter vorgenommen werden. § 73 GmbHG ist – anders als § 30

1 Vgl. *Lutter/Drygala*, 4. Aufl. 2009, § 3 UmwG Rz. 17.
2 Eingehend *Scholz/Karsten Schmidt*, 9. Aufl., § 60 GmbHG Rz. 79 ff.; *Fichtelmann*, GmbHR 2003, 67 ff.
3 Vgl. *Paura*, Liquidation und Liquidationspflichten, 1995, S. 77 ff.
4 *Karsten Schmidt*, ZIP 1981, 1 ff.; *Scholz/Karsten Schmidt*, 9. Aufl., § 73 GmHG Rz. 6 ff.

GmbHG (Rz. 1.42) – nicht bloß Vermögensschutz, sondern auch Liquiditätsschutz. § 73 GmbHG verbietet deshalb nicht nur echte Ausschüttungen, sondern auch eine Vorfinanzierung einer erwarteten Liquidationsquote durch Ausreichung von Darlehen an die Gesellschafter der aufgelösten Gesellschaft, auch wenn diese solvent sind[1]. Beträge, die entgegen § 73 GmbHG an die Gesellschafter ausgekehrt worden sind, müssen in die Liquidationsmasse zurückerstattet werden[2]. Die Geschäftsführer sind verpflichtet, diese Beträge zurückzufordern. Eine Strafbarkeit nach § 266 StGB wird man allerdings nur anzunehmen haben, wenn die Liquidatoren – über eine bloße Gläubigergefährdung hinaus – das Vermögen der Gesellschaft durch verbotene Auszahlungen vorsätzlich schädigen. Insbesondere die nach § 73 GmbHG verbotene Ausreichung von Darlehen als Vorschuss auf die Liquidationsquote erfüllt als solche noch nicht den Straftatbestand.

3. Gesellschaftsorgane in der Liquidation

a) Die Liquidation erfolgt im Zweifel durch die **Geschäftsführer als Liquidatoren** (§ 66 GmbHG). Diese sind nach § 67 GmbHG zur Eintragung im Handelsregister anzumelden, auch wenn es sich um die bereits eingetragenen Geschäftsführer handelt[3]. Einzutragen ist auch die Vertretungsbefugnis (Allein- oder Gesamtvertretung), und zwar selbst dann, wenn nur ein Liquidator vorhanden ist[4]. Die Liquidatoren sind nicht nur **Geschäftsführungs-**, sondern auch **Vertretungsorgane der aufgelösten Gesellschaft** (vgl. § 70 GmbHG). Ihre Vertretungsmacht ist nach früher bestrittener, heute herrschender Auffassung grundsätzlich nicht auf liquidationszweckdienliche Geschäfte beschränkt[5]. Aber sie sind im Innenverhältnis gehalten, Entscheidungen von grundsätzlicher Tragweite den Gesellschaftern zur Entscheidung vorzulegen (über weiter gehende Grenzen bei Betriebsveräußerungen vgl. Rz. 3.15)[6]. Umstritten ist, ob eine satzungsmäßige Alleinvertretungsbefugnis oder Befreiung der Geschäftsführer von § 181 BGB im Liquidationsstadium ohne weiteres fortgilt[7]. Der Geschäftsführer und nunmehrige Liquidator sollte in jedem Zweifelsfall eine besondere Ermächtigung der Gesellschafter einholen. Wie bei den Geschäftsführern (§ 35 Abs. 2 Satz 2 GmbHG) gilt nach § 68 Abs. 1 Satz 2 GmbHG der Grundsatz der Gesamtvertretungsmacht. Wiederum ist umstritten, ob ein al- 3.10

1 Dazu *Scholz/Karsten Schmidt*, 9. Aufl., § 73 GmbHG Rz. 2a; *Karsten Schmidt*, DB 1994, 2013 ff.; zust. *Förschle/Deubert* in Budde/Förschle/Winkeljohann, Sonderbilanzen, Rz. T 79; *Baumbach/Hueck/Schulze-Osterloh*, § 73 GmbHG Rz. 2; *Sotiropoulos*, GmbHR 1996, 657; *Altmeppen* in Roth/Altmeppen, § 73 GmbHG Rz. 25.

2 OLG Rostock v. 11. 4. 1996 – 1 U 265/94, NJW-RR 1996, 1185.

3 *Scholz/Karsten Schmidt*, 9. Aufl., § 67 GmbHG Rz. 3.

4 So jetzt BGH v. 7. 5. 2007 – II ZB 21/06, GmbHR 2007, 877 m. Anm. *Wachter*; a.M. OLG Hamm v. 31. 3. 2005 – 15 W 189/04, GmbHR 2005, 1308.

5 *Baumbach/Hueck/Schulze-Osterloh/Noack*, § 70 GmbHG Rz. 2; *Scholz/Karsten Schmidt*, 9. Aufl., § 70 GmbHG Rz. 3.

6 *Scholz/Karsten Schmidt*, 9. Aufl., § 70 GmbHG Rz. 4.

7 Die h.M. verneint dies: BGH v. 27. 10. 2008 – II ZR 255/07, ZIP 2009, 34; BayObLG v. 19. 10. 1995 – 3 Z BR 218/95, GmbHR 1996, 56, 57; OLG Rostock v. 6. 10. 2003 – 3 U 188/03, NZG 2004, 288; dagegen *Scholz/Karsten Schmidt*, 9. Aufl., § 68 GmbHG Rz. 5.

leinvertretungsberechtigter Geschäftsführer auch ohne weiteres als Liquidator alleinvertretungsberechtigt bleibt[1]. Die Liquidatoren haben mit dem Zusatz „GmbH i. Liqu.“ oder ähnlich zu zeichnen (§ 68 GmbHG). Auf die Notwendigkeit richtiger Angaben auf den Geschäftsbriefen und auf die mit jeder Versäumung verbundenen Haftungsgefahren ist nachdrücklich hinzuweisen (§ 71 Abs. 5 GmbHG).

4. Rechnungslegung

3.11 Die **Liquidationsrechnungslegung** (§ 71 GmbHG) wurde herkömmlich dahin verstanden, dass die periodische Rechnungslegung der aufgelösten Gesellschaft ende. Dieser Standpunkt scheint auf den ersten Blick zu dem Ermittlungs- und Veranlagungszeitraum bei der Körperschaftsteuer (Rz. 3.71 ff.) zu passen[2]. Bilanzrechtlich ist er indes überholt[3]: Es gibt eine periodische Rechnungslegung auch im Liquidationsstadium, und von ihr handelt der seit dem Bilanzrichtliniengesetz neu gefasste § 71 GmbHG. Die **Rechnungslegung der Liquidatoren gegenüber den Beteiligten**, die herkömmlich in den Mittelpunkt gestellt wurde, ist von dieser **periodischen Rechnungslegung der aufgelösten GmbH** zu unterscheiden[4]. Für den Insolvenzverwalter gilt sinngemäß Gleiches (dazu Rz. 7.91 ff.). Das bedeutet:

3.12 **a)** Die **Liquidatoren** haben nach §§ 71 Abs. 1, 74 Abs. 1 GmbHG eine Liquidationseröffnungsbilanz mit einem Bericht und eine Liquidationsschlussbilanz für die **Dokumentation der Vermögensverteilung** zu erstellen. Der Bilanzzweck ist ein vollständig anderer als der der Jahresrechnungslegung der Gesellschaft. Es handelt sich um einen Liquidationseröffnungsplan und eine Schlussrechnung der Liquidatoren[5]. Dieser Dokumentation liegen Bewertungskonten zugrunde, die Neubewertungen und Abwicklungen dokumentieren[6].

3.13 **b)** Die **periodische Rechnungslegungspflicht der Gesellschaft** besteht daneben fort[7]. Sie wird nur durch die **Liquidationseröffnungsbilanz** mit dem Erläuterungsbericht auf einen neuen Bilanzstichtag – jeweils der Tag der Auflösung – umgestellt[8]. Die Jahresrechnungslegung unterliegt den Vorschriften über den

---

1 Auch dies wird überwiegend verneint; OLG Hamm v. 2. 1. 1997 – 15 W 195/96, GmbHR 1997, 553; dagegen *Scholz/Karsten Schmidt*, 9. Aufl., § 68 GmbHG Rz. 5.

2 Kritik an § 11 KStG bei *Karsten Schmidt*, FS Ludwig Schmidt, 1993, S. 236 ff.

3 Vgl. *Förster/Döring*, Liquidationsbilanz, 4. Aufl. 2005; *Förschle/Deubert* in Budde/Förschle/Winkeljohann, Sonderbilanzen, Teil T; *Scherrer/Heni*, Liquidationsrechnungslegung, 2. Aufl. 1996; *Karsten Schmidt*, Liquidationsbilanzen und Konkursbilanzen, 1989.

4 So die damals ungewohnte, heute akzeptierte These bei *Karsten Schmidt*, Liquidationsbilanzen und Konkursbilanzen, 1989, S. 38; zust. *Förschle/Deubert* in Budde/Förschle/Winkeljohann, Sonderbilanzen, Rz. T 33, T 280 ff.; *Förster/Döring*, Liquidationsbilanz, 4. Aufl. 2005, Rz. 43; *Scherrer/Heni*, Liquidationsrechnungslegung, 2. Aufl. 1996, S. 4 ff.

5 *Scholz/Karsten Schmidt*, 9. Aufl., § 71 GmbHG Rz. 31 ff.

6 Dazu *Winnefeld*, Bilanz-Handbuch, 4. Aufl. 2006, Rz. N 765 ff.

7 *Scholz/Karsten Schmidt*, 9. Aufl., § 71 GmbHG Rz. 7 ff., 16 ff.

8 BayObLG v. 14. 1. 1994 – 3 Z BR 307/93, GmbHR 1994, 331; *Baumbach/Hueck/Schulze-Osterloh*, § 71 GmbHG Rz. 14, 23; *Scholz/Karsten Schmidt*, 9. Aufl., § 71

Jahresabschluss. Die Gesellschafter bleiben für die Bilanzfeststellung zuständig (§ 71 Abs. 2 Satz 1 GmbHG). § 71 Abs. 2 Satz 3 GmbHG ermöglicht allerdings Neubewertungen für Vermögensgegenstände, deren Veräußerung beabsichtigt ist[1].

c) Soweit die Gesellschaft der **Pflichtprüfung** nach § 316 HGB unterliegt, kann das Gericht sie hiervon nach § 71 Abs. 3 GmbHG befreien (zur Insolvenz, vgl. Rz. 7.93)[2]. 3.14

5. Betriebs- und Teilbetriebsveräußerung

a) Wenig geklärt ist, unter welchen Voraussetzungen die Liquidatoren das Unternehmen veräußern dürfen. Außerhalb der Liquidation gelten die bei Rz. 2.133 ff. geschilderen Pflichten zur Vorlage an die Gesellschafterversammlung. Hinzu kommen die umstrittenen „Ausstrahlungswirkungen des Umwandlungsgesetzes"[3], aus denen sich Gesellschafterkompetenzen bei strukturändernden Maßnahmen ergeben. Es wäre ein Irrtum zu glauben, dass sich dieses Problem im Auflösungsstadium etwa nicht stellte, weil mit dem Eintritt in dieses Stadium die Strukturänderung bereits vollzogen wäre. Im Gegenteil[4]: Gerade in Auflösungsfällen stehen für die Gesellschafter Richtungsentscheidungen außerhalb des operativen Geschäfts an. Das bedeutet im Grundsatz: Die Liquidatoren müssen bei wesentlichen Eingriffen in die Rechte der Gesellschafter einen **Gesellschafterbeschluss** herbeiführen und können insbesondere das Gesamtvermögen der GmbH **nicht ohne Zustimmung der Gesellschafter** übertragen (vgl. schon Rz. 2.136)[5]. Im Rahmen der Liquidation wurde herkömmlich angenommen, dass die angebliche Zweckänderung der aufgelösten Gesellschaft die Kompetenzen der Liquidatoren erweitert und insbesondere auch die Unternehmensveräußerung zulässt. Man wird aber differenzieren müssen[6]: Ein Liquidationsbeschluss kann eine entsprechende Kompetenzerweiterung für die Geschäftsführer (Liquidatoren) zum Inhalt haben; dann kann der Liquidator das Unternehmen nach pflichtgemäßem Ermessen veräußern oder evtl. zerschlagen. Einen Gesellschafterbeschluss hierüber kann er zu seiner Rückendeckung einholen, muss ihn jedoch grundsätzlich nicht einholen. Zweckmäßigerweise enthält ein Auflösungsbeschluss ohnehin einen Liquidationsplan (Rz. 3.3 f.), der dann den Liquidator an die beschlossene Vorgehensweise bindet. Wird die Gesellschaft auf andere Weise als durch Beschluss aufgelöst, so ist die Liquidatoren-Vertretungsmacht ähnlich 3.15

GmbHG Rz. 12, 18; *Förster/Döring*, Liquidationsbilanz, 4. Aufl. 2005, Rz. 36 ff.; *Scherrer/Heni*, Liquidationsrechnungslegung, 2. Aufl. 1996, S. 33 f.; *Förschle/Deubert* in Budde/Förschle/Winkeljohann, Sonderbilanzen, Rz. 30, 90 f.; a.M. *Förschle/Deubert*, WPg 1993, 399.

1 Dazu *Scholz/Karsten Schmidt*, 9. Aufl., § 71 GmbHG Rz. 24.

2 *Baumbach/Hueck/Schulze-Osterloh*, § 71 GmbHG Rz. 32.

3 Dazu umfassend *Lutter/M. Winter*, Umwandlungsgesetz, 4. Aufl. 2009, Einl. Rz. 57 ff.

4 Vgl. im Einzelnen *Scholz/Karsten Schmidt*, 9. Aufl., § 70 GmbHG Rz. 14.

5 Vgl. dazu *Karsten Schmidt*, ZGR 1995, 675 ff.

6 *Torsten Meyer*, Liquidatorenkompetenzen und Gesellschafterkompetenzen in der aufgelösten GmbH, 1996.

begrenzt wie die des Geschäftsführers: Er muss vor der Gesamtveräußerung des Unternehmens oder vor der Veräußerung wesentlicher Betriebsteile jedenfalls sicherstellen, dass die Gesellschafter nicht willens oder nicht imstande sind, die Gesellschaft ohne Unternehmensveräußerung zu sanieren. Die Hauptprobleme der Betriebs- oder Teilbetriebsveräußerung sind arbeitsrechtlicher Art. Auf sie wird bei Rz. 3.25 ff. eingegangen.

3.16 b) Besondere Regeln sind bei der **Übertragung des Unternehmens bzw. von Betriebsteilen auf eine Auffanggesellschaft (Fortführungsgesellschaft)** zu beachten (dazu auch Rz. 2.133). Der Auflösungsbeschluss als solcher unterliegt zwar keiner Inhaltskontrolle (Rz. 3.3). Treuwidrig ist aber seine Verwendung für eine Art kalten Squeeze-out[1]. Dieser Effekt entsteht, wenn einzelne Gesellschafter der aufgelösten Gesellschaft allein oder unter Mithilfe dritter Investoren die Auffanggesellschaft okkupieren, ohne den anderen Gesellschaftern quotengerechten Zugang zu dieser Gesellschaft anzubieten. Aus der Treupflicht ergibt sich also eine Art Bezugsrecht der Gesellschafter, von dem nur aus sachlichen Gründen abgewichen werden darf.

III. Besonderheiten der GmbH & Co. KG

1. Auflösungstatbestände

3.17 a) Bei der **GmbH & Co. KG** ist auf Koordinierung der beiden Gesellschaften zu achten. Für die Komplementär-GmbH gelten die §§ 60 ff. GmbHG. Hinsichtlich der Kommanditgesellschaft bedarf der **Auflösungsbeschluss** nach der gesetzlichen Regel (§§ 119 Abs. 1, 161 Abs. 2 HGB) der Einstimmigkeit. Die meisten GmbH & Co. KG-Verträge enthalten allerdings Vertragsklauseln über Mehrheitsbeschlüsse, die sich zweckmäßigerweise am Recht der GmbH orientieren[2]. Es gilt der Bestimmtheitsgrundsatz[3]. Nach ihm richtet sich, ob eine Mehrheitsklausel auch den Auflösungsfall mit umfasst und welche Mehrheit erforderlich ist. Zur Überwindung von Rechtsunsicherheit kann sich auch hier eine unter Mitwirkung aller Gesellschafter abgeschlossene Gesellschaftervereinbarung (Rz. 3.4) empfehlen.

3.18 b) Weitere **Auflösungstatbestände** für die Kommanditgesellschaft ergeben sich aus § 131 Abs. 1 und 2 HGB. Ein gesetzlich nicht geregelter Auflösungstatbestand ist der Fortfall des einzigen Komplementärs, bei der typischen GmbH & Co. KG, also das Ausscheiden der Komplementär-GmbH[4], richtigerweise auch die bloße Auflösung der Komplementär-GmbH[5].

1 Näher *Scholz/Karsten Schmidt*, 9. Aufl., § 60 GmbHG Rz. 17.

2 Eingehend *Karsten Schmidt*, Gesellschaftsrecht, S 1647 f.; *Scholz/Karsten Schmidt*, Anh. § 45 GmbHG Rz. 16 ff.

3 Zuletzt allgemein das „Otto"-Urteil BGH v. 15. 1. 2007 – II ZR 245/05, BGHZ 170, 283 = GmbHR 2007, 437; dazu *Karsten Schmidt*, ZGR 2008, 1 ff.

4 BGH v. 12. 11. 1952 – II ZR 260/51, BGHZ 8, 35, 37 f.; BayObLG v. 10. 3. 2000 – 3 Z BR 385/99, BB 2000, 1211, 1212 = ZIP 2000, 1214, 1215.

5 Sehr streitig; vgl. *Karsten Schmidt* in Münchener Kommentar zum HGB, § 131 HGB Rz. 47.

2. Abwicklung

a) Die Kommanditgesellschaft und die GmbH bleiben auch in der Liquidation **als Rechtsträger getrennt**. 3.19

b) Im Fall der **GmbH & Co. KG** ist die **Gestaltungspraxis** aufgerufen, eine **koordinierte Abwicklung beider Gesellschaften** zu ermöglichen. Der Gesetzgeber hat hierfür keine Vorsorge getroffen. Nach §§ 146, 161 Abs. 2 HGB erfolgt die Liquidation bei der Handels-Personengesellschaft – auch bei der KG[1] – im Zweifel durch sämtliche Gesellschafter, bei der Kommanditgesellschaft also durch Komplementäre und Kommanditisten. Das ist im Fall einer GmbH & Co. KG nicht sachgerecht. Hier sind die Kommanditisten als Liquidatoren berufen, wenn die Komplementär-GmbH aus der KG ausgeschieden ist. In anderen Fällen sollten im Zweifel die **Liquidatoren der GmbH** auch **als Liquidatoren der Kommanditgesellschaft** agieren[2]. Da eine solche Regel bisher von der herrschenden Auffassung nicht anerkannt wird, empfiehlt sich eine entsprechende Vertragsregelung im Gesellschaftervertrag[3]. Wo es daran fehlt, sollten die Gesellschafter einen entsprechenden einstimmigen Beschluss fassen. Der Grundsatz der Selbstorganschaft steht, wie § 146 HGB zeigt, im Stadium der Auflösung nicht entgegen. 3.20

c) Bezüglich der **Rechnungslegung** (vgl. Rz. 3.11 ff.) ist auch hier zwischen der Jahresrechnungslegung der Gesellschaft (§§ 238 ff. HGB) und der Rechnungslegung der Liquidatoren gegenüber der Gesellschaft (§ 154 HGB) zu unterscheiden[4]. 3.21

d) Bei der **GmbH & Co. KG** ist über die Vorschriften des § 155 HGB hinaus auf die **Einhaltung des Sperrjahrs** zu achten, denn § 73 GmbHG ist insofern auf die Verteilung des KG-Vermögens analog anzuwenden[5]. Es gelten die bei Rz. 3.9 geschilderten Grundsätze. 3.22

1 BGH v. 24. 9. 1982 – V ZR 188/79, WM 1982, 1170; BayObLG v. 21. 9. 1994 – 3 Z BR 177/94, ZIP 1994, 1768; OLG Hamm v. 5. 9. 1996 – 15 W 125/96, NJW-RR 1997, 33; OLG Hamm v. 5. 3. 2003 – 8 U 130/02, NZG 2003, 627; *Baumbach/Hopt*, § 146 HGB Rz. 2; *Röhricht/von Westphalen/von Gerkan/Haas*, § 146 HGB Rz. 3.

2 *Karsten Schmidt* in Münchener Kommentar zum HGB, § 146 HGB Rz. 14; *Scholz/Karsten Schmidt*, 9. Aufl., § 66 GmbHG Rz. 59.

3 Vgl. *Binz/Sorg*, Die GmbH & Co. KG, 10. Aufl. 2005, § 7 Rz. 11.

4 Eingehend *Karsten Schmidt* in Münchener Kommentar zum HGB, § 154 HGB Rz. 15 ff., 24 ff.

5 *Karsten Schmidt*, GmbHR 1989, 141 ff.; jetzt h.M.; vgl. die Angaben bei *Karsten Schmidt* in Münchener Kommentar zum HGB, § 155 HGB Rz. 49.

B. Arbeitsrecht der Liquidation

I. Abgrenzung: Stilllegung oder Veräußerung

3.23 Arbeitsrechtliche Folgen der Liquidation hängen davon ab, ob der Betrieb im Rahmen der Liquidation **stillgelegt oder veräußert** wird.

Im **Stilllegungsfall** werden die Arbeitsverhältnisse betriebsbedingt und daher sozial gerechtfertigt gekündigt. Die Stilllegung ist – arbeitsrechtlich – eine Entscheidung des für die **Geschäftsführung** zuständigen Gesellschaftsorgans[1]. Sie ist von der Auflösung der Gesellschaft zu unterscheiden, für die in jedem Falle die Gesellschafter zuständig sind. Die Sozialauswahl entfällt bei einer Stilllegung zu einem einzigen Termin. Sie ist ansonsten, wenn der Betrieb stufenweise geschlossen wird, im Grundsatz einzuhalten[2]. Der Arbeitgeber kann die Sozialauswahl nicht mit der Begründung vermeiden, dass der Betrieb letztlich stillgelegt werde und es deshalb nicht darauf ankomme, wem früher und wem später gekündigt werde. Etwas anderes gilt allerdings, wenn der Stilllegungsbeschluss beinhaltet, dass allen Arbeitnehmern frühestmöglich gekündigt wird[3], d.h., wenn der Betrieb schnellstmöglich stillzulegen ist und der Arbeitgeber die Entlassungen sukzessive entsprechend den in den einzelnen Arbeitsverhältnissen anwendbaren Kündigungsfristen vornimmt[4]. Bei der Stilllegung sind die **Beteiligungsrechte des Betriebsrats bei Betriebsänderungen** (§§ 111 ff. BetrVG) sowie die **Anzeigepflicht nach §§ 17 ff. KSchG** und die **Beteiligungsrechte des Betriebsrats bei personellen Einzelmaßnahmen** (§§ 99 ff. BetrVG) zu beachten.

Im **Veräußerungsfall** scheiden Kündigungen wegen einer Beendigung der Betriebstätigkeit dagegen aus. Die Arbeitsverhältnisse gehen gem. § 613a Abs. 1 Satz 1 BGB auf den Erwerber über.

Betriebsstilllegung und Betriebsübergang schließen sich gegenseitig aus.

1. Betriebsveräußerung

3.24 Das Bundesarbeitsgericht hat die Betriebsveräußerung herkömmlich daran angeknüpft, dass die für den Betrieb wesentlichen Betriebsmittel der Leitungs- und Organisationsmacht eines Nachfolgers überantwortet werden; dies ist betriebsspezifisch zu beurteilen unter Berücksichtigung der Eigenarten und Wertschöpfungsgrundlagen des jeweiligen Betriebs. Die Rechtsprechung hat drei Fallgruppen entwickelt, die eine erste Orientierung darüber ermöglichen, worauf abzustellen ist, wenn es um die Beurteilung der Frage geht, ob in der erforderlichen Weise die spezifischen Betriebsmittel übertragen worden

---

1 Vgl. BAG v. 11. 3. 1998 – 2 AZR 414/97, AP Nr. 43 zu § 111 BetrVG 1972 = DB 1998, 1568.

2 Vgl. BAG v. 16. 9. 1982 – 2 AZR 271/80, AP Nr. 4 zu § 22 KO = DB 1983, 504.

3 Vgl. BAG v. 18. 1. 2001 – 2 AZR 514/99, AP Nr. 115 zu § 1 KSchG 1969 Betriebsbedingte Kündigung = DB 2001, 1370.

4 Vgl. BAG v. 18. 1. 2001 – 2 AZR 514/99, AP Nr. 115 zu § 1 KSchG 1969 Betriebsbedingte Kündigung = DB 2001, 1370.

sind: Produktionsbetriebe, Dienstleistungs- und Handelsbetriebe, Mischbetriebe[1]. Entscheidend ist der Übergang der für die Erfüllung der arbeitstechnischen Zwecke wesentlichen Produktionsmittel[2]. Was **wesentlich** ist, beurteilt sich nach der Eigenart des jeweiligen Betriebs und damit danach, woran die Arbeitsplätze konkret gebunden sind, d.h. worauf die Betriebstätigkeit beruht. Von der Betriebsveräußerung ist die Funktionsverlagerung einerseits und die Veräußerung von Wirtschaftsgütern andererseits abzugrenzen.

Das Bundesarbeitsgericht hat seine herkömmliche, auf Betriebsmittel bezogene Betrachtungsweise 1997 aufgegeben und sich der **Definition des EuGH** angeschlossen[3]. Entscheidend ist danach, ob eine wirtschaftliche Einheit ihre **Identität** bewahrt[4]. Dies ist anhand der Eigenart des Betriebs/Unternehmens und der Einzelfallumstände zu bestimmen. Die **Gesamtbetrachtung** hat im Wesentlichen die folgenden Kriterien einzubeziehen[5]: Art des betreffenden Betriebs/Unternehmens, Ähnlichkeit der Tätigkeit vor und nach dem Übergang, Arbeitsorganisation, Betriebs- bzw. Produktionsmethoden, Betriebsmittel (immaterielle/materielle), Führungskräfte und Personal (Hauptbelegschaft), Außenbeziehungen und Kundschaft, Unterbrechung der Betriebstätigkeit. Die Erwägungen in der früheren BAG-Rechtsprechung können im Rahmen der Gesamtwürdigung der Einzelfallumstände auch weiterhin bedeutsam sein. Die Frage nach den Betriebsmitteln ist dabei eine von mehreren innerhalb der Gesamtwürdigung. 3.25

Ein Betriebsübergang i.S. des § 613a BGB erfordert den Übergang einer auf **Dauer** angelegten wirtschaftlichen Teileinheit.

Ein Betriebsübergang setzt im wesentlichen unveränderte Fortführung einer wirtschaftlichen Einheit unter Wahrung ihrer Identität voraus. Ein Betriebsübergang setzt voraus, dass Betriebsmittel betrieblich oder teilbetrieblich organisiert sind. Es genügt nicht, dass ein Erwerber mit einzelnen Betriebsmitteln ein Betrieb gründet, die bislang nicht betrieblich oder teilbetrieblich organisiert gewesen sind[6]. Ein Betrieb oder Betriebsteil geht daher nur dann über, wenn er beim Erwerber **als Betrieb oder organisatorisch selbständiger Betriebsteil fortgeführt** wird. Dies ist nicht der Fall, wenn ein Bewirtschaftungsbetrieb vollständig in die eigene Organisationsstruktur eines anderen Unternehmens eingegliedert wird (Bistros von Interregio-Zügen)[7]. Ein Betriebsübergang lässt sich nicht bejahen, wenn die Aufgaben künftig im Rahmen einer wesentlich 3.26

1 Vgl. BAG v. 27. 7. 1994 – 7 ABR 37/93, AP Nr. 118 zu § 613a BGB = DB 1995, 431; *Moll/Reufels* in GmbH-Handbuch, Rz. IV 325 ff.
2 Vgl. BAG v. 26. 2. 1987 – 2 AZR 321/86, AP Nr. 63 zu § 613a BGB = DB 1987, 1997.
3 Vgl. BAG v. 22. 5. 1997 – 8 AZR 101/96, AP Nr. 154 zu § 613a BGB = DB 1997, 1720.
4 Vgl. EuGH v. 11. 3. 1997 – Rs. C-13/93, Slg. I 1997, 1259 = AP Nr. 14 zu EWG-Richtlinie Nr. 77/187.
5 Vgl. EuGH v. 14. 4. 1994 – Rs. C-392/92 (Christel Schmidt), Slg. 1994, 1311 = AP Nr. 106 zu § 613a BGB; v. 11. 3. 1997 – Rs. C-13/95 (Ayse Süzen), Slg. 1997, 1259 = AP Nr. 14 zu EWG-Richtlinie Nr. 77/187; BAG v. 22. 5. 1997 – 8 AZR 101/96, AP Nr. 154 zu § 613a BGB; v. 11. 9. 1997 – 8 AZR 555/95, AP Nr. 16 zu EWG-Richtlinie Nr. 77/187; v. 19. 3. 1998 – 8 AZR 737/96 (unveröff.).
6 Vgl. BAG v. 26. 7. 2007 – 8 AZR 769/06, NZA 2008, 112 (Dachdeckerbetrieb).
7 Vgl. BAG v. 6. 4. 2006 – 8 AZR 249/04, DB 2006, 2127.

anderen Organisationsstruktur durchgeführt werden[1]. Es kommt auf eine Beibehaltung/Fortsetzung wesentlicher betrieblicher Strukturen an[2].

3.27 Ausgangspunkt sind die **betriebsspezifischen** Umstände des Einzelfalles. Die zum Betriebsbegriff entwickelte Differenzierung zwischen Produktionsbetrieben und Dienstleistungs- bzw. Handelsbetrieben ist auch nach dem Konzeptionswechsel bedeutsam, da die für die Identitätswahrung relevanten Aspekte je nach Betriebs- oder Unternehmensart unterschiedliches Gewicht und unterschiedliche Prägung haben.

3.28 Entscheidend für **Produktionsbetriebe** bleibt die Übernahme der materiellen Betriebsmittel (Einrichtungsgegenstände und Maschinen)[3]. Deren Übertragung lässt regelmäßig die Herstellung derselben Produkte durch den neuen Inhaber zu[4]. Know-how und Schutzrechte können im Einzelfall ebenfalls berücksichtigungsfähig sein. Hilfs- und Rohstoffe sind demgegenüber unerheblich. Bei betriebsmittelarmen Einheiten sind andere Erwägungen wie „Ähnlichkeit der Tätigkeit nach und vor dem Übergang", „Führungskräfte und Personal", „Außenbeziehungen und Kundenbindungen" zu berücksichtigen.

3.29 Die Beurteilung bei **Dienstleistungs- und Handelsbetrieben** hat neben den immateriellen Betriebsmitteln (Übertragung von Kundenlisten, Konzessionen, Firmennamen, Geschäftspapieren) vor allem die menschliche Arbeitskraft zu berücksichtigen. Das Bundesarbeitsgericht hat bereits früh die Bedeutung der Arbeitnehmer und der Belegschaft für die Annahme eines Betriebsübergangs betont. Erstens ist das Bundesarbeitsgericht davon ausgegangen, dass eine Weiterbeschäftigung von Arbeitnehmern oder eine Verpflichtung zur Weiterbeschäftigung von Arbeitnehmern als Indizien für einen Betriebsübergang herangezogen werden können[5]. Zweitens hat das Bundesarbeitsgericht hervorgehoben, dass mit dem Arbeitnehmerwechsel die Übertragung von Betriebsmitteln verbunden sein könne, die etwa in Fachkenntnissen, Goodwill, Know-how und Kundenbeziehungen liegen[6]. Dies ist durch die vom EuGH entwickelte Erkenntnis zu ergänzen, dass der Hauptbelegschaft als identitätswahrendes Merkmal erhebliche Bedeutung zukommt. Die für den Betriebsübergang maßgebende wirtschaftliche Einheit kann dann, wenn nur minimale Betriebsmittel eine Rolle spielen, **in der organisierten Gesamtheit von Arbeitnehmern liegen**, die durch eine gemeinsame Tätigkeit dauerhaft verbunden sind. Der Betriebsübergang knüpft in diesen Fällen daran an, dass der Auftragnehmer nicht nur die frühere Tätigkeit weiterführt, sondern darüber hin-

1 Vgl. BAG v. 14. 8. 2007 – 8 AZR 1043/06, AP Nr. 325 zu § 613a BGB.
2 Vgl. BAG v. 13. 5. 2004 – 8 AZR 331/03, AP Nr. 273 zu § 613a BGB.
3 Vgl. BAG v. 16. 5. 2002 – 8 AZR 319/01, DB 2002, 2552. S. zur Übernahme eines Kinos LAG Köln v. 8. 3. 2004 – 4 Sa 1115/03, NZA-RR 2004, 464 ff.
4 Vgl. BAG v. 27. 9. 1984 – 2 AZR 309/83, AP Nr. 39 zu § 613a BGB; BAG v. 22. 9. 1994 – 2 AZR 54/94, AP Nr. 117 zu § 613a BGB.
5 Vgl. BAG v. 19. 11. 1996 – 3 AZR 394/95, AP Nr. 152 zu § 613a BGB.
6 Vgl. BAG v. 10. 6. 1988 – 2 AZR 801/87, AP Nr. 82 zu § 613a BGB; BAG v. 29. 9. 1988 – 2 AZR 107/88, AP Nr. 76 zu § 613a BGB; BAG v. 9. 2. 1994 – 2 AZR 781/93, AP Nr. 104 zu § 613a BGB. S. zum Know-how-Aspekt kritisch *Waas,* ZfA 2001, 377, 388 ff.

aus einen nach Anzahl und Sachkunde wesentlichen Teil des Personals übernimmt[1]. Dementsprechend kann in Branchen, **in denen es im Wesentlichen auf die menschliche Arbeitskraft ankommt**, eine Gesamtheit von Arbeitnehmern, die durch eine gemeinsame Tätigkeit dauerhaft verbunden sind, eine wirtschaftliche Einheit darstellen (Reinigungspersonal). Die Wahrung ihrer Identität ist anzunehmen, wenn der neue Betriebsinhaber nicht nur die betreffende Tätigkeit weiterführt, sondern auch einen nach Zahl und Sachkunde wesentlichen Teil des Personals (Hauptbelegschaft) übernimmt. Hingegen stellt die bloße Fortführung der Tätigkeit durch einen Auftragnehmer (Funktionsnachfolger) keinen Betriebsübergang dar. Die Fremdvergabe eines Reinigungsauftrags mit Übernahme von 60 % der Reinigungskräfte ist noch keine Übernahme der Hauptbelegschaft[2]. Eine Übernahme der Hauptbelegschaft liegt auch nicht vor, wenn bei der Auftragsnachfolge eines Bewachungsauftrags 14 von 36 Vollzeitbeschäftigten und 5 von 12 Aushilfskräften im Wachdienst weiterbeschäftigt werden[3]. Ein Betriebsübergang liegt demgegenüber vor, wenn eine Service GmbH alle Reinigungskräfte übernimmt und dann in gleicher Weise wie bisher einsetzt[4]. Bedeutung neben der nach Anzahl und Sachkunde wesentlichen Belegschaft hat – auch hier – die Frage nach den **betrieblichen** Abläufen und der **organisatorischen** Zusammenfassung[5]. Ein Einsatz von (früheren) Belegschaftsangehörigen in einer geänderten, neuen Ablauf- und Arbeitsorganisation spricht gegen einen Betriebsübergang. Wann der nach Anzahl und Sachkunde zu bestimmende Belegschaftsanteil so wesentlich wird, dass ein Betriebsübergang an ihn angeknüpft wird, kann nur im Einzelfall beurteilt werden und hängt maßgeblich von den Strukturen und Tätigkeiten ab. Je ähnlicher die Abläufe und Strukturen bleiben, desto eher ist in Verbindung mit einem Belegschaftsteil ein Betriebsübergang anzunehmen. Je geringer die Qualifikation von Arbeitnehmern ist, desto höher muss der Prozentsatz des übernommenen Personals sein. Je höher die Qualifikation von Arbeitnehmern ist, desto eher ist auf möglicherweise zahlenmäßig nicht so sehr ins Gewicht fallende qualifizierte Personen abzustellen[6]. So kann beispielsweise bei einfachen Hol- und Bringtätigkeiten in einem Krankenhaus (Abholen von Müll, Wechseln der Betten, Transport von Essen, Getränken und Medikamenten) ein Anteil von 75 % der früheren Belegschaft nicht ausreichen, um die Übernahme der Hauptbelegschaft feststellen zu können[7].

Ob mit der **Zurverfügungstellung von Betriebsmitteln** an einen Dienstleister ein Betriebsübergang verbunden ist, hängt nicht davon ab, ob diese dem Dienstleister zur eigenwirtschaftlichen Nutzung überlassen werden, sondern 3.30

1 Vgl. EuGH v. 11. 3. 1997 – Rs. C-13/95, Slg. 1997, 1268; BAG v. 11. 12. 1997 – 8 AZR 729/96, AP Nr. 172 zu § 613a BGB.
2 Vgl. BAG v. 24. 5. 2005 – 8 AZR 333/04, NZA 2006, 31.
3 Vgl. BAG v. 25. 9. 2008 – 8 AZR 607/07.
4 Vgl. BAG v. 21. 5. 2008 – 8 AZR 481/07.
5 Vgl. *Müller-Glöge,* NZA 1999, 449, 451; *Wank* in Münchener Handbuch zum Arbeitsrecht, 2. Aufl. 2000, § 124 Rz. 50.
6 Vgl. BAG v. 11. 12. 1997 – 8 AZR 729/96, AP Nr. 172 zu § 613a BGB; *Baeck/Lingemann,* NJW 1997, 2492, 2494; *Müller-Glöge,* NZA 1999, 449, 451; *Moll,* RdA 1999, 233, 236.
7 Vgl. BAG v. 10. 12. 1998 – 8 AZR 676/97, AP Nr. 187 zu § 613a BGB.

ist auf der Grundlage anderer Faktoren als des Kriteriums der Eigenwirtschaftlichkeit zu beurteilen, und zwar solcher, die direkt dem Dienstleister zuzurechnen sind, wie etwa die Prägungskraft der Betriebsmittel und der Übergang eines wesentlichen Teils des Personals[1]. Ein Betriebsübergang kann vorliegen, wenn nach öffentlicher Ausschreibung der neue Auftragnehmer der Personen- und Gepäckkontrolle an einem Flughafen unter Nutzung der bisherigen Kontrollgeräte mit fast 50 % der besonders ausgebildeten und bewährten Mitarbeiter des früheren Auftragnehmers alle Tätigkeiten ausgeführt und er mit der Übernahme dieser Mitarbeiter die Grundlage der Fortsetzung für die unverändert gebliebene Sicherungstätigkeit geschaffen hat[2].

3.31 Bei einer wesentlichen **Änderung der prägenden Faktoren dieser Teileinheit** geht die Identität verloren[3]. Dies ist etwa der Fall, wenn die Art der Dienstleistung, ein Produktinhalt oder ein Verkaufskonzept geändert wird[4]. Der bloße Umstand, dass die nacheinander von dem alten und dem neuen Auftragnehmer erbrachten Leistungen einander ähnlich sind, lässt nicht auf den Übergang einer solchen Teileinheit schließen. Ob ein Betriebsübergang oder eine bloße Funktionsnachfolge vorliegt, hängt davon ab, ob der neue Inhaber einen bereits vom bisherigen Inhaber rationalisierten Betrieb übernommen hat oder ob die bisherigen Geschäfte i.S. einer bloßen Funktionsnachfolge mit einem kleineren, mit weniger Personal neu organisierten Betrieb fortgeführt werden[5].

2. Betriebsstilllegung

3.32 Eine Betriebsstilllegung und keine Betriebsveräußerung liegt vor, wenn **die zwischen Arbeitgeber und Belegschaft bestehende Betriebs- und Produktionsgemeinschaft aufgelöst** wird. Dies findet sichtbaren Ausdruck und tatsächliche Veranlassung darin, dass der Arbeitgeber die bisherige wirtschaftliche Betätigung in der ernstlichen Absicht einstellt, die Weiterverfolgung des bisherigen Betriebszwecks dauernd oder für eine ihrer Dauer nach unbestimmte, wirtschaftlich nicht unerhebliche Zeitspanne aufzugeben[6]. Die Feststellung einer Betriebsstilllegung im Gegensatz zu einer Betriebsveräußerung erfolgt nach den konkreten Sachverhaltsumständen im Einzelfall[7]. Die **Gesamtwür-**

---

1 Vgl. EuGH v. 15. 12. 2005 – C-232/04, DB 2006, 395 (Güney-Görres/Securicor Aviation); BAG v. 27. 10. 2005 – 8 AZR 568/04, AP Nr. 292 zu § 613a BGB. S. dazu *Schlachter,* NZA 2006, 80, 82 ff.

2 Vgl. BAG v. 13. 6. 2006 – 8 AZR 271/05, NZA 2006, 1101.

3 Vgl. BAG v. 13. 5. 2004 – 8 AZR 331/03, AP Nr. 273 zu § 613a BGB.

4 Vgl. BAG v. 13. 7. 2006 – 8 AZR 331/05, AP Nr. 313 zu § 613a BGB (Möbeleinzelhandel).

5 *Moll/Reufels* in GmbH-Handbuch, Rz. IV 325.3.

6 Vgl. BAG v. 27. 9. 1984 – 2 AZR 309/83, AP Nr. 39 zu § 613a BGB = DB 1985, 1399; BAG v. 3. 7. 1986 – 2 AZR 68/85, AP Nr. 53 zu § 613a BGB = DB 1987, 99; BAG v. 12. 2. 1987 – 2 AZR 247/80, AP Nr. 67 zu § 613a BGB = DB 1988, 126.

7 S. dazu näher *Hillebrecht,* NZA 1989, Beilage 4, S. 10, 17; *Loritz,* RdA 1987, 65, 71; *Moll,* Anwaltsblatt 1991, 282, 291 ff.; *Pietzko,* Der Tatbestand des § 613a BGB, 1988, S. 78 ff.; *Rumpff/Boewer,* Mitbestimmung in wirtschaftlichen Angelegenheiten, 3. Aufl. 1990, S. 287 ff.; *Staudinger/Richardi/Annuß,* Neubearbeitung 2005, § 613a BGB Rz. 66 ff.

digung der Einzelfallumstände hat auch in diesem Zusammenhang **betriebsspezifisch** zu erfolgen. Je mehr Einzelteile gesondert veräußert werden, desto eher liegt eine Betriebsstilllegung vor. Je kürzer die Zeitspanne zwischen der Einstellung und der Fortsetzung der Betriebstätigkeit ist, desto mehr kann die Annahme nahe liegen, dass eine endgültige, ernsthafte Stilllegung nicht stattgefunden hat[1]. Die folgenden Unterbrechungszeiträume sind in den jeweiligen Einzelfällen als erheblich angesehen worden: 5/9 Monate (Gaststättenbetrieb)[2], 3 Monate (Kindertagesstätte)[3]. Zwar sind Interessenausgleich und Sozialplan allein kein ausreichendes Indiz für eine Betriebsstilllegung bzw. eine Stilllegungsabsicht, doch wird man im Gesamtzusammenhang diese Maßnahmen zu berücksichtigen haben.

3. Verlegungsfälle

Abgrenzungsprobleme treten insbesondere beim **Abtransport von Wirtschaftsgütern** bzw. **Betriebsverlegungen** auf. Zwei Entscheidungen des Bundesarbeitsgerichts lassen dies anschaulich erkennen. In einer ersten Entscheidung hat das Bundesarbeitsgericht eine Betriebsstilllegung abgelehnt und den Betriebsübergang bejaht[4]. Der Betriebsübergang hänge nicht davon ab, ob der Betriebserwerber die Betriebsorganisation weiterführe. Ein Betriebsübergang könne auch stattfinden, wenn und wo Wirtschaftsgüter zum Abtransport erworben würden. In einer zweiten Entscheidung hat das Bundesarbeitsgericht diese Sichtweise relativiert[5]. Ein Betriebsübergang liege dann nicht vor, wenn eine erhebliche räumliche Verlegung eines Betriebs vorgenommen und die alte Betriebsgemeinschaft aufgelöst werde. Die Differenzierung zwischen beiden Fällen ist unklar. Die **Fragwürdigkeit dieser Rechtsprechung** ist evident: Wer Wirtschaftsgüter erwirbt, um sie an einen anderen Ort zu verbringen, der erwirbt keinen Betrieb. Eine solche Maßnahme stellt eine Betriebsschließung des Betriebsveräußerers dar. Dies liegt insbesondere dann nahe, wenn der Betriebsveräußerer zuvor die nach den §§ 111 ff. BetrVG gebotenen Maßnahmen durchgeführt hat. Es verwundert angesichts der Abgrenzungsproblematik nicht, dass das Bundesarbeitsgericht in einem dritten Fall betont hat, dass die Frage danach, ob eine Betriebsstilllegung oder ein Betriebsübergang vorliege, dahinstehen könne, wenn der jeweilige Arbeitnehmer ohnehin nicht bereit sei, die Arbeit an dem neuen Betriebsort zu erbringen. Das Arbeitsverhältnis bleibe dann mit dem Arbeitgeber am alten Ort erhalten, weil § 613a Abs. 1 Satz 1 BGB jedenfalls nicht bewirke, dass der Arbeitsvertragsinhalt (Leistungsort) geändert wird[6]. Der **Definitionswechsel** des Bundesarbeitsgerichts im Jahre 1997 dürfte für die **Verlegungsfälle eine bessere Handhabbarkeit** herbeigeführt haben. Eine wirtschaftliche Einheit bewahrt ihre **Identität** im Regelfall 3.33

1 S. dazu auch *Moll/Reufels* in GmbH-Handbuch, Rz. IV 330.
2 Vgl. BAG v. 27. 4. 1995 – 8 AZR 197/94, AP Nr. 128 zu § 613a BGB; BAG v. 11. 9. 1997 – 8 AZR 555/95, AP Nr. 16 zu EWG-Richtlinie 77/187.
3 Vgl. LAG Köln v. 2. 10. 1997 – 10 Sa 643/97, LAGE § 613a BGB Nr. 67.
4 Vgl. BAG v. 29. 10. 1975 – 5 AZR 444/74, AP Nr. 2 zu § 613a BGB = DB 1976, 391.
5 Vgl. BAG v. 12. 2. 1987 – 2 AZR 247/86, AP Nr. 67 zu § 613a BGB = DB 1988, 126.
6 Vgl. BAG v. 20. 4. 1989 – 2 AZR 431/88, AP Nr. 81 zu § 613a BGB = DB 1989, 2334; *Hillebrecht*, NZA 1989, Beilage 4, S. 10, 15.

nämlich nicht, wenn sich ihre räumlichen Beziehungen und Einbindungen ändern[1]. Die Betriebsverlegung durch einen Erwerber stellt sich daher regelmäßig als Stilllegung am bisherigen Standort des Betriebs dar. Dies kann dann anders liegen, wenn trotz räumlicher Veränderung die Betriebsidentität im Hinblick auf Betriebsmittel, Organisation und Strukturen gewahrt wird[2].

II. Betriebsstilllegung: Betriebsverfassungsrecht

3.34 Die Betriebsstilllegung stellt eine **Betriebsänderung** i.S. der §§ 111 ff. BetrVG dar.

1. Unterrichtung des Betriebsrats

3.35 Der Arbeitgeber hat den Betriebsrat über die geplante Betriebsänderung (Stilllegung: § 111 Satz 3 Nr. 1 BetrVG) nach § 111 Satz 1 BetrVG rechtzeitig und umfassend zu unterrichten. Die geplante Betriebsänderung ist nach § 111 Satz 1 BetrVG mit dem Betriebsrat zu beraten.

2. Interessenausgleich

3.36 Der Arbeitgeber ist verpflichtet, den Versuch zu unternehmen, einen Interessenausgleich mit dem Betriebsrat herbeizuführen (§ 112 Abs. 1 Satz 1, Abs. 2, Abs. 3 BetrVG). Der Interessenausgleich **regelt, ob, wann und wie die vorgesehene Betriebsänderung durchgeführt** wird[3]. Der Interessenausgleich betrifft den **Inhalt** und die **Umstände** der unternehmerischen Maßnahme. Der Interessenausgleich kann, so ein solcher zu Stande kommt, auch Regelungen über Auswahlrichtlinien, Fortbildungsmaßnahmen, Umschulungen und Versetzungen von Arbeitnehmern enthalten. Der Gegenstand des Interessenausgleichs besteht darin, dass Nachteile für die Arbeitnehmer möglichst vermieden werden, während der Sozialplan regelt, wie eingetretene, nicht vermiedene Nachteile auszugleichen oder zu mildern sind (§ 112 Abs. 1 Satz 2 BetrVG).

3.37 Kommt ein Interessenausgleich zustande, so ist er **schriftlich** niederzulegen. Die Einhaltung der Schriftform ist Wirksamkeitsvoraussetzung.

3.38 Arbeitgeber und Betriebsrat können jeder den **Vorstand der Bundesagentur für Arbeit** gem. § 112 Abs. 2 Satz 1 BetrVG um **Vermittlung** ersuchen. Die Praxis macht hiervon nur selten Gebrauch. Der Arbeitgeber hat regelmäßig kein Interesse daran, den mit der Vermittlung des Vorstands der Bundesagentur für Arbeit verbundenen Zeitverlust in Kauf zu nehmen.

3.39 Arbeitgeber oder Betriebsrat können zwecks Herbeiführung eines Interessenausgleichs die **Einigungsstelle** anrufen (§ 112 Abs. 2 Satz 2 BetrVG). Die Rechtsprechung hat angenommen, dass der Arbeitgeber der Pflicht, einen Ver-

1 Vgl. LAG Nürnberg v. 26. 8. 1996 – 7 Sa 981/95, LAGE § 613a BGB Nr. 51.
2 Vgl. BAG v. 16. 5. 2002 – 8 AZR 319/01, AP Nr. 237 zu § 613a BGB = DB 2002, 2552.
3 Vgl. BAG v. 27. 10. 1987 – 1 ABR 9/87, AP Nr. 41 zu § 112 BetrVG 1972 = DB 1980, 558; BAG v. 17. 9. 1991 – 1 ABR 23/91, AP Nr. 59 zu § 112 BetrVG 1972 = DB 1992, 229.

such zur Herbeiführung eines Interessenausgleichs zu unternehmen, nur gerecht werde, wenn er die Einigungsstelle anruft und im Einigungsstellenverfahren, falls nicht ein Interessenausgleich zu Stande kommt, das Scheitern des Interessenausgleichs festgestellt wird[1].

Unterlässt der Arbeitgeber es, in der erforderlichen Weise den Versuch zu unternehmen, einen Interessenausgleich herbeizuführen, so sind zwei **Rechtsfolgen** in Betracht zu ziehen. 3.40

(1) Zum einen ordnet § 113 Abs. 1 und 3 BetrVG einen **Nachteilsausgleich** zu Gunsten derjenigen Arbeitnehmer an, die entlassen worden sind, ohne dass der Arbeitgeber einen Interessenausgleich versucht hat. Die Nachteilsausgleichszahlungen haben Sanktionscharakter. Die Höhe orientiert sich an § 10 KSchG (§ 113 Abs. 1 Halbsatz 2 BetrVG). Der Arbeitgeber muss damit rechnen, jedenfalls einen Monatsbezug pro Jahr der Betriebszugehörigkeit als Abfindung im Wege des Nachteilsausgleichs zu zahlen. Der **Höchstbetrag** liegt bei 12 Monatsverdiensten und steigt bei Vollendung des 50. Lebensjahres und 15-jähriger Betriebszugehörigkeit auf 15 Monatsverdienste sowie bei Vollendung des 55. Lebensjahres und 20-jähriger Betriebszugehörigkeit auf 18 Monatsverdienste. Entsprechend der übereinstimmenden Zwecksetzung sind Sozialplanleistungen auf Nachteilsausgleichsansprüche anrechenbar[2]. 3.41

(2) Zum anderen hat man teilweise angenommen, dass **dem Arbeitgeber untersagt** werden kann, **die Betriebsänderung und damit die Massenentlassungen durchzuführen**, solange der Interessenausgleich nicht ausreichend versucht worden sei[3]. Diese Rechtsfolge ist umstritten. Die Rechtsprechung der Instanzgerichte ist uneinheitlich[4]. Der Rechtsprechung des Bundesarbeitsgerichts hat man früher Anhaltspunkte dafür entnehmen können, dass dem Arbeitgeber nicht untersagt werden könne, die Entlassungen durchzuführen, ohne den Versuch eines Interessenausgleichs unternommen zu haben[5]. Die 3.42

1 Vgl. BAG v. 18. 12. 1984 – 1 AZR 176/82, AP Nr. 11 zu § 113 BetrVG 1972 = DB 1985, 1293; BAG v. 20. 4. 1994 – 10 AZR 186/93, AP Nr. 27 zu § 113 BetrVG 1972.

2 Vgl. BAG v. 13. 6. 1989 – 1 AZR 819/87, AP Nr. 19 zu § 113 BetrVG 1972 = DB 1989, 2026.

3 Vgl. *Fitting/Engels/Schmidt/Trebinger/Linsenmaier,* 24. Aufl. 2008, § 111 BetrVG Rz. 130 ff.; *Derleder,* AuR 1995, 17; *Fischer,* AuR 1997, 177; *Pflüger,* DB 1998, 2062 ff.; *Zwanziger,* BB 1998, 480; jew. m.w.N.

4 Siehe etwa ablehnend LAG Baden-Württemberg v. 28. 8. 1985 – 2 Ta BV 8/85, DB 1986, 805; LAG Berlin v. 7. 4. 1983 – 7 Ta BV 3/83 (unveröff.); LAG Düsseldorf v. 14. 11. 1983 – 12 Ta BV 88/83, DB 1984, 511; LAG Düsseldorf v. 19. 11. 1996 – 8 Ta BV 80/96, DB 1997, 1286; LAG Düsseldorf v. 14. 12. 2005 – 12 Ta BV 60/05; LAG München v. 3. 4. 2003 – 2 Ta BV 19/03; LAG München v. 24. 9. 2003 – 5 Ta BV 48/03, NZA-RR 2004, 536; LAG Nürnberg v. 6. 6. 2000 – 6 Ta BV 8/00; LAG Köln v. 30. 4. 2004 – 5 Ta BV 166/04, NZA-RR 2004, 536; LAG Niedersachsen v. 5. 6. 1997 – 12 Ta BV 17/87, LAGE § 23 BetrVG Nr. 11; LAG Rheinland-Pfalz v. 28. 3. 1989 – 3 Ta BV 6/89; LAG Schleswig-Holstein v. 13. 1. 1992 – 4 Ta BV 54/91, DB 1992, 1788; ArbG Marburg v. 29. 12. 2003 – 2 BVGa 5/03, NZR-RR 2004, 199; ArbG Nürnberg v. 17. 1. 2000 – 14 BVGa 1/00, BB 2000, 2100; ArbG Passau v. 22. 10. 2002 – 3 BVGa 3/02, BB 2003, 744; ArbG Schwerin v. 13. 2. 1998 – 1 BVGa 2/98, NZA-RR 1998, 448.

5 Vgl. BAG v. 22. 2. 1983 – 1 ABR 27/81, AP Nr. 2 zu § 23 BetrVG 1972 = DB 1983, 1926.

Sanktionen für ein etwaiges gesetzwidriges Verhalten des Arbeitgebers seien in dem Nachteilsausgleich zu sehen. Das **Bundesarbeitsgericht** hat später in zwei Entscheidungen die Ausgangssituation verändert[1]. Dem Arbeitgeber kann danach auch unabhängig von § 23 Abs. 3 BetrVG untersagt werden, solche Maßnahmen zu unterlassen, die Beteiligungsrechte des Betriebsrats verletzen. Dies wird auf die Situation des Ausspruchs von Kündigungen ohne Versuch der Herbeiführung eines Interessenausgleichs übertragen[2]. Die Zubilligung eines Unterlassungsanspruchs des Betriebsrats gegen den Ausspruch von Kündigungen beim unterbliebenen Versuch der Herbeiführung eines Interessenausgleichs ist richtigerweise abzulehnen:

3.43 Das Bestehen eines Unterlassungsanspruchs hängt von der **Rechtsposition** ab, die dem **Betriebsrat durch ein Beteiligungsrecht** eingeräumt wird[3]. Das Bundesarbeitsgericht hat den Unterlassungsanspruch im Hinblick auf den Mitbestimmungskatalog des § 87 Abs. 1 BetrVG bejaht, weil es sich insoweit um echte **Mitbestimmungsbefugnisse** handelt, deren Übergehen (als Kehrseite sozusagen) unmittelbar zu einem mitbestimmungswidrigen Zustand führt und die Beteiligungsrechte des Betriebsrats in einer von diesem nicht hinzunehmenden Weise verletzt. Das Bundesarbeitsgericht hat dementsprechend ausdrücklich darauf hingewiesen, dass die Frage nach einem Unterlassungsanspruch etwa bei personellen Einzelmaßnahmen offen bleibe[4].

3.44 Die Einhaltung des **Interessenausgleichsverfahrens ist keine Wirksamkeitsvoraussetzung** für Kündigungen. Der Betriebsrat kann mit Hilfe oder im Rahmen von Interessenausgleichsverhandlungen im Ergebnis weder die Betriebsänderung noch die Kündigungen verhindern. Der Arbeitgeber ist in seinen Entscheidungen frei. Es besteht kein echtes Mitbestimmungsrecht. Der Betriebsrat befindet sich in einer bloßen Beratungs- und Verhandlungsposition. Ein Unterbinden von Kündigungen würde dem Betriebsrat daher eine stärkere Rechtsstellung mit einschneidenderen Rechtswirkungen geben, als das Gesetz dies für die Einhaltung des Beteiligungsrechts des Betriebsrats vorsieht. Eine Untersagung von Kündigungen ist daher folgerichtig aus dem Inhalt des Beteiligungsrechts des Betriebsrats nicht ableitbar. Es ist im Verhältnis zum Inhalt des Beteiligungsrechts des Betriebsrats „überschießend", dem Betriebsrat auch nur vorübergehend die Rechtsmacht einzuräumen, etwas unterbinden zu lassen, was er endgültig nicht verhindern kann[5]. Mit anderen Worten: Die im Anschluss an die Rechtsprechung des Bundesarbeitsgerichts gebotene Analyse der jeweiligen, konkreten Beteiligungsrechte des Betriebsrats führt angesichts der Unvollkommenheit des Beteiligungsrechts des Betriebsrats im Hinblick auf einen Interessenausgleich – dies stellt einen deutlichen Unterschied zum echten Mitbestimmungsrecht im Rahmen des § 87 Abs. 1 BetrVG dar – dazu,

1 Vgl. BAG v. 3. 5. 1994 – 1 ABR 2483, AP Nr. 23 zu § 23 BetrVG 1972 = DB 1994, 2450; BAG v. 6. 12. 1994 – 1 ABR 30/94, AP Nr. 24 zu § 23 BetrVG 1972.

2 Vgl. *Fitting/Engels/Schmidt/Trebinger/Linsenmaier,* 24. Aufl. 2008, § 111 BetrVG Rz. 130 ff. m.w.N.

3 Vgl. *Prütting,* RdA 1995, 257, 261; *Richardi,* NZA 1995, 8, 9.

4 Vgl. BAG v. 6. 12. 1994 – 1 ABR 30/94, AP Nr. 24 zu § 23 BetrVG 1972.

5 Vgl. *Raab,* ZfA 1997, 183, 243 ff.

dass ein Untersagungsanspruch des Betriebsrats im Hinblick auf Kündigungen zu verneinen ist.

Es kommt hinzu, dass die besonderen und konkreten Regelungen bei personellen Einzelmaßnahmen eine Heranziehung von diese gegenstandslos machenden Unterlassungsgrundsätzen ausschließen. Das Bundesarbeitsgericht hat offen gelassen, ob angesichts der **Spezialregelungen** der §§ 100, 101 BetrVG ein davon unabhängiger Unterlassungsanspruch bei personellen Einzelmaßnahmen i.S. von § 99 Abs. 1 BetrVG möglich sei[1]. Diese Frage ist zu verneinen. Entsprechendes gilt für Kündigungen. Der Gesetzgeber hat durch die geregelten Abstufungen zu verstehen gegeben, dass die Erklärung von Kündigungen abhängig ist von einer Anhörung des Betriebsrats. Es gibt keine weiteren Erfordernisse oder Voraussetzungen. Die „Kündigungsfreiheit" nach dem Betriebsverfassungsgesetz ist gegenüber anderen personellen Einzelmaßnahmen deutlich hervorgehoben. Es würde einen damit unvereinbaren Widerspruch darstellen, wenn Kündigungen wegen angeblicher Nichtbeachtung von Beratungs- oder Verhandlungsbefugnissen untersagt werden könnten. 3.45

Das Gesetz hat schließlich für die Außerachtlassung der Pflicht des Arbeitgebers, die Herbeiführung eines Interessenausgleichs zumindest zu versuchen, den **Nachteilsausgleich als Sanktion** bereitgestellt. Das Gesamtgefüge aus der Beschränkung der Rechte des Betriebsrats auf Beratung und Verhandlung ohne die Möglichkeit einer Verhinderung von Kündigungen, der Statuierung des Nachteilsausgleichs als Sanktion und der Regelungen über personelle Einzelmaßnahmen (zu denen Kündigungen gehören) schließt es aus, dem Betriebsrat einen Anspruch darauf zu gewähren, dass der Arbeitgeber Kündigungen unterlässt[2]. Dem kann nicht entgegengehalten werden, dass eine Pflicht zur Unterlassung von Kündigungen in Form einer Sicherungsverfügung ausgesprochen werden könne. Eine Sicherungsverfügung unterliegt – wie eine einstweilige Verfügung generell – der Einschränkung dahin gehend, dass nicht mehr gewährt werden kann, als nach materieller Rechtslage als Anspruch gegeben ist; durch prozessuales Instrumentarium können nicht Rechtspositionen eingeräumt werden, für die es keine materiell-rechtliche Grundlage gibt. 3.46

3. Sozialplan

Der Arbeitgeber ist verpflichtet, einen Sozialplan abzuschließen. Der **Abschluss eines Sozialplans** ist anders als die Herbeiführung eines Interessenausgleichs über die Einigungsstelle **erzwingbar** (§ 112 Abs. 4 BetrVG). Dies gilt unabhängig davon, ob es tarifliche Regelungen gibt, die im Falle von Betriebsänderungen Abfindungen oder Ausgleichsmaßnahmen sonstiger Art vorsehen, weil die Tarifsperre des § 77 Abs. 3 BetrVG nicht gilt (§ 112 Abs. 1 Satz 4 BetrVG). Der Sozialplan ist anders als der Versuch des Interessenausgleichs nicht Voraussetzung für die Durchführung der Betriebsänderung (Massenentlassung). 3.47

---

1 Vgl. BAG v. 6. 12. 1994 – 1 ABR 30/94, AP Nr. 24 zu § 23 BetrVG 1972.
2 Vgl. *Prütting*, RdA 1995, 257, 261.

3.48 Der Kern des Sozialplans liegt in den Abfindungsvorschriften. Die in der Praxis anzutreffenden **Formeln** sind vielfältig. Eine verbreitete Formel geht dahin, das Produkt aus Betriebszugehörigkeit, Lebensalter und Monatsverdienst zu bilden und dieses durch einen Divisor zu teilen, dessen Festlegung der Hauptverhandlungspunkt zwischen den Betriebsparteien oder in der Einigungsstelle ist. Billige Sozialpläne haben einen Divisor in der Größenordnung von 100, teure Sozialpläne einen solchen von 50. Eine andere Formel besagt, dass für jedes Jahr der Betriebszugehörigkeit ein bestimmter Prozentsatz eines Monatsverdienstes festzusetzen ist (50 %, 75 %, 100 %). Ein wieder anderes System für die Zuteilung von Sozialplanleistungen besteht darin, dass ein Gesamtbetrag als Topf für Sozialplanleistungen zur Verfügung gestellt wird und die Mittel unter die Arbeitnehmer nach Punktzahlen verteilt werden. Die Punktzahl wird für die einzelnen Arbeitnehmer auf Grund der persönlichen sozialen Daten ähnlich wie bei den Auswahlrichtlinien im Rahmen der Sozialauswahl ermittelt. Der Sozialplan enthält üblicherweise auch Regelungen über Nebenleistungen aus dem Arbeitsverhältnis im Jahr der Beendigung (Jubiläumsgelder, 13. Monatsgehalt, Urlaubsgeld). Es können ferner Ausgleichsmaßnahmen bei Umzügen vorgesehen werden. Ausgleichszahlungen werden ggf. auch bei Versetzungen auf einen niedriger bezahlten Arbeitsplatz für einen bestimmten Zeitraum geregelt.

3.49 Die **Bemessung von Sozialplanleistungen** ist Gegenstand einer reichhaltigen Kasuistik. Die Betriebspartner und die Einigungsstelle haben ein erhebliches Regelungsermessen. Ihnen steht ein Spielraum bei der Beurteilung der den Arbeitnehmern entstehenden wirtschaftlichen Nachteile zu[1]. Die Einigungsstelle hat bei ihrer Entscheidung die in § 112 Abs. 5 BetrVG aufgestellten Kriterien zu berücksichtigen. Sozialpläne dürfen nicht Regelungen allein zum Nachteil der Arbeitnehmer enthalten[2]. Die Rechtsprechung hat Sozialplanregelungen im Hinblick auf die **Einhaltung des Gleichbehandlungsgrundsatzes** überprüft[3]. Sozialplanansprüche dürfen bei der Nichtannahme von zumutbaren Arbeitsplatzangeboten beschränkt werden[4]. Sozialplanregelungen dürfen den Bezug von Rentenleistungen berücksichtigen[5]. Sozialplanleistungen sind an den jeweiligen persönlichen Verhältnissen zu orientieren[6], können jedoch – in bestimmten Grenzen allerdings – pauschaliert werden[7]. Sozialplanregelun-

1 Vgl. BAG v. 14. 8. 2001 – 1 AZR 760/00, DB 2002, 153 (Teilzeit – Vollzeit); BAG v. 18. 9. 2001 – 3 AZR 656/00, DB 2002, 255 (Anreize für ältere Arbeitnehmer); LAG Rheinland-Pfalz v. 26. 10. 2001 – 3 Sa 916/01, DB 2002, 1167 (Begrenzung bei rentennahen Jahrgängen).
2 Vgl. BAG v. 24. 3. 1981 – 1 AZR 805/78, AP Nr. 12 zu § 112 BetrVG 1972 = DB 1981, 2178.
3 S. zur Bemessung von Sozialplanleistungen ausführlich *Gaul*, DB 1998, 1513 ff.
4 Vgl. BAG v. 25. 10. 1982 – AZR 260/82, AP Nr. 18 zu § 112 BetrVG 1972 = DB 1984, 725.
5 Vgl. BAG v. 14. 2. 1984 – 1 AZR 574/82, AP Nr. 21 zu § 112 BetrVG 1972 = DB 1984, 1527.
6 Vgl. BAG v. 12. 2. 1985 – 1 AZR 40/84, AP Nr. 25 zu § 112 BetrVG 1972 = DB 1985, 1487.
7 Vgl. BAG v. 27. 10. 1987 – 1 ABR 9/87, AP Nr. 41 zu § 112 BetrVG 1972 = DB 1988, 558.

gen können Abgrenzungen anhand von Stichtagsdaten oder Stichtagsereignissen aufstellen, die dazu führen, dass Arbeitnehmer leer ausgehen, die vor Eintritt bestimmter Umstände oder Zeitpunkte aus dem Betrieb ausscheiden, insbesondere wenn es sich um eine Eigenkündigung handelt[1]. Die Differenzierung von Sozialplanleistungen nach Alter und Betriebszugehörigkeit halten nach § 10 Satz 3 Nr. 6 AGG dem Diskriminierungsverbot (§§ 1, 7 Abs. 1 AGG) Stand. Differenzierungen sind mit der Maßgabe möglich, dass sie die vom Alter abhängigen **Chancen auf dem Arbeitsmarkt** berücksichtigen oder Beschäftigte von Leistungen ausschließen, die **wirtschaftlich abgesichert** sind (Arbeitslosengeld mündet in Rente). Betriebszugehörigkeits- und Lebensaltersformeln sind danach zwar grundsätzlich möglich, sind jedoch im Hinblick darauf zu überprüfen, ob in ihnen die Arbeitsmarktchancen typisiert zum Ausdruck kommen. Dies legt nahe, Altersgruppen zu bilden, weil sich die Arbeitsmarktchancen nicht in Jahresschritten verändern[2]. Ebenso erscheint denkbar, eine an Betriebszugehörigkeit und Vergütung anknüpfende Berechnung dadurch zu ergänzen, dass die sich daraus ergebenden Beträge in Altersgruppen differenziert werden. Es ist in jedem Falle zu empfehlen, eine Einzelfall-Härteklausel in den Sozialplan aufzunehmen.

Abfindungen auf Grund eines Sozialplans setzen voraus, dass der Arbeitgeber/ Insolvenzverwalter die **Ursache für den Arbeitsplatzverlust** setzt. Eigenkündigungen lösen Abfindungsansprüche daher nur aus, wenn sie der Arbeitgeber/ Insolvenzverwalter veranlasst hat, d.h. insbesondere dann, wenn die Entlassungentscheidung im Hinblick auf den Arbeitnehmer feststeht[3]. 3.50

Eine Sozialplanklausel ist unwirksam, die den Anspruch davon abhängig macht, dass der Arbeitnehmer einen angeblichen, etwaigen Betriebs- oder Betriebsteilerwerber auf Feststellung eines Betriebsübergangs verklagt[4]. Etwas anderes gilt für **„Turbo"-Prämien** in freiwilligen Betriebsvereinbarungen. Diese können zusätzlich zu den mitbestimmten Sozialplanregelungen vereinbart werden[5]. 3.51

Sozialplanansprüche können **Ausschlussfristen** unterliegen. Die Dauer der Verjährungsfrist für Abfindungszahlungen ist umstritten[6]. 3.52

1 Vgl. BAG v. 30. 11. 1994 – 10 AZR 578/93, AP Nr. 89 zu § 112 BetrVG 1972 = DB 1995, 620; BAG v. 19. 7. 1995 – 10 AZR 885/94, AP Nr. 96 zu § 112 BetrVG 1972 = DB 1995, 2531; BAG v. 24. 1. 1996 – 10 AZR 155/95, AP Nr. 98 zu § 112 BetrVG = DB 1996, 1682.

2 S. dazu etwa *Annuß*, BB 2006, 1629, 1634; *Willemsen/Schweibert*, NJW 2006, 2583, 2587.

3 Vgl. Hessisches LAG v. 21. 3. 2000 – 4 Sa 730/99, NZA-RR 2001, 252; LAG Köln v. 12. 1. 2001 – 11 (10) Sa 866/00, NZA-RR 2001, 372.

4 Vgl. BAG v. 22. 7. 2003 – 1 AZR 575/02, DB 2003, 2658; BAG v. 22. 11. 2005 – 1 AZR 458/04, NZA 2006, 220.

5 S. dazu etwa *Benecke*, BB 2006, 938 ff. m.w.N.

6 S. dazu BAG v. 7. 5. 1986 – 4 AZR 556/83, AP Nr. 12 zu § 4 BAT; LAG Hamm v. 15. 1. 1990 – 19 Sa 1148/89, LAGE § 9 KSchG Nr. 18; LAG Niedersachsen v. 26. 1. 2001 – 10 Sa 1753/00, NZA-RR 2001, 240.

4. Verhältnis zwischen Interessenausgleich und Sozialplan

3.53 Interessenausgleich und Sozialplan sind nach der Konzeption des Gesetzes **unabhängig voneinander** herbeizuführen. Das Interessenausgleichsverfahren muss der Betriebsänderung (Massenentlassung) vorausgehen. Der Sozialplan muss dies nicht, kann vielmehr zu jedem beliebigen Zeitpunkt auch noch nach Durchführung der Betriebsstilllegung vereinbart werden. Der Interessenausgleich ist nicht erzwingbar. Der Sozialplan ist erzwingbar, soweit die Erzwingbarkeit nicht nach § 112a Abs. 1 Satz 1 BetrVG zurückgedrängt ist. Der auf Beschleunigung bedachte Arbeitgeber kann daher isoliert das Interessenausgleichsverfahren in Angriff nehmen und zu diesem Zweck ggf. auch die Einigungsstelle anrufen. Ob der Arbeitgeber die Betriebsänderung in dieser Weise betreibt, bedarf sorgfältiger Abwägung. Die Handhabung in der Praxis ist vielfach eine andere, dahin gehend nämlich, dass **Interessenausgleich und Sozialplan als „Paket"** verstanden werden. Dies hat im Wesentlichen zwei Gründe.

3.54 (1) **Zum einen**: Der Betriebsrat wird regelmäßig darauf abstellen, welche Abfindungsregelungen oder Ausgleichsmaßnahmen ein Sozialplan beinhaltet, bevor er einen Interessenausgleich abschließt. Er wird, wenn ihm diese Leistungen nicht ausreichend erscheinen, den Versuch unternehmen, den Arbeitgeber in ein langwieriges Interessenausgleichsverfahren hineinzuziehen, weil dies das dem Betriebsrat durch das Gesetz in die Hand gegebene Druckmittel gegenüber einem auf Einhaltung bestimmter Zeitabläufe angewiesenen Arbeitgeber ist. Der Arbeitgeber wird sich also von vornherein überlegen, ob die Geneigtheit des Betriebsrats bei einem Interessenausgleich nicht dadurch „erkauft" wird, dass Sozialplanleistungen in einem zufrieden stellenden Umfang vereinbart werden.

3.55 (2) **Zum anderen**: Eine zur Herbeiführung eines Interessenausgleichs eingerichtete Einigungsstelle unterliegt der Versuchung dahin gehend, ein Arrangement zwischen den Betriebsparteien dadurch herbeizuführen, dass über Sozialplanleistungen gesprochen wird, selbst wenn dies nicht der Gegenstand der Einigungsstelle ist. Es kommt daher häufig vor, dass sich die Betriebsparteien unter Vermittlung des Einigungsstellenvorsitzenden sowohl über einen Interessenausgleich als auch über die Sozialplanleistungen verständigen, obwohl die Einigungsstelle (nur) im Hinblick auf den Interessenausgleich konstituiert worden ist.

3.56 Die praktisch vorhandene **Kombination von Sozialplan und Interessenausgleich** ändert allerdings nichts daran, dass der Arbeitgeber bei der Planung seines Vorgehens im Falle von Massenentlassungen als „richtigen" Weg immer erwägen und im Auge behalten muss, ggf. so schnell wie möglich die Konstituierung einer Einigungsstelle für einen Interessenausgleich zu betreiben; nur so kann er die Abläufe aktiv gestalten und die für ihn essentielle zeitliche Dimension beherrschen.

III. Betriebsveräußerung

Die **Betriebsveräußerung stellt keine Betriebsänderung** dar, weil und wenn sie sich in einem bloßen **Arbeitgeberwechsel** erschöpft[1]. Eine **Unterrichtungspflicht** gegenüber Betriebsrat und Wirtschaftsausschuss besteht allerdings gleichwohl. 3.57

1. Widerspruchsrecht des Arbeitnehmers

Der Arbeitnehmer kann dem sich aus § 613a Abs. 1 Satz 1 BGB ergebenden Übergang seines Arbeitsverhältnisses widersprechen (§ 613a Abs. 6 Satz 1 BGB)[2]. Der Widerspruch ist innerhalb eines Monats nach Unterrichtung des Arbeitnehmers über den Betriebsübergang zu erklären (§ 613a Abs. 6 Satz 1 BGB). Es bedarf der Schriftform. Der Widerspruch kann gegenüber sowohl dem bisherigen Arbeitgeber als auch dem neuen Betriebsinhaber erklärt werden (§ 613a Abs. 6 Satz 2 BGB). Der Arbeitnehmer ist **über den Betriebsübergang zu unterrichten** (§ 613a Abs. 5 BGB). Die Unterrichtung erfolgt durch den bisherigen Arbeitgeber oder den neuen Betriebsinhaber. Die Unterrichtung bedarf der Textform (§ 126b BGB). Sie muss ausweislich § 613a Abs. 5 Nr. 1 bis 4 BGB die folgenden Gesichtspunkte enthalten: den erfolgten oder geplanten Zeitpunkt des Betriebsübergangs, den rechtlichen Grund für den Betriebsübergang, die korrekte Darstellung der Folgen des Betriebsübergangs für die Arbeitnehmer in rechtlicher, sozialer und wirtschaftlicher Hinsicht, die in Aussicht genommenen Maßnahmen hinsichtlich der Arbeitnehmer. Die Unterrichtung erfordert eine verständliche, arbeitsplatzbezogene und zutreffende Information[3]. Sie muss auch Angaben über die Identität des Erwerbers sowie den Gegenstand des Betriebsübergangs enthalten[4]. Ohne eine derartige, ordnungsgemäße und vollständige, Unterrichtung läuft die Monatsfrist für die Erklärung des Widerspruchs (§ 613a Abs. 6 Satz 1 BGB) nicht[5]. Wird das Widerspruchsrecht **nach** Betriebsübergang ausgeübt, wirkt es auf den Zeitpunkt des Betriebsübergangs zurück[6]. Ein einmal erklärter Widerspruch kann nicht zurückgenommen werden. 3.58

2. Arbeitsverhältnis nach Widerspruch

Das **Arbeitsverhältnis eines widersprechenden Arbeitnehmers** bleibt mit dem Betriebsveräußerer bestehen. Es kann betriebsbedingt gekündigt werden, so- 3.59

1 Vgl. BAG v. 21. 10. 1980 – 1 AZR 145/79, AP Nr. 8 zu § 111 BetrVG 1972 = DB 1981, 698; BAG v. 16. 6. 1987 – 1 ABR 41/85, AP Nr. 19 zu § 111 BetrVG 1972 = DB 1987, 1842. S. zur Problematik insbesondere bei Betriebsteilübertragungen ausführlich *Moll*, RdA 2003, 129 ff.

2 S. bereits EuGH v. 16. 12. 1992 – Rs. C-132/91, 138/91, 139/91, Slg. 1992, 6577 und 6612; BAG v. 7. 4. 1993 – 2 AZR 449/91, AP Nr. 22 zu § 1 KSchG 1969 Soziale Auswahl = DB 1993, 1877.

3 S. zu den z.T. überzogenen Anforderungen der Rechtsprechung z.B. *Meyer*, Die Unterrichtung der Arbeitnehmer vom Betriebsübergang, 2007, S. 64 ff., 148 ff.

4 Vgl. BAG v. 13. 7. 2006 – 8 AZR 303 und 305/05, ZIP 2006, 2143.

5 Vgl. BAG v. 24. 5. 2005 – 8 AZR 398/04, DB 2005, 1302; BAG v. 24. 7. 2008 – 8 AZR 755/07, EzA § 613a BGB 2002 Nr. 94; *Grau*, RdA 2005, 367 ff.

6 Vgl. BAG v. 13. 7. 2006 – 8 AZR 303 und 305/05, NZA 2006, 1273 und 1268.

weit und wenn der Betriebsveräußerer keinen Betrieb mehr fortführt[1]. Dem Betriebsveräußerer ist es nach § 613a Abs. 4 Satz 1 BGB nur verwehrt, das Arbeitsverhältnis wegen des Betriebsübergangs zu kündigen. Eine **Kündigung aus anderen Gründen** (betrieblichen etc.) bleibt unberührt (§ 613a Abs. 4 Satz 2 BGB). Die Kündigung ist insbesondere möglich wegen einer durchgeführten oder geplanten Betriebsstilllegung[2]. Die Kündigung eines dem Übergang seines Arbeitsverhältnisses widersprechenden Arbeitnehmers erfolgt *nicht wegen* des Betriebsübergangs. Sie ist vielmehr betrieblich bedingt, weil der Betriebsveräußerer keinen Betrieb und keine Beschäftigungsmöglichkeiten mehr hat. Die Kündigungssperre des § 613a Abs. 4 Satz 1 BGB gilt i.ü. *nicht* bei Kündigungen in nicht übergehenden verbleibenden Resteinheiten[3].

3.60 Der Widerspruch des Arbeitnehmers gegen den Übergang seines Arbeitsverhältnisses begründet seit der Neufassung des § 1 Abs. 3 Satz 1 KSchG mit Wirkung ab 1. 1. 2004 keine **Modifizierung der Sozialauswahl** mehr[4]. Dies wird dann relevant, wenn bei dem Betriebsveräußerer noch Arbeitsplätze verblieben sind und nach Sozialauswahlgrundsätzen zu entscheiden ist, welche von mehreren vergleichbaren Arbeitnehmern den Arbeitsplatz behalten und welche die Kündigung erhalten. Der Widerspruch ist im Rahmen der Sozialauswahl nicht zu berücksichtigen. Eine Kündigungsmöglichkeit gegenüber einem widersprechenden Betriebsratsmitglied ist gem. § 15 Abs. 4 oder 5 KSchG (analog) in Erwägung zu ziehen[5]. Dies bedeutet, dass der Arbeitgeber u.U. sogar einen Arbeitsplatz für das Betriebsratsmitglied freikündigen muss[6].

3.61 Der Betriebsveräußerer, der auf Grund des Betriebübergangs den widersprechenden Arbeitnehmer nicht beschäftigen kann, gerät gem. § 615 Satz 1 BGB in Annahmeverzug. Dem Entgeltanspruch des Arbeitnehmers steht allerdings § 615 Satz 2 BGB entgegen, wenn und weil der Betriebserwerber dem Arbeitnehmer die Weiterbeschäftigung zu unveränderten Bedingungen angeboten hat[7].

---

1 Vgl. *Moll/Reufels* in GmbH-Handbuch, Rz. IV 355 ff. m.w.N.

2 Vgl. BAG v. 27. 9. 1984 – 2 AZR 309/83, AP Nr. 39 zu § 613a BGB = DB 1985, 1399; BAG v. 28. 4. 1988 – 2 AZR 623/87, AP Nr. 74 zu § 613a BGB = DB 1989, 430; BAG v. 19. 5. 1988 – 2 AZR 596/87, AP Nr. 75 zu § 613a BGB = DB 1989, 934; BAG v. 19. 6. 1991 – 2 AZR 127/91, AP Nr. 59 zu § 1 KSchG 1969 Betriebsbedingte Kündigung = DB 1991, 2442; BAG v. 10. 10. 1996 – 2 AZR 477/95, AP Nr. 81 zu § 1 KSchG 1969 Betriebsbedingte Kündigung; BAG v. 21. 6. 2001 – 2 AZR 137/00, DB 2002, 102; BAG v. 16. 5. 2002 – 8 AZR 319/01, AP Nr. 237 zu § 613a BGB = DB 2002, 2552; BAG v. 13. 5. 2004 – 8 AZR 331/03, NZA 2004, 1295.

3 Vgl. BAG v. 17. 6. 2003 – 2 AZR 134/02, AP Nr. 260 zu § 613a BGB.

4 Vgl. BAG v. 31. 5. 2007 – 2 AZR 276/06, AP Nr. 94 zu § 1 KSchG 1969 Soziale Auswahl = DB 2008, 1106.

5 Vgl. BAG v. 18. 9. 1997 – 2 ABR 15/97, AP Nr. 35 zu § 103 BetrVG 1972.

6 Vgl. BAG v. 18. 10. 2000 – 2 AZR 494/99, AP Nr. 49 zu § 15 KSchG 1969 (Übernahme in eine andere Betriebsabteilung notfalls durch Freikündigung; Problem: Abwägung der Interessen des „verdrängten" Arbeitnehmers und des umgesetzten Betriebsratsmitglieds).

7 Vgl. BAG v. 19. 3. 1998 – 8 AZR 139/97, AP Nr. 177 zu § 613a BGB = DB 1998, 1416.

IV. Fortsetzungsanspruch

Die einer betriebsbedingten Kündigung zugrunde liegenden Planungen können sich nach Ausspruch der Kündigung ändern. Dies lässt die Wirksamkeit der Kündigung unberührt. Derartige Fälle sind insbesondere denkbar, wenn – ohne dass Übertragungsverhandlungen geführt worden sind – trotz eines Stilllegungsplans im Nachhinein überraschend von einer Übertragungsmöglichkeit Gebrauch gemacht werden kann. 3.62

Das Bundesarbeitsgericht hat im Rahmen des allgemeinen Kündigungsschutzsystems einen **Wiedereinstellungsanspruch** entwickelt, wenn sich die der betriebsbedingten Kündigung zu Grunde liegenden Umstände während des Laufs der Kündigungsfrist ändern (Änderung von Organisations- oder Stilllegungsvorhaben)[1]. Entscheidet sich der Arbeitgeber, eine Betriebsabteilung stillzulegen, und kündigt er den dort beschäftigten Arbeitnehmern, so kann er zur Wiedereinstellung entlassener Arbeitnehmer verpflichtet sein, wenn er sich noch während der Kündigungsfrist entschließt, die Betriebsabteilung mit einer geringen Anzahl von Arbeitnehmern doch fortzuführen. Ein derartiger Anspruch steht, **wenn sich der Stilllegungsplan zu einer Betriebsveräußerung wandelt**, in Form eines **Fortsetzungsanspruchs** dem Arbeitnehmer auch gegen den **Erwerber** zu[2]. Der Anspruch des Arbeitnehmers geht dahin, dass der Betriebserwerber mit ihm einen Arbeitsvertrag zu unveränderten Arbeitsbedingungen unter Wahrung des Besitzstandes abschließt. 3.63

Der Fortsetzungsanspruch gegenüber dem Erwerber ist, wenn der Betriebsübergang in der Übernahme der Hauptbelegschaft besteht, vom Bundesarbeitsgericht auch dann anerkannt, wenn dieser **Sachverhalt nach Beendigung des Arbeitsverhältnisses** (Ablauf der Kündigungsfrist) eintritt[3]. Dies ist mit einer richtlinienkonformen Auslegung des § 613a Abs. 1 BGB begründet worden. Diese Ableitung geht über die Begründung des Wiedereinstellungsanspruchs nach den Grundsätzen des Kündigungsrechts und des § 242 BGB hinaus. 3.64

Das Bundesarbeitsgericht hat eine Erstreckung dieser Grundsätze auf den Fall erörtert, dass keine spätere Übernahme der Hauptbelegschaft vollzogen wird, sondern eine spätere **Übernahme materieller oder immaterieller Betriebsmittel** erfolgt[4]. Es hat allerdings ausdrücklich darauf hingewiesen, dass der auf der richtlinienkonformen Auslegung des § 613a Abs. 1 BGB beruhende Fortsetzungsanspruch nicht im Insolvenzverfahren gelte[5]. Dies würde bedeuten, dass es in der Insolvenz mit dem allgemeinen Anspruch auf Fortsetzung bzw. 3.65

1 Vgl. BAG v. 27. 2. 1997 – 2 AZR 160/96, AP Nr. 1 zu § 1 KSchG 1969 Wiedereinstellung. S. dazu eingehend *Günzel*, DB 2000, 1227 ff.; *Langenbucher*, ZfA 1999, 299 ff.; *Nicolai/Noack*, ZfA 2000, 87 ff.; *Oberhofer*, RdA 2006, 92 ff.; *Raab*, RdA 2000, 147 ff.; *Strathmann*, DB 2003, 2438 ff.; *Ziemann*, MDR 1999, 716 ff.

2 Vgl. BAG v. 13. 11. 1997 – 8 AZR 295/95, AP Nr. 169 zu § 613a BGB; BAG v. 11. 12. 1997 – 8 AZR 729/96, AP Nr. 172 zu § 613a BGB.

3 Vgl. BAG v. 13. 11. 1997 – 8 AZR 295/95, AP Nr. 169 zu § 613a BGB; BAG v. 12. 12. 1998 – 8 AZR 265/97, AP Nr. 5 zu § 1 KSchG 1969 Wiedereinstellung.

4 Vgl. BAG v. 10. 12. 1998 – 8 AZR 324/97, AP Nr. 185 zu § 613a BGB.

5 Vgl. BAG v. 10. 12. 1998 – 8 AZR 324/97, AP Nr. 185 zu § 613a BGB.

Wiedereinstellung sein Bewenden hat, der grundsätzlich nur bei Veränderungen während der Kündigungsfrist gilt. Ob es in der Insolvenz allerdings überhaupt einen Fortsetzungsanspruch gibt, ist bislang nicht abschließend entschieden[1]. Das Bundesarbeitsgericht hat die Frage ausdrücklich offen gelassen[2]. Es hat entschieden[3], **dass ein Anspruch auf Fortsetzung gegen den Betriebserwerber im Insolvenzverfahren nicht besteht**, wenn der Betriebsübergang (erst) nach Ablauf der Kündigungsfrist bzw. nach der Beendigung des Arbeitsverhältnisses stattfindet. Dies gilt unabhängig von der Art des Betriebs und den den Betriebsübergang konstituierenden Umständen. Das Bundesarbeitsgericht hat mit Urteil vom 28. 10. 2004 klargestellt, dass ein Fortsetzungsanspruch in der Insolvenz nur anzuerkennen ist, wenn sich der Betriebsübergang bis zum Ablauf der Kündigungsfrist tatsächlich vollzieht[4]. Es kommt nicht darauf an, ob der Betriebsübergang „nahtlos" nach Ablauf der Kündigungsfrist erfolgt oder ob er sich bereits innerhalb der Kündigungsfrist abzeichnet. Ob ein Betriebsübergang während des Laufs der Kündigungsfrist nach dem jetzigen Stand der BAG-Rechtsprechung einen Fortsetzungsanspruch gegen den Betriebserwerber in der Insolvenz begründen kann oder nicht, erscheint offen[5].

3.66 Das Fortsetzungsverlangen kann bis zum Zeitpunkt des Betriebsübergangs jederzeit geltend gemacht werden. Eine Geltendmachungsfrist besteht auch nach Betriebsübergang nicht, wenn das Arbeitsverhältnis ungekündigt ist[6]. Eine **unverzügliche** Geltendmachung ist allerdings nach Betriebsübergang im Falle eines gekündigten Arbeitsverhältnisses erforderlich (Frist entsprechend § 613a Abs. 6 Satz 1 BGB).

3.67 Ein Fortsetzungsanspruch besteht nicht, wenn das Arbeitsverhältnis durch **Aufhebungsvereinbarung** beendet worden ist[7]. Etwas anderes gilt erst und nur dann, wenn der Arbeitnehmer berechtigterweise die Wirkungen des Aufhebungsvertrages beseitigt. Dies ist nach allgemeinen Grundsätzen zu beurteilen und etwa unter dem Gesichtspunkt der Anfechtung oder des Wegfalls der Geschäftsgrundlage in Erwägung zu ziehen. Haben die Arbeitsvertragsparteien noch während der Kündigungsfrist durch einen gerichtlichen Vergleich das Arbeitsverhältnis gegen Zahlung einer Abfindung aufgehoben, so kann dieser Vergleich wegen Wegfalls der Geschäftsgrundlage an die geänderte Situation anzupassen sein, unter Umständen dahin gehend, dass der Arbeitnehmer wieder einzustellen ist und die Abfindung zurückzuzahlen hat. Eine derartige Anpassung des Vergleichs wegen Wegfalls der Geschäftsgrundlage scheidet aus, wenn die vom Arbeitgeber getroffene Auswahl bei der Besetzung der wider Erwarten verbliebenen Arbeitsplätze rechtlich nicht zu beanstanden

---

1 Vgl. LAG Hamm v. 27. 3. 2003 – 4 Sa 189/02, NZA-RR 2003, 652; LAG Hessen v. 27. 2. 2003 – 11 Sa 799/02; LAG Köln v. 13. 10. 2004 – 7 (5) Sa 273/04, LAGE § 1 KSchG Wiedereinstellungsanspruch Nr. 6.
2 Vgl. BAG v. 16. 5. 2002 – 8 AZR 321/01, AP Nr. 237 zu § 613a BGB.
3 Vgl. BAG v. 13. 5. 2004 – 8 AZR 198/03, DB 2004, 2107.
4 Vgl. BAG v. 28. 10. 2004 – 8 AZR 199/04, NZA 2005, 405.
5 S. zum Rechtsprechungsstand etwa *Ahlborn,* ZfA 2005, 109, 157 ff.
6 Vgl. BAG v. 18. 12. 2003 – 8 AZR 621/02, DB 2004, 2110.
7 Vgl. BAG v. 10. 12. 1998 – 8 AZR 324/97, AP Nr. 185 zu § 613a BGB.

ist[1]. Die **Auslegung** von Abfindungsvereinbarungen wird allerdings regelmäßig dazu führen, dass – auch – das Problem der Wiedereinstellung erfasst und geregelt ist, so dass eine Anpassung nach Geschäftsgrundlagengrundsätzen nicht in Betracht kommt[2].

1 Vgl. BAG v. 4. 12. 1997 – 2 AZR 140/97, AP Nr. 4 zu § 1 KSchG 1969 Wiedereinstellung.

2 Vgl. BAG v. 28. 6. 2000 – 7 AZR 904/98, AP Nr. 6 zu § 1 KSchG 1969 Wiedereinstellung.

C. Steuerrecht in der Liquidation

I. Liquidationsbesteuerung der GmbH

3.68 Die abschließende Besteuerung des Gewinns einer unbeschränkt oder beschränkt steuerpflichtigen Kapitalgesellschaft aus der Auflösung und Abwicklung oder aus der Auflösung durch Eröffnung des Insolvenzverfahrens unterliegt besonderen Grundsätzen nach **§ 11 KStG**. Grundsätzlich ist Voraussetzung, dass die Körperschaft sowohl aufgelöst als auch abgewickelt wird. Nur im Fall der **Insolvenz** gilt die Liquidationsbesteuerung auch, wenn sich an die Auflösung keine Abwicklung anschließt (§ 11 Abs. 7 KStG). Der Sache nach bedeutet dies, dass der Liquidationszeitraum mit dem Beschluss der Gesellschafter zur Fortführung der Gesellschaft endet und die Gesellschaft von diesem Zeitpunkt an, gegebenenfalls durch Bildung eines Rumpfgeschäftsjahres, wieder in die normale Besteuerung zurückkehrt.

3.69 Möglich ist im Zuge der Liquidation auch eine sog. **Sachauskehrung** in der Weise, dass Vermögensgegenstände der GmbH auf den Gesellschafter übertragen werden. Die Sondervorschrift über die Liquidation der Kapitalgesellschaften greift mit dem Beschluss der Auflösung ein. Das ist der Zeitpunkt des Gesellschafterbeschlusses über die Auflösung oder der Eintritt eines gesetzlichen Auflösungsgrundes. Die Sonderregeln des § 11 KStG ändern aber nichts daran, dass die GmbH solange körperschaftsteuerpflichtig ist, wie sie noch über Vermögen verfügt. Die Körperschaftsteuerpflicht endet erst mit dem Abschluss der Abwicklung. Dabei wird der steuerpflichtige Gewinn nicht aus dem handelsrechtlichen Jahresabschluss abgeleitet, sondern aus einem Bestandsvergleich eigener Art.

3.70 Der zu besteuernde **Liquidationsgewinn** ist der **Unterschied** zwischen dem **Abwicklungsendvermögen** und dem **Abwicklungsanfangsvermögen** (§ 11 Abs. 2 KStG). Das Liquidationsanfangsvermögen ist aus der Liquidationseröffnungsbilanz abzuleiten; das Liquidationsendvermögen ist das zur Verteilung zur Verfügung stehende Vermögen, welches um steuerfreie Vermögensmehrungen zu mindern ist, die dem Steuerpflichtigen in der Liquidationsphase zugeflossen sind. All dies führt dazu, dass eventuell gelegte stille Reserven innerhalb des Liquidationsraums aufgedeckt und besteuert werden. Der Grund dafür liegt darin, dass im unternehmerischen Bereich nicht realisierte Gewinne auf Grund des handelsrechtlichen Realisationsprinzips nicht ausgewiesen und damit (§ 8 Abs. 1 KStG, § 5 Abs. 1 EStG, §§ 238 ff. HGB) auch nicht zur Körperschaftsteuer mit herangezogen worden sind. Im Rahmen der Liquidationsbesteuerung, der Endbesteuerung der Kapitalgesellschaft, soll sichergestellt werden, dass alle steuerpflichtigen Vermögensmehrungen einschließlich der durch die Auflösung stiller Reserven entstehenden Gewinne erfasst werden. Im Gegensatz zur Beendigung einer einzelunternehmerischen Tätigkeit oder zur Liquidation einer Personengesellschaft gibt es körperschaftsteuerrechtlich keine den §§ 16, 34 EStG entsprechenden Tarifvergünstigungen auf der Ebene der GmbH.

Bei der Schlussbesteuerung einer Körperschaft ist zwischen der Besteuerung auf der **Gesellschaftsebene** und der Besteuerung auf der **Ebene** des **Anteilseigners** zu unterscheiden. Im Einzelnen: 3.71

Mit dem Übergang der werbenden Kapitalgesellschaft in das Liquidationsstadium endet regelmäßig noch nicht die unternehmerische Tätigkeit, vielmehr werden noch laufende Geschäfte abgewickelt und das Vermögen der Körperschaft wird veräußert. Von Beginn des Liquidationszeitraums an ist nicht mehr das Kalenderjahr, sondern der **Abwicklungszeitraum Ermittlungs- und Veranlagungszeitraum** für die Körperschaftsteuer. Der sich auf Grund der Gegenüberstellung des Abwicklungsendvermögens mit dem Abwicklungsanfangsvermögen ergebende Unterschiedsbetrag ist der zu besteuernde Liquidationsgewinn bzw. der endgültige Liquidationsverlust. Im Rahmen der Liquidationsbesteuerung geht es materiell um die vollständige Erfassung der in der Kapitalgesellschaft gelegten stillen Reserven. Infolgedessen gilt die Maßgeblichkeit der Handelsbilanz der § 8 Abs. 1 KStG, § 5 Abs. 1 EStG nicht[1]. Davon abgesehen gelten auch bei der Liquidation die allgemeinen Regeln (§ 11 Abs. 6 KStG). Inhaltlich kommen also alle Gewinnermittlungsvorschriften zur Anwendung, wenn sie nicht durch die abweichenden Bestimmungen des § 11 Abs. 1–5 KStG ersetzt werden. Zu den allgemeinen Gewinnermittlungsvorschriften, die anzuwenden sind, gehören insbesondere auch die §§ 9, 10 KStG bezüglich der abzugsfähigen und nicht abzugsfähigen Ausgaben[2]. 3.72

Im Rahmen der allgemeinen Gewinnermittlungsvorschriften ist auch die **Verlustausgleichsmöglichkeit** nach § 10d EStG zu berücksichtigen. Aus dem Umstand, dass der Abwicklungszeitraum ein einziger Besteuerungsabschnitt ist, folgt, dass Verluste, die in früheren Veranlagungszeiträumen entstanden sind, in den Abwicklungszeitraum vorgetragen und mit dem im Abwicklungszeitraum erzielten Gewinn verrechnet werden können. Ein nicht ausgenutzter Verlustvortrag, der auch nicht mit einem Liquidationsgewinn verrechnet werden kann, geht endgültig verloren, weil insoweit die Steuersubjektqualität der Kapitalgesellschaft beendet ist. Im Einzelfall sollte daher überprüft werden, ob nicht vor der Liquidation etwa durch eine Einlage einer gewinnbringenden Einnahmequelle der Verlustvortrag ausgenutzt wird, allerdings sind die Sonderregeln der § 8 Abs. 4 KStG a.F., § 8c KStG (Rz. 2.382 ff.) zu beachten. 3.73

Abwicklungsanfangsvermögen ist dasjenige Betriebsvermögen, welches am Schluss des der Auflösung vorangegangenen Wirtschaftsjahres der Veranlagung zugrunde gelegt worden ist (§ 11 Abs. 4 Satz 1 KStG). **Abwicklungsendvermögen** (§ 11 Abs. 3 KStG) ist das an die Gesellschafter zur Verteilung kommende Vermögen, also dasjenige Substrat, welches nach Versilberung der Vermögensgegenstände/Wirtschaftsgüter und nach Begleichung der Schulden verbleibt. 3.74

Kommt es zu **Sachauskehrungen** an den Kapitalgesellschafter, dann sind diese mit dem gemeinen Wert nach § 9 BewG anzusetzen. Ein entgeltlich erwor- 3.75

1 BFH v. 8. 12. 1971 – I R 164/69, BStBl. II 1972, 229.
2 BFH v. 21. 10. 1981 – I R 149/77, BStBl. II 1982, 177.

bener, derivativer Firmenwert ist ebenfalls zu berücksichtigen[1], doch ist dies wohl nur dann zutreffend, wenn der derivativ erworbene Firmenwert im Rahmen der Abwicklungsbesteuerung realisiert werden kann. Andernfalls ist der Wert Null. Der originäre Firmenwert der zu liquidierenden Gesellschaft ist nicht Bestandteil des Endvermögens.

3.76 Da die GmbH als Kapitalgesellschaft Gewerbebetrieb kraft Rechtsform ist (§ 2 Abs. 2 Satz 2 GewStG), ist auch der Abwicklungsgewinn der GmbH **gewerbeertragsteuerpflichtig**, obschon die werbende Tätigkeit eingestellt wird. Aber auch gewerbesteuerrechtlich gilt, dass der Gewerbebetrieb erst mit der tatsächlichen Beendigung der unternehmerischen Tätigkeit endet. Der Gewerbeertragsteuer ist der nach § 11 KStG ermittelte Gewinn zugrunde zu legen.

3.77 Für die Liquidationsbesteuerung auf der Ebene der Kapitalgesellschaft kann es zu Problemen kommen, wenn sich das **Körperschaftsteuerrecht ändert** bzw. geändert hat. Infolge der Abschaffung des körperschaftsteuerrechtlichen Anrechnungsverfahrens ist nach § 37 Abs. 1 KStG ein Körperschaftsteuerguthaben festgestellt worden. Dieses ist letztmalig auf den Stichtag zu ermitteln, auf den die Liquidationsschlussbilanz erstellt wird (§ 37 Abs. 4 KStG). Nach § 37 Abs. 5 Satz 1 KStG hat die Gesellschaft einen Anspruch auf Auszahlung des Körperschaftsteuerguthabens in 10 gleichen Jahresbeträgen innerhalb eines Zeitraums von 2008 bis 2017. Um eine langwierige Liquidation zu vermeiden, kann der Anspruch auf Auszahlung dieses Guthabens abgetreten, verpfändet oder gepfändet werden (§ 37 Abs. 5 KStG).

3.78 Nach § 11 Abs. 1 Satz 2 KStG soll der Besteuerungszeitraum für die Liquidation drei Jahre nicht übersteigen. Wenn der Liquidationszeitraum ausnahmsweise diese Frist überschreitet, muss die Gesellschaft nach Aufforderung durch das zuständige Finanzamt zur jährlichen Veranlagung übergehen. Nach Auffassung des BFH[2] kann die Finanzverwaltung auch dann für längere Zeiträume einen Körperschaftsteuerbescheid erlassen, wenn für eine Steuerfestsetzung vor Abschluss der Liquidation kein spezieller Anlass besteht. Ein derartiges Vorgehen muss nur dann begründet werden, wenn ein rechtliches Interesse der Gesellschaft an der Verlängerung des Besteuerungszeitraums über drei Jahre hinaus erkennbar ist. Nach Meinung des BFH gibt das Gesetz nichts dafür her, dass eine Zwischenveranlagung nur dann zulässig sein soll, wenn konkrete Schwierigkeiten drohen. Deshalb setzt die Zwischenveranlagung nicht voraus, dass eine Abwicklung von den Liquidatoren unangemessen hinausgezögert wird oder dass ohne eine Zwischenveranlagung der Ausfall von Steueransprüchen droht[3].

3.79 Die vorstehend zitierte Entscheidung des BFH setzt sich auch mit der praktisch wichtigen Frage auseinander, welcher **Körperschaftsteuersatz** in Liquidationsfällen dem Abwicklungsgewinn zugrunde zu legen ist. Der BFH[4] steht auf dem Standpunkt, dass bei einer Liquidation der am Ende des Liquidations-

1 BFH v. 14. 2. 1978 – VIII R 158/73, BStBl. II 1979, 99.
2 BFH v. 18. 9. 2007 – I R 44/06, GmbHR 2008, 160.
3 Vgl. auch *Küster*, DStR 2006, 209.
4 BFH v. 18. 9. 2007 – I R 44/06, GmbHR 2008, 160.

zeitraums geltende Steuersatz anzuwenden ist, auch wenn sich der Steuersatz während der Abwicklungsphase geändert hat. Daraus folgt, dass auch in Fällen der Zwischenveranlagung das im Zeitpunkt des Ablaufs des jeweiligen Zwischenveranlagungszeitraums geltende Steuerrecht anzuwenden ist[1]

II. Steuerrechtliche Konsequenzen für den Anteilseigner

1. Ertragsteuerrecht

Im Rahmen der Besteuerung des Anteilseigners der GmbH in der Liquidation kommt es steuersystematisch darauf an, ob der Anteilseigner der Gesellschaft steuerrechtlich verstricktes Betriebsvermögen bzw. steuerverstricktes Privatvermögen hat (Rz. 2.345 ff.). 3.80

Befinden sich die in der Liquidation untergehenden Anteile an der GmbH in einem **Betriebsvermögen** des Anteilseigners, so kommt es grundsätzlich zu einem laufenden Gewinn oder einem Verlust in Höhe des Unterschiedsbetrags zwischen der Kapitalrückzahlung und dem Buchwert der (bilanzierten) GmbH-Geschäftsanteile. Ist der Anteilseigner eine natürliche Person, die den Anteil in ihrem Betriebsvermögen hält, dann ist dies in soweit eine Konstellation des Teileinkünfteverfahrens des § 3 Nr. 40 lit. b EStG bzw. bei einem Anteilseigner, der seinerseits Körperschaft ist, ein Anwendungsfall des § 8b KStG. Kommt es zu einem Liquidationsverlust des Anteilseigners mit Betriebsvermögen, dann greift insoweit § 3c Abs. 2 Satz 1 EStG bei natürlichen Personen oder § 8b Abs. 3 Satz 3 KStG bei Körperschaften ein. 3.81

Wird der GmbH-Geschäftsanteil in einem **Privatvermögen** gehalten und handelt es sich um eine nicht steuerverstrickte Beteiligung, dann muss in Gewinnsituationen in steuerpflichtige Kapitalerträge nach § 20 Abs. 1 Nr. 2 EStG und in nicht als Kapitalerträge zu qualifizierende Kapitalrückzahlungen (§ 20 Abs. 1 Nr. 2 Satz 2 EStG) aufgeteilt werden. In einer Verlustkonstellation kommt es zu einem allein die private Vermögenssphäre betreffenden und damit unerheblichen Verlust. 3.82

Der in der Praxis wichtigste Sachverhalt dürfte der sein, dass der Gesellschafter, der zu liquidierenden GmbH eine qualifizierte Beteiligung nach **§ 17 Abs. 1 Satz 1 EStG** innehat. Kommt es im Zuge der Liquidation zur Auskehrung von Gewinnrücklagen, dann führt dies zu Kapitalvermögenseinkünften nach § 20 Abs. 1 Nr. 2 EStG, die prinzipiell der Abgeltungsteuer (Rz. 2.345) unterliegen, es sei denn, dass die Ausnahmeregel des § 32d Abs. 2 Nr. 3 EStG eingreift. Auf Antrag des Steuerpflichtigen kann von der Abgeltungsteuer abgesehen werden, wenn der Steuerpflichtige unmittelbar oder mittelbar zu mindestens 25 v.H. an der Kapitalgesellschaft beteiligt oder zu mindestens 1 v.H. an der Kapitalgesellschaft beteiligt ist und beruflich für diese tätig wird. 3.83

Liegen die Voraussetzungen des § 17 Abs. 1 Satz 1 EStG vor, dann stellt **§ 17 Abs. 4 Satz 1 EStG** die Auflösung einer Kapitalgesellschaft einer Veräußerung 3.84

1 Näher *Blümich/Hofmeister*, EStG/KStG, § 11 KStG Rz. 40, 81.

gleich. Entsteht in Höhe der Differenz zwischen den Anschaffungskosten der Beteiligung und dem Veräußerungspreis des § 17 EStG ein Veräußerungsgewinn oder ein Veräußerungsverlust, dann besteht insoweit nicht die Möglichkeit einer Progressionsmilderung oder der Besteuerung mit einem ermäßigten Steuersatz nach § 34 EStG. Stattdessen greifen §§ 3 Nr. 40 lit. c, 3c Abs. 2 Satz 1 EStG mit der Folge ein, dass der Veräußerungspreis bzw. der Veräußerungsverlust jeweils nur zu 60 v.H. angesetzt oder abgezogen werden kann. Insoweit existiert in den hier interessierenden Krisen-Verlustsituationen unabhängig von § 17 Abs. 2 Satz 6 EStG eine Verlustausgleichsbeschränkung in Höhe von 40 v.H.

3.85 Was den **Besteuerungszeitpunkt** nach § 17 Abs. 4 EStG angeht, so entstehen sowohl Gewinn als auch Verlust nicht schon mit Auflösung der GmbH, aber auch nicht erst mit ihrer Löschung im Handelsregister[1]. Sowohl ein Auflösungsgewinn als auch ein Auflösungsverlust werden im Ergebnis nach den bilanziellen Prinzipien der Gewinn- oder Verlustrealisierung behandelt. Maßgebend ist danach regelmäßig der Zeitpunkt, also der Veranlagungszeitraum, in dem das Gesellschaftsvermögen ausgekehrt wird bzw. in dem der Auflösungsverlust entsteht. Der Zeitpunkt der Entstehung des Auflösungsverlusts ist regelmäßig der Abschluss der Liquidation[2]. Von diesem Grundsatz gibt es allerdings Ausnahmen. Nach ständiger Rechtsprechung des BFH kann ein Auflösungsverlust nach § 17 EStG schon geltend gemacht werden, wenn der qualifiziert beteiligte Gesellschafter nicht mehr mit Zuteilungen und Rückzahlungen aus dem Gesellschaftsvermögen rechnen kann und wenn zusätzlich **feststeht**, ob und in welcher Höhe noch nachträgliche Anschaffungskosten oder sonstige im Rahmen des § 17 Abs. 2 EStG zu berücksichtigende Größen anfallen werden[3]. Findet in Insolvenzsituationen eine Abweisung mangels Masse statt, dann ist der auf einen Zeitpunkt zu ermittelnde Auflösungsverlust schon bei Ablehnung des Antrags auf Insolvenzeröffnung entstanden[4]. Gleiches gilt bei eindeutiger Vermögenslosigkeit im Zeitpunkt des Auflösungsbeschlusses[5] oder wenn der qualifiziert beteiligte Gesellschafter mit einer Auskehrung von Gesellschaftsvermögen nicht mehr rechnen kann[6].

3.86 Die vorstehenden dogmatischen Regeln sind **zwingend**, so dass der Steuerpflichtige, der nach § 17 EStG Beteiligte, kein Wahlrecht hat[7]. Im Ergebnis ist der frühestmögliche Zeitpunkt der Verlustgeltendmachung die zivilrechtliche Auflösung oder die Eröffnung des Insolvenzverfahrens, nicht jedoch schon der dahingehende Antrag. Letztmögliche Veranlagungsperiode der Verlustgeltendmachung ist der förmliche Abschluss der Liquidation.

---

1 Näher *Kirchhof/Gosch*, § 17 EStG Rz. 284; *Schmidt/Weber-Grellet*, § 17 EStG Rz. 221.

2 Vgl. BFH v. 4. 10. 2007 – VIII S 3/07, BFH/NV 2008, 209; *Schmidt/Weber-Grellet*, § 17 EStG Rz. 222.

3 BFH v. 12. 12. 2000 – VIII R 52/93, BStBl. II 2001, 286 = GmbHR 2001, 257; BFH v. 4. 10. 2007 – VIII S 3/07, BFH/NV 2008, 209; auch OFD Berlin, GmbHR 2000, 1219.

4 BFH v. 27. 11. 1995 – VIII B 16/95, BFH/NV 1996, 406.

5 BFH v. 4. 11. 1997 – VIII R 18/94, BStBl. II 1999, 344.

6 BFH v. 12. 12. 2000 – VIII R 36/97, BFH/NV 2001, 761.

7 Statt aller *Kirchhof/Gosch*, § 17 EStG Rz. 284.

2. Erbschaft- und Schenkungsteuer

a) Bedeutung für Krisensituationen

Häufig wird übersehen, dass immer dann, wenn unternehmerisches Vermögen erbschaft- und schenkungsteuerrechtlich privilegiert übergeht, sowohl nach geltendem als auch nach neuem Recht sog. Behaltefristen einzuhalten sind. Wird innerhalb dieser Behaltefristen das privilegiert vererbte oder verschenkte unternehmerische Vermögen veräußert oder liquidiert (!), dann kommt es zu Nachversteuerungstatbeständen. Diese Nachversteuerungstatbestände führen im Grundsatz dazu, dass die zunächst gewährten Begünstigungen ganz oder zum Teil rückwirkend entfallen. 3.87

Auf Grund des Beschlusses des **BVerfG**[1] ist danach zu unterscheiden, ob sich der Erbfall oder die vorweggenommene Erbfolge im zeitlichen Anwendungsbereich des alten oder des neuen Rechts abgespielt haben. Grund dafür ist die Auffassung des BVerfG, dass das bisherige Recht gegen Art. 3 Abs. 1 GG verstößt. Vor dem Hintergrund des einheitlichen Tarifs des § 19 Abs. 1 ErbStG ist das BVerfG der Auffassung, dass es mit dem Gleichheitssatz unvereinbar ist, wenn die Erwerber von Vermögen unabhängig von der jeweiligen Vermögensart und den ermittelten Werten mit einheitlichen Steuersätzen belastet werden. Dabei ergibt sich die Verfassungswidrigkeit im Einzelnen aus den unterschiedlichen steuerrechtlichen Bemessungsgrundlagen des § 12 ErbStG i.V.m. den einschlägigen Verweisnormen im BewG. Das BVerfG hat dem Steuergesetzgeber aufgegeben, bis zum 31. 12. 2008 die erbschaft- und schenkungsteuerrechtlich maßgebende Bereicherung einheitlich am gemeinen Wert als dem maßgeblichen Bewertungsziel auszurichten. Erst auf einer zweiten Ebene könne der Steuergesetzgeber entscheiden, ob er nach der grundsätzlich erfolgenden Steuerbelastung Lenkungsziele verfolgt, beispielsweise durch unterschiedliche Steuersätze, Freibeträge oder andere Verschonungsregelungen (Rz. 3.92 ff.). 3.88

b) Rechtslage bis 31. 12. 2008 (ErbStG a.F.)

Nach § 13a Abs. 1 ErbStG bleiben (technisches) Betriebsvermögen, land- und forstwirtschaftliches Vermögen sowie Anteile an Kapitalgesellschaften unter den Voraussetzungen des § 13a Abs. 4 Nr. 3 ErbStG mit einem Wert von 225 000,– Euro außer Ansatz. Im Übrigen erhalten die Erwerber eines von § 13a Abs. 4 ErbStG begünstigen Vermögens einen **Bewertungsabschlag** von 35 v.H. für das über den Freibetrag hinausgehende Vermögen (§ 13a Abs. 2 ErbStG). Korrespondierend mit § 13a ErbStG erfolgt über § 19a ErbStG eine Tarifbegrenzung für privilegiertes Vermögen, insbesondere auch für Anteile an Kapitalgesellschaften. Auf Grund § 19a Abs. 1, 4 ErbStG führt weitergeführtes unternehmerisches Engagement unabhängig von dem Verwandtschaftsgrad des Nachfolgers in die günstige Steuerklasse I. 3.89

Bezogen auf kapitalgesellschaftsrechtliche Beteiligungen (hier: GmbH) sind §§ 13a Abs. 4 Nr. 3, 19a Abs. 2 Nr. 3 ErbStG einschlägig. Erfasst werden An- 3.90

1 BVerfG v. 7. 11. 2006 – 1 BvL 10/02, BStBl. II 2007, 192 = GmbHR 2007, 320; dazu *Crezelius*, DStR 2007, 415; *Geck*, DStR 2007, 427; *Seer*, GmbHR 2007, 281.

teile an inländischen Kapitalgesellschaften, wenn der Erblasser oder Schenker am Nennkapital der Gesellschaft zu mehr als einem Viertel unmittelbar beteiligt war. In steuersystematischer Hinsicht ist darauf hinzuweisen, dass es hier nur um privat gehaltene Anteile geht. Befindet sich der Anteil an der Kapitalgesellschaft in einem Betriebsvermögen, dann kommen §§ 13a Abs. 4 Nr. 1, 19a Abs. 2 Nr. 1 ErbStG in Betracht. Die relativ hohe „Privilegierungsschwelle" für vererbte oder verschenkte kapitalgesellschaftsrechtliche Beteiligungen ist steuersystematisch zu kritisieren, weil zwischenzeitlich die „Wesentlichkeitsschwelle" des § 17 Abs. 1 Satz 1 EStG auf 1 v.H. herabgesetzt worden ist, demgegenüber der zunächst als Parallele zum früheren § 17 EStG eingeführte § 13a Abs. 4 Nr. 3 ErbStG weiterhin auf eine Beteiligung von mehr als einem Viertel abstellt.

3.91 Für den vorliegenden Zusammenhang, und zwar für Erbfälle und Schenkungen nach altem Recht, sind auch in Zukunft noch §§ 13a Abs. 5 Nr. 4, 19a Abs. 5 Nr. 4 ErbStG zu beachten. Der zusätzliche Freibetrag und der Bewertungsabschlag fallen mit Wirkung für die Vergangenheit weg, wenn ein sog. **Schädlichkeitstatbestand** innerhalb von fünf Jahren nach dem Erwerb gegeben ist. Der Grundfall ist derjenige, dass zuvor begünstigte Anteile an Kapitalgesellschaften ganz oder teilweise veräußert werden. Gleiches gilt nach dem Wortlaut des Gesetzes aber auch, wenn die Kapitalgesellschaft aufgelöst oder ihr Nennkapital herabgesetzt wird. Damit wird der Sinn und Zweck der erbschaftsteuerrechtlichen Privilegierungen in ihr Gegenteil verkehrt. Liegt es nämlich auf Grund einer Krisensituation oder einer Insolvenzsituation so, dass die zunächst begünstigen Erwerber unfreiwillig das unternehmerische Engagement nicht fortführen können, dann wird im Ergebnis das unternehmerische Vermögen nicht versilbert, so dass der Grundanlass der §§ 13a Abs. 5, 19a Abs. 5 ErbStG gar nicht einschlägig ist. Immerhin anerkennt die Finanzverwaltung, dass bei Kapitalherabsetzungen die gesetzliche Formulierung zu weit geht. §§ 13a Abs. 5 Nr. 4 Satz 2, 19a Abs. 5 Nr. 4 Satz 2 ErbStG sollen teleologisch dergestalt reduziert werden, dass nur bei einer effektiven Kapitalherabsetzung die Begünstigungen wegfallen[1]. Gleichwohl bleibt festzuhalten, dass die beschriebene Einschränkung durch die Finanzverwaltung voraussetzt, dass es sich um eine Kapitalherabsetzung zum Zweck der Sanierung handelt und dass im Übrigen Fälle der Auflösung infolge Insolvenz weiterhin rückwirkend zu einer erhöhten Besteuerung führen sollen[2].

c) ErbStG 2009

3.92 Die neuen Verschonungsregeln für unternehmerisches Vermögen finden sich in **§§ 13a, 13b ErbStG**[3]. Dabei ist der Wortlaut des Gesetzes zumindest verwirrend. In § 13a Abs. 1 Satz 1 ErbStG heißt es, dass der Wert von Betriebsvermögen, land- und forstwirtschaftlichem Vermögen und Anteilen an Kapitalgesellschaften im Sinne des § 13b Abs. 4 ErbStG insgesamt außer Ansatz bleibt. Das

1 R 66 Abs. 2 ErbStR.

2 Vgl. BFH v. 16. 2. 2005 – II R 39/03, BStBl. II 2005, 571; BFH v. 21. 3. 2007 – II R 19/06, DStRE 2007, 761.

3 BGBl. I 2008, 3018; dazu *Crezelius*, ZEV 2009, 1; *Geck*, ZEV 2008, 557.

ist im Ergebnis unrichtig, weil § 13b Abs. 4 ErbStG zeigt, dass von dem zunächst begünstigten Vermögen im Regelfall nur 85 v.H. freigestellt werden[1]. Letztlich kommt es also zu einer Sockelbesteuerung von 15 v.H. des grundsätzlich begünstigten Vermögens. Damit wird unwiderleglich vermutet, dass von dem begünstigten Unternehmensvermögen 15 v.H. nicht produktives Vermögen darstellen. Neben dieser Regelverschonung gewährt § 13a Abs. 8 ErbStG die Möglichkeit, unwiderruflich zu erklären, dass an die Stelle der Begünstigung in Höhe von 85 v.H. eine vollständige Begünstigung eintreten soll, wenn denn die in § 13a Abs. 8 ErbStG aufgelisteten zusätzlichen Bindungsmodalitäten eingehalten werden. Dabei ist unklar, ob die „unwiderrufliche Erklärung" durch die Abgabe der Steuererklärung erfolgt oder ob es nicht vielmehr so liegt, dass die **Option** bis zur Bestandskraft des Steuerbescheids ausgeübt werden kann. Unklar ist auch, ob dann, wenn die Optionsvoraussetzungen bezüglich des sog. Verwaltungsvermögens in § 13a Abs. 8 ErbStG nach gestelltem Antrag nicht erfüllt werden, gleichwohl das Grundmodell der Verschonung angewendet werden kann. Das ist zweifelhaft, weil es sich um ein steuerliches Wahlrecht handelt.

Im Einzelnen lässt sich die **Systematik** der neuen Begünstigungen wie folgt zusammenfassen: 3.93

- Auf einer ersten Stufe ist zu prüfen, ob dem Grunde nach begünstigtes Unternehmensvermögen gegeben ist, ob es sich also um eine privilegierte **Rechtsform** handelt (§ 13b Abs. 1 ErbStG).
- Auf einer zweiten Stufe ist zu untersuchen, ob in der zunächst begünstigten Rechtsform „gutes" Betriebsvermögen oder schädliches sog. **Verwaltungsvermögen** vorliegt (§ 13b Abs. 2 ErbStG).
- Geht es um die **Vermögenszusammensetzung** einer zunächst nach § 13b Abs. 1 ErbStG begünstigten unternehmerischen Einheit, so liegt es im Regelverschonungsmodell so, dass dann, wenn im Verhältnis zum Unternehmenswert mehr als 50 v.H. in § 13b Abs. 2 Satz 2 ErbStG definiertes Verwaltungsvermögen vorliegt, die Begünstigung in toto versagt wird. Anders formuliert: Besteht das begünstigte Vermögen zu 50 v.H. oder weniger aus Verwaltungsvermögen, dann bleibt es insgesamt bei der Begünstigung. Wie sich die Werte zueinander verhalten, ergibt sich aus dem Verhältnis des begünstigten zum nicht begünstigten Vermögen innerhalb des Unternehmenswerts der begünstigten Rechtsform (§ 12 Abs. 5 ErbStG, §§ 11, 199 ff. BewG).
- Im Falle der Option nach **§ 13a Abs. 8 ErbStG** darf das schädliche Verwaltungsvermögen nur 10 v.H. betragen, so dass die Vollbefreiung im Optionsmodell mit einer restriktiven Verwaltungsvermögensgrenze einhergeht.
- Im Ergebnis bleibt es bei der zunächst gewährten Begünstigung im Regelverschonungsmodell nur, wenn die Summe der jährlichen **Lohnsumme** des § 13a Abs. 4 ErbStG insgesamt 650 v.H. der Ausgangslohnsumme innerhalb von 7 Jahren nach dem Erwerb nicht unterschreitet. Dabei ist die Regelung so gefasst, dass erst am Ende des siebenjährigen Überwachungszeitraums die Ausgangslohnsumme der Mindestlohnsumme gegenüber gestellt wird. Im

1 Kritisch *Hannes/Onderka*, ZEV 2008, 16, 17.

Ergebnis kommt es also zu einer kumulierten Betrachtung. Da erst am Ende der Frist abgerechnet wird, können Absenkungen der Lohnsumme bis zum Ende der Lohnsummenfrist aufgeholt werden. Unterschreitet die Summe der maßgebenden jährlichen Lohnsummen 650 v.H. der Ausgangslohnsumme, vermindert sich rückwirkend der Verschonungsabschlag in dem Verhältnis, in welchem die tatsächliche Lohnsumme die Mindestlohnsumme unterschreitet. In der Optionsvariante des § 13a Abs. 8 ErbStG darf die Lohnsumme am Ende des zehnjährigen Betrachtungszeitraums nicht unter 1000 v.H. der Ausgangslohnsumme gesunken sein. Wichtig ist für beide Varianten, dass eine Lohnindexierung der Ausgangslohnsumme nicht stattfindet.

- Überdies setzen die Begünstigungen der §§ 13a, 13b ErbStG voraus, dass die Behaltefristen des § 13a Abs. 5 ErbStG eingehalten werden. Es kommt zu einer **Vermögensbindung** dergestalt, dass im Regelmodell innerhalb von 7 Jahren das zunächst begünstigte Vermögen nicht veräußert, aufgegeben werden darf usf. Die Regelungen für die **Kapitalgesellschaften** finden sich in § 13a Abs. 5 Nr. 4 ErbStG, diejenigen für Personenunternehmen (OHG, KG, GmbH & Co. KG) in § 13a Abs. 5 Nr. 1 ErbStG. In der Variante des Optionsmodells nach § 13a Abs. 8 ErbStG tritt an die Stelle der Behaltefrist von 7 Jahren eine Behaltefrist von 10 Jahren. Wird gegen die Behalteregelungen verstoßen, so kommt es zu einem **Abschmelzungsmodell**, also zu einem Wegfall der zunächst gewährten Verschonung pro rata temporis. Bei einem Verstoß im Jahre 06 sind dann beispielsweise 2/7 des Verschonungsabschlags (im Regelmodell) rückgängig zu machen.

3.94 Für die hier interessierende GmbH ist darauf einzugehen, welche Gesellschaften bzw. welche Geschäftsanteile begünstigt werden. Zum privilegierten Vermögen gehören nach **§ 13b Abs. 1 Nr. 3 ErbStG** Anteile an **Kapitalgesellschaften**, wenn die Gesellschaft zurzeit der Entstehung Sitz oder Geschäftsleitung im Inland hat und der Erblasser oder Schenker am Nennkapital dieser Gesellschaft zu **mehr als 25 v.H. unmittelbar** beteiligt war. Eine ergänzende Regelung enthält § 13b Abs. 1 Nr. 3 Satz 2 ErbStG, wonach die Mindestbeteiligungsquote auch dann erfüllt ist, wenn der Erblasser oder Schenker und die anderen Gesellschafter untereinander verpflichtet sind, über die Anteile nur einheitlich zu verfügen oder ausschließlich auf andere derselben Verpflichtung unterliegende Anteilseigner zu übertragen und das Stimmrecht gegenüber nicht gebundenen Gesellschaftern einheitlich auszuüben, wenn denn die Summe der gebundenen Beteiligungen die Beteiligungsquote des § 13b Abs. 1 Nr. 3 Satz 1 ErbStG erreicht[1]. Wie im früheren Recht (Rz. 3.90) ist auch für das neue Recht zu kritisieren, dass die erbschaftsteuerrechtliche Mindestbeteiligungsquote einen steuersystematischen Bruch im Verhältnis zu § 17 Abs. 1 Satz 1 EStG darstellt.

3.95 Für die Praxis wichtig dürfte sein, dass nur unmittelbare Beteiligungen an Kapitalgesellschaften begünstigt sind, und zwar auch dann, wenn der Erblasser oder Schenker zugleich eine mittelbare Beteiligung an der Kapitalgesellschaft hält.

1 Ausführlich dazu *Weber/Schwind*, ZEV 2009, 16.

Beispiel: Mutter M ist zu 20 v.H. an der X-GmbH beteiligt. Die M ist zugleich alleinige Gesellschafterin der M-GmbH & Co. KG, in deren Betriebsvermögen weitere 20 v.H. der GmbH liegen.

Wird eine kapitalgesellschaftsrechtliche Beteiligung zusammen mit einem Betriebsvermögen vererbt oder verschenkt, dann ist dies ein Fall des § 13b Abs. 1 Nr. 2 ErbStG. Damit wird im Grundsatz auch die in einem einzelunternehmerischen Vermögen oder in einem Gesamthandsvermögen liegende kapitalgesellschaftsrechtliche Beteiligung erfasst. Zu entscheiden ist dann aber weiterhin, wie Sachverhalte zu beurteilen sind, in denen das Personenunternehmen seinerseits **an einer weiteren Kapitalgesellschaft beteiligt** ist. Insbesondere bei Personengesellschaften muss geklärt werden, ob auf den einzelnen Gesellschafter durchzurechnen ist. Das sollte verneint werden, weil die Zuordnung einer kapitalgesellschaftsrechtlichen Beteiligung intensiver ist als die Stimmrechtsbindung. Damit kommt es bei Personengesellschaften allein auf die Beteiligungsquote der begünstigten Gesellschaft als solcher an. Dafür spricht dann auch § 13b Abs. 2 Satz 2 Nr. 3 ErbStG, wonach es darauf ankommt, ob Verwaltungsvermögen im Gesellschaftsvermögen der Beteiligungsgesellschaft vorhanden ist. Hier ist dann von Bedeutung, dass innerhalb eines Betriebsvermögens gehaltene kapitalgesellschaftsrechtliche Beteiligungen als **schädliches Verwaltungsvermögen** beurteilt werden, wenn die unmittelbare Beteiligung am Nennkapital 25 v.H. oder weniger beträgt (§ 13b Abs. 2 Satz 2 Nr. 2 ErbStG); eine Ausnahmeregelung findet sich wiederum für gebundene Beteiligungen. Aber selbst dann, wenn die Beteiligungsgrenze des § 13b Abs. 2 Satz 2 Nr. 2 ErbStG überschritten wird, ist § 13b Abs. 2 Satz 2 Nr. 3 ErbStG zu beachten. Auch wenn die Mindestbeteiligungsquote formal erreicht wird, scheiden Beteiligungen an Gesellschaften aus der Begünstigung aus, wenn bei diesen Gesellschaften das Verwaltungsvermögen mehr als 50 v.H. beträgt. All dies ist eine Verschlechterung gegenüber der alten Rechtslage, bei der es nämlich so lag, dass kapitalgesellschaftsrechtliche Beteiligungen in einem Betriebsvermögen stets begünstigt waren. 3.96

Hinzuweisen ist noch auf die neue Rechtslage zum **Auslandsvermögen**. § 13b Abs. 1 Nrn. 1–3 ErbStG knüpfen zwar durchgängig an inländisches Betriebsvermögen oder an inländische Kapitalgesellschaften an, erweitern jedoch den Anwendungsbereich auf Betriebsvermögen und Kapitalgesellschaften im Bereich der EU und im Bereich des EWR[1]. Damit scheint Vermögen einer Kapitalgesellschaft außerhalb des Bereichs der EU oder des EWR nicht begünstigt zu sein. Das ist aber nur eine vordergründige Betrachtung, weil das Gesetz bei der Begünstigung von EU-Kapitalgesellschaften und EWR-Kapitalgesellschaften nicht weiter darauf abstellt, wie sich das Vermögen der begünstigten Auslandsgesellschaften zusammensetzt. Damit kann im Ergebnis – jedenfalls wirtschaftlich – auch Vermögen begünstigt übertragen werden, wenn es sich weder im EU-Bereich noch im Bereich des EWR befindet[2]. 3.97

Beispiel: Vater V ist zu 50 v.H. an einer österreichischen Ges.mbH beteiligt, die über eine Betriebsstätte in St. Gallen verfügt. Die österreichische Kapital-

1 Vgl. *Crezelius*, DStR 2007, 2277, 2280; *Stahl*, KÖSDI 2007, 15820, 15825.
2 So auch *Hannes/Onderka*, ZEV 2008, 16, 19.

gesellschaft ist als EU-Gesellschaft begünstigt. Da das Gesetz keine weiteren Voraussetzungen aufstellt, kann also mittelbar auch das schweizerische Betriebsstättenvermögen begünstigt vererbt oder verschenkt werden.

III. Liquidationsbesteuerung der GmbH & Co. KG

1. Steuersystematische Grundlagen

3.98 Steuersystematisch muss die Liquidation/Beendigung einer gewerblich tätigen Personengesellschaft zu einer Schlussbesteuerung führen, die von der Idee getragen ist, dass die im gesamthänderisch gebundenen Vermögen aufgelaufenen (stillen) **Reserven** bzw. die **Verluste** erfasst werden. Der innere Grund dafür liegt darin, dass die Beendigung der Personengesellschaft/der steuerrechtlichen Mitunternehmerschaft nach § 15 Abs. 1 Satz 1 Nr. 2, Abs. 3 Nr. 2 EStG zugleich die Einkunftsquelle des einzelnen Mitunternehmers bedeutet, so dass die während der Haltedauer der Einkunftsquelle aufgelaufenen Wertsteigerungen oder noch nicht realisierten Verluste erfasst werden müssen.

3.99 Kommt es bei einer Personengesellschaft (hier: der GmbH & Co. KG) zu einem Auflösungstatbestand, dann tritt die Gesellschaft zivilrechtlich in das Liquidationsstadium bis zur Vollbeendigung ein. Konsequenterweise hat der Eintritt eines Auflösungsgrundes zunächst auch steuerrechtlich keine Konsequenzen. Entscheidend für die Betriebsaufgabe, die steuerrechtliche Beendigung der mitunternehmerischen Verbundenheit, ist die Einstellung der werbenden Tätigkeit der Gesellschaft.

2. Betriebsaufgabe

3.100 Wenn nach § 16 Abs. 3 Satz 1 EStG als Veräußerung auch die Aufgabe eines Gewerbebetriebs sowie eines Mitunternehmeranteils „gilt“, dann deutet der Wortlaut der Norm auf eine gesetzliche Fiktion hin, so dass danach ein gewinnrealisierender oder verlustrealisierender Tatbestand anzunehmen wäre, der sich aus allgemeinen Grundsätzen nicht ergeben würde. Dann hätte der Betriebsaufgabetatbestand konstitutive Wirkung. Demgegenüber ist die Rechtsprechung des BFH der Auffassung, dass eine Betriebsaufgabe eine besondere Form der Entnahme darstellt, nämlich eine **Totalentnahme**, so dass nach dieser Vorstellung schon aus § 4 Abs. 1 EStG abgeleitet werden kann, dass es bei einer Betriebsaufgabe zu einer Gewinnrealisierung oder Verlustrealisierung kommt[1].

3.101 Im Einzelnen ist die Betriebsaufgabe des § 16 Abs. 3 Satz 1 EStG von folgenden **Voraussetzungen** abhängig[2]:

- Entschluss, den Betrieb aufzugeben;
- Einstellung der bisherigen Tätigkeit;

1 BFH v. 13. 12. 1983 – VIII R 90/81, BStBl. II 1984, 474, 478; *Schmidt/Wacker*, EStG, § 16 Rz. 172.

2 Vgl. BFH v. 26. 4. 2001 – IV R 14/00, BStBl. II 2001, 798; *Korn/Stahl*, EStG, § 16 Rz. 234 ff.

- Überführung aller wesentlichen Betriebsgrundlagen in das Privatvermögen;
- innerhalb eines einheitlichen Vorgangs;
- äußerliche Erkennbarkeit der Überführung in das Privatvermögen.

3. Rechtsfolgen

Der wesentliche Effekt der Qualifizierung eines Sachverhalts als Betriebsaufgabe des § 16 Abs. 3 Satz 1 EStG besteht in drei Rechtsfolgen: 3.102

Gibt eine Personengesellschaft/Mitunternehmerschaft ihren Betrieb auf, dann steht jedem Mitunternehmer, soweit es sich um eine natürliche Person handelt, der **Freibetrag** nach § 16 Abs. 4 EStG zu, wenn denn die dort genannten Voraussetzungen gegeben sind. 3.103

Da § 34 Abs. 2 Nr. 1 EStG u.a. auf § 16 EStG Bezug nimmt, besteht die wesentliche Funktion des § 16 EStG in Gewinnsituationen darin, dass er gleichsam Vorschaltnorm zu den **Tarifbegünstigungen** des § 34 EStG ist. Für Aufgabegewinne kommt die sog. Fünftelungsregelung in § 34 Abs. 1 EStG zum Zuge. Auf Antrag kann es auch zur ermäßigten Besteuerung nach § 34 Abs. 3 EStG kommen, wenn der Aufgabegewinn für den jeweiligen Mitunternehmer 5 Mio. Euro nicht übersteigt und wenn der Steuerpflichtige das 55. Lebensjahr vollendet hat oder wenn er im sozialversicherungsrechtlichen Sinne dauernd berufsunfähig ist. Der ermäßigte Steuersatz beträgt derzeit 56 v.H. des Durchschnittssteuersatzes, der sich ergibt, wenn die tarifliche Einkommensteuer nach dem gesamten zu versteuernden Einkommen zu bemessen wäre. 3.104

Für die GmbH & Co. KG ist von Bedeutung, dass § 34 Abs. 2 Nr. 1 EStG diejenigen Einkunftsteile aus den Tarifbegünstigungen des § 34 EStG ausklammert, die nach §§ 3 Nr. 40 lit. b, 3c Abs. 2 EStG teilweise steuerbefreit sind. Bezogen auf eine (typische) **GmbH & Co. KG** bedeutet das, dass eine Gewinnrealisierung in Bezug auf die Anteile des Kommanditisten an der Komplementär-GmbH nicht den Tarifbegünstigungen des § 34 EStG unterliegt, vielmehr (ab 2009) das Teileinkünfteverfahren des § 3 Nr. 40 lit. b EStG anzuwenden ist. 3.105

Da bei einer Betriebsaufgabe mangels entgeltlicher Veräußerung des gesamten Unternehmens ein einheitlicher Veräußerungspreis fehlt, muss das Gesetz auf **Ersatzgrößen** zurückgreifen. Wenn einzelne Wirtschaftsgüter der Mitunternehmerschaft im Rahmen der Aufgabe veräußert werden, dann ist der Veräußerungspreis anzusetzen (§ 16 Abs. 3 Satz 6 EStG). Werden die Wirtschaftsgüter nicht veräußert, dann kommt es auf den gemeinen Wert im Aufgabezeitpunkt an (§ 16 Abs. 3 Satz 7 EStG). Sind bei der Aufgabe – wie bei der Mitunternehmerschaft – mehrere Steuersubjekte beteiligt, dann ist für jeden einzelnen Beteiligten der gemeine Wert der Wirtschaftsgüter anzusetzen, die er bei Auseinandersetzung erhalten hat (§ 16 Abs. 3 Satz 8 EStG). 3.106

Werden einzelne Wirtschaftsgüter im Rahmen der Betriebsaufgabe unter den Voraussetzungen des § 16 Abs. 3 Satz 5 EStG veräußert, dann handelt es sich nicht um einen Teil des begünstigten Aufgabegewinns, sondern um einen 3.107

fiktiven laufenden Gewinn, nämlich dann, wenn auf Seiten des Veräußerers und auf Seiten des Erwerbers dieselben Steuersubjekte Unternehmer oder Mitunternehmer sind.

3.108 Kommt es im Zuge der Liquidation der GmbH & Co. KG – insbesondere in den hier in Rede stehenden Krisensituationen – zu einem **Verlust** des Gesellschafters, dann handelt es sich grundsätzlich um **negative Einkünfte** aus Gewerbebetrieb des Personengesellschafters/Mitunternehmers, der nach den allgemeinen Verlustausgleichsregeln zu behandeln ist und dann insbesondere auch in den Anwendungsbereich des § 10d EStG fällt. Der bei einer typischen GmbH & Co. KG auf den Anteil an der Komplementär-GmbH entfallende Verlust unterliegt dem Teilabzugsverfahren des § 3c Abs. 2 EStG.

3.109 Bei einer GmbH & Co. KG kann im Zuge einer Betriebsaufgabe ein **negatives Kapitalkonto** des Kommanditisten auf der Gesamthandsebene wegfallen, ohne dass der Kommanditist das Verlustausgleichsvolumen auszugleichen hat. Nach § 52 Abs. 33 Satz 3 EStG gilt in diesem Fall der Betrag, den der Mitunternehmer nicht ausgleichen muss, als Veräußerungsgewinn nach § 16 EStG[1]. Dabei ist wie folgt zu differenzieren: Liegt ein negatives Kapitalkonto durch Zurechnung von Verlusten vor, die nicht ausgleichs- und abzugsfähig waren, weil § 15a EStG noch nicht anwendbar war, dann ist nicht geklärt, ob es sich um einen nach §§ 16, 34 EStG begünstigten Gewinn handelt oder um einen Vorgang der allmählichen Abwicklung[2]. Ist das negative Kapitalkonto durch Zurechnung nur verrechenbarer, also nicht unmittelbar ausgleichsfähiger Verlustanteile entstanden, dann ist der Wegfall des handelsrechtlichen negativen Kapitalkontos für den betreffenden Kommanditisten einkommensteuerrechtlich unerheblich, soweit das negative Kapitalkonto dem noch verrechenbaren Verlust entspricht.

3.110 Die Aufgabe des Gewerbebetriebs der Mitunternehmerschaft führt zu ihrer handelsrechtlichen und steuerrechtlichen Beendigung. Es kann aber so liegen, dass noch **nachträgliche** positive oder negative **Einkünfte** anfallen. § 24 Nr. 2 EStG zeigt, dass die nachträglichen Einkünfte zu besteuern sind. Geht es um negative Größen, beispielsweise um noch nach Beendigung der Gesellschaft anfallende Schuldzinsen für betriebliche Verbindlichkeiten, dann sind Zinsen aus Schulden der Gesellschaft nachträgliche Betriebsausgaben des Gesellschafters/Mitunternehmers und nach § 4 Abs. 4 EStG abziehbar, wenn denn die Personengesellschaft abgewickelt worden ist und das liquidierte Gesamthandsvermögen nicht zur Tilgung der Gesellschaftsschulden ausgereicht hat[3]. Wenn jedoch die Aktiva der Gesellschaft im Rahmen der Liquidation nicht zur Schuldentilgung eingesetzt worden sind und deshalb Schulden bestehen bleiben, so sollen sie nach der Rechtsprechung des BFH ihre Qualität als Betriebsschulden verlieren[4]. Das ist nicht unbedenklich, weil es um einen Eingriff in die Finanzierungsfreiheit des Personengesellschafters geht, dem es

1 BFH v. 11. 8. 1994 – IV R 124/92, BStBl. II 1995, 253.
2 Näher *Schmidt/Wacker*, EStG, § 15a Rz. 241.
3 BFH v. 13. 2. 1996 – VIII R 18/92, BStBl. II 1996, 291.
4 BFH v. 21. 11. 1989 – IX R 10/84, BStBl. II 1990, 213.

freistehen sollte, ob er die betrieblichen Verbindlichkeiten im Rahmen der Liquidation ablöst oder nicht.

4. Erbschaftsteuer

Kommt es zur Liquidation einer GmbH & Co. KG, dann sind auch eventuelle erbschaft- und schenkungsteuerrechtliche Konsequenzen zu bedenken In der Sache geht es darum, ob zunächst nach §§ 13a, 13b ErbStG gewährte **Vergünstigungen wegfallen** und es nachträglich zu einer Höherbesteuerung kommt (näher Rz. 3.93). 3.111

Ist die Beteiligung an einer GmbH & Co. KG unentgeltlich übertragen worden 3.112
bzw. im Erbfall auf Grund § 1922 BGB auf den oder die Rechtsnachfolger übergegangen, so kommt entweder das Grundverschonungsmodell der §§ 13a Abs. 1, 13b Abs. 4 ErbStG bzw. die wahlweise Verschonung des § 13a Abs. 8 ErbStG in Betracht. Dies ist allerdings mit Behalteregelungen verknüpft. § 13a Abs. 5 Nr. 1 ErbStG übernimmt die einkommensteuerrechtliche Systematik, nach der eine Betriebsaufgabe als Veräußerung gilt. Infolge dessen fallen der erbschaftsteuerrechtliche Verschonungsabschlag mit Wirkung für die Vergangenheit weg, wenn der Erwerber innerhalb von 7 Jahren bzw. nach § 13a Abs. 8 ErbStG innerhalb von 10 Jahren den Anteil veräußert oder wenn (im vorliegenden Zusammenhang interessierend) die unternehmerische Tätigkeit der GmbH & Co. KG aufgegeben wird. Dabei beschränkt sich nach § 13a Abs. 5 Satz 2 ErbStG der Wegfall des Verschonungsabschlags auf den Teil, der dem Verhältnis der im Zeitpunkt der schädlichen Verfügung verbleibenden Behaltefrist einschließlich des Jahres, in dem die Verfügung erfolgt, zur gesamten Behaltefrist entspricht. Letztlich handelt es sich um ein sog. **Abschmelzungsmodell** (Rz. 3.93 ff.).

4. Teil: Sanierung und Zerschlagung als alternative Ziele des Insolvenzverfahrens

A. Zwecke und Ziel des Insolvenzverfahrens

I. Liquidations- und Sanierungszweck

1. Gesetzliche Zwecke des Insolvenzverfahrens

Nach **§ 1 Satz 1 InsO** dient das Insolvenzverfahren dazu, die Gläubiger eines Schuldners gemeinschaftlich zu befriedigen, indem das Vermögen des Schuldners verwertet und der Erlös verteilt oder in einem Insolvenzplan eine abweichende Regelung, insbesondere zum Erhalt des Unternehmens, getroffen wird. Hierin kommen die **Varianten des sog. Zerschlagungskonkurses und des Reorganisationsverfahrens** alternativ zum Ausdruck. Ein Zwischenmodell ist die übertragende Sanierung im Insolvenzverfahren (dazu Rz. 7.99). Bei ihr wird das Unternehmen oder ein Teilbetrieb durch Veräußerung aus der Masse reorganisiert, die Gesellschaft als Rechtsträgerin dagegen zerschlagen, indem das Unternehmen in Geld umgesetzt (also buchstäblich liquidiert) wird. Nicht von Interesse ist bei der GmbH oder GmbH & Co. KG § 1 Satz 2 InsO, wonach dem redlichen Schuldner Gelegenheit gegeben wird, sich von seinen restlichen Verbindlichkeiten zu befreien, denn die Restschuldbefreiung kommt nach § 286 InsO nur natürlichen Personen zugute. Mit dieser Maßgabe – also für natürliche Personen als Gesellschafter und für Geschäftsführer – kann zwar die Restschuldbefreiung auch im Gefolge einer GmbH-Insolvenz zum Zuge kommen (Rz. 10.1 ff.), aber auf die GmbH (bzw. GmbH & Co. KG) selbst ist sie nicht anzuwenden. Diese wird entweder **liquidiert oder saniert**. Letzteres kann im Insolvenzplanverfahren erfolgen. In der Realität steht allerdings die Liquidation im Vordergrund, nicht die Sanierung[1]. Unternehmenssanierungen im eröffneten Verfahren sind die Ausnahme, nicht die Regel. Gleichwohl sollten die Sanierungsoptionen der Insolvenzordnung ernst genommen, und, wo dies ökonomisch angezeigt ist, genutzt werden. 4.1

2. Verhältnis zum gesellschaftsrechtlichen Liquidationsverfahren

a) Das Insolvenzrecht der Gesellschaften ist durch eine **Versöhnung von Insolvenzrecht und Liquidationsrecht** bestimmt[2]. Das bei Rz. 7.1 bemängelte frühere Versagen des Gesellschafts-Insolvenzrechts wird durch die Insolvenzordnung allein nicht effektiv überwunden. Dies ist vielmehr eine Aufgabe der das Gesetz ausfüllenden Praxis und Wissenschaft. Bis hinein ins Detail muss zur Kenntnis genommen werden, dass das **Gesellschafts-Insolvenzverfahren** ein auf Grund der Insolvenz durch weitgehend zwingendes, der Insolvenz- 4.2

---

1 Eher unrealistisch die Einschätzung, das Insolvenzrecht sei nach der InsO „in erster Linie ein Sanierungsrecht" (so *Ehlers*, ZInsO 2005, 169, 174 f.).

2 Vgl. zum folgenden näher die These bei *Karsten Schmidt*, Wege zum Insolvenzrecht, S. 26 f.; *Karsten Schmidt*, ZGR 1998, 633 ff.

situation angemessenes Recht geregeltes Abwicklungsverfahren ist. Die Abwicklung ist nicht unumkehrbar. Wie die gesellschaftsrechtliche Auflösung kann auch das Insolvenzverfahren (§§ 217 ff. InsO) und wie das Insolvenzverfahren kann auch die gesellschaftsrechtliche Auflösung statt in einer Vollbeendigung in einer Reorganisation der Gesellschaft enden[1]. Insofern tat der Gesetzgeber Recht daran, die **Verfahrenseröffnung** in § 60 Abs. 1 Nr. 4 GmbHG (im Fall der GmbH & Co. KG: §§ 131 Abs. 1 Nr. 3, 161 Abs. 2 HGB) zu einem **Auflösungsgrund** zu erklären. Die Abwicklungsprozedur ist allerdings verschieden insofern, als die Insolvenz-Abwicklung strengeren Regeln folgt als die rein gesellschaftsrechtliche Abwicklung. Dagegen passt die Reorganisation der Gesellschaft im Insolvenzplanverfahren (§§ 217 ff. InsO) sehr gut dazu, dass aufgelöste Gesellschaften auch sonst unter Behebung des zur Auflösung führenden Grundes fortgesetzt werden können (dazu Rz. 7.536 f.). **Insolvenzrechtliche und gesellschaftsrechtliche Abwicklung** stehen also zueinander in einem stimmigen Verhältnis. Allerdings können die Gesellschafter in einem eröffneten Insolvenzverfahren nicht ohne weiteres über die Fortsetzung beschließen, sondern dies ist nach § 60 Abs. 1 Nr. 4 GmbHG nur möglich, wenn das Insolvenzverfahren auf Antrag der Schuldnerin nach §§ 212 ff. InsO eingestellt oder gem. § 258 InsO nach Bestätigung eines Insolvenzplans aufgehoben worden ist. Das leuchtet ein. Bei der rein gesellschaftsrechtlichen Liquidation sind die Gesellschafter Herren der Abwicklung und damit auch der Fortsetzung der Gesellschaft, im Insolvenzverfahren sind sie es nicht. Wegen der auch hier zu beachtenden gesellschaftsrechtlichen Voraussetzungen der Fortsetzung einer aufgelösten Gesellschaft gelten die bei Rz. 7.538 dargestellten Grundsätze.

4.3 **b) Umstritten** und vor allem im Zusammenhang mit dem Streit um die Existenz massefreien Gesellschaftsvermögens (Rz. 7.12) relevant ist die Frage, **ob das Insolvenzverfahren**, wenn es nicht in einem Insolvenzplan endet oder sonst eingestellt wird, **auf Vollbeendigung der Gesellschaft zielt** (vgl. auch Rz. 7.540). Dass dies bei der Gesellschaftsinsolvenz so ist, wurde vom Verfasser schon unter der Konkursordnung vertreten[2] und ist erst recht unter der Insolvenzordnung für richtig zu halten[3]. Wenn nicht das Insolvenzverfahren eingestellt (§§ 207 ff. InsO) oder im Insolvenzplanverfahren aufgehoben wird (§ 258 InsO), endet es erst mit der Vollabwicklung der Gesellschaft. § 1 Abs. 2 Satz 3 des Regierungsentwurfs hatte ausdrücklich gelautet: „Bei juristischen Personen und Gesellschaften ohne Rechtspersönlichkeit tritt das Verfahren an die Stelle der gesellschafts- oder organisationsrechtlichen Abwicklung". Diese Formulierung wurde nur zum Zweck der redaktionellen Straffung gestrichen. Erhalten blieb vor allem die praktisch gegenstandslose, jedoch systematisch vielsagende Regelung, wonach ein Liquidations-Überschuss vom Verwalter an die Gesellschafter zu verteilen ist (§ 199 Satz 2 InsO)[4]. Das ist eindeutig und

1 Vgl. *Scholz/Karsten Schmidt*, 9. Aufl., § 60 GmbHG Rz. 79 ff., 96 ff.

2 *Karsten Schmidt*, Wege zum Insolvenzrecht, S. 151 ff.; *Kilger/Karsten Schmidt*, Insolvenzgesetze, § 1 KO Anm. 1 A c.

3 *Karsten Schmidt*, Gesellschaftsrecht, S. 119 ff.; *Scholz/Karsten Schmidt*, 9. Aufl., vor § 64 GmbHG Rz. 54.

4 Vgl. dazu auch *H.-F. Müller*, Der Verband in der Insolvenz, 2002, S. 13 ff.; *Baumbach/Hueck/Schulze-Osterloh*, § 64 GmbHG Rz. 67; *Haas* in Gottwald, Insolvenzrechts-

auch sachgerecht. Gleichwohl halten der Bundesgerichtshof[1] und das Bundesverwaltungsgericht[2] daran fest, dass die Vollabwicklung nicht Zweck und Gegenstand des Insolvenzverfahrens bei einer Handelsgesellschaft ist[3]. Das hat Auswirkungen vor allem auf das Verständnis der Insolvenzmasse einer Gesellschaft (Rz. 7.12) und auf die Möglichkeit der Freigabe (Rz. 7.16).

II. Insolvenzstrategien

Insolvenzanträge können unterschiedliche Strategien verfolgen. Nach schulmäßigem Gesetzesrecht haben sie ein einheitliches Ziel: die Eröffnung des Insolvenzverfahrens. De facto haben die Anträge unterschiedliche Ziele: 4.4

1. Gläubigerantrag

Der Gläubigerantrag (Rz. 5.221 ff.) wird typischerweise **Befriedigungsinteressen** verfolgen. Hierauf stützt sich das Rechtsschutzinteresse des Gläubigers. Der Antrag ist deshalb unzulässig, wenn der Gläubiger durch Absonderungsrechte hinreichend gesichert ist[4]. Im Übrigen schließt die Stellung eines Gläubigerantrags die Überleitung in ein Insolvenzplanverfahren nach §§ 217 ff. InsO keineswegs aus (zum Insolvenzplan vgl. Rz. 8.1 ff.). Ein nur als Druckmittel zur Leistungserzwingung gestellter, nicht wirklich auf die Verfahrenseröffnung zielender Antrag kann als unzulässig abgewiesen werden, weil er verfahrensfremde Zwecke verfolgt[5]. Dagegen muss ein Gläubigerantrag, der in der Erwartung einer möglichen Übernahme des Gesellschaftsunternehmens gestellt wird – etwa wenn der Antragsteller schon eine Auffanggesellschaft bereithält –, nicht notwendig unzulässig sein. Die bei einer übertragenden Sanierung im Insolvenzverfahren zu beachtenden Regeln (Rz. 7.99) bieten den Interessensträgern hinreichenden Schutz. 4.5

2. Schuldnerantrag

Der Schuldnerantrag (zur Antragsberechtigung vgl. Rz. 5.216) kann auf Verwertung der Insolvenzmasse zugunsten der Gläubiger, aber auch auf ein **Insolvenzplanverfahren** zielen (vgl. zum „prepackaged plan" Rz. 5.271). Er kann auch den Verlauf des Insolvenzverfahrens in Zerschlagungsrichtung oder in Reorganisationsrichtung zunächst offen lassen. Im günstigsten Fall geht der Geschäftsführer mit einer **mit Großgläubigern und mit den Gesellschaftern abgestimmten Strategie** in das Insolvenzverfahren. Grundlage ist dann zweckmäßigerweise ein Beschluss der Gesellschafter über den Eigenantrag auf Eröff- 4.6

Handbuch, § 91 Rz. 12; *Jaeger/Henckel*, § 35 InsO Rz. 147; *Ganther* in Münchener Kommentar zur InsO, § 1 InsO Rz. 47.

1 BGH v. 5. 7. 2001 – IX ZR 327/99, BGHZ 148, 252, 258 = NJW 2001, 2966, 2968; BGH v. 21. 4. 2005 – IX ZR 281/03, BGHZ 163, 32, 53 = NJW 2005, 2005, 2006.

2 BVerwG v. 23. 9. 2004 – 7 C 2.03, ZIP 2004, 2145, 2147.

3 Dazu etwa *Ganther* in Münchener Kommentar zur InsO, § 1 InsO Rz. 5.

4 BGH v. 29. 11. 2007 – IX ZB 12/07, ZIP 2008, 281.

5 AG Duisburg v. 18. 11. 2002 – 62 IN 171/02, NZI 2003, 161; *Wehr* in Hamburger Kommentar zum Insolvenzrecht, § 14 InsO Rz. 52.

nung des Insolvenzverfahrens wegen drohender Zahlungsunfähigkeit nach § 18 InsO (dazu Rz. 5.41). In der Realität wird von dieser Möglichkeit allerdings zu wenig Gebrauch gemacht, weil Eigenanträge meistens unter dem Druck der Antragspflicht nach § 15a InsO und deshalb für eine Sanierung tendenziell zu spät gestellt werden (zur Antragspflicht vgl. Rz. 11.1 ff.) Liegt wirklich nur drohende Zahlungsunfähigkeit vor und wird der Antrag nicht einmütig von den Gesellschaftern gestützt, so kann er ausnahmsweise missbräuchlich und unzulässig sein, wenn er dem Ziel dient, das Unternehmen mit Squeeze-out-Effekt auf eine von der Gesellschaftermehrheit gegründete Auffanggesellschaft zu überführen, ohne dass den Minderheitsgesellschaftern eine Chance auf Beteiligung gegeben wird[1].

III. Chancen und Risiken einer Sanierung durch gerichtliches Insolvenzverfahren *(Uhlenbruck)*

1. Chancen gerichtlicher Sanierung

4.7 Die Insolvenzordnung (InsO) stellt ein breit gefächertes Instrumentarium zur Sanierung insolventer Gesellschaften bzw. Unternehmen zur Verfügung. Nach Auffassung des Gesetzgebers[2] war es der wohl folgenschwerste Mangel der früheren KO, „dass es den Beteiligten einen funktionsfähigen rechtlichen Rahmen für die Sanierung notleidender Unternehmen" verweigerte. Die InsO geht von einem **Gleichrang von Liquidation, übertragender Sanierung und Sanierung** des Schuldnerunternehmens aus. Nach der Allgemeinen Begründung des Regierungsentwurfs ist die Erhaltung von Unternehmen oder von Betrieben kein eigenständiges Ziel des Insolvenzverfahrens. Vielmehr gibt es wirtschaftspolitisch keine Gründe, die Sanierung eines Schuldnerunternehmens generell einer übertragenden Sanierung oder Zerschlagungsliquidation vorzuziehen. „Sämtliche Verwertungsarten sind den Beteiligten gleichrangig anzubieten."[3] Die InsO bietet dem Krisenunternehmen nicht nur bei Zahlungsunfähigkeit (§ 17 InsO) oder Überschuldung (§ 19 InsO) zahlreiche Möglichkeiten einer Sanierung an, sondern auch bei **drohender Zahlungsunfähigkeit (§ 18 InsO)**, also zu einem Zeitpunkt, zu dem ein antragspflichtiger Insolvenzgrund noch nicht vorliegt. Von der frühzeitigen Antragsstellung erhoffte sich der Gesetzgeber eine wesentliche Verbesserung der Sanierungschancen, denn für die Sanierung eines Krisenunternehmens ist es häufig zu spät, wenn die Zahlungsunfähigkeit bzw. Überschuldung bereits eingetreten ist[4]. Die betriebswirtschaftlich sinnvolle **frühzeitige Eröffnung** eines gerichtlichen Sanierungsverfahrens hat in der Praxis bislang so gut wie keine Akzeptanz gefunden, was wohl nicht zuletzt auf die Publizität des Verfahrens und die justizförmige Abwicklung zurückzufüh-

---

1 Die Frage wird, soweit ersichtlich, noch nicht diskutiert.

2 Vgl. Allg. Begr. RegE A 1. a, abgedr. bei *Balz/Landfermann*, Die neuen Insolvenzgesetze, S. 137.

3 Allg. Begr. RegE A 3. a (bb), abgedr. bei *Balz/Landfermann*, Die neuen Insolvenzgesetze, S. 143 f.

4 S. *Braun/Uhlenbruck*, Unternehmensinsolvenz, S. 284; *Braun/Kind*, § 18 InsO Rz. 2; *Uhlenbruck*, § 18 InsO Rz. 1; *Nerlich/Römermann/Mönning*, § 18 InsO Rz. 32 ff.; *Schmerbach* in Frankfurter Kommentar zur InsO, § 18 InsO Rz. 1.

ren ist[1]. Trotz bislang fehlender Akzeptanz sollten die **Chancen einer Sanierung durch Insolvenzverfahren** nicht unterschätzt werden[2].

Bereits im Insolvenzeröffnungsverfahren kann das Insolvenzgericht **Sicherungsmaßnahmen** nach § 21 InsO anordnen, vor allem Zwangsvollstreckungsmaßnahmen der Gläubiger untersagen oder einstweilen einstellen. Auf diese Weise wird eine vorzeitige Unternehmenszerschlagung in der Regel vermieden. Hinsichtlich des Immobiliarvermögens gilt § 30d ZVG. Ist vor Eröffnung des Insolvenzverfahrens ein vorläufiger Insolvenzverwalter gerichtlich bestellt worden, so ist auf dessen Antrag gem. § 30d Abs. 4 ZVG die **Zwangsversteigerung eines Grundstücks** (Betriebsgrundstücks) einstweilen einzustellen, wenn glaubhaft gemacht wird, dass die einstweilige Einstellung zur Verhütung nachteiliger Veränderungen in der Vermögenslage des Schuldnerunternehmens erforderlich ist. Ist kein vorläufiger Insolvenzverwalter bestellt, kann der Geschäftsführer lediglich einen Antrag nach § 30a Abs. 1 ZVG auf einstweilige Einstellung der Zwangsversteigerung stellen. Im **eröffneten Insolvenzverfahren** ist auf Antrag des Insolvenzverwalters die Zwangsversteigerung von Schuldnergrundstücken, wie z.B. des Betriebsgrundstücks, unter den Voraussetzungen des § 30d Abs. 1 Satz 1 Nr. 1–4 ZVG einzustellen. Nach § 30d Abs. 1 Satz 2 Nr. 3 ZVG genügt es schon, dass durch die Versteigerung die Durchführung eines vorgelegten Insolvenzplans gefährdet würde. Die Zwangsversteigerung des Betriebsgrundstücks lässt sich im Insolvenzverfahren demgemäß fast immer verhindern. 4.8

Das gerichtliche Insolvenzverfahren garantiert den Gesellschaftsgläubigern einen **geordneten Ablauf mit einer gleichmäßigen Gläubigerbefriedigung**. Die allgemeine Vollstreckungssperre des § 89 InsO verhindert ein „Windhundrennen der Gläubiger". Innerhalb eines Monats vor Antragstellung erfolgte Zwangssicherungen unterliegen der **Rückschlagsperre** nach § 88 InsO. Die **Insolvenzanfechtung** nach den §§ 129 ff. InsO führt oftmals zum Rückfluss erheblicher Mittel, die dem Schuldnerunternehmen in der Krise entzogen worden sind. Der Gefahr, dass aus dem insolventen Unternehmen durch Gläubigerzugriffe betriebsnotwendiges Vermögen herausgeholt und damit die Chance einer möglicherweise sinnvollen Unternehmensfortführung vereitelt wird, begegnet die Insolvenzordnung mit einem **Verwertungsstop für Sicherungseigentümer und Sicherungsgläubiger** (§ 51 Nr. 1 InsO i.V.m. §§ 166, 282 Abs. 1 Satz 1 InsO). Der Insolvenzverwalter (bei Eigenverwaltung der Geschäftsführer) kann ein Aussonderungsrecht auf Grund Eigentumsvorbehalts bis zum Berichtstermin abwehren (§§ 107 Abs. 2 Satz 1, 279 Satz 1 InsO). 4.9

1 Vgl. *Uhlenbruck*, FS Drukarczyk, 2003, S. 441 ff.

2 S. *Rattunde*, ZIP 2003, 2103; *Paulus*, ZGR 2005, 309; *Maus* in Römermann, Steuerberater Handbuch Neue Beratungsfelder, 2005, Rz. 89 ff. S. 707, 745 ff.; *Uhlenbruck*, Unternehmenssanierung durch Insolvenzverfahren, in Krystek/Moldenhauer, Handbuch Krisen- und Restrukturierungsmanagement, 2007, S. 259 ff.; *Vallender*, Sanierung im Insolvenzverfahren, in Knops/Bamberger/Mayer-Reimer, Recht der Sanierungsfinanzierung, 2005, § 6 S. 97 ff.; *Bornheimer* in Münchener Anwaltshandbuch Sanierung und Insolvenz, § 7 Rz. 17 ff. Instruktiv auch *Jaeger/H.-F. Müller*, § 18 InsO Rz. 25; *Georg*, ZInsO 2000, 93; *Jaffé*, ZIP 2001, 2302.

Nach § 21 Abs. 2 Satz 1 Nr. 5 InsO[1] kann das Insolvenzgericht bereits im Eröffnungsverfahren anordnen, dass Gegenstände, die im Falle der Verfahrenseröffnung von § 166 InsO erfasst würden oder deren Aussonderung verlangt werden könnte, vom Gläubiger nicht verwertet oder eingezogen werden dürfen. Aussonderungsgegenstände können zur Fortsetzung des Schuldnerunternehmens eingesetzt werden, soweit sie für die Unternehmensfortführung von erheblicher Bedeutung sind. Allerdings sind **Zinsen** zu zahlen und Wertverluste auszugleichen (§§ 21 Abs. 2 Satz 1 Nr. 5, 169 Satz 2 und 3 InsO). Wichtigstes Mittel zur Sanierung aus der Insolvenz ist der **Insolvenzplan** (§§ 217 ff. InsO). Legt das Schuldnerunternehmen selbst einen Insolvenzplan als sogen. **„prepackaged plan"** vor, so hat es auf diese Weise die Möglichkeit, eigene Sanierungsvorstellungen zu entwickeln und durchzusetzen. Vor allem kann der Insolvenzplan ein Sanierungskonzept enthalten, das im Rahmen außergerichtlicher Sanierungsbemühungen am Widerstand eines oder weniger Gläubiger (Akkordstörer) gescheitert ist. Durch das **„Cram-down-Verfahren"** des § 245 InsO kann die Zustimmung einer opponierenden Gläubigergruppe zum Insolvenzplan fingiert werden. Einzelheiten zur **Sanierung in Insolvenzplanverfahren** unten Rz. 4.16 f. und 8.1 ff.

4.10 Ein wesentlicher Vorteil des gerichtlichen Sanierungsverfahrens liegt in der Möglichkeit, **Akkordstörer** und **opponierende Minderheiten** durch einfache Summenmehrheit zu überstimmen (§ 76 Abs. 2 InsO). Bei absonderungsberechtigten Gläubigern, denen das Schuldnerunternehmen nicht zugleich auch persönlich haftet, tritt der Wert des Absonderungsrechts an die Stelle des Forderungsbetrages (§ 76 Abs. 2 InsO). **Qualifizierte Mehrheiten** in der Form einer Summen- und Kopfmehrheit sind nach § 57 Satz 2 InsO nur für die Wahl eines anderen Insolvenzverwalters und nach § 244 InsO für die Abstimmung über einen Insolvenzplan erforderlich. Ein weiterer Vorteil gerichtlicher Sanierungen ist die Möglichkeit für den Insolvenzverwalter oder Eigenverwalter, gem. §§ 103 ff. InsO von **verlustträchtigen Verträgen loszukommen**. Ein falsch kalkuliertes Bauvorhaben braucht nicht fertig gestellt zu werden. Langfristige Lieferbeziehungen, die Verluste mit sich bringen, werden automatisch beendet. Die **Kündigungsfrist für Arbeitnehmer** wird im Insolvenzverfahren gem. § 113 Abs. 1 Satz 2 InsO auf drei Monate zum Monatsende verkürzt, wenn nicht eine kürzere Frist maßgeblich ist. Sozialplanansprüche der Arbeitnehmer (§ 123 InsO) werden durch eine gesetzliche absolute und relative Obergrenze kalkulierbar. Durch einen **Zahlungs- und Zinsstop** fließt dem Schuldnerunternehmen oftmals erhebliche Liquidität zu. Die in den §§ 270 ff. InsO geregelte **Eigenverwaltung** verschafft dem Schuldnerunternehmen und seinen organschaftlichen Vertretern die Möglichkeit, die Sanierung unter Aufsicht eines Sachwalters in eigener Regie durchzuführen. Letztlich führt bei Bestätigung des Insolvenzplans das Insolvenzplanverfahren gem. § 227 Abs. 1 InsO zu einer **Haftungsbeschränkung** persönlich haftender Gesellschafter, soweit der Plan nichts anderes vorsieht.

1 Eingefügt durch das Gesetz zur Vereinfachung des Insolvenzverfahrens v. 13. 4. 2007, BGBl. I 2007, 509.

2. Risiken gerichtlicher Sanierung

Bei der Entscheidung „Gerichtliche oder außergerichtliche Sanierung?" dürfen die Risiken und Nachteile eines gerichtlichen Sanierungsverfahrens nicht übersehen werden[1]. Die **umfassende Gläubigerautonomie** im eröffneten Insolvenzverfahren kann für das Krisenunternehmen, vor allem, wenn es Insolvenzantrag wegen drohender Zahlungsunfähigkeit (§ 18 InsO) gestellt hat, zu **bösen Überraschungen** führen. Nach § 157 Satz 1 InsO beschließt die Gläubigerversammlung im Berichtstermin, ob das Schuldnerunternehmen stillgelegt oder vorläufig fortgeführt wird. Es besteht die Gefahr, dass die Geschäftsführung der GmbH einen sorgfältig ausgearbeiteten „prepackaged plan" mit Antragstellung eingereicht hat, jedoch die Gläubigerversammlung im Berichtstermin, d.i. die erste Gläubigerversammlung, beschließt, das Unternehmen stillzulegen oder zu liquidieren. Auch bei einem **Antrag auf Eigenverwaltung** nach den §§ 270 ff. InsO sind Überraschungen möglich, denn zahlreiche Insolvenzgerichte stehen dem Rechtsinstitut der Eigenverwaltung kritisch oder ablehnend gegenüber[2]. Der deutsche Gesetzgeber hat ein **Konzerninsolvenzrecht** nicht geregelt. Die Folge ist, dass gerichtliche Sanierungen im Rahmen eines Konzernverbundes auf besondere Schwierigkeiten stoßen, da eine Koordination der verschiedenen Verfahren kaum möglich ist. Rechtlich besteht keine Möglichkeit, eine nicht insolvente Konzerngesellschaft in einen konsolidierten Insolvenzplan einzubeziehen („Piercing the corporate veil"). Weiterhin darf im Rahmen einer Entscheidung für ein gerichtliches Sanierungsverfahren nicht übersehen werden, dass die Geschäftsführer **erheblichen verfahrensrechtlichen Beschränkungen** unterworfen werden. Sowohl im Eröffnungsals auch im eröffneten Insolvenzverfahren sind die Mitglieder des Vertretungsoder Aufsichtsorgans einer gerichtlichen Person verpflichtet, nach den §§ 101 Abs. 1, 20 Abs. 1, 22 Abs. 3 Satz 3 InsO **Auskünfte** gegenüber dem Insolvenzgericht und dem vorläufigen Insolvenzverwalter zu erteilen. Neben der Auskunftspflicht besteht im eröffneten Verfahren eine **Mitwirkungspflicht** der organschaftlichen Vertreter, die nur dann bezahlt werden muss, wenn sie den Umfang einer Geschäftsführertätigkeit erreicht. Jeder Geschäftsführer hat den Insolvenzverwalter bei der Erfüllung seiner Aufgaben **aktiv zu unterstützen** (§§ 101 Abs. 1, 97 Abs. 2 InsO). Hierzu gehört auch die Verpflichtung, sich auf Anordnung des Gerichts **jederzeit zur Verfügung zu stellen**, um der Auskunfts- und Mitwirkungspflicht zu genügen[3]. Der Auskunftspflichtige hat gem. § 97 Abs. 1 Satz 2 InsO auch Tatsachen zu offenbaren, die sich als **Straftat oder Ordnungswidrigkeit** darstellen. Allerdings besteht hinsichtlich dieser Auskünfte ein **gesetzliches Beweisverwendungsverbot** (§ 97 Abs. 1 Satz 2 InsO). Ein weiterer Nachteil des gerichtlichen Sanierungsverfahrens ist die Tatsache, dass eine **Kapitalgesellschaft** mit der Eröffnung des Insolvenzverfah- 4.11

1 Einzelheiten bei *Uhlenbruck*, Unternehmenssanierung durch Insolvenzverfahren, in Krystek/Moldenhauer, Handbuch Krisen- und Restrukturierungsmanagement, 2007, S. 259, 264 f.

2 Vgl. z.B. AG Duisburg v. 1. 9. 2002 – 62 IN 167/02, ZIP 2002, 1636, dazu Anm. *Uhlenbruck,* NJW 2002, 3219; *Kluth*, NZI 2002, 22.

3 Einzelheiten bei *Uhlenbruck*, § 97 InsO Rz. 1 ff.; *Uhlenbruck*, GmbHR 2005, 817, 828 f.; *Uhlenbruck*, GmbHR 2002, 941 ff.; *Uhlenbruck*, NZI 2002, 401 ff.

rens **kraft Gesetzes aufgelöst** wird (§ 60 Abs. 1 Nr. 4 GmbHG, § 262 Abs. 1 Nr. 3 AktG, § 131 Abs. 1 Nr. 3 HGB), so dass im Falle des Zustandekommens eines Insolvenzplans immer ein Fortsetzungsbeschluss der Gesellschafter erforderlich ist. Schließlich wird ein Insolvenzverwalter nicht nur **Haftungstatbestände** aufdecken, sondern auch **Straftatbestände**, wie z.B. der Insolvenzverschleppung, des Lieferantenbetruges, der Untreue oder der Beitragsvorenthaltung (§ 266a StGB). **Bankrottdelikte** i.S. von § 283 Abs. 1 StGB sind nur dann strafbar, wenn die GmbH oder GmbH & Co. KG ihre Zahlungen eingestellt hat oder über ihr Vermögen die Insolvenzeröffnung eröffnet oder der Eröffnungsantrag mangels Masse abgewiesen worden ist. Dem Geschäftsführer droht selbst dann eine Bestrafung wegen Bankrottdelikts nach den §§ 283 ff. StGB, wenn das Unternehmen durch Insolvenzplan nachhaltig saniert wird, denn § 283 Abs. 6 StGB stellt auf die objektive Bedingung der Verfahrenseröffnung ab[1].

1 S. *Uhlenbruck*, ZInsO 1998, 252; *Penzlin*, Strafrechtliche Auswirkungen der Insolvenzordnung, 2000, S. 191 ff.; *Bittmann*, Insolvenzstrafrecht, 2004, § 12 Rz. 307 ff. Zur Untreue (§ 266 StGB) zu Lasten von ausländischen Gesellschaften mit faktischem Sitz in Deutschland (Limiteds) s. auch *Radtke*, GmbHR 2008, 729 ff.

B. Rechtliche Möglichkeiten einer Unternehmenssanierung im Insolvenzverfahren

I. Sanierung im Regelverfahren

Im Regelverfahren gibt es verschiedene Möglichkeiten der Sanierung des schuldnerischen Unternehmens: das Insolvenzplanverfahren[1] (dazu sogleich Rz. 4.16), die Eigenverwaltung[2] (Rz. 4.18) und die übertragende Sanierung[3] (Rz. 4.20 ff.). Darüber, welche Art der Sanierung im Insolvenzverfahren zum Tragen kommen soll und ob überhaupt eine Sanierung in Frage kommt, entscheidet die Gläubigerversammlung im Berichtstermin (§ 157 InsO)[4]. 4.12

Eine Sanierung des schuldnerischen Unternehmens kommt im Insolvenzverfahren aber nur dann in Betracht, wenn das Unternehmen **sanierungsfähig** ist und wenn von den Gläubigern durch ein Insolvenzplanverfahren, die Eigenverwaltung und die übertragende Sanierung die **bestmögliche Haftungsverwirklichung** erwartet wird. Sofern nicht einmal Teile des Unternehmens sanierungsfähig sind, scheidet eine Sanierung im Regelverfahren grundsätzlich aus. 4.13

Anders als für den Geschäftsführer in der Krise[5] besteht für den **Insolvenzverwalter** im eröffneten Insolvenzverfahren **keine Sanierungspflicht**. Er ist lediglich verpflichtet, die von der Gläubigerversammlung im Berichtstermin beschlossenen Maßnahmen umzusetzen, nicht aber von sich aus Sanierungsmaßnahmen vorzubereiten oder bereits zu ergreifen[6]. Auch muss er ohne entsprechenden Beschluss der Gläubigerversammlung nicht etwa einen Insolvenzplan vorbereiten. Dies gilt selbst dann, wenn deshalb durch Zeitablauf eine ursprünglich bestehende Sanierungschance vertan wird. 4.14

Die Gläubigerversammlung kann dem Insolvenzverwalter aber auferlegen, bereits **Sanierungsmaßnahmen im leistungswirtschaftlichen Bereich** zu ergreifen, um eine übertragende Sanierung vorzubereiten. Oftmals muss „die Braut für den Verkauf erst geschmückt werden", also das Unternehmen saniert werden, bevor überhaupt ein Verkaufsinteressent einen für die Gläubiger attraktiven Preis bietet. 4.15

---

1 Grundlegend *Braun* in Gottwald, Insolvenzrechts-Handbuch, §§ 66 ff.

2 Grundlegend *Wittig* in Münchener Kommentar zur InsO, Vor §§ 270–285 InsO Rz. 1 ff.; *Maus* in Kölner Schrift zur InsO, S. 895 ff. Rz. 1 ff.

3 *Karsten Schmidt*, ZIP 1980, 329, 336; *Jaffé* in Frankfurter Kommentar zur InsO, § 220 InsO Rz. 24; *Maus* in Kölner Schrift zur InsO, S. 937 Rz. 23 ff.; *Flessner* in Heidelberger Kommentar zur InsO, § 217 InsO Rz. 14 f.

4 *Flessner* in Heidelberger Kommentar zur InsO, § 157 InsO Rz. 1 ff.; *Wegener* in Frankfurter Kommentar zur InsO, § 157 InsO Rz. 1 ff.

5 Zur Sanierungspflicht des Geschäftsführers vgl. *K. Schmidt*, ZIP 1998, 1497, 1505; *Wellensiek/Schluck-Amend* in Münchener Anwaltshandbuch GmbH, § 24 Rz. 25 m.w.N.

6 *Flessner* in Heidelberger Kommentar zur InsO, § 218 InsO Rz. 8; *Maus* in Kölner Schrift zur InsO, S. 939 f. Rz. 30 ff.; *Hess*, Insolvenzrecht, § 215 InsO Rz. 2; *Häsemeyer*, Insolvenzrecht, Rz. 28.11.

II. Insolvenzplanverfahren und Eigenverwaltung *(Maus)*

1. Insolvenzplanverfahren

4.16 Die Sanierung des insolventen Unternehmensträgers, von *Eidenmüller*[1] als „Reorganisation" (= Sanierung des Unternehmens unter Beibehaltung des bisherigen Unternehmensträgers) bezeichnet, hat gegenüber der übertragenden Sanierung Vor- und Nachteile. So wird die Sanierung des insolventen Unternehmensträgers (Reorganisation) wird fast immer den Erlass von Schulden durch die Gläubiger erforderlich machen. Der durch diesen Erlass entstehende (Buch-)Gewinn war bis zum 31. 12. 1997 gem. § 3 Nr. 66 EStG als Sanierungsgewinn steuerfrei. Der steuerfreie Sanierungsgewinn tangierte vorhandene Verlustvorträge nicht. Seit dem 1. 1. 1998 sind auch Sanierungsgewinne steuerpflichtig, so dass die Sanierungsvariante „Reorganisation" ggf.[2] zur Zahlung von Steuern auf den Sanierungsgewinn zusätzliche Liquidität erfordert[3]. Das BMF-Schreiben vom 27. 3. 2003[4] sieht allerdings in bestimmten Fällen die Stundung und den späteren Erlass von Steuern auf Sanierungsgewinne vor. Zusätzliche Liquidität ist regelmäßig auch für (Vergleichs-)Zahlungen an die Altgläubiger erforderlich, denn ohne Erhalt einer „Anerkennungsgebühr" werden die Altgläubiger im Allgemeinen nicht zur Zustimmung zu dem Insolvenzplan bereit sein. Bei der übertragenden Sanierung entstehen weder Zahlungsverpflichtungen gegenüber dem Fiskus aus einem Sanierungsgewinn noch gegenüber den Altgläubigern. Die Auffanggesellschaft benötigt „nur" neues Betriebskapital („fresh money", Startkapital) zur Finanzierung der Neugeschäfte. Sie startet, wenn das Problem des § 613a BGB gelöst werden kann, ohne alle „Altlasten". Die übertragende Sanierung ist deshalb regelmäßig „billiger" als die Sanierung des Unternehmensträgers, so dass sich die übertragende Sanierung allein aus diesem Grund bisher als die bevorzugte Sanierungsvariante bewiesen hat. Die übertragende Sanierung wird vermutlich auch künftig der Grundtyp der Unternehmenssanierung in der Insolvenz sein.

4.17 Erfolg verspricht nach allen bisherigen praktischen Erfahrungen mit Insolvenzplänen vor allem die (rechtzeitige) **Planvorlage durch den Schuldner.** Die Vorlage durch den Schuldner kann mit dem Antrag auf Eröffnung des Insolvenzverfahrens verbunden werden (§ 218 Abs. 1 Satz 2 InsO). Wegen der Einzelheiten wird verwiesen auf Rz. 8.29.

2. Eigenverwaltung

4.18 Das – für den Ausnahmefall gedachte – Institut der Eigenverwaltung (vgl. im Einzelnen Rz. 9.1 ff.) unter der Aufsicht eines Sachwalters ist vom Gesetzgeber mit folgenden **Erwartungen** in die InsO eingeführt worden[5]:

---

1 *Eidenmüller*, Insolvenzbewältigung durch Reorganisation, in Ott/Schäfer, Effiziente Verhaltenssteuerung und Kooperation im Zivilrecht, 1997, S. 145 ff.
2 Wenn ausreichende Verlustvorträge nicht zur Verfügung stehen.
3 Zur Besteuerung des Sanierungsgewinns als Problem der Unternehmenssanierung vgl. ausführlich *Maus*, NZI 2000, 449; *Maus*, ZIP 2000, 589.
4 V A 6 – S 2140 – 8/03, BStBl. I 2003, 240.
5 Begr. zum Achten Teil 1. Abschnitt RegE, BR-Drucks. 1-92, S. 222, 223.

- Bei einem Unternehmen können die Kenntnisse und Erfahrungen der bisherigen Geschäftsführung auf diese Weise am besten genutzt werden.
- die Einarbeitungszeit, die jeder Fremdverwalter benötigt, wird vermieden,
- das Insolvenzverfahren verursacht bei Eigenverwaltung weniger Aufwand und Kosten,
- die Eigenverwaltung bietet einen erheblichen Anreiz für den Schuldner, rechtzeitig den Antrag auf Eröffnung des Insolvenzverfahrens zu stellen, wenn er damit rechnen kann, auch nach Verfahrenseröffnung nicht völlig aus der Geschäftsführung verdrängt zu werden.

Für den Fall der **geplanten Unternehmensfortführung** kann die Eigenverwaltung eine hervorragende Verfahrensvariante sein, wenn 4.19

- der Schuldner und seine Berater keine Veranlassung zu der Annahme bieten, dass die Anordnung der Eigenverwaltung zu einer Verzögerung des Verfahrens oder zu sonstigen Nachteilen für die Gläubiger führen wird (§ 270 Abs. 2 Nr. 3 InsO),
- der Schuldner einen „prepackaged" (vorbereiteten) Insolvenzplan vorlegt, dem die Zustimmung der wesentlichen Gläubigergruppen im Abstimmungstermin sicher ist. Der Schuldner optimiert die Chancen zur erfolgreichen Sanierung seines Unternehmens, wenn er bei drohender Zahlungsunfähigkeit (§ 18 InsO) die Eröffnung des Insolvenzverfahrens mit Eigenverwaltung (§ 270 Abs. 2 Nr. 1 InsO) beantragt, zugleich mit dem Antrag den „prepackaged" Insolvenzplan vorlegt (§ 218 Abs. 1 Satz 2 InsO) und einen ausreichenden Massekostenvorschuss leistet (§ 26 Abs. 1 Satz 2 InsO). Nach den bisherigen Praxiserfahrungen sind die Gerichte aber zurückhaltend mit der Anordnung der Eigenverwaltung. Es gibt sie praktisch nicht[1]. *Uhlenbruck* hat eine „grundsätzlich negative Einstellung der Gerichte zur Eigenverwaltung"[2] festgestellt und empfiehlt nicht zuletzt aus diesem Grund, der außergerichtlichen Sanierung den Vorzug zu geben. Wegen der Einzelheiten im Einzelnen vgl. Rz. 9.1 ff.

III. Übertragende Sanierung im Insolvenzverfahren *(Karsten Schmidt)*

1. Die übertragende Sanierung als insolvenzrechtliche Strategie

Von der Sanierung im Insolvenzplanverfahren und der Sanierung unter der Eigenverwaltung der Geschäftsführer unterscheidet sich die übertragende Sanierung dadurch, dass bei ihr nicht die insolvente Gesellschaft saniert, sondern das Unternehmen – häufiger: Teile des Unternehmens – von einer anderen Gesellschaft übernommen und fortgeführt wird[3]. Diese Gesellschaft kann 4.20

1 *Huntemann/Dietrich,* ZInsO 2001, 13, 14; *Buchalik,* NZI 2000, 294.
2 BB 2001, 1641, 1647.
3 Vgl. zur übertragenden Sanierung im Insolvenzverfahren *Hermanns* in Buth/Hermanns, Restrukturierung, Sanierung, Insolvenz, § 14 Rz. 17; *Beck* in Beck/Depré, Praxis der Insolvenz, § 1 Rz. 156 ff., § 10 Rz. 8 ff., 15 ff., 147; *Hagebusch/Oberle,* NZI 2006, 618 ff.; *Zipperer,* NZI 2008, 206 ff.

eine Auffanggesellschaft, aber auch eine bereits operativ tätige Gesellschaft sein. Die typische übertragende Sanierung besteht typischerweise in einem **asset deal**, mit dem das Unternehmen oder ein Betrieb mit Zustimmung des Gläubigerausschusses (§ 160 Abs. 2 Nr. 1 InsO) aus der Masse an eine Ziel-Gesellschaft veräußert wird. Während die übertragende Sanierung außerhalb des Insolvenzverfahrens auf rechtspolitische Einwände stößt und erhebliche rechtliche Risiken mit sich bringt (Rz. 2.133 ff.), wird mit der übertragenden Sanierung im eröffneten Insolvenzverfahren häufig und erfolgreich operiert. Wegen der Einzelheiten ist zu verweisen auf Rz. 7.99 ff.

2. Beteiligung der Gesellschafter?

4.21 Wie bei der übertragenden Sanierung außerhalb des Insolvenzverfahrens (Rz. 2.133 f.) kann sich die Frage stellen, inwieweit durch sie Ausschlusswirkungen für einzelne Gesellschafter herbeigeführt werden dürfen. Die übertragende Sanierung kann **Squeeze-out-Effekte** haben (Übertragung auf eine von einzelnen Gesellschaftern mitfinanzierte Auffanggesellschaft unter Ausschluss der anderen Gesellschafter). Dies ist jedoch eine Frage der unter den Gesellschaftern der insolventen Gesellschaft bestehenden Treupflicht. Diese hindert unmittelbar weder den Insolvenzverwalter noch den Gläubigerausschuss. Sie sind gehalten, die bestmöglichen Effekte für die Masse zu erreichen, wozu allerdings auch die Vermeidung von Turbulenzen bei der Fortführungsgesellschaft gehört. In diesem Sinne wird der Insolvenzverwalter gegenüber den Gesellschaftern für vertrauensbildende **Transparenz** sorgen. Kollusion zum Nachteil einer Gesellschafterminderheit ist selbstverständlich verboten.

IV. Besonderheiten bei der GmbH & Co. KG *(Uhlenbruck)*

1. Die Problematik der Verfahrensverzahnung

4.22 Die Sanierung der GmbH & Co. KG durch ein gerichtliches Insolvenzverfahren stößt in der Praxis deswegen auf besondere Schwierigkeiten, weil es sich um **getrennte Insolvenzanträge, getrennte Insolvenzverfahren** und **getrennte Insolvenzmassen** handelt[1]. Im Regelfall stellen die Geschäftsführer der Komplementär-GmbH **Insolvenzantrag** sowohl für die KG (§ 130a Abs. 1 HGB i.V.m. § 177a HGB) als auch für die Komplementär-GmbH (§ 64 Abs. 1 GmbHG). Nach Feststellung von *Karsten Schmidt*[2] geht ein Insolvenzverfahren der GmbH „durchweg mit einer KG-Insolvenz einher, und dann werden beide Verfahren verzahnt". Nach dem Grundsatz **„ein Sondervermögen, ein Insolvenzverfahren,**

1 Einzelheiten bei *Uhlenbruck*, Die GmbH & Co. KG in Krise, Konkurs und Vergleich, 2. Aufl. 1988, Kap. 13 Rz. 443 ff.; *Uhlenbruck*, GmbHR 1971, 70; *Uhlenbruck*, GmbHR 1995, 195, 201 ff.; *Karsten Schmidt*, GmbHR 2002, 1209; *Karsten Schmidt*, Gesellschaftsrecht, S. 1661 f.; *Karsten Schmidt*, GmbHR 2003, 1404; *Karsten Schmidt* in Münchener Kommentar zum HGB, Anh. § 158 HGB Rz. 66 ff.; *Scholz/Karsten Schmidt*, 9. Aufl., vor § 64 GmbHG Rz. 94 ff.; *Schlitt*, NZG 1998, 701; *Binz/Sorg*, Die GmbH & Co. KG, 10. Aufl. 2005, § 12 Rz. 9 ff.; *Lüke* in Hesselmann/Tillmann/Mueller-Thuns, Handbuch der GmbH & Co. KG, 19. Aufl. 2005, § 11 Rz. 67 ff.

2 *Scholz/Karsten Schmidt*, 9. Aufl., vor § 64 GmbHG Rz. 94.

eine Insolvenzmasse" ist jedes Verfahren gesondert abzuwickeln und ist der Insolvenzgrund für jede Gesellschaft gesondert festzustellen. Wegen der Folgen im Einzelnen ist zu verweisen auf Rz. 7.199 f. und 7.502 ff.

2. Verfahrensrechtliche Interdependenzen

Die Sanierung einer GmbH & Co. KG durch gerichtliches Insolvenzverfahren 4.23
erfordert, dass die Gesellschaft, falls nicht ein neuer Komplementär eingewechselt werden soll, **einheitlich saniert** wird. Stellen die Geschäftsführer der Komplementär-GmbH Insolvenzantrag sowohl für die KG als auch die Komplementär-GmbH, laufen sie Gefahr, dass das Gericht den Insolvenzantrag für die GmbH mangels einer die Verfahrenskosten deckenden Masse (§ 26 Abs. 1 Satz 1 InsO) abweist und bezüglich der KG, die bei Lösung der GmbH im Register keine Kommanditgesellschaft mehr ist, eröffnet. Um diese Folgen zu vermeiden, wird in der Praxis nicht selten der Insolvenzantrag nur bezüglich der GmbH & Co. KG gestellt. Dabei laufen die Geschäftsführer aber Gefahr, sich wegen **Insolvenzverschleppung** bei der GmbH haftungs- und strafrechtlich verantworten zu müssen. Solange über einen Insolvenzplan hinsichtlich der KG verhandelt wird, wird man das Insolvenzgericht nicht nur für berechtigt, sondern für verpflichtet ansehen müssen, die Entscheidung über die Eröffnung des Insolvenzverfahrens hinsichtlich der Komplementär-GmbH auszusetzen, um die sonst mit einem Abweisungsbeschluss mangels Masse mögliche Auflösung der Komplementär-GmbH zu verhindern[1].

Im **Insolvenzverfahren der Komplementär-GmbH** bleiben die Geschäftsführer 4.24
zwar zur Wahrnehmung der Schuldneraufgaben gegenüber dem Insolvenzverwalter berechtigt; zweifelhaft ist aber, ob und in welchem Umfang sie noch für die Kommanditgesellschaft tätig werden dürfen. Folgt man der Auffassung, dass die GmbH nicht nach § 131 Abs. 3 Nr. 2 HGB mit der Insolvenzeröffnung aus der KG ausscheidet, bleiben der oder die Geschäftsführer berechtigt, **Verfahrensrechte der GmbH & Co. KG** im Insolvenzverfahren wahrzunehmen[2]. Die Geschäftsführung hat darauf zu achten, dass die Verfahren der KG und der GmbH **aufeinander abgestimmt** und **koordiniert** werden, wenn eine fortführende oder übertragende Sanierung beabsichtigt ist[3]. Auch wenn der oder die

1 *Uhlenbruck/Hirte*, § 11 InsO Rz. 367. S. auch LG Duisburg v. 13. 2. 2002 – 7 T 7/02, NZI 2002, 666; AG Hamburg v. 16. 12. 2002 – 67g IN 419/02, NZI 2003, 153, 155; *Pannen*, NZI 2000, 575, 578; *Undritz*, NZI 2003, 136, 140. Nach Auffassung von *Karsten Schmidt* (GmbHR 2002, 1209, 1214, 1217) ist die Ablehnung des Insolvenzverfahren über das Vermögen der Komplementär-GmbH wegen Masselosigkeit unter gleichzeitiger Eröffnung des Insolvenzverfahrens über das Vermögen der Kommanditgesellschaft auch bei der typischen GmbH & Co. KG de lege lata nicht zulässig.

2 S. *Karsten Schmidt*, GmbHR 2002, 1209, 1214; *Karsten Schmidt*, GmbHR 2003, 1404, 1406; *Karsten Schmidt* in Münchener Kommentar zum HGB, § 131 HGB Rz. 76; *Binz/Sorg*, Die GmbH & Co. KG, 10. Aufl. 2005, § 12 Rz. 26; *Liebs*, ZIP 2002, 1716, 1718; *Haas* in Gottwald, Insolvenzrechts-Handbuch, § 94 Rz. 38 ff.

3 Eingehend *Karsten Schmidt*, GmbHR 2002, 1209 ff.; *Karsten Schmidt*, Gesellschaftsrecht, § 56 VI; *Binz/Sorg*, Die GmbH & Co. KG, 10. Aufl. 2005, § 12 Rz. 26; *Schlitt*, NZG 1998, 755, 756 ff.; *Scholz/Karsten Schmidt*, 9. Aufl., vor § 64 GmbHG Rz. 120 ff.; *Uhlenbruck/Hirte*, § 11 InsO Rz. 356.

Geschäftsführer der Komplementär-GmbH für beide Gesellschaften Insolvenzantrag stellen, sollte, wenn eine Sanierung der GmbH & Co. KG beabsichtigt ist, **mit dem Insolvenzgericht abgestimmt werden**, dass wegen der Sanierungsfolgen der GmbH & Co. KG eine vorzeitige Abweisung mangels Masse nach § 26 Abs. 1 Satz 1 InsO unterbleibt. Erst die Vollbeendigung der Komplementär-GmbH (Vermögenslosigkeit und Lösung) führt wegen Wegfalls des Komplementärs zur Auflösung auch der KG[1]. Ist eine **Sanierung durch Insolvenzplan** (§§ 217 ff. InsO) oder im Wege der Eigenverwaltung (§§ 270 ff. InsO) beabsichtigt, empfiehlt es sich für die Geschäftsführung, beim zuständigen Insolvenzgericht zu beantragen, die Entscheidung über die Eröffnung des Insolvenzverfahrens der Komplementär-GmbH einstweilen zurückzustellen, weil möglicherweise durch die Sanierung der GmbH & Co. KG und einer Haftungsbeschränkung der Komplementärin bei dieser der Insolvenzgrund wegfällt. Wenig Aussicht dürfte allerdings die Anregung an das Gericht haben, wegen der Einheitlichkeit des Verfahrens für **alle Gesellschaften einen einzigen Insolvenzverwalter** zu bestellen, auch wenn dies in der Literatur teilweise empfohlen wird[2]. Wird für die GmbH & Co. KG **ein Antrag auf Eigenverwaltung** (§ 270 InsO) gestellt, so sollte der Eigenverwaltungsantrag zugleich auch für die Komplementär-GmbH gestellt werden. Nur auf diese Weise ist gewährleistet, dass die maßgeblichen Sanierungsentscheidungen von den Geschäftsführern der Komplementär-GmbH getroffen werden. Da die GmbH & Co. KG gem. § 131 Abs. 1 Nr. 3 HGB durch die Eröffnung des Insolvenzverfahrens über ihr Vermögen aufgelöst wird, müssten bei strikter Anwendung der §§ 146, 161 Abs. 2 HGB **sämtliche Gesellschafter**, also auch die Kommanditisten, **als Liquidatoren die Verfahrenspflichten** des Insolvenzschuldners wahrnehmen. Nach hier vertretener Auffassung bleiben auch im insolvenzrechtlichen **Liquidationsverfahren der GmbH & Co. KG** die Geschäftsführer der Komplementär-GmbH berechtigt und verpflichtet, Verfahrensrechte und -pflichten der KG wahrzunehmen, da die GmbH nicht nach § 131 Abs. 3 Nr. 2 HGB durch die Insolvenzeröffnung ausgeschieden ist[3].

---

1 *Uhlenbruck/Hirte*, § 11 InsO Rz. 360; str., a.A. OLG Frankfurt v. 14. 5. 1976, DNotZ 1976, 619.

2 So z.B. *Karsten Schmidt*, GmbHR 2002, 1214; *Karsten Schmidt*, Gesellschaftsrecht, § 56 VI; *Uhlenbruck*, Die GmbH & Co. KG in Krise, Konkurs und Vergleich, S. 479 ff.; *Schlitt*, NZG 1998, 755; einschränkend *Häsemeyer*, Insolvenzrecht, Rz. 31.27 für den Fall fehlender Identität der Haftungsvermögen. Instruktiv auch BGH v. 9. 6. 1994 – IX ZR 191/93, KTS 1994, 567 = NJW 1994, 2286.

3 So zutr. *Scholz/Karsten Schmidt*, 9. Aufl., vor § 64 GmbHG Rz. 123; *Karsten Schmidt* in Münchener Kommentar zum HGB, Anh. § 158 HGB; *Karsten Schmidt*, GmbHR 2002, 1209, 1215; *Binz/Sorg*, Die GmbH & Co. KG, 10. Aufl. 2005, § 12 Rz. 26; für die zweigliedrige GmbH & Co. KG *Liebs*, ZIP 2002, 1716.

5. Teil: Das Insolvenzeröffnungsverfahren

A. Insolvenzgründe

I. Die rechtliche und wirtschaftliche Bedeutung der Insolvenzauslöser

1. Die Funktion der Insolvenzgründe (Insolvenzauslöser)

Der Gesetzgeber hat als wesentliches Ziel der Insolvenzordnung die „rechtzeitige Verfahrenseröffnung" angesehen[1]. Die Leistungsfähigkeit eines gerichtlichen Insolvenzverfahrens hängt maßgeblich davon ab, zu welchem Zeitpunkt das Verfahren eingeleitet und eröffnet wird[2]. In den §§ 17 Abs. 2 Satz 1, 18 Abs. 2, 19 Abs. 2 InsO sind die Insolvenzauslöser **Zahlungsunfähigkeit, drohende Zahlungsunfähigkeit** und **Überschuldung** definiert. Die juristische Definition orientiert sich weitgehend an Kriterien des Gläubigerschutzes, was vor allem bei der im Gesellschaftsrecht geregelten Insolvenzantragspflicht zum Ausdruck kommt. Unbestritten ist, dass die **Feststellung der Insolvenzgründe** nur mit den Mitteln der Betriebswirtschaftslehre möglich ist[3]. In der Betriebswirtschaftslehre wird teilweise die Auffassung vertreten, in einer sich selbst überlassenen Marktwirtschaft würden „Marktprozesse, d.h. in letzter Konsequenz Gläubigerstrategien, den Zeitpunkt der Insolvenz bestimmen"[4]. So vertritt z.B. *W. R. Bretzke*[5] zur Zahlungsunfähigkeit die Auffassung, dass das Kriterium der **prospektiven Illiquidität** nicht nur die ohnehin insolventen Unternehmen früher in die Insolvenz zwingt, sondern es vergrößere die Anzahl der Insolvenzen um viele Unternehmungen, denen ohne Insolvenzrechtsreform dieses Schicksal erspart geblieben wäre. Vor allem im Rahmen der Überschuldung (§ 19 InsO) wird von Kritikern dieses Insolvenztatbestandes und der damit verbundenen Insolvenzantragspflicht darauf hingewiesen, dass erhebliche praktische Schwierigkeiten bestehen, eine **Fortführungsprognose** zu stellen und Fortführungswerte zu ermitteln[6]. 5.1

---

1 Allg. Begr. zur InsO C I. 4. b), abgedr. bei *Uhlenbruck*, Das neue Insolvenzrecht, S. 243; *Vormbaum/Baumanns*, DB 1984, 1971; *Franke*, ZfB 1984, 159 f.; *v. Onciul*, Die rechtzeitige Auslösung des Insolvenzverfahrens, 2000, S. 17 f.; *Hax/Marschdorf*, BFuP 1983, 112, 113; *Landfermann*, KTS 1989, 763, 770; *Meyer-Cording*, ZIP 1989, 485; *Meyer-Cording*, BB 1985, 1925; *Steiner*, BFuP 1986, 420, 421 ff.; *Hommelhoff*, ZfB 1984, 697, 701 ff.; *Uhlenbruck*, KTS 1986, 27; *Bretzke*, DBW 1985, 405, 406 ff.; *Drukarczyk/Schüler*, Die Eröffnungsgründe der InsO: Zahlungsunfähigkeit, drohende Zahlungsunfähigkeit und Überschuldung, in Kölner Schrift zur InsO, S. 95; *Drukarczyk*, Kontrolle des Schuldners, Auslösetatbestände für insolvenzrechtliche Lösungen und Covenants, in Feldbauer-Durstmüller/Schlager, Krisenmanagement – Sanierung – Insolvenz, Wien 2002, S. 421; *Uhlenbruck*, InVo 1998, 29.

2 Zutr. *v. Onciul*, Die rechtzeitige Auslösung des Insolvenzverfahrens, 2000, S. 17.

3 Vgl. *Eilenberger* in Münchener Kommentar zur InsO, § 17 InsO Rz. 15 ff.; *Uhlenbruck*, § 17 InsO Rz. 17 ff., § 18 InsO Rz. 7 ff., § 19 InsO Rz. 13 ff.; *Jaeger/H.-F. Müller*, § 19 InsO Rz. 33 ff.

4 So z.B. *Bretzke*, Wann ist ein Unternehmen insolvent?, DBW 1985, 405, 406.

5 DBW 1985, 405, 408.

6 Vgl. *Götz*, ZInsO 2000, 77, 79; *Hommelhoff*, ZfB 1984, 669, 702; *Penzlin*, NZG 2000, 464, 466 f.

5.2 Richtig ist, dass die **Vorverlegung der Insolvenzauslöser**, soweit sie mit einer Insolvenzantragspflicht verbunden ist, ihren Preis hat, denn möglicherweise wird das Insolvenzverfahren auf Grund einer Überschuldung eröffnet, obwohl das Unternehmen liquiditätsmäßig am Markt überleben könnte[1]. Ein überzeugender und funktionierender Eröffnungstatbestand, der zum Insolvenzantrag verpflichtet, muss letztlich so konzipiert sein, dass er im optimalen Moment für eine Antragstellung der Unternehmensleitung sorgt und dabei die Unternehmensinteressen ebenso wie die Interessen der Gläubiger in Einklang bringt. Die frühzeitige Insolvenzauslösung darf Wege aus der Unternehmenskrise nicht verbauen. Der **richtige Zeitpunkt** der Eröffnung eines Insolvenzverfahrens ist grundsätzlich nicht nur ein Problem optimaler Gläubigerstrategie, wie es bisweilen im betriebswirtschaftlichen Schrifttum dargestellt wird. Vielmehr geht es letztlich um die Frage, ob, wann und unter welchen Voraussetzungen ein Krisenunternehmen aus dem Markt auszuscheiden hat, weil das unternehmerische Risiko auf die Gläubiger verlagert wird.

5.3 Seitens der Betriebswirtschaftslehre ist teilweise die **Abschaffung des Überschuldungstatbestandes** gefordert worden[2]. Der Insolvenztatbestand „Überschuldung" ist nach Feststellung von *Drukarczyk*[3] „hinsichtlich seiner präzisen Funktion, seiner Messung, seiner faktischen Relevanz und seiner Existenzberechtigung ein umstrittenes Konstrukt". Viele Rechtsordnungen erkennen die Überschuldung nicht als Insolvenzgrund an, sondern stellen ausschließlich auf die Zahlungsunfähigkeit ab, wie z.B. Belgien, England und Wales, Frankreich und Italien[4]. Es stellt sich die Frage, ob sich angesichts der Entwicklung des internationalen Rechts, der Ausbreitung der Gesellschaftsform der „Limited" und der „Inspire Art"-Entscheidung des EuGH künftig der Insolvenzgrund der Überschuldung ebenso wie die entsprechende Insolvenzantragspflicht überhaupt noch halten lässt[5]. Zutreffend stellt *Haas*[6] fest, dass der deutsche Gesetzgeber den durch die Insolvenzauslösetatbestände vermittelten Gläubigerschutz ausgereizt hat. Eine weitere Vorverlagerung der Insolvenzauslösung – etwa auf den Eintritt der bilanziellen oder rechnerischen Überschuldung, wie diese teilweise vorgeschlagen werde –, sei mit den ökonomischen und rechtlichen Funktionen der Auslösetatbestände unvereinbar[7]. Richtig ist, dass im internationalen Vergleich Deutschland Insolvenzauslösetatbestände hat, die bereits frühzeitig in der Unternehmenskrise greifen. Eine weitere Vorverlagerung dieser Tatbestände lässt sich nach Feststellung von *Haas* weder ökonomisch noch rechtlich rechtfertigen.

---

1 Vgl. *Jaeger/H.-F. Müller*, § 19 InsO Rz. 24; *Fenske*, AG 1997, 554, 558; *Penzlin*, NZG 2000, 464, 467.

2 S. *Egner/Wolff*, AG 1978, 99; *Fenske*, AG 1997, 554. Vgl. auch *Götz*, ZInsO 2000, 77; *M. Fischer*, ZIP 2004, 1477, 1483 f.

3 zfbf 1986, 207.

4 Vgl. die Länderberichte in Münchener Kommentar zur InsO, Art. 102 EGInsO Anh. II.

5 Vgl. *M. Fischer*, ZIP 2004, 1477, 1483 ff.; *Vallender/Fuchs*, ZIP 2004, 829.

6 Reform des gesellschaftlichen Gläubigerschutzes, Gutachten E zum 66. Deutschen Juristentag Stuttgart 2006, Kap. 2 § 5 S. E 19 ff.

7 *M. Fischer*, ZIP 2004, 1477, 1482; *Uhlenbruck* in Gottwald, Insolvenzrechts-Handbuch, § 6 Rz. 23; *Haas*, Gutachten E zum 66. Deutschen Juristentag Stuttgart 2006, Kap. 2 § 5 S. E 22 u. S. E 146.

Zur **Stabilisierung des deutschen Finanzmarktes** hat der Bundestag am 17. 10. 2008 das Gesetz zur Umsetzung eines Maßnahmenpakets zur Stabilisierung des Finanzmarkts (**Finanzmarktstabilisierungsgesetz – FMStG**) beschlossen, das am 18. 10. 2008 in Kraft getreten ist (BGBl. I 2008, 1982). Nach Art. 5 FMStG ist die Vorschrift des § 19 Abs. 2 InsO dahin gehend neu gefasst worden, dass Überschuldung vorliegt, wenn das Vermögen des Schuldners die bestehenden Verbindlichkeiten nicht mehr deckt, „es sei denn, die Fortführung des Unternehmens ist nach den Umständen überwiegend wahrscheinlich". Die gesetzliche Regelung, die bis zum 1. 1. 2011 gelten soll, dient dem Zweck, die durch die Finanzkrise 2008 eingetretenen erheblichen Wertverluste, die oftmals zu einer bilanziellen Überschuldung von Unternehmen geführt haben, durch eine positive Fortführungsprognose von der Insolvenzantragspflicht zu befreien. Der Geschäftsführer einer GmbH muss aber damit rechnen, dass die Insolvenzgerichte sich nicht mit der generellen Behauptung begnügen werden, man habe mit einem Turnaround in den nächsten Monaten gerechnet. Vielmehr ist eine sorgfältige Dokumentation der Fortführungsprognose durch einen **Finanzplan** unverzichtbar[1]. 5.4

Zu begrüßen ist der durch das **Gesetz zur Modernisierung des GmbH-Rechts und zur Bekämpfung von Missbräuchen (MoMiG)** eingeführte **erweiterte Gläubigerschutz** durch flankierende gesetzliche Maßnahmen. Nach § 35 Abs. 1 Satz 2 GmbHG wird z.B. die **Zustellung an geschäftsführerlose Gesellschaften** erleichtert, indem Willenserklärungen gegenüber den Gesellschaftern abgegeben und Zustellungen an diese erfolgen können (s. auch § 13e Abs. 2 Satz 4 HGB). Zur erleichterten **öffentlichen Zustellung** s. § 15a HGB und § 185 ZPO n.F. sowie die Ausführungen zu Rz. 5.238 ff. Der Bekämpfung von Missbräuchen dient auch der neue **§ 15a Abs. 3 InsO**, der im Falle der Führungslosigkeit jeden Gesellschafter zur Stellung des Insolvenzantrags verpflichtet, es sei denn, er hatte von Zahlungsunfähigkeit und Überschuldung oder von der Führungslosigkeit keine Kenntnis (s. unten zu Rz. 5.241). 5.5

2. Verzicht der InsO auf ein Insolvenzverhütungsverfahren

In den **USA, Österreich** und in der **Schweiz** hat man auf einen Insolvenzgrund verzichtet, wenn der Schuldner das Verfahren selbst beantragt[2]. Von der Einführung eines **Insolvenzverhütungsverfahrens** hat der deutsche Gesetzgeber aus guten Gründen Abstand genommen. Das in Österreich am 1. 1. 1997 in Kraft getretene Bundesgesetz über die Reorganisation von Unternehmen (Unternehmensreorganisationsgesetz – URG; BGBl. I 1997, 106 und BGBl. I 1997, 114) hat im Gegensatz zum deutschen Reformgesetz ein Insolvenzverhütungsverfahren eingeführt mit dem Ziel, reorganisationsbedürftige Unternehmen, bei denen der Insolvenzgrund noch nicht vorliegt, einer Sanierung zuzuführen, wobei Bankkredite in der Reorganisationsphase besonders privilegiert 5.6

1 Vgl. *Karsten Schmidt*, DB 2008, 2467 ff.; *Holzer*, ZIP 2008, 2108 ff.; *Bitter*, ZInsO 2008, 1097; *Eckert/Happe*, ZInsO 2008, 1098 ff.; *Hölzle*, ZIP 2008, 2003 ff.

2 Vgl. *Schlosser*, Die Eröffnung des Insolvenzverfahrens, in Leipold, Insolvenzrecht im Umbruch, S. 9, 13; *Holzhammer*, Österreichisches Insolvenzrecht, 1981, S. 52.

werden[1]. Auch das **französische Recht** kennt ein vorgeschaltetes Frühwarnverfahren (procedure d'alerte), nämlich das „mandataire ad hoc" als Unterstützung der Geschäftsleitung und ein Schlichtungsverfahren zur präventiven Krisenbewältigung „procédure de concilliation" sowie die „procédure de sauvegarde", die durch das am 1. 1. 2006 in Kraft getretene „Loi de sauvegarde des entreprises" eingeführt worden sind[2]. Für das **deutsche Insolvenzrecht** hat die Reform-Kommission nach eingehender Diskussion die Einführung eines Insolvenzverhütungsverfahrens abgelehnt[3]. Nach wie vor wird aber die Notwendigkeit eines eigenständigen Sanierungsverfahrens diskutiert[4].

5.7 Für das **deutsche Recht** ist vorgeschlagen worden, nicht länger auf der Existenz eines materiellen Insolvenzeröffnungsgrundes zu beharren, wenn nicht zu ersehen sei, wer durch ein solches Erfordernis geschützt sein solle[5]. Dabei wird oftmals übersehen, dass allein das Vorliegen eines Insolvenzgrundes, also der „materielle Konkurs", **die Rechtfertigung für Eingriffe in verfassungsrechtlich geschützte Gläubigerpositionen** ist. Der deutsche Gesetzgeber hat gut daran getan, im Reformgesetz nicht nur an den Insolvenzauslösern „Zahlungsunfähigkeit" und „Überschuldung" fest zu halten, sondern auch die „drohende Zahlungsunfähigkeit" (§ 18 InsO) als Insolvenzgrund auszugestalten, wenn auch nur mit einem Antragsrecht für den Schuldner bzw. das Schuldnerunternehmen. Die **drohende Zahlungsunfähigkeit** als Insolvenzgrund berechtigt die Geschäftsführer einer GmbH zum Antrag auf Einleitung eines einheitlichen Insolvenzverfahrens. Hierdurch können gesetzliche Sanierungshilfen genutzt und kann einer vorzeitigen Unternehmenszerschlagung durch Zwangsvollstreckungsmaßnahmen der Gläubiger wirksam begegnet werden[6].

5.8 Trotz der betriebswirtschaftlichen Notwendigkeit und der rechtlichen Vorzüge, die eine **Insolvenzeröffnung wegen drohender Zahlungsunfähigkeit** für die GmbH bietet, hat dieser Insolvenzgrund in der Praxis bislang nicht die beabsichtigte Akzeptanz erfahren[7]. Nach zutreffender Feststellung von *H.-F. Mül-*

---

1 Vgl. *F. Mohr*, ZIK 1996, 194, 198; *F. Mohr*, ZIK 1995, 18 ff.; *Uhlenbruck*, Verfahrensauslöser nach dem Unternehmensreorganisationsgesetz (URG) und den Insolvenzgesetzen, Wirtschaftstreuhänder 1997, 10 ff., 1997, 21 ff. u. 1997, 29 ff.; *Reckenzaun/Hadl*, ZIK 2001, 90 ff.; *Schlager*, Die Bedeutung des Unternehmensreorganisationsgesetzes (URG) für die Unternehmenspraxis, in Feldbauer-Durstmüller/Schlager, Krisenmanagement – Sanierung – Insolvenz, 2002, S. 529 ff.

2 Vgl. *Dammann/Undritz*, NZI 2005, 198 ff.; *Vallender/Heukamp*, InVo 2006, 1 ff.; *Dammann*, RIW 2006, 16 ff.; *Klein*, RIW 2006, 13 ff.

3 S. Erster Bericht der Kommission für Insolvenzrecht, 1985, S. 154 und 161 (Leitsatz 2.1.1 II.).

4 Vgl. *Uhlenbruck*, NZI 2008, 201 ff.

5 So z.B. *Schlosser* in Leipold, Insolvenzrecht im Umbruch, S. 12, 13.

6 Zum Problem der Auslösung insolvenzrechtlicher Verfahren vgl. auch *Drukarczyk*, ZfB 1981, 235 ff.; *Drukarczyk/Schüler* in Kölner Schrift zur InsO, S. 95, 96 Rz. 2; *Uhlenbruck* in Gottwald, Insolvenzrechts-Handbuch, § 6 Rz. 1 ff.; *Temme*, Die Eröffnungsgründe nach der Insolvenzordnung, 1997; *G. Franke*, ZfB 1984, 160 ff.; *Bretzke*, DBW 1985, 405 ff.

7 Zur fehlenden Akzeptanz des Insolvenzauslösers „drohende Zahlungsunfähigkeit" vgl. *Uhlenbruck*, FS Drukarczyk, 2003, S. 441; *Jaeger/H.-F. Müller*, § 18 InsO Rz. 25; *Nerlich/Römermann/Mönning*, § 18 InsO Rz. 12.

ler[1] „spricht bei rationaler Betrachtung alles dafür, dass sich der Schuldner möglichst **frühzeitig** unter den Schutz eines gerichtlich überwachten Schuldenregulierungsverfahrens stellt, damit der Verbundwert seines Vermögens erhalten und noch vorhandene Sanierungschancen genutzt werden können. Dieser Ansicht steht allerdings noch die überkommene Vorstellung entgegen, dass die Insolvenz mit dem wirtschaftlichen und persönlichen Scheitern gleichzusetzen ist. Der Eröffnungsantrag wird so lange hinausgezögert, bis die letzten Ressourcen verbraucht und die Möglichkeiten für eine Rettung des Unternehmens dahin sind." Für ein abschließendes Urteil, ob der Eröffnungsgrund der drohenden Zahlungsunfähigkeit die ihm vom Gesetzgeber zugedachte Bedeutung zu erlangen vermag oder ob ein nicht als Insolvenzverfahren konzipiertes Vorverfahren erforderlich ist, ist es gegenwärtig noch zu früh.

3. Keine Erleichterung der Verfahrenseröffnung durch Vereinfachung der Insolvenztatbestände

Der Gesetzgeber hat es als wünschenswert angesehen, dass insolvente Schuldner früher als zurzeit der Geltung der Konkursordnung in das Insolvenzverfahren gelangen. Hiervon könne eine wesentliche Verbesserung der Sanierungschancen erwartet werden. Aber auch, wenn das Vermögen des Schuldners liquidiert werden müsse, ließen sich bessere Verfahrensergebnisse erzielen. Noch bedeutsamer aber erscheine es, bei juristischen Personen seinen Organen Anreize dafür zu bieten, frühzeitig den Insolvenzantrag zu stellen[2]. Zu den gesetzgeberischen Maßnahmen zur rechtzeitigen und leichteren Eröffnung des Insolvenzverfahrens gehören u.a. die **Legaldefinition der Insolvenzgründe** in den §§ 17 Abs. 2, 18 Abs. 2 und 19 Abs. 2 Satz 1 InsO. Generell ist festzustellen, dass trotz gesetzlicher Neuregelung die früheren zur KO bestehenden Probleme weitgehend auch für die InsO bestehen. So ist z.B. bei der **Zahlungsunfähigkeit** zweifelhaft und streitig, ob Liquidität im insolvenzrechtlichen Sinne auch die **kurzfristige Liquidierbarkeit von Gegenständen** des Anlage- und Umlaufvermögens darstellt[3]. Nach Auffassung von *Bork*[4] ist der Begriff der Zahlungsunfähigkeit im Hinblick auf die vom Gesetzgeber angestrebte möglichst frühzeitige Verfahrenseröffnung zu interpretieren. Auch die grundlegende Entscheidung des BGH v. 24. 5. 2005[5] hat nicht sämtliche Probleme der Feststellung einer Zahlungsunfähigkeit gelöst[6]. Vielmehr kehrt 5.9

1 *Jaeger/H.-F. Müller*, § 18 InsO Rz. 25.

2 Vgl. Allg. Begr. RegE, abgedr. bei *Balz/Landfermann*, Die neuen Insolvenzgesetze, S. 148.

3 Bejahend u.a. *H.K. Weber*, DB 1981, 901; *Küting*, DB 1985, 1089; *Harz*, ZInsO 2001, 193, 195; *Eilenberger* in Münchener Kommentar zur InsO, § 17 InsO Rz. 21; vgl. auch *H.J. Lütke*, wistra 2003, 52; verneinend *Uhlenbruck*, § 17 InsO Rz. 6; *Uhlenbruck*, BB 1985, 1281; *Braun/Uhlenbruck*, Unternehmensinsolvenz, S. 281; Einzelheiten unten Rz. 5.19 ff.

4 Grundfragen der Zahlungsunfähigkeit (§ 17 InsO), KTS 2005, 1.

5 BGH v. 24. 5. 2005 – IX ZR 123/04, BGHZ 163, 134 = ZIP 2005, 1426 = GmbHR 2005, 1117.

6 Vgl. *Knolle/Tetzlaff*, ZInsO 2005, 897; *Hölzle*, ZIP 2006, 101; *Bruschke*, DStZ 2005, 731; *Bruschke*, NZI 2003, 636; *Reck*, ZInsO 2003, 930; *Weber*, ZInsO 2004, 66.

sie, wenn auch nunmehr konkretisiert, zum aufgegebenen **Merkmal der Wesentlichkeit und Dauer** zurück. In einer weiteren Entscheidung vom 19. 7. 2007[1] verlangt der BGH ein **„ernstliches Einfordern"** durch den Gläubiger, was wiederum der Rechtslage zur früheren KO entspricht[2]. Die **Art und Weise der Bestimmung insolvenzrechtlicher Illiquidität** ist weiterhin ungeklärt. Der BGH hat zwar Kriterien aufgezeigt, die eine Abgrenzung der Zahlungsunfähigkeit von der bloßen Zahlungsstockung ermöglichen; nach wie vor sind aber auch nach Ablauf von drei Wochen (gesetzliche Antragspflicht) Liquiditätslücken hinzunehmen und ist eine Schwellenwertprüfung sowie eine Interessenabwägung nach **Zumutbarkeitskriterien** vorzunehmen. Zweifelhaft ist vor allem, ob bei der Abgrenzung der Zahlungsstockung von der Zahlungsunfähigkeit auch die während des **Zeitraums von drei Wochen** ab dem Stichtag fällig gewordenen Geldschulden in die Prüfung mit einzubeziehen sind. Weiterhin ist fraglich, ob und bejahendenfalls welche **zeitlichen Obergrenzen** existieren, wenn ein Schuldnerunternehmen für einen längeren Zeitraum unter 10 % liegende Liquiditätslücken aufweist oder davon ausgeht, dass größere Liquiditätslücken wahrscheinlich in Zukunft geschlossen werden können[3]. Einzelheiten unten Rz. 5.22.

5.10 Der **Prognosezeitraum** ist sowohl bei der Zahlungsunfähigkeit (§ 17 InsO) als auch bei der drohenden Zahlungsunfähigkeit (§ 18 InsO) nach wie vor ungeklärt[4]. Das gilt seit dem 18. 10. 2008 auch für die Fortführungsprognose nach § 19 Abs. 2 Satz 2 InsO, allerdings gem. Art. 6 Abs. 3 und Art. 7 Abs. 2 FMStG nur bis zum 1. 1. 2011. Auch Auffassung von *Karsten Schmidt*[5] ist trotz der Begründungsformulierung „mittelfristig" die mögliche Finanzplanprognose voll auszuschöpfen. Nicht geregelt ist auch, ob die Geschäftsführer vor Stellung eines Insolvenzantrags wegen drohender Zahlungsunfähigkeit einen entsprechenden Beschluss der Gesellschafterversammlung herbeizuführen haben. Dies wird in der Literatur zutreffend aus § 49 Abs. 2 GmbHG gefolgert[6]. Offen ist auch die Frage, welche Anforderungen an den **Nachweis der drohenden Zahlungsunfähigkeit** gestellt werden müssen und welche Mindestbedingungen ein Finanzplan (Liquiditätsplan) erfüllen muss. Streitig ist ferner, ob der

1 BGH v. 19. 7. 2007 – IX ZB 36/07, NZI 2007, 579. S. auch BGH v. 12. 10. 2006 – IX ZR 228/03, NZI 2007, 36 m. Anm. *Gundlach/Frenzel*. Ganz anders der BGH in Strafsachen v. 23. 5. 2007 – 1 StR 88/07, ZInsO 2007, 1115.

2 Vgl. auch *Dahl*, NJW-Spezial Heft 2/2008, S. 53 f. Nach *Braun/Bußhardt* (§ 17 InsO Rz. 7) hat sich damit die Entscheidungssicherheit wesentlich verbessert, jedoch sind neue Streitfragen aufgetaucht.

3 Vgl. *Heublein*, KSI 2006, 12; *J.-S. Schröder* in Hamburger Kommentar zum Insolvenzrecht, § 17 InsO Rz. 18 ff.; *Uhlenbruck*, § 17 InsO Rz. 10 u. Rz. 17; *Beck* in Beck/Depré, Praxis der Insolvenz, § 5 Rz. 58 ff.; *Jaeger/H.-F. Müller*, § 17 InsO Rz. 20 ff.

4 Nach h.M. hängt die Dauer der anzustellenden Prognose von der Fristigkeit der Verbindlichkeiten ab. Vgl. *Scholz/Karsten Schmidt*, 9. Aufl., vor § 64 GmbHG Rz. 35; *Drukarczyk/Schüler* in Kölner Schrift zur InsO, S. 111; *Drukarczyk* in Münchener Kommentar zur InsO, § 18 InsO Rz. 44; *Goetsch* in Berliner Kommentar zur InsO, § 189 InsO Rz. 11; *Braun/Kind*, § 18 InsO Rz. 8.

5 DB 2008, 2467, 2470.

6 So z.B. *Wortberg*, ZInsO 2004, 707, 709 f.

Terminus „voraussichtlich" in § 18 Abs. 2 InsO im Sinne einer Mindestwahrscheinlichkeit zu interpretieren ist[1].

Eine funktionale Inkongruenz besteht auch zwischen § 18 InsO und §§ 283 ff. StGB. Nicht geregelt hat der Gesetzgeber, ob bei Insolvenzeröffnung wegen drohender Zahlungsunfähigkeit die **Strafbarkeit der Geschäftsführer wegen Bankrottdelikts** nach den §§ 283, 283b StGB (Verletzung der Buchführungspflicht), § 283c StGB (Gläubigerbegünstigung), § 283d StGB (Schuldnerbegünstigung) entfällt, wenn wegen dieses Insolvenzgrundes über das Vermögen der GmbH das Insolvenzverfahren eröffnet wird. Nach § 283 Abs. 6 StGB ist objektive Bedingung der Strafbarkeit u.a. die Eröffnung des Insolvenzverfahrens. Der Geschäftsführer läuft demgemäß Gefahr, auch bei Antragstellung wegen drohender Zahlungsunfähigkeit (§ 18 InsO) trotz nachhaltiger Sanierung der GmbH wegen Bankrottdelikts bestraft zu werden, nur weil die Sanierung im Rahmen eines eröffneten Insolvenzverfahrens erfolgt[2]. Bei der **Prüfung der Überschuldung** (§ 19 InsO) hat der Gesetzgeber nicht nur von der Festlegung eines bestimmten Prognosezeitraums abgesehen, sondern sind einzelne Bilanzierungsfragen, wie z.B. der Ansatz von Liquidationswerten im Überschuldungsstatus, umstritten. Die **Tiefe des Rangrücktritts** für die Rückforderung von Gesellschafterleistungen ist durch die Neuregelung in § 19 Abs. 2 Satz 3 InsO geklärt, so dass die vom BGH geforderte Gleichstellung mit statutarischem Eigenkapital entfällt. Schließlich bringt die **Feststellung der drohenden Zahlungsunfähigkeit** zahlreiche rechtliche und praktische Probleme mit sich. So versuchen GmbH-Geschäftsführer nicht selten, über einen Insolvenzantrag wegen drohender Zahlungsunfähigkeit die Feststellung zu vermeiden, dass die GmbH bereits seit längerer Zeit überschuldet ist. Da das Insolvenzgericht gem. § 16 InsO verpflichtet ist, den Eröffnungsgrund festzustellen, läuft der Antragsteller Gefahr, dass auf Grund der Amtsermittlungen (§ 5 Abs. 1 Satz 1 InsO) nicht nur ein antragspflichtiger Insolvenzgrund festgestellt wird, sondern auch der Tatbestand der Insolvenzverschleppung. 5.11

II. Zahlungsunfähigkeit

1. Begriff der Zahlungsunfähigkeit

a) Die Legaldefinition in § 17 Abs. 2 InsO

Allgemeiner Eröffnungsgrund für ein Insolvenzverfahren ist die Zahlungsunfähigkeit (§ 17 Abs. 1 InsO)[3]. Die Zahlungsunfähigkeit hat nicht nur Bedeu- 5.12

1 Vgl. *Drukarczyk* in Münchener Kommentar zur InsO, § 18 InsO Rz. 32 ff.; *Drukarczyk/Schüler* in Kölner Schrift zur InsO, S. 95–139; *Drukarczyk*, WPg 2003, 56; *Groß/Amen*, WPg 2002, 225 ff. u. S. 433 ff.; *Groß/Amen*, WPg 2003, 67.

2 S. *Uhlenbruck*, ZInsO 1998, 251 f.; *Uhlenbruck*, NZI 1998, 33; *Moosmayer*, Einfluss der Insolvenzordnung 1999 auf das Insolvenzstrafrecht 1997, S. 191 ff.; *Röhm*, NZI 2002, 134.

3 Vgl. hierzu *Uhlenbruck*, § 17 InsO Rz. 3 ff.; *Uhlenbruck*, wistra 1996, I, 3 ff.; *Uhlenbruck*, Die Insolvenzgründe (Verfahrensauslöser) nach der Insolvenzordnung, in Baetge, Beiträge zum neuen Insolvenzrecht, S. 17, 21 ff.; *Braun/Uhlenbruck*, Unternehmensinsolvenz, S. 279 ff.; *Uhlenbruck* in Gottwald, Insolvenzrechts-Handbuch, § 6

tung als Insolvenzauslöser, sondern vor allem auch für den Bereich der Insolvenzanfechtung nach den §§ 129 ff. InsO[1], in strafrechtlicher Hinsicht (§§ 283, 283c StGB) sowie im Gesellschaftsrecht (§ 15a InsO). So hat der BGH in dem grundlegenden Urteil v. 24. 5. 2005[2] u.a. darauf hingewiesen, dass der Begriff der Zahlungsunfähigkeit in § 64 GmbHG (jetzt § 15a InsO) nicht anders verstanden werden kann als in § 17 InsO[3]. Der Gesetzgeber der KO hatte die Ausfüllung des Begriffs der Zahlungsunfähigkeit der Rechtsprechung überlassen. Nach früherem Verständnis und höchstrichterlicher Rechtsprechung war Zahlungsunfähigkeit das auf dem Mangel an Zahlungsmitteln beruhende, voraussichtlich dauernde Unvermögen eines Schuldners oder Schuldnerunternehmens, seine sofort zu erfüllenden Geldschulden im Wesentlichen zu berichtigen[4]. Der frühere Streitpunkt, ob Zahlungsunfähigkeit **Zeitpunkt-** oder **Zeitraumilliquidität** ist und wie im Einzelnen die **Merkmale der Dauer** und der **Wesentlichkeit** zu bestimmen sind[5], ist durch die **Legaldefinition** in § 17 Abs. 2 InsO geklärt:

„Der Schuldner ist zahlungsunfähig, wenn er nicht in der Lage ist, die fälligen Zahlungspflichten zu erfüllen. Zahlungsunfähigkeit ist in der Regel anzunehmen, wenn der Schuldner seine Zahlungen eingestellt hat."

5.13 In der Begründung des Regierungsentwurfs[6] heißt es, der Begriff der Zahlungsunfähigkeit werde in § 17 Abs. 2 Satz 1 InsO im Interesse der Rechtsklarheit gesetzlich umschrieben. Dabei werde die Definition zugrunde gelegt, die sich in Rechtsprechung und Literatur für die Zahlungsunfähigkeit durchgesetzt habe. Auf das Merkmal der **Dauer** und der **Wesentlichkeit** könne dabei verzichtet werden. Wie bereits oben in Rz. 5.09 dargestellt wurde, kehrt aber die höchstrichterliche Rechtsprechung[7] zu diesen Merkmalen, wenn auch eingeschränkt, zurück.

Rz. 4 ff.; *Schlosser,* Die Eröffnung des Insolvenzverfahrens, in Leipold, Insolvenzrecht im Umbruch, S. 9 ff.; *Drukarczyk,* Unternehmen und Insolvenz, S. 76 ff.; *Drukarczyk,* ZfB 1986, 164, 171 ff.; *Drukarczyk/Schüler,* Die Eröffnungsgründe der InsO: Zahlungsunfähigkeit, drohende Zahlungsunfähigkeit und Überschuldung, in Kölner Schrift zur InsO, S. 95 ff.; *Hess/Weis,* InVo 1996, 253; *Staufenbiehl/Hoffmann,* ZInsO 2008, 785 ff., 838 ff.; *Burger/Schellberg,* BB 1995, 261 ff.; *Jäger,* BB 1997, 1575; *Vodrazka,* Journal für Betriebswirtschaft 1977, 65 ff.; *Seicht,* GesRZ 1990, 179 ff. u. 1991, 10 ff.; *Hammerschmidt,* Überschuldung und Zahlungsunfähigkeit, in Seicht, Gläubigerschutz, Betriebswirtschaftslehre und Recht, FS O. Koren, Wien 1993, S. 325 ff.

1 Vgl. *Hölzle,* ZIP 2006, 101 ff.

2 BGH v. 24. 5. 2005 – IX ZR 123/04, ZInsO 2005, 807 = ZIP 2005, 1426.

3 Zur anfechtungsrechtlichen Bedeutung der Zahlungsunfähigkeit s. OLG Köln v. 29. 9. 2004 – 2 U 1/04, ZIP 2005, 222; *Hölzle,* ZIP 2006, 101.

4 Vgl. RGZ 50, 39, 41; 100, 62, 65; BGH v. 11. 10. 1961 – VIII ZR 113/60, NJW 1962, 102; BGH v. 30. 4. 1959 – VIII ZR 179/58, WM 1959, 891; *Kilger/Karsten Schmidt,* Insolvenzgesetze, § 102 KO Anm. 2a.

5 Einzelheiten hierzu in der 1. Aufl., S. 252 ff. (Rz. 481 ff.).

6 BT-Drucks. 12/2443, S. 114, abgedr. bei *Uhlenbruck,* Das neue Insolvenzrecht, S. 116.

7 BGH v. 24. 5. 2005 – IX ZR 123/04, ZIP 2005, 1426 = GmbHR 2005, 1117; BGH v. 19. 7. 2007 – IX ZB 36/07, NZI 2007, 579; BGH v. 12. 10. 2006 – IX ZR 228/03, NZI 2007, 36 m. Anm. *Gundlach/Frenzel*; anders zum Merkmal der Dauer und Wesentlichkeit BGH in Strafsachen v. 23. 5. 2007 – 1 StR 88/07, ZInsO 2007, 1115.

b) Wertung der Legaldefinition

Zutreffend stellen *Drukarczyk/Schüler*[1] fest, dass es der Intention des Gesetzgebers entspricht, das wichtige Teilziel der Insolvenzrechtsreform einer rechtzeitigen Verfahrenseröffnung nicht zu gefährden. Insolvenztatbestände seien immer **Terminierungsregeln**: Die durch sie festgelegte Beschreibung des relevanten Unternehmenszustandes bestimme den Zeitpunkt, wann der Gesetzgeber das bestehende Ungleichgewicht zwischen Haftung und Verfügungsrechten als zu groß ansieht und durch eine Auslösepflicht der Organe bzw. ein Antragsrecht der Gläubiger zu beseitigen suche. Der Gesetzgeber wollte durch den Verzicht auf die Attribute „Dauer" und „Wesentlichkeit" die Auslegungsspielräume verengen und verhindern, dass letztlich – wie nach früherem Insolvenzrecht – die Zahlungseinstellung zum eigentlichen Verfahrensauslöser wird. Insofern ist das Ziel einer Vorverlegung der Verfahrensauslösung zu begrüßen. 5.14

Wie früher nach der KO ist der **Begriff der Zahlungsunfähigkeit** auch in der InsO objektiviert, d.h. **haftungsrechtlich definiert**[2]. Ob sich diese Objektivierung aus dem „Mangel an Zahlungsmitteln" herleiten lässt, muss allerdings bezweifelt werden. Richtig ist zwar, dass persönliche Umstände beim organschaftlichen Vertreter einer Kapitalgesellschaft, wie z.B. Krankheit, Überlastung, Unfähigkeit oder Tod sowie sonstige Mängel bei der Beurteilung der Zahlungsunfähigkeit keine Rolle spielen[3]. Nicht gefolgt werden kann aber der Auffassung, wonach eine Zahlungsunfähigkeit, die auf **behördlichen Zahlungsverboten** beruht, keine Zahlungsunfähigkeit darstellt[4]. Entgegen der auf einen Ausnahmefall abstellenden Entscheidung des BGH v. 5. 11. 1956[5] hat das Insolvenzgericht auf persönliche Gründe für den Eintritt der Zahlungsunfähigkeit bzw. Zahlungseinstellung keine Rücksicht zu nehmen. 5.15

Der **Beweis der Zahlungsunfähigkeit** kann vom Gläubiger mittelbar auch durch Indizien geführt werden, wie z.B. der Nachweis der Zahlungseinstellung (§ 17 Abs. 2 Satz 2 InsO). Einzelheiten zur Feststellung der Zahlungsunfähigkeit unten Rz. 5.79 ff. und 5.96. 5.16

2. Das neue Merkmal der Wesentlichkeit nach der BGH-Rechtsprechung

Die Entscheidung des BGH v. 24. 5. 2005[6], die bemüht ist, handhabbare Kriterien für die **Abgrenzung der Zahlungsunfähigkeit von der Zahlungsstockung** zu entwickeln, zeigt in eindrucksvoller Weise, dass letztlich auf die Merkmale der **Dauer** und der **Wesentlichkeit** nicht gänzlich verzichtet werden kann. Der 5.17

1 *Drukarczyk/Schüler*, Die Eröffnungsgründe der InsO: Zahlungsunfähigkeit, drohende Zahlungsunfähigkeit und Überschuldung, in Kölner Schrift zur InsO, S. 95, 106 f. Rz. 2, 30; vgl. auch *Eilenberger* in Münchener Kommentar zur InsO, § 17 InsO Rz. 5.
2 Vgl. *Häsemeyer*, Insolvenzrecht, Rz. 7.18; zweifelnd *Uhlenbruck*, § 17 InsO Rz. 5. Zum strafrechtlichen Begriff der Zahlungsunfähigkeit s. *Arens*, wistra 2007, 450 ff.; BGH v. 23. 5. 2007 – 1 StR 88/07, ZInsO 2007, 1115.
3 *Kuhn/Uhlenbruck*, § 102 KO Rz. 2; anders *Veit*, ZIP 1992, 273, 274.
4 So aber *Schaub*, DStR 1993, 1483.
5 BGH v. 5. 11. 1956 – III ZR 139/55, KTS 1957, 12.
6 BGH v. 24. 5. 2005 – IX ZR 123/04, ZIP 2005, 1426 = ZInsO 2005, 807.

BGH hat sogar ein weiteres Merkmal der **Zumutbarkeit** hinzugefügt. Zunächst hält der IX. Zivilsenat daran fest, dass eine voraussichtlich nur **kurzfristige Illiquidität** lediglich eine Zahlungsstockung und nicht Zahlungsunfähigkeit darstellt. **Liquiditätslücken bis zu drei Wochen** sind danach grundsätzlich Zahlungsstockung. Bei länger andauernden Liquiditätslücken liegt immer noch keine Zahlungsunfähigkeit bei der GmbH vor, wenn eine **Unterdeckung von 10 % und weniger** gegeben ist. Offen gelassen hat der BGH die Frage, wie lange diese Unterdeckung andauern darf. Ein längeres Zuwarten als **sechs Monate** wird man den Gläubigern nicht zumuten können[1]. Eine Ausnahme soll zudem gelten, wenn eine Vergrößerung der Lücke bereits absehbar ist. Erst **ab 10 % und mehr Unterdeckung** ist die Zahlungsunfähigkeit zu bejahen. Auch hier soll eine Ausnahme jedoch gelten, wenn die Beseitigung der Lücke absehbar und ein Abwarten für die Gläubiger zumutbar ist. Allerdings kann der Hinweis des BGH auf „saisonale Schwankungen" nicht so verstanden werden, dass den Gläubigern ein Abwarten zumutbar ist, bis das Schuldnerunternehmen die Liquiditätslücke wieder aus eigenem cash flow zu decken imstande ist, sondern nur solange, wie es dauert, dass eine kreditwürdige Person in der Lage ist, sich die benötigten Mittel im Kreditwege zu beschaffen. Rechtsunsicherheit herrscht auch in der Frage, ob bei Abgrenzung der Zahlungsunfähigkeit von der Zahlungsstreckung auch die im Prognosezeitraum fällig werdenden Verbindlichkeiten zu berücksichtigen sind[2].

5.18 Die anzustellende **Liquiditätsprüfung** ist somit **mehrstufig** aufgebaut. Zunächst ist festzustellen, ob bei der GmbH eine Unterdeckung vorliegt. Bejahendenfalls ist zu ermitteln, ob die Liquiditätslücke 10 % oder mehr beträgt. Ist die GmbH innerhalb von **drei Wochen** in der Lage, die Unterdeckung vollständig zu beseitigen oder unter die 10 %-Grenze zu reduzieren, ist zunächst nur von einer **Zahlungsstockung** auszugehen. Bei einer Unterdeckung von weniger als 10 % ist in einer zweiten Stufe eine **ergänzende Liquiditäts- und Fortführungsprognose** anzustellen, aus der sich ergibt, ob das Schuldnerunternehmen in der Lage ist, innerhalb von **drei Wochen** die Deckungslücke einschließlich in dieser Zeit neu entstehender Verbindlichkeiten zu schließen oder unter 10 % zu halten. Die **erste Prognose** erstreckt sich somit auf **insgesamt sechs Wochen**. Beträgt die innerhalb von drei Wochen nicht zu beseitigende Liquiditätslücke weniger als 10 % der fälligen Gesamtverbindlichkeiten, so reicht dies nach Auffassung des BGH zur Feststellung der Zahlungsunfähigkeit i.S. von § 17 Abs. 2 InsO grundsätzlich nicht aus. Vielmehr sind **besondere Umstände** erforderlich, die die Annahme der Zahlungsunfähigkeit stützen, wie z.B. eine **negative Fortführungsprognose**. Allerdings muss die GmbH in der Lage sein, nach **spätestens sechs Monaten** sämtliche dann fälligen Geldschulden zu bezahlen[3]. *Heublein*[4] geht auch hier von einem Zeitraum von **längstens sechs Monaten** aus. Überschreitet die Liquiditätsunterdeckung die Grenze von 10 %, so ist das Schuldnerunternehmen im Regelfall

---

1 *Heublein*, KSI 2006, 12, 16.

2 Bejahend *Bork*, ZIP 2008, 1749 ff.

3 So *Heublein*, KSI 2006, 12, 16. S. auch *Staufenbiehl/Hoffmann*, ZInsO 2008, 785, 787 f.

4 KSI 2006, 12, 16.

als zahlungsunfähig anzusehen, wenn nicht konkrete Umstände vorliegen, die mit an Sicherheit grenzender Wahrscheinlichkeit erwarten lassen, dass die Liquiditätslücke in überschaubarer Zeit beseitigt wird. Es ist auch insoweit eine **Prognose** anzustellen, aus der sich ergibt, ob und in welchem Zeitraum sich die Unterdeckung beseitigen lässt. Was ein **„überschaubarer Zeitraum"** ist, hat der BGH offen gelassen. Insgesamt ist festzustellen, dass der BGH mit seiner Entscheidung vom 24. 5. 2005 zwar die Tatbestandsmerkmale der Zahlungsunfähigkeit und die Abgrenzung von der Zahlungsstockung teilweise geklärt hat, jedoch viele Fragen offen geblieben sind[1]. Einzelheiten zur **Feststellung der Zahlungsunfähigkeit** unten Rz. 5.79 ff. und 5.96.

3. Zahlungsunfähigkeit als Geldilliquidität

Zahlungsunfähigkeit ist immer Geldilliquidität[2], also der Mangel an Zah- 5.19
lungsmitteln. Lieferverpflichtungen oder eine Verpflichtung zu einer Werkleistung können demgemäß nur dann zu einer Zahlungsunfähigkeit führen, wenn die Nichterfüllung zu einer Schadensersatzpflicht in Form einer Geldleistung geführt hat[3]. Aus der Allgemeinen Begründung zum Regierungsentwurf könnte der Schluss gezogen werden, der Gesetzgeber der InsO habe die Geldliquidität der kurzfristigen **Liquidierbarkeit** von Vermögensgegenständen oder gar deren Beleihbarkeit gleichstellen wollen. In der betriebswirtschaftlichen Literatur[4] und auch in – auf Ausnahmefälle beschränkten – Gerichtsentscheidungen[5] wird die Auffassung vertreten, Liquidität im insolvenzrechtlichen Sinne sei nicht nur Geldliquidität, sondern zugleich auch die **Liquidierbarkeit** bzw. Liquidisierbarkeit von Gegenständen des Anlage- und Umlaufvermögens[6]. Richtig ist, dass in der Betriebswirtschaftslehre **verschiedene Liquiditätsbegriffe** erörtert werden, wie z.B.

- Liquidität als positiver Zahlungsmittelbestand;
- Liquidität als Eigenschaft von Vermögensgütern zur Rückwandlung in Geld (Liquidierbarkeit);

---

1 S. hierzu *Knolle/Tetzlaff*, ZInsO 2005, 897; *Heublein*, KSI 2006, 12; *Hölzle*, ZIP 2006, 101; *Staufenbiehl/Hoffmann*, ZInsO 2008, 785 ff.; *Pape*, WM 2008, 1949 ff.; *Bork*, ZIP 2008, 1749 ff.; *Brete/Thomsen*, GmbHR 2008, 912 ff.

2 *Uhlenbruck*, GmbH & Co. KG, S. 229; *Uhlenbruck* in Baetge, Beiträge zum neuen Insolvenzrecht, S. 26; *Uhlenbruck*, StZ 1986, 40 f.; *Uhlenbruck*, § 17 InsO Rz. 6; *Kirchhof* in Heidelberger Kommentar zur InsO, § 17 InsO Rz. 15; *Staufenbiehl/Hoffmann*, ZInsO 2008, 785, 787; *Kübler/Prütting/Bork/Pape*, § 17 InsO Rz. 15; *Nerlich/Römermann/Mönning*, § 17 InsO Rz. 21; *Breutigam/Blersch/Goetsch*, § 17 InsO Rz. 18.

3 *Kirchhof* in Heidelberger Kommentar zur InsO, § 17 InsO Rz. 6.

4 Vgl. *Perridon/Steiner*, Finanzwirtschaft der Unternehmung, 9. Aufl. 1997, S. 10 ff.; *Küting*, DB 1985, 1089 ff.; *Lück*, DB 1984, 2420 ff.; *Arians* in Handbuch Finanz- u. Rechnungswesen, 7. Nachl. 1985 „Sonderbilanzen", A IV.6 Liquiditätsbilanz, S. 3 ff.; *Witte*, Die Liquiditätspolitik der Unternehmung, 1963; *H. K. Weber*, DB 1981, 901.

5 So z.B. BGH v. 5. 11. 1956 – III ZR 139/55, KTS 1957, 12; ferner *Hartung*, wistra 1997, 1, 3; *Scholz/Tiedemann*, 9. Aufl., § 84 GmbHG Rz. 45; *Franzheim*, NJW 1980, 2500, 2503.

6 So auch *Eilenberger* in Münchener Kommentar zur InsO, § 17 InsO Rz. 21; *Staufenbiehl/Hoffmann*, ZInsO 2008, 838 ff.

- Liquidität als Deckungsverhältnis von Vermögensteilen zu Verbindlichkeiten (Liquiditätsgrade);
- Liquidität als Eigenschaft von Wirtschaftsobjekten, ihren Zahlungsverpflichtungen zu jedem Zeitpunkt und uneingeschränkt nachkommen zu können.

5.20 Versteht man die Zahlungsunfähigkeit bzw. Zahlungsfähigkeit einer GmbH als ihre Eigenschaft, zu den jeweiligen Fälligkeiten ihren Zahlungsverpflichtungen nachkommen zu können, so kann es für die **insolvenzrechtliche Zahlungsunfähigkeit** auf die Liquidierbarkeit, d.h. auf die Rückverwandlung von Gegenständen des Anlage- und Umlaufvermögens in Geld, grundsätzlich nicht ankommen[1]. Trotzdem wird in der insolvenzrechtlichen Literatur bei der Beurteilung der Zahlungsunfähigkeit angenommen, dass vorhandenes Vermögen einschließlich Freistellungsansprüche bedeutsam sein können, wenn es **kurzfristig zu liquidieren oder zu beleihen** ist[2]. Zutreffend weist *Mönning*[3] jedoch darauf hin, dass die Versilberung von Vermögensgegenständen zum Zweck der Haftungsverwirklichung Verfahrensziel und daher nicht Kriterium zur Abgrenzung der Zahlungsunfähigkeit von einer bislang konkurs- und gesamtvollstreckungsrechtlich unbeachtlichen Zahlungsstockung ist. Da der Gesetzgeber der InsO aber die **Zahlungsstockung** nicht als Zahlungsunfähigkeit ansieht, kann die Zahlungsunfähigkeit der GmbH dann im Einzelfall verneint werden, wenn die Geschäftsführung gewillt und in der Lage ist, Gegenstände des Anlage- und Umlaufvermögens **innerhalb kürzester Frist**, also allenfalls innerhalb von **drei Wochen** zu Geld zu machen oder zu beleihen[4]. Das Angebot der GmbH, den Gläubigern Sicherheiten zu stellen, wie z.B. die

1 S. auch *Karsten Schmidt*, JZ 1982, 174; *Uhlenbruck* in Gottwald, Insolvenzrechts-Handbuch, § 6 Rz. 5; *Uhlenbruck*, § 17 InsO Rz. 6; *v. Onciul*, Die rechtzeitige Auslösung des Insolvenzverfahrens, 2000, S. 96 f.; *Temme*, Die Eröffnungsgründe der Insolvenzordnung, 1997, S. 16 f. *K. Tiedemann* (Insolvenz-Strafrecht, 4. Aufl. 2002, vor § 283 StGB Rz. 131) stellt für den Liquiditätsstatus auf die Liquidierbarkeit nicht lebensnotwendiger Teile des Anlagevermögens ab. *Tiedemann* empfiehlt, die Ansätze des Liquidationsstatus und der Finanzplanung zu kombinieren „und zu den flüssigen (liquiden) Mitteln über die vorgenommenen frei verfügbaren Vermögenswerte hinaus insbesondere auf Forderungen zu zählen, soweit diese fällig und einbringlich sind, und realistische Kreditschöpfungsmöglichkeiten zu berücksichtigen". Vgl. auch *Drukarczyk*, Unternehmen und Insolvenz, S. 74 ff. sowie unten Rz. 5.86.

2 *Kirchhof* in Heidelberger Kommentar zur InsO, § 17 InsO Rz. 15; *Scholz/Karsten Schmidt*, 9. Aufl., vor § 64 GmbHG Rz. 10, wonach Vermögenswerte, die für eine kurzfristige Liquiditätsbeschaffung zur Verfügung stehen, die Annahme einer Zahlungsstockung rechtfertigen können. Instruktiv auch BGH v. 3. 12. 1998 – IX ZR 313/97, InVo 1999, 77; *Eilenberger* in Münchener Kommentar zur InsO, § 17 InsO Rz. 20, 21. Ähnlich die Kommission Rechnungswesen im Verband der Hochschullehrer für Betriebswirtschaft e.V., DBW 1981, 285, 288. Eingehend zur Problematik *Uhlenbruck*, § 17 InsO Rz. 6.

3 *Nerlich/Römermann/Mönning*, § 17 InsO Rz. 20.

4 Vgl. auch BGH v. 3. 12. 1998 – IX ZR 313/97, InVo 1999, 77, 79; BGH v. 27. 4. 1995 – IX ZR 147/94, ZIP 1995, 929, 931; *Hartung*, wistra 1997, 3; *Reck*, ZInsO 1999, 195, 196; *Nerlich/Römermann/Mönning*, § 17 InsO Rz. 20; *Scholz/Karsten Schmidt*, 9. Aufl., vor § 64 GmbHG Rz. 10.

Abtretung von Außenständen, beseitigt eine bestehende Zahlungsunfähigkeit nicht[1].

Auch der **Liquiditätsbegriff als Über- oder Unterdeckungsverhältnis** zwischen bestimmten Aktiv- und Passivposten der Bilanz gibt als sog. „relative Liquidität" für das Insolvenzrecht wenig her[2]. Zutreffend hat *Vodrazka*[3] unter Berufung auf eine Entscheidung des österreichischen OGH vom 4. 11. 1975 darauf hingewiesen, dass die Frage der Liquidierbarkeit von Vermögenswerten nicht eine Frage der juristischen Zahlungsunfähigkeit ist, sondern eine Frage der Abgrenzung zur Zahlungsstockung[4]. Auch für das neue Recht ist festzustellen, dass jeder **dynamische Liquiditätsbegriff** zwangsläufig zeitraumbezogen sein muss, sich also an Finanzplänen und Planrechnungen zu orientieren hat[5]. 5.21

In seiner grundlegenden Entscheidung vom 24. 5. 2005[6] hat der BGH im Hinblick auf die **Abgrenzung zur Zahlungsstockung** auf den **Begriff der Unterdeckung** abgestellt und die liquiden Mittel sowie kurzfristig einbringliche Forderungen gegenüber Kunden ins Verhältnis zu den fälligen Zahlungspflichten der schuldnerischen GmbH gestellt. Der BGH hält eine **Unterdeckung als geringfügige Liquiditätslücke** für die Annahme der Zahlungsunfähigkeit als nicht ausreichend, wenn der **Schwellenwert von 10 %** unterschritten wird und auf Grund einer sorgfältig erstellten Prognose sich der wirtschaftliche Niedergang des Schuldnerunternehmens nicht fortsetzen und die Liquiditätslücke demnächst nicht mehr als 10 % betragen wird. Beträgt dagegen die **Liquiditätslücke mehr als 10 %**, so liegt nach Meinung des BGH Zahlungsunfähigkeit vor, sofern nicht ausnahmsweise mit an Sicherheit grenzender Wahrscheinlichkeit zu erwarten ist, dass die Liquiditätslücke „in überschaubarer Zeit" vollständig oder fast vollständig beseitigt wird und den Gläubigern ein Zuwarten nach den besonderen Umständen des Einzelfalles zuzumuten ist. Offen geblieben ist dabei allerdings – wie oben (Rz. 5.18) bereits festgestellt wurde –, welcher **Zeitraum als überschaubar** gilt, wenn es um die nahezu sichere Aussicht geht, dass das Schuldnerunternehmen eine 10 % übersteigende Liquiditätslücke wird schließen können[7]. Bei der **Ermittlung der Liquiditätslücken** sind nicht nur kurzfristig realisierbare Forderungen zu berücksichtigen, sondern zugleich auch die fällig werdenden neuen Verbindlichkeiten. Festzustel- 5.22

1 KG v. 16. 5. 1960 – 1 W 757/60, KTS 1960, 172, 173; *Kirchhof* in Heidelberger Kommentar zur InsO, § 17 InsO Rz. 15.

2 Vgl. *Wöhe/Bielstein,* Grundzüge der Unternehmensfinanzierung, 3. Aufl. 1984, S. 25.

3 *Vodrazka,* Bedeutung und Ermittlung der Zahlungsfähigkeit (Zahlungsunfähigkeit) in Betriebswirtschaftslehre und Recht, in Österreichisches Journal für Betriebswirtschaft 1977, 65, 71.

4 So auch BGH v. 24. 5. 2005 – IX ZR 123/04, ZIP 2005, 1426 = GmbHR 2005, 1117; *Braun/Uhlenbruck,* Unternehmensinsolvenz, S. 281; *Scholz/Karsten Schmidt,* 9. Aufl., vor § 64 GmbHG Rz. 10; *Uhlenbruck* in Baetge, Beiträge zum neuen Insolvenzrecht, S. 27; *Uhlenbruck,* BB 1985, 1281; *Jäger,* BB 1997, 1575.

5 Einzelheiten bei *Uhlenbruck,* Die GmbH & Co. KG, S. 249 ff. Instruktiv neuerdings auch *Eilenberger* in Münchener Kommentar zur InsO, § 17 InsO Rz. 10 ff.

6 BGH v. 24. 5. 2005 – IX ZR 123/04, ZIP 2005, 1426 = GmbHR 2005, 1117.

7 Vgl. *Heublein,* KSI 2006, 12, 15; *Hölzle,* ZIP 2006, 101, 102; *Knolle/Tetzlaff,* ZInsO 2005, 897.

len ist, dass auch nach der BGH-Entscheidung vom 24. 5. 2005 Zahlungsunfähigkeit allein die **Geldilliquidität** des Schuldnerunternehmens ist[1]. Allerdings umfasst der Begriff der Geldilliquidität nicht nur Bargeld, sondern sämtliche Vermögensgegenstände des Schuldnerunternehmens, die nach der Verkehrsauffassung wie Bargeld behandelt werden, wie z.B. nicht ausgeschöpfte Kreditlinien oder täglich kündbare Festgelder[2].

5.23 Insgesamt sind **zwei Rechnungen** aufzustellen: zunächst ein **Finanzstatus**, aus dem sich die Unterdeckung ergibt. Sodann, wenn die Liquiditätslücke unterhalb von 10 % der fälligen Verbindlichkeiten liegt, eine **Fortführungsprognose**, mit der zu klären ist, wie sich die Unterdeckung weiterentwickelt. Ein Finanzstatus (Liquiditätsstatus) muss lediglich ergeben, ob die GmbH zum Zeitpunkt der Statuserstellung imstande ist, **binnen drei Wochen**, spätestens aber innerhalb von sechs Wochen, ihre fälligen und in diesem Zeitraum fällig werdenden Verbindlichkeiten zu berichtigen. Die Kommission für Rechnungswesen im Verband der Hochschullehrer für Betriebswirtschaft e.V. hat in ihrer Stellungnahme zu Vorhaben der Reformkommission[3] darauf abgestellt, dass das Unvermögen des Schuldnerunternehmens darauf beruht, die Zahlungsverpflichtungen aus den zur Verfügung stehenden flüssigen oder kurzfristig flüssig zu machenden Mitteln zu erfüllen[4]. Nach *Tiedemann*[5] und *Plate*[6] gehören unter dem Gesichtspunkt der Liquidität zu den Einnahmen auch **Überschüsse aus der Liquidation** von nicht mehr benötigten Teilen des Produktionsvermögens sowie sonstige frei verfügbare Vermögenswerte, wie z.B. Schecks, Guthaben und Wertpapiere. Diese Feststellungen sind auch mit dem In-Kraft-Treten der Insolvenzordnung nicht unrichtig geworden. Jedoch hat eine „Verschiebung" insoweit stattgefunden, als es hinsichtlich der Liquidierbarkeit von Vermögenswerten nicht mehr um das Problem der Zahlungsunfähigkeit geht, sondern um die Frage, ob eine zeitweilige Zahlungsunfähigkeit kurzfristig, d.h. **innerhalb der Dreiwochenfrist** durch die Verwertung liquidierbarer und entbehrlicher Gegenstände des Anlage- und Umlaufvermögens zu Geld gemacht werden kann, so dass letztlich von einer **Zahlungsstockung** im Sinne einer vorübergehenden Illiquidität gesprochen werden kann[7].

---

1 So auch *Knolle/Tetzlaff*, ZInsO 2005, 897, 898; *Staufenbiehl/Hoffmann*, ZInsO 2008, 785, 787.

2 Vgl. *Uhlenbruck*, § 17 InsO Rz. 18; *Knolle/Tetzlaff*, ZInsO 2005, 897, 898.

3 ZIP 1981, 212 = DBW 181, 285.

4 Vgl. hierzu auch *Veit*, ZIP 1982, 172, 174.

5 *Tiedemann*, Insolvenz-Strafrecht, 4. Aufl. 2002, vor § 283 StGB Rz. 131; so auch *Eilenberger* in Münchener Kommentar zur InsO, § 17 InsO Rz. 21.

6 *Plate*, DB 1980, 217, 219.

7 *Bork* (ZIP 2008, 1749, 1750) spricht insoweit von „Aktiva II"; ähnlich BGH v. 19. 7. 2007 – IX ZB 36/07, ZIP 2007, 1666, 1669. Teilweise ist auch von Liquidität 1. Grades die Rede, wie z.B. bei *Staufenbiel/Hoffmann*, ZInsO 2008, 838 ff. Einzelheiten oben Rz. 5.18. Vgl. auch *Scholz/Karsten Schmidt*, 9. Aufl., vor § 64 GmbHG Rz. 10; *Burger/Schellberg*, BB 1995, 261, 262. Zum betriebswirtschaftlichen Begriff der Liquidität s. auch *Drukarczyk*, Finanzierung, 10. Aufl. 2008, S. 424 ff.

4. Zahlungspflichten

Die Insolvenzeröffnung wegen Zahlungsunfähigkeit knüpft ausschließlich an die Zahlungspflichten des Schuldnerunternehmens an. Andere Verbindlichkeiten, wie z.B. Verpflichtungen aus Warenlieferung oder Werkleistung, werden im Rahmen des § 17 InsO erst erheblich, wenn sie z.B. als Verzugsschaden in eine Zahlungspflicht umgewandelt worden sind[1]. Auch **Verbindlichkeiten gegenüber Gesellschaftern** sind bei der Zahlungsunfähigkeit als fällige Verbindlichkeiten zu berücksichtigen[2]. Das gilt ebenso für Rückzahlungsansprüche aus **Gesellschafterdarlehen**, die nunmehr in der Insolvenz der Gesellschaft als Fremdkapital zu klassifizieren sind, wie für Forderungen aus Rechtshandlungen, die einem Gesellschafterdarlehen wirtschaftlich entsprechen, weil sie außerhalb der Insolvenz bei Fälligkeit geltend gemacht werden können[3]. § 30 Abs. 1 Satz 1 GmbHG steht einer Auszahlung wegen der Neuregelung in § 30 Abs. 1 Satz 3 GmbHG nicht mehr entgegen. Etwas anderes gilt, wenn der Gesellschafter hinsichtlich seines Rückforderungsanspruchs einen **wirksamen Rangrücktritt** (§ 39 Abs. 2 InsO) erklärt oder auf seine Rückforderungsansprüche **verzichtet** hat. Ein rechtsgeschäftlich erklärter Rangrücktritt lässt zumindest die Fälligkeit entfallen. 5.24

Streitige Zahlungspflichten sind je nach Prozessrisiko mit einem Schätzbetrag zu berücksichtigen[4]. Den Zahlungspflichten dürfen keine **begründeten Einwendungen** oder gesetzliche Vorschriften entgegenstehen. So begründet z.B. die unterlassene Auszahlung an Gesellschafter keine Zahlungsunfähigkeit, sofern die Auszahlung gegen § 30 Abs. 1 Satz 1 GmbHG verstoßen würde[5]. **Zweifelhafte Verbindlichkeiten** sind je nach dem Grad der Wahrscheinlichkeit ihres Bestehens anzusetzen. Handelsrechtliche Rückstellungsgrundsätze gelten allerdings nicht[6]. Zahlungspflichten, die durch oder nach Eröffnung des Insolvenzverfahrens über das Vermögen der GmbH oder GmbH & Co. KG entstehen, finden bei der Beurteilung der Zahlungsunfähigkeit keine Berücksichtigung. Auch die während des Drei-Wochen-Zeitraums fällig werdenden Verbindlichkeiten sind in die Berechnung einzubeziehen[7]. 5.25

1 *Jaeger/H.-F. Müller*, § 17 InsO Rz. 6; *Kirchhof* in Heidelberger Kommentar zur InsO, § 17 InsO Rz. 6; *Uhlenbruck*, § 17 InsO Rz. 7; *J.-S. Schröder* in Hamburger Kommentar zum Insolvenzrecht, § 17 InsO Rz. 5.

2 *Scholz/Karsten Schmidt*, 9. Aufl., vor § 64 GmbHG Rz. 7; *Baumbach/Hueck/Schulze-Osterloh*, § 64 GmbHG Rz. 8; *Uhlenbruck*, § 17 InsO Rz. 7; *Altmeppen* in Roth/Altmeppen, § 64 GmbHG Rz. 10. S. auch *Undritz* in Runkel, Anwalts-Handbuch Insolvenzrecht, § 4 Rz. 252.

3 *Altmeppen* in Roth/Altmeppen, § 64 GmbHG Rz. 10; *Uhlenbruck*, § 17 InsO Rz. 7.

4 *J.-S. Schröder* in Hamburger Kommentar zum Insolvenzrecht, § 17 InsO Rz. 6; *Primozic/Feckl*, GmbHR 2005, 160, 163 f. Zu streitigen Steuerfestsetzungen bei Prüfung der Zahlungsunfähigkeit s. *Brete/Thomsen*, GmbHR 2008, 912 ff.

5 Die Rückgewähr eines kapitalersetzenden Gesellschafterdarlehens ist dagegen nach § 30 Abs. 1 Satz 3 GmbHG nicht mehr ausgeschlossen.

6 *Kirchhof* in Heidelberger Kommentar zur InsO, § 17 InsO Rz. 7.

7 *Heublein*, KSI 2006, 12, 17; *Knolle/Tetzlaff*, ZInsO 2005, 897, 902.

5. Fälligkeit

5.26 Die Zahlungsunfähigkeit bezieht sich auf **sämtliche fälligen Geldverbindlichkeiten** der GmbH. Das Postulat des **ernstlichen und dringenden Einforderns** besteht seit dem Inkrafttreten der InsO nicht mehr[1]. Demgemäß kommt es nicht mehr darauf an, dass der Gläubiger tatsächlich Zahlung verlangt. Entscheidend ist die Fälligkeit nach § 271 BGB[2]. Anders aber der BGH in seiner Entscheidung vom 19. 7. 2007[3], der die zivilrechtliche Fälligkeit nicht der Fälligkeit i.S. von § 17 InsO gleichsetzt, sondern eine **Gläubigerhandlung** verlangt, aus der sich der ernsthafte Wille ergibt, vom Schuldner Erfüllung zu fordern. Vereinbarungen von Leistungen erfüllungshalber oder Ratenzahlungsvereinbarungen schließen die Fälligkeit regelmäßig aus[4]. Gleiches gilt für Wechselprolongationen. Für die Fälligkeit ist es unerheblich, ob die Verbindlichkeiten der GmbH dinglich abgesichert ist. Entscheidend ist, dass die persönliche Schuld fällig geworden ist. Für die Annahme einer **stillschweigenden Stundung** müssen besondere Umstände vorliegen[5]. Die Tatsache, dass ein Gläubiger seine Forderung nicht nachdrücklich einfordert, genügt für die Annahme einer Stundung nicht[6]. Anders aber, wenn der Schuldner mit dem Gläubiger ein **Stillhalteabkommen** schließt[7]. Die im Drei-Wochen-Zeitraum neu entstehenden Verbindlichkeiten sind bei der Prüfung der Fälligkeit mit einzubeziehen, denn sonst könnte das Schuldnerunternehmen „erzwungene Zahlungsziele von bis zu drei Wochen dauerhaft – theoretisch sogar ewig – vor sich herschieben."[8]

5.27 Der Geschäftsführer muss sich darauf einstellen, dass **nicht ausdrücklich genehmigte Überziehungen** bei Kontokorrentkrediten nach Maßgabe der AGB-Banken und AGB-Sparkassen sofort fällig werden, und zwar auch dann, wenn die Bank die Überziehung stillschweigend duldet. Bei Annuitätendarlehen müssen in die Prüfung nur die nach dem Kreditvertrag fälligen Raten einbezogen werden[9]. Soweit bei Verbindlichkeiten aus Lieferungen und Leistungen keine besonderen Zahlungsvereinbarungen getroffen worden sind, gelten sie spätestens nach Ablauf von dreißig Tagen als fällig. Dagegen sind Steuerforde-

---

1 Anders der BGH v. 19. 7. 2007 – IX ZB 36/07, NZI 2007, 579, 580, der an dem Erfordernis des „ernsthaften Einforderns" festhält.

2 *Uhlenbruck*, § 17 InsO Rz. 8; *Kirchhof* in Heidelberger Kommentar zur InsO, § 17 InsO Rz. 9; *Baumbach/Hueck/Schulze-Osterloh*, § 64 GmbHG Rz. 6; *Jaeger/H.-F. Müller*, § 17 InsO Rz. 9; *J.-S. Schröder* in Hamburger Kommentar zum Insolvenzrecht, § 17 InsO Rz. 9.

3 BGH v. 19. 7. 2007 – IX ZB 36/07, NZI 2007, 579, 580 = ZInsO 2007, 939.

4 *Kirchhof* in Heidelberger Kommentar zur InsO, § 17 InsO Rz. 9.

5 Zu erzwungenen „Lohn-Stundungen" der Arbeitnehmer s. BGH v. 14. 2. 2008 – IX 38/04, ZIP 2008, 706, 708 = NZI 2008, 299 = ZInsO 2008, 378. S. auch *Pape*, WM 2008, 1949, 1954 f.

6 *Jaeger/H.-F. Müller*, § 17 InsO Rz. 10; *Schmerbach* in Frankfurter Kommentar zur InsO, § 17 InsO Rz. 11; *Kübler/Prütting/Bork/Pape*, § 17 InsO Rz. 6; *J.-S. Schröder* in Hamburger Kommentar zum Insolvenzrecht, § 17 InsO Rz. 10; *Bork*, KTS 2005, 1, 4. S. auch *Staufenbiehl/Hoffmann*, ZInsO 2008, 785, 789.

7 BGH v. 20. 12. 2007 – IX ZR 93/06, ZInsO 2008, 273 = ZIP 2008, 420.

8 *Heublein*, KSI 2006, 12, 15.

9 *Wengel*, DStR 2001, 1769, 1772.

rungen, deren Vollziehung ausgesetzt ist, erst zum Zeitpunkt der Aufhebung der Aussetzung fällig[1]. **Gegen die Verschärfung des Begriffs der Zahlungsunfähigkeit** in § 17 Abs. 2 InsO haben sich *Himmelsbach/Thonfeld*[2] ausgesprochen, vor allem auch gegen die Entscheidung des AG Köln v. 9. 6. 1999[3]. Sie weisen nicht ganz zu Unrecht darauf hin, dass bei konsequenter Anwendung der dem Gesetz entsprechenden Definition der Zahlungsunfähigkeit durch das AG Köln eine Vielzahl langfristig lebensfähiger Unternehmen – z.B. wegen kurzfristig größerer Forderungsausfälle – zum „Fall für die Insolvenzgerichte" werden. Zu bedenken sei, dass in bestimmten Branchen z.B. mehrere Monate andauernde **saisonale Flauten** zu überbrücken sind, wie z.B. je nach Jahreszeit die Bauwirtschaft, der Fremdenverkehr oder die Herstellung einer Vielzahl von typischen Saisonartikeln (Feuerwerkskörper, Schokoladenfiguren zu Weihnachten und Ostern, Bekleidung etc.).

Auf den ersten Blick überzeugt auch die **Kritik an der Begründung des Regierungsentwurfs** zu § 17 InsO, der Schuldner bzw. das Schuldnerunternehmen könne sich bei Vorliegen einer Zahlungsstockung kurzfristig Liquidität beschaffen, jedoch sei ein Kredit vor allem für notleidende Unternehmen niemals schnell zu bekommen[4]. Die Problematik hat der Gesetzgeber durchaus gesehen. Er geht aber, ohne auf die Dreiwochenfrist des § 15a Abs. 1 InsO (§ 130a Abs. 1 Satz 1 HGB) abzustellen[5], nicht zu Unrecht davon aus, dass die Hausbank eines notleidenden Unternehmens bei kurzfristigen Liquiditätsengpässen bereit sein wird, einen **Überbrückungskredit** zu gewähren. 5.28

Den kritischen Argumenten hat der BGH in seiner Entscheidung v. 24. 5. 2005[6] Rechnung getragen, wenn er darauf hinweist, das **Interesse des Schuldners** verbiete es, einen Insolvenzgrund auch bereits bei sehr kleinen Liquiditätslücken anzunehmen. Sofern seine Auftragslage gut sei und künftig mit anderen Zahlungseingängen gerechnet werden könne, wäre es unangemessen, wegen einer vorübergehenden Unterdeckung von wenigen Prozent, die nicht binnen drei Wochen beseitigt werden könne, Insolvenz anmelden zu müssen. Der damit verbundene Eingriff in grundgesetzlich geschützte Positionen (Art. 12, 14 GG) wäre unter dem Gesichtspunkt der Verhältnismäßigkeit bedenklich. Zutreffend weist der BGH in seiner Entscheidung darauf hin, dass in bestimmten Branchen regelmäßig **saisonale Flauten** zu überbrücken seien, die teilweise mehrere Monate andauern. Wer sich auf einem derartigen Wirtschaftssektor als Anbieter betätige, müsse immer wieder mit **Liquiditätsengpässen** rechnen. Er dürfe jedoch „normalerweise mit einer wirtschaftlichen Erholung rechnen, sobald die Saison wieder angelaufen ist". Müsste das Schuldnerunternehmen „trotzdem, sobald die Grenze der Zahlungsstockung überschritten ist, selbst bei prozentual geringfügiger Liquiditätslücke Insol- 5.29

1 *Wengel*, DStR 2001, 1769, 1772.
2 NZI 2001, 11 ff.
3 AG Köln v. 9. 6. 1999 – 73 IV 16/99, NZI 2000, 89, 91 = ZIP 1999, 1889, 1891.
4 Vgl. auch *Uhlenbruck*, KTS 1994, 169, 171; *Penzlin*, NZG 1999, 1203, 1207.
5 So aber *Niesert*, ZInsO 2001, 735.
6 BGH v. 24. 5. 2005 – IX ZR 123/04, BGHZ 163, 134 = ZIP 2005, 1426 = ZInsO 2005, 807.

venz anmelden, würde dies in manchen Wirtschaftszweigen zu erheblichen Problemen führen".

6. Zahlungsunfähigkeit und Zahlungsstockung

5.30 In seiner grundlegenden Entscheidung vom 24. 5. 2005[1] hat der BGH in einem Rechtsstreit, der die Haftung eines GmbH-Geschäftsführers aus § 64 Abs. 2 a.F. GmbHG betraf, eine eingehende Abgrenzung der Zahlungsunfähigkeit von dem Begriff der Zahlungsstockung gebracht. Zunächst hat der IX. Zivilsenat die bisherige Rechtsprechung bestätigt, wonach eine **vorübergehende Zahlungsstockung keine Zahlungsunfähigkeit** begründet. Nach Auffassung des BGH liegt eine Zahlungsstockung vor, wenn das Schuldnerunternehmen zwar in einem bestimmten Zeitraum außer Stande ist, seine fälligen Zahlungspflichten zu erfüllen, diese Fähigkeit aber binnen kurzer Zeit wiedererlangen kann. Als Zahlungsstockung sei deshalb nur noch eine Geldilliquidität anzusehen, die den Zeitraum nicht überschreitet, welchen eine kreditwürdige Person benötigt, um sich die erforderlichen Mittel zu beschaffen. Nach Auffassung des BGH ist hierfür ein **Zeitraum von drei Wochen** notwendig, aber auch ausreichend.

5.31 Nach der Rechtsprechung des IX. Zivilsenats des BGH ist für die Bejahung der Zahlungsfähigkeit des Schuldnerunternehmens nicht erforderlich, dass das Unternehmen nach Ablauf des die Zahlungsstockung begrenzenden Zeitraums von drei Wochen in der Lage ist, sämtliche fälligen Zahlungspflichten zu erfüllen. Vielmehr habe der Gesetzgeber „ganz geringfügige Liquiditätslücken" als unschädlich angesehen. Bestehe nur eine **verhältnismäßig kleine Liquiditätslücke**, müsse die Entscheidung, unter welchen Voraussetzungen die Zahlungsunfähigkeit zu bejahen ist, vom Sinn und Zweck eines Insolvenzverfahrens her beantwortet werden[2]. Könnten die fälligen Verbindlichkeiten innerhalb von **voraussichtlich drei Wochen** nicht vollständig erfüllt werden, so soll ein Insolvenzverfahren immer erst eingeleitet werden können, wenn die Einzelzwangsvollstreckung keinen Erfolg mehr verspricht und nur noch die schnellsten Gläubiger zum Ziel kommen, also eine gleichmäßige Befriedigung der Gläubiger nicht mehr erreichbar ist[3]. Je geringer der Umfang der Unterdeckung ist, um so eher ist **den Gläubigern ein einstweiliges Stillhalten zuzumuten**, bis es dem Schuldnerunternehmen gelingt, die volle Liquidität zurückzuerlangen. Nach Meinung des BGH verbietet es nicht zuletzt auch das Interesse des Schuldnerunternehmens, einen Insolvenzgrund generell schon bei sehr kleinen Liquiditätslücken anzunehmen. Schließlich würden auch der Eigentumsschutz des Schuldners nach Art. 14 GG und der Verhältnismäßigkeitsgrundsatz dafür sprechen, dass die Gläubiger geringfügige Liquiditätslü-

1 BGH v. 24. 5. 2005 – IX ZR 123/04, BGHZ 163, 134 = ZIP 2005, 1426 = ZInsO 2005, 807.

2 So auch *G. Fischer*, NZI 2006, 19.

3 So *G. Fischer*, NZI 2006, 313. Dieser Auffassung ist allerdings entgegenzuhalten, dass die Einzelzwangsvollstreckung nicht unbedingt Vorrang gegenüber der Gesamtvollstreckung genießt. Die erfolglose Einzelzwangsvollstreckung ist nicht Voraussetzung für die Eröffnung eines Insolvenzverfahrens.

cken des Schuldners auch über einen längeren Zeitraum als drei Wochen hinnehmen müssten.

Ohne auf die Frage der Liquidierbarkeit von Vermögenswerten einzugehen, hat der BGH darauf hingewiesen, dass auf zahlenmäßige Vorgaben für die Beurteilung einer **geringfügigen Liquiditätslücke** zwar nicht verzichtet werden könne, diese könnten aber nicht als starre zahlenmäßige Grenze oder verbindliche Prozentsätze verstanden werden. **Absoluter Koeffizient einer Unterdeckung** ist aber der **Satz von 10%**. Überschreitet die Liquiditätslücke den Schwellenwert von 10%, ist eine widerlegliche Vermutung dafür gegeben, dass das Schuldnerunternehmen zahlungsunfähig ist. Etwas anderes soll ausnahmsweise dann gelten, wenn mit an Sicherheit grenzender Wahrscheinlichkeit zu erwarten ist, dass die Liquiditätslücke **„in überschaubarer Zeit“** vollständig oder fast vollständig beseitigt sein wird und den **Gläubigern ein Zuwarten** nach den besonderen Umständen des konkreten Einzelfalles **zuzumuten** ist. Beträgt die auch nach drei Wochen nicht beseitigte Liquiditätslücke weniger als 10%, ist nach Meinung des BGH **keine Zahlungsunfähigkeit** gegeben. Anders nur, wenn sich aus den besonderen Umständen und einer Liquiditätsprognose ergebe, dass sich der wirtschaftliche Niedergang des Schuldnerunternehmens fortsetzen und die Liquiditätslücke demnächst mehr als 10% betragen werde. An die **Entkräftung der Vermutung einer Zahlungsunfähigkeit** seien um so geringere Anforderungen zu stellen, je näher die Liquiditätslücke dem Schwellenwert von 10% komme. Bei einer erheblichen Liquiditätslücke von 20% oder mehr ist zu verlangen, dass „die vollständige Zahlungsfähigkeit mit Sicherheit binnen weniger Tage wieder vollständig hergestellt wird“ (*Heublein*)[1]. 5.32

Angesichts des **Finanzmarktstabilisierungsgesetzes** vom 17. 10. 2008 (BGBl. I 2008, 1982), dessen Geltungsdauer bis zum 31. 12. 2010 begrenzt ist, stellt sich die Frage, ob die vom Gesetzgeber bei der Modifizierung des Überschuldungstatbestandes vorgenommene Wertung auch auf den Insolvenzgrund der Zahlungsunfähigkeit übertragen werden kann[2]. Dies hätte zur Folge, dass nicht mehr auf den Zeitraum von drei Wochen, also auf eine kurzfristige Prognose für die Abgrenzung der Zahlungsunfähigkeit von der Zahlungsstockung abzustellen ist, sondern generell auf eine Fortbestehensprognose wie in § 19 Abs. 2 InsO n.F., also auf eine Zahlungsfähigkeitsprognose. Eine solche Handhabung würde der Intention des Gesetzgebers, Unternehmen vor den Auswirkungen der Finanzmarktkrise durch ein Aussetzen der Insolvenzantragspflicht zu schützen, entsprechen[3]. 5.33

1 KSI 2006, 12, 15. S. auch *Undritz* in Runkel, Anwalts-Handbuch Insolvenzrecht, S. 367 ff. Rz. 255; *Braun/Bußhardt*, § 17 InsO Rz. 9 ff.; *Staufenbiehl/Hoffmann*, ZInsO 2008, 785, 787 f.

2 So *Hirte/Knof/Mock*, ZInsO 2008, 1217, 1223.

3 *Hirte/Knof/Mock*, ZInsO 2008, 1217, 1223.

7. Zahlungsunfähigkeit wegen vorläufig vollstreckbarer Zahlungstitel

5.34 Die Zahlungsunfähigkeit wegen vorläufig vollstreckbarer Zahlungstitel ist umstritten[1]. Festzustellen ist, dass sich die Zahlungspflicht grundsätzlich nach materiellem Recht bestimmt. Dies ist bei titulierten und vorläufig vollstreckbaren Verbindlichkeiten vor Eintritt der Rechtskraft anders. Die Zwangsvollstreckung ist ein Verfahren zur Verwirklichung gerichtlich festgestellter oder förmlich dokumentierter Gläubigerrechte im Wege staatlichen Zwangs. Es wird insoweit auf den **formellen Titel** abgestellt, ohne dass es auf das tatsächliche Bestehen der Forderung ankommt. Auch die **Fälligkeit einer Forderung** bestimmt sich nach materiellem Recht (§§ 271, 286 BGB). Die auf Grund eines formellen Titels eröffnete Möglichkeit einer Vollstreckung in das Schuldnervermögen begründet lediglich eine „formelle Zahlungspflicht" und eine „formelle Fälligkeit", die den Gläubiger berechtigt, in das Schuldnervermögen gegen Sicherheitsleistung oder auf Risiko des § 717 Abs. 2 ZPO zu vollstrecken. Für die Zahlungsunfähigkeit i.S. von § 17 Abs. 2 Satz 1 InsO kommt es dagegen auf den **materiellen Bestand** und die **materielle Fälligkeit** der Forderung an. Solange nicht der Bestand der Forderung und damit ihre Fälligkeit rechtskräftig geklärt ist, wird man den organschaftlichen Vertreter einer antragspflichtigen GmbH als berechtigt ansehen müssen, von einem Insolvenzantrag abzusehen, selbst wenn die Höhe der streitigen Verbindlichkeit den Insolvenzgrund ausmacht, allerdings müssen plausible Gründe dafür sprechen, dass der vorläufig vollstreckbare Titel letztlich keinen Bestand haben wird. Das Insolvenzgericht wird letztlich das Verfahren nur eröffnen, wenn es vom Vorliegen der Zahlungsunfähigkeit überzeugt ist (§ 16 InsO)[2].

8. Zahlungsunwilligkeit als Insolvenzgrund

5.35 Nicht geregelt hat der Gesetzgeber der InsO die in der höchstrichterlichen Rechtsprechung unterschiedlich beantwortete Frage, ob Zahlungsunwilligkeit (Leistungsverweigerung oder irrige Annahme von Zahlungsunfähigkeit) sowohl zivil- als auch strafrechtlich Zahlungsunfähigkeit darstellt. Nach **h.M. im Strafrecht** hat die GmbH ihre Zahlungen auch dann eingestellt, wenn die Geschäftsführung irrig Zahlungsunfähigkeit annimmt oder sich trotz Zahlungsfähigkeit ohne triftigen Grund zu zahlen weigert[3]. Nach zutreffender Feststellung von *Tiedemann*[4] besteht „insgesamt Anlass, die bereits von RGSt 3, 294 eingeleitete Ausweitung des strafrechtlichen Begriffs der Zahlungseinstellung gegenüber dem (engeren) insolvenzrechtlichen Begriff wieder rückgängig zu machen, zumal der böswillige Täter allein durch seine Böswilligkeit

---

1 Vgl. *Spliedt* in Runkel, Anwalts-Handbuch Insolvenzrecht, 1. Aufl. 2005, § 1 Rz. 102; *Uhlenbruck*, ZInsO 2006, 338.

2 Einzelheiten bei *Uhlenbruck*, ZInsO 2006, 338. Im Ergebnis zustimmend unter Aufgabe der früheren Meinung *Spliedt* in Runkel, Anwalts-Handbuch Insolvenzrecht, § 1 Rz. 55 ff., 59.

3 Vgl. RGSt 3, 294; RGSt 14, 221 f.; RGSt 41, 309, 312; BGH bei *Herlan*, GA 1953, 73; *Tiedemann*, Insolvenz-Strafrecht, 4. Aufl. 2002, vor § 283 StGB Rz. 144. S. auch *Uhlenbruck* in Gottwald, Insolvenzrechts-Handbuch, § 6 Rz. 8.

4 *Tiedemann*, Insolvenz-Strafrecht, 4. Aufl. 2002, vor § 283 StGB Rz. 144. Instruktiv auch *Arens*, wistra 2007, 450 ff.

nicht zum Schuldner wird und damit auch diese Fälle nicht durch einen weiten Begriff der Zahlungseinstellung lösbar sind"[1]. Bei vorgeblicher Zahlungsunwilligkeit muss zudem sehr intensiv geprüft werden, ob es sich nicht doch um eine versteckte Zahlungsunfähigkeit handelt, die nur mit der Behauptung des Geschäftsführers, die Gesellschaft sei zwar zahlungsfähig, wolle aber nicht zahlen, kaschiert wird[2]. Die **zivilgerichtliche Rechtsprechung** stellt dagegen für den Begriff der Zahlungsunfähigkeit und Zahlungseinstellung darauf ab, aus welchen Gründen die GmbH ihren Zahlungsverpflichtungen nicht nachkommt. Zahlungsunfähig i.S. von § 17 Abs. 2 InsO ist eine GmbH nur, wenn sie nicht zahlen kann. Dies wird durch den Wortlaut des § 17 Abs. 2 Satz 1 InsO, aber auch durch die Regelung in § 16 InsO klar zum Ausdruck gebracht. Wer zahlen kann, aber nicht zahlen will, ist nach neuem Recht sowohl straf- als auch zivilrechtlich nicht zahlungsunfähig[3]. Einmal können gegen die Zahlungspflicht der GmbH von Rechts wegen Einwendungen bestehen. Zum andern aber kann es dem Geschäftsführer z.B. im Interesse der Kapitalerhaltung gem. § 30 Abs. 1 Satz 1 GmbHG oder wegen Vorliegen eines Insolvenzgrundes gem. § 64 Abs. 1 Satz 1 GmbHG verboten sein, Auszahlungen vorzunehmen[4]. Hier ist aber zu differenzieren: Liegt **keine Unterbilanz** vor und würde die Auszahlung an einen Gesellschafter das Stammkapital der GmbH nicht tangieren, wohl aber zu einer Illiquidität und damit Gefährdung der wirtschaftlichen Existenz der Gesellschaft führen, so besteht grundsätzlich kein Leistungsverweigerungsrecht. Ein Leistungsverweigerungsrecht aus Gründen der Kapitalerhaltung besteht auch nicht mehr für kapitalersetzende Leistungen (§ 30 Abs. 1 Satz 3 GmbHG). Ein solches könnte allenfalls aus der **Treuepflicht des Gesellschafter-Gläubigers** hergeleitet werden. Hat die GmbH **freies Vermögen**, weigert sich aber die Geschäftsführung, die vorhandenen Werte zu liquidieren und kann die Gesellschaft deswegen nicht zahlen, so ist die GmbH als zahlungsunfähig anzusehen, denn sie hat ihre Zahlungen eingestellt[5].

1 So auch *Uhlenbruck* in Baetge, Beiträge zum neuen Insolvenzrecht, S. 26; *Burger/Schellberg,* BB 1995, 261, 262; *Bork,* Einführung in das neue Insolvenzrecht, Rz. 84; *Hess/Pape,* InsO und EGInsO, Rz. 98; *Temme,* Die Eröffnungsgründe der Insolvenzordnung, 1997, S. 7 u. S. 38 f.; *Harz,* ZInsO 2001, 193, 195; *Kübler/Prütting/Bork/Pape,* § 17 InsO Rz. 16.

2 So zutreffend *Hess/Pape,* InsO und EGInsO, Rz. 98; *Braun/Uhlenbruck,* Unternehmensinsolvenz, 1997, S. 282; *Braun/Bußhardt,* § 17 InsO Rz. 22.

3 Vgl. BGH v. 5. 11. 1956 – III ZR 139/55, WM 1957, 67, 69; *Uhlenbruck,* § 17 InsO Rz. 11; *Scholz/Karsten Schmidt,* 9. Aufl., vor § 64 GmbHG Rz. 10; *Rowedder/Schmidt-Leithoff,* § 63 GmbHG Rz. 25. Zutreffend stellen aber *Kübler/Prütting/Bork/Pape,* § 17 InsO Rz. 16, auf die Beweislast ab. Die Zahlungseinstellung führt zu einer widerlegbaren Vermutung der Zahlungsunfähigkeit.

4 Vgl. *Kübler/Prütting/Bork/Pape,* § 17 InsO Rz. 7; *Kirchhof* in Heidelberger Kommentar zur InsO, § 17 InsO Rz. 7; *Temme,* Die Eröffnungsgründe der Insolvenzordnung, 1997, S. 20 f.; *Hirte,* Kapitalgesellschaftsrecht, 3. Aufl. 2001, Rz. 190.

5 So auch *Harz,* ZInsO 2001, 193, 195. Zum Streitstand s. *Uhlenbruck,* § 17 InsO Rz. 11.

9. Die Zahlungseinstellung

a) Begriff der Zahlungseinstellung

5.36 Zahlungseinstellung ist ein nach außen hin erkennbares Verhalten eines Schuldners, durch das seine Zahlungsunfähigkeit zum Ausdruck kommt[1]. Nach § 17 Abs. 2 Satz 2 InsO ist Zahlungsunfähigkeit in der Regel anzunehmen, wenn die GmbH ihre Zahlungen eingestellt hat. Die Regelung entspricht der früheren gesetzlichen Vorschrift des § 102 Abs. 2 KO und begründet eine **widerlegliche gesetzliche Vermutung** für das Vorliegen der Zahlungsunfähigkeit. Nach ständiger Rechtsprechung liegt Zahlungseinstellung nur vor, wenn die GmbH wegen eines voraussichtlich dauernden Mangels an bereiten Zahlungsmitteln ihre fälligen und von den jeweiligen Gläubigern ernsthaft eingeforderten Verbindlichkeiten im Allgemeinen nicht mehr zu erfüllen vermag und wenn dieser Zustand mindestens **für die beteiligten Verkehrskreise erkennbar** wird[2]. Die Zahlung kleinerer Beträge schließt die Zahlungseinstellung keineswegs aus[3]. Aber auch die tatsächliche Nichtzahlung eines erheblichen Teils der fälligen Verbindlichkeiten genügt für die Zahlungseinstellung. Das gilt auch dann, wenn die tatsächlich noch geleisteten Zahlungen beträchtlich sind, aber im Verhältnis zu den fälligen Gesamtschulden nicht den wesentlichen Teil ausmachen[4]. So hat z.B. eine GmbH ihre Zahlungen eingestellt, wenn sie zwar noch geringfügige Geldbeträge leistet, jedoch einem Großgläubiger, der die wirtschaftlichen Verhältnisse kennt, erklärt, dass sie dessen ernsthaft eingeforderte, einen wesentlichen Teil ihrer fälligen Verbindlichkeiten bildende Forderung auch nicht teilweise erfüllen kann[5]. Die **Hingabe ungedeckter Schecks** ist ebenso wenig

---

1 BGH v. 14. 2. 2008 – IX ZR 38/04, ZIP 2008, 706, 707; BGH v. 21. 6. 2007 – IX ZR 231/04, ZIP 2007, 1469, 1470; BGH v. 20. 11. 2001 – IX ZR 48/01, BGHZ 149, 178, 184; BGH v. 30. 4. 1959 – VIII ZR 179/58, KTS 1960, 38, 39; BGH v. 24. 10. 1996 – IX ZR 284/95, ZIP 1996, 2080, 2082; BGH v. 9. 1. 1997 – IX ZR 1/96, ZIP 1997, 367, 370; *Schmerbach* in Frankfurter Kommentar zur InsO, § 17 InsO Rz. 28 ff.; *Kirchhof* in Heidelberger Kommentar zur InsO, § 17 InsO Rz. 25 ff.; *Uhlenbruck*, § 17 InsO Rz. 12; *Hess*, § 17 InsO Rz. 29; *Nerlich/Römermann/Mönning*, § 17 InsO Rz. 23 f.; *Eilenberger* in Münchener Kommentar zur InsO, § 17 InsO Rz. 27 ff.; *J.-S. Schröder* in Hamburger Kommentar zum Insolvenzrecht, § 17 InsO Rz. 26 ff.; *Baumbach/Hueck/Schulze-Osterloh*, § 64 GmbHG Rz. 7; *Jaeger/H.-F. Müller*, § 17 InsO Rz. 28 ff.

2 BGH v. 14. 2. 2008 – IX ZR 38/04, ZIP 2008, 706, 707; BGH v. 10. 1. 1985 – IX ZR 4/84, NJW 1985, 1785; BGH v. 11. 7. 1991 – IX ZR 230/90, ZIP 1991, 1014; BGH v. 17. 5. 2001 – IX ZR 188/98, NZI 2001, 417; *Scholz/Karsten Schmidt*, 9. Aufl., vor § 64 GmbHG Rz. 14; *Kirchhof* in Heidelberger Kommentar zur InsO, § 17 InsO Rz. 26; *Eilenberger* in Münchener Kommentar zur InsO, § 17 InsO Rz. 27; *Uhlenbruck*, § 17 InsO Rz. 12; *Uhlenbruck*, Insolvenzrecht, 1983, Rz. 389; *Kilger/Karsten Schmidt*, Insolvenzgesetze, § 102 KO Anm. 3; *Jaeger/H.-F. Müller*, § 17 InsO Rz. 28 ff.; *Uhlenbruck*, GmbH & Co. KG, S. 232 f.; *Braun/Bußhardt*, § 17 InsO Rz. 31.

3 *Jaeger/Weber*, § 102 KO Anm. 2; *Uhlenbruck*, § 17 InsO Rz. 12.

4 BGH v. 12. 10. 2006 – IX ZR 228/03, NZI 2007, 36, 37.

5 BGH v. 10. 1. 1985 – IX ZR 4/84, NJW 1985, 1785; BGH v. 22. 11. 1990 – IX ZR 103/90, ZIP 1991, 39. Vgl. auch BGH v. 1. 3. 1984 – IX ZR 34/83, ZIP 1984, 809, 810; *Scholz/Karsten Schmidt*, 9. Aufl., vor § 64 GmbHG Rz. 14.

ein Beweis für die Zahlungsunfähigkeit der GmbH wie **einzelne Wechselproteste**[1].

b) Erscheinungsformen der Zahlungseinstellung

Die Zahlungseinstellung kann auch durch **konkludente Verhaltensweisen** des oder der Geschäftsführer einer GmbH bzw. GmbH & Co. KG zum Ausdruck kommen, wie z.B. durch die Schließung des Geschäftsbetriebes ohne ordnungsgemäße Abwicklung, die Herausgabe von Vorbehaltsware in großem Umfang an Lieferanten[2] oder durch Flucht des Geschäftsführers ins Ausland[3]. Die Verhaftung eines Geschäftsführers bedeutet nicht ohne Weiteres Zahlungseinstellung der Gesellschaft, da die Gesellschafter die Möglichkeit haben, einen neuen Geschäftsführer zu bestellen, der die Zahlungen vornimmt. Dagegen sind **gehäuft auftretende Pfändungen** in das Gesellschaftsvermögen Indiz für eine Zahlungseinstellung[4]. Die Erklärung dieses Geschäftsführers, eine fällige Forderung könne die GmbH nicht begleichen, deutet auf eine Zahlungseinstellung hin, auch wenn sie mit einer Bitte um Stundung verbunden ist[5]. **Keine Zahlungseinstellung** liegt bei der GmbH vor, wenn sie nur unpünktlich oder nur auf Drängen der Gläubiger hin zahlt. **Kurzfristige Zahlungsengpässe** stellen sich als Zahlungsstockung dar und sind nur dann Zahlungseinstellung i.S.v. § 17 Abs. 2 Satz 1 InsO, wenn die GmbH oder GmbH & Co. KG ihre Zahlungen nicht binnen kurzer Zeit wieder aufzunehmen vermag[6]. 5.37

Wechselproteste sind ein **Indiz für die Zahlungseinstellung** der GmbH. Gleiches gilt für die **Nichtzahlung von Löhnen und Gehältern**. Weitere Indizien für eine Zahlungseinstellung sind die **Einstellung des Geschäftsbetriebs,** die Geschäftsschließung, die **Abgabe der eidesstattlichen Versicherung** durch die Geschäftsführer oder der **Versuch eines außergerichtlichen Vergleichs**[7]. Das 5.38

1 Instruktiv BGH v. 25. 10. 2002 – IX ZR 48/01 BGHZ 149, 178, 185 ff. S. auch *Hess*, § 17 InsO Rz. 34; *Pape*, WM 2008, 1949, 1956.

2 OLG Stuttgart v. 22. 1. 1997 – 9 U 138/96, ZIP 1997, 652. S. auch *Pape*, WM 2008, 1949, 1956; *Harz/Baumgartner/Conrad*, ZInsO 2005, 1304, 1306; *Hess*, § 17 InsO Rz. 34; *Jaeger/H.-F. Müller*, § 17 InsO Rz. 30–33.

3 *Kirchhof* in Heidelberger Kommentar zur InsO, § 17 InsO Rz. 33 m.w. Rechtsprechung; *Scholz/Karsten Schmidt*, 9. Aufl., vor § 64 GmbHG Rz. 14; *Uhlenbruck*, § 17 InsO Rz. 12.

4 *Kirchhof* in Heidelberger Kommentar zur InsO, § 17 InsO Rz. 38. Vgl. auch *Nerlich/Römermann/Mönning*, § 17 InsO Rz. 23 ff.; *Eilenberger* in Münchener Kommentar zur InsO, § 17 InsO Rz. 29 ff.; *Kübler/Prütting/Bork/Pape*, § 17 InsO Rz. 17–19; *Schmerbach* in Frankfurter Kommentar zur InsO, § 17 InsO Rz. 26–29; *Uhlenbruck*, § 17 InsO Rz. 12.

5 BGH v. 4. 10. 2001 – IX ZR 81/99, NZI 2002, 34, 35; BGH v. 12. 10. 2006 – IX ZR 228/03, NZI 2007, 36, 37.

6 Nach *Kirchhof* in Heidelberger Kommentar zur InsO (§ 17 InsO Rz. 43) kommt eine Zahlungsstockung nur in Betracht, wenn der Schuldner seine Zahlungen nach einer Unterbrechung von höchstens drei Wochen im Allgemeinen wieder aufnimmt.

7 Einzelheiten bei *Scholz/Karsten Schmidt*, 9. Aufl., vor § 64 GmbHG Rz. 14; *Karsten Schmidt*, ZGR 1986, 194 f.; *Uhlenbruck*, § 17 InsO Rz. 12; *Baumbach/Hueck/Schulze-Osterloh*, § 64 GmbHG Rz. 6; *Kübler/Prütting/Bork/Pape*, § 17 InsO Rz. 16–19; *Schmerbach* in Frankfurter Kommentar zur InsO, § 17 InsO Rz. 26–30; *Eilenberger* in Münchener Kommentar zur InsO, § 17 InsO Rz. 27–31.

außergerichtliche Vergleichsangebot muss für die Annahme einer Zahlungseinstellung aber immer mit der Erklärung des Schuldners verbunden sein, nicht zahlen zu können[1].

5.39 Eine **eingetretene Zahlungseinstellung** wirkt grundsätzlich fort. Sie kann nur dadurch beseitigt werden, dass die geschuldeten Zahlungen an die Gesamtheit der Gläubiger im Allgemeinen wieder aufgenommen werden[2]. Die Beweislast liegt bei demjenigen, der sich auf einen nachträglichen Wegfall der Zahlungsunfähigkeit beruft, also beim Geschäftsführer[3]. Indiz für die Zahlungseinstellung ist u.a. auch der Umstand, dass Lieferanten unter Eigentumsvorbehalt gelieferte Ware zurückholen und das Schuldnerunternehmen nur noch Neuschulden bedient[4].

c) Zahlungseinstellung trotz einzelner Zahlungen

5.40 Hinsichtlich der Zahlungseinstellung ist immer zu prüfen, ob das Ausbleiben der Zahlungen die **Regel** und **nicht nur** die **Ausnahme** bildet, wobei das Verhältnis der bezahlten zu den unbezahlten Schulden bedeutsam ist[5]. Nicht gefordert wird die Einstellung *aller* Zahlungen[6]. Die Tatsache, dass noch vereinzelt Zahlungen geleistet werden, steht der Zahlungseinstellung selbst dann nicht entgegen, wenn es sich um beachtliche Summen handelt. Es reicht aus, dass das Unvermögen zur Zahlung den **wesentlichen Teil der Verbindlichkeiten** ausmacht[7]. Der Umstand, dass sich der Geschäftsführer der GmbH die Mittel zur Bewirkung von Zahlungen an die Gesellschaftsgläubiger auf unredliche Weise verschafft hat, ist nach älterer Rechtsprechung des BGH[8] für die Entscheidung der Frage, ob eine Zahlungseinstellung vorliegt, bedeutungslos. Auch genügt es zur Feststellung der Zahlungseinstellung nicht, dass die GmbH die Zahlungen verweigert, weil z.B. der Geschäftsführer die Forderun-

1 RG LZ 1914, 1042 Nr. 18; *Klebba*, WPg 1959, 42; *Kirchhof* in Heidelberger Kommentar zur InsO, § 17 InsO Rz. 31.

2 BGH v. 12. 10. 2006 – IX ZR 228/03, NZI 2007, 36, 37; BGH v. 25. 10. 2001 – IX ZR 17/01, BGHZ 149, 100 = NZI 2002, 88.

3 BGH v. 25. 10. 2001 – IX ZR 17/01, BGHZ 149, 100 = ZInsO 2001, 1150; *J.-S. Schröder* in Hamburger Kommentar zum Insolvenzrecht, § 17 InsO Rz. 30; *Jaeger/H.-F. Müller*, § 17 InsO Rz. 34; *Kirchhof* in Kölner Schrift zur InsO, S. 285, 296 Rz. 36.

4 OLG Stuttgart v. 22. 1. 1997 – 9 U 138/96, ZIP 1997, 652 f.; *Baumbach/Hueck/Schulze-Osterloh*, § 64 GmbHG Rz. 7; *J.-S. Schröder* in Hamburger Kommentar zum Insolvenzrecht, § 17 InsO Rz. 29.

5 BGH v. 11. 7. 1991 – IX ZR 230/90, ZIP 1991, 1014; BGH v. 30. 4. 1959 – VIII ZR 159/58, WM 1959, 891; BGH v. 29. 4. 1974 – VIII ZR 200/72, WM 1974, 570; BGH v. 13. 4. 2000 – IX ZR 144/99, ZIP 2000, 1016; *Gerhardt/Kreft*, Aktuelle Probleme der Insolvenzanfechtung, 7. Aufl. 1996, S. 57 ff.; *Jaeger/Henckel*, § 30 KO Rz. 28.

6 BGH v. 13. 4. 2000 – IX ZR 144/99, ZIP 2000, 1016, 1017 zur Insolvenzanfechtung.

7 BGH v. 14. 2. 2008 – IX ZR 38/04, ZIP 2008, 706, 707; *Jaeger/H.-F. Müller*, § 17 InsO Rz. 13; *Hess*, § 17 InsO Rz. 29.

8 So BGH v. 30. 4. 1959 – VIII ZR 179/58, KTS 1960, 38; BGH v. 31. 3. 1982 – 2 StR 744/81, wistra 1982, 189, 191; *Kirchhof* in Heidelberg Kommentar zur InsO, § 17 InsO Rz. 16; *Jaeger/H.-F. Müller*, § 17 InsO Rz. 17. Kritisch hierzu aber *Hartung*, wistra 1997, 1, 3, der zutreffend darauf hinweist, dass die Rechtsprechung des BGH unter dem Gesichtspunkt des Gläubigerschutzes neu überdacht werden muss.

gen eines oder mehrerer Gläubiger für unbegründet hält und deshalb bestreitet[1].

III. Drohende Zahlungsunfähigkeit

1. Rechtspolitische Bedeutung *(Karsten Schmidt)*

Für den **Eigenantrag** des Schuldners – im Fall einer insolventen GmbH oder GmbH & Co. KG also: der Geschäftsführer oder Liquidatoren in vertretungsberechtigter Zahl (§ 18 Abs. 3 InsO) – genügt nach § 18 Abs. 1 InsO, dass der Schuldner voraussichtlich nicht in der Lage sein wird, die bestehenden Zahlungspflichten im Zeitpunkt der Fälligkeit zu erfüllen (**drohende Zahlungsunfähigkeit**). Der Tatbestand der drohenden Zahlungsunfähigkeit spielte schon vor Einführung der Insolvenzordnung im **Strafrecht** eine Rolle (vgl. dazu Rz. 5.103)[2] und ist nach der Insolvenzordnung auch im Recht der **Insolvenzanfechtung** bedeutsam (§ 133 Abs. 1 Satz 2 InsO). Als **Eröffnungsgrund** ist der Tatbestand ohne historische Vorbilder. Er ist auch ein Jahrzehnt nach dem In-Kraft-Treten der Insolvenzordnung noch wenig erprobt[3]. Dieser Insolvenzgrund beruht auf den Vorschlägen der Insolvenzrechtskommission[4], seine Begrenzung auf den Eigenantrag auf dem Regierungsentwurf der Insolvenzordnung[5]. Der Gesetzgeber wollte mit dieser Regelung dem Schuldner einen **Anreiz für die frühzeitige Eröffnung des Insolvenzverfahrens** anbieten (deshalb der fakultative Eigenantrag), ohne doch außergerichtlichen Sanierungsbemühungen einen Stein in den Weg zu legen (deshalb kein Drittantrag und keine Insolvenzantragspflicht). Welche Bedeutung der Insolvenzgrund der drohenden Zahlungsunfähigkeit in der Insolvenzwirklichkeit hat, ob er vor allem die rechtspolitischen Erwartungen erfüllt, ist schwer auszumachen. Die „Attraktivität" des Insolvenzverfahrens sollte gerade bei Unternehmensinsolvenzen nicht überschätzt werden. Der Vollstreckungsschutz (§§ 88, 89, 21 Abs. 2 Nr. 3 InsO) oder die Möglichkeit einer Eigenverwaltung (§§ 270 ff. InsO und dazu Rz. 9.1) reichen offenkundig ebenso wenig wie die Aussicht auf ein Insolvenzplanverfahren und die Vorlage eines Insolvenzplans (§ 218 InsO) aus, um den Gesellschaftern und Geschäftsführern ein Insolvenzverfahren vor Einsetzen der Insolvenzantragspflicht (§ 15a InsO) schmackhaft zu machen. Die seinerzeit bei der Vorbereitung der Insolvenzrechtsreform verbreitete Annahme, es sei mit der Insolvenzordnung ein Sanierungsdorado geschaffen worden, gehört zu den naiven Utopien aus den Reformjahren[6]. Als **Anreiz zu möglichst früher Einleitung eines Insolvenzverfahrens** schon vor Eintritt der Überschuldung oder der Zahlungsunfähigkeit **funktioniert** § 18 InsO allem Anschein 5.41

1 BGH v. 30. 4. 1959 – VIII ZR 179/58, KTS 1960, 38; *Uhlenbruck*, Die Insolvenzgründe (Verfahrensauslöser) nach der Insolvenzordnung, in Baetge, Beiträge zum neuen Insolvenzrecht, S. 23; *Uhlenbruck*, § 17 InsO Rz. 11.

2 Näher 3. Aufl., Rz. 696; *Bretzke*, DB 1992, 2149 ff.

3 Als Beispiel für einen Insolvenzantrag wegen drohender Zahlungsunfähigkeit vgl. das Verfahren der Sinn-Leffers AG (Handelsblatt Nr. 154 v. 11. 8. 2008).

4 Erster Bericht der Kommission für Insolvenzrecht, 1985, S. 109 f.

5 BT-Drucks. 12/2443, S. 114 f., zu § 22.

6 Kritisch schon *Karsten Schmidt* in Kölner Schrift zur InsO, S. 1199, 1204.

nach bei der GmbH bzw. GmbH & Co. KG **nicht**[1]. Zwar sind **Eigenanträge wegen drohender Zahlungsunfähigkeit** gerade auch bei GmbH-Insolvenzen durchaus keine Seltenheit, dies aber aus einem Grund, der mit den Absichten des Gesetzgebers wenig zu tun hat: In einer wirklichen oder mutmaßlichen Überschuldungssituation (§ 19 InsO) wird es sich für die Geschäftsführer vielfach empfehlen, einen Insolvenzantrag wegen drohender Zahlungsunfähigkeit zu stellen, weil sie auf diese Weise ihren insolvenzrechtlichen Organpflichten ex nunc ebenso – jedoch ohne den manifesten „Selbstanzeigeeffekt" – genügen wie durch einen auf Überschuldung gestützten Antrag[2]. Wie hier schon in den Vorauflagen erwartet, raten Rechtsanwälte den Geschäftsführern auch und gerade dann zum Eigenantrag wegen drohender Zahlungsunfähigkeit, wenn der Zeitpunkt der Insolvenzantragspflicht wegen Überschuldung (§§ 15a, 19 InsO) schon überschritten ist. Dieser Insolvenzantrag vermag eine bereits begonnene Insolvenzverschleppung für die Zukunft zu beenden und u.U. zugleich für die Vergangenheit zu verdecken[3]. Hinter einem nicht geringen Teil der nach § 18 InsO gestellten Anträge verbergen sich deshalb vor allem bei kleinen Gesellschaften **verdeckte Überschuldungssituationen**[4]. Geschäftsführer, die schon insolvenzantragspflichtig sind, können auf diese Weise beim Insolvenzantrag Arglosigkeit vorspiegeln, vielleicht sogar verschleiern, dass schon seit mehr als drei Wochen Überschuldung vorliegt[5]. Der rechtspolitische Ertrag der neuen Bestimmung ließe sich deshalb anhand einer Antragsstatistik nur abschätzen, wenn man die unter Insolvenzantragspflicht stehenden Gesellschaften aus der Zahl der wegen drohender Zahlungsunfähigkeit gestellten Eigenanträge herausrechnen könnte. Für den Berater eines GmbH-Geschäftsführers und für diesen selbst kann sich § 18 InsO jedenfalls als eine strategische Handlungsvariante auch in Überschuldungssituationen erweisen.

2. Nur Eigenantrag

5.42 **a)** Der Antrag wegen drohender Zahlungsunfähigkeit ist **fakultativ** und kann nur als Eigenantrag gestellt werden. Ein auf § 18 InsO gestützter Fremdantrag wäre nicht zulässig. Dadurch soll der Schuldner vor Erpressungssituationen geschützt werden, und es soll die etwa bestehende Aussicht auf außergerichtliche Sanierungen nicht gefährdet werden[6]. Weder der Antrag nach § 18 InsO noch dessen Unterbleiben hindern aber einen Gläubigerantrag[7]. Ein **Gläubiger** wird deshalb den Antrag, wenn Zahlungsunfähigkeit

---

1 Zustimmend *Jaeger/H.-F. Müller*, § 18 InsO Rz. 23.

2 *Karsten Schmidt* in Kölner Schrift zur InsO, S. 1204; zustimmend *Jaeger/H.-F. Müller*, § 18 InsO Rz. 23

3 *Karsten Schmidt* in Kölner Schrift zur InsO, S. 1204; *Karsten Schmidt*, ZGR 1999, 633, 651; zustimmend auch hier *Jaeger/H.-F. Müller*, § 18 InsO Rz. 3.

4 *Drukarczyk* in Münchener Kommentar zur InsO, § 18 InsO Rz. 61; *Uhlenbruck* in Gottwald, Insolvenzrechts-Handbuch, § 6 Rz. 10.

5 Hervorgehoben wird sogar, dass selbst bei Masselosigkeit (!) nicht mit einer Inanspruchnahme nach § 26 Abs. 3 InsO gerechnet werden müsse (*Beck* in Beck/Depré, Praxis der Insolvenz, § 5 Rz. 68).

6 Vgl. *Kübler/Prütting/Bork/Pape*, § 18 InsO Rz. 2.

7 Vgl. zur Konkurrenz von Antragsrechten und Anträgen *Jaeger/Gerhardt*, § 13 InsO Rz. 36.

droht, auf Überschuldung stützen (§ 19 InsO und dazu Rz. 5.53). Er kann auch glaubhaft zu machen suchen, dass die Zahlungen zwar nicht eingestellt sind (§ 17 Abs. 2 Satz 2 InsO), dass aber Zahlungsunfähigkeit gegeben ist. Für das vorliegende Werk gebührt die Aufmerksamkeit ganz dem Eigenantrag nach § 18 InsO.

b) **Antragsberechtigt** ist nach § 18 InsO die Gesellschaft als Schuldnerin. Ihr Eigenantrag muss nach **§ 18 Abs. 3 InsO** von den Geschäftsführern bzw. Liquidatoren in vertretungsberechtigter Zahl gestellt werden. Nachträgliches Ausscheiden aus dem Geschäftsführeramt macht den bereits gestellten Antrag nicht hinfällig oder unzulässig (Rz. 5.218 f.). Nur im **Innenverhältnis** kommt es auf eine **Zustimmung der Gesellschafter** an. Durch eigenmächtige Stellung eines Insolvenzantrags nach § 18 InsO können sich die Geschäftsführer schadensersatzpflichtig machen[1]. Im Grundsatz ist vom Geschäftsführer zu erwarten, dass er, wenn wirklich nur drohende Zahlungsunfähigkeit nach § 18 InsO und nicht doch schon Überschuldung vorliegt, nach § 49 Abs. 2 GmbHG die Gesellschafterversammlung einberuft oder die Gesellschafter formlos befragt[2]. Eine **Weisung der Gesellschaftermehrheit an die Geschäftsführung**, den Antrag zu stellen oder dies zu unterlassen, wirkt grundsätzlich bindend[3]. Anders verhält es sich, wenn der objektive Tatbestand der Überschuldung oder Zahlungsunfähigkeit bereits eingetreten ist und die Dreiwochenfrist des § 15a InsO verstrichen ist oder mangels eines greifbaren Sanierungskonzepts nicht genutzt werden darf (Rz. 11.2). Dann geht die zwingende Antragspflicht dem Willen der Gesellschafter vor. Da die Abgrenzung zwischen drohender Zahlungsunfähigkeit (fakultativer Eigenantrag) und Überschuldung (obligatorischer Eigenantrag) in der Praxis überaus schwierig ist, müssen Gesellschafter und Geschäftsführer im Vorfeld des Insolvenzantrags dem im Hintergrund stehenden § 15a InsO bereits vor diesem Zeitpunkt Rechnung tragen. 5.43

Das bedeutet: 5.44

- Der **Geschäftsführer** ist in diesem Stadium zur laufenden Prüfung verpflichtet, ob die drohende Zahlungsunfähigkeit in Überschuldung oder Zahlungsunfähigkeit übergewechselt ist.
- Die **Gesellschafter** sind im Stadium drohender Zahlungsunfähigkeit gehalten, den Insolvenzantrag zu billigen, sofern das Vorliegen einer Überschuldungssituation nicht ausgeschlossen werden kann und kein Ende der drohenden Zahlungsunfähigkeit erkennbar ist oder kein Weg aus der Krise angeboten wird.
- Untersagen die Gesellschafter in der kritischen Situation drohender Zahlungsunfähigkeit, den an sich angezeigten Antrag nach § 18 InsO zu stellen, ohne dass greifbare Sanierungsschritte ergriffen werden, so gibt dies dem Geschäftsführer ein Recht zur **Niederlegung des Amtes**. Nur ausnahmswei-

1 *Ehlers,* ZInsO 2005, 169, 172.
2 So auch *Jaeger/H.-F. Müller,* § 18 InsO Rz. 19.
3 *Jaeger/H.-F. Müller,* § 18 InsO Rz. 19.

se, wenn eine Überschuldungssituation nicht mehr zuverlässig ausgeschlossen werden kann und die Gesellschafter Schritte zu deren Behebung ablehnen, kann der Geschäftsführer auch zur Stellung des Antrags nach § 18 InsO entgegen dem Gesellschafterwillen berechtigt sein, um sich nicht dem Vorwurf der Insolvenzverschleppung nach § 15a InsO auszusetzen.

5.45 **c)** Da ein Eigenantrag vorliegt, muss die drohende Zahlungsunfähigkeit nur **glaubhaft gemacht** werden, wenn nicht alle vertretungsberechtigten Geschäftsführer den Antrag stellen. Stellen alle Geschäftsführer oder stellt der einzige Geschäftsführer den Antrag, so entfällt die Glaubhaftmachung[1]. Gleichwohl wird vom Schuldner als Bestandteil des Antrags die Vorlage eines Liquiditätsplans erwartet, aus dem sich die drohende Zahlungsunfähigkeit schlüssig ergibt[2]. Über den Prognosezeitraum und über den Grad an Wahrscheinlichkeit des Illiquiditätseintritts vgl. Rz. 5.79 ff. Die Erleichterung bei der Glaubhaftmachung betrifft nur den Antrag, nicht den Eröffnungsbeschluss. Das Gericht muss für den Eröffnungsbeschluss die drohende Zahlungsunfähigkeit feststellen (§ 16 InsO), wird sich also nicht ohne weiteres auf den Antrag verlassen (Rz. 5.101 f.). Da die Anreizwirkung des § 18 InsO die vom Gesetzgeber mit ihr verbundenen Erwartungen nicht erfüllt hat, die Geschäftsführer den Antrag sogar häufig erst nach Eintritt der Überschuldung stellen (Rz. 5.54), macht aber die Feststellung der Eröffnungsvoraussetzungen in der Praxis kaum Schwierigkeiten. Nach den bisherigen Erfahrungen besteht wenig Anlass für die Befürchtung, dass eine Gesellschaft, vielleicht in Erwartung eines Insolvenzplans, vor der Zeit wegen drohender Zahlungsunfähigkeit einen Insolvenzantrag stellt. Zur Frage, ob ein mit dem Ziel einer übertragenden Sanierung gestellter Eigenantrag missbräuchlich sein kann, vgl. Rz. 5.50.

3. Der Tatbestand des § 18 InsO *(Uhlenbruck)*

5.46 Der Schuldner droht zahlungsunfähig zu werden, wenn er voraussichtlich nicht in der Lage sein wird, die bestehenden Zahlungspflichten im Zeitpunkt der Fälligkeit zu erfüllen (§ 18 Abs. 2 InsO). Der Wortlaut („die bestehenden Zahlungspflichten") ist missverständlich. Auch **Verbindlichkeiten, die noch nicht bestehen**, aber ebenso wie ihre Fälligkeit bereits absehbar sind, können die drohende Zahlungsunfähigkeit begründen[3]. „Voraussichtlich" wird im

1 *Beck* in Beck/Depré, Praxis der Insolvenz, § 5 Rz. 87; *Jaeger/H.-F. Müller*, § 18 InsO Rz. 20.

2 *Beck* in Beck/Depré, Praxis der Insolvenz, § 5 Rz. 79 ff.; *Drukarczyk* in Münchener Kommentar zur InsO, § 18 InsO Rz. 25 ff.; *Kirchhof* in Heidelberger Kommentar zur InsO, § 18 InsO Rz. 14; *Drukarczyk/Schüler* in Kölner Schrift zur InsO, S. 108 ff.

3 *Braun/Uhlenbruck*, Unternehmensinsolvenz, S. 285; *Drukarczyk/Schüler* in Kölner Schrift zur InsO, S. 95; *Kölsch*, Vorverlagerte Insolvenzauslösung, 1988; *Drukarczyk* in Münchener Kommentar zur InsO, § 18 InsO Rz. 46–49; *Harz*, ZInsO 2001, 193, 197; *Kirchhof* in Heidelberger Kommentar zur InsO, § 18 InsO Rz. 5–7; *Uhlenbruck* in Kölner Schrift zur InsO, S. 1157, 1165 Rz. 12; *Uhlenbruck*, KTS 1994, 169, 171; *Uhlenbruck*, § 17 InsO Rz. 5; *Jaeger/H.-F. Müller*, § 18 InsO Rz. 7–12; *Burger*, DB 1992, 2149; *Burger/Buchhart*, WPg 1999, 155; *Wengel*, DStR 2001, 1769; *Ehlers*, ZInsO 2005, 169; *J.-S. Schröder* in Hamburger Kommentar zum Insolvenzrecht, § 18 InsO Rz. 6–10; *Häsemeyer*, Insolvenzrecht, Rz. 7.22.

Sinne von überwiegender Wahrscheinlichkeit interpretiert[1]. Die Praxis will eine gravierende Liquiditätskrise ausreichen lassen[2]. Eine bloß **vorübergehende Zahlungsstockung** genügt allerdings ebenso wenig wie beim Tatbestand der Zahlungsunfähigkeit[3]. Insoweit gelten die Grundsätze, die der BGH in seinem Urteil vom 24. 5. 2005[4] entwickelt hat. Es muss also voraussichtlich und nachweisbar in einem bestimmten Prognosezeitraum (Einzelheiten dazu Rz. 5.22, 5.32) entweder eine **Liquiditätslücke von mehr als 10 %** entstehen oder eine **Liquiditätslücke von weniger als 10 %** der fälligen Gesamtverbindlichkeiten, die sich in absehbarer Zeit wegen ungünstiger Prognose auf 10 % und mehr vergrößern wird. Der Nachweis einer **drohenden Zahlungseinstellung** reicht aus. Fälle, in denen ein auf § 18 InsO gestützter Eigenantrag unter Berufung auf die doch noch vorhandene Kreditwürdigkeit oder auf einen Missbrauch des Antragsrechts abgelehnt wird, dürften bei GmbH-Anträgen praktisch keine Rolle spielen.

Nach überwiegender Literaturmeinung[5] sind **noch nicht begründete Zahlungsverpflichtungen** bei der Feststellung der drohenden Zahlungsunfähigkeit nicht zu berücksichtigen. Die Zahlungspflichten müssen danach im Zeitpunkt der Entscheidung über die Verfahrenseröffnung (§ 16 InsO) „im Interesse der Rechtssicherheit wenigstens dem Grunde nach schon bestehen, d.h. der vom Gesetz jeweils zu ihrer Entscheidung vorausgesetzte Tatbestand muss verwirklicht sein"[6]. Mit Recht ist in der Literatur[7] darauf hingewiesen worden, 5.47

1 Der Eintritt der Zahlungsunfähigkeit für den maßgeblichen Zeitpunkt muss wahrscheinlicher sein als ihre Vermeidung. Die Wahrscheinlichkeit muss also jedenfalls 50 Prozent überschreiten. Vgl. *Bretzke,* Der Begriff der „drohenden Zahlungsunfähigkeit" im Konkursstrafrecht, 1984, S. 107 f. u. S. 233 f.; *Haas* in Blersch/Goetsch/Haas, § 18 InsO Rz. 14; *Kirchhof* in Heidelberger Kommentar zur InsO, § 18 InsO Rz. 13; *Hess,* § 18 InsO Rz. 18; *Nerlich/Römermann/Mönning,* § 18 InsO Rz. 24; *Uhlenbruck,* § 18 InsO Rz. 6; *Groß/Amen,* WPg 2002, 225 u. WPg 2003, 67; *Drukarczyk/Schüler,* WPg 2003, 56; *Schmerbach* in Frankfurter Kommentar zur InsO, § 18 InsO Rz. 13; *Braun/Kind,* § 18 InsO Rz. 5; *J.-S. Schröder* in Hamburger Kommentar zum Insolvenzrecht, § 18 InsO Rz. 8.

2 *Haarmeyer/Wutzke/Förster,* Handbuch zur Insolvenzordnung, 1/87; *Burger/Buchhart,* WPg 1999, 155 ff.; *Braun/Uhlenbruck,* Unternehmensinsolvenz, S. 285 f.

3 *Haarmeyer/Wutzke/Förster,* Handbuch zur Insolvenzordnung, 1/87; *Jaeger/H.-F. Müller,* § 18 InsO Rz. 13; *Uhlenbruck,* § 18 InsO Rz. 3. Vgl. auch *Uhlenbruck,* GmbHR 1999, 313, 319 ff.

4 BGH v. 24. 5. 2005 – IX ZR 123/04, BGHZ 163, 134 = NZI 2005, 547 = ZInsO 2005, 807.

5 So *Kirchhof* in Heidelberger Kommentar zur InsO, § 18 InsO Rz. 6; *Scholz/Karsten Schmidt,* 9. Aufl., vor § 64 GmbHG Rz. 35; ebenso *Schmerbach* in Frankfurter Kommentar zur InsO, § 18 InsO Rz. 6; *Nerlich/Römermann/Mönning,* § 18 InsO Rz. 26; *Jäger,* DB 1986, 1441, 1446; *Smid,* § 18 InsO Rz. 9; *Haas* in Blersch/Goetsch/Haas, § 18 InsO Rz. 11.

6 *Kirchhof* in Heidelberger Kommentar zur InsO, § 18 Rz. 6.

7 *Braun/Uhlenbruck,* Unternehmensinsolvenz, S. 285; *Uhlenbruck,* § 18 InsO Rz. 5; *Temme,* Die Eröffnungsgründe der Insolvenzordnung, 1997, S. 56 f.; *Bittmann,* wistra 1998, 321, 325 f.; *Jaeger/H.-F. Müller,* § 18 InsO Rz. 8–17; *Haas* in Henckel/Kreft, Insolvenzrecht 1998, 1999, S. 1, 10; *Möhlmann,* Die Berichterstattung im neuen Insolvenzverfahren, 1999, S. 54 f.; *Braun/Bußhardt,* § 18 InsO Rz. 9 f.; *Haas* in Blersch/Goetsch/Haas, § 18 InsO Rz. 12; *Kübler/Prütting/Bork/Pape,* § 18 InsO Rz. 8; *Schmer-*

dass die neue Definition des § 18 Abs. 2 InsO „Ungereimtheiten" aufweist und teilweise widersprüchlich ist, weil einerseits im Gesetzestext auf die **„bestehenden Zahlungspflichten"** abgestellt wird, es andererseits in der Begründung des Regierungsentwurfs zu § 18 InsO heißt, in die Prognose, die bei der drohenden Zahlungsunfähigkeit anzustellen sei, müsse die „gesamte Entwicklung der Finanzlage des Schuldners bis zur Fälligkeit aller bestehenden Verbindlichkeiten einbezogen werden". In diesem Zusammenhang seien neben den zu erwartenden Einnahmen auch die zukünftigen, noch nicht begründeten Zahlungspflichten mit zu berücksichtigen[1]. Auch die Literaturmeinung, die es ablehnt, zu erwartende künftige, rechtlich noch nicht begründete Zahlungspflichten mit zu berücksichtigen, erkennt an, dass der Rechtsgrund für eine Verbindlichkeit bereits gelegt ist, wenn z.B. das Schuldnerunternehmen durch einen Produktfehler erkanntermaßen Kunden geschädigt hat und teilweise bereits angedrohten Haftungsansprüchen entgegensieht[2]. Nach Auffassung von *Kirchhof*[3] sind zwar **künftig entstehende Zahlungspflichten** grundsätzlich **nicht zu berücksichtigen**, allerdings sei es „nicht zu vermeiden, im nötigen Finanzplan auch laufende künftige Verbindlichkeiten im üblichen Rahmen zu berücksichtigen"[4]. Eine Berücksichtigung künftiger neu zu begründender Verbindlichkeiten kommt aber nur in Betracht, soweit diese Verbindlichkeiten innerhalb des Prognosezeitraums fällig werden[5]. Überzeugend haben *Schmerbach*[6] und neuerdings auch *Drukarczyk*[7] nachgewiesen, dass die Begründung des Regierungsentwurfs zu § 18 InsO sich nicht auf die im Rahmen der bestehenden Zahlungspflichten zu berücksichtigenden Forderungen bezieht, sondern auf die **Prognoseentscheidung**. In diesem Rahmen könnten künftige, noch nicht begründete Zahlungspflichten Bedeutung erlangen[8]. **Drohende Verluste** begründen nach h.M. als solche zwar keine Verbindlichkeiten, doch sind in dem aufzustellenden Liquiditätsplan (Finanzplan) den gegebenenfalls schon eingegangenen Zahlungspflichten die zu erwartenden geringeren Einnahmen gegenüberzustellen[9]. Die im Liquiditätsplan darzustellende Ein- und Auszahlungsentwicklung ist auf solche Planannahmen

---

bach in Frankfurter Kommentar zur InsO, § 18 InsO Rz. 10; *H.-S. Schröder* in Hamburger Kommentar zum Insolvenzrecht, § 18 InsO Rz. 6; *Amelung* in Kraemer, Handbuch zur Insolvenz, Bd. 1, Fach 2, Kap. 2 Rz. 38.

1 Vgl. auch *Uhlenbruck,* wistra 1996, 1, 4; *Uhlenbruck,* KTS 1994, 169, 171; *Braun/Uhlenbruck,* Unternehmensinsolvenz, S. 285; *Temme,* Die Eröffnungsgründe der Insolvenzordnung, 1997, S. 56 f.; *Bittmann,* wistra 1998, 321, 325 f.

2 *Kirchhof* in Heidelberger Kommentar zur InsO, § 18 InsO Rz. 6.

3 In Heidelberger Kommentar zur InsO, § 18 InsO Rz. 6.

4 Vgl. auch *Uhlenbruck,* § 18 InsO Rz. 5; *Kübler/Prütting/Bork/Pape,* § 18 InsO Rz. 7, 8; *Jaeger/H.-F. Müller,* § 18 InsO Rz. 10.

5 *Jaeger/H.-F. Müller,* § 18 InsO Rz. 10.

6 In Frankfurter Kommentar zur InsO, § 18 InsO Rz. 6, 7.

7 *Drukarczyk* in Münchener Kommentar zur InsO, § 18 InsO Rz. 11 ff.

8 Nach *Scholz/Karsten Schmidt,* 9. Aufl., vor § 64 GmbHG Rz. 35 hängt die Dauer der Prognose von den Fristigkeiten der Verbindlichkeiten ab. S. auch *Nerlich/Römermann/Mönning,* § 18 InsO Rz. 25; *Uhlenbruck,* § 18 InsO Rz. 5.

9 So *Kirchhof* in Heidelberger Kommentar zur InsO, § 18 Rz. 6; str., a.A. *Uhlenbruck* in Kölner Schrift zur InsO, S. 1165 f. Rz. 12; *Bittmann,* wistra 1998, 326; *Temme,* Die Eröffnungsgründe der Insolvenzordnung, 1997, S. 57.

zu stützen, deren Eintritt mit überwiegender Wahrscheinlichkeit zu erwarten ist[1].

Die drohende Zahlungsunfähigkeit ist letztlich eine Frage **künftiger Liquiditätsentwicklung**[2]. **Rückstellungen**, die lediglich eine Vorsichtsmaßnahme darstellen, und Verluste, deren Höhe noch nicht feststeht, haben außer Ansatz zu bleiben[3]. **Absehbare Verluste** können aber im Einzelfall dazu führen, dass die künftige Liquidität der GmbH hierdurch gefährdet ist und drohende Zahlungsunfähigkeit gegeben ist. In solchen Fällen muss die GmbH oder GmbH & Co. KG das Recht haben, sich unter den Schutz eines gerichtlichen Insolvenzverfahrens zu stellen. 5.48

4. Risiken des Eigenantrags wegen drohender Zahlungsunfähigkeit

Der Insolvenzgrund der drohenden Zahlungsunfähigkeit (§ 18 InsO) hat in der Praxis bislang nicht die vom Gesetzgeber erwartete Akzeptanz erfahren[4]. In der Allgemeinen Begründung zur InsO heißt es, nur wenn es zur Verfahrenseröffnung komme, könnten die Effizienzvorteile des neuen marktkonformen Verfahrens genutzt werden. Es werde allgemein als wünschenswert angesehen, dass insolvente Schuldner und Schuldnerunternehmen früher als bisher in das Insolvenzverfahren gelangen. Hiervon könne eine wesentliche Verbesserung der Sanierungschancen erwartet werden. Noch bedeutsamer sei es aber, dem Schuldner, bei juristischen Personen seinen Organen, **Anreize** dafür zu bieten, **frühzeitig Insolvenzantrag zu stellen**[5]. Angesichts der Vorteile, die ein frühzeitig eröffnetes Insolvenzverfahren nicht nur für die Gläubiger, sondern auch für ein Schuldnerunternehmen bietet, verwundert es, dass in Deutschland bislang kaum Insolvenzanträge wegen drohender Zahlungsunfähigkeit gestellt worden sind, und wenn doch, dass sich meist im Laufe des Verfahrens herausgestellt hat, dass bereits zum Zeitpunkt der Antragstellung Zahlungsunfähigkeit oder Überschuldung vorgelegen haben. 5.49

Die Gründe für die Nichtakzeptanz dieses Insolvenzgrundes sind vielfältig. Die erste Barriere liegt in dem streitigen **Beweismaß der „überwiegenden Wahrscheinlichkeit"** im Rahmen der Glaubhaftmachung einer Fortbestehens- 5.50

1 So IDW-Empfehlungen zur Prüfung eingetretener oder drohender Zahlungsunfähigkeit bei Unternehmen (IDW PS 800, abgedr. in ZIP 1999, 505, 507 f.); *J.-S. Schröder* in Hamburger Kommentar zum Insolvenzrecht, § 18 InsO Rz. 17; *Braun/Bußhardt*, § 18 InsO Rz. 11 ff.

2 Vgl. *Kübler/Prütting/Bork/Pape,* § 18 InsO Rz. 6; *Drukarczyk/Schüler* in Kölner Schrift zur InsO, Rz. 38; *Drukarczyk* in Münchener Kommentar zur InsO, § 18 InsO Rz. 10 ff.

3 *Amelung* bei Kraemer, Handbuch zur Insolvenz, Bd. II, Fach 6 Kap. 2, Rz. 26; *Schmerbach* in Frankfurter Kommentar zur InsO, § 18 InsO Rz. 6; *Kirchhof* in Heidelberger Kommentar zur InsO, § 18 InsO Rz. 6.

4 Vgl. *Uhlenbruck*, Zur fehlenden Akzeptanz des Insolvenzauslösers „drohende Zahlungsunfähigkeit", FS Drukarczyk, Kapitalgeberansprüche, Marktwertorientierung und Unternehmenswert, 2003, S. 441 ff.

5 So die Allg. Begr. RegE, abgedr. bei *Uhlenbruck*, Das neue Insolvenzrecht, 1994, S. 237.

prognose[1]. Die zweite Barriere ist das vom Insolvenzgericht zu prüfende **Rechtsschutzinteresse.** Zwar verlangt § 13 Abs. 1 InsO nicht ausdrücklich ein rechtliches Interesse des Schuldnerunternehmens an der Eröffnung des Insolvenzverfahrens; richtig ist auch, dass in der Begründung des Regierungsentwurfs zu § 14 InsO darauf hingewiesen wird, durch den ausdrücklichen Verweis auf das erforderliche rechtliche Interesse könne einem Missbrauch des Insolvenzantrags vorgebeugt werden. Die besondere Hervorhebung des rechtlichen Interesses in § 14 Abs. 1 InsO für den Gläubigerantrag lässt aber für den Eigenantrag wegen drohender Zahlungsunfähigkeit nicht den Schluss zu, das Insolvenzgericht könne die Prüfung des Rechtsschutzinteresses vernachlässigen. Zutreffend weist der BGH in seinem Beschluss vom 12. 12. 2002[2] darauf hin, dass für die Zulässigkeit eines Eröffnungsantrags des Schuldners erforderlich ist, „dass er ernsthaft auf Eröffnung gerichtet ist und nicht sachfremden Zwecken dient". Für das deutsche Recht ist bislang nicht entschieden, ob **„strategische Ziele"** zu den sachfremden Zwecken gehören, die das Rechtsschutzinteresse entfallen lassen. Legt allerdings das Schuldnerunternehmen den Insolvenzgrund der drohenden Zahlungsunfähigkeit trotz gerichtlicher Fristsetzung nicht in substantiierter und nachvollziehbarer Form dar, ist der Insolvenzantrag wegen Formmangels als unzulässig zurückzuweisen[3]. Der Insolvenzeigenantrag der GmbH oder GmbH & Co. KG wegen drohender Zahlungsunfähigkeit setzt eine **Abstimmung mit den Gesellschaftern** voraus. Nach h.M.[4] ist ein Geschäftsführer nicht berechtigt, ohne oder gegen den Willen der Gesellschafter einen Insolvenzantrag wegen drohender Zahlungsunfähigkeit zu stellen. Anders als in den Fällen der Zahlungsunfähigkeit (§ 17 InsO) und Überschuldung (§ 19 InsO) ist er insoweit weisungsgebunden. Bei Unterlassung der Abstimmung drohen Schadensersatzansprüche[5].

5.51 Ein nicht unerhebliches **Risiko des Eigenantrags** liegt für den GmbH-Geschäftsführer bei Antragstellung wegen drohender Zahlungsunfähigkeit darin, dass die Insolvenzgerichte überwiegend der **Eigenverwaltung** nach den §§ 270 ff. InsO kritisch bis ablehnend gegenüberstehen[6]. Die nach § 270 Abs. 1 Satz 1 InsO mit der Eigenverwaltung verbundene Eröffnung des Insolvenzverfahrens ist zudem mit den **Publizitätswirkungen** des § 30 InsO verbunden. Die Publizität einer Verfahrenseröffnung wirkt sich immer nachteilig auf die Ge-

1 Vgl. hierzu *Groß/Amen*, WPg 2003, 67; *Groß/Amen*, WPg 2002, 225; *Drukarczyk/Schüler*, WPg 2003, 56; IDW-Fachausschuss Recht: „Empfehlungen zur Prüfung eingetretener oder drohender Zahlungsunfähigkeit bei Unternehmen", IDW PS 800 = FN-IDW Nr. 11/1998, 569 = ZIP 1999, 505, 507.

2 BGH v. 12. 12. 2002 – IX ZB 426/02, NZI 2003, 147 = ZIP 2003, 358.

3 So BGH v. 12. 12. 2002 – IX ZB 426/02, NZI 2003, 147 = ZIP 2003, 358. Vgl. auch *Uhlenbruck*, FS Drukarczyk, S. 441, 448.

4 Vgl. *Götker*, Der Geschäftsführer in der Insolvenz der GmbH, 1999, Rz. 501 S. 194; *Wortberg*, ZInsO 2004, 707 ff.; *Tetzlaff*, ZInsO 2008, 137, 139.

5 *Noack* bei Kübler/Prütting, InsO Gesellschaftsrecht, 1999, Rz. 332; *Tetzlaff*, ZInsO 2008, 137, 140; *Wortberg*, ZInsO 2004, 707, 711 f.

6 Vgl. *Hoffmann-Theinert*, Die insolvenzrechtliche Eigenverwaltung, in Heintzen/Kruschwitz, Unternehmen in der Krise, 2004, S. 109, 128; *Haas* in Gottwald, Insolvenzrechts-Handbuch, Kap. VI. §§ 86, 87 Rz. 2; *Uhlenbruck*, § 270 InsO Rz. 2 ff.; *Huhn*, Die Eigenverwaltung im Insolvenzverfahren, 2003.

schäftsbeziehungen und den Wert des Unternehmens aus. Zudem wird die GmbH oder GmbH & Co. KG mit der Insolvenzeröffnung kraft Gesetzes aufgelöst. Ein **weiteres Risiko** besteht für den Antragsteller bei drohender Zahlungsunfähigkeit darin, dass der deutsche Gesetzgeber der Gläubigerautonomie absoluten Vorrang vor den Interessen des Schuldnerunternehmens einräumt. Nach § 157 Satz 1 InsO beschließt die erste Gläubigerversammlung im Berichtstermin, ob das Schuldnerunternehmen stillgelegt oder vorläufig fortgeführt werden soll. Auch bei Vorlage eines noch so sorgfältig aufbereiteten „prepackaged plan" läuft das Schuldnerunternehmen Gefahr, dass die Gläubigerversammlung das Verfahrensziel (§ 1 Satz 1 InsO) anders bestimmt, also z.B. die Liquidation oder übertragende Sanierung beschließt. Gegen einen solchen Beschluss kann sich die Geschäftsführung nicht wehren, denn § 78 InsO sieht eine gerichtliche Aufhebung des Beschlusses der Gläubigerversammlung nur vor, wenn der Beschluss dem gemeinsamen Interesse der Insolvenzgläubiger widerspricht. Die Schuldnerinteressen spielen insoweit keine Rolle.

Letztlich dürfen auch die **strafrechtlichen Risiken** einer Antragstellung wegen 5.52
drohender Zahlungsunfähigkeit nicht übersehen werden. Die organschaftlichen Vertreter eines Schuldnerunternehmens machen sich bereits eines Bankrottdelikts nach den §§ 283, 283a–283d StGB schuldig, wenn einer der Tatbestände, wie z.B. Verletzung der Buchführungspflichten, erfüllt ist, selbst wenn das Unternehmen durch gerichtlich bestätigten Insolvenzplan nachhaltig saniert wird. § 283 Abs. 6 StGB knüpft als objektive Bedingung der Strafbarkeit an die Verfahrenseröffnung an, die wiederum zwingende Voraussetzung für die Anordnung der Eigenverwaltung ist. Trotz rechtzeitiger Antragstellung wegen drohender Zahlungsunfähigkeit und erfolgreicher nachhaltiger Sanierung der GmbH muss der Geschäftsführer damit rechnen, wegen nachlässiger Führung der Handelsbücher (§ 283 Abs. 1 Nr. 5 StGB), unübersichtlicher oder verspäteter Bilanzaufstellung (§ 283 Abs. 1 Nr. 7 StGB) oder wegen einer Verringerung des Gesellschaftsvermögens unter grobem Verstoß gegen die Anforderungen einer ordnungsgemäßen Wirtschaft (§ 283 Abs. 1 Nr. 8 StGB) bestraft zu werden[1].

IV. Überschuldung *(Karsten Schmidt)*

1. Rechtspolitische Bedeutung

a) Die Überschuldung ist **der rechtspolitisch bedeutsamste Insolvenzgrund im** 5.53
Insolvenzrecht der GmbH und der GmbH & Co. KG[2]. Die Überschuldung ist kein allgemeiner, für alle Rechtsträger geltender Insolvenzgrund. Die Insol-

1 Vgl. *Uhlenbruck*, ZInsO 1988, 252; *Moosmayer*, Einfluss der Insolvenzordnung 1999 auf das Insolvenzstrafrecht, 1997, S. 292; *Penzlin*, Strafrechtliche Auswirkungen der Insolvenzordnung, 2000, S. 191 ff.

2 *Karsten Schmidt*, Wege zum Insolvenzrecht, S. 46 ff.; *Karsten Schmidt*, AG 1978, 334 ff.; *Karsten Schmidt*, JZ 1982, 165 ff.; umfassend für Kapitalgesellschaften *Karsten Schmidt* in Lutter, Das Kapital der Aktiengesellschaft in Europa, 2006, S. 188, 196 ff.; a.M. namentlich *Egner/Wolff*, AG 1978, 99 ff.

venzordnung beschränkt den Überschuldungstatbestand, ganz wie das vorausgegangene Konkurs- und Vergleichsrecht, auf juristische Personen und Personengesellschaften ohne natürlichen Komplementär (§ 19 InsO)[1]. In Anbetracht der Insolvenzanfälligkeit dieser Rechtsformen stellt sich der Überschuldungstatbestand heute vor allem als ein Bestandteil des Kapitalgesellschaftsrechts und des Rechts der GmbH & Co. KG dar. **Überschuldung** tritt typischerweise – keineswegs notwendigerweise! – vor der Zahlungsunfähigkeit ein und **markiert die materielle Insolvenz der GmbH bzw. GmbH & Co. KG.** Illiquiditätsinsolvenzen lassen sehr häufig auf eine schon länger eingetretene Überschuldung schließen. Mit dem Eintritt der Überschuldung konkretisieren sich die Selbstprüfungspflichten der Organe (Rz. 1.109 ff.) zu den sog. Insolvenzantragspflichten (Rz. 11.1 ff.). Anders gewendet: Mit der Überschuldung setzt typischerweise die Insolvenzantragspflicht ein, und mit der Unternehmensfortführung trotz Überschuldung beginnt in der Mehrzahl der Haftungsfälle die **Insolvenzverschleppungsphase**, also das Wrongful Trading deutschen Rechts (Rz. 1.110). Das ist, weil der präzise Eintritt der Überschuldung i.d.R. nicht feststellbar ist (Rz. 1.111, 5.55), vor allem im Hinblick auf das Geschäftsführerrisiko bedenklich, ist aber gewollt. **Rechtspolitischer Sinn des Überschuldungstatbestands** ist eine – obligatorische! – Vorverlegung des Insolvenzverfahrens vor den leichter erkennbaren Zeitpunkt der Zahlungsunfähigkeit[2]. Hierauf beruht auch der unvermeidliche **Prognosecharakter jeder Überschuldungsprüfung** (dazu sogleich Rz. 5.58 ff.). Die Überschuldungsprüfung ist zwar nach dem Konzept des § 19 Abs. 2 InsO eine zeitpunktbezogene Vermögensbetrachtung, aber sie enthält in Gestalt der Fortführungsprognose ein dynamisches Element.

5.54 **b)** Die **Überschuldungsprüfung** kommt im Wesentlichen **in drei Situationen** in Betracht: (1.) bei der Selbstprüfung der Fortführungsfähigkeit der Gesellschaft seitens der Geschäftsführer und ihrer Berater, (2.) im Eröffnungsverfahren nach §§ 16, 19, 27 InsO sowie (3.) nachträglich in Zivil- oder Strafprozessen, insbesondere bei der Prüfung, ob und seit welchem Zeitpunkt Insolvenzverschleppung vorliegt, also gegen § 15a InsO verstoßen wurde. Die Kommentarliteratur zu § 19 InsO nimmt, ebenso wie der Gesetzgeber, den Überschuldungstatbestand in erster Linie als Eröffnungsgrund für ein Insolvenzverfahren wahr, geht also von der **Prüfung im Eröffnungsverfahren** aus (dazu auch Rz. 5.110 ff.). Das ist juristisch nachzuvollziehen, weil ohne Insolvenzgrund kein Insolvenzverfahren eröffnet wird (§ 16 InsO). Der auf das Eröffnungsverfahren gerichtete Blick trifft aber **die faktische Bedeutung des Überschuldungstatbestands** nur teilweise. Richtig ist zwar: Die Insolvenzeröffnungsgründe sind rechtsstaatlich legitimierte und begrenzte Ermächtigungen des Insolvenzgerichts, durch Eröffnung des Insolvenzverfahrens in das Vermögen des Schuldners (der GmbH oder GmbH & Co. KG) und in seine Verfügungsbefugnis (hier: in die Kompetenz der Geschäftsführer) einzugreifen; sie setzen als solche die materielle Insolvenz der Schuldnerin voraus. Richtig ist aber auch: Die **praktische Hauptbedeutung des Überschuldungstatbestands**

1 Rechtspolitische Kritik bei *Karsten Schmidt*, Wege zum Insolvenzrecht, S. 57 ff.
2 *Karsten Schmidt*, JZ 1982, 165, 168.

liegt nicht in der Befugnis des Gerichts, einen Eröffnungsbeschluss nach § 27 InsO zu erlassen, sondern in der **Selbstprüfungspflicht** der Geschäftsführer (Rz. 1.109 ff., 2.467 ff.), im **Verbot der Insolvenzverschleppung** (Rz. 11.1 ff.) und in den **Insolvenzverschleppungssanktionen** (Rz. 11.2 ff.)[1]. Viele Insolvenzanträge werden erst lange nach dem Eintritt der Überschuldung wegen Zahlungsunfähigkeit (Drittanträge) oder wegen drohender Zahlungsunfähigkeit gestellt; in zahlreichen dieser Fälle steht dann gar nicht mehr in Frage, ob die Gesellschaft materiell insolvent (zahlungsunfähig oder überschuldet) ist, sondern die Frage ist oft nur noch, ob überhaupt eine die Verfahrenskosten deckende Masse vorhanden ist (zur masselosen Insolvenz vgl. Rz. 6.1 ff.). M.a.W.: Der Überschuldungstatbestand beschäftigt Geschäftsführer, Zivilgerichte und Strafgerichte weitaus mehr als das Insolvenzgericht. Im Vordergrund steht der **Geschäftsführer**. An ihn ist das Insolvenzverschleppungsverbot (§ 15a InsO) gerichtet. Ihm obliegt die kontinuierliche Aufgabe der Selbstprüfung (Rz. 1.109) und ggf. der Überschuldungsprüfung (Rz. 5.110 ff.). Die **Anwendung des § 19 InsO in Zivil- und Strafprozessen** besteht ihrerseits in nichts als der nachträglichen Prüfung, ob der Geschäftsführer den § 19 InsO richtig geprüft hat und seinen Pflichten aus § 15a InsO nachgekommen ist. Auf ihn müssen wir deshalb zuallererst blicken.

c) Das rechtspraktische und zugleich rechtspolitische **Hauptproblem** der Überschuldungsprüfung wird mit Recht in einem **Dilemma zwischen den Geboten der Justitiabilität und der betriebswirtschaftlich unvermeidlichen Antizipation der Solvenzsituation** gesehen[2]. Das prognostische Element jeder Überschuldungsfeststellung (Rz. 5.58) stellt die Gerichte vor die Aufgabe, den Überschuldungstatbestand manipulationsimmun und objektivierbar anzuwenden[3]. Von nichts anderem handelt der Streit um den „Überschuldungsbegriff". 5.55

2. Der „Überschuldungsbegriff" und § 19 InsO: Kontinuität oder Rechtsänderung in der Methode der Überschuldungsprüfung?

a) Der **„Überschuldungsbegriff"** ist seit langer Zeit umstritten (zur Überschuldungsfeststellung vgl. Rz. 5.110 ff.). § 63 GmbHG a.F. verwendete den Begriff vor der Insolvenzordnung, ohne die Überschuldung zu definieren. § 64 Abs. 1 Satz 2 GmbHG a.F. sprach von dem Fall, dass „das Vermögen der Gesellschaft nicht mehr die Schulden deckt". Die ausufernde Diskussion um den Überschuldungsbegriff kann hier nicht wiederholt werden[4]. Aber die Eckdaten sind für das Verständnis bedeutsam. 5.56

Weitgehend einig ist man sich darüber, dass der Überschuldungsbegriff **bilanzielle (statische) und prognostische (dynamische) Merkmale** enthält. Was wirklich umstritten ist, ist die **Prüfungsmethode**, nicht ein bloßer „Begriff". Ausgangspunkt war zunächst **der „alte" (später auf Grund von § 19 InsO** 5.57

1 Vgl. *Karsten Schmidt,* Wege zum Insolvenzrecht, S. 56 f.
2 *Karsten Schmidt,* Wege zum Insolvenzrecht, S. 56 f.
3 *Drukarczyk/Schüler* in Kölner Schrift zur InsO, S. 119.
4 Vgl. die Nachweise bei *Scholz/Karsten Schmidt*, 9. Aufl., vor § 64 GmbHG Rz. 16 in Fn. 37; zusammenfassend *Karsten Schmidt*, DB 2008, 2467 ff.

wieder „neue", jedoch im Jahr 2008 abermals beseitigte) Überschuldungsbegriff: Als überschuldet galt die Gesellschaft, wenn das Vermögen die Schulden nicht deckte, doch wurde bei der Aktivenbewertung zwischen fortführungsfähigen und fortführungsunfähigen Unternehmen unterschieden[1]. Diese Methode war von wirtschaftswissenschaftlicher Seite her als inversiv gebrandmarkt worden, weil sie die rechtliche Fortsetzungswürdigkeit an die Prognose und damit an die Fortsetzungsfähigkeit anknüpfte[2]. Die kritische Frage lautete: Darf das Recht die Zulässigkeit der Fortsetzung eines Unternehmens von der Prognose seines Fortbestands abhängig machen? Der Verfasser hatte, bei dieser Kritik anknüpfend, genau diese inversive Methode zum Prinzip und die Prognose zu einem eigenständigen Merkmal der Überschuldungsprüfung neben der auf Liquidationswerten aufbauenden Überschuldungsmessung erklärt.

5.58 **b)** So entstand ein **„neuer" (durch § 19 InsO vorläufig wieder „alter"), jedoch im Jahr 2008 plötzlich wiederbelebter zweistufiger Überschuldungsbegriff**[3]. Diese Methode der Überschuldungsprüfung war ein **Bekenntnis zum dominierenden Wert der Prognoseentscheidung**. Der **Bundesgerichtshof** hatte sich unter der Geltung des alten Konkurs- und Vergleichsrechts diesem „neuen zweistufigen Überschuldungsbegriff" angeschlossen. Nach dieser Rechtsprechung sollte Überschuldung einer Kapitalgesellschaft grundsätzlich dann – und nur dann – vorliegen,

- „wenn das Vermögen der Gesellschaft bei Ansatz von Liquidationswerten die bestehenden Verbindlichkeiten nicht decken würde (**rechnerische Überschuldung**) und
- die Finanzkraft der Gesellschaft mittelfristig nicht zur Fortführung ausreicht (**Überlebens- oder Fortbestehensprognose**)"[4].

5.59 Dieser oft kritisierte[5], allerdings häufig auch missverstandene Überschuldungsbegriff sollte den Geschäftsführer nicht in den Stand versetzen, eine rechnerisch überschuldete Gesellschaft auf Grund von Phantasieprognosen ohne Rechtsbruch fortzusetzen. Es ging auch nicht um einen Aufstand gegen betriebswirtschaftliche Methoden der rechnerischen Überschuldungsfeststellung, sondern zugrunde lag die einfache **rechtspolitische Überlegung**, dass ein Unternehmen, das jetzt und in Zukunft seine Verbindlichkeiten bedienen kann, nicht vom Gesetz in ein Insolvenzverfahren gezwungen werden soll.

1 Angaben bei *Drukarczyk* in Münchener Kommentar zur InsO, § 19 InsO Rz. 35.

2 *Egner/Wolf*, AG 1978, 99 ff.

3 Dazu *Karsten Schmidt*, Wege zum Insolvenzrecht, S. 50 ff.; *Karsten Schmidt* in Kölner Schrift zur InsO, S. 1204 ff., jeweils mit Nachw. pro und contra; zuerst *Karsten Schmidt*, AG 1978, 337 ff.

4 BGH v. 13. 7. 1992 – II ZR 269/91, BGHZ 119, 201, 214 = GmbHR 1992, 659, 662 f.; BGH v. 6. 6. 1994 – II ZR 292/91, BGHZ 126, 181, 199 = GmbHR 1994, 539, 545; BGH v. 20. 3. 1995 – II ZR 205/94, BGHZ 129, 136, 154 = GmbHR 1995, 665 (LS); BGH v. 2. 12. 1996 – II ZR 243/95, NJW-RR 1997, 606, 607 = GmbHR 1997, 501, 503; BGH v. 16. 6. 1997 – II ZR 154/96, GmbHR 1997, 793, 794; BGH v. 30. 3. 1998 – II ZR 146/96, ZIP 1998, 776, 778 = GmbHR 1998, 594, 596; zusammenfassend *Kilger/Karsten Schmidt*, Insolvenzgesetze, § 102 KO Anm. 2b; *Jaeger/H.-F. Müller*, § 19 InsO Rz. 18 f.

5 Vgl. besonders *Drukarczyk*, WM 1994, 1737 ff.; *Drukarczyk/Schüler* in Kölner Schrift zur InsO, S. 122 ff.

Gleichzeitig sollte die unvermeidliche Prognose aus ihrem Versteck in den Bewertungsprämissen der Überschuldungsbilanz herausgeholt und die Überschuldungsmessung vom falschen Anschein einer präzis lösbaren Rechenaufgabe befreit werden[1].

Hieraus ergaben sich folgende **Eckdaten für die Abgrenzung erlaubter und unerlaubter Unternehmensfortführung** (vgl. auch Rz. 1.110)[2]: 5.60

- Wenn bei Zugrundelegung von Liquidationswerten alle Gläubiger befriedigt werden können, kann die Fortführung des Unternehmens nicht verboten, eine Überschuldung im Rechtssinne also nicht eingetreten sein (hierauf beruht das **Element der rechnerischen Überschuldung**).
- Wenn die Gesellschaft nach objektivierbarer Prognose dauerhaft zahlungsfähig bleibt, kann die Fortführung gleichfalls nicht untersagt, ein Insolvenzantrag also nicht gesetzlich geboten, eine Überschuldung im Rechtssinne also nicht eingetreten sein (hierauf beruht das **Prognoseelement**).
- Der **Hauptunterschied gegenüber dem vormals vorherrschenden „alten" Überschuldungsbegriff** besteht darin, dass die Prognose der Unternehmensfortführung nicht mehr als bloße Bewertungsprämisse in der rechnerischen Überschuldungsfeststellung aufgeht, sondern von dieser getrennt wird (hierauf beruht die **Zweiteiligkeit dieses Überschuldungsbegriffs**).

Aus der **Sicht des Geschäftsführers** drehte sich die vom BGH formulierte Formel um: Solange entweder die Gläubiger sogar im Liquidationsfall voll befriedigt werden konnten oder der Eintritt von Zahlungsunfähigkeit als dauerhaft unwahrscheinlich gelten konnte, musste ein Insolvenzantrag nicht gestellt werden. Das praktische Schwergewicht lag nach dieser Methode ganz klar bei der Prognose, bei dem Prognosezeitraum und bei der durch Finanzplanung zu belegenden Liquiditätserwartung. In diesem Sinne entschied das OLG Hamburg im Jahr 2003[3]: „Eine Überschuldungsbilanz muss nicht aufgestellt werden, wenn die Fortführung des Unternehmens ... ohne Eintritt der Zahlungsunfähigkeit überwiegend wahrscheinlich ist." Es versteht sich, dass eine solche Prognose objektivierbar und in der Nähe der Krise auch durch Finanzpläne belegt sein musste. Auch konnte eine positive Prognose nur auf die Wirtschaftskraft der Gesellschaft selbst, ggf. auch auf ein realisierbares Sanierungskonzept gestützt werden, nicht auf die bloße Erwartung von Sanierungshilfen seitens der Gläubiger[4]. 5.61

c) Die **Insolvenzordnung** definierte den Überschuldungsbegriff **in der bis 2008 geltenden Fassung** anders, nämlich folgendermaßen (**§ 19 Abs. 2 InsO**): 5.62

„Überschuldung liegt vor, wenn das Vermögen des Schuldners die bestehenden Verbindlichkeiten nicht mehr deckt. Bei der Bewertung des Vermögens des Schuldners ist

1 *Karsten Schmidt*, AG 1978, 334, 338; *Karsten Schmidt*, Wege zum Insolvenzrecht, S. 50.

2 Vgl. *Karsten Schmidt*, JZ 1982, 167 ff.; *Karsten Schmidt*, Wege zum Insolvenzrecht, S. 46 ff.

3 OLG Hamburg v. 20. 3. 2003 – 10 U 37/02, GmbHR 2003, 587.

4 BGH v. 23. 2. 2004 – II ZR 207/01, GmbHR 2004, 898 = ZIP 2004, 1049.

jedoch die Fortführung des Unternehmens zugrunde zu legen, wenn diese nach den Umständen überwiegend wahrscheinlich ist."

5.63 Dies war eine planvolle **Rückkehr zum „alten (damit zunächst wieder neuen) Überschuldungsbegriff"**. Schon die Regierungsbegründung der Insolvenzordnung hatte sich mit diesem Überschuldungsbegriff ausdrücklich gegen die „neue zweistufige Methode" gewandt[1]: „Die Feststellung, ob Überschuldung vorliegt oder nicht, kann ... stets nur auf der Grundlage einer Gegenüberstellung von Vermögen und Schulden getroffen werden." Und zur Aktivenbewertung: „Betreibt der Schuldner ein Unternehmen, so dürfen nur dann Fortführungswerte angesetzt werden, wenn die Fortführung des Unternehmens beabsichtigt ist und das Unternehmen wirtschaftlich lebensfähig erscheint ..." Sachlich übereinstimmend meinte der Rechtsausschuss[2], „dass auch bei einer positiven Prognose für die Fortführung des Unternehmens nicht von vornherein ausgeschlossen ist, dass Überschuldung vorliegt. Allerdings ist bei einer solchen positiven Prognose das Vermögen mit Fortführungswerten anzusetzen. Dies wird häufig dazu führen, dass der Wert des Vermögens die Summe der Verbindlichkeiten übersteigt." Und sodann: „Der Ausschuss weicht damit entschieden von der Auffassung ab, die in der Literatur vordringt und der sich kürzlich auch der Bundesgerichtshof angeschlossen hat[3]. Wenn eine positive Prognose stets zu einer Verneinung der Überschuldung führen würde, könnte eine Gesellschaft trotz fehlender persönlicher Haftung weiter wirtschaften, ohne dass ein die Schulden deckendes Kapital zur Verfügung steht. Dies würde sich erheblich zum Nachteil der Gläubiger auswirken, wenn sich die Prognose – wie in dem vom Bundesgerichtshof entschiedenen Fall – als falsch erweist."

5.64 Der Rechtsausschuss des Deutschen Bundestages hat die ursprüngliche Fassung sodann um den zweiten Satz ergänzt, wonach auch bei einer positiven Prognose für die Fortführung des Unternehmens nicht von vornherein ausgeschlossen ist, dass eine Überschuldung vorliegt. **Die Fortbestehensprognose blieb damit**, wie nach dem bis vor zwanzig Jahren vorherrschenden „alten zweistufigen Überschuldungsbegriff", nur eine **Vorgabe bei der Aktivenbewertung**.

5.65 Die auf die Zeit von 1999 bis 2008 bezogene **Gerichtspraxis** blieb zunächst unklar. Der **BGH** hatte an seiner von den Gesetzgebungsgremien abgelehnten Methode für die nach altem Konkursrecht zu entscheidenden Fälle zunächst festgehalten[4], und man konnte gespannt sein, ob sich die Judikatur in den praktischen Ergebnissen wirklich ändern würde, sobald über InsO-Fälle zu entscheiden wäre[5]. Im **Urteil vom 5. 2. 2007** hatte der BGH dann entschie-

1 BT-Drucks. 12/2443, S. 115, zu § 23 E-InsO.
2 BT-Drucks. 12/7302, S. 157, zu § 23 Abs. 2 E-InsO.
3 BGH v. 13. 7. 1992 – II ZR 269/91, BGHZ 119, 201, 214 = GmbHR 1992, 659, 662 f.
4 BGH v. 6. 6. 1994 – II ZR 292/91, BGHZ 126, 181, 199 = GmbHR 1994, 539, 545; BGH v. 2. 12. 1996 – II ZR 243/95, GmbHR 1997, 501, 503; BGH v. 16. 6. 1997 – II ZR 154/96, GmbHR 1997, 793, 794; BGH v. 30. 3. 1998 – II ZR 146/96, ZIP 1998, 776, 778 = GmbHR 1998, 594, 596.
5 Nachweise in der 3. Aufl., Rz. 857.

den[1]: „Mit der Neufassung des Überschuldungstatbestands in § 19 Abs. 2 InsO ist für das neue Recht der zur Konkursordnung ergangenen Rspr. des Senats zum sog. ‚zweistufigen Überschuldungsbegriff' (BGH v. 13. 7. 1992 – II ZR 269/91, BGHZ 119, 201 [214] = GmbHR 1992, 659) die Grundlage entzogen." Das entsprach der bis 2008 herrschenden Auffassung[2]. Der II. Senat hatte in seinem Urteil vom 5. 2. 2007[3] bekräftigt, dass die Fortführungsprognose allein keine Unternehmensfortführung mehr rechtfertigt. In scheinbarem Widerspruch hierzu stand die herrschende Auffassung, wonach auch § 19 Abs. 2 InsO keine zwingende Prüfungsreihe festschreibt[4]. Diese Auffassung resultiert daraus, dass noch heute die Fortführung zulässig ist, wenn

– entweder selbst im Zerschlagungsfall die Gläubiger befriedigt werden können
– oder im Verkaufsfall (Kaufpreis nach Fortführungswerten) die Gläubiger aus dem Verkaufserlös des fortführungswürdigen Unternehmens befriedigt werden könnten.

Nichts anderes besagte auch der so elementar scheinende **Streit, ob nun die Überschuldungsprüfung nach § 19 Abs. 2 InsO „einstufig", „zweistufig" oder „dreistufig"** sei[5]. Die „zweistufige" Methode setzt bei der Prognose an (erste Stufe) und schließt daran die bilanzielle Überschuldungsprüfung an (zweite Stufe). Die vor allem vom Institut der Wirtschaftsprüfer empfohlene[6] „dreistufige Methode" beginnt mit der Überschuldungsbilanz nach Liquidationswerten (erste Stufe), korrigiert im Fall eines auf Überschuldung lautenden Ergebnisses die Aktiva unter der Fortführungsprognose (zweite Stufe) und schließt hieran die endgültige bilanzielle Überschuldungsmessung an (dritte Stufe). Ein Sachunterschied zwischen diesen Methoden ist nicht zu erkennen. Das dreistufige Vorgehen empfiehlt sich für den Geschäftsführer, wenn eine ernsthafte Chance besteht, die Überschuldung selbst nach Liquidationswerten auszuschließen. Im Regelfall wird aber die Überschuldungsprüfung nicht ein einmaliges Ereignis, sondern Bestandteil der kontinuierlichen Selbstprüfung sein. Ohne Liquiditätspläne kann dies nicht stattfinden. Dem wird das „zweistufige" Vorgehen gerecht. 5.66

d) Im Jahr **2008** folgten zwei nicht besonders gut aufeinander abgestimmte bedeutsame **weitere Änderungen**[7]: 5.67

1 BGH v. 5. 2. 2007 – II ZR 234/05, BGHZ 171, 46 = LMK 2007, I 98 m. Anm. *Eilmann* = DZWiR 2007, 337 m. Anm. *Böcker* = EWiR 2007, 305 m. Anm. *Haas* = GmbHR 2007, 482; dazu statt vieler *Gehrlein*, BB 2007, 901; *Poertzgen*, GmbHR 2007, 485.
2 Vgl. nur *Beck* in Beck/Depré, Praxis der Insolvenz, § 1 Rz. 31. *Drukarczyk* in Münchener Kommentar zur InsO, § 19 InsO Rz. 52 ff.; *Schröder* in Hamburger Kommentar zum Insolvenzrecht, § 19 InsO Rz. 7; *Kübler/Prütting/Bork/Pape*, § 19 InsO Rz. 5.
3 BGH v. 5. 2. 2007 – II ZR 234/05, BGHZ 171, 46 = LMK 2007, I 98 m. Anm. *Eilmann* = DZWiR 2007, 337 m. Anm. *Böcker* = EWiR 2007, 305 (*Haas*) = GmbHR 2007, 482; dazu statt vieler *Gehrlein*, BB 2007, 901; *Poertzgen*, GmbHR 2007, 485.
4 *Kirchhof* in Heidelberger Kommentar zur InsO, § 19 InsO Rz. 16; *Jaeger/H.-F. Müller*, § 19 InsO Rz. 28.
5 Überblick bei *Beck* in Beck/Depré, Praxis der Insolvenz, § 5 Rz. 100 ff.
6 IdW, WPg 1997, 22 ff.
7 Eingehend *Karsten Schmidt*, DB 2008, 2567 ff.; *Boecker/Poertzgen*, GmbHR 2008, 1289 ff.

– Zunächst sollte nach dem MoMiG **§ 19 Abs. 2 InsO** um folgenden Satz 3 erweitert werden, der jetzt als **Satz 2** am 1. 11. 2008 in Kraft getreten ist:

„Forderungen auf Rückgewähr von Gesellschafterdarlehen oder aus Rechtshandlungen, die einem solchen Darlehen wirtschaftlich entsprechen, für die gemäß § 39 Abs. 2 zwischen Gläubiger und Schuldner der Nachrang im Insolvenzverfahren hinter den in § 39 Abs. 1 Nr. 1 bis 5 bezeichneten Forderungen vereinbart worden ist, sind nicht bei den Verbindlichkeiten nach Satz 1 zu berücksichtigen."

– Gegenüber dieser Regelung drängte sich dann aber das **Finanzmarktstabilisierungsgesetz**, in Kraft getreten am 18. 10. 2008, vor[1] und wechselte die Sätze 1–2 des **§ 19 Abs. 2 InsO** gegen folgenden neuen **Satz 1** aus:

„Überschuldung liegt vor, wenn das Vermögen des Schuldners die bestehenden Verbindlichkeiten nicht mehr deckt, es sei denn, die Fortführung des Unternehmens ist nach den Umständen überwiegend wahrscheinlich."

5.68 Man hat dies als eine Rückkehr zum „neuen" (durch § 19 Abs. 2 InsO zuvor „abgeschafften") zweistufigen Überschuldungsbegriff zu verstehen[2].

5.69 **e)** Doch damit nicht genug. Die Artt. 6 Abs. 2, 7 Abs. 2 des Finanzmarktstabilisierungsgesetzes ordnen **ab 1. 1. 2011** eine Rückkehr zu dem zwischen 1999 und 2008 geltenden Überschuldungsbegriff der Insolvenzordnung an. Dann soll also wieder der bei Rz. 5.62 geschilderte Rechtszustand gelten.

3. Geltender Rechtszustand und rechtspolitische Beurteilung

5.70 **a)** Seit dem 18. 10./1. 12. 2008 gilt nach alledem bis auf Weiteres (einstweilen bis einschließlich 2010) die folgende Fassung des § 19 Abs. 2 InsO:

„Überschuldung liegt vor, wenn das Vermögen des Schuldners die bestehenden Verbindlichkeiten nicht mehr deckt, es sei denn, die Fortführung des Unternehmens ist nach den Umständen überwiegend wahrscheinlich. Forderungen auf Rückgewähr von Gesellschafterdarlehen oder aus Rechtshandlungen, die einem solchen Darlehen wirtschaftlich entsprechen, für die gemäß § 39 Abs. 2 zwischen Gläubiger und Schuldner der Nachrang im Insolvenzverfahren hinter den in § 39 Abs. 1 Nr. 1 bis 5 bezeichneten Forderungen vereinbart worden ist, sind nicht bei den Verbindlichkeiten nach Satz 1 zu berücksichtigen."

5.71 **b) Rechtspolitisch** stellt die wiederholte Änderung des – immerhin unter Straf- und Schadensersatzsanktion stehenden! – Überschuldungstatbestands dem Gesetzgeber ein denkbar schlechtes Zeugnis aus. Die Ausgangsfassung des § 19 Abs. 2 InsO (Rz. 5.62) basiert auf Missverständnissen über die durch damals „abgeschaffte" BGH-Praxis zum „neuen zweistufigen Überschuldungsbegriff"[3]. Die Neufassung durch das Finanzmarktstabilisierungsgesetz wurde in einer Weise begründet, als wollte man während der im Herbst 2008 einsetzenden Finanzkrise den überschuldeten Unternehmen mit einem gesetzlichen Trick gestatten, auf Kosten der Gläubiger weiterzumachen[4]. Die

1 Gesetz vom 17. 10. 2008, BGBl. I 2008, 1982.

2 *Karsten Schmidt*, DB 2008, 2567, 2469; krit. *Haas*, DB Status Recht 2008, 359 ff.; *Boecker/Poertzgen*, GmbHR 2008, 1289, 1293 f.

3 Eingehend *Karsten Schmidt* in Kölner Schrift zur InsO, S. 1204 ff.

4 Begr. RegE, BT-Drucks. 16/10600, S. 21.

für 2011 vorgesehene Rückkehr zum Urtext der InsO ist aus dem Gefühl geboren, im Fall einer Überwindung der Finanzkrise könne man es sich wieder erlauben, überschuldete Unternehmen als überschuldet zu behandeln[1]. Das alles ist methodisch und legislatorisch inakzeptabel. Das Thema kann am Ende nur sein, wie man die durch Insolvenzantragspfichten aus dem Markt zu entfernenden Gesellschaften ermittelt. Ziel der Gesetzgebungsarbeit ist nicht der gerade einmal zur Situation passende, sondern der „richtige" Überschuldungsbegriff muss die Methode der Überschuldungsprüfung beschreiben.

c) In den praktischen Ergebnissen sind die „alten" und „neuen" Methoden der Überschuldungsfeststellung voneinander weit weniger entfernt, als meist zugegeben wird[2]. Die Unterschiede beziehen sich allein auf das Verhältnis zwischen der bilanziell zu messenden „rechnerischen Überschuldung" und der Prognose, also auf die Methode des Überschuldungstests. 5.72

- **Nach jeder der** in Frage stehenden **Methoden** geht eine **Prognose** und damit ein unsicherer Faktor in die Überschuldungsprüfung ein.
- **Beide Methoden**, die „alte" (vom InsO-Gesetzgeber für 1999 bis 2008 wieder eingeführte) und die „neue" (vom Gesetzgeber ab 2008 wieder aufgegriffene) Methode **sind zweistufig**.
- Der **Unterschied** liegt nur bei der Frage, ob eine objektiv positive Fortführungsprognose eine bilanzielle Überschuldungsprüfung entbehrlich macht (so die „neue" und nunmehr wieder gesetzliche Methode) oder ob in jedem Fall eine bilanzielle Überschuldungsmessung erforderlich ist (so die „alte", von 1998 bis 2008 gesetzlich angeordnete Methode).

Die systematische Unterscheidung zwischen der „alten" und der vor der InsO „neuen" Zweistufigkeit besteht in der Frage, ob die – seit jeher und auch in Zukunft gemäß der Natur der Sache unentbehrliche – Prognose als Bewertungsprämisse in die bilanzielle Überschuldungsmessung eingeht (so die „alte" Methode und von 1999 bis 2008 die Insolvenzordnung) oder ob sie besonders ausgewiesen und begründet werden muss, wenn das Unternehmen fortgesetzt werden soll, obwohl es bei Ansetzung von Liquidationswerten „rechnerisch" überschuldet wäre (so der nunmehr gesetzlich vorgesehene Ansatz der „neuen zweistufigen Methode"). Der für die Prognose nach beiden Methoden maßgebliche Finanzplan folgt betriebswirtschaftlichen Regeln (vgl. dazu Rz. 5.123)[3]. 5.73

4. Praxisfolgen für die Selbstprüfung der Geschäftsführer

a) Die **Frage, wie viel sich durch § 19 Abs. 2 InsO für die Praxis geändert hat**, ist zweifelhaft. Auf Anhieb scheinen die Rechtsänderungen gravierend. In einem Beschluss von 2006 hatte der Bundesgerichtshof sogar die Überschul- 5.74

1 Beschlussempfehlung des Rechtsausschusses BT-Drucks. 16/10651 unter III; krit. *Boecker/Poertzgen*, GmbHR 2008, 1289, 1292 f.

2 Eingehend *Karsten Schmidt* in Kölner Schrift zur InsO, S. 1204 ff.

3 Dazu etwa *Drukarczyk* in Münchener Kommentar zur InsO, § 19 InsO Rz. 58 ff.

dungsfeststellung nach Liquidationswerten zur Regel erklärt und ausgesprochen, dass eine Aktivierung des Unternehmenswerts zu Fortführungswerten den „Ausnahmefall" darstelle und dass dieser „Ausnahmefall" eine positive Fortführungsprognose voraussetze[1]. Das klang nach einer radikalen Verschärfung, so, wie die Neufassung ab 2008 nach einer laxeren Überschuldungsprüfung klingt. **Dass sich sachlich viel ändert, ist allerdings wenig wahrscheinlich**[2]. Nach wie vor kann es ja nur darum gehen, die „richtigen" Unternehmen zwangsweise vom Markt zu nehmen, also diejenigen Unternehmen von Rechts wegen auszusortieren, die im Gläubigerschutzinteresse nicht fortgeführt werden dürfen, weil Forderungsausfälle zu erwarten sind. Dass sich der Kreis der materiell insolventen Unternehmen durch einen Federstrich des Gesetzgebers radikal verändert hat, will nicht einleuchten.

5.75 **b) Wo lag das Hauptproblem bei der von 1999 bis 2008 geltenden Fassung des § 19 Abs. 2 InsO?** Es lag in der schwierigen Frage, ob eine **Einzelbewertung der Vermögensgegenstände** geboten **oder** eine **Gesamtbewertung des Unternehmens** gestattet ist. Die wohl **h.M.** verlangte generell eine **Einzelbewertung**[3]. Nach ihr ähnelte der Überschuldungsstatus auf der Aktivseite einer Jahresbilanz, freilich unter Aufdeckung der stillen Rücklagen[4]. **Der sog. originäre Firmenwert** erschiene demnach **nicht** in der Überschuldungsbilanz. Das ist zweifelhaft und bedenklich, weil dadurch der Wert der Überlebensprognose in Zweifel gezogen wird. Soll die Prognose nach § 19 Abs. 2 InsO wirklich nur darüber entscheiden, ob die Einzelgegenstände des Vermögens verramscht oder zu guten Preisen übertragen werden? In vielen Fällen – z.B. bei jungen Dienstleistungsunternehmen ohne nennenswertes Anlagevermögen – musste die Insolvenzverfahrensreife des Unternehmens auch nach bisherigem Recht davon abhängen, ob **bei günstiger Prognose** im Rahmen des § 19 Abs. 2 InsO eine **Aktivierung des sog. Firmenwerts (Geschäftswert)** zulässig ist, was auf eine Gesamtbewertung des Unternehmens hinausläuft. Das wird teils bejaht[5], teils verneint[6], teils davon abhängig gemacht, ob dieser Firmenwert sogleich durch Veräußerung aktivierbar oder eben doch nichts als eine Zukunftsprognose ist[7]. Lässt man im Fall günstiger Prognose die Aktivierung des sog. Firmenwerts zu, so musste sich im Ergebnis durch die von 1999 bis 2008 geltende Fassung des § 19 Abs. 2 InsO gegenüber der Überschuldungsprüfung nach der „neuen zweistufigen Methode" nicht viel ändern. Zwar wurde im Einklang mit den Materialien betont, dass künftig die GmbH auch bei objektiv guter Prognose überschuldet sein kann und die Selbstprüfungspflicht die

1 BGH v. 9. 10. 2006 – II ZR 303/05, GmbHR 2006, 1334 = ZIP 2006, 2171.
2 Vgl. *Karsten Schmidt* in Kölner Schrift zur InsO, S. 1205; vgl. auch *Uhlenbruck*, Das neue Insolvenzrecht, S. 77.
3 *Böcker*, Die Überschuldung im Recht der GmbH, 2002, S. 106 ff.; *Jaeger/H.-F. Müller*, § 19 InsO Rz. 26; *Uhlenbruck*, § 19 InsO Rz. 34; *Kübler/Prütting/Bork/Pape*, § 19 InsO Rz. 9.
4 Übersicht bei *Beck* in Beck/Depré, Praxis der Insolvenz, § 5 Rz. 121; einschränkend *Drukarczyk*, in Münchener Kommentar zur InsO, § 19 InsO Rz. 87.
5 *Scholz/Karsten Schmidt*, 9. Aufl., vor § 64 GmbHG Rz. 22.
6 Z.B. *Kübler/Prütting/Bork/Pape*, § 19 InsO Rz. 11.
7 Z.B. *Beck* in Beck/Depré, Praxis der Insolvenz, § 5 Rz. 125; *Braun/Bußhardt*, § 19 InsO Rz. 27; *Kirchhof* in Heidelberger Kommentar zur InsO, § 19 InsO Rz. 20.

Geschäftsführer auch bei positiver Fortführungsprognose anhält, Überschuldungsbilanzen aufzustellen. Aber die Dominanz der Prognose bestand immer noch darin, ob eine Gesamtbewertung des Unternehmens zulässig ist. Richtigerweise sollte auch hierüber die Prognose entscheiden[1]. Ließ man im **Fall einer positiven Prognose** die **Gesamtbewertung des Unternehmens** bzw. – was auf dasselbe hinausläuft – die Aktivierung des sog. Firmenwerts bei der Einzelbewertung zu, so konnte auch nach § 19 Abs. 2 InsO a.F. (1999–2008) als **Erfahrungsregel** gelten, **dass eine objektiv positive Fortführungsprognose die Überschuldung ausschließt**[2]. Da im Fall der positiven Fortführungsprognose die **Verwertbarkeit zu Going-Concern-Werten** gegeben ist, konnte die gesetzmäßige Aktivenbewertung unter Fortführungsbedingungen nur in einer **Gesamtbewertung des Unternehmens** bestehen, was i.d.R. den Überschuldungstatbestand ausschloss.

c) Wo liegt das Hauptproblem bei der Überschuldungsprüfung nach § 19 Abs. 2 InsO i.d.F. von 2008? Es liegt darin, wie die Fortführungsprognose erstellt werden soll, sowie darin, unter welchen Voraussetzungen noch eine bilanzielle Überschuldungsprüfung und evtl. ein Rangrücktritt nach § 19 Abs. 2 Satz 2 InsO n.F. ratsam ist. Es wird darauf ankommen, welches Merkmal leichter mit objektiver Überzeugungskraft geprüft werden kann. Die Feststellung der Insolvenzgründe wird bei Rz. 5.77 näher behandelt. Das **Verfahren des Geschäftsführers bei der Überschuldungsprüfung** wird sich typischerweise folgendermaßen gestalten[3]: 5.76

- Lässt sich ohne Weiteres feststellen, dass die Gesellschaft selbst aus einem **Zerschlagungserlös** die Verbindlichkeiten begleichen kann (ein seltener Fall!), so kann es der Geschäftsführer bei dieser – zweckmäßigerweise zu dokumentierenden – Feststellung belassen. Es gibt also sub specie § 19 Abs. 2 InsO keinen ausnahmslosen Zwang zur prognostischen Liquiditätsplanung.
- **Regelmäßig** steht aber die **Prognoseprüfung** am Anfang[4]. Sie zielt nicht einfach auf die Ausschließung einer drohenden Zahlungsunfähigkeit[5]. Es geht im Wesentlichen um die Ertragskraft auf der Basis von cash-flow-Informationen[6].
- Im Zweifelsfall wird ein **Überschuldungsstatus** aufgestellt. Darin sind auch nachrangige Verbindlichkeiten nach § 39 Abs. 1 InsO zu passivieren, nicht allerdings Verbindlichkeiten mit Rangrücktrittsvereinbarung nach § 39 Abs. 2 InsO.

---

1 Insoweit wie hier *Braun/Bußhardt*, § 19 InsO Rz. 19; *Drukarczyk* in Münchener Kommentar zur InsO, § 19 InsO Rz. 84, 87, 91, 110 f.; *Uhlenbruck*, § 19 InsO Rz. 34.
2 In diese Richtung *Scholz/Karsten Schmidt*, 9. Aufl., vor § 64 GmbHG Rz. 20 a.E.
3 Dazu eingehend *Drukarczyk* in Münchener Kommentar zur InsO, § 19 InsO Rz. 42 ff.; *Harz/Baumgartner/Conrad*, ZInsO 2005, 1304, 1308 f.
4 Vgl. *Hess*, § 19 InsO Rz. 26; *Drukarczyk* in Münchener Kommentar zur InsO, § 19 InsO Rz. 44.
5 Vgl. *Scholz/Karsten Schmidt*, 9. Aufl., Vor § 64 GmbHG Rz. 19.
6 *Drukarczyk* in Münchner Kommentar zur InsO, § 19 InsO Rz. 58 ff.; *Harz/Baumgartner/Conrad*, ZInsO 2005, 1304, 1309.

– **Bei Gesellschafterkrediten** sind **Rangrücktrittsvereinbarungen** nach wie vor ratsam (vgl. § 19 Abs. 2 Satz 2 InsO n.F.). Es wäre kurzsichtig, hierauf nur im Hinblick auf eine positive Prognose zu verzichten.

V. Die Feststellung der Insolvenzgründe *(Uhlenbruck)*

1. Vorbemerkung

5.77 Die Feststellung des Insolvenzgrundes hat nicht nur wegen der gesetzlichen Antragspflicht nach § 130a Abs. 1 Satz 1 HGB, § 15a InsO für die **Geschäftsführer** einer GmbH bzw. GmbH & Co. KG Bedeutung, sondern zugleich auch für die **Insolvenzgerichte**, die ein Insolvenzverfahren nur eröffnen dürfen, wenn sie sich hinsichtlich des Vorliegens eines Insolvenzgrundes die erforderliche Überzeugung verschafft haben (§ 16 InsO). Ist der Insolvenzgrund streitig oder zweifelhaft, so ist die Einschaltung eines Sachverständigen unverzichtbar. Legt der insolvenzantragstellende Gläubiger substantiiert Tatsachen zur Zahlungsunfähigkeit einer GmbH dar, so darf das Insolvenzgericht den Insolvenzantrag nicht allein mit der Begründung zurückweisen, es habe wegen Unerreichbarkeit des Geschäftsführers keine Feststellungen zum Eröffnungsgrund und zur Deckung der Verfahrenskosten treffen können[1]. Weiterhin hat die Feststellung des Insolvenzgrundes, vor allem die des Zeitpunktes seines erstmaligen Vorliegens, **Bedeutung für Insolvenzverwalter**, die nach § 92 InsO Schadensersatzansprüche der Insolvenzgläubiger wegen Insolvenzverschleppung als Gesamtschaden gegen die Geschäftsführer geltend zu machen und Anfechtungsklagen zu realisieren haben. Auch derjenige **Gläubiger**, der nach § 26 Abs. 1 Satz 2 InsO einen Massekostenvorschuss leistet, um die Abweisung mangels Masse zu verhindern, ist an der Feststellung interessiert, wann der Insolvenzgrund und damit die Antragspflicht der organschaftlichen Vertreter vorgelegen hat, denn das Gesetz weist ihm nach § 26 Abs. 3 InsO die Schadensersatzansprüche wegen pflichtwidriger und schuldhafter Verletzung der Insolvenzantragspflicht in Höhe des geleisteten Massekostenvorschusses zu. Darüber hinaus haben die **Neugläubiger** einer GmbH bzw. GmbH & Co. KG ein erhebliches Interesse an der Feststellung des Insolvenzgrundes der Zahlungsunfähigkeit oder Überschuldung, weil ihnen unmittelbar und in voller Höhe des Vertrauensschadens Schadensersatzansprüche gegen die Geschäftsführer der GmbH auch im eröffneten Insolvenzverfahren zustehen[2]. Der BGH[3] hat auch nach Abweisung des Antrags auf Insolvenzeröffnung mangels Masse für einen Gläubiger der Insolvenzschuldnerin das rechtliche Inter-

1 BGH v. 13. 4. 2006 – IX ZB 118/04, ZIP 2006, 1056.

2 BGH v. 6. 6. 1994 – II ZR 292/91, BGHZ 126, 181, 192 ff. = GmbHR 1994, 539; BGH v. 7. 11. 1994 – II ZR 108/93, NJW 1995, 398 = GmbHR 1995, 226; BGH v. 28. 4. 1997 – II ZR 20/96, NJW 1997, 30, 31 = GmbHR 1997, 898; *Bork,* ZGR 1995, 505, 512 ff.; *Hirte,* Abschied vom Quotenschaden, ZIP-Sonderdruck, 1994, S. 1, 4 ff.; *Karollus,* ZIP 1995, 269; *Karsten Schmidt,* NJW 1993, 29, 34; *Medicus,* GmbHR 1993, 533, 539; *Altmeppen* in Roth/Altmeppen, § 64 GmbHG Rz. 68–72; kritisch und ablehnend *Baumbach/Hueck/Schulze-Osterloh,* § 64 GmbHG Rz. 93; *G. Müller,* GmbHR 1994, 209; 1996, 393 ff.; *Scholz/Karsten Schmidt,* 9. Aufl., § 64 GmbHG Rz. 39 ff. sowie unten Rz. 11.17 ff.

3 BGH v. 5. 4. 2006 – IV AR (VZ) 1/06, ZIP 2006, 1154.

esse i.S. von § 4 InsO, § 299 Abs. 2 ZPO an der **Einsicht in die Insolvenzakte** bejaht, wenn der Gläubiger die Akteneinsicht begehrt, um festzustellen, ob ihm Durchgriffs- und Schadensersatzansprüche gegen Dritte, insbesondere Geschäftsführer oder Gesellschafter der GmbH zustehen.

Schließlich gewinnt die Feststellung des Insolvenzgrundes Bedeutung im **strafrechtlichen Bereich**, wenn es um die Frage geht, ob sich der Geschäftsführer einer GmbH oder GmbH & Co. KG nach § 15a Abs. 4, 5 InsO einer Insolvenzverschleppung schuldig gemacht hat. Einzelheiten zur **Strafbarkeit des Geschäftsführers wegen Insolvenzverschleppung** unten Rz. 11.55 ff. 5.78

2. Die Feststellung der Zahlungsunfähigkeit

a) Die Pflicht des Geschäftsführers zur ständigen Eigenprüfung

Das Gesetz sagt nicht, auf welche Art und Weise der Geschäftsführer einer GmbH die Zahlungsunfähigkeit der Gesellschaft festzustellen hat. Einigkeit besteht lediglich darüber, dass die gläubigerschützende Vorschrift des § 15a InsO einen Geschäftsführer zu **beständiger Selbstprüfung des Unternehmens** zwingt[1]. Die Geschäftsführer einer GmbH müssen wissen, dass es für den Beginn der Insolvenzantragspflicht nicht darauf ankommt, ob eine Zahlungsunfähigkeit oder Überschuldung festgestellt wird. Entscheidend für die Antragspflicht und den **Beginn der gesetzlichen Drei-Wochen-Frist** für die Antragspflicht ist der Eintritt der Insolvenzreife, also das objektive Vorliegen der Zahlungsunfähigkeit und/oder Überschuldung[2]. 5.79

Nach **anderer Auffassung** muss allerdings zu dem objektiven Vorliegen des Insolvenzgrundes noch die **positive Kenntnis** der jeweils zur Antragstellung verpflichteten Person (Geschäftsführer oder Liquidator) von der Zahlungsunfähigkeit und/oder Überschuldung hinzukommen[3]. *Schulze-Osterloh*[4] weist 5.80

1 Zum früheren § 64 Abs. 1 GmbHG (jetzt § 15a InsO): BGH v. 6. 6. 1994 – II ZR 292/91, BGHZ 126, 181, 192 ff. = GmbHR 1994, 539, 545; *Haas* in Gottwald, Insolvenzrechts-Handbuch, § 92 Rz. 6; *Lutter*, GmbHR 2000, 301, 305; *Haas*, Die Haftung des GmbH-Geschäftsführers in der Krise der Gesellschaft, in Heintzen/Kruschwitz, Unternehmen in der Krise, 2004, S. 73, 74 f.; *Scholz/Karsten Schmidt*, 9. Aufl., § 64 GmbHG Rz. 10 a.E.; *Hirte*, Kapitalgesellschaftsrecht, 5. Aufl. 2006, Rz. 3.58; *Lutter/Kleindiek* in Lutter/Hommelhoff, § 64 GmbHG Rz. 28; *Altmeppen* in Roth/Altmeppen, § 64 GmbHG Rz. 46; *Altmeppen*, ZGR 1999, 291, 300 ff.; *Götker*, Der Geschäftsführer in der Insolvenz der GmbH, 1999, Rz. 26; *Ebenroth/Lange*, GmbHR 1992, 69, 70; *Rowedder/Schmidt-Leithoff/Koppensteiner*, § 43 GmbHG Rz. 16; *Staufenbiehl/Hoffmann*, ZInsO 2008, 785 ff. und 838 ff.

2 Vgl. BGH v. 9. 7. 1979 – II ZR 118/77, BGHZ 75, 96, 111; *Scholz/Karsten Schmidt*, 9. Aufl., § 64 GmbHG Rz. 13, 14, 16–19; *Lutter/Kleindiek* in Lutter/Hommelhoff, § 64 GmbHG Rz. 28; *Uhlenbruck*, ZIP 1980, 80; *Wimmer*, NJW 1996, 2546, 2547; *Kübler/Prütting/Bork/Pape*, § 15 InsO Rz. 7.

3 BGH v. 9. 7. 1979 – II ZR 118/77, BGHZ 75, 96, 111; *Altmeppen* in Roth/Altmeppen, § 64 GmbHG Rz. 47; *Schulze-Osterloh*, AG 1984, 143; *Baumbach/Hueck/Schulze-Osterloh*, § 64 GmbHG Rz. 50; *Kübler/Prütting/Bork/Noack*, InsO, Gesellschaftsrecht Rz. 263; *Rowedder/Schmidt-Leithoff*, § 64 GmbHG Rz. 12; *Haas* in Gottwald, Insolvenzrechts-Handbuch, § 92 Rz. 60.

4 *Baumbauch/Hueck/Schulze-Osterloh*, § 64 GmbHG Rz. 50.

darauf hin, dass die Einräumung der Drei-Wochen-Frist die Möglichkeit geben soll, nach Sanierungsmöglichkeiten zu suchen. Dafür sei die positive Kenntnis der jeweils zur Antragstellung verpflichteten Person von der Zahlungsunfähigkeit oder Überschuldung erforderlich. **Fahrlässige Unkenntnis** genüge nicht. Verschließe sich die zur Antragstellung verpflichtete Person allerdings der Kenntniserlangung wider Treu und Glauben, so beginne die Frist bereits mit dem Zeitpunkt dieses Verhaltens. Gleiches gilt, wenn der Geschäftsführer einer GmbH von einer zeitlich zurückliegenden Überschuldung erfahre und zu Unrecht ohne genaue Prüfung annehme, die Überschuldung sei beseitigt.

5.81 Nach **neuerer Rechtsprechung des BGH in Zivilsachen**[1] beginnt die Insolvenzantragspflicht mit der **Erkennbarkeit der Insolvenzreife** für den Geschäftsführer, wobei ein entsprechendes Verschulden zu vermuten ist. Der Geschäftsführer, der den gebotenen Insolvenzantrag unterlässt, muss darlegen und beweisen, weshalb er trotz Insolvenzreife der GmbH nicht schuldhaft gehandelt hat[2]. Nach heute noch in **Strafsachen** vertretener **Meinung des BGH**[3] ist die Drei-Wochen-Frist des § 64 Satz 1 GmbHG eine Höchstfrist, die mit der Kenntnis des Organs beginnt. Der Rechtsprechung des BGH in Zivilsachen ist die **neuere Literaturmeinung**, wenn auch mit unterschiedlichen Formulierungen, gefolgt[4]. Die Auffassung, wonach die Frist mit dem Eintritt der Zahlungsunfähigkeit beginnt, entspricht dem Wortlaut des Gesetzes. Der Meinungsstreit hat bei der Zahlungsunfähigkeit kaum praktische Bedeutung[5]. Einem Geschäftsführer wird kaum jemals verborgen bleiben, wenn Zahlungsunfähigkeit bei der GmbH vorliegt. Im Fall der **Überschuldung** führt das alleinige Abstellen auf das Vorliegen einer Überschuldung dazu, dass der oder die Geschäftsführer verpflichtet sind, die **wirtschaftliche Situation der GmbH ständig zu prüfen**[6]. Die allgemeine Pflicht, über den **jeweiligen Stand der Gesellschaft jederzeit informiert** zu sein, erfordert je nach der

1 BGH v. 29. 11. 1999 – II ZR 273/98, BGHZ 143, 184, 185 = DStR 2000, 210.

2 BGH v. 29. 11. 1999 – II ZR 273/98, BGHZ 143, 184, 185 = NJW 2000, 668; BGH v. 6. 6. 1994 – II ZR 292/91, BGHZ 126, 181, 200 = NJW 1994, 2220 = GmbHR 1994, 539, 545 = ZIP 1994, 1103, 1110; *Haas*, NZG 1999, 379; *Altmeppen* in Roth/Altmeppen, § 64 GmbHG Rz. 48; *Scholz/Karsten Schmidt*, 9. Aufl., § 64 GmbHG Rz. 50; *Lutter/Kleindiek* in Lutter/Hommelhoff, § 64 GmbHG Rz. 44.

3 BGH v. 30. 7. 2003 – V StR 221/03, ZIP 2003, 2213.

4 Z.B. *Lutter/Kleindiek* in Lutter/Hommelhoff, § 64 GmbHG Rz. 28 („zutage liegende" Fakten und Merkmale); *Habersack* in Großkommentar zum AktG, § 92 AktG Rz. 62; *Höfer*, § 92 AktG Rz. 9; *Jaeger/H.-F. Müller*, § 15 InsO Rz. 90; *Spindler* in Münchener Kommentar zum AktG, § 92 AktG Rz. 29; *Rowedder/Schmidt-Leithoff*, § 64 GmbHG Rz. 13 (Erkennbarkeit der Überschuldung); *Uhlenbruck*, § 11 InsO Rz. 69 (grob fahrlässige Unkenntnis).

5 *Scholz/Karsten Schmidt*, 9. Aufl., § 64 GmbHG Rz. 18; *Rowedder/Schmidt-Leithoff*, § 64 GmbHG Rz. 13; *Lutter/Kleindiek* in Lutter/Hommelhoff, § 64 GmbHG Rz. 28.

6 BGH v. 1. 3. 1993 – II ZR 81/94, ZIP 1994, 891, 892 = GmbHR 1994, 539, 545; *Haas* in Gottwald, Insolvenzrechts-Handbuch, § 92 Rz. 60; *Goette*, ZInsO 2001, 529, 530; *Eckardt/van Zwoll*, Der Geschäftsführer der GmbH, 2004, S. 130, 151; *Scholz/Karsten Schmidt*, 9. Aufl., § 64 GmbHG Rz. 18; *Lutter/Kleindiek* in Lutter/Hommelhoff, § 64 GmbHG Rz. 28.

notwendig werdenden Reaktion unterschiedliche Maßstäbe der Statusüberwachung. Nach Auffassung von *Goette*[1] reicht es nicht für alle Fallgestaltungen aus, die **Werte der letzten Jahresbilanz** fortzuschreiben. Vielmehr seien vor allem bei der Prüfung der Überschuldung weiter gehende Aktivitäten erforderlich. Wie diese Aktivitäten aussehen müssen, hat der Gesetzgeber nicht gesagt. Um seiner **Beobachtungspflicht** Genüge zu tun, muss der Geschäftsführer eine GmbH-spezifische Kontrollorganisation in seinem Unternehmen einführen[2]. Anders als § 91 Abs. 2 AktG kennt das GmbHG keine Verpflichtung, ein **Überwachungssystem** einzurichten, damit Entwicklungen, die den Fortbestand der Gesellschaft gefährden können, frühzeitig erkannt werden. Festzustellen ist, dass der Inhalt der in § 43 Abs. 1 GmbHG verankerten **Pflicht zur beständigen wirtschaftlichen Selbstprüfung** jeweils von der Struktur und Größe der Gesellschaft sowie deren wirtschaftlicher Lage abhängt[3]. In jedem Fall hat sich der Geschäftsführer auch bei arbeitsanteiliger Organisation jederzeit über die vermögensrechtliche Situation der Gesellschaft schnell und umfassend informiert zu halten. Er muss in der Lage sein, die von der Gesellschaft eingegangenen Verpflichtungen und Risiken abzuschätzen und zu steuern. Anders als die Zahlungsunfähigkeit ist eine bestehende **Überschuldung** schwieriger zu erkennen. Einzelheiten hierzu unten Rz. 5.110 ff.

b) Die Pflicht zur Aufstellung eines Liquiditätsstatus

Die Feststellung der Zahlungsunfähigkeit macht in der Praxis nicht nur des- 5.82
wegen Schwierigkeiten, weil die Begriffe **„Liquidität"** und damit auch der **„Illiquidität"** rechtlich und betriebswirtschaftlich unterschiedlich definiert werden. Vielmehr bietet das Gesetz auch keine Anhaltspunkte, wie die **insolvenzrechtliche Illiquidität** als Zahlungsunfähigkeit festgestellt wird. Obgleich in Literatur[4] und Rechtsprechung[5] Vorschläge für die Gestaltung eines Liquiditätsstatus gemacht worden sind, hat der BGH in seiner grundlegenden Entscheidung vom 24. 5. 2005[6] eigene Grundsätze aufgestellt, **welche Anforderungen an die Prüfungspflicht des Geschäftsführers** zu stellen sind. Nach der Entscheidung des BGH ist der **Liquiditätsstatus (Liquiditätsbilanz) in mehreren Stufen** aufzustellen.

1 ZInsO 2001, 529, 530.
2 *Eckardt/van Zwoll*, Der Geschäftsführer der GmbH, S. 151.
3 Zutreffend *Haas*, Die Haftung des GmbH-Geschäftsführers in der Krise der Gesellschaft, in Heintzen/Kruschwitz, Unternehmen in der Krise, 2004, S. 73, 75; *Haas* in Gottwald, Insolvenzrechts-Handbuch, § 92 Rz. 60.
4 Vgl. *Uhlenbruck*, § 17 InsO Rz. 17; *Pape*, WM 2008, 1949 ff.; IDW PS 800, Empfehlungen zur Prüfung eingetretener oder drohender Zahlungsunfähigkeit bei Unternehmen, FN-IDW Nr. 3/1999, S. 85 = ZIP 1999, 505; *Beck* in Beck/Depré, Praxis der Insolvenz, § 5 Rz. 57 ff.; *Eilenberger* in Münchener Kommentar zur InsO, § 17 InsO Rz. 20; *Harz*, ZInsO 2001, 193.
5 LG Augsburg v. 30. 12. 2002 – 7 T 4420/02, ZInsO 2003, 952, 953 = DZWIR 2003, 303.
6 BGH v. 24. 5. 2005 – IX ZR 123/04, BGHZ 163, 134 = GmbHR 2005, 1117 = ZIP 2005, 1426 = ZInsO 2005, 807. Zur Ermittlung der Zahlungsunfähigkeit s. auch *Staufenbiel/Hoffmann*, ZInsO 2008, 785 ff., 838 ff. u. 891 ff.

5.83 Die **Methode der Zahlungsunfähigkeitsprüfung** hat sich an der BGH-Entscheidung vom 24. 5. 2005[1] zu orientieren[2]. Vor allem bei Auftreten von **Liquiditätsengpässen** hat der Geschäftsführer einen **Liquiditätsstatus** zu erstellen, weil er nach § 64 Satz 1 GmbHG gegenüber der Gesellschaft für Zahlungen haftet, die nach Eintritt der Zahlungsunfähigkeit der Gesellschaft oder nach Feststellung der Überschuldung geleistet werden. Eine Ausnahme gilt nur für solche Zahlungen, die auch nach diesem Zeitpunkt mit der Sorgfalt eines ordentlichen Geschäftsmanns vereinbar sind (§ 64 Satz 2 GmbHG). Gleiches gilt gem. §§ 130a Abs. 2, 177a HGB für die GmbH & Co. KG.

5.84 **aa)** In einer **ersten Stufe** sind die auf den Ermittlungsstichtag fälligen Zahlungspflichten und solche Zahlungspflichten der GmbH, die **binnen drei Wochen** ab dem Stichtag fällig werden, zu ermitteln[3]. Sind Geldschulden noch nicht fällig oder gestundet, dürfen sie außer Betracht bleiben. Fällige Zahlungspflichten, denen eine aufrechenbare Gegenforderung gegenübersteht, sind dagegen mit ihrem Nennbetrag zu berücksichtigen, da die Gegenforderung in die liquiden Mittel des Schuldnerunternehmens einzubeziehen ist[4].

5.85 **bb)** In einer **zweiten Stufe** sind die liquiden Mittel festzustellen, die der GmbH am Stichtag zur Verfügung stehen oder die binnen der nächsten drei Wochen zu Geld gemacht werden können. Unstreitig dürfte sein, dass zu den **verfügbaren Zahlungsmitteln** Bargeld, Schecks, Bank- und Postgiroguthaben sowie freie Kreditlinien auf laufenden Geschäftskonten zählen[5]. Außer Betracht bleiben können dabei einzelne Verbindlichkeiten, die der Geschäftsführer als unbegründet ansieht, und deren Zahlung er trotz Fälligkeit zu verweigern berechtigt ist[6]. Den verfügbaren Zahlungsmitteln sind **sämtliche Verbindlichkeiten gegenüberzustellen**, die zum Stichtag der Liquiditätsbilanz fällig sind oder kurzfristig fällig werden. Hierzu gehören fällige Verbindlichkeiten aus Lieferungen und Leistungen, nicht genehmigte Überziehungen von laufenden Geschäftskonten, sonstige offene Verbindlichkeiten sowie fällige Verbindlichkeiten gegenüber Arbeitnehmern und sonstige Ausgaben im Finanzbereich[7].

---

1 BGH v. 24. 5. 2005 – IX ZR 123/04, BGHZ 163, 134 = GmbHR 2005, 1117 = ZIP 2005, 1426.

2 So zutr. *J.-S. Schröder* in Hamburger Kommentar zum Insolvenzrecht, § 17 InsO Rz. 34; *Knolle/Tetzlaff*, ZInsO 2005, 894; *Heublein*, KSI 2006, 12; *Hölzle*, ZIP 2006, 101. S. auch OLG Hamm v. 16. 10. 2007 – 27 U 179/06, ZInsO 2008, 511 ff.

3 Einzelheiten bei *Heublein*, KSI 2006, 12, 15.

4 So wörtlich *Heublein*, KSI 2006, 12, 16.

5 *Knolle/Tetzlaff*, ZInsO 2005, 897, 900; *Heublein*, KSI 2006, 12, 16; *J.-S. Schröder* in Hamburger Kommentar zum Insolvenzrecht, § 17 InsO Rz. 35; *Harz*, ZInsO 2001, 193, 196; Fachausschuss „Recht" des IDW in IDW-Fachnachrichten, Nr. 3/1999, S. 86 f.; *Schmerbach* in Frankfurter Kommentar zur InsO, § 17 InsO Rz. 15; *Scholz/Karsten Schmidt*, 9. Aufl., vor § 64 GmbHG Rz. 10; *Uhlenbruck*, § 17 InsO Rz. 17–19; *Uhlenbruck* in Gottwald, Insolvenzrechts-Handbuch, § 6 Rz. 9.

6 *Eilenberger* in Münchener Kommentar zur InsO, § 17 InsO Rz. 9; *Kirchhof* in Heidelberger Kommentar zur InsO, § 17 InsO Rz. 7; *Primozic/Feckel*, GmbHR 2005, 160, 163 f.; *J.-S. Schröder* in Hamburger Kommentar zum Insolvenzrecht, § 17 InsO Rz. 6.

7 Einzelheiten bei *Eilenberger*, Betriebliche Finanzwirtschaft, 1997, S. 302; *Eilenberger* in Münchener Kommentar zur InsO, § 17 InsO Rz. 14, 19; *Uhlenbruck*, § 17 InsO

Bei der Feststellung der Zahlungsunfähigkeit wird in der Literatur teilweise auch auf den **Grad der Liquidierbarkeit von Vermögensgegenständen** abgestellt[1]. Die Auffassung, wonach die kurzfristige Liquidierbarkeit von Vermögensgegenständen der Liquidität gleichgesetzt werden konnte, dürfte durch die Regelung in § 17 InsO überholt sein[2]. Die kurzfristige Liquidation von Gegenständen des Anlage- oder Umlaufvermögens müsste **innerhalb kürzester Zeit** möglich sein. Als maximaler Zeitraum gilt auch hier die **Drei-Wochen-Frist**[3]. Die Streitfrage, ob die kurzfristige Liquidierbarkeit von Vermögensgegenständen der Geldliquidität gleichzusetzen ist, hat so gut wie keine praktische Bedeutung, weil das Schuldnerunternehmen im Regelfall sämtliches entbehrliche und verwertbare Vermögen bereits versilbert hat. Versuche, die **Liquidität stufenweise einzuordnen**, wie z.B. Liquidität 1., 2. und 3. Grades, können nach zutreffender Feststellung von *Haarmeyer/Wutzke/Förster*[4] „kein systematisches Ergebnis tragen". Besser erscheint die Einteilung von *Bork*[5] in **Aktiva I und Aktiva II**, wobei unter Aktiva II die innerhalb von 21 Tagen verfügbaren liquiden Mittel zu verstehen sind. Mit dem Wegfall des Merkmals der „Dauer" hat der Gesetzgeber gezeigt, dass er die Liquidität als **Eigenschaft von Wirtschaftsobjekten** und nicht als eine Frage der mehr oder weniger kurzfristigen Liquidierbarkeit von entbehrlichen Wirtschaftsgütern ansieht. Die zum Stichtag aufzustellende Liquiditätsbilanz als Sonderbilanz hat keinen anderen Zweck, als die Zahlungsunfähigkeit bzw. Zahlungsfähigkeit der GmbH bzw. GmbH & Co. KG zu prüfen. Vom Zweck der Liquiditätsbilanz her, nämlich dem Gläubigerschutz, hat die Bewertung nach dem **Niederstwertprinzip** zu erfolgen[6]. 5.86

cc) In einer **dritten Stufe** ist zu prüfen, ob die Gegenüberstellung der fälligen oder innerhalb von drei Wochen fällig werdenden Verbindlichkeiten zu den liquiden Mitteln eine **vollständige Deckung** oder eine **Liquiditätslücke (Unterdeckung)** ergibt. Kann das Schuldnerunternehmen vom Stichtag der Prüfung bis zum Ende des Drei-Wochen-Zeitraums die fällig werdenden Zahlungs- 5.87

Rz. 18; *Uhlenbruck* in Gottwald, Insolvenzrechts-Handbuch, § 6 Rz. 4 ff.; *Haas*, Die Eröffnungsgründe, Zahlungsunfähigkeit, drohende Zahlungsunfähigkeit, Überschuldung, in Henckel/Kreft, RWS-Forum Insolvenzrecht 1998, 1999, S. 4; *Drukarczyk/Schüler*, Zahlungsunfähigkeit, drohende Zahlungsunfähigkeit und Überschuldung als Insolvenzauslöser, in Kölner Schrift zur InsO, 2. Aufl. 2000, S. 95, 106 f.; *Jaeger/H.-F. Müller*, § 17 InsO Rz. 13 ff.

1 Vgl. oben Rz. 5.19 f. sowie *Uhlenbruck*, GmbH & Co. KG, S. 251 ff.; *Papke*, KTS 1968, 169 ff.; *Strobel*, Die Liquidität, 2. Aufl. 1953, S. 65 f.; *Fluch*, Der Status der Unternehmung, 2. Aufl. 1961, S. 110 ff.; *Vormbaum*, Finanzierung der Betriebe, 7. Aufl. 1986, S. 113; *Lück*, DB 1984, 2362; *Drukarczyk*, Finanzierung, 10. Aufl. 2008, S. 428 ff.; *Perridon/Steiner*, Finanzwirtschaft der Unternehmung, 9. Aufl. 1997, S. 10 ff.

2 So auch *Jäger*, BB 1997, 1575, 1576. S. auch Rz. 5.19 f.

3 Vgl. BGH v. 3. 12. 1998 – IX ZR 313/97, InVo 1999, 77, 78; *Eilenberger* in Münchener Kommentar zur InsO, § 17 InsO Rz. 21; *Nerlich/Römermann/Mönning*, § 17 InsO Rz. 20; *Heublein*, KSI 2006, 12, 16; *Schmerbach* in Frankfurter Kommentar zur InsO, § 17 InsO Rz. 24, 25; *Uhlenbruck*, § 17 InsO Rz. 17; *Harz*, ZInsO 2001, 193.

4 *Haarmeyer/Wutzke/Förster*, Handbuch zur Insolvenzordnung, 3/64.

5 ZIP 2008, 1749, 1750.

6 *Arians*, Sonderbilanzen, 1984, S. 182.

pflichten **vollständig bedienen**, liegt Zahlungsunfähigkeit i.S. von § 17 InsO nicht vor, sondern lediglich keine **Zahlungsstockung**[1].

5.88 **dd)** Ergibt sich aus dem Liquiditätsstatus eine **Liquiditätslücke**, so ist in einer **vierten Stufe** zu prüfen, wie groß diese Liquiditätslücke ist und wie sich eine geringfügige Liquiditätslücke weiterentwickeln wird. Eine **erhebliche Liquiditätslücke** und damit Zahlungsunfähigkeit liegt nach Auffassung des BGH[2] dann vor, wenn das Verhältnis zwischen den aktuell verfügbaren sowie kurzfristig (innerhalb von drei Wochen) verfügbar zu machenden Mitteln und den eingeforderten Verbindlichkeiten eine **Deckungslücke von mehr als 10 % aufweist** (Einzelheiten oben zu Rz. 5.32). In dieser Zeit frei werdende oder von außen in dieser Zeit hinzukommende Zahlungsmittel aus einer erneuten Kreditaufnahme oder der kurzfristigen Verwertung von Gegenständen des Anlage- und Umlaufvermögens sowie Zahlungen auf fällige Forderungen der GmbH sind dabei als „Aktiva II" zu berücksichtigen[3]. Beträgt also die **Unterdeckung 10 % und mehr**, ist grundsätzlich die Eröffnung eines Insolvenzverfahrens geboten bzw. hat der Geschäftsführer unverzüglich, spätestens aber innerhalb von drei Wochen, Insolvenzantrag bei dem zuständigen Amtsgericht zu stellen. Eine **Ausnahme** gilt nur, wenn konkrete Umstände mit an Sicherheit grenzender Wahrscheinlichkeit erwarten lassen, dass die **Liquiditätslücke in überschaubarer, für die Gläubiger zumutbarer Zeit**, beseitigt werden wird. Liegt dagegen die **Liquiditätslücke**, die innerhalb von drei Wochen nicht zu beseitigen ist, **unterhalb von 10 % der fälligen Gesamtverbindlichkeiten**, so ist nach Meinung des BGH Zahlungsunfähigkeit nur gegeben, wenn bereits absehbar ist, dass die Unterdeckung in Zukunft mehr als 10 % erreichen wird.

5.89 **ee)** Wird eine **Liquiditätslücke** festgestellt, die innerhalb von **drei Wochen** nicht zu beseitigen ist, so ist in einer **fünften Stufe** eine **Prognoserechnung** anzustellen. Bei dem Insolvenzantrag eines Gläubigers (§ 14 InsO) hat das Insolvenzgericht demgemäß nicht nur die Liquiditätslücke, sondern auch festzustellen, ob und in welchem Zeitraum diese beseitigt werden kann (§ 5 Abs. 1 Satz 1 InsO). Auf eine gutachtliche Feststellung wird das Insolvenzgericht im Regelfall nicht verzichten können. Der Geschäftsführer einer GmbH, der sich gegen eine Inanspruchnahme aus § 64 GmbHG wegen Zahlungen in der Krise der Gesellschaft verteidigt, ist verpflichtet, konkrete Umstände vorzutragen, aus denen sich mit an Sicherheit grenzender Wahrscheinlichkeit ergibt, dass eine Schließung der Liquiditätslücke **innerhalb eines absehbaren Zeitraums** zu erwarten war. Ist die GmbH innerhalb von **drei Wochen** in der Lage, die Unterdeckung vollständig zu beseitigen oder jedenfalls auf unter 10 % zu beschränken, so liegt lediglich eine **Zahlungsstockung** vor. Bei der Beurteilung ist ein **Liquiditätsplan** unverzichtbar. Der Liquiditätsplan sollte auf Grund einer Wahrscheinlichkeitsprognose sämtliche kurzfristig (d.h. in-

1 Einzelheiten bei *Heublein*, KSI 2006, 12, 15 ff.

2 BGH v. 24. 5. 2005 – IX ZR 123/04, BGHZ 163, 134 = GmbHR 2005, 1117 = ZIP 2005, 1426.

3 Vgl. BGH v. 24. 5. 2005 – IX ZR 123/04, BGHZ 163, 134 = GmbHR 2005, 1117 = ZIP 2005, 1426; BGH v. 19. 7. 2007 – IX ZB 36/07, ZIP 2007, 1666 Rz. 30; *Bork*, ZIP 2008, 1749, 1750, der für zusätzliche Wertberichtigungsabschläge plädiert.

nerhalb von drei Wochen) zu erwartenden Zahlungseingänge den innerhalb dieses Zeitraums fällig werdenden Verbindlichkeiten gegenüberstellen. Dabei sind auch **innerhalb dieses Zeitraums fällig werdende neue Zahlungspflichten** zu berücksichtigen[1]. Der **Prognosezeitraum** erstreckt sich nach Auffassung von *Hölzle*[2] auf **insgesamt sechs Wochen**, was nicht der Intention des Gesetzgebers entsprechen dürfte.

Liegt die innerhalb von drei Wochen nicht zu beseitigende **Liquiditätslücke unterhalb der Schwelle von 10 %** der fälligen Gesamtverbindlichkeiten, so muss ebenfalls auf Grund einer **Prognoserechnung** festgestellt werden, ob die **Unterdeckung in einem überschaubaren Zeitraum mehr als 10 %** erreichen wird. Wie der „überschaubare Zeitraum" zu bemessen ist, hat der BGH offen gelassen. *Heublein*[3] geht von einem **Zeitraum von längstens sechs Monaten** aus, binnen derer das Schuldnerunternehmen in der Lage sein muss, die fälligen Zahlungspflichten in vollem Umfang erfüllen zu können. Nach Auffassung von *J.-S. Schröder*[4] beträgt die zeitliche Grenze **drei bis allenfalls sechs Monate**. Entscheidend sind jedoch immer die besonderen Umstände des Einzelfalles. 5.90

Festzustellen ist, dass nach der neueren Rechtsprechung des BGH nicht nur bei der Überschuldung, sondern auch bei Feststellung der Zahlungsunfähigkeit jedenfalls dann, wenn die fälligen Verbindlichkeiten nicht zu 100 % gedeckt sind, eine **Fortführungsprognose** anzustellen ist und im Rahmen dieser Fortführungsprognose zu klären ist, wie sich die Unterdeckung aller Voraussicht nach weiterentwickeln wird[5]. An die Fortführungsprognose sind die gleichen betriebswirtschaftlichen und rechtlichen Anforderungen zu stellen, wie an die Fortbestehensprognose im Rahmen der Überschuldungsprüfung[6]. Bei der Prognose, die der Geschäftsführer anstellen muss, sobald eine Unterdeckung auftritt, sind nach Auffassung des BGH die „konkreten Gegebenheiten in Bezug auf den Schuldner – insbesondere dessen Außenstände, die Bonität der Drittschuldner und die Kreditwürdigkeit des Schuldners –, auch die Branche und die Art der fälligen Schulden zu berücksichtigen[7]. 5.91

ff) Nach **Auffassung des BGH**[8] ist je nach Umfang der Unterdeckung den **Gläubigern im Einzelfall zuzumuten**, einstweilen abzuwarten, ob es dem Schuldnerunternehmen gelingen wird, die volle Liquidität wieder zu erlangen. Je geringer der Umfang der Unterdeckung sei, so eher sei den Gläubigern ein Zuwarten zuzumuten. Bei einem Insolvenzantrag des Gläubigers könnten in- 5.92

1 So zutr. *Knolle/Tetzlaff*, ZInsO 2005, 897, 900; *Heublein*, KSI 2006, 12, 16.
2 ZIP 2006, 101, 103.
3 KSI 2006, 12, 16. Ebenso *Fischer*, ZGR 2006, 403, 408.
4 In Hamburger Kommentar zum Insolvenzrecht, § 17 InsO Rz. 20.
5 So auch *Pape*, ZInsO 2005, 1140, 1145.
6 Vgl. *Karollus/Huemer*, Die Fortbestehensprognose im Rahmen der Überschuldungsprüfung, 2. Aufl. Wien 2006, S. 75 ff.
7 Vgl. auch *Kübler/Prütting/Bork/Pape*, § 17 InsO Rz. 11; *Schmerbach* in Frankfurter Kommentar zur InsO, § 17 InsO Rz. 17.
8 BGH v. 24. 5. 2005 – IX ZR 123/04, BGHZ 163, 134 = GmbHR 2005, 1117 = ZIP 2005, 1426.

soweit **Zweifel am Rechtsschutzinteresse** bestehen[1]. Vor allem aber im Rahmen der **Feststellung des Insolvenzgrundes** (§ 16 InsO) wird das Insolvenzgericht der **Frage der Zumutbarkeit für die Gläubiger** besondere Beachtung schenken müssen. Die Zumutbarkeit wird besonders zu bejahen sein, wenn in bestimmten Branchen regelmäßig **saisonale Flauten** zu überbrücken sind, die teilweise auch über mehrere Monate andauern können. Allerdings muss auch hier die Prognose ergeben, dass mit einer **wirtschaftlichen Erholung** zu rechnen ist, sobald die Saison wieder angelaufen ist. Bei der Feststellung der Insolvenzantragspflicht durch den Geschäftsführer hat die Frage der Zumutbarkeit allerdings außer Betracht zu bleiben.

5.93 Auch künftig werden trotz der Entscheidung des BGH weiter **Unsicherheiten in der Praxis** bestehen und einer „Einzelfallrechtsprechung" überlassen bleiben. Das Urteil des BGH vom 24. 5. 2005, das sich primär an der früheren Vorschrift des § 64 Abs. 2 (jetzt § 64) GmbHG orientiert, lässt den Gerichten, aber auch den Geschäftsführern, letztlich genügend Spielraum, vorschnelle und wirtschaftlich nicht vertretbare Insolvenzanträge bzw. Verfahrenseröffnungen zu vermeiden und zugleich den berechtigten Interessen der Gläubiger durch das Merkmal der „Zumutbarkeit" Rechnung zu tragen.

c) Zahlungsunfähigkeit der GmbH & Co. KG

5.94 Das **MoMiG** hat die bislang in § 130a HGB a.F. geregelte Insolvenzantragspflicht in die Insolvenzordnung (§ 15a Abs. 1 Satz 2 und Abs. 2 InsO) übertragen, so dass bei Vermeidung einer Strafbarkeit (§ 15a Abs. 4 InsO) der oder die Geschäftsführer oder Liquidatoren verpflichtet sind, bei Vorliegen einer Zahlungsunfähigkeit oder Überschuldung unverzüglich, spätestens aber **drei Wochen** nach Eintritt des Insolvenzgrundes, einen Insolvenzantrag zu stellen. Auch für die GmbH & Co. KG gilt der Grundsatz, dass jedes Sondervermögen selbstständig insolvenzfähig ist und die Eröffnungsgründe für jede Gesellschaft gesondert zu prüfen sind[2]. In den meisten Fällen sind die Insolvenzgründe bei beiden Gesellschaften die gleichen. Möglich ist aber auch, dass z.B. bei der KG Zahlungsunfähigkeit, bei der GmbH dagegen Überschuldung vorliegt[3]. Zahlungsunfähigkeit kann hinsichtlich der Komplementär-GmbH – abgesehen von Eigenverbindlichkeiten – nicht eintreten, solange die Kommanditgesellschaft zahlungsfähig ist. Die Komplementär-GmbH erhält Freistellung von den Gesellschaftsverbindlichkeiten gem. § 110 HGB[4]. Der **Freistellungsanspruch** verschafft zwar der GmbH noch keine Liquidität. Nach zutreffender Auffassung von *Karsten Schmidt*[5] führt jedoch der Zugriff des

1 So auch *Nerlich/Römermann/Mönning*, § 17 InsO Rz. 18.

2 Einzelheiten bei *Uhlenbruck*, GmbH & Co. KG, S. 255 ff.; *Scholz/Karsten Schmidt*, 9. Aufl., vor § 64 GmbHG Rz. 96; *Karsten Schmidt*, GmbHR 2002, 1209 ff.; *Nerlich/Römermann/Mönning*, § 17 InsO Rz. 26–29.

3 Einzelheiten bei *Scholz/Karsten Schmidt*, 9. Aufl., vor § 64 GmbHG Rz. 102; *Karsten Schmidt*, GmbHR 2002, 1209 ff.

4 *Karsten Schmidt*, GmbHR 2002, 1209, 1211; *Scholz/Karsten Schmidt*, 9. Aufl., vor § 64 GmbHG Rz. 97.

5 GmbHR 2002, 1209, 1211.

GmbH-Geschäftsführers auf das Gesellschaftsvermögen der Kommanditgesellschaft dazu, dass deren Liquidität so gut ist wie die eigene Liquidität der GmbH[1]. Die GmbH kann und darf sich demgemäß im Rahmen des § 110 HGB des Vermögens der KG bedienen. Nach *Karsten Schmidt*[2] ist das „Bankkonto der KG in diesem Umfang gleichsam auch ihre Bank". Die Pflicht zur Stellung eines Insolvenzantrages (§ 15a Abs. 1, 2 InsO) wird für die KG nicht dadurch beseitigt, dass die Gläubiger von der Komplementär-GmbH oder von Kommanditisten gem. §§ 128, 171, 172 HGB Zahlungen erhalten können[3]. Wegen der gesetzlichen Regelung in § 93 InsO löst die **Zahlungsunfähigkeit der GmbH & Co. KG** spätestens mit der Eröffnung des Insolvenzverfahrens wegen des Haftungsdurchgriffs meist auch die **Zahlungsunfähigkeit der Komplementär-GmbH** aus. Hat die GmbH & Co. KG einen aussichtsreichen Insolvenzplan vorgelegt, mit dessen Bestätigung die Komplementär-GmbH gem. § 227 InsO von ihrer weiter gehenden persönlichen Haftung befreit wird, erscheint es vertretbar, den Haftungstatbestand der §§ 161 Abs. 2, 128 HGB, § 93 InsO nicht als fällige Verbindlichkeit anzusehen und von einem Insolvenzantrag nach § 15a Abs. 1 Satz 1 InsO bis zum Zustandekommen des Insolvenzplans zunächst Abstand zu nehmen. Wegen der zwingenden Regelung in § 15a Abs. 1 Satz 1 InsO empfiehlt es sich jedoch, in Zweifelsfällen **unverzüglich Insolvenzantrag für die Komplementär-GmbH** zu stellen, das Gericht jedoch zu bitten, die Entscheidung über den Insolvenzantrag vorläufig zurückzustellen. Würde z.B. der Insolvenzantrag gegen die Komplementär-GmbH mangels Masse nach § 26 Abs. 1 Satz 1 InsO abgewiesen und die GmbH gelöscht, wäre eine Sanierung der KG auf Grund des Insolvenzplans nicht mehr möglich, ohne dass eine neue Komplementärin eingeschaltet würde[4]. Im Regelfall wird bei Insolvenz der KG die Komplementär-Haftung zu einer echten Verbindlichkeit der GmbH, die zum Insolvenzantrag verpflichtet, wenn die GmbH hierdurch zahlungsunfähig wird oder Überschuldung eintritt[5].

Bei der **Simultaninsolvenz** der Gesellschaften einer GmbH & Co. KG setzt sich immer mehr die Auffassung durch, dass die formelle Trennung der GmbH-Insolvenz von der KG-Insolvenz bei der typischen GmbH & Co. KG in Widerstreit zu der materiellen Einheit der Unternehmensinsolvenz steht[6]. Um 5.95

1 So auch *Scholz/Karsten Schmidt*, 9. Aufl., vor § 64 GmbHG Rz. 97.

2 GmbHR 2002, 1209, 1211.

3 *Schlitt*, NZG 1998, 701, 703. S. auch *Scholz/Karsten Schmidt*, 9. Aufl., vor § 64 GmbHG Rz. 95.

4 Zur Koordination des KG-Insolvenzverfahrens und des GmbH-Insolvenzverfahrens s. oben Rz. 4.22 und unten Rz. 7.502 ff.; *Uhlenbruck*, Die GmbH & Co. KG in Krise, Konkurs und Vergleich, S. 745 ff. u. S. 829 ff.

5 *Karsten Schmidt* in Münchener Kommentar zum HGB, 2. Aufl. 2006, Erl. § 130a HGB, Anh. § 158 HGB; *Scholz/Karsten Schmidt*, 9. Aufl., vor § 64 GmbHG Rz. 102; *Karsten Schmidt*, GmbHR 2002, 1209, 1212 ff.

6 *Karsten Schmidt*, GmbHR 2002, 1209; *Karsten Schmidt*, GmbHR 2003, 1404; *Liebs*, ZIP 2002, 1716, 1718; *Binz/Sorg*, Die GmbH & Co. KG, 10. Aufl. 2005, § 12 Rz. 26 S. 235; *Gundlach/Frenzel/Schmidt*, DStR 2004, 1658, 1662; *Karsten Schmidt* in Münchener Kommentar zum HGB, 2. Aufl. 2006, § 131 HGB Rz. 76. Instruktiv auch OLG Hamm v. 3. 7. 2003 – 15 W 375/02, GmbHR 2003, 1361.

eine **konsolidierte Abwicklung der Gesellschaften** zu gewährleisten, wird demgemäß davon ausgegangen, dass die Vorschrift des § 131 Abs. 3 Nr. 2 HGB wegen der sanierungsfeindlichen Folgen keine Anwendung findet. Bei der **zweigliedrigen GmbH & Co. KG** würde die Insolvenz der Komplementär-GmbH zu deren Ausscheiden nach § 131 Abs. 3 Nr. 2 HGB führen. Die Gesellschaft wäre vor allem bei Löschung voll beendet und für die Verbindlichkeiten der GmbH & Co. KG würde der **Kommanditist als Gesamtrechtsnachfolger unbeschränkt haften**[1]. Zwar hat der BGH[2] entschieden, dass bei liquidationsloser Vollbeendigung der KG und der Gesamtrechtsnachfolge des Kommanditisten dieser für Gesellschaftsverbindlichkeiten nur mit dem übergegangenen Vermögen haftet; dies reicht jedoch für eine konsolidierte Abwicklung beider Gesellschaften in Form einer Simultaninsolvenz nicht aus. Vielmehr ist mit *Karsten Schmidt*[3] davon auszugehen, dass die Vorschrift des § 131 Abs. 3 Nr. 2 HGB, wonach die GmbH & Co. KG durch die Eröffnung des Insolvenzverfahrens über das Vermögen der Komplementär-GmbH mangels abweichender vertraglicher Bestimmungen aufgelöst wird, keine Anwendung findet[4]. Nach hier vertretener Auffassung führt auch bei der **doppelstöckigen GmbH & Co. KG** die Eröffnung eines dreifachen Insolvenzverfahrens nicht dazu, dass die beiden beteiligten GmbH & Co. Kommanditgesellschaften auseinander brechen. Es werden zwar drei Verfahren eröffnet, jedoch bleiben die Gesellschaften als Verbund bestehen und werden als Verbund abgewickelt oder saniert[5]. Die hier vertretene Auffassung hat letztlich auch den Vorteil, dass der Geschäftsführer der Komplementär-GmbH sowohl im Antragsverfahren als auch im eröffneten Insolvenzverfahren über das Vermögen der GmbH & Co. KG berechtigt bleibt, die **Verfahrensrechte** auszuüben[6].

5.96 Bei der **Feststellung der Zahlungsunfähigkeit der GmbH & Co. KG** ist nach alledem zunächst zu prüfen, ob der Insolvenzgrund der Zahlungsunfähigkeit bei beiden Gesellschaften gegeben ist. Die Komplementär-GmbH ist nur zahlungsunfähig, soweit sie ihre **eigenen Verbindlichkeiten** im Wesentlichen, d.h. **zu mehr als 10 %**, nicht zu erfüllen vermag. Haftungstatbestände auf Grund der Komplementärstellung haben dabei zunächst unberücksichtigt zu bleiben. Liegt bei der Kommanditgesellschaft **Überschuldung** (§ 19 InsO) vor, so ist der die Überschuldung ausmachende Teil der KG-Verbindlichkeiten gem. §§ 161 Abs. 2, 128 HGB auch im Liquiditätsstatus der Komplementär-GmbH zu berücksichtigen. Besteht begründete Aussicht, dass die Komple-

1 Vgl. *Liebs*, ZIP 2002, 1716; *Karsten Schmidt*, GmbHR 2002, 1209; *Karsten Schmidt*, GmbHR 2003, 1404, 1406; *Binz/Sorg*, Die GmbH & Co. KG, 10. Aufl. 2005, § 12 Rz. 26 S. 235.

2 BGH v. 15. 3. 2004 – II ZR 247/01, ZIP 2004, 1047, 1048.

3 GmbHR 2002, 1209; *Karsten Schmidt*, GmbHR 2003, 1404, 1406; *Scholz/Karsten Schmidt*, 9. Aufl., vor § 64 GmbHG Rz. 120 ff.

4 Str., a.A. *Baumbach/Hopt*, Anh. § 177a HGB Rz. 45 mit der Begründung, eine Gesellschaft in Liquidation könne nicht als persönlich haftende Gesellschafterin fungieren.

5 So zutr. *Karsten Schmidt*, GmbHR 2003, 1404, 1406.

6 S. *Karsten Schmidt* in Münchener Kommentar zum HGB, 2. Aufl. 2006, Anh. § 158 HGB; *Scholz/Karsten Schmidt*, 9. Aufl., vor § 64 GmbHG Rz. 123.

mentärhaftung durch bestätigten Insolvenzplan nach § 227 InsO beseitigt oder eingeschränkt wird, wird man wegen **mangelnder Fälligkeit** der aus der Unterdeckung der KG-Verbindlichkeiten resultierenden Ansprüche den Geschäftsführer als berechtigt ansehen dürfen, zunächst eine Zahlungsunfähigkeit zu verneinen. Zugleich kann vermieden werden, dass ein Insolvenzverwalter die Geschäftsführer der Komplementär-GmbH aus ihren Befugnissen verdrängt und im eröffneten GmbH-Verfahren beantragt, das Insolvenzverfahren über das Vermögen der KG zu eröffnen[1].

3. Die Feststellung der drohenden Zahlungsunfähigkeit

a) Anforderungen an den Nachweis der drohenden Zahlungsunfähigkeit

Das Vorliegen der materiellen Insolvenz ist die Rechtfertigung für Eingriffe in Gläubigerrechte und zur Anfechtung. Deshalb darf nach deutschem Recht ein Insolvenzverfahren nur eröffnet werden, wenn ein Insolvenzgrund gegeben ist. Nicht nur in den USA, sondern auch in anderen Ländern, wie z.B. Österreich und in der Schweiz, hat man auf den Insolvenzgrund verzichtet, wenn der Schuldner bzw. der Schuldnervertreter selbst das Verfahren beantragt. Selbst in § 104 KO hatte der Gesetzgeber von einer Glaubhaftmachung der Schuldnerangaben abgesehen. Ausnahmen sahen lediglich die §§ 208 Abs. 2, 210 Abs. 3, 213 KO, § 63 GmbHG, § 100 GenG vor. Auch **die InsO verlangt vom Schuldner** als Antragsteller **nicht**, dass er das Vorliegen des Insolvenzgrundes der drohenden Zahlungsunfähigkeit **glaubhaft macht**. Zutreffend kritisiert *Schlosser*[2], dass der Gesetzgeber der InsO § 104 KO nicht in das neue Recht übernommen hat. Dass den Schuldner eine Auskunfts- und Mitwirkungspflicht treffe, mache es nicht unnütz, ihm schon als Voraussetzung der Eröffnung des von ihm selbst beantragten Verfahrens eine Aufstellung seiner Aktiva und Passiva abzuverlangen. *Drukarczyk/Schüler*[3] meinen, der Antrag des Schuldners auf Verfahrenseröffnung auf Grund drohender Zahlungsunfähigkeit müsse „ökonomisch legitimiert und justitiabel" sein. Das Vorliegen des Insolvenztatbestandes müsse deshalb überprüfbar sein. Aus Gläubigersicht spreche mehr für eine **richterliche Kontrolle** des vom Schuldner bzw. Schuldnerunternehmen vorgetragenen Insolvenztatbestandes, „da immerhin die Möglichkeit besteht, dass der Schuldner eine Strategie zu Lasten der Gläubiger plant". § 15 Abs. 2 Satz 1 InsO sieht vor, dass der Insolvenzantrag einer GmbH, wenn er nicht von allen Geschäftsführern oder Abwicklern gestellt wird, nur zulässig ist, wenn der **Eröffnungsgrund glaubhaft** gemacht wird. 5.97

Wird bei der GmbH der Antrag nicht von allen Mitgliedern der Geschäftsführung gestellt, so ist der Insolvenzantrag wegen drohender Zahlungsunfähigkeit zudem nur zulässig, wenn der oder die Antragsteller **zur Vertretung** 5.98

1 Vgl. auch *Kübler/Prütting/Noack*, InsO, Gesellschaftsrecht Rz. 564.
2 *Schlosser*, Die Eröffnung des Insolvenzverfahrens, in Leipold, Insolvenzrecht im Umbruch, S. 9, 13.
3 *Drukarczyk/Schüler*, Zahlungsunfähigkeit, drohende Zahlungsunfähigkeit und Überschuldung als Insolvenzauslöser, in Kölner Schrift zur InsO, 1. Aufl. 1997 S. 57, 74, Rz. 48.

der GmbH berechtigt sind (§ 18 Abs. 3 InsO). Offenbar begnügt sich das Gesetz bei Eigenantrag wegen drohender Zahlungsunfähigkeit (§ 18 InsO) in den übrigen Fällen damit, dass es für die Zulässigkeit des Antrags genügen soll, dass der Schuldner bzw. die organschaftlichen Vertreter des Schuldnerunternehmens das Vorliegen des Insolvenzgrundes der drohenden Zahlungsunfähigkeit behaupten[1]. Es gilt insoweit der Grundsatz, dass kein Geschäftsführer ohne triftigen Grund Insolvenzantrag für die GmbH stellt. Nach **anderer Auffassung** haben die organschaftlichen Vertreter eines Schuldnerunternehmens die drohende Zahlungsunfähigkeit (§ 18 Abs. 2 InsO) **schlüssig darzulegen** und durch Vorlage geeigneter Unterlagen **nachvollziehbar zu belegen**[2]. Zu weit geht allerdings die Forderung, dass der Antragsteller auch ein **Gläubiger- und Schuldnerverzeichnis sowie eine Vermögensaufstellung** einzureichen hat[3]. Letztlich laufen beide Auffassungen auf das gleiche Ergebnis hinaus: Da für die Verfahrenseröffnung gem. § 16 InsO das Insolvenzgericht vom Vorliegen der drohenden Zahlungsunfähigkeit überzeugt sein muss, hat es bei Nichtvorlage entsprechender Unterlagen **von Amts wegen Ermittlungen** nach § 5 Abs. 1 Satz 1 InsO anzustellen und kann von den Geschäftsführern nach §§ 20, 97 Abs. 1, 2, 101 Abs. 1 InsO entsprechende Auskünfte und im Rahmen der Mitwirkung die Vorlage entsprechender Belege verlangen[4].

b) Haftungsrisiken des Geschäftsführers

5.99 Die Pflicht zur Stellung eines Insolvenzantrags wegen drohender Zahlungsunfähigkeit (§ 18 InsO) kann im Einzelfall **Teil der internen Sanierungspflicht** des GmbH-Geschäftsführers sein. Zwar bleibt die außergerichtliche Sanierung auch nach neuem Recht „eine aus guten Gründen im Rahmen des unternehmerischen Ermessens für einen Geschäftsführer wählbare Alternative"[5]. Jedoch verengt sich dessen Ermessen mit zunehmender Unterdeckung, so dass oftmals die gerichtliche Sanierung der einzig gangbare Weg sein kann mit der Folge, dass eine Insolvenzantragspflicht zwar noch nicht gegenüber den Gläubigern oder im öffentlichen Interesse besteht, wohl aber als **interne Pflicht** gegenüber der Gesellschaft[6]. In der Begründung zu § 18 InsO[7] heißt es, durch die drohende Zahlungsunfähigkeit werde die Möglichkeit geschaffen, „bei einer sich deutlich abzeichnenden Insolvenz bereits vor dem Eintritt verfah-

---

1 *Smid*, § 18 InsO Rz. 9, 51; str., a.A. *Drukarczyk* in Münchener Kommentar zur InsO, § 18 InsO Rz. 11.

2 *Kirchhof* in Heidelberger Kommentar zur InsO, § 18 InsO Rz. 14; *Kübler/Prütting/Bork/Pape*, § 18 InsO Rz. 7; *Burger*, DB 1992, 2149, 2151; *Drukarczyk* in Münchener Kommentar zur InsO, § 18 InsO Rz. 11; *Vallender*, MDR 1999, 280, 281; *Uhlenbruck*, InVo 1999, 333 f.; *Uhlenbruck*, § 18 InsO Rz. 11.

3 S. *Ehlers*, ZInsO 2005, 169.

4 *Kirchhof* in Heidelberger Kommentar zur InsO, § 18 InsO Rz. 14; *Drukarczyk* in Münchener Kommentar zur InsO, § 18 InsO Rz. 11; *Kübler/Prütting/Bork/Pape*, § 18 InsO Rz. 7; *Vallender*, MDR 1999, 280, 281; *Uhlenbruck*, § 18 InsO Rz. 11; *Uhlenbruck*, InVo 1999, 333 f.

5 So *Götker*, Der Geschäftsführer in der Insolvenz der GmbH, Rz. 624.

6 *Götker*, Der Geschäftsführer in der Insolvenz der GmbH, Rz. 624.

7 Begr. zu § 22 RegE InsO, BT-Drucks. 12/2443, S. 114; abgedr. in *Kübler/Prütting*, RWS-Dokumentation 18, Bd. I, S. 176.

rensrechtliche Gegenmaßnahmen einzuleiten." Im Hinblick auf eine interne Haftung nach § 43 Abs. 2 GmbHG hat der Geschäftsführer in der Krise eine **besondere Verpflichtung zur wirtschaftlichen Selbstprüfung**[1]. Die Feststellung der drohenden Zahlungsunfähigkeit gewinnt für den GmbH-Geschäftsführer auch deswegen an Bedeutung, weil eine Haftung nach § 43 Abs. 2 GmbHG auch in Betracht kommt, wenn er **den Insolvenzantrag für die GmbH zu früh stellt**[2]. Nicht zuletzt wegen der Haftungsgefahren ist zu empfehlen, einen Insolvenzantrag wegen drohender Zahlungsunfähigkeit nur mit **Zustimmung der Gesellschafterversammlung** zu stellen (s. hierzu oben Rz. 5.49). Zur Vorbereitung des Gesellschafterbeschlusses hat der Geschäftsführer die Gesellschafter über alle erforderlichen entscheidungserheblichen Umstände zu informieren[3]. Liegt die wesentliche Aufgabe der Komplementär-GmbH in der Führung der Geschäfte der KG, so erstreckt sich der Schutzbereich des § 43 Abs. 2 GmbHG selbst dann auf die KG, wenn der Anstellungsvertrag des Geschäftsführers mit der GmbH geschlossen ist[4].

c) Die notwendige richterliche Überzeugung vom Vorliegen der drohenden Zahlungsunfähigkeit

Nach Meinung des BGH[5] ist für die Zulässigkeit des Eröffnungsantrags eines 5.100
Schuldnerunternehmens erforderlich, aber auch genügend, dass Tatsachen mitgeteilt werden, welche die **wesentlichen Merkmale eines Eröffnungsgrundes** erkennen lassen. Das bedeutet, dass einmal der Insolvenzantrag „ernsthaft auf Eröffnung gerichtet ist und nicht sachfremden Zwecken dient"[6]. Weiterhin ist entsprechend § 253 Abs. 2 Nr. 2 ZPO i.V.m. § 4 InsO erforderlich, dass der Geschäftsführer den Eröffnungsgrund der drohenden Zahlungsunfähigkeit in **substantiierter, nachvollziehbarer Form** darlegt[7]. Nach Auffassung des BGH ist eine **Schlüssigkeit im technischen Sinne** nicht zu verlangen[8]. Auch die **wirtschaftliche Entwicklung** der GmbH bis hin zum Eröffnungsgrund braucht nicht im Antrag geschildert zu werden, sofern dieser selbst dargelegt ist[9].

---

1 So zutr. *Haas*, Die Haftung des GmbH-Geschäftsführers in der Krise der Gesellschaft, in Heintzen/Kruschwitz, Unternehmen in der Krise, 2004, S. 73, 74; *Altmeppen*, ZGR 1999, 92, 300 ff.; *Altmeppen* in Roth/Altmeppen, § 41 GmbHG Rz. 15 u. § 43 GmbHG Rz. 10; *Götker*, Der Geschäftsführer in der Insolvenz der GmbH, Rz. 330.

2 *Rowedder/Schmidt-Leithoff/Koppensteiner*, § 43 GmbHG Rz. 26; *Götker*, Der Geschäftsführer in der Insolvenz der GmbH, Rz. 330.

3 Zutr. *Götker*, Der Geschäftsführer in der Insolvenz der GmbH, Rz. 330, 501, 502.

4 Vgl. *Scholz/Uwe H. Schneider*, § 43 GmbHG Rz. 425–427. Zur Geschäftsführungsbefugnis bei drohender Zahlungsunfähigkeit s. auch *Götker*, Der Geschäftsführer in der Insolvenz der GmbH, Rz. 498–502.

5 BGH v. 12. 12. 2002 – IX ZB 426/02, BGHZ 153, 205, 207 = NZI 2003, 147.

6 BGH v. 12. 12. 2002 – IX ZB 426/02, BGHZ 153, 205, 207 = NZI 2003, 147; *Schmahl* in Münchener Kommentar zur InsO, § 13 InsO Rz. 100; *Schmahl*, EWiR 2002, 721, 722.

7 BGH v. 12. 12. 2002 – IX ZB 426/02, BGHZ 153, 205, 207 = NZI 2003, 147.

8 Str., a.A. LG Potsdam v. 3. 6. 2002 – 5 T 159/02, DZWIR 2002, 390; *Uhlenbruck*, InVo 1999, 333, 334; *Vallender*, MDR 1999, 280, 281.

9 *Kirchhof* in Heidelberger Kommentar zur InsO, § 13 InsO Rz. 20; sehr weitgehend AG Duisburg v. 23. 6. 2004 – 63/IN 139/04, NZI 2005, 415, 416.

Genügt der Antrag auf Eröffnung eines Insolvenzverfahrens wegen drohender Zahlungsunfähigkeit den vom BGH verlangten Mindesterfordernissen nicht, hat das Insolvenzgericht den Geschäftsführer der GmbH **auf den Mangel hinzuweisen und eine Frist zu dessen Behebung zu setzen**. Erst nach fruchtlosem Ablauf der Frist ist der Antrag als unzulässig zurückzuweisen. Die **Amtsermittlungen des Insolvenzgerichts nach § 5 Abs. 1 Satz 1 InsO** greifen erst ein, wenn der Eröffnungsgrund in hinreichend substantiierter Form dargelegt ist und der Antrag vom Insolvenzgericht zugelassen worden ist. Auch nach Zulassung des Insolvenzantrags kann das Gericht Angaben und fehlende Unterlagen vom antragstellenden Schuldnerunternehmen verlangen. Das gilt vor allem für die **Vorlage eines Finanzplans**, aus dem sich eine **voraussichtliche Unterdeckung von mindestens 10 %** ergibt[1].

5.101 Für die Verfahrenseröffnung muss das Insolvenzgericht vom Vorliegen eines Insolvenzgrundes überzeugt sein (§ 16 InsO). Dies einmal wegen der einschneidenden Folgen für die Gesellschaft selbst; zum anderen aber auch wegen der rechtlichen Folgen für die Gläubiger der GmbH.

5.102 Im Wege der **Amtsermittlungen** (§ 5 Abs. 1 InsO) hat das Gericht u.a. festzustellen, **ob nicht** die **Zahlungsunfähigkeit** i.S. von § 17 InsO **oder** eine **Überschuldung** i.S. von § 19 InsO **bereits eingetreten** ist. Dies hat für den Verfahrensablauf erhebliche Folgen: Lag nämlich ein Insolvenzgrund, der zum Insolvenzantrag verpflichtet (§ 15a Abs. 1 InsO), bereits vor und ist die Drei-Wochen-Frist abgelaufen, so greifen die haftungsrechtlichen Folgen des § 26 Abs. 3 InsO ein mit der Folge, dass dem Massekostenvorschussleistenden in Höhe des Massekostenvorschusses die Schadensersatzansprüche gegen Geschäftsführer kraft Gesetzes zugewiesen werden. Der Insolvenzverwalter ist gem. § 92 InsO berechtigt, Schadensersatzansprüche der Gläubiger wegen Insolvenzverschleppung als **Quotenschaden** geltend zu machen. Neugläubigern haftet der Geschäftsführer persönlich auf das negative Interesse. Schließlich führt die schuldhafte Verletzung der Insolvenzantragspflicht durch den Geschäftsführer regelmäßig zur Versagung der Eigenverwaltung (§§ 270 ff. InsO), weil zu erwarten ist, dass die Anordnung zu Nachteilen für die Gläubiger führen wird (§ 270 Abs. 2 Nr. 3 InsO).

d) Der Finanzplan als Instrument der Feststellung einer drohenden Zahlungsunfähigkeit

5.103 Der Gesetzgeber der InsO hat nicht geregelt, wie die drohende Zahlungsunfähigkeit festgestellt wird. Letztlich kommt es auf den **Intensitätsgrad der Gefährdung der Gläubigerinteressen** an. In der strafrechtlichen Literatur ist immer wieder versucht worden, Kriterien für die Feststellung der drohenden

1 *Kübler/Prütting/Bork/Pape*, § 18 InsO Rz. 10; *Beck* in Beck/Depré, Praxis der Insolvenz, § 5 Rz. 87. Vgl. auch *Uhlenbruck* in Gottwald, Insolvenzrechts-Handbuch, § 6 Rz. 10–12; *Uhlenbruck*, § 18 InsO Rz. 11; *J.-S. Schröder* in Hamburger Kommentar zum Insolvenzrecht, § 18 InsO Rz. 15–18; *Hoffmann/Liebs*, Der GmbH-Geschäftsführer, Kap. 6 S. 222 Rz. 643.1; *Uhlenbruck*, GmbHR 1995, 195, 197; *Lüke* in Hesselmann/Tillmann/Mueller-Thuns, Handbuch der GmbH & Co. KG, § 11 Rz. 72.

Zahlungsunfähigkeit i.S. von § 283 Abs. 1 StGB zu entwickeln[1]. In der Begründung zu § 18 InsO[2] heißt es u.a., dass neben den zu erwartenden Einnahmen auch die zukünftigen, noch nicht begründeten Zahlungspflichten mit zu berücksichtigen sind. Wörtlich: „Die vorhandene Liquidität und die Einnahmen, die bis zu dem genannten Zeitpunkt zu erwarten sind, müssen den Verbindlichkeiten gegenübergestellt werden, die bereits fällig sind oder bis zu diesem Zeitpunkt voraussichtlich fällig werden." Nach dem Wortlaut des Gesetzes ist nur auf die **bestehenden Verbindlichkeiten** abzustellen. Nach zutreffender Feststellung von *R. Bork*[3] werden aber die derzeit noch nicht fälligen Verbindlichkeiten ebenso eingerechnet, wie die noch nicht begründeten Verbindlichkeiten, deren Entstehung (wie etwa bei den Löhnen) aber voraussehbar ist[4]. Nach der Begründung des Regierungsentwurfs muss in der **Prognose** die bei der drohenden Zahlungsunfähigkeit anzustellen ist, „die gesamte Entwicklung der Finanzlage des Schuldners bis zur Fälligkeit aller bestehenden Verbindlichkeiten einbezogen werden". In diesem Rahmen seien neben den zu erwartenden Einnahmen auch die **zukünftigen, noch nicht begründeten Zahlungspflichten** mit zu berücksichtigen. Zur Beurteilung der künftigen Finanzlage ist es unverzichtbar, auch die **noch nicht begründeten Zahlungspflichten** festzustellen und den Finanzplan zu ermitteln. Allerdings sind die so ermittelten bereits bestehenden und noch zu begründenden Zahlungsverpflichtungen den zu erwartenden Zahlungseingängen gegenüberzustellen[5].

Die Feststellung bzw. der Nachweis der drohenden Zahlungsunfähigkeit erfordert die **Aufstellung eines Finanzplans** (Liquiditätsplan)[6]. Die im Rahmen 5.104

1 Vgl. *Tiedemann,* NJW 1977, 781; *Borup,* wistra 1988, 88; *Richter,* GmbHR 1984, 137; *Schlüchter,* MDR 1978, 268; *Otto,* Der Zusammenhang zwischen Krise, Bankrotthandlung und Bankrott im Konkursstrafrecht, Gedächtnisschrift Rudolf Bruns, 1980, S. 265, 278 ff.; *Uhlenbruck,* wistra 1994, 1, 3; *Bretzke,* Der Begriff der drohenden Zahlungsunfähigkeit im Konkursstrafrecht, 1984, S. 223 f.; *Bretzke,* KTS 1985, 413 ff.; *Tiedemann,* Insolvenz-Strafrecht, vor § 283 StGB Rz. 135 ff.

2 § 22 RegE, abgedr. bei *Balz/Landfermann,* Die neuen Insolvenzgesetze, S. 224 = *Uhlenbruck,* Das neue Insolvenzrecht, S. 317.

3 *Bork,* Einführung in das neue Insolvenzrecht, Rz. 89.

4 So auch *Uhlenbruck,* § 18 InsO Rz. 7; *Schmerbach* in Frankfurter Kommentar zur InsO, § 18 InsO Rz. 10; *Spliedt* in Runkel, Anwalts-Handbuch Insolvenzrecht, § 1 Rz. 69; *Beck* in Beck/Depré, Praxis der Insolvenz, § 5 Rz. 82; *Jaeger/H.-F. Müller,* § 18 InsO Rz. 10; *Baumbach/Hueck/Schulze-Osterloh,* § 64 GmbHG Rz. 11; *Nerlich/Römermann/Mönning,* § 11 InsO Rz. 28; *Rowedder/Schmidt-Leithoff,* § 63 GmbHG Rz. 32; *Burger/Schellberg,* BB 1995, 261, 264; *Braun/Uhlenbruck,* Unternehmensinsolvenz, S. 285; kritisch *Uhlenbruck,* KTS 1994, 169, 171 f. Beschränkend auf die dem Grunde nach schon bestehenden Verbindlichkeiten *Scholz/Karsten Schmidt,* 9. Aufl., vor § 64 GmbHG Rz. 35; *Kirchhof* in Heidelberger Kommentar zur InsO, § 18 InsO Rz. 6.

5 So zutr. *Beck* in Beck/Depré, Praxis der Insolvenz, § 5 Rz. 82.

6 Eingehend hierzu *Drukarczyk* in Münchener Kommentar zur InsO, § 18 InsO Rz. 13 ff. m. Beispiel Rz. 22; *Hess,* § 18 InsO Rz. 14 ff. m. Beispiel Rz. 15; *Burger/Schellberg,* BB 1995, 261, 264; *Kübler/Prütting/Bork/Pape,* § 18 InsO Rz. 9; *Uhlenbruck,* § 18 InsO Rz. 7; *Braun/Uhlenbruck,* Unternehmensinsolvenz, S. 285 f.; *Uhlenbruck* in Gottwald, Insolvenzrechts-Handbuch, § 6 Rz. 11; *Drukarczyk/Schüler* in Kölner Schrift zur InsO, S. 95, 109 ff., Rz. 40 ff.; *Möhlmann,* WPg 1999, 947, 959 m. Beispiel; *Kirchhof* in Heidelberger Kommentar zur InsO, § 18 InsO Rz. 14; *Ner-*

der drohenden Zahlungsunfähigkeit aufzustellende **Plan/Liquiditätsrechnung** (Finanzplan) unterscheidet sich nur unwesentlich von einem Finanzplan, der gem. § 229 InsO dem Insolvenzplan beizufügen ist[1]. Mit den *„Empfehlungen zur Prüfung eingetretener oder drohender Zahlungsunfähigkeit bei Unternehmen"* hat der IDW-Fachausschuss „Recht" am 22. 1. 1999 einen **Prüfungsstandard** vorgeschlagen[2]. In dem Standard wird dargelegt, dass die Prüfung der drohenden Zahlungsunfähigkeit auf der Grundlage eines **Finanzstatus** und eines darauf aufbauenden **Finanzplans** erfolgt. In einem **ersten Schritt** werden bei der Prüfung das verfügbare Finanzmittelpotential des Unternehmens sowie dessen Verbindlichkeiten inventarmäßig erfasst und nach dem Grad der Liquidität bzw. Fälligkeit gegenübergestellt. Bereits in der ersten Stufe ist der Entscheidung des BGH vom 4. 5. 2005[3] Rechnung zu tragen. Der **Finanzstatus (Liquiditätsstatus, Liquiditätsbilanz)** gibt Auskunft darüber, ob eine **Liquiditätslücke** vorliegt (Einzelheiten hierzu oben Rz. 5.87 ff.). Ergibt sich eine **Deckungslücke von mehr als 10 %** der gesamten Verbindlichkeiten der GmbH, die binnen drei Wochen nicht geschlossen werden kann und ist nicht damit zu rechnen, dass die Deckungslücke in absehbarerer Zeit mit an Sicherheit grenzender Wahrscheinlichkeit geschlossen oder verringert werden kann, so liegt Zahlungsunfähigkeit vor und läuft die gesetzliche Drei-Wochen-Frist des § 15a Abs. 1 Satz 1 InsO. Besteht noch keine Deckungslücke oder eine **geringfügige Liquiditätslücke** unter 10 % der Gesamtverbindlichkeiten, so ist auf Grund einer sorgfältig erstellten Prognose zu prüfen, ob sich in absehbarer Zeit eine Liquiditätslücke von 10 % oder mehr ergibt.

5.105 Ergibt sich aus dem Liquiditätsstatus eine **Liquiditätslücke**, so ist zu prüfen, wie sich diese, beginnend ab der dritten Woche nach dem Stichtag, entwickeln wird. Dies ist nur auf Grund einer **Plan-Liquiditätsrechnung (Finanzplanrechnung)** möglich. Auch wenn keine Liquiditätslücke besteht, ist eine solche Planrechnung aufzustellen, aus der sich ergeben muss, dass das Schuldnerunternehmen in absehbarer Zeit außer Stande ist, seine fälligen und fällig werdenden Verbindlichkeiten im Wesentlichen zu erfüllen, also eine **Unterdeckung von mehr als 10 %** bestehen wird. Die einzelnen Finanzpositionen werden durch Darstellung der zu erwartenden Zahlungen in dem ausreichend **detaillierten Finanzplan** fortentwickelt werden. Den gegenwärtig und künftig verfügbaren **Zahlungsmitteln** sind alle im Prognosezeitraum **fälligen und fällig werdenden Zahlungspflichten** gegenüberzustellen. Hierunter fallen auch sämtliche Kosten, die im Rahmen einer Geschäftsfortführung notwendigerweise anfallen. Dazu gehören u.a. Löhne, Mietzinsen, Kosten für Rohstoffe und Energie, Steuern und Sozialabgaben[4]. Für die **GmbH & Co. KG** ist festzu-

lich/Römermann/Mönning, § 18 InsO Rz. 25 ff.; eingehend auch *Pink* bei Hofbauer/Kupsch, Bonner Handbuch Rechnungslegung, Loseblatt, Bd. 4 Fach 5 Rz. 124–141, 152–163.

1 So *Pink* bei Hofbauer/Kupsch, Bonner Handbuch Rechnungslegung, Loseblatt, Bd. 4, Fach 5, Rz. 159 ff.

2 Vgl. ZIP 1999, 505 ff.

3 BGH v. 4. 5. 2005 – IX ZR 123/04, BGHZ 163, 134 = GmbHR 2005, 1117 = ZIP 2005, 1426.

4 So *Kirchhof* in Heidelberger Kommentar zur InsO, § 18 InsO Rz. 11; *J.-S. Schröder* in Hamburger Kommentar zum Insolvenzrecht, § 17 InsO Rz. 37; *Baumbach/Hueck/*

stellen, dass die Gläubiger der KG gem. §§ 161 Abs. 2, 128 HGB zugleich auch Gläubiger der Komplementär-GmbH sind. Für die Feststellung der drohenden **Zahlungsunfähigkeit bei der Komplementär-GmbH** sind somit Haftung und Verbindlichkeiten gleichzustellen[1]. Finanzpläne dienen der Messung der Liquidität[2]. Finanzpläne bauen nach Feststellung von *Drukarczyk*[3] „auf Absatz-, Beschaffungs-, Personaleinsatzplänen und Investitionsplänen auf. Daneben sind die Steuerung des Umlaufvermögens, das Zahlungsverhalten der Abnehmer der Produkte und/oder Dienstleistungen, das eigene Zahlungsverhalten, die Kapitalstruktur im Ausgangszeitpunkt des Unternehmens und das Verhalten von Kreditgebern von Bedeutung"[4]. Letztlich kommt es für die Feststellung der drohenden Zahlungsunfähigkeit darauf an, ob im Planungszeitraum das **finanzielle Gleichgewicht** der GmbH bzw. GmbH & Co. KG bei Ausschöpfung aller Möglichkeiten der Liquiditätsbeschaffung gewahrt werden kann. Ist dies nicht der Fall, erfordert das Gläubigerschutzinteresse die Auslösung eines Insolvenzverfahrens, zwingt aber den Geschäftsführer noch nicht zur Antragstellung, sondern räumt ihm lediglich das Recht ein, sich mit dem Unternehmen in den Schutz eines gerichtlich überwachten Insolvenzverfahrens zu begeben.

e) Die Planbilanz

Die Planbilanz ist letztlich nichts anderes als ein Vermögensstatus[5]. Die Planbilanz enthält eine Gegenüberstellung der Aktiva und Passiva des Schuldnerunternehmens auf einen künftigen Stichtag[6]. Bei der Aufstellung von Planbilanzen ist darauf zu achten, dass bestimmte Maßnahmen, wie z.B. Teilstilllegungen, Massenentlassungen, Sozialpläne etc., bereits im Beurtei- 5.106

Schulze-Osterloh, § 64 GmbHG Rz. 11; *Jaeger/H.-F. Müller*, § 18 InsO Rz. 3 ff.; *Uhlenbruck*, § 18 InsO Rz. 5; *Drukarczyk* in Münchener Kommentar zur InsO, § 18 InsO Rz. 43; *Nerlich/Römermann/Mönning*, § 18 InsO Rz. 28; *Andres/Leithaus*, § 18 InsO Rz. 6; *Braun/Bußhardt*, § 18 InsO Rz. 9 ff.; *Beck* in Beck/Depré, Praxis der Insolvenz, § 5 Rz. 84.

1 *Kübler/Prütting/Noack*, InsO, Gesellschaftsrecht Rz. 563; *Rowedder/Schmidt-Leithoff*, § 63 GmbHG Rz. 149.

2 *Drukarczyk* in Münchener Kommentar zur InsO, § 18 InsO Rz. 15.

3 *Drukarczyk* in Münchener Kommentar zur InsO, § 18 InsO Rz. 20.

4 Zu den Anforderungen an einen Finanzplan s. auch die eingehende Darstellung bei *Drukarczyk*, Finanzierung, 10. Aufl. 2008, S. 36 ff. und S. 449 f.; *Drukarczyk/Schüler* in Kölner Schrift zur InsO, S. 95, 109 ff. Rz. 40 ff.; *Schmerbach* in Frankfurter Kommentar zur InsO, § 18 InsO Rz. 5 ff.; *Uhlenbruck* in Gottwald, Insolvenzrechts-Handbuch, § 6 Rz. 11; *Nerlich/Römermann/Mönning*, § 18 InsO Rz. 28; *Blersch/Goetsch/Haas*, Stand Mai 2006, § 18 InsO Rz. 16; *J.-S. Schröder* in Hamburger Kommentar zum Insolvenzrecht, § 17 InsO Rz. 36 u. § 18 Rz. 15; *Uhlenbruck*, § 18 InsO Rz. 7; *Drukarczyk* in Münchener Kommentar zur InsO, § 18 InsO Rz. 13 ff.; auch *Scholz/Karsten Schmidt*, 9. Aufl., vor § 64 GmbHG Rz. 35; *Haarmeyer/Wutzke/Förster*, Handbuch zur Insolvenzordnung, Kap. 1 Rz. 89; *Kübler/Prütting/Bork/Pape*, § 18 InsO Rz. 9, 10.

5 Vgl. *Pink* in Hofbauer/Kupsch, Bonner Handbuch Rechnungslegung, Loseblatt, Bd. 4, Fach 5, Rz. 124; *Uhlenbruck*, § 18 InsO Rz. 8.

6 Vgl. *Brandstätter*, Die Prüfung der Sanierungsfähigkeit notleidender Unternehmen, S. 306.

lungszeitraum zu zusätzlichen Belastungen des Unternehmens führen. Die Planbilanz hat speziell bei Kapitalgesellschaften die weitere Aufgabe, die **Entwicklung der Verschuldung** zu prognostizieren. Sie dient gleichzeitig dazu, das Vorliegen einer Überschuldung auszuschließen und aufzuzeigen, ob unter Einbeziehung der stillen Reserven im Prognosezeitraum eine Überschuldung und damit eine Insolvenzantragspflicht vermieden werden kann. Aus der Planbilanz kann letztlich auch ersichtlich sein, welche Gegenstände des Anlage- und Umlagevermögens der GmbH bzw. GmbH & Co. KG verzichtbar und damit kurzfristig verwertbar sind, also zu Geld gemacht werden können[1].

f) Die Plan-Gewinn- und -Verlustrechnung (Ergebnisplan)

5.107 Die Plan-Gewinn- und -Verlustrechnung wird vom Gesetz schon in § 229 Satz 2 InsO als Anlage zum Insolvenzplan gefordert. Nach dem Gesetzeswortlaut ist ergänzend darzustellen, welche Aufwendungen und Erträge für den Zeitraum, während dessen die Gläubiger befriedigt werden sollen, zu erwarten sind, und durch welche Abfolge von Einnahmen und Ausgaben die Zahlungsfähigkeit der GmbH bzw. GmbH & Co. KG während dieses Zeitraums gewährleistet werden soll[2]. Diese Anforderungen sind auch für die Darlegung der drohenden Zahlungsunfähigkeit durch den oder die Geschäftsführer unverzichtbar. Problematisch und umstritten ist, ob bestrittene oder entfernt liegende Forderungen und **drohende Verluste** ebenso wie **Rückstellungen**, bei denen Fälligkeit und Höhe noch unbekannt sind, berücksichtigt werden dürfen. Werden z.B. Produkthaftungsansprüche geltend gemacht, deren Berechtigung zweifelhaft oder streitig ist, können sie nicht als zukünftige Zahlungsverpflichtung Berücksichtigung finden[3]. Entscheidend ist immer, ob der Eintritt einer Verbindlichkeit bzw. Fälligkeit überwiegend wahrscheinlich ist oder ob es sich um eine reine bilanzielle Vorsichtsmaßnahme handelt[4]. Nicht berücksichtigungsfähig sind **Rückstellungen** und **Verluste**, deren Fälligkeit und/oder Höhe noch nicht feststeht[5]. Zweifelhaft, aber letztlich zu bejahen ist, dass **Verluste**, die bereits feststehen, aber noch nicht realisiert sind, im Finanzplan berücksichtigt werden dürfen[6]. Bei der Plan-Gewinn- und -Verlustrechnung handelt es sich letztlich um eine periodische, ertragsorientierte han-

1 Vgl. auch *Uhlenbruck*, § 18 InsO Rz. 8; *Pink* bei Hofbauer/Kupsch, Bonner Handbuch Rechnungslegung, Bd. 4 Fach 5 Rz. 124.

2 Vgl. *Braun/Uhlenbruck*, Unternehmensinsolvenz, S. 539 ff.; *Kübler/Prütting/Bork/Otte*, § 229 InsO Rz. 14 ff.; *Pink* bei Kraemer, Handbuch zur Insolvenz, Bd. II, Kap. 4 Fach 5, Rz. 152 ff.; *Westrick*, DStR 1998, 1882.

3 *Uhlenbruck*, KTS 1994, 169, 171; *Schmerbach* in Frankfurter Kommentar zur InsO, § 18 InsO Rz. 6; *Kübler/Prütting/Bork/Pape*, § 18 InsO Rz. 7.

4 *Kübler/Prütting/Bork/Pape*, § 18 InsO Rz. 8; *Amelung* in Kraemer, Handbuch zur Insolvenz, Bd. 1 Fach 2 Kap. 2 Rz. 38.

5 *Kübler/Prütting/Bork/Pape*, § 18 InsO Rz. 7; *Schmerbach* in Frankfurter Kommentar zur InsO, § 18 InsO Rz. 6; *Amelung* in Kraemer, Handbuch zur Insolvenz, Bd. 1 Fach 2 Kap. 2 Rz. 38.

6 Vgl. *Uhlenbruck*, KTS 1994, 169, 171; kritisch hierzu *Pape*, NWB Fach 19, S. 2323, 2328; *Kübler/Prütting/Bork/Pape*, § 18 InsO Rz. 7; *Schmerbach* in Frankfurter Kommentar zur InsO, § 18 InsO Rz. 6.

delsrechtliche Erfolgsrechnung[1], die zwangsläufig mit gewissen Unsicherheiten behaftet ist.

g) Der Prognosezeitraum

Offen gelassen hat der Gesetzgeber die Frage, wie der Prognosezeitraum zu bemessen ist. In der Begründung des Regierungsentwurfs zu § 22 InsO[2] heißt es hierzu, dass bei der Prognose auf die **gesamte Entwicklung der Finanzlage** des Schuldners bis zur Fälligkeit aller bestehenden Verbindlichkeiten abzustellen ist. Demgemäß wird die Länge des Prognosezeitraums grundsätzlich bestimmt durch den **spätesten Fälligkeitszeitpunkt** der bestehenden, aber derzeit noch nicht fälligen Zahlungspflichten[3]. Allgemein herrscht jedoch Einigkeit darüber, dass Prognosezeiträume z.B. von fünfzehn und mehr Jahren wenig sinnvoll sind[4]. Je länger der Prognosezeitraum, umso ungenauer wird die Prognose[5]. Überwiegend werden **maximal zwei Jahre**, aber auch **drei Jahre** vertreten[6]. Nach zutreffender Feststellung von *E. Braun*[7] sind Prognosen „Aussagen über voraussichtliche, in der überschaubaren Zukunft zu erwartende Entwicklungen, Tatbestände und politische oder wirtschaftliche Situationen unter Berücksichtigung der zurückliegenden bzw. gegenwärtigen Entwicklungen. Prognosen beinhalten nicht die Vorhersagen bestimmter Ereignisse oder Endzustände, sondern sie sind Annahmen über mögliche und wahrscheinliche Entwicklungen." Damit die drohende Zahlungsunfähigkeit als Tatbestand judizierbar bleibt, ist anzunehmen, dass sich der **Planungszeitraum auf das laufende Geschäftsjahr** bezieht und nach Möglichkeit auch das **nächste Geschäftsjahr** der GmbH bzw. GmbH & Co. KG mit erfasst[8]. Mehr kann man von einer ehrlichen Finanzplanung nicht erwarten. 5.108

1 *Pink* in Hofbauer/Kupsch, Bonner Handbuch Rechnungslegung, Loseblatt, Bd. 4 Fach 5 Rz. 152; *Uhlenbruck*, § 18 InsO Rz. 9; *Pink* bei Kraemer, Handbuch zur Insolvenz, Bd. II, Kap. 4 Fach 5, Rz. 152 ff.; *Kübler/Prütting/Bork/Otte*, § 229 InsO Rz. 15.

2 Vgl. *Uhlenbruck*, Das neue Insolvenzrecht, S. 318.

3 So *Drukarczyk/Schüler* in Kölner Schrift zur InsO, S. 95, 111 Rz. 43; *Drukarczyk* in Münchener Kommentar zur InsO, § 18 InsO Rz. 41–49; *Blersch/Goetsch/Haas*, § 18 InsO Rz. 11; *Burger/Schellberg*, BB 1995, 261, 264; *Nerlich/Römermann/Mönning*, § 18 InsO Rz. 25; *Schmid*, § 18 InsO Rz. 8.

4 So *Drukarczyk/Schüler* in Kölner Schrift zur InsO, S. 111 Rz. 43; *Kübler/Prütting/Bork/Pape*, § 18 InsO Rz. 6.

5 *Temme*, Die Eröffnungsgründe nach der Insolvenzordnung, 1997, S. 80.

6 Vgl. *Nerlich/Römermann/Mönning*, § 18 InsO Rz. 25; *Drukarczyk/Schüler* in Kölner Schrift zur InsO, Rz. 38; *Kübler/Prütting/Bork/Pape*, § 18 InsO Rz. 9; *Schmerbach* in Frankfurter Kommentar zur InsO, § 18 InsO Rz. 8a; *Amelung* in Kraemer, Handbuch zur Insolvenz, Bd. 1 Fach 2 Kap. 2 Rz. 41; *Uhlenbruck* in Gottwald, Insolvenzrechts-Handbuch, § 6 Rz. 11; *Uhlenbruck*, wistra 1996, 1, 6; *Uhlenbruck*, § 18 InsO Rz. 10; *Harz*, ZInsO 2001, 193, 197; *Kirchhof* in Heidelberger Kommentar zur InsO, § 18 InsO Rz. 8; *Jaeger/H.-F. Müller*, § 18 InsO Rz. 7; *J.-S. Schröder* in Hamburger Kommentar zum Insolvenzrecht, § 18 InsO Rz. 9; *Andres/Leithaus*, § 18 InsO Rz. 5; *Amelung* in Kraemer, Handbuch zur Insolvenz, Bd. 1 Fach 2 Kap. 2 Rz. 41.

7 *Braun/Uhlenbruck*, Unternehmensinsolvenz, S. 448; s. auch *Braun/Bußhardt*, § 18 InsO Rz. 8.

8 Einzelheiten bei *Uhlenbruck*, § 18 InsO Rz. 10; *Drukarczyk* in Münchener Kommentar zur InsO, § 18 InsO Rz. 21; *Gross/Amen*, WPg 2002, 225; *Schmerbach* in Frank-

5.109 Liegt eine **Unterdeckung von weniger als 10 %** jetzt oder in absehbarer Zeit bei der GmbH bzw. GmbH & Co. KG vor, so genügt dies nach der Entscheidung des BGH vom 24. 5. 2005[1] nicht, um die drohende Zahlungsunfähigkeit zu bejahen. Liegt eine Unterdeckung vor oder tritt diese voraussichtlich demnächst ein, so droht eine Zahlungsunfähigkeit nur, wenn entweder die Unterdeckung in absehbarer Zeit **über 10 Prozent** ansteigt oder wenn **Tatsachen** vorliegen, die die Erwartung begründen, dass sich der **Niedergang des Schuldnerunternehmens fortsetzen** wird. Solche Umstände sind im Rahmen des Eigenantrags (§ 18 InsO) vom Geschäftsführer darzulegen. Ansonsten hat das Insolvenzgericht im Rahmen seiner Amtsermittlungspflicht (§ 5 Abs. 1 Satz 1 InsO) diese Umstände festzustellen. Es ist somit eine **Fortbestehensprognose** zu erstellen, die derjenigen bei der Überschuldungsprüfung nahe kommt. Nach Auffassung von *Groß/Amen*[2] beinhaltet die Fortbestehensprognose eine begründete Aussage darüber, ob das Unternehmen nachhaltig seine geschäftlichen Aktivitäten unter Einhaltung der Zahlungsverpflichtungen fortführen kann. Sie sei deshalb **„Zahlungsfähigkeitsprognose"**, die auf der Grundlage geeigneter Planungsinstrumente aus verschiedenen Perspektiven zu erstellen sei. Demgegenüber hat *Bork*[3] nachgewiesen, dass „der Jurist bei der Erstellung der Fortbestehensprognose nicht zwingend auf betriebswirtschaftliche Rechenwerke und sachverständige Beratung angewiesen sein muss." In der Tat gibt es Fälle, in denen **Indikatoren oder Tatsachen**, die sich nicht auf eine Finanzplanung stützen, dafür sprechen, dass sich der Niedergang des Schuldnerunternehmens fortsetzen wird. So ist ein wichtiger Faktor u.a. das **Verhalten der Gläubiger**. Die Überlebenschancen für die GmbH dürften negativ zu beurteilen sein, wenn die Gläubiger Druck machen und eine außergerichtliche Sanierung bereits mehrheitlich abgelehnt haben. Gleiches gilt, wenn ein maßgebliches **Produkt** des Unternehmens durch Entwicklungen überholt wird. Auch die **Marktverhältnisse** und damit die Absatz- und Gewinnchancen können ein Indiz für den weiteren Niedergang des Schuldnerunternehmens sein[4]. An die **negative Fortführungsprognose** sind geringere Anforderungen zu stellen als an eine positive Fortführungsprognose. Jedoch ist auch hier das Merkmal **„voraussichtlich"** in § 18 Abs. 2 InsO so zu verstehen, dass der Eintritt der Zahlungsunfähigkeit wahrscheinlicher sein muss als deren Vermeidung. Die Eintrittswahrscheinlichkeit muss also **mehr als 50 %** betragen[5]. Für

---

furter Kommentar zur InsO, § 18 InsO Rz. 8a; *Nerlich/Römermann/Mönning*, § 18 InsO Rz. 25; *Jaeger/H.-F. Müller*, § 18 InsO Rz. 7; *Harz*, ZInsO 2001, 193, 197; *Kirchhof* in Heidelberger Kommentar zur InsO, § 18 InsO Rz. 8; *Kübler/Prütting/Bork/Pape*, § 18 InsO Rz. 9; *J.-S. Schröder* in Hamburger Kommentar zum Insolvenzrecht, § 18 InsO Rz. 9, 10; IDW PS 800, ZIP 1999, 505, 506.

1 BGH v. 24. 5. 2005 – IX ZR 123/04, BGHZ 163, 134 = GmbHR 2005, 1117 = ZIP 2005, 1426.

2 WPg 2002, 225; *Groß/Amen*, WPg 2003, 67.

3 ZIP 2000, 1709.

4 Einzelheiten bei *Bork*, ZIP 2000, 1709, 1713.

5 Vgl. *Uhlenbruck*, § 18 InsO Rz. 6; *Uhlenbruck* in Gottwald, Insolvenzrechts-Handbuch, § 6 InsO Rz. 12; *Uhlenbruck*, KTS 1994, 169, 171, 172; *Braun/Bußhardt*, § 18 InsO Rz. 5; *Jaeger/H.-F. Müller*, § 18 InsO Rz. 14; *Kirchhof* in Heidelberger Kommentar zur InsO, § 18 InsO Rz. 13; *Nerlich/Römermann/Mönning*, § 18 InsO Rz. 24; *Hess*, § 18 InsO Rz. 20.

den **Prognosezeitraum** ist bei negativer Prognose auf Grund von Tatsachen auf einen **Entwicklungszeitraum** abzustellen, der sich auf das **laufende Geschäftsjahr** bezieht und auch das **nächste Geschäftsjahr** mit umfasst.

4. Die Feststellung der Überschuldung der GmbH

a) Methoden der Überschuldungsfeststellung

Überschuldungsprüfung gehört mit zu den schwierigsten und umstrittensten Problemen der Insolvenzpraxis[1]. Wie bereits oben (Rz. 5.56 ff.) dargestellt wurde, ist der Überschuldungsbegriff trotz der Legaldefinition in § 19 Abs. 2 InsO nach wie vor umstritten. Allerdings hat er durch das **Finanzmarktstabilisierungsgesetz (FMStG)** vom 17. 10. 2008 (BGBl. I 2008, 1982) eine temporäre Variante erhalten, in dem die Vorschrift des § 19 Abs. 2 InsO mit Wirkung vom 18. 10. 2008 folgende Fassung erhalten hat: „Überschuldung liegt vor, wenn das Vermögen des Schuldners die bestehenden Verbindlichkeiten nicht mehr deckt, es sei denn, die Fortführung des Unternehmens ist nach den Umständen überwiegend wahrscheinlich." Die auf Grund der Finanzmarktkrise 2008 geänderte Vorschrift, deren Gültigkeit bis zum 1. 1. 2011 gem. Art. 6 Abs. 3 und Art. 7 Abs. 2 FMStG vorgesehen ist, soll verhindern, dass Unternehmen, die rechnerisch überschuldet sind, bei denen aber eine positive Fortführungsprognose gestellt werden kann und ein Turnaround sich bereits in wenigen Monaten abzeichnet, gezwungen sind, unverzüglich einen Insolvenzantrag zu stellen. Der Fortbestehensprognose kommt damit für überschuldete Gesellschaften eine existentielle Bedeutung zu, wenn auch nur für zwei Jahre[2]. Die **insolvenzrechtliche Überschuldung** ist nicht identisch mit der bilanziellen Überschuldung, die nach den §§ 247 ff. HGB festzustel- 5.110

---

1 Zur Überschuldungsprüfung vgl. *Vonnemann*, Die Feststellung der Überschuldung, 1989; *Vonnemann*, BB 1991, 867 ff.; *Lütkemeyer*, Die Überschuldung der GmbH, 1983; *Lutter*, ZIP 1999, 641 ff.; *Kübler/Prütting/Noack*, InsO, Gesellschaftsrecht Rz. 70 ff.; *Uhlenbruck*, KTS 1994, 169, 171; *Uhlenbruck* in Gottwald, Insolvenzrechts-Handbuch, § 6 Rz. 20 ff.; *Braun/Uhlenbruck*, Unternehmensinsolvenz, S. 288 ff.; *B. Böcker*, Die Überschuldung im Recht der GmbH, 2002; *Scholz/Karsten Schmidt*, 9. Aufl., vor § 64 GmbHG Rz. 16 ff.; *Möhlmann*, DStR 1998, 1843 ff.; *Spliedt*, DB 1999, 1941 ff.; *Bittmann*, wistra 1998, 321 ff. (Teil I) u. wistra 1999, 10 ff. (Teil II); *Karsten Schmidt*, GmbHR 1999, 9 ff.; *Karsten Schmidt*, Wege zum Insolvenzrecht der Unternehmen, 1990; *Karsten Schmidt*, ZGR 1998, 633 ff.; *Drukarczyk*, WM 1994, 1737; Empfehlungen des Fachausschusses Recht des IDW zur Überschuldungsprüfung bei Unternehmen, WPg 1997, 22 ff.; *Karollus/Huemer*, Die Fortbestehensprognose im Rahmen der Überschuldungsprüfung, 2. Aufl. 2006, S. 46 ff.; *Wolf*, Überschuldung, S. 11 ff.; *Drukarczyk/Schüler* in Kölner Schrift zur InsO, S. 95, 119 ff. Rz. 63 ff.; *Veit*, DB 2000, 1928 ff.; *Harz*, ZInsO 2001, 193, 198 f.; *Wengel*, DStR 2001, 1796; *Drukarczyk* in Münchener Kommentar zur InsO, § 19 InsO Rz. 20 ff.; *Arens*, Ertragsorientierte Überschuldungsprüfung, 1991; *Lütkemeyer*, Die Überschuldung der GmbH, 1983; *Fromm*, Der Überschuldungsstatus im Insolvenzrecht, ZInsO 2004, 943; *Götker*, Der Geschäftsführer in der Insolvenz der GmbH, Rz. 174 ff.

2 Vgl. *Karsten Schmidt*, DB 2008, 2467 ff.; *Holzer*, ZIP 2008, 2108 ff.; *Bitter*, ZInsO 2008, 1097; *Eckert/Happe*, ZInsO 2008, 1098 ff.; *Hölzle*, ZIP 2008, 2003 ff.; *Böcker/Poertzgen*, GmbHR 2008, 1289 ff.; *Hirte/Knof/Mock*, ZInsO 2008, 1217 ff. *Rokas*, ZInsO 2009, 18 ff.; *Möhlmann/Schmitt*, NZI 2009, 19 ff.

len ist[1]. Entsprechend obiger Feststellung (Rz. 5.79) besteht eine **Pflicht des Geschäftsführers zu ständiger Eigenprüfung**[2]. Die allgemeine Pflicht, sich über den Stand der Gesellschaft jederzeit informiert zu halten, erfordert je nach der notwendig werdenden Reaktion nach Feststellung von *Goette*[3] unterschiedliche Maßstäbe der Statusüberwachung. Nicht für alle Fallgestaltungen reiche es aus, die Werte der letzten Jahresbilanz fortzuschreiben. Vielmehr seien u.U., vor allem, wenn sich die Frage der Überschuldung der GmbH stelle, „darüber hinausgehende Aktivitäten vonnöten". Hierzu gehört vor allem die Erstellung eines **Überschuldungsstatus**. Nach dem **Gesetz zur Modernisierung des GmbH-Rechts und zur Bekämpfung von Missbräuchen (MoMiG[4])** wurde eine Neuregelung in § 15a Abs. 3 InsO eingeführt, wonach im Fall der **Führungslosigkeit der Gesellschaft** (§ 35 Abs. 2 Satz 4 GmbHG) oder bei unbekanntem Aufenthalt der Geschäftsführer auch **jeder Gesellschafter zur Stellung des Antrages verpflichtet** ist, es sei denn, er hat von der Zahlungsunfähigkeit, Überschuldung oder Führungslosigkeit keine Kenntnis[5]. Bei der **geschäftsführerlosen GmbH** verlagert sich somit die Pflicht zur Selbstprüfung und Statusüberwachung auf die Gesellschafter.

5.111 Zur **Feststellung der Überschuldung** sind in der Praxis, Literatur und Rechtsprechung verschiedene Methoden entwickelt worden, die letztlich aber das Gleiche Ziel haben, nämlich festzustellen, wann eine GmbH oder GmbH & Co. KG wegen **Vermögensinsuffizienz** verpflichtet ist, aus dem aktiven Marktgeschehen auszuscheiden und sich einem gerichtlich überwachten Insolvenzverfahren zu unterwerfen. Es entspricht allgemeiner Erfahrung, dass der Zustand der Überschuldung früher eintritt als der der Zahlungsunfähigkeit. Die Anknüpfung der Insolvenz an den Tatbestand der Überschuldung ermöglicht daher eine im Interesse der Gläubiger liegende frühere Verfahrenseröffnung. Die gesetzliche Insolvenzantragspflicht der Geschäftsführer einer GmbH oder GmbH & Co. KG bei Vorliegen einer Überschuldung ist nicht nur der **Preis für die beschränkte Haftung** der Gesellschaft, sondern zugleich auch hinlänglicher Anlass zur Prüfung, ob bei der Gesellschaft das erforderliche Schuldendeckungspotential vorhanden ist und die Gesellschafter ihrer Finanzierungsverantwortung nachkommen. Begrifflich sind zu unterscheiden die **rechnerische Überschuldung**[6] und die **rechtliche Überschul-**

1 BGH v. 8. 1. 2001 – II ZR 88/99, BGHZ 146, 264, 268 ff. = GmbHR 2001, 473 = ZIP 2001, 839; *Kirchhof* in Heidelberger Kommentar zur InsO, § 19 InsO Rz. 17; *Kübler/Prütting/Bork/Pape*, § 19 InsO Rz. 9; *Uhlenbruck*, § 19 InsO Rz. 24; *Jaeger/H.-F. Müller*, § 19 InsO Rz. 43; *H.-P. Müller/Haas*, Kölner Schrift zur InsO, S. 1799, 1801 f. Rz. 5; *J.-S. Schröder* in Hamburger Kommentar zum Insolvenzrecht, § 19 InsO Rz. 5; *Baumbach/Hueck/Schulze-Osterloh*, § 64 GmbHG Rz. 14.

2 BGH v. 6. 6. 1994 – II ZR 292/91, BGHZ 126, 181, 192 ff. = GmbHR 1994, 539, 545; *Lutter/Kleindiek* in Lutter/Hommelhoff, § 64 GmbHG Rz. 28; *Roth/Altmeppen*, § 64 GmbHG Rz. 46; *Altmeppen*, ZGR 1999, 291, 300 ff.; *Götker*, Der Geschäftsführer in der Insolvenz der GmbH, Rz 26.

3 ZInsO 2001, 529, 530.

4 BGBl. I 2008, 2026.

5 Vgl. auch *Hirte*, ZInsO 2003, 833, 838 f.; *Haas*, GmbHR 2006, 729, 734.

6 S. *Uhlenbruck*, § 19 InsO Rz. 6.

dung[1]. Rechnerische Überschuldung liegt vor, wenn das Vermögen der GmbH oder GmbH & Co. KG bei Ansatz von Liquidationswerten die bestehenden Verbindlichkeiten nicht mehr abdeckt. Bei der Prüfung der rechnerischen Überschuldung sind die **Liquidationswerte** maßgeblich, das sind die Werte, die für den Fall einer zum Stichtagszeitpunkt vorzunehmenden, ohne Zwang durchgeführten Liquidation zu erzielen wären. Die Liquidationswerte sind jedoch insoweit mit Unsicherheiten behaftet, als die **Verwertungsprämisse** nicht feststeht[2]. Bei Einzelveräußerung werden andere Werte erzielt als bei Veräußerung der Aktiva im Ganzen (Gesamtveräußerung). Darüber hinaus spielt die **voraussichtliche Abwicklungsgeschwindigkeit** eine Rolle[3]. Bei den Einzelverwertungserlösen wird je nach Auflösungsgeschwindigkeit zwischen der Auflösung „unter Normalbedingungen" und „unter Zeitdruck" unterschieden. Geschieht die Verwertung voraussichtlich unter Zeitdruck oder in einem Insolvenzverfahren, sind u.U. Zerschlagungswerte anzusetzen[4]. Die durch die **Verfahrenseröffnung ausgelösten Verbindlichkeiten und Kosten** werden bei der Feststellung der rechnerischen Überschuldung nicht berücksichtigt. Die **rechtliche Überschuldung** ist der eigentliche Insolvenzauslöser, der eine Insolvenzantragspflicht des GmbH-Geschäftsführers auslöst. Sie ist zugleich ein **Doppeltatbestand**, der sich aus zwei Komponenten zusammensetzt: Dem **exekutorischen Element** (rechnerische Überschuldung) und dem **prognostischen Element** (Fortbestehensprognose). Trotz begrifflicher Klarheit in § 19 Abs. 2 InsO durch das MoMiG ist die **Methode der Überschuldensmessung** auch für das neue Recht heftig umstritten[5]. Dabei soll zunächst die durch das **Finanzmarktstabilisierungsgesetz** vom 17. 10. 2008 (FMStG) erfolgte Änderung außer Betracht bleiben.

1 S. *Uhlenbruck*, § 19 InsO Rz. 8; *Uhlenbruck* in Gottwald, Insolvenzrechts-Handbuch, § 6 Rz. 14, 15; *Jaeger/H.-F. Müller*, § 19 InsO Rz. 18; *J.-S. Schröder* in Hamburger Kommentar zum Insolvenzrecht, § 19 InsO Rz. 5. Vgl. auch *Karsten Schmidt*, AG 1978, 334, 337; *Karsten Schmidt*, ZIP 1980, 233; *Karsten Schmidt*, JZ 1982, 165, 168 ff.; *Karsten Schmidt*, ZIP 1985, 713, 719; *Scholz/Karsten Schmidt*, 9. Aufl., vor § 64 GmbHG Rz. 15–19; *Götker*, Der Geschäftsführer in der Insolvenz der GmbH, Rz. 174 ff.; *Karollus/Huemer*, Die Fortbestehensprognose im Rahmen der Überschuldungsprüfung, 2006, S. 26.

2 Vgl. *H. P. Müller/U. Haas* in Kölner Schrift zur InsO, S. 1799, 1803 f. Rz. 12; *Uhlenbruck* in Gottwald, Insolvenzrechts-Handbuch, § 6 Rz. 15; *Uhlenbruck*, § 19 InsO Rz. 6.

3 Vgl. *Müller/Haas* in Kölner Schrift zu InsO, S. 1804 Rz. 12; *Burger/Schellberg*, KTS 1995, 571; *Jaeger/H.-F. Müller*, § 19 InsO Rz. 49; *Früh/Wagner*, WPg 1998, 907, 911; *Drukarczyk* in Münchener Kommentar zur InsO, § 19 InsO Rz. 91; *Smid*, § 19 InsO Rz. 35; *Götker*, Der Geschäftsführer in der Insolvenz der GmbH, Rz. 269.

4 S. *Temme*, Die Eröffnungsgründe der Insolvenzordnung, 1997, S. 146 f.; *Uhlenbruck*, Die GmbH & Co. KG in Krise, Konkurs und Vergleich, S. 283; *Götker*, Der Geschäftsführer in der Insolvenz der GmbH, Rz. 269.

5 Vgl. *Karsten Schmidt* in Kölner Schrift zur InsO, S. 1199, 1204 ff. Rz. 12, 13; *Karsten Schmidt*, ZGR 1998, 653 f.; *Scholz/Karsten Schmidt*, 9. Aufl., vor § 64 GmbHG Rz. 18 ff.; *Uhlenbruck*, § 19 InsO Rz. 13 ff.; *Rowedder/Schmidt-Leithoff*, § 63 GmbHG Rz. 38 ff.; *Baumbach/Hueck/Schulze-Osterloh*, § 63 GmbHG Rz. 8–10a; *Lutter/Kleindiek* in Lutter/Hommelhoff, § 64 GmbHG Rz. 14; *Kübler/Prütting/Noack*, InsO, Gesellschaftsrecht Rz. 70, 72; *Lutter*, ZIP 1999, 641 ff.

aa) Die herkömmliche zweistufige Prüfungsmethode

5.112 Die herkömmliche zweistufige Prüfungsmethode, die letztlich eine **dreistufige Prüfungsreihenfolge** ist, sieht folgendes Prüfungsschema vor: In einer **ersten Stufe** wird die **rechnerische Überschuldung** der GmbH unter Zugrundelegung von Liquidationswerten geprüft. In der Praxis bestehen vielfach Unsicherheiten hinsichtlich der Feststellung der Liquidationswerte, weil die **Verwertungsprämisse** nicht feststeht. Bei der rechnerischen Überschuldung stellen die Liquidationswerte **Einzelveräußerungswerte** dar, die zu erzielen wären, wenn der einzelne Vermögensgegenstand aus dem Unternehmen heraus veräußert würde, ohne dessen bisherige Nutzungsmöglichkeit zu berücksichtigen[1]. Teilweise wird in der Praxis die Bewertung nach der **Substanzwertmethode**, also der Feststellung des Zeitwertes auf Grund der Wiederbeschaffungs- oder Reproduktionskosten vorgenommen[2]. Es wird danach gefragt, was es kosten würde, das Unternehmen in seiner jetzigen Verfassung neu zu errichten. Ein **Fortführungsgesamtwert** ist zugrunde zu legen, wenn die Möglichkeit besteht, das Unternehmen als Ganzes zu veräußern. Festzustellen ist, dass der **Liquidationswert** nicht nur abhängig ist von der Zerschlagungsintensität, sondern in der Regel den einzelnen Vermögensgegenstand betrifft[3]. Nach Feststellung von *Fromm*[4] stellen die Liquidationswerte „Einzelveräußerungswerte dar, die zu erzielen wären, wenn der einzelne Vermögensgegenstand aus dem Unternehmen heraus veräußert würde, ohne dessen bisherige Nutzungsmöglichkeit zu berücksichtigen". Legt man die Liquidationswerte zugrunde, so ist die GmbH **rechnerisch überschuldet**, wenn die Liquidationswerte nicht die gesamten Verbindlichkeiten decken. In den meisten Fällen wird jedoch eine rechnerische Überschuldung zu bejahen sein. Müsste ein Insolvenzverfahren in solchen Fällen eingeleitet werden, würden häufig lebensfähige und wirtschaftlich erhaltungswürdige Unternehmen, vor allem, wenn sie als Dienstleistungsbetriebe geringes Anlagevermögen haben, liquidiert. Deshalb reicht die rechnerische Überschuldung für die Eröffnung eines Insolvenzverfahrens nicht aus. Vielmehr ist eine Korrektur durch **eine Fortbestehensprognose** vorzunehmen. Ist die Gesellschaft bei Ansatz von Liquidationswerten nicht rechnerisch überschuldet, ist auch eine **rechtliche Überschuldung ausgeschlossen**.

5.113 Ist die GmbH rechnerisch überschuldet, so wird in einer **zweiten Stufe** eine **Fortbestehensprognose** gestellt. Fällt die **Fortbestehensprognose positiv** aus, so ist in einer **dritten Stufe** die rechnerische Überschuldung um die Differenz zu den Betriebsbestehenswerten („Going concern-Concept") zu korrigieren. Liegt trotz dieser Korrektur noch immer eine Überschuldung der GmbH vor, so ist eine **rechtliche Überschuldung** gegeben und hat der organschaftliche Vertreter unverzüglich, spätestens aber innerhalb von drei Wochen Insolvenzantrag bei dem zuständigen Insolvenzgericht zu stellen. Fällt dagegen die **Fortbestehens-**

1 *Fromm*, ZInsO 2004, 943, 944; *Fuchsl/Weishäuptl* in Münchener Kommentar zur InsO, § 151 Rz. 9.
2 S. *Möhlmann*, DStR 1998, 1843, 1847; *Spliedt* in Runkel, Anwalts-Handbuch Insolvenzrecht, § 1 Rz. 112; *Steffan*, ZInsO 2003, 106, 109.
3 So zutr. *Spliedt* in Runkel, Anwalts-Handbuch Insolvenzrecht, § 1 Rz. 109, 111.
4 ZInsO 2004, 943, 944.

prognose negativ aus, kann die Bewertung im Einzelfall dazu führen, dass die Liquidationswerte auf „Zerschlagungswerte" korrigiert werden müssen.

bb) Die „modifizierte" zweistufige Überschuldungsprüfung

Wie die von *Karsten Schmidt*[1] entwickelte „neue" oder „modifizierte" zweistufige Überschuldungsprüfungsmethode geht jede herkömmliche Prüfungsmethode davon aus, dass sich der Überschuldungstatbestand aus einem **exekutorischen Element** (rechnerische Überschuldung) und einem **prognostischen Element** (Lebensfähigkeit) zusammensetzt. Der Unterschied zur herkömmlichen Überschuldungsprüfung besteht darin, dass sowohl das prognostische als auch das exekutorische Element gleichwertig nebeneinander stehen mit der Folge, dass bei positiver Fortführungs- bzw. Überlebensprognose von der Prüfung der rechnerischen Überschuldung Abstand genommen werden kann[2]. Die auf Grund des Finanzmarktstabilisierungsgesetzes vom 17. 10. 2008 bis zum 1. 1. 2011 geltende Fassung des § 19 Abs. 2 InsO entspricht exakt dieser Auffassung[3]. 5.114

cc) Die Auffassung von Altmeppen

Nach Auffassung von *Altmeppen*[4] widerspricht der zweistufige Überschuldungsbegriff i.S. der h.M. vor allem der Forderung des Gesetzgebers, der die Fortbestehensprognose allein als Basis der Bewertung gewürdigt wissen wolle. Praktisch sinnvoll erscheine es, auch für die Zwecke der gesetzlichen Antragspflicht als Ausgangspunkt die nach den Grundsätzen ordnungsgemäßer Bilanzierung **fortgeschriebenen Ansätze der Jahresbilanz** zu wählen. Die Bilanzwerte stellten dabei regelmäßig nur die Untergrenze dar, weil das HGB ungeachtet der Grenze für die Kapitalgesellschaft (§§ 279, 280 HGB) tendenziell eine Unterbewertung fördere (§ 253 HGB). *Altmeppen* verkennt zwar nicht, dass ein Vermögensstatus zu Liquidationswerten „bisweilen eher eine Überschuldung ergeben" wird; solange aber die fortgeschriebene Handelsbilanz noch Eigenkapital ausweise, stehe normalerweise die Fortführung des Unternehmens nicht in Zweifel und stelle sich daher die Frage nach einer 5.115

---

1 AG 1978, 334, 337 ff.; *Karsten Schmidt*, JZ 1982, 165, 167 ff.; *Karsten Schmidt*, Gesellschaftsrecht, § 11 VI. 3. a.

2 S. *Karsten Schmidt*, AG 1978, 334; *Karsten Schmidt*, ZIP 1980, 223 ff.; *Karsten Schmidt*, JZ 1982, 165, 170. Zum Streitstand s. auch die umfassende Darstellung von *Schaub*, DStR 1993, 1484 ff.; *Uhlenbruck*, § 19 InsO Rz. 13 ff.; *Uhlenbruck* in Gottwald, Insolvenzrechts-Handbuch, § 6 Rz. 23 ff.; *Kübler/Prütting/Bork/Pape* § 19 InsO Rz. 7; *Baumbach/Hueck/Schulze-Osterloh*, § 64 GmbHG Rz. 12; *Jaeger/H.-F. Müller*, § 19 InsO Rz. 15 ff.; *Spliedt* in Runkel, Anwalts-Handbuch Insolvenzrecht, § 1 Rz. 116 ff.; *Götker*, Der Geschäftsführer in der Insolvenz der GmbH, Rz. 174 ff.

3 S. auch *Bitter*, ZInsO 2008, 1097, nach dessen Meinung der Geschäftswert nichts anderes ist als der Unterschiedsbetrag zwischen Unternehmenswert und Reinvermögen, berechnet auf der Grundlage der Einzelbewertung aller Aktiva und Passiva.

4 ZIP 1997, 1173, 1175; *Altmeppen* in Roth/Altmeppen, § 64 GmbHG Rz. 18; *Jauernig/Berger*, Zwangsvollstreckungs- und Insolvenzrecht, 22. Aufl. 2007, § 54 II 3, nach deren Meinung § 19 Abs. 2 InsO den zum Unternehmenskonkurs entwickelten zweistufigen Überschuldungsbegriff abgelehnt hat.

Liquidationsbewertung auch nicht. Die Auffassung, die bei der Überschuldungsprüfung von der Jahresbilanz bzw. § 252 Abs. 1 Satz 2 HGB ausgeht, verkennt, dass in den Werten auf der Aktivseite nicht nur erhebliche stille Reserven stecken können, sondern vielfach auch Vermögen den Gläubigern nicht zur Verfügung steht, weil es Dritten zur Sicherheit übereignet worden ist. Nur ein nach insolvenzrechtlichen Grundsätzen erstellter Überschuldungsstatus vermag einen Überblick über die Schuldendeckung zu geben. Im Übrigen hat der Gesetzgeber sich nicht etwa gegen die zweistufige Überschuldungsprüfung entschieden, sondern durch die Regelung in § 19 Abs. 2 Satz 1 InsO lediglich zu erkennen gegeben, dass das prognostische Element im Rahmen der Überschuldungsprüfung als **Bewertungskorrektiv** eine Rolle spielt. Durch das Finanzmarktstabilisierungsgesetz (FMStG) vom 17. 10. 2008 ist der Gesetzgeber allerdings bis zum 1. 1. 2011 durch Änderung des § 19 Abs. 2 InsO abgewichen (s. unten Rz. 5.121).

dd) Kritik und Lösungsansatz

(1) Kritik am dreistufigen Prüfungsprozess

5.116 Weiter gehende Vorschläge, wegen Unbrauchbarkeit den Überschuldungsstatus ganz abzuschaffen[1], sind vom Gesetzgeber ebenso wenig aufgegriffen worden wie von der Rechtsprechung. Der II. Zivilsenat des BGH hat sich in mehreren Entscheidungen zur „neuen" bzw. „modifizierten" Überschuldungsprüfung bekannt[2], hält inzwischen aber nicht mehr an seiner Auffassung fest[3]. Wie bereits oben (Rz. 5.56 ff.) festgestellt wurde, hat der Rechtsausschuss des Deutschen Bundestages die ursprüngliche Fassung des § 23 Abs. 2 RegE um einen Satz ergänzt, aus dem sich ergibt, dass auch bei der positiven Prognose für die Fortführung des Unternehmens nicht von vornherein ausgeschlossen ist, dass Überschuldung vorliegt. Der Rechtsausschuss hat die **Fortbestehensprognose als Korrekturposten** für die Bewertung gesehen und die auch vom II. Zivilsenat des BGH vertretene neue zweistufige Überschuldungsdefinition ausdrücklich abgelehnt. Zu welchen Ergebnissen die „neue" oder „modifizierte" zweistufige Überschuldungsprüfung führt, zeigt eine **Entscheidung des OLG Hamburg** v. 20. 3. 2003[4] mit folgendem Leitsatz:

> „Eine Überschuldungsbilanz muss nicht aufgestellt werden, wenn die Fortführung des Unternehmens auf Grund zeitnah zu erwartender Zahlungseingänge, an deren Fälligkeit der Geschäftsführer nach einer verlässlichen Rechtsauskunft auch nicht zweifeln muss, ohne Eintritt der Zahlungsunfähigkeit überwiegend wahrscheinlich ist."

5.117 In den Entscheidungsgründen heißt es, nach der modifizierten zweistufigen Methode diene der Überschuldungsstatus bei negativer Fortführungsprognose dem Zweck, festzustellen, ob eine Überschuldung verneint werden kann, weil

1 So z.B. *Egner/Wolff*, AG 1978, 99 ff.; *Fenske*, AG 1997, 554; *M. Fischer*, ZIP 2004, 1477, 1483 f.

2 BGH v. 13. 7. 1992 – II ZR 269/91, BGHZ 119, 201, 214 = GmbHR 1992, 659, 662 f.; BGH v. 6. 6. 1994 – II ZR 292/91, BGHZ 126, 181, 199 = GmbHR 1994, 539, 545; BGH v. 20. 3. 1995 – II ZR 205/94, BGHZ 129, 136, 154.

3 BGH v. 5. 2. 2007 – II ZR 234/05, BGHZ 171, 46 = ZIP 2007, 676.

4 OLG Hamburg v. 20. 3. 2003 – 10 U 37/02, GmbHR 2003, 587.

die Zerschlagungsmasse die Verbindlichkeiten decke. Die Überschuldungsbilanz brauchte allerdings nicht aufgestellt zu werden, wenn die Fortführung des Unternehmens ohne Eintritt der Zahlungsunfähigkeit überwiegend wahrscheinlich war. Wäre dies richtig, könnte auf den Insolvenzgrund der Überschuldung gänzlich verzichtet und auf die drohende Zahlungsunfähigkeit abgestellt werden. Allerdings ist die durch das **Finanzmarktstabilitätsgesetz** vom 17. 10. 2008 geltende Fassung des § 19 Abs. 2 InsO geeignet, im Sinne der Entscheidung des OLG Hamburg zu verfahren.

Ein Nachteil der hergebrachten Überschuldungsprüfung liegt darin, dass die Reihenfolge der Prüfung festgelegt ist. Danach ist grundsätzlich mit der Prüfung der rechnerischen Überschuldung zu beginnen und in zweiter Stufe die Fortbestehens- und Lebensfähigkeitsprognose anzustellen. Zutreffend weisen *Drukarczyk/Schüler*[1] darauf hin, dass durch diese Prüfungsreihenfolge letztlich ein **dreistufiger Prüfprozess** erforderlich ist. Dadurch würden Mehrkosten ausgelöst, denen letztlich nur ein didaktischer Effekt gegenüberstehe. Wenn aber unterschiedliche Prüfungsreihenfolgen immer gleiche Ergebnisse produzieren, sollte man von der **kostengünstigsten Reihenfolge** ausgehen[2]. Der bis zum 17. 12. 2008 und ab 1. 1. 2011 wieder geltenden gesetzlichen Definition der Überschuldung in § 19 Abs. 2 Satz 1 InsO wird vorgeworfen, sie stelle eine Rückkehr zum herkömmlichen zweistufigen Überschuldungsbegriff dar[3]. Richtig ist der Hinweis in den Gesetzesmaterialien, dass in der Vergangenheit oftmals auf Grund äußerst fragwürdiger optimistischer Zukunftsprognosen eine rechnerisch an sich bestehende Überschuldung verneint und das insolvenzreife Unternehmen auf Kosten seiner Gläubiger fortgeführt wurde[4]. Darüber tröstet auch nicht der Hinweis von *Jauernig/Berger*[5] hinweg, falsch zu sein, sei das mögliche Schicksal aller Prognosen, auch der nach § 19 Abs. 2 Satz 2 InsO für den prognostizierten Wert des Vermögens bei einer prognostizierten Fortführung des Unternehmens. Trotzdem ist das Argument nicht von der Hand zu weisen, dass die „modifizierte" zweistufige Überschuldungsprüfung in Fällen positiver Fortbestehensprognose die Erstellung eines überflüssigen Überschuldungsstatus zu Liquidationswerten erspart[6]. 5.118

(2) Praxistauglicher Lösungsansatz

Entsprechend dieser Erkenntnis wird vorgeschlagen, in der **ersten Stufe die Überlebenschancen des Unternehmens** in einer Fortbestehensprognose zu be- 5.119

1 In Kölner Schrift zur InsO, S. 95, 126 Rz. 88; ähnlich *J.-S. Schröder* in Hamburger Kommentar zum Insolvenzrecht, § 19 InsO Rz. 9.

2 *Drukarczyk/Schüler* in Kölner Schrift zur InsO, S. 126 Rz. 86.

3 So *Jaeger/H.-F. Müller*, § 19 InsO Rz. 24; *Drukarczyk/Schüler* in Kölner Schrift zur InsO, S. 95, 127 Rz. 90; *Götker*, Der Geschäftsführer in der Insolvenz der GmbH, Rz. 191; *Höffner*, BB 1999, 252, 253; *Karsten Schmidt* in Kölner Schrift zur InsO, S. 1199, 1206 Rz. 13; *Kübler/Prütting/Bork/Pape*, § 19 InsO Rz. 5.

4 Vgl. BT-Drucks. 12/7302, S. 157.

5 Zwangsvollstreckungs- und Insolvenzrecht, 22. Aufl. 2007, § 54 II 3 S. 256.

6 So z.B. *Drukarczyk* in Münchener Kommentar zur InsO, § 19 InsO Rz. 46–50; *Jaeger/H.-F. Müller*, § 19 InsO Rz. 31; *J.-S. Schröder* in Hamburger Kommentar zum Insolvenzrecht, § 19 InsO Rz. 10.

urteilen und erst in der **zweiten Stufe** das Vermögen und die Schulden in einem stichtagsbezogenen Status gegenüberzustellen[1]. Fällt die Fortbestehensprognose positiv aus, brauchen in der zweiten Prüfungsstufe **keine Liquidationswerte** angesetzt zu werden. § 19 InsO schreibt eine bestimmte Prüfungsreihenfolge nicht vor[2]. *Kirchhof*[3]: „Oft wird mit dem Vermögensstatus unter der Auflösungsprämisse angefangen (BGHZ 126, 199; Burger/Schellberg, KTS 1995, 570). Wer stattdessen mit der Fortführungsprognose beginnt (IDW WPg 1997, 23), erspart jedenfalls bei einem zweifelsfreien Ergebnis eine alternative Bewertung nach Fortführungs- und Auflösungsgrundsätzen, weil die konkret maßgebliche Variante dann feststeht." Zutreffend weist *H.-F. Müller*[4] darauf hin, dass die Prüfung der rechnerischen Überschuldung nach Liquidationswerten in der ersten Stufe oftmals mit **überflüssiger Mehrarbeit** verbunden ist. Sei die Überlebensprognose positiv und seien unter dieser Prämisse die Aktiva höher als die Passiva, so sei die Ermittlung von Werten, die im Falle einer hypothetischen Liquidation zugrunde zu legen wären, an sich unnötig. Richtig ist die Feststellung, dass die **Prüfungsreihenfolge** letztlich eine **Frage der Zweckmäßigkeit** ist[5].

5.120 Auf eine **zweistufige Überschuldungsprüfung** kann im Interesse des Gläubigerschutzes letztlich nicht verzichtet werden. Jedoch hat die zunehmend vertretene und vom Fachausschuss „Recht" des IDW vorgeschlagene **Prüfungsreihenfolge**, wonach mit der **Fortbestehensprognose begonnen werden kann**, den Vorzug, dass bei positiver Fortbestehensprognose im Überschuldungsstatus nicht auf die Liquidationswerte, sondern direkt auf Going concern-Werte abgestellt werden darf. Die zweistufige Überschuldungsprüfung, die **mit der Fortbestehensprognose beginnt**, hat zweifellos ihre Vorteile, vor allem im Hinblick auf die entstehenden Kosten, weil sie bei positiver Fortführungsprognose zwar nicht die Prüfung der rechnerischen Überschuldung erspart, wohl aber die

1 So z.B. IDW-FAR, WPg 1995, 596; WPg 1997, 22 ff.; *Drukarczyk*, WM 1994, 1737 ff.; *Drukarczyk/Schüler* in Kölner Schrift zur InsO, S. 95, 120 ff. Rz. 64 ff.; *Drukarczyk*, FS Moxter, 1994, S. 1236 ff.; *Wagner*, Die Messung der Überschuldung. Bericht über die Fachtagung des IDW 1994 zum Thema „Neuorientierung der Rechenschaftslegung", Düsseldorf 1995, S. 171 ff.; *Temme*, Die Eröffnungsgründe der Insolvenzordnung, 1997, S. 117; *Häsemeyer*, Insolvenzrecht, Rz. 7.25; *Nerlich/Römermann/Mönning*, § 19 InsO Rz. 17; *Kirchhof* in Heidelberger Kommentar zur InsO, § 19 InsO Rz. 16; *Müller/Haas* in Kölner Schrift zur InsO, S. 1799, 1803, Rz. 10.

2 *Kirchhof* in Heidelberger Kommentar zur InsO, § 19 InsO Rz. 16; *Smid*, § 19 InsO Rz. 19; *Temme*, Die Eröffnungsgründe der Insolvenzordnung, 1997, S. 116; *Bittmann*, wistra 1999, 11; *Beck* in Beck/Depré, Praxis der Insolvenz, § 5 Rz. 104; *Jaeger/H.-F. Müller*, § 19 InsO Rz. 28–31; *Uhlenbruck*, § 19 InsO Rz. 33 ff.; *Götker*, Der Geschäftsführer in der Insolvenz der GmbH, Rz. 193; *Temme*, Die Eröffnungsgründe der Insolvenzordnung, 1997, S. 115 ff.; *Drukarczyk* in Münchener Kommentar zur InsO, § 19 InsO Rz. 42 ff.

3 *Kirchhof* in Heidelberger Kommentar zur InsO, § 19 InsO Rz. 16.

4 *Jaeger/H.-F. Müller*, § 19 InsO Rz. 29.

5 *Jaeger/H.-F. Müller*, § 19 InsO Rz. 31; *Kirchhof* in Heidelberger Kommentar zur InsO, § 19 InsO Rz. 16; *Drukarczyk* in Münchener Kommentar zur InsO, § 19 InsO Rz. 46; *Uhlenbruck*, § 19 InsO Rz. 33; *Bittmann*, wistra 1999, 10, 11; *Bork*, ZIP 2000, 1709, 1710; *Spliedt* in Runkel, Anwalts-Handbuch Insolvenzrecht, § 1 Rz. 117; *Götker*, Der Geschäftsführer in der Insolvenz der GmbH, Rz. 193.

Überschuldungsprüfung zu Liquidationswerten. Eine **negative Fortführungsprognose** mit der Gewissheit, dass das Unternehmen kurzfristig liquidiert werden muss, kann im Einzelfall allerdings dazu führen, dass die Liquidationswerte auf **Zerschlagungswerte** zurückzufahren sind. Der Geschäftsführer, der aus Zweckmäßigkeitsgründen mit der Fortbestehensprognose beginnt, muss damit rechnen, dass die Rechtsprechung, wenn es später entgegen der Prognose doch zur Insolvenz kommt, besonders strenge Anforderungen an die **Selbstbeobachtungspflicht** bzw. **Kontrollpflicht** stellt und ein „Recht auf Irrtum" hinsichtlich der Fortführungsprognose nur unter besonderen Umständen anerkennt.

Das am 18. 10. 2008 in Kraft getretene und bis zum 1. 1. 2011 geltende **Finanzmarktstabilisierungsgesetz** (BGBl. I 2008, 1982) hat insoweit eine Änderung gebracht, als entsprechend der von *Karsten Schmidt* entwickelten „neuen" oder „modifizierten" Überschuldungsprüfungsmethode nunmehr der Fortführungsprognose eine besondere Bedeutung zukommt. Unternehmen, die voraussichtlich in der Lage sind, **mittelfristig ihre Verbindlichkeiten zu erfüllen**, sind selbst dann nicht zum Insolvenzantrag verpflichtet, wenn eine – allerdings vorübergehende – bilanzielle Unterdeckung vorliegt. Der Überschuldungstatbestand ist damit temporär ausgesetzt und die **Zahlungsfähigkeitsprognose** entscheidet über die Insolvenzantragspflicht wegen Überschuldung[1]. 5.121

b) Die Fortbestehensprognose

aa) Rechtliche Tragweite

Die Fortbestehensprognose hat nach der Neufassung des § 19 Abs. 2 InsO durch das Finanzmarktstablisierungsgesetz vom 17. 10. 2008 (BGBl. I 2008, 1982) eine andere Tragweite als nach der bis 2008 geltenden Fassung. Sie dient nicht mehr als bloße Bewertungsprämisse für den Insolvenzstatus (dazu Rz. 5.113), sondern eine positive Fortbestehensprognose kann die Überschuldung eo ipso entfallen lassen. Zwei praktische Ratschläge schließen sich an: Der Geschäftsführer ist immer noch auf der sicheren Seite, wenn er die bis 2008 geltende Zweistufigkeit zugrunde legt (Rz. 5.112 f.). In jedem Fall muss die Prognose professionellen Anforderungen entsprechen, um ihn, nach welcher Methode auch immer, von der Insolvenzantragspflicht zu befreien. 5.122

bb) Prognosemethoden

Der Gesetzgeber der InsO hat in § 19 Abs. 2 die Fortführungsprognose als **Bewertungsproblem** angesehen[2]. Die Fortbestehensprognose steht nicht selbständig neben dem Vermögensstatus, sondern dient lediglich dazu, die Bewer- 5.123

---

1 S. *Karsten Schmidt*, DB 2008, 2467, 2470; *Bitter*, ZInsO 2008, 1097; *Hölzle*, ZIP 2008, 2003 ff.; *Holzer*, ZIP 2008, 2108 ff.; *Eckert/Happe*, ZInsO 2008, 1098 ff.; *Böcker/Poertzgen*, GmbHR 2008, 1289 ff.; *Möhlmann/Schmitt*, NZI 2009, 19 ff.

2 Vgl. auch *Altmeppen*, ZIP 1997, 1173, 1175. Eingehend zur Erstellung der Fortführungsprognose *Bork*, ZIP 2000, 1709 ff.; *Uhlenbruck*, § 19 InsO Rz. 28 ff.; *Karollus/Huemer*, Die Fortbestehensprognose im Rahmen der Überschuldungsprüfung, 2006, SD. 64, 75 ff.

tungsmethode für den Status festzulegen[1]. Nach zutreffender Feststellung von *Drukarczyk*[2] ist die Fortbestehensprognose **Zahlungsfähigkeitsprognose**. Einigkeit herrscht heute weitgehend darüber, dass die Prognoserechnung eine nach betriebswirtschaftlichen Grundsätzen durchzuführende Ertrags- und Finanzplanung voraussetzt[3]. Die Fortbestehensprognose muss nach **sachgerechten Kriterien** und für sachverständige Dritte nachvollziehbar erstellt werden. Nach den Empfehlungen des Fachausschusses „Recht" des IDW[4] ist die Fortbestehensprognose in **drei Stufen** aufzustellen: Einmal muss ein **aussagekräftiges und plausibles Unternehmenskonzept** erstellt werden. Sodann ist in einem zweiten Schritt auf der Grundlage des Unternehmenskonzepts ein **Finanzplan** aufzustellen, in dem die finanzielle Entwicklung des Unternehmens für den Prognosezeitraum dargestellt wird. Auf der dritten Stufe soll schließlich die **Fortbestehensprognose** aus dem Ergebnis des Finanzplans abgeleitet werden. Grundlage für eine zuverlässige Fortbestehensprognose ist ein **zuverlässiges Unternehmenskonzept**, das zahlenmäßig mit einer **Plan-Ergebnisrechnung**, einer **Plan-Bilanz** und einem **Finanzplan** unterlegt ist[5]. Nur ein Unternehmenskonzept, das auf sorgfältigen Marktanalysen, vertriebsorganisatorischen Planungen etc. beruht und „vor dem personellen, sachlichen und finanziellen Hintergrund des Unternehmens realisierbar erscheint, kann der Fortbestehensprognose zugrunde gelegt werden"[6]. Der BGH[7] stellt darauf ab,

---

1 So zutr. *Karollus/Huemer*, Die Fortbestehensprognose im Rahmen der Überschuldungsprüfung, 2006, S. 62.

2 *Drukarczyk* in Münchener Kommentar zur InsO, § 19 InsO Rz. 53; *Drukarczyk/Schüler*, WPg 2003, 56 ff.; so auch *Bork*, ZIP 2000, 1709, 1710; *Groß/Amen*, WPg 2002, 225, 230; *Kübler/Prütting/Bork/Pape*, § 19 InsO Rz. 18; *Nerlich/Römermann/Mönning*, § 19 InsO Rz. 20; *Smid*, § 19 InsO Rz. 13; *Uhlenbruck*, § 19 InsO Rz. 29; *Jaeger/H.-F. Müller*, § 19 InsO Rz. 36; *Baumbach/Hueck/Schulze-Osterloh*, § 64 GmbHG Rz. 13; *Lutter/Kleindiek* in Lutter/Hommelhoff, § 64 GmbHG Rz. 11; *Rowedder/Schmidt-Leithoff*, § 63 GmbHG Rz. 69.

3 OLG München v. 15. 4. 1996 – 31 U 4886/95, GmbHR 1998, 281, 282; OLG Schleswig v. 25. 9. 1997 – 5 U 82/96, GmbHR 1998, 536 (Ls); *Lutter/Kleindiek* in Lutter/Hommelhoff, § 64 GmbHG Rz. 11; *Bork*, ZIP 2000, 1709, 1710 ff.; *Braun/Uhlenbruck*, Unternehmensinsolvenz, S. 292 f.; *Nonnenmacher*, FS Moxter, 1994, S. 1315, 1326; *Wolf*, Überschuldung, S. 30 ff.; *Hess*, § 19 InsO Rz. 31, 32; *Groß/Amen*, WPg 2002, 225 ff.; *Groß/Amen*, WPg 2002, 433 ff.; *Groß/Amen*, WPg 2003, 67 ff.; *Groß/Amen*, DB 2005, 1861 ff.; *Braun*, WPg 1989, 683 ff.; *Früh/Wagner*, WPg 1998, 907 ff.

4 WPg 1997, 2223 f.

5 *W. Wagner* in Baetge, Beiträge zum neuen Insolvenzrecht, S. 47; *Baumbach/Hueck/Schulze-Osterloh*, § 64 GmbHG Rz. 13; *Harz*, ZInsO 2001, 193, 199; *Wolf*, DStR 1998, 126 ff.; *Bork*, ZIP 2000, 1709, 1710; *Uhlenbruck*, § 19 InsO Rz. 28; *Jaeger/H.-F. Müller*, § 19 InsO Rz. 38; *Nonnenmacher*, FS Moxter, 1994, S. 1313, 1320 ff.; *Groß/Amen*, Die Fortbestehensprognose, FS Greiner, 2005, S. 83, 88 ff.; *Spliedt* in Runkel, Anwalts-Handbuch Insolvenzrecht, § 1 Rz. 122–141; *Beck* in Beck/Depré, Praxis der Insolvenz, § 5 Rz. 110–118; *Scholz/Karsten Schmidt*, 9. Aufl., vor § 64 GmbHG Rz. 18; *Möhlmann*, DStR 1998, 1843 ff.; *Schmerbach* in Frankfurter Kommentar zur InsO, § 19 InsO Rz. 21; *Kirchhof* in Heidelberger Kommentar zur InsO, § 19 InsO Rz. 16; *J.-S. Schröder* in Hamburger Kommentar zum Insolvenzrecht, § 19 InsO Rz. 16.

6 So FAR IDW, WPg 1997, 22 ff.

7 BGH v. 29. 9. 1997 – II ZR 245/96, NJW 1998, 233, 234; ebenso *Schaub*, DStR 1993, 1483; *Möhlmann*, DStR 1998, 1843 ff.; *Nerlich/Römermann/Mönning*, § 19 InsO Rz. 18, 19; *Braun/Uhlenbruck*, Unternehmensinsolvenz, S. 292.

ob die **Finanzkraft des Unternehmens** objektiv mit überwiegender Wahrscheinlichkeit zur Fortführung des Unternehmens ausreicht. In der betriebswirtschaftlichen Literatur wird neuerdings auch auf die **Ertragskraft des Schuldnerunternehmens** abgestellt[1]. Die Ertragskraft kann insbesondere durch eine Analyse des Cash flow, der den Innenfinanzierungsspielraum eines Unternehmens widerspiegelt, ermittelt werden[2].

Festzustellen ist, dass es bei der Fortbestehensprognose weder auf die Ertragskraft noch darauf ankommt, ob die GmbH künftig **Gewinn** erzielt. Die Fortführungsprognose bezieht sich ausschließlich auf die **wirtschaftliche Überlebensfähigkeit**, d.h. auf die Prognose, ob nach überwiegender Wahrscheinlichkeit mit einer Fortführung des Unternehmens gerechnet werden kann[3] Richtig ist auch die Auffassung von *Kirchhof*[4] und OLG Naumburg[5], wonach die Prognose positiv ist, wenn sich die überwiegende Wahrscheinlichkeit ergibt, dass die Gesellschaft **mittelfristig Einnahmenüberschüsse** erzielen wird, aus denen die gegenwärtigen und künftigen Verbindlichkeiten gedeckt werden können. Ist dagegen von den Gesellschaftern beabsichtigt, innerhalb eines bestimmten Prognosezeitraums die Gesellschaft oder das Unternehmen zu liquidieren, weil es keine Gewinne erzielt, ist die Fortbestehensprognose zwar negativ, hat aber nicht unbedingt negative Auswirkungen auf den Überschuldungsstatus und die Bewertung des Anlage- und Umlaufvermögens. Eine **positive Fortbestehensprognose** kann keinesfalls auf **einseitige Sanierungsbemühungen** der Gesellschaft und ein von ihr entworfenes Sanierungskonzept gestützt werden, wenn dessen Umsetzung vom Einverständnis eines Gläubigers abhängt und dieser seine Zustimmung verweigert hat[6]. Mit der h.M.[7] ist festzustellen, dass die Fortbestehensprognose letztlich die **Prognose mittelfristiger Zahlungsfähigkeit** ist, was letztlich auch der Änderung des § 19 Abs. 2 InsO durch das FMStG entspricht. Zutreffend weist *H.-F. Müller*[8] darauf hin, dass dies in der Sache auch der Position des BGH entspricht, der darauf abhebt, ob die Finanzkraft der Gesellschaft nach überwiegender Wahrscheinlichkeit zur Fortführung des Unternehmens ausreicht[9]. Nach Auffassung von *Groß/Amen*[10] soll die Fortbestehensprognose Auskunft darüber geben, ob der wirtschaftliche Ge- 5.124

1 So z.B. *Harz*, ZInsO 2001, 193, 199; *Drukarczyk* in Münchener Kommentar zur InsO, § 19 InsO Rz. 58 ff.; str., a.A. *Uhlenbruck*, § 19 InsO Rz. 29.

2 *Harz*, ZInsO 2001, 193, 199; Einzelheiten bei *Drukarczyk* in Münchener Kommentar zur InsO, § 19 InsO Rz. 62 ff.; *Drukarczyk/Schüler*, WPg 2003, 56 ff.; *Groß/Amen*, WPg 2003, 67 ff.

3 So zutr. *Jaeger/H.-F. Müller*, § 19 InsO Rz. 33, 34; *Nerlich/Römermann/Mönning*, § 19 InsO Rz. 18, 19; *Uhlenbruck*, § 19 InsO Rz. 29; *J.-S. Schröder* in Hamburger Kommentar zum Insolvenzrecht, § 19 InsO Rz. 16.

4 *Kirchhof* in Heidelberger Kommentar zur InsO, § 19 InsO Rz. 12.

5 OLG Naumburg v. 20. 8. 2003 – 5 U 67/03, ZInsO 2004, 513.

6 BGH v. 23. 2. 2004 – II ZR 207/01, ZIP 2004, 1049.

7 Vgl. *Bork*, ZIP 2000, 1709, 1710; IDW-FAR, WPg 1997, 22, 24; *Groß/Amen*, WPg 2002, 225, 230; *Kübler/Prütting/Bork/Pape*, § 19 InsO Rz. 18; *Jaeger/H.-F. Müller*, § 19 InsO Rz. 36; *Uhlenbruck*, § 19 InsO Rz. 29; *Baumbach/Hueck/Schulze-Osterloh*, § 64 GmbHG Rz 13; *Drukarczyk/Schüler* in Kölner Schrift zur InsO, S. 95, 127 Rz. 92.

8 *Jaeger/H.-F. Müller*, § 19 InsO Rz. 36.

9 BGH v. 13. 7. 1992 – II ZR 269/91, BGHZ 119, 201, 214.

10 *Groß/Amen*, FS Greiner, 2005, S. 83, 94.

schäftsbetrieb nicht nur vorübergehend, sondern **dauerhaft** aufrecht erhalten werden kann. Nur ein nachhaltiger Ausschluss der Insolvenzgründe suspendiere von der Insolvenzantragspflicht. *Karsten Schmidt*[1]: Die in der Begründung (des FMStG) enthaltene Formulierung, wonach es ausreicht, wenn „die Finanzkraft des Unternehmens mittelfristig zur Fortführung ausreicht", darf nicht zu der Annahme verleiten, ein Unternehmen sei dann schon nicht überschuldet, wenn es erst „mittelfristig" in die Insolvenz abgleiten wird. Die Prognose muss vielmehr so aussehen, dass auch noch für den Ablauf dieser mittelfristigen Phase die Überlebensprognose gegeben ist.

cc) Der Prognosezeitraum

5.125 Eine zuverlässige Fortbestehensprognose setzt nicht nur die Aufstellung eines dokumentierten Finanz- und Ertragsplans voraus, sondern zugleich auch die **Festlegung eines Prognosezeitraums**. Nach Auffassung des II. Zivilsenats des BGH[2] ist die Überlebens- und Fortführungsprognose dann negativ, wenn die „Finanzkraft der Gesellschaft nach überwiegender Wahrscheinlichkeit **kurz- oder mittelfristig** nicht zur Fortführung des Unternehmens ausreicht". Der Gesetzgeber der InsO hat bewusst auf die Festlegung eines Prognosezeitraums verzichtet[3]. Nach *Karsten Schmidt*[4] ist aber „die mögliche Finanzplanprognose, soweit sie irgend reichen kann, voll auszuschöpfen".

5.126 Während der BGH auf eine kurz- oder mittelfristige Prognose abstellt, werden in der Literatur **Prognosezeiträume** von **einem Jahr bis zum Ende der letzten Fälligkeit** bestehender Verbindlichkeiten gehandelt[5]. Der Fachausschuss „Recht" des IDW empfiehlt, der Prognose grundsätzlich das **laufende und das folgende Geschäftsjahr** zugrunde zu legen. Nur für einen derartigen Zeitraum könnten im Regelfall Aussagen mit hinreichender Wahrscheinlichkeit getroffen werden. Längere Zeiträume würden keine ausreichende Basis für eine zuverlässige Fortführungsprognose bilden[6]. Nicht gefolgt werden kann der Auf-

---

1 DB 2008, 2467, 2470.

2 BGH v. 13. 7. 1992 – II ZR 269/91, BGHZ 119, 201, 214; vgl. auch OLG Köln v. 23. 2. 2000 – 11 U 155/99, ZInsO 2001, 48; ähnlich *Karsten Schmidt*, AG 1978, 334, 447; *Karsten Schmidt*, Wege zum Insolvenzrecht, S. 55 ff.

3 Vgl. *Nonnenmacher*, FS Moxter, 1994, S. 1315, 1326.

4 DB 2008, 2467, 2470 für den Prognosezeitraum nach dem Finanzmarktstabilisierungsgesetz 2008.

5 S. die Übersicht über die einzelnen Auffassungen bei *Karollus/Huemer*, Die Fortbestehensprognose im Rahmen der Überschuldungsprüfung, 2006, S. 94 ff.; *Uhlenbruck*, § 19 InsO Rz. 29, 30; *J.-S. Schröder* in Hamburger Kommentar zum Insolvenzrecht, § 19 InsO Rz. 18.

6 Vgl. auch *Lutter/Kleindiek* in Lutter/Hommelhoff, § 64 GmbHG Rz. 15; *Blersch/Goetsch/Haas*, § 19 InsO Rz. 20; *Smid*, § 19 InsO Rz. 11; *Schmerbach* in Frankfurter Kommentar zur InsO, § 19 InsO Rz. 22; *Hess*, § 19 InsO Rz. 33; *Müller/Haas* in Kölner Schrift zur InsO, S. 1806 Rz. 17; *Braun/Bußhardt*, § 19 InsO Rz. 32; *Groß/Amen*, WPg 2002, 225 ff.; *Jaeger/H.-F. Müller*, § 19 InsO Rz. 37; *Kübler/Prütting/Bork/Pape*, § 19 InsO Rz. 16; *Nerlich/Römermann/Mönning*, § 19 InsO Rz. 19; *Uhlenbruck*, § 19 InsO Rz. 30; *J.-S. Schröder* in Hamburger Kommentar zum Insolvenzrecht, § 19 InsO Rz. 19. Instruktiv auch *Drukarczyk* in Münchener Kommentar zur InsO, § 19 InsO Rz. 66 ff.

fassung von *Burger/Schellberg*[1], wonach der Planungszeitraum **an den Fälligkeiten zu orientieren** ist. Grundsätzlich wird man wie bei der drohenden Zahlungsunfähigkeit auch bei der Überschuldung von einem Prognosezeitraum ausgehen müssen, der das **laufende und das folgende Geschäftsjahr** umfasst[2]. Zutreffend wird aber in der Literatur[3] angenommen, dass auf die **Besonderheiten der Branche** oder des Unernehmens Rücksicht zu nehmen ist. Im Einzelfall könnte je nach Branche (z.B. Immobilienwirtschaft, Anlagenbau, Energie- und Wasserwirtschaft) und Lebenszyklusphase im Einzelfall deutlich **längere Prognosezeiträume** maßgeblich sein. Die Fortführungsprognose kann schließlich auch auf ein **überzeugendes Sanierungskonzept** gestützt werden, sogar auf eine übertragende Sanierung[4]. Eine Ausnahme gilt allerdings – wie bereits oben festgestellt wurde –, wenn ein maßgeblicher Gläubiger ein Sanierungskonzept bereits abgelehnt hat[5].

dd) Das Merkmal der „überwiegenden Wahrscheinlichkeit"

Das Merkmal der „überwiegenden Wahrscheinlichkeit" hat durch die Neufassung des § 19 Abs. 2 InsO durch das am 18. 10. 2008 in Kraft getretene und bis zum 1. 1. 2011 geltende **Finanzmarktstabilisierungsgesetz** (BGBl. I 2008, 1982) eine völlig neue Bedeutung erhalten. Das Merkmal ist nicht mehr ein Bewertungskriterium, sondern die **überwiegende Wahrscheinlichkeit einer Unternehmensfortführung** schließt mittelbar eine antragspflichtige Überschuldung der GmbH aus[6]. Die nachfolgend anhand der bis zum 17. 10. 2008 und ab 1. 1. 2011 geltenden Fassung des § 19 Abs. 2 InsO dargestellte Problematik zum Begriff der „überwiegenden Wahrscheinlichkeit" gilt auch für die gesetzliche Neufassung durch das FMStG. 5.127

In der Literatur ist heftig umstritten, ob die „überwiegende Wahrscheinlichkeit" in § 19 Abs. 2 Satz 2 InsO eine komparative, nicht quantifizierbare Hy- 5.128

1 DB 1995, 261, 265.

2 Vgl. auch *Bork*, ZIP 2000, 1709, 1710; *Kübler/Prütting/Bork/Pape,* § 19 InsO Rz. 16; *Uhlenbruck*, § 19 InsO Rz. 30; *Braun/Bußhardt*, § 19 InsO Rz. 32; *Kirchhof* in Heidelberger Kommentar zur InsO, § 19 InsO Rz. 11; *Uhlenbruck*, GmbHR 1999, 313, 321; *Jaeger/H.-F. Müller*, § 19 InsO Rz. 37; *Lutter/Kleindiek* in Lutter/Hommelhoff, § 64 GmbHG Rz. 15; *Baumbach/Hueck/Schulze-Osterloh*, § 64 GmbHG Rz. 13; *Heß*, § 19 InsO Rz. 33; *Kübler/Prütting/Bork/Pape*, § 19 InsO Rz. 16; *Drukarczyk* in Münchener Kommentar zur InsO, § 19 InsO Rz. 56; *Nerlich/Römermann/Mönning*, § 19 InsO Rz. 20; *Habersack* in Großkommentar zum AktG, § 92 AktG Rz. 52.

3 So z.B. *Früh/Wagner*, WPg 1998, 911; *Jaeger/H.-F. Müller*, § 19 InsO Rz. 37; *Groß/Amen*, WPg 2002, 225, 232 f.; *Groß/Amen*, FS Greiner, 2005, S. 83, 95; *H.-F. Müller/Haas* in Kölner Schrift zur InsO, S. 1799, 1806 Rz. 18; *Braun/Bußhardt*, § 19 InsO Rz. 32; *J.-S. Schröder* in Hamburger Kommentar zum Insolvenzrecht, § 19 InsO Rz. 18; *Schmerbach* in Frankfurter Kommentar zur InsO, § 19 InsO Rz. 22; *Karollus/Huemer*, Die Fortbestehensprognose im Rahmen der Überschuldungsprüfung, 2006, S. 95 f.

4 *Schmerbach* in Frankfurter Kommentar zur InsO, § 19 InsO Rz. 20a; *Nerlich/Römermann/Mönning*, § 19 InsO Rz. 19; *J.-S. Schröder* in Hamburger Kommentar zum Insolvenzrecht, § 19 InsO Rz. 17.

5 BGH v. 23. 2. 2004 – II ZR 207/01, ZIP 2004, 1049.

6 S. *Bitter*, ZInsO 2008, 1007; *Eckert/Happe*, ZInsO 2008, 1098 ff.

pothesenwahrscheinlichkeit ist[1] oder ob eine **subjektive Wahrscheinlichkeit** ausreicht[2]. Der Rechtsausschuss hat die Formulierung der „überwiegenden Wahrscheinlichkeit" einer Unternehmensfortführung der Entscheidung BGHZ 119, 201 entnommen. Im Ausschussbericht heißt es: „Sie soll zum Ausdruck bringen, dass die Fortführung nach den Umständen wahrscheinlicher ist als die Stilllegung."[3] Festzustellen ist, dass objektiv die **Wahrscheinlichkeit über 50 %** liegen muss. Subjektiv dagegen ist es einem Geschäftsführer als Verschulden zuzurechnen, wenn er nicht alles ihm Zumutbare getan hat, um die überwiegende Wahrscheinlichkeit einer Stilllegung oder Liquidation zu erkennen oder eine Fehleinschätzung zu vermeiden. Die der Prognose zugrunde liegenden Prämissen müssen fest stehen. Die überwiegende Wahrscheinlichkeit bezieht sich nur auf die Einschätzung dieser Tatsachen. Nach Auffassung von *Groß/Amen*[4] ist die „überwiegende Wahrscheinlichkeit" im Sinne der InsO „als juristisches Beweismaß zur Prüfung einer Fortbestehensprognose im Sinne einer komparativen, nicht quantifizierbaren Hypothesenwahrscheinlichkeit, keinesfalls jedoch als statisches Konzept aufzufassen".

ee) Beweisfragen

5.129 Die Darlegungs- und Beweislast für die Aufstellung und Richtigkeit der Prognose tragen die Geschäftsführer nicht nur im Fall der Insolvenzverschleppungshaftung (§ 64 GmbHG, § 823 Abs. 2 BGB i.V.m. § 15a Abs. 4, 5 InsO), sondern auch in einem Strafprozess wegen Insolvenzverschleppung (§ 15a Abs. 4 InsO). In einem Schadensersatzprozess wegen Insolvenzverschleppung liegt die **Darlegungslast** dafür, dass keine Überschuldung vorgelegen hat, oder dafür, dass eine Fortführungsprognose ordnungsgemäß durchgeführt und positiv ausgefallen ist, bei der Geschäftsführung[5]. Zwar hat in einem Schadensersatzprozess wegen Insolvenzverschleppung grundsätzlich der Kläger darzulegen und streitigenfalls zu beweisen, dass rechnerische und rechtliche Überschuldung vorgelegen hat. Letztlich ist es aber Sache der beklagten Geschäfts-

1 So *Groß/Amen*, WPg 2002, 225 ff.; *Groß/Amen*, WPg 2003, 67 ff.

2 So *Drukarczyk/Schüler*, WPg 2003, 56 ff.; *Drukarczyk/Schüler* in Kölner Schrift zur InsO, S. 95, 129 Rz. 98; *Drukarczyk* in Münchener Kommentar zur InsO, § 19 InsO Rz. 84 ff.

3 Abgedr. bei *Uhlenbruck*, Das neue Insolvenzrecht, S. 320. S. zum Merkmal der „überwiegenden Wahrscheinlichkeit" auch *Uhlenbruck*, § 19 InsO Rz. 30, 34; *Höffner*, BB 1999, 198, 204; *Karollus/Huemer*, Die Fortbestehensprognose im Rahmen der Überschuldungsprüfung, 2006, S. 89 ff.; *Schaub*, DStR 1993, 1487; *Tiedemann*, Insolvenz-Strafrecht, vor § 283 StGB Rz. 138; *Scholz/Karsten Schmidt*, 9. Aufl., vor § 64 GmbHG Rz. 18; *Nerlich/Römermann/Mönning*, § 19 InsO Rz. 18; *Groß/Amen*, WPg 2002, 225, 233 ff.; *Groß/Amen*, WPg 2000, 67 ff.; *Groß/Amen*, FS Greiner, 2005, 83, 100; *Baumbach/Hueck/Schulze-Osterloh*, § 64 GmbHG Rz. 13; *Luttermann/Vahlenkamp*, ZIP 2003, 1629 ff.; krit. *Drukarczyk/Schüler*, WPg 2003, 56, 59 ff. Vgl. auch BGH v. 13. 7. 1992 – II ZR 269/91, ZIP 1992, 1382 ff.; *H.-P. Müller/Haas* in Kölner Schrift zur InsO, S. 1805; *Kirchhof* in Heidelberger Kommentar zur InsO, § 19 InsO Rz. 8.

4 *Groß/Amen*, FS Greiner, 2005, S. 83, 100.

5 BGH v. 29. 11. 1999 – II ZR 273/98, BGHZ 143, 184, 185 = ZIP 2000, 184; BGH v. 6. 6. 1994 – II ZR 292/91, BGHZ 126, 181, 200 = ZIP 1994, 1103; *Uhlenbruck*, § 19 InsO Rz. 80; *Bork*, ZIP 2000, 1709, 1712.

führer einer GmbH, Umstände aufzuzeigen, aus denen sich eine **positive Fortführungsprognose** für den fraglichen Zeitpunkt ergibt[1]. Zu beachten ist, dass der Geschäftsführer nicht schon schadensersatzpflichtig ist, wenn er eine falsche Entscheidung trifft, die bei Betrachtung **ex ante vertretbar** erscheint[2]. Nach Feststellung von *Altmeppen*[3] müssen die Geschäftsführer einer GmbH **die Erfüllung ihrer Insolvenzantragspflicht (§ 15a Abs. 1 Satz 1 InsO) darlegen und beweisen**. Deshalb hätten sie auch zu belegen, wie sie zu Beginn der Krise ihre **Kontrollpflicht** hinsichtlich der Überschuldungsprüfung erfüllt haben. Gelinge ihnen diese Darlegung nicht, so sei zu Lasten der Geschäftsführer zu vermuten, dass bereits mit dem erkennbaren Beginn der Krise Überschuldung vorgelegen hat.

In einem Urteil v. 7. 3. 2005[4] hat der BGH zur **Darlegungs- und Beweislast für Unternehmungskrise und Insolvenzreife** wegen Überschuldung Folgendes ausgeführt: 5.130

„Beruft sich die Gesellschaft bzw. der Insolvenzverwalter auf eine Insolvenzreife wegen Überschuldung der Gesellschaft, reicht es nicht aus, wenn lediglich die Handelsbilanz vorgelegt wird, auch wenn sich daraus ein nicht durch Eigenkapital gedeckter Fehlbetrag ergibt. Vielmehr muss entweder ein Überschuldungsstatus mit Aufdeckung etwaiger stiller Reserven und Ansatz der Wirtschaftsgüter zu Veräußerungswerten aufgestellt oder dargelegt werden, dass stille Reserven und sonstige aus der Handelsbilanz nicht ersichtliche Veräußerungswerte nicht vorhanden sind. Dabei muss die Gesellschaft bzw. der Insolvenzverwalter nicht jede denkbare Möglichkeit ausschließen, sondern nur nahe liegende Anhaltspunkte – beispielsweise stille Reserven bei Grundvermögen – und die vom Gesellschafter insoweit aufgestellten Behauptungen widerlegen."

Erneut hat der BGH darauf hingewiesen, dass nach ständiger Rechtsprechung des Senats die **Darlegungs- und Beweislast** bezüglich der Überschuldung bei der Gesellschaft bzw. dem für sie tätig werdenden Insolvenzverwalter liegt. Nach OLG Hamburg[5] und der bis 2011 geltenden Fassung des § 19 Abs. 2 InsO durch das **FMStG** muss allerdings eine **Überschuldungsbilanz** nicht aufgestellt werden, wenn die Fortführung des Unternehmens auf Grund zeitnah zu erwartender Zahlungseingänge, an deren Fälligkeit der Geschäftsführer nach einer verlässlichen Rechtsauskunft auch nicht zweifeln muss, ohne Eintritt der Zahlungsunfähigkeit überwiegend wahrscheinlich ist. Klüger als ein fachkundiger Berater braucht somit ein Geschäftsführer nicht zu sein, es sei denn, er besitzt besondere Kenntnisse im Insolvenzrecht. 5.131

1 So zutr. *Bork*, ZIP 2000, 1709, 1712.

2 Vgl. OLG Celle v. 5. 12. 2001 – 9 U 204/01, NZG 2002, 730, 731; OLG Koblenz v. 27. 2. 2003 – 5 U 917/02, ZIP 2003, 571; OLG Saarbrücken v. 30. 11. 2000 – 8 U 71/00-15, NZG 2001, 414, 415; *Lutter/Kleindiek* in Lutter/Hommelhoff, § 64 GmbHG Rz. 44; *Rowedder/Schmidt-Leithoff*, § 64 GmbHG Rz. 48; *Haas*, DStR 2003, 423, 432 f. Zur Darlegungslast des Insolvenzverwalters s. auch OLG Schleswig v. 25. 9. 1997 – 5 U 82/96, GmbHR 1998, 536.

3 *Altmeppen*, ZIP 1997, 1173, 1176; *Altmeppen*, ZIP 2001, 2201, 2209; *Altmeppen* in Roth/Altmeppen, § 64 GmbHG Rz. 26, 27.

4 BGH v. 7. 3. 2005 – II ZR 138/03, ZIP 2005, 807 = NZI 2005, 351.

5 OLG Hamburg v. 20. 3. 2003 – 10 U 37/02, GmbHR 2003, 587.

ff) Kontrolle der Fortbestehensprognose

5.132 Der GmbH-Geschäftsführer ist zwar nicht verpflichtet, eine positive Fortbestehensprognose dauernd zu wiederholen. Für die Zeit bis zum nächsten Bilanzstichtag oder bei Auftreten von weiteren Krisenanzeichen besteht allerdings eine Verpflichtung, die früher erstellte Fortbestehensprognose zu kontrollieren und ggf. erneut zu überprüfen[1]. Eine **fortlaufende Kontrolle der Prämissen** ist vor allem dann vorzunehmen, wenn erkennbar wird, dass die geplanten Sanierungsmaßnahmen nicht durchgeführt werden oder wenn eine Verschlechterung der Liquiditätssituation eingetreten ist. *Karollus/Huemer*[2]: „Bestehen über die Einhaltung der Prämissen ernsthafte Zweifel, muss sehr wohl eine **neue Prognose** erstellt werden (bzw. wenn diese nicht mehr positiv ist, muss ggf. der Insolvenzantrag gestellt werden, da ansonsten eine Haftung der Organmitglieder zu befürchten ist)."[3]

5. Der Überschuldungsstatus – Wertansätze und Bewertung

5.133 Nach Auffassung des Rechtsausschusses des Deutschen Bundestages und der Begründung des Regierungsentwurfs zu § 19 InsO (§ 23 RegE)[4] schließt die positive Fortbestehensprognose eine Überschuldung der GmbH oder GmbH & Co. KG keineswegs immer aus. Sie berechtigt die Geschäftsführung nur, im Rahmen der Bewertung der Aktiva von den Liquidationswerten abzugehen oder abzusehen und zu **Going-concern-Werten** zu bilanzieren. Von dieser Auffassung weicht zwar die interimistische Neufassung des § 19 Abs. 2 InsO durch das **FMStG** ab, indem die überwiegende Wahrscheinlichkeit einer Unternehmensfortführung, also eine positive Fortbestehensprognose ausreicht, um eine Überschuldung auszuschließen; die Geltungsdauer der Vorschrift in der ab 18. 10. 2008 geltenden Fassung ist jedoch zeitlich begrenzt bis zum 1. 1. 2011 (Art. 6 Abs. 3, Art. 7 Abs. 2 FMStG), so dass die nachfolgenden Ausführungen wieder relevant werden. Der Überschuldungsstatus (Überschuldungsbilanz) ist eine **Sonderbilanz**, die das Schuldendeckungspotential der GmbH bzw. der GmbH & Co. KG aufzeigt. Eine in der Jahresbilanz ausgewiesene Überschuldung hat allenfalls indizielle Bedeutung[5]. Handelsrechtliche Bilanzierungsgrundsätze, wie z.B. Anschaffungskosten, Imparitäts-, Realisations- und Vorsichtsprinzip finden im Überschuldungsstatus keine Anwendung[6].

---

1 So zutr. *Karollus/Huemer*, Die Fortbestehensprognose im Rahmen der Überschuldungsprüfung, Wien 2006, S. 132.

2 Die Fortbestehensprognose im Rahmen der Überschuldungsprüfung, Wien 2006. S. 132.

3 So auch *Dellinger* in Konecny/Schubert, Insolvenzgesetze, Loseblatt, § 67 KO Rz. 105.

4 Abgedr. bei *Balz/Landfermann*, Die neuen Insolvenzgesetze, S. 225 f. und in *Kübler/Prütting*, Das neue Insolvenzrecht, S. 174 f.

5 BGH v. 21. 2. 1994 – II ZR 60/93, BGHZ 125, 141, 146; BGH v. 8. 1. 2001 – II ZR 88/99, BGHZ 146, 264, 267; BGH v. 18. 12. 2000 – II ZR 191/99, ZIP 2001, 242; BGH v. 2. 4. 2001 – II ZR 261/99, ZIP 2001, 839; *Uhlenbruck*, § 19 InsO Rz. 4; *Baumbach/Hueck/Schulze-Osterloh*, § 64 GmbHG Rz. 14; *Beck* in Beck/Depré, Praxis der Insolvenz, § 5 Rz. 119; *Jaeger/H.-F. Müller*, § 19 InsO Rz. 43.

6 *Jaeger/H.-F. Müller*, § 19 InsO Rz. 43; *Drukarczyk/Schüler* in Kölner Schrift zur InsO, S. 95, 134 f. Rz. 114; *Drukarczyk* in Münchener Kommentar zur InsO, § 19 InsO Rz. 87.

a) Wertansätze und Bewertung bei positiver Fortführungsprognose

Zutreffend hat *Schulze-Osterloh*[1] darauf hingewiesen, dass auch für die Überschuldungsbilanz zwischen **Ansatz** und **Bewertung** zu unterscheiden ist. Das Ergebnis der Fortführungsprognose kann nicht nur die Bewertung, sondern in Einzelfällen auch den Ansatz von Aktiv- und Passivposten beeinflussen. Wie bereits festgestellt wurde, kommen die Ansatz- und Bewertungsvorschriften der §§ 246 ff. und §§ 252 ff. HGB nicht zur Anwendung[2]. In der Literatur[3] wird teilweise die Auffassung vertreten, bei positiver Fortbestehensprognose seien im Überschuldungsstatus die Vermögenswerte und Schulden mit dem Betrag anzusetzen, der ihnen als Bestandteil eines Gesamtkaufpreises des Unternehmens bei konzeptgemäßer Fortführung beizulegen wäre. Sei das wirtschaftliche Überleben überwiegend wahrscheinlich, so seien die **Fortführungswerte** anzusetzen. Der Fortführungswert eines Vermögensgegenstandes sei der Wert, „der diesem unter Berücksichtigung der Erwartung zukommt, dass er in der Zukunft einen Betrag zum Ertrag des Unternehmens leisten kann"[4]. Nach dieser Auffassung entspricht der Fortführungswert weitgehend dem **steuerlichen Teilwert** i.S. § 6 Abs. 1 Nr. 1 EStG[5]. *J.-S. Schröder*[6] weist darauf hin, dass durch das Abstellen auf den **Gesamtveräußerungspreis des Unternehmens** der Ertragswert des Unternehmens in der Regel stark in die Bewertung der einzelnen Wirtschaftsgüter einfließt. Dies ändere jedoch nichts daran, dass der Fortführungswert, wie auch der steuerliche Teilwert, ein **Substanzwert** sei. Nach Auffassung von *Spliedt*[7] entspricht die **Einzelbewertung**, wie sie heute von der h.M. vorgenommen werde, einem „überholten Substanzwertdenken". Der aus dem Fortführungswert abgeleitete **Teilwert einzelner Wirtschaftsgüter** sei reine Fiktion. Mit dem Hinweis auf die **Bewertungssicherheit** gewinne die h.M. nur sichere Bewertungsfehler. Neuerdings hat *T. H. Wolf*[8] wieder auf die **Ertragswertmethode** hingewiesen mit der Begründung, die Überschuldungsprüfung müsse berücksichtigen, dass das Schuldendeckungsvermögen bei einer ertragsorientierten Unternehmensfortführung „unzweifelhaft eine Ertrags- 5.134

1 *Baumbach/Hueck/Schulze-Osterloh*, § 64 GmbHG Rz. 14.

2 BGH v. 3. 2. 1987 – VI ZR 268/85, ZIP 1987, 509 ff.; *Drukarczyk* in Münchener Kommentar zur InsO, § 19 InsO Rz. 87; *Braun/Uhlenbruck*, Unternehmensinsolvenz, S. 292; *Wolf*, Überschuldung, S. 46 ff.; *Wengel*, DStR 2001, 1769, 1770; *Vonnemann*, Die Feststellung der Überschuldung, 1989, Rz. 60 ff.; *Götker*, Der Geschäftsführer in der Insolvenz der GmbH, Rz. 245 ff.; *Altmeppen* in Roth/Altmeppen, § 64 GmbHG Rz. 14; *Rowedder/Schmidt-Leithoff*, § 63 GmbHG Rz. 38; *Uhlenbruck*, GmbHR 1999, 313, 321; *Jaeger/H.-F. Müller*, § 19 InsO Rz. 43, 50, 53, 56; *J.-S. Schröder* in Hamburger Kommentar zum Insolvenzrecht, § 19 InsO Rz. 19; *Beck* in Beck/Depré, Praxis der Insolvenz, § 5 Rz. 119.

3 So *Wagner* in Baetge, Beiträge zum neuen Insolvenzrecht, S. 51; ebenso *Wengel*, DStR 2001, 1769, 1770.

4 So *Jaeger/H.-F. Müller*, § 19 InsO Rz. 46.

5 Vgl. *Uhlenbruck*, § 19 InsO Rz. 34; *Jaeger/H.-F. Müller*, § 19 InsO Rz. 46; *Braun/Bußhardt*, § 19 InsO Rz. 23; *Habersack* in Großkommentar zum AktG, § 92 AktG Rz. 55; *J.-S. Schröder* in Hamburger Kommentar zum Insolvenzrecht, § 19 InsO Rz. 21.

6 In Hamburger Kommentar zum Insolvenzrecht, § 19 InsO Rz. 21.

7 In Runkel, Anwalts-Handbuch Insolvenzrecht, § 1 Rz. 137.

8 KSI 2006, 60 ff.

komponente beinhaltet"[1]. Zutreffend stellt *H.-P. Kirchhof*[2] fest, dass die Ertragswertmethode nicht den Vorstellungen des Bundestages entspricht, „der sich nicht allein auf Zukunftserwartungen verlassen, sondern bei der Bewertung die haftende Vermögenssubstanz erfassen wollte"[3].

aa) Grundsatz der Einzelbewertung

5.135 Trotz gewichtiger gegenteiliger Argumente ist daran fest zu halten, dass grundsätzlich eine **Einzelbewertung** stattfindet. Zu bewerten sind diejenigen Sachen und Rechte, die im Fall der Insolvenzeröffnung als Aktivmasse (§ 35 InsO) zur Verwertung für alle Gläubiger zur Verfügung stehen würden[4]. Weder das Anschaffungswertprinzip, das Realisationsprinzip, das Wiederbeschaffungswertprinzip oder das Imparitätsprinzip gelten im Rahmen der Überschuldungsbilanz, wohl aber das Vorsichtsprinzip[5]. Für die Erstellung einer Überschuldungsbilanz gilt im Übrigen das **Prinzip der Verwertbarkeit**. Bestehen konkrete Aussichten, das Unternehmen als Gesamtheit zu verwerten, kann es gerechtfertigt sein, von den **Grundsätzen der Unternehmensbewertung** ausnahmsweise auszugehen[6]. Das ist aber nicht die Regel. Der **Wiederbeschaffungswert** für die einzelnen Vermögensgegenstände würde voraussetzen, dass es sich für das Unternehmen lohnen würde, die fortzuführenden Unternehmensteile zu reproduzieren[7]. Die betriebsspezifischen Wiederbeschaffungskosten stellen letztlich die Obergrenze der Bewertung dar; für nicht betriebsnotwendiges Vermögen sind dagegen Einzelveräußerungswerte anzusetzen[8].

bb) Das Prinzip der Verwertbarkeit

5.136 Das Prinzip der Verwertbarkeit bedeutet, dass es sich einmal um Vermögen der schuldnerischen GmbH oder GmbH & Co. KG handeln muss, zum anderen, dass die Vermögensgegenstände des Anlage- und Umlaufvermögens in

1 So auch *Degener*, Die Überschuldung als Krisenmerkmal von Insolvenztatbeständen, in Rogall/Puppe/Stein/Wolter, FS H.-J. Rudolphi, 2004, S. 413; *Spliedt*, DB 1999, 1941 ff.; *Götz*, ZInsO 2000, 77 ff.; *Bittmann*, wistra 1999, 14. S. auch *von Onciul*, Die rechtzeitige Auslösung des Insolvenzverfahrens, 2000, S. 150 ff.

2 In Heidelberger Kommentar zur Insolvenzordnung, § 19 InsO Rz. 14.

3 Vgl. BT-Drucks. 12/7302, S. 157.

4 So zutr. *Scholz/Karsten Schmidt*, 9. Aufl., vor § 64 GmbHG Rz. 21.

5 *Früh/Wagner*, WPg 1998, 911; *Drukarczyk* in Münchener Kommentar zur InsO, § 19 InsO Rz. 87.

6 Ist die Gesamtverwertung des Unternehmens überwiegend wahrscheinlich (§ 19 Abs. 2 Satz 1 InsO), so kann nach zutr. Auffassung von *Karsten Schmidt* (in Scholz, vor § 64 GmbHG Rz. 21) statt von Teilwerten (Versilberungswerten) vom Gesamtwert des Unternehmens ausgegangen werden. Das ist aber letztlich nicht eine Frage der Überschuldungsprüfung, sondern des angemessenen Kaufpreises.

7 So zutr. *Jaeger/H.-F. Müller*, § 19 InsO Rz. 47.

8 *Jaeger/H.-F. Müller*, § 19 InsO Rz. 47; *Götker*, Der Geschäftsführer in der Insolvenz der GmbH, Rz. 263; *Baumbach/Hueck/Schulze-Osterloh*, § 64 GmbHG Rz. 31; *H.-P. Müller/Haas* in Kölner Schrift zur InsO, S. 1799, 1807 Rz. 20; *Uhlenbruck*, § 19 InsO Rz. 35 (Wiederbeschaffungswert); *Lutter/Kleindiek* in Lutter/Hommelhoff, § 64 GmbHG Rz. 11.

einem eröffneten Insolvenzverfahren verwertbar sind[1]. Was nicht der Verwertung durch den Insolvenzverwalter unterliegt, muss außer Ansatz bleiben. Vermögensgegenstände, die nach Handelsrecht nicht ansetzbar sind, müssen dagegen im Überschuldungsstatus aktiviert werden, wenn sie im Insolvenzverfahren einen Verwertungserlös erzielen[2]. Gegenstände, an denen **Aussonderungsrechte Dritter** bestehen, sind nicht anzusetzen oder beim Eigentumsvorbehalt allenfalls in der Höhe der geleisteten Anzahlungen[3]. Im Einzelfall ist bei **Aus- und Absonderungsrechten** Dritter zu unterscheiden: Sicherungsrechte Dritter, die ein Absonderungsrecht nach den §§ 49–51 InsO gewähren, bleiben unberücksichtigt, da ihnen auf der Passivseite entsprechende Verbindlichkeiten gegenüberstehen. Bei **Aussonderungsrechten** nach § 47 InsO ist dagegen im Einzelfall darauf abzustellen, ob der Gegenstand im eröffneten Insolvenzverfahren ausgesondert werden kann, ohne dass auf der Passivseite ein entsprechender Posten besteht oder entsteht. Befindet sich z.B. ein Gegenstand, der im Eigentum eines Dritten steht, zur Reparatur im Unternehmen des Schuldners, so darf dieser nicht etwa aktiviert werden. Etwas anderes gilt für Gegenstände, die z.B. unter Eigentumsvorbehalt gekauft worden sind. Hier steht dem Aussonderungsrecht nach § 47 InsO ein entsprechender Passivposten gegenüber, der es rechtfertigt, im Hinblick auf § 107 InsO entweder den vollen Wert, zumindest aber den Wert in Höhe der geleisteten Anzahlung (Anwartschaftsrecht) zu aktivieren. **Stille Reserven und Lasten** sind aufzudecken[4]. **Forderungen** sind auch bei negativer Fortführungsprognose grundsätzlich mit ihrem **Nominalwert** anzusetzen. Nur wenn Zweifel hinsichtlich der Realisierbarkeit bestehen, hat eine Wertberichtigung zu erfolgen[5]. **Verbindlichkeiten** sind gem. § 253 Abs. 1 Satz 2 HGB mit dem Rückzahlungsbetrag anzusetzen[6]. Unverzinsliche Verbindlichkeiten sind bei negativer Fortbestehensprognose auf den Barwert abzuzinsen (§ 41 Abs. 2 InsO)[7].

---

1 Vgl. *Wolf*, Überschuldung, S. 57; *Drukarczyk* in Münchener Kommentar zur InsO, § 19 InsO Rz. 87.

2 *Drukarczyk* in Münchener Kommentar zur InsO, § 19 InsO Rz. 87; *Uhlenbruck*, Das neue Insolvenzrecht, 1994, S. 319; *H. P. Müller* in Kölner Schrift zur InsO, 1. Aufl. 1997, S. 106 ff. Rz. 23 ff.

3 BGH v. 27. 10. 1982 – VIII ZR 187/81, ZIP 1982, 1435, 1437; *Kübler/Prütting/Bork/Pape*, § 19 InsO Rz. 10; *Schmerbach* in Frankfurter Kommentar zur InsO, § 19 InsO Rz. 11; *Wagner* in Baetge, Beiträge zum neuen Insolvenzrecht, S. 50; *Drukarczyk* in Münchener Kommentar zur InsO, § 19 InsO Rz. 87; str. a.A. *Kirchhof* in Heidelberger Kommentar zur InsO, § 19 InsO Rz. 22; *Hess*, § 19 InsO Rz. 51.

4 OLG Stuttgart v. 25. 11. 1970 – 1 Ss 409/70, NJW 1971, 1144; *Kirchhof* in Heidelberger Kommentar zur InsO, § 19 InsO Rz. 19; *Braun/Uhlenbruck*, Unternehmensinsolvenz, S. 293; *Uhlenbruck*, § 19 InsO Rz. 38; *Scholz/Karsten Schmidt*, 9. Aufl., vor § 64 GmbHG Rz. 22; *J.-S. Schröder* in Hamburger Kommentar zum Insolvenzrecht, § 19 InsO Rz. 36; *Götker*, Der Geschäftsführer in der Insolvenz der GmbH, Rz. 266 f.; str., a.A. *Müller/Haas* in Kölner Schrift zur InsO, S. 1799, 1808 Rz. 23; *Kübler/Prütting/Bork/Pape*, § 19 InsO Rz. 10; *Drukarczyk* in Münchener Kommentar zur InsO, § 19 InsO Rz. 87.

5 *Harz*, ZInsO 2001, 193, 200; *Uhlenbruck*, § 19 InsO Rz. 45; *Baumbach/Hueck/Schulze-Osterloh*, § 64 GmbHG Rz. 32; *Jaeger/H.-F. Müller*, § 19 InsO Rz. 60.

6 *Jaeger/H.-F. Müller*, § 19 InsO Rz. 123; *Uhlenbruck*, § 19 InsO Rz. 49; *Baumbach/Hueck/Schulze-Osterloh*, § 64 GmbHG Rz. 32.

7 *Baumbach/Hueck/Schulze-Osterloh*, § 64 GmbHG Rz. 32.

b) Wertansätze und Bewertung bei negativer Fortführungsprognose

aa) Ansatz und Bewertung von Aktivposten

5.137 Bei negativer Fortbestehensprognose sind Vermögen und Schulden unter Liquidationsgesichtspunkten mit ihren Nettoveräußerungswerten, d.h. unter Berücksichtigung der Liquidationskosten, anzusetzen[1]. Insoweit hat das Finanzmarktstabilisierungsgesetz (BGBl. I 2008, 1982) keine Änderung gebracht. Ein Unsicherheitsfaktor ist dabei die **Verwertungsprämisse**, denn bei Einzelveräußerung oder Veräußerung von Teilbetrieben ist meist weniger zu erlösen als bei einer Unternehmensveräußerung als Ganzes. In der Literatur wird die Auffassung vertreten, bei der Bewertung seien auch die **Veräußerungsgeschwindigkeit** und die **Veräußerungsintensität** zu berücksichtigen[2]. Diese werden sich allenfalls schätzen lassen. **Kosten der Veräußerung** sind bei nicht notwendiger Liquidation ebenso wenig anzusetzen wie Kosten, die durch die Verfahrensabwicklung entstehen[3]. Nach den Vorstellungen des Gesetzgebers der InsO ist das vorhandene Vermögen **realistisch zu bewerten**, damit das Ziel einer rechtzeitigen Verfahrenseröffnung nicht gefährdet wird[4]. Bei negativer Fortführungsprognose sind grundsätzlich die Vermögenswerte unter Liquidationsgesichtspunkten zu ihren **Einzelveräußerungswerten** anzusetzen. Das bedeutet aber nicht, dass der Wert anzusetzen ist, der voraussichtlich bei einer Verwertung im Rahmen des Insolvenzverfahrens erzielbar ist. Für die Bewertung wird vielmehr der Liquidationsbeschluss der Gesellschafter der GmbH fingiert. Die Liquidationswerte sind nicht identisch mit den **Zerschlagungswerten**, die anzusetzen sind, wenn das Insolvenzverfahren unvermeidbar ist. Damit hängen letztlich die Liquidationswerte auch von der Fortführungsprognose ab. Besteht ein konkretes Konzept, wonach das gesamte Betriebsvermögen im Wege der übertragenden Sanierung auf einen neuen Rechtsträger übergehen soll, kann es durchaus gerechtfertigt sein, vom **Substanzwertverfahren** auf das **Ertragswertverfahren** überzugehen. Der **Teilwert der einzelnen Aktiva** ist der Betrag, den der Erwerber des gesamten Betriebes im Rahmen des gesamten Kaufpreises für das einzelne Wirtschaftsgut ansetzt[5]. Bei der Ermitt-

---

1 So *W. Wagner* in Baetge, Beiträge zum neuen Insolvenzrecht, S. 52; *Baumbach/Hueck/Schulze-Osterloh*, § 64 GmbHG Rz. 31; *Uhlenbruck*, § 19 InsO Rz. 44; *Rowedder/Schmidt-Leithoff*, § 63 GmbHG Rz. 43; *Götker*, Der Geschäftsführer in der Insolvenz der GmbH, Rz. 266 ff.; *Kirchhof* in Heidelberger Kommentar zur InsO, § 19 InsO Rz. 15; *Kübler/Prütting/Bork/Pape*, § 19 InsO Rz. 9; *H.-P. Müller/Haas* in Kölner Schrift zur InsO, S. 1799, 1803 f. Rz. 12; *Jaeger/H.-F. Müller*, § 19 InsO Rz. 58.

2 Vgl. *Auler*, DB 1976, 2169; *Hirtz*, Die Vorstandspflichten bei Verlust, Zahlungsunfähigkeit und Überschuldung einer Aktiengesellschaft, 1966, S. 68 f.; *Drukarczyk* in Münchener Kommentar zur InsO, § 19 InsO Rz. 91.

3 *Uhlenbruck*, § 19 InsO Rz. 53; *Rowedder/Schmidt-Leithoff*, § 63 GmbHG Rz. 55, 56; str., a.A. *Früh/Wagner*, WPg 1998, 907, 912; *Drukarczyk* in Münchener Kommentar zur InsO, § 19 InsO Rz. 91.

4 Vgl. Begr. RegE zu § 19 InsO (§ 23 RegE), abgedr. bei *Balz/Landfermann*, Die neuen Insolvenzgesetze, S. 93. Zu Bewertungsfragen im Überschuldungsstatus einer GmbH s. auch *Scholz/Karsten Schmidt*, 9. Aufl., vor § 64 GmbHG Rz. 20, 21; *Uhlenbruck*, § 19 InsO Rz. 34.

5 Nach Auffassung von *Wolf* (KSI 2006, 60, 64) führt der Teilwertgedanke, der auch in § 6 Abs. 1 Nr. 1 Satz 3 EStG verankert ist, für die Bewertung in der Überschuldungs-

lung der Liquidationswerte ist auf der Grundlage von Unternehmenskonzept und Finanzplanung von der jeweils **wahrscheinlichsten Verwertungsart** auszugehen. Auf nachweisbare Verkaufsangebote kann es nur in Sonderfällen ankommen, z.B. wenn ein Interessent bereit ist, wegen der Synergieeffekte mehr als den Ertragswert zu zahlen[1]. Ist auf Grund der negativen Fortführungsprognose absehbar, dass die GmbH oder GmbH & Co. KG liquidiert werden muss, kann es bei „normalen" Liquidationswerten verbleiben, vorausgesetzt, dass die Einschätzung realistisch ist. Ist die Stilllegung des Unternehmens mindestens ebenso wahrscheinlich wie dessen Fortführung, sind nach zutreffender Feststellung von *Kirchhof*[2] **Auflösungswerte** zugrunde zu legen. Dabei sei von einer „planmäßigen Veräußerung des Vermögens ohne besonderen Zeitdruck" auszugehen, solange nicht Zahlungsunfähigkeit bevorstehe[3]. **Liquidationswert** eines Vermögensgegenstandes ist der Veräußerungserlös, der nach Abzug der Umsatzsteuer voraussichtlich zu erzielen wäre[4]. Ist dagegen der **Insolvenzantrag unvermeidlich**, so kommen **Zerschlagungswerte** in Betracht. Zutreffend heißt es in den „Empfehlungen zur Überschuldungsprüfung bei Unternehmen" des Fachausschusses „Recht" des IDW[5]: „Die der Verwertungsprognose zugrunde liegende Verwertungsstrategie bestimmt Liquidationsintensität und Liquidationsgeschwindigkeit. Der Grad der Zerschlagung der Unternehmensteile sowie der Zeitraum, in dem die Verwertung der Unternehmensteile erfolgen soll, prägen dabei maßgeblich die Höhe der Veräußerungserlöse. Die für die Liquidation zur Verfügung stehende Zeit stellt insbesondere dann eine entscheidende Restriktion dar, wenn der Finanzplan ohne Ansatz von Liquidationserlösen für die nähere Zukunft nachhaltige Zahlungsengpässe ausweist."

bb) Ansatz und Bewertung von Passivposten

Bei den Passiva müssen alle Verbindlichkeiten mit ihrem **Nennwert** berücksichtigt werden, die von den Gläubigern im Falle der Eröffnung eines Insolvenzverfahrens über das Vermögen der GmbH als vor- oder nachrangige Forderungen geltend gemacht werden können. **Verbindlichkeiten, die erst durch das Insolvenzverfahren entstehen** oder ausgelöst werden, wie z.B. Sozialplanansprüche der Arbeitnehmer wegen insolvenzbedingter Betriebsbeendigung, bleiben dagegen außer Ansatz[6]. Dies gilt jedoch bei **negativer Fortbestehens-** 5.138

bilanz nicht weiter. Voraussetzung für die Ermittlung des Teilwertes sei, dass der Gesamtkaufpreis des ganzen Betriebes bekannt ist. Dieser kann aber nur nach den Methoden der Unternehmensbewertung ermittelt werden. Zum Teilwert s. auch *Altmeppen*, ZIP 1997, 1173, 1175.

1 Vgl. *Spliedt*, DB 1999, 1941, 1945.

2 In Heidelberger Kommentar zur InsO, § 19 InsO Rz. 15.

3 S. auch *Jaeger/H.-F. Müller*, § 19 InsO Rz. 48; *Götker*, Der Geschäftsführer in der Insolvenz der GmbH, Rz. 267; *Möhlmann*, DStR 1998, 1843, 1847; *H.-P. Müller/Haas* in Kölner Schrift zur InsO, S. 1799, 1804 Rz. 12; *Baumbach/Hueck/Schulze-Osterloh*, § 64 GmbHG Rz. 31.

4 So wörtlich *Baumbach/Hueck/Schulze-Osterloh*, § 64 GmbHG Rz. 31.

5 WPg 1997, 22, 25.

6 AG Göttingen v. 22. 8. 2002 – 71 IN 65/01 u. 71 IN 66/01, ZInsO 2002, 945; *Jaeger/H.-F. Müller*, § 19 InsO Rz. 44, 78; *Uhlenbruck*, § 19 InsO Rz. 55; *Uhlenbruck*, Die

prognose nicht uneingeschränkt. Zutreffend wird in der Literatur darauf hingewiesen, dass bei negativer Fortbestehensprognose auch die **Kosten der Abwicklung** durch Rückstellung zu berücksichtigen sind[1]. Eine Einschränkung sei selbst dann nicht gerechtfertigt, wenn diese Kosten aus künftigen Erträgen gedeckt werden könnten, denn diese schlügen sich bereits bei der Bewertung der Vermögensgegenstände ohne Bindung an das Anschaffungsprinzip nieder[2].

5.139 Vorstehende Feststellung widerspricht nicht der hier vertretenen Auffassung, dass **Kosten der Abwicklung** im Überschuldungsstatus grundsätzlich keine Berücksichtigung finden. Nur wenn die **Liquidation der Gesellschaft unabwendbar** ist, sind Rückstellungen zu bilden. Im Einzelfall kann es notwendig sein, durch die Liquidation entstehende Kosten zu passivieren. So z.B., wenn eine Teilbetriebsstilllegung bereits beschlossen und der Sozialplan zwischen Arbeitgeber und Betriebsrat bereits zu Stande gekommen ist. Im Übrigen gehören **Sozialplanansprüche der Arbeitnehmer** (§ 123 InsO) nicht in die Überschuldungsbilanz, da sie erst im eröffneten Verfahren entstehen[3].

cc) Ansatz und Bewertung einzelner Bilanzposten

5.140 Die nachfolgende Erläuterung der einzelnen Bilanzposten erfolgt grundsätzlich unter der **Prämisse einer positiven Fortbestehensprognose**. Es geht dabei primär nicht um ein Bewertungskonzept, sondern um die Frage, welche Einzelpositionen im Überschuldungsstatus in Ansatz zu bringen sind. Das **Ergeb-**

GmbH & Co. KG in Krise, Konkurs und Vergleich, S. 314; *Braun/Uhlenbruck*, Unternehmensinsolvenz, S. 296; *Schmerbach* in Frankfurter Kommentar zur InsO, § 19 InsO Rz. 16; *H.-P. Müller/Haas* in Kölner Schrift zur InsO, S. 1813 Rz. 34; *J.-S. Schröder* in Hamburger Kommentar zum Insolvenzrecht, § 19 InsO Rz. 39; *Spliedt* in Runkel, Anwalts-Handbuch Insolvenzrecht, § 1 Rz. 145; *Scholz/Karsten Schmidt*, 9. Aufl., vor § 64 GmbHG Rz. 33; *Kübler/Prütting/Bork/Pape*, § 19 InsO Rz. 13. Anders neuerdings *Baumbach/Hueck/Schulze-Osterloh*, § 64 GmbHG Rz. 27, der entgegen der 17. Aufl. (Rz. 18) bei negativer Fortbestehensprognose auch die Kosten der Abwicklung durch Rückstellung berücksichtigt wissen will.

1 *Baumbach/Hueck/Schulze-Osterloh*, § 64 GmbHG Rz. 27; *Lutter/Kleindiek* in Lutter/Hommelhoff, § 64 GmbHG Rz. 22; *Förschle/Hoffmann* in Budde/Förschle/Winkeljohann, Sonderbilanzen, 4. Aufl. 2008, P Rz. 91; IDW-FAR, WPg 1997, 22, 25; *Hommelhoff*, FS Döllerer, 1988, S. 245, 255; *H. P. Müller* in Kölner Schrift zur InsO, 1. Aufl. 1997, S. 97, 110 f. Rz. 33 f.

2 So *Baumbach/Hueck/Schulze-Osterloh*, § 64 GmbHG Rz. 27 entgegen der 17. Aufl. (Rz. 18). *Spliedt* in Runkel, Anwalts-Handbuch Insolvenzrecht, § 1 Rz. 150 folgt zwar der allgemeinen Meinung, wonach für den allgemeinen Abwicklungsaufwand keine Rückstellungen gebildet werden müssen. Anders sei es aber für den Aufwand, der mit konkreten Maßnahmen verbunden sei. Dazu gehörten vor allem die bewertungsbedingten Kosten, aber auch solche Kosten, die konkreten Rechtsverhältnissen zuzuordnen sind, wie z.B. diejenigen des Sozialplans für die Beendigung der Arbeitsverträge.

3 A.A. *Spliedt* in Runkel, Anwalts-Handbuch Insolvenzrecht, § 1 Rz. 150; wie hier *Rowedder/Schmidt-Leithoff*, § 63 GmbHG Rz. 57; *Förschle/Hoffmann* in Budde/Förschle/Winkeljohann, Sonderbilanzen, 4. Aufl. 2008, P Rz. 91; *Baumbach/Hueck/Schulze-Osterloh*, § 64 GmbHG Rz. 26. S. auch *Uhlenbruck*, § 19 InsO Rz. 55; *Uhlenbruck* in Gottwald, Insolvenzrechts-Handbuch, § 6 Rz. 47.

nis der Fortführungsprognose spielt nicht nur für die Bewertung, sondern auch für den Ansatz von Aktiv- und Passivposten eine Rolle. Soweit die Fortbestehensprognose für Aktiv- und Passivposten eine Rolle spielt, wird im Folgenden darauf hingewiesen. Im Übrigen wird nicht die „Worst-Case-Bilanzierung" zugrunde gelegt, sondern der Normalfall der Lebensfähigkeit der Gesellschaft. Bei Zugrundelegung einer negativen Fortführungsprognose müssten zudem die unterschiedlichen Verwertungsprämissen erörtert werden. **Bilanzzweck des Überschuldungsstatus** ist die Feststellung, ob die Verbindlichkeiten der Gesellschaft durch Verwertung des Gesellschaftsvermögens in vollem Umfang bedient werden können[1]. Für die Überschuldungsbilanz besteht das **Verbot der Überbewertung** von Aktiva. Da im Übrigen die Grundsätze der bilanziellen Überschuldungsmessung in Einzelheiten heftig umstritten sind, bedarf jeder Überschuldungsstatus der **Erläuterung**, wobei vor allem die Wertansätze auf der Aktivseite zu erläutern sind[2].

6. Dokumentation der Überschuldungsprüfung

Über Art und Inhalt der Überschuldungsbilanz finden sich in der InsO ebenso 5.141
wenig Hinweise wie über die Pflicht zur Dokumentation der Fortführungsprognose. Hieraus kann jedoch nicht etwa gefolgert werden, es bestünden keinerlei Dokumentationspflichten[3]. Die Aufstellung einer Überschuldungsbilanz bedarf ebenso der **Schriftform** wie die Erstellung einer Fortführungsprognose. Die einzelnen Positionen müssen bewertet und einander gegenübergestellt werden. Ein Sachverständiger muss in die Lage versetzt werden, ohne besondere Schwierigkeiten innerhalb eines angemessenen Zeitraums die Ansätze und Bewertungen nachzuvollziehen[4]. **Dokumentation** und **Nachvollziehbarkeit** tragen wesentlich zur Minderung der Haftungsrisiken für den Geschäftsführer und seiner Strafbarkeitsrisiken wegen Insolvenzverschleppung bei. Dabei bestimmen Ausmaß und Schwere der Unternehmenskrise den Umfang und Detaillierungsgrad der erforderlichen Dokumentation. Die nicht belegbare Behauptung, man habe im „stillen Kämmerlein" die Überschuldung geprüft und die Fortbestehensprognose in positivem Sinne bejaht, reicht weder in einem späteren Haftungs- noch in einem Strafprozess aus, den Vorwurf der Insolvenzverschleppung zu entkräften[5]. Bestehen Zweifel hinsichtlich der

---

1 BGH v. 21. 2. 1994 – II ZR 60/93, NJW 1994, 1477; *Schmerbach* in Frankfurter Kommentar zur InsO, § 19 InsO Rz. 4; *Braun/Bußhardt*, § 19 InsO Rz. 26.

2 Einzelheiten bei *Scholz/Karsten Schmidt*, 9. Aufl., vor § 64 GmbHG Rz. 20 ff.; *Uhlenbruck*, § 19 InsO Rz. 79; *Baumbach/Hueck/Schulze-Osterloh*, § 64 GmbHG Rz. 12 ff.; *Uhlenbruck*, GmbHR 1995, 198; *Uhlenbruck*, GmbHR 1999, 313, 321; *Wolf*, DStR 1998, 126 ff.; *Karollus/Huemer*, Die Fortbestehensprognose im Rahmen der Überschuldungsprüfung, 2006, S. 127; *Bork*, ZIP 2000, 1709, 1711 f.; *Groß/Amen*, WPg 2002, 225, 238; *Schmerbach* in Frankfurter Kommentar zur InsO, § 19 InsO Rz. 23a; *Jaeger/H.-F. Müller*, § 19 InsO Rz. 41.

3 Vgl. *Wolf*, Überschuldung, S. 63 f.; *Wolf*, DStR 1998, 126; *H. P. Müller* in Kölner Schrift zur InsO, 1. Aufl. 1997, S. 97, 104 Rz. 19; *Uhlenbruck*, § 19 InsO Rz. 79, 80.

4 Vgl. *Wolf*, Überschuldung, S. 41 u. S. 63 f.; *Wolf*, DStR 1998, 126, 147; IDW-FAR, WPg 1997, 22, 25.

5 Vgl. auch BGH v. 2. 6. 1997 – II ZR 211/95, BB 1997, 2183; *Uhlenbruck*, § 19 InsO Rz. 80; *Schaub*, DStR 1993, 1483; *Baumbach/Hueck/Schulze-Osterloh*, § 64 GmbHG

Überschuldung oder der Fortführungsprognose, sollte zur eigenen Absicherung ein unabhängiger **Sachverständiger** eingeschaltet werden[1]. Die Fortbestehensprognose und ihre Dokumentation spielt nicht nur im Rahmen der Insolvenzverschleppung, sondern auch bei der Feststellung der drohenden Zahlungsunfähigkeit (§ 18 InsO) und im Rahmen der Sanierungsfähigkeitsprüfung eine Rolle. Grundsätzlich trägt zwar der Kläger die **Darlegungs- und Beweislast** für Umstände, aus denen sich die Überschuldung zu dem maßgebenden Zeitpunkt, also zum **Stichtag**, ergibt; die **Beweislast für die positive Fortbestehensprognose** trägt dagegen der Geschäftsführer[2]. Der Geschäftsführer hat in einem Schadensersatzprozess wegen Insolvenzverschleppung nicht nur darzulegen und zu beweisen, dass eine Fortführungsprognose durchgeführt worden ist, sondern auch, dass sie positiv ausgefallen ist[3]. Gelingt dem Kläger in einem Schadensersatzprozess wegen Insolvenzverschleppung der Beweis, dass die GmbH zum Zeitpunkt des Rechtsgeschäfts überschuldet war, so ist der **Geschäftsführer** beweispflichtig, dass für die GmbH gleichwohl eine positive Fortbestehensprognose gegeben war. Dabei hat nach Auffassung des OLG Koblenz[4] der Geschäftsführer einen Beurteilungsspielraum. Trifft er eine Entscheidung, die bei Betrachtung ex ante vertretbar erscheint, ist er nicht schadensersatzpflichtig[5].

7. Die Aktivposten der Überschuldungsbilanz

5.142 Nach *K. Stüdemann*[6] bewegt sich die Überschuldung „auf leisen Sohlen, schleicht sich ein, schimmert kurz auf, scheint wieder zu vergehen, tritt allmählich stärker ins Bewusstsein, steigt zunächst nur als Verdacht auf, wird erst später zur Gewissheit, häufig übrigens dann, wenn Zahlungsstockungen zu vertieftem Nachdenken zwingen". Die Feststellung der Überschuldung geschieht mittels mehr oder weniger aufwendiger **Rechnungen**, deren **Kernproblem die Bewertung** mit allen damit verbundenen Unsicherheiten und Subjektivitäten ist. In der Praxis gelingt es oftmals nicht, einen operationalen und zugleich praktikablen Wertmaßstab zu finden, mit dem sich der Nutzungswert des Produktionspotentials als Ausdruck der Leistungsfähigkeit des Unternehmens sowie die Lebensfähigkeit als Voraussetzung für die Nutzbar-

---

Rz. 13, 78 ff.; *Lutter/Kleindiek* in Lutter/Hommelhoff, § 64 GmbHG Rz. 15; *Kübler/Prütting/Bork/Pape*, § 19 InsO Rz. 17; *Schmerbach* in Frankfurter Kommentar zur InsO, § 19 InsO Rz. 23 a ff.; *Früh/Wagner*, WPg 1998, 907, 911; *Wolf*, DStR 1998, 126, 127.

1 *Jaeger/H.-F. Müller*, § 19 InsO Rz. 41; *Groß/Amen*, WPg 2002, 225, 239; *Lutter/Kleindiek* in Lutter/Hommelhoff, § 64 GmbHG Rz. 15. S. auch *Altmeppen*, ZIP 1997, 1173, 1176; *Altmeppen*, ZIP 2001, 2201, 2209; *Altmeppen* in Roth/Altmeppen, § 64 GmbHG Rz. 24–27.

2 *Baumbach/Hueck/Schulze-Osterloh*, § 64 GmbHG Rz. 13, 83; *Jaeger/H.-F. Müller*, § 19 InsO Rz. 41; *Rowedder/Schmidt-Leithoff*, § 63 GmbHG Rz. 71.

3 Vgl. *Bork*, ZIP 2000, 1709, 1712; *Lutter/Kleindiek* in Lutter/Hommelhoff, § 64 GmbHG Rz. 44; *Altmeppen*, ZIP 1997, 1173 ff.; *Altmeppen*, ZIP 2001, 2201, 2209; *Altmeppen* in Roth/Altmeppen, § 64 GmbHG Rz. 24–27.

4 OLG Koblenz v. 27. 2. 2003 – 5 U 917/02, GmbHR 2003, 419.

5 S. auch *Altmeppen*, ZIP 1997, 1173, 1176; *Altmeppen*, ZIP 2001, 2201, 2209.

6 Geleitwort zu *Klar*, Überschuldung und Überschuldungsbilanz, 1987.

keit des Produktionspotentials feststellen lässt[1]. Einig ist man sich nur darin, dass Überschuldung erst anzunehmen ist, wenn der unter Berücksichtigung des Einsatzes von Aktivvermögen im Produktionsprozess ermittelte Nutzungswert des Unternehmens keine Schuldendeckung mehr erwarten lässt. Da die Verwertungsprämissen im Einzelfall nicht feststehen, ist eine Überschuldungsfeststellung auf der Grundlage „wahrer" Liquidationswerte eine praktisch nicht erreichbare Idealvorstellung[2]. Im Hinblick auf die haftungs- und strafrechtlichen Folgen darf sich der Geschäftsführer wegen der gesetzlichen Antragspflichten trotzdem einer **permanenten Eigenprüfung** nicht entziehen. Das gilt vor allem, wenn **Anzeichen für das Vorliegen einer Krise** erkennbar sind. Nach Feststellung von *S. Beck*[3] gilt als Grundregel, „dass das Vermögen sowohl bei positiver als auch bei negativer Fortbestehensprognose im Überschuldungsstatus **stets realistisch** anzusetzen ist". Bei den Wertansätzen ist zu beachten, dass einerseits aus Gründen des Gläubigerschutzes das **Schuldendeckungspotential** festzustellen ist, andererseits aber dem Interesse eines lebensfähigen Unternehmens Rechnung getragen werden muss, nicht vorschnell in ein Insolvenzverfahren getrieben zu werden. Vor allem darf eine leichtfertig erstellte optimistische Fortbestehensprognose nicht dazu führen, unrealistische Aktivwerte im Insolvenzstatus anzusetzen. Im Übrigen ist zwischen **Ansatz und Bewertung** zu unterscheiden[4]. Zutreffend weist *Schulze-Osterloh*[5] darauf hin, dass das Ergebnis der Fortführungsprognose nicht nur die Bewertung, sondern in Einzelfällen auch den Ansatz von Aktiv- und Passivposten beeinflussen kann. Auf der Aktivseite sind sämtliche Vermögenswerte anzusetzen, die im Fall eines eröffneten Insolvenzverfahrens nach § 35 InsO zu den verwertbaren Massebestandteilen gehören[6]. Zweifelhaft ist, ob sog. „massefremde Masse" im Überschuldungsstatus aktiviert werden darf[7]. Bei der „massefremden Masse" handelt es sich um Positionen, denen erst für den Fall der Verfahrenseröffnung ein Vermögenswert beizumessen ist. So erstreckt z.B. § 92 InsO das Insolvenzverfahren auch auf **Schadensersatzansprüche der Insolvenzgläubiger** (Gesamtschaden), soweit es sich nicht um Neu-

1 Vgl. *Klar,* Überschuldung und Überschuldungsbilanz, 1987, S. 231; *Giebeler,* Die Feststellung der Überschuldung einer Unternehmung unter besonderer Berücksichtigung der Beziehungen zur Zahlungsunfähigkeit, 1982; *Biermann,* Die Überschuldung als Voraussetzung zur Konkurseröffnung, 1963; *W. Fischer,* Die Überschuldungsbilanz, 1980; *Haack,* Der Konkursgrund der Überschuldung bei Kapital- und Personengesellschaften, 1980; *Vonnemann,* Die Feststellung der Überschuldung, 1989; *Arens,* Ertragsorientierte Überschuldungsprüfung, 1991; *Lütkemeyer,* Die Überschuldung der GmbH, 1983; *Binz/Sorg,* Die GmbH & Co. KG, 10. Aufl. 2005, § 12 Rz. 13; *Jaeger/H.-F. Müller,* § 19 InsO Rz. 15 ff.; *Spliedt* in Runkel, Anwalts-Handbuch Insolvenzrecht, § 1 Rz. 132 ff.

2 So zutreffend *Vonnemann,* Die Feststellung der Überschuldung, 1989, S. 20.

3 In Beck/Depré, Praxis der Insolvenz, § 5 Rz. 122.

4 *Baumbauch/Hueck/Schulze-Osterloh,* § 64 GmbHG Rz. 14.

5 *Baumbauch/Hueck/Schulze-Osterloh,* § 64 GmbHG Rz. 14.

6 *Baumbach/Hueck/Schulze-Osterloh,* § 64 GmbHG Rz. 14; *Kübler/Prütting/Bork/Pape,* § 19 InsO Rz. 10; *Kirchhof* in Heidelberger Kommentar zur InsO, § 19 InsO Rz. 18; *Uhlenbruck* in Gottwald, Insolvenzrechts-Handbuch, § 6 Rz. 28 ff.; *Uhlenbruck,* § 19 InsO Rz. 38; *Temme,* Die Eröffnungsgründe der Insolvenzordnung, 1997, S. 148 ff.; *Müller/Haas* in Kölner Schrift zur InsO, S. 1799, 1809 ff. Rz. 25 ff.

7 Vgl. *Oepen,* Massefremde Masse, 1999; *Uhlenbruck,* § 19 InsO Rz. 38.

gläubiger handelt. Auch insoweit gilt ähnlich wie bei der Passivseite des Überschuldungsstatus der Grundsatz, dass Haftungs- und Freistellungsansprüche, die erst durch die Verfahrenseröffnung ausgelöst werden, nicht im Überschuldungsstatus aktiviert werden dürfen. Etwas Anderes gilt nur für **isolierte Verlustausgleichsansprüche** oder Verlustausgleichsansprüche aus Unternehmensverträgen, da insoweit eine Ausstattungs- bzw. Ausgleichspflicht nicht von der Verfahrenseröffnung abhängig ist[1].

a) Kosten der Gründung, Kapitalbeschaffung und Ingangsetzung oder Erweiterung des Geschäftsbetriebs

5.143 Kosten der Gründung, Kapitalbeschaffung, Ingangsetzung und Erweiterung des Unternehmens haben im Rahmen der Überschuldungsrechnung außer Betracht zu bleiben[2]. Insoweit gelten die gleichen Grundsätze, wie sie § 269 HGB für die Handelsbilanz vorsieht. Sie können auch nicht als Bilanzierungshilfe im Überschuldungsstatus aktiviert werden. Gleiches gilt für **Kosten der laufenden Neu- und Fortentwicklung der Produkte und Produktionsverfahren**[3]. Eine Aktivierung von **Konzeptionskosten, Vermittlungsprovisionen und Aufgeldern** ist unzulässig, denn diese Kosten sind erfolgswirksamer Aufwand. Eine **Bilanzierungshilfe** darf in der Überschuldungsbilanz nicht angesetzt werden, weil sie keinen selbständig verwertbaren Vermögensgegenstand darstellt[4].

b) Der Geschäfts- oder Firmenwert

5.144 Der Geschäfts- oder Firmenwert ergibt sich aus der Differenz zwischen der Summe der einzelnen Teilwerte abzüglich der Verbindlichkeiten und dem nach der Ertragswertmethode ermittelten Gesamtwert des Unternehmens[5]. Der Firmenwert der GmbH oder GmbH & Co. KG (good-will) beruht auf dem Zusammenwirken verschiedener erfolgsfördernder Faktoren in der Unternehmung, wie z.B. technischem Know-how, Qualität der Ware, Ruf des Unternehmens, Kundenstamm, effektiver Betriebsorganisation oder qualifiziertem

---

1 *Uhlenbruck*, § 19 InsO Rz. 38; *Scholz/Karsten Schmidt*, 9. Aufl., vor § 64 GmbHG Rz. 24; *Karsten Schmidt*, FS Werner, 1984, S. 777 ff.

2 BGH v. 22. 10. 1990 – II ZR 238/89, GmbHR 1991, 99; *Baumbach/Hueck/Schulze-Osterloh*, § 64 GmbHG Rz. 16; *Uhlenbruck*, § 19 InsO Rz. 37; *Uhlenbruck* in Gottwald, Insolvenzrechts-Handbuch, § 6 Rz. 28; *Braun/Uhlenbruck*, Unternehmensinsolvenz, S. 293 f.; *H.-P. Müller*, Bilanzierungsprobleme bei der Erstellung eines Überschuldungsstatus nach § 19 Abs. 2 InsO, in Kölner Schrift zur InsO, 1. Aufl. 1997, S. 97, 107, Rz. 25; *Lutter/Kleindiek* in Lutter/Hommelhoff, § 64 GmbHG Rz. 20; *Wolf*, Überschuldung, S. 67; *Uhlenbruck*, GmbH & Co. KG, S. 286 f.; *Harz*, ZInsO 2001, 193, 200; *Lutter*, ZIP 1999, 641, 644; *Jaeger/H.-F. Müller*, § 19 InsO Rz. 53.

3 Str., a.A. *W. Fischer*, Die Überschuldungsbilanz, 1980, S. 117. Vgl. auch *Bilo*, GmbHR 1981, 104, 105; *Uhlenbruck*, § 19 InsO Rz. 37; *Uhlenbruck*, GmbH & Co. KG, S. 286 f.

4 *Winkeljohann/Lawall* in Beck'scher Bilanz-Kommentar, 6. Aufl. 2006, § 269 HGB Rz. 16; *Förschle/Hoffmann* in Budde/Förschle/Winkeljohann, Sonderbilanzen, 4. Aufl. 2008, P Rz. 105 u. Rz. 113.

5 *Jaeger/H.-F. Müller*, § 19 InsO Rz. 51; *Kallmeyer*, GmbHR 1999, 16, 17; *Spliedt* in Runkel, Anwalts-Handbuch Insolvenzrecht, § 1 Rz. 135.

Mitarbeiterstamm. Der Firmenwert beeinflusst maßgeblich die Ertragskraft der GmbH. Ob im Einzelfall der Firmen- oder Geschäftswert im Überschuldungsstatus aktiviert werden darf, ist umstritten[1]. Die Aktivierbarkeit richtet sich nicht danach, ob es sich um einen originären (selbstgeschaffenen) oder um einen derivativen (erworbenen) Firmenwert handelt. Entscheidend ist vielmehr das **Kriterium der Erhöhung des Schuldendeckungspotentials**[2]. Zutreffend hat *H.-F. Müller*[3] darauf hingewiesen, dass es zu eng sei, stets ein **konkretes Erwerbsangebot** zu fordern[4]. Dies kann in der Tat nur bei einer negativen Fortbestehensprognose verlangt werden, da solchenfalls mit einem Zusatzertrag durch den Firmenwert grundsätzlich nicht zu rechnen ist. Im Übrigen setzt neben einer positiven Fortbestehensprognose der Ansatz des Firmenwerts eine **positive Marktbeurteilung** voraus[5]. Während der **derivative Firmenwert** gem. § 255 Abs. 4 HGB in der Handelsbilanz angesetzt werden darf, besteht handelsrechtlich für den **originären Firmenwert** ein Bilanzierungsverbot. Die handelsrechtlichen Grundsätze gelten aber für den Überschuldungsstatus nicht. Für die Firma der Gesellschaft darf in der Überschuldungsbilanz ein Wert angesetzt werden, wenn davon ausgegangen werden kann, dass im eröffneten Insolvenzverfahren wenigstens ein Teil des Geschäftsbetriebs zusammen mit der Firma veräußert und ein Entgelt dafür gezahlt würde[6].

1 Bejahend *Kübler/Prütting/Noack*, InsO, Gesellschaftsrecht Rz. 73; *Nerlich/Römermann/Mönning*, § 19 InsO Rz. 36; *W. Fischer*, Die Überschuldungsbilanz, 1980, S. 113, 118; *Möhlmann*, DStR 1998, 1843, 1847; *Götker*, Der Geschäftsführer in der Insolvenz der GmbH, Rz. 270; *Kallmeyer*, GmbHR 1999, 16, 17; verneinend *Auler*, DB 1976, 2169, 2171; *Bork*, ZInsO 2001, 145 ff.; *Kübler/Prütting/Bork/Pape*, § 19 InsO Rz. 11; *Amelung* in Kraemer, Bd. 2, Fach 6, Kap. 2, Rz. 49; *H.-P. Müller/Haas* in Kölner Schrift zur InsO, S. 1809 ff. Rz. 25.

2 Vgl. *Uhlenbruck*, § 19 InsO Rz. 40; *Uhlenbruck*, Die GmbH & Co. KG in Krise, S. 287 f.; *Uhlenbruck* in Gottwald, Insolvenzrechts-Handbuch, § 6 Rz. 29; *Scholz/Karsten Schmidt*, 9. Aufl., vor § 64 GmbHG Rz. 22; *Kirchhof* in Heidelberger Kommentar zur InsO, § 19 InsO Rz. 20; *Drukarczyk* in Münchener Kommentar zur InsO, § 19 InsO Rz. 93; *Fromm*, ZInsO 2004, 949; *Baumbach/Hueck/Schulze-Osterloh*, § 64 GmbHG Rz. 16; *Jaeger/H.-F. Müller*, § 19 InsO Rz. 52; *Kallmeyer*, GmbHR 1999, 16, 17; *J.-S. Schröder* in Hamburger Kommentar zum Insolvenzrecht, § 19 InsO Rz. 28; *Rowedder/Schmidt-Leithoff*, § 63 GmbHG Rz. 49.

3 *Jaeger/H.-F. Müller*, § 19 InsO Rz. 52.

4 So auch *Spliedt* in Runkel, Anwalts-Handbuch Insolvenzrecht, § 1 Rz. 136; str., a.A. *Uhlenbruck*, § 19 InsO Rz. 39; *Bittmann*, wistra 1999, 10, 30; IDW-FAR, WPg 1997, 22, 25; *Harz*, ZInsO 2001, 193, 200; *Baumbach/Hueck/Schulze-Osterloh*, § 64 GmbHG Rz. 16.

5 So zutr. *Jaeger/H.-F. Müller*, § 19 InsO Rz. 52; *Kallmeyer*, GmbHR 1999, 16, 17; *Scholz/Karsten Schmidt*, 9. Aufl., vor § 64 GmbHG Rz. 22; *J.-S. Schröder* in Hamburger Kommentar zum Insolvenzrecht, § 19 InsO Rz. 28; *Lutter/Kleindiek* in Lutter/Hommelhoff, § 64 GmbHG Rz. 20; *Rowedder/Schmidt-Leithoff*, § 63 GmbHG Rz. 49.

6 *Lutter/Kleindiek* in Lutter/Hommelhoff, § 64 GmbHG Rz. 20 unter Berufung auf OLG Celle v. 5. 12. 2001 – 9 U 204/01, NZG 2002, 730; *Uhlenbruck*, § 19 InsO Rz. 40; *Kallmeyer*, GmbHR 1999, 16, 17; *Rowedder/Schmidt-Leithoff*, § 63 GmbHG Rz. 49; *Baumbach/Hueck/Schulze-Osterloh*, § 64 GmbHG Rz. 16; *Jaeger/H.-F. Müller*, § 19 InsO Rz. 52; *Braun/Uhlenbruck*, Unternehmensinsolvenz, S. 294; *Früh*, WPg 1995, 794, 802; *Kirchhof* in Heidelberger Kommentar zur InsO, § 19 InsO Rz. 20; *Wolf*, Überschuldung, S. 68 ff.; *Uhlenbruck* in Gottwald, Insolvenzrechts-Handbuch,

5.145 Das ist nicht nur der Fall, wenn bereits Verträge abgeschlossen sind. Vielmehr genügt es, „dass der Markt nach sachverständigem Urteil bereit ist, beim Verkauf des Unternehmens einen Firmenwert in der angegebenen Höhe zu bezahlen."[1] Nach Auffassung von *Spliedt*[2] ist maßgebend das **Ertragswertverfahren**, „so dass eine zu Liquidations- oder Fortführungswerten bestehende Überschuldung durch die Ertragskraft, die im Status durch den kalkulatorischen Firmenwert dargestellt wird, kompensiert werden kann". Dabei schlage sich das Fortführungsrisiko in der Bewertung nieder[3]. Eine Aktivierung des Geschäfts- oder Firmenwerts wird sich unabhängig von dem Ergebnis der Fortbestehensprognose nur dann rechtfertigen lassen, „wenn er vor dem Hintergrund seiner mangelnden selbstständigen Verkehrsfähigkeit für die Gläubiger eine **greifbare Werthaltigkeit** dergestalt darstellt, als der Geschäfts- oder Firmenwert zu dem in den künftigen Erträgen immanenten Schuldendeckungspotential gerechnet werden kann"[4]. Dies heißt letztlich nichts anderes, als dass neben der **greifbaren Veräußerungsmöglichkeit** ein potentieller Erwerber bereit ist, einen **über den Substanzwert hinausgehenden Mehrbetrag** zu zahlen[5].

5.146 Nicht zu überzeugen vermag das Argument von *Müller/Haas*[6], es sei zu bedenken, dass die geschäftsführenden Organe einer juristischen Person gesell-

---

§ 6 Rz. 29; *Blersch* in Breutigam/Blersch/Goetsch, § 19 InsO Rz. 28; *Nerlich/Römermann/Mönning*, § 19 InsO Rz. 15, 35; vgl. auch BGH v. 29. 10. 1959 – II ZR 27/58, BB 1960, 381; BGH v. 6. 12. 1961 – IV ZR 116/61, BB 1962, 155; BGH v. 30. 3. 1967 – II ZR 141/64, DB 1967, 854; BGH v. 14. 12. 1972 – II ZR 92/70, WM 1973, 287; str., a.A. *Kübler/Prütting/Bork/Pape*, § 19 InsO Rz. 11; *Spliedt*, DB 1999, 1941; *Bittmann*, wistra 1999, 10, 13.

1 *Kallmeyer*, GmbHR 1999, 16, 17; *Jaeger/H.-F. Müller*, § 19 InsO Rz. 52; *Lutter/Kleindiek* in Lutter/Hommelhoff, § 64 GmbHG Rz. 20; *Baumbach/Hueck/Schulze-Osterloh*, § 64 GmbHG Rz. 16; *Scholz/Karsten Schmidt*, 9. Aufl., vor § 64 GmbHG Rz. 22, der die von mir bei Gottwald, Insolvenzrechts-Handbuch, § 6 Rz. 29 vertretene Auffassung, es müsse bereits ein Kaufvertrag vorliegen, nicht zu Unrecht als „zu eng" ansieht. Die „enge" Auffassung lässt sich nur für den Fall einer negativen Fortführungsprognose halten, da solchenfalls mit einem Zusatzertrag für den Firmenwert grundsätzlich nicht zu rechnen ist (zutr. *Jaeger/H.-F. Müller*, § 19 InsO Rz. 52). S. auch *Beck* in Beck/Depré, Praxis der Insolvenz, Rz. 126.

2 DB 1999, 1941, 1944 ff.; S. auch *Spliedt* in Runkel, Anwalts-Handbuch Insolvenzrecht, § 1 Rz. 135 ff.

3 Vgl. auch *Ahrens*, Ertragsorientierte Überschuldungsprüfung, 1991, S. 167 ff.; *Burger/Schellberg*, BB 1995, 261, 266; *Burger/Buchhart*, WPg 1999, 155, 161; *Fischer*, DB 1981, 1345, 1348 ff.; *Nonnenmacher*, FS Moxter, 1994, S. 1325 ff.; *Klar*, DB 1990, 2077, 2079 ff.; *Hess*, § 19 InsO Rz. 52.

4 *Wolf*, Überschuldung, S. 71; *Wolf*, KSI 2006, 60 ff.; *Wolf/Kurz*, StuB 2005, 484; *J.-S. Schröder* in Hamburger Kommentar zum Insolvenzrecht, § 19 InsO Rz. 28; *Hundertmark/Herms*, BB 1972, 1119 f.

5 *Kirchhof* in Heidelberger Kommentar zur InsO, § 19 InsO Rz. 20; *Baumbach/Hueck/Schulze-Osterloh*, § 64 GmbHG Rz. 16; IDW-FAR, WPg 1997, 22, 25; *Kallmeyer*, GmbHR 1999, 16, 17; *Drukarczyk* in Münchener Kommentar zur InsO, § 19 InsO Rz. 93; *Harz*, ZInsO 2001, 193, 200; *Wengel*, DStR 2001, 1769, 1770; *Temme*, Die Eröffnungsgründe der Insolvenzordnung, 1997, S. 150; *Lutter/Kleindiek* in Lutter/Hommelhoff, § 64 GmbHG Rz. 20; *Jaeger/H.-F. Müller*, § 19 InsO Rz. 52; *Habersack* in Großkommentar zum AktG, § 92 AktG Rz. 47. S. auch *Zisowski*, Grundsätze ordnungsgemäßer Überschuldungsrechnung, 2001, S. 137 ff.

6 *Müller/Haas* in Kölner Schrift zur InsO, S. 1809 Rz. 25.

schaftsrechtlich das Gesamtvermögen ohne Zustimmung der Anteilseigner nicht veräußern dürfen. Es bestünden daher Zweifel, ob die Aktivierung eines Firmenwerts in Bezug auf das ganze Vermögen im Überschuldungsstatus mit § 19 Abs. 1 InsO vereinbar sei. Diese Auffassung übersieht, dass bei juristischen Personen die Firma in die Insolvenzmasse (§ 35 InsO) fällt und vom Insolvenzverwalter ohne Zustimmung der Anteilseigner veräußert werden kann.

c) Sonstige immaterielle Vermögensgegenstände

Ob sonstige immaterielle Vermögensgegenstände in der Überschuldungsbilanz aktiviert werden dürfen, hängt von ihrer **nachweislichen Verwertbarkeit** ab. Zu den sonstigen immateriellen Vermögensgegenständen gehören z.B. **Patente, Lizenzen, Gebrauchsmuster, Warenzeichen, Markenrechte** und **Konzessionen**. Es kommt nicht darauf an, ob es sich um entgeltlich erworbene immaterielle Vermögensgegenstände handelt oder ob diese originär im Unternehmen entstanden sind. Das handelsrechtliche Bilanzierungsverbot des § 248 Abs. 1 HGB greift nicht ein. Vielmehr kommt es wie bei der Aktivierung des Firmenwerts entgegen der Vorauflage nicht auf die Veräußerbarkeit an[1], sondern auf die **tatsächliche Verwertbarkeit**[2]. Sind immaterielle Vermögenswerte **an das Unternehmen gebunden** und können sie nur zusammen mit dem Unternehmen veräußert werden, so schließt dies nicht schlechthin die Aktivierung aus. Vielmehr kommt es im Einzelfall darauf an, ob greifbare Aussichten bestehen, dass der Erwerber einen über den Substanzwert des Unternehmens hinausgehenden Preis zu zahlen bereit ist, der dem immateriellen Vermögenswert entspricht[3]. Nach anderer Auffassung[4] können Vermögenswerte, die an das Unternehmen gebunden sind und nicht von diesem losgelöst werden dürfen, bei der Überschuldungsfeststellung keine Berücksichtigung finden. Letztere Auffassung lässt sich für das neue Recht nicht aufrechterhalten, denn es kommt **nicht auf die selbständige Verwertbarkeit** an, sondern allein darauf, ob 5.147

1 *Müller/Haas* in Kölner Schrift zur InsO, S. 1799, 1811 Rz. 28; *Förschle/Hoffmann* in Budde/Förschle/Winkeljohann, Sonderbilanzen, 4. Aufl. 2008, P Rz. 111, 112; *Scholz/Karsten Schmidt*, 9. Aufl., vor § 64 GmbHG Rz. 22; *Uhlenbruck*, § 19 InsO Rz. 39, 40; *Temme*, Die Eröffnungsgründe der Insolvenzordnung, 1997, S. 151; *Jaeger/H. F. Müller*, § 19 InsO Rz. 50; *Habersack* in Großkommentar zum AktG, § 92 AktG Rz. 47; *Rowedder/Schmidt-Leithoff*, § 63 GmbHG Rz. 50; *Baumbach/Hueck/Schulze-Osterloh*, § 64 GmbHG Rz. 16; *Wolf*, Überschuldung, S. 71 f.; *Kirchhof* in Heidelberger Kommentar zur InsO, § 19 InsO Rz. 20; *Drukarczyk* in Münchener Kommentar zur InsO, § 19 InsO Rz. 93; *Kallmeyer*, GmbHR 1999, 16, 17.

2 Zutr. *Jaeger/H.-F. Müller*, § 19 InsO Rz. 50; *Habersack* in Großkommentar zum AktG, § 92 AktG Rz. 47; *Baumbach/Hueck/Schulze-Osterloh*, § 64 GmbHG Rz. 16; *Lutter/Kleindiek* in Lutter/Hommelhoff, § 64 GmbHG Rz. 20; *Rowedder/Schmidt-Leithoff*, § 63 GmbHG Rz. 50; *Kirchhof* in Heidelberger Kommentar zur InsO, § 19 InsO Rz. 20; anders noch *Förschle/Hoffmann* in Budde/Förschle/Winkeljohann, Sonderbilanzen, 4. Aufl. 2008, P Rz. 92.

3 *Temme*, Die Eröffnungsgründe der Insolvenzordnung, 1997, S. 151; *Scholz/Karsten Schmidt*, 9. Aufl., vor § 64 GmbHG Rz. 22.

4 *Harz*, ZInsO 2001, 193, 200; *Wolf*, Überschuldung, S. 71; *Uhlenbruck*, Die GmbH & Co. KG, S. 288; *Bilo*, GmbHR 1981, 77.

ein Erwerber bereit ist, bei Veräußerung des Unternehmens als Ganzes für das immaterielle Recht einen höheren – selbständig feststellbaren – Preis zu zahlen. Nach Auffassung von *Müller/Haas*[1] kann eine Aktivierung, wenn es an der Einzelveräußerbarkeit fehlt, nur bei positiver Fortführungsprognose in Betracht kommen. Zutreffend ist der Hinweis von *Wolf*[2], dass die **Bewertung immaterieller Vermögensgegenstände** schwierig ist, weil es insbesondere bei originär entstandenen immateriellen Vermögenswerten in aller Regel an einem preisbildenden Markt fehlen dürfte. Richtig ist auch, dass vor allem bei negativer Fortführungsprognose eine **vorsichtige Bewertung** am Platze ist[3]. Ein Wertansatz ist nur dann gerechtfertigt, wenn mit einer Verwertung ernsthaft zu rechnen ist. Zu den immateriellen Vermögensgegenständen gehören auch **Optionsrechte** (Optionsgeschäfte, Zinsbegrenzungsvereinbarungen, Termingeschäfte etc.) im Rahmen von Finanzinnovationen (Finanzderivaten)[4]. Für die Bewertung von **Finanzderivaten** in der Überschuldungsbilanz kommt es darauf an, ob diese übertragen werden können, wobei es gleich ist, ob sie an das Unternehmen gebunden oder selbständig verwertbar sind[5]. Bei börsennotierten Optionsrechten ist der Börsenwert maßgebender Bewertungsindikator. Nicht börsennotierte Optionen sind auf der Basis veröffentlichter Marktpreise zu bewerten[6]. **Konzeptionskosten**, die z.B. im Rahmen von Bauherrenmodellen, Immobilienfonds und Abschreibungsgesellschaften entstehen, sind als immaterielle Vermögenswerte nur dann im Überschuldungsstatus aktivierbar, wenn ihnen ein **eigenständiger Wert** zukommt, für den ein Erwerber konkret bereit ist, entweder einen Einzelveräußerungspreis oder einen höheren Preis für das Unternehmen zu zahlen. Im Zweifel ist von einer Aktivierung Abstand zu nehmen.

d) Ausstehende Einlagen der Gesellschafter und beschlossene Nachschüsse

5.148 Nach § 5 Abs. 1 GmbHG muss das Stammkapital der GmbH mindestens 25 000 Euro betragen. Soweit nicht Sacheinlagen geleistet werden, ist Voraussetzung für die Anmeldung und Eintragung im Handelsregister gem. § 7 Abs. 2 Satz 1 GmbHG, dass auf jeden Geschäftsanteil ein Viertel des Nennbetrags eingezahlt ist. Insgesamt muss auf das Stammkapital mindestens soviel eingezahlt sein, dass der Gesamtbetrag der eingezahlten Geldeinlagen zuzüglich des Gesamtnennbetrages der Geschäftsanteile, für die Sacheinlagen zu leisten sind, die Hälfte des Mindeststammkapitals gem. § 5 Abs. 1 GmbHG

---

1 In Kölner Schrift zur InsO, S. 1811 Rz. 28; ebenso *Kübler/Prütting/Bork/Pape*, § 19 InsO Rz. 11, 12; *Nerlich/Römermann/Mönning*, § 19 InsO Rz. 36; wohl auch *Lüke* in Hesselmann/Tillmann/Mueller-Thuns, Handbuch der GmbH & Co. KG, § 11 Rz. 84.

2 Überschuldung, S. 74.

3 Für Ansatz und Bewertung ist aus Gläubigerschutzgründen allgemein ein strenger Maßstab anzulegen. Vgl. *Uhlenbruck*, § 19 InsO Rz. 39; *Drukarczyk* in Münchener Kommentar zur InsO, § 19 InsO Rz. 93; *Jaeger/H.-F. Müller*, § 19 InsO Rz. 51; *J.-S. Schröder* in Hamburger Kommentar zum Insolvenzrecht, § 19 InsO Rz. 28; *Kirchhof* in Heidelberger Kommentar zur InsO, § 19 InsO Rz. 20.

4 S. *Uhlenbruck*, § 19 InsO Rz. 39. Zur Verwertbarkeit gewerblicher Schutzrechte im Insolvenzverfahren s. *Zeising*, KTS 2002, 367, 376 ff.

5 Anders *Wolf*, Überschuldung, S. 76.

6 *Wolf*, Überschuldung, S. 76; *Dreissig*, BB 1989, 1515.

erreicht (§ 7 Abs. 2 Satz 2 GmbHG). Erreicht der Wert einer **Sacheinlage** im Zeitpunkt der Anmeldung der Gesellschaft zur Eintragung in das Handelsregister nicht den Nennbetrag des dafür übernommenen Geschäftsanteils, hat der Gesellschafter gem. § 9 Abs. 1 Satz 1 GmbHG in Höhe des Fehlbetrages eine Einlage in Geld zu leisten. Die Ansprüche gegen Gesellschafter auf Erbringung **rückständiger Einlagen** einschließlich der Forderungen nach § 9 GmbHG wegen Überbewertung der Sacheinlagen, aus **Vorbelastungshaftung** gem. § 11 GmbHG[1] sowie auf Leistung von **beschlossenen Nachschüssen** sind in der Überschuldungsbilanz grundsätzlich zu aktivieren[2]. Die ausstehenden Einlagen und die beschlossenen Nachschüsse sind sowohl bei positiver als auch bei negativer Fortbestehensprognose zu aktivieren[3]. Allerdings ist eine **Bewertung** der Ansprüche vorzunehmen[4]. Bei uneinbringlichen Einlagenforderungen sind, soweit sie nicht von anderen Gesellschaftern zu tilgen sind, **Wertberichtigungen** vorzunehmen. Im Rahmen der Eigenprüfung können allerdings organschaftliche Vertreter i.d.R. davon ausgehen, dass die Bonität der zum Nachschuss Verpflichteten gegeben ist. Eine eingehende Bonitätsprüfung ist im Rahmen der Überschuldungsprüfung unzumutbar[5]. Eine Wertberichtigung ist aber zwingend vorzunehmen, wenn über das Vermögen des einlagepflichtigen oder nachschusspflichtigen Gesellschafters das Insolvenzverfahren eröffnet worden ist.

1 Vgl. BGH v. 9. 3. 1981 – II ZR 54/80, BGHZ 80, 129, 140 ff.; BGH v. 16. 3. 1981 – II ZR 59/80, BGHZ 80, 182 f.; BGH v. 24. 10. 1988 – II ZR 176/88, BGHZ 105, 300, 302 ff.; BGH v. 27. 1. 1997 – II ZR 123/94, BGHZ 134, 333, 338; *Lieb*, FS Zöllner, 1998, S. 347 ff.; *Flume*, DB 1998, 45 f.; *Scholz/Karsten Schmidt*, § 11 GmbHG Rz. 124 ff. und vor § 64 GmbHG Rz. 24; *Lutter/Bayer* in Lutter/Hommelhoff, § 11 GmbHG Rz. 29 ff.; *Roth* in Roth/Altmeppen, § 11 GmbHG Rz. 11–20; *Baumbach/Hueck/Fastrich*, § 11 GmbHG Rz. 61.

2 *Wolf*, Überschuldung, S. 65; *Uhlenbruck* in Gottwald, Insolvenzrechts-Handbuch, § 6 Rz. 32; *Uhlenbruck*, GmbH & Co. KG, S. 289; *Scholz/Karsten Schmidt*, 9. Aufl., vor § 64 GmbHG Rz. 24; *Baumbach/Hueck/Schulze-Osterloh*, § 64 GmbHG Rz. 18; *Förschle/Hoffmann* in Budde/Förschle/Winkeljohann, Sonderbilanzen, 4. Aufl. 2008, P Rz. 110; *Uhlenbruck*, Das neue Insolvenzrecht, S. 289; *Rowedder/Schmidt-Leithoff*, § 63 GmbHG Rz. 45; *Uhlenbruck*, § 19 InsO Rz. 41; *Kübler/Prütting/Noack*, InsO, Gesellschaftsrecht Rz. 73; *Schmerbach* in Frankfurter Kommentar zur InsO, § 19 InsO Rz. 11; *H. P. Müller* in Kölner Schrift zur InsO, 1. Aufl. 1997, S. 97, 107 Rz. 26; *Müller/Haas* in Kölner Schrift zur InsO, 1997, S. 1809 ff. Rz. 26; *Temme*, Die Eröffnungsgründe der Insolvenzordnung, 1997, S. 149; *Uhlenbruck* in Gottwald, Insolvenzrechts-Handbuch, § 6 Rz. 32, 33; *Harz*, ZInsO 2001, 193, 200; *Scholz/Karsten Schmidt*, 9. Aufl., vor § 64 Rz. 23; *Jaeger/H.-F. Müller*, § 19 InsO Rz. 64; *Habersack* in Großkommentar zum AktG, § 92 AktG Rz. 47.

3 *Harz*, ZInsO 2001, 193, 200.

4 *Baumbach/Hueck/Schulze-Osterloh*, § 64 GmbHG Rz. 18,32, wonach vor allem Ansprüche gegen Gesellschafter auf Erbringung rückständiger Einlagen, Leistung von Nachschüssen, Rückgewähr nach § 31 GmbHG sowie aus vertraglicher oder vertraglich anerkannter Verlustübernahmepflicht kritisch zu würdigen sind.

5 Vgl. auch *Uhlenbruck* in Gottwald, Insolvenzrechts-Handbuch, § 6 Rz. 32, wonach vor allem im Rahmen der Eigenprüfung den organschaftlichen Vertretern einer GmbH oder GmbH & Co. KG nicht zugemutet werden kann, jeweils die Bonität der zum Nachschuss Verpflichteten nachzuprüfen.

e) Ansprüche gegen Geschäftsführer und Gesellschafter

5.149 Ansprüche gegen Geschäftsführer und Gesellschafter, die entweder auf schuldhafter Verletzung gesellschaftsrechtlicher Pflichten oder unerlaubter Handlung beruhen, sowie Ansprüche wegen unzulässiger Auszahlungen auf das Stammkapital sind im Überschuldungsstatus zu bewerten und grundsätzlich zu aktivieren. Im Einzelnen gilt Folgendes:

aa) Schadensersatzansprüche gegen Geschäftsführer

5.150 Schadensersatzansprüche gegen den Geschäftsführer einer GmbH oder GmbH & Co. KG sind nur zu aktivieren, soweit sie auch außerhalb eines Insolvenzverfahrens durchgesetzt werden können[1]. Das ist für Ansprüche der Gesellschaft gegen Geschäftsführer nach § 43 GmbHG weitgehend anerkannt[2]. Zweifelhaft und letztlich abzulehnen ist dagegen eine Aktivierbarkeit von Ansprüchen gegen Geschäftsführer nach § 64 Satz 1 und Satz 3 GmbHG, da der Erstattungsanspruch grundsätzlich die Eröffnung eines Insolvenzverfahrens voraussetzt[3]. Einer Aktivierung solcher Ansprüche steht letztlich die gläubigerschützende Funktion des Auszahlungsverbots entgegen. Weitere Voraussetzung ist, dass die Gesellschaft auf die Geltendmachung der Schadensersatzansprüche nicht verzichtet hat[4], auch soweit ein Verzicht oder Vergleich nach § 43 Abs. 3 Satz 2 i.V.m. § 9b Abs. 1 Satz 1 GmbHG in einem eröffneten Insolvenzverfahren unwirksam wäre. **Schadensersatzansprüche wegen Insolvenzverschleppung** nach § 15a Abs. 1 Satz 1, Abs. 4 InsO i.V.m. § 823 Abs. 2 BGB sowie Ersatzansprüche nach § 64 Satz 1 und 3 GmbHG, § 130a Abs. 2 Satz 1 HGB (§ 177a HGB) bleiben außer Ansatz, da diese Ansprüche nicht außerhalb des Insolvenzverfahrens durchzusetzen sind[5]. Andernfalls würde der mit diesen Regelungen verfolgte Gläubigerschutz in sein Gegenteil verkehrt[6]. Es handelt sich insoweit um Gläubigeransprüche wegen Verkürzung der Haftungsmasse, die das Gesetz für das eröffnete Insolvenzverfahren nach

---

1 *Kirchhof* in Heidelberger Kommentar zur InsO, § 19 InsO Rz. 21; *Uhlenbruck*, § 19 InsO Rz. 45; *Müller/Haas* in Kölner Schrift zur InsO, S. 1809 f. Rz. 26; *Scholz/Karsten Schmidt*, 9. Aufl., vor § 64 GmbHG Rz. 27; *Wolf*, Überschuldung, S. 93; *Rowedder/Schmidt-Leithoff*, § 63 GmbHG Rz. 47; *Spliedt* in Runkel, Anwalts-Handbuch Insolvenzrecht, § 1 Rz. 155–157; *Jaeger/H.-F. Müller*, § 19 InsO Rz. 64. Nach Auffassung von *Karsten Schmidt* (in Scholz, vor § 64 GmbHG Rz. 27) können solche Ansprüche wegen schuldhafter Schädigung der Gesellschaft oder aus fehlerhafter Konzernleitung nur aktiviert werden, wenn sie liquide und vollwertig sind.

2 *Rowedder/Schmidt-Leithoff*, § 63 GmbHG Rz. 47.

3 *Jaeger/H.-F. Müller*, § 19 InsO Rz. 68. Zu den Haftungsrisiken für Geschäftsführer nach dem MoMiG s. *Karsten Schmidt*, GmbHR 2008, 449, 453 f.

4 *Braun/Uhlenbruck*, Unternehmensinsolvenz, S. 295; *Scholz/Karsten Schmidt*, 9. Aufl., vor § 64 GmbHG Rz. 27; *Baumbach/Hueck/Schulze-Osterloh*, § 64 GmbHG Rz. 15.

5 *Wolf*, Überschuldung, S. 93; *Kirchhof* in Heidelberger Kommentar zur InsO, § 19 InsO Rz. 21; *Jaeger/H.-F. Müller*, § 19 InsO Rz. 68; *Habersack* in Großkommentar zum AktG, § 92 AktG Rz. 48; *Rowedder/Schmidt-Leithoff*, § 63 GmbHG Rz. 47; *Baumbach/Hueck/Schulze-Osterloh*, § 64 GmbHG Rz. 18; *Spliedt* in Runkel, Anwalts-Handbuch Insolvenzrecht, § 1 Rz. 154 ff.

6 So zutr. *Baumbach/Hueck/Schulze-Osterloh*, § 64 GmbHG Rz. 18.

§ 92 InsO dem Insolvenzverwalter als Gesamtgläubigerschaden zur Geltendmachung zuweist.

bb) Schadensersatz- und Rückzahlungsansprüche gegen Gesellschafter

Je nach Realisierbarkeit sind **ausstehende Einlagen, beschlossene Nachschüsse, Rückerstattungsansprüche wegen Verletzung des Kapitalerhaltungsgrundsatzes** (§§ 30, 31 GmbHG) sowie Schadensersatzansprüche aus **Treupflichtverletzung** im Überschuldungsstatus zu aktivieren[1]. Schadensersatzansprüche gegen Gesellschafter einer führungslosen GmbH nach § 15a Abs. 3, 4 InsO i.V.m. § 823 Abs. 2 BGB dürfen im Überschuldungsstatus nicht passiviert werden, weil der Insolvenzverschleppungsschaden gem. § 92 InsO als Gesamtgläubigerschaden im eröffneten Verfahren geltend gemacht wird. Etwas anderes gilt für sonstige Ansprüche der Gesellschaft gegen Gesellschafter, soweit es sich nicht um gesellschaftsrechtliche Haftungsansprüche handelt. In der **Überschuldungsbilanz einer Vor-GmbH** ist der Anspruch auf Verlustdeckung als künftiger Anspruch zu berücksichtigen[2]. **Rückzahlungsansprüche** nach den §§ 30, 31 GmbHG sind zu aktivieren, nicht dagegen Ansprüche nach den §§ 171 Abs. 1, 172 Abs. 4, 176 HGB[3]. Wegen der Neuregelung in § 30 Abs. 1 Satz 3 GmbHG, die Rückzahlungen auf **Gesellschafterdarlehen** und wirtschaftlich gleichgestellte Forderungen zulässt und lediglich einer Insolvenzanfechtung nach den §§ 44a, 135 Abs. 1, 2 InsO unterwirft, können solche Rückzahlungsansprüche nicht mehr aktiviert werden. **Anfechtungsansprüche** sind nicht aktivierbar[4]. Bei der **GmbH & Co. KG** spielt es für die Ansprüche nach den §§ 30, 31 GmbHG keine Rolle, ob die Komplementär-GmbH kapitalmäßig an der KG beteiligt ist[5]. Nach Auffassung des BGH[6] gilt § 30 GmbHG auch, wenn ein Gesellschafter etwas aus dem Vermögen der KG erhält, wobei jedoch Voraussetzung ist, dass diese Zahlung das zur Deckung des Stammkapitals notwendige Vermögen der Komplementär-GmbH nicht angreift und der Anspruch der KG zusteht[7]. **Ansprüche aus Kreditzusagen der Gesellschafter** können nur aktiviert werden, wenn das Kündigungsrecht nach 5.151

1 So *Jaeger/H.-F. Müller*, § 19 InsO Rz. 65; *Uhlenbruck*, § 19 InsO Rz. 41; *Uhlenbruck* in Gottwald, Insolvenzrechts-Handbuch, § 6 Rz. 33; *Baumbach/Hueck/Schulze-Osterloh*, § 64 GmbHG Rz. 18, 32; *Rowedder/Schmidt-Leithoff*, § 63 GmbHG Rz. 47; *Spliedt* in Runkel, Anwalts-Handbuch Insolvenzrecht, § 1 Rz. 155, 156. Zu objektiven und subjektiven Elementen bei Unterbilanzen s. *Crezelius*, FS Uhlenbruck, 2000, S. 619 ff.

2 *Baumbach/Hueck/Schulze-Osterloh*, § 64 GmbHG Rz. 15 unter Anführung von BGH v. 27. 1. 1997 – II ZR 123/94, BGHZ 134, 333, 338 ff.; *Scholz/Karsten Schmidt*, 9. Aufl., vor § 64 GmbHG Rz. 24; *Uhlenbruck* in Gottwald, Insolvenzrechts-Handbuch, § 6 Rz. 37; *Jaeger/H.-F. Müller*, § 19 InsO Rz. 66; *Haas*, DStR 1999, 985, 986.

3 *Uhlenbruck* in Gottwald, Insolvenzrechts-Handbuch, § 6 Rz. 33.

4 So zutr. *Spliedt* in Runkel, Anwalts-Handbuch Insolvenzrecht, § 1 Rz. 167, 174.

5 Vgl. BGH v. 29. 9. 1977 – II ZR 157/76, BGHZ 69, 274, 279; *Scholz/H. P. Westermann*, § 30 GmbHG Rz. 57–60; *Uhlenbruck*, GmbHG & Co. KG, S. 289 u. S. 294.

6 BGH v. 29. 3. 1973 – II ZR 25/70, BGHZ 60, 324, 328 ff. = GmbHR 1973, 163 ff.; BGH v. 27. 9. 1976 – II ZR 162/75, BGHZ 67, 171, 178; BGH v. 29. 9. 1977 – II ZR 157/76, BGHZ 69, 274; BGH v. 19. 2. 1990 – II ZR 268/88, BGHZ 110, 342, 355.

7 *Scholz/H. P. Westermann*, § 30 GmbHG Rz. 58; *Altmeppen* in Roth/Altmeppen, § 30 GmbHG Rz. 120.

§ 490 Abs. 1 BGB ausgeschlossen und für die künftige Darlehensforderung ein Rangrücktritt in den Rang des § 39 Abs. 2 InsO erklärt worden ist[1]. **Ansprüche wegen existenzvernichtenden Eingriffs** sind bei der Überschuldungsprüfung nicht aktivierbar, da es sich um Ansprüche handelt, die den einzelnen Gläubigern zustehen und deren Geltendmachung erst mit Eröffnung des Insolvenzverfahrens gem. § 93 InsO durch den Insolvenzverwalter möglich ist[2]. Bei **verdeckten Sacheinlagen**, die gem. § 19 Abs. 4 GmbHG n.F. bei Werthaltigkeit zulässig sind, kann der Anspruch der GmbH auf die noch nicht wirksam geleistete Bareinlage zwar aktiviert werden, jedoch wird der Wert der Sacheinlage auf die Einlageschuld angerechnet (§ 19 Abs. 4 Satz 3 GmbHG)[3]. Soweit Gesellschafter nach § 6 Abs. 5 GmbHG für den Schaden solidarisch haften, weil sie vorsätzlich oder fahrlässig einer Person, die nicht Geschäftsführer sein kann (§ 6 Abs. 2 GmbHG n.F.), die Führung der Geschäfte überlassen haben, und diese Person die ihr gegenüber der Gesellschaft obliegenden Pflichten verletzt, sind in einem Überschuldungsstatus nicht aktivierbar, weil es sich um eine Binnenhaftung handelt. Die Ansprüche können von einem Insolvenzverwalter nach § 93 InsO im eröffneten Insolvenzverfahren über das Vermögen der Gesellschaft geltend gemacht werden. Gleiches gilt für eine Gesellschafterhaftung für geschäftliche Fehlentscheidungen des **faktischen Geschäftsführers**, wenn z.B. ein völlig ungeeigneter „Strohmann-Geschäftsführer" mit Billigung der Gesellschafter oder ein Gesellschafter selbst die Geschäfte führt.

cc) Keine Aktivierung der Komplementär-Haftung bei der GmbH & Co. KG

5.152 Bei der Feststellung der Überschuldung können Haftungsansprüche gegen persönlich haftende Gesellschafter ebenso wenig angesetzt werden wie eine **Kommanditistenhaftung** nach § 171 Abs. 2 HGB[4]. Im eröffneten Insolvenzverfahren weist § 93 InsO die Geltendmachung der persönlichen Haftung eines Gesellschafters für Verbindlichkeiten der Gesellschaft während der Dauer des Insolvenzverfahrens dem Insolvenzverwalter zu. Nicht erfasst werden von der Vorschrift die persönliche Haftung des Gesellschafters gegenüber einzelnen Gläubigern z.B. aus Bürgschaft oder Garantie[5] oder **Schadensersatzansprüche**

1 *Scholz/Karsten Schmidt*, 9. Aufl., vor § 64 GmbHG Rz. 24; *Baumbach/Hueck/Schulze-Osterloh*, § 64 GmbHG Rz. 18.

2 Vgl. BGH v. 25. 7. 2005 – II ZR 390/03, ZIP 2005, 1734, 1738; *Röhricht*, ZIP 2005, 505, 514; *J.-S. Schröder* in Hamburger Kommentar zum Insolvenzrecht, § 19 InsO Rz. 26; *Spliedt* in Runkel, Anwalts-Handbuch Insolvenzrecht, § 1 Rz. 155.

3 Zum früheren Recht s. *Uhlenbruck*, § 19 InsO Rz. 41; *Jaeger/H.-F. Müller*, § 19 InsO Rz. 65; zum neuen Recht *Maier-Reimer/Wenzel*, ZIP 2008, 1449 ff.; *Karsten Schmidt*, GmbHR 2008, 449, 452.

4 *Uhlenbruck*, § 19 InsO Rz. 45; *Scholz/Karsten Schmidt*, 9. Aufl., vor § 64 GmbHG Rz. 23; *Kübler/Prütting/Noack*, InsO, Gesellschaftsrecht Rz. 585; *Jaeger/H.-F. Müller*, § 19 InsO Rz. 62; *Schmerbach* in Frankfurter Kommentar zur InsO, § 19 InsO Rz. 25.

5 Die Frage, ob § 93 InsO auch Sicherheiten erfasst, die der haftende Gesellschafter einem Gesellschaftsgläubiger gegeben hat, ist streitig. Bejahend z.B. *Bork*, NZI 2002, 362 ff.; verneinend *Kesseler*, ZInsO 2002, 549 ff.; *Haas/Müller*, NZI 2002, 366. Vgl. auch *Bunke*, KTS 2002, 471 ff.; *Karsten Schmidt*, KTS 2001, 373 ff. Die Entscheidung des BGH v. 4. 7. 2002 – IX ZR 265/01, NZI 2002, 483 lässt jedoch erkennen, dass der BGH der verneinenden Auffassung den Vorzug gibt.

der Neugläubiger gegen den Geschäftsführer der Komplementär-GmbH. Bei den Ansprüchen nach § 93 InsO handelt es sich um solche, die erst mit Verfahrenseröffnung dem Insolvenzverwalter zugewiesen werden[1]. Aus dem Innenverhältnis zwischen der KG und ihrer Komplementär-GmbH kann sich allerdings im Einzelfall ergeben, dass die GmbH als Komplementärin ohne Regress haftet bzw. mit ihren Regressforderungen hinter alle Gläubiger der KG zurücktritt[2]. Die Komplementärhaftung kann solchenfalls jedoch im Insolvenzstatus der KG nur aktiviert werden, soweit diese Haftung realisierbar ist, der Haftungsanspruch und damit auch der Freistellungsanspruch der KG vollwertig ist[3].

dd) Aktivierbarkeit von Patronatserklärungen

Die Aktivierbarkeit von Patronatserklärungen ist umstritten. Aktivierbar sind 5.153
jedenfalls sogen. **harte Patronatserklärungen** einer Konzern-Muttergesellschaft[4]. Zwingende Voraussetzung für die Aktivierung harter Patronatserklärungen ist allerdings, dass sie **zu Gunsten aller Gläubiger** und nicht nur zu Gunsten bestimmter Gläubiger, eines Konsortiums oder eines einzigen Gläubigers, wie z.B. der kreditgebenden Bank, abgegeben werden[5]. Nach Auffassung von *Haack*[6] stellen Patronatserklärungen kein Mittel zur Überschuldungsbeseitigung dar, da die Gläubiger im Fall einer Verpflichtungsverletzung des Patrons nur einen Schadensersatzanspruch gegen diesen haben, was auf die Überschuldung der Tochtergesellschaft ohne Einfluss sei. Nicht zu verkennen ist, dass auf der Passivseite der Überschuldungsbilanz letztlich nur ein „Passivtausch" stattfindet, wenn der Muttergesellschaft eine entsprechende Forderung gegen die Tochter zustünde. Die **harte Patronatserklärung** geht aber normalerweise dahin, dass eine Muttergesellschaft sich verpflichtet, dafür Sorge zu tragen, dass ihre Tochtergesellschaft finanziell so ausgestattet wird, dass sie jederzeit in der Lage ist, ihren Zahlungsverpflichtungen nachzukommen. Dieser **Anspruch auf Kapitalausstattung** der Tochtergesellschaft begründet keinen Gegenanspruch, der zu passivieren wäre. Vielmehr hat die

1 Vgl. *Kirchhof* in Heidelberger Kommentar zur InsO, § 19 InsO Rz. 21; *Müller/Haas* in Kölner Schrift zur InsO, S. 1810 Rz. 27; *Scholz/Karsten Schmidt,* 9. Aufl., vor § 64 GmbHG Rz. 24; *Lutter/Kleindiek* in Lutter/Hommelhoff, § 64 GmbHG Rz. 15; *Kübler/Prütting/Noack,* InsO, Gesellschaftsrecht Rz. 77; *Uhlenbruck,* § 19 InsO Rz. 46.

2 *Scholz/Karsten Schmidt*, 9. Aufl., vor § 64 GmbHG Rz. 99; *Kübler/Prütting/Noack*, InsO, Gesellschaftsrecht Rz. 558; *Jaeger/H.-F. Müller*, § 19 InsO Rz. 62.

3 So wörtlich *Scholz/Karsten Schmidt*, 9. Aufl., vor § 64 GmbHG Rz. 99; *Jaeger/H.-F. Müller*, § 19 InsO Rz. 62; *Kübler/Prütting/Noack*, InsO, Gesellschaftsrecht Rz. 558.

4 *Scholz/Karsten Schmidt*, 9. Aufl., vor § 64 GmbHG Rz. 24.

5 Vgl. auch BGH v. 30. 1. 1992 – IX ZR 112/91, ZIP 1992, 338; *Horn*, EWiR 1985, 669; *Lutter/Kleindiek* in Lutter/Hommelhoff, § 64 GmbHG Rz. 20; *Kübler/Prütting/Noack*, InsO, Gesellschaftsrecht Rz. 77; *H.-P. Müller/Haas* in Kölner Schrift zur InsO, S. 1799, 1810 Rz. 26; *Jaeger/H.-F. Müller*, § 19 InsO Rz. 66; *Baumbach/Hueck/Schulze-Osterloh,* § 64 GmbHG Rz. 18; *Merz/Hübner*, DStR 2005, 802, 803.

6 Der Konkursgrund der Überschuldung bei Kapital- und Personengesellschaften, 1980, S. 179; ebenso *Obermüller*, ZGR 1975, 1, 31.

Muttergesellschaft ohne weitere Bedingungen für die Zahlungsfähigkeit der Tochter einzustehen[1]. Wird dagegen die harte Patronatserklärung nur gegenüber einem einzelnen Gläubiger abgegeben, wie z.B. gegenüber der Hausbank oder einem Bankenkonsortium, das ein bestimmtes Projekt finanziert, ist eine Aktivierung im Überschuldungsstatus ausgeschlossen. Insoweit handelt es sich um eine Kreditsicherheit.

ee) Konzernrechtliche Ausgleichsansprüche

5.154 Ebenso wie harte Patronatserklärungen gegenüber dem Schuldnerunternehmen oder Werthaltigkeitsgarantien können in der Überschuldungsbilanz **vertragliche oder vertraglich anerkannte Ansprüche auf Verlustübernahme** aktiviert werden[2]. Angesichts der Tatsache, dass der BGH insoweit seine Rechtsprechung geändert hat[3], kann an der in der Vorauflage vertretenen Auffassung, dass Ansprüche wegen **Haftung im sog. qualifizierten faktischen Konzern** im Überschuldungsstatus aktiviert werden können, nicht festgehalten werden[4]. Aus einem **Cash-Pooling** entstehende Darlehensrückzahlungsansprüche sind aktivierbar, nicht dagegen eventuelle auf Grund der Rückzahlung entstehende Anfechtungsansprüche nach § 135 InsO. **Ansprüche wegen existenzvernichtenden Eingriffs** sind im Rahmen der Überschuldungsprüfung nicht zu aktivieren, da es sich insoweit um Ansprüche handelt, die einzelnen Gläubigern zustehen und deren Geltendmachung durch einen Insolvenzverwalter erst mit Verfahrenseröffnung möglich ist[5]. Aktivierbar sind aber **Liquiditätsausstattungsgarantien**[6]. Zur Passivierung konzernmäßiger Ausgleichspflichten s. unten Rz. 5.194.

---

1 Vgl. *Scholz/Karsten Schmidt*, 9. Aufl., vor § 64 GmbHG Rz. 24; *Jaeger/H.-F. Müller*, § 19 InsO Rz. 66; *Kübler/Prütting/Bork/Pape*, § 19 InsO Rz. 11; *Habersack* in Großkommentar zum AktG, § 92 AktG Rz. 49; *Baumbach/Hueck/Schulze-Osterloh*, § 64 GmbHG Rz. 18; *Küffner*, DStR 1996, 148; *Wolf*, Überschuldung, S. 95; *Lutter/Kleindiek* in Lutter/Hommelhoff, § 64 GmbHG Rz. 20; *Kübler/Prütting/Noack*, InsO, Gesellschaftsrecht Rz. 77; *Rowedder/Schmidt-Leithoff*, § 63 GmbHG Rz. 46; *Uhlenbruck*, § 19 InsO Rz. 46.

2 *Uhlenbruck* in Gottwald, Insolvenzrechts-Handbuch, § 6 Rz. 37; *Baumbach/Hueck/Schulze-Osterloh*, § 64 GmbHG Rz. 15; *Scholz/Karsten Schmidt*, 9. Aufl., vor § 64 GmbHG Rz. 24; *Müller/Haas* in Kölner Schrift zur InsO, S. 1810 Rz. 26; *Kübler/Prütting/Noack*, InsO, Gesellschaftsrecht, 1999, Rz. 77; *Kübler/Prütting/Pape*, § 19 InsO Rz. 11; *Hess*, § 19 InsO Rz. 51.

3 BGH v. 17. 9. 2001 – II ZR 178/99, BGHZ 149, 10 = ZIP 2002, 848; BGH v. 24. 6. 2002 – II ZR 300/00, BGHZ 151, 181 = NJW 2002, 3024; BGH v. 13. 12. 2004 – II ZR 256/02, ZIP 2005, 250.

4 S. auch *Jaeger/H.-F. Müller*, § 19 InsO Rz. 66; *J.-S. Schröder* in Hamburger Kommentar zum Insolvenzrecht, § 19 InsO Rz. 26.

5 BGH v. 25. 7. 2005 – II ZR 390/03, ZIP 2005, 1734; *Röhricht*, ZIP 2005, 505, 514; *J.-S. Schröder* in Hamburger Kommentar zum Insolvenzrecht, § 19 InsO Rz. 26; *Jaeger/H.-F. Müller*, § 19 InsO Rz. 68.

6 *Scholz/Karsten Schmidt*, 9. Aufl., vor § 64 GmbHG Rz. 24.

f) Ansatz eigener und fremder Geschäftsanteile

Beteiligungen an anderen Gesellschaften gehören grundsätzlich zu den Aktiven[1]. Bei Beteiligung an einer Personengesellschaft darf im Falle einer negativen Fortführungsprognose nur der Abfindungsanspruch angesetzt werden[2]. Enthält der Gesellschaftsvertrag der Personengesellschaft für den Fall des Gesellschafter-Insolvenzverfahrens eine Fortsetzungsklausel, kann nur der Abfindungsbetrag angesetzt werden[3]. Umstritten ist, ob **eigene Geschäftsanteile** in der Überschuldungsbilanz aktiviert werden können. In der Literatur[4] wird überwiegend angenommen, eigene Geschäftsanteile hätten außer Ansatz zu bleiben, da sie vor allem für den Fall der Überschuldung mit Null zu bewerten seien. Nach neuerer Meinung[5] können eigene Geschäftsanteile ausnahmsweise in der Überschuldungsbilanz ausgewiesen werden. Nach Auffassung von *Schulze-Osterloh*[6] werden sie jedoch zumeist mit Null zu bewerten sein. Soweit eigene Geschäftsanteile ausnahmsweise in der Überschuldungsbilanz ausgewiesen würden, komme eine Neutralisierung durch Passivierung einer Rücklage entsprechend § 272 Abs. 4 HGB nicht in Betracht[7]. Letztlich wird man den Ansatz eigener Geschäftsanteile von dem Ergebnis der Fortbestehensprognose abhängig machen müssen. Bei **positiver Fortbestehensprognose** kann der Ansatz eigener Anteile durchaus gerechtfertigt sein, was auch der bis 1. 1. 2011 geltenden Fassung des § 19 Abs. 2 InsO durch das FMStG entspricht. Im Falle einer **negativen Fortbestehensprognose** sind dagegen die eigenen Anteile regelmäßig mit Null zu bewerten und bleiben demgemäß außer Ansatz[8]. 5.155

g) Sachanlagen

Bei abnutzbaren Vermögensgegenständen des Anlagevermögens kommt es auf die **„wahren" oder „richtigen" Werte** an, um festzustellen, ob das Aktivvermögen die Passiva überwiegt. Abschreibungen auf Wirtschaftsgüter spielen dabei keine Rolle[9]. Nach Auffassung von *Wolf*[10] kommt es beim Ansatz von Fortfüh- 5.156

1 *Scholz/Karsten Schmidt*, 9. Aufl., vor § 64 GmbHG Rz. 22; *Plate*, Die Konkursbilanz, 1979, S. 125 f.; *Veit*, Die Konkursrechnungslegung, 1982, S. 67.
2 *Müller/Haas* in Kölner Schrift zur InsO, S. 1811 Rz. 29.
3 *Scholz/Karsten Schmidt*, 9. Aufl., vor § 64 GmbHG Rz. 22.
4 *Lutter/Kleindiek* in Lutter/Hommelhoff, § 64 GmbHG Rz. 20; *Uhlenbruck*, § 19 InsO Rz. 39; *Braun/Uhlenbruck*, Unternehmensinsolvenz, S. 294; *Lutter*, ZIP 1999, 641, 644; *Scholz/Karsten Schmidt*, 9. Aufl., vor § 64 GmbHG Rz. 22.
5 *Baumbach/Hueck/Schulze-Osterloh*, § 64 GmbHG Rz. 17; *Jaeger/H.-F. Müller*, § 19 InsO Rz. 56; *Rowedder/Schmidt-Leithoff*, § 63 GmbHG Rz. 48; für die AG s. auch *Habersack* in Großkommentar zum AktG, § 92 AktG Rz. 47.
6 *Baumbach/Hueck/Schulze-Osterloh*, § 64 GmbHG Rz. 17; s. auch *Förschle/Hoffmann* in Budde/Förschle/Winkeljohann, Sonderbilanzen, 4. Aufl. 2008, P Rz. 114.
7 *Baumbach/Hueck/Schulze-Osterloh*, § 64 GmbHG Rz. 17; *Jaeger/H.-F. Müller*, § 19 InsO Rz. 56; *Drukarczyk* in Münchener Kommentar zur InsO, § 19 InsO Rz. 95; *Rowedder/Schmidt-Leithoff*, § 63 GmbHG Rz. 48.
8 *Jaeger/H.-F. Müller*, § 19 InsO Rz. 56; *Uhlenbruck*, § 19 InsO Rz. 43; *Auler*, DB 1976, 2169, 2172; *Wolf*, Überschuldung, S. 99; *Habersack* in Großkommentar zum AktG, § 92 AktG Rz. 47.
9 BGH, WM 1973, 287 f.; OLG Hamburg v. 23. 12. 1980 – 7 U 67/79, BB 1981, 1441; *J.-S. Schröder* in Hamburger Kommentar zum Insolvenzrecht, § 19 InsO Rz. 29.
10 Überschuldung, S. 77.

rungswerten entscheidend auf die Frage an, ob die durch den Substanzwert generierten stillen Reserven erhalten werden können oder nicht. Dies setze voraus, dass die zusätzlich erforderlichen Substanzwertabschreibungen über den Preis zufließen, also am Markt verdient werden. Richtig ist, dass die Substanz nur in Höhe der Buchwerte erhalten bleibt, wenn die Substanzwertabschreibungen nicht erwirtschaftet werden, weil die stillen Reserven der Unternehmung nicht zufließen. Richtig ist auch, dass bei der Bewertung des Sachanlagevermögens **steuerliche Sonderabschreibungen** für die Überschuldungsbilanz nicht entscheidungserheblich sein können[1]. Das **Ergebnis der Fortführungsprognose** spielt aber mit Ausnahme der bis zum 1. 1. 2011 geltenden Fassung des § 19 Abs. 2 InsO durch das FMStG für die Bewertung sowohl der Sachanlagen als auch des Umlaufvermögens eine wichtige Rolle. Bei **positiver Fortführungsprognose** sind die Aktiva der GmbH bzw. GmbH & Co. KG zu Fortführungswerten, also Going concern, zu bewerten. Es wurde bereits oben darauf hingewiesen, dass hier grundsätzlich von einer positiven Fortführungsprognose ausgegangen wird und vom **Grundsatz der Gesamtbewertung** zum Stichtag der Aufstellung der Überschuldungsbilanz, wenn nicht eine negative Fortführungsprognose zu einer Einzelbewertung zwingt, also zum Ansatz von Teilwerten.

aa) Grundstücke und Gebäude

5.157 Bei der Bewertung von betriebsnotwendigen Sachanlagen ist der fortgeführte Wiederbeschaffungswert, d.h. der **modifizierte Substanzwert**, im Überschuldungsstatus anzusetzen[2]. Die Ansatz- und Bewertungsgrundsätze im Überschuldungsstatus sind immer am **Zweck der Überschuldungsprüfung** auszurichten. Die handelsrechtlichen Ansatz- und Bewertungsgrundsätze, wie z.B. Anschaffungskosten-, Imparitäts-, Realisations- und Vorsichtsprinzip, sind daher nicht maßgeblich. Trotzdem ist eine **zeitnahe Handelsbilanz** praktischer Ausgangspunkt für die Erstellung des Überschuldungsstatus[3]. Zunächst sind die **stillen Reserven und Lasten** der handelsrechtlich bilanzierten Aktiva aufzudecken. Handelsrechtlich nicht bilanzierungsfähige oder einem Bilanzierungsverbot unterliegende selbstständig verwertbare Vermögenswerte sind anzusetzen. Als Ausgangsbasis für die **Bewertung von Grundstücken** kann auf die Richtwerte zurückgegriffen werden, die von den Gutachterausschüssen der Städte und Gemeinden auf Grund von Kaufpreissammlungen aufgestellt werden[4]. Im Übrigen können **unbebaute und bebaute Grundstücke** nach der VO über Grundsätze für die Ermittlung der Verkehrswerte von Grundstücken (Wert-VO) ermittelt werden. **Gebäude** sind mit dem **Wiederbeschaffungszeit-**

1 *Uhlenbruck*, § 19 InsO Rz. 42.
2 *Bilo*, GmbHR 1981, 77; *Uhlenbruck*, § 19 InsO Rz. 42; *Wolf*, Überschuldung, S. 79; *Harz*, ZInsO 2001, 193, 200; *Müller/Haas* in Kölner Schrift zur InsO, S. 1811 Rz. 29.
3 So FAR 1/1996, WPg 1997, 22, 24; *Baumbach/Hueck/Schulze-Osterloh*, § 64 GmbHG Rz. 14.
4 *Wolf*, Überschuldung, S. 79; *Harz*, ZInsO 2001, 193, 200; *Jaeger/H.-F. Müller*, § 19 InsO Rz. 54; *Beck* in Beck/Depré, Praxis der Insolvenz, § 5 Rz. 126. Einzelheiten zur Verkehrswertermittlung nach §§ 192 ff. BauGB und nach der Wertermittlungsverordnung (WertV) bei *Kleiber* in Kleiber/Simon, Verkehrswertermittlung von Grundstücken, 5. Aufl. 2007, Teil IV, S. 341 ff. u. Teil V, S. 553 ff.

wert zu bewerten. Dabei sind Abschläge für die bisherige Nutzung vorzunehmen[1]. Abschläge sind auch für einen schlechten Erhaltungszustand zu machen. In einem Urteil v. 18. 12. 2000[2] hat der BGH erneut darauf hingewiesen, dass die Handelsbilanz zur Überschuldungsmessung nicht ausreicht. Vielmehr bedürfe es grundsätzlich der Erstellung einer Überschuldungsbilanz, welche die aktuellen Verkehrs- oder Liquidationswerte ausweist. Zutreffend der Hinweis von *Lutter*[3]: „Es kommt ganz entscheidend darauf an, einen Weg, eine Methode zu finden, möglichst die richtige Entscheidung darüber zu treffen, wie zu bewerten ist." Die Vermögensgegenstände sind grundsätzlich unter Berücksichtigung der konkreten Verwertungsmöglichkeiten in den Status aufzunehmen[4]. Der Ansatz zu **Veräußerungswerten**[5] führt im Regelfall zu keinen wesentlich anderen Ergebnissen als der Ansatz von **Wiederbeschaffungswerten** unter Berücksichtigung diverser Abschläge. Bei **negativer Fortführungsprognose** sind dagegen lediglich die voraussichtlichen Nettoveräußerungswerte zu berücksichtigen, wobei auch die Kosten, die im Zusammenhang mit der Liquidation anfallen sowie steuerliche Belastungen, in die Berechnung einfließen[6]. Bei **Bauten auf fremdem Grund und Boden** ist zu unterscheiden, ob das Eigentum am Bauwerk gem. § 94 BGB dem Eigentümer zusteht oder ob es sich um **Scheinbestandteile** handelt, die nicht in das Eigentum des Bauherrn übergehen[7]. Handelt es sich bei dem Bauwerk um einen **Scheinbestandteil** i.S. von § 95 BGB, ist auf die voraussichtliche Nutzungsdauer abzustellen. Bei negativer Fortführungsprognose sind Beseitigungskosten und Schadensersatzansprüche abzusetzen.

bb) Sonstige Gegenstände des Sachanlagevermögens

Bei sonstigen Gegenständen des Sachanlagevermögens, wie z.B. **Maschinen, Betriebs- und Geschäftsausstattung** etc., ist bei positiver Fortbestehensprognose der **modifizierte Substanzwert** anzusetzen[8]. Es ist festzustellen, ob die durch den Substanzwert generierten stillen Reserven erhalten werden können oder nicht. Bei positiver Fortführungsprognose sind daher die **technischen Anlagen, Maschinen** sowie die **Betriebs- und Geschäftsausstattung** zu Wiederbeschaffungswerten (Zeitwerten) oder Teilwerten anzusetzen[9]. Bei negativer Fortführungsprognose sind **Liquidationswerte**, also Einzelveräußerungspreise anzusetzen[10]. Oftmals wird man jedoch auf Grund von Spezialanfertigungen 5.158

1 *Wolf*, Überschuldung, S. 79; *Harz*, ZInsO 2001, 193, 200; vgl. auch *Kleiber* in Kleiber/Simon, Verkehrswertermittlung von Grundstücken, 5. Aufl. 2007, Teil IV, S. 551 ff. Rz. 206 ff. u. Teil V, S. 892 ff. Rz. 12 ff.
2 BGH v. 18. 12. 2000 – II ZR 191/99, ZIP 2001, 242, 243.
3 ZIP 1999, 641, 642 f.
4 *Jaeger/Weber*, §§ 207, 208 KO Rz. 20; *Hess*, § 19 InsO Rz. 51.
5 *Drukarczyk* in Münchener Kommentar zur InsO, § 19 InsO Rz. 94; *Drukarczyk/Schüler* in Kölner Schrift zur InsO, S. 135 Rz. 114.
6 *Wengel*, DStR 2001, 1769, 1770.
7 Einzelheiten bei *Wolf*, Überschuldung, S. 81 f.
8 *Wolf*, Überschuldung, S. 83.
9 Vgl. *Müller/Haas* in Kölner Schrift zur InsO, S. 1811, Rz. 29; *Beck* in Beck/Depré, Praxis der Insolvenz, § 5 Rz. 127; *Jaeger/H.-F. Müller*, § 19 InsO Rz. 54.
10 *Beck* in Beck/Depré, Praxis der Insolvenz, § 5 Rz. 127.

von Sondermodellen, zwischenzeitlichen Produktionsumstellungen etc. keine Wiederbeschaffungspreise mehr ableiten können[1].

h) Finanzanlagen

5.159 Ansprüche aus Positionen des Finanzanlagevermögens, wie z.B. aus Finanzinvestitionen in fremde oder verbundene Unternehmen oder Kreditfinanzierungen, sind grundsätzlich mit dem vollen Wert in den Überschuldungsstatus einzustellen. Dies gilt vor allem für Beteiligungen, Wertpapiere und Ausleihungen. **Wertpapiere** sind mit dem Kurswert anzusetzen[2]. Grundlage für die Bewertung ist der amtliche Börsenkurs, ansonsten der Marktpreis oder der sonstige Kurswert[3]. Bei **Ausleihungen** handelt es sich um Forderungen, die auf der Hergabe von Kapital beruhen. Die Bewertung erfolgt grundsätzlich zum voraussichtlichen Rückzahlungsbetrag. Für Bonitätsrisiken in der Sphäre des Schuldners sind entsprechende Abschläge zu machen[4]. Unverzinsliche oder niedrig verzinsliche Ausleihungen sind auf den Bewertungsstichtag abzuzinsen. **Betagte Forderungen** der GmbH oder GmbH & Co. KG gehören zur Insolvenzmasse i.S. von § 35 InsO. Der Rückzahlungsanspruch ist in voller Höhe anzusetzen, obgleich er erst bei Eintritt der Fälligkeit geltend gemacht werden kann. Bei **Ausleihungen in Fremdwährung** hat eine stichtagsbezogene Umrechnung zum Kassa-Geldkurs zu erfolgen[5].

i) Umlaufvermögen

5.160 Bei der Prüfung der rechnerischen Überschuldung dürfen bei Bewertung des Umlaufvermögens weder die Wiederbeschaffungswerte noch die Zeitwerte eingesetzt werden[6]. Eine Bewertung der Roh-, Hilfs- und Betriebsstoffe nach dem Niederstwertprinzip (§ 253 HGB) ist nicht erforderlich[7]. Grundsätzlich sind Roh-, Hilfs- und Betriebsstoffe mit dem **erzielbaren Marktpreis (Verkaufspreis)** zu aktivieren[8]. Unfertige Erzeugnisse und Leistungen sind ebenfalls mit ihren **Verkaufspreisen** zu aktivieren, jedoch abzüglich der Fertigstellungskosten und weiterer Werteinbußen[9]. Dingliche Belastungen für Verbindlichkeiten der Gesellschaft sind nicht in Abzug zu bringen[10]. Bei negativer

1 *Wolf*, Überschuldung, S. 83.
2 *Uhlenbruck*, § 19 InsO Rz. 42; *Beck* in Beck/Depré, Praxis der Insolvenz, § 5 Rz. 128; *Harz*, ZInsO 2001, 193, 200; *Jaeger/H.-F. Müller*, § 19 InsO Rz. 55.
3 *Wolf*, Überschuldung, S. 84; *Uhlenbruck*, § 19 InsO Rz. 42.
4 *Wolf*, Überschuldung, S. 84; *Uhlenbruck*, § 19 InsO Rz. 42.
5 *Wolf*, Überschuldung, S. 85.
6 *Uhlenbruck* in Gottwald, Insolvenzrechts-Handbuch, § 6 Rz. 34; str., a.A. *Wolf*, Überschuldung, S. 90; *Wolf*, DStR 1995, 860 f.
7 Zutr. *Harz*, ZInsO 2001, 193, 200.
8 So *Harz*, ZInsO 2001, 193, 200; *Drukarczyk* in Münchener Kommentar zur InsO, § 19 InsO Rz. 95.
9 *Scholz/Karsten Schmidt*, 9. Aufl., vor § 64 GmbHG Rz. 22; *Braun/Uhlenbruck*, Unternehmensinsolvenz, S. 294; *Lütkemeyer*, Die Überschuldung der GmbH, 1983, S. 284; *W. Fischer*, Die Überschuldungsbilanz, 1980, S. 120; *Auler*, DB 1976, 2171; *Drukarczyk* in Münchener Kommentar zur InsO, § 19 InsO Rz. 95; einschränkend *Wolf*, Überschuldung, S. 90.
10 *Scholz/Karsten Schmidt*, 9. Aufl., vor § 64 GmbHG Rz. 22.

Fortbestehensprognose entspricht der erzielbare Marktpreis dem Liquidationserlös[1]. Die **Bewertung der Fertigerzeugnisse** erfolgt nach dem voraussichtlichen Verkaufspreis abzüglich der anfallenden Kosten, wie z.B. Lager-, Transport-, Verpackungskosten sowie Kapitalmarktkosten[2]. Für Überbestände oder schwergängige Bestände sind Abschläge vorzunehmen bis hin zum Schrottwert. Bei negativer Fortführungsprognose kann der erzielbare Marktpreis dem Liquidationserlös oder gar dem **Zerschlagungserlös** entsprechen. Bei der **Bewertung von unfertigen Erzeugnissen** wird der Wertansatz auf der Grundlage des geschätzten Verkaufspreises abzüglich noch anfallender Fertigstellungskosten ermittelt[3]. Halbfertigerzeugnisse sind im Fall der notwendigen Liquidation durch ein Insolvenzverfahren i.d.R. zum Schrottwert anzusetzen, da sie keinen selbstständigen Veräußerungswert haben, es sei denn, sie könnten ohne größeren Aufwand fertiggestellt werden[4]. Lassen sich Halb- und Fertigerzeugnisse voraussichtlich überhaupt nicht mehr verwerten, so sind u.U. sogar lediglich die **Kosten für die Beseitigung bzw. Entsorgung** auf der Passivseite anzusetzen[5].

j) Forderungen aus Lieferungen und Leistungen

Forderungen aus Lieferungen und Leistungen sind grundsätzlich mit den 5.161
Buchwerten in den Status einzusetzen, wenn sie vollwertig und durchsetzbar sind. Jedoch werden im Rahmen einer Bonitätsbeurteilung, aber auch einer negativen Fortführungsprognose häufig **Wertberichtigungen** vorzunehmen sein[6]. Ansprüche, deren Realisierung gleichwertige Gegenansprüche auslösen würden, bleiben außer Ansatz, wie z.B. Ansprüche aus Darlehensversprechen[7]. Außer Ansatz bleiben auch Ansprüche, die zwar für den Fall der Eröffnung des Insolvenzverfahrens über das Vermögen der Gesellschaft gem. § 92 InsO der Gesellschaft zugewiesen werden, jedoch außerhalb des Insolvenzverfahrens keinen Anspruch der Gesellschaft begründen[8]. Bei **streitigen Forderungen** sind u.U. Wertberichtigungen vorzunehmen. Währungsforderungen sind

1 *Harz*, ZInsO 2001, 193, 200.

2 *Harz*, ZInsO 2001, 193, 200; *Wolf*, Überschuldung, S. 91.

3 *Harz*, ZInsO 2001, 193, 200; *Scholz/Karsten Schmidt*, 9. Aufl., vor § 64 GmbHG Rz. 22; *Kübler/Prütting/Bork/Pape*, § 19 InsO Rz. 10; *Uhlenbruck*, § 19 InsO Rz. 44; *Rowedder/Schmidt-Leithoff*, § 63 GmbHG Rz. 43.

4 Vgl. *Uhlenbruck*, § 19 InsO Rz. 45; *Scholz/Karsten Schmidt*, 9. Aufl., vor § 64 GmbHG Rz. 25; *Rowedder/Schmidt-Leithoff*, § 63 GmbHG Rz. 44; *Uhlenbruck*, GmbH & Co. KG, S. 287; *Braun/Uhlenbruck*, Unternehmensinsolvenz, S. 294 ff.

5 So *Temme*, Die Eröffnungsgründe der Insolvenzordnung, 1997, S. 152; *Jaeger/H.-F. Müller*, § 19 InsO Rz. 59.

6 Vgl. *Scholz/Karsten Schmidt*, 9. Aufl., vor § 64 GmbHG Rz. 23; *Kübler/Prütting/Bork/Pape*, § 19 InsO Rz. 10; *Jaeger/H.-F. Müller*, § 19 InsO Rz. 60; *Rowedder/Schmidt-Leithoff*, § 63 GmbHG Rz. 44; *Uhlenbruck*, § 19 InsO Rz. 45; *Uhlenbruck*, GmbH & Co. KG, S. 291 f.; *Dahl*, GmbHR 1964, 112, 115; *W. Fischer*, Die Überschuldungsbilanz, 1980, S. 121; *Uhlenbruck* in Gottwald, Insolvenzrechts-Handbuch, § 6 Rz. 35; *Harz*, ZInsO 2001, 193, 200.

7 Einzelheiten bei *Scholz/Karsten Schmidt*, 9. Aufl., vor § 64 GmbHG Rz. 25, 26.

8 Vgl. *K. Oepen*, Massefremde Masse, 1999, S. 5 ff. u. S. 160 ff.; *Baumbach/Hueck/Schulze-Osterloh*, § 64 GmbHG Rz. 20; *Uhlenbruck*, § 19 InsO Rz. 45.

zum amtlichen Kurs des Stichtages umzurechnen. **Künftige Forderungen**, deren Entstehung erst durch das Insolvenzverfahren bedingt ist oder durch das Insolvenzverfahren ausgelöst werden, sind nicht zu aktivieren[1]. Hierbei handelt es sich in der Regel um **Anfechtungslagen** i.S. von §§ 129 ff. InsO, deren Realisierung die Verfahrenseröffnung voraussetzt[2]. Bei der **Überschuldungsprüfung eines Vereins** können allerdings die künftigen Mitgliedsbeiträge aktiviert werden, jedoch längstens bis zum Zeitpunkt einer Insolvenzeröffnung oder eines zulässigen Ausscheidens der Mitglieder[3]. Ansprüche der GmbH oder GmbH & Co. KG aus **Bürgschaft** dürfen dagegen im Hinblick auf § 774 BGB nicht aktiviert werden. **Geleistete Kautionen** sind als sonstige Vermögensgegenstände zu aktivieren. Zwar kommt es im Fall der Insolvenz häufig zu Verrechnungen mit Schadensersatzforderungen wegen vorzeitiger Vertragsauflösung, jedoch zwingen diese Rechtsfolgen nicht zu Abschlägen[4].

k) Bilanzierung von Transferleistungen im Lizenzfußball

5.162 Eine Bilanzierung von Transferleistungen im Lizenzfußball ist seit der Entscheidung des Europäischen Gerichtshofs v. 15. 12. 1995[5] nicht mehr möglich. Nach der sog. „Bosman-Entscheidung" des EuGH kann, da keine Transferleistung mehr erbracht werden muss, die Spielerlaubnis für einen Fußballer nicht mehr aktiviert werden[6].

l) Ansprüche aus Insolvenzverschleppungshaftung

5.163 Ansprüche der GmbH oder GmbH & Co. KG wegen Insolvenzverschleppungshaftung (§ 64 Abs. 1 GmbHG, §§ 130a Abs. 1, 177a Satz 1 HGB, § 15a InsO i.V.m. § 823 Abs. 2 BGB) sind grundsätzlich nicht im Überschuldungsstatus zu aktivieren[7]. § 64 GmbHG ist eine **Spezialregel über den Ersatz des Gesamtgläubigerschadens** durch Zahlung an die Gesellschaft[8]. Sie ist nach zutreffender Auffassung von *Karsten Schmidt*[9] „Bestandteil des Schadensabwicklungs-

---

1 *Braun/Uhlenbruck*, Unternehmensinsolvenz, S. 294; *Baumbach/Hueck/Schulze-Osterloh*, § 64 GmbHG Rz. 16; *Scholz/Karsten Schmidt*, 9. Aufl., vor § 64 GmbHG Rz. 23; *Wolf*, Überschuldung, S. 94; *Uhlenbruck*, § 19 InsO Rz. 45; *Schmerbach* in Frankfurter Kommentar zur InsO, § 19 InsO Rz. 16; str., a.A. *Nerlich/Römermann/Mönning*, § 19 InsO Rz. 16, 39.

2 *Scholz/Karsten Schmidt*, 9. Aufl., vor § 64 GmbHG Rz. 23; *Uhlenbruck*, § 19 InsO Rz. 45; *Jaeger/H.-F. Müller*, § 19 InsO Rz. 62; *Blersch/Goetsch/Haas*, § 19 InsO Rz. 36; *Kübler/Prütting/Bork/Pape*, § 19 InsO Rz. 10.

3 Vgl. BGH v. 11. 11. 1985 – II ZR 37/85, BGHZ 96, 253, 255 f.; LG Tübingen v. 10. 8. 1960 – 1 T 67/60, KTS 1961, 159 f.; *Kirchhof* in Heidelberger Kommentar zur InsO, § 19 InsO Rz. 21.

4 *Uhlenbruck*, § 19 InsO Rz. 48; str., a.A. *Wolf*, Überschuldung, S. 98.

5 EuGH v. 15. 12. 1995 – Rs. C-415/93, ZIP 1996, 42.

6 *Uhlenbruck* in Gottwald, Insolvenzrechts-Handbuch, § 6 Rz. 39; vgl. auch *Söffing*, BB 1996, 523 ff.

7 *Jaeger/H.-F. Müller*, § 19 InsO Rz. 68; *Rowedder/Schmidt-Leithoff*, § 63 GmbHG Rz. 47; *Scholz/Karsten Schmidt*, 9. Aufl., vor § 64 GmbHG Rz. 25; *Habersack* in Großkommentar zum AktG, § 92 AktG Rz. 48.

8 *Scholz/Karsten Schmidt*, 9. Aufl., § 64 GmbHG Rz. 35.

9 *Scholz/Karsten Schmidt*, 9. Aufl., § 64 GmbHG Rz. 35.

konzepts des § 64 und besagt, dass der Gesamtgläubigerschaden über das Gesellschaftsvermögen zu liquidieren ist." Der Erstattungsanspruch setzt grundsätzlich die Eröffnung eines Insolvenzverfahrens voraus[1].

m) Forderungen aus schwebenden Geschäften

Bei schwebenden Geschäften sind Forderungen nur anzusetzen, wenn mit ihrer Erfüllung trotz drohender Insolvenz zu rechnen ist[2]. Zu berücksichtigen ist dabei aber noch nicht, dass grundsätzlich nach § 103 InsO die Vertragserfüllung vom Insolvenzverwalter nicht gewählt wird mit der Folge, dass die Ansprüche aus schwebenden Verträgen, da nicht mehr durchsetzbar, durch Schadensersatzansprüche des Vertragspartners nach § 103 Abs. 2 Satz 1 InsO kompensiert bzw. neutralisiert werden. Entgegen dem handelsrechtlichen Realisationsprinzip des § 252 Abs. 1 Nr. 4 HGB kann nach Auffassung von *Spliedt*[3] sogar ein „guter" Vertrag mit dem **voraussichtlichen Gewinn** aktiviert werden. Voraussetzung ist aber immer, dass die Erfüllung des Vertrages noch finanziert werden kann. Bei negativer Fortführungsprognose stellt sich die Frage, ob ein Vertrag noch verkauft werden kann[4]. Beim **echten Factoring** handelt es sich um einen Forderungsverkauf (§§ 433, 398 BGB). Anstelle der Forderung ist beim Veräußerer (Anschlusskunden) eine Forderung gegen den Factor zu aktivieren, und zwar abzüglich der Kosten und eines Sperrbetrages[5]. Der Sperrbetrag ist als sonstiger Vermögensgegenstand zu aktivieren und erforderlichenfalls um Gewährleistungsverpflichtungen zu kürzen. Das handelsrechtliche Aktivierungsverbot von Ansprüchen aus schwebenden Verträgen ändert an der Zulässigkeit der Aktivierung im Überschuldungsstatus nichts. Bei **Leasingverträgen** ist zu unterscheiden zwischen Herstellerleasing, Operatingleasing und Finanzierungsleasing. Beim **Herstellerleasing** kommt ein Mietvertrag zwischen Leasinggeber und Leasingnehmer zu Stande mit fester Mietzeit, der Deckung von Anschaffungs- bzw. Herstellungskosten und Gewinn durch die über die Laufzeit verteilten Raten mit Gefahrtragung durch den Leasingnehmer. Im Regelfall liegt ein Miet- oder Teilzahlungskauf vor oder ein reiner Mietvertrag, wenn ein Optionsrecht fehlt. In der Überschuldungsbilanz des Lieferanten (Hersteller oder Händler) ist der Leasinggegen- 5.164

1 BGH v. 11. 9. 2000 – II ZR 370/99, ZIP 2000, 1896, 1897; *Jaeger/H.-F. Müller*, § 19 InsO Rz. 68; *Rowedder/Schmidt-Leithoff*, § 63 GmbHG Rz. 47; vgl. auch *Scholz/Karsten Schmidt*, vor § 64 GmbHG Rz. 23.

2 OLG Hamm v. 25. 1. 1993 – 8 U 250/91, GmbHR 1993, 584; *Baumbach/Hueck/Schulze-Osterloh*, § 64 GmbHG Rz. 19; *Förschle/Hoffmann* in Budde/Förschle/Winkeljohann, Sonderbilanzen, 4. Aufl. 2008, P Rz. 113; *Scholz/Karsten Schmidt*, 9. Aufl., vor § 64 GmbHG Rz. 25; *Uhlenbruck*, GmbH & Co. KG, S. 292; *Uhlenbruck* in Gottwald, Insolvenzrechts-Handbuch, § 6 Rz. 41; *Uhlenbruck*, § 19 InsO Rz. 45; *Kirchhof* in Heidelberger Kommentar zur InsO, § 19 InsO Rz. 21; *Jaeger/H.-F. Müller*, § 19 InsO Rz. 63; *Habersack* in Großkommentar zum AktG, § 92 AktG Rz. 48; *J.-S. Schröder* in Hamburger Kommentar zum Insolvenzrecht, § 19 InsO Rz. 32; *Beck* in Beck/Depré, Praxis der Insolvenz, § 5 Rz. 133; einschränkend *Bilo*, GmbHR 1981, 104, 107.

3 In Runkel, Anwalts-Handbuch Insolvenzrecht, § 1 Rz. 161.

4 S. auch *Jaeger/H.-F. Müller*, § 19 InsO Rz. 71; *Beck* in Beck/Depré, Praxis der Insolvenz, § 5 Rz. 133; *Baumbach/Hueck/Schulze-Osterloh*, § 64 GmbHG Rz. 19, 23.

5 *Wolf*, Überschuldung, S. 101.

stand zu aktivieren. Auch beim **Operatingleasing** liegt ein Mietvertrag vor, bei dem die Vertragsdauer unbestimmt oder die Grundmietzeit kurz ist sowie die Kündigung erleichtert oder jederzeit möglich ist[1]. Eine Aktivierung des Leasinggegenstandes ist nur beim Leasinggeber möglich. Zweifelhaft ist dies beim **Finanzierungsleasing**. Hier wird die Leasingsache dem Leasingnehmer zugerechnet, wenn er der wirtschaftliche Inhaber ist[2]. Auf der Passivseite des Überschuldungsstatus ist aber eine entsprechende Verbindlichkeit des Leasingnehmers voll zu passivieren. Wird der Leasingnehmer nicht wirtschaftlicher Eigentümer, ist die Leasingsache dem Leasinggeber zuzurechnen. Der Leasingnehmer darf die Sache nicht im Überschuldungsstatus aktivieren[3]. Wann im Einzelfall der Leasingnehmer wirtschaftlicher Inhaber bzw. wirtschaftlicher Eigentümer wird, ist umstritten. Bejaht wird dies, wenn er nach Ablauf der Grundmietzeit Eigentum an der Leasingsache entweder unentgeltlich oder unter Bezahlung des Restwertes erwerben kann[4]. Beim **Spezialleasing**, d.h. wenn der Leasinggegenstand ausschließlich für Zwecke des Leasingnehmers geeignet ist, so dass die Rückgabe an den Leasinggeber nicht in Betracht kommt, sollte die Aktivierung beim Leasingnehmer erfolgen und eine entsprechende Verbindlichkeit auf der Passivseite ausgewiesen werden[5].

n) Aktive Rechnungsabgrenzungsposten

5.165 Hat die GmbH bzw. GmbH & Co. KG Ausgaben für Aufwendungen geleistet, die erst nach dem Stichtag der Überschuldungsbilanz entstehen, so ist streitig, ob diese Posten als aktive Rechnungsabgrenzungsposten zu aktivieren sind[6]. Zutreffend weist *Schulze-Osterloh*[7] darauf hin, dass die aktiven Rechnungsabgrenzungsposten aber nur aktiviert werden dürfen, soweit die ausstehende Gegenleistung auch bei Liquidation der Gesellschaft für diese verwertbar ist

1 BGH v. 11. 3. 1998 – VIII ZR 205/97, NJW 1998, 1637; *Palandt/Weidenkaff*, Einf. vor § 535 BGB Rz. 40; *Baumbach/Hopt*, HGB, V. Bankgeschäfte (7), Rz. P/1; *Habersack* in Münchener Kommentar zum BGB, Leasing (nach § 515 BGB); *Lieb*, WM 1992, Sonderbeilage 6.

2 IDW-HFA 1/73, WPg 1973, 101; *Canaris*, ZIP 1993, 401; *Baumbach/Hopt*, § 246 HGB Rz. 20.

3 Vgl. auch IDW-HFA 1/89, WPg 1988, 625.

4 Vgl. *Baumbach/Hueck/Schulze-Osterloh*, § 42 GmbHG Rz. 84.

5 Zur handelsrechtlichen bilanziellen Darstellung von Leasingverträgen nach den Grundsätzen des IASC vgl. *Mellwig*, DB Beilage Nr. 12/1998.

6 Bejahend *Uhlenbruck*, § 19 InsO Rz. 47; *Braun/Uhlenbruck*, Unternehmensinsolvenz, S. 296; *Auler*, DB 1976, 2172; *Bilo*, GmbHR 1981, 73, 78; *Baumbach/Hueck/Schulze-Osterloh*, § 64 GmbHG Rz. 21; *Uhlenbruck* in Gottwald, Insolvenzrechts-Handbuch, § 6 Rz. 36; *Amelung* in Kraemer, Handbuch zur Insolvenz, Bd. II, Fach 6 Kap. 2, Rz. 57; *Wolf*, Überschuldung, S. 101 f.; *Temme*, Die Eröffnungsgründe der Insolvenzordnung, 1997, S. 155; *Jaeger/H.-F. Müller*, § 19 InsO Rz. 69; *Harz*, ZInsO 2001, 193, 201; *Möhlmann*, DStR 1998, 1843, 1848; *J.-S. Schröder* in Hamburger Kommentar zum Insolvenzrecht, § 19 InsO Rz. 33; verneinend *Scholz/Karsten Schmidt*, 9. Aufl., vor § 64 GmbHG Rz. 25; *Rowedder/Schmidt-Leithoff*, § 63 GmbHG Rz. 51.

7 § 64 GmbHG Rz. 21. S. auch *Rowedder/Schmidt-Leithoff*, § 63 GmbHG Rz. 51; *Uhlenbruck*, § 19 InsO Rz. 47; *Jaeger/H.-F. Müller*, § 19 InsO Rz. 69; *J.-S. Schröder* in Hamburger Kommentar zum Insolvenzrecht, § 19 InsO Rz. 33.

oder soweit eine vorzeitige Vertragsauflösung möglich ist und diese zu einem Rückzahlungsanspruch der Gesellschaft führen würde. Insofern werde nicht ein Rechnungsabgrenzungsposten ausgewiesen, sondern ein ihm entsprechender **anderer Aktivposten**. Richtig ist, dass dem Abfluss liquider Mittel ein Anspruch auf Lieferung und Leistung bzw. bei Vertragsstörung auf Rückerstattung entgegensteht, so dass im Ergebnis nicht ein Rechnungsabgrenzungsposten, sondern vielmehr eine sonstige Forderung aktiviert wird[1]. Auch die ablehnende Auffassung erkennt an, dass sich hinter einem aktiven Rechnungsabgrenzungsposten durchaus eine realisierbare Forderung verbergen kann, deren Ausweis unter den Aktiven möglich sein muss[2]. Bei **positiver Fortführungsprognose** haben Ansprüche aus aktiven Rechnungsabgrenzungsposten i.S. von § 250 Abs. 1 HGB durchaus einen realisierbaren Vermögenswert[3]. Bei **negativer Fortführungsprognose** ist ein Wertansatz jedoch nur dann gerechtfertigt, wenn der im Rechnungsabgrenzungsposten immanente Erstattungsanspruch auch tatsächlich realisiert werden kann, wie z.B. durch Kündigung[4]. Eine vorzeitige Vertragsauflösung müsste allerdings zu einem **Rückzahlungsanspruch** der GmbH führen[5]. Zu berücksichtigen ist dabei, dass der Vertragspartner u.U. berechtigt ist, bei Vertragsauflösung Gegen- oder Schadensersatzansprüche geltend zu machen. **Typische Rechnungsabgrenzungsposten** sind z.B. Kfz-Steuern, Mietvorauszahlungen, Versicherungsprämien, Disagio, Damnum, als Aufwand berücksichtigte Zölle und Verbrauchssteuern sowie als Aufwand berücksichtigte Umsatzsteuer auf erhaltene Anzahlungen i.S. von § 250 Abs. 1 Nr. 2 HGB[6]. Im Falle **negativer Fortführungsprognose** ist allerdings nur der Ansatz des Rückerstattungsanspruchs möglich, der z.B. durch Kündigung des Vertrages rechtswirksam entsteht[7]. Nach Auffassung von *Harz*[8] bleibt das **Disagio** oder ein **Damnum** im Überschuldungsstatus außer Ansatz, wenn es sich um ein einmaliges Entgelt handelt[9]. Aktive Rechnungsabgrenzungsposten sind auch Einmalzahlungen von Erbbauzinsen im

1 *Wolf*, Überschuldung, S. 102.

2 *Scholz/Karsten Schmidt*, vor § 64 GmbHG Rz. 25; *Rowedder/Schmidt-Leithoff*, § 63 GmbHG Rz. 51.

3 *Uhlenbruck*, § 19 InsO Rz. 47; *Jaeger/H.-F. Müller*, § 19 InsO Rz. 69; *J.-S. Schröder* in Hamburger Kommentar zum Insolvenzrecht, § 19 InsO Rz. 33; *Harz*, ZInsO 2001, 193, 201.

4 S. auch *Förschle/Hoffmann* in Budde/Förschle/Winkeljohann, Sonderbilanzen, 4. Aufl. 2008, P Rz. 115, die zutreffend darauf hinweisen, dass andernfalls geleistete Vorauszahlungen lediglich mindernd auf die Höhe einer ggf. notwendigen Drohverlustrückstellung für das zugrundeliegende schwebende Vertragsverhältnis wirken können.

5 *Uhlenbruck*, § 19 InsO Rz. 47; *Jaeger/H.-F. Müller*, § 19 InsO Rz. 69; *Harz*, ZInsO 2001, 193, 201; *Möhlmann*, DStR 1998, 1843, 1846; *Rowedder/Schmidt-Leithoff*, § 63 GmbHG Rz. 51.

6 Vgl. *Vonnemann*, Die Feststellung der Überschuldung, 1989, S. 38 ff. Rz. 128 ff.; *Wolf*, Überschuldung, S. 101 f.; *Drukarczyk* in Münchener Kommentar zur InsO, § 19 InsO Rz. 96.

7 Vgl. auch *Uhlenbruck*, GmbH & Co. KG, S. 310.

8 ZInsO 2001, 193, 201.

9 Eingehend zur Aktivierungsproblematik *Wolf*, Überschuldung, S. 103 f.; *Melzer*, Vorfälligkeitsentschädigung als Gegenanspruch der Bank bei anteiliger Rückzahlung des Disagios, DB 1995, 321; *Dietrich*, DStR 1997, 1087.

Rahmen periodenbezogener Leistungsverrechnung, wenn bei vorzeitiger Vertragsauflösung eine Rückerstattungspflicht besteht[1].

o) Treuhandvermögen

5.166 Sowohl die sog. Sicherungs- als auch die Verwaltungstreuhand begründen kein Vermögen des Treuhänders, das für den Fall der Eröffnung eines Insolvenzverfahrens zur Insolvenzmasse i.S. von § 35 InsO gehört. Bei der **Verwaltungstreuhand** besteht ein Aussonderungsrecht des Treugebers nach § 47 InsO und bei der **Sicherungstreuhand** ein Verwertungsrecht des Treuhänders, wenn sich der Gegenstand in seinem Besitz befindet. Handelt es sich um besitzlose Mobiliarsicherheiten, weist das Gesetz in den §§ 166 ff. InsO dem Insolvenzverwalter das Verwertungsrecht zu. Allerdings ist der Erlös aus der Verwertung gem. § 170 Abs. 1 Satz 2 InsO nach Abzug der Feststellungs- und Verwertungskosten an den absonderungsberechtigten Gläubiger abzuführen. Trotzdem lässt die h.M. eine **Aktivierung im Überschuldungsstatus des Sicherungsgebers** zu[2]. Als Begründung wird angeführt, auf der Passivseite der Überschuldungsbilanz würden entsprechende Verbindlichkeiten ausgewiesen.

5.167 Richtig ist, dass es sich bei den Sicherungsrechten lediglich um dingliche Belastungen des Aktivvermögens handelt, die erst mit Verfahrenseröffnung zur Verwertung durch den Insolvenzverwalter berechtigen. Während bei **Aussonderungsrecht** allenfalls eine rechtsbeständige Anwartschaft der GmbH zu aktivieren ist[3], ist die Frage der Aktivierung bei **Gegenständen, die unter Eigentumsvorbehalt** geliefert worden sind, umstritten[4]. Nach wohl richtiger Meinung sind unter Eigentumsvorbehalt gelieferte Gegenstände zwar wirtschaftliches Eigentum des Schuldners und in dessen Handelsbilanz aufzuführen (§ 246 Abs. 1 Satz 2 HGB); da sie jedoch in der Insolvenz ein Aussonderungsrecht begründen, also zur Gläubigerbefriedigung nicht zur Verfügung stehen, haben sie im Überschuldungsstatus außer Ansatz zu bleiben.

8. Die Passivposten der Überschuldungsbilanz

a) Ansatz und Bewertung der Passiva

5.168 Auch bei den Passiva ist zwischen Ansatz und Bewertung zu unterscheiden.

---

1 *Ellrott/Brendt* in Beck'scher Bilanz-Kommentar, 6. Aufl. 2006, Rz. 325 zu § 255 HGB zum Stichwort „Erbbaurecht"; *Wolf*, Überschuldung, S. 102.

2 *Kirchhof* in Heidelberger Kommentar zur InsO, § 19 InsO Rz. 22; *Scholz/Karsten Schmidt*, 8. Aufl. 1995, § 63 GmbHG Rz. 17, 26; *Kupsch*, BB 1984, 164.

3 Vgl. *Kirchhof* in Heidelberger Kommentar zur InsO, § 19 InsO Rz. 22 unter Berufung auf BGH v. 28. 4. 1997 – II ZR 20/96, WM 1997, 1680.

4 Verneinend *Kirchhof* in Heidelberger Kommentar zur InsO, § 19 InsO Rz. 22; bejahend *v. Onciul*, Die rechtzeitige Auslösung des Insolvenzverfahrens, 2000, S. 155 f., wonach Vorbehaltsgut in der Überschuldungsbilanz des Käufers auf der Aktivseite aufzuführen ist, allerdings bei gleichzeitiger Passivierung der nach dem Kaufvertrag bestehenden und noch nicht erfüllten Verbindlichkeiten.

aa) Der Ansatz von Passivposten

Für die Feststellung der Überschuldung einer beschränkt haftenden Gesellschaft des Handelsrechts sind **alle gegenwärtig bestehenden Verbindlichkeiten** zu berücksichtigen, die für den Fall der Eröffnung eines Insolvenzverfahrens aus der Insolvenzmasse zu befriedigen wären. Anders als bei der Zahlungsunfähigkeit kommen daher auch noch **nicht fällige oder gestundete Verbindlichkeiten** in Ansatz[1]. Künftige, durch das Insolvenzverfahren ausgelöste Verbindlichkeiten, wie z.B. Schadensersatzansprüche wegen Nichterfüllung laufender Verträge oder Sozialplanansprüche, bleiben dagegen außer Ansatz[2]. Das gilt auch für **Masseverbindlichkeiten** i.S. von §§ 54, 55 Abs. 1 Nr. 1 InsO. Nach neuerer Auffassung sind bei negativer Fortbestehensprognose auch die **Kosten für eine außergerichtliche Liquidation** in Ansatz zu bringen, da nur auf diese Weise eine realistische Einschätzung der Befriedigungsaussichten der Gläubiger möglich ist[3]. Wollte man auch die **durch das Insolvenzverfahren ausgelösten Verbindlichkeiten** berücksichtigen, wären die meisten Gesellschaften in der Rechtsform einer GmbH oder GmbH & Co. KG überschuldet[4]. Zuzugeben ist der gegenteiligen Auffassung von *Hommelhoff*[5], dass es im Interesse eines umfassenden Gläubigerschutzes gerechtfertigt erscheint, das Schuldendeckungspotential der Gesellschaft so zu beurteilen, als ob das Insolvenzverfahren bereits eröffnet wäre. Andererseits wären nach dieser Meinung sämtliche Schadensersatzansprüche aus nicht vollständig erfüllten Verträgen (§ 103 Abs. 2 InsO), Sozialplanansprüche der Arbeitnehmer (§ 123 InsO) sowie die kapitalisierten Ruhegeldansprüche zu passivieren. Dies hätte zur Folge, dass viele gesunde Gesellschaften gezwungen wären, ein Insolvenzverfahren zu beantragen. Richtig ist, dass **Verbindlichkeiten aus unerfüllten Verträgen** bei Geldschulden zum Nennwert, bei sonstigen Schulden als Aufwandsrückstel- 5.169

1 *Müller/Haas* in Kölner Schrift zur InsO, S. 1811, Rz. 30; *Uhlenbruck*, § 19 InsO Rz. 49; *Kübler/Prütting/Bork/Pape*, § 19 InsO Rz. 13; *Wolf*, Überschuldung, S. 114; *Jaeger/H.-F. Müller*, § 19 InsO Rz. 70; *Rowedder/Schmidt-Leithoff*, § 63 GmbHG Rz. 52.

2 AG Göttingen v. 22. 8. 2002 – 71 IN 65/01; 71 IN 66/01, ZInsO 2002, 944; *Kirchhof* in Heidelberger Kommentar zur InsO, § 19 InsO Rz. 23; *Uhlenbruck*, Die GmbH & Co. KG, S. 324; *Uhlenbruck*, § 19 InsO Rz. 55; *Baumbach/Hueck/Schulze-Osterloh*, § 64 GmbHG Rz. 27; *Jaeger/H.-F. Müller*, § 19 InsO Rz. 71; *Rowedder/Schmidt-Leithoff*, § 63 GmbHG Rz. 56; *Beck* in Beck/Depré, Praxis der Insolvenz, § 5 Rz. 146; str., a.A. *Lutter/Kleindiek* in Lutter/Hommelhoff, § 64 GmbHG Rz. 22; *Hommelhoff*, FS Döllerer, 1988, S. 245, 256.

3 So z.B. *v. Onciul*, Die rechtzeitige Auslösung des Insolvenzverfahrens, 2000, S. 159; *H.-P. Müller/Haas* in Kölner Schrift zur InsO, S. 1799, 1813 Rz. 34; *Jaeger/H.-F. Müller*, § 19 InsO Rz. 78; *Baumbach/Hueck/Schulze-Osterloh*, § 64 GmbHG Rz. 27, wonach entgegen der 17. Aufl. (Rz. 18) insoweit keine Einschränkungen zu machen sind, als diese Kosten aus künftigen Erträgen gedeckt werden können. Nach zutr. Auffassung von *Schulze-Osterloh* schlagen sich diese Kosten bereits bei der Bewertung der Vermögensgegenstände ohne Bindung an das Anschaffungspreisprinzip nieder.

4 Vgl. auch *Uhlenbruck* in Gottwald, Insolvenzrechts-Handbuch, § 6 Rz. 42; str., a.A. *Hommelhoff*, FS Döllerer, 1988, S. 245, 253 ff.

5 *Hommelhoff*, FS Döllerer, 1988, S. 245, 256; s. auch *Lutter/Kleindiek* in Lutter/Hommelhoff, § 64 GmbHG Rz. 22; *Förschle/Hoffmann* in Budde/Förschle/Winkeljohann, Sonderbilanzen, 4. Aufl. 2008, P Rz. 117.

lungen passiviert werden müssen[1]. Auch **laufende Pensionsverpflichtungen** sind anzusetzen, jedoch nicht mit dem kapitalisierten Betrag. Rückstellungen in der Handelsbilanz zwingen nur dann zu Rückstellungen im Überschuldungsstatus, soweit sie bei **negativer Fortführungsprognose** nicht aus den zu erwartenden Erträgen gedeckt werden können[2]. **Sozialplanansprüche der Arbeitnehmer** und Ansprüche aus Nachteilsausgleich (§§ 112, 113 BetrVG) sind allerdings dann zu passivieren, wenn bereits in der Krise des Unternehmens ein Interessenausgleich schriftlich niedergelegt und ein Sozialplan zu Stande gekommen ist oder der Beschluss über die Stilllegung oder Teilstilllegung bereits endgültig gefasst worden ist[3]. Nach Auffassung von *H.-F. Müller*[4] sind Rückstellungen für Verpflichtungen aus Sozialplänen (§§ 112–133 BetrVG) nicht erst zu bilden, wenn eine Betriebsänderung von den zuständigen Gesellschaftsorganen bereits beschlossen wurde, sondern schon dann, „wenn sich abzeichnet, dass eine solche Maßnahme voraussichtlich unumgänglich sein wird"[5]. Die uneingeschränkte Passivierung von Verbindlichkeiten aus einem Sozialplan bei negativer Fortbestehensprognose erscheint nicht unbedenklich, zumal von einer Begrenzung nach § 123 InsO abgesehen werden soll[6]. Einmal ist ohne entsprechende Verhandlungen mit dem Betriebsrat die Höhe der Sozialplanansprüche nicht kalkulierbar; zum anderen führt eine negative Fortführungsprognose nicht zwingend zur Liquidation oder Insolvenz der GmbH. Nach hier vertretener Auffassung sind **künftige Sozialplankosten** und ein **Nachteilsausgleich** nur zu passivieren, wenn das zugrunde gelegte Fortführungs- oder Liquidationskonzept sozialplanpflichtige Betriebsänderungen durch die GmbH vorsieht[7].

1 *Scholz/Karsten Schmidt,* 9. Aufl., vor § 64 GmbHG Rz. 29; *Baumbach/Hueck/Schulze-Osterloh,* § 64 GmbHG Rz. 26.

2 *Baumbach/Hueck/Schulze-Osterloh,* § 64 GmbHG Rz. 26; *Scholz/Karsten Schmidt,* 9. Aufl., vor § 64 GmbHG Rz. 29; Kirchhof in Heidelberger Kommentar zur InsO, § 19 InsO Rz. 25; *Uhlenbruck,* § 19 InsO Rz. 59; *Jaeger/H.-F. Müller,* § 19 InsO Rz. 80. Einzelheiten zu Pensionsrückstellungen s. unten Rz. 5.178; *Müller/Haas* in Kölner Schrift zur InsO, S. 1799, 1812 Rz. 31 ff.; *Lutter/Kleindiek* in Lutter/Hommelhoff, § 64 GmbHG Rz. 23.

3 Einzelheiten bei *Uhlenbruck,* GmbH & Co. KG, S. 307 f.; *Uhlenbruck,* § 19 InsO Rz. 49; *Rowedder/Schmidt-Leithoff,* § 63 GmbHG Rz. 55; *Müller/Haas* in Kölner Schrift zur InsO, S. 1799, 1812 ff. Rz. 30 ff.; *Drukarczyk,* ZGR 1979, 553, 574; *Scholz/Karsten Schmidt,* 9. Aufl., vor § 64 GmbHG Rz. 29, 30.

4 *Jaeger/H.-F. Müller,* § 19 InsO Rz. 79.

5 *Baumbach/Hueck/Schulze-Osterloh* (§ 64 GmbHG Rz. 26), wonach bei negativer Fortbestehensprognose die Verbindlichkeiten aus einem Sozialplan „einschränkungslos zu den passivierenden Kosten der Abwicklung" gehören. Ähnlich *Lutter/Kleindiek* in Lutter/Hommelhoff, § 64 GmbHG Rz. 22; *Jaeger/H.-F. Müller,* § 19 InsO Rz. 79; *Förschle/Hoffmann* in Budde/Förschle/Winkeljohann, Sonderbilanzen, 4. Aufl. 2008, P Rz. 117; *Drukarczyk* in Münchener Kommentar zur InsO, § 19 InsO Rz. 101; *Habersack* in Großkommentar zum AktG, § 92 AktG Rz. 56; *Rowedder/Schmidt-Leithoff,* § 63 GmbHG Rz. 57.

6 So z.B. *Jaeger/H.-F. Müller,* § 19 InsO Rz. 79; *Förschle/Hoffmann* in Budde/Förschle/Winkeljohann, Sonderbilanzen, 4. Aufl. 2008, P Rz. 117.

7 So zutr. *J.-S. Schröder* in Hamburger Kommentar zum Insolvenzrecht, § 19 InsO Rz. 39.

bb) Die Bewertung der Passivposten

Problematisch und im Einzelfall umstritten ist die Bewertung von Passivposten in der Überschuldungsbilanz. Grundsätzlich sind Verbindlichkeiten mit dem Nennbetrag anzusetzen, also entsprechend § 253 Abs. 1 Satz 2 HGB mit dem Rückzahlungsbetrag[1]. Bei **negativer Fortführungsprognose** sind unverzinsliche Verbindlichkeiten auf den Barwert abzuzinsen, da sie gem. § 41 Abs. 2 InsO im eröffneten Verfahren nur mit diesem Wert berücksichtigt werden[2]. Das gilt jedoch auch bei positiver Fortbestehensprognose, denn hier ist nach zutreffender Feststellung von *Schulze-Osterloh*[3] zu unterstellen, dass die Gesellschaft den Zinsanteil bis zur Fälligkeit erwirtschaften wird. Bei **ungewissen Verbindlichkeiten** sind nach den für die Handelsbilanz geltenden Grundsätzen **Rückstellungen** zu bilden, wenn das Bestehen oder die Entstehung der Verbindlichkeit wahrscheinlich ist und die ernsthafte Gefahr einer Inanspruchnahme besteht[4]. Langfristig unverzinsliche Verbindlichkeiten dürfen abgezinst, also mit ihrem Barwert angesetzt werden[5]. Rückstellungen für Gewährleistungen, die ohne rechtliche Verpflichtungen eingegangen worden sind (§ 249 Abs. 1 Satz 2 Nr. 2 HGB), sind nicht anzusetzen[6]. **Verbindlichkeiten in fremder Währung** sind mit dem amtlichen Umtauschkurs zum Bewertungsstichtag anzusetzen[7]. Bei **öffentlich-rechtlich begründeten Verbindlichkeiten** ist von der Rechtmäßigkeit des zu Grunde liegenden Verwaltungsaktes auszugehen, solange dieser nicht aufgehoben ist[8]. Durch eine Abwicklungsanordnung der Bundesanstalt für Finanzdienstleistungsaufsicht (BaFin) gem. § 37 KWG gegenüber einem Kapitalanlagefonds können öffentlich-rechtlich begründete Rückzahlungsansprüche der Anleger entstehen, die zwangsläufig eine Überschuldung des Fonds zur Folge haben[9]. Bei **streitigen oder prozessbefangenen Verbindlichkeiten** ist umstritten, ob das Vorsichtsprinzip es gebietet, diese Verbindlichkeiten in jedem Fall zu passivieren[10]. In solchen Fällen 5.170

---

1 *Baumbach/Hueck/Schulze-Osterloh,* § 64 GmbHG Rz. 32.

2 *Baumbach/Hueck/Schulze-Osterloh,* § 64 GmbHG Rz. 32; *H. P. Müller* in Kölner Schrift zur InsO, 1. Aufl. 1997, S. 97; *Jaeger/H.-F. Müller,* § 19 InsO Rz. 70; *Uhlenbruck,* § 19 InsO Rz. 49; *v. Onciul,* Die rechtzeitige Auslösung des Insolvenzverfahrens, 2000, S. 160.

3 *Baumbach/Hueck/Schulze-Osterloh,* § 64 GmbHG Rz. 32.

4 *Baumbach/Hueck/Schulze-Osterloh,* § 64 GmbHG Rz. 26; *Müller/Haas* in Kölner Schrift zur InsO, S. 1799, 1812 Rz. 31; *Uhlenbruck,* § 19 InsO Rz. 56, 57; *Rowedder/Schmidt-Leithoff,* § 63 GmbHG Rz. 53.

5 *Müller/Haas* in Kölner Schrift zur InsO, S. 1799, 1811 Rz. 30; *Jaeger/H.-F Müller,* § 19 InsO Rz. 70; *Uhlenbruck,* § 19 InsO Rz. 53.

6 *Baumbach/Hueck/Schulze-Osterloh,* § 64 GmbHG Rz. 26; *Uhlenbruck,* § 19 InsO Rz. 56; *Jaeger/H.-F. Müller,* § 19 InsO Rz. 76.

7 *Jaeger/H.-F. Müller,* § 19 InsO Rz. 70.

8 BGH v. 24. 7. 2003 – IX ZB 4/03, ZInsO 2003, 848, 850; *J.-S. Schröder* in Hamburger Kommentar zum Insolvenzrecht, § 19 InsO Rz. 41.

9 So zutr. *J.-S. Schröder* in Hamburger Kommentar zum Insolvenzrecht, § 19 InsO Rz. 41 unter Berufung auf BGH v. 24. 7. 2003 – IX ZB 4/03, ZInsO 2003, 484 sowie AG Hamburg v. 12. 9. 2005 – 67c IN 312/05, ZInsO 2005, 1003.

10 Zur Bewertung von streitigen Verbindlichkeiten im Überschuldungsstatus s. auch *Schmidt/Roth,* ZInsO 2006, 236 ff. Abweichend *Spliedt* in Runkel, Anwalts-Handbuch Insolvenzrecht, § 1 Rz. 181.

wäre es wenig sinnvoll, wegen einer nicht rechtskräftig festgestellten Forderung das Insolvenzverfahren über eine GmbH oder GmbH & Co. KG zu eröffnen, obgleich sich später herausstellt, dass die die Überschuldung ausmachende Verbindlichkeit nicht besteht. Deshalb ist zu **differenzieren**: Grundsätzlich sind für streitige oder prozessbefangene Verbindlichkeiten auch im Überschuldungsstatus **Rückstellungen** zu bilden. Eine Ausnahme ist jedoch dann zuzulassen, wenn die bestrittene Forderung der gerichtlichen Klärung bedarf oder wenn über sie noch nicht rechtskräftig entschieden worden ist und der GmbH-Geschäftsführer mit guten Gründen annehmen darf, dass die Verbindlichkeit nicht besteht, der Prozess also zu seinen Gunsten ausgeht[1] (s. auch „Rückstellungen" unten Rz. 5.175 ff., 5.179). Im Übrigen ist für den Wertansatz der Geldbetrag maßgeblich, der zur Tilgung der Schulden am Fälligkeitstag erforderlich ist. Sofern Ansprüche aus bereits anerkannten Garantie-Bürgschafts- und Gewährleistungsverpflichtungen bestehen, sind diese mit dem Betrag der wahrscheinlichen Inanspruchnahme in der Überschuldungsbilanz zu passivieren[2].

cc) Ansatz und Bewertung gesicherter und nachrangiger Verbindlichkeiten

5.171 Unerheblich ist im Rahmen der Bewertung, ob für einzelne Verbindlichkeiten **dingliche Sicherheiten** bestehen, die den Gläubiger ausreichend absichern[3]. Von Dritten gewährte Kreditsicherheiten werden durch Regressansprüche nach den §§ 670, 774, 1143 BGB kompensiert, so dass im Zweifel die Passivierungspflicht nicht entfällt. Ein **Freistellungsanspruch** kann nur aktiviert werden, soweit er werthaltig ist. Es genügt insoweit eine rechtsverbindliche Vereinbarung mit dem Dritten oder wenn dieser einen Rangrücktritt z.B. mit der Forderung aus § 774 BGB erklärt[4]. Im Übrigen kommt es nicht darauf an, ob es sich um Verbindlichkeiten i.S. von § 38 InsO handelt oder um **nachrangige Verbindlichkeiten** i.S. von § 39 Abs. 1 Nr. 3–5 InsO. Auch nachrangige Verbindlichkeiten, wie z.B. Zahlungspflichten aus Gesellschafterleistungen (§ 39 Abs. 1 Nr. 5 InsO), sind grundsätzlich zu passivieren[5]. Eine andere Frage ist, ob im Einzelfall durch einen **Rangrücktritt des Gläubigers** in den Rang des § 199 Satz 2 InsO die Passivierungspflicht entfallen kann. Für Gesellschafter-

---

1 Einzelheiten bei *Uhlenbruck*, § 19 InsO Rz. 53; *Uhlenbruck*, GmbH & Co. KG, S. 308 ff., 312; *Uhlenbruck* in Gottwald, Insolvenzrechts-Handbuch, § 6 Rz. 49.

2 *Uhlenbruck*, GmbH & Co. KG, S. 310; *Harz*, ZInsO 2001, 193, 201.

3 *Kübler/Prütting/Bork/Pape*, § 19 InsO Rz. 13; *Scholz/Karsten Schmidt*, 9. Aufl., vor § 64 GmbHG Rz. 26, 28.

4 BGH v. 9. 2. 1987 – II ZR 104/96, ZIP 1987, 574 = GmbHR 1987, 226; *Scholz/Karsten Schmidt*, 9. Aufl., vor § 64 GmbHG Rz. 26; *Jaeger/H.-F. Müller*, § 19 InsO Rz. 73; *Wolf*, Überschuldung, S. 137 f.; *J.-S. Schröder* in Hamburger Kommentar zum Insolvenzrecht, § 19 InsO Rz. 42.

5 *Kirchhof* in Heidelberger Kommentar zur InsO, § 19 InsO Rz. 23; *Uhlenbruck*, KTS 1994, 169, 173; *Burger/Schellberg*, KTS 1995, 563, 572; *Wolf*, Überschuldung, S. 134; *Braun/Uhlenbruck*, Unternehmensinsolvenz, S. 298; *Rowedder/Schmidt-Leithoff*, § 63 GmbHG Rz. 52; *Altmeppen* in Roth/Altmeppen, § 64 GmbHG Rz. 34 ff.; *Teller/Steffan*, Rangrücktrittsvereinbarungen zur Vermeidung der Überschuldung bei der GmbH, 3. Aufl. 2003, S. 170; str., a.A. *Kübler/Prütting/Noack*, InsO, Gesellschaftsrecht Rz. 80; *Fleischer*, ZIP 1996, 773, 779; *Noack*, FS Claussen, 1997, S. 307, 314.

darlehen mit Rangrücktritt hinter die in § 39 Abs. 1 Nr. 1–5 InsO findet sich eine entsprechende Regelung in § 19 Abs. 2 Satz 2 InsO (Einzelheiten unten Rz. 5.183 ff.)[1].

dd) Einfluss der Fortführungsprognose auf die Bewertung

Die Bewertungsunterschiede der Passiva je nach positiver oder negativer 5.172
Fortführungsprognose werden vor allem bei den **Rückstellungen** deutlich. Bei negativer Fortführungsprognose nach wohl h.M.[2] sind die Abwicklungskosten und eventuelle Schadensersatzansprüche wegen vorzeitiger Vertragsbeendigung zurückzustellen. Wie bereits oben ausgeführt wurde, reicht nach hier vertretener Auffassung allein die **negative Fortführungsprognose** nicht aus, um sämtliche Abwicklungskosten durch Rückstellung zu passivieren[3]. Bei der Bewertung der Passiva werden die **Nachteile der hergebrachten zweistufigen Überschuldungsprüfung** deutlich. Wird bei der rechnerischen Überschuldung die Liquidation simuliert, müssten eigentlich auch die durch die Liquidation ausgelösten Verbindlichkeiten im Rahmen des Überschuldungsstatus zu Liquidationswerten ausgewiesen werden. Dies tut die h.M. aber gerade nicht. Vielmehr bewertet sie im Rahmen der rechnerischen Überschuldungsprüfung weitgehend undifferenziert und unabhängig von dem Ergebnis der Fortführungsprognose. Die Prämisse einer Liquidation auf Grund negativer Fortführungsprognose führt neben erheblichen Wertverlusten auf der Aktivseite gleichzeitig zu einer keineswegs unwesentlichen Erhöhung der Verbindlichkeiten vor allem durch Rückstellungen für Abwicklungs- und Folgekosten. Diese Abwicklungs- und Folgekosten finden jedoch bei der Prüfung der **rechnerischen Überschuldung** keine Berücksichtigung. Erst das Ergebnis der in zweiter Stufe anzustellenden Fortführungsprognose kann dazu führen, dass für Abwicklungskosten in der dritten Stufe der rechtlichen Überschuldungsprüfung Rückstellungen zu bilden sind. Ist auf Grund der negativen Fortführungsprognose die Liquidation der GmbH nicht zu vermeiden, sind die Abwicklungskosten im Überschuldungsstatus zu passivieren.

---

1 Vgl. OLG München v. 8. 7. 1994 – 3 Ws 87/94, NJW 1994, 3112; *Braun/Uhlenbruck*, Unternehmensinsolvenz, S. 297 f.; *Wolf*, Überschuldung, S. 134 ff.; *Förschle/Hoffmann* in Budde/Förschle/Winkeljohann, Sonderbilanzen, P Rz. 120, 122.

2 *Müller/Haas* in Kölner Schrift zur InsO, S. 1799, 1812 f. Rz. 32; *Uhlenbruck*, § 19 InsO Rz. 58; *Scholz/Karsten Schmidt*, 9. Aufl., vor § 64 GmbHG Rz. 28; *Baumbach/Hueck/Schulze-Osterloh*, § 64 GmbHG Rz. 27; *Jaeger/H.-F. Müller*, § 19 InsO Rz. 78; *Förschle/Hoffmann* in Budde/Förschle/Winkeljohann, Sonderbilanzen, 4. Aufl. 2008, P Rz. 91; für generelle Rückstellung *Lutter/Kleindiek* in Lutter/Hommelhoff, § 64 GmbHG Rz. 22.

3 Zu weitgehend ist die Auffassung von *Lutter/Kleindiek* in Lutter/Hommelhoff (§ 64 GmbHG Rz. 22), wonach sogar Massekosten und Masseschulden (§§ 53, 54 InsO) zurückzustellen sind. So aber wohl auch *Baumbach/Hueck/Schulze-Osterloh*, § 64 GmbHG Rz. 27; wie hier *Förschle/Hoffmann* in Budde/Förschle/Winkeljohann, Sonderbilanzen, P Rz. 91; *Kübler/Prütting/Pape*, § 19 InsO Rz. 13.

b) Nicht zu berücksichtigende Passivposten im Überschuldungsstatus

5.173 Das **Eigenkapital/Stammkapital** einschließlich der Rücklagen bleibt im Überschuldungsstatus außer Ansatz. Insoweit handelt es sich nicht um „echte" Verbindlichkeiten der Gesellschaft, sondern um Haftkapital, das i.d.R. vor allem bei Überschuldung verloren ist[1]. Ebenso wenig in Ansatz gebracht werden auch die **offenen bzw. freien Rücklagen**[2]. Nicht auszuweisen auf der Passivseite der Überschuldungsbilanz sind auch ein **Gewinnvortrag** oder ein **Jahresüberschuss**[3] sowie eine **Sonderrücklage** für eigene Geschäftsanteile nach § 272 Abs. 4 HGB[4]. Als Eigenkapital ist auch das **Nachschusskapital** anzusehen, denn der Effekt dieser Position ist die Sicherung der Gläubiger vor Verlusten[5]. Bei **Sonderposten mit Rücklagenanteil und Sonderabschreibungen** handelt es sich um sogen. „unechte" Passiva, obgleich sie in der Jahresbilanz auf der Passivseite verbucht werden[6]. Nach § 247 Abs. 3 HGB dürfen Sonderposten mit Rücklagenanteil nur insoweit gebildet werden, als das Steuerrecht die Anerkennung des Wertansatzes bei der steuerrechtlichen Gewinnermittlung davon abhängig macht, dass der Sonderposten in der Bilanz gebildet wird. Es handelt sich um einen sog. Mischposten, der sowohl Fremdkapitalbestandteile „in Form aufgeschobener Ertragsteuerbelastung als auch Eigenkapitalbestandteile in Höhe der Restsumme (Gewinnthesaurierung) enthält"[7]. Der Posten ist nur in Höhe der in ihm enthaltenen Steuerrückstellung anzusetzen[8]. Soweit zum Stichtag der Überschuldungsbilanz feststeht, dass der Posten endgültig steuerfrei bleibt, hat er Eigenkapitalcharakter[9].

---

1 *Scholz/Karsten Schmidt*, 9. Aufl., vor § 64 GmbHG Rz. 101; *Uhlenbruck*, § 19 InsO Rz. 51; *Rowedder/Schmidt-Leithoff*, § 63 GmbHG Rz. 54; *Lutter*, ZIP 1999, 641, 644; *Braun/Uhlenbruck*, Unternehmensinsolvenz, S. 296; *Lutter/Kleindiek* in Lutter/Hommelhoff, § 64 GmbHG Rz. 21; *Temme*, Die Eröffnungsgründe der Insolvenzordnung, 1997, S. 161; *Uhlenbruck*, GmbH & Co. KG, S. 297; *Jaeger/H.-F. Müller*, § 19 InsO Rz. 86; *Baumbach/Hueck/Schulze-Osterloh*, § 64 GmbHG Rz. 30; *J.-S. Schröder* in Hamburger Kommentar zum Insolvenzrecht, § 19 InsO Rz. 38.

2 Vgl. BGH v. 4. 5. 1959 – VII ZB 23/58, BB 1959, 754; OLG Karlsruhe, WM 1978, 965; *Scholz/Karsten Schmidt*, 9. Aufl., vor § 64 GmbHG Rz. 28; *Wolf*, Überschuldung, S. 106; *Jaeger/H.-F. Müller*, § 19 InsO Rz. 86; *Baumbach/Hueck/Schulze-Osterloh*, § 64 GmbHG Rz. 30; *Uhlenbruck*, § 19 InsO Rz. 51.

3 *Hüffer*, 8. Aufl. 2008, § 92 AktG Rz. 11.

4 *Lutter*, ZIP 1999, 641, 644.

5 *Lütkemeyer*, Die Überschuldung der GmbH, 1983, S. 262; *Uhlenbruck*, GmbH & Co. KG, S. 297; *Bilo*, GmbHR 1981, 104; *Harz*, ZInsO 2001, 193, 201.

6 *Uhlenbruck*, § 19 InsO Rz. 52; *Scholz/Karsten Schmidt*, 9. Aufl., vor § 64 GmbHG Rz. 28; *Baumbach/Hueck/Schulze-Osterloh*, § 64 GmbHG Rz. 30; *Wolf*, Überschuldung, S. 108; *Braun/Uhlenbruck*, Unternehmensinsolvenz, S. 296.

7 *Wolf*, Überschuldung, S. 106; *Jaeger/H.-F. Müller*, § 19 InsO Rz. 87; *Hüffer*, 8. Aufl. 2008, § 92 AktG Rz. 11; *Temme*, Die Eröffnungsgründe der Insolvenzordnung, 1997, S. 161 f.

8 *Baumbach/Hueck/Schulze-Osterloh*, § 64 GmbHG Rz. 30; *Scholz/Karsten Schmidt*, 9. Aufl., vor § 64 GmbHG Rz. 28; *Uhlenbruck*, § 19 InsO Rz. 52; *Jaeger/H.-F. Müller*, § 19 InsO Rz. 87.

9 *Uhlenbruck*, GmbH & Co. KG, S. 297 ff.; *Temme*, Die Eröffnungsgründe der Insolvenzordnung, 1997, S. 162; *Scholz/Karsten Schmidt*, 9. Aufl., vor § 64 GmbHG Rz. 28.

c) Verbindlichkeiten aus schwebenden Verträgen

Verbindlichkeiten aus schwebenden Geschäften, d.s. Verträge, bei denen zum Stichtag der Überschuldungsbilanz noch von keiner Vertragspartei der Vertrag vollständig erfüllt worden ist, sind grundsätzlich zu passivieren, da sich entweder im eröffneten Insolvenzverfahren der Insolvenzverwalter nach § 103 InsO für die Erfüllung entscheiden kann oder nach der Rechtsprechung des BGH mit der Verfahrenseröffnung der Erfüllungsanspruch nicht mehr durchsetzbar ist, aber dem Vertragspartner Schadensersatzansprüche nach § 103 Abs. 2 Satz 1 InsO zustehen. Es wurde oben Rz. 5.169 bereits darauf hingewiesen, dass in der Literatur[1] teilweise die Auffassung vertreten wird, bei **negativer Fortführungsprognose** seien auch die **Kosten der Abwicklung** durch Bildung von Rückstellungen zu berücksichtigen, soweit sie nicht aus zu erwartenden Erträgen gedeckt werden können. Dieser Auffassung kann nur insoweit gefolgt werden, als bei **negativer Fortbestehensprognose und der Notwendigkeit**, unverzüglich ein Insolvenzverfahren zu beantragen, der Wert der Leistungen mit Null angesetzt werden muss. An die Stelle der Zahlungsverpflichtung treten **Schadensersatzansprüche der Vertragspartner**, die zu passivieren sind[2]. Im Übrigen bleibt es auch bei **negativer Fortführungsprognose** dabei, dass Verbindlichkeiten, die durch die Eröffnung des Insolvenzverfahrens ausgelöst werden, in einem Überschuldungsstatus keine Berücksichtigung finden[3]. Nach *Th. Ch. Wolf*[4] sind die Schadensersatzansprüche nach § 103 Abs. 2 Satz 1 InsO zu passivieren, wenn die Erfüllung des schwebenden Vertrages nicht mehr zu erwarten ist. Dies entspricht der auch hier vertretenen Meinung, dass Schadensersatzverpflichtungen wegen Nichterfüllung ebenso wie Sozialplanansprüche der Arbeitnehmer nach § 123 InsO nur dann in der Überschuldungsbilanz zu passivieren sind, wenn die insolvenzmäßige Liquidation der Gesellschaft auf Grund der negativen Fortführungsprognose unvermeidbar ist[5]. Im Zweifel sind die Verbindlichkeiten, nicht dagegen die 5.174

1 IDW-FAR 1/1996, WPg 1997, 22, 25; *Lutter/Kleindiek* in Lutter/Hommelhoff, § 64 GmbHG Rz. 22; *Förschle/Hoffmann* in Budde/Förschle/Winkeljohann, Sonderbilanzen, 4. Aufl. 2008, P Rz. 91 u. 118; *H. P. Müller* in Kölner Schrift zur InsO, 1. Aufl. 1996, S. 97, 101 f. Rz. 33 f.; *Hommelhoff* in FS Döllerer, 1988, S. 245, 255 ff.

2 *Uhlenbruck,* § 19 InsO Rz. 53; *Förschle/Hoffmann* in Budde/Förschle/Winkeljohann, Sonderbilanzen, 4. Aufl. 2008, P Rz. 91; *Uhlenbruck* in Gottwald, Insolvenzrechts-Handbuch, § 6 Rz. 57; *Scholz/Karsten Schmidt,* 9. Aufl., vor § 64 GmbHG Rz. 29.

3 *Uhlenbruck,* § 19 InsO Rz. 53; *Rowedder/Schmidt-Leithoff,* § 63 GmbHG Rz. 55; *Kübler/Prütting/Bork/Pape,* § 19 InsO Rz. 13; *Kirchhof* in Heidelberger Kommentar zur InsO, § 19 InsO Rz. 23; *Uhlenbruck,* GmbH & Co. KG, S. 324; *Jaeger/H.-F. Müller,* § 19 InsO Rz. 44; *Rowedder/Schmidt-Leithoff,* § 63 GmbHG Rz. 55; *J.-S. Schröder* in Hamburger Kommentar zum Insolvenzrecht, § 19 InsO Rz. 39; *Temme,* Die Eröffnungsgründe der Insolvenzordnung, 1997, S. 175 f.; *Jaeger/Weber,* 9. Aufl. 1977, §§ 207, 208 KO Rz. 21; wohl auch jetzt *Scholz/Karsten Schmidt,* 9. Aufl., vor § 64 GmbHG Rz. 30 für Sozialplanansprüche und Nachteilsausgleich nach den §§ 112, 113 BetrVG.

4 Überschuldung, S. 115.

5 *Uhlenbruck,* § 19 InsO Rz. 53; weitergehend *Baumbach/Hueck/Schulze-Osterloh,* § 64 GmbHG Rz. 27, wonach schon die negative Fortführungsprognose eine Passivierungspflicht auslöst. Für generelle Passivierungspflicht *Lutter/Kleindiek* in Lutter/Hommelhoff, § 64 GmbHG Rz. 22.

drohenden Schadensersatzansprüche aus schwebenden Geschäften zu passivieren. Auch hier gilt der Grundsatz, dass Verbindlichkeiten, die erst infolge der Insolvenzeröffnung entstehen, nicht im Überschuldungsstatus anzusetzen sind[1]. Eine **Ausnahme** gilt jedoch bei negativer Fortführungsprognose dann, wenn ein Insolvenzverfahren mit dem Ziel der Liquidation unvermeidlich ist. **Eventualverbindlichkeiten**, wie z.B. solche aus der Begebung und Übertragung von Wechseln, aus **Bürgschaften** oder **Gewährleistungsverträgen** oder aus der **Bestellung von Sicherheiten** für fremde Verbindlichkeiten sind nur insoweit zu passivieren, als mit einer Inanspruchnahme gerechnet werden muss[2]. Wird eine solche Inanspruchnahme passiviert, so ist gleichzeitig eine Rückgriffsforderung ggf. unter Berücksichtigung von Wertberichtigungen zu aktivieren. Eventualverbindlichkeiten sind stets zu passivieren, wenn bei vernünftiger Beurteilung mit einer Inanspruchnahme des Schuldners gerechnet werden muss[3].

d) Rückstellungen

5.175 Die in einer Jahresbilanz handelsrechtlich gem. § 249 HGB auszuweisenden Rückstellungen sind auch im Überschuldungsstatus zu passivieren, wenn ernsthaft mit einer Inanspruchnahme zu rechnen ist[4]. Es ist nicht immer der volle Betrag anzusetzen, sondern es sind je nach dem Grad der Wahrscheinlichkeit einer Inanspruchnahme Abschläge vorzunehmen[5]. Bei negativer Fortführungsprognose sind auch Rückstellungen für **Schadensersatzansprüche wegen Nichterfüllung** zu bilden[6]. Beim **Ansatz von Rückstellungen** im Rahmen der Überschuldungsprüfung ist zu differenzieren: Rückstellungen für unterlassene Aufwendungen, für Instandhaltung oder Abraumbeseitigung (§ 249 Abs. 1 Satz 2 Nr. 1 HGB) werden nicht angesetzt[7]. Hier handelt es sich um

1 *Jaeger/H.-F. Müller*, § 19 InsO Rz. 71; *Uhlenbruck*, § 19 InsO Rz. 53; *Baumbach/Hueck/Schulze-Osterloh*, § 64 GmbHG Rz. 23; *Scholz/Karsten Schmidt*, 9. Aufl., vor § 64 GmbHG Rz. 29; *Wolf*, Überschuldung, S. 114 f.

2 *Kübler/Prütting/Bork/Pape*, § 19 InsO Rz. 15; *Amelung* in Kraemer, Handbuch zur Insolvenz, Bd. II, Fach 6 Kap. 20, Rz. 65; *W. Wagner* in Baetge, Beiträge zum neuen Insolvenzrecht, S. 43, 58.

3 *Kübler/Prütting/Bork/Pape*, § 19 InsO Rz. 15.

4 BGH v. 22. 9. 2003 – II ZR 229/02, ZIP 2003, 2068; OLG Hamburg v. 23. 12. 1980 – 7 U 67/79, BB 1981, 1441; *Temme*, Die Eröffnungsgründe der Insolvenzordnung, 1997, S. 162 ff.; *Kirchhof* in Heidelberger Kommentar zur InsO, § 19 InsO Rz. 24; *Müller/Haas* in Kölner Schrift zur InsO, S. 1812 Rz. 30; *Drukarczyk* in Münchener Kommentar zur InsO, § 19 InsO Rz. 99; *Vonnemann*, Die Feststellung der Überschuldung, 1989, S. 44 Rz. 146 ff.; *Wolf*, Überschuldung, S. 108 ff.; *Harz*, ZInsO 2001, 193, 201; *Spliedt* in Runkel, Anwalts-Handbuch Insolvenzrecht, § 1 Rz. 176.

5 *Jaeger/H.-F. Müller*, § 19 InsO Rz. 75; *Fleischer*, ZIP 1996, 773, 779; *Bormann*, GmbHR 2001, 689, 692; *Kirchhof* in Heidelberger Kommentar zur InsO, § 19 InsO Rz. 24; *Beck* in Beck/Depré, Praxis der Insolvenz, § 5 Rz. 144 f.; *Spliedt* in Runkel, Anwalts-Handbuch Insolvenzrecht, § 1 InsO Rz. 176 ff.

6 *Uhlenbruck*, § 19 InsO Rz. 53; *Spliedt* in Runkel, Anwalts-Handbuch Insolvenzrecht, § 1 Rz. 176.

7 Einschränkend für Rekultivierungs- oder Entsorgungskosten *Förschle/Hoffmann* in Förschle/Budde/Winkeljohann, Sonderbilanzen, 4. Aufl. 2008, P Rz. 119, wonach Verpflichtungen, die mit einem Vermögensgegenstand verknüpft sind, wie z.B. Dekonta-

Verpflichtungen gegenüber Dritten und nicht um Verbindlichkeiten. Außer Ansatz bleiben können auch **Aufwandsrückstellungen** nach § 249 Abs. 1 Satz 2 Nr. 1, Satz 3 Abs. 2 HGB[1]. **Rückstellungen für drohende Verluste** (§ 249 Abs. 1 Satz 1 Alt. 2 HGB) sind dagegen zu passivieren, soweit sie auch ohne Insolvenzeröffnung anfallen[2]. Rückstellungen für Gewährleistungen, die ohne rechtliche Verpflichtung erbracht werden sollen, sind ebenfalls nicht in den Status einzustellen, denn insoweit fehlt es an einer echten Verbindlichkeit[3]. Bei solchen **Kulanzrückstellungen** (§ 249 Abs. 1 Satz 2 Nr. 2 HGB), besteht kein Rechtsanspruch eines Dritten[4].

Rückstellungen für ungewisse Verbindlichkeiten sind nach dem Vorsichtsprinzip grundsätzlich in den Überschuldungsstatus einzustellen oder neu zu bilden, wenn sie in der Jahresbilanz fehlen. Besteht die **Ungewissheit dem Grunde nach**, d.h. steht nicht eindeutig fest, ob die Verbindlichkeit besteht, so gebietet es der Gläubigerschutz, die Verbindlichkeit zu passivieren, wenn mit einer Inanspruchnahme zu rechnen ist. Gleiches gilt, wenn sich die Ungewissheit auf die **Höhe der Verbindlichkeit** bezieht[5]. Insoweit greift die handelsrechtliche Vorschrift des § 253 Abs. 1 Satz 2 HGB ein. Danach sind Rückstellungen nur mit dem Betrag anzusetzen, der nach vernünftiger kaufmännischer Beurteilung notwendig ist. Das gilt auch für den Überschuldungsstatus[6]. 5.176

Eine andere Frage ist, wie die im Überschuldungsstatus anzusetzenden **Rückstellungen zu bewerten** sind. Nach Feststellung von *Drukarczyk*[7] kann für Pensionsrückstellungen angenommen werden, dass der Barwert den Teilwert in der Mehrzahl der Fälle überschreitet, bei anderen langfristigen Rückstellungen unterschreite dagegen der Barwert den handelsbilanziellen Wert. Im Einzelfall könne das Ergebnis so aussehen, dass bei der Bewertung gemäß Barwerten Überschuldung vorliegt, bei der Bewertung gem. Handelsbilanz jedoch 5.177

minierungskosten für ein Grundstück, bei der Bewertung des Gegenstandes zu berücksichtigen sind.

1 *Uhlenbruck*, § 19 InsO Rz. 56; *Jaeger/H.-F. Müller*, § 19 InsO Rz. 77; *Drukarczyk* in Münchener Kommentar zur InsO, § 19 InsO Rz. 100; *Temme*, Die Eröffnungsgründe der Insolvenzordnung, 1997, S. 162; *Kirchhof* in Heidelberger Kommentar zur InsO, § 19 InsO Rz. 24; *Rowedder/Schmidt-Leithoff*, § 63 GmbHG Rz. 59; *Vonnemann*, Die Feststellung der Überschuldung, 1989, S. 44 ff. Rz. 147 ff.; *Vonnemann*, BB 1991, 871.

2 BGH v. 1. 3. 1982 – II ZR 23/81, BGHZ 83, 341, 347 ff.; *Kirchhof* in Heidelberger Kommentar zur InsO, § 19 InsO Rz. 24; *Haas/Scholl*, ZInsO 2002, 645 ff.; *Jaeger/H.-F. Müller*, § 19 InsO Rz. 76.

3 *Temme*, Die Eröffnungsgründe der Insolvenzordnung, 1997, S. 163.

4 *Jaeger/H.-F. Müller*, § 19 InsO Rz. 77; *Uhlenbruck*, § 19 InsO Rz. 56; *Temme*, Die Eröffnungsgründe der Insolvenzordnung, 1997, S. 163; *Kupsch*, BB 1984, 164; *Drukarczyk* in Münchener Kommentar zur InsO, § 19 InsO Rz. 100.

5 Vgl. *Großfeld*, Bilanzrecht, Rz. 305; *Rowedder/Schmidt-Leithoff*, § 63 GmbHG Rz. 59; *Uhlenbruck* in Gottwald, Insolvenzrechts-Handbuch, § 6 Rz. 49; *Temme*, Die Eröffnungsgründe der Insolvenzordnung, 1997, S. 163 f.

6 *Müller/Haas* in Kölner Schrift zur InsO, S. 1812 Rz. 30; *Kirchhof* in Heidelberger Kommentar zur InsO, § 19 InsO Rz. 24; *Temme*, Die Eröffnungsgründe der Insolvenzordnung, 1997, S. 164.

7 *Drukarczyk* in Münchener Kommentar zur InsO, § 19 InsO Rz. 116 ff.

nicht. In der Tat ist dieses Ergebnis „unwillkommen" und vom Gesetzgeber auch nicht gewollt. Das zeigt sich insbesondere bei den **Rückstellungen für Pensionen** (s. unten Rz. 5.178). Wie bereits oben dargestellt wurde, wird in der Literatur[1] teilweise die Auffassung vertreten, dass für die auszuweisenden Rückstellungen im Einzelfall zu differenzieren sei. Bei positiver Fortbestehensprognose seien die Abwicklungskosten nicht zurückzustellen. Bei **negativer Fortführungsprognose** dagegen seien **Rückstellungen für die Abwicklungskosten** zu bilden[2]. Dieser Auffassung ist nur insoweit zu folgen, als grundsätzlich **etwaige Kosten eines Insolvenzverfahrens und sonstige Masseverbindlichkeiten** im Überschuldungsstatus außer Ansatz zu bleiben haben, jedoch die **Kosten einer außergerichtlichen Liquidation** in Ansatz zu bringen sind, wenn die Fortbestehensprognose negativ ausfällt **und** die negative Prognose zur Folge hat, dass das Unternehmen liquidiert werden muss. Allein die **negative Fortführungsprognose** reicht dagegen nicht aus, Rückstellungen für Liquidationskosten zu bilden, weil neben der von den Gesellschaftern zu beschließenden Liquidation auch Sanierungsmöglichkeiten bestehen. Wollte man in allen Fällen negativer Fortgestehensprognose die Kosten einer außergerichtlichen Liquidation in Ansatz bringen, so würde eine negative Prognose fast immer zu einer rechtlichen Überschuldung i.S. von § 19 InsO führen und damit zu einer Insolvenzantragspflicht der Geschäftsführer. Etwas anderes gilt nur, wenn die Gesellschafter auf Grund der negativen Fortführungsprognose die Liquidation der Gesellschaft beschließen, so dass die Abwicklungskosten als zukünftige Verbindlichkeiten absehbar sind.

aa) Pensionsrückstellungen

5.178 **Verbindlichkeiten aus laufenden Pensionen** sind mit ihrem Barwert zu passivieren, soweit das Schuldnerunternehmen nicht zur Kürzung wegen wirtschaftlicher Krise berechtigt ist[3]. Die Frage der Zulässigkeit des **Widerrufs von betrieblichen Versorgungszusagen** wegen wirtschaftlicher Notlage ist umstritten. Durch Art. 8 des Gesetzes zur Reform der gesetzlichen Rentenversicherung v. 16. 12. 1997[4] hat der Gesetzgeber den Sicherungsfall der wirtschaftlichen Notlage des Arbeitgebers in § 7 BetrAVG ersatzlos gestrichen. Die Bun-

1 *Adler/Düring/Schmaltz*, Rechnungslegung und Prüfung der Unternehmen, 6. Aufl. 1995, § 252 HGB Rz. 35; *Müller/Haas* in Kölner Schrift zur InsO, S. 1813 Rz. 33–35.

2 Vgl. IDW-FAR 1/1996, WPg 1997, 22, 25; *Baumbach/Hueck/Schulze-Osterloh*, § 64 GmbHG Rz. 27; *Lutter/Kleindiek* in Lutter/Hommelhoff, § 64 GmbHG Rz. 22; *Müller/Haas* in Kölner Schrift zur InsO, S. 1813 f. Rz. 35, 36, *Jaeger/H.-F. Müller*, § 19 InsO Rz. 78; *Förschle/Hoffmann* in Budde/Förschle/Winkeljohann, Sonderbilanzen, 4. Aufl. 2008, P Rz. 91; *Hommelhoff*, FS Döllerer, 1988, S. 245, 255 ff.; str., a.M. *Uhlenbruck*, § 19 InsO Rz. 55; *Rowedder/Schmidt-Leithoff*, § 63 GmbHG Rz. 56; *Scholz/Karsten Schmidt*, 9. Aufl., vor § 64 GmbHG Rz. 33; *Kübler/Prütting/Bork/Pape*, § 19 InsO Rz. 13. Vgl. auch die Ausführungen oben Rz. 5.169 und 5.174.

3 *Uhlenbruck*, § 19 InsO Rz. 59; *Rowedder/Schmidt-Leithoff*, § 63 GmbHG Rz. 57; *Baumbach/Hueck/Schulze-Osterloh*, § 64 GmbHG Rz. 26; *Auler*, DB 1976, 2172; einschränkend und für grundsätzliche Passivierung *Förschle/Hoffmann* in Budde/Förschle/Winkeljohann, Sonderbilanzen, 4. Aufl. 2008, P Rz. 116.

4 BGBl. I 1997, 2998.

desregierung hat in der Begründung zu Art. 91 EGInsO[1] darauf hingewiesen, dass durch die Streichung des Sicherungsfalls „wirtschaftliche Notlage" auch ein einseitiger Widerruf der Anwartschaft durch den Arbeitgeber auf Grund einer wirtschaftlichen Notlage arbeitsrechtlich nicht mehr zulässig ist[2]. Während das BAG[3] ebenso wie die arbeitsrechtliche Literatur[4] durchweg ein Widerrufsrecht verneinen, wird in der Literatur die Auffassung vertreten, ein Widerrufsrecht des Arbeitgebers sei nach wie vor – wenn auch in engen Grenzen – anzuerkennen[5]. Die Einstandspflicht des Pensionssicherungsvereins aG (PSV) steht der Passivierung schon deswegen nicht entgegen, weil die Ansprüche der Rentenberechtigten gem. § 9 Abs. 2 BetrAVG erst mit Verfahrenseröffnung auf diesen übergehen[6]. Aber auch bei Übernahme der Pensionsverpflichtungen nach § 7 Abs. 1 Nr. 2 BetrAVG entfällt die Passivierungspflicht nicht, denn es entsteht eine Verbindlichkeit gegenüber dem PSVaG in gleicher Höhe. Für **laufende Pensionen** greift das Passivierungswahlrecht des Art. 28 EGHGB nicht ein[7]. Für **unverfallbare Versorgungsanwartschaften** sind Rückstellungen zu bilden[8]. Bei **verfallbaren Pensionsanwartschaften** entfällt die Passivierung, wenn die Pensionszusage gekündigt wird. Es reicht allerdings nicht aus, dass eine Möglichkeit der Kündigung besteht. Der Ansatz der Pensionsverpflichtungen ist selbst dann geboten, wenn damit zu rechnen ist, dass bei übertragender Sanierung die Ansprüche aus Pensionsanwartschaften gem. § 613a Abs. 1 BGB auf den Erwerber übergehen[9]. Bei **positiver Fortfüh-**

1 BT-Drucks. 12/3803, S. 121, abgedr. bei *Uhlenbruck*, Das neue Insolvenzrecht, S. 1049; *Kübler/Prütting*, Das neue Insolvenzrecht, S. 986.

2 Vgl. auch *Wohlleben*, Die Insolvenzsicherung von Betriebsrenten, in Höfer, Die Novellierung des Betriebsrentengesetzes, 1998, S. 131; *Schwerdtner*, Die Kürzung oder Einstellung betrieblicher Versorgungsleistungen wegen wirtschaftlicher Notlage des Arbeitgebers, FS Uhlenbruck, 2000, S. 799; *Blomeyer*, NZA 1998, 911; *Blomeyer/Rolfs/Otto*, Betriebsrentengesetz, Gesetz zur Verbesserung der betrieblichen Altersversorgung, 4. Aufl. 2006, Anh. § 1 Rz. 524; *Steinmeyer* in Erfurter Kommentar zum Arbeitsrecht, 2008, § 7 BetrAVG Rz. 40.

3 BAG v. 17. 6. 2003 – 3 AZR 396/02, EzA BetrAVG, § 7 Nr. 69.

4 *Diller*, ZIP 1997, 765, 769; *Kemper/Kisters-Kölkes/Berenz/Bode/Pühler*, 2. Aufl. 2005, § 7 BetrAVG Rz. 18a; *Schwerdtner*, FS Uhlenbruck, 2000, S. 799 ff.

5 So z.B. *Höfer*, Gesetz zur Verbesserung der betrieblichen Altersversorgung, 8. Aufl. 2004, Bd. 1, § 7 Rz. 4381 ff., 4388. Eingehend zum Widerrufsrecht bei betrieblichen Versorgungszusagen *Uhlenbruck*, KSI 2006, 121 ff.

6 *Uhlenbruck*, § 19 InsO Rz. 56; *Jaeger/H.-F. Müller*, § 19 InsO Rz. 80.

7 *Jaeger/H.-F. Müller*, § 19 InsO Rz. 80; *Baumbach/Hueck/Schulze-Osterloh*, § 64 GmbHG Rz. 26; *Förschle/Hoffmann* in Budde/Förschle/Winkeljohann, Sonderbilanzen, 4. Aufl. 2008, P Rz. 116; *Wolf*, Überschuldung, S. 111.

8 *Drukarczyk*, ZGR 1979, 572; *Hoffmann*, MDR 1979, 96; *Kirchhof* in Heidelberger Kommentar zur InsO, § 19 InsO Rz. 25; *Scholz/Karsten Schmidt*, 9. Aufl., vor § 64 GmbHG Rz. 30 (Passivierungspflicht); *Jaeger/H.-F. Müller*, § 19 InsO Rz. 81; *Baumbach/Hueck/Schulze-Osterloh*, § 64 GmbHG Rz. 26; *Lutter/Kleindiek* in Lutter/Hommelhoff, § 64 GmbHG Rz. 23; *Uhlenbruck* in Gottwald, Insolvenzrechts-Handbuch, § 6 Rz. 48; *Rowedder/Schmidt-Leithoff*, § 63 GmbHG Rz. 57; *Uhlenbruck*, § 19 InsO Rz. 60; *Wolf*, Überschuldung, S. 110.

9 *Uhlenbruck*, § 19 InsO Rz. 60–62; vgl. auch *Förschle/Hoffmann* in Budde/Förschle/Winkeljohann, Sonderbilanzen, 4. Aufl. 2008, P Rz. 116; *Lutter/Kleindiek* in Lutter/Hommelhoff, § 64 GmbHG Rz. 19; *Jaeger/H.-F. Müller*, § 19 InsO Rz. 81; *Baumbach/Hueck/Schulze-Osterloh*, § 64 GmbHG Rz. 26. Gegen eine Berücksichtigung verfall-

rungsprognose darf der **volle Barwert der Pensionsverpflichtungen** schon deshalb nicht angesetzt werden, weil dies eine Vorwegnahme des Insolvenzverfahrens bedeuten würde. Wird die Lebensfähigkeit der Gesellschaft bejaht, brauchen im Überschuldungsstatus weder die kapitalisierten Pensionsverpflichtungen noch die kapitalisierten Pensionsanwartschaften eingesetzt zu werden. Vielmehr sind die Anwartschaften nur mit dem bereits erdienten **Teilbetrag** zu passivieren[1]. Wollte man anders entscheiden, wäre fast jedes Unternehmen auf Grund einer Ruhegeldzusage überschuldet. Allerdings ist der nach versicherungsmathematischen Grundsätzen ermittelte **Barwert** nicht identisch mit dem kapitalisierten Betrag wiederkehrender Leistungen. Vielmehr sind diejenigen Beträge zurückzustellen, die der Arbeitnehmer bereits verdient hat[2]. Bei Bestehen einer Rückdeckungsversicherung kann der Rückkaufswert aktiviert werden[3]. **Vorruhestandsverpflichtungen** sind, soweit es sich um feststehende Rentenverbindlichkeiten handelt, mit ihrem versicherungsmathematischen Barwert anzusetzen. Die darüber hinausgehenden Verpflichtungen aus noch nicht erfolgten Inanspruchnahmen sind als Rückstellung für drohende Verluste aus schwebenden Geschäften in Höhe des Betrages anzusetzen, der nach vernünftiger kaufmännischer Beurteilung aufgebracht werden muss. Bei Bestehen einer **Rückdeckungsversicherung** kann der Rückkaufswert aktiviert werden.

bb) Sonstige Rückstellungen

5.179 Im Überschuldungsstatus werden auch sonstige Rückstellungen, die nach den Grundsätzen ordnungsmäßiger Buchführung zu berücksichtigen sind, auf der Passivseite eingestellt, wenn mit einer tatsächlichen Inanspruchnahme des Schuldnerunternehmens zu rechnen ist, wie z.B. bei Garantie- oder Prozessrückstellungen. Besondere Bedeutung haben in den letzten Jahrzehnten **Rückstellungen für Verpflichtungen aus Umwelthaftung** gewonnen[4]. Soweit in der Handelsbilanz Rückstellungen für Verpflichtungen zur Abfallbeseitigung oder Altlastensanierung gebildet worden sind, müssen diese Rückstellungen auch in den Überschuldungsstatus übernommen werden[5]. Soweit gem. § 274 Abs. 1 HGB eine Rückstellung hinsichtlich der voraussichtlichen

---

barer Anwartschaften im Überschuldungsstatus *Temme*, Die Eröffnungsgründe der Insolvenzordnung, 1997, S. 170.

1 BFH v. 4. 9. 2002 – I R 7/01, BB 2003, 467; *Uhlenbruck*, KTS 1994, 173; *Förschle/Hoffmann* in Budde/Förschle/Winkeljohann, Sonderbilanzen, 4. Aufl. 2008, P Rz. 116; *Braun/Uhlenbruck*, Unternehmensinsolvenz, S. 296; *Jaeger/H.-F. Müller*, § 19 InsO Rz. 82.

2 *Uhlenbruck*, § 19 InsO Rz. 59, 60; *Jaeger/H.-F. Müller*, § 19 InsO Rz. 82; *Förschle/Hoffmann* in Budde/Förschle/Winkeljohann, Sonderbilanzen, 4. Aufl. 2008, P Rz. 116; *Drukarczyk* in Münchener Kommentar zur InsO, § 19 InsO Rz. 102; *Uhlenbruck* in Gottwald, Insolvenzrechts-Handbuch, § 6 Rz. 48.

3 Vgl. auch *Uhlenbruck* in Gottwald, Insolvenzrechts-Handbuch, § 6 Rz. 48.

4 Vgl. *Crezelius*, DB 1992, 1353 ff.; *Eilers/v. Rosenberg*, DStR 1996, 1113 ff.

5 S. aber auch *Förschle/Hoffmann* in Budde/Förschle/Winkeljohann, Sonderbilanzen, 4. Aufl. 2008, P Rz. 119, die z.B. eine Dekontaminierungsverpflichtung für ein Grundstück bei der Bewertung des Grundstücks berücksichtigt wissen wollen.

Steuerbelastung nachfolgender Geschäftsjahre gebildet worden ist (Steuerabgrenzung), kommt eine Passivierung nicht in Betracht, wenn mit entsprechenden Steuerzahlungen nicht zu rechnen ist[1]. **Aufwandsrückstellungen** nach § 249 Abs. 1 Satz 2, Abs. 2 HGB brauchen nicht passiviert zu werden, da sie keine Verpflichtung gegenüber einem Dritten begründen[2]. Hohe Rückstellungen z.B. wegen Inanspruchnahme für **Verbindlichkeiten aus Umwelthaftung** oder aus **Produkthaftung** müssen nach hier vertretener Auffassung zwar grundsätzlich passiviert werden, wenn in der Jahresbilanz entsprechende Rückstellungen gebildet worden sind; jedoch ist eine **Ausnahme gerechtfertigt**, wenn von der Passivierung der Rückstellung die Notwendigkeit der Insolvenzantragstellung abhängt[3]. Insoweit erscheint es gerechtfertigt, von dem Vorsichtsprinzip abzuweichen und entsprechend der allgemeinen Meinung diese Verbindlichkeiten als ungewisse Verbindlichkeiten i.S. von § 249 Abs. 1 Satz 1 HGB nur anzusetzen, wenn ernsthaft mit einer Inanspruchnahme des Schuldnerunternehmens ohne Insolvenzeröffnung zu rechnen ist. Es wäre völlig wirtschaftsfremd, ein Unternehmen nur deshalb in ein Insolvenzverfahren zu zwingen, weil z.B. Ansprüche aus Produkthaftung geltend gemacht und deshalb in der Handelsbilanz entsprechende Rückstellungen gebildet worden sind[4].

e) Passivierung eigenkapitalersetzender Gesellschafterdarlehen

aa) Zur gesetzlichen Neuregelung des Kapitalersatzes

Durch das **Gesetz zur Modernisierung des GmbH-Rechts und zur Bekämpfung von Missbräuchen (MoMiG)** sind die §§ 32a und 32b GmbHG aufgehoben worden. Die Regelungen über die eigenkapitalersetzenden Gesellschafterleistungen wurden vom Gesellschaftsrecht in das Insolvenzrecht verlagert, wo sie, wie es in der Begründung zu Art. 1 Nr. 22 MoMiG heißt, „systematisch auch hingehören"[5]. Auf die Qualifizierung „kapitalersetzend" wurde verzichtet. Der Grundgedanke der Regelung ist lt. Begründung, „dass die Organe und Gesellschafter der gesunden GmbH einen einfachen und klaren Rechtsrahmen vorfinden". Ab 1. 11. 2008 ist nur dasjenige Eigenkapital, was die Gesellschafter gewollt als solches aufbringen[6]. Andere Finanzierungen, wie z.B. in der Krise gewährte Gesellschafterdarlehen, werden nicht mehr zu Eigenkapital umqualifiziert, sondern für den Insolvenzfall mit Ausnahme der Sanierungsdarlehen i.S. von § 39 Abs. 4 Satz 2 InsO zu **nachrangigen Insolvenzfor-** 5.180

1 *Wolf*, Überschuldung, S. 112.

2 *Wolf*, Überschuldung, S. 113.

3 *Uhlenbruck* in Gottwald, Insolvenzrechts-Handbuch, § 6 Rz. 49.

4 S. auch *Jaeger/H.-F. Müller*, § 19 InsO Rz. 77; *Uhlenbruck*, § 19 InsO Rz. 56; *Wolf*, Überschuldung, S. 113; *Temme*, Die Eröffnungsgründe der Insolvenzordnung, 1997, S. 162; *Drukarczyk* in Münchener Kommentar zur InsO, § 19 InsO Rz. 100.

5 So Begr. RegE, BT-Drucks. 16/6140, S. 136 f.; *Blöse*, GmbH-Beratung nach dem MoMiG, Sonderheft GmbHR Okt. 2008, S. 71, 73; vgl. auch *Römermann*, GmbHR 2006, 673, 677.

6 S. *Meyer*, BB 2008, 1742, 1747; *Seibert/Decker*, ZIP 2008, 1208, 1211; *Habersack*, ZIP 2007, 2145.

derungen i.S. von § 39 Abs. 1 Nr. 5 InsO. § 39 Abs. 1 Nr. 5 InsO wurde gem. Art. 9 MoMiG Nr. 5a wie folgt gefasst:

„(1) Im Rang nach den übrigen Forderungen der Insolvenzgläubiger werden in folgender Rangfolge, bei gleichem Rang nach dem Verhältnis ihrer Beträge, berichtigt:

5. nach Maßgabe der Absätze 4 und 5 Forderungen auf Rückgewähr eines Gesellschafterdarlehens oder Forderungen aus Rechtshandlungen, die einem solchen Darlehen wirtschaftlich entsprechen."

5.181 Die Fortgeltung der sog. **Rechtsprechungsregeln** zu den eigenkapitalersetzenden Gesellschafterdarlehen ist durch das MoMiG ebenfalls aufgegeben worden. Mit der Aufhebung des Kapitalersatzrechts ist auch die **eigenkapitalersetzende Nutzungsüberlassung** entfallen. Allerdings greift insoweit § 135 Abs. 3 InsO ein[1]. Gesellschafterdarlehen unterliegen nur noch insolvenzrechtlichen Regelungen (§§ 39 Abs. 1 Nr. 5, 44a, 135 InsO). Nach dem neuen Konzept ist **jedes Gesellschafterdarlehen oder eine Forderung aus Rechtshandlungen, die einem solchen Darlehen wirtschaftlich entspricht, bei Eintritt der Insolvenz grundsätzlich nachrangig.** Eine Privilegierung sieht § 39 Abs. 4 Satz 1 InsO für Gesellschafterdarlehen insoweit vor, als auf Grund der gesellschaftsrechtlichen Konstruktion letztlich doch eine natürliche Person unbeschränkt haftet, wie z.B. Gesellschafter einer Vorgründungsgesellschaft[2]. Eine **Ausnahme** gilt nur für Darlehen eines Gesellschafters, der nicht geschäftsführend tätig ist und zugleich mit 10 % oder weniger an der Gesellschaft beteiligt ist (§ 39 Abs. 5 InsO). Eine weitere Ausnahme gilt für **Sanierungskredite** gem. § 39 Abs. 4 Satz 2 InsO bis zur nachhaltigen Sanierung der GmbH. Im Übrigen wurden die §§ 32a und 32b GmbHG, wenn auch in angepasster Form, in das Insolvenzrecht übernommen (§§ 39, 44a, 135 143 Abs. 3 InsO n.F.). Der Verzicht auf das Merkmal der **„Krise"** bedeutet nach der Begründung des Entwurfs eine erhebliche Erleichterung für die Rechtspraxis. Die GmbH gewinne im Wettbewerb der Rechtsformen an Attraktivität. Zwar steht der Grundsatz der Kapitalerhaltung wegen der Neuregelung in § 30 Abs. 1 Satz 3 GmbHG der Rückgewähr eines Gesellschafterdarlehens nicht mehr im Wege. Binnen Jahresfrist vor Insolvenzeröffnung zurückgezahlte Gesellschafterdarlehen können jedoch im Wege der **Insolvenzanfechtung** wieder zur Masse gezogen werden (§ 135 InsO). Die gesetzliche Neuregelung bezieht sich auf alle Kapitalgesellschaften, also auch auf die GmbH & Co. KG.

bb) Die gesetzliche Regelung in § 39 Abs. 1 Nr. 5 InsO

5.182 Grundsätzlich sind auch Verbindlichkeiten in der Überschuldungsbilanz zu passivieren, die für den Fall der Eröffnung eines Insolvenzverfahrens **nachrangige Verbindlichkeiten** i.S. von § 39 InsO wären. Der Gesetzgeber hat in § 39 Abs. 1 Nr. 5 InsO die Forderungen auf Rückgewähr eines kapitalersetzenden Gesellschafterdarlehens oder gleichgestellte Forderungen im Gegensatz zur KO ausdrücklich in das Verfahren einbezogen. Es handelt sich somit um **echte**

1 Vgl. *Holzer*, ZVI 2008, 369 ff.; *Karsten Schmidt*, DB 2008, 1727, 1732; *Hirte*, ZInsO 2008, 689, 693; *Wälzholz*, GmbHR 2008, 841, 848.

2 Vgl. *Habersack*, ZIP 2007, 2145, 2147; *Gundlach/Frenzel/Strandmann*, NZI 2008, 647, 650.

Verbindlichkeiten mit der Folge, dass die nachrangigen Insolvenzgläubiger mit einer Quote bedient werden, wenn die Forderungen der übrigen Insolvenzgläubiger (§ 38 InsO) befriedigt worden sind. Die im Regierungsentwurf eines MoMiG vorgesehene Änderung des § 19 Abs. 2 InsO, wonach Forderungen auf Rückgewähr von Gesellschafterdarlehen im Rang des § 39 Abs. 1 Nr. 5 InsO im Überschuldungsstatus nicht zu passivieren waren, hat im Rechtsausschuss keine Zustimmung gefunden.

cc) Die Entscheidung des BGH vom 8. 1. 2001 (Altfälle)

Für das frühere Recht, nach dem die sogen. Altfälle noch zu beurteilen sind, 5.183
hat der BGH in einem grundlegenden Urteil vom 8. 1. 2001[1] entschieden, dass die Forderungen eines Gesellschafters aus der Gewährung eigenkapitalersetzender Leistungen im Überschuldungsstatus der Gesellschaft **zu passivieren** sind. Eine **Ausnahme** erkannte der BGH nur für den **Sonderfall eines qualifizierten Rangrücktritts** an. Erklärte der Gesellschafter einer GmbH oder GmbH & Co. KG den Rangrücktritt dergestalt, dass er seine Forderung erst nach Befriedigung sämtlicher Gesellschaftsgläubiger und – bis zur Abwendung der Krise – auch nicht vor, sondern zugleich mit den Einlagerückgewähransprüchen seiner Mitgesellschafter geltend machen wolle, bestand nach Meinung des BGH keine Notwendigkeit, diese Forderung in den Überschuldungsstatus der Gesellschaft aufzunehmen. Offen blieben aber einige Detailfragen, wie z.B., ob der Rangrücktritt in den Rang des § 39 Abs. 1 Nr. 5 InsO oder in den Rang des § 39 Abs. 2 InsO zu erfolgen hat[2]. Die erforderliche **„Tiefe des Rangrücktritts"** war in der Literatur heftig umstritten[3]. Von einer **Mindermeinung** in der Literatur wurde das Urteil des BGH v. 8. 1. 2001 dahingehend interpretiert, dass eine Passivierung im Überschuldungsstatus nur entfallen kann, wenn der Gesellschafter-Gläubiger mit seiner Forderung in den **Rang des § 199 Satz 2 InsO** zurücktritt[4]. Nach **anderer Literaturmeinung** reichte ein Rücktritt des Gesellschafter-Gläubigers mit seiner Forderung **in den Rang des**

---

1 BGH v. 8. 1. 2001 – II ZR 88/99, BGHZ 146, 264 ff = GmbHR 2001, 190 m. Anm. *Felleisen* = ZIP 2001, 235 m. Anm. *Altmeppen* = JZ 2001, 1188 m. Anm. *Fleischer*. Vgl. auch *Wittig*, NZI 2001, 169 ff.; *K. Bauer*, ZInsO 2001, 486 ff.; *Uhlenbruck*, § 19 InsO Rz. 69–75; *Scholz/Karsten Schmidt*, 9. Aufl., vor § 64 GmbHG Rz. 32.

2 Vgl. *Wittig*, NZI 2001, 169, 172 ff.; *Altmeppen*, ZIP 2001, 240, 241; *Bauer*, ZInsO 2001, 486, 491; generell auch *Bormann*, GmbHR 2001, 689 ff.; *R. Fischer*, GmbHR 2000, 66 ff.; *Hirte*, DStR 2000, 1829; *Karsten Schmidt*, ZIP 1999, 1241 ff.; *Livonius*, ZInsO 1998, 309 ff.; *Wittig*, NZI 1998, 49 ff. Für einen Rücktritt in den Rang des § 39 Abs. 2 InsO u.a. *Goette*, DStR 2001, 179; *Knof*, KSI 2006, 93 ff.; *M. Klein*, GmbHR 2006, 249 ff.

3 S. *Jaeger/H.-F. Müller*, § 19 InsO Rz. 88 ff.; *Karsten Schmidt*, GmbHR 1999, 9,11 ff.; *Lutter*, ZIP 1999, 641, 644 ff.; *Früh*, GmbHR 1999, 842, 846; *Haas*, DStR 1999, 209 ff.; *Altmeppen*, ZHR 164 (2000), 349 ff.; *Bormann*, GmbHR 2001, 689 ff.; *Baumbach/Hueck/Schulze-Osterloh*, § 64 GmbHG Rz. 24.

4 So z.B. *Goette*, DStR 2001, 179; *Altmeppen*, ZIP 2001, 240 ff.; *K. Bauer*, ZInsO 2001, 486, 491; *Kirchhof* in Heidelberger Kommentar zur InsO, § 19 InsO Rz. 26; *Kleindiek* in Lutter/Hommelhoff, § 42 GmbHG Rz. 47; *Altmeppen* in Roth/Altmeppen, § 64 GmbHG Rz. 30, 34, 35; vgl. auch OLG Frankfurt a.M. v. 20. 2. 2003 – 3 U 37/99, GmbHR 2004, 53; OLG Stuttgart v. 13. 3. 2002 – 20 U 67/01, GmbHR 2002, 1072, 1073.

§ 39 Abs. 1 Nr. 5 grundsätzlich aus, um eine Passivierungspflicht im Überschuldungsstatus entfallen zu lassen[1]. Die Beiträge von *R. Bork*[2], *G. Crezelius*[3] sowie von *W. Haarmann*[4] zeigen ebenso wie die umfassende Darstellung von *Teller/Steffan*[5], dass die Streitfrage trotz der Grundsatzentscheidung des BGH nicht endgültig geklärt war. Nach der herrschenden Literaturmeinung war es für eine Nichtpassivierung im Überschuldungsstatus ausreichend, dass der Gesellschafter-Gläubiger mit seiner Forderung in den **Rang des § 39 Abs. 1 Nr. 5 InsO zurücktrat**[6]. Damit hatte der Gesellschafter deutlich gemacht, dass er für die Dauer der Krise auf seine Position als Drittgläubiger verzichtet. Hierzu genügte auch eine Erklärung, dass die Gesellschafterforderung uneingeschränkt **nur aus künftigen Gewinnen oder einem Liquidationsüberschuss** (§ 199 Satz 2 InsO) zu tilgen ist[7]. Zum Rangrücktritt s. auch oben Rz. 2.217 f. und 2.433 ff.

dd) Die Regelung des Rangrücktritts durch das MoMiG

5.184 Durch die in Art. 9 des MoMiG vorgenommenen Änderungen der InsO dürfte die vorstehend geschilderte Problematik und der Streit um die vom BGH in dem Urteil vom 8. 3. 2001[8] verlangte **Rangtiefe eines Rangrücktritts** („qualifizierter Rangrücktritt") weitgehend entfallen. § 19 Abs. 2 InsO wurde nämlich folgender Satz angefügt:

„Forderungen auf Rückgewähr von Gesellschafterdarlehen oder aus Rechtshandlungen, die einem solchen Darlehen wirtschaftlich entsprechen, für die gem. § 39 Abs. 2 zwischen Gläubiger und Schuldner der Nachrang im Insolvenzverfahren hinter den in § 39 Abs. 1 Nr. 1 bis 5 bezeichneten Forderungen vereinbart worden ist, sind nicht bei den Verbindlichkeiten nach Satz 1 zu berücksichtigen."

5.185 Damit hat sich die Entscheidung, ob eine Gesellschafterforderung im Überschuldungsstatus der Gesellschaft zu passivieren ist, für den Geschäftsführer

1 *Karsten Schmidt*, GmbHR 1999, 9, 12 f.; *Karsten Schmidt*, ZIP 1999, 1241, 1247; *Uhlenbruck*, § 19 InsO Rz. 72; *Jaeger/H.-F. Müller*, § 19 InsO Rz. 102; *Baumbach/Hueck/Schulze-Osterloh*, § 64 GmbHG Rz. 24; *Habersack/Mayer*, NZG 2001, 365, 366.

2 Genussrechte in der Überschuldungsbilanz, FS Röhricht, 2005, S. 47 ff.

3 Überschuldung und Bilanzierung, FS Röhricht, 2005, S. 787 ff.

4 Der Rangrücktritt, FS Röhricht, 2005, S. 137 ff.

5 Rangrücktrittsvereinbarungen zur Vermeidung der Überschuldung bei der GmbH, 3. Aufl. 2003.

6 *Scholz/Karsten Schmidt*, 9. Aufl., vor § 64 GmbHG Rz. 32; *Karsten Schmidt*, GmbHR 1999, 9 ff.; *Uhlenbruck*, § 19 InsO Rz. 72; *Altmeppen*, ZIP 2001, 240, 241; *Wittig*, NZI 2001, 169, 173; *U. Haas*, NZI 1999, 209, 211; *Jaeger/H.-F. Müller*, § 19 InsO Rz. 102; *Habersack/Mayer*, NZG 2001, 365, 366; *v. Onciul*, Die rechtzeitige Auslösung des Insolvenzverfahrens, 2000, S. 162 ff.; wohl auch *Beck* in Beck/Depré, Praxis der Insolvenz, § 5 Rz. 150; *Altmeppen*, ZIP 2001, 240, 241; *Felleisen*, GmbHR 2001, 195, 196; *Heerma*, BB 2005, 537, 541; noch weitergehend *Teller/Steffan*, Rangrücktrittsvereinbarungen zur Vermeidung der Überschuldung bei der GmbH, 3. Aufl. 2003, Rz. 286.

7 BGH v. 8. 1. 2001 – II ZR 88/99, GmbHR 2001, 190 m. Anm. *Felleisen*; *Wittig*, NZI 2001, 169, 173.

8 BGH v. 8. 3. 2001 – II ZR 88/99, GmbHR 2001, 190 = ZIP 2001, 235 m. Anm. *Altmeppen*.

wesentlich vereinfacht. Nur Forderungen, die mit einem ausdrücklichem Rücktritt in den Rang des § 39 Abs. 2 InsO versehen sind, darf er in der Überschuldungsbilanz außer Betracht lassen. Im Übrigen sind subordinierte Gesellschafterdarlehen grundsätzlich im Überschuldungsstatus zu passivieren. Nach Vorstellung des Gesetzgebers hat das Erfordernis eines Rangrücktritts durch den Gesellschafter, die durch den Geschäftsführer i.d.R. veranlasst wird, zugleich auch eine **Warnfunktion**. Durch die Einbeziehung gleichstehender Rechtshandlungen werde der Geschäftsführer etwaigen Abgrenzungsschwierigkeiten enthoben. § 39 Abs. 2 InsO enthält lediglich eine Auslegungsregel. Zur Vermeidung von Auslegungsproblemen hat der Gesellschafter-Kreditgeber mit seiner Forderung **ausdrücklich** hinter die subordinierten Ansprüche (§ 39 Abs. 1 Nr. 1–5 InsO) zurückzutreten, um eine Passivierung der Forderung im Überschuldungsstatus der Gesellschaft zu vermeiden.

Durch das am 18. 10. 2008 in Kraft getretene **Finanzmarktstabilisierungsgesetz** (BGBl. I 2008, 1982) ist die Regelung in § 19 Abs. 2 Satz 2 InsO zwar gem. Art. 6 Abs. 3, Art. 7 Abs. 2 FMStG bis zum 1. 1. 2011 außer Kraft gesetzt worden, jedoch ist anzunehmen, dass es sich insoweit um ein Redaktionsversehen des Gesetzgebers handelt[1]. 5.186

ee) Passivierung von Forderungen mit Sanierungsprivileg

Durch das KonTraG und das KapAEG hatte der Gesetzgeber 1998 durch die Neuregelung in § 32a Abs. 3 Satz 3 GmbHG a.F. ein **Sanierungsprivileg** geschaffen. Erwarb ein Darlehensgeber in der Krise der GmbH oder GmbH & Co. KG (§§ 129a, 172a HGB) Geschäftsanteile zum Zwecke der Überwindung der Krise, so fanden für seine bestehenden oder neu gewährten Kredite die Kapitalersatzregeln des § 32a GmbHG a.F. keine Anwendung. Das Sanierungsprivileg griff erst **in der Krise der Gesellschaft**[2]. Überwiegend wurde in der Literatur angenommen, dass § 32a Abs. 3 Satz 3 GmbHG a.F. **nur für einen Neugesellschafter** gilt, nicht dagegen für Sanierungsbeiträge von Altgesellschaftern[3]. Unabhängig davon, wie man die Streitfrage entscheidet, waren grundsätzlich auch **Sanierungsdarlehen im Überschuldungsstatus zu passivieren**. Nur eine **Rangrücktrittserklärung** des Gesellschafters machte aus einem unter § 32a Abs. 3 Satz 3 GmbHG a.F. fallenden Kredit eine nachrangige Insolvenzforderung i.S. von § 39 InsO[4]. 5.187

Nach dem **Gesetz zur Modernisierung des GmbH-Rechts und zur Bekämpfung von Missbräuchen (MoMiG)** wurden die Bestimmungen der § 32a Abs. 3 5.188

---

1 S. *Karsten Schmidt*, DB 2008, 2467, 2471; *Bitter*, ZInsO 2008, 1097; *Holzer*, ZIV 2008, 2108, 2111.

2 Vgl. *Dörrie*, ZIP 1999, 12, 13; *Scholz/Karsten Schmidt*, §§ 32a, 32b GmbHG Rz. 194.

3 Vgl. *Scholz/Karsten Schmidt*, §§ 32a, 32b GmbHG Rz. 195; *Lutter/Hommelhoff*, §§ 32a/b GmbHG Rz. 80; *Dauner-Lieb*, DStR 1998, 1519 f.; str., a.A. *Altmeppen*, ZGR 1999, 296 ff.; *Altmeppen*, FS Sigle, 2000, S. 220 f.; *Casper/Ullrich*, GmbHR 2000, 478 f.; *Pentz*, GmbHR 1999, 437, 449; *Dörrie*, ZIP 1999, 12, 17.

4 *Scholz/Karsten Schmidt*, §§ 32a, 32b GmbHG Rz. 195.

Satz 2 und 3 GmbHG in die Vorschrift des § 39 übernommen. Gem. Art. 9 Nr. 5 MoMiG wurde in § 39 Abs. 4 InsO folgender Satz 2 eingefügt:

„Erwirbt ein Gläubiger bei drohender oder eingetretener Zahlungsunfähigkeit der Gesellschaft oder bei Überschuldung Anteile zum Zweck ihrer Sanierung, führt dies bis zur nachhaltigen Sanierung nicht zur Anwendung von Abs. 1 Nr. 5 auf seine Forderungen aus bestehenden oder neu gewährten Darlehen oder auf Forderungen aus Rechtshandlungen, die einem solchen Darlehen wirtschaftlich entsprechen."

5.189 Gem. § 39 Abs. 5 InsO gilt § 39 Abs. 1 Nr. 5 InsO nicht für den **nicht geschäftsführenden Gesellschafter** einer Gesellschaft i.S. des § 39 Abs. 4 Satz 1 InsO, der mit **10 Prozent** oder weniger am Haftkapital beteiligt ist. Der Anwendungsbereich des § 39 Abs. 4 und 5 InsO ist rechtsformneutral angelegt, gilt also auch für die GmbH & Co. KG sowie eine englische Limited mit Zweigniederlassung in Deutschland. Das Sanierungsprivileg gilt auch für Altgesellschafter, die weitere Anteile erwerben. Da für diese privilegierten Rückgewähransprüche § 39 Abs. 1 Nr. 5 InsO nicht eingreift, kommt § 19 Abs. 2 InsO in einem Insolvenzverfahren über das Vermögen der Gesellschaft nicht zur Anwendung mit der Folge, dass auch nach neuem Recht die privilegierten Sanierungsdarlehen im **Überschuldungsstatus zu passivieren** sind. Dem Gläubiger steht es allerdings frei, mit seiner privilegierten Forderung in den Rang des § 39 Abs. 2 InsO zurückzutreten.

f) Einlage des stillen Gesellschafters

5.190 Die Einlage des stillen Gesellschafters (§§ 230 ff. HGB) gehört nicht zum Eigenkapital der Gesellschaft, soweit sie den Betrag des auf den Stillen entfallenden Verlustes übersteigt. Im Insolvenzverfahren über das Vermögen der GmbH oder GmbH & Co. KG ist der Stille nach § 236 Abs. 1 HGB wegen seiner Einlage, soweit sie den Betrag des auf ihn entfallenden Anteils am Verlust übersteigt, **Insolvenzgläubiger**. Da, soweit keine Verlustbeteiligung besteht, der stille Gesellschafter eine Insolvenzforderung in Höhe seiner Einlage gegen die Gesellschaft hat, ist diese im Überschuldungsstatus in voller Höhe zu passivieren[1]. Ist die **Einlage des Stillen durch Verlustbeteiligung aufgezehrt**, so braucht sie nicht mehr im Überschuldungsstatus passiviert zu werden[2]. Streitig ist, ob auf eine Passivierung des Rückzahlungsanspruchs des Stillen bereits verzichtet werden kann, wenn der Stille am Verlust beteiligt

---

1 Vgl. BGH v. 21. 3. 1983 – II ZR 139/82, NJW 1983, 1855, 1856; *Scholz/Karsten Schmidt*, 9. Aufl., vor § 64 GmbHG Rz. 31; *Uhlenbruck*, § 19 InsO Rz. 68; *Uhlenbruck* in Gottwald, Insolvenzrechts-Handbuch, § 6 Rz. 45; *Temme*, Die Eröffnungsgründe der Insolvenzordnung, 1997, S. 177; *Förschle/Hoffmann* in Budde/Förschle/Winkeljohann, Sonderbilanzen, 4. Aufl. 2008, P Rz. 122; *Baumbach/Hueck/Schulze-Osterloh*, § 64 GmbHG Rz. 25; *Altmeppen* in Roth/Altmeppen, § 64 GmbHG Rz. 31; *Reusch*, BB 1989, 2364 ff.

2 *Scholz/Karsten Schmidt*, 9. Aufl., vor § 64 GmbHG Rz. 31 u. Rz. 101; *Uhlenbruck*, § 19 InsO Rz. 68; *Uhlenbruck* in Gottwald, Insolvenzrechts-Handbuch, § 6 Rz. 45; *Jaeger/H.-F. Müller*, § 19 InsO Rz. 104; *Wolf*, Überschuldung, S. 117; *Kübler/Prütting/Noack*, InsO, Gesellschaftsrecht Rz. 84; *Rowedder/Schmidt-Leithoff*, § 64 GmbHG Rz. 58; *Baumbach/Hueck/Schulze-Osterloh*, § 64 GmbHG Rz. 25; *Temme*, Die Eröffnungsgründe der Insolvenzordnung, 1997, S. 177.

ist, sein **Verlustanteil aber noch nicht aufgezehrt ist**[1]. Aus dem Wortlaut des § 236 Abs. 1 HGB („soweit sie den Betrag des auf ihn entfallenden Anteils am Verlust übersteigt") folgt aber nicht zwingend, dass im Überschuldungsstatus die Forderung des Stillen um den Verlustanteil gekürzt werden darf[2]. Das Bestehen einer Verlustbeteiligung allein reicht nicht aus, die Passivierung zu verhindern[3]. Ein Ansatz im Überschuldungsstatus kann jedoch unterbleiben, wenn der stille Gesellschafter einen **Rangrücktritt** erklärt[4]. Auch soweit die Forderung des **atypisch stillen Gesellschafters**[5] den Charakter von Eigenkapital hat, kann die Passivierung in der Überschuldungsbilanz nur dadurch vermieden werden, dass der stille Gesellschafter einen **Rangrücktritt** (§ 39 Abs. 2 InsO) erklärt[6]. Es genügt nicht, dass bei Aufstellung der Überschuldungsbilanz davon ausgegangen ist, dass die Beteiligung des stillen Gesellschafters Eigenkapitalcharakter hat[7]. Vielmehr darf von einer Passivierung nur abgesehen werden, wenn der Stille eine Rangrücktrittserklärung abgibt[8]. Durch das **Gesetz zur Modernisierung des GmbH-Rechts und zur Bekämpfung von Missbräuchen (MoMiG)** hat sich an der bisherigen Rechtslage nichts geändert. Die neue Vorschrift des § 19 Abs. 2 Satz 3 InsO, wonach nachrangige Forderungen i.S. § 39 Abs. 1 Nr. 5 InsO im Überschuldungsstatus nicht zu berücksichtigen sind, findet nur Anwendung, wenn der stille Gesellschafter einen Rücktritt in den Rang des § 39 Abs. 2 InsO erklärt[9]. Da § 39 Abs. 2 InsO eine Auslegungs-

1 Bejahend *Knobbe-Keuk*, ZIP 1983, 127, 129 ff.; *Kupsch*, BB 1984, 159, 164; verneinend *Uhlenbruck*, § 19 InsO Rz. 68; *Temme*, Die Eröffnungsgründe der Insolvenzordnung, 1997, S. 178; *Baumbach/Hueck/Schulze-Osterloh*, § 64 GmbHG Rz. 25; *Jaeger/H.-F. Müller*, § 19 InsO Rz. 104.

2 So aber *Knobbe-Keuk*, ZIP 1983, 127, 129 ff.; *Kupsch*, BB 1984, 159, 164.

3 *Uhlenbruck*, § 19 InsO Rz. 68. Zur stillen Beteiligung an einer GmbH & Co. KG s. *Scholz/Karsten Schmidt*, 9. Aufl., vor § 64 GmbHG Rz. 125 ff.

4 BGH v. 1. 3. 1982 – II ZR 23/81, BGHZ 83, 341, 344 f.; *Jaeger/H.-F. Müller*, § 19 InsO Rz. 105. Vgl. auch *Uhlenbruck*, § 19 InsO Rz. 68.

5 Vgl. BGH v. 7. 11. 1988 – II ZR 46/88, BGHZ 106, 7; BGH v. 21. 3. 1983 – II ZR 139/82, NJW 1983, 1856; OLG Hamm v. 3. 5. 1993 – 8 U 184/92, ZIP 1993, 1321.

6 *Braun/Uhlenbruck*, Unternehmensinsolvenz, S. 297; *Uhlenbruck* in Gottwald, Insolvenzrechts-Handbuch, § 6 Rz. 45; *Scholz/Karsten Schmidt*, 9. Aufl., vor § 64 GmbHG Rz. 128; *Karsten Schmidt* in Münchener Kommentar zum HGB, 2. Aufl. 2007, § 236 HGB Rz. 41; *Altmeppen* in Roth/Altmeppen, § 64 GmbHG Rz. 32; *Kollhosser*, WM 1985, 929; *Lutter/Hommelhoff*, ZGR 1979, 49; *Baumbach/Hopt*, § 236 HGB Rz. 5; *Uhlenbruck*, GmbH & Co. KG, S. 303.

7 *Förschle/Hoffmann* in Budde/Förschle/Winkeljohann, Sonderbilanzen, 4. Aufl. 2008, P Rz. 122; *Jaeger/H.-F. Müller*, § 19 InsO Rz. 105.

8 BGH v. 1. 3. 1982 – II ZR 23/81, BGHZ 83, 341, 345; OLG Düsseldorf v. 19. 1. 1995 – 6 U 272/93, NJW-RR 1996, 1443, 1444; OLG Stuttgart v. 17. 12. 1991 – 8 W 17/91, BB 1992, 531; OLG Hamburg v. 18. 7. 1986 – 11 U 77/84, WM 1986, 1110, 1112; LG München v. 1. 12. 1982 – 13 T 21 079/82, ZIP 1983, 66, 67; *Uhlenbruck* in Gottwald, Insolvenzrechts-Handbuch, § 6 Rz. 45; str., a.A. LG Waldhut-Tiengen v. 28. 7. 1995 – 2 O 55/92, NJW-RR 1996, 105; *Hommelhoff*, WPg 1984, 623, 630; *Hommelhoff* in FS Döllerer, 1988, S. 245, 256; *Fleischer*, ZIP 1996, 773 ff.; s. auch *Müller/Haas* in Kölner Schrift zur InsO, S. 1799, 1823 Rz. 58 u. Rz. 37 ff.

9 Zwar sieht Art. 6 Abs. 3 FMStG nicht vor, dass § 19 Abs. 2 Satz 2 InsO in der MoMiG-Fassung am 1. 1. 2011 wieder in Kraft tritt, jedoch dürfte es sich insoweit um ein Redaktionsversehen des Gesetzgebers handeln.

regel enthält, ist der Rücktritt hinter die gesetzlich subordinierten Ansprüche (§ 39 Abs. 1 Nr. 1–5 InsO) **ausdrücklich** zu erklären.

g) Passivierung von Genussrechten

5.191 Bei Genussrechten hängt die Frage der Passivierungspflicht in der Überschuldungsbilanz und der Bewertung eines etwa rückzuzahlenden Genussrechtskapitals von den zugrunde liegenden Vereinbarungen ab. Sind die Vereinbarungen derart, dass die Genussrechte von vornherein Quasi-Eigenkapital darstellen und an den Verlusten teilnehmen, so ist eine **Passivierung ausgeschlossen**, wenn sie nur nach Bedienung der nachrangigen Verbindlichkeiten i.S. von § 39 InsO aus Liquidationsüberschüssen zurückzuzahlen sind[1]. Kann das Genussrechtskapital nicht mehr als Eigenkapital qualifiziert werden, weil z.B. mit Kündigungen und Rückzahlungen zu rechnen ist, hat eine Umgliederung in das Fremdkapital zu erfolgen und besteht eine Passivierungspflicht[2]. Diese Passivierungspflicht kann nur durch einen Rangrücktritt abgewendet werden, der nach dem MoMiG (§ 19 Abs. 2 InsO) nicht mehr ein qualifizierter Rangrücktritt sein muss. Denn es genügt nach § 19 Abs. 2 Satz 2 InsO n.F., dass die Rückgewährforderungen im Rang des § 39 Abs. 2 InsO berücksichtigt werden[3].

h) Passivierung von Rückforderungsansprüchen gemeinschaftswidrig gewährter Beihilfen

5.192 Für die Passivierung von Rückforderungsansprüchen gemeinschaftswidrig gewährter Beihilfen gilt Folgendes: Art. 87 EG enthält ein grundsätzliches Verbot staatlicher Beihilfen, die durch die Begünstigung bestimmter Unternehmen oder Produktionszweige den Wettbewerb im Gemeinsamen Markt verfälschen oder zu verfälschen drohen. Nach ständiger Rechtsprechung des EuGH findet die Rückforderung der Beihilfe grundsätzlich nach Maßgabe des einschlägigen nationalen Rechts statt[4]. Rechtliche Grundlage für die Rückforderung einer zu Unrecht gewährten staatlichen Beihilfe ist § 88 Abs. 2 EG-Vertrag. Ergänzend gilt die Verfahrensordnung in Beihilfesachen (Verordnung EG Nr. 659/1999). Sofern das Vorliegen einer Beihilfe nicht zweifelsfrei ausgeschlossen bzw. überwiegend wahrscheinlich ist, sind **Rückgewährverpflichtungen** bereits im Zeitpunkt der Gewährung der ungenehmigten Beihilfe als

1 *Müller/Haas* in Kölner Schrift zur InsO, S. 1799, 1822 Rz. 57; *Uhlenbruck,* § 19 InsO Rz. 65; *Wolf,* Überschuldung, S. 120; Stellungnahme IDW-HFA 1/1994, in IDW-Fachgutachten und Stellungnahmen, 1997, S. 279 ff.; *Clemm/Nonnenmacher* in Beck'scher Bilanz-Kommentar, § 247 HGB Rz. 228; *Emmerich/Naumann,* WPg 1994, 677.

2 *Wolf,* Überschuldung, S. 120; *Uhlenbruck,* § 19 InsO Rz. 65.

3 So für das geltende Recht schon *Uhlenbruck,* § 19 InsO Rz. 65; *Jaeger/H.-F. Müller,* § 19 InsO Rz. 107; *Wolf,* Überschuldung, S. 120; *H.-P. Müller/Haas* in Kölner Schrift zur InsO, S. 1799, 1822 f.

4 Vgl. EuGH v. 12. 10. 2000 – Rs. C-480/98, ZIP 2000, 1938; OLG Jena v. 30. 11. 2005 – 6 U 906/04, ZIP 2005, 2218; *Rapp/Bauer,* Die Rückforderung gemeinschaftswidrig gewährter Beihilfen im Insolvenzverfahren, KTS 2001, 1 ff.; umfassend auch *Schluck-Amend,* Die Rückforderung gemeinschaftswidriger Beihilfen in ihren Auswirkungen auf das nationale Gesellschafts- und Insolvenzrecht, 2004.

ungewisse Verbindlichkeiten zu passivieren und entsprechende Rückstellungen zu bilden[1]. Der effet-utile-Grundsatz verlangt insoweit eine Passivierung der Beihilferückforderung im Überschuldungsstatus[2].

i) Passive Rechnungsabgrenzungsposten

Passive Rechnungsabgrenzungsposten (transitorische Passivposten) sind in der 5.193
Bilanz anzusetzen, wenn der Betrieb Einzahlungen erhält, für die er in der folgenden Rechnungsperiode noch Leistungen zu erbringen hat, wie z.B. im Voraus erhaltene Mieten oder Anzahlungen auf Bestellungen. Davon zu unterscheiden sind **antizipative Passivposten**. Diese sind zu bilden, wenn in der Abrechnungsperiode ein Aufwand eingetreten ist, der erst später zu einer Auszahlung führt, wie z.B. noch zu zahlende Löhne. Derartige Verbindlichkeiten sind als „Sonstige Verbindlichkeiten" im Überschuldungsstatus auszuweisen, da handels- und steuerrechtlich nur transitorische Abgrenzungen zulässig sind (§ 250 HGB, § 5 Abs. 4 EStG)[3]. Nach § 268 Abs. 5 Satz 2 HGB können erhaltene **Anzahlungen auf Bestellungen** offen von dem Posten „Vorräte" abgesetzt werden. Erhaltene Anzahlungen sind Vorleistungen im Rahmen schwebender Geschäfte, die vor allem bei Großprojekten erhebliche Auswirkungen auf die Bilanz haben können[4]. Für den Fall **negativer Fortführungsprognose** sind die erhaltenen Anzahlungen zurückzuzahlen, wenn die GmbH oder GmbH & Co. KG als Auftragnehmer nicht mehr in der Lage sind, den Auftrag durchzuführen. Bei **positiver Fortführungsprognose** begründen die Anzahlungen dagegen eine Leistungspflicht der Gesellschaft, so dass in jedem Fall erhaltene Anzahlungen zu passivieren sind[5]. Nach § 250 Abs. 2 HGB sind passive Rechnungsabgrenzungsposten Einnahmen vor dem Abschlussstichtag, soweit sie Vorleistungscharakter haben[6]. Nach Auffassung von *Karsten Schmidt*[7] findet eine Passivierung nur insoweit statt, als der Rechnungsabgrenzungsposten in einen Rückforderungsanspruch wegen Vertragsbeendigung umschlagen kann[8]. Der **Ansatz eines passiven Rechnungsabgrenzungspostens** kommt u.a. in Betracht

1 Vgl. auch *Rapp/Bauer*, KTS 2001, 1, 13 ff.; *Schluck-Amend*, Die Rückforderung gemeinschaftswidriger Beihilfen in ihren Auswirkungen auf das nationale Gesellschafts- und Insolvenzrecht, 2004, S. 114.

2 So auch *Smid* in FS Uhlenbruck, 2000, S. 405, 418; *Schluck-Amend*, Die Rückforderung gemeinschaftswidriger Beihilfen in ihren Auswirkungen auf das nationale Gesellschafts- und Insolvenzrecht, 2004, S. 114; *Koenig*, BB 2000, 578 f.; *Uhlenbruck*, § 19 InsO Rz. 76 f.

3 So zutr. *Beck* in Beck/Depré, Praxis der Insolvenz, § 5 Rz. 152 Fn. 222.

4 Vgl. *Wolf*, Überschuldung, S. 121.

5 *Wolf*, Überschuldung, S. 121; *Baumbach/Hueck/Schulze-Osterloh*, § 64 GmbHG Rz. 29; *Uhlenbruck*, § 19 InsO Rz. 67; *Jaeger/H.-F. Müller*, § 19 InsO Rz. 72; *Harz*, ZInsO 2001, 193, 201; *Rowedder/Schmidt-Leithoff*, § 63 GmbHG Rz. 61.

6 *Wolf*, Überschuldung, S. 122; *Braun/Uhlenbruck*, Unternehmensinsolvenz, S. 297; *Uhlenbruck*, § 19 InsO Rz. 67; *Vonnemann*, BB 1991, 871; *Amelung* in Kraemer, Bd. II, Fach 6 Kap. 2 Rz. 85; *Jaeger/H.-F. Müller*, § 19 InsO Rz. 72; *J.-S. Schröder* in Hamburger Kommentar zum Insolvenzrecht, § 19 InsO Rz. 46; *Uhlenbruck* in Gottwald, Insolvenzrechts-Handbuch, § 6 Rz. 58.

7 In Scholz, 8. Aufl. 1995, § 63 GmbHG Rz. 32.

8 So auch *Plate*, Die Konkursbilanz, 1979, S. 173 f.; *Wolf*, Überschuldung, S. 122.

für erhaltene Abfindungen nach dem Mühlenstrukturgesetz, Einmalzahlung für Bierbezugsverpflichtung eines Gastwirts, einmaliges Entgelt für eine dinglich gesicherte Duldungspflicht, wie z.B. Ferngasleitung, eine Entschädigung für Unterlassungslast, wie z.B. für die Verpflichtung, die Wasserkraft eines Flusses nicht zu nutzen, für erhaltene Vorauszahlungen auf Erbbauzins sowie für öffentliche Zuschüsse für Einrichtungen von Ausbildungsplätzen[1]. Auch **vereinbarte Gebühren für Mietgarantien**, die entsprechend der Gesamtlaufzeit für jedes Jahr der Vertragslaufzeit ertragswirksam aufzulösen sind, sind zu passivierende Rechnungsabgrenzungsposten[2]. Bei **Forfaitierung** von Leasingforderungen hat der Forderungsverkäufer, der nur das rechtliche Bestandsrisiko trägt, den Forfaitierungserlös in einen passiven Rechnungsabgrenzungsposten einzustellen[3]. Beim **Leasinggeber** ist eine passive Rechnungsabgrenzung immer vorzunehmen, wenn die Ratendegression über die Aufwandsdegression hinausgeht[4].

j) Konzernmäßige Ausgleichspflichten

5.194 Besteht zwischen dem Schuldnerunternehmen und einem anderen Unternehmen ein Beherrschungs- oder Gewinnabführungsvertrag, auf Grund dessen das Schuldnerunternehmen verpflichtet ist, einen Jahresfehlbetrag der verbundenen Gesellschaft auszugleichen, so ist dieser Jahresfehlbetrag festzustellen und zu passivieren, wenn die verbundene Gesellschaft insolvent wird. Soweit die Konzerninnenfinanzierung über einen **Cash Pool** erfolgt, ist zu beachten, dass nach der Rechtsprechung des BGH[5] zum früheren Recht außer beim Vertragskonzern keine Auszahlungen erfolgen dürfen, die zu einer Unterbilanz der GmbH führen und damit gegen § 30 GmbHG verstoßen. Das **Gesetz zur Modernisierung des GmbH-Rechts und zur Bekämpfung von Missbräuchen (MoMiG)** hat – anders als der RegE – eine Ergänzung des § 30 Abs. 1 GmbHG um einen Satz 2 gebracht, wonach das Verbot des § 30 Abs. 1 Satz 1 GmbHG nicht gilt bei Leistungen, die bei Bestehen eines Beherrschungs- und Gewinnabführungsvertrages (§ 291 AktG) erfolgen, oder durch einen **vollwertigen** Gegenleistungs- oder Rückgewähranspruch gegen den Gesellschafter gedeckt sind. Auch ein von vornherein vereinbartes **Hin- und Herzahlen** kann unter den Voraussetzungen der §§ 8 Abs. 2 Satz 1, 19 Abs. 5 GmbHG die Einlageschuld erfüllen[6]. Ist der durch Hin- und Herzahlen begründete Gegenleistungsanspruch nicht vollwertig oder fehlt es an einer jederzeitigen Fällig-

---

1 *Adler/Düring/Schmaltz,* Rechnungslegung und Prüfung der Unternehmen, 6. Aufl. 1998 ff., § 250 HGB Rz. 117.

2 *Wolf,* Überschuldung, S. 123; *Uhlenbruck,* § 19 InsO Rz. 67.

3 *Wolf,* Überschuldung, S. 123; *Adler/Düring/Schmaltz,* Rechnungslegung und Prüfung der Unternehmen, 6. Aufl. 1998 ff., § 250 HGB Rz. 139.

4 *Adler/Düring/Schmaltz,* Rechnungslegung und Prüfung der Unternehmen, 6. Aufl. 1998 ff., § 250 HGB Rz. 129f, 132, 136.

5 BGH v. 24. 11. 2003 – II ZR 171/01, BGHZ 157, 72 = GmbHR, 302 m. Anm. *Bähr/Hoos.* S. auch *Römermann,* GmbHR 2006, 673, 679.

6 Vgl. *Seibert/Decker,* ZIP 2008, 1208, 1210; *Ulmer,* ZIP 2008, 45, 53 f.; *Kindler,* NJW 2008, 3249, 3250 ff.; *Bormann/Urlichs,* GmbHR Sonderheft Okt. 2008, S. 37 ff.; *Karsten Schmidt,* GmbHR 2008, 449, 451 ff.; *Theiselmann,* GmbHR 2008, 521, 522 f.

keit bzw. fristlosen Kündbarkeit (§ 19 Abs. 5 Satz 1 GmbHG), gilt die Einlage als nicht geleistet und ist die Einlageschuld zu aktivieren[1]. Nach Auffassung des Gesetzgebers dürfte diese Neuregelung eine vernünftige Handhabung auch der Fälle des **Cash Pooling** ermöglichen. Gleichzeitig wird aber darauf hingewiesen, dass das grundsätzliche Ziel des BGH, die Kapitalerhaltung in der Gesellschaft zu wahren, nicht in Frage gestellt wird, wenn bestimmte Voraussetzungen erfüllt werden, die das Gesetz mit dem Bezug auf das Gesellschaftsinteresse deutlich macht. Steht der Auszahlung einer soeben geleisteten Einlage an den Gesellschafter ein vollwertiger Anspruch auf Darlehensrückgewähr gegenüber, so verstößt die Auszahlung im Rahmen eines Cash Poolings nicht gegen das Auszahlungsverbot des § 30 Abs. 1 Satz 1 GmbHG (§ 30 Abs. 1 Satz 2 GmbHG). Der **Rückzahlungsanspruch** ist im Überschuldungsstatus **zu passivieren**. Ein etwaiger insolvenzrechtlicher Anfechtungsanspruch (§ 135 InsO) darf dagegen nicht aktiviert werden. Während die Muttergesellschaft sogen. „upstreamloans" zu passivieren hat, ist eine Tochtergesellschaft im Rahmen des Cash Pools berechtigt, den Darlehensanspruch gegen die Muttergesellschaft zu aktivieren. Bei Darlehen der Mutter an die Tochter („downstreamloans") trifft die Tochtergesellschaft die Passivierungspflicht. Eventuelle Anfechtungstatbestände (§ 135 InsO) wegen Verrechnung in der Krise sind nicht aktivierbar.

k) Passivierung von „Plafonds-Verbindlichkeiten" i.S. von § 264 InsO

Nach § 264 Abs. 1 Satz 1 InsO kann im gestaltenden Teil des Insolvenzplans vorgesehen werden, dass die Insolvenzgläubiger mit ihren Altforderungen nachrangig sind gegenüber Gläubigern mit Forderungen aus Darlehen und sonstigen Krediten, die der Schuldner oder die Übernahmegesellschaft während der Zeit der Überwachung aufnimmt oder die ein Massegläubiger in die Zeit der Überwachung hinein stehen lässt. Nach § 264 Abs. 3 InsO bleibt § 39 Abs. 1 Nr. 5 InsO unberührt mit der Folge, dass **Sanierungsbeiträgen der Gesellschafter** nicht die Privilegierung zukommt, die § 264 Abs. 1 Satz 1 InsO für Gläubiger vorsieht, die dem durch Insolvenzplan sanierten Unternehmen neuen Kredit zur Verfügung stellen. 5.195

Durch das **Gesetz zur Modernisierung des GmbH-Rechts und zur Bekämpfung von Missbräuchen (MoMiG)** sind nach Wegfall der §§ 32a/b GmbHG a.F. in § 39 InsO die Absätze 4 und 5 eingefügt worden. Nach § 39 Abs. 4 Satz 2, Abs. 5 InsO n.F. greift das Sanierungsprivileg für Sanierungsbeiträge der Gesellschafter mit der Folge ein, dass die Forderungen bis zur nachhaltigen Sanierung nicht den Rang des § 39 Abs. 1 Nr. 5 InsO haben, also nicht den Regelungsbereich des § 264 Abs. 3 InsO unterfallen. Sie sind in einem neuen Überschuldungsstatus zu passivieren, wenn nicht ein Rangrücktritt in den Rang des § 39 Abs. 2 InsO erfolgt (§ 19 Abs. 2 InsO). 5.196

1 *Karsten Schmidt*, GmbHR 2008, 449, 452.

9. Die Feststellung der Überschuldung bei der GmbH & Co. KG

a) Überschuldungsfeststellung bei der KG

5.197 Bei der GmbH & Co. KG gelten grundsätzlich für die Feststellung der Überschuldung die gleichen Kriterien wie für die Überschuldung der GmbH[1]. Überschuldung liegt bei der KG vor, wenn das Aktivvermögen die bestehenden Verbindlichkeiten nicht mehr deckt (§ 19 Abs. 2 Satz 1 InsO). Zutreffend weisen *Binz/Sorg*[2] darauf hin, dass, wenn das Gesellschaftsvermögen der Komplementär-GmbH ausschließlich in ihrer Beteiligung an der GmbH & Co. KG besteht, die Überschuldung der KG stets auch die Überschuldung der GmbH nach sich zieht. Die persönliche und unbeschränkte Haftung der Komplementär-GmbH gegenüber den Gläubigern der KG (§§ 161 Abs. 2, 128 HGB) kann nicht etwa als Aktivposten im Überschuldungsstatus aufgeführt werden[3]. Die Komplementär-GmbH hat nach Maßgabe des § 110 HGB einen **Freistellungsanspruch** gegen die KG. *Karsten Schmidt*[4]: „Die Haftung der GmbH gegenüber den Gläubigern der KG stellt grundsätzlich keinen Aktivposten im Insolvenzstatus der KG dar."[5] Es handelt sich insoweit um eine Außenhaftung gegenüber den Gläubigern der Gesellschaft, die neben der Haftung der Gesellschaft besteht[6]. Nach Auffassung von *Karsten Schmidt*[7] kann sich allerdings aus dem Innenverhältnis zwischen KG und Komplementär-GmbH ergeben, dass die GmbH als Komplementärin ohne Regress (§ 110 HGB) haftet bzw. jedenfalls mit ihren Regressansprüchen hinter alle Gläubiger der KG zurücktritt. In diesem Fall kann die Komplementärhaftung der GmbH im Insolvenzstatus der KG aktiviert werden[8]. Zu beachten ist jedoch der Hinweis von *Binz/Sorg*[9], dass die Bilanzierungspflicht hinsichtlich derjenigen KG-Verbindlichkeiten, wegen derer eine Inanspruchnahme der GmbH droht, durch eine solche Freistellungsabrede nicht entfällt, denn wegen § 128 Satz 2 HGB bleibt die unbeschränkte Haftung der Komplementär-GmbH im Außenverhältnis bestehen. Jedoch ist die Komplementär-GmbH berechtigt, den **Freistellungsanspruch** zu

1 Eingehend *Scholz/Karsten Schmidt*, 9. Aufl., vor § 64 GmbHG Rz. 98 ff.; *Uhlenbruck*, GmbH & Co. KG, S. 283 ff.; *Uhlenbruck*, JuS 1985, 403, 405; *Uhlenbruck*, GmbHR 1971, 70 ff.; *Schlitt*, NZG 1998, 701, 703 ff.; *Lüke* in Hesselmann/Tillmann/Mueller-Thuns, Handbuch der GmbH & Co. KG, § 11 Rz. 76 ff.; *Kübler/Prütting/Noack*, InsO, Gesellschaftsrecht Rz. 556 ff.; *Temme*, Die Eröffnungsgründe der Insolvenzordnung, 1997, S. 158.

2 Die GmbH & Co. KG, 10. Aufl. 2005, § 12 Rz. 22 S. 234.

3 *Kübler/Prütting/Noack*, InsO, Gesellschaftsrecht Rz. 558; *Scholz/Karsten Schmidt*, 9. Aufl., vor § 64 GmbHG Rz. 99; *Uhlenbruck*, GmbH & Co. KG, S. 292.

4 *Scholz/Karsten Schmidt*, 9. Aufl., vor § 64 GmbHG Rz. 99.

5 So auch *Kübler/Prütting/Noack*, InsO, Gesellschaftsrecht Rz. 558; *Rowedder/Schmidt-Leithoff*, § 63 GmbHG Rz. 158; *J.-S. Schröder* in Hamburger Kommentar zum Insolvenzrecht, § 19 InsO Rz. 47.

6 *J.-S. Schröder* in Hamburger Kommentar zum Insolvenzrecht, § 19 InsO Rz. 47.

7 *Scholz/Karsten Schmidt*, 9. Aufl., vor § 64 GmbHG Rz. 99.

8 So auch *Binz/Sorg*, Die GmbH & Co. KG, 10. Aufl. 2005, § 12 Rz. 24, die darauf hinweisen, dass eine Klausel, wonach die Komplementär-GmbH am Verlust der KG nicht beteiligt ist, dem nicht gleichzusetzen ist.

9 Die GmbH & Co. KG, 10. Aufl. 2005, § 12 Rz. 24.

aktivieren[1]. Ist dieser Anspruch vollwertig, ist die Aktivierung zulässig[2]. Zutreffend weist *Noack*[3] aber darauf hin, dass die Vollwertigkeit nur selten vorliegen dürfte, weil im Normalfall die Krise der KG auch zur Krise der GmbH führt. **Anteile der KG an der Komplementär-GmbH** können dagegen bei positiver Fortführungsprognose bewertet werden. Ist zu erwarten, dass die Verwertung entsprechende Veräußerungserlöse bringt, ist die Aktivierung der Anteile zulässig[4]. **Ansprüche gegen Kommanditisten** aus einer nach §§ 171 Abs. 1, 172 Abs. 4, 176 HGB bestehenden Kommanditistenhaftung dürfen im Überschuldungsstatus der KG nicht aktiviert werden, wohl aber geschuldete Kommanditeinlagen[5]. Dagegen ist die Aktivierung von Sicherheiten, die der Kommanditist gestellt hat, zulässig, wenn für den Regressanspruch vertraglich mit der KG vereinbart worden ist, dass der Regressanspruch für den Fall der Insolvenz entfällt oder hinter die übrigen Gläubigerforderungen zurücktritt[6]. **Schadensersatzansprüche gegen ehemalige Geschäftsführer** der Komplementär-GmbH, die bereits vor Verfahrenseröffnung entstanden sind und im eröffneten Verfahren vom Insolvenzverwalter geltend gemacht werden können (§ 92 InsO), können aktiviert werden. **Einlagen**, die ein Kommanditist der KG noch schuldet, dürfen dagegen nur insoweit aktiviert werden, als sie vollwertig sind[7]. Gleiches gilt für Ansprüche auf Einzahlung aus einer Kapitalerhöhung[8].

Nach Feststellung von *Karsten Schmidt*[9] bereitet auf der Passivseite des Über- 5.198
schuldungsstatus der KG die **Abgrenzung zwischen Haftkapital und Fremdkapital** erhebliche Probleme[10]. Forderungen der Gesellschafter aus Drittgeschäften, wie z.B. Kauf, Miete, Leasing oder Darlehen, sind grundsätzlich zu passivieren, auch wenn sie im Einzelfall möglicherweise im Rang des § 39 Abs. 1 Nr. 5 InsO zu bedienen sind. Die Gesellschafter haben jederzeit die Möglichkeit, durch Erklärung eines Rangrücktritts (§ 39 Abs. 2 InsO) zu erreichen, dass die Passivierungspflicht dieser Gesellschafterforderung entfällt. Aktivier-

1 So auch *Lüke* in Hesselmann/Tillmann/Mueller-Thuns, Handbuch der GmbH & Co. KG, § 11 Rz. 100 für den Fall positiver Fortführungsprognose der KG. S. auch *Scholz/Karsten Schmidt*, 9. Aufl., vor § 64 GmbHG Rz. 102; *Uhlenbruck*, GmbH & Co. KG, S. 317; *J.-S. Schröder* in Hamburger Kommentar zum Insolvenzrecht, § 19 InsO Rz. 47.
2 *Scholz/Karsten Schmidt*, 9. Aufl., vor § 64 GmbHG Rz. 99; *Karsten Schmidt*, GmbHR 2002, 1209, 1211; *Kübler/Prütting/Noack*, InsO, Gesellschaftsrecht, Rz. 561; *Schlitt*, NZG 1998, 706.
3 In Kübler/Prütting, InsO, Gesellschaftsrecht Rz. 558.
4 Vgl. *Uhlenbruck*, GmbH & Co. KG, S. 289, 292.
5 *Scholz/Karsten Schmidt*, 9. Aufl., vor § 64 GmbHG Rz. 100; *Uhlenbruck*, GmbH & Co. KG, S. 294; *Kübler/Prütting/Noack*, InsO, Gesellschaftsrecht Rz. 559; *Rowedder/Schmidt-Leithoff*, § 63 GmbHG Rz. 156; *J.-S. Schröder* in Hamburger Kommentar zum Insolvenzrecht, § 19 InsO Rz. 47.
6 BGH v. 9. 2. 1987 – II ZR 104/86, ZIP 1987, 574; *Kübler/Prütting/Noack*, InsO, Gesellschaftsrecht Rz. 559.
7 *Scholz/Karsten Schmidt*, 9. Aufl., vor § 64 GmbHG Rz. 100; *Kübler/Prütting/Noack*, InsO, Gesellschaftsrecht Rz. 559.
8 *Rowedder/Schmidt-Leithoff*, § 63 GmbHG Rz. 156.
9 *Scholz/Karsten Schmidt*, 9. Aufl., vor § 64 GmbHG Rz. 101.
10 Vgl. auch *Karsten Schmidt*, FS Goerdeler, 1987, S. 487 ff.

bar sind auch **Zahlungsansprüche auf Grund von unzulässigen Rückzahlungen** an die Gesellschafter (§§ 30 Abs. 1 Satz 1, 31 Abs. 1 GmbHG). Die Grundsätze der Kapitalerhaltung gelten zumindest im Fall der Personenidentität zwischen Kommanditisten der KG und Gesellschaftern der Komplementär-GmbH[1]. Hat ein GmbH-Gesellschafter, der gleichzeitig Kommanditist ist, eine Zuwendung aus dem Vermögen der Komplementär-GmbH erhalten, so findet § 31 Abs. 1 GmbHG unmittelbar Anwendung, wenn hierdurch das Stammkapital der Komplementär-GmbH vermindert wird. § 30 GmbHG ist aber auch anwendbar, wenn der GmbH-Gesellschafter **Zahlungen aus dem Vermögen der KG erhält** und durch diese Zahlungen das zur Deckung des Stammkapitals erforderliche Vermögen der Komplementär-GmbH angegriffen wird[2]. Voraussetzung ist allerdings, dass der Anspruch der KG zusteht[3]. Weist man den Anspruch nach § 31 Abs. 1 GmbHG der Komplementär-GmbH zu mit der Maßgabe, dass nur Leistung in das KG-Vermögen zu erfolgen hat, so scheidet die Möglichkeit einer Aktivierung im Überschuldungsstatus der KG aus. Nach Auffassung des BGH[4] greifen die Rechtsfolgen der §§ 30, 31 GmbHG unabhängig davon ein, ob die Komplementär-GmbH kapitalmäßig an der KG beteiligt ist oder nicht. Entscheidend sei, dass sich die Überschuldung der KG auf das Vermögen der GmbH jedenfalls indirekt auswirkt. Die Haftung aus § 31 GmbHG trifft nach der Rechtsprechung und überwiegender Literaturmeinung auch denjenigen GmbH-Gesellschafter, der, ohne selbst Leistungen erhalten zu haben, einem Gesellschafterbeschluss zugestimmt hat, der zu Auszahlungen aus dem zur Erhaltung des Stammkapitals erforderlichen Vermögen geführt hat[5]. Ist ein **Kommanditist nicht zugleich auch Gesellschafter der Komplementär-GmbH**, so fällt eine Auszahlung an den „Nur-Kommanditisten" aus dem Vermögen der Komplementär-GmbH nicht direkt unter § 30 Abs. 1 Satz 1 GmbHG[6]. Trotzdem gilt nach h.M. das Auszahlungsverbot des § 30 GmbHG, auch wenn der empfangende Kommanditist nicht an der Komplementär-GmbH beteiligt ist oder eine Einheitsgesellschaft vorliegt[7]. Die Rechtsprechung des BGH geht aber dahin, dass die Rückgewährpflicht des Nur-Kommanditisten wie die eines auch an der GmbH Beteiligten jeweils nach seiner Verantwortlichkeit für die Finanzausstattung der Gesellschaft zu

1 *Scholz/H. P. Westermann*, § 30 GmbHG Rz. 57 ff.

2 Vgl. BGH v. 29. 3. 1973 – II ZR 25/70, BGHZ 60, 324, 328 ff. = GmbHR 1973, 163 ff.; *Hunscha*, GmbHR 1973, 257 ff.; *Scholz/H. P. Westermann*, § 30 GmbHG Rz. 58.

3 Zum alten Recht s. BGH v. 29. 3. 1973 – II ZR 25/70, BGHZ 60, 324, 329 ff.; s. auch BGH v. 27. 9. 1976 – II ZR 162/76, BGHZ 67, 171, 176; *Scholz/H. P. Westermann*, § 30 GmbHG Rz. 58 u. § 31 GmbHG Rz. 10; *Altmeppen* in Roth/Altmeppen, § 30 GmbHG Rz. 118, 120.

4 BGH v. 24. 3. 1980 – II ZR 213/77, BGHZ 76, 326 = ZIP 1980, 361 = GmbHR 1980, 179.

5 BGH v. 10. 12. 1984 – II ZR 308/83, BGHZ 93, 146; vgl. auch BGH v. 27. 3. 1995 – II ZR 30/94, NJW 1995, 1961; *Scholz/H. P. Westermann*, § 30 GmbHG Rz. 34; *Rowedder/Schmidt-Leithoff*, § 63 GmbHG Rz. 156.

6 *Scholz/H. P. Westermann*, § 30 GmbHG Rz. 59.

7 BGH v. 19. 2. 1990 – II ZR 268/99, BGHZ 110, 342, 355 ff.; BGH v. 27. 3. 1995 – II ZR 30/94, NJW 1995, 1960; *Lutter/Hommelhoff*, § 30 GmbHG Rz. 50; *Hunscha*, GmbHR 1973, 257, 260 f.; *Altmeppen* in Roth/Altmeppen, § 30 GmbHG Rz. 118; *Baumbach/Hueck/Fastrich*, § 30 GmbHG Rz. 34.

beurteilen ist, d.h. es besteht ein Erstattungsanspruch in der Höhe, in der auch das Vermögen der GmbH auf das Stammkapital aufzufüllen ist. Das gilt auch, wenn es sich um eine sog. **Einheits-GmbH & Co. KG** handelt, also die KG sämtliche Anteile an der Komplementär-GmbH hält[1]. Nach zutreffender Feststellung von *Lutter/Hommelhoff*[2] kann ein Verbotsverstoß insbesondere vorliegen, wenn die GmbH den KG-Anteil von ihrem Gesellschafter erwirbt und die Gegenleistung an den Kommanditisten dem KG-Vermögen entnommen wird. Soweit nach gefestigter höchstrichterlicher Rechtsprechung bei der GmbH & Co. KG Rückzahlungsansprüche entsprechend §§ 30, 31 GmbHG bestehen, ist eine Aktivierung im Überschuldungsstatus der KG zulässig. Allerdings ist eine Wertberichtigung vorzunehmen, wenn bei der Komplementär-GmbH ebenfalls ein Insolvenzgrund vorliegt.

Nach dem **Inkrafttreten des Gesetzes zur Modernisierung des GmbH-Rechts und zur Bekämpfung von Missbräuchen (MoMiG)** am 1. 11. 2008 hat sich die Rechtslage nur insoweit geändert, als Auszahlungen an einen Kommanditisten aus dem Vermögen der KG oder dem der Komplementär-GmbH, die der Ausschüttungssperre des § 30 Abs. 1 Satz 1 GmbHG (entspr.) unterliegen, einen aktivierbaren Rückzahlungsanspruch gegen den Gesellschafter begründen, wenn sie nicht durch einen vollwertigen Gegenleistungs- oder Rückgewähranspruch gegen den Gesellschafter gedeckt sind (§ 30 Abs. 1 Satz 2 GmbHG). Nicht aktiviert werden dürfen dagegen Ansprüche gegen den Geschäftsführer der Komplementär-GmbH nach § 64 Satz 1 und 3 GmbHG i.V.m. § 43 Abs. 3 GmbHG (§ 64 Satz 4 GmbHG), denn diese Ansprüche betreffen das eröffnete Insolvenzverfahren. 5.199

Erstattungsansprüche der Masse auf Grund von Leistungen, die entgegen den Kapitalerhaltungsregeln **Gesellschafter-Kreditgebern** erbracht werden (§ 135 Abs. 1 InsO) sind im Überschuldungsstatus nicht zu passivieren[3]. Nach dem **MoMiG** hat gem. § 135 Abs. 2 InsO der Gesellschafter, der für das Darlehen eine Sicherheit bestellt hatte oder als Bürge haftete, den zurückgezahlten Betrag zur Insolvenzmasse zu erstatten, wenn die Gesellschaft das Darlehen **im letzten Jahr** vor dem Antrag auf Eröffnung des Insolvenzverfahrens oder nach diesem Antrag an einen Dritten zurückerstattet hat. Da dieser Anspruch ebenso wie ein Rückgewähranspruch auf Grund einer Insolvenzanfechtung nach § 135 InsO nur für den Fall der Insolvenzeröffnung besteht, hat er im Überschuldungsstatus außer Betracht zu bleiben. 5.200

b) Überschuldungsfeststellung bei der Komplementär-GmbH

Die Komplementär-GmbH ist überschuldet i.S. von § 19 InsO, wenn ihr Aktivvermögen nicht ausreicht, die durch das KG-Vermögen gedeckten Verbindlichkeiten zu begleichen[4]. Streitig ist, ob die Komplementär-GmbH die **Ver-** 5.201

---

1 *Lutter/Hommelhoff*, § 30 GmbHG Rz. 49; *Scholz/H. P. Westermann*, § 30 GmbHG Rz. 60.

2 § 30 GmbHG Rz. 49.

3 *Altmeppen* in Roth/Altmeppen, § 64 GmbHG Rz. 39.

4 BGH v. 22. 10. 1990 – II ZR 237/89, BB 1991, 246; *Kübler/Prütting/Noack*, InsO, Gesellschaftsrecht Rz. 561; *Binz/Sorg*, Die GmbH & Co. KG, 10. Aufl. 2005, § 12

bindlichkeiten der KG in voller Höhe oder nur mit dem Teil zu passivieren hat, der die Überschuldung der KG ausmacht[1]. Nach Auffassung von *Binz/ Sorg*[2] ist es „eher eine darstellungsmäßige Frage, ob die Komplementär-GmbH sich darauf beschränkt, in ihrem Status von vorn herein nur den die Überschuldung der KG ausmachenden Teil der Verbindlichkeiten zu passivieren, oder ob sie der Passivierung der KG-Verbindlichkeiten in voller Höhe der Aktivierung ihres gegen die GmbH & Co. KG bestehenden Rückgriffs (§ 110 HGB) bzw. Freistellungsanspruchs (§ 257 BGB), soweit dieser durch entsprechende Vermögenswerte der KG abgedeckt, also realisierbar ist, gegenüberstellt. Richtig ist, dass eine Komplementär-GmbH, wenn sie nur mit dem gesetzlichen Mindestkapital ausgestattet ist und neben der Beteiligung an der KG kein weiteres Vermögen ausweist, regelmäßig überschuldet ist, wenn eine Überschuldung der GmbH & Co. KG eintritt[3]. Eine Verpflichtung der Komplementär-GmbH, die Verbindlichkeiten der KG zu passivieren, besteht aber nur dann, wenn sie ernsthaft mit einer Haftungsinanspruchnahme rechnen muss[4]. Ist die KG nicht überschuldet, so liegt im Regelfall auch keine Überschuldung der Komplementär-GmbH vor[5]. Verfügt die Komplementär-GmbH außer ihrer Beteiligung an der KG noch über **weiteres Vermögen**, so tritt die Überschuldung nur ein, wenn der die Überschuldung der KG ausmachende Teil der Verbindlichkeiten das Aktivvermögen der GmbH übersteigt[6].

5.202 Nach hier vertretener Auffassung hat die Komplementär-GmbH ungeachtet eines **Freistellungsanspruchs** nach § 110 HGB nicht nur aus Gründen des Gläubigerschutzes, sondern auch nach den Grundsätzen ordnungsmäßiger Bilanzierung die **Verbindlichkeiten der KG**, für die sie in ihrer Eigenschaft als Komplementärin unbeschränkt, unmittelbar und primär haftet, spätestens in dem Zeitpunkt in Höhe des die Überschuldung der KG ausmachenden Teils der KG-Verbindlichkeiten in der Überschuldungsbilanz als eigene Verbindlichkeiten auszuweisen, in dem mit ihrer Inanspruchnahme nach §§ 161 Abs. 2, 128 HGB ernsthaft zu rechnen ist, weil das Vermögen der KG diese

Rz. 21 ff.; *Scholz/Karsten Schmidt*, 9. Aufl., vor § 64 GmbHG Rz. 102; *Uhlenbruck*, GmbH & Co. KG, S. 316 ff.; *Rowedder/Schmidt-Leithoff*, § 63 GmbHG Rz. 163, 164.

1 Für letztere Auffassung *Uhlenbruck*, GmbH & Co. KG, S. 245; *Uhlenbruck* in Gottwald, Insolvenzrechts-Handbuch, § 6 Rz. 60; *Nerlich/Römermann/Mönning*, § 19 InsO Rz. 44; für die volle Passivierung der gesamten KG-Verbindlichkeiten *J.-S. Schröder* in Hamburger Kommentar zum Insolvenzrecht, § 19 InsO Rz. 48; *Binz/Sorg*, Die GmbH & Co. KG, 10. Aufl. 2005, § 12 Rz. 22; oder auch *Rowedder/Schmidt-Leithoff*, § 63 GmbHG Rz. 163.

2 Die GmbH & Co. KG, 10. Aufl. 2005, § 12 Rz. 22.

3 BGH v. 27. 9. 1976 – II ZR 162/75, BGHZ 67, 171, 175 = GmbHR 1977, 105; BGH v. 22. 10. 1990 – II ZR 237/89, BB 1991, 246; *Lüke* in Hesselmann/Tillmann/Mueller-Thuns, Handbuch der GmbH & Co. KG, § 11 Rz. 99; *Rowedder/Schmidt-Leithoff*, § 63 GmbHG Rz. 163; *Binz/Sorg*, Die GmbH & Co. KG, 10. Aufl. 2005, § 12 Rz. 22.

4 Zutr. *Schlitt*, NZG 1998, 701, 706.

5 *Rowedder/Schmidt-Leithoff*, § 63 GmbHG Rz. 164.

6 Vgl. auch *Binz/Sorg*, Die GmbH & Co. KG, 10. Aufl. 2005, § 12 Rz. 23; *Uhlenbruck*, GmbH & Co. KG, S. 245 ff. u. S. 316 ff.

Verbindlichkeiten nicht mehr abdeckt[1]. Demgemäß ist die **Passivierung der Komplementär-Haftung** bei der GmbH als eigene Verbindlichkeit spätestens in dem Augenblick vorzunehmen, in dem die KG überschuldet ist und mit einer Inanspruchnahme ernsthaft zu rechnen ist. Vor diesem Zeitpunkt handelt es sich um bloße, in der Überschuldungsbilanz nicht auszuweisende Eventualverbindlichkeiten[2]. Bei **positiver Fortführungsprognose** kann dieser Passivposten allerdings durch einen Freistellungsanspruch nach §§ 161 Abs. 2, 110 HGB neutralisiert werden[3]. So können sich z.B. solvente Kommanditisten im Innenverhältnis gegenüber der GmbH zur Freistellung verpflichten. Zu prüfen ist allerdings, ob diese Freistellungsansprüche realisierbar, also werthaltig sind[4]. Das gilt aber nur bei positiver Fortführungsprognose bei der KG. Die Komplementär-GmbH ist regelmäßig überschuldet, wenn die KG ihrerseits überschuldet ist und das Vermögen der GmbH nicht ausreicht, die Verbindlichkeiten der KG abzudecken[5]. Für eine Passivierungspflicht der Komplementär-Haftung bei der GmbH reicht es nicht aus, dass die KG nur rechnerisch (formell) überschuldet ist. Zum einen kann eine günstige Fortführungsprognose und die Bewertung Going-concern dazu führen, dass eine rechtliche Überschuldung nicht vorliegt; zum andern wäre der Geschäftsführer nach der sogen. modifizierten oder modernen zweistufigen Überschuldungsprüfung bei positiver Fortführungsprognose berechtigt, von der Feststellung der rechnerischen Überschuldung überhaupt abzusehen, was zum Wegfall der Passivierung der KG-Verbindlichkeiten führen würde[6]. Festzustellen ist, dass der Geschäftsführer einer Komplementär-GmbH zur **Passivierung der die Überschuldung der KG ausmachenden Verbindlichkeiten** nur dann ver-

1 *Schlitt*, NZG 1998, 701, 705; *Rowedder/Schmidt-Leithoff*, § 63 GmbHG Rz. 163; *Nerlich/Römermann/Mönning*, § 19 InsO Rz. 44; weitergehend *J.-S. Schröder* in Hamburger Kommentar zum Insolvenzrecht, § 19 InsO Rz. 48, wonach die gesamten KG-Verbindlichkeiten und nicht nur der ungedeckte Teil zu passivieren ist. Einzelheiten bei *Scholz/Karsten Schmidt*, 9. Aufl., vor § 64 GmbHG Rz. 102; *Karsten Schmidt* in Münchener Kommentar zum HGB, 2. Aufl. 2006, § 130a HGB Anh. § 158 HGB.

2 Vgl. *Binz/Sorg*, Die GmbH & Co. KG, 10. Aufl. 2005, § 12 Rz. 22; *Kübler/Prütting/Noack*, InsO, Gesellschaftsrecht Rz. 561; *J.-S. Schröder* in Hamburger Kommentar zum Insolvenzrecht, § 19 InsO Rz. 48; *Lüke* in Hesselmann/Tillmann/Mueller-Thuns, Handbuch der GmbH & Co. KG, § 11 Rz. 99.

3 *Kübler/Prütting/Noack*, InsO, Gesellschaftsrecht Rz. 561; *Lüke* in Hesselmann/Tillmann/Mueller-Thuns, Handbuch der GmbH & Co. KG, § 11 Rz. 100; *J.-S. Schröder* in Hamburger Kommentar zum Insolvenzrecht, § 19 InsO Rz. 48. Vgl. auch *Scholz/Karsten Schmidt*, 9. Aufl., vor § 64 GmbHG Rz. 102.

4 *Wagner/Rux*, Die GmbH & Co. KG, 10. Aufl. 2004, Rz. 651; *Lüke* in Hesselmann/Tillmann/Mueller-Thuns, Handbuch der GmbH & Co. KG, § 11 Rz. 100; *Mühlberger*, GmbHR 1977, 146, 148.

5 BGH v. 22. 10. 1990 – II ZR 237/89, BB 1991, 246; *Scholz/Karsten Schmidt*, 9. Aufl., vor § 64 GmbHG Rz. 102; *Uhlenbruck*, GmbH & Co. KG, S. 317; *Binz/Sorg*, Die GmbH & Co. KG, 10. Aufl. 2005, § 12 Rz. 22; *Rowedder/Schmidt-Leithoff*, § 63 GmbHG Rz. 163; *J.-S. Schröder* in Hamburger Kommentar zum Insolvenzrecht, § 19 InsO Rz. 48.

6 Dies entspricht der durch das Finanzmarktstabilisierungsgesetz vom 17. 10. 2008 bis zum 1. 1. 2011 geltenden Fassung des Überschuldungsbegriffs in § 19 Abs. 2 InsO. S. auch *Holzer*, ZIP 2008, 2108 ff.; *Bitter*, ZInsO 2008, 1097; *Eckert/Happe*, ZInsO 2008, 1098 ff.; *Hölzle*, ZIP 2008, 2003 ff.

pflichtet ist, wenn mit einer Inanspruchnahme der GmbH ernsthaft gerechnet werden muss. Dieser Zeitpunkt ist frühestens mit dem Eintritt der Krise bei der KG gegeben, spätestens aber bei Vorliegen einer rechtlichen Überschuldung, die zum Insolvenzantrag nach § 15a InsO für die KG verpflichtet[1]. Die eigene positive Fortführungsprognose bei der Komplementär-GmbH kann niemals dazu führen, von einer Passivierung der KG-Verbindlichkeiten generell abzusehen.

1 *Uhlenbruck*, GmbH & Co. KG, S. 317.

B. Der Insolvenzantrag

I. Zuständigkeit und Form

Soweit sich für den Geschäftsführer der GmbH die Notwendigkeit ergibt, einen Insolvenzantrag stellen zu müssen, hat er zunächst zu klären, welches Gericht für den Antrag sachlich und örtlich zuständig ist. Denn ein bei einem **unzuständigen Gericht** gestellter Insolvenzantrag ist unzulässig und birgt für den organschaftlichen Vertreter der Gesellschaft die **Gefahr einer Strafbarkeit nach § 15a Abs. 4 oder 5 InsO** in sich. Nach Abs. 4 der Vorschrift macht sich der Geschäftsführer der GmbH auch strafbar, wenn er den Insolvenzantrag „nicht richtig" stellt. Davon umfasst ist nicht nur die Einhaltung der gesetzlichen Formbestimmungen oder die Vorlage eines unvollständigen Antrags, sondern auch die Antragstellung beim unzuständigen Gericht. Das angerufene – unzuständige – Gericht ist allerdings verpflichtet, den Antragsteller auf die eigene Unzuständigkeit hinzuweisen und die Stellung eines Verweisungsantrags anzuregen[1] (§ 4 InsO i.V.m. § 139 ZPO[2]). Kommt der Geschäftsführer der Beanstandung des Gerichts unverzüglich nach und beantragt die Verweisung an das zuständige Gericht, dürfte weder der Straftatbestand des § 15a Abs. 4 InsO greifen noch besteht die Gefahr einer Haftung nach § 64 Satz 2 GmbHG, wenn der Antrag innerhalb der Drei-Wochen-Frist (vgl. § 15a Abs. 1 InsO) beim unzuständigen Gericht eingegangen, aber erst nach Ablauf der Frist auf Grund des unverzüglich gestellten Verweisungsantrags an das zuständige Gericht weitergeleitet worden ist[3]. 5.203

1. Sachliche Zuständigkeit

Nach **§ 2 Abs. 1 InsO** ist für das Insolvenzverfahren das Amtsgericht, in dessen Bezirk ein Landgericht seinen Sitz hat, als Insolvenzgericht für den Bezirk dieses Landgerichts – sachlich – ausschließlich zuständig. Aus diesem Grunde ist es den Verfahrensbeteiligten nicht gestattet, im Wege einer Parteivereinbarung ein anderes Gericht zum Insolvenzgericht zu bestimmen (§ 4 InsO i.V.m. § 40 Abs. 2 ZPO). Beim Insolvenzgericht handelt es sich um die mit einem Einzelrichter besetzte **Abteilung des Amtsgerichts**, die nach dem Geschäftsverteilungsplan für Insolvenzverfahren zuständig ist[4]. Die Geschäftsverteilung innerhalb des Amtsgerichts bestimmt das Präsidium (§ 21e GVG). Üblicherweise überantwortet es die Insolvenzsachen eigenen Abteilungen. 5.204

---

1 Wird ein Verweisungsantrag nicht gestellt, ist der Eröffnungsantrag als unzulässig zurückzuweisen.

2 Handelt es sich bei dem angerufenen Gericht um ein Gericht eines anderen Gerichtszweiges, verweist dieses Gericht gem. § 17a Abs. 2 GVG analog in Verbindung mit § 48 Abs. 1 ArbGG, § 173 VwGO, § 155 FGO oder § 202 SGG von Amts wegen an das zuständige Insolvenzgericht.

3 Zu beachten ist indes, dass nach § 15a Abs. 5 InsO auch fahrlässige Handlungen zur Strafbarkeit führen können. *Weyand* (ZInsO 2008, 702, 706) vertritt hierzu die Auffassung, dass bei bloßen Formalverstößen die Opportunitätsbestimmungen (§§ 153 ff. StPO) bei den Staatsanwaltschaften verbreitet zur Anwendung kommen dürften.

4 *Ganter* in Münchener Kommentar zur InsO, § 2 InsO Rz. 4.

5.205 Obwohl der Gesetzgeber mit der Regelung des § 2 Abs. 1 InsO eine **Konzentration der Insolvenzgerichte** angestrebt hat, haben die Landesregierungen von Bayern, Baden-Württemberg, Bremen, Hessen, Niedersachsen, Rheinland-Pfalz, Sachsen und Schleswig-Holstein von der in § 2 Abs. 2 InsO vorgesehenen Ermächtigung Gebrauch gemacht und andere oder zusätzliche Amtsgerichte zu Insolvenzgerichten bestimmt. Zwar mag mit dieser Verfahrensweise eine größere Bürgernähe erreicht werden. Das Abweichen von einer strikten Konzentration der Insolvenzgerichte am Sitz des Landgerichts birgt aber die Gefahr in sich, dass insbesondere an kleinen Amtsgerichten tätige Richter und Rechtspfleger angesichts geringer Verfahrenszahlen nicht hinreichend Erfahrung und Sachkunde in Insolvenzsachen erlangen können[1]. Diese ist aber gerade bei Unternehmensinsolvenzen besonders gefordert. Derzeit wird diskutiert, Schwerpunktgerichte für Konzerninsolvenzen und Verfahren mit Auslandsbezug zu errichten. § 2 Abs. 2 InsO böte dafür die hinreichende rechtliche Grundlage.

2. Funktionelle Zuständigkeit

5.206 Nach § 3 Nr. 2e RPflG i.V.m. Art. 14 EGInsO sind dem **Rechtspfleger** grundsätzlich die Geschäfte des Amtsgerichts in Insolvenzsachen übertragen. Dem **Richter** bleiben kraft Gesetzes insbesondere[2] vorbehalten das Verfahren bis zur Entscheidung über den Eröffnungsantrag unter Einschluss dieser Entscheidung und der Ernennung des Insolvenzverwalters sowie das Schuldenbereinigungsplanverfahren nach den §§ 305 bis § 310 InsO (§ 18 Abs. 1 Nr. 1 RpflG[3]). Der Richter hat die Möglichkeit, sich einzelne Verfahrensteile oder das gesamte Verfahren nach § 18 Abs. 2 Satz 1 RpflG vorzubehalten; stets hat er auch eine Rückholbefugnis.

3. Örtliche Zuständigkeit

5.207 § 3 InsO regelt die örtliche Zuständigkeit des nach § 2 InsO sachlich zuständigen Gerichts. Auf Grund des § 3 Abs. 2 InsO gilt das sog. Prioritätsprinzip, d.h. wenn mehrere Anträge auf Eröffnung des Insolvenzverfahrens gestellt werden, schließt dasjenige Insolvenzgericht, bei dem zuerst ein Antrag gestellt worden ist, die übrigen angerufenen Gerichte aus[4].

5.208 Der **allgemeine Gerichtsstand** des Schuldners gem. § 3 Abs. 1 Satz 1 InsO bestimmt sich nach den §§ 13 bis 17 ZPO. Der für das Insolvenzverfahren ausschlaggebende Gerichtsstand **juristischer Personen** wie der GmbH ergibt sich aus ihrem **Sitz** (§ 17 Abs. 1 Satz 1 ZPO). Bei der an den allgemeinen Gerichtsstand des Schuldners geknüpften örtlichen Zuständigkeit handelt es sich um eine ausschließliche. Allerdings richtet sich die Bestimmung der örtlichen Zuständigkeit **in erster Linie** nach dem **Mittelpunkt der selbstän-**

1 S. Begr. RegE, *Kübler/Prütting* I, S. 155 ff.
2 *Nerlich/Römermann/Becker*, § 2 InsO Rz. 19, spricht insoweit zutreffend von „Kernangelegenheiten".
3 S. ferner die weiteren Zuständigkeitszuweisungen in § 18 Abs. 1 Nr. 2 und 3 RpflG.
4 Dazu *Rotstegge*, Konzerninsolvenz – Die verfahrensrechtliche Behandlung von verbundenen Unternehmen nach der Insolvenzordnung, 2007, § 6 S. 395 m.w.N.

digen wirtschaftlichen Tätigkeit des Schuldners (§ 3 Abs. 1 Satz 2 InsO)[1]. Weicht dieser vom satzungsmäßigen Sitz der Gesellschaft ab, verdrängt § 3 Abs. 1 Satz 2 InsO die Zuständigkeit nach Abs. 1 Satz 1. Aus diesem Grunde hat das Insolvenzgericht stets vorrangig zu prüfen, wo sich bei der GmbH der Mittelpunkt der selbständigen wirtschaftlichen Tätigkeit befindet. Diese Prüfung erfolgt von Amts wegen (§ 5 InsO).

Bei der Frage der Anknüpfung der örtlichen Zuständigkeit an den Mittelpunkt der selbständigen wirtschaftlichen Tätigkeit des Schuldners ist mit der herrschenden Auffassung in Rechtsprechung und Literatur[2] auf die **tatsächlichen Verhältnisse** abzustellen, nicht aber vordringlich auf gewisse Förmlichkeiten, wie etwa den aus dem Handelsregister ersichtlichen, dort eingetragenen Sitz[3]. Maßgeblich ist in diesem Zusammenhang, wo die **grundsätzlichen Entscheidungen der Unternehmensleitung** in laufende Geschäftsführungsakte umgesetzt werden[4]. 5.209

Grundsätzlich kommt es für die Prüfung der örtlichen Zuständigkeit auf den **Zeitpunkt der Antragstellung** an[5]. Ist im Antragszeitpunkt die örtliche Zuständigkeit gegeben, so sind **später eingetretene Veränderungen der Verhältnisse** unerheblich; und zwar selbst dann, wenn sie noch vor der Entscheidung des Gerichts vollzogen werden. 5.210

Ist hingegen die **Zuständigkeit im Antragszeitpunkt nicht gegeben**, sind, mit Ausnahme des § 3 Abs. 2 InsO, Änderungen noch bis zur Entscheidung des Gerichts zu berücksichtigen[6]. Denn bei gegenteiliger Auffassung ist es vor dem unzweideutigen Gesetzeswortlaut schlechterdings nicht vorstellbar, dass ein im Wege der Verweisung erstmals mit dem Eröffnungsantrag befasstes Gericht gem. § 4 InsO, § 281 Abs. 1 Satz 1 ZPO zuständig werden können sollte, obschon es im Zeitpunkte seiner ersten Befassung mit dem Antrag erkennbar unzuständig ist, wohingegen das verweisende Gericht seine Zuständigkeit im Verweisungszeitpunkt jedenfalls nicht mehr verneinen kann. Etwas anderes gilt indes dann, wenn die nachträglichen Umstände zum Zwecke der **Gerichtsstandserschleichung rechtsmissbräuchlich** vorgenommen worden wären[7]. 5.211

---

1 *Rüther* in Hamburger Kommentar zum Insolvenzrecht, § 3 InsO Rz. 3.

2 S. die Nachweise bei *Kirchhof* in Heidelberger Kommentar zur InsO, § 3 InsO Rz. 9 und 10.

3 Vgl. *Ganter* in Münchener Kommentar zur InsO, § 3 InsO Rz. 10; *Schmerbach* in Frankfurter Kommentar zur InsO, § 3 InsO Rz. 5 m.w.N.; *Nerlich/Römermann/Becker*, § 3 InsO Rz. 23 ff.; *Hess*, § 3 InsO Rz. 8; *Kübler/Prütting/Bork*, § 3 InsO Rz. 3; *Rüther* in Hamburger Kommentar zum Insolvenzrecht, § 3 InsO Rz. 8 m.w.N.; *Graf-Schlicker/Kexel*, § 3 InsO Rz. 7; vgl. auch Brandenburgisches Oberlandesgericht v. 19. 6. 2002 – 1 AR 27/02, NZG 2003, 42; ebenso bereits früher LG Dessau v. 30. 3. 1998 – 7 T 123/98, ZIP 1998, 1006.

4 Vgl. BGH v. 21. 3. 1986 – V ZR 10/85, BGHZ 97, 272; AG Köln v. 1. 2. 2008 – 73 IN 682/07 – (PIN I), NZI 2008, 254, 255.

5 *Ganter* in Münchener Kommentar zur InsO, § 3 InsO Rz. 5 m.w.N.

6 Vgl. *Ganter* in Münchener Kommentar zur InsO, § 3 InsO Rz. 5 m.w.N.; *Schmerbach* in Frankfurter Kommentar zur InsO, § 3 InsO Rz. 17; *Kirchhof* in Heidelberger Kommentar zur InsO, § 3 InsO Rz. 5.

7 Näher dazu *Ganter* in Münchener Kommentar zur InsO, § 3 InsO Rz. 38 ff.

5.212 Bei **konzerverbundenen Unternehmen** gelten bezüglich der Frage der örtlichen Zuständigkeit der einzelnen Gesellschaften keine Besonderheiten. Das geltende deutsche Recht sieht einen **Konzerngerichtsstand** nicht vor. Insbesondere kann durch die rechtliche Verbindung von Konzernunternehmen nicht zwingend darauf rückgeschlossen werden, dass ein identischer oder gemeinschaftlicher Gerichtsstand für alle verbundenen Unternehmen vorliegt oder stets der wirtschaftliche Mittelpunkt aller Konzernunternehmen an einem Ort besteht[1]. Das deutsche Konzernverständnis setzt nämlich die **Eigenständigkeit der jeweiligen konzerngebundenen Gesellschaften** voraus. Aus diesem Grunde findet eine Vereinheitlichung von Rechts wegen weder materiell-rechtlich noch verfahrensrechtlich statt. Folglich ist für jede konzerngebundene Gesellschaft individuell die örtliche Zuständigkeit nach Maßgabe des § 3 InsO festzustellen und zu bestimmen[2].

5.213 Bei einem **Verfahren mit Auslandsbezug**[3] hat der Geschäftsführer der GmbH vor Antragstellung zu prüfen, ob nicht ein ausländisches Gericht für das einzuleitende Insolvenzverfahren international zuständig sein könnte. Soweit sich der **Verwaltungssitz** der GmbH im Ausland befindet, dürfte sich im Regelfall dort auch der Mittelpunkt der hauptsächlichen Interessen der Gesellschaft nach Maßgabe des Art. 3 Abs. 1 EuInsVO befinden, so dass weder eine internationale noch eine örtliche Zuständigkeit eines deutschen Insolvenzgerichts gegeben ist.

4. Form

5.214 § 13 Abs. 1 Satz 1 InsO sieht für den Insolvenzantrag eines Schuldners oder Gläubigers ausdrücklich die **Schriftform** vor. Ebenso wie für das Verbraucherinsolvenzverfahren (vgl. § 305 Abs. 1 Satz 1 InsO) hat der Gesetzgeber auch für das Regelinsolvenzverfahren in § 13 Abs. 3 InsO eine Ermächtigung des Bundesministeriums der Justiz normiert, durch Rechtsverordnung mit Zustimmung des Bundesrates für die Antragstellung durch den Schuldner ein – **amtliches – Formular** einzuführen, das **zwingend** zu verwenden ist. Da bislang von dieser Ermächtigung kein Gebrauch gemacht worden ist, hat der Geschäftsführer der GmbH lediglich die Schriftform zu wahren. Ein zu Protokoll der Geschäftsstelle des Amtsgerichts gestellter Insolvenzantrag ist dagegen unzulässig und ggf. zurückzuweisen.

II. Antragsberechtigte

1. Grundlagen *(Karsten Schmidt)*

5.215 Das Insolvenzrecht unterscheidet zwischen dem **Eigenantrag** des Schuldners und dem **Gläubigerantrag** (§ 13 Abs. 1 Satz 2 InsO). Der Antrag eines Gläubi-

1 *Rotstegge*, Konzerninsolvenz – Die verfahrensrechtliche Behandlung von verbundenen Unternehmen nach der Insolvenzordnung, 2007, § 6 S. 397.

2 Derzeit werden im Bundesministerium der Justiz Überlegungen bezüglich einer Zuständigkeitskonzentration bei konzernverbundenen Unternehmen angestellt.

3 Näher dazu unten Rz. 12.61 ff.

gers – dies kann z.B. auch ein Gesellschafter oder ein Organmitglied der GmbH sein! – ist nach § 14 Abs. 1 InsO zulässig, wenn der Gläubiger ein rechtliches Interesse an der Eröffnung des Insolvenzverfahrens hat und seine Forderung und den Eröffnungsgrund glaubhaft macht. Der Gläubigerantrag setzt ein Rechtsschutzbedürfnis voraus[1]. Ein dinglich voll gesicherter Gläubiger kann keinen zulässigen Insolvenzantrag stellen[2]. Ein missbräuchlicher – etwa zu insolvenzfremden Zwecken gestellter – Antrag ist unzulässig (vgl. schon Rz. 5.230)[3].

2. Eigenantrag

a) Für den Eigenantrag der GmbH gilt **§ 15 InsO**: Jeder Geschäftsführer oder Liquidator kann den Eigenantrag stellen (§ 15 Abs. 1 InsO). Wird der Antrag nicht von allen Geschäftsführern oder Liquidatoren gestellt, so ist er nur zulässig, wenn der Eröffnungsgrund glaubhaft gemacht wird (§ 15 Abs. 2 InsO). Für den Eigenantrag wegen drohender Zahlungsunfähigkeit gelten die Sonderregeln des § 18 InsO: Dieser Antrag muss nach § 18 Abs. 3 InsO von einer vertretungsberechtigten Zahl von Geschäftsführern gestellt werden (Rz. 5.43), und diese sind gesellschaftsrechtlich verpflichtet, vor der Stellung des Eigenantrags wegen drohender Zahlungsunfähigkeit – anders als in Fällen der Überschuldung oder der bereits eingetretenen Zahlungsunfähigkeit – die Zustimmung der Gesellschafter einzuholen (Rz. 5.43). Die Zulässigkeit des Antrags hängt aber hiervon nicht ab. 5.216

Abgesehen vom Fall des § 18 InsO kann **jeder Geschäftsführer bzw. Liquidator** den Antrag stellen, auch wenn er nur gesamtvertretungsberechtigt ist[4]. Jeder einzelne Geschäftsführer bzw. Liquidator muss auch ggf. gem. § 15a InsO handlungsfähig sein. Allerdings ergibt sich aus dem soeben zu § 15 Abs. 2 InsO und zu § 18 Abs. 3 InsO Gesagten, dass ein Unterschied hinsichtlich der Glaubhaftmachung besteht: Nur der **von allen Geschäftsführern** gestellte Antrag ist **ohne Glaubhaftmachung** zulässig, und nur der in vertretungsberechtigter Zahl gestellte Antrag kann auch auf drohende Zahlungsunfähigkeit gestützt werden. 5.217

Zurücknehmen kann den Antrag nach der bisher herrschenden, vom BGH jüngst offen gelassenen[5] Auffassung nur, wer ihn gestellt hat[6]. Das scheint zu 5.218

1 BGH v. 13. 6. 2006 – IX ZB 214/05, ZIP 2006, 1456; BGH v. 29. 6. 2006 – IX ZB 245/05, ZIP 2006, 1452; *Kirchhof* in Heidelberger Kommentar zur InsO, § 14 InsO Rz. 22 ff.; *Schmahl* in Münchener Kommentar zur InsO, § 14 InsO Rz. 41 ff.

2 BGH v. 29. 11. 2007 – IX ZB 12/07, NJW 2008, 1380.

3 *Haarmeyer/Wutzke/Förster*, Handbuch zur Insolvenzordnung, Rz. 3/66; *Kirchhof* in Heidelberger Kommentar zur InsO, § 14 InsO Rz. 26.

4 *Schmahl* in Münchener Kommentar zur InsO, § 15 InsO Rz. 14; ebenso schon die für § 208 KO h.M.; vgl. nur *Delhaes*, Der Insolvenzantrag, 1994, S. 108 m.w.N.

5 BGH v. 10. 7. 2008 – IX ZB 122/07, DB 2008, 1908.

6 LG Tübingen v. 10. 8. 1960 – 1 T 67/60, KTS 1961, 158; LG Dortmund v. 23. 9. 1985 – 9 T 560/85, ZIP 1985, 1341; LG Duisburg v. 3. 11. 1994 – 43 N 231/94, ZIP 1995, 582; AG Potsdam v. 11. 4. 2000 – 35 IN 110/00, NZI 2000, 328; *Kirchhof* in Heidelberger Kommentar zur InsO, § 13 InsO Rz. 16; *Jaeger/H.-F. Müller*, § 15 InsO Rz. 55, 57; *Schmahl* in Münchener Kommentar zur InsO, § 13 InsO Rz. 21, § 15 InsO Rz. 82.

eng. Die h.M. trifft zu, soweit es um einen Gläubigerantrag geht, nicht dagegen beim Eigenantrag. Die Rücknahme des Eigenantrags bei einer GmbH oder GmbH & Co. KG ist entgegen der herrschenden Auffassung nicht an die Person des antragstellenden Geschäftsführers gebunden. Nach der hier vertretenen Ansicht können in vertretungsberechtigter Zahl auch andere den Antrag zurücknehmen[1]. Dazu können die Gesellschafter sie auch anweisen. Nachträgliche Amtsniederlegung macht den Antrag nicht unwirksam. Jedenfalls für diesen Fall ist jetzt anerkannt, dass der Amtsnachfolger den Antrag zurücknehmen kann[2].

5.219 **b) Nicht antragsberechtigt sind** nach h.M. **die sog. „faktischen Organe“**[3]. Dem ist zu folgen, wobei aber sorgsam zwischen fehlerhaft bestellten, ggf. sogar im Handelsregister eingetragenen und wirklich bloß „faktischen Geschäftsführern" zu unterscheiden ist[4]. Wer fehlerhaft als Geschäftsführer bestellt ist, wird den Antrag stellen können, solange die Bestellung zum Geschäftsführer nicht widerrufen oder die Nichtigkeit der Bestellung evident ist. Wer dagegen nur faktisch eine geschäftsführerähnliche Position innehat – z.B. selbst einen ordnungsgemäß bestellten Geschäftsführer vorschiebt –, kann die Gesellschaft beim Insolvenzantrag nicht wirksam vertreten[5]. Das ändert allerdings nichts daran, dass auch der „faktische Geschäftsführer" die sog. „Insolvenzantragspflicht" verletzen kann, was richtigerweise bedeutet: Er kann wegen **Insolvenzverschleppung** haftbar und sogar strafbar sein (dazu unten Rz. 11.1, 11.54). Es besteht keine Notwendigkeit, ihm nur um der Strafbarkeit willen ein echtes Antragsrecht zuzuerkennen[6]. Im Übrigen sind die Rechte und Pflichten im Insolvenzeröffnungsverfahren bei Rz. 5.252 ff. dargestellt.

5.220 **c)** Der **Aufsichtsrat** hat **kein Antragsrecht**[7], ebenso wenig eine Gesellschaftergruppe[8]. Aber das gilt nur für den Eigenantrag der GmbH. Aufsichtsrat und Gesellschafter sind m.a.W. nicht befugt, die Gesellschaft bei der Stellung eines Eigenantrags zu vertreten. Eigene Antragsrechte haben diese Beteiligten als Gläubiger. Ihr Antrag wird dann allerdings auch in jeder Hinsicht als Gläubigerantrag behandelt.

---

1 *Scholz/Karsten Schmidt*, 9. Aufl., vor § 64 GmbHG Rz. 48; *Karsten Schmidt*, ZGR 1998, 633, 655.

2 BGH v. 10. 7. 2008 – IX ZB 122/07, DB 2008, 1908.

3 Vgl. *Kilger/Karsten Schmidt*, Insolvenzgesetze, § 208 KO Anm. 1; *Schmahl* in Münchener Kommentar zur InsO, § 15 InsO Rz. 68; *Haas* in Gottwald, Insolvenzrechts-Handbuch, § 92 Rz. 43.

4 Dazu schon 2. Aufl., Rz. 584; eingehend *Jaeger/H.-F. Müller*, § 15 InsO Rz. 36 ff. m.w.N.

5 Wie hier auch *Kirchhof* in Heidelberger Kommentar zur InsO, § 15 InsO Rz. 6 mit Nachw. zum Streitstand.

6 Wie hier auch *Schmahl* in Münchener Kommentar zur InsO, § 15 InsO Rz. 44; *Haas* in Gottwald, Insolvenzrechts-Handbuch, § 92 Rz. 43; anders *Delhaes*, Der Insolvenzantrag, 1994, S. 111.

7 *Jaeger/H.-F. Müller*, § 15 InsO Rz. 31; *Scholz/Karsten Schmidt*, 9. Aufl., vor § 64 GmbHG Rz. 45.

8 RG v. 4. 11. 1895 – Rep. VI 191/95, RGZ 36, 27, 30; allg.M.; vgl. *Baumbach/Hueck/Schulze-Osterloh*, § 64 GmbHG Rz. 39.

3. Gläubigerantrag *(Vallender)*

a) Der Insolvenzantrag als Gläubigerkalkül

Die Stellung eines Insolvenzantrags gegen eine GmbH oder GmbH & Co. KG ist immer eine Frage des Gläubigerkalküls. Die **Wahl der Vollstreckungsart** ist nicht nur wichtig für die Realisierung der Forderung, sondern auch zugleich für die Kostenbelastung des Gläubigers mit weiteren Prozess- und Vollstreckungskosten gegen das Schuldnerunternehmen. So erspart z.B. die Titulierung von Forderungen im Insolvenzverfahren dem Gläubiger nicht selten die Kosten von Prozessen, für die er als Kläger trotz Obsiegens als Zweitschuldner haftet. Ein Nachteil des Insolvenzverfahrens liegt darin, dass der Gläubiger als Antragsteller zugleich mit anderen Gläubigern nur einen Anspruch auf quotale Befriedigung erlangt. Die **Drohung mit einem Insolvenzantrag** führt vor allem in Fällen von Zahlungsunwilligkeit oftmals dazu, dass das Schuldnerunternehmen seine Verbindlichkeiten erfüllt[1]. Der **Gesellschafter-Gläubiger** muss damit rechnen, dass sein **Anspruch auf Rückgewähr eines Gesellschafterdarlehens** im Insolvenzverfahren in den Rang des § 39 Abs. 1 Nr. 5 InsO zurückgestuft wird, er also im Zweifel keine Befriedigung erlangt. Im Übrigen ist der Antrag eines Gläubigers gem. § 14 Abs. 1 InsO nur zulässig, wenn der Gläubiger ein rechtliches Interesse an der Eröffnung des Insolvenzverfahrens hat und seine Forderung und den Eröffnungsgrund glaubhaft macht. 5.221

b) Die ordnungsgemäße Antragstellung

Der **Insolvenzantrag** gegen eine GmbH oder GmbH & Co. KG bedarf nach § 13 Abs. 1 Satz 1 InsO der **Schriftform**. Unzulässig sind Insolvenzanträge mit der Maßgabe, das Gericht möge zunächst einmal den Geschäftsführer des Schuldnerunternehmens anhören. Auch **bedingte** oder **befristete Insolvenzanträge** sind als unzulässig zurückzuweisen[2]. Dagegen kann das Insolvenzgericht einem Wunsch des Antragstellers entsprechen, die Behandlung des Antrags kurzfristig zurückzustellen[3]. Dies bedeutet indes nicht, dass der Antrag erst mit dem Zeitpunkt als gestellt gilt, zu dem das Insolvenzgericht mit seiner Bearbeitung beginnt. Die Bitte um kurzfristige Zurückstellung der Behandlung ist vielmehr nur als unverbindliche Anregung zu verstehen. 5.222

---

1 Vgl. *Haarmeyer/Wutzke/Förster*, Handbuch zur Insolvenzordnung, Kap. 3 Rz. 4; *Heinemann*, ZInsO 2000, 492; *Pape/Uhlenbruck*, Insolvenzrecht, Rz. 342; *Uhlenbruck*, Gläubigerberatung in der Insolvenz, S. 223; *Uhlenbruck*, Die anwaltliche Beratung bei Konkurs-, Vergleichs- und Gesamtvollstreckungsantrag, S. 42 ff. Allerdings unterliegen Druckzahlungen innerhalb der gesetzlichen Krise nach ständiger Rechtsprechung des Bundesgerichtshofs (BGH v. 9. 9. 1997 – IX ZR 14/97, BGHZ 136, 309, 312; BGH v. 21. 3. 2000 – IX ZR 138/99, ZIP 2000, 898; BGH v. 27. 5. 2003 – IX ZR 169/02, NZI 2003, 533; BGH v. 17. 7. 2003 – IX ZR 215/02, NZI 2004, 87; BGH v. 18. 12. 2003 – IX ZR 199/02, NZI 2004, 201, 202) der Anfechtung nach § 131 InsO.

2 BGH v. 13. 4. 2006 – IX ZR 158/05, NZI 2006, 469; *Vallender*, MDR 1999, 280, 282; *Uhlenbruck*, Die anwaltliche Beratung bei Konkurs-, Vergleichs- und Gesamtvollstreckungsantrag, S. 76; *Schmerbach* in Frankfurter Kommentar zur InsO, § 14 InsO Rz. 21.

3 BGH v. 13. 4. 2006 – IX ZR 158/05, NZI 2006, 469; *Jaeger/Gerhardt*, § 13 InsO Rz. 33; *Uhlenbruck*, § 13 InsO Rz. 4.

5.223 Die **Bezeichnung der Parteien** (Antragsteller und Antragsgegner) ist zwingend. Es gilt insoweit die Vorschrift des § 253 Abs. 2 Ziff. 1 ZPO entsprechend (§ 4 InsO). Der Insolvenzantrag muss unbeschränkt sein. Er kann nicht etwa auf einen bestimmten Vermögensteil des Schuldners beschränkt werden, da der Insolvenzbeschlag das gesamte Schuldnervermögen erfasst[1]. Die Geschäftsführer brauchen nicht namentlich bezeichnet zu werden. Es genügt, wenn die Gesellschaft bezeichnet wird mit dem Zusatz „vertreten durch die Geschäftsführer"[2]. Dagegen reicht es nicht aus, den Sitz der Gesellschaft anzugeben. Vielmehr ist darzustellen, wo das Schuldnerunternehmen seinen **wirtschaftlichen Mittelpunkt** hat, weil sich hieraus die örtliche Zuständigkeit des Insolvenzgerichts nach § 3 Abs. 1 Satz 2 InsO ergibt. Dem Antrag sind die erforderlichen **zustellungsfähigen Durchschriften** beizufügen.

5.224 Ein Insolvenzantrag wegen eines **Teilbetrages** ist unzulässig und auch nicht sachdienlich, weil einmal sämtliche Forderungen in das eröffnete Verfahren in voller Höhe einbezogen werden, zum anderen gem. § 58 Abs. 2 GKG die Gebühr für das gerichtliche Verfahren nach dem Betrag der Gläubigerforderung, wenn der Betrag der Insolvenzmasse jedoch geringer ist, nach diesem Betrag berechnet und erhoben wird. Nach heute allgemeiner Meinung finden die Vorschriften über die **Gewährung von Prozesskostenhilfe** bzw. Insolvenzkostenhilfe (§§ 114 ff. ZPO) über § 4 InsO – allerdings mit zahlreichen Einschränkungen – auf das Insolvenzverfahren Anwendung[3].

5.225 Bei **gewillkürter Vertretung** ist grundsätzlich eine **schriftliche Vollmacht** mit dem Antrag zu den Insolvenzakten zu reichen (§ 4 InsO i.V.m. § 80 Abs. 1 ZPO). Ein Rechtsanwalt muss dagegen seine Vollmachtsurkunde nur vorlegen, wenn dies vom Gegner gerügt wird (§ 88 Abs. 2 ZPO, § 4 InsO). Zwingende Voraussetzung für einen Insolvenzantrag ist die **Prozessfähigkeit des Antragstellers**. Wirksam Insolvenzantrag stellen kann somit nur ein Gläubiger, der partei- und prozessfähig ist (§§ 50 ff. ZPO i.V.m. § 4 InsO). Schließlich ist darzulegen, dass die GmbH oder GmbH & Co. KG **insolvenzfähig** i.S. von § 11 InsO ist. Dies bedeutet für den Fall, dass es sich um eine **Vor- oder Nachgesellschaft** handelt, dass die Voraussetzungen darzutun und gegebenenfalls zu beweisen sind. Eine **Vorgründungsgesellschaft** ist nicht insolvenzfähig, sofern sie nicht im Vorgründungsstadium als mitunternehmerische Außengesellschaft in Erscheinung getreten ist[4]. Für den Insolvenzantrag gegen eine im

---

1 BGH v. 20. 3. 1986 – III ZR 55/85, KTS 1986, 470; LG Dortmund v. 8. 7. 1980 – 9 T 340/80, ZIP 1980, 633; *Uhlenbruck*, MDR 1973, 636; *Nerlich/Römermann/Mönning*, § 13 InsO Rz. 19; *Delhaes*, Der Insolvenzantrag, 1994, S. 66; str., a.A. LG Braunschweig v. 23. 1. 1976 – 8 T 28/76, Rpfleger 1977, 140; OLG Hamburg v. 27. 12. 1972 – 6 W 74/72, KTS 1973, 189; LG Bremen v. 26. 10. 1971 – 8 T 608/71, Rpfleger 1972, 27; LG Würzburg v. 8. 12. 1983 – 3 T 2045/83, BB 1984, 95; *Jaeger/Weber*, § 103 KO Rz. 6.

2 Str., a.A. *Schmerbach* in Frankfurter Kommentar zur InsO, § 14 InsO Rz. 12.

3 Vgl. *Uhlenbruck*, ZIP 1982, 288; *Uhlenbruck*, § 14 InsO Rz. 20; *Rüther* in Hamburger Kommentar zum Insolvenzrecht, § 4 InsO Rz. 26 f.

4 BGH v. 7. 5. 1984 – II ZR 276/83, ZIP 1984, 950; *Uhlenbruck/Hirte*, § 11 InsO Rz. 36; *Scholz/Karsten Schmidt*, 9. Aufl., vor § 64 GmbHG Rz. 4; *Jaeger/Weber*, §§ 207, 208 KO Rz. 2; *Kübler/Prütting/Noack*, InsO, Gesellschaftsrecht Rz. 240; *Roth* in Roth/Altmeppen, § 11 GmbHG Rz. 67.

Handelsregister gelöschte Gesellschaft ist erforderlich, dass nach der sog. **Lehre vom Doppeltatbestand** nachgewiesen werden muss, dass entweder eine Löschung im Handelsregister noch nicht erfolgt ist oder die Gesellschaft noch Vermögenswerte besitzt. Ist die gelöschte GmbH noch insolvenzfähig, weil noch nicht vollbeendet, fehlt es aber an einem Geschäftsführer, so ist die Gesellschaft **nicht prozessfähig** mit der Folge, dass ein Insolvenzverfahren nicht eröffnet werden kann. Ein Antragsteller muss daher zunächst bei dem zuständigen Registergericht die **Bestellung eines Notgeschäftsführers** analog § 29 BGB oder eines Nachtragsliquidators beantragen[1].

c) Der Insolvenzantrag gegen eine GmbH & Co. KG

Über das Vermögen einer GmbH & Co. KG findet jeweils ein gesondertes Insolvenzverfahren statt. Das erfordert seitens des Gläubigers grundsätzlich zwei Insolvenzanträge, die gesondert zu prüfen sind[2]. Anders als nach früherem Recht empfiehlt sich die Stellung eines Insolvenzantrags gegen beide Gesellschaften für den Gläubiger nicht, da § 93 InsO die Komplementär-Haftung in das Verfahren über das Vermögen der KG einbezieht. Möglich ist aber auch ein Insolvenzantrag nur gegen die Komplementär-GmbH, wenn die Forderung des Gläubigers sich gegen diese richtet. Im Übrigen hat der Gesetzgeber die Frage offen gelassen, wie zu verfahren ist, wenn sowohl über das Vermögen der KG als auch über dasjenige der Komplementär-GmbH das Insolvenzverfahren eröffnet worden ist. Nach früherem Recht hatten die Gläubiger in beiden Verfahren ihre Forderungen zur Tabelle anzumelden. Dies ist im Hinblick auf die Regelung in § 93 InsO heute nicht mehr erforderlich, es sei denn, dass der Gläubiger nur eine Forderung gegen die Komplementär-GmbH hat. Im Übrigen wird das Vermögen der GmbH über § 93 InsO in das Insolvenzverfahren der KG haftungsmäßig einbezogen. Nicht zuletzt auch um die Sanierungsfähigkeit der GmbH & Co. KG zu erhalten, empfiehlt es sich auch für den Gläubiger, **zunächst den Insolvenzantrag nur gegen die KG zu richten.** 5.226

d) Forderung gegen die Gesellschaft

Der antragstellende Gläubiger muss gegen die GmbH oder GmbH & Co. KG eine Forderung haben, die zur Teilnahme am Insolvenzverfahren berechtigt. Er muss Insolvenzgläubiger sein. Unerheblich ist, ob es sich um eine Forderung i.S. von § 38 InsO handelt oder um eine nachrangige Forderung i.S. von § 39 InsO[3]. Forderungen, die unter einer **auflösenden Bedingung oder Befristung** stehen, werden wie unbedingte Forderungen im Verfahren behandelt (§§ 41, 42, 77 Abs. 3 Nr. 1, 191 InsO), so dass auch sie zum Insolvenzantrag 5.227

---

1 OLG Dresden v. 12. 10. 1999 – 7 W 1754/99, GmbHR 2000, 391; OLG Köln v. 3. 1. 2000 – 2 W 214/99, GmbHR 2000, 390.

2 *Scholz/Karsten Schmidt,* 9. Aufl., vor § 64 GmbHG Rz. 103; *Kübler/Prütting/Noack,* InsO, Gesellschaftsrecht Rz. 552; *Karsten Schmidt,* GmbHR 2002, 1209, 1212.

3 OLG Köln v. 28. 3. 2001 – 2 W 32/01, ZIP 2001, 975; *Vallender,* MDR 1999, 280, 282; *Kübler/Prütting/Bork/Pape,* § 13 InsO Rz. 10a; *Schmerbach* in Frankfurter Kommentar zur InsO, § 13 InsO Rz. 10; *Nerlich/Römermann/Mönning,* § 14 InsO Rz. 7.

berechtigt. Auch eine **gestundete Forderung** steht einer Antragstellung nicht entgegen, kann aber das Rechtsschutzinteresse entfallen lassen[1]. Mit der **vollständigen Tilgung der Forderung nach Antragstellung** erlischt das Antragsrecht des Gläubigers, weil eine gesetzliche Voraussetzung für die Zulässigkeit des Antrags im Entscheidungszeitpunkt nicht mehr erfüllt ist[2]. Allerdings darf der Gläubiger in diesem Fall die ursprünglich geltend gemachte Forderung auswechseln[3]. Es wäre eine nicht durch sachliche Gründe zu rechtfertigende Förmelei, den Gläubiger zu veranlassen, den ursprünglich gestellten Antrag für erledigt zu erklären und gleichzeitig einen neuen Antrag auf Eröffnung des Insolvenzverfahrens über das Vermögen des Schuldners zu stellen. Die GmbH ist ausreichend dadurch geschützt, dass für die nachgeschobene Forderung sämtliche Voraussetzungen des § 14 InsO neu zu prüfen sind[4].

e) Glaubhaftmachung von Forderung und Insolvenzgrund

5.228 Nach § 14 Abs. 1 InsO hat der Gläubiger sowohl seine Forderung als auch den Eröffnungsgrund mit den Mitteln des § 294 ZPO glaubhaft zu machen[5]. Der Gesetzgeber hat das Insolvenzeröffnungsverfahren bewusst als vereinfachtes Vollstreckungsverfahren ausgestaltet. Deshalb genügt es für die Einleitung des Verfahrens, dass der Antragsteller seine Forderung und den Insolvenzgrund glaubhaft macht. Zur **Glaubhaftmachung** kann sich der Antragsteller gem. § 4 InsO, § 294 ZPO aller **präsenten Beweismittel** bedienen. Welche Anforderungen an die Glaubhaftmachung einer Forderung im Rahmen des Eröffnungsantrags zu stellen sind, richtet sich nach den Umständen des konkreten Einzelfalls[6]. Ist die Forderung des antragstellenden Gläubigers, die zugleich den Insolvenzgrund bildet, nicht tituliert, kann das Insolvenzgericht den Antrag auf Grund der Einwendungen des Schuldners gegen die Forderung abweisen, ohne diese einer Schlüssigkeitsprüfung im technischen Sinne zu unterziehen. Auch in diesem Zusammenhang gilt, dass die Entscheidung schwieriger rechtlicher oder tatsächlicher Fragen nicht Aufgabe des Insolvenzgerichts ist. Zweifel gehen insoweit zu Lasten des antragstellenden Gläubigers[7]. Kann der antragstellende Gläubiger keine aktuelle Unpfändbarkeitsbescheinigung vorlegen, muss er Tatsachen darlegen und glaubhaft machen, die den Schluss auf die Zahlungsunfähigkeit – im Unterschied zur Zahlungsunwilligkeit oder zur bloßen Zahlungsstockung – des Schuldners zulassen. Dabei kann insbesondere von Bedeutung sein, ob der Schuldner die Forderung aus tatsächlichen Gründen oder aus Rechtsgründen bestreitet und deshalb nicht zahlt oder ob er die Berechtigung der Forderung nicht in Zweifel zieht, aber gleichwohl keine Zahlungen leistet[8].

1 Vgl. auch *Kirchhof* in Heidelberger Kommentar zur InsO, § 14 InsO Rz. 5.
2 BGH v. 5. 2. 2004 – IX ZB 29/03, ZIP 2004, 1466, 1467.
3 AG Köln v. 15. 11. 1999 – 71 IN 160/99, NZI 2000, 94, 95.
4 BGH v. 5. 2. 2004 – IX ZB 29/03, ZIP 2004, 1466, 1467; *Uhlenbruck*, § 14 InsO Rz. 49.
5 BGH v. 22. 9. 2005 – IX ZB 205/04, NZI 2006, 34.
6 BGH v. 22. 9. 2005 – IX ZB 205/04, NZI 2006, 34.
7 BGH v. 1. 2. 2007 – IX ZB 79/06, NZI 2007, 350.
8 BGH v. 13. 6. 2006 – IX ZB 88/05, ZVI 2006, 565.

Soll indes der Eröffnungsgrund aus einer **einzigen Forderung** des antragstellenden Gläubigers abgeleitet werden und ist diese **Forderung bestritten**, muss sie für die Eröffnung des Insolvenzverfahrens **bewiesen** sein[1]. Denn es gehört nicht zu den Aufgaben des Insolvenzgerichts, den Bestand ernsthaft bestrittener, rechtlich zweifelhafter Forderungen zu überprüfen. Fällt die tatsächliche und rechtliche Beurteilung nicht eindeutig aus, ist der Gläubiger schon mit seiner Glaubhaftmachung gescheitert. Die Parteien sind auf den Prozessweg zu verweisen[2]. 5.229

f) Das erforderliche Rechtsschutzinteresse für den Antrag

Das Rechtsschutzinteresse für den Insolvenzantrag ist in aller Regel indiziert[3]. 5.230
Das Gericht hat trotzdem von Amts wegen zu prüfen, ob der Antragsteller für seine Person ein rechtliches Interesse an der Eröffnung eines Insolvenzverfahren über das Vermögen der GmbH oder GmbH & Co. KG hat. Entgegen dem früheren Recht ist nunmehr ein **besonderes Rechtsschutzinteresse** für den Gläubigerantrag erforderlich (§ 14 Abs. 1 InsO). Dieses fehlt z.B. bei der **Verfolgung insolvenzfremder Zwecke**. So z.B., wenn der Gläubiger in einem zu eröffnenden Verfahren mit Sicherheit keine Befriedigung erfahren würde, weil z.B. seine Forderung im Nachrang des § 39 InsO befriedigt würde[4]. Gleiches gilt, wenn der Antragsteller mit dem Insolvenzantrag den Antragsgegner als Konkurrent aus dem Wettbewerb ausschalten will. Oder wenn er die schnelle und günstige Abwicklung eines Vertragsverhältnisses anstrebt[5]; ebenso, wenn der Insolvenzantrag dazu dient, den Schuldner zur **Anerkennung einer zweifelhaften Forderung** zu veranlassen[6]. Weiterhin kann es im Einzelfall am Rechtsschutzinteresse für den Insolvenzantrag fehlen, wenn die dem Antrag zugrunde liegende Forderung **verjährt**[7], **bedingt** oder **gestundet** ist[8]. Das Insolvenzgericht hat die **Verjährung einer Forderung** von Amts wegen zu prüfen, da eine verjährte Forderung kein rechtliches Interesse an der Eröffnung des Insolvensverfahrens begründet[9]. Ob eine Verjährungseinrede zu Recht erhoben

1 BGH v. 8. 11. 2007 – IX ZB 201/03, ZInsO 2007, 1275; BGH v. 14. 12. 2005 – IX ZB 207/04, ZInsO 2006, 145; BGH v. 9. 12. 1991 – III ZR 9/91, ZIP 1992, 947.

2 BGH v. 5. 8. 2002 – IX ZB 51/02, ZIP 2002, 1695, 1696.

3 *Kübler/Prütting/Bork/Pape*, § 14 InsO Rz. 11. Einzelheiten bei *Uhlenbruck* § 14 InsO Rz. 4–15; *Pape/Uhlenbruck*, Insolvenzrecht, Rz. 351 ff.

4 *Uhlenbruck*, § 14 InsO Rz. 15; *Kirchhof* in Heidelberger Kommentar zur InsO, § 14 InsO Rz. 17.

5 BGH v. 21. 6. 2007 – IX ZB 51/06, NZI 2008, 121; BGH v. 29. 6. 2006 – IX 245/05, WM 2006, 1632, 1634; *Braun/Uhlenbruck*, Unternehmensinsolvenz, S. 222; *Uhlenbruck*, NJW 1968, 686; *Uhlenbruck*, Insolvenzrecht, Rz. 424; *Nerlich/Römermann/Mönning*, § 14 InsO Rz. 16; *Kilger/Karsten Schmidt*, § 105 KO Anm. 2.

6 *Kübler/Prütting/Bork/Pape*, § 14 InsO Rz. 12; *Jaeger/Weber*, § 103 KO Rz. 6.

7 Vgl. OLG Köln v. 1. 9. 1969 – 2 W 31/69, KTS 1970, 226; *Uhlenbruck*, § 14 InsO Rz. 5; str., a.A. *Häsemeyer*, Insolvenzrecht, Rz. 7.14.

8 Vgl. LG Braunschweig v. 5. 10. 1959 – 8 T 683/59, NJW 1961, 2316; *Uhlenbruck*, DStZ 1986, 40.

9 OLG Köln v. 1. 9. 1969 – 2 W 31/69, KTS 1970, 226; *Pape/Uhlenbruck*, Insolvenzrecht, Rz. 353; *Uhlenbruck*, Die anwaltliche Beratung, S. 95; *Nerlich/Römermann/Mönning*, § 14 InsO Rz. 22.

wird, hat jedoch in der Regel – wenn die Einrede nicht ersichtlich unbegründet ist und außer Acht gelassen werden kann – nicht das Insolvenzgericht zu entscheiden, sondern das Prozessgericht. Das gilt insbesondere dann, wenn bereits eine Klage anhängig gemacht und in erster Instanz wegen Verjährung abgewiesen worden ist. Nur diese Aufgabenverteilung ist sinnvoll. Das Urteil des Prozessgerichts erwächst in Rechtskraft zwischen den Parteien (§ 325 Abs. 1 ZPO). Es ist damit auch im Eröffnungsverfahren bei der Beurteilung der Frage, ob ein Insolvenzgrund vorliegt, zu beachten. Deshalb kann ein lediglich auf eine einzige Forderung gestützter Antrag nicht zur Eröffnung des Insolvenzverfahrens führen, solange die diesen Anspruch betreffenden offenen Rechts- und Tatsachenfragen nicht im Prozesswege geklärt sind[1]. Ein rechtliches Interesse fehlt auch, wenn der Gläubiger auf **einfachere und billigere Art und Weise** zur Befriedigung seiner Forderung gelangen kann. Allerdings kann das Rechtsschutzinteresse für den Eröffnungsantrag nicht deshalb verneint werden, weil der antragstellende Gläubiger nicht fruchtlos die **Einzelzwangsvollstreckung** versucht hat[2]. Denn mit dem Gesetz ist die Annahme einer allgemeinen Subsidiarität des Insolvenzverfahrens gegenüber anderen Vollstreckungsmöglichkeiten nicht vereinbar. Die Einzelzwangsvollstreckung gewährt nicht dieselben Sicherungsmöglichkeiten wie ein Insolvenzverfahren[3].

5.231 Ein **Aussonderungsrecht** berechtigt nicht zum Insolvenzantrag, ein **Absonderungsrecht** nur, wenn die Forderung nicht in voller Höhe im Schuldnervermögen oder im Vermögen eines Dritten abgesichert ist[4]. Das Rechtsschutzinteresse ist niemals von der Höhe der dem Antrag zugrunde liegenden Forderung abhängig. Auch eine geringfügige Forderung ist geeignet, ein Insolvenzverfahren über das Vermögen der GmbH oder GmbH & Co. KG zu eröffnen[5]. Dagegen fehlt das Rechtsschutzinteresse, wenn der Insolvenzvertrag als **Druckmittel zu Ratenzahlungen** missbraucht wird. Die Tatsache, dass **rückständige Arbeitnehmeransprüche** für die letzten drei Monate vor Verfahrenseröffnung durch das Insolvenzrecht abgesichert sind (§ 183 Abs. 1 SGB III), vermag das Rechtsschutzinteresse für einen Insolvenzantrag der Arbeitnehmer nicht zu beseitigen. Zudem steht es einem Arbeitnehmer frei, ob er im Einzelfall Insolvenzgeld in Anspruch nehmen will oder nicht[6].

g) Haftung wegen fahrlässigen Insolvenzantrags

5.232 Ein fahrlässig gestellter Insolvenzantrag führt nicht ohne weiteres zur Schadensersatzpflicht des Antragstellers, wenn sich herausstellt, dass die Eröff-

1 BGH v. 29. 3. 2007 – IX ZB 141/06, MDR 2007, 1101.
2 BGH v. 5. 2. 2004 – IX ZB 29/03, ZIP 2004, 1466, 1467.
3 BGH v. 5. 2. 2004 – IX ZB 29/03, ZIP 2004, 1466, 1467.
4 BGH v. 29. 11. 2007 – IX ZB 12/07, ZIP 2008, 281 = MDR 2008, 344; *Kirchhof* in Heidelberger Kommentar zur InsO, § 14 InsO Rz. 17; *Kübler/Prütting/Bork/Pape*, § 14 InsO Rz. 11; *Schmerbach* in Frankfurter Kommentar zur InsO, § 14 InsO Rz. 27, 35; *Uhlenbruck*, § 14 InsO Rz. 9.
5 Vgl. *Gerhardt*, FS Friedrich Weber, 1975, S. 181, 189 ff.; *Häsemeyer*, Insolvenzrecht, Rz. 7.08.
6 *Braun/Uhlenbruck*, Unternehmensinsolvenz, S. 223.

nungsvoraussetzungen nicht vorlagen[1]. Der Gläubiger ist nicht verpflichtet, vor Stellung des Insolvenzantrags mit Sorgfalt zu prüfen, ob er sich hierzu für berechtigt halten darf, oder gar seine Interessen gegen die des Schuldners abzuwägen. Wer sich zum Vorgehen gegen seinen Schuldner eines staatlichen, gesetzlich eingerichteten und geregelten Verfahrens bedient, greift auch dann nicht unmittelbar und rechtswidrig in den geschützten Rechtskreis des Schuldners ein, wenn sein Begehren sachlich nicht gerechtfertigt ist und dem anderen Teil aus dem Verfahren Nachteile erwachsen. Etwas anderes gilt nur bei **vorsätzlich sittenwidriger Schadenszufügung** durch ein mit unlauteren Mitteln betriebenes Verfahren, wie im Falle des Prozessbetrugs oder auch der mit unwahren Angaben erschlichenen Eröffnung des Insolvenzverfahrens[2]. Diese Auffassung wird in der Literatur teilweise als bedenklich bezeichnet[3].

h) Das Zulassungsverfahren als quasi-streitiges Parteiverfahren

Der Gesetzgeber hat das Insolvenzeröffnungsverfahren als quasi-streitiges Parteiverfahren ausgestaltet. Wird der Insolvenzantrag dem Geschäftsführer der GmbH (Antragsgegner) zugestellt, so ist dieser berechtigt, sich gegen den Antrag mit Einwendungen und Bestreiten zu wehren. So z.B. kann die Glaubhaftmachung des antragstellenden Gläubigers nach § 14 Abs. 1 InsO durch **Gegenglaubhaftmachung** des GmbH-Geschäftsführers erschüttert werden[4]. Allerdings wird die Antragszulassung durch das Gericht hierdurch nicht in Frage gestellt. Ist der Insolvenzantrag einmal zugelassen, so hat das Gericht von Amts wegen alle Umstände gem. § 5 Abs. 1 InsO zu ermitteln, um sich von der endgültigen Zulässigkeit des Antrags und von dem Vorliegen eines Insolvenzgrundes (§ 16 InsO) zu überzeugen[5]. Die Amtsermittlungen[6] dürfen allerdings erst einsetzen, wenn das Insolvenzgericht den Antrag zugelassen hat[7]. 5.233

4. Antragsrücknahme und Erledigungserklärung

Der **Antragsteller** ist bis zur Verfahrenseröffnung oder rechtskräftigen Abweisung des Insolvenzantrags **Herr des Verfahrens**. Er kann deshalb seinen Insol- 5.234

1 BGH v. 10. 3. 1961 – IV ZR 242/60, BGHZ 36, 18; BGH v. 15. 2. 1990 – III ZR 293/88, ZIP 1990, 805; OLG Koblenz v. 17. 11. 2005 – 10 W 705/05, ZInsO 2005, 1338, 1339; OLG Düsseldorf v. 28. 6. 1984 – 8 U 165/83, ZIP 1984, 1499; OLG Düsseldorf v. 28. 10. 1993 – 10 U 17/93, ZIP 1994, 479; *App*, ZIP 1992, 460 ff.; *Pape*, ZIP 1995, 623 ff.; vgl. auch LG Sachsen-Anhalt v. 16. 11. 1993 – 2 Sa 241/93, EWiR 1/94, 459 m. Anm. *Pape*.

2 BGH v. 10. 3. 1961 – IV ZR 242/60, BGHZ 36, 21.

3 Vgl. z.B. *F. Baur*, JZ 1962, 95; *Weitnauer*, DB 1962, 461; *Hopt*, Schadenersatz aus unberechtigter Verfahrenseinleitung, 1968.

4 Vgl. *Uhlenbruck*, § 14 InsO Rz. 80–97.

5 Einzelheiten bei *Braun/Uhlenbruck*, Unternehmensinsolvenz, S. 230 ff.; *Uhlenbruck*, § 14 InsO Rz. 80; *Uhlenbruck* in Gottwald, Insolvenzrechts-Handbuch, § 13; *Kirchhof* in Heidelberger Kommentar zur InsO, § 14 InsO Rz. 26; s. auch BGH v. 13. 6. 2006 – IX ZB 214/05, WM 2006, 1629.

6 Näher dazu BGH v. 13. 4. 2006 – IX ZB 118/04, NZI 2006, 405.

7 BGH v. 12. 12. 2002 – IX ZB 426/02, MDR 2003, 475 = ZIP 2003, 358.

venzantrag jederzeit gem. § 13 Abs. 2 InsO zurücknehmen, bis das Insolvenzverfahren eröffnet oder der Antrag rechtskräftig abgewiesen ist[1]. Nimmt der antragstellende Gläubiger seinen Insolvenzantrag gegen die GmbH oder GmbH & Co. KG zurück, so tritt entsprechend § 4 InsO die Kostenfolge aus § 269 Abs. 3 ZPO ein. Der Antragsteller ist Schuldner der gerichtlichen Gebühren und Auslagen (§ 269 Abs. 3 Satz 2 ZPO, § 23 Abs. 1 GKG). Auf Antrag des Geschäftsführers des Schuldnerunternehmens sind die in § 269 Abs. 3 Satz 2 ZPO bezeichneten Wirkungen durch Beschluss des Insolvenzgerichts auszusprechen (§ 269 Abs. 4 ZPO). Eine weitere Möglichkeit ist, dass der Antragsteller, wenn z.B. die GmbH oder GmbH & Co. KG zahlt, die **Hauptsache für erledigt erklärt.** Bei einem Fremdantrag wird die Erledigungserklärung heute allgemein für zulässig gehalten, solange nicht das Gericht den Eröffnungsbeschluss erlassen hat[2]. Umstritten ist lediglich die Frage, ob eine **einseitige Erledigungserklärung** ausreicht, oder ob im Insolvenzeröffnungsverfahren als quasi-streitiges Parteiverfahren der **Antragsgegner der Erledigung zustimmen** muss[3]. Nach Auffassung des BGH stellt das Schweigen keine Zustimmung zur Erledigungserklärung des Antragstellers dar. Etwas anderes gilt in den Fällen, in denen dem Schuldner die Erledigungserklärung zugestellt worden ist und er ihr nicht binnen zwei Wochen widerspricht, obwohl er auf diese Möglichkeit gerichtlich hingewiesen worden ist (§ 4 InsO, § 91a Abs. 1 Satz 2 ZPO)[4]. Im Falle einer einseitigen Erledigungserklärung des antragstellenden Insolvenzgläubigers gelten die Grundsätze, die für den Zivilprozess zur einseitigen Erledigungserklärung des Klägers entwickelt worden sind[5]. Das Gericht hat zu prüfen, ob der Antrag bis zu der Erledigungserklärung zulässig und begründet war und sich durch ein nachträgliches Ereignis erledigt hat. Die **Kostenentscheidung** nach § 91 ZPO (§ 4 InsO) richtet sich ausschließlich nach dem **Verfahrensstand zum Zeitpunkt der Erledigungserklärung**[6]. War zu diesem Zeitpunkt der Antrag bereits zugelassen worden, hat der Antragsteller alles getan, was das Gesetz nach § 14 Abs. 1 InsO von ihm für einen zulässigen Insolvenzantrag fordert. Der Geschäftsführer der schuldnerischen GmbH muss also damit rechnen, dass der Gesellschaft die Kosten durch gerichtli-

1 BGH v. 20. 11. 2001 – IX ZR 48/01, BGHZ 149, 178, 181; OLG Celle v. 2. 3. 2000 – 2 W 15/00, ZIP 2000, 673, 674; *Kirchhof* in Heidelberger Kommentar zur InsO, § 13 InsO Rz. 13 ff.; *Uhlenbruck,* § 14 InsO Rz. 82.

2 BGH v. 11. 11. 2005 – IX ZB 258/03, ZInsO 2005, 39; OLG Köln v. 28. 3. 2001 – 2 W 39/01, NZI 2001, 318, 319; OLG Köln v. 1. 9. 1993 – 2 W 130/93, ZIP 1993, 1483; OLG Celle v. 2. 11. 2000 – 2 W 110/00, NZI 2001, 150; OLG Celle v. 5. 7. 1962 – 8 W 120/62, NJW 1962, 1970; OLG Celle v. 5. 11. 1969 – 8 W 266/69, KTS 1970, 309; *Uhlenbruck,* § 14 InsO Rz. 84 f.; *Braun/Uhlenbruck,* Unternehmensinsolvenz, S. 230; *Kübler/Prütting/Bork/Pape,* § 13 InsO Rz. 22, 23; *Kirchhof* in Münchener Kommentar zur InsO, § 14 InsO Rz. 36; *Schmerbach* in Frankfurter Kommentar zur InsO, § 13 InsO Rz. 100 ff.; *Uhlenbruck* in Gottwald, Insolvenzrechts-Handbuch, § 10 Rz. 7 ff.; *Delhaes,* Der Insolvenzantrag, 1994, S. 203 ff.; *Nerlich/Römermann/Mönning,* § 13 InsO Rz. 111.

3 Einzelheiten bei *Uhlenbruck* in Gottwald, Insolvenzrechts-Handbuch § 10 Rz. 8.

4 BGH v. 4. 11. 2004 – IX ZR 82/03, ZInsO 2005, 39.

5 BGH v. 4. 11. 2004 – IX ZR 82/03, ZInsO 2005, 40; OLG Köln v. 28. 3. 2001 – 2 W 39/01, NZI 2001, 318, 319.

6 BGH v. 25. 9. 2008 – IX ZB 131/07, ZIP 2008, 2285.

chen Beschluss auferlegt werden[1]. Lag dagegen bis zur Erledigungserklärung ein zulässiger Antrag nicht vor, so ist bei einseitiger Erledigungserklärung der darin liegende Antrag, die Erledigung festzustellen, mit der Kostenfolge gem. § 4 InsO, § 91 Abs. 1 Satz 1 ZPO abzuweisen, während bei der übereinstimmenden Erledigungserklärung die Kosten nach billigem Ermessen gem. § 4 InsO, § 91a Abs. 1 Satz 2 ZPO durch Kostenbeschluss dem Gläubiger aufzuerlegen sind[2].

Zur **Insolvenzantragspflicht** s. Rz. 1.109 ff., 11.1 ff. 5.235

III. Die geschäftsführerlose GmbH *(Uhlenbruck)*

1. Vereinfachte Zustellung an führungslose GmbHs

Neu und von großer praktischer Bedeutung ist die partielle Einführung einer **„subsidiären Selbstorganschaft“**[3] im Fall der Führungslosigkeit einer GmbH. In der 3. Auflage[4] wurde schon darauf hingewiesen, dass vor allem in Krisensituationen die Geschäftsführer einer GmbH oder GmbH & Co. KG ihr Amt niederlegen, um sich der gesetzlichen Mitwirkungspflicht im eröffneten Insolvenzverfahren zu entziehen. Vielfach stellen die Gesellschafter in solchen Fällen die GmbH geschäftsführerlos. Die GmbH kann gem. § 38 Abs. 1 GmbHG einen Geschäftsführer jederzeit seines Amtes **entheben**, ohne dass es dafür einer Rechtfertigung bedarf[5]. Auch kann ein Geschäftsführer jederzeit sein **Amt niederlegen**, sofern dies nicht satzungsmäßig ausgeschlossen ist[6]. Die vom **einzigen Geschäftsführer** und **Mehrheitsgesellschafter** einer GmbH erklärte Amtsniederlegung kann aber im Einzelfall rechtsmissbräuchlich und damit unwirksam sein, wenn dieser nicht gleichzeitig einen neuen Geschäftsführer bestellt[7]. Ohne auf **Einzelheiten der Abberufung oder Amtsniederlegung** näher einzugehen, ist festzustellen, dass es dem Insolvenzgericht wegen der Eilbedürftigkeit des Insolvenzeröffnungsverfahrens verwehrt ist, die Frage der Rechtswirksamkeit der Abberufung oder Amtsniederlegung zu prüfen. Die **Bestellung eines Notgeschäftsführers** durch das Registergericht stößt in der 5.236

1 BGH v. 25. 9. 2008 – IX ZB 131/07, ZIP 2008, 2285; Einzelheiten bei *Uhlenbruck*, § 14 InsO Rz. 86–89; *Uhlenbruck* in Gottwald, Insolvenzrechts-Handbuch, § 10 Rz. 11; *Kirchhof* in Heidelberger Kommentar zur InsO, § 14 InsO Rz. 36; *Schmerbach* in Frankfurter Kommentar zur InsO, § 13 InsO Rz. 113 ff.; *Schmahl* in Münchener Kommentar zur InsO, § 13 InsO Rz. 111 ff.

2 BGH v. 25. 9. 2008 – IX ZB 131/07, ZIP 2008, 2285; *Wehr* in Hamburger Kommentar zum Insolvenzrecht, § 13 InsO Rz. 31.

3 Zu dem Terminus vgl. *Karsten Schmidt* in VGR (Hrsg.), Die GmbH-Reform in der Diskussion, 2006, S. 49 f.; *Karsten Schmidt*, GmbHR 2007, 1, 2.

4 S. 2 Rz. 4.

5 BGH v. 16. 10. 2003 – IX ZR 55/02, GmbHR 2004, 57 = ZIP 2003, 2247; BGH v. 19. 9. 2005 – II ZR 173/04, GmbHR 2005, 1558 = ZIP 2005, 1917.

6 Vgl. auch *Lohr*, DStR 2002, 2173 ff.; *Schuhmann*, NZG 2002, 706; *Meyke*, Die Haftung des GmbH-Geschäftsführers, 6. Aufl. 2008, Rz. 180.

7 OLG Köln v. 1. 2. 2008 – 2 Wx 2/08, ZIP 2008, 646 = ZInsO 2008, 332; OLG Zweibrücken v. 15. 2. 2006 – 3 W 209/05, GmbHR 2006, 430; *Scholz/Uwe H. Schneider*, § 38 GmbHG Rz. 90; str., a.A. *Altmeppen* in Roth/Altmeppen, § 38 GmbHG Rz. 77 f.; *Wachter*, GmbHR 2001, 1129, 1133.

Praxis auf erhebliche Schwierigkeiten[1]. Unseriöse **„Firmenbestatter"**, wie z.B. die „Marbella-Connection", haben gewerbsmäßig insolvente Unternehmen aufgekauft und den Sitz ins Ausland verlegt, um die Firma dort still zu liquidieren und sich auf diese Weise ihrer Gläubiger bzw. Verbindlichkeiten zu entledigen[2]. Zur **Strafbarkeit des gezielten Ankaufs von Anteilen insolventer GmbHs** s. Rz. 11.67.

5.237 Da die Gesellschafter nach altem Recht nicht zur Stellung eines Insolvenzantrags verpflichtet waren, haben sich zahlreiche insolvente GmbHs einem gerichtlichen Insolvenzverfahren dadurch entzogen, dass sie die Geschäftsführer entweder abberufen oder veranlasst haben, ihr Amt niederzulegen mit der Folge, dass – mit Ausnahme eines faktischen Geschäftsführers – niemand zur Stellung eines Insolvenzantrags verpflichtet war. Dem hat der Gesetzgeber des MoMiG Rechnung getragen und durch die **Einführung erleichterter Zustellung** und **subsidiärer Insolvenzantragspflicht der Gesellschafter** die Fälle der Führungslosigkeit minimiert. Das **MoMiG** enthält generell nicht nur für führungslose Gesellschaften Vorschriften, die die Zustellung von Schriftstücken und den Zugang von Willenserklärungen an eine GmbH wesentlich erleichtern, wie z.B. die Pflicht zur Anmeldung einer inländischen Geschäftsanschrift zum Handelsregister (§ 10 Abs. 1 Satz 1 GmbHG), die Möglichkeit der Eintragung einer empfangsberechtigten Person (§ 10 Abs. 2 Satz 2 GmbHG) sowie die Empfangsvertretung durch GmbH-Gesellschafter (§ 35 Abs. 1 Satz 2 GmbHG), sondern erleichtert durch Änderung des § 185 ZPO auch die öffentliche Zustellung (dazu sogleich).

5.238 Da in den **Missbrauchs- und Bestattungsfällen** die Geschäftsräume der insolventen Gesellschaften meist geschlossen waren und Geschäftsführer postalisch nicht zu erreichen waren, traten in der Praxis bereits erhebliche Verzögerungen bei der **Zustellung des Insolvenzantrags** zu Lasten der Gläubiger ein. Für eine Ersatzzustellung nach den §§ 178, 180, 181 ZPO fehlte es meist an einem Zustellungsadressaten bzw. an einem Geschäftsraum. Deshalb hat der Gesetzgeber das **Verfahren der öffentlichen Zustellung** bei juristischen Personen vereinfacht. Zunächst muss versucht werden, den Geschäftsführern der GmbH unter der eingetragenen Geschäftsanschrift zuzustellen. Für Zweigniederlassungen von Unternehmen mit Sitz im In- oder Ausland ist die inländische Geschäftsanschrift maßgeblich (§ 10 Abs. 1 Satz 1 GmbHG, §§ 13 Abs. 1 Satz 1, 13d Abs. 2 HGB). Für die Zustellung an **empfangsberechtigte Personen**, die mit inländischer Anschrift im Handelsregister eingetragen sind, gelten die Vorschriften der § 10 Abs. 2 Satz 2 GmbHG, § 13e Abs. 2 Satz 4, Abs. 3a HGB. Die Anschrift lässt sich aus dem Handelsregister in Erfahrung bringen. Bleibt ein Zustellungsversuch unter der Geschäftsanschrift erfolglos, weil unter der eingetragenen Anschrift **kein Geschäftslokal vorhanden** ist, muss die Zustellung zunächst an die Gesellschafter nach § 35 Abs. 2 Satz 4 GmbHG erfolgen.

1 Vgl. *J. M. Bauer*, Der Notgeschäftsführer in der GmbH, 2006, S. 86 ff.

2 Vgl. *Hirte*, ZInsO 2003, 833 ff.; *Goltz/Klose*, NZI 2000, 108 ff.; *Hey/Regel*, GmbHR 2000, 115 ff.; *Pananis/Börner*, GmbHR 2006, 513 ff.; BGH v. 22. 12. 2005 – IX ZR 190/02, ZIP 2006, 244 = ZInsO 2006, 140. Zur Gesetzwidrigkeit der Verweisung bei gewerbsmäßiger Firmenbestattung s. auch *Pape*, ZIP 2006, 877 ff.

Ist auch dieser Zustellungsversuch erfolglos geblieben oder ist eine empfangsberechtigte Person nicht eingetragen oder gelöscht und keine andere inländische Anschrift bekannt, so steht der Weg zur **öffentlichen Bekanntgabe** (Zustellung) offen (§ 15a HGB, § 185 ZPO n.F.).

Vor einer **öffentlichen Zustellung** ist entsprechend der Neuregelung in § 35 Abs. 1 Satz 2, Abs. 2 Satz 3 GmbHG immer die **Zustellung an die Gesellschafter** der führungslosen GmbH zu bewirken, denn für den Fall der Führungslosigkeit wird die Gesellschaft für den Fall, dass ihr gegenüber Willenserklärungen abgegeben oder Schriftstücke zugestellt werden, durch die Gesellschafter vertreten. An diese können unter der im Handelsregister eingetragenen Geschäftsanschrift Insolvenzanträge gegen die Gesellschaft zugestellt werden (§ 35 Abs. 2 Satz 3 GmbHG). Nach § 35 Abs. 2 Satz 4 GmbHG können unabhängig hiervon auch Zustellungen unter der eingetragenen Anschrift einer **empfangsberechtigten Person** nach § 10 Abs. 2 Satz 2 GmbHG erfolgen, bis diese im Handelsregister gelöscht und die Löschung bekannt gemacht worden ist. Eine Ausnahme gilt nur, wenn die fehlende Empfangsberechtigung dem den Insolvenzantrag stellenden Gläubiger bekannt ist (§ 10 Abs. 2 Satz 2 Halbsatz 2 GmbHG). Streitig ist, ob Erklärungen gegenüber dem Gesellschafter auch an seine **Privatanschrift** abgegeben werden können[1]. Letztlich wird man, da kein Privatbereich besteht, eine Zustellung an die Privatanschrift eines Gesellschafters zulassen müssen, zumal unter der eingetragenen Geschäftsanschrift oftmals eine Zustellung nicht möglich ist. Die inländische Privatanschrift des Gesellschafters lässt sich über das Einwohnermeldeamt feststellen. 5.239

Scheitert auch die **subsidiäre Zustellung an die Gesellschafter** nach § 35 Abs. 1 Satz 2 GmbHG, sieht § 185 Nr. 2 ZPO nunmehr eine **erleichterte öffentliche Zustellung** bei juristischen Personen vor, die zur Anmeldung im Handelsregister verpflichtet sind. Dem Insolvenzantragsteller werden keine zeitaufwendigen und schwierigen Recherchen nach den Wohnanschriften der Vertreter der Gesellschaft im In- und Ausland zugemutet. Auch ist der Gläubiger nicht mehr verpflichtet, eine **Zustellung im Ausland** zu bewirken, selbst wenn ihm die ausländische Anschrift der Vertreter der Gesellschaft bekannt ist. Nach der Neuregelung in § 185 Nr. 2 ZPO kann die **öffentliche Zustellung bei juristischen Personen**, die zur Anmeldung im Handelsregister verpflichtet sind, erfolgen, wenn eine Zustellung weder unter der eingetragenen Anschrift noch unter einer im Handelsregister eingetragenen Anschrift einer für Zustellungen empfangsberechtigten Person oder einer ohne Ermittlungen bekannten anderen inländischen Anschrift möglich ist[2]. Der Richter darf eine öffentliche Zustellung nicht mit der Begründung ablehnen, dass eine ausländische Wohnanschrift bekannt sei und daher eine Auslandszustellung vorzunehmen sei. Durch die Neuregelung soll eine erhebliche **Beschleunigung der öffentlichen** 5.240

1 Bejahend BGH v. 31. 7. 2003 – III ZR 353/02, NJW 2003, 3270; *Scholz/Uwe H. Schneider*, § 35 GmbHG Rz. 402; verneinend *Fleischer*, NJW 2006, 3239, 3242; zweifelnd *Altmeppen* in Roth/Altmeppen, § 35 GmbHG Rz. 55.

2 Vgl. auch *Steffek*, BB 2007, 2077 ff.; *Noack*, DB 2006, 1475, 1482 f.; *Kindler*, NJW 2008, 3249, 3254.

Zustellung erreicht werden. Vor allem in Missbrauchsfällen spielt der Zeitfaktor für die Zustellung von Klagen und Titeln eine erhebliche Rolle. Eine ins Ausland abtauchende GmbH muss also damit rechnen, dass im Inland öffentliche Zustellungen erfolgen. Den Gesellschaften ist es damit nicht mehr möglich, sich den Zustellungen dadurch zu entziehen, dass ihre Vertreter unbekannt verziehen oder ihren Aufenthalt ins Ausland verlegen.

2. Insolvenzantragsrecht und Antragspflicht bei der führungslosen GmbH

5.241 Der Gesetzgeber des MoMiG hat nicht nur aus dogmatischen Gründen die Einordnung der Insolvenzantragspflicht in das Insolvenzrecht vorgenommen, sondern die Antragspflicht für den Fall der **Führungslosigkeit einer GmbH** erheblich erweitert. Nach § 15a Abs. 3 InsO n.F. ist im Fall der Führungslosigkeit einer GmbH **auch jeder Gesellschafter** zur Stellung des Insolvenzantrags verpflichtet, es sei denn, dieser hat von der Zahlungsunfähigkeit oder der Überschuldung oder der Führungslosigkeit keine Kenntnis. Durch die Neuregelung in § 15a Abs. 3 InsO will der Gesetzgeber eine Stärkung des Gläubigerschutzes herbeiführen, indem die Gesellschafter im Wege der Ersatzzuständigkeit selbst in die Pflicht genommen werden, in Fällen der Führungslosigkeit der Gesellschaft bei Zahlungsunfähigkeit bzw. Überschuldung einen Insolvenzantrag zu stellen. Wegen der Einzelheiten s. Rz. 11.49 ff. und 11.59.

IV. Einstellung von Zwangsvollstreckungsmaßnahmen *(Vallender)*

5.242 Nach **§ 21 Abs. 2 Nr. 3 InsO** kann das Insolvenzgericht Maßnahmen der Zwangsvollstreckung, die häufig zur Zerschlagung der Masse im Eröffnungsverfahren beitragen, **einstweilen einstellen oder untersagen**, soweit nicht unbewegliche Gegenstände betroffen sind. Die Einstellungsmöglichkeit bezieht sich auch auf Vollstreckungen auf Grund **Arrests oder einstweiliger Verfügung**[1]. Die einstweilige Einstellung oder Untersagung der Zwangsvollstreckung ist nicht auf Insolvenzgläubiger nach § 38 InsO beschränkt, sondern kann sich auch auf solche Gegenstände erstrecken, an denen **absonderungsberechtigte Gläubiger** ihre Rechte geltend machen[2]. In diesem Falle ist der Sicherungsnehmer allerdings weiterhin befugt, seine Rechte ohne Vollstreckungsmaßnahmen durchzusetzen z.B. durch Offenlegung einer Forderungsabtretung[3]. Dagegen ist sie grundsätzlich nicht bei Zwangsvollstreckungsmaßnahmen zur Erwirkung von Handlungen oder Unterlassungen gem. §§ 887 ff. ZPO zulässig[4]. Etwas anderes gilt nur dann, wenn die Maßnahme dem Erhalt der Masse dient. Ob das Insolvenzgericht auch gegenüber **Ausson-**

1 AG Göttingen v. 14. 8. 2003 – 74 AR 16/03, ZInsO 2003, 770; *Jaeger/Gerhardt*, § 21 InsO Rz. 39.

2 *Uhlenbruck*, § 21 InsO Rz. 28; *Haarmeyer* in Münchener Kommentar zur InsO, § 21 InsO Rz. 72 Fn. 236 m.w.N.; *Kirchhof* in Heidelberger Kommentar zur InsO, § 21 InsO Rz. 32.

3 BGH v. 20. 2. 2003 – IX ZR 81/02, NZI 2003, 259 = ZInsO 2003, 318.

4 LG Mainz v. 20. 2. 2002 – 8 T 302/01, ZInsO 2002, 639; a.A. AG Göttingen v. 14. 8. 2003 – 74 AR 16/03, ZInsO 2003, 770.

derungsberechtigten zur Einstellung von Zwangsvollstreckungsmaßnahmen befugt ist, erscheint zweifelhaft[1].

Für die Einstellung oder Untersagung der Zwangsvollstreckung in das **unbewegliche Vermögen** des Schuldners gelten die Vorschriften der §§ 30d ff., 153b ff. ZVG. Zuständig ist insoweit das Vollstreckungsgericht[2]. Soweit dieses Gericht die **Zwangsverwaltung** angeordnet hat, kann diese entsprechend § 30d Abs. 4 ZVG ebenfalls eingestellt werden[3]. Zwar erwähnt die Vorschrift ausdrücklich nur die Einstellung der Zwangsversteigerung. Dies beruht indes auf einem Versehen des Bundestags bei der Umgestaltung des § 25 Abs. 2 Nr. 3 RegE InsO. Diese Bestimmung sah ausnahmslos die Einstellung aller Zwangsvollstreckungsmaßnahmen gegen den Schuldner vor, ohne zwischen dessen beweglichem oder unbeweglichem Vermögen zu unterscheiden. 5.243

Das Insolvenzgericht wählt das gebotene Sicherungsmittel nach **pflichtgemäßem Ermessen aus**, ohne an Anträge oder Anregungen gebunden zu sein; dabei hat es den **Verhältnismäßigkeitsgrundsatz** im engeren Sinne zu beachten[4]. Vor diesem Hintergrund begegnet eine routinemäßige Untersagung der Zwangsvollstreckung Bedenken. Das Gericht hat vielmehr vor der Anordnung eine Interessenabwägung vorzunehmen. Sicherungsmaßnahmen gem. § 21 Abs. 2 Nr. 3 beeinträchtigen nämlich den Anspruch des Gläubigers auf effiziente Rechtsverwirklichung, der aus dem Grundsatz der staatlichen Justizgewährung folgt[5]. Deshalb bietet sich eine **Untersagung der Zwangsvollstreckung nur im Einzelfall** an, etwa wenn Gläubiger versuchen, den Schuldner mit sinnlosen Zwangsvollstreckungsmaßnahmen unter Druck zu setzen oder durch Pfändungsmaßnahmen die Existenz des Schuldners gefährdet ist. Im Übrigen dürfte bereits wegen der **Rückschlagsperre gem. § 88 InsO** ein erhöhtes Sicherungsbedürfnis nicht bestehen. Maßgeblich für das, was in die Rückschlagssperrfrist fällt, ist der Erwerbszeitpunkt[6]. Mithin ist bei einer **Forderungspfändung** auf den Zeitpunkt der Zustellung des Pfändungsbeschlusses an den Drittschuldner abzustellen (§ 829 Abs. 2 Satz 1, Abs. 3 ZPO). Sofern ohne Beschränkung eine Rate wirksam gepfändet wird, erstreckt sich die Pfändung auf die künftig fällig werdenden Raten, auch wenn sie im Pfändungsausspruch nicht erwähnt sind[7]. 5.244

Das Gericht hat das Vollstreckungsverbot gesondert auszusprechen. Es ist nicht in anderen angeordneten Sicherungsmaßnahmen enthalten. Bei der **Untersagung von Rechtspfändungen** kann dem Drittschuldner aufgegeben wer- 5.245

1 Vgl. AG Köln v. 29. 6. 1999 – 71 IN 143/99, NZI 1999, 333; a.A. *Kirchhof* in Heidelberger Kommentar zur InsO, § 21 InsO Rz. 32, der im Hinblick auf die Vorschrift des § 112 InsO allenfalls eine Einstellung nach allgemeinen Vorschriften (z.B. § 769 oder § 765a ZPO) für zulässig erachtet.
2 *Vallender*, Rpfleger 1997, 353, 355; *Kirchhof* in Heidelberger Kommentar zur InsO, § 21 InsO Rz. 38.
3 *Kirchhof* in Heidelberger Kommentar zur InsO, § 21 InsO Rz. 32 m.w.N.
4 BGH v. 1. 12. 2005 – IX ZB 208/05, NZI 2006, 122, 123.
5 *Vallender*, Rpfleger 1997, 353, 355; a.A. *A. Schmidt*, ZIP 1999, 915, 916.
6 *App* in Frankfurter Kommentar zur InsO, § 88 InsO Rz. 16.
7 *Thomas/Putzo*, § 832 ZPO Rz. 2.

den, den geschuldeten Betrag zu Gunsten des pfändenden Gläubigers und des Insolvenzschuldners zu hinterlegen oder auf ein Treuhandkonto einzuzahlen[1], nicht aber an den vorläufigen Insolvenzverwalter allein[2].

5.246 Die **einstweilige Einstellung der Zwangsvollstreckung** wirkt gem. § 775 Nr. 2 ZPO, die Untersagung gem. § 775 Nr. 1 ZPO[3]. Während die Einstellung der Zwangsvollstreckung den **Rang des einmal erlangten Pfändungspfandrechts** unberührt lässt[4], hindert die Untersagung künftiger Vollstreckungsmaßnahmen die Rang wahrende Begründung eines Pfändungspfandrechts für die Zeit der Wirksamkeit des Vollstreckungsverbotes. Die Anordnung eines Vollstreckungsverbotes steht der Aufrechnung gem. § 394 BGB nicht entgegen[5]. Die einstweilige Einstellung von Zwangsvollstreckungsmaßnahmen nach § 21 Abs. 2 Nr. 3 InsO lässt grundsätzlich die **Erzwingung der eidesstattlichen Versicherung** des Schuldners gem. § 807 ZPO unberührt[6]. Die Untersagung von Maßnahmen der Individualvollstreckung dient dazu, eine nachteilige Veränderung in der Vermögenslage des Schuldners zu verhindern. Dem läuft die Abnahme der eidesstattlichen Versicherung durch den Gerichtsvollzieher regelmäßig nicht entgegen, weil damit lediglich der Vermögensbestand des Schuldners für alle Gläubiger festgestellt werden soll, ohne dass diese Vollstreckungsmaßnahme die Durchführung des Verfahrens beeinträchtigt. Im Übrigen liefe § 807 Abs. 2 ZPO zumindest von dem zeitlichen Umfang der Offenbarungspflicht ins Leere, würde der Schuldner auf Grund des Beschlusses gem. § 21 Abs. 2 Nr. 3 InsO nicht mehr verpflichtet sein, die eidesstattliche Versicherung gem. §§ 807, 900 Abs. 1 ZPO abzugeben[7]. Der Geschäftsführer einer GmbH bleibt auch nach Abberufung oder Niederlegung des Amts bis zur Bestellung eines neuen Geschäftsführers zur Abgabe der eidesstattlichen Versicherung verpflichtet[8]. Dies gilt auch bei einer sogen. **Scheinniederlegung**[9].

5.247 Jedes Vollstreckungsorgan hat das Vollstreckungsverbot zu beachten. Eine trotz gerichtlicher Untersagung der Zwangsvollstreckungsmaßnahme durchgeführte Vollstreckungsmaßnahme ist nicht nichtig, sondern **anfechtbar**[10].

1 *Fuchs,* ZInsO 2000, 432 ff.; *Steder,* ZIP 2002, 70 ff.; *Kirchhof* in Heidelberger Kommentar zur InsO, § 21 InsO Rz. 29.

2 Vgl. BGH v. 17. 12. 1998 – IX ZR 1/98, BGHZ 140, 255 ff.

3 Vgl. *Jaeger/Gerhardt,* § 21 InsO Rz. 59 ff.

4 Vgl. LG Trier v. 21. 4. 2005 – 4 T 1/05, NZI 2005, 405.

5 BGH v. 29. 6. 2004 – IX ZR 195/03, ZIP 2004, 1558 ff.; vgl. ferner BGH v. 21. 3. 1996 – IX ZR 195/95, ZIP 1996, 846; *Kirchhof* in Heidelberger Kommentar zur InsO, § 21 InsO Rz. 30; a.A. KG v. 25. 2. 2000 – 7 W 602/00, ZInsO 2000, 229.

6 LG Würzburg v. 21. 9. 1999 – 9 T 1930/99, NZI 1999, 504 = ZInsO 1999, 724; AG Heilbronn v. 6. 8. 1999 – 1 M 7322/99, DGVZ 1999, 187; AG Rostock v. 10. 1. 2000 – 64 M 6512/99, NZI 2000, 142; *Thomas/Putzo,* § 807 ZPO Rz. 6; a.A. AG Wilhelmshaven v. 26. 2. 2001 – 14 M 979/00, NZI 2001, 436, 437; *Stein/Jonas/Münzberg,* § 807 ZPO Rz. 22; *Steder,* NZI 2000, 456.

7 AG Rostock v. 10. 1. 2000 – 64 M 6512/99, NZI 2000, 142.

8 OLG Stuttgart v. 10. 11. 1983 – 8 W 340/83, OLGZ 84, 177; LG Hannover v. 13. 6. 1980 – 11 T 92/80, DGVZ 1981, 60; *Thomas/Putzo,* § 807 ZPO Rz. 15; a.A. LG Bonn v. 28. 2. 1989 – 4 T 24/89, DGVZ 1989, 120.

9 *Behr,* Rpfleger 1988, 1, 3 m.w.N.

10 *Vallender,* ZIP 1997, 1993, 1996; a.A. *Helwich,* DGVZ 1998, 50.

Gegen den Anordnungsbeschluss steht gem. § 21 Abs. 1 Satz 2 InsO nur dem Schuldner das **Rechtsmittel** der sofortigen Beschwerde zu (näher dazu Rz. 5.256 und 5.265). Im Regelfall wird dieser kein Interesse daran haben, die gerichtliche Maßnahme anzugreifen, weil sie ihm die Möglichkeit verschafft, unliebsame Zwangsvollstreckungsmaßnahmen abzuwehren. Der vollstreckende Gläubiger ist dagegen nicht befugt, die Anordnung anzufechten. 5.248

Für die Entscheidung über die **Erinnerung gem. § 766 ZPO gegen Zwangsvollstreckungsmaßnahmen** nach Anordnung der einstweiligen Einstellung oder Untersagung der Zwangsvollstreckung gem. § 21 Abs. 2 Nr. 3 InsO ist entsprechend dem Rechtsgedanken des § 89 Abs. 3 InsO das **Insolvenzgericht**[1] und nicht das Vollstreckungsgericht sachlich und funktionell zuständig. 5.249

Erst der **Ausgang des Insolvenzeröffnungsverfahrens** entscheidet darüber, ob der von dem Einstellungsbeschluss erfasste Betrag zur gemeinsamen Befriedigung der Insolvenzgläubiger verwendet werden kann oder nicht. Kommt es zur Eröffnung des Verfahrens, fällt der hinterlegte oder vom Drittschuldner zurückbehaltene Betrag in die Masse, soweit er der Rückschlagsperre des § 88 InsO unterliegt. Bei einer Hinterlegung hat der Treuhänder den Pfändungsgläubiger zur Freigabe aufzufordern. Vor der Anordnung der Sicherungsmaßnahmen wirksam entstandene Pfandrechte nach § 50 InsO können nur durch Anfechtung beseitigt werden[2]. Hat der Drittschuldner trotz Kenntnis der Einstellung der Zwangsvollstreckung an den Pfändungsgläubiger geleistet, so kann er sich nicht auf die §§ 407 ff. BGB, § 836 ZPO berufen. 5.250

Kommt es nicht zur Eröffnung des Insolvenzverfahrens, hat das Gericht angeordnete **Sicherungsmaßnahmen** mangels eines Sicherungsbedürfnisses **aufzuheben**. Das schuldnerische Vermögen unterliegt danach wieder dem ungeschützten Zugriff der Gläubiger. Die Pfändungsgläubiger dürfen sich aus dem zu ihren Gunsten entstandenen Pfandrecht befriedigen. Im Falle der Eröffnung des Insolvenzverfahrens verliert der die Einzelzwangsvollstreckung einstellende Beschluss seine Rechtswirkung, weil nach diesem Zeitpunkt Einzelzwangsvollstreckungsmaßnahmen ohne gerichtliche Anordnung verboten und materiellrechtlich wirkungslos sind (§§ 89, 81 InsO). 5.251

1 AG Göttingen v. 30. 6. 2000 – 74 IK 49/00, NZI 2000, 493; AG Göttingen v. 14. 8. 2003 – 74 AR 16/03, ZInsO 2003, 770; *Kübler/Prütting/Bork/Pape*, § 21 InsO Rz. 20; *Schmerbach* in Frankfurter Kommentar zur InsO, § 21 InsO Rz. 83b; *Hintzen*, ZInsO 2001, 575, 576, Anm. zu AG Mainz v. 14. 2. 2001 – 201 M 180/01, ZInsO 2001, 574; *Prütting*, NZI 2000, 145; *Dörndorfer*, NZI 2000, 293; *Hintzen*, ZInsO 1999, 174, 175; *Vallender*, ZIP 1997, 1993, 1996; a.A. AG Köln v. 23. 6. 1999 – 73 IK 1/99 NZI 1999, 381; AG Rostock v. 10. 1. 2000 – 64 M 6512/99, NZI 2001, 142; AG Dresden v. 6. 2. 2004 – 532 IN 3310/03, ZIP 2004, 779; *Kirchhof* in Heidelberger Kommentar zur InsO, § 21 InsO Rz. 34.

2 AG Hamburg v. 21. 10. 1999 – 68d IK 24/99, WM 2000, 895, 896; *Kübler/Prütting/Bork/Pape*, § 21 InsO Rz. 20.

C. Verfahrensrechte und Verfahrenspflichten des Geschäftsführers

I. Verfahrensrechte des Geschäftsführers

1. Grundsätzliches

5.252 Neben den unter Rz. 5.267 ff. und 5.273 ff. dargestellten Pflichten hat der Geschäftsführer im Insolvenzeröffnungsverfahren über das Vermögen der GmbH auch Verfahrensrechte. Die Ausübung dieser Rechte dient regelmäßig dem **Gesellschaftsinteresse**, das der Geschäftsführer zu wahren hat[1]. So ist er befugt, in den Fällen, in denen das Gesetz ein Rechtsmittel vorsieht, sofortige Beschwerde (§ 6 Abs. 1 InsO) und Rechtsbeschwerde (§ 7 InsO) einzulegen[2]. Sind **mehrere Geschäftsführer** bestellt, steht jedem Geschäftsführer ein **individuelles Beschwerderecht** zu[3]. Das Gleiche gilt für die Beschwerde gegen den Abweisungsbeschluss nach § 26 InsO, ohne Rücksicht darauf, ob der Geschäftsführer selbst oder ein anderes Mitglied der Geschäftsführung den Antrag gestellt hat[4].

5.253 In den Fällen der Eröffnung des Insolvenzverfahrens steht dem oder den Geschäftsführern das Recht der sofortigen Beschwerde nach § 34 Abs. 1, 2 InsO zu. Den Gesellschaftern ist diese Befugnis nicht eingeräumt. Bei einem **Gläubigerantrag** sind die Geschäftsführer als Antragsgegner anzuhören (§§ 14 Abs. 2, 10 Abs. 2 InsO). Bei einem **Eigenantrag** einer Gesellschaft mit mehrköpfiger Vertretung sind die übrigen Geschäftsführer anzuhören, wenn der Antrag nicht von allen organschaftlichen Vertretern gestellt ist (§ 15 Abs. 2 Satz 2 InsO). Als Verfahrensbeteiligter ist der Geschäftsführer ferner befugt, nach § 4 InsO i.V.m. § 299 Abs. 1 ZPO **Akteneinsicht** zu verlangen. Dieses Recht ist Teil des verfassungsrechtlich geschützten Anspruchs auf rechtliches Gehör[5].

5.254 Dagegen steht dem Geschaftsführer **kein allgemeiner Auskunftsanspruch gegen den vorläufigen Insolvenzverwalter** zu[6]. Ob dieser im Einzelfall Auskunft erteilt, ist seinem **pflichtgemäßen Ermessen** überlassen. Weigert sich der vorläufige Insolvenzverwalter, einem konkreten Auskunftsbegehren des Geschäftsführers nachzukommen, hat er das Insolvenzgericht um ein Einschreiten zu bitten. Das Gericht wird im Rahmen seiner Aufsicht zu berücksichtigen haben, inwieweit eine Auskunftserteilung dem vorläufigen Insolvenzverwalter zumutbar ist und inwieweit sie zu einer Vermögensgefährdung führen könnte.

---

1 *Henssler* in Kölner Schrift zur InsO, S. 1303 Rz. 45.
2 Näher dazu *Götker,* Der Geschäftsführer in der Insolvenz der GmbH, 1999, Rz. 829 ff.
3 *Henssler* in Kölner Schrift zur InsO, S. 1303 Rz. 44 m.w.N. Näher dazu Ausführungen Rz. 5.265.
4 *Henssler* in Kölner Schrift zur InsO, S. 1303 Rz. 44; a.A. *Grüneberg,* Die Rechtspositionen der Organe der GmbH und des Betriebsrats im Konkurs, 1988, S. 137.
5 Näher dazu *Vallender* in Kölner Schrift zur InsO, S. 254 Rz. 11 ff.
6 *Spliedt* in Runkel, Anwalts-Handbuch Insolvenzrecht, § 2 Rz. 30.

Der Geschäftsführer ist auch befugt, bereits mit seinem Antrag auf Eröffnung des Insolvenzverfahrens oder zu einem späteren Zeitpunkt einen **Insolvenzplan vorzulegen** (§ 218 InsO). Von diesem Planinitiativrecht sollte in den Fällen Gebrauch gemacht werden, in denen eine gerichtliche Sanierung der Gesellschaft möglich erscheint oder eine günstigere, vom Regelverfahren abweichende Verwertungsmöglichkeit besteht[1]. Bei der Prüfung der Sanierung der Gesellschaft stellt sich häufig nicht nur die Frage nach der Ausarbeitung und Vorlage eines Insolvenzplans in einem späteren Insolvenzverfahren, sondern die weitere Frage, ob die Planvorlage nicht mit einem **Antrag auf Anordnung der Eigenverwaltung** begleitet werden sollte. Der Antrag kann gestellt werden, solange der Eröffnungsbeschluss noch nicht ergangen ist[2]. 5.255

2. Beschwerderechte

Der Geschäftsführer ist gegenüber der Gesellschaft verpflichtet, deren Interessen auch in einem Insolvenzeröffnungsverfahren zu wahren, wenn der Gläubigerantrag unzulässig oder unbegründet ist[3]. Diese Pflicht setzt ein, wenn das Gericht den Insolvenzantrag zugelassen hat und die **Gesellschaft nach Maßgabe des § 14 Abs. 2 InsO anhört**[4]. In seiner schriftlichen Stellungnahme sollte der Geschäftsführer sämtliche Einwendungen gegen die Zulässigkeit des Antrags erheben. So kann er die allgemeinen Zulässigkeitsvoraussetzungen rügen. Darüber hinaus kann er sich gegen die besonderen Zulassungsvoraussetzungen des § 14 Abs. 1 InsO zur Wehr setzen oder durch eine Gegenglaubhaftmachung den ursprünglich zulässigen Insolvenzantrag unzulässig werden lassen. Er sollte zu diesem Zweck nach Möglichkeit bereits im Rahmen der Anhörung Unterlagen einreichen, aus welchen sich die Zahlungsfähigkeit bzw. die fehlende Überschuldung ergibt und deren Richtigkeit an Eides statt versichern[5]. Folgt das Gericht seinem Verteidigungsvorbringen nicht, stellt sich zunächst die Frage, ob die Zulassung des Eröffnungsantrags angefochten werden kann. Darüber hinaus ist von entscheidender Bedeutung, welche **Beschwerdemöglichkeiten** dem Geschäftsführer der GmbH gegen Ermittlungs- und Sicherungsmaßnahmen des Insolvenzgerichts zustehen. Dies hängt allein davon ab, ob die Insolvenzordnung ein Rechtsmittel gegen die Entscheidungen des Insolvenzgerichts vorsieht. Als Träger der Schuldnerrolle kann der Geschäftsführer der schuldnerischen GmbH die vorgesehenen Rechtsmittel für die GmbH einlegen[6]. Ist der Geschäftsführer aus seinem Amt ausgeschieden, kann er die GmbH auch in Verfahren der sofortigen Beschwerde und der Rechtsbeschwerde nicht mehr vertreten. Eigene Verfahrensrechte stehen ihm weder vor noch nach seinem Ausscheiden zu[7]. 5.256

1 *Götker*, Der Geschäftsführer in der Insolvenz der GmbH, 1999, Rz. 827.
2 *Nerlich/Römermann/Riggert*, § 270 InsO Rz. 19.
3 *Vallender*, ZIP 1996, 529, 530; *Götker*, Der Geschäftsführer in der Insolvenz, 1999, Rz. 806.
4 Die Einreichung einer Schutzschrift zur Abwehr eines angekündigten Gläubigerantrags ist unzulässig, weil der Insolvenzantrag dem Schuldner zuzustellen und ihm gleichzeitig umfassend rechtliches Gehör zu gewähren ist.
5 *Götker*, Der Geschäftsführer in der Insolvenz, 1999, Rz. 817.
6 BGH v. 20. 7. 2006 – IX ZB 274/05, NZI 2006, 700.
7 BGH v. 20. 7. 2006 – IX ZB 274/05, NZI 2006, 700.

5.257 Grundsätzlich wird Rechtsschutz gegen unzulässige und unbegründete Insolvenzanträge im Insolvenzeröffnungsverfahren nur durch das Insolvenzgericht gewährt, so dass der **Rechtsschutz durch Prozessgerichte** in der Regel wegen der ausschließlichen Prüfungskompetenz der sich aus der Insolvenzordnung ergebenden Voraussetzungen für die Zulässigkeit und Begründetheit eines Insolvenzantrags ausgeschlossen ist. Dies bedeutet jedoch nicht, dass der Geschäftsführer nicht **im Einzelfall**, wenn der antragstellende **Gläubiger das Recht** und die Möglichkeit, einen Insolvenzantrag gem. § 14 InsO zu stellen, **missbraucht**, um mit einem unzulässigen oder unbegründetem Insolvenzantrag **außerhalb des Insolvenzverfahrens liegende Ziele** zu verfolgen, ausnahmsweise im Wege der **einstweiligen Verfügung negatorischen Rechtsschutz** begehren kann[1].

a) Zulassung des Insolvenzantrags durch das Insolvenzgericht

5.258 Dem Geschäftsführer ist es verwehrt, bereits die **Zulassung des Insolvenzantrags** durch das Insolvenzgericht anzufechten. Es handelt sich dabei lediglich um eine die Eröffnungsentscheidung **vorbereitende Tätigkeit des Insolvenzgerichts**, gegen die das **Rechtsmittel** der sofortigen Beschwerde **nicht gegeben** ist, weil die InsO insoweit ein Rechtsmittel nicht vorsieht[2]. Das **Enumerationsprinzip des § 6 InsO** beschränkt die Anfechtungsmöglichkeiten auf die in der Insolvenzordnung ausdrücklich vorgesehenen Fälle. Dem liegt letztlich die Überlegung zugrunde, dass eine förmliche Entscheidung über die Zulassung des Insolvenzantrags nicht erforderlich ist und der Schuldner zudem erst dann beschwert ist, wenn das Insolvenzgericht seine Einwendungen gegen die Eröffnung des Verfahrens verwirft und den Eröffnungsbeschluss erlässt.

b) Ermittlungsmaßnahmen

5.259 Nach § 5 Abs. 1 InsO hat das Insolvenzgericht von Amts wegen alle Umstände zu ermitteln, die für das Insolvenzverfahren von Bedeutung sind. Es kann zu diesem Zweck insbesondere Zeugen und Sachverständige vernehmen. In der gerichtlichen Praxis ist die **Bestellung eines Sachverständigen** die häufigste und wichtigste Ermittlungsmaßnahme. Dabei beauftragt das Insolvenzgericht den Sachverständigen regelmäßig mit der Prüfung der Fragen, ob ein Insolvenzgrund besteht und eine die Kosten des Verfahrens deckende Masse vorhanden ist. Zwar setzt die Amtsermittlungspflicht des Gerichts erst ein, wenn der Antrag des Gläubigers zulässig ist[3]. Dies schließt indes nicht aus, dass – bei Verkennung der Rechtslage – trotz Unzulässigkeit des Insolvenzantrags Ermittlungsmaßnahmen eingeleitet werden, denen es frühzeitig zu begegnen gilt (näher dazu Rz. 5.260). Bei zweifelhaftem Gerichtsstand können indes berechtigte Sicherungsinteressen der Insolvenzgläubiger es gebieten, Sicherungsmaßnahmen vor der Feststellung der Zuständigkeit des Insolvenzge-

1 OLG Koblenz v. 17. 11. 2005 – 10 W 705/05, ZInsO 2005, 1338.
2 OLG Köln v. 1. 12. 2000 – 2 W 231/00, NZI 2000, 598.
3 BGH v. 22. 3. 2007 – IX ZB 164/06, NZI 2007, 344 = ZIP 2007, 878; BGH v. 12. 12. 2002 – IX ZB 426/02, BGHZ 153, 205 = ZIP 2003, 358.

richts zu treffen, wenn sich das Insolvenzgericht letzte Gewissheit erst im weiteren Verfahrensablauf verschaffen kann[1].

Die **Beauftragung des Sachverständigen** erfolgt durch Beschluss. Diese **Entscheidung** ist als vorbereitende Maßnahme **nicht anfechtbar**[2]. Die sich nur auf die geregelten Fälle beziehende Vorschrift des § 6 Abs. 1 InsO schließt es indes nicht aus, dem von einer **generell unzulässigen Maßnahme** Betroffenen ein Rechtsmittel zu eröffnen[3]. Werden dem Sachverständigen Befugnisse eingeräumt, die dem Gesetz fremd sind, ist der Grundsatz, dass vorbereitende Maßnahmen des Insolvenzgerichts i.S. des § 5 InsO nicht rechtsmittelfähig sind, verfassungskonform einzuschränken. Soweit das Insolvenzgericht z.B. mittels einer dem Sachverständigen erteilten Befugnis in den Wohn- und Geschäftsbereich des Schuldners eingreift, ist dieser berechtigt, dagegen analog § 21 Abs. 1 Satz 2 InsO im Wege der sofortigen Beschwerde vorzugehen. Denn die Insolvenzordnung hat dem Insolvenzrichter nicht die Möglichkeit eröffnet, einen Sachverständigen zu ermächtigen, die Wohn- und Geschäftsräume des Schuldners gegen dessen Willen zu betreten. Es handelt sich dabei um eine objektiv willkürliche Maßnahme, für die es an jeder rechtlichen Grundlage fehlt. Soweit sich in diesen Fällen das ursprüngliche Rechtsschutzziel des Beschwerdeführers erledigt hat, ist regelmäßig ein Rechtsschutzinteresse des Betroffenen anzuerkennen, die **Rechtswidrigkeit der Anordnung** feststellen zu lassen[4]. 5.260

c) Sicherungsmaßnahmen

Vor allem bei einem unzulässigen Gläubigerantrag sollte der Geschäftsführer der GmbH alles daran setzen, Sicherungsmaßnahmen des Insolvenzgerichts[5] zu bekämpfen. Denn § 23 Abs. 1 Satz 2 InsO sieht zwingend die **öffentliche Bekanntmachung der Anordnung einer vorläufigen Insolvenzverwaltung** vor. § 21 InsO gilt grundsätzlich in allen Arten von Insolvenzverfahren und ist anwendbar, sobald und solange ein Eröffnungsantrag in zulässiger Weise anhängig ist, also im Zeitraum zwischen dem Eingang eines zulässigen Antrags und dessen Zurückweisung oder Rücknahme oder der Insolvenzeröffnung[6]. Die Gefahr, dass ein Gericht Sicherungsmaßnahmen bei substantiierten Einwendungen des Schuldners gegen den Eröffnungsantrag erlässt, ist als gering einzustufen. Denn auch der **Erlass von Sicherungsmaßnahmen** setzt grundsätzlich die **Zulässigkeit des Insolvenzantrags** voraus[7]. Wendet sich der Schuldner in rechterheblicher Weise gegen den Eröffnungsantrag, wird das 5.261

1 BGH v. 22. 3. 2007 – IX ZB 164/06, NZI 2007, 344 = ZIP 2007, 878.
2 OLG Köln v. 1. 12. 2000 – 2 W 231/00, NZI 2000, 598.
3 BGH v. 4. 3. 2004 – IX ZB 133/03, NZI 2004, 312.
4 BVerfG v. 30. 4. 1997 – 2 BvR 817/90, BVerfGE 96, 27, 49 = NJW 1997, 2163; BVerfG v. 5. 12. 2001 – 2 BvR 527/99, BVerfGE 104, 220, 232 ff. = NJW 2002, 2456; BGH v. 4. 3. 2004 – IX ZB 133/03, NZI 2004, 313.
5 Näher dazu Ausführungen Rz. 5.256.
6 *Kirchhof* in Heidelberger Kommentar zur InsO, § 21 InsO Rz. 3 m.w.N.
7 BGH v. 22. 3. 2007 – IX ZB 164/06, NZI 2007, 344 = ZIP 2007, 878; *Uhlenbruck*, § 21 InsO Rz. 2 m.w.N.

Gericht zunächst den antragstellenden Gläubiger zur Stellungnahme auffordern und im Anschluss daran das Weitere veranlassen. Dies unterstreicht umso mehr die Notwendigkeit, sich im Rahmen der Anhörung nach § 14 Abs. 2 InsO fristgerecht gegen einen – unzulässigen – Insolvenzantrag zur Wehr zu setzen. Weitere Möglichkeiten, die Anordnung von Sicherungsmaßnahmen zu verhindern, stehen dem Geschäftsführer indes nicht zu.

5.262 Ordnet das Gericht **Sicherungsmaßnahmen** nach § 21 InsO an, steht nach Abs. 1 Satz 2 der Vorschrift dem Schuldner gegen den entsprechenden Beschluss das Rechtsmittel der **sofortigen Beschwerde** zu. Mit seiner sofortigen Beschwerde kann der Schuldner jede Art von Sicherungsmaßnahme anfechten. Anfechtbar sind indes nur selbständige Sicherungsmaßnahmen, nicht dagegen einzelne Ausgestaltungen solcher – für sich nicht angegriffenen – Maßnahmen[1]. Die sofortige Beschwerde setzt wie jedes andere Rechtsmittel auch eine Beschwer des Rechtsmittelsführers voraus, die im Zeitpunkt der Entscheidung noch gegeben sein muss[2]. Ihr Wegfall macht das Rechtsmittel unzulässig. Mit der Eröffnung des Insolvenzverfahrens erledigen sich Sicherungsmaßnahmen des Insolvenzgerichts; eine Sachentscheidung ist nicht mehr möglich[3]. Ein besonderes Verfahren, in dem die Rechtswidrigkeit einer bereits erledigten Sicherungsmaßnahme i.S. von § 21 InsO festgestellt werden kann, sehen weder die ZPO noch die InsO vor. In Betracht kommt allenfalls die Zulassung eines Fortsetzungsfeststellungsantrags, wenn das Interesse des Betroffenen an der Feststellung der Rechtslage in besonderer Weise schutzwürdig ist[4].

d) Verfahrensabschließende Entscheidungen

5.263 Die letzte Möglichkeit im Insolvenzeröffnungsverfahren, sich gegen einen unzulässigen Gläubigerantrag erfolgreich zur Wehr zu setzen, besteht bei den verfahrensabschließenden Entscheidungen des Insolvenzgerichts. Nach **§ 34 Abs. 1 Alt. 2 und Abs. 2 InsO** steht dem Schuldner gegen die Abweisung des Insolvenzantrags mangels Masse und gegen die Eröffnung des Insolvenzverfahrens die **sofortige Beschwerde** zu. In beiden Fällen ist es dringend geboten, die Entscheidung anzufechten. Denn die Abweisung mangels Masse hat zur Folge, dass mit der Rechtskraft des Beschlusses die GmbH aufgelöst wird (§ 60 Abs. 1 Nr. 5 GmbHG). Im Falle der Eröffnung des Insolvenzverfahrens besteht dieselbe Notwendigkeit, weil diese Entscheidung ebenfalls zur Liquidation der GmbH führt. Ungeachtet der Regelung der Vertretungsbefugnis kann jeder Geschäftsführer die Ablehnung der Insolvenzeröffnung angreifen. Die Beschwerdebefugnis der GmbH folgt in einem solchen Fall aus der mit der Abweisung mangels Masse verbundenen Eintragung im Schuldnerverzeichnis (vgl. § 26 Abs. 2 InsO). Der Schuldner kann die Aufhebung des Abweisungsbeschlusses mit der Begründung verlangen, das Insolvenzgericht habe die Anforderungen an die Glaubhaftmachung der Forderung des Antragstellers verkannt[5].

---

1 *Kirchhof* in Heidelberger Kommentar zur InsO, § 21 InsO Rz. 50.
2 BGH v. 12. 10. 2006 – IX ZB 34/05, NZI 2007, 34.
3 BGH v. 11. 1. 2007 – IX ZB 271/04, NZI 2007, 231, 232.
4 BVerfG v. 30. 4. 1997 – 2 BvR 817/90, 728/92, 802 und 1065/95, BVerfGE 96, 27, 40.
5 OLG Celle v. 9. 2. 2000 – 2 W 101/99, NZI 2000, 214.

Die **Beschwerde gegen die Eröffnungsentscheidung** kann grundsätzlich auf das Fehlen jeder Eröffnungsvoraussetzung gestützt werden. Bei Anträgen von Gläubigern hat das Gericht grundsätzlich die Voraussetzungen des § 14 Abs. 1 InsO zu prüfen[1]. So kann hinsichtlich der Forderung eines antragstellenden Gläubigers in der Regel nur deren mangelnde Glaubhaftmachung als Zulässigkeitsvoraussetzung des Eröffnungsantrags gerügt werden, nicht weitergehend, dass sie materiell nicht bestehe[2]. 5.264

e) Beschwerdeverfahren

Das Beschwerdeverfahren richtet sich nach den §§ 567 ff. ZPO (§ 4 InsO), soweit § 6 InsO keine abweichenden Bestimmungen enthält. Die Beschwerde kann gem. § 569 Abs. 1 Satz 1 ZPO beim Beschwerdegericht oder dem Gericht eingelegt werden, das die angefochtene Entscheidung erlassen hat. Wegen der Abhilfebefugnis (§ 572 ZPO) sollte die Beschwerdeeinlegung zweckmäßigerweise beim Insolvenzgericht erfolgen[3]. Die Beschwerdefrist beträgt zwei Wochen (§ 569 Abs. 1 Satz 1 ZPO). Das Insolvenzgericht hat gem. § 572 Abs. 1 ZPO die Befugnis, der **Beschwerde abzuhelfen**. Zwar hat die sofortige Beschwerde keine aufschiebende Wirkung (§ 570 Abs. 1 Satz 1 ZPO). Sowohl das Gericht, dessen Entscheidung angefochten wird, als auch das Beschwerdegericht können aber die Aussetzung der Vollziehung anordnen (§ 570 Abs. 2 und 3 ZPO). Eine solche Maßnahme dürfte nur angezeigt sein, wenn die Beschwerde zulässig und die Rechtslage zweifelhaft ist und dem Beschwerdeführer durch die Vollziehung der angefochtenen Entscheidung größere Nachteile drohen als den anderen Beteiligten im Falle der Aussetzung[4]. Davon ist bei einer Anordnung von Sicherungsmaßnahmen auf Grund eines unzulässigen Gläubigerantrags auszugehen. Ob es dem Geschäftsführer allerdings noch gelingt, die öffentliche Bekanntmachung zu verhindern, erscheint fraglich. Sie dürfte zum Zeitpunkt der Kenntnisnahme der erlassenen Sicherungsmaßnahme bereits erfolgt sein[5]. 5.265

Im Rahmen der Beschwerdeentscheidung gilt für das Landgericht als **Beschwerdegericht** (§ 72 GVG) die **Amtsermittlungspflicht** des § 5 Abs. 1 InsO[6]. Das Rechtsbeschwerdegericht ist dagegen nur Rechtsnachprüfungsinstanz. Die Zuständigkeit des BGH ist demgemäß bei Anordnungen nach § 21 Abs. 2 Nr. 3 InsO darauf beschränkt, die Anordnung oder die Ablehnung von Sicherungsmaßnahmen, soweit diese anfechtbar und ihm im Rechtsmittelzug zur Entscheidung angefallen sind, auf Rechtsfehler zu überprüfen (§ 576 Abs. 1 ZPO). Eine Zuständigkeit zur erstmaligen Anordnung entsprechender Sicherungsmaßnahmen besteht dagegen nicht[7]. 5.266

1 *Kirchhof* in Heidelberger Kommentar zur InsO, § 27 InsO Rz. 8.
2 LG Göttingen v. 31. 3. 1998 – 10 T 18/98, ZIP 1998, 1369.
3 *Rüther* in Hamburger Kommentar zum Insolvenzrecht, § 6 InsO Rz. 20.
4 BGH v. 21. 3. 2002 – IX ZB 48/02, ZInsO 2002, 370.
5 Der Schuldner ist allerdings nicht gehindert, Amtshaftungsansprüche gem. Art. 34 GG i.V.m. § 839 BGB gegen das Insolvenzgericht geltend zu machen (vgl. dazu näher *Uhlenbruck*, § 21 InsO Rz. 56).
6 *Rüther* in Hamburger Kommentar zum Insolvenzrecht, § 6 InsO Rz. 28.
7 BGH v. 1. 12. 2005 – IX ZB 208/05, NZI 2006, 122, 123.

II. Wahrnehmung von Verfahrensrechten als Pflicht des Geschäftsführers *(Uhlenbruck)*

1. Interne Verfahrenspflichten des Geschäftsführers

5.267 Ein Geschäftsführer ist zwar nicht selbst Träger der Schuldnerrolle, jedoch nimmt er im Insolvenzeröffnungsverfahren die Rolle des Schuldners für die GmbH wahr und ist somit Schuldnervertreter[1]. Auch wenn das Gericht **Sicherungsmaßnahmen nach § 21 InsO** anordnet, bleiben die verfahrensmäßigen Rechte und Pflichten der Geschäftsführer bestehen. Diese Verfahrensrechte sind im Innenverhältnis zur GmbH **dienstvertragliche Verfahrenspflichten**. Mit der Zulassung des Insolvenzantrags durch das Insolvenzgericht treffen den oder die Geschäftsführer einer GmbH bzw. GmbH & Co. KG über die dienstvertraglichen Pflichten hinaus sämtliche verfahrensrechtlichen Pflichten, die ihm vom Gesetz oder vertraglich zugewiesen werden. Ein Geschäftsführer ist sowohl auf Grund seiner Organstellung als auch dienstvertraglich gegenüber der GmbH verpflichtet, die schuldnerischen Verfahrensrechte für die Gesellschaft in optimaler Weise wahrzunehmen[2]. Bei fehlerhaftem Bestellungsakt kann im Einzelfall auch ein sog. **faktischer Geschäftsführer** verpflichtet sein, die verfahrensrechtlichen Befugnisse für die Gesellschaft wahrzunehmen. Legt dagegen ein Geschäftsführer sein Amt im Insolvenzeröffnungsverfahren der GmbH nieder oder wird er von den Gesellschaftern abberufen, so reduzieren sich seine Pflichten gem. § 101 Abs. 1 Satz 2, § 97 Abs. 1 InsO auf die gesetzlichen Auskunftspflichten. Zur Wahrnehmung von Verfahrensrechten, wie z.B. zur Einlegung einer Rechtsbeschwerde, ist der ausgeschiedene Geschäftsführer nicht mehr befugt. Im Einzelfall ist immer zu prüfen, ob eine Amtsniederlegung oder Amtsenthebung missbräuchlich ist, weil sie nur erfolgt, um sich verfahrensrechtlichen Pflichten zu entziehen.

a) Pflichten bei streitigem Eigenantrag

5.268 Grundsätzlich hat sich der oder haben sich die Geschäftsführer gegen einen unberechtigten Gläubigerantrag zur Wehr zu setzen. Das gilt auch für einen unberechtigten Eigenantrag eines Mitgeschäftsführers. Nicht selten besteht Uneinigkeit zwischen Geschäftsführern über das Vorliegen eines Insolvenzgrundes und damit einer Antragspflicht nach § 15a Abs. 1 InsO. Nach § 15 Abs. 1 InsO ist zum Antrag auf Eröffnung eines Insolvenzverfahrens über das Vermögen einer GmbH außer den Gläubigern **jedes Mitglied des Vertretungsorgans berechtigt**. Liegt der Insolvenzgrund der Zahlungsunfähigkeit (§ 17 InsO) oder der Überschuldung (§ 19 InsO) vor, ist jeder Geschäftsführer gem. § 15a InsO verpflichtet, ohne schuldhaftes Zögern, spätestens aber drei Wochen nach Vorliegen des Insolvenzgrundes Insolvenzantrag für die Gesellschaft zu stellen. Trotz Meinungsverschiedenheiten kann also bei mehrköpfi-

---

1 So *Henssler* in Kölner Schrift zur InsO, S. 1283, 1296, Rz. 30; *Kübler/Prütting/Noack*, InsO, Gesellschaftsrecht Rz. 302; *Uhlenbruck*, GmbHR 2005, 817, 822; *Uhlenbruck*, GmbHR 1999, 390, 391. Umfassend zur Stellung der Geschäftsführer in der Insolvenz der GmbH auch *Scholz/Karsten Schmidt*, 9. Aufl., vor § 64 GmbHG Rz. 66.

2 S. *Uhlenbruck*, GmbHR 2005, 817, 822.

ger Geschäftsführung ein einzelner Geschäftsführer für die GmbH einen Insolvenzeigenantrag stellen. Um der Gefahr eines Missbrauchs der Antragsbefugnis zu begegnen, ist in solchen Fällen Zulässigkeitsvoraussetzung, dass der Antragsteller **den Eröffnungsgrund glaubhaft macht** (§ 294 ZPO, § 15 Abs. 2 Satz 1 InsO). Nach § 15 Abs. 2 Satz 2 InsO ist bei Antragstellung durch den Gesellschafter einer führungslosen GmbH bzw. GmbH & Co. KG auch die **Führungslosigkeit glaubhaft zu machen**. Zudem hat das Insolvenzgericht gem. § 15 Abs. 2 Satz 3 InsO die **übrigen Geschäftsführer bzw. Gesellschafter zu hören**. Das rechtliche Gehör der oder des Mitgeschäftsführers dient dazu, demjenigen Geschäftsführer, der sich dem Insolvenzantrag nicht anschließt, Gelegenheit zu geben, mögliche Einwände vorzubringen. Bestreitet ein Mitgeschäftsführer im Rahmen der Anhörung das Vorliegen eines Insolvenzgrundes, stehen sich die antragsberechtigten Geschäftsführer in einem **quasi-streitigen Parteiverfahren** gegenüber[1]. Schließt sich der anzuhörende Geschäftsführer dem Insolvenzantrag an oder erhebt er keine Einwendungen, nimmt das Eröffnungsverfahren seinen Lauf. Ist der anzuhörende Geschäftsführer allerdings der Auffassung, dass der Insolvenzgrund trotz Glaubhaftmachung nicht vorliegt, trifft ihn gegenüber der Gesellschaft die Pflicht, dem Antrag des Mitgeschäftsführers entgegenzutreten und die Glaubhaftmachung durch Gegenglaubhaftmachung zu erschüttern. Der oder die Antragsteller haben ein Recht, zu den vorgebrachten Einwänden gehört zu werden und Stellung zu nehmen[2]. Gelingt dem anzuhörenden Mitgeschäftsführer die Gegenglaubhaftmachung nicht und eröffnet das Insolvenzgericht das Verfahren, so steht dem unterlegenen Geschäftsführer das **Recht der sofortigen Beschwerde** nach § 34 Abs. 2 InsO zu. Geschäftsführer, die die gesetzlich gebotene Insolvenzantragsstellung schuldhaft unterlassen oder verzögern, verletzen zugleich ihre organschaftlichen Pflichten gegenüber der Gesellschaft und **haften für den durch die Insolvenzverschleppung entstandenen Schaden**[3]. Gleiches gilt, wenn ein Mitgesellschafter im Rahmen der Anhörung nach § 15 Abs. 2 Satz 3 InsO das Vorliegen eines antragspflichtigen Insolvenzgrundes oder die Führungslosigkeit bestreitet.

b) Pflichten bei unberechtigtem Gläubigerantrag

Da das Insolvenzeröffnungsverfahren grundsätzlich als **quasi-streitiges Parteiverfahren** ausgestaltet ist, kann und muss sich der Geschäftsführer gegen den unzulässigen oder unbegründeten Insolvenzantrag eines Gläubigers zur Wehr setzen[4]. Er kann z.B. die Glaubhaftmachung der Forderung durch den Gläubiger (§ 14 Abs. 1 InsO) durch **Gegenglaubhaftmachung** (§ 294 ZPO) erschüttern[5]. Im Innenverhältnis ist ein Geschäftsführer gegenüber der Gesellschaft verpflichtet, ggf. **Zulässigkeitsvoraussetzungen** für den Gläubigerantrag zu be- 5.269

1 *Jaeger/H.-F. Müller*, § 15 InsO Rz. 50; *Uhlenbruck*, GmbHR 2005, 817, 822.
2 *Jaeger/H.-F. Müller*, § 15 InsO Rz. 50.
3 *Jaeger/H.-F. Müller*, § 15 InsO Rz. 111.
4 Vgl. auch *Götker*, Der Geschäftsführer in der Insolvenz der GmbH, 1999, Rz. 805, 806.
5 S. *Uhlenbruck*, § 14 InsO Rz. 80; *Braun/Uhlenbruck*, Unternehmensinsolvenz, S. 229.

streiten oder die **Begründetheit des Antrags**[1]. Bestreitet der Geschäftsführer die dem Gläubigerantrag **zugrundeliegende Forderung**, so ist die gerichtliche Handhabung unterschiedlich, je nachdem, ob es sich um eine nicht titulierte, nicht rechtskräftig titulierte oder rechtskräftig titulierte Forderung handelt[2]. Gegenüber einer Forderung, die nicht rechtskräftig tituliert, aber vorläufig vollstreckbar ist, kann der Geschäftsführer neben dem Bestreiten allgemeiner Zulässigkeitsvoraussetzungen, wie z.B. dem Rechtsschutzinteresse des Gläubigers, nur einwenden, dass vom Bestehen der streitigen Forderung zugleich auch der Insolvenzgrund abhängt[3]. **Bestreitet** der Geschäftsführer das **Vorliegen eines Insolvenzgrundes** (Zahlungsunfähigkeit oder Überschuldung) mit ernst zu nehmenden Gründen, so hat das Insolvenzgericht nach § 5 InsO Amtsermittlungen anzustellen, denn die Eröffnung des Insolvenzverfahrens über das Vermögen der GmbH oder GmbH & Co. KG setzt voraus, dass **ein Eröffnungsgrund gegeben** ist (§ 16 InsO). Wegen der wirtschaftlichen Tragweite der Entscheidung für die GmbH haben die Ermittlungen besonders sorgfältig zu erfolgen. Im Regelfall wird das Gericht auf die **Einschaltung eines Sachverständigen** nicht verzichten können[4], wobei umstritten ist, ob der Geschäftsführer zu dem Sachverständigengutachten **erneut gehört** werden muss[5]. Deshalb sollte der Geschäftsführer sich rechtzeitig um das Ergebnis der Sachverständigenermittlungen kümmern und ggf. Einwendungen gegen das Gutachten erheben.

c) Schutzschrift und Vollstreckungsschutz im Insolvenzeröffnungsverfahren

5.270 Zweifelhaft ist, ob die Geschäftsführung berechtigt und u.U. verpflichtet ist, bei drohendem Insolvenzantrag eine Schutzschrift bei dem zuständigen Insolvenzgericht einzureichen, bevor überhaupt ein Insolvenzantrag gestellt ist. In dieser Schutzschrift wird oftmals beantragt, für den Fall eines Insolvenzantrags ohne vorherige Anhörung keine Sicherungsmaßnahmen nach § 21 InsO anzuordnen. Die **Zulässigkeit von Schutzschriften ist umstritten**[6]. Das OLG Koblenz[7] hat darüber hinaus einen Anspruch des Schuldners gegenüber dem

1 *Götker*, Der Geschäftsführer in der Insolvenz der GmbH,1999, Rz. 807; *Uhlenbruck*, GmbHR 2005, 817, 822.

2 Einzelheiten bei *Uhlenbruck*, § 14 InsO Rz. 91 ff.

3 Vgl. BGH v. 19. 12. 1991 – III ZR 9/91, ZIP 1992, 947, 948; OLG Köln v. 29. 2. 1988 – 2 W 9/88, ZIP 1988, 664, 665; OLG Köln v. 18. 5. 1989 – 2 W 41/89, ZIP 1989, 789, 790; *Uhlenbruck*, § 14 InsO Rz. 94; eingehend auch *Götker*, Der Geschäftsführer in der Insolvenz der GmbH, 1999, Rz. 811 ff.

4 *Braun/Uhlenbruck*, Unternehmensinsolvenz, S. 232; *Uhlenbruck*, § 14 InsO Rz. 96; *Jaeger/H.-F. Müller*, § 16 InsO Rz. 13; *Rendels*, NZG 1998, 839; *Wessels*, DZWIR 1999, 230; *J.-S. Schröder* in Hamburger Kommentar zum Insolvenzrecht, § 16 InsO Rz. 10.

5 Verneinend *Jaeger/Gerhardt*, § 14 InsO Rz. 38.

6 Ablehnend *Uhlenbruck*, § 10 InsO Rz. 12; *Uhlenbruck* in Gottwald, Insolvenzrechts-Handbuch, § 12 Rz. 35; *Götker*, Der Geschäftsführer in der Insolvenz der GmbH, 1999, Rz. 806; bejahend *Schmerbach* in Frankfurter Kommentar zur InsO, § 14 InsO Rz. 107; *Frege/Keller/Riedel*, Insolvenzrecht (HRP), 7. Aufl. 2008, Rz. 571 ff.; *Bichlmeier*, DZWIR 2000, 62.

7 OLG Koblenz v. 17. 11. 2005 – 10 W 705/05, NZI 2006, 353.

Gläubiger bejaht, die **Stellung eines Insolvenzantrags zu unterlassen**, wenn der Gläubiger sich durch den unberechtigt gestellten Insolvenzantrag dem Schuldner gegenüber schadensersatzpflichtig machen würde. Dies gilt allerdings nicht bei jedem unberechtigt gestellten Insolvenzantrag. Streitig ist auch, ob die **Vollstreckungsschutzvorschrift des § 765a ZPO** gegenüber einem Antrag auf Eröffnung des Insolvenzverfahrens über das Vermögen der GmbH anwendbar ist[1]. Nach wohl richtiger Meinung passt die Vorschrift des § 765a ZPO nicht auf das Insolvenzeröffnungsverfahren als Gesamtvollstreckung. Im Hinblick auf die Streitfrage ist jedoch einem Geschäftsführer anzuraten, im Zweifelsfall bei drohendem (unberechtigtem) Gläubigerantrag eine Schutzschrift bei dem zuständigen Insolvenzgericht einzureichen und auch den Rechtsschutz durch das Prozessgericht nach § 765a ZPO zu beantragen[2].

2. Nutzung von Sanierungschancen

a) Pflicht zur Planinitiative (§ 218 Abs. 1 Satz 2 InsO)

Nach § 218 Abs. 1 Satz 1 InsO ist der Schuldner, d.h. der GmbH-Geschäftsführer zur Vorlage eines Insolvenzplans an das Insolvenzgericht berechtigt. 5.271
Die Vorlage durch den Geschäftsführer kann mit dem Antrag auf Eröffnung des Insolvenzverfahrens verbunden werden (§ 218 Abs. 1 Satz 2 InsO). Kommt ein Geschäftsführer oder kommen mehrere Geschäftsführer nach dem Ergebnis des Insolvenzeröffnungsverfahrens zu dem Schluss, dass das Verfahren eröffnet wird oder bei drohender Zahlungsunfähigkeit (§ 18 InsO) eröffnet werden soll, und wird die **Sanierungsfähigkeit der GmbH oder GmbH & Co. KG** nach eingehender Schwachstellenanalyse bejaht, so besteht eine **interne Pflicht zur Planinitiative** gegenüber der Gesellschaft[3]. Die rechtzeitige Vorlage eines Insolvenzplans ist zwingende Voraussetzung, wenn eine gerichtliche Sanierung angestrebt wird, oder eine günstigere, vom Regelverfahren abweichende Verwertungsmöglichkeit besteht[4]. Für den Fall einer aussichtsreichen Sanierung durch Insolvenzplan wird das Recht zur Planinitiative für den Geschäftsführer zur **internen Pflicht zur Planinitiative**[5]. Die Möglichkeit der Vorlage eines **„prepackaged plan"** mit der Antragstellung bedeutet nicht nur zeitlichen Vorsprung hinsichtlich der Planinitiative, sondern zugleich auch die Chance, eigene Vorstellungen hinsichtlich der Sanierungsgestaltung in das Insolvenzverfahren einzubringen. Der Insolvenzplan sollte in jedem Fall von dem oder den Geschäftsführern vor Einreichung bei Gericht **mit dem Gesellschaftern abgestimmt** werden, vor allem, wenn der Plan gesellschaftsrechtliche Maßnahmen, wie z.B. einen Kapitalschnitt oder einen Forderungsverzicht

1 Verneinend *Uhlenbruck*, § 14 InsO Rz. 97; *Arnold* in Münchener Kommentar zur ZPO, § 765a ZPO Rz. 21; *Schmahl* in Münchener Kommentar zur InsO, § 14 InsO Rz. 59 ff.; *Jaeger/Gerhardt*, § 15 InsO Rz. 43; bejahend für natürliche Personen BGH v. 16. 10. 2008 – IX ZB 77/08, NZI 2009, 48.

2 *Uhlenbruck*, GmbHR 2005, 817, 822.

3 *Uhlenbruck*, GmbHR 2005, 817, 824; *Götker*, Der Geschäftsführer in der Insolvenz der GmbH, 1999, Rz. 827.

4 *Götker*, Der Geschäftsführer in der Insolvenz der GmbH, 1999, Rz. 827.

5 *Götker*, Der Geschäftsführer in der Insolvenz der GmbH, 1999, Rz. 536; *Uhlenbruck*, GmbHR 2005, 817, 824; *Uhlenbruck*, GmbHR 1999, 390, 398 f.

vorsieht. Im Außenverhältnis fällt die Vorlage eines Insolvenzplans in die Zuständigkeit des oder der Geschäftsführer der GmbH. Intern dagegen ist die Entscheidung über Liquidation und Fortführung der Gesellschaft primär von den Gesellschaftern zu treffen. Deshalb sind die Geschäftsführer verpflichtet, einen von ihnen erstellten Insolvenzplan zunächst von den Gesellschaftern bestätigen zu lassen, bevor sie ihn dem Insolvenzgericht vorlegen[1]. Weitere Einzelheiten zum Planinitiativrecht und Insolvenzplan unten Rz. 8.1 ff.

b) Antrag auf Eigenverwaltung (§ 270 InsO)

5.272 Neben dem sog. Regelinsolvenzverfahren und dem Insolvenzplanverfahren sieht das Gesetz in den §§ 270 ff. InsO die Möglichkeit vor, dass die GmbH oder GmbH & Co. KG im Rahmen der Eigenverwaltung berechtigt ist, unter Aufsicht eines Sachwalters die Insolvenzmasse selbst zu verwalten und über sie zu verfügen[2]. Da die Eigenverwaltung **erhebliche Vorteile für das Schuldnerunternehmen** mit sich bringt, da die GmbH ihre eigene Insolvenz abzuwickeln berechtigt ist, besteht bei Vorliegen der Voraussetzungen eine **interne Verpflichtung der Geschäftsführer**, die Eigenverwaltung zu beantragen (§ 270 Abs. 2 Nr. 1 InsO). Die Eigenverwaltung wird nur auf Antrag, nicht dagegen von Amts wegen angeordnet. Weiterhin muss nach dem Umständen zu erwarten sein, dass die Anordnung nicht zu einer Verzögerung des Verfahrens oder zu sonstigen Nachteilen für den Gläubiger führen wird (§ 270 Abs. 2 Nr. 3 InsO). Hat ein Gläubiger den Insolvenzantrag gestellt, ist weitere Voraussetzung, dass dieser Gläubiger dem Antrag auf Eigenverwaltung zustimmt (§ 270 Abs. 2 Nr. 2 InsO). **Zu beachten ist**, dass der Antrag auf Eigenverwaltung vom Geschäftsführer **nur im Rahmen des Insolvenzeröffnungsverfahrens** gestellt werden kann, denn nach § 270 Abs. 1 Satz 1 InsO entscheidet das Insolvenzgericht über den Antrag mit der Eröffnung des Insolvenzverfahrens. Eine spätere Antragstellung ist nicht möglich. Weist das Gericht den Antrag auf Anordnung der Eigenverwaltung im Eröffnungsbeschluss ab, so ist nach h.M. die Entscheidung unanfechtbar[3]. Einzelheiten zur Eigenverwaltung unten Rz. 9.1 ff. und 9.12 ff.

---

1 *Götker*, Der Geschäftsführer in der Insolvenz der GmbH, 1999, Rz. 549; *Uhlenbruck*, GmbHR 2005, 817, 824.

2 Näheres zur Eigenverwaltung unten Rz. 9.1 ff.; *Huhn*, Die Eigenverwaltung im Insolvenzverfahren, 2003; *H. Prütting*, Insolvenzabwicklung durch Eigenverwaltung und die Anordnung der Zustimmung des Sachwalters, FS Kirchhof, 2003, S. 433 ff.; *Dietrich*, Die Eigenverwaltung als Sanierungsweg nach dem neuen Insolvenzrecht, 2002; *Uhlenbruck*, § 270 InsO Rz. 1 ff.

3 BGH v. 11. 1. 2007 – IX ZB 85/05, ZIP 2007, 394 ff.; *Wittig/Tetzlaff* in Münchener Kommentar zur InsO, § 270 InsO Rz. 117; *Kübler/Prütting/Bork/Pape*, § 270 InsO Rz. 22; *Uhlenbruck*, § 270 InsO Rz. 20; str., a.A. *Uhlenbruck*, ZInsO 2003, 821 f.; *Uhlenbruck*, GmbHR 2005, 817, 825 f.; *Bork*, Einführung in das Insolvenzrecht, 4. Aufl. 2005, Rz. 403, S. 209 Fn. 6.

III. Pflichten des Geschäftsführers nach Zulassung des Insolvenzantrags

1. Einköpfige und mehrköpfige Geschäftsführung *(Karsten Schmidt)*

Die Verfahrenspflichten der Geschäftsführer nach der Zulassung des Insolvenzantrags basieren auf der **Organstellung**, nicht auf dem mit dem Geschäftsführer abgeschlossenen Dienstvertrag. Sie treffen den bzw. die Geschäftsführer als Organ. Nach dem Geist der GmbH-Reform 2008 (MoMiG) müssten sie im Fall der Führungslosigkeit (dazu Rz. 5.5, 11.56 ff.) den Gesellschaftern zufallen, aber ein allgemeines Institut subsidiärer Selbstorganschaft[1], also einen allgemeinen Anfall der Geschäftsleiterposition an die Gesellschafter kennt das Gesetz auch nach der Reform nicht[2]. Ggf. muss also analog § 29 BGB ein Notgeschäftsführer bestellt werden. Schwieriger ist die Frage der Pflichtzuständigkeit im Fall einer **Gesamtgeschäftsführung**. Soweit eine Geschäftsführungshandlung in der Abgabe einer Willenserklärung besteht, bleibt § 35 Abs. 2 Satz 2 InsO maßgebend, so dass Gesamtvertreter gemeinsam handeln müssen, sofern dies nicht anders bestimmt worden ist (Gesellschaftsvertrag; wechselseitige Ermächtigung). Geschäftsführerpflichten, die auf reine Tathandlungen (z.B. Informationen) oder Unterlassungen hinauslaufen, treffen jeden Geschäftsführer separat. Mehrere Geschäftsführer stehen unter Gesamtverantwortung, aber diese trifft jeden individuell. Im Fall einer **GmbH & Co. KG** treffen diese Pflichten mittelbar gleichfalls die Geschäftsführer (formal gesprochen: die durch den oder die Geschäftsführer handelnde Komplementär-GmbH). 5.273

2. Pflicht zur Beachtung gerichtlicher Sicherungsmaßnahmen *(Vallender)*

Da sich ein Insolvenzeröffnungsverfahren über eine geraume Zeit erstrecken kann, hat der Insolvenzrichter darauf zu achten, dass sich bis zu einer etwaigen Verfahrenseröffnung keine nachteiligen Veränderungen in der Vermögenslage des Schuldners ergeben. Um dies zu gewährleisten, sieht die **Generalklausel des § 21 Abs. 1 InsO** ausdrücklich vor, dass das Gericht insoweit alle erforderlich erscheinenden Maßnahmen zu treffen hat. Die **Wahl der Sicherungsmaßnahmen** unterliegt dem pflichtgemäßen Ermessen des Insolvenzgerichts[3]. Ein entsprechender Antrag des antragstellenden Gläubigers bedarf keiner Bescheidung durch das Gericht, sondern ist allenfalls als Anregung aufzufassen. Die wichtigsten konkreten – allerdings nicht abschließend geregelten – Sicherungsmaßnahmen finden sich in **§ 21 Abs. 2 InsO:** die Bestellung eines vorläufigen Insolvenzverwalters, der Erlass eines allgemeinen Verfügungsverbots sowie die Untersagung oder Einstellung von Vollstreckungsmaßnahmen in das bewegliche Vermögen des Schuldners, die Anordnung der Postsperre sowie die Anordnung eines Einziehungs- und Verwertungsverbotes gegenüber 5.274

1 Zu diesem Gedanken vgl. *Karsten Schmidt* in VGR (Hrsg.), Die GmbH-Reform in der Diskussion, 2006, S. 143, 149 f.
2 *Karsten Schmidt*, GmbHR 2007, 1, 2 f.
3 BGH v. 1. 12. 2005 – IX ZB 208/05, NZI 2006, 122, 123.

Gläubigern nach Maßgabe von Ziffer 5[1]. Als ultima ratio kommen die zwangsweise Vorführung oder nach vorheriger Anhörung des Schuldners der Erlass eines Haftbefehls in Betracht (§ 21 Abs. 3 InsO). Das gilt auch für organschaftliche Vertreter.

5.275 Als Schuldnervertreter hat der **Geschäftsführer der GmbH** die vom Insolvenzgericht angeordneten Sicherungsmaßnahmen zu beachten. Durch den Insolvenzantrag ändert sich seine organschaftliche Stellung nicht; er **bleibt im Amt**. Es bleibt bei der Zuständigkeit der Gesellschafterversammlung für die Bestellung und die Abberufung der Geschäftsführer, soweit der Gesellschaftsvertrag nichts anderes vorsieht[2]. Allerdings darf der Geschäftsführer nur noch solche Aufgaben wahrnehmen, die nicht die Insolvenzmasse betreffen[3]. An seiner gesellschaftsrechtlichen Stellung ändert auch die Anordnung einer starken vorläufigen Insolvenzverwaltung nichts. Weder der starke vorläufige Insolvenzverwalter noch der mit einer entsprechenden Ermächtigung ausgestattete schwache vorläufige Insolvenzverwalter ist befugt, den Geschäftsführer abzuberufen (vgl. § 46 Nr. 5 GmbHG)[4]; er kann allenfalls dessen Anstellungsvertrag kündigen[5]. Da mit Eröffnung des Insolvenzverfahrens angeordnete Sicherungsmaßnahmen des Insolvenzgerichts ihre Erledigung finden, ist eine Sachentscheidung nicht mehr möglich. Fraglich erscheint deshalb, ob sich der abberufene Geschäftsführer mit Erfolg gegen die Maßnahme des vorläufigen Insolvenzverwalters zur Wehr setzen kann. In Betracht kommt allenfalls ein Fortsetzungsfeststellungsantrag, auf Grund dessen die Rechtswidrigkeit der auf Grund der Anordnung der starken vorläufigen Insolvenzverwaltung oder der entsprechenden Ermächtigung ausgesprochenen Entlassung aus dem Amt des Geschäftsführers auszusprechen ist. Dessen Zulassung sehen indes weder die Insolvenzordnung noch die Zivilprozessordnung vor. Ein solcher Antrag kommt allenfalls aus verfassungsrechtlichen Gründen in Betracht, wenn die beanstandete Maßnahme einen tief greifenden Grundrechtseingriff bedeutet, die im Zeitpunkt des eingelegten Rechtsmittels noch fortwirkt[6].

5.276 Eine – zulässige – **erhebliche Einschränkung** erfährt die **Unternehmensleitungsbefugnis** des Geschäftsführers insbesondere bei der **Anordnung einer vorläufigen Insolvenzverwaltung.** § 22 InsO bestimmt dabei im Einzelnen das Verhältnis des Schuldners bzw. seines organschaftlichen Vertreters zum vorläufigen Insolvenzverwalter. Nach Abs. 1 der Vorschrift geht im Falle eines Verfügungsverbots die Verwaltungs- und Verfügungsbefugnis über das Vermögen des Schuldners auf den vorläufigen Insolvenzverwalter über. Im Außenverhältnis erhält der vorläufige Insolvenzverwalter damit rechtlich insoweit die Stellung des Insolvenzverwalters im eröffneten Verfahren nach §§ 80 bis

1 Eingefügt durch das Gesetz zur Vereinfachung des Insolvenzverfahrens vom 13. 4. 2007, BGBl. I 2007, 509.

2 Vgl. BGH v. 11. 1. 2007 – IX ZB 271/04, NZI 2007, 231 = ZIP 2007, 438.

3 BGH v. 26. 1. 2006 – IX ZR 282/03, ZInsO 2006, 260.

4 BGH v. 11. 1. 2007 – IX ZB 271/04, NZI 2007, 231, 233 m. zust. Anm. *Gundlach/Frenzel.*

5 BGH v. 11. 1. 2007 – IX ZB 271/04, NZI 2007, 231, 233; *Henssler* in Kölner Schrift zur InsO, S. 1287 Rz. 10 ff.

6 Vgl. BGH v. 4. 3. 2004 – IX ZB 133/03, NZI 2004, 312.

82 InsO. Die „Entmachtung" des Geschäftsführers bei Anordnung einer sogen. „starken" vorläufigen Insolvenzverwaltung wird insbesondere im Falle einer **Unternehmensfortführung** deutlich. Den vorläufigen Insolvenzverwalter trifft nach § 22 Abs. 1 Satz 2 Nr. 2 InsO die Pflicht, ein Unternehmen, das der Schuldner im Zeitpunkt der Anordnung betreibt, fortzuführen. Anstelle des Geschäftsführers übernimmt der vorläufige Insolvenzverwalter die Befugnis zur Leitung des Unternehmens und damit auch die üblichen betrieblichen Angelegenheiten wie z.B. die Aufrechterhaltung der Produktion, Ein- und Verkauf und Forderungseinziehung, **Ausübung der Arbeitgeberbefugnisse**. Dieser Wechsel lässt indes die Auskunfts- und Mitwirkungspflichten des organschaftlichen Vertreters der GmbH unberührt (näher dazu Rz. 5.280 ff. und 5.288 ff.).

Die Befugnis, **Betretungsverbote in Bezug auf die Betriebsgrundstücke** auszusprechen, ist ein **Ausschnitt aus dem Hausrecht**, das dem vorläufigen Insolvenzverwalter dann, wenn ein allgemeines Verfügungsverbot angeordnet worden ist, schon nach § 22 Abs. 1 InsO zusteht. Damit ist dem starken vorläufige Insolvenzverwalter oder dem entsprechend ermächtigtem schwachen vorläufigen Insolvenzverwalter die Rechtsmacht verliehen, auch gegenüber dem Geschäftsführer der Gesellschaft den Zutritt zum Betriebsgelände von seiner Zustimmung abhängig zu machen[1]. 5.277

Bestellt das Insolvenzgericht einen vorläufigen Insolvenzverwalter, ohne dass dem Schuldner ein allgemeines Verfügungsverbot auferlegt wird, so bestimmt gem. § 22 Abs. 2 Satz 1 InsO das Insolvenzgericht die Pflichten des vorläufigen Insolvenzverwalters[2]. Korrespondierend hiermit werden auch die vom Geschäftsführer zu beachtenden **Duldungspflichten** festgelegt[3]. So hat er dem vorläufigen Insolvenzverwalter zu gestatten, die Geschäftsräume der GmbH zu betreten und dort Nachforschungen anzustellen sowie Einsicht in die Bücher und Geschäftspapiere des Unternehmens zu nehmen (§ 22 Abs. 3 Satz 1 und 2 InsO). Behindert der Geschäftsführer den vorläufigen Insolvenzverwalter bei der Erfüllung seiner Pflichten, kann das Insolvenzgericht zur Durchsetzung dieser Pflichten Zwangsmaßnahmen anordnen (§ 22 Abs 3 Satz 3 i.V.m. § 98 InsO). Es kann aber auch von dem milderen Mittel der Herausgabevollstreckung Gebrauch machen[4]. 5.278

Vor allem bei **Eigenanträgen** liegt die Anordnung von Sicherungsmaßnahmen regelmäßig auch im Interesse der Geschäftsführer, weil oft große Unkenntnis darüber entsteht, welche Befugnisse organschaftliche Vertreter des insolventen Schuldners im Insolvenzeröffnungsverfahren haben. Darüber hinaus sehen sie ihre eigene Rechtsposition im Hinblick auf mögliche Schadensersatzansprüche Dritter durch die Bestellung eines vorläufigen Insolvenzverwalters besser gewahrt. 5.279

1 BGH v. 11. 1. 2007 – IX ZB 271/04, NZI 2007, 230, 233.
2 In der insolvenzrechtlichen Praxis stellt die Bestellung eines vorläufigen Insolvenzverwalters mit allgemeinem Zustimmungsvorbehalt zur Sicherung der Masse die Regel dar (vgl. auch *Fritsche*, DZWIR 2005, 265 ff.).
3 *Götker*, Der Geschäftsführer in der Insolvenz der GmbH, Rz. 778.
4 *Uhlenbruck*, § 22 InsO Rz. 213.

3. Auskunftspflichten

5.280 Im Insolvenzeröffnungsverfahren ist der **Geschäftsführer der GmbH** nicht selbst Träger der Schuldnerrolle. Er nimmt vielmehr für die GmbH diese Position wahr und ist insoweit Schuldnervertreter[1]. Ihn trifft die Auskunftspflicht nach Maßgabe des § 20 Abs. 1 Satz 1 InsO[2]. Bei einer **GmbGH & Co. KG** sind die Geschäftsführer der persönlich haftenden GmbH auskunftspflichtig.

a) Gegenüber dem Insolvenzgericht

5.281 **§ 20 Abs. 1 Satz 1 InsO** normiert die Auskunftspflicht des Schuldners im Eröffnungsverfahren gegenüber dem Insolvenzgericht. Sie trifft den Geschäftsführer höchstpersönlich. Er kann sich durch einen Rechtsanwalt zwar beraten, nicht aber vertreten lassen[3]. Das Insolvenzgericht kann jedoch gestatten, dass sich der Geschäftsführer fernmündlich oder schriftlich äußert oder dass die Auskunft durch einen Dritten erteilt wird[4].

5.282 Das Entstehen der Auskunftspflicht gegenüber dem Insolvenzgericht setzt einen zulässigen Eröffnungsantrag – gleichgültig, ob vom Gläubiger oder vom Schuldner gestellt – voraus. Seiner Auskunftspflicht genügt der Geschäftsführer der GmbH nur dann, wenn er **umfassende Auskünfte** über die Vermögensverhältnisse der Gesellschaft erteilt[5], insbesondere ein Verzeichnis der Gläubiger und Schuldner vorlegt und eine geordnete Übersicht der Vermögensgegenstände der GmbH bzw. der GmbH & Co. KG einreicht[6]. Die Auskunftspflicht erstreckt sich insbesondere auf die Umstände des Entstehens von Forderungen und Verbindlichkeiten[7]. Dem organschaftlichen Vertreter ist zuzumuten, nach vorhandenen Unterlagen zu forschen und diese zusammenzustellen[8]. Er darf sich nicht darauf beschränken, sein präsentes Wissen

1 *Henssler* in Kölner Schrift zur InsO, S. 1296 ff.; *Haas* in Gottwald, Insolvenzrechts-Handbuch, § 92 Rz. 113.

2 *Vallender*, ZIP 1996, 530 ff.

3 *Kübler/Prütting/Bork/Pape,* § 20 InsO Rz. 5; *Nerlich/Römermann/Mönning*, § 20 InsO Rz. 12; *Schmahl* in Münchener Kommentar zur InsO, § 20 InsO Rz. 33.

4 *Passauer/Stephan* in Münchener Kommentar zur InsO, § 97 InsO Rz. 22. Die grundsätzliche Pflicht zur persönlichen und mündlichen Auskunftserteilung bleibt daneben bestehen.

5 In einem Insolvenzverfahren über sein persönliches Vermögen ist der Geschäftsführer der GmbH indes nicht verpflichtet, Auskünfte über das Vermögen der GmbH zu erteilen, damit ermittelt werden kann, ob Kosten für eventuelle Aushilfskräfte durch eine Übertragung dieser Arbeiten auf den Geschäftsführer vermeidbar wären. Nach zutreffender Ansicht des LG Dortmund (v. 23. 5. 2005 – 9 T 127/05, NZI 2005, 459) betreffen entsprechende Fragen die Organisation der GmbH und nicht die Arbeit oder das Einkommen des Geschäftsführers. AG Köln v. 5. 11. 2003 – 71 IN 25/02, NZI 2004, 155, 156.

6 BGH v. 3. 2. 2005 – IX ZB 37/04, ZInsO 2005, 264; BGH v. 17. 2. 2005 – IX ZB 62/04, ZIP 2005, 722, 726.

7 AG Köln v. 5. 11. 2003 – 71 IN 25/02, NZI 2004, 155, 156.

8 So OLG Hamm v. 15. 10. 1979 – 8 U 149/78, ZIP 1980, 280 zu § 100 KO; *Henssler* in Kölner Schrift zur InsO, S. 1301 Rz. 41; *Passauer/Stephan* in Münchener Kommentar zur InsO, § 97 InsO Rz. 19.

mitzuteilen. Vielmehr kann er auch verpflichtet sein, die **Vorarbeiten zu erbringen**, die für eine sachdienliche Auskunft erforderlich sind, wobei hierzu auch das Forschen nach vorhandenen Unterlagen und deren Zusammenstellung gehören kann[1]. Ebenso wie bei der Vollstreckung titulierter Ansprüche nach §§ 899, 910 ZPO sowie §§ 889, 888 ZPO sind die vom Schuldner verlangten Auskunfts- und Mitwirkungshandlungen inhaltlich nach Art und Umfang so bestimmt zu bezeichnen, dass die Aufforderung aus sich heraus verständlich ist und auch für den Schuldner erkennen lässt, was verlangt wird. So genügt die Aufforderung, die „angeforderten Einnahmen- und Ausgabenbelege" sowie Kassenbücher „für den Zeitraum ab der Insolvenzeröffnung bis zum heutigen Tage vorzulegen, nicht den Bestimmtheitsanforderungen, die an eine mit Zwangsmaßnahmen zu vollstreckende **Mitwirkungshandlung des Schuldners** zu stellen sind. Vielmehr ist das Auskunftsersuchen in der Weise zu konkretisieren, dass die geforderten Belege näher bezeichnet werden[2].

Für die GmbH ist **jeder Geschäftsführer auskunftspflichtig**[3]. **Den faktischen Geschäftsführer** trifft die Auskunftspflicht, wenn er tatsächlich eine Funktion ausübt, die einer der in § 15 InsO genannten Stellungen entspricht[4]. Nach §§ 20 Abs. 1 Satz 2, 101 Abs. 1 Satz 2 InsO ist auch der Geschäftsführer auskunftspflichtig, der **nicht früher als zwei Jahre** vor dem Antrag auf Eröffnung des Insolvenzverfahrens aus der Geschäftsführung ausgeschieden ist. Die Pflicht trifft die Ausgeschiedenen als frühere Organe, nicht als Zeugen[5]. Die Auskunftspflicht kann mit den Mitteln des § 98 InsO erzwungen werden. Das Insolvenzgericht wird den ausgeschiedenen Geschäftsführer jedoch nur dann heranziehen, wenn die Auskunft des gegenwärtigen organschaftlichen Vertreters nicht ausreicht oder nicht zu erlangen ist. Wer von mehreren Geschäftsführern die Auskunft erteilt, ist den organschaftlichen Vertretern der Gesellschaft überlassen, wenn das Gericht die Gesellschaft zur Auskunftserteilung aufgefordert hat. Entscheidend ist, dass die Auskünfte erteilt werden, die zur Entscheidung über den Eröffnungsantrag erforderlich sind. Ein **Aussageverweigerungsrecht** steht dem Geschäftsführer nicht zu. Er hat auch die Tatsachen anzugeben, die ihn der Gefahr einer Strafverfolgung aussetzen[6]. Solche Tatsachen dürfen jedoch in einem gegen den Schuldner (die auskunftspflichtige Person) gerichteten Verfahren nur mit seiner Zustimmung verwendet werden (§§ 20 Abs. 1 Satz 2, 97 Abs. 1 Satz 3 InsO). Das **Verwendungsverbot** hat zur Folge, dass eine vom Geschäftsführer erteilte Auskunft auch nicht als Grund- 5.283

1 BGH v. 19. 1. 2006 – IX ZB 14/3, ZInsO 2006, 264, 265; OLG Hamm v. 15. 10. 1979 – 8 U 149/78, ZIP 1980, 280, 281

2 BGH v. 17. 2. 2005 – IX ZB 62/04, ZIP 2005, 722, 725 = NZI 2005, 263.

3 OLG Köln v. 6. 9. 1999 – 2 W 163/99, NZI 1999, 459; *Kirchhof* in Heidelberger Kommentar zur InsO, § 20 InsO Rz. 4; *Uhlenbruck*, GmbHR 1995, 195, 1999.

4 *Vallender*, ZIP 1996, 530 ff.; *Uhlenbruck*, KTS 1997, 390; *Kübler/Prütting/Bork/Pape*, § 20 InsO Rz. 3; *Kirchhof* in Heidelberger Kommentar zur InsO, § 20 InsO Rz. 4, § 15 InsO Rz. 6.

5 *Passauer/Stephan* in Münchener Kommentar zur InsO, § 101 InsO Rz. 24; *Uhlenbruck* in Kölner Schrift zur InsO, S. 1154, 1184.

6 Vgl. BVerfG v. 13. 1. 1981 – 1 BvR 116/77, BVerfGE 56, 37.

lage für weitere Ermittlungen mit dem Ziel der Schaffung selbständiger Beweismittel eingesetzt werden darf[1]. Dagegen vertreten Staatsanwaltschaften teilweise die Auffassung, § 97 Abs. 1 Satz 3 InsO enthalte lediglich ein Beweisverwertungsverbot, nicht dagegen ein Beweiserhebungsverbot mit der Folge, dass die Strafverfolgungsbehörde sämtliche Informationen vollständig entnehmen, also auch Einsicht in das Gutachten eines Sachverständigen oder vorläufigen Insolvenzverwalters nehmen könne.

5.284 Dagegen fallen Tatsachen, die der Strafverfolgungsbehörde **bereits vor der Auskunftserteilung bekannt** waren, nicht unter des Verwertungsverbot[2]. Der Geschäftsführer kann sich seiner Pflicht zur Auskunftserteilung nicht durch den Hinweis entziehen, die Geschäftsunterlagen befänden sich bei einem Dritten, etwa dem Steuerberater oder der Staatsanwaltschaft[3].

b) Gegenüber dem vorläufigen Insolvenzverwalter

5.285 Hat das Insolvenzgericht einen **vorläufigen Insolvenzverwalter** bestellt, ist der Geschäftsführer verpflichtet, auch diesem **alle erforderlichen Auskünfte** zu erteilen (§§ 22 Abs. 3 Satz 3, 101 Abs. 1 Satz 1, 2 InsO)[4]. Darüber hinaus hat er ihm nach § 22 Abs. 3 Satz 2 InsO Einsicht in die Bücher und Geschäftspapiere der GmbH zu gestatten. Die Berechtigung zur Einsichtnahme erstreckt sich auf Datenträger, wenn die Gesellschaft ihre Bücher und Geschäftspapiere auch auf Datenträgern gespeichert hat[5].

5.286 Die Auskunftspflicht besteht unabhängig davon, ob dem vorläufigen Insolvenzverwalter das Verwaltungs- und Verfügungsrecht über das Schuldnervermögen übertragen worden ist[6]. Soweit das AG Duisburg[7] das Insolvenzgericht für befugt ansieht, im Insolvenzeröffnungsverfahren über das Vermögen der GmbH den vorläufigen Insolvenzverwalter zu ermächtigen, bei Kreditinstituten auch Auskünfte über deren Geschäftsbeziehungen zum Geschäftsführer der GmbH einzuholen, ist eine solche Anordnung von § 22 Abs. 3 InsO nicht

1 LG Stuttgart v. 21. 7. 2000 – 11 Qs 46/00, ZInsO 2001, 135; vgl. *Bittmann/Rudolph*, wistra 2001, 81 ff.; *Richter*, wistra 2000, 1 ff.; *Weyand*, ZInsO 2001, 108; *Haarmeyer*, Hoheitliche Beschlagnahme und Insolvenzbeschlag, 2000, Rz. 204; *Uhlenbruck*, GmbHR 2002, 941, 944.

2 LG Stuttgart v. 21. 7. 2000 – 11 Qs 46/00, ZInsO 2001, 135; *Eickmann* in Heidelberger Kommentar zur InsO, § 97 InsO Rz. 13.

3 *Vallender*, ZIP 1996, 529, 531.

4 Nach einer Verfügung der OFD Frankfurt a.M. v. 29. 3. 1999 – S 0130 A – 115 – St 1142, DStR 1999, 938 = ZInsO 2001, 747 sind die Finanzämter berechtigt, dem vorläufigen Insolvenzverwalter mit Verwaltungs- und Verfügungsbefugnis alle Auskünfte über Verhältnisse des Schuldners zu erteilen, die dieser zur Erfüllung seiner steuerlichen Pflichten im Rahmen der Betriebsfortführung benötigt. Darüber hinaus dürften ihm keine Auskünfte erteilt werden. Mit dem Gesetzeswortlaut steht dies nicht in Einklang (*Uhlenbruck*, GmbHR 2002, 941, 943).

5 *Uhlenbruck*, § 22 InsO Rz. 212; *Kirchhof* in Heidelberger Kommentar zur InsO, § 22 InsO Rz. 61.

6 *Braun/Uhlenbruck*, Unternehmensinsolvenz, S. 255; *Haas* in Gottwald, Insolvenzrechts-Handbuch, § 92 Rz. 118.

7 AG Duisburg v. 27. 9. 2000 – 60 IN 27/00, NZI 2000, 606.

gedeckt. Das **Bankgeheimnis** steht dem entgegen[1]. Ein Vorrang des § 97 Abs. 1 InsO ist abzulehnen.

Eine Auskunftspflicht des Geschäftsführers gegenüber einem vom Insolvenzgericht gem. § 4 InsO i.V.m. § 404 ZPO bestellten **Sachverständigen** besteht nicht. Daran ändert auch nichts der Umstand, dass die Funktion des Sachverständigen im Insolvenzeröffnungsverfahren nicht rein statisch, sondern tendenziell dynamisch ausgerichtet ist. Eine Erweiterung der auf Sichtung und Bewertung des schuldnerischen Vermögens angelegten Aufgaben des Sachverständigen kann mangels gesetzlicher Grundlage auch nicht im Beweisbeschluss des Insolvenzgerichts durch Zubilligung von Auskunftsansprüchen erreicht werden[2]. Weigert sich der Geschäftsführer, dem Sachverständigen die erbetenen Auskünfte zu erteilen, ist dieser auf die weitere Unterstützung des Insolvenzgerichts angewiesen. Eine Auskunftspflicht des organschaftlichen Vertreters der GmbH gegenüber dem Sachverständigen besteht allerdings dann, wenn das Insolvenzgericht den vorläufigen Insolvenzverwalter, auf den die Verwaltungs- und Verfügungsbefugnis über das schuldnerische Vermögen übergegangen ist, zusätzlich beauftragt hat, als Sachverständiger zu prüfen, ob ein Eröffnungsgrund vorliegt und welche Aussichten für eine Fortführung des Unternehmens des Schuldners bestehen (§ 22 Abs. 1 Satz 2 Nr. 3 Halbsatz 2 InsO)[3]. Die funktionale Trennung von Verwaltungs- und Sachverständigenaufgaben wirkt sich allein auf die vergütungsrechtliche Ebene aus[4]. 5.287

4. Mitwirkungspflichten

Ob den Schuldner **im Insolvenzeröffnungsverfahren** auch eine **Mitwirkungspflicht** trifft, wird in der Literatur nicht einheitlich beurteilt. Nach herrschender Meinung[5] folgt aus der umfassenden Verweisung des Gesetzes in § 22 Abs. 3 Satz 3 InsO auf die §§ 97, 98, 101 Abs. 1 Satz 1, 2, Abs. 2 InsO, dass der Geschäftsführer den vorläufigen Insolvenzverwalter bei der Erfüllung seiner Aufgaben zu unterstützen hat. Mit der Neufassung der amtlichen Überschrift des § 20 InsO und des Absatzes 1 Satz 1 der Vorschrift auf Grund des Gesetzes zur Vereinfachung des Insolvenzverfahrens vom 13. 4. 2007[6] hat der Gesetzgeber u.a. den Stimmen in der Literatur[7], die unter Bezugnahme auf die amt- 5.288

1 A.A. *Schmahl* in Münchener Kommentar zur InsO, § 20 InsO Rz. 80.

2 LG Göttingen v. 22. 10. 2002 – 10 T 57/02, ZInsO 2002, *Vallender*, FS Uhlenbruck, 2000, S. 137, 138; a.A. *Wessel*, DZWIR 1999, 230, 232.

3 *Vallender*, FS Uhlenbruck, 2000, S. 139 Fn. 30.

4 *Pohlmann*, Befugnisse und Funktionen des vorläufigen Insolvenzverwalters, Rz. 211.

5 *Uhlenbruck* in Kölner Schrift zur InsO, S. 364 Rz. 42; *Uhlenbruck*, ZInsO 1999, 493, 494; *Uhlenbruck*, GmbHR 2002, 941, 942; *Haas* in Gottwald, Insolvenzrechts-Handbuch, § 92 Rz. 119; *Kirchhof* in Heidelberger Kommentar zur InsO, § 22 InsO Rz. 41; *Kübler/Prütting/Bork/Pape*, § 20 InsO Rz. 10.

6 BGBl. I 2007, 509.

7 *Vallender*, FS Uhlenbruck, 2000, S. 140, der jedenfalls eine Mitwirkungspflicht verneint, wenn ein vorläufiger Insolvenzverwalter nicht bestellt ist; *Pohlmann*, Befugnisse und Funktionen des vorläufigen Insolvenzverwalters, Rz. 205; *Götker*, Der Geschäftsführer in der Insolvenz der GmbH, 1999, Rz. 795 ff.

liche Überschrift zu § 20 InsO und den Wortlaut der Vorschrift die Auffassung vertreten, den Schuldner treffe im Insolvenzeröffnungsverfahren nur eine Verpflichtung zur Auskunftserteilung, eine klare Absage erteilt. Die Regelung stellt die **umfassende Mitwirkungspflicht des Schuldners** im Eröffnungsverfahren klar.

5.289 Die Annahme einer Mitwirkungspflicht heißt indes nicht, dass den Geschäftsführer eine allgemeine Pflicht zur Mitarbeit trifft[1]. Wohl hat er aber den vorläufigen Insolvenzverwalter bei der Prüfung der Sanierungsfähigkeit des Unternehmens und bei der Vorbereitung einzelner Sanierungsmaßnahmen **aktiv zu unterstützen**[2]. Darüber hinaus hat der Geschäftsführer den vorläufigen Insolvenzverwalter in ein unübersichtliches oder komplexes Buchführungs- und Belegwesen einzuführen[3]. Nach Auffassung des LG Mainz[4] muss ein GmbH-Geschäftsführer, der für die von ihm zu erteilende Auskunft Buchhaltungsunterlagen benötigt, die sich beim Steuerberater befinden, ein wegen Honorarrückständen bestehendes Zurückbehaltungsrecht ggf. persönlich ablösen[5]. Auf Grund seiner Mitwirkungspflicht im Insolvenzeröffnungsverfahren hat der Geschäftsführer Personen oder Institutionen, die zur Verschwiegenheit verpflichtet sind (Banken, Steuerberater pp.), von der **Verschwiegenheitspflicht** zu befreien[6]. Bestehen Anhaltspunkte für Vermögen des Schuldners im Ausland und werden die Befugnisse des Insolvenzverwalters im Ausland nicht ohne Weiteres anerkannt, umfasst die Mitwirkungspflicht auch die Erteilung einer so genannten **Auslandsvollmacht**[7]. Häufig wird dem (vorläufigen) Insolvenzverwalter erst auf diese Weise der Zugang zu Registern bzw. den Vermögenswerten der Gesellschaft ermöglicht. Da der **Geschäftsführer persönlich** zur Mitwirkung **verpflichtet** ist, kann er diese Pflicht weder auf Angestellte noch auf Angehörige delegieren.

5.290 Zur **Konkretisierung der Auskunfts- und Mitwirkungspflichten** kann das Insolvenzgericht dem Schuldner die Auflage erteilen, geordnete schriftliche Aufzeichnungen über seine laufenden Geschäfte anzufertigen und sie dem vorläufigen Insolvenzverwalter in bestimmten Zeitabständen zur Verfügung zu stellen[8]. Eine **Vergütung** für seine Mitwirkung im Insolvenzeröffnungsverfahren

1 *Uhlenbruck*, InVo 1997, 227.

2 *Braun/Uhlenbruck*, Unternehmensinsolvenz, S. 257; *Uhlenbruck*, ZInsO 1999, 493, 494; *Haas* in Gottwald, Insolvenzrechts-Handbuch, § 92 Rz. 119.

3 *Wendler* in Hamburger Kommentar zum Insolvenzrecht, § 97 InsO Rz. 16.

4 ZIP-Aktuell 1995 Nr. 243.

5 Zustimmend *Kirchhof* in Heidelberger Kommentar zur InsO, § 20 InsO Rz. 16; *Schmerbach* in Frankfurter Kommentar zur InsO, § 20 InsO Rz. 5c.

6 *Kirchhof* in Heidelberger Kommentar zur InsO, § 20 InsO Rz. 13; *Uhlenbruck*, § 20 InsO Rz. 19 m.w.N.; *Haas* in Gottwald, Insolvenzrechts-Handbuch, Rz. 202. Soweit das LG Köln (v. 5. 7. 2004 – 19 T 81/04, NZI 2004, 671) davon ausgeht, bei einem Eigenantrag könne ggf. davon ausgegangen werden, dass der Schuldner mit der Stellung des Antrags den Steuerberater von seiner berufsbedingten Schweigepflicht entbinde, findet dies im Gesetz keine hinreichende Grundlage.

7 BGH v. 18. 9. 2003 – IX ZB 75/03, NZI 2004, 21 m. Anm. *Uhlenbruck*, NZI 2004, 22; *Vallender*, EWiR 2004, 293.

8 LG Duisburg v. 2. 5. 2001 – 7 T 78/01, NZI 2001, 384 = ZInsO 2001, 522 = ZIP 2001, 1065.

erhält der Geschäftsführer nicht[1]. Ebenso wenig hat er Anspruch auf Ersatz von Aufwendungen[2]. Die **passive Mitwirkungspflicht** des Geschäftsführers bedeutet, dass er alles zu unterlassen hat, was dem gesetzlichen Verfahrenszweck bzw. den gerichtlich angeordneten Sicherungsmaßnahmen zuwider läuft[3]. Für einen Geschäftsführer, der vor Antragstellung aus dem Amt ausgeschieden ist, gilt die Regelung des § 97 Abs. 2 InsO nicht (s. § 101 Abs. 1 Satz 2 InsO).

Kommt der Geschäftsführer bzw. faktische Geschäftsführer seiner gegenüber dem Insolvenzgericht bzw. dem vorläufigen Insolvenzverwalter bestehenden Auskunftspflicht – oder seiner Mitwirkungspflicht – nicht nach, eröffnet die Verweisung in §§ 20 Abs. 1 Satz 2, 22 Abs. 3 Satz 3 Halbsatz 2 InsO auf die Vorschriften der §§ 98 Abs. 2, 101 Abs. 1 Satz 1 InsO dem Insolvenzgericht die Möglichkeit, **Zwangsmaßnahmen gegen den Geschäftsführer** anzuordnen[4]. Die **Nichterfüllung der Auskunfts- und Mitwirkungspflichten** rechtfertigt regelmäßig keine Zurückweisung des Insolvenzeröffnungsantrags mit der Begründung, die Eröffnungsvoraussetzungen seien nicht zu ermitteln, sondern verpflichtet das Insolvenzgericht, diese zwangsweise durchzusetzen[5]. Dieser Grundsatz erfährt auch keine Einschränkung dadurch, dass der Antrag auf Eröffnung des Insolvenzverfahrens von dem Schuldner selbst gestellt worden ist und von ihm ohne weiteres zurückgenommen werden kann. Solange das Antragserfordernis erfüllt ist, gilt die **Amtsermittlungspflicht des Gerichts** gem. § 5 Abs. 1 Satz 1 InsO fort. Es reicht nicht aus, den Schuldner lediglich aufzufordern, sich mit dem Sachverständigen in Verbindung zu setzen und die von ihm geforderten Auskünfte vollständig zu erteilen. Dies würde die Entscheidungskompetenz in unzulässiger Weise auf den Sachverständigen verlagern[6]. 5.291

Die **Vorführung und Anordnung der Haft** dürfen jedoch nur erfolgen, wenn der angestrebte Zweck nicht mit anderen Mitteln zu erreichen ist. Abgesehen von der – gesetzlich vorgeschriebenen (§ 98 Abs. 2 InsO) – **Anhörung** vor dem Erlass eines Haftbefehls verbietet sich grundsätzlich die Gewährung rechtlichen Gehörs vor der Anordnung von Zwangsmaßnahmen schon im Hinblick auf den Zweck der Maßnahme[7]. Dies gilt insbesondere dann, wenn das Insolvenzgericht dem Schuldner in einem besonderen Anschreiben auf die nach dem Gesetz vorgesehenen Zwangsmaßnahmen hingewiesen hat und dieser **schuld-** 5.292

1 Vgl. LG Köln v. 17. 2. 2004 – 19 T 262/03, ZInsO 2004, 756.
2 *Kübler/Prütting/Bork/Lüke*, § 97 InsO Rz. 17.
3 *Uhlenbruck*, ZInsO 1999, 493, 495.
4 OLG Naumburg v. 24. 8. 2000 – 5 W 98/00, InVo 2001, 132, 133.
5 LG Köln v. 6. 7. 2001 – 19 T 103/01, NZI 2001, 559; *Haarmeyer/Wutzke/Förster*, Handbuch zur Insolvenzordnung, Kap. 3 Rz. 167; *Kirchhof* in Heidelberger Kommentar zur InsO, § 20 InsO Rz. 15; *Kübler/Prütting/Bork/Pape*, § 20 InsO Rz. 13a; noch für den Fall der Eröffnung des Konkursverfahrens auch LG Göttingen v. 24. 11. 1995 – 6 T 277/95, ZIP 1996, 144, 145.
6 LG Köln v. 6. 7. 2001 – 19 T 103/01, NZI 2001, 559, 560.
7 *Vallender*, EWiR 1997, 1098; *Vallender* in Kölner Schrift zur InsO, S. 261 Rz. 36; *Kübler/Prütting/Bork/Pape*, § 14 InsO Rz. 21; *Kirchhof* in Heidelberger Kommentar zur InsO, § 20 InsO Rz. 17.

haft seiner Auskunftpflicht nicht nachkommt. In diesem Fall genügt das Gericht dem **Anspruch** des Schuldners **auf rechtliches Gehör** gem. Art. 103 Abs. 2 GG durch nachträgliche Gehörverschaffung[1].

5.293 Die **Anordnung der Haft** nach §§ 20 Abs. 1 Satz 2, 98 Abs. 2, 101 Abs. 1 InsO steht im **pflichtgemäßen Ermessen des Gerichts**. Sofern dieses Ermessen im Einzelfall eröffnet ist, hat das Gericht unter Beachtung des allgemeinen **Verhältnismäßigkeitsgrundsatzes** über die Frage der Haft zu entscheiden[2]. Eine Haftanordnung zur Erzwingung der in § 97 Abs. 2 InsO genannten Mitwirkungspflichten ist regelmäßig erforderlich, wenn eine Vorführung nicht zum Erfolg geführt hat. Davon umfasst ist auch der Fall, dass sich der Geschäftsführer der Vorführung entzogen hat[3]. Nichts anderes gilt, wenn der Schuldner bei seiner persönlichen Anhörung durch das Insolvenzgericht nach Hinweis auf die Möglichkeit der Anordnung von Beugehaft Auskünfte verweigert hat und auch schriftlich sowie gegenüber dem vom Insolvenzgericht bestellten vorläufigen Insolvenzverwalter nicht bereit gewesen ist, vorbehaltslos und umfassend über die Lage und den Verbleib seines **Auslandsvermögens** konkrete Auskünfte zu erteilen[4]. Hat das Gericht dem Schuldner zur Konkretisierung seiner Auskunfts- und Mitwirkungspflichten die Auflage erteilt, geordnete schriftliche Aufzeichnungen über seine laufenden Geschäfte anzufertigen und sie dem vorläufigen Insolvenzverwalter in bestimmten Zeitabständen zur Verfügung zu stellen, rechtfertigt eine schuldhafte Verletzung dieser Pflicht ebenfalls die Anordnung von Haft[5]. Für die Anordnung der Haft gelten die Vorschriften der §§ 904 bis 910, 913 ZPO entsprechend (§ 98 Abs. 3 Satz 1 InsO). Funktionell zuständig für die Anordnung der Zwangsmaßnahmen ist der Insolvenzrichter. Dieser hat im anordnenden Teil des Haftbefehls die **Mirwirkungspflichten** des Schuldners, die mit der Haft durchgesetzt werden sollen, so **bestimmt zu bezeichnen**, dass der Schuldner ohne weiteres erkennen kann, durch welche Handlungen er seinen Mitwirkungspflichten genügt[6]. Gegen die Anordnung von Beugehaft zur Erzwingung der Auskunfts- und Mitwirkungspflicht des Schuldners im Eröffnungsverfahren steht dem Geschäftsführer gem. §§ 20 Abs. 1 Satz 2, 98 Abs. 3 Satz 3 InsO das Rechtsmittel der sofortigen Beschwerde zu[7]. Das **Beschwerdegericht** hat den unter Missachtung der vorgenannten Vorgaben erlassenen Haftbefehl auch dann teilweise abzuändern, wenn sich die Haftanordnung gegen den Schuldner im Insolvenzverfahren hinsichtlich Einzelner von ihm verlangter Auskunftspflichten als un-

1 Vgl. BVerfG v. 8. 1. 1959 – 1 BvR 396/55, BVerfGE 9, 89, 102 ff.; BVerfG v. 9. 3. 1965 – 2 BvR 176/63, BVerfGE 18, 399, 404; BVerfG v. 11. 10. 1978 – 2 BvR 1055/76, BVerfGE 49, 329, 342; BVerfG v. 3. 4. 1979 – 1 BvR 994/76, BVerfGE 51, 97, 111; BVerfG v. 16. 6. 1981 – 1 BvR 1094/80, BVerfGE 57, 346, 358.

2 OLG Celle v. 23. 1. 2002 – 2 W 135/01, NZI 2002, 271 = ZInsO 2002, 232 = InVo 2002, 177.

3 Offen gelassen von OLG Naumburg v. 24. 8. 2000 – 5 W 98/00, InVo 2001, 132, 133.

4 OLG Celle v. 10. 1. 2001 – 2 W 1/01, NZI 2001, 149 = ZInsO 2001, 322.

5 LG Duisburg v. 2. 5. 2001 – 7 T 78/01, ZInsO 2001, 522 = ZIP 2001, 1065.

6 BGH v. 17. 2. 2005 – IX ZB 62/04, NZI 2005, 263.

7 OLG Celle v. 10. 1. 2001 – 2 W 1/01, NZI 2001, 149; OLG Köln v. 3. 1. 2000 – 2 W 224/99, NZI 2000, 130 = ZIP 2000, 552; OLG Brandenburg v. 25. 4. 2000 – 8 W 51/00, NZI 2001, 42.

begründet erweist, weil eine entsprechende Pflicht von vornherein nicht bestand oder sich zwischenzeitlich erledigt hat[1].

Der gegen den Geschäftsführer erlassene Haftbefehl umfasst nicht das Recht des Gerichtsvollziehers oder des mit der Verhaftung beauftragten Justizwachtmeisters, die **Wohnung** eines Dritten gegen dessen Willen **zu betreten**. Diese Berechtigung kann auch nicht durch einen richterlichen Beschluss erteilt werden, weil es insoweit an jeder rechtlichen Grundlage fehlt[2]. 5.294

Ein Geschäftsführer, der seinen verfahrensrechtlichen Pflichten nicht nachkommt oder in dem der Schuldnerin übersandten Fragebogen insoweit bewusst unrichtige Angaben macht, als diese einen geringeren Vermögensbestand als den wirklichen vortäuschen, läuft ferner Gefahr, sich gem. **§ 283 Abs. 1 Nr. 1 StGB strafbar** zu machen[3]. Darüber hinaus ist die vom organschaftlichen Vertreter zur Bekräftigung seiner Angaben im Insolvenzverfahren gemachte eidesstattliche Versicherung gem. **§ 156 StGB strafbewehrt**. 5.295

5. Bereitschafts- und Unterlassungspflichten

Der Geschäftsführer der GmbH ist gem. § 20 Abs. 1 Satz 2 i.V.m. §§ 97 Abs. 3, 101 Abs. 1 Satz 1 InsO verpflichtet, sich auf Anordnung des Gerichts **jederzeit zur Verfügung zu stellen**, um seine Auskunfts- und Mitwirkungspflichten zu erfüllen. Er kann sich nicht damit entschuldigen, dass er andere Pflichten zu erfüllen oder eine weite Anreise vor sich habe[4]. Die Präsenz kann auch nicht von einer Kostenerstattung abhängig gemacht werden. Der Geschäftsführer der GmbH hat ferner alle Handlungen zu unterlassen, die der Erfüllung dieser Pflichten zuwiderlaufen (§ 97 Abs. 3 Satz 2, 101 Abs. 1 Satz 2 InsO). Zur Erfüllung der Pflichten aus § 97 Abs. 1 Satz 1 und 2 InsO kann das Gericht eine orts- und zeitbezogene, auf den Einzelfall bzw. auf bestimmte Zeiträume sich erstreckende Anordnung treffen[5]. Die generelle Ausübung seines Freizügigkeitsrechts kann dem Geschäftsführer der GmbH nicht untersagt werden. Ist allerdings zu erwarten, dass der organschaftliche Vertreter untertauchen wird oder sich seiner Präsenzpflicht und dadurch seiner Auskunfts- und Mitwirkungspflicht durch Flucht ins Ausland zu entziehen versucht, kann das Gericht nach dessen Anhörung die Haft anordnen (§ 98 Abs. 2 Nr. 2 InsO). 5.296

Aus der allgemeinen Verfahrensförderungspflicht des Schuldners folgt gleichzeitig eine Unterlassungspflicht in Bezug auf alle **Handlungen, die verfahrenshindernd oder verfahrensschädlich sind**. Dazu zählt insbesondere das Beiseiteschaffen oder die Vernichtung von Unterlagen[6]. 5.297

1 BGH v. 17. 2. 2005 – IX ZB 62/04, NZI 2005, 263.
2 LG Göttingen, v. 21. 11. 2005 – 10 T 148/05, ZInsO 2005, 1281.
3 *Vallender*, ZIP 1996, 529, 533.
4 *Uhlenbruck* in Kölner Schrift zur InsO, S. 365 Rz. 42.
5 LG Göttingen v. 21. 8. 2000 – 10 T 105/00, InVo 2001, 25, 26 = ZInsO 2001, 44, 45.
6 *Kirchhof* in Heidelberger Kommentar zur InsO, § 97 InsO Rz. 21.

IV. Verfahrensrechte und Pflichten des faktischen Geschäftsführers *(Uhlenbruck)*

5.298 Nach heute wohl allgemeiner Meinung[1] ist auch der sog. **faktische Geschäftsführer** einer GmbH verpflichtet, bei Vorliegen eines antragspflichtigen Insolvenzgrundes unverzüglich, spätestens aber innerhalb von drei Wochen, Insolvenzantrag für die Gesellschaft zu stellen. Voraussetzung für die Qualifikation als faktischer Geschäftsführer ist, dass die betreffende Person, ohne satzungs- oder sonst ordnungsgemäß zum Organ der Gesellschaft bestellt worden zu sein, nach außen hin wie ein Organmitglied auftritt und handelt, d.h. die Geschicke der Gesellschaft lenkt. Zwingend erforderlich für die Stellung und Verantwortlichkeit ist, dass der faktische Geschäftsführer nach dem **Gesamterscheinungsbild seines Auftretens** die Geschicke der Gesellschaft – über die interne Einwirkung auf die satzungsmäßige Geschäftsführung hinaus – durch eigenes Handeln im Außenverhältnis, das die Tätigkeit des rechtlichen Geschäftsführungsorgans nachhaltig prägt, maßgeblich in die Hand genommen hat[2]. Es reicht aus, wenn der Betreffende in maßgeblichem Umfang Geschäftsführungsfunktionen übernommen hat, wie sie nach Gesetz und Gesellschaftsvertrag für einen Geschäftsführer kennzeichnend sind. Dies ist bereits der Fall, wenn er mindestens gleichberechtigt neben weiteren Geschäftsleitern Führungsaufgaben übernimmt. Abzustellen ist im Einzelfall auf das **Gesamterscheinungsbild** des Auftretenden. In der Praxis wird es allerdings nicht immer einfach sein, gegenüber dem Insolvenzgericht das Vorliegen der Voraussetzungen für eine faktische Geschäftsführerschaft und die hieraus resultierende **Antragsberechtigung des faktischen Geschäftsführers** glaubhaft zu machen. Die Problematik der faktischen Geschäftsführung hat sich durch das MoMiG und das Antragsrecht der Gesellschafter einer führungslosen Gesellschaft weitgehend entschärft (§ 15 Abs. 1 Satz 2 InsO).

5.299 Bislang ungeklärt, aber letztlich zu bejahen ist die Frage, ob der faktische Geschäftsführer im Insolvenzeröffnungsverfahren die **Verfahrensrechte und -pflichten eines Geschäftsführers** wahrzunehmen berechtigt bzw. verpflichtet ist. Für den Fall einer **fehlerhaften Bestellung** wird man zweifellos davon ausgehen können, dass den Geschäftsführer sämtliche Verfahrenspflichten treffen und er berechtigt ist, die Verfahrensrechte für die GmbH wahrzunehmen. Zweifelhaft ist dies bei einem faktischen Geschäftsführer, der die Geschicke der Gesellschaft nicht nur intern, sondern auch nach außen hin maßgeblich in die Hand genommen hat. Die bisherige Rechtsprechung hatte sich bislang

1 BGH v. 11. 7. 2005 – II ZR 235/03, GmbHR 2005, 1187 = ZIP 2005, 1550; BGH v. 21. 3. 1988 – II ZR 194/87, BGHZ 104, 44 = GmbHR 1988, 299; *Haas*, DStR 1998, 1359 ff.; *Stein*, Das faktische Organ, 1984, S. 97 ff.; *Stein*, ZHR 148 (1984), 207, 216 f.; *Nauschütz*, NZG 2005, 921 ff.; *Redeker*, DZWIR 2005, 497; *Scholz/Karsten Schmidt*, 9. Aufl., vor § 64 GmbHG Rz. 7; *Michalski/Nerlich*, § 64 GmbHG Rz. 16; *Weimar*, GmbHR 1997, 473 ff. u. 538 ff.; *Lutter/Kleindiek* in Lutter/Hommelhoff, § 64 GmbHG Rz. 26; *Baumbach/Hueck/Schulze-Osterloh*, § 64 GmbHG Rz. 49; *Hartmann*, Die Insolvenzantragspflicht des faktischen Organs, 2004; *Geißler*, GmbHR 2003, 1106.

2 BGH v. 11. 7. 2005 – II ZR 235/03, GmbHR 2005, 1187 = ZIP 2005, 1550.

ausschließlich mit Fragen der Haftung wegen Insolvenzverschleppung und deliktischer Haftung nach § 823 Abs. 2 BGB i.V.m. § 266 StGB zu befassen. Bejaht man eine Insolvenzantragspflicht und ein Insolvenzantragsrecht des faktischen Geschäftsführers, so dürfte es nur konsequent sein, vor allem in Fällen der „Alleingeschäftsführung" durch den faktischen Geschäftsführer dessen Verfahrensrechte und -pflichten im Eröffnungsverfahren zu bejahen. Dies ist vor allem deshalb bedeutsam, weil dem faktischen Geschäftsführer dadurch die **Auskunfts- und Mitwirkungspflichten** des § 20 Abs. 1 i.V.m. §§ 101 Abs. 1 Satz 1, 97 InsO erwachsen[1]. Der **Alleingesellschafter einer Einmann-GmbH** wird zwar von der Vorschrift des § 101 Abs. 1 InsO nicht erfasst, wohl aber, wenn er als faktischer Geschäftsführer tätig wird[2]. Lässt sich die faktische Geschäftsführung nicht feststellen, kommen in Fällen der Führungslosigkeit die Vorschriften der §§ 97, 20, 101 Abs. 1 InsO unmittelbar zur Anwendung.

1 So auch *Uhlenbruck*, § 20 InsO Rz. 5; *Schmahl* in Münchener Kommentar zur InsO, § 20 InsO Rz. 62; *Kübler/Prütting/Bork/Pape*, § 20 InsO Rz. 3; *J.-S. Schröder* in Hamburger Kommentar zum Insolvenzrecht, § 20 InsO Rz. 8.

2 *Schmahl* in Münchener Kommentar zur InsO, § 20 InsO Rz. 62; *Vallender*, ZIP 1996, 529, 530.

D. Kredite und Kreditsicherheiten im Insolvenzeröffnungsverfahren

I. Kreditgeschäft

5.300 Erfolgt auf Grund eines zulässigen Insolvenzantrages, der für eine GmbH oder einen anderen Schuldner gestellt wird, keine sofortige Entscheidung, weil die Feststellung des Eröffnungsgrundes und der Kostendeckung eine gewisse Zeit erfordert, so hat das Insolvenzgericht nach § 21 Abs. 1 InsO alle **Sicherungsmaßnahmen** zu treffen, die erforderlich erscheinen, um bis zur Entscheidung über den Insolvenzantrag eine den Gläubigern nachteilige Veränderung in der Vermögenslage des Schuldners zu verhüten (dazu auch Rz. 5.354 ff.)[1]. Die wichtigsten Sicherungsmaßnahmen sind beispielhaft („insbesondere") in § 21 Abs. 2 InsO aufgezählt[2]. Für das Kreditgeschäft, also das Schicksal bereits gewährter Kredite (abgesehen von der zwangsweisen Beitreibung) und die Gewährung neuer Kredite bleibt dabei die Untersagung oder einstweilige Einstellung von Zwangsvollstreckungsmaßnahmen gem. § 21 Abs. 2 Nr. 3 InsO ohne Auswirkungen[3]. Daneben oder stattdessen kann das Insolvenzgericht als Sicherungsmaßnahmen insbesondere einen vorläufigen Insolvenzverwalter bestellen (§ 21 Abs. 2 Nr. 1 InsO) und/oder dem Schuldner ein allgemeines Verfügungsverbot auferlegen (§ 21 Abs. 2 Nr. 2 InsO). Für die Beurteilung der Auswirkungen dieser Sicherungsmaßnahmen auf das Kreditgeschäft im Insolvenzeröffnungsverfahren muss unterschieden werden, welche der beiden Sicherungsmaßnahmen das Insolvenzgericht trifft. Die Anordnung eines Verwertungs- und Einziehungsstops nach § 21 Abs. 2 Nr. 5 InsO ist dagegen von großer Bedeutung (nur) für die Verwertung bereits bestellter Kreditsicherheiten im Eröffnungsverfahren (dazu im Einzelnen Rz. 5.321 ff.).

1. Wirkungen des allgemeinen Verfügungsverbots

5.301 Wenn das Insolvenzgericht im Insolvenzeröffnungsverfahren dem Schuldner ein allgemeines Verfügungsverbot auferlegt, richten sich dessen Wirkungen gem. § 24 Abs. 1 InsO nach den Regelungen, die in §§ 81, 82 InsO hinsichtlich der Wirkungen der Verfahrenseröffnung auf Verfügungen des Schuldners und Leistungen an den Schuldner getroffen worden sind[4]. Diese Vorverlegung von

---

1 Für einen Überblick zu den Sicherungsmaßnahmen *Haarmeyer* in Münchener Kommentar zur InsO, § 21 InsO Rz. 45.

2 Zum Beispielscharakter der im Gesetz genannten und zu anderen denkbaren Sicherungsmaßnahmen s. auch Begr. RegE der Insolvenzordnung, BR-Drucks. 1/92, § 25 RegE S. 115 f.; *Uhlenbruck*, GmbHR 1995, 81, 195, 199; *Hintzen*, ZInsO 1998, 75; *Haarmeyer* in Münchener Kommentar zur InsO, § 21 InsO Rz. 44.

3 Zu den Auswirkungen dieser Sicherungsmaßnahmen auf Vollstreckungsmaßnahmen ungesicherter und gesicherter Gläubiger *Lohkemper*, ZIP 1995, 1641; *Vallender*, ZIP 1997, 1993; *Liwinska*, InVo 2002, 125; *Harnacke*, DGVZ 2003, 161; *Hörmann*, MDR 2006, 601.

4 So die Begr. RegE der Insolvenzordnung, BR-Drucks. 1/92, § 28 RegE.

Wirkungen des eröffneten Insolvenzverfahrens bereits in das Antragsverfahren hinein hat folgende Auswirkungen auf das Kreditgeschäft[1]:

a) Bestehende Kredite

Bestehende Kreditverträge mit einer insolventen GmbH (genauso wie mit einem anderen Kreditnehmer) werden **durch die Anordnung eines allgemeinen Verfügungsverbots nicht beendet**. Denn § 24 Abs. 1 InsO verweist hinsichtlich der Wirkungen dieser Sicherungsmaßnahme nicht auf die §§ 103 ff. InsO, die das Schicksal von gegenseitigen Verträgen nach Eröffnung des Insolvenzverfahrens regeln, so dass der Bestand von Verträgen von der Anordnung eines allgemeinen Verfügungsverbotes unberührt bleibt[2]. Auch der Zinslauf wird durch den Insolvenzantrag oder den Erlass eines allgemeinen Verfügungsverbots nicht unterbrochen. Daher können gem. § 38 InsO die rückständigen ebenso wie die nach dem Insolvenzantrag auflaufenden Zinsen bis zum Zeitpunkt der Verfahrenseröffnung, zu dem die Zinsansprüche dann gem. § 41 Abs. 1 InsO als fällig gelten, im Insolvenzverfahren mit dem gleichen Rang wie die Hauptforderung eingefordert werden[3]. 5.302

Das Verfügungsverbot **unterbindet aber Erfüllungshandlungen** seitens des Schuldners. Denn Zahlungen, die der Kreditnehmer entgegen dem Verfügungsverbot leistet, sind gem. §§ 24 Abs. 1, 81 Abs. 1 InsO unwirksam. Wurden entgegen dem allgemeinen Verfügungsverbot unwirksame Tilgungsleistungen durch die insolvente GmbH erbracht, kann im Fall der Verfahrenseröffnung der Insolvenzverwalter vom Kreditgeber die Herausgabe der Gelder verlangen, muss ihm jedoch gem. §§ 24 Abs. 1, 81 Abs. 1 Satz 3 InsO eine vom Kreditgeber erbrachte etwaige Gegenleistung erstatten, soweit die Masse durch sie bereichert ist. Dies kann für das Kreditgeschäft insbesondere relevant werden, falls der Kreditgeber Zug um Zug gegen den Zahlungseingang Sicherheiten, die aus dem Vermögen des Kreditnehmers bestellt waren, freigegeben hat. Diese wären zu Gunsten des Kreditgebers wiederherzustellen. Zweckmäßiger ist es jedoch bei Sicherheiten, deren Bestellung mit Aufwand und Kosten verbunden ist, wenn der Verwalter sich mit dem Kreditgeber dahin gehend einigt, dass er den Sicherungsgegenstand verwertet und nur eine etwaige Differenz (nach Abzug der Kostenbeiträge gem. §§ 170, 171 InsO, dazu ausführlich bei Rz. 7.381 f.; 7.404 ff.; 7.417 ff.) auszugleichen ist. 5.303

Der Kreditgeber **bleibt** trotz Anordnung eines allgemeinen Verfügungsverbots **zur Kreditkündigung berechtigt**, falls ihm ein solches Kündigungsrecht nach den vertraglichen Abreden zusteht[4]. Kreditinstitute können eine solche Kündigung im Falle eines Insolvenzantrages auch ohne gesonderte Vereinbarun- 5.304

1 Dazu auch *Wittig*, DB 1999, 197 ff.

2 Mit diesem Ergebnis auch *Obermüller*, Insolvenzrecht in der Bankpraxis, Rz. 5.212, 5.221.

3 *Ehricke* in Münchener Kommentar zur InsO, § 39 InsO Rz. 13.

4 Zur Kündigung von Kreditverträgen im Eröffnungsverfahren; *Obermüller*, Insolvenzrecht in der Bankpraxis, Rz. 5.213, 5.213a; *Wittig*, DB 1999, 197 ff.; *Wittig*, NZI 2002, 633 ff.

gen im Kreditvertrag auf § 490 Abs. 1 BGB und die Regelungen in den allgemeinen Geschäftsbedingungen des Kreditgewerbes stützen, wonach der Kreditgeber zur fristlosen Kündigung aus wichtigem Grund insbesondere dann berechtigt ist, wenn eine wesentliche Verschlechterung der Vermögenslage des Kreditnehmers eintritt und dadurch die Erfüllung seiner Verbindlichkeiten gefährdet ist (Nr. 19 Abs. 3 AGB-Banken, Nr. 22 Abs. 2 AGB-Sparkassen)[1]. Denn ist der Kreditnehmer zahlungsunfähig und wird deshalb ein Insolvenzantrag gestellt, liegt offensichtlich dieser Kündigungsgrund vor. Sogar die bloße Androhung des Kreditnehmers, er werde seine Zahlungen einstellen und die Eröffnung eines Insolvenzverfahrens beantragen, wird von der Rechtsprechung als ausreichend für die fristlose Kreditkündigung auf Grund Nr. 19 Abs. 3 AGB-Banken, Nr. 22 Abs. 2 AGB-Sparkassen angesehen[2]. Angesichts dieser Rechtsprechung bietet der Insolvenzantrag einer GmbH dem Kreditgeber auch dann einen hinreichenden Grund zur Kreditkündigung, wenn die Antragstellung wegen drohender Zahlungsunfähigkeit nach § 18 InsO (s. zu diesem Insolvenzgrund Rz. 5.41 ff.) erfolgt ist. An dieser Beurteilung ändert trotz § 490 Abs. 1 BGB auch die Besicherung des Kredits nichts. Denn das Interesse des Schuldners, bei ausreichender Besicherung nicht durch eine Kündigung in die Insolvenz getrieben zu werden, rechtfertigt den Ausschluss der Kündigung nicht mehr, wenn mit dem Insolvenzantrag manifest wird, dass es ohnehin zum Insolvenzverfahren und zur Verwertung der Sicherheiten kommt. Ab dann überwiegt das Interesse des Darlehensgebers, durch Kündigung weitere Auszahlungen zu verhindern und die Sicherheitenverwertung einzuleiten[3].

b) Neue Kredite

5.305 Nach dem Antrag auf Eröffnung eines Insolvenzverfahrens und nach Anordnung eines Verfügungsverbots wird die Vergabe neuer Kredite an die insolvente GmbH schon aus wirtschaftlichen Gründen **grundsätzlich nicht in Betracht** kommen. Nur in Ausnahmefällen könnte ein Kreditgeber an die Vergabe neuer Kredite direkt an die GmbH denken, so z.B. wenn neue Gelder zur Aufrechterhaltung des Betriebs, etwa für Energielieferungen oder Futterkosten bei landwirtschaftlichen Betrieben dringend benötigt werden, und die Fortführung des Betriebs im Hinblick auf die Erhaltung des Sicherungsguts des Kreditgebers notwendig ist. Aber auch dann wird der Kreditgeber vollwertige Sicherheiten für den Neukredit verlangen[4].

---

1 Zu diesem Kündigungsrecht bzw. seiner Vorgängerregelung in Nr. 17 AGB-Banken BGH v. 26. 9. 1985 – III ZR 229/84, WM 1985, 1437 = WuB I A – Nr. 17 AGB-Banken – 2.86 *Bruchner*; BGH v. 6. 3. 1986 – III ZR 245/84, WM 1986, 605 = WuB I A – Nr. 17 AGB-Banken – 5.86 *Schröter*; BGH v. 26. 5. 1988 – III ZR 115/87, WM 1988, 1223 = WuB I A – Nr. 17 AGB-Banken – 1.88 *Sonnenhol*; *Gößmann* in Hellner/Steuer, Bankrecht und Bankpraxis, Rz. 1/575 ff.; *Wittig*, NZI 2002, 633 ff.

2 BGH v. 26. 9. 1985 – III ZR 213/84, WM 1985, 1493 = WuB I A – Nr. 17 AGB-Banken – 1.86 *Obermüller*; OLG Hamm v. 12. 9. 1990 – 31 U 102/90, WM 1991, 402 = WuB I A – Nr. 17 AGB-Banken – 1.91 *Bales*; *Gößmann* in Hellner/Steuer, Bankrecht und Bankpraxis, Rz. 1/588.

3 S. dazu auch *Wittig*, NZI 2002, 633 ff.; *Obermüller*, Insolvenzrecht in der Bankpraxis, Rz. 5.213a.

4 *Obermüller*, Insolvenzrecht in der Bankpraxis, Rz. 5.217.

An der **Bestellung von Kreditsicherheiten** durch die GmbH wird aber die Bereitstellung eines neuen Kredits für eine GmbH als Kreditnehmer im Insolvenzeröffnungsverfahren scheitern, wenn ein Verfügungsverbot ausgesprochen worden ist. Das Verfügungsverbot hat nämlich die Unwirksamkeit aller nach seinem Erlass vorgenommenen rechtsgeschäftlichen Verfügungen des Schuldners über Vermögensgegenstände zur Folge, die zur Masse gehören würden (§§ 24 Abs. 1, 81, 82 InsO)[1]. Verfügungen sind Rechtsgeschäfte, die unmittelbar darauf gerichtet sind, auf ein bestehendes Recht einzuwirken, es zu verändern, zu übertragen oder aufzuheben[2], also auch die Bestellung von Sicherheiten am Schuldnervermögen durch (Grund-)Pfandrechtsbestellung, Übereignung oder Abtretung. Verstößt der Schuldner gegen eine Verfügungsbeschränkung, so ist diese Verfügung und damit die Sicherheitenbestellung unwirksam (§§ 24 Abs. 1, 81 Abs. 1 Satz 1 InsO). Nach herrschender Ansicht führt das allgemeine Verfügungsverbot im Insolvenzeröffnungsverfahren gem. der Verweisung auf die §§ 81, 82 InsO nicht nur zur relativen, sondern zur absoluten Unwirksamkeit verbotswidriger Verfügungen des Schuldners schon vor Verfahrenseröffnung[3]. Damit scheidet schon im Insolvenzeröffnungsverfahren auch der gutgläubige Erwerb von Kreditsicherheiten aus, soweit nicht der gute Glaube an die Verfügungsbefugnis des Schuldners durch Registereintragungen geschützt ist, also insbesondere beim Erwerb einer Grundschuld oder Hypothek (§§ 24 Abs. 1, 81 Abs. 1 Satz 2 InsO). 5.306

2. Wirkungen der Bestellung eines vorläufigen Verwalters

Setzt das Insolvenzgericht als Sicherungsmaßnahme im Insolvenzeröffnungsverfahren einen vorläufigen Insolvenzverwalter ein (Rz. 5.354 ff.), so hängen dessen **Befugnisse gem. § 22 InsO** entscheidend davon ab, ob gegen den Schuldner zugleich ein allgemeines Verfügungsverbot ausgesprochen worden ist (§ 22 Abs. 1 InsO) oder ob dies nicht der Fall ist (§ 22 Abs. 2 InsO) (dazu auch Rz. 5.357 ff.). Beispielsweise gehört zu den Aufgaben des vorläufigen Verwalters die Fortführung des Geschäfts (§ 22 Abs. 2 Nr. 2 InsO) nach der gesetzlichen Regelung nur dann, wenn ein allgemeines Verfügungsverbot angeordnet worden ist. Demgegenüber bestimmt nicht die Insolvenzordnung, sondern das Insolvenzgericht die Pflichten und Aufgaben des vorläufigen Insolvenzverwalters, wenn dem Schuldner nicht zugleich ein allgemeines Verfügungsverbot auferlegt wird (§ 22 Abs. 2 InsO). Auch für das Kreditgeschäft ist in verschiedenen Bereichen von Bedeutung, ob neben der Einsetzung des vorläufigen Verwalters auch ein allgemeines Verfügungsverbot verhängt worden ist oder nicht, weil gem. § 22 Abs. 1 InsO die Verwaltungs- und Verfü- 5.307

---

1 Zur Unwirksamkeit von Sicherheitenbestellungen durch den Schuldner nach Anordnung des allgemeinen Verfügungsverbotes auch *Obermüller,* Insolvenzrecht in der Bankpraxis, Rz. 5.218, 5.224; *Wittig,* DB 1999, 197 ff.

2 BGH v. 15. 3. 1951 – IV ZR 9/50, BGHZ 1, 294, 304; BGH v. 18. 6. 1979 – VII ZR 187/78, BGHZ 75, 26 = NJW 1979, 2101; BGH v. 4. 5. 1987 – II ZR 211/86, BGHZ 101, 26; LG Hamburg v. 9. 2. 1982 – 64 O 9/82, ZIP 1982, 337.

3 So z.B. *Haarmeyer* in Münchener Kommentar zur InsO, § 24 InsO Rz. 10 m.w.N. zum Meinungsstand; *Uhlenbruck* in Gottwald, Insolvenzrechts-Handbuch, § 14 Rz. 2; *Obermüller,* Insolvenzrecht in der Bankpraxis, Rz. 5.218.

gungsbefugnis über das gesamte Vermögen des Schuldners nur dann auf den vorläufigen Insolvenzverwalter übergeht, wenn auch ein allgemeines Verfügungsverbot ausgesprochen ist[1].

a) Bestehende Kredite

5.308 Bestehende Kreditverträge werden durch Einsetzung eines vorläufigen Verwalters **nicht beendet**. Dies gilt, wie oben bei Rz. 5.301 ff. ausgeführt, auch für den Fall, dass daneben ein allgemeines Verfügungsverbot ausgesprochen wird[2]. Bis zum Zeitpunkt der Verfahrenseröffnung laufen auch die Zinsen trotz Einsetzung eines vorläufigen Insolvenzverwalters weiter und können mit dem gleichen Rang wie die Hauptforderung im Verfahren geltend gemacht werden[3]. Für die Kündigung bestehender Kredite durch den Kreditgeber gilt bei Einsetzung eines vorläufigen Verwalters das Gleiche wie bei der Anordnung allein eines Verfügungsverbots (siehe oben Rz. 5.302 ff.). Rückzahlungen von Krediten werden nach Einsetzung eines vorläufigen Verwalters praktisch nicht mehr erfolgen. Auch die Kündigung von Kreditverträgen durch den vorläufigen Insolvenzverwalter, zu der er grundsätzlich berechtigt wäre, wenn wegen der Anordnung eines allgemeinen Verfügungsverbots die Verwaltungsbefugnisse auf ihn übergegangen sind[4], wird in der Praxis keine Rolle spielen.

b) Neue Kredite

5.309 Auch im Insolvenzeröffnungsverfahren wird häufig **Kreditbedarf** bestehen. Denn soll nach dem Insolvenzantrag der Betrieb der GmbH – einstweilig oder bis zu einer Sanierung des Unternehmens aus dem Insolvenzverfahren heraus – aufrechterhalten werden, wie dies nach § 22 Abs. 1 Nr. 2 InsO zumindest bei Einsetzung eines vorläufigen Verwalters mit Verfügungsbefugnis regelmäßig der Fall ist, wird das Unternehmen fast ausnahmslos auf neue Betriebsmittel, vor allem in Form von Krediten, angewiesen sein[5] (zur Betriebsfortführung und ihrer Finanzierung im Insolvenzantragsverfahren s. auch Rz. 5.382 ff.). Ist aber der Antrag auf Eröffnung eines Insolvenzverfahrens gestellt, dürften Kreditinstitute allenfalls bereit sein, schon im Eröffnungsverfahren neue Kredite zu gewähren, wenn zumindest sichergestellt ist, dass die Forderungen aus einer solchen Kreditgewährung im anschließenden Insolvenzverfahren insoweit privilegiert sind, dass sie bei einer Liquidation des Schuldnervermögens bevorrechtigt befriedigt werden bzw. von einer vergleichsweisen Herabsetzung der Verbindlichkeit des Schuldners im Insolvenzplan nicht betroffen

1 Zu dieser Unterscheidung für das Kreditgeschäft auch *Obermüller,* Insolvenzrecht in der Bankpraxis, Rz. 5.219 ff.

2 *Obermüller,* Insolvenzrecht in der Bankpraxis, Rz. 5.221.

3 *Ehricke* in Münchener Kommentar zur InsO, § 39 InsO Rz. 13.

4 Zum Recht des vorläufigen Insolvenzverwalters, schon im Eröffnungsverfahren Verträge des Schuldners zu kündigen, *Uhlenbruck,* KTS 1994, 169, 180.

5 Zur Kreditfinanzierung der Unternehmensfortführung im Insolvenzverfahren eingehend auch *Wittig,* DB 1999, 197 ff.

sind[1]. Eine solche Privilegierung genießen Forderungen aus neuen Kreditverträgen, die mit dem vorläufigen Insolvenzverwalter abgeschlossen werden, dann, wenn sie gem. § 55 Abs. 2 InsO zu Masseverbindlichkeiten werden. Ob Forderungen aus neuen Kreditverträgen nach § 55 Abs. 2 InsO als Masseverbindlichkeiten privilegiert sind, hängt von der Stellung des **vorläufigen Insolvenzverwalters** ab[2].

aa) Schwacher vorläufiger Insolvenzverwalter

Kennzeichnend für den schwachen vorläufigen Insolvenzverwalter ist, dass im Eröffnungsverfahren kein allgemeines Verfügungsverbot als Sicherungsmaßnahme angeordnet wird. Damit geht die Verwaltungs- und Verfügungsbefugnis über das Vermögen des Insolvenzschuldners nicht nach § 22 Abs. 1 InsO auf den schwachen vorläufigen Insolvenzverwalter über; und Verbindlichkeiten, die im Eröffnungsverfahren begründet werden, gelten grundsätzlich nicht gem. § 55 Abs. 2 InsO als Masseverbindlichkeiten, selbst wenn der schwache vorläufige Insolvenzverwalter am Abschluss der entsprechenden Verträge mitgewirkt hat[3]. 5.310

Das Insolvenzgericht kann aber den schwachen vorläufigen Insolvenzverwalter **ermächtigen**, bestimmte Verbindlichkeiten schon im Eröffnungsverfahren mit dem Status von Masseverbindlichkeiten im eröffneten Insolvenzverfahren zu begründen[4]. Dabei hat der BGH den Insolvenzgerichten aufgegeben dass in einer entsprechenden Ermächtigung des vorläufigen Insolvenzverwalters das jeweilige Insolvenzgericht selbst die einzelnen Maßnahmen bestimmt zu bezeichnen hat, zu denen der vorläufige Verwalter verpflichtet und berechtigt sein soll; und eine entsprechende Ermächtigung muss aus Gründen der Rechtsklarheit und des gebotenen Schutzes von Vertragspartnern in der gerichtlichen Anordnung selbst unmissverständlich zu erkennen geben, mit welchen Einzelbefugnissen – nach Art und Umfang – der vorläufige Insolvenzverwalter ausgestattet ist[5]. 5.311

Für die **Praxis der Kreditwirtschaft** bedeutet dies einerseits, dass bei Vorliegen einer entsprechenden Ermächtigung im Einzelfall auch an einen schwachen Insolvenzverwalter echte Massekredite ausgereicht werden können; also Kre- 5.312

1 Nach zutreffender Auffassung von *Uhlenbruck*, ZBB 1992, 284, wäre wegen des nicht zu deckenden Kreditbedarfs eine Sanierung von notleidenden Unternehmen in den meisten Fällen von vornherein ausgeschlossen, wenn die im Eröffnungsverfahren oder spätestens im eröffneten Insolvenzverfahren neu gewährten Kredite keine Privilegierung erführen.

2 Dazu auch *Wittig*, DB 1999, 197 ff.; *Obermüller*, Insolvenzrecht in der Bankpraxis, Rz. 5.219 ff.; *Prütting/Stickelbrock*, ZIP 2002, 1608; *Haarmeyer/Pape*, ZIP 2002, 845; *Smid*, DZWIR 2002, 444; *Undritz*, NZI 2003, 136.

3 BGH v. 18. 7. 2002 – IX ZR 195/01, WM 2002, 1888; BGH v. 9. 12. 2004 – IX ZR 108/04, WM 2005, 240.

4 Grundlegend BGH v. 18. 7. 2002 – IX ZR 195/01, WM 2002, 1888; ebenso BGH v. 9. 12. 2004 – IX ZR 108/04, WM 2005, 240. Zu dieser Rechtsprechung auch *Prütting/Stickelbrock*, ZIP 2002, 1608; *Haarmeyer/Pape*, ZIP 2002, 845; *Smid*, DZWIR 2002, 444; *Undritz*, NZI 2003, 136. Kritisch *Haarmeyer/Pape*, ZIP 2002, 845, 847 f.

5 So BGH v. 18. 7. 2002 – IX ZR 195/01, WM 2002, 1888.

dite, die nach Eröffnung des Insolvenzverfahrens im Rang von Masseverbindlichkeiten zu befriedigen sind. Andererseits wird die Kreditwirtschaft die Vorgabe des BGH nach einer möglichst präzisen Ermächtigung durch das jeweilige Insolvenzgericht sehr ernst zu nehmen haben und deshalb darauf bestehen, dass das Insolvenzgericht in seinem Beschluss zumindest den Betrag des Massekredits, zu dessen Aufnahme der schwache vorläufige Insolvenzverwalter ermächtigt werden soll, festlegt. Vorsorglich ist dem Kreditgeber darüber hinaus zu empfehlen, auf einer Ermächtigung des Insolvenzgerichts zu bestehen, die möglichst viele weitere Konditionen des genehmigten Massekredits bestimmt (z.B. Kreditart – Bar-, Diskont-, Avalkredit, Verwendungszweck, Betrag, Laufzeit, Zinskonditionen, Besicherung), um Zweifels ohne die Anforderungen des BGH an eine unmissverständliche Einräumung von Einzelbefugnissen mit Festlegung von Art und Umfang zu erfüllen.

bb) Vorläufiger Insolvenzverwalter mit allgemeinem Zustimmungsvorbehalt

5.313 Fehlt eine spezielle Ermächtigung zur Kreditaufnahme durch das Insolvenzgericht, so kommt, entgegen früheren Meinungen in Teilen der Rechtsprechung[1] und Literatur[2], Verbindlichkeiten, die mit Zustimmung des vorläufigen Insolvenzverwalters begründet werden, auch dann **keine Privilegierung als Masseverbindlichkeiten** zu, wenn im Eröffnungsverfahren als Sicherungsmaßnahme zwar kein Verfügungsverbot, aber immerhin ein allgemeiner Zustimmungsvorbehalt durch das Insolvenzgericht angeordnet ist[3]. Nach zutreffender Auffassung des BGH kann nur der starke vorläufige Insolvenzverwalter auf Grund des allgemeinen Verfügungsverbots gem. § 22 Abs. 1 Satz 1 InsO umfassend für den Schuldner handeln. Dagegen bewirkt ein Zustimmungsvorbehalt gem. § 21 Abs. 2 Nr. 2 InsO nur, dass der vorläufige Insolvenzverwalter wirksame rechtsgeschäftliche Verfügungen des Schuldners zu verhindern vermag. Allein auf Grund eines Zustimmungsvorbehalts ist der vorläufige Insolvenzverwalter jedoch rechtlich nicht in der Lage, den Abschluss rechtswirksamer Verpflichtungsgeschäfte durch den Schuldner während des Eröffnungsverfahrens zu verhindern. Dementsprechend können solche Verbindlichkeiten auch nur Insolvenzforderungen begründen. An dieser Beurteilung ändert auch die pauschale gerichtliche Ermächtigung des vorläufigen Insolvenzverwalters, „mit rechtlicher Wirkung für den Schuldner zu handeln", nichts. Eine solche Ermächtigung ist nach Auffassung des BGH vielmehr nach § 22 Abs. 2 Satz 1 InsO unzulässig, da das Insolvenzgericht selbst im Einzelnen die Rechte festlegen muss, die dem vorläufigen Verwalter eingeräumt werden, und schon aus Gründen der Rechtsklarheit Verfügungsermächtigungen nicht pauschal in das Ermessen des vorläufigen Insolvenzverwalters stellen darf[4].

---

1 LG Essen v. 10. 1. 2001 – 16 O 534/00, NZI 2001, 217; OLG Hamm v. 17. 1. 2002 – 27 U 150/01, NZI 2002, 259.

2 Vor allem *Bork,* ZIP 1999, 781, 786.

3 BGH v. 18. 7. 2002 – IX ZR 195/01, WM 2002, 1888; ebenso BGH v. 9. 12. 2004 – IX ZR 108/04, WM 2005, 240. Zu dieser Rechtsprechung auch *Prütting/Stickelbrock,* ZIP 2002, 1608; *Haarmeyer/Pape,* ZIP 2002, 845; *Smid,* DZWIR 2002, 444; *Undritz,* NZI 2003, 136.

4 So BGH v. 18. 7. 2002 – IX ZR 195/01, WM 2002, 1888.

cc) Starker vorläufiger Insolvenzverwalter

Wird ein Darlehen an einen starken vorläufigen Insolvenzverwalter i.S. von § 22 Abs. 1 InsO ausgereicht, ist also durch das Insolvenzgericht im Eröffnungsverfahren **ein allgemeines Verfügungsverbot gem. § 21 Abs. 2 Nr. 2 InsO angeordnet** worden, so führt diese Kreditaufnahme bei Eröffnung des Insolvenzverfahrens gem. § 55 Abs. 2 InsO zu Masseverbindlichkeiten. Das Insolvenzgericht kann den starken vorläufigen Insolvenzverwalter auch nicht ermächtigen, nur Insolvenzforderungen zu begründen, die keine Privilegierung als Masseforderungen genießen[1]. In der Praxis wird die Kreditwirtschaft für die Ausreichung eines Massekredits die Einzelermächtigung des schwachen Insolvenzverwalters dem allgemeinen Verfügungsverbot vorziehen, um zu verhindern, dass die Forderungen aus den Massekrediten mit einer Vielzahl von anderen Masseverbindlichkeiten, die der starke vorläufige Insolvenzverwalter gem. § 55 Abs. 2 InsO zwangsläufig begründet, konkurrieren (zum wirtschaftlichen Nutzen der Privilegierung als Massekredit angesichts dieser Konkurrenz zugleich unten bei Rz. 5.315 ff.). 5.314

dd) Wirtschaftlicher Nutzen der Privilegierung als Massekredit

Ist durch Anordnung eines allgemeinen Verfügungsverbots oder durch die Ermächtigung des Insolvenzgerichts für den Einzelfall sichergestellt, dass aus der Kreditgewährung Masseverbindlichkeiten entstehen, die gem. § 55 InsO aus der Insolvenzmasse vor den Forderungen aller Insolvenzgläubiger zu befriedigen sind, kann daran gem. § 217 InsO auch ein **Insolvenzplan** nichts ändern, da der Insolvenzplan nach dieser Regelung nur die Befriedigung der absonderungsberechtigten Gläubiger und der Insolvenzgläubiger, nicht aber der Massegläubiger abweichend von den Vorschriften der Insolvenzordnung regeln darf. 5.315

Allerdings wird die Aufnahme neuer Kredite auch im Falle des vorläufigen Verwalters, auf den die Verfügungsbefugnis wegen der Anordnung eines allgemeinen Verfügungsverbots übergegangen ist oder der vom Insolvenzgericht ausdrücklich zur Aufnahme von Massekrediten ermächtigt wurde, dadurch erschwert, dass die aus einer Gewährung neuer Kredite an den vorläufigen Verwalter resultierenden **Masseverbindlichkeiten mit anderen Verbindlichkeiten konkurrieren**. Insoweit kann auf die Ausführungen zu den Massedarlehen nach Eröffnung des Insolvenzverfahrens (s. unten Rz. 7.361 ff.), wo es zur gleichen Konkurrenz kommt, verwiesen werden. 5.316

Diese Konkurrenz mit anderen Masseverbindlichkeiten birgt ein Ausfallrisiko für den Kreditgeber, weil im Fall der **Einstellung des eröffneten Insolvenzverfahrens mangels Masse** die Forderungen aus einem dem vorläufigen Insolvenzverwalter im Insolvenzantragsverfahren gewährten Neukredit unter den Masseverbindlichkeiten nur den 3. Rang nach den Kosten des Insolvenzverfahrens (gem. § 54 InsO sind dies die Gerichtskosten sowie Vergütungen und Auslagen des Insolvenzverwalters und der Gläubigerausschussmitglieder) und den nach Anzeige der Masseunzulänglichkeit begründeten Masseverbindlichkei- 5.317

1 AG Hamburg v. 8. 11. 2002 – 67g IN 379/02, ZInsO 2002, 1197.

ten (§ 209 Abs. 1 Nr. 3 InsO) erhalten[1]. Und wird die Eröffnung mangels Masse abgelehnt, kommt es überhaupt nicht zu einer Verteilung nach der Rangordnung, wie sie für das eröffnete Verfahren vorgesehen ist (vgl. zur Abweisung und Einstellung mangels Masse oben Rz. 6.1 ff.).

ee) Haftung des vorläufigen Insolvenzverwalters

5.318 Einen gewissen Ausgleich für das Risiko, das somit dem Kreditgeber verbleibt, selbst wenn die im Insolvenzeröffnungsverfahren an den vorläufigen Verwalter gewährten Kredite den Vorrang von Masseverbindlichkeiten genießen, bietet die Haftung des vorläufigen Insolvenzverwalters nach §§ 21 Abs. 2 Nr. 1, 61 InsO (dazu auch Rz. 7.128 ff.). Danach hat der vorläufige Insolvenzverwalter mit Verfügungsbefugnis dafür einzustehen, dass die Masseverbindlichkeiten, die durch seine Rechtshandlungen begründet worden sind, aus der Insolvenzmasse voll erfüllt werden können. Könnte ein Neukredit wegen Massearmut nicht zurückgezahlt werden, hätte der vorläufige Verwalter dafür Schadensersatz zu leisten[2]. Allerdings trifft den vorläufigen Insolvenzverwalter diese Schadensersatzpflicht nach § 61 Satz 2 InsO dann nicht, wenn er bei Begründung der Masseverbindlichkeiten nicht erkennen konnte, dass die Masse voraussichtlich zur Erfüllung nicht ausreichen würde[3]. Insoweit stellt die Rechtsprechung an die Entlastung des vorläufigen Verwalters relative hohe Anforderungen und verlangt u.a., dass regelmäßig bzw. bei Betriebsfortführung immer der Verwalter einen zur Liquiditätssteuerung geeigneten Finanzplan unter Gegenüberstellung von Mittelbedarf und den zu dessen Deckung vorhandenen und zu erwartenden Mitteln aufstellt und laufend fortschreibt, um zu prüfen, ob die Masseverbindlichkeiten voraussichtlich erfüllt werden können[4]. Wegen der Möglichkeit der Entlastung scheidet die Haftung des vorläufigen Verwalters dennoch häufig aus und kann für die Kreditentscheidung nicht mit der eines Bürgen verglichen werden kann. Darüber hinaus dürfte es für einen Kreditgeber, an den von einem vorläufigen Insolvenzverwalter die Bitte um einen Massekredit im Antragsverfahren herangetragen wird, angesichts des Missverhältnisses zwischen Kreditsumme und finanzieller Leistungsfähigkeit des Verwalters nahezu immer ausscheiden, die Kreditentscheidung auf die (mögliche) Haftung des Verwalters zu stützen.

ff) Besicherung neuer Kredite

5.319 Wegen des wirtschaftlichen Risikos selbst bei Einordnung als Masseverbindlichkeit wird ein Kreditgeber, der sich, um die Fortführung des Unternehmens

1 Darauf weisen auch *Uhlenbruck*, GmbHR 1995, 81, 195, 200, und *Hess/Weis*, InVo 1996, 225, 226, hin.

2 Zu einem solchen Haftungsfall OLG Brandenburg v. 3. 7. 2003 – 8 U 58/02, NZI 2003, 552; LG Cottbus v. 8. 5. 2002 – 3O 277/00, NZI 2002, 441; *Vallender*, NZI 2003, 554; *Kaufmann*, NZI 2004, 117.

3 Zur Auslegung dieser subjektiven Haftungsvoraussetzungen Begr. RegE der Insolvenzordnung, BR-Drucks. 1/92, § 72 RegE S. 129 f.

4 OLG Brandenburg v. 3. 7. 2003 – 8 U 58/02, NZI 2003, 552; OLG Hamm v. 28. 11. 2002 – 27 U 87/02, NZI 2003, 150.

zu ermöglichen, zur Gewährung eines neuen (Masse-)Kredites schon im Insolvenzeröffnungsverfahren entscheidet, ein starkes Interesse an einer **Besicherung des Neukredits** haben. Ist gegen den Schuldner ein **allgemeines Verfügungsverbot** erlassen, so ist der vorläufige Verwalter befugt, Sicherheiten aus dem Vermögen des Schuldners, beispielsweise einer insolventen GmbH, zu bestellen[1]. Denn gem. § 22 Abs. 1 InsO geht die volle Verwaltungs- und Verfügungsbefugnis über das Vermögen des Schuldners auf den vorläufigen Insolvenzverwalter über, wenn dem Schuldner ein allgemeines Verfügungsverbot auferlegt wird[2]. Daneben lässt sich aus der Rechtsprechung des BGH[3] schließen, dass den Insolvenzgerichten auch die Befugnis zusteht, ohne Anordnung eines allgemeinen Verfügungsverbots den schwachen vorläufigen Insolvenzverwalter nicht nur zur Aufnahme eines Massekredits, sondern auch zur wirksamen Besicherung dieses Massekredits aus dem Vermögen des Schuldners zu ermächtigen. Wie bei der Ermächtigung zur Begründung von Masseverbindlichkeiten ist aber auch dafür Voraussetzung, dass das Insolvenzgericht dem vorläufigen Insolvenzverwalter nach Art und Umfang unmissverständliche Einzelbefugnisse einräumt, also insbesondere die Art der Besicherung (z.B. Grundschuld auf dem Betriebsgrundstück; Globalzession der Forderungen aus Lieferung und Leistung, Sicherungsübereignung der Vorräte) und den Betrag (soweit einschlägig, also insbesondere bei einer Grundschuld) in dem Gerichtsbeschluss festlegt. Ist nur ein Zustimmungsvorbehalt angeordnet, muss die Sicherheit dagegen durch den Schuldner selbst, also mit den Unterschriften der Geschäftsführung der GmbH oder der Vertretungsberechtigten bestellt werden. Dazu ist dann die Zustimmung des vorläufigen Insolvenzverwalters, dokumentiert durch Mitunterzeichnung des Sicherungsvertrages, erforderlich.

Die von dem vorläufigen Verwalter oder mit seiner Zustimmung bestellten 5.320
Sicherheiten für einen Neukredit kann der spätere Insolvenzverwalter nach Verfahrenseröffnung dem Kreditgeber auch **nicht etwa durch Anfechtung wieder entziehen**. Rechtshandlungen eines starken vorläufigen Insolvenzverwalters, auf den wegen Anordnung eines allgemeinen Verfügungsverbots die Verwaltungs- und Verfügungsbefugnis übergegangen ist, sind generell nicht anfechtbar[4], weil gem. § 55 Abs. 2 InsO seine Rechtshandlungen dem eröffneten Verfahren zugerechnet werden. Sie sind daher nicht als Rechtshandlungen vor Verfahrenseröffnung zu bewerten, was aber nach § 129 InsO Voraussetzung jeder Insolvenzanfechtung wäre[5]. Die Bestellung von Kreditsicherheiten durch den Schuldner mit Zustimmung des schwachen, also ohne Anordnung eines allgemeinen Verfügungsverbots eingesetzten, vorläufigen Verwalters mit Zustimmungsvorbehalt sind zwar, wie § 129 InsO zeigt, grundsätzlich anfechtbar. Die Rechtsprechung schließt eine solche Anfechtung aber aus, wenn der

---

1 So im Ergebnis auch *Obermüller*, Insolvenzrecht in der Bankpraxis, Rz. 5.224.
2 Dazu Begr. RegE der Insolvenzordnung, BR-Drucks. 1/92, § 26 RegE S. 116 f.
3 BGH v. 18. 7. 2002 – IX ZR 195/01, WM 2002, 1888.
4 BGH v. 9. 12. 2004 – IX ZR 108/04, WM 2005, 240; OLG Stuttgart v. 24. 7. 2002 – 3 U 14/02, ZInsO 2002, 986; *Kirchhof* in Heidelberger Kommentar zur InsO, § 22 InsO Rz. 23 f.
5 *Bork*, ZBB 2001, 271, 276.

schwache vorläufige Insolvenzverwalter im Rahmen des Zustimmungsvorbehalts bei der Bestellung der Sicherheiten zugestimmt hat und durch sein Handeln einen schutzwürdigen Vertrauenstatbestand beim Empfänger begründet hat, so dass dieser infolgedessen nach Treu und Glauben (§ 242 BGB) damit rechnen durfte, ein nicht mehr entziehbares Recht erlangt zu haben[1]. Im Übrigen scheidet bei der Besicherung eines im Eröffnungsverfahren neu gewährten Kredits die Anfechtung gem. § 142 InsO auch aus, wenn, wie meist, ein Bargeschäft vorliegt, also Kreditbetrag und der Wert der Sicherheiten in einem angemessenen Verhältnis stehen und die vertraglich vereinbarte Sicherheitenbestellung mit der Kreditauszahlung in unmittelbarem zeitlichen Zusammenhang, nur durch die übliche Bearbeitungszeit voneinander getrennt, steht[2].

II. Verwertung von Kreditsicherheiten

5.321 Mit Stellung des Insolvenzantrags stellt sich für den gesicherten Kreditgeber immer auch die Frage, **ob und durch wen Sicherheiten verwertet werden können**, die von der insolventen GmbH für bestehende Kredite bestellt worden sind[3]. In der Praxis konzentriert sich dies häufig auf die Verwertung von zur Sicherung abgetretenen Forderungen im Insolvenzeröffnungsverfahren, da der Einzug der abgetretenen Forderungen schnell und unkompliziert erfolgen kann. Entsprechend hat der gesicherte Kreditgeber ein großes Interesse daran, durch schnellen Forderungseinzug möglichst umgehend den gesicherten Kredit zurückzuführen, während umgekehrt der vorläufige Insolvenzverwalter daran interessiert ist, durch eigene Verwertung oder durch Inkasso im laufenden Geschäftsbetrieb die Liquidität für die Fortführung des Unternehmens im vorläufigen Insolvenzverfahren zu nutzen. Ähnliches gilt aber auch für die Verwertung von beweglichen Sachen im Umlaufvermögen, also vor allem für die Vorräte. Mit der Frage nach einer möglichst schnellen Verwertung zur Schaffung von Liquidität ist der Wunsch des vorläufigen Insolvenzverwalters verbunden, bereits für die Verwertungen im vorläufigen Insolvenzverfahren die Kostenbeiträge gem. §§ 170, 171 InsO für die Masse zu vereinnahmen.

1. Verwertung durch den vorläufigen Insolvenzverwalter

a) Befugnis zur Verwertung

5.322 Grundsätzlich besteht im Eröffnungsverfahren für den starken vorläufigen Insolvenzverwalter bzw. für den Schuldner mit Zustimmung des schwachen

1 BGH v. 9. 12. 2004 – IX ZR 108/04, WM 2005, 240; BGH v. 15. 12. 2005 – IX ZR 156/04, WM 2006, 537.

2 BGH v. 18. 7. 2002 – IX ZR 195/01, WM 2002, 1888; *Bork*, ZBB 2001, 271, 276 f.

3 Dazu auch *Obermüller*, Insolvenzrecht in der Bankpraxis, Rz. 6.409 ff.; *Ganter*, Sicherungsmaßnahmen gegenüber Aus- und Absonderungsberechtigten im Insolvenzeröffnungsverfahren, NZI 2007, 549; *Kuder*, Besitzlose Mobiliarsicherheiten im Insolvenzverfahren nach dem geänderten § 21 InsO, ZIP 2007, 1690; *Vallender*, Die Verwertung sicherungshalber abgetretener Forderungen, Insolvenzrechtsreport 2001, Nr. 1; *Bork*, ZBB 2001, 271, 277 f.; *Obermüller*, DZWIR 2000, 10 ff.

vorläufigen Insolvenzverwalters eine **Befugnis zur „Sicherheitenverwertung" nur bei der Unternehmensfortführung im Rahmen des Geschäftsverkehrs**, und nur soweit dies nicht gegen die Regelungen des Sicherungsvertrages verstößt[1]. Für den starken vorläufigen Insolvenzverwalter, auf den die Verwaltungs- und Verfügungsbefugnis wegen Anordnung eines allgemeinen Verfügungsverbots für den Schuldner übergegangen ist, ergibt sich dies aus § 22 Abs. 1 Nr. 1 u. 2 InsO, wonach er das Vermögen des Schuldners zu sichern und zu erhalten hat und dabei insbesondere das schuldnerische Unternehmen bis zur Entscheidung über die Eröffnung des Insolvenzverfahrens fortführen soll. Diese Verwaltungsbefugnis berechtigt den starken vorläufigen Insolvenzverwalter zur „Verwertung" von Sicherheiten insoweit, wie dies bei der Unternehmensfortführung im Rahmen des Geschäftsverkehrs erfolgt und nicht gegen die Regelungen des Sicherungsvertrages verstößt. Dabei erlischt die üblicherweise in Sicherungsübereignungs- und Sicherungszessionsverträgen für den Schuldner vorgesehene Verfügungs- bzw. Einziehungsbefugnis ohne ausdrücklichen Widerruf durch den Sicherungsnehmer weder mit dem Eintritt der finanziellen Krise noch mit dem Insolvenzantrag oder mit der Anordnung von Sicherungsmaßnahmen im Insolvenzeröffnungsverfahren[2]. Deshalb ist der starke vorläufige Insolvenzverwalter insbesondere berechtigt, bis zu einem **ausdrücklichen Widerruf** der Verfügungs- bzw. Einziehungsbefugnis weiterhin im laufenden Geschäft sicherungsübereignete Sachen des Umlaufvermögens zu veräußern und als Sicherheit abgetretene Forderungen einzuziehen. Entsprechendes gilt bei Einsetzung eines schwachen Insolvenzverwalters ohne Anordnung eines allgemeinen Verfügungsverbots für Veräußerungen sicherungsübereigneter Waren und den Einzug von Forderungen durch den Schuldner bzw. – bei Anordnung eines allgemeinen Zustimmungsvorbehalts gem. § 21 Abs. 2 Nr. 2 Alt. 2 InsO – durch den Schuldner mit Zustimmung des schwachen vorläufigen Insolvenzverwalters. Kreditinstitute werden häufig bereit sein, die Fortführung des Unternehmens im Eröffnungsverfahren und die damit verbundene Einziehung von zedierten Forderungen bzw. Veräußerung von übereigneten Sachen durch Verzicht auf den Widerruf der Einziehungs- und Veräußerungsbefugnis zu unterstützen, sofern durch den starken vorläufigen Verwalter oder durch den Schuldner mit Zustimmung des schwachen vorläufigen Verwalters als Ausgleich für die Verminderung des bestehenden Sicherungsgutes neu entstandene Forderungen abgetreten und neu erworbene Sachen übereignet werden. Ein solcher Austausch im Bestand des Sicherungsgutes stellt ein Bargeschäft dar, das auch nach Eröffnung des Insolvenzverfahrens nicht angefochten werden kann[3].

Eine darüber hinausgehende, **echte Verwertungsbefugnis im Insolvenzeröffnungsverfahren** steht dem starken vorläufigen Insolvenzverwalter bzw. dem Schuldner zusammen mit dem schwachen vorläufigen Insolvenzverwalter da- 5.323

1 Dazu auch *Obermüller*, Insolvenzrecht in der Bankpraxis, Rz. 6.411b ff.

2 So für die Auswirkungen eines Konkurseröffnungsantrages auf die Einbeziehungsbefugnis bei Sicherungsabtretung BGH v. 6. 4. 2000 – IX ZR 422/98, NZI 2000, 306. Für die Insolvenzordnung ebenso OLG Frankfurt v. 6. 12. 2006 – 23 U 149/05, WM 2007, 1178.

3 *Obermüller*, DZWIR 2000, 10, 11.

gegen nicht zu[1]. Denn im Verhältnis zu Dritten, also auch zum gesicherten Gläubiger, sind selbst dem starken vorläufigen Verwalter keine weiter gehenden Rechte eingeräumt als dem Schuldner selbst, und die Einschränkungen der §§ 166 ff. InsO für die Rechte des Absonderungsberechtigten gelten erst nach Eröffnung des Insolvenzverfahrens[2]. Deshalb dürfen durch den vorläufigen Insolvenzverwalter und den Schuldner im Insolvenzeröffnungsverfahren keine Verwertungshandlungen erfolgen, die über die normale Geschäftstätigkeit bei Fortführung des schuldnerischen Unternehmens hinausgehen; und selbst die Veräußerung bzw. der Forderungseinzug im Rahmen der Unternehmensfortführung wird unzulässig, wenn der gesicherte Gläubiger auf Grund der vertraglichen Regelungen berechtigterweise die Veräußerungsbefugnis oder die Einziehungsbefugnis widerrufen hat.

5.324 Unabhängig von den vertraglichen Regelungen **kann dem vorläufigen Insolvenzverwalter eine autonome Verwertungsbefugnis durch das Insolvenzgericht nach § 21 Abs. 2 Nr. 5 InsO eingeräumt** werden[3], und zwar sowohl beim starken wie beim schwachen vorläufigen Verwalter[4]. Nach dieser Regelung kommt als Sicherungsmaßnahme die Anordnung in Betracht, dass Gegenstände, die im Falle der Eröffnung des Verfahrens von § 166 InsO erfasst würden, also vor allem sicherungsübereignetes Umlaufvermögen, vom Insolvenzverwalter zur Fortführung des Unternehmens des Schuldners eingesetzt werden können, soweit sie hierfür von erheblicher Bedeutung sind. Ergänzend dazu kann das Gericht ohne weitere Voraussetzungen dem vorläufigen Verwalter auch die Einziehungsbefugnis für sicherungszedierte Forderungen übertragen[5]. Im Rahmen dieser Befugnis ist der vorläufige Insolvenzverwalter berechtigt zur Nutzung von Gegenständen, die einem Gläubiger sicherungsübereignet sind, und zur Einziehung von Forderungen, die an einen Gläubiger als Sicherheit abgetreten sind. Diese Nutzung ist aber insoweit ein Minus zur Verwertung, als sie nur soweit reicht, wie die Sache als solche erhalten bleibt und nicht im Rahmen der Verwendung verbraucht wird. Daher kann der vorläufige Verwalter z.B. ohne vorherige Vereinbarung mit dem Sicherungsgläubiger

1 BGH v. 22. 2. 2007 – IX ZR 2/06, WM 2007, 895; BGH v. 13. 7. 2006 – IX ZR 57/05, WM 2006, 1636; BGH v. 11. 7. 2002 – IX ZR 262/01, WM 2002, 1630; BGH v. 15. 5. 2003 – IX ZR 218/02, WM 2003, 1367.

2 *Kirchhof* in Heidelberger Kommentar zur InsO, § 22 InsO Rz. 25.

3 Dazu *Kirchhof*, Probleme bei der Einbeziehung von Aussonderungsrechten in das Insolvenzeröffnungsverfahren, ZInsO 2007, 227; *Ganter*, Sicherungsmaßnahmen gegenüber Aus- und Absonderungsberechtigten im Insolvenzeröffnungsverfahren, NZI 2007, 549; *Kuder*, Besitzlose Mobiliarsicherheiten im Insolvenzverfahren nach dem geänderten § 21 InsO, ZIP 2007, 1690.

4 *Ganter*, Sicherungsmaßnahmen gegenüber Aus- und Absonderungsberechtigten im Insolvenzeröffnungsverfahren, NZI 2007, 549; *Haarmeyer* in Münchener Kommentar zur InsO, § 21 InsO Rz. 96; Begr. RegE Gesetz zur Vereinfachung des Insolvenzverfahrens, BT-Drucks. 16/3227, S. 16.

5 Zu dieser im Gesetz nicht ausdrücklich vorgesehenen, aber im letzten Satz von § 21 Abs. 2 Nr. 5 InsO vorausgesetzten Sicherungsmaßnahme s. *Ganter*, Sicherungsmaßnahmen gegenüber Aus- und Absonderungsberechtigten im Insolvenzeröffnungsverfahren, NZI 2007, 549, 552; *Haarmeyer* in Münchener Kommentar zur InsO, § 21 InsO Rz. 102; Begr. RegE Gesetz zur Vereinfachung des Insolvenzverfahrens, BT-Drucks. 16/3227, S. 16.

keine Gegenstände eines sicherungsübereigneten Warenlagers veräußern oder zur Sicherung abgetretene Forderungen einziehen, um die dadurch gewonnene Liquidität zum Erwerb von Rohstoffen oder Waren einzusetzen[1].

Außerdem ist **ausnahmsweise eine Verwertungsbefugnis des vorläufigen Insolvenzverwalters** (ggf. gemeinsam mit dem Schuldner) anzuerkennen, wenn die Verwertung der dem vorläufigen Insolvenzverwalter nach § 21 InsO obliegenden Sicherung des Schuldnervermögens dient. Dies ist der Fall, wenn bei weiterem Zuwarten mit der Verwertung bis zur Verfahrenseröffnung Gefahr im Verzuge ist, insbesondere wenn es sich um leicht verderbliches Sicherungsgut handelt[2]. Ebenso kann die unverzügliche Einziehung einer sicherungshalber abgetretenen Forderung bei drohender Verjährung erforderlich sein[3]. Darüber hinaus, also auch ohne Gefahr im Verzuge, ist selbstverständlich der vorläufige Insolvenzverwalter dann zur Verwertung schon im Insolvenzeröffnungsverfahren berechtigt, wenn er darüber mit dem gesicherten Gläubiger Einigkeit erzielt. 5.325

b) Verwertungskostenbeitrag

Gem. §§ 170, 171 InsO erhält der Insolvenzverwalter bei der Verwertung von beweglichen Sachen oder Forderungen, an denen Sicherungsrechte bestehen, Kostenbeiträge für die Insolvenzmasse (siehe zu den Einzelheiten bei Rz. 7.381 f.; 7.404 ff.; 7.417 ff.). Voraussetzung für einen solchen Verwertungskostenbeitrag ist aber, wie die systematische Stellung der Regelungen zeigt, grundsätzlich die berechtigte Verwertung nach Eröffnung des Insolvenzverfahrens. Deshalb kann der vorläufige Insolvenzverwalter bei Veräußerung oder sonstiger Verwertung von Sicherungsgut **grundsätzlich keinen Verwertungskostenbeitrag** verlangen[4]. Eine Ausnahme sieht zum einen die gesetzlichen Regelung des § 21 Abs. 2 Nr. 5 InsO vor. Danach stehen die Kostenbeiträge nach §§ 170, 171 InsO, d.h. 4 % Feststellungskosten und, sofern nicht im Einzelfall tatsächlich erheblich höher oder niedriger, pauschal 5 % Verwertungskosten, der Masse zu, wenn das Insolvenzgericht dem vorläufigen Insolvenzverwalter die Einziehungsbefugnis für sicherungszedierte Forderungen übertragen hat[5]. Zum anderen wird man der Insolvenzmasse in analoger Anwendung von §§ 170, 171 InsO den Kostenbeitrag wie bei Verwertung im eröffneten Insolvenzverfahren dann zugestehen müssen, wenn der vorläufige Insolvenzverwalter ausnahmsweise wegen Gefahrs im Verzug zu Verwertungen zur Sicherung des Schuldnervermögens berechtigt war[6]. Dagegen scheidet 5.326

1 So Begr. RegE Gesetz zur Vereinfachung des Insolvenzverfahrens, BT-Drucks. 16/3227, S. 16; ebenso *Obermüller*, Insolvenzrecht in der Bankpraxis, Rz. 6.419b; a.A. *Ganter*, Sicherungsmaßnahmen gegenüber Aus- und Absonderungsberechtigten im Insolvenzeröffnungsverfahren, NZI 2007, 549.

2 *Uhlenbruck* in Kölner Schrift zur InsO, S. 325, 352 f.

3 *Bork*, ZBB 2001, 271, 278.

4 BGH v. 13. 7. 2006 – IX ZR 57/05, WM 2006, 1636.

5 S. dazu *Haarmeyer* in Münchener Kommentar zur InsO, § 21 InsO Rz. 103; Begr. RegE Gesetz zur Vereinfachung des Insolvenzverfahrens, BT-Drucks. 16/3227, S. 16.

6 Offen gelassen durch BGH v. 13. 7. 2006 – IX ZR 57/05, WM 2006, 1636.

ein Verwertungskostenbeitrag bei zulässiger Veräußerung bzw. zulässigem Forderungseinzug im Rahmen der laufenden Geschäfte aus, da es sich nicht um eine Verwertung im Rechtssinne handelt. Gleiches gilt bei einer Liquidation im Einvernehmen mit dem gesicherten Gläubiger, wobei natürlich der vorläufige Insolvenzverwalter darin frei ist, mit dem Sicherungsnehmer eine einvernehmliche Regelung zum Ausgleich der Verwertungskosten zu Gunsten Insolvenzmasse zu treffen. Verwertet der vorläufige Insolvenzverwalter schließlich unberechtigt und unter Verletzung der Rechte des absonderungsberechtigten Sicherungsnehmers, kann daraus zu Gunsten der Insolvenzmasse erst recht kein Anspruch auf Kostenausgleich entstehen[1].

c) Rechtsfolgen unzulässiger Verwertung

5.327 Hinsichtlich der Rechtsfolgen einer unzulässigen Verwertung durch den vorläufigen Insolvenzverwalter muss zwischen dem **Außenverhältnis** gegenüber Erwerbern des Sicherungsgutes bzw. den Drittschuldnern bei Sicherungszession und dem **Innenverhältnis** gegenüber den Verfahrensbeteiligten unterschieden werden.

5.328 **Im Außenverhältnis** ist die Wirksamkeit der vorgenommenen Verwertungshandlungen, also der Veräußerung beweglicher Sachen oder des Einzugs von Forderungen, nach den allgemeinen Regelungen des Zivilrechts zu beurteilen. Dabei ist die unzulässige Veräußerung von sicherungsübereigneten Sachen grundsätzlich unwirksam, da mangels Eigentum dem Schuldner und damit selbst dem starken vorläufigen Insolvenzverwalter die Verfügungsbefugnis fehlt. Jedoch kann der Käufer nach den Regeln der §§ 932 ff. BGB gutgläubig Eigentum erwerben. Entsprechend wird vor Offenlegung der Forderungsabtretung der gute Glaube des Drittschuldners gem. § 407 Abs. 1 BGB geschützt, so dass selbst ein unberechtigter Einzug zedierter Forderungen durch den vorläufigen Insolvenzverwalter im Eröffnungsverfahren gegenüber dem gesicherten Kreditgeber schuldbefreiende Wirkung hat[2]. Nach Offenlegung kann der Drittschuldner im Eröffnungsverfahren schuldbefreiend aber nur noch an den Sicherungsnehmer leisten.

5.329 **Im Innenverhältnis** zu den Verfahrensbeteiligten setzt sich der vorläufige Insolvenzverwalter mit einer unzulässigen Verwertung der Haftung nach § 60 InsO wegen Verletzung seiner insolvenzspezifischen Pflichten aus. Gegenüber dem gesicherten Gläubiger kommt aber diese Haftung nur dann in Betracht, wenn der vorläufige Insolvenzverwalter einen zu geringen Verwertungserlös erzielt, da das schützenswerte Interesse des gesicherten Gläubigers im Insolvenzverfahren auf den optimalen Verwertungserlös begrenzt ist. Dessen ungeachtet hat aber der gesicherte Gläubiger die Möglichkeit, dem vorläufigen Insolvenzverwalter im Wege der einstweiligen Verfügung die Verwertung, soweit sie nach den obigen Ausführungen unberechtigt wäre, untersagen zu lassen[3]. Außerdem muss der Insolvenzverwalter die Verwertungserlöse her-

1 BGH v. 13. 7. 2006 – IX ZR 57/05, WM 2006, 1636; *Obermüller*, DZWIR 2000, 10, 13.
2 BGH v. 22. 2. 2007 – IX ZR 2/06, WM 2007, 895.
3 OLG Köln v. 29. 12. 1999 – 11 W 81/99, NZI 2000, 267.

ausgeben, und zwar auch dann, wenn es nicht zur Verfahrenseröffnung kommt[1].

2. Verwertung durch den gesicherten Gläubiger

5.330 Der gesicherte Gläubiger verliert weder durch den Insolvenzantrag noch durch die Einsetzung eines vorläufigen Insolvenzverwalters die ihm grundsätzlich zustehende Verwertungsbefugnis[2]. Insbesondere wäre der Gläubiger entsprechend den regelmäßig getroffenen vertraglichen Abreden berechtigt, wegen des mit dem Insolvenzantrag manifestierten Vermögensverfalls des Schuldners bei einer **Sicherungsübereignung** die Veräußerungsbefugnis des Sicherungsgebers zu widerrufen, Herausgabe des Sicherungsgutes zu verlangen und nach Besitzergreifung das Sicherungsgut zu veräußern. Allerdings wird dies in der Praxis regelmäßig schon daran scheitern, dass weder der Schuldner noch der vorläufige Insolvenzverwalter zu einer Herausgabe im Eröffnungsverfahren bereit sein werden und dass die Zeit bis zur Eröffnung des Insolvenzverfahrens für eine gerichtliche Durchsetzung des Herausgabeanspruches nicht ausreicht. Auch bei der **Sicherungsabtretung** darf der gesicherte Kreditgeber gem. den üblicherweise getroffenen Regelungen des Sicherungsvertrags bei Insolvenzantrag unter Offenlegung der Zession mit der Einziehung der Forderung beim Drittschuldner beginnen.

5.331 Nach § 21 Abs. 2 Nr. 5 InsO kann aber das Insolvenzgericht als Sicherungsmaßnahme einen **Verwertungs- und Einziehungsstop** anordnen. Ein solcher Beschluss bestimmt, dass Gegenstände, die im Falle der Eröffnung des Verfahrens von § 166 InsO erfasst würden, also vor allem sicherungsübereignete Sachen und sicherungszedierte Forderungen, vom Gläubiger nicht verwertet oder eingezogen werden dürfen[3]. Voraussetzung für den Verwertungsstop bei sicherungsübereigneten Sachen ist aber entsprechend § 166 InsO, dass der Schuldner noch zumindest mittelbaren Besitz hat. Hat der Gläubiger bereits vor Ergehen der gerichtlichen Anordnung unmittelbaren Besitz erlangt, darf er verwerten[4]. Diese Regelung ist ein Kompromiss zwischen einerseits der Erkenntnis, dass eine wirtschaftlich sinnvolle Masseverwertung regelmäßig nur möglich ist, wenn die Inhaber dinglicher Sicherungsrechte in das Insolvenzverfahren einbezogen werden, aber andererseits das Eröffnungsverfahren mit seiner vorläufigen Natur vor allem der Sicherung der Insolvenzmasse dient, so dass in dieser Phase allenfalls schonend in die Rechte der gesicherten Gläubiger eingegriffen werden sollte[5].

1 BGH v. 22. 2. 2007 – IX ZR 2/06, WM 2007, 895.

2 BGH v. 20. 11. 2003 – IX ZR 259/02, WM 2004, 39; BGH v. 20. 2. 2003 – IX ZR 81/02, WM 2003, 694.

3 Dazu *Kirchhof*, Probleme bei der Einbeziehung von Aussonderungsrechten in das Insolvenzeröffnungsverfahren, ZInsO 2007, 227; *Ganter*, Sicherungsmaßnahmen gegenüber Aus- und Absonderungsberechtigten im Insolvenzeröffnungsverfahren, NZI 2007, 549; *Kuder*, Besitzlose Mobiliarsicherheiten im Insolvenzverfahren nach dem geänderten § 21 InsO, ZIP 2007, 1690.

4 *Ganter*, Sicherungsmaßnahmen gegenüber Aus- und Absonderungsberechtigten im Insolvenzeröffnungsverfahren, NZI 2007, 549, 551.

5 Begr. RegE Gesetz zur Vereinfachung des Insolvenzverfahrens, BT-Drucks. 16/3227, S. 15.

Ordnet das Gericht einen Verwertungs- und Einziehungsstop an, hat daher der vorläufige Insolvenzverwalter einen wirtschaftlichen Ausgleich an den betroffenen Gläubiger zu leisten. Der Kreditgeber kann zum einen nach § 169 Satz 2 und 3 InsO bei Absonderungsgütern die Zahlung der vertraglich[1] geschuldeten Zinsen verlangen, jedoch erst ab drei Monaten nach gerichtlicher Anordnung der Nutzungsbefugnis und nur insoweit, wie die Kreditsicherheit als werthaltig anzusehen ist. Daneben hat der vorläufige Verwalter ggf. Wertersatz für einen etwaigen Wertverlust zu leisten, der durch die Benutzung der sicherungsübereigneten Sache eintritt. Dieser Anspruch auf Ausgleichszahlungen entsteht auf Grund besonderer Anordnung gem. § 21 Abs. 2 Satz 1 Nr. 5 InsO und ist daher eine Masseforderung im Rang des § 55 InsO[2].

5.332 Nimmt das gesicherte Kreditinstitut oder ein anderer Gläubiger vor dem oder im Insolvenzeröffnungsverfahren sicherungsübereignete Sachen zur Verwertung in Besitz oder zieht sicherungszedierte Forderungen ein und verhindert damit den Übergang des Verwertungsrechts auf den Insolvenzverwalter bei Verfahrenseröffnung und den Verwertungsstop nach § 21 Abs. 2 Nr. 5 InsO, so **kann die Inbesitznahme bzw. die Einziehung nicht angefochten werden** mit der Begründung, der Masse seien dadurch die Kostenbeiträge für die Verwertung nach §§ 170, 171 InsO entgangen[3]. Eine Anfechtung ist jedenfalls deshalb ausgeschlossen, weil der Umstand, dass der Masse der Anspruch auf die Verwertungskostenbeiträge entgeht, keine Gläubigerbenachteiligung i.S. des § 129 InsO darstellt. Denn diese Kostenbeiträge erstatten lediglich Kosten der Masse bei tatsächlicher Verwertung durch den Insolvenzverwalter. Daran ändert auch das vom Gesetzgeber gewählte Pauschalsystem nichts. Dessen Anwendung kann im Einzelfall ebenso zu einer Vermehrung wie zu einer Schmälerung der Masse führen. Dies ist jedoch systembedingt, so dass daraus keine Gläubigerbenachteiligung hergeleitet werden kann[4].

1 So ausdrücklich Begr. RegE Gesetz zur Vereinfachung des Insolvenzverfahrens, BT-Drucks. 16/3227, S. 16.
2 *Haarmeyer* in Münchener Kommentar zur InsO, § 21 InsO Rz. 101.
3 BGH v. 23. 9. 2004 – IX ZR 25/03, WM 2005, 126; BGH v. 20. 11. 2003 – IX ZR 259/02, WM 2004, 39. Dazu auch *Notthoff*, DZWIR 2004, 207.
4 BGH v. 20. 11. 2003 – IX ZR 259/02, WM 2004, 39.

E. Vorfinanzierung von Insolvenzgeld

I. Grundstrukturen der Insolvenzgeldvorfinanzierung

Im Rahmen der Insolvenzordnung muss gem. § 22 Abs. 1 Nr. 2 InsO nach dem Insolvenzantrag der regelmäßig eingesetzte **vorläufige Insolvenzverwalter das Unternehmen der insolventen GmbH fortführen**, bis das Insolvenzgericht über die Verfahrenseröffnung entscheidet[1]. Dabei ist die Finanzierung der offenen und noch anfallenden Personalkosten von immenser Bedeutung. Denn nach dem Insolvenzantrag wird häufig allein die sofortige Zahlung der Löhne und Gehälter die Arbeitnehmer noch dazu motivieren können, in dem insolventen Unternehmen tätig zu bleiben, damit den Betrieb am Leben zu erhalten und so evtl. die Möglichkeit zu schaffen, die GmbH insgesamt zu sanieren oder zumindest Teile des Unternehmens im Wege der übertragenden Sanierung zu veräußern[2]. 5.333

Um dieses Finanzierungsproblem zu lösen, arrangieren die vorläufigen Insolvenzverwalter in nahezu jeder Unternehmensinsolvenz zur Beschaffung der notwendigen Mittel für die laufenden Personalkosten im Eröffnungsverfahren im Zusammenwirken mit einem Kreditinstitut die **Vorfinanzierung von Insolvenzgeld**[3]. 5.334

Damit wird dem insolventen Unternehmen in der Zeit zwischen Insolvenzantrag und Verfahrenseröffnung zusätzliche Liquidität zugeführt, und diese Finanzierungsform hat dazu beigetragen, die Geschäftsfortführung im Insolvenzverfahren gleichwertig neben die Zerschlagung treten zu lassen[4] Bei der Vorfinanzierung von Insolvenzgeld zahlt nach dem Insolvenzantrag ein finanzierungsbereites Kreditinstitut den Arbeitnehmern des insolventen Unternehmens Beträge in Höhe ihrer rückständigen und fälligen Nettolöhne aus, und im Gegenzug erwirbt das Kreditinstitut von den Arbeitnehmern deren Lohn- und Gehaltsansprüche gegen den insolventen Arbeitgeber. Mit Eröffnung des Insolvenzverfahrens wird das Kreditinstitut als Zessionar des Arbeitsentgelts Inhaber der Insolvenzgeldansprüche und machte diese an Stelle der Arbeit- 5.335

1 Ausführlich zu den Gründen für diese Regelung der Insolvenzordnung, die in §§ 157, 158 InsO weiter gehend auch als Regel die Aufrechterhaltung des Geschäftsbetriebs bis zum Berichtstermin vorsieht, und zu dem daraus resultierenden Finanzierungsbedarf in der Insolvenz *Wittig,* DB 1999, 197 ff.

2 *Fink,* Maßnahmen des Verwalters zur Finanzierung in der Unternehmensinsolvenz, 1998, S. 96; *Wiester,* BB 1997, 949; *Obermüller,* Insolvenzrecht in der Bankpraxis, Rz. 5.238. *Steinwedel,* DB 1998, 822, 823, geht davon aus, dass die Arbeitnehmer ohne Lohnzahlung kaum länger als zwei bis vier Wochen im Betrieb des insolventen Arbeitgebers bleiben würden.

3 Dazu auch Sammelweisungen Insolvenzgeld der Bundesagentur für Arbeit (InsG-DA), Stand: September 2007, veröffentlicht auf den Web-Seiten der Bundesagentur für Arbeit, http://www.arbeitsagentur.de; *Uhlenbruck* in Gottwald, Insolvenzrechts-Handbuch, Rz. 108 ff.; *Obermüller,* Insolvenzrecht in der Bankpraxis, Rz. 5.237 ff.

4 *Wiester,* BB 1997, 949, 950; *Fink,* Maßnahmen des Verwalters zur Finanzierung in der Unternehmensinsolvenz, 1998, S. 96; *Steinwedel,* DB 1998, 822, 823.

nehmer geltend. Im Ergebnis kann in dieser Weise der vorläufige Verwalter in der Zeit zwischen Insolvenzantrag und Verfahrenseröffnung die Finanzierung der Personalkosten – und damit die Unternehmensfortführung – zumindest für drei Monate sichern, während das finanzierende Kreditinstitut – bei sachgemäßer Abwicklung – kein Kreditrisiko läuft, da nach Verfahrenseröffnung die Insolvenzgeldansprüche gegen die (zahlungskräftige) Bundesagentur für Arbeit auf das Kreditinstitut übergehen[1].

Im Einzelnen stellt sich dies wie folgt dar.

II. Der Anspruch auf Insolvenzgeld

5.336 Voraussetzung für die Zahlung von Insolvenzgeld an die Arbeitnehmer ist der **Eintritt eines Insolvenzereignisses beim Arbeitgeber**. Dieses liegt gem. § 183 SGB III vor mit Eröffnung eines Insolvenzverfahrens über das Vermögen des Arbeitgebers, bei Ablehnung der Verfahrenseröffnung mangels Masse oder auch ohne Insolvenzantrag mit vollständiger Einstellung der Betriebstätigkeit im Inland, sofern die Eröffnung eines Insolvenzverfahrens offensichtlich mangels Masse nicht in Betracht kommt.

5.337 Der Anspruch auf Insolvenzgeld steht den **Arbeitnehmern** und nach § 183 Abs. 3 SGB III ihren Erben zu. Arbeitnehmer sind nach den allgemeinen Grundsätzen des Arbeitsvertragsrechts alle Personen, die auf Grund eines privatrechtlichen Vertrages gegenüber einem Dritten (Arbeitgeber) zur Leistung von Diensten in persönlich abhängiger Stellung gegen Entgelt verpflichtet sind[2]. Dazu kann nach den tatsächlichen Verhältnissen des Einzelfalles und dem Inhalt seines Anstellungsvertrages auch der GmbH-Geschäftsführer zu rechnen sein. Nicht als Arbeitnehmer ist dagegen ein Gesellschafter-Geschäftsführer anzusehen, falls er als (Mehrheits-)Gesellschafter einen maßgeblichen Einfluss auf die Geschicke der GmbH geltend machen kann[3].

5.338 Insolvenzgeld wird gezahlt, soweit die Arbeitnehmer bei Eintritt des Insolvenzereignisses **offen stehende Ansprüche auf Arbeitsentgelt**[4] haben. Der Umfang der Insolvenzgeldzahlung ist dabei zum einen zeitlich begrenzt.

5.339 Nach § 183 Abs. 1 SGB III wird Insolvenzgeld nur für die **dem Insolvenzereignis, regelmäßig also der Verfahrenseröffnung, vorausgehenden letzten drei**

1 *Wiester*, BB 1997, 949, 950, bezeichnet diesen Anspruchsübergang nicht unzutreffend als „Zwangsbürgschaft".

2 Zum Begriff der Arbeitnehmer ausführlich InsG-DA, Stand: September 2007, veröffentlicht unter http://www.arbeitsagentur.de, zu § 183 SGB III, Rz. 2.2; mit Nachweisen der Rechtsprechung *Hess*, Insolvenzgeld, § 3 SGB III Rz. 15 ff.

3 S. dazu InsG-DA, Stand: September 2007, veröffentlicht unter http://www.arbeitsagentur.de, zu § 183 SGB III, Rz. 2.2 Abs. (8); BSG v. 24. 9. 1992 – 7 Rar 12/92, ZIP 1993, 54; *Hess*, Insolvenzgeld, § 183 SGB III Rz. 42 ff. m.w.N.

4 Zum Begriff des Arbeitsentgelts, der durch das AFRG keine Änderung erfahren hat, ausführlich und mit Nachweisen der Rechtsprechung *Hess*, Insolvenzgeld, § 183 SGB III, Rz. 90 ff.

Monate des Arbeitsverhältnisses gezahlt[1]. (Für den in Unkenntnis des Insolvenzereignisses weiterarbeitenden Arbeitnehmer erfolgt die Zahlung gem. § 183 Abs. 2 SGB III für den dreimonatigen Zeitraum vor Kenntnisnahme vom Insolvenzereignis.) Die frühere Diskussion[2], ob die Auslegung der europäischen „Richtlinie des Rates über die Angleichung der Rechtsvorschriften der Mitgliedstaaten über den Schutz der Arbeitnehmer bei Zahlungsunfähigkeit des Arbeitgebers" Nr. 80/987/EWG vom 20. Oktober 1980 durch den EuGH[3] dazu zwingt, Insolvenzgeld nur oder auch für die letzten drei Monate vor dem Insolvenzantrag zu zahlen, hat sich mittlerweile erledigt[4]. Denn mit der Richtlinie 2002/74/EG[5] ist klargestellt worden, dass mangels abweichender Regelungen der Mitgliedstaaten maßgeblicher Zeitpunkt die Verfahrenseröffnung ist.

Zum anderen ist der **Betrag des Insolvenzgelds begrenzt**, indem gem. § 185 SGB III Zahlungen in Höhe des Nettoarbeitsentgelts geleistet werden, das sich ergibt, wenn das auf die monatliche Beitragsbemessungsgrenze der allgemeinen Rentenversicherung begrenzte Bruttoarbeitsentgelt um die gesetzlichen Abzüge vermindert wird[6]. 5.340

Die Zahlung des Insolvenzgeldes erfolgt **auf Antrag des Berechtigten grundsätzlich nach dem Eintritt des Insolvenzereignisses**, setzt also regelmäßig die Entscheidung des Insolvenzgerichts über den Insolvenzantrag voraus. Weil es aber angesichts der gestiegenen Anzahl der Insolvenzverfahren und Schwierigkeiten bei der Feststellung der Vermögenslage des Arbeitgebers vielfach zu Verzögerungen dieser Entscheidung über die Verfahrenseröffnung kommt, kann unter den Voraussetzungen des § 186 SGB III bereits im Eröffnungsverfahren vom Arbeitsamt ein Vorschuss auf das Insolvenzgeld gezahlt 5.341

1 Dies sind nicht notwendigerweise die letzten drei Monate vor dem Insolvenzereignis, sondern der Insolvenzgeldzeitraum kann auch länger zurückliegen, wenn das Arbeitsverhältnis schon vor dem Insolvenzereignis beendet wurde. S. dazu BSG v. 20. 6. 2001 – B 11 AL 3/01, DZWIR 2002, 336; *Hess*, Insolvenzgeld, § 183 SGB III Rz. 62 ff.

2 *Grub*, DZWIR 2002, 327; *Wimmer*, ZIP 1997, 1635; *Krause*, ZIP 1998, 56; *Steinwedel*, DB 1998, 822, 825 f.; *Wiester*, ZInsO 1998, 99, 105 f.; *Oetker*, EWiR 1998, 229; *Peters-Lange*, EWiR 1998, 241.

3 EuGH v. 10. 7. 1997 – Rs. C-373/75, ZIP 1997, 1658 „Maso"; EuGH v. 10. 7. 1997 – Rs. C-94, 95/95, ZIP 1997, 1663 „Bonifaci"; EuGH v. 15. 5. 2003 – Rs. C-160/01, NZI 2003, 394 „Mau".

4 So auch *Obermüller*, Insolvenzrecht in der Bankpraxis, Rz. 5.245; *Köhler* in Plagemann, Münchener Anwaltshdb. Sozialrecht, 2. Aufl. 2005, § 13 Rz. 71; *Peters-Lange*, info also 2007, 51 ff.

5 Richtlinie 2002/74/EG des Europäischen Parlaments und des Rates vom 23. September 2002, ABl. EU Nr. L 270, S. 10. Dazu *Pape*, ZInsO 2002, 1171; *Berscheid*, ZInsO 2003, 498.

6 Bis zum 1. 1. 2004 und der Änderung von § 185 SGB III durch das Dritte Gesetz für moderne Dienstleistungen am Arbeitsmarkt vom 23. 12. 2003, BGBl. I 2003, 2848, war eine Höchstgrenze für die so zu bestimmenden Leistungen an den anspruchsberechtigten Arbeitnehmer nicht vorgesehen, d.h. der Nettolohn wurde in voller Höhe auch für „Besserverdiener" bezahlt. Zu dieser Änderung auch BSG v. 5. 12. 2006 – B 11a AL 19/05 R, ZIP 2007, 929. Für das Jahr 2008 beträgt die Beitragsbemessungsgrenze 5300 Euro West bzw. 4500 Euro Ost.

werden[1]. Eine der Voraussetzungen für die Vorschusszahlung ist jedoch die Beendigung des Arbeitsverhältnisses. Deshalb können evtl. Vorschusszahlungen im Eröffnungsverfahren nicht zur Finanzierung der Weiterbeschäftigung von Arbeitnehmern und damit der Unternehmensfortführung dienen[2].

III. Zum Rang der auf die Bundesagentur für Arbeit übergehenden Lohn- und Gehaltsansprüche

5.342 Mit dem Antrag auf Insolvenzgeld gehen die Ansprüche des Arbeitnehmers gegen den Arbeitgeber auf Arbeitsentgelt auf die Bundesagentur für Arbeit über (§ 187 SGB III). Gem. § 55 Abs. 3 InsO[3] können die gem. § 55 Abs. 2 InsO als Masseverbindlichkeiten begründeten Ansprüche von Arbeitnehmern, soweit sie nach § 187 SGB III auf die Bundesagentur für Arbeit übergegangen sind, von dieser **nur als Insolvenzforderungen geltend gemacht werden**[4], und zwar selbst dann, wenn die Arbeitnehmer von einem starken Insolvenzverwalter mit Verfügungsmacht im Eröffnungsverfahren weiter beschäftigt worden sind, so dass den Ansprüchen eigentlich der Rang als Masseforderungen nach § 55 Abs. 2 Satz2 InsO zukäme. Dies soll verhindern, dass bei Einsetzung eines starken vorläufigen Insolvenzverwalters die auf die Bundesagentur für Arbeit übergehenden Entgeltansprüche als Masseverbindlichkeiten die Masse aufzehren, was zur Einstellung der Insolvenzverfahren wegen Masseunzulänglichkeit und zum Scheitern der Sanierung führen und die Rettung von Arbeitsplätzen verhindern würde[5].

IV. Die Rahmenbedingungen für die Vorfinanzierung von Insolvenzgeld

1. Erwerb des Anspruchs auf Insolvenzgeld

5.343 Gem. §§ 188, 189 SGB III ist eine **Verfügung über den – isolierten – Anspruch auf Insolvenzgeld nicht möglich**, bis der Antrag auf Insolvenzgeld gestellt worden ist. Soweit jedoch der Arbeitnehmer vor Antragstellung seine Ansprüche auf Arbeitsentgelt einem Dritten durch Abtretung übertragen oder verpfändet hat, steht dem Dritten auch der Anspruch auf Insolvenzgeld zu (so § 188 Abs. 1 SGB III).

5.344 Erforderlich für die Vorfinanzierung von Insolvenzgeld ist damit, dass das Kreditinstitut im Gegenzug für die Finanzierung der laufenden Lohn- und

1 Zu den Motiven des Gesetzgebers für diese Regelung s. Bericht des Ausschusses für Arbeits- und Sozialordnung zum Regierungsentwurf des AFRG, BT-Drucks. 13/5936, S. 29. S. zur Vorschusszahlung auch *Wiester*, ZInsO 1998, 99, 101 f.

2 *Wiester*, ZInsO 1998, 99, 102.

3 Eingeführt durch das Gesetz zur Änderung der Insolvenzordnung und anderer Gesetze v. 26. 10. 2001 (BGBl. I 2001, 2710). Zur früheren Rechtslage s. z.B. *Zwanziger*, ZIP 2000, 595 f.; *Schrader*, ZInsO 2000, 196 f.; *Pape*, ZInsO 2000, 143 f.; *Berkowsky*, NZI 2000, 253 ff.

4 Dazu *Graf-Schlicker/Remmert*, NZI 2001, 569, 570 f.

5 Begr. RegE, BR-Drucks. 14/01 v. 5. 1. 2001, Allgemeine Begründung, Nr. 8b, S. 32 f.

Gehaltszahlungen von den Arbeitnehmern den **Anspruch auf Arbeitsentgelt und damit auf Insolvenzgeld rechtswirksam erwirbt**. Dazu sind in der Vergangenheit zwei verschiedene Verfahren praktiziert worden, nämlich das Kreditierungsverfahren und das Forderungskaufverfahren[1].

Beim sog. **Kreditierungsverfahren** hatten die Kreditinstitute den Arbeitnehmern an Stelle der fälligen Lohn- und Gehaltszahlungen Kredite gewährt, die durch die Abtretung der Ansprüche auf Arbeitsentgelt besichert wurden. Der Arbeitnehmer wurde dabei zum Schuldner des ihm gewährten Kredites, während das vorfinanzierende Kreditinstitut (Sicherungs-)Gläubiger der gegen den sanierungsbedürftigen Arbeitgeber gerichteten Lohn- und Gehaltsforderungen wurde, an deren Stelle bei einem Scheitern der Sanierung die Ansprüche auf Insolvenzgeld (früher: Konkursausfallgeld) traten. Mit Einziehung dieser Ansprüche konnte das Kreditinstitut seine zur Finanzierung von Lohn- und Gehaltsansprüchen an die Arbeitnehmer gewährten Kredite zurückführen. Da die Arbeitnehmer Schuldner der ihnen gewährten Kredite waren, trugen sie aber das Risiko, dass das Insolvenzgeld tatsächlich zur Auszahlung kam[2]. 5.345

Auf Grund der Rechtsprechung des Bundessozialgerichts[3] kommt aber seit längerem das **Kreditierungsverfahren nicht mehr in Betracht** für die kollektive Vorfinanzierung von Insolvenzgeld[4]. Denn der Kreditgeber erwirbt den Anspruch auf Insolvenzgeld nur dann, wenn ihm die Ansprüche auf Arbeitsentgelt wirksam abgetreten sind. Dieser Abtretung steht § 400 BGB generell insoweit entgegen, als danach die Abtretung unpfändbarer Ansprüche unwirksam ist. Allerdings wird § 400 BGB einschränkend dahin ausgelegt, dass auch die Abtretung des pfändungsfreien Teils des Arbeitseinkommens möglich ist, wenn im Gegenzug der Arbeitnehmer Zug um Zug in Höhe des pfändungsfreien Betrags eine wirtschaftlich gleichwertige Leistung vom Zedenten erhält[5]. Im Jahre 1992 hatte dazu das Bundessozialgericht zu erkennen gegeben, dass § 400 BGB künftig dann Anwendung findet, wenn die Vorfinanzierung im Kreditierungsverfahren erfolgt, weil dabei den Arbeitnehmern ein Rückzahlungsrisiko verbleibt und deshalb trotz Auszahlung einer dem pfändungsfreien Betrag entsprechenden Summe die wirtschaftliche Gleichwertigkeit nicht gegeben ist[6]. Da der Kreditgeber damit Ansprüche in Höhe des nichtpfändbaren Teils des Arbeitseinkommens gem. § 400 BGB und damit die entsprechenden Ansprüche auf Insolvenzgeld nicht wirksam erwerben würde, 5.346

1 Zu diesen beiden Möglichkeiten für die Vorfinanzierung von Konkursausfallgeld in der Vergangenheit *Obermüller,* Insolvenzrecht in der Bankpraxis, Rz. 5.241 ff.; *Uhlenbruck,* Gläubigerberatung in der Insolvenz, S. 209.

2 *Obermüller,* Insolvenzrecht in der Bankpraxis, Rz. 1085.

3 BSG v. 8. 4. 1992 – 10 RAr 12/91, ZIP 1992, 941. Dazu auch *Kuhn/Uhlenbruck,* 11. Aufl. 1994, § 59 KO Rz. 15g.

4 InsG-DA, Stand: September 2007, veröffentlicht unter http://www.arbeitsagentur.de, zu § 185 SGB III, Rz. 2 Abs. (4); *Berscheid,* DZWIR 2000, 133, 137 f.

5 BAG v. 10. 6. 1980 – 1 AZR 822/79, NJW 1980, 1642, 1652; BSG v. 23. 10. 1984 – 10 RAr 6/83, ZIP 1985, 173.

6 BSG v. 8. 4. 1992 – 10 RAr 12/91, ZIP 1992, 941; anders noch BSG v. 23. 10. 1984 – 10 RAr 6/83, ZIP 1985, 173.

wenn die Vorfinanzierung im Wege des Kreditierungsverfahrens erfolgen würde, ist die kollektive Vorfinanzierung von Insolvenzgeld in der Praxis nur noch im Wege des Forderungskaufverfahrens möglich[1].

5.347 Beim sog. **Forderungskaufverfahren** erwirbt im Eröffnungsverfahren das Kreditinstitut von den Arbeitnehmern der insolventen GmbH käuflich deren Lohn- und Gehaltsforderungen gegen Zahlung eines Kaufpreises in Höhe des Nettolohns. Weil die Arbeitnehmer, die auf diese Weise Zahlungen in der ihnen zustehenden Höhe erhalten, für die Einbringlichkeit der Ansprüche auf Arbeitsentgelt gegen den insolventen Arbeitgeber nicht haften, gehen auf diese Weise trotz § 400 BGB die abgetretenen Lohn- und Gehaltsforderungen in voller Höhe an das Kreditinstitut über[2]. Damit sind grundsätzlich die nach § 187 Abs. 1 SGB III erforderlichen Voraussetzungen geschaffen, dass nach Eröffnung des Insolvenzverfahrens (oder bei Ablehnung der Eröffnung mangels Masse) dem vorfinanzierenden Kreditinstitut an Stelle der erworbenen Lohn- und Gehaltsforderungen die Ansprüche gegen die Bundesanstalt für Arbeit auf Insolvenzgeld zustehen.

2. Prüfung durch die Agentur für Arbeit zur Vermeidung von Rechtsmissbräuchen

5.348 Zur Vermeidung von Rechtsmissbräuchen ist die **Zustimmung der Arbeitsagentur ein zwingendes Erfordernis für den Erwerb der Ansprüche auf Insolvenzgeld**, sofern eine kollektive Vorfinanzierung auf Veranlassung des vorläufigen Insolvenzverwalters im überwiegenden Interesse des schuldnerischen Unternehmens bzw. zum Zwecke der Durchführung des Insolvenzverfahrens erfolgen soll. Denn gem. § 188 Abs. 4 SGB III hat in diesen Fällen der gebündelten Vorfinanzierung[3] der Zessionar der Ansprüche auf Arbeitsentgelt keinen Anspruch auf Insolvenzgeld, wenn ihm vor dem Insolvenzereignis (Verfahrenseröffnung oder Ablehnung der Verfahrenseröffnung mangels Masse) die Ansprüche auf Arbeitsentgelt zum Zwecke der Vorfinanzierung des Arbeitsentgelts übertragen worden sind, ohne dass dem die zuständige Agentur für Arbeit zugestimmt hat. Mit diesem Zustimmungserfordernis soll eine missbräuchliche Inanspruchnahme der Insolvenzgeldversicherung verhindert werden[4].

5.349 Allerdings steht die **Zustimmung der Agentur für Arbeit nicht im freien Ermessen**, sondern die Agentur darf der Übertragung oder Verpfändung der Arbeitsentgeltansprüche, die dann den Übergang der Ansprüche auf Insolvenzgeld mit sich bringt, nur zustimmen, wenn Tatsachen die Annahme rechtfer-

1 So zur Vorfinanzierung von Insolvenzgeld auch *Obermüller*, Insolvenzrecht in der Bankpraxis, Rz. 5.252; *Berscheid*, DZWIR 2000, 133, 137 f.

2 *Fink*, Maßnahmen des Verwalters zur Finanzierung in der Unternehmensinsolvenz, 1998, S. 99, m.w.N.

3 Eine individuelle Vorfinanzierung einzelner Arbeitnehmer bleibt von den Schranken des § 188 Abs. 4 SGB III unberührt. S. InsG-DA, Stand: September 2007, veröffentlicht unter http://www.arbeitsagentur.de, zu § 188 SGB III, Rz. 3.1 Abs. (2); *Hase*, WM 2000, 2231.

4 Begr. RegE AFRG v. 16. 8. 1996, BR-Drucks. 550/96, S. 188.

tigen, dass durch die Vorfinanzierung der Arbeitsentgelte ein erheblicher Teil der Arbeitsplätze erhalten bleibt (§ 188 Abs. 4 Satz 2 SGB III)[1].

Weiterhin wird man die Regelung im Sinne einer Ermessensbindung so verstehen müssen, dass dann, wenn die Voraussetzungen des § 188 Abs. 4 Satz 2 SGB III erfüllt sind, also immer dann, wenn auf Grund von Tatsachen anzunehmen ist, dass die Vorfinanzierung der **Erhaltung eines erheblichen Teils der Arbeitsplätze** dient, die Agentur für Arbeit zustimmen muss[2]. Ein eigener Beurteilungsspielraum steht der Agentur für Arbeit dabei nicht zu[3]. Dabei geht die Arbeitsverwaltung[4] davon aus, dass die zu erhaltende Anzahl von Arbeitsplätzen im Sinne der Regelung erheblich ist, wenn unter Berücksichtigung des bisherigen arbeitstechnischen Zwecks die betriebliche Funktion erhalten bleibt und der Arbeitsmarkt nicht nur unwesentlich begünstigt wird. Als Anhaltspunkt dienen dabei die für die Erzwingbarkeit eines Sozialplans maßgeblichen Größenverhältnisse des § 112a BetrVG; ein erheblicher Teil der Arbeitsplätze bleibt danach erhalten, wenn deren Anzahl die **Mindestgrenzen des § 112a Abs. 1 BetrVG** erreicht oder überschreitet. Auch eine geringere Anzahl von Arbeitsplätzen kann ausreichend sein bei Betrieben in strukturschwachen Regionen, branchenspezifischen Einbrüchen in einer Region, regional besonders bedeutsamen Arbeitgebern oder sonst gesondert gelagerten Fällen. Wird die Zustimmung der Arbeitsverwaltung erteilt, führt sie im Übrigen zur sozialrechtlichen Wirksamkeit der Vorfinanzierung des Insolvenzgelds auch für denjenigen Arbeitnehmer, deren Arbeitsplätze absehbar nicht erhalten werden können[5]. 5.350

Weitere Voraussetzung für die Zustimmung zur Vorfinanzierung von Insolvenzgeld ist nach Auffassung der Arbeitsverwaltung, dass die Arbeitsplätze **auf Dauer erhalten** werden[6]. Dieses setzt in aller Regel die zu erwartende Fortführung des insolventen Unternehmens im Rahmen einer erhaltenden oder übertragenden Sanierung voraus. Die bloße Ausproduktion genügt dagegen regelmäßig nicht, um den dauerhaften Erhalt von Arbeitsplätzen bejahen zu können. 5.351

Im Hinblick auf die **Prognosequalität** genügt für die Zustimmung der Agentur für Arbeit zur Vorfinanzierung, wenn der Antragsteller glaubhaft macht, dass die Erhaltung eines erheblichen Teils der Arbeitsplätze überwiegend wahrscheinlich ist[7]. Beurteilungsgrundlage dafür sind die wirtschaftliche Lage des Schuldners und die Verhältnisse seines Unternehmens. Als **Indizien**, die eine 5.352

1 Dazu auch *Hase,* WM 2000, 2231, 2232 f.

2 So *Wiester,* ZInsO 1998, 99, 104.

3 *Köhler* in Plagemann, Münchener Anwaltshdb. Sozialrecht, 2. Aufl. 2005, § 13 Rz. 74.

4 S. dazu InsG-DA, Stand: September 2007, veröffentlicht unter http://www.arbeitsagentur.de, zu § 188 SGB III, Rz. 3.2 Abs. (8), (9).

5 *Hase,* WM 2000, 2231, 2233.

6 InsG-DA, Stand: September 2007, veröffentlicht unter http://www.arbeitsagentur.de, zu § 188 SGB III, Rz. 3.2 Abs. (8); so auch *Hase,* WM 2000, 2231, 2232.

7 Zu den Anforderungen der Arbeitsverwaltung an die Prognose InsG-DA, Stand: September 2007, veröffentlicht unter http://www.arbeitsagentur.de, zu § 188 SGB III, Rz. 3.2 Abs. (6).

Sanierung mit erheblichem Arbeitsplatzerhalt erwarten lassen, gelten insbesondere die Durchführung erster Maßnahmen zur Umsetzung eines konkreten Sanierungskonzepts oder das Übernahmeangebot eines potentiellen Interessenten, auch wenn dies noch von bestimmten Voraussetzungen abhängig ist. Häufig wird der Arbeitsverwaltung die Entscheidung aber nur auf der Grundlage eines Sachverständigengutachtens, z.B. des vorläufigen Insolvenzverwalters, möglich sein. Doch auch sonst kommt trotz der nach § 20 SGB X bestehenden Ermittlungspflicht des Arbeitsamtes der Stellungnahme des vorläufigen Insolvenzverwalters zu den wirtschaftlichen Verhältnissen des Schuldners und der sich abzeichnenden Abwicklung des Betriebes im Insolvenzverfahren herausragende Bedeutung zu[1].

5.353 Weil das Zustimmungserfordernis eine **missbräuchliche Inanspruchnahme der Insolvenzgeldversicherung** verhindern soll[2], bleibt die Insolvenzgeld-Vorfinanzierung aber unzulässig, wenn damit einzelnen Gläubigern oder Gläubigergruppen auf Kosten der Insolvenzgeldversicherung Sondervorteile verschafft werden sollen, also eine Insolvenzverschleppung bezweckt ist[3]. Dieses Verbot des Rechtsmissbrauchs setzt Grenzen für den Zeitraum, der durch die Vorfinanzierung von Insolvenzgeld überbrückt werden kann. In der Vergangenheit war es zu so genannten revolvierenden Vorfinanzierungen gekommen, bei denen das Kreditinstitut die Lohnforderungen des jeweils laufenden Monats ankaufte, sobald das insolvente Unternehmen die Lohnforderungen für den jeweils dritten vorausgehenden Monat befriedigt hatte. Damit wurden zwar die Leistungen des Insolvenzgelds (früher des Konkursausfallgeldes) bei Verfahrenseröffnung auch nur für den gesetzlich vorgegebenen Drei-Monats-Zeitraum in Anspruch genommen, aber die Finanzierung in Höhe dieser Leistungen stand für den gesamten Zeitraum zwischen dem Insolvenz- bzw. Konkursantrag und Verfahrenseröffnung zur Verfügung, auch wenn sich dies über mehr als drei Monate hinzog[4]. Das Bundessozialgericht hatte aber 1995 zu erkennen gegeben, dass diese revolvierende Vorfinanzierung von Konkursausfallgeld als rechtsmissbräuchlich angesehen werden kann[5]. Angesichts dieser Rechtsprechung kann nicht ausgeschlossen werden, dass die Arbeitsagenturen die nach § 188 Abs. 4 SGB III für den Übergang der Insolvenzgeldansprüche erforderliche Zustimmung verweigern, wenn nach Ablauf von drei Monaten im Eröffnungsverfahren bei Zahlung von Löhnen und Gehältern für den ersten Monat mit dem Ankauf der Arbeitsentgeltansprüche für den nächsten Monat eine revolvierende Vorfinanzierung versucht wird.

---

1 *Hase,* WM 2000, 2231, 2232.

2 Begr. RegE AFRG v. 16. 8. 1996, BR-Drucks. 550/96, S. 188.

3 *Wiester,* ZInsO 1998, 99, 105; *Fink,* Maßnahmen des Verwalters zur Finanzierung in der Unternehmensinsolvenz, 1998, S. 167 f.

4 Ausführlich zur revolvierenden Vorfinanzierung von Insolvenzgeld *Sinz,* FS Uhlenbruck, 2000, S. 157 ff. Zu dieser Praxis auch *Obermüller,* Insolvenzrecht in der Bankpraxis, Rz. 5.247, 5.259; *Fink,* Maßnahmen des Verwalters zur Finanzierung in der Unternehmensinsolvenz, 1998, S. 101.

5 BSG v. 22. 3. 1995 – 10 RAr 1/94, WM 1995, 2198 = WuB VI B. § 106 KO 1.96 *Hess.* Dazu auch *Obermüller,* Insolvenzrecht in der Bankpraxis, Rz. 5.247, 5.259.

F. Vorläufige Insolvenzverwaltung

I. Die Regelung in der Insolvenzordnung

Wertverluste, die dadurch entstehen, dass der Schuldner sein Vermögen, insbesondere seinen Gewerbebetrieb, nicht mehr verwaltet oder dass Vermögensgegenstände abhanden kommen, können durch Sicherungsmaßnahmen der vorstehend beschriebenen Art allerdings nicht verhindert werden. Hierzu bedarf es der **Einsetzung eines Sachwalters über das Schuldnervermögen**, der dieses in Besitz nimmt, es inventarisiert und verwaltet. 5.354

Die InsO regelt in ausführlicher Form die Befugnisse des **Sachwalters im Insolvenzeröffnungsverfahren**, der dort die Bezeichnung „vorläufiger Insolvenzverwalter" trägt. Seine Bestellung durch das Insolvenzgericht erfolgt im Rahmen der Anordnung gerichtlicher Sicherungsmaßnahmen im Insolvenzeröffnungsverfahren gem. § 21 Abs. 2 Satz 1 Nr. 1 InsO i.V.m. § 56 InsO nach den gleichen Kriterien, die auch für die Bestellung des endgültigen Insolvenzverwalters gelten. Ein Vorschlagsrecht der Gläubiger besteht nicht[1]. 5.355

Der vorläufige Insolvenzverwalter hat nach § 21 Abs. 1 InsO allgemein die Aufgabe, eine **nachteilige Veränderung der Vermögenslage** des Schuldners **zu verhindern**. Hierfür stehen ihm die Befugnisse des § 22 Abs. 3 InsO zu. Im Übrigen unterscheidet das Gesetz zwischen zwei Grundtypen des vorläufigen Insolvenzverwalters, dem vorläufigen Insolvenzverwalter mit (sogleich Rz. 5.357 ff.) und dem ohne Verfügungsbefugnis (Rz. 5.366 ff.). 5.356

II. Der vorläufige Insolvenzverwalter mit Verfügungsbefugnis

1. Allgemeines

Die Frage nach der Verfügungsbefugnis des vorläufigen Insolvenzverwalters hängt davon ab, ob das Gericht zugleich ein **allgemeines Verfügungsverbot** erlassen hat; beides bedingt sich gegenseitig. 5.357

Nach der gesetzlichen Systematik ist der vorläufige Insolvenzverwalter **regelmäßig mit Verfügungsbefugnis** auszustatten[2], insbesondere für Fälle, in denen noch ein laufender Geschäftsbetrieb besteht. Dies ist der Ausgestaltung des § 22 InsO zu entnehmen, wonach der vorläufige Insolvenzverwalter mit Verfügungsbefugnis an erster Stelle genannt und mit bestimmten (Regelfall-) 5.358

1 Da der vorläufige Insolvenzverwalter im Regelfall auch der endgültige werden wird, bezeichnen *Braun/Uhlenbruck* (Unternehmensinsolvenz, S. 233) die Bestellung des vorläufigen Insolvenzverwalters als die wohl schwierigste Verfahrensentscheidung des Insolvenzgerichts.

2 Vgl. *Pohlmann,* Befugnisse und Funktionen des vorläufigen Insolvenzverwalters, Rz. 28 ff., 212; *Braun/Uhlenbruck,* Unternehmensinsolvenz, S. 235; *Uhlenbruck* in Kölner Schrift zur InsO, S. 336 f., 344; *Feuerborn,* KTS 1997, 186; *Hess/Pape,* InsO und EGInsO, Rz. 143; *Haarmeyer/Wutzke/Förster,* Handbuch zur Insolvenzordnung, S. 293 ff.

Pflichten betraut wird. Die vorläufige Insolvenzverwaltung ohne Verfügungsbefugnis wurde demgegenüber an zweiter Stelle und der Fassung des § 22 InsO nach als Sonderfall zu § 22 Abs. 1 InsO ausgestaltet. In der Insolvenzpraxis war hingegen nach Einführung der InsO festzustellen, dass der vorläufige Insolvenzverwalter mit Verfügungsbefugnis der Ausnahmefall blieb. Inzwischen hat der BGH diese Vorgehensweise als Regelfall bestätigt[1]. Die Anordnung der vorläufigen Insolvenzverwaltung mit Verfügungsbefugnis soll nur in Fällen erfolgen, „in denen durch die Fortdauer der Verwaltungs- und Verfügungsmacht des Schuldners nachhaltige Gefährdungen der künftigen Masse zu befürchten sind".

5.359 Der vorläufige Insolvenzverwalter nach § 22 Abs. 1 InsO ist eine Art **„Vor-Insolvenzverwalter"**, auf den neben der Verwaltungs- und Verfügungsbefugnis über das Schuldnervermögen nach Maßgabe des § 24 Abs. 2 InsO auch die Prozessführungsbefugnis des endgültigen Insolvenzverwalters für massebezogene Aktiv- und Passivprozesse übergeht.

5.360 **Verbindlichkeiten**, die der vorläufige Insolvenzverwalter mit Verfügungsbefugnis zu Lasten des vom Insolvenzbeschlag erfassten Vermögens begründet, sind nach Eröffnung des Insolvenzverfahrens[2] gem. § 55 Abs. 2 Satz 1 InsO Masseverbindlichkeiten, ebenso wie Verbindlichkeiten aus Dauerschuldverhältnissen, soweit er hierfür die Gegenleistung in Anspruch genommen hat (§ 55 Abs. 2 Satz 2 InsO). Ausgenommen hiervon sind nach § 55 Abs. 3 InsO Ansprüche von Arbeitnehmern, die gem. § 187 SGB III auf die Bundesagentur für Arbeit übergegangen sind. Diese Ansprüche der Bundesagentur für Arbeit sind nach § 55 Abs. 3 InsO einfache Insolvenzforderungen. Es werden also insoweit die Wirkungen der Verfahrenseröffnung vorverlegt. § 55 Abs. 2 InsO dient nach der Begründung des Regierungsentwurfes dem Schutz von Personen, die mit dem vorläufigen Insolvenzverwalter Geschäfte abschließen oder ein Dauerschuldverhältnis erfüllen. Durch die Regelung des § 55 Abs. 2 InsO entfällt aber auch die Versuchung für den vorläufigen Insolvenzverwalter mit Verfügungsbefugnis, Vermögensbestandteile des Schuldners noch vor Verfahrenseröffnung zu verwerten, damit die daraus entstehenden Umsatzsteuerforderungen nach Eröffnung des Verfahrensverfahrens nur als Tabellenforderungen berücksichtigt werden müssen[3]. Veräußert der vorläufige Insolvenzverwalter mit Verfügungsbefugnis Gegenstände, so haben die daraus resultierenden Umsatzsteuerforderungen gem. § 55 Abs. 2 InsO Masseschuldcharakter.

1 BGH v. 18. 7. 2002 – IX ZR 195/01, ZIP 2002, 1625–1630.

2 Vgl. im Übrigen § 25 Abs. 2 InsO.

3 *Uhlenbruck* in Kölner Schrift zur InsO, S. 336 f., 344; *Feuerborn*, KTS 1997, 191; *Beck/Wabnitz/Janovsky*, Handbuch Wirtschafts- und Steuerstrafrecht, 3. Aufl. 2007, Rz. 121. Die Verwertung von Sicherungsgut im Insolvenzeröffnungsverfahren durch den vorläufigen Insolvenzverwalter wäre sogar ein grober Fehler, soweit dieses zur Unternehmensfortführung erforderlich ist oder soweit hierdurch der Insolvenzmasse der Verfahrensbeitrag und die Umsatzsteuererstattung nach § 171 InsO vorenthalten würde.

2. Aufgaben

Allgemeine Aufgabe des vorläufigen Insolvenzverwalters ist es, nachteilige Veränderungen der Vermögenslage des Schuldners zu verhüten (§ 21 InsO). Hierzu hat er zunächst **die zu verwaltenden Vermögensgegenstände in Besitz zu nehmen, sie zu inventarisieren und in ihrem Bestand zu erhalten**, wozu auch die Verhinderung der vorzeitigen Realisierung von Absonderungsrechten gehört[1]. Außerdem hat er die Möglichkeit, den Verbleib von der Aussonderung unterliegenden Gegenständen im Unternehmen zur Fortführung anzuordnen[2]. 5.361

Für den vorläufigen Insolvenzverwalter mit Verfügungsbefugnis definiert § 22 Abs. 1 Satz 2 InsO des Weiteren **besondere Pflichten**. Er hat danach das Vermögen des Schuldners zu sichern und zu erhalten, das Unternehmen des Schuldners bis zur Entscheidung über die Verfahrenseröffnung grundsätzlich fortzuführen und zu prüfen, ob die Kosten für die Durchführung eines Insolvenzverfahrens gedeckt sind. Das Gericht kann den vorläufigen Insolvenzverwalter zusätzlich beauftragen, als Sachverständiger[3] zu prüfen, ob ein Eröffnungsgrund vorliegt und – was er inzident ohnehin immer tun muss – welche Fortführungschancen für das Unternehmen des Schuldners bestehen[4]. 5.362

Die in § 22 Abs. 1 Satz 2 Nr. 1 InsO normierte Pflicht beschränkt die Handlungsspielräume des vorläufigen Insolvenzverwalters, der danach trotz umfassender Befugnisse **nur Maßnahmen** ergreifen darf, **die der Sicherung und Erhaltung des Schuldnervermögens dienen**. 5.363

Soweit zur effektiven Sicherung des Schuldnervermögens **weitere gerichtliche Maßnahmen** zu ergreifen sind, hat der vorläufige Insolvenzverwalter die Verpflichtung, diese beim Gericht **rechtzeitig anzuregen**[5]. 5.364

Da auf den vorläufigen Insolvenzverwalter mit Verfügungsbefugnis die **Unternehmerstellung des Schuldners** übergeht[6], hat er grundsätzlich auch alle handels- und steuerrechtlichen Pflichten des Unternehmers i.S. des § 155 Abs. 1 InsO zu erfüllen[7]. 5.365

1 *Braun/Uhlenbruck*, Unternehmensinsolvenz, S. 237; *Uhlenbruck* in Gottwald, Insolvenzrechts-Handbuch, § 14, Rz. 49.

2 § 21 Abs. 2 Satz 1 Nr. 5 InsO, eingefügt durch das Gesetz zur Vereinfachung des Insolvenzverfahrens v. 13. 4. 2007, BGBl. I 2007, 509.

3 Dies zur Sicherstellung einer Mindestvergütung nach dem ZSEG für den Fall der Masselosigkeit.

4 Die Formulierung des § 22 Abs. 1 Satz 2 Nr. 3 InsO kam erst auf Empfehlung des Bundestags-Rechtsausschusses zustande. Zuvor hatte der vorläufige Insolvenzverwalter nur die Kostendeckung bis zum Berichtstermin und ggf. das Vorliegen eines Eröffnungsgrundes zu prüfen. Eine derartige Prüfung wäre innerhalb kürzester Zeit möglich gewesen, so dass das Hauptverfahren ggf. sehr schnell zur Eröffnung gekommen wäre. Ohne eine ausreichende Vorbereitungszeit im Insolvenzeröffnungsverfahren hätten sich aber die Sanierungsaussichten eines Unternehmens erheblich verringert (s. auch Rz. 5.385).

5 S. *Uhlenbruck* in Kölner Schrift zur InsO, S. 340.

6 S. *Wiester*, ZInsO 1998, 99.

7 S. für die steuerlichen Pflichten *Pohlmann*, Befugnisse und Funktionen des vorläufigen Insolvenzverwalters, Rz. 380.

III. Der vorläufige Insolvenzverwalter ohne Verfügungsbefugnis

1. Allgemeines

5.366 Die zweite Grundform der vorläufigen Insolvenzverwaltung ist diejenige, bei der gegen den Schuldner kein allgemeines Verfügungsverbot ergeht. In diesem Fall erhält ein vom Gericht eingesetzter vorläufiger Insolvenzverwalter nicht die Verwaltungs- und Verfügungsbefugnis über das insolvenzbefangene Vermögen des Schuldners. Nach Einführung der Insolvenzordnung wurde angenommen, dass es sich bei der vorläufigen Insolvenzverwaltung ohne Verfügungsbefugnis um eine Ausnahmeregelung handelt[1], die für besondere Fälle gedacht ist, in denen der Erlass eines allgemeinen Verfügungsverbots zur Sicherung des Schuldnervermögens entbehrlich erscheint – etwa bei einem frühzeitig gestellten Eigenantrag des Schuldners auf Grund drohender Zahlungsunfähigkeit bei gleichzeitig beantragter Eigenverwaltung (§§ 270 ff. InsO)[2]. Der BGH hat in seiner Entscheidung vom 18. 7. 2002 jedoch klargestellt, dass in der Regel immer die vorläufige Verwaltung ohne Verfügungsbefugnis anzuordnen ist, sofern nicht davon auszugehen ist, dass die künftige Masse durch die Fortdauer der Verwaltungs- und Verfügungsmacht des Schuldners nachhaltig gefährdet wird[3].

5.367 Somit kommt der vorläufigen Insolvenzverwaltung nach § 22 Abs. 2 InsO praktisch **größere Bedeutung** zu als vom Gesetzgeber beabsichtigt[4]. Dies nicht vorrangig aus dem Grund, Massebestandteile vor Eröffnung des Hauptverfahrens weiter „umsatzsteuergünstig" verwerten zu können, sondern vor allem wegen der Vermeidung von Massenverbindlichkeiten und damit für die Insolvenzverwalter verbundenen Haftungsrisiken[5].

5.368 Auch der vorläufige Insolvenzverwalter ohne Verfügungsbefugnis kommt in den Genuss der **liquiditätssichernden Wirkung der Insolvenzgeld-Vorfinanzierung**, so ihr die zuständige Arbeitsagentur zugestimmt hat (§ 188 Abs. 4 Satz 1 SGB III)[6].

2. Aufgaben und Befugnisse

5.369 Die Befugnisse des vorläufigen Insolvenzverwalters ohne Verfügungsbefugnis können **vom Gericht nach pflichtgemäßem Ermessen** festgelegt werden, allerdings dürfen sie die Befugnisse eines vorläufigen Insolvenzverwalters mit Verfügungsbefugnis nicht übersteigen (§ 22 Abs. 2 InsO).

---

1 S. *Uhlenbruck* in Kölner Schrift zur InsO, S. 338.

2 S. *Pohlmann,* Befugnisse und Funktionen des vorläufigen Insolvenzverwalters, Rz. 36.

3 BGH v. 18. 7. 2002 – IX ZR 195/01, DZWIR 2002, 470 ff.

4 S. *Hauser/Hawelka,* ZIP 1998, 1263 ff.; *Kind,* InVo 1998, 61; *Uhlenbruck* in Gottwald, Insolvenzrechts-Handbuch, § 14 Rz. 32.

5 Zu der im Einzelfall auf Grund besonderer Ermächtigung des Insolvenzgerichts möglichen Befugnis, Masseverbindlichkeiten nach § 55 Abs. 2 InsO zu begründen (sog. Erstarkungsmodell) s. *Uhlenbruck* in Gottwald, Insolvenzrechts-Handbuch, § 14 Rz. 34 ff.; BGH v. 18. 7. 2002 – IX ZR 195/01, DZWIR 2002, 470 ff.

6 S. *Kind,* InVo 1998, 63, der allerdings zu Recht auf den Zustimmungsvorbehalt des Arbeitsamtes nach § 188 Abs. 4 SGB III hinweist.

Bereits daran wird deutlich, dass die in § 22 Abs. 1 Satz 2 InsO bestimmten Pflichten des vorläufigen Insolvenzverwalters mit Verfügungsbefugnis auch **Leitbild** des vorläufigen Insolvenzverwalters ohne Verfügungsbefugnis sind, wenngleich dessen Kompetenzen hinter denen des vorläufigen Insolvenzverwalters mit Verfügungsbefugnis zurückbleiben[1]. Die Fortführungspflicht des § 22 Abs. 1 Satz 2 Nr. 2 InsO muss dem Verwalter ohne Verfügungsbefugnis durch Gerichtsbeschluss besonders übertragen werden[2]. Es ist deshalb davon auszugehen, dass auch der vorläufige Insolvenzverwalter ohne Verfügungsbefugnis zur eigenmächtigen Schließung des schuldnerischen Geschäftsbetriebs nicht befugt ist[3]. Wurde der Betrieb jedoch bereits durch den Schuldner eingestellt, besteht auch für den vorläufigen Insolvenzverwalter keine Pflicht zur Fortführung[4]. 5.370

Dem vorläufigen Insolvenzverwalter ohne Verfügungsbefugnis stehen des Weiteren **stets die Rechte des § 22 Abs. 3 InsO** zu. 5.371

Über die **Verfügung eines Zustimmungsvorbehalts** nach § 21 Abs. 2 Satz 1 Nr. 2 Alt. 2 InsO ließe sich über die vorläufige Insolvenzverwaltung nach § 22 Abs. 2 InsO eine gemeinsame Geschäftsführung zwischen dem vorläufigen Verwalter und der Geschäftsleitung erreichen, die den Betrieb gemeinsam im Eröffnungsverfahren weiterführt[5]. 5.372

Zur **Haftung** des vorläufigen Insolvenzverwalters s. unten Rz. 7.128 ff. 5.373

IV. Arbeitsrechtliche Befugnisse des vorläufigen Insolvenzverwalters *(Moll)*

Der Insolvenzverwalter tritt im Falle der Eröffnung des Insolvenzverfahrens an die Stelle des Schuldners und nimmt dessen Funktion und Rechtsstellung als Arbeitgeber wahr. Dies ergibt sich daraus, dass die Verfügungs- und Verwaltungsrechte des Schuldners auf den Insolvenzverwalter übergehen (§ 80 Abs. 1 InsO). Der Insolvenzverwalter trifft mithin gegenüber den Arbeitnehmern und dem Betriebsrat die Arbeitgeberentscheidungen und gibt die rechtsgeschäftlichen Erklärungen ab. Diese Rechtsstellung des Insolvenzverwalters wird – erst – durch die Eröffnung des Insolvenzverfahrens begründet. Solange das Insolvenzverfahren nicht eröffnet ist, übt der Schuldner die Arbeitgeberfunktionen aus. Er tut dies allerdings in Abstimmung mit dem vorläufigen Insolvenzverwalter[6]. Der **vorläufige** Insolvenzverwalter tritt anders als der In- 5.374

1 Zu den Kompetenzen im Einzelnen *Pohlmann*, Befugnisse und Funktionen des vorläufigen Insolvenzverwalters, Rz. 212 ff.

2 *Kirchhof* in Heidelberger Kommentar zur InsO, § 22 InsO Rz. 45 ff.; BGH v. 18. 7. 2002 – IX ZR 195/01, DZWIR 2002, 470 ff.; *Fritsche*, DZWIR 2005, 265 f.

3 So auch *Pape*, WPrax 1995, 238; *Uhlenbruck* in Kölner Schrift zur Insolvenzordnung, S. 340; BGH v. 18. 7. 2002 – IX ZR 195/01, ZIP 2002, 1625 ff.

4 *Kirchhof* in Heidelberger Kommentar zur InsO, § 22 InsO Rz. 18.

5 BGH v. 18. 7. 2002 – IX ZR 195/01, ZIP 2002, 1625 ff.; *Smid*, DZWIR 2002, 444 f.; *Fritsche*, DZWIR 2005, 265 f.

6 Vgl. *Willemsen/Tiesler*, Interessenausgleich und Sozialplan in der Insolvenz, 1995, Rz. 171, 172.

solvenzverwalter **nicht** in die **Arbeitgeberstellung** ein. Er ist darauf beschränkt und verwiesen, gegebenenfalls den Schuldner zu Erklärungen oder Maßnahmen zu veranlassen. Etwas anderes gilt, wenn es sich um einen „starken" vorläufigen Insolvenzverwalter i.S. des § 22 Abs. 1 InsO handelt oder wenn das Insolvenzgericht Regelungen im Rahmen des § 22 Abs. 2 InsO vornimmt.

5.375 Das Gesetz kennt vier **Erscheinungsformen** eines vorläufigen Insolvenzverwalters[1]:

(1) § 21 Abs. 2 Nr. 1 InsO (Grundfall),

(2) § 21 Abs. 2 Nr. 2 Alt. 2 InsO (Zustimmungsrecht),

(3) § 21 Abs. 2 Nr. 2 Alt. 1 InsO („starker"),

(4) § 21 Abs. 2 Nr. 1 i.V.m. § 22 Abs. 2 InsO (BGH).

Das Arbeitsgericht prüft Berechtigung und Richtigkeit der Entscheidung des Insolvenzgerichts nicht nach! Es ist an den Beschluss des Insolvenzgerichts gebunden.

5.376 Die Verfügungs- und Verwaltungsbefugnis des Schuldners kann gem. **§ 22 Abs. 1 InsO** auf den vorläufigen Insolvenzverwalter übertragen werden. Die Arbeitgeberfunktion geht in diesem Falle auf den vorläufigen Insolvenzverwalter über. Der „starke" vorläufige Insolvenzverwalter ist wie der Insolvenzverwalter derjenige, der alle Erklärungen im Arbeitsverhältnis abgibt und entgegennimmt und der insbesondere auch Kündigungen auszusprechen berechtigt ist[2]. Diese Befugnis des „starken" vorläufigen Insolvenzverwalters wird insbesondere dann bedeutsam, wenn er die gebotenen Maßnahmen ergreift, um eine erhebliche Verminderung des Vermögens zu vermeiden, nachdem das Insolvenzgericht einer Stilllegung des Schuldnerunternehmens zugestimmt hat (§ 22 Abs. 1 Satz 2 Nr. 2 InsO)[3]. Ein „starker" vorläufiger Insolvenzverwalter übt im Rahmen der ihm nach § 22 Abs. 1 Satz 1 InsO verliehenen Rechte die Arbeitgeberbefugnisse aus, **ohne** dass es der **Zustimmung des Schuldners** bedarf[4]. Er ist Beklagter einer Kündigungsschutzklage. Die Klagefrist wird nur durch eine Klage gegen den „starken" vorläufigen Insolvenzverwalter gewahrt. Kündigt ein „starker" vorläufiger Insolvenzverwalter die Arbeitsverhältnisse wegen geplanter Betriebsstilllegung, ist die Kündigung nicht unwirksam, wenn im Zeitpunkt des Zugangs der Kündigung die **Zustimmung des Insolvenzgerichts (§ 22 Abs. 1 Satz 2 Nr. 2 InsO)** zur Betriebsstilllegung nicht vorliegt[5]. Die Zustimmung des Insolvenzgerichts zur Unternehmensstilllegung ist **keine**

1 S. dazu BGH v. 18. 7. 2002 – IX ZR 195/01, DB 2002, 2100.

2 Vgl. *Caspers,* Personalabbau und Betriebsänderungen im Insolvenzverfahren, Rz. 493; *Kübler/Prütting/Bork/Moll,* § 113 InsO Rz. 15; *Pohlmann,* Befugnisse und Funktionen des vorläufigen Insolvenzverwalters, Rz. 504.

3 S. dazu näher *Berscheid,* ZIP 1997, 1569, 1580; *Smid,* WM 1995, 785, 788.

4 Vgl. BAG v. 8. 4. 2002 – 8 AZR 346/01, NZA 2002, 1207; *Pohlmann,* Befugnisse und Funktionen des vorläufigen Insolvenzverwalters, Rz. 504.

5 Vgl. BAG v. 27. 10. 2005 – 6 AZR 5/05, DB 2006, 955. Anders früher noch: BAG v. 29. 6. 2000 – 8 ABR 44/99, AP Nr. 2 zu § 126 InsO; LAG Düsseldorf v. 8. 5. 2003 – 10 (11) Sa 246/03, NZA-RR 2003, 466; Hessisches LAG v. 1. 11. 2004 – 7 Sa 88/04, LAGE § 22 InsO Nr. 2.

Wirksamkeitsvoraussetzung für die Kündigung des Arbeitsverhältnisses durch den „starken" vorläufigen Insolvenzverwalter wegen der beabsichtigten Stilllegung (§ 161 InsO). Die §§ 113, 120 ff. InsO gelten *nicht* für den (kündigungsbefugten) „starken" vorläufigen Insolvenzverwalter[1]. Ein „starker" vorläufiger Insolvenzverwalter ist auch Adressat des Zeugnisanspruchs[2].

Der vorläufige Insolvenzverwalter kann Arbeitgeberbefugnisse nach **§ 22 Abs. 2 InsO** durch das Insolvenzgericht eingeräumt erhalten, vorausgesetzt, dieses nimmt eine entsprechende inhaltliche Regelung vor. 5.377

Ohne die Begründung einer Arbeitgeberstellung auf der Grundlage von § 22 Abs. 1 InsO oder einer Bestimmung des Insolvenzgerichts nach § 22 Abs. 2 InsO verbleibt es bei der Arbeitgeberstellung des Schuldners. Eine Klage gegen den vorläufigen Insolvenzverwalter ist in diesem Falle gegen den falschen Beklagten gerichtet[3]. 5.378

Ein bloßer **Zustimmungsvorbehalt** (§ 21 Abs. 2 Nr. 2 Alt. 2 InsO) beseitigt die Arbeitgeberstellung des Schuldners nicht[4]. Er bleibt insbesondere kündigungsbefugt. Ein vom Insolvenzgericht angeordneter Zustimmungsvorbehalt gilt auch für die Kündigung von Arbeitsverhältnissen. **Eine Kündigung des Schuldners ohne Zustimmung des vorläufigen Insolvenzverwalters ist unwirksam**. Der Arbeitnehmer kann eine vom Schuldner mit Einwilligung des vorläufigen Insolvenzverwalters erklärte Kündigung trotz sachlich vorliegender Zustimmung zurückweisen, wenn die Einwilligung nicht in schriftlicher Form vorgelegt wird (§ 182 Abs. 3 BGB i.V.m. § 111 Sätze 2 und 3 BGB)[5]. Es gelten entsprechende Grundsätze wie bei § 174 BGB. Eine Klage gegen einen vorläufigen Insolvenzverwalter i.S. des § 21 Abs. 2 Nr. 2 Alt. 2 InsO ist nicht gegen den richtigen Beklagten gerichtet[6]. 5.379

Eine **Zustimmung des Insolvenzgerichts** ist *nicht* erforderlich, wenn der Schuldner mit oder ohne Zustimmung des vorläufigen Insolvenzverwalters wegen Betriebsstilllegung kündigt[7]. Eine gemeinsame unternehmerische Entscheidung des vorläufigen Insolvenzverwalters und des Schuldners, den Betrieb stillzulegen, begründet die Prognose, dass zum Zeitpunkt der beabsichtigten Stilllegung keine Beschäftigungsmöglichkeiten mehr bestehen werden[8]. Das Arbeitsgericht prüft nicht nach, ob Gläubigerversammlung/Gläubigerausschuss oder Insolvenzgericht dem zugestimmt haben. 5.380

§ 55 Abs. 2 InsO gilt für den (nicht „starken") vorläufigen Insolvenzverwalter auch nicht analog[9]. 5.381

---

1 Vgl. BAG v. 20. 1. 2005 – 2 AZR 134/04, DB 2005, 1691.
2 Vgl. BAG v. 23. 6. 2004 – 10 AZR 495/03, DB 2004, 2438.
3 Vgl. LAG Hamm v. 2. 2. 2002 – 4 (14) Ta 24/02, NZA-RR 2003, 151.
4 S. dazu eingehend *Berscheid*, FS Hanau, 1999, S. 701, 721 ff.
5 Vgl. BAG v. 10. 10. 2002 – 2 AZR 532/01, DB 2003, 1523.
6 Vgl. LAG Hamm v. 2. 2. 2002 – 4 (14) Ta 24/02, NZA-RR 2003, 151.
7 Vgl. *Uhlenbruck*, FS Schwerdtner, 2003, S. 623, 639. S. auch BAG v. 4. 12. 2002 – 10 AZR 16/02, AP Nr. 2 zu § 38 InsO; BAG v. 8. 4. 2003 – 2 AZR 15/02, EzA § 55 InsO Nr. 4.
8 Vgl. BAG v. 8. 4. 2003 – 2 AZR 15/02, NZA 2004, 343 = EzA § 55 InsO Nr. 4.
9 Vgl. LAG Köln v. 22. 10. 2001 – 2 (4) Sa 208/01, NZA-RR 2002, 248.

G. Betriebsbezogene Maßnahmen

I. Betriebsfortführung/-stilllegung im Eröffnungsverfahren

1. Die Betriebsfortführung

a) Die Pflicht zur Betriebsfortführung

5.382 Hervorzuheben ist die in § 22 Abs. 1 Satz 2 Nr. 2 InsO **positiv normierte Pflicht** des vorläufigen Insolvenzverwalters mit Verfügungsbefugnis zur einstweiligen Unternehmensfortführung[1]. Sie steht damit nicht in seinem Ermessen.

5.383 Zur Sicherung des Schuldnervermögens ist es regelmäßig notwendig, ein werbendes Unternehmen des Schuldners im Insolvenzeröffnungsverfahren weiterzubetreiben[2]. Durch eine Betriebsstilllegung würden zunächst diejenigen Vermögenswerte vernichtet werden, die mit dem Unternehmen als solchem verbunden sind (Goodwill, Kundenstamm etc.). Sodann ginge der Wert des Betriebsvermögens auf den Zerschlagungswert der einzelnen Bestandteile zurück, der oftmals erheblich unter ihrem „Going-concern-Wert" liegt[3]. Das Entstehen solcher irreversibler Schäden ist aber im Insolvenzeröffnungsverfahren besonders problematisch, da zu dieser Zeit über den Insolvenzantrag gegen den Schuldner noch keine Entscheidung ergangen ist.

5.384 Daher kann der vorläufige Insolvenzverwalter den **Geschäftsbetrieb** des Schuldners **nur nach ausdrücklicher Zustimmung des Insolvenzgerichts stilllegen** (§ 22 Abs. 1 Satz 2 Nr. 2 Halbsatz 2 InsO; dazu näher unten Rz. 5.394 ff.). Die Pflicht zur Unternehmensfortführung ist damit institutionalisiert worden mit der Folge, dass der Verwalter auch gegen seinen Willen zur einstweiligen Betriebsfortführung verpflichtet ist, solange keine Schließungszustimmung des Gerichts vorliegt. Diese Pflicht ist vor dem Hintergrund zu sehen, dass nach der InsO die Entscheidung über den Verfahrensfortgang der Gläubigerversammlung im Berichtstermin überlassen werden soll (§ 157 InsO).

b) Schaffung von Anlaufliquidität

5.385 Früher sollte durch die Betriebsfortführung im Eröffnungsverfahren nicht nur **der Gläubigerversammlung die Entscheidung über die Betriebsschließung vorbehalten** bleiben (§ 132 KO), sondern sie diente zugleich der **Liquiditätsschaffung**[4]. Auch der Gesetzgeber der InsO hatte dieses fortbestehende Bedürfnis

---

1 Ist zum Zeitpunkt der Bestellung der Geschäftsbetrieb schon eingestellt, besteht, da die betrieblichen Strukturen in der Regel bereits auseinander gefallen sind, keine Verpflichtung zur Wiederaufnahme, so *Uhlenbruck*, § 22 InsO Rz. 24; auch *Nerlich/Römermann/Moers*, § 22 InsO Rz. 62.

2 So auch für die Rechtslage vor der InsO: *Kilger/Karsten Schmidt*, Insolvenzgesetze, § 106 KO Anm. 4; *Berscheid*, ZIP 1997, 1570. Zur Geschäftsfortführung unter Verdrängung der bisherigen Geschäftsführung bedurfte es allerdings einer besonderen gerichtlichen Anordnung (*Kuhn/Uhlenbruck*, 11. Aufl. 1994, § 106 KO Rz. 13a).

3 Vgl. *Mönning*, Betriebsfortführung in der Insolvenz, Rz. 257.

4 *Mönning*, Betriebsfortführung in der Insolvenz, S. 261; *Wiester*, BB 1997, 950.

zur Kenntnis genommen und berücksichtigt, nachdem zunächst eine beschleunigte Verfahrenseröffnung vorgesehen war, die von Insolvenzpraktikern als sanierungsfeindlich kritisiert wurde[1]. Nach der Gesetz gewordenen Fassung wurde die beabsichtigte Verkürzung des Vorverfahrens durch die Fassung der §§ 22 Abs. 1 Satz 2 Nr. 3 und § 26 Abs. 1 InsO wieder zurückgenommen. Der Gesetzgeber hat offenbar zur Kenntnis genommen, dass ohne die Möglichkeit der Schaffung von Anlaufliquidität im Eröffnungsverfahren die Betriebsfortführung im eröffneten Verfahren in vielen Fällen nicht möglich ist.

Die **Liquiditätssituation eines Unternehmens nach Insolvenzantragstellung** 5.386 ist regelmäßig schlecht. Das Bekanntwerden des Insolvenzantrags führt meist zu einer Betriebsstockung, die mit erheblichen Umsatzeinbrüchen einhergeht.

Liquidität kann **aus eigener Kraft** kurzfristig nur durch die Sicherstellung ein- 5.387 gehender Außenstände des Unternehmens auf einem separaten Konto des vorläufigen Insolvenzverwalters erzeugt werden. Die hierdurch zu erwirtschaftenden Mittel reichen jedoch zur Aufrechterhaltung des Geschäftsbetriebes im Normalfall nicht aus, auch wenn kein Kapitaldienst mehr geleistet wird und auch auf sonstige Altforderungen keine Zahlungen mehr erfolgen. Bereits die Aufrechterhaltung der allgemeinen Versorgung des Unternehmens mit Energie und sonstigen Versorgerleistungen erfordert in der Regel die Erbringung beträchtlicher Vorschusszahlungen. Auch die sonstigen Lieferanten des Unternehmens leisten meist nur noch gegen Vorkasse, sobald sie von der Insolvenzantragstellung Kenntnis erhalten haben. Nicht selten wird die weitere Belieferung sogar von der Bezahlung noch rückständiger Forderungen abhängig gemacht. Je mehr der Betrieb von dem jeweiligen Lieferanten abhängig ist, desto schlechter ist die Position des vorläufigen Insolvenzverwalters[2].

Zur Betriebsfortführung bedarf es somit grundsätzlich einer **Finanzierungshil-** 5.388 **fe von dritter Seite**, vor allem durch Kreditinstitute. Zu diesem Zweck erleichtert § 55 Abs. 2 Satz 2 InsO dem vorläufigen Insolvenzverwalter mit Verfügungsbefugnis die **Kreditaufnahme**, indem er hieraus resultierende Verbindlichkeiten im Falle der Eröffnung des Hauptverfahrens den Masseverbindlichkeiten gleichstellt[3].

Eine Bank wird dem vorläufigen Insolvenzverwalter ein Darlehen zur vorläu- 5.389 figen Betriebsfortführung im Insolvenzeröffnungsverfahren ohnehin aber nur dann geben, wenn sie an der Betriebsfortführung ein **besonderes Interesse** hat. Ein solches Interesse besteht nicht selten für Gläubigerbanken des Schuldners, da **bestehende Sicherungsrechte im Falle einer Betriebsstilllegung** grundsätzlich **erheblich an Wert verlieren**. Das gilt nicht nur für Betriebsgrundstücke, die im Falle einer Stilllegung zur wertlosen Industrieruine werden könnten und deren mithaftendes Zubehör nur noch Schrottwert hat, sondern auch

1 S. *Gravenbrucher Kreis*, ZIP 1992, 658.
2 Es ist allerdings u.U. möglich, die Bezahlung rückständiger Forderungen im späteren Hauptverfahren anzufechten.
3 Für den Fall der vorherigen Aufhebung der vorläufigen Insolvenzverwaltung vgl. § 25 Abs. 2 InsO.

für Halbfertigerzeugnisse, die einen Marktwert nur durch Fertigstellung erlangen und für Außenstände, die durch ein Kreditinstitut nur unter erheblichen Schwierigkeiten eingezogen werden könnten. Hierfür fehlen i.d.R. bereits die Verwaltungskapazitäten, vor allem aber das leistungsspezifische Know-how. Viele Drittschuldner, die von einem (offen legenden) Kreditinstitut zur Zahlung aufgefordert werden, verweigern zunächst Zahlungen, sei es auf Grund der aufgetretenen „Gläubigerverdopplung" oder auf Grund von Einwendungen aus dem Grundverhältnis, deren Berechtigung ein Kreditinstitut nicht zu beurteilen vermag. Gegebenenfalls entstehen zusätzlich Aufrechnungslagen mit Gegenansprüchen aus insolvenzbedingter Nichterfüllung, die die Forderungen ganz zum Erlöschen bringen.

5.390 Ein zunächst „stattliches" Reservoir an Kreditsicherheiten kann auf diese Weise in erheblichem Maße zusammenschmelzen. Die vorläufige **Betriebsfortführung wirkt dem entgegen**. In diesem Fall kann der Forderungseinzug über die Buchhaltung des Schuldnerunternehmens erfolgen; Halbfertigerzeugnisse können fertigproduziert werden[1]. Darüber hinaus besteht die Chance, dass das insolvenzbefangene Unternehmen nicht in Einzelteilen, sondern als Ganzes oder in überlebensfähigen Teileinheiten verkauft werden kann, was gegenüber der Einzelverwertung einen besseren Kaufpreis verspricht, den Verwertungsaufwand minimiert und nebenbei auch noch Arbeitsplätze erhält.

c) Deckung der Personalkosten durch Vorfinanzierung von Insolvenzgeld

5.391 Inwiefern die Liquidität im Insolvenzeröffnungsverfahren durch **Personalkosten** belastet wird, hängt von der **Vorfinanzierbarkeit des Insolvenzgeldes** ab (dazu ausführlich unten Rz. 5.333 ff.). Günstigstenfalls kann der Betrieb hierdurch im Insolvenzeröffnungsverfahren für maximal drei Monate praktisch personalkostenfrei gehalten werden[2].

5.392 Das **Insolvenzgeld** sichert die Entgeltforderungen der Arbeitnehmer des Schuldners für die letzten drei Monate des Arbeitsverhältnisses vor Eröffnung des Insolvenzverfahrens ab (§ 183 Abs. 1 SGB III). Gem. § 188 Abs. 4 SGB III können die Leistungen der Insolvenzausfallversicherung auch vorfinanziert werden (dazu Rz. 5.343 ff.)[3].

5.393 Seit dem 1. 12. 2001 regelt § 55 Abs. 3 InsO[4], dass die gem. § 55 Abs. 2 InsO begründeten Ansprüche von Arbeitnehmern, soweit sie nach § 187 SGB III auf die Bundesagentur für Arbeit übergegangen sind, von dieser nur als Insolvenzforderung geltend gemacht werden können[5].

---

1 Ebenso *Mönning*, Betriebsfortführung in der Insolvenz, Rz. 352 und Rz. 716 f.

2 Es fallen insofern nur die spezifischen Finanzierungskosten, insbesondere die Zinsen, an.

3 Vgl. *Wiester*, ZInsO 1998, 101; *Hase*, WM 2000, 2231.

4 Eingeführt durch das Gesetz zur Änderung der Insolvenzordnung v. 26. 10. 2001, BGBl. I 2001, 2710.

5 Vgl. hierzu auch *Graf-Schlicker/Remmert*, NZI 2001, 565, 570; *Braun/Wierzioch*, ZIP 2003, 2001, 2004; *Braun/Wabnitz/Janovsky*, Handbuch für Wirtschafts- und Steuerstrafrecht, 3. Aufl. 2007, Rz. 121.

2. Die Betriebsstilllegung

Nach § 22 Abs. 1 Satz 2 Nr. 2 InsO ist der vorläufige Insolvenzverwalter mit Verfügungsbefugnis zur Fortführung des Unternehmens verpflichtet. Danach bedarf der vorläufige Insolvenzverwalter zur Stilllegung des Schuldnerbetriebes der **Zustimmung des Insolvenzgerichts**. Das Gesetz will hierdurch verhindern, dass ein „übervorsichtiger" vorläufiger Insolvenzverwalter aus Angst vor dem möglichen Auflaufen von Verlusten zu Lasten von Schuldner und Gläubigern vorschnell vollendete (und insbesondere irreversible) Tatsachen schafft[1]. 5.394

Einem Antrag des vorläufigen Insolvenzverwalters auf Betriebsstilllegung wird das Gericht auch nicht unbesehen folgen, sondern es wird zur eigenständigen Beurteilung der betriebswirtschaftlichen Lage des Schuldnerunternehmens vorher ggf. ein **Sachverständigengutachten** einholen[2]. Der Zustimmungsvorbehalt des Gesetzes erweist sich insofern als eine **bürokratische Hürde für Fälle dringend angezeigter Stilllegung** zur Vermeidung des Auflaufens weiterer erheblicher Verluste. Das Gesetz nimmt diese Gefahr einer möglichen „Betriebsfortführung ohne Rücksicht auf Verluste" zu Gunsten des Erhalts einer (mehr oder weniger theoretischen) Sanierungschance trotz der in § 1 InsO zum Ausdruck gebrachten Gleichwertigkeit von Zerschlagung und Sanierung hin. Dies mag zwar wegen der für den Schuldner **irreversiblen Wirkungen einer Betriebsstilllegung** im Eröffnungsverfahren gerechtfertigt sein. Allerdings ist dabei immer zu berücksichtigen, dass auch die deswegen möglicherweise eintretenden Verluste für die Gläubiger „irreversibel" sind. 5.395

Aus der gesetzlichen Aufgabe des vorläufigen Insolvenzverwalters, das schuldnerische Vermögen zu sichern und zu erhalten, folgt jedoch, dass dann, wenn die Betriebsfortführung Verluste erwarten lässt, die das Haftungsvermögen erheblich angreifen würden, der vorläufige Insolvenzverwalter schnellstmöglich bei Gericht **Antrag auf Zustimmung** zur Betriebsstilllegung zu stellen hat. 5.396

Fraglich ist, ob der gerichtliche Zustimmungsvorbehalt des § 22 Abs. 1 Satz 2 Nr. 2 InsO auch für **Teilbetriebsstilllegungen** gilt. Dass vom Zustimmungsvorbehalt auch Teilstilllegungen erfasst werden, ist auf Grund der Gesetzesmaterialien[3] anzunehmen[4]. Allerdings ist darauf hinzuweisen, dass diese Auffassung eine mögliche Sanierung des Unternehmens und den damit verbundenen Erhalt von Arbeitsplätzen erschwert. Zudem ergeben sich für den vorläufigen Insolvenzverwalter hierdurch **Abgrenzungsprobleme gegenüber sonstigen Maßnahmen des Personalabbaus**, zu denen er in vielen Fällen sogar verpflichtet sein kann, um die Kosten im späteren Insolvenzverfahren zu senken und die Sanierungschancen des Unternehmens zu erhöhen[5]. 5.397

---

1 Die gesetzliche Regelung lässt erkennen, dass – anders als nach früherem Recht – eine vorzeitige Zerschlagung des schuldnerischen Unternehmens vermieden werden soll.

2 S. *Braun/Uhlenbruck,* Unternehmensinsolvenz, S. 238; *Haarmeyer* in Münchener Kommentar zur InsO, § 22 InsO Rz. 115 ff.

3 S. Begr. RegE zu § 26 (abgedruckt bei *Uhlenbruck,* Das neue Insolvenzrecht, S. 325).

4 So auch *Caspers,* Personalabbau und Betriebsänderung im Insolvenzverfahren, Rz. 504.

5 Restriktiv insoweit: *Caspers,* Personalabbau und Betriebsänderung im Insolvenzverfahren, Rz. 505.

5.398 Da insolvente Gesellschaften oftmals nur über einen geringen Auftragsbestand verfügen, gibt es in der Regel einen **Personalüberhang**. Im Eröffnungsverfahren schlägt dieser zwar wegen der Regelung des § 55 Abs. 2 Satz 2 InsO[1] bzw. der Möglichkeiten der Vorfinanzierung von Insolvenzgeld (vgl. dazu oben Rz. 5.391 ff.) u.U. liquiditätsmäßig nicht zu Buche, jedoch ist dies spätestens ab Eröffnung des Hauptverfahrens der Fall[2], wenn die Personalkosten nach § 55 Abs. 1 Nr. 1 InsO als **Masseverbindlichkeiten** zu bezahlen sind. Personelle Überkapazitäten sind zudem jeder übertragenden Sanierung abträglich, da die Bestimmung des **§ 613a BGB** (s. Rz. 7.334 ff.) auch im Insolvenzverfahren nach der InsO weitergilt. Danach übernimmt der Erwerber mit dem Unternehmen stets auch das komplette Personal. Hierzu wird sich ein Interessent – wenn überhaupt – nur bei deutlicher Kaufpreisminderung finden. Fällt der Kaufpreis aber unter den Zerschlagungswert der belasteten Vermögenswerte des Unternehmens, stimmen die Sicherungsgläubiger einer übertragenden Sanierung nicht mehr zu.

5.399 Der vorläufige Insolvenzverwalter sieht sich insoweit stets der Gefahr ausgesetzt, dass von ihm ergriffene **Maßnahmen des Personalabbaus** nachträglich **als Teilbetriebsstilllegung** bewertet werden, und wird deshalb insoweit besser Zurückhaltung üben bzw. sicherheitshalber grundsätzlich vorab um gerichtliche Zustimmung ersuchen. Eine sichere Abgrenzung beider Bereiche voneinander[3] wird dem vorläufigen Insolvenzverwalter oftmals kaum möglich sein.

5.400 Wird die Zustimmung zur Betriebsstilllegung erteilt oder will der vorläufige Insolvenzverwalter in vorgenanntem Sinn nur Personal abbauen, muss er – ggf. in Kooperation mit der Geschäftsführung[4] – **alle nötigen arbeits- und betriebsverfassungsrechtlichen Schritte** hierfür einleiten.

5.401 Soweit Maßnahmen des Personalabbaus eine **Betriebsänderung** i.S. des § 111 BetrVG darstellen[5] und das Unternehmen einen Betriebsrat hat, muss das hierfür vorgesehene Verfahren beachtet werden, d.h. der Betriebsrat muss über die geplante Betriebsänderung rechtzeitig informiert werden, und diese ist mit dem Betriebsrat zu erörtern[6]. Sodann ist nach Maßgabe des § 112 BetrVG ein **Interessenausgleich** herbeizuführen; ggf. also über das sog. Einigungsstellenverfahren[7]. Es ist nicht davon auszugehen, dass die Vorschriften der §§ 120 f.

1 Der vorläufige Insolvenzverwalter kann nicht benötigte Arbeitnehmer einfach von der Verpflichtung zur Arbeit freistellen.

2 Hierzu *Mönning,* Betriebsfortführung in der Insolvenz, Rz. 846.

3 Ggf. über die entsprechenden Begrifflichkeiten der § 613a BGB, § 111 Satz 2 Nr. 1 BetrVG und die Rechtsprechung des BAG hierzu (vgl. BAG v. 13. 11. 1997 – 8 AZR 375/96, ZIP 1998, 344, 346; BAG v. 9. 2. 1994 – 2 AZR 666/93, NZA 1994, 686).

4 *Caspers,* Personalabbau und Betriebsänderung im Insolvenzverfahren, Rz. 491.

5 Vgl. *Schaub,* Arbeitsrechts-Handbuch, 12. Aufl. 2007, § 244 Rz. 3 S. 2335 ff.

6 S. auch § 102 BetrVG, § 17 Abs. 2 KSchG.

7 Fraglich ist insoweit allerdings, welche Folge die Nichtbeachtung dieses Verfahrens hat. Soweit dadurch nur Nachteilsausgleichsforderungen gegen den Gemeinschuldner nach § 113 BetrVG entstehen, wäre dies für den vorläufigen Insolvenzverwalter keine „spürbare" Sanktion. Ob eine persönliche Haftung des vorläufigen Insolvenzverwalters hierfür begründet werden kann, ist aber zweifelhaft.

InsO über die vereinfachte Durchsetzung von Betriebsänderungen im Insolvenzverfahren bereits im Insolvenzeröffnungsverfahren Anwendung finden[1]. Der Interessenausgleich kann insbesondere den **Abschluss eines Sozialplans** (§ 112 Abs. 1 Satz 2 BetrVG) vorsehen[2]. Da im eröffneten Hauptverfahren für Sozialplanforderungen besondere Vorschriften existieren (§§ 123 f. InsO), empfiehlt es sich, einen Sozialplan erst nach Verfahrenseröffnung abzuschließen[3].

Sodann hat der vorläufige Insolvenzverwalter – nach Maßgabe des Interessen- 5.402
ausgleiches – die erforderlichen **Freistellungen** durchzuführen und – ggf. nach Anzeige gem. § 17 KSchG an das Arbeitsamt – die **Kündigung** der Beschäftigungsverhältnisse auszusprechen. Hierbei ist nicht davon auszugehen, dass die Arbeitsgerichte dem vorläufigen Insolvenzverwalter die Anwendbarkeit des § 113 InsO zugestehen[4]. Maßgeblich sind bis zur Verfahrenseröffnung somit die gesetzlichen Kündigungsfristen, die außerhalb des Insolvenzverfahrens gelten[5]. Neben dem allgemeinen Kündigungsschutzrecht, wonach bei betriebsbedingten Kündigungen eine Sozialauswahl zu treffen ist (§ 1 Abs. 3 KSchG)[6], sind auch die besonderen Kündigungsschutzrechte zu beachten (§ 85 SGB IX, § 9 MuSchG, § 18 BEEG, § 15 KSchG).

II. Betriebsveräußerung im Eröffnungsverfahren *(Vallender)*

Nationale und grenzüberschreitende Verkäufe von Unternehmen[7] sind heut- 5.403
zutage keine Besonderheit mehr[8]. Dies gilt gleichermaßen für den Erwerb eines Unternehmens aus der Insolvenz, bei dem die Verhandlungsmacht nicht mehr beim Management des Unternehmens, sondern beim (vorläufigen) Insolvenzverwalter liegt. So stellt sich in einem Insolvenzverfahren über das Ver-

1 *Mönning,* Betriebsfortführung in der Insolvenz, Rz. 850 f.; *Schmerbach* in Frankfurter Kommentar zur InsO, § 22 InsO Rz. 23; *Hess,* § 22 InsO Rz. 142. Vgl. auch *Uhlenbruck* in Kölner Schrift zur InsO, S. 325, 342, 349 und BAG v. 20. 1. 2005 – 2 AZR 134/04, ZIP 2005, 1289, jeweils zu § 113 InsO.

2 Der Abschluss eines Sozialplans kann im Rahmen des § 112a BetrVG aber auch unabhängig vom Zustandekommen eines Interessenausgleichs vom Betriebsrat erzwungen werden (*Schaub/Koch,* Arbeitsrechts-Handbuch, 12. Aufl. 2007, § 244 Rz. 46 S. 2353).

3 S. Rz. 7.306 ff.; *Mönning,* Betriebsfortführung in der Insolvenz, Rz. 864.

4 So die h.M.: BAG v. 20. 1. 2005 – 2 AZR 134/04, DZWIR 2005, 422 ff.; BAG v. 22. 5. 2003 – 2 AZR 255/02, ZIP 2003, 1670; *Bertram,* NZI 2001, 625, 626; *Kirchhof* in Heidelberger Kommentar zur InsO, § 22 InsO Rz. 40; für die Anwendbarkeit der §§ 113, 120 ff. InsO im Falle der vorläufigen Insolvenzverwaltung nach § 22 Abs. 1 InsO; *Caspers,* Personalabbau und Betriebsänderung im Insolvenzverfahren, Rz. 491, vgl. auch *Braun/Uhlenbruck,* Unternehmensinsolvenz, S. 238.

5 S. *Weisemann,* DZWIR 2005, 422 ff.; *Mönning,* Betriebsfortführung in der Insolvenz, Rz. 851; *Berscheid,* ZIP 1997, 1577.

6 Die Fassung des § 1 KSchG ist durch das Arbeitsrechtliche Beschäftigungsförderungsgesetz vom 25. 9. 1996 allerdings entschärft worden.

7 Unter einem Unternehmen ist ein organisatorisches Gebilde zu verstehen, das sämtliche vermögenswerten Rechte umfasst, die zur Aufrechterhaltung der wirtschaftlichen Tätigkeit notwendig sind, *Görg* in Münchener Kommentar zur InsO § 160 InsO Rz. 13.

8 S. die Übersicht großer Übernehmer mit deutscher Beteiligung seit 1995 bei: *Picot,* Unternehmenskauf und Restrukturierung, S. 10/11.

mögen einer GmbH bereits für den vorläufigen Insolvenzverwalter die Frage, wie er eine bestmögliche Befriedigung der Insolvenzgläubiger erreichen kann. Bei einem **Erwerb sämtlicher Geschäftsanteile („share deal")** des insolventen Rechtsträgers übernimmt der Erwerber das Unternehmen einschließlich der wirtschaftlichen Schwierigkeiten, die zu der Unternehmenskrise geführt haben[1]. Im Falle einer **übertragenden Sanierung**[2] wird das Unternehmen vom Unternehmensträger, der juristischen oder auch natürlichen Person, getrennt. Die Trennung erfolgt durch einen Verkauf des Unternehmens im Wege eines **„asset deal"**, d.h. einzelne Vermögenswerte des Unternehmens werden als Funktionseinheit im Paket an einen Erwerber verkauft[3]. Für eine Gesamtveräußerung sprechen die regelmäßig niedrigeren Verwertungskosten, der geringere mit dieser Verwertungsart verbundene Verwertungsaufwand und reduzierte Masseverbindlichkeiten[4].

5.404 Die Verkaufssituation im Insolvenzeröffnungsverfahren ist vielfach dadurch geprägt, dass der potentielle Käufer davon ausgeht, unter den Rahmenbedingungen eines Insolvenzverfahrens ein Unternehmen günstiger kaufen zu können als bei einem „going concern". Gleichwohl kann sein Angebot für die künftige Masse vorteilhafter sein als eine Verwertung der einzelnen Vermögensbestandteile[5]. So ist aus der insolvenzrechtlichen Praxis bekannt, dass dem vom Gericht bestellten vorläufigen Insolvenzverwalter unmittelbar **nach Antragstellung besonders günstige Angebote für eine Gesamtveräußerung** des Unternehmens unterbreitet werden[6]. Dies ist nachvollziehbar, weil zu diesem Zeitpunkt das Unternehmen noch werbend am Markt aktiv ist, die durch die Insolvenz verursachte Beeinträchtigung der Bonität noch nicht allgemein bekannt ist und Arbeitnehmer und Geschäftspartner noch zu dem Unternehmen stehen[7]. Erfahrungsgemäß brauchen die Kunden im Regelfall nicht mehr als drei Monate, bis sie einen neuen Lieferanten als Ersatz für das insolvente Unternehmen gefunden haben[8].

5.405 Ist bereits ein allgemeiner **Vertrauensverlust der Geschäftspartner** eingetreten, nehmen die ursprünglichen Interessenten meist Abstand von ihren Erwerbsabsichten und -angeboten. Das schuldnerische Unternehmen kann zu diesem Zeitpunkt nur noch im Wege der Veräußerung der einzelnen Vermögensbestandteile verwertet werden. Regelmäßig dürfte der dabei zu erzielende Ver-

1 *Menke,* NZI 2003, 525.
2 Der Begriff geht auf *Karsten Schmidt* (ZIP 1980, 328, 337) zurück. Dass die übertragende Sanierung eine legitime Verfahrensoption ist, lässt sich der Allgemeinen Begr. RegE, BT-Drucks. 12/2443, S. 94 entnehmen: „Die übertragende Sanierung von Betrieben und Unternehmen hat sich bereits nach dem geltenden Recht als Sanierungsinstrument außerordentlich bewährt. Sie soll den Verfahrensbeteiligten auch künftig zur Verfügung stehen".
3 *Wellensiek,* NZI 2002, 233, 234.
4 *Van Betteray/Gass,* BB 2005, 2309, 2313.
5 *Vallender,* GmbHR 2004, 543, 544.
6 Vgl. *Marotzke,* Das Unternehmen in der Insolvenz, 2000, Rz. 44 ff. m.w.N.
7 Begr. zu Nr. 7 des DiskE eines Gesetzes zur Änderung der Insolvenzordnung, des Bürgerlichen Gesetzbuches und anderer Gesetz vom April 2003.
8 *Bülow,* DZWIR 2005, 192, 193.

äußerungserlös erheblich niedriger sein als der Veräußerungserlös, der im Rahmen einer übertragenden Sanierung zu einem früheren Zeitpunkt zu realisieren gewesen wäre. Dass ein Absehen von einer günstigen Verwertungsmöglichkeit sich als Sanierungshemmnis erweisen kann, liegt auf der Hand, wenn eine Fortführung durch einen Dritten bei einer raschen Veräußerung hätte sichergestellt werden können.

Soweit für das Unternehmen nach Einleitung des Insolvenzverfahrens nicht 5.406 sogleich ein Käufer gefunden werden kann, der Verkauf des Unternehmens aber gleichwohl möglich erscheint, erfolgt üblicherweise die **Gründung einer „Auffanggesellschaft“**[1] durch sanierungswillige Verfahrensbeteiligte, auf die zum Zwecke der Sanierung die Unternehmensaktiva übertragen werden[2]. Dabei hat der vorläufige Insolvenzverwalter sein Augenmerk insbesondere auf die Solidität des potenziellen Erwerbers zu richten und – soweit möglich – Einblick in dessen finanzielle Verhältnisse zu nehmen[3]. Unabhängig davon, welche Form der Unternehmensveräußerung letztlich gewählt wird, ist entscheidend für das Gelingen der Transaktion, dass die haftungsrechtliche Situation endgültig bereinigt ist.

1. Betriebsveräußerung durch den sog. „starken“ vorläufigen Insolvenzverwalter

In Rechtsprechung und Literatur wird die Frage, ob eine übertragende Sanie- 5.407 rung des schuldnerischen Unternehmens im Insolvenzeröffnungsverfahren zulässig sei, unterschiedlich beantwortet. Einem Verkauf des Unternehmens durch den sog. starken vorläufigen Insolvenzverwalter (dazu Rz. 5.407 ff.) steht grundsätzlich die Vorschrift des § 22 Abs. 1 Satz 2 Nr. 2 InsO entgegen. Die Vorschrift verpflichtet ihn, das schuldnerische Unternehmen bis zur Entscheidung über die Eröffnung des Insolvenzverfahrens fortzuführen. De lege lata erlaubt § 159 InsO eine Verwertung der Insolvenzmasse und damit auch eine übertragende Sanierung erst nach dem Berichtstermin. Jedoch stellt nicht jeder Verkauf von Gegenständen oder jeder Einzug von Forderungen eine Verwertungshandlung dar[4]. Soweit es um die Veräußerung wesentlicher Teile des Anlagevermögens oder gar des gesamten schuldnerischen Betriebes an Dritte geht, ist die Grenze zur zulässigen Verwaltungsmaßnahme allerdings überschritten.

Es entspricht der **überwiegenden Ansicht in Rechtsprechung und Literatur**, 5.408 dass der sog. starke vorläufige Insolvenzverwalter zur Veräußerung wesentlicher Teile des Anlagevermögens oder gar des gesamten Unternehmens an

---

1 Diese Gesellschaft, ihrem Wesen nach eine Gesellschaft „auf Zwischenzeit“, übernimmt weder die Verpflichtungen des Krisenunternehmens insgesamt noch die Kaufpreisverpflichtungen aus dem Erwerb des ganzen Betriebsvermögens (näher dazu *Groß*, Sanierung durch Fortführungsgesellschaften, S. 440 ff.).

2 So schon *Wellensiek*, WM 1999, 405, 408.

3 *Kübler*, ZGR 1982, 501, 511.

4 Zur Abgrenzung von Verwertung einerseits und Verwaltung, Erhaltung und Fortführung andererseits vgl. *Kirchhof*, ZInsO 1999, 436; *Kirchhof*, ZInsO 2001, 1, 2 ff.

Dritte nicht befugt ist[1]. Auch eine Unternehmensfortführung – so der BGH[2] – rechtfertige es nicht, schon dem vorläufigen Insolvenzverwalter regelmäßig Verwertungsbefugnisse i.S. der §§ 159 ff. InsO zuzuerkennen. Zwar dürfe und müsse ein vorläufiger Verwalter zur Erfüllung einer solchen Aufgabe im Rahmen seiner Verwaltungstätigkeit unter anderem die aus dem Unternehmen erwirtschafteten Forderungen zügig einziehen, um das Unternehmen unter Einsatz des Erlöses fortführen zu können. Dies sei aber keine unzulässige „Verwertung" im bezeichneten, funktionalen Sinne[3].

5.409 Demgegenüber vertreten **einige Stimmen in der Literatur**[4] die Ansicht, das Interesse der Gläubiger an einer optimalen Befriedigung würde ins Gegenteil verkehrt, wollte man eine für die Masse wirtschaftlich vorteilhafte Verwertung mit Blick auf Sicherungscharakter und Beteiligungsrechte ablehnen[5]. Veräußere der sog. starke vorläufige Insolvenzverwalter das Unternehmen, um eine erhebliche Verminderung des Schuldnervermögens zu vermeiden, habe das Interesse des Schuldners, unumkehrbare Maßnahmen vor Verfahrenseröffnung zu vermeiden, hinter das Gläubigerinteresse zurückzutreten. Um den Interessen der Beteiligten hinreichend gerecht zu werden, wird vorgeschlagen, ihnen Zustimmungsvorbehalte oder sonstige Mitspracherechte einzuräumen[6].

5.410 Es ist nicht zu verkennen, dass im Einzelfall die Unternehmensveräußerung im Insolvenzeröffnungsverfahren im dringenden Interesse aller am Insolvenzverfahren Beteiligten liegen kann. Gleichwohl haben die gesetzlichen Vorgaben Richtschnur des Handelns zu sein[7]. Danach ist dem sog. starken vorläufigen Insolvenzverwalter nur bei **„Gefahr im Verzug"** eine Verwertungsmaßnahme erlaubt[8]. Diese Gefahr muss sich aus der Natur des Vermögensguts

---

1 BGH v. 14. 12. 2005 – IX ZB 265/04, NZI 2006, 284, 285; BGH v. 20. 2. 2003 – IX ZR 81/02, NZI 2003, 259, 260; BGH v. 14. 12. 2000 – IX ZB 105/00, BGHZ 146, 165 = ZIP 2001, 296; BGH v. 11. 4. 1988 – II ZR 313/87, ZIP 1988, 727; BAG v. 20. 6. 2002 – 8 AZR 496/01, NZI 2003, 222, 225 = ZIP 2003, 222; *Kirchhof* in Heidelberger Kommentar zur InsO, § 22 InsO Rz. 13; *Kübler/Prütting/Bork/Onusseit*, § 159 InsO Rz. 5; *Vallender*, RWS-Forum Bd. 14, 1998, S. 71, 73; *Foltis*, ZInsO 1999, 386 ff.; *Breutigam/Blersch/Goetsch*, Berliner Kommentar zur InsO, § 159 InsO Rz. 29 ff.; *Flessner* in Heidelberger Kommentar zur InsO, § 159 InsO Rz. 1; einschränkend *Fröhlich/Köchling*, ZInsO 2003, 923, 924; *Maus*, DStR 2002, 1104; *Marotzke*, Das Unternehmen in der Insolvenz, 2000, Rz. 60 ff.

2 BGH v. 14. 12. 2005 – IX ZB 265/04, NZI 2006, 284, 285; BGH v. 20. 2. 2003 – IX ZR 81/02, NZI 2003, 259, 260; BGH v. 14. 12. 2000 – IX ZB 105/00, BGHZ 146, 165 = ZIP 2001, 296; BGH v. 11. 4. 1988 – II ZR 313/87, ZIP 1988, 727.

3 Das OLG Düsseldorf (v. 13. 12. 1991 – 22 U 202/91, ZIP 1992, 344, 346) hatte zurzeit der Geltung der Konkursordnung entschieden, dass im Einzelfall auch die Veräußerung eines Betriebs eine im Antragsverfahren zulässige Maßnahme sein könne, wenn es sich dabei um eine „vernünftige, im Interesse der Konkursgläubiger geradezu zwingend gebotene Maßnahme zur Sicherung des Schuldnervermögens" handele.

4 *Spieker*, Die Unternehmensveräußerung in der Insolvenz, 2001, S. 40 ff.; *Kammel*, NZI 2000, 102; *Menke*, NZI 2003, 525.

5 *Kammel*, NZI 2000, 103.

6 *Menke*, NZI 2003, 525.

7 *Vallender*, GmbHR 2004, 543, 545.

8 Vgl. Begr. RegE zu § 26, BR-Drucks. 1/92, S. 116, 117.

selbst ergeben[1]. Will man die nötige Handlungsfreiheit des vorläufigen Insolvenzverwalters nicht übermäßig einschränken, sollte der Begriff der Gefahr, die mit der Verzögerung einer Verwertung verbunden ist, nicht eng ausgelegt werden. In jedem Fall bedarf es jedoch der Einbindung des Schuldners in die Verwertungsmaßnahme.

Bei Veräußerungsmaßnahmen, die nicht unter den Begriff „Gefahr im Verzug" zu fassen sind, schafft die **Zustimmung des Schuldners** keine ausreichende Legitimation für eine Unternehmensveräußerung im Eröffnungsverfahren. Dies zeigt bereits die Regelung des § 22 Abs. 1 Satz 2 Nr. 2 InsO, nach der ein vorläufiger Insolvenzverwalter bei einer Maßnahme, welche die Zweckrichtung des schuldnerischen Unternehmens vollständig aufhebt, allein der Zustimmung des Insolvenzgerichts bedarf[2]. Nichts anderes gilt für eine etwaige Zustimmung des Insolvenzgerichts zur Veräußerung. Der Ausnahmecharakter des § 22 Abs. 1 Satz 2 Nr. 2 InsO gestattet keine Erweiterung des Zustimmungsvorbehalts des Insolvenzgerichts auf Verwertungshandlungen des vorläufigen Insolvenzverwalters[3]. 5.411

Auch wenn es im Eröffnungsverfahren an einer verfassten Gläubigerschaft mit gesetzlich verbrieften Rechten fehlt, sollte sich das Insolvenzgericht bei einem – zulässigen – Verkauf des Unternehmens im Insolvenzeröffnungsverfahren dem Anliegen des vorläufigen Insolvenzverwalters auf Bestellung eines **vorläufigen Gläubigerausschusses** nicht verschließen[4]. In einem solchen Fall dürfte dieses Gremium weniger der Unterstützung und Überwachung des vorläufigen Insolvenzverwalters dienen als der Vorbereitung der späteren Entscheidungen der Gläubigerversammlung. 5.412

Unabhängig davon, ob man dem vorläufigen Insolvenzverwalter – ausnahmsweise – die Befugnis zur Veräußerung des schuldnerischen Unternehmens im Ganzen bzw. von Betriebsteilen zubilligt, muss er sich der Tatsache bewusst sein, dass er sich insoweit „auf rechtlich ungewissem Terrain bewegt"[5]. Durch Einbindung des Schuldners und der Hauptgläubiger kann er etwaige **Haftungsrisiken** allerdings erheblich minimieren. 5.413

2. Betriebsveräußerung bei Anordnung einer sog. „schwachen" vorläufigen Insolvenzverwaltung

Bei Anordnung einer **vorläufigen Insolvenzverwaltung mit Zustimmungsvorbehalt** (dazu Rz. 5.372) besitzt der vorläufige Insolvenzverwalter weder die Rechtsmacht zum Vertragsabschluss noch zur Übertragung der Vermögensbestandteile. Soweit sich die Notwendigkeit einer Veräußerung des Betriebes 5.414

1 *Kirchhof*, ZInsO 1999, 436, 437.
2 *Vallender*, RWS-Forum, Bd. 14, 1998, S. 84.
3 A.A. *Menke*, NZI 2003, 522, 526.
4 *Vallender*, WM 1998, 2040, 2043. Der Entwurf eines Gesetzes zur Verbesserung und Vereinfachung der Aufsicht in Insolvenzverfahren vom 14. 5. 2007 (BR-Drucks. 566/07) sieht vor, dass das Insolvenzgericht künftig bereits im Eröffnungsverfahren einen vorläufigen Gläubigerausschuss einsetzen kann (§ 21 Abs. 2 Satz 1 Ziff. 6 InsO-E).
5 *Beck*, Praxis der Insolvenz, § 10 Rz. 179.

ergibt, ist zu berücksichtigen, dass die **Befugnis des Schuldners zum Abschluss von Verpflichtungsgeschäften** von den Verfügungsbeschränkungen des § 21 Abs. 2 Nr. 2 InsO nicht berührt wird[1]. Die wirksame Übertragung der einzelnen Vermögensbestandteile des schuldnerischen Unternehmens durch die Unternehmensleitung auf den Käufer kommt indes nur mit Zustimmung des vorläufigen Insolvenzverwalters zu Stande (§§ 21 Abs. 2 Nr. 2 Alt. 2, 24, 81 InsO)[2]. Da die Ansprüche des Unternehmenskäufers, der das Unternehmen oder einzelne Unternehmensteile vom Schuldner mit Zustimmung des vorläufigen Insolvenzverwalters erwirbt, im Falle der Eröffnung des Insolvenzverfahrens nur **Insolvenzforderungen** sind, dürfte das Interesse des Käufers an einem Erwerb des Unternehmens vom Schuldner nur gering sein. Hinzu kommt, dass das Rechtsgeschäft der Anfechtung unterliegt (näher dazu Rz. 5.417 ff.).

5.415 Mit Urteil vom 18. 7. 2002 hat der BGH[3] entschieden, dass das Insolvenzgericht – jedenfalls in Verbindung mit dem Erlass eines besonderen Verfügungsverbots – den vorläufigen Insolvenzverwalter ohne begleitendes allgemeines Verfügungsverbot ermächtigen kann, einzelne, im Voraus genau festgelegte **Verpflichtungen zu Lasten der späteren Insolvenzmasse** einzugehen. Die insoweit begründeten Verbindlichkeiten sind nach Eröffnung des Insolvenzverfahrens als Masseverbindlichkeiten zu erfüllen. Soweit das Insolvenzgericht den vorläufigen Insolvenzverwalter dazu ermächtigt, Teilbereiche eines Unternehmens oder gar das ganze Unternehmen zu veräußern[4], stellen sich bei einer solchen Anordnung dieselben Zweifelsfragen wie bei einer Veräußerung des schuldnerischen Unternehmens durch den sog. starken vorläufigen Insolvenzverwalter[5].

3. Haftungsrechtliche Risiken

5.416 Da Grundvoraussetzung für das Gelingen einer übertragenden Sanierung die endgültige Bereinigung der haftungsrechtlichen Situation ist, bedarf es vor allem bei einem Verkauf im Insolvenzeröffnungsverfahren, in dem keineswegs feststeht, ob es überhaupt zu einer Eröffnung des Insolvenzverfahrens kommen wird, einer sehr sorgfältigen Untersuchung, welchen Gefahrenlagen die Beteiligten ausgesetzt sind[6]. Als nachteilig für den Erwerber des Unternehmens können sich unter Umständen die sich aus § 613a BGB ergebenden

1 *Vallender,* GmbHR 2004, 543, 545.
2 Das BAG hat nicht nur ausdrücklich eine Betriebsveräußerung im Eröffnungsverfahren durch den sog. starken vorläufigen Insolvenzverwalter abgelehnt, sondern hält auch eine Veräußerung durch den Schuldner mit Zustimmung des sog. schwachen vorläufigen Insolvenzverwalters für unzulässig (BAG v. 20. 6. 2002 – 8 AZR 496/01, ZIP 2003, 222, 227).
3 IX ZR 195/01, NZI 2002, 543.
4 Vgl. AG Duisburg v. 28. 7. 2002 – 62 IN 167/02, NZI 2002, 614.
5 Um den Belangen der Praxis entgegenzukommen, sieht § 158 InsO, ergänzt auf Grund des Gesetzes zur Vereinfachung des Insolvenzverfahrens v. 13. 4. 2007 (BGBl. I 2007, 509) vor, dass der Insolvenzverwalter bereits vor dem Berichtstermin das Unternehmen des Schuldners mit Zustimmung des Gläubigerausschusses veräußern darf.
6 *Vallender*, GmbHR 2004, 543, 546.

Rechtsfolgen[1], eine mögliche Haftung gem. § 25 Abs. 1 HGB, eine Haftung wegen Steuerverbindlichkeiten gem. § 75 Abs. 1 AO und die Rechtsfolgen einer Anfechtung gem. §§ 129 ff. InsO erweisen. Will der Käufer eine wirtschaftlich sinnvolle Kaufentscheidung treffen, ist eine **exakte Untersuchung des insolventen Unternehmens** und eine Abwägung der Risiken unabdingbar[2]. Will der vorsichtige Käufer sein eigenes Risiko minimieren, sollte er sich das **Testat eines (neutralen) Wirtschaftsprüfers** einholen, um den angemessenen Wert des zu erwerbenden Betriebes feststellen zu lassen[3]. In den Fällen der §§ 130 bis 132 InsO ist das Vorliegen einer mittelbaren oder unmittelbaren Gläubigerbenachteiligung ausgeschlossen, wenn dem Vermögen des insolventen Veräußerers für die durch die Übertragung des Betriebes entzogene Haftungsmasse unmittelbar ein adäquater Gegenwert zufließt (§ **142 InsO**). Soweit für den Betrieb ein angemessener Kaufpreis gezahlt wird, dürfte das Anfechtungsrisiko gering sein.

a) Anfechtung

Veräußert der Schuldner mit Zustimmung des vorläufigen Insolvenzverwalters das Unternehmen, **trägt der Käufer das Risiko** einer Anfechtung dieses Rechtsgeschäfts gem. §§ 129 ff. InsO durch den Insolvenzverwalter nach Verfahrenseröffnung[4]. Etwas anderes gilt nur dann, wenn der Anfechtungsgegner berechtigterweise auf die Insolvenzfestigkeit der Rechtshandlungen vertrauen durfte und dieses Vertrauen schutzwürdig ist[5]. 5.417

Im Falle der Veräußerung des Betriebes durch den Schuldner mit Zustimmung des vorläufigen Insolvenzverwalters nach Antragstellung findet die Vorschrift des **§ 130 Abs. 1 Nr. 2 InsO** Anwendung. Der Käufer dürfte in diesen Fällen regelmäßig Kenntnis von der Zahlungsunfähigkeit des Schuldners oder dem Eröffnungsantrag haben. Nur dann, wenn der Schuldner für den Verkauf des Unternehmens eine angemessene, gleichwertige Gegenleistung in unmittelbarem zeitlichen Zusammenhang erhalten hat[6], unterliegt der Kauf als „Bargeschäft" i.S. des § 142 InsO nicht der Anfechtung nach der vorerwähnten Bestimmung. Die Grundsätze des Bargeschäfts dürften auch auf die Unternehmensveräußerung Anwendung finden. 5.418

1 Näher dazu *Wellensiek*, NZI 2005, 603 ff.

2 *Bernsau/Höpfner/Rieger/Wahl*, Handbuch der übertragenden Sanierung, 2002, S. 8.

3 *Undritz* in Runkel, Anwalts-Handbuch Insolvenzrecht, § 14 Rz. 120, 141.

4 BGH v. 13. 3. 2003 – IX ZR 64/02, ZIP 2003, 810; BGH v. 11. 6. 1992 – IX ZR 255/91, ZIP 1992, 1005, 1007; BGH v. 22. 12. 1982 – VIII ZR 214/81, ZIP 1983, 191; OLG Celle v. 12. 12. 2002 – 13 U 56/02, NZI 2003, 95. Heute wird die Unternehmensveräußerung in toto (vgl. *Karsten Schmidt*, BB 1998, 5; *Gerhardt*, FS Gaul, 1997, S. 148; *Nerlich/Römermann//Nerlich*, § 129 InsO Rz. 95) für anfechtbar gehalten, weil die Anfechtung der Einzelübertragungen in ihrer Summe die Anfechtung der Unternehmensveräußerung darstellt; a.A. BGH, WM 1962, 1316, wonach nur die Veräußerung der einzelnen Vermögensbestandteile der Anfechtung unterliege.

5 BGH v. 13. 3. 2003 – IX ZR 64/02, BGHZ 154, 190, 194 = NZI 2003, 314; BGH v. 9. 12. 2004 – IX ZR 108/04, NZI 2005, 218, 219; OLG Celle v. 21. 10. 2004 – 13 U 113/04, NZI 2005, 38; AG Hagen v. 16. 12. 2002 – 10 C 492/02, NZI 2003, 211.

6 Vgl. BGH v. 15. 12. 1994 – IX ZR 18/94, ZIP 1995, 297.

5.419 Darüber hinaus besteht auch die Gefahr einer **Anfechtung nach § 132 Abs. 1 Nr. 1 InsO**. Eine **unmittelbare Gläubigerbenachteiligung** i.S. der Vorschrift liegt vor, wenn sich die Befriedigungsmöglichkeit der Insolvenzgläubiger aus der Insolvenzmasse ohne das anfechtbare Rechtsgeschäft günstiger gestaltet hätte. Die Vorschrift des § 142 InsO findet Anwendung.

5.420 Als **weiterer Anfechtungstatbestand** kommt die Vorschrift des **§ 133 InsO** in Betracht. Sie setzt u.a. eine **vorsätzliche Gläubigerbenachteiligung** voraus. Ein solcher Vorwurf ist dann schnell erhoben, wenn sich im weiteren Verlauf des Insolvenzverfahrens zeigt, dass andere Interessenten zu einem höheren Kaufpreis erworben hätten[1]. Ein unlauteres Zusammenwirken von Schuldner und Gläubiger setzt der Gläubigerbenachteiligungsvorsatz nicht voraus[2]. Die Grundsätze über das Bargeschäft finden bei einer Anfechtung nach § 133 InsO keine Anwendung (vgl. § 142 InsO).

5.421 Eine Vereinbarung zwischen vorläufigem Insolvenzverwalter und Käufer, die vorsieht, dass der **Verkäufer** auf sein Anfechtungsrecht **verzichtet**, ist unwirksam und bindet den (endgültigen) Verwalter nicht. Sie liefe dem Zweck des Insolvenzverfahrens entgegen[3].

5.422 Ob eine Anfechtung durch den Insolvenzverwalter auch bei einer Veräußerung des Unternehmens durch den sog. starken vorläufigen Insolvenzverwalter in Betracht kommt, ist – soweit ersichtlich – höchstrichterlich noch nicht entschieden. Regelmäßig dürften solche Rechtshandlungen nicht nach §§ 129 ff. InsO anfechtbar sein. Denn mit der gesetzlichen Regelung des § 55 Abs. 2 InsO soll das Vertrauen des Rechtsverkehrs in die Handlungen des mit einer Verwaltungs- und Verfügungsbefugnis ausgestatteten vorläufigen Insolvenzverwalters gestärkt werden. Die Regelung wäre sinnlos, wenn die Masseverbindlichkeiten nach einer Verfahrenseröffnung wiederum im Wege der Anfechtung beseitigt werden könnten[4]. Dies gilt gleichermaßen für den Fall, dass das Gericht im Wege eines besonderen Verfügungsverbots dem vorläufigen Insolvenzverwalter die alleinige Verfügungsbefugnis über bestimmte Teilbereiche des schuldnerischen Vermögens übertragen und ihn zur Veräußerung eines bestimmten Konzerngeschäftsbereichs sowie zum Abschluss entsprechender Verträge ermächtigt hat[5].

5.423 Die **Anfechtung** der im Eröffnungsverfahren erfolgten Betriebsveräußerung durch den Insolvenzverwalter **hat zur Folge**, dass die Wirtschaftsgüter, die durch das angefochtene Rechtsgeschäft erlangt worden sind, herauszugeben sind. Bei einem Unternehmenskauf ist danach das gesamte Unternehmen als Einheit in die Masse zurückzuführen[6]. Der Käufer kann bei einer Anfechtung

1 *Kammel,* NZI 2000, 102, 103.
2 BGH v. 15. 5. 2003 – IX ZR 194/02, ZIP 2003, 1304.
3 Vgl. dazu BGH v. 17. 7. 2003 – IX 272/02, DZWIR 2003, 20, 22 ff. = ZIP 2003, 1799 = MDR 2004, 174.
4 OLG Celle v. 21. 10. 2004 – 13 U 113/04, NZI 2005, 38; OLG Celle v. 12. 12. 2002 – 13 U 56/02, NZI 2003, 95; *Kirchhof,* ZInsO 2000, 297; *Kammel,* NZI 2000, 102, 103.
5 Vgl. dazu AG Duisburg v. 28. 7. 2002 – 62 IN 167/02, NZI 2002, 614.
6 *Menke,* BB 2003, 133, 134 m.w.N.

zwar die Gegenleistung als Wertersatz fordern. Er fällt mit seiner Forderung unter Umständen vollständig aus, wenn seine Leistung unterscheidbar nicht mehr in der Masse vorhanden ist. Denn in diesem Fall muss er seine Gegenforderung zur Tabelle anmelden und ist in dieser Höhe nur ein einfacher Insolvenzgläubiger gem. § 38 InsO (§ 144 Abs. 2 InsO).

b) Haftung des Erwerbers bei Firmenfortführung

Erwirbt der Käufer ein Handelsgeschäft und führt es unter der bisherigen Firma[1], gegebenenfalls mit einem Nachfolgezusatz (z.B. GmbH[2]), weiter, so haftet er gem. **§ 25 Abs. 1 HGB** für alle **im Betrieb des Geschäfts begründeten Verbindlichkeiten** des früheren Inhabers. Die Vorschrift gilt auch beim Erwerb eines Unternehmensteils, insbesondere einer zwar weisungsabhängigen, aber im Verkehr selbstständigen Zweigniederlassung[3]. Nach Ansicht des BGH[4] ist für den Haftungstatbestand des § 25 Abs. 1 Satz 1 HGB allein entscheidend die durch die Firmenfortführung **nach außen dokumentierte Kontinuität** des in seinem wesentlichen Bestand fortgeführten Unternehmens. Diese Erwägungen gelten auch bei Unternehmensveräußerung im Insolvenzeröffnungsverfahren, wenn der Veräußerung keine Insolvenzeröffnung folgt[5]. Ob die zur Konkursordnung ergangene höchstrichterliche Rechtsprechung auch bei Anordnung einer starken vorläufigen Insolvenzverwaltung nach Maßgabe des § 22 Abs. 1 InsO Anwendung findet, erscheint fraglich. Das Risiko der Haftung nach § 25 Abs. 1 HGB kann durch Vereinbarung eines Haftungsausschlusses beseitigt werden. Dritten gegenüber ist er nur dann wirksam, wenn er in das Handelsregister eingetragen und bekannt gemacht oder dem Dritten von Veräußerer oder Erwerber mitgeteilt worden ist (§ 25 Abs. 2 HGB). 5.424

c) Zur steuerlichen Haftung des Käufers

Nach **§ 75 Abs. 1 AO** haftet der Käufer grundsätzlich für solche Steuern, bei denen sich die Steuerpflicht auf den Betrieb des Unternehmens gründet und die seit Beginn des letzten vor der Übertragung liegenden Kalenderjahres entstanden sind. § 75 Abs. 2 AO schließt die Haftung des Käufers beim Erwerb aus der Insolvenzmasse, also nach Verfahrenseröffnung, aus. Nach der **Rechtsprechung des Bundesfinanzhofs** gilt die **Haftungsfreistellung nach Abs. 2 auch für den Unternehmenskauf vor Verfahrenseröffnung**. Denn Zweck dieses Haftungsausschlusses – so der Bundesfinanzhof – sei die Erleichterung der 5.425

1 Die Firma der GmbH ist ihr Name. Die GmbH kann nur einheitlich eine Firma führen. Das gilt auch, wenn sie mehrere getrennte, auch verschiedenartige Handelsgeschäfte betreibt oder diese mit Firma erwirbt (*Baumbach/Hueck/Fastrich*, § 4 GmbHG Rz. 2 m.w.N.).

2 RGZ 131, 29.

3 *Holzapfel/Pöllath*, Unternehmenskauf in Recht und Praxis, 12. Aufl. 2005, Rz. 662.

4 BGH v. 30. 1. 1992 – IX ZR 112/91, ZIP 1992, 338.

5 Auch bei einer Abweisung des Konkursantrags mangels kann sich nach Auffassung des BGH der Erwerber nicht auf eine teleologische Reduktion des § 25 Abs. 1 Satz 1 HGB berufen.

zwangsweisen Vermögensverwertung im Hinblick auf eine bestmögliche Liquidation im Gläubigerinteresse. Die bestmögliche Liquidation würde erschwert, wenn der Käufer noch mit betrieblichen Steuerschulden rechnen müsste. Das Haftungsrisiko würde den Käufer entweder vom Erwerb abhalten oder zu erheblichen Kaufpreisabzügen veranlassen[1]. Dieser Zweck spreche für die Anwendung des Haftungsausschlusses auch beim Erwerb aus dem Insolvenzeröffnungsverfahren. Auch in diesen Fällen sei die Erleichterung der Verwertung sachgerecht.

5.426 Es spricht vieles dafür, dass der BFH bei einer Unternehmensveräußerung durch den „starken" vorläufigen Insolvenzverwalter nicht anders entscheiden dürfte. Allerdings sollte der vorläufige Insolvenzverwalter sicherstellen, dass die Eröffnung des Insolvenzverfahrens in einem engen zeitlichen Zusammenhang mit der Unternehmensveräußerung steht. Darüber hinaus sollte er das Insolvenzgericht von der Veräußerung vorab informieren. Ansonsten besteht die Gefahr, dass dem Unternehmensverkauf der Einwand der Steuerrechtsgestaltung durch den Insolvenzrichter oder den vorläufigen Insolvenzverwalter entgegengesetzt wird und eine Haftungsfreistellung des Käufers scheitert[2].

d) Haftung des Erwerbers gem. § 613a BGB

5.427 In seinem Urteil vom 20. 6. 2002 hat das BAG[3] seine zur Konkursordnung entwickelte Rechtsprechung zur teleologischen Reduktion des **§ 613a BGB** bei einem Betriebsübergang[4] im Konkursverfahren auf die Insolvenzordnung übertragen. Liege der Zeitpunkt des **Betriebsübergangs vor der Eröffnung des Insolvenzverfahrens**, hafte der Betriebserwerber voll. Der Betriebserwerber trete in alle Rechte und Pflichten aus den zum Zeitpunkt des Betriebsübergangs bestehenden Arbeitsverhältnissen ein, unabhängig davon, ob es sich um Arbeiter, Angestellte oder leitende Angestellte handelt[5]. Das BAG begründet seine Auffassung im Wesentlichen mit der unterschiedlichen Stellung und den unterschiedlichen Befugnissen des vorläufigen Insolvenzverwalters im Vergleich zum Insolvenzverwalter. Der Zeitpunkt der Antragstellung sei als Differenzierungskriterium nicht praktikabel und eine Gleichstellung des Betriebsübergangs im Antragsverfahren sachlich nicht gerechtfertigt. Aus der Auslegung des § 75 Abs. 2 AO durch den BFH ließen sich keine Schlussfolgerungen für die Auslegung des § 613a BGB ziehen, weil sich die Zwecke der Vorschriften voneinander unterschieden. Zu den Zielen des § 613a BGB gehöre es, die Forderungen der durch den Betriebsübergang betroffenen Arbeitnehmer durch

1 BFH v. 23. 7. 1998 – VII R 143/97, BStBl. II 1998, 765 = ZIP 1998, 1845 zu 2a.
2 *Vallender*, GmbHR 2004, 543, 548.
3 BAG v. 20. 6. 2002 – 8 AZR 459/01, NZI 2003, 222, 225 = DB 2003, 100; so auch die Vorinstanz LAG Schleswig Holstein v. 5. 7. 2001 – 1 Sa 430a/00, ZInsO 2002, 248.
4 Ein Betrieb ist die organisatorische Zusammenfassung von sachlichen und immateriellen Mitteln, die einem bestimmten arbeitstechnischen Zweck dienen. Das Unternehmen dient dagegen einem wirtschaftlichen Zweck und kann grundsätzlich mehrere Betriebe umfassen, ausf. *Joost*, Betrieb und Unternehmen als Grundbegriffe im Arbeitsrecht, 1988, S. 33 ff. jeweils m.w.N.
5 BAG v. 13. 2. 2003 – 8 AZR 59/02, NJW 2003, 2930.

Regelung der haftungsrechtlichen Fragen sicherzustellen (Haftung von Übernehmer und altem Arbeitgeber). Seine Aufgabe sei es dagegen nicht, Sanierungen im Falle von Betriebsübernahmen zu ermöglichen oder zu erleichtern[1].

Neben dem in § 613a Abs. 1 Satz 1 BGB normierten Übergang der Rechte und Pflichten aus Arbeitsverhältnissen auf den Betriebserwerber ordnet Abs. 4 der Vorschrift die **Unwirksamkeit einer Kündigung** des Arbeitsverhältnisses durch den bisherigen Arbeitgeber oder den neuen Inhaber an, wenn diese wegen des Übergangs eines Betriebs oder Betriebsteils ausgesprochen wird[2]. 5.428

1 BAG v. 27. 4. 1988 – 5 AZR 358/87, BAGE 58, 176 = ZIP 1988, 989, dazu EWiR 1988, 767 (*v. Stebut*).

2 Beruft sich der Arbeitnehmer bei einer Kündigung, auf die das Kündigungsschutzgesetz zwingend Anwendung findet, darauf, dass ein Betriebsübergang vorliege, so hat der Arbeitgeber die Darlegungs- und Beweislast dafür, dass dies nicht der Fall ist, sondern eine (beabsichtigte) Betriebstilllegung die Kündigung sozial rechtfertigt (LAG Köln v. 21. 1. 2005 – 4 Sa 1036/04, ZInsO 2005, 1344 [LS]).

6. Teil: Abweisung mangels Masse

A. Insolvenzrechtliche Regelungen

I. Gerichtliche Entscheidung nach § 26 InsO

1. Zweck des § 26 InsO

Die unter der Geltung der KO große Anzahl der Abweisungen von Konkurseröffnungsanträgen mangels Masse hatte weitgehend zu einem Funktionsverlust des Konkurs- und Vergleichsrechts geführt. Wird ein Insolvenzverfahren nicht eröffnet, findet eine geordnete, gleichmäßige Gläubigerbefriedigung nicht statt. Das Schuldnerunternehmen ist weiterhin imstande, andere zu schädigen und zugleich volkswirtschaftliche Schäden zu verursachen. Dem wollte der Gesetzgeber dadurch begegnen, dass möglichst viele Verfahren zur Eröffnung gebracht werden[1]. Eine **frühzeitige Eröffnung des Insolvenzverfahrens** über das Vermögen einer GmbH oder GmbH & Co. KG erhöht die Sanierungschancen[2]. Bei der GmbH und GmbH & Co. KG bewirkt die Abweisung mangels Masse die Auflösung der Gesellschaft (§ 60 Abs. 1 Nr. 5 GmbHG, § 161 Abs. 2 HGB i.V.m. § 131 Abs. 2 Nr. 1 HGB) und führt im Regelfall zu einer späteren Löschung nach § 141 FGG (ab 1. 9. 2009: § 393 FamFG) (Einzelheiten unten Rz. 6.11 ff.). Eine weitere Gefahr der Abweisung mangels Masse besteht darin, dass die GmbH bzw. GmbH & Co. KG noch weiter am Rechts- und Geschäftsverkehr teilnehmen kann[3]. Nach Auffassung des Gesetzgebers sind nur in einem Insolvenzverfahren die rechtsstaatlich korrekte **gleichmäßige Gläubigerbefriedigung** und der **Einfluss der Gläubigerschaft auf die Insolvenzabwicklung** gesichert. Vermögensverschiebungen werden rückgängig gemacht, Manipulationen aufgedeckt[4]. Primärer Normzweck des § 26 InsO ist es, möglichst viele Verfahren zur Eröffnung zu bringen und damit einer ordnungsgemäßen Abwicklung bis zur Vollbeendigung zuzuführen[5]. 6.1

2. Begriff und Feststellung der Masselosigkeit

Nach § 26 Abs. 1 Satz 1 InsO weist das Insolvenzgericht den Antrag auf Eröffnung des Insolvenzverfahrens ab, wenn das Vermögen der GmbH voraussichtlich nicht ausreichen wird, um die Kosten des Verfahrens zu decken. Die Abweisung unterbleibt, wenn ein ausreichender Geldbetrag vorgeschossen 6.2

---

1 BT-Drucks. 12/2443, S. 72–108, abgedr. bei *Balz/Landfermann,* Die neuen Insolvenzgesetze, S. 147, 152 ff. S. auch *Haarmeyer* in Münchener Kommentar zur InsO, § 26 InsO Rz. 4; *Jaeger/Schilken*, § 26 InsO Rz. 3.

2 *Karsten Schmidt*, Gutachten D zum 54. Deutschen Juristentag (1982), S. 23 ff.; *Hanisch,* ZZP 90 (1977), 1, 24; *Landfermann,* KTS 1989, 763, 866.

3 S. *Uhlenbruck*, § 26 InsO Rz. 1; *Uhlenbruck*, ZIP 1993, 241, 242.

4 Allg. Begr. RegE S. A 3b, abgedr. bei *Balz/Landfermann*, Die neuen Insolvenzgesetze, S. 147.

5 S. auch *J. Uhlenbruck* in Kölner Schrift zur InsO, S. 1187, 1188; *W. Schulz,* Die masselose Liquidation der GmbH, 1986.

wird, um die Kosten des Verfahrens (§ 54 InsO) zu decken. **Masselosigkeit** liegt vor, wenn die gegenwärtigen und zukünftigen liquidierbaren Aktiva (§ 35 InsO) voraussichtlich nicht ausreichen, um die **Gerichtskosten nach § 54 InsO** zu decken. Bei der **Bewertung der Aktiva** sind Abschläge vorzunehmen. Im Zweifel ist von einem realisierbaren Wert von zwei Dritteln des Schätzwertes auszugehen[1]. Erhebliche Wertberichtigungen sind vorzunehmen bei Rückgriffs- und Haftungsansprüchen gegen Geschäftsführer und Gesellschafter, die typischerweise schwer zu realisieren sind[2]. Bei Ansprüchen der Insolvenzmasse, die nur im Prozesswege zu realisieren sind, müssen auch die **Prozessaussichten** und das **Kostenrisiko** berücksichtigt werden[3]. Vermögensgegenstände, an denen Gläubiger **Aussonderungs- oder Absonderungsrechte** haben, werden nicht berücksichtigt, es sei denn, bei Absonderungsrechten sei ein verbleibender Überschuss zu erwarten. Zu berücksichtigen ist allerdings **Auslandsvermögen der GmbH**, wobei die Kosten einer Rechtsverfolgung im Ausland abgezogen und Realisierungschancen bedacht werden müssen[4]. Durch die Regelung in den §§ 53, 54 InsO ist die frühere Streitfrage, ob **vorrangige Masseschulden** bei der Berechnung der Massekostendeckung zu berücksichtigen sind, obsolet geworden.

6.3 Trotz der bewussten Entscheidung des Gesetzgebers in § 26 InsO wird teilweise in der Literatur die Auffassung vertreten, dass als **„Kosten des Verfahrens"** die „Verfahrensgewährleistungskosten" verstanden werden müssten, die sich zusammensetzen aus zwingend einzugehenden Verpflichtungen auf Grund gesetzlicher Vorgabe und aus Verpflichtungen aus entgegengenommenen Leistungen, die auch nach Anzeige einer Masseunzulänglichkeit noch anzunehmen sind, um das Verfahren abwickeln zu können[5]. Eine **Einbeziehung der Masseverbindlichkeit** in den Begriff der Verfahrenskosten ist mit § 54 InsO nicht vereinbar und widerspricht der Intention des Gesetzgebers[6]. Gleiches gilt für sog. **notwendige Verwaltungskosten**, d.h. Kosten für die Verwaltung, Verwertung und Verteilung der Insolvenzmasse[7]. Zu den Kosten des Verfahrens zählen auch die **Vergütungen und Auslagen des Insolvenzverwalters** sowie die Kosten der Mitglieder des Gläubigerausschusses. Diese sind

---

1 *Jaeger/Schilken*, § 26 InsO Rz. 13.

2 *Kübler/Prütting/Bork/Pape*, § 26 InsO Rz. 7; *Jaeger/Schilken*, § 26 InsO Rz. 13; *Nerlich/Römermann/Mönning*, § 26 InsO Rz. 25 f.

3 OLG Karlsruhe v. 17. 2. 1989 – 9 W 6/89, ZIP 1989, 1070; LG Konstanz v. 25. 8. 1982 – 1 T 138/82, ZIP 1982, 1232; *Kübler/Prütting/Bork/Pape*, § 26 InsO Rz. 8.

4 *Haarmeyer* in Münchener Kommentar zur InsO, § 26 InsO Rz. 22; *Haarmeyer*, ZInsO 2001, 103, 106; *Kübler/Prütting/Bork/Pape*, § 26 InsO Rz. 8; *Jaeger/Schilken*, § 26 InsO Rz. 14.

5 So z.B. AG Charlottenburg v. 30. 3. 1999 – 102 IN 642/99, ZIP 1999, 1689 = ZInsO 2000, 597 m. Anm. *Pape*; AG Charlottenburg v. 26. 4. 1999 – 103 IN 502/99, ZIP 1999, 1688; AG Charlottenburg v. 3. 5. 1999 – 107 IN 299/99, ZIP 1999, 1687; *Nerlich/Römermann/Mönning*, § 26 InsO Rz. 19; *Braun/Herzig*, § 26 InsO Rz. 17 ff.

6 Einzelheiten bei *Jaeger/Schilken*, § 26 InsO Rz. 20 ff.; *Uhlenbruck*, § 26 InsO Rz. 4 ff.; *J.-S. Schröder* in Hamburger Kommentar zum Insolvenzrecht, § 26 InsO Rz. 23.

7 LG Berlin v. 8. 3. 2000 – 86 T 536/99, ZInsO 2000, 224, 226; AG Hamburg v. 2. 2. 2006 – 67c IN 157/99, NZI 2000, 140; *Kirchhof* in Heidelberger Kommentar zur InsO, § 26 InsO Rz. 16; *Uhlenbruck*, § 26 InsO Rz. 6 ff. S. auch *Graf-Schlicker*, ZIP 2002, 1166, 1174 f.

ebenso wenig zu prognostizieren wie die Gebühren nach § 58 GKG für den Antrag auf Eröffnung und Durchführung des Insolvenzverfahrens, da diese nach dem Wert der Insolvenzmasse zurzeit der Beendigung des Verfahrens erhoben werden.

Ob das Vermögen der GmbH voraussichtlich ausreichen wird, um die Kosten des Verfahrens zu decken, berechnet sich durch einen **Vergleich** zwischen dem verwertbaren, d.h. dem in angemessener Zeit in Geld umwandelbaren Vermögen des Schuldners mit den voraussichtlichen Kosten für das gesamte Insolvenzverfahren[1]. Nach dem Beschluss des BGH vom 17. 6. 2003[2] ist entsprechend der h.M. nicht unbedingt erforderlich, dass die vollständige Kostendeckung schon zu Beginn des Verfahrens gewährleistet ist. Vielmehr kann das Verfahren auch eröffnet werden, wenn sich ergibt, dass die Kosten etwa **binnen eines Jahres ab Verfahrenseröffnung** durch Verwertung der Insolvenzmasse beschafft werden können. Zukünftig generierbare Masse kann sich nicht nur aus Forderungen gegen Drittschuldner ergeben, sondern auch aus Haftungsansprüchen gegen die Gesellschafter, z.B. wegen Nichteinzahlung der Stammeinlage sowie Ansprüchen, die aus einer Insolvenzanfechtung (§§ 129 ff. InsO) resultieren. Der Begriff des Schuldnervermögens umfasst auch **Haftungsansprüche**, die gem. §§ 92, 93 InsO, § 171 Abs. 2 HGB dem Insolvenzverwalter zugewiesen sind. Das gilt vor allem für einen **Gesamtschaden** nach § 92 InsO, der als Insolvenzverschleppungshaftung für Altgläubigerschäden gem. § 823 Abs. 2 BGB i.V.m. § 64 GmbHG bzw. § 130a Abs. 1 HGB vom Insolvenzverwalter geltend gemacht werden kann[3]. Das Gericht ist verpflichtet, eine **Deckungsprognose** zu erstellen, die allerdings weitgehend auf Schätzungen beruht. Die **Voraussichtlichkeit** in § 26 Abs. 1 Satz 1 InsO bedeutet „eine hohe, mindestens eine überwiegende Wahrscheinlichkeit der Insuffizienz der Masse"[4]. Wegen der weit gehenden Unsicherheiten hinsichtlich der amtswegig zu prüfenden Massekostendeckung sind an die **Sorgfalt des Gerichts** bei der Prüfung der Massekostendeckung besondere Anforderungen zu stellen. In der Regel wird das Gericht auf die Bestellung eines Gutachters nicht verzichten können. 6.4

3. Der Verfahrenskostenvorschuss

Nach § 26 Abs. 1 Satz 2 InsO unterbleibt die Abweisung des Antrags auf Verfahrenseröffnung, wenn ein ausreichender Geldbetrag vorgeschossen wird. Bei einem **Eigenantrag** scheidet eine Vorschussanforderung aus. Wegen der besonderen Gefahr missbräuchlicher Antragstellung trifft das Gericht jedoch bei Eigenanträgen einer GmbH oder GmbH & Co. KG eine besondere Sorgfaltspflicht hinsichtlich der Masseunzulänglichkeit[5]. Bei **Gläubigeranträgen** ist der 6.5

1 BGH v. 17. 6. 2003 – IX ZB 476/02, ZInsO 706, 707; *Uhlenbruck*, § 26 InsO Rz. 10; *Kübler/Prütting/Bork/Pape*, § 26 InsO Rz. 7; *Haarmeyer* in Münchener Kommentar zur InsO, § 26 InsO Rz. 20; *Nerlich/Römermann/Mönning*, § 26 InsO Rz. 27.
2 BGH v. 17. 6. 2003 – IV ZB 476/02, ZInsO 2003, 706, 707 = ZIP 2003, 2171.
3 *J.-S. Schröder* in Hamburger Kommentar zum Insolvenzrecht, § 26 InsO Rz. 10.
4 *Jaeger/Schilken*, § 26 InsO Rz. 27.
5 *Uhlenbruck*, § 26 InsO Rz. 14; *Jaeger/Schilken*, § 26 InsO Rz. 30.

Vorschuss vom Antragsteller einzufordern. Bei mehreren Antragstellern kann von jedem der Vorschuss in voller Höhe verlangt werden[1]. Die Vorschussleistung ist eine **freiwillige Leistung**. Der Vorschuss kann auch von einem Dritten geleistet werden, wie z.B. von einem Gesellschafter[2]. Nicht berechtigt zur Vorschussleistung ist allerdings der **Insolvenzverwalter**[3]. Vielfach haben die Gesellschafter einer GmbH oder GmbH & Co. KG ein Interesse an der Verfahrenseröffnung, weil nach h.M. nur im eröffneten Verfahren ein **Fortsetzungsbeschluss** gefasst werden kann (s. unten Rz. 7.521 und 7.536 ff.).

6.6 Das Gericht ist gesetzlich nicht verpflichtet, einen Vorschuss einzufordern. Trotzdem ist anerkannt, dass das Gericht in Fällen der Masselosigkeit verpflichtet ist, vom antragstellenden Gläubiger einen Vorschuss einzufordern, was letztlich der Gewährung rechtlichen Gehörs entspricht[4]. Die Vorschussanforderung kann nach freiem Ermessen des Gerichts entweder **formlos oder durch Beschluss** erfolgen. Die Vorschussanforderung ist als solche **nicht anfechtbar**[5]. Der Verfahrenskostenvorschuss, der auch als **Teilbetrag für fehlende Deckung** eingezahlt werden kann, wird nicht Teil der Insolvenzmasse (§ 35 InsO), sondern **Sondervermögen**, das ausschließlich zur Deckung der Verfahrenskosten bestimmt ist. Der vorschussleistende Gläubiger hat einen **Anspruch auf Rückzahlung**, sobald die Masse ausreicht, um die Kosten des Verfahrens zu decken[6]. Für die **Höhe des Verfahrenskostenvorschusses** gelten die gleichen Kriterien wie für die Beurteilung der Verfahrenskostendeckung.

4. Anhörung der Geschäftsführer

6.7 Vor der Entscheidung, dass ein Insolvenzantrag mangels Masse abgewiesen wird, ist dem oder den Geschäftsführern einer GmbH bzw. GmbH & Co. KG **rechtliches Gehör** zu gewähren. Bei einem Gläubigerantrag stellt die Vorschussanforderung das rechtliche Gehör gem. Art. 103 Abs. 1 GG sicher. Es empfiehlt sich, dem Gläubiger mit der Vorschussanforderung eine **Abschrift des Sachverständigengutachtens** zu übersenden, wenn der Sachverständige zur Frage der Massekostendeckung Stellung genommen hat. Zweifelhaft, aber letztlich zu bejahen ist die Frage, ob die Anhörung auch dadurch erfolgen kann, dass der Sachverständige dem Schuldner das Gutachten zur Kenntnis bringt und dieser neben dem Eröffnungsgrund die voraussichtliche Masselo-

1 LG Mainz v. 4. 11. 1974 – 8 T 148/74, Rpfleger 1975, 253 f.; *Jaeger/Schilken*, § 26 InsO Rz. 58; *Kirchhof* in Heidelberger Kommentar zur InsO, § 26 InsO Rz. 22.
2 *Jaeger/Schilken*, § 26 InsO Rz. 55; *Kübler/Prütting/Bork/Pape*, § 26 InsO Rz. 20; *Braun/Herzig*, § 26 InsO Rz. 24; *J.-S. Schröder* in Hamburger Kommentar zum Insolvenzrecht, § 26 InsO Rz. 36.
3 *Uhlenbruck*, § 26 InsO Rz. 19.
4 BVerfG v. 25. 2. 1988 – 2 BvR 1289/87, KTS 1988, 495; *Uhlenbruck*, § 26 InsO Rz. 21; *Jaeger/Schilken*, § 26 InsO Rz. 56; *Nerlich/Römermann/Mönning*, § 26 InsO Rz. 37 f.
5 OLG Köln v. 23. 2. 2000 – 2 W 21/00, ZIP 2000, 548, 551; LG Berlin v. 22. 5. 2002 – 86 T 267/02, ZInsO 2002, 680; LG Göttingen v. 7. 6. 2000 – 10 T 48/00, NZI 2000, 438; *Uhlenbruck*, § 26 InsO Rz. 21; *Jaeger/Schilken*, § 26 InsO Rz. 66; *Kirchhof* in Heidelberger Kommentar zur InsO, § 26 InsO Rz. 23.
6 OLG Frankfurt v. 6. 2. 1986 – 3 U 263/84, ZIP 1986, 931.

sigkeit eingeräumt hat[1]. Bei der GmbH oder GmbH & Co. KG kann die Anhörung des oder der Geschäftsführer gem. § 10 Abs. 2 Satz 1 i.V.m. Abs. 1 InsO unterbleiben, wenn die Anhörung das Verfahren übermäßig verzögern würde, der Aufenthalt des Geschäftsführers unbekannt ist und kein Empfangsberechtigter nach § 10 Abs. 2 GmbHG im Handelsregister eingetragen ist. Bei **Führungslosigkeit** können die Gesellschafter gehört werden (§ 10 Abs. 2 Satz 2 InsO). Eine **nachträgliche Anhörung** im Beschwerdeverfahren ist zulässig[2]. **Einwendungen gegen die Vermögens- und Kostenermittlung** des Insolvenzgerichts sind von dem oder den Geschäftsführern der GmbH bzw. GmbH & Co. KG zu erheben. Die Erhebung solcher Einwendungen kann Rechtspflicht gegenüber der Gesellschaft sein, vor allem, wenn eine Fortsetzung der Gesellschaft in Aussicht steht.

5. Der Abweisungsbeschluss

Hat das Gericht die Voraussetzungen des § 26 Abs. 1 Satz 1 InsO festgestellt 6.8
und wird kein Vorschuss gezahlt, so wird der Antrag auf Eröffnung des Insolvenzverfahrens durch **Beschluss** abgewiesen. Nach § 26 Abs. 1 Satz 3 InsO ist der Abweisungsbeschluss **unverzüglich öffentlich bekannt zu machen**. Dem oder den Geschäftsführern ist der Beschluss zuzustellen. Streitig ist, wem die **Kosten des Verfahrens** aufzuerlegen sind[3]. Nach wohl überwiegender Meinung sind bei Abweisung mangels Masse die Kosten des Eröffnungsverfahrens der GmbH aufzuerlegen[4]. Richtig ist, dass der Gläubiger alles getan hat, was das Gesetz für eine Verfahrenseröffnung von ihm verlangt. Die Tatsache, dass die GmbH bzw. GmbH & Co. KG masselos ist und damit zugleich auch ihre Insolvenzantragspflichten verletzt hat, rechtfertigt es, der Schuldnerin in solchen Fällen die Kosten aufzuerlegen. Der Vorschlag, dem antragstellenden Gläubiger vor der gerichtlichen Entscheidung im Wege der Anhörung die Möglichkeit zu geben, seinen Antrag in der Hauptsache für erledigt zu erklären (§ 91a ZPO)[5], bringt letztlich wenig, da der Antragsteller in jedem Fall als **Zweitschuldner** gegenüber der Gerichtskasse nach § 23 Abs. 1 GKG für die Gebühren und Auslagen haftet.

---

1 Vgl. *Braun/Herzig*, § 26 InsO Rz. 30; *Haarmeyer*, ZInsO 2001, 103, 106.

2 BGH v. 15. 1. 2004 – IX ZB 478/02, ZInsO 2004, 274 = ZVI 2004, 24 f.; *J.-S. Schröder* in Hamburger Kommentar zum Insolvenzrecht, § 26 InsO Rz. 60; str., a.A. *Mönning* in Nerlich/Römermann, § 26 InsO Rz. 46.

3 Vgl. *Uhlenbruck*, § 26 InsO Rz. 28 ff.; *Jaeger/Schilken*, § 26 InsO Rz. 72 ff.; *Braun/Herzig*, § 26 InsO Rz. 38; *Graf-Schlicker/Voß*, § 26 InsO Rz. 18; *Kirchhof* in Heidelberger Kommentar zur InsO, § 26 InsO Rz. 25.

4 LG Köln v. 5. 12. 1985 – 19 T 368/85, KTS 1986, 360, 361; LG München I v. 26. 10. 2001 – 14 T 18429/01, ZInsO 2002, 42 f.; *Uhlenbruck*, § 26 InsO Rz. 23, 28 ff.; *Vallender*, InVo 1997, 6; *Kübler/Prütting/Bork/Pape*, § 26 InsO Rz. 29; *Mönning* in Nerlich/Römermann, § 26 InsO Rz. 53.

5 Vgl. *Jaeger/Schilken*, § 26 InsO Rz. 74; *Braun/Herzig*, § 26 InsO Rz. 38.

II. Verfahrensrechtliche Folgen

1. Rechtsmittel

6.9 Gem. § 34 Abs. 1 InsO steht sowohl dem Schuldner als auch dem Gläubiger die **sofortige Beschwerde** zu. Bis zur Rechtskraft des Abweisungsbeschlusses kann der Antragsteller den Insolvenzantrag noch zurücknehmen. Hat der Geschäftsführer für die GmbH den Antrag auf Eröffnung des Insolvenzverfahrens gestellt, so kann eine materielle Beschwer nicht verneint werden, wenn Abweisung nach § 26 InsO erfolgt und er darlegt, dass die Voraussetzungen für eine Verfahrenseröffnung vorgelegen haben[1]. Da der Gesellschaft gem. § 34 InsO gegen den Abweisungsbeschluss das Rechtsmittel der sofortigen Beschwerde zusteht, sind die Geschäftsführer u.U. nicht nur berechtigt, sondern auch gegenüber der Gesellschaft verpflichtet, innerhalb der Frist des § 577 Abs. 2 ZPO sofortige Beschwerde gegen den Abweisungsbeschluss einzulegen. Das Beschwerderecht steht jedem einzelnen Geschäftsführer/Liquidator zu.

2. Auskunfts- und Akteneinsichtsrecht

6.10 In Fällen der Abweisung mangels Masse haben lediglich die „Parteien" des ursprünglichen Eröffnungsverfahrens **Anspruch auf Akteneinsicht**[2]. Dritten Personen, wie z.B. Gläubigern der GmbH, kann nur der Vorstand des Gerichts Einsicht in die abgeschlossene Insolvenzakte gestatten, wenn ein **rechtliches Interesse** glaubhaft gemacht wird (§ 299 Abs. 2 ZPO i.V.m. § 4 InsO). Ein rechtliches Interesse an der Einsicht in die Insolvenzakten ist bei einem Gläubiger auch dann zu bejahen, wenn er die Akteneinsicht begehrt um festzustellen, ob ihm Durchgriffs- und Schadensersatzansprüche gegen Dritte, insbesondere Geschäftsführer oder Gesellschafter der GmbH, zustehen[3]. Ein rechtliches Interesse ist nach Abweisung mangels Masse auch dann zu bejahen, wenn der potentielle Gläubiger prüfen will, ob die Stammeinlagen bei der GmbH erbracht worden sind[4]. Die Inanspruchnahme der Geschäftsführer einer insolventen GmbH oder GmbH & Co. KG, insbesondere wegen **Insolvenzverschleppung** (§ 823 Abs. 2 BGB i.V.m. § 15a InsO) bietet für einen Gläubiger oftmals eine Chance, seinen Forderungsausfall ganz oder teilweise wettzumachen. Zum Akteneinsichtsrecht eines Gläubigers bei vor Verfahrenseröffnung erledigtem Insolvenzantrag s. OLG Schleswig v. 29. 7. 2008 – 12 Va 1/08, NZI 2008, 690.

1 *Kirchhof* in Heidelberger Kommentar zur InsO, § 34 InsO Rz. 6 und 9.
2 *Uhlenbruck*, § 4 InsO Rz. 28.
3 BGH v. 5. 4. 2006 – IV AR (VZ) 1/06, ZIP 2006, 1154; *Pape*, ZIP 2004, 598, 602 f.
4 OLG Köln v. 3. 5. 1999 – 7 VA 6/98, ZIP 1999, 1449, 1450.

B. Gesellschaftsrechtliche und haftungsrechtliche Rechtsfolgen

I. Masselose Liquidation: Gesellschaftsrecht versus Insolvenzrecht?

1. Die Tatbestände

Von den soeben behandelten insolvenzrechtlichen sind die gesellschaftsrechtlichen Fragen und Rechtsfolgen zu unterscheiden. Die Gesellschaft ist 6.11

- im Fall der **Verfahrensablehnung mangels Masse** (§ 26 InsO) mit der Rechtskraft des Beschlusses aufgelöst,
- im Fall der **Vermögenslosigkeit** von Amts wegen im Register zu löschen.

Diese Tatbestände[1] sind in § 60 Abs. 1 Nr. 5 GmbHG (**Masselosigkeit**) bzw. § 60 Abs. 1 Nr. 7 GmbHG, § 141a FGG (**Vermögenslosigkeit**, ab 1. 9. 2009: § 394 FamFG) enthalten[2]. Ein Pendant der Verfahrensablehnung nach § 26 InsO ist die Einstellung eines eröffneten Insolvenzverfahrens mangels Masse (§ 207 InsO)[3]. Doch ist hier schon der Auflösungstatbestand des § 60 Abs. 1 Nr. 4 GmbHG (Insolvenzverfahrenseröffnung) erfüllt, und die Gesellschaft wechselt nur aus dem Insolvenzverfahren in die gesellschaftsrechtliche Liquidation[4]. Nicht mit Vermögenslosigkeit und Masselosigkeit gleichzustellen ist die sog. **Masseunzulänglichkeit** nach § 208 InsO[5]. Sie führt zum sog. „Konkurs im Konkurs" (§ 209 InsO) und zur Haftung des Insolvenzverwalters (§ 61 InsO). Das Insolvenzverfahren als solches wird fortgeführt (dazu Rz. 7.529). 6.12

a) Der Fall der **Vermögenslosigkeit** ist für das vorliegende Werk und für die Unternehmenspraxis wenig interessant. Die auf § 141a FGG (ab 1. 9. 2009: § 394 FamFG) gestützte Löschung der Gesellschaft löst i.d.R. kein Abwicklungsverfahren aus. § 60 Abs. 1 Nr. 7 GmbHG spricht zwar von einer Auflösung der Gesellschaft, aber i.d.R. ist diese im Fall ihrer Löschung vollbeendigt. **Vollbeendigung der Gesellschaft** tritt nach der vom Verfasser herausgearbeiteten, heute wohl vorherrschenden Ansicht ein, wenn ein Doppeltatbestand vorliegt[6]: Löschung und Vermögenslosigkeit sind kumulative Voraussetzungen der Vollbeendigung. Beide müssen zusammentreffen. Diese Voraussetzungen 6.13

1 Ursprünglich §§ 1 und 2 des Gesetzes über die Auflösung und Löschung von Gesellschaften und Genossenschaften v. 9. 10. 1934 (RGBl. I, 914), aufgehoben durch Art. 2 Nr. 9 EGInsO.

2 Einzelheiten bei *Karsten Schmidt*, GmbHR 1994, 829 ff.

3 Vgl. *Kübler/Prütting/Bork/Pape*, § 207 InsO Rz. 8d.

4 Vgl. *Scholz/Karsten Schmidt*, 9. Aufl., vor § 64 GmbHG Rz. 83.

5 Dazu auch *Beck* in Beck/Depré, Praxis der Insolvenz, § 10 Rz. 182 ff., 196 ff.

6 *Scholz/Karsten Schmidt*, 9. Aufl., Anh. § 60 GmbHG Rz. 56 ff., § 74 GmbHG Rz. 14 ff. mit umfangreichen Nachw.; eingehend *Karsten Schmidt*, GmbHR 1988, 209 ff.; jetzt h.M., vgl. nur BAG v. 22. 3. 1988 – 3 AZR 350/86, GmbHR 1988, 388; OLG Stuttgart v. 28. 2. 1986 – 2 U 148/85, GmbHR 1986, 269; KG v. 8. 2. 1991 – 1 W 3357/90, NJW-RR 1991, 933; *Lutter/Kleindiek* in Lutter/Hommelhoff, § 74 GmbHG Rz. 7; *Uhlenbruck*, ZIP 1996, 1648; *J. Uhlenbruck* in Kölner Schrift zur InsO, S. 1196; *Vallender*, NZG 1998, 249, 250.

liegen im Fall einer Löschung nach § 141a FGG (ab 1. 9. 2009: § 394 FamFG) i.d.R. vor. Die Frage nach den Voraussetzungen und Folgen der Vollbeendigung spielt vor allem für das Schicksal laufender Prozesse eine erhebliche Rolle[1]. Sie ist aber auf Fälle beschränkt, in denen an Sanierung oder Abwicklung nicht mehr zu denken ist. Das ist im vorliegenden Werk nicht zu vertiefen. Die vermögenslos gelöschte Gesellschaft ist i.d.R. ein Fall für die Staatsanwaltschaft[2]. Stellt sich nachträglich vorhandenes Vermögen heraus, so wird die versäumte Liquidation nachgeholt (vgl. rechtsähnlich § 66 Abs. 5 GmbHG)[3].

6.14 **b)** Im Fall der **sog. Masselosigkeit** (§ 60 Abs. 1 Nr. 5 GmbHG) pflegt noch verteilbares Vermögen vorhanden zu sein, allerdings nicht genug für die Abwicklung nach der Insolvenzordnung. Ein Insolvenzantrag wird mangels Masse abgelehnt (§ 26 InsO), oder ein schon eröffnetes Insolvenzverfahren wird mangels Masse eingestellt (§ 207 InsO). Die Schuldnerin kann sogar gegen die Eröffnung eines Insolvenzverfahrens mit der Beschwerde vorgehen, um die Ablehnung mangels Masse durchzusetzen[4]. Die Ablehnung oder Einstellung des Insolvenzverfahrens mangels Masse führt nach § 60 Abs. 1 Nr. 5 GmbHG im Gegensatz zum Fall der Vermögenslosigkeit zu einer echten Liquidation. Die **masselose Liquidation** ist nach wie vor ein **„Stiefkind des Insolvenzrechts“**[5]. Die Verfahrensablehnung oder Verfahrenseinstellung mangels Masse gibt den Geschäftsführern Kompetenzen, die sie selbst im Fall der Eigenverwaltung nach §§ 270 ff. InsO nicht hätten. Auch das Verbot, Zahlungen an einzelne Gläubiger zu leisten (§ 64 GmbHG), kommt bezüglich der nach einer Verfahrensablehnung mangels Masse geleisteten Zahlungen nicht mehr zum Zuge. Den Vorteil kann etwa die Hausbank oder der Steuerfiskus haben oder der Geschäftsführer selbst.

2. Liquidation nach Insolvenzrechtsgrundsätzen?

6.15 **a)** Ist die Gesellschaft masselos aufgelöst, so greift **nach h.M.** das Insolvenzrecht nicht ein. Die Gesellschaft wird **nach allgemeinem Gesellschaftsrecht abgewickelt**[6]. Dies bedeutet vor allem, dass die Geschäftsführer als Liquidatoren berufen sind (§ 66 GmbHG) und dass keine Bindung an die Gleichbehandlung der Gläubiger besteht[7]. Ein Gegenmodell hat vor geraumer Zeit

1 Vgl. nur BGH v. 29. 9. 1981 – VI ZR 21/80, GmbHR 1983, 20; BGH v. 6. 2. 1991 – VIII ZR 26/90, NJW-RR 1991, 660; BGH v. 18. 1. 1994 – XI ZR 95/93, GmbHR 1994, 260; BGH v. 28. 1. 2003 – XI ZR 243/02, BGHZ 153, 337 = NJW 2003, 1250; BAG v. 9. 7. 1981 – 2 AZR 329/79, NJW 1982, 1831; BFH v. 18. 3. 1986 – VII R 146/81, GmbHR 1986, 401; BFH v. 18. 1. 1988 – I B 154/87, GmbHR 1988, 448; eingehend *Scholz/Karsten Schmidt*, 9. Aufl., § 60 GmbHG Rz. 17 ff.

2 Eingehend wieder *Kögel*, GmbHR 2003, 460 ff.

3 Dazu ausführlich *Galla*, Nachtragsliquidation bei Kapitalgesellschaften, 2005.

4 BGH v. 15. 7. 2004 – IX ZB 172/03, ZIP 2004, 1727.

5 So *Karsten Schmidt*, ZIP 1982, 9 und öfter; dazu auch *Uhlenbruck*, ZIP 1996, 1641; *Burgard/Gundlach*, ZIP 2006, 1568 ff.

6 OLG Nürnberg v. 11. 8. 1988 – 3 U 1460/88, GmbHR 1988, 399; OLG Koblenz v. 21. 6. 1990 – 5 U 1065/89, GmbHR 1991, 315; eingehend *J. Uhlenbruck* in Kölner Schrift zur InsO, S. 1187 ff.

7 Vgl. nur *Baumbach/Hueck/Schulze-Osterloh*, § 60 GmbHG Rz. 27.

schon *Wolf Schulz* vorgelegt[1]. Nach *Wolf Schulz* muss auch im Fall der Masselosigkeit ein **Quasi-Insolvenzverfahren** stattfinden, das durch eine Art Insolvenzkostenhilfe des Staates vorfinanziert werden kann (dazu Rz. 6.27). Dieses in erster Linie als rechtspolitischer Aufruf entworfene Konzept hat sich bisher nicht als herrschende Ansicht etablieren können[2]. Immerhin hat der Bundesgerichtshof anerkannt, dass die Geltendmachung von Schadensersatzansprüchen gegen Geschäftsführer im Fall der Masselosigkeit ebenso wenig der Beschlussfassung nach § 46 Nr. 8 GmbHG bedarf wie im Fall der Geltendmachung durch einen Insolvenzverwalter[3]. Dem ist zuzustimmen.

b) Die Unausgewogenheit der bisherigen Praxis zeigt sich auch bei der **Pfändung von Forderungen**[4]. Die bisher bei den Gerichten und in großen Teilen der Literatur herrschende Meinung steht auf dem Standpunkt, dass insbesondere Forderungen auf offene Einlagen der Gesellschafter oder aus ihrer Kapitalschutzhaftung (§ 31 GmbHG) grundsätzlich an einen Gläubiger der GmbH nur abgetreten oder von ihm gepfändet werden können, wenn die Forderung dieses Gläubigers gegen die GmbH vollwertig und liquide ist, weil der Gesellschaft nur dann ein entsprechender Vermögenswert zufließt[5]. Eine Ausnahme macht der Bundesgerichtshof, wenn die Gesellschaft ihren Geschäftsbetrieb eingestellt hat, außer der gepfändeten Forderung kein nennenswertes Gesellschaftsvermögen vorhanden ist und der pfändende Gläubiger nicht mit anderen Gläubigern konkurriert[6]. Diese Rechtsprechung macht nachdenklich, denn man fragt sich, weshalb die Kapitalschutzregeln des GmbH-Rechts auf den pfändenden Gläubiger durchschlagen sollen[7]. Die h.M. wurde hier schon in den Vorauflagen kritisiert[8], und diese Kritik beginnt sich durchzusetzen[9]. Das Problem liegt nicht bei den Grundsätzen der Kapitalaufbringung, sondern bei der Gläubigerkonkurrenz: Nicht weil der Gläubiger einer GmbH zu deren Kapitalaufbringung beizutragen hätte, sondern weil er sich im Insolvenzfall 6.16

1 *Schulz*, Die masselose Liquidation der GmbH, 1986; dazu *Karsten Schmidt*, Wege zum Insolvenzrecht, S. 177 ff.; kritisch *Haas* in Gottwald, Insolvenzrechts-Handbuch, § 92 Rz. 232 ff.; *Uhlenbruck*, ZIP 1993, 241 m.w.N.; *J. Uhlenbruck* in Kölner Schrift zur InsO, S. 1191.

2 Vgl. nur *J. Uhlenbruck* in Kölner Schrift zur InsO, S. 1191.

3 BGH v. 14. 7. 2004 – VIII ZR 224/02, GmbHR 2004, 1279 = ZIP 2004, 1708.

4 Ausführlich *Ulmer* in Großkommentar zum GmbHG, § 19 GmbHG Rz. 145 f.

5 RG v. 22. 5. 1931 – II 299/30, RGZ 133, 81, 82 ff.; RG v. 12. 11. 1935 – II 43/35, RGZ 149, 293, 295; BGH v. 18. 11. 1969 – II ZR 83/68, BGHZ 53, 71, 72 f. = GmbHR 1970, 122, std. Rspr.; OLG Celle v. 13. 10. 1993 – 9 U 44/92, GmbHR 1994, 246; OLG Köln v. 6. 4. 1995 – 5 U 224/94, NJW-RR 1996, 939, 940; zust. etwa *Lutter/Bayer* in Lutter/Hommelhoff, § 19 GmbHG Rz. 38; *Roth* in Roth/Altmeppen, § 19 GmbHG Rz. 16 f.; *Ulmer* in Großkommentar zum GmbHG, § 19 GmbHG Rz. 145.

6 BGH v. 15. 6. 1992 – II ZR 229/91, GmbHR 1992, 522; zuletzt OLG Köln v. 6. 4. 1995 – 5 U 224/94, NJW-RR 1996, 939, 940.

7 So zuerst *Karsten Schmidt*, ZHR 157 (1993), 291 ff.

8 Vgl. 3. Aufl., Rz. 1172.

9 *Karsten Schmidt*, ZHR 157 (1993), 291 ff., 300 ff.; zust. *Wertenbruch*, Die Haftung von Gesellschaften und Gesellschaftsanteilen in der Zwangsvollstreckung, 2000, S. 355 ff., 387 ff.; *Michalski/Ebbing*, § 19 GmbHG Rz, 84 ff.; *Rowedder/Schmidt-Leithoff/Pentz*, § 19 GmbHG Rz. 171; *Scholz/Uwe H. Schneider*, § 19 GmbHG Rz. 152; *Haas* in Gottwald, Insolvenzrechts-Handbuch, § 92 Rz. 236 ff.

keinen unerlaubten Vorsprung verschaffen soll, bestehen gerade im Fall der masselosen Insolvenz besondere Bedenken gegen die von ihm ausgebrachte Pfändung. Ist die Forderung des pfändenden Gläubigers vollwertig, die Gesellschaft also solvent, so ist sein Zugriff unbedenklich. Ist die Gesellschaft insolvent, so ist im eröffneten Insolvenzverfahren dem einzelnen Gläubiger der Zugriff auf Forderungen der Gesellschaft gegen die Gesellschafter selbstverständlich versagt (§ 89 InsO). Dagegen herrscht im Fall der Masselosigkeit nach h.M. wieder das Prioritätsprinzip (krit. Rz. 6.15). Dem kann nicht, wie es die bisher herrschende Auffassung will, mit Mitteln des gesellschaftsrechtlichen Kapitalaufbringungsrechts begegnet werden, sondern nur mit Mitteln des Insolvenzrechts[1]: Die Individualvollstreckung in Forderungen der masselos insolventen Gesellschaft stellt eine Bewährungsprobe für das Recht der Gläubigeranfechtung dar, die herkömmlich viel zu wenig auf den Vollstreckungszugriff von Gläubigern und zu einseitig auf Verfügungen des Insolvenzschuldners ausgerichtet war. Das Gesellschaftsrecht hindert einen Pfändungszugriff einzelner Gläubiger im Zustand der Masselosigkeit nicht[2].

3. Rechtsfolgen bei der GmbH & Co. KG

6.17 Im Fall einer GmbH & Co. KG ist eine **konsolidierte Abwicklung der Gesellschaften** anzustreben (Rz. 7.506 ff.). Die Masselosigkeit wirft hier besondere Probleme auf. Nach § 131 Abs. 2 HGB gelten die Grundsätze über die Auflösung bei Insolvenzablehnung mangels Masse (§ 26 InsO) bzw. Löschung wegen Vermögenslosigkeit (vgl. § 141a Abs. 3 FGG [ab 1. 9. 2009: § 394 Abs. 4 FamFG]) auch für die KG ohne natürlichen Komplementär. Nicht selten wird hier das Insolvenzverfahren über das Vermögen der Komplementär-GmbH mangels Masse abgelehnt, weil sich die Liquidität der GmbH im Vermögen der Kommanditgesellschaft befindet. Das ist bei der typischen GmbH & Co. KG problematisch, weil hier die Geschäftsführer der GmbH weiterhin als mittelbare Gesellschaftsorgane der Kommanditgesellschaft agieren. Anzustreben ist eine Verfahrenseröffnung bei beiden Gesellschaften, sofern nicht auch die KG masselos ist.

II. Insolvenzverschleppungshaftung bei Masselosigkeit

1. Verletzung des § 15a InsO

6.18 **a)** In den meisten Fällen der Masselosigkeit ist mit einer **Haftung der Geschäftsführer wegen Insolvenzverschleppung** zu rechnen. Es fehlt allerdings an einem Verwalter, der den Quotenschaden nach § 92 InsO geltend macht (zu dieser Bestimmung vgl. Rz. 11.20 ff.). Hier liegt der wahre Grund für den vom BGH gegen die alte Quotenschadensrechtsprechung erhobenen Einwand, dass es Quotenersatzklagen praktisch nicht gebe[3]. Der Grund für diesen Mangel liegt nicht beim Quotenschaden, sondern bei der Verfahrensablehnung mangels Masse (Rz. 11.16). Im Fall der Masselosigkeit ist ernsthaft nur mit

1 *Karsten Schmidt*, ZHR 157 (1993), 319 ff.
2 *Scholz/Karsten Schmidt*, 9. Aufl., § 60 GmbHG Rz. 30.
3 BGH v. 6. 6. 1994 – II ZR 292/91, BGHZ 126, 181, 197 f. = GmbHR 1994, 539, 544; zuvor *Mertens*, FS Lange, 1992, S. 577.

Schadensersatzklagen der Neugläubiger zu rechnen, während die Haftung gegenüber den auf Quotenschadensersatz verwiesenen Altgläubigern im Wesentlichen brachliegt[1]. Das ist einer der alarmierenden Gründe, die die Gefährlichkeit masseloser Insolvenzen verdeutlichen. Neuerlich zeigt sich, dass der Problemkreis der Masselosigkeit im GmbH-Insolvenzrecht ein „Stiefkind" der Insolvenzgesetzgebung ist.

b) Hinzuweisen ist allerdings auch darauf, dass der BGH den Anspruch aus § 64 GmbHG n.F. (§ 64 Abs. 2 GmbHG a.F.) in der masselosen Insolvenz für **pfändbar** erklärt hat (Rz. 11.35)[2]. Die Gläubiger können sich also für ihre Ausfälle beim Geschäftsführer schadlos halten, solange dort etwas zu holen ist. 6.19

2. Ersatz des Massekostenvorschusses nach § 26 Abs. 3 InsO bei Insolvenzverschleppung

§ 26 Abs. 3 InsO besagt Folgendes[3]: „Wer, um die Abweisung des Insolvenzantrags mangels Masse zu verhindern, einen Geldbetrag vorgeschossen hat, kann die Erstattung des vorgeschossenen Betrages von jeder Person verlangen, die entgegen den Vorschriften des Insolvenz- oder Gesellschaftsrechts den Antrag auf Eröffnung des Insolvenzverfahrens pflichtwidrig und schuldhaft nicht gestellt hat. Ist streitig, ob die Person pflichtwidrig und schuldhaft gehandelt hat, so trifft sie die Beweislast. Der Anspruch verjährt in fünf Jahren." Der Gesetzgeber wollte mit dieser Vorschrift einen Anreiz für die Vorschussleistung und gleichzeitig eine Sanktion für Insolvenzverschleppungsfolgen schaffen[4]. Es muss sich hierbei um einen echten Vorschuss i.S. von § 26 Abs. 1 Satz 2 InsO handeln; andere Aufwendungen eines Gläubigers, auch Zahlungen an den späteren Verwalter, stehen nicht gleich[5]. Die Rechtsnatur dieses Anspruchs – Aufwendungsersatz wegen Geschäftsführung ohne Auftrag im öffentlichen Interesse? Schadensersatz? Anspruch eigener Art[6]? – wird die Praxis weniger beschäftigen als der von der neuen Bestimmung ausgehende Effekt. Dieser ist gering, denn die Leistung eines Massekostenvorschusses ist und bleibt ein wenig attraktives Opfer: Derjenige Gläubiger, der einen solchen Vorschuss aufzubringen vermag, wird lieber auf Kreditsicherheiten zurückgreifen oder Forderungen der Schuldner-GmbH pfänden statt zum Vorteil anderer Gläubiger einen Vorschuss um den Preis eines riskanten Prozesses aus § 26 Abs. 3 InsO zu leisten[7]. Es handelt sich um eine weitgehend wirkungs- 6.20

1 *Scholz/Karsten Schmidt*, 9. Aufl., § 64 GmbHG Rz. 40; *Karsten Schmidt*, NZI 1998, 11.

2 BGH v. 11. 9. 2000 – II ZR 370/99, NZI 2001, 87 = ZIP 2000, 1896.

3 Dazu *Braun/Uhlenbruck*, Unternehmensinsolvenz, S. 271 f.; *Haarmeyer/Wutzke/Förster*, Handbuch zur Insolvenzordnung, Rz. 3/558 ff.; *Karsten Schmidt* in Kölner Schrift zur InsO, S. 1217; *Uhlenbruck* in Kölner Schrift zur InsO, S. 1171 f.

4 Vgl. Begr. RegE zu § 30 InsO, BT-Drucks. 12/2443, S. 118 = *Balz/Landfermann*, Die neuen Insolvenzgesetze, 1995, S. 104.

5 BGH v. 14. 11. 2002 – IX ZR 40/02, NZI 2003, 324; Vorinstanz OLG Brandenburg v. 17. 1. 2002 – 8 U 53/01, NZI 2003, 203; *Hess*, § 26 InsO Rz. 63 f.

6 Dazu *Uhlenbruck/Hirte*, § 26 InsO Rz. 48 f.

7 *Karsten Schmidt* in Aktuelle Probleme des neuen Insolvenzrechts, 2000, S. 95 f.; *Karsten Schmidt* in Kölner Schrift zur InsO, S. 1217.

lose Norm[1], auch wenn es vereinzelte Prozesse um § 26 Abs. 3 InsO gibt[2]. Eher könnte die Besorgnis, über die allgemeine Insolvenzverschleppungshaftung hinaus auch noch für die Massekosten aufkommen zu müssen, generalpräventive, also unsichtbare Effekte auf Seiten der Geschäftsführer haben[3]: Es besteht noch mehr Grund als bisher, ihnen die Selbstprüfungspflichten einzuschärfen, von denen bei Rz. 1.109 ff. die Rede war.

6.21 **Nach neuem wie nach früherem Insolvenzrecht** kann Hilfe nur von der Sanktionsseite her erfolgen:

- Die – leider nicht immer gut funktionierende – **Strafjustiz** muss die generalpräventive Aufgabe der in § 15a Abs. 4, 5 InsO enthaltenen Strafdrohung ernst nehmen.
- Jedenfalls Neugläubiger sollten bei Masselosigkeit **Schadensersatzforderungen wegen Insolvenzverschleppung** geltend machen (Rz. 11.17 ff.).
- Beträchtliche präventive Wirkung dürfte bei aller juristischen Bedenklichkeit die **scharfe Praxis des BGH zu § 64 GmbHG n.F.** (= § 64 Abs. 2 GmbHG a.F.) einschließlich der Befugnis jedes Gläubigers, diesen Anspruch bei Masselosigkeit zu pfänden[4], haben (dazu unten bei Rz. 11.35).
- Im Fall der Masselosigkeit sollten die Liquidatoren auf den **Grundsatz der par condicio creditorum** eingeschworen werden[5]: Es geht nicht an, die Verteilung des Restvermögens wieder der Willkür der Geschäftsführer als Liquidatoren (§ 66 GmbHG) zu überlassen, wenn die Insolvenz über die Überschuldung und Zahlungsunfähigkeit hinaus bis zur Masselosigkeit gediehen ist. Wer das nicht beachtet, muss haften.

6.22 Die **rechtspolitische Entwicklung** lässt gleichwohl einen **Rückgang der Fälle der Masselosigkeit** erkennen[6]. Es ist nicht auszuschließen, dass eine intensivierte Praxis zur Insolvenzverschleppungshaftung (Rz. 11.17 ff.) sowie eine Erhöhung der Strafbarkeitsrisiken (Rz. 11.54 ff.) hierzu beigetragen hat.

1 *Karsten Schmidt* in VGR (Hrsg.), Die GmbH-Reform in der Diskussion, 2006, S. 143, 163; *Uhlenbruck*, KTS 1994, 175.

2 Beispiele: BGH v. 14. 11. 2002 – IX ZR 40/02, NZI 2003, 324; OLG Hamm v. 10. 4. 2002 – 11 U 180/01, NZG 2002, 782.

3 Vgl. *Haarmeyer/Wutzke/Förster*, Handbuch zur Insolvenzordnung, Rz. 3/558 (deutlicher in der Voraufl. Rz. 3/295).

4 BGH v. 11. 9. 2000 – II ZR 370/99, GmbHR 2000, 1149 = ZIP 2000, 1896; dazu *Karsten Schmidt*, GmbHR 2000, 1225.

5 *Scholz/Karsten Schmidt*, 9. Aufl., § 60 GmbHG Rz. 29; sympathisierend *Uhlenbruck*, ZIP 1996, 1646; *Vallender*, NZG 1998, 250 f.; krit. *J. Uhlenbruck* in Kölner Schrift zur InsO, S. 1191.

6 Im Jahr 2001 nur noch 54 % gegenüber 72 % im Jahr 1998; im Jahr 2007 dürfte die Zahl der eröffneten Verfahren bei Unternehmensinsolvenzen bei etwa 50 % gelegen haben (vgl. *Kübler/Prütting/Bork/Pape*, § 26 InsO Rz. 2); die Statistiken weisen die GmbH nicht mehr separat aus.

III. Rechtspolitisch: Ist Abhilfe möglich?

1. Bessere Anspruchsdurchsetzung nach § 26 InsO?

a) Mit dem geltenden § 26 Abs. 3 InsO ist der Masselosigkeit nicht beizukommen. Rechtspolitisch wäre angezeigt, die Geltendmachung der Haftung nach § 26 Abs. 3 InsO in die Hände des Insolvenzverwalters zu geben[1]. Der Vorschuss hätte dann jedenfalls teilweise einen ähnlichen Effekt wie die bei Rz. 6.15 erwogene Insolvenzverfahrenskostenhilfe: Der Verwalter hätte als Erstes die Aufgabe, eine Erstattung der für die Eröffnung des Insolvenzverfahrens aufgebrachten Vorfinanzierung sicherzustellen. Solange dies nicht gewährleistet ist, trägt § 26 Abs. 3 InsO nicht wirksam zu einer intensiven Bevorschussungspraxis bei, weil er als Leistungsanreiz versagt. 6.23

b) Der bei Abschluss dieses Werkes im parlamentarischen Verfahren stecken gebliebene **Entwurf eines Gesetzes zur Entschuldung mittelloser Personen, zur Stärkung der Gläubigerrechte sowie zur Regelung der Insolvenzfestigkeit von Lizenzen**[2] sieht folgenden neuen § 26 Abs. 4 InsO vor: 6.24

„(4) Zur Leistung eines Vorschusses nach Absatz 1 Satz 2 ist jede Person verpflichtet, die den Antrag auf Eröffnung des Insolvenzverfahrens entgegen den Vorschriften des Insolvenz- oder Gesellschaftsrechts pflichtwidrig und schuldhaft nicht gestellt hat. Ist streitig, ob die Person pflichtwidrig und schuldhaft gehandelt hat, so trifft sie die Beweislast. Die Zahlung des Vorschusses kann der vorläufige Insolvenzverwalter sowie jede Person verlangen, die einen begründeten Vermögensanspruch gegen den Schuldner hat."

Von einer solchen Bestimmung ist wenig zu halten. Sie läuft darauf hinaus, dass die Masse eine Art Vorschuss auf den vom Geschäftsführer zu ersetzenden Insolvenzverschleppungsschaden erhält, dessen Zahlung er nach § 43 GmbHG bzw. nach § 15a InsO, § 823 Abs. 2 GmbHG in der Tat schuldet. Aber diese Ansprüche werden in langwierigen Prozessen eingeklagt, weil der Verstoß gegen § 15a InsO festgestellt werden muss. Die bloße Verschuldensvermutung nach Satz 2 hilft da nicht genug. Wenn es eine Lösung in dieser Hinsicht gibt, kann diese nur darin bestehen, dass die Geschäftsführer (einschließlich der faktischen und in einer Karenzzeit vor dem Eröffnungsantrag ausgeschiedenen Geschäftsführer), möglicherweise auch die mit 10 % und mehr beteiligten Gesellschafter ohne Entlastungsmöglichkeit zur Vorschusszahlung herangezogen werden können[3]. 6.25

---

1 *Karsten Schmidt* in Aktuelle Probleme des neuen Insolvenzrechts, 2000, S. 95 f.; *Karsten Schmidt*, KTS 2001, 392 f.

2 BT-Drucks. 16/7416; dazu vgl. *Bruns*, KTS 2008, 41 ff.

3 *Karsten Schmidt* in VGR (Hrsg.), Die GmbH-Reform in der Diskussion, 2006, S. 143, 163, 168; der Einwand, dass die Geschäftsführer so viel nicht haben (*Burgard/Gundlach*, ZIP 2006, 1568, 1571) vernachlässigt die Präventionswirkung dieses Kostenrisikos.

2. Insolvenz-Pflichtversicherung? Staatliche „Insolvenzkostenhilfe" für masselose Gesellschaften?

6.26 **a)** Neuerdings wurde eine **Insolvenz-Pflichtversicherung** vorgeschlagen, in die alle Gewerbetreibenden einzuzahlen hätten und die die fehlende Kostendeckung noch während des eröffneten Insolvenzverfahrens im Umfang des § 54 InsO ausgleichen solle[1]. Dieser Vorschlag überzeugt nicht. Er setzt, indem er die ganze Insolvenzverwaltungsvergütung sozialisiert, falsche Anreize. Auch ist der Kreis der in einem solchen Feuerwehrfonds Zwangszuversichernden inhomogen und kaum überzeugend abzugrenzen (warum alle Gewerbetreibenden und warum nur Gewerbetreibende und nicht auch Freiberufler sowie gemeinnützige Körperschaften und Stiftungen?).

6.27 **b)** Nochmals sei deshalb an die Radikallösung erinnert, die vor über 20 Jahren von *Wolf Schulz* vorgelegt wurde (Rz. 6.15)[2]. Sie besteht darin, in Fällen der Masselosigkeit von Gesellschaften eine Art staatliche **„Insolvenzkostenhilfe"** zu gewähren, mit deren Hilfe eine Art Notliquidator zu bestellen wäre, der die Gesellschaft nach Insolvenzrechtsgrundsätzen abwickelt. Dieser Gedanke hat sich einstweilen nicht durchzusetzen vermocht[3]. Er ist unpopulär, wirkt vielleicht sogar bizarr: Steuermittel für marode Gesellschaften? In einer Zeit, da der Staat selbst an Massearmut krankt, fällt es schwer, für die Richtigkeit dieses rechtspolitischen Konzepts zu plädieren. Umso mehr seien folgende Hinweise wiederholt[4]: Es geht nicht um eine Subventionierung der Gesellschaften oder ihrer Gläubiger, sondern um gut investiertes Geld. Die gesamt- und einzelwirtschaftlichen Schäden masseloser Insolvenzen (Steuerausfälle mitgerechnet) scheinen so hoch, die durch Nichtgeltendmachung gesellschaftsrechtlicher Haftungsansprüche entstehenden Insolvenzausfälle so gravierend, die generalpräventiven Wirkungen einer Aktivierung von Insolvenzausfallprozessen so bedeutsam, dass eine Vorfinanzierung masseloser Insolvenzen eine volkswirtschaftlich sinnvolle Investition sein könnte, vor allem im Vergleich mit den Millionenbeträgen, die jedes Bundesland für Kleininsolvenzen und für die Prozesskostenhilfe in Zivilprozessen ausgibt. Der Insolvenzkostenvorschuss bei masselosen Insolvenzen wäre auch kein verlorenes Geld. Was in Fällen der sog. Masselosigkeit fehlt, ist häufig nicht Gesellschaftsvermögen, sondern Liquidität. Werthaltige Ansprüche, die für die Gläubigerbefriedigung liquide gemacht werden sollten, liegen brach. Durch Insolvenzverwalterklagen aus § 31 GmbHG, § 43 GmbHG und wegen Ver-

1 *Burgard/Gundlach*, ZIP 2006, 1568 ff.

2 *Schulz*, Die masselose Liquidation der GmbH, 1986, S. 106 ff.; dazu auch *Karsten Schmidt*, Gesellschaftsrecht, S. 329 f.; *Scholz/Karsten Schmidt*, 9. Aufl., § 60 GmbHG Rz. 29; s. jetzt auch *Konzen*, FS Ulmer, 2003, S. 346 f.

3 Vgl. nur *Buchner*, Amtslöschung, Nachtragsliquidation und masselose Insolvenz von Kapitalgesellschaften, 1988, S. 48 ff., 58 ff., 65 ff.; *Haas* in Gottwald, Insolvenzrechts-Handbuch, § 92 Rz. 232 ff.; *Heller*, Die vermögenslose GmbH, 1989, S. 150 ff.; *J. Uhlenbruck* in Kölner Schrift zur InsO, S. 1191; *Uhlenbruck*, ZIP 1993, 241; *Burgard/Gundlach*, ZIP 2006, 1568, 1571.

4 *Scholz/Karsten Schmidt*, 9. Aufl., § 60 GmbHG Rz. 30; *Karsten Schmidt*, ZHR 157 (1993), 321 f.; zuvor *Karsten Schmidt*, Wege zum Insolvenzrecht, S. 188 ff.; *Karsten Schmidt*, KTS 1988, 16 ff.

fahrensverschleppung (§ 823 Abs. 2 BGB, § 15a InsO), evtl. auch wegen Existenzvernichtungshaftung der Gesellschafter könnte ein erheblicher Teil der Insolvenzkostenhilfe aus Haftungsprozessen wieder hereingeholt werden. Aus diesen Mitteln wäre vorrangig der Staatsvorschuss zurückzuerstatten. Auch würden volkswirtschaftliche Schäden großen Ausmaßes vermieden, wenn Gesellschafter und Geschäftsführer einer GmbH wüssten, dass sie solchen Haftungsprozessen nicht entrinnen können, indem sie die Gesellschaft über die Insolvenzreife hinaus bis zur Masselosigkeit fortführen und sodann das Restvermögen selbst verwerten.

7. Teil: Die Gesellschaft im eröffneten Insolvenzverfahren

A. Rechtsfolgen der Verfahrenseröffnung

I. Das Verhältnis von Insolvenzrecht und Gesellschaftsrecht

1. Schulenstreit oder Sachproblem?

Das Verhältnis von Insolvenzrecht und Gesellschaftsrecht war über lange Zeit hinweg durch Unterlassungssünden der Rechtswissenschaft gekennzeichnet: Das traditionelle Konkursrecht wurde in Deutschland – anders als in anderen Ländern – zur Domäne der **Prozessrechtswissenschaft**. Diese begriff das Konkursrecht exekutorisch – als reines Gesamtvollstreckungsrecht[1] – und befasste sich mit wenigen Ausnahmen[2] nicht mit den für die Praxis besonders bedeutsamen Fragen der Gesellschaftsinsolvenz. Die **Gesellschaftsrechtsliteratur** ihrerseits begnügte sich überwiegend damit, die Eröffnung des Gesellschaftskonkurses unter den Auflösungsgründen aufzuzählen. Eine wissenschaftliche Entwicklung des Unternehmensinsolvenzrechts ließ auf diese Weise lange auf sich warten. Als die Aufmerksamkeit auf diesen Tatbestand gelenkt wurde[3], nahm die akademische Insolvenzrechtsliteratur dies zunächst als einen Versuch wahr, dem Prozessrecht seinen Rang streitig zu machen[4]. Es geht jedoch nicht um einen Schulenstreit zwischen Unternehmensrecht und Prozessrecht, nicht um akademische Eifersüchteleien, sondern um eine Hinwendung der Insolvenzrechtsliteratur zu den Problemen der Praxis und um Sachfragen der Unternehmensinsolvenz. Mittlerweile hat sich die Szene beruhigt[5]. Das Recht der Unternehmensinsolvenz ist zum Gegenstand einer anerkannten Literaturgattung geworden[6] und findet Eingang in die Kommentie- 7.1

---

1 Nachweise bei *Bork,* Einführung in das Insolvenzrecht, 4. Aufl. 2005, Rz. 134.

2 Besondere Hervorhebung verdient die Kommentierung der §§ 207 ff. KO durch *Friedrich Weber* in der 8. Auflage des Jaeger'schen Kommentars.

3 *Karsten Schmidt*, Wege zum Insolvenzrecht, S. 19 ff.; *Karsten Schmidt*, KTS 1988, 1 ff.

4 Vgl. *Henckel*, FS Merz, 1992, S. 157 ff.

5 Charakteristisch *Häsemeyer*, Insolvenzrecht, Rz. 1.08.

6 Vgl. nur die Publikationen von *Acher* (Vertragskonzern und Insolvenz, 1987), *Ampferl* (Der „starke" vorläufige Insolvenzverwalter in der Unternehmensinsolvenz, 2002), *Berthold* (Unternehmensverträge in der Insolvenz, 2004), *Braun/Uhlenbruck*, *Ehricke* (Das abhängige Konzernunternehmen in der Insolvenz, 1998), *Fleischer* (Finanzplankredite und Eigenkapitalersatz im GmbH-Recht, 1995), *Fink* (Maßnahmen des Verwalters zur Finanzierung in der Unternehmensinsolvenz, 1998), *Götker* (Die Geschäftsführer in der Insolvenz der GmbH, 1999), *Haas* (in Gottwald [Hrsg.], Insolvenzrechts-Handbuch, 3. Aufl. 2006, §§ 80–95), *Jungmann* (Grundpfandgläubiger und Unternehmensinsolvenz, 2004), *Kesseler* (Das Insolvenzverfahren über das Vermögen einer Partnerschaftsgesellschaft, 2003), *H.-F. Müller* (Der Verband in der Insolvenz, 2002), *Noack* (Der Aufsichtsrat in der Insolvenz der Kapitalgesellschaft, 2003), *Rittscher* (Cash-Management-Systeme in der Insolvenz, 2007), *Rotstegge* (Konzerninsolvenz – Die verfahrensrechtliche Behandlung von verbundenen Unternehmen nach der Insolvenzordnung, 2007), *Karsten Schmidt* (in Kölner Schrift zur InsO, 2. Aufl. 2000, S. 1199 ff.), *Terbrack* (Die Insolvenz der eingetragenen Genossenschaft, 2002), *Uhlenbruck* (in Kölner Schrift zur InsO, 2. Aufl. 2000, S. 1157 ff.), *Walker* (Die GmbH-

rungen sowohl des Insolvenzrechts als auch des Gesellschaftsrechts. Dieser seit Jahrzehnten betriebene Sinnwandel[1] ist für die Unternehmens- und Insolvenzrechtspraxis von prägender Bedeutung. Aber noch längst sind nicht alle Fragen geklärt.

2. Organisationsrecht

7.2 **a)** Man muss sich darüber klar sein, dass sich die gesellschaftsrechtlichen Organisations-, Finanzierungs- und Haftungsrechte und das Insolvenzrecht im eröffneten Insolvenzverfahren auf sachbedingte Weise ergänzen und durchdringen. Die Insolvenzverfahrenseröffnung hat nachhaltige Auswirkungen auf die Zuständigkeiten und finanziellen Abläufe in der Gesellschaft, so wie umgekehrt die Insolvenzabwicklung auch bei der Anwendung von Regeln der Insolvenzordnung nicht davon unberührt bleibt, dass die Schuldnerin eine GmbH bzw. GmbH & Co. KG ist. Die Verfahrens- und Exekutionsseite der Insolvenzabwicklung, in der deutschen Literatur früher so überbetont, spielt daneben nur eine dienende Rolle. Insbesondere der **Insolvenzverwalter** steht in der Gesellschaftsinsolvenz **im Schnittfeld zwischen der insolvenzrechtlichen und der gesellschaftsrechtlichen Organisation**. Der Verfasser dieses Textes ordnet ihn unkonventionell als Gesellschaftsorgan, nämlich als obligatorischen Drittliquidator der Gesellschaft, und zugleich als Organ des Insolvenzverfahrens ein[2]. Um Theorie kann es hier nicht gehen, wohl aber um deren Wirkungen zwischen Gesellschafts- und Insolvenzrecht.

7.3 **b)** Eine **Hauptfrage** lautet: Inwieweit tritt der Insolvenzverwalter organisationsrechtlich an die Stelle der Geschäftsführer? Folgende **Themenbereiche** stehen im Mittelpunkt:

- Wie verhalten sich Insolvenzverwalterbefugnisse und Geschäftsführerbefugnisse zueinander?
- Inwieweit bestehen korporative Gesellschafterrechte, insbesondere also die Befugnisse der Gesellschafterversammlung fort? Können der von den Organen des Insolvenzverfahrens (Insolvenzverwalter, Gläubigerversammlung, Gläubigerausschuss) beherrschte „Gläubigerbereich" und der korporative „Gesellschafterbereich" (Gesellschafterversammlung, Geschäftsführung) klar voneinander getrennt werden?
- Können die Gesellschafter ihr Informationsrecht (§ 51a GmbHG) statt gegenüber dem Geschäftsführer auch gegenüber dem Insolvenzverwalter ausüben? Einzelne Gerichte haben dies bereits bejaht[3]. Diese Auffassung verdient Beifall, soweit es um betriebliches „Insolvenzverwalterwissen" geht.

Stammeinlageforderung in der Insolvenz, 2004) und *Wilms* (Die englische Ltd. in deutscher Insolvenz, 2006).

1 Vgl. nur *Karsten Schmidt,* KTS 1988, 1 ff. und 2001, 373 ff.

2 *Karsten Schmidt*, Gesellschaftsrecht, 4. Aufl. 2002, S. 326 f.; *Karsten Schmidt,* Wege zum Insolvenzrecht, S. 107 ff.; *Scholz/Karsten Schmidt*, 9. Aufl., vor § 64 GmbHG Rz. 60.

3 OLG Hamm v. 25. 10. 2001 – 15 W 118/01, GmbHR 2002, 163 = NJW-RR 2002, 1396; LG Wuppertal v. 10. 12. 2002 – 11 O 121/00, NJW-RR 2003, 332.

II. Die Gesellschaft als Rechtsträgerin und Schuldnerin

1. Auflösung und Organisation der Gesellschaft

a) Durch die Eröffnung des Insolvenzverfahrens wird die GmbH aufgelöst (§ 60 Abs. 1 Nr. 4 GmbHG, § 131 Abs. 1 Nr. 3 i.V.m. § 161 Abs. 2 HGB). Die Gesellschafter können die Fortsetzung der Gesellschaft beschließen, wenn das Verfahren auf Antrag des Schuldners eingestellt wird (§§ 212 f. InsO) oder wenn das Insolvenzgericht einen Insolvenzplan bestätigt (§ 248 InsO), der den Fortbestand der Gesellschaft vorsieht (§ 60 Abs. 1 Nr. 4 GmbHG bzw. § 144 i.V.m. § 161 Abs. 2 HGB)[1]. Die **aufgelöste Gesellschaft** besteht – auch im Fall der Auflösung durch Insolvenzverfahrenseröffnung – **als Rechtsträgerin** fort: Sie bleibt Inhaberin des Gesellschaftsvermögens (der Insolvenzmasse), Gläubigerin der dazugehörigen Ansprüche, Schuldnerin ihrer Verbindlichkeiten, Trägerin des von ihr – jedenfalls einstweilen – betriebenen Unternehmens, Arbeitgeberin usw. Allerdings wird die Insolvenzeröffnung in das Handelsregister, das Grundbuch und in das Register für Schiffe und Luftfahrzeuge eingetragen (§§ 31 ff. InsO). Nach herkömmlicher Auffassung ändert die GmbH mit der Auflösung und damit auch mit der Insolvenzverfahrenseröffnung ihren Zweck[2]. Dem ist nicht zu folgen[3]: Zu unterscheiden ist zwischen den Zwecken des Insolvenzverfahrens (§ 1 InsO) und dem Gesellschaftszweck der GmbH bzw. GmbH & Co. KG als Schuldnerin. Der **Gesellschaftszweck bleibt unverändert**; er wird nur durch den Zweck des Insolvenzverfahrens (Rz. 4.1) überlagert. Die bisher entgegenstehende Sichtweise resultiert aus einer veralteten, den Insolvenzverfahrenszweck und den Zweck der insolventen Gesellschaft unzulässig vermischenden Doktrin, die den durch Insolvenzverfahrenseröffnung aufgelösten Rechtsträger GmbH als Subjekt und satzungsmäßige Organisation nicht ernst nahm[4]. 7.4

b) Die Gesellschaft als Rechtsträgerin unterliegt ungeachtet der Insolvenzverfahrenseröffnung einer sich aus dem Gesellschaftsrecht und aus der Satzung ergebenden Verfassung. Gesellschaftsorgane – Gesellschafter, Geschäftsführer und ggf. ein Aufsichtsrat oder Beirat – bestehen als **Elemente der gesellschaftsrechtlichen Organisation** fort[5]. Insbesondere entscheiden die **Gesellschafter** weiterhin allein über Satzungsänderungen, Kapitalerhöhungen oder Umwandlungen. Insolvenzverwalter und Gläubiger haben hierauf keinen direkten Einfluss. Im Insolvenzverfahren können die Zuständigkeiten der am Insolvenzverfahren beteiligten Gläubiger und der Gesellschafter allerdings durch einen bedingten Plan nach § 249 InsO verknüpft werden. Dann darf der Plan vom 7.5

1 Dazu *Scholz/Karsten Schmidt*, 9. Aufl., § 60 GmbHG Rz. 96; *Karsten Schmidt* in Münchener Kommentar zum HGB, § 144 HGB Rz. 8 ff.

2 Vgl. statt vieler *Altmeppen* in Roth/Altmeppen, § 60 GmbHG Rz. 3; *Grunewald*, Gesellschaftsrecht, 6. Aufl. 2005, Rz. 2.F. 191.

3 Vgl. *Karsten Schmidt*, Gesellschaftsrecht, S. 313; *Scholz/Karsten Schmidt*, 9. Aufl., § 69 GmbHG Rz. 3; *Karsten Schmidt* in Münchener Kommentar zum HGB, § 145 HGB Rz. 28 ff.

4 Zur Überwindung dieses Konzepts vgl. *Karsten Schmidt*, Wege zum Insolvenzrecht, S. 99 ff.

5 Vgl. BGH v. 18. 12. 1980 – II ZR 140/79, KTS 1981, 234, 235; *Scholz/Karsten Schmidt*, 9. Aufl., vor § 64 GmbHG Rz. 59 ff.; a.M. *Wolf Schulz*, KTS 1986, 389 ff.

Gericht nur bestätigt werden, wenn die in den Plan mit aufgenommenen Voraussetzungen, insbesondere also auch gesellschaftsrechtliche Maßnahmen wie z.B. eine Kapitalerhöhung, erfüllt sind. Aber an der Zuständigkeit der Gesellschafter ändert das nichts. Unzulässig und unwirksam sind allerdings Gesellschafterbeschlüsse, die in die Masse (§ 35 InsO) und damit in die Verfügungsbefugnis des Verwalters (§ 80 InsO) eingreifen. Das gilt vor allem für die **Firmenänderung**. Zwar können die Gesellschafter, wenn das Unternehmen mit Firma veräußert wird, eine Ersatzfirma bilden (die Zuständigkeit des Verwalters hierfür ist lediglich subsidiär; vgl. Rz. 7.162)[1], ebenso, wenn der Verwalter einer Änderung zustimmt[2]. Sie können aber nicht gegen den Willen des Verwalters die Firma der insolventen Gesellschaft, die als Massebestandteil gilt (Rz. 7.8), der Masse durch Firmenänderung entziehen[3]. Auch die **Geschäftsführer** bleiben ungeachtet der Insolvenzverfahrenseröffnung im Amt[4]. Für ihre Abberufung und Berufung bleiben die Gesellschafter zuständig (§ 46 Nr. 5 GmbHG). Selbst ihr Dienstverhältnis endet nicht automatisch. Es betrifft allerdings die Masse und kann nach § 113 InsO gekündigt werden[5]. Die Gesellschafter können Geschäftsführer abberufen und neue Geschäftsführer bestellen, nicht aber im Namen der GmbH auf Kosten der Masse anstellen. Der Fortbestand einer durch Insolvenzrechtsregeln lediglich in ihren Befugnissen reduzierten Geschäftsführung zeigt sich besonders handgreiflich in Fällen der Eigenverwaltung nach §§ 270 ff. InsO (dazu Rz. 9.1 ff.). Aber auch im insolvenzrechtlichen Regelverfahren hat die GmbH als Schuldnerin Rechte und Pflichten, für deren Wahrnehmung ihre Organe zuständig sind. Die Kompetenzabgrenzung zwischen Insolvenzverwalter und Geschäftsführer ist bei Rz. 7.159 ff. dargestellt. Auch ein etwa vorhandener **Aufsichtsrat** bleibt vorbehaltlich Abberufung oder Rücktritt mit reduzierten Aufgaben im Amt[6]. Gegenüber dem Insolvenzverwalter hat der Aufsichtsrat nicht die gegenüber der Geschäftsführung bestehenden Rechte. Auch Vorlagepflichten der Geschäftsführer gegenüber der Gesellschafterversammlung und dem Aufsichtsrat gelten nicht für den Insolvenzverwalter.

7.6 **c)** Bei der **Zuständigkeit des Verwalters für Fortführung, Einstellung oder Veräußerung des Unternehmens** geht es dagegen in erster Linie um das Verhält-

1 Nachweise bei *Haas* in Gottwald, Insolvenzrechts-Handbuch, § 92 Rz. 300.

2 OLG Karlsruhe v. 8. 1. 1993 – 4 W 28/92, ZIP 1993, 133, 134; *Haas* in Gottwald, Insolvenzrechts-Handbuch, § 92 Rz. 300; *Scholz/Karsten Schmidt*, 9. Aufl., vor § 64 GmbHG Rz. 65.

3 OLG Karlsruhe v. 8. 1. 1993 – 4 W 28/92, ZIP 1993, 133, 134; *Haas* in Gottwald, Insolvenzrechts-Handbuch, § 92 Rz. 300; *Scholz/Karsten Schmidt*, 9. Aufl., vor § 64 GmbHG Rz. 65.

4 *Grüneberg*, Die Rechtspositionen der Organe der GmbH und des Betriebsrates im Konkurs, 1988.

5 Vgl. nur *Haas* in Gottwald, Insolvenzrechts-Handbuch, § 92 Rz. 267; *Löwisch/Caspers* in Münchener Kommentar zur InsO, § 113 InsO Rz. 10; vgl. zum früheren § 22 KO BGH v. 29. 1. 1981 – II ZR 92/80, BGHZ 79, 291 = GmbHR 1981, 1270; *Kilger/Karsten Schmidt*, Insolvenzgesetze, § 22 KO (§ 113 InsO) Anm. 3c; *Kuhn/Uhlenbruck*, 11. Aufl. 1994, § 22 KO Rz. 5.

6 *Haas* in Gottwald, Insolvenzrechts-Handbuch, § 92 Rz. 302; *H.-F. Müller*, Der Verband in der Insolvenz, S. 148 ff.

nis des Verwalters zum Gläubigerausschuss. Seine Zustimmung muss der Verwalter vor dem Vollzug einer Maßnahme von besonderer Bedeutung einholen (§ 160 Abs. 1 InsO), insbesondere vor einer Unternehmensveräußerung (§ 160 Abs. 2 Nr. 1 InsO). Vor dem Berichtstermin muss er unter Umständen auch die Schuldnerin unterrichten, wenn er das Unternehmen stilllegen oder veräußern will (§ 158 InsO)[1]. Für die Veräußerung an Insider gilt die besondere Zustimmungsregelung des § 162 InsO. Hier muss der Verwalter die Zustimmung sogar der Gläubigerversammlung einholen. Die Fragen spielen vor allem bei der übertragenden Sanierung im Insolvenzverfahren eine Rolle (Rz. 4.21)[2]. In der Praxis versteht sich eine ständige Fühlungnahme mit den Geschäftsführern von selbst.

2. Die Insolvenzmasse

a) Insolvenzmasse ist nach **§ 35 InsO** das gesamte Vermögen, das dem Schuldner zur Zeit der Verfahrenseröffnung gehört und das er während der Verfahrenseröffnung erlangt. Im Gegensatz zum früheren § 1 KO beschränkt § 35 InsO den Begriff der Insolvenzmasse nicht auf das im Zeitpunkt der Verfahrenseröffnung vorhandene Schuldnervermögen, womit die bei Unternehmen unsachgemäße[3] Diskussion um die Massezugehörigkeit des nachträglichen Hinzuerwerbs[4] ein Ende hat: Nunmehr gehört, wie vom Verfasser schon unter der Konkursordnung vertreten, auch das, was der insolventen GmbH nachträglich zufließt oder durch Rechtsgeschäft des Verwalters als Recht der Schuldner-GmbH begründet wird, in die Masse[5]. Vor allem beim Umlaufvermögen ist dies unerlässlich. 7.7

aa) Bestandteile der Masse sind vor allem: 7.8

- das Sachvermögen der Gesellschaft (Immobiliar- und Mobiliarvermögen)[6], einschließlich etwaigen Auslandsvermögens[7],
- die der Gesellschaft zustehenden Forderungen aus dem Gesellschaftsverhältnis, z.B. auf ausstehende Einlagen (§§ 5, 7, 9, 19 GmbHG), auf Rückerstattung unerlaubter Ausschüttungen (§ 31 GmbHG) oder auf Schadensersatz gegen Geschäftsführer (§ 43 GmbHG), in den engen noch zugelassenen Grenzen auch gegen Gesellschafter aus Existenzvernichtungshaftung (Rz. 11.87 ff.)[8],
- die Forderungen aus Lieferungen und Leistungen, soweit Verträge nach §§ 103 ff. InsO erfüllt werden oder vom Insolvenzverwalter abgeschlossen

1 Die Vorschrift wurde geändert durch Gesetz v. 1. 7. 2007.
2 Zu § 162 InsO in diesem Zusammenhang vgl. besonders *Falk/Schäfer*, ZIP 2004, 1337, 1339 ff.
3 *Kilger/Karsten Schmidt*, Insolvenzgesetze, § 1 KO Anm. 3 D; eingehend *Karsten Schmidt*, Wege zum Insolvenzrecht, S. 69 ff.
4 Dazu etwa *Kuhn/Uhlenbruck*, 11. Aufl. 1994, § 1 KO Rz. 94 ff.
5 Statt vieler *Holzer* in Beck/Depré, Praxis der Insolvenz, § 8 Rz. 2.
6 *Scholz/Karsten Schmidt*, 9. Aufl., vor § 64 GmbHG Rz. 56.
7 *Hess*, §§ 35, 36 InsO Rz. 62 ff.
8 Für viele *Baumbach/Hueck/Schulze-Osterloh*, § 64 GmbHG Rz. 64–66; *Haas* in Gottwald, Insolvenzrechts-Handbuch, § 92 Rz. 312 ff., 474 ff., 481 ff. m.w.N.

werden[1], einschließlich Versicherungen und Forderungen z.B. aus Umsatzsteuervergütungen[2],

- gesetzliche Ansprüche wie z.B. auf Steuerrückerstattung[3],
- verwertbare immaterielle Güter[4], insbesondere auch die Firma[5] und Markenrechte[6],
- Beteiligungen, insbesondere an Tochtergesellschaften[7],
- Geschäftsbücher, insbesondere die Buchführung und die Rechnungslegungswerke[8].

7.9 **bb) Auch unübertragbare Rechte** können zur Masse gehören[9]. Lehnt man die Existenz massefreien Gesellschaftsvermögens ab (Rz. 7.12), so ist dies nur konsequent. Aber auch sonst übt der Insolvenzverwalter der Gesellschaft nicht nur deren übertragbare Rechte aus.

7.10 **cc)** Zweifelhaft ist, ob auch die nach § 92 InsO (Liquidation eines Gesamtschadens) bzw. nach § 93 InsO (Geltendmachung der Gesellschafterhaftung) vom Insolvenzverwalter zu verfolgenden Ansprüche zur **Insolvenzmasse** gehören[10]. Richtigerweise wird dies zu verneinen sein[11], denn der Verwalter macht hier Ansprüche der Gesellschaftsgläubiger, nicht Ansprüche der Gesellschaft geltend[12]. Ob der Insolvenzverwalter die eingezogenen Beträge dann separat verwalten muss oder jedenfalls faktisch der Masse zuführen darf, ist eine andere Frage. Im Fall des § 93 InsO ist die Einziehung zur Masse im Ergebnis unschädlich, im Fall des § 92 InsO kann der Verwalter in Konsequenz der hier kritisierten Rechtsprechung zu getrennter Verwaltung für die haftungsbegünstigten Gläubiger angehalten sein (dazu auch Rz. 11.26).

7.11 **dd) Bei öffentlich-rechtlichen Genehmigungen** wird üblicherweise zwischen personenbezogenen Erlaubnissen (z.B. der gewerberechtlichen Erlaubnis) und

1 *Lüdtke* in Hamburger Kommentar zum Insolvenzrecht, § 35 InsO Rz. 161 ff.
2 *Jaeger/Henckel*, § 35 InsO Rz. 39; *Lwowski/Peters* in Münchener Kommentar zur InsO, § 35 InsO Rz. 409 ff.
3 Vgl. *Lwowski/Peters* in Münchener Kommentar zur InsO, § 35 InsO Rz. 421.
4 *Lwowski/Peters* in Münchener Kommentar zur InsO, § 35 InsO Rz. 283–330.
5 BGH v. 27. 9. 1982 – II ZR 51/82, BGHZ 85, 221 = ZIP 1983, 193 m. Anm. *Wolf Schulz* (GmbH); BGH v. 14. 12. 1989 – I ZR 17/88, BGHZ 109, 364 = GmbHR 1990, 211 = ZIP 1990, 388 (GmbH & Co. KG); *Baumbach/Hueck/Schulze-Osterloh*, § 64 GmbHG Rz. 63; *Jaeger/Henckel*, § 35 InsO Rz. 20 f.; *Scholz/Karsten Schmidt*, 9. Aufl., vor § 64 GmbHG Rz. 56.
6 *Lwowski/Peters* in Münchener Kommentar zur InsO, § 35 InsO Rz. 365 ff.; *Jaeger/Henckel*, § 35 InsO Rz. 37 f.
7 Vgl. etwa *Lüdecke* in Münchener Kommentar zur InsO, § 35 InsO Rz. 149 ff.; *Hess*, § 35 InsO Rz. 80 f.
8 Im Ausgangspunkt a.M. *Lwowski/Peters* in Münchener Kommentar zur InsO, § 35 InsO Rz. 384 m.w.N.
9 Im Ausgangspunkt a.M. *Lwowski/Peters* in Münchener Kommentar zur InsO, § 35 InsO Rz. 384 m.w.N.
10 Dazu *Oepen*, Massefremde Masse, 1999, Rz. 11.
11 A.M. wohl *Klopp/Kluth* in Gottwald, Insolvenzrechts-Handbuch, § 26 Rz. 17 f.
12 Vgl. BGH v. 8. 5. 2003 – IX ZR 334/01, NJW-RR 2003, 1042, 1044; BGH v. 22. 4. 2004 – IX ZR 128/03, ZIP 2004, 1218, 1220.

Sachgenehmigungen (z.B. für den Betrieb einer Anlage) unterschieden[1]. Diese Unterscheidung führt nicht viel weiter[2], schon gar nicht bei der Handelsgesellschaft. Hier kann es nur darum gehen, ob die Erlaubnis unternehmensbezogen ist und trotz Insolvenz fortbesteht, was i.d.R. der Fall ist. Ob sie mit dem Betrieb oder der Anlage auf einen Dritten übergehen kann, ist ohne Belang. Solange sie der Gesellschaft noch zukommt, gilt sie unter der Leitung des Insolvenzverwalters weiter.

b) Umstritten ist, ob es **massefreies Gesellschaftsvermögen gibt**. Nach § 36 InsO umfasst die Masse nicht die unpfändbaren Gegenstände mit Ausnahme wiederum der Geschäftsbücher. Die Regelungen über die Unpfändbarkeit (§§ 811, 850 ff. ZPO) sind aber ganz auf natürliche Personen zugeschnitten. Nach der hier vertretenen – jedoch unter der Geltung der Konkursordnung noch fast einmütig bestrittenen[3] – Auffassung gab es schon vor dem In-Kraft-Treten der Insolvenzordnung im Gesellschaftskonkurs **kein massefreies Vermögen**[4]. Die Begründung bestand darin, dass die Formulierung des § 1 KO nicht auf das Abwicklungsverfahren in der Insolvenz einer Gesellschaft, sondern ganz auf das als Gesamtvollstreckung verstandene Konkursverfahren über das Vermögen einer natürlichen Person zugeschnitten war. Nur deshalb schien nach § 1 InsO nicht nur der Hinzuerwerb konkursfrei, sondern auch das unpfändbare, dem Schuldner also zu belassende Sondervermögen. Dieser gesetzliche Mangel ist, was den Hinzuerwerb anlangt, durch den Wortlaut des § 35 InsO behoben, während § 36 InsO immer noch von der Nicht-Massezugehörigkeit unpfändbarer Gegenstände spricht. Eine Ausnahme für Handelsgesellschaften enthält § 36 InsO nicht. Deshalb ist auch unter der Geltung der Insolvenzordnung immer noch davon die Rede, dass es auch im Insolvenzverfahren der Gesellschaft massefreies Vermögen gibt[5]. **Massefreies Vermögen** entsteht bei Handelsgesellschaften nach der herrschenden Auffassung zwar nicht durch Unpfändbarkeit (§ 36 InsO), wohl aber durch Freigabe, also durch Rechtsgeschäft des Insolvenzverwalters (dazu Rz. 7.16 ff.). Dem ist indes nach dem Recht der InsO noch entschiedener zu widersprechen als nach dem alten Konkursrecht (vgl. Rz. 7.19 f.)[6]: Das Insolvenzverfahren zielt auf Vollabwick- 7.12

1 *Lwowski/Peters* in Münchener Kommentar zur InsO, § 35 InsO Rz. 511 ff.

2 Vgl. auch *Jaeger/Henckel*, § 35 InsO Rz. 11.

3 Vgl. nur BGH v. 28. 3. 1996 – IX ZR 77/95, NJW 1996, 2035, 2036 = ZIP 1996, 842, 844; unentschieden BGH v. 21. 3. 1995 – XI ZR 189/94, NJW 1995, 1483, 1484 = ZIP 1995, 659, 660; BVerwG v. 26. 9. 1996 – 7 C 61/95, ZIP 1996, 1991, 1992.

4 *Kilger/Karsten Schmidt*, Insolvenzgesetze, § 1 KO Anm. 3 D a; *Scholz/Karsten Schmidt*, 8. Aufl. 1995, § 63 GmbHG Rz. 54; *Karsten Schmidt*, Wege zum Insolvenzrecht, S. 70 f., 99 ff.; zust. OVG Mecklenburg-Vorpommern v. 16. 1. 1997 – 3 L 94/96, ZIP 1997, 1460.

5 Vgl. nur BGH v. 21. 4. 2005 – IX ZR 281/03, BGHZ 163, 32, 34 f. = ZIP 2005, 1034, 1035; *Braun/Uhlenbruck*, Unternehmensinsolvenz, S. 73 f.; *Uhlenbruck* in Kölner Schrift zur InsO, S. 1172 ff.; *Lüdtke* in Hamburger Kommentar zum Insolvenzrecht, § 35 InsO Rz. 69 f.; *Eickmann* in Heidelberger Kommentar zur InsO, § 35 InsO Rz. 47 f.; *Lwowski/Peters* in Münchener Kommentar zur InsO, § 35 InsO Rz. 104 ff.; *Uhlenbruck*, § 35 InsO Rz. 24; *Uhlenbruck/Hirte*, § 35 InsO Rz. 117.

6 *Karsten Schmidt*, Gesellschaftsrecht, S. 325; *Karsten Schmidt*, Wege zum Insolvenzrecht, S. 73 ff.; *Karsten Schmidt* in Kölner Schrift zur InsO, S. 1199, 1209; *H.-F. Müller*, Der Verband in der Insolvenz, 2002, S. 36 ff.; *Kübler/Prütting/Bork/Holzer*, § 35

lung der Schuldnergesellschaft (vgl. Rz. 4.3) (str.)[1], macht also – vorbehaltlich einer Verfahrenseinstellung oder Sanierung – die Abwicklung des ungeteilten Gesellschaftsvermögens zur Aufgabe des Insolvenzverwalters. Die Annahme, es gebe **massefreies Vermögen**, für dessen Verwaltung die Geschäftsführer zuständig seien, ist entgegen der vorerst noch herrschenden Meinung **mit den Grundregeln der Gesellschaftsinsolvenz unvereinbar**. Insbesondere die **Freigabe aus der Masse** ist entgegen der vorerst noch herrschenden Auffassung nicht anzuerkennen (Rz. 7.19).

3. Kapitalmaßnahmen

7.13 **a)** Eine **Kapitalerhöhung** bleibt auch im eröffneten Insolvenzverfahren möglich[2]. Über eine Kapitalerhöhung aus Gesellschaftsmitteln (§ 57c GmbHG), die das Vorhandensein von Rücklagen voraussetzt, braucht in der Insolvenz wohl nicht nachgedacht zu werden[3]. Eine Kapitalerhöhung gegen Einlagen (effektive Kapitalerhöhung), vormals von der Gerichtspraxis als konkurszweckwidrig abgelehnt[4], wird heute mit Recht allenthalben zugelassen[5]. Sinnvoll ist sie u.U. im Insolvenzplanverfahren in Verbindung mit einem bedingten Insolvenzplan (§ 249 InsO).

7.14 **b)** Ziemlich überflüssig scheint aus heutiger Sicht der Meinungsstreit darüber, ob die aus einer Kapitalerhöhung resultierenden Einlageforderungen und Einlagen **Bestandteile der Insolvenzmasse** sind und ob es darauf ankommt, ob der Kapitalerhöhungsbeschluss und die Zeichnungsverträge aus der Zeit vor oder nach der Verfahrenseröffnung stammten[6]. Die Diskussion hängt zusammen mit der Frage, ob es massefreien Hinzuerwerb im Insolvenzverfahren gibt (Rz. 7.7, 7.12). Immer noch wird behauptet, solches Neuvermögen sei „konkursfrei", gehöre also nicht in die Masse[7]. Aber nach § 35 InsO sind Gesellschaftsvermögen und Masse kongruent. Die Inanspruchnahme der aus Kapitalerhöhungen stammenden Einlagen für die Masse ist deshalb gesetzlich geklärt[8]. Sie wird zwar immer noch als Sanierungshindernis kritisiert, aber diese Kritik ist verfehlt[9].

InsO Rz. 32; *Scholz/Karsten Schmidt*, 9. Aufl., vor § 64 GmbHG Rz. 56; *Karsten Schmidt*, ZGR 1998, 636 ff.; *Karsten Schmidt*, ZIP 2000, 1913, 1916 f.; sympathisierend *Jaeger/H.-F. Müller*, § 35 InsO Rz. 145 ff.

1 Hiergegen freilich BGH v. 21. 4. 2005 – IX ZR 281/03, BGHZ 163, 22, 34 = ZIP 2005, 1034.

2 Der Text folgt den auf die AG bezogenen Ausführungen des *Verf.* in AG 2006, 597, 604.

3 Für Zulässigkeit *H.-F. Müller*, ZGR 2004, 842, 844 f.

4 Vgl. noch RG v. 20. 10. 1911 – II 68/11, RGZ 77, 152, 155; RG v. 26. 6. 1914 – II 109/14, RGZ 85, 205, 207 f.; OLG Bremen v. 5. 7. 1957 – 1 U 351/56, NJW 1957, 1560 f.; OLG Hamm v. 19. 3. 1979 – 8 U 151/78, AG 1981, 53 (zur GmbH).

5 LG Heidelberg v. 16. 3. 1988 – KfH II O 6/88, AG 1989, 447; *Hüffer*, 8. Aufl. 2008, § 182 AktG Rz. 32.

6 Überblick bei *Kuntz*, DStR 2006, 519 f.; eingehend *H.-F. Müller*, ZGR 2004, 842, 845 ff.

7 Vgl. nur *Uhlenbruck* in Kölner Schrift zur InsO, S. 1174.

8 Ausführlich *H.-F. Müller*, ZGR 2004, 842, 845 ff.

9 Vgl. *Karsten Schmidt*, AG 2006, 597, 604 (betr. AG).

c) Interessant ist dagegen die Frage, ob durch die Verbindung der Kapitalerhöhung mit einem bedingten Insolvenzplan (§ 249 InsO) unter Zustimmung der Gläubiger gleichsam eine **Sanierungs-Sondermasse** geschaffen werden kann[1]. Zweck dieser Strategie wäre, die neuen Mittel als Liquidität speziell für den Sanierungszweck zu reservieren. Diesen Vorschlag macht *Uwe Hüffer* in seinem aktienrechtlichen Standardkommentar. *Hüffer* erwägt eine teleologische Reduktion des ihm fragwürdig scheinenden § 35 InsO in dem Sinn, dass nach § 217 InsO im Insolvenzplan eine abweichende – nämlich die Insolvenzforderungen vom Zugewinn durch Kapitalerhöhung ausschließende – Verteilung der Masse bestimmt und dann die Kapitalerhöhung im Rahmen eines bedingten Insolvenzplans (§ 249 InsO) von den Gesellschaftern beschlossen werden könnte[2]. Diese Herauslösung des erhöhten Kapitals aus der zu verteilenden Masse könne dann bei der Berechnung von Forderungsverzichten und Stundungen im Insolvenzplan berücksichtigt werden und sei Gegenstand auch der Planüberwachung nach § 260 InsO. *Hüffer* will auf diese Weise eine „konkursfreie", also vom Insolvenzbeschlag nicht betroffene Sanierungsmasse herbeiführen, die strenge Kongruenz von Masse und Gesellschaftsvermögen also lockern. Nach der hier vertretenen Auffassung ist dieser interessante, aber noch unerprobte Vorschlag konzeptionell fragwürdig[3] (s. auch Rz. 7.192). 7.15

4. Die Freigabe von Massegegenständen *(Vallender)*

Die Frage, ob es massefreies Vermögen gibt, hat erhebliche praktische Bedeutung vor allem in Bezug auf die Freigabe von Massegegenständen aus der Masse. Die Praxis unterscheidet zwischen der **echten Freigabe** und **Sonderformen der Freigabe.** Die echte Freigabe löst den freigegebenen Gegenstand aus dem Insolvenzbeschlag und lässt die Verwaltungs- und Verfügungsbefugnis des Schuldners wieder aufleben. Mit der Freigabe einer ordnungspflichtigen Sache aus der Insolvenzmasse in das insolvenzfreie Schuldnervermögen wechselt zwar die Handlungszuständigkeit mit der Folge, dass nunmehr Ordnungsverfügungen unmittelbar persönlich gegen den Schuldner gerichtet werden können[4]. An den bereits eingetretenen haftungsrechtlichen Folgen einer Verhaltens- oder Zustandsstörung ändert sich nichts. Die Freigabe begründet weder eine Rechtsnachfolge noch eine neue Störerposition, sondern Störer bleibt nach wie vor der Insolvenzschuldner. Ihm allein wird die Verantwortung für Verhaltens- wie Zustandsstörungen zugerechnet. Ob er dafür mit der Insolvenzmasse oder seinem insolvenzfreien oder mit beidem einzustehen hat, bestimmt sich ausschließlich nach insolvenzrechtlichen Vorschriften[5]. 7.16

1 Auch hierzu *Karsten Schmidt*, AG 2006, 597, 604.
2 *Hüffer*, 8. Aufl. 2008, § 183 AktG Rz. 32b.
3 *Karsten Schmidt*, AG 2006, 597, 605.
4 Vgl. BVerwG v. 22. 10. 1998 – 7 C 38/97, NJW 1999, 1416; OVG Lüneburg v. 20. 3. 1997 – 7 L 2062/95, NJW 1998, 398.
5 *Häsemeyer*, FS Uhlenbruck, 2000, S. 97, 100, 112; ähnlich *Stoll*, ZIP 1992, 1437, 1444 ff.; *von Wilmowsky*, ZIP 1997, 389, 393 ff.; *Uhlenbruck*, KTS 2004, 275, 284.

7.17 **Sonderformen der Freigabe** sind teilweise gesetzlich geregelt. Hierzu zählt die Freigabe von Sicherungsgut zwecks Verwertung durch den Sicherungsgläubiger (§ 168 Abs. 3 Satz 1 InsO i.V.m. § 170 Abs. InsO). Eine Sonderform der Freigabe ist auch die – zulässige – „erkaufte" Freigabe, d.h. die Freigabe gegen ein vom Schuldner in die Masse zu zahlendes angemessenes Entgelt[1]. Ein weiterer gesetzlich geregelter Fall der Freigabe ist die Prozessfreigabe (§ 85 Abs. 2 InsO[2]). Ließe man die Freigabe nicht zu, wäre der Verwalter daran gehindert, die Aufnahme eines Aktivprozesses abzulehnen. Die Ablehnung ist notwendig mit der Freigabe verbunden[3]. Auch die Freistellung von Arbeitnehmern kann als eine Sonderform der Freigabe angesehen werden. Umstritten ist die Frage, ob der Insolvenzverwalter Miet- und Pachtverträge freigeben kann[4]. Mit diesen Sonderformen der Freigabe nicht zu verwechseln ist die sog. **„modifizierte Freigabe"**, durch die der Verwalter den Schuldner – im Falle einer GmbH also den Geschäftsführer – ermächtigt, bestimmte zur Masse gehörige Rechte geltend zu machen[5]. Diese „unechte" Freigabe ist keine Freigabe aus der Masse, sondern eine Art individuelle Eigenverwaltung. Sie ist zulässig, sofern dadurch nicht Prozesskostenerstattungsansprüche eines Prozessgegners vereitelt werden. Die geltend zu machenden Ansprüche bleiben Massebestandteile, und die vom Geschäftsführer eingeklagten Beträge fallen ebenso in die Masse, wie die Forderungen dazu gehört haben.

a) Die herrschende Auffassung

7.18 Die Insolvenzordnung selbst enthält keine ausdrückliche Regelung zur Zulässigkeit einer (echten) Freigabe. Bereits unter der Geltung der Konkursordnung wurde die Freigabe z.B. von hoch belasteten und haftungsträchtigen Gegenständen aus der Konkursmasse als zulässig angesehen. Wie die Vorschrift des **§ 32 Abs. 3 InsO** zeigt, geht das Gesetz allerdings ohne weiteres davon aus, dass dem Insolvenzverwalter ein Recht zur Freigabe eines Massegegenstandes zusteht. Demzufolge hält es die überwiegende Auffassung in Rechtsprechung und Literatur für zulässig, dass der Insolvenzverwalter auch im **Insolvenzverfahren über das Vermögen einer juristischen** Person einzelne Gegenstände aus der Masse freigibt[6]. Hierfür werden im Wesentlichen folgende Gründe ange-

1 Vgl. *Uhlenbruck*, KTS 2004, 275, 279 m.w.N.

2 BGH v. 21. 4. 2005 – IX ZR 281/03, NZI 2005, 387.

3 *Henckel*, FS Kreft, 2004, S. 291, 303/304.

4 S. dazu LG Dortmund v. 12. 5. 2005 – 11 S 34/05, ZInsO 2005, 724 m.w.N.

5 Fraglich erscheint bereits, ob der Verwalter dem Schuldner eine gewillkürte Prozessstandschaft einräumen kann. Nach Auffassung von *Henckel* (FS Kreft, 2004, S. 304) steht dem entgegen, das der Schuldner das Interesse am Prozess, das in der Masse begründet ist, nicht selbst wahrnehmen darf; differenzierend *Uhlenbruck*, § 80 InsO Rz. 71.

6 BGH v. 21. 3. 2005 – IX ZR 281/03, NZI 2005, 387; BGH v. 5. 7. 2001 – IX ZR 327/99, NZI 2001, 531; BVerwG v. 23. 9. 2004 – 7 C 22/03, NZI 2005, 51 = NVwZ 2004, 1505; OLG Naumburg v. 1. 3. 2000 – 5 U 192/99, NZI 2000, 322; OLG Rostock v. 12. 10. 2000 – 7 U 125/99, NZI 2001, 96 = VIZ 2001, 276; *Kübler/Prütting/Bork/Lüke*, § 80 InsO Rz. 9 ff.; *Lwowski* in Münchener Kommentar zur InsO, § 35 InsO Rz. 107 ff.; *Schumacher* in Münchener Kommentar zur InsO, § 85 InsO Rz. 26 ff.; *Nerlich/Rö-*

führt. Aus dem in § 1 InsO normierten Grundsatz der bestmöglichen Befriedigung folge, dass das Ziel der Vollbeendigung der Gesellschaft im Insolvenzverfahren jedenfalls dort zurücktreten müsse, wo es in Widerspruch zu dem Belangen der Gläubigergesamtheit gerate. Das berechtigte Interesse der Gläubiger, aus der Masse eine Befriedigung ihrer Ansprüche zu erhalten und deshalb möglichst die Entstehung von Verbindlichkeiten zu vermeiden, die das zur Verteilung zur Verfügung stehende Vermögen schmälern, habe im Rahmen der insolvenzrechtlichen Abwicklung unbedingten Vorrang. Ein rechtlich schutzwürdiges Bedürfnis, dem Insolvenzverwalter die Möglichkeit der Freigabe einzuräumen, bestehe regelmäßig dort, wo zur Masse Gegenstände gehören, die wertlos sind oder Kosten verursachen, welche den zu erwartenden Veräußerungserlös möglicherweise übersteigen. Dies habe insbesondere bei wertausschöpfend belasteten oder erheblich kontaminierten Grundstücken große praktische Bedeutung[1]. Es sei mit dem Zweck der Gläubigerbefriedigung nicht zu vereinbaren, wenn der Insolvenzverwalter in solchen Fällen gezwungen wäre, Gegenstände, die nur noch geeignet sind, das Schuldnervermögen zu schmälern, allein deshalb in der Masse zu behalten, um eine Vollbeendigung der Gesellschaft zu bewirken[2].

b) Bedenken gegen die Zulässigkeit der Freigabe *(Karsten Schmidt)*

aa) Ob eine echte **Freigabe von Massegegenständen aus der Masse** einer Ge- 7.19
sellschaft in der Insolvenz zulässig ist, ist **umstritten**. Die Antwort hängt davon ab, ob man ein massefreies Gesellschaftsvermögen anerkennt. Dies wird vom Verfasser verneint (ausführlich Rz. 7.12). Dagegen sieht die vom IX. Zivilsenat des BGH angeführte herrschende Auffassung die Freigabe auch im Insolvenzverfahren einer Handelsgesellschaft als zulässig an (dazu auch Rz. 7.16 ff.)[3]. Die Insolvenzverwaltungspraxis macht von dieser Möglichkeit in weitem Umfang Gebrauch, nicht zuletzt um die Masse von kostenträchtigen, insbesondere polizeirechtswidrigen, Gegenständen wie kontaminiertem Erdreich zu befreien[4]. Der Verfasser lehnt diese Praxis seit langer Zeit ab[5], und zwar unabhängig von der Frage, ob das Ordnungsrecht (früher Polizeirecht) eine solche Maßnahme als enthaftend anerkennen kann. Die **Zustandsverantwortlichkeit im Insolvenzverfahren** wird bei Rz. 7.21 ff. besonders behandelt.

---

mermann/Andres, § 36 InsO Rz. 48 ff.; *Pape/Uhlenbruck*, Insolvenzrecht, Rz. 494; *Smid*, § 80 InsO Rz. 30; *Uhlenbruck*, § 35 InsO Rz. 24; *Uhlenbruck*, KTS 2004, 275; *Henckel*, FS Kreft, 2004, S. 291; *Lwowski/Tetzlaff*, WM 1999, 2336, 2345 ff.

1 BGH v. 21. 3. 2005 – IX ZR 281/03, NZI 2005, 388.

2 *Henckel*, FS Kreft, 2004, S. 302 ff; *Lwowski* in Münchener Kommentar zur InsO, § 35 InsO Rz. 114; *Smid*, § 80 InsO Rz. 30.

3 Vgl. nur BGH v. 21. 4. 2005 – IX ZR 281/03, BGHZ 163, 32 = ZIP 2005, 1034; BGH v. 7. 12. 2006 – IX ZR 161/04, NJW-RR 845, 847 = ZIP 2007, 194, 196; s. auch BGH v. 1. 2. 2007 – IX ZR 178/05, ZIP 2007, 1020; *Henckel*, FS Kreft, 2006, S. 291, 300 ff.

4 BVerwG v. 20. 1. 1984 – 4 C 37/80, NJW 1984, 2427 m. Anm. *Schulz* = ZIP 1984, 772; *Kübler/Prütting/Bork/Holzer*, § 35 InsO Rz. 22; *Lwowski/Peters* in Münchener Kommentar zur InsO, § 35 InsO Rz. 104 ff. m.w.N.

5 *Karsten Schmidt*, Wege zum Insolvenzrecht, S. 73 ff.; zuerst *Karsten Schmidt*, GS W. Martens, 1987, S. 714 f.; *Karsten Schmidt*, KTS 1984, 345, 366; 1988, 1, 6 f.; *Karsten Schmidt*, ZIP 1997, 1441 ff.

Nach der hier vertretenen Auffassung kann die Zustandsverantwortlichkeit der Masse nicht durch Freigabe aus der Masse beendet werden, weil eine solche Freisetzung aus der Masse bzw. der insolventen Gesellschaft rechtlich **nicht anzunehmen** ist.

7.20 **bb)** Nicht mit diesen Fragen zu verwechseln ist die – irreführend sog. – **„modifizierte Freigabe"**, durch die der Verwalter den Schuldner – im Fall einer GmbH also die Geschäftsführer – ermächtigt, bestimmte zur Masse gehörige Rechte geltend zu machen[1]. Diese „unechte Freigabe" ist keine Freigabe aus der Masse[2], sondern sie begründet eine Art partielle Eigenverwaltung. Hier wird die durch die Geschäftsführer vertretene Gesellschaft ermächtigt, die Ansprüche für die Masse durchzusetzen. Dies ist zulässig, sofern dadurch nicht Prozesskostenerstattungsansprüche eines Prozessgegners vereitelt werden. Die geltend zu machenden Ansprüche bleiben Massebestandteile, und die vom Geschäftsführer eingeklagten Beträge fallen ebenso in die Masse, wie die Forderungen dazu gehört haben.

III. Das Altlastenproblem

7.21 Die **umweltrechtliche Verantwortung** in der Insolvenz einer Handelsgesellschaft, insbesondere die rechtliche und wirtschaftliche Behandlung der sog. Altlasten, ist zu einer komplizierten Spezialmaterie geworden[3]. Abgesehen von den schwer übersehbaren öffentlich-rechtlichen Belangen spielt sie auch für die Beurteilung der **Befriedigungschancen der Gläubiger** eine große Rolle. Hiermit zusammenhängend schlägt sich die schwierige Beurteilung in den **Strategien des Insolvenzverwalters** nieder. Ihm obliegt die Entscheidung, ob er

- jede Zustandshaftung der Gesellschaft auf Kosten der Masse beenden, insbesondere jede Bodenverunreinigung unter Begründung von Masseschulden (§ 55 InsO) beheben bzw. von Spezialunternehmen beheben lassen soll oder
- alles tun wird, um diese Last – im Zweifel auf Kosten des Fiskus – von der Masse fern zu halten.

1. Abgrenzung des Problems

a) Gefahrverursachung nach der Verfahrenseröffnung

7.22 **Unstreitig** sind hierbei die Fälle, in denen die Ordnungspflicht auf einem **Verhalten des Insolvenzverwalters** selbst (Handlungshaftung) oder einem

1 *Uhlenbruck*, § 35 InsO Rz. 30; *Lwowski/Peters* in Münchener Kommentar zur InsO, § 35 InsO Rz. 88.

2 Missverständlich *Kübler/Prütting/Bork/Holzer*, § 35 InsO Rz. 26.

3 Umfassend *Häsemeyer*, Insolvenzrecht, Rz. 13.13–13.20; *Lwowski/Tetzlaff*, Umweltrisiken und Altlasten in der Insolvenz, 2002; *Jaeger/Henckel*, § 38 InsO Rz. 26 ff.; *Hefermehl* in Münchener Kommentar zur InsO, § 55 InsO Rz. 77–103; *Hess*, § 38 InsO Rz. 57 ff., § 55 InsO Rz. 57–84; *Uhlenbruck*, § 80 InsO Rz. 120 ff.; dort jeweils umfassende Nachw.

nach Insolvenzverfahrenseröffnung entstandenen ordnungswidrigen Zustand (Zustandshaftung) beruht[1]. Hier gibt es zwar Meinungsverschiedenheiten in der Begründung, doch steht im Ergebnis fest, dass der Verwalter der Ordnungspflicht mit Mitteln der Masse nachkommen muss[2]. Ob er auch persönlich ordnungspflichtig ist[3], braucht hier nicht diskutiert zu werden. Frage des Einzelfalls ist, ob der Verwalter bei der Begründung der Ordnungspflicht pflichtwidrig gehandelt und sich hierdurch nach § 60 InsO schadensersatzpflichtig gemacht hat. Ist dies der Fall, so muss er im Verhältnis zur Masse die Beseitigungskosten übernehmen. Charakteristisch hierfür ist der folgende Leitsatz des Bundesverwaltungsgerichts im sog. Schmelzhüttenfall von 1998[4]:

„Führt ein Konkursverwalter eine immissionsschutzrechtlich genehmigungsbedürftige Anlage des Gemeinschuldners fort, muss er als Betreiber der Anlage Reststoffe auch dann nach Maßgabe des § 5 Abs. 1 Nr. 3 BImSchG a.F. als Abfälle beseitigen, wenn diese bereits vor Konkurseröffnung im Betrieb angefallen waren."

b) Gefahrverursachung vor der Verfahrenseröffnung

Umstritten ist die ordnungsrechtliche Behandlung derjenigen Fälle, in denen die **Ordnungspflicht** bereits **vor der Verfahrenseröffnung** entstanden war. Spezialregelungen sind nicht vorhanden. Neben den allgemeinen ordnungsrechtlichen Bestimmungen spielt aus dem Bundes-Bodenschutzgesetz vor allem dessen § 4 eine Rolle, der auszugsweise mitgeteilt sei: 7.23

(1) Jeder, der auf den Boden einwirkt, hat sich so zu verhalten, dass schädliche Bodenveränderungen nicht hervorgerufen werden.

(2) Der Grundstückseigentümer und der Inhaber der tatsächlichen Gewalt über ein Grundstück sind verpflichtet, Maßnahmen zur Abwehr der von ihrem Grundstück drohenden schädlichen Bodenveränderungen zu ergreifen.

(3) Der Verursacher einer schädlichen Bodenveränderung oder Altlast sowie dessen Gesamtrechtsnachfolger, der Grundstückseigentümer und der Inhaber der tatsächlichen Gewalt über ein Grundstück sind verpflichtet, den Boden und Altlasten sowie durch schädliche Bodenveränderungen oder Altlasten verursachte Verunreinigungen von Gewässern so zu sanieren, dass dauerhaft keine Gefahren, erheblichen Nachteile oder erheblichen Belästigungen für den einzelnen oder die Allgemeinheit entstehen. Hierzu kommen bei Belastungen durch Schadstoffe neben Dekontaminations- auch Sicherungsmaßnahmen in Betracht, die eine Ausbreitung der Schadstoffe langfristig verhindern. Soweit dies nicht möglich oder unzumutbar ist, sind sonstige Schutz- und Beschränkungsmaßnahmen durchzuführen. Zur Sanierung ist auch verpflichtet, wer aus handelsrechtlichem oder gesellschaftsrechtlichem Rechtsgrund für eine juristische Person einzustehen hat, der ein Grundstück, das mit einer schädlichen Bodenveränderung oder einer Altlast belastet ist, gehört, und wer das Eigentum an einem solchen Grundstück aufgibt.

(4) ...

(5) ...

1 BVerwG v. 22. 10. 1998 – 7 C 38/97, NJW 1999, 1416 = ZIP 1998, 2167.
2 *Hefermehl* in Münchener Kommentar zur InsO, § 55 InsO Rz. 94; *Hess*, § 55 InsO Rz. 59.
3 *Hefermehl* in Münchener Kommentar zur InsO, § 55 InsO Rz. 91.
4 BVerwG v. 22. 10. 1998 – 7 C 38/97, NJW 1999, 1416 = ZIP 1998, 2167.

(6) Der frühere Eigentümer eines Grundstücks ist zur Sanierung verpflichtet, wenn er sein Eigentum nach dem 1. März 1999 übertragen hat und die schädliche Bodenveränderung oder Altlast hierbei kannte oder kennen musste. Dies gilt für denjenigen nicht, der beim Erwerb des Grundstücks darauf vertraut hat, dass schädliche Bodenveränderungen oder Altlasten nicht vorhanden sind, und sein Vertrauen unter Berücksichtigung der Umstände des Einzelfalles schutzwürdig ist.

7.24 Nahezu jede Frage im Umgang mit den **Ordnungspflichten in der Insolvenz** ist umstritten. Die folgende Darstellung kann schon wegen der Vielfalt der Probleme nur skizzenhafte Orientierungen geben, zumal auch die Entwicklung der Rechtsprechung noch immer im Fluss ist.

2. Die Grundlinien: „massefreundliche" und „massefeindliche" Auffassungen

7.25 Die mit dieser Überschrift verwendeten Schlagwörter dürfen nicht als Wertungen missverstanden werden, etwa in dem Sinne, es gehe um „gute" und „böse" Auffassungen. Worum es geht, ist nur[1]: Kann die Masse von den aus Ordnungs- und Umweltrecht resultierenden finanziellen Lasten freigehalten werden („massefreundliche" Lösung), oder muss die Masse ohne Wenn und Aber für die auf ihr lastenden Umwelthaftungen geradestehen („massefeindliche" Lösung)? Es versteht sich, dass die „massefreundliche" Lösung in der Insolvenzpraxis viele Freunde hat: Die jede Schmälerung der Masse fürchtenden Gläubiger, die absonderungsberechtigten – z.B. durch Grundschulden gesicherten – und jede Entwertung des kontaminierten Grundstücks fürchtenden dinglichen Gläubiger, die an einer Sanierung interessierten Arbeitnehmer und mit ihnen allen die Verwalter. Die schwankende Rechtsprechung der Verwaltungsgerichte hat sich, wie noch zu zeigen sein wird, von einer „massefreundlichen" allmählich in eine „massefeindliche" Richtung entwickelt. Die Streubreite der weit ausdifferenzierten Literatur soll hier anhand von typischen Exponenten dargestellt werden.

a) „Massefreundliche" Lösungen

7.26 Charakteristisch für **die „massefreundlichen" Lösungen** ist neben den Äußerungen aus der Verwalterprofession[2] und mehreren Beiträgen aus der Wissenschaft[3] das große Handbuch von *Lwowski/Tetzlaff*[4]. Diese Sicht der Dinge dominierte noch vor wenigen Jahren in der Rechtsprechung[5]. Im Wesentlichen läuft die „massefreundliche" Auffassung auf folgende **Eckpunkte** hinaus:

1 Ausführlicher *Karsten Schmidt*, ZIP 2000, 1913, 1915.

2 Vgl. nur *Smid/Rattunde*, § 80 InsO Rz. 30 ff.; *Kilger*, FS Merz, 1992, S. 267 ff.; *Petersen*, NJW 1992, 1205 ff.

3 Vgl. mit erheblichen Unterschieden im Detail *Uhlenbruck*, § 80 InsO Rz. 126 ff.; *Häsemeyer*, FS Uhlenbruck, 2000, S. 97 ff.; *Lüke* in Kölner Schrift zur InsO, S. 859 ff.; *Hefermehl* in Münchener Kommentar zur InsO, § 55 InsO Rz. 78 ff.; *Jaeger/Henckel*, § 38 InsO Rz. 27; *Smid*, § 35 InsO Rz. 12; *Westpfahl*, Umweltschutz und Insolvenz, 1998, S. 85 ff., 111 ff.; *v. Wilmowsky*, ZIP 1997, 389 ff.

4 *Lwowski/Tetzlaff*, Umweltrisiken und Altlasten in der Insolvenz, 2002; vgl. auch *Lwowski/Tetzlaff*, WM 2005, 921 ff.

5 Nachweise und Kritik in der 2. Aufl., Rz. 758 f.

- Störungen, die nach der Verfahrenseröffnung im Herrschaftsbereich des Verwalters als des „Betreibers" entstanden sind, sind auf Kosten der Masse zu beseitigen. Die Masse (der Verwalter) ist, wie immer man dies rechtlich konstruiert, ordnungspflichtig und kann Adressatin von Ersatzvornahmeverfügungen sein. Ersatzvornahmekosten sind dann als Masseschulden zu begleichen (unstreitig).
- Störungen, die zwar der GmbH, aber nicht „dem Verwalter" (der Masse) zuzurechnen sind, begründen keine Ordnungspflicht der Masse („des Verwalters"). Die Ordnungspflicht ist in diesem Fall Insolvenzverbindlichkeit. Auch Ersatzvornahmekosten brauchen nur als Insolvenzverbindlichkeiten beglichen zu werden[1].
- Sofern keine eigene Ordnungspflicht der Masse („des Verwalters") vorliegt, kann der Verwalter die Masse durch Freigabe kontaminierter und somit ordnungswidriger Sachen von der Ordnungspflicht und damit auch von Ersatzvornahmekosten befreien[2].

b) „Massefeindliche" Lösungen

Eine krasse Gegenposition, also eine konsequent **„massefeindliche" Lösung**, wird seit geraumer Zeit vom *Verfasser* vertreten[3]. Sie ist sich mit der „massefreundlichen" Lösung selbstverständlich darin einig, dass eine vom Verwalter als „Betreiber" nach der Verfahrenseröffnung begründete Umwelthaftung auf Kosten der Masse zu erfüllen ist und dass im Insolvenzverfahren anfallende Ersatzvornahmekosten in diesem Fall Masseschulden begründen (Rz. 7.36). Dasselbe nimmt aber die hier vertretene Auffassung auch für den Fall an, dass die **Ordnungspflicht bereits vor der Insolvenzeröffnung** bestanden hatte. Die Altlastenhaftung belastet die Masse und schmälert deren Nettowert. Es ist deshalb ökonomisch einleuchtend, aber auch juristisch wohlbegründet, wenn der Insolvenzverwalter unter Begründung von Masseverbindlichkeiten (§ 55 Abs. 1 Nr. 1 InsO) für Beseitigung der in der Masse begründeten Störung sorgt und auch die Kosten einer nach Verfahrenseröffnung angeordneten und vorgenommenen Ersatzvornahme als Masseverbindlichkeiten beglichen werden müssen[4]. Diese Lösung basiert auf einer Reihe von – Stück für Stück umstrittenen – **Annahmen**[5]: 7.27

1 Vgl. VGH Mannheim v. 11. 12. 1990 – 10 S 7/90, BB 1991, 237; dazu *Lwowski/Tetzlaff*, Umweltrisiken und Altlasten in der Insolvenz, 2002, Rz. E 156; Kritik bei *Karsten Schmidt*, BB 1991, 1273 ff.

2 BVerwG v. 20. 1. 1984 – 4 C 37/80, NJW 1984, 2427; dazu *Lwowski/Tetzlaff*, Umweltrisiken und Altlasten in der Insolvenz, 2002, Rz. C 36 ff., F 1 ff., F 90 ff.; Kritik bei *Karsten Schmidt*, GS W. Martens, 1987, S. 178 f. und öfter.

3 Vgl. 3. Aufl., Rz. 758 f.; *Karsten Schmidt*, Wege zum Insolvenzrecht, S. 70 ff.; *Karsten Schmidt*, GS W. Martens, 1987, S. 699 ff.; *Karsten Schmidt* in Jahrbuch des Technik- und Umweltrechts 1990, S. 235 ff.; *Karsten Schmidt*, NJW 1993, 2833 ff.; *Karsten Schmidt*, ZIP 1997, 1441 ff.; *Karsten Schmidt*, ZIP 2000, 1913 ff.

4 Zusammenfassend *Karsten Schmidt*, ZIP 2000, 1913 ff. mit umfassenden Angaben.

5 Vgl. *Karsten Schmidt*, ZIP 2000, 1913 ff.; Gegenpositionen in nahezu jedem Punkt bei *Lwowski/Tetzlaff*, Umweltrisiken und Altlasten in der Insolvenz, 2002, Rz. C 36 ff., F 1 ff., F 90 ff.

- Erstens geht es nicht, wie die „Amtstheorie der Insolvenzverwaltung" suggeriert, um eine Ordnungspflicht des Verwalters, sondern es geht um die kontinuierlich die GmbH und ihr Vermögen treffende Ordnungspflicht[1].
- Zweitens ist die Annahme verfehlt, es handle sich bei der Ordnungspflicht selbst entweder um eine Insolvenzverbindlichkeit oder um eine Masseschuld der GmbH[2]. Die Ordnungspflicht ist eine objektivrechtliche Pflicht und als solche überhaupt keine Schuld, also auch keine Insolvenz- oder Masseverbindlichkeit[3]. Die Ordnungspflicht kann zwar Verbindlichkeiten (z.B. zur Zahlung von Ersatzvornahmekosten) auslösen, unrichtig ist aber die Annahme, dass sie selbst eine Verbindlichkeit ist. Sie trifft die GmbH vor und nach der Insolvenz und schmälert den Wert der kontaminierten Masse.
- Drittens ist der Verwalter, weil er das Management im Außenverhältnis verdrängt hat (nach der vom Verfasser vertretenen Ansicht sogar als Insolvenzorgan der GmbH agiert), verpflichtet, der die Masse belastenden Ordnungspflicht der GmbH nachzukommen[4]. Diese Pflicht ist nicht in seiner Person, sondern bei der GmbH begründet, aber sie trifft ihn aus organisationsrechtlichen Gründen in dem Sinne, dass er, wie vor der Insolvenz die Geschäftsführer, für die Pflichterfüllung zuständig ist. Diese Zuständigkeit des Verwalters wirkt sich auch auf sein Verhältnis zu den Gläubigern aus: Er darf Masseverbindlichkeiten durch sein Tun (Beseitigung) oder Unterlassen (Ersatzvornahme) begründen, ohne sich eine Schädigung der Masse und Schmälerung der Gläubigerrechte vorhalten lassen zu müssen.
- Viertens begründet nicht nur eine vom Verwalter selbst in Auftrag gegebene Beseitigung, sondern auch eine staatliche Ersatzvornahme eine Masseverbindlichkeit nach § 55 Abs. 1 Nr. 1 InsO, denn sie ist durch ein Verhalten des Verwalters (nämlich ein gesetzwidriges Unterlassen, das einer Handlung gleichsteht) begründet[5].
- Fünftens ist eine echte Freigabe von Vermögensgegenständen aus der Masse einer insolventen GmbH ausgeschlossen (Rz. 7.19) und wenn sie zulässig wäre, würde sie ordnungsrechtlich weder die Gesellschaft noch die Masse entlasten.

7.28 Im Ergebnis bedeutet dies, dass eine **Altlastenbeseitigung auf Kosten der Masse** zu geschehen hat. Doch ist dies nicht herrschende Meinung.

---

1 *Karsten Schmidt*, ZIP 2000, 1913, 1916, 1918.

2 Zum diesbezügliche Streitstand vgl. *Hess*, § 38 InsO Rz. 61 ff.

3 OVG Greifswald v. 16. 1. 1997 – 3 L 94/96, ZIP 1997, 1460, 1462; *Karsten Schmidt*, zuerst BB 1991, 1273, 1278, zuletzt ZIP 2000, 1913, 1919; zust. *Ehricke* in Münchener Kommentar zur InsO, § 38 InsO Rz. 39.

4 Vgl. *Scholz/Karsten Schmidt*, 9. Aufl., Vor § 64 GmbHG Rz. 61; *Karsten Schmidt*, ZIP 2000, 1913, 1918.

5 Wie hier insofern jetzt *Eickmann* in Heidelberger Kommentar zur InsO, § 35 InsO Rz. 44, § 55 InsO Rz. 17.

3. Stand der Rechtsprechung zur Ordnungspflicht

Die Rechtsprechung ist immer noch unübersichtlich. 7.29

a) Bundesverwaltungsgericht

Der **XI. Senat des Bundesverwaltungsgerichts** – vormals ganz „massefreundlich"[1] – hat im Jahr 1999 in Bestätigung eines Urteils des OVG Greifswald[2] in einem „massefeindlichen" Sinne entschieden[3]: 7.30

„Die an einen Gesamtvollstreckungsverwalter gerichtete Anordnung zur Beseitigung einer Störung, die von Massegegenständen ausgeht, ist unabhängig vom Entstehungszeitpunkt dieser Störung keine Gesamtvollstreckungsforderung, sondern wie eine Masseverbindlichkeit zu behandeln."

Der Grundgedanke geht dahin, dass der Verwalter die ordnungsrechtlichen Pflichten erfüllen muss, die von der Masse ausgehen. Eine gegen dieses – nach Einschätzung des Verfassers zutreffende – Urteil eingelegte Verfassungsbeschwerde[4] wurde vom Bundesverfassungsgericht nicht angenommen. Das Bundesverwaltungsgericht hat den „massefeindlichen" Ansatz bezüglich der Ordnungspflicht aus der Zustandshaftung durch ein Urteil vom 23. 9. 2004 bestätigt[5]: „Der Insolvenzverwalter kann nach § 4 Abs. 3 Satz 1 BBodSchG als Inhaber der tatsächlichen Gewalt für die Sanierung von massezugehörigen Grundstücken herangezogen werden, die bereits vor der Eröffnung des Insolvenzverfahrens kontaminiert waren. Eine solche Verpflichtung ist eine Masseverbindlichkeit i.S. des § 55 Abs. 1 Nr. 1 InsO (Bestätigung von BVerwGE 108, 269 = ZIP 1999, 538)." Dieselbe Entscheidung beschreitet dann allerdings bezüglich der Enthaftung durch Freigabe wieder einen ganz „massefreundlichen" Weg (dazu Rz. 7.26). Vor allem aber hat das Bundesverwaltungsgericht zur Verhaltenshaftung ganz „massefreundlich" ausgeführt[6]: 7.31

„Soweit die Ordnungspflicht sich nicht aus der Verantwortlichkeit für den aktuellen Zustand von Massegegenständen ergibt, sondern an ein in der Vergangenheit liegendes Verhalten anknüpft" [...] „kann die (bloße) Besitzergreifung von vornherein nicht zur persönlichen Inanspruchnahme des Insolvenzverwalters führen".

1 BVerwG v. 20. 1. 1984 – 4 C 37/80, NJW 1984, 2427; dazu neuerlich *Lwowski/Tetzlaff*, Umweltrisiken und Altlasten in der Insolvenz, 2002, Rz. C 36 ff., F 1 ff., F 90 ff.; dagegen hier schon 2. Aufl., Rz. 759.

2 OVG Greifswald v. 16. 1. 1997 – 3 L 94/96, ZIP 1997, 1460 = EWiR 1997, 989 (*Pape*); dazu kontrovers *Karsten Schmidt*, ZIP 1997, 1441; *v. Wilmowsky*, ZIP 1997, 1445.

3 BVerwG v. 10. 2. 1999 – 11 C 9/97, BVerwGE 108, 269 = ZIP 1999, 538 = EWiR 2000, 629 (*Lüke/Blenske*); dazu *Jarchow* in Hamburger Kommentar zum Insolvenzrecht, § 55 InsO Rz. 73 ff.; *Hefermehl* in Münchener Kommentar zur InsO, § 55 InsO Rz. 83; kritisch *Häsemeyer*, Insolvenzrecht, Rz. 13.13a; *Lwowski/Tetzlaff*, Umweltrisiken und Altlasten in der Insolvenz, 2002, Rz. C 3 ff.; *von Bismarck* in Beck/Depré, Praxis der Insolvenz, § 33 Rz. 68 ff.; *Uhlenbruck*, § 80 InsO Rz. 128.

4 Dazu *Tetzlaff*, ZIP 2001, 10.

5 BVerwG v. 23. 9. 2004 – 7 C 22/03, NZI 2005, 51 m. Anm. *Segner* = ZIP 2004, 2145; dazu etwa *Hess*, § 55 InsO Rz. 65; *Seidel/Flitsch*, DZWiR 2005, 278, 280.

6 BVerwG v. 23. 9. 2004 – 7 C 22/03, NZI 2005, 51, 52 = ZIP 2004, 2145, 2147.

b) Bundesgerichtshof

7.32 Eine ganz „massefreundliche" Richtung, freilich bezogen auf die zivilrechtliche Haftung, hat der **IX. Zivilsenat des BGH** eingeschlagen. Er hat schon im Jahr 2001 ausgesprochen, dass die Insolvenzmasse im Insolvenzverfahren eines Mieters für einen vertragswidrigen Zustand der Masse nur insoweit haftet, als der Verwalter den Zustand durch ihm selbst zuzurechnende Handlungen verursacht hat[1]. Im Jahr 2002 hat er darüber hinaus entschieden, dass zivilrechtliche Ansprüche wegen Umweltschäden, die bereits vor der Verfahrenseröffnung bestanden, nur als Insolvenzforderungen zur Tabelle angemeldet werden können[2]. Beide Entscheidungen gehen zur Rechtsprechung des Bundesverwaltungsgerichts auf Distanz. Sie haben Zustimmung gefunden[3]. Überzeugen können sie aber nicht, weil sie eben nur von Forderungen gegen die Schuldnerin und nicht von der Ordnungspflicht sprechen. Deshalb geht auch die Überlegung fehl, der Staat dürfe gegenüber anderen Gläubigern nicht privilegiert werden[4]. Es geht nicht um Forderungen und ihren Rang, sondern schlicht um die Durchsetzung rechtmäßigen Verhaltens der insolventen Gesellschaft[5].

c) Befreiung durch Freigabe?

7.33 **aa)** Nach bis heute herrschender Auffassung kann „sich" der Insolvenzverwalter **durch Freigabe** des kontaminierten Erdreichs aus der Masse **von der ordnungsrechtlichen Haftung befreien** (genauer: Er befreit nach der h.M. die Masse von der Umwelthaftung)[6]. Im Ergebnis bedeutet dies: Der Insolvenzverwalter trifft eine **rechtsgebundene Entscheidung**. Er steht vor der Wahl

- entweder der Ordnungspflicht Genüge zu tun, und zwar im Zweifel mit Hilfe eines Spezialunternehmens, dessen Beauftragung Masseschulden generiert (§ 55 Abs. 1 Nr. 1 InsO),
- oder die Ersatzvornahme abzuwarten (zur Klassifikation der Ersatzvornahmekosten vgl. Rz. 7.36),
- oder schließlich die Störerhaftung der Masse durch Freigabe zu beenden.

7.34 Vor dem Hintergrund der **Insolvenzverwalterhaftung** nach § 60 InsO ist klar, wie sich der Verwalter verhalten wird. Er wird die haftungsbegründenden Gegenstände – meist: das kontaminierte Erdreich – freigeben[7]. Rechtspolitisch ist diese Praxis allerdings kaum tolerabel[8]. Sie ist auch juristisch abzulehnen,

---

1 BGH v. 5. 7. 2001 – IX ZR 327/99, BGHZ 148, 252 = ZIP 2001, 1469.

2 BGH v. 18. 4. 2002 – IX ZR 161/01, ZIP 2001, 1043.

3 Vgl. nur *Kuleisa* in Hamburger Kommentar zum Insolvenzrecht, § 8 InsO Rz. 38.

4 So etwa *Häsemeyer*, Insolvenzrecht, Rz. 13.13a; *Häsemeyer*, FS Uhlenbruck, 2000, S. 97, 103.

5 OVG Greifswald v. 16. 1. 1997 – 3 L 94/96, ZIP 1997, 1460; näher *Karsten Schmidt*, ZIP 1997, 1437, 1444; *Karsten Schmidt*, ZIP 2000, 1913, 1919; dort umfassende Nachw.

6 Zusammenfassend BVerwG v. 23. 9. 2004 – 7 C 22/03, ZIP 2004, 2145; *Hefermehl* in Münchener Kommentar zur InsO, § 55 InsO Rz. 99 ff.; *Kuleisa* in Hamburger Kommentar zum Insolvenzrecht, § 80 InsO Rz. 39.

7 Folgerichtig *von Bismarck* in Beck/Depré, § 33 Rz. 73.

8 *Karsten Schmidt*, ZIP 1997, 1437 ff.; *Karsten Schmidt*, ZIP 2000, 1913 ff.

weil eine Freigabe in der Gesellschaftsinsolvenz nicht anzuerkennen ist (Rz. 7.19). Im Übrigen wäre auch ihre befreiende Wirkung zu bestreiten, wenn man die Freigabe denn als vermögensrechtlich wirksam behandeln wollte[1].

bb) In einem Nichtannahmebeschluss vom 5. 10. 2005 hatte das **Bundesverwaltungsgericht** Gelegenheit, seine Rechtsprechung zu den ordnungsrechtlichen Wirkungen der Freigabe zu relativieren[2]. Es ging um die Heranziehung des klagenden Insolvenzverwalters zu Beseitigungs- und Reinigungsmaßnahmen sowie die Kosten einer Ersatzvornahme, die ihm als Konkursverwalter über das Vermögen des Unternehmens zur Glasherstellung auferlegt worden waren. Die Klage war in zwei Instanzen erfolglos geblieben. Der VGH hatte sich auf den Standpunkt gestellt, die umstrittenen Handlungsverpflichtungen, Ersatzvornahmeanordnungen und -androhungen seien rechtmäßig gewesen. Die Beschwerde gegen die Nichtzulassung der Revision war erfolglos. Der Beschluss des Bundesverwaltungsgerichts wurde in der ZInsO mit folgenden, nicht amtlichen Leitsätzen veröffentlicht: 7.35

„1. An seine Stelle als Betreiber einer Anlage anknüpfende Ordnungspflichten treffen den Insolvenzverwalter persönlich, sind also als Masseverbindlichkeiten zu erfüllen.

2. Die Freigabeerklärung des Insolvenzverwalters in Bezug auf Abfälle kann seine Ordnungspflicht entfallen lassen.

3. Eine Freigabeerklärung entfaltet keine Wirkungen auf die Ordnungspflicht des Insolvenzverwalters, wenn sich trotz der Freigabeerklärung an den faktischen Besitzverhältnissen nichts ändert, die Freigabeerklärung also tatsächlich folgenlos bleibt."

Dieser Beschluss weist in die richtige Richtung, packt aber das Problem noch immer nicht an seiner Grundsätzlichkeit. Nach der hier vertretenen Auffassung wäre die Freigabemöglichkeit ganz abzulehnen gewesen.

d) Ersatzvornahme und Ersatzvornahmekosten der Insolvenz

Nach der auf die 90er Jahre zurückgehenden Rechtsprechungstradition braucht der Insolvenzverwalter, um die Masse nicht mit den vollen Beseitigungskosten zu belasten, nicht einmal das kontaminierte Erdreich freizugeben. Selbst wenn er dies nicht tut, wäre ihm immer noch davon abzuraten, einer Ordnungsverfügung unter Begründung von Masseschulden nachzukommen. Im Fall einer behördlichen Ersatzvornahme werden nämlich die Ersatzvornahmekosten herkömmlich als bloße **Insolvenzforderungen** eingeordnet[3]. Richtig und allein mit dem insolvenzrechtlichen Zurechnungssystem in Einklang zu bringen scheint die Behandlung als **Masseschuld**: Die Ersatzvornahme ist – wie eine Notgeschäftsführung nach §§ 679, 683 Satz 2 BGB – eine durch rechtswidriges Unterlassen des Insolvenzverwalters begründete Ersatzgeschäftsführung des Staates (§ 35 Abs. 1 Nr. 1 InsO)[4]. 7.36

1 Vgl. auch OVG Lüneburg v. 7. 1. 1993 – 7 M 5684/92, ZIP 1993, 1174, 1175; *Petersen*, NJW 1992, 1202, 1208; *v. Wilmowsky*, ZIP 1997, 389.

2 BVerwG v. 5. 10. 2005 – 7 B 65/05, ZInsO 2006, 495, 496.

3 Vgl. nur VGH Mannheim v. 11. 12. 1990 – 10 S 7/90, BB 1991, 237 = NJW 1992, 64; *Hess*, § 38 InsO Rz. 67.

4 Näher *Karsten Schmidt*, NJW 1993, 2833, 2836; *Hess*, § 55 InsO Rz. 62 ff.

4. Verhaltensempfehlung

7.37 **a)** Die **offenkundige Uneinigkeit** selbst unter den obersten Gerichtshöfen des Bundes – eine Anrufung des Gemeinsamen Senats der Obersten Gerichtshöfe des Bundes hat nicht stattgefunden – lässt fortbestehende Rechtsunsicherheit und Wertungswidersprüche erkennen. Indes empfiehlt sich nach den hier angestellten Überlegungen ein auf die neuere Verwaltungsrechtsprechung ausgerichtetes Verwalterverhalten, denn diese Rechtsprechung ist, was die ordnungsrechtliche Strategie anlangt, sachnäher und aus der hier vertretenen Sicht auch überzeugend. Das sollte bedeuten:

- Der Insolvenzverwalter ist gehalten, Altlasten ebenso zu beseitigen wie die von ihm selbst zu verantwortenden Störungen (Rechtsbehelfe gegen die Inanspruchnahme sind nach der hier vertretenen Auffassung unbegründet, allerdings angesichts des anhaltenden Streits nicht völlig aussichtslos).
- Der Insolvenzverwalter macht sich deshalb nicht nach § 60 InsO schadensersatzpflichtig, wenn er von einer Freigabe absieht und zur Beseitigung Masseschulden begründet (nach der hier vertretenen Auffassung ist die Freigabe sogar rechtlich ausgeschlossen, jedenfalls aber ohne ordnungsrechtlich entlastende Wirkung).
- Beseitigt der Verwalter die Störung nicht, so muss er nunmehr anfallende Ersatzvornahmekosten als Masseschulden begleichen (Rechtsbehelfe gegen die Inanspruchnahme sind wiederum nach der hier vertretenen Ansicht unbegründet, wenn auch in Anbetracht des fortbestehenden Meinungsstreits nicht völlig aussichtslos).
- Die unsichere Rechtslage lässt eine Verständigung mit dem Gläubigerausschuss ratsam erscheinen.

7.38 **b)** Die hier vertretene Auffassung zum öffentlichen Recht hindert den Verwalter selbstverständlich nicht, in der **Einschätzung privatrechtlicher Ansprüche** nach der Rechtsprechung des IX. Zivilsenats zu verfahren. Er wird diese Ansprüche als bloße Insolvenzforderungen bedienen, soweit sie nicht auf eigenen Handlungen beruhen. Dasselbe gilt für Ersatzvornahmekosten aus der Zeit vor der Verfahrenseröffnung. Sie sind auch nach der hier vertretenen Ansicht bloße Insolvenzforderungen. Zweifelhaft ist die Behandlung von Schäden, die erst durch Nichtbeseitigung einer Störung während des Insolvenzverfahrens entstehen. Hier scheint sich eine echte Divergenz der höchstrichterlichen Rechtsprechung abzuzeichnen, es sei denn, man spricht der mit dem Bundesverwaltungsgericht anzunehmenden Handlungspflicht eine privatschützende Wirkung ab.

IV. Betriebsfortführung und Betriebseinstellung
(Wellensiek/Schluck-Amend)

1. Die Betriebsfortführung im eröffneten Insolvenzverfahren

a) Allgemeines

Durch die Formulierung des **§ 1 InsO** hat der Gesetzgeber deutlich gemacht, dass das Ziel des Insolvenzverfahrens, als Gesamtvollstreckungsverfahren die Vermögenshaftung des Schuldners zu verwirklichen, auch durch einen Erhalt des schuldnerischen Unternehmens verwirklicht werden kann. Die Entscheidung hierüber obliegt der Gläubigerversammlung im Berichtstermin (§ 157 InsO). Bis zum Berichtstermin hat der Insolvenzverwalter das schuldnerische Unternehmen damit zwangsläufig fortzuführen[1]. 7.39

Das Insolvenzverfahren ist somit **nicht auf bloße Zerschlagung** ausgerichtet; auch nach der vor dem In-Kraft-Treten der InsO am 1. 1. 1999 bestehenden Rechtslage war dies nicht der Fall[2]. Die Betriebsfortführung in der Insolvenz war nicht nur Leitbild der Vergleichsordnung[3], sondern war auch schon in der Konkursordnung vorgesehen gewesen(§§ 129 Abs. 2, 130, 132 Abs. 1 KO). Mit § 1 InsO ist die Betriebsfortführung aber nunmehr zu einem der Ziele des Insolvenzverfahrens erhoben worden. Dabei kann die Betriebsfortführung auf verschiedene Arten verwirklicht werden: Sanierung im Wege eines Insolvenzplanverfahrens oder übertragende Sanierung mit der Konsequenz der Liquidation des Rechtsträgers des Unternehmens. Beide Varianten erfordern jedenfalls eine einstweilige Fortführung des schuldnerischen Unternehmens durch den Insolvenzverwalter[4]. Da allein die Gläubigerversammlung über die zu wählende Verwertungs- und Handlungsalternative zu entscheiden hat, ist es vordringliche Aufgabe des Insolvenzverwalters bis zum Berichtstermin durch die Betriebsfortführung alle Alternativen offen zu halten. 7.40

b) Gründe für eine Unternehmensfortführung im eröffneten Insolvenzverfahren

Für eine Betriebsfortführung im Insolvenzverfahren sprechen insbesondere zwei Gründe. 7.41

Zunächst ist eine befristete Betriebsfortführung im eröffneten Insolvenzverfahren meistens ökonomisch sinnvoll, weil durch eine **geregelte „Ausproduktion"** in der Regel noch erhebliche Vermögenswerte zur Masse gezogen werden können. 7.42

So lohnt sich meist die **Fertigstellung von Halbfertigerzeugnissen**, die oftmals keinen oder nur einen äußerst geringen Verkaufswert haben. Je mehr Auf- 7.43

1 Allg. Meinung, vgl. nur *Beck* in Beck/Depre, Praxis der Insolvenz, Rz. 70 ; *Kirchhof* in Heidelberger Kommentar zur InsO, § 22 InsO Rz. 19 ff.; *Schmerbach* in Frankfurter Kommentar zur InsO, § 22 InsO Rz. 17.

2 Vgl. BGH v. 4. 12. 1986 – IX ZR 47/86, BGHZ 99, 151, 155.

3 S. *Mönning*, Betriebsfortführung in der Insolvenz, Rz. 143 ff.

4 Etwas anderes gilt im Falle der übertragenden Sanierung nur, wenn diese auf den Zeitpunkt der Insolvenzverfahrenseröffnung erfolgt, vgl. auch Rz. 2.133.

wand für diese Halbfertigerzeugnisse bereits erbracht wurde, desto mehr lohnt sich in der Regel die Fertigstellung (vorausgesetzt, es gibt für diese Erzeugnisse noch einen Markt).

7.44 Durch die **Abwicklung bestehender Aufträge** wird des Weiteren das Auflaufen von Schadensersatzansprüchen vermieden, für die ggf. Sicherheiten bestellt waren oder die über Aufrechnungslagen geltend gemacht werden können.

7.45 Von großem Vorteil ist es in der Regel aber auch, wenn die **Außenstände** weiterhin **über eine funktionierende Debitorenbuchhaltung des Unternehmens eingezogen werden können**, da dort die gesamten hierzu erforderlichen Daten, insbesondere aber auch alle erforderlichen Informationen über die zugrunde liegenden Rechtsverhältnisse vorliegen. Im Falle der Betriebseinstellung kommt es hingegen regelmäßig zu erheblichen Reibungsverlusten im Hinblick auf die Aufarbeitung der Unterlagen, die für einen effizienten Forderungseinzug erforderlich sind. Auch wenn nach Betriebseinstellung in der Buchhaltung noch Personal weiterbeschäftigt werden kann, so ändert dies nichts an der nachlassenden Motivation der noch verbliebenen Beschäftigten und der Problematik, dass Detailinformationen zu etwaigen Einwendungen der Drittschuldner nicht mehr bei den jeweiligen Fachabteilungen abgefragt werden können.

7.46 Auch aus **Sicht der Sicherungsgläubiger**[1] ist die Einziehung von Außenständen durch das Unternehmen (bzw. den Insolvenzverwalter) während einer Betriebsfortführung wirtschaftlich am sinnvollsten. Die Einziehung von Forderungen durch den Sicherungsgläubiger selbst ist für diesen demgegenüber nur von eingeschränktem Nutzen. Erfahrungsgemäß lässt die Zahlungsbereitschaft der Schuldner abgetretener Forderungen nach Offenlegung erheblich nach. Auch können Einwendungen aus dem Grundverhältnis ohne Informationen aus dem Unternehmen kaum geprüft werden.

7.47 Des Weiteren repräsentiert ein **werbendes Unternehmen** grundsätzlich einen **höheren wirtschaftlichen Wert** als die Summe seiner veräußerbaren Einzelteile. Diese Differenz kommt (unvollkommen) zum Ausdruck in der bilanziellen Unterscheidung zwischen Fortführungs- und Zerschlagungswerten.

7.48 **Gegenstände des Anlagevermögens** verlieren bei einer Zerschlagung umso mehr an Wert, je spezifischer diese auf die besonderen Unternehmensbedürfnisse zugeschnitten sind. Mit zunehmender Komplexität steigt danach der Wertverlust bei einer Einzelverwertung bis hin zum reinen Schrottwert, der ggf. noch von den Demontagekosten aufgezehrt werden kann.

7.49 Die **Zerschlagung** eines laufenden Unternehmens stellt demnach eine bereits vom Absatz her **ungünstige Verwertungsart** dar[2], zumal auch der Verwertungsaufwand bei einer Unternehmenszerschlagung insgesamt erheblich höher ist als bei einer Gesamtveräußerung des Unternehmens, der sog. **übertragenden Sanierung** (s. Rz. 7.99 ff.).

1 Lieferanten mit verlängerten Eigentumsvorbehaltsrechten und Banken mit Globalzessionen als Sicherungsmittel.
2 S. hierzu *Mönning,* Betriebsfortführung in der Insolvenz, Rz. 3, 174.

Durch eine übertragende Sanierung bleiben darüber hinaus aber auch **Arbeitsplätze** erhalten; entsprechend geringer fällt etwa der Umfang erforderlicher Sozialpläne oder das Maß von Massebelastungen wegen Entgeltzahlungspflichten bis zum Ablauf der einschlägigen Kündigungsfristen aus. Auch kann die gesamte Insolvenz durch eine übertragende Sanierung einigermaßen „geräuschlos" abgewickelt werden, was oftmals auch im Interesse einzelner Gläubiger liegt. 7.50

c) Maßnahmen der Betriebsfortführung

Die Betriebsfortführung im Insolvenzverfahren wird durch einige Umstände erleichtert. Insbesondere muss **kein Kapitaldienst** mehr geleistet werden und auch sonstige offene Verbindlichkeiten sind vom Grundsatz her nicht mehr zu bezahlen. 7.51

Sodann stehen dem Verwalter nach Maßgabe der §§ 103 ff. InsO Mittel zur Verfügung, sich von **bestehenden Vertragsverpflichtungen** zu lösen. Auch hat er nach den Regelungen der §§ 120 ff. InsO verbesserte Möglichkeiten, Betriebsänderungen durchzuführen (dazu näher unten Rz. 7.248 ff.). 7.52

Hinzu kommt, dass die Insolvenzsituation bei den **Arbeitnehmervertretern** in aller Regel die Einsicht darin begünstigt, dass an ggf. drastischen Sanierungsmaßnahmen auf Grund der eingetretenen Unternehmenskrise nun kein Weg mehr vorbeiführt, will man wenigstens einige der betroffenen Arbeitsplätze retten. In der Insolvenzsituation zeigt sich deswegen oftmals bei den Arbeitnehmern eine Flexibilität, deren Fehlen zuvor einer Abwendung der Krisensituation entgegengestanden hatte. 7.53

Gleichwohl ist die **Liquiditätssituation** für den Verwalter ab Verfahrenseröffnung grundsätzlich **problematisch**. In der Regel verfügt der Insolvenzschuldner nicht mehr über freie Kreditlinien oder sonstiges freies Vermögen (nicht an Dritte verpfändetes oder sicherungsübereignetes Anlage- oder Umlaufvermögen oder abgetretene Forderungen), das versilbert werden könnte. Die Betriebsfortführung kann daher in der Regel nur bewerkstelligt werden, wenn es dem Insolvenzverwalter gelingt, ein so genanntes Massedarlehen aufzunehmen. Das Darlehen ist als Masseverbindlichkeit gem. § 55 Abs. 2 InsO zurückzuzahlen, wofür der Insolvenzverwalter persönlich haftet (§§ 60, 61 InsO). Da die Banken meist auch ein großes Interesse an der Betriebsfortführung haben und dem Inolvenzverwalter im Zeitpunkt der Darlehensaufnahme noch kein vollständiger Überblick über die finanziellen Verhältnisse des schuldnerischen Unternehmens vorliegen wird, gelingt es ihm häufig, eine Haftung nach § 61 InsO abzubedingen. Als Sicherheit für das Massedarlehen werden oft nur durch die Betriebsfortführung neu entstehende Forderungen oder Waren in Betracht kommen. 7.54

Mit Bekanntwerden der Insolvenz ist für das ohnehin krisengeschüttelte Unternehmen eine Ausnahmesituation zutage getreten, die eine **erhebliche Verunsicherung** der Kunden, Lieferanten und Beschäftigten des Unternehmens zur Folge hat. Auch dadurch wird die Betriebsfortführung nicht unerheblich erschwert. 7.55

7.56 Die **Kunden** müssen um die reibungslose Fortführung der geschäftlichen Beziehungen fürchten, da das Schicksal des insolvenzbefangenen Unternehmens offen ist. Aus diesem Grund besteht für sie hinreichende Veranlassung, sich um Ausweichmöglichkeiten zu kümmern, um im Falle einer Betriebsstilllegung nicht selbst in eine Krisensituation zu geraten. Die Gefahr, dass die Einleitung eines Insolvenzverfahrens deshalb mit einem massiven Umsatzeinbruch für das insolvente Unternehmen einhergeht, ist groß und realisiert sich nur allzu oft. Bereits während des vorläufigen Insolvenzverfahrens gehört es daher zu den vordringlichsten Aufgaben des Insolvenzverwalters, das geschwächte Vertrauen der Kunden wieder zu stärken, um so die Grundlagen für eine Betriebsfortführung zu erhalten.

7.57 Die **Lieferanten** müssen den Verlust ihrer Forderungen gegen den Schuldner hinnehmen. Dies führt nicht selten zu einer erheblichen Anspannung der Geschäftsbeziehungen. Die Weiterbelieferung erfolgt ggf. nur noch gegen Vorkasse. Der Ausfall mit den Außenständen gegenüber dem Schuldner führt aber oftmals auch eine ernste Krisensituation bei den Lieferanten nach dem „Dominoeffekt" herbei, die dann u.U. in einer Folgeinsolvenz mündet.

7.58 Besondere Probleme entstehen durch die Insolvenzsituation im **Personalbereich**. Diese ist für die Arbeitnehmer des Schuldners ein Alarmsignal für den drohenden Verlust des Arbeitsplatzes und den Ausfall mit den laufenden Entgeltzahlungen. Folge hieraus ist in der Regel eine erhebliche Verunsicherung unter der Belegschaft, die den weiteren Arbeitsablauf im Unternehmen in erheblichem Maße gefährden kann. Hinzu kommen regelmäßig die Versuche von Wettbewerbern, qualifiziertes Personal gerade in dieser Phase der Verunsicherung abzuwerben. Insbesondere die Leistungs- und Know-how-Träger, die einen wesentlichen Teil des Unternehmenswertes verkörpern[1], werden oftmals schnell die sich ihnen bietenden Möglichkeiten anderweitiger beruflicher Absicherung wahrnehmen und das Unternehmen verlassen, welches dadurch in seinen Kapazitäten empfindlich getroffen werden kann. Verstärkt wird diese Problematik dadurch, dass die regelmäßig höher dotierten Leistungsträger bereits während des Insolvenzantragsverfahrens dadurch finanzielle Einbußen hinnehmen müssen, dass die Insolvenzgeldansprüche nunmehr an die Höhe der Beitragsbemessungsgrenze zur Rentenversicherung gekoppelt wurden. Die oft zitierte „Versorgungslücke" greift im Insolvenzfall für diesen Personenkreis sofort und motiviert nicht dazu, die weitere Betriebsfortführung zu begleiten.

7.59 Hinzu kommt, dass in einem insolventen Unternehmen die Buchhaltung oftmals nicht auf aktuellem Stand ist und der Verwalter nicht mit den näheren betrieblichen Hintergründen vertraut ist. Der Verwalter steht somit grundsätzlich vor einer schwierigen unternehmerischen Gesamtsituation.

1 S. *Mönning*, Betriebsfortführung in der Insolvenz, Rz. 1210 f.

2. Pflichten des Insolvenzverwalters

a) Verfahrensrechtliche Pflichten

Bis zum Berichtstermin, in dem die Gläubigerversammlung über die Betriebsfortführung erstmals befindet, hat der Verwalter das schuldnerische Unternehmen grundsätzlich fortzuführen. Diese Verpflichtung lässt sich aus der Bestimmung des § 22 Abs. 1 Satz 2 Nr. 2 InsO (Fortführungspflicht des vorläufigen Insolvenzverwalters mit Verfügungsbefugnis) ableiten, die ohne eine weitere **Fortführungspflicht des Verwalters nach Eröffnung des Insolvenzverfahrens bis zum Berichtstermin** sinnlos wäre. Eine Stilllegung des Betriebes wäre regelmäßig irreversibel, so dass in diesem Fall der Gläubigerversammlung die ihr nach § 157 InsO eingeräumte Wahlmöglichkeit über den weiteren Verfahrensfortgang genommen werden würde[1]. 7.60

Diese Pflicht zur Betriebsfortführung bedeutet zugleich ein **vorläufiges Verwertungsverbot** jedenfalls bezüglich der Vermögensgegenstände, die zur Fortführung benötigt werden[2]. Davon nicht erfasst sind aber Verkäufe, Verarbeitung und Verbrauch im Rahmen des ordnungsgemäßen Geschäftsganges, wie der Verbrauch und die Verarbeitung von Roh-, Hilfs- und Betriebsstoffen oder der Verkauf von verderblicher Ware oder von Vermögensgegenständen, die nicht für die Betriebsfortführung benötigt werden. Des Weiteren ist die Verwendung zulässig, wenn entweder dadurch betriebsnotwendige Liquidität geschaffen wird oder Gefahr im Verzug ist[3]. Ebenso wenig ist von dem Verwertungsverbot der Einzug von Forderungen erfasst, da dieser keinerlei Einfluss auf die Entscheidung der Gläubigerversammlung im Berichtstermin hat. 7.61

§ 158 InsO regelt insoweit, dass die **Unternehmensstilllegung vor dem Berichtstermin** von der Zustimmung des Gläubigerausschusses abhängt, sofern ein solcher bestellt wurde. Des Weiteren hat der Verwalter den Schuldner vorab von dem Vorhaben der Stilllegung zu unterrichten. Das Gericht ist auf Antrag des Schuldners dazu verpflichtet, die Betriebsstilllegung zu untersagen, wenn diese ohne größere Masseverluste bis zum Berichtstermin aufgeschoben werden kann. 7.62

Gegenüber der Rechtslage im Eröffnungsverfahren fällt auf, dass die Voraussetzungen für eine Betriebsschließung im eröffneten Insolvenzverfahren herabgesetzt wurden. Dies rechtfertigt sich daraus, dass im eröffneten Hauptverfahren das **Bestandsschutzinteresse des Schuldners** an der Erhaltung seines Geschäftsbetriebes **vermindert** und durch das Interesse der Gläubiger an der Haftungsverwirklichung verdrängt wird. 7.63

Nach Abhaltung des Berichtstermins ist die Betriebsfortführung nicht auf Fälle beschränkt, in denen die Erstellung eines Insolvenzplans zur Sanierung 7.64

1 S. auch *Mönning,* Betriebsfortführung in der Insolvenz, Rz. 289 f.; *Heye* in Münchener Anwaltshandbuch Sanierung und Insolvenz, § 36 Rz. 24.
2 Ebenso *Häsemeyer*, Insolvenzrecht, Rz. 13.34; *Beck* in Beck/Depré, Praxis der Insolvenz, § 10 Rz. 72.
3 So *Uhlenbruck*, § 159 InsO Rz. 26.

des Schuldners oder zur Übertragung seines Unternehmens beschlossen wurde, sondern diese ist **auch nach den Vorschriften über das Regelverfahren weiter zulässig**[1]. Die Betriebsfortführung im Insolvenzverfahren ist jedoch **kein Selbstzweck**, sondern hat sich stets dem primären Verfahrensziel der Haftungsverwirklichung unterzuordnen[2]. Eine unbegrenzte Betriebsfortführung läuft daher dem Zweck der Gläubigerbefriedigung aus dem Vermögen des schuldnerischen Unternehmens zuwider.

7.65 Der **Insolvenzverwalter** trägt insoweit ein nicht unerhebliches **persönliches Risiko**, das daraus resultiert, dass das Insolvenzverfahren streng auf die Haftungsverwirklichung durch die Verwertung des Schuldnervermögens ausgerichtet ist, soweit nicht die Gläubiger durch einen (gerichtlich bestätigten) Insolvenzplan etwas anderes beschließen (§ 1 InsO). Für vermeidbare Masseschmälerungen haftet der Verwalter nach Maßgabe der §§ 60 f. InsO den Gläubigern persönlich (dazu näher Rz. 7.113 ff.).

7.66 In vielen Fällen laufen während der Betriebsfortführung im Insolvenzverfahren jedoch weitere Verluste auf. Damit ist ein **Tatbestand** erfüllt, **der** den Verwalter grundsätzlich **zur Betriebsschließung verpflichtet**[3].

7.67 Aus diesem Grund ist der Verwalter gehalten, fortlaufend zu prüfen, ob die Fortführung des Unternehmens noch mit den vermögensrechtlichen Interessen der Gläubiger zu vereinbaren ist. Hierzu sind für die voraussichtliche Zeit der Betriebsfortführung vom Verwalter **Finanz- und Ergebnispläne** (Liquiditätsplan, Plan-Gewinn- und -Verlustrechnung)[4] zu erstellen sowie fortlaufend an die tatsächlichen Entwicklungen anzupassen[5]. Des Weiteren sind die **Veräußerungschancen** sorgfältig zu beurteilen. Durch die Publizität des Insolvenzverfahrens werden potentielle Erwerbsinteressenten schnell auf die Möglichkeit eines Unternehmenskaufs aufmerksam und melden ein etwaiges Kaufinteresse meistens schon im Eröffnungsverfahren an. Soweit sich bis zum Berichtstermin noch kein ernsthafter Kaufinteressent gemeldet haben sollte, sind die Chancen auf eine übertragende Sanierung insgesamt als schlecht zu bewerten[6]. Gleichwohl kann diese Tatsache nur als Indikator, nicht jedoch als feste Regel begriffen werden. Denn gerade bei größeren Wirtschaftseinheiten sind oftmals erst einschneidende Sanierungsmaßnahmen während der Betriebsfortführung erforderlich, um das Unternehmen wieder für potentielle Investoren attraktiv zu machen.

7.68 **Decken die laufenden Einnahmen die Ausgaben nicht mehr**, ist eine weitere **Betriebsfortführung grundsätzlich nur noch dann** gerechtfertigt, wenn davon auszugehen ist, dass das Unternehmen später zu einem Preis veräußert wer-

1 Das ergibt sich aus § 160 Abs. 2 Nr. 1 InsO.
2 *Mönning,* Betriebsfortführung in der Insolvenz, Rz. 340 ff.
3 S. BGH v. 4. 12. 1986 – IX ZR 47/86, BGHZ 99, 151, 156 zur Rechtslage nach der KO.
4 Vgl. *Mönning,* Betriebsfortführung in der Insolvenz, Rz. 777 ff., 785 f.
5 S. *Ernestus* in Mohrbutter/Ringstmeier, Handbuch der Insolvenzverwaltung, § 4 Rz. 130, S. 369.
6 *Mönning,* Betriebsfortführung in der Insolvenz, Rz. 756 f.; *Nerlich/Rhode* in Münchener Anwaltshandbuch Sanierung und Insolvenz, § 4 Rz. 138.

den kann, der abzüglich der aufgelaufenen Verluste den Zerschlagungswert des Unternehmens übersteigt[1].

b) Pflichten aus übergegangener Unternehmerstellung

Zum Verwalter kann nach § 56 Abs. 1 InsO nur eine **natürliche Person** ernannt werden. Mit Bestallung geht die Verwaltungs- und Verfügungsbefugnis über das insolvenzbefangene Vermögen auf den Verwalter über[2]. Die bisherige Geschäftsleitung wird aus ihren Kompetenzen, soweit sie die Unternehmensführung betreffen, vollständig verdrängt. Der Verwalter übernimmt also schlagartig die **gesamte Unternehmensführung**. Für die Erfüllung sämtlicher Pflichten haftet er den Beteiligten persönlich (§ 60 InsO). 7.69

Den Verwalter treffen damit auch **alle Pflichten des Arbeitgebers**, d.h. insbesondere die Lohnzahlungspflicht (§ 55 Abs. 1 Nr. 2 bzw. Nr. 1 InsO), die allgemeine Fürsorgepflicht und alle betriebsverfassungsrechtlichen Arbeitgeberpflichten (näher dazu unten Rz. 7.201). 7.70

Im Falle einer Unternehmensfortführung treffen den Insolvenzverwalter des Weiteren höchstpersönlich **alle handels- und steuerrechtlichen Pflichten des Schuldners** in Bezug auf die Insolvenzmasse (§ 155 Abs. 1 Satz 2 InsO) 7.71

Der Insolvenzverwalter hat somit gem. §§ 238 ff. HGB **Handelsbücher** nach den Grundsätzen ordnungsmäßiger Buchführung zu führen und nach § 242 HGB i.V.m. §§ 264 ff. HGB **Jahresabschlüsse** zu fertigen. 7.72

Daneben obliegt ihm zum Zweck der steuerlichen Gewinnermittlung nach § 140 AO die Erstellung der gesetzlich vorgeschriebenen **Steuerbilanzen**. Der Insolvenzverwalter hat insbesondere aber auch Steueranmeldungen und -erklärungen (§ 149 AO) abzugeben. 7.73

In der Rolle des Unternehmers haftet der Insolvenzverwalter jedoch beispielsweise auch für die **unbefugte Benutzung fremder Patente**[3]. 7.74

Mit Amtsübernahme hat er aber nicht nur alle Unternehmensfragen von Bedeutung eigenverantwortlich zu entscheiden, sondern ihm obliegt auch **jeder einzelne Verfügungsakt** über das verwaltete Vermögen im Rahmen des Tagesgeschäfts. 7.75

Um sich einen Einblick in die herrschenden Produktionsbedingungen des insolventen Unternehmens zu verschaffen, steht dem Verwalter **praktisch keine Einarbeitungszeit** zur Verfügung. Der Verwalter steht in größeren Insolvenzen somit regelmäßig vor einer Aufgabe, die er unmöglich im Alleingang bewältigen kann[4]. 7.76

---

1 Vgl. *Mönning*, Betriebsfortführung in der Insolvenz, Rz. 177 ff.
2 Sie kann bereits zuvor im Eröffnungsverfahren auf einen vorläufigen Insolvenzverwalter mit Verfügungsbefugnis übergegangen sein (§ 22 Abs. 1 Satz 1 InsO).
3 BGH v. 5. 6. 1975 – X ZR 37/72, NJW 1975, 1969 zur Rechtslage unter der KO.
4 S. *Mönning*, Betriebsfortführung in der Insolvenz, Rz. 1181 ff.

7.77 Der Verwalter ist deswegen in größeren Verfahren einerseits auf ein kompetentes **Team aus Spezialisten des Insolvenzrechts** und geübten Unternehmenssanierern angewiesen, andererseits aber auch auf die **Kooperation der Mitarbeiter** des insolvenzbefangenen Unternehmens.

7.78 Die Vielzahl der zu erfüllenden Aufgaben muss der Verwalter zu großen Teilen auf das danach zusammengestellte Führungsteam delegieren, das den Verwalter auch im Außenverhältnis vertritt. Eine derartige **Vertretung** ist in der InsO zwar nicht näher geregelt, jedoch wird sie in § 61 Abs. 2 InsO zumindest angesprochen. Nicht zuletzt aus dem evidenten praktischen Bedürfnis heraus wurde eine Vertretung des Verwalters schon unter Geltung der KO für zulässig gehalten[1].

7.79 Dies gilt allerdings **nicht für die spezifisch verfahrensrechtlichen Rechte und Pflichten** wie z.B. die Ausübung des Wahlrechts nach den §§ 103 ff. InsO oder die Insolvenzanfechtung. Dagegen können Rechtsgeschäfte außerhalb dieses Bereichs wirksam auch durch Vertreter des Verwalters vorgenommen werden[2]. Insbesondere in Fällen längerdauernder Betriebsfortführung kann es dazu auch notwendig sein, die Mitglieder des Mitarbeiterteams mit einer förmlichen Handlungsvollmacht oder Prokura auszustatten[3].

7.80 Nach **§ 60 Abs. 2 InsO** haftet der Verwalter für von ihm eingesetzte Hilfspersonen grundsätzlich nach § 278 BGB[4]. Eine Ausnahme hiervon bilden Angestellte (und vermutlich auch sonstige Beschäftigte) des Schuldners, die im Rahmen einer Betriebsfortführung weiterbeschäftigt werden; für deren Verschulden haftet er nur nach den Grundsätzen des § 831 BGB. § 60 Abs. 2 InsO belässt dem Verwalter jedoch die volle Verantwortung für Entscheidungen von besonderer Bedeutung.

3. Betriebseinstellung

a) Allgemeines

7.81 Die Betriebseinstellung des Schuldnerunternehmens ist als Gegenstück zum Betriebsübergang und der Fortführung anzusehen[5]. Relevant ist sie immer in den Fällen, in denen eine Fortführung oder Veräußerung rechtlich oder wirtschaftlich nicht mehr möglich oder nicht mehr sinnvoll ist.

7.82 Betriebsstilllegung beschreibt die **Zerschlagung des Unternehmens in ernstlicher und endgültiger Absicht der dauerhaften Aufgabe der Betriebs- und**

1 Vgl. *Eickmann*, KTS 1986, 199 ff.

2 *Eickmann*, KTS 1986, 202 f.

3 S. zur KO *Kuhn/Uhlenbruck*, 11. Aufl. 1994, § 23 KO Rz. 7b; *Karsten Schmidt*, BB 1989, 233 ff.; *Haas* in Gottwald, Insolvenzrechts-Handbuch, § 94 Rz. 41; *Krafka/Willer*, Registerrecht, 7. Aufl. 2007, Rz. 360; a.A. für die Prokuraerteilung offenbar *Mohrbutter* in Mohrbutter/Ringstmeier, Handbuch der Insolvenzverwaltung, S. 235.

4 S. *Häsemeyer*, Insolvenzrecht, Rz. 6.41 ff.; *Smid* in Kölner Schrift zur InsO, S. 475 ff.

5 Vgl. BAG v. 16. 5. 2002 – 8 AZR 319/01, NZA 2003, 93; *Althaus* in Münchener Anwaltshandbuch Sanierung und Insolvenz, § 16 Rz. 37; *Heinze/Bertram* in Gottwald, Insolvenzrechts-Handbuch, Rz. 81 f.

Produktionsgemeinschaft[1]. Dabei ist nicht nur die Produktion einzustellen, sondern auch die dem Betriebszweck dienende Organisation aufzulösen[2]. Die Stilllegung darf nicht nur vorübergehender Natur sein: sie unterscheidet sich vom Betriebsübergang und von Produktionsausfällen eben durch die Erheblichkeit der Zeitspanne der Betriebseinstellung[3]. Eine Stilllegung des gesamten Unternehmens ist nicht erforderlich, sie kann sich auch nur auf einzelne Betriebsteile beschränken[4].

b) Stilllegung vor dem Berichtstermin (§ 158 InsO)

aa) Allgemeines

Grundsätzlich gewährt das Gesetz den Gläubigern in § 157 Satz 1 InsO Freiheit bezüglich der Art der Verwertung der Insolvenzmasse. Sie sollen frei zwischen dem Fortführungswert und dem Liquidationswert wählen dürfen[5]. Da diese reversible Entscheidungskompetenz erst im Berichtstermin zum Tragen kommt, besteht für den Insolvenzverwalter im Regelfall mindestens bis zu diesem Zeitpunkt die Pflicht, das schuldnerische Unternehmen fortzuführen[6]. Die Gläubigerversammlung hat jedoch dann keinen Entscheidungsspielraum über die Zukunft des Schuldners mehr, wenn der Betrieb schon vor Antragsstellung eingestellt wurde oder der Verwalter ausnahmsweise noch vor dem Berichtstermin gem. § 158 Abs. 1 InsO die Stilllegung betreibt. Weil eine solche Betriebseinstellung nach § 158 InsO einen gravierenden Einschnitt in die Gläubigerrechte darstellt, unterliegt sie strengen Voraussetzungen. 7.83

1 Vgl. BAG v. 17. 9. 1957 – 1 AZR 352/56, NJW 1957, 1855; BAG v. 12. 2. 1987 – 2 AZR 247/86, NZA 1988, 170, 171; BAG v. 27. 11. 2003 – 2 AZR 48/03, NZA 2004, 477, 478; BAG v. 14. 8. 2007 – 8 AZR 1043/06, NZA 2007, 1431, 1435; *Irschlinger* in Runkel, Anwalts-Handbuch Insolvenzrecht, Rz. 590; *Althaus* in Münchener Anwaltshandbuch Sanierung und Insolvenz, § 16 Rz. 38; *Heinze/Bertram* in Gottwald, Insolvenzrechts-Handbuch, Rz. 81.

2 Auch BAG v. 13. 11. 1986 – 2 AZR 771/85, NZA 1987, 458; BAG v. 3. 7. 1986 – 2 AZR 68/85, NZA 1987, 123, 124; BAG v. 12. 2. 1987 – 2 AZR 247/86, NZA 1988. 170, 171; *Irschlinger* in Runkel, Anwalts-Handbuch Insolvenzrecht, Rz. 590.

3 Zwei Monate für ungenügend haltend BAG v. 27. 9. 1984 – 2 AZR 309/83, NZA 1985, 493, 495; *Irschlinger* in Runkel, Anwalts-Handbuch Insolvenzrecht, Rz. 590. Zum tatbestandlichen Ausschluss von Stilllegung und Betriebsübergang BAG v. 16. 5. 2002 – 8 AZR 319/01, NZA 2003, 93; *Althaus* in Münchener Anwaltshandbuch Sanierung und Insolvenz, § 16 Rz. 37; *Heinze/Bertram* in Gottwald, Insolvenzrechts-Handbuch, Rz. 81 f.

4 Vgl. *Decker* in Hamburger Kommentar zum Insolvenzrecht, § 158 InsO Rz. 2; *Görg* in Münchener Kommentar zur InsO, § 158 InsO Rz. 5; *Flessner* in Heidelberger Kommentar zur InsO, § 158 InsO Rz. 1.

5 Auch *Görg* in Münchener Kommentar zur InsO, § 158 InsO Rz. 17.

6 Auch *Flessner* in Heidelberger Kommentar zur InsO, § 158 InsO Rz. 1; *Görg* in Münchener Kommentar zur InsO, § 158 InsO Rz. 1; *Decker* in Hamburger Kommentar zum Insolvenzrecht, § 158 InsO Rz. 1; *Braun/Dithmar*, § 158 InsO Rz. 2.

bb) Voraussetzungen und die Pflicht zur Stilllegung

7.84 Die Gründe, die eine Stilllegung des Betriebes vor dem Berichtstermin durch den Insolvenzverwalter rechtfertigen, können **wirtschaftlicher oder rechtlicher Natur** sein[1]. Zwingend ist die Betriebseinstellung aus rechtlicher Sicht jedenfalls dann, wenn eine zur Fortführung erforderliche Gewerbeerlaubnis unanfechtbar widerrufen wurde oder keine Stellvertretung nach § 46 GewO möglich ist[2]. Problematisch ist auch immer die Fortführung des Unternehmens eines Freiberuflers, wenn hierfür besondere berufliche Zulassungsvoraussetzungen erforderlich sind oder wichtige Unterlagen einem Berufsgeheimnis unterliegen und der Schuldner nicht bereit ist weiter mitzuarbeiten[3]. Ein wirtschaftlicher Grund für die Einstellung des Betriebes kann die negative Auswirkung der Fortführung auf die Masse sein. Weil die gesetzliche Wertung des § 158 Abs. 2 Satz 2 InsO auch für den Verwalter gilt, muss der Masse hierfür aber eine erhebliche Minderung drohen[4].

cc) Der Gläubigerausschuss

7.85 Gem. § 158 Abs. 1 InsO muss der Insolvenzverwalter vor der Stilllegung des Betriebes die **Einwilligung** des Gläubigerausschusses einholen, sofern ein solcher nach § 67 InsO bestellt worden ist. Existiert kein Ausschuss, so kommt die Stilllegung ohne Beteiligung der Gläubiger zu Stande: es ist nicht etwa eine Zustimmung der Gläubigerversammlung erforderlich[5]. Zwar gilt das Schweigen des Gläubigerausschusses, wie auch ein entsprechender negativer Beschluss, als Ablehnung der Stilllegung, nichtsdestotrotz sind entgegenstehende Handlungen des Insolvenzverwalters aber gem. § 164 InsO wirksam[6]. Hierfür haftet er jedoch gegebenenfalls wegen pflichtwidrigen Verhaltens nach §§ 60, 61 InsO[7].

---

1 Vgl. *Görg* in Münchener Kommentar zur InsO, § 158 InsO Rz. 7 ff.; *Decker* in Hamburger Kommentar zum Insolvenzrecht, § 158 InsO Rz. 4.

2 S. *Hess* § 158 InsO Rz. 10; *Görg* in Münchener Kommentar zur InsO, § 158 InsO Rz. 9; *Decker* in Hamburger Kommentar zum Insolvenzrecht, § 157 InsO Rz. 12, § 158 InsO Rz. 4; *Flessner* in Heidelberger Kommentar zur InsO, § 158 InsO Rz. 1.

3 Vgl. *Tetzlaff*, ZInsO 2005, 393 ff.; *Schick*, NJW 1990, 2359 ff.; *Görg* in Münchener Kommentar zur InsO, § 158 InsO Rz. 8; *Decker* in Hamburger Kommentar zum Insolvenzrecht, § 157 InsO Rz. 12, § 158 InsO Rz. 4; *Flessner* in Heidelberger Kommentar zur InsO, § 158 InsO Rz. 1; *Hess*, § 158 InsO Rz. 12.

4 S. *Görg* in Münchener Kommentar zur InsO, § 158 InsO Rz. 10; *Decker* in Hamburger Kommentar zum Insolvenzrecht, § 158 InsO Rz. 4.

5 S. auch *Flessner* in Heidelberger Kommentar zur InsO, § 158 InsO Rz. 3; *Decker* in Hamburger Kommentar zum Insolvenzrecht, § 158 InsO Rz. 7.

6 So *Braun/Dithmar*, § 158 InsO Rz. 3; *Görg* in Münchener Kommentar zur InsO, § 158 InsO Rz. 12, 20; *Decker* in Hamburger Kommentar zum Insolvenzrecht, § 158 InsO Rz. 7; zur KO BGH v. 5. 1. 1995 – IX ZR 241/93, DtZ 1995, 169.

7 Auch *Decker* in Hamburger Kommentar zum Insolvenzrecht, § 158 InsO Rz. 7; *Görg* in Münchener Kommentar zur InsO, § 158 InsO Rz. 12; *Braun/Dithmar*, § 158 InsO Rz. 3.

dd) Der Schuldner

Obwohl eine Zustimmung des Schuldners zur Einstellung des Betriebes nicht erforderlich ist, muss dieser unabhängig vom Bestehen eines Gläubigerausschusses vom Verwalter gem. § 158 Abs. 2 Satz 1 InsO über die beabsichtigte Stilllegung unterrichtet werden. Dies hat ohne Einhaltung einer besonderen Form, dafür aber so frühzeitig zu erfolgen, dass dem Schuldner genügend Zeit verbleibt, einen Antrag auf Untersagung der Betriebsstilllegung nach § 158 Abs. 2 Satz 2 InsO beim zuständigen Insolvenzgericht zu stellen[1]. Die **Unterrichtung** des Schuldners ist entbehrlich, wenn sie zu einer erheblichen Verzögerung der Betriebseinstellung zu Lasten der Masse führen würde, etwa wegen Unzustellbarkeit der Unterrichtung[2]. 7.86

Kommt es auf Grund der Antragsstellung des Schuldners zu einem **Untersagungsverfahren**, hat das Gericht den Insolvenzverwalter anzuhören. Die Stilllegung wird vom Gericht gem. § 158 Abs. 2 Satz 2 InsO verboten, wenn eine Fortführung des Unternehmens die Masse bis zum Berichtstermin nicht unwesentlich schmälert. Eine eventuell vorliegende Einwilligung des Gläubigerausschusses ist für die Stilllegungsentscheidung des Gerichtes unbeachtlich[3]. Dem Untersagungsantrag des Schuldners wird das Gericht aber nicht stattgeben, wenn der Insolvenzverwalter für die Fortführung des Betriebes nicht gedeckte Masseverbindlichkeiten begründen müsste[4]. Die sofortige Beschwerde gegen das Urteil des Gerichtes ist gem. § 6 Abs. 1 InsO unzulässig[5], jedoch verliert der Untersagungsbeschluss mit der Gläubigerversammlung im Berichtstermin seine Wirkung und legt die Entscheidung über die Stilllegung in die Hände der Gläubiger[6]. 7.87

c) Stilllegung nach dem Berichtstermin (§ 157 Satz 1 InsO)

Im gesetzlichen Regelfall beschließt die Gläubigerversammlung im Berichtstermin nach § 157 Satz 1 InsO, ob das Unternehmen stillgelegt oder fortgeführt werden soll. Weil sie die Konsequenzen einer eventuellen Fehlentscheidung selbst tragen müssen, können die Gläubiger völlig frei über das angestrebte Verfahrensziel entscheiden[7]. Nicht einmal das Insolvenzgericht hat bei 7.88

---

1 S. *Görg* in Münchener Kommentar zur InsO, § 158 InsO Rz. 13; *Decker* in Hamburger Kommentar zum Insolvenzrecht, § 158 InsO Rz. 8; *Braun/Dithmar*, § 158 InsO Rz. 4.

2 Auch *Braun/Dithmar*, § 158 InsO Rz. 8; *Görg* in Münchener Kommentar zur InsO, § 158 InsO Rz. 13.

3 Vgl. *Flessner* in Heidelberger Kommentar zur InsO, § 158 InsO Rz. 4; *Görg* in Münchener Kommentar zur InsO, § 158 InsO Rz. 18.

4 So *Braun/Dithmar*, § 158 InsO Rz. 6; *Görg* in Münchener Kommentar zur InsO, § 158 InsO Rz. 17.

5 Auch *Hess*, § 158 InsO Rz. 8; *Decker* in Hamburger Kommentar zum Insolvenzrecht, § 158 InsO Rz. 11; *Flessner* in Heidelberger Kommentar zur InsO, § 158 InsO Rz. 6; *Görg* in Münchener Kommentar zur InsO, § 158 InsO Rz. 22; *Braun/Dithmar*, § 158 InsO Rz. 8.

6 So *Görg* in Münchener Kommentar zur InsO, § 158 InsO Rz. 20; *Decker* in Hamburger Kommentar zum Insolvenzrecht, § 158 InsO Rz. 10.

7 S. *Görg* in Münchener Kommentar zur InsO, § 157 InsO Rz. 3; *Braun/Dithmar*, § 157 InsO Rz. 1.

einem **Beschluss der Gläubigerversammlung**, der offensichtlich einer bestmöglichen Gläubigerbefriedigung entgegensteht, die Möglichkeit, gegen den Versammlungsbeschluss vorzugehen[1]. Dafür besteht für die Gläubigerversammlung gem. § 157 Satz 3 InsO das Recht, den im ersten Berichtstermin festgesetzten Beschluss in späteren Terminen zu ändern. Diese Möglichkeit der Entscheidungsrevision verliert jedoch an Wert und Bedeutung, je weiter die zuvor beschlossene Betriebsstilllegung schon fortgeschritten ist.

7.89 Für die Beschlussfassung gelten die Regelungen der §§ 76 bis 78 InsO über das **Stimmrecht**, die **Mehrheitserfordernisse** und den **Minderheitenschutz**[2]. Wird in der Versammlung kein Beschluss über das weitere Verfahren gefällt, muss das Schuldnervermögen gem. § 159 InsO unverzüglich verwertet werden[3].

d) Arbeitnehmer

7.90 Die Zustimmungs- und Mitwirkungserfordernisse der Arbeitnehmer des insolventen Betriebes nach §§ 121 ff. InsO und §§ 111 ff. BetrVG bleiben von den Regelungen der §§ 157 f. InsO unberührt[4].

V. Bilanzpraxis in der Insolvenz der GmbH

1. Rechnungslegung *(Karsten Schmidt)*

7.91 **a)** Die periodische **Rechnungslegung der Gesellschaft** im Insolvenzverfahren ist von der in §§ 151 ff. InsO bzw. § 60 InsO vorgeschriebenen **Rechnungslegung des Verwalters** gegenüber den Insolvenzverfahrensbeteiligten zu unterscheiden[5]. Dieser Grundgedanke ist derselbe wie im Recht der gesellschaftsrechtlichen Liquidation (vgl. Rz. 3.11). Nach § 151 InsO hat **der Verwalter** ein Verzeichnis der Massegegenstände anzulegen, nach § 152 InsO ein Gläubigerverzeichnis. § 153 InsO verpflichtet ihn, eine auf den Zeitpunkt der Verfahrenseröffnung abstellende Vermögensübersicht aufzustellen. Bei der Beendigung seines Amtes hat der Insolvenzverwalter nach § 66 InsO der Gläubigerversammlung Rechnung zu legen. Diese Rechnungslegung ist nach § 197 Abs. 1 Nr. 1 InsO Gegenstand der Erörterung im Schlusstermin. Mit der handelsrechtlichen Rechnungslegung steht sie nur in sehr mittelbarem Zusammenhang.

---

1 Ausführlich *Gundlach/Frenzel/Strandmann*, NZI 2008, 461, 463; *Görg* in Münchener Kommentar zur InsO, § 157 InsO Rz. 17, 18.

2 S. *Decker* in Hamburger Kommentar zum Insolvenzrecht, § 157 InsO Rz. 2; *Hess*, § 157 InsO Rz. 2; *Flessner* in Heidelberger Kommentar zur InsO, § 157 InsO Rz. 4.

3 So *Hess*, § 157 InsO Rz. 2; *Flessner* in Heidelberger Kommentar zur InsO, § 157 InsO Rz. 4.

4 Vgl. *Flessner* in Heidelberger Kommentar zur InsO, § 157 InsO Rz. 7; *Görg* in Münchener Kommentar zur InsO, § 157 InsO Rz. 24 ff.; *Hess*, § 158 InsO Rz. 13; *Plössner* in Mohrbutter/Ringstmeier, Handbuch der Insolvenzverwaltung, § 29 Rz. 108, 109.

5 Dazu *Scholz/Karsten Schmidt*, 9. Aufl., vor § 64 GmbHG Rz. 68 ff.; dies war die Kernthese der Arbeit des *Verf.* über Liquidationsbilanzen und Konkursbilanzen, 1989, S. 70 ff.; jetzt h.M.

b) Nach § 155 Abs. 1 Satz 1 InsO bleiben die **handels- und steuerrechtlichen Rechnungslegungspflichten der GmbH im Insolvenzverfahren unberührt**[1]. Mit der Eröffnung des Insolvenzverfahrens beginnt ein neues Geschäftsjahr (§ 155 Abs. 2 Satz 1 InsO). Es ist deshalb für die der Insolvenzverfahrenseröffnung vorausgegangene Periode ein Rumpfgeschäftsjahr zu bilden und für dieses ein vollständiger Jahresabschluss anzufertigen[2]. Überwiegend wird von einer Schlussbilanz der werbend tätigen Gesellschaft und einer mit ihr identischen Insolvenzeröffnungsbilanz gesprochen[3]. Diese Unterscheidung ist nicht recht einzusehen. Es geht einfach darum, dass der Eröffnungstag ein eigener Bilanzstichtag ist. Vom Eröffnungszeitpunkt an besteht eine Pflicht zu jährlicher Rechnungslegung[4]. Für die Erfüllung der Rechnungslegungspflichten ist der Insolvenzverwalter verantwortlich (§ 155 Abs. 1 Satz 2 InsO). Nur im Fall der Eigenverwaltung nach §§ 270 ff. InsO (Rz. 9.1 ff.) bleibt es bei der Rechnungslegungszuständigkeit der Geschäftsführer. Der Insolvenzverwalter muss sich, um der gesetzlichen Rechnungslegungspflicht zu genügen, auch bemühen, eine unvollständige Buchführung wieder in Ordnung zu bringen[5]. Die Bildung eines neuen Geschäftsjahrs am Stichtag der Verfahrenseröffnung führt zur Aufstellung einer Eröffnungsbilanz[6], die jedoch nach dem Prinzip der Bilanzkontinuität unmittelbar an die für das Rumpfgeschäftsjahr aufgestellten Bilanz anknüpft[7]. Wird das Insolvenzverfahren ohne Vollbeendigung der Gesellschaft beendet (also durch Einstellung oder durch Aufhebung nach der Verabschiedung eines Insolvenzplans), so ist gleichfalls ein Rumpfgeschäftsjahr gebildet, und es beginnt für die fortbestehende Gesellschaft ein neues Geschäftsjahr[8]. 7.92

c) Erleichterungen für die Prüfung und Offenlegung des Jahresabschlusses versprechen die Regelungen des § 321a HGB und des entsprechend anzuwendenden § 71 Abs. 3 GmbHG. Die Befreiung von der Prüfung des Jahresabschlusses und des Lageberichts gem. § 71 Abs. 3 GmbHG kommt allerdings nach h.M. nicht in Betracht für Rechnungslegungszeiträume vor der Auflösung der Gesellschaft[9]. 7.93

---

1 Vgl. zum folgenden Text *Scholz/Karsten Schmidt*, 9. Aufl., vor § 64 GmbHG Rz. 70; eingehend *Förschle/Weisang* in Budde/Förschle/Winkeljohann, Sonderbilanzen, Rz. R 50 ff.

2 *Förschle/Weisang* in Budde/Förschle/Winkeljohann, Sonderbilanzen, Rz. R 55 f.; *Baumbach/Hueck/Schulze-Osterloh*, § 64 GmbHG Rz. 70; *Nerlich/Römermann/Andres*, § 155 InsO Rz. 19 f.; *Hess*, § 155 InsO Rz. 35.

3 Vgl. nur *Förschle/Weisang* in Budde/Förschle/Winkeljohann, Sonderbilanzen, Rz. 75 ff.

4 *Baumbach/Hueck/Schulze-Osterloh*, § 64 GmbHG Rz. 72 mit Verweisung auf § 71 GmbHG Rz. 22 ff.

5 BGH v. 29. 5. 1979 – VI ZR 104/78, BGHZ 74, 316 = ZIP 1980, 25; *Boochs* in Frankfurter Kommentar zur InsO, § 155 InsO Rz. 46; *Hess*, § 155 InsO Rz. 68 f.

6 Vgl. nur *Förschle/Weisang* in Budde/Förschle/Winkeljohann, Sonderbilanzen, Rz. 75 ff.

7 *Baumbach/Hueck/Schulze-Osterloh*, § 64 GmbHG Rz. 71; *Nerlich/Römermann/Andres*, § 155 InsO Rz. 23; vgl. *Hess*, § 155 InsO Rz. 70 ff.

8 *Baumbach/Hueck/Schulze-Osterloh*, § 64 GmbHG Rz. 73; *Nerlich/Römermann/Andres*, § 155 InsO Rz. 41.

9 OLG München v. 10. 8. 2005 – 31 Wx 061/05, NZG 2006, 69; *Baumbach/Hueck/Schulze-Osterloh*, § 71 GmbHG Rz. 32.

2. Nichtigkeit von Jahresabschlüssen *(Maus)*

7.94 Der Jahresabschluss einer Aktiengesellschaft kann nach Maßgabe des § 256 AktG nichtig sein. Das GmbHG enthält **keine Vorschriften über die Anfechtung bzw. Nichtigkeit von Gesellschafterbeschlüssen**, auch nicht von solchen über die Feststellung des Jahresabschlusses. Die Rechtsprechung und die ganz h.M.[1] wenden aber die aktienrechtlichen Regelungen, besonders § 256 AktG, mit Einschränkungen sinngemäß an. Dies beruht auf der zutreffenden Überlegung, dass rechnungslegungsrechtlich für beide Gesellschaftsformen weitgehend identische Vorschriften bestehen und daher auch bezüglich der Nichtigkeit. Nichtigkeit bedeutet, dass der Jahresabschluss rechtswidrig ist und der vom Gesetz vorgeschriebenen Rechenschaftspflicht der Gesellschaft nicht genügt, ohne dass es einer besonderen Geltendmachung dieser Mangelhaftigkeit bedarf. Rechtlich gesehen existiert kein Jahresabschluss. Wie bei der Aktiengesellschaft können auch bei der GmbH die Nichtigkeitsgründe durch Zeitablauf geheilt werden.

7.95 Ist der Jahresabschluss nichtig, so sind die zuständigen Organe weiterhin verpflichtet, auf die Aufstellung bzw. Feststellung eines rechtsgültigen Abschlusses hinzuwirken. Die Frage ist, ob nach Eröffnung des Insolvenzverfahrens die **Pflicht zur Neuerstellung** eines nichtigen Jahresabschlusses für Zeiträume vor Insolvenzeröffnung gem. § 155 Abs. 1 InsO auf den Insolvenzverwalter übergeht. Nach der hier vertretenen Auffassung ist dies *nicht* der Fall. Nach der Begründung zu § 174 RegE[2] soll das Insolvenzrecht die handels- und steuerrechtliche **Pflichten des Schuldners** zur Buchführung und zur Rechnungslegung unberührt lassen; grundsätzlich hat also der Schuldner diese Pflichten auch nach Eröffnung des Insolvenzverfahrens zu erfüllen. Nur **in Bezug auf die Insolvenzmasse** („... soweit es um die Insolvenzmasse geht ..."[3]) gehen die Pflichten auf den Insolvenzverwalter über. Eine Insolvenzmasse (§ 35 InsO) gibt es aber erst ab Verfahrenseröffnung. Jahresabschlüsse, die insolvenzfreies Vermögen betreffen, sind deshalb nach wie vor vom Schuldner zu erstellen. Die Pflicht, nichtige Jahresabschlüsse für Zeiträume vor Insolvenzeröffnung neu zu erstellen, trifft aus diesem Grund den Schuldner und nicht den Insolvenzverwalter. Ein anderes Ergebnis kann auch nicht aus den steuerrechtlichen Pflichten des Insolvenzverwalters zur Erstellung von Steuererklärungen abgeleitet werden. Die Steuererklärungspflicht des Insolvenzverwalters ergibt sich aus seiner Stellung als **Vermögensverwalter** i.S. von § 34 Abs. 3 AO und nicht aus seinem Amt als Insolvenzverwalter. Die InsO verpflichtet den Insolvenzverwalter nicht zur Erstellung von Steuererklärungen. Im Gegensatz zu dem begrenzten Pflichtenkreis von Insolvenzverwaltern haben Vermögensverwalter i.S. von § 34 Abs. 3 AO alle Pflichten des Steuerschuldners zu erfüllen. Dazu gehören auch die Abgabe von Steuererklärungen vor die Zeit vor

1 Vgl. *Geist*, DStR 1996, 309, m.w.N.; *ADS*, § 256 AktG Rz. 96 ff.; *Bohl* in Küting/Weber, § 42a GmbHG Anm. 65 ff.; *Winnefeld*, Bilanz-Handbuch, 4. Aufl. 2006, Rz. I 90 ff.

2 BR-Drucks. 1/92, S. 172/173; abgedruckt in Uhlenbruck, Das neue Insolvenzrecht, S. 511.

3 BR-Drucks. 1/92, S. 172/173; abgedruckt in Uhlenbruck, Das neue Insolvenzrecht, S. 511.

Eröffnung des Insolvenzverfahrens und die Berichtigung von Steuererklärungen (§ 153 AO). Der Gesetzgeber der InsO wollte die Pflichten des Insolvenzverwalters offensichtlich bewusst einschränken, indem er die Abgabe von Steuererklärungen nicht verlangt und die handels- und steuerrechtliche Pflichten des Insolvenzverwalters zur Buchführung und zur Rechnungslegung auf die Insolvenzmasse beschränkt.

Die Nichtigkeit des Jahresabschlusses hat vor allem Konsequenzen im Hinblick auf erfolgte Ausschüttungen. Gewinnverwendungsbeschlüsse sind analog § 253 AktG nichtig[1]. Insoweit ist der Empfänger rückgewährpflichtig (§ 62 Abs. 1 AktG, §§ 31 Abs. 1, 32 GmbHG), es sei denn, er wäre im Hinblick auf die Umstände der Nichtigkeit gutgläubig. Die **Pflicht zur Rückzahlung der ausgeschütteten Gewinne** trifft die Gesellschafter umso härter, als eine durch Auszahlung vollzogene Gewinnausschüttung nicht mit steuerlicher Wirkung rückgängig gemacht werden kann. Die Rückzahlung empfangener Ausschüttungsbeträge durch die Gesellschafter ist vielmehr steuerrechtlich regelmäßig als Einlage zu behandeln[2]. 7.96

Ebenso wie ausgeschüttete Gewinne können auch Tantiemem und partiarische Ansprüche gem. § 812 Abs. 1 Satz 1 Alt. 1 BGB zurückgefordert werden. 7.97

Ist der Gesellschaft durch die Nichtigkeit des (prüfungspflichtigen) Jahresabschlusses ein Schaden entstanden, so kommt ggf. eine Haftung des Abschlussprüfers (§ 323 HGB) in Betracht. 7.98

VI. Übertragende Sanierung im eröffneten Verfahren *(Karsten Schmidt)*

1. Grundsätzliches

Die vom Verfasser mit diesem Begriff belegte und außerhalb des Insolvenzverfahrens kritisch betrachtete „übertragende Sanierung" (oben Rz. 2.133 ff.) ist ein **asset deal** in Gestalt der Unternehmens-(Teil-)Veräußerung. Die übertragende Sanierung ist aus der Sicht der Masse eine Verwertungshandlung, aus der Sicht des Unternehmens dagegen eine Sanierungsmaßnahme. Außerhalb des Insolvenzverfahrens ist die übertragende Sanierung mit großen Risiken versehen (Rz. 2.133). Sie bekommt jedoch **im Insolvenzverfahren** ein anderes Gesicht (eingehend schon Rz. 4.20 ff.)[3]. Einer Beschlussfassung der Gesellschafter bedarf es für die Unternehmensübertragung nicht (vgl. auch Rz. 4.21). Das Bedenken fehlender Gläubigeranhörung entfällt ebenso wie das Risiko unverhältnismäßiger Erwerberhaftung. Nach § 157 InsO hat die Gläubigerversammlung schon im Berichtstermin über die Stilllegung oder Fortführung des Unternehmens zu entscheiden. Die Veräußerung des Unternehmens bedarf dann nach § 160 Abs. 2 Nr. 1 InsO der Zustimmung des Gläubigerausschusses[4], bei 7.99

1 BFH v. 17. 12. 2003 – I B 182/02, GmbHR 2004, 748.
2 BFH v. 17. 12. 2003 – I B 182/02, GmbHR 2004, 748.
3 Dazu *Falk/Schäfer*, ZIP 2004, 1337 ff.; *Menke*, BB 2003, 1133 ff.
4 Dazu etwa *Görg* in Münchener Kommentar zur InsO, § 157 InsO Rz. 13, § 160 InsO Rz. 13.

der Veräußerung an Insider sogar der Gläubigerversammlung (dazu im Einzelnen § 162 InsO)[1]. Der Verwalter darf also das Unternehmen nicht ohne Anhörung der Gläubiger aus der Masse veräußern[2]. Die übertragende Sanierung hat also im eröffneten Insolvenzverfahren eine vollständig neue Legitimationsgrundlage, auch wenn selbstverständlich das Entscheidungsschwergewicht in der Praxis innerhalb wie außerhalb des Insolvenzverfahrens bei dem Verwalter und bei wenigen Großgläubigern liegt. Es besteht auch **keine unzumutbare Erwerberhaftung für Insolvenzverbindlichkeiten.** Schon nach altem Insolvenzrecht kamen bei der Unternehmensveräußerung aus der Masse § 419 BGB a.F. (Haftung des Vermögenserwerbers) und § 25 HGB (Haftung des Unternehmenserwerbers) nicht zum Zuge[3]. Die Nichtanwendung des § 75 AO ist in dessen Abs. 2 sogar ausdrücklich festgeschrieben. Die Nichtanwendbarkeit des § 25 HGB auf den Erwerb des Unternehmens aus der Insolvenzmasse entspricht gleichfalls einer gesicherten Rechtsprechung[4]. Das Haftungsprivileg wird allerdings nicht auf den Erwerb vom vorläufigen Insolvenzverwalter ausgedehnt[5], ebenso wenig auf den Erwerb vom Schuldner im Fall der masselosen Insolvenz[6]. Der Erwerber des Unternehmens oder Unternehmensteils haftet also nicht für die Insolvenzverbindlichkeiten, während § 613a BGB im Insolvenzverfahren anwendbar bleibt[7]. Die Diskussion um die Anwendbarkeit des **§ 613a BGB** wird an anderer Stelle geführt (Rz. 7.334 ff.). Hier geht es nur um die prinzipielle Möglichkeit und Sinnhaftigkeit der übertragenden Sanierung, die sich meistens als Teilübertragung sanierungsfähiger Betriebsteile darstellt. Bewerkstelligt wird der Transfer nach dem Spezialitätsgrundsatz durch **Einzelübertragungen**: Jeder Unternehmensgegenstand wird nach den für ihn geltenden Regeln auf die Auffanggesellschaft übertragen. Eine übertragende Sanierung im Wege der Ausgliederung nach §§ 123 ff. UmwG kann der Verwalter nicht durchführen, weil die Ausgliederung auch im Insolvenzverfahren Sache der Gesellschafter bleibt[8]. Das beruht auf dem bei Rz. 7.4 ff. dargestellten Fortbestand ihrer mitgliedschaftlichen Kompetenzen im Insolvenzverfahren. Nicht geklärt ist bisher, ob die bei der übertragenden Sanierung drohende **Altlastenhaftung des Erwerbers** (Rz. 2.135) zum Zuge kommen kann. Die Praxis sollte sich darauf einrichten.

1 Eingehend *Falk/Schäfer*, ZIP 2004, 1337, 1339 ff.
2 *Görg* in Münchener Kommentar zur InsO, § 160 InsO Rz. 12; *Uhlenbruck*, § 160 InsO Rz. 17.
3 RG v. 21. 5. 1904 – Rep. I 85/04, RGZ 58, 166, 168; BGH v. 11. 4. 1988 – II ZR 313/87, BGHZ 104, 151 = NJW 1988, 1912.
4 BAG v. 20. 9. 2006 – 6 AZR 215/06, NJW 2007, 942 = ZIP 2006, 386, dort weitere Nachw.
5 BGH v. 11. 4. 1988 – II ZR 313/87, BGHZ 104, 151 = NJW 1988, 1912.
6 BGH v. 4. 11. 1991 – II ZR 85/91, NJW 1992, 911 = ZIP 1992, 398.
7 BAG v. 17. 1. 1980 – 3 AZR 160/79, ZIP 1980, 117; BAG v. 23. 7. 1991 – 3 AZR 366/90, ZIP 1992, 49.
8 Zu den Gesellschafterkompetenzen im Konkurs vgl. *Scholz/Karsten Schmidt*, 9. Aufl., vor § 64 GmbHG Rz. 65.

2. Insolvenzplanverfahren

Die übertragende Sanierung wird auch künftig zu den bedeutsamsten Verwalterstrategien gehören (Rz. 2.133). Vor allem im Insolvenzplanverfahren kann die übertragende Sanierung ein zulässiges und zweckmäßiges insolvenzrechtliches Instrument sein[1]. Bei der Erstellung des Insolvenzplans, insbesondere seines darstellenden Teils (§ 220 InsO), spielt die **Zerschlagungs- oder Sanierungsstrategie** eine entscheidende Rolle[2]. Insbesondere ist im Fall der übertragenden Sanierung darzustellen, dass nicht der Unternehmensträger saniert werden[3], sondern das Unternehmen zu Sanierungszwecken aus der Insolvenzmasse herausgelöst werden soll[4]. Die übertragende Sanierung kann aus der Sicht der Insolvenzgläubiger eine optimale, im Insolvenzplan darzulegende Strategie der Masseverwertung sein, aber um einen echten Sanierungsplan handelt es sich dabei nicht. Die bei Rz. 7.99 dargestellten Haftungsprivilegien für den Unternehmenserwerber gelten auch hier. Über die Abstimmung in der Gläubigerversammlung und über das Obstruktionsverbot vgl. Rz. 8.57 ff. 7.100

VII. Haftungsrealisierung durch den Insolvenzverwalter

1. Gesellschafterhaftung

a) Dass die **Gesellschafterhaftung** zu Gunsten aller Gläubiger durch den Insolvenzverwalter und nicht durch die einzelnen Gläubiger selbst geltend gemacht wird, versteht sich dort von selbst, wo die Haftung eines Gesellschafters als **Innenhaftung** ausgestaltet ist. Ansprüche aus einer solchen Innenhaftung gehören zur Insolvenzmasse (vgl. Rz. 7.8). Beispielsweise gilt dies 7.101

- für die Einforderung nicht befreiend getilgter **Einlageforderungen** (§§ 5, 7, 19 GmbHG), auch im Fall überbewerteter Sacheinlagen (§ 9 GmbHG), im Fall unwirksamer Voreinzahlungen auf erhöhtes Stammkapital (Rz. 2.34 ff.) sowie im Fall der umstrittenen verdeckten Sacheinlagen, die nach der bis 2008 ständigen Rechtsprechung einer geleisteten Bareinlage die Befreiungswirkung generell nahmen (dazu Rz. 2.39)[5], seither noch im Fall einer Unterdeckung zur Haftung führen (dazu Rz. 2.42);
- für die **Unterbilanz- und Vorbelastungshaftung** aus dem Gründungsstadium[6],
- für die **Rückforderung verbotener Ausschüttungen** gem. **§ 31 GmbHG** (dazu Rz. 1.27 ff.),

1 *Braun/Uhlenbruck*, Unternehmensinsolvenz, S. 400 f., 563 f., 656 f.; *Wellensiek*, NZI 2002, 233 ff.; *Zipperer*, NZI 2008, 206 ff.

2 Vgl. *Eilenberger* in Münchener Kommentar zur InsO, § 220 InsO Rz. 16 ff.

3 Dazu *Eilenberger* in Münchener Kommentar zur InsO, § 220 InsO Rz. 17.

4 Vgl. *Eilenberger* in Münchener Kommentar zur InsO, § 220 InsO Rz. 56; *Zipperer*, NZI 2008, 206, 207 f.

5 BGH v. 21. 2. 1994 – II ZR 60/93, BGHZ 125, 141, 151 = LM § 19 GmbHG Nr. 16 m. Anm. *Heidenhain*; BGH v. 4. 3. 1996 – II ZR 89/95, BGHZ 132, 183 = GmbHR 1996, 283; zuletzt BGH v. 11. 2. 2008 – II ZR 171/06, ZIP 2008, 643 = GmbHR 2008, 483.

6 Vgl. zu dieser BGH v. 9. 3. 1981 – II ZR 54/80, BGHZ 80, 129, 136 = NJW 1981, 1373, 1376 f.; BGH v. 24. 10. 1988 – II ZR 176/88, BGHZ 105, 300, 303 = NJW 1989, 710.

- für die **Insolvenzanfechtung**, vor allem gerichtet auf Wiedereinzahlung zurückgewährter **Gesellschafterdarlehen** nach § 135 InsO (Rz. 1.264 ff.),
- für die **konzernrechtliche Verlustübernahmepflicht** einer Muttergesellschaft zu Gunsten der GmbH-Tochter im Vertragskonzern analog § 302 AktG[1],
- für die **Verschuldenshaftung von Gesellschaftern**, insbesondere von Allein- oder Mehrheitsgesellschaftern für **existenzielle Eingriffe** (dazu Rz. 11.87 ff.),
- für die **Insolvenzverschleppungshaftung in der führungslosen Gesellschaft** (Rz. 11.49).

7.102 Für die Geltendmachung von Schadensersatzansprüchen benötigt der Insolvenzverwalter keinen Gesellschafterbeschluss, auch nicht in Fällen des § 46 Nr. 8 GmbHG[2].

7.103 **b)** Komplizierter verhält es sich mit der persönlichen **Gesellschafterhaftung gegenüber Gesellschaftsgläubigern als Außenhaftung**. Solche Haftungsansprüche sind charakteristisch für das Recht der Personengesellschaften einschließlich der GmbH & Co. KG[3]. Hier sorgt das Gesetz dafür, dass sowohl die beschränkte **Kommanditistenhaftung** (§ 171 Abs. 2 HGB) als auch die unbeschränkte **Haftung persönlich haftender Gesellschafter** (§ 93 InsO) durch den Insolvenzverwalter und nicht durch die einzelnen Gläubiger geltend gemacht wird[4]. Bei einer eingetragenen und deshalb mit der Haftungsbeschränkung nach § 13 Abs. 2 GmbHG versehenen **GmbH** wird es eine solche **Haftung** allenfalls **unter Durchgriffsbedingungen** geben, also wenn die Haftungsbeschränkung wegen Missbrauchs vollends negiert wird (Rz. 1.19)[5]. Solche echten Außendurchgriffe können wegen ihrer extremen Seltenheit nur ausnahmsweise in Betracht gezogen werden. Seit dem bei Rz. 11.87 dargestellten **BGH-Urteil vom 24. 6. 2002 (KBV)**[6] musste damit gerechnet werden, dass der echte **Haftungsdurchgriff** bei der insolventen GmbH doch praktisch werden könnte. Nachdem die Rechtsprechung mit dem **Trihotel-Urteil vom 16. 7. 2007**[7] und dem **„Gamma"-Urteil vom 28. 4. 2008**[8] die Existenzvernichtungshaftung nicht nur auf Fälle des § 826 BGB beschränkt, sondern zu einer **Innenhaftung** zurückgebildet hat (dazu Rz. 11.88), wird eine unbeschränkte Außenhaftung von GmbH-Gesellschaftern kaum noch zum Tragen kommen[9]. Feststehen sollte aber: Wenn im Insolvenzverfahren doch einmal ein Fortfall des

1 Dazu BGH v. 19. 9. 1988 – II ZR 255/87, BGHZ 105, 168, 182 = GmbHR 1989, 18, 20.
2 H.M.; vgl. auch für masselose Liquidation BGH v. 14. 7. 2004 – VIII ZR 224/02, GmbHR 2004, 1279 = ZIP 2004, 1708.
3 Dazu umfassend *Karsten Schmidt*, GmbHR 2002, 1209 ff.
4 Dazu etwa *Armbruster*, Die Stellung des haftenden Gesellschafters in der Insolvenz der Personenhandelsgesellschaft nach geltendem und künftigem Recht, 1995, S. 142 ff.; *Bork* in Kölner Schrift zur InsO, S. 1342 ff.; *Brinkmann*, Die Bedeutung der §§ 92, 93 InsO für den Umfang der Insolvenz- und Sanierungsmasse, 2001; *Oepen*, Massefremde Masse, 2000, S. 147 ff.; *Karsten Schmidt/Bitter*, ZIP 2000, 1082 ff.
5 Zur Durchgriffshaftung *Baumbach/Hueck/Fastrich*, § 13 GmbHG Rz. 10 ff.
6 BGH v. 24. 6. 2002 – II ZR 300/00, BGHZ 151, 181 = GmbHR 2002, 902.
7 BGH v. 16. 7. 2007 – II ZR 3/04, BGHZ 173, 246 = GmbHR 2007, 927.
8 BGH v. 28. 4. 2008 – II ZR 254/06, DB 2008, 1423 = ZIP 2008, 1232.
9 Dazu *Altmeppen*, ZIP 2008, 1201 ff.

aus § 13 Abs. 2 GmbHG ablesbaren Haftungsprivilegs mit der Folge der Außenhaftung geltend gemacht werden sollte, wäre die Realisierung dieser Haftung in Analogie zu § 93 InsO eine Aufgabe des Insolvenzverwalters, nicht der einzelnen Gläubiger[1]. Der Verwalter – und nur er – klagt analog § 93 InsO die Unterdeckung zu Gunsten der Gläubiger ein. Anwendbar ist § 93 InsO auch, wenn das Insolvenzverfahren über das Vermögen einer noch nicht eingetragenen GmbH, also einer sog. **Vorgesellschaft**, eröffnet wird, vorausgesetzt man geht von einer **Außenhaftung** der Gesellschafter vor der Eintragung der (Vor)-GmbH aus[2]. Allerdings geht der BGH hier vom Grundsatz einer bloßen **Innenhaftung** der Gründer aus[3], so dass § 93 InsO auch hier für die Rechtsprechung nur von aktueller Notwendigkeit und Bedeutung ist, soweit der BGH begonnen hat, von Fall zu Fall eine Außenhaftung zu bejahen[4]. Aber gerade deshalb ist **der argumentative Wert des § 93 InsO im Bereich insolventer Vorgesellschaften** nicht unbedeutend, denn die Bestimmung macht im Insolvenzfall jeden Streit um Innen- oder Außenhaftung gegenstandslos: Die Haftung wird unter Insolvenzbedingungen allemal im Innenverhältnis abgewickelt. Ist die Gesellschaft bereits eingetragen, so ist ohnedies aus der aus dem Gründungsstadium herrührenden Haftung der Vorgesellschafter eine Vorbelastungshaftung der GmbH-Gesellschafter gegenüber der Gesellschaft, also eine Innenhaftung geworden, und die wird selbstverständlich nur vom Verwalter geltend gemacht (Rz. 7.101).

c) Nicht von § 93 InsO erfasst – und zwar nicht einmal im Fall einer Personengesellschaft[5] – sind nach h.M. von Gesellschaftern gegebene **persönliche Sicherheiten**[6]. Die Bürgschaft eines GmbH-Gesellschafters oder die einem einzelnen Gläubiger gegebene Garantie bleibt also außerhalb des Verwalterzugriffs. Der Bürge oder Garant kann seinen Regressanspruch im Insolvenzverfahren nur geltend machen, wenn er den Gläubiger befriedigt hat oder dieser 7.104

1 Vgl. BGH v. 25. 7. 2005 – II ZR 390/03, BGHZ 164, 50 = GmbHR 2005, 1425; BAG v. 14. 12. 2004 – 1 AZR 504/03, ZIP 2005, 1174; LG Hildesheim v. 16. 1. 2001 – 10 O 135/00, ZInsO 2001, 474; *Brandes* in Münchener Kommentar zur InsO, § 93 InsO Rz. 4 f.; *Ulmer*, Haftung im qualifizierten faktischen GmbH-Konzern ..., ZHR-Beiheft 70, S. 63 m.w.N.; *Röhricht* in VGR (Hrsg.), Gesellschaftsrecht in der Diskussion 2001, 2002, S. 14; a.M. BAG v. 14. 12. 2004 – 1 AZR 504/03, ZIP 2005, 1174, 1176; OLG Dresden v. 26. 2. 2001 – 2 U 2766/00, ZInsO 2001, 801 = NZG 2001, 664 (zur alten Gesamtvollstreckung); differenzierend *Bitter*, WuB II C. § 13 GmbHG 2.02.

2 Vgl. *Scholz/Karsten Schmidt*, § 11 GmbHG Rz. 82.

3 BGH v. 27. 1. 1997 – II ZR 123/94, BGHZ 134, 333, 341 = LM § 11 GmbHG Nr. 38 m. Anm. *Noack*.

4 BGH v. 4. 11. 2002 – II ZR 204/00, GmbHR 2003, 97 m. Anm. *Karsten Schmidt* = ZIP 2002, 2309 m. Anm. *Drygala*.

5 BGH v. 4. 7. 2002 – IX ZR 265/01, BGHZ 152, 245 = ZIP 2002, 1492; *Bitter*, ZInsO 2002, 558 f.

6 BGH v. 4. 7. 2002 – IX ZR 265/01, BGHZ 152, 245 = ZIP 2002, 1492; *Bitter*, ZInsO 2002, 558 f.; *Brandes* in Münchener Kommentar zur InsO, § 93 InsO Rz. 21; *Karsten Schmidt*, ZGR 1996, 209, 218 f.; a.M. in der Vorinstanz OLG Schleswig v. 21. 9. 2001 – 1 U 207/00, ZIP 2001, 1968; gleichfalls a.M. *Jaeger/H.-F. Müller*, § 93 InsO Rz. 23 ff. mit umfangreichen Nachw.; *Bork*, NZI 2002, 362 ff.; *Kessler*, DZWiR 2003, 488 ff.; bezüglich der Sperrwirkung des § 93 InsO a.M. auch *Brinkmann*, ZGR 2003, 264, 275 ff.

auf die Geltendmachung der Forderung gegen die Gesellschaft verzichtet[1]. Auch § 44a InsO n.F. (bis 2008 § 32a Abs. 2 GmbHG a.F.) basiert auf diesem Grundsatz: Der durch die Bürgschaft eines Gesellschafters einer GmbH oder GmbH & Co. KG gesicherte Gläubiger ist nicht nur in der Lage, selbst gegen den Bürgen vorzugehen, sondern er muss dies sogar tun (dazu Rz. 5.152). Auch eine **Haftung aus §§ 69, 34 AO**[2] wird vom Gläubiger, also vom Steuerfiskus, selbst geltend gemacht.

2. Geschäftsführerhaftung

7.105 **a)** Soweit die Geschäftsführerhaftung eine reine **Innenhaftung** ist, stehen die Ansprüche wiederum der Gesellschaft zu, sind also Bestandteile ihrer Insolvenzmasse (§ 35 InsO) und unterliegen selbstverständlich der Geltendmachung durch den Insolvenzverwalter (§ 80 InsO). Das gilt insbesondere

- für Schadensersatzansprüche wegen pflichtwidriger Geschäftsführung nach **§ 43 GmbHG** (dazu Rz. 11.92) und
- für die Ansprüche wegen „verbotener Zahlungen" nach **§ 64 GmbHG** bzw. **§ 130a HGB** (dazu Rz. 11.30 ff.).

7.106 **b) Außenhaftungsansprüche** stehen nach materiellem Recht den Gläubigern zu, nicht der Gesellschaft, und gehören damit nicht zur Masse nach § 35 InsO. Aber nach **§ 92 Satz 1 InsO** können Ansprüche der Insolvenzgläubiger auf Ersatz eines Schadens, den diese Gläubiger gemeinschaftlich durch eine Verminderung des zur Insolvenzmasse gehörenden Vermögens vor oder nach der Eröffnung des Insolvenzverfahrens erlitten haben (**Gesamtschaden**), während der Dauer des Insolvenzverfahrens **nur vom Insolvenzverwalter geltend gemacht** werden. Richten sich diese Ansprüche gegen den Verwalter, so können sie nach **§ 92 Satz 2 InsO** nur von einem neu bestellten Insolvenzverwalter geltend gemacht werden[3]. Der Sinn und Zweck dieser Regelung besteht darin, auch bei diesen der Gläubigergesamtheit dienenden Ansprüchen für eine gleichmäßige Verteilung zu sorgen und einen Gläubigerwettlauf zu verhindern. Standardbeispiele sind

- in erster Linie **Insolvenzverschleppungsschäden** (Rz. 11.64 ff.) und
- in zweiter Linie **Haftungsansprüche gegen einen (vormaligen) Insolvenzverwalter** nach § 60 InsO (dazu Rz. 7.113 ff.).

7.107 Unter Rz. 11.17 ff. wird allerdings zu zeigen sein, dass die gegenwärtige Rechtsprechung gerade im Hauptanwendungsbereich des § 92 InsO, nämlich bei der Insolvenzverschleppungshaftung, die Vorzüge dieser Bestimmung nicht überzeugend zu nutzen versteht.

---

1 Dazu eingehend *Karsten Schmidt/Bitter*, ZIP 2000, 1077 ff.; *Bitter* in Münchener Kommentar zur InsO, § 44 InsO Rz. 12 ff.

2 BGH v. 4. 7. 2002 – IX ZR 265/01, BGHZ 151, 245 = ZIP 2002, 1492; BFH v. 2. 11. 2001 – VII B 155/01, BFHE 197, 1 = WM 2002, 1361.

3 So bereits für das Recht vor der InsO BGH v. 22. 4. 2004 – IX ZR 128/03, BGHZ 159, 25 = ZIP 2004, 1218.

3. Vergleichsverbote für den Insolvenzverwalter?

Soweit es um zwingenden Gläubigerschutz geht, stellt sich bei der Haftungsrealisierung durch den Insolvenzverwalter die Frage, inwieweit er durch Verzichts- oder Vergleichsverträge über die Haftungsgrundlage verfügen kann (selbstverständlich unbeschadet seiner Verantwortung und Haftung nach § 60 InsO). 7.108

a) Bei Innenhaftungsansprüchen der Gesellschafter stellen sich in erster Linie Fragen des gesellschaftsrechtlichen Gläubigerschutzes. Das Gesellschaftsrecht kennt eine Reihe von Vergleichs- und Verzichtsverboten, die bei wörtlicher Anwendung eine praxiskonforme Realisierung möglicher, oft zweifelhafter, gesellschaftsrechtlicher Ansprüche in Gefahr bringen. Zwei große Fallgruppen sind zu unterscheiden[1]: 7.109

- **Vergleich und Verzicht** sind bei einer Reihe von gesellschaftsrechtlichen Ersatzansprüchen verboten: § 9b Abs. 1, § 43 Abs. 3 Satz 2, § 57 Abs. 4 und § 64 Satz 4 GmbHG.
- Für das Recht der Kapitalaufbringung und Kapitalerhaltung gilt kein Vergleichsverbot, wohl aber ein **Befreiungsverbot**, also ein Verzichtsverbot. Wir finden die Vorschriften in § 19 Abs. 2, § 25 und § 31 Abs. 4 GmbHG.

Ob diese Verbote auch im Fall der Insolvenz der Gesellschaft gelten – nur für die Insolvenz des Gesellschafters deutet das Gesetz Einschränkungen an (§ 9b Abs. 1 Satz 2 GmbHG) –, wird unterschiedlich beurteilt. Klarheit muss darüber bestehen, dass die **Befreiungs- und Verzichtsverbote** des Kapitalsicherungsrechts auch den Verwalter binden[2]. Masse zu verschenken ist ihm verboten. Schwieriger verhält es sich **bei den kombinierten Verzichts- und Vergleichsverboten**. Nach der wohl herrschenden Auffassung gilt das Verzichts- und Vergleichsverbot nach § 64 Satz 4, § 43 Abs. 3 Satz 2 GmbHG für den Verwalter nicht[3]. Ihm obliegen zwar insolvenzrechtliche Pflichten (vgl. auch § 60 InsO), aber die strikten Verbote sollen nicht anwendbar sein. *Hüffer* stützt seinen diesbezüglichen Standpunkt auf eine Reichsgerichtsentscheidung von 1910[4], die sich aber mit einer ganz anderen Frage befasst, nämlich mit dem heutigen § 93 Abs. 5 Satz 3 AktG[5]. Im Ergebnis ist nicht einzusehen, warum der Insolvenzverwalter im Gegensatz zu einem sonstigen Liquidator befugt sein soll, die Masse durch Verzichtsverträge auf Kosten der Gläubiger und der Gesellschafter zu schmälern. 7.110

b) Es gibt deshalb in Sachen Verzicht und Vergleich **kein allgemeines Verwalterprivileg**, wohl allerdings ein **Vergleichsprivileg**[6], so dass auch die Vergleichsverbote für den Verwalter nur Verzichtsverbote sind: Die Ansprüche sind, weil sie der Gläubigerbefriedigung dienen, der beliebigen Verfügung 7.111

1 Vgl. zum Folgenden *Karsten Schmidt*, KTS 2001, 378 f.
2 Vgl. nur BayObLG v. 30. 10. 1984 – BReg. 3 Z 204/84, ZIP 1985, 33, 34; *Scholz/Uwe H. Schneider*, § 19 GmbHG Rz. 50.
3 *Hüffer*, § 93 AktG Rz. 35; *Hopt* in Großkommentar zum AktG, § 93 AktG Rz. 383.
4 RG v. 17. 12. 1910 – Rep. I 400/09, RGZ 74, 428, 430.
5 Damals §§ 241 Abs. 4, 249 Abs. 3 HGB.
6 *Karsten Schmidt*, KTS 2001, 379.

durch den Insolvenzverwalter entzogen. Diese **Beliebigkeit** – aber auch nur sie! – **ist verboten**. Vergleiche – insbesondere gerichtliche Vergleiche –, die auf einer objektivierbaren Abschätzung beiderseitiger Prozessrisiken beruhen, können sinnvollerweise nicht als verboten gelten. Wo ernster Zweifel hinsichtlich des Bestands und des Umfangs von Einlage- und Rückgewährschulden besteht, zwingt das Gesetz den Verwalter nicht, den Rechtsweg auszuschöpfen. Er kann – man möchte fast sagen: selbstverständlich – einen Streit mit dem Schuldner durch Vergleichsvertrag beilegen. Nur muss eben das Ergebnis dem abschätzbaren Prozessrisiko entsprechen, also auf eine Sicherung der durch einen vertretbaren Risikoabschlag „ermäßigten Forderung" zielen[1]. Zur Haftungsabwehr (§ 60 InsO) empfiehlt es sich aber, bei allen Vergleichsverhandlungen eine die Kalkulation belegende Aktennotiz, in schwierigen Fällen unterlegt durch eine betriebswirtschaftliche Expertise, vorzuhalten[2]. Es versteht sich, dass das Vergleichsprivileg eine Haftung des Insolvenzverwalters nach § 60 InsO für schuldhaft-unvertretbare Fehleinschätzung nicht ausschließt[3].

7.112 **c)** Zweifelhaft sind auch die **Vergleichsbefugnisse im Rahmen von § 92 InsO** (Gesamtgläubigerschaden) **und § 93 InsO bzw. § 171 Abs. 2 HGB** (persönliche Gesellschafterhaftung). In beiden Fällen verfügt der Verwalter nicht über die Insolvenzmasse, sondern er macht Ansprüche der Gläubiger kollektiv geltend (zu § 93 InsO vgl. Rz. 7.104; zu § 92 InsO vgl. Rz. 7.106). Beide Bestimmungen enthalten eine Ermächtigung an den Insolvenzverwalter, Haftungsansprüche der Gläubiger treuhänderisch geltend zu machen, als wären sie Bestandteile der Insolvenzmasse. Diese Ermächtigung umfasst zwar nicht die Freigabe der Ansprüche[4], wohl aber Vergleichsverträge, soweit diese nicht erkennbar dem Insolvenzverfahrenszweck und den Verwalterpflichten zuwiderlaufen[5].

VIII. Haftungsrisiken des Verwalters *(Wellensiek/Schluck-Amend)*

1. Haftungsrisiken des endgültigen Insolvenzverwalters

a) Insolvenzspezifische Haftung

aa) Grundkonzept § 60 Abs. 1 InsO

7.113 Gem. § 60 Abs. 1 InsO ist der Insolvenzverwalter allen Beteiligten zum Schadensersatz verpflichtet, wenn er seinen insolvenzspezifischen Pflichten schuldhaft nicht mit der Sorgfalt eines ordentlichen und gewissenhaften Insolvenzverwalters nachkommt. Dieses gesetzliche Schuldverhältnis ist das

1 *Karsten Schmidt*, KTS 2001, 379; zust. *Krieger/Sailer* in Karsten Schmidt/Lutter, 2008, § 93 AktG Rz. 53.

2 *Karsten Schmidt*, KTS 2001, 380.

3 *Haas* in Krieger/Uwe H. Schneider, Handbuch Managerhaftung, 2007, § 11 Rz. 19.

4 Vgl. OLG Dresden v. 9. 8. 2005 – 2 U 897/04, ZIP 2005, 1680; *Jaeger/H.-F. Müller*, § 92 InsO Rz. 32, § 93 Rz. 55.

5 Vgl. zu § 93 BAG v. 28. 11. 2007 – 6 AZR 377/07, ZIP 2008, 846 = DB 2008, 1051; zu beiden Bestimmungen *Jaeger/H.-F. Müller*, § 92 InsO Rz. 33, § 93 Rz. 52 f.; *Brandes* in Münchener Kommentar zur InsO, § 92 InsO Rz. 17, § 93 InsO Rz. 14; *Krüger*, NZI 2002, 367.

Pendant zur Befugnis der relativ freien Vermögensabwicklung durch den Insolvenzverwalter und begründet schon mit Übernahme des Amtes für den Verwalter die Pflicht, sich den Beteiligten gegenüber verantwortungsvoll zu verhalten[1].

Der **weit ausgelegte Beteiligtenbegriff** umfasst dabei alle, gegenüber denen der Verwalter Pflichten aus der Insolvenzordnung zu erfüllen hat[2]. Zum Beispiel: 7.114

- Schuldner
- (nachrangige) Insolvenzgläubiger
- Aus- und Absonderungsberechtigte
- Massegläubiger
- Persönlich haftende Gesellschafter einer Gesellschaftsschuldnerin ohne Rechtspersönlichkeit i.S.d. § 11 Abs. 2 InsO[3]
- Hinterlegungsstelle[4], Justizfiskus[5]
- Mitglieder des Gläubigerausschusses[6]

Generell vom Beteiligtenbegriff ausgenommen sind die **Kommanditisten** einer KG[7], sowie der nach § 15a Abs. 1 InsO (§ 64 Abs. 2 GmbHG a.F.) **haftende Geschäftsführer**, der dem Verwalter das Versäumen der fristgerechten Geltendmachung von Insolvenzanfechtungstatbeständen entgegenhält[8]. Auch **Bürgen** sind keine Beteiligten, wenn der Insolvenzgläubiger die verbürgte Forderung angemeldet hat und diese nicht gem. § 774 Abs. 1 BGB auf den Bürgen übergegangen ist[9]. 7.115

1 So BGH v. 17. 1. 1985 – IX ZR 59/84, BGHZ 93, 278; *Mohrbutter* in Mohrbutter/Ringstmeier, Handbuch Insolvenzverwaltung, § 33 Rz. 4, S. 1914; *Weitzmann* in Hamburger Kommentar zum Insolvenzrecht, § 60 InsO Rz. 1.

2 S. RGZ 144, 179; RGZ 149, 182; BGH v. 27. 2. 1973 – VI ZR 118/71, NJW 1973, 1043; BGH v. 4. 12. 1986 – IX ZR 47/86, NJW 1987, 844, 845; *Eickmann* in Heidelberger Kommentar zur InsO, § 60 InsO Rz. 5; *Weitzmann* in Hamburger Kommentar zum Insolvenzrecht, § 60 InsO Rz. 6; *Uhlenbruck*, § 60 InsO Rz. 9; *Hess*, § 60 InsO Rz. 17.

3 Vgl. *Eickmann* in Heidelberger Kommentar zur InsO, § 60 InsO Rz. 5; *Hess*, § 60 InsO Rz. 18; *Mohrbutter* in Mohrbutter/Ringstmeier, Handbuch Insolvenzverwaltung, § 33 Rz. 140, S. 1963.

4 So RGZ 149, 182, 185; BGH v. 30. 1. 1962 – VI ZR 18/61, NJW 1962, 869; *Hess*, § 60 InsO Rz. 18; *Uhlenbruck*, § 60 InsO Rz. 9.

5 Vgl. OLG Schleswig v. 6. 3. 1984 – 3 U 150/82, ZIP 1984, 619; LG Lübeck v. 20. 4. 1982 – 2 O 173/81, ZIP 1982, 862; *Uhlenbruck*, § 60 InsO Rz. 9; *Eickmann* in Heidelberger Kommentar zur InsO, § 60 InsO Rz. 5; *Mohrbutter* in Mohrbutter/Ringstmeier, Handbuch Insolvenzverwaltung, § 33 Rz. 139, S. 1963.

6 So *Uhlenbruck*, § 60 InsO Rz. 9; LG Stade, JW 1934, 1297.

7 Vgl. *Uhlenbruck*, § 60 InsO Rz. 9.

8 S. BGH v. 18. 12. 1995 – II ZR 277/94, NJW 1996, 850; *Uhlenbruck*, § 60 InsO Rz. 9; *Hess*, § 60 InsO Rz. 20; *Mohrbutter* in Mohrbutter/Ringstmeier, Handbuch Insolvenzverwaltung, § 33 Rz. 142, S. 1964.

9 Vgl. BGH v. 11. 10. 1984 – IX ZR 80/83, NJW 1985, 1159; *Weitzmann* in Hamburger Kommentar zum Insolvenzrecht, § 60 InsO Rz. 6; *Uhlenbruck*, § 60 InsO Rz. 9; *Hess*, § 60 InsO Rz. 19; *Mohrbutter* in Mohrbutter/Ringstmeier, Handbuch Insolvenzverwaltung, § 33 Rz. 141, S. 1964.

7.116 Die Haftung des Insolvenzverwalters gegenüber den Beteiligten nach § 60 Abs. 1 InsO umfasst gerade nicht jede beliebige Pflichtverletzung, sondern **nur die Verletzung insolvenzspezifischer Pflichten**. Diese relevanten Pflichten, die sich direkt aus der Insolvenzordnung ergeben müssen, lassen sich in die drei Kategorien Inbesitznahme, Verwaltung und Verwertung ordnen[1]. Typische Pflichtverletzungen sind dabei insbesondere:

- Fehlerhafte Erstellung des Verzeichnisses gem. §§ 188, 178, 183 InsO
- Verzicht auf Ansprüche zu Lasten der Masse
- Versäumen von Anfechtungsfristen
- Unterlassen der Buchführung und Bilanzerstellung gem. § 155 InsO
- Nichtanzeige einer Interessenkollision
- Unterlassen der Prüfung von Steuerbescheiden
- Nichtbeachten der Aus- und Absonderungsrechte

7.117 Nach § 60 Abs. 1 InsO setzt die Haftung ein Verschulden voraus. Bei seiner Tätigkeit hat der Verwalter gem. § 60 Abs. 1 Satz 2 InsO jedoch nur für die **Sorgfalt eines ordentlichen und gewissenhaften Insolvenzverwalters** einzustehen. Mit dieser Formulierung trägt das Gesetz dem Umstand Rechnung, dass an den Insolvenzverwalter auf Grund der Besonderheiten bei Insolvenzsituationen nicht die gleichen Anforderungen gestellt werden können wie an einen ordentlichen Geschäftsmann[2]. Im Gegensatz zu einem solchen wird der Insolvenzverwalter nämlich ohne Vorwarnung vom Gericht ins kalte Wasser geworfen, indem er ein völlig fremdes, wirtschaftlich bereits gekentertes Unternehmen, regelmäßig mit katastrophaler Buchführung und unbrauchbarer Unterstützung durch das Personal unter enormem Zeitdruck zu überblicken und zu führen hat.

bb) Sonderregelung § 61 InsO

7.118 Als lex specialis zu § 60 InsO ergänzt § 61 InsO die Haftung des Insolvenzverwalters auf die von ihm selbst begründeten Masseverbindlichkeiten[3]. Dabei geht es um die Aufteilung des erhöhten Risikos einer künftigen Masseunzulänglichkeit zwischen dem Verwalter und den am Rechtsverkehr mit ihm Beteiligten[4]. § 61 InsO greift demnach unter der Voraussetzung, dass **Mas-**

---

1 Vgl. *Mohrbutter* in Mohrbutter/Ringstmeier, Handbuch Insolvenzverwaltung, § 33 Rz. 39, S. 1926; *Runkel* in Anwalts-Handbuch Insolvenzrecht, § 5 Rz. 208; *Brandes* in Münchener Kommentar zur InsO, § 60 InsO Rz. 11.

2 Vgl. Begr. RegE zu § 71, BT-Drucks. 1/92, 129; *Weitzmann* in Hamburger Kommentar zum Insolvenzrecht, § 60 InsO Rz. 9; *Uhlenbruck*, § 60 InsO Rz. 2; *Runkel* in Anwalts-Handbuch Insolvenzrecht, § 5 Rz. 214; *Brandes* in Münchener Kommentar zur InsO, § 60 InsO Rz. 89.

3 So *Hess* Insolvenzecht, § 61 Rz. 18, 20; *Weitzmann* in Hamburger Kommentar zum Insolvenzrecht, 2. Aufl. 2007, § 61 Rz. 1.

4 Siehe *Eickmann* in Heidelberger Kommentar Insolvenzordnung, § 61 Rz. 3; *Hess* Insolvenzecht, § 61 Rz. 3; *Weitzmann* in Hamburger Kommentar zum Insolvenzrecht, 2. Aufl. 2007, § 61 Rz. 1; *Mohrbutter* in Mohrbutter/Ringstmeier, Handbuch Insolvenzverwaltung, § 33 Rz. 6, S. 1915 Rz. 109, S. 1953.

seunzulänglichkeit angezeigt wird, eine Befriedigung der Gläubiger nicht mehr zu erwarten ist[1] **und sich zusätzlich der Ausfall des Gläubigers gerade aus dem Rechtsgeschäft mit dem Verwalter ergeben hat**[2]. Unabhängig davon bleibt den Massegläubigern daneben stets die Haftung aus § 60 InsO für masseschmälernde Pflichtverletzungen des Verwalters erhalten[3]. Geschützt werden durch § 61 InsO auch die Neumassegläubiger, die von § 60 InsO nicht erfasst werden[4].

Die Haftung nach § 61 InsO setzt ein **Verschulden** seitens des Insolvenzverwalters voraus, welches generell vermutet wird[5]. Der Verwalter kann sich jedoch nach § 61 Satz 2 InsO exkulpieren, wenn ihm der Beweis gelingt, dass objektiv von einer voraussichtlich ausreichenden Masse auszugehen war oder aber, dass für ihn subjektiv nicht erkennbar war, dass die Masse zur Erfüllung der Verbindlichkeiten nicht mehr ausreichen würde[6]. Weil der Verwalter stets nach Maßgabe des § 60 Abs. 1 Satz 2 InsO zu handeln hat[7], ist dieser Beweis mithilfe einer **ständig aktualisierten Liquiditätsrechnung** zu führen[8]. Da nur die Erkennbarkeit einer Wahrscheinlichkeit maßgebend ist, muss für den Haftungsfall der Eintritt der Masseunzulänglichkeit wahrscheinlicher sein als der Nichteintritt[9]. 7.119

1 So BGH v. 6. 5. 2004 – IX ZR 48/03, NJW 2004, 3334; BGH v. 25. 3. 1975 – VI ZR 75/73, WM 1975, 517; *Mohrbutter* in Mohrbutter/Ringstmeier, Handbuch Insolvenzverwaltung, § 33 Rz. 117, S. 1956. Teilweise wird auch vertreten, dass der Verwalter schon haftet, sobald im Zeitpunkt der Fälligkeit nicht mehr erfüllt werden kann, OLG Hamm v. 28. 11. 2002 – 27 U 87/02, NZI 2003, 150; OLG Hamm v. 16. 1. 2003 – 27 U 45/02, NZI 2003, 263; *Eickmann* in Heidelberger Kommentar Insolvenzordnung, § 61 Rz. 3; *Runkel* in Anwalts-Handbuch Insolvenzrecht, § 5 Rz. 216. Offen gelassen von BGH v. 6. 5. 2004 – IX ZR 48/03, NZI 2004, 435.

2 Vgl. *Eickmann* in Heidelberger Kommentar Insolvenzordnung, § 61 Rz. 3; *Mohrbutter* in Mohrbutter/Ringstmeier, Handbuch Insolvenzverwaltung, § 33 Rz. 123, S. 1958.

3 Siehe *Mohrbutter* in Mohrbutter/Ringstmeier, Handbuch Insolvenzverwaltung, § 33 Rz. 122, S. 1958; *Eickmann* in Heidelberger Kommentar Insolvenzordnung, § 61 Rz. 3; *Hess* Insolvenzecht, § 61 Rz. 18, 20.

4 Auch *Runkel* in Anwalts-Handbuch Insolvenzrecht, § 5 Rz. 216; *Hess* Insolvenzecht, § 61 Rz. 20; *Weitzmann* in Hamburger Kommentar zum Insolvenzrecht, 2. Aufl. 2007, § 60 Rz. 6; *Uhlenbruck* in Insolvenzordnung, § 60 Rz. 10.

5 Vgl. OLG Karlsruhe v. 21. 11. 2002 – 12 U 112/02, ZIP 2003, 267; *Weitzmann* in Hamburger Kommentar zum Insolvenzrecht, § 61 InsO Rz. 1, 12; *Adam*, DZWIR 2008, 14 ff.

6 So BGH v. 6. 5. 2004 – IX ZR 48/03, BGHZ 159, 104 = NJW 2004, 3334; *Mohrbutter* in Mohrbutter/Ringstmeier, Handbuch Insolvenzverwaltung, § 33 Rz. 10, S. 1916; *Weitzmann* in Hamburger Kommentar zum Insolvenzrecht, § 61 InsO Rz. 12.

7 So *Adam*, DZWIR 2008, 14 ff.

8 Vgl. BGH v. 17. 12. 2004 – IX ZR 185/03, NJW-RR 2005, 488; LG Köln v. 21. 10. 2003 – 5 O 190/03, NZI 2003, 652; *Mohrbutter* in Mohrbutter/Ringstmeier, Handbuch Insolvenzverwaltung, § 33 Rz. 10, S. 1916, Rz. 113, S. 1955; *Eickmann* in Heidelberger Kommentar zur InsO, § 61 InsO Rz. 6; *Weitzmann* in Hamburger Kommentar zum Insolvenzrecht, § 61 InsO Rz. 13 ff.

9 Auch *Hess*, § 61 InsO Rz. 54; *Weitzmann* in Hamburger Kommentar zum Insolvenzrecht, § 61 InsO Rz. 12, 15.

cc) Haftung für Dritte

7.120 Sofern sich der Insolvenzverwalter zur Bewältigung der Aufgaben seines Pflichtenkreises seines **eigenen Hilfspersonals** bedient, hat er gem. **§ 278 BGB** grundsätzlich auch für deren Verschulden einzustehen[1]. Umfasst werden dabei alle Verletzungshandlungen insolvenzspezifischer oder freiwillig übernommener Pflichten sowie die Haftung nach § 311 BGB[2]. Nach § 831 BGB haftet der Insolvenzverwalter für das Verschulden seiner Verrichtungsgehilfen jedoch nur, wenn ihm die unerlaubte Handlung mit persönlicher Einstandspflicht auch zuzurechnen ist[3].

7.121 In der Regel wird der Insolvenzverwalter die Erledigung von **Sonderaufgaben** (Erstellung von Bilanzen, Steuererklärungen, Prozessführung, Gutachten) auf selbständige Berufsträger wie Rechtsanwälte, Steuer- oder Wirtschaftsprüfer übertragen[4]. Seinen Pflichten ist der Verwalter dann schon mit Übertragung der Aufgaben nachgekommen, wenn ihn nicht ein **Auswahl- oder Überwachungsverschulden** trifft[5]. Bei mangelhafter Leistung besteht schnellstmögliche Kündigungspflicht[6].

7.122 Eine Ausnahme der generellen Haftung des Verwalters für Dritte begründet § 60 Abs. 2 InsO. Demnach greift **§ 278 BGB nicht, wenn der Insolvenzverwalter** zur Erfüllung ihm obliegender Pflichten **Angestellte des Schuldners im Rahmen ihrer bisherigen Tätigkeit und unter der Voraussetzung, dass sie offensichtlich nicht völlig ungeeignet sind, einsetzten muss**. Die Notwendigkeit, sich der Angestellten des Schuldners zu bedienen, kann sich z.B. bei der Betriebsfortführung aus finanziellen Gründen oder ihrem besonderen unter-

---

1 S. BGH v. 19. 7. 2001 – IX ZR 62/00, NJW 2001, 3190; *Uhlenbruck*, § 60 InsO Rz. 37; *Weitzmann* in Hamburger Kommentar zum Insolvenzrecht, § 60 InsO Rz. 42; *Runkel* in Anwalts-Handbuch Insolvenzrecht, § 5 Rz. 219; *Mohrbutter* in Mohrbutter/Ringstmeier, Handbuch Insolvenzverwaltung, § 33 Rz. 13, S. 1917; *Heye/Lachmann* in Münchener Anwaltshandbuch Sanierung und Insolvenz, § 41 Rz. 151; *Hess*, § 60 InsO Rz. 162; *Eickmann* in Heidelberger Kommentar zur InsO, § 60 InsO Rz. 15; *Haarmeyer* in Münchener Kommentar zur InsO, § 22 InsO Rz. 212.

2 So *Mohrbutter* in Mohrbutter/Ringstmeier, Handbuch Insolvenzverwaltung, § 33 Rz. 13, S. 1917; *Uhlenbruck*, § 60 InsO Rz. 37.

3 Vgl. *Mohrbutter* in Mohrbutter/Ringstmeier, Handbuch Insolvenzverwaltung, § 33 Rz. 13, S. 1917; *Weitzmann* in Hamburger Kommentar zum Insolvenzrecht, § 60 InsO Rz. 42.

4 Auch BGH v. 29. 5. 1979 – VI ZR 104/78, NJW 1979, 2212; *Brandes* in Münchener Kommentar zur InsO, § 60 InsO Rz. 94; *Mohrbutter* in Mohrbutter/Ringstmeier, Handbuch Insolvenzverwaltung, § 33 Rz. 16, S. 1918; *Weitzmann* in Hamburger Kommentar zum Insolvenzrecht, § 60 InsO Rz. 42; *Hess*, § 60 InsO Rz. 162; *Häsemeyer*, Insolvenzrecht, Rz. 6.43.

5 So BGH v. 29. 5. 1979 – VI ZR 104/78, NJW 1979, 2212; *Heye/Lachmann* in Münchener Anwaltshandbuch Sanierung und Insolvenz, § 41 Rz. 152; *Eickmann* in Heidelberger Kommentar zur InsO, § 60 InsO Rz. 16; *Mohrbutter* in Mohrbutter/Ringstmeier, Handbuch Insolvenzverwaltung, § 33 Rz. 16, S. 1918; *Brandes* in Münchener Kommentar zur InsO, § 60 InsO Rz. 94; *Weitzmann* in Hamburger Kommentar zum Insolvenzrecht, § 60 InsO Rz. 42; *Hess*, § 60 InsO Rz. 162; *Uhlenbruck*, § 60 Rz. 37.

6 Vgl. *Eickmann* in Heidelberger Kommentar zur InsO, § 60 InsO Rz. 16; *Mohrbutter* in Mohrbutter/Ringstmeier, Handbuch Insolvenzverwaltung, § 33 Rz. 16, S. 1918.

nehmensspezifischen Know-how ergeben[1]. Der Verwalter ist aber dennoch für die Überwachung der Angestellten sowie für Entscheidungen von besonderer Bedeutung verantwortlich.

b) Haftung nach allgemeinen Grundsätzen

Neben der Haftung für die Pflichtverletzung insolvenzspezifischer Pflichten kann den Insolvenzverwalter im Rechtsverkehr auch die Haftung nach den allgemeinen Grundsätzen des **BGB oder anderer Gesetze** treffen. Zwar verpflichtet der Verwalter durch seine Rechtshandlungen prinzipiell nur die Insolvenzmasse, unter besonderen Umständen kann er seinen Vertragspartnern aber auch persönlich haften[2]. 7.123

aa) Vertragliche Haftung

Eine Haftung kann sich aus der Übernahme einer rechtsverbindlichen **Garantieerklärung im Sinne des § 444 BGB** ergeben, wenn der Verwalter persönliche Zusicherungen zur Leistungserbringung macht[3]. Teilweise wird die Abgabe einer Garantie schon dann bejaht, wenn der schwache vorläufige Verwalter erklärt, die Zahlungen seien durch die Masse gedeckt[4]. Dies ist richtigerweise jedoch abzulehnen, da sich der Verwalter regelmäßig nicht selbst persönlich binden möchte und hieran auch kein Eigeninteresse hat: an Garantieerklärungen sind daher hohe Anforderungen zu stellen[5]. 7.124

Der Verwalter kann aber auch nach den Grundsätzen der **culpa in contrahendo gem. §§ 241 Abs. 2, 280 Abs. 1, 311 Abs. 2 BGB** persönlich haften, wenn er bei den Vertragsverhandlungen in besonderem Maße persönliches Vertrauen in Anspruch genommen hat[6]. Für das OLG Schleswig hat schon die Zusage eines vorläufigen schwachen Insolvenzverwalters, dass die Zahlung von der Masse gedeckt sei, zu einer Haftung aus § 311 Abs. 2 und 3 BGB geführt[7]. Der 7.125

1 S. *Runkel* in Runkel, Anwalts-Handbuch Insolvenzrecht, § 5 Rz. 219; *Mohrbutter* in Mohrbutter/Ringstmeier, Handbuch Insolvenzverwaltung, § 33 Rz. 15, S. 1918; *Uhlenbruck*, § 60 InsO Rz. 38; *Haarmeyer* in Münchener Kommentar zur InsO, § 22 InsO Rz. 212.

2 Vgl. BGH v. 24. 5. 2005 – IX ZR 114/01, NJW-RR 2005, 1137; BGH v. 14. 4. 1987, NJW 1987, 3133; *Mohrbutter* in Mohrbutter/Ringstmeier, Handbuch Insolvenzverwaltung, § 33 Rz. 145 ff., S. 1965.

3 *Mohrbutter* in Mohrbutter/Ringstmeier, Handbuch Insolvenzverwaltung, § 33 Rz. 146, S. 1966; *Hess*, § 60 InsO Rz. 119 f.

4 So OLG Celle v. 21. 10. 2003 – 16 U 95/03, NZI 2004, 89.

5 Vgl. BGH v. 19. 5. 1988 – III ZR 38/87, NJW-RR 1988, 1259; BGH v. 24. 5. 2005 – IX ZR 114/01, NJW-RR 2005, 1137; OLG Rostock v. 4. 10. 2004 – 3 U 158/03, ZIP 2005, 220; *Mohrbutter* in Mohrbutter/Ringstmeier, Handbuch Insolvenzverwaltung, § 33 Rz. 34, S. 1924, Rz. 146, S. 1966; *Weitzmann* in Hamburger Kommentar zum Insolvenzrecht, § 60 InsO Rz. 24.

6 Vgl. BGH v. 24. 5. 2005 – IX ZR 114/01, NJW-RR 2005, 1137; BGH v. 14. 4. 1987 – IX ZR 260/86, NJW 1987, 3133; *Hess*, § 60 InsO Rz. 111; *Weitzmann* in Hamburger Kommentar zum Insolvenzrecht, § 60 InsO Rz. 24; *Uhlenbruck*, § 60 InsO Rz. 43.

7 S. OLG Schleswig v. 31. 10. 2003 – 1 U 42/03, NZI 2004, 92; zustimmend *Hess*, § 60 InsO Rz. 112; ablehnend *Weitzmann* in Hamburger Kommentar zum Insolvenzrecht,

BGH sah hingegen den Hinweis früherer Sanierungserfolge bei Vertragsverhandlungen als haftungsbegründend an[1]. Kritisch ist es allerdings zu bewerten, wenn bewährten Insolvenzverwaltern auf Grund ihrer bisherigen vertrauenerweckenden Erfolge generell eine verschärfte Haftung auferlegt wird[2]. Wer dem Vertragspartner jedoch ganz verschweigt, als Insolvenzverwalter tätig zu werden, muss mit der persönlichen Haftung rechnen[3].

bb) Deliktische Haftung

7.126 Der Insolvenzverwalter haftet unter Umständen auch nach Deliktsrecht. Da die **allgemeine Verkehrssicherungspflicht** nicht zu den insolvenzspezifischen Tätigkeiten des Verwalters gehört, haftet er für Verletzungen dieser nach §§ 823 Abs. 1, 838, 836 BGB[4]. Dabei schließt die Primärhaftung der Masse nach § 55 Abs. 1 Nr. 1 InsO die Haftung nicht aus[5]. Auch die **Verletzung eines Patents bei Betriebsfortführung** begründet für den Verwalter eine deliktische Haftung nach § 139 Abs. 2 PatG[6]. Möglich ist ebenfalls die Haftung nach **§ 823 Abs. 2 BGB in Verbindung mit einem Schutzgesetz**, wie zum Beispiel § 263 StGB[7] oder §§ 185 ff. StGB[8].

cc) Sonstige Haftungsgründe

7.127 Daneben kann der Insolvenzverwalter aus **einer Reihe von anderen Gründen** persönlich haften. Insbesondere bei einer Verletzung seiner

- arbeits- und sozialrechtlichen Pflichten (z.B. § 321 SGB III; § 823 Abs. 2 BGB i.V.m. § 266a StGB)

---

§ 60 InsO Rz. 24; *Mohrbutter* in Mohrbutter/Ringstmeier, Handbuch Insolvenzverwaltung, § 33 Rz. 34, S. 1924.

1 S. BGH v. 3. 4. 1990 – IX ZR 206/88, NJW 1990, 1907; *Mohrbutter* in Mohrbutter/Ringstmeier, Handbuch Insolvenzverwaltung, § 33 Rz. 147, S. 1967; *Hess*, § 60 InsO Rz. 114.

2 Auch *Weitzmann* in Hamburger Kommentar zum Insolvenzrecht, § 60 InsO Rz. 24. Anders wohl *Uhlenbruck*, § 60 InsO Rz. 2.

3 Vgl. *Uhlenbruck*, § 60 InsO Rz. 2; *Mohrbutter* in Mohrbutter/Ringstmeier, Handbuch Insolvenzverwaltung, § 33 Rz. 146, S. 1966.

4 Vgl. BGH v. 17. 9. 1987 – IX ZR 156/86, NJW-RR 1988, 89; *Mohrbutter* in Mohrbutter/Ringstmeier, Handbuch Insolvenzverwaltung, § 33 Rz. 151, S. 1968; *Uhlenbruck*, § 60 InsO Rz. 45; *Hess*, § 60 InsO Rz. 133; *Brandes* in Münchener Kommentar zur InsO, § 60 InsO Rz. 76.

5 Vgl. BGH v. 17. 9. 1987 – IX ZR 156/86, NJW-RR 1988, 89; *Uhlenbruck*, § 60 InsO Rz. 45; *Mohrbutter* in Mohrbutter/Ringstmeier, Handbuch Insolvenzverwaltung, § 33 Rz. 150, S. 1968.

6 Vgl. BGH v. 5. 6. 1975 – X ZR 37/72, NJW 1975, 1969; *Mohrbutter* in Mohrbutter/Ringstmeier, Handbuch Insolvenzverwaltung, § 33 Rz. 152, S. 1968; *Uhlenbruck*, § 60 InsO Rz. 44; *Hess*, § 60 InsO Rz. 128; *Brandes* in Münchener Kommentar zur InsO, § 60 InsO Rz. 80.

7 S. BGH v. 14. 4. 1987 – IX ZR 260/86, NJW 1987, 3133; *Mohrbutter* in Mohrbutter/Ringstmeier, Handbuch Insolvenzverwaltung, § 33 Rz. 153, S. 1968.

8 Auch BGH v. 18. 10. 1994 – VI ZR 74/94, NJW 1995, 397; *Uhlenbruck*, § 60 InsO Rz. 46; *Mohrbutter* in Mohrbutter/Ringstmeier, Handbuch Insolvenzverwaltung, § 33 Rz. 153, S. 1969.

– Mitwirkungs- und Leistungspflichten im Steuerrecht (insbesondere der Steuerzahlungspflicht)

– öffentlich-rechtlichen Pflichten (Verwaltungs-, Polizei- und Umweltrecht).

2. Haftungsrisiken des vorläufigen Insolvenzverwalters

a) Insolvenzspezifische Haftung

Für den vorläufigen Insolvenzverwalter gelten gem. § 21 Abs. 2 Satz 1 Nr. 1 InsO die **Haftungsvorschriften des endgültigen Insolvenzverwalters** (§§ 60 ff. InsO) „entsprechend". Die Regelungen sind auch dann anzuwenden, wenn das Insolvenzverfahren mangels Masse nicht eröffnet wird[1]. 7.128

aa) Haftung nach § 60 InsO

Unabhängig von seiner Stellung als starker oder schwacher Verwalter haftet er allen Verfahrensbeteiligten gem. § 60 InsO für die schuldhafte Verletzung insolvenzspezifischer Pflichten, die sich gerade aus den ihm vom Gericht zugeteilten Befugnissen ergeben[2]. Für die Verzögerung gebotener Maßnahmen haftet der vorläufige Insolvenzverwalter nach der Maßgabe der Sorgfalt eines ordentlichen und gewissenhaften Insolvenzverwalters gem. § 60 Abs. 1 Satz 2 InsO aber nur dann, wenn er die **Frist zur Gewinnung eines Gesamtüberblicks über die bestehende Unternehmenssituation deutlich überschritten hat**[3]. Dabei ist insbesondere die regelmäßig vorherrschende Unübersichtlichkeit der tatsächlichen Situation wie auch die oftmals unbrauchbare Buchführung des Schuldners zu berücksichtigen. Des Weiteren ist zu beachten, dass der Verwalter wegen des Zeitdrucks zur Erlangung der nötigen Informationen weitgehend auf die Angaben der Beteiligten, insbesondere des Schuldners, angewiesen ist. Ihnen darf der Verwalter deshalb grundsätzlich trauen, soweit sich gegen deren Richtigkeit für ihn keine konkreten Anhaltspunkte ergeben. 7.129

bb) Haftung nach § 61 InsO

Weitaus problematischer stellt sich die Haftung des vorläufigen Insolvenzverwalters nach § 61 InsO dar. Nach altem Recht konnten Forderungen aus Dauerschuldverhältnissen und Verbindlichkeiten, die durch den Verwalter entstanden waren, lediglich als Insolvenzforderungen geltend gemacht werden. Dies führte dazu, dass niemand mit dem vorläufigen Insolvenzverwalter 7.130

---

1 Auch *Eickmann* in Heidelberger Kommentar zur InsO, § 61 InsO Rz. 7; *Mohrbutter* in Mohrbutter/Ringstmeier, Handbuch Insolvenzverwaltung, § 33 Rz. 30, S. 1923; *Haarmeyer* in Münchener Kommentar zur InsO, § 22 InsO Rz. 211.

2 Vgl. *Mohrbutter* in Mohrbutter/Ringstmeier, Handbuch Insolvenzverwaltung, § 33 Rz. 26, S. 1921, Rz. 28, S. 1922. S. zu den insolvenzspezifischen Pflichten des schwachen Verwalters Rz. 32, S. 1923.

3 S. *Häsemeyer*, Insolvenzrecht, Rz. 6.39; *Weitzmann* in Hamburger Kommentar zum Insolvenzrecht, § 60 InsO Rz. 45; *Mohrbutter* in Mohrbutter/Ringstmeier, Handbuch Insolvenzverwaltung, § 33 Rz. 27, S. 1921.

Geschäfte machen wollte und eine Fortführung des Betriebs deshalb oft unmöglich war. Um dieses Problem zu lösen, ordnet **§ 55 Abs. 2 InsO** an, solche Verbindlichkeiten nun als **Masseverbindlichkeiten** zu klassifizieren. Für den vorläufigen Insolvenzverwalter hat diese Einordnung jedoch im Rahmen des § 61 InsO weit reichende Konsequenzen und führt zu **paradox anmutenden Haftungsproblemen**.

7.131 Zum einen besteht für den vorläufigen starken Verwalter die **Fortführungspflicht des § 22 Abs. 1 Satz 2 InsO**, die es vielfach erfordern wird, Dauerschuldverhältnisse weiterlaufen zu lassen und neue Verträge abzuschließen. Zum anderen wird die Beweislastumkehr des § 61 Satz 2 InsO dem vorläufigen Insolvenzverwalter nicht gerecht, da er gerade am Anfang der Aufgabe steht, sich einen Überblick über die Vermögensverhältnisse zu verschaffen. Einerseits soll der Verwalter also ohne Zeit zur Beurteilung der Lage den Betrieb fortführen, andererseits soll er für durch seine Handlung eventuell später begründete Masseverbindlichkeiten nach § 61 InsO haften[1].

7.132 Um diese mögliche Haftung des vorläufigen Insolvenzverwalters zu vermeiden, werden von den Gerichten ganz überwiegend vorläufige **schwache Insolvenzverwalter ohne Verfügungsbefugnis** eingesetzt, für die § 55 Abs. 2 InsO nicht einschlägig ist. Sobald diese jedoch vom Gericht mit der Befugnis zur Begründung von Masseverbindlichkeiten ausgestattet werden, greift auch für sie die Haftung des § 61 InsO entsprechend[2].

7.133 Teilweise wird deshalb vertreten, das paradoxe Haftungsproblem des vorläufigen Insolvenzverwalters dadurch zu lösen, dass man die Vorschrift des **§ 61 InsO**, die nur über die Verweisung des § 21 Abs. 2 Satz 1 Nr. 1 InsO „entsprechend" gilt, **nicht auf die Erfüllbarkeit solcher Masseverbindlichkeiten anwendet**, die im Eröffnungsverfahren zur Betriebsfortführung und damit zur Erfüllung der gesetzlichen Pflicht des vorläufigen Insolvenzverwalters aus § 22 Abs. 1 Satz 2 Nr. 2 InsO gezwungenermaßen entstanden sind[3]. Die **Fortführungspflicht ist hiernach zugleich Rechtfertigungsgrund**: wer eine gesetzliche Anordnung befolgt, handelt nicht pflichtwidrig[4]. Die Rechtfertigung entfällt erst dann, wenn das Gericht der Stilllegung zustimmt, der Verwalter den

1 S. *Pohlmann*, Befugnisse und Funktionen des vorläufigen Insolvenzverwalters, Rz. 369; *Kind*, InVo 1998, 62; *Braun/Uhlenbruck*, Unternehmensinsolvenz, S. 260; *Graf-Schlicker/Remmert*, NZI 2001, 569, 570.

2 So BGH v. 18. 7. 2002 – IX ZR 195/01, NJW 2002, 3326; *Heye* in Münchener Anwaltshandbuch Sanierung und Insolvenz, § 40 Rz. 51; *Mohrbutter* in Mohrbutter/Ringstmeier, Handbuch Insolvenzverwaltung, § 33 Rz. 29, S. 1922; *Uhlenbruck*, § 61 InsO Rz. 18; *Weitzmann* in Hamburger Kommentar zum Insolvenzrecht, § 61 InsO Rz. 4; *Haarmeyer* in Münchener Kommentar zur InsO, § 22 InsO Rz. 121, 211; *Eickmann* in Heidelberger Kommentar zur InsO, § 61 InsO Rz. 8.

3 So *Wiester*, ZInsO 1998, 102 f.; *Kirchhof*, ZInsO 1999, 365, 366; *Uhlenbruck*, § 61 InsO Rz. 15; wohl auch *Weitzmann* in Hamburger Kommentar zum Insolvenzrecht, § 61 InsO Rz. 4.

4 Vgl. *Kirchhof*, ZInsO 1999, 365, 366; *Heye* in Münchener Anwaltshandbuch Sanierung und Insolvenz, § 40 Rz. 47; *Uhlenbruck*, § 61 InsO Rz. 15; *Wiester*, ZInsO 1998, 102 f.

Stilllegungsantrag schuldhaft verzögert oder dieser auf Grund seiner mangelhaften Begründung vom Gericht abgewiesen wird[1]. Für die Neumassegläubiger besteht bei Fortführungspflicht dieser Auffassung nach nur der Schutz des § 60 InsO[2].

Diese Ansicht wird jedoch nicht uneingeschränkt geteilt. Richtigerweise ist wegen des eindeutigen Wortlauts des § 22 Abs. 2 Nr. 1 InsO die Haftung nach **§ 61 InsO gerade auch auf den vorläufigen Insolvenzverwalter anzuwenden**, trotz seiner Fortführungspflicht[3]. Diese Pflicht rechtfertigt es nämlich nicht, unerfüllbare Masseverbindlichkeiten einseitig zu Lasten der neuen Massegläubiger einzugehen[4]. Zur **Vermeidung seiner Haftung** stehen dem Verwalter jedoch einige Möglichkeiten zur Verfügung. Sofern sich auf Grund einer Risikoprognose ergibt, dass die Wahrscheinlichkeit der Masseunzulänglichkeit höher ist, als ein Verbindlichkeiten deckendes Verfahren, kann sich der Verwalter von seiner Haftung befreien, indem er seine **Geschäftspartner vor dem Risiko der Masseunzulänglichkeit warnt**[5]. Daneben kann er bei drohender Begründung von Masseverbindlichkeiten jederzeit die **gerichtliche Stilllegung** des Betriebes **beantragen**[6]. Zwar dauert die Fortführungspflicht nach Antragstellung bis zur tatsächlichen Stilllegung des Betriebes fort, für in diesem Zeitraum entstandene Schulden haftet der Insolvenzverwalter bei ordnungsgemäßer Antragstellung und Erfüllung seiner Warnpflicht dann aber nicht mehr, insbesondere auch dann nicht, wenn das Gericht die Stilllegung gänzlich ablehnt[7]. Nach Antragstellung erstreckt sich die Haftung nur noch auf Verbindlichkeiten, die er nach der Zustimmung des Gerichts zur Stilllegung begründet hat oder die durch seine schuldhafte Verzögerung des Stilllegungsantrags entstanden sind, z.B. durch eine mangelhafte Begründung[8]. Die Haftung des vorläufigen Insolvenzverwalters nach § 61 InsO erfährt **im Rahmen der Exkulpationsmöglichkeit nach § 61 Satz 2 InsO** eine weitere Einschränkung, da hier seine **außergewöhnliche Situation besonders berücksichtigt** 7.134

1 S. *Kirchhof*, ZInsO 1999, 365, 367; *Uhlenbruck*, § 61 InsO Rz. 16, 17; *Wiester*, ZInsO 1998, 101 f.; *Jaffé/Hillert*, ZIP 1999, 1204.

2 Vgl. *Kirchhof*, ZInsO 1999, 365, 366; *Uhlenbruck*, § 61 InsO Rz. 16, 17.

3 Vgl. LG Cottbus v. 8. 5. 2002 – 3 O 277/00, NZI 2002, 441, 443; OLG Brandenburg v. 3. 7. 2003 – 8 U 58/02, NZI 2003, 552; *Mohrbutter* in Mohrbutter/Ringstmeier, Handbuch Insolvenzverwaltung, § 33 Rz. 29, S. 1922; *Eickmann* in Heidelberger Kommentar zur InsO, § 61 InsO Rz. 10; *Haarmeyer* in Münchener Kommentar zur InsO, § 22 InsO Rz. 121.

4 So LG Cottbus v. 8. 5. 2002 – 3 O 277/00, NZI 2002, 441, 442 f.; *Eickmann* in Heidelberger Kommentar zur InsO, § 61 InsO Rz. 10.

5 So *Haarmeyer* in Münchener Kommentar zur InsO, § 22 InsO Rz. 210; *Heye* in Münchener Anwaltshandbuch Sanierung und Insolvenz, § 40 Rz. 47; *Mohrbutter* in Mohrbutter/Ringstmeier, Handbuch Insolvenzverwaltung, § 33 Rz. 29, S. 1922.

6 S. *Mohrbutter* in Mohrbutter/Ringstmeier, Handbuch Insolvenzverwaltung, § 33 Rz. 29, S. 1922; *Eickmann* in Heidelberger Kommentar zur InsO, § 61 InsO Rz. 10.

7 Vgl. *Eickmann* in Heidelberger Kommentar zur InsO, § 61 InsO Rz. 11; *Mohrbutter* in Mohrbutter/Ringstmeier, Handbuch Insolvenzverwaltung, § 33 Rz. 29, S. 1922; *Haarmeyer* in Münchener Kommentar zur InsO, § 22 InsO Rz. 123.

8 Vgl. *Heye* in Münchener Anwaltshandbuch Sanierung und Insolvenz, § 40 Rz. 48; *Haarmeyer* in Münchener Kommentar zur InsO, § 22 InsO Rz. 123, 124; *Uhlenbruck*, § 61 InsO Rz. 16, 17; *Wiester*, ZInsO 1998, 101 f.; *Jaffé/Hillert*, ZIP 1999, 1204.

werden muss[1]. Der vorläufige Verwalter steht bei Amtsübernahme unter erheblichem Zeitdruck und regelmäßig wird ihm der Überblick über die Lage des Schuldners fehlen, wodurch von ihm eine zuverlässige Liquiditätsprognose auf die Schnelle nicht erwartet werden kann[2].

7.135 Wenigstens hinsichtlich der **Arbeitsverhältnisse** hat der Gesetzgeber[3] dieses Haftungsproblem des vorläufigen Verwalters aufgegriffen und mit **§ 55 Abs. 3 Satz 1 InsO** eine Regelung eingeführt, wonach die begründeten Ansprüche der Arbeitnehmer, soweit sie nach § 187 SGB III auf die Bundesanstalt für Arbeit übergegangen sind, von dieser nur noch als Insolvenzforderung geltend gemacht werden können[4].

cc) Haftungsrisiko der Stilllegung

7.136 Weitere Haftungsrisiken ergeben sich bei der Frage, wann ein **Schließungsantrag** zu stellen ist. Der vorläufige Insolvenzverwalter befindet sich insoweit in einem Dilemma, da für ihn immer die konkrete Gefahr besteht, von den Verfahrensbeteiligten retrospektiv für sein diesbezügliches Handeln (den Betrieb fortgeführt bzw. stillgelegt zu haben) haftbar gemacht zu werden. In kürzester Zeit hat er somit Entscheidungen zu treffen, die für ihn, wie oben dargestellt, erhebliche haftungsrechtliche Konsequenzen nach sich ziehen können[5]. Die betriebliche Situation nach Insolvenzantragstellung beinhaltet von den Mitarbeitern über die Kunden und Lieferanten bis zu potentiellen Kaufinteressenten so viele unbekannte Faktoren, dass es mit erheblichen Schwierigkeiten verbunden ist, die Sanierungsaussichten für das schuldnerische Unternehmen in dieser Phase bereits einigermaßen realistisch einschätzen zu können; erfolgreiche Sanierungen sind nicht selten durch das Auftreten bestimmter vorteilhafter Rahmenbedingungen begünstigt worden.

7.137 Man wird deswegen aus der gesetzlichen Regelung folgern können, dass der vorläufige Insolvenzverwalter einen Antrag auf Betriebsstilllegung nur in solchen Fällen stellen muss, in denen eine gravierende Unternehmensschieflage im leistungswirtschaftlichen Bereich für ihn so offenbar ist, dass aus betriebswirtschaftlicher Sicht die **Weiterführung schlechthin nicht mehr verantwortet**

1 Vgl. LG Cottbus v. 8. 5. 2002 – 3 O 277/00, NZI 2002, 441, 443; *Eickmann* in Heidelberger Kommentar zur InsO, § 61 InsO Rz. 9; *Heye* in Münchener Anwaltshandbuch Sanierung und Insolvenz, § 40 Rz. 46; *Weitzmann* in Hamburger Kommentar zum Insolvenzrecht, § 61 InsO Rz. 4.

2 S. LG Cottbus v. 8. 5. 2002 – 3 O 277/00, NZI 2002, 441, 443; *Heye* in Münchener Anwaltshandbuch Sanierung und Insolvenz, § 40 Rz. 47; *Weitzmann* in Hamburger Kommentar zum Insolvenzrecht, § 61 InsO Rz. 4; *Haarmeyer* in Münchener Kommentar zur InsO, § 22 InsO Rz. 121.

3 Gesetz zur Änderung der Insolvenzordnung vom 26. 10. 2001, BGBl. I 2001, 2710.

4 In einer Entscheidung vom 3. 4. 2001 hatte der 9. Senat des BAG entsprechende Forderungen der Bundesanstalt für Arbeit schon als Insolvenzforderungen eingestuft, vgl. BAG v. 3. 4. 2001 – 9 AZR 301/00, ZIP 2001, 1964.

5 Vgl. auch *Mönning*, Betriebsfortführung in der Insolvenz, Rz. 242 ff., 249.

werden kann[1] und zu einer erheblichen Vermögenseinbuße beim schuldnerischen Vermögen zu Lasten der Gläubiger führen würde[2].

In jedem Fall muss der vorläufige Insolvenzverwalter aber sogleich nach Bestellung mit der Prüfung beginnen, ob und in welchem Ausmaß das **Auflaufen von Verlusten** bis zur Entscheidung über die Verfahrenseröffnung zu erwarten ist und ob das Ausmaß derartiger Verluste ggf. zu rechtfertigen ist, insbesondere, weil und soweit für das Unternehmen **realistische Sanierungsaussichten** bestehen. 7.138

b) Haftung aus sonstigen Gründen

Daneben kann sowohl der vorläufig schwache, wie auch der vorläufig starke Insolvenzverwalter aus anderen Gründen, wie z.B. **Garantiezusagen, Verletzung von Pflichten bei Vertragsschluss, unerlaubten Handlungen, strafrechtlichen, steuerrechtlichen sowie sozialrechtlichen Tatbeständen** haften[3]. S. hierzu schon ausführlich oben zum endgültigen Insolvenzverwalter Rz. 7.113 ff. 7.139

3. Staatshaftung

Alle Haftungstatbestände des endgültigen Insolvenzverwalters wie des vorläufigen Verwalters können auch eine Haftung des Landesfiskus nach Art. 34 GG i.V.m. § 839 BGB auslösen, wenn das Gericht seinen **Auswahl- und Überwachungspflichten** nicht nachkommt[4]. 7.140

Im Eröffnungsverfahren kommt diesen Pflichten eine **besondere Bedeutung** zu, denn vor Eröffnung des Hauptverfahrens ist das Vermögen des Schuldners besonders schutzbedürftig und es besteht noch keine Gläubigerautonomie. Soweit das Vermögen einer Person durch Hoheitsakt unter fremde Verwaltung gestellt wird, ist der Staat für die sorgfältige Auswahl und Überwachung dieses Amtsträgers verantwortlich. 7.141

Das Gericht ist bei der Überwachung des vorläufigen Insolvenzverwalters zwar auf eine **Rechtmäßigkeitskontrolle** beschränkt und nicht befugt, das Verwalterhandeln auf seine Zweckmäßigkeit hin zu überprüfen. Die Grenzen sind bei der Betriebsfortführung allerdings fließend[5]. 7.142

1 S. *Pohlmann,* Befugnisse und Funktionen des vorläufigen Insolvenzverwalters, Rz. 145.

2 So *Heye* in Münchener Anwaltshandbuch Sanierung und Insolvenz, § 40 Rz. 48; *Haarmeyer* in Münchener Kommentar zur InsO, § 22 InsO Rz. 113.

3 Vgl. auch *Haarmeyer* in Münchener Kommentar zur InsO, § 22 InsO Rz. 122, 208; *Mohrbutter* in Mohrbutter/Ringstmeier, Handbuch Insolvenzverwaltung, § 33 Rz. 34, S. 1924.

4 Vgl. *Haarmeyer,* InVo 1997, 57; *Haarmeyer* in Münchener Kommentar zur InsO, § 21 InsO Rz. 42; *Gräber* in Münchener Kommentar zur InsO, § 56 InsO Rz. 177.

5 S. *Mönning,* Betriebsfortführung in der Insolvenz, Rz. 1551 ff.: Das Gericht könne u.U. dazu verpflichtet sein, von sich aus eine weitere Betriebsfortführung zu unterbinden.

7.143 Darüber hinaus obliegen dem Gericht selbst **schwerwiegende Entscheidungen im Eröffnungsverfahren**, die geeignet sind, eine Staatshaftung auszulösen. Das fängt an bei der Frage, welche Sicherungsmaßnahmen erforderlich und geeignet sind, das Schuldnervermögen zu sichern, und geht bis zur Entscheidung über einen Schließungsantrag des vorläufigen Insolvenzverwalters[1].

7.144 Der Staat wird nach § 839 Abs. 1 Satz 1 BGB in aller Regel jedoch nur subsidiär haften.

1 S. *Feuerborn,* KTS 1997, 185; *Eickmann* in Heidelberger Kommentar zur InsO, § 61 InsO Rz. 11; *Haarmeyer* in Münchener Kommentar zur InsO, § 22 InsO Rz. 123.

B. Die Rechtsstellung des Geschäftsführers im eröffneten Insolvenzverfahren

I. Grundlagen

1. Organschaftliche Stellung und Dienstvertrag

Im Verhältnis der Geschäftsführer zur Gesellschaft sind zwei grundlegend 7.145
verschiedene Rechtsverhältnisse zu unterscheiden: einmal die **Bestellung**, die die Organstellung begründet, und die **Anstellung**, auf die die Vorschriften über den Dienstvertrag (§§ 611 ff. BGB) Anwendung finden[1]. Durch die Eröffnung des Insolvenzverfahrens wird zwar die GmbH aufgelöst (§ 60 Abs. 1 Nr. 4 GmbHG). Sie bleibt aber als rechts- und handlungsfähiger Rechtsträger bestehen. Auch die Rechtsstellung der organschaftlichen Vertreter wird durch die Verfahrenseröffnung nicht berührt[2]. Unberührt durch das Insolvenzverfahren über das Vermögen der Gesellschaft bleibt schließlich auch das Recht der Gesellschafter, einen Geschäftsführer zu ernennen oder abzuberufen[3]. Etwas anderes gilt für **Anstellungsverträge (Dienstverträge) der Gesellschaft mit Geschäftsführern**. Zwar erlischt der Dienstvertrag eines Geschäftsführers nicht automatisch durch die Insolvenzeröffnung über das Vermögen der Gesellschaft; jedoch ist der Insolvenzverwalter nach § 113 Abs. 1 InsO ebenso wie der Geschäftsführer berechtigt, den **Anstellungsvertrag** ohne Rücksicht auf die vereinbarte Dauer oder einen etwaigen vertraglich vereinbarten Ausschluss des ordentlichen Kündigungsrechts mit einer Frist von höchstens drei Monaten zum Monatsende **zu kündigen**, sofern nicht eine kürzere vertragliche oder gesetzliche Frist greift[4]. Der dem Geschäftsführer zustehende **Schadensersatzanspruch** nach § 113 Satz 3 InsO kann jedenfalls dann nicht entsprechend §§ 9, 10 KSchG bemessen werden, wenn kein Kündigungsschutz bestand. Zweifelhaft ist allerdings, ob die Schadensersatzpflicht entsprechend § 87 Abs. 3 AktG

---

1 *Hirte,* Kapitalgesellschaftsrecht, 5. Aufl. 2005, Rz. 3.10 S. 81; *Scholz/Karsten Schmidt,* 9. Aufl., vor § 64 GmbHG Rz. 66; *Uhlenbruck,* GmbHR 1972, 170 ff.; *H.-F. Müller,* Der Verband in der Insolvenz, 2002, S. 66 ff. Zur Rechtsstellung des Geschäftsführers der GmbH in der Insolvenz der Gesellschaft s. auch *Fichtelmann,* GmbHR 2008, 76 ff.

2 *Uhlenbruck,* GmbHR 2005, 817 ff.; *Scholz/Uwe H. Schneider/Sethe,* § 35 GmbHG Rz. 360; *Scholz/Karsten Schmidt,* 9. Aufl., vor § 64 GmbHG Rz. 59; *Baumbach/Hueck/Schulze-Osterloh,* § 64 GmbHG Rz. 58; *Kübler/Prütting/Noack,* InsO, Gesellschaftsrecht Rz. 290; *Rowedder/Schmidt-Leithoff,* § 63 GmbHG Rz. 130.

3 *Scholz/Karsten Schmidt,* 9. Aufl., vor § 64 GmbHG Rz. 65; *Hoffmann/Liebs,* Der GmbH-Geschäftsführer, Rz. 655; *Baumbach/Hueck/Schulze-Osterloh,* § 64 GmbHG Rz. 60.

4 BGH v. 20. 6. 2005 – II ZR 18/03, BB 2005, 1698; *Scholz/Karsten Schmidt,* 9. Aufl., vor § 64 GmbHG Rz. 66; *Kübler/Prütting/Bork/Moll,* § 113 InsO Rz. 29; *Nerlich/Römermann/Hamacher,* § 113 InsO Rz. 13; *Uhlenbruck/Hirte,* § 11 InsO Rz. 125; *Uhlenbruck/Berscheid,* § 113 InsO Rz. 13 ff.; *Fichtelmann,* GmbHR 2008, 76, 80 ff.; *Kübler/Prütting/Noack,* InsO, Gesellschaftsrecht S. 127 Rz. 296; *Düwell* in Kölner Schrift zur InsO, S. 1433, 1442 Rz. 24; *Henssler* in Kölner Schrift zur InsO, S. 1283, 1286 Rz. 9; *Rowedder/Schmidt-Leithoff,* § 63 GmbHG Rz. 139; *Baumbach/Hueck/Schulze-Osterloh,* § 64 GmbHG Rz. 59; *Haas* in Gottwald, Insolvenzrechts-Handbuch, Rz. 267; *Ung Kim/Götz,* FS E. Braun, 2007, S. 119 ff.

auf die Dauer von zwei Jahren oder auf den reinen „Verfrühungsschaden" zu beschränken ist[1]. Zulässig ist auch die **außerordentliche Kündigung aus wichtigem Grund** nach § 636 Abs. 1 BGB[2]. Die Eröffnung des Insolvenzverfahrens über das Vermögen einer GmbH beendet somit weder die Organstellung des Geschäftsführers noch seinen Anstellungsvertrag. Die Verfahrenseröffnung räumt dem Insolvenzverwalter lediglich nach § 113 InsO das Recht ein, den Anstellungsvertrag zu kündigen[3]. Durch die Kündigung oder Beendigung des Anstellungsvertrages wird aber die organschaftliche Stellung des Geschäftsführers nicht berührt[4]. Dies hat zur Folge, dass sämtliche Verfahrenspflichten, die der organschaftliche Vertreter im eröffneten Verfahren zu erfüllen hat, von ihm trotz Beendigung seines Anstellungsvertrages weiter zu erfüllen sind[5]. Nach außen hin sind die Geschäftsführer im eröffneten Verfahren nicht berechtigt, neben dem Insolvenzverwalter die Gesellschaft zu vertreten.

7.146 Für den **Anstellungsvertrag** mit einem **Alleingesellschafter-Geschäftsführer** greift nach h.M. ebenfalls die Vorschrift des § 113 InsO ein[6]. Bei einem **Alleingesellschafter-Geschäftsführer** ist die Insolvenzeröffnung über das Vermögen der Gesellschaft zwar kein Grund, der eine fristlose Kündigung nach § 626 BGB rechtfertigt; jedoch rechtfertigen Pflichtverletzungen oder deren Verdacht eine außerordentliche fristlose Kündigung durch den Insolvenzverwalter[7]. Führt die Geschäftsführerin eines Insolvenzschuldners in Abstimmung mit dem Insolvenzverwalter ihre Tätigkeit fort, so ist mangels näherer Vereinbarungen nicht ohne weiteres davon auszugehen, dass ihr eine **Vergütung** nur bei Erzielung von Unternehmensgewinnen zusteht. Ungeachtet dessen ist allerdings ein Recht des Insolvenzverwalters zur Kündigung des Beschäftigungsverhältnisses anzunehmen, soweit er als Insolvenzverwalter die Weiterbeschäftigung nicht mehr verantworten kann[8].

---

1 LAG Köln v. 2. 5. 2006 – 9 (10) Sa 1462/05, ZIP 2006, 2005, 2007.

2 OLG Rostock v. 17. 12. 2002 – 6 W 52/02, Rpfleger 2003, 444, 445 = GmbHR 2003, 1133; *Haas* in Gottwald, Insolvenzrechts-Handbuch, Rz. 268; *Baumbach/Hueck/Schulze-Osterloh*, § 64 GmbHG Rz. 59; *Rowedder/Schmidt-Leithoff*, § 63 GmbHG Rz. 139.

3 Für vertretungsberechtigte Geschäftsführer, die auf Grund ihrer Kapitalbeteiligung beherrschen, gilt § 622 BGH entsprechend. S. BGH v. 26. 3. 1984 – II ZR 120/83, BGHZ 91, 217; *Braun/Beck*, § 113 InsO Rz. 7.

4 *Scholz/Uwe H. Schneider/Sethe*, § 35 GmbHG Rz. 360; *Uhlenbruck*, GmbHR 2005, 817, 818.

5 S. *Scholz/Karsten Schmidt*, 9. Aufl., vor § 64 GmbHG Rz. 66; *Uhlenbruck*, GmbHR 2005, 817, 828 ff.

6 BGH v. 25. 6. 1979 – II ZR 219/78, BGHZ 75, 209, 210 ff. = GmbHR 1980, 27 f. (zu § 23 KO); BGH v. 29. 1. 1981 – II ZR 92/80, ZIP 1981, 367, 368; OLG Hamm v. 2. 6. 1986 – 8 U 298/85, ZIP 1987, 121, 122; OLG Hamm v. 29. 3. 2000 – 8 U 156/99, NZI 2000, 475 = ZInsO 2001, 43; *Henssler*, ZInsO 1999, 121; OLG Düsseldorf v. 14. 4. 2000 – 16 U 109/99, NZG 2000, 1044. So auch *Scholz/Uwe H. Schneider/Sethe*, § 35 GmbHG Rz. 361; *Lutter/Hommelhoff/Kleindiek*, Anh. zu § 6 GmbHG Rz. 69.

7 Vgl. BGH v. 25. 6. 1979 – II ZR 219/78, NJW 1980, 595 = ZIP 1990, 46, 47; BGH v. 2. 7. 1984 – II ZR 16/84, ZIP 1984, 1113; *Uhlenbruck/Hirte*, § 11 InsO Rz. 126; *Scholz/Uwe H. Schneider/Sethe*, § 35 GmbHG Rz. 361. Vgl. zur Anwendung des § 103 InsO *Kübler/Prütting/Noack*, InsO, Gesellschaftsrecht Rz. 298–300; *Scholz/Karsten Schmidt*, 9. Aufl., vor § 64 GmbHG Rz. 66.

8 OLG Schleswig v. 17. 1. 2004 – 1 U 90/04, ZInsO 2005, 606.

Hält man eine **Abberufung oder Amtsniederlegung** nach Eröffnung des Insolvenzverfahrens über das Vermögen der GmbH für zulässig, ist streitig, ob dies Auswirkungen auf die Verfahrenspflichten hat[1]. Nach hier vertretener Meinung kann eine Abberufung oder Amtsniederlegung nach Verfahrenseröffnung die Verfahrenspflichten nicht beseitigen, denn diese resultieren aus einer verfahrensrechtlichen Position, wie sie zum Zeitpunkt der Verfahrenseröffnung bestand. Die Auffangregelung des § 101 Abs. 1 Satz 2 InsO greift damit überhaupt nur für diejenigen Geschäftsführer ein, die vor diesem Zeitpunkt aus dem Amt ausgeschieden sind. Dem gegenüber hat *H.-F. Müller*[2] eingewandt, dass die Organwalter den Verfahrenspflichten nur in ihrer Funktion als Schuldnervertreter unterliegen. Es handele sich um abgeleitete Pflichten, die der Geschäftsführer für die Gesellschaft zu erfüllen habe, weil diese selbst nicht handlungsfähig sei. Nach dieser Auffassung endet mit dem Ausscheiden aus dem Amt grundsätzlich auch die Verantwortlichkeit des Geschäftsführers für die Erfüllung der Schuldnerpflichten. Eine Ausnahme gelte lediglich für die **Auskunftspflicht** nach § 101 Abs. 1 Satz 2 InsO. Wäre dies richtig, könnte sich der Geschäftsführer im eröffneten Verfahren über das Vermögen der GmbH jedenfalls seiner Präsenz- und Mitwirkungspflicht dadurch entziehen, dass er das Amt mit sofortiger Wirkung niederlegt[3]. Korrigiert wird die abweichende Meinung dadurch, dass die **Amtsniederlegung durch den einzigen GmbH-Geschäftsführer**, der zugleich Gesellschafter ist, in der Regel als rechtsmissbräuchlich und daher unwirksam angesehen wird[4]. Nicht verkannt werden soll, dass die Gesellschafterversammlung im eröffneten Insolvenzverfahren der GmbH gewichtige Gründe haben kann, den bisherigen Geschäftsführer abzuberufen, vor allem, wenn er durch pflichtwidriges Verhalten die Insolvenz herbeigeführt hat. Solchenfalls ist es vertretbar, die Abberufung im eröffneten Verfahren zuzulassen und den Pflichtenbereich des ausgeschiedenen Geschäftsführers auf die **Auskunftspflicht** nach den §§ 101 Abs. 1 Satz 2, 97 Abs. 1 InsO zu beschränken. Die **Verfahrensrechte und -pflichten** treffen dann den neu bestellten Geschäftsführer. 7.147

2. Die Rechtsstellung der Gesellschafter in einer führungslosen GmbH

Nach § 15a Abs. 3 InsO n.F. ist im Fall der Führungslosigkeit einer GmbH auch **jeder Gesellschafter** zur Stellung des Insolvenzantrags verpflichtet, wenn Zahlungsunfähigkeit oder Überschuldung vorliegt, es sei denn, der Gesellschafter hätte von dem Vorliegen eines Insolvenzgrundes oder der Führungslosigkeit keine Kenntnis gehabt. Die einzelnen **Verfahrensrechte und -pflichten** hat das MoMiG nicht geregelt. Lediglich sieht § 101 Abs. 1 Satz 2 Halbsatz 2 InsO n.F. vor, dass in Fällen der Führungslosigkeit die Gesellschafter entsprechend § 97 Abs. 1 InsO verpflichtet sind, dem Insolvenzgericht, dem Insolvenzverwalter, dem Gläubigerausschuss und auf Anordnung des Gerichts der Gläubigerversammlung über alle das Verfahren betreffenden Verhältnisse 7.148

1 S. auch *Fichtelmann*, GmbHR 2008, 76, 77 ff.
2 Der Verband in der Insolvenz, 2002, 133 f.
3 Für die Zulässigkeit einer Amtsniederlegung und Abberufung im eröffneten Verfahren auch *Uhlenbruck/Hirte*, § 11 InsO Rz. 119; *Henssler* in Kölner Schrift zur InsO, S. 1283 Rz. 4; *Haas* in Gottwald, Insolvenzrechts-Handbuch, § 92 Rz. 264.
4 S. die Rechtsprechung bei *Uhlenbruck/Hirte*, § 11 InsO Rz. 119.

Auskunft zu geben, den Verwalter bei der Erfüllung von dessen Aufgaben zu unterstützen und sich auf Anordnung des Gerichts jederzeit zur Verfügung zu stellen, um ihre Auskunfts- und Mitwirkungspflichten zu erfüllen. Im Übrigen haben auch die Gesellschafter der GmbH alle Handlungen zu unterlassen, die der Erfüllung dieser Pflichten zuwider laufen (§ 97 Abs. 3 Satz 2 InsO). Offen geblieben ist die Frage, ob die GmbH-Gesellschafter in Fällen des eröffneten Insolvenzverfahrens über das Vermögen einer führungslosen GmbH bzw. GmbH & Co. KG in die **verfahrensrechtliche Rechtsposition** eines Geschäftsführers einrücken mit der Folge, dass ihnen sämtliche Verfahrensrechte und -pflichten zustehen bzw. obliegen. Die Frage wird letztlich zu verneinen sein, denn dem Gesetzgeber des MoMiG ging es lediglich darum, durch die Erweiterung der Antragspflicht die rechtzeitige Einleitung des Insolvenzverfahrens und damit den Schutz der Altgläubiger vor weiterer Verringerung der Haftungsmasse und der Neugläubiger vor Vertragsschluss mit notleidenden Gesellschaften zu gewährleisten. Darüber hinaus sollte durch die Erweiterung der Auskunfts- und Mitwirkungspflicht sichergestellt werden, dass der Insolvenzverwalter auch in Fällen der Führungslosigkeit die für die Inbesitznahme und Verwertung der Insolvenzmasse erforderlichen Auskünfte zu erhalten. Weiter gehende **organschaftliche Rechte und Pflichten** sollten dagegen den GmbH-Gesellschaftern nicht zustehen, denn diese haben es auch im eröffneten Verfahren jederzeit in der Hand, einen Geschäftsführer zu bestellen, der die organschaftlichen Verfahrensrechte wahrnimmt.

7.149 Zur **Rechtsstellung des Geschäftsführers in der Eigenverwaltung** s. unten Rz. 9.18 ff.

3. Die verfahrensrechtliche Stellung des faktischen Geschäftsführers

7.150 Folgt man der h.M.[1], dass auch der faktische Geschäftsführer verpflichtet ist, bei Vorliegen von Zahlungsunfähigkeit und/oder Überschuldung Insolvenzantrag zu stellen, so stellt sich zwangsläufig die weitere Frage, ob ihm auch die verfahrensmäßigen Pflichten im eröffneten Verfahren über das Vermögen der GmbH obliegen. Gleiches gilt für die **Verfahrensrechte**. Die Frage lässt sich nicht generell beantworten. Begreift man mit *Karsten Schmidt*[2] die Pflichten

1 BGH v. 21. 3. 1988 – II ZR 194/87, BGHZ 104, 44 = GmbHR 1988, 299; BGH v. 18. 7. 1952 – 1 StR 153/52, BGHSt 3, 32, 37 ff.; BGH v. 28. 6. 1966 – 1 StR 414/65, BGHSt 21, 101, 103; BGH v. 22. 5. 1982 – 3 StR 287/82, BGHSt 31, 118 = GmbHR 1983, 43; *Rowedder/Schmidt-Leithoff,* § 64 GmbHG Rz. 17; *Karsten Schmidt,* FS Rebmann, 1989, S. 419 ff.; *Scholz/Karsten Schmidt,* 9. Aufl., § 64 GmbHG Rz. 7; *Scholz/Tiedemann,* 9. Aufl., § 84 GmbHG Rz. 19, 27 ff., 87; *Baumbach/Hueck/Schulze-Osterloh,* § 64 GmbHG Rz. 47; *Kübler/Prütting/Noack,* InsO, Gesellschaftsrecht Rz. 262; *Altmeppen* in Roth/Altmeppen, § 64 GmbHG Rz. 110; *Roth,* ZGR 1989, 421; *Vallender,* MDR 1999, 280, 282; *Lutter/Hommelhoff,* vor § 35 GmbHG Rz. 12; *Lutter/Hommelhoff/Kleindiek,* § 64 GmbHG Rz. 26; zu Grundproblemen der faktischen Geschäftsführung s. auch *Weimar,* GmbHR 1997, 473 ff.; *U. Stein,* Das faktische Organ, 1984, S. 125 ff.; *Uhlenbruck,* GmbH & Co. KG, S. 369 ff.; *Haas,* DStR 1998, 1359; *Haas* in Gottwald, Insolvenzrechts-Handbuch, § 92 Rz. 56–58.

2 *Karsten Schmidt,* ZIP 1980, 328 ff.; *Scholz/Karsten Schmidt,* 9. Aufl., § 64 GmbHG Rz. 7.

des faktischen Geschäftsführers als insolvenzrechtliche Organpflichten, so können diese Pflichten in das eröffnete Verfahren über das Vermögen der GmbH hineinwirken. Im Einzelfall ist aber zu **differenzieren**: Hat der faktische Geschäftsführer lediglich maßgeblichen Einfluss auf die Entscheidungen der förmlich bestellten Geschäftsführung genommen, so kann sich dies zwar auf die Haftung, nicht dagegen auf seine Verfahrenspflichten auswirken. Der oder die ordnungsgemäß bestellten Geschäftsführer haben sämtliche verfahrensmäßige Pflichten zu erfüllen. Ihnen stehen auch die verfahrensrechtlichen Befugnisse, wie z.B. das Recht zur sofortigen Beschwerde zu. Anders, wenn der GmbH-Geschäftsführer in der Krise der GmbH sein Amt förmlich niedergelegt[1] hat, um seiner Mitwirkungspflicht im eröffneten Verfahren zu entgehen. In einem solchen Fall ist ebenso wie bei Abberufung des Geschäftsführers ohne Neubestellung eines anderen Geschäftsführers anzunehmen, dass den Gesellschafter, der nunmehr die Geschäfte an Stelle eines Geschäftsführers führt, als faktischen Geschäftsführer sämtliche verfahrensmäßigen Pflichten treffen, er aber gleichzeitig auch alle verfahrensmäßigen Rechte eines Geschäftsführers hat[2].

II. Entgeltzahlungen an die Geschäftsführer

1. Geschäftsführervertrag und Geschäftsführerbezüge in der Insolvenz

Vergütungsansprüche, die dem Geschäftsführer für die Zeit ab Verfahrenseröffnung zustehen, sind bis zum Wirksamwerden der Kündigung durch den Insolvenzverwalter gem. § 55 Abs. 1 Nr. 2 InsO **sonstige Masseverbindlichkeiten**[3]. Die Weiterzahlung hoher Geschäftsführergehälter für die Dauer von mindestens drei Monaten im Rang einer Masseverbindlichkeit stößt bei den übrigen Verfahrensbeteiligten oftmals auf Unverständnis, zumal wenn die Geschäftsführung die Insolvenz verschuldet hat[4]. In diesen Fällen überhöhten Gehalts ist sowohl bei der ordentlichen als auch bei der außerordentlichen Kündigung des Geschäftsführers eine **Herabsetzung der Geschäftsführervergütung** entspr. § 87 Abs. 2 AktG möglich, soweit eine solche auf Grund der dem Geschäftsführer obliegenden Treuepflicht im Hinblick auf die wirtschaftliche Situation der Gesellschaft geboten ist[5]. *Noack* sieht als „allerletzten Not- 7.151

---

1 Nach Meinung von *Karsten Schmidt* kann auch derjenige, der sein Amt förmlich niedergelegt hat, faktischer Geschäftsführer sein (*Scholz/Karsten Schmidt*, 9. Aufl., § 64 GmbHG Rz. 7 u. Rz. 22).

2 Zur Strafbarkeit des faktischen Geschäftsführers wegen Geschäftsführerverschleppung s. auch *Michalski/Nerlich*, § 64 GmbHG Rz. 16; *Altmeppen* in Roth/Altmeppen, § 84 GmbHG Rz. 5.

3 *Kübler/Prütting/Bork/Moll*, § 113 InsO Rz. 10; *Ahrendt* in Hamburger Kommentar zum Insolvenzrecht, § 113 InsO Rz. 11; *Uhlenbruck*, BB 2003, 1185, 1187; *Uhlenbruck*, GmbHR 2005, 817, 8218; *Uhlenbruck/Hirte*, § 11 InsO Rz. 127; *Kübler/Prütting/Noack*, InsO, Gesellschaftsrecht Rz. 364 (für die AG); *Baumbach/Hueck/Schulze-Osterloh*, § 64 GmbHG Rz. 52.

4 *Friedr. Weber*, KTS 1970, 73, 83; *Kübler/Prütting/Noack*, InsO, Gesellschaftsrecht Rz. 297; *Uhlenbruck/Hirte*, § 11 InsO Rz. 127.

5 *Haas* in Gottwald, Insolvenzrechts-Handbuch, § 92 Rz. 270; *Scholz/Uwe H. Schneider/Sethe*, § 35 GmbHG Rz. 361, 241; str., a.A. *Kuhn/Uhlenbruck*, 11. Aufl. 1994,

anker" die Verweigerung der Entgeltfortzahlung nach § 242 BGB vor[1]. Nach Meinung von *Hirte*[2] kann in besonderen Fällen die Geltendmachung des vollen Gehaltsanspruchs im Hinblick auf die durch die Verfahrenseröffnung stark eingeschränkte Dienstleistungspflicht sogar **rechtsmissbräuchlich** sein[3]. Das wird grundsätzlich bei der Einpersonen-Gesellschaft zu bejahen sein, wenn der Einpersonen-Gesellschafter zugleich Geschäftsführer ist und er einen vollen Gehaltsanspruch für die Zeit des Insolvenzverfahrens geltend macht. Die Herabsetzung der Vergütung ist im Einzelfall nicht zuletzt auch deswegen gerechtfertigt, weil der Geschäftsführer in seiner Eigenschaft als organschaftlicher Vertreter gem. §§ 101 Abs. 1 Satz 1, 97 Abs. 2 InsO verpflichtet ist, den Verwalter bei der Erfüllung seiner Aufgaben – unentgeltlich – zu unterstützen[4]. Muss der Geschäftsführer im Rahmen der Mitwirkungspflicht seine volle Arbeitskraft zur Verfügung stellen, steht ihm über die drei Monate hinaus ein Gehaltsanspruch zu. Im Übrigen ist die **Aufrechnung mit Schadensersatzansprüchen**, die der GmbH gegen den Geschäftsführer wegen schuldhafter Verletzung seiner Pflichten zustehen, im eröffneten Verfahren zulässig[5]. Grundsätzlich ist der **Schadensersatzanspruch** des Geschäftsführers nach § 113 Satz 3 InsO wegen Nichterfüllung bei Kündigung des Anstellungsvertrages durch den Insolvenzverwalter Insolvenzforderung i.S. von § 38 InsO. Eine Privilegierung als Masseverbindlichkeit kann sich jedoch aus § 55 Abs. 2 Satz 2 InsO für das Insolvenzeröffnungsverfahren ergeben, wenn ein vorläufiger „starker" Insolvenzverwalter in dieser Zeit die Leistung des Geschäftsführers für das von ihm verwaltete Vermögen in Anspruch genommen hat[6]. Dem Insolvenzverwalter wird von einer Literaturmeinung[7] bei Geschäftsführern, die sich auf Grund der Mehrheitsverhältnisse selbst bestellen konnten, das **Wahlrecht nach § 103 InsO** zugebilligt. Danach kann der Insolvenzverwalter die weitere Erfüllung des Dienstvertrages ablehnen und die Ansprüche des Geschäftsführers auf Schadensersatzansprüche wegen Nichterfüllung als einfache Insolvenzforderung (§ 38 InsO) beschränken. Dieser Auffassung kann wegen des Vorrangs des § 113 InsO nicht gefolgt werden[8]. Der durch die vor-

---

§ 297 KO Vorb. D Rz. 25. Zur Herabsetzung des Geschäftsführergehalts in der Krise der GmbH s. auch OLG Köln v. 6. 11. 2007 – 18 U 131/07, NZG 2008, 637 m. Anm. *Krüger/Achsnick*, EWiR 2008, 655 f.

1 *Kübler/Prütting/Noack*, InsO, Gesellschaftsrecht Rz. 300; *Jaeger/Weber*, §§ 207, 208 KO Rz. 32.

2 Bei *Uhlenbruck/Hirte*, § 11 InsO Rz. 128.

3 So auch *Jaeger/Weber*, §§ 207, 208 KO Rz. 32; s. auch *H.-F. Müller*, Der Verband in der Insolvenz, 2002, S. 81 ff.

4 Einzelheiten zu den Mitwirkungspflichten des Geschäftsführers im Insolvenzverfahren über das Vermögen der Gesellschaft unten zu Rz. 7.187 ff. S. auch *Henssler* in Kölner Schrift zur InsO, S. 1283, 1299 Rz. 36 ff.; *Uhlenbruck*, § 97 InsO Rz. 14 ff., 21; *Kübler/Prütting/Bork/Lüke*, § 97 InsO Rz. 9 ff.

5 *Uhlenbruck/Hirte*, § 11 InsO Rz. 128 u. § 35 InsO Rz. 134; *Haas* in Gottwald, Insolvenzrechts-Handbuch, § 92 Rz. 474 ff. Vgl. auch *Kübler/Prütting/Noack*, InsO, Gesellschaftsrecht Rz. 300.

6 *Uhlenbruck/Hirte*, § 11 InsO Rz. 129.

7 *Baumbach/Hueck/Zöllner/Noack*, § 35 GmbHG Rz. 190.

8 So auch *Lutter/Hommelhoff/Kleindiek*, Anh. § 6 GmbHG Rz. 69; *Uhlenbruck/Hirte*, § 11 InsO Rz. 127; *Henssler* in Kölner Schrift zur InsO, S. 1283, 1287 Rz. 10.

zeitige Kündigung des Insolvenzverwalters nach § 113 Satz 3 InsO entstehende Schadensersatzanspruch ist im Falle **vereinbarter Unkündbarkeit** als Verfrühungsschaden auf die ohne die vereinbarte Unkündbarkeit maßgeblich längste ordentliche Kündigungsfrist beschränkt[1].

2. Die Insolvenzsicherung der Geschäftsführerbezüge[2]

Die Frage, ob und in welchem Umfang die Bezüge eines GmbH-Geschäftsführers aus dem Anstellungsvertrag Insolvenzschutz genießen, beantwortet sich weitgehend danach, ob es sich bei dem Anstellungsvertrag um einen **Arbeitsvertrag** handelt und der Geschäftsführer als **Arbeitnehmer** anzusehen ist[3]. Nach Auffassung des BAG gelten für die Beurteilung, ob ein Geschäftsführer als Arbeitnehmer zu qualifizieren ist, die allgemein für die Abgrenzung des Arbeitsvertrages von einem freien Dienstvertrag geltenden Kriterien[4]. Das BAG[5] hat die Arbeitnehmereigenschaft für den Gesellschafter einer GmbH, dem mehr als 50 % der Stimmen zustehen, selbst dann verneint, wenn er nicht Geschäftsführer ist. Ob der Gesellschafter seine Leitungsmacht tatsächlich ausübe, sei unerheblich. Jedenfalls ist der Geschäftsführer einer GmbH **sozialversicherungspflichtig**, wenn er zu 50 % oder weniger an der Gesellschaft beteiligt ist[6]. Bei höherer Beteiligung kann die Unternehmereigenschaft auch dann verneint werden, wenn der Gesellschafter-Geschäftsführer wegen der konkreten Vertragsgestaltung in der Gefahr einer weisungsgebundenen Abhängigkeit steht[7]. Andererseits kann auch eine **Minderheitsbeteiligung** schon als maßgebliche Beteiligung gewertet werden, wenn der Gesellschafter-Geschäftsführer einen beherrschenden Einfluss auf die Entscheidungen der Gesellschaft hat. *Hoffmann/Liebs*[8]: **„In der Regel wird ein Gesellschafter-Geschäftsführer mit einem Kapitalanteil bis zu 10 % nicht als maßgebend beteiligt bzw. als beherrschend angesehen."** Bei einem höheren Kapitalanteil ist immer zu prüfen, welchen Einfluss der Gesellschafter-Geschäftsführer vertraglich oder tatsächlich auf die Geschäftsführung der Gesellschaft nehmen kann. Nach *Hoffmann/Liebs*[9] spricht eine **qualifizierte Mehrheitsbeteiligung** 7.152

1 BAG v. 16. 5. 2007 – 8 AZR 772/06, ZIP 2007, 1829.

2 Zu Abfindungsforderungen ausgeschiedener Gesellschafter bei Insolvenz einer GmbH oder GmbH & Co. KG s. *Philippi,* BB 2002, 841 ff.

3 Vgl. *Grams,* GmbHR 2003, 29 ff.; *Voelzke* in Hauck/Noftz, Sozialgesetzbuch, SGB III, Arbeitsförderung, 2. Band, Stand 2001/1999, § 183 SGB III Rz. 29.

4 Vgl. BAG v. 9. 7. 2003 – 5 AZR 595/02, EZA § 256 ZPO Nr. 3; BAG v. 26. 5. 1999 – 5 AZR 664/98, ZIP 1999, 1854, 1855; BAG v. 6. 5. 1998 – 5 AZR 347/97, DB 1998, 2275; *Hirte,* Kapitalgesellschaftsrecht, 5. Aufl. 2006, Rz. 3.22 S. 86; *Hoffmann/Liebs,* Der GmbH-Geschäftsführer, Rz. 240 ff.; *Reiserer,* DStR 2000, 31.

5 BAG v. 6. 5. 1998 – 5 AZR 612/97, ZIP 1998, 1650 = DStR 1998, 1645 m. Anm. *Goette.* Ebenso BGH v. 25. 9. 1989 – II ZR 259/88, DB 1989, 2425; PSVaG – Merkblatt 300/M 1, Ziff. 3.3.1.3.

6 *Hirte,* Kapitalgesellschaften, 5. Aufl. 2006, Rz. 3.23, S. 87.

7 So z.B. BSG v. 8. 12. 1994 – 11 RAr 49/94, GmbHR 1995, 584. In diesem Fall war der Alleingesellschafter einer GmbH auf Grund eines Treuhandverhältnisses an der Ausübung seiner Rechte als Gesellschafter gehindert.

8 Der GmbH-Geschäftsführer, Rz. 240.

9 Der GmbH-Geschäftsführer, Rz. 240.

von mehr als 25 % für eine maßgebende Beteiligung. Die **Beteiligung des Ehegatten** wird dem Gesellschafter-Geschäftsführer grundsätzlich nicht zugerechnet[1]. Ob im Einzelfall der GmbH-Geschäftsführer Arbeitnehmer i.S. von §§ 183 ff. SGB III ist, beurteilt sich nach den tatsächlichen und rechtlichen Verhältnissen des Einzelfalls[2].

a) Ansprüche des Geschäftsführers auf Zahlung von Insolvenzgeld

7.153 Die Geschäftsführerbezüge sind in der Insolvenz der Gesellschaft durch Insolvenzgeld gesichert, wenn die **Arbeitnehmereigenschaft** zu bejahen ist[3]. Wenn auch Einzelheiten der Abgrenzung umstritten sind, ist mit der h.M. festzustellen, dass grundsätzlich ein **Gesellschafter-Geschäftsführer ohne unternehmerisch maßgebliche Beteiligung und Einfluss** sowie **ohne Sperrminorität** nach §§ 163 ff. SGB III einen Anspruch auf Zahlung von Insolvenzgeld hat, wenn er bei Eröffnung des Insolvenzverfahrens über das Vermögen der GmbH, bei Abweisung mangels Masse (§ 26 Abs. 1 InsO) oder bei vollständiger Beendigung der Betriebstätigkeit im Inland, wenn ein Antrag auf Insolvenzeröffnung nicht gestellt worden ist und ein Insolvenzverfahren offensichtlich mangels Masse nicht in Betracht kommt, für die **letzten drei Monate vor dem Insolvenzereignis** noch Ansprüche auf Arbeitsentgelt hat[4]. Der Insolvenzgeldanspruch ist generell auf **inländische Insolvenzereignisse beschränkt**[5]. Insolvenzereignisse im Ausland oder nach ausländischem Recht lösen i.d.R. keinen Anspruch auf Zahlung von Insolvenzgeld aus, wenn es sich nicht um Geschäftsführer einer **Inlandsniederlassung eines ausländischen Unternehmens**

---

1 *Hoffmann/Liebs,* Der GmbH-Geschäftsführer, Rz. 240 mit einem Raster für die Einzelfallprüfung in Rz. 241.

2 Vgl. BSG v. 4. 7. 2007 – B 11a AL 5/06 R, ZIP 2007, 2185; BSG v. 24. 9. 1992 – 7 RAr 12/92, ZIP 1993, 54; *Hohlfeld,* GmbHR 1987, 255; *Hess,* Insolvenzgeld, 1999, § 3 SGB III Rz. 43; *Scholz/Uwe H. Schneider/Sethe,* § 35 GmbHG Rz. 257 ff.

3 *Braun/Uhlenbruck,* Unternehmensinsolvenz, Bd. I, S. 104 m.w.N.; *Uhlenbruck/Hirte,* § 11 InsO Rz. 130; *Hohlfeld,* GmbHR 1987, 255; *Heinze/Bertram* in Gottwald, Insolvenzrechts-Handbuch, § 109 Rz. 3 ff.; *Timm,* ZIP 1981, 10; *Timm,* ZIP 1987, 69; *Hess,* Insolvenzgeld, 1999, § 3 SGB III Rz. 39 ff.; *Kübler/Prütting/Bork/Moll,* § 113 InsO Rz. 27; *Scholz/Uwe H. Schneider/Sethe,* § 35 GmbHG Rz. 365, 366; *Baumbach/Hueck/Zöllner/Noack,* § 35 GmbHG Rz. 191; *Altmeppen* in Roth/Altmeppen, § 6 GmbHG Rz. 58, 59; str., a.A. *Henssler,* ZInsO 1999, 121, der diese extensive Auslegung des § 183 SGB III ablehnt. Vgl. auch *Henssler* in Kölner Schrift zur InsO, S. 1283, 1288 f. Rz. 14.

4 BSG v. 4. 7. 2007 – B 11a AL 5/06 R, ZIP 2007, 2185; *Scholz/Uwe H. Schneider/Sethe,* § 35 GmbHG Rz. 378 ff.; *Uhlenbruck,* BB 2003, 1185, 1188; *Uhlenbruck/Hirte,* § 11 InsO Rz. 130; *Uhlenbruck/Berscheid,* § 22 InsO Rz. 108; *Heinze/Bertram* in Gottwald, Insolvenzrechts-Handbuch, § 92 Rz. 144; *Hess,* Insolvenzgeld, 1999, § 3 SGB III Rz. 39 ff.; *Braun/Uhlenbruck,* Unternehmensinsolvenz, S. 104; *Heilmann,* NJW 1975, 1761; *Heilmann,* ZIP 1980, 344; *Timm,* ZIP 1981, 10; *Lutter/Hommelhoff/Kleindiek,* Anh. § 6 GmbHG Rz. 72; *Uhlenbruck,* GmbH & Co. KG, S. 573 f.; *Götker,* Der Geschäftsführer in der Insolvenz der GmbH, 1999, Rz. 1050, 1051; *Hess,* Insolvenzgeld, 1999, § 3 SGB III Rz. 42 ff.; *Baumbach/Hueck/Zöllner/Noack,* § 35 GmbHG Rz. 191, 187; *Scholz/Uwe H. Schneider/Sethe,* § 35 GmbHG Rz. 365, 366; einschränkend *Groß,* DB 1984, 1447; *Henssler* in Kölner Schrift zur InsO, S. 1288 Rz. 14.

5 *Uhlenbruck/Berscheid,* § 22 InsO Rz. 96.

handelt. Letzterenfalls greift die Regelung des § 183 Abs. 1 Satz 2 SGB III ein[1]. Das Insolvenzgeld entspricht der Höhe nach dem um die gesetzlichen Abzüge verminderten Arbeitsentgelt (Nettoverdienst) der letzten drei Monate vor Eröffnung des Insolvenzverfahrens (§ 185 SGB III). Es wird vom zuständigen Arbeitsamt auf Antrag gewährt (§ 327 Abs. 1 SGB III)[2 3].

b) Insolvenzsicherung der betrieblichen Altersversorgung des „abhängigen" Geschäftsführers

Ruhegeldansprüche eines GmbH-Geschäftsführers, der dem Begriff des Arbeitnehmers unterfällt, sind weitgehend insolvenzgesichert[4]. Die **Sicherungsfälle** sind in § 7 BetrAVG aufgeführt. Nach § 7 Abs. 4 BetrAVG stehen der **Eröffnung des Insolvenzverfahrens** folgende Fälle gleich: 7.154

1. die Abweisung des Antrags auf Eröffnung des Insolvenzverfahrens mangels Masse,

2. der außergerichtliche Vergleich (Stundungs-, Quoten- oder Liquidationsvergleich) des Arbeitgebers mit seinen Gläubigern zur Abwendung eines Insolvenzverfahrens, wenn ihm der Träger der Insolvenzsicherung (PSVaG) zustimmt,

3. die vollständige Beendigung der Betriebstätigkeit im Geltungsbereich des BetrAVG, wenn ein Antrag auf Eröffnung des Insolvenzverfahrens nicht gestellt worden ist und ein Insolvenzverfahren offensichtlich mangels Masse nicht in Betracht kommt.

§ 17 Abs. 1 Satz 2 BetrAVG erweitert den **persönlichen Anwendungsbereich** 7.155
des BetrAVG auf „Personen, die nicht Arbeitnehmer sind, wenn ihnen Leistungen der Alters-, Invaliditäts- oder Hinterbliebenenversorgung aus Anlass ihrer Tätigkeit für ein Unternehmen zugesagt worden sind"[5]. Einzelheiten zur Insolvenzsicherung von Ruhegeldzusagen an Gesellschafter-Geschäftsführer finden sich im Merkblatt des PSVaG (300/M1, Stand 1.05) und im PSV-Merkblatt „Persönlicher Geltungsbereich des Gesetzes zur Verbesserung der betrieblichen Altersversorgung – Arbeitnehmer-Ehegatten" (300/M1, Ziff. 3.3.1.3. Stand 1.99)[6]. Die **Leistungen des PSVaG sind der Höhe nach begrenzt**.

1 *Uhlenbruck/Berscheid*, § 22 InsO Rz. 98.

2 Einzelheiten *Uhlenbruck/Berscheid*, § 22 InsO Rz. 127 ff.

3 Zur Pflicht des Geschäftsführers zur Erstattung von Insolvenzgeld bei Insolvenzverschleppung s. BGH v. 18. 12. 2007 – VI ZR 231/06, ZInsO 2008, 384; *Beck*, ZInsO 2008, 713 ff.

4 Vgl. *Scholz/Uwe H. Schneider/Sethe*, § 35 GmbHG Rz. 257 ff.; *Uhlenbruck/Hirte*, § 11 InsO Rz. 131; *Baumbach/Hueck/Zöllner/Noack*, § 35 GmbHG Rz. 194; *Henssler* in Kölner Schrift zur InsO, S. 1283, 1287 f. Rz. 12, 13; *Heinze/Bertram* in Gottwald, Insolvenzrechts-Handbuch, § 108 Rz. 9 ff.; *Hoffmann/Liebs*, Der GmbH-Geschäftsführer, Rz. 247 ff.

5 Vgl. hierzu *Hommelhoff/Timm*, KTS 1981, 289; *Henssler* in Kölner Schrift zur InsO, S. 1283, 1287 Rz. 12.

6 Vgl. auch BGH v. 6. 4. 1981 – II ZR 252/79, ZIP 1981, 757; BGH v. 28. 4. 1980 – II ZE 254/78, BGHZ 77, 94, 101 = ZIP 1980, 543; *Heubeck/Schmauck*, Die Altersversorgung der Geschäftsführer in GmbH und GmbH & Co. KG, 4. Aufl. 1998,

Seit 1. 1. 1999 zahlt der PSV für Renten, die er neu zu übernehmen hat, höchstens das Dreifache der maßgeblichen monatlichen Bezugsgröße gem. § 18 SGB IV (§ 7 Abs. 3 BetrAVG)[1]. Bei Eintritt des Versorgungsfalls im Jahre 2007 wären dies in den alten Bundesländern höchstens 2450 Euro und in den neuen Bundesländern 2100 Euro monatlich[2]. Begrenzt sind auch die Leistungen des PSVaG, wenn Zusagen und Verbesserungen in den letzten beiden Jahren vor dem Sicherungsfall erfolgt sind (§ 7 Abs. 5 Satz 3 BetrAVG). Auch Gesellschafter-Geschäftsführer mit einer geringeren Beteiligung als 50 Prozent können im Einzelfall Unternehmen i.S. von § 17 Abs. 1 Satz 2 BetrAVG sein. Unter einer **Beteiligungsquote von 10 %** kann eine unternehmerische Leistungsmacht nicht vorliegen[3]. **Mehrheitsgesellschafter** einer GmbH, die zugleich als Geschäftsführer die maßgeblichen Entscheidungen in der Gesellschaft allein oder zumindest maßgeblich lenken, sind vom Schutzzweck des BetrAVG ausgenommen[4]. Eine **beherrschende Stellung** der Gesellschafter-Geschäftsführer wird jedoch dann angenommen, wenn mehrere Kapitalanteile oder Stimmrechte in der Zusammenrechnung mehr als 50 % ergeben[5]. Teilweise wird auch bei einer Additionsbeteiligung von exakt 50 % von einer ausreichenden Leitungsmacht der Minderheitsgesellschafter ausgegangen[6]. Nicht gerechtfertigt ist die Gewährung von Insolvenzschutz auch in den Fällen, in denen **mehrere Gesellschafter-Geschäftsführer mit Minderheitsbeteiligungen** ihre gemeinsame Leitungsmacht einem Einigungszwang unterworfen haben, so dass die Mitverantwortlichkeit aller Geschäftsführer für die Krisensituation gegeben ist[7]. Voraussetzung soll sein, dass der Minderheitsgesellschafter mehr als nur unwesentlich an der Gesellschaft beteiligt ist, wobei die Wesent-

---

S. 241 ff. u. S. 246 ff.; *Scholz/Uwe H. Schneider/Sethe,* § 35 GmbHG Rz. 257 ff.; *Uhlenbruck/Hirte,* § 11 InsO Rz. 131; *Uhlenbruck*, BB 2003, 1185, 1188; *Hommelhoff/Timm,* KTS 1981, 289; *Henssler* in Kölner Schrift zur InsO, S. 1287 Rz. 12; *Goette,* GmbHR 1997, 1136; *Goette,* ZIP 1987, 1317, 1318; *Arteaga,* ZIP 1996, 2008 ff.; *Götker,* Der Geschäftsführer in der Insolvenz der GmbH, 1999, Rz. 1052–1054; *Hoffmann/Liebs,* Der GmbH-Geschäftsführer, Rz. 247 ff. m. ausführlicher Darstellung der Pensionszusagen, die vor dem 1. 1. 1992 in den neuen Bundesländern gegeben worden sind.

1 Einzelheiten bei *Hoffmann/Liebs,* Der GmbH-Geschäftsführer, Rz. 250.1; *Scholz/Uwe H. Schneider/Sethe,* § 35 GmbHG Rz. 368.

2 *Scholz/Uwe H. Schneider/Sethe,* § 35 GmbHG Rz. 368.

3 BAG v. 25. 1. 2000 – 3 AZR 769/98, EzA § 17 BetrAVG Nr. 9 = DB 2001, 959; BGH v. 14. 7. 1980 – II ZR 224/79, DB 1980, 1993; BGH v. 28. 11. 1990 – II ZR 29/90, DB 1991, 1231, 1232; s. auch *Bode* in Kemper/Kisters-Kölkes/Berenz/Bode/Pühler, Kommentar zum Betriebsrentengesetz, 3. Aufl. 2008, § 17 BetrAVG Rz. 6.

4 *Henssler* in Kölner Schrift zur InsO, S. 1283, 1288 Rz. 12; *Scholz/Uwe H. Schneider/Sethe,* § 35 GmbHG Rz. 257 ff.; *Hoffmann/Liebs,* Der GmbH-Geschäftsführer, Rz. 240, 241; *Uhlenbruck/Hirte,* § 11 InsO Rz. 131.

5 BGH v. 25. 9. 1989 – II ZR 259/88, DB 1989, 2425; BGH v. 9. 6. 1980 – II ZR 255/78, BGHZ 77, 233 = ZIP 1980, 556; BGH v. 28. 4. 1980 – II ZR 254/78, BGHZ 77, 94, 101 ff. = ZIP 1980, 422; *Uhlenbruck/Hirte,* § 11 InsO Rz. 131; *Scholz/Uwe H. Schneider/Sethe,* § 35 GmbHG Rz. 257 ff., 259.

6 *Höfer,* Loseblatt, § 17 BetrAVG Rz. 5601; LG Köln v. 16. 8. 2001 – 24 O 29/01, ZIP 2001, 1649, das bereits bei 47 % der Anteile die Anwendbarkeit des BetrAVG verneint.

7 BGH v. 9. 6. 1980 – II ZR 255/78, BGHZ 77, 233, 240 f. = ZIP 1980, 556; *Götker,* Der Geschäftsführer in der Insolvenz der GmbH, 1999, Rz. 1053.

lichkeitsgrenze bei über 10 % angesetzt wird. Zutreffend weist *Henssler*[1] darauf hin, dass allein sachgerecht eine **einzelfallbezogene Würdigung** ist, die auf den konkreten Einfluss des Geschäftsführer-Gesellschafters abstellt. Ein genereller Verzicht auf die Addition der Anteile mehrerer Minderheitsgesellschafter müsse hingegen zu Missbräuchen führen. Eine entsprechende Tendenz in der Praxis habe zur Folge, „dass die beherrschenden Gesellschafter-Geschäftsführer sich selbst eine insolvenzgeschützte Altersversorgung gewähren – ihre Zukunft ist damit optimal gesichert. Die Arbeitnehmer, die eigentlich durch das BetrAVG geschützt werden sollen, erhalten dagegen erst gar keine Versorgungszusagen und gehen damit leer aus." Der Insolvenzsicherungsschutz kann nach richtiger Meinung nicht durch den „Unternehmer-Geschäftsführer" durch „Selbstzusage" erlangt werden[2]. Nach Auffassung des BGH[3] haben u.a. auch die nur zu 50 % beteiligten geschäftsführenden Gesellschafter eine unternehmerähnliche Stellung. Hinsichtlich der Einzelheiten sei auf das Merkblatt 300/M1 des PSV verwiesen[4]. In der **typischen GmbH & Co. KG**, bei der der Gesellschafter-Geschäftsführer der GmbH zugleich Kommanditist ist, für den Insolvenzschutz die über die GmbH bestehende direkte oder indirekte **Beteiligung an der KG** maßgebend, und zwar unabhängig davon, ob die Zusage von der GmbH oder der KG erteilt wurde[5]. Zweifelhaft ist, ob die Möglichkeit, zusammen mit anderen Gesellschaftern eine Gesellschaft zu beherrschen, ausreicht, um die Insolvenzsicherung von Ruhegeldzusagen zu versagen[6].

Insolvenzgeschützt sind vor allem Ansprüche aus **unmittelbaren Versorgungszusagen** des Arbeitgebers, Ansprüche gegen **Unterstützungskassen** sowie **Direktversicherungen** mit widerruflichem oder unwiderruflichem Bezugsrecht. Die Insolvenzsicherung der betrieblichen Altersversorgung ist beschränkt auf laufende Leistungen und gesetzlich unverfallbare Anwartschaften. Unverfallbar ist eine Anwartschaft dann, wenn der Geschäftsführer bei Beendigung seines Anstellungsvertrages das 30. Lebensjahr (ab 1. 1. 2009 das 25 Lebensjahr) vollendet hat und die Versorgungszusage mindestens fünf Jahre bestan- 7.156

1 In Kölner Schrift zur InsO, S. 1283, 1288 Rz. 13.

2 So *Scholz/Uwe H. Schneider/Sethe,* § 35 GmbHG Rz. 258 ff.; str., a.A. *Arteaga,* Insolvenzschutz der betrieblichen Altersversorgung mitarbeitender Gesellschafter, 1995; *Arteaga,* ZIP 1996, 208, 211.

3 BGH v. 1. 2. 1999 – II ZR 276/97, ZIP 1999, 398. Einzelheiten bei *Scholz/Uwe H. Schneider/Sethe,* § 35 GmbHG Rz. 258 ff.

4 Vgl. auch *Altmeppen* in Roth/Altmeppen, § 6 GmbHG Rz. 58, 59; *Hoffmann/Liebs,* Der GmbH-Geschäftsführer, Rz. 241, 247; *P. A. Doetsch,* Altersvorsorge für Manager, 1998, S. 116 ff.; *Paulsdorff/Wohlleben* in Kölner Schrift zur InsO, S. 1655, 1670 ff. Rz. 57 ff.; *Pape/Uhlenbruck,* Insolvenzrecht, S. 83 ff. Rz. 82 ff.

5 BGH v. 28. 4. 1980 – II ZR 254/78, DB 1980, 1434, 1437; *Binz/Sorg,* Die GmbH & Co. KG, 10. Aufl. 2005, § 9 Rz. 46; *Bode* in Kemper/Kisters-Kölkes/Berenz/Bode/Pühler, Kommentar zum Betriebsrentengesetz, 3. Aufl. 2008, § 17 BetrAVG Rz. 7. S. auch das PSV-Merkblatt 300/M 1/3.02 Ziff. 3.2.4.1.a).

6 Vgl. BAG v. 16. 4. 1997 – 3 AZR 869/95, ZIP 1997, 2131, 2133; BGH v. 2. 6. 1997 – II ZR 181/96, ZIP 1997, 1351, 1352; *Goette,* ZIP 1997, 1317, 1322; weitergehend BGH v. 10. 7. 1997 – IX ZR 161/96, ZIP 1997, 1596, 1597. Einzelheiten bei *Scholz/Uwe H. Schneider/Sethe,* § 35 GmbHG Rz. 258 ff.

den hat (§ 1b Abs. 1 Satz 1 BetrAVG)[1]. Ein Anspruch gegen den PSVaG besteht nicht, soweit nach den Umständen des Einzelfalles die Annahme gerechtfertigt ist, dass es der alleinige oder überwiegende Zweck der Versorgungszusage oder ihrer Verbesserung, der Beleihung oder Abtretung eines Anspruchs aus einer Direktversicherung war, den Träger der Insolvenzsicherung in Anspruch zu nehmen (§ 7 Abs. 5 Satz 1 BetrAVG)[2].

3. Insolvenzschutz von Pensionszusagen an geschäftsführende Mehrheitsgesellschafter

7.157 Soweit Gesellschafter-Geschäftsführer entweder wegen der Höhe ihrer Beteiligung oder wegen ihres maßgeblichen Einflusses auf Entscheidungen der Gesellschaft keinen gesetzlichen Insolvenzschutz genießen, kommt eine **privatrechtliche Sicherung** für den Fall der Insolvenz der GmbH in Betracht. Neben der privaten Lebensversicherung kommt nur die **Direktversicherung** und die **Pensionszusage mit Rückdeckung** in Betracht. Die Direktversicherung ist eine Lebens- oder Rentenversicherung, die die GmbH auf das Leben und zu Gunsten des Gesellschafter-Geschäftsführers abschließt. Für den Geschäftsführer sind die Beiträge lohnsteuerpflichtig. Hat die Gesellschaft in der zu Gunsten ihres Geschäftsführers abgeschlossenen Direktversicherung für ihn nur ein **widerrufliches Bezugsrecht** begründet, steht diesem vor Eintritt des Versicherungsfalls in der Insolvenz der Gesellschaft selbst dann kein Aussonderungsrecht an den Rechten aus dem Versicherungsvertrag zu, wenn die Prämien aus der ihm zustehenden Vergütung bezahlt worden sind[3]. Erteilt eine Gesellschaft ihrem Geschäftsführer eine Versorgungszusage als **„vertraglich unverfallbar"**, ohne dieses Versprechen an Bedingungen zu knüpfen, so gelten zu Gunsten des Versorgungsberechtigten die zwingenden Vorschriften des BetrAVG. Da eine solche Versorgungszusage Entgeltcharakter hat, kann sich die Gesellschaft von ihr allein nur dann lösen, wenn das Versorgungsverlangen des Geschäftsführers als rechtsmissbräuchlich erscheint. Das ist nur in eng begrenzten Ausnahmefällen, nämlich in der Regel nur dann anzunehmen, wenn der Geschäftsführer das Unternehmen durch sein grob pflichtwidriges Handeln in eine seine Existenz bedrohende Lage gebracht hat[4].

1 Einzelheiten bei *Berenz* in Kemper/Kisters-Kölkes/Berenz/Bode/Pühler, Kommentar zum Betriebsrentengesetz, 3. Aufl. 2008, § 7 BetrAVG Rz. 61 ff.; *Kemper* in Kemper/Kisters-Kölkes/Berenz/Bode/Pühler, Kommentar zum Betriebsrentengesetz, 3. Aufl. 2008, § 1b BetrAVG Rz. 4 ff.; *Kemper*, Die Unverfallbarkeit betrieblicher Versorgungsanwartschaften von Arbeitnehmern, 1977; *Hoppenrath*, BB 1980, 1380. Zur Rechtsstellung des Pensions-Sicherungs-Vereins nach neuem Insolvenzrecht s. *Paulsdorff/Wohlleben* in Kölner Schrift zur InsO, S. 1655 ff.

2 S. *Berenz*, FS Kemper, 2005, S. 5 ff.; *Kemper*, Betriebliche Altersversorgung (BetrAV), 2005, S. 518; *Kemper* in Kemper/Kisters-Kölkes/Berenz/Bode/Pühler, Kommentar zum Betriebsrentengesetz, 3. Aufl. 2008, § 7 BetrAVG Rz. 131 ff. Zum gesetzlichen Insolvenzschutz für Gehaltsumwandlungs-Direktversicherungen vgl. *Hanau/Arteaga/Riebe/Veit*, Gehaltsumwandlung zur betrieblichen Altersversorgung, 2. Aufl. 2006, Rz. 660 ff.

3 BGH v. 18. 7. 2002 – IX 264/01, ZInsO 2002, 878.

4 BGH v. 17. 12. 2001 – II ZR 222/99, GmbHR 2002, 380.

Die **Pensionszusage mit Rückdeckungsversicherung** verpflichtet die GmbH, aus Gesellschaftsmitteln die Beiträge und Versicherungsleistungen aufzubringen. Die **Insolvenzfestigkeit der Leistungen** wird dadurch herbeigeführt, dass bei Widerruflichkeit des Bezugsrechts dem Begünstigten die Ansprüche aus der Versicherung **verpfändet** werden[1]. Die Verpfändung erfolgt in der Weise, dass die Pfandreife erst bei Insolvenz der GmbH eintritt. Bei der Direktversicherung genügt es, von Beginn an ein **unwiderrufliches Bezugsrecht** einzuräumen[2]. Mit der Verpfändung der Rückdeckungsversicherung erwirbt der Geschäftsführer das Recht, bei Pfandreife die Versicherungsleistung für sich selbst in Anspruch zu nehmen. Auf Grund des Pfandrechts steht ihm bzw. seinen Hinterbliebenen als Pfandgläubigern an der Rückdeckungsversicherung im Insolvenzfall der GmbH ein **Absonderungsrecht** zu[3]. Vor Fälligkeit des Versorgungsanspruchs ist der Erlös aus der Verwertung einer verpfändeten Rückdeckungsversicherung vom Insolvenzverwalter gem. § 198 InsO zu hinterlegen[4]. Nach § 203 Abs. 1 Nr. 1 InsO erfolgt eine Nachtragsverteilung, wenn derart zurückbehaltene Beträge später für die Verteilung frei werden, z B. weil der Geschäftsführer vor Erreichen der Altersgrenze verstirbt[5]. Neben dem Pfandrecht an einer Rückdeckungsversicherung besteht weiterhin die Möglichkeit, Pfandrechte an Wertpapieren oder Bankguthaben zu bestellen oder dem Geschäftsführer eine dingliche Sicherheit einzuräumen. Diese kann in der Bestellung einer Grundschuld, Sicherungshypothek, Reallast oder Rentenlast erfolgen[6]. Sieht die Pensionszusage **Hinterbliebenenleistungen** vor, so muss für jeden möglicherweise versorgungsberechtigten Hinterbliebenen ein eigenes Pfandrecht zur Sicherung der Versorgungsansprüche bestellt werden. Die Verpfändung sollte von einem wirksamen Beschluss der Gesellschafterversammlung gedeckt sein. Dies gilt auch für eine sog. „Ein-Mann-GmbH". Eine weitere Möglichkeit der Insolvenzsicherung von Anwartschaften besteht in dem Abschluss sogen. **Contractual Trust Arrangements** (CTA). Hier überträgt die GmbH das zur Deckung der Anwartschaft notwendige Vermögen auf einen Treuhänder und räumt dem Geschäftsführer durch Vertrag zu Gunsten Dritter 7.158

1 *Hoffmann/Liebs*, Der GmbH-Geschäftsführer, S. 117 f. Rz. 264; *Scholz/Uwe H. Schneider/Sethe*, § 35 GmbHG Rz. 370; *Tillmann/Mohr*, GmbH-Geschäftsführer, 9. Aufl. 2009, Rz. 655 f.

2 Zur Insolvenzfestigkeit des sog. Verpfändungsmodells s. BGH v. 10. 7. 1997 – IX ZR 161/96, BGHZ 136, 220 = GmbHR 1997, 936, 938; OLG Brandenburg v. 13. 2. 2002 – 7 U 152/01, GmbHR 2002, 432, 434; OLG Hamm v. 12. 5. 1995 – 20 U 37/95, BB 1995, 2083; *Blomeyer*, VersR 1999, 653 ff.; *Doetsch*, Altersvorsorge für Manager, 1998, S. 120; *Arteaga*, ZIP 1998, 276; *Langohr-Plato*, ZInsO 1999, 444; zweifelnd hinsichtlich der Insolvenzfestigkeit *Pape/Uhlenbruck*, Insolvenzrecht, Rz. 93.

3 BGH v. 7. 4. 2005 – IX ZR 138/04, ZIP 2005, 909, 910 f.; OLG Hamm v. 12. 5. 1995 – 20 U 37/95, BB 1995, 2083; *Doetsch*, Altersvorsorge für Manager, S. 120; *Langohr-Plato*, ZInsO 1999, 444, 445.

4 Vgl. BGH v. 10. 7. 1997 – IX ZR 161/96, DB 1997, 2113 m. Anm. *Doetsch* = ZIP 1997, 1596.

5 BGH v. 7. 4. 2005 – IX ZR 138/04, ZIP 2005, 909, 910; *Bitter*, NZI 2000, 399, 400; *Scholz/Uwe H. Schneider/Sethe*, § 35 GmbHG Rz. 370; *Uhlenbruck*, § 191 InsO Rz. 6; *Braun/Kießner*, § 191 InsO Rz. 6.

6 Einzelheiten bei *Doetsch*, Möglichkeiten der Absicherung von Betriebspensionen, in Die Chancen des Betriebsrentengesetzes nutzen, 1998, S. 71 ff.

ein Recht auf Leistung ein[1]. **Zu beachten ist**: Wird die Rückdeckungsversicherung in der Krise der GmbH abgeschlossen oder erfolgt die Verpfändung erst in der Unternehmenskrise, so muss der Begünstigte im Insolvenzverfahren der GmbH damit rechnen, dass der Insolvenzverwalter von der Möglichkeit der Insolvenzanfechtung nach den §§ 129 ff. InsO Gebrauch macht.

III. Die verfahrensrechtliche Stellung des Geschäftsführers

1. Verfahrensrechte

7.159 Neben den vorstehend dargestellten Pflichten haben die Geschäftsführer im Insolvenzverfahren über das Vermögen der GmbH oder der GmbH & Co. KG auch Verfahrensrechte. Sie, nicht dagegen die Gesellschafter, sind berechtigt, in den Fällen, in denen das Gesetz ein Rechtsmittel vorsieht, **sofortige Beschwerde** (§ 6 Abs. 1 InsO) oder **Rechtsbeschwerde** (§ 7 InsO) einzulegen. In den Fällen der **Eröffnung des Insolvenzverfahrens** steht dem oder den Geschäftsführern das Recht der sofortigen Beschwerde nach § 34 Abs. 1, 2 InsO zu. Der Antrag auf Untersagung der Stilllegung des Unternehmens vor dem Berichtstermin (§ 158 Abs. 2 Satz 2 InsO) kann von jedem Geschäftsführer ebenso gestellt werden wie der Antrag auf vorläufige Untersagung einer Rechtshandlung (§ 161 Satz 2 InsO). Das Bestreiten einer angemeldeten Forderung im Prüfungstermin (§§ 176, 177 InsO) gehört genauso zu den Rechten eines Geschäftsführers im Insolvenzverfahren der GmbH wie das Recht, einen Antrag auf Wiedereinsetzung in den vorigen Stand bei Versäumung des Prüfungstermins nach § 186 Abs. 1 Satz 1 InsO zu stellen. Zur Vorlage eines Insolvenzplans (§ 218 InsO) sind die Geschäftsführer gleichermaßen berechtigt wie zu einem Antrag auf Aufhebung des Insolvenzverfahrens nach den §§ 212, 213 InsO oder zu Einwendungen gegen die Schlussrechnung des Insolvenzverwalters nach § 66 InsO[2]. Sind **mehrere Geschäftsführer** vorhanden, ist die Vertretungsordnung der GmbH zu beachten[3].

7.160 Besondere Bedeutung kommt der **Stellungnahme des Geschäftsführers im Berichtstermin** nach § 156 Abs. 2 InsO zu[4]. Nach § 156 Abs. 1 Satz 1 InsO hat der Insolvenzverwalter im Berichtstermin über die wirtschaftliche Situation der Gesellschaft und ihre Ursachen zu berichten. Vor allem hat er darzulegen, ob Aussichten bestehen, das Unternehmen im Ganzen oder in Teilen zu er-

1 Vgl. hierzu *Berenz*, DB 2006, 2125 ff.; *Bode/Bergt/Obenberger*, DB 2000, 1864; *Scholz/Uwe H. Schneider/Sethe*, § 35 GmbHG Rz. 371.

2 Einzelheiten bei *Scholz/Karsten Schmidt*, 9. Aufl., vor § 64 GmbHG Rz. 66; *Uhlenbruck*, GmbHR 1972, 175 ff.; *Uhlenbruck*, GmbHR 2005, 817, 828 ff.; *Rowedder/Schmidt-Leithoff*, § 63 GmbHG Rz. 138; *Götker*, Der Geschäftsführer in der Insolvenz der GmbH, S. 358 ff. Rz. 936 ff.; *Kübler/Prütting/Noack*, InsO, Gesellschaftsrecht Rz. 305; *Baumbach/Hueck/Schulze-Osterloh*, § 64 GmbHG Rz. 58; *Henssler*, ZInsO 1999, 121, 125.

3 *Kübler/Prütting/Noack*, InsO, Gesellschaftsrecht Rz. 306; *Henssler*, ZInsO 1999, 121, 125.

4 Vgl. *Kübler/Prütting/Bork/Onusseit*, § 156 InsO Rz. 18 ff.; *Götker*, Der Geschäftsführer in der Insolvenz der GmbH, Rz. 942; *Henssler*, ZInsO 1999, 121, 126 f.; eingehend zu den Rechten und Pflichten der GmbH-Geschäftsführer im Insolvenzplanverfahren *Uhlenbruck*, GmbHR 1999, 390, 399.

halten, welche Möglichkeiten für einen Insolvenzplan bestehen und welche Auswirkungen jeweils für die Befriedigung der Gläubiger eintreten würden (§ 156 Abs. 1 Satz 2 InsO). Da die Gläubigerversammlung in dem Berichtstermin das Verfahrensziel festlegt, also entscheidet, ob das Schuldnerunternehmen stillgelegt oder vorläufig fortgeführt werden soll, kann die **Stellungnahme der Geschäftsführung** in ihrer Bedeutung für die Entscheidung der Gläubigerversammlung nicht hoch genug eingeschätzt werden. Will der Insolvenzverwalter vor dem Berichtstermin das Unternehmen stilllegen, so hat er gem. § 158 Abs. 2 Satz 1 InsO den oder die Geschäftsführer hiervon zu unterrichten. Auf Antrag der Geschäftsführer kann das Insolvenzgericht nach Anhörung des Verwalters die Stilllegung, wenn diese ohne erhebliche Verminderung der Insolvenzmasse bis zum Berichtstermin aufgeschoben wird, untersagen (§ 158 Abs. 2 Satz 2 InsO).

Hat die GmbH bzw. GmbH & Co. KG durch ihren Geschäftsführer einen 7.161
Insolvenzplan vorgelegt und ist dieser vom Insolvenzgericht von Amts wegen gem. § 231 Abs. 1, 2 InsO zurückgewiesen worden, so steht dem Geschäftsführer das Recht zur sofortigen Beschwerde (§ 231 Abs. 3 InsO) zu. Im eröffneten Insolvenzplanverfahren ist der Geschäftsführer nach § 233 InsO berechtigt, den **Antrag auf Aussetzung der Verwertung und Verteilung** an das Insolvenzgericht zu stellen, wenn hierdurch die Durchführung des vorgelegten Plans gefährdet würde. Haben die Geschäftsführer einen Insolvenzplan vorgelegt, und ist dieser nicht nach § 231 InsO zurückgewiesen worden, so ist die **Zwangsversteigerung eines Betriebsgrundstücks** auf Antrag der Geschäftsführer unter den Voraussetzungen des § 30d Abs. 1 Satz 1 Nr. 3, Satz 2 ZVG einstweilen einzustellen (§ 30d Abs. 2 ZVG). Hat der Insolvenzverwalter den Insolvenzplan vorgelegt und das Insolvenzgericht diesen nicht nach § 231 InsO zurückgewiesen, so ist gem. § 232 Abs. 1 Nr. 2 InsO dem oder den Geschäftsführern der Plan zur **Stellungnahme** zuzuleiten. Der Geschäftsführer hat das Recht, zu dem Plan Stellung zu nehmen. Für die Stellungnahme kann das Gericht eine Frist bestimmen (§ 232 Abs. 3 InsO). Intern ist ein Geschäftsführer gegenüber der Gesellschaft verpflichtet, die Möglichkeit zur Stellungnahme zwecks Wahrung der Interessen der GmbH bzw. GmbH & Co. KG im Insolvenzplanverfahren zu nutzen[1]. Ein Geschäftsführer hat auch das Recht, gem. § 235 Abs. 3 InsO zu dem **Erörterungs- und Abstimmungstermin** geladen zu werden. Er ist gem. § 247 Abs. 1 InsO berechtigt, dem Insolvenzplan zu widersprechen. Der **Widerspruch** muss spätestens im Abstimmungstermin schriftlich oder zu Protokoll der Geschäftsstelle erfolgen. Erheben die Geschäftsführer keinen Widerspruch, gilt die Zustimmung der Gesellschaft gem. § 247 Abs. 1 InsO als erteilt. Der Widerspruch ist nach § 247 Abs. 2 InsO jedoch unbeachtlich, wenn das Schuldnerunternehmen mit dem Plan nicht

1 So zutr. *Götker,* Der Geschäftsführer in der Insolvenz der GmbH, Rz. 965. Nach *M. Henssler* (ZInsO 1999, 121, 125) dient die Ausübung der Verfahrensrechte regelmäßig dem Gesellschaftsinteresse, das der Geschäftsführer auch im eröffneten Insolvenzverfahren zu wahren hat. Versäumt der Geschäftsführer schuldhaft die Sorgfaltspflichten gegenüber der Gesellschaft, haftet er nach § 43 Abs. 2 GmbHG auf Schadensersatz. Die Ausübung der Verfahrensrechte ist zugleich auch Pflicht gegenüber der Gesellschaft.

schlechter steht als ohne den Plan und kein Gläubiger einen wirtschaftlichen Wert erhält, der den vollen Betrag seines Anspruchs übersteigt. Vor der Bestätigung des Insolvenzplans soll das Insolvenzgericht den oder die Geschäftsführer der GmbH bzw. GmbH & Co. KG anhören (§ 248 Abs. 2 InsO). Gegen den Beschluss, durch den das Insolvenzgericht den Insolvenzplan bestätigt oder die Bestätigung untersagt, steht den Geschäftsführern das Recht zur Einlegung der sofortigen Beschwerde zu.

2. Restkompetenzen im gesellschaftsinternen Bereich

7.162 Zu beachten ist, dass den Geschäftsführern im Rahmen des durch das Insolvenzverfahren nicht verdrängten Bereichs **Restbefugnisse im gesellschaftsinternen Bereich** zustehen. Wie bereits dargestellt wurde, behalten die Geschäftsführer u.a. das Recht und die Pflicht, die Gesellschafterversammlung gem. § 49 Abs. 1 GmbHG einzuberufen. Trotz Insolvenzeröffnung über das Vermögen der Gesellschaft obliegt dem oder den Geschäftsführern die Pflicht, eintragungspflichtige Umstände zum Handelsregister anzumelden, wie z.B. Satzungsänderungen (§ 54 GmbHG). Weiterhin ist der Geschäftsführer einer GmbH nach §§ 39, 78 GmbHG berechtigt und verpflichtet, die Abberufung und Neubestellung von Geschäftsführern zur Eintragung in das Handelsregister anzumelden[1]. Er hat die **Informationspflichten der Gesellschaft** gegenüber einzelnen Gesellschaftern (§ 51a GmbHG) zu erfüllen, soweit nicht der Insolvenzverwalter als alleiniger Informationsträger in Betracht kommt[2]. Die Pflicht zur Bilanzierung und Publizierung der Bilanz obliegt während des Insolvenzverfahrens nicht dem Geschäftsführer, sondern dem Insolvenzverwalter[3]. Die **Rechte des Geschäftsführers im insolvenzfreien Bereich** der Gesellschaft sind umstritten und hängen eng mit der Frage zusammen, ob eine GmbH oder GmbH & Co. KG überhaupt insolvenzfreies Vermögen haben kann. Auch für das neue Recht bejaht die h.M. die Zulässigkeit einer **Freigabe von Gegenständen** aus der Insolvenzmasse[4]. Angesichts der Rechtsprechung des BGH[5] wird man wohl die Zulässigkeit insolvenzfreien Vermögens für die GmbH kaum verneinen können[6]. Kritisch zur h.M. *Karsten Schmidt* oben bei Rz. 7.19. Nimmt man mit

1 OLG Köln v. 11. 7. 2001 – 2 Wx 13/01, BB 2001, 2180; *Kübler/Prütting/Noack,* InsO, Gesellschaftsrecht Rz. 291; *Haas* in Gottwald, Insolvenzrechts-Handbuch, § 92 Rz. 276; *Henssler* in Kölner Schrift zur InsO, S. 1305 Rz. 51, 52.

2 *Haas* in Gottwald, Insolvenzrechts-Handbuch, § 92 Rz. 277; *Scholz/Karsten Schmidt,* 9. Aufl., vor § 64 GmbHG Rz. 65; einschränkend *Gerhardt,* ZIP 1980, 941, 945 f.

3 LG Oldenburg v. 11. 11. 1992 – 12 T 409/91, GmbHR 1994, 191; *Klasmeyer/Kübler,* BB 1978, 369, 370, 376; *Henssler* in Kölner Schrift zur InsO, S. 1305 Rz. 51; *Haas* in Gottwald, Insolvenzrechts-Handbuch, § 92 Rz. 147.

4 Vgl. *Henckel,* ZIP 1991, 133, 135; *Balz* in Kölner Schrift zur InsO, S. 12 Rz. 32; *Kübler/Prütting/Noack,* InsO, Gesellschaftsrecht Rz. 280 f.; *Haas* in Gottwald, Insolvenzrechts-Handbuch, § 92 Rz. 148; str., a.A. *Karsten Schmidt,* ZGR 1998, 633, 637 f.; *Baumbach/Hueck/Schulze-Osterloh,* § 64 GmbHG Rz. 54.

5 BGH v. 28. 3. 1996 – IX ZR 77/95, ZIP 1996, 842, 843; BGH v. 7. 12. 2006 – IX ZR 161/04, NZI 2007, 173, 175; BGH v. 21. 4. 2005 – IX ZR 281/03, BGHZ 163, 32, 34; vgl. auch *Kübler/Prütting/Noack,* InsO, Gesellschaftsrecht Rz. 278.

6 Anders aber *Karsten Schmidt,* GmbHR 1994, 829, 830 ff.; *Scholz/Karsten Schmidt,* 9. Aufl., vor § 64 GmbHG Rz. 56.

der h.M. an, dass eine GmbH oder GmbH & Co. KG auch im Insolvenzverfahren **massefreies Vermögen** haben kann, so erstrecken sich die Verwaltungs- und Verfügungsbefugnisse des Geschäftsführers auch auf diese insolvenzfreien Gegenstände. Gibt der Insolvenzverwalter Gegenstände aus der Insolvenzmasse frei, weil ihre Verwertung ihm ökonomisch nicht sinnvoll oder zu risikoträchtig erscheint, so entstehen nach zutreffender Feststellung von *Henssler*[1] „originäre Rechte des Geschäftsführers". Mit der Rückendeckung der Gesellschafter und einer eventuellen Kostenübernahmezusage kann demgemäß der Geschäftsführer die Verwertung solcher Rechte selbst in die Hand nehmen[2]. § 85 Abs. 2 InsO berechtigt ihn, **Prozesse**, deren Fortführung der Verwalter abgelehnt hat, für die Gesellschaft, jedoch ohne Rechtswirkung für oder gegen die Masse, aufzunehmen.

3. Weisungen der Gesellschafter und des Insolvenzverwalters

a) Weisungsrechte der Gesellschafter

Mit der Einschränkung (Verdrängung) der gesellschaftsrechtlichen Kompetenzen durch den Zweck des Insolvenzverfahrens[3] wird das Weisungsrecht der Gesellschafter gegenüber dem Geschäftsführer eingeschränkt, aber nicht beseitigt (vgl. oben Rz. 7.162). Die **Gesellschafterversammlung** hat im Rahmen der Insolvenzabwicklung **keinerlei Weisungs- und Mitspracherecht** gegenüber dem Insolvenzverwalter[4]. Weisungsbefugnisse gegenüber dem Geschäftsführer bestehen uneingeschränkt nur noch hinsichtlich des durch das Insolvenzverfahren nicht verdrängten Bereich. So kann die Gesellschafterversammlung den Geschäftsführer anweisen, einen Insolvenzplan vorzulegen oder eine Gesellschafterversammlung einzuberufen mit dem Ziel, eine sanierende Kapitalerhöhung zu beschließen. Zweifelhaft ist, ob hinsichtlich der **Verfahrensrechte** den Gesellschaftern ein Weisungsrecht zusteht. Die Frage wird man letztlich bejahen müssen. So kann z.B. die Gesellschafterversammlung den Geschäftsführer in der Insolvenz der GmbH anweisen, gegen den Eröffnungsbeschluss sofortige Beschwerde einzulegen. Nach zutreffender Feststellung von *M. Henssler*[5] bleiben die innergesellschaftsrechtlichen Kompetenzen auch 7.163

---

1 In Kölner Schrift zur InsO, S. 1305 Rz. 56.

2 OLG Nürnberg v. 2. 2. 1993 – 3 U 3157/92, ZIP 1994, 144, 147; *Haas* in Gottwald, Insolvenzrechts-Handbuch, § 92 Rz. 279; *Grüneberg*, Die Rechtspositionen der Organe der GmbH und des Betriebsrats im Konkurs, 1988, S. 45 f.; *Henssler* in Kölner Schrift zur InsO, S. 1306 Rz. 56; vgl. auch *Kübler/Prütting/Noack*, InsO, Gesellschaftsrecht Rz. 280, 281.

3 Einzelheiten bei *Henssler,* ZInsO 1999, 121, 125 f.; *Götker,* Der Geschäftsführer in der Insolvenz der GmbH, S. 358 Rz. 934; *Baumbach/Hueck/Schulze-Osterloh,* § 64 GmbHG Rz. 58, 60; *Henssler* in Kölner Schrift zur InsO, S. 1283, 1305 Rz. 51 ff.; *Kübler/Prütting/Noack,* InsO, Gesellschaftsrecht Rz. 304.

4 Einzelheiten zu den Restbefugnissen der Gesellschafterversammlung bei *Kübler/Prütting/Noack,* InsO, Gesellschaftsrecht Rz. 336–341; *Scholz/Karsten Schmidt,* 9. Aufl., vor § 64 GmbHG Rz. 66; *Haas* in Gottwald, Insolvenzrechts-Handbuch, § 92 Rz. 263; *Baumbach/Hueck/Schulze-Osterloh,* § 64 GmbHG Rz. 58; *Lutter/Kleindiek* in Lutter/Hommelhoff, § 64 GmbHG Rz. 35.

5 *Henssler* in Kölner Schrift zur InsO, S. 1305 Rz. 51 ff.; ferner *Haas* in Gottwald, Insolvenzrechts-Handbuch, § 92 Rz. 146, 147.

nach Verfahrenseröffnung bestehen. Etwas anderes gilt dagegen für die **Verfahrenspflichten des Geschäftsführers**. Insoweit besteht kein Weisungsrecht der Gesellschafter oder der Aufsichtsorgane[1]. So können die Gesellschafter den oder die Geschäftsführer zwar anweisen, eine zur Tabelle angemeldete Gläubigerforderung zu bestreiten, nicht aber, dem Prüfungstermin fernzubleiben, von einem Bestreiten Abstand zu nehmen oder bestimmte Auskünfte in Bezug auf die Masse nicht zu erteilen.

b) Weisungsrechte des Insolvenzverwalters

7.164 Auch der Insolvenzverwalter über das GmbH-Vermögen bzw. das Vermögen der GmbH & Co. KG hat **grundsätzlich kein Weisungsrecht** gegenüber den Geschäftsführern. Dies kann nach InsO allerdings im Einzelfall zweifelhaft sein. So z.B., wenn der vorläufige Insolvenzverwalter mit Verwaltungs- und Verfügungsbefugnis nach § 22 Abs. 1 Satz 2 Nr. 2 InsO das Schuldnerunternehmen bis zur Entscheidung über die Eröffnung des Insolvenzverfahrens fortzuführen hat. Gleiches gilt bei der Unternehmensfortführung bis zur ersten Gläubigerversammlung (Berichtstermin). Insoweit tritt der Insolvenzverwalter nicht nur in die Position des Arbeitgebers ein bzw. übt er die Rechte eines Arbeitgebers aus, sondern weitgehend auch in die **Rechtsstellung des Unternehmers**, eine Tatsache, die für die von *Karsten Schmidt* vertretene „neue Vertretertheorie" spricht. Soweit Anstellungsverhältnisse der Geschäftsführer nicht durch einvernehmliche Beendigung oder durch Kündigung erloschen sind, wird man ein **begrenztes Weisungsrecht** des Insolvenzverwalters bejahen müssen, vor allem wenn es darum geht, das insolvente Unternehmen auf Grund eines Insolvenzplans zu sanieren. Das Weisungsrecht kann aber niemals soweit gehen, Verfahrensrechte der Geschäftsführer auszuschließen oder einzuschränken[2]. Vielmehr bezieht sich ein Direktionsrecht entweder auf Pflichten aus dem Anstellungsvertrag oder auf verfahrensrechtliche Pflichten, wie z.B. die Auskunftspflicht nach §§ 97 Abs. 3 Satz 1, 22 Abs. 3 Satz 3, 101 Abs. 1 Satz 1 InsO.

7.165 Im Einzelfall ist demgemäß immer **zu unterscheiden**: Ist im Insolvenzeröffnungsverfahren gem. § 22 Abs. 1 Satz 2 Nr. 2 InsO der vorläufige Insolvenzverwalter oder im eröffneten Verfahren der Verwalter verpflichtet, das schuldnerische Unternehmen einstweilen fortzuführen, so tritt er zumindest zeitweise in die Position des Arbeitgebers ein mit der Folge, dass der oder die Geschäftsführer seinen Weisungen hinsichtlich der vermögensrechtlichen Sicherung, Fortführung und Abwicklung oder Unternehmensstilllegung Folge zu leisten haben. Dies gilt aber nur so lange, als der Anstellungsvertrag des Geschäftsführers nicht beendet ist. Kündigt der Verwalter entweder mit der gesetzlichen oder vereinbarten Kündigungsfrist im Eröffnungsverfahren oder später

1 Vgl. *Uhlenbruck*, GmbH & Co. KG, S. 492; *Henssler* in Kölner Schrift zur InsO, S. 1283, 1304 Rz. 49; *Henssler*, ZInsO 1999, 121, 126; *Kübler/Prütting/Noack*, InsO, Gesellschaftsrecht S. 130, Rz. 304; *Baumbach/Hueck/Schulze-Osterloh*, § 64 GmbHG Rz. 58; *Uhlenbruck/Hirte*, § 11 InsO Rz. 134.

2 Vgl. *Henssler* in Kölner Schrift zur InsO, S. 1305 f. Rz. 51 ff.

im eröffneten Verfahren nach § 113 InsO und ist der Anstellungsvertrag beendet, so erlischt zugleich auch die **vertragliche Weisungsbefugnis** des Insolvenzverwalters gegenüber dem oder den Geschäftsführern. Diese bleiben nach Beendigung des Anstellungsvertrages nur noch auf Grund ihrer Organstellung am Verfahren beteiligt. Die in § 97 Abs. 2 InsO normierte **gesetzliche Mitwirkungspflicht** begründet ebenfalls ein – wenn auch beschränktes – Weisungsrecht des Insolvenzverwalters. So ist der Verwalter berechtigt, eine bestimmte Handlung oder ein Unterlassen als Mitwirkung zu verlangen. Setzt der Insolvenzverwalter zu gleichen oder abgeänderten Bedingungen das Anstellungsverhältnis mit dem Geschäftsführer fort, verbleibt es bei dem Weisungsrecht, das sich jedoch **nicht auf die Verfahrensrechte** des Geschäftsführers bezieht.

IV. Pflichten des Geschäftsführers

1. Pflichten gegenüber der Gesellschaft

Auch im eröffneten Insolvenzverfahren über das Vermögen einer GmbH oder GmbH & Co. KG obliegen dem oder den Geschäftsführern nicht nur gesellschaftsrechtliche Pflichten, sondern auch verfahrensrechtliche Pflichten gegenüber der Gesellschaft[1]. Diese Pflichten enden nicht etwa mit der Beendigung des Anstellungsvertrages auf Grund einer Kündigung des Insolvenzverwalters. Vielmehr ergeben sich diese Pflichten aus der fortbestehenden Organstellung und den daraus resultierenden Befugnissen. Die Pflicht zur Ausübung von Verfahrensrechten ergibt sich aus der allgemeinen **Unternehmensleitungspflicht**, wonach ein Geschäftsführer die wirtschaftlichen Interessen der Gesellschaft zu wahren hat. Darüber hinaus ist auch die Gesellschafterversammlung berechtigt, den Geschäftsführer anzuweisen, bestehende Verfahrensrechte der GmbH in einer bestimmten Weise auszuüben[2]. So ist z.B. der Geschäftsführer und nicht etwa der Insolvenzverwalter nach §§ 39, 78 GmbHG berechtigt und verpflichtet, die Abberufung und die Neubestellung von Geschäftsführern zur **Eintragung in das Handelsregister** anzumelden[3]. Zwar ist die GmbH bzw. die GmbH & Co. KG Insolvenzschuldnerin und fallen die vermögensrechtlichen Befugnisse weitgehend in die Zuständigkeit des Insolvenzverwalters; im Rahmen ihrer Restkompetenzen haben die Geschäftsführer jedoch sämtliche 7.166

1 Einzelheiten bei *Uhlenbruck*, GmbHR 2005, 817, 828 ff.; *Uhlenbruck*, GmbHR 1999, 390, 396; *Götker*, Der Geschäftsführer in der Insolvenz der GmbH, 1999, S. 358 ff. Rz. 934 ff.

2 So auch *Götker*, Der Geschäftsführer in der Insolvenz der GmbH, 1999, S. 358 Rz. 934.

3 OLG Köln v. 11. 7. 2001 – 2 Wx 13/01, NJW-RR 2001, 1417; BayObLG v. 17. 3. 2004 – 3 Z BR 046/04, BB 2004, 797; OLG Rostock v. 17. 12. 2002 – 6 W 52/02, Rpfleger 2003, 444, 445 = GmbHR 2003, 1133; *Uhlenbruck*, GmbHR 1995, 205; *Uhlenbruck*, GmbHR 2005, 817, 818; *Rowedder/Schmidt-Leithoff*, § 63 GmbHG Rz. 136; *Haas* in Gottwald, Insolvenzrechts-Handbuch, § 92 Rz. 276; *Baumbach/Hueck/Schulze-Osterloh*, § 64 GmbHG Rz. 58; str., a.A. AG Charlottenburg v. 3. 11. 1995 – 97 HRB 49246, ZIP 1996, 683, 684. Einzelheiten bei *Uhlenbruck*, GmbH & Co. KG, S. 488 f.

Rechte und Pflichten der Insolvenzschuldnerin wahrzunehmen[1]. Zu den von den Geschäftsführern wahrzunehmenden Aufgaben gehört vor allem die **Einlegung von Rechtsmitteln** nach den §§ 34, 253 InsO, die Pflicht zur **Vorlage eines Insolvenzplans** (§ 218 Abs. 1 InsO), wenn die Gesellschafter dies wünschen, die Stellung von Anträgen an das Insolvenzgericht nach § 161 Satz 2 InsO (Untersagungsantrag), § 186 Abs. 1 InsO (Wiedereinsetzungsantrag), § 213 InsO (Einstellung des Verfahrens) sowie die **Durchführung der Eigenverwaltung** (§§ 270 ff. InsO)[2]. Auch Satzungsänderungen (§ 54 GmbHG), soweit diese nicht masserelevant sind, müssen vom Geschäftsführer angemeldet werden. Gleiches gilt für eine von den Gesellschaftern beschlossene **Kapitalerhöhung**. Die Einreichung der Liste der Gesellschafter zum Handelsregister (§ 40 GmbHG) gehört ebenfalls zum gesellschaftsinternen Aufgabenbereich der Geschäftsführer[3]. Die Untersagung der Stilllegung des Unternehmens nach § 158 Abs. 2 Satz 2 InsO, die Untersagung besonders bedeutsamer Rechtshandlungen nach § 161 Satz 1 InsO oder das Bestreiten zur Tabelle angemeldeter Forderungen im Prüfungstermin (§ 176 InsO) kann sich im Einzelfall als Pflicht gegenüber der Gesellschaft darstellen, um Schaden von dieser abzuwenden oder eine Sanierung zu ermöglichen. Nimmt man mit der Rechtsprechung und überwiegenden Literaturmeinung[4] an, dass durch Freigabe des Insolvenzverwalters **insolvenzfreies Vermögen** entstehen kann, so fällt dieses in die Verwaltungs- und Verfügungsbefugnisse der Geschäftsführer zurück[5]. Bei Ausübung der Verfahrenspflichten ist eine etwaige **Gesamtvertretungsmacht** zu beachten[6]. Neben den eigentlichen Verfahrenspflichten können sich weitere Pflichten ergeben, die aus der Aufrechterhaltung der innergesellschaftlichen Organisation resultieren, wie z.B. die **Einberufung einer Gesellschafterversammlung**[7]. Besonders im Rahmen der **Eigenverwaltung** nach den §§ 270 ff. InsO ist es oftmals schwierig, die insolvenzrechtlichen Pflichten der Geschäftsführer gegenüber den gesellschaftsrechtlichen Pflichten abzugrenzen. So kann es als schuldhafte Pflichtverletzung gegenüber der Gesellschaft angesehen werden, wenn der Geschäftsführer sich grundlos weigert, die für die Beschlussfassung über eine Kapitalerhöhung notwendige Gesellschafterversammlung einzuberufen. Scheitert hieran die Bestätigung des Insolvenzplans (§ 249 InsO), so haftet der Geschäftsführer den Gesellschaftern u.U. auf Schadensersatz nach § 43 GmbHG.

---

1 Vgl. *Henssler,* ZInsO 1999, 121, 123; zur Rechtslage unter der Geltung der KO eingehend *Uhlenbruck,* FS G. Felix, 1989, S. 541, 543 ff.; *Henssler* in Kölner Schrift zur InsO, S. 1283 ff.

2 Vgl. *Scholz/Karsten Schmidt,* 9. Aufl., vor § 64 GmbHG Rz. 66; *Baumbach/Hueck/Schulze-Osterloh,* § 64 GmbHG Rz. 58; *Uhlenbruck/Hirte,* § 11 InsO Rz. 134.

3 *Haas* in Gottwald, Insolvenzrechts-Handbuch, § 92 Rz. 277.

4 Vgl. BGH v. 21. 4. 2005 – IX ZR 281/03, ZIP 2005, 1034; OLG Hamm v. 25. 10. 2001 – 15 W 118/01, NZG 2002, 178, 179 = GmbHR 2002, 163; OLG Brandenburg v. 31. 5. 2001 – 5 U 128/00, ZInsO 2001, 558, 559; *Henckel,* ZIP 1991, 133, 135; *Schumacher* in Münchener Kommentar zur InsO, § 85 InsO Rz. 26; *Balz* in Kölner Schrift zur InsO, S. 3 Rz. 32.

5 *Haas* in Gottwald, Insolvenzrechts-Handbuch, § 92 Rz. 279.

6 *Uhlenbruck/Hirte,* § 11 InsO Rz. 134.

7 Vgl. *Friedrich Weber,* KTS 1970, 80; *Scholz/Karsten Schmidt,* 9. Aufl., vor § 64 GmbHG Rz. 66; *Henssler,* ZInsO 1999, 121, 123.

Die Abgrenzung der gesellschaftsrechtlichen Befugnisse von denjenigen des Insolvenzverwalters ist oftmals schwierig. So wird in der insolvenzrechtlichen Literatur[1] für die Sanierung einer börsennotierten AG angenommen, dass die Befugnis zur Entgegennahme des Kapitals, die Abgabe der eidesstattlichen Versicherung und Handelsregisteranmeldung dem Organ und dem Insolvenzverwalter **gemeinschaftlich** obliegen. Umstritten ist neuerdings die Frage, ob die „Komplettierung von Kapitalmaßnahmen" auf Grund der Funktionsteilung den Verwalter berechtigt, die konstitutive Eintragung einer nach Verfahrenseröffnung beschlossenen Kapitalerhöhung zu beantragen[2]. Die h.M.[3] geht davon aus, dass die Kosten einer notwendigen Gesellschafterversammlung keine Masseverbindlichkeiten sind. Eine neuere Meinung[4] hält bei aussichtsreicher Sanierung eines Insolvenzunternehmens durch Insolvenzplan den Insolvenzverwalter generell für berechtigt, die notwendigen **gesellschaftsrechtlichen Maßnahmen zu finanzieren**. Übernimmt der Insolvenzverwalter die Kosten der Einberufung einer Gesellschafterversammlung zwecks Beschlussfassung über eine Kapitalerhöhung zum Zweck der Sanierung, so kann sich der Geschäftsführer nicht weigern, die Einberufung der Gesellschafterversammlung durchzuführen. 7.167

Nachwirkende Pflichten können den oder die Geschäftsführer auch nach Aufhebung oder Einstellung des Insolvenzverfahrens über das Vermögen der GmbH treffen, selbst wenn der Anstellungsvertrag vom Insolvenzverwalter gem. § 113 InsO wirksam gekündigt worden ist. So kann z.B. der Geschäftsführer im Rahmen der Anhörung im Löschungsverfahren nach § 141a Abs. 2 FGG (ab 1. 9. 2009: § 394 Abs. 2 FamFG) in seiner Eigenschaft als geborener Liquidator verpflichtet sein, sich hinsichtlich der Vermögenslosigkeit der Gesellschaft zu äußern[5]. Solange noch außerinsolvenzrechtlicher Abwicklungsbedarf besteht, können **nachwirkende Pflichten der Geschäftsführer** entstehen. Die Geschäftsführer erfüllen nach Aufhebung des Insolvenzverfahrens die Funktionen eines Liquidators bis zur Vollbeendigung der Gesellschaft, die nach der Lehre vom Doppeltatbestand[6] erst dann beendet ist, wenn neben der Löschung im Handelsregister völlige Vermögenslosigkeit eingetreten ist. Mit **Beendigung der organschaftlichen Position** enden auch nachwirkende Pflichten der Geschäftsführer. 7.168

1 Z.B. *Rattunde*, Praxisprobleme bei der Sanierung einer börsennotierten AG, in VGR (Hrsg.), Gesellschaftsrecht in der Diskussion 2006, 2007, S. 193, 207.

2 Bejahend *Uhlenbruck/Hirte*, § 11 InsO Rz. 193 f.; *Gundlach/Frenzel/Schmidt*, NZI 2007, 692, 694; *H.-F. Müller*, ZGR 2004, 842, 847; verneinend *Karsten Schmidt*, AG 2006, 597, 605; *Hüffer*, 8. Aufl. 2008, § 182 AktG Rz. 32; *Kunz*, DStR 2006, 519 ff.

3 *Hirte*, ZInsO 2006, 1289, 1296; *Uhlenbruck/Hirte*, § 11 InsO Rz. 189 a.E.; *Hüffer* in Münchener Kommentar zum Aktiengesetz, § 264 AktG Rz. 70.

4 *H.-F. Müller*, Der Verband in der Insolvenz, 2002, S. 117 f.; *Uhlenbruck*, NZI 2007, 313 ff.

5 Vgl. *Uhlenbruck*, GmbHR 2005, 817, 832.

6 Vgl. *Scholz/Karsten Schmidt*, 9. Aufl., § 60 GmbHG Rz. 56 ff.; *W. Uhlenbruck*, ZIP 1996, 1648; *W. Uhlenbruck*, KTS 1991, 223, 334; *J. Uhlenbruck* in Kölner Schrift zur InsO, S. 1187, 1196 Rz. 20; *Karsten Schmidt*, GmbHR 1988, 209.

7.169 Zweifelhaft ist, ob die Auskunftspflichten früherer oder derzeitiger Geschäftsführer in einem **Rangverhältnis** stehen. Bejahendenfalls wäre die Folge, dass der Insolvenzverwalter vor einer Inanspruchnahme des Alt-Geschäftsführers verpflichtet ist, zunächst die aktuellen Geschäftsführer um Auskünfte zu ersuchen[1]. Zutreffend weist *Haas*[2] darauf hin, dass die Reihenfolge der Inanspruchnahme durch den „Erkenntnisgewinn aus der jeweiligen Informationsquelle, nicht aber durch ein starres Stufenverhältnis diktiert" werde. Die Geschäftsführer üben die **Verfahrensrechte der Insolvenzgesellschaft** im Rahmen ihrer jeweiligen **Vertretungsmacht** aus. Die Verfahrenspflichten nach der InsO dagegen treffen jeden einzelnen Geschäftsführer, und zwar unabhängig von der Vertretungsmacht. Das gilt auch für das Beschwerderecht nach § 34 InsO[3].

2. Verfahrenspflichten

a) Die Auskunftspflicht der Geschäftsführer

aa) Art und Umfang der Auskunftspflichten

7.170 Im Insolvenzeröffnungsverfahren besteht die Auskunfts- und Mitwirkungspflicht des oder der Geschäftsführer einer insolventen GmbH nach § 22 Abs. 3 Satz 3 InsO nur gegenüber dem vorläufigen Insolvenzverwalter und nach §§ 20 Abs. 1, 97 Abs. 1 InsO gegenüber dem Insolvenzgericht[4]. § 97 Abs. 1 Satz 1 InsO erweitert die Auskunftspflicht für das **eröffnete Insolvenzverfahren** erheblich: Die Geschäftsführer sind verpflichtet, dem **Insolvenzgericht**, dem **Insolvenzverwalter**, dem **Gläubigerausschuss** und auf Anordnung des Gerichts der **Gläubigerversammlung** über alle das Verfahren betreffenden Verhältnisse Auskunft zu geben. Das gilt auch für den Geschäftsführer einer GmbH, die Komplementärin einer GmbH & Co. KG ist. § 97 Abs. 1 Satz 1 InsO bezieht sich zwar auf den Schuldner als natürliche Person; die Vorschrift des § 101 Abs. 1 Satz 1 InsO erstreckt aber die Auskunftspflicht auf die Mitglieder des Vertretungsorgans einer juristischen Person, sodass auch die Geschäftsführer einer GmbH zur **unbeschränkten Auskunft** verpflichtet sind.

7.171 Der Anspruch besteht nicht etwa gegenüber dem Rechtsanwalt, der mit der Vertretung eines Geschäftsführers betraut ist[5]. Im Innenverhältnis kann zwar der Anwalt des Schuldnerunternehmens bzw. des Geschäftsführers verpflichtet sein, Auskünfte für den oder die Geschäftsführer zu erteilen. Im Außen-

1 So z.B. *Uhlenbruck/Hirte*, § 11 InsO Rz. 133.
2 *Haas* in Gottwald, Insolvenzrechts-Handbuch, § 92 Rz. 282.
3 S. *Uhlenbruck*, GmbHR 1972, 170, 174; *Haas* in Gottwald, Insolvenzrechts-Handbuch, § 92 Rz. 284; *Henssler* in Kölner Schrift zur InsO, S. 1283, Rz. 44; *Scholz/Karsten Schmidt*, 9. Aufl., vor § 64 GmbHG Rz. 53.
4 Einzelheiten Rz. 5.281 ff.; *Uhlenbruck*, § 97 InsO Rz. 3 ff.; *Uhlenbruck*, Die Rechtsstellung des vorläufigen Insolvenzverwalters, in Kölner Schrift zur InsO, S. 325, 363 Rz. 42; *Vallender*, ZIP 1996, 529; *Uhlenbruck*, KTS 1997, 371, 377; *Uhlenbruck*, GmbHR 2002, 941 ff.; *Uhlenbruck*, NZI 2002, 401 ff.; *Passauer* in Münchener Kommentar zur InsO, vor §§ 97 bis 102 InsO Rz. 2, 3; *Schmahl* in Münchener Kommentar zur InsO, § 20 InsO Rz. 26 ff.; *Henssler*, ZInsO 1999, 121, 122.
5 Vgl. *Uhlenbruck*, KTS 1989, 527, 546; *Nassall*, KTS 1988, 633; *Kübler/Prütting/Bork/Lüke*, § 97 InsO Rz. 7.

verhältnis zu den Auskunftsberechtigten dagegen ist immer nur der organschaftliche Vertreter **persönlich verpflichtet**. Auskunftspflichtig sind bei mehrköpfiger Vertretung sämtliche organschaftlichen Vertreter. Der **Informationsanspruch eines Gesellschafters** erlischt nicht durch die Eröffnung des Insolvenzverfahrens über das Vermögen der GmbH. Vielmehr hat der Insolvenzverwalter den Informationsanspruch nach § 51a GmbHG zu erfüllen[1].

Weil die Geschäftsführer in der Krise der GmbH früher oftmals ihr Amt niedergelegt oder gekündigt haben, regelt nunmehr § 101 Abs. 1 Satz 2 InsO, dass die unbeschränkte Auskunftspflicht ebenso wie deren Durchsetzung mit Zwangsmitteln nach § 98 InsO entsprechend auch für Personen gilt, die **nicht früher als zwei Jahre vor dem Antrag auf Eröffnung des Verfahrens** aus der GmbH ausgeschieden sind. Diese Regelung gilt sogar für **frühere Angestellte der GmbH,** sofern diese früher als zwei Jahre vor dem Eröffnungsantrag ausgeschieden sind (§ 101 Abs. 2 InsO). Nach Auffassung von *M. Henssler*[2] ist auskunftspflichtig grundsätzlich der Nachfolger des ausgeschiedenen Geschäftsführers. Dies gilt aber mit der Einschränkung, dass der für die Insolvenzabwicklung relevante Sachverhalt oftmals nur durch die ehemaligen Geschäftsführer aufgeklärt werden kann. Schon wegen der Missbrauchsgefahr wird durch die Abberufung und Neubestellung eines Geschäftsführers der ausgeschiedene Geschäftsführer nicht aus seiner Auskunftspflicht entlassen. Durch eine – berechtigte – **Amtsniederlegung** kann sich der Geschäftsführer zwar seiner aktiven Mitwirkungspflicht im Verfahren entziehen, nicht aber der Auskunftspflicht nach § 97 Abs. 1 InsO. 7.172

Für eine **führungslose GmbH bzw. GmbH & Co. KG** ist in § 101 Abs. 1 Satz 2 Halbsatz 2 InsO eine entsprechende Regelung getroffen worden: *„Verfügt der Schuldner über keinen Vertreter, gilt dies auch für die Personen, die an ihm beteiligt sind.“* Damit ist auch **jeder Gesellschafter** der führungslosen GmbH zur **unbeschränkten Auskunft** gegenüber dem Insolvenzgericht, dem Insolvenzverwalter, dem Gläubigerausschuss und auf Anordnung des Gerichts der Gläubigerversammlung über alle das Verfahren betreffenden Verhältnisse verpflichtet, nicht aber zur Mitwirkung nach § 97 Abs. 2 InsO. Kommen die GmbH-Gesellschafter ihren Auskunftspflichten nicht nach, können ihnen im Fall der Abweisung des Antrags auf Eröffnung des Insolvenzverfahrens die **Kosten des Verfahrens** auferlegt werden (§ 101 Abs. 3 InsO). Zweifelhaft, aber letztlich zu bejahen ist die Frage, ob die Kostentragungspflicht auch für den Fall der **Einstellung mangels Masse nach § 207 InsO** gilt. Verhindern im eröffneten Insolvenzverfahren die Gesellschafter durch Verweigerung der Auskünfte eine Fortführung des Verfahrens und kommt es zu einer Einstellung mangels Masse (§ 207 InsO), so kommt der in § 101 Abs. 2 Satz 2 Halbsatz 2 InsO zum Ausdruck gekommene allgemeine Rechtsgedanke ebenfalls zum Tragen. 7.173

Neben der öffentlich-rechtlichen Auskunftspflicht kann sich eine **Informationspflicht des Geschäftsführers** gegenüber seinem früheren Dienstherrn 7.174

1 OLG Hamm v. 25. 10. 2001 – 15 W 118/01, NZG 2002, 178 = DB 2002, 363; OLG Zweibrücken v. 7. 9. 2006 – 3 W 122/06, ZIP 2006, 2047 = GmbHR 2006, 1272; *Uhlenbruck*, § 80 InsO Rz. 137; *Scholz/Karsten Schmidt*, § 51a GmbHG Rz. 16 a.E.

2 *Henssler* in Kölner Schrift zur InsO, S. 1283, 1299 Rz. 37.

auch als **nachwirkende Treuepflicht** aus dem Anstellungsverhältnis ergeben. Diese dienstvertraglichen Rechte der GmbH können nach Eröffnung des Insolvenzverfahrens gem. § 80 InsO vom Insolvenzverwalter geltend gemacht werden[1]. Die Auskunft ist **persönlich** und **mündlich** zu erteilen, wenn nicht im Einzelfall eine andere Form der Auskunftserteilung vom Gericht bzw. vom Insolvenzverwalter gestattet wird[2].

7.175 Aus dem Wortlaut der §§ 97 Abs. 1 Satz 1, Abs. 2, 20 Abs. 1 Satz 2, 22 Abs. 3 Satz 3 InsO lässt sich kein Recht des Insolvenzgerichts, des vorläufigen oder endgültigen Insolvenzverwalters, des Gläubigerausschusses oder der Gläubigerversammlung herleiten, von einem Geschäftsführer oder bei Führungslosigkeit von einem Gesellschafter der GmbH bzw. GmbH & Co. KG Mitwirkungshandlungen und Auskünfte hinsichtlich der **Realisierung von Haftungsansprüchen nach den §§ 161 Abs. 2, 128, 176, 507 Abs. 1 HGB, §§ 705 ff. BGB, § 278 Abs. 2 AktG** einzufordern. Die Auskunfts- und Mitwirkungspflichten eines Geschäftsführers finden ihre rechtlichen Grenzen dort, wo es nicht mehr um die Realisierung von Haftungsansprüchen bzw. Insolvenzmasse i.S. von § 35 InsO im Rahmen der Befugnisse nach § 80 Abs. 1 InsO geht, sondern lediglich um die Durchsetzung von Haftungsansprüchen auf Grund gesetzlicher Ermächtigung des Insolvenzverwalters in § 93 InsO[3]. Das Trennungsprinzip greift letztlich auch bei **Eigeninsolvenz eines GmbH-Gesellschafters** mit der Folge ein, dass die insolvenzrechtlichen Auskunfts- und Mitwirkungspflichten nach §§ 97, 101 Abs. 1 InsO an dem Verfahrenszweck der Eigeninsolvenz ihre Grenzen finden.

bb) Gegenstand der Auskunft

7.176 Nach § 97 Abs. 1 Satz 1 InsO sind Gegenstand der Auskunft alle das Insolvenzverfahren betreffenden Verhältnisse. Hierunter fallen sämtliche Vorgänge, die in irgendeinem Bezug zu dem Insolvenzverfahren stehen, vor allem auch Tatsachen, die zur Insolvenz geführt haben[4]. Die Auskunftspflicht erstreckt sich auch auf **Auslandsvermögen der GmbH** bzw. der GmbH & Co. KG[5]. Die nach § 97 Abs. 1 InsO zu erteilende Auskunft hat erforderlichenfalls auch durch **Vorlage von Belegen** zu erfolgen, so dass der Auskunftspflichtige auch alles zu tun hat, was für eine sachgerechte Auskunftserteilung erforderlich ist[6].

1 Vgl. OLG Hamm v. 15. 10. 1979 – 8 U 149/78, ZIP 1980, 280; *Henssler* in Kölner Schrift zur InsO, S. 1299 Rz. 37.
2 *Uhlenbruck*, § 97 InsO Rz. 6; *Hess*, § 97 InsO Rz. 9.
3 Einzelheiten bei *Uhlenbruck*, FS Gerhart Kreft, 2004, S. 543 ff.
4 LG Dortmund v. 23. 5. 2005 – 9 T 127/05, ZInsO 2005, 829 ff.; *Blersch/v. Olshausen* in Blersch/Goetsch/Haas, § 97 InsO Rz. 5; *App* in Frankfurter Kommentar zur InsO, § 97 InsO Rz. 11; *Henssler*, ZInsO 1999, 121, 124.
5 BGH v. 13. 7. 1983 – VIII ZR 246/82, WM 1983, 858; BGH v. 18. 9. 2003 – IX 75/03, NZI 2004, 21 ff. = ZIP 2003, 2123; *Braun/Kroth*, § 97 InsO Rz. 9; *Hess*, § 97 InsO Rz. 16 ff.; *Uhlenbruck*, § 97 InsO Rz. 6; *Hanisch*, ZIP 1983, 1289; *Merz*, ZIP 1983, 136.
6 BGH v. 19. 1. 2006 – IX ZB 14/03, ZinsO 2006, 264.

Die Auskunftspflicht bezieht sich nicht nur auf Sachverhalte, die vor Verfahrenseröffnung liegen, sondern auch auf Umstände, die nach Verfahrenseröffnung eingetreten sind. Der Geschäftsführer kann seiner Auskunftspflicht nicht etwa dadurch entgehen, dass er auf die **Beschlagnahme von Geschäftsunterlagen** durch die Staatsanwaltschaft verweist. Trotz Beschlagnahme der Unterlagen und Inbesitznahme durch den Insolvenzverwalter ist er im Rahmen seiner präsenten Kenntnisse zur Auskunft verpflichtet, wobei es ihm unbenommen ist, mit Rücksicht auf das Fehlen bestimmter Unterlagen bestimmte Vorbehalte bei der Auskunftserteilung zu machen[1]. Auch bei **anwaltlicher Vertretung** ist der Geschäftsführer persönlich zur Erteilung der erforderlichen Auskünfte verpflichtet. Er ist nicht berechtigt, hinsichtlich der Auskünfte auf einen anwaltlich Bevollmächtigten zu verweisen[2]. Der Geschäftsführer hat nicht nur Informationen über die vorhandene Masse, die geltend gemachten Forderungen ihrem Grund und der Höhe nach, einschließlich der Aus- und Absonderungsrechte, zu erteilen, sondern auch Möglichkeiten einer **Insolvenzanfechtung nach den §§ 129 ff. InsO** zu offenbaren. Dagegen besteht keine Pflicht, nicht angemeldete Forderungen offen zu legen oder nicht dem Insolvenzbeschlag unterliegendes Vermögen anzugeben[3]. 7.177

cc) Die Pflicht zur Offenbarung strafbarer Handlungen

Die frühere Streitfrage, ob ein Geschäftsführer im Insolvenzverfahren über das Vermögen der Gesellschaft auch **Straftaten oder Ordnungswidrigkeiten offenbaren** muss, hat der Gesetzgeber in § 97 Abs. 1 Satz 2 InsO entschieden. Nach § 101 Abs. 1 Satz 1 InsO i.V.m. § 97 Abs. 1 Satz 2 InsO hat der Geschäftsführer nunmehr auch Tatsachen zu offenbaren, die geeignet sind, eine Verfolgung wegen einer Straftat oder einer Ordnungswidrigkeit herbeizuführen. Die **unbeschränkte Offenbarungspflicht** entspricht einer Entscheidung des BVerfG vom 13. 1. 1981[4], wonach sich die Auskunftspflicht eines Schuldners und seiner organschaftlichen Vertreter auch auf die Offenbarung strafbarer Handlungen und Ordnungswidrigkeiten erstreckt. Die gesetzliche Regelung in § 97 Abs. 1 Satz 2 InsO dürfte im Hinblick auf diese Entscheidung verfassungsrechtlich unbedenklich sein[5]. Die Einführung einer unbeschränkten Offenbarungspflicht auch für organschaftliche Vertreter ist in der Praxis begrüßt worden, vor allem weil hierdurch Licht in das Dunkel zweifelhaften Geschäftsgebarens ehemaliger Geschäftsleiter gebracht werden kann[6]. Zutreffend weist 7.178

---

1 Vgl. LG Köln v. 2. 2. 1994 – 19 T 34/94, zit. bei *Vallender*, ZIP 1996, 529, 531 Fn. 29.

2 *Hess*, § 97 InsO Rz. 17; *Smid*, § 97 InsO Rz. 4; *Blersch/v. Olshausen* in Blersch/Goetsch/Haas, § 97 InsO Rz. 2.

3 *Smid*, § 97 InsO Rz. 7; *Braun/Kroth*, § 97 InsO Rz. 9.

4 BVerfG v. 13. 1. 1981 – 1 BvR 116/77, BVerfGE 56, 37 = ZIP 1981, 361; *Jaeger/Schilken*, § 97 InsO Rz. 22.

5 *Kübler/Prütting/Bork/Lüke*, § 97 InsO Rz. 5; *Uhlenbruck*, § 97 InsO Rz. 7; *App* in Frankfurter Kommentar zur InsO, § 97 InsO Rz. 12; *Tetzlaff*, NZI 2005, 316; krit. *Hohnel*, NZI 2005, 152 ff.

6 Vgl. *Uhlenbruck* in Kölner Schrift zur InsO, 1. Aufl. 1996, S. 879, 898; *Uhlenbruck*, NZI 2002, 401 ff.; *Uhlenbruck*, KTS 1997, 371; *Kübler/Prütting/Noack*, InsO, Gesellschaftsrecht Rz. 309; *Jaeger/Schilken*, § 97 InsO Rz. 22 ff.

Noack[1] darauf hin, dass gerade in der Krise der Gesellschaft Manager häufig abberufen werden oder freiwillig das sinkende Schiff verlassen. Die neue Führungsmannschaft ist aus eigener Anschauung nicht in der Lage, die etwa zur Durchsetzung der Gesellschafterhaftung notwendigen Informationen zu erteilen.

7.179 Hat das Gericht die **Eigenverwaltung der GmbH** angeordnet (§§ 270 ff. InsO), so folgt die Auskunfts- und Mitwirkungspflicht der Geschäftsführer gegenüber dem Sachwalter aus den §§ 274 Abs. 2 Satz 2, 22 Abs. 3, 97 Abs. 1, 2 InsO.

dd) Das strafprozessuale Verwendungsverbot (§ 97 Abs. 1 Satz 3 InsO)

7.180 Nach § 97 Abs. 1 Satz 3 InsO (§ 101 Abs. 1 Satz 1 InsO) darf eine Aussage, die der Geschäftsführer über eine strafbare Handlung oder eine Ordnungswidrigkeit gemacht hat, in einem Strafverfahren oder in einem Ordnungswidrigkeitenverfahren gegen ihn oder einen der in § 52 Abs. 1 StPO bezeichneten Angehörigen nur mit seiner Zustimmung verwendet werden. Mit dem **Verwendungsverbot im Strafverfahren** ist sichergestellt, dass dem Geschäftsführer aus der unbeschränkten Auskunftspflicht, die zugleich auch eine strafrechtliche Selbstbezichtigungspflicht enthält, keine strafrechtlichen Nachteile erwachsen[2]. Mit dieser Regelung hat der Gesetzgeber den Anforderungen des Bundesverfassungsgerichts[3] Rechnung getragen. Dem Geschäftsführer nutzt weder die **Amtsenthebung** noch die **Niederlegung des Amtes**[4] oder die Kündigung des Anstellungsvertrages in der Krise der GmbH nichts, denn er bleibt noch zwei Jahre lang zur Auskunft nach §§ 101 Abs. 1, 97 Abs. 1 InsO verpflichtet.

---

1 *Küber/Prütting/Noack,* InsO, Gesellschaftsrecht Rz. 309.

2 Vgl. auch *Uhlenbruck,* GmbHR 1995, 195, 201; *Uhlenbruck,* WiB 1996, 466, 470, 471; *Henssler,* ZInsO 1999, 121, 123; *Jaeger/Schilken,* § 97 InsO Rz. 23–25; *Bieneck* in Müller-Gugenberger/Bieneck, Wirtschaftsrecht, 4. Aufl. 2006, § 75 Rz. 65 ff.; *Hefendehl,* wistra 2003, 1 ff.

3 BVerfG v. 13. 1. 1981 – 1 BvR 116/77, ZIP 1981, 361. Eingehend hierzu *Kübler/Prütting/Bork/Lüke,* § 97 InsO Rz. 3–6.

4 Zur Zulässigkeit einer jederzeitigen und fristlosen Amtsniederlegung s. BGH v. 8. 2. 1993 – II ZR 58/92, BGHZ 121, 257 = GmbHR 1993, 216; BGH v. 26. 6. 1995 – II ZR 109/94, GmbHR 1995, 653; BayObLG v. 13. 1. 1994 – 3 Z Br 311/93, GmbHR 1994, 259; OLG Frankfurt v. 16. 6. 1993 – 20 W 178/93, GmbHR 1993, 738; *Scholz/Uwe H. Schneider,* § 38 GmbHG Rz. 85 ff.; *Lutter/Hommelhoff,* § 38 GmbHG Rz. 41; *Schumann,* GmbHR 2007, 305; *Baumbach/Hueck/Zöllner,* § 38 GmbHG Rz. 38c; *Trölitzsch,* GmbHR 1995, 857; *Wachter,* GmbHR 2001, 1129, 1130; vgl. auch OLG Naumburg v. 28. 2. 2001 – 7 Wx 5/00, GmbHR 2001, 569; *Henze,* Höchstrichterliche Rechtsprechung zum Recht der GmbH, S. 409 ff.; *Kübler/Prütting/Noack,* InsO, Gesellschaftrecht Rz. 292. Nicht höchstrichterlich entschieden ist die Frage, ob und unter welchen Voraussetzungen eine Amtsniederlegung wegen Rechtsmissbrauchs unwirksam ist, weil sie zur Unzeit erfolgt. Der BGH hat in der Entscheidung v. 8. 2. 1993 – II ZR 58/92, BGHZ 121, 257 = GmbHR 1993, 216 die Frage offen gelassen. Bejahend BayObLG v. 15. 6. 1999 – 3 Z BR 35/99, GmbHR 1999, 980; BayObLG v. 29. 7. 1992 – 3 Z BR 71/92, GmbHR 1992, 671; BayObLG v. 6. 8. 1981 – 1 Z 39/81, GmbHR 1982, 43; OLG Düsseldorf v. 6. 12. 2000 – 3 Wx 393/00, GmbHR 2001, 144 m. Anm. *Hohlfeld; Scholz/Uwe H. Schneider,* § 38 GmbHG Rz. 90; *Lutter/Hommelhoff,* § 38 GmbHG Rz. 41, 44; *Münch,* DStR 1993, 916, 920; *Gustavus,* GmbHR 1992, 15, 16.

Das **Verwendungsverbot** des § 97 Abs. 1 Satz 3 InsO bereitet in der Praxis erhebliche Schwierigkeiten. Den ursprünglichen Begriff der Verwertung im Strafverfahren hat der Gesetzgeber durch den Begriff **„verwendet"** ersetzt. Hierdurch soll zum Ausdruck gebracht werden, dass eine Auskunft des Schuldners ohne dessen Zustimmung nicht einmal als „**Ansatz für weitere Ermittlungen** dienen darf". Nach neuem Recht darf die Strafverfolgungsbehörde Auskünfte des Geschäftsführers auch nicht als Ermittlungsansätze verwenden, obwohl nach wie vor kein Beweiserhebungsverbot besteht[1]. So verbietet nach Auffassung des LG Stuttgart[2] § 97 Abs. 1 Satz 3 InsO die Verwendung von Angaben des Schuldners, die dieser in Erfüllung seiner sich aus § 97 Abs. 1 Satz 1 InsO ergebenden Mitwirkungspflicht gegenüber dem Insolvenzgericht macht, es sei denn, dass der Schuldner seine Zustimmung erteilt. Werden derartige Angaben Bestandteile der Ermittlungsakten, so ist dies nach Auffassung des LG Stuttgart gesetzwidrig. Die Ermittlungsbehörden dürfen sie nicht verwerten, um Ansätze für weitere Ermittlungsmaßnahmen zu schöpfen. Dieses umfassende Beweisverwendungsverbot führt letztlich auch zu einem **umfassenden Beweisermittlungsverbot**. Nicht dagegen werden von dem Verwendungsverbot erfasst allgemein bekannte Tatsachen sowie Geschäftsunterlagen, die das Schuldnerunternehmen auf Grund allgemeiner gesetzlicher Bestimmungen zu führen verpflichtet ist, wie z.B. Handelsbücher und Bilanzen[3]. Umstritten ist in der Literatur, ob **freiwillige Auskünfte** des Geschäftsführers ebenso unter das Verwendungsverbot fallen wie ausdrücklich erzwungene Auskünfte. Erteilt der Geschäftsführer „freiwillig" Auskünfte, weil er Kenntnis von dem Schutz des § 97 Abs. 1 Satz 3 InsO hat, so greift ebenfalls das Verwendungsverbot ein[4]. 7.181

Offen ist weiterhin die Frage, ob das Verwendungsverbot auch eingreift, wenn der Geschäftsführer an Stelle von Auskünften **Unterlagen an den Insolvenzverwalter herausgibt**, aus denen sich strafbare Handlungen, wie z.B. ein Bankrottdelikt i.S. von §§ 283 ff. StGB, ergeben. Nach Auffassung von *Bittmann/Rudolph*[5] erstreckt sich das Verwendungsverbot nicht auf Geschäftsunterlagen, die der Kaufmann nach handelsrechtlichen Bestimmungen zu fertigen und aufzubewahren hat. Dabei soll es nicht darauf ankommen, ob der Geschäftsführer diese Gegenstände herausgibt oder ob sie vom Verwalter vorgefunden werden. Nach Auffassung von *Richter*[6] trifft den Geschäftsführer keine allgemeine Pflicht zur Vorlage von Geschäftsunterlagen und Handelsbüchern an den Insolvenzverwalter. Dies ist schon im Hinblick auf die Re- 7.182

1 Einzelheiten bei *Uhlenbruck*, NZI 2002, 401 ff.; *Uhlenbruck*, GmbHR 2002, 941, 944; *Bittmann/Rudolph*, wistra 2001, 81 ff.; *Richter*, wistra 2000, 1 ff.

2 LG Stuttgart v. 21. 7. 2000 – 11 Qs 46/2000, ZInsO 2001, 135 f.

3 S. *Weyand*, ZInsO 2001, 108, 109; *Uhlenbruck*, NZI 2002, 401, 405; *Uhlenbruck*, GmbHR 2002, 941, 945; *Bittmann/Rudolph*, wistra 2001, 81, 82 f.; ähnlich LG Stuttgart v. 21. 7. 2000 – 11 Qs 46/2000, ZInsO 2001, 135 = NZI 2001, 498; einschränkend *Richter*, wistra 2000, 1, 3 f.

4 Vgl. *Haarmeyer*, Hoheitliche Beschlagnahme und Insolvenzbeschlag, 2000, S. 111; *Uhlenbruck*, NZI 2002, 401, 405; *Wendler* in Hamburger Kommentar zum Insolvenzrecht, § 97 InsO Rz. 9; *Diversy*, ZInsO 2005, 180, 184.

5 wistra 2001, 81, 82 f.

6 wistra 2000, 1, 3 f.

gelung in den §§ 20 Satz 2, 22 Abs. 3 Satz 2 InsO nicht richtig, denn der Vertreter des Schuldnerunternehmens ist im Rahmen seiner Mitwirkungspflicht verpflichtet, die entsprechenden Unterlagen dem Gericht oder dem vorläufigen Insolvenzverwalter ebenso wie einem endgültigen Insolvenzverwalter vorzulegen. Richtig ist vielmehr, dass der Schutz des § 97 Abs. 1 Satz 3 InsO nicht zu einem **„Asyl für Geschäftsunterlagen"** werden darf. Dagegen bezieht sich die Schutzwirkung des § 97 Abs. 1 Satz 3 InsO **nicht auf aktive Mitwirkungspflichten** des Geschäftsführers nach § 97 Abs. 2 InsO. Die Vorlage von Geschäftsunterlagen, insbesondere von Handelsbüchern, Bilanzen und sonstigen Unterlagen des Rechnungswesens, ist kein Teil der Erfüllung von Auskunftspflichten[1].

ee) Strafbare Falschauskunft

7.183 Weder aus dem Grundsatz „nemo tenetur" noch nach dem Gläubigerschutzgedanken lässt sich begründen, dass vorsätzlich falsche oder unvollständige Angaben des Geschäftsführers vom Verwendungszweck geschützt sind. Die Angaben müssen allerdings zum Verwendungszeitpunkt mit überwiegender Wahrscheinlichkeit vorsätzlich der Wahrheit zuwider gemacht worden sein[2]. Die **schuldhafte Falschauskunft** kann sich im Einzelfall als Straftatbestand i.S. von § 283 Abs. 1 Nr. 1 StGB darstellen. Die Tathandlung kann in einem positiven Tun oder unrichtigen Angaben bzw. einem pflichtwidrigen Unterlassen (Verschweigen) bestehen[3]. Allerdings reicht ein **bloßes Verschweigen** für die Strafbarkeit nur aus, wenn eine Auskunftspflicht nach den §§ 20, 22 Abs. 3 Satz 3, 97, 101 Abs. 1 InsO bestand[4]. Bei Geschäftsführern einer GmbH kann das Verschweigen von Gesellschaftsvermögen die Strafbarkeit nach § 283 Abs. 1 Nr. 1 StGB (Beiseiteschaffen von Vermögensgegenständen) über § 14 Abs. 1 Nr. 1 StGB begründen[5]. Ordnet das Insolvenzgericht gem. § 5 Abs. 1 Satz 1 InsO i.V.m. § 98 Abs. 1 Satz 1 InsO an, dass der Geschäftsführer des Insolvenzunternehmens zu Protokoll **an Eides statt versichert**, dass er die von ihm verlangten Auskünfte nach bestem Wissen und Gewissen richtig und vollständig erteilt hat, so ist eine unrichtige eidesstattliche Versicherung nach § 156 StGB strafbar[6].

1 Zutr. *Richter,* wistra 2000, 1, 4. Eingehend zur Problematik auch *Bieneck* in Müller-Gugenberger/Bieneck, Wirtschaftsstrafrecht, 4. Aufl. 2006, § 75 Rz. 70 ff.; *Uhlenbruck,* KTS 1997, 375.

2 *Bieneck* in Müller-Gugenberger/Bieneck, Wirtschaftsstrafrecht, 4. Aufl. 2006, § 75 Rz. 68; *Richter,* wistra 2000, 1, 3; *Bittmann/Rudolph,* wistra 2001, 84.

3 Vgl. *Tiedemann* in Leipziger Kommentar zum StGB, 11. Aufl. 2005, § 283 StGB Rz. 38; *Vallender,* ZIP 1996, 529, 533.

4 *Tiedemann,* Insolvenz-Strafrecht, § 283 StGB Rz. 39; *Schönke/Schröder/Stree/Heine,* 27. Aufl. 2006, § 283 StGB Rz. 5.

5 Vgl. *Vallender,* ZIP 1996, 529, 533.

6 Vgl. *Vallender,* ZIP 1996, 529, 533; *Richter,* KTS 1985, 443; *Uhlenbruck,* § 97 InsO Rz. 12; *Tiedemann,* Insolvenz-Strafrecht, § 283 StGB Rz. 39; str., a.A. OLG Stuttgart v. 29. 1. 1981 – 12 U 107/80, ZIP 1981, 254.

b) Bereitschafts- und Unterlassungspflicht des Geschäftsführers

Während nach altem Recht (§ 101 Abs. 1 KO) der Geschäftsführer sich während der Dauer des Verfahrens von seinem Wohnort nur mit Erlaubnis des Gerichts entfernen durfte, sieht nunmehr § 97 Abs. 3 InsO eine Erleichterung vor. Danach ist ein Geschäftsführer im Insolvenzverfahren über das Vermögen der GmbH verpflichtet, sich **jederzeit auf Anordnung des Gerichts zur Verfügung zu stellen**. Die Neuregelung will in § 97 Abs. 3 Satz 1 InsO einerseits unnötige Aufenthaltsbeschränkungen vermeiden, auf der anderen Seite aber dafür Sorge tragen, dass der Geschäftsführer im Bedarfsfall für die Erfüllung seiner Auskunfts- und Mitwirkungspflichten auch dann zur Verfügung steht, wenn er sich außerhalb seines Wohnorts aufhält. Diese Regelung wird manchen Geschäftsführer hart treffen, der nach Kündigung durch den Insolvenzverwalter eine neue Anstellung gefunden hat, vor allem, wenn er nunmehr im Ausland tätig ist. Die Freizügigkeit eines Geschäftsführers ist vor allem auch insoweit erheblich eingeschränkt, als er sich bei entsprechender Anordnung auch dann zur Verfügung stellen muss, wenn er persönliche oder berufliche Hinderungsgründe anführen könnte[1]. Der Erlass einer entsprechenden gerichtlichen Anordnung schließt die **Entfernung vom Wohnort** nicht schlechthin aus. Der Geschäftsführer muss aber erreichbar bleiben und ohne Gefährdung der Erfüllung seiner verfahrensrechtlichen Pflichten zur Verfügung stehen[2]. Für **Anreisekosten** hat die Masse einzustehen[3]. Der Bereitschaftspflicht unterliegen auch Geschäftsführer, die **nach Verfahrenseröffnung** aus der Gesellschaft ausgeschieden sind. Umstritten ist allerdings, ob die Bereitschaftspflicht entfällt, wenn im eröffneten Verfahren an Stelle des ausgeschiedenen Geschäftsführers ein neuer Geschäftsführer bestellt wird[4]. 7.184

Die Bereitschafts- und Anwesenheitspflicht erstreckt sich nach dem Gesetzeswortlaut des § 101 Abs. 1 Satz 2 InsO nicht auf den innerhalb von zwei Jahren vor dem Antrag auf Eröffnung des Verfahrens **ausgeschiedenen Geschäftsführer**, denn die Vorschrift verweist nur auf § 97 Abs. 1 InsO[5]. Das gilt allerdings insoweit nicht, als es sich um Geschäftsführer handelt, die erst **nach Eröffnung des Insolvenzverfahrens ausgeschieden** sind. Es kommt keineswegs einem widersprüchlichen Verhalten gleich, wenn der Insolvenzverwalter einerseits das Anstellungsverhältnis nach § 113 InsO beendet, das Insolvenzgericht dem Geschäftsführer aber gleichwohl umfangreiche Mitwirkungs- und Erscheinenspflichten auferlegt. Die Beendigung des Anstellungsvertrages führt 7.185

---

1 *Uhlenbruck*, § 97 InsO Rz. 17; *Blersch/v. Olshausen* in Blersch/Goetsch/Haas, § 97 InsO Rz. 11; *Eickmann* in Gottwald, Insolvenzrechts-Handbuch, § 30 Rz. 10; *Braun/Kroth*, § 97 InsO Rz. 12; *Jaeger/Schilken*, § 97 InsO Rz. 33.

2 *Passauer* in Münchner Kommentar zur InsO, § 97 InsO Rz. 37 f.; *Jaeger/Schilken*, § 97 InsO Rz. 33.

3 *Uhlenbruck*, § 97 InsO Rz. 17; *Graf-Schlicker/Voß*, § 97 InsO Rz. 9; *Jaeger/Schilken*, § 97 InsO Rz. 33.

4 Für weitere Bereitschaftspflicht *Henssler*, ZInsO 1999, 121, 124; dagegen *Hess*, § 97 InsO Rz. 43; *Jaeger/Schilken*, § 97 InsO Rz. 36; *Uhlenbruck*, § 97 InsO Rz. 17.

5 Vgl. *Kübler/Prütting/Noack*, InsO, Gesellschaftsrecht Rz. 307; *Uhlenbruck*, GmbHR 1999, 390, 397 f.; *Uhlenbruck*, GmbHR 1995, 195, 206; *Henssler*, ZInsO 1999, 121, 124; *Henssler* in Kölner Schrift zur InsO, S. 1283, 1300 Rz. 38.

nicht etwa zu einer Reduzierung der Verfahrenspflichten der Geschäftsführer. Selbst eine **Niederlegung des Amtes** durch den Geschäftsführer oder eine Abberufung durch die Gesellschafterversammlung kann im eröffneten Verfahren über das Vermögen der Gesellschaft nicht dazu führen, dass der Geschäftsführer von seiner Präsenzpflicht befreit wird. Andernfalls wäre jedem Geschäftsführer anzuraten, spätestens nach Beendigung des Anstellungsvertrages auf Grund der Kündigung des Insolvenzverwalters das Amt niederzulegen und damit den Verfahrenspflichten zu entgehen. Wendet man mit einer **Mindermeinung**[1] die Vorschrift des § 103 bzw. § 108 InsO InsO auf den Alleingesellschafter-Geschäftsführer an, so wäre der Geschäftsführer mit der Ablehnungserklärung des Insolvenzverwalters zumindest von seiner Präsenz- und Mitwirkungspflicht befreit. Der verfassungsrechtlichen Garantie der Freizügigkeit durch Art. 11 GG kann dadurch Rechnung getragen werden, dass die Präsenzpflicht des Geschäftsführers nur auf die **unbedingt erforderliche Zeit** beschränkt wird. Die einzige Möglichkeit, der Präsenzpflicht nach § 97 Abs. 3 Satz 1 InsO zu entgehen, besteht darin, dass der Geschäftsführer vor dem Antrag auf Eröffnung des Insolvenzverfahrens sein Amt niederlegt. Eine Niederlegung im Eröffnungsverfahren stellt sich dagegen i.d.R. als missbräuchliche Amtsniederlegung dar und führt nicht zu einer Entpflichtung.

7.186 Nach §§ 97 Abs. 3 Satz 2, 101 Abs. 1 Satz 1 InsO hat der Geschäftsführer in der Insolvenz der GmbH alle Handlungen zu unterlassen, die der Erfüllung seiner Pflichten zuwider laufen. So hat er z.B. alles zu unterlassen, was seine Auskunfts- und Mitwirkungspflichten erschweren oder verhindern könnte. Er darf keine Unterlagen vernichten, unterdrücken oder manipulieren und auch keine Reisen unternehmen, die seine Erreichbarkeit erschweren oder unmöglich machen[2]. Ihm ist jegliches Verhalten untersagt, das die Arbeit des Insolvenzverwalters erschwert.

c) Mitwirkungspflichten des Geschäftsführers

aa) Allgemeine Mitwirkungspflichten

7.187 Nach §§ 101 Abs. 1, 97 Abs. 2 InsO hat der Geschäftsführer unabhängig von einer Kündigung oder einer Beendigung des Anstellungsvertrages den Insolvenzverwalter bei der Erfüllung seiner Aufgaben zu unterstützen[3]. Die **aktive Mitwirkungspflicht** trifft bei mehrköpfiger Vertretung jeden Geschäftsführer. Der Gesetzgeber hält die Zusammenarbeit des Schuldnerunternehmens bzw.

---

1 So z.B. *Wegener* in Frankfurter Kommentar zur InsO, § 108 InsO Rz. 22 u. § 116 InsO Rz. 4; *Kübler/Prütting/Noack,* InsO, Gesellschaftsrecht Rz. 298. S. auch den Überblick über den Meinungsstand bei *Scholz/Karsten Schmidt,* 9. Aufl., vor § 64 GmbHG Rz. 66.

2 Vgl. *Passauer* in Münchener Kommentar zur InsO, § 97 InsO Rz. 40; *Jaeger/Schilken,* § 97 InsO Rz. 37; *Uhlenbruck,* § 97 InsO Rz. 18.

3 Vgl. *Uhlenbruck,* KTS 1997, 371, 387; *Uhlenbruck,* GmbHR 1999, 390, 398; *Uhlenbruck,* InVo 1997, 225; *Grub* in Kölner Schrift zur InsO, S. 671, 687 Rz. 41; *Passauer* in Münchener Kommentar zur InsO, § 97 InsO Rz. 30–33; *Hess,* § 97 InsO Rz. 36–41; *Nerlich/Römermann/Wittkowski,* § 97 InsO Rz. 13 ff.; *Kübler/Prütting/Bork/Lüke,* § 97 InsO Rz. 9–14.

seines organschaftlichen Vertreters mit dem Insolvenzverwalter besonders dann für wichtig, wenn im Verfahren die **Sanierung des Schuldnerunternehmens** angestrebt wird. In solchen Fällen wird der Geschäftsführer ohnehin ein besonderes Interesse daran haben, mit dem Insolvenzverwalter zu kooperieren, da dieser in der ersten Gläubigerversammlung (§ 157 InsO) zu der Frage der Unternehmensfortführung oder Stilllegung ebenso Stellung zu nehmen hat wie zu einem vom Geschäftsführer vorgelegten Insolvenzplan. Auch hat das Gericht nach § 232 Abs. 1 Nr. 3 InsO dem Insolvenzverwalter den Plan zur Stellungnahme zuzuleiten, wenn der Schuldner (Geschäftsführer) den Plan vorgelegt hat. Aber selbst in den Fällen notwendiger Liquidation verlangt das Gesetz in § 97 Abs. 2 InsO vom Geschäftsführer eine **aktive Mitwirkung**. So kann z.B. der Geschäftsführer einer GmbH verpflichtet sein, im Ausland belegene Gegenstände durch geeignete Mitwirkungshandlungen, wie z.B. eine Auflassungserklärung, der Verwertung für die inländische Insolvenzmasse zu erschließen. Dies gilt insbesondere, wenn ausländische Rechtsordnungen grenzüberschreitende Wirkungen eines Insolvenzverfahrens nicht anerkennen[1]. Im Übrigen umfasst die Mitwirkungspflicht alle Arbeiten, die für eine Verwertung der Insolvenzmasse (§ 35 InsO) erforderlich sind. Die Mitwirkungspflicht ist **keine Mitarbeitspflicht**. Der Geschäftsführer braucht bei der Verfahrensabwicklung grundsätzlich nur mitzuwirken, soweit hierzu der Insolvenzverwalter auf seine Unterstützung angewiesen ist. Grundsätzlich hat der Geschäftsführer sämtliche ihn nach § 97 InsO treffenden Pflichten **unentgeltlich** zu erfüllen. Er kann weder eine **Vergütung** noch einen – abgesehen von den Reisekosten – **Aufwendungsersatz** verlangen[2]. Nicht ausgeschlossen ist, dass bei aufwendiger Mitwirkung an der Verfahrensabwicklung dem Geschäftsführer zur Sicherung seines Lebensunterhalts eine angemessene Vergütung sowie Aufwendungsersatz aus der Insolvenzmasse zugebilligt werden kann[3]. Erreicht der Gesamtumfang der Arbeiten für einen gekündigten Geschäftsführer, dem keine vertraglichen Vergütungsansprüche mehr zustehen, ein Ausmaß, das eine sonstige berufliche Vollzeittätigkeit nicht mehr zulässt, muss eine **angemessene Vergütung aus der Insolvenzmasse** entrichtet werden[4].

Verweigert der Geschäftsführer trotz Haftandrohung die Erteilung einer erforderlichen Vollmacht zur Verwertung von Auslandsvermögen, führt dies zu **Schadensersatzansprüchen** der Masse gem. § 826 BGB[5]. 7.188

1 BGH v. 18. 9. 2003 – IX ZB 75/03, NZI 2004, 21 m. Anm. *Uhlenbruck*; OLG Köln v. 28. 4. 1986 – 2 W 34/86, EzInsR § 80 InsO Nr. 10; LG Köln v. 31. 10. 1997 – 16 O 197/97, ZIP 1997, 2161; *Kübler/Prütting/Bork/Lüke*, § 97 InsO Rz. 9; *Hess*, § 97 InsO Rz. 40; *Blersch/v. Olshausen* in Blersch/Goetsch/Haas, § 97 InsO Rz. 10; *Uhlenbruck*, GmbHR 2005, 817, 829.

2 *Jaeger/Schilken*, § 97 InsO Rz. 29, 39.

3 *Uhlenbruck*, § 97 InsO Rz. 20; *Kübler/Prütting/Bork/Lüke*, § 97 InsO Rz. 17; *Nerlich/Römermann/Wittkowski*, § 97 InsO Rz. 5; *Smid*, § 97 InsO Rz. 13; *Jaeger/Schilken*, § 97 InsO Rz. 39; *Kayser* in Heidelberger Kommentar zur InsO, § 97 InsO Rz. 25.

4 So *Uhlenbruck*, § 97 InsO Rz. 20; *Uhlenbruck*, GmbH & Co. KG, S. 599; *Henssler* in Kölner Schrift zur InsO, S. 1301 Rz. 41; str., a.A. *Kübler/Prütting/Bork/Lüke*, § 97 InsO Rz. 17, die eine Vergütung ebenso wie einen Auslagenersatz schlechthin ablehnen.

5 LG Köln v. 14. 3. 1997 – 16 O 450/96, ZIP 1997, 989; bestätigt durch OLG Köln v. 28. 11. 1997 – 20 U 60/97, ZIP 1998, 113.

bb) Spezielle Mitwirkungspflichten

7.189 Von der allgemeinen Mitwirkungspflicht des Geschäftsführers nach § 97 Abs. 2 InsO zu unterscheiden sind die speziellen Mitwirkungspflichten, die sich aus einzelnen Vorschriften der InsO ergeben. So ist z.B. der Geschäftsführer verpflichtet, sich im Prüfungstermin zu den angemeldeten Forderungen gem. § 176 InsO zu erklären[1].

cc) Rechte und Pflichten im Insolvenzplanverfahren

7.190 Im Berichtstermin erhalten die Geschäftsführer der GmbH die Gelegenheit, zu dem Bericht des Insolvenzverwalters Stellung zu nehmen (§ 156 Abs. 2 Satz 1 InsO). Der Geschäftsführer hat nach § 158 Abs. 2 Satz 2 InsO das Recht, einen **Antrag auf Untersagung der vorzeitigen Betriebsstilllegung** zu stellen. Will der Insolvenzverwalter ein Unternehmen oder einen Betrieb veräußern, so hat er nach den §§ 160, 161 InsO die Geschäftsführer zu unterrichten und diese können nach § 163 InsO bei dem Insolvenzgericht die Anordnung beantragen, dass die Veräußerung nur mit **Zustimmung der Gläubigerversammlung** zulässig sein soll[2]. Weitere spezielle Mitwirkungspflichten sind u.a. in § 153 Abs. 2 InsO geregelt oder ergeben sich mittelbar als gesetzliche Folge, wie z.B. die **Mitwirkung im Insolvenzplanverfahren**, wenn das Schuldnerunternehmen mit Hilfe der Gesellschafter saniert werden soll[3]. Im Insolvenzplanverfahren haben die Geschäftsführer neben dem Planinitiativrecht (§ 218 InsO) bestimmte Verfahrensrechte wahrzunehmen. Hat z.B. der Geschäftsführer einen Insolvenzplan vorgelegt und wird dieser vom Insolvenzgericht nach § 231 Abs. 1, 2 InsO zurückgewiesen, so steht ihm das Recht der **sofortigen Beschwerde** zu (§ 231 Abs. 3 InsO). Ist der Insolvenzplan nicht als „prepackaged plan" vorgelegt worden, sondern später, kann der Geschäftsführer nach § 233 InsO den Antrag auf **Aussetzung der Verwertung und Verteilung** stellen. Da die Versteigerung des Betriebsgrundstücks oftmals die Durchführung eines Insolvenzplans gefährdet, sieht § 30d Abs. 2 ZVG vor, dass der Schuldner bzw. Geschäftsführer die **einstweilige Einstellung der Zwangsversteigerung** bei dem Vollstreckungsgericht beantragen kann. Voraussetzung für die einstweilige Einstellung ist jedoch, dass der Plan nicht nach § 231 InsO zurückgewiesen worden ist und die einstweilige Einstellung dem jeweiligen Gläubiger unter Berücksichtigung seiner wirtschaftlichen Verhältnisse zuzumuten ist[4]. Im Übrigen sind die Geschäftsführer an der **Planaufstellung zu beteiligen**, wenn die Gläubigerversammlung den Insolvenzverwalter mit der Planerstellung beauftragt (§ 218 Abs. 3 InsO). Hat der Insolvenzverwalter den Insolvenzplan aufgestellt und das Insolvenzgericht diesen nicht nach § 231 InsO zu-

---

1 *Uhlenbruck*, GmbHR 2002, 941, 943; *Henssler*, ZInsO 1999, 121, 124; *Uhlenbruck*, KTS 1997, 372, 388; *Uhlenbruck*, GmbHR 2005, 817, 829 ff.; *Uhlenbruck*, § 97 InsO Rz. 15; *Kübler/Prütting/Bork/Pape*, § 176 InsO Rz. 2; *Henssler* in Kölner Schrift zur InsO, S. 1300 f. Rz. 39.

2 Einzelheiten bei *Uhlenbruck*, GmbHR 2005, 817, 829 f.; *Götker*, Der Geschäftsführer in der Insolvenz der GmbH, Rz. 933 ff.

3 S. *Uhlenbruck*, GmbHR 2005, 817, 830 f.

4 Vgl. *Götker*, Der Geschäftsführer in der Insolvenz der GmbH, Rz. 963; *Uhlenbruck*, GmbHR 2005, 817, 830.

rückgewiesen, so ist der Plan nach § 232 Abs. 1 Nr. 2 InsO dem Geschäftsführer oder den Geschäftsführern zur Stellungnahme zuzuleiten. Gegenüber der Gesellschaft (intern) ist der Geschäftsführer verpflichtet, die Möglichkeit einer Stellungnahme zur Wahrung der Interessen der GmbH im Insolvenzplanverfahren zu nutzen[1]. Die GmbH wird im Erörterungs- und Abstimmungstermin über den Insolvenzplan durch den oder die Geschäftsführer der GmbH vertreten. Berücksichtigt der Insolvenzplan die Interessen der schuldnerischen GmbH nicht oder nicht ausreichend, haben die Geschäftsführer nach § 247 InsO die Möglichkeit, gegen den Plan vorzugehen. Der Widerspruch hat spätestens im Abstimmungstermin zu erfolgen, und zwar schriftlich oder zum Protokoll der Geschäftsstelle des Insolvenzgerichts. Gegen den Beschluss, durch den das Insolvenzgericht den Insolvenzplan bestätigt oder die Bestätigung versagt, steht dem oder den Geschäftsführern das **Rechtsmittel der sofortigen Beschwerde** zu (§ 253 InsO).

Sieht der Insolvenzplan der GmbH einen **Kapitalschnitt**[2] vor, so obliegt es dem Geschäftsführer, die Gesellschafterversammlung einzuberufen. Da es sich insoweit nicht um eine Verfahrenspflicht, sondern um eine interne Verpflichtung gegenüber der Gesellschaft handelt, besteht entgegen der Vorauflage diese Verpflichtung nur, wenn weder die dienstvertragliche noch die organschaftliche Rechtsstellung beendet ist. **Mittel aus einer Kapitalerhöhung**, die die Gesellschafter einer GmbH erst nach Verfahrenseröffnung beschlossen haben, gehören grundsätzlich **nicht in die Insolvenzmasse**, weil die Kapitalerhöhung nicht dazu dient, eine höhere Befriedigung der Gesellschaftsgläubiger zu erreichen, sondern der Gesellschaft neues Kapital zuzuführen[3]. Der BGH hat mit Urteil vom 28. 3. 1996[4] seine schon zuvor vertretene Auffassung bestätigt und entschieden, dass es auch bei beschränkt haftenden Gesellschaften **massefreies Vermögen** gibt. Nach Auffassung von *Noack*[5] ist es nach neuem Recht den Gesellschaftern nicht mehr möglich, vom Insolvenzbeschlag ausgenommenes Vermögen der Gesellschaft zu bilden. *Noack* verkennt nicht, dass damit „in der Tat eine Möglichkeit flexibler Sanierung außerhalb 7.191

1 *Götker*, Der Geschäftsführer in der Insolvenz der GmbH, Rz. 965.

2 Zur vereinfachten Kapitalherabsetzung bei der GmbH vgl. *Hirte* in Kölner Schrift zur InsO, S. 1253 ff. Vgl. auch *Kübler/Prütting/Noack*, InsO, Gesellschaftsrecht Rz. 277 ff.; zum bedingten Insolvenzplan s. *Scholz/Karsten Schmidt*, 9. Aufl., vor § 64 GmbHG Rz. 78.

3 *Braun/Uhlenbruck*, Unternehmensinsolvenz, S. 88 ff.; *Uhlenbruck*, FS H.-J. Lüer, 2008, S. 401, 473 ff.; *Uhlenbruck* in Kölner Schrift zur InsO, S. 1157, 1174 Rz. 24. Nach Auffassung von *Karsten Schmidt* (s. oben Rz. 7.12) gab und gibt es überhaupt kein massefreies Vermögen der GmbH, weil das Insolvenzverfahren auf die Vollabwicklung der Schuldnergesellschaft zielt. S. zum Meinungsstand *Uhlenbruck*, § 35 InsO Rz. 37. Letztlich hat die Streitfrage allenfalls noch Bedeutung für die Freigabe von hochbelasteten oder umweltbelasteten Gegenständen, denn, wie oben dargestellt wird, lässt sich die Frage der Kapitalerhöhung auf andere Weise klären.

4 BGH v. 28. 3. 1996 – IX ZR 77/95, ZIP 1996, 842, 843 f. = EWiR 1996, 751 *(Pluta/Seichter)*; BGH v. 7. 12. 2006 – IX ZR 161/04, NZI 2007, 173, 175; BGH v. 21. 4. 2005 – IX ZR 281/03, BGHZ 163, 32, 34; BGH v. 26. 1. 2006 – IX ZR 282/03, ZInsO 2006, 260, 261; BGH v. 2. 2. 2006 – IX ZR 46/05, ZIP 2006, 583, 584.

5 *Kübler/Prütting/Noack*, InsO, Gesellschaftsrecht Rz. 279; ebenso *Kutz*, DStR 2006, 519, 521; *Gundlach/Frenzel/Schmidt*, NZI 2007, 692.

des Insolvenzverfahrens verbaut" ist, was letztlich aber unschädlich sei. Die mit einer Kapitalerhöhung verbundene Sanierungsmaßnahme werde in aller Regel vor dem Hintergrund eines **bedingten Fortführungs-Insolvenzplans** ins Werk gesetzt. Der Insolvenzplan werde erst bestätigt, wenn bestimmte Maßnahmen (hier die Kapitalerhöhung) getroffen seien (§ 249 InsO). Würden die auf Grund der Kapitalerhöhung zugeführten Mittel nicht in die Masse fallen, könnte die Überwachung der Planerfüllung nach den §§ 260 ff. InsO ebenfalls nicht auf dieses „Sondervermögen" erstreckt werden. Damit würde die Kompromissbereitschaft der Gläubiger für den Fall der Sanierung des Unternehmensträgers ganz erheblich sinken. Auch eingeforderte und sogar freiwillige Nachschüsse der Gesellschafter fallen nach dieser Auffassung als Hinzuerwerb in die Insolvenzmasse.

7.192 Wäre dies richtig, müsste man dem Geschäftsführer empfehlen, Wege zu suchen, die Mittel aus der Kapitalerhöhung aus der Insolvenzmasse (§ 35 InsO) herauszuhalten. Die Mittel aus der Kapitalerhöhung sollen dazu dienen, die Liquidität der insolventen Gesellschaft nach Bestätigung des Insolvenzplans wieder herzustellen. Keineswegs soll das Kapital dazu dienen, die Gläubigerquote zu erhöhen. Hierzu *Hüffer*[1]: „Nur wird sich niemand zur Mitwirkung bereit finden, wenn Mittel zur Befriedigung der Gläubiger statt zur Sanierung des Unternehmens verwandt werden." Nach der in der Vorauflage vertretenen Meinung ist es durchaus zweifelhaft, ob es zur Sicherung der Gesellschafter ausreicht, dass der Insolvenzplan als bedingter Plan i.S. von § 249 InsO erst vom Gericht zu bestätigen ist, wenn die Kapitalerhöhung verbindlich geworden ist[2]. Die Vorschrift des § 249 InsO ermöglicht es zwar, dass gesellschaftsrechtliche Beschlüsse erst dann gefasst werden müssen, wenn die Zustimmung der Gläubiger zu dem Plan feststeht, dass andererseits der Plan aber nicht wirksam wird, wenn die vorgesehenen gesellschaftsrechtlichen Beschlüsse ausbleiben. Trotz dieser Argumente ist festzustellen, dass für die Gesellschafter **ein gewisses Restrisiko** insoweit verbleibt, als einmal die Gefahr besteht, dass das Insolvenzgericht die Bestätigung des Plans nach § 231 InsO versagt, zum anderen der Insolvenzverwalter die nicht als Sondervermögen ausgewiesenen Mittel aus einer Kapitalerhöhung zur Befriedigung der Gläubiger verwendet. Überlegenswert erscheint der Vorschlag von *Hüffer*[3], eine Kapitalerhöhung derart als Maßnahme i.S. von § 249 InsO in den Insolvenzplan einzubauen, dass die eingeworbenen Mittel als Liquidität verfügbar bleiben. Der Insolvenzverwalter ist damit bis zur Aufhebung des Verfahrens an den Sanierungszweck gebunden. Folgt man der Auffassung, dass es rechtlich zulässig ist, in der Insolvenz der GmbH **massefreies Vermögen** zu bilden, dürfte es rechtlich unbedenklich sein, die aus der Kapitalerhöhung resultierenden Mittel ausschließlich zur Wiederherstellung der Liquidität zu verwenden. Ein gewisses Restrisiko lässt sich für die Gesellschafter allerdings nicht ausschließen, wenn der Insolvenzplan in seiner Durchführung später scheitert

1 § 182 AktG Rz. 32a.

2 S. auch *Uhlenbruck/Lüer,* § 249 InsO Rz. 8; *H.-F. Müller,* Der Verband in der Insolvenz, 2002, S. 35.

3 § 182 AktG Rz. 32b.

und es zu einer neuen Insolvenz kommt. Der Geschäftsführer sollte letztlich eine **Treuhandlösung** anstreben[1].

Die aktiven Mitwirkungspflichten treffen **sämtliche organschaftlichen Vertreter** der insolventen Gesellschaft. Auf die interne Verteilung der Geschäftstätigkeit kommt es nicht an, so dass auch der technische Geschäftsführer für die Mitwirkung in Betracht kommt. 7.193

3. Zwangsmittel zur Durchsetzung der Pflichten

Nach § 98 Abs. 1 InsO ordnet das Insolvenzgericht, wenn es zur Herbeiführung wahrheitsgemäßer Aussagen erforderlich erscheint, an, dass der Geschäftsführer zu Protokoll **an Eides statt** versichert, dass er die von ihm verlangten Auskünfte nach bestem Wissen und Gewissen richtig und vollständig erteilt hat. Verweigert der Geschäftsführer eine Auskunft, die eidesstattliche Versicherung oder die Mitwirkung bei der Erfüllung der Aufgaben des Insolvenzverwalters, so ist das Gericht nach § 98 Abs. 2 Nr. 1 InsO berechtigt, ihn **zwangsweise vorführen und nach Anhörung in Haft nehmen** zu lassen[2]. Gleiches gilt, wenn sich der Geschäftsführer der Erfüllung seiner Pflichten nach § 97 InsO entziehen will, insbesondere Anstalten zur Flucht trifft (§ 98 Abs. 2 Nr. 2 InsO). Schließlich kann Haft angeordnet werden, wenn dies zur Vermeidung von masseschädlichen Handlungen erforderlich ist (§ 98 Abs. 2 Satz 3 InsO). Für die Anordnung der Haft gelten die §§ 904–910, 913 ZPO entsprechend. 7.194

Bei der Anordnung von Zwangsmaßnahmen hat das Gericht nach pflichtgemäßem Ermessen unter Beachtung des **Grundsatzes der Verhältnismäßigkeit** zu entscheiden. So kommt die Anordnung von Haft nur in Betracht, wenn weniger einschneidende Mittel nicht ausreichen[3]. Die Haftanordnung ist dann nicht unverhältnismäßig, wenn der Geschäftsführer sich der Zwangsvorführung entzieht oder als zwangsweise Vorgeführter die geschuldete Auskunft oder Mitwirkungshandlung verweigert[4]. Im anordnenden Teil des Haftbefehls sind die Mitwirkungspflichten des Geschäftsführers, die mit der Haft durchgesetzt werden sollen, so bestimmt zu bezeichnen, dass der Geschäftsführer ohne weiteres erkennen kann, durch welche Handlungen er seinen Mitwirkungs- 7.195

---

1 Für eine kritische Prüfung des Vorschlags von *Hüffer Karsten Schmidt*, AG 2006, 597, 605; *Uhlenbruck*, FS H.-J. Lüer, 2008, S. 461, 474 f.

2 Vgl. LG Duisburg v. 2. 5. 2001 – 7 T 78/01, ZIP 2001, 1065. Einzelheiten bei *Kübler/Prütting/Bork/Lüke*, § 98 InsO Rz. 6 ff.; *Kübler/Prütting/Noack*, InsO, Gesellschaftsrecht Rz. 310; *Uhlenbruck*, § 98 InsO Rz. 10 ff.; *Braun/Kroth*, § 98 InsO Rz. 3 ff.; *Nerlich/Römermann/Wittkowski*, § 98 InsO Rz. 5; *Häsemeyer*, Insolvenzrecht, Rz. 6.25; *Uhlenbruck*, GmbHR 2002, 941, 943 f.; *Passauer* in Münchener Kommentar zur InsO, § 98 InsO Rz. 15 ff.; *Kayser* in Heidelberger Kommentar zur InsO, § 98 InsO Rz. 11 ff. Zu beachten ist, dass es neben den erzwingbaren Verfahrenspflichten auch solche Pflichten des Geschäftsführers gibt, die nicht erzwungen werden können (vgl. *Uhlenbruck*, § 97 InsO Rz. 2).

3 OLG Celle v. 10. 1. 2001 – 2 W 1/01, NZI 2001, 149; *Passauer* in Münchener Kommentar zur InsO, § 98 InsO Rz. 15, 23.

4 OLG Naumburg v. 24. 8. 2000 – 5 W 98/00, NZI 2000, 594; LG Göttingen v. 10. 1. 2003 – 10 T 4/02, ZIP 2003, 680; LG Duisburg v. 2. 5. 2001 – 7 T 78/01, ZIP 2001, 1065 m. Anm. *App*; *Jaeger/Schilken*, § 98 InsO Rz. 21.

pflichten genügt[1]. Nicht alle Verfahrenspflichten können mit den Zwangsmaßnahmen des § 98 InsO durchgesetzt werden. So z.B. ist kein Zwang möglich bei der Verletzung von Mitwirkungspflichten des oder der Geschäftsführer im Rahmen einer Unternehmenssanierung durch Insolvenzplan. Sanierungsbeiträge der Gesellschafter können ebenfalls nicht erzwungen werden. Insoweit handelt es sich nicht um eine Verfahrenspflicht, sondern um eine gesellschaftsrechtliche Maßnahme. Weigert sich der Geschäftsführer, im Prüfungstermin gem. § 176 Satz 2 InsO **Erklärungen zu den angemeldeten Forderungen** abzugeben, so kann diese spezielle Mitwirkungspflicht nach § 98 InsO erzwungen werden[2]. Zweifelhaft ist dies aber schon bei **Anordnung der Eigenverwaltung**, wenn der Geschäftsführer es unterlässt, gem. § 281 Abs. 1 Satz 1 InsO ein Verzeichnis der Massegegenstände, das Gläubigerverzeichnis oder die Vermögensübersicht zu erstellen. Da für den Geschäftsführer im Rahmen der Eigenverwaltung § 58 InsO nicht eingreift, besteht nur die Möglichkeit einer Aufhebung der Eigenverwaltung unter den Voraussetzungen des § 272 InsO[3].

7.196 Die **Haftdauer** orientiert sich am Haftzweck. Die Haft nach § 98 InsO ist Beugehaft. Das Insolvenzgericht hat gem. § 98 Abs. 3 Satz 2 InsO den Haftbefehl von Amts wegen aufzuheben, sobald die Voraussetzungen für die Anordnung der Haft weggefallen sind[4]. Es hat jederzeit von Amts wegen zu prüfen, ob die Voraussetzungen für die Haftanordnung fortbestehen. Dem Geschäftsführer steht gem. § 98 Abs. 3 Satz 3 InsO sowohl gegen die Anordnung der Haft als auch gegen die Abweisung eines Antrags auf Aufhebung des Haftbefehls, nicht aber gegen die Androhung der Verhaftung das **Rechtsmittel der sofortigen Beschwerde** zu[5]. Das Insolvenzgericht muss der sofortigen Beschwerde abhelfen, wenn der Geschäftsführer mit der sofortigen Beschwerde die verlangte Auskunft erteilt oder die geforderte Mitwirkungshandlung vornimmt. Im Übrigen beträgt die **Haftdauer höchstens sechs Monate** (§ 913 Satz 2 ZPO). Nach Ablauf von sechs Monaten ist der Geschäftsführer von Amts wegen aus der Beugehaft zu entlassen. Zweifelhaft, letztlich aber zu verneinen ist die Frage, ob die erneute Weigerung zu einer erneuten Verhaftung führen kann.

7.197 Die Zwangsmittel kommen bei Geschäftsführern, die nicht früher als zwei Jahre vor Antragstellung aus der Gesellschaft ausgeschieden sind, nur zur Anwendung, wenn sie ihrer Auskunftspflicht nach § 97 Abs. 1 InsO nicht nachkommen. Bei **Angestellten und früheren Angestellten** der GmbH kann nicht einmal die Auskunftspflicht nach § 97 Abs. 1 Satz 1 InsO erzwungen werden. Diese sind auch nicht verpflichtet, Straftaten zu offenbaren.

7.198 Bei **Führungslosigkeit der GmbH bzw. GmbH & Co. KG** führt die Verweisung in § 101 Abs. 1 Satz 2 Halbsatz 2 InsO auf die Vorschriften der §§ 97 Abs. 1 InsO und § 98 InsO dazu, dass bei **Auskunftsverweigerung** (§ 97 Abs. 1 InsO) die Vorschrift des § 98 InsO entsprechend anwendbar ist. **Gesellschafter einer**

1 BGH v. 17. 2. 2005 – IX ZB 62/04, NZI 2005, 263.
2 *Kübler/Prütting/Bork/Lüke*, § 97 InsO Rz. 10; *Uhlenbruck*, KTS 1997, 371, 388.
3 Vgl. *Uhlenbruck*, KTS 1997, 371, 388.
4 Vgl. *Jaeger/Schilken*, § 98 InsO Rz. 31.
5 Vgl. OLG Celle v. 10. 1. 2001 – 2 W 1/01, NZI 2001, 149; *Uhlenbruck*, § 98 InsO Rz. 19.

führungslosen GmbH können somit zur Herbeiführung einer wahrheitsgemäßen Aussage vom Insolvenzgericht aufgefordert werden, zu Protokoll an Eides statt zu versichern, dass sie die von ihnen verlangten Auskünfte nach bestem Wissen und Gewissen der Wahrheit entsprechend und vollständig erteilt haben (§ 98 Abs. 1 Satz 1 InsO). Insoweit gilt auch das **prozessuale Verwendungsverbot** bei erzwungenen Auskünften (§§ 101 Abs. 1 Satz 2, 97 Abs. 1 Satz 2 InsO).

V. Besonderheiten bei der GmbH & Co. KG

Bei der GmbH & Co. KG sind hinsichtlich der Rechtsstellung des Geschäfts- 7.199
führers einige Besonderheiten zu beachten, die jedoch nicht die verfahrensrechtlichen Pflichten und Rechte betreffen[1]. Besteht der Anstellungsvertrag lediglich zwischen Geschäftsführer und der Komplementär-GmbH und ist **nur über das Vermögen der KG das Insolvenzverfahren eröffnet** worden, so findet § 113 InsO keine Anwendung. Die Verfahrensrechte und Verfahrenspflichten werden durch die geschäftsführende Komplementär-GmbH, die durch den Geschäftsführer vertreten wird, wahrgenommen. Der Pflichtenkatalog wird nicht etwa dadurch eingeschränkt, dass ein Kündigungsrecht des Insolvenzverwalters nicht besteht. Befindet sich **sowohl die KG als auch die Komplementär-GmbH im Insolvenzverfahren**, so hat der Geschäftsführer oder haben die Geschäftsführer in beiden Verfahren die verfahrensrechtlichen Pflichten beider Gesellschaften nach der Insolvenzordnung einzuhalten und die Rechte wahrzunehmen. Das gilt auch, wenn der Anstellungsvertrag mit der Komplementär-GmbH beendet ist.

Problematisch ist der Fall, dass ein **Anstellungsvertrag mit beiden Gesell-** 7.200
schaften zu Stande gekommen ist[2]. In diesem Fall fragt es sich, ob beide Verträge eine Einheit bilden oder ob sie sich trennen lassen. Bejaht man das Vorliegen eines gemischten Vertrages, so ist entscheidend das wirtschaftliche Schwergewicht. Liegt der **Schwerpunkt der Tätigkeit** des Geschäftsführers bei der KG, so ist der Anstellungsvertrag nach § 113 InsO kündbar. Liegt dagegen der Schwerpunkt bei der GmbH, so kann der Insolvenzverwalter über das Vermögen der KG den Vertrag nicht kündigen. Sind die einzelnen Verträge rechtlich getrennt zu beurteilen, so kann in jedem Insolvenzverfahren der Vertrag nach § 113 InsO gekündigt werden. Ist nur eine Gesellschaft insolvent, besteht der andere Vertrag fort. Unabhängig vom Fortbestehen des Anstellungsvertrages hat im Insolvenzverfahren über das Vermögen der GmbH & Co. KG die Komplementär-GmbH, diese wiederum vertreten durch ihren Geschäftsführer, die Verfahrensrechte wahrzunehmen und die Verfahrenspflichten zu erfüllen. Auch insoweit wird man die §§ 101, 97 InsO anwenden müssen mit der Folge, dass der Geschäftsführer der Komplementär-GmbH nicht berechtigt ist, im eröffneten Verfahren sein Amt niederzulegen, um sich den Verfahrenspflichten hinsichtlich der KG zu entziehen.

1 Zur Verzahnung von Insolvenzverwaltung und -abwicklung bei der GmbH & Co. KG s. *Karsten Schmidt*, GmbHR 2002, 1209 ff.; *Uhlenbruck*, GmbH & Co. KG, S. 479 ff.; *Scholz/Karsten Schmidt*, 9. Aufl., vor § 64 GmbHG Rz. 93 ff.

2 *Binz/Sorg*, Die GmbH & Co. KG, 10. Aufl. 2005, § 9 Rz. 8.

C. Arbeitsrecht im eröffneten Insolvenzverfahren

I. Arbeitsverhältnisse

1. Fortbestand

7.201 Die Eröffnung des Insolvenzverfahrens lässt Bestand und Inhalt des Arbeitsverhältnisses unberührt[1]. Dies ordnet § 108 Abs. 1 InsO ausdrücklich an. **Alle Haupt- und Nebenpflichten im Arbeitsverhältnis gelten unverändert weiter.** Die Eröffnung des Insolvenzverfahrens bewirkt lediglich, dass an die Stelle des Schuldners als Arbeitgeber der Insolvenzverwalter tritt, da die Verfügungs- und Verwaltungsrechte des Schuldners auf den Insolvenzverwalter übergehen (§ 80 Abs. 1 InsO). Der Insolvenzverwalter nimmt sämtliche Arbeitgeberbefugnisse und Arbeitgeberpflichten wahr. Dies gilt beispielsweise für die Pflicht zur Zeugniserteilung für bei Insolvenzeröffnung noch nicht ausgeschiedener Arbeitnehmer[2]. Die Annahme eines „insolvenzspezifischen" Freistellungsrechts des Insolvenzverwalters ist richtigerweise abzulehnen[3].

2. Vergütungsansprüche

7.202 Die Vergütungsansprüche der Arbeitnehmer werden je nach dem **Zeitpunkt des Erdienens** unterschiedlich behandelt.

7.203 Entgeltansprüche für die **Zeit vor Insolvenzeröffnung** begründen Insolvenzforderungen (§ 38 InsO, § 108 Abs. 2 InsO). Sie sind im Insolvenzverfahren zu verfolgen (§§ 87, 89, 174 ff. InsO)[4].

7.204 Entgeltansprüche für die **Zeit ab Eröffnung des Insolvenzverfahrens** stellen Masseforderungen dar (§ 55 Abs. 1 Nr. 2 InsO). Entscheidend ist, wann der **Anspruchsgrund** entsteht. Leistungen für einen Bezugszeitraum werden auf das Datum der Insolvenzeröffnung abgegrenzt[5]. Urlaub wird immer der Periode der Urlaubnahme zugerechnet und ist daher Masseschuld[6].

7.205 Besonderheiten gelten insoweit, wie ein „starker" vorläufiger Insolvenzverwalter eingesetzt wird (§ 55 Abs. 2 InsO). § 55 Abs. 2 InsO begründet Masseverbindlichkeiten im Hinblick auf die Entgeltansprüche der von dem vorläufigen Insolvenzverwalter mit Verfügungs- und Verwaltungsbefugnis be-

---

1 Vgl. BAG v. 15. 12. 1987 – 3 AZR 420/87, AP Nr. 18 zu § 1 BetrAVG.

2 Vgl. BAG v. 30. 1. 1991 – 5 AZR 32/90, AP Nr. 18 zu § 630 BGB; BAG v. 23. 6. 2004 – 10 AZR 495/03, DB 2004, 2428; LAG Köln v. 30. 7. 2001 – 2 Sa 1459/00, NZA-RR 2002, 181; *Stiller,* NZA 2005, 330 ff.

3 Dafür: LAG Hamm v. 27. 9. 2000 – 2 Sa 1178/00, LAGE § 55 InsO Nr. 3; LAG Hamm v. 12. 2. 2001 – 4 Ta 277/00, NZA-RR 2002, 157; *Pirscher,* ZInsO 2001, 698 ff. Dagegen: *Moll/Langhoff,* EWiR 2001, 487; *Oberhofer,* ZInsO 2002, 21 ff.

4 S. dazu etwa *Lakies,* NZA 2001, 521, 523, 524.

5 S. zu Besonderheiten bei Jahressonderleistungen mit „Mischcharakter" etwa LAG Schleswig-Holstein v. 12. 3. 2008 – 6 Sa 411/07, ZInsO 2008, 1095.

6 Vgl. BAG v. 15. 6. 2004 – 9 AZR 431/03, DB 2004, 2053; BAG v. 15. 2. 2005 – 9 AZR 78/04, DB 2005, 2197.

schäftigten Arbeitnehmer. Diese Qualifizierung ändert sich, wenn die Entgeltansprüche nach Stellung des Antrags auf Insolvenzgeld gem. § 187 SGB III auf die Bundesanstalt für Arbeit übergehen (§ 55 Abs. 3 InsO): Die übergegangenen Entgeltansprüche sind Insolvenzforderungen[1].

Eine Differenzierung der Masseforderungen findet im Falle der Masseunzulänglichkeit statt. Zwei Fälle stellt § 209 Abs. 2 InsO den **Neumasseverbindlichkeiten** des § 209 Abs. 1 Nr. 2 InsO gleich. 7.206

§ 209 Abs. 2 **Nr. 2** InsO: Der Rang wird – nachdem die Anzeige der Masseunzulänglichkeit (§ 208 Abs. 1 InsO) erfolgt ist – von der Entscheidung bestimmt, ob der Insolvenzverwalter das Arbeitsverhältnis fortführt oder unverzüglich kündigt[2]. Neumasseverbindlichkeit i.S. von **§ 209 Abs. 1 Nr. 2 InsO i.V.m. § 209 Abs. 2 Nr. 2 InsO** ist die Arbeitsvergütung für die Zeit nach dem ersten Termin, zu dem der Insolvenzverwalter nach Anzeige der Masseunzulänglichkeit kündigen kann. Die Entscheidung des Insolvenzverwalters liegt darin, ob er den Arbeitnehmer zwecks Erhaltung oder Verwertung der Masse benötigt. Es kommt nicht darauf an, ob der Insolvenzverwalter die Kündigung für begründet i.S. von § 1 KSchG hält oder eine Kündigungsmöglichkeit nach § 1 KSchG überhaupt besteht[3]. Die Frage der frühestmöglichen **Kündigungsmöglichkeit** i.S. des § 209 Abs. 2 Nr. 2 InsO richtet sich im Übrigen nach der objektiven Lage zum jeweiligen Zeitpunkt. Die Kündigungsmöglichkeit ist gem. dem rechtlichen Können zu beurteilen. Der maßgebliche Kündigungstermin bestimmt sich nach Einhaltung aller rechtlicher Verpflichtungen (Bsp.: §§ 111 ff. BetrVG, § 102 BetrVG, § 85 SGV IX)[4]. Keine Kündigungsmöglichkeit besteht daher beispielsweise, wenn es an einer Behörden- oder einer Betriebsratszustimmung fehlt oder wenn Interessenausgleichsverhandlungen nicht abgeschlossen sind[5]. Der privilegierte Rang nach § 209 Abs. 1 Nr. 2 InsO i.V.m. § 209 Abs. 2 Nr. 2 InsO gilt unabhängig davon, ob der Insolvenzverwalter die Arbeitskraft des Arbeitnehmers in Anspruch nimmt oder nicht[6]. 7.207

§ 209 Abs. 2 **Nr. 3** InsO: Neumasseverbindlichkeiten werden nach **§ 209 Abs. 1 Nr. 2 InsO i.V.m. § 209 Abs. 2 Nr. 3 InsO** insoweit begründet, wie der Insolvenzverwalter im Rahmen eines Dauerschuldverhältnisses nach Anzeige der Masseunzulänglichkeit die Gegenleistung für die Insolvenzmasse in Anspruch nimmt. Die Entgeltansprüche freigestellter, nicht tätiger Arbeitnehmer werden demgegenüber nachrangig in § 209 Abs. 1 Nr. 3 InsO als die übrigen Masseverbindlichkeiten erfasst. 7.208

Eine **Leistungsklage** des Arbeitnehmers auf Entgelt i.S. von § 209 Abs. 1 Nr. 3 InsO („**Altmasseverbindlichkeit**") wird mit Anzeige der Masseunzulänglich- 7.209

1 Vgl. BAG v. 3. 4. 2001 – 9 AZR 301/00, AP Nr. 68 zu § 256 ZPO 1977 = DB 2001, 2729; *Moll/Müller*, KTS 2000, 587 ff.
2 Vgl. BAG v. 31. 3. 2004 – 10 AZR 253/03, DB 2004, 1993.
3 Vgl. BAG v. 23. 2. 2005 – 10 AZR 602/03, DB 2005, 1339.
4 Vgl. BAG v. 31. 3. 2004 – 10 AZR 253/03, DB 2004, 1993.
5 Vgl. BAG v. 4. 6. 2003 – 10 AZR 586/02, NZA 2003, 1087 = EWiR 2004, 243 (*Pape*).
6 Vgl. BAG v. 23. 2. 2005 – 10 AZR 602/03 und 603/03, DB 2005, 1339.

keit (§ 208 Abs. 1 InsO) **unzulässig**[1]. Dies ergibt sich aus dem Vollstreckungsverbot des § 210 InsO. Der Leistungsklage fehlt auf Grund des Vollstreckungsverbots des § 210 InsO das Rechtsschutzinteresse. Der Altmassegläubiger kann vom Insolvenzverwalter lediglich Feststellung seiner Forderung verlangen und diese Feststellung im Klagewege verfolgen[2].

7.210 **Neumasseverbindlichkeiten** (§ 209 Abs. 1 Nr. 2 InsO) können mit der **Leistungsklage** geltend gemacht werden, bis der Insolvenzverwalter darlegt, dass auch insoweit die Masse zur Befriedigung nicht mehr ausreicht oder erneut die Masseunzulänglichkeit nach § 208 Abs. 1 InsO anzeigt[3]. Macht der Insolvenzverwalter geltend, die Masse genüge auch nicht zur Befriedigung der Neumasseverbindlichkeiten i.S. von § 209 Abs. 2 InsO, so kann ein derartiger Neumassegläubiger den Insolvenzverwalter ebenfalls nicht mehr auf Leistung/Zahlung verklagen; er ist auf die Feststellungsklage zu verweisen[4].

7.211 Die Zuordnung von **Nachteilsausgleichsansprüchen** zu § 209 Abs. 1 Nr. 2 oder Nr. 3 InsO hängt davon ab, ob der Insolvenzverwalter die Betriebsänderung nach oder vor der Anzeige der Masseunzulänglichkeit begonnen hat[5]. Begründet ein Insolvenzverwalter nach Anzeige der Masseunzulänglichkeit durch betriebsverfassungswidriges Verhalten Ansprüche auf Nachteilsausgleich nach § 113 Abs. 3 BetrVG, handelt es sich um Neumasseverbindlichkeiten i.S. von § 209 Abs. 1 Nr. 2 InsO. Sie können regelmäßig im Wege der Leistungsklage verfolgt werden. Ein Arbeitgeber beginnt durch die widerrufliche Freistellung der Arbeitnehmer noch nicht mit der Durchführung einer beabsichtigten Betriebsstilllegung.

7.212 Die Behandlung von **Altersteilzeitentgelt** in der Freizeitphase hängt davon ab, ob die Wert- bzw. Zeitguthaben vor oder nach Insolvenzeröffnung erdient worden sind bzw. vor oder nach Anzeige der Masseunzulänglichkeit bzw. vor oder nach dem frühestmöglichen Kündigungstermin nach Anzeige der Masseunzulänglichkeit[6].

7.213 Abfindungsansprüche sind Insolvenzforderungen, wenn die Vereinbarung, auf der sie beruhen, zwischen dem Arbeitnehmer und dem Schuldner abgeschlos-

1 Vgl. BAG v. 11. 12. 2001 – 9 AZR 459/00, AP Nr. 1 zu § 209 InsO; BAG v. 4. 6. 2003 – 10 AZR 586/02, NZA 2003, 1087 = EWiR 2004, 243 (*Pape*); BAG v. 23. 2. 2005 – 10 AZR 602/03 und 603/03, DB 2005, 1339; OLG Brandenburg v. 11. 12. 2002 – 7 U 37/02, NZA-RR 2003, 432; LAG Köln v. 15. 10. 2003 – 8 Sa 832/03, ZInsO 2004, 405. Anders für die frühere Rechtslage unter Geltung des § 60 KO noch BAG v. 11. 12. 2001 – 9 AZR 80/01, DB 2002, 1457.

2 Vgl. BAG v. 15. 6. 2004 – 9 AZR 431/03, DB 2004, 2053 = EzA § 209 InsO Nr. 3; BAG v. 22. 11. 2005 – 1 AZR 407/04, AP Nr. 5 zu § 615 BGB Anrechnung = DB 2006, 1907.

3 Vgl. BGH v. 3. 4. 2003 – IX ZR 101/02, DB 2003, 1731; BAG v. 4. 6. 2003 – 10 AZR 586/02, NZA 2003, 1087 = EWiR 2004, 243 (*Pape*).

4 Vgl. BAG v. 15. 6. 2004 – 9 AZR 431/03, DB 2004, 2053 („weitere Masseunzulänglichkeit").

5 Vgl. BAG v. 30. 5. 2006 – 1 AZR 25/05, DB 2006, 1851.

6 Vgl. BAG v. 19. 10. 2004 – 9 AZR 645/03, NZA 2005, 527; BAG v. 19. 10. 2004 – 9 AZR 647/03, DB 2005, 779; BAG v. 23. 2. 2005 – 10 AZR 600 und 601/03, DB 2005, 1012; BAG v. 23. 2. 2005 – 10 AZR 602/03, DB 2005, 1339.

sen worden ist, auch wenn die Ansprüche erst nach Insolvenzeröffnung entstehen[1].

Die Insolvenzmasse haftet für solche Ansprüche nicht, die der Schuldner nach **Freigabe** durch den Insolvenzverwalter begründet[2]. 7.214

II. Kündigungen

1. Allgemeines

Die kündigungsrechtliche Situation unterscheidet sich außerhalb und innerhalb des Insolvenzverfahrens nicht, soweit nicht durch §§ 113, 120 ff. InsO ausdrücklich besondere Regelungen angeordnet werden. Die Eröffnung des Insolvenzverfahrens stellt weder einen außerordentlichen noch einen ordentlichen Kündigungsgrund dar. Die Berechtigung von Kündigungen innerhalb eines Insolvenzverfahrens muss sich an denselben Vorschriften messen lassen, wie sie außerhalb des Insolvenzverfahrens gelten. Ordentliche Kündigungen durch den Insolvenzverwalter müssen daher im betrieblich-gegenständlichen und persönlichen Geltungsbereich des Kündigungsschutzgesetzes nach Maßgabe von § 1 KSchG **betriebsbedingt oder personenbedingt oder verhaltensbedingt sozial gerechtfertigt** sein. Außerordentliche Kündigungen sind nur unter den Voraussetzungen des § 626 BGB möglich. Der **Sonderkündigungsschutz** wird durch die Eröffnung des Insolvenzverfahrens ebenfalls nicht berührt (Bsp.: § 15 KSchG, § 103 BetrVG, § 18 BEEG, § 9 MuSchG, § 2 Abs. 1 ArbPlSchG, § 78 Abs. 1 Nr. 1 ZivildienstG, § 85 SGB IX)[3]. Der Insolvenzverwalter hat bei Vorliegen der Voraussetzungen der §§ 17 ff. KSchG die Anzeigeerfordernisse bei Massenentlassungen einzuhalten[4]. 7.215

Die Kündigungsbefugnis des Insolvenzverwalters ist arbeitsrechtlich von einer Zustimmung des Gläubigerausschusses bzw. der Gläubigerversammlung (§§ 157, 158 InsO) unabhängig[5]. Das Arbeitsgericht hat daher die „unternehmerische" **Entscheidung** des Insolvenzverwalters nicht auf eine Rückdeckung durch den Gläubigerausschuss oder die Gläubigerversammlung zu überprüfen. Der Insolvenzverwalter trifft die Entscheidung über die Stilllegung des Betriebs in Ausübung seiner Arbeitgeberfunktionen. 7.216

2. § 113 InsO

§ 113 InsO schafft keinen insolvenzspezifischen Kündigungsgrund. Es handelt sich bei § 113 Sätze 1 und 2 InsO um die Festlegung einer Höchstkündigungsfrist und um die Durchbrechung von Kündigungsbeschränkungen, die sich aus 7.217

1 Vgl. BAG v. 27. 9. 2007 – 6 AZR 975/06, DB 2008, 764.
2 Vgl. BAG v. 10. 4. 2008 – 6 AZR 368/07, NZA 2008, 1128.
3 Vgl. *Kübler/Prütting/Bork/Moll*, § 113 InsO Rz. 19; *Schaub*, ZIP 1993, 969, 970.
4 Vgl. BSG v. 5. 12. 1978 – 7 RAr 32/78, DB 1979, 1283.
5 Vgl. LAG Hamm v. 16. 1. 2002 – 2 Sa 1133/01, ZInsO 2002, 244; LAG Köln v. 5. 7. 2002 – 4 (6) Sa 161/02, BB 2002, 2675; LAG Niedersachsen v. 15. 8. 2002 – 6 Sa 432/01, NZA-RR 2003, 243.

befristeten oder „unkündbaren" Arbeitsverhältnissen ergeben[1]. Die Vorschrift gilt für Dienstverhältnisse jeder Art.

7.218 § 113 InsO setzt das **Bestehen** eines Arbeitsverhältnisses voraus.

7.219 Dem Insolvenzverwalter steht im Falle eines **noch nicht angetretenen** Arbeitsverhältnisses *nicht* etwa das Wahlrecht nach § 103 InsO zu. Er muss das Arbeitsverhältnis unter Beachtung der jeweiligen gesetzlichen und vertraglichen Erfordernisse kündigen[2].

7.220 § 113 InsO ist nicht anzuwenden, wenn das Arbeitsverhältnis durch den Insolvenzverwalter begründet worden ist[3].

7.221 § 113 Sätze 1 und 2 InsO gewähren dem Insolvenzverwalter Erleichterungen in **drei** unterschiedlichen Situationen.

7.222 Erstens geht es um Arbeitsverhältnisse, die **auf unbestimmte Zeit eingegangen** sind und bei denen eine längere Kündigungsfrist als drei Monate gilt. Diese Kündigungsfrist wird auf höchstens drei Monate zum Monatsende abgekürzt. Die – abzukürzenden – Kündigungsfristen können sich aus Arbeitsverträgen, Kollektivvereinbarungen oder Gesetz ergeben[4]. Die Kündigungsfristen in einem Arbeitsverhältnis richten sich nach § 622 BGB überall dort, wo nicht kraft Arbeitsvertrags oder Kollektivvereinbarung abweichende Kündigungsfristen zur Anwendung gelangen[5]. Die Bestimmung bei mehreren in Betracht kommenden Kündigungsfristen erfolgt nach allgemeinen arbeitsrechtlichen Grundsätzen (Günstigkeit) bis zur Grenze der Höchstfrist. § 113 Satz 2 InsO verkürzt **jede längere Kündigungsfrist** unabhängig davon, ob sie auf Arbeitsvertrag, Betriebsvereinbarung, Gesetz oder Tarifvertrag beruht[6]. Der Gesetzgeber lässt bis zur Höchstgrenze des § 113 Satz 2 InsO alle Fristenregelungen gelten, die nach den allgemeinen arbeitsrechtlichen Grundsätzen anzuwenden sind. Soweit bei einem ordentlich kündbaren Dauerarbeitsverhältnis die anzuwendenden Kündigungsfristen ohnehin nicht länger als drei Monate zum Monatsende sind, bleibt § 113 Satz 2 InsO ohne Bedeutung.

7.223 Zweitens betrifft die Norm den Fall, dass ein Arbeitsverhältnis **befristet abgeschlossen** worden ist, ohne dass die Möglichkeit der ordentlichen Kündigung ausdrücklich vorbehalten ist. Eine derartige Vertragsgestaltung bedeutet, dass arbeitsrechtlich das Recht zur ordentlichen Kündigung bis zum Fristablauf

1 Vgl. *Kübler/Prütting/Bork/Moll,* § 113 InsO Rz. 21 m.w.N.
2 Vgl. *Caspers,* Personalabbau und Betriebsänderung im Insolvenzverfahren, Rz. 91 ff.; *Düwell* in Kölner Schrift zur InsO, S. 1433, 1443; *Grunsky/Moll,* Arbeitsrecht und Insolvenz, Rz. 342, 343.
3 Vgl. *Henkel,* ZIP 2008, 1265. S. aber demgegenüber LAG Berlin-Brandenburg v. 11. 7. 2007 – 23 Sa 450/07, LAGE § 113 InsO Nr. 14.
4 Vgl. *Fischermeier,* NZA 1997, 1089, 1098; *Warrikoff,* BB 1994, 2338.
5 BAG v. 3. 12. 1998 – 2 AZR 425/98, AP Nr. 1 zu § 113 InsO = DB 1999, 748. Siehe aber LAG Hamm v. 27. 3. 1998 – 15 Sa 2137/97, LAGE § 113 InsO Nr. 5; LAG Köln v. 26. 3. 1998 – 10 Sa 1437/97, NZA 1998, 765.
6 Vgl. LAG Hamm v. 13. 8. 1997 – 14 Sa 566/97, LAGE § 113 InsO Nr. 1.

ausgeschlossen ist (§ 15 Abs. 3 TzBfG)[1]. Dieser Ausschluss des Rechts zur ordentlichen Kündigung im Falle eines befristeten Arbeitsverhältnisses wird durch § 113 Satz 1 InsO beseitigt, sodass der Insolvenzverwalter das Arbeitsverhältnis ordentlich kündigen kann.

Drittens wird die vereinbarte **„Unkündbarkeit"** von Arbeitsverhältnissen geregelt. Das Gesetz beseitigt diese „Unkündbarkeit" und lässt die ordentliche Kündigung zu. Ob § 113 InsO auch auf sonstige Kündigungserschwernisse anzuwenden ist, ist umstritten[2]. 7.224

Die **Kündigungsfrist bei Fristverträgen und bei „Unkündbarkeit"** hat die Rechtsprechung per se mit drei Monaten zum Monatsende bestimmt es sei denn, dass die Restlaufzeit des Arbeitsverhältnisses geringer ist[3]. 7.225

§ 113 Satz 1 InsO bezieht sich nur auf **vereinbarte** Befristungen und Unkündbarkeitsregelungen. Ob es sich bei diesen Vereinbarungen um Arbeitsverträge, Betriebsvereinbarungen oder Tarifverträge handelt, ist unerheblich. Der Gesetzeswortlaut bezieht alles Vereinbarte und damit auch Kollektivvereinbarungen ein[4]. Soweit es sich um eine tarifvertraglich begründete „Unkündbarkeit" handelt, wird diese durch § 113 Satz 1 InsO kraft Gesetzes beseitigt, weil eine derartige Tarifregelung einen vereinbarten Ausschluss des Rechts zur ordentlichen Kündigung im Sinne von § 113 Satz 1 InsO darstellt. Der gesamte **gesetzliche** Sonderkündigungsschutz wird durch § 113 InsO nicht berührt. So gilt § 113 Satz 1 InsO beispielsweise nicht für Auszubildende. § 113 Satz 1 InsO betrifft ebensowenig gesetzliche Regelungen zu Verfahrens- oder Zustimmungserfordernissen im Hinblick auf Kündigungen (Beispiele: Betriebsratsmitglieder, § 103 BetrVG; Schwerbehinderte, § 85 SGB IX). Der gesetzliche Ausschluss des Rechts zur ordentlichen Kündigung muss sich allerdings unabhängig von § 113 InsO am Gesichtspunkt der Zumutbarkeit messen lassen, so dass bei Überschreiten der (Un-)Zumutbarkeitsgrenze eine außerordentliche betriebsbedingte Kündigung erfolgen kann. Die Möglichkeit der außerordentlichen Kündigung auch aus betriebsbedingten Gründen ist allgemein anerkannt[5]. 7.226

1 Vgl. *Hueck/von Hoyningen-Huene/Linck*, Kommentar zum Kündigungsschutzgesetz, 14. Aufl. 2007, § 1 KSchG Rz. 555.

2 Dagegen: BAG v. 19. 1. 2000 – 4 AZR 911/98 (unveröff.); LAG Baden-Württemberg v. 9. 11. 1998 – 15 Sa 87/98, LAGE § 113 InsO Nr. 6. Dafür: LAG Hamm v. 26. 11. 1998 – 8 Sa 1576/98, EWiR 1999, 467; *Kübler/Prütting/Bork/Moll*, § 113 InsO Rz. 46.

3 Vgl. BAG v. 6. 7. 2000 – 2 AZR 695/99, AP Nr. 6 zu § 113 InsO = DB 2000, 2382. Anders *Moll*, EWiR 2001, 27 m.w.N.

4 Vgl. BAG v. 16. 6. 1999 – 4 AZR 191/98, AP Nr. 3 zu § 113 InsO; *Berscheid*, Anwaltsblatt 1995, 8, 11; *Fischermeier*, NZA 1997, 1089, 1098; *Lakies*, RdA 1997, 1045, 1046; *Warrikoff*, BB 1994, 2338, 2338; *Zwanziger*, Das Arbeitsrecht der Insolvenzordnung, 3. Aufl. 2006, § 113 InsO Rz. 12.

5 Vgl. BAG v. 27. 5. 1993 – 2 AZR 601/92, AP Nr. 9 zu § 22 KO; BAG v. 18. 9. 1997 – 2 ABR 15/97, AP Nr. 35 zu § 103 BetrVG 1972 = DB 1998, 210; BAG v. 5. 2. 1998 – 2 AZR 227/97, DB 1998, 1035; BAG v. 18. 5. 2006 – 2 AZR 207/05, AP Nr. 5 zu § 55 BAT; *Hanau*, Gutachten für den 54. DJT, 1982, S. 63; *Moll*, DB 1984, 1346 ff.; *Moll*, KTS 1990, 563, 566.

7.227 Der Insolvenzverwalter kann von der Möglichkeit des § 113 Sätze 1 und 2 InsO auch dann Gebrauch machen, wenn der Schuldner schon vor Eröffnung des Insolvenzverfahrens eine Kündigung erklärt hat (**Nachkündigung**)[1].

3. Schadensersatz

7.228 Der Insolvenzverwalter, der von § 113 Sätze 1 und 2 InsO Gebrauch macht, schuldet dem Arbeitnehmer Schadensersatz gem. § 113 Satz 3 InsO. Die Schadensersatzpflicht wird dadurch ausgelöst, dass das Arbeitsverhältnis auf Grund § 113 Sätze 1 und 2 InsO **vorzeitig beendet** wird, d.h. vor dem Zeitpunkt, zu dem das Arbeitsverhältnis ohne Anwendung von § 113 Sätze 1 und 2 InsO nach Arbeitsvertrag, Kollektivvereinbarung oder Gesetz hätte beendet werden können. Ersatzfähig ist mithin der Verfrühungsschaden[2]. Es ist zu ermitteln, was der Arbeitnehmer an Bezügen erhalten hätte, wenn das Arbeitsverhältnis über den durch § 113 Sätze 1 und 2 InsO bestimmten Zeitpunkt hinaus bis zum Zeitpunkt der ansonsten bestehenden bzw. vereinbarten Beendigungsmöglichkeit fortbestanden hätte[3]. Dies geschieht nach Maßgabe und im Rahmen der allgemeinen Grundsätze des Schadensersatzrechts (Kausalität, Mitverschulden, Vorteilsausgleichung). Das BAG begrenzt die Berechnung der entgehenden Bezüge auf die längste anwendbare Kündigungsfrist[4].

7.229 § 113 Satz 3 InsO gilt nicht für Aufhebungsverträge oder Abwicklungsvereinbarungen, selbst dann nicht, wenn ihnen eine Kündigung vorausgegangen ist, vorausgesetzt, in dem Vertrag bzw. der Vereinbarung wird die Beendigung eigenständig geregelt[5].

7.230 Der Arbeitnehmer ist im Hinblick auf die **Schadensersatzforderung Insolvenzgläubiger** i.S. von § 38 InsO. Der Schadensersatzanspruch ist im Verfahren gem. §§ 174 ff. InsO geltend zu machen. Er wird, soweit er in die Zukunft gerichtet ist, nach Maßgabe der §§ 191, 198 InsO berücksichtigt.

7.231 § 113 InsO ist gem. § 119 InsO im Voraus nicht disponibel. Die **Vereinbarungsmöglichkeiten** der Parteien bestehen erst dann, wenn eine Kündigung erklärt worden ist oder in Aussicht genommen wird und die Parteien eine Verständigung über die konkrete Beendigung des Arbeitsverhältnisses nach Grund und Zeitpunkt herbeizuführen versuchen.

---

1 BAG v. 22. 5. 2003 – 2 AZR 255/01, AP Nr. 1 zu § 21 InsO = DB 2003, 2071; BAG v. 13. 5. 2004 – 2 AZR 329/03, DB 2004, 2327; *Berscheid*, FS Hanau, 1999, S. 701, 730; *Düwell* in Kölner Schrift zur InsO, S. 1433, 1451; *Leithaus*, NZI 2001, 254 ff.; *Kübler/Prütting/Bork/Moll*, § 113 InsO Rz. 66; *Moll*, EWiR 2000, 685.

2 Vgl. *Kübler/Prütting/Bork/Moll*, § 113 InsO Rz. 72.

3 Vgl. *Grunsky*, Das Arbeitsverhältnis im Konkurs- und Vergleichsverfahren, 3. Aufl. 1994, S. 18; *Jaeger/Henckel*, § 22 KO Rz. 39.

4 Vgl. BAG v. 16. 5. 2007 – 8 AZR 772/06, AP Nr. 24 zu § 113 InsO. S. dazu kritisch *Moll*, Gemeinsame Anmerkung zu BAG AP Nr. 23 und 24 zu § 113 InsO.

5 Vgl. BAG v. 25. 4. 2007 – 6 AZR 622/06, AP Nr. 23 zu § 113 InsO.

4. Kündigungsschutzklage

Eine Kündigungsschutzklage ist in konsequenter Anwendung der „Amtstheorie" gegen den Insolvenzverwalter zu richten[1]. Der Insolvenzverwalter ist Beklagter im Kündigungsschutzprozess als Partei kraft Amtes[2]. Die Klage gegen den Schuldner wahrt die Klagefrist nicht. Dies gilt für alle Klagen, die nach Insolvenzeröffnung erhoben werden. Die Klagefrist kann allerdings auch dann gewahrt sein, wenn im Beklagtenrubrum der Schuldner als Arbeitgeber angegeben ist: Die Beklagtenstellung des Insolvenzverwalters muss sich dann im Wege der **Auslegung** aus anderen Erklärungen und Umständen eindeutig ergeben (Berichtigung der Parteibezeichnung im Rubrum). Ein solcher Umstand ist die Beifügung des Kündigungsschreibens des Insolvenzverwalters[3]. Ist im Rubrum der Klageschrift irrtümlich als Beklagter nicht der Insolvenzverwalter, sondern die Schuldnerin genannt, **so ist das Klagerubrum entsprechend zu berichtigen**, wenn sich aus der Klageschrift oder aus dem dieser beigefügten Kündigungsschreiben ergibt, dass sich die Klage gegen den Insolvenzverwalter als Partei kraft Amtes richten soll[4]. Die Klagefrist wird allerdings dann versäumt, wenn es auf Grund Falschadressierung nicht zu einer **Klagezustellung** im Zeitrahmen des **§ 270 Abs. 3 ZPO** kommt (§ 85 Abs. 2 ZPO)[5]. 7.232

Wird vor Eröffnung des Insolvenzverfahrens Klage erhoben und gegen den Arbeitgeber gerichtet, so ist nach Aufnahme des Verfahrens eine **Änderung der Beklagtenbezeichnung** dahingehend herbeizuführen, dass Beklagter der Insolvenzverwalter ist[6]. Ein rechtshängiges Kündigungsschutzverfahren wird durch die Insolvenzeröffnung unterbrochen (§ 240 ZPO). Es kann, wenn es die Fortdauer des Arbeitsverhältnisses nach Insolvenzeröffnung betrifft, von dem Arbeitnehmer aufgenommen werden (§ 86 Abs. 1 Nr. 3 InsO)[7]. 7.233

Hat der Schuldner die Kündigung vor Insolvenzeröffnung erklärt und wird die Kündigungsschutzklage (fristgerecht) nach Eröffnung des Insolvenzverfahrens erhoben, so ist Beklagter auch in diesen Fällen der Insolvenzverwalter[8]. Der Insolvenzverwalter muss den Arbeitnehmer jedenfalls dann nicht auf die Eröffnung des Insolvenzverfahrens hinweisen, wenn dem Arbeitnehmer die Stellung des Insolvenzantrags bekannt ist. 7.234

1 Vgl. BAG v. 17. 1. 2002 – 2 AZR 57/01, ZIP 2002, 1412; *Bork,* ZInsO 2001, 210 ff.; *Fleddermann,* ZInsO 2001, 359 ff.

2 Vgl. BAG v. 17. 1. 2002 – 2 AZR 57/01, ZIP 2002, 1412; BAG v. 18. 4. 2002 – 8 AZR 346/01, AP Nr. 232 zu § 613a BGB.

3 Vgl. BAG v. 18. 4. 2002 – 8 AZR 346/01, AP Nr. 232 zu § 613a BGB.

4 Vgl. BAG v. 27. 3. 2003 – 2 AZR 272/02, AP Nr. 14 zu § 113 InsO.

5 Vgl. BAG v. 17. 1. 2002 – 2 AZR 57/01, ZIP 2002, 1412: Verzögerung von mehr als zwei Wochen.

6 Vgl. LAG Schleswig-Holstein v. 24. 1. 2005 – 2 Ta 17/05, NZA-RR 2005, 658.

7 Vgl. BAG v. 18. 10. 2006 – 2 AZR 563/05, AP Nr. 6 zu § 240 ZPO = DB 2007, 114.

8 Vgl. LAG Düsseldorf v. 20. 11. 1995 – 1 Ta 291/95, ZIP 1996, 191; Hessisches LAG v. 17. 5. 2002 – 15 Ta 77/02; *Friedrich* in Gemeinschaftskommentar zum Kündigungsschutzgesetz und zu sonstigen kündigungsschutzrechtlichen Vorschriften, 8. Aufl. 2007, § 4 KSchG Rz. 97a; *Sasse,* ArbRB 2003, 63, 64.

5. Befristungen

7.235 Die Zulässigkeit befristeter Arbeitsverhältnisse erfährt im Insolvenzverfahren keine Sonderbehandlung. Das Insolvenzverfahren stellt als solches keinen Befristungsgrund dar[1]. Es ist jeweils im Einzelfall zu prüfen, ob eine wirksame Befristung vorliegt.

III. Betriebsvereinbarungen

1. Normzweck des § 120 InsO

7.236 Die Eröffnung des Insolvenzverfahrens hat keinen Einfluss auf das Bestehen von Betriebsvereinbarungen. Die Insolvenzordnung hat die Problematik mit § 120 InsO aufgegriffen. Während § 120 Abs. 2 InsO nur den allgemeinen Grundsatz der Kündigungsmöglichkeit aus wichtigem Grund bestätigt, führt § 120 Abs. 1 InsO ein neues Instrumentarium zur Änderung bzw. Beendigung von Betriebsvereinbarungen nach Eröffnung des Insolvenzverfahrens ein. Der **Normzweck** der Regelung besteht darin, die **Überlebenschancen** eines insolvenzbefangenen Betriebs zu erhöhen, indem durch die Herbeiführung von Entlastungen eine Fortführung oder eine Veräußerung des Betriebs erleichtert wird.

2. Beratungs- und Verhandlungspflicht

7.237 § 120 Abs. 1 Satz 1 InsO fordert den Insolvenzverwalter und den Betriebsrat auf, über eine einvernehmliche **Herabsetzung von Leistungen** zu beraten, die in **Betriebsvereinbarungen** vorgesehen sind. Es kommt nicht darauf an, ob es sich um **erzwingbare oder freiwillige** Betriebsvereinbarungen handelt. Der Begriff der Betriebsvereinbarung schließt in § 120 Abs. 1 Satz 1 InsO **Gesamt- und Konzernbetriebsvereinbarungen** ein. Die Verhandlungspflicht ist nach Sinn und Zweck der Regelung auch auf **Regelungsabreden** zu erstrecken, da Regelungsabreden nach den betriebsverfassungsrechtlichen Grundsätzen im Hinblick auf ihre Beendigung entsprechenden Grundsätzen wie Betriebsvereinbarungen unterworfen werden[2]. Als Betriebsvereinbarungen i.S. von § 120 Abs. 1 Satz 1 InsO kommen auch Sozialpläne in Betracht. Die Betriebspartner können einen geltenden Sozialplan zum Nachteil der betroffenen Arbeitnehmer für die Zukunft ändern, wobei Verhältnismäßigkeit und Vertrauensschutz zu beachten sind[3]. § 120 InsO wird allerdings durch die Sonderregelung des § 124 InsO im Hinblick auf solche Sozialpläne verdrängt, deren Zustandekommen nicht weiter als drei Monate vor Stellung des Insolvenzantrags zurückreicht.

7.238 Das Gesetz erfasst nur solche Betriebsvereinbarungen, in denen Leistungen vorgesehen sind, die die Insolvenzmasse belasten. Dies sind insbesondere Betriebsvereinbarungen, die Entgelte oder Sozialeinrichtungen zu Gunsten der

---

1 Vgl. LAG Düsseldorf v. 8. 3. 1994 – 16 Sa 163/94, DB 1994, 1880.

2 Vgl. *Fitting*, 24. Aufl. 2008, § 77 BetrVG Rz. 216 ff.; *Kreutz* in Gemeinschaftskommentar zum BetrVG, 8. Aufl. 2005, § 77 BetrVG Rz. 21 ff.; *Richardi*, 11. Aufl. 2008, § 77 BetrVG Rz. 231 f.

3 Vgl. BAG v. 5. 10. 2000 – 1 AZR 48/00, AP Nr. 141 zu § 112 BetrVG 1972 = DB 2001, 1563.

Arbeitnehmer regeln. Eine Betriebsvereinbarung i.S. von § 120 Abs. 1 InsO kann auch vorliegen, wenn es sich um Regelungen handelt, die zwar den Betriebsablauf oder die Organisation regeln, bei deren Anwendung sich jedoch Leistungen zu Gunsten der Arbeitnehmer ergeben. Dies ist beispielsweise möglich, wenn sich aus Arbeitszeitgestaltungen Schichtzuschläge oder Überstundenvergütungen ableiten, die bei anderweitigen Arbeitszeitregelungen vermieden werden könnten.

Der **Verhandlungsaufruf** nach § 120 Abs. 1 Satz 1 InsO gilt **beiden** Betriebs- 7.239
parteien. Durch den Begriff „sollen" wird zum Ausdruck gebracht, dass eine strikte Rechtspflicht nicht besteht. Weder gibt es einen Anspruch einer Partei darauf, dass es zu Verhandlungen kommt. Noch ist rechtlich gewährleistet, dass Betriebsrat und Insolvenzverwalter sich letztlich über eine Herabsetzung der Leistungen verständigen. Kommen Insolvenzverwalter und Betriebsrat zu keiner einvernehmlichen Regelung, so verbleibt es beim unveränderten Bestand der Betriebsvereinbarung.

3. Kündigungsmöglichkeit

§ 120 Abs. 1 Satz 2 InsO stellt sicher, dass Betriebsvereinbarungen mit Leis- 7.240
tungen, die die Insolvenzmasse belasten, in jedem Falle mit einer Frist von drei Monaten gekündigt werden können, auch wenn in der Betriebsvereinbarung eine längere Frist vereinbart ist. Die Drei-Monats-Frist entspricht der im Betriebsverfassungsgesetz vorgesehenen Kündigungsfrist für Betriebsvereinbarungen (§ 77 Abs. 5 BetrVG). Es handelt sich bei § 120 Abs. 1 Satz 2 InsO um eine **Höchstkündigungsfrist**. Ist in der Betriebsvereinbarung eine kürzere Kündigungsfrist vereinbart, so ist diese anwendbar. Die Kündigungsmöglichkeit besteht nicht nur dann, wenn die Betriebsvereinbarung eine längere Kündigungsfrist als drei Monate vorsieht, sondern auch dann, wenn die Betriebsvereinbarung befristet oder „unkündbar" abgeschlossen ist. Diese Fälle werden von § 120 Abs. 1 Satz 2 InsO ebenfalls erfasst[1].

Das Gesetz besagt nicht, dass vor Gebrauchmachen von der Kündigungsmög- 7.241
lichkeit des § 120 Abs. 1 Satz 2 InsO zunächst ein **Verhandlungsstadium** nach § 120 Abs. 1 Satz 1 InsO vorgeschaltet werden müsse. Eine derartige rechtliche Rang- und Reihenfolge ist abzulehnen. Das Betriebsverfassungsgesetz kennt keinen Grundsatz im Sinne des Verhältnismäßigkeitsprinzips dahingehend, dass im Falle einer ordentlichen Kündigung einer Betriebsvereinbarung zuerst zu verhandeln sei, bevor von der Möglichkeit der ordentlichen Kündigung Gebrauch gemacht werden könne. Dies wäre mit der grundsätzlichen Kündigungsfreiheit im Hinblick auf Betriebsvereinbarungen nicht vereinbar, die § 120 Abs. 1 Satz 2 InsO bestätigt bzw. wiederherstellt.

Die Kündigung nach § 120 Abs. 1 Satz 2 InsO erfolgt auf der Grundlage all- 7.242
gemeiner Grundsätze. Dies bedeutet insbesondere, dass **Kündigungsgründe** nicht erforderlich sind[2]. Der Rechtsposition des einzelnen Arbeitnehmers

1 Vgl. *Kübler/Prütting/Bork/Moll,* § 120 InsO Rz. 26 f.
2 Vgl. BAG v. 9. 2. 1989 – 8 AZR 310/87, AP Nr. 40 zu § 77 BetrVG 1972; BAG v. 10. 3. 1992 – 3 ABR 54/91, AP Nr. 5 zu § 1 BetrAVG Betriebsvereinbarung.

kann allerdings Bestandsschutz im Rahmen der Beurteilung der Rechtsfolgen der Kündigung zukommen. Je nach Anlass und Grund für die Kündigung werden die Rechtsfolgen im Hinblick auf den Schutz von Besitzständen modifiziert.

4. Nachwirkung der Betriebsvereinbarung

7.243 § 120 Abs. 1 Satz 2 InsO sagt nichts über die **Rechtsfolge** der Kündigung. Diese richtet sich nach allgemeinen betriebsverfassungsrechtlichen Grundsätzen[1]. Betriebsvereinbarungen in mitbestimmungspflichtigen Angelegenheiten gelten gem. § 77 Abs. 6 BetrVG solange weiter, bis sie durch eine andere Abmachung ersetzt werden **(Nachwirkung)**. Die auf Grund der vorzeitigen Kündigungsmöglichkeit für die Insolvenzmasse entstehende Entlastungswirkung hängt damit letztlich davon ab, ob im konkreten Fall in Anbetracht der Art und des Inhalts der Betriebsvereinbarung die Nachwirkung eintritt oder nicht. Bei dem im Hinblick auf § 120 Abs. 1 InsO „typischen" Fall der Betriebsvereinbarung über „freiwillige" Leistungen handelt es sich um eine so genannte teilmitbestimmte Betriebsvereinbarung. Der Arbeitgeber trifft mitbestimmungsfreie Grundentscheidungen, und in diesem Rahmen bestimmt der Betriebsrat über Gerechtigkeits-, System- und Verteilungsentscheidungen mit[2]. Eine Nachwirkung findet in einem derartigen Fall nicht statt, wenn der Arbeitgeber die Betriebsvereinbarung kündigt, um die gewährten Leistungen **gänzlich** zu beseitigen. Die Rechtsgrundlage für die Leistungsgewährung entfällt in diesem Falle mit Ablauf der Kündigungsfrist[3]. Erfolgt die Kündigung jedoch zu dem Zweck, die Leistungen in Zukunft lediglich **gekürzt** zu gewähren, so nimmt das Bundesarbeitsgericht eine Nachwirkung an, wenn das zur Verfügung gestellte Mittelvolumen reduziert *und* der Verteilungsschlüssel bei der Fort- bzw. Neugewährung geändert wird[4]. Der Insolvenzverwalter wird in Anbetracht dieser Rechtslage regelmäßig überlegen, ob er nicht in jedem Falle zu dem Zweck kündigt, die in Rede stehenden Leistungen ersatzlos und gänzlich entfallen zu lassen. Der Insolvenzverwalter vermeidet damit das Nachwirkungsrisiko.

7.244 Die Nachwirkung kann in der Betriebsvereinbarung **ausgeschlossen** werden[5]. Die Kündigung bewirkt in diesem Falle, dass mit Ablauf der Kündigungsfrist die Betriebsvereinbarungswirkungen entfallen. Nicht minder häufig, eher verbreiteter, ist in der Praxis der Fall, dass die Betriebspartner die Nachwirkung einer freiwilligen oder teilmitbestimmten Betriebsvereinbarung vereinbaren.

1 Vgl. Begr. RegE, BT-Drucks. 12/2443, S. 71, 153; Begr. Rechtsausschuss, BT-Drucks. 12/7302, S. 155, 170; *Giesen,* ZIP 1998, 142, 142; *Grunsky/Moll,* Arbeitsrecht und Insolvenz, 1997, Rz. 298; *Lakies,* RdA 1997, 145, 147; *Löwisch,* NZA 1996, 1009, 1017; *Schrader,* NZA 1997, 70, 71.

2 Vgl. *Kreutz* in Gemeinschaftskommentar zum BetrVG, 8. Aufl. 2005, § 77 BetrVG Rz. 406.

3 Vgl. BAG v. 21. 8. 1990 – 1 ABR 73/89, AP Nr. 5 zu § 77 BetrVG 1972 Nachwirkung; BAG v. 26. 10. 1993 – 1 AZR 46/93, AP Nr. 6 zu § 77 BetrVG 1972 Nachwirkung.

4 Vgl. BAG v. 21. 8. 1990 – 1 ABR 73/89, AP Nr. 5 zu § 77 BetrVG 1972 Nachwirkung; BAG v. 26. 10. 1993 – 1 AZR 46/93, AP Nr. 6 zu § 77 BetrVG 1972 Nachwirkung.

5 Vgl. BAG v. 17. 1. 1995 – 1 ABR 29/94, AP Nr. 7 zu § 77 BetrVG 1972 Nachwirkung.

Derartige Vereinbarungen sind rechtlich möglich[1]. Sie können im Anwendungsbereich des § 120 Abs. 1 InsO allerdings nicht anerkannt werden. Das Gesetz geht davon aus, dass – lediglich – die gesetzlich vorgesehene Nachwirkung des § 77 Abs. 6 BetrVG eintritt. Eine Veränderung dieses Mechanismus würde den Gesetzeszweck vereiteln, weil die von § 120 Abs. 1 InsO intendierte Entlastung der Insolvenzmasse auf Grund der Kündigung nicht eintreten könnte, soweit die Nachwirkung bei freiwilligen Leistungen vereinbart ist. Der Insolvenzverwalter wäre vielmehr darauf angewiesen, entweder das Einvernehmen des Betriebsrats zu erreichen oder ein Einigungsstellenverfahren durchzuführen.

5. Andere Beendigungsregeln

§ 120 Abs. 2 InsO besagt, dass das **Recht zur Kündigung der Betriebsvereinbarung aus wichtigem Grund** unberührt bleibt. Ein derartiges Kündigungsrecht aus wichtigem Grund ist allgemein anerkannt[2]. Es kommt darauf an, ob es dem kündigenden Teil unzumutbar ist, wenigstens bis zum Ablauf der Kündigungsfrist zuzuwarten. Das Bundesarbeitsgericht hat im Hinblick auf die **außerordentliche** Kündigung von Tarifverträgen verlangt, dass vor dem Ausspruch der Kündigung der Versuch unternommen werden müsse, durch **Verhandlungen** eine Anpassung herbeizuführen[3]. Das Bundesarbeitsgericht wendet die **Nachwirkungsgrundsätze** auch bei Ausspruch einer außerordentlichen Kündigung an[4]. Die außerordentliche Kündigung führt danach lediglich zur Beseitigung der Bindung an die Betriebsvereinbarung für die vereinbarte Zeit. Der kündigende Betriebspartner erhält, soweit es sich um eine nachwirkende Betriebsvereinbarung handelt, die Möglichkeit, so vorzeitig eine neue Regelung gegebenenfalls unter Zuhilfenahme der Einigungsstelle durchzusetzen. 7.245

Die Anwendung der Grundsätze über die Geschäftsgrundlagenlehre wird weder durch § 120 Abs. 1 InsO noch durch die Bestätigung des Rechts zur Kündigung aus wichtigem Grund in § 120 Abs. 2 InsO ausgeschlossen. Die **Geschäftsgrundlagenlehre** findet ergänzend Anwendung. Betriebsvereinbarungen sind den geänderten Umständen anzupassen, wenn einem Betriebspartner im Hinblick auf den Wegfall der Geschäftsgrundlage das Festhalten an der Betriebsvereinbarung nicht mehr zuzumuten ist[5]. Die Anwendung der Geschäftsgrundlagenlehre ist gegenüber dem Recht zur Kündigung aus wichtigem Grund vorrangig. Die außerordentliche Kündigung kommt erst und nur dann in Betracht, wenn eine – bloße – Anpassung der Betriebsvereinbarungsregelungen die Unzumutbarkeit nicht beseitigt. 7.246

1 Vgl. BAG v. 28. 4. 1998 – 1 ABR 43/97, AP Nr. 11 zu § 77 BetrVG 1972 Nachwirkung. S. dazu z.T. kritisch *Boemke/Kursave*, DB 2000, 1405 ff.; *Kort*, NZA 2001, 477 ff.; *Loritz*, DB 1997, 2074 ff.

2 Vgl. BAG v. 19. 7. 1957 – 1 AZR 420/54, AP Nr. 1 zu § 52 BetrVG; BAG v. 29. 5. 1964 – 1 AZR 281/63, AP Nr. 24 zu § 59 BetrVG; *Fitting*, 24. Aufl. 2008, § 77 BetrVG Rz. 151; *Richardi*, 11. Aufl. 2008, § 77 BetrVG Rz. 201.

3 Vgl. BAG v. 18. 12. 1996 – 4 AZR 129/96, AP Nr. 1 zu § 1 TVG Kündigung; BAG v. 18. 2. 1998 – 4 AZR 363/96, AP Nr. 3 zu § 1 TVG Kündigung = DB 1998, 1722.

4 Vgl. BAG v. 10. 8. 1994 – 10 ABR 61/93, AP Nr. 86 zu § 112 BetrVG 1972.

5 Vgl. BAG v. 10. 8. 1994 – 10 ABR 61/93, AP Nr. 86 zu § 112 BetrVG 1972.

7.247 Die Anpassung nach Geschäftsgrundlagengrundsätzen und das Recht zur außerordentlichen Kündigung können indes nur in Extremfällen in Erwägung gezogen werden, da § 120 Abs. 1 InsO die Kündbarkeit mit einer Frist von drei Monaten ermöglicht.

IV. Besonderheiten bei Betriebsänderungen: Personalabbau

7.248 Die Anwendung der §§ 111 ff. BetrVG (Interessenausgleich und Sozialplan) wird durch die Eröffnung des Insolvenzverfahrens nicht berührt. Es gilt das, was zur betriebsverfassungsrechtlichen Situation außerhalb der Insolvenz ausgeführt worden ist (Rz. 3.34 ff.). Das Gesetz beinhaltet allerdings Abweichungen von den allgemeinen Grundsätzen.

1. Vermittlungsversuch

7.249 Der Insolvenzverwalter muss sich gem. § 121 InsO nicht darauf einlassen, dass der Betriebsrat nach § 112 Abs. 2 Satz 1 BetrVG die Vermittlung des Vorstands der Bundesagentur für Arbeit herbeiführt. Dessen **Vermittlungsversuch** findet nur dann statt, wenn der Insolvenzverwalter und der Betriebsrat **gemeinsam** um die Vermittlung ersuchen. Eine praktisch relevante Erleichterung für den Insolvenzverwalter ist darin freilich kaum zu sehen. Ein Einlassungszwang bei dem Vermittlungsversuch des Vorstands der Bundesagentur für Arbeit besteht auch außerhalb des Insolvenzverfahrens nicht[1].

2. Gerichtliche Zustimmung zur Durchführung der Betriebsänderung ohne Interessenausgleichsverfahren

7.250 Die Insolvenzordnung stellt mit § 122 InsO dem Insolvenzverwalter ein Regelungsinstrument zur Verfügung, welches es ermöglicht, die Zustimmung des Arbeitsgerichts zur Durchführung einer Betriebsänderung ohne Interessenausgleichsverfahren herbeizuführen und dadurch das Interessenausgleichsverfahren nach § 112 Abs. 2 und 3 BetrVG überflüssig zu machen. Zweck der Regelung ist, etwaige Sanierungschancen nicht durch langwierige Interessenausgleichsverfahren zu beeinträchtigen[2].

Ausgangspunkt der Norm ist, dass der Insolvenzverwalter eine Betriebsänderung plant und ein Interessenausgleich nach § 112 Abs. 1 Satz 2 BetrVG innerhalb von drei Wochen nach Verhandlungsbeginn oder schriftlicher Aufforderung zur Aufnahme von Verhandlungen nicht zustandegekommen ist, obwohl der Betriebsrat rechtzeitig und umfassend unterrichtet worden ist. Die Regelung knüpft an den Begriff der **Betriebsänderung i.S. von § 111 BetrVG** an.

7.251 Die Kriterien des § 111 BetrVG sind auch insoweit zugrundezulegen, wie es darum geht festzustellen, ob der Betriebsrat **rechtzeitig und umfassend unterrichtet** worden ist. Ohne eine vollständige Unterrichtung läuft die Drei-Wo-

1 Vgl. *Fitting*, 24. Aufl. 2008, §§ 112, 112a BetrVG Rz. 29 ff.
2 Vgl. Begr. RegE, BT-Drucks. 12/2443, S. 71, 153; *Caspers*, Personalabbau und Betriebsänderung im Insolvenzverfahren, Rz. 392; *Warrikoff*, BB 1994, 2338, 2340.

chen-Frist des § 122 Abs. 1 Satz 1 InsO nicht. Das Arbeitsgericht kann ohne eine vollständige Unterrichtung des Betriebsrats dem Antrag des Insolvenzverwalters daher nicht stattgeben.

Die **Drei-Wochen-Frist des § 122 Abs. 1 Satz 1 InsO** beginnt mit Aufnahme der Verhandlungen zwischen Insolvenzverwalter und Betriebsrat. Es mag im Einzelfall problematisch sein festzustellen, ob mit Verhandlungen begonnen worden ist. Ebenso kann nicht übersehen werden, dass der Beginn von Verhandlungen vom Betriebsrat abhängt. Das Gesetz sieht daher vor, dass der Lauf der Drei-Wochen-Frist – auch – mit der schriftlichen Aufforderung zur Aufnahme von Verhandlungen beginnt. Die Aufforderung bedarf der Schriftform i.S. des § 126 BGB. Der Lauf der Frist beginnt mit Zugang der schriftlichen Aufforderung. 7.252

Der **Antrag** des Insolvenzverwalters i.S. von § 122 Abs. 1 Satz 1 InsO geht dahin, dass das Arbeitsgericht der Durchführung einer konkret bezeichneten Betriebsänderung zustimmt, ohne dass das Interessenausgleichsverfahren vorausgehen muss. 7.253

Das Arbeitsgericht weist den Antrag als **unzulässig** ab, wenn die **Antragsvoraussetzungen** fehlen oder der Antragsinhalt unzutreffend ist. Die **Zulässigkeitsvoraussetzungen** müssen allerdings erst im **Zeitpunkt der letzten mündlichen Verhandlung** vorliegen[1]. Die Information des Betriebsrats kann daher im Laufe des Verfahrens jedenfalls durch den schriftsätzlichen Vortrag erfolgen. Ebenso kann während des Verfahrens die Drei-Wochen-Frist des § 122 Abs. 1 Satz 1 InsO ablaufen[2]. 7.254

Das **Arbeitsgericht** erteilt nach § 122 Abs. 2 InsO die **Zustimmung** zur Durchführung der Betriebsänderung ohne das Interessenausgleichsverfahren, wenn die wirtschaftliche Lage des Unternehmens auch unter Berücksichtigung der sozialen Belange der Arbeitnehmer dies erfordert. Das Arbeitsgericht hat in einem **ersten** Schritt zu prüfen, ob die wirtschaftliche Lage des Unternehmens isoliert betrachtet die sofortige Durchführung der Betriebsänderung erforderlich macht. Wird dies bejaht, so ist in einem **zweiten** Schritt zu prüfen, ob die Berücksichtigung der sozialen Belange der Arbeitnehmer die Durchführung des Interessenausgleichsverfahrens ausnahmsweise dennoch gebietet[3]. Das Arbeitsgericht entscheidet nicht darüber, ob die Betriebsänderung durchgeführt wird, sondern nur darüber, ob sie **ohne die Durchführung des Einigungsstellenverfahrens erfolgen** kann. 7.255

Die wirtschaftliche Lage des Unternehmens erfordert eine frühzeitige Betriebsänderung, wenn die Fortführung des Betriebs ohne Betriebsänderung bei Durchführung des Einigungsstellenverfahrens zu einer nicht unerheblichen

1 Vgl. *Grunsky/Moll,* Arbeitsrecht und Insolvenz, Rz. 6; *Rosenberg/Schwab/Gottwald,* Zivilprozessrecht, 16. Aufl. 2004, § 96 V 4, S. 539.
2 Vgl. ArbG Lingen v. 9. 7. 1999 – 2 BV 4/99, ZIP 1999, 1892; *Moll,* EWiR 1999, 1131.
3 Vgl. ArbG Lingen v. 9. 7. 1999 – 2 BV 4/99, ZIP 1999, 1892; *Caspers,* Personalabbau und Betriebsänderung im Insolvenzverfahren, Rz. 401; *Giesen,* ZIP 1998, 142, 144; *Kübler/Prütting/Bork/Moll,* § 122 InsO Rz. 26; *Rummel,* DB 1997, 774, 775.

Schmälerung der Masse führt. Eine derartige **Eilbedürftigkeit** besteht insbesondere dann, wenn die **Gefahr einer Masseunzulänglichkeit** oder der Einstellung des Verfahrens mangels kostendeckender Masse besteht[1].

Die Abwägung des Arbeitsgerichts im Hinblick auf die sozialen Belange der Arbeitnehmer hat darauf abzustellen, ob es sich um soziale Belange handelt, die gerade für die **Durchführung des Einigungsstellenverfahrens** sprechen. Der **Aspekt der zeitlichen Verzögerung** und der damit verbundenen Hinausschiebung der Kündigungsendtermine genügt nicht[2]. Es kommt vielmehr darauf an, ob sich sagen lässt, dass durch das Tätigwerden der Einigungsstelle im Interessenausgleichsverfahren sozialverträglichere **Lösungen an Stelle der in Aussicht genommenen Betriebsänderung** gefunden werden können[3]. Beispiele: (1) Es kann erwogen werden, einen ertragsstärkeren Teil einer Produktion fortzuführen. (2) Ein Übernehmer steht bereit.

7.256 Erklärt das Arbeitsgericht die vom Insolvenzverwalter beantragte Zustimmung, so kann dieser die Betriebsänderung ohne ein Einigungsstellenverfahren durchführen, ohne zum Nachteilsausgleich verpflichtet zu sein und ohne die Gefahr von Unterlassungsansprüchen die Betriebsrats befürchten zu müssen. Die Wirkungen des Beschlusses treten mit seiner Rechtskraft ein[4]. Die Rechtskraft tritt ein mit Ablauf der Rechtsmittelfrist oder Verwerfung des eingelegten Rechtsmittels als unzulässig oder Zurückweisung des Rechtsmittels als unbegründet. Eine Nichtzulassung der Rechtsbeschwerde durch das Arbeitsgericht führt dazu, dass Rechtskraft mit Erlass der Entscheidung eintritt.

7.257 Das Verfahren unterliegt den Regelungen für das Beschlussverfahren gem. §§ 83 ff. ArbGG (§ 122 Abs. 2 Satz 2 Halbsatz 1 InsO). Beteiligte sind gem. § 122 Abs. 2 Satz 2 Halbsatz 2 InsO der Insolvenzverwalter und der Betriebsrat. Gegen die Entscheidung des Arbeitsgerichts findet keine Beschwerde an das Landesarbeitsgericht statt. Das Gesetz sieht lediglich eine **Rechtsbeschwerde** an das Bundesarbeitsgericht vor, und das auch nur dann, wenn sie **zugelassen** wird (§ 122 Abs. 3 Satz 2 InsO). Die Zulassung richtet sich nach § 72 Abs. 2 ArbGG (§ 122 Abs. 3 Satz 2 InsO). Regelmäßig wird daher gegen die Entscheidung des Arbeitsgerichts daher kein Rechtsmittel gegeben sein: Eine Zulassung der Rechtsbeschwerde wird nur in Ausnahmefällen in Betracht kommen. Eine Nichtzulassungsbeschwerde ist nicht vorgesehen, weil im Rahmen von § 122 Abs. 3 Satz 2 InsO nicht auf § 72a ArbGG verwiesen wird[5]. Die Rechtsbeschwerde muss gem. § 122 Abs. 3 Satz 3 InsO innerhalb eines Monats nach Zustellung des Beschlusses des Arbeitsgerichts beim Bundesarbeitsgericht eingelegt und auch begründet werden.

---

1 Vgl. ArbG Lingen v. 9. 7. 1999 – 2 BV 4/99, ZIP 1999, 1892; *Caspers,* Personalabbau und Betriebsänderung im Insolvenzverfahren, Rz. 413; *Kübler/Prütting/Bork/Moll,* § 122 InsO Rz. 32.

2 Vgl. ArbG Lingen v. 9. 7. 1999 – 2 BV 4/99, ZIP 1999, 1892; *Caspers,* Personalabbau und Betriebsänderung im Insolvenzverfahren, Rz. 414; *Kübler/Prütting/Bork/Moll,* § 122 InsO Rz. 35.

3 Vgl. *Löwisch,* RdA 1997, 80, 85.

4 Vgl. *Grunsky/Moll,* Arbeitsrecht und Insolvenz, Rz. 316.

5 Vgl. *Lakies,* RdA 1997, 145, 154; *Kübler/Prütting/Bork/Moll,* § 122 InsO Rz. 41.

Der Insolvenzverwalter kann unabhängig von dem Verfahren nach § 122 InsO einen **Interessenausgleich** nach § 125 InsO zu Stande bringen oder eine Feststellung nach § 126 InsO beantragen (§ 122 Abs. 1 Satz 3 InsO). Kombinationen und Reihenfolge dieser Möglichkeiten liegen im Ermessen des Insolvenzverwalters. 7.258

3. Kündigungsbezogener Interessenausgleich

a) Überblick

Der Insolvenzverwalter kann versuchen, mit dem Betriebsrat einen **Interessenausgleich mit Namenliste** gem. § 125 InsO zu vereinbaren. Der Gesetzgeber knüpft an diesen Interessenausgleich **zwei** Rechtsfolgen. Zum einen wird vermutet, dass dringende betriebliche Erfordernisse i.S.v. § 1 Abs. 2 KSchG bestehen (§ 125 Abs. 1 Satz 1 Nr. 1 InsO). Zum anderen wird die Überprüfung der Sozialauswahl auf drei Kriterien (Betriebszugehörigkeit, Lebensalter und Unterhaltspflichten) beschränkt und angeordnet, dass eine Überprüfung nur auf grobe Fehlerhaftigkeit erfolgen kann, wobei die Sozialauswahl nicht grob fehlerhaft ist, „wenn eine ausgewogene Personalstruktur erhalten oder geschaffen wird." Der Personalstrukturgesichtspunkt stellt systematisch ein berechtigtes betriebliches Interesse i.S. von § 1 Abs. 3 Satz 2 KSchG dar. Der Gesetzgeber hat in § 125 Abs. 1 Satz 1 Nr. 2 InsO zum Ausdruck gebracht, dass nicht nur eine bestehende Personalstruktur beibehalten, sondern auch **eine bessere Personalstruktur angestrebt** werden kann. 7.259

b) Tatbestandsvoraussetzungen

§ 125 Abs. 1 Satz 1 InsO setzt voraus, dass eine **Betriebsänderung i.S. von § 111 BetrVG** geplant wird. Betriebliche Maßnahmen, die unterhalb der Schwelle der Betriebsänderung i.S. von § 111 BetrVG bleiben, eröffnen die Möglichkeit des § 125 Abs. 1 Satz 1 InsO nicht[1]. 7.260

Arbeitgeber und Betriebsrat müssen einen **Interessenausgleich** abschließen. Es ist nicht möglich, ohne einen Interessenausgleich eine Namensliste aufzustellen[2]. Es handelt sich dabei um den Interessenausgleich i.S. des § 112 Abs. 1 Satz 1 BetrVG[3]. Einen Interessenausgleich „sui generis" außerhalb von § 112 Abs. 1 Satz 1 BetrVG gibt es nicht[4]. Es mag Interessenausgleichsvereinbarungen mit unterschiedlichen Inhalten und Regelungen geben. Dies ändert nichts daran, dass es sich sämtlich um Bestimmungen handelt, die als Interessenausgleich auf der Grundlage und im Rahmen von § 112 Abs. 1 Satz 1 BetrVG vereinbart werden. Der Interessenausgleich muss die durchzuführende Betriebsänderung ausreichend beschreiben. Der Interessenausgleich ist nicht erzwingbar. 7.261

1 Vgl. LAG Düsseldorf v. 23. 1. 2003 – 11 (12) Sa 1057/02, DB 2003, 2292.
2 S. aber demgegenüber *Matthes,* RdA 1999, 178.
3 Vgl. *Giesen,* ZIP 1998, 46, 50; *Lakies,* RdA 1997, 145, 150; *Kübler/Prütting/Bork/Moll,* § 125 InsO Rz. 20; *B. Preis,* DB 1998, 1614, 1615.
4 S. aber demgegenüber *Schrader,* NZA 1997, 70, 73; *Warrikoff,* BB 1994, 2338, 2341.

7.262 Der für die Anwendung des § 125 Abs. 1 Satz 1 InsO erforderliche Interessenausgleich zeichnet sich dadurch aus, dass in ihm **Arbeitnehmer** „namentlich bezeichnet" sind, „denen gekündigt werden soll". Der Interessenausgleich muss die für die Kündigung vorgesehenen Arbeitnehmer ausreichend individualisieren. Dies beinhaltet mindestens die Angabe des Vor- und Nachnamens. Weitere Individualisierungen können darin bestehen, dass Anschriften, Berufe, Eintrittsdaten, Geburtsdaten ergänzend angegeben werden. Dies erscheint insbesondere sinnvoll, wenn es darum geht, Verwechslungen namensgleicher Personen auszuschließen. Die Aufzählung der Arbeitnehmer muss **ausdrücklich und positiv** geschehen. Es genügt ausweislich des Gesetzeswortlauts nicht, eine „Negativliste" aufzustellen, die besagt, dass alle Arbeitnehmer außer den genannten gekündigt werden[1]. Der Gesetzeswortlaut ist eindeutig. Sinn und Zweck des Gesetzes sprechen ebenso für die Benennung der zu kündigenden Arbeitnehmer und gegen die – bloße – Angabe derjenigen, die von Kündigungen verschont bleiben. Ein anderer Fall liegt vor, wenn ein Betrieb insgesamt und uneingeschränkt stillgelegt wird. Es muss in einem derartigen Fall genügen, dass die Namenliste in der Weise aufgestellt wird, dass der Interessenausgleich erklärt, dass **allen** im Betrieb beschäftigten Arbeitnehmern gekündigt wird[2].

7.263 Dem Interessenausgleich mit Namenliste muss zu entnehmen sein, ob es sich um eine **Änderungs- oder eine Beendigungskündigung** handelt. Die Regelung gilt für **beide** Kündigungsarten[3]. Dies ergibt sich daraus, dass das Gesetz die Oberbegriffe „gekündigt" und „Kündigung" gebraucht. Die **Angaben** zur Kündigung im Interessenausgleich mit Namenliste müssen bei einer Änderungskündigung erkennen lassen, was die zu ändernde Vertragsregelung ist und welche angestrebte Vertragsbedingung durch die Änderungskündigung angeboten wird; anderenfalls ist im Falle der Änderungskündigung nicht erkennbar, worin letztlich die Kündigungsmaßnahme besteht.

7.264 Der Interessenausgleich mit Namenliste muss nicht die **Sozialauswahlerwägungen** im Einzelnen aufnehmen, die der Auswahl der Arbeitnehmer zugrunde gelegen haben, die ausweislich Interessenausgleich von einer Kündigung betroffen sind. Der Insolvenzverwalter hat im Kündigungsrechtsstreit allerdings seiner Darlegungslast nachzukommen. Dies gilt unabhängig davon, ob im Interessenausgleich mit Namensliste Sozialauswahlerwägungen niedergelegt sind oder nicht.

c) Zustandekommen

7.265 Das Zustandekommen des Interessenausgleichs mit Namenliste richtet sich nach § 112 Abs. 1 Satz 1 BetrVG. Der Interessenausgleich ist **schriftlich** abzuschließen. Er ist von Arbeitgeber und Betriebsrat zu unterschreiben. Der Gesetzgeber hat zugrunde gelegt, dass für das Zustandekommen des Interessen-

1 S. aber demgegenüber *Schiefer,* DB 1998, 925, 927.
2 Vgl. *Kübler/Prütting/Bork/Moll,* § 125 InsO Rz. 27.
3 Vgl. BAG v. 19. 6. 2007 – 2 AZR 304/06, BB 2008, 224; BT-Drucks. 12/7302, S. 149, 172; *Ascheid,* RdA 1997, 333, 343; *Schiefer/Worzalla,* NZA 2004, 345, 352; *Zwanziger,* Das Arbeitsrecht der Insolvenzordnung, 3. Aufl. 2006, § 125 InsO Rz. 10.

ausgleichs mit Namenliste insgesamt die Regelungen in **§ 112 Abs. 1 bis 3 BetrVG** gelten. Unabhängig davon, wie das Interessenausgleichsverfahren durchgeführt wird, kommt es für § 125 Abs. 1 Satz 1 InsO allein darauf an, ob letztlich ein Interessenausgleich zu Stande gekommen ist, der dem Schriftformerfordernis des § 112 Abs. 1 Satz 1 BetrVG entspricht. § 112 Abs. 1 Satz 1 BetrVG begründet ein Schriftformerfordernis i.S. von § 126 BGB. Die zu kündigenden Arbeitnehmer müssen „in einem Interessenausgleich ... bezeichnet" sein. Dies bedeutet, dass das **Schriftformerfordernis** auch die **Namenliste** umfasst. Dem Schriftformerfordernis kann auf unterschiedliche Weise Rechnung getragen werden, wenn die zu kündigenden Arbeitnehmer nicht schon innerhalb des Textes des Interessenausgleichs angegeben sind.

Entscheidend ist, dass eine **Gesamturkunde** vorliegt, die insgesamt dem Schriftformerfordernis gerecht wird. Es muss erkennbar sein, dass es sich um ein **zusammenhängendes** Schriftstück handelt, auch wenn es aus mehreren Seiten besteht[1]. Das Schriftformerfordernis im Hinblick auf den Interessenausgleich mit Namenliste ist erfüllt, **wenn die Namenliste mit dem Text des Interessenausgleichs so verbunden ist**, dass sich die **Gesamtheit als einheitliche Urkunde** darstellt und auf Grund der Verbindung als eine **Sinneinheit** erkennbar ist, die dauerhaft und endgültig gewollt ist[2]. Eine derartige Einheit der Urkunde kann sich aus der graphischen Gestaltung, dem inhaltlichen Zusammenhang oder vergleichbaren Merkmalen ergeben. Die Einheitlichkeit der Urkunde wird dann durch die abschließende Unterschrift gewahrt. Das Schriftformerfordernis wird, wenn die Namenliste nicht ihrerseits unterschrieben ist bzw. nicht von der abschließenden Unterschrift der Gesamturkunde erfasst ist, durch feste körperliche Verbindung (Heftmaschinenklammerung) gewahrt, wobei zusätzlich verlangt wird, dass die Seiten durchgehend paraphiert werden bzw. im Interessenausgleich auf die Namensliste verwiesen wird[3]. Eine bloße Bezugnahme auf eine lose, nicht unterschriebene Anlage genügt nicht[4]. Die Namensliste kann zwar getrennt von dem Interessenausgleich erstellt werden; es ist dann aber erforderlich, dass in einem der Dokumente auf das andere Bezug genommen wird und dass beide Dokumente von den Betriebsparteien unterschrieben sind[5]. Soweit die Rechtsprechung eine bloße Beifügung und Bezugnahme als ausreichend angesehen hat[6], wird dies 7.266

1 Vgl. BAG v. 7. 5. 1998 – 2 AZR 55/98, AP Nr. 1 zu § 1 KSchG 1969 Namensliste.

2 Vgl. BGH v. 24. 9. 1997 – XII ZR 234/95, NJW 1998, 58; BGH v. 21. 1. 1999 – VII ZR 93/97, NJW 1999, 1104; BAG v. 11. 11. 1986 – 3 ABR 74/85, AP Nr. 18 zu § 77 BetrVG 1972; *Berscheid*, MDR 1998, 816, 818; *Kothe*, BB 1998, 946, 949; *Schiefer* DB 1998, 925, 927.

3 Vgl. BAG v. 7. 5. 1998 – 2 AZR 55/98, AP Nr. 5 zu § 1 KSchG Namensliste; BAG v. 21. 2. 2002 – 2 AZR 581/00, NZA 2002, 1360; BAG v. 6. 7. 2006 – 2 AZR 520/00, AP Nr. 80 zu § 1 KSchG 1969; LAG Hamm v. 25. 2. 2000 – 10 Sa 1843/99, ZInsO 2000, 467; LAG Hamm v. 23. 3. 2000 – 4 Sa 910/99, ZInsO 2000, 570; LAG Hamm v. 23. 3. 2000 – 4 Sa 1554/99, ZInsO 2000, 571; LAG Hamm v. 6. 7. 2000 – 4 Sa 233/00, ZInsO 2001, 336.

4 Vgl. LAG Rheinland-Pfalz v. 17. 10. 1998 – 9 Sa 401/97, LAGE § 1 KSchG Interessenausgleich Nr. 2.

5 Vgl. BAG v. 21. 2. 2002 – 2 AZR 581/00, NZA 2002, 1360.

6 Vgl. ArbG Kiel v. 5. 9. 1997 – 4 Ca 3376c/96, NZA-RR 1998, 67; ArbG Stralsund v. 13. 2. 1997 – 1 Ca 647/96, AuA 1998, 27.

den zu § 126 BGB entwickelten Kriterien und Maßstäben nicht gerecht. Soweit in der Rechtsprechung verlangt worden ist, dass die Liste der zu entlassenden Arbeitnehmer immer zu unterzeichnen sei[1], stellt dies Anforderungen auf, die über das hinausgehen, was der Bundesgerichtshof für die Bestimmung der Einheit einer Urkunde zwecks Wahrung der Schriftform verlangt hat[2].

7.267 § 125 Abs. 1 Satz 1 InsO bezieht sich nicht auf beliebige Kündigungen, sondern setzt einen sachlichen und zeitlichen **Zusammenhang** zwischen der Betriebsänderung, dem Interessenausgleich mit Namenliste und der Kündigung voraus. Die – betriebsbedingte – Kündigung muss sich **konzeptionell, sachlich** aus derjenigen Betriebsänderung ergeben, die von dem Interessenausgleich geregelt wird. Es ist weiterhin erforderlich, dass in **zeitlicher** Hinsicht der Interessenausgleich der Kündigung vorausgeht[3]. Der Gesetzeswortlaut geht davon aus, dass eine Betriebsänderung „geplant" ist und im Hinblick darauf ein Interessenausgleich vereinbart wird, der die Arbeitnehmer benennt, denen „gekündigt werden soll". Eine Nachholung des Interessenausgleichs mit Namensliste, nachdem Kündigungen ausgesprochen sind, ist angesichts dessen nicht möglich.

7.268 Das Bundesarbeitsgericht hat eine **Teil-Namensliste** für den Fall gebilligt, dass sie für eine von mehreren Schritten oder Stufen einer gestreckten Betriebsänderung aufgestellt worden ist[4]. Ob dies auch gilt, wenn die Liste nur Teile der Belegschaft betrifft, weil sich Arbeitgeber und Betriebsrat abschließend und endgültig nur über einen Teil der zu entlassenden Beschäftigten einigen, ist ungeklärt. Die Frage ist im Grundsatz zu bejahen[5]. Der Wortlaut enthält keine Einschränkung. Sinn und Zweck stehen nicht entgegen. Man wird allerdings verlangen müssen, dass der erfasste Teil nach sachgerechten Kriterien bestimmt worden ist (Beispiel: Gruppe der am wenigsten schutzwürdigen Beschäftigten; Eingrenzung auf bestimmte Betriebsteile oder Funktionen).

d) Rechtsfolgen

7.269 § 125 Abs. 1 Satz 1 InsO privilegiert den Interessenausgleich mit Namenliste in zweifacher Hinsicht. Nr. 1 sieht vor, dass das Vorliegen dringender betrieblicher Erfordernisse i.S. von § 1 Abs. 2 KSchG vermutet wird. Nr. 2 ordnet Erleichterungen im Hinblick auf die soziale Auswahl an.

7.270 **aa)** Die **Vermutung des Vorliegens dringender betrieblicher Erfordernisse** gilt für alle im Rahmen von § 1 Abs. 2 KSchG relevanten Gesichtspunkte und

---

1 Vgl. ArbG Ludwigshafen v. 11. 3. 1997 – 1 Ca 3094/96, DB 1997, 1339; ArbG Hannover v. 23. 7. 1997 – 9 Ca 28/97, DB 1998, 208.

2 S. dazu BGH v. 24. 9. 1997 – XII ZR 234/95, NJW 1998, 58.

3 Vgl. *Berscheid,* MDR 1998, 816, 819; *Hess,* Insolvenzarbeitsrecht, § 125 InsO Rz. 10; *Kübler/Prütting/Bork/Moll,* § 125 InsO Rz. 34; *Matthes,* RdA 1999, 178; *B. Preis,* DB 1998, 1614, 1615.

4 Vgl. BAG v. 22. 1. 2004 – 2 AZR 111/02, AP Nr. 1 zu § 112 BetrVG 1972 Namensliste.

5 Vgl. LAG Köln v. 22. 2. 2007 – 6 Sa 974/06 (Az. beim BAG: 2 AZR 296/07); *Jaeger,* FS 25 Jahre Arbeitsgemeinschaft Arbeitsrecht im DAV, 2006, S. 889, 896; *Piehler,* NZA 1998, 970 ff.

damit sowohl für den Wegfall der bisherigen als auch für das Fehlen einer anderweitigen Beschäftigungsmöglichkeit[1]. Die gesetzliche Vermutung des § 125 Abs. 1 Satz 1 InsO ist eine solche i.S. von § 292 Satz 1 ZPO (§ 46 Abs. 2 Satz 1 ArbGG)[2]. Die Aufstellung der Vermutung bewirkt, dass der **Arbeitnehmer** nunmehr den **Hauptbeweis** dahin gehend zu führen hat, dass entgegen der Vermutung keine Tatsachen vorliegen, auf Grund derer die betriebsbedingte Kündigung durch dringende betriebliche Erfordernisse bedingt ist. Die Vermutung des § 125 Abs. 1 Satz 1 InsO kann nur durch den **Beweis des Gegenteils** beseitigt werden. Es genügt nicht, dass der Arbeitnehmer lediglich Tatsachen vorträgt, die die Vermutung erschüttern[3]. Der **Arbeitnehmer** trägt abweichend von § 1 Abs. 2 Satz 4 KSchG die **Beweislast** dafür, dass die betriebsbedingte Kündigung nicht durch dringende betriebliche Erfordernisse bedingt ist[4]. Zweifel an der Betriebsbedingtheit gehen zu Lasten des Arbeitnehmers. Der Arbeitnehmer trägt – der Beweislast folgend – die uneingeschränkte und volle Darlegungslast.

Die sich aus der **Vermutungswirkung** ergebende Beweis- und Darlegungslast 7.271
ist im Kündigungsschutzprozess allein davon abhängig, dass der **Tatbestand des § 125 Abs. 1 Satz 1 InsO** vorliegt; das Gesetz knüpft die Rechtsfolge der Vermutung an die in § 125 Abs. 1 Satz 1 InsO genannten Tatbestandsmerkmale an. Es ist insbesondere nicht erforderlich, dass der Arbeitgeber die Betriebsbedingtheit der Kündigung im Kündigungsschutzprozess darlegt oder substantiiert zur Betriebsbedingtheit der Kündigung vorträgt[5]. Zum einen lässt die sich aus dem Gesetzeswortlaut ergebende Vermutungswirkung nicht zu, dass Interpretationen an § 292 Satz 1 ZPO (§ 46 Abs. 2 Satz 1 ArbGG) vorbei entwickelt werden. Zum anderen hat das Gesetz in der Tat eine Beschränkung des Kündigungsschutzes beabsichtigt, wie sich aus den Gesetzesmaterialien ergibt[6]. Schließlich ist der Arbeitnehmer durchaus nicht so chancenlos, wie dies teilweise angenommen wird. Die Vermutungswirkung setzt voraus, dass die folgenden Tatbestandsmerkmale vorliegen: Betriebsänderung, Abschluss eines Interessenausgleichs, Aufnahme des Arbeitnehmers in die einen Bestandteil des Interessenausgleichs bildende Namenliste, Kündigung des Arbeitneh-

1 Vgl. *B. Preis,* DB 1998, 1614, 1616.

2 Vgl. *Ascheid,* RdA 1997, 333, 343; *v. Hoyningen-Huene/Linck,* DB 1997, 41, 45; *Löwisch,* NZA 1996, 1009, 1011; *Moll,* MDR 1997, 1038, 1039; *Schiefer,* DB 1998, 925, 927.

3 Vgl. LAG Hamm v. 6. 7. 2000 – 4 Sa 799/00, ZInsO 2000, 569.

4 Vgl. BAG v. 7. 5. 1998 – 2 AZR 536/97, DB 1998, 1768; LAG Köln v. 1. 8. 1997 – 11 Sa 355/97, DB 1997, 2181; LAG Düsseldorf v. 29. 1. 1998 – 5 (4) (3) Sa 1913/97, DB 1998, 1235; ArbG Kiel v. 5. 9. 1997 – 4 CA 3376c/96, NZA-RR 1998, 67; ArbG Siegburg v. 17. 7. 1997 – 1 Ca 3510/96, MDR 1997, 1038; ArbG Wesel v. 28. 5. 1997 – 6 Ca 389/97, NZA-RR 1997, 341.

5 S. aber demgegenüber LAG Düsseldorf v. 4. 3. 1998 – 12 (17) Sa 2125/97, LAGE § 1 KSchG Interessenausgleich Nr. 3; ArbG Bonn v. 5. 2. 1997 – 2 Ca 3268/96, DB 1997, 1517; ArbG Senftenberg v. 5. 2. 1998 – 3 Ca 2923/97, NZA-RR 1998, 299; *Zwanziger,* Das Arbeitsrecht der Insolvenzordnung, 3. Aufl. 2006, § 125 InsO Rz. 18 ff.

6 Vgl. Bundesministerium der Justiz, Diskussionsentwurf. Gesetz zur Reform des Insolvenzrechts. Entwurf einer Insolvenzordnung (EInsO) und anderer Reformvorschriften, 1988, S. B 97; Bundesministerium der Justiz, Referentenentwurf. Gesetz zur Reform des Insolvenzrechts, 1998, S. 120; BT-Drucks. 12/2443, S. 71, 149.

mers auf Grund der Betriebsänderung gem. Interessenausgleich. Diese **Ausgangstatsachen** hat der **Arbeitgeber** darzulegen. Es ist schwerlich vorstellbar, dass der Arbeitnehmer nicht ausreichend Klarheit über die die Betriebsbedingtheit ausmachenden Sachverhalte hat, nachdem der **Arbeitgeber** den **Inhalt der Betriebsänderung** und die **Kausalität der Betriebsänderung für die Kündigung** vorgetragen hat[1]. Das Ausmaß der diesbezüglichen Konkretisierung und Substantiierung durch den Arbeitgeber ist entsprechend allgemeinen prozessualen Grundsätzen von der Einlassung des Arbeitnehmers abhängig[2].

7.272 **bb)** Die soziale Auswahl kann nur im Hinblick auf die drei im Gesetz genannten Merkmale überprüft werden (Betriebszugehörigkeit, Lebensalter, Unterhaltspflichten). Ein Teil des Schrifttums geht davon aus, dass es dem Insolvenzverwalter nicht (mehr) gestattet sei, andere Kriterien als die drei im Gesetz genannten heranzuziehen[3]. Dies ist abzulehnen. Das Gesetz gibt einen Prüfungsmaßstab für das Arbeitsgericht vor; es statuiert, dass die Gesichtspunkte Betriebszugehörigkeit, Lebensalter und Unterhaltspflichten **ausreichend berücksichtigt** werden und dass das Arbeitsgericht nur die Einhaltung dieser Gesichtspunkte überprüft. Dies schließt nicht aus, dass auch andere mit dem Arbeitsverhältnis in Zusammenhang stehende Gesichtspunkte in die Abwägung einbezogen werden, solange und soweit **den drei genannten Kriterien angemessen Rechnung getragen** ist[4]. Dem Arbeitgeber ist daher die Einbeziehung anderer Gesichtspunkte nicht verwehrt; ihn trifft dabei jedoch das Risiko, dass er die drei gesetzlich genannten Kriterien angemessen berücksichtigt. Eine **Berücksichtigung anderweitiger Gesichtspunkte** erscheint insbesondere im Hinblick auf die **Schwerbehinderteneigenschaft** und den damit zusammenhängenden Sonderkündigungsschutz nach §§ 85 ff. SGB IX erforderlich und erwägenswert[5]; dies gilt jedenfalls dann, wenn man dem Arbeitgeber nicht generell gestattet, die Arbeitnehmer mit Sonderkündigungsschutz aus der Sozialauswahl herauszunehmen[6], auch wenn es sich nicht um „Unkündbarkeit" handelt, sondern lediglich wie bei Schwerbehinderten Verfahrensvoraussetzungen bzw. Zustimmungserfordernisse zu berücksichtigen sind.

7.273 Die soziale Auswahl der in der Namenliste genannten Arbeitnehmer kann gem. § 125 Abs. 1 Satz 1 Nr. 2 InsO **nur auf grobe Fehlerhaftigkeit überprüft** werden. Dies nimmt die Gesichtspunkte des § 1 Abs. 3 KSchG in Bezug.

---

1 Vgl. *Moll,* MDR 1997, 1038, 1039. S. aber kritisch *Richardi,* NZA 1999, 617, 618.

2 Vgl. *B. Preis,* DB 1998, 1614, 1618.

3 Vgl. *Lakies,* RdA 1997, 145, 150; *Pauli,* MDR 1997, 513, 523; *Zwanziger,* Das Arbeitsrecht der Insolvenzordnung, 3. Aufl. 2006, § 125 InsO Rz. 25.

4 S. zur Diskussion insbesondere *Bader,* NZA 1996, 1125, 1127; *Berkowsky,* NZI 1999, 129, 133; *Caspers,* Personalabbau und Betriebsänderung im Insolvenzverfahren, Rz. 183; *v. Hoyningen-Huene/Linck,* DB 1997, 41, 42; *Löwisch,* NZA 1996, 1009, 1010; *Lorenz,* DB 1996, 1973; *Kübler/Prütting/Bork/Moll,* § 125 InsO Rz. 48; *U. Preis,* NJW 1996, 3369, 3370.

5 Vgl. *Bader,* NZA 1996, 1125, 1127; *Düwell,* DB 2003, 1574 ff.; *v. Hoyningen-Huene/Linck,* DB 1997, 41, 42; *Löwisch,* NZA 1996, 1009, 1010.

6 S. etwa LAG Hamm v. 23. 3. 2000 – 4 Sa 510/99, ZInsO 2001, 336 = EWiR 2001, 125 (Herausnahme von Erziehungsurlaubern und Wahlbewerbern); LAG Hamm v. 6. 7. 2000 – 4 Sa 233/00, ZInsO 2001, 336 (der Arbeitgeber sei *nicht* verpflichtet, zur Ermöglichung der Sozialauswahl eine Behördenzustimmung einzuholen).

7.274 Die Begrenzung der arbeitsgerichtlichen Überprüfungsmöglichkeit auf den Maßstab der groben Fehlerhaftigkeit wirft die Frage auf, ob die Einschränkung der gerichtlichen Überprüfungsmöglichkeit nur auf den Auswahlvorgang mit Hilfe der in § 1 Abs. 3 Satz 1 KSchG genannten Sozialauswahlkriterien anwendbar ist oder ob alle Aspekte des Sozialauswahlvorgangs – Bestimmung der vergleichbaren Arbeitnehmer, Bestimmung der betriebswichtigen Arbeitnehmer, Auswahl anhand der drei im Gesetz genannten Kriterien erfasst werden[1]. Das **Bundesarbeitsgericht** hat sich für eine **Erstreckung des Maßstabs der groben Fehlerhaftigkeit auf den gesamten Sozialauswahlvorgang** mit allen drei Prüfungsschritten entschieden[2].

7.275 Grobe Fehlerhaftigkeit liegt bei einem ins Auge springenden, schweren Fehler vor, etwa, wenn ein soziales Grunddatum überhaupt nicht beachtet oder **in seinem Gewicht grob vernachlässigt** worden ist, d.h. eines der drei Sozialdaten überhaupt nicht berücksichtigt oder ihm ein völlig ungenügendes Gewicht oder eine überhöhte Bewertung beigemessen worden bzw. die Gewichtung der Sozialkriterien jede **Ausgewogenheit** vermissen lässt[3]. Der Auswahl der Betriebspartner kommt eine erhebliche Präferenz zu.

7.276 Die **Erhaltung oder Schaffung (!) einer ausgewogenen Personalstruktur** ist bei der Prüfung der Sozialauswahl anzuerkennen, d.h. die Sozialauswahl kann nicht deshalb als grob fehlerhaft angesehen werden, weil diesem Personalstrukturgesichtspunkt Rechnung getragen worden ist. Personalstruktur ist nicht auf Altersstruktur beschränkt[4]. Der Personalstrukturaspekt kann beispielsweise eine Beschränkung der Sozialauswahl auf jeweilige Abteilungen bei nicht ausgebildeten Beschäftigten begründen.

---

1 Siehe zur Diskussion etwa *Ascheid,* RdA 1997, 333, 343; *Giesen,* ZfA 1997, 145, 174; *Grunsky/Moll,* Arbeitsrecht und Insolvenz, 1997, Rz. 285; *Moll,* MDR 1997, 1038, 1039; *Neef,* NZA 1997, 65, 69; *U. Preis,* NJW 1996, 3369, 3372; *Schiefer,* DB 1997, 1518, 1520; *Stahlhacke/Preis,* WiB 1996, 1025, 1032; *Zwanziger,* Das Arbeitsrecht der Insolvenzordnung, 3. Aufl. 2006, § 125 InsO Rz. 31 ff.

2 Vgl. BAG v. 7. 5. 1998 – 2 AZR 536/97, DB 1998, 1768; BAG v. 12. 4. 2002 – 2 AZR 706/00, DB 2002, 2277; BAG v. 28. 8. 2003 – 2 AZR 368/02, DB 2004, 604; BAG v. 21. 7. 2005 – 6 AZR 592/04, DB 2006, 400; BAG v. 21. 9. 2006 – 2 AZR 760/05, DB 2007, 1141; BAG v. 19. 6. 2007 – 2 AZR 304/06, BB 2008, 224. So auch bereits LAG Köln v. 1. 8. 1997 – 11 Sa 355/97, DB 1997, 2181; ArbG Kiel v. 5. 9. 1997 – 4 Ca 3376c/96, NZA-RR 1998, 67; ArbG Siegburg v. 17. 7. 1997 – 1 Ca 3510/96, MDR 1997, 1038. Anders demgegenüber LAG Düsseldorf v. 4. 3. 1998 – 12 (17) Sa 2125/97, LAGE § 1 KSchG Interessenausgleich Nr. 3; LAG Düsseldorf v. 24. 3. 1998 – 3 Sa 1926/97, LAGE § 1 KSchG Interessenausgleich Nr. 6; ArbG Bonn v. 5. 2. 1997 – 2 Ca 3268/96, DB 1997, 1517.

3 Vgl. BAG v. 21. 1. 1999 – 2 AZR 624/98, DB 1999, 1862 = EWiR 2000, 245 (*Grimm*); BAG v. 2. 12. 1999 – 2 AZR 757/98, DB 2000, 1338; BAG v. 21. 7. 2005 – 6 AZR 592/04, NZA 2006, 162, 165; BAG v. 17. 1. 2008 – 2 AZR 405/06, DB 2008, 1688; LAG Düsseldorf v. 29. 1. 1998 – 5 (4) (3) Sa 1913/97, DB 1998, 1235; *Bader,* NZA 1996, 1125, 1133; *Berscheid* in Kölner Schrift zur InsO, S. 1395, Rz. 70; Hessisches LAG v. 24. 6. 1999 – 3 Sa 1278/98, DB 1999, 2575; LAG Hamm v. 6. 7. 2000 – 799/00, ZInsO 2000, 569 (Ehemänner nicht berücksichtigt als Unterhaltsberechtigte: Nachtragen der Punkte).

4 Vgl. BAG v. 28. 8. 2003 – 2 AZR 368/02, DB 2004, 604.

7.277 Es kann insbesondere eine auf **Altersgruppen bezogene Sozialauswahl** im Rahmen der vergleichbaren Arbeitnehmer (Berufsgruppen) stattfinden[1].

7.278 Der Arbeitgeber kann zu Erhaltung einer bestimmten Personalstruktur innerhalb des in Betracht kommenden Personenkreises abstrakte Gruppen mit unterschiedlichen Strukturmerkmalen bilden und für jede Gruppe eine dem Belegschaftsanteil entsprechende Prozentzahl an Kündigungen vorsehen. Innerhalb der Gruppen ist dann die Sozialauswahl vorzunehmen. Die Altersgruppen werden anteilsmäßig, prozentual mit dem Abbau von Arbeitskräften belastet. Die Verteilung kann (auch) anders gewichtet werden, wenn eine Strukturverbesserung beabsichtigt ist. Die Erhaltung einer ausgewogenen Altersstruktur bedeutet, dass das Verhältnis der älteren zu den jüngeren Mitarbeitern in etwa gleich bleibt.

7.279 Beispiele für Altersgruppen: Fünf Altersgruppen (bis 30 Jahre, bis 40 Jahre, bis 50 Jahre, bis 60 Jahre, über 60 Jahre[2]; bis 25 Jahre, bis 35 Jahre, bis 45 Jahre, bis 55 Jahre, älter als 55 Jahre[3]). Drei Altersgruppen (bis 40 Jahre, bis 50 Jahre, über 50 Jahre[4]; 30–40 Jahre, 41–50 Jahre, 51–60 Jahre[5]). Andere bekannte Altersgruppenbildungen sind etwa: bis 20 Jahre, bis 30 Jahre, bis 40 Jahre, bis 50 Jahre, bis 57 Jahre, über 57 Jahre[6]; 18–25 Jahre, 26–30 Jahre, 31–35 Jahre, 36–40 Jahre, 41–45 Jahre, 46–50 Jahre, 51–55 Jahre, älter als 55 Jahre[7]; bis 29 Jahre, 30–39 Jahre, 40–49 Jahre, 50–59 Jahre, ab 60 Jahre[8]. Das Verbot der Altersdiskriminierung steht der Altersgruppenbildung nicht entgegen; diese ist nach § 10 Sätze 1 und 2 AGG gerechtfertigt[9].

7.280 Dem Arbeitgeber steht bei der Gruppenbildung und der Strukturentscheidung **Beurteilungsspielraum** zu, der nur darauf überprüfbar ist, ob die Gruppenbildung nach unsachlichen Gesichtspunkten erfolgte und nicht zielgerichtet zur Kündigung einzelner unliebsamer Arbeitnehmer vorgenommen wurde[10]. Bei der Bildung von Altersgruppen wird eine bestimmte Staffelung durch das Gesetz nicht vorgeschrieben.

1 S. dazu LAG Düsseldorf v. 17. 3. 2000 – 9 (6) Sa 84/00, DB 2000, 1572 = NZA-RR 2000, 421; LAG Hamm v. 5. 6. 2003 – 4 (16) Sa 1976/02, ZInsO 2003, 1060; Hessisches LAG v. 24. 6. 1999 – 3 Sa 1278/98, DB 1999, 2575; *Ascheid,* RdA 1997, 333, 338; *Berscheid,* Anwaltsblatt 1995, 8, 14; *Küttner,* FS 50 Jahre BAG, 2004, S. 409, 419 ff.

2 Vgl. Sächsisches LAG v. 5. 1. 2005 – 2 Sa 674/04, LAGE § 1 KSchG Soziale Auswahl Nr. 48; *Bauer,* NZA 2004, Sonderbeilage zu Heft 18, S. 38, 43; *Berscheid* in Kölner Schrift zur Insolvenzordnung, S. 1395, Rz. 46 ff., 73; jew. m.w.N.

3 Vgl. BAG v. 6. 11. 2008 – 2 AZR 701/07.

4 Vgl. Hessisches LAG v. 24. 6. 1999 – 3 Sa 1278/98, NZA-RR 2000, 74. S. auch *Küttner,* FS 50 Jahre BAG, 2004, S. 409, 421.

5 Vgl. BAG v. 6. 9. 2007 – 2 AZR 387/06, NZA 2008, 405.

6 Vgl. BAG v. 23. 11. 2000 – 2 AZR 533/99, AP Nr. 114 zu § 1 KSchG 1969 Betriebsbedingte Kündigung.

7 Vgl. LAG Düsseldorf v. 17. 3. 2000 – 9 (6) Sa 84/00, NZA-RR 2000, 421. S. auch *Küttner,* FS 50 Jahre BAG, 2004, S. 409, 420.

8 Vgl. BAG v. 19. 6. 2007 – 2 AZR 304/06, NZA 2008, 103.

9 Vgl. BAG v. 19. 6. 2007 – 2 AZR 304/06, NZA 2008, 103; BAG v. 6. 9. 2007 – 2 AZR 387/06, NZA 2008, 405; BAG v. 6. 11. 2008 – 2 AZR 701/07.

10 Vgl. LAG Hamm v. 5. 6. 2003 – 4 (16) Sa 1876/02, NZA-RR 2004, 132.

§ 125 Abs. 1 Satz 1 Nr. 2 InsO ändert an der **Beweislast** nichts. Es bleibt bei den von der Rechtsprechung entwickelten **Grundsätzen der abgestuften Darlegungslast** im Zusammenhang mit der Sozialauswahl[1]. Die Beschränkung des Prüfungsmaßstabs auf grobe Fehlerhaftigkeit besagt über die Beweislast und die dieser folgenden Darlegungslast nichts, ebenso wie umgekehrt die Vermutungsregelung in § 125 Abs. 1 Satz 1 Nr. 1 InsO allein prozessualer Natur ist und den materiell-rechtlichen Tatbestand der Betriebsbedingtheit des § 1 Abs. 2 KSchG nicht berührt. Die Darlegungslast für die Sozialauswahl liegt zunächst beim Arbeitnehmer. Sie geht auf den Arbeitgeber über, wenn der Arbeitnehmer nicht in der Lage ist, substantiiert zu der getroffenen Sozialauswahl Stellung zu nehmen und entsprechende Auskunft vom Arbeitgeber verlangt. Die Darlegungslast geht wieder auf den Arbeitnehmer über, wenn der Arbeitgeber Angaben darüber gemacht hat, welche Arbeitnehmer er in die Sozialauswahl einbezogen hat, welche Umstände er berücksichtigt hat und welche Maßstäbe er seinen Abwägungen zugrunde gelegt hat. Der Arbeitnehmer muss nunmehr darlegen, welche Arbeitnehmer statt seiner Adressaten der Kündigung sein mögen. 7.281

e) Änderung der Sachlage

Die Vermutung der Betriebsbedingtheit und die Beschränkung des Überprüfungsmaßstabs bei der Sozialauswahl auf grobe Fehlerhaftigkeit gelten nicht, soweit sich **die Sachlage nach Zustandekommen des Interessenausgleichs wesentlich geändert** hat (§ 125 Abs. 1 Satz 2 InsO). 7.282

Die an eine Änderung der Sachlage zu stellenden Anforderungen werden verbreitet als eine mit der **Geschäftsgrundlage vergleichbare Konstellation** beschrieben[2]. „Wesentlich" ist die Änderung der Sachlage dann, wenn nicht ernsthaft bezweifelt werden kann, dass beide Betriebsparteien oder eine von ihnen den Interessenausgleich in Kenntnis der späteren Änderung nicht oder mit anderem Inhalt geschlossen hätten[3]. Typische Fälle sind etwa: Eine geplante Betriebsstilllegung wird nicht durchgeführt, nachdem ein Erwerber den Betrieb übernimmt; die betriebliche Planung wird grundlegend geändert, was dazu führt, dass entweder keine oder wesentlich weniger Mitarbeiter als ursprünglich geplant entlassen werden[4]. Änderungen in Einzelfällen können demgegenüber nicht als eine wesentliche Änderung der Sachlage angesehen werden[5]. Ein Arbeitnehmer kann allerdings möglicherweise eine Änderung von Einzelfallumständen als Ansatzpunkt für eine Widerlegung der gesetzlichen Vermutung der Betriebsbedingtheit heranziehen. Eine „Rangfolge" unter 7.283

1 S. dazu etwa BAG v. 21. 7. 1988 – 2 AZR 75/88, AP Nr. 17 zu § 1 Soziale Auswahl = DB 1989, 485.
2 Vgl. LAG Köln v. 1. 8. 1997 – 11 Sa 355/97, DB 1997, 2181; *Bader,* NZA 1996, 1125, 1133; *Caspers,* Personalabbau und Betriebsänderung im Insolvenzverfahren, Rz. 208.
3 Vgl. LAG Hamm v. 25. 11. 2004 – 4 Sa 1120/63, LAGE § 125 InsO Nr. 5.
4 Vgl. LAG Köln v. 1. 8. 1997 – 11 Sa 355/97, DB 1998, 2183; LAG Schleswig-Holstein v. 22. 4. 1998 – 2 Sa 556/97, LAGE § 1 KSchG Interessenausgleich Nr. 5; *Bader,* NZA 1996, 1125, 1133; *Hess,* Insolvenzarbeitsrecht, 2. Aufl. 2000, Rz. 26; *Löwisch,* NZA 1996, 1009, 1012; *Kübler/Prütting/Bork/Moll,* § 125 InsO Rz. 68.
5 Vgl. *U. Preis,* DB 1998, 1614, 1617.

den in der Namenliste enthaltenen Arbeitnehmern gibt es nicht. Es erscheint auch fraglich, ob derartige Rangfolgen mit Tabellenplätzen in dem Interessenausgleich aufgestellt werden können[1]. Die Vermutungswirkungen des § 125 Abs. 1 Satz 1 Nr. 1 InsO bleiben erhalten, solange keine wesentliche Änderung der Sachlage eingetreten ist. Das Ausscheiden einzelner Arbeitnehmer und damit eine Änderung in Einzelfällen berührt die Vermutung bei keinem der in der Namenliste enthaltenen Arbeitnehmer. Es ist angesichts dessen weder notwendig noch zweckmäßig, eine Rangfolge der zu entlassenden Arbeitnehmer mit Tabellenplätzen in dem Interessenausgleich aufzustellen. Es mag, wenn die Betriebsparteien sich einer derartigen Prozedur unterziehen, möglich sein, dass vorsorgliche Regelungen für den Fall sich ändernder Einzelner oder auch grundlegender Umstände getroffen werden. Angesichts der Komplexität künftiger Entwicklungen und kündigungsbezogener Entscheidungen wird dies allerdings eher eine Ausnahme sein (können).

7.284 Die Änderung der Sachlage muss *nach* dem Zustandekommen des Interessenausgleichs eingetreten sein. Es muss sich zudem um eine Änderung handeln, die **bis zum Ausspruch der Kündigung eingetreten** ist[2]. Eine Anwendung des Änderungsvorbehalts auch noch nach Ausspruch der Kündigung würde § 125 Abs. 1 Satz 1 InsO gerade in besonders wichtigen Fällen gegenstandslos machen. Der Gesetzeszweck der Beschleunigung und Vereinfachung würde vereitelt. Es würde insbesondere verhindert, dass Fortsetzung oder Veräußerung von Betrieben nicht auf Grund der allgemeinen kündigungsrechtlichen Probleme erschwert werden. Die problematischen und schwierigen Situationen sind oftmals diejenigen, in denen nach dem Ausspruch von Kündigungen ein Erwerber gefunden wird und es dann darum geht zu entscheiden, ob im Zeitpunkt des Ausspruchs der Kündigung ein für die Kündigung ausreichender Stilllegungsentschluss vorgelegen hat oder ob die Kündigung wegen des Betriebsübergangs erfolgt ist[3]. Die betroffenen Arbeitnehmer sind im Falle einer Beschränkung des § 125 Abs. 1 Satz 2 InsO auf den Zeitraum zwischen Zustandekommen des Interessenausgleichs und Ausspruch der Kündigung nicht rechtlos gestellt, falls es zu einer Änderung der Sachlage kommt. Ein **Arbeitnehmer** kann unabhängig von der Wirksamkeit der Kündigung einen **Wiedereinstellungsanspruch** haben, wenn sich nach Ausspruch der Kündigung herausstellt, dass auf Grund geänderter Planungen oder Umstände Maßnahmen nicht realisiert werden, die dem Kündigungsgrund zugrunde gelegen haben (Rz. 3.62 ff.)[4].

1 So aber *Giesen,* ZIP 1998, 46, 49; *Grunsky/Moll,* Arbeitsrecht und Insolvenz, Rz. 366. S. dagegen bereits *Kübler/Prütting/Bork/Moll,* § 125 InsO Rz. 69.

2 Vgl. LAG Hamm v. 23. 3. 2000 – 4 Sa 1554/99; Hessisches LAG v. 16. 3. 2000 – 14 Sa 1790/98; LAG Köln v. 13. 10. 2004 – 7 (5) Sa 273/04, ZIP 2005, 1090; *Caspers,* Personalabbau und Betriebsänderung im Insolvenzverfahren, Rz. 208 ff.; *Grunsky/Moll,* Arbeitsrecht und Insolvenz, Rz. 369; *Kübler/Prütting/Bork/Moll,* § 125 InsO Rz. 72 ff. S. aber demgegenüber *Schrader,* NZA 1997, 70, 75; *Zwanziger,* BB 1997, 626, 628.

3 S. dazu etwa BAG v. 28. 4. 1988 – 2 AZR 623/87, AP Nr. 74 zu § 613a BGB; BAG v. 10. 10. 1996 – 2 AZR 477/95, AP Nr. 81 zu § 1 KSchG 1969 Betriebsbedingte Kündigung.

4 Vgl. BAG v. 27. 2. 1997 – 2 AZR 160/96, AP Nr. 1 zu § 1 KSchG 1969 Wiedereinstellung = DB 1997, 1414; BAG v. 6. 8. 1997 – 7 AZR 557/96, AP Nr. 2 zu § 1 KSchG

f) Massenentlassung

§ 125 Abs. 2 InsO enthält eine Erleichterung für den Fall anzeigepflichtiger Massenentlassungen. § 17 Abs. 3 Satz 2 KSchG sieht bei anzeigepflichtigen Massenentlassungen vor, dass die Anzeige unter Beifügung einer Stellungnahme des Betriebsrats vorzunehmen ist. Dies ist Wirksamkeitsvoraussetzung für die Anzeige[1]. Der Arbeitgeber kann auf Grund § 125 Abs. 2 InsO seiner Pflicht nach § 17 Abs. 3 Satz 2 KSchG dadurch genüge tun, dass er den Interessenausgleich mit Namenliste der Anzeige beifügt und der Agentur für Arbeit übermittelt[2]. 7.285

g) Betriebsratsanhörung

Die Aufstellung eines Interessenausgleichs mit Namenliste lässt das Anhörungserfordernis nach § 102 Abs. 1 BetrVG unberührt[3]. Die Betriebsratsanhörung wird allerdings bei praktisch sinnvollem Vorgehen, wenn sie nicht sogar in dem Interessenausgleich ausdrücklich vorgenommen wird, tatsächlich mit den Verhandlungen über den Interessenausgleich mit Namenliste zusammenfallen und auf diesen Bezug nehmen[4]. Die Anhörung nach § 102 Abs. 1 BetrVG kann im Zuge der Verhandlungen über den Interessenausgleich vorgenommen oder in den Interessenausgleich aufgenommen werden[5]. Den praktischen Bedürfnissen ist damit Rechnung getragen. Der Sinn und Zweck von § 102 Abs. 1 BetrVG ist gleichzeitig uneingeschränkt gewahrt. 7.286

4. Beschlussverfahren statt Interessenausgleich

a) Anwendungsbereich

Das Gesetz gibt dem Insolvenzverwalter eine Alternative zur Vereinbarung eines Interessenausgleichs mit Namenliste an die Hand, wenn entweder der Betrieb keinen Betriebsrat hat oder aber aus anderen Gründen innerhalb von 7.287

1969 Wiedereinstellung = DB 1998, 423; BAG v. 4. 12. 1997 – 2 AZR 140/97, AP Nr. 4 zu § 1 KSchG 1969 Wiedereinstellung = DB 1998, 1087.

1 Vgl. *Moll* in Ascheid/Preis/Schmidt, 3. Aufl. 2007, § 17 KSchG Rz. 73; *Weigand* in Gemeinschaftskommentar zum Kündigungsschutzgesetz, 8. Aufl. 2007, § 17 KSchG Rz. 59.

2 Vgl. *Bader,* NZA 1996, 1125, 1133.

3 Vgl. BAG v. 20. 5. 1999 – 2 AZR 532/99, AP Nr. 5 zu § 1 KSchG 1969 Namensliste = DB 2000, 149; LAG Düsseldorf v. 9. 10. 1997 – 13 Sa 996/97 (unveröff.); LAG Düsseldorf v. 24. 3. 1998 – 3 Sa 1926/97, LAGE § 1 KSchG Interessenausgleich Nr. 6; LAG Düsseldorf v. 21. 4. 1998 – 3 (11) (18) Sa 1968/97, LAGE § 102 BetrVG Nr. 69; LAG Hamm v. 7. 2. 2001 – 2 Sa 200/00, ZInsO 2001, 678; *Berscheid,* MDR 1998, 942, 943; *Kübler/Prütting/Bork/Moll,* § 125 InsO Rz. 80. S. aber auch *Giesen,* ZfA 1997, 145, 175; *Grunsky/Moll,* Arbeitsrecht und Insolvenz, Rz. 405; *Rinke,* NZA 1998, 77, 86; *Schiefer,* DB 1998, 925, 926; *Schrader,* NZA 1997, 70, 75; *Warrikoff,* BB 1994, 2338, 2342.

4 Vgl. *B. Preis,* DB 1998, 1614, 1618.

5 Vgl. BAG v. 20. 5. 1999 – 2 AZR 532/99, AP Nr. 5 zu § 1 KSchG 1969 Namensliste = DB 2000, 149; LAG Düsseldorf v. 9. 10. 1997 – 13 Sa 996/97 (unveröff.); LAG Hamm v. 7. 2. 2001 – 2 Sa 200/00, ZInsO 2001, 678; ArbG Wesel v. 28. 5. 1997 – 6 Ca 389/97, NZA-RR 1997, 341.

drei Wochen nach Verhandlungsbeginn oder Aufforderung zu Verhandlungen ein Interessenausgleich nach § 125 Abs. 1 Satz 1 InsO nicht zu Stande kommt. Der Insolvenzverwalter kann dann **beim Arbeitsgericht beantragen** festzustellen, dass die **Kündigung** bestimmter, im Antrag bezeichneter Arbeitnehmer **durch dringende betriebliche Erfordernisse bedingt und sozial gerechtfertigt** ist (§ 126 Abs. 1 Satz 1 InsO).

7.288 § 126 Abs. 1 Satz 1 InsO enthält zwei Alternativen. Zum einen kann ein Betriebsrat fehlen. Zum anderen kann ein Interessenausgleich i.S. des § 125 Abs. 1 Satz 1 InsO aus anderen Gründen nicht zu Stande gekommen sein.

7.289 Die Regelung gilt in folgenden Fällen:

- In einem Unternehmen mit mindestens 20 wahlberechtigten Arbeitnehmern wird eine Betriebsänderung i.S. des § 111 BetrVG durchgeführt, und Betriebsrat und Insolvenzverwalter können sich über einen Interessenausgleich mit Namenliste nicht einigen.
- Die Regelung gilt auch, wenn die Unternehmensgröße des § 111 BetrVG erreicht ist und eine Betriebsänderung i.S. des § 111 BetrVG durchgeführt wird, jedoch ein Betriebsrat nicht vorhanden ist und deshalb ein Interessenausgleich mit Namenliste nicht abgeschlossen werden kann.

7.290 § 126 Abs. 1 Satz 1 InsO gilt demgegenüber nicht, wenn es sich um einen Betrieb unterhalb der **Größenordnung** des § 111 BetrVG handelt[1]. Die Regelung gilt auch nicht, wenn keine **Betriebsänderung** i.S. von § 111 BetrVG vorliegt[2].

b) Antragsvoraussetzungen und Entscheidungsgegenstand

7.291 Der Antrag setzt – über das Nichtzustandekommen eines Interessenausgleichs mit Namenliste hinaus – voraus, dass **der Betriebsrat rechtzeitig und umfassend unterrichtet** worden ist und dass der Insolvenzverwalter mit dem Betriebsrat **verhandelt** hat **oder** ihn zumindest **schriftlich zur Aufnahme von Verhandlungen aufgefordert** hat. Auslöser für die Drei-Wochen-Frist ist somit – die Erfüllung des Unterrichtungserfordernisses unterstellt – entweder die Aufforderung zur Aufnahme der Verhandlungen oder die Aufnahme der Verhandlungen. Ist kein Betriebsrat vorhanden, ist der Antrag sofort zulässig.

7.292 Der Antrag des Insolvenzverwalters geht dahin, dass die Kündigung bestimmter Arbeitnehmer durch dringende betriebliche Erfordernisse bedingt und sozial gerechtfertigt ist. Die Angaben des Insolvenzverwalters in dem Antrag müssen dem **Bestimmtheitserfordernis** entsprechen. Die Arbeitnehmer müssen hinreichend individualisierbar sein.

---

1 S. dazu *Friese,* ZInsO 2001, 350; *Kübler/Prütting/Bork/Moll,* § 126 InsO Rz. 11; jew. m.w.N.

2 S. dazu *Friese,* ZInsO 2001, 350, 351; *Kübler/Prütting/Bork/Moll,* § 126 InsO Rz. 11; jew. m.w.N.

Der Antrag des Insolvenzverwalters kann sich sowohl auf bereits **erfolgte** wie auch auf **geplante** Kündigungen beziehen[1]. Der Insolvenzverwalter kann Kündigungen vor Einleitung des Beschlussverfahrens und während der Dauer des Beschlussverfahrens aussprechen, d.h. das Beschlussverfahren ist noch im Hinblick auf solche Arbeitnehmer möglich, denen bereits gekündigt worden ist[2]. 7.293

Das Arbeitsgericht weist den Antrag als unzulässig ab, wenn es an den Antragsvoraussetzungen (Nichtzustandekommen eines Interessenausgleichs, Unterrichtung des Betriebsrats, Verhandlungen oder Aufforderung zu Verhandlungen, Fristablauf) fehlt. Das Arbeitsgericht entscheidet in der Sache darüber, ob die Kündigungen der von dem Insolvenzverwalter benannten Arbeitnehmer sozial gerechtfertigt sind. Das Arbeitsgericht kann diese Feststellungen für alle von dem Insolvenzverwalter genannten Arbeitnehmer oder nur für einige von diesen treffen, so dass das Beschlussverfahren für verschiedene Arbeitnehmer unterschiedlich ausgehen kann[3]. 7.294

Das Arbeitsgericht prüft das **Vorliegen dringender betrieblicher Erfordernisse** i.S. von § 1 Abs. 2 KSchG. Der Insolvenzverwalter hat im Hinblick auf die ihn treffende Vortragslast seinen Antrag hinreichend zu substantiieren. Er hat angesichts von **§ 1 Abs. 2 Satz 4 KSchG** die betriebsbedingten Gründe darzulegen[4]. Das Arbeitsgericht entscheidet nicht nur über das Vorliegen dringender betrieblicher Erfordernisse i.S. von § 1 Abs. 2 KSchG. Die Entscheidung des Arbeitsgerichts umfasst auch die Sozialauswahl (§ 1 Abs. 3 KSchG). § 126 Abs. 1 Satz 2 InsO sieht dazu vor, dass die **Sozialauswahl** nur im Hinblick auf die Betriebszugehörigkeit, das Lebensalter und die Unterhaltspflichten überprüft werden kann. Die Überprüfung der Sozialauswahl durch das Arbeitsgericht ist nicht auf grobe Fehlerhaftigkeit beschränkt. § 126 Abs. 1 Satz 2 InsO erwähnt anders als § 125 Abs. 1 Satz 1 Nr. 2 InsO nicht den Aspekt der Personalstruktur. Dieser ist jedoch auf Grund des allgemeinen Kündigungsschutzrechts (§ 1 Abs. 3 Satz 2 KSchG) im Rahmen der Sozialauswahlprüfung zu beachten (Rz. 2.185). Die für die soziale Auswahl relevanten Tatsachen sind im Rahmen des für das Beschlussverfahren geltenden Untersuchungsgrundsatzes nach den Grundsätzen und Regeln vorzutragen, die im Rahmen von § 1 Abs. 3 KSchG entwickelt worden sind[5]. 7.295

§ 126 Abs. 1 Satz 1 InsO bezieht sich allein auf die Frage der sozialen Rechtfertigung der Kündigung. Das Arbeitsgericht entscheidet **nicht über andere** 7.296

---

1 Vgl. BAG v. 29. 6. 2000 – 8 ABR 44/99, AP Nr. 2 zu § 126 InsO = DB 2000, 2021; *Caspers,* Personalabbau und Betriebsänderung im Insolvenzverfahren, Rz. 264; *Lohkemper,* KTS 1996, 1, 15; *Schrader,* NZA 1997, 70, 77; *Warrikoff,* BB 1994, 2338, 2343; *Zwanziger,* Das Arbeitsrecht der Insolvenzordnung, 3. Aufl. 2006, § 126 InsO Rz. 20.

2 Vgl. BAG v. 29. 6. 2000 – 8 AZR 44/99, AP Nr. 2 zu § 126 InsO = DB 2000, 2021.

3 Vgl. BAG v. 29. 6. 2000 – 8 AZR 44/99, AP Nr. 2 zu § 126 InsO = DB 2000, 2021.

4 Vgl. *Caspers,* Personalabbau und Betriebsänderung im Insolvenzverfahren, Rz. 256; *Grunsky/Moll,* Arbeitsrecht und Insolvenz, Rz. 386; *Kania,* DStR 1996, 832, 835; *Lakies,* RdA 1997, 145, 152 ff.

5 S. dazu *Kübler/Prütting/Bork/Moll,* § 126 InsO Rz. 31 m.w.N.

Gesichtspunkte, von denen die (Un-)Wirksamkeit der Kündigung abhängt. Es hat jedoch die Kündigungsbefugnis der die Kündigung aussprechenden Person zu überprüfen[1].

7.297 Die **Sachverhaltsermittlung** unterliegt dem Untersuchungsgrundsatz (§ 83 Abs. 1 Satz 1 ArbGG). Den Beteiligten obliegt eine Mitwirkungspflicht (§ 83 Abs. 1 Satz 2 ArbGG). Jeder Beteiligte muss soviel vortragen, dass das Arbeitsgericht ausreichend Anlass hat, den Sachverhalt im Hinblick auf die von den Beteiligten beigebrachten Tatsachen aufzuklären. Das Beschlussverfahren kennt zwar keine Darlegungslast im zivilprozessualen Sinne. Der Antragsteller trägt jedoch die Gefahr, dass sein Antrag mangels erforderlicher Sachverhaltsaufbereitung zurückgewiesen wird.

c) Rechtswirkungen

7.298 Die **Wirkungen** einer Entscheidung des Arbeitsgerichts ergeben sich aus § 127 Abs. 1 InsO. Die Entscheidung nach § 126 Abs. 1 InsO ist für den Kündigungsschutzrechtsstreit des Arbeitnehmers gegen den Insolvenzverwalter bindend (§ 127 Abs. 1 Satz 1 InsO). Eine Kündigungsschutzklage des Arbeitnehmers ist mithin unbegründet, wenn in dem Beschlussverfahren nach § 126 InsO die vom Insolvenzverwalter begehrte Feststellung erfolgt ist. Die **Wirkungen einer Abweisung des Antrags nach § 126 Abs. 1 InsO** sind umstritten. Der Gesetzeswortlaut scheint, sofern es sich nicht um eine bloße Abweisung als unzulässig handelt, anzuordnen, dass das Beschlussverfahren auch zu Gunsten der Arbeitnehmer wirkt[2]. Eine Bindungswirkung auch des abweisenden Beschlusses des Arbeitsgerichts nach § 126 InsO stünde indes in diametralem Gegensatz zum Normzweck. Der Gesetzgeber hat beabsichtigt, dem Insolvenzverwalter ein kollektives Verfahren zur Klärung von Kündigungsmöglichkeiten zur Verfügung zu stellen, um die Rechtfertigung von Kündigungen einfach und einheitlich feststellen zu lassen. Diesem Sinn und Zweck entspricht es, dass ein Scheitern des Antrags des Insolvenzverwalters lediglich bewirkt, dass er nicht in den Genuss der Bindungswirkung im Anschluss an das Beschlussverfahren kommt, die Stellung im Kündigungsschutzverfahren jedoch ansonsten nicht verschlechtert wird[3]. Der Kündigungsrechtsstreit wird in diesem Falle nach allgemeinen Grundsätzen geführt, ohne dass Bindungs- oder Vermutungswirkungen eingreifen.

7.299 Die Bindungswirkung des § 127 Abs. 1 Satz 1 InsO wird nur dann und solange relevant, wie der Kündigungsrechtsstreit noch nicht abgeschlossen ist. Ist das Kündigungsschutzverfahren bereits abgeschlossen, lässt sich aus § 126 Abs. 1 InsO nichts mehr herleiten. Das Gesetz sieht, um die Wirkungen des Be-

1 Vgl. BAG v. 29. 6. 2000 – 8 AZR 44/99, AP Nr. 2 zu § 126 InsO = DB 2000, 2021 (Kündigung durch vorläufigen Insolvenzverwalter vor Eröffnung des Insolvenzverfahrens).

2 Vgl. *Caspers,* Personalabbau und Betriebsänderung im Insolvenzverfahren, Rz. 270; *Lakies,* RdA 1997, 145, 154; *Löwisch,* RdA 1997, 80, 85; *Eisenbeis* in Frankfurter Kommentar zur InsO, § 127 InsO Rz. 4.

3 Vgl. *Grunsky,* FS Lüke, 1997, S. 191, 195; *Kübler/Prütting/Bork/Moll,* § 127 InsO Rz. 22.

schlussverfahrens nach § 126 InsO möglichst weitgehend zu sichern, in **§ 127 Abs. 2 InsO** vor, dass der Insolvenzverwalter in dem Kündigungsrechtsstreit die **Aussetzung** beantragen kann und das Arbeitsgericht den Kündigungsrechtsstreit auf Antrag des Insolvenzverwalters auszusetzen hat. Der Insolvenzverwalter kann allerdings auch nach oder trotz einer gegen ihn ausgefallenen Entscheidung in einem Kündigungsschutzverfahren das Verfahren nach § 126 Abs. 1 InsO im Hinblick auf eine erneute, weitere Kündigung gegenüber dem Arbeitnehmer durchführen. Dies wird durch die Rechtskraft des vorangegangenen Kündigungsschutzrechtsstreits nicht präkludiert.

d) Änderung der Sachlage

Die Bindungswirkung gilt nach § 127 Abs. 1 Satz 2 InsO nicht, soweit sich die Sachlage nach dem Schluss der letzten mündlichen Verhandlung **wesentlich verändert** hat. Dies entspricht § 125 Abs. 1 Satz 2 InsO. Die Norm bezieht sich auf diejenigen Fälle, in denen die **Kündigung nach Abschluss des Beschlussverfahrens** erklärt wird und in der Zwischenzeit zwischen Abschluss des Beschlussverfahrens und Kündigungserklärung Änderungen eintreten. Diese Änderungen lassen, wenn sie wesentlich sind, die Bindungswirkung der Entscheidung im Beschlussverfahren entfallen. Ein Fall des § 127 Abs. 1 Satz 2 InsO liegt demgegenüber nicht vor, wenn die Änderungen nach Beendigung des Beschlussverfahrens und auch nach Ausspruch der Kündigung eintreten, sei es, dass die Kündigung bereits vor Abschluss des Beschlussverfahrens ausgesprochen worden ist, sei es, dass die Änderung so spät eintritt, dass sie erst nach Erklärung einer Kündigung nach Abschluss des Beschlussverfahrens aufgetreten ist. Die Änderung muss **wesentlich** sein. Es genügt dabei nicht, dass eine einzelne Kündigung möglicherweise anders zu beurteilen ist; dies würde dem Wesentlichkeitskriterium nicht gerecht. Typische Fälle einer wesentlichen Änderung sind etwa Betriebsübernahmen an Stelle von Betriebsstilllegungen[1]. 7.300

e) Verhältnis zu anderen Vorschriften

Das Beschlussverfahren des § 126 InsO kann unabhängig von dem des § 122 InsO durchgeführt werden. Beide Verfahren bedingen sich nicht und schließen sich auch nicht aus. 7.301

§ 126 InsO ist nicht neben § 125 InsO anwendbar, weil § 126 InsO voraussetzt, dass ein Interessenausgleich mit Namenliste nach § 125 InsO gerade nicht zu Stande gekommen ist. Es erscheint jedoch möglich, dass eine Interessenausgleichsregelung über einen **Teil der Arbeitnehmer** zu Stande kommt, während Betriebsrat und Insolvenzverwalter im Hinblick auf andere Arbeitnehmer keine Einigkeit erzielen können; im Hinblick auf diese Arbeitnehmer kann der Insolvenzverwalter dann das Verfahren nach § 126 InsO durchführen[2]. Ein **späteres** Beschlussverfahren nach § 126 InsO ist zulässig, wenn die 7.302

1 Vgl. Begr. RegE, BT-Drucks. 12/2443, S. 5, 28, 71, 96; *Schrader*, NZA 1997, 70, 77.
2 Vgl. *Kübler/Prütting/Bork/Moll*, § 126 InsO Rz. 41.

Betriebspartner einen Interessenausgleich mit Namenliste abgeschlossen haben und eine neue, weitere Betriebsänderung erfolgt, bezüglich derer ein Interessenausgleich mit Namenliste nicht zu Stande kommt[1].

f) Betriebsratsanhörung

7.303 Die **Betriebsratsanhörung** nach § 102 Abs. 1 BetrVG wird durch das Beschlussverfahren nach § 126 InsO nicht ersetzt. Dem Ausspruch der Kündigung hat unabhängig von § 126 InsO eine Betriebsratsanhörung nach § 102 Abs. 1 BetrVG vorauszugehen[2]. Der Insolvenzverwalter kann selbstverständlich, falls die Kündigung im Laufe oder nach Ende des Beschlussverfahrens ausgesprochen wird, im Rahmen des Anhörungsverfahrens nach § 102 Abs. 1 BetrVG auf seine Darlegungen in dem Beschlussverfahren verweisen.

g) Verfahren

7.304 § 126 Abs. 2 und 3 InsO beinhalten Verfahrensvorschriften. Das Gesetz ordnet das Verfahren nach § 126 InsO als Beschlussverfahren ein (§ 126 Abs. 2 Satz 1 InsO). Beteiligte sind der Insolvenzverwalter, der Betriebsrat und die betroffenen Arbeitnehmer. Ein Betriebserwerber kann nach § 128 Abs. 1 Satz 2 InsO als Beteiligter hinzukommen. Die Beteiligung von zur Kündigung vorgesehenen Arbeitnehmern entfällt nur dann, wenn sie sich mit der Kündigung einverstanden erklärt haben (§ 126 Abs. 2 InsO). Das **Einverständnis** des Arbeitnehmers muss von einem solchen Inhalt und einer solchen Qualität sein, dass für den Insolvenzverwalter ausreichend gesichert ist, dass dieser Arbeitnehmer die Kündigung nicht mit einem Kündigungsschutzprozess zwecks Überprüfung der Sozialwidrigkeit angreifen kann. Der Arbeitnehmer, der sich mit der Kündigung einverstanden erklärt hat, kann sich in einem späteren Kündigungsschutzprozess nicht mehr auf die Sozialwidrigkeit der Kündigung berufen. Die Einverständniserklärung stellt sich – mindestens – als **Klageverzicht** dar.

7.305 Das **Rechtsmittelkonzept** entspricht auf Grund Verweisung gem. § 126 Abs. 2 Satz 2 InsO demjenigen des § 122 Abs. 3 InsO (Rz. 7.257). Die Beschwerde an das Landesarbeitsgericht findet nicht statt. Die **Rechtsbeschwerde an das Bundesarbeitsgericht** ist nur möglich, wenn sie in dem Beschluss des Arbeitsgerichts **zugelassen** wird.

5. Sozialplanregelungen gem. §§ 123, 124 InsO

a) Systematik

7.306 Das Gesetz entscheidet für die Behandlung von Sozialplänen zwischen drei Zeiträumen: Abschluss des Sozialplans nach Eröffnung des Insolvenzverfahrens (§ 123 InsO); Abschluss des Sozialplans vor Eröffnung des Insolvenzver-

1 Vgl. BAG v. 20. 1. 2000 – 2 ABR 30/99, AP Nr. 1 zu § 126 InsO = DB 2000, 1822.
2 Vgl. *Schrader*, NZA 1997, 70, 76; *Zwanziger*, Das Arbeitsrecht der Insolvenzordnung, 3. Aufl. 2006, § 126 InsO Rz. 22.

fahrens und nicht früher als 3 Monate vor dem Eröffnungsantrag (§ 124 InsO); Sozialpläne aus früheren Zeiträumen (§ 120 InsO, Kündigungsmöglichkeit aus wichtigem Grund, Geschäftsgrundlagengrundsätze).

Sowohl § 123 Abs. 1 InsO als auch § 124 Abs. 1 InsO beziehen sich auf Sozialpläne, die **Entlassungen** betreffen. Sozialplanregelungen für nicht entlassene Arbeitnehmer fallen nicht unter die §§ 123, 124 InsO[1]. Die Regelungen der §§ 123, 124 InsO betreffen **alle** Leistungen und Regelungen im Hinblick auf entlassene Arbeitnehmer. Es kommt nicht darauf an, ob diese als Abfindung bezeichnet sind oder ob es sich um Ergänzungs- oder Zusatzleistungen wie etwa Aufrechterhaltung von Jubiläumsgeldern, Bezahlung ansonsten nicht geschuldeter Weihnachtsgelder etc. handelt. 7.307

b) Sozialplan ab Verfahrenseröffnung

aa) Nach **§ 123 Abs. 1 InsO** wird das **Gesamtvolumen** an Leistungen in Sozialplänen an entlassene Arbeitnehmer auf **zweieinhalb** Monatsverdienste der von der Entlassung betroffenen Arbeitnehmer begrenzt. Diese Höchstgrenze ist auf den Gesamtbetrag der Leistungen an entlassene Arbeitnehmer bezogen: absolute Obergrenze. Der Gesamtbetrag ist anhand zweier Kriterien zu ermitteln. Als Erstes sind die von einer **Entlassung betroffenen Arbeitnehmer** zu bestimmen. Als zweites sind deren **Monatsverdienste** zu ermitteln und mit dem **Faktor 2 1/2** zu multiplizieren. Das Gesetz verweist für die Bestimmung eines Monatsverdienstes auf § 10 Abs. 3 KSchG. 7.308

§ 123 Abs. 1 InsO stellt eine **Höchstgrenze** auf, die erreicht werden kann, jedoch nicht erreicht werden muss. Die Dotierung des Sozialplans kann auch geringer sein[2]. Die Anwendung der Bestimmungen des Betriebsverfassungsgesetzes (§ 112 Abs. 5 Satz 1 BetrVG und § 112 Abs. 5 Satz 2 Nr. 3 BetrVG) ist umstritten[3]. Richtigerweise ist davon auszugehen, dass **im Falle der Liquidation § 112 Abs. 5 BetrVG nicht anzuwenden** ist, während bei **Fortbestand** des Unternehmens die **Kriterien des § 112 Abs. 5 BetrVG von Bedeutung** sind. 7.309

Die absolute Obergrenze besagt nichts über die Höhe des dem einzelnen Arbeitnehmer zustehenden Anspruchs[4]. Die **Verteilung** des Gesamtvolumens auf die einzelnen Arbeitnehmer ist Sache der den Sozialplan aufstellenden Betriebspartner bzw. Einigungsstelle. Diese haben auf die sozialen Verhältnisse der Arbeitnehmer abzustellen. Der Gesetzgeber hat in der Begründung des Regierungsentwurfs dementsprechend Folgendes ausgeführt[5]: „Bei besonderen sozialen Härten sollten höhere, in anderen Fällen geringere Beiträge oder auch – wenn ein entlassener Arbeitnehmer sofort einen entsprechenden 7.310

1 S. zu dieser Diskussion ausführlich *Kübler/Prütting/Bork/Moll,* §§ 123, 124 InsO Rz. 29 ff. m.w.N.

2 Vgl. Begr. RegE, BT-Drucks. 12/2443, S. 71, 154; *Schwerdtner* in Kölner Schrift zur InsO, S. 1605, 1635.

3 S. dazu *Kübler/Prütting/Bork/Moll,* §§ 123, 124 InsO Rz. 50 m.w.N.

4 Vgl. *Obermüller/Hess,* InsO, 4. Aufl. 2003, Rz. 637; *Röder/Baeck,* DStR 1995, 260, 262; *Schwerdtner* in Kölner Schrift zur InsO, S. 1605, 1622.

5 Vgl. Begr. RegE, BT-Drucks. 12/2443, S. 71, 154.

neuen Arbeitsplatz gefunden hat – gar keine Leistungen vorgesehen werden." Den **Sozialplanleistungen** kommt nach der Rechtsprechung des Bundesarbeitsgerichts in erster Linie **Überbrückungsfunktion** zu[1]. Es ist Sache der Betriebspartner bzw. der Einigungsstelle zu entscheiden, welche Nachteile ausgeglichen oder gemildert werden und wie dies geschieht[2]. Die Sozialplanregelungen können im Rahmen von **§ 75 Abs. 1 BetrVG** und des **Gleichbehandlungsgrundsatzes** bei der Zubilligung von Leistungen an Arbeitnehmer differenzieren.

7.311 Die absolute Obergrenze des § 123 Abs. 1 InsO gilt auch im Falle eines Insolvenzplans. Der Vorbehalt des Zustandekommens eines Insolvenzplans mit abweichenden Regelungen ist allein in § 123 Abs. 2 InsO für die relative Obergrenze vorgesehen[3].

7.312 Die Vereinbarung eines die absolute Obergrenze überschreitenden Sozialplanvolumens ist unwirksam (§ 134 BGB)[4]. Das Schrifttum nimmt überwiegend an, dass grundsätzlich ein neuer Sozialplan abzuschließen sei, sieht davon jedoch ab und lässt eine anteilige Kürzung der Arbeitnehmeransprüche bis zur Ausschöpfung des zulässigen Volumens zu, wenn **die Verteilungsmaßstäbe eindeutig erkennbar sind und durch eine anteilige Kürzung nicht berührt** werden[5]. Richtigerweise kommt eine Gesamtnichtigkeit des Sozialplans bei Überschreitung der absoluten Obergrenze im Regelfall nicht in Betracht. Sozialpläne werden im Normalfall Verteilungskriterien erkennen lassen, die unabhängig davon anwendbar und angemessen sind, ob mehr oder weniger Sozialplanmittel zur Verfügung stehen. Die nicht auszuschließenden Unsicherheiten auf der Grundlage des jetzigen Diskussionsstandes lassen es praktisch geboten erscheinen, durch entsprechende Sozialplanregelungen Vorsorge für den Fall zu treffen, dass die absolute Obergrenze des § 123 Abs. 1 InsO überschritten wird. Eine salvatorische Klausel kann klarstellen, dass die Sozialplanregelungen entsprechend anzuwenden sind, wenn das Mittelvolumen gekürzt wird. Andere Anhaltspunkte können sich aus einem Punktesystem oder aus einer Sozialplanformel ergeben. Das ArbG Düsseldorf verneint eine Unwirksamkeit des Sozialplans dann, wenn entsprechend § 140 BGB die Verteilungsmaßstäbe des Sozialplans erkennbar sind, diese von einer Reduzierung des Sozialplanvolumens unberührt bleiben und Anhaltspunkte bestehen, dass die Beteiligten den Sozialplan bei einem reduzierten Volumen mit gleichen Verteilungsmaßstäben abgeschlossen hätten[6].

7.313 **bb)** Ansprüche der Arbeitnehmer aus Entlassungssozialplänen nach Eröffnung des Insolvenzverfahrens sind Masseforderungen (§ 123 Abs. 2 Satz 1 InsO), die Wertigkeit dieser **Masseforderungen** wird jedoch durch die Aufstellung der relativen Obergrenze herabgesetzt. Die relative Obergrenze bewirkt, dass die

1 Vgl. BAG v. 9. 11. 1994 – 10 AZR 281/94, AP Nr. 85 zu § 112 BetrVG 1972; *Richardi,* 11. Aufl. 2008, § 112 BetrVG Rz. 52 ff.
2 Vgl. BAG v. 30. 11. 1994 – 10 AZR 578/93, AP Nr. 89 zu § 112 BetrVG 1972.
3 Vgl. *Caspers,* Personalabbau und Betriebsänderung im Insolvenzverfahren, Rz. 447.
4 Vgl. *Annuß,* NZI 1999, 344, 350.
5 Vgl. *Fitting,* 24. Aufl. 2008, §§ 112, 112a BetrVG, Rz. 306 m.w.N.
6 Vgl. ArbG Düsseldorf v. 24. 4. 2006 – 2 BV 2/06, DB 2006, 1384.

Sozialplanforderungen gegenüber den Masseverbindlichkeiten letztlich nachrangig sind. Die Sozialplangläubiger werden nämlich nur befriedigt, wenn die Masseverbindlichkeiten im Übrigen voll erfüllt werden können. Die Qualifizierung als Masseschuld lässt die Anmeldung und Feststellung der Sozialplanforderungen entfallen.

Die **relative** Obergrenze des § 123 Abs. 2 Sätze 2 und 3 InsO sieht vor, dass für die Berichtigung von Sozialplanforderungen nicht mehr als ein **Drittel** der Masse verwendet werden darf, die ohne Sozialplan für die Verteilung an die Insolvenzgläubiger zur Verfügung stünde. Das Sozialplanvolumen ist bei Überschreiten dieser Relation entsprechend zu kürzen. Die Berechnung der relativen Obergrenze hat davon auszugehen, was ohne den Sozialplan für die Verteilung an Insolvenzgläubiger zur Verfügung stünde. Die Sozialplanforderungen dürfen insgesamt nicht mehr als ein Drittel dieser Teilungsmasse ausmachen. 7.314

Beispiel: Das vereinbarte und nach § 123 Abs. 1 InsO zulässige Sozialplanvolumen beträgt 300 000 Euro. Auf Grund der Kosten des Insolvenzverfahrens (§ 54 InsO) und der sonstigen Masseverbindlichkeiten (§ 55 InsO) ergibt sich, dass ein Betrag in Höhe von 600 000 Euro für die Verteilung an die Insolvenzgläubiger verbleibt. Dieser Betrag darf nur bis zu einem Drittel mit der Befriedigung von Sozialplanansprüchen verbraucht werden. Dies bedeutet, dass für Sozialplanansprüche nicht mehr als 200 000 Euro zur Verfügung stehen. Letztlich muss mathematisch die endgültige, für die Insolvenzgläubiger zur Verfügung stehende Teilungsmasse mindestens doppelt so groß sein wie die Gesamtsumme der als Masseverbindlichkeiten zu berücksichtigenden Sozialplanansprüche[1]. 7.315

Auf Grund der relativen Obergrenze können bei **Masseunzulänglichkeit** Sozialplanforderungen nicht befriedigt werden. Die Insolvenzmasse reicht dann nämlich nicht aus, um die Masseverbindlichkeiten zu befriedigen. Da es an über die Erfüllung von Masseverbindlichkeiten hinausgehenden Mitteln und damit an solchen fehlt, die für die Verteilung an Insolvenzgläubiger zur Verfügung stehen, können auf Grund der relativen Obergrenze Sozialplanforderungen nicht erfüllt werden. 7.316

cc) Die Einzelforderungen der Sozialplangläubiger sind gem. § 123 Abs. 2 Satz 3 InsO **anteilig** zu kürzen, soweit der Gesamtbetrag aller Sozialplanforderungen die relative Obergrenze übersteigt. 7.317

Beispiel: Die Sozialplanforderung des Arbeitnehmers A in Höhe von 15 000 Euro ist im Falle einer Begrenzung des Sozialplanvolumens von 300 000 Euro auf 200 000 Euro verhältnismäßig zu kürzen: 15 000 Euro: 300 000 Euro × 200 000 Euro = 10 000 Euro.

Sozialplanansprüche mit einem Gesamtvolumen bis zur relativen Obergrenze können vollständig erfüllt werden. 7.318

§ 123 Abs. 3 Satz 1 InsO sieht vor, dass der Insolvenzverwalter möglichst **Abschlagszahlungen** auf die Sozialplanforderungen leisten „soll", vorausgesetzt, die Zustimmung des Insolvenzgerichts liegt vor. 7.319

1 Vgl. *Caspers*, Personalabbau und Betriebsänderung im Insolvenzverfahren, Rz. 440.

7.320 Die Sozialplangläubiger können in die Insolvenzmasse nicht vollstrecken (§ 123 Abs. 3 Satz 2 InsO). Das **Vollstreckungsverbot** sichert die Einhaltung der relativen Obergrenze.

7.321 Eine Leistungsklage hinsichtlich Forderungen, die sich aus einem vom Insolvenzverwalter abgeschlossenen Sozialplan ergeben, ist unzulässig. Eine Sozialplanforderung kann nur im Wege der **Feststellungsklage** verfolgt werden[1].

c) Sozialplan in der „Rückgriffszeit"

7.322 **aa)** Sozialpläne innerhalb der „Rückgriffszeit" (§ 124 InsO) unterliegen einem Widerrufsrecht. Der **Widerruf** ist an keinen Grund gebunden. Er kann von dem Insolvenzverwalter oder dem Betriebsrat nach **Ermessen** ausgeübt werden. Es handelt sich um eine Kann-Vorschrift.

7.323 Der **Betriebsrat** mag erwägen, den Sozialplan zu widerrufen, wenn er im Wesentlichen nicht erfüllt worden ist[2]. Der Betriebsrat kann ein derartiges Interesse wegen der Einordnung der Forderungen aus Sozialplänen vor Insolvenzeröffnung als bloße Insolvenzforderung haben, da im Einzelfall die Befriedigung eines geringeren Sozialplananspruchs aus der Masse günstiger sein kann als ein nominal weitergehender Anspruch als Insolvenzforderung[3]. Dies schließt jedoch nicht aus, dass der Betriebsrat aus den verschiedensten Gründen von dem Widerruf keinen Gebrauch macht.

7.324 Der **Insolvenzverwalter** wird überlegen, wie die Insolvenzmasse mehr oder weniger belastet wird. Er wird bedenken, dass er die Möglichkeit hat, die absolute und relative Obergrenze des § 123 Abs. 1 und Abs. 2 Satz 2 InsO auch auf die Arbeitnehmer zu erstrecken, die von der früheren Betriebsänderung und dem früheren Sozialplan betroffen sind. Es kann im Einzelfall so liegen, dass der Insolvenzverwalter durch den Widerruf und die dadurch erfolgende Einbeziehung aller in Betracht kommender Sozialpläne in die Grenzen des § 123 Abs. 1 und 2 InsO eine geringere Belastung erreicht als bei Erfüllung der Insolvenzforderungen. Dies ist im jeweiligen Einzelfall zu „kalkulieren".

Beispiel[4]:

Insolvenzmasse	101 000 Euro
Absonderungsrechte	50 000 Euro
Masseverbindlichkeiten	30 000 Euro
Sozialplanforderung aus Sozialplan im Rückgriffszeitraum	200 000 Euro
Sonstige Insolvenzforderungen	500 000 Euro

7.325 Der Abzug der Masseverbindlichkeiten und die Befriedung der Absonderungsrechte lassen noch **21 000 Euro für Zahlungen an die Insolvenzgläubiger** übrig.

1 Vgl. BAG v. 29. 10. 2002 – 1 AZR 80/02, DB 2003, 2710; BAG v. 30. 3. 2004 – 1 AZR 85/03, NZA 2004, 1183; BAG v. 22. 11. 2005 – 1 AZR 458/04, DB 2006, 343.
2 Vgl. *Schwerdtner* in Kölner Schrift zur InsO, S. 1605 Rz. 125; *Uhlenbruck*, Das neue Insolvenzrecht, S. 54.
3 Vgl. *Boemke/Tietze*, DB 1999, 1389, 1395.
4 S. die Berechnungen von *Boemke/Tietze*, DB 1999, 1389, 1395.

Dem stehen 700 000 Euro Insolvenzforderungen gegenüber. 2/7 entfallen auf die Sozialplanforderungen und 5/7 auf die übrigen Insolvenzforderungen, d.h. **6000 Euro** sind für die **Sozialplanforderungen** aufzubringen und 15 000 Euro für die übrigen Insolvenzforderungen. Ein **Widerruf** des Sozialplans durch den Insolvenzverwalter führt dazu, dass eine relative Obergrenze von einem Drittel der zur Verteilung stehenden Masse gelten würde (1/3 von 21 000 Euro = 7000 Euro). Der Insolvenzverwalter wird daher den Widerruf unterlassen, weil durch den Widerruf verteilungsfähige Masse entzogen wird und die effektiv an die Sozialplangläubiger gezahlte Abfindung ansteigt.

Die Situation stellt sich anders dar, wenn im Rahmen von Entlassungsmaß- 7.326
nahmen nach Eröffnung des Insolvenzverfahrens erhebliche weitere Sozialplanforderungen begründet werden. Die **Einbeziehung sämtlicher Sozialplanforderungen in die Obergrenzenregelungen** kann sich dann zu Gunsten der Insolvenzmasse auswirken.

bb) Der Widerruf führt zur **Beseitigung** des Sozialplans. Die Ansprüche der 7.327
Arbeitnehmer aus diesen vorkonkurslichen Sozialplänen entfallen ersatzlos[1]. Dementprechend spricht § 124 Abs. 2 InsO von Arbeitnehmern, „denen Forderungen aus dem Sozialplan zustanden". § 124 Abs. 3 Satz 1 InsO schließt – konsequent – Rückforderungen aus, um den Folgen des Wegfalls der Rechtsgrundlage im Hinblick auf bereits geleistete Zahlungen zu entgehen. Der Widerruf ist keine Kündigung, so dass auch keine Nachwirkung im Anschluss an den Widerruf besteht. Die Arbeitnehmer, denen auf Grund des Widerrufs Sozialplanansprüche entzogen worden sind, werden auf Grund § 124 Abs. 2 InsO bei der **Aufstellung eines (neuen) Sozialplans im Insolvenzverfahren** berücksichtigt. Das Gesetz macht zwar den Sozialplan hinfällig. Es beseitigt jedoch nicht die Sozialplanpflicht, sei es, dass wegen der früheren Betriebsänderung ein Sozialplan erneut aufgestellt werden muss, sei es, dass wegen einer neuen Betriebsänderung abermals getrennt von der früheren oder in Verbindung mit der früheren Betriebsänderung ein Sozialplan aufgestellt wird.

Die **Neuaufstellung** des Sozialplans gem. § 124 Abs. 2 InsO i.V.m. § 123 Abs. 1 7.328
InsO hat die **absolute und relative** Obergrenze zu beachten.

cc) Wird das Widerrufsrecht des § 124 Abs. 1 InsO **nicht** ausgeübt, so bleibt 7.329
der Sozialplan in Kraft. Sozialplanforderungen der von dem Sozialplan berücksichtigten Arbeitnehmer bleiben bestehen. Eine Höchstgrenze gibt es weder absolut noch relativ.

Die Forderungen aus dem Sozialplan vor Eröffnung des Insolvenzverfahrens 7.330
sind **Insolvenzforderungen** (§ 38 InsO)[2].

---

1 Vgl. *Warrikoff*, BB 1994, 2338, 2444.

2 Vgl. BAG v. 31. 7. 2002 – 10 AZR L 75/01, AP Nr. 1 zu § 38 InsO = DB 2002, 2655; LAG Köln v. 2. 3. 2001 – 12 Sa 1467/00, ZIP 2001, 1070; *Annuß*, NZI 1999, 344, 351; *Caspers*, Personalabbau und Betriebsänderung im Insolvenzverfahren, Rz. 476 ff.; *Kübler/Prütting/Bork/Moll*, §§ 123, 124 InsO Rz. 104; *Uhlenbruck*, Das neue Insolvenzrecht, S. 54.

d) Sozialplan noch vor der „Rückgriffszeit"

7.331 Sozialpläne außerhalb der Zeiträume in den §§ 123, 124 InsO bestehen rechtlich durch die Insolvenz unberührt fort. Ansprüche aus diesen Sozialplänen sind Insolvenzforderungen[1]. Sie werden nach den §§ 174 ff. InsO abgewickelt[2]. Das gilt unabhängig davon, wann das von dem Sozialplan betroffene Arbeitsverhältnis endet.

7.332 Ob und wie gegenüber derartigen Sozialplänen nach den Grundsätzen über den Wegfall der Geschäftsgrundlage verfahren werden kann, ist umstritten[3]. Der Anwendung der **Geschäftsgrundlagenlehre** ist im Ausgangspunkt entgegenzuhalten, dass das Risiko der ordnungsgemäßen Erfüllung von Ansprüchen und auch von Sozialplanansprüchen den Gläubiger trifft, ohne dass Erwartungen insoweit, wenn sie enttäuscht werden, die Geschäftsgrundlage berühren[4]. Eine etwaige Anwendung von Geschäftsgrundlagengrundsätzen wird angesichts der Insolvenzsituation jedenfalls nicht dazu führen können, dass Leistungen begründet oder verbessert werden.

7.333 Jeder der beiden Betriebspartner mag von dem **Kündigungsrecht** des § 120 Abs. 1 InsO Gebrauch machen, soweit Sozialpläne nach den allgemeinen Grundsätzen als kündbar angesehen werden[5]. Eine **ordentliche** Kündigung bei Einmalleistungen kommt danach grundsätzlich nicht in Betracht. Sie ist allerdings bei Dauerregelungen möglich. Die Kündigung führt zur Nachwirkung. Betriebsrat und Insolvenzverwalter haben gegebenenfalls mit Hilfe der Einigungsstelle neue Regelungen zu treffen. Inhalt und Möglichkeiten derartiger Neuregelungen sind ungeklärt. Sinn und Zweck des Insolvenzverfahrens werfen die Frage auf, ob nicht Grundgedanken der §§ 123, 124 InsO je nach Gesichtspunkt entsprechend herangezogen werden müssen.

V. Betriebsveräußerung

1. Anwendbarkeit des § 613a BGB in der Insolvenz

7.334 Die Betriebsveräußerung bringt die Anwendung des § 613a BGB auch dann mit sich, wenn der Betriebsübergang im Rahmen eines Insolvenzverfahrens erfolgt.

---

1 Vgl. BAG v. 27. 10. 1998 – 1 AZR 94/98, AP Nr. 29 zu § 61 KO = DB 1999, 1069 = NZA 1999, 719; ArbG Köln v. 12. 9. 2000 – 4 Ca 5308/00, ZInsO 2001, 287; Begr. RegE, BT-Drucks. 12/2443, S. 155, abgedruckt in *Kübler/Prütting,* RWS-Dok. 18, S. 326; *Kübler/Prütting/Bork/Moll,* § 124 InsO Rz. 107.

2 Vgl. *Boemke/Tietze,* DB 1999, 1389, 1395.

3 S. dazu *Boemke/Tietze,* DB 1999, 1389, 1395; *Schwerdtner* in Kölner Schrift zur InsO, S. 1605, Rz. 130.

4 Vgl. *Boemke/Tietze,* DB 1999, 1389, 1395.

5 S. dazu BAG v. 10. 8. 1994 – 10 ABR 61/93, AP Nr. 86 zu § 112 BetrVG 1972 = EWiR 1995, 331 (Plander); *Fitting,* 24. Aufl. 2008, §§ 112, 112a BetrVG Rz. 246; *Meyer,* NZA 1995, 974, 977; *Richardi,* 11. Aufl. 2008, § 112 BetrVG Rz. 184 ff.

2. Modifizierung der Haftungsfolgen

Der Erwerber führt die Arbeitsverhältnisse zwar inhaltsgleich weiter, sofern der Arbeitnehmer nicht gem. § 613a Abs. 6 BGB widerspricht. Die Haftungsfolgen für den Betriebsübernehmer werden jedoch modifiziert[1]. 7.335

Die Rechtsprechung hat bei der Frage geschwankt, ob sich die Haftungsprivilegierung auch auf die Ansprüche bezieht, die vor dem Betriebsübergang entstanden sind, oder nur auf solche, die aus der Zeit bis zur Insolvenzeröffnung resultieren. Das Bundesarbeitsgericht hat z.B. formuliert[2]: „Wird ein Betrieb im Rahmen eines Konkursverfahrens veräußert, ist § 613a BGB insoweit nicht anwendbar, wie diese Vorschrift die Haftung des Betriebserwerbers für schon entstandene Ansprüche vorsieht. Insoweit haben die Verteilungsgrundsätze des Konkursverfahrens Vorrang. Das bedeutet für Versorgungsansprüche, dass der Betriebserwerber nur den Teil der Leistung schuldet, den der Arbeitnehmer bei ihm erdient hat; für die beim Veräußerer bis zum Insolvenzfall erdienten unverfallbaren Anwartschaften haftet der Träger der gesetzlichen Insolvenzsicherung." Das Bundesarbeitsgericht geht allerdings mittlerweile davon aus, den Betriebserwerber für nach der Insolvenzeröffnung entstehende Arbeitnehmeransprüche haften zu lassen und das **Haftungsprivileg nur für die bis zur Insolvenzeröffnung entstandenen Ansprüche** zu gewähren[3]. Eine Privilegierung des Betriebserwerbers sei nur für Insolvenzforderungen anzunehmen. Das Bundesarbeitsgericht hat das Haftungsprivileg für Ansprüche aus der Zeit nach Insolvenzeröffnung ausdrücklich versagt[4]. Dies übersieht, dass die Verteilungsgrundsätze des Insolvenzverfahrens, die Vorrang haben, auch nach Insolvenzeröffnung relevant werden, insbesondere in Fällen der Masseunzulänglichkeit. 7.336

Die durch die **Eröffnung des Insolvenzverfahrens eingetretene Haftungsbegrenzung** wird durch eine spätere (nach dem Betriebsübergang erfolgende) Einstellung des Verfahrens mangels Masse nicht beseitigt. 7.337

---

1 Vgl. BAG v. 17. 1. 1980 – 3 AZR 160/79, AP Nr. 18 zu § 613a BGB = DB 1980, 308; BAG v. 5. 10. 1982 – 3 AZR 403/80, AP Nr. 13 zu § 7 BetrAVG = DB 1983, 507; BAG v. 26. 5. 1983 – 2 AZR 477/81, AP Nr. 34 zu § 613a BGB = DB 1983, 2690; BAG v. 29. 10. 1985 – 3 AZR 485/83, AP Nr. 4 zu § 1 BetrAVG Betriebsveräußerung = DB 1986, 1779; BAG v. 13. 11. 1986 – 2 AZR 771/85, AP Nr. 57 zu § 613a BGB = DB 1987, 990; BAG v. 15. 12. 1987 – 3 AZR 470/87, AP Nr. 18 zu § 1 BetrAVG = DB 1988, 654; BAG v. 11. 2. 1992 – 3 AZR 117/91, AP Nr. 13 zu § 1 BetrAVG Betriebsveräußerung = DB 1992, 2559; BAG v. 20. 11. 1984 – 3 AZR 584/83, DB 1985, 1135; BAG v. 3. 7. 1980 – 3 AZR 751/79, DB 1980, 2143; BAG v. 4. 7. 1989 – 3 AZR 756/87, DB 1989, 2541; BAG v. 26. 3. 1996 – 3 AZR 965/94, DB 1997, 331; BAG v. 20. 6. 2002 – 8 AZR 459/01, DB 2003, 835.

2 BAG v. 11. 2. 1992 – 3 AZR 117/91, DB 1992, 2559.

3 Vgl. BAG v. 18. 11. 2003 – 9 AZR 95/03, DB 2004, 1267; BAG v. 19. 10. 2004 – 9 AZR 645/03, NZA 2005, 527; BAG v. 19. 10. 2004 – 9 AZR 647/03, NZA 2005, 408. S. dazu *Zwanziger*, BB 2005, 1386, 1387.

4 Vgl. BAG v. 19. 5. 2005 – 3 AZR 649/03, DB 2005, 2362 (mit dem falschen Argument, dass die Grundsätze der Gläubigerbefriedigung nur für die Zeit bis zur Insolvenzeröffnung gelten; ebenso bedenklich ist, dass die Rechtslage ausdrücklich nur für Fälle entschieden ist, in denen keine Masseunzulänglichkeit vorliegt, die Fälle der Masseunzulänglichkeit also nach wie vor offen sind).

7.338 Die Modifikation der Anwendung des § 613a Abs. 1 Satz 1 BGB gilt in solchen Sachverhalten nicht, in denen der Betrieb zwar Not leidend ist, es jedoch mangels Masse gar nicht erst zur Verfahrenseröffnung kommt[1].

7.339 Die **Haftungsbesonderheiten** für den Betriebsübergang im Rahmen von Insolvenzverfahren hängen davon ab, ob der Betriebsübergang vor oder nach der **Verfahrenseröffnung** stattfindet. Die Haftungsbeschränkung tritt nur ein, wenn der Betriebserwerber den Betrieb **nach Eröffnung des Insolvenzverfahrens** erwirbt. § 613a Abs. 1 Satz 1 BGB ist uneingeschränkt anwendbar, wenn der Betriebserwerber die Leitungsmacht – und sei es auch nur ganz kurz – vor dem Zeitpunkt der Verfahrenseröffnung übernimmt[2]. Es kommt für den Zeitpunkt des Betriebsübergangs darauf an, wann der Betriebserwerber die Leitungsmacht im Einvernehmen mit dem Betriebsveräußerer ausüben kann; ob er sie erst später ausüben will, ist unerheblich. Entscheidend ist, wann der Betriebserwerber an der **Ausübung der Leitungsmacht** rechtlich nicht mehr gehindert ist. Entschließt er sich, die Betriebsleitung erst später zu übernehmen, so ändert dies an den Betriebsübergangsfolgen nichts. Es genügt, dass Nutzungsrechte an den Betriebsmitteln bestehen; auf den Eigentumsübergang kommt es nicht an[3]. Erfolgt die Übernahme der Leitungsmacht im Betrieb schrittweise, d.h. gehen Betriebsmittel nach und nach über, so ist der Betriebsübergang in dem Zeitpunkt erfolgt, in dem die **wesentlichen zur Fortführung des Betriebs erforderlichen Betriebsmittel übergegangen** sind[4].

7.340 Der Zeitpunkt des Betriebsübergangs kann rechtsgeschäftlich gestaltet werden. Die Rechtsprechung akzeptiert Verabredungen über die Einräumung der Leitungsmacht[5], wobei die tatsächliche Handhabung allerdings dem Vereinbarten entsprechen muss.

3. Kündigungssperre nach § 613a Abs. 4 Satz 1 BGB

a) Kündigung wegen Betriebsübergangs

7.341 Ein **Sanierungs- und Veräußerungshindernis** wird in der Kündigungssperre nach § 613a Abs. 4 Satz 1 BGB gesehen, wonach Kündigungen wegen des Betriebsübergangs unwirksam sind. Die Kündigung erfolgt *wegen* des Betriebs-

---

1 Vgl. BAG v. 20. 11. 1984 – 3 AZR 584/83, AP Nr. 38 zu § 613a BGB = DB 1985, 1135; BAG v. 27. 4. 1988 – 5 AZR 358/87, AP Nr. 71 zu § 613a BGB = DB 1988, 1653.

2 Vgl. BAG v. 28. 4. 1987 – 3 AZR 75/86, AP Nr. 5 zu § 1 BetrAVG Betriebsveräußerung = DB 1988, 400; BAG v. 16. 2. 1993 – 3 AZR 34/92, AP Nr. 15 zu § 1 BetrAVG Betriebsveräußerung = DB 1993, 1374; kritisch *Henckel*, FS Heinsius, 1991, S. 261, 282 ff., 286 ff.

3 Vgl. BAG v. 23. 7. 1991 – 3 AZR 366/90, AP Nr. 11 zu § 1 BetrAVG Betriebsveräußerung = DB 1992, 92; BAG v. 12. 11. 1991 – 3 AZR 559/90, AP Nr. 12 zu § 1 BetrAVG Betriebsveräußerung = DB 1992, 1684; BAG v. 16. 2. 1993 – 3 AZR 347/92, AP Nr. 15 zu § 1 BetrAVG Betriebsveräußerung = DB 1993, 1374.

4 Vgl. BAG v. 16. 2. 1993 – 3 AZR 347/92, AP Nr. 15 zu § 1 BetrAVG Betriebsveräußerung = DB 1993, 1374; BAG v. 27. 10. 2005 – 8 AZR 568/04, AP Nr. 292 zu § 613a BGB.

5 Vgl. BAG v. 26. 3. 1996 – 3 AZR 965/94, AP Nr. 148 zu § 613a BGB = DB 1997, 331.

übergangs, wenn sie durch eine bevorstehende Betriebsübertragung bestimmt wird, wobei die im Zeitpunkt des Kündigungsausspruchs absehbaren oder feststehenden Tatsachen zu berücksichtigen sind[1]. Dies gilt selbst dann, wenn der Betriebsübergang letztendlich nicht zu Stande kommt. Der Betriebsübergang muss der tragende **Grund** und nicht bloß der äußere Anlass der Kündigung sein. Die Kündigung ist – typischerweise – nach § 613a Abs. 4 Satz 1 BGB unwirksam, wenn sie damit begründet wird, der Erwerbsinteressent sei anderenfalls zur Übernahme des Betriebs nicht bereit[2].

b) Betriebsstilllegung

Eine erfolgte ebenso wie eine geplante **Betriebsstilllegung** stellen dagegen einen **Kündigungsgrund** dar, der die **Kündigung aus anderen Gründen** als wegen des Betriebsübergangs begründet (§ 613a Abs. 4 Satz 2 BGB). Die Kündigung aus Anlass einer geplanten Betriebsstilllegung ist sozial gerechtfertigt, wenn die betrieblichen Umstände bereits greifbare Formen angenommen haben und eine vernünftige Betrachtung die Prognose rechtfertigt, dass im Zeitpunkt des Auslaufens der Kündigungsfrist der Arbeitnehmer entlassen werden kann[3]. Eine erfolgte oder geplante Betriebsstilllegung führt zum Wegfall von Beschäftigungsmöglichkeiten[4]. Die **Planung** genügt, wenn die Betriebsstilllegung **endgültig** und **ernsthaft** beabsichtigt ist[5]. Der Arbeitgeber muss mit der Verwirklichung der Betriebsstilllegung im Zeitpunkt des Zugangs der Kündigung noch nicht begonnen haben. Eine alsbaldige Wiederaufnahme bzw. Wiedereröffnung begründet eine tatsächliche Vermutung gegen eine ernsthafte Stilllegungsabsicht[6]. Die Rechtsprechung verneint eine endgültige und ernsthafte Stilllegungsabsicht dann, wenn der Arbeitgeber im Zeitpunkt der Kündigung noch über eine Veräußerung des Betriebes verhandelt[7]. Es schadet demgegenüber nicht, wenn der Arbeitgeber ungeachtet des ernsthaften und endgültigen Entschlusses zur Stilllegung den bloßen Vorbehalt hat, anderweitige, nicht absehbare Fortführungs- oder Veräußerungschancen wahrzunehmen, wenn sie 7.342

1 Vgl. BAG v. 31. 1. 1985 – 2 AZR 530/83, AP Nr. 40 zu § 613a BGB = DB 1985, 1842; BAG v. 19. 5. 1988 – 2 AZR 596/87, AP Nr. 75 zu § 613a BGB = DB 1989, 934; BAG v. 20. 3. 2003 – 8 AZR 97/02, DB 2003, 1906; BAG v. 27. 10. 2005 – 8 AZR 568/04, AP Nr. 292 zu § 613a BGB.

2 Vgl. BAG v. 27. 9. 1984 – 2 AZR 309/83, AP Nr. 39 zu § 613a BGB = DB 1985, 1399; BAG v. 28. 4. 1988 – 2 AZR 623/89, AP Nr. 74 zu § 613a BGB = DB 1989, 430; BAG v. 19. 5. 1988 – 2 AZR 596/87, AP Nr. 75 zu § 613a BGB = DB 1989, 934.

3 Vgl. BAG v. 27. 2. 1987 – 7 AZR 652/85, AP Nr. 41 zu § 1 KSchG 1969 Betriebsbedingte Kündigung = DB 1987, 1896; BAG v. 19. 6. 1991 – 2 AZR 127/91, AP Nr. 53 zu § 1 KSchG 1969 Betriebsbedingte Kündigung = DB 1991, 2442.

4 Vgl. BAG v. 27. 2. 1987 – 7 AZR 652/85, AP Nr. 41 zu § 1 KSchG 1969 Betriebsbedingte Kündigung; BAG v. 19. 6. 1991 – 2 AZR 127/91, AP Nr. 53 zu § 1 KSchG 1969 Betriebsbedingte Kündigung.

5 Vgl. BAG v. 10. 10. 1996 – 2 AZR 651/95, NZA 1997, 92.

6 Vgl. BAG v. 21. 6. 2001 – 2 AZR 137/00, DB 2002, 102; LAG Düsseldorf v. 23. 1. 2003 – 11 (12 Sa) 1057/02, DB 2003, 2292; LAG Hamm v. 4. 4. 2000 – 4 Sa 1220/99, ZInsO 2000, 292.

7 Vgl. BAG v. 28. 4. 1988 – 2 AZR 623/87, AP Nr. 74 zu § 613a BGB; BAG v. 10. 10. 1996 – 2 AZR 477/95, AP Nr. 81 zu § 1 KSchG 1969 Betriebsbedingte Kündigung; BAG v. 29. 9. 2005 – 8 AZR 647/04, DB 2006, 846.

sich (doch noch) bieten[1]. Wird die Betriebsstilllegung wider Erwarten nicht realisiert, kommt die Rechtsprechung zum Wiedereinstellungsanspruch (Rz. 3.62 ff.) zum Tragen[2].

c) Erwerberkonzept

7.343 Die bei überalterten und übergroßen Belegschaften mit der Kündigungssperre verbundene „Abschreckung" von Betriebserwerbern hat zu dem Versuch geführt, ein **Sonderkündigungsrecht zur Reduzierung großer Belegschaften** zu begründen, wenn anderenfalls die Betriebsübernahme scheitern würde und die Arbeitsplätze deshalb verloren gehen müssten[3]. Dies hat sich mangels Grundlage im Gesetz nicht durchgesetzt[4]. Eine andere und davon zu unterscheidende Frage ist, was gilt, **wenn der Betriebsveräußerer vor dem Betriebsübergang beginnt**, die **Rationalisierungsvorhaben des Betriebserwerbers** durch den Ausspruch von Kündigungen umzusetzen, d.h. die Organisations- und Strukturmaßnahmen des Betriebserwerbers auf Grund von Absprachen mit diesem in die Wege zu leiten. Das Bundesarbeitsgericht hat bereits früh keine Kündigung wegen Betriebsübergangs angenommen, wenn der Beginn der Rationalisierung oder Umstrukturierung durch den Betriebsveräußerer auf einer Absprache mit dem Betriebserwerber beruht, also begonnen wird, die Planungen des Betriebserwerbers umzusetzen, die auch der Betriebsveräußerer durchführen könnte[5]. Dem ist zuzustimmen[6]. Entscheidend ist, dass die Rationalisierungsmaßnahme und nicht der Betriebsübergang der tragende Grund der Kündigung ist. Der wesentliche Schutzzweck des § 613a Abs. 4 Satz 1 BGB – Verhinderung einer (negativen) Auslese zu Lasten schutzbedürftiger Arbeitnehmer – bleibt uneingeschränkt gewahrt, weil die Durchführung der Rationalisierungsmaßnahme den **Erfordernissen der betriebsbedingten Kündigung** einschließlich der **Grundsätze der Sozialauswahl** (Rz. 2.173 ff.) unterliegt. Es kann nicht darauf ankommen, wer den Anstoß für eine betriebliche Rationalisierungsmaßnahme oder Umorganisation gibt, die in ihrer Folge zum Wegfall von Arbeitsplätzen führt. Das LAG Berlin hat ausgeführt, dass es „wenig realistisch" sei, dass Kündigungen erst ausgesprochen werden könnten, nach-

1 Vgl. BAG v. 7. 3. 1996 – 2 AZR 312/95 (unveröff.); BAG v. 16. 5. 2002 – 8 AZR 319/01, AP Nr. 237 zu § 613a BGB = DB 2002, 2552.

2 Vgl. BAG v. 6. 8. 1997 – 7 AZR 557/96, AP Nr. 1 zu § 1 KSchG 1969 Wiedereinstellung = DB 1998, 423; BAG v. 4. 12. 1997 – 2 AZR 140/97, AP Nr. 4 zu § 1 KSchG 1969 Wiedereinstellung = DB 1998, 1087.

3 Vgl. *Grunsky,* ZIP 1982, 772, 776; *Hanau,* ZIP 1984, 141, 144; *Vossen,* BB 1984, 1557, 1558 ff.

4 Vgl. *Kreitner,* Kündigungsrechtliche Probleme beim Betriebsinhaberwechsel, 1989, S. 214 ff. m.w.N.

5 Vgl. BAG v. 26. 5. 1983 – 2 AZR 477/81, AP Nr. 34 zu § 613a BGB = DB 1983, 2690.

6 Vgl. *Borngräber,* Arbeitsverhältnis bei Betriebsübergang, 1977, S. 70; *Moll/Reufels* in GmbH-Handbuch, Rz. IV 375; *Kübler/Prütting/Bork/Moll,* § 128 InsO Rz. 10 ff.; *Staudinger/Richardi/Annuß,* Neubearbeitung 2005, § 613a BGB Rz. 354; *Willemsen,* ZIP 1983, 411, 415 ff.; *Ascheid,* NZA 1991, 873, 879; *Danko/Cramer,* BB 2004, BB-Special 4, S. 9, 14; *Hanau/Berscheid* in Kölner Schrift zur InsO, S. 1541, Rz. 21 ff.; *Gaul/Bonanni/Naumann,* DB 2003, 1902 ff.; *Kappenhagen,* BB 2003, 2182; *Lipinski,* NZA 2002, 75, 79; *Meyer,* NZA 2003, 244 ff.; *Moll,* NJW 1993, 2016, 2021; *Sieger/Hasselbach,* DB 1999, 430, 432.

dem ein Betrieb an einen bestimmten Erwerber veräußert worden sei, und hat es als geboten angesehen, dass ein Betrieb der Treuhandanstalt durch geeignete Maßnahmen „verkaufsfähig" gemacht werde[1]. Dies bringt zutreffend den Gedanken zum Ausdruck, dass mit der Umsetzung von organisatorischen und strukturellen Maßnahmen einschließlich der damit einhergehenden betriebsbedingten Kündigungen nicht bis nach dem Zeitpunkt eines Betriebsübergangs abgewartet werden kann und muss. Das Bundesarbeitsgericht hat im Anschluss an die Entscheidung vom 26. 5. 1983 bestätigt[2]: „Eine Kündigung wegen Betriebsübergangs liegt nicht vor, wenn sie der Rationalisierung (Verkleinerung) des Betriebs zur Verbesserung der Verkaufschancen dient. Ein Rationalisierungsprogramm liegt vor, wenn der Betrieb ohne die Rationalisierung stillgelegt werden müsste. Die Rationalisierung ist auch während einer Betriebspause möglich. Der Betriebsinhaber muss nicht beabsichtigen, den Betrieb selbst fortzuführen." Dass das Bundesarbeitsgericht in der Entscheidung vom 18. 7. 1996 die Kündigungsmöglichkeit des Veräußerers auf Grund von Plänen und Vorstellungen des Erwerbers daran angeknüpft hat, dass andernfalls der Betrieb stillgelegt werden müsste, erscheint kaum überzeugend. Es hat dieses Erfordernis jedenfalls für die Insolvenz aufgegeben und seine Auffassung in der Entscheidung vom 20. 3. 2003 zusammengefasst[3]:

- Die Kündigung des Betriebsveräußerers auf Grund eines Erwerberkonzepts verstößt dann nicht gegen § 613a Abs. 4 BGB, wenn ein verbindliches Konzept oder ein Sanierungsplan des Erwerbers vorliegt, dessen Durchführung im Zeitpunkt des Zugangs der Kündigungserklärung bereits greifbare Formen angenommen hat.
- Der Zulassung einer solchen Kündigung steht der Schutzgedanke des § 613a Abs. 4 BGB nicht entgegen, denn diese Regelung bezweckt keine „künstliche Verlängerung" des Arbeitsverhältnisses bei einer vorhersehbar fehlenden Beschäftigungsmöglichkeit des Arbeitnehmers bei dem Erwerber.
- Für die Wirksamkeit einer betriebsbedingten Kündigung des Veräußerers nach dem Sanierungskonzept des Erwerbers kommt es – jedenfalls in der Insolvenz – nicht darauf an, ob das Konzept auch bei dem Veräußerer hätte durchgeführt werden können.

4. Besonderheiten nach der Insolvenzordnung

§ 128 Abs. 1 Satz 1 InsO privilegiert den Betriebserwerber in der Insolvenz. 7.344
Die Vorschrift ermöglicht, dass der Insolvenzverwalter mit Hilfe der §§ 125–127 InsO auch dann vorgehen kann und diese Vorschriften zur Anwendung gelangen, wenn eine **Betriebsänderung** erfolgt, die **nach der Betriebsübernahme von einem Erwerber durchgeführt** wird[4]. Der Insolvenzverwalter kann mit dem Betriebsrat einen Interessenausgleich mit Namenliste im Hinblick auf eine Betriebsänderung vereinbaren, die (erst) ein Betriebsübernehmer durchführt. Der Insolvenzverwalter kann ebenso ein Beschlussverfahren im Hin-

1 Vgl. LAG Berlin v. 30. 11. 1993 – 12 Sa 115/93, DB 1994, 586.
2 Vgl. BAG v. 18. 7. 1996 – 8 AZR 127/94, AP Nr. 147 zu § 613a BGB = DB 1996, 2288.
3 Vgl. BAG v. 20. 3. 2003 – 8 AZR 97/92, AP Nr. 250 zu § 613a BGB.
4 S. z.B. LAG Köln v. 26. 2. 2004 – 6 Sa 875/03.

blick auf eine Betriebsänderung beginnen, die eine Betriebsübernahme für die Zeit nach dem Betriebsübergang im Auge hat. Ob der Insolvenzverwalter und ein Erwerber oder Erwerbsinteressent ein Vorgehen im Rahmen des § 128 Abs. 1 Satz 1 InsO wählen oder nicht, ist deren Entscheidung überlassen. Es wird so sein, dass der Insolvenzverwalter ohnehin die gebotenen Kündigungen ausspricht.

7.345 Der Gesetzeswortlaut deckt nicht nur die Fälle ab, in denen von vornherein eine Betriebsänderung des Erwerbers geplant wird. § 128 Abs. 1 Satz 1 InsO ist auch dann anwendbar, wenn zunächst zwar der Insolvenzverwalter eine eigene Betriebsänderung plant, im Nachhinein jedoch ein Erwerber den Betrieb übernimmt, der die Planung des Insolvenzverwalters nicht ändert, sondern realisiert[1].

7.346 Der Betriebserwerber ist Beteiligter in dem Beschlussverfahren nach § 126 InsO (§ 128 Abs. 1 Satz 2 InsO). Diese Regelung betrifft sowohl die Stellung desjenigen, der den Betrieb bereits übernommen hat oder der als Erwerber feststeht, als auch desjenigen, der lediglich als Erwerbsinteressent in Betracht kommt, in dessen Interesse der Insolvenzverwalter das Beschlussverfahren betreibt.

7.347 Die **Rechtswirkungen** der auch im Falle des Betriebsübergangs gem. § 128 Abs. 1 Satz 1 InsO anwendbaren Regelungen der §§ 125–127 InsO werden durch **§ 128 Abs. 2 InsO** klargestellt. Die **Vermutung** des Vorliegens dringender betrieblicher Erfordernisse im Falle des § 125 Abs. 1 Satz 1 InsO gilt auch dahingehend, dass vermutet wird, dass die **Kündigung des Arbeitsverhältnisses nicht wegen eines Betriebsübergangs** erfolgt. Die **Feststellung** der sozialen Rechtfertigung durch das Arbeitsgericht nach § 126 Abs. 1 Satz 1 InsO beinhaltet zugleich die Feststellung dahingehend, dass die **Kündigung nicht wegen des Betriebsübergangs** erfolgt. In beiden Fällen handelt es sich um konsequente Ableitungen aus der Vermutung kraft des Interessenausgleichs mit Namenliste bzw. der Feststellung des Arbeitsgerichts. Die Vermutung oder Feststellung dringender betrieblicher Erfordernisse oder der sozialen Rechtfertigung schließt die Annahme einer Kündigung wegen Betriebsübergangs aus (§ 613a Abs. 4 Satz 2 BGB)[2].

7.348 Offen ist, ob § 128 Abs. 2 InsO für Arbeitnehmer bedeutsam werden kann, die vom Geltungsbereich des Kündigungsschutzgesetzes nicht erfasst werden[3]. Die Frage ist zu bejahen. Es müsste als Wertungswiderspruch angesehen werden, wenn Arbeitnehmer ohne Kündigungsschutz mit Unwirksamkeitsgründen durchdringen könnten, die Arbeitnehmern mit Kündigungsschutz versagt sind. Soweit es um die soziale Rechtfertigung und die damit verbundenen Konsequenzen für § 613a Abs. 4 Sätze 1 und 2 BGB geht, greift die Vermutung des § 125 Abs. 1 Satz 1 Nr. 1 InsO folgerichtig auch für Arbeitnehmer ohne Kündigungsschutz ein, wenn sie in den Interessenausgleich mit Namenliste aufgenommen worden sind. Entsprechendes gilt für die Entscheidung des Arbeitsgerichts nach § 126 Abs. 1 Satz 1 InsO i.V.m. § 127 Abs. 1 InsO.

1 Vgl. *Kübler/Prütting/Bork/Moll*, § 128 InsO Rz. 23.
2 Vgl. *Giesen*, ZIP 1998, 46, 50.
3 S. dazu *Kübler/Prütting/Bork/Moll*, § 128 InsO Rz. 32 ff.

Die Bezugnahme des § 128 Abs. 1 InsO auf die §§ 125–127 InsO umfasst auch den **Vorbehalt der wesentlichen Änderung** der Sachlage. Eine derartige Änderung liegt etwa vor[1], wenn es zu einer beabsichtigten Betriebsveräußerung nicht kommt oder wenn ein anderer Erwerber den Betrieb übernimmt oder wenn ein anderes Umstrukturierungskonzept realisiert wird. 7.349

5. Aufhebungs- und Änderungsvereinbarungen

Die **Rechtsfolgen des § 613a Abs. 1 Satz 1 BGB** können anlässlich eines konkreten Betriebsübergangs **einverständlich geändert** werden. Die Arbeitsvertragsparteien können anlässlich eines Betriebsübergangs insbesondere die Beendigung des Arbeitsverhältnisses vereinbaren. Dies ergibt sich daraus, dass der Arbeitnehmer dem Betriebsübergang widersprechen und so die Fortsetzung des Arbeitsverhältnisses bei dem Betriebserwerber verhindern kann. Die **Aufhebungsvereinbarung** kann sowohl mit dem alten als auch mit dem neuen Arbeitgeber geschlossen werden. Die Rechtsfolgen des Betriebsübergangs können nicht durch Vereinbarungen zwischen Betriebsveräußerer und Betriebserwerber abbedungen oder geändert werden[2]. 7.350

Die Rechtsprechung steht trotz der grundsätzlichen Dispositionsmöglichkeit Vereinbarungen im Zusammenhang mit Betriebsübergängen mit Skepsis gegenüber. Der Abschluss des Aufhebungsvertrags ist nicht von besonderen Gründen oder sachlichen Voraussetzungen abhängig. Er ist aber nur wirksam, wenn er tatsächlich **auf das endgültige Ausscheiden des Arbeitnehmers aus dem Arbeitsverhältnis gerichtet** ist[3]. Voraussetzung ist, dass nicht bereits in Aussicht genommen ist, dass das Arbeitsverhältnis mit dem Betriebserwerber fortgesetzt wird. Der Aufhebungsvertrag ist in diesem Falle nicht auf eine endgültige Beendigung des Arbeitsverhältnisses gerichtet, sondern bezweckt als Umgehung von § 613a BGB lediglich die Beseitigung der Kontinuität. Die Aufhebungsvereinbarung dient dann nicht (lediglich) der Unterbrechung der Kontinuität des Arbeitsverhältnisses, wenn eine Beschäftigung bei dem Betriebserwerber ungewiss ist, d.h. nicht mehr als eine mehr oder weniger begründete Erwartung besteht, bei dem Betriebserwerber in ein Arbeitsverhältnis treten zu können („Risikogeschäft"). 7.351

Das **Lemgoer Modell** ist als Gesetzesumgehung angesehen worden. Es handelt sich dabei um eine Gestaltung, bei der die Arbeitnehmer mit Hinweis auf den Betriebsübergang und die Erhaltung der Arbeitsplätze veranlasst werden, entweder eine Eigenkündigung auszusprechen oder einem Aufhebungsvertrag zuzustimmen, um sogleich mit dem Betriebserwerber einen neuen Arbeitsvertrag zu schließen. Dies bezweckt, dass der Betriebserwerber losgelöst von den bisherigen Arbeitsverträgen neue Arbeitsverträge mit für ihn wünschenswer- 7.352

1 Vgl. *Friese*, ZInsO 2001, 350, 359 m.w.N.
2 Vgl. BAG v. 29. 10. 1975 – 5 AZR 444/74, AP Nr. 2 zu § 613a BGB = DB 1976, 391.
3 Vgl. BAG v. 28. 4. 1987 – 3 AZR 75/86, AP Nr. 5 zu § 1 BetrAVG Betriebsveräußerung; BAG v. 11. 2. 1992 – 3 AZR 117/91, AP Nr. 13 zu § 1 BetrAVG Betriebsveräußerung; BAG v. 11. 12. 1997 – 8 AZR 654/95, NZA 1999, 262; BAG v. 10. 12. 1998 – 8 AZR 324/97, AP Nr. 185 zu § 613a BGB; BAG v. 18. 8. 2005 – 8 AZR 523/04, DB 2006, 107; *Hanau/Berscheid* in Kölner Schrift zur InsO, S. 1541, Rz. 38.

ten Arbeitsbedingungen eingehen kann und dass die Arbeitnehmer Rechte aus dem Arbeitsvertrag (Beispiel: Versorgungszusagen) verlieren. Das Bundesarbeitsgericht hat dieses Vorgehen wegen Umgehung des § 613a Abs. 4 Satz 1 BGB für unwirksam erklärt[1]. Als Ziel werde allein verfolgt, aus Anlass des Betriebsübergangs sämtliche Arbeitsbedingungen zu verändern und erworbene Besitzstände abzubauen. Es gehe letztlich nicht um die Fortsetzung der Arbeitsverhältnisse überhaupt, weil diese bereits festgestanden haben und zugesagt gewesen seien.

7.353 Ein Umgehungsfall liegt vor, wenn Aufhebungsverträge abgeschlossen werden, die Beschäftigten in eine **Transfergesellschaft** wechseln und *konkret* vorgesehen ist, dass der Betriebserwerber bestimmte Arbeitnehmer später übernimmt. Der Abschluss des Aufhebungsvertrags ist zwar nicht von besonderen Gründen oder sachlichen Voraussetzungen abhängig. Er ist jedoch nur wirksam, wenn er tatsächlich **auf das endgültige Ausscheiden des Arbeitnehmers aus dem Arbeitsverhältnis gerichtet** ist. Dementsprechend sind dreiseitige Verträge möglich, die zum Inhalt haben, dass ein Arbeitnehmer das Arbeitsverhältnis statt bei dem (insolventen) Arbeitgeber oder einem Betriebserwerber bei einer Transfergesellschaft fortsetzt[2]. Voraussetzung ist allerdings, dass nicht bereits in Aussicht genommen ist, das Arbeitsverhältnis dann nach einer Kurzunterbrechung mit dem Betriebserwerber fortzusetzen. Der Aufhebungsvertrag ist in diesem Falle nicht auf eine endgültige Beendigung des Arbeitsverhältnisses gerichtet, sondern bezweckt als Umgehung von § 613a BGB lediglich die Beseitigung der Kontinuität. Die Aufhebungsvereinbarung dient dann nicht (lediglich) der Unterbrechung der Kontinuität des Arbeitsverhältnisses, wenn eine Beschäftigung bei dem Betriebserwerber ungewiss ist, d.h. nicht mehr als eine mehr oder weniger begründete Erwartung besteht, bei dem Betriebserwerber in ein Arbeitsverhältnis treten zu können.

7.354 **Änderungsverträge aus Anlass des Betriebsübergangs** werden einer strengen **Inhaltskontrolle** unterzogen. Ein Teil der Entscheidungen betrifft Erlassvereinbarungen über gestundete und rückständige Vergütung[3]. Diese Problematik ist im Insolvenzverfahren unerheblich, weil der Betriebserwerber ohnehin nicht für Rückstände aus der Vergangenheit haftet. Ein anderer Teil der Entscheidungen betrifft Vereinbarungen über eine künftige Nichterbringung bzw. Verringerung von Leistungen[4]. Das Bundesarbeitsgericht verlangt für Ver-

---

1 Vgl. BAG v. 28. 4. 1987 – 3 AZR 75/86, AP Nr. 5 zu § 1 BetrAVG Betriebsveräußerung = DB 1988, 400; BAG v. 11. 2. 1992 – 3 AZR 117/91, AP Nr. 13 zu § 1 BetrAVG Betriebsveräußerung; *Kreitner*, Kündigungsrechtliche Probleme beim Betriebsinhaberwechsel, 1989, S. 195 ff.

2 BAG v. 10. 12. 1998 – 8 AZR 324/97, AP Nr. 185 zu § 613a BGB; BAG v. 18. 8. 2005 – 8 AZR 523/04, DB 2006, 107.

3 Vgl. BAG v. 18. 8. 1976 – 5 AZR 95/75, AP Nr. 4 zu § 613a BGB = DB 1977, 310.

4 Vgl. BAG v. 26. 1. 1977 – 5 AZR 302/75, AP Nr. 5 zu § 613a BGB = DB 1977, 1192: Treueprämien; BAG v. 17. 1. 1980 – 3 AZR 160/79, AP Nr. 18 zu § 613a BGB = DB 1980, 308: Abschwächung von Steigerungsbeträgen für Betriebsrenten; BAG v. 29. 10. 1985 – 3 AZR 485/83, AP Nr. 4 zu § 1 BetrAVG Betriebsveräußerung = DB 1986, 1779: Nichtfortführung von Versorgungsversprechen; BAG v. 27. 4. 1988 – 5 AZR 358/87,

schlechterungsvereinbarungen anlässlich eines Betriebsübergangs einen **sachlichen** Grund. Ein solcher sachlicher Grund liegt typischerweise vor, wenn der Betrieb Not leidend ist. Die Insolvenzsituation ist für sich allein jedoch nicht als sachlicher Grund angesehen worden: Der Betriebserwerber muss – darüber hinaus – darlegen, dass die Fortführung der ganz oder teilweise aufgehobenen Verpflichtung zu Schwierigkeiten für das Unternehmen führt. Das Bundesarbeitsgericht hat betont, dass an das Vorliegen sachlicher Gründe ein strenger Maßstab anzulegen und die Verschlechterung der Arbeitsbedingungen nur unter engen Voraussetzungen möglich sei[1]. Der Betriebserwerber wird also darlegen müssen, dass die Senkung des Niveaus von Nebenleistungen oder Vergütungen für eine Fortführung und Weiterentwicklung des Unternehmens erforderlich ist. Diese Rechtsprechung ist in der Literatur zu Recht kritisiert worden[2]. Die Rechtsprechung des Bundesarbeitsgerichts geht über den Schutzzweck des § 613a BGB hinaus. Die Vorschrift bezweckt, dass die Arbeitsverhältnisse ähnlich wie in Fällen einer Gesamtrechtsnachfolge oder einer Veräußerung von Gesellschaftsanteilen erhalten bleiben. Dass die Arbeitnehmer einen zusätzlichen Bestands- und Inhaltsschutz erreichen, den sie weder bei Verbleiben des Betriebs beim alten Arbeitgeber noch bei Veräußerung von Gesellschaftsanteilen noch bei Gesamtrechtsfolge haben würden, ist nicht begründbar. Etwaige **Änderungsvereinbarungen** sind allein nach denjenigen Kontrollinstrumenten und Rechtsinstituten zu beurteilen, die **auch außerhalb des Betriebsübergangs für die Beurteilung von Änderungsvereinbarungen anwendbar** sind. Der EuGH hat keinen Zweifel daran gelassen, dass die Richtlinie keinen Änderungen des Arbeitsverhältnisses entgegensteht, die ohne Betriebsübergang nach dem Recht eines Mitgliedstaats möglich sind[3]. Das Bundesarbeitsgericht geht über Reichweite und Schutzzweck des § 613a BGB mit seiner auf diese Norm gestützten Inhaltskontrolle von Änderungsvereinbarungen deutlich und grundlos hinaus.

AP Nr. 71 zu § 613a BGB = DB 1988, 1653: Herabsetzung von Vergütungen; BAG v. 12. 5. 1992 – 3 AZR 247/91, AP Nr. 14 zu § 1 BetrAVG Betriebsveräußerung = DB 1992, 2038: Aufhebung von Versorgungsversprechen.

1 Vgl. BAG v. 27. 4. 1988 – 5 AZR 358/87, AP Nr. 71 zu § 613a BGB = DB 1988, 1653; BAG v. 12. 5. 1992 – 3 AZR 247/91, AP Nr. 14 zu § 1 BetrAVG Betriebsveräußerung = DB 1992, 2038.

2 Vgl. *Bauer,* Unternehmensveräußerung und Arbeitsrecht, 1983, S. 78; *Feudner,* DB 1996, 830, 832; *Kraft,* FS 25 Jahre BAG, 1979, S. 299, 301; *Moll/Reufels* in GmbH-Handbuch, Rz. IV 377.4; *Moll,* NJW 1994, 2016, 2022; *Pietzko,* ZIP 1990, 1105 ff., *Schwerdtner,* FS Müller, 1981, S. 557, 583; *Willemsen,* RdA 1987, 327 ff.

3 Vgl. EuGH v. 10. 2. 1988 – Rs. C-324/86, Slg. 1988, 739 (einem Restaurantleiter war gekündigt worden, weil der Arbeitgeber [Pächter] keine Schankerlaubnis erhalten hatte und das Pachtverhältnis beendet wurde. Der Verpächter verpachtete das Restaurant anderweitig. Der nunmehrige Pächter schloss mit dem Restaurantleiter wieder einen Arbeitsvertrag ab, der jedoch [auf Wunsch des Restaurantleiters allerdings] eine verkürzte Kündigungsfrist vorsah. Deren Wirksamkeit stand zur Entscheidung. Der EuGH führt aus, dass die Richtlinie „einer mit dem neuen Unternehmensinhaber vereinbarten Änderung des Arbeitsverhältnisses nicht entgegensteht, wenn das anwendbare innerstaatliche Recht eine solche Änderung unabhängig von einem Unternehmensübergang zulässt."); EuGH v. 12. 11. 1992 – Rs. C-209/91, Slg. 1992, 5773. S. dazu auch *Bergwitz,* DB 1999, 2005, 2009.

D. Kredite und Kreditsicherheiten im eröffneten Insolvenzverfahren

I. Neukredite

7.355 Die Unternehmenssanierung ist gem. § 1 InsO kein eigenständiges Ziel des Insolvenzverfahrens[1]. Regelmäßig wird es aber ein Gebot wirtschaftlicher Vernunft sein, den **Geschäftsbetrieb der GmbH im Insolvenzverfahren zumindest für eine gewisse Zeit fortzuführen**, beispielsweise um eine Unternehmenssanierung, auch durch Unternehmensverkauf, aus dem Insolvenzverfahren heraus zu erreichen (dazu auch Rz. 7.99 ff.). Selbst wenn nur eine optimale Liquidation der Masse angestrebt wird, ist dazu häufig die Unternehmensfortführung erforderlich, um die halb fertigen Güter des Vorratsvermögens fertig zu stellen und weiterhin Garantie- und Serviceleistungen zu erbringen, damit den Kunden gegenüber dem Forderungseinzug kein Grund für Aufrechnungs- und Zurückbehaltungsrechte gegeben wird[2]. Eine solche Unternehmensfortführung muss finanziert werden, insbesondere die Löhne und Gehälter der Arbeitnehmer, aber auch die Bezahlung der Lieferanten einschließlich der Energielieferungen, Miet- und Pachtzahlungen, und nicht zuletzt die Steuern[3].

7.356 Ist für eine GmbH oder ein anderes Unternehmen ein Insolvenzantrag gestellt worden, werden Kreditgeber allenfalls dann bereit sein, neue Kredite für die Betriebsfortführung zur Verfügung zu stellen, wenn diese als **Massekredite** privilegiert werden, also die Forderungen aus den Neukrediten im Insolvenzverfahren bei der Sanierung des Schuldners von einer Herabsetzung der Verbindlichkeiten des Schuldners in einem evtl. Insolvenzplan nicht betroffen sind und bei Scheitern der Sanierung aus den Erlösen der Liquidation des Schuldnervermögens vor den Altforderungen befriedigt werden[4]. Wegen der zahlreichen massearmen Verfahren dürfte jedoch selbst eine solche Privilegierung der Neukredite meistens nicht ausreichen, um den Kreditgebern die Kreditentscheidung zu ermöglichen, sondern sie werden darüber hinaus die (rechtsbeständige) Bestellung von Kreditsicherheiten für die Neukredite verlangen. Bei der Betrachtung des rechtlichen Rahmens für Neukredite im Insolvenzverfahren müssen daher neben den Voraussetzungen, unter denen ein

1 Begr. RegE InsO v. 15. 4. 1992, BT-Drucks. 12/2443, § 1 RegE S. 109; Beschlussempfehlung und Bericht des Rechtsausschusses zum RegE InsO v. 19. 4. 1994, BT-Drucks. 12/7302, § 1 RegE S. 155.

2 *Kübler*, ZGR 1982, 498, 502.

3 Zur Finanzierung der Unternehmensfortführung im Insolvenzverfahren auch *Fink*, Maßnahmen des Verwalters zur Finanzierung in der Unternehmensinsolvenz, 1998; *Wittig*, DB 1999, 197 ff.; *Rösler/Mackenthun/Pohl*, Handbuch Kreditgeschäft, 6. Aufl. 2002, S. 1048; *Obermüller*, Insolvenzrecht in der Bankpraxis, Rz. 5.278 ff.

4 Nach Auffassung von *Uhlenbruck*, ZBB 1992, 284, wäre wegen des nicht zu deckenden Kreditbedarfs eine Sanierung von notleidenden Unternehmen in den meisten Fällen von vornherein ausgeschlossen, wenn die im Eröffnungsverfahren oder spätestens im eröffneten Insolvenzverfahren neu gewährten Kredite keine Privilegierung erführen.

Neukredit als Massekredit privilegiert ist, auch die Möglichkeiten der Kreditbesicherung erörtert werden.

1. Finanzierung mit Neukrediten im regulären Insolvenzverfahren

a) Finanzierung durch Ausnutzung bestehender Kreditlinien?

Die Insolvenzordnung räumt dem Verwalter das Wahlrecht ein, ob gegenseitige, von beiden Vertragsparteien nicht oder nicht vollständig erfüllte Verträge erfüllt werden sollen[1]. Dennoch hat der Verwalter auch im Insolvenzverfahren nicht die Möglichkeit, durch Erfüllungswahl die Valutierung bereits zugesagter, aber noch nicht ausgezahlter Kredite zu verlangen. Dabei muss für das Schicksal **bestehender Kreditverträge** zwischen Kontokorrentkrediten und Tilgungskrediten unterschieden werden. Infolge der Verfahrenseröffnung erlöschen gem. §§ 115, 116 InsO[2] Aufträge und Geschäftsbesorgungsverhältnisse und damit sowohl der Girovertrag wie auch der Kontokorrentvertrag[3]. Dadurch werden sämtliche Kredite, gleich welcher Art, die die insolvente GmbH oder ein anderer Kreditnehmer auf Basis der Kontokorrentabrede in Anspruch genommen hat, sofort fällig[4], und noch nicht ausgenutzte Kreditteile können auch vom Verwalter nicht mehr in Anspruch genommen werden. Daran ändert auch § 108 Abs. 2 InsO nichts, da die Regelung ausdrücklich nur den Fortbestand von Darlehenverträgen anordnet, bei denen der Schuldner Kreditgeber, nicht Kreditnehmer ist[5]. Demgegenüber gelten zwar Kredite, die nicht auf Kontokorrentbasis, sondern auf Grund fester Vereinbarung hinsichtlich der Auszahlung und Rückzahlung gewährt worden sind, wie z.B. Annuitätendarlehen, Ratenkredite und Schuldscheindarlehen, auch als fällig (§ 41 Abs. 1 InsO), jedoch mit der Ausnahme, dass die vorzeitige Fälligkeit für die Zwecke einer Aufrechnung als nicht eingetreten gilt (§ 95 Abs. 1 Satz 2 InsO)[6]. Davon unberührt bleibt aber das Wahlrecht des Verwalters, so dass er bei dieser Art von Krediten die Möglichkeit hätte, durch Erfüllungswahl noch nicht in Anspruch genommene Kreditteile für die Finanzierung im Insolvenzverfahren zu nutzen[7]. Und bei der Entscheidung für die Erfüllungswahl muss der Insolvenzverwalter noch nicht einmal darauf Rücksicht nehmen, inwieweit der betreffende Kredit bereits vor der Verfahrenseröffnung in Anspruch genommen worden ist. 7.357

1 Dazu Begr. RegE InsO, BR-Drucks. 1/92, § 117 RegE S. 141.

2 Dazu Begr. RegE InsO, BR-Drucks. 1/92, §§ 133, 134 RegE S. 151.

3 BGH v. 15. 12. 2005 – IX ZR 227/04, WM 2006, 194; OLG Köln v. 19. 4. 2004 – 2 U 187/03, NZI 2004, 668.

4 So auch *Obermüller,* Insolvenzrecht in der Bankpraxis, Rz. 5.269a; a.A. *Wilmowsky,* WM 2005, 1189, 1190 (Fn. 1).

5 Zur Diskussion, ob nach den ersten Entwurfsfassungen diese durch das Gesetz zur Vereinfachung des Insolvenzverfahrens eingeführte Regelung auch für den Schuldner als Kreditnehmer gegolten hätte, s. *Marotzke,* ZInsO 2004, 1273; *Kuder,* ZInsO 2004, 1180. Zur Entstehungsgeschichte dieser Norm auch *Eckert* in Münchener Kommentar zur InsO, § 108 InsO Rz. 203.

6 Zum Schicksal bestehender Kredite *Obermüller,* Insolvenzrecht in der Bankpraxis, Rz. 5.268 ff.; *Wittig,* DB 1999, 197 ff.; allgemein zu diesen Regelungen der Insolvenzordnung Begr. RegE InsO, BR-Drucks. 1/92, § 48 RegE S. 124; § 107 RegE S 140 f.

7 Grundsätzlich zur Anwendbarkeit von § 103 InsO auf das (teilweise) noch nicht ausgezahlte Darlehen *Huber* in Münchener Kommentar zur InsO, § 103 InsO Rz. 69.

Denn die Erfüllungswahl führt nicht dazu, dass die Ansprüche des Kreditgebers insgesamt zu Masseforderung werden. Vielmehr sorgt § 105 InsO dafür, dass auch bei Inanspruchnahme offener Linien durch den Verwalter im Insolvenzverfahren der Kreditgeber hinsichtlich der bereits vor Eröffnung des Verfahrens ausgezahlten Kreditteile lediglich Insolvenzgläubiger ist[1].

7.358 In der Praxis wird diese Ausnutzung von bestehenden Kreditzusagen durch den Insolvenzverwalter jedoch nicht in Betracht kommen[2], weil die Kreditgeber zur **Kündigung bestehender Kredite** auch noch nach Verfahrenseröffnung berechtigt sind. Ein Kündigungsverbot für den Vertragspartner des Schuldners, um dem Wahlrecht des Insolvenzverwalters nicht die Grundlage zu entziehen, sieht die Insolvenzordnung nicht vor[3]. Daher können Kreditgeber auch nach Eröffnung eines Insolvenzverfahrens ihre Kredite kündigen, wobei Kreditinstituten (auch ohne gesonderte Vereinbarungen im Kreditvertrag) ein Kündigungsrecht auf Grund der allgemeinen Geschäftsbedingungen des Kreditgewerbes, jedenfalls aber nach § 490 Abs. 1 BGB zusteht[4]. Nach der Regelung in den AGB des Kreditgewerbes (Nr. 19 Abs. 3 AGB-Banken, Nr. 22 Abs. 2 AGB-Sparkassen)[5] ebenso wie nach der gesetzlichen Regelung in § 490 Abs. 1 BGB[6] ist der Kreditgeber zur fristlosen Kündigung aus wichtigem Grund insbesondere dann berechtigt, wenn eine wesentliche Verschlechterung der Vermögenslage des Kreditnehmers eintritt und dadurch die Erfüllung seiner Verbindlichkeiten gefährdet ist. Da die Rechtsprechung sogar die bloße Androhung des Kreditnehmers, er werde seine Zahlungen einstellen und die Eröffnung eines Insolvenzverfahrens beantragen, für die fristlose Kreditkündigung auf Grund Nr. 19 Abs. 3 AGB-Banken, Nr. 22 Abs. 2 AGB-Sparkassen ausreichen lässt[7], kann an dem Recht zur Kreditkündigung nach Verfahrens-

1 Anders *Obermüller*, Insolvenzrecht in der Bankpraxis, Rz. 5.275.

2 Sie wird deshalb z.B. von *Fink*, Maßnahmen des Verwalters zur Finanzierung in der Unternehmensinsolvenz, 1998, S. 123 ff., noch nicht einmal erörtert.

3 Zur Diskussion dieser Frage bei Entstehung der Insolvenzordnung s. einerseits Begr. RegE InsO, BR-Drucks. 1/92, § 137 RegE S. 152 f.; andererseits Beschlussempfehlung des Rechtsausschusses zu § 137 RegE, BT-Drucks. 12/7302, S. 170, dazu auch *Obermüller*, Insolvenzrecht in der Bankpraxis, Rz. 5.276.

4 So im Ergebnis auch *Huber* in Münchener Kommentar zur InsO, § 103 InsO Rz. 69.

5 Zu diesem Kündigungsrecht bzw. seiner Vorgängerregelung in Nr. 17 AGB-Banken BGH v. 10. 11. 1977 – III ZR 39/76, WM 1978, 234; BGH v. 19. 9. 1979 – III ZR 93/76, WM 1979, 1176; BGH v. 18. 12. 1980 – III ZR 157/78, WM 1981, 150; BGH v. 23. 2. 1984 – III ZR 159/83, WM 1984, 586; BGH v. 28. 2. 1985 – III ZR 223/83, WM 1985, 769 = WuB I A – Nr. 17 AGB-Banken – 1.85 *Pleyer*; BGH v. 30. 5. 1985 – III ZR 112/84, WM 1985, 1136 = WuB I A – Nr. 17 AGB-Banken – 2.85 *Obermüller*; BGH v. 26. 9. 1985 – III ZR 213/84, WM 1985, 1493 = WuB I A – Nr. 17 AGB-Banken – 1.86 *Obermüller*; BGH v. 26. 9. 1985 – III ZR 229/84, WM 1985, 1437 = WuB I A – Nr. 17 AGB-Banken – 2.86 *Bruchner*; BGH v. 6. 3. 1986 – III ZR 285/84, WM 1986, 605 = WuB I A – Nr. 17 AGB-Banken – 5.86 *Schröter*; BGH v. 26. 5. 1988 – III ZR 115/87, WM 1988, 1223 = WuB I A – Nr. 17 AGB-Banken – 1.88 *Sonnenhol*; *Gößmann* in Hellner/Steuer (Hrsg.), Bankrecht und Bankpraxis, Rz. 1/575 ff.

6 Dazu *Wittig/Wittig*, WM 2002, 145; *Obermüller*, ZInsO 2002, 97; *Freitag*, WM 2001, 2370; *Wittig*, NZI 2002, 633.

7 BGH v. 26. 9. 1985 – III ZR 213/84, WM 1985, 1493 = WuB I A – Nr. 17 AGB-Banken – 1.86 *Obermüller*; OLG Hamm v. 12. 9. 1990 – 31 U 102/90, WM 1991, 402 = WuB I A

eröffnung kein Zweifel mehr bestehen. Dies muss im Übrigen auch bei besicherten Krediten gelten, obwohl § 490 Abs. 1 BGB und im Anschluss daran die AGB-Kündigungsregelungen der Kreditwirtschaft über die Verschlechterung der Vermögensverhältnisse hinaus auch die Berücksichtigung von Sicherheiten für die Frage verlangen, ob die Rückerstattung des Darlehens gefährdet ist. Denn diese Regelung soll den Darlehensnehmer nur davor schützen, dass der Kreditgeber trotz vollwertiger Sicherheit mit der Kündigung die Insolvenz des Kreditnehmers herbeiführt. Dagegen überwiegen die Interessen des Kreditgebers, wenn die Insolvenz ohnehin schon eingetreten ist[1].

b) Aufnahme neuer Kredite

Angesichts dieser Rechtslage muss der im eröffneten Insolvenzverfahren bestehende Finanzierungsbedarf durch **neu vereinbarte Kredite** gedeckt werden. Mit der Eröffnung des Insolvenzverfahrens geht die Verwaltungs- und Verfügungsbefugnis, also das Recht des Schuldners, sein zur Insolvenzmasse gehörendes Vermögen zu verwalten und darüber zu verfügen, gem. § 80 Abs. 1 InsO auf den Insolvenzverwalter über. Neue Kreditverträge können demgemäß nur von dem Verwalter abgeschlossen werden[2]. 7.359

Der Verwalter hat für die Aufnahme neuer Kredite grundsätzlich gem. § 160 Abs. 2 InsO die **Zustimmung des Gläubigerausschusses** einzuholen, weil es sich dabei in der Regel um eine Rechtshandlung handelt, die für das Insolvenzverfahren von besonderer Bedeutung ist. Ist ein Gläubigerausschuss nicht bestellt, so ist die Zustimmung der Gläubigerversammlung einzuholen. Eine Zustimmung ist aber entbehrlich bei Darlehen, die die Insolvenzmasse nicht erheblich belasten. Diese Ausnahme ist zwar einerseits zu begrüßen, weil damit wirtschaftlich weniger bedeutsame Rechtshandlungen auch im Bereich der Kreditaufnahmen vom Insolvenzverwalter in eigener Verantwortung entschieden werden können. Andererseits bleibt angesichts der fehlenden Angabe bestimmter Wertgrenzen naturgemäß eine gewisse Unsicherheit, ob im Einzelfall die Zustimmung erforderlich ist[3]. Zum Teil wird versucht, dem durch eine Pauschalierung zu begegnen, wonach Darlehensverbindlichkeiten, die bis zu 10 % des Massevermögens ausmachen, nicht als erheblich i.S. von § 160 InsO angesehen werden könnten[4]. Nach anderer Auffassung soll stattdessen auf die Möglichkeiten zur schnellen Tilgung aus dem kurzfristig zu erwartenden Liquiditätsrückfluss abgestellt werden und eine Darlehensaufnahme dann i.S. von § 160 InsO unerheblich sein, wenn das Darlehen nicht höher ist als die Einnahmen, die binnen eines kurzen Zeitraums – ca. ein Monat – aus der Fortführung des Unternehmens zu erwarten sind[5]. Die somit verbleibende 7.360

– Nr. 17 AGB-Banken – 1.91 *Bales*; *Gößmann* in Gößmann/Hellner/Schröter/Steuer/Weber, Bankrecht und Bankpraxis, Rz. 1/588; in der Tendenz anders *Wilmowsky*, WM 2008, 1183, 1237 passim.

1 *Obermüller*, ZInsO 2002, 97, 103.

2 Dazu auch *Obermüller*, Insolvenzrecht in der Bankpraxis, Rz. 5.278 ff.

3 Zu den Motiven Begr. RegE InsO, BR-Drucks. 1/92, § 179 RegE S. 174.

4 *Wegener* in Frankfurter Kommentar zur InsO, § 160 InsO Rz. 7.

5 *Görg* in Münchener Kommentar zur InsO, § 160 InsO Rz. 20.

Unsicherheit kann aber aus Sicht eines Kreditgebers hingenommen werden, weil gerade zur Vermeidung von Rechtsunsicherheiten im Geschäftsverkehr § 164 InsO ausdrücklich festschreibt, dass die fehlende Zustimmung die Wirksamkeit von Handlungen des Insolvenzverwalters nicht berührt[1].

7.361 Durch den Verwalter neu aufgenommene Kredite sind **als Masseverbindlichkeiten privilegiert**. Denn soweit der Insolvenzverwalter nach Verfahrenseröffnung einen Neukredit in Anspruch nimmt, gelten die allgemeinen Regelungen des § 55 InsO. Danach sind gem. § 55 Abs. 1 InsO Masseverbindlichkeiten alle Verpflichtungen, die der Verwalter durch sein Handeln begründet, also auch die von ihm eingegangenen vertraglichen Verpflichtungen[2].

7.362 Die Privilegierung des Neukredits als Masseverbindlichkeiten gewährleistet aber **keine Tilgung des Verwalterkredits bei massearmen Insolvenzverfahren**[3]. Denn wenn zwar die Kosten des Insolvenzverfahrens gedeckt sind, die Insolvenzmasse jedoch nicht zur Erfüllung sämtlicher Masseverbindlichkeiten ausreicht, besteht die Pflicht des Verwalters zur Verwaltung und Verwertung der Insolvenzmasse fort (§ 208 Abs. 3 InsO), die Masseverbindlichkeiten werden jedoch in einer neu geordneten Reihenfolge befriedigt (§ 209 InsO), nämlich zunächst die Kosten des Insolvenzverfahrens, dann die Masseverbindlichkeiten, die *nach* der Anzeige der Masseunzulänglichkeit begründet worden sind, ohne zu den Kosten des Verfahrens zu gehören, und erst zuletzt die übrigen Masseverbindlichkeiten, zu denen auch die Forderungen aus einem Verwalterkredit gehören, die vor Anzeige der Masseunzulänglichkeit begründet worden sind[4]. Selbst wenn die Masse in einem solchen Fall noch für die Begleichung der vorrangigen Masseverbindlichkeiten ausreichen sollte, konkurrieren beim massearmen Verfahren die Forderungen aus einem Verwalterkredit gem. § 209 Abs. 1 Nr. 3 InsO mit allen übrigen Masseverbindlichkeiten. Dies ist auch deshalb besonders problematisch, weil gem. § 55 Abs. 1 InsO auch schon Verbindlichkeiten, die von einem vorläufigen Insolvenzverwalter begründet worden sind, auf den wegen Anordnung eines allgemeinen Verfügungsverbots die Verfügungsbefugnis über das Vermögen des Schuldners übergegangen ist, als Masseverbindlichkeiten gelten (dazu bereits oben unter Rz. 5.314 ff.)[5]. Darauf hat sich die Praxis allerdings eingestellt, indem fast ausnahmslos kein allgemeines Verfügungsverbot im Eröffnungsverfahren angeordnet wird, sondern das Insolvenzgericht nur einen schwachen vorläufigen Verwalter i.S. von § 22

1 Dazu Begr. RegE InsO, BR-Drucks. 1/92, § 183 RegE S. 175. Ebenso *Obermüller,* Insolvenzrecht in der Bankpraxis, Rz. 5.280; *Fink,* Maßnahmen des Verwalters zur Finanzierung in der Unternehmensinsolvenz, 1998, S. 130 f.

2 Generell dazu *Hefermehl* in Münchener Kommentar zur InsO, § 55 InsO Rz. 21 ff. Speziell zu Massekrediten *Obermüller,* Insolvenzrecht in der Bankpraxis, Rz. 5.281; so auch schon für den RegE InsO *Uhlenbruck,* ZBB 1992, 284, 285; *Obermüller,* ZBB 1992, 202, 208.

3 Für den Ausfall eines Massekredits s. z.B. BGH v. 18. 9. 2007 – XI ZR 447/06, WM 2007, 2230.

4 *Obermüller,* Insolvenzrecht in der Bankpraxis, Rz. 5.282; *Fink,* Maßnahmen des Verwalters zur Finanzierung in der Unternehmensinsolvenz, 1998, 135 f.

5 *Fink,* Maßnahmen des Verwalters zur Finanzierung in der Unternehmensinsolvenz, 1998, S. 137.

Abs. 2 InsO einsetzt, der ggfs. zur Aufnahme von Massekrediten durch das Insolvenzgericht gesondert ermächtigt wird (dazu oben bei Rz. 5.311 ff.).

Ein erhöhtes Kreditrisiko ergibt sich insoweit nicht aus der **Konkurrenz zwischen den Masseverbindlichkeiten und den Sozialplanverbindlichkeiten**[1]. Zwar genießen die Ansprüche der Arbeitnehmer aus einem Sozialplan gem. § 123 Abs. 2 InsO eine bevorrechtigte Stellung als Masseverbindlichkeiten, § 123 Abs. 2 InsO sieht aber vor, dass im Rahmen der Insolvenzordnung für die Berichtigung der Sozialplanforderungen nicht mehr als ein Drittel der Masse verwendet werden darf, die ohne einen Sozialplan für die Verteilung an die Insolvenzgläubiger zur Verfügung stünde (dazu auch oben bei Rz. 7.313 ff.). Dies bedeutet im Ergebnis, dass die Sozialplanforderungen nicht auf einer Stufe mit den sonstigen Masseverbindlichkeiten des § 55 InsO stehen, da auf sie erst dann der erste Euro gezahlt wird, wenn nach Befriedigung aller anderen Masseverbindlichkeiten wenigstens drei Euro verblieben sind, die ohne die Sozialplanforderungen an die Insolvenzgläubiger zu verteilen wären[2]. Wenn Masseunzulänglichkeit i.S. von § 209 InsO eintritt, gehören sie damit in einem solchen masseunzulänglichen Verfahren nicht zu den drittrangigen Forderungen des § 209 Abs. 1 Nr. 3 InsO[3], was die Quote für den in diesem Rang zu befriedigenden Massekredit schmälern würde. Vielmehr gilt nach dem ausdrücklichen Willen des Gesetzgebers die Beschränkung des § 123 Abs. 2 InsO für die Sozialplanforderungen auch dann, wenn es nicht zu einer vollständigen Verteilung der Masse gem. §§ 187 ff. InsO kommt[4], so dass beim masseunzulänglichen Verfahren auf die Sozialplanforderungen keine Zahlungen entfallen, weil keine freie Masse für die Verteilung an die Insolvenzgläubiger zur Verfügung steht[5]. 7.363

Für die Erfüllung der neu aufgenommenen Kredite aus der Masse **haftet der Verwalter** gem. § 61 Satz 1 InsO, es sei denn, er konnte bei Abschluss des Vertrages nicht erkennen, dass die Masse voraussichtlich zur Erfüllung nicht ausreichen würde (§ 61 Satz 2 InsO)[6]. Die Beweislast für die Nichterkennbarkeit trifft den Verwalter. Entgegen früherer Rechtsprechung[7] kann also die Haftung des Verwalters nicht schon mit der Begründung abgelehnt werden, die Geschäftspartner des Verwalters seien durch die Verfahrenseröffnung ge- 7.364

1 Zu dieser Problematik auch *Fink*, Maßnahmen des Verwalters zur Finanzierung in der Unternehmensinsolvenz, 1998, S. 130 f.; *Obermüller*, Insolvenzrecht in der Bankpraxis, Rz. 5.283.

2 So auch *Fink*, Maßnahmen des Verwalters zur Finanzierung in der Unternehmensinsolvenz, 1998, S. 138.

3 *Fink*, Maßnahmen des Verwalters zur Finanzierung in der Unternehmensinsolvenz, 1998, S. 138.

4 Beschlussempfehlung und Bericht des Rechtsausschusses zum RegE InsO v. 19. 4. 1994, BT-Drucks. 12/7302, § 141 RegE S. 171.

5 Ebenso *Obermüller*, Insolvenzrecht in der Bankpraxis, Rz. 5.283; *Fink*, Maßnahmen des Verwalters zur Finanzierung in der Unternehmensinsolvenz, 1998, S. 138.

6 *Fink*, Maßnahmen des Verwalters zur Finanzierung in der Unternehmensinsolvenz, 1998, S. 138 f.; *Obermüller*, Insolvenzrecht in der Bankpraxis, Rz. 5.281a.

7 So noch zur Konkursordnung BGH v. 14. 4. 1987 – IX ZR 260/86, BGHZ 100, 346 = WM 1987, 695 = WuB VI B. § 82 KO 1.87 *Johlke*. S. zur früheren Rechtslage eingehend auch *Wittig*, Anm. zu LG Hamburg v. 28. 6. 1996, WuB VI B § 82 KO – 1.97.

warnt und müssten sich bewusst sein, dass sie das Risiko der Masseunzulänglichkeit eingingen[1]. Dennoch wird es dem Kreditgeber in aller Regel nicht möglich sein, die Kreditentscheidung auf die Haftung des Verwalters zu stützen. Zum einen schließen die Verwalter bei der Aufnahme von Massekrediten ihre eventuelle persönliche Haftung vielfach ausdrücklich aus[2]. Zum anderen dürfte selbst da, wo die Haftung in Betracht kommt, diese angesichts des Missverhältnisses zwischen Kreditbedarf und finanzieller Leistungsfähigkeit des Verwalters nicht als ausreichende Kreditsicherheit angesehen werden können.

2. Besicherung des Neukredits

7.365 Weil somit trotz Privilegierung des Neukredits dem Kreditgeber ein nicht unerhebliches Risiko verbleibt, auf Grund von unzureichender Masse mit seinen Forderungen einen Ausfall zu erleiden[3], wird der Kreditgeber für Neukredite im Insolvenzverfahren regelmäßig eine Besicherung verlangen müssen. Der **Insolvenzverwalter ist berechtigt, Sicherheiten zu stellen** an Gegenständen der Insolvenzmasse für die von ihm im Insolvenzverfahren neu aufgenommenen Kredite[4], denn mit der Verfahrenseröffnung ist die Verfügungbefugnis auf ihn übergegangen (§ 80 InsO). § 160 InsO trifft insoweit keine ausdrückliche Regelung, aber es muss davon ausgegangen werden, dass der Insolvenzverwalter für die Sicherheitenbestellung immer dann die Zustimmung des Gläubigerausschusses bzw. der Gläubigerversammlung einholen muss, wenn dies wegen der erheblichen Belastung für die Insolvenzmasse gem. § 160 Abs. 2 Nr. 2 InsO auch schon für die Kreditaufnahme erforderlich ist[5], wobei die fehlende Genehmigung gem. § 164 InsO die Rechtswirksamkeit der Sicherheitenbestellung nicht berührt.

7.366 Die Besicherung des Verwalterkredites kann dem Kreditgeber auch **nicht durch Anfechtung** wieder entzogen werden, weil sie erst nach der Eröffnung des Insolvenzverfahrens erfolgt. Denn nach der ausdrücklichen Regelung des § 129 InsO kann der Insolvenzverwalter grundsätzlich nur Rechtshandlungen, die vor Eröffnung des Insolvenzverfahrens vorgenommen worden sind, nach Maßgabe der §§ 130 bis 146 InsO anfechten, und ein Ausnahmefall des § 147 InsO liegt bei der Besicherung eines Verwalterkredites nicht vor[6].

7.367 Die Befugnisse des Insolvenzverwalters finden aber dort ihre Grenze, wo Kreditgeber im Gegenzug für ihre Bereitschaft, neue (gesicherte) Kredite zu ge-

---

1 So auch *Fink,* Maßnahmen des Verwalters zur Finanzierung in der Unternehmensinsolvenz, 1998, S. 139; *Obermüller,* Insolvenzrecht in der Bankpraxis, Rz. 5.281a.

2 Zum umgekehrten Fall der Haftungsübernahme durch den Verwalter OLG Celle v. 26. 5. 2004 – 3 U 287/03, ZInsO 2004, 865; OLG Celle v. 21. 10. 2003 – 16 U 95/03, NZI 2004, 89; *Nöll,* ZInsO 2004, 1058.

3 Für eine Abwägung des Ausfallrisikos s. *Fink,* Maßnahmen des Verwalters zur Finanzierung in der Unternehmensinsolvenz, 1998, S. 139 ff.

4 *Lwowski,* Das Recht der Kreditsicherung, 8. Aufl. 2000, Rz. 142; *Obermüller,* Insolvenzrecht in der Bankpraxis, Rz. 5.284; so auch schon für den RegE InsO *Obermüller,* ZBB 1992, 202, 208.

5 So auch *Obermüller,* Insolvenzrecht in der Bankpraxis, Rz. 5.284.

6 Ebenso *Obermüller,* Insolvenzrecht in der Bankpraxis, Rz. 5.285.

währen, zugleich **Sicherheiten für Altforderungen**, die vor der Eröffnung des Insolvenzverfahrens begründet waren, verlangen. Die Erfahrungen in den Vereinigten Staaten mit der Unternehmensfortführung im Chapter 11-Insolvenzverfahren lehren, dass dort die Kreditgeber nicht selten für neue Finanzierungen im Insolvenzverfahren die Mitbesicherung von Altkrediten aus der Zeit vor dem Verfahren fordern (sog. *cross collateralization*). Weil es im Rahmen der Insolvenzordnung zu Fortführung von Unternehmen kommen soll, sind angesichts des damit verbundenen Finanzierungsbedarfs solche Ansinnen auch in deutschen Verfahren zu erwarten. Während aber die *cross collateralization* im US-Insolvenzrecht überwiegend für zulässig gehalten wird, wenn keine andere Möglichkeit besteht, die Unternehmensfortführung im Insolvenzverfahren zu finanzieren[1], kann der Verwalter im deutschen Insolvenzverfahren für Kredite, die dem Schuldner vor Verfahrenseröffnung gewährt wurden, und für andere Forderungen aus dieser Zeit wirksam keine Sicherheiten bestellen[2]. Denn damit würde diesen Gläubigern der vorrangige Zugriff auf die Insolvenzmasse für Forderungen eingeräumt, die gleichrangig mit allen anderen Insolvenzforderungen zu befriedigen sind. Weil dieser Vorrang dem Grundprinzip der gemeinschaftlichen Gläubigerbefriedigung (§ 38 InsO) widerspräche, wäre die Sicherheitenbestellung insolvenzzweckwidrig und damit nichtig[3].

II. Verwertung von Kreditsicherheiten

1. Aussonderung und Absonderung

Für Sicherungsrechte und ihre Verwertung ist zunächst gem. §§ 47–52 InsO die **Unterscheidung zwischen der Aussonderung und der Absonderung** maßgeblich[4]. 7.368

a) Aussonderung

Solche dinglichen und persönlichen Rechte, auf Grund derer geltend gemacht werden kann, dass der betreffende **Gegenstand nicht zur Insolvenzmasse** gehört, berechtigten gem. § 47 InsO zur Aussonderung. Dabei ist nicht immer das Eigentum des Schuldners entscheidend, weil beispielsweise der Schuldner sein unpfändbares Vermögen aussondern kann[5]. Von den Sicherungsrechten begründet lediglich der einfache Eigentumsvorbehalt ein Aussonderungsrecht, 7.369

1 Aus der Rechtsprechung: In re Vanguard Diversified Inc., 31 BR 364 (EDNY 1993); In re Adams Apple, 829 F2D 1484 (9th Cir. 1987); In re Antico Mfg. Co., 31 BR 103 (EDNY 1983); In re General Oil Distribs., Inc., 20 BR 873 (EDNY 1982); In re Ames Dept. Stores, Inc., 115 BR 34 (SDNY 1990); a.A. In re Monarch Circuit Indus., Inc., 41 BR 859 (ED Pa. 1984); In re Roblin Indus., Inc. 52 BR 241, 245 (WDNY 1985). Siehe auch *Blanchar/Marietta/Dorsey,* Problem Loan Workouts, Loseblatt 1992–1997, § 12:14; *Weintraub/Resnick,* Bankruptcy Law Manual, 3. Aufl. 1992, S. 8–45 ff.

2 So im Ergebnis auch *Obermüller,* Insolvenzrecht in der Bankpraxis, Rz. 6.120.

3 Zur Nichtigkeit von Rechtsgeschäften des Insolvenzverwalters bei Insolvenzzweckwidrigkeit BGH v. 20. 3. 2008 – IX ZR 68/06, WM 2008, 937.

4 Zu den Motiven Begr. RegE InsO, BR-Drucks. 1/92, § 54 RegE S. 124.

5 Begr. RegE InsO, BR-Drucks. 1/92, § 54 RegE S. 124.

nicht aber die Verlängerungs- und Erweiterungsformen des Eigentumsvorbehalts wie z.B. die Vorausabtretung der Kaufpreisforderung aus der Weiterveräußerung der unter Eigentumsvorbehalt gelieferten Ware, die vorweggenommene Übereignung des durch Verarbeitung der gelieferten Sache entstandenen Produkts oder die Erstreckung des Eigentumsvorbehalts auf andere Forderungen des Verkäufers neben dem Kaufpreisanspruch[1].

7.370 Gegenstände, die einem Aussonderungsanspruch unterliegen, können nach der ausdrücklichen Regelung in § 47 InsO auf Grund der **allgemeinen Gesetze herausverlangt** werden, die außerhalb eines Insolvenzverfahrens gelten. Die besonderen Regelungen der Insolvenzordnung für die Verwertung von Kreditsicherheiten betreffen sie nicht.

7.371 Allerdings besteht eine gewisse Einschränkung beim **einfachen Eigentumsvorbehalt**. Denn hier kann der Verwalter zunächst die Herausgabe verzögern. Generell ist er zwar gezwungen, die Ablehnung der Erfüllung von gegenseitigen Verträgen auf Grund seines Wahlrechts gem. § 103 InsO, die erst den Herausgabeanspruch durchsetzbar werden lässt, unverzüglich nach Aufforderung durch die andere Partei zu erklären. Bei der Lieferung unter Eigentumsvorbehalt hat er aber gem. § 107 Abs. 2 InsO die Möglichkeit, die Ausübung des Wahlrechts bis zum Berichtstermin aufzuschieben und damit bis dahin die Herausgabe zu vermeiden[2]. So wird auch für Sachen, an denen ein einfacher Eigentumsvorbehalt besteht, sichergestellt, dass sie nach der Eröffnung des Insolvenzverfahrens zunächst nicht herausgegeben werden müssen. Allerdings darf der Insolvenzverwalter nach § 107 Abs. 2 Satz 2 InsO mit der Ausübung des Wahlrechts nicht bis zum Berichtstermin abwarten, wenn bis dahin eine erhebliche Verminderung des Wertes der Sache zu erwarten ist und der gesicherte Lieferant darauf hingewiesen hat. Für leicht verderbliche Waren und Saisonartikel bleibt es also bei der allgemeinen Vorschrift des § 103 InsO, dass der Verwalter sich auf Anfrage des Gläubigers unverzüglich entscheiden muss, ob er die Sache behalten und den Kaufpreis erfüllen oder ob er sie herausgeben will, weil es dem Eigentumsvorbehaltsverkäufer in diesen Fällen nicht zugemutet werden kann, dass der Verwalter seine Erklärung erst sehr spät, u.U. bis zu 3 Monate nach Verfahrenseröffnung, abgibt[3].

b) Absonderung

7.372 Alle anderen Sicherungsrechte außer dem einfachen Eigentumsvorbehalt berechtigen zur Absonderung, also zu einer **abgesonderten und damit bevorzugten Befriedigung aus einem Massegegenstand**. Der Vorzug, den der Absonderungsberechtigte genießt, besteht darin, dass er seine Forderung nicht als Insolvenzforderung geltend machen muss und darauf nur die Quote erhält, son-

1 Begr. RegE InsO, BR-Drucks. 1/92, § 58 RegE S. 125. Dazu auch *Kupka*, InVo 2003, 213.
2 Zu einem solchen Fall AG Düsseldorf v. 11. 5. 2000 – 27 C 18049/99, DZWIR 2000, 347.
3 Beschlussempfehlung des Rechtsausschusses zu § 121 Abs. 2 RegE, BT-Drucks. 12/7302, S. 169; dazu auch *Obermüller*, Insolvenzrecht in der Bankpraxis, Rz. 6.359, 6.359c.

dern dass ihm der Erlös aus der Verwertung des Gegenstandes der abgesonderten Befriedigung bis zur vollen Höhe seines Anspruchs zufließt. Nur soweit der Erlös nicht ausreicht, nimmt der Gläubiger gem. § 52 InsO für den nicht befriedigten Teil seiner Forderung am Insolvenzverfahren teil und kann darauf die Quote beanspruchen. Welche Sicherungsrechte zur Absonderung berechtigen, regelt die Insolvenzordnung in den §§ 49 bis 51 InsO. Für das Kreditgeschäft sind insoweit insbesondere zu nennen

- die Immobiliarsicherungsrechte, also **Grundschulden und Hypotheken**, gem. § 49 InsO,
- die Mobiliarpfandrechte, also z.B. **Pfandrechte** an einem Aktiendepot, gem. § 50 InsO,
- die **Sicherungsübereignung** und die **Sicherungsabtretung** gem. § 51 Nr. 1 InsO.

2. Abgesonderte Befriedigung aus Immobilien

Grundsatz der Verwertungsregelungen für Immobilien ist gem. §§ 165, 49 InsO, dass sowohl der Insolvenzverwalter als auch der gesicherte Gläubiger die Zwangsversteigerung oder Zwangsverwaltung betreiben können. Die Stellung des gesicherten Gläubigers ist dabei gekennzeichnet zum einen durch eine gewisse Einschränkung seines Verwertungsrechts; zum anderen wird ihm u.U. mittelbar ein Kostenbeitrag auferlegt[1]. Für die Praxis von viel größerer Bedeutung ist aber die **gesetzlich nicht geregelte Verwertung mittels freihändigen Verkaufs** durch den Insolvenzverwalter[2]. 7.373

a) Einschränkungen des Verwertungsrechts des Gläubigers

aa) Einstellung der Verwertung

Die Verwertung von Sicherungsrechten an Immobilien[3], also von Grundpfandrechten, durch den Gläubiger im Wege der **Zwangsversteigerung** wird eingeschränkt durch die Möglichkeit des Insolvenzverwalters, gem. § 30d ZVG eine Zwangsversteigerung vom Insolvenzgericht einstweilig einstellen zu lassen, wenn 7.374

- der Berichtstermin noch bevorsteht,
- die Immobilie für die Fortführung des Unternehmens oder die Vorbereitung einer Betriebsveräußerung benötigt wird,
- durch die Versteigerung die Durchführung eines vorgelegten Insolvenzplanes gefährdet würde oder

1 Zur Verwertung von Immobiliarsicherheiten auch *Ganter* in Schimansky/Bunte/Lwowski, Bankrechts-Handbuch, 3. Aufl. 2007, § 90 Rz. 595 ff.; *Obermüller*, Insolvenzrecht in der Bankpraxis, Rz. 6.364 ff.

2 Im Detail dazu auch *Raab*, DZWIR 2006, 234 ff.; *Weiss/Ristelhuber*, ZInsO 2002, 859 ff.

3 Dazu auch *Knees*, ZIP 2001, 1568 ff.; *Lwowski/Tetzlaff*, WM 1999, 2336 ff.; *Obermüller*, Insolvenzrecht in der Bankpraxis, Rz. 6.364a ff.; *Raab*, DZWIR 2006, 234 ff.; *Weiss/Ristelhuber*, ZInsO 2002, 859 ff.

– sonst durch die Zwangsversteigerung die angemessene Verwertung der Insolvenzmasse wesentlich erschwert würde.

7.375 Der **Antrag ist abzulehnen**, wenn die Einstellung dem Gläubiger unter „Berücksichtigung seiner wirtschaftlichen Verhältnisse" nicht zuzumuten ist (§ 30d Abs. 1 Satz 2 ZVG). Im „professionellen" Kreditgeschäft kommt diese Ausnahme wohl nur in Betracht, wenn das Kreditinstitut sich selbst in einer ernsten Krise befindet[1]. Außerdem kann aber die Einstellung auch dann unzumutbar sein, wenn der Insolvenzverwalter den Einstellungsantrag erst unmittelbar vor Verkündung des Zuschlags stellt, nur um mit einem solchen Taktieren über seinen „Lästigkeitswert" eine Einigung zu einem höheren Massekostenbeitrag bei freihändiger Veräußerung zu erreichen[2].

7.376 Bis zum Berichtstermin kann ohne jede weitere Voraussetzung die **einstweilige Verfahrenseinstellung** erreicht werden. Auch der vorläufige Insolvenzverwalter kann im Interesse der Unternehmensfortführung gem. § 30d Abs. 4 ZVG die Zwangsversteigerung einstweilig einstellen lassen, sofern er glaubhaft machen kann, dass die einstweilige Einstellung zur Verhütung nachteiliger Veränderungen in der Vermögenslage des Schuldners erforderlich ist.

7.377 Der Insolvenzverwalter kann gem. § 153b ZVG auch eine **Zwangsverwaltung** vom Insolvenzgericht einstellen lassen, sofern er glaubhaft macht, dass durch die Fortsetzung der Zwangsverwaltung eine wirtschaftlich sinnvolle Nutzung der Insolvenzmasse wesentlich erschwert werden würde. Damit ist dem Insolvenzverwalter insbesondere ein Mittel an die Hand gegeben, um Grundpfandrechtsgläubigern entgegenzutreten, die im Wege der Zwangsverwaltung durch Vermietung des Grundstücks an einen Dritten anderenfalls die Stilllegung des insolventen Unternehmens erzwingen könnten[3].

bb) Nachteilsausgleich

7.378 Die Einschränkungen in den Verwertungsbefugnissen des grundpfandrechtlich gesicherten Gläubigers werden bei der **einstweiligen Einstellung der Zwangsversteigerung** ausgeglichen, indem nach § 30e ZVG die einstweilige Einstellung nur unter der Auflage angeordnet werden kann, dass dem betreibenden Gläubiger für die Zeit nach dem Berichtstermin laufend die geschuldeten Zinsen gezahlt werden. Dabei sind **nicht die dinglichen Zinsen** der Grundschuld, sondern die vertraglichen Zinsen des gesicherten Kredites, auch evtl. Verzugszinsen maßgebend. Zwar wird vereinzelt vertreten, dass für den Nachteilsausgleich gem. § 30e ZVG auf den dinglichen Zinsanspruch des Gläubigers nebst der im Grundbuch eingetragenen Nebenleistung abzustellen sei[4].

---

1 *Ganter* in Schimansky/Bunte/Lwowski, Bankrechts-Handbuch, 3. Aufl. 2007, § 90 Rz. 596 ff.; *Obermüller*, Insolvenzrecht in der Bankpraxis, Rz. 6.369.

2 Ähnlich *Knees*, ZIP 2001, 1568, 1577.

3 *Knees*, ZIP 2001, 1568, 1527. Zur Frage, ob auch der vorläufige Insolvenzverwalter die Zwangsverwaltung einstellen lassen kann ablehnend LG Cottbus v. 20. 4. 2000 – 7 T 548/99, ZInsO 2000, 337; *Klein*, ZInsO 2002, 1065; *Jungmann*, NZI 1999, 352.

4 *Hintzen*, ZInsO 2004, 720 f.; *Eickmann*, ZfIR 1999, 83; *B. Schmidt*, InVo 1999, 76.

Diese Auffassung wird aber von der herrschenden Meinung[1] nicht geteilt. Denn der Gesetzgeber wollte mit der Zinszahlungspflicht nur den Verzögerungsschaden ausgleichen, der dem Gläubiger durch die Verfahrenseinstellung tatsächlich entsteht. Dagegen sollte dem gesicherten Gläubiger nicht mit den dinglichen Zinsen, die regelmäßig erheblich höher sind als die vertraglichen Zinsen des gesicherten Anspruchs, ein Vorteil verschafft werden. Außerdem ist in § 30e ZVG die gleiche Formulierung wie in § 169 InsO für die Verwertung beweglicher Gegenstände gewählt; und dass es sich bei den „geschuldeten Zinsen" dort nicht um die dinglichen, sondern vertraglich geschuldeten Zinsen handeln muss, ergibt sich aus dem Zusammenhang. Tilgungszahlungen soll der Kreditgeber dagegen nicht erhalten, weil der Gesetzgeber davon ausgeht, dass der Kreditgeber auf Grund der Zinszahlungen regelmäßig in der Lage ist, sich anderweitig zu refinanzieren und damit eine wirtschaftliche Einbuße zu vermeiden[2]. Will der Insolvenzverwalter das Grundstück weiterhin für die Insolvenzmasse nutzen, wird darüber hinaus die Einstellung der Zwangsversteigerung nur mit der Anordnung bewilligt, dass der Insolvenzverwalter laufende Zahlungen aus der Insolvenzmasse für einen etwaigen Wertverlust leisten muss. Die Zahlungen der Zinsen sind erstmals nach dem Berichtstermin zu leisten, der gem. § 29 Abs. 1 Nr. 1 InsO spätestens drei Monate nach der Verfahrenseröffnung stattfinden muss. Wird die Einstellung schon auf Grund eines Antrages des vorläufigen Verwalters im Vorverfahren angeordnet, muss die Zahlung spätestens drei Monate nach der Einstellung beginnen. Für den gesicherten Gläubiger besteht daher das Risiko, nach Einstellung der Zwangsversteigerung für längstens drei Monate keine laufenden Zinszahlungen zu erhalten.

Der Nachteilsausgleich bei einstweiliger Einstellung der Zwangsversteigerung soll gem. § 30e Abs. 3 ZVG dem gesicherten Gläubiger allerdings nur dann und nur insoweit zukommen, wie auf Grund des Wertes des Sicherungsgutes und eventueller Vorlasten mit einer Befriedigung aus dem Versteigerungserlös zu rechnen ist. Damit wird verhindert, dass aus der Insolvenzmasse der Nachteilsausgleich auch für so genannte **Schornsteinhypotheken** zu leisten ist, bei denen der „gesicherte" Gläubiger aus der Sicherheit wegen des zu geringen Grundstückswertes und ggf. seines Nachrangs ohnehin nicht befriedigt worden wäre. Ist das Grundpfandrecht vom Wert des Grundstücks nur teilweise gedeckt, so sind Zinsen nur auf diesen Teilbetrag zu entrichten. Offen ist, was geschieht, wenn sich nachträglich herausstellt, dass der Gläubiger gemessen am Versteigerungserlös zu viel oder zu wenig Zinsen erhalten hat[3]. 7.379

1 LG Stade v. 19. 3. 2002 – 7 T 47/02, Rpfleger 2002, 472; LG Göttingen v. 27. 1. 2000 – 10 T 1/2000, ZInsO 2000, 163; *Ganter* in Schimansky/Bunte/Lwowski, Bankrechts-Handbuch, 3. Aufl. 2007, § 90 Rz. 596a; *Lwowski/Tetzlaff* in Münchener Kommentar zur InsO, § 165 InsO Rz. 104 f.; *Kirchhof,* ZInsO 2001, 1, 7; *Wenzel,* NZI 1999, 101, 102 f.; *Knees,* ZIP 2001, 1568, 1577 f.

2 Begr. RegE InsO, BR-Drucks. 1/92, § 188 RegE S. 176 f.

3 Zur Problematik *Lwowski/Tetzlaff* in Münchener Kommentar zur InsO, § 165 InsO Rz. 109, mit dem Vorschlag, dass das Gericht bei Einstellung der Zwangsversteigerung eine bindende Entscheidung zur Wertdeckung trifft. Anders *Ganter* in Schimansky/Bunte/Lwowski, Bankrechts-Handbuch, 3. Aufl. 2007, § 90 Rz. 599.

7.380 Auch bei der **Einstellung der Zwangsverwaltung** erfolgt gem. § 153b Abs. 2 ZVG ein Nachteilsausgleich für den gesicherten Gläubiger[1]. Ihm sind die Nachteile, also der Entgang des durch Vermietung oder Verpachtung des Grundstücks an Dritte nachweislich erzielbaren Entgeltes, ebenfalls durch laufende Zahlungen aus der Insolvenzmasse auszugleichen. Diese Zahlungspflicht setzt aber – anders als bei Einstellung der Zwangsverwaltung – nicht erst nach (längstens) drei Monaten, sondern zugleich mit der Einstellung der Zwangsverwaltung ein. Ist mit einem Einstellungsantrag des Insolvenzverwalters zu rechnen, sollte deshalb der gesicherte Gläubiger neben der Zwangsversteigerung immer auch die Zwangsverwaltung beantragen[2].

b) Kostenbeitrag

7.381 Neben den Einschränkungen ihres Verwertungsrechts wird den grundpfandrechtlich gesicherten Gläubigern bei der **Zwangsversteigerung** (nicht bei der Zwangsverwaltung) **ein Kostenbeitrag** auferlegt; allerdings nur, wenn ein Insolvenzverwalter eingesetzt ist, also nicht in den Fällen der Eigenverwaltung[3] und der Verbraucherinsolvenz[4]. Der (mittelbare) Kostenbeitrag wird erreicht, indem im Falle einer Zwangsversteigerung gem. § 10 Abs. 1 ZVG aus dem Versteigerungserlös der Insolvenzmasse die Kosten erstattet werden müssen, die durch die Feststellung des mithaftenden Grundstückzubehörs entstehen. Die Kosten werden pauschal auf **4 % des Verkehrswertes der beweglichen Sachen** angesetzt, vgl. die Übersicht zum Kostenbeitrag der gesicherten Gläubiger bei Rz. 7.417.

7.382 Der Anspruch auf Ersatz der Feststellungskosten erhält den **Rang des § 10 Abs. 1 Nr. 1a ZVG** und geht damit den Ansprüchen der gesicherten Gläubiger vor. Damit wird dieser Kostenbeitrag zwar nicht allen (Grundpfandrechts-)Gläubigern gleichmäßig auferlegt, sondern lediglich demjenigen (häufig nachrangigen) Gläubiger, der mit seinen Rechten bei der Verteilung des Versteigerungserlöses ausläuft. Insgesamt schmälert aber diese Regelung den Beleihungswert von Grundstücken bzw. beeinträchtigt die Aussichten insbesondere nachrangiger Grundpfandgläubiger auf volle Befriedigung in der Zwangsversteigerung[5].

c) Freihändige Verwertung

7.383 In der Praxis sind die gesetzlich geregelten Formen der Verwertung von Immobilien durch Zwangsversteigerung oder Zwangsverwaltung von geringerer Bedeutung, da die freihändige Veräußerung der Immobilie durch den Insolvenzverwalter **regelmäßig höhere Verwertungserlöse** erzielen wird[6]. Das

1 S. auch *Obermüller,* Insolvenzrecht in der Bankpraxis, Rz. 6.376 f.
2 So auch *Frings,* Sparkasse 1996, 384, 385.
3 Ebenso *Lwowski/Tetzlaff* in Münchener Kommentar zur InsO, § 165 InsO Rz. 220 m.w.N.
4 Zur Begründung für die Verbraucherinsolvenz ausführlich *Wittig,* WM 1998, 209.
5 *Ganter* in Schimansky/Bunte/Lwowski, Bankrechts-Handbuch, 3. Aufl. 2007, § 90 Rz. 600 f.; *Obermüller,* Insolvenzrecht in der Bankpraxis, Rz. 6.380.
6 *Raab,* DZWIR 2006, 234 ff.; *Weiss/Ristelhuber,* ZInsO 2002, 859 ff.; *Obermüller,* Insolvenzrecht in der Bankpraxis, Rz. 6.366a ff.; *Lwowski/Tetzlaff* in Münchener Kommentar zur InsO, § 165 InsO Rz. 177 ff. mit ausführlicher Darstellung.

Recht zur freihändigen Veräußerung liegt auf Grund seiner Verfügungsbefugnis über das Grundstück allein beim Insolvenzverwalter. Da üblicherweise eine Veräußerung nur lastenfrei möglich ist, bedarf es aber auch der Mitwirkung des grundpfandrechtlich gesicherten Gläubigers, der eine Löschungsbewilligung abgeben muss. Rechtsfragen ergeben sich bei dem insoweit notwendigen einvernehmlichen Zusammenwirken von Insolvenzverwalter und gesichertem Gläubiger vor allem im Hinblick auf die Erlösverteilung.

Zum einen wird regelmäßig der **Insolvenzverwalter eine Kostenbeteiligung an den Erlösen fordern** zu Gunsten der Insolvenzmasse, und zwar selbst dann, wenn das Grundstück wertausschöpfend belastet ist und nach den gesetzlichen Verwertungsregelungen kein freier Übererlös für die Insolvenzmasse verbleiben würde. Entgegen vereinzelten Stimmen in der Literatur[1] ist dabei die Höhe der Kostenbeteiligung allein Sache des Einvernehmens zwischen dem Insolvenzverwalter und dem grundpfandrechtlich gesicherten Gläubiger. Den Insolvenzverwalter trifft insbesondere keine Pflicht, an einer freihändigen Verwertung mitzuwirken, wenn keine Einigung über den Erlös erzielt wird[2]. Grenzen für die Höhe der von Insolvenzverwalter geforderten Erlösverteilung können sich dabei allenfalls im Einzelfall ergeben im Hinblick auf das allgemeine Schikaneverbot. Dabei ist jedoch immer auch zu berücksichtigen, dass der Insolvenzverwalter bei der freihändigen Veräußerung die Gewährleistungsverpflichtungen zu Lasten der Masse übernehmen muss, für die eine Kostenbeteiligung einen Ausgleich darstellt[3]. 7.384

Umgekehrt stellt sich die Frage, ob der **nachrangige Grundpfandgläubiger eine Erlösbeteiligung als „Lästigkeitsprämie"** erhalten kann, also seine Löschungsbewilligung als Voraussetzung der freihändigen Verwertung davon abhängig machen kann, dass er einen Teil des Erlöses erhält, obwohl seine Grundschuld angesichts des Nachrangs und des unzureichenden Verwertungserlöses nicht werthaltig ist. Dazu hat der BGH entschieden, dass jede Vereinbarung eines Erlösanteils für den durch eine offensichtlich wertlose nachrangige Grundschuld gesicherten Gläubiger wegen Insolvenzzweckwidrigkeit nichtig ist, wenn der Erlösanteil über die Kostenerstattung für die Löschungsbewilligung hinausgeht. Dies gilt zumindest dann, wenn mit der freihändigen Verwertung wegen der wertausschöpfenden Belastung durch vorrangige Grundpfandrechte kein Massezuwachs erzielt wird[4]. 7.385

3. Abgesonderte Befriedigung aus Sicherungsübereignung und Sicherungsabtretung

Auch die Absonderungsbefugnis der an beweglichen Gegenständen, also Sachen und Forderungen, durch Sicherungsübereignung und Sicherungsabtretung besicherten Gläubiger wird sowohl **im Hinblick auf ihre Verwertungs-** 7.386

1 Dazu *Weiss/Ristelhuber*, ZInsO 2002, 859 ff.
2 Ebenso *Obermüller*, Insolvenzrecht in der Bankpraxis, Rz. 6.366a.
3 Zur Diskussion mit weiteren Nachweisen *Lwowski/Tetzlaff* in Münchener Kommentar zur InsO, § 165 InsO Rz. 179.
4 BGH v. 20. 3. 2008 – IX ZR 68/06 , ZIP 2008, 884.

rechte als auch durch einen Kostenbeitrag eingeschränkt. Dies stellt sich wie folgt dar[1]:

a) Verwertungsrecht bei beweglichen Sachen

7.387 Die Insolvenzordnung räumt das **Verwertungsrecht weitgehend dem Insolvenzverwalter** ein. Bewegliche Sachen, an denen ein Absonderungsrecht besteht, darf der Verwalter gem. § 166 Abs. 1 InsO freihändig verwerten, sofern er sie in seinem Besitz hat[2]. Damit soll verhindert werden, dass die gesicherten Gläubiger ohne Rücksicht auf die Interessen der übrigen Gläubiger an einer wenigstens zeitweisen Unternehmensfortführung auf Grund ihrer Sicherungsrechte auch solche Sachen aus dem Unternehmensverbund herauslösen, die für die Fortführung unentbehrlich sind. Dies erklärt, warum die Verwertungszuständigkeit nur für bewegliche Sachen, die der Verwalter in seinem Besitz hat, auch beim Verwalter liegt. Denn bei Sachen, die der Schuldner bereits vor Verfahrenseröffnung in den Besitz Dritter gegeben hat, ist zu vermuten, dass sie für die Unternehmensfortführung entbehrlich sind[3].

7.388 Maßgeblicher Anknüpfungspunkt für das Verwertungsrecht ist dementsprechend gem. § 166 Abs. 1 InsO der **Besitz des Verwalters**. Damit ist in erster Linie das Sicherungseigentum getroffen. Die Vorschrift kann sich aber auch auf gepfändete Sachen oder solche Sachen erstrecken, die mit einem Vermieterpfandrecht belastet sind, weil solche Gegenstände regelmäßig im Besitz des Kreditnehmers sind, so dass der Verwalter bei Eintritt der Insolvenz den Besitz übernehmen kann. Ausgenommen sind dagegen grundsätzlich solche Sachen, an denen der Gläubiger ein Vertragspfandrecht erworben hat, weil dazu gem. § 1205 BGB der Besitzübergang auf den gesicherten Gläubiger erforderlich ist[4].

7.389 Für das Verwertungsrecht des Insolvenzverwalters reicht auch der **mittelbare Besitz** aus, allerdings nur dann, wenn damit die Befugnis verbunden ist, den Sicherungsnehmer vom Besitz auszuschließen[5]. Das wird etwa dann der Fall sein, wenn der Sicherungsgeber (Schuldner) das Sicherungsgut an einen Dritten vermietet oder verleast hat. Denn wenn der Schuldner den Sicherungsgegenstand gewerblich einem Dritten gegen Entgelt überlassen hat, ist regelmäßig zu vermuten, dass der Insolvenzverwalter diesen Gegenstand sowohl

---

1 S. für einen Überblick auch *Ganter* in Schimansky/Bunte/Lwowski, Bankrechts-Handbuch, 3. Aufl. 2007, § 90 Rz. 581 ff.; *Rösler/Mackenthun/Pohl*, Handbuch Kreditgeschäft, 6. Aufl. 2002, S. 1049 ff.; *Obermüller*, Insolvenzrecht in der Bankpraxis, Rz. 6.312 ff.; *Ganter*, ZInsO 2007, 841; *Lwowski/Heyn*, WM 1998, 473 ff.; *Frings*, Sparkasse 1996, 384 ff.

2 *Ganter* in Schimansky/Bunte/Lwowski, Bankrechts-Handbuch, 3. Aufl. 2007, § 90 Rz. 581, 581a; *Obermüller*, Insolvenzrecht in der Bankpraxis, Rz. 6.318 ff.

3 *Obermüller*, Insolvenzrecht in der Bankpraxis, Rz. 6.320, 6.352.

4 *Obermüller*, Insolvenzrecht in der Bankpraxis, Rz. 6.352.

5 BGH v. 16. 2. 2006 – IX ZR 26/05, WM 2006, 818; BGH v. 16. 11. 2006 – IX ZR 135/05, WM 2007, 172; *Uhlenbruck*, KTS 2008, 91; *Gundlach/Frenzel/Schirrmeister*, NZI 2007, 327; *Ganter* in Schimansky/Bunte/Lwowski, Bankrechts-Handbuch, 3. Aufl. 2007, § 90 Rz. 581a; *Lwowski/Tetzlaff* in Münchener Kommentar zur InsO, § 166 InsO Rz. 15 ff.

für eine Unternehmensfortführung als auch für eine geordnete Abwicklung benötigt[1]. In anderen Fällen mittelbaren Besitzes, insbesondere wenn der Sicherungsnehmer selbst im unmittelbaren Besitz ist oder in der Reihenfolge der mittelbaren Besitzer näher am unmittelbaren Besitzer steht als der Schuldner, reicht dagegen der mittelbare Besitz des Insolvenzverwalters nicht aus[2].

Für die Anknüpfung des Verwertungsrechts an den Besitz reicht aus, wenn der Verwalter den **Besitz im Antragsverfahren in seiner Eigenschaft als vorläufiger Verwalter erworben** hat und ein Veräußerungsverbot erlassen war. Denn von diesem Zeitpunkt an konnte er eine Herausgabe an den gesicherten Gläubiger abwehren. Hat aber ein Gläubiger das Sicherungsgut zum Zwecke der Verwertung zu einem früheren Zeitpunkt rechtmäßig und nicht gegen den Willen des Schuldners an sich gezogen, bevor der (vorläufige) Verwalter es in Besitz genommen hat, bleibt der gesicherte Gläubiger gem. § 173 InsO zur Verwertung berechtigt[3]. 7.390

Ist der Verwalter zur Verwertung berechtigt, muss er diese nicht notwendigerweise selbst vornehmen. Er kann gem. § 170 Abs. 2 InsO die **Verwertung auch dem Gläubiger überlassen**. Dies kommt z.B. in Betracht, wenn der gesicherte Kreditgeber auf Grund seiner Branchenkenntnis bessere Verwertungserlöse erzielen kann, aber auch zur Vermeidung von Umwelthaftungsrisiken[4]. Ist der Gläubiger zur Verwertung berechtigt, kann ihm das Insolvenzgericht gem. § 173 Abs. 2 InsO dazu eine Frist setzen. 7.391

Die prinzipielle Zuweisung des Verwertungsrechts auf den Verwalter bei beweglichen Sachen wird durch **drei Regelungen zum Schutz der Gläubiger** ausgeglichen[5]. 7.392

Dem gesicherten Gläubiger steht gem. § 167 Abs. 1 InsO **erstens ein Auskunftsrecht** zu, also das Recht, sich über den Zustand des Sicherungsgutes zu informieren[6]. Dazu hat generell der Insolvenzverwalter dem Gläubiger Auskunft über den Zustand der Sache zu erteilen. Er kann stattdessen den Gläubiger aber auch darauf verweisen, die Sache zu besichtigen. Der Zweck des Auskunftsrechts ist, den gesicherten Gläubigern Gelegenheit zur Wahrnehmung ihrer beiden anderen Schutzrechte zu geben, weil die Wahrnehmung dieser Rechte den Gläubigern erleichtert wird, wenn sie über den Zustand des Sicherungsgutes unterrichtet sind[7]. 7.393

---

1 BGH v. 16. 2. 2006 – IX ZR 26/05, WM 2006, 818.

2 *Lwowski/Tetzlaff* in Münchener Kommentar zur InsO, § 166 InsO Rz. 15; *Obermüller,* Insolvenzrecht in der Bankpraxis, Rz. 6.320b.

3 *Lwowski/Tetzlaff* in Münchener Kommentar zur InsO, § 166 InsO Rz. 13 ff.; *Obermüller,* Insolvenzrecht in der Bankpraxis, Rz. 6.320.

4 Zu dieser Problematik *Obermüller,* Insolvenzrecht in der Bankpraxis, Rz. 6.333 mit zahlreichen weiteren Nachweisen.

5 Dazu auch *Obermüller*, NZI 2003, 416; *Obermüller,* Insolvenzrecht in der Bankpraxis, Rz. 6.325 ff.

6 Zur Geltendmachung eines solchen Anspruchs durch den Vermieter auf Grund seines Vermieterpfandrechts BGH v. 4. 12. 2003 – IX ZR 222/02, WM 2004, 295.

7 Ausführlich zum Auskunftsanspruch aus § 167 InsO *Lwowski/Heyn,* WM 1998, 473, 474 ff.; *Gundlach/Frenzel/Schmidt,* ZInsO 2001, 537, 538 f.

7.394 Der gesicherte Gläubiger kann gem. § 168 InsO **zweitens auf die Verwertung Einfluss nehmen**. Dazu muss der Verwalter dem Gläubiger mitteilen, wie die Veräußerung des Sicherungsgutes erfolgen soll. Binnen einer Woche kann der Gläubiger dann den Verwalter auf eine günstigere Verwertungsmöglichkeit hinweisen, insbesondere die Übernahme durch den Gläubiger selbst anbieten. Eine günstigere Verwertungsmöglichkeit hat der Verwalter entweder wahrzunehmen oder den gesicherten Gläubiger so zu stellen, als ob er sie wahrgenommen hätte. Hat der Insolvenzverwalter dem absonderungsberechtigten Gläubiger mitgeteilt, dass er eine bestimmte Art der Verwertung des Sicherungsguts beabsichtige, und hat der Gläubiger darauf angeboten, das Sicherungsgut zu einem höheren Preis selbst zu übernehmen, so ist der Insolvenzverwalter in der Regel nicht verpflichtet, dem Gläubiger erneut unter Setzung einer weiteren Wochenfrist Mitteilung von einer das Gläubigerangebot übersteigenden, günstigeren Möglichkeit der Verwertung zu machen[1].

7.395 Macht der gesicherte Gläubiger von seinem **Eintrittsrecht** Gebrauch, besteht also die günstigere Verwertungsmöglichkeit darin, dass der Gläubiger den mit seinem Sicherungsrecht belasteten Gegenstand zu den vorgesehenen Bedingungen selbst übernimmt, wird auf die gesicherte Kreditforderung der mit dem Verwalter vereinbarte Preis verrechnet. Das Risiko eines Mindererlöses und die Chance eines Mehrerlöses liegen bei dem Gläubiger; insbesondere wird ein durch die Weiterveräußerung erzielter Mehrerlös nicht auf die Insolvenzforderung des gesicherten Gläubigers angerechnet[2]. Da das Gesetz die Verwertung durch Übernahme seitens des Gläubigers derjenigen durch Veräußerung an einen Dritten gleichstellt, ist es nur konsequent, in diesem Fall den Gläubiger für das Insolvenzverfahren lediglich in Höhe des mit dem Verwalter einvernehmlich festgesetzten Wertes abzüglich der Feststellungs- und Verwertungspauschale daraus als befriedigt anzusehen und den Gläubiger wegen des verbleibenden Rests seiner Forderung als Insolvenzgläubiger gem. § 52 InsO zu behandeln. Gegenüber einem weiteren Sicherungsgeber, insbesondere einem Bürgen, gilt dies aber nicht. Vielmehr muss sich der gesicherte Gläubiger diesem gegenüber den aus der Weiterveräußerung des Sicherungsguts erzielten Erlös – abzüglich der Kosten – auf seinen Anspruch gegen den weiteren Sicherungsgeber anrechnen lassen[3].

7.396 Der gesicherte Gläubiger hat **drittens einen Ausgleichsanspruch**. Dazu hat grundsätzlich der Insolvenzverwalter gem. §§ 169 Abs. 3, 172 Abs. 1 InsO dem gesicherten Gläubiger vom Berichtstermin an bis zur Veräußerung laufend die geschuldeten Zinsen aus der Insolvenzmasse zu zahlen sowie ggfs. den Wertverlust durch laufende Zahlungen auszugleichen, den das Sicherungsgut durch die Nutzung für die Insolvenzmasse erleidet[4]. Der Zinslauf beginnt

---

1 LG Freiburg (Breisgau) v. 4. 1. 2008 – 8 O 212/07, ZInsO 2008, 676.

2 BGH v. 3. 11. 2005 – IX ZR 181/04, WM 2005, 2400. Dazu auch *Foerste*, NZI 2006, 275; *Streit/Büchler*, BB 2006, 66.

3 BGH v. 3. 11. 2005 – IX ZR 181/04, WM 2005, 2400.

4 Aus der Rechtsprechung dazu BGH v. 20. 2. 2003 – IX ZR 81/02, WM 2003, 694; BGH v. 16. 2. 2006 – IX ZR 26/05, WM 2006, 818. Aus der Literatur dazu *Hellmich*, ZInsO 2005, 678; *Grub*, DZWIR 2002, 441; *Lwowski/Heyn*, WM 1998, 473, 479 f.; *Gundlach/Frenzel/Schmidt*, ZInsO 2001, 537, 541 ff.

zwar grundsätzlich mit dem Berichtstermin bzw. 3 Monate nach Anordnung einer die Verwertung hindernden Anordnung nach § 21 InsO. Dies gilt aber nur dann, wenn es dadurch tatsächlich zu einer insolvenzspezifischen Verzögerung der Verwertung kommt, also der gesicherte Gläubiger ohne den Übergang des Verwertungsrechts auf den Insolvenzverwalter hätte schneller verwerten können. Hätte dagegen auch der gesicherte Gläubiger eine frühere Zahlung nicht erlangen können, z.B. wegen der Beschaffenheit des Sicherungsguts, beginnt die Verzinsungspflicht erst mit dem Ablauf des Tages, an dem der Erlös beim Insolvenzverwalter eingeht[1]. Die Zinszahlungspflicht endet erst mit der Auszahlung des Erlöses an den Absonderungsberechtigten[2]. Der Zinssatz richtet sich nach dem zugrunde liegenden (Kredit-)Vertrag, entspricht nämlich den Zinsen, die der Gläubiger aus dem ungestörten Schuldverhältnis mit dem Schuldner beanspruchen konnte; sie beträgt jedoch mindestens 4 %. Verzugszinsen können nicht verlangt werden[3]. Der gesicherte Kreditgeber kann aber gem. § 169 Satz 3 InsO auch nur Ausgleichszahlungen verlangen, soweit der Gläubiger angesichts des Wertes des Sicherungsgegenstandes und eventueller sonstiger Belastungen mit einem Verwertungserlös rechnen kann. Dies wird auf Grund des Marktwertes des Sicherungsguts durch den Insolvenzverwalter zum Zeitpunkt des Berichtstermins festgestellt[4].

b) Verwertungsrecht bei Forderungen

Die Verwertung von Forderungen, an denen ein Absonderungsrecht auf Grund einer Sicherungsabtretung besteht, ist in der Insolvenzordnung in vergleichbarer Weise wie die von beweglichen Sachen geregelt, d.h. gem. § 166 Abs. 2 InsO ist **bei der Sicherungsabtretung der Verwalter zur Verwertung durch Einziehung berechtigt**[5]. Dabei ist allein maßgebend, ob die Forderungen zur Sicherung abgetreten worden sind, unabhängig davon, ob es sich um eine stille Zession oder eine offene Abtretung handelt[6]. Der gesicherte Gläubiger bleibt jedoch zur Verwertung von Forderungen berechtigt, wenn er sein Sicherungsrecht nicht durch Abtretung, sondern aus einem **Pfandrecht an Forderungen**, z.B. aus einer Forderungsverpfändung oder auch aus einer Pfändung im Wege der Zwangsvollstreckung herleitet. 7.397

Hatte der durch eine Forderungsabtretung berechtigte Kreditgeber schon **vor der Verfahrenseröffnung mit der Verwertung seiner Sicherheit begonnen**, indem er die abgetretenen Forderungen offen gelegt und eingezogen hat, darf er den Erlös behalten. Denn der Übergang des Verwertungsrechts wirkt nur ex 7.398

1 BGH v. 20. 2. 2003 – IX ZR 81/02, WM 2003, 694; BGH v. 16. 2. 2006 – IX ZR 26/05, WM 2006, 818.
2 BGH v. 20. 2. 2003 – IX ZR 81/02, WM 2003, 694.
3 BGH v. 16. 2. 2006 – IX ZR 26/05, WM 2006, 818.
4 *Lwowski/Tetzlaff* in Münchener Kommentar zur InsO, § 169 InsO Rz. 40.
5 Für einen Überblick s. auch *Becker*, DZWIR 2003, 337.
6 Dazu ausführlich OLG Hamm v. 20. 9. 2001 – 27U 54/01, NZI 2002, 50; BGH v. 11. 7. 2002 – IX ZR 262/01, NZI 2002, 599; BGH v. 20. 2. 2003 – IX ZR 81/02 WM 2003, 694. S. auch BGH v. 17. 11. 2005 – IX ZR 174/04, WM 2006, 241.

tunc mit der Verfahrenseröffnung, weil Voraussetzung des Verwertungsrechts für den Insolvenzverwalter ist, dass die sicherungshalber abgetretene Forderung im Zeitpunkt der Eröffnung des Insolvenzverfahrens noch besteht[1]. Anders als bei der Verwertung sicherungsübereigneter Sachen darf der Gläubiger aber nach Verfahrenseröffnung die Verwertung durch Forderungseinzug nicht fortsetzen[2]. Dies ist im Ergebnis eine unglückliche Regelung. Denn einerseits wird damit für die gesicherten Gläubiger ein Anreiz geschaffen, frühzeitig mit der Verwertung ihrer Sicherungszession zu beginnen, um die Verwertung durch den Insolvenzverwalter und die damit verbundene Kostenbelastung (dazu bei Rz. 7.397 ff.) zu vermeiden. Eine solche Forderungsoffenlegung wird in der Krise aber regelmäßig zum endgültigen Zusammenbruch des bedrohten Unternehmens führen. Andererseits wird der Übergang des Verwertungsrechts vom gesicherten Gläubiger, der zunächst offen gelegt hat, auf den Verwalter nach Verfahrenseröffnung angesichts der damit beim Drittschuldner entstehenden Zweifel, an wen er schuldbefreiend leisten kann, sicher nicht zu einem optimalen Ergebnis des Forderungseinzugs beitragen, sondern es ist zu befürchten, dass die Drittschuldner noch zögerlicher leisten werden, als dies erfahrungsgemäß bei der Zessionsoffenlegung ohnehin schon der Fall ist. Daher scheint in diesen Fällen eine einvernehmliche Regelung mit dem Verwalter, dass der gesicherte Kreditgeber die begonnene Verwertung fortsetzt, in vielen Fällen sinnvoll[3].

7.399 Der **Schutz von Gläubigern**, denen Forderungen zur Sicherheit abgetreten sind, ist entsprechend wie bei Absonderungsrechten an beweglichen Sachen ausgestaltet.

7.400 Erstens haben sie ein **Auskunftsrecht**, d.h. sie können sich über die Forderung, die der Verwalter einzuziehen berechtigt ist, gem. § 167 Abs. 2 InsO informieren – durch Auskunft des Verwalters oder Einsicht in die Bücher. Auch hier dient das Auskunftsrecht dazu, den gesicherten Gläubigern die Wahrnehmung ihrer nachstehend genannten Rechte zu erleichtern, indem sie sich über die Höhe und Fälligkeit der Forderungen, etwa von den Drittschuldnern erhobene Einwendungen oder über Forderungsausfälle informieren[4].

7.401 Zweitens haben die gesicherten Gläubiger gem. § 168 InsO das **Recht zur Einflussnahme auf die Verwertung**, d.h. sie können verlangen, vom Insolvenzverwalter über die Verwertung informiert zu werden, und durch den Hinweis auf günstigere Verwertungsmöglichkeiten darauf Einfluss nehmen. Dies kommt vor allem in Betracht, wenn der Insolvenzverwalter die Forderungen anders als durch Einziehung, also z.B. durch Verkauf an einen Factor, durch Forfaitierung oder durch Veräußerung an ein Inkassounternehmen verwerten will[5].

7.402 Drittens steht den gesicherten Gläubigern ein **Ausgleichsanspruch** zu, weil ihnen vom Berichtstermin an gem. § 169 Abs. 3 InsO laufend die geschuldeten

1 BGH v. 17. 11. 2005 – IX ZR 174/04, WM 2006, 241.
2 *Obermüller,* Insolvenzrecht in der Bankpraxis, Rz. 6.324.
3 *Obermüller,* Insolvenzrecht in der Bankpraxis, Rz. 6.324.
4 *Hess/Pape,* InsO und EGInsO, Rz. 562.
5 *Obermüller/Hess,* InsO, Rz. 775; *Hess/Pape,* InsO und EGInsO, Rz. 563.

Zinsen aus der Insolvenzmasse zu zahlen sind. Nur ein Ausgleich für den Wertverlust, der bei der Weiternutzung beweglicher Sachen für die Insolvenzmasse durch § 172 Abs. 1 InsO vorgesehen ist, kommt bei Forderungen naturgemäß nicht in Betracht.

Die Anwendung dieser Regelungen zur Geltendmachung des Absonderungsrechtes bei Forderungen auch bei **sonstigen Rechten**, an denen Gläubiger gesichert sein können (z.B. Patente oder Marken), ist nach dem Text der Insolvenzordnung ausgeschlossen. Während der Regierungsentwurf auch Regelungen vorsah, die nicht nur für Forderungen, sondern ausdrücklich auch für Rechte gelten sollten (§§ 199, 200 EInsO), schränkt die Insolvenzordnung in den §§ 186 bis 200 InsO das Verwertungsrecht des gesicherten Gläubigers ausschließlich bei Sicherungsrechten an Forderungen ein. Diesen Wortlaut hat der Gesetzgeber bewusst gewählt; insbesondere auch unter Berücksichtigung gewerblicher Schutzrechte. Mangels einer unbewussten Gesetzeslücke kommt daher auch eine analoge Anwendung der §§ 166 ff. InsO nicht in Betracht[1]. Ist der Gläubiger an sonstigen Rechten gesichert, z.B. an Patenten oder Marken, muss es daher dabei verbleiben, dass der Gläubiger allein zur Verwertung berechtigt ist. 7.403

c) Kostenbeitrag

Gläubiger, die an beweglichen Gegenständen gesichert sind, haben gem. §§ 170, 171 InsO einen Kostenbeitrag bei der Verwertung ihrer Sicherheiten im Insolvenzverfahren aus dem Verwertungserlös aufzubringen[2]. Dieser ist im Überblick bei Rz. 7.417 dargestellt. Im Einzelnen gilt Folgendes: 7.404

Die Gläubiger haben aus dem Verwertungserlös gem. §§ 170 Abs. 1, 171 Abs. 1 InsO zum einen die **Kosten der Feststellung** zu tragen. Dieses sind gem. § 171 Abs. 1 InsO die Kosten der tatsächlichen Ermittlung und Trennung des belasteten Gegenstandes sowie der Prüfung der rechtlichen Verhältnisse. Dafür sieht die Insolvenzordnung eine Pauschale in Höhe von 4 % des Verwertungserlöses vor. Diese Kostenpauschale ist unabhängig vom Aufwand der Feststellung oder Verwertung, d.h. der gesicherte Gläubiger hat sie selbst dann zu tragen, wenn die Feststellung unproblematisch ist und die Masse tatsächlich nicht mit Kosten belastet[3]. Dieser Kostenbeitrag für die Feststellung ist auch zu leisten, wenn der Gläubiger selbst schon vor Verfahrenseröffnung mit der Verwertung begonnen hatte (insbesondere durch Offenlegung einer Sicherungszession), wenn der Gläubiger unberechtigterweise selbst verwertet (insbesondere mit Einziehung von abgetretenen Forderungen) oder wenn der Verwalter keine Verwertungshandlungen vornimmt, sondern z.B. Zahlungen auf abgetretene Forderungen nach Eröffnung vom Drittschuldner direkt an den Gläubiger erfolgen[4]. 7.405

1 *Gundlach/Frenzel/Schmidt,* NZI 2001, 119, 123; *Lwowski/Tetzlaff* in Münchener Kommentar zur InsO, § 166 InsO Rz. 66. Anders aber *Häcker,* ZIP 2001, 995 ff.

2 Dazu im Überblick auch *Lwowski/Heyn,* WM 1998, 473.

3 So BGH v. 11. 7. 2002 – IX ZR 262/01, NZI 2002, 599; dagegen aber zuvor OLG Hamm v. 20. 9. 2001 – 27 U 54/01, NZI 2002, 50.

4 BGH v. 20. 2. 2003 – IX ZR 81/02, WM 2003, 694; BGH v. 20. 11. 2003 – IX ZR 259/02, WM 2004, 39; BGH v. 16. 11. 2006 – IX ZR 135/05, WM 2007, 172.

7.406 Zum anderen wird den gesicherten Gläubigern für die **Verwertungskosten** pauschal ein Kostenbeitrag in Höhe von 5 % des Verwertungserlöses auferlegt. Diesen Anspruch auf Verwertungskosten hat Verwalter aber nur, wenn er tatsächlich verwertet. Er entsteht nicht, wenn der Verwalter dem Gläubiger gem. § 170 Abs. 2 InsO die Verwertung überlässt oder wenn der Gläubiger, auch unberechtigterweise, selbst verwertet, z.B. mit unberechtigter Einziehung einer abgetretenen Forderung[1]. Sind die tatsächlichen Kosten der Verwertung allerdings niedriger oder höher, sind diese tatsächlichen Kosten maßgebend[2]. Die Einschränkung auf „erhebliche" Abweichungen von den durch die Pauschale vermuteten Kosten soll im Ergebnis unergiebige Auseinandersetzungen zwischen dem Verwalter und den gesicherten Gläubigern verhindern. In einer Auseinandersetzung um die Höhe der Vewertungskosten hat der Gläubiger die Darlegungs- und Beweislast für geringere Feststellungskosten; der Verwalter hat aber Rechnung zu legen. Dabei darf der Insolvenzverwalter die Verwertungspauschale gem. § 171 Abs. 2 Satz 1 InsO nicht neben gesondert geltend gemachten und bezifferten Verwertungskosten gem. § 171 Abs. 2 Satz 2 InsO in Abzug bringen. Nach der Systematik des Gesetzes muss der Insolvenzverwalter sich entscheiden, ob er die Pauschale geltend macht oder nach tatsächlich entstandenen Kosten abrechnet. Eine „Mischkalkulation", bei der der Insolvenzverwalter einen Teil der Verwertungskosten konkret berechnet und für einen anderen Teil die 5 %-Pauschale ansetzt, ist nicht statthaft[3].

7.407 Schließlich hat der gesicherte Gläubiger gem. § 171 Abs. 2 InsO die **Umsatzsteuer** zu tragen, sofern diese bei der Verwertung anfällt. Daraus ergibt sich für die Sicherungsnehmer an beweglichen Sachen ein weiterer Kostenbeitrag in Höhe von bis zu 19 % des Verwertungserlöses[4].

7.408 Wird die **Entstehung der Kostenbeiträge verhindert**, indem das gesicherte Kreditinstitut oder ein anderer Gläubiger vor dem oder im Insolvenzeröffnungsverfahren sicherungsübereignete Sachen in Besitz nimmt oder sicherungszedierte Forderungen einzieht, so kann dies **nicht angefochten werden** mit der Begründung, der Masse seien dadurch die Kostenbeiträge für die Verwertung nach §§ 170, 171 InsO entgangen[5]. Eine Anfechtung ist jedenfalls deshalb ausgeschlossen, weil der Umstand, dass der Masse der Anspruch auf die Verwertungskostenbeiträge entgeht, keine Gläubigerbenachteiligung i.S. des § 129 InsO darstellt. Denn diese Kostenbeiträge erstatten lediglich Kosten der Masse bei tatsächlicher Verwertung durch den Insolvenzverwalter. Daran ändert auch das vom Gesetzgeber gewählte Pauschalsystem nichts. Dessen Anwendung kann im Einzelfall ebenso zu einer Vermehrung wie zu einer Schmälerung der Masse führen. Dies ist jedoch systembedingt, so dass daraus keine

1 BGH v. 20. 11. 2003 – IX ZR 259/02, WM 2004, 39. Dazu *Leithaus*, NZI 2004, 138.

2 Zu einem solchen Fall („Verwertung" durch Kündigung einer Lebensversicherung) AG Bonn v. 11. 10. 2000 – 16 C 322/00, NZI 2001, 50.

3 BGH v. 22. 2. 2007 – IX ZR 112/06, WM 2007, 893.

4 Ausführlich dazu *Maus*, ZInsO 2005, 82; *de Weerth*, DStR 2007, 1912; *Obermüller*, Insolvenzrecht in der Bankpraxis, Rz. 6.344 ff.

5 BGH v. 23. 9. 2004 – IX ZR 25/03, WM 2005, 126; BGH v. 20. 11. 2003 – IX ZR 259/02, WM 2004, 39. Dazu auch *Notthoff*, DZWIR 2004, 207.

Gläubigerbenachteiligung hergeleitet werden kann[1]. Im Übrigen stehen dem Insolvenzverwalter aber die allgemeinen bürgerlichrechtlichen Besitzschutzansprüche zu, wenn der Sicherungsgläubiger das Sicherungsgut nicht rechtmäßig in seinen Besitz gebracht hat[2].

Technisch erfolgt die Kostenbeteiligung gem. § 170 InsO bei der Erlösverteilung. Hat der Verwalter den Gegenstand verwertet, entnimmt er gem. § 170 Abs. 1 InsO den geschuldeten Kostenbeitrag für die Masse vor der Ausschüttung an den absonderungsberechtigten Gläubiger. Hat der Verwalter die Verwertung dem gesicherten Gläubiger überlassen, hat dieser gem. § 170 Abs. 2 InsO vorweg den Kostenbeitrag an die Masse abzuführen. Berechnungsgrundlage für die Feststellungskosten- und Verwertungskostenpauschalen ist dabei der Nettoerlös ohne Berücksichtigung der Umsatzsteuer[3]. 7.409

Die Kostenbeiträge müssen nicht notwendigerweise zu einem Ausfall des gesicherten Kreditgebers führen. Denn die gesicherten Gläubiger haben die Möglichkeit, den **Kostenbeitrag durch entsprechende Übersicherung abzudecken**, so dass eine volle Sicherung von Krediten durch Kreditsicherheiten rechtlich möglich ist[4]. 7.410

4. Abgesonderte Befriedigung aus Pfandrechten

Gem. § 50 InsO berechtigen auch die Mobiliarpfandrechte zur abgesonderten Befriedigung. In aller Regel werden aber den gesicherten Pfandgläubigern, anders als anderen gesicherten Kreditgebern, **weder Einschränkungen ihres Verwertungsrechts noch Kostenbelastungen** zugemutet. 7.411

a) Pfandrecht an beweglichen Sachen

Gem. § 166 Abs. 1 InsO steht dem Verwalter das Recht zur Verwertung beweglicher Gegenstände, an denen ein Absonderungsrecht besteht, nur dann zu, wenn die Sache im **Besitz des Insolvenzverwalters** steht. Damit ist das vertragliche Pfandrecht von dem Übergang des Verwertungsrechtes auf den Verwalter ausgenommen, da es gem. § 1205 BGB nur durch Besitzübergang auf den gesicherten Gläubiger begründet werden kann[5]. Falls dem Schuldner, z.B. bei der Verpfändung von Aktien, ein ggü. dem gesicherten Gläubiger nachrangiger mittelbarer Besitz verbleibt, begründet kein Vewertungsrecht des Insolvenzverwalters, da der Schuldner den Pfandgläubiger nicht vom un- 7.412

1 BGH v. 20. 11. 2003 – IX ZR 259/02, WM 2004, 39.

2 Ausführlich zum fehlerhaften Besitzerwerb, insbesondere bei Nacht- und Nebelaktionen, und zu den daraus resultierenden Besitzschutzansprüchen *Lwowski/Tetzlaff* in Münchener Kommentar zur InsO, § 166 InsO Rz. 19 ff.

3 Streitig, ausführlich dazu m.w.N. *de Weerth*, ZInsO 2007, 70; *Obermüller*, Insolvenzrecht in der Bankpraxis, Rz. 6.344v.

4 So ausdrücklich Begr. RegE InsO, BR-Drucks. 1/92, § 195 RegE S. 181. Schon vor Inkrafttreten der Insolvenzordnung BGH v. 27. 11. 1997 – GSZ 1/97, GSZ 2/97, WM 1998, 227. Dazu auch *Lwowski/Tetzlaff* in Münchener Kommentar zur InsO, § 165 InsO Rz. 228; *Obermüller*, Insolvenzrecht in der Bankpraxis, Rz. 6.390.

5 *Lwowski/Tetzlaff* in Münchener Kommentar zur InsO, § 166 InsO Rz. 17.

mittelbaren Besitz ausschließen kann[1]. Nur bei den besitzlosen gesetzlichen Pfandrechten, vor allem beim Vermieterpfandrecht, und den Pfändungspfandrechten, sofern der Gläubiger den Pfandgegenstand nicht schon vor der Insolvenz an sich gezogen hat, kann dem Verwalter ein Verwertungsrecht auf Grund seines Besitzes zustehen. In diesen Fällen gelten die obigen Erläuterungen (Rz. 7.387 ff.) zu den Verwertungsbefugnissen bei der Sicherungsübereignung und zu dem Kostenbeitrag in gleicher Weise.

7.413 Hat der **Gläubiger** dagegen ein **Besitzpfandrecht, bleibt er gem. § 173 InsO selbst zur Verwertung berechtigt**. Der Verwalter hat aber zum einen die Möglichkeit, dem gesicherten Gläubiger gem. § 173 Abs. 2 InsO vom Insolvenzgericht eine Frist zur Verwertung setzen zu lassen. Verstreicht diese Frist, geht das Verwertungsrecht auf den Verwalter über. Zum anderen bleibt dem Verwalter die Möglichkeit, wenn er auf den Sicherungsgegenstand für die Fortführung des Unternehmens angewiesen ist, diesen durch Berichtigung der gesicherten Forderung auszulösen[2].

7.414 Der Gläubiger eines Besitzpfandrechtes hat **keinen Kostenbeitrag** zu leisten. Denn die Regelung des Kostenbeitrages in §§ 170, 171 InsO greift nur dann ein, wenn der Verwalter zur Verwertung berechtigt ist. Der gesicherte Kreditgeber ist in diesen Fällen auch nicht verpflichtet, die beim Verkauf der Sache vereinnahmte Umsatzsteuer abzuführen. Denn die Verwertung von Sicherungsgut, die einerseits nach Verfahrenseröffnung erfolgt und bei der andererseits der Verwalter kein Verwertungsrecht hat, fällt nicht unter die Regelungen der §§ 170, 171 InsO[3].

b) Pfandrecht an Forderungen

7.415 Dem Verwalter steht gem. § 166 Abs. 2 InsO das Recht der Verwertung bei Forderungen ausdrücklich nur dann zu, wenn diese zur Sicherung eines Anspruchs **„abgetreten"** sind. Die Verpfändung von Forderungen führt daher gem. § 173 Abs. 1 InsO dazu, dass der gesicherte Gläubiger zur Verwertung durch Einziehung berechtigt ist. Gleiches gilt bei der Forderungspfändung. Wegen der fehlenden Verwertungsberechtigung des Verwalters wird dem Gläubiger bei der Forderungsverpfändung und -pfändung auch kein Kostenbeitrag auferlegt[4].

c) AGB-Pfandrecht

7.416 Für die Praxis des Kreditgeschäfts ist das AGB-Pfandrecht, das sich die Kreditinstitute gem. Nr. 14 AGB-Banken bzw. Nr. 21 AGB-Sparkassen einräumen lassen, von besonderer Bedeutung[5]. Dabei handelt es sich, soweit bewegliche

---

1 Anders, aber unzutreffend *Hirte/Knof*, WM 2008, 14, 48. Dazu auch *Uhlenbruck*, ZInsO 2008, 114.

2 *Obermüller*, Insolvenzrecht in der Bankpraxis, Rz. 6.352 ff.

3 *Obermüller*, Insolvenzrecht in der Bankpraxis, Rz. 6.355.

4 Dazu auch *Lwowski/Tetzlaff* in Münchener Kommentar zur InsO, § 166 InsO Rz. 45; *Obermüller*, Insolvenzrecht in der Bankpraxis, Rz. 6.356 ff.

5 Eingehend dazu *Gößmann* in Hellner/Steuer (Hrsg.), Bankrecht und Bankpraxis, Rz. 1/381 ff.

Sachen betroffen sind, um ein **vertragliches Besitzpfandrecht, im Übrigen um ein Pfandrecht an Forderungen**. Dementsprechend führt die Insolvenzordnung zu keiner Entwertung des AGB-Pfandrechts. Denn weder geht das Verwertungsrecht auf den Verwalter über, noch wird dem gesicherten Kreditinstitut ein Kostenbeitrag auferlegt.

5. Der Kostenbeitrag der gesicherten Gläubiger im Überblick

7.417

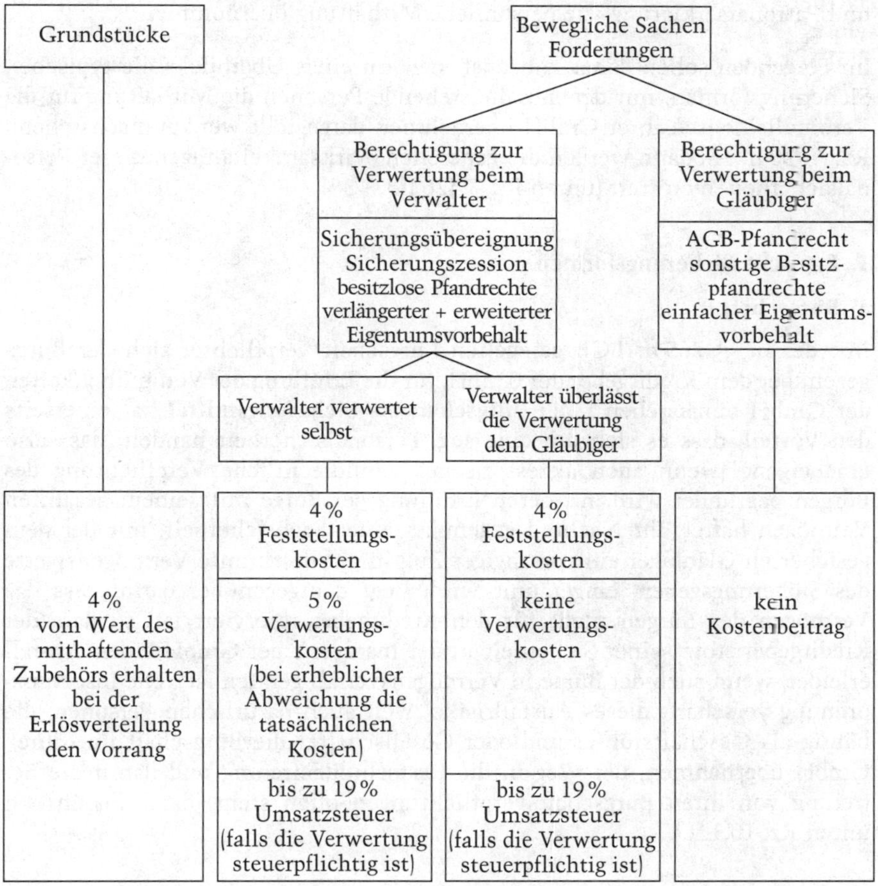

III. Inanspruchnahme der vertraglichen Mithaftung von Geschäftsführern und Gesellschaftern

7.418 Nach der ausdrücklichen Regelung in § 13 Abs. 2 GmbHG **haftet für die Verbindlichkeiten der GmbH nur das Gesellschaftsvermögen**. Dennoch stellt sich für die Kreditgeber spätestens dann, wenn das Insolvenzverfahren eröffnet worden ist, praktisch immer auch die Frage, ob und inwieweit neben der Gesellschaft die Geschäftsführer und Gesellschafter (sowie evtl. deren Angehörige, soweit es sich bei Geschäftsführern und Gesellschaftern um natürliche Personen handelt) auf Rückzahlung der gewährten Kredite in Anspruch genommen werden können. Denn selbst wenn nicht ausnahmsweise trotz der gesetzlichen Haftungsbeschränkung ein Durchgriff auf gesetzlicher Grundlage gegen diesen Personenkreis (im Folgenden als „nahe stehende Personen" bezeichnet[1]) in Betracht kommt (zu solchen Haftungsdurchgriffen ausführlich Rz. 1.20 ff.; 11.1 ff.), so haben doch fast in jedem Fall nahe stehende Personen für die Kreditverbindlichkeiten der GmbH vertraglich durch eine Personalsicherheit, also vor allem durch eine Bürgschaft, aber auch durch Schuldbeitritt, Garantie und Patronatserklärung, die persönliche Mithaftung übernommen[2].

7.419 Im Folgenden sollen daher zunächst in Form eines Überblicks die typischen Sicherungsformen, mit denen nahe stehende Personen die Mithaftung für die Verbindlichkeiten ihrer GmbH übernehmen dargestellt werden (nachstehend Rz. 7.420 ff.). Sodann werden die generellen Wirksamkeitsfragen dieser Personalsicherheiten erörtert (unten Rz. 7.426 ff.).

1. Typische Sicherungsformen

a) Bürgschaft

7.420 Mit der in §§ 765 ff. BGB geregelten Bürgschaft verpflichtet sich der Bürge gegenüber dem Kreditgeber der GmbH, für die Erfüllung der Verbindlichkeiten der GmbH einzustehen[3]. Die **Bürgschaft als Sicherungsmittel** hat einerseits den Vorteil, dass es sich um eine sog. Personalsicherheit handelt, dass also eine eigene (wenn auch akzessorische) schuldrechtliche Verpflichtung des Bürgen begründet wird, für deren Erfüllung der Bürge mit seinem gesamten Vermögen haftet. Ihr Nachteil gegenüber einer Sachsicherheit, mit der dem gesicherten Gläubiger ein vorrangiger Zugriff auf bestimmte Vermögenswerte des Sicherungsgebers eingeräumt wird, liegt demgegenüber darin, dass das Vermögen des Bürgen nicht für den Kreditgeber reserviert ist, so dass der Kreditgeber trotz seiner Sicherheit in der Insolvenz der GmbH einen Ausfall erleidet, wenn auch der Bürge in Vermögensverfall geraten ist[4]. Die Insolvenzordnung verschärft dieses Ausfallrisiko, weil auch natürlichen Personen, die häufig als Geschäftsführer und/oder Gesellschafter die Bürgschaft für „ihre" GmbH übernehmen, der Weg in die Restschuldbefreiung und damit die Befreiung von ihren Bürgschaftsverpflichtungen offen steht (dazu ausführlich unten Rz. 10.1 ff.).

1 Die Bezeichnung lehnt sich an den von der Insolvenzordnung in § 138 InsO definierten Begriff an.

2 Gem. BGH v. 11. 12. 1997 – IX ZR 274/96, WM 1998, 235, 236 = WuB I F 1a – 5.98 *Horn,* ist es „gängige Bankpraxis, bei der Gewährung von Geschäftskrediten für eine GmbH die Mithaftung der Gesellschafter zu verlangen".

3 Zur Bürgschaft ausführlich auch *Fischer,* WM 2001, 1049, 1093; *Schmitz/Wassermann/Nobbe* in Schimansky/Bunte/Lwowski, Bankrechts-Handbuch, 3. Aufl. 2007, § 91 Rz. 1 ff.; *Wagenknecht* in Gößmann/Hellner/Schröter/Steuer/Weber, Bankrecht und Bankpraxis, Rz. 4/1000 ff.

4 *Wagenknecht* in Gößmann/Hellner/Schröter/Steuer/Weber, Bankrecht und Bankpraxis, Rz. 4/1001.

b) Schuldbeitritt

Der Schuldbeitritt, auch als **(kumulative) Schuldmitübernahme** bezeichnet, ist im Gesetz nicht geregelt. Beim Schuldbeitritt tritt der Sicherungsgeber, hier also z.B. der Geschäftsführer oder Gesellschafter einer GmbH, zusätzlich neben der GmbH in das Kreditverhältnis ein. Als Folge haften sowohl der Kreditnehmer wie auch der beitretende Sicherungsgeber dem Gläubiger als Gesamtschuldner gem. §§ 421 ff. BGB[1]. Wegen dieser Begründung einer eigenen schuldrechtlichen (Mit-)Verpflichtung des Beitretenden steht der Schuldbeitritt als Personalsicherheit der Bürgschaft sehr nahe[2], wobei jedoch rechtlich die Verpflichtung des Beitretenden nicht akzessorisch ist, sondern die Verknüpfung zwischen den beiden gleichrangigen Verpflichtungen von Kreditnehmer und Sicherungsgeber durch §§ 421 ff. BGB geregelt ist. 7.421

c) Garantie

Die Garantie ist ein **gesetzlich nicht geregelter formfreier Vertrag**, durch den sich der Garant gegenüber dem Gläubiger verpflichtet, für einen bestimmten wirtschaftlichen Erfolg oder das Risiko eines künftig eintretenden Schadens einzustehen. Der garantierte Erfolg kann auch darin bestehen, dass ein Kreditinstitut als Gläubigerin einer Kreditforderung den Kreditbetrag vom Kreditnehmer zurückerhält. Auf diese Weise dient die Garantie als Sicherungsmittel, das nach seinem wirtschaftlichem Zweck der Bürgschaft sehr nahe steht. Ihr rechtlicher Unterschied liegt darin, dass die Garantie eine eigene, vom Bestand der Hauptschuld unabhängige Verpflichtung des Sicherungsgebers begründet, die dahin geht, dass der Gläubiger die versprochene Leistung auf jeden Fall erhalten soll, selbst dann, wenn die Hauptschuld nicht (mehr) besteht[3]. Verschärft wird das Risiko des Sicherungsgebers, in jedem Fall ohne die Möglichkeit einer Einwendung Zahlung leisten zu müssen, noch dadurch, dass Bankgarantien, die von Kreditinstituten als Sicherungsmittel hereingenommen werden, regelmäßig die Verpflichtung zur Zahlung auf erstes Anfordern vorsehen. Mit dieser Verpflichtung sind dem Garanten nicht nur, wie ohnehin schon, evtl. Einwendungen aus dem gesicherten Grundverhältnis abgeschnitten, sondern darüber hinaus kann er sich auch nicht darauf berufen, dass der Garantiefall nicht eingetreten ist. Vielmehr ist der Garant immer dann, wenn lediglich die Inanspruchnahme der Garantie formal ordnungsgemäß ist und fristgerecht erfolgt, zur Zahlung verpflichtet, und wird dazu auch verurteilt. Ein Streit über die Berechtigung der Inanspruchnahme, vor allem 7.422

1 S. zum Schuldbeitritt ausführlich auch *Madaus*, WM 2003, 1705; *Fischer*, WM 2001, 1049, 1093; *Schmitz/Wassermann/Nobbe* in Schimansky/Bunte/Lwowski, Bankrechts-Handbuch, 3. Aufl. 2007, § 92 Rz. 18 ff.; *Wagenknecht* in Gößmann/Hellner/Schröter/Steuer/Weber, Bankrecht und Bankpraxis, Rz. 4/1320 ff.

2 Zur Umdeutung eines Schuldbeitritts in eine Bürgschaft BGH v. 16. 10. 2007 – XI ZR 132/06, WM 2007, 2370.

3 S. zur Garantie m.w.N. auch *Kreft*, WM 1997, Sonderbeilage 5, S. 6; *Schmitz/Wassermann/Nobbe* in Schimansky/Bunte/Lwowski, Bankrechts-Handbuch, 3. Aufl. 2007, § 92 Rz. 1 ff.; *Wagenknecht* in Gößmann/Hellner/Schröter/Steuer/Weber, Bankrecht und Bankpraxis, Rz. 4/1291 f.

das Bestehen der gesicherten Forderung, muss der Garant in einem separaten Rückforderungsprozess geltend machen[1].

7.423 Wegen dieser besonderen Risiken können Kreditinstitute **Garantien von Nichtbanken** nicht uneingeschränkt hereinnehmen. Denn der BGH hat entschieden, dass das Garantiegeschäft, also die Übernahme von Garantien und die Übernahme der diesen vergleichbaren Bürgschaften auf erstes Anfordern für den Sicherungsgeber mit so hohen Risiken verbunden sei, dass das Eingehen einer solchen Verpflichtung, auf erstes Anfordern sofort ohne Rücksicht auf Einwendungen Zahlungen leisten zu müssen, zumindest in Formularverträgen[2] nur dann wirksam ist, wenn es sich bei dem Garanten um ein Kreditinstitut, ein Versicherungsunternehmen oder ein im internationalen Wirtschaftsverkehr erfahrenes, internationales Großunternehmen handelt[3]. Angesichts dieser Rechtsprechung kann man für die GmbH davon ausgehen, dass einerseits nicht jede nahe stehende Personen für die Kredite der GmbH formularmäßig eine Garantie wirksam übernehmen kann, insbesondere dann nicht, wenn es sich beim Sicherungsgeber um eine natürliche Person handelt. Andererseits ist die Garantie als Sicherungsmittel aber nicht auf Kreditinstitute beschränkt, sondern die Gesellschafter der GmbH können wirksam auch dann eine Garantie abgeben, wenn es sich dabei um internationale Unternehmen handelt.

d) Harte Patronatserklärungen

7.424 Nur die harte Patronatserklärung kann **als Kreditsicherheit angesehen** werden, weil allein sie im Ergebnis zu einer Mithaftung des Sicherungsgebers führt. Mit der harten Patronatserklärung übernehmen die Muttergesellschaft oder andere nahe stehenden Personen gegenüber dem Kreditgeber einer Gesellschaft rechtsverbindlich die Verpflichtung, diese Gesellschaft so auszustatten, dass sie ihre Verpflichtungen aus dem Kreditverhältnis erfüllen kann („Ausstattungsverpflichtung")[4]. Dabei handelt es sich um einen einseitig verpflichtenden Vertrag sui generis, bei dem die Ausstattungsverpflichtung als unechter Vertrag zu Gunsten Dritter (§ 329 BGB) ausgestaltet ist[5]. Obwohl

1 *Wagenknecht* in Gößmann/Hellner/Schröter/Steuer/Weber, Bankrecht und Bankpraxis, Rz. 4/1299.

2 Garantien in Individualverträgen sind uneingeschränkt möglich gem. BGH v. 12. 3. 1992 – IX ZR 141/91, WM 1992, 854 = WuB I F 1a – 11.92 *Bydlinski*, aber in der Praxis des Kreditgeschäfts selten.

3 BGH v. 5. 7. 1990 – IX ZR 294/89, WM 1990, 1410 = WuB I F 1a. – 13.90 *Schäfer*; BGH v. 27. 2. 1992 – IX ZR 57/91, WM 1992, 773 = WuB I F 1a. – 10.92 *v. Heymann*; BGH v. 12. 3. 1992 – IX ZR 141/91, WM 1992, 854 = WuB I F 1a. – 11.92 *Bydlinski*; BGH v. 23. 1. 1997 – IX ZR 297/95, WM 1997, 656. S. zur Entwicklung der Rechtsprechung im Überblick auch *Kreft*, WM 1997, Sonderbeilage 5, S. 53 f.; *Graf von Westphalen*, ZIP 2004, 1433.

4 Ausführlich zur Patronatserklärung *Wittig* in Gößmann/Hellner/Schröter/Steuer/Weber, Bankrecht und Bankpraxis, Rz. 4/2905 ff.; *Merkel* in Schimansky/Bunte/Lwowski, Bankrechts-Handbuch, 3. Aufl. 2007, § 98 Rz. 8 ff.; *Tetzlaff*, ZInsO 2008, 337 ff.; *Küper/Heinze*, ZInsO 2006, 913 ff.; *Wittig*, WM 2003, 1981 ff.

5 Ausführlich dazu *Schröder*, ZGR 1982, 552 und *Michalski*, WM 1994, 1229; so auch *Obermüller*, ZGR 1975, 1; *Uwe H. Schneider*, ZIP 1989, 619.

harte Patronatserklärungen im wirtschaftlichen Ergebnis einer Bürgschaft nahe kommen, können sie formfrei, also auch mündlich abgegeben werden. Alle anderen Erklärungen, in denen keine Ausstattungsverpflichtung begründet wird[1], sondern mit denen z.B. der Sicherungsgeber sein Einverständnis mit der Kreditaufnahme erklärt, sein Vertrauen in die Geschäftsführung des Kreditnehmers zum Ausdruck bringt oder Erklärungen zu seiner Geschäftspolitik abgibt, sind dagegen nur weiche Patronatserklärungen. Sie können nicht als Kreditsicherheit angesehen werden, weil sie entweder rechtlich unverbindlich sind oder zwar begrenzte Pflichten begründen, aber nicht in jedem Fall bei Insolvenz des Kreditnehmers zur Mithaftung des Sicherungsgebers führen[2].

Demgegenüber liegt der Sicherungswert einer harten Patronatserklärung darin begründet, dass der Sicherungsgeber dem Kreditgeber bei Insolvenz des Kreditnehmers **Schadensersatz statt der Leistung** gem. §§ 280 Abs. 1, 281 BGB schuldet, weil der Sicherungsgeber seine Ausstattungsverpflichtung nicht erfüllt hat[3]. Dass dem Sicherungsgeber seine Ausstattungspflicht i.S. von §§ 280 Abs. 1, 281 BGB nicht erfüllt hat, ist spätestens dann nachgewiesen, wenn ein Insolvenzverfahren über das Vermögen des Kreditnehmers eröffnet wurde, so dass die Inanspruchnahme jetzt jedenfalls möglich ist[4]. Erst recht muss dies gelten, wenn die Eröffnung des Insolvenzverfahrens mangels Masse abgewiesen wird, denn für die Haftung aus einer harten Patronatserklärung genügt nach Auffassung des Bundesgerichtshofes jeder Nachweis einer Zahlungsunfähigkeit des Kreditnehmers[5]. Obwohl die harte Patronatserklärung zunächst dem Kreditgeber keine einklagbaren Ansprüche auf Leistung an sich einräumt, hat daher der Kreditgeber die Möglichkeit, durch Antrag auf Eröffnung eines Insolvenzverfahrens sich einen Zahlungsanspruch gegen den Sicherungsgeber zu verschaffen, wenn der an die patronierte Gesellschaft ausgereichte Kredit Not leidend wird. Die Schadensersatzpflicht des Sicherungsgebers ist dann darauf gerichtet, bei Fälligkeit des Kredits diesen in der in Anspruch genommenen Höhe zurückzuzahlen. Dabei haftet der Sicherungsgeber nicht etwa nur für einen eventuellen Ausfall, sondern neben dem Kreditnehmer als Gesamtschuldner auf Schadensersatz in voller Höhe[6]. Deshalb muss 7.425

1 Zur Abgrenzung OLG Brandenburg v. 19. 9. 2007 – 3 U 129/06, veröffentlicht in juris.

2 So z.B. OLG Frankfurt v. 19. 9. 2007 – 4 U 22/07, ZIP 2007, 2316. Zu möglichen Formen und den Rechtsfolgen weicher Patronatserklärungen *Wittig* in Gößmann/Hellner/Schröter/Steuer/Weber, Bankrecht und Bankpraxis, Rz. 4/2856 ff.; *Saenger/Merkelbach*, WM 2007, 2309 ff.

3 So BGH v. 30. 1. 1992 – IX ZR/112/91, WM 1992, 501 = WuB I F 1c – 1.92 *Obermüller*; OLG Rostock v. 16. 12. 2004 – 1 U 28/04, MDR 2005, 1277; *Rümker*, WM 1974, 990; *Uwe H. Schneider*, ZIP 1989, 619. Ausführlich zu dieser Wirkung der harten Patronatserklärung auch *Wittig* in Gößmann/Hellner/Schröter/Steuer/Weber, Bankrecht und Bankpraxis, Rz. 4/2879 ff.

4 BGH v. 30. 1. 1992 – IX ZR/112/91, WM 1992, 501 = WuB I F 1c – 1.92 *Obermüller*.

5 BGH v. 30. 1. 1992 – IX ZR/112/91, WM 1992, 501 = WuB I F 1c – 1.92 *Obermüller*.

6 BGH v. 30. 1. 1992 – IX ZR/112/91, WM 1992, 501 = WuB I F 1c – 1.92 *Obermüller*; OLG Stuttgart v. 21. 2. 1985 – 7 U 202/84, WM 1985, 455 = WuB I F 1c – 1.85 *Schröter*.

insbesondere der Kreditgeber vor Inanspruchnahme der Patronatserklärung nach Fälligkeit der gesicherten Forderung weder längere Zeit abwarten, bis die Höhe seines Ausfalls feststeht, noch muss er zuvor die Zwangsvollstreckung gegen den Kreditnehmer betreiben[1].

2. Grenzen der Durchsetzbarkeit und Wirksamkeit

a) Inanspruchnahme des Gesellschafters in der Insolvenz (§ 93 InsO)

7.426 Der Kreditgeber ist bei der **Inanspruchnahme einer Personalsicherheit des Gesellschafters der insolventen GmbH nicht eingeschränkt** durch § 93 InsO. Zwar sieht § 93 InsO vor, dass im Insolvenzverfahren die persönliche Haftung eines Gesellschafters für die Verbindlichkeiten der insolventen Gesellschaft nur vom Insolvenzverwalter geltend gemacht werden. Dies gilt zum einen aber nur für Personengesellschaften, also nicht für die GmbH. Zum anderen hat die Rechtsprechung keinen Zweifel daran gelassen, dass der Anwendungsbereich von § 93 InsO auf die gesetzliche akzessorische Gesellschafterhaftung beschränkt ist. § 93 InsO führt aber weder direkt noch analog dazu, dass Sicherheiten der Gesellschafter (insbesondere Bürgschaften) für Verbindlichkeiten der insolventen Gesellschaft im Insolvenzverfahren nur noch vom Insolvenzverwalter verwertet werden dürfen[2].

b) Schranken des Sicherungszwecks

7.427 Die Kreditgeber der GmbH können für ihre Forderungen gegen die GmbH die Mithaftung nahe stehender Personen nur dann und nur insoweit in Anspruch nehmen, wie die jeweilige **Sicherheit gerade für den betreffenden Kredit bestellt** worden ist. Dies ergibt sich für die akzessorische Bürgschaft aus § 765 BGB und für die anderen Formen der Mithaftung aus der Zweckerklärung, d.h. aus der schuldrechtlichen vereinbarten Verknüpfung von Sicherheit und gesicherter Forderung[3].

7.428 Dabei finden sich zum einen **Personalsicherheiten mit weitem Sicherungszweck** , die nach ihrem ausdrücklichen Text eine Mithaftung des Sicherungsgebers für sämtliche gegenwärtigen und künftigen Verbindlichkeiten begründet haben, soweit diese dem Kreditinstitut aus der bankmäßigen Geschäftsverbindung gegen den Kreditnehmer zustanden[4]. Daneben gibt es **Personalsicherheiten mit engem Sicherungszweck**, die nach ihrem Wortlaut nur für eine oder mehrere bestimmte Kreditforderungen haften, die Anlass zur Hereinnahme der Personalsicherheit gegeben haben.

---

1 BGH v. 30. 1. 1992 – IX ZR/112/91, WM 1992, 501 = WuB I F 1c – 1.92 *Obermüller*.

2 BGH v. 4. 7. 2002 – IX ZR 265/01, WM 2002, 1770; BFH v. 2. 11. 2001 – VII B 155/01, WM 2002, 1361; LG Bayreuth v. 30. 5. 2000 – 33 O 244/00, ZIP 2001, 1782. Ablehnend *Kesseler*, ZIP 2002, 1974.

3 Zur Bestimmung des Sicherungszweck durch die Zweckerklärung siehe auch *Ganter* in Schimansky/Bunte/Lwowski, Bankrechts-Handbuch, 3. Aufl. 2007, § 90 Rz. 94.

4 *Ganter* in Schimansky/Bunte/Lwowski, Bankrechts-Handbuch, 3. Aufl. 2007, § 90 Rz. 96.

Grundsätzlich kann für die von einem Dritten bestellte Personalsicherheit[1] **formularmäßig nur der enge Sicherungszweck wirksam** vereinbart werden[2]. Die formularmäßige Vereinbarung des weiten Sicherungszwecks ist überraschend i.S. von § 305c Abs. 1 BGB, da sie von den Erwartungen des Sicherungsgebers deutlich abweicht und er damit den Umständen nach vernünftigerweise nicht zu rechnen braucht. Dies gilt auch dann, wenn es sich um eine Höchstbetragsbürgschaft handelt. Denn die vertragswesentlichen Rechte des Bürgen würden nicht nur dadurch ausgehöhlt, dass er u.U. für einen höheren Betrag haften muss, als es dem Anlass seiner Bürgschaftsübernahme entspricht, sondern auch dadurch, dass er für andere als die veranlassten Verbindlichkeiten einzustehen hat, weil deren Verwendungszweck, Tilgungsdauer oder zusätzliche Besicherung und damit das Ausfallrisiko abweichen können von dem Kredit, der Anlass der Bürgschaft war. Dies gilt nicht nur für die Bürgschaft, sondern auch für den Schuldbeitritt, da eine persönliche Mithaftung, die auf Verlangen des Kreditgebers zu dessen Sicherheit von einem Dritten übernommen werde, in ihrer wirtschaftlichen Funktion einer Bürgschaft so nahe steht, dass eine rechtliche Gleichbehandlung sachgerecht ist[3]. Jedoch führt die unzulässige Vereinbarung des weiten Sicherungszwecks bloß zur Teilunwirksamkeit der Zweckvereinbarung, und die Haftung dieser Sicherheiten bleibt für denjenigen Kredit bestehen, der Anlass für die Bürgschaft gegeben hat, für den sich der Bürge also ursprünglich verpflichtet hatte[4]. 7.429

Ein **weiter Sicherungszweck ist aber bei Personalsicherheiten von Geschäftsführern und Allein- oder Mehrheitsgesellschaftern der GmbH möglich**[5]. Denn der Geschäftsführer oder der Allein- bzw. Mehrheitsgesellschafter der GmbH kann bestimmenden Einfluss darauf nehmen, ob und in welchem Umfang weitere Kredite nach Übernahme der Mithaftung aufgenommen werden. Daher bedürfen diese Personen nicht des Schutzes des § 767 Abs. 1 Satz 3 BGB und können sich auch nicht darauf berufen, durch zusätzliche Kreditaufnahmen überrascht zu sein[6]. Etwas anderes gilt nur da, wo der Gesellschafter der 7.430

1 Dies gilt jedoch nicht für Sachsicherheiten wie Grundschuld oder Verpfändung, BGH v. 24. 6. 1997 – XI ZR 288/96, WM 1997, 1615; BGH v. 4. 10. 2001 – IX ZR 174/99, WM 2002, 919.

2 BGH v. 18. 5. 1995 – IX ZR 108/94, WM 1995, 1397 = WuB I F 1a – 13.95 *Schröter*, vorbereitet durch BGH v. 17. 3. 1994 – IX ZR 102/93, WM 1994, 784 = WuB I F 1a – 6.94 *Lindacher*; BGH v. 1. 6. 1994 – XI ZR 133/93, WM 1994, 1242 = WuB I F 1a – 10.94 *Rehbein*; bestätigt auch für die Bürgschaft eines Kaufmanns durch BGH v. 24. 9. 1998 – IX ZR 425/97, WM 1998, 2186; BGH v. 7. 3. 1996 – IX ZR 43/95, WM 1996, 766 = WuB I F 1a – 12.96 *Richrath/Schröter*; BGH v. 13. 6. 1996 – IX ZR 229/95, WM 1996, 1391 = WuB I F 1a – 18.96 *Sonnenhol*; bestätigt durch BGH v. 2. 7. 1998 – IX ZR 255/97, WM 1998, 1675.

3 BGH v. 7. 11. 1995 – IX ZR 108/94, WM 1995, 2180 = WuB I F 1c – 1.96 *Schröter*.

4 BGH v. 18. 5. 1995 – IX ZR 108/94, Zweibrücken, WM 1995, 1397 = WuB I F 1a – 13.95 *Schröter*.

5 Dazu detailliert auch *Dähn*, ZBB 2000, 61 ff.

6 BGH v. 18. 5. 1995 – IX ZR 108/94, WM 1995, 1397 = WuB I F 1a – 13.95 *Schröter*; BGH v. 24. 9. 1996 – IX ZR 316/95, NJW 1996, 3205; BGH v. 23. 5. 2000 – XI ZR 214/99, WM 2000, 1328.

GmbH mangels Mehrheitsbeteiligung[1] keinen maßgeblichen Einfluss auf die Geschäftsführung und damit auf weitere Kreditaufnahmen hat[2]. Jedoch ist die formularmäßige Vereinbarung des weiten Sicherungszwecks für die Mithaftung des Minderheitsgesellschafters möglich, sofern gesellschaftsrechtlich, also durch den Gesellschaftsvertrag in Verbindung mit der Geschäftsordnung für die Geschäftsführung, sichergestellt ist, dass die besicherten Verbindlichkeiten der Gesellschaft nicht ohne Mitwirkung des Minderheitsgesellschafters ausgeweitet werden dürfen[3].

c) Formvorschriften für Verbraucherdarlehen

7.431 Wirksamkeitsschranken für die Inanspruchnahme der Personalsicherheiten nahe stehender Personen ergeben sich u.U. bei natürlichen Personen als Sicherungsgeber daraus, dass die Mithaftungserklärungen (Bürgschaft, Schuldbeitritt, Garantie oder Patronatserklärung) evtl. **nach den besonderen Regeln für Verbraucherdarlehen formunwirksam oder widerrufbar** sind[4].

7.432 Dabei finden nach der ständigen Rechtsprechung die besonderen **Formvorschriften für Verbraucherdarlehen (§§ 491 ff. BGB) auf den sicherungshalber erklärten Schuldbeitritt** zu einem Kreditvertrag Anwendung[5]. Der BGH wendet auf den Schuldbeitritt die Vorschriften für Verbraucherdarlehen analog an, weil derjenige, der die Mithaftung für eine Kreditschuld übernimmt, in gleicher Weise wie der Kreditnehmer schutzbedürftig sei. Für den persönlichen Anwendungsbereich der besonderen Schutzvorschriften kommt es deswegen auch nicht darauf an, ob der Kreditnehmer Verbraucher ist, sondern allein auf die Person des Sicherungsgebers, weil der Schuldbeitritt zwischen ihm und dem Kreditgeber ein selbständiges Schuldverhältnis begründet. Für die nahe

1 Hatte der Gesellschafter eine Mehrheitsbeteiligung und nur rein faktisch die Geschäftsführung dem Mitgesellschafter überlassen, bleibt ein weiter Sicherungszweck wirksam, so OLG Köln v. 16. 5. 2001 – 13 U 204/00, WM 2002, 1389.

2 BGH v. 7. 11. 1995 – IX ZR 235/94, WM 1995, 2180 = WuB I F 1c – 1.96 *Schröter.*

3 BGH v. 15. 7. 1999 – IX ZR 243/98, WM 1999, 1761.

4 Dazu auch *Madaus*, BKR 2008, 54; *Kulke*, NJW 2006, 2223; *Scherer/Mayer*, DB 2000, 818; *Scherer/Mayer*, DB 1998, 1217; *Ganter* in Schimansky/Bunte/Lwowski, Bankrechts-Handbuch, 3. Aufl. 2007, § 90 Rz. 397 ff.; *Schmitz/Wassermann/Nobbe* in Schimansky/Bunte/Lwowski, Bankrechts-Handbuch, 3. Aufl. 2007, § 91 Rz. 295 ff.

5 BGH v. 5. 6. 1996 – VIII ZR 151/95, WM 1996, 1258 = WuB I E 2 § 7 VerbrKG – 2.96 *Seeker*; BGH v. 10. 7. 1996 – VIII ZR 213/95, WM 1996, 1781 = WUB I E 2 § 7 VerbrKG – 1.97 *Kohler*; BGH v. 12. 11. 1996 – XI ZR 202/96, WM 1997, 158 = WuB I E 2 § 6 VerbrKG – 1.97 *Hadding*; BGH v. 28. 1. 1997 – XI ZR 251/95, WM 1997, 663 = WuB I E 2 § 3 VerbrKG – 1.97 *Drescher*; BGH v. 25. 2. 1997 – XI ZR 49/96, WM 1997, 710 = WuB I E 2 § 7 VerbrKG – 1.98 *B. Peters*; BGH v. 27. 6. 2000 – XI ZR 322/98, WM 2000, 1799; BGH v. 28. 6. 2000 – VIII ZR 240/99, WM 2000, 1632; BGH v. 24. 6. 2003 – XI ZR 100/02, WM 2003, 620 = WuB I E 2 § 3 VerbrKrG – 3.03 *Bülow*; BGH v. 8. 11. 2005 – XI ZR 34/05, WM 2006, 81 = WuB 1 F 1d Schuldmitübernahme – 1.06 *Bydlinski*; für Leasingverträge BGH v. 28. 6. 2000 – VIII ZR 240/99, WM 2000, 1632. So auch *Ganter* in Schimansky/Bunte/Lwowski, Bankrechts-Handbuch, 3. Aufl. 2007, § 90 Rz. 397; *Wagenknecht* in Gößmann/Hellner/Schröter/Steuer/Weber, Bankrecht und Bankpraxis, Rz. 4/1321. Kritisch zur Rechtsprechung des BGH *Madaus*, BKR 2008, 54; *Hänlein*, DB 2001, 1185 ff.

stehenden Personen, die durch Schuldbeitritt die Mithaftung für die Kreditverbindlichkeiten einer GmbH übernommen haben, bedeutet dies, dass die Beitrittserklärung immer dann den Anforderungen der §§ 491 ff. BGB genügen muss, wenn es sich bei dem Sicherungsgeber um eine natürliche Person handelt, da dieser dann Verbraucher im Sinne des Gesetzes ist. Dies gilt auch für Geschäftsführer, Mehrheitsgesellschafter und sogar den geschäftsführenden Alleingesellschafter der GmbH, was der BGH sehr dogmatisch (um nicht zu sagen: spitzfindig) damit begründet hat, dass rechtlich das Halten der Gesellschaftsbeteiligung an der GmbH keine gewerbliche Tätigkeit, sondern Vermögensverwaltung sei, und die Geschäftsführung der GmbH eine angestellte berufliche, also keine selbständige Tätigkeit darstelle[1].

Mit Anwendung der Regeln für Verbraucherdarlehen auf den Schuldbeitritt 7.433 sind zum einen die **Formvorschriften** des § 492 BGB zu beachten. Der Vertrag über den Schuldbeitritt muss schriftlich geschlossen werden und die einzelnen Angaben nach § 492 BGB, z.B. den Nettokreditbetrag und den effektiven Jahreszins, enthalten. Eine Verletzung dieser Formvorschriften führt gem. § 494 BGB zur Nichtigkeit des Schuldbeitritts. Denn während für den Kredit nach § 494 Abs. 2 BGB Formfehler mit der Auszahlung geheilt werden, hat der BGH eine solche Heilung für den formunwirksamen Schuldbeitritt abgelehnt, weil die Auszahlung des Kredits nicht an den Sicherungsgeber erfolge[2]. Zum anderen besteht beim Schuldbeitritt für den Sicherungsgeber gem. § 495 BGB ein **Recht zum Widerruf innerhalb von zwei Wochen**. Ohne eine ordnungsgemäße Widerrufsbelehrung verlängert sich die Widerrufsfrist auf ein Jahr. In diesem Fall ist maßgebend für den Beginn der Frist beim Schuldbeitritt nicht die Auszahlung des Kredits (was u.U. zu einem zeitlich unbegrenzten Widerrufsrecht führen würde, da der Kredit nicht an den Sicherungsgeber ausgezahlt wird), sondern der Zeitpunkt der Beitrittserklärung.

Demgegenüber finden die **Sonderregelungen für das Verbraucherdarlehen auf** 7.434 **die Bürgschaft keine Anwendung**[3]. Dies hatte der BGH schon für diejenigen Fälle entschieden, in denen die Bürgschaften Kredite sichern, die für eine bereits ausgeübte gewerbliche oder selbständige berufliche Tätigkeit bestimmt sind oder die sonst nicht in den Anwendungsbereich des Verbraucherkreditgesetzes fallen[4]. Noch weitergehend hat der EuGH klargestellt, dass die Verbraucherkreditrichtlinie (RL 87/102/EWG) und damit die Sonderregeln für Verbraucherdarlehen selbst dann keine Anwendung auf die Bürgschaft finden, wenn

1 BGH v. 5. 6. 1996 – VIII ZR 151/95, WM 1996, 1258 = WuB I E 2 § 7 VerbrKG – 2.96 *Seeker*; BGH v. 10. 7. 1996 – VIII ZR 213/95, WM 1996, 1781 = WuB I E 2 § 7 VerbrKG – 1.97 *Kohler*. Zuletzt bestätigt durch BGH v. 8. 11. 2005 – XI ZR 34/05, WM 2006, 81 = WuB 1 F 1d Schuldmitübernahme – 1.06 *Bydlinski*. Kritisch dazu *Kurz*, NJW 1997, 1828 ff.

2 BGH v. 12. 11. 1996 – XI ZR 202/96, WM 1997, 158 = WuB I E 2 § 6 VerbrKG – 1.97 *Hadding*; BGH v. 28. 1. 1997 – XI ZR 251/95, WM 1997, 663 = WuB I E 2 § 3 VerbrKG – 1.97 *Drescher*; BGH v. 25. 2. 1997 – XI ZR 49/96, WM 1997, 710 = WuB I E 2 § 7 VerbrKG – 1.98 *B. Peters*.

3 Streitig, anders z.B. *Schmitz/Wassermann/Nobbe* in Schimansky/Bunte/Lwowski, Bankrechts-Handbuch, 3. Aufl. 2007, § 91 Rz. 299 f.

4 BGH v. 21. 4. 1998 – IX ZR 258/97, WM 1998, 1120.

weder der Bürge noch der Hauptschuldner im Rahmen ihrer Erwerbstätigkeit gehandelt haben[1]. Für Kredite an eine GmbH bedeutet dies, dass natürliche Personen, die als nahe stehende Personen eine Bürgschaft für Kredite an die GmbH übernommen haben, weder die Verletzung von Formvorschriften noch ein Widerrufsrecht auf Grund analoger Anwendung der Schutzvorschriften für Verbraucherdarlehen einwenden können.

7.435 Gleiches muss auch für die **Garantie und** die **Patronatserklärung** gelten. Denn der BGH hat es als wesentlichen Unterschied zwischen dem Schuldbeitritt und der Bürgschaft angesehen, dass der Beitretende dem Kreditvertrag als gleichrangiger selbständiger Schuldner beitritt, während die Bürgschaft nur eine akzessorische Haftung für fremde Schuld begründet und diese lediglich als Eventualverbindlichkeit für den Sicherungsfall absichert. Damit ist die Rechtsstellung des Bürgen von der des Kreditnehmers weiter entfernt als die des Mitschuldners[2]. Und dies ist ebenso bei der Garantie und der Patronatserklärung; denn hier wird eine Mithaftung übernommen, die noch nicht einmal auf einer akzessorischen Verknüpfung mit der fremden Schuld beruht, sondern lediglich eine Einstandspflicht für einen Erfolg (bei der Garantie) oder eine Ausstattungspflicht (bei der Patronatserklärung) begründet, so dass der Sicherungsgeber sogar noch weiter von der Rechtsstellung des Kreditnehmers entfernt ist, als bei der Bürgschaft.

7.436 Im **Ergebnis** gelten somit bei Mithaftungserklärungen nahe stehender Personen für Kredite der GmbH die Regelungen über den Verbraucherdarlehensvertrag nur für den Schuldbeitritt natürlicher Personen[3], aber nicht für Bürgschaften, Garantien und Patronatserklärungen dieses Personenkreises. Und die Anwendbarkeit des Verbraucherkreditgesetzes kommt generell nicht in Betracht, wenn es sich bei den Sicherungsgebern nicht um natürliche Personen handelt, selbst wenn die Mithaftung im Wege des Schuldbeitritts übernommen worden ist.

d) Haustürgeschäfte

7.437 Die Inanspruchnahme der Mithaftung einer nahe stehenden Person für die Kreditverbindlichkeiten der GmbH kann auch deshalb scheitern, weil der Sicherungsgeber den **Widerruf der Mithaftungserklärung als Haustürgeschäft** erklärt. Ein solches Widerrufsrecht könnte einer mithaftenden nahe stehenden Person der GmbH nach § 312 BGB zustehen, wenn es sich um eine natürliche Person handelt und wenn der Sicherungsvertrag als Haustürgeschäft i.S.v. § 312 BGB zu Stande gekommen ist, also insbesondere, wenn der Sicherungsgeber zur Unterzeichnung der Mithaftungserklärung vom Kreditgeber an seinem Arbeitsplatz oder im Bereich einer Privatwohnung bestimmt wurde. Für die Ausübung des Widerrufsrechts hätte der Sicherungsgeber bei ordnungsgemäßer Belehrung über dieses Recht durch den Kreditgeber gem. § 355 BGB zwei Wochen Zeit. Ist eine solche Belehrung nicht erfolgt, ist das Wider-

1 EuGH v. 23. 3. 2000 – Rs. C-208/98, WM 2000, 713.
2 BGH v. 21. 4. 1998 – IX ZR 258/97, WM 1998, 1120.
3 Zu Recht kritisch zu dieser Sonderbehandlung des Schuldbeitritts *Madaus*, BKR 2008, 54; *Edelmann*, RIW 2000, 461.

rufsrecht unbefristet (§ 355 Abs. 3 Satz 3 BGB). Die Sicherheit wäre damit wertlos.

Ob Mithaftungserklärungen, vor allem Bürgschaften, und andere Sicherheiten als Haustürgeschäfte im Rechtssinne angesehen werden können, war und ist jedoch immer noch **heftig umstritten**[1]. Relativ klar dürfte auf Grund einer Entscheidung des EuGH[2] mittlerweile sein, dass Bürgschaften (und andere Personalsicherheiten) jedenfalls dann als Haustürgeschäfte anzusehen sind, wenn sie nicht nur selbst im Rahmen eines Haustürgeschäfts vereinbart wurden, sondern auch die Hauptverbindlichkeit aus einem Vertrag mit einem Verbraucher herrührt[3]. Weiter gehend ist der XI. Zivilsenat des BGH (anders als früher der IX. Zivilsenat) der Auffassung, dass ein Widerrufsrecht des Sicherungsgebers bei jedem Sicherungsvertrag mit einem Verbraucher in einer Haustürsituation besteht, unabhängig davon, ob die gesicherte Hauptschuld ein Verbraucherdarlehen oder ein gewerblicher Kredit ist und ob der Hauptschuldner ebenfalls durch eine Haustürsituation zum Vertragsschluss bestimmt worden ist[4]. Denn nach Auffassung des BGH dient § 312 Abs. 1 Satz 1 Nr. 1 BGB dem Schutz des Verbrauchers vor der Gefahr, bei der Anbahnung eines Vertrages in einer ungewöhnlichen räumlichen Situation überrumpelt und zu einem unüberlegten Geschäftsabschluss veranlasst zu werden. Dieser Gefahr sei der Schuldübernehmer oder Bürge, der sich in einer Haustürsituation befindet, unabhängig davon ausgesetzt, ob sich der Hauptschuldner ebenfalls in dieser Situation befindet. 7.438

Dies **bedeutet für die Mithaftungserklärungen nahe stehender natürlicher Personen einer GmbH**, dass ihnen ein Widerrufsrecht nach der Regelung für Haustürgeschäfte aus § 312 BGB zustehen kann, obwohl der gesicherte Kredit an die GmbH ein gewerbliches Geschäft ist, das schon deshalb kein Haustürgeschäft ist, weil der Kreditnehmer keine natürliche Person ist[5]. Voraussetzung für das Widerrufsrecht ist nur, dass das Sicherungsgeschäft als solches ein Haustürgeschäft i.S. von § 312 Abs. 1 BGB ist, insbesondere weil der Verbraucher durch mündliche Verhandlungen an seinem Arbeitsplatz oder im Bereich einer Privatwohnung zum Abschluss des Sicherungsvertrags bestimmt worden ist. 7.439

1 Dazu *Zahn*, ZIP 2006, 1069; *Kulke*, NJW 2006, 2223, *Ganter* in Schimansky/Bunte/Lwowski, Bankrechts-Handbuch, 3. Aufl. 2007, § 90 Rz. 398d; *Schmitz/Wassermann/Nobbe* in Schimansky/Bunte/Lwowski, Bankrechts-Handbuch, 3. Aufl. 2007, § 91 Rz. 291 ff.

2 EuGH v. 17. 3. 1998 – Rs. C-45/96, WM 1998, 649 = WuB IV D § 1 HWiG – 2.98 *Peters/Scharnewski*.

3 BGH v. 14. 5. 1998 – IX ZR 56/95, WM 1998, 1388.

4 BGH v. 2. 5. 2007 – XII ZR 109/04, WM 2007, 1209 = WuB I F 1a Bürgschaft – 2.07 *Hönn*; BGH v. 10. 1. 2006 – XI ZR 169/05, WM 2006, 377; in Aufgabe der früheren Rechtsprechung (BGH v. 14. 5. 1998 – IX ZR 56/95, WM 1998, 1388). Vorbereitet durch ein obiter dictum in BGH v. 9. 3. 1993 – XI ZR 179/92, WM 1993, 683 = WuB I F 1a – 11.93 *Thode*. So auch schon BGH v. 26. 9. 1995 – XI ZR 199/94, WM 1995, 2027 für die Grundschuld. Dazu *Zahn*, ZIP 2006, 1069; *Kulke*, NJW 2006, 2223.

5 So ausdrücklich zur Besicherung des Kredits an eine GmbH BGH v. 2. 5. 2007 – XII ZR 109/04, WM 2007, 1209 = WuB I F 1a Bürgschaft – 2.07 *Hönn*; dazu auch *Madaus*, BKR 2008, 54.

e) Grenzen für die Mithaftung Vermögensloser

7.440 Es bleibt den nahe stehenden natürlichen Personen der GmbH bei Insolvenz der Gesellschaft gegenüber der von ihnen übernommenen Mithaftung der Einwand, dass ihre **Inanspruchnahme sittenwidrig sei oder gegen Treu und Glauben verstoße**, da sie vermögenslos und mit der Erfüllung der übernommenen Verpflichtungen finanziell überfordert seien[1]. Die Grundlagen für einen solchen Einwand wurden vor allem durch den Beschluss des Bundesverfassungsgerichts vom 19. 10. 1993 zur Haftung mittelloser Bürgen[2] geschaffen.

7.441 Grundsätzlich gilt dabei, dass eine Bürgschaft oder andere Mithaftungserklärung, insbesondere ein Schuldbeitritt[3], auch dann **nicht sittenwidrig** und damit nach § 138 BGB nichtig ist, wenn die Verpflichtungen daraus den Bürgen angesichts seiner Vermögenslosigkeit und geringen finanziellen Leistungsfähigkeit weit überfordern. Denn im Rahmen der Vertragsfreiheit ist jedem auch freigestellt, in eigener Verantwortung risikoreiche Geschäfte abzuschließen, und er kann sich selbst zu Leistungen verpflichten, die er nur unter besonders günstigen Bedingungen, ggf. unter dauernder Inanspruchnahme seines pfändbaren Einkommens, erbringen kann[4]. Sittenwidrig ist aber eine finanzielle Überforderung des Sicherungsgebers dann, wenn er in seiner Freiheit, sich für oder gegen eine vertragliche Bindung zu entscheiden, sowie in der Erkenntnismöglichkeit, mit welchen Rechtsfolgen die betreffende Verbindlichkeit verbunden sein kann, wesentlich beeinträchtigt worden ist[5]. Besteht ein krasses Missverhältnis zwischen den übernommenen Verpflichtungen und der Leistungsfähigkeit des Sicherungsgebers, sodass der Gläubiger kein berechtigtes Interesse an der Sicherheit haben kann, so besteht eine widerlegliche Vermutung, dass der Sicherungsgeber die Bürgschaft oder Mithaftung allein aus emotionaler Verbundenheit mit dem Hauptschuldner übernommen und der Kreditgeber dies in sittlich anstößiger Weise ausgenutzt hat[6]. Aus diesen Grundsätzen lassen sich drei Fallgruppen ableiten, in denen

---

1 Dazu auch *Schnabl*, WM 2006, 706, *Unger*, BKR 2005, 432; *Goette*, DStR 2003, 301; *Nobbe/Kirchhof*, BKR 2001, 1; *Schmitz/Wassermann/Nobbe* in Schimansky/Bunte/Lwowski, Bankrechts-Handbuch, 3. Aufl. 2007, § 91 Rz. 51 ff.

2 BVerfG v. 19. 10. 1993 – 1 BvR 567, 1044/89, WM 1993, 2199 = WuB I F 1a – 4.94 *Bydlinski*. Zur Frage, ob diese Grundsätze angesichts der Möglichkeiten der Restschuldbefreiung noch Geltung beanspruchen können *Unger*, BKR 2005, 432; *Schnabl*, WM 2006, 706.

3 Ursprünglich wurden Bürgschaft und Schuldbeitritt vom IX. und XI. Zivilsenat des BGH unterschiedlich behandelt, was sogar zu einer Vorlage an den Großen Senat führte: BGH v. 29. 6. 1999 – IX ZR 10/98, WM 1999, 1556. Mittlerweile hat aber eine Annäherung in der Beurteilung von Bürgschaften bzw. Schuldbeitritt Vermögensloser stattgefunden; s. dazu auch *Schimansky*, WM 2002, 2437; *Nobbe/Kirchhof*, BKR 2001, 5.

4 BGH v. 24. 2. 1994 – IX ZR 93/93, WM 1994, 676 = WuB I F 1a – 5.94 *Bydlinski*; BGH v. 24. 4. 1994 – IX ZR 227/93, WM 1994, 680 = WuB II F 1a – 5.94 *Bydlinski*.

5 BGH v. 24. 2. 1994 – IX ZR 93/93, WM 1994, 676 = WuB I F 1a – 5.94 *Bydlinski*; BGH v. 24. 4. 1994 – IX ZR 227/93, WM 1994, 680 = WuB II F 1a – 5.94 *Bydlinski*; BGH v. 5. 1. 1995 – IX ZR 85/94, WM 1995, 237 = WuB I F 1a – 4.95 *Bydlinski*; BGH v. 18. 1. 1996 – IX ZR 171/95, WM 1996, 519 = WuB I F 1a – 10.96 *Medicus*; BGH v. 25. 4. 1996 – IX ZR 177/96, WM 1996, 1124 = WuB I F 1a – 12.96 *Tiedtke*.

6 BGH v. 24. 2. 1994 – IX ZR 93/93, WM 1994, 676 = WuB I F 1a – 5.94 *Bydlinski*; BGH v. 18. 9. 1997 – IX ZR 283/96, WM 1997, 2117 = WuB I F 1a – 2.98 *Bydlinski*; BGH v.

eine Mithaftungsübernahme des finanziell überforderten Sicherungsgebers als sittenwidrig anzusehen ist[1].

Bei der ersten Gruppe handelt es sich um Fälle, in denen das Kreditinstitut selbst in verwerflicher Weise auf die Entschließung des Sicherungsgebers eingewirkt und ihn damit unzumutbar belastet hat. Als bekanntester Fall ist hier zu nennen, dass der Umfang und die Tragweite der Haftung verharmlost werden (z.B. mit der Aussage, die Bürgschaft sei „nur für die Akten")[2]. Dazu zählen aber auch Gestaltungen, in denen außergewöhnliche Haftungsrisiken dem Sicherungsgeber verschwiegen werden oder wo der Gläubiger den Sicherungsgeber überrumpelt oder sonst in eine Zwangslage bringt[3]. 7.442

Zur zweiten Fallgruppe lassen sich die Sachverhalte zusammenfassen, in denen der gesicherte Gläubiger ein klar zutage tretendes sittlich missbilligenswertes Handeln des Kreditnehmers oder eines Dritten gegenüber dem Sicherungsgeber für eigene Zwecke ausnutzt[4]. Dies sind insbesondere die Fälle, in denen Eltern unter Verstoß gegen ihre Beistands- und Rücksichtsnahmepflicht aus § 1618a BGB ihre geschäftsunerfahrenen Kinder veranlassen, zu ihren Gunsten Bürgschaften einzugehen, die außer Verhältnis zu den gegenwärtigen und voraussehbaren künftigen wirtschaftlichen Verhältnissen der Kinder stehen[5]. Deshalb können solche Sachverhalte im Kreditgeschäft mit der GmbH insbesondere dann zur Nichtigkeit der Bürgschaft nahe stehender Personen führen, wenn es sich bei den Bürgen um die Kinder der Geschäftsführer oder Gesellschafter handelt. Ebenso können aus diesen Gründen die Bürgschaften der Ehegatten von Geschäftsführern oder Gesellschaftern für die Kredite der GmbH sittenwidrig sein. Anders als bei der Bürgschaft von Kindern ist aber bei Ehegattenbürgschaften davon auszugehen, dass eine dem Familienbetrieb dienende Kreditgewährung den Wünschen und Interessen beider Ehepartner entspricht. Der Kreditgeber muss deshalb mangels besonderer Anhaltspunkte nicht von einer missbilligenswerten Einflussnahme des anderen Ehepartners auf die Entscheidung des Bürgen ausgehen, sodass die Bürgschaften von Ehegatten regelmäßig deshalb nicht sittenwidrig sind, weil der Kreditgeber sich eine evtl. Einflussnahme des anderen Ehegatten auf die freie Willensbildung des Bürgen nicht zurechnen lassen muss[6]. 7.443

---

18. 12. 1997 – IX ZR 271/86, WM 1998, 239 = WuB I F 1a – 5.98 *Horn*; BGH v. 25. 1. 2005 – XI ZR 28/04, WM 2005, 421.

1 Zur Bildung der Fallgruppen *Fischer,* WM 1998, 1751 ff.

2 BGH v. 24. 2. 1994 – IX ZR 93/93, WM 1994, 676 = WuB I F 1a – 5.94 *Bydlinski.*

3 BGH v. 24. 2. 1994 – IX ZR 93/93, WM 1994, 676 = WuB I F 1a – 5.94 *Bydlinski*; BGH v. 16. 1. 1997 – IX ZR 250/95, WM 1997, 511 = WuB I F 1a – 15.97 *Habersack*; BGH v. 2. 11. 1995 – IX ZR 222/94, WM 1996, 53 = WuB I F 1a – 6.96 *Hennrichs.*

4 Dazu auch *Schmitz/Wassermann/Nobbe* in Schimansky/Bunte/Lwowski, Bankrechts-Handbuch, 3. Aufl. 2007, § 91 Rz. 81 ff.

5 BGH v. 24. 2. 1994 – IX ZR 93/93, WM 1994, 676 = WuB I F 1a – 5.94 *Bydlinski*; BGH v. 24. 4. 1994 – IX ZR 227/93, WM 1994, 680 = WuB II F 1a – 5.94 *Bydlinski*; BGH v. 10. 10. 1996 – IX ZR 333/95, WM 1996, 2194 = WuB I F 1a – 1.97 *Meder.*

6 BGH v. 5. 1. 1995 – IX ZR 85/94, WM 1995, 237 = WuB I F 1a – 4.95 *Bydlinski*; BGH v. 18. 1. 1996 – IX ZR 171/95, WM 1996, 519 = WuB I F 1a – 10.96 *Medicus*; BGH v. 25. 4. 1996 – IX ZR 177/96, WM 1996, 1124 = WuB I F 1a. – 12.96 *Tiedtke*; BGH v.

7.444 Schließlich bilden die **dritte Fallgruppe** solche Konstellationen, in denen eine Mithaftung ausnahmsweise auch ohne unzulässige Einwirkung auf die Entscheidungsfreiheit des Sicherungsgebers sittenwidrig und deshalb nichtig ist, weil kumulativ (1) eine krasse finanzielle Überforderung des Sicherungsgebers vorliegt, (2) der Sicherungsgeber aus emotionaler Verbundenheit zum Hauptschuldner handelt und (3) die Sicherheit auch aus Sicht eines vernünftigen Gläubigers wirtschaftlich sinnlos ist[1]. Eine krasse finanzielle Überforderung scheidet aus, wenn der Sicherungsgeber die gesicherte Schuld durch Verwertung seines Vermögens tilgen kann[2]. Reicht dazu das Vermögen des Bürgen nicht aus, liegt eine krasse finanzielle Überforderung vor, wenn der Bürge voraussichtlich[3] nicht einmal in der Lage ist, aus dem unter Berücksichtigung von Unterhaltspflichten pfändbaren Teil seines Einkommens oder Vermögens bei Eintritt des Sicherungsfalles dauerhaft die Zinsen der Hauptschuld zu tragen[4]. Weil aber neben die krasse Überforderung die emotionale Verbundenheit zum Hauptschuldner hinzutreten muss, können solche Ausnahmefälle, in denen die Bürgschaft auch ohne missbilligenswerte Einflussnahme auf die Entscheidungsfreiheit des Bürgen als sittenwidrig anzusehen ist, nur bei Bürgschaften junger Erwachsener für die Verbindlichkeiten ihrer Eltern, von Ehegatten für die Schulden ihrer Ehepartner oder in vergleichbaren Fällen vorliegen[5].

7.445 Dagegen führt allein das Missverhältnis zwischen der finanziellen Leistungsfähigkeit des Sicherungsgebers und dem Umfang der gesicherten Kreditforderung bei der **Mithaftung von Geschäftsführern und Gesellschaftern** für die Verbindlichkeiten ihrer GmbH regelmäßig nicht zur Sittenwidrigkeit der Sicherheit. Denn derjenige, der für die Schulden „seiner" Gesellschaft haftet, nimmt in aller Regel kein unzumutbares Risiko auf sich, weil er auf Grund seiner mit dem Geschäftsbetrieb verbundenen Gewinnerwartung ein eigenes Interesse an der Kreditaufnahme hat und darauf Einfluss nehmen kann. Deshalb ist die Bürgschaft des GmbH-Gesellschafters selbst bei krasser finanzieller Überforderung nicht allein aus diesem Grund sittenwidrig[6].

---

23. 1. 1997 – IX ZR 55/96, WM 1997, 465 = WuB I F 1a – 5.97 *Hennrichs*; BGH v. 15. 1. 2002 – XI ZR 98/01, WM 2002, 436.

1 BGH v. 24. 2. 1994 – IX ZR 93/93, WM 1994, 676 = WuB I F 1a – 5.94 *Bydlinski*; BGH v. 18. 9. 1997 – IX ZR 283/96, WM 1997, 2117 = WuB I F 1a – 2.98 *Bydlinski*; BGH v. 18. 12. 1997 – IX ZR 271/96, WM 1998, 239 = WuB I F 1a – 5.98 *Horn*; BGH v. 8. 10. 1998 – IX ZR 257/97, WM 1998, 2327 = WuB I F 1a – 4.99 *Hoes*.

2 BGH v. 26. 4. 2001 – IX ZR 337/98, ZIP 2001, 1330.

3 Zu den Anforderungen an die Prognose detailliert mit Rechtsprechungsnachweisen *Schmitz/Wassermann/Nobbe* in Schimansky/Bunte/Lwowski, Bankrechts-Handbuch, 3. Aufl. 2007, § 91 Rz. 58 ff.

4 BGH v. 25. 4. 2006 – XI ZR 330/05, FamRZ 2006, 1024; BGH v. 25. 1. 2005 – XI ZR 28/04, WM 2005, 421; BGH v. 27. 1. 2000 – IX ZR 198/98, WM 2000, 410; BGH v. 14. 11. 2000 – IX ZR 248/99, WM 2001, 402; BGH v. 29. 6. 1999 – IX ZR 10/98, WM 1999, 1556. Zu dieser Entwicklung der Rechtsprechung s. auch *Fischer,* WM 2001, 1049, 1057.

5 *Kreft,* WM 1997, Sonderbeilage 5, S. 24.

6 BGH v. 15. 2. 1996 – IX ZR 245/94, WM 1996, 588 = WuB I F 1a – 2.97 *Ebbing*; BGH v. 16. 1. 1997 – IX ZR 250/95, WM 1997, 511 = WuB I F 1a – 15.97 *Habersack*; BGH v. 11. 12. 1997 – IX ZR 274/96, WM 1998, 235 = WuB I F 1a – 5.98 *Horn*; BGH v. 18. 12. 1997 – IX ZR 271/96, WM 1998, 239 = WuB I F 1a – 5.98 *Horn*; BGH v. 18. 9. 2001 – IX

E. Steuerrechtliche Folgen im eröffneten Insolvenzverfahren

I. Ertragsteuerrecht

1. Gesellschaft und Anteilseigner

Wird die GmbH infolge Insolvenz liquidiert und beendet, so gelten für die Gesellschaftsebene vor steuerrechtlichem Hintergrund für die Konstellation der Insolvenz grundsätzlich keine Besonderheiten. Es kommen die oben (Rz. 3.68 ff.) erörterten Regeln der Liquidationsbesteuerung nach **§ 11 KStG** zur Anwendung. Was die Anteilseignerebene angeht, ist steuersystematisch danach zu unterscheiden, ob es sich um eine steuerverstrickte Beteiligung im Betriebsvermögen oder im Privatvermögen oder um eine nicht steuerverstrickte Beteiligung handelt (vgl. Rz. 3.80 ff.). 7.446

Die in der Praxis häufigste Fallkonstellation dürfte diejenige sein, dass der Gesellschafter der insolvent gewordenen GmbH die Beteiligung in seinem Privatvermögen hält/gehalten hat und dabei die Beteiligungsschwelle des **§ 17 Abs. 1 Satz 1 EStG** erreicht ist. Für diese Fallgruppe ist steuersystematisch auf Folgendes hinzuweisen: 7.447

Handelt es sich um eine steuerverstrickte Beteiligung im Privatvermögen, um eine qualifizierte Beteiligung des § 17 Abs. 1 Satz 1 EStG, dann ist es zunächst steuersystematisch zutreffend, dass auch Verluste aus derartigen qualifizierten Beteiligungen steuerrechtlich erheblich sein können. Allerdings ist nach dem körperschaftsteuerrechtlichen Systemwechsel und dem Abgeltungsteuersystem die Ausgleichsbeschränkung in **§ 3c Abs. 2 Satz 1 EStG** zu beachten. Die Fallgruppe des § 17 EStG wird von § 3 Nr. 40 lit. c EStG erfasst, so dass im Gegenzug nach § 3c Abs. 2 Satz 1 EStG nur 60 v.H. der Anschaffungskosten der Beteiligung als Verlustausgleichsvolumen zu berücksichtigen sind. §§ 3 Nr. 40 lit. c, 3c Abs. 2 EStG statuieren also ein Teileinkünfteverfahren kombiniert mit einem Teilabzugsverfahren. 7.448

Zu berücksichtigen ist weiterhin die spezielle **Verlustausgleichsbeschränkung** des **§ 17 Abs. 2 Satz 6 EStG**, wonach ein Veräußerungsverlust bei einer qualifizierten Beteiligung u.a. dann nicht berücksichtigt werden kann, soweit er auf Anteile entfällt, die entgeltlich erworben worden sind und nicht innerhalb der letzten fünf Jahre zu einer qualifizierten Beteiligung des Steuerpflichtigen gehört haben. Das gilt wiederum nicht für innerhalb der letzten fünf Jahre erworbene Anteile, deren Erwerb zur Begründung einer qualifizierten Beteiligung des Steuerpflichtigen geführt hat oder die nach Begründung der Beteiligung des § 17 Abs. 1 Satz 1 EStG erworben worden sind[1]. 7.449

ZR 183/00, WM 2001, 2156; BGH v. 15. 1. 2002 – XI ZR 98/01, WM 2002, 436. BGH v. 10. 12. 2002 – XI ZR 82/02, WM 2003, 275; BGH v. 25. 1. 2005 – XI ZR 28/04, WM 2005, 421. Dazu auch *Goette*, DStR 2003, 301; *Nobbe/Kirchhof*, BKR 2001, 1, 14 f.; *Schmitz/Wassermann/Nobbe* in Schimansky/Bunte/Lwowski, Bankrechts-Handbuch, 3. Aufl. 2007, § 91 Rz. 69 ff.

1 Näher zu § 17 Abs. 2 Satz 6 EStG z.B. *Kirchhof/Gosch*, § 17 EStG Rz. 260 ff.

7.450 Die Sonderregeln des § 17 Abs. 2 Satz 6 EStG beschränken das Abzugsverbot auf die vom Steuergesetzgeber als Missbrauchsfälle beurteilten Sachverhalte, in denen es so liegt/lag, dass durch den gezielten **Zukauf** von Anteilen die Wesentlichkeitsschwelle des § 17 EStG erreicht wird, um auf diese Art und Weise einen Verlust geltend machen zu können[1]. Ein Verlustabzug ist prinzipiell nur zulässig, wenn die veräußerten Anteile fünf Jahre lang Teil einer qualifizierten Beteiligung waren. Dabei muss der Veräußerer mehr als fünf Jahre vor der Veräußerung und während dieses Zeitraums qualifiziert am Kapital der Gesellschaft beteiligt gewesen sein; die Beteiligung muss also **ununterbrochen** bestanden haben. Das ist ein Systembruch zu § 17 Abs. 1 Satz 1 EStG, der auf die Beteiligungsquote innerhalb der letzten fünf Jahre abstellt. Hinzuweisen ist jedoch darauf, dass § 17 Abs. 2 Satz 6 EStG auch dann zur Verlustberücksichtigung führen kann, soweit es sich um Anteile handelt, die innerhalb der letzten fünf Jahre vor der Veräußerung erworben wurden und die zur Begründung einer qualifizierten Beteiligung (erst) geführt haben oder nach Begründung dieser Beteiligung erworben worden sind. Damit dürften insbesondere die für Sanierungssituationen wichtigen Kapitalerhöhungsfälle erfasst sein[2].

7.451 Handelt es sich im Einzelfall um einen GmbH-Geschäftsanteil, der infolge einer **Umstrukturierung nach §§ 20 ff. UmwStG** entstanden ist, ohne dass im Zuge der Umstrukturierung der Teilwert/gemeine Wert aufgedeckt worden ist, so liegen nach heutiger Rechtslage sog. **sperrfristbehaftete Anteile**, nach früherer Rechtslage sog. **einbringungsgeborene Anteile** vor. Die Abgrenzung des alten zum neuen Recht richtet sich nach § 27 UmwStG (näher Rz. 2.350). Für die Einbringungsfälle nach § 20 UmwStG ist wichtig, dass dort die Verlustgeltendmachung im Grundsatz den allgemeinen Regeln unterliegt. Insbesondere enthält das UmwStG keine § 17 Abs. 2 Satz 6 EStG entsprechende Regelung zur Einschränkung des Verlustausgleichs. Da in den Fällen der §§ 20 ff. UmwStG – unabhängig von der Beteiligungsquote – § 17 EStG verdrängt wird, kann also ein Verlust infolge Insolvenz auch dann steuerrechtlich relevant sein, wenn hinsichtlich der Anteile an und für sich die Voraussetzungen des § 17 Abs. 2 Satz 6 EStG erfüllt werden.

2. Gesellschafterdarlehen

a) GmbH

7.452 In steuersystematischer Hinsicht ist zunächst auf den Unterschied zwischen den Begriffen des verdeckten Eigenkapitals und der **verdeckten Einlage** hinzuweisen[3]. Zwar haben beide Institute ihre Ursache im Gesellschaftsverhältnis, doch geht es bei der verdeckten Einlage um offenes Eigenkapital. Rechtsfolge ist der Abzug von Gewinn bei der Ermittlung des Einkommens der Körperschaft und das Entstehen nachträglicher Anschaffungskosten auf die Beteiligung beim Anteilseigner, soweit es sich um eine steuerverstrickte Beteiligung

1 Vgl. BT-Drucks. 14/23, S. 179; *Strahl*, KÖSDI 1998, 11786 f.
2 *Herzig/Förster*, DB 1999, 711, 715 ff.
3 Grundlegend *Döllerer*, Verdeckte Gewinnausschüttungen und verdeckte Einlagen bei Kapitalgesellschaften, 2. Aufl. 1990, S. 203.

handelt. Die mögliche Rechtsfolge des verdeckten Eigenkapitals ist demgegenüber die Umqualifizierung von Fremdkapital in Eigenkapital für steuerrechtliche Zwecke, so dass die angeblichen Fremdkapitalzinsen steuerrechtlich verdeckte Gewinnausschüttungen sind und die formelle Schuld nicht als Betriebsschuld bei der Einheitsbewertung abgezogen werden kann.

Vor dem Hintergrund der zivilrechtlichen Figur des (früheren) kapitalersetzenden Darlehens bzw. eines Gesellschafterdarlehens geht es im Steuerrecht darum, ob die formale Fremdfinanzierung der GmbH auch für steuerrechtliche Zwecke durchgehalten wird, wenn aus zivilrechtlicher Sicht die Voraussetzungen besonderer Regeln für Gesellschafterdarlehen/Eigenkapitalersatz gegeben sind/waren. 7.453

Die **Leitentscheidung** für den hier interessieren Fragenkreis ist das Urteil des I. Senats des **BFH v. 5. 2. 1992**[1]. Die Entscheidung des BFH trifft zunächst – vor dem Hintergrund der §§ 8 Abs. 1 KStG, 5 Abs. 1 EStG – eine wesentliche handelsrechtliche Aussage, indem formuliert wird, dass Gesellschafterdarlehen in der **Handelsbilanz** grundsätzlich als Fremdkapital zu passivieren sind, wenn es um einen Jahresabschluss außerhalb eines formellen Insolvenzverfahrens geht. Derartige Darlehen sind auch geeignet, eine Zinsverbindlichkeit gegenüber dem Gesellschafter entstehen zu lassen, die ebenfalls in der Handelsbilanz zu Lasten des Gewinns zu passivieren ist. Die Rechtsprechung des BFH knüpft an die handelsbilanzrechtliche Dogmatik an, weil das Steuerrecht keine Regelung darüber enthält, ob die Überlassung eines einlagefähigen Wirtschaftsguts Eigenkapital oder Fremdkapital bei der empfangenden Gesellschaft auslöst[2]. Unabhängig davon, ob die gesellschaftsrechtlichen Sonderregeln für Gesellschafterdarlehen/kapitalersetzende Darlehen vorliegen, ist steuerrechtlich davon auszugehen, dass bei der Gesellschaft **Fremdkapital** zu passivieren ist. All dies entspricht auch der zivilrechtlichen Sichtweise, wie sie sich insbesondere aus der Auffassung des BGH ergibt, dass Forderungen eines Gesellschafters aus der Gewährung eigenkapitalersetzenden Leistungen selbst in der Überschuldungsbilanz der GmbH als Fremdkapital zu passivieren sind, soweit für sie keine Rangrücktrittserklärung abgegeben worden ist[3]. Letztlich liegt dieser Betrachtung die dogmatisch zutreffende Auffassung zugrunde, dass eventuelle zivilrechtliche Sonderregeln für Gesellschafterdarlehen auf eine bestimmte, nämlich die Krisen- und Insolvenzsituation zugeschnitten sind, so dass das Steuerrecht für die laufende Besteuerung aus dieser zivilrechtlichen Konfliktlage keine Konsequenzen ziehen darf. 7.454

All dies hat der BFH[4] noch einmal bestätigt: Auch ein von Anfang an (nach früherer Rechtslage) als kapitalersetzend zu qualifizierendes Gesellschafterdarlehen ist steuerrechtlich eine Betriebsschuld einer Kapitalgesellschaft und dementsprechend zu passivieren, selbst wenn die Gesellschaft wegen Überschuldung oder Zahlungsunfähigkeit zur Rückzahlung nicht in der Lage ist. 7.455

1 BFH v. 5. 2. 1992 – I R 127/90, BStBl. II 1992, 532.
2 Vgl. auch BFH v. 30. 5. 1990 – I R 97/88, BStBl. II 1990, 875 = GmbHR 1991, 45.
3 BGH v. 8. 1. 2001 – II ZR 88/99, BGHZ 146, 264 = GmbHR 2001, 190.
4 V. 6. 11. 2007 – I B 50/07, BFH/NV 2008, 616.

Nach dem **MoMiG** liegt es nicht anders. Sowohl § 30 Abs. 1 GmbHG als auch § 39 Abs. 1 Nr. 5 InsO zeigen, dass außerhalb des Insolvenzverfahrens das Darlehen eines GmbH-Gesellschafters den normalen Regeln unterliegt, so dass es im handelsrechtlichen Jahresabschluss als Fremdkapital zu bilanzieren ist.

b) Anteilseigner

aa) Betriebsvermögen

7.456 Zu behandeln ist zunächst die Variante, dass es sich um einen **notwendig steuerverstrickten GmbH-Geschäftsanteil** in einem (anderen) Betriebsvermögen handelt. Aus der Sicht des Anteilseigners ist zu entscheiden, ob ein Gesellschafterdarlehen bei Insolvenz der GmbH zu einer Erhöhung der Anschaffungskosten der Beteiligung führt, so dass insoweit auch das Verlustausgleichsvolumen erhöht wird. Außerdem besteht bei Darlehen, die mittelbar von einer Schwestergesellschaft an die Beteiligungsgesellschaft des Gesellschafters ausgereicht werden, die Möglichkeit einer verdeckten Gewinnausschüttung (§ 8 Abs. 3 Satz 2 KStG) bei der Schwestergesellschaft.

7.457 Wurde das **Darlehen vor der Krise bzw. vor der Insolvenzsituation** gewährt, dann führt es weder in handelsrechtlicher noch in steuerrechtlicher Sicht zu Anschaffungskosten auf die Beteiligungen; das Darlehen wird eben nicht zum Erwerb der Beteiligung geleistet. Auf Grund der Leitentscheidung des BFH v. 5. 2. 1992[1] ist es nicht mehr möglich, bei Gewährung des Darlehens in der Krise zu nachträglichen Anschaffungskosten auf die Beteiligung zu kommen. Insofern muss – jedenfalls im Betriebsvermögen – eine korrespondierende Betrachtung stattfinden. Wenn das Darlehen auf der Gesellschaftsebene als Fremdkapital behandelt wird, dann ist auch auf der **Gesellschafterebene** eine **Fremdkapitalbetrachtung** vorzunehmen. Die Anschaffungskosten der Beteiligung werden nicht erhöht. Es bleibt der Anspruch auf die Darlehens- und Zinsforderung trotz des (früher) eigenkapitalersetzenden Charakters bestehen.

7.458 Ist also das Gesellschafterdarlehen eines betrieblich beteiligten Gesellschafters, und zwar nach EStG als auch nach KStG, prinzipiell mit seinem Nennwert als Forderung anzusetzen, dann wird es im Zuge der Krise oder der Insolvenz an Wert verlieren, so dass dann eine Abschreibung auf den Teilwert in Betracht kommt. Zu nachträglichen Anschaffungskosten auf die Beteiligung kann allein ein Darlehensverzicht (Rz. 2.439 ff.) führen. Regelmäßig dürfte eine verdeckte Einlage vorliegen, da der Gesellschafter einer Kapitalgesellschaft außerhalb der gesellschaftsrechtlichen Einlage Vermögenswerte zuführt und dies seine Ursache im Gesellschaftsverhältnis hat.

7.459 Die für das Steuerrecht entscheidende Problematik besteht darin, ob eine Gewinnminderung aus dem Ausfall oder auf Grund einer Wertminderung des Gesellschafterdarlehens von dem betrieblich beteiligten Gesellschafter geltend gemacht werden kann, ob insbesondere die Einschränkungen der **§§ 3c Abs. 2, 8b Abs. 3 Satz 3 ff. KStG** eingreifen.

1 BFH v. 5. 2. 1992 – I R 127/90, BStBl. II 1992, 532.

Steuersystematisch ist davon auszugehen, dass jedenfalls der sog. normspezifische Anschaffungskostenbegriff des § 17 Abs. 2 EStG bei bilanzierenden Steuersubjekten keine Rolle spielt (Rz. 7.467)[1]. Darlehensforderungen eines Gesellschafters bleiben auch dann, wenn sie nach gesellschaftsrechtlicher Rechtslage als funktionales Eigenkapital einzustufen sind, Fremdkapital. Erst wenn der Gesellschafter auf das Darlehen verzichtet, ist zu klären, ob es zu einer Einlage nur in Höhe des Teilwerts kommt, so dass auch nur dieser Betrag in den Anwendungsbereich der §§ 3c Abs. 2 EStG, 8b Abs. 3 KStG fällt, oder ob es nicht so liegt, dass der nominelle Betrag der Forderung, auf die verzichtet wird, zu nachträglichen Anschaffungskosten führt[2]. Das hängt damit zusammen, ob man den Gedanken, dass in der Bilanz eines an einer Kapitalgesellschaft betrieblich Beteiligten die Beteiligung einerseits und das Darlehen andererseits zwei **separate Wirtschaftsgüter** darstellen[3], konsequent weiterführt. Das ist zu bejahen, da die Rechtsprechung des BFH zu § 17 EStG (Rz. 7.467 ff.) nicht auf Bilanzierungssachverhalte übertragen werden kann. 7.460

Daraus ergibt sich, dass **bis zum Veranlagungszeitraum 2007** auch eigenkapitalersetzende Gesellschafterdarlehen im Rahmen der Einkommensermittlung eines bilanzierenden Steuersubjekts als eigene Wirtschaftsgüter und unabhängig von der Beteiligung zu behandeln sind. Infolgedessen können §§ 3c Abs. 2 EStG, 8b Abs. 3 KStG nicht eingreifen[4]. Im Ergebnis heißt das, dass der Verlust eines betrieblich ausgereichten Gesellschafterdarlehens an eine GmbH und damit auch eine Teilwertabschreibung auf das Gesellschafterdarlehen weder unter § 3c Abs. 2 EStG noch unter § 8b Abs. 3 KStG a.F. subsumierbar sind. 7.461

Allerdings hat sich die Rechtslage (zumindest) **ab dem Veranlagungszeitraum 2008** geändert (§ 34 Abs. 1 KStG). § 8b Abs. 3 KStG ist nunmehr um Sätze 4–8 ergänzt worden und enthält ein Abzugsverbot für bestimmte Gesellschafterdarlehen. Konsequenz des **§ 8b Abs. 3 Satz 4 ff. KStG** ist es, dass nunmehr Gewinnminderungen im Zusammenhang mit Gesellschafterdarlehen ebenso wie andere Gewinnminderungen des § 8b Abs. 3 KStG bei der Einkommensermittlung einer **Kapitalgesellschaft** nicht berücksichtigt werden[5]. Nach der Neufassung soll die Verlustgeltendmachung und die Teilwertabschreibung auf Gesellschafterdarlehen ohne Rücksicht auf die Verzinsung wie die Beteiligung selbst behandelt werden, wenn ein Körperschaftsteuersubjekt Gesellschafter und zu mehr als 25 v.H. an der Gesellschaft beteiligt ist. Eine Öffnungsklausel ist vorgesehen, wenn ein Dritter das Darlehen nachweislich gewährt und nicht zurückgefordert hätte. An der Regelung ist zunächst auffällig, dass das durch das MoMiG abgeschaffte System des Eigenkapitalersatzes erstmals in das Körperschaftsteuerrecht übernommen wird. Im Übrigen verstößt die Regelung gegen bilanzielle Grundsätze und das steuerrechtliche Nettoprinzip. 7.462

---

1 BFH v. 18. 12. 2001 – VIII R 27/00, BStBl. II 2002, 733 = GmbHR 2002, 331; BFH v. 31. 5. 2005 – X R 36/02, BFH/NV 2005, 1697 = 2005, 1219.
2 Vgl. *Gosch/Roser*, § 8 KStG Rz. 125.
3 BFH v. 16. 5. 2001 – I B 143/00, BStBl. II 2002, 436; *Gosch/Roser*, § 8 KStG Rz. 123 ff.
4 Ebenso *Eilers/Schmidt*, GmbHR 2003, 613; *Füger/Rieger*, FR 2003, 589; a.A. *Buchna/Sombrowski*, DB 2005, 1539.
5 Ausführlich *Herrmann/Heuer/Raupach/Nöcker*, EStG/KStG, § 8b KStG J 07–5 ff.

7.463 Überaus streitig ist die Frage, ob § 8b Abs. 3 Satz 4 ff. KStG **konstitutiven** oder **deklaratorischen** Charakter hat. Nach Auffassung des Steuergesetzgebers[1] soll die Neufassung die Rechtslage nur klarstellen, so dass insoweit auch Gesellschafterdarlehen einer Körperschaft vor dem Veranlagungszeitraum 2008 betroffen wären. Dem ist nach hier vertretener Auffassung[2] nicht zu folgen, weil die steuersystematischen Grundsatzüberlegungen (Rz. 7.461) deutlich machen, dass ein Gesellschafterdarlehen als Fremdkapital, also nicht als technische Beteiligung zu beurteilen ist. Von daher gesehen ist vor dem Veranlagungszeitraum 2008 für die Anwendung des § 8b Abs. 3 Satz 3 KStG kein Raum. Und weiterhin: Steuersystematisch gesehen sind § 3c Abs. 2 EStG, § 8b Abs. 3 Satz 3 KStG schon isoliert gesehen unstimmig. Die Normen sollen das Pendant zum Teileinkünfteverfahren des § 3 Nr. 40 EStG und zu § 8b Abs. 1, 2 KStG darstellen, übersehen aber, dass das Teileinkünfteverfahren und § 8b Abs. 1, 2 KStG die Zielsetzung haben, Mehrfachbelastungen abzumildern. Damit hat ein Gewinnminderungsverbot bzw. ein Verlustabzugsverbot nichts zu tun.

7.464 Daraus folgt dann auch (str.), dass die Sonderregelungen in § 8b Abs. 3 Satz 4 ff. KStG nur für das Körperschaftsteuerrecht gelten. Da § 3c Abs. 2 EStG keine korrespondierende Regelung enthält, muss es dabei bleiben, dass das Darlehen eines betrieblich beteiligten Gesellschafters nicht in das Teilabzugsverbot des § 3c Abs. 2 EStG einzubeziehen ist.

bb) Privatvermögen vor MoMiG

7.465 Handelt es sich um ein Steuersubjekt, welches die kapitalgesellschaftsrechtliche Beteiligung (an der GmbH) in seinem Privatvermögen hält, dann kommt es zu einer Steuerverstrickung, mithin zu einer Erheblichkeit von Veräußerungsgewinn und Veräußerungsverlusten, insbesondere in den Konstellationen der § 17 EStG, § 21 UmwStG a.F., § 22 UmwStG (Rz. 2.348 ff.). Hier ist zu entscheiden, ob ein ausgefallenes Gesellschafterdarlehen zu nachträglichen Anschaffungskosten der Beteiligung führt, wobei dann allerdings § 3c Abs. 2 EStG mit dem Teilabzugsverbot zu beachten ist.

7.466 Wenn ein Kapitalgesellschafter zusätzlich zu seinem Festkapital einen Betrag in die Kapitalrücklage geleistet hat, dann handelt es sich zweifelsfrei um nachträgliche Anschaffungskosten. Entscheidet sich der Anteilseigner für die Ausreichung eines Darlehens, welches aus der Sicht der Gesellschaft Fremdkapital ist (Rz. 7.454), dann geht es nicht nur um die gesellschaftsrechtliche Ebene, sondern – jedenfalls zunächst – um eine allgemein-schuldrechtliche Beziehung zwischen dem Gesellschafter und der juristischen Person. Damit ist die Gewährung eines Gesellschafterdarlehens grundsätzlich der sog. privaten Vermögenssphäre des Darlehensgebers zuzuordnen, so dass die Darlehensvaluta weder bei der Berechnung eines Veräußerungsgewinns noch eines Veräußerungsverlusts beachtlich ist[3]. Zwar mag man darüber streiten, ob das

1 BR-Drucks. 544/07, S. 94; vgl. auch *Dötsch/Pung*, DB 2007, 2669.
2 So auch FG Niedersachsen v. 3. 4. 2008 – 6 K 442/05, BB 2008, 1661 m. Anm. *Hahne*.
3 BFH v. 16. 4. 1991 – VIII R 100/87, BStBl. II 1992, 234; *Gschwendtner*, DStR 1999, Beihefter 32, S. 3.

Argumentationsmuster der „privaten Vermögensebene" in jeder Hinsicht überzeugend ist, doch ist zu berücksichtigen, dass nach der gegenwärtigen Rechtslage, insbesondere für § 17 EStG, regelmäßig eine Korrespondenz zwischen den (technischen) Anschaffungskosten und dem (potentiellen) Verlustausgleichsvolumen besteht.

Gleichwohl hat sich die Rechtsprechung des VIII. Senats des BFH, der sich dann die Finanzverwaltung und das Schrifttum weitgehend angeschlossen haben, für ein **Sonderrecht** im Bereich der **Gesellschafterdarlehen** ausgesprochen[1]. Auf Grund des sog. **normspezifischen Anschaffungskostenbegriffs** der Rechtsprechung des VIII. Senats des BFH gehören zu den Anschaffungskosten einer privaten kapitalgesellschaftsrechtlichen Beteiligung auch nachträgliche Aufwendungen, wenn sie durch das Gesellschaftsverhältnis veranlasst und weder Werbungskosten bei den Einkünften aus Kapitalvermögen noch Veräußerungskosten sind. In expliziter Anlehnung an die Rechtsprechung des BGH bzw. an die Normierung in den früheren §§ 32a, 32b GmbHG wird diese gesellschaftsrechtliche Veranlassung bejaht und mit nachträglichen Anschaffungskosten kurzgeschlossen. 7.467

Im Grundsatz wird der eigenkapitalersetzende Charakter mit der Konsequenz von Anschaffungskosten in folgenden **Fallgruppen** angenommen: 7.468

- in der Krise der Gesellschaft gewährte Finanzierungsmaßnahmen, sog. **Krisendarlehen**;
- vor der Krise gewährte und im Zeitpunkt des Kriseneintritts **stehen gelassene Darlehen**;
- **krisenbestimmte Darlehen**, wenn vornherein und verabredungsgemäß auf Krisenfinanzierung angelegt;
- **Finanzplandarlehen**.

Der VIII. Senat des BFH löst sich mit dem Anschaffungskostenbegriff bei § 17 EStG von dem in § 255 Abs. 1 HGB formulierten und meint, dass das die Einkommensbesteuerung beherrschende **Nettoprinzip** im Anwendungsbereich dieser Norm zu berücksichtigen sei[2]. Bei der Besteuerung einer steuerverstrickten Beteiligung sei der durch sie veranlasste Aufwand gegenüberzustellen, zu dem auch die Verluste aus eigenkapitalersetzenden Gesellschafterleistungen zählen müssten. Dabei hat der VIII. Senat des BFH ausdrücklich darauf hingewiesen, dass sein extensives Verständnis des Anschaffungskostenbegriffs bei § 17 EStG nur für diese Norm gelte, also nicht in dem Sinne verallgemeinert werden dürfe, dass er auch außerhalb des Anwendungsbereichs privater steuerverstrickter Beteiligung Geltung beanspruche[3]. 7.469

1 BFH v. 24. 4. 1997 – VIII R 16/94, BStBl. II 1999, 339; BFH v. 4. 11. 1997 – VIII R 18/94, BStBl. II 1999, 344; BFH v. 10. 11. 1998 – VIII R 6/96, BStBl. II 1999, 348; BMF, BStBl. I 1999, 545; *Kirchhof/Gosch*, § 17 EStG Rz. 220 ff.; *Schmidt/Weber-Grellet* § 17 EStG Rz. 170 ff.

2 BFH v. 18. 12. 2001 – VIII R 27/00, BStBl. II 2002, 733, 736 = GmbHR 2002, 331.

3 BFH v. 18. 12. 2001 – VIII R 27/00, BStBl. II 2002, 733, 736 = GmbHR 2002, 331.

7.470 Zwar mag man darüber streiten, ob die skizzierte Lösung des BFH steuersystematisch stimmig ist[1], doch ist für die Rechtslage vor Inkrafttreten des MoMiG von den Grundsätzen der BFH-Rechtsprechung auszugehen. Sie bedeuten im Ergebnis, dass **Krisendarlehen, krisenbestimmte Darlehen** und **Finanzplankredite** stets mit ihren vollen **Nennwerten** als nachträgliche Anschaffungskosten anzusetzen sind. Abzugrenzen davon ist das zunächst regulär gewährte Gesellschafterdarlehen, welches vor der Krise gewährt worden ist und in der Krise **stehen gelassen** wurde. Ein derartiger Kredit ist allein mit seinem tatsächlichen/**gemeinen Wert** im Zeitpunkt des Kriseneintritts anzusetzen[2]. Der Wert ist nach dem Grad der Wahrscheinlichkeit der Werthaltigkeit zu bemessen, und er kann 0 Euro betragen[3]. Die steuerrechtliche Beweislast, die Feststellungslast für den tatsächlichen Wert trägt der Steuerpflichtige, der die nachträglichen Anschaffungskosten im Wege des Verlustausgleichs geltend machen will.

cc) Privatvermögen nach MoMiG

7.471 Nach den neuen §§ 30 Abs. 1 GmbHG, 39 Abs. 1 Nr. 5 InsO gibt es **kein Sonderrecht** für kapitalersetzende Gesellschafterdarlehen mehr. §§ 32a, 32b GmbHG a.F. sind ersatzlos gestrichen. Auf Grund des Insolvenzrechts genießen Gesellschafterdarlehen oder Forderungen aus Rechtshandlungen, die einem solchen Darlehen wirtschaftlich entsprechen, kraft Gesetzes Nachrang. Damit wird heute jedes Gesellschafterdarlehen in der Insolvenz nachrangig, unabhängig davon, ob es nach bisherigem Rechtsverständnis kapitalersetzend ist oder nicht.

7.472 Daraus ergibt sich das steuerrechtliche **Problem**, ob die traditionelle Sichtweise des VIII. Senats des BFH mit seiner Anbindung an das Gesellschaftsrecht beibehalten wird[4]. Das Grundproblem resultiert daraus, dass sich die bisherige Rechtsprechung des BFH im Grundsatz an der Rechtsprechung des BGH zum Eigenkapitalersatz orientiert hat[5]. Mit dem Inkrafttreten des MoMiG und der Streichung der §§ 32a, 32b GmbHG a.F. ist – jedenfalls formal – die dogmatische Grundlage der Rechtsprechung des VIII. Senats des BFH weggefallen. Ein Darlehen, welches ein Anteilseigner einer GmbH seiner Gesellschaft gewährt, ist nunmehr nicht mehr gesellschaftsrechtlich „verstrickt" und wird selbst in der Krise der GmbH nicht mehr als funktionelles Eigenkapital eingestuft.

7.473 Für die neue Rechtslage kann an folgende **Lösungsmöglichkeiten** gedacht werden:

- Es könnte zu einer Fortsetzung der Anbindung an das Zivilrecht kommen, die sich dann aber steuerrechtlich selbständig entwickeln müsste.
- Denkbar erscheint es auch, nur noch verdeckte Einlagen auf Grund eines Forderungsverzichts als nachträgliche Anschaffungskosten anzuerkennen

1 Vgl. *Crezelius*, FS Raupach, 2006, S. 327, 335 f.
2 BFH v. 24. 4. 1997 – VIII R 16/94, BStBl. II 1999, 339.
3 Dazu *Kirchhof/Gosch*, § 17 EStG Rz. 222 m.w.N.
4 Dazu *Heuermann*, DStR 2008, 2089; *Schmidt/Weber-Grellet*, § 17 EStG Rz. 172.
5 Vgl. *Groh*, FR 2008, 264, 266.

und Gesellschafterdarlehen in Übereinstimmung mit dem Gesellschaftsrecht der irrelevanten Privatsphäre zuzuweisen.

- In Anknüpfung an das steuerrechtliche Veranlassungsprinzip kann man sich auf den Standpunkt stellen, dass jedes Darlehen, das dem Nachrang des § 39 Abs. 1 Nr. 5 InsO unterfällt, unter Berücksichtigung des Nettoprinzips bei der Verlustermittlung nach § 17 Abs. 2 EStG berücksichtigt werden muss[1].

Nach hier vertretener Auffassung ist zu berücksichtigen, dass ein Gesellschafter in der Insolvenz seine Darlehensforderung im Hinblick auf seine gesellschaftsrechtliche Position verliert, so dass die **gesellschaftsrechtliche Veranlassung** zu bejahen ist. Führt man diesen Gedanken konsequent fort, dann müsste in Zukunft jeder Darlehensverlust mit dem Nennwert bei den nachträglichen Anschaffungskosten in den Grenzen des § 3c Abs. 2 EStG berücksichtigt werden. Mit dieser Lösung stimmt auch der Rechtsgedanke des § 12 EStG überein. Immer dann, wenn es sich um einen Vorgang außerhalb der Privatsphäre handelt, muss es zur steuerrechtlichen Erheblichkeit kommen. Da auch die neuen gesellschaftsrechtlichen und insolvenzrechtlichen Regelungen zeigen, dass insbesondere der Nachrang des § 39 Abs. 1 Nr. 5 InsO auf einer gesellschaftsrechtlichen, also nicht auf einer privaten Veranlassung beruht, muss es zu nachträglichen Anschaffungskosten kommen. 7.474

Für die hier entwickelte Ansicht könnte auch die neue Rechtsprechung des **IX. Senats** des **BFH** sprechen[2]. In der Entscheidung vom 4. 3. 2008[3] war der Steuerpflichtige aus einer Bürgschaft in Anspruch genommen worden und machte einen Verlust nach § 17 Abs. 2 EStG geltend. Der IX. Senat des BFH meint, dass die Zahlungen des Steuerpflichtigen in Zusammenhang mit einer Bürgschaftsübernahme (Rz. 7.477 ff.) als nachträgliche Anschaffungskosten zu berücksichtigen seien. Maßgebend ist die Überlegung, dass eine vordergründig privat gegebene Bürgschaft vom Gesichtspunkt der gesellschaftsrechtlichen Veranlassung überlagert werden kann. Wenn man diesen Gedanken verallgemeinert, dann wird es in Zukunft allein auf das Element der gesellschaftsrechtlichen Veranlassung ankommen. Jedenfalls dann, wenn es zu einer insolvenzrechtlich angeordneten Verstrickung nach § 39 Abs. 1 Nr. 5 InsO kommt, muss dem Anteilseigner die Möglichkeit eröffnet werden, nachträgliche Anschaffungskosten geltend zu machen. 7.475

Eine weitere Problematik liegt darin, dass sowohl nach früherem Recht (§ 32a Abs. 3 Satz 2 GmbHG a.F.) als auch nach § 35 Abs. 4 Satz 2, Abs. 5 InsO nicht generell Gesellschafterdarlehen einem besonderen Regime unterliegen. Auch für diese Fallgruppen ist zu entscheiden, ob daraus nachträgliche Anschaffungskosten resultieren können. Auch dies ist nach hier vertretener Auffas- 7.476

1 Dazu *Groh,* FR 2008, 264, 267; *Hölzle,* DStR 2007, 1185.

2 Die Zuständigkeit für § 17 EStG ist ab dem 1. 1. 2008 vom VIII. Senat auf den IX. Senat des BFH übergegangen.

3 BFH v. 4. 8. 2008 – IX R 80/06, BFH/NV 2008, 1041 = GmbHR 2008, 721; auch BFH v. 19. 8. 2008 – IX R 63/05, BFH/NV 2008, 2101: nachträgliche Abschaffungskosten auch bei Sanierungsprivileg nach § 32a Abs. 3 Satz 3 GmbHG a.F.

sung zu bejahen, weil die zivilrechtlichen Privilegierungsregeln für Gesellschafterdarlehen nichts an der gesellschaftsrechtlichen Veranlassung der Darlehensausreichung ändern können[1].

3. Bürgschaften

7.477 Handelt es sich um die Bürgschaftsverpflichtung eines nach § 17 Abs. 1 Satz 1 EStG beteiligten Kapitalgesellschafters, dann ist zunächst festzuhalten, dass die Bürgschaftsverpflichtung als solche die Anschaffungskosten auf die Beteiligung nicht erhöht[2]. Erst bei **Wertlosigkeit** des Ersatzanspruchs nach § 774 BGB, den der Bürge gegen die GmbH hat, kann die Inanspruchnahme aus der Bürgschaftsverpflichtung des Gesellschafters für Verbindlichkeiten der Gesellschaft zu nachträglichen Anschaffungskosten führen, wenn denn die Übernahme der Bürgschaftsverpflichtung ihre Ursache im Gesellschaftsverhältnis hat. Auch hier ist – wie bei Gesellschafterdarlehen – erforderlich, dass die Übernahme der Bürgschaft ihre Ursache im Gesellschaftsverhältnis hat und dass sich der Gesellschafter in der Krise der GmbH oder von vornherein für den Fall der Krise oder im Rahmen eines Finanzplans zu Gunsten der Kapitalgesellschaft verbürgt hat.

7.478 Es besteht eine grundsätzliche **Parallelität** der Rechtsprechung zu **Bürgschaften** und Sicherheitsleistungen im Vergleich zur Rechtsprechung zu den **Gesellschafterdarlehen**[3]. Fällt ein nach § 17 Abs. 1 Satz 1 EStG beteiligter Gesellschafter mit einer Regressforderung aus der Bürgschaft für einen Kredit aus, der nach bisheriger Rechtslage von vornherein in die Finanzplanung der GmbH einbezogen war, dann erhöhen sich die Anschaffungskosten der Beteiligung um den Nennwert der Regressforderung. Dabei soll allerdings die Unentgeltlichkeit der Maßnahme nicht ausreichen, um den kapitalersetzenden Charakter (bisherigen Rechts) zu belegen[4].

7.479 Da es sich bei den Einkünften aus § 17 EStG um gewerbliche Einkünfte handelt, für die das Abflussprinzip des **§ 11 EStG** nicht gilt, kommt es auch grundsätzlich nicht darauf an, dass tatsächlich auf die Bürgschaft oder auf eine andere hingegebene Sicherheit geleistet wird. Entscheidend ist allein, dass das Vermögen des Gesellschafters infolge seiner Inanspruchnahme durch einen Gläubiger gemindert ist. Anders liegt es aber, wenn der betreffende Gesellschafter/Bürge im Zeitpunkt seiner Veranlagung nachweislich zahlungsunfähig ist[5]. Das ist folgerichtig, wenn man die Annahme der nachträglichen Anschaffungskosten im Rahmen des § 17 EStG aus dem einkommensteuerrechtlichen **Nettoprinzip** ableitet. Sollte sich jedoch die wirtschaftliche Lage des Gesellschafters verbessern, so dass die Bürgschaftsverpflichtung erfüllt werden kann, wirkt dies auf den Zeitpunkt der Auflösung der Kapitalgesellschaft

---

1 So auch FG Düsseldorf v. 17. 10. 2005 – 11 K 2558/04 E, EFG 2006, 110, Az. BFH VIII R 66/05.
2 *Schmidt/Weber-Grellet*, § 17 EStG Rz. 175.
3 BFH v. 26. 1. 1999 – VIII R 50/98, BStBl. II 1999, 559.
4 Zum Problem *Kirchhof/Gosch*, § 17 EStG Rz. 230.
5 BFH v. 8. 4. 1998 – VIII R 21/94, BStBl. II 1998, 660.

zurück; dann ist die Einkommensteuerveranlagung dieser Periode nach § 175 AO zu korrigieren.

Über die **Höhe** der nachträglichen **Anschaffungskosten** entscheidet letztlich der Wert der Rückgriffsforderung[1]. Statt des Wertes der Rückforderung aus dem Gesellschafterdarlehen kommt es hier auf den Wert der Rückgriffsforderung aus der Bürgschaft an. Kann also festgestellt werden, dass die Bürgschaft von vornherein kapitalersetzenden Charakter hatte, dann ist der Nennwert der wertlos gewordenen Rückgriffsforderungen aus der für die Gesellschaft übernommenen Bürgschaft anzusetzen. Stellt sich heraus, dass die Bürgschaft erst durch das Stehenlassen bei Kriseneintritt eigenkapitalersetzend geworden ist, so ist die Rückgriffsforderung mit ihrem gemeinen Wert zu diesem Zeitpunkt anzusetzen. 7.480

Auch für **Bürgschaftskonstellationen** ist zu entscheiden, wie sich die Rechtslage nach MoMiG darstellt (Rz. 7.471 ff.). 7.481

4. Insolvenz bei Betriebsaufspaltung

Nach der einschlägigen Rechtsprechung des BFH und der Praxis der Finanzverwaltung wird eine Betriebsaufspaltungskonstellation wie folgt behandelt[2]: Machen die der Betriebsgesellschaft zur Nutzung überlassenen Wirtschaftsgüter die wesentliche oder eine wesentliche Grundlage des Betriebs dieses Unternehmens aus (**sachliche Verflechtung**) und kann bei den hinter dem Besitz- und Betriebsunternehmen stehenden Personen ein einheitlicher geschäftlicher Betätigungswille festgestellt werden (**personelle Verflechtung**), dann ist die Tätigkeit des Besitzunternehmens als gewerbliche zu qualifizieren, so dass die Einkünfte aus § 15 EStG auf Grund der Subsidiaritätsklausel des § 21 Abs. 3 EStG vorrangig sind. Damit sind die Einkünfte des Besitzunternehmens gewerbeertragsteuerpflichtig. Im Übrigen kommt es zu einem erweiterten Gewinnbegriff, da das an die Betriebskapitalgesellschaft (GmbH) überlassene Vermögen in vollem Umfang steuerverstrickt ist[3]. 7.482

Da die Betriebsaufspaltung von einem personellen und einem sachlichen Element der Verflechtung abhängig ist, soll daraus im Umkehrschluss folgen, dass die **Betriebsaufspaltung beendet** wird, wenn eines der Elemente der personellen und/oder sachlichen Verflechtung entfällt. Entfallen die Voraussetzungen einer Betriebsaufspaltung, dann handelt es sich nach der mit dem Wortlaut des Gesetzes schwer zu vereinbarenden Auffassung des BFH[4] um eine **Betriebsaufgabe** nach § 16 Abs. 3 EStG, die zur Versteuerung der im Vermögen des Besitzunternehmens aufgelaufenen stillen Reserven führt. 7.483

Kommt es zur Eröffnung der **Insolvenz** über das Vermögen der **Betriebskapitalgesellschaft**, der GmbH, innerhalb der Betriebsaufspaltung, dann führt dies 7.484

1 BFH v. 6. 7. 1999 – VIII R 9/98, BStBl. II 1999, 817; *Kirchhof/Gosch*, § 17 EStG Rz. 230.
2 Statt aller *Schmidt/Wacker*, EStG, § 15 Rz. 800 ff.
3 BFH v. 12. 2. 1992 – XI R 18/90, BStBl. II 1992, 723 = GmbHR 1992, 769.
4 BFH v. 15. 12. 1988 – IV R 36/84, BStBl. II 1989, 363 = GmbHR 1989, 305; BFH v. 25. 8. 1993 – XI R 6/93, BStBl. II 1994, 23 = GmbHR 1994, 70.

nach Auffassung des **BFH**[1] regelmäßig zur Beendigung der personellen Verflechtung mit dem Besitzunternehmen und damit einer bestehenden Betriebsaufspaltung. Der Vorgang sei, wenn nicht das laufende Insolvenzverfahren mit anschließender Fortsetzung der Betriebsgesellschaft aufgehoben oder eingestellt werde, regelmäßig als Betriebsaufgabe zu qualifizieren, und zwar mit der Folge, dass die in dem Betriebsvermögen der Besitzgesellschaft enthaltenen **stillen Reserven aufzudecken** seien. Die maßgebliche Begründung des BFH liegt darin, dass in dem entschiedenen Sachverhalt die Betriebsaufspaltung deshalb beendet gewesen sei, weil die GmbH-Gesellschafter ihren Willen in der Kapitalgesellschaft nicht mehr haben durchsetzen können. Dies folge aus der Kompetenz des Insolvenzverwalters, der die alleinige Verwaltungs- und Verfügungsbefugnis über das Vermögen der GmbH habe. Der Insolvenzverwalter übernehme die Unternehmensleitung und sei dabei nicht als Gesellschaftsorgan oder Vertreter, sondern kraft eigenen Amtes tätig. Das ist nach hier vertretener Auffassung eine Überstrapazierung der Position des Insolvenzverwalters, da die Insolvenz nichts an dem Umstand ändert, dass der Insolvenzverwalter als Liquidator ein Organ der Gesellschaft ist, welches nicht im eigenen Namen handelt, sondern im Namen der Schuldnerin. Nimmt man hinzu, dass die Gesellschaftsorgane trotz der Insolvenzeröffnung existent bleiben, dann hätte der Gedanke nahe gelegen, für steuerrechtliche Betriebsaufspaltungskonstellationen das Element der personellen Verflechtung temporär auch (noch) dann anzunehmen, wenn der Insolvenzverwalter an die Stelle der Gesellschafter der Betriebs-GmbH in der Betriebsaufspaltung tritt. Der Rechtsprechung ist vorzuwerfen, dass sie in begriffsjuristischer Manier aus den nicht kodifizierten Voraussetzungen der Betriebsaufspaltung Folgerungen für die Gewinnrealisierung zieht. Immerhin hält der BFH eine **unterbrochene Betriebsaufspaltung** für möglich.

7.485 Soweit den Inhabern des ehemaligen Besitzunternehmens infolge der Figur der eigenkapitalersetzenden Nutzungsüberlassung fortlaufend Aufwendungen auf die Wirtschaftsgüter entstehen, dürfte dies zu nachträglichen negativen Einkünften nach § 24 Nr. 2 EStG führen. Da mit der Betriebsaufgabe grundsätzlich die Pflicht und das Recht zur Buchführung und zum Betriebsvermögensvergleich endet, dürfen diese nachträglichen Einkünfte aus Gewerbebetrieb in entsprechenden Anwendung des § 4 Abs. 3 EStG ermittelt werden[2].

7.486 Die vorstehenden Konsequenzen lassen sich vermeiden, wenn das Besitzunternehmen in einer Betriebsaufspaltungskonstellation als **gewerblich geprägte Gesellschaft** nach § 15 Abs. 3 Nr. 2 EStG konstituiert wird, weil auf diese Art und Weise die Gewinnrealisierung im überlassenen Anlagevermögen verhindert werden kann.

7.487 Die Konstellation, dass über das Vermögen des **Besitzunternehmens** das **Insolvenzverfahren** eröffnet wird, wird nicht diskutiert. Würde bei der Insolvenz des Besitzunternehmens, beispielsweise einer GmbH & Co. KG, die personelle Verflechtung entfallen, müsste nach Auffassung der Rechtsprechung der

1 BFH v. 6. 3. 1997 – XI R 2/96, BStBl. II 1997, 460 = GmbHR 1997, 664.
2 Offen gelassen in BFH v. 6. 3. 1997 – IV R 47/95, BStBl. II 1997, 509.

Tatbestand der Betriebsaufgabe gegeben sein und die in den GmbH-Anteilen enthaltenen stillen Reserven zwangsweise als Massebestandteile aufgedeckt werden.

II. Umsatzsteuer

1. Unternehmereigenschaft

Die Eröffnung des Insolvenzverfahrens hat auf die Unternehmereigenschaft des Schuldners nach § 2 Abs. 1 UStG keinen Einfluss. Der **Schuldner** verliert zwar mit Eröffnung des Insolvenzverfahrens die Befugnis, sein zur Masse gehörendes Vermögen zu verwalten und darüber zu verfügen, doch bleibt er materiell **Unternehmer** hinsichtlich aller Einnahmen, die der Masse aus der Verwaltung und Versilberung des Vermögens zufließen[1]. Das hat u.a. zur Folge, dass es für die Anwendung persönlicher Steuerbefreiungen darauf ankommt, ob die Voraussetzungen in der Person des Schuldners erfüllt sind. 7.488

Während des Insolvenzverfahrens ist der Insolvenzverwalter verpflichtet und berechtigt, über die in diesem Zeitraum ausgeführten Umsätze Rechnungen auszustellen, in denen die Steuer gesondert ausgewiesen wird (§ 14 Abs. 1 UStG, § 80 InsO, § 34 Abs. 1, 3 AO). Gleichwohl bleibt während des Verfahrens der Schuldner auch Schuldner der Umsatzsteuer nach § 13 UStG. 7.489

Hinsichtlich der Voraussetzungen des **Vorsteuerabzugs** nach **§ 15 UStG** gelten im Insolvenzverfahren grundsätzlich keine Besonderheiten. Da der Schuldner Unternehmer des zur Insolvenzmasse gehörenden Unternehmens bleibt, setzt sich auch seine Vorsteuerabzugsberechtigung fort, und die ihm offen in Rechnung gestellte Vorsteuer kann bei Vorliegen der sonstigen Voraussetzungen des Vorsteuerabzugs abgezogen werden. Für die Praxis ist zu berücksichtigen, dass gestellte Rechnungen Umsätze vielfach nicht zutreffend wiedergeben[2]. Die Folge davon ist, dass sich die Steuerschuld des liefernden oder leistenden Unternehmers und die abziehbare Vorsteuer des Leistungsempfängers nicht decken. Erfolgt ein unrichtiger oder unberechtigter Steuerausweis in der Rechnung, muss **§ 14c UStG** beachtet werden. Die Elemente des unrichtigen Steuerausweises finden sich in § 14c Abs. 1 Satz 1 UStG. Der Unternehmer schuldet dann den Mehrbetrag, doch eröffnet § 14c Abs. 1 Satz 2 UStG eine Berichtigungsmöglichkeit. Ein unberechtigter Steuerausweis nach § 14c Abs. 2 Satz 1, 2 UStG führt ebenfalls zu Umsatzsteuerschuld für den ausgewiesenen Betrag. Dieser kann aber berichtigt werden, soweit die durch einen möglichen Vorsteuerabzug eingetretene Gefährdung des Steueraufkommens beseitigt worden ist. Das ist beispielsweise der Fall, wenn die zu Unrecht geltend gemachte Vorsteuer der (fiktiven) Leistungsempfänger an das Finanzamt zurückgezahlt wird. Der Rechnungssteller, der den unberechtigten Steuerausweis vorgenommen hat, muss nach § 14c Abs. 2 Satz 5 UStG die Berichtigung beim Finanzamt gesondert und schriftlich beantragen. 7.490

1 *Bunjes/Geist/Heidner*, 8. Aufl. 2005, § 2 UStG Rz. 16 m.w.N.; auch *Probst*, BB 1991, 1390.

2 Z.B. BFH v. 8. 3. 2001 – V R 61/97, UR 2001, 312.

7.491 Von der umsatzsteuerrechtlichen Unternehmereigenschaft des Schuldners ist die Unternehmereigenschaft des **Insolvenzverwalters** abzugrenzen. Der Insolvenzverwalter ist (weiterer) umsatzsteuerrechtlicher Unternehmer, insoweit er berufsmäßig Insolvenzverwaltungen durchführt. Die Umsätze, die er im Rahmen der Verwaltung oder Verwertung der Masse ausführt, unterliegen der Umsatzsteuer. Dabei handelt es sich um Masseverbindlichkeiten nach § 55 Abs. 1 Nr. 1 InsO.

7.492 Im Hinblick auf die **Vergütung** des Insolvenzverwalters (§ 54 Nr. 2 InsO) ersetzt der Vergütungsbeschluss des Insolvenzgerichts regelmäßig nicht die Rechnungsstellung des Insolvenzverwalters. Zwar hat dies der BFH für den Fall, dass in dem Vergütungsbeschluss Umsatzsteuer offen ausgewiesen wird, noch nicht abschlägig beschieden[1], doch fehlt es in dem Vergütungsbeschluss regelmäßig an weiteren umsatzsteuerrechtlichen Rechnungsangaben. Mangels Vorsteuerabzugsberechtigung setzt sich der Insolvenzverwalter dann der Gefahr aus, sich wegen Masseverminderung haftbar zu machen.

2. Steuererhebung

7.493 Die Geltendmachung von Umsatzsteuerforderungen durch die Finanzbehörden beurteilt sich nach Eröffnung des Insolvenzverfahrens ausschließlich nach Insolvenzrecht. Damit erfolgt die Einordnung der Umsatzsteuerforderung wie bei allen anderen Ansprüchen auch in das insolvenzrechtliche System vor Insolvenzeröffnung und gegen die Masse gerichteter Forderungen danach, ob die Forderung vor Erfüllung des Insolvenzverfahrens nach **§ 38 InsO** begründet war. Entsprechend im Zeitpunkt der Eröffnung des Insolvenzverfahrens begründete Umsatzsteueransprüche sind als Insolvenzforderung zur Tabelle anzumelden. Bei den später begründeten Forderungen handelt es sich um Masseverbindlichkeiten, die aus der Masse zu berichtigen sind und vom Finanzamt durch an den Insolvenzverwalter gerichtete Steuerbescheide geltend gemacht werden. Dabei besteht keine abschließende Klarheit darüber, wann eine Umsatzsteuerforderung im Sinne des § 38 InsO begründet ist[2]. Einvernehmen besteht darüber, dass für den insolvenzrechtlichen Terminus der Zeitpunkt des Entstehens der Umsatzsteuerforderung unerheblich ist. Die Umsatzsteuer entsteht grundsätzlich nach § 13 Abs. 1 UStG mit Ablauf des Voranmeldungszeitraums, in dem die Lieferung oder sonstige Leistung ausgeführt wird. Erfolgt die Besteuerung ausnahmsweise nach vereinnahmten Entgelten, so entsteht die Umsatzsteuer mit Ablauf des Voranmeldungszeitraums, in dem die Entgelte vereinnahmt worden sind. Im Übrigen besteht innerhalb der Rechtsprechung des BFH keine einheitliche Linie. Der VII. Senat des BFH ist insolvenzrechtlich orientiert[3], der V. Senat des BFH geht eher von steuerrechtlichen Grundsätzen aus[4]. Nach Meinung des V. Senat des BFH ist ein Anspruch erst dann begründet, wenn der Tatbestand, aus dem sich dieser Anspruch ergibt, vollständig verwirklicht, also abgeschlossen ist. Übereinstimmung be-

1 BFH v. 20. 2. 1986 – V R 16/86, BStBl. II 1986, 579.
2 Vgl. *Bunjes/Geist/Zeuner*, 8. Aufl. 2005, § 13 UStG Rz. 36.
3 Z.B. BFH v. 4. 8. 1987 – I R 204/85, BFH/NV 1987, 705.
4 BFH v. 17. 12. 1998 – VII R 47/98, BStBl. II 1999, 423.

steht aber dahin, dass die Umsatzsteuerforderung bei Ausgangsumsätzen bereits begründet ist, soweit die Leistung erbracht wurde.

Beispiel: Die Umsatzsteuerlast aus einer steuerpflichtigen Lieferung am 10. 8. 2008 bei Verfahrenseröffnung am 15. 8. 2008 gilt als Insolvenzforderung, die Umsatzsteuerlast aus einer steuerpflichtigen Lieferung am 17. 8. 2008 jedoch als Masseverbindlichkeit. Der Grundsatz gilt unabhängig davon, ob nach vereinbarten Entgelten oder nach vereinnahmten Entgelten versteuert wird, auch wenn das Entgelt erst nach Verfahrenseröffnung vereinnahmt wird.

Die gegensätzlichen Positionen innerhalb des BFH werden beim Abzug von Vorsteuerbeträgen, also auf der Seite der **Eingangsumsätze** bedeutsam. Nach Meinung des V. Senats des BFH ist der steuerrechtliche Tatbestand erst vollständig verwirklicht, wenn eine ordnungsgemäße Rechnung erteilt worden ist. Damit hat der Unternehmer über die Wahl des Zeitpunkts der Rechnungsstellung eine Gestaltungsmöglichkeit, zu welchem Zeitpunkt er die in den Veranlagungszeitraum fallenden Vorsteuerbeträge abzieht, verrechnet oder deren Erstattung verlangt. Aus dem Grundsatz der Abschnittsbesteuerung soll sich ergeben, dass es für Zwecke des § 15 UStG nicht auf den sachlichen Zusammenhang mit dem die Vorsteuer auslösenden Vorgang ankomme, sondern dass auf den zeitlichen Anfall im Unternehmen des zum vorsteuerabzugsberechtigten Unternehmer abzustellen sei. Der V. Senat des BFH hat mehrfach entschieden[1], dass Vorsteuerbeträge in den Zeitraum fallen, in dem die materiell-rechtlichen Voraussetzungen des § 15 Abs. 1 Nr. 1 UStG vollständig vorliegen. 7.494

Demgegenüber ist der VII. Senat des BFH[2] unter Zugrundelegung einer insolvenzrechtlichen Betrachtung der Meinung, bei Vorsteuervergütungsansprüchen werde der Rechtsgrund im Sinne des § 38 InsO schon dadurch gelegt, dass ein anderer Unternehmen eine Lieferung oder sonstige Leistung für das Unternehmen des Schuldners erbringe; auf die Erteilung der Rechnung komme es aus insolvenzrechtlicher Sicht nicht an. Folgt man dieser Sichtweise, wird die Aufrechnung mit Steuerinsolvenzforderungen für das Finanzamt im Rahmen des § 96 Abs. 1 Nr. 1 InsO wesentlich erleichtert. 7.495

3. Verwertung von Sicherungsgut

Bei der Sicherungsübereignung erfolgt die Übereignung durch Einigung und Vereinbarung eines Besitzkonstituts (§§ 929, 930 BGB). Dem Schuldner/Sicherungsgeber bleiben der unmittelbare Besitz und die Nutzungsmöglichkeit, während auf den Gläubiger/Sicherungsnehmer das volle Eigentum übergeht. Dieser Eigentumsübergang unterscheidet sich von einem normalen Güterumsatz durch zwei Punkte: Die Absicht der Parteien auf eine nur vorläufige Übereignung. Erfüllt der Schuldner seine Verbindlichkeit, dann fällt das Eigentum entweder automatisch zurück oder der Gläubiger ist zur Rückübertragung verpflichtet. Weil der Sicherungseigentümer sich auf Grund des treu- 7.496

1 Z.B. BFH v. 26. 4. 1979 – VIII R 35/73, BStBl. II 1979, 530.
2 BFH v. 16. 11. 2004 – II ZR 11/03, ZIP 2005, 524.

händerischen Charakters des Sicherungseigentums wesentlich vom endgültigen Eigentümer unterscheidet, die Sicherungsübereignung also nach dem Willen der Parteien noch keine rechtliche Verfügungsmöglichkeit vermitteln soll, wird in Fällen des Sicherungseigentums **zunächst keine** umsatzsteuerrechtliche **Lieferung** angenommen[1]. Auch der Eintritt des Sicherungsfalles oder die Freigabe an den Sicherungsnehmer führen noch nicht zur Umsatzsteuerbarkeit, vielmehr erst die Veräußerung an Dritte.

7.497 Das Sicherungsgut gehört zur Insolvenzmasse, es steht aber zur abgesonderten Befriedigung des Sicherungsnehmers zur Verfügung. Die **Verwertung** kann durch den Insolvenzverwalter oder den Sicherungsnehmer vorgenommen werden (§§ 166 Abs. 1, 170 Abs. 2, 173 Abs. 1 InsO).

7.498 Bei der **eigenhändigen Verwertung** durch den Insolvenzverwalter handelt dieser umsatzsteuerrechtlich für den Schuldner und verschafft dem Erwerber unmittelbar Verfügungsmacht. Daher findet eine einzige Lieferung statt, und zwar zwischen dem Schuldner und dem Erwerber. Nach der InsO führt die Verwertung generell wegen der unmittelbaren Rechtsverschaffung zu einem steuerbaren Umsatz des Schuldners an den Erwerber, ohne dass der Sicherungsnehmer mit in die umsatzsteuerrechtliche Leistungskette eingerechnet wird. Ein Doppelumsatz, der nach herrschender Meinung eintritt, wenn der Sicherungsnehmer die Verwertung durchführt (Rz. 7.500), erfolgt somit nicht.

7.499 Außerhalb eines eröffneten Insolvenzverfahrens, beispielsweise beim vorläufigen Insolvenzverwalter, geht der BFH bei Eintritt des Sicherungsfalles und ausnahmsweiser Verwertung durch den Sicherungsgeber von einem Dreifachumsatz (Sicherungsgeber an Sicherungsnehmer und umgekehrt sowie Sicherungsgeber an Dritterwerber) aus[2].

7.500 Erfolgt die **Verwertung** nach Überlassung zur abgesonderten Befriedigung durch den **Sicherungsnehmer**, führt die Verwertung des Sicherungsguts nach Eintritt des Sicherungsfalls zu zwei hintereinander geschalteten Lieferungen, und zwar selbst dann, wenn die Verwertung nicht im Namen des Sicherungsnehmers erfolgt, sondern im Namen des Sicherungsgebers; dies ist die **Theorie vom Doppelumsatz**[3]. Der Gläubiger/Sicherungsnehmer erlangt danach in dem Augenblick umsatzsteuerrechtliche Verfügungsmacht vom Schuldner/Sicherungsgeber, indem er zur Realisierung seiner Forderung das Sicherungsgut an einen Dritten veräußert. Dazu tritt der weitere umsatzsteuerbare Tatbestände, der durch die Verwertung des Sicherungsnehmers an den Dritten gesetzt wird. Für die erste Lieferung des Sicherungsgebers an den Sicherungsnehmer bleibt es dabei, dass der Insolvenzschuldner als Leistender die Umsatzsteuer schuldet. Erhält der Sicherungsnehmer das Recht zur Verwertung dadurch, dass der Verwalter ihm den Gegenstand nach § 170 Abs. 2 InsO zur Verwertung überlässt, so hat er der Masse, die diese belastende Umsatzsteuer aus dem Erstum-

1 BFH v. 16. 4. 1997 – XI R 87/96, BStBl. II 1997, 585; vgl. auch *Korf*, IStR 2006, 56; *Siebert*, IStR 2006, 195; beide zu europarechtlichen Zweifeln.
2 BFH v. 30. 3. 2006 – V R 9/03, UR 2006, 395.
3 BFH v. 17. 7. 1980 – V R 124/75, BStBl. II 1980, 673; *Bunjes/Geist/Leonard*, 8. Aufl. 2005, § 3 UStG Rz. 16.

satz nach § 171 Abs. 2 Satz 3 InsO zu erstatten. Die Annahme einer Doppellieferung kann zu einer Doppelbelastung mit Umsatzsteuer führen, wenn nämlich eine Bank als Sicherungsnehmerin auftritt. Sie hat wegen der Steuerfreiheit ihre Umsätze nach § 4 Nr. 8 UStG keine Vorsteuerabzugsmöglichkeit (arg. § 15 Abs. 2 Nr. 1 UStG). Auch aus zivilrechtlicher Sicht spricht viel gegen die vom BFH vertretene These vom Doppelumsatz[1]. Da die Sicherungsübereignung nur zu einer treuhänderischen und vorläufigen Übertragung führt, kann von einem die Eigentumslage endgültig ändernden Umsatz erst im Zeitpunkt der Verwertung durch den Sicherungsnehmer gesprochen werden. Aber dieser Vorgang ist kein gegenüber dem gesicherten Rechtsgeschäft neuer und entgeltlicher Güterumsatz.

Verwertungen von sicherungsübereigneten Vermögensgegenständen durch den **vorläufigen** starken **Insolvenzverwalter** oder Veräußerungen von einem dazu ermächtigten schwachen vorläufigen Insolvenzverwalter werden wiederum nur als einfacher Umsatz betrachtet, nämlich vom insolventen Schuldner an den Abnehmer. Bei Verwertungen durch den schwachen vorläufigen Insolvenzverwalter muss allerdings berücksichtigt werden, dass der einfache Umsatz voraussetzt, dass vom Insolvenzgericht eindeutig die Veräußerung sicherungsübereigneter Gegenstände gebilligt wird[2]. 7.501

1 *Crezelius*, NJW 1981, 383; *Reiß*, StuW 1981, 81.
2 *de Weerth*, DStR 2007, 1912.

F. Die GmbH & Co. KG im gerichtlichen Insolvenzverfahren

I. Zwei Schuldnerinnen, zwei Insolvenzverfahren, zwei Massen

1. Gestaltungsvielfalt der GmbH & Co. KG

7.502 **a)** Die GmbH & Co. KG ist überaus vielgestaltig[1]. Der folgende Teil geht von der klassischen GmbH & Co. KG aus, also von einer operativ tätigen Kommanditgesellschaft, deren einzige Komplementärin eine GmbH ist. **Die GmbH ist typischerweise nicht am Vermögen der KG beteiligt**, hat also keinen Kapitalanteil, kein Stimmrecht und außer der Haftungsprämie keinen Anteil am Gewinn der KG[2]. Bei einer solchen Gesellschaft ist davon auszugehen, dass der Gläubigerkreis beider Gesellschaften im Wesentlichen identisch ist. Die Verbindlichkeiten der GmbH sind im Innenverhältnis von der KG zu tragen (vgl. auch § 110 HGB). Das gilt selbst für die Körperschaft- und Gewerbesteuer und etwa von der GmbH zu begleichende Umsatzsteuer (§ 1 KStG, § 2 GewStG, § 2 UStG), denn die GmbH agiert für Rechnung der Kommanditgesellschaft[3].

7.503 **b)** Mit **zwei Schuldnerinnen** haben wir es zu tun: der Kommanditgesellschaft und der GmbH. Beide Gesellschaften sind insolvenzfähig (§ 11 InsO) und ggf. insolvenzantragspflichtig (§ 64 Abs. 1 GmbHG a.F., § 130a Abs. 1 HGB a.F.; nunmehr § 15a Abs. 1 InsO). Ein **Einheits-Insolvenzverfahren** in dem Sinne, dass alle Rechtsverhältnisse der Kommanditgesellschaft und der GmbH in einem Verfahren abgewickelt werden, stellt das Gesetz nicht zur Verfügung. Deshalb muss zwischen dem **Insolvenzverfahren der KG** (also der Unternehmensträgerin) und dem **Insolvenzverfahren ihrer Komplementär-GmbH** unterschieden werden[4]. Es handelt sich um getrennte Insolvenzanträge, getrennte Insolvenzverfahren und getrennte Insolvenzmassen. Der Insolvenzverwalter der Komplementär-GmbH kann z.B. nicht über das Vermögen der KG (und umgekehrt) verfügen[5]. Beide Insolvenzverfahren werden zweckmäßigerweise in die Hand eines Verwalters gelegt. Aber auch dann agiert der Insolvenzverwalter für beide Gesellschaften rechtlich getrennt, kann auch für sie getrennt, z.B. in Streitgenossenschaft, prozessieren und z.B. mit der einen Gesellschaft als Nebenintervenient am Prozess der anderen teilnehmen.

7.504 **c)** Die **Insolvenzgründe bei der GmbH und bei der KG**, also die **Zahlungsunfähigkeit (§ 17 InsO)**, die **Überschuldung (§ 19 InsO)** und für den Eigenantrag die **drohende Zahlungsunfähigkeit (§ 18 InsO)**, sind gleichfalls getrennt zu prü-

---

1 Dazu etwa *Binz/Sorg*, Die GmbH & Co. KG, 10. Aufl. 2005, § 1 Rz. 5 ff.

2 *Karsten Schmidt*, JZ 2008, 425 ff.

3 Vgl. *Sudhoff/Eberhard*, GmbH & Co. KG, 6. Aufl. 2005, § 7 Rz. 7 sowie *Karsten Schmidt*, Gesellschaftsrecht, S. 1652 f.; *Karsten Schmidt*, GmbHR 2002, 1209, 1211.

4 Der nachfolgende Text basiert in Teilen auf der Kommentierung *Scholz/Karsten Schmidt*, 9. Aufl., vor § 64 GmbHG Rz. 94 ff. (10. Aufl. fortgesetzt in Gemeinschaft mit *Georg Bitter*).

5 Vgl. BayObLG v. 15. 3. 1989 – 2 Z BR 26/89, BB 1989, 1074 = NJW-RR 1989, 977.

fen[1], aber sie hängen zusammen. Die Komplementär-GmbH ist bei **Überschuldung der KG** ihrerseits überschuldet, wenn das Eigenvermögen der Komplementär-GmbH nicht ausreicht, die ungedeckten Schulden der KG zu begleichen. Verbindlichkeiten der KG, die über das Gesellschaftsvermögen der GmbH hinausgehen, führen nicht zur Überschuldung und Insolvenzreife der GmbH, wenn die KG ihrerseits nicht überschuldet ist, weil sie durch den Freistellungsanspruch gegen die KG aus § 110 HGB aufgewogen werden. Erst wenn das Vermögen der GmbH & Co. KG insgesamt die Verbindlichkeiten nicht mehr deckt, tritt Überschuldung beider Gesellschaften ein, und der Geschäftsführer muss für beide nach § 15a InsO Insolvenzantrag stellen (dazu Rz. 1.110, 11.1 ff.).

d) Ablehnung der Eröffnung mangels Masse (§ 26 InsO) ist eindeutig geboten, 7.505
wenn weder das KG-Vermögen noch das GmbH-Vermögen die zu erwartenden Verfahrenskosten deckt[2]. Dann ergehen in beiden Verfahren Beschlüsse nach § 26 InsO. Der Tatbestand des § 26 InsO wird für beide Gesellschaften individuell geprüft. Das führt in der Praxis häufig zur Nichteröffnung des Insolvenzverfahrens hinsichtlich der Komplementär-GmbH und zur Eröffnung des Verfahrens über das Vermögen der Kommanditgesellschaft[3]. Bei der typischen GmbH & Co. KG, deren GmbH sich auf die Komplementärgesellschaft beschränkt, ist allerdings zu bedenken, dass die Kommanditgesellschaft der GmbH nach §§ 110, 161 Abs. 2 HGB verpflichtet ist, die durch Unternehmensverbindlichkeiten veranlassten Insolvenzverfahrenskosten zu erstatten. Gleichwohl wird der Eröffnungsantrag bezogen auf die GmbH in vielen Fällen nach § 26 InsO abgelehnt[4]. Hat die GmbH außer den Freistellungsansprüchen nach §§ 110, 161 Abs. 2 HGB kein verwertbares Vermögen, so wird sie nach der Verfahrensablehnung gem. § 141a FGG (ab 1. 9. 2009: § 394 FamFG) sogar wegen Vermögenslosigkeit gelöscht (zu diesem Tatbestand vgl. Rz. 6.12 f.). Mit dem Gedanken einer konsolidierten Gesamtabwicklung der GmbH & Co. KG (Rz. 7.508 ff.) verträgt sich das allerdings schlecht.

2. Insolvenzverfahren und Haftungsabwicklung

a) Die GmbH & Co. KG ist ein auf verschiedene Rechtsträger aufgeteiltes 7.506
Unternehmen. Schon die 3. Auflage hatte zwischen den Tatbeständen der Simultaninsolvenz und der Sukzessivinsolvenz bei der GmbH & Co. KG unterschieden[5].

b) Auflösung der Kommanditgesellschaft: Nach § 131 Abs. 1 Nr. 3 HGB wird 7.507
die Kommanditgesellschaft durch die Eröffnung des Insolvenzverfahrens über ihr Vermögen aufgelöst. Durch die Eröffnung des Insolvenzverfahrens über das Vermögen der GmbH ist diese nach § 60 Abs. 1 Nr. 4 GmbHG aufgelöst.

1 *Scholz/Karsten Schmidt*, 9. Aufl., vor § 64 GmbHG Rz. 96.
2 Zum Folgenden vgl. *Scholz/Karsten Schmidt*, 9. Aufl., vor § 64 GmbHG Rz. 105.
3 Vgl. z.B. BGH v. 19. 2. 1990 – II ZR 268/88, BGHZ 110, 342, 344 f. = GmbHR 1990, 251.
4 Dazu *Karsten Schmidt* in Münchener Kommentar zum HGB, Anh. § 158 HGB Rz. 60.
5 Zuerst *Karsten Schmidt*, GmbHR 2000, 1209 ff.; zuletzt *Karsten Schmidt*, ZIP 2008, 2337, 2344, 2347; zum folgenden Text vgl. *Scholz/Karsten Schmidt*, 9. Aufl., vor § 64 GmbHG Rz. 108 ff.

7.508 **c) Ausscheiden der Komplementär-GmbH?** Die Doppelinsolvenz bei der GmbH & Co. KG schafft ungeklärte Koordinationsprobleme. Nach § 131 Abs. 3 Nr. 2 HGB i.V.m. § 161 Abs. 2 HGB führt die Eröffnung des Insolvenzverfahrens über das Komplementärvermögen mangels abweichender Vereinbarung zum Ausscheiden des Komplementärs. In die Insolvenzmasse des Komplementärs fällt dann nicht sein Anteil, sondern nur seine Abfindungsforderung. Diese Regelung gilt grundsätzlich auch für die GmbH & Co. KG. Wie bei Rz. 7.519 ff. geschildert, müssen aber die **Koordinationsprobleme bei der Insolvenzabwicklung einer GmbH & Co. KG** beachtet werden. Richtigerweise passt die Regel des § 131 Abs. 3 Nr. 2 HGB nur im Fall einer Sukzessivinsolvenz (zu dieser hier eingeführten Rechtsfigur vgl. Rz. 7.514)[1]. Eine Insolvenzverfahrenseröffnung nur über das Vermögen der Komplementär-GmbH lässt diese nach § 131 Abs. 3 Nr. 2 HGB aus der KG ausscheiden (sie kann dann durch eine neue Komplementärin ersetzt werden). Nicht angemessen ist dagegen die Regel des § 131 Abs. 3 Nr. 2 HGB im Simultaninsolvenzverfahren, d.h. immer dann, wenn zur Zeit des GmbH-Insolvenzeröffnungsbeschlusses das Insolvenzverfahren hinsichtlich des Vermögens der Kommanditgesellschaft bereits eröffnet oder jedenfalls beantragt ist (zur Rechtsfigur der Simultaninsolvenz vgl. Rz. 7.515)[2]. Der mit der Einführung von § 131 Abs. 3 HGB verfolgte Zweck, den Fortbestand der Personengesellschaft nicht durch die Insolvenz eines persönlich haftenden Gesellschafters zu gefährden, passt nicht auf diese Konstellation. Die **typische GmbH-&-Co.-Insolvenz** führt vielmehr zu einem koordinierten Insolvenzverfahren über das Vermögen beider Gesellschaften.

7.509 **d)** Die **herrschende Auffassung** erkennt diesen Rechtsgedanken in Anbetracht des Wortlauts von § 131 Abs. 3 Nr. 2 HGB allerdings nicht an[3]. Deshalb sollte durch **Vertragsklauseln in den KG-Verträgen** klargestellt werden, dass die GmbH nicht ausscheidet, wenn das Insolvenzverfahren auch über das Vermögen der Kommanditgesellschaft eröffnet wird[4]. Fehlt es an einer gesellschaftsvertraglichen Lösung, so droht bei der Einpersonen-GmbH & Co. KG von der Anwendung des § 131 Abs. 3 HGB sogar ein ernsthaftes **Haftungsproblem**, weil der Kommanditist, folgt man der h.M., durch die Insolvenz der GmbH zum Einzelkaufmann wird[5]. Abhilfe schafft dann aber eine an § 27 HGB erinnernde Haftungsbeschränkung[6], bzw. eine Analogie zu §§ 315 ff. InsO[7]: Das

---

1 Vgl. auch *Karsten Schmidt* in Münchener Kommentar zum HGB, § 131 HGB Rz. 55, 75 f.

2 Vgl. *Karsten Schmidt* in Münchener Kommentar zum HGB, § 131 HGB Rz. 55, 75 f.; erweiternd jetzt *Karsten Schmidt*, ZIP 2008, 2337, 2347: Es genügt, dass die GmbH-Insolvenz auf den Schulden der KG beruht.

3 OLG Hamm v. 3. 7. 2003 – 15 W 375/02, ZIP 2003, 2264, 2265; *Baumbach/Hopt*, Anh. § 177a HGB Rz. 45.

4 Formulierungsempfehlung bei *Karsten Schmidt*, ZIP 2008, 2337, 2342.

5 Dazu *Liebs*, ZIP 2002, 1716 ff.; *Karsten Schmidt*, GmbHR 2002, 1209, 1214; s. auch *Bork/Jakoby*, ZGR 2005, 611, 631.

6 BGH v. 15. 3. 2004 – II ZR 247/01, BB 2004, 1244 = ZIP 2004, 1047.

7 Vgl. OLG Hamm v. 30. 3. 2007 – 30 V 13/06, ZIP 2007, 1233, 1237 f.; *Wertenbruch* in Westermann, Handbuch der Personengesellschaften, Rz. I 1816; *Bork/Jakoby*, ZGR 2005, 611, 641 ff.; LG Dresden v. 7. 3. 2005 – 5 T 889/04, ZIP 2005, 955; *Herchen*, EWiR 2005, 809 f.

bisherige KG-Vermögen wird unter Ausschluss der persönlichen Haftung wie ein Nachlass abgewickelt. Diese Lösung ist aber ein Notbehelf, wenn die GmbH wirklich ausgeschieden ist. Überzeugender ist eine Fortexistenz der insolventen KG und Doppelinsolvenz beider Gesellschaften[1].

3. Insolvenzmassen

Im Ausgangspunkt sind die **Insolvenzmassen** beider Gesellschaften **zu unterscheiden**[2]. Das gilt sinngemäß auch für Anfechtungsansprüche nach §§ 129 ff., 143 InsO. Jede der Gesellschaften macht sie für „ihre" Masse separat geltend[3]. **Insolvenzmasse der Kommanditgesellschaft** ist deren gesamtes Eigenvermögen, also das sog. Gesamthandsvermögen der KG (zur Frage, ob es insolvenzfreies Vermögen gibt, vgl. Rz. 7.12). Dazu gehört außer dem Anlage- und Umlaufvermögen des Unternehmens auch die Firma (vgl. sinngemäß Rz. 5.144). **Insolvenzmasse der Komplementär-GmbH** ist deren Vermögen einschließlich etwa noch ausstehender Ansprüche auf Leistung von Stammeinlagen (§ 19 GmbHG) bzw. auf Rückzahlung verbotener Ausschüttungen (§ 31 GmbHG). Ansprüche aus § 31 GmbHG stehen allerdings nicht der GmbH-Masse, sondern der KG-Masse zu, wenn sie auf Zahlungen aus dem KG-Vermögen beruhen[4]. Ansprüche dritter Gläubiger gegen die KG können nur im KG-Insolvenzverfahren und nicht auch im Insolvenzverfahren der Komplementär-GmbH geltend gemacht werden, weil nur der Insolvenzverwalter der Kommanditgesellschaft diese Haftungsansprüche der Gläubiger geltend macht (§ 93 InsO und dazu Rz. 7.101 ff.). 7.510

4. Persönliche Haftung

Im Insolvenzverfahren der KG wird die **Haftung der Komplementär-GmbH** nach § 93 InsO durch den Insolvenzverwalter der Kommanditgesellschaft geltend gemacht[5]. Die Gläubiger der Kommanditgesellschaft melden deshalb ihre Forderungen nur im KG-Insolvenzverfahren an. Die Haftung der Komplementär-GmbH ist auf die bis zur Eröffnung des KG-Insolvenzverfahrens begründeten Verbindlichkeiten beschränkt[6]. Nach der wohl richtigen, wenngleich umstrittenen Auffassung macht der KG-Insolvenzverwalter nach § 93 InsO gegen die GmbH nicht die Summe aller Insolvenzverbindlichkeiten geltend, sondern die am Stichtag der KG-Insolvenzeröffnung bestehende Unterdeckung, d.h. den Ausfall der KG-Insolvenzgläubiger, berechnet auf den Stichtag der Verfahrenseröffnung[7]. Nach § 171 Abs. 2 HGB macht aber der Verwalter auch die beschränkte Haftung der Kommanditisten, die an und für sich eine Haftung gegenüber den Einzelgläubigern ist, geltend. 7.511

1 *Karsten Schmidt*, ZIP 2008, 2337, 2344.
2 *Scholz/Karsten Schmidt*, 9. Aufl., vor § 64 GmbHG Rz. 111.
3 Vgl. BGH v. 9. 10. 2008 – IX ZR 138/06, ZIP 2008, 2224, Leitsatz 2.
4 Vgl. sinngemäß BGH v. 29. 3. 1973 – II ZR 25/70, BGHZ 60, 324; BGH v. 29. 9. 1977 – II ZR 157/76, BGHZ 69, 274, 280; BGH v. 19. 2. 1990 – II ZR 268/88, BGHZ 110, 342 = NJW 1990, 1725.
5 *Scholz/Karsten Schmidt*, 9. Aufl., vor § 64 GmbHG Rz. 114.
6 *Karsten Schmidt*, ZHR 152 (1988), 114 f.
7 *Karsten Schmidt*, ZIP 2000, 1085 ff.; a.M. *Bitter*, ZIP 2000, 1082 ff.

5. Sukzessivinsolvenz und Simultaninsolvenz

7.512 Im Anschluss an die Terminologie des Verfassers haben sich die Begriffe Sukzessivinsolvenz und Simultaninsolvenz eingebürgert[1]. Von einer Sukzessivinsolvenz wird hier gesprochen, wenn **zunächst nur das Insolvenzverfahren wegen Eigenverbindlichkeiten der GmbH beantragt und eröffnet** wird (ein seltener Fall, der bei einer GmbH mit Eigenaktivitäten praktisch werden dürfte).

7.513 Von einem Verfahren der Simultaninsolvenz wird hier gesprochen, wenn bei der Eröffnung eines der Insolvenzverfahren jedenfalls schon der **Antrag hinsichtlich der anderen Gesellschaft gestellt** ist und zur Eröffnung des Insolvenzverfahrens führt **oder** – was ausreichen sollte – **wenn die GmbH-Insolvenz sonst maßgeblich auf den Schulden der KG beruht**[2].

7.514 **a)** Im Fall der **Sukzessivinsolvenz** werden KG und GmbH separat abgewickelt. Wird die GmbH wegen eigener Schulden insolvent, so scheidet sie nach § 131 Abs. 3 Nr. 2 HGB aus der KG aus[3]. Mangels anderer Vertragsbestimmung ist dann die Kommanditgesellschaft wegen des Fortfalls ihres einzigen Komplementärs aufgelöst. Geschäftsführungs- und vertretungsberechtigt sind dann im Zweifel die Kommanditisten, weil § 146 HGB in diesem Fall nicht durch die Teilnahme des GmbH-Geschäftsführers verdrängt ist[4]. Die Haftung der verbleibenden Kommanditisten bleibt beschränkt. Das gilt auch, wenn die Gesellschaft durch das Ausscheiden der GmbH erlischt und das Gesamtvermögen den Kommanditisten zufällt (vgl. schon Rz. 7.509)[5].

7.515 **b)** Im Fall der **Simultaninsolvenz** beider Gesellschaften scheidet die Komplementär-GmbH nicht nach § 131 Abs. 3 Nr. 2 HGB aus der Gesellschaft aus[6]. Die Eröffnung des Insolvenzverfahrens über das Vermögen der GmbH und der KG löst beide Gesellschaften auf, führt aber nicht zum Ausscheiden der GmbH aus der Kommanditgesellschaft (teleologische Reduktion des § 131 Abs. 3 Nr. 2 HGB). Es finden zwar Insolvenzverwaltungen mit zwei voneinander zu unterscheidenden Insolvenzmassen statt, die jedoch organisatorisch und abwicklungstechnisch miteinander verzahnt sind[7]. Ebenso wenig werden nach § 146 HGB alle Gesellschafter der GmbH & Co. KG – die Kommanditisten eingeschlossen – zu Liquidatoren der Kommanditgesellschaft[8].

---

1 *Karsten Schmidt* in Münchener Kommentar zum HGB, Anh. § 158 HGB Rz. 62.

2 Zu dieser Erweiterung des Tatbestands vgl. jetzt *Karsten Schmidt*, ZIP 2008, 2337, 2347.

3 BGH v. 15. 3. 2004 – II ZR 247/01, GmbHR 2004, 952 = NZG 2004, 611; *Karsten Schmidt* in Münchener Kommentar zum HGB, Anh. § 158 HGB Rz. 63.

4 Vgl. *Scholz/Karsten Schmidt*, 9. Aufl., vor § 64 GmbHG Rz. 118 f.

5 BGH v. 15. 3. 2004 – II ZR 247/01, BB 2004, 1244; *Karsten Schmidt* in Münchener Kommentar zum HGB, Anh. § 158 HGB Rz. 63; *Albertus/Fischer*, ZInsO 2005, 246; *Bork/Jakoby*, ZGR 2005, 611, 641 ff.; *Herchen*, EWiR 2007, 527; *Karsten Schmidt*, ZIP 2008, 2337, 2344.

6 Vgl. zum Folgenden *Karsten Schmidt* in Münchener Kommentar zum HGB, Anh. § 158 HGB Rz. 62 ff.; *Karsten Schmidt*, GmbHR 2002, 1209 ff.; *Karsten Schmidt*, GmbHR 2003, 1404 ff.; *Karsten Schmidt*, ZIP 2008, 2337, 2344.

7 Näher *Karsten Schmidt* in Münchener Kommentar zum HGB, Anh. § 158 HGB Rz. 121 ff.

8 So aber *Henze* in Ebenroth/Boujong/Joost/Strohn, Anh. A zu § 177a HGB Rz. 223.

Vielmehr gelten die folgenden **Grundsätze**: 7.516

- Die Komplementär-GmbH scheidet nicht aus der Kommanditgesellschaft aus (teleologische Reduktion des § 131 Abs. 3 Satz 2 HGB).
- Die GmbH, vertreten durch ihren Komplementär, wird vorbehaltlich anderer Regelungen im Gesellschaftsvertrag Liquidatorin[1].

c) Wird gleichwohl das **Insolvenzverfahren nur hinsichtlich der Kommanditgesellschaft eröffnet**, so kann sich die Frage stellen, ob Gläubiger nur der Komplementär-GmbH (Beispiel: Körperschaftsteuer, Umsatzsteuer, Gewerbesteuer) ihre Forderungen in der KG-Insolvenz geltend machen können. Dies müsste verneint werden, weil diese Gläubiger keinen Direktanspruch gegen die KG haben (unbefriedigend!). Fragen kann man auch, ob nun die GmbH doch ausscheidet (§ 131 Abs. 3 Nr. 2 HGB). Im Fall ihrer Masselosigkeit wird dies zu bejahen sein[2]. 7.517

6. Das Sonderrecht der Einheits-GmbH & Co. KG

Die Einheits-GmbH & Co. KG ist eine Kommanditgesellschaft, die selbst **Alleininhaberin ihrer Komplementär-GmbH** ist[3]. Hier ist die konsolidierte Abwicklung in der Insolvenz (Rz. 7.508) erst recht angezeigt. Der BGH versteht die Einheits-GmbH & Co. KG formal in dem Sinne, dass der Geschäftsführer der Komplementär-GmbH selbst die Gesellschafterrechte auch in der GmbH wahrnimmt, weil sie die Komplementärin und damit auch die KG und damit wiederum die Alleingesellschafterin der GmbH vertreten[4]. Die Übertragung dieses Konzepts auf den Fall der Insolvenz fällt etwas schwer. 7.518

II. Koordinationsprobleme bei Eigenverwaltung und im Insolvenzplanverfahren *(Uhlenbruck)*

1. Eigenverwaltung

Wie in Rz. 9.31 ff. für die Rechtsstellung des Geschäftsführers dargestellt, setzt eine **koordinierte Eigenverwaltung** nach den §§ 270 ff. InsO voraus, dass die Komplementär-GmbH mit der Verfahrenseröffnung nicht nach § 131 Abs. 3 Nr. 2 HGB ausscheidet. Die Eigenverwaltung muss, wenn eine Sanierung der GmbH & Co. KG beabsichtigt ist, **simultan für beide Gesellschaften beantragt und beschlossen** werden[5]. Nur wenn die GmbH & Co. KG trotz Trennung der Verfahren bestehen bleibt, ist gewährleistet, dass eine nachhaltige Sanierung durch eine abgestimmte Eigenverwaltung nach den §§ 270 ff. 7.519

1 *Karsten Schmidt* in Münchener Kommentar zum HGB, § 146 HGB Rz. 14

2 *Karsten Schmidt* in Münchener Kommentar zum HGB, § 131 HGB Rz. 74; a.M. aber *Baumbach/Hopt*, § 131 HGB Rz. 22.

3 Dazu eingehend *Binz/Sorg*, Die GmbH & Co. KG, 10. Aufl. 2005, § 8 Rz. 7 ff.; *Sudhoff/Liebscher*, GmbH & Co. KG, 6. Aufl. 2005, § 3 Rz. 7; *Lüke* in Hesselmann/Tillmann/Mueller-Thuns, Handbuch der GmbH & Co. KG, 19. Aufl. 2005, § 4 Rz. 23 f.; *Karsten Schmidt*, FS Westermann, 2008, S. 1425 ff.; *Karsten Schmidt*, ZIP 2007, 2193.

4 BGH v. 16. 7. 2007 – II ZR 109/06, BB 2007, 1914 = ZIP 2007, 1658.

5 S. *Karsten Schmidt*, GmbHR 2002, 1209, 1216.

InsO erfolgen kann. Eigenverwaltung bedeutet Kontinuität des Managements in der insolventen GmbH & Co. KG. Der oder die Geschäftsführer der Komplementär-GmbH sind zur Eigenverwaltung befugt, nicht dagegen ein Insolvenzverwalter der GmbH. Sie sind allerdings primär dem Insolvenzzweck und dem Verfahrensziel verpflichtet. Die Geschäftsführer der Komplementär-GmbH bleiben für die Wahrnehmung der Schuldnerbelange im Insolvenzverfahren sowohl hinsichtlich der Komplementär-GmbH als auch hinsichtlich der Kommanditgesellschaft weiterhin zuständig. Lediglich die **Haftungsabwicklung** verläuft hinsichtlich der Masseverbindlichkeiten für jede Gesellschaft getrennt. Die Insolvenzforderungen der Unternehmensgläubiger werden mit Hilfe des § 93 InsO durch den Insolvenzverwalter der KG abgewickelt[1]. Bei der Eigenverwaltung bleiben die Gesellschafter berechtigt, glücklose oder unfähige Geschäftsführer nach § 46 Nr. 5 GmbHG abzuberufen und einen oder mehrere neue Geschäftsführer für die GmbH zu bestellen, was auch im eröffneten Verfahren noch möglich ist.

2. Insolvenzplanverfahren

7.520 Auch das Insolvenzplanverfahren der GmbH & Co. KG wirft Koordinationsprobleme auf (Einzelheiten zum Insolvenzplanverfahren unten in Rz. 8.1 ff.). Ist sowohl über das Vermögen der GmbH & Co. KG als auch der Komplementär-GmbH das Insolvenzverfahren eröffnet worden, bleiben der oder die Geschäftsführer der Komplementär-GmbH berechtigt, gem. § 218 Abs. 1 Satz 1 InsO einen **Insolvenzplan vorzulegen**, der die Sanierung der GmbH & Co. KG vorsieht. Bei jedem Insolvenzplan ist auf eine Koordination des KG-Insolvenzverfahrens und des GmbH-Insolvenzverfahrens und Vorlage eines **konsolidierten Insolvenzplans** zu achten[2]. Eine umfassende Sanierung der GmbH & Co. KG kann nach Auffassung von *Karsten Schmidt*[3] dadurch hergestellt werden, „dass jeder der beiden Insolvenzpläne an die Bedingung geknüpft wird, dass auch der jeweils andere beschlossen und bestätigt wird" (§ 249 InsO). Dadurch werde das Gericht zu einer **Simultanentscheidung über beide Insolvenzplanbestätigungen** gezwungen, denn es könne keine Bestätigung ohne die andere aussprechen. Kommt ein Insolvenzplan für die GmbH & Co. KG zu Stande, so ist sie nach dessen Durchführung gem. § 227 Abs. 1 InsO von ihren restlichen Verbindlichkeiten gegenüber ihren Gläubigern befreit[4]. Für die **Komplementär-GmbH** hat dies zur Folge, dass sie von der persönlichen Haftung nach den §§ 161 Abs. 2, 128 HGB ebenfalls befreit wird (§ 227 Abs. 2 InsO)[5]. Da durch die Bestätigung des Insolvenzplans bei der GmbH & Co. KG, soweit im Insol-

1 So zutr. *Karsten Schmidt*, GmbHR 2002, 1209, 1216 f.

2 *Scholz/Karsten Schmidt*, 9. Aufl., vor § 64 GmbHG Rz. 115; *Karsten Schmidt*, GmbHR 2002, 1209, 1216 f.; *Lüke* in Hesselmann/Tillmann/Mueller-Thuns, Handbuch der GmbH & Co. KG, 19. Aufl. 2005, § 11 Rz. 128.

3 GmbHR 2002, 1209, 1216.

4 Vgl. *Lüke* in Hesselmann/Tillmann/Mueller-Thuns, Handbuch der GmbH & Co. KG, 19. Aufl. 2005, § 11 Rz. 128.

5 So *Lüke* in Hesselmann/Tillmann/Mueller-Thuns, Handbuch der GmbH & Co. KG, 19. Aufl. 2005, § 11 Rz. 128; *Scholz/Karsten Schmidt*, 9. Aufl., vor § 64 GmbHG Rz. 115.

venzplan nichts anderes bestimmt ist, zugleich auch der **Umfang der persönlichen Haftung der Komplementär-GmbH begrenzt** wird, ist immer zu überlegen, ob die Vorlage eines Insolvenzplans für die KG nicht ausreicht, um eine Simultansanierung der gesamten Gesellschaft herbeizuführen. Ist dagegen ein **Austausch der Komplementärin** vorgesehen, so kann eine **koordinierte Abwicklung beider Verfahren** dadurch herbeigeführt werden, „dass nur für die Kommanditgesellschaft ein Insolvenzplan erarbeitet und dieser nach § 249 InsO unter die Bedingung gestellt wird, dass die Komplementär-GmbH ausscheidet und dass die Kommanditisten eine neue – vielleicht nicht mehr von ihnen, sondern von einzelnen Gläubigern beherrschte – GmbH aufnehmen"[1]. Auf diese Weise löst sich das GmbH-Insolvenzverfahren bei der Simultaninsolvenz vom KG-Insolvenzverfahren und kann gem. § 213 InsO mit Zustimmung der Gläubiger eingestellt werden.

III. Fortsetzung der durch Insolvenzeröffnung aufgelösten KG

Ist die GmbH & Co. KG durch die Eröffnung des Insolvenzverfahrens über ihr Vermögen aufgelöst, das Verfahren aber auf Antrag des Geschäftsführers der Komplementär-GmbH eingestellt oder nach der Bestätigung eines Insolvenzplans, der den Fortbestand der Gesellschaft vorsieht, aufgehoben, so können die Gesellschafter die **Fortsetzung der Gesellschaft** beschließen. Die Fortsetzung der Gesellschaft setzt allerdings voraus, dass noch Gesellschaftsvermögen vorhanden ist. Jedenfalls muss der Insolvenzgrund der Überschuldung oder Zahlungsunfähigkeit behoben sein, denn ansonsten wären die Geschäftsführer wieder verpflichtet, erneut Insolvenzantrag zu stellen. Voraussetzung für einen wirksamen Fortsetzungsbeschluss ist, dass die GmbH als Komplementärin weiter besteht. Da nach der hier vertretenen Auffassung die Regelung des § 131 Abs. 3 Nr. 2 HGB, wonach der Komplementär mit der Eröffnung des Insolvenzverfahrens über sein Vermögen ausscheidet, auf die Simultaninsolvenz der GmbH & Co. KG keine Anwendung findet, ist eine Fortsetzung der GmbH & Co. KG selbst dann möglich, wenn der Insolvenzantrag bezüglich der Komplementär-GmbH wegen Masselosigkeit (§ 26 Abs. 1 Satz 1 InsO) unter gleichzeitiger Eröffnung des Insolvenzverfahrens über das Vermögen der KG abgewiesen worden ist. Die Masselosigkeit bedeutet keine Vermögenslosigkeit[2]. Ein **Fortsetzungsbeschluss** muss solchenfalls sowohl für die KG als auch für die Komplementär-GmbH gefasst werden. Das gilt auch für die sog. doppelstöckige GmbH & Co. KG[3]. Wird die Eröffnung des Insolvenzverfahrens über das Vermögen der Komplementär-GmbH mangels Masse abgelehnt (§ 26 Abs. 1 Satz 1 InsO), so ist sie gem. § 60 Abs. 1 Nr. 5 GmbHG aufgelöst, bleibt aber nach hier vertretener Auffassung als Liquidationsgesellschaft Komplementärin der Kommanditgesellschaft[4]. Sie scheidet nicht analog 7.521

1 So *Karsten Schmidt*, GmbHR 2002, 1209, 1217.

2 BGH v. 7. 10. 1994 – V ZR 58/93, ZIP 1994, 1685; *Schlitt*, NZG 1998, 755, 762; *Kübler/Prütting/Noack*, InsO, Gesellschaftsrecht Rz. 582; *Uhlenbruck/Hirte*, § 11 InsO Rz. 363.

3 *Kübler/Prütting/Noack*, InsO, Gesellschaftsrecht Rz. 184; *Uhlenbruck/Hirte*, § 11 InsO Rz. 364.

4 So auch *Karsten Schmidt*, GmbHR 2002, 1209, 1213.

§ 131 Abs. 3 Nr. 2 HGB aus der KG aus. Nach anderer Auffassung[1] ist eine Fortsetzung, falls die GmbH die einzige Komplementärin ist, nur möglich, wenn ein Kommanditist oder ein Dritter persönlich haftender Gesellschafter wird. Die Fortsetzung kann auch dann noch beschlossen werden, wenn das Insolvenzverfahren durchgeführt und nach Vollzug der Schlussverteilung aufgehoben wurde (§ 200 Abs. 1 InsO). Zwingende Voraussetzung ist aber immer, dass Vermögen vorhanden ist und der Insolvenzgrund beseitigt wird[2].

1 Z.B. *Uhlenbruck/Hirte*, § 11 InsO Rz. 365.

2 Einzelheiten zur Fortsetzung der durch Insolvenzverfahrenseröffnung aufgelösten KG bei *Scholz/Karsten Schmidt*, 9. Aufl., vor § 64 GmbHG Rz. 116; *Kübler/Prütting/Noack*, InsO, Gesellschaftsrecht Rz. 581 ff.

G. Beendigung des Verfahrens und gesellschaftsrechtliche Rechtsfolgen

I. Die Einstellung des eröffneten Insolvenzverfahrens *(Uhlenbruck)*

Ein wesentliches Reformanliegen der Insolvenzordnung war es, die Zahl der mangels Masse nicht eröffneten Insolvenzverfahren zu reduzieren und im eröffneten Insolvenzverfahren zugleich auch die Aufgabe der **gesellschaftsrechtlichen Vollabwicklung** zu übernehmen bis hin zur Herbeiführung der Löschungsreife und der anschließenden Löschung im Register[1]. Trotz einer entsprechenden Änderung des § 26 InsO kommt es immer wieder vor, dass zwar das Insolvenzverfahren eröffnet worden ist, jedoch aus der Insolvenzmasse die Kosten des Verfahrens und die sonstigen Masseverbindlichkeiten nicht gedeckt sind. In diesen Fällen kommt es zu einer **vorzeitigen Verfahrensbeendigung**. Das Gesetz spricht von einer **Aufhebung des Insolvenzverfahrens**, wenn das Verfahren vollständig und ordnungsgemäß durchgeführt worden ist und nach Schlussverteilung (§ 200 InsO) bzw. Bestätigung eines Insolvenzplans (§ 258 InsO) das Verfahren beendet worden ist. Während das Regelinsolvenzverfahren ebenso wie das Insolvenzplanverfahren durch **Aufhebung** endet, erfolgt der vorzeitige Abbruch des Verfahrens durch **Einstellung**. Als Gründe für die Verfahrenseinstellung kommen in Betracht: Masselosigkeit (§ 207 InsO), Masseunzulänglichkeit (§ 211 InsO), Wegfall des Eröffnungsgrundes (§ 212 InsO) sowie die Zustimmung der Gläubiger (§ 213 InsO). Da für die Insolvenz der GmbH eine Einstellung mit Zustimmung der Gläubiger kaum vorkommen dürfte, kann dieser Fall im Folgenden vernachlässigt werden. 7.522

1. Die Verfahrenseinstellung mangels Masse (§ 207 InsO)

a) Der Begriff der Masselosigkeit (Massearmut)

Da das Insolvenzgericht nach § 26 Abs. 1 Satz 1 InsO das Verfahren bereits zu eröffnen hat, wenn die Verfahrenskosten i.S. von § 54 InsO gedeckt sind, reicht die Masse im eröffneten Verfahren oftmals nicht aus, um die Masseverbindlichkeiten nach § 55 InsO sowie notwendige Verwaltungskosten zu decken. Reicht die vorhandene Insolvenzmasse nicht aus, um die Gerichtskosten für das gesamte Verfahren, die Vergütung und Auslagen des vorläufigen Insolvenzverwalters, des Insolvenzverwalters und der Mitglieder des Gläubigerausschusses (§ 54 InsO) abzudecken, hat das Gericht gem. § 207 Abs. 1 Satz 1 InsO das **Verfahren einzustellen**, wenn nicht ein ausreichender Geldbetrag vorgeschossen wird. Der Insolvenzverwalter ist zur **Verwertung von Massegegenständen** nicht mehr verpflichtet (§ 207 Abs. 3 Satz 2 InsO). 7.523

1 S. auch *Karsten Schmidt* in Kölner Schrift zur InsO, S. 918 Rz. 20; *J. Uhlenbruck* in Kölner Schrift zur InsO, S. 1187 ff., 1191 Rz. 9.

b) Beschluss des Insolvenzgerichts

7.524 Die Einstellung des Insolvenzverfahrens erfolgt von Amts wegen, wenn Masseunzulänglichkeit festgestellt wird und ein ausreichender Kostenvorschuss nicht eingezahlt wird. Der Einstellungsbeschluss sowie der Grund der Einstellung mangels Masse nach § 207 InsO sind öffentlich bekannt zu machen (§ 215 Abs. 1 Satz 1 InsO).

c) Rechtsmittel

7.525 Gegen den Beschluss, durch den die Verfahrenseinstellung wegen Masseunzulänglichkeit (§ 207 InsO) erfolgt, steht gem. § 216 Abs. 1 InsO den Geschäftsführern die **sofortige Beschwerde** zu. Eine solche kommt vor allem dann in Betracht, wenn durch die Einstellung und deren Rechtsfolgen die Sanierungschancen für die GmbH durch Vorlage eines Insolvenzplans verloren gehen. Vor allem bei der **GmbH & Co. KG** führt der Abweisungsbeschluss, wenn er für die GmbH erfolgt, gem. § 60 Abs. 1 Nr. 5 GmbHG zur Auflösung und zum eventuellen Erlöschen der Gesellschaft mit der Folge, dass die KG nicht mehr durch Insolvenzplan saniert werden kann. In diesen Fällen ist die Einlegung eines Rechtsmittels interne Rechtspflicht der Geschäftsführer gegenüber der Gesellschaft. Mit der sofortigen Beschwerde kann allerdings nur geltend gemacht werden, dass die Voraussetzungen für eine Abweisung mangels Masse gem. § 207 Abs. 1 Satz 1 InsO nicht vorgelegen haben oder ein Massekostenvorschuss gezahlt wird.

d) Rechtsfolgen der Einstellung mangels Masse

7.526 Mit der Rechtskraft des gerichtlichen Beschlusses über die Verfahrenseinstellung verliert der Insolvenzverwalter die Verwaltungs- und Verfügungsbefugnis. Noch vorhandenes Restvermögen ist vom Insolvenzverwalter an die Gesellschaft zurückzugeben. Diese Vermögenswerte sind in einem **gesellschaftsrechtlichen Liquidationsverfahren** abzuwickeln[1]. Die GmbH ist zwar mit der rechtskräftigen Entscheidung nach § 60 Abs. 1 Nr. 5 GmbHG aufgelöst; eine Löschung der Gesellschaft nach § 141a FGG (ab 1. 9. 2009: § 394 GmbHG) kann jedoch erst erfolgen, wenn tatsächlich Vermögenslosigkeit eingetreten ist[2]. Nach § 66 Abs. 1 GmbHG sind die noch amtierenden Geschäftsführer die **geborenen Liquidatoren**, auch wenn das Anstellungsverhältnis durch den Insolvenzverwalter nach § 113 InsO gekündigt und deshalb beendet ist[3].

1 Vgl. *Karsten Schmidt*, FS Ulmer, 2003, S. 323, 328 f.; *J. Uhlenbruck* in Kölner Schrift zur InsO, S. 1195 Rz. 18; *Hefermehl* in Münchener Kommentar zur InsO, § 207 InsO Rz. 54.

2 Zur Lehre vom Doppeltatbestand s. BGH v. 23. 2. 1970 – II ZB 5/69, BGHZ 53, 264; *Scholz/Karsten Schmidt*, § 60 GmbHG Rz. 56, § 74 GmbHG Rz. 14; *Mohrbutter/Ringstmeier/Pape*, Handbuch Insolvenzverwaltung, § 12 Rz. 64; *Uhlenbruck*, § 207 InsO Rz. 18; *Uhlenbruck*, KTS 1998, 223, 234.

3 *Lutter/Kleindiek* in Lutter/Hommelhoff, § 66 GmbHG Rz. 1; *M. Stobbe*, Die Durchsetzung gesellschaftsrechtlicher Ansprüche der GmbH in Insolvenz und masseloser Liquidation, 2001, S. 143 Rz. 293; vgl. auch OLG Zweibrücken v. 5. 12. 2002 – 4 U 231/96, ZIP 2003, 1954, 1955.

e) Rechte und Pflichten der Liquidatoren

Mit der Rechtskraft des Einstellungsbeschlusses sind die Liquidatoren nicht mehr verpflichtet, nach § 15a Abs. 1 Satz 1 InsO **erneut Insolvenzantrag** zu stellen, es sei denn, der Liquidationsgesellschaft steht genügend Masse zur Deckung der Verfahrenskosten zur Verfügung[1]. Die Liquidatoren sind zur **Aufbewahrung von Geschäftsunterlagen** der GmbH verpflichtet[2]. 7.527

f) Akteneinsicht nach Verfahrenseinstellung

Auch nach Abweisung eines Antrags auf Insolvenzeröffnung mangels Masse besteht für einen Gläubiger der GmbH ein rechtliches Interesse i.S. der § 4 InsO, § 299 Abs. 2 ZPO an der Einsicht in die Insolvenzakten fort. Dieses rechtliche Interesse entfällt nicht dadurch, dass der Gläubiger die Akteneinsicht begehrt, um festzustellen, ob ihm Durchgriffs- und Schadensersatzansprüche gegen Dritte zustehen[3]. Der erforderliche rechtliche Bezug zum Gegenstand der Insolvenzakte und damit das rechtliche Interesse i.S. von § 299 ZPO besteht auch, wenn sich der Einsicht begehrende Gläubiger darauf beruft, er wolle das Bestehen persönlicher Haftungsansprüche gegen den Geschäftsführer oder gegen Gesellschafter der schuldnerischen GmbH prüfen[4]. Letztlich ist das Interesse des geschädigten Gläubigers an einer Haftungsrealisierung höher einzustufen als das Geheimhaltungsinteresse des Schuldners[5]. 7.528

2. Einstellung wegen Masseunzulänglichkeit (§§ 208 Abs. 1, 211 Abs. 1 InsO)

Masseunzulänglichkeit (Massearmut) liegt vor, wenn zwar die Verfahrenskosten des § 54 InsO gedeckt sind, die Insolvenzmasse aber nicht ausreicht, um die fälligen sonstigen Masseverbindlichkeiten i.S. von § 55 InsO zu erfüllen[6]. Die **Feststellung der Masseunzulänglichkeit** erfolgt durch den Insolvenzverwalter. Er zeigt diese nach § 208 Abs. 1 Satz 1 InsO dem Insolvenzgericht an. Das Gericht hat die Anzeige der Masseunzulänglichkeit **öffentlich bekannt** zu machen (§ 208 Abs. 2 Satz 1 InsO). Der Gesetzgeber hat die Frage, welche **Rechtswirkungen der Anzeige** der Masseunzulänglichkeit zukommen, in den 7.529

1 *Uhlenbruck*, ZIP 1996, 1641, 1647.

2 Vgl. OLG Hamm v. 3. 7. 1964 – 5 U 95/64, NJW 1964, 2355; OLG Stuttgart v. 3. 1. 1984 – 8 W 477/83, ZIP 1984, 1385; *Uhlenbruck*, § 207 InsO Rz. 20; *Hefermehl* in Münchener Kommentar zur InsO, § 207 InsO Rz. 79.

3 BGH v. 5. 4. 2006 – IV AR (VZ) 1/06, NZG 2006, 595 = NZI 2006, 472; OLG Celle v. 12. 1. 2004 – 2 W 95/03, NZI 2004, 167; *Uhlenbruck*, § 207 InsO Rz. 21 und § 4 InsO Rz. 28.

4 *Kirchhof* in Heidelberger Kommentar zur InsO, § 4 InsO Rz. 15; *Schmerbach* in Frankfurter Kommentar zur InsO, § 4 InsO Rz. 68; *Rüther* in Hamburger Kommentar zum Insolvenzrecht, § 4 InsO Rz. 38; str. a.A. OLG Brandenburg v. 25. 7. 2000 – 11 VA 7/00, ZInsO 2000, 627; OLG Brandenburg v. 10. 8. 2001 – 11 VA 10/01, ZInsO 2001, 961; OLG Celle v. 28. 10. 1999 – 16 VA 2/99, NZI 2000, 319; OLG Jena v. 4. 7. 2000 – 8 VA 1/02, ZVI 2002, 318.

5 Vgl. *Pape*, ZIP 2004, 598, 602.

6 Vgl. *Pape/Uhlenbruck*, Insolvenzrecht, 2002 Rz. 764; *Hefermehl* in Münchener Kommentar zur InsO, § 208 InsO Rz. 1.

§§ 209, 210 InsO geregelt. Neben einer **rangmäßigen Befriedigung der Massegläubiger** (§ 209 InsO) tritt ein **allgemeines Vollstreckungsverbot der Massegläubiger** (§ 210 InsO). Anders als bei der Verfahrenseinstellung nach § 207 InsO besteht die **Pflicht des Verwalters zur Verwaltung und zur Verwertung der Masse** fort (§ 208 Abs. 3 InsO). **Rechtsschutzmöglichkeiten** für die organschaftlichen Vertreter der insolventen GmbH bestehen nicht. Zur Verwaltungspflicht des Insolvenzverwalters gehört weiterhin die **Steuererklärungs- und Rechnungslegungspflicht**[1].

7.530 Die Frage der **Zulässigkeit eines Insolvenzplanverfahrens** im Fall der Masseunzulänglichkeit ist umstritten[2]. Lässt man ein Insolvenzplanverfahren zu, müsste eine gesonderte Gläubigerversammlung der Massegläubiger abgehalten werden, die in einem eigenständigen Abstimmungsverfahren über den Insolvenzplan ebenfalls abstimmen. Zweifelhaft ist auch, wie eine zulässige **Gruppenbildung** nach § 222 InsO vorgenommen werden soll. Festzustellen ist, dass es sich um absolute Ausnahmefälle handeln muss. Im Regelfall ist für einen Insolvenzplan nach Anzeige der Masseinsuffizienz kein Raum mehr[3]. Im Übrigen ergeben sich für die **Geschäftsführer einer GmbH** nur insoweit Einschränkungen, als ihnen nach den §§ 209 Abs. 1 Nr. 3, 210 InsO die **Zwangsvollstreckung wegen rückständiger Vergütungen** ebenso untersagt ist wie unter § 209 Abs. 1 Nr. 3 InsO fallende Ansprüche aus **Altersteilzeitverträgen nach dem Blockmodell**. Hatte der Insolvenzverwalter es unterlassen, dem Geschäftsführer nach § 113 InsO zu kündigen, haftet er bei Masseunzulänglichkeit wegen der Nichtzahlung des Gehalts als Masseschuld nach § 61 InsO[4]. Sobald der Verwalter die Verteilung nach Maßgabe des § 209 InsO vorgenommen hat, **stellt das Insolvenzgericht das Verfahren ein** (§ 211 Abs. 1 InsO). Der Beschluss ist unanfechtbar. Hat der Rechtspfleger entschieden, ist die **befristete Erinnerung** nach § 11 Abs. 2 RPflG gegeben[5]. Die GmbH bzw. Geschäftsführer sind mit der Rechtskraft des Beschlusses wieder berechtigt, über das Schuldnervermögen zu verfügen (§ 215 Abs. 2 Satz 1 InsO). Soweit allerdings eine **Nachtragsverteilung** (§ 203 InsO) mit der Verfahrenseinstellung angeordnet wurde, erlangt die GmbH die Verfügungsmacht nicht zurück. Vielmehr verbleibt diese beim bisherigen Insolvenzverwalter. Zwar beschränkt § 211 Abs. 3 InsO die Nachtragsverteilung auf **nach Verfahrenseinstellung ermittelte Gegenstände** der Insolvenzmasse; jedoch werden nach fast allgemeiner Literaturmeinung auch nach Verfahrenseinstellung zurückfließende oder im Hinblick auf einen anhängigen Rechtsstreit zunächst zurückbehaltene Beträge sowie langfristig verwertbare Gegenstände einer Nachtragsverteilung zugeführt[6]. Die GmbH-

1 *Weitzmann* in Hamburger Kommentar zum Insolvenzrecht, § 208 InsO Rz. 17.

2 Bejahend *Kübler/Prütting/Bork/Pape,* § 210 InsO Rz. 14–15a; *Mohrbutter/Ringstmeier/Pape,* Handbuch Insolvenzverwaltung, Rz. 151; *Uhlenbruck,* § 211 InsO Rz. 11; *Dinsthüler,* ZIP 1998, 1707; *Hefermehl* in Münchener Kommentar zur InsO, § 208 InsO Rz. 58; str. a.A. LG Dresden v. 15. 7. 2005 – 5 T 830/02, ZInsO 2005, 831.

3 So auch *Kluth,* ZInsO 2000, 177, 184; *Kübler/Prütting/Bork/Pape,* § 211 InsO Rz. 15a.

4 S. auch OLG Schleswig v. 17. 12. 2004 – 1 U 90/04, ZInsO 2005, 606.

5 BGH v. 25. 1. 2007 – IX ZB 234/05, ZInsO 2007, 263.

6 *Hefermehl* in Münchener Kommentar zur InsO, § 211 InsO Rz. 20; *Braun/Kießner,* § 211 InsO Rz. 19 ff.; *Mohrbutter/Ringstmeier/Pape,* Handbuch Insolvenzverwaltung,

Geschäftsführer können in ihrer Eigenschaft als Liquidatoren der aufgelösten GmbH mangels gerichtlicher Anordnung davon ausgehen, dass sie berechtigt sind, über das vorhandene Restvermögen der GmbH zu verfügen, ohne an den insolvenzrechtlichen Verteilungsschlüssel gebunden zu sein.

3. Einstellung wegen Wegfalls des Eröffnungsgrundes

Die InsO sieht in zwei Fällen weitere Möglichkeiten der vorzeitigen Verfahrenseinstellung vor: Einmal wenn der Eröffnungsgrund entfallen ist (§ 212 InsO), zum anderen wenn sämtliche Gläubiger zustimmen (§ 213 InsO). Letzterer Fall ist kaum praxisrelevant, weil es einer GmbH kaum jemals gelingen wird, die Zustimmung sämtlicher Insolvenzgläubiger beizubringen, die ihre Forderung zur Tabelle angemeldet haben[1]. Eine Verfahrenseinstellung wegen Wegfalls des Eröffnungsgrundes kommt vor allem in Betracht, wenn die GmbH durch nachhaltige Kapitalmaßnahmen, wie z.B. Zuführung von Eigenkapital, Forderungsverzichte oder Rangrücktritte gewährleisten kann, dass nicht nur die Eröffnungsgründe beseitigt sind, sondern in absehbarer Zeit mit einer erneuten Insolvenzeröffnung nicht gerechnet werden muss. 7.531

a) Wegfall des Eröffnungsgrundes

Eine Verfahrenseinstellung nach § 212 Satz 1 InsO ist nur zulässig, wenn nach der Einstellung des Verfahrens bei der GmbH weder Zahlungsunfähigkeit, noch drohende Zahlungsunfähigkeit, noch Überschuldung vorliegt und dies von den Geschäftsführern in ihrer Eigenschaft als Liquidatoren **glaubhaft gemacht** wird (§ 212 Satz 2 InsO). Zwar ist auch die Glaubhaftmachung zulässig, dass der Insolvenzgrund **von Anfang an nicht vorgelegen** hat, jedoch kommt dieser Fall in der Praxis kaum vor. Bei Wegfall des Eröffnungsgrundes ist glaubhaft zu machen, dass weder Zahlungsunfähigkeit (§ 17 InsO), noch drohende Zahlungsunfähigkeit (§ 18 InsO), noch Überschuldung nach § 19 InsO vorliegt. Die GmbH hat deshalb einen **aktuellen Finanzstatus** und einen auf mindestens eineinhalb Jahre angelegten **Finanzplan** vorzulegen, aus dem ersichtlich ist, dass sie auch ihren künftigen Zahlungsverpflichtungen pünktlich nachkommen kann[2]. Da die zur Tabelle angemeldeten Gläubigerforderungen als fällig gelten (§ 41 InsO) ist die Zahlungsunfähigkeit nur beseitigt, wenn die Gläubigerforderungen einschließlich der Verfahrenskosten liquide beglichen werden können und die Kosten für eine Unternehmensfortführung gedeckt sind. 7.532

---

§ 12 Rz. 147; *Uhlenbruck*, NZI 2001, 410; *Uhlenbruck*, § 211 InsO Rz. 12; str. a.A. *Graf-Schlicker/Mäusezahl*, § 211 InsO Rz. 8.

1 Vgl. *Uhlenbruck*, § 213 InsO Rz. 5; *Braun/Kießner*, § 213 InsO Rz. 6; *Weitzmann* in Hamburger Kommentar zum Insolvenzrecht, § 213 InsO Rz. 4.

2 AG Hamburg v. 26. 4. 2006 – 67c IN 312/04, ZIP 2006, 1688, 1690; *Hefermehl* in Münchener Kommentar zur InsO, § 212 InsO Rz. 6; *Uhlenbruck*, § 212 InsO Rz. 2; *Graf-Schlicker/Mäusezahl*, § 211 InsO Rz. 7; *Weitzmann* in Hamburger Kommentar zum Insolvenzrecht, § 212 InsO Rz. 2.

b) Einstellung nur auf Antrag

7.533 Nach § 212 Satz 1 InsO setzt die Einstellung wegen Wegfalls des Eröffnungsgrundes einen Antrag des Schuldners voraus. Bei der GmbH muss der Antrag von **sämtlichen organschaftlichen Vertretern** gestellt werden[1]. Bei der **führungslosen GmbH** müsste der Antrag von sämtlichen Gesellschaftern gestellt werden. Da in der Regelinsolvenz der GmbH nicht nur ein oder mehrere Geschäftsführer durch den Insolvenzverwalter gekündigt worden oder von der Gesellschafterversammlung abberufen worden sind, ist anzunehmen, dass zum Antrag **diejenigen organschaftlichen Vertreter berechtigt** sind, die die Gesellschaft im Rahmen des Insolvenzverfahrens weiter vertreten haben und die die Pflichten nach den §§ 97, 101 Abs. 1 InsO zu erfüllen hatten. Bei der **GmbH & Co. KG** muss der Antrag namens der GmbH von dem früheren GmbH-Geschäftsführer gestellt werden, auch wenn die Komplementär-GmbH selbst insolvent geworden ist[2].

c) Gerichtlicher Einstellungsbeschluss

7.534 Der Antrag auf Einstellung des Verfahrens nach § 212 ist gem. § 214 Abs. 1 Satz 1 InsO **öffentlich bekannt zu machen**. Die Insolvenzgläubiger können binnen einer Woche nach der öffentlichen Bekanntmachung gem. § 214 Abs. 1 Satz 3 InsO schriftlich oder zu Protokoll der Geschäftsstelle **Widerspruch gegen den Antrag** erheben. Der gerichtliche Beschluss über die Einstellung des Verfahrens ist gem. § 215 Abs. 2 InsO ebenfalls öffentlich bekannt zu machen. Mit dem Wirksamwerden des Beschlusses erlangt die GmbH die Verwaltungs- und Verfügungsbefugnis über ihr Vermögen zurück. Eine Nachtragsverteilung findet nicht statt.

d) Rechtsfolgen der Verfahrenseinstellung

7.535 Mit der Wirksamkeit des Einstellungsbeschlusses fällt die Verwaltungs- und Verfügungsbefugnis an die GmbH bzw. deren Geschäftsführer zurück. Der Insolvenzverwalter ist nicht berechtigt, anhängige Aktiv- oder Anfechtungsprozesse für die Masse weiterzuführen. Im Übrigen sind die Geschäftsführer an **alle Rechtshandlungen des Insolvenzverwalters**, die dieser im eröffneten Verfahren vorgenommen hat, gebunden. Dies gilt insbesondere auch für die Erfüllungswahl von Verträgen nach § 103 InsO oder vorgenommene Kündigungen nach § 113 InsO.

---

1 *Uhlenbruck*, § 212 InsO Rz. 3; *Braun/Kießner*, § 212 InsO Rz. 2; *Kübler/Prütting/Bork/Pape*, § 212 InsO Rz. 3; vgl. auch OLG Celle v. 7. 9. 2000 – 2 W 69/00, ZInsO 2000, 558 = ZIP 2000, 1943.

2 Vgl. OLG Celle v. 7. 9. 2000 – 2 W 69/00, ZIP 2000, 1943 = ZInsO 2000, 558; *Uhlenbruck*, § 212 InsO Rz. 3.

II. Fortsetzung oder Abwicklung der Gesellschaft

1. Fortsetzung der Gesellschaft durch Gesellschafterbeschluss

a) Die Zulässigkeit einer Fortsetzung der Gesellschaft ist in § 60 Abs. 1 Nr. 4 GmbHG teilweise, nämlich für zwei Fälle, geklärt[1]: für den Fall der **Aufhebung nach Bestätigung eines Insolvenzplans** (§ 258 InsO) und für den Fall der **Einstellung des Insolvenzverfahrens auf Antrag der Schuldnerin** (§§ 212 ff. InsO). Nicht vom Gesetz vorgesehen ist die Fortsetzung der Gesellschaft in den sonstigen Fällen der Verfahrensbeendigung (vgl. zu diesen Fällen Rz. 7.531 ff.). Dabei soll es nach der vorherrschenden Auffassung bleiben. Begründet wird dies mit dem Gesetzeswortlaut und dem Bedürfnis nach Gläubigerschutz sowie dem Fehlen eines unabweisbaren Bedürfnisses nach weiterer Zulassung einer Fortsetzung. Der Verfasser bevorzugt die Gegenansicht, die die Fortsetzung auch in anderen als den in § 60 Abs. 1 Nr. 4 GmbHG genannten Fällen zulässt[2]. Die Fortsetzungsfähigkeit aufgelöster Gesellschaften ist Resultat fortgebildeten Rechts, wonach grundsätzlich jeder Auflösungsgrund durch Fortsetzung behoben werden kann. Das gilt entgegen der h.M. auch für eine nach § 60 Abs. 1 Nr. 5 GmbHG wegen Masselosigkeit aufgelöste Gesellschaft[3], vorausgesetzt, dass noch nicht mit der Vermögensverteilung begonnen worden ist. Die Problemlösung besteht nicht in einem Verbot der Fortsetzung, sondern in den Mindestanforderungen, die an die Fortsetzung zu stellen sind. Die Fortsetzung aufgelöster Gesellschaften ist zulässig, wenn die aufgelöste Gesellschaft noch nicht erloschen, der Auflösungsgrund beseitigt und noch nicht mit der Vermögensverteilung begonnen worden ist[4]. Anders verhält es sich mit der Löschung nach § 141a FGG (ab 1. 9. 2009: § 394 FamFG) wegen Vermögenslosigkeit. Eine Gesellschaft, die kein verteilungsfähiges Vermögen mehr hat, steht nicht mehr vor der Alternative, ihr Vermögen auszuschütten oder den Auflösungsgrund zu beheben. Hier kommt eine Fortsetzung nicht in Betracht[5]. 7.536

b) Die **Behebung des Auflösungsgrundes,** also der Insolvenz, ist unerlässlich. Die bloße Beseitigung der Masselosigkeit macht eine Gesellschaft nicht fortführungsfähig. Das bedeutet, da die Gesellschaft bereits insolvent ist: Beseitig werden muss die rechnerische Überschuldung. Die nach Liquidationswerten bewerteten Aktiven müssen also die Passiven übersteigen[6]. Um die Insolvenzreife zu beseitigen, müssen die Gesellschafter i.d.R. neben dem Fortsetzungs- 7.537

1 Der folgende Text ist angelehnt an *Scholz/Karsten Schmidt*, 9. Aufl., vor § 64 GmbHG Rz. 88.

2 Vgl. LG Berlin v. 12. 3. 1971 – 92 T 4/71, BB 1971, 759 = MDR 1971, 848; *Altmeppen* in Roth/Altmeppen, § 60 GmbHG Rz. 24; *Scholz/Karsten Schmidt*, 9. Aufl., vor § 64 GmbHG Rz. 88.

3 A.M. BGH v. 8. 10. 1979 – II ZR 257/78, BGHZ 75, 178, 180 = NJW 1980, 233 (für AG); KG v. 1. 7. 1993 – 1 W 6135/92, DB 1993, 1918 = GmbHR 1993, 822; BayObLG v. 14. 10. 1993 – 3 Z BR 116/93, DB 1993, 2523 = NJW 1994, 594; OLG Düsseldorf v. 17. 11. 1992 – 3 W 412/92, GmbHR 1993, 231 = ZIP 1993, 214.

4 *Scholz/Karsten Schmidt*, 9. Aufl., vor § 64 GmbHG Rz. 88.

5 *Scholz/Karsten Schmidt*, 9. Aufl., vor § 64 GmbHG Rz. 88.

6 *Scholz/Karsten Schmidt*, 9. Aufl., vor § 64 GmbHG Rz. 89.

beschluss eine Kapitalerhöhung durchführen. Die Zuführung von Gesellschafterdarlehen genügt nur, wenn sie mit einer Rangrücktrittsklausel verbunden ist. Ob sogar die Wiederherstellung eines dem (Mindest-)Stammkapital entsprechenden Gesellschaftsvermögens (bei der 25 000 Euro-GmbH also die Beseitigung einer Unterbilanz) zu verlangen ist[1], ist zu bezweifeln[2]. Verlangt wird sie allerdings vom BGH im Fall einer Mantelverwendung[3]. Nahe liegt, dass die Frage hier ebenso beurteilt wird.

7.538 c) Der **Beschluss** wird mit qualifizierter (3/4-)Mehrheit gefasst[4]. Er ist, sofern nicht darin eine Satzungsänderung enthalten ist, formfrei[5], ist jedoch in das Handelsregister einzutragen[6]. Konstitutive Wirkung nach § 54 Abs. 3 GmbHG hat diese Eintragung jedoch nur, soweit es um eine etwa mit der Fortsetzung einhergehende Satzungsänderung (z.B. Kapitalerhöhung) geht.

7.539 d) **Rechtsfolge des Fortsetzungsbeschlusses** ist die Beendigung des Auflösungsstadiums[7]. Die Gesellschaft tritt in das werbende Stadium zurück. Falls nicht mehr vorhanden, müssen Geschäftsführer bestellt werden. Rechtshandlungen des Insolvenzverwalters, die gegenüber der Masse wirksam waren, muss die GmbH auch jetzt noch gegen sich gelten lassen. Vollstreckungstitel werden auf die GmbH umgeschrieben.

2. Vollbeendigung der GmbH im Insolvenzverfahren

7.540 a) Der **Regierungsentwurf** der Insolvenzordnung hatte noch folgenden § 1 Abs. 2 Satz 3 enthalten: „Bei juristischen Personen und Gesellschaften ohne Rechtspersönlichkeit tritt das Verfahren an die Stelle der gesellschafts- oder organisationsrechtlichen Abwicklung." Das ist geltendes Recht[8]. Nur aus redaktionellen Gründen hat der Gesetzgeber diese Klarstellung aus dem Gesetz gestrichen. Insbesondere zeigt § 199 Satz 2 InsO – eine kaum zur praktischen Anwendung gelangende, jedoch systematisch vielsagende Regelung über die Verteilung etwaiger Überschüsse an die Gesellschafter –, dass das Gesellschafts-Insolvenzverfahren die Gesellschaft, sofern es nicht über den Insolvenzplan zu ihrer Fortsetzung führt, zur Vollbeendigung bringt (vgl. schon Rz. 4.3)[9]. Dieses **Gesamtabwicklungskonzept** ist für die Praxis der Insolvenz-

---

1 Vgl. LG Berlin v. 12. 3. 1971 – 92 T 4/71, BB 1971, 759 = MDR 1971, 848.

2 *Scholz/Karsten Schmidt*, 9. Aufl., vor § 64 GmbHG Rz. 89.

3 BGH v. 7. 7. 2003 – II ZB 4/02, BGHZ 155, 318 = GmbHR 2003, 684; dagegen aber z.B. *Altmeppen*, DB 2003, 2050; *Karsten Schmidt*, NJW 2004, 1345 ff.

4 *Baumbach/Hueck/Schulze-Osterloh/Fastrich*, § 60 GmbHG Rz. 53; *Scholz/Karsten Schmidt*, 9. Aufl., § 60 GmbHG Rz. 53, vor § 64 GmbHG Rz. 90.

5 *Scholz/Karsten Schmidt*, 9. Aufl., § 60 GmbHG Rz. 87.

6 *Baumbach/Hueck/Schulze-Osterloh/Fastrich*, § 60 GmbHG Rz. 53; *Scholz/Karsten Schmidt*, 9. Aufl., § 60 GmbHG Rz. 91, vor § 64 GmbHG Rz. 91.

7 Zum Folgenden *Scholz/Karsten Schmidt*, 9. Aufl., vor § 64 GmbHG Rz. 92.

8 Zu Unrecht a.M. *Kübler/Prütting/Bork/Pape*, § 15 InsO Rz. 19; *Lwowski/Peters* in Münchener Kommentar zur InsO, § 35 InsO Rz. 108 ff. und 113 f.

9 *Karsten Schmidt* in Kölner Schrift zur InsO, S. 1208; *Scholz/Karsten Schmidt*, 9. Aufl., vor § 64 GmbHG Rz. 54; zustimmend *Baumbach/Hueck/Schulze-Osterloh*, § 64 GmbHG Rz. 67.

verwaltung folgenreich: Es zwingt zur Kongruenz von Gesellschaftsvermögen und Insolvenzmasse (vgl. Rz. 7.7 ff.), und es hat gravierende Auswirkungen auf die Abwicklungspflichten des Verwalters. Die bisherige h.M. ging und geht davon aus, dass der Verwalter mit der Verteilung des Aktivvermögens seine Schuldigkeit getan hat und die Vollbeendigung der GmbH in die Hand der Geschäftsführer legen soll[1]. Insbesondere sah man die Geschäftsführer als befugt und verpflichtet an, die GmbH unter Verwertung des massefreien Vermögens abzuwickeln[2]. Im Hinblick auf das Liquidationsmodell der Insolvenzabwicklung war dieser überkommene Standpunkt schon unter der Geltung der Konkursordnung abzulehnen, weil ein von den Geschäftsführern zu verwaltendes massefreies Vermögen nicht anzuerkennen ist (Rz. 7.12)[3]. Seit In-Kraft-Treten der Insolvenzordnung steht fest, dass er nicht dem geltenden Recht entsprechen kann[4]. Der Insolvenzverwalter ist nicht nur treuhänderischer Verwalter von Gläubigerinteressen, sondern er ist obligatorischer Treuhandliquidator der insolventen GmbH[5]. Dementsprechend umfassend sind seine Pflichten.

b) Allerdings ist das Gesamtabwicklungskonzept **umstritten**[6]. Insbesondere hat der **IX. Senat des BGH** den Gesamtabwicklungszweck des Gesellschafts-Insolvenzverfahrens in zwei wichtigen Entscheidungen **abgelehnt**: In einem Urteil vom 5. 7. 2001 hat er ausgesprochen, dass auch in der Insolvenz einer GmbH „denkbare Liquidationsaufgaben" des Insolvenzverwalters gegenüber der Aufgabe bestmöglicher Gläubigerbefriedigung zurücktreten[7]. In den Entscheidungsgründen spricht sich die Entscheidung sogar sehr klar gegen das hier vertretene Konzept aus, freilich nur, um einen Vorrang der Gläubigerinteressen zu begründen. Am 18. 4. 2002 hat sich der Senat im Zusammenhang mit den umstrittenen Fragen der Altlastenhaftung neuerlich gegen das hier vertretene Konzept ausgesprochen (dazu auch Rz. 7.21 ff.)[8]. Das Bundesverwaltungsgericht hat sich dem angeschlossen[9]. Zu diesen Entscheidungen ist zu sagen, dass sie sich für einen Vorrang der Gläubigerinteressen in der Insolvenz aussprechen und der hier vertretenen Auffassung unrichtigerweise unterstellen, sie wolle die Abwicklungsaufgabe über die Gläubigerinteressen stellen. Die Gesamtabwicklungsaufgabe des Verwalters entspricht aber dem klaren 7.541

1 Vgl. nur *Hachenburg/Ulmer*, § 63 GmbHG Rz. 107 f.; so auch noch *Baumbach/Hueck/Schulze-Osterloh*, 16. Aufl. 1996, § 63 GmbHG Rz. 47 f.

2 RG v. 26. 10. 1931 – VIII 117/31, RGZ 134, 91, 94; BayObLG v. 22. 2. 1979 – BReg. 1 Z 5/79, DB 1979, 831.

3 *Scholz/Karsten Schmidt*, 8. Aufl. 1995, § 63 GmbHG Rz. 73.

4 *Karsten Schmidt*, ZGR 1998, 636 f.; zust. *H.-F. Müller*, Der Verband in der Insolvenz, 2002, S. 13 ff.; *Uhlenbruck*, § 1 InsO Rz. 11; s. auch *Haas* in Gottwald, Insolvenzrechts-Handbuch, § 91 Rz. 12.; *Ganter* in Münchener Kommentar zur InsO, § 1 InsO Rz. 47; *Jaeger/Henckel*, § 35 InsO Rz. 147; *Irschlinger* in Heidelberger Kommentar zur InsO, § 199 InsO Rz. 3.

5 *Karsten Schmidt*, Wege zum Insolvenzrecht, S. 107 ff.

6 Vgl. nur *Lwowski/Peters* in Münchener Kommentar zur InsO, § 35 InsO Rz. 113 f.

7 BGH v. 5. 7. 2001 – IX ZR 327/99, BGHZ 148, 252 = ZIP 2001, 1469; dazu *Flitsch*, EWiR 2002, 395; *Scherer*, DZWIR 2002, 184.

8 BGH v. 18. 4. 2002 – IX ZR 161/01, ZIP 2002, 1043 = EWiR 2002, 573 (*Tetzlaff*).

9 BVerwG v. 23. 9. 2004 – 7 C 22.03, ZIP 2004, 2145, 2147.

Gesetzgeberwillen. Sie überzeugt auch wertungsmäßig[1] und hat mit einer Vernachlässigung der Gläubigerinteressen nichts zu tun.

7.542 c) Die **Insolvenzabwicklungspraxis** muss also ihre Gewohnheiten ändern. Es ist zwar richtig, dass mit Schlussverteilung (§ 196 InsO) und Schlusstermin (§ 197 InsO) vorerst nur das Insolvenzverfahren, aber noch nicht die Gesellschaft als Rechtsträgerin abgewickelt ist[2]. Richtig ist aber auch, dass das Gesetz dem Insolvenzverwalter die unbequeme Aufgabe einer Vollbeendigung der Gesellschaft aufbürdet[3]. Er bringt sie zur Löschung im Handelsregister.

III. Die GmbH und GmbH & Co. KG nach Aufhebung oder Einstellung des Insolvenzverfahrens *(Vallender)*

7.543 Das Insolvenzgericht hebt das Insolvenzverfahren auf, wenn es vollständig und ordnungsgemäß durchgeführt worden und die Schlussverteilung erfolgt (§ 200 InsO) bzw. ein Insolvenzplan rechtskräftig bestätigt worden ist (§ 258 Abs. 1 InsO). Wird dagegen das Verfahren vorzeitig beendet, weil die gemeinschaftliche Befriedigung der Insolvenzgläubiger nicht erreicht werden kann, spricht das Gesetz von Einstellung des Verfahrens[4]. Der in der insolvenzrechtlichen Praxis häufigste Fall der Einstellung des Verfahrens ist die Einstellung nach Anzeige der Masseunzulänglichkeit (§ 211 InsO) (s. dazu Rz. 7.529 ff.). Weitere Einstellungsgründe sind darüber hinaus die Einstellung mangels Masse (§ 207 InsO) (näher dazu Rz. 7.523 ff.) sowie der Wegfall des Eröffnungsgrundes (§ 212 InsO) und die Zustimmung der Insolvenzgläubiger (§ 213 InsO). In sämtlichen Fällen entscheidet das Insolvenzgericht durch Beschluss. Unabhängig davon, ob das Gericht seine Entscheidung von Amts wegen oder auf Antrag trifft, führt die entsprechende Beschlussfassung zum Fortfall der seit der Eröffnung herrschenden Beschlagnahme des schuldnerischen Vermögens.

1. Vollabwicklung des Schuldnervermögens als insolvenzrechtliche Aufgabe

7.544 Nach den Vorstellungen des Reformgesetzgebers ist die Vollabwicklung des Schuldnervermögens als insolvenzrechtliche Aufgabe zu bewältigen. In der Allgemeinen Begründung zur InsO heißt es, das Verfahren übernehme bei Gesellschaften regelmäßig zugleich die Aufgabe der **gesellschaftsrechtlichen Abwicklung bis hin zur Herbeiführung der Löschungsreife und anschließenden Löschung**. Für eine außergerichtliche Liquidation bestehe dann kein Bedürfnis mehr. Der Gesetzgeber der Insolvenzordnung hat sein Anliegen indes **nur unvollkommen verwirklicht**[5]. Auch wenn nach der Grundkonzeption des Gesetzes davon auszugehen ist, dass im Regelfall nach der Durchführung eines Insolvenzverfahrens über das Vermögen der GmbH kein Gesellschafts-

1 Vgl. schon unter der Konkursordnung *Karsten Schmidt*, Wege zum Insolvenzrecht, S. 26 f., 70 ff., 99 ff.
2 *Beck* in Beck/Depré, Praxis der Insolvenz, § 12 Rz. 36.
3 *Irschlinger* in Heidelberger Kommentar zur InsO, § 199 InsO Rz. 3.
4 *Braun/Kießner*, § 207 InsO Rz. 2; *App*, DGVZ 2001, 1 ff.
5 *Uhlenbruck*, ZIP 1996, 1641, 1647.

vermögen mehr vorhanden ist, hat der Gesetzgeber der Insolvenzordnung die Möglichkeit einer Nachtragsliquidation nicht ausgeblendet, wie die Vorschrift des § 66 Abs. 5 GmbHG zeigt. Ob es dieser Regelung bedurft hätte, erscheint fraglich. *Karsten Schmidt*[1] hat mit Recht die Frage gestellt, ob es für den Insolvenzfall nicht ausgereicht hätte, den Verwalter durch eine bei § 215 InsO zu platzierende Regelung zu verpflichten, bei Beendigung des Insolvenzverfahrens durch Schlussverteilung die Gesellschaft zur Löschung anzumelden. Eines Amtslöschungsverfahrens bedürfe es nicht.

2. Aufhebung des Insolvenzverfahrens

Sobald die Schlussverteilung vollzogen ist, beschließt das Insolvenzgericht die **Aufhebung des Insolvenzverfahrens** (§ 200 Abs. 1 InsO). Die Aufhebung des Verfahrens wirkt nur für die Zukunft[2]. Sie führt zur **Beendigung des Insolvenzbeschlags** für die meisten noch vorhandenen (das heißt nicht verwerteten und noch nicht freigegebenen) Massebestandteile der Gesellschaft[3]. Von der Beschlagnahmewirkung weiter erfasst bleiben indes die zurückgehaltenen Gelder (§§ 189 Abs. 2, 190 Abs. 2 Satz 2, 198 InsO). Die **Aufhebung** des Insolvenzverfahrens ist zu **veröffentlichen** (§ 200 Abs. 2 InsO). Darüber hinaus sind all diejenigen Stellen von der Aufhebung des Verfahrens zu unterrichten, denen die Eröffnung des Insolvenzverfahrens **mitgeteilt** worden ist. Dazu zählt auch das Handelsregister (vgl. § 31 Nr. 1 InsO, XIIa/4 Abs. 1 Nr. 5 MiZi). 7.545

3. Löschung der Gesellschaft wegen Vermögenslosigkeit

§ 60 Abs. 1 Nr. 7 GmbHG sieht die **Auflösung der GmbH durch Löschung** wegen Vermögenslosigkeit nach § 141a FGG (ab 1. 9. 2009: § 394 FamFG) vor. Nach Abs. 1 Satz 2 der Vorschrift ist die GmbH „**von Amts wegen zu löschen**, wenn das Insolvenzverfahren über das Vermögen der Gesellschaft durchgeführt worden ist und keine Anhaltspunkte dafür vorliegen, dass die Gesellschaft noch Vermögen besitzt". Zweck der Vorschrift ist die liquidationslose Beseitigung der GmbH, die trotz ihrer Vermögenslosigkeit noch im Handelsregister eingetragen ist[4]. Im Falle der Aufhebung des Insolvenzverfahrens hat die anschließende Löschung der Gesellschaft im Handelsregister allerdings nur geringe praktische Bedeutung, weil bereits die Eröffnung des Insolvenzverfahrens die Auflösung der GmbH zur Folge hat[5]. Ist die Gesellschaft tatsächlich vermögenslos, wird sie nach der **Lehre vom Doppeltatbestand** (näher dazu Rz. 7.526) durch die Löschung vollbeendet und nicht nur aufgelöst. Mithin führt die Amtslöschung nicht zur Auflösung der GmbH sondern zu deren Vollbeendigung. 7.546

Nach **§ 141a Abs. 1, 3 FGG** (ab 1. 9. 2009: § 394 Abs. 1, 3 FamFG) kann eine GmbH, die kein Aktivvermögen besitzt, **von Amts wegen oder auf Antrag der** 7.547

1 GmbHR 1994, 829, 831.
2 *Uhlenbruck*, ZIP 1993, 241 ff.
3 *Becker*, Insolvenzrecht, Rz. 1489.
4 *Michalski/Nerlich*, § 60 GmbHG Rz. 279.
5 Nicht zu Unrecht vertritt *Karsten Schmidt* (GmbHR 1994, 829, 831 ff.) hierzu die Auffassung, der Auflösungstatbestand sei „nicht ernst gemeint".

Steuerbehörde im Handelsregister gelöscht werden. Vermögenslosigkeit der GmbH liegt vor, wenn es an einer verteilungsfähigen Masse, die zur Gläubigerbefriedigung verwertbar wäre, fehlt. Schon das Vorhandensein von Vermögen, auch nur in geringem Umfang, steht der Annahme der Vermögenslosigkeit entgegen[1]. Wegen der schwerwiegenden Folgen der Löschung sind die **Voraussetzungen für die Annahme einer Vermögenslosigkeit besonders genau und gewissenhaft zu prüfen** und die erforderlichen Tatsachen von Amts wegen (§ 12 FGG) zu ermitteln[2]. Da die **Aufhebung des Insolvenzverfahrens** über das Vermögen der GmbH nach Schlussverteilung den Schluss zulässt, dass keine Vermögenswerte vorhanden sind, die für eine Gläubigerbefriedigung oder eine Verteilung unter die Gesellschafter der GmbH in Betracht kommen, ist das Registergericht im Amtslöschungsverfahren inbesondere bei fehlendem Widerspruch gegen die Löschungsankündigung nicht gehalten, weitere Nachforschungen darüber anzustellen, ob trotz Durchführung der Schlussverteilung noch Vermögen der Gesellschaft vorhanden war[3].

7.548 Die Ankündigung der Löschungsabsicht darf erst erfolgen, wenn das Gericht nach Abschluss der zur Vermögenslosigkeit durchgeführten Ermittlungen über entsprechende gesicherte Erkenntnisse verfügt. Schon die Ankündigung einer beabsichtigten Amtslöschung wegen Vermögenslosigkeit setzt auch bei einer GmbH iL voraus, dass das Gericht gesicherte Erkenntnisse besitzt, dass die Gesellschaft tatsächlich über kein Vermögen verfügt[4].

7.549 Die Absicht der Löschung ist den gesetzlichen Vertretern der GmbH durch Zustellung einer Verfügung bekannt zu machen, in der ihnen gleichzeitig eine angemessene Frist zur Erhebung des Widerspruchs gesetzt wird (§ 141a Abs. 2 Satz 2 FGG). Soweit das Registergericht trotz des erhobenen Widerspruchs die Löschung wegen Vermögenslosigkeit vornimmt, bleibt das gegen die Ankündigung gerichtete Rechtsmittel zulässig; die Amtslöschung ihrerseits ist von Amts wegen zu löschen.

7.550 Die **Löschung der GmbH im Handelsregister** erfolgt durch **Eintragung des Vermerks „von Amts wegen gelöscht"** unter Hinweis auf die gesetzliche Grundlage (§ 142 Abs. 1 Satz 2 FGG [ab 1. 9. 2009: § 395 Abs. 1 Satz 2 FamFG], § 19 Abs. 1 HRV). Sie kann auch dann erfolgen, wenn die GmbH nicht über einen gesetzlichen Vertreter verfügt. Das rechtliche Gehör wird durch die Veröffentlichung der Löschungsabsicht in den für die Bekanntmachung der Eintragung in das Handelsregister bestimmten Blättern gewahrt[5]. Die Löschung der Gesellschaft als vermögenslos hat grundsätzlich zur Folge, dass die Vertretungsmacht der bisherigen Geschäftsführer und Liquidatoren beendet ist.

7.551 Im **Amtslöschungsverfahren der Löschung einer GmbH** ist die Gesellschaft beschwerdebefugt, da sie durch die Löschung in ihrer materiellen Existenz

1 OLG Karlsruhe v. 10. 8. 1999 – 14 Wx 24/99, GmbHR 1999, 1100 m.w.N.
2 OLG Düsseldorf v. 13. 11. 1996 – 3 Wx 494/06, GmbHR 1997, 131.
3 OLG München v. 3. 8. 2005 – 31 Wx 4/05, GmbHR 2006, 91, 93, 94.
4 OLG Düsseldorf v. 5. 4. 2006 – I-3 Wx 222/05, GmbHR 2006, 819.
5 OLG München v. 3. 8. 2005 – 31 Wx 4/05, GmbHR 2006, 91.

betroffen ist[1]. Für das Verfahren ist sie als fortbestehend anzusehen[2]. Sie kann in diesem Verfahren von ihren bisherigen gesetzlichen Vertretern vertreten werden, obwohl die Löschung der Gesellschaft als vermögenslos grundsätzlich zur Folge hat, dass die Vertretungsmacht der bisherigen Geschäftsführer und Liquidatoren beendet ist[3].

Sind bei der Löschung der vermögenslosen Gesellschaft **wesentliche Verfahrensvorschriften außer Acht gelassen** worden, kann eine Amtslöschung der Löschung erfolgen[4]. Hierfür reicht es nicht aus, wenn sich nachträglich herausstellt, dass die Gesellschaft noch über Vermögen verfügt[5]. In diesem Verfahren sind auch die Gesellschafter beschwerdebefugt[6]. 7.552

4. Nachtragsverteilung

In Rechtsprechung und Literatur ist die Frage umstritten, unter welchen Voraussetzungen eine **GmbH nach Löschung noch fortbesteht**. Praktische Relevanz erlangt die Fragestellung in den Fällen, in denen sich nach Löschung der Gesellschaft herausstellt, dass sie noch über Vermögenswerte verfügt. Nach einer früher in Rechtsprechung und Literatur vertretenen Auffassung[7] war eine Kapitalgesellchaft erst untergegangen, wenn sie vermögenslos ist. Demgegenüber erblickt eine in der Literatur[8] in letzter Zeit häufig vertretene Auffassung in der Handelsregisterlöschung der Kapitalgesellschaft das entscheidende Kriterium für die **Vollbeendigung der Kapitalgesellschaft**. Unbeachtlich sei, ob die gelöschte Gesellschaft auch tatsächlich bei Löschung vermögenslos war. Die **heute herrschende Auffassung** in Rechtsprechung und Literatur[9] vertritt die Auffassung, dass eine Kapitalgesellschaft erst dann als vollbeendet gilt, wenn die Gesellschaft sowohl im Handelsregister gelöscht wurde als auch bei Löschung tatsächlich vermögenslos war (**Lehre vom Doppeltatbestand**). Sofern diese beiden Voraussetzungen nicht erfüllt seien, bestehe die Kapitalgesellschaft weiter fort. 7.553

1 Vgl. BayObLG v. 12. 1. 1995 – 3 Z BR 256/94, GmbHR 1995, 531.
2 OLG Hamm v. 12. 11. 1992 – 15 W 266/92, GmbHR 1993, 295.
3 Vgl. BayObLG v. 4. 6. 1997 – 3 Z BR 44/97, GmbHR 1997, 1003 m.w.N.
4 OLG München v. 3. 8. 2005 – 31 Wx 4/05, GmbHR 2006, 91.
5 OLG Hamm v. 8. 5. 2001 – 15 W 43/01, GmbHR 2001, 819.
6 BayObLG v. 4. 6. 1997 – 3 Z BR 44/97, GmbHR 1997, 1003 m.w.N.
7 BGH v. 29. 9. 1981 – VI ZR 21/80, NJW 1982, 238 = GmbHR 1983, 20 (LS); BGH v. 9. 12. 1987 – VIII ZR 374/86, GmbHR 1988, 139, 140; BayObLG v. 4. 10. 1955 – 2 Z 104/55, GmbHR 1956, 76 m. Anm. *Gottschling*; OLG Düsseldorf v. 13. 7. 1979 – 3 W 139/79, GmbHR 1979, 227, 228; OLG Frankfurt v. 28. 9. 1989 – 3 U 30/89, NJW-RR 1991, 318, 319; *Ahmann*, GmbHR 1987, 439, 440; *Bokelmann*, NJW 1977, 1130, 1131; *Däubler*, GmbHR 1964, 246; *Müller*, JurBüro 1985, 335, 339.
8 *Buchner*, Amtslöschung, Nachtragsliquidation und masselose Insolvenz von Kapitalgesellschaften, 1988, S. 105; *Hönn*, ZHR 138 (1974), 50 ff.
9 BAG v. 22. 3. 1988 – 3 AZR 350/86, GmbHR 1988, 388; BGH v. 4. 6. 2003 – 10 AZR 448/02, GmbHR 2003, 1009, 1010; KG v. 6. 7. 2004 – 1 W 174/04, GmbHR 2004, 1286; OLG Düsseldorf v. 14. 11. 2003 – I-16 U 95/98, GmbHR 2004, 572, 574; OLG Köln v. 11. 3. 1992 – 2 U 101/91, GmbHR 1992, 536; OLG Stuttgart v. 30. 9. 1998 – 20 U 21/98, ZIP 1998, 1880, 1882; *Baumbach/Hueck/Schulze-Osterloh/Fastrich*, § 60 GmbHG Rz. 65; *Michalski/Nerlich*, § 66 GmbHG Rz. 87; *Scholz/Karsten Schmidt*, § 60 GmbHG Rz. 56; *Vallender*, NZG 1998, 249, 252.

7.554 Stellt sich nach dem Schlusstermin bzw. nach Aufhebung des Insolvenzverfahrens (vgl. § 203 Abs. 2 InsO) über das Vermögen der GmbH heraus, dass noch Massegegenstände oder Geldbeträge der früheren Insolvenzmasse aus rechtlichen oder tatsächlichen Gründen bei Aufstellung und Genehmigung des Schlussverzeichnisses und bei der Verteilung nicht berücksichtigt werden konnten oder werden Vermögensgegenstände nachträglich ermittelt oder fließen zur Masse zurück, müssen sie **in einem besonderen Verfahren** nach Maßgabe der §§ 203 ff. InsO verteilt werden. Die **Nachtragsverteilung,** die von Amts wegen oder auf Antrag eines Insolvenzgläubigers oder des Insolvenzverwalters angeordnet wird, **ist durch den Insolvenzverwalter** nach § 205 InsO **vorzunehmen**. Einen nach § 203 Abs. 1 Nr. 3 InsO ermittelten Gegenstand hat er zu verwerten, der Erlös und sonst freiwerdende Gegenstände sind an die Gläubiger zu verteilen[1]. Die Nachtragsverteilung gem. § 211 Abs. 3 InsO erfasst auch Gegenstände, die der Verwalter zunächst nicht für verwertbar hielt und deswegen nicht zur Masse gezogen hat[2]. Allerdings ist die Anordnung der Nachtragsverteilung wegen eines versehentlich nicht verwerteten Grundstücks unzulässig, wenn vor der Anordnung die Auflassung erklärt und der Antrag auf Eintragung beim Grundbuchamt vom Erwerber oder vom Notar für diesen gestellt worden war[3]. Trotz der Löschung der GmbH im Handelsregister bleibt eine Nachtragsverteilung möglich, weil sie nur restliche Abwicklungsmaßnahmen betrifft und kein neues Insolvenzverfahren über das gelöschte Unternehmen darstellt[4].

7.555 Das Insolvenzgericht kann von der Anordnung der Nachtragsverteilung absehen, wenn der für die Verteilung zur Verfügung stehende Betrag oder der voraussichtliche Verwertungserlös des ermittelten Gegenstandes mit den Kosten der Nachtragsverteilung in keinem angemessenen Verhältnis steht (§ 203 Abs. 3 Satz 1 InsO). Sieht das Gericht von der Anordnung einer Nachtragverteilung ab, stehen der Geldbetrag oder der Gegenstand der GmbH jedenfalls dann zur Verfügung, wenn der fragliche Gegenstand mit der Aufhebung des Verfahrens aus dem Insolvenzbeschlag entlassen worden ist[5].

5. Nachtragsliquidation nach § 66 Abs. 5 GmbHG

7.556 Die Regelung des § 66 Abs. 5 GmbHG manifestiert insoweit die Lehre vom Doppeltatbestand (näher dazu Rz. 7.526), als sie eine Liquidation in den Fällen verlangt, in denen sich trotz Löschung der GmbH im Handelsregister nach § 141a Abs. 1 Satz 1 FGG (ab 1. 9. 2009: § 394 Abs. 1 Satz 1 FamFG) wegen Vermögenslosigkeit **noch verteilbares Vermögen** findet. Dagegen schließt ein nachträglicher Vermögenserwerb die Nachtragsliquidation aus[6].

7.557 Nach § 66 Abs. 5 Satz 2 GmbHG sind die **Liquidatoren** durch das Gericht zu ernennen. Die Liquidation richtet sich nach den allgemeinen Vorschriften der

1 *Frege/Keller/Riedel*, Insolvenzrecht, Rz. 1736.
2 BGH v. 21. 9. 2006 – IX ZB 287/05, ZInsO 2006, 1105.
3 BGH v. 6. 12. 2007 – IX ZB 229/06, ZIP 2008, 322.
4 *Götker*, Der Geschäftsführer in der Insolvenz der GmbH, 1999, Rz. 1073 m.w.N.
5 *Frege/Keller/Riedel*, Insolvenzrecht, Rz. 1734.
6 *V. Gerkan*, EWiR § 2 LöschG 1/99, 1073.

§§ 68 ff. GmbHG. Es handelt sich um eine erstmalige Liquidation, nicht um eine Nachtragsliquidation[1].

6. Die GmbH nach Einstellung des Verfahrens

Im Falle einer **Einstellung des Verfahrens nach §§ 207 InsO, wegen Wegfalls des Eröffnungsgrundes (§ 212 InsO) oder nach Zustimmung aller Insolvenzgläubiger (§ 213 InsO)** ist die Auflösung der Gesellschaft bereits durch die Eröffnung des Insolvenzverfahrens bewirkt worden (§ 60 Abs. 1 Nr. 4 InsO). Die gesellschaftsrechtliche Folge der Auflösung ist die Überführung der GmbH in eine Liquidationsphase, die zur Vollbeendigung des Rechtsträgers führt[2]. Allerdings gelten im eröffneten Insolvenzverfahren die gesellschaftsrechtlichen Liquidationsregeln nicht. Vielmehr tritt die Abwicklung nach der Insolvenzordnung an deren Stelle. 7.558

Auch nach einer **Abweisung mangels Masse** (§ 207 InsO) erfolgt die **Löschung** nicht bereits auf Grund dieser Abweisung, sondern vielmehr wegen **Vermögenslosigkeit**. Die Gesellschaft muss tatsächlich vermögenslos sein, damit die Löschung erfolgen kann. Bei einer **Einstellung des Insolvenzverfahrens nach § 211 InsO** ergeben sich keine grundlegenden Unterschiede zu den Folgen der Einstellung nach § 207 InsO, mit Ausnahme der ausdrücklichen Zulässigkeit von Nachtragsverteilungen[3]. 7.559

Umstritten ist ferner die Zulässigkeit von Nachtragsverteilungen **nach Einstellung des Verfahrens mangels Masse** (§ 207 InsO). Teilweise wird angenommen, für eine Nachtragsverteilung sei kein Raum[4]. Demgegenüber hält es *B. M. Kübler*[5] für konsequent, die Regelung des § 211 Abs. 3 Satz 1 InsO auf solche Verfahren entsprechend anzuwenden, die gem. § 207 InsO ohne weitere Verwaltung und Verwertung eingestellt worden sind, da nicht einmal die Kosten des Verfahrens gedeckt waren. Gegen diese Auffassung spricht der gesetzgeberische Wille. Hätte der Gesetzgeber in den Fällen der Einstellung mangels Masse die Nachtragsverteilung gewollt, hätte er dies ähnlich wie in § 211 Abs. 3 InsO zum Ausdruck bringen müssen. 7.560

Wird das Insolvenzverfahren mangels Masse (§ 207 InsO) oder nach Anzeige der Masseunzulänglichkeit (§ 211 InsO) eingestellt, ist ein Fortsetzungsbeschluss nicht zulässig. Vielmehr schließt sich nach § 141a Abs. 1 FGG (ab 1. 9. 2009: § 394 Abs. 1 FamFG) die Löschung der Gesellschaft wegen Vermögenslosigkeit an, die ebenfalls einem Fortsetzungsbeschluss entgegensteht[6]. Soweit dagegen die **Einstellung des Verfahrens gem. § 212 InsO oder gem. § 213 InsO** erfolgt, ist eine **Fortsetzung der GmbH zulässig**. Allerdings darf die Gesellschaft noch nicht durch Beendigung erloschen, mit der Verteilung des 7.561

1 *Baumbach/Hueck/Schulze-Osterloh*, § 66 GmbHG Rz. 40.
2 *Noack/Casper/Schäfer*, Gesellschaftsrecht, 2006, Rz. 91.
3 *Kübler/Prütting/Bork/Pape*, § 211 InsO Rz. 12.
4 *Landfermann* in Heidelberger Kommentar zur InsO, § 207 InsO Rz. 10; *Dienstühler*, ZIP 1998, 1697, 1707; *Uhlenbruck*, ZIP 1993, 241, 244; *Uhlenbruck*, NZI 2001, 408 ff.; *Nerlich/Römermann/Westphal*, § 207 InsO Rz. 35.
5 In Kölner Schrift zur InsO, S. 967, 980 Rz. 50.
6 *Baumbach/Hueck/Schulze-Osterloh/Fastrich*, § 60 GmbHG Rz. 55.

Gesellschaftsvermögens an die Gesellschafter darf noch nicht begonnen worden sein und das Gesellschaftsvermögen muss mindestens die Schulden decken[1]. In diesem Falle haben die Geschäftsführer der GmbH dafür Sorge zu tragen, dass die Gesellschafter die Fortsetzung der aufgelösten Gesellschaft beschließen[2]. Solange ein Fortsetzungsbeschluss nicht ergangen ist, üben die Geschäftsführer das Amt des Liquidators aus.

7.562 Nach herrschender Meinung bedarf der **Beschluss über die Fortsetzung der Gesellschaft** in Anlehnung an § 274 Abs. 1 Satz 2 AktG einer Dreiviertelmehrheit der abgegebenen Stimmen der Gesellschafter. Der Beschluss ist grundsätzlich formfrei. Etwas anderes gilt nur dann, wenn eine Satzungsänderung erforderlich wird (vgl. § 53 GmbHG). Zwar wird die Ansicht vertreten, dass der Fortsetzungsbeschluss auch stillschweigend gefasst werden kann. Von dieser Möglichkeit sollte indes nur zurückhaltend Gebrauch gemacht werden, weil der Übergang zeitlich nur sehr schwer zu bestimmen ist und dadurch die Anmeldung verzögert werden kann[3]. Der Fortsetzungsbeschluss ist eintragungspflichtig. Die Eintragung hat jedoch nur deklaratorische Bedeutung und bedarf daher der Anmeldung[4].

7.563 Mit dem Fortsetzungsbeschluss rücken die Liquidatoren wieder in ihre ursprüngliche Rechtsposition als Geschäftsführer der Gesellschaft ein. Eine Kündigung des Dienstvertrags durch den Insolvenzverwalter wird hiervon nicht berührt. Mithin bedarf es eines Neuabschlusses des Geschäftsführervertrages[5].

7. Die GmbH & Co. KG nach Aufhebung des Insolvenzverfahrens

7.564 Mit der **Eröffnung des Insolvenzverfahrens über das Vermögen der KG** wird diese nach § 131 Abs. 1 Nr. 3 i.V.m. § 161 Abs. 2 HGB aufgelöst. Dieser Umstand hat auf den Fortbestand der GmbH, soweit nicht für deren Auflösung ein Grund vorliegt, keinen Einfluss, wenn nicht im Gesellschaftsvertrag der GmbH gem. § 60 Abs. 2 GmbHG etwas anderes bestimmt ist. Die Eröffnung des Insolvenzverfahrens über das Vermögen der Komplementär GmbH führt zu deren Auflösung gem. § 60 Abs. 1 Nr. 4 GmbHG und nach § 131 Abs. 3 Nr. 2 HGB zum Ausscheiden der GmbH aus der KG.

7.565 Der Anwendungsbereich des § 141a FGG (ab 1. 9. 2009: § 394 FamFG) umfasst nach Abs. 3 der Vorschrift (ab 1. 9. 2009: § 394 Abs. 4 FamFG) auch die GmbH & Co. KG. Die Vorschrift will verhindern, dass eine GmbH & Co. KG, die über kein Vermögen mehr verfügt, weiterhin am Geschäftsverkehr teilnimmt. Eine Löschung der GmbH & Co. KG im Handelsregister setzt, soweit sie sich auf die Vermögenslosigkeit bezieht, indes voraus, dass sowohl die KG als auch die Komplementär-GmbH vermögenslos sind (§ 141a Abs. 3 Satz 2 FGG [ab 1. 9. 2009: § 394 Abs. 4 Satz 2 FamFG]).

1 *Lutter/Kleindiek* in Lutter/Hommelhoff, § 60 GmbHG Rz. 28 ff.; *Scholz/Karsten Schmidt*, 9. Aufl., § 60 GmbHG Rz. 43, 45.
2 *Uhlenbruck*, GmbHR 2005, 817, 830.
3 *Fichtelmann*, GmbHR 2005, 67, 69.
4 *Fichtelmann*, GmbHR 2005, 67, 73.
5 *Uhlenbruck*, GmbHR 2005, 817, 830.

8. Teil: Das Insolvenzplanverfahren

A. Der Insolvenzplan

I. Begriff und Funktion

1. Grundlagen

Der Insolvenzplan (§§ 217 ff. InsO) ist das **Kernstück des Insolvenzrechts**. Das Insolvenzplanverfahren „löst sich von den überholten Vorstellungen, die dem geltenden Vergleichsrecht zugrunde liegen und gibt den Beteiligten die Möglichkeit, Insolvenzen auf der Grundlage der Gläubigerautonomie[1] flexibel und wirtschaftlich effektiv abzuwickeln"[2]. Der Grundsatz der Gläubigerautonomie ist in § 217 InsO verankert. Nach dieser Vorschrift können die Gläubiger durch Mehrheitsbeschluss in die Rechte der Beteiligten[3] eingreifen. Der Gläubigerautonomie ist nur dadurch eine Grenze gezogen, dass kein Beteiligter durch den Plan schlechter gestellt werden darf, als er ohne Plan stünde 8.1

Nach den Vorstellungen des Gesetzgebers[4] soll der Insolvenzplan den Beteiligten gestatten, einvernehmlich im Wege von Verhandlungen und privatautonomen Austauschprozessen die für sie **günstigste Art der Insolvenzabwicklung** zu entdecken und durchzusetzen[5]. Den Gläubigern ist durch die Insolvenzordnung bezüglich der Dispositionen über das Schuldnervermögen die Abschluss- und Inhaltsfreiheit hinsichtlich eines Insolvenzplans eingeräumt worden[6]. Als Folge dieser freien Vereinbarungen zwischen den Gläubigern wird der Insolvenzplan überwiegend als Vertrag i.S. einer mehrseitigen Verwertungsvereinbarung der Gläubiger in Bezug auf das der Gesamtvollstreckung unterliegende Schuldnervermögen gesehen[7]. 8.2

Die Erwartungen des Gesetzgebers in das Insolvenzplanverfahren haben sich nicht erfüllt. Von der Verbreitungsquote seines Vorbildes, des Reorganisationsplans nach Chapter 11 des U.S. Bankruptcy Code, ist der Insolvenzplan 8.3

---

1 Zum Grundsatz der Gläubigerautonomie vgl. *Prütting*, Allgemeine Verfahrensgrundsätze der Insolvenzordnung, in Kölner Schrift zur Insolvenzordnung, S. 183, Rz. 72 f.; ferner *Neumann*, Die Gläubigerautonomie in einem künftigen Insolvenzverfahren. Eine rechtsvergleichende Betrachtung, Diss. 1995.

2 Beschlussempfehlung und Bericht des Rechtsausschusses zum RegE, BT-Drucks. 12/7302, S. 181.

3 Zum Beteiligten-Begriff vgl. Rz. 8.14.

4 Bundesministerium der Justiz (Hrsg.), Diskussionsentwurf zum Gesetz zur Reform des Insolvenzrechts, 1988, A 57.

5 Zur Mediation als Verhandlungstechnik im Insolvenzplanverfahren s. *Kassing*, ZInsO 1999, 266; *Schumacher/Thiemann*, DZWiR 1999, 441.

6 *Paulus*, FS Uhlenbruck, 2000, S. 33, 34.

7 *Eidenmüller* in Jahrbuch für Neue Politische Ökonomie Bd. 15, 1996, S. 164 ff.; *Häsemeyer*, FS Gaul, 1997, S. 175 ff.; a.A. *Braun/Uhlenbruck*, Unternehmensinsolvenz, S. 464; *Schiessler*, Der Insolvenzplan, 1997, Fn. 1; *Braun* in Gottwald, Insolvenzrechts-Handbuch, § 66 Rz. 19.

jedenfalls noch weit entfernt[1]. *Wellensiek* hält das Insolvenzplanverfahren für einen „Schlag ins Wasser"[2]. In einem Praxistest an einer deutschen Universität scheiterte das Insolvenzplanverfahren[3]. Dennoch sind Ansätze erkennbar, die auch ohne „Mobbing für ein neues Rechtsinstitut"[4] hoffnungsvoll stimmen. Dies gilt sowohl für die Art und Weise, wie sich die Gerichte mit dem Planverfahren befassen, als auch für die Annahme des Verfahrens durch die Praxis. So zeigen die ersten Fälle deutlich, dass die Gerichte weit kooperativer und aufgeschlossener sind als etablierte Verwalter[5]. Beeindruckend sind auch die Art, wie das AG Mühldorf am Inn[6] und das LG Traunstein[7] mit der neuartigen Materie umgegangen sind und die Intensität, mit der sie sich in die komplizierten wirtschaftlichen Zusammenhänge eingearbeitet haben[8]. Erfolgreiche Insolvenzplanverfahren gibt es inzwischen auch in der Praxis[9].

8.4 Der Insolvenzplan trat **an die Stelle des gerichtlichen Vergleichs und des Zwangsvergleichs** (§§ 173 ff. KO) und gestaltete diese grundlegend um. Während der Zweck des gerichtlichen Vergleichsverfahrens und des Zwangsvergleichsverfahrens im Konkurs allein auf eine finanzielle Sanierung des Schuldners durch Schuldenregulierung gerichtet war[10], strebt das Insolvenzplanverfahren primär die finanzielle und leistungswirtschaftliche Sanierung des schuldnerischen Unternehmens an[11]. Anders als im US-amerikanischen Reorganisationsverfahren nach Chapter 11 Bankruptcy Code, das nachhaltig als Verfahren zum Schutz des Schuldners ausgestaltet ist[12] und das deshalb häufig von den Gläubigern als Belastung empfunden wird[13], ist alleiniger Zweck der Insolvenzordnung die Haftungsverwirklichung des Schuldners[14]. Weil der Gesetzgeber der InsO davon Abstand genommen hat, eine Regelung hinsichtlich des **Konzerninsolvenzrechts** zu treffen, sind die Vermögensmas-

1 *Graf/Wunsch*, ZIP 2001, 1029.
2 NZI 2000, Heft 9, V.
3 *Von Leoprechting*, DZWiR 2000, 67 f.
4 *Braun*, NZI 2000, Heft 11, V.
5 *Braun*, NZI 2000, Heft 11, VI.
6 AG Mühldorf am Inn v. 27. 7. 1999 – 1 IN 26/99, NZI 1999, 422 ff.
7 LG Traunstein v. 27. 8. 1999 – 4 T 2966/99, ZInsO 1999, 577 ff.
8 *Kirchhof*, ZInsO 2001, 8.
9 Z.B. Küppersbusch, VFB Leipzig. Zum erfolgreichen Planverfahren eines im Baunebengewerbe tätigen mittelständischen Unternehmens vgl. *Kußmaul/Steffan*, DB 2000, 1849 ff.; Handelsblatt v. 27. 7. 2000, S. 19: „Turbo-Plan rettet Konzmann".
10 Der Gerichtliche Vergleich war als eine Vergünstigung für den redlichen Schuldner konzipiert. Im Gegensatz hierzu bezweckt der Plan ausdrücklich nicht eine Rechtswohltat für den Schuldner. Auf subjektive Würdigungsvoraussetzung kommt es im Planverfahren nicht an (Begr. RegE, BR-Drucks. 1/92, 91).
11 Vgl. *Landfermann*, BB 1995, 1654; *A. Burger/B. Schellberg*, DB 1994, 1833, 1834: *A. Burger* in G. Seicht, Gläubigerschutz, Betriebswirtschaftslehre und Recht, Festgabe Otmar Koren, Wien 1993, S. 363 ff.; *R. Funke* in K. Letzgus/H. Hill/H. H. Klein/D. Kleinert/G.-B. Oschatz/H. De With, Für Recht und Staat, FS Herbert Helmrich, 1994, S. 627 ff.; *Bork* in Leipold, Insolvenzrecht im Umbruch, S. 51; *Prütting*, FS Henckel, 1995, S. 669; *R. Stürner* in Leipold, Insolvenzrecht im Umbruch, S. 41.
12 *Baird*, The Elements of Bankruptcy, 1992, pp. 24, 55.
13 *Smid*, InVo 1996, 316.
14 *Häsemeyer*, Insolvenzrecht, Rz. 1.12.

sen insolvenzfähiger Gesellschaften und Personen trotz konzernmäßigen Verbundes getrennt abzuwickeln. Es gilt nach wie vor der Grundsatz: eine Person, ein Vermögen, eine Insolvenz[1]. Das bedeutet aber nicht, dass das Insolvenzgericht zwar kein Konzerninsolvenzverfahren, wohl aber ein Insolvenzplanverfahren über einen Konzern zulassen kann, um die Insolvenz eines Vertragskonzerns oder eines faktischen Konzerns als Sanierung oder planmäßige Liquidation zu bewältigen[2].

Das **Wahlrecht zwischen Verwertung und Verteilung der Masse nach dem** 8.5
Gesetz einerseits und dem Insolvenzplan andererseits ergibt sich aus § 1 InsO:

„Das Insolvenzverfahren dient dazu, die Gläubiger eines Schuldners gemeinschaftlich zu befriedigen, indem das Vermögen des Schuldners verwertet und der Erlös verteilt oder in einem Insolvenzplan eine abweichende Regelung insbesondere zum Erhalt des Unternehmens getroffen wird. Dem redlichen Schuldner wird Gelegenheit gegeben, sich von seinen restlichen Verbindlichkeiten zu befreien".

Die **grundsätzlichen Verwertungsalternativen des Insolvenzplans** stellen sich 8.6
im Diagramm wie folgt dar:

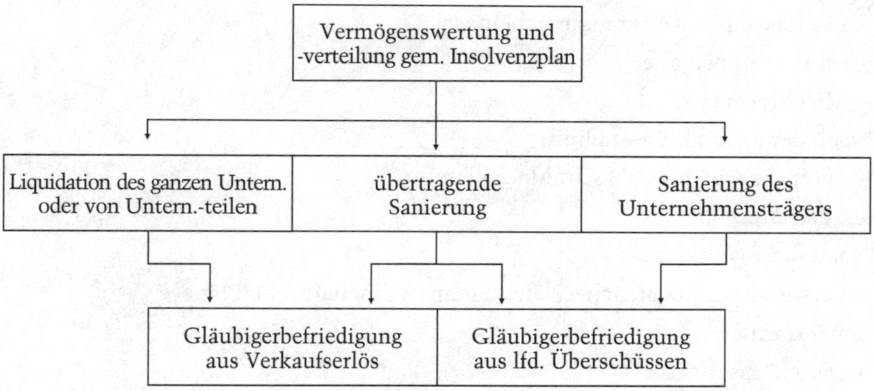

Die Sanierung des Unternehmensträgers[3] wird fast immer den Erlass von 8.7
Schulden durch die Gläubiger erforderlich machen. Der durch diesen Erlass entstehende (Buch-)Gewinn war bis zum 31. 12. 1997 gem. § 3 Nr. 66 EStG als **Sanierungsgewinn** steuerfrei. Der steuerfreie Sanierungsgewinn tangierte vorhandene Verlustvorträge nicht. Seit dem 1. 1. 1998 sind auch Sanierungsgewinne steuerpflichtig, so dass der Anreiz zur Realisierung der Verwertungsalternative „Sanierung des Unternehmensträgers" mit vollständigem Erhalt der Verlustvorträge weitgehend entfallen sein dürfte. Bei der übertragenden Sanierung sind Zahlungen an die Gläubiger der insolventen Gesellschaft in der Regel nicht notwendig und deshalb auch nicht geplant. Die übertragende

1 *Paulus*, ZIP 1996, 2141; *Ehricke*, DZWiR 1999, 353, 359; *Uhlenbruck*, NZI 1999, 41, 42.

2 *Uhlenbruck*, NZI 1999, 41.

3 *Eidenmüller* bezeichnet diese Variante als „Reorganisation" (= „Sanierung des Unternehmens unter Beibehaltung des bisherigen Unternehmensträgers"), in Ott/Schäfer, Effiziente Verhaltenssteuerung und Kooperation im Zivilrecht, 1997, S. 145 ff.

Sanierung[1] ist deshalb „billiger" als die Sanierung des Unternehmensträgers, so dass der übertragenden Sanierung seit Wegfall der Steuerfreiheit des Sanierungsgewinns der Vorzug zu geben ist.

2. Insolvenzplanarten

8.8 Das Instrument des Insolvenzplans steht nicht nur für Sanierungen, sondern auch für alle von den gesetzlichen Vorschriften abweichenden Formen der Liquidation zur Verfügung. Der Plan ist ein **universelles Instrument der Masseverwertung**[2]. Der Plan kann also ebenso ein Sanierungsplan wie auch ein Liquidationsplan sein oder aus einer Kombination von Sanierung und Liquidation von Teilen des Unternehmens bestehen.

8.9 *Braun/Uhlenbruck*[3] unterscheiden folgende Planarten:

Nach den Planzielen

- Eigensanierungspläne
- Übertragende Sanierung
- Liquidations-, Marktaustrittspläne
- Moratoriumspläne
- Mischformen

Nach dem Verfahrensstadium

- „prepackaged plans" (Schuldnerpläne)
- Verwalterpläne

Nach der Rechtsform

- Leistungswirtschaftliche Pläne, Finanzwirtschaftliche Pläne

Sonderformen

- „single asset cases"
- Bedingte Pläne

II. Inhalt und Anlagen des Insolvenzplans

1. Der darstellende Teil (§ 220 InsO)

8.10 Der darstellende Teil dient der **Information der Gläubiger und des Insovenzgerichts** über das Ziel des Plans und den Weg, auf dem dieses Ziel erreicht werden soll. Im darstellenden Teil sollen alle Maßnahmen beschrieben werden, die zur Schaffung der Grundlagen für die geplante Gestaltung der Rechte der Beteiligten schon getroffen wurden und noch zu treffen sind (§ 220 Abs. 1 InsO). Der darstellende Teil soll alle sonstigen Angaben zu den Grundlagen und den Auswirkungen des Plans enthalten, die für die Entscheidung der

1 Der Begriff stammt von *Karsten Schmidt*, vgl. ZIP 1980, 336.

2 Zur „Stellung des Insolvenzplans im einheitlichen Insolvenzverfahren" vgl. das Diagramm in *Groß/Hess/Ley*, WPK-Mitteilungen, Sonderheft Dez. 1997, S. 34.

3 Unternehmensinsolvenz, S. 563 ff.

Gläubiger über die Zustimmung zum Plan und dessen gerichtliche Bestätigung erheblich sind (§ 220 Abs. 2 InsO). *Lüke* spricht in diesem Zusammenhang von einer „umfassenden Aufklärungspflicht" des Planinitiators analog den Grundsätzen, die zur schuldrechtlichen Prospekthaftung entwickelt wurden. Der Planinitiator habe für die Richtigkeit und Vollständigkeit seiner Angaben zu haften[1].

Kernstück des darstellenden Teils ist die Prüfung der Sanierungsfähigkeit des Not leidenden Unternehmens und die Darstellung des Sanierungs- oder Liquidationskonzepts[2], [3]. 8.11

Die InsO wird von dem **Grundgedanken** getragen, **dass kein Beteiligter durch den Insolvenzplan schlechter gestellt werden darf, als er voraussichtlich[4] ohne einen Plan stünde**. Dieser Grundgedanke findet sich in mehreren Vorschriften wieder (§ 245 Abs. 1 Satz 1 InsO, fehlende Zustimmung einer Abstimmungsgruppe; § 247 Abs. 2 Satz 1 InsO, Widerspruch des Schuldners; § 251 Abs. 1 Satz 2 InsO, Widerspruch des Gläubigers). Das Insolvenzgericht hat darauf zu achten, dass der Grundgedanke umgesetzt wird. Das Insolvenzgericht muss deshalb in die Lage versetzt werden, die wirtschaftlichen Ergebnisse einer Masseverwertung und -verteilung nach dem Gesetz einerseits und nach dem Plan andererseits miteinander zu vergleichen. Der darstellende Teil des Insolvenzplans soll dem Gericht die erforderlichen Informationen in Form einer **Vergleichsrechnung** bieten. Die Vergleichsrechnung kann folgenden Inhalt haben: 8.12

- Zahlenmäßige Darstellung des voraussichtlichen wirtschaftlichen Ergebnisses der Planalternativen
- Zerschlagung des Unternehmens
- Verkauf des ganzen Unternehmens oder einzelner Unternehmensteile
- Sanierung des Unternehmensträgers
- Vergleich des wirtschaftlichen Ergebnisses des Insolvenzverfahrens mit und ohne Insolvenzplan

2. Der gestaltende Teil (§ 221 InsO)

Im gestaltenden Teil wird festgelegt, wie die **Rechtsstellung der Beteiligten** durch den Plan geändert werden soll (§ 221 InsO). 8.13

Der **Begriff der Beteiligten** findet sich an mehreren Stellen des Gesetzes[5], ohne jedoch ausdrücklich definiert zu werden. Aus dem jeweiligen Sinnzusammen- 8.14

---

1 *Lüke*, FS Uhlenbruck, 2000, S. 528 ff.

2 Zum „Insolvenzplan als Sanierungsplan" vgl. *Hermanns/Buth*, DStR 1997, 1178 ff.; *Landfermann*, BB 1995, 1654.

3 Zur schematischen Darstellung der Prüfung der Sanierungsfähigkeit und der Entwicklung eines Sanierungskonzepts vgl. *Maus* in Kölner Schrift zur InsO, S. 717.

4 Das Wort „voraussichtlich" ist durch das EGInsOÄndG v. 19. 12. 1998 (BGBl. I 1998, 3836) in die Insolvenzordnung aufgenommen worden.

5 §§ 217, 220 Abs. 1, 221, 222 Abs. 1, 226 Abs. 1, 2, 234, 254 Abs. 1 Satz 1 und 3 InsO.

hang der Vorschriften ergibt sich allerdings, dass für diesen Terminus der im Verfahren der freiwilligen Gerichtsbarkeit gebräuchliche Begriff der „materiell Beteiligten" Vorbild war[1]. „Beteiligte" i.S. von § 221 InsO sind kraft Gesetzes (§ 217 InsO) die **absonderungsberechtigten Gläubiger** und die **Insolvenzgläubiger**. Der **Schuldner** ist insoweit **Beteiligter**, als seine Haftung nach Beendigung des Insolvenzverfahrens in einem Insolvenzplan abweichend von den gesetzlichen Vorschriften geregelt werden kann (§ 217 InsO). Entgegen den Vorschlägen der Kommission für Insolvenzrecht[2] hat der Gesetzgeber Eingriffe in die Rechtsstellung der Gesellschafter des Schuldners nicht zugelassen[3]. Freiwillig können die Gesellschafter sich aber ebenso am Insolvenzplanverfahren beteiligen wie andere Dritte[4].

8.15 Nachteilig für die Insolvenzabwicklung, vor allem wenn die Unternehmenssanierung Verfahrensziel ist, ist der **Verzicht des Gesetzgebers auf Eingriffe in die Rechte der aussonderungsberechtigten Gläubiger**, z.B. der **Eigentumsvorbehaltslieferanten** aus einfachem Eigentumsvorbehalt[5]. Zwar kann der Insolvenzverwalter von dem Eigentumsvorbehaltslieferanten die Erfüllung des Kaufvertrags verlangen (§ 103 Abs. 1 InsO); die Kaufpreisforderung des Vorbehaltsverkäufers ist aber eine Masseforderung, für deren Erfüllung der Insolvenzverwalter gem. § 61 InsO haftet. Lehnt der Insolvenzverwalter die Erfüllung des Kaufvertrags wegen Masseinsuffizienz ab, so kann der Vorbehaltsverkäufer die Herausgabe der Vorbehaltsware verlangen[6]. Er wird dies besonders dann tun, wenn ihm aus persönlichen Gründen daran gelegen ist, dass der Schuldner sein Ziel der Unternehmenssanierung nicht erreicht. Handelt es sich bei der Vorbehaltsware um absolut betriebsnotwendige Gegenstände, die in der Kürze der Zeit nicht durch andere ersetzt werden können, hat der Vorbehaltsverkäufer das Verfahren also praktisch „in der Hand". Der Planersteller wird sich deshalb schon bei der Planvorbereitung um eine Verständigung mit den Eigentumsvorbehaltslieferanten kümmern müssen, die ggf. gem. § 230 Abs. 3 InsO als Anlage zum Plan genommen werden kann[7].

8.16 Das Gesetz (§ 227 InsO) sieht für den **Schuldner** vor, dass er mit der im gestaltenden Teil vorgesehenen Befriedigung der Insolvenzgläubiger von seinen restlichen Verbindlichkeiten gegenüber diesen Gläubigern befreit wird. Durch diese Regelung kann dem Schuldner Restschuldbefreiung unabhängig von den Vorschriften im Achten Teil der InsO gewährt werden. Die Vorteile, die die Restschuldbefreiung nach § 227 InsO dem Schuldner gegenüber der Restschuldbefreiung nach §§ 286 ff. InsO bietet, sind beachtlich: So entfallen

1 *Schiessler*, Der Insolvenzplan, 1997, S. 72.
2 Bundesministerium der Justiz (Hrsg.), Erster Bericht der Kommission für Insolvenzrecht, 1985, Leitsätze 2. 4. 9. 6 (S. 59) und deren Begründung (S. 282 f.).
3 Beschluss-Empfehlung des Rechtsausschusses zu § 253, BT-Drucks. 12/7302, S. 181.
4 Vgl. *Smid/Rattunde*, Der Insolvenzplan, Rz. 6.33.
5 Vgl. Begr. zu § 253 RegE, BR-Drucks. 1/92, S. 195.
6 A.A. *Häsemeyer*, Insolvenzrecht, Rz. 11.10, der auch dem einfachen Eigentumsvorbehalt nicht das Recht zur Aussonderung, sondern lediglich zur abgesonderten Befriedigung einräumen will.
7 *Warrikoff*, KTS 1997, 544.

bspw. die Versagungsgründe gem. § 290 Abs. 1 Nr. 1[1], 2[2], 4[3] und 5[4] InsO. Im Gegensatz zum Restschuldbefreiungsverfahren nach §§ 286 ff. InsO kann der Insolvenzplan Restschuldbefreiung also auch für den „unredlichen" Schuldner vorsehen. Vorteilhaft für den Schuldner bei Restschuldbefreiung nach § 277 InsO ist nicht zuletzt der Verzicht auf die siebenjährige „Wohlverhaltensperiode" des § 287 Abs. 2 InsO. Allein diese gesetzgeberischen Wohltaten für den Schuldner im Insolvenzplanverfahren können eine starke Triebfeder für eine Planvorlage durch den Schuldner sein.

Die „Befreiung" von den restlichen Verbindlichkeiten gem. § 227 InsO führt 8.17
bei bilanzierenden Schuldnern zu einem **Buchgewinn**, der bis zum 31. 12. 1997 ein steuerfreier Sanierungsgewinn war. Nach dem ersatzlosen Wegfall der Befreiungsvorschrift des § 3 Nr. 66 EStG[5] kann der Gläubigerverzicht also Steuern auslösen, wenn nicht ausreichende Verlustvorträge beim Schuldner vorhanden sind[6].

Ist der **Schuldner eine Personenhandelsgesellschaft**, so kann im Insolvenzplan 8.18
auch die Haftung der persönlich haftenden Gesellschafter geregelt werden. Die Gläubiger sind legitimiert, auf Forderungen der Gesellschaft an die Gesellschafter ganz oder teilweise zu verzichten.

Im Plan kann auch eine für den Schuldner **nachteilige Regelung** seiner Haf- 8.19
tung getroffen werden.

Die Rechte der **absonderungsberechtigten Gläubiger**, die im gestaltenden Teil 8.20
geändert werden können, sind in den §§ 165 ff. InsO geregelt. Bestimmt der Plan nichts anderes, so bleiben die gesetzlichen Rechte dieser Gläubigergruppe unberührt (§ 223 Abs. 1 InsO). Abweichende Regelungen sind im gestaltenden Teil anzugeben (§ 223 Abs. 1 InsO).

Die **Insolvenzgläubiger** haben nach dem Gesetz Anspruch auf die Quote 8.21
(§§ 38, 187 ff. InsO). Abweichungen von dieser gesetzlichen Regelung sind im gestaltenden Teil zu erläutern (§ 224 InsO).

Die Forderungen **nachrangiger Insolvenzgläubiger** werden nach dem Gesetz 8.22
(§ 39 InsO) im Rang nach den Forderungen der Insolvenzgläubiger berichtigt. Nach dem Insolvenzplan gelten sie als erlassen, wenn im gestaltenden Teil nichts anderes bestimmt ist (§ 225 InsO).

Die Beteiligten sind je nach ihrer unterschiedlichen Rechtsstellung zum 8.23
Zweck der Abstimmung über den Plan in **Gruppen** zusammenzufassen. Folgende Gruppen *müssen* gebildet werden (§ 222 Abs. 1 InsO):

1 Versagung bei Verurteilung des Schuldners wegen einer Straftat.
2 Versagung wegen unrichtiger oder unvollständiger Angaben über seine Vermögensverhältnisse.
3 Versagung wegen Gläubigerbenachteiligung durch Vermögensverschwendung oder Begründung unangemessener Verbindlichkeiten.
4 Versagung wegen der Verletzung von Auskunfts- und Mitwirkungspflichten.
5 Durch Gesetz v. 29. 10. 1997, BGBl. I 1997, 2590.
6 Zur Besteuerung des Sanierungsgewinns als Problem der Unternehmenssanierung vgl. ausführlich *Maus*, NZI 2000, 449 ff.

- Gruppe der absonderungsberechtigten Gläubiger, wenn durch den Plan in deren Rechte eingegriffen wird,
- Gruppe der nicht nachrangigen Insolvenzgläubiger,
- Gruppe der nachrangigen Insolvenzgläubiger, wenn deren Forderungen nicht nach § 225 InsO als erlassen gelten sollen; verteilen sich die nachrangigen Insolvenzgläubiger auf mehrere Rangklassen (§ 39 Abs. 1 InsO), so ist für die Gläubiger jeder Rangklasse eine besondere Gruppe zu bilden.

8.24 In einem Insolvenzplan, der die Fortführung eines Unternehmens oder eines Betriebes vorsieht, kann für den **Träger der Insolvenzsicherung** eine besondere Gruppe gebildet werden (Art. 91 EGInsO).

8.25 Die **Arbeitnehmer** sollen eine besondere Gruppe bilden, wenn sie als Insolvenzgläubiger mit nicht unerheblichen Forderungen beteiligt sind (§ 222 Abs. 3 Satz 1 InsO). Arbeitnehmer sind aber in erster Linie Massegläubiger und oft nur in geringem Maße Insolvenzgläubiger[1], so dass diese Vorschrift kaum zur Anwendung kommen wird[2]. Aus den Gläubigern mit gleicher Rechtsstellung können Gruppen gebildet werden, in denen **Gläubiger mit gleichartigen wirtschaftlichen Interessen** zusammengefasst werden (§ 222 Abs. 2 Satz 1 InsO). Die Kriterien für die Gruppenbildung sind im Plan anzugeben (§ 222 Abs. 2 Satz 3 InsO). Innerhalb einer Gruppe gilt der **Gleichbehandlungsgrundsatz** (§ 226 Abs. 1 InsO). Eine Ungleichbehandlung ist allerdings mit Zustimmung der Betroffenen möglich (§ 226 Abs. 2 InsO).

8.26 Die Gruppenbildung erfolgt durch den Planinitiator, also entweder den Schuldner oder den Insolvenzverwalter (§ 218 InsO). Im Hinblick auf die **vielfältigen Manipulationsmöglichkeiten durch die Gruppenbildung**[3] kommt der gerichtlichen Kontrolle der Gruppenabgrenzung (§ 231 Abs. 1 InsO) bei Planvorlage durch den Schuldner besondere Bedeutung zu. Allerdings sieht § 231 Abs. 1 InsO **keine umfassende Inhaltskontrolle**, sondern nur eine **summarische Prüfung der vorgelegten Insolvenzpläne durch das Gericht** vor. Der böswillige Schuldner wird deshalb kaum zu befürchten haben, dass das Gericht manipulierte Gruppenbildungen entdeckt[4]. Der Gesetzgeber hat aber dennoch richtig gehandelt, dass er dem Gericht keine umfassende Inhaltskonrolle der Pläne aufbürdete, die wegen des Zeitdrucks und des unübersehbaren Prüfungsstoffs ohnehin nicht durchführbar gewesen wäre. Die Prüfungsrichtschnur für das Gericht ist die mögliche Schlechterstellung des Gläubigers im Planverfahren gegenüber dem „Regelverfahren". Erfüllt das Gericht diese Aufgabe zuverlässig, muss dem Gläubigerschutz im Rahmen des dem Gericht Möglichen Genüge getan sein.

1 *Oberhofer*, ZInsO 1999, 439.
2 *Braun* in Gottwald, Insolvenzrechts-Handbuch, § 67 Rz. 48, 49.
3 *Smid*, InVo 1997, 169 ff.; *Hess/Weis*, InVo 1998, 64 ff.; zur Gruppenbildung vgl. ferner *Braun/Uhlenbruck*, Unternehmensinsolvenz, S. 595; *Engberding*, DZWIR 1998, 95; *Kaltmeyer*, ZInsO 1999, 255, 259 ff.
4 *Engberding*, DZWIR 1998, 96, stellt überzeugend dar, dass weder das Gericht noch der Insolvenzverwalter einseitig schuldnerbegünstigende Pläne verhindern können.

Sollen **Rechte an Sachen** geändert werden, so können die erforderlichen Willenserklärungen der Beteiligten (bspw. der Verzicht auf ein Pfandrecht oder die Einigung über die Übereignung einer beweglichen Sache) in den gestaltenden Teil des Insolvenzplans aufgenommen werden (§ 228 InsO). Hängt der Eintritt der Rechtsänderung von zusätzlichen tatsächlichen Voraussetzungen ab (z.B. Übergabe einer beweglichen Sache), so sind diese gesondert herbeizuführen; sie können nicht durch den Plan ersetzt werden. Bei Grundstücksgeschäften können die Einigung und die Eintragungsbewilligung (§ 19 GBO) in den gestaltenden Teil des Plans aufgenommen und durch die rechtskräftige Bestätigung des Plans ersetzt werden; die Rechtsänderung tritt aber erst mit der Eintragung im Grundbuch ein[1]. 8.27

Folgende **weiteren wichtigen Entscheidungen** können die Beteiligten im gestaltenden Teil des Plans treffen: 8.28

- Entgegen der gesetzlichen Regelung (§ 259 Abs. 1 InsO) wird die Planerfüllung durch den Insolvenzverwalter überwacht (§ 260 InsO).
- Bestimmte Rechtsgeschäfte des Schuldners oder der Übernahmegesellschaft sind während der Zeit der Planüberwachung (§ 260 InsO) nur mit Zustimmung des Insolvenzverwalters wirksam (§ 263 InsO).
- Die Insolvenzgläubiger treten im Rang hinter die Forderungen von Gläubigern aus Darlehen und sonstigen Krediten zurück, die der Schuldner oder die Übernahmegesellschaft innerhalb eines bestimmten Kreditrahmens während der Zeit der Überwachung aufnimmt oder die ein Massegläubiger in die Zeit der Überwachung hinein stehen lässt.

1 Vgl. Begr. zu § 271 RegE, BR-Drucks. 1/92, S. 202.

B. Verfahrensablauf

I. Planinitiativrecht

8.29 Das Recht zur Vorlage des Insolvenzplans an das Insolvenzgericht (Planinitiativrecht) haben der Insolvenzverwalter und der Schuldner (§ 218 Abs. 1 Satz 1 InsO). Die Vorlage durch den Schuldner kann mit dem Antrag auf Eröffnung des Insolvenzverfahrens verbunden werden (§ 218 Abs. 1 Satz 2 InsO)[1]. Die Planvorlage durch den Schuldner kann den Vorteil haben, dass genügend Zeit zur Planvorbereitung, u.a. zu einer vorgerichtlichen **Testabstimmung**, bestand, so dass der **„prepackaged"** (vorbereitete) **Insolvenzplan** der Zustimmung der wesentlichen Gläubigergruppen im Abstimmungstermin sicher ist[2]. Aus dem Recht des Schuldners zur Planvorlage kann für den GmbH-Geschäftsführer im Verhältnis zur Gesellschaft eine Pflicht werden, wenn der Insolvenzplan das optimale Instrument zur Sanierung der Gesellschaft ist[3].

8.30 Der **Verwalter hat ein eigenes Recht zur Erstellung eines Insolvenzplans** (§ 218 Abs. 1 Satz 1 InsO). Dieses Recht verpflichtet ihn aber auch zugleich zur Planerstellung, und zwar bereits mit Amtsübernahme, wenn ein Plan im Hinblick auf das Verfahrensziel geboten ist[4]. Zusätzlich kann die Gläubigerversammlung ihn mit der Planerstellung beauftragen und ihm das Ziel des Plans vorgeben (§ 157 Satz 2 InsO)[5]. Die Beauftragung durch die Gläubigerversammlung entbindet den Verwalter nicht von der Verpflichtung zur Erstellung eines eigenen Plans, wenn er die Planvorgaben der Gläubigerversammlung im Interesse der Gläubigergesamtheit für unzweckmäßig hält[6]. Wird der Verwalter gem. § 157 InsO von der Gläubigerversammlung mit der Planerstellung beauftragt, so hat er den Plan **„innerhalb angemessener Frist"** dem Gericht vorzulegen (§ 218 Abs. 2 InsO). Die Angemessenheit der Frist wird

1 Zur Verbindung der Planvorlage durch den Schuldner mit dem Antrag auf Eigenverwaltung gem. §§ 270 ff. InsO vgl. Rz. 9.29.

2 *Engberding*, DZWiR 1998, 95, weist allerdings zu Recht darauf hin, dass, wenn die Testabstimmung zu einer Zustimmung aller Gläubiger führt, ein Insolvenzverfahren unnötig ist oder ein bereits eröffnetes Verfahren nach §§ 214 ff. InsO eingestellt werden sollte. Die Notwendigkeit zur Durchführung des Verfahrens bleibt, wenn sich bei der Testabstimmung Akkordstörer offenbart haben.

3 Vgl. *Schluck-Amend/Walker*, GmbHR 2001, 375; zur Sanierungspflicht des organschaftlichen Vertreters gegenüber der Gesellschaft vgl. *Uhlenbruck* in Gottwald, Insolvenzrechts-Handbuch, § 7 Rz. 13.

4 *Lüke*, FS Uhlenbruck, 2000, S. 527.

5 Planziele in diesem Sinne sind die Verwertungsalternativen Liquidation, übertragende Sanierung und Sanierung des insolventen Rechtsträgers. *Riggert*, WM 1998, 1524, nennt die Planziele „Gestaltungsvorstellungen" der Gläubiger, zu deren Umsetzung der Verwalter verpflichtet sein soll. In dem Beispielsfall von *Riggert* muss die Hausbank des Schuldners, die keinen Einfluss auf den Schuldnerplan nehmen kann, versuchen, eine Mehrheit in der Gläubigerversammlung dafür zu gewinnen, den Verwalter mit der Planerstellung zu beauftragen. Weil eigennütziges Interesse der Hausbank nicht auszuschließen ist, wird der Verwalter zu prüfen haben, ob er den „Gestaltungsvorschlägen" folgen kann.

6 *Lüke*, FS Uhlenbruck, 2000, S. 527; a.A. *Flessner* in Heidelberger Kommentar zur InsO, § 218 Inso Rz. 11; *Jaffé* in Frankfurter Kommentar zur InsO, § 218 InsO Rz. 82.

von dem Insolvenzgericht im Einzelfall zu bestimmen sein[1]. Nimmt der Insolvenzverwalter seine Arbeiten tatsächlich erst mit Auftragserteilung durch die Gläubigerversammlung, also sechs Wochen bis drei Monate nach Eröffnung des Insolvenzverfahrens (§ 29 Abs. 1 Nr. 1 InsO) auf, so kann eine der Situation des Schuldnerunternehmens angemessene Frist nur noch in Tagen zu bemessen sein, wenn es nicht ohnehin zur Erstellung eines Plans längst zu spät ist.

Hat der Verwalter neben einem eigenen Plan auch einen Plan im Auftrag der Gläubigerversammlung erstellt, so sind beide Pläne dem Insolvenzgericht vorzulegen. § 218 Abs. 1 Satz 1 InsO, der den Verwalter zur Vorlage „eines" Plans berechtigt, kann nicht als zahlenmäßige Begrenzung der Pläne verstanden werden. Ggf. tritt zu zwei Verwalterplänen noch ein Schuldnerplan. In diesem Fall der Konkurrenz alternativer Insolvenzpläne werden die Gläubiger über den zuerst vorgelegten Plan in Kenntnis des zweiten oder des dritten Plans abstimmen. Werden alle Pläne im jeweiligen Erörterungs- und Abstimmungstermin angenommen, so liegt die Wahl zwischen den Plänen beim Insolvenzgericht. Das Insolvenzgericht wird im Zweifelsfall denjenigen Plan bestätigen, der die größte Zustimmung der Gläubiger gefunden hat. Wird einer der Pläne rechtskräftig, so tritt hinsichtlich des anderen Plans Erledigungswirkung ein. Schuldner, Insolvenzverwalter und Gläubiger können die Möglichkeit des alternativen Planinitiativrechts (§ 218 Abs. 1 Satz 1 InsO) nutzen, um eine Konfrontationsstrategie durch Einreichung eines konkurrierenden Plans[2] zu entwickeln. Der konkurrierende Planeinreicher muss verhindern, dass die anderen Pläne rechtskräftig werden. Es tritt ein Wettlauf ein, welcher Plan zuerst Rechtskraft erlangt[3]. 8.31

Hat das Insolvenzgericht die **Eigenverwaltung** angeordnet (§ 270 InsO), so kann die Gläubigerversammlung den Sachwalter oder den Schuldner mit der Ausarbeitung eines Insolvenzplans beauftragen (§ 284 Abs. 1 InsO). Eine **Überwachung der Planerfüllung** ist Aufgabe des Sachwalters. 8.32

II. Die Vorprüfung des Insolvenzplans *(Vallender)*

Das **Insolvenzgericht** hat gem. § 231 InsO eine Vorprüfung des Insolvenzplans vorzunehmen. Auf diese Weise soll die **Rechtmäßigkeit** eines im Wesentlichen den Beteiligten zur autonomen Gestaltung überlassenen Verfahrens gewährleistet werden[4]. Gleichzeitig soll den Beteiligten die Beschäftigung mit einem gesetzwidrigen und aussichtslosen Insolvenzplan und eine damit verbundene Verzögerung der Masseverwertung erspart werden[5]. Eine **endgültige Überprüfung** des Plans erfolgt erst, wenn der Plan von den Beteiligten angenommen worden ist und nun bestätigt werden soll (§ 250 Nr. 1 InsO). Das Vorprüfungsverfahren geschieht **von Amts wegen** und muss nach Einreichung 8.33

1 *Braun/Uhlenbruck*, Unternehmensinsolvenz, S. 474.
2 *Riggert*, WM 1998, 1525.
3 *Riggert*, WM 1998, 1525.
4 *Kübler/Prütting/Bork/Otte*, § 231 InsO Rz. 4.
5 *Flessner* in Heidelberger Kommentar zur InsO, § 231 InsO Rz. 2.

des Plans stattfinden[1]. Bei Planvorlage durch den Schuldner mit dem Eröffnungsantrag hat die Vorprüfung alsbald nach Eröffnung des Verfahrens zu erfolgen[2]. Das Vorprüfungsverfahren endet nach § 234 InsO mit der Niederlegung des Plans bzw. spätestens gem. § 235 InsO mit der Anberaumung des Erörterungs- und Abstimmungstermins. Eines **positiven Zulassungsbeschlusses** bedarf es nicht.

8.34 Die Vorprüfung des Plans stellt das Gericht vor nicht zu unterschätzende Anforderungen[3] und birgt erhebliche **Haftungsrisiken** in sich. Dies gilt insbesondere bei Nichtannahme des Plans. Die dadurch bedingte Verzögerung eines angestrebten Sanierungsverfahrens kann zu einer erheblichen Beeinträchtigung der Sanierungschancen führen. Die Vorprüfung ist um so schwieriger, als sie regelmäßig unter großem Zeitdruck zu erledigen sein wird. Aus diesem Grunde wird sich das Gericht grundsätzlich einer sachverständigen Hilfe nicht bedienen dürfen[4]. Es ist aber nicht zu verkennen, dass vor allem bei komplexen betriebswirtschaftlichen Sachverhalten die Gerichte mit der Vorprüfung des Plans zumeist überfordert sein dürften, so dass sich der Einsatz von Sachverständigen geradezu aufdrängt[5]. Der Gesetzgeber hat diese Schwierigkeiten erkannt und dem Insolvenzgericht dadurch „eine Brücke gebaut", dass sich die Prüfung, soweit betriebswirtschaftliche Sachverhalte Prüfungsgegenstand sind, nur auf **„offensichtliche"** Feststellungen zu beziehen hat. Mithin reicht eine **summarische** Prüfung aus. Diese setzt aber ebenfalls Grundkenntnisse über betriebswirtschaftliche Zusammenhänge voraus und ändert nichts an der erheblichen Verantwortung des Insolvenzgerichts für den weiteren Gang des Verfahrens[6]. Im Rahmen der Vorprüfung ist das Gericht befugt, den Vorlegenden zu ergänzenden Angaben aufzufordern (§ 4 InsO i.V.m. § 139 ZPO)[7].

8.35 Das **Vorprüfungsverfahren ist ein formell-verfahrensrechtlicher Prüfungsabschnitt**[8]. Seine Gestaltung unterliegt dem pflichtgemäßen Ermessen des Gerichts. Hat das Insolvenzgericht vor einer beabsichtigten Zurückweisung des Plans den Hauptgläubiger zu einer möglichen Annahme angehört, steht jedenfalls die Vorschrift des § 231 Abs. 1 Nr. 2 InsO einer Verwertung der dabei gewonnenen Erkenntnisse nicht entgegen[9]. Soweit das Insolvenzgericht nach einer kursorischen Prüfung zu dem – vorläufigen – Ergebnis gelangt, der Plan

1 *Flessner* in Heidelberger Kommentar zur InsO, § 231 InsO Rz. 11.
2 Vgl. aber AG Siegen v. 28. 12. 1999 – 25 IN 161/99, NZI 2000, 236, das einen vom Schuldner vorgelegten Plan bereits vor der Entscheidung über den Eröffnungsantrag gem. § 231 Abs. 1 Nr. 3 InsO zurückgewiesen hat, weil der Schuldner den Plan offensichtlich aus rechtlichen Gründen voraussichtlich nicht würde erfüllen können (hier: drohende Gewerbeuntersagung nach § 35 Abs. 1 Satz 1 GewO).
3 *Haarmeyer/Wutzke/Förster*, Handbuch zur Insolvenzordnung, Kap. 9 Rz. 16, bezeichnen die Vorprüfung des Plans gar als die „mit Abstand schwierigste Aufgabenstellung für das Insolvenzgericht".
4 A.A. LG Dresden v. 15. 7. 2005 – 5 T 830/02, ZIP 2005, 1607 = ZInsO 2005, 831, 832.
5 Vgl. *Hess/Weis*, InVo 1996, 93.
6 *Hess/Weis*, InVo 1996, 93.
7 *Smid/Rattunde*, Der Insolvenzplan, S. 66 ff.
8 *Braun* in Gottwald, Insolvenzrechts-Handbuch, § 68 Rz. 9.
9 BGH v. 23. 7. 2004 – IX ZB 276/03 n.v.

sei zulässig, bietet es sich an, bereits zu diesem Zeitpunkt Stellungnahmen zum Plan gem. § 232 InsO einzuholen. Die Regelung zwingt das Insolvenzgericht nicht, erst nach einem positiven Ausgang des Verfahrens die Anhörung der anderen Beteiligten zu veranlassen[1]. Eine solche Handhabung trägt nicht unwesentlich zu einem zügigen Ablauf des Verfahrens bei. Darüber hinaus ist auch eine Entscheidung über den Antrag des Schuldners oder Insolvenzverwalters auf **Aussetzung von Verwertung und Verteilung** näher in Betracht zu ziehen (§ 233 InsO). **Funktionell zuständig** für die Vorprüfung des Plans gem. § 231 InsO ist der **Rechtspfleger**[2]. Etwas anderes gilt nur dann, wenn sich der Insolvenzrichter das gesamte Verfahren oder die Vorprüfung des Insolvenzplans (im eröffneten Insolvenzverfahren) vorbehalten hat[3].

Das Insolvenzgericht hat den Plan **zurückzuweisen**, wenn 8.36

- die Vorschriften zur Vorlage und zum Inhalt des Plans nicht beachtet wurden und der Vorlegende den Mangel nicht beheben kann oder ihn nicht innerhalb der vom Gericht gesetzten Frist behebt (§ 231 Abs. 1 Nr. 1 InsO),
- ein vom Schuldner vorgelegter Plan offensichtlich keine Aussicht auf Annahme durch die Gläubiger oder auf Bestätigung durch das Gericht hat, die im gestaltenden Teil den Beteiligten zugesagten Ansprüche offensichtlich nicht erfüllt werden können (§ 231 Abs. 1 Nr. 2 und 3 InsO), oder
- der Insolvenzverwalter die Zurückweisung eines neuen Plans beantragt, nachdem ein vorheriger vom Schuldner vorgelegter Plan von den Gläubigern nicht angenommen, vom Gericht zurückgewiesen oder vom Schuldner zurückgezogen wurde (§ 231 Abs. 2 InsO[4]).

Zu den Prüfungsaufgaben des Gerichts gem. § 231 Abs. 1 Nr. 1 InsO gehört auch die Kontrolle der gesetzlich vorgeschriebenen **sachgerechten Abgrenzung der Gläubigergruppen**. Dieser Prüfungsaufgabe ist eine erhöhte Bedeutung beizumessen. Dies gilt vor allem bei einer Planvorlage durch einen – unredlichen – Schuldner. Diesem eröffnet die Gruppenbildung (und damit die Beeinflussung der Abstimmungsmehrheiten) „ein erhebliches Potential an Miss- 8.37

---

1 A.A. *Flessner* in Heidelberger Kommentar zur InsO, § 231 InsO Rz. 11.

2 § 3 Nr. 2e RPflG. Das schließt indes nicht aus, dass bereits der Richter im Eröffnungsverfahren eine solche Vorprüfung vorzunehmen berechtigt ist und bereits vor der Entscheidung über den Eröffnungsantrag den Plan zurückweist (vgl. AG Siegen v. 28. 12. 1999 – 25 IN 161/99, NZI 2000, 236).

3 Vgl. § 18 Abs. 2 Satz 1 RPflG. Ein solcher auf die Vorprüfung des Plans erklärter Vorbehalt erscheint nur dann sinnvoll, wenn der Schuldner einen sogen. „pre-packaged-plan" vorgelegt und der Richter bereits im Stadium des Insolvenzeröffnungsverfahrens auf Mängel hingewiesen hat, die einer optimalen Plandurchführung entgegenstehen. Hierzu ist er befugt *(Kübler/Prütting/Bork/Otte*, § 231 InsO Rz. 24). Da die zu treffenden Sicherungsmaßnahmen gem. § 21 Abs. 1 InsO nicht isoliert vom Planinhalt angeordnet werden sollten, kann bereits in diesem frühen Verfahrensstadium eine Vorprüfung geboten sein. Grundsätzlich sollte der Richter aber davon absehen, in den Aufgabenbereich des Rechtspflegers einzugreifen. Näher zur Problematik des Richtervorbehalts, *Fuchs*, ZInsO 2001, 1033 ff.

4 Die Vorschrift ist nur auf den nach der Vorprüfung gescheiterten Plan des Schuldners anwendbar.

brauchsmöglichkeiten"[1]. Soweit *Smid* deshalb von dem Insolvenzgericht die Prüfung verlangt, ob die Gruppenbildung manipulativen Charakter[2] hat, überspannt dies allerdings die Anforderungen an die vom Gericht im Rahmen der Vorprüfung zu erfüllenden Pflichten. Auch insoweit gilt das Gebot der summarischen Prüfung; eine umfassende Inhaltskontrolle verlangt der Gesetzgeber nicht. Da im Vorprüfungsverfahren der Amtsermittlungsgrundsatz gem. § 5 InsO eingeschränkt ist, liefe das Postulat einer solch umfassenden Prüfungspflicht letztlich ins Leere, weil dem Gericht „die Hände gebunden wären", wenn es erst auf Grund umfangreicher Ermittlungen den manipulativen Charakter einer Gruppenbildung aufklären könnte. Im Übrigen sind die Gläubiger durch die durchgängige Regel, dass sie durch den Plan nicht schlechter gestellt sein dürfen als ohne Plan (u.a. § 251 InsO), hinreichend geschützt. Sieht der Insolvenzplan die Bildung einer **Mischgruppe** vor, die Gläubiger mit unterschiedlicher Rechtsstellung – insbesondere solche, denen eine abgesonderte Befriedigung gestattet ist, und einfache Insolvenzgläubiger – in sich vereint, ist eine solche unzulässige Gruppenbildung zu beanstanden und der Insolvenzplan ggfls. nach Maßgabe des § 231 Abs. 1 Nr. 1 InsO zurückzuweisen[3]. Dagegen ist nach Ansicht des BGH[4] gegen die Bildung gesonderter Gruppen für absonderungsberechtigte Gläubiger innerhalb und außerhalb des Fortführungsbereichs der Schuldnerin nichts einzuwenden. Tatsächlich ist eine gesonderte Gruppenbildung für Absonderungsgläubiger, deren Gegenstände, Forderungen usw. weiter für die geschäftlichen Aktivitäten benötigt werden, nicht willkürlich, weil sich die Gruppenbildung durch die besonderen Interessen der dem Fortführungsbereich zugeordneten gesicherten Gläubiger an der Unternehmensfortführung und dem damit einhergehenden Erhalt des Wertes ihrer Sicherheiten rechtfertigt[5].

8.38 Ob das Insolvenzgericht befugt ist, einen **Insolvenzplan** zurückzuweisen, der die **Deckung der Massekosten** nicht berücksichtigt, erscheint fraglich[6]. *Flessner*[7] vertritt die Auffassung, ein Insolvenzplan komme auch „im Verfahren nach § 208 bis § 211 InsO" in Betracht. Dies setze allerdings voraus, dass die Altmassegläubiger am Verfahren über den Plan beteiligt werden bzw. eine gesonderte Gruppe bilden[8]. Das LG Dresden[9] vertritt zwar die Ansicht, dass ein Plan von Amts wegen zurückzuweisen sei, wenn er eine bestehende Mas-

1 *Smid*, InVo 1997, 171.
2 InVo 1997, 176 ff; ähnlich *Flessner* in Heidelberger Kommentar zur InsO, § 231 InsO Rz. 4.
3 BGH v. 7. 7. 2005 – IX ZB 266/04, NZI 2005, 619, 621 = ZInsO 2005, 927; *Eidenmüller* in Münchener Kommentar zur InsO, § 222 InsO Rz. 44; *Uhlenbruck/Lüer*, § 222 InsO Rz. 20; *Braun*, § 222 InsO Rz. 4.
4 BGH v. 26. 4. 2007 – IX ZB 5/06, ZInsO 2007, 713.
5 *Paul*, ZInsO 2007, 856, 857.
6 So LG Neubrandenburg v. 21. 2. 2002 – 4 T 361/01, ZInsO 2002, 296, LS; *Smid*, § 231 InsO Rz. 46.
7 In Heidelberger Kommentar zur InsO, § 217 InsO Rz. 10.
8 So *Eidenmüller* in Münchener Kommentar zur InsO, § 217 InsO Rz. 81; *Jaffé* in Frankfurter Kommentar zur InsO, § 217 InsO Rz. 176; *Kübler/Prütting/Bork/Otte*, § 217 InsO Rz. 45; *Uhlenbruck/Lüer*, § 217 InsO Rz. 14.
9 LG Dresden v. 15. 7. 2005 – 5 T 830/02, ZIP 2005, 1607 = ZInsO 2005, 831.

sekostenunterdeckung nicht beseitige. Es lässt indes offen, ob dies auch im Falle eines masseunzulänglichen Verfahrens mit eigener Gruppenbildung für die Massegläubiger gelte. Da § 231 Abs. 1 Nr. 2 InsO den Begriff der „Erfolgsaussicht" nicht verwendet, könnte die Zurückweisung allenfalls auf die Regelung des § 231 Abs. 1 Nr. 3 InsO gestützt werden. Mit Recht weist *Lüer*[1] in diesem Zusammenhang darauf hin, dass sich nicht pauschal behaupten lasse, im Falle der Masseunzulänglichkeit werde ein Insolvenzplan von den Gläubigern nicht angenommen und vom Gericht nicht bestätigt[2]. Die fehlende Erfüllbarkeit des Insolvenzplans i.S. des § 231 Abs. 1 Nr. 3 InsO kann bei einem vom Insolvenzverwalter vorgelegten Insolvenzplan nicht geltend gemacht werden und müsste darüber hinaus auch vom Schuldner schlüssig dargelegt werden[3]. **Wirtschaftliche Gründe** sprechen vielmehr dafür, zur Verwertung und Verteilung der Insolvenzmasse in einem masseunzulänglichen Verfahren auch Insolvenzpläne zuzulassen, wenn für die Massegläubiger im Rang des § 55 InsO eine eigene Abstimmungsgruppe gebildet wird, diese Gläubiger an der Abstimmung über den Plan beteiligt werden und ihnen ein angemessener Anteil am Verwertungsergebnis zugute kommt[4].

Zutreffend hat das LG Bielefeld in seinem Beschluss vom 30. 11. 2001[5] darauf 8.39
hingewiesen, dass es an der Erfüllbarkeit eines vom Schuldner vorgelegten Plans offensichtlich nur dann fehle, wenn sich bei einem Vergleich der Planregelungen mit den Angaben über die wirtschaftliche Lage des Schuldners die **Unerfüllbarkeit aufdrängt**. An der Offensichtlichkeit i.S. des § 231 Abs. 1 Nr. 3 InsO fehle es auch dann, wenn hinsichtlich einer möglichen Belastung durch einen sogen. **Sanierungsgewinn** die zuständige Finanzverwaltung wohl wollende Prüfung zugesage, weil diese Frage bislang ungeklärt sei und damit zu den allgemeinen Prognoserisiken eine Plans gehöre, die vom Gläubiger grundsätzlich hinzunehmen sind[6].

Die **Zurückweisung** des Plans hat in **Beschlussform** zu ergehen. Dem Vorle- 8.40
genden steht gegen diese Entscheidung das **Rechtsmittel der sofortigen Beschwerde** zu (§ 231 Abs. 3 InsO). Diese ist binnen einer Notfrist von zwei Wochen bei dem Gericht, dessen Entscheidung angefochten wird, oder bei dem Beschwerdegericht einzulegen (§ 569 Abs. 1 Satz 1 ZPO). Sie beginnt mit der Zustellung der Entscheidung. Das Rechtsmittel hat keine aufschiebende Wirkung (§ 4 InsO, § 570 Abs. 1 ZPO). Dadurch wird dem Planvorlegenden die Möglichkeit eröffnet, nach Einlegung des Rechtsmittels bis zum Schlusstermin einen neuen, geänderten Insolvenzplan einzureichen[7].

---

1 In *Uhlenbruck*, § 231 InsO Rz. 35.
2 S. aber LG Neubrandenburg v. 21. 2. 2002 – 4 T 361/01, ZInsO 2002, 296 LS.
3 OLG Dresden v. 21. 6. 2000 – 7 W 0951/00, DZWIR 2000, 464 m. Anm. *Becker*.
4 *Paul*, ZInsO 2005, 1136, 1137; *Maus* in Kölner Schrift zur InsO, S. 965 Rz. 123.
5 23 T 36/01, ZInsO 2002, 198.
6 Die Frage der drohenden Besteuerung des Sanierungsgewinns hat zwischenzeitlich durch das Schreiben des BMF v. 27. 3. 2003 (BStBl. I 2003, 240) etwas von ihrer Bedeutung im Rahmen der Aufstellung von Insolvenzplänen verloren.
7 *Kübler/Prütting/Bork/Otte*, § 231 InsO Rz. 23.

III. Gruppenbildung und Abstimmung

1. Gruppenbildung als Insolvenzplanstrategie *(Wellensiek/Schluck-Amend)*

8.41 Im gestaltenden Teil des Insolvenzplans wird gem. § 221 InsO geregelt, inwiefern und wie die Rechtsstellung der beteiligten Gruppen geändert werden soll. Hierfür sind die Gläubiger in Gruppen zusammenzufassen (§ 222 InsO). Die Gruppenbildung ist das **Kernstück des Insolvenzplans**[1]. Die richtige Gruppenbildung trägt entscheidend zum Gelingen eines Insolvenzplanverfahrens bei, insbesondere sind das Abstimmungsverfahren, das Obstruktionsverbot und der Minderheitenschutz zu beachten.

8.42 Bei der Gruppenbildung sind folgende gesetzliche Vorgaben zu berücksichtigen: **Gläubiger**, die in einer Gruppe zusammengefasst sind, sind **gleich zu behandeln**, § 226 Abs. 1 InsO. Die einzelnen Gruppen untereinander wiederum können unterschiedlich behandelt werden, was teilweise gesetzlich vorausgesetzt (§ 222 Abs. 1 InsO), teils zumindest ermöglicht wird (§ 222 Abs. 2, 3 InsO)[2]. Das Gesetz lässt die Bildung auch nur einer Gruppe ausdrücklich zu. Nach § 222 Abs. 1 Nr. 1 InsO ist für die absonderungsberechtigten Gläubiger nur dann eine gesonderte Gruppe zu bilden, wenn durch den Plan in deren Rechte eingegriffen wird. Gem. § 222 Abs. 1 Nr. 3 InsO muss für die nachrangigen Insolvenzgläubiger nur dann eine eigene Gruppe gebildet werden, wenn deren Forderungen nicht als erlassen gelten sollen[3]. Darüber hinaus enthalten weder die Insolvenzordnung noch sonstige Gesetze zwingende Regelungen über die Bildung mehrerer Gläubigergruppen. In jeder Gruppe wird gesondert über die Annahme des Plans abgestimmt (§ 243 InsO).

8.43 Zur Annahme des Insolvenzplans ist gem. § 244 InsO erforderlich, dass in jeder Gruppe die summen- und kopfmäßige Mehrheit für den Plan stimmt. Die fehlende **Zustimmung** einer Gläubigergruppe, die in ihren Rechten gegenüber den Gläubigern anderer Gruppen zurückgesetzt wurde, kann durch das Obstruktionsverbot des § 245 InsO ersetzt werden (dazu Rz. 8.57 ff.). Nach § 251 InsO ist zudem zu berücksichtigen, dass auf Antrag eines Gläubigers die Bestätigung des Insolvenzplans zu versagen ist, wenn der Gläubiger durch den Plan schlechter gestellt wird, als er ohne den Plan stünde[4].

8.44 Vor diesem gesetzlichen Hintergrund lässt sich allgemein für die Gruppenbildung sagen: Je nach den Gegebenheiten des Einzelfalles kann sich die Bildung sehr vieler oder aber auch nur weniger oder gar einer einzigen Gruppe aus taktischen Überlegungen anbieten[5]. Die **Bildung mehrerer Gläubigergrup-**

1 *Bilgery*, DZWIR 2001, 316, 317; *Paulus*, DStR 2004, 1568, 1573.

2 Vgl. *Häsemeyer*, Insolvenzrecht, Rz. 28.24; *Heinrich*, NZI 2008, 77 ff.

3 Anders noch § 265 InsO des Regierungsentwurfs, wonach bei der Bildung von Gruppen der Gläubiger wenigstens zu unterscheiden war zwischen den absonderungsberechtigten, den nicht nachrangigen und den einzelnen Rangklassen der nachrangigen Insolvenzgläubiger, vgl. dazu *Bilgery*, DZWIR 2001, 316, 317.

4 *Maus*, DStR 2002, 1107; *Paulus*, DStR 2004, 1574.

5 So auch *Haarmeyer/Wutzke/Förster*, Handbuch zur Insolvenzordnung, S. 997; *Hingert*, ZInsO 2007, 1337 ff.

pen kommt vor allem dann in Betracht, wenn der Insolvenzplan eine Ungleichbehandlung der Gläubiger vorsieht. Wird eine Gläubigergruppe aber durch den Insolvenzplan schlechter gestellt als andere Gläubiger, besteht das Risiko, dass diese Gläubiger dem Plan nicht zustimmen. Werden daher mehrere Gruppen gebildet, muss der Planinitiator die Gruppen so bilden, dass in jeder Gruppe eine Mehrheit für den Plan zusammenkommt und darauf achten, dass die Voraussetzungen des Obstruktionsverbotes nach § 245 InsO vorliegen. Dies ist vor allem bei der sehr beliebten sog. **Kleingläubigerklausel** zu berücksichtigen. Danach erhalten Insolvenzgläubiger, deren Forderungen einen bestimmten Betrag nicht übersteigen, volle Befriedigung. Enthält ein Insolvenzplan eine solche Kleingläubigerklausel und stimmt eine andere Gruppe nicht nachrangiger Insolvenzgläubiger, die keine volle Befriedigung erhält, dem Plan nicht zu, so greift wegen § 245 Abs. 2 Nr. 3 InsO das Obstruktionsverbot nicht, mithin kann die **fehlende Zustimmung nicht ersetzt werden**. Dies gilt selbst dann, wenn die Gläubigergruppe, die dem Plan nicht zugestimmt hat, durch den Plan selbst besser gestellt wird, als sie ohne den Plan stünde[1].

Gläubiger, die etwa auf Grund ihrer Interessenlage an der Fortführung der Geschäfte interessiert sind, wie bspw. Lieferanten, Banken, Gesellschafter, werden in der Regel eher zu Zugeständnissen bereit sein als solche Gläubiger, die sich aus einer Geschäftsfortführung keinerlei Vorteile versprechen. Es ist deshalb sinnvoll, solche Gläubiger in je einer Gruppe zusammenzufassen. Eine derartige Differenzierung wird auch der **Prüfung auf sachgerechte Gruppenbildung** durch das Insolvenzgericht im Rahmen der Prüfung nach § 231 InsO Stand halten. 8.45

Gruppen können etwa gebildet werden für[2]: 8.46

- Geldkreditgläubiger (ggf. weiter differenziert in Kontokorrentkreditgläubiger, Darlehensgläubiger, diese wiederum unterschieden in solche, die eine Tilgung erst am Ende der Laufzeit zu erwarten haben, und andere, die Ratenzahlungen erhalten. Außerdem können die Interessen unterschiedlich sein je nach Besicherung der Kredite)
- Lieferantengläubiger (unterschieden nach solchen, die Absonderungsrechte haben und denen ohne)
- Gläubiger mit gesellschaftsrechtlicher Beteiligung
- Versorgungsgläubiger
- Gläubiger mit Absonderungsrechten am Warenlager
- Gläubiger mit Rechten an der Betriebsausstattung
- Grundpfandgläubiger (differenziert je nach Betriebsnotwendigkeit)[3]
- Gläubiger mit Rechten an Außenständen

1 *Bilgery*, DZWIR 2001, 316, 318; *Drucarczyk* in Münchener Kommentar zur InsO, § 245 InsO Rz. 18.
2 Vgl. *Haarmeyer/Wutzke/Förster*, Handbuch zur Insolvenzordnung, S. 996; *Braun/Uhlenbruck*, Unternehmensinsolvenz, S. 595 f.; *Smid/Rattunde*, Der Insolvenzplan, S. 168 Rz. 7.8.
3 Zur Gruppenbildung für Grundpfandgläubiger s. ausführlich *Bruns*, KTS 2004, 1, 10 ff.

- Gläubiger mit Rechten am Privatvermögen
- Gläubiger mit Rechten an Gegenständen, deren Wert zweifelhaft ist
- Kleingläubiger mit gleichartigen wirtschaftlichen Forderungen in geringfügiger Höhe
- Zinsgläubiger (Zinsen nur bis zum Zeitpunkt der Eröffnung des Insolvenzverfahrens, die Forderungen auf Zinsen danach sind gem. § 39 Abs. 1 Nr. 1 InsO nachrangige Insolvenzforderungen und gelten gem. §§ 237 Abs. 2, 225 Abs. 1, 39 Abs. 1 Nr. 1 InsO im Insolvenzplanverfahren im Regelfall auch ohne Zustimmung der betreffenden Gläubiger als erlassen).

8.47 Eine Besonderheit für die Gruppenbildung besteht dann, wenn der **Pensions-Sicherungs-Verein aG (PSVaG)** als Gläubiger im Insolvenzplanverfahren beteiligt ist. Üblicherweise verfügt der Pensions-Sicherungs-Verein aG über keine Sicherungsrechte, so dass er in der Gruppe der einfachen (ungesicherten) Insolvenzgläubiger einzuordnen wäre. Nicht in der Insolvenzordnung, sondern im Betriebsrentengesetz (BetrAVG) ist jedoch eine gesonderte Gruppenbildung für den PSVaG vorgesehen: So erlaubt § 9 Abs. 4 Satz 1 BetrAVG, dass für den PSVaG im Insolvenzplan **eine eigene Gruppe** gebildet werden kann, wenn eine Fortführung des Unternehmens vorgesehen ist[1]. Da die Regelung in § 9 Abs. 4 Satz 1 BetrAVG jedoch als Kann-Vorschrift ausgestaltet ist, steht es dem Planinitiator frei, ob eine solche Gruppe (mit nur einem Gläubiger) gebildet wird oder nicht. Wird eine eigene Gruppe für den PSVaG gebildet, so hat dies zur Folge, dass dieser nicht durch andere Gläubiger überstimmt werden kann[2]. Verweigert der PSVaG im Abstimmungstermin seine Zustimmung zum Insolvenzplan, so kann die fehlende Zustimmung nur noch über das Obstruktionsverbot gem. § 245 InsO überwunden werden. Unterbleibt hingegen eine Gruppenbildung für den PSVaG, so bleibt dies sanktionslos[3]. In der Praxis kommt der Planinitiator allerdings nicht umhin, in der Phase der Planerstellung mit dem PSVaG über die Bildung einer eigenen Gruppe zu diskutieren. Denn das Stimmvolumen des PSVaG ist regelmäßig von erheblichem Umfang, so dass dieses auch innerhalb einer größeren Gläubigergruppe von entscheidender Bedeutung sein kann.

8.48 Zunehmend diskutiert wird auch die Bildung einer eigenen **Gruppe für Gläubiger unbekannter Forderungen**[4]. Hintergrund hierfür ist die Tatsache, dass bei Erstellung des Insolvenzplans regelmäßig noch nicht alle Insolvenzforderungen bekannt oder zur Insolvenztabelle angemeldet sind. Insbesondere bei Unternehmen, die üblicherweise Produkthaftungsansprüchen ausgesetzt sind, bergen diese **„Nachzüglerforderungen“** ein erhebliches Risikopotential für die künftige Liquiditätsplanung[5]. Denn gem. § 254 Abs. 1 Satz 1 und Satz 2 InsO

---

1 S. hierzu ausführlich *Flitsch/Chardon*, DZWIR 2004, 485, 486 f.; außerdem *Flöther/Wehner* in Berliner Kommentar zur InsO, § 222 InsO Rz. 37 ff.

2 Vgl. dazu auch *Grub*, DZWIR 2000, 223, 227.

3 Ebenso *Flitsch/Chardon*, DZWIR 2004, 485, 487.

4 Vgl. *Nerlich/Römermann/Braun*, § 222 InsO Rz. 115.

5 Vgl. *Schreiber/Flitsch*, BB 2005, 1173, 1176; *Huber* in Münchener Kommentar zur InsO, § 254 InsO Rz. 23.

gelten die Wirkungen des Insolvenzplans auch für und gegen diejenigen Gläubiger, die nicht am Verfahren teilgenommen haben. Stellt sich erst später heraus, dass (u.U. erhebliche) zusätzliche Schadensersatzansprüche (als Insolvenzforderungen) im Raume stehen, so kann dies die Liquidität des sanierten Unternehmens auf Grund der zusätzlich auszuzahlenden Insolvenzquote erheblich belasten. Daher wird es z. T. für zulässig erachtet, für Gläubiger unbekannter Forderungen eine eigene Gruppe zu bilden und im Insolvenzplan diesbezüglich einen vollständigen Forderungsverzicht bzw. eine entsprechende Präklusionsregelung vorzusehen[1].

Die Gruppenbildung muss so erfolgen, dass jede Gruppe **möglichst homogen** ist, um die Zustimmung der Mehrzahl ihrer Mitglieder zu erzielen. Nur bei weitgehend gleichgerichteten Interessen der Gläubiger einer Gruppe kann deren Abstimmungsverhalten im Vorhinein eingeschätzt werden. Unter Umständen kann es aber auch sinnvoll sein, einen oder mehrere Störer einer Gruppe zuzuweisen, in der diese voraussichtlich überstimmt werden. Dann muss die Zuteilung in dieser Gruppe aber dennoch durch sachgerechte Kriterien gerechtfertigt sein, wenn der Planersteller sich nicht dem Vorwurf der unzulässigen Planmanipulation ausgesetzt sehen will[2]. 8.49

Sofern sachgerechte, planimmanente Kriterien gefunden werden, kann es – neben der bereits erläuterten Sonderregelung für den PSVaG (oben Rz. 8.47) – auch zulässig und sinnvoll sein, eine **Gruppe mit einem einzigen Gläubiger** zu bilden, etwa dann, wenn dieser Gläubiger summenmäßig in einer anderen Gruppe nur schwer überstimmt werden könnte[3]. Diesem einzelnen Gläubiger können dann entweder derartige Zugeständnisse gemacht werden, dass dieser bereit ist, dem Plan zuzustimmen, oder seine Zustimmung kann im Wege des Obstruktionsverbotes herbeigeführt werden. Beides ist für den Planersteller nicht ohne weiteres zu bewerkstelligen. So ist ein Abkaufen der Zustimmung des Gläubigers kritisch, wenn noch weitere Gruppen nicht mehrheitlich für den Plan stimmen und deren Zustimmung dann möglicherweise deshalb nicht mehr im Wege des Obstruktionsverbotes herbeigeführt werden kann, da eine angemessene Beteiligung der Gläubiger dieser Gruppe gem. § 245 Abs. 2 Nr. 3 InsO verneint werden muss. Oft wird es aber schon finanziell gar nicht darstellbar sein, den betreffenden Gläubiger in entsprechender Höhe zu befriedigen. Andererseits ist aber auch die Bildung einer Gruppe mit nur einem Gläubiger nicht ohne weiteres zulässig[4]. Erforderlich ist, dass der Planinitiator ein sachgerechtes Abgrenzungskriterium im Plan nennt, das die Bildung einer eigenen Gruppe für diesen Gläubiger rechtfertigt. Allein weil auch taktische Erwägungen zur Gruppenbildung beitragen, wird das Gericht im Rahmen seiner Prüfung nach § 231 InsO den Insolvenzplan nicht zurückweisen dürfen[5]. 8.50

1 *Rose/Tetzlaff/Wollstadt*, ZInsO 2005, 673; *Otte/Wiester*, NZI 2005, 70, 73 ff.; kritisch hierzu *Schreiber/Flitsch*, BB 2005, 1173, 1177 f.

2 Zur vielfältigen Manipulationsgefahr durch die Gruppenbildung vgl. *Smid*, InVo 1997, 169, 171 f.; *Hess/Weis*, InVo 1998, 64.

3 Wie hier *Maus* in Kölner Schrift zur InsO, S. 948 f. Rz. 66, S. 956 Rz. 93.

4 Kritisch insoweit auch *Braun/Uhlenbruck*, Unternehmensinsolvenz, S. 603 Fn. 458.

5 A.A. *Smid*, InVo 1997, 169, 177 und *Jaffé* in Frankfurter Kommentar zur InsO, § 222 InsO Rz. 57 ff., die § 222 Abs. 2 InsO ergänzend dahin gehend auslegen, dass durch die

8.51 Wird durch den Plan nicht in die Rechte der absonderungsberechtigten Gläubiger eingegriffen, kann sich auch die **Bildung einer einzigen Gruppe** anbieten[1]. Die Bildung einer so genannten „gemischten" Gläubigergruppe aus absonderungsberechtigten und ungesicherten Gläubigern wird in der jüngsten Rechtsprechung und Literatur allerdings kritisch betrachtet bzw. als unzulässig angesehen[2]. Die Bildung einer einzigen Gruppe setzt außerdem voraus, dass die Mehrheit der Gläubiger für den Plan stimmt. Die Forderungen der nachrangigen Gläubiger gelten dann als erlassen. Sofern aber in die Rechte der absonderungsberechtigten Gläubiger eingegriffen wird und deren Zustimmung hierzu nicht ohne weiteres zu erwarten ist, kann es ratsam sein, aus der Gruppe der regulären Insolvenzgläubiger gem. § 222 Abs. 3 Satz 2 InsO eine Gruppe der Kleingläubiger und damit insgesamt drei Gruppen zu bilden. Werden diese Kleingläubiger mit einer hohen Quote von etwa 95 % befriedigt, ist deren Zustimmung gewiss. Votiert dann auch noch die Gruppe der (übrigen) Insolvenzgläubiger mehrheitlich für den Plan, kann bei Vorliegen der Voraussetzungen des § 245 InsO im Wege des Obstruktionsverbotes die Zustimmung der absonderungsberechtigten Gläubiger fingiert werden. Das **Abstimmungsverfahren** kann dadurch entlastet werden, dass die Gruppe der Kleingläubiger zu 100 % befriedigt wird und diese damit gem. § 237 Abs. 2 InsO gar nicht an der Abstimmung teilnehmen.

8.52 Bei allen taktischen Erwägungen wird der Erfolg eines Insolvenzplans ebenso wie früher der des Vergleichs nach der Vergleichsordnung oder der des außergerichtlichen Vergleichs von der richtigen Einschätzung der Situation und vom Fingerspitzengefühl, also den **mediativen Fähigkeiten** des Planinitiators abhängen[3]. Besser als die Durchsetzung des Insolvenzplans über das Obstruktionsverbot ist in jedem Fall der Verhandlungsweg, in dem die Zustimmung aller Gruppen erlangt wird. Dann erfährt der Plan eine breite Akzeptanz und kann schneller umgesetzt werden, da sich das Gericht nicht noch mit Rechtsmitteln befassen muss[4]. In den meisten Fällen werden jedoch **taktische Erwägungen** anzustellen und die damit einhergehende Anwendung des Obstruktionsverbotes nicht zu vermeiden sein.

2. Abstimmungsverfahren *(Maus)*

8.53 Das Insolvenzgericht bestimmt einen Termin, in dem der Insolvenzplan und das Stimmrecht der Gläubiger erörtert werden und anschließend über den Plan abgestimmt wird (§ 235 Abs. 1 InsO). Von besonderer Bedeutung und bei Planvorlage durch den Schuldner besonders gefahrenträchtig für die Gläubiger ist das **Abänderungsrecht des Planinitiators** im Abstimmungstermin (§ 240

Gruppenbildung die Geltendmachung der Verfahrensrechte einzelner Gläubiger nicht erschwert werden darf.

1 Grundsätzlich für die Bildung einer Gruppe *Bilgery*, DZWIR 2001, 316, 317.

2 Vgl. hierzu LG Berlin v. 20. 10. 2004 – 86 T 578/04, NZI 2005, 335; die Bedenken teilend *Smid*, NZI 2005, 296, 297.

3 Vgl. *Breutigam* in Berliner Kommentar zur InsO, § 222 InsO Rz. 44.

4 Dass gerade auch die Gruppenbildung im Insolvenzplan Anlass zu Rechtsmitteln sein kann, zeigt der Fall, den das LG Berlin v. 20. 10. 2004 – 86 T 578/04, NZI 2005, 335, zu entscheiden hatte.

InsO). Das Recht, durch Änderungen sowohl im darstellenden als auch im gestaltenden Teil des Plans auf das Verfahren einzuwirken, ist unbegrenzt. Praktisch kann im Erörterungstermin ein mehr oder weniger neuer Plan vorgelegt werden. Verlassen die Gläubiger sich darauf, dass der ihnen gem. § 235 Abs. 3 Satz 2 InsO zugesandte Plan im Termin erörtert und über ihn abgestimmt wird, so droht durch die Planänderung im Erörterungstermin die **Gefahr einer Überrumpelung der Gläubiger**[1], wenn das Gericht im Erörterungstermin über den (geänderten) Plan abstimmen lässt. Die Anberaumung eines besonderen Abstimmungstermins liegt im Ermessen des Gerichts (§ 241 Abs. 1 Satz 1 InsO).

Für das **Stimmrecht** gilt § 77 Abs. 1 Satz 1, Abs. 2 und 3 Nr. 1 InsO entsprechend (§ 237 Abs. 1 Satz 1 InsO). Entsprechend dem Grundsatz des früheren § 72 Abs. 1 VglO haben Gläubiger, deren Forderungen durch den Plan nicht beeinträchtigt werden, kein Stimmrecht (§ 237 Abs. 2 InsO). Schwierig kann die Feststellung des Stimmrechts der absonderungsberechtigten Gläubiger sein. Diese haben grundsätzlich ein Stimmrecht (§ 77 Abs. 3 Nr. 2 InsO). Im Insolvenzplanverfahren werden sie mit dem „werthaltigen" Teil ihrer Forderung als Absonderungsberechtigte und mit ihrer Ausfallforderung als Insolvenzgläubiger abzustimmen haben. Im Zweifel ist der mutmaßliche Ausfall im Wege der Einigung zwischen den Beteiligten zu berücksichtigen. 8.54

Die Abstimmung über den Plan **erfolgt in Gruppen** (§§ 243, 222 InsO)[2]. Zur Annahme des Plans ist erforderlich (§ 244 Abs. 1 InsO), dass in jeder Gruppe 8.55

- die Mehrheit der abstimmenden Gläubiger dem Plan zustimmt und
- die Summe der Ansprüche der zustimmenden Gläubiger mehr als die Hälfte der Summe der Ansprüche der abstimmenden Gläubiger beträgt.

Im Gegensatz zum früheren Recht (Vergleichsordnung und Konkursordnung) wird bei der **Berechnung der Mehrheiten nur auf die abstimmenden Gläubiger** abgestellt. Passives Verhalten der Gläubiger soll bei der Abstimmung nicht den Ausschlag geben[3]. 8.56

3. Obstruktionsverbot

Das Insolvenzplanverfahren soll nach den Vorstellungen des Gesetzgebers den Beteiligten die Möglichkeit geben, Insolvenzverfahren auf der Grundlage der Gläubigerautonomie flexibel und wirtschaftlich effektiv abzuwickeln. Die **Grenzen der Gläubigerautonomie** müssen aber bestimmt werden, wenn das Verfahren nicht am Wiederstand der Interessen innerhalb einer inhomogenen Gläubigerschaft scheitern soll[4]. Unterschiedliche Interessen der Gläubiger bergen die Gefahr des Missbrauchs des Abstimmungsverhaltens sowohl einer potentiellen Mehrheit als auch der potentiellen Minderheit[5]. Das Verbot 8.57

1 *Smid/Rattunde*, Der Insolvenzplan, Rz. 11.33.
2 Zur Gruppenbildung vgl. Rz. 8.41 ff.
3 Begr. zu § 289 RegE, BR-Drucks. 1/92, S. 208.
4 *Smid*, InVo 1996, 314.
5 *Braun/Uhlenbruck*, Unternehmensinsolvenz, S. 605.

obstruierender Versagung der Zustimmung zum Insolvenzplan (Obstruktionsverbot) soll die Grundlage dafür schaffen, dass Insolvenzpläne auch dann vom Gericht bestätigt werden können, wenn sie nicht die mehrheitliche Zustimmung der Gläubiger gefunden haben[1]. Nach der zu einem Verfahren nach § 309 InsO ergangenen Entscheidung des OLG Köln[2] kann auch die fehlende Zustimmung eines Finanzamtes zum Schuldenbereinigungsplan ersetzt werden. Die Ersetzung der Zustimmung erfordert nicht, dass die Voraussetzungen eines Erlasses nach § 227 AO oder einer Stundung nach § 222 AO gegeben sind.

8.58 Nach § 245 Abs. 1 InsO gilt die Zustimmung einer Abstimmungsgruppe als erteilt, wenn folgende Bedingungen erfüllt sind:

- Die Gläubiger dieser Gruppe werden durch den Insolvenzplan nicht schlechter gestellt, als sie ohne einen Plan stünden,
- die Gläubiger dieser Gruppe werden angemessen an dem wirtschaftlichen Wert beteiligt, der auf der Grundlage des Plans den Beteiligten zufließen soll, und
- die Mehrheit der abstimmenden Gruppen hat dem Plan mit den erforderlichen Mehrheiten zugestimmt. Das Insolvenzgericht hat, wenn die zur Annahme des Plans erforderlichen Mehrheiten (§ 244 InsO) nicht erreicht wurden, von Amts wegen zu prüfen, ob die Bedingungen des § 245 Abs. 1 InsO erfüllt sind.

8.59 Eine **angemessene Beteiligung der Gläubiger** an dem den Beteiligten nach dem Plan zufließenden wirtschaftlichen Wert liegt vor, wenn

- kein anderer Gläubiger wirtschaftliche Werte erhält, die den vollen Wert seines Anspruchs übersteigen (§ 245 Abs. 2 Nr. 1 InsO). Beträgt der volle Wert des Anspruchs eines Gläubigers 100, so darf er nicht 110 erhalten.
- weder ein Gläubiger, der ohne einen Plan mit Nachrang gegenüber Gläubigern der Gruppe zu befriedigen wäre, noch der Schuldner oder eine an ihm beteiligte Person einen wirtschaftlichen Wert erhält (§ 245 Abs. 2 Nr. 2 InsO).
- kein Gläubiger, der ohne einen Plan gleichranging mit den Gläubigern der Gruppe zu befriedigen wäre, besser gestellt wird als diese Gläubiger (§ 245 Abs. 2 Nr. 3 InsO).

8.60 **§ 245 Abs. 2 Nr. 1 InsO** will verhindern, dass einzelnen Gläubigern wirtschaftliche Werte „zugeschanzt" werden, die den vollen Wert ihrer Forderungen übersteigen. Die Obergrenze der Gläubigerbefriedigung soll bei 100 % der Forderungen liegen.

8.61 **§ 245 Abs. 2 Nr. 2 InsO** verbietet die Bevorzugung von nachrangigen Insolvenzgläubigern (§ 39 InsO) gegenüber den Insolvenzgläubigern (§ 38 InsO)

---

1 Vgl. zum Obstruktionsverbot ausführlich *Braun/Uhlenbruck*, Unternehmensinsolvenz, S. 604 ff.; *Smid/Rattunde*, Der Insolvenzplan, Rz. 13.1 ff.; LG Traunstein v. 27. 8. 1999 – 4 T 2966/99, ZInsO 1999, 577 ff.

2 OLG Köln v. 28. 8. 2000 – 2 W 37/00, NZI 2000, 596.

durch den Plan. Die Forderungen der nachrangigen Insolvenzgläubiger gelten, wenn der Plan nichts anderes bestimmt als erlassen (§ 225 Abs. 1 InsO). Die Vorschrift beruht auf der Überlegung, dass im Regelfall kein Anlass besteht, den nachrangigen Gläubigern im Plan einen wirtschaftlichen Wert zuzuweisen, obwohl typischerweise schon die nicht nachrangigen Insolvenzgläubiger keine volle Befriedigung mehr erhalten[1]. Grundsätzlich können also im Plan zwar den nachrangigen Insolvenzgläubigern wirtschaftliche Werte zugewiesen werden; die Rechte der Insolvenzgläubiger dürfen hierdurch aber nicht beeinträchtigt werden.

Die Rechte der Insolvenzgläubiger dürfen auch nicht dadurch beeinträchtigt werden, dass der Schuldner oder am Schuldner beteiligte Personen einen wirtschaftlichen Wert erhalten (**§ 245 Abs. 2 Nr. 2 InsO**). Eine solche Beeinträchtigung kann vorliegen, wenn der Plan die Fortführung des Unternehmens durch den Schuldner vorsieht. Nach Meinung des Gesetzgebers[2] kommt es für die Beurteilung der Zuweisung eines wirtschaftlichen Wertes an den Schuldner darauf an, „ob dei Leistungen, die der Schuldner nach dem Plan zu erbringen hat, den noch vorhendenen Wert des Unternehmens aufwiegen. Wenn kein Dritter bereit ist, an Stelle des Schuldners das Unternehmen zu den im Plan vorgesehenen Bedingungen fortzuführen, kann im Zweifel nicht angenommen werden, dass der Schuldner durch den Plan einen wirtschaftlichen Wert erhält". 8.62

§ 245 Abs. 2 Nr. 3 InsO verbietet die Ungleichbehandlung gleichrangiger Gläubiger. 8.63

Das Obstruktionsverbot des § 245 InsO lehnt sich an Regelungen des amerikanischen Reorganisationsrechts an. Es soll **missbräuchliches Verhalten** einer Gläubigergruppe (Obstruktion) bei der Abstimmung verhindern bzw. durch Gerichtsbeschluss eliminieren. Nach Auffassung des Gesetzgebers[3] „besteht kein vernünftiger Grund für eine Gruppe von Gläubigern, einem von anderen Gläubigern gewünschten Plan zu widersprechen, wenn die Gruppe durch den Plan wirtschaftlich nicht schlechter gestellt wird, als sie ohne einen Plan stünde, und wenn zusätzlich gewährleistet ist, dass die Gruppe bei der Verteilung des durch den Plan realisierten Mehrwerts im Verhältnis zu anderen Gruppen nicht unbillig benachteiligt wird"[4]. 8.64

Rechtsmissbräuchlich kann das Abstimmungsverhalten von Gläubigern sein, die, ohne sich mit dem Plan zu befassen, „**grundsätzlich dagegen**" sind („kategorische Neinsager"). Sollte bspw. die Finanzverwaltung zu der Haltung neigen, „grundsätzlich" Insolvenzpläne abzulehnen, die im gestaltenden Teil eine Reduzierung der Forderung des Steuergläubigers festschreiben, so ist dies sicherlich missbräuchliches Abstimmungsverhalten par excellence. Es muss von dem Gläubiger wenigstens verlangt werden, dass er sich im Interesse der gemeinschaftlichen Lösung mit dem Plan intensiv befasst. Im Beispielsfall 8.65

1 Begr. zu § 268 RegE, BR-Drucks. 1/92, S. 201.
2 Begr. zu § 290 RegE, BR-Drucks. 1/92, S. 208, 209.
3 Begr. zu § 290 RegE, BR-Drucks. 1/92. S. 208, 209.
4 Begr. zu § 290 RegE, BR-Drucks. 1/92. S. 208, 209.

dürfte das Insolvenzgericht kein Problem damit haben, die fehlende Zustimmung der Finanzverwaltung durch Beschluss zu ersetzen. Dass die „Erlasshoheit" von den Finanzbehörden (§ 227 AO) auf den Rechtspfleger des Insolvenzgerichts übergeht, ist nicht systemfremd. Die Finanzverwaltung ist Beteiligter i.S. von § 217 InsO, in dessen Rechte durch Mehrheitsbeschluss eingegriffen werden kann. Im Übrigen musste sich die Finanzverwaltung mit ihren nicht bevorrechtigten Konkursforderungen auch schon nach früherem Recht (§ 182 KO) Mehrheitsentscheidungen der Gläubiger beugen.

8.66 Schwieriger wird die Frage der Missbräuchlichkeit des Abstimmungsverhaltens in anderen Fällen zu beantworten sein. Verhält sich bspw. ein Gläubiger missbräuchlich, wenn er, um die Sanierung seines größten Wettbewerbers zu verhindern, gegen den Plan stimmt und damit die optimale Lösung für die Mehrheit der Beteiligten verhindert? Möglicherweise ergibt die Vergleichsrechnung im darstellenden Teil des Plans, dass dieser Gläubiger durch den Plan nicht schlechter gestellt wird als er ohne Plan stünde. Ist dieses Ergebnis der Vergleichsrechnung aber zwingend richtig? Ist es nicht vielmehr denkbar, dass sich dieser Gläubiger wirtschaftlich wesentlich besser stünde, wenn er den großen Wettbewerber endlich los wird? Fraglich ist aber, ob er dieses Ziel ohne Plan zwingend erreicht. Auch die Insolvenzabwicklung nach dem Gesetz kann die übertragende Sanierung des insolventen Untenehmens auf einen neuen Rechtsträger vorsehen, so dass der Wettbewerber, wenn auch als neuer Rechtsträger, weiterexistiert.

8.67 Im Übrigen kann sich die Frage einer Schlechterstellung des Gläubigers bei der Plandurchführung gegenüber der gesetzlichen Abwicklung nur auf die Quote beziehen, die er im einen oder anderen Fall erhält.

8.68 Richtig ist, dass die Obstruktionsentscheidungen der Insolvenzgerichte in verfassungsrechtlich geschützte Rechtspositionen eingreifen, die nicht unter dem Vorbehalt ihrer wirtschaftlichen Werthaltigkeit stehen; dies ist rechtlich bedenklich. Weil die Insolvenzgerichte in der zur Verfügung stehenden Zeit nicht alle notwendigen Entscheidungsgründe in Erfahrung bringen und werten können, sind ihre Entscheidungen auch pragmatisch bedenklich[1].

IV. Gerichtliche Planbestätigung

1. Das Verfahren *(Vallender)*

8.69 Die §§ 248 ff. InsO regeln des Planbestätigungsverfahren. Mit der Bestätigung des Plans leistet das Insolvenzgericht einen „gesetzlichen Mindestschutz für alle Beteiligten"[2]. *Otte*[3] nennt folgende **Voraussetzungen**, die **kumulativ** vorliegen müssen, damit das Gericht einen Plan bestätigen kann: Gesetzmäßigkeit

1 Vgl. *Smid*, InVo 1996, 315, 316.

2 *Kübler/Prütting/Bork/Otte*, § 231 InsO Rz. 5. Eine fortdauernde Verwaltungs- und Verfügungsbefugnis des vormaligen Insolvenzverwalters nach rechtskräftiger Bestätigung eines Insolvenzplans und Aufhebung des Insolvenzverfahrens gibt es nicht (OLG Celle v. 20. 11. 2006 – 4 U 166/06, ZIP 2006, 2394).

3 *Kübler/Prütting/Bork/Otte*, § 231 InsO Rz. 8.

des Planinhalts[1] (§ 250 Nr. 1 InsO), korrekte Gruppenbildung, Gleichbehandlung der gruppenzugehörigen Gläubiger (§ 226 InO), erforderliche Mehrheiten: Zustimmung der Gläubigergruppen oder Ersetzung ihrer Zustimmung, Zustimmung des Schuldners oder Ersetzung seiner Zustimmung, Entscheidung über alle form- und fristgerecht erhobenen Widersprüche, keine unlautere Herbeiführung des Plans[2], Wahrung der Minderheitenrechte (§ 251 InsO) sowie Eintritt der im darstellenden oder gestaltenden Teil des Plans vorgesehenen Bedingungen (§ 249 InsO). Raum für eigene wirtschaftliche Gestaltungen räumt das Gesetz dem Gericht allerdings nicht ein[3]. Insbesondere ist es nicht befugt, Veränderungen an dem Plan vorzunehmen oder Auflagen zu erteilen. Auch ist es dem Gericht nicht gestattet, einen Plan nur teilweise zu bestätigen[4].

Nach § 247 Abs. 1 InsO gilt die **Zustimmung des Schuldners** zum Plan als 8.70
erteilt, wenn er dem Plan nicht spätestens im Abstimmungstermin schriftlich oder zu Protokoll der Geschäftsstelle widerspricht. Bei einem Widerspruch des Schuldners kodifiziert § 247 Abs. 2 InsO ein Obstruktionsverbot auch für den Schuldner.

Der **Widerspruch des Schuldners** ist unbeachtlich, wenn 8.71

- der Schuldner durch den Plan nicht schlechter gestellt wird, als er ohne den Plan stünde, und
- kein Gläubiger einen wirtschaftlichen Wert erhält, der den vollen Betrag seines Anspruchs übersteigt.

Bei **Vorlage und Annahme mehrerer Pläne**[5] kommt eine Bestätigung gem. 8.72
§ 248 InsO nicht in Betracht, weil das Gesetz ersichtlich davon ausgeht, dass nur ein Plan bestätigt werden kann. Das Gericht beschließt in einem solchen Fall die Versagung der Bestätigung, indem es feststellt, dass kein Plan i.S.v. § 248 InsO angenommen worden ist[6]. Dabei ist jedem der angenommenen Pläne die Bestätigung zu versagen. Allerdings kann es die Erörterung der Pläne wiedereröffnen (§ 156 ZPO) und den Beteiligten die Möglichkeit der Neuverhandlung einräumen. Demgegenüber vertritt *Lüer*[7] die Auffassung, das Ge-

1 Allein das Fehlen einer Seite des den Insolvenzgläubigern übersandten Insolvenzplans begründet jedenfalls dann nicht die Rüge der §§ 250 Nr. 1, 235 Abs. 3 Satz 2 InsO, wenn für die Gläubiger das Fehlen der Seite ersichtlich war und sie die Möglichkeit hatten, diese beim Insolvenzverwalter vor dem Abstimmungstermin, in dem der Verwalter die fehlende Seite im entschiedenen Fall nachgereicht hatte, anzufordern (OLG Dresden v. 21. 6. 2000 – 7 W 951/00, NZI 2000, 436).

2 S. dazu die Beispiele bei *Braun/Uhlenbruck*, Unternehmensinsolvenzrecht, S. 487.

3 *Smid/Rattunde*, § 248 InsO Rz. 11.

4 *Braun* in Gottwald, Insolvenzrechts-Handbuch, § 68 Rz. 105.

5 Bei wörtlicher Anwendung des § 218 Abs. 1 Satz 1 und Abs. 3 InsO ist eine gleichzeitige Vorlage zweier konkurrierender Pläne nur bei Planvorschlägen des Verwalters und des Schuldners möglich. Die Zulässigkeit der Vorlage zweier Pläne durch den Verwalter ist ohnehin ein mehr theoretisches Problem (*Lüke*, FS Uhlenbruck, 2000, S. 526).

6 So *Flessner* in Heidelberger Kommentar zu InsO, § 48 InsO Rz. 5.

7 *Uhlenbruck/Lüer*, § 218 InsO Rz. 32; ebenso *Jaffé* in Frankfurter Kommentar zur InsO, § 244 InsO Rz. 45.

richt habe jeden angenommenen Plan zu bestätigen, soweit kein Versagungsgrund gem. §§ 250, 251 InsO vorliege. Die Bestätigung müsse gegebenenfalls jeweils der sachlichen Reihenfolge nach (Zeitpunkt der Befassung) mit einem Tag Unterschied verkündet werden, so dass auch die Beschwerdefrist unterschiedlich ende.

8.73 **Funktionell zuständig** für die Planbestätigung gem. § 248 InsO ist der **Rechtspfleger**[1]. Etwas anderes gilt nur dann, wenn sich der Insolvenzrichter das gesamte Verfahren oder die Bestätigung des Insolvenzplans vorbehalten hat. Vor seiner Entscheidung soll das Insolvenzgericht den in § 248 Abs. 2 InsO Genannten **rechtliches Gehör** gewähren. Eine Entscheidung ohne vorherige Anhörung des Insolvenzverwalters, des Schuldners und des Gläubigerausschusses, wenn ein solcher bestellt ist, stellt einen Verfahrensmangel dar, der grundsätzlich zu einer Aufhebung der Entscheidung führt[2]. Gegen den Beschluss, durch den der Insolvenzplan bestätigt oder die Bestätigung versagt wird, steht den Gläubigern und dem Schuldner die **sofortige Beschwerde** zu (§ 253 InsO). Das Beschwerderecht der Gläubiger ist nicht auf die stimmberechtigten Gläubiger beschränkt; es steht vielmehr auch den Gläubigern streitiger Forderungen zu, denen das Gericht kein Stimmrecht zuerkannt hat[3].

2. Minderheitenschutz *(Maus)*

8.74 Die **Planbestätigung** ist auf Antrag eines Gläubigers **zu versagen** (§ 251 InsO), wenn der Gläubiger dem Plan spätestens im Abstimmungstermin schriftlich oder zu Protokoll der Geschäftsstelle wiedersprochen hat und durch den Plan schlechter gestellt wird, als er ohne Plan stünde.

8.75 Der Minderheitenschutz des § 251 InsO trägt dem Umstand Rechnung, dass die Gruppenbildung (§§ 222 ff. InsO; dazu Rz. 8.41 ff.) nicht die unterschiedlichen Interessen aller einzelnen Gläubiger angemessen berücksichtigen kann. So mag die Mehrheit der Lieferantengläubiger die Kombination von Forderungsverzicht und Fortführung des Unternehmens durch den Schuldner favorisieren, weil sie sich Vorteile von den künftigen Geschäftsbeziehungen mit dem Schuldner verspricht, während einzelne (z.B. wegen Aufgabe des eigenen Geschäfts) an einer solchen Lösung nicht interessiert sind und deshalb in der Gruppe gegen den Plan stimmen. Macht der überstimmte Gläubiger in seinem Antrag an das Gericht seine Schlechterstellung durch den Plan glaubhaft, so kann sich das Planbestätigungsverfahren zum Nachteil der Mehrheit der Beteiligten erheblich verzögern[4]. Schlimmstenfalls wird der Plan nicht bestätigt. Nach Auffassung des Gesetzgebers[5] kann ein solches Risiko dadurch ver-

---

1 § 3 Nr. 2e RPflG.

2 Vgl. OLG Düsseldorf v. 16. 10. 1957 – 3 W 234/57 und 3 W 245–249/57, KTS 1959, 175; *Vallender* in Kölner Schrift zur InsO, S. 255 Rz. 14.

3 Begr. zu § 300 RegE, BR-Drucks. 1/92, S. 212.

4 *Engberding*, DZWiR 1998, 94, 95, erwartet in diesem Zusammenhang drei Gutachten: Eins durch den Gläubiger, ein zweites durch den Insolvenzverwalter und ein drittes („Entscheidungsgutachten") durch das Gericht.

5 Begr. zu § 298 RegE, BR-Drucks. 1/92, S. 221, 212.

hindert werden, dass im Plan zusätzliche Leistungen an solche Beteiligte vorgesehen werden, die dem Plan widersprechen und den Nachweis führen, dass sie ohne eine solche Zusatzleistung durch den Plan schlechter gestellt werden als ohne einen Plan. Der Hinweis des Gesetzgebers hat in der Praxis zur Anwendung **salvatorischer Klauseln** geführt, mit denen an durch den Plan benachteiligte Gläubiger Abfindungen gezahlt werden sollen, sofern die Benachteiligung rechtskräftig festgestellt *werden* sollte[1]. *Smid*[2] hält den salvatorischen Klauseln kritisch entgegen, dass sie gegen die Regelung des § 226 Abs. 3 InsO verstoßen, der die Gleichbehandlung aller Gläubiger vorsieht[3].

V. Arbeitnehmerbeteiligung im Insolvenzplanverfahren *(Moll)*

Arbeitsrechtliche Aspekte kommen im Insolvenzplanverfahren in dreifacher Hinsicht zum Tragen. Der Gesetzgeber hat erstens eine Beteiligung der Arbeitnehmer bzw. der Arbeitnehmervertretungen bei der Aufstellung des Insolvenzplans durch den Insolvenzverwalter vorgesehen. Die Bedeutung arbeitsrechtlicher Aspekte findet zweitens im darstellenden Teil ihren Niederschlag. Arbeitsrechtliche Maßnahmen sind drittens häufig auch im gestaltenden Teil betroffen. 8.76

1. Aufstellung

a) Beratung

Der **Betriebsrat** und der **Sprecherausschuss der leitenden Angestellten** wirken bei der Aufstellung des Insolvenzplans durch den Insolvenzverwalter **beratend** mit (§ 218 Abs. 3 InsO). Die beratende Funktion von Betriebsrat und Sprecherausschuss bedeutet, dass diese **keine** Stellung haben, die eine **erzwingbare** inhaltliche Einwirkung ermöglicht. Betriebsrat und Sprecherausschuss können einen bestimmten Inhalt des Insolvenzplans weder erzwingen noch verhindern. Ebenso wenig hängt die Aufstellung des Insolvenzplans durch den Insolvenzverwalter von einer Zustimmung des Betriebsrats oder des Sprecherausschusses ab. Die **Beratung** bedeutet, dass Betriebsrat und Sprecherausschuss zu unterrichten und dass sie berechtigt sind, ihre Meinung zu den Regelungsvorschlägen des Insolvenzverwalters vorzutragen. Es geht um **Mitsprache** und nicht um Mitbestimmung[4]. Der Insolvenzverwalter ist an die Stellungnahmen von Betriebsrat und Sprecherausschuss nicht gebunden, sondern kann jederzeit von diesen abweichen[5]. Der Insolvenzverwalter muss sich **inhaltlich mit den Vorstellungen von Betriebsrat und Sprecherausschuss auseinandersetzen** und mit diesen die zur Sprache gebrachten Gesichtspunkte mit dem **Willen einer Verständigung** erörtern; anderenfalls kann nicht von einer Beratung gesprochen werden: Beratung geht über Unterrichtung des an- 8.77

---

1 Zum Muster einer solchen salvatorischen Klausel vgl. *Braun/Uhlenbruck*, Muster eines Insolvenzplans, 1998, S. 63 f.

2 NZI 2000, 454, 456; *Smid*, ZInsO 1998, 347.

3 Kritisch auch *Grub*, FS Uhlenbruck, 2000, S. 512.

4 Vgl. *Jaffé* in Frankfurter Kommentar zur InsO, § 218 InsO Rz. 98.

5 Vgl. *Braun/Uhlenbruck*, Unternehmensinsolvenz, S. 474.

deren und Zurkenntnisnahme der Vorstellungen des anderen hinaus. Beratung beinhaltet mehr als Anhörung[1].

8.78 Die beratende Tätigkeit von Betriebsrat und Sprecherausschuss im Rahmen von § 218 Abs. 3 InsO gehört zu deren gesetzlichen Aufgaben und wird von den allgemeinen Entgeltzahlungs- und Kostentragungsregelungen (§§ 37, 40 BetrVG, § 14 SprAuG) erfasst[2].

b) Stellungnahme

8.79 Der Insolvenzplan wird, nachdem er entweder vom Insolvenzverwalter oder vom Schuldner vorgelegt worden und vom Insolvenzgericht nicht nach § 231 Abs. 1 oder Abs. 2 InsO zurückgewiesen worden ist, von dem Insolvenzgericht dem Betriebsrat und dem Sprecherausschuss gem. **§ 232 Abs. 1 Nr. 1 InsO zur Stellungnahme** zugeleitet. Deren Stellungnahmen sind wie der Insolvenzplan und alle übrigen beim Insolvenzgericht eingegangenen Stellungnahmen in der Geschäftsstelle zur Einsicht auszulegen (§ 234 InsO).

8.80 Der Betriebsrat und der Sprecherausschuss sind gem. § 235 Abs. 3 Satz 1 InsO ebenso wie die Insolvenzgläubiger, die Absonderungsberechtigten, der Insolvenzverwalter und der Schuldner zum Erörterungs- und Abstimmungstermin zu laden. Sie haben im Termin Rederecht. Die Äußerungen von Betriebsrat und Sprecherausschuss werden insbesondere bei einer mit dem Insolvenzplan verfolgten Unternehmensfortführung als wünschenswert und zweckmäßig anzusehen sein[3]. Der Insolvenzplan kann nach § 240 InsO – auch – auf Grund der Äußerung der Arbeitnehmervertreter noch im Erörterungstermin geändert werden.

c) Abstimmung

8.81 Die Abstimmung über den Insolvenzplan erfolgt in Gruppen (§§ 243, 244 InsO, Rz. 8.41 ff.).

8.82 Die **Arbeitnehmer** „sollen" eine besondere **Gruppe** bilden, wenn sie als Insolvenzgläubiger (§§ 38, 108 Abs. 2 InsO) mit nicht unerheblichen Forderungen beteiligt sind (§ 222 Abs. 3 Satz 1 InsO). Die Bedeutung des Erheblichkeitskriteriums ist ungeklärt. Teilweise wird auf einen Prozentsatz der Gesamtforderungen abgestellt[4]. Überwiegend wird eine gruppenbezogene Komponente befürwortet, d.h. die Forderungen müssen **für die Arbeitnehmerschaft erheblich** sein[5]. Die Beteiligung der Arbeitnehmer als Gruppe beruht darauf, dass

1 S. zur Beratungskategorie etwa *Kübler/Prütting/Bork/Moll*, § 122 InsO Rz. 19.
2 Vgl. Begr. zu § 254 RegE, BT-Drucks. 12/2443, S. 108, 196; *Warrikoff*, BB 1994, 2338, 2346.
3 Vgl. Begr. zu § 279 RegE, BT-Drucks. 12/2443, S. 108, 206; *Warrikoff*, BB 1994, 2338, 2346.
4 *Haarmeyer/Wutzke/Förster*, Handbuch zur InsO, Kap. 9 Rz. 13, vertreten 10 % der Gesamtforderung; *Breutigam* in Berliner Kommentar zur InsO, § 222 InsO Rz. 30.
5 *Uhlenbruck/Lüer*, § 222 InsO Rz. 26; *Nerlich/Römermann/Braun*, § 222 InsO Rz. 93; *Eidenmüller* in Münchener Kommentar zur InsO, § 222 InsO Rz. 115; *Gottwald*,

sich ihre Interessenlage in der Regel von der anderer Insolvenzgläubiger abhebt[1]. Die Arbeitnehmer sind nicht nur an der Regulierung von Forderungen auf rückständiges Arbeitsentgelt interessiert, sondern gerade im Zusammenhang mit der Aufstellung und Durchführung des Insolvenzplans an der Erhaltung der Arbeitsplätze. Deren Existenz kann maßgeblich von der Gestaltung des Insolvenzplans abhängen. Der Insolvenzplan kann zudem Sozialplanbestimmungen bzw. Sozialplanvorgaben enthalten. § 123 Abs. 2 Satz 2 InsO stellt die relative Obergrenze für die Gesamtheit von Sozialplanforderungen unter den Vorbehalt einer abweichenden Regelung im Insolvenzplan[2]. Diese Gesichtspunkte rechtfertigen es, für den Regelfall eine einheitliche Arbeitnehmergruppe im Rahmen der Gruppenbildung im Sozialplanverfahren vorzusehen. Arbeitnehmer können ausnahmsweise jedoch auch typisierte unterschiedliche Interessen haben, so dass auch **mehrere Gruppen von Arbeitnehmern gebildet** werden können, die gesondert über den Plan abstimmen (§ 222 Abs. 2 Satz 1 InsO). Es erscheint vorstellbar, dass zwischen gekündigten und ungekündigten Arbeitnehmern differenziert wird oder dass zwischen Arbeitnehmern differenziert wird, die einem zu erhaltenden oder einem stillzulegenden Betrieb angehören. Die Gruppen müssen sachgerecht abgegrenzt werden (§ 222 Abs. 2 Satz 2 InsO). Die Abgrenzungskriterien sind im Insolvenzplan anzugeben (§ 222 Abs. 2 Satz 3 InsO). § 222 Abs. 3 Satz 1 InsO steht der Bildung mehrerer Arbeitnehmergruppen nicht entgegen. Die Regelung normiert lediglich den nach der Vorstellung des Gesetzgebers gegebenen Regelfall. Dieser liegt darin, dass normalerweise alle Arbeitnehmer übereinstimmende wirtschaftliche Interessen haben. Das Wort „sollen" erweist, dass dies nicht zwingend ist, so dass unter Beachtung von § 222 Abs. 2 Satz 1 InsO Gruppen auch innerhalb der Arbeitnehmerschaft gebildet werden können.

Die Abstimmung der Gruppe der Arbeitnehmer richtet sich nach den allgemeinen, auch für die anderen Gruppen geltenden Vorschriften. 8.83

2. Darstellender Teil

Die **Bedeutung arbeitsrechtlicher, personalbezogener Aspekte** kommt regelmäßig im darstellenden Teil des Insolvenzplans (§ 220 InsO) zum Ausdruck. 8.84 Der Regierungsentwurf sah eine ausdrückliche Erwähnung zum einen von Betriebsänderungen und anderen organisatorischen und personellen Maßnahmen innerhalb des Unternehmens und zum anderen des Gesamtbetrags der Sozialplanforderungen vor (§ 258 Abs. 2 Nr. 1 und 2 RegE). Diese Aspekte wurden als „beispielhaft wichtige" Maßnahmen bei der Sanierung eines Unternehmens angesehen. Die Nichterwähnung im Gesetzeswortlaut hat nichts daran geändert, dass diese Maßnahmen im Insolvenzplan darzustellen sind[3].

Insolvenzrechts-Handbuch, § 67 Rz. 49; *Frank* in Anwaltshandbuch Insolvenzrecht, 2005, § 12 Rz. 126; *Huntemann/Brochdorff*, Der Gläubiger im Insolvenzverfahren, 1999, Kap. 13 Rz. 29.

1 Vgl. Begr. zu § 265 RegE, BT-Drucks. 12/2443, S. 108, 199 f.; *Schmidt-Räntsch*, § 222 InsO Rz. 5.

2 S. dazu näher *Kübler/Prütting/Bork/Moll*, §§ 123, 124 InsO Rz. 79.

3 *Pape/Uhlenbruck*, Insolvenzrecht, 2002, Kap. 39 Rz. 784.

Umstrukturierungsmaßnahmen jeder Art sind in der Tat mit vielfältigen organisatorischen und personellen Maßnahmen verbunden. Die Mitteilung über derartige Maßnahmen ist sowohl für Arbeitnehmer als auch für Gläubiger jeder Art eine wichtige Grundlage für die Entscheidung über den Insolvenzplan. In gleicher Weise muss Klarheit über die mit der Sanierung verbundenen Sozialplanforderungen bestehen. Je größer die Unsicherheit über den Gesamtbetrag der Sozialplanforderungen ist, desto mehr wird die Bereitschaft zur Annahme des Insolvenzplans herabgesetzt[1].

3. Gestaltender Teil

8.85 Der gestaltende Teil des Insolvenzplans (§ 221, 254 Abs. 1 InsO) kann Regelungen vorsehen, **durch die Arbeitnehmeransprüche beschränkt**, insbesondere entstandene, rückständige Forderungen erlassen werden. Dies ist unproblematisch, wenn es sich um Ansprüche handelt, die zur Disposition der Arbeitnehmer stehen. Diese Dispositionsfreiheit besteht jedoch nicht immer. § 4 Abs. 3 Satz 1 TVG sieht vor, dass Arbeitnehmer auf durch Tarifvertrag eingeräumte Rechte nur mit Zustimmung der Tarifvertragsparteien verzichten können. § 77 Abs. 4 Satz 2 BetrVG lässt einen Verzicht auf durch Betriebsvereinbarung begründete Ansprüche nur mit Zustimmung des Betriebsrats zu. Entsprechende Fragestellungen entstehen, wenn es sich um gesetzlich unverzichtbare Ansprüche handelt (Bsp.: Entgeltfortzahlung im Krankheitsfall, Urlaub nach dem BUrlG). Die Auflösung des Konkurrenzverhältnisses zwischen arbeitsrechtlichen und insolvenzrechtlichen Regelungen in diesem Zusammenhang ergibt sich aus Inhalt und Rechtsnatur des Insolvenzplans. Der Insolvenzplan ist ein Übereinkommen zwischen Schuldner und (allen beteiligten) Gläubigern[2]. Der Insolvenzplan kann daher keine Betriebsvereinbarungs- oder Tarifregelungen ändern. Die Erfüllung bereits entstandener Forderungen wird durch den Insolvenzplan nun aber dadurch berührt, dass nach § 224 InsO der wesentliche Inhalt des Insolvenzplans darin besteht anzugeben, um welchen Bruchteil Forderungen von Insolvenzgläubigern gekürzt werden. Diese **Wirkungen** treten für und gegen die Insolvenzgläubiger auch dann ein, wenn **der einzelne dem Insolvenzplan nicht zugestimmt** hat (§ 254 Abs. 1 InsO). Entscheidend ist mithin nicht ein „Verzicht" des einzelnen Arbeitnehmers i.S. von § 4 Abs. 3 Satz 1 TVG oder § 77 Abs. 4 Satz 2 BetrVG. § 4 Abs. 3 Satz 1 TVG und § 77 Abs. 4 Satz 2 BetrVG stehen daher einer Reduzierung von Ansprüchen durch den Insolvenzplan nicht entgegen[3]. Entscheidend ist das Zustandekommen des Insolvenzplans im Rahmen eines formell-justizförmig geregelten Verfahrens. Einen Verzicht i.S. von § 4 Abs. 3 Satz 1 TVG oder § 77 Abs. 4 Satz 2 BetrVG stellt dies nicht dar, so dass entstandene Ansprüche von Arbeitnehmern auf Grund Betriebsvereinbarung oder Tarifvertrag zur Disposition durch den Insolvenzplan stehen, ohne dass Betriebsrat oder Tarifvertragsparteien zustimmen müssten.

---

1 Vgl. Begr. zu § 258 RegE, BT-Drucks. 12/2443, S. 108, 197; *Burger/Schellberg*, DB 1994, 1833, 1834.

2 Vgl. *Braun/Uhlenbruck*, Unternehmensinsolvenz, S. 463 ff.

3 Anders aber *Breuer* in Münchener Kommentar zur InsO, § 224 InsO Rz. 5.

Eine andere Situation besteht, wenn es sich darum handelt, ob **Entgeltreduzierungen für künftige Zeiträume** festgelegt werden. Die §§ 224, 254 Abs. 1 InsO sind insoweit schon deshalb nicht anwendbar, weil die Arbeitnehmer im Hinblick auf die künftigen Ansprüche nicht Insolvenzgläubiger sind, sondern Massegläubiger. § 217 InsO lässt nicht erkennen, dass der Insolvenzplan auch in derartig künftig zu erdienende Ansprüche eingreift. Regelungen über künftige Ansprüche oder Entwicklungen im Arbeitsverhältnis sind daher durch den Insolvenzplan – unabhängig davon, dass es sich beim Zustandekommen des Insolvenzplans nicht um einen „Verzicht" i.S. von § 4 Abs. 3 Satz 1 TVG oder § 77 Abs. 4 Satz 2 BetrVG handelt – nicht möglich, weil dies Inhalt und Regelungskompetenz des Insolvenzplans, wie sie in § 217 InsO festgelegt sind, überschreitet. Die Arbeitsbedingungen von Arbeitnehmern im Rahmen der künftigen Entwicklung des Arbeitsverhältnisses sind nach den allgemeinen arbeitsrechtlichen Bestimmungen zu gestalten, gegebenenfalls unter Anwendung insolvenzspezifischer Besonderheiten (Bsp.: § 120 InsO). 8.86

VI. Besonderheiten bei der GmbH & Co. KG *(Karsten Schmidt)*

1. GmbH-Insolvenz und KG-Insolvenz

Über das Verhältnis der GmbH-Insolvenz zur KG-Insolvenz (getrennte oder konsolidierte Abwicklung?) informieren die Ausführungen bei Rz. 7.502 ff. Die Gesellschaften können im Insolvenzverfahren getrennte Wege gehen, aber im Ausgangspunkt verdient eine konsolidierte Unternehmensinsolvenz den Vorzug. Diese besteht, wenn über beide Gesellschaftsvermögen das Insolvenzverfahren eröffnet worden ist, in einer **Verzahnung der Insolvenzverfahren**. 8.87

2. Die Kommanditgesellschaft als Zentrum des Insolvenzplanverfahrens

Im Insolvenzplanverfahren steht regelmäßig die Kommanditgesellschaft als Unternehmensträgerin im Mittelpunkt. Ein auch im Verfahren der GmbH-Insolvenz zu vollziehender zweiter Insolvenzplan ist unwahrscheinlich. Ziel des Insolvenzplans wird es häufig sogar sein, sich der gleichfalls insolventen Komplementär-GmbH zu entledigen, falls dies nicht schon geschehen ist, und eine **neue Komplementärin** zu gründen. Diese Maßnahme kann sogar Gegenstand eines bedingten Insolvenzplans nach § 249 InsO sein (vgl. zum bedingten Insolvenzplan Rz. 7.13 ff., 7.192). 8.88

C. Rechtswirkungen des bestätigten Plans

I. Eintritt der rechtsgestaltenden Wirkungen

8.89 Mit der Rechtskraft der Bestätigung des Plans[1] äußert der Plan seine (unmittelbaren materiellen) Wirkungen gegenüber allen Beteiligten, also gegenüber den absonderungsberechtigten Gläubigern, gegenüber den Insolvenzgläubigern, gegenüber dem Schuldner und, wenn dieser keine natürliche Person ist, gegenüber den am Schuldner beteiligten Personen[2]. Auf die Teilnahme am Planverfahren kommt es dabei ebenso wenig an wie auf einen Widerspruch gegen den Plan[3]. Von den Planwirkungen erfasst werden auch die Insolvenzgläubiger, die ihre Forderungen nicht zur Insolvenztabelle angemeldet haben und auch sonst nicht am Insolvenzverfahren beteiligt waren[4]. Die Wirkungen des Plans ergeben sich primär aus dem Plan selbst, nämlich dem gestaltenden Teil des rechtskräftig bestätigten Plans[5]. Unter **Gestaltungswirkungen** sind **materiellrechtliche Regelungen** wie Erlass, Verzicht, Stundung oder Fristverlängerung zu verstehen. Die Rechtsqualität oder der Rechtsgrund der jeweiligen Forderung ändert sich dadurch nicht. Es entstehen weder neue Forderungen i.S. einer Novation noch zusätzliche i.S. einer Kumulation[6]. Nach § 254 Abs. 1 Satz 2 InsO sollen Willens- und Verpflichtungserklärungen, die sich auf die **Abtretung von GmbH-Anteilen** beziehen und in den Plan aufgenommen wurden, mit der Rechtskraft der Bestätigung des Insolvenzplans als abgegeben gelten[7]. Dadurch etwa einzuhaltende Formvorschriften werden durch die vorgenannte Bestimmung ersetzt[8].

8.90 Die Vorschriften über die Wirkungen eines bestätigten Plans und die Aufhebung des Insolvenzverfahrens entsprechen weitgehend den Regelungen der Vergleichsordnung (§§ 82 bis 84 VerglO) und des Zwangsvergleichs im Konkurs (§ 193 KO). § 254 InsO geht jedoch über den Regelungsgehalt dieser Bestimmungen insoweit hinaus, als die in den Plan aufgenommenen Willenserklärungen der Beteiligten bezüglich der Begründung, Änderung, Übertragung

---

1 Die gesetzliche Regelung, dass die Frist von zwei Wochen zur Einlegung der sofortigen Beschwerde gegen den Beschluss, durch den der Insolvenzplan bestätigt wird, mit der Verkündung des Beschlusses beginnt, bleibt auch dann maßgebend, wenn vom Gericht hierüber falsch belehrt worden ist (BGH v. 16. 10. 2003 – IX ZB 36/03, ZInsO 2003, 1100).

2 Begr. RegE, BR-Drucks. 1/92, S. 212, 213. Zur Kritik an der Fassung des § 254 InsO s. *Braun* in Gottwald, Insolvenzrechts-Handbuch, § 69 Rz. 1.

3 *Balz/Landfermann*, Begr. RegE, § 254 S. 511.

4 LAG Rheinland-Pfalz v. 12. 10. 2006 – 4 Sa 281/06, Beck RS 2007, 44876.

5 *Bork* in Leipold, Insolvenzrecht im Umbruch, S. 51.

6 *Uhlenbruck/Lüer*, § 254 InsO Rz. 8; *Jaffé* in Frankfurter Kommentar zu InsO, § 254 InsO Rz. 9 ff.

7 Der Gesetzgeber wollte GmbH-Gesellschaftern – insbesondere solchen der im Insolvenzverfahren befindlichen Gesellschaft – die Möglichkeit einräumen, Verpflichtungs- und/oder Verfügungsgeschäfte über ihren Anteil auf freiwilliger Basis im Plan wirksam vorzunehmen (fakultative Planunterwerfung), *Eidenmüller*, ZGR 2001, 681, 682.

8 *Eidenmüller*, ZGR 2001, 681, 691.

oder Aufhebung von Rechten an Gegenständen oder der Abtretung von **Geschäftsanteilen an einer Gesellschaft mit beschränkter Haftung** als in der vorgeschriebenen Form abgegeben gelten. Entsprechendes gilt für Verpflichtungserklärungen bezüglich solcher Rechte. Der Insolvenzplan kann allerdings nicht die Übertragung des Besitzes an einer Sache oder die Eintragung einer Rechtsänderung im Grundbuch ersetzen[1]. **Fortsetzungsbeschlüsse** können erst gefasst werden, wenn das Insolvenzverfahren nach der Bestätigung eines Insolvenzplans, der den Fortbestand der GmbH vorsieht, aufgehoben wurde (vgl. § 60 Abs. 1 Nr. 4 GmbHG). Dagegen sind satzungsändernde Beschlüsse wie Beschlüsse über sanierende, nominelle Kapitalherabsetzungen sowie Kapitalerhöhungen bereits während des Insolvenzverfahrens möglich, soweit der Insolvenzzweck dem nicht entgegensteht[2].

Ohne Vorbild in den früheren Insolvenzgesetzen ist die Regelung des **§ 254 Abs. 3 InsO**. Hiernach besteht **kein Rückforderungsanspruch** an einen Gläubiger, der mehr erhalten hat, als ihm nach dem Plan zustünde. Auch wenn im Plan ein teilweiser Forderungserlass geregelt ist, besteht eine natürliche Verbindlichkeit fort, die den Rechtsgrund für eine volle Befriedigung bildet[3]. Die überplanmäßige Befriedigung eines Gläubigers durch den Insolvenzverwalter vor der Bestätigung des Insolvenzplans stellt keinen Verstoß gegen den Gleichbehandlungsgrundsatz dar. Dies folgt daraus, dass der Plan auf den Zeitpunkt seiner Bestätigung bezogen ist und eine in diesem Zeitpunkt noch bestehende Forderung voraussetzt[4]. 8.91

Die **prozessualen Wirkungen des Insolvenzplans** ergeben sich aus §§ 257 bis 259 InsO. Sobald die Bestätigung des Insolvenzplans rechtskräftig ist, beschließt das Gericht die **Aufhebung des Insolvenzverfahrens** (§ 258 Abs. 1 InsO). Zuvor hat der Insolvenzverwalter die unstreitigen Masseansprüche zu berichtigen und für die streitigen Ansprüche Sicherheit zu leisten (§ 258 Abs. 2 InsO)[5]. Mit der Aufhebung des Insolvenzverfahrens erlöschen die Ämter des Insolvenzverwalters und der Mitglieder des Gläubigerausschusses. Der Schuldner erhält das Recht zurück, über die Insolvenzmasse frei zu verfügen (§ 259 Abs. 1 InsO). 8.92

Im gestaltenden Teil des Insolvenzplans kann allerdings vorgesehen werden, dass die Erfüllung des Plans überwacht wird (**§ 260 Abs. 1 InsO**). Die **Überwachung** kann sich auf die Erfüllung der Ansprüche der Gläubiger sowohl gegen den Schuldner (§ 260 Abs. 1 InsO) als auch gegen eine **Übernahmege-** 8.93

1 Begr. RegE, BR-Drucks. 1/92, S. 212, 213.
2 *Eidenmüller*, ZGR 2001, 681, 692 m.w.N.
3 Begr. RegE, BR-Drucks. 1/92, S. 212, 213.
4 *Flessner* in Heidelberger Kommentar zur InsO, § 254 InsO Rz. 10.
5 Ob die Vorschrift auch in den Fällen Anwendung findet, in denen die Masseverbindlichkeiten nach der Bestätigung des Insolvenzplans bzw. sogar nach der Aufhebung des Insolvenzverfahrens, aber noch vor der entsprechenden öffentlichen Bekanntmachung begründet werden, die Fälligkeit indes erst nach der Veröffentlichung eintritt, erscheint fraglich. Das LG Stuttgart (v. 11. 12. 2002 – 27 O 295/02, DZWIR 2003, 171 ff.) vertritt die Ansicht, § 258 Abs. 2 InsO finde auf derartige Fälle keine Anwendung (kritisch dazu *Busch*, DZWIR 2003, 172 ff.; *Paul*, ZInsO 2004, 72, 75).

sellschaft erstrecken. Die Überwachung einer Übernahmegesellschaft ist nur zulässig, wenn diese nach der Eröffnung des Insolvenzverfahrens eigens zu dem Zweck gegründet worden ist, das Unternehmen oder Teile des Unternehmens fortzuführen.

8.94 Die Überwachung ist **Aufgabe des Insolvenzverwalters**. Sein Amt, die Ämter der Mitglieder des Gläubigerausschusses und die Aufsicht des Insolvenzgerichts bestehen fort (§ 261 Abs. 1 InsO), bis das Insolvenzgericht die Aufhebung der Überwachung beschließt (§ 268 InsO).

8.95 In seinem Urteil vom 6. 2. 2003 hat das OLG Jena[1] im Rahmen eines Anfechtungsrechtsstreits zu der Frage Stellung genommen, welche Aussage ein **Insolvenzplan** treffen muss, damit der Insolvenzverwalter einen anhängigen **Anfechtungsprozess** auch nach der **Aufhebung des Insolvenzverfahrens** fortführen kann. Konkret ging es um die Formulierung in einem Insolvenzplan, wonach „§ 259 Abs. 3 InsO Anwendung findet". Nach Satz 1 dieser Vorschrift kann der Verwalter einen anhängigen Rechtsstreit, der die Insolvenzanfechtung zum Gegenstand hat, auch nach der Aufhebung des Verfahrens fortführen, wenn dies im gestaltenden Teil des Plans vorgesehen ist[2]. Mit Recht vertritt das OLG Jena – anders als die Vorinstanz[3] – die Auffassung, es sei nicht erforderlich, einen bestimmten Rechtsstreit oder eine Anzahl von Rechtsstreiten im gestaltenden Teil des Plans näher zu erwähnen, weil die Entscheidung, welche Prozesse er führt, letztlich beim Insolvenzverwalter verbleibt. Der Bundesgerichtshof hat diese Entscheidung mit Urteil vom 6. 10. 2005[4] bestätigt und klargestellt, dass es den Personen, die über die Annahme des Plans zu entscheiden haben und nicht wissen, was in § 259 Abs. 3 InsO steht, zuzumuten sei, die Gesetzesbestimmung nachzulesen.

8.96 Da der bestätigte Insolvenzplan sich ebenso wie der frühere Zwangsvergleich gem. § 194 KO als „**gerichtlicher Vergleich**" darstellt, tituliert der Plan die Forderungen der Gläubiger[5]. Haben Gläubiger gegen den **Schuldner** vor Eröffnung des Insolvenzverfahrens einen Titel erstritten, führt der Plan zu einer **Novation des Titels**[6]. Nach § 257 Abs. 1 Satz 1 InsO kann ein Gläubiger, der im Plan Tilgungszusagen erhalten hat, die der Schuldner nicht erfüllt, aus dem rechtskräftig bestätigten Plan in Verbindung mit der Eintragung in die Tabelle vollstrecken. Die Eintragung in die Tabelle (§§ 175, 178 Abs. 2 und 3, 183 Abs. 2 InsO), der Plan sowie der Bestätigungsbeschluss gem. § 248 InsO

---

1 OLG Jena v. 6. 2. 2002 – 2 U 1033/01, ZIP 2002, 538 ff.; dazu auch *Michels*, EWiR 2001, 1067 ff.

2 Soweit im darstellenden Teil des Insolvenzplans bezüglich des Anfechtungsanspruchs eine niedrigere Forderung als im gestaltenden Teil genannt wird, ist dies unbeachtlich, weil die Angabe der Forderungshöhe für das Fortbestehen der Prozessführungsbefugnis keine Voraussetzung ist (vgl. LG Wuppertal v. 27. 12. 2001 – 2 O 11/01, ZInsO 2002, 337).

3 LG Erfurt v. 26. 7. 2001 – 3 O 290/01, ZIP 2001, 1646 ff.; dazu *Neußner*, EWiR 2001, 1067 ff.

4 IX ZR 36/02, NZI 2006, 100 = ZInsO 2006, 38.

5 *Smid/Rattunde*, Der Insolvenzplan, Rz. 270.

6 *Smid/Rattunde*, Der Insolvenzplan, Rz. 266.

bilden zusammen den **Vollstreckungstitel**[1]. Soweit Dritte als **Plangaranten** auftreten[2], ermöglicht § 257 Abs. 2 InsO die Zwangsvollstreckung auch gegen diese Personen. Die Vollstreckungsvoraussetzungen und Rechtsbehelfe gegen Vollstreckungsmaßnahmen sowie Entscheidungen im Vollstreckungsverfahren richten sich nach den allgemeinen Bestimmungen der §§ 724 bis 793 ZPO[3]. Dies folgt mittelbar aus § 257 Abs. 3 InsO, der von der Notwendigkeit der Erteilung einer Vollstreckungsklausel ausgeht.

II. Gesellschafter, Mitschuldner und Bürgen *(Karsten Schmidt)*

1. Die Grundregel des § 254 Abs. 2 InsO

§ 254 Abs. 2 InsO beschreibt die Wirkung des bestätigten Insolvenzplans in Bezug auf Mitschuldner und Bürgen. Die Bestimmung stimmt mit dem alten Konkurs- und Vergleichsrecht (§ 193 Satz 2 KO, § 82 Abs. 2 VerglO) und mit den für die Restschuldbefreiung natürlicher Personen geltenden Regeln (§ 301 Abs. 2 InsO) überein. Sie lautet wie folgt: 8.97

„Die Rechte der Insolvenzgläubiger gegen Mitschuldner und Bürgen des Schuldners sowie die Rechte dieser Gläubiger aus einer zu ihrer Sicherung eingetragenen Vormerkung oder aus einem Recht, das im Insolvenzverfahren zur abgesonderten Befriedigung berechtigt, werden durch die Restschuldbefreiung nicht berührt. Der Schuldner wird jedoch gegenüber dem Mitschuldner, dem Bürgen oder anderen Rückgriffsberechtigten in gleicher Weise befreit wie gegenüber den Insolvenzgläubigern."

Durch diese Regelung unterscheiden sich die Personalsicherheiten von der persönlichen Haftung von Personengesellschaftern. Diese haften für die Verbindlichkeiten der Gesellschaft als Schuldnerin nur noch nach Maßgabe des Insolvenzplans (vgl. § 227 Abs. 2 InsO). Es ist dies einer der Gründe, aus denen selbst unbeschränkt haftende Gesellschafter nicht selten von Gläubigern zur Übernahme von Bürgschaften gedrängt werden, denn für den Gesellschafterbürgen gilt das Privileg des § 227 Abs. 2 InsO nicht[4]. 8.98

2. Praktische Bedeutung und Abdingbarkeit

a) § 254 Abs. 2 Satz 1 InsO unterstreicht gerade in einer GmbH-Insolvenz die **Bedeutung der Personalsicherheiten**, nicht zuletzt der Besicherung von Gesellschaftsverbindlichkeiten durch Gesellschafter als Bürgen oder im Wege der Schuldmitübernahme. Für Gläubiger, die durch Personalsicherheiten gesichert sind, bleiben diese Sicherheiten vom Insolvenzplan unberührt. Die Bestim- 8.99

---

1 *Flessner* in Heidelberger Kommentar zur InsO, § 257 InsO Rz. 2; *Smid*, § 257 InsO Rz. 7; *Kübler/Prütting/Bork/Otte*, § 257 InsO Rz. 6; a.A. *Braun* in Gottwald, Insolvenzrechts-Handbuch, § 69 Rz. 12; *Häsemeyer*, Insolvenzrecht, Rz. 28.84; *Schiessler*, Der Insolvenzplan, 1997, S. 201; *Hess*, § 257 InsO Rz. 18.

2 Unter Plangarantie ist die schriftlich beim Insolvenzgericht eingereichte Erklärung eines Dritten zu verstehen, für die Erfüllung des Plans neben dem Schuldner ohne Vorbehalt der Einrede der Vorausklage einstehen zu wollen.

3 *Hess*, § 257 InsO Rz. 26.

4 H.M.; vgl. *Breuer* in Münchener Kommentar zur InsO, § 227 InsO Rz. 12; a.M. *Nerlich/Römermann/Braun*, § 227 InsO Rz. 5.

mung kann die Verwirklichung eines Insolvenzplans erleichtern, dies aber auf Kosten des Sicherungsgebers. § 254 Abs. 2 Satz 2 hat zur Folge, dass die Gesellschaft auch im **Innenverhältnis zum Sicherungsgeber** nur noch nach Maßgabe des Insolvenzplans haftet[1]. Dies führt zu einer echten Entlastung auf der Passivseite. Die Differenz trägt nach dem Gesetz allein der Sicherungsgeber.

8.100 **b) Abweichende Vereinbarungen** sieht das Gesetz nicht vor. Soweit sie nicht gegen das Gesetz verstoßen (insbesondere gegen das Gebot der Gleichbehandlung im Plan nach § 226 InsO) und die gesetzliche Wirkung des Insolvenzplans nach § 254 Abs. 2 Satz 2 InsO nicht tangieren, sind sie aber zulässig[2], vor allem in Gestalt von **Besserungsabreden**[3]. Solche Sonderabreden können bei der Übernahme von Bürgschaften zweckmäßig sein, und zwar auch bei Gesellschafterbürgschaften, die den Sonderregeln über Gesellschafterkredite unterliegen (§§ 44a, 135 Abs. 2 InsO), evtl. verbunden mit einem Rangrücktritt (vgl. zum Rangrücktritt bei der Gesellschafterbürgschaft Rz. 2.246). Viel spricht dafür, einen Rangrücktritt in diesen Fällen dahin gehend auszulegen, dass bürgende Gesellschafter ungeachtet des § 254 Abs. 2 InsO im Besserungsfall sollen Regress nehmen können. Das würde bedeuten, dass das von diesen Gesellschaftern nach § 254 Abs. 2 InsO zu erbringende Sonderopfer im Sanierungsfall kein endgültiges ist. Doch sollte dieser Vertragswille – nicht zuletzt im Hinblick auf etwa neu hinzutretende Gesellschafter – dokumentiert werden.

8.101 **c)** Auch im **Außenverhältnis** gegenüber dem gesicherten Gläubiger ist § 254 Abs. 2 InsO abdingbar, dies allerdings nicht durch Mehrheitsbeschluss der Gläubiger, sondern nur durch Vertrag zwischen dem Sicherungsgeber und dem individuell gesicherten Gläubiger[4]. Das Zustandekommen einer solchen Abrede wird eine Ausnahme bleiben. Denkbar ist sie im Rahmen einer Paketlösung, bei der der Sicherungsgeber andere Sanierungsopfer erbringt und hierfür von der Forthaftung aus der Sicherheit befreit wird. Durch Vertrag zwischen Gläubiger und Sicherungsgeber kann selbstverständlich auch noch in diesem Stadium ein Höchstbetrag der Inanspruchnahme vereinbart werden, und zwar wiederum außerhalb des Insolvenzverfahrens.

III. Kreditgeschäfte im Insolvenzplanverfahren *(Wittig)*

8.102 Das Insolvenzplanverfahren will die Sanierung der insolventen GmbH oder eines anderen Unternehmens im Insolvenzverfahren erleichtern – vor allem

1 Die Regelung wird im Zusammenhang mit dem Verbot der Doppelberücksichtigung (§ 44 InsO) verstanden; vgl. *Huber* in Münchener Kommentar zur InsO, § 254 InsO Rz. 32; zur VerglO BGH v. 21. 3. 1991 – IX ZR 286/90, BGHZ 114, 117, 124 = NJW 1991, 1732, 1735.

2 Vgl. schon zur Dispositivät des § 193 KO BGH v. 23. 1. 1992 – IX ZR 94/91, NJW 1992, 2091, 2092 = ZIP 1992, 342, 343 f.; zu § 254 InsO *Huber* in Münchener Kommentar zur InsO, § 254 InsO Rz. 30.

3 Vgl. *Huber* in Münchener Kommentar zur InsO, § 254 InsO Rz. 31.

4 *Braun*, § 254 InsO Rz. 8; *Huber* in Münchener Kommentar zur InsO, § 254 InsO Rz. 30.

für den Fall des Scheiterns der Sanierungsbemühungen – mit **klaren Regelungen für Kredite**, die das Unternehmen im Insolvenzplanverfahren neu aufnimmt. Denn auch im Insolvenzplanverfahren werden Kreditgeber nur bereit sein, neue Kreditmittel zur Verfügung zu stellen, wenn die Kreditgeber eine gewisse Sicherheit haben, beim Scheitern der Sanierung im Insolvenzplanverfahren und der anschließenden Eröffnung eines neuen Insolvenzverfahrens ihren Rückzahlungsanspruch realisieren zu können[1].

1. Privilegierung von Neukrediten

Für die Frage, ob und unter welchen Voraussetzungen Kredite im Rahmen eines Insolvenzplanverfahrens als Masseverbindlichkeiten privilegiert sind, muss zwischen den **verschiedenen Stadien des Insolvenzplanverfahrens** unterschieden werden. 8.103

a) Insolvenzantragsverfahren

Kredite, die der vorläufige Insolvenzverwalter mit Verfügungsbefugnis oder mit gerichtlicher Ermächtigung im Insolvenzantragsverfahren aufgenommen hat, führen (wie oben unter Rz. 5.309 ff. erläutert) nach Verfahrenseröffnung zu **Masseverbindlichkeiten** (§ 55 Abs. 2 InsO). An dieser Einordnung als Masseverbindlichkeiten und deren vorzugsweiser Befriedigung kann auch ein Insolvenzplan nichts ändern. Denn nach dem Grundsatz des § 217 InsO kann lediglich die Befriedigung der absonderungsberechtigten Gläubiger, der Insolvenzgläubiger und der nachrangigen Insolvenzgläubiger anders als im Gesetz vorgesehen geregelt werden. In die Rechte der Aussonderungsberechtigten und der Massegläubiger kann der Plan dagegen nicht eingreifen[2]. 8.104

b) Eröffnetes Insolvenzverfahren

Kredite, die dem Insolvenzverwalter **in der Zeit zwischen Verfahrenseröffnung und Bestätigung des Insolvenzplanes** gewährt werden (sog. Massedarlehen), sind in gleicher Weise privilegiert. Denn wie im allgemeinen Insolvenzverfahren führen im Planverfahren Verbindlichkeiten, die durch Handlungen des Insolvenzverwalters begründet werden, gem. § 55 Abs. 1 Nr. 1 InsO zu vorrangig zu befriedigenden Masseverbindlichkeiten. Damit sind auch im Planverfahren Kreditforderungen aus neuen Darlehen Masseverbindlichkeiten, die vorrangig gem. §§ 55 Abs. 1 Nr. 1, 53 InsO zu berichtigen sind. Der Kreditgeber kann also nach Maßgabe des Kreditvertrages volle Befriedigung verlangen, ohne dass durch den Plan in seine Ansprüche eingegriffen werden könnte. Insbesondere bleiben von den Regelungen des Insolvenzplanes auch die vereinbarten Fälligkeiten und Kündigungsrechte unberührt. 8.105

---

1 Dazu auch *Wittig*, DB 1999, 197 ff.; *Mai*, Insolvenzplanverfahren, Rz. 242 ff.; *Obermüller*, Insolvenzrecht in der Bankpraxis, Rz. 5.288 ff.

2 Begr. RegE zu § 264 und zu § 217 InsO; vgl. auch § 258 Abs. 2 InsO; dazu *Eidenmüller* in Münchener Kommentar zur InsO, § 217 InsO Rz. 79 ff.; *Obermüller*, Insolvenzrecht in der Bankpraxis, Rz. 5.289.

c) Planbestätigung

8.106 Die Insolvenzordnung sieht **keine Fortsetzung des Planverfahrens für die Zeit zwischen Bestätigung des Insolvenzplanes und der Erfüllung der Insolvenzforderungen** vor. Gem. § 258 Abs. 1 InsO hat das Insolvenzgericht immer die Aufhebung des Insolvenzverfahrens zu beschließen, sobald der Insolvenzplan rechtskräftig bestätigt worden ist. Vor der Aufhebung muss der Verwalter gem. § 258 Abs. 2 InsO die (unstreitigen) Masseansprüche berichtigen[1]. Soweit der zunächst während des Insolvenzverfahrens neu gewährte Massekredit im Schuldnerunternehmen auch in der Zeit nach Bestätigung des Insolvenzplanes benötigt wird, kann dies nach den gesetzlichen Vorgaben der Insolvenzordnung ohne besondere Regelung im Insolvenzplan nur geschehen, indem der Kredit bei Bestätigung des Insolvenzplanes zurückgezahlt und nach Aufhebung des Insolvenzverfahrens neu gewährt wird. Für diesen Fall kommt allerdings der neuen Forderung aus der Ablösung des Massekredits und aus der Gewährung sonstiger neuer Kredite in einer „Anschlussinsolvenz", also in einem Insolvenzverfahren, das in der Zeit zwischen Planbestätigung und Planerfüllung eröffnet wird, keine vorrangige Stellung zu, sondern die Forderung ist dann grundsätzlich eine bloße Insolvenzforderung. Damit ist die Möglichkeit, einen Massekredit als vorrangige Forderung über den Zeitpunkt der Planbestätigung hinaus stehen zu lassen, grundsätzlich abgeschnitten. Falls der Kreditnehmer die Mittel aus dem Verwalterdarlehen noch in dem sich an die Aufhebung des Verfahrens anschließenden Zeitraum benötigt, muss also der Kreditgeber bei seiner Kreditentscheidung beachten, dass er dann seinen Vorrang verliert. Falls der Kreditgeber über Sicherheiten verfügt, kann er darauf aber zurückgreifen.

d) Rahmenkredite im Insolvenzplan

8.107 Zu dieser gesetzlichen Vorgabe kann der **Insolvenzplan eine abweichende Regelung treffen**. Damit trägt der Gesetzgeber dem Umstand Rechnung, dass auch nach Bestätigung des Insolvenzplans jedes sanierte Unternehmen eine schwierige Anlaufzeit durchzustehen hat, so dass kein Kreditgeber ohne eine Absicherung in irgendeiner Form bereit sein wird, Kredit zu gewähren. Da aber nach einer Sanierung beleihbares Aktivvermögen in der Regel nicht mehr vorhanden ist, stehen dem Unternehmen die üblichen Kreditsicherheiten nicht zur Verfügung[2]. Zum Ausgleich sieht § 264 InsO vor, dass im Insolvenzplan durch Beschluss der Insolvenzgläubiger ein Kreditrahmen für bestehen bleibende Massekredite beschlossen werden kann[3]. Forderungen, die in diesen Kreditrahmen fallen, können in einer „Anschlussinsolvenz" Vorrang genießen.

8.108 Dazu kann im **gestaltenden Teil des Insolvenzplans** vorgesehen werden, dass die Insolvenzgläubiger nachrangig sind gegenüber Gläubigern mit Forderungen aus Darlehen oder sonstigen Krediten, die ein Massegläubiger in die Zeit der Überwachung hinein stehen lässt (§ 264 Abs. 1 Satz 1 InsO). Der Plan kann die Kreditgeber zum Stehenlassen dieser Kredite allerdings nicht zwingen,

1 Dazu *Huber* in Münchener Kommentar zur InsO, § 258 InsO Rz. 10 ff.
2 *Uhlenbruck*, ZBB 1992, 284, 285.
3 Dazu auch *Dinstühler*, ZInsO 1998, 243.

vielmehr kann er ihnen nur durch Schaffung des Vorrangs einen Anreiz geben, sich mit einer Prolongation einverstanden zu erklären.

Der Insolvenzplan kann nicht nur für die in die Zeit der Überwachung hinein 8.109
stehen bleibenden Massekredite, sondern **für alle so genannten Rahmenkredite einen vorrangigen Kreditrahmen schaffen**. Zu den Rahmenkrediten zählen auch Kredite, die in der Zeit der Planüberwachung neu aufgenommen werden, sofern dies im Insolvenzplan entsprechend vorgesehen ist. Die Privilegierung der Rahmenkredite durch den Insolvenzplan kann für alle Arten von Krediten vorgesehen werden, also nicht nur für Barkredite, sondern z.B. auch für Aval- und Diskontkredite. Davon ausgenommen sind aber, worauf bei Rz. 8.116 noch einzugehen ist, Gesellschafterdarlehen (§ 264 Abs. 3 InsO). Privilegiert sind jedenfalls Gelddarlehen; aber auch der Lieferantenkredit, also die Stundung von Kaufpreisforderungen, fällt unter den Begriff der „sonstigen" Kredite in § 264 InsO[1].

Voraussetzung eines vorrangigen **Kreditrahmens** ist zunächst, dass sich an die 8.110
Bestätigung des Insolvenzplans die Überwachung der Planerfüllung durch den Insolvenzverwalter anschließt (§ 264 InsO). Dies muss gem. § 260 InsO im Insolvenzplan beschlossen werden; die Überwachung durch einen bloßen Sachwalter genügt nicht[2]. Der Vorrang gilt nur in einem Insolvenzverfahren, das vor Aufhebung der Überwachung eröffnet wird (§ 266 InsO). Die Überwachung wird spätestens drei Jahre nach Aufhebung des Insolvenzverfahrens beendet. Dies kann aber auch früher geschehen, nämlich wenn die Ansprüche, zu deren Erfüllung die Überwachung dient, erfüllt sind oder die Erfüllung gewährleistet ist. Die Beendigung ist öffentlich bekannt zu geben, wenn sie beschlossen ist. Eine vorherige Warnung der vorrangigen Gläubiger ist nicht vorgesehen[3]. Darüber hinaus sind in einem innerhalb der Überwachungsphase eröffneten Insolvenzverfahren weder die Aufnahme von Rahmenkrediten noch ihre Rückzahlung anfechtbar[4].

Weiterhin muss im Insolvenzplan beschlossen werden, **welche Kreditforde-** 8.111
rungen zu Rahmenkrediten werden, also im Falle des Scheiterns der Sanierung im Insolvenzplanverfahren Vorrang genießen sollen (§ 264 Abs. 1 Satz 1 InsO):

- Forderungen aus Darlehen und sonstigen Krediten, die der Schuldner während der Zeit der Überwachung neu aufnimmt und/oder
- Forderungen aus Krediten, die ein Massegläubiger in die Zeit der Überwachung hinein stehen lässt.

Schließlich muss der Insolvenzplan einen **Gesamtbetrag für die Rahmenkre-** 8.112
dite festlegen. Dieser Kreditrahmen ist beschränkt: Er darf den Wert der Ver-

1 So der ausdrückliche Wille des Gesetzgebers gem. Begr. RegE InsO, BR-Drucks. 1/92, § 311 RegE, S. 216. Im Ergebnis ebenso *Flessner* in Heidelberger Kommentar zur InsO, § 264 InsO Rz. 2; *Drukarczyk* in Münchener Kommentar zur InsO, § 164 InsO Rz. 5.

2 *Drukarczyk* in Münchener Kommentar zur InsO, § 264 InsO Rz. 4.

3 Zur Laufzeit des Kreditrahmens s. auch *Wittig* in Münchener Kommentar zur InsO, § 266 InsO Rz. 6 ff.; *Obermüller*, Insolvenzrecht in der Bankpraxis, Rz. 5.289.

4 *Rümker* in Kübler, Neuordnung des Insolvenzrechts, 1989, S. 149.

mögensgegenstände nicht übersteigen, die in der Vermögensübersicht des Plans (§ 229 InsO) aufgeführt sind (§ 264 Abs. 1 Satz 3 InsO). Das gebietet einerseits schon die kaufmännische Vernunft, weil es alle Beteiligten vor den Folgen einer übermäßigen Kreditaufnahme schützt. Zum anderen werden hiermit auch die Interessen von Neugläubigern gewahrt, die gegenüber den Forderungen aus Rahmenkrediten gem. § 265 InsO im Nachrang sind, obwohl sie auf das Zustandekommen des Insolvenzplans keinen Einfluss haben[1].

8.113 Ist auf diese Weise ein Kreditrahmen für vorrangige Kreditforderungen festgelegt worden, müssen **bestimmte Anforderungen erfüllt sein, damit ein einzelner Kredit in den Kreditrahmen fällt** und Vorrang genießen kann (§ 264 Abs. 2 InsO). Der Vorrang nach § 264 Abs. 1 InsO besteht nur für Gläubiger, mit denen vereinbart wird, dass und in welcher Höhe der von ihnen gewährte Kredit nach Kapital, Zinsen und Kosten innerhalb des Kreditrahmens liegt und gegenüber denen der Insolvenzverwalter diese Vereinbarung schriftlich bestätigt (§ 264 Abs. 2 InsO)[2]. Ein Kreditgeber muss daher auf Folgendes achten:

- Zum einen muss das kreditnehmende Unternehmen jeweils mit dem Kreditgeber vereinbaren, dass und in welcher Höhe der gewährte Kredit nach Hauptforderung, Zinsen und Kosten innerhalb des Kreditrahmens liegt.
- Zum anderen muss der Insolvenzverwalter, der gem. § 261 InsO in seinem Amt bleibt, um die Planerfüllung zu überwachen, die jeweilige Vereinbarung schriftlich bestätigen.

8.114 Der **Vorrang der Rahmenkredite**, also von Kreditforderungen, die die vorgenannten Voraussetzungen erfüllen, gilt gem. § 266 InsO gegenüber allen bisherigen Insolvenzgläubigern, falls während der Überwachung der Planerfüllung erneut ein („Anschluss-")Insolvenzverfahren eröffnet wird[3]. Darüber hinaus genießen solche Forderungen Vorrang in einem eventuellen „Anschlussinsolvenzverfahren" auch gegenüber allen Neugläubigern (§ 265 InsO), d.h. gegenüber Gläubigern mit vertraglichen Ansprüchen, die erst nach Aufhebung des Insolvenzverfahrens während der Zeit der Überwachung begründet worden sind, und gegenüber Gläubigern aus fortlaufenden Dauerschuldverhältnissen nach dem erstmöglichen Kündigungstermin[4]. Dies soll die Kreditgeber von Rahmenkrediten davor schützen, dass ihnen faktisch ihre Privilegierung entzogen wird, indem der Schuldner durch die Aufnahme neuer, nicht in den Kreditrahmen fallender Kredite gleichrangige Forderungen begründet[5].

1 Begr. RegE InsO, BR-Drucks. 1/92, § 311 RegE, S. 216; *Obermüller*, Insolvenzrecht in der Bankpraxis, Rz. 5.295; kritisch zum wirtschaftlichen Sinn dieser Obergrenze *Drukarczyk* in Münchener Kommentar zur InsO, § 264 InsO Rz. 15.

2 Dazu *Drukarczyk* in Münchener Kommentar zur InsO, § 264 InsO Rz. 8; *Obermüller*, Insolvenzrecht in der Bankpraxis, Rz. 5.296; schon zum RegE InsO *Uhlenbruck*, ZBB 1992, 284, 285.

3 Ausführlich zu den Rangverhältnissen im Anschlussinsolvenzverfahren *Wittig* in Münchener Kommentar zur InsO, § 266 InsO Rz. 11 ff.

4 Ausführlich zu den Neugläubigern i.S. von § 265 InsO *Wittig* in Münchener Kommentar zur InsO, § 265 InsO Rz. 5 ff.

5 Begr. RegE InsO, BR-Drucks. 1/92, § 312 RegE, S. 216 f.; dazu *Uhlenbruck*, ZBB 1992, 284, 285.

Kreditgeber müssen aber bedenken, dass der **Vorrang der Rahmenkredite allenfalls von begrenztem Wert** ist[1]. Denn er gilt zum einen zwar gem. §§ 264, 266 InsO gegenüber allen Insolvenzgläubigern des ersten Insolvenzverfahrens, falls während der Überwachung der Planerfüllung ein („Anschluss-")Insolvenzverfahren eröffnet wird. Falls die Insolvenzgläubiger jedoch über Kreditsicherheiten verfügen und diese nicht auf Grund des Insolvenzplans freigegeben haben, bleibt ihnen in einem „Anschlussinsolvenzverfahren" ihr bevorrechtigtes Absonderungsrecht auch gegenüber den Rahmenkrediten erhalten[2]. Zum anderen genießen die Forderungen aus den Rahmenkrediten in einem „Anschlussinsolvenzverfahren" den Vorrang zwar gegenüber vertraglichen Neugläubigern (§§ 265, 266 InsO). Gläubiger eines gesetzlichen Schuldverhältnisses, das erst während der Überwachung entsteht, also z.B. Gläubiger mit Ansprüchen aus unerlaubter Handlung, werden aber nicht zurückgesetzt[3]. Schließlich sieht § 266 InsO keine Privilegierung für die Rahmenkredite als Masseverbindlichkeiten in einem neuen Insolvenzverfahren vor, so dass es sich zwar um vorrangige Insolvenzforderungen handelt, sie aber nachrangig zu den Masseverbindlichkeiten der Folgeinsolvenz sind[4]. Damit bleiben, vor allem angesichts der zahlreichen massearmen Verfahren, erhebliche Risiken, dass die Gläubiger von Rahmenkrediten trotz ihres Vorrangs in einem Folgeinsolvenzverfahren Ausfälle erleiden. 8.115

In den Genuss der Privilegierung als Rahmenkredite können **nicht Gesellschafterdarlehen** kommen (§ 264 Abs. 3 InsO)[5]. Der Gesetzgeber sähe in einer Privilegierung von Gesellschafterdarlehen eine bedenkliche Einladung zur Fremdfinanzierung in der Sanierungsphase. Denn können dritte Kreditgeber nicht gewonnen werden, so dass die Gesellschafter Darlehen gewähren müssen, dann erscheint die Gesellschaft kreditunwürdig. Die Privilegierung von Gesellschafterdarlehen durch Einbeziehung in den Kreditrahmen würde daher dem Ziel einer ordnungsgemäßen Kapitalausstattung der zu sanierenden Gesellschaft widersprechen[6]. 8.116

Der Vorrang der als Rahmenkredite privilegierten Kreditforderungen wird schließlich in einem weiteren Insolvenzverfahren nur berücksichtigt, wenn dieses weitere Insolvenzverfahren vor **Aufhebung der Überwachung** eröffnet 8.117

1 Dazu auch *Wittig*, DB 1999, 197 ff.

2 Ausführlich dazu *Braun* in Kölner Schrift zur InsO, S. 1147 ff., Rz. 27 ff.

3 *Braun* in Kölner Schrift zur InsO, S. 861, Rz. 5, Fn. 7; im Detail dazu *Wittig* in Münchener Kommentar zur InsO, § 265 InsO Rz. 20 ff.

4 *Braun* in Kölner Schrift zur InsO, S. 1141, Fn. 15, S. 1148, Rz. 29 ff.

5 So noch zu den Regelungen für kapitalersetzenden Darlehen auch *Drukarczyk* in Münchener Kommentar zur InsO, § 264 InsO Rz. 16, allerdings kritisch zur Ratio; *Obermüller*, Insolvenzrecht in der Bankpraxis, Rz. 5.293; a.A. aber *Bieder*, ZInsO 2000, 531, 532 f.

6 *Wittig* in Münchener Kommentar zur InsO, § 266 InsO Rz. 20 f.; *Uhlenbruck*, ZBB 1992, 284, 285 f.; *Karsten Schmidt*, Finanzierungsaspekte der Insolvenzrechtsreform, in Bericht über die Fachtagung des Instituts der Wirtschaftsprüfer 1985, S. 165, 174; Begr. RegE InsO, BR-Drucks. 1/92, § 311 RegE, S. 216; kritisch dazu *Rümker* in Kübler, Neuordnung des Insolvenzrechts, 1989, S. 149 f.

wird (§ 266 InsO)[1]. Die Überwachung wird gem. § 268 InsO durch das Insolvenzgericht aufgehoben,

- wenn die Ansprüche, deren Erfüllung überwacht wird, erfüllt sind oder Erfüllung gewährleistet ist,
- spätestens aber drei Jahre nach Aufhebung des Insolvenzverfahrens, falls kein neuer Insolvenzantrag vorliegt[2].

e) Auswirkungen auf das Kreditgeschäft

8.118 Sollen Massekredite in einem Insolvenzplanverfahren aufgenommen werden, führt die geschilderte Rechtslage dazu, dass die Kreditgeber in der **Praxis des Kreditgeschäfts** Folgendes beachten müssen[3].

- Ein Kreditgeber, der einem sanierungsfähigen Unternehmen nach Aufhebung des Verfahrens neuen Kredit gewährt oder alten Kredit stehen lässt, muss Wert darauf legen, dass dieser Kredit in den vom Gesetz vorgesehenen Kreditrahmen fällt und auf diese Weise mit Zustimmung des Verwalters eine Privilegierung erfährt.
- Die Kreditlaufzeit sollte die Dauer der Überwachung nicht überschreiten.
- Mit dem Verwalter ist ein enger Kontakt zu halten, damit der Kreditgeber rechtzeitig von einer vorgezogenen Aufhebung der Überwachung erfährt.

2. Besicherung des Neukredits

8.119 Für die Praxis des Kreditgeschäfts wird man trotz der vorstehend beschriebenen Privilegierung davon ausgehen müssen, dass auch Rahmenkredite **nur besichert vergeben** werden. Denn es ist zweifelhaft, ob die Regelungen zum Insolvenzplan und die damit gewährleistete Privilegierung ausreichen, der zu sanierenden GmbH oder einem anderen Schuldner die Kreditaufnahme in der Sanierungsphase zu ermöglichen, weil zum einen der Vorrang, wie bei Rz. 8.115 erläutert, nur einen begrenzten Schutz vor Ausfällen in einer evtl. Folgeinsolvenz bietet. Zum anderen erscheint für „professionelle" Kreditgeber, also die Kreditinstitute, die zeitliche Begrenzung der Privilegierung zu kurz bemessen und damit das Risiko zu hoch, in diesem Zeitraum der Krisenanfälligkeit ungesicherte Kredite zu vergeben, die nach Beendigung der Überwachungsphase von maximal drei Jahren[4] belaufenden von dem Verlust der Privilegierung bedroht sind[5].

---

1 Schon zum RegE InsO *Uhlenbruck*, ZBB 1992, 284, 285; zur InsO *Obermüller*, Insolvenzrecht in der Bankpraxis, Rz. 5.297.

2 Dazu auch *Obermüller*, Insolvenzrecht in der Bankpraxis, Rz. 5.296 f.

3 *Obermüller*, Insolvenzrecht in der Bankpraxis, Rz. 5.297.

4 Nach Auffassung des AG Duisburg soll es mit Zustimmung des Schuldners möglich sein, in einem Insolvenzplan den Zeitraum der Überwachung abweichend von § 268 InsO auf mehr als drei Jahre ab Aufhebung des Insolvenzverfahrens festzusetzen; für die Anwendung der §§ 264 bis 266 InsO gelte jedoch auch in einem solchen Fall als „Zeit der Überwachung" nur ein Zeitraum von höchstens drei Jahren, AG Duisburg v. 1. 4. 2003 – 62 IN 187/02, NZI 2003, 447.

5 *Rümker* in Kübler, Neuordnung des Insolvenzrechts, 1989, S. 150.

Dabei kann die GmbH den Kreditgebern als **Sicherungsgegenstand** das gesamte nach Planbestätigung neu erworbene Vermögen anbieten, also vor allem neu hergestellte Waren und die Forderungen aus ihrer Veräußerung. Denn diese Gegenstände sind selbst dann nicht mit Sicherungsrechten Dritter belastet, wenn vor dem Insolvenzverfahren Globalsicherungsverträge zu Gunsten anderer Gläubiger bestanden, weil diese Verträge mit Verfahrenseröffnung ihr Ende gefunden haben (§ 103 InsO) und der Verlust der Verfügungsbefugnis des Schuldners (§ 80 InsO) die Entstehung von Sicherungsrechten verhindert. Zum anderen kann der Insolvenzplan vorsehen, dass absonderungsberechtigte Gläubiger Einschränkungen ihrer Sicherungsrechte hinnehmen, um freies Vermögen für die Besicherung der Rahmenkredite zu schaffen[1]. 8.120

Sollen Kredite besichert werden, die schon vor Bestätigung des Insolvenzplanes aufgenommen worden sind und in die Zeit der Überwachung hinein stehen bleiben, sollte der Kreditgeber vorsorglich davon ausgehen, dass ihre **Besicherung im gestaltenden Teil des Insolvenzplanes** (§ 215 InsO) vorgesehen sein muss. Mit rechtskräftiger Bestätigung des Insolvenzplanes gelten dann gem. § 254 InsO alle für die Begründung der Sicherungsrechte erforderlichen Willenserklärungen als abgegeben. Soweit zur wirksamen Bestellung der Kreditsicherheiten noch weitere Umstände hinzutreten müssen, beispielsweise die Besitzübertragung bei der Verpfändung beweglicher Gegenstände oder die Grundbucheintragung bei der Grundbuchbestellung, werden diese durch die gestaltende Wirkung des Insolvenzplanes aber nicht ersetzt[2]. 8.121

Demgegenüber kann, sofern nicht gem. § 263 InsO der gestaltende Teil des Insolvenzplanes die Sicherheitenbestellung durch den Schuldner an die Zustimmung des Insolvenzverwalters bindet, **nach Bestätigung des Insolvenzplanes der Schuldner** für in der Zeit der Überwachung neu aufgenommene Rahmenkredite Sicherheiten bestellen. Denn mit der Aufhebung des Insolvenzverfahrens, die der Überwachung vorausgeht, erlangt der Schuldner grundsätzlich die volle Verfügungsbefugnis über sein Vermögen, d.h. über alle Gegenstände der Insolvenzmasse zurück[3]. Dies gilt allerdings nicht, wenn im gestaltenden Teil des Insolvenzplans gem. § 263 InsO vorgesehen ist, dass die Bestellung von Kreditsicherheiten generell oder speziell die Verfügung über bestimmte Vermögensgegenstände, die als Kreditsicherheit dienen sollen (z.B. Immobilien), nur wirksam sind, wenn der Insolvenzverwalter ihnen zustimmt. Denn dann kann eine Kreditsicherheit auch nach Aufhebung des Insolvenzverfahrens in der Zeit der Überwachung gem. § 81 Abs. 1 Satz 1 InsO wirksam nur mit Zustimmung des Insolvenzverwalters bestellt werden, falls nicht gem. § 81 Abs. 1 Satz 2 InsO ausnahmsweise bei einer Grundschuld oder anderen Registerrechten der gute Glaube an die Verfügungsmacht des Schuldners geschützt wird[4]. Bestellt der Schuldner, ggf. mit der Zustimmung des 8.122

1 Ausführlich zu dieser Möglichkeit *Braun* in Kölner Schrift zur InsO, S. 1153 ff., Rz. 43 ff.
2 Begr. RegE InsO, BR-Drucks. 1/92, § 301 RegE, S. 212 f.
3 Begr. RegE InsO, BR-Drucks. 1/92, § 310 RegE, S. 216.
4 Zu den Rechtsfolgen nach § 263 InsO bei fehlender Zustimmung s. auch *Stephan* in Münchener Kommentar zur InsO, § 263 InsO Rz. 7.

Insolvenzverwalters, für den Neukredit Sicherheiten, ist dies – als Bargeschäft – auch nicht anfechtbar, falls es zu einem weiteren Insolvenzverfahren kommt[1].

IV. Wiederauflebensklausel *(Vallender)*

8.123 § 255 InsO unterscheidet zwischen Rechtswirkungen, die nur gegenüber bestimmten Insolvenzgläubigern eintreten (§ 255 Abs. 1 InsO) und solchen Rechtsfolgen, die sich auf alle Insolvenzgläubiger erstrecken (§ 255 Abs. 2 InsO)[2].

8.124 § 255 Abs. 1 Satz 1 InsO regelt die Rechtsfolgen der insolvenzplanbedingten **Leistungsstörungen** abschließend. Ein Gläubiger, dessen (schuldrechtliche) Forderungen oder dessen Ausfallforderungen[3] im gestaltenden Teil des Insolvenzplans gestundet oder teilweise erlassen worden sind, kann nicht auf die allgemeinen Vorschriften des Bürgerlichen Gesetzbuchs zurückgreifen, wenn der Schuldner ihm gegenüber mit der Erfüllung des Plans **erheblich in Rückstand** gerät. Vielmehr bestimmt § 255 Abs. 1 Satz 1 InsO, dass in einem solchen Fall die Stundung oder der Erlass für den Gläubiger hinfällig wird. Dies hat zur Folge, dass **Haupt- und Nebenforderung** wieder vollständig aufleben. Dies gilt auch für die **Zinsen** nach Eröffnung des Insolvenzverfahrens[4]. Ein erheblicher Rückstand i.S. des § 255 Abs. 1 Satz 1 InsO liegt nur dann vor, wenn **der Schuldner** eine **fällige Verbindlichkeit** nicht rechtzeitig bezahlt, obwohl der Gläubiger **schriftlich gemahnt** und eine Nachfrist von mindestens zwei Wochen gesetzt hat (§ 255 Abs. 1 Satz 2 InsO)[5]. Die Rechtsfolgen des § 255 Abs. 1 Satz 1 InsO treten nur für denjenigen Gläubiger ein, in dessen Person die Voraussetzungen erfüllt sind[6].

8.125 Bei **Eröffnung eines neuen Insolvenzverfahrens** über das Vermögen des Schuldners während des Zeitraums der Planerfüllung fallen gem. § 255 Abs. 2 InsO die Stundungen und Erlasse für **alle Gläubiger** weg[7]. Selbst wenn der Schuldner seiner bisherigen Ratenzahlungsverpflichtung nachgekommen ist und weitere Raten noch nicht fällig sind, findet die Vorschrift des § 255 Abs. 2 InsO Anwendung. Die Regelung ist konsequent, weil die im Insolvenzplan getroffenen Vereinbarungen auf Grund der erneuten Verfahrungseröffnung nicht mehr eingehalten werden können. Den beteiligten Gläubigern wird allerdings die Möglichkeit eröffnet, ihre Forderungen auch im neuen Insolvenz-

---

1 *Rümker* in Kübler, Neuordnung des Insolvenzrechts, 1989, S. 149.

2 *Nerlich/Römermann/Braun*, § 255 InsO Rz. 1.

3 § 52 Satz 2 InsO. Da der Anwendungsbereich des § 255 InsO auf schuldrechtliche Forderungen beschränkt ist, leben dingliche Ansprüche (Sicherungsrechte) nicht wieder auf. *Braun* in Gottwald, Insolvenzrechts-Handbuch, § 69 Rz. 9, rät dringend zur Gestaltung von „Ersatzlösungen" im Plan, um bei Leistungsstörungen eine Aufrechterhaltung der dinglichen Position des gesicherten Gläubigers zu gewährleisten.

4 *Nerlich/Römermann/Braun*, § 255 InsO Rz. 3; *Hess*, § 255 InsO Rz. 20.

5 Eine ähnliche Regelung enthielt § 12 Abs. 1 Nr. 2 VerbrKrG (vgl. nunmehr § 498 Abs. 1 Satz 1 BGB).

6 *Breutigam/Blersch/Goetsch*, § 255 InsO Rz. 9.

7 Der Pensions-Sicherungs-Verein ist unter den Voraussetzungen des § 9 Abs. 4 Satz 2 BetrAVG von den Rechtsfolgen des § 255 Abs. 2 InsO ausgenommen.

verfahren mit dem **vollen Betrag** anzumelden. Sie sind wegen der ihnen noch zustehenden Forderung nicht auf die Planquote aus dem alten Verfahren beschränkt[1]. Hatte der Schuldner bereits vor Eröffnung des neuen Verfahrens sämtliche Insolvenzforderungen erfüllt, findet § 255 Abs. 2 InsO nach seinem klaren Wortlaut keine Anwendung[2].

Nach § 255 Abs. 3 Satz 1 InsO können die Beteiligten Regelungen treffen, die von den in Absatz 1 und Absatz 2 normierten Rechtsfolgen abweichen. Soweit sie die Wiederauflebensklausel gänzlich ausschließen, bleibt den Gläubigern bei Nichterfüllung der im Plan übernommenen Verpflichtungen nur die Möglichkeit der Zwangsvollstreckung aus dem Plan (§ 257 InsO). § 255 Abs. 3 Satz 2 InsO sieht ausdrücklich vor, dass von der Regelung in § 255 Abs. 1 InsO **nicht zum Nachteil des Schuldners** abgewichen werden kann. Eine Verschärfung der Fristen und Anforderungen an die Voraussetzungen, bei deren Vorliegen ein erheblicher Rückstand angenommen wird, ist indes zulässig[3]. 8.126

In **Ergänzung zu § 255 InsO** regelt § 256 InsO den Fall, dass eine Forderung im Prüfungstermin bestritten wurde und deshalb nicht feststeht, inwieweit diese als bestehend behandelt werden kann[4]. Danach ist ein Rückstand, der die Wiederauflebensklausel auslöst, dann nicht gegeben, wenn der Schuldner die Forderung bis zur endgültigen Feststellung ihrer Höhe in dem Ausmaß berücksichtigt, das dem gewährten Stimmrecht entspricht (§ 256 Abs. 1 Satz 1 InsO). Ist eine Entscheidung über das Stimmrecht nicht getroffen worden, hat das Gericht gem. § 256 Abs. 1 Satz 2 InsO auf Antrag des Schuldners oder des Gläubigers nachträglich festzustellen, in welchem Ausmaß der Schuldner vorläufig die Forderung zu berücksichtigen hat. 8.127

Ergibt sich nach einer endgültigen Feststellung der Forderung, dass der Schuldner **zu wenig gezahlt** hat, ist der Fehlbetrag nachzuzahlen. Ein „erheblicher Rückstand" i.S. des § 255 Abs. 1 Satz 1 InsO liegt erst dann vor, wenn der Schuldner das Fehlende nicht nachzahlt, obwohl der Gläubiger ihn schriftlich gemahnt und ihm dabei eine mindestens zweiwöchige Nachfrist gesetzt hat (§ 256 Abs. 2 InsO). Eine **Überzahlung** kann der Schuldner nur insoweit zurückfordern, als der Mehrbetrag auch den nicht fälligen Teil der Forderung übersteigt, der dem Gläubiger nach dem Insolvenzplan zusteht (§ 256 Abs. 3 InsO). **Ausfallforderungen** unterliegen den gleichen Regelungen wie streitige Forderungen (§ 256 Abs. 1 Satz 1 InsO). Steht die Höhe der Ausfallforderung nicht fest, ist ein Rückstand i.S. des § 255 InsO nicht anzunehmen, wenn der Schuldner die vermutete Ausfallforderung insoweit bedient, als sie vom Insolvenzverwalter anerkannt ist[5]. Das Gericht hat nicht über die Höhe der Ausfallforderung zu befinden. 8.128

1 *Flessner* in Heidelberger Kommentar zur InsO, § 255 InsO Rz. 11.
2 *Flessner* in Heidelberger Kommentar zur InsO, § 255 InsO Rz. 12.
3 *Nerlich/Römermann/Braun*, § 255 InsO Rz. 7; *Flessner* in Heidelberger Kommentar zur InsO, § 255 InsO Rz. 14.
4 *Nerlich/Römermann/Braun*, § 256 InsO Rz. 1.
5 *Hess/Obermüller*, Insolvenzplan, Restschuldbefreiung und Verbraucherinsolvenz, Rz. 424.

V. Planüberwachung *(Uhlenbruck)*

1. Anordnung der Überwachung im Insolvenzplan

8.129 Im gestaltenden Teil des Insolvenzplans kann nach § 260 Abs. 1 InsO vorgesehen werden, dass die Erfüllung des Plans überwacht wird[1]. Die Überwachung findet außerhalb des Insolvenzverfahrens statt (§ 260 Abs. 1 InsO), so dass das eigentliche Insolvenzverfahren aufgehoben werden kann. Die Planüberwachung ist nicht als Regelfall vorgesehen. Vielmehr soll es dem Planaufsteller überlassen bleiben, zu entscheiden, ob er eine Überwachung der Planerfüllung für angebracht hält. Die Planüberwachung liegt nicht nur im Interesse der Gläubiger, sondern zugleich auch im Schuldnerinteresse (vgl. §§ 227, 247 Abs. 2 Nr. 1 InsO)[2]. So können z.B. bestimmte Geschäfte des Schuldnerunternehmens oder einer Übernahmegesellschaft gem. § 263 InsO von der **Zustimmung des Insolvenz- oder Sachwalters** abhängig gemacht werden, wodurch eine Kreditaufnahme durch das Schuldnerunternehmen (§§ 264 ff. InsO) erleichtert wird[3]. Die Überwachung ist **Aufgabe des Insolvenzverwalters** (§ 261 Abs. 1 Satz 1 InsO). Auf Grund der Vertragsfreiheit der Beteiligten und der Gläubigerautonomie sind auch **andere Formen der Überwachung** möglich, wie z.B. die Überwachung durch einen von den Gläubigern bestimmten **Sachwalter**[4]. Einzelheiten der Überwachung können abweichend vom Gesetz im Insolvenzplan geregelt werden, jedoch nicht zu Lasten des Schuldnerunternehmens oder dritter Personen[5]. Umstritten ist, ob der **überwachende Sachwalter** die gleichen Rechte hat wie der Insolvenzverwalter[6]. Nachteilig kann sich im Einzelfall auswirken, dass der Sachwalter auf Grund seines Vertrages mit dem Schuldnerunternehmen tätig wird, während der überwachende Insolvenzverwalter der insolvenzgerichtlichen Aufsicht unterliegt. Deshalb wird empfohlen, den Vertrag nach § 328 BGB zu Gunsten Dritter, nämlich der

1 Grundsätzlich zur Insolvenzplanüberwachung *Smid/Rattunde*, Der Insolvenzplan, S. 323 ff. Rz. 670 ff.; *Haas* in Gottwald, Insolvenzrechts-Handbuch, § 70; *Uhlenbruck/Lüer*, § 260 InsO Rz. 1 ff.; *W. Schiessler*, Der Insolvenzplan, 1997, S. 207 ff.; *T. Frank*, Die Überwachung der Insolvenzplanerfüllung, 2002; *R. A. Fischer*, Die unternehmerischen Mitwirkungsrechte der Gläubiger in der Überwachungsphase des Insolvenzplans, 2002; *V. Mai*, Insolvenzplanverfahren, 2008, S. 129 ff., Rz. 346 ff.

2 *Kübler/Prütting/Bork/Otte*, § 260 InsO Rz. 4; *Uhlenbruck/Lüer*, § 260 InsO Rz. 3; *Stephan* in Münchener Kommentar zur InsO, § 260 InsO Rz. 2; *R. A. Fischer*, Die unternehmerischen Mitwirkungsrechte der Gläubiger in der Überwachungsphase des Insolvenzplans, 2002, S. 111 Rz. 322 ff.

3 Vgl. auch *Flessner* in Heidelberger Kommentar zur InsO, § 260 InsO Rz. 1; *Haas* in Gottwald, Insolvenzrechts-Handbuch, § 70 Rz. 8; *Braun*, § 260 InsO Rz. 6.

4 *Uhlenbruck/Lüer*, § 260 InsO Rz. 7, 8, 18, 19; *Stephan* in Münchener Kommentar zur InsO, § 260 InsO Rz. 3; *Heß*, § 260 InsO Rz. 9; *Flessner* in Heidelberger Kommentar zur InsO, § 260 InsO Rz. 7; *Kübler/Prütting/Bork/Otte*, § 260 InsO Rz. 5 ff.; *Smid/Rattunde*, § 260 InsO Rz. 5.

5 *Flessner* in Heidelberger Kommentar zur InsO, § 260 InsO Rz. 7; *Uhlenbruck/Lüer*, § 260 InsO Rz. 9; *Heß*, § 260 InsO Rz. 8.

6 Bejahend *Heß*, § 260 InsO Rz. 9; *Smid/Rattunde*, § 260 InsO Rz. 5; str., a.A. *Kübler/Prütting/Bork/Otte*, § 260 InsO Rz. 5; *Breutigam* in Blersch/Goetsch/Haas, § 260 InsO Rz. 17 ff. Vgl. auch *Uhlenbruck/Lüer*, § 260 InsO Rz. 19.

Gläubiger des Schuldners, auszugestalten[1]. Zutreffend weist *Jaffé*[2] darauf hin, dass die Gläubiger, die vor der Entscheidung stehen, einen Sachwalter an Stelle des Insolvenzverwalters mit der Überwachung zu betrauen, zu bedenken haben, „dass diese Freiheit mit erheblichen Konsequenzen für die Effizienz der Überwachung verbunden ist."

Das Planüberwachungsverfahren ist ein **eigenständiges Verfahren**, nicht etwa ein Nachverfahren. Es hindert die Aufhebung des Insolvenzverfahrens nicht (§§ 260 Abs. 2, 258 Abs. 1 InsO). Mit der Aufhebung des Insolvenzverfahrens entfallen grundsätzlich sämtliche Rechtswirkungen, die mit der Eröffnung des Verfahrens verbunden sind, wie z.B. Verfügungsbeschränkungen, Fremdverwaltung und Vollstreckungssperre. Zur Sicherung der Kontrollbefugnisse ordnet § 261 Abs. 1 Satz 2 InsO lediglich an, dass die Ämter des Verwalters und des Gläubigerausschusses sowie die Aufsicht des Insolvenzgerichts fortbestehen. **Gegenstand der Überwachung** ist die Erfüllung der Ansprüche der Insolvenzgläubiger sowie der absonderungsberechtigten Gläubiger, die diesen nach dem Insolvenzplan zustehen (§ 223 Abs. 2 InsO)[3]. Eine Planüberwachung ist nicht nur zulässig bei **Fortführung des Schuldnerunternehmens** oder bei Fortsetzung einer wirtschaftlichen Tätigkeit, sondern auch, wenn der Liquidationsplan eine **sofortige Liquidation** des Unternehmens vorsieht[4]. 8.130

2. Überwachung von Übernahmegesellschaften

Wird das Schuldnerunternehmen durch eine nach Eröffnung des Insolvenzverfahrens gegründete Übernahmegesellschaft fortgeführt, erstreckt sich nach § 260 Abs. 3 InsO die Überwachung auf die Erfüllung der Ansprüche, die den Gläubigern nach dem gestaltenden Teil gegen eine juristische Person oder Gesellschaft ohne Rechtspersönlichkeit zustehen[5]. Der Zweck der Regelung besteht darin, auch bei der Übernahme des Schuldnerunternehmens im Wege einer **übertragenden Sanierung** die Kontrolle der Planerfüllung zu gewährleisten. Nach den Vorstellungen des Gesetzgebers ist den Gesellschaftern einer schon vor Verfahrenseröffnung bestehenden Gesellschaft und den Gläubigern einer solchen Gesellschaft eine Überwachung nicht zuzumuten. Insoweit bestünden auch verfassungsmäßige Bedenken, denn ein Insolvenzplan kann in Gesellschafterrechte nicht ohne gesetzliche Legitimation eingreifen. Die Kon- 8.131

---

1 So *Uhlenbruck/Lüer*, § 260 InsO Rz. 19; *Kübler/Prütting/Bork/Otte*, § 261 InsO Rz. 6; *Breutigam* in Blersch/Goetsch/Haas, § 261 InsO Rz. 10; *Nerlich/Römermann/Braun*, § 261 InsO Rz. 6 ff.; *Jaffé* in Frankfurter Kommentar zur InsO, § 261 InsO Rz. 5 ff.

2 *Jaffé* in Frankfurter Kommentar zur InsO, § 261 InsO Rz. 10.

3 *Braun/Frank*, § 260 InsO Rz. 5; *Uhlenbruck/Lüer*, § 260 InsO Rz. 5; *Stephan* in Münchener Kommentar zu InsO, § 260 InsO Rz. 15; *Breutigam* in Blersch/Goetsch/Haas, § 260 InsO Rz. 5; *Nerlich/Römermann/Braun*, § 260 InsO Rz. 3; *Kübler/Prütting/Bork/Otte*, § 260 InsO Rz. 8; *Heß*, § 260 InsO Rz. 7; *Jaffé* in Frankfurter Kommentar zur InsO, § 260 InsO Rz. 13.

4 *Uhlenbruck/Lüer*, § 260 InsO Rz. 5; *Kübler/Prütting/Bork/Otte*, § 260 InsO Rz. 9.

5 Einzelheiten *Uhlenbruck/Lüer*, § 260 InsO Rz. 10 ff.; *Braun*, § 260 InsO Rz. 8; *Flessner* in Heidelberger Kommentar zur InsO, § 260 InsO Rz. 7; *Nerlich/Römermann/Braun/Frank*, § 260 InsO Rz. 8; *Stephan* in Münchener Kommentar zur InsO, § 260 InsO Rz. 17–19; *Breutigam* in Blersch/Goetsch/Haas, § 260 InsO Rz. 23 ff.

trolle durch Überwachung kommt nur in Betracht für juristische Personen und Gesellschaften ohne eigene Rechtspersönlichkeit, wie z.B. eine BGB-Gesellschaft, OHG, KG, Partenreederei oder EWIV. Ist im gestaltenden Teil des Insolvenzplans vorgesehen, dass eine **vor Eröffnung des Insolvenzverfahrens gegründete Gesellschaft** den Schuldnerbetrieb übernehmen soll, ist die Planüberwachung nach § 260 Abs. 3 InsO ausgeschlossen[1]. Einer Übernahmegesellschaft, die nicht unter § 260 Abs. 3 InsO fällt, ist es jedoch unbenommen, sich freiwillig im Übernahmevertrag einer Überwachung zu unterwerfen[2]. Die Erstreckung der Überwachung auf die Übernahmegesellschaft ist nach § 67 Abs. 2 Nr. 1 InsO zusammen mit dem Beschluss über die Aufhebung des Insolvenzverfahrens öffentlich bekannt zu machen und dem Registergericht mitzuteilen.

3. Aufgaben und Befugnisse des Insolvenzverwalters im Rahmen der Überwachung

8.132 Dem mit der Überwachung betrauten Insolvenzverwalter räumt das Gesetz durch die Verweisung in § 261 Abs. 1 Satz 3 InsO auf die Vorschrift des § 22 Abs. 3 InsO weitgehend die **Rechte eines vorläufigen Insolvenzverwalters** ein. Er ist somit befugt, die Geschäftsräume des Schuldnerunternehmens bzw. der Übernahmegesellschaft zu betreten, Einsicht in Bücher und Geschäftspapiere zu nehmen sowie Auskünfte von den organschaftlichen Vertretern und Angestellten (§§ 97, 101 InsO) zu verlangen[3]. Der Verwalter hat die monatlichen Umsatzsteuererklärungen ebenso wie betriebswirtschaftliche Auswertungen zu sichten und zu bewerten. Eine **intensive Liquiditätskontrolle** ist ebenso unverzichtbar wie eine Kontrolle der vom Schuldnerunternehmen neu begründeten Verbindlichkeiten. Nach § 262 InsO hat der Insolvenzverwalter im Rahmen der Überwachung festzustellen, ob Ansprüche, deren Erfüllung er zu überwachen hat, nicht erfüllt werden oder werden können. Bei Gefahr der Nichterfüllung hat er unverzüglich dem Gläubigerausschuss und dem Insolvenzgericht gegenüber Anzeige zu machen (§ 262 Satz 1 InsO). Ist ein Gläubi-

1 *Stephan* in Münchener Kommentar zur InsO, § 260 InsO Rz. 17; *Breutigam* in Blersch/Goetsch/Haas, § 260 InsO Rz. 28, 32; *Graf-Schlicker/Kebekus*, § 260 InsO Rz. 2; *Andres* in Andres/Leithaus, § 260 InsO Rz. 5; *Jaffé* in Frankfurter Kommentar zur InsO, § 260 InsO Rz. 27, 28; *Flessner* in Heidelberger Kommentar zur InsO, § 260 InsO Rz. 6. Weitergehend *Kübler/Prütting/Bork/Otte*, § 260 InsO Rz. 10 ff.; *Heß*, § 260 InsO Rz. 7; *Braun/Frank*, § 260 InsO Rz. 8; *Nerlich/Römermann/Braun*, § 260 InsO Rz. 4. Vgl. auch *Uhlenbruck/Lüer*, § 260 InsO Rz. 15, 16. Nach Meinung von *Braun* wird man in vielen Fällen zu praxisnahen Ergebnissen gelangen, wenn man für § 260 Abs. 3 InsO ausreichen lässt, „dass der Abschluss des Gründens während des Insolvenzverfahrens erfolgt." Der Neugründung steht der Erwerb einer schon früher gegründeten sog. Vorratsgesellschaft gleich (so *Uhlenbruck/Lüer*, § 260 InsO Rz. 16; *Braun/Frank*, § 260 InsO Rz. 8).

2 So auch *Stephan* in Münchener Kommentar zur InsO, § 260 InsO Rz. 18.

3 Zum Kontrollumfang vgl. *Jaffé* in Frankfurter Kommentar zur InsO, § 261 InsO Rz. 3 ff.; *Uhlenbruck/Lüer*, § 261 InsO Rz. 15–19; *Nerlich/Römermann/Braun*, § 261 InsO Rz. 3, 3a; *Heß*, § 261 InsO Rz. 1; *Braun* in Gottwald, Insolvenzrechts-Handbuch, § 70; *Bork*, Einführung in das Insolvenzrecht, Rz. 351; *Kübler/Prütting/Bork/Otte*, § 261 InsO Rz. 3 ff.; *Flessner* in Heidelberger Kommentar zur InsO, § 261 InsO Rz. 3; *Smid/Rattunde*, Der Insolvenzplan, S. 324 Rz. 18.4 ff.

gerausschuss nicht bestellt, hat der Verwalter alle Gläubiger zu unterrichten, denen nach dem gestaltenden Teil des Insolvenzplans Ansprüche gegen das Schuldnerunternehmen oder die Übernahmegesellschaft zustehen (§ 262 Satz 2 InsO). Ist im gestaltenden Teil des Insolvenzplans ein **Zustimmungsvorbehalt** (§ 263 InsO) vorgesehen, sind Rechtsgeschäfte des Schuldners oder der Übernahmegesellschaft während der Zeit der Überwachung nur wirksam, wenn der Insolvenzverwalter ihnen zustimmt (§ 263 Satz 1 InsO). Gegen das Zustimmungsgebot verstoßende Handlungen des Schuldners werden nach dem Gesetz so behandelt, als wären sie während des laufenden Insolvenzverfahrens vorgenommen worden (§§ 263 Satz 2, 81 Abs. 1, 82 InsO)[1]. Ist im Insolvenzplan die **Überwachung durch einen Sachwalter** vorgesehen, so obliegt diesem die Überwachung der Planerfüllung[2]. Die Überwachung durch einen Sachwalter ist für die Gläubiger – wie bereits oben Rz. 8.129 dargestellt wurde – keineswegs risikolos, weil der Sachwalter zum einen seine Rechtsstellung aus einer vertraglichen Vereinbarung mit dem Schuldnerunternehmen herleitet, zum anderen nicht der gerichtlichen Aufsicht nach § 58 InsO unterliegt und sich seine Haftung nach allgemeinen zivilrechtlichen Grundsätzen bestimmt[3].

4. Dauer und Aufhebung der Überwachung

Hinsichtlich der Dauer der Überwachung einer Planerfüllung hat der Gesetzgeber eine Begrenzung auf **drei Jahre** ab Aufhebung des Insolvenzverfahrens vorgesehen (§ 268 Abs. 1 Nr. 2 InsO)[4]. Eine **vorzeitige Aufhebung** der Überwachung ist aber möglich, wenn die Ansprüche, deren Erfüllung überwacht werden, erfüllt sind oder die Erfüllung dieser Ansprüche gewährleistet ist (§ 268 Abs. 1 Nr. 1 InsO). Gewährleistet ist Erfüllung der Gläubigeransprüche nur, wenn entsprechende Sicherheiten für die Erfüllung vorliegen. Eine hinreichende Wahrscheinlichkeit für die Erfüllung reicht nicht aus[5]. Der **Beschluss über die Aufhebung der Planüberwachung** ist in gleicher Weise öffentlich bekannt zu machen wie die Überwachung selbst. Mit der Rechtskraft des 8.133

1 *Uhlenbruck/Lüer*, § 263 InsO Rz. 5, 6; *Häsemeyer*, Insolvenzrecht, Rz. 28.59; *Jaffé* in Frankfurter Kommentar zur InsO, § 263 InsO Rz. 18.

2 *Smid/Rattunde*, § 260 InsO Rz. 5; *Heß*, § 260 InsO Rz. 9 u. § 261 InsO Rz. 4; *Breutigam* in Blersch/Goetsch/Haas, § 261 InsO Rz. 10; *Uhlenbruck/Lüer*, § 261 InsO Rz. 18.

3 Vgl. *Stephan* in Münchener Kommentar zur InsO, § 261 InsO Rz. 12; *Nerlich/Römermann/Braun*, § 261 InsO Rz. 6; *Kübler/Prütting/Bork/Otte*, § 261 InsO Rz. 6; *Breutigam* in Blersch/Goetsch/Haas, § 261 InsO Rz. 10; *Heß*, § 261 InsO Rz. 4; *Braun* in Gottwald, Insolvenzrechts-Handbuch, § 70 Rz. 10.

4 Soweit von einigen Gerichten (vgl. z.B. AG Duisburg v. 1. 4. 2003 – 62 IN 187/02, NZI 2003, 447 f.) angenommen wird, die Frist könne mit Zustimmung des Schuldners verlängert werden, ist dem nicht zuzustimmen. Vgl. *Jaffé* in Frankfurter Kommentar zur InsO, § 268 InsO Rz. 10; *Flessner* in Heidelberger Kommentar zur InsO, § 268 InsO Rz. 2; *Heß*, § 268 InsO Rz. 1.

5 *Breutigam* in Blersch/Goetsch/Haas, § 268 InsO Rz. 5; *Stephan* in Münchener Kommentar zur InsO, § 268 InsO Rz. 6; *Nerlich/Römermann/Braun*, § 268 InsO Rz. 2; *Braun/Braun*, § 268 InsO Rz. 3; *Thies* in Hamburger Kommentar zum Insolvenzrecht, § 269 InsO Rz. 3. Nach Auffassung von *Uhlenbruck/Lüer* (§ 268 InsO Rz. 3) genügt es, dass die Erfüllung gewährleistet ist.

Aufhebungsbeschlusses erlangt der Schuldner bzw. die Übernahmegesellschaft die volle Verfügungsbefugnis über das gesamte Vermögen. Zustimmungsvorbehalte (§ 263 InsO) entfallen. Der in § 264 InsO festgelegte Nachrang der Insolvenzgläubiger gegenüber Neugläubigern entfällt, soweit sie nicht dem festgelegten Kreditrahmen unterfallen. Der Verwalter oder ein Sachwalter hat die in seinem Besitz befindlichen aus der Überwachung resultierenden Unterlagen an das Schuldnerunternehmen bzw. die Übernahmegesellschaft herauszugeben[1]. Auch der Insolvenzbeschlag nach §§ 263 Satz 2, 81 Abs. 1, 82 InsO entfällt. Die Aufhebung der Überwachung ist in den Registern entsprechend §§ 268 Abs. 2 Satz 2, 267 Abs. 3, 31, 32 InsO zu vermerken und entsprechende Eintragungen sind zu löschen.

5. Kosten der Überwachung

8.134 Nach § 269 Satz 1 InsO trägt der **Schuldner** die Kosten der Überwachung. Im Fall des § 260 Abs. 3 InsO trägt die Übernahmegesellschaft die durch die Überwachung entstehenden Kosten (§ 269 Satz 2 InsO). Zu den Kosten der Überwachung gehören auch die Vergütung des Insolvenzverwalters und der Mitglieder des Gläubigerausschusses, nicht dagegen die Kosten eines Sachwalters. Im Insolvenzplan kann die Kostentragungspflicht abweichend geregelt werden[2]. Es empfiehlt sich, die Vergütungs- und Auslagenansprüche vor der Aufhebung der Überwachung zu berichtigen[3]. Jedoch besteht auch nach Aufhebung der Überwachung die Möglichkeit, etwaige Kostenersatzansprüche durchzusetzen, denn der Festsetzungsbeschluss stellt einen Vollstreckungstitel dar[4].

1 OLG Stuttgart v. 3. 1. 1984 – 8 W 477/83, ZIP 1984, 1385; LG Hannover v. 5. 7. 1972 – 23 T 2/72, KTS 1973, 191; *Jaffé* in Frankfurter Kommentar zur InsO, § 268 InsO Rz. 12; *Heß*, § 268 InsO Rz. 4; *Uhlenbruck/Lüer*, § 268 InsO Rz. 5; *Stephan* in Münchener Kommentar zur InsO, § 268 InsO Rz. 15.

2 *Stephan* in Münchener Kommentar zur InsO, § 269 InsO Rz. 10; *Smid/Rattunde*, Der Insolvenzplan, S. 327 Rz. 18.14 ff.; *Uhlenbruck/Lüer*, § 269 InsO Rz. 1; *Jaffé* in Frankfurter Kommentar zur InsO, § 269 InsO Rz. 2, 2a/b, 3–6; *Andres/Leithaus*, § 269 InsO Rz. 1; *Nerlich/Römermann/Braun*, § 269 InsO Rz. 1; *Mai*, Insolvenzplanverfahren, S. 135, Rz. 366.

3 *Jaffé* in Frankfurter Kommentar zur InsO, § 269 InsO Rz. 8; *Stephan* in Münchener Kommentar zur InsO, § 269 InsO Rz. 11.

4 *Jaffé* in Frankfurter Kommentar zur InsO, § 269 InsO Rz. 2b; *Flessner* in Heidelberger Kommentar zur InsO, § 269 InsO Rz. 1; *Uhlenbruck/Lüer*, § 269 InsO Rz. 3; *Braun/Frank*, § 269 InsO Rz. 3.

9. Teil: Die Eigenverwaltung

A. Die Eigenverwaltung in der gerichtlichen Praxis

I. Erfahrungen

9.1 Auch zehn Jahre nach In-Kraft-Treten der Insolvenzordnung hat die Eigenverwaltung in der gerichtlichen Praxis noch **keine besondere Bedeutung** erlangt[1]. Die Zahl der Anträge von Schuldnern auf Anordnung der Eigenverwaltung bleibt nach wie vor hinter den Erwartungen zurück, die an die Annahme dieses Rechtsinstituts durch die Schuldner geknüpft worden sind[2]. Über die Gründe für diese Entwicklung kann nur spekuliert werden. Ein Grund dürfte möglicherweise der Umstand sein, dass es bislang nur wenige erfolgreich abgeschlossene große „überregionale" Eigenverwaltungsverfahren gegeben hat, die einer breiten Öffentlichkeit ebenso wie Insolvenzspezialisten die Vorzüge der Eigenverwaltung hätte deutlich machen können.

9.2 Die erfolgreiche Durchführung des am 23. 11. 1999 von der Philipp-Holzmann-AG beim Amtsgericht Frankfurt beantragten Insolvenzverfahrens[3] hätte bereits zu einem sehr frühen Zeitpunkt die **Akzeptanz dieses neuen Rechtsinstituts erhöhen** können. So sollte der mit dem Eröffnungsantrag verbundene Antrag der Schuldnerin auf Anordnung der Eigenverwaltung dazu dienen, ihre laufenden Geschäfte nicht über das absolut erforderliche Mindestmaß hinaus zu beeinträchtigen, insbesondere sollte der Zahlungsverkehr so wenig wie möglich gestört werden[4]. Da das Eingreifen der Politik bereits 36 Stunden nach Antragstellung die Rücknahme des Insolvenzantrags zur Folge hatte, wurde die „erste große Bewährungsprobe für die neue Insolvenzordnung verschoben"[5]. Ob die staatliche Intervention allerdings eine solide Basis für eine außergerichtliche finanzielle Restrukturierung der Gesellschaft geschaffen hat, kann bezweifelt werden[6]. Für die unmittelbar Beteiligten mag der außergerichtliche Sanierungsversuch zwar ein Glücksfall gewesen sein. Gleichzeitig wurde dadurch aber auch eine große Chance verpasst. Denn die Eröffnung des Insolvenzverfahrens über das Vermögen der Philipp-Holzmann-AG sowie die gleichzeitige Anordnung der Eigenverwaltung auf Grund des Insolvenzantrags vom 23. 11. 1999 hätten ohne Zweifel neue Erkenntnisse über die Praxistauglichkeit dieses jungen Rechtsinstituts zu Tage gefördert. Eine er-

---

1 *Vallender*, NZI 2007, Heft 7, Editoral; s. auch *Smid*, DZWIR 2002, 493, 500; *Gulde*, Die Anordnung der Eigenverwaltung durch das Insolvenzgericht im Eröffnungsbeschluss, 2005, S. 70. Nach Angaben des Statistischen Bundesamtes sind im Jahre 2004 nur 173 Eigenverwaltungen angeordnet worden (*Angele*, Wirtschaft und Statistik, 2005, S. 342).

2 *Vallender*, DStR 1999, 2034, 2041; *Huntemann/Dietrich*, ZInsO 2001, 13, 14.

3 Näher dazu *Görg*, FS Uhlenbruck, 2000, S. 117 ff.

4 *Görg*, FS Uhlenbruck, 2000, S. 123.

5 *Görg*, FS Uhlenbruck, 2000, S. 129.

6 S. nur Bericht des Kölner Stadt-Anzeiger vom 21. 8. 2001, S. 29: „Holzmann kommt nicht aus der Krise".

folgreiche Umsetzung des Antrags hätte langfristig wiederum dazu beitragen können, Entscheidungsträger von insolventen Unternehmen in der Ansicht zu bestärken, dass die Eigenverwaltung, gepaart mit einem Insolvenzplan, durchaus eine geeignete Grundlage für eine angestrebte Sanierung des Unternehmens sein kann[1].

9.3 Diese Erkenntnis scheint sich langsam durchzusetzen. Beispielhaft erwähnt seien nur die **Großverfahren**[2] Kirch Media GmbH & Co. KGaA, Grundig AG, Babcock Borsig AG, Ihr Platz und Agfa GmbH[3]. Der Insolvenzantrag der Kirch Media GmbH & Co. KGaA vom 8. 4. 2002 wurde in Presse und Fernsehen vom Geschäftsführer der Schuldnerin, vom vorläufigen Insolvenzverwalter, aber auch von hochrangigen Politikern als Chance bezeichnet, um das Unternehmen zu sanieren, um Gläubiger frei vom Druck von Zahlungsfristen und drohenden oder bereits eingeleiteten Zwangsvollstreckungsmaßnahmen an den Verhandlungstisch zu zwingen, mit dem Ziel, Kosten zu senken, insbesondere ungünstige Verträge nachzuverhandeln[4]. *Prütting/Huhn*[5] sehen dieses Verfahren gar „als Prüfstein" für die Eigenverwaltung an.

9.4 Neben Informationsdefiziten auf Seiten der Schuldner und ihrer Berater über die Vorteile und Chancen dieses Verfahrens scheint die eher **restriktive Einstellung der Insolvenzgerichte** gegenüber diesem Rechtsinstitut eine weitere mögliche Ursache für die bislang geringe Zahl von Anträgen auf Anordnung der Eigenverwaltung zu sein[6]. Die wenigen zur Eigenverwaltung veröffentlichten Entscheidungen weisen jedenfalls in diese Richtung[7]. So hält das AG

---

1 *Vallender*, WM 1998, 2129, 2131.

2 Die Durchführung eines großen Gesellschaftsinsolvenzverfahren in Eigenverwaltung halten *Landfermann* (in Heidelberger Kommentar zur InsO, Vor §§ 270 ff. InsO Rz. 7) und *Grub* (in Kölner Schrift zur InsO, S. 682 ff. Rz. 31) allerdings dann nicht für sinnvoll, wenn wegen Anfechtungs- und Regressansprüchen Interessenkollisionen mit den Gesellschaftern drohen. A.A. *Westrick*, NZI 2003, 63, 68 für den Fall, dass der Schuldner diese Ansprüche nicht zu verheimlichen sucht.

3 AG Köln v. 22. 8. 2005 – 71 IN 426/05 (rk.), ZInsO 2005, 1006 = ZIP 2005, 1975.

4 So *Gottwald* in seinem Editorial in NZI 2002, Heft 8, NZI aktuell V.

5 ZIP 2002, 777.

6 Ein probates Beispiel für diese Einschätzung liefert der dem Beschluss des BGH v. 11. 1. 2007 – IX ZB 271/04 (NZI 2007, 231) zugrunde liegende Sachverhalt. Das Insolvenzgericht hatte dem vorläufigen Insolvenzverwalter „im Hinblick auf die beantragte Eigenverwaltung" das Recht eingeräumt, Mitglieder der Geschäftsführung, leitende Angestellte oder Prokuristen von ihren Aufgaben zu entbinden. Die Schuldnerin, eine GmbH & Co. KG, hatte in ihrem Antrag auf Anordnung der Eigenverwaltung erklärt, zur Vorbereitung der Eigenverwaltung zwei langjährig als Insolvenzverwalter tätige und auf dem Gebiet der Finanzierung von Unternehmen in der Krise erfahrene Personen in die Geschäftsführung berufen zu haben. *Spies*, ZInsO 2005, 1254, 1259, fordert deshalb die Insolvenzgerichte auf, die Eigenverwaltung antragsgemäß anzuordnen, sofern bei Antragstellung ein Insolvenzplan vorgelegt wird, eine hinreichende Aussicht darauf besteht, das zugrunde liegende Sanierungskonzept mit Hilfe eines Insolvenzplans umzusetzen und die insolvenzrechtliche Kompetenz für die Sanierungsphase im Unternehmen vorgehalten werden kann.

7 Das OLG Naumburg sah sich in seiner Entscheidung vom 17. 4. 2001 – 5 W 297/01, ZInsO 2001, 810, veranlasst klarzustellen, dass die Anordnung der Eigenverwaltung jedenfalls dann nicht in Betracht kommt, wenn entweder der Schuldner gar nicht

Darmstadt[1] die Anordnung der Eigenverwaltung für nicht vertretbar, wenn erhebliche Anhaltspunkte für unternehmerische Fehlentscheidungen des Geschäftsführers eines Unternehmens vorlägen, die wesentlich die Insolvenz mit herbeigeführt haben und der Geschäftsführer sich auch in der Zusammenarbeit mit dem Gericht als säumig erweise[2]. Nach Auffassung des AG Köln[3] kommt eine Eigenverwaltung nicht in Betracht, wenn das Verhalten des geschäftsführenden Gesellschafters während des Eröffnungsverfahrens befürchten lässt, dass er die Eigenverwaltung nutzen wird, sich der persönlichen Haftung gem. § 64 Abs. 2 GmbHG a.F. und weiteren Erstattungsansprüchen zu entziehen. Das AG Lübeck[4] vertritt den Standpunkt, die Anordnung der Eigenverwaltung über das Vermögen einer GmbH sei abzulehnen, wenn eine mögliche Interessenkollision zwischen dem Liquidator und dem Eigenverwalter, der bereits als Konkursverwalter über einen Geschäftsanteil der Schuldnerin eingesetzt ist, nicht auszuschließen sei. Das AG Potsdam[5] geht sogar noch einen Schritt weiter. Es lehnt die Anordnung der Eigenverwaltung ab, wenn nicht der Schuldner die Umstände vorträgt, die eine Erwartung rechtfertigen, die Anordnung der Eigenverwaltung würde weder zu einer Verzögerung des Verfahrens noch zu sonstigen Nachteilen für die Gläubiger führen.

Die vorgenannten Entscheidungen sind insoweit für die Praxis aufschlussreich, 9.5
als sich ihnen – jedenfalls mittelbar – entnehmen lässt, unter welchen Voraussetzungen ein Antrag auf Anordnung der Eigenverwaltung regelmäßig Aussicht auf Erfolg haben dürfte[6]. **Kompetenz, Zuverlässigkeit und Vertrauenswürdigkeit** der Gesellschaft bzw. ihrer organschaftlichen Vertreter sind insoweit unabdingbare Voraussetzungen[7]. Ohne das Vertrauen der Gläubiger in diese Eigenschaften wird ein Gericht regelmäßig nicht bereit sein, dem Antrag einer GmbH auf Anordnung der Eigenverwaltung zu entsprechen. Dies bedingt die **vorherige Kontaktaufnahme der Gesellschaft mit den wichtigsten Gläubigern**. Eine Eigenverwaltung gegen die Gläubiger gibt es nicht[8]. Nur wenn bei der Umsetzung der beabsichtigten Sanierungsmaßnahmen Teamfähigkeit, Kom-

einen entsprechenden Antrag gestellt oder der Gläubiger der Anordnung bereits widersprochen hat; vgl. auch LG Mönchengladbach v. 30. 12. 2002 – 5 T 439/02, NZI 2003, 152.

1 AG Darmstadt v. 26. 2. 1999 – 9 IN 1/99, ZInsO 1999, 176 ff.

2 Zu den Risiken und Gefahren, die die Gläubigerschaft mit der Zulassung der Eigenverwaltung eingehen, s. *Vallender*, WM 1998, 2129, 2137 ff.

3 AG Köln v. 17. 9. 1999 – 71 IN 28/99, ZIP 1999, 1646, 1647.

4 AG Lübeck v. 4. 2. 2000 – 53b IN 19/00, DZWIR 2000, 482.

5 AG Potsdam v. 7. 6. 2000 – 35 IN 244/00, DZWIR 2000, 343. Diese Ansicht ist abzulehnen. Sie findet im Gesetz keine Stütze. Es gilt vielmehr der Amtsermittlungsgrundsatz nach § 5 Abs. 1 InsO (*Vallender*, WM 1998, 2129, 2131; *Haarmeyer/Wutzke/Förster*, Handbuch zur Insolvenzordnung, Kap. 10 Rz. 7; *Huntemann/Dietrich*, ZInsO 2001, 13, 14).

6 *Huhn*, Die Eigenverwalung im Insolvenzverfahren, 2003, S. 432 Rz. 1294, vertritt mit Recht die Auffassung, dass maßgeblich für die Frage, ob die Eigenverwaltung in der Praxis Bedeutung erlangen werde, die Rolle des Insolvenzgerichts bei der ursprünglichen Anordnung der Eigenverwaltung nach § 270 Abs. 1 Satz 1 InsO sei. Bei dieser Entscheidung sei bereits der Regelungszweck des § 78 InsO zu berücksichtigen.

7 Diese Eigenschaften sind allerdings nicht immer binnen kurzer Zeit feststellbar.

8 *Braun*, NZI 2003, 588, 589.

promissbereitschaft und Verhandlungsgeschick gezeigt werden, ist eine positive Grundstimmung der Gläubigerschaft zu erlangen, die wiederum zwingend Voraussetzung für die anzuordnende Eigenverwaltung ist[1]. Allerdings wird der Geschäftsführer einer GmbH, der die Insolvenz der Gesellschaft nicht verhindern konnte, im Regelfall kein guter Partner für eine Konfrontation mit den Gläubigern sein[2].

II. Geeignete Fälle

9.6 Allein die Tatsache, dass sich der Geschäftsführer der GmbH dazu entschlossen hat, eine schonungslose Analyse des Krisenunternehmens vorzunehmen und ein entsprechendes Sanierungskonzept ausarbeiten zu lassen, lässt nicht ohne weiteres den Schluss auf seine Vertrauenswürdigkeit zu. Zwar ist die Vertrauenswürdigkeit des Schuldners bzw. seiner organschaftlichen Vertreter ein wichtiger, aber nicht der einzige Gesichtspunkt, der für eine mögliche Benachteiligung der Gläubiger durch die Anordnung der Eigenverwaltung von Interesse ist. Diese kann auch bei einem redlichen Schuldner eintreten, wenn dieser auf Grund von Inkompetenz nicht in der Lage ist, für eine bestmögliche Befriedigung der Gläubiger zu sorgen, wie dies ein Fremdverwalter tun könnte[3]. Bei seiner Entscheidung über den Antrag auf Anordnung der Eigenverwaltung wird das Gericht deshalb neben der Zuverlässigkeit und Geschäftserfahrenheit des Geschäftsführers der GmbH die **Ursachen für die Insolvenz** zu berücksichtigen haben. Besonderes Gewicht wird es auch dem Zeitpunkt der Antragstellung beimessen[4]. Die auf Grund einer sachverständigen Begutachtung getroffenen Feststellungen sind im Übrigen für etwaige Sicherungsmaßnahmen des Insolvenzgerichts von nicht zu unterschätzender Bedeutung[5].

9.7 Ist die GmbH **„schuldlos" in die Insolvenz** geraten, bedarf es zwar bei einer beabsichtigten Eigenverwaltung nicht zwingend der Auswechslung der Geschäftsführer. Die **Bestellung neuer organschaftlicher Vertreter**, die das Vertrauen der Arbeitnehmer, Gläubiger und Kapitalgeber genießen, schafft jedoch regelmäßig eine solidere Grundlage für die zu treffende Entscheidung des Insolvenzgerichts und deren Akzeptanz durch die Gläubiger während des Verfahrens[6]. Das **AG Duisburg**[7] vertritt in diesem Zusammenhang die Auffassung, es entspreche nicht dem Zweck der §§ 270, 271 InsO, durch Anordnung der Eigenverwaltung die Bewältigung der Insolvenz externen, vom Schuldner

1 *Ferslev*, EWiR 2004, 923.

2 LG Bonn v. 23. 7. 2003 – 6 T 135/03, NZI 2003, 653, 654; *Rattunde*, ZIP 2003, 596, 600.

3 *Gulde*, Die Anordnung der Eigenverwaltung durch das Insolvenzgericht im Eröffnungsbeschluss, 2005, S. 70

4 *Haas* in Gottwald, Insolvenzrechts-Handbuch, § 87 Rz. 16.

5 *Vallender*, WM 1998, 2129, 2132.

6 Ähnlich *Braun/Uhlenbruck*, Unternehmensinsolvenz, S. 514, 695; *Foltis* in Frankfurter Kommentar zur InsO, vor §§ 270 ff. InsO Rz. 13; *Landfermann* in Heidelberger Kommentar zur InsO, Vor §§ 270 ff. InsO Rz. 7; *Wittig* in Münchener Kommentar zur InsO, Vor § 270 InsO Rz. 8.

7 AG Duisburg v. 1. 9. 2002 – 62 IN 167/02, NZI 2002, 556 = ZIP 2002, 1636.

ausgewählten Sanierungs- und Insolvenzfachleuten zu überlassen, die, ohne über nennenswerte unternehmens- und branchenbezogene Kenntnisse und Erfahrungen zu verfügen, erst in der Krise in eine Führungsposition berufen worden sind und die für ihre Aufgabe keine wesentlich anderen Fähigkeiten als die eines tüchtigen Insolvenzverwalters vorzuweisen hätten[1]. Der Sache nach bedeute dies **„Fremdverwaltung im Kostüm der Eigenverwaltung"**. Mit einer solchen Handhabung werde durch die Verwendung einer äußeren rechtlichen Form für einen Zweck, für den sie nicht vorgesehen sei, die Anforderung des § 56 InsO umgangen, dass der Schuldner sich einen Insolvenzverwalter nicht selbst aussuchen kann und der Insolvenzverwalter vom Schuldner unabhängig sein muss. Auch der Hamburger Insolvenzrichter *Frind*[2] sieht in dem Auswahlprocedere des neuen „Eigenverwaltungsvorstandes" den Versuch, die gerichtliche Auswahlentscheidung hinsichtlich des Insolvenzverwalters – insbesondere bei Großinsolvenzen – einzugrenzen bzw. zu steuern und damit die Unabhängigkeit des „Vorgeschlagenen" zumindest zweifelhaft erscheinen zu lassen. Diese Argumentation verkennt, dass eine Umgehung des gerichtlichen Erstbenennungsrechts kein vom Gesetz missbilligtes Verhalten ist (vgl. § 271 Satz 1 InsO). Darüber hinaus gibt es durchaus gewichtige Gründe für die Einwechslung erfahrener Insolvenzverwalter in die Unternehmensleitung. *Uhlenbruck*[3] stellt mit Recht die Frage, welcher Geschäftsführer oder Vorstand habe schon die Kenntnisse vom Insolvenzrecht, um eine sachgerechte Verfahrensabwicklung zu gewährleisten. Eine ähnliche Betrachtungsweise hat auch das **AG Köln** in seinem Beschluss vom 22. 8. 2005[4] im Insolvenzverfahren über das Vermögen der **Agfa GmbH** angestellt, in dem es klarstellt, dass in der Bestellung eines erfahrenen Insolvenzverwalters zum organschaftlichen Vertreter einer GmbH nur dann eine unzulässige Umgehung des in § 56 InsO verankerten Grundsatzes der Unabhängigkeit des Insolvenzverwalters zu sehen sei, wenn der Schuldner beabsichtigt, die gewählte Konstruktion der Eigenverwaltung zu nutzen, um sich und/oder einzelnen Gläubigern ungerechtfertigte Vorteile zu verschaffen[5].

Bei Bestellung eines erfahrenen Insolvenzverwalters zum organschaftlichen Vertreter der GmbH und einem mit dem Antrag auf Anordnung der Eigenverwaltung unterbreiteten Sanierungskonzept, das bereits mit den wesentlichen Gläubigern abgestimmt ist, dürfte im Übrigen für das Gericht grundsätzlich keine Veranlassung bestehen, **Sicherungsmaßnahmen nach Maßgabe der §§ 21 ff. InsO** anzuordnen[6]. Tatsächlich würde insbesondere mit der Bestellung eines so genannten starken vorläufigen Insolvenzverwalters regelmäßig die Grundlage für die Anordnung einer Eigenverwaltung entfallen[7]. Denn es 9.8

1 S. dazu auch *Noack*, ZIP 2002, 1873.
2 ZInsO 2002, 745, 751; ähnlich *Hess/Ruppe*, NZI 2002, 577, 578.
3 NJW 2002, 3220.
4 71 IN 426/05, NZI 2005, 633, 635.
5 S. auch *Graf-Schlicker*, FS Kirchhof, 2003, S. 135, 146; *Bärenz*, NZI 2003, 655; *Landfermann* in Heidelberger Kommentar zur InsO, Vor §§ 270 ff. InsO Rz. 11; *Westrick*, NZI 2003, 63, 70; *Braun*, NZI 2003, 588.
6 So auch *Braun*, NZI 2003, 588, 589.
7 *Haas* in Gottwald, Insolvenzrechts-Handbuch, § 87 Rz. 28 Fn. 89 m.w.N.

dürfte den Gläubigern kaum verständlich zu machen sein, dass sich das Unternehmen im eröffneten Verfahren selbst verwalten kann, während im Eröffnungsverfahren zur Sicherung der Masse das Gericht die Bestellung eines vorläufigen Insolvenzverwalters mit Verwaltungs- und Verfügungsbefugnis über das Vermögen des Schuldners (§§ 21 Abs. 1 Nr. 2, 22 Abs. 1 Satz 1 InsO) für geboten erachtet[1]. Im Übrigen würde hierdurch die Kontinuität der Unternehmensführung praktisch irreversibel gebrochen[2]. Selbst die Anordnung einer schwachen vorläufigen Insolvenzverwaltung, die ebenfalls öffentlich bekannt zu machen ist (§ 23 Abs. 1 Satz 1 InsO), kann bereits im Außenverhältnis erhebliche Irritationen hervorrufen. Es besteht die Gefahr, dass bei Anordnung einer vorläufigen Insolvenzverwaltung der „optische, die Sanierung wesentlich transportierende, psychologische Faktor der Eigenverwaltung" durch diese Veröffentlichung konterkariert wird[3].

9.9 Schließlich kann die **Eigenverwaltung geboten** sein, weil zur Fortführung des Unternehmens und zur Abwicklung bestehender Aufträge **notwendige Konzernstrukturen aufrechterhalten** werden müssen. *Haas*[4] weist in diesem Zusammenhang mit Recht darauf hin, dass die Sicherung der Kontinuität der Unternehmensführung mitunter dazu beitragen kann, eine Fortführungsperspektive leichter zu vermitteln als bei einem fremdverwalteten Unternehmen. Soweit das AG Duisburg in seinem Beschluss vom 1. 9. 2002[5] behauptet, für die Anordnung der Eigenverwaltung fehle es an der personellen Kontinuität der Schuldnerin, verkennt es, dass es sich dabei nicht um ein Tatbestandsmerkmal der Eigenverwaltung handelt. Das Gericht besitzt offenbar ein bestimmtes Leitbild der Eigenverwaltung, aus dem heraus es grundsätzliche Bedenken gegen die Eigenverwaltung anführt. Es stellt bei seiner Entscheidung nicht auf die gesetzliche Regelung ab, sondern unterbreitet quasi den – nicht haltbaren – rechtspolitischen Vorschlag, die Eigenverwaltung für juristische Personen auszuschließen[6].

9.10 Zusammenfassend lässt sich feststellen, dass in der Insolvenz der GmbH ein Antrag auf Anordnung der Eigenverwaltung[7] **sinnvoll** erscheint, **wenn das Unternehmen saniert werden soll**. In diesem Falle sollte bereits bei **drohender**

---

1 *Ferslev*, EWiR 2004, 923, 924.

2 Die Bestellung einer unternehmensfremden Person zum vorläufigen Insolvenzverwalter kann indes erforderlich sein, wenn kurz vor der Antragstellung zu Gunsten des gerade erst bestellten Geschäftsführers, eines erfahrenen Insolvenzverwalters, ein größeres Vorschusshonorar (hier: 290000,00 Euro) angewiesen worden ist, vgl. BGH v. 15. 1. 2004 – IX ZB 197/03, NZI 2004, 216; LG Bonn v. 23. 7. 2003 – 6 T 135/03, NZI 2003, 653.

3 *Braun*, NZI 2003, 588, 589.

4 In Gottwald, Insolvenzrechts-Handbuch, § 87 Rz. 15.

5 62 IN 167/02, NZI 2002, 556 = ZInsO 2002, 1046.

6 Ähnlich *Ringstmeier/Homann*, NZI 2002, 406, 407.

7 Die Anordnung der Eigenverwaltung kommt nicht in Betracht, wenn entweder der Schuldner gar keinen entsprechenden Antrag gestellt hat oder der Gläubiger der Anordnung bereits widersprochen hat, OLG Naumburg v. 17. 4. 2001 – 5 W 29/01, ZInsO 2001, 810. Dagegen findet § 270 Abs. 2 Nr. 2 InsO keine Anwendung, wenn nach Stellung eines Eigenantrags ein Gläubigerantrag gestellt wird (AG Köln v. 22. 8. 2005 – 71 IN 426/05, NZI 2005, 633).

Zahlungsunfähigkeit der Insolvenzantrag gleichzeitig mit dem Eigenantrag und einem zuvor ausgearbeiteten, ein Sanierungskonzept beinhaltenden Insolvenzplan verbunden werden[1]. Ein solches „Gesamtpaket" ermöglicht es dem Gericht, frühzeitig seine Ermittlungen auch auf die Frage zu erstrecken, ob der Schuldner bzw. die Entscheidungsträger im schuldnerischen Unternehmen die Gewähr dafür bieten, dass die Anordnung der Eigenverwaltung nicht zu einer Verzögerung des Verfahrens oder zu sonstigen Nachteilen für die Gläubiger führen wird (vgl. § 270 Abs. 2 Nr. 3 InsO). Soweit *Huntemann/Dietrich*[2] die Ansicht vertreten, die Gerichte würden während des Insolvenzeröffnungsverfahrens einen Antrag auf Anordnung der Eigenverwaltung „schlicht ignorieren", entspricht diese Aussage jedenfalls nicht der Praxis des Insolvenzgerichts Köln.

Dagegen empfiehlt sich ein Antrag auf Eigenverwaltung nicht in den Fällen, in denen nicht die Fortführung der Gesellschaft, sondern deren **Liquidation beabsichtigt** ist[3]. 9.11

1 *Smid/Rattunde*, Der Insolvenzplan, S. 47 Rz. 145; *Vallender*, WM 1998, 2129, 2131; *Kübler/Prütting/Bork/Pape*, § 270 InsO Rz. 7; *Huntemann/Dietrich*, ZInsO 2001, 13, 16; *Spies*, ZInsO 2005, 1254, 1259; *Rattunde*, ZIP 2005, 2103, 2107, differenziert insoweit, als er in einem „schnellen Insolvenzplanverfahren" die Anordnung der Eigenverwaltung für überflüssig hält.

2 ZInsO 2001, 13, 15.

3 *Haas* in Gottwald, Insolvenzrechts-Handbuch, § 90 Rz. 3; *Landfermann* in Heidelberger Kommentar zur InsO, Vor §§ 270 ff. InsO Rz. 7; ähnlich *Kübler/Prütting/Bork/Pape*, § 270 InsO Rz. 7. Soweit das AG Lübeck (v. 4. 2. 2000 – 53b IN 19/00, DZWIR 2000, 482) die Auffassung vertritt, die Anordnung der Eigenverwaltung sei abzulehnen, wenn keine Betriebsfortführung beabsichtigt sei, kann dem nicht gefolgt werden. Das Gesetz bietet für diese Ansicht keine Grundlage.

B. Gesetzliche Regelung

I. Das Anordnungsverfahren

9.12 Die **Voraussetzungen für die Anordnung der Eigenverwaltung** sind in § 270 Abs. 2 InsO abschließend aufgezählt. Voraussetzungen für die Anordnung der Eigenverwaltung sind ein Antrag des Schuldners (§ 270 Abs. 2 Nr. 1 InsO) oder der Gläubigerversammlung (§ 271 InsO). Die einzige Möglichkeit zur Ablehnung des Schuldnerantrags ergibt sich für das Gericht aus § 270 Abs. 2 Nr. 3 InsO. Die „Beweislast" für das Vorliegen der enumerativ aufgezählten Ablehnungsgründe (Verzögerung des Verfahrens, Nachteile für die Gläubiger) liegt bei dem Gericht. Es gilt der Amtsermittlungsgrundsatz des § 5 Abs. 1 InsO[1]. Das Gericht kann die Beteiligten zu dem Antrag hören. Es steht jedem Interessierten frei, auch ohne Aufforderung durch das Gericht in einer „Schutzschrift"[2] Gründe gegen die Anordnung der Eigenverwaltung vorzutragen. Ebenso steht es den Gläubigern frei, dem Gericht zu erkennen zu geben, dass der Antrag des Schuldners auf Anordnung der Eigenverwaltung von ihnen getragen wird, und sie bei einer Ablehnung des Antrags durch das Gericht in der ersten Gläubigerversammlung den Antrag stellen werden, dem das Gericht dann zwingend folgen muss (§ 271 InsO). Wegen der Haftung, die für das Gericht mit einer Ablehnung des Antrags auf Eigenverwaltung verbunden sein kann[3], werden vermutlich Sachverständige mit der Prüfung von Ablehnungsgründen beauftragt. Der damit verbundene Zeitverlust, der eine zügige Sanierung verhindern oder erheblich behindern kann, ist sorgfältig gegen eine sofortige Anordnung der Eigenverwaltung mit der Möglichkeit ihrer späteren Aufhebung nach Unterrichtung durch den Sachwalter (§ 274 Abs. 3 InsO) abzuwägen.

9.13 Aus diesen Gründen kann auch die **nachträgliche Anordnung der Eigenverwaltung** gem. § 271 InsO „zu spät" sein. Die erste Gläubigerversammlung soll nicht über sechs Wochen und darf nicht über drei Monate hinaus angesetzt werden (§ 29 Nr. 1 InsO).

9.14 Eine der wesentlichen Neuerungen der Insolvenzordnung ist die dem Schuldner eingeräumte Möglichkeit, schon bei drohender Zahlungsunfähigkeit einen Insolvenzantrag zu stellen. Diejenigen Schuldner, die von dieser Möglichkeit Gebrauch machen, werden ganz überwiegend die Absicht haben, ihr Unternehmen nach einem bestimmten Plan, einem Insolvenzplan, fortzuführen. Diesem Plan wird es i.d.R. entgegenstehen, dass dem antragstellenden Schuldner das Verwaltungs- und Verfügungsrecht entzogen wird. Vielmehr wird es mehr oder weniger zwingender Planinhalt sein, dass nicht ein fremder Verwalter sich erst einarbeiten muss und „das Rad neu erfindet", sondern der

1 *Huntemann/Dietrich*, ZInsO 2001, 13, 16; *Vallender*, WM 1998, 2129, 2131; a.A. offensichtlich *Bichlmeier*, DZWIR 2000, 62, 63.
2 *Bichlmeier*, DZWIR 2000, 62 ff.
3 Der ablehnende Beschluss ist nicht beschwerdefähig (§§ 271, 6 Abs. 1 InsO); zu diesem Ergebnis kommt auch *Bork*, Einführung in das Insolvenzrecht, S. 185.

Plan von den mit dem Plan vertrauten Personen zügig umgesetz wird. Verbindet der Schuldner in einem solchen Fall den Insolvenzantrag mit dem Antrag auf Eigenverwaltung, so kann die Ablehnung des Antrags auf Eigenverwaltung das mit dem Insolvenzantrag verfolgte Ziel obsolet werden lassen. *Schlegel*[1] empfiehlt für solche Fälle den Erlass eines beschwerdefähigen Vorbescheids durch das Gericht über eine Nichtanordnung der Eigenverwaltung. Ansonsten hat der Schuldner bei Ablehnung des Antrags auf Eigenverwaltung nur die Möglichkeit, den Insolvenzantrag zurückzunehmen.

Ordnet das Gericht die Eigenverwaltung an, so kann es von sich aus die Eigenverwaltung nicht mehr aufheben. Es bedarf hierzu vielmehr des Antrags 9.15

- der Gläubigerversammlung (§ 272 Abs. 1 Nr. 1 InsO),
- eines absonderungsberechtigten Gläubigers oder eines Insolvenzgläubigers (§ 272 Abs. 1 Nr. 1 InsO) oder
- des Schuldners (§ 272 Abs. 1 Nr. 3 InsO).

Der Antrag eines Gläubigers ist nur zulässig, wenn die Voraussetzung des § 270 Abs. 2 Nr. 3 InsO (keine Verfahrensverzögerung oder keine sonstigen Nachteile für die Gläubiger) weggefallen ist (§ 272 Abs. 1 Nr. 2 InsO). Einfache Behauptungen oder bloße Hinweise auf mögliche Verfahrensverzögerungen genügen nicht für die Glaubhaftmachung des Wegfalls der Voraussetzungen der Eigenverwaltung, so dass der Gläubigerantrag unzulässig ist[2]. 9.16

Ordnet das Gericht die Eigenverwaltung an, so ist der statt eines Insolvenzverwalters zu bestellende **Sachwalter** (§ 270 Abs. 3 Satz 1 InsO) verpflichtet, dem Insolvenzgericht und dem Gläubigerausschuss bzw. den Gläubigern anzuzeigen, dass er Umstände festgestellt hat, die Nachteile für die Gläubiger bei Fortsetzung der Eigenverwaltung erwarten lassen (§ 274 Abs. 3 InsO). Aber auch in diesem Fall kann das Gericht nicht von Amts wegen die Eigenverwaltung aufheben. Es bedarf vielmehr hierzu eines der Anträge des § 272 Abs. 1 InsO. § 274 Abs. 3 InsO verlagert also das Risiko nachteiliger Eigenverwaltung von dem Gericht auf den Sachwalter und den Gläubigerausschuss bzw. die Gläubiger. Allein wegen dieser Risikoverlagerung ist nicht einzusehen, dass die Gerichte den Antrag auf Eigenverwaltung voreilig ablehnen. Der Sachwalter ist zugleich mit der Zulassung der Eigenverwaltung zu bestellen. Er kann also sofort seine Feststellung nach § 274 Abs. 1 InsO treffen, so dass die Eigenverwaltung schon wenige Tage nach Zulassung wieder aufgehoben werden kann. Die sofortige Zulassung des Antrags auf Eigenverwaltung ist deshalb für das Gericht weniger haftungsträchtig als seine Ablehnung. 9.17

II. Geschäftsführer und Sachwalter

Im Gegensatz zur „Fremdverwaltung" der Insolvenzmasse durch einen Insolvenzverwalter, dem vom Gesetzgeber gewollten Regelfall der Insolvenzabwick- 9.18

1 ZIP 1999, 954, 957.
2 LG Potsdam v. 16. 5. 2001 – 5 T 239/00, ZIP 2001, 1689.

lung[1], **bleibt der Schuldner, bei der GmbH deren Geschäftsführer, bei Eigenverwaltung verwaltungs- und verfügungsbefugt** (§ 270 Abs. 1 Satz 1 InsO). Praktisch kann er den gesamten gewöhnlichen Geschäftsverkehr ohne Mitwirkung des Sachwalters abwickeln (§ 275 Abs. 1 InsO). Selbst der Zahlungsverkehr bleibt dem Schuldner überlassen, wenn nicht der Sachwalter die Übertragung auf sich verlangt (§ 275 Abs. 1 InsO).

9.19 Zur **Einschränkung der Verwaltungs- und Verfügungsbefugnis des Schuldners** sieht das Gesetz folgende Möglichkeiten vor:

- Verbindlichkeiten, die nicht zum gewöhnlichen Geschäftsverkehr gehören, soll der Schuldner nur mit Zustimmung des Sachwalters eingehen (§ 275 Abs. 1 Satz 1 InsO),
- Verbindlichkeiten, die zum gewöhnlichen Geschäftsverkehr gehören, soll der Schuldner nicht eingehen, wenn der Sachwalter widerspricht (§ 275 Abs. 1 Satz 2 InsO),
- der Sachwalter kann die Übertragung der Kassenführung auf sich verlangen (§ 275 Abs. 2 InsO),
- der Schuldner muss – wie der Insolvenzverwalter gem. § 160 InsO – die Zustimmung des Gläubigerausschusses einholen, wenn er Rechtshandlungen vornehmen will, die für das Insolvenzverfahren von besonderer Bedeutung sind (§ 276 InsO),
- auf Antrag der Gläubigerversammlung oder einzelner Gläubiger ordnet das Gericht an, dass bestimmte Rechtsgeschäfte nur wirksam sind, wenn der Sachwalter ihnen zustimmt (§ 277 InsO).

9.20 **Verstöße des Schuldners gegen die Einschränkungen seiner Verfügungs- und Verwaltungsbefugnis** durch die §§ 276, 277 InsO haben unterschiedliche (Außen-)Wirkung: Holt der Schuldner entgegen § 276 InsO die Zustimmung des Gläubigerausschusses oder der Gläubigerversammlung (§§ 276 Satz 2, 160 Abs. 1 Satz 2 InsO) nicht ein, so wird die Wirksamkeit der Handlung des Schuldners hierdurch nicht berührt (§§ 276 Satz 2, 164 InsO). Anders ist es bei Nichtbeachtung gerichtlicher Verfügungsbeschränkungen gem. § 277 InsO; weil diese veröffentlicht werden (§ 273 InsO), entfalten sie Wirkung gegenüber Dritten mit der Folge, dass die gegen die gerichtlichen Verfügungsbeschränkungen verstoßenden Handlungen des Schuldners unwirksam sind.

9.21 Folgende wichtige Handlungen sind dem Schuldner – neben der allgemeinen Verwaltungs- und Verfügungsbefugnis im gewöhnlichen Geschäftsverkehr – vorbehalten worden:

9.22 Der Schuldner ist nach den §§ 103 bis 128 InsO berechtigt und verpflichtet (§ 279 InsO). Er hat also bspw. bei gegenseitigen Verträgen das **Erfüllungswahlrecht** des § 103 InsO oder das **Kündigungsrecht** nach § 113 InsO. Eine Einschränkung gilt für die §§ 120, 122 und 126 InsO; die Rechte hieraus kann der Schuldner nur mit Zustimmung des Sachwalters ausüben (§ 279 Satz 2 InsO).

1 Vgl. Begr. zu § 331 RegE, BR-Drucks. 1/92, S. 223.

Von nicht zu unterschätzender organisatorischer Bedeutung für die Insolvenzabwicklung ist die Verpflichtung des Schuldners gem. § 281 Abs. 1 InsO zur Erstellung des Masseverzeichnisses, des Gläubigerverzeichnisses und der Vermögensübersicht (§§ 151 bis 153 InsO), zur Berichterstattung (§ 281 Abs. 2 InsO) sowie zur Rechnungslegung gem. § 66 InsO (§ 281 Abs. 3 InsO). Für diese Tätigkeiten, die unter dem Begriff der **Insolvenzrechnungslegung** zusammengefasst werden können, hat sich zwischenzeitlich ein Standard entwickelt, der den Ansprüchen an eine ordnungsgemäße Insolvenzrechnungslegung genügt und die reibungslose Zusammenarbeit zwischen Gericht, Verwalter und Gläubigern erst erlaubt. Die geplante verstärkte Ausstattung der Gerichte mit „technischen Hilfsmitteln"[1] wird diese Entwicklung der störungsfreien Kommunikation der Beteiligten untereinander noch intensivieren. 9.23

Auf Verwalterseite wird deshalb mehr denn je der **technisch bestens ausgestattete „Profi"** gefordert sein. Dieser Anforderung kann der Unternehmer, der einmal in seinem Leben „Verwalter" ist, nicht genügen. Selbst wenn er dazu bereit ist, sich die technischen Hilfsmittel zu beschaffen, so hat er doch keine Übung, damit umzugehen. Diese technischen Probleme können so schwer wiegen, dass das Gericht allein aus diesem Grund die Anordnung der Eigenverwaltung scheut. Die technischen Probleme sind aber kein Ablehnungsgrund. Der Gesetzgeber, der sie gekannt haben muss, hat sie offensichtlich in Kauf genommen. Im Übrigen können die Probleme dadurch gelöst werden, dass der Unternehmer die Dienste „professioneller" Verwalter oder anderer Dienstleister in Anspruch nimmt. 9.24

Eine große Entlastung für den Sachwalter ist die Vorschrift des § 281 Abs. 3 Satz 1 InsO, die bei Eigenverwaltung den Schuldner zur handels- und steuerrechtlichen Rechnungslegung nach § 155 InsO verpflichtet. Wichtig ist schließlich noch das Recht des Schuldners, Gegenstände, an denen ein Absonderungsrecht besteht, statt des Insolvenzverwalters verwerten zu dürfen (§ 282 Abs. 1 InsO). 9.25

Die **Aufgabe** des Sachwalters beschränkt sich im Wesentlichen auf die **Wahrnehmung von Aufsichtsfunktionen** (§ 274 Abs. 2 InsO), **Anzeigepflichten** (§§ 274 Abs. 3, 285 InsO) sowie **bestimmter fakultativer und zwingender Mitwirkungspflichten**. Lediglich die Realisierung von Haftungsansprüchen gem. §§ 92, 93 InsO und die Insolvenzanfechtung gem. §§ 129 bis 147 InsO obliegen dem Sachwalter allein (§ 280 InsO). 9.26

Die fakultativen Mitwirkungspflichten sind in den §§ 275, 279 Satz 2, 282 Abs. 2 InsO geregelt. Der Sachwalter entscheidet im Einzelfall, ob er mitwirken will (bzw. muss) oder nicht. Ist die Zuständigkeit des Sachwalters im konkreten Fall streitig, so richtet sich die Lösung nach dem gesetzlichen Leitgedanken, dass dem Schuldner die unternehmerischen und dem Sachwalter die insolvenztypischen Befugnisse zugewiesen sind[2]. Damit der Sachwalter 9.27

1 Vgl. Begr. RegE zu § 2, BR-Drucks. 1/92, abgedr. in *Uhlenbruck*, Das neue Insolvenzrecht, S. 298.

2 *Haas* in Gottwald (Hrsg.), Insolvenzrechts-Handbuch, § 86 Rz. 4; zum Haftungsrisiko des Sachwalters bei Kassenführung durch den Schuldner, vgl. *Braun/Uhlenbruck*, Unternehmensinsolvenz, S. 693.

seine Entscheidung treffen kann, muss er vom Schuldner rechtzeitig und ausreichend informiert werden. Wenngleich die Informationspflicht eine „Bringschuld" des Schuldners ist, wird der Sachwalter doch dazu beitragen müssen, dass ein **geeignetes Informationssystem** eingerichtet wird.

9.28 Zwingende Mitwirkungspflichten des Sachwalters ergeben sich aus den §§ 279 Satz 3, 281 Abs. 2 Satz 2, 283 Abs. 2 Satz 2, 284 InsO.

III. Insolvenzplanverfahren und Eigenverwaltung

9.29 Hat das Gericht die Eigenverwaltung angeordnet, so ist ein Auftrag der Gläubigerversammlung zur Ausarbeitung eines Insolvenzplans an den Sachwalter oder an den Schuldner zu richten (§ 284 InsO). Die ursprüngliche Fassung der Vorschrift (§ 345 Abs. 1 RegE)[1] hatte noch vorgesehen, dass der Auftrag der Gläubigerversammlung nur an den Schuldner zu richten ist und der Sachwalter beratend mitwirkt. Der Rechtsausschuss des Bundestages hat mit seiner Beschluss-Empfehlung zu § 245 Abs. 1 RegE[2] der Gläubigervertretung die Möglichkeit geschaffen, an Stelle des Schuldners den Sachwalter mit der Ausarbeitung eines Insolvenzplans zu beauftragen. Das Verfahren sollte hierdurch flexibler gestaltet und die Gläubigerautonomie durch die Möglichkeit der Beauftragung einer vom Schuldner unabhängigen Person gestärkt werden. Das Recht des Sachwalters zur Ausarbeitung des Plans ist kein originäres Recht wie das des Insolvenzverwalters gem. § 218 Abs. 1 Satz 1 InsO. Es bedarf vielmehr der ausdrücklichen Beauftragung durch die Gläubigerversammlung. Der Schuldner kann hingegen den Plan auch ohne ausdrückliche Beauftragung durch die Gläubigerversammlung erstellen. Er hat also die Chance, zugleich mit dem Eröffnungsantrag und dem Antrag auf Eigenverwaltung einen „prepackaged plan" vorzulegen.

9.30 Für Insolvenzplanverfahren in Eigenverwaltung gelten gem. § 270 InsO **grundsätzlich die allgemeinen Vorschriften der Insolvenzordnung**[3]. Einzelne abweichende Regelungen in den §§ 270–285 InsO betreffen im Wesentlichen die Frage, wie die Aufgaben und Befugnisse, die in einem regulären Insolvenzverfahren vom Insolvenzverwalter wahrgenommen werden, zwischen Schuldner und Sachwalter verteilt sind[4]. Weil im Übrigen bei Eigenverwaltung die materiellen Regelungen des regulären Insolvenzverfahrens unverändert gelten[5], kann für die rechtlichen Rahmenbedingungen des Kreditgeschäfts mit der GmbH beim Insolvenzplanverfahren in Eigenverwaltung[6] zunächst auf die

1 In *Uhlenbruck*, Das neue Insolvenzrecht, S. 673.
2 Abgedr. in *Uhlenbruck*, Das neue Insolvenzrecht, S. 673.
3 Zur Eigenverwaltung generell *Vallender*, WM 1998, 2129; *Grub* in Kölner Schrift zur InsO, S. 519 ff., Rz. 21 ff.; *Braun* in Braun/Uhlenbruck, Unternehmensinsolvenz, S. 519 ff.; *Haarmeyer/Wutzke/Förster*, Handbuch zur Insolvenzordnung, S. 693, Rz. 1 ff.; *Obermüller/Hess*, InsO, S. 401 ff.
4 Dazu im Überblick *Haarmeyer/Wutzke/Förster*, Handbuch zur Insolvenzordnung, S. 698 ff., Rz. 12 ff.
5 Begr. RegE zur InsO v. 15. 4. 1992, BT-Drucks. 12/2443, vor § 331 RegE, S. 223.
6 S. dazu auch *Wittig*, DB 1999, 194 ff.

obigen Ausführungen zur Aufnahme neuer Kredite und zur Verwertung von Kreditsicherheiten im regulären Insolvenzverfahren verwiesen werden.

IV. Die Stellung des Geschäftsführers *(Karsten Schmidt)*

1. Insolvenzrechtliche Regelungen

a) Die Eigenverwaltung in der GmbH bzw. in der konsolidierten GmbH & Co.-Insolvenz (dazu Rz. 7.502) ist eine **Eigenverwaltung durch die Geschäftsführer der GmbH**. Diese üben die Eigenverwaltungsrechte der Schuldnerin aus. Insolvenzrechtlich stehen die Geschäftsführer unter der Aufsicht des Sachwalters und des Insolvenzgerichts. Insofern bestehen Einschränkungen[1]: 9.31

(1) Bloße **Soll-Regelungen** enthält § 275 InsO:

- Verbindlichkeiten, die nicht zum gewöhnlichen Geschäftsverkehr gehören, soll der Schuldner nur mit Zustimmung des Sachwalters eingehen (§ 275 Abs. 1 Satz 1 InsO),
- Verbindlichkeiten, die zum gewöhnlichen Geschäftsverkehr gehören, soll der Schuldner nicht eingehen, wenn der Sachwalter widerspricht (§ 275 Abs. 1 Satz 2 InsO).

(2) **Zwingend, aber nur intern**, gelten folgende Regeln:

- der Schuldner muss – wie der Insolvenzverwalter gem. § 160 InsO – die Zustimmung des Gläubigerausschusses einholen, wenn er Rechtshandlungen vornehmen will, die für das Insolvenzverfahren von besonderer Bedeutung sind (§ 276 InsO).

(3) **Außenwirkung** haben die Beschränkungen nur in folgenden Fällen:

- der Sachwalter kann die Übertragung der Kassenführung auf sich verlangen (§ 275 Abs. 2 InsO),
- auf Antrag der Gläubigerversammlung oder einzelner Gläubiger ordnet das Gericht an, dass bestimmte Rechtsgeschäfte nur wirksam sind, wenn der Sachwalter ihnen zustimmt (§ 277 InsO).

b) Die herrschende Auffassung hält eine **Freigabe von Massegegenständen** in das insolvenzfreie Vermögen auch bei der Eigenverwaltung für möglich[2]. In der Gesellschaftsinsolvenz ist dies richtigerweise abzulehnen (Rz. 7.19). 9.32

2. Gesellschaftsrechtliche Stellung

a) Gesellschaftsrechtlich gelten **die allgemeinen Regeln**. Insbesondere können die Gesellschafter Geschäftsführer bestellen und abberufen (§ 46 Nr. 5 GmbHG)[3]. Auch bleiben die Geschäftsführer im Stadium der Eigenverwaltung an rechtmäßige Weisungen der Gesellschafter gebunden[4]. Weder der Sachwal- 9.33

1 Vgl. bereits *Maus* in der 3. Aufl., Rz. 1741 f.
2 *Wittig/Tetzlaff* in Münchener Kommentar zur InsO, § 270 InsO Rz. 67a.
3 *Scholz/Karsten Schmidt*, 9. Aufl., vor § 64 GmbHG Rz. 74.
4 *Scholz/Karsten Schmidt*, 9. Aufl., vor § 64 GmbHG Rz. 74.

ter noch das Insolvenzgericht hat hierauf direkten Einfluss. Das Insolvenzgericht kann aber unter den Voraussetzungen des § 272 Abs. 1 InsO auf Antrag der Gläubigerversammlung oder eines Gläubigers die Anordnung der Eigenverwaltung widerrufen, insbesondere wenn mit Verzögerungen des Verfahrens oder mit sonstigen Nachteilen für die Gläubiger zu rechnen ist (vgl. § 270 Abs. 2 Nr. 3 InsO). Der Geschäftsführer unterliegt auch in der Eigenverwaltung der **Geschäftsführerhaftung nach § 43 GmbHG**[1], nicht der Insolvenzverwalterhaftung nach §§ 60 f. InsO.

9.34 **b)** Für den **Anstellungsvertrag** sind – wie außerhalb eines Insolvenzverfahrens – die Gesellschafter zuständig[2]. Im Gegensatz zum Abschluss von regulären Arbeitsverträgen[3] wird man aber den Abschluss oder die Änderung eines Geschäftsführervertrags nicht zum gewöhnlichen Geschäftsbetrieb zählen, so dass die Gesellschaft die Zustimmung des Sachwalters einholen soll (§ 275 Abs. 2 Satz 1 InsO).

1 *Haas* in Gottwald, Insolvenzrechts-Handbuch, § 89 Rz. 26.

2 Dazu allgemein *Scholz/Uwe H. Schneider/Sethe*, § 35 GmbHG Rz. 194; *Scholz/Karsten Schmidt*, 9. Aufl., § 46 GmbHG Rz. 70.

3 Dazu *Wittig/Tetzlaff* in Münchener Kommentar zur InsO, § 275 InsO Rz. 7.

C. Kreditgeschäft bei Eigenverwaltung

Für Insolvenzverfahren in Eigenverwaltung gelten gem. § 270 InsO **grundsätzlich die allgemeinen Vorschriften der Insolvenzordnung**[1]. Einzelne abweichende Regelungen in den §§ 270–285 InsO betreffen im Wesentlichen die Frage, wie die Aufgaben und Befugnisse, die in einem regulären Insolvenzverfahren vom Insolvenzverwalter wahrgenommen werden, zwischen Schuldner und Sachwalter verteilt sind (dazu oben bei Rz. 9.18 ff.)[2]. Weil bei Eigenverwaltung die materiellen Regelungen des regulären Insolvenzverfahrens unverändert gelten[3], kann für die rechtlichen Rahmenbedingungen des Kreditgeschäfts mit der GmbH beim Insolvenzverfahren in Eigenverwaltung[4] zunächst auf die obigen Ausführungen zur Aufnahme neuer Kredite (bei Rz. 7.355 ff.) und zur Verwertung von Kreditsicherheiten (bei Rz. 7.368 ff.) im regulären Insolvenzverfahren verwiesen werden. 9.35

I. Kreditaufnahme durch den Schuldner

Soweit für die GmbH im eröffneten Insolvenzverfahren die Finanzierung durch Fremdmittel erfolgen muss, gilt damit auch bei Anordnung von Eigenverwaltung der oben für das reguläre Insolvenzverfahren geschilderte Befund (s. bei Rz. 7.357 f.), dass eine **Ausnutzung bestehender Kreditlinien** zur Deckung des Finanzbedarfs durch die Beendigung der Kreditverträge mit Verfahrenseröffnung, jedenfalls aber durch die Kündigung der Kredite seitens der Kreditgeber verhindert wird und neue Kredite aufgenommen werden müssen. 9.36

1. Befugnis zur Kreditaufnahme

Wesentliches Merkmal der Eigenverwaltung ist nach § 270 Abs. 1 InsO, dass der **Schuldner berechtigt bleibt, die Insolvenzmasse zu verwalten und über sie zu verfügen**. Damit ist die Geschäftsführung der GmbH bei Anordnung der Eigenverwaltung trotz Eröffnung des Insolvenzverfahrens zur Aufnahme neuer Kredite befugt, die z.B. für die Unternehmensfortführung mit dem Ziel der Sanierung im Verfahren benötigt werden. Kreditaufnahmen durch den Schuldner führen bei Eigenverwaltung zu privilegierten Masseverbindlichkeiten i.S. von § 55 Abs. 1 Nr. 1 InsO[5]. Denn nach dieser Regelung sind Masseverbindlichkeiten alle Verbindlichkeiten, die durch die Verwaltung, Verwertung und Verteilung der Masse entstehen, sei es durch Handlungen des Insolvenzverwalters oder in anderer Weise – also eben auch durch Handlungen des Schuldners, sofern dieser wegen Anordnung der Eigenverwaltung zur Verwaltung befugt ist. 9.37

---

1 Zur Eigenverwaltung generell im Überblick *Wittig/Tetzlaff* in Münchener Kommentar zur InsO, Einl. v. § 270 InsO passim; *Bales*, NZI 2008, 216; *Hofmann*, ZIP 2007, 260; *Spies*, ZInsO 2005, 1254; *Westrick*, NZI 2003, 65.

2 Dazu im Überblick *Haas* in Gottwald, Insolvenzrechts-Handbuch, § 89.

3 Begr. RegE InsO v. 15. 4. 1992, BT-Drucks. 12/2443, vor § 331 RegE, S. 223.

4 S. dazu auch *Wittig*, DB 1999, 194 ff.

5 *Haas* in Gottwald, Insolvenzrechts-Handbuch, § 89 Rz. 3.

9.38 **Einschränkungen für die Aufnahme neuer Kredite** durch die GmbH beim Insolvenzverfahren in Eigenverwaltung ergeben sich nach § 275 InsO zum einen daraus, dass der Schuldner Verbindlichkeiten, die nicht zum gewöhnlichen Geschäftsbetrieb gehören, nur mit Zustimmung des Sachwalters eingehen soll. Zum anderen soll der Schuldner selbst Verbindlichkeiten, die zum gewöhnlichen Geschäftsbetrieb gehören, dann nicht eingehen, wenn der Sachwalter widerspricht. Die fehlende Zustimmung des Sachwalters zu Kreditaufnahmen außerhalb des gewöhnlichen Geschäftsbetriebs bzw. sein Widerspruch gegen die Aufnahme neuer Kredite im gewöhnlichen Geschäftsbetrieb hat auf die Wirksamkeit des Rechtsgeschäfts und auf die Einordnung der daraus resultierenden Forderungen als Masseverbindlichkeiten keinen Einfluss[1].

9.39 Sofern den Gläubigern die bloße Überwachung der GmbH durch den Sachwalter nicht ausreicht, können sie nach § 277 InsO durch Beschluss der Gläubigerversammlung die Anordnung des Insolvenzgerichts erreichen, dass **bestimmte Rechtsgeschäfte des Schuldners nur mit Zustimmung des Sachwalters wirksam** sind. Das Zustimmungserfordernis kann für bestimmte Rechtsgeschäfte angeordnet werden, also z.B. generell für die Veräußerung oder Belastung von allen Grundstücken oder auch für schuldrechtliche Vorgänge wie z.B. den Abschluss neuer Kreditverträge.

9.40 Wenn eine solche Anordnung ergangen ist, sind nach §§ 81 Abs. 1 Satz 2, 3 und 82 InsO verfügende Rechtsgeschäfte der GmbH mit Dritten, die ohne Zustimmung vorgenommen worden sind, auch **im Außenverhältnis unwirksam**. Sofern die Zustimmungsbedürftigkeit für schuldrechtliche Verträge vorgesehen ist, ergibt sich aus § 277 Abs. 1 Satz 3 InsO, dass ohne die Zustimmung des Sachwalters solche Rechtsgeschäfte keine Masseverbindlichkeiten begründen. Ist angeordnet worden, dass Kreditaufnahmen der Zustimmung bedürfen, kann also die Geschäftsführung der GmbH neue Kreditverträge nur wirksam abschließen und insoweit Masseverbindlichkeiten begründen, wenn der Sachwalter dem Vertragsschluss zustimmt.

9.41 Ist bei einem Insolvenzverfahren in Eigenverwaltung ein Gläubigerausschuss bestellt, so muss die Geschäftsführung der GmbH nach § 276 InsO die **Zustimmung des Gläubigerausschusses** einholen, wenn sie Rechtshandlungen vornehmen will, die für das Insolvenzverfahren von besonderer Bedeutung sind. Fehlt ein Gläubigerausschuss, tritt insoweit gem. § 160 Abs. 1 Satz 2 InsO die Gläubigerversammlung an Stelle des Gläubigerausschusses. Welche Geschäfte bedeutsam sind, ergibt sich wie im regulären Insolvenzverfahren aus § 160 Abs. 2 InsO. Dazu zählt die Aufnahme von Darlehen, die die Insolvenzmasse erheblich belasten würden. Für den Abschluss von Kreditverträgen zur Finanzierung der GmbH im Insolvenzverfahren, die dieses Gewicht haben, braucht die Geschäftsführung der GmbH daher bei Anordnung der Eigenverwaltung neben der Zustimmung des Sachwalters auch die von Gläubigerausschuss bzw. -versammlung. Die Geschäfte sind aber auch bei fehlender Zustimmung wirksam (§§ 276 Satz 2, 164 InsO).

1 Ausführlich dazu *Wittig/Tetzlaff* in Münchener Kommentar zur InsO, § 275 InsO Rz. 23 ff.

2. Bestellung von Kreditsicherheiten

Auf Grund seiner Befugnis aus § 270 InsO, über die Insolvenzmasse zu verfügen, hat der Schuldner bei Eigenverwaltung die Rechtsmacht, den Kreditgebern **Sicherheiten aus der Insolvenzmasse zu bestellen**. Immer dann, wenn der Schuldner die Zustimmung von Sachwalter und/oder Gläubigerausschuss bzw. -versammlung für die Kreditaufnahme einholen muss, soll er die Zustimmung auch für die Besicherung dieser Kredite einholen. Eine fehlende Zustimmung lässt jedoch grundsätzlich die Wirksamkeit der Sicherheitenbestellung im Verhältnis zum Kreditgeber unberührt. Etwas anderes gilt nur dann, wenn das Gericht auf Antrag der Gläubigerversammlung nach § 277 InsO angeordnet hat, dass die Bestellung der Kreditsicherheiten oder die sonstige Verfügung über die betreffenden Massebestandteile nur mit Zustimmung des Sachwalters wirksam ist. Eine wirksame Verfügung des Schuldners über Gegenstände der Insolvenzmasse kann selbst dann nicht angefochten werden, wenn später die Eigenverwaltung aufgehoben wird[1]. 9.42

II. Verwertung von Kreditsicherheiten

Wie bereits oben dargestellt (bei Rz. 9.18 ff.), ist wesentliches Merkmal der Eigenverwaltung, dass Aufgaben, die im regulären Insolvenzverfahren der Insolvenzverwalter zu erfüllen hat, dem Schuldner, also in der Insolvenz einer GmbH ihrer Geschäftsführung, übertragen sind. Dazu gehört gem. § 282 InsO auch, dass die **Verwertung von Sicherungsgut durch den Schuldner** vorgenommen wird[2]. Er übt insoweit das Recht des Insolvenzverwalters zur Verwertung von Gegenständen, an denen Absonderungsrechte bestehen, aus, ist also nur dann zur Verwertung berechtigt, wenn der Insolvenzverwalter im regulären Insolvenzverfahren dazu nach §§ 165 ff. InsO berechtigt wäre (eingehend dazu oben bei Rz. 7.373 ff.). Diese Regelung hat der Gesetzgeber gewählt, weil die Eigenverwaltung in der Regel dann angeordnet werden wird, wenn der Schuldner ein Unternehmen betreibt und Aussichten bestehen, dieses Unternehmen im Rahmen des Insolvenzverfahrens zu sanieren. Ein ungehinderter Zugriff der absonderungsberechtigten Gläubiger auf ihre Sicherheiten soll im Interesse der Erhaltung solcher Sanierungschancen daher genauso wenig erfolgen können wie im regulären Insolvenzverfahren. Mit der Übertragung des Verwertungsrechts auf den Schuldner wird es dagegen möglich, die gleichen Voraussetzungen für eine gemeinsame Verwertung aller Sicherungsgegenstände im Unternehmensverbund, auch durch Sanierung des Unternehmens insgesamt, zu schaffen, wie sie im regulären Insolvenzverfahren bestehen[3]. 9.43

Der Schuldner soll sein Verwertungsrecht nur im **Einvernehmen mit dem Sachwalter ausüben**. Ein Verstoß der GmbH-Geschäftsführung gegen diese Vorschrift hätte aber keine Außenwirkung, sondern die betreffenden Rechtsgeschäfte bleiben auch in einem solchen Fall wirksam. Der Schuldner muss 9.44

1 Begr. RegE InsO v. 15. 4. 1992, BT-Drucks. 12/2443, § 333 RegE, S. 224.
2 Detailliert zur Sicherheitenverwertung durch den Schuldner *Wittig/Tetzlaff* in Münchener Kommentar zur InsO, § 282 InsO Rz. 3 ff.
3 Begr. RegE InsO v. 15. 4. 1992, BT-Drucks. 12/2443, § 343 RegE, S. 226.

allerdings damit rechnen, dass in einem solchen Falle ein absonderungsberechtigter Gläubiger nach § 272 InsO die Aufhebung der Eigenverwaltung beantragen kann[1].

9.45 Im Vergleich zu regulären Insolvenzverfahren werden bei Eigenverwaltung die gesicherten Gläubiger mit einem geringeren Kostenbeitrag belastet. Zunächst werden nach ausdrücklicher Regelung in § 282 InsO in **keinem Fall die pauschalen Feststellungskosten** erhoben (zu den Kosten bei der Verwertung im regulären Insolvenzverfahren bei Rz. 7.405). Denn der Schuldner, dem bei Eigenverwaltung die Verwertung obliegt, ist in der Regel über die Rechte der Gläubiger an den Gegenständen der Insolvenzmasse hinreichend informiert, und auch der Sachwalter braucht nur im Rahmen seiner allgemeinen Aufsicht eingeschaltet zu werden. Wenn aber damit Kosten der Feststellung tatsächlich nicht anfallen, brauchen sie den gesicherten Gläubigern auch nicht in Abzug gebracht zu werden; weder pauschal 4 % des Verwertungserlöses für die Feststellung der Sicherungsrechte an beweglichen Sachen (§ 176 Abs. 1 InsO) noch die Feststellungskosten für das Grundstückszubehör bei Grundpfandrechten nach § 10 ZVG[2].

9.46 Auch die **Verwertungskostenpauschale** des § 171 Abs. 2 Satz 1 InsO in Höhe von 5 % des Verwertungserlöses, die im regulären Insolvenzverfahren dem gesicherten Gläubiger zur Last fällt, erschien dem Gesetzgeber bei der Eigenverwaltung nicht angemessen. Denn im typischen Fall der Eigenverwaltung, nämlich bei Fortführung des Unternehmens durch den Schuldner, werden regelmäßig keine aufwendigen Verwertungshandlungen stattfinden. So werden Sicherungsrechte am Anlagevermögen und sonstigen Betriebsmitteln bestehen bleiben, sicherungsübereignete Waren werden im laufenden Geschäftsbetrieb ohne besondere Kosten veräußert und genauso werden abgetretene Forderungen eingezogen[3]. Deshalb sieht § 282 Abs. 1 InsO vor, dass Verwertungskosten den gesicherten Gläubigern nur insoweit vom Verwertungserlös abgezogen werden, wie diese Kosten – einschließlich der Umsatzsteuerbelastung[4] – bei der Verwertung tatsächlich entstanden sind. Unabhängig von der gesetzgeberischen Motivation für dieses Regelung führt sie zum Wegfall der Verwertungskostenpauschale aber auch dann, wenn bei einem Insolvenzverfahren in Eigenverwaltung keine Unternehmensfortführung erfolgt, sondern der Schuldner unter Aufsicht des Sachwalters die Einzelverwertung seines Vermögens betreibt.

III. Kredite im eigenverwalteten Insolvenzplanverfahren

9.47 Außer dem regulären Insolvenzverfahren kann insbesondere auch das Insolvenzplanverfahren in Eigenverwaltung abgewickelt werden (§ 284 InsO)[5] (dazu

1 Begr. RegE InsO v. 15. 4. 1992, BT-Drucks. 12/2443, § 343 RegE, S. 226 mit Verweis auf § 340 RegE, S. 225; *Vallender*, WM 1998, 2129, 2135.
2 Begr. RegE InsO v. 15. 4. 1992, BT-Drucks. 12/2443, § 343 RegE, S. 226.
3 Begr. RegE InsO v. 15. 4. 1992, BT-Drucks. 12/2443, § 343 RegE, S. 226.
4 Zur Umsatzsteuer bei der Verwertung in Eigneverwaltung *de Weerth*, BB 1999, 821.
5 *Braun* in Braun/Uhlenbruck, Unternehmensinsolvenz, S. 693 sieht in diesem Verfahren (Insolvenzplan mit Eigenverwaltung) eine „ernsthafte strategische Option" für die Lösung einer Unternehmenskrise durch Sanierung im Insolvenzverfahren; ähnlich *Spies*, ZInsO 2005, 1254; *Huntemann/Dietrich*, ZInsO 2001, 13 ff.

auch oben Rz. 9.29 f.). Hinsichtlich der Aufnahme neuer Kredite ergeben sich nur für die im Insolvenzplan vorgesehenen privilegierten Rahmenkredite Besonderheiten insoweit, als die **Überwachung der Planerfüllung** nach Aufhebung des Insolvenzverfahrens gem. § 284 Abs. 2 InsO Aufgabe des Sachwalters ist. Damit einzelne Kredite in den Kreditrahmen fallen und in den Genuss der Privilegierung kommen, muss dementsprechend an Stelle des Insolvenzverwalters der Sachwalter die gem. § 264 Abs. 2 InsO erforderliche schriftliche Bestätigung für die Vereinbarung zwischen dem Kreditgeber und dem Schuldner, dass und in welcher Höhe der Kredit nach Kapital, Zinsen und Kosten innerhalb des Kreditrahmens liegt, abgeben.

10. Teil: Restschuldbefreiung für Geschäftsführer, Gesellschafter und andere Mithaftende der GmbH

A. Mithaftung natürlicher Personen

Wie bereits oben erläutert (bei Rz. 7.418 ff.), übernehmen in zahlreichen Fällen **Geschäftsführer und/oder Gesellschafter die Mithaftung für die Kredit- und anderen Verbindlichkeiten der GmbH** (vor allem durch Bürgschaften und auch auf Grund von Schuldbeitritten oder Patronatserklärungen), um Kreditinstitute und andere Gläubiger trotz der beschränkten Haftung der GmbH zu Krediten und sonstigen Leistungen an die Gesellschaft zu bewegen. Solche Bürgschaften und Schuldbeitritte finden sich gerade auch dann, wenn es sich um natürliche Personen handelt, die als Geschäftsführer und Alleingesellschafter „ihr" Unternehmen in der Rechtsform der GmbH betreiben, und sie werden in diesen Konstellationen häufig um entsprechende Haftungserklärungen von Familienangehörigen ergänzt. Kommt es zur Insolvenz der GmbH, so überwinden die vertraglichen Vereinbarungen die Haftungsbeschränkung der GmbH, und dieser Personenkreis hat im Umfang der übernommenen Verpflichtungen für die Verbindlichkeiten der GmbH einzustehen. Die vertraglich übernommene Mithaftung von Geschäftsführern und Gesellschaftern sowie evtl. ihrer Familienangehörigen führt dann dazu, dass die Insolvenz der GmbH auch den Verlust oder eine Minderung des Privatvermögens der Mithaftenden mit sich bringt. Darüber hinaus sehen sich diese Personen häufig Haftungsansprüchen seitens des Insolvenzverwalters ausgesetzt, die ebenfalls zu einer Verschärfung ihrer wirtschaftlichen Lage beitragen können. 10.1

Eine vergleichbare Situation kann sich für Geschäftsführer und Gesellschafter der GmbH in der **Insolvenz der GmbH & Co. KG** ergeben. So wird ein Insolvenzverwalter bestrebt sein, Ansprüche der Gesellschaft gegen **organschaftliche Vertreter** der zur Vertretung der Gesellschaft ermächtigten Gesellschafter (GmbH-Geschäftsführer) geltend zu machen[1]. In Betracht kommen Schadensersatzansprüche wegen Schädigung, wegen nicht – bzw. nicht rechtzeitiger – Stellung des Insolvenzantrags oder entgegen § 130a Abs. 2 HGB geleisteten Zahlungen (§§ 130a Abs. 3, 177a Satz 1 HGB). **Gesellschafter der Komplementär-GmbH** sehen sich unter Umständen Anfechtungsansprüchen nach § 135 Abs. 1 InsO ausgesetzt. Da bei einer GmbH & Co. KG die Vorschrift des **§ 93 InsO**, nach der die persönliche Haftung eines Gesellschafters für die Verbindlichkeiten einer insolventen Gesellschaft ohne Rechtspersönlichkeit während der Dauer des Insolvenzverfahrens nur vom Insolvenzverwalter geltend gemacht werden kann, für die GmbH gilt[2], kann die Realisierung dieser Ansprüche wiederum Auswirkungen auf die wirtschaftliche Situa- 10.2

---

1 Da alle Forderungen, die der KG gegen Dritte oder Gesellschafter zustehen, zur Insolvenzmasse gehören, ist der Insolvenzverwalter auf Grund seiner Verwaltungs- und Verfügungsmacht (§ 80 InsO) zum Einzug befugt.

2 *Kübler/Prütting/Bork/Lüke,* § 93 InsO Rz. 38; *Karsten Schmidt,* GmbHR 2002, 1209, 1216.

tion des Gesellschafters der Komplementär-GmbH haben. Schließlich darf nicht übersehen werden, dass die Zahlungsunfähigkeit der KG die GmbH selbst zwangsläufig in eine Lage versetzt, die sie nach § 15a Abs. 1 InsO verpflichtet, selbst einen Insolvenzantrag zu stellen, falls nicht alsbald genügend neues Kapital beschafft werden kann[1]. Diese Situation verstärkt unter Umständen den wirtschaftlichen Druck auf Geschäftsführer und Gesellschafter, dass auf Grund ihrer persönlichen Inanspruchnahme ein Eröffnungsgrund folgt.

10.3 Angesichts dieser Folgen der Insolvenz einer GmbH oder einer GmbH & Co. KG für die ihr nahe stehenden Personen (Geschäftsführer, Gesellschafter und deren Familienangehörige)[2] ist es nicht verwunderlich, dass spätestens bei Eröffnung des Insolvenzverfahrens über das Vermögen der GmbH und der daraufhin folgenden Inanspruchnahme der Mithaftenden durch die Gläubiger der GmbH oder den Insolvenzverwalter die betroffenen Personen nach Mitteln und Wegen suchen, **Befreiung von der Mithaftung bzw. von den sonstigen Verbindlichkeiten** zu erlangen. Bezüglich der Mithaftung bietet aber ein Insolvenzverfahren über das Vermögen der GmbH keine Möglichkeiten. Denn trotz eines solchen Verfahrens für die GmbH können, wie § 773 Abs. 1 Nr. 3 BGB, § 43 InsO zeigen, die Forderungen gegen Mithaftende in voller Höhe geltend gemacht werden[3]. Daran ändert auch ein Insolvenzplan für den Hauptschuldner, die GmbH, nichts, weil nach § 254 Abs. 1 InsO die Rechte der Gläubiger gegen Mithaftende davon ausdrücklich unberührt bleiben.

1 BGH v. 27. 9. 1976 – II ZR 162/75, BGHZ 67, 171, 175; *Uhlenbruck/Hirte*, § 11 InsO Rz. 355.

2 Mit dem Begriff „nahe stehende Personen" soll im Folgenden dieser Personenkreis gemeint sein. Die Bezeichnung lehnt sich an den von der Insolvenzordnung in § 138 InsO definierten Begriff an.

3 Dazu ausführlich *Wissmann*, Persönliche Mithaft in der Insolvenz, 2. Aufl. 1998, Rz. 12 ff.

B. Restschuldbefreiungsverfahren

I. Grundzüge

Die Insolvenzordnung eröffnet mit dem **Verfahren zur Restschuldbefreiung** gem. §§ 286 ff. InsO einen Weg, auf dem sich die Geschäftsführer der GmbH und ihre Gesellschafter (soweit es sich dabei um natürliche Personen handelt) sowie ggf. deren Angehörige bei einer Insolvenz ihrer Gesellschaft den Verpflichtungen aus der von ihnen übernommenen Mithaftung für die Verbindlichkeiten der GmbH und den sonstigen persönlichen Verbindlichkeiten entziehen können. 10.4

Voraussetzung der Befreiung von den Verpflichtungen aus Mithaftungserklärungen und von sonstigen persönlichen Verbindlichkeiten, die diese natürlichen Personen (und nur diese!) im Restschuldbefreiungsverfahren erlangen können, ist, dass zunächst ein **separates Insolvenzverfahren** über das Vermögen der mithaftenden Geschäftsführer[1], Gesellschafter und Angehörigen durchgeführt wird. Für den genannten Personenkreis wird dies häufig das **Verbraucherinsolvenzverfahren** sein[2]. Dieses steht gem. § 304 InsO allen **natürlichen Personen** offen, die zum Zeitpunkt des Antrags auf Eröffnung des Insolvenzverfahrens über ihr Vermögen keine selbständige wirtschaftliche Tätigkeit (mehr) ausüben, zu diesem Zeitpunkt weniger als 20 Gläubiger haben und gegen die keine Forderung aus gegenwärtigen oder früheren Arbeitsverhältnissen bestehen[3]. 10.5

Einer Erstreckung der Wirkungen der Restschuldbefreiung auf **juristische Personen** und Gesellschaften ohne Rechtspersönlichkeit bedurfte es nicht. Denn bei juristischen Personen führt das Insolvenzverfahren zur Auflösung, § 42 Abs. 1 Satz 1 BGB, § 262 Abs. 1 Nr. 3 AktG, § 60 Abs. 1 Nr. 4 GmbHG, § 101 GenG, und regelmäßig auch zur Löschung im Handelsregister. Entsprechendes gilt für Gesellschaften ohne Rechtspersönlichkeit, wenn kein persönlich haftender Gesellschafter eine natürliche Person ist (§ 131 HGB), weil das den Gläubigern haftende beschränkte Vermögen regelmäßig durch das Verfahren selbst aufgezehrt ist[4]. Nach der Löschung im Handelsregister gibt es niemanden, gegen den sich eine Restforderung richten könnte. 10.6

---

1 Nach Auffassung des OLG Stuttgart (v. 26. 10. 2005 – 14 U 50/05, GmbHR 2006, 1258) kann die Eröffnung eines Verbraucherinsolvenzverfahrens über das Vermögen eines Geschäftsführers dessen sofortige Abberufung aus wichtigem Grund rechtfertigen.

2 Für die Anwendung der Vorschriften über das Verbraucherinsolvenzverfahren ist es ohne Bedeutung, ob die natürliche Person relativ vermögend ist oder nicht (*Kübler/Prütting/Bork/Wenzel,* § 304 InsO Rz. 3; *Nerlich/Römermann/Römermann,* § 304 InsO Rz. 8; *Müller,* NZI 1999, 172, 173; *Scholz,* FLF 1995, 88, 89).

3 Vgl. BGH v. 14. 11. 2002 – IX ZB 152/02, BB 2002, 2631; *Pape/Pape,* ZIP 2000, 1553, 1554; *Vallender,* NZI 2001, 561, 563.

4 *Smid/Haarmeyer,* § 286 InsO Rz. 22; *Kohte/Ahrens/Grote,* Verfahrenskostenstundung, Restschuldbefreiung und Verbraucherinsolvenzverfahren, 3. Aufl. 2006, § 286 InsO Rz. 29.

10.7 Um die Bedeutung der Insolvenzordnung für die Mithaftung von natürlichen Personen in der Insolvenz der GmbH zu erfassen, müssen daher das Insolvenzverfahren und das anschließende Rechtschuldbefreiungsverfahren als aufeinander folgende Abschnitte eines einheitlichen Ablaufs betrachtet werden.

II. Vorgeschaltetes Insolvenzverfahren

10.8 Zwingende Voraussetzung der Restschuldbefreiung[1], die nur natürliche Personen erlangen können, ist – wie bereits oben Rz. 10.5 ausgeführt – ein vorangegangenes Insolvenzverfahren[2]. Den **Unterhaltsschuldner** trifft grundsätzlich eine **Obliegenheit zur Einleitung eines Insolvenzverfahrens**, wenn dieses Verfahren zulässig und geeignet ist, den laufenden Unterhalt seiner Kinder dadurch sicherzustellen, dass ihm Vorrang vor sonstigen Verbindlichkeiten eingeräumt wird. Dies gilt nur dann nicht, wenn der Unterhaltsschuldner Umstände vorträgt und gegebenenfalls beweist, die eine solche Obliegenheit im Einzelfall als unzumutbar darstellen[3].

10.9 Mit Hilfe der Restschuldbefreiung können sich nicht nur **Verbraucher**, sondern auch **unternehmerisch tätige Schuldner**, verschuldete Freiberufler und andere selbständig tätige natürliche Personen von ihren Verbindlichkeiten befreien. Auf diese Möglichkeit soll das Gericht den Schuldner unmittelber nach der Prüfung der Zulässigkeit des Insolvenzantrags hinweisen (§ 20 Abs. 2 InsO). **Unterschiede** zwischen den einzelnen Personengruppen bestehen lediglich hinsichtlich des **vorgeschalteten Insolvenzverfahrens**[4]. So haben nahe stehende Personen einer insolventen GmbH auch dann die Möglichkeit, ihrer Mithaftung ledig zu werden, wenn sie außerhalb der GmbH selbständig wirtschaftlich tätig sind. Sie können in das Restschuldbefreiungsverfahren eintreten, sobald über ihr Vermögen ein Insolvenzverfahren durchgeführt worden ist. Da die Erteilung der Restschuldbefreiung nach Maßgabe der §§ 286 ff. InsO die Durchführung eines Insolvenzverfahrens über das Vermögen der Person voraussetzt, die Restschuldbefreiung beantragt hat[5], genügt es auch für die mithaftenden nahe stehenden Personen einer GmbH keinesfalls, wenn die GmbH in einem Insolvenzverfahren abgewickelt worden ist. Vielmehr muss für **jeden einzelnen** Geschäftsführer, Gesellschafter und Angehörigen, der Be-

1 Literatur zur Restschuldbefreiung: *Döbereiner*, Restschuldbefreiung nach der Insolvenzordnung, 1997; *Forsblad*, Restschuldbefreiung und Verbraucherinsolvenz im künftigen deutschen Insolvenzrecht, 1997; *Graf-Schlicker/Livonius*, Restschuldbefreiung und Verbraucherinsolvenz nach der InsO, 1999; *Hoffmann*, Verbraucherinsolvenz und Restschuldbefreiung, 1998; *Prziklang*, Verbraucherinsolvenz und Restschuldbefreiung, 2000; *Trendelenburg*, Restschuldbefreiung, 2000; *Voigt*, ZInsO 2002, 569; *Hergenröder*, DZWIR 2001, 397.

2 Der Gesetzgeber rechtfertigt den Vorrang des Insolvenzverfahrens damit, dass den Gläubigern die Restschuldbefreiung des Schuldners nur zuzumuten sei, wenn das gesamte Vermögen des Schuldners bereits verwertet worden ist und die Erlöse zur zumindest teilweisen Schuldtilgung eingesetzt worden sind.

3 BGH v. 23. 2. 2005 – VII ZR 114/03, BGHZ 162, 234 = NZI 2005, 342.

4 *Nerlich/Römermann/Römermann*, § 286 InsO Rz. 6.

5 Vgl. OLG Köln v. 23. 2. 2000 – 2 W 21/00, ZIP 2000, 548, 549; *Wenzel*, EWiR 2000, 501.

freiung von der Mithaftung erlangen will, **ein eigenes Insolvenzverfahren** durchgeführt werden[1]. Insoweit eröffnen aber auch **massearme Verfahren** unter bestimmten Voraussetzungen den Weg in die Restschuldbefreiung.

1. Verfahrensart

Für den **Geschäftsführer oder Gesellschafter einer** (gescheiterten) **GmbH** stellt sich im Falle der eigenen Insolvenz zunächst die Frage der zulässigen Verfahrensart. Ist er den Regelungen über das Verbraucherinsolvenzverfahren zuzuordnen (§§ 304 ff. InsO), hat er vor Einleitung des Insolvenzverfahrens einen außergerichtlichen Einigungsversuch mit seinen Gläubigern zu unternehmen. Finden dagegen die Vorschriften des Regelinsolvenzverfahrens Anwendung, steht dem Geschäftsführer oder Gesellschafter der GmbH sogleich der Weg ins Insolvenzverfahren offen. 10.10

Nach § 304 Abs. 1 InsO ist das **Verbraucherinsolvenzverfahren** durchzuführen, wenn der Schuldner eine natürliche Person ist, die keine selbständige wirtschaftliche Tätigkeit ausübt oder ausgeübt hat (Satz 1). Hat der Schuldner eine selbständige wirtschaftliche Tätigkeit ausgeübt, gilt dies, wenn seine Vermögensverhältnisse überschaubar sind und gegen ihn keine Forderungen aus Arbeitsverhältnissen bestehen (Satz 2). 10.11

Gesellschafter von Kapitalgesellschaften und Geschäftsführer einer GmbH üben als solche grundsätzlich **keine selbständige wirtschaftliche Tätigkeit** aus[2]. War der Gesellschafter an der Gesellschaft **mehrheitlich** beteiligt, ist von einer früheren selbständigen wirtschaftlichen Tätigkeit auszugehen[3]. Dies gilt gleichermaßen, wenn der Alleingesellschafter der GmbH zugleich deren Geschäftsführer war[4]. Maßgebend ist nach Auffassung des BGH, ob die Verschuldensstruktur des Schuldners derjenigen eines Verbrauchers entspricht. Auch wenn der **geschäftsführende Alleingesellschafter einer GmbH** nicht unmittelbar im eigenen Namen, in eigener Verantwortung, für eigene Rechnung und für eigenes Risiko tätig werde, sei er angesichts seiner Teilhabe am Erfolg oder Misserfolg der Gesellschaft wirtschaftlich betrachtet wie bei einer Tätigkeit im eigenen Namen betroffen. Habe er für Gesellschaftsschulden einzustehen, sei seine Haftung mit der eines Verbrauchers typischerweise nicht vergleichbar. Maßgebend für die Anwendbarkeit des Verbraucher- oder des Regelinsolvenzverfahrens ist darüber hinaus, ob die Vermögensverhältnisse überschaubar sind und keine Forderungen aus Arbeitsverhältnissen bestehen (§ 304 Abs. 1 Satz 2 InsO). In seiner Entscheidung vom 22. 9. 2005 hat der BGH[5] 10.12

1 Begr. RegE InsO v. 15. 4. 1992, BT-Drucks. 12/2443, § 235 RegE, S. 189; *Vallender*, ZIP 1996, 2058, 2059. Zur Kritik, dass mit dieser Regelung typische Wirtschaftsgemeinschaften in einzelne Insolvenzverfahren aufgespalten werden, *Scholz*, DB 1996, 765, 770 m.w.N.

2 BGH v. 23. 3. 1988 – VIII ZR 175/87, NJW 1988, 1908; *Uhlenbruck/Vallender*, § 304 InsO Rz. 8, 13; *Hess*, § 304 InsO Rz. 26.

3 LG Köln v. 30. 6. 2004 – 19 T 115/04, NZI 2004, 673; *Uhlenbruck/Vallender*, § 304 InsO Rz. 8, 13.

4 BGH v. 22. 9. 2005 – IX ZB 55/04, NZI 2006, 676.

5 BGH v. 22. 9. 2005 – IX ZB 55/04, NZI 2006, 676, 677.

ferner klargestellt, dass **Forderungen auf Zahlung von Sozialversicherungsbeiträgen und Lohnsteuer**, die gegen den Schuldner als ehemaligen geschäftsführenden Alleingesellschafter einer GmbH nach Grundsätzen der Durchgriffshaftung geltend gemacht werden, Forderungen aus Arbeitsverhältnissen i.S. des § 304 Abs. 1 Satz 2 InsO sind. Dies entspreche dem eindeutigen Willen des Gesetzgebers und dem Zweck der Regelung. Für die Zulässigkeit eines Antrags auf Eröffnung des Verbraucherinsolvenzverfahrens kommt es nicht auf die Höhe der vom Schuldner angegebenen Forderungen an[1].

2. Massearmut

10.13 Bei **Masseunzulänglichkeit** (Verfahrenskosten sind gedeckt, nicht jedoch die Masseverbindlichkeiten) kann das Insolvenzverfahren bis zur vollständigen Verwertung der Insolvenzmasse und weitestgehenden Befriedigung der Massegläubiger durchgeführt und sodann durch öffentlich bekannt zu machenden Beschluss nach § 211 Abs. 2 InsO eingestellt werden. Ein solches Verfahren reicht gem. § 289 Abs. 3 InsO als Grundlage für ein nachfolgendes Restschuldbefreiungsverfahren aus, das sich dann an die Einstellung des Verfahrens anschließt. Bei einer **Abweisung des Insolvenzantrags mangels Masse** oder **Einstellung mangels Masse** (keine Deckung der Verfahrenskosten) nach § 207 Abs. 1 InsO liegt dagegen kein Insolvenzverfahren vor, das Grundlage für eine Restschuldbefreiung sein könnte[2]. Ist ein früher gestellter Antrag mangels Masse abgewiesen worden, kann dem Schuldner ein Rechtsschutzinteresse an der Durchführung eines Insolvenzverfahrens nicht abgesprochen werden[3]. Da im vorausgegangenen Verfahren auch der Schuldnerantrag mangels Masse hätte abgewiesen werden müssen, steht der Zulässigkeit eines mit einem Antrag auf Restschuldbefreiung verbundenen Antrags des Schuldners auf Eröffnung des Insolvenzverfahrens nicht entgegen, dass zuvor der Antrag eines Gläubigers mangels Masse abgewiesen worden ist[4].

10.14 Die Ergänzung des § 26 Abs. 1 InsO und des § 207 Abs. 1 InsO um die **Stundungsregelung** nach § 4a InsO hat allerdings zur Folge, dass eine Abweisung des Insolvenzantrags mangels Masse bzw. eine Einstellung des Verfahrens mangels Masse nicht in Betracht kommt, wenn dem Schuldner die Verfahrenskosten gestundet sind und damit de facto die Deckung der Verfahrenskosten für das gesamte Verfahren gegeben ist[5].

---

1 LG Göttingen v. 23. 8. 2006 – 10 T 75/06, NZI 2006, 603.

2 *Pape*, Rpfleger 1997, 237, 239 ff.; *Streck* in Hamburger Kommentar zum Insolvenzrecht, § 289 InsO Rz. 9.

3 *Fischer*, NZI 2006, 313, 324.

4 BGH v. 1. 12. 2005 – IX ZB 186/05, NZI 2006, 181; *Uhlenbruck/Vallender*, § 287 InsO Rz. 19.

5 *Pape*, ZInsO 2001, 587, 589; *Vallender*, NZI 2001, 561, 562.

III. Verfassungsmäßigkeit der Restschuldbefreiung

Nach Auffassung des **AG München**[1] ist die **gesetzliche Restschuldbefreiung** generell **verfassungswidrig**. Als Folge seiner Auffassung hat das Gericht mehrere Verfahren ausgesetzt und dem Bundesverfassungsgericht zur Entscheidung im Wege des konkreten Normenkontrollverfahrens nach § 80 BVerfGG i.V.m. Art. 100 Abs. 1 GG vorgelegt. Die 2. Kammer des Ersten Senats des **Bundesverfassungsgerichts** hat durch Beschlüsse vom 3. 2. 2003[2], 14. 1. 2004[3] und 22. 12. 2005[4] sämtliche Vorlagen als unzulässig zurückgewiesen. Auch die dritte Vorlage wurde mit der Begründung verworfen, das vorlegende Gericht habe seine Überzeugung von der Verfassungswidrigkeit der §§ 286 bis 291 InsO nicht in einer dem verfassungsrechtlichen Begründungsmaßstab des Art. 100 Abs. 1 GG i.V.m. § 80 Abs. 2 Satz 1 BVerfGG genügenden Weise dargestellt. Mit der Frage der Verfassungswidrigkeit der Restschuldbefreiung brauchte sich das Gericht nicht näher zu befassen. 10.15

Die Vorlagen des AG München begegnen auch in materiellrechtlicher Hinsicht erheblichen Bedenken. Die Restschuldbefreiung ist nicht nur aus sozialpolitischen Gründen erforderlich. Sie findet ihre Rechtfertigung darin, dass sie weitere Eingriffe der Rechtsprechung in Privatautonomie und weitere Deformationen einzelne Rechtsinstitute (insbesondere der Bürgschaft)[5] vermeidet[6]. Nach mittlerweile ganz herrschender Meinung[7] verstößt das Rechtsinstitut der Restschuldbefreiung nicht gegen die Eigentumsgarantie gem. Art. 14 Abs. 1 GG. Soweit ein Gläubiger sich durch das Rechtsinstitut der Restschuldbefreiung in seinen Grundrechten verletzt sieht, hat er ggf. den durch Art. 93 Abs. 1 Nr. 2 GG, § 13 Nr. 6, §§ 76 ff. BVerfGG aufgezeigten Weg zu beschreiten. Die Rechtsbeschwerde eines Gläubigers, der sich nur abstrakt gegen das gesetzgeberische Konzept der Restschuldbefreiung als vermeintlich verfassungswidrig wendet, ist jedenfalls unzulässig[8]. 10.16

IV. Redlichkeit des Schuldners

§ 1 Satz 2 InsO ordnet als eines der Verfahrensziele der Insolvenzordnung an, dass nur der redliche Schuldner Gelegenheit erhalten soll, sich von seinen restlichen Verbindlichkeiten zu befreien. Die Redlichkeit der natürlichen Per- 10.17

1 AG München v. 30. 8. 2002 – 1506 IN 656/02, NZI 2002, 676; AG München v. 25. 9. 2003 – 1507 IN 39/02, ZVI 2003, 546; s. dazu auch *Sesemann*, NZI 2002, 655 und *Ahrens*, ZVI 2003, 509; AG München v. 9. 6. 2004 – 1507 IN 39/02, NZI 2004, 456 m. Anm. *Sesemann*.
2 BVerfG v. 3. 2. 2003 – 1 BvL 11/02, 12/02, 13/02, 16/02 und 17/02, NZI 2003, 162.
3 BVerfG v. 14. 1. 2004 – 1 BvL 8/03, NZI 2004, 222.
4 BVerfG v. 22. 12. 2005 – 1 BvL 9/05, ZVI 2006, 125.
5 Näher dazu *Abel*, Bürgschaften zwischen Sittenwidrigkeitsrechtsprechung und insolvenzrechtlicher Restschuldbefreiung, 2002.
6 *Prütting/Stickelbrock*, ZVI 2002, 305, 308; s. zu dieser Problematik auch *I. Pape*, NZI 2002, Heft 12 NZI aktuell V; *Uhlenbruck/Vallender*, Vor § 286 InsO Rz. 54 ff.
7 *Streck* in Hamburger Kommentar zum Insolvenzrecht, § 286 InsO Rz. 3 m.w.N.
8 BGH v. 29. 6. 2004 – IX ZB 30/03, ZVI 2004, 418.

son ist damit gleichzeitig ungeschriebene Tatbestandsvoraussetzung des § 286 InsO[1]. Da die Vorschrift einem Missbrauch der Restschuldbefreiung vorbeugen soll, ist es gerechtfertigt, dem Restschuldbefreiung begehrenden Schuldner die Überprüfung seiner Redlichkeit zuzumuten[2]. Diese Prüfung hat sich jedoch an dem im Rechtsverkehr geltenden Grundsatz eines rechtmäßigen und damit redlichen Verhaltens eines Beteiligten, hier des Schuldners, zu orientieren[3]. Jeder Schuldner hat als redlich zu gelten, solange nicht das Gegenteil behauptet und notfalls bewiesen wird[4].

V. Verfahrensablauf

10.18 Das Restschuldbefreiungsverfahren als „freiwilliges Verfahren"[5] setzt zwingend einen **Antrag des Schuldners** voraus. Eine besondere **Form** sieht § 287 InsO für den Antrag auf Erteilung von Restschuldbefreiung nicht vor. Deshalb kann der Schuldner diesen Antrag grundsätzlich entweder schriftlich beim Insolvenzgericht einreichen oder zu Protokoll der Geschäftsstelle erklären. An den Antrag sind keine besonderen **inhaltlichen Anforderungen** zu stellen. Insbesondere muss der Schuldner nicht ausdrücklich die Erteilung von Restschuldbefreiung beantragen. Da auch Prozesshandlungen einer Auslegung nach §§ 133, 157 BGB zugänglich sind[6], genügt es, wenn das Begehren des Schuldners, Restschuldbefreiung zu erlangen, hinreichend deutlich zum Ausdruck kommt[7]. Bei Unklarheiten hat das Gericht unter Umständen beim Schuldner nachzufragen.

10.19 Im **Verbraucherinsolvenzverfahren** ist allerdings nur ein **schriftlicher Antrag** unter Verwendung der amtlichen Vordrucke zulässig. Dies folgt aus dem Wortlaut des § 305 Abs. 1 Nr. 2 Abs. 5 InsO. Danach hat der Schuldner mit dem schriftlich einzureichenden Antrag auf Eröffnung des Insolvenzverfahrens den Antrag auf Erteilung von Restschuldbefreiung vorzulegen.

1. Eigenantrag des Schuldners

10.20 § 287 Abs. 1 Satz 1 InsO stellt unmissverständlich klar, dass **Restschuldbefreiung nur auf Grund eines eigenen Insolvenzantrags des Schuldners** gewährt werden kann. Für das **Verbraucherinsolvenzverfahren** ergibt sich dies aus dem Gesetz (§§ 305 Abs. 1, 306 Abs. 3 InsO). Mit dieser Regelung will der Gesetzgeber einer Entwertung des Schuldenbereinigungsverfahrens entgegentreten[8]. Denn ein den Regelungen des Verbraucherinsolvenzverfahrens unterliegender

1 *Uhlenbruck/Vallender*, § 286 InsO Rz. 17.
2 *Häsemeyer*, Insolvenzrecht, Rz. 26.02.
3 *Ahrens*, VuR 2000, 8, 12.
4 *Häsemeyer*, Insolvenzrecht, Rz. 26.17; kritisch dazu *Trendelenburg*, Restschuldbefreiung, 2000, S. 45.
5 *Krug*, Der Verbraucherkonkurs, 1998, S. 59.
6 BGH v. 9. 7. 1986 – IVb ZB 55/86, FamRZ 1986, 1087.
7 *Nerlich/Römermann/Römermann*, § 287 InsO Rz. 15; *Streck* in Hamburger Kommentar zum Insolvenzrecht, § 287 InsO Rz. 2.
8 Begr. RegE, BT-Drucks. 14/5680, S. 43; *Vallender*, NZI 2001, 561, 566.

Schuldner könnte durch den Insolvenzantrag eines ihm wohlgesonnenen Gläubigers den außergerichtlichen und den gerichtlichen Einigungsversuch umgehen.

Auch im **Regelinsolvenzverfahren** bedarf es eines **Eigenantrags des Schuldners**, der die Restschuldbefreiung anstrebt[1]. Dieses Verständnis legt zunächst der Wortlaut des § 287 Abs. 1 InsO nahe. Denn der Antrag auf Restschuldbefreiung soll mit seinem (eigenen) Antrag auf Eröffnung des Insolvenzverfahrens verbunden werden. Der Vorschrift liegt die Konzeption zweier miteinander zu verbindender Anträge des Schuldners zugrunde. Da der Gläubiger keinen Antrag auf Restschuldbefreiung stellen kann, handelt es sich bei dem von § 287 Abs. 1 InsO vorausgesetzten Insolvenzantrag zwangsläufig um denjenigen des Schuldners[2]. Darüber hinaus zeigt auch die Entstehungsgeschichte der Vorschrift, dass sie einen Eigenantrag des Schuldners auf Eröffnung des Insolvenzverfahrens voraussetzt. Die Verknüpfung von Eigeninsolvenzantrag und Restschuldbefreiungsantrag hat ihren Sinn darin, dass der Schuldner in seinem Eigenantrag den Eröffnungsgrund einräumt und sich bereit erklärt, sein verbleibendes Vermögen den Gläubigern zur gemeinschaftlichen Befriedigung zur Verfügung zu stellen[3]. 10.21

Nach **§ 287 Abs. 1 Satz 1 InsO** soll der Schuldner den Antrag auf Erteilung der Restschuldbefreiung mit seinem **Antrag auf Eröffnung des Insolvenzverfahrens** verbinden. Stellt der Schuldner die beiden Anträge nicht gemeinsam, etwa aus Unkenntnis über die Möglichkeit einer Restschuldbefreiung, so hat er diesen innerhalb von **zwei Wochen** nachzuholen, nachdem er gem. **§ 20 Abs. 2 InsO** über die Restschuldbefreiung belehrt worden war. Die Frist des § 287 Abs. 1 Satz 2 InsO kann durch den Hinweis nach § 20 Abs. 2 InsO erst in Lauf gesetzt werden, wenn der Schuldner einen Eigenantrag gestellt hat[4]. Wird dem Schuldner die Frist des § 287 Abs. 1 Satz 2 InsO nicht mitgeteilt, ist ein verspätet eingegangener Antrag nicht verfristet[5]. Einer detaillierten Information des Schuldners durch das Insolvenzgericht bedarf es allerdings nicht. Denn es ist nicht Aufgabe des Gerichts, den Schuldner umfassend rechtlich zu beraten[6]. Ein Antrag des Schuldners auf Erteilung von Restschuldbefreiung, der nicht innerhalb von zwei Wochen nach dem Hinweis gem. § 20 Abs. 2 InsO gestellt wird, ist als **unzulässig** zurückzuweisen[7]. Die Entscheidung des Insolvenzgerichts ist in diesem Falle bereits vor dem Schlusstermin zulässig 10.22

1 BGH v. 25. 9. 2003 – IX ZB 24/03, NZI 2004, 511; BGH v. 8. 7. 2004 – IX ZB 209/03, NZI 2004, 593; *Stephan* in Münchener Kommentar zur InsO, § 287 InsO Rz. 13; *Schmahl* in Münchener Kommentar zur InsO, § 20 InsO Rz. 89; *Uhlenbruck*, § 20 InsO Rz. 10; *Vallender*, NZI 2001, 561, 566; a.A. *Kübler/Prütting/Bork/Wenzel*, § 287 InsO Rz. 3a; *Landfermann* in Heidelberger Kommentar zur InsO, § 287 InsO Rz. 2c.

2 BGH v. 8. 7. 2004 – IX ZB 209/03, NZI 2004, 593.

3 *Ganter*, NZI 2005, 241, 249.

4 BGH v. 1. 12. 2005 – IX ZB 186/05, NZI 2006, 181, 182.

5 BGH v. 17. 2. 2005 – IX ZB 176/03, NZI 2005, 271, 273.

6 Vgl. LG Duisburg v. 11. 10. 1999 – 24 T 210/99, NZI 2000, 184.

7 Vgl. BGH v. 25. 9. 2003 – IX ZB 24/03, ZVI 2003, 606; AG Köln v. 16. 9. 2002 – 72 IN 351/02, NZI 2002, 619; AG Köln v. 19. 9. 2002 – 71 IN 292/02, NZI 2002, 618; vgl. dazu auch AG Duisburg v. 12. 2. 2002 – 62 IN 134/01, NZI 2002, 216.

und in der Regel auch geboten[1]. Ein Schuldner, der trotz ordnungsgemäßer Belehrung durch das Insolvenzgericht seinen Antrag auf Erteilung der Restschuldbefreiung nach Ablauf der Zwei-Wochen-Frist des § 287 Abs. 1 Satz 2 InsO stellt, kann wegen der Fristversäumnis nicht mit Erfolg **Wiedereinsetzung in den vorigen Stand** beantragen. Bei der vorgenannten Frist handelt es sich weder um eine Notfrist noch um eine andere Frist i.S. des § 233 ZPO. Eine entsprechende Anwendung der Regelung des § 233 ZPO auf die Frist des § 287 Abs. 1 Satz 2 InsO kommt nicht in Betracht, weil es an der erforderlichen Regelungslücke fehlt.

10.23 Der Schuldner ist grundsätzlich gem. § 4 InsO i.V.m. § 269 Abs. 1 ZPO befugt, seinen Antrag auf Erteilung von Restschuldbefreiung zurückzunehmen[2]. Eine **Antragsrücknahme** ist ohne weiteres bis zur gerichtlichen Ankündigung der Restschuldbefreiung gem. § 291 Abs. 1 InsO zulässig, unabhängig davon, ob ein Gläubiger einen Versagungsantrag gestellt hat[3].

2. Gläubigerantrag

10.24 Nach **Eingang eines Gläubigerantrags** auf Eröffnung eines Insolvenzverfahrens hat das Insolvenzgericht den Schuldner darauf hinzuweisen, dass er zur Erreichung der Restschuldbefreiung nicht nur einen entsprechenden Antrag, sondern darüber hinaus auch einen **Eigenantrag auf Insolvenzeröffnung** stellen muss; dafür ist dem Schuldner eine **richterliche Frist** zu setzen[4]. Diese sollte wegen des Gebots der Verfahrensbeschleunigung in der Regel nicht mehr als vier Wochen ab Zugang der Verfügung betragen und kann bei Bedarf auch verlängert werden (§ 4 InsO i.V.m. § 224 Abs. 2 ZPO). Die für den Restschuldbefreiungsantrag laufende nicht verlängerbare Zwei-Wochen-Frist steht dem nicht entgegen. Denn diese Frist wird erst in Lauf gesetzt, wenn der Eigenantrag auf Insolvenzeröffnung gestellt ist. Ein fehlerhafter, unvollständiger oder verspäteter Hinweis des Insolvenzgerichts darf dem Schuldner nicht zum Nachteil gereichen. Hat es das Insolvenzgericht versäumt, dem Schuldner für die Nachholung des Insolvenzantrags eine Frist zu setzen oder ist dem Schuldner die Fristsetzung nicht bekannt gemacht worden, läuft die Frist nicht[5].

---

1 OLG Köln v. 24. 5. 2000 – 2 W 76/00, ZInsO 2000, 334; OLG Köln v. 4. 10. 2000 – 2 W 198/00, ZInsO 2000, 608, 609; LG Göttingen v. 4. 11. 2000 – 10 T 142/00, LS in ZInsO-Rechtsprechungsreport, ZInsO 2000, 658; AG Bielefeld v. 5. 7. 1999 – 43 IK 67/99, ZIP 1999, 1180, 1181; AG Köln v. 8. 2. 2000 – 72 IK 69/99, InVo 2000, 127, 128; *Kübler/Prütting/Bork/Wenzel*, § 289 InsO Rz. 3a; *Holzer*, DZWIR 2000, 174; *Lücke/Schmittmann*, ZInsO 2000, 87, 88; a.A. LG Münster v. 14. 9. 1999 – 5 T 858/99, DZWIR 1999, 474.

2 *Landfermann* in Heidelberger Kommentar zur InsO, § 287 InsO Rz. 2a; *Kohte/Ahrens/Grote*, Verfahrenskostenstundung, Restschuldbefreiung und Verbraucherinsolvenzverfahren, 3. Aufl. 2006, § 287 InsO Rz. 15.

3 Einschränkend LG Freiburg v. 12. 11. 2003 – 4 T 265/03, ZInsO 2003, 1106, wonach die Antragsrücknahme bis zum Schlusstermin ohne Zustimmung der Gläubiger erfolgen könne.

4 BGH v. 17. 2. 2005 – IX ZB 176/03, BGHZ 162, 181 = NZI 2005, 271. Die Frist des § 287 Abs. 1 Satz 2 InsO findet auf den Eigenantrag keine Anwendung.

5 BGH v. 17. 2. 2005 – IX ZB 176/03, NZI 2005, 271, 272.

Hat ein Gläubigerantrag zur Eröffnung des Insolvenzverfahrens geführt, ist bis zum Abschluss des Verfahrens ein Eigenantrag des Schuldners nicht mehr zulässig[1]. Wohl ist es dem Schuldner allerdings gestattet, noch einen Restschuldbefreiungsantrag zu stellen, wenn ihm weder die Frist des § 287 Abs. 1 Satz 2 InsO mitgeteilt noch für einen Eigenantrag eine Frist gesetzt worden ist. Dies gilt sowohl für das Regel- als auch für das Verbraucherinsolvenzverfahren[2]. Die Antragstellung ist indes nur bis zum Schlusstermin zulässig[3]. 10.25

Hat der ordnungsgemäß belehrte Schuldner in einem früheren Insolvenzverfahren den **Antrag auf Erteilung der Restschuldbefreiung nicht rechtzeitig gestellt**, führt die Präklusion des früheren Antrags zur Unzulässigkeit eines erneuten Restschuldbefreiungsantrags, wenn kein neuer Gläubiger hinzugekommen ist[4]. 10.26

3. Laufzeit der Abtretungserklärung

Der Schuldner hat seinem Antrag auf Erteilung der Restschuldbefreiung die Erklärung beizufügen, dass er seine **pfändbaren Teile des Arbeitsentgelts** oder an deren Stelle tretende laufende Bezüge für die Zeit von sechs Jahren nach Eröffnung des Insolvenzverfahrens an einen vom Insolvenzgericht noch zu bestimmenden Treuhänder abtritt (§ 287 Abs. 2 Satz 1 InsO)[5]. Die in der vorgenannten Bestimmung normierte Verpflichtung trifft auch den selbständig tätigen Schuldner. Ansonsten wäre nicht gesichert, dass seine Bezüge allen Insolvenzgläubigern zugute kämen, falls er im Laufe der Wohlverhaltensperiode eine abhängige Tätigkeit aufnimmt[6]. Die Abtretung erfasst zwei Gruppen von Forderungen. Die pfändbaren Forderungen aus einem Dienstverhältnis und die pfändbaren Ansprüche auf laufende Bezüge, die an die Stelle von 10.27

---

1 BGH v. 3. 7. 2008 – IX ZB 182/07, NZI 2008, 609; BGH v. 17. 2. 2005 – IX ZB 176/03, NZI 2005, 271, 272; AG Duisburg v. 5. 12. 2002 – 60 IN 255/02, NZI 2003, 159; AG Oldenburg v. 3. 8. 2004 – 60 IN 97/04, ZInsO 2004, 1154.

2 BGH v. 17. 2. 2005 – IX ZB 176/03, NZI 2005, 271, 272.

3 *Vallender*, WuB VI A § 299 InsO 1.05.

4 BGH v. 6. 7. 2006 – IX ZB 263/05, WM 2006, 1778, m. Anm. *Vallender*, WuB VI A. § 287 InsO 2.06.

5 Nach Ansicht des BGH (v. 13. 7. 2006 – IX ZB 117/04, ZInsO 2006, 995) ist die Abtretungserklärung gem. § 287 Abs. 2 Satz 1 InsO vorrangig als Prozesshandlung zu verstehen; sie sei im Zweifel so auszulegen, dass der Schuldner die Restschuldbefreiung unter den jeweils gültigen gesetzlichen Bedingungen anstrebt. Dagegen deutet ein Teil der insolvenzrechtlichen Literatur die Abtretungserklärung als materiellrechtliche Erklärung, die zu einem Abtretungsvertrag mit dem Treuhänder führt, sobald dieser gem. § 291 Abs. 2 InsO vom Gericht bestellt worden ist, und mit der Übernahme des Amtes konkludent sein Einverständnis mit dem Abtretungsangebot erklärt hat (*Landfermann* in Heidelberger Kommentar zur InsO, § 287 InsO Rz. 16; *Uhlenbruck/Vallender*, § 287 InsO Rz. 38 ff.; *Kübler/Prütting/Bork/Wenzel*, § 287 InsO Rz. 5; *Nerlich/Römermann/Römermann*, § 287 InsO Rz. 29).

6 *Trendelenburg*, ZInsO 2000, 437, 438. Nach Auffassung des BGH (v. 11. 5. 2006 – IX ZR 247/03, NZI 2006, 457) stellen die Vergütungsansprüche eines Kassenarztes gegen die für ihn zuständige kassenärztliche Vereinigung keine Forderungen auf „Bezüge aus einem Dienstverhältnis oder an deren Stelle tretende laufende Bezüge" i.S. des § 114 Abs. 1 InsO dar.

Dienstbezügen treten. Zu den Bezügen aus dem Dienstverhältnis oder an deren Stelle tretende laufende Bezüge zählen wie bei der entsprechenden Gesetzesformulierung in §§ 81 Abs. 2 Satz 1, 114 Abs. 1 InsO alle Vergütungen aus – bestehenden oder künftigen – Arbeits- oder sonstigen Dienstverhältnissen und alle Ruhestands-, Erwerbsunfähigkeits- und Arbeitslosenleistungen[1]. Die Abtretungserklärung des Schuldners umfasst sowohl die gegenwärtigen als auch die künftigen Bezüge[2]. Die Abtretung ist auch dann in der Zeit vor Ablauf von zwei Jahren nach dem Ende der zur Zeit der Eröffnung des Insolvenzverfahrens laufenden Monats wirksam, wenn die Forderung vor der Abtretung von einem anderen Gläubiger gepfändet worden ist[3]. Die **rechtzeitige Vorlage der Abtretungserklärung durch den Schuldner** stellt eine besondere Verfahrensvoraussetzung für die Gewährung von Restschuldbefreiung dar[4].

10.28 Die **sechsjährige Laufzeit** der Abtretung beginnt nach dem Wortlaut der Neufassung des § 287 Abs. 2 Satz 1 InsO mit der – rechtskräftigen – Eröffnung des Insolvenzverfahrens. Die Vorschrift normiert eine Laufzeit der Abtretungserklärung, die aus rechtlichen Gründen nicht mit dem im Gesetz vorgesehenen Zeitpunkt einsetzen kann. Denn der Schuldner trifft eine Verfügung über Vermögenswerte, die nach Eröffnung des Insolvenzverfahrens nicht mehr seiner Verfügungsmacht unterliegen. Von diesem Zeitpunkt an steht das Verfügungsrecht dem Insolvenzverwalter/Treuhänder zu, auf den das Verwaltungs- und Verfügungsrecht übergegangen ist (§ 80 Abs. 1 Satz 1 InsO). Für den Zeitraum des eröffneten Verfahrens fallen die an den Treuhänder – den es zu diesem Zeitpunkt noch nicht gibt – abgetretenen pfändbaren Bezüge als Neuerwerb in die Masse (§ 35 InsO). Mithin kann von einer Laufzeit der Abtretungserklärung während des eröffneten Verfahrens keine Rede sein. Sie ist für diesen Zeitraum „suspendiert"[5]. Vielmehr ist § 287 Abs. 2 Satz 1 InsO dahingehend auszulegen, dass die Laufzeit der Abtretungserklärung auf die Dauer des eröffneten Verfahrens anzurechnen ist[6].

10.29 Nachdem **Art. 107 EGInsO** vorsah, dass sich die **Laufzeit der Abtretung nach § 287 Abs. 2 Satz 1 InsO auf fünf Jahre verkürzt**, wenn der Schuldner bereits vor dem 1. 1. 1997 zahlungsunfähig war und es streitig war, ob auch nach In-

---

1 *Landfermann* in Heidelberger Kommentar zur InsO, § 287 InsO Rz. 4.

2 Die Abtretung künftiger Bezüge ist zulässig, wenn die künftige Forderung bei der Abtretung so umschrieben ist, dass sie spätestens bei ihrer Entstehung nach Gegenstand und Umfang bestimmt oder zumindest bestimmbar ist (vgl. BGH v. 16. 3. 1995 – IX ZR 72/94, NJW 1995, 1668, 1669).

3 BGH v. 12. 10. 2006 – IX ZR 109/05, ZIP 2006, 2276.

4 OLG Köln v. 4. 10. 2000 – 2 W 198/00, ZInsO 2000, 608, 609; LG Münster v. 14. 9. 1999 – 5 T 858/99, Rpfleger 2000, 83, 84 = DZWIR 1999, 474, 475; *Kohte/Ahrens/Grote*, Verfahrenskostenstundung, Restschuldbefreiung und Verbraucherinsolvenzverfahren, 3. Aufl. 2006, § 287 InsO Rz. 19.

5 *Vallender*, NZI 2001, Heft 9 NZI aktuell VII; *Vallender*, NZI 2001, 561, 567; ähnlich *Gerigk*, ZInsO 2001, 936, 937; *Schmahl*, ZZP 2001, 262; a.A. *Schütz*, NZI 2001, Heft 9 NZI aktuell VII.

6 *Heyer*, Restschuldbefreiung im Insolvenzverfahren, 2004, S. 89; *Streck* in Hamburger Kommentar zum Insolvenzrecht, § 287 InsO Rz. 23; *Graf-Schlicker/Kexel*, § 287 InsO Rz. 17.

Kraft-Treten des InsOÄG vom 26. 10. 2001[1] am 1. 12. 2001 Art. 107 EGInsO weiter anzuwenden ist[2], ist die mögliche Verkürzung der Laufzeit der Abtretung nicht mehr von großer praktischer Bedeutung, weil Art. 107 EGInsO auf Grund des Gesetzes zur Vereinfachung des Insolvenzverfahrens vom 13. 4. 2007[3] aufgehoben worden ist. Die Begründung des Entwurfs[4] führt hierzu aus, dass für diese Verfahren die Abkürzung der Wohlverhaltensperiode auf fünf Jahre nicht mehr gerechtfertigt sei. Mit der Regelung des Art. 107 EGInsO sollte vermieden werden, dass redliche Schuldner unzumutbar lange auf eine Restschuldbefreiung warten müssen. Dieser Zweck der Vorschrift werde beim In-Kraft-Treten des Gesetzes zur Vereinfachung des Insolvenzverfahrens nicht mehr gegeben sein, weil jeder Schuldner, der bereits am 1. 1. 1997 zahlungsunfähig war, jedenfalls seit Einführung der Verfahrenskostenstundung zum 1. 12. 2001 die Gelegenheit hatte, einen Restschuldbefreiungsantrag zu stellen.

4. Versagung oder Ankündigung der Restschuldbefreiung

Das Insolvenzgericht entscheidet über den Antrag auf Erteilung von Restschuldbefreiung durch Beschluss nach Anhörung der Insolvenzgläubiger und des Treuhänders (§ 289 Abs. 1 Satz 2 InsO). Dabei bestehen für das Gericht **zwei Entscheidungsmöglichkeiten** (§§ 290, 291 InsO): Entweder wird die Restschuldbefreiung bereits zu diesem Zeitpunkt versagt oder das Gericht gibt dem Restschuldbefreiungsantrag statt und kündigt die Restschuldbefreiung an. 10.30

a) Versagungsantrag

Ein auf die in § 290 Abs. 1 Nr. 1 bis 6 InsO genannten Versagungsgründe gestützter **Antrag auf Versagung der Restschuldbefreiung** ist nur zulässig, wenn der Gläubiger diesen Antrag im **Schlusstermin** stellt[5]. Hierbei handelt es sich um eine bewusste Entscheidung des Gesetzgebers[6]; wird dem Schuld- 10.31

1 BGBl. I 2001, 2710.

2 LG Frankfurt v. 9. 8. 2002 – 2/9 T 406/02, ZVI 2002, 285; *Uhlenbruck/Vallender,* § 287 InsO Rz. 51; *Kohte/Ahrens/Grote,* Verfahrenskostenstundung, Restschuldbefreiung und Verbraucherinsolvenzverfahren, 3. Aufl. 2006, § 287 InsO Rz. 87; *Winter,* ZVI 2002, 239; *Bindemann,* ZVI 2002, 248; a.A. BGH v. 21. 5. 2004 – IX ZB 274/03, NZI 2004, 452 m. Anm. *Ahrens;* LG Düsseldorf v. 20. 8. 2002 – 25 T 359/02, ZVI 2002, 328, das die Vorschrift des Art. 107 EGInsO nur noch auf Verfahren anwendet, die vor dem 1. 12. 2001 eröffnet worden sind; ebenso LG Bad Kreuznach v. 3. 7. 2002 – 2 T 74/02, ZVI 2002, 286; LG Oldenburg v. 14. 11. 2002 – 6 T 1091/02, ZVI 2002, 423; LG München I v. 14. 10. 2002 – 14 T 19752/02, ZVI 2002, 424; AG Dortmund v. 13. 6. 2002 – 252 IK 64/01, ZVI 2002, 292; *Gundlach/Frenzel/Schmidt,* ZVI 2002, 142. S. dazu auch BGH v. 13. 7. 2006 – IX ZA 14/06, ZVI 2006, 466; BGH v. 21. 10. 2004 – IX ZB 73/03, ZVI 2005, 47.

3 BGBl. I 2007, 509.

4 BR-Drucks. 549/06, S. 43.

5 BGH v. 20. 3. 2003 – IX ZB 388/02, ZVI 2003, 170 = NZI 2003, 390 m. Anm. *Kohte* = ZInsO 2003, 314 m. Anm. *Grote.*

6 BT-Drucks. 12/2443, S. 189 zu § 237 RegE.

ner (rechtskräftig) Restschuldbefreiung angekündigt, soll sein Verhalten in der Vergangenheit keine Rolle mehr spielen[1]. Ein nach Ende des Schlusstermins bei Gericht eingegangener Antrag ist verspätet und damit als unzulässig zurückzuweisen[2]. Hat der Gläubiger den Versagungsantrag mündlich oder schriftlich vor dem Schlusstermin gestellt, handelt es sich lediglich um die – unbeachtliche – Ankündigung eines Versagungsantrags[3]. Etwas anderes gilt nur dann, wenn das Gericht ein besonderes Verfahren angeordnet hat, nach dessen Vorschriften von der Abhaltung eines Schlusstermins abgesehen werden darf. Der **Schlusstermin** bewirkt eine **Zäsur**. Zur Begründung eines im Schlusstermin gestellten Versagungsantrags ist der Gläubiger auf die in § 290 Abs. 1 Nr. 1 bis 6 InsO aufgezählten Versagungsgründe beschränkt. Das Insolvenzgericht darf die Entscheidung über die Versagung der Restschuldbefreiung nicht von Amts wegen auf andere als die vom Antragsteller geltend gemachten Versagungsgründe stützen[4]. **Obliegenheitsverletzungen nach § 295 InsO** können zu diesem Zeitpunkt noch nicht geltend gemacht werden[5].

b) Versagungsgründe

10.32 Alle Versagungsgründe des § 290 Abs. 1 InsO haben ihren Ursprung in dem Grundsatz, dass nur ein **redlicher Schuldner**, der sich seinen Gläubigern gegenüber nichts hat zu Schulden kommen lassen, die Möglichkeit der Restschuldbefreiung erhält[6]. Aus Gründen der Rechtssicherheit hat der Gesetzgeber sich jedoch auf die konkrete Aufzählung bestimmter Fallgruppen beschränkt[7]. Die **Fallgruppen** in § 290 Abs. 1 Nr. 1 bis 6 InsO sind **abschließend**[8]. Auf andere als die dort genannten Verhaltensweisen kann ein Versagungsantrag nicht gestützt werden. Bei den Versagungsgründen kommt ein mitwirkendes Verschulden eines Gläubigers nicht in Betracht, weil es nicht um eine Haftungsverteilung geht, sondern nur die Redlichkeit des Schuldners i.S. des

1 BT-Drucks. 12/2443, S. 191 zu § 240 RegE.

2 BGH v. 18. 5. 2006 – IX ZB 103/05, ZInsO 2006, 647; BGH v. 20. 3. 2003 – IX ZB 388/02, ZVI 2003, 170 = NZI 2003, 390 m. Anm. *Kohte* = ZInsO 2003, 314 m. Anm. *Grote*; OLG Celle v. 4. 2. 2002 – 2 W 5/02, ZVI 2002, 29, 31; LG Hof v. 11. 9. 2003 – 22 T 109/03, ZVI 2003, 545, 546; *Uhlenbruck/Vallender*, § 290 InsO Rz. 5 m.w.N.

3 BGH v. 29. 6. 2004 – IX ZB 90/03, ZInsO 2004, 851, 852.

4 BGH v. 8. 2. 2007 – IX ZB 88/06, WM 2007, 661; *Vallender*, WuB VI A § 296 InsO 1.07.

5 BGH v. 29. 6. 2004 – IX ZB 90/03, ZInsO 2004, 851, 852; BGH v. 9. 3. 2006 – IX ZB 17/05, Rz. 20, NZI 2006, 481; BGH v. 5. 4. 2006 – IX ZB 227/04, ZVI 2006, 596.

6 Angesichts der statistischen Erkenntnisse, dass in der Vergangenheit bei bis zu 80 % aller Unternehmensinsolvenzen nicht nur unredlich gehandelt wurde, sondern sogar Insolvenzstraftaten begangen wurden (*Grub/Rinn*, ZIP 1993, 1583 m.w.N.), lassen sich gerade für die nahe stehenden Personen einer insolventen GmbH Zweifel nicht völlig unterdrücken, dass tatsächlich auch zahlreiche unredliche Schuldner in den Genuss der Restschuldbefreiung kommen werden, weil ihr unredliches Verhalten nicht aufgedeckt wird.

7 Begr. RegE InsO v. 15. 4. 1992, BT-Drucks. 12/2443, § 239 RegE, S. 190.

8 *Scholz*, Kreditpraxis 1989, Heft 1, 33, 36; *Kübler/Prütting/Bork/Wenzel*, § 290 InsO Rz. 2; *Hess*, § 290 InsO Rz. 1; *Kohte/Ahrens/Grote*, Verfahrenskostenstundung, Restschuldbefreiung und Verbraucherinsolvenzverfahren, 3. Aufl. 2006, § 290 InsO Rz. 5.

§ 1 Satz 2 InsO zu beurteilen ist[1]. Der antragstellende Gläubiger muss nicht selbst Opfer des unredlichen Verhaltens des Schuldners gewesen sein[2]. Vielmehr hat das Gericht die Restschuldbefreiung bei Vorliegen eines Versagungsgrundes **zwingend zu versagen**. Der Umstand, dass der Schuldner als Geschäftsführer einer GmbH verspätet Antrag auf Eröffnung des Insolvenzverfahrens über das Vermögen der Gesellschaft gestellt hat, rechtfertigt nicht die Versagung der Restschuldbefreiung in dem Insolvenzverfahren über sein Vermögen. Dies folgt bereits aus dem Wortlaut der Norm, die auf die wirtschaftlichen Verhältnisse des Schuldners und nicht dritter Personen abstellt. Daran ändert sich auch nichts, wenn die Insolvenz des Schuldners darauf zurückzuführen ist, dass er sich für Forderungen der Gesellschaft verbürgt hatte[3].

Für die Versagung der Restschuldbefreiung[4] kommen nur folgende, in §§ 290 10.33
Abs. 1, 314 Abs. 3 InsO genannten **Gründe** in Betracht:

- Der Schuldner ist wegen Insolvenzdelikten (§§ 283 bis 283c StGB) rechtskräftig verurteilt worden[5].
- Der Schuldner hat in den letzten drei Jahren vor dem Eröffnungsantrag oder danach vorsätzlich oder grob fahrlässig schriftlich unrichtige oder unvollständige Angaben über seine wirtschaftlichen Verhältnisse gemacht[6].

---

1 AG Hamburg v. 16. 10. 2000 – 68d IK 2/99, NZI 2001, 46, 47.

2 OLG Celle v. 7. 6. 2000 – 2 W 42/00, ZInsO 2000, 456, 457; *Kübler/Prütting/Bork/Wenzel*, § 290 InsO Rz. 5; *Nerlich/Römermann/Römermann*, § 290 InsO Rz. 17; *Vogelsang* in Kraemer, Handbuch zur Insolvenz, Fach 1 Kap. 3, Rz. 153; *Messner/Hofmeister*, Restschuldbefreiung 1998, S. 24; a.A. *Kohte/Ahrens/Grote*, Verfahrenskostenstundung, Restschuldbefreiung und Verbraucherinsolvenzverfahren, 3. Aufl. 2006, § 290 InsO Rz. 27, soweit es um den Versagungsgrund des § 290 Abs. 1 Nr. 2 InsO geht; AG Mönchengladbach v. 6. 5. 2001 – 32 IK 65/00, ZInsO 2001, 674, 676; *Ahrens*, NZI 2001, 113, 118.

3 *Döbereiner*, Restschuldbefreiung nach der Insolvenzordnung, 1997, S. 135; a.A. *Kraemer*, DStZ 1995, 399, 402.

4 Näher dazu *Vallender*, Rbeistand 2002, 58.

5 Die Versagung der Restschuldbefreiung wegen einer Insolvenzstraftat setzt nicht voraus, dass die Straftat in einem Zusammenhang mit dem Insolvenzverfahren steht, in dem die Restschuldbefreiung beantragt wird. Verurteilungen des Schuldners sind jedenfalls innerhalb der fünfjährigen Tilgungsfrist des § 46 Abs. 1 Nr. 1 BRRG zu berücksichtigen (BGH v. 18. 12. 2002 – IX ZB 121/02, ZVI 2003, 34). Das Verwertungsverbot des § 51 Abs. 1 BZRG, das generell für sämtliche privaten und öffentlichen Rechtsbeziehungen gilt, kann allerdings nicht allein entscheidend sein. Ansonsten würden auch Verurteilungen wegen anderer Straftaten als der §§ 283 bis 283c StGB zu berücksichtigen sein, sofern diese im Rahmen einer Gesamtstrafenbildung in die Verurteilung eingeflossen sind und auf Grund der Gesamtstrafenbildung eine längere Tilgungsfrist eintritt, als die Tilgungsfrist, die sich allein auf Grund der Verurteilung wegen eines Insolvenzdelikts ergibt. Entscheidend ist, welche Tilgungsfrist bezüglich des Teils der Verurteilung bei einer Gesamtstrafenbildung hypothetisch in Ansatz zu bringen ist, welcher auf die Insolvenzstraftat nach §§ 283 bis 283c StGB entfällt. Denn nach dem Willen des Gesetzgebers ist für die Versagung der Restschuldbefreiung nach § 290 Abs. 1 Nr. 1 InsO nur die rechtskräftige Verurteilung wegen einer Insolvenzstraftat, nicht jedoch die rechtskräftige Verurteilung wegen anderer Straftaten maßgeblich. Mithin kommt es auf die Tilgungsfristen des § 46 Abs. 1 BZRG an.

6 Unterlässt es ein Schuldner, der früher als drei Jahre vor der Insolvenzeröffnung vorsätzlich oder grob fahrlässig schriftlich unrichtige oder unvollständige Angaben über

- In den letzten zehn Jahren vor dem Eröffnungsantrag wurde dem Schuldner bereits Restschuldbefreiung erteilt oder wegen einer Obliegenheitsverletzung oder nach § 297 InsO versagt.
- Der Schuldner hat im letzten Jahr vor dem Eröffnungsantrag oder danach vorsätzlich oder grob fahrlässig die Befriedigung der Insolvenzgläubiger durch Begründung unangemessener Verbindlichkeiten oder ungerechtfertigte Verzögerung des Eröffnungsantrags beeinträchtigt.
- Der Schuldner hat vorsätzlich oder grob fahrlässig seine Auskunfts- oder Mitteilungspflichten aus der Insolvenzordnung verletzt[1].
- Der Schuldner hat vorsätzlich oder grob fahrlässig unrichtige oder unvollständige Angaben in den bei der Verbraucherinsolvenz gem. § 305 Abs. 1 Nr. 3 InsO vorzulegenden Vermögens-, Gläubiger- oder Forderungsverzeichnissen gemacht[2].
- Der Schuldner hat in einem Verbraucherinsolvenzverfahren trotz Fristsetzung den zur Abwendung der Verwertung gem. § 314 InsO bestimmten Betrag nicht bezahlt.

c) Glaubhaftmachung des Versagungsgrundes

10.34 Der Gläubiger hat den **Versagungsgrund** nach den für den Zivilprozess geltenden Regeln und Maßstäben **glaubhaft zu machen** (§ 290 Abs. 2 InsO, § 4 InsO i.V.m. § 294 ZPO)[3]. Spricht bei umfassender Würdigung aller Umstände des Einzelfalls mehr für die Erfüllung eines Versagungstatbestandes (§ 290 Abs. 1 Nr. 1 bis 6 InsO) als dagegen, ist dem Gläubiger die Glaubhaftmachung gelungen[4]. Eine nur plausible Darstellung des Sachverhalts reicht grundsätzlich nicht aus[5]; schon gar nicht eine bloße Behauptung ins Blaue hinein[6].

10.35 Eine auf Grund richterlicher Sachprüfung ergangene rechtskräftige Entscheidung reicht regelmäßig zur Glaubhaftmachung des aus ihr ersichtlichen

---

seine wirtschaftlichen Verhältnisse gemacht hat, um Leistungen aus öffentlichen Mitteln zu beziehen, diese Angaben innerhalb der Drei-Jahres-Frist zu berichtigen oder zu ergänzen, rechtfertigt dies allein die Versagung der Restschuldbefreiung auch dann nicht, wenn er zur Richtigstellung gesetzlich verpflichtet war (BGH v. 22. 5. 2003 – IX ZB 456/02, NZI 2003, 449).

1 Nach Auffassung des BGH (v. 3. 3. 2005 – IX ZB 277/03, ZVI 2005, 276) wird der rechtsstaatliche Anspruch auf ein faires Verfahren nicht verletzt, wenn das Gericht sich zu den Versagungsgründen gem. § 290 Abs. 1 Nr. 5 und 6 InsO die Überzeugung bildet, der Schuldner habe seine Einkommensverhältnisse durch eine Tätigkeit für eine Limited verschleiert. Das Gericht ist nicht verpflichtet, den Geschäftsführer der Limited als Zeugen für ein bloß pfändungsfreies Einkommen des Schuldners zu vernehmen, wenn als Indizien für das „Verstecken hinter der Limited" eine Namensähnlichkeit und dieselbe Firmenanschrift für die Limited und die Einzelfirma des Schuldners sowie eine Tätigkeit für beide Unternehmen angeführt werden.

2 Näher dazu BGH v. 7. 12. 2006 – IX ZB 11/06, ZInsO 2007, 96.

3 Eine Versagung der Restschuldbefreiung von Amts wegen sieht das Gesetz nicht vor.

4 BGH v. 11. 9. 2003 – IX ZB 37/03, NZI 2003, 662, 663 m. Anm. *Fuchs*.

5 BGH v. 11. 9. 2003 – IX ZB 37/03, NZI 2003, 662, 663 m. Anm. *Fuchs*.

6 LG Göttingen v. 21. 1. 2005 – 10 T 14/05, ZInsO 2005, 154, 155.

rechtserheblichen Sachverhalts aus. Ebenso genügt eine schlüssige Darstellung des Sachverhalts, soweit der Schuldner diesen nicht bestreitet[1]. Die **Amtsermittlungspflicht des Insolvenzgerichts** setzt erst ein, wenn der Gläubiger den Versagungsgrund glaubhaft gemacht hat[2]. Das Insolvenzgericht darf dem Antrag auf Versagung der Restschuldbefreiung nur stattgeben, wenn es nach Ausschöpfung der ihm obliegenden Ermittlungspflicht zur vollen Überzeugung gelangt, dass der geltend gemachte Versagungsgrund gegeben ist.

d) Ankündigung der Restschuldbefreiung

Das Insolvenzgericht kündigt die Restschuldbefreiung an, wenn sie nicht durch rechtskräftigen Beschluss versagt worden ist. Dazu stellt das Gericht gem. § 291 InsO durch Beschluss nach Anhörung der Insolvenzgläubiger und ggf. des Insolvenzverwalters (so § 289 Abs. 1 InsO) fest, dass der Schuldner Restschuldbefreiung erlangt, wenn er während der (restlichen) Laufzeit der Abtretungserklärung (s. Rz. 10.27) bestimmte Obliegenheiten erfüllt und Versagungsgründe während dieser Zeit oder danach nicht auftreten. Gegen diesen Beschluss kann jeder Insolvenzgläubiger, der im Schlusstermin die Versagung der Restschuldbefreiung beantragt hat, die **sofortige Beschwerde** einlegen. Wird die Ankündigung der Restschuldbefreiung aber wirksam, liegt es gem. dem Willen des Gesetzgebers danach während der Wohlverhaltensperiode allein in der Hand des Schuldners, durch Erfüllung seiner Obliegenheiten die Restschuldbefreiung zu erlangen[3]. 10.36

Stellt sich **nach Rechtskraft des Ankündigungsbeschlusses** heraus, dass doch ein Versagungsgrund bestanden hat, steht dies einem Übergang in die Wohlverhaltensperiode und der Erteilung der Restschuldbefreiung nicht entgegen[4]. Zu welch materiell-rechtlich unbefriedigenden Ergebnissen dies führen kann, macht ein vom AG Oldenburg[5] entschiedener Fall deutlich, in dem eine Gläubigerin wenige Monate nach der Rechtskraft des Ankündigungsbeschlusses durch Zufall erfahren hatte, dass die Schuldnerin noch über Vermögenswerte verfügte, die sie im Insolvenzverfahren nicht angegeben hatte. Obwohl es der Gläubigerin mangels Kenntnis des Versagungsgrundes unmöglich war, rechtzeitig einen Versagungsantrag zu stellen, wies das Gericht – mit Recht – den nach Ankündigung der Restschuldbefreiung gestellten Versagungsantrag zurück[6]. 10.37

1 *Stephan* in Münchener Kommentar zur InsO, § 290 InsO Rz. 20; *Uhlenbruck/Vallender*, § 290 InsO Rz. 9.
2 BGH v. 11. 9. 2003 – IX ZB 37/03, NZI 2003, 662.
3 Begr. RegE InsO v. 15. 4. 1992, BT-Drucks. 12/2443, § 240 RegE, S. 191.
4 *Heyer*, Restschuldbefreiung im Insolvenzverfahren, 2004, S. 82.
5 AG Oldenburg v. 13. 2. 2002 – 60 IK 40/00, ZInsO 2002, 389.
6 *Heyer*, Restschuldbefreiung im Insolvenzverfahren, 2004, S. 83, empfiehlt den Gläubigern in einem solchen Fall, bei Vorliegen der notwendigen tatbestandlichen Voraussetzungen ein strafrechtliches Ermittlungsverfahren im Hinblick auf § 283c Abs. 1 Nr. 1 StGB oder entsprechend andere einschlägige Strafnormen zu initiieren.

VI. Wohlverhaltensperiode

10.38 Voraussetzung für die Erteilung der – angekündigten – Restschuldbefreiung ist im Grundsatz, dass der Schuldner nach Abschluss des Insolvenzverfahrens für die Dauer der (restlichen) Laufzeit der Abtretungserklärung, die nach § 287 Abs. 2 Satz 1 InsO bereits mit der Eröffnung des Insolvenzverfahrens beginnt[1], **seine Arbeitskraft nutzt** (insbesondere jede zumutbare Arbeit annimmt) und aus den Erlösen den **pfändbaren Teil** an seine Gläubiger **abführt**. Dazu wird vom Schuldner insbesondere verlangt, dass er mit dem Antrag auf Restschuldbefreiung seine pfändbaren Arbeitseinkünfte an einen vom Gericht zu bestimmenden Treuhänder abtritt.

1. Einsetzung eines Treuhänders

10.39 Im Beschluss über die Ankündigung der Restschuldbefreiung nach § 291 InsO bestimmt das Gericht einen Treuhänder. Treuhänder kann gem. § 288 InsO eine für den jeweiligen Einzelfall **geeignete natürliche Person** sein, wobei der Schuldner und die Gläubiger ein **Vorschlagsrecht** haben. Jedoch ist für die Gläubiger kein Recht zur Wahl oder Abwahl wie für den Insolvenzverwalter (§ 57 InsO), sondern nur die Möglichkeit eines Antrags auf Entlassung aus wichtigem Grund nach §§ 292 Abs. 3, 59 InsO vorgesehen. Das Gericht kann dieselbe Person, die bereits Treuhänder i.S. von § 313 InsO in einem vorangegangenen Verbraucherinsolvenzverfahren war, von vornherein zugleich zum Treuhänder auch nach § 291 Abs. 2 InsO bestellen. Die Regelung in § 313 Abs. 1 Satz 1 und 2 InsO soll gewährleisten, dass bei Kleininsolvenzen zur Vereinfachung des Verfahrens und aus Kostengründen nur eine Person für die Wahrnehmung der Verwalter- und Treuhänderaufgaben bestellt wird[2].

10.40 Die Tätigkeit des Treuhänders in der Wohlverhaltensperiode soll maßgeblich dazu beitragen, dass das Verfahren reibungslos und möglichst kostengünstig abgewickelt werden kann. Auf Grund der Abtretung nach Maßgabe des § 287 Abs. 2 Satz 1 InsO erhält der **Treuhänder die Verfügungsbefugnis über das pfändbare Vermögen des Schuldners**. Seine Aufgabe ist es zunächst, den Arbeitgeber des Schuldners oder den sonstigen Zahlungsverpflichteten über die Abtretungserklärung und deren Laufzeit zu unterrichten. Darüber hinaus hat er die durch Abtretung erlangten und vom Schuldner zu zahlenden Beträge während der Treuhandphase zu verwalten und einmal jährlich auf Grund des Schlussverzeichnisses an die Gläubiger zu verteilen (§ 292 Abs. 1 Satz 1 InsO). Nach den gesetzlichen Vorgaben des § 292 InsO soll der Treuhänder nicht der Vertraute und Helfer des Schuldners sein, sondern für die Gläubiger treuhände-

---

1 § 287 Abs. 2 Satz 1 InsO ist im Ergebnis dahin gehend auszulegen, dass die Laufzeit der Abtretungserklärung auf die Dauer des eröffneten Verfahrens anzurechnen ist (*Vallender*, NZI 2001, Heft 9, VII f.; *Vallender*, NZI 2001, 561, 567; *Gerigk*, ZInsO 2001, 931, 937; a.A. *Pape*, ZInsO 2001, 593; *Schütz*, NZI 2001, Heft 9, VII f.). Sie kann aus rechtlichen Gründen nicht mit der Eröffnung des Verfahrens beginnen (*Vallender*, NZI 2001, Heft 9, VII). Insbesondere hat die Neufassung der Vorschrift keine Verschmelzung von Insolvenz- und Restschuldbefreiungsverfahren zur Folge.

2 BGH v. 24. 7. 2003 – IX ZB 458/02, ZVI 2004, 129.

risch tätig werden und dabei ihre Interessen, vor allem an einem vollständigen Einzug der zur Verfügung stehenden Mittel und ggf. auch an einer engen Überwachung der Wohlverhaltensobliegenheiten, verfolgen. Die Regelung des § 292 Abs. 1 Satz 4 InsO soll die Motivation des Schuldners stärken, die „Wohlverhaltensperiode" durchzustehen[1]. Soweit die Gläubiger eine Überwachung des Schuldners für erforderlich und sinnvoll halten, kann die Gläubigerversammlung einen entsprechenden Beschluss fassen. § 292 Abs. 2 Satz 3 InsO stellt sicher, dass der Treuhänder den Schuldner nicht ohne Vergütung überwachen muss. Der Treuhänder steht während der Zeit seiner Amtsausübung unter der Aufsicht des Insolvenzgerichts, das ihn ggf. **aus seinem Amt entlassen** kann. Dies wird durch die Verweisungsvorschrift in § 292 Abs. 3 Satz 2 InsO auf die Regelungen der §§ 58, 59 InsO klargestellt. Allerdings kann der Treuhänder auch für die Wohlverhaltensperiode nur aus **wichtigem Grund** entlassen werden; sein Entlassungswunsch allein genügt nicht[2]. In der nachhaltigen Weigerung, zu Anträgen des Schuldners und zu gerichtlichen Anfragen Stellung zu nehmen, kann eine schwere Verletzung von Verfahrenspflichten liegen, die die Entlassung des Treuhänders rechtfertigt. Das hängt von den Umständen des Einzelfalls ab, die zu würdigen Aufgabe des Tatrichters ist[3].

2. Lohnabtretung

Mit dem Antrag auf Restschuldbefreiung hat der Schuldner die Abtretung seiner pfändbaren Lohn- und Gehaltsansprüche für die Zeit von **sechs Jahren ab Eröffnung des Insolvenzverfahrens** an den vom Gericht zu bestimmenden Treuhänder zu erklären. Die Abtretung wird erst wirksam mit der ausdrücklichen oder konkludenten Übernahme des Amtes durch den Treuhänder[4]. Die Abtretung erfasst nach dem Wortlaut des § 287 Abs. 2 InsO die pfändbaren Bezüge aus einem Dienstverhältnis des Schuldners. Dies sind nach dem Willen des Gesetzgebers alle Arten von Arbeitseinkommen i.S. des § 850 ZPO und darüber hinaus insbesondere auch Renten- oder sonstige Leistungen der Sozialversicherungsträger und der Bundesanstalt für Arbeit im Falle des Ruhestandes, der Erwerbsunfähigkeit oder der Arbeitslosigkeit[5]. Nach Ansicht des 10.41

1 Vgl. Beschlussempfehlung des Rechtsausschusses zu § 346g, BT-Drucks. 12/7302, S. 188.

2 BGH v. 24. 7. 2003 – IX ZB 458/02, ZVI 2004, 129.

3 BGH v. 3. 4. 2003 – IX ZB 37/02 n.v.; *Fischer*, NZI 2004, 281, 296.

4 *Landfermann* in Heidelberger Kommentar zur InsO, § 287 InsO Rz. 6; *Nerlich/Römermann/Römermann*, § 287 InsO Rz. 21; *Hess*, § 287 InsO Rz. 54; *Forsblad*, Restschuldbefreiung und Verbraucherinsolvenz im künftigen deutschen Insolvenzrecht, 1997, S. 213; *Döbereiner*, Restschuldbefreiung nach der Insolvenzordnung, 1997, S. 176; *Bruckmann*, Verbraucherinsolvenz, 1999, § 4 Rz. 7; *Vallender*, VuR 1997, 155, 156; *Wittig*, WM 1998, 209, 213; *Scholz*, DB 1996, 765, 767; a.A. *Jauernig*, § 95 II. 3.a; *Jauernig*, FS Uhlenbruck, 2000, S. 3, 16; *Ahrens*, DZWIR 1999, 45 ff.; *Kohte/Ahrens/Grote*, Verfahrenskostenstundung, Restschuldbefreiung und Verbraucherinsolvenzverfahren, 3. Aufl. 2006, § 287 InsO Rz. 23 ff.; *Grote*, Einkommensverwertung und Existenzminimum des Schuldners in der Verbraucherinsolvenz, 2000, S. 99, 100 Rz. 140.

5 So auch *Scholz*, DB 1996, 765, 767, im Anschluss an Begr. RegE InsO v. 15. 4. 1992, BT-Drucks. 12/2443, § 92 RegE, S. 136, § 236 RegE, S. 189.

BGH erfasst die Abtretung nicht den **Anspruch auf Erstattung von Lohn- und Einkommensteuerzahlungen**[1]. Zwar gehöre auch die Lohnsteuer, die der Arbeitgeber gem. § 38 EStG einzubehalten und an das Finanzamt abzuführen habe, zum Arbeitslohn. Nach der Rechtsprechung des BFH wandele sich die Rechtsnatur des als Lohnsteuer einbehaltenen Teils der Bezüge jedoch auf Grund des entstehenden Lohnsteueranspruchs des Staates. Im Falle einer Rückerstatung werde aus dem Steueranspruch des Staates der Erstattungsanspruch des Steuerpflichtigen (§ 37 Abs. 2 AO), ohne dabei seinen öffentlichen Charakter zu verlieren. Der an den Steuerpflichtigen zu erstattende Betrag erlange, auch wenn er wirtschaftlich betrachtet das auf den Veranlagungszeitraum entfallende Einkommen erhöhe, nicht wieder den Charakter eines Einkommens, das dem Berechtigten auf Grund einer Arbeits- oder Dienstleistung zustehe. Folgt man der herrschenden Auffassung in Rechtsprechung und Literatur, hat dies zur Folge, dass eine **Nachtragverteilung nach § 203 Abs. 3 InsO**, die auch im Verbraucherinsolvenzverfahren möglich ist[2], zu erfolgen hat, soweit die Lohnsteuer vor der Aufhebung des Insolvenzverfahrens abgeführt worden ist und sich der Fiskus nicht durch Aufrechnung befriedigt (vgl. § 294 Abs. 3 InsO).

10.42 **Lohnabtretungsverbote**, wie sie z.B. in Tarifverträgen oder Betriebsvereinbarungen vorkommen, oder sonstige Vereinbarungen, die eine Abtretung von einer Bedingung abhängig machen oder sonst einschränken, sind für die Abtretung im Rahmen des Restschuldbefreiungsverfahrens gem. § 287 Abs. 3 InsO insoweit unwirksam, als sie die Abtretung nach § 287 Abs. 2 Satz 1 InsO vereiteln oder beeinträchtigen würden. Bereits **bestehende Lohnabtretungen** hat der Schuldner gem. § 287 Abs. 2 InsO anzugeben, diese bleiben nach § 114 Abs. 1 InsO nur noch für die Dauer von zwei Jahren nach Eröffnung des Insolvenzverfahrens wirksam. §§ 114 Abs. 2, 294 Abs. 3 InsO beschränken die Aufrechnungsbefugnis des Arbeitgebers, der zugleich Insolvenzgläubiger ist (also z.B. im Falle eines Arbeitgeberdarlehens), gegen künftige Lohn- und Gehaltsansprüche des Schuldners[3].

10.43 Die in § 287 Abs. 2 Satz 1 InsO normierte Verpflichtung zur Abtretung pfändbarer Lohn- und Gehaltsansprüche für die Zeit von sechs Jahren ab Eröffnung des Insolvenzverfahrens trifft auch den **selbständig tätigen Schuldner**. Ansonsten wäre nicht gesichert, dass seine Bezüge allen Insolvenzgläubigern zugute kämen, falls er im Laufe der Wohlverhaltensperiode eine abhängige Tätigkeit aufnimmt[4]. Übt der Schuldner während der gesamten Laufzeit der Abtretungserklärung eine unselbständige Tätigkeit nicht aus, geht die Abtretung ins Leere[5]. Ansonsten hat er gem. § 295 Abs. 2 InsO die Insolvenzgläubiger durch

---

1 BGH v. 21. 7. 2005 – IX ZR 115/04, BGHZ 163, 391 = NZI 2005, 565; BGH v. 12. 1. 2006 – IX ZB 239/04, ZInsO 2006, 139; ebenso BFH v. 21. 11. 2006 – VII R 1/06, ZIP 2007, 347; a.A. AG Gifhorn v. 12. 6. 2001 – 2 C 1055/00, NZI 2001, 491; *Kübler/Prütting/Bork/Wenzel*, § 287 InsO Rz. 9; *Uhlenbruck/Vallender*,§ 287 InsO Rz. 31.

2 BGH v. 1. 12. 2005 – IX ZB 17/04, NZI 2006, 180, 181.

3 Dazu Begr. RegE InsO v. 15. 4. 1992, BT-Drucks. 12/2443, § 92 RegE, S. 136, § 132 RegE, S. 151.

4 *Trendelenburg*, ZInsO 2000, 437, 438.

5 *Karsten Schmidt*, Wege zum Insolvenzrecht, S. 251 ff.; *Landfermann* in Heidelberger Kommentar zur InsO, § 295 InsO Rz. 4; *Nerlich/Römermann/Römermann*, § 295

Zahlungen an den Treuhänder so zu stellen, als ob er ein angemessenes Dienstverhältnis eingegangen wäre. Diese Regelung wird in der Praxis wohl gerade bei den nahe stehenden Personen einer insolventen GmbH bedeutsam werden, wenn diese einen erneuten Anlauf wagen, unternehmerisch tätig zu sein. Ist der Schuldner mit seinem Wirtschaftsbetrieb **überdurchschnittlich erfolgreich**, besteht keine Pflicht, einen etwaigen Überschuss an den Treuhänder herauszugeben[1]. Denn maßgeblich ist nur der erwirtschaftete Betrag, den die Gläubiger im Falle eines angemessenen Dienstverhältnisses des Schuldners erhalten hätten. In Ausnahmefällen kann dies dazu führen, dass ein Schuldner die gesamten erwirtschafteten Einnahmen behalten darf, wenn er gegenüber einem Versagungsantrag eines Insolvenzgläubigers einwenden könnte, es sei ihm in seiner konkreten Situation unmöglich gewesen, überhaupt ein Dienstverhältnis einzugehen.

Nach Übernahme seines Amtes hat der Treuhänder den zur Zahlung der Bezüge Verpflichteten (Arbeitgeber des Schuldners oder Sozialleistungsträger) über die Abtretung zu unterrichten und ihn aufzufordern, die pfändbaren Bezüge des Schuldners nur an ihn zu zahlen. Hat er keine Kenntnis darüber, ob der Schuldner in einem Dienstverhältnis steht oder laufende Bezüge erhält, die an deren Stelle treten, hat dieser ihm entsprechende Auskunft zu erteilen. Diese umfasst Angaben über die Höhe seiner Bezüge und die Zahl der unterhaltsberechtigten Personen. Darüber hinaus trifft den Schuldner die Verpflichtung, jeden **Arbeitgeberwechsel** anzuzeigen (§ 295 Abs. 1 Nr. 3 InsO). Da sich die pfändbaren Bezüge des Schuldners während der Wohlverhaltensperiode ändern können, trifft den Treuhänder die Pflicht, sich über alle Veränderungen in der Entlohnung des Schuldners zu informieren. Dies betrifft auch die **Wahl der günstigsten Steuerklasse**. Um zu verhindern, dass der Schuldner durch Manipulationen seine Einkünfte reduziert und dadurch die Befriedigungsaussichten der Insolvenzgläubiger während der Laufzeit der Abtretungserklärung schmälert, muss er sich gegenüber diesen Gläubigern so behandeln lassen, als hätte er die günstigere Steuerklasse gewählt[2]. Dies gilt indes nicht, wenn die Wahl der günstigeren Steuerklasse bereits vor dem Antrag auf Erteilung der Restschuldbefreiung getroffen worden ist. 10.44

Es besteht auch keine Verpflichtung des **Ehegatten**, zu Gunsten der Gläubiger des anderen Ehegatten einer vom gesetzlichen Regelfall des § 38b Abs. 1 Nr. 4 EStG abweichenden Wahl der Steuerklassen zuzustimmen, die für ihn selbst nachteilig ist[3]. Fraglich erscheint, ob und unter welchen Voraussetzungen ein Ehegatte den Treuhänder seines Ehegatten im Insolvenzverfahren auf **Zustimmung zur Zusammenveranlagung** in Anspruch nehmen kann. Nach Auffassung des BGH[4] geht das Wahlrecht des Ehegatten nach § 26 Abs. 2 EStG auf 10.45

InsO Rz. 44, 47; *Smid/Haarmeyer*, § 295 InsO Rz. 9; *Kübler/Prütting/Bork/Wenzel*, § 295 InsO Rz. 14; *Arnold*, DGVZ 1996, 65, 69; *Döbereiner*, Restschuldbefreiung nach der Insolvenzordnung, 1997, S. 156; *Trendelenburg*, ZInsO 2000, 437, 438.

1 *Uhlenbruck/Vallender*, § 295 InsO Rz. 76 m.w.N.; a.A. *Kübler/Prütting/Bork/Wenzel*, § 295 InsO Rz. 15a.

2 Vgl. OLG Köln v. 3. 1. 2000 – 2 W 164/99, InVo 2000, 140.

3 AG Duisburg v. 29. 1. 2002 – 62 IN 53/00, NZI 2002, 328.

4 BGH v. 24. 5. 2007 – IX ZR 8/06, MDR 2007, 1156 = NZI 2007, 455.

Zusammenveranlagung in der Insolvenz auf den Insolvenzverwalter/Treuhänder über.

10.46 Der Treuhänder hat ferner darauf zu achten, dass der Zahlungspflichtige tatsächlich die **geschuldeten Beträge an ihn abführt**. Bei Zahlungsverzug oder Minderleistung hat der Treuhänder auf eine ordnungsgemäße Zahlung hinzuwirken. Der Treuhänder hat die eingehenden Beträge und sonstigen Leistungen des Schuldners oder Dritter von seinem Vermögen getrennt zu halten. Dies geschieht zweckmäßigerweise durch Einrichtung eines Treuhandkontos bei einem Kreditinstitut[1]. Die Auszahlung der Beträge, die der Treuhänder durch die Abtretung erlangt, und der sonstigen Leistungen des Schuldners oder Dritter hat an die Insolvenzgläubiger auf Grund des Schlussverzeichnisses zu erfolgen. Berücksichtigt werden danach nur die Insolvenzgläubiger, die ihre Forderungen im Insolvenzverfahren angemeldet hatten. Der Treuhänder hat bei Vornahme der Auszahlung die Weisungen des Insolvenzgläubigers, wie z.B. die Überweisung des Betrages auf ein bestimmtes Konto, zu befolgen[2]. Dagegen hat der Schuldner keine Befugnis, Einfluss auf die Auszahlung zu nehmen. Insbesondere ist der Treuhänder nicht verpflichtet, einseitige Treuhändertätigkeit für den Schuldner in der Weise zu übernehmen, dass er Tilgungsmittel nur unter Vorbehalt entgegennimmt und mit ihnen nach Weisung des Schuldners verfährt. Lohnabtretungsgläubiger werden als Absonderungsberechtigte in dem Schlussverzeichnis nur insoweit berücksichtigt, als sie mit ihrer Forderung ausgefallen sind oder auf abgesonderte Befriedigung verzichtet haben (§§ 52 Satz 2, 190 Abs. 1 InsO). Die Auszahlung an die Gläubiger hat der Treuhänder grundsätzlich **einmal jährlich** vorzunehmen.

10.47 Die an die Insolvenzgläubiger **auszuzahlenden Quoten** errechnen sich nach dem Verhältnis der Forderungen, die ihnen nach dem Schlussverzeichnis zustehen. Die Quotenbestimmung gestaltet sich schwieriger, wenn der Schuldner vor der Eröffnung des Insolvenzverfahrens Bezüge aus einem Dienstverhältnis abgetreten hat. Denn es ist regelmäßig erst nach Ablauf der in § 114 Abs. 1 InsO bestimmten Frist feststellbar, in welcher Höhe diese Gläubiger ausfallen[3]. Nach dem Wortlaut des § 292 Abs. 1 InsO würden Zessionare über das gesetzlich zwingend vorgeschriebene Maß hinaus bevorzugt. Sie würden unter Umständen sogar zu mehr als 100 % befriedigt, ohne dass ein Überschuss i.S. des § 199 InsO vorliegt[4]. Deshalb ist § 292 InsO bei einer Lohnabtretung unter dem Gesichtspunkt der Gleichbehandlung der Insolvenzgläubiger in der Weise auszulegen, dass eine Quotenermittlung auf der Grundlage der Forderungen vorzunehmen ist, die nach Auslaufen der Lohnabtretungen i.S. des § 114 Abs. 1 InsO noch offen sind[5].

10.48 Um dem Schuldner einen Anreiz zur Erfüllung seiner Obliegenheiten und insbesondere zur Arbeit zu geben, verbleibt ihm nach **Ablauf von vier Jahren**

1 *Landfermann* in Heidelberger Kommentar zur InsO, § 292 InsO Rz. 4.
2 *Preuss*, NJW 1999, 3450, 3451.
3 *Kübler/Prütting/Bork/Wenzel*, § 292 InsO Rz. 9.
4 S. das Berechnungsbeispiel von *Moch*, NZI 1998, 68.
5 Ebenso *Moch*, NZI 1998, 68; *Grote*, ZInsO 1999, 31, 33.

ein höherer Teil seiner Einkünfte. Der Treuhänder muss im fünften Jahr 10 % und im sechsten Jahr 15 % der durch die Abtretung erlangten Beträge an den Schuldner abführen. Nach dem klaren Wortlaut des § 292 Abs. 1 Satz 4 InsO sind auch die sonstigen Leistungen, die der Treuhänder erhält, vom **Motivationsrabatt** erfasst[1]. Für den im Laufe der Jahre wachsenden Anteil des Schuldners ist es ohne Belang, ob in den vorangegangenen Jahren überhaupt Zahlungen auf dem Treuhandkonto eingegangen sind[2]. Da § 292 Abs. 1 Satz 4 InsO nicht nach der Tätigkeit des Schuldners unterscheidet, kann auch der selbständig tätige Schuldner den Selbstbehalt für sich beanspruchen. Der Treuhänder muss allerdings darauf achten, dass nur ein angemessener Rabatt an den Schuldner ausgezahlt wird[3].

3. Vollstreckungsverbot

Das gem. **§ 294 Abs. 1 InsO** in der Wohlverhaltensperiode zum Tragen kommende Zwangsvollstreckungsverbot dient ähnlichen Zwecken wie der Ausschluss der Zwangsvollstreckung in insolvenzfreies Vermögen gem. § 89 Abs. 1 InsO. Die Norm will erreichen, dass sich in der Wohlverhaltensperiode die **Befriedigungsaussichten der Insolvenzgläubiger untereinander nicht verschieben**[4]. Ferner soll der Neuerwerb des Schuldners, der nicht gem. § 287 Abs. 2 InsO an den Treuhänder abgetreten oder an diesen gem. § 295 InsO herauszugeben ist, dem Zugriff der Insolvenzgläubiger entzogen sein[5]. Aus diesem Grunde fallen nach fast einhelliger Auffassung in Rechtsprechung und Literatur Vollstreckungsmaßnahmen von Insolvenzgläubigern auch dann unter das Vollstreckungsverbot des § 294 Abs. 1 InsO, wenn sie sich auf Forderungen beziehen, die nicht zur Tabelle angemeldet wurden und nicht bei der Verteilung der eingegangenen Beträge durch den Treuhänder berücksichtigt werden[6]. 10.49

4. Erfassung von Neuvermögen

Neuvermögen, das der Schuldner nach Eröffnung des Insolvenzverfahrens über sein Vermögen erlangt, **fällt in die Insolvenzmasse** und ist damit einer Verteilung zugänglich. Allerdings gelten auch insoweit die Schranken des § 36 InsO. Darüber hinaus erhalten die Insolvenzgläubiger während eines anschließenden **Restschuldbefreiungsverfahrens** sogar noch weiter den **Zugriff auf** 10.50

---

1 Bei einer verkürzten Laufzeit der Abtretungserklärung gem. Art. 107 EGInsO auf fünf Jahre kommt demnach nur die erste Stufe des Selbstbehalts von 10 % zum Tragen (*Landfermann* in Heidelberger Kommentar zur InsO, § 292 InsO Rz. 9).

2 *Scholz*, DB 1996, 65, 69; *Vallender*, VuR 1997, 155, 157; *Nerlich/Römermann/Römermann*, § 292 InsO Rz. 40.

3 *Kübler/Prütting/Bork/Wenzel*, § 292 InsO Rz. 9c.

4 BGH v. 13. 7. 2006 – IX ZB 288/03, ZInsO 2006, 994, 995.

5 BGH v. 21. 7. 2005 – IX ZR 115/04, BGHZ 163, 391, 396.

6 BGH v. 13. 7. 2006 – IX ZB 288/03, ZInsO 2006, 994; *Andres/Leithaus*, § 294 InsO Rz. 1; *Braun/Lang*, § 294 InsO Rz. 4; *Streck* in Hamburger Kommentar zum Insolvenzrecht, § 294 InsO Rz. 3; *Landfermann* in Heidelberger Kommentar zur InsO, § 294 InsO Rz. 3; *Kübler/Prütting/Bork/Wenzel*, § 294 InsO Rz. 2a; *Uhlenbruck/Vallender*, § 294 InsO Rz. 5.

Neuvermögen, das der Schuldner erst nach Abschluss des eigentlichen Insolvenzverfahrens erwirbt[1].

10.51 Dabei handelt es sich zum einen um den **pfändbaren Teil der Lohn- und Gehaltsansprüche** für die Restlaufzeit der Abtretungserklärung, der den Insolvenzgläubigern in der soeben beschriebenen Weise über den Treuhänder zufließt. Dieser Teil des Neuvermögens dient nicht nur zusätzlich zu der im Insolvenzverfahren verwerteten Insolvenzmasse zur Befriedigung der Insolvenzgläubiger, sondern ist auch exklusiv für die Befriedigung ihrer Insolvenzforderungen reserviert, da **Neugläubiger**, die Forderungen erst nach Eröffnung des Insolvenzverfahrens gegen den Schuldner erwerben, am Zugriff auf dieses Neuvermögen gehindert sind. Zwar steht § 294 Abs. 1 InsO einer Zwangsvollstreckung der Neugläubiger in Lohn- und Gehaltsansprüche des Schuldners nicht im Wege, weil dieses Vollstreckungsverbot nur für die Vollstreckung wegen Insolvenzforderungen gilt. Wegen der bereits bei Verfahrensbeginn zu erklärenden Abtretung an den Treuhänder kann dieser aber einer etwaigen Lohnpfändung eines Neugläubigers mit der Drittwiderspruchsklage (§ 771 ZPO) entgegentreten. Für die **Geschäftsführer und Gesellschafter einer gescheiterten GmbH** (und ggf. ihre Angehörigen) bedeutet dies jedoch, dass sie während des Restschuldbefreiungsverfahrens die Lohn- und Gehaltsansprüche aus einer angestellten Tätigkeit weder für die Besicherung eines Neukredits anbieten noch diese Einkünfte evtl. Neugläubigern als Gegenstand der Zwangsvollstreckung zur Verfügung stellen können. Dies wird aller Voraussicht nach Personen, die sich im Restschuldbefreiungsverfahren befinden, während der restlichen Laufzeit der Abtretungserklärung nach Aufhebung des Verfahrens und Eintritt in die Wohlverhaltensperiode von Kreditgewährungen und u.U. sogar von anderen Leistungen, bei denen der Vertragspartner Vorleistungen erbringen soll, z.B. die Anmietung einer Wohnung oder Abzahlungskäufe, weitgehend ausschließen.

10.52 Die **Insolvenzgläubiger** erhalten im Restschuldbefreiungsverfahren auch die **Hälfte des Wertes** einer etwaigen **Erbschaft des Schuldners**. Unter den Erwerb von Todes wegen fällt der Erwerb des Erben auf Grund gesetzlicher, testamentarischer oder erbvertraglicher Erbfolge[2]. Dies gilt auch für den Fall der Mit-, Vor- oder Nacherbschaft. Zu dem Erwerb von Todes wegen zählen ferner der Erwerb aus Vermächtnis, Abfindungen für einen Erbverzicht und das aus einer Erbauseinandersetzung bzw. auf Grund eines Vergleichs in einem Erbschaftstreit Erlangte. Gem. § 295 Abs. 1 Nr. 2 InsO muss der Schuldner die Hälfte des Wertes des erlangten Vermögens an den Treuhänder herausgeben, damit dieser davon die Schulden decke. Die andere Hälfte kann der Schuldner für sich behalten und darf darüber frei verfügen. Die Begrenzung auf die Hälfte ist ein Kompromiss zwischen den Überlegungen, dass es einerseits unbillig wäre, wenn der Schuldner Restschuldbefreiung erhielte, ohne dieses Vermögen anzutasten, dass aber andererseits bei vollem Gläubigerzugriff auf eine Erschaft der Schuldner durch Ausschlagung oder in anderer Weise regelmäßig dafür

1 Darauf weist zu Recht *Arnold*, DGVZ 1996, 129, 130, hin.
2 *Kohte/Ahrens/Grote*, Verfahrenskostenstundung, Restschuldbefreiung und Verbraucherinsolvenzverfahren, 3. Aufl. 2006, § 295 InsO Rz. 38; *Döbereiner*, Restschuldbefreiung nach der Insolvenzordnung, 1997, S. 162.

sorgen wird, dass die Erbschaft ihm nicht zufällt[1]. Dabei ist der Schuldner zur **Ausschlagung der Erbschaft** befugt, ohne dass dies als Obliegenheitsverletzung gewertet werden kann[2].

Außer dem Arbeitsaufkommen und der Hälfte einer eventuellen Erbschaft ist im Übrigen jedes evtl. sonstige Neuvermögen des Schuldners, z.B. aus Schenkungen oder aus einem Lotteriegewinn, dem Zugriff der Insolvenzgläubiger im Restschuldbefreiungsverfahren entzogen. Ein anderes Ergebnis kann von einzelnen Gläubigern auch nicht durch einvernehmliche Regelung mit dem Schuldner erreicht werden, da nach **§ 294 Abs. 2 InsO** im Interesse einer Gleichbehandlung aller Insolvenzgläubiger jedes Abkommen des Schuldners mit einzelnen Gläubigern, das diesen Sondervorteile verschaffen soll, nichtig ist. Für die Kreditwirtschaft bedeutet dies beispielsweise, dass eine Vereinbarung mit einem mithaftenden Geschäftsführer oder Gesellschafter, mit der ein Kredit für den Aufbau einer neuen selbständigen Existenz gewährt wird, insoweit nichtig wäre, als an die Kreditzusage die Vereinbarung geknüpft ist, aus dem Kredit oder aus sonstigen Mitteln die alten Verbindlichkeiten aus der Mithaft zu bedienen. 10.53

5. Obliegenheiten des Schuldners

Wenn (ehemalige) Geschäftsführer oder Gesellschafter einer insolventen GmbH sich mittels Restschuldbefreiung von der Mithaftung für die Verbindlichkeiten ihrer GmbH entziehen wollen, müssen sie gem. § 295 InsO während der Wohlverhaltensperiode bestimmte Obliegenheiten erfüllen. Diese reicht von der Ankündigung der Restschuldbefreiung bis zum Ende der Laufzeit der Abtretungserklärung[3]. 10.54

Ziel ist es, dass der Schuldner sich während dieser Zeit **nach Kräften bemüht, die Forderungen seiner Gläubiger so weit wie möglich zu tilgen**[4]. Im Einzelnen wird dem Schuldner Folgendes abverlangt: 10.55

- Damit Zahlungen an den Treuhänder zur Verteilung unter die Gläubger fließen können, hat er eine angemessene Erwerbstätigkeit auszuüben, sich zumindest um eine solche zu bemühen, und darf dabei keine zumutbare

1 Begr. RegE InsO v. 15. 4. 1992, BT-Drucks. 12/2443, § 244 RegE, S. 192.

2 *Döbereiner*, Restschuldbefreiung nach der Insolvenzordnung, 1997, S. 167; *Vallender*, InVo 1998, 177; *Nerlich/Römermann/Römermann*, § 295 InsO Rz. 27; *Uhlenbruck/Vallender*, § 295 InsO Rz. 34; *Landfermann* in Heidelberger Kommentar zur InsO, § 295 InsO Rz. 6; *Kübler/Prütting/Bork/Wenzel*, § 295 InsO Rz. 19b; *Kohte/Ahrens/Grote*, Verfahrenskostenstundung, Restschuldbefreiung und Verbraucherinsolvenzverfahren, 3. Aufl. 2006, § 295 InsO Rz. 42; a.A. *Dieckmann* in Leipold, Insolvenzrecht im Umbruch, S. 132, 133; *Bruckmann*, Verbraucherinsolvenz, 1999, § 4 Rz. 59; *Thora*, ZInsO 2002, 176 ff.

3 BGH v. 11. 1. 2007 – IX ZR 133/06, FamRZ 2007, 557; LG Göttingen v. 20. 7. 2004 – 10 T 83/04, NZI 2004, 596; AG Köln v. 9. 3. 2004 – 71 IK 116/01, NZI 2004, 331; AG Mönchengladbach v. 7. 1. 2005 – 32 IK 104/02, ZInsO 2005, 330; *Uhlenbruck/Vallender*, § 295 InsO Rz. 1; *Landfermann* in Heidelberger Kommentar zur InsO, § 205 InsO Rz. 2; a.A. AG Göttingen v. 17. 1. 2003 – 74 IK 191/01, ZVI 2003, 295; differenzierend *Kübler/Prütting/Bork/Wenzel*, § 295 InsO Rz. 1c.

4 Begr. RegE InsO v. 15. 4. 1992, BT-Drucks. 12/2443, § 244 RegE, S. 192.

Tätigkeit ablehnen. Bei selbständiger Tätigkeit muss er durch Zahlungen an den Treuhänder die Insolvenzgläubiger so stellen, als ob er ein angemessenes Dienstverhältnis eingegangen wäre.

- Vermögen, das er geerbt hat, muss er zur Hälfte des Wertes an den Treuhänder herausgeben.
- Jeder Wohnsitz- oder Arbeitswechsel ist unverzüglich dem Insolvenzgericht und dem Treuhänder anzuzeigen.
- Von der Abtretung erfasste Bezüge oder eventuelle Erbschaften dürfen nicht verheimlicht werden.
- Auf Anforderung des Gerichts oder des Treuhänders muss der Schuldner Auskunft über seine Erwerbstätigkeit, sein Bemühen um eine solche sowie über Einkünfte und Vermögen erteilen[1].
- Zahlungen zur Befriedigung der Insolvenzgläubiger darf der Schuldner nur an den Treuhänder leisten, und er darf keinem Gläubiger einen Sondervorteil verschaffen.

10.56 Insgesamt nennt das Gesetz in § 295 Abs. 1 Nr. 1 InsO **drei Obliegenheiten des nicht selbständig tätigen Schuldners**. Während sich die erste Obliegenheit, eine angemessene Tätigkeit auszuüben, an den erwerbstätigen Schuldner richtet, hat sich der beschäftigungslose Schuldner um eine angemessene Erwerbstätigkeit zu bemühen; er darf keine zumutbare Tätigkeit ablehnen. Den Schuldner trifft aber **keine Rechtspflicht, irgendeine Berufstätigkeit aufzunehmen**. Aus diesem Grunde können die Insolvenzgläubiger den Schuldner nicht klageweise zwingen, eine besser bezahlte oder überhaupt eine geregelte Erwerbsarbeit aufzunehmen. Grundsätzlich erfüllt ein erwerbstätiger Schuldner seine Obliegenheiten, wenn er während der Wohlverhaltensperiode einer Erwerbstätigkeit nachgeht, die seiner Ausbildung und seinen Fähigkeiten entspricht. Dies gilt auch, wenn er während der Wohlverhaltensperiode seine Arbeitsstelle wechselt. Entscheidend ist nur, dass hierdurch die Befriedigungschancen der Gläubiger nicht geschmälert werden. Eine **angemessene Erwerbstätigkeit** setzt nicht nur eine gebührende Arbeitsleistung, sondern auch eine angemessene Bezahlung voraus[2]. Der Schuldner verstößt gegen die Erwerbsobliegenheit des § 295 Abs. 1 Nr. 1 InsO, wenn er im Zusammenwirken mit seinem Arbeitgeber sein Einkommen verschleiert oder „umleitet"[3]. Ein Verlust der Arbeitsstelle bedeutet nicht zwangsläufig eine Obliegenheitsverletzung durch den Schuldner. Vielmehr ist auf die Gründe abzustellen, die zur Beendigung des Arbeitsverhältnisses geführt haben[4]. Wird das Arbeitsverhält-

1 Gegenüber den Gläubigern besteht dagegen die Pflicht zur Auskunftserteilung nicht (AG Leipzig v. 12. 10. 2004 – 94 IN 1357/01, ZInsO 2005, 387).

2 AG Dortmund v. 9. 9. 1999 – 259 IK 33/99, NZI 1999, 420, 421.

3 *Kohte/Ahrens/Grote*, Verfahrenskostenstundung, Restschuldbefreiung und Verbraucherinsolvenzverfahren, 3. Aufl. 2006, § 295 InsO Rz. 24; *Fuchs* in Kölner Schrift zur InsO, S. 1740 Rz. 177.

4 *Kohte/Ahrens/Grote*, Verfahrenskostenstundung, Restschuldbefreiung und Verbraucherinsolvenzverfahren, 3. Aufl. 2006, § 295 InsO Rz. 15; *Nerlich/Römermann/Römermann*, § 295 InsO Rz. 11.

nis wegen mehrfachen Unterschlagungen gekündigt, rechtfertigt dies die Versagung der Restschuldbefreiung wegen Verletzung der Erwerbsobliegenheit gem. § 295 Abs. 1 Nr. 1 InsO[1].

Nach § 295 Abs. 1 Nr. 1 InsO hat sich der **beschäftigungslose Schuldner** um eine Arbeit zu bemühen; eine zumutbare Arbeit darf er nicht ablehnen. Gelingt es dem Schuldner nicht, eine seiner Ausbildung, seinen Fähigkeiten, dem Lebensalter und dem Gesundheitszustand entsprechende (vgl. § 1574 Abs. 2 BGB) Arbeitsstelle zu finden, muss er ggf. eine berufsfremde, eine auswärtige und notfalls eine Aushilfs- oder Gelegenheitstätigkeit annehmen[2]. Der Schuldner darf seine Bemühungen weder örtlich noch sachlich auf einen kleinen Teil des Arbeitsmarkts beschränken[3]. Es reicht nicht aus, sich lediglich auf Teilzeitstellen zu bewerben[4]. 10.57

Der Schuldner ist nicht verpflichtet, während der Wohlverhaltensperiode eine **abhängige Tätigkeit** aufzunehmen. **§ 295 Abs. 2 InsO** stellt vielmehr klar, dass er auch dann Restschuldbefreiung erlangen kann, wenn er während der (restlichen) Laufzeit der Abtretungserklärung eine selbständige Tätigkeit ausübt, etwa ein Gewerbe, betreibt[5]. Dem Schuldner ist es sogar gestattet, während der Laufzeit der Abtretungserklärung zwischen einer nicht abhängigen und einer abhängigen Erwerbstätigkeit sowie umgekehrt zu wechseln[6]. Ein solcher Wechsel erscheint dann sinnvoll, wenn der Selbständige Forderungen aus seinem Gewerbebetrieb im Voraus abgetreten hat. Diese Beträge fallen nicht unter § 114 InsO, weil die Vorschrift nur Bezüge aus einem Dienstverhältnis oder an deren Stelle tretende Bezüge erfasst. Ist der Schuldner wegen der Abtretung nicht in der Lage, den gem. § 295 Abs. 2 InsO an die Gläubiger abzuführenden Betrag zu erbringen, bietet in diesem Fall oft nur die Aufnahme einer abhängigen Erwerbstätigkeit die Chance, einer Versagung der Restschuldbefreiung wegen schuldhafter Verletzung seiner Obliegenheiten zu entgehen[7]. Den Selbständigen trifft ebenso wie den abhängig Tätigen die Pflicht, sich um Arbeit zu bemühen und Gewinne an die Gläubiger abzuführen. Dabei hat der selbständig Tätige die Insolvenzgläubiger durch Zahlungen so zu stellen, als würden ihnen die pfändbaren Bezüge aus einem entsprechenden angemessenen Dienstverhältnis zukommen. Dieser **fiktive Verdienst** stellt die Bemessungsgrundlage i.S. der §§ 850 ff. ZPO dar[8]. Übt der Schuldner neben sei- 10.58

1 AG Holzminden v. 8. 2. 2006 – 10 IK 96/02, ZVI 2006, 260.

2 *Hess*, § 295 InsO Rz. 31; *Haarmeyer/Wutzke/Förster*, Handbuch zur InsO, Kap. 10 Rz. 74.

3 *Streck* in Hamburger Kommentar zum Insolvenzrecht, § 295 InsO Rz. 8.

4 AG Neu-Ulm v. 19. 2. 2004 – IK 317/3, ZVI 2004, 131.

5 Begr. RegE InsO v. 15. 4. 1992, BT-Drucks. 12/2443, § 244 RegE, S. 192; kritisch zu der Regelung des § 295 Abs. 2 InsO: *Henckel*, ZZP 97 (1984), 105, 112; *Gerhardt* in Leipold, Insolvenzrecht im Umbruch, S. 1, 3; *Grub*, ZIP 1993, 393, 398; *Grub*, AnwBl. 1993, 458, 459; *Grub/Rinn*, ZIP 1993, 1583, 1586; *Döbereiner*, Restschuldbefreiung nach der Insolvenzordnung, 1997, S. 156 ff.

6 *Häsemeyer*, Insolvenzrecht, Rz. 26.52; *Kohte/Ahrens/Grote*, Verfahrenskostenstundung, Restschuldbefreiung und Verbraucherinsolvenzverfahren, 3. Aufl. 2006, § 295 InsO Rz. 62; *Trendelenburg*, ZInsO 2000, 437, 440.

7 *Trendelenburg*, ZInsO 2000, 437, 440.

8 *Streck* in Hamburger Kommentar zum Insolvenzrecht, § 295 InsO Rz. 23 m.w.N.

ner abhängigen Beschäftigung eine selbständige Tätigkeit aus, aus der er lediglich Verlust erwirtschaftet, sind die Insolvenzgläubiger nicht beeinträchtigt, wenn der Schuldner keine Möglichkeit hat, an Stelle der selbständigen Tätigkeit ein weiteres Arbeitsverhältnis einzugehen[1].

10.59 Der Obliegenheitskatalog des § 295 InsO dürfte einem unredlichen Schuldner genügend **Missbrauchsmöglichkeiten** einräumen. Denn es bleibt trotz allem sehr unbestimmt, wann ein ausreichendes Bemühen um eine zumutbare Tätigkeit vorliegt bzw. welche Zahlungen von einem Selbständigen zu erbringen sind, damit die Gläubiger so gestellt werden, als ob der Schuldner eine angemessene angestellte Tätigkeit ausübe. Für die Gläubiger wird es in diesem weiten Rahmen ohne gezielte Überwachungsmaßnahmen kaum möglich sein, dem Schuldner einen Verstoß gegen die Obliegenheiten nachzuweisen und – wie erforderlich – binnen einer Jahresfrist dem Gericht glaubhaft zu machen[2], vor allem, wenn der Treuhänder wegen des fehlenden Auftrags der Gläubigerversammlung nach § 292 Abs. 2 InsO nicht verpflichtet ist, den Schuldner zu überwachen und die Gläubiger von Obliegenheitsverletzungen des Schuldners zu unterrichten. Erschwerend kommt hinzu, dass gem. § 296 Abs. 1 InsO eine Obliegenheitsverletzung nur dann beachtlich ist, wenn sie kausal die Befriedigungsmöglichkeiten der Insolvenzgläubiger beeinträchtigt. Weiterhin scheidet eine Versagung der Restschuldbefreiung nach § 296 Abs. 1 InsO dann aus, wenn dem Schuldner kein Verschulden zur Last fällt[3]. Schließlich sollen „unwesentliche Verstöße" die Restschuldbefreiung angesichts des Verbots des Rechtsmissbrauchs (§ 242 BGB) nicht verhindern, um übermäßige Härten zu vermeiden[4]. Obwohl der Gesetzgeber von der Möglichkeit zur Versagung der Restschuldbefreiung bei Obliegenheitsverletzungen „eine heilsame Wirkung auf die Schuldnermoral" erwartet[5], sollten die Gläubiger daher nicht davon ausgehen, dass die gesetzlichen Vorgaben des § 295 InsO insolvente Schuldner in besonderem Maße dazu motivieren, (offiziell) eine bezahlte Tätigkeit aufzunehmen, um daraus während der restlichen Laufzeit der Abtretungserklärung ihre Gläubiger zu befriedigen. Vielmehr wird gerade für die einer gescheiterten GmbH nahe stehenden Personen befürchtet, dass unredliche Schuldner entsprechend schon bisher anzutreffender Praxis auch weiterhin nach der Insolvenz einen neuen Betrieb unter dem Namen des Ehegatten führen werden oder Strohmann-Geschäfte und Schwarzarbeit der Arbeit für die Gläubiger vorziehen[6].

10.60 Ein Verstoß gegen diese Obliegenheiten kann nach §§ 296, 300 InsO zur Versagung der Restschuldbefreiung führen. Zu den Obliegenheiten gehört aber **keine irgendwie festgesetzte Mindesttilgung** der verbliebenen Insolvenzforde-

1 BGH v. 5. 4. 2006 – IX ZB 50/05, NZI 2006, 413.
2 So auch *Scholz*, DB 1996, 765, 769.
3 *Uhlenbruck*, Das neue Insolvenzrecht, S. 113.
4 Rechtsausschuss, Beschlussempfehlung und Bericht zum RegE InsO v. 15. 4. 1992, BT-Drucks. 12/7302, § 346k RegE, S. 188.
5 Begr. RegE InsO v. 15. 4. 1992, BT-Drucks. 12/2443, Allgemeines, S. 101.
6 So *Lösch*, JA 1994, 44, 45 und *Grub* in Kölner Schrift zur InsO, S. 99. Ebenso geht *Scholz*, DB 1996, 765, 769 davon aus, dass die Regelungen dem Schuldner genügend Missbrauchsmöglichkeiten bieten, um ohne Zahlungen an die Gläubiger Restschuldbefreiung zu erlangen. Optimistischer *Wenzel*, ZRP 1993, 161, 164.

rungen. Für Gläubiger der GmbH, die während der restlichen Laufzeit der Abtretungserklärung in der Zeit der Wohlverhaltensperiode auf die zumindest teilweise Befriedigung ihrer nicht getilgten Forderungen hoffen, bedeutet dies, dass auch derjenige frühere Geschäftsführer oder Gesellschafter der insolventen GmbH, der in dieser Zeit keinen einzigen Cent zur Tilgung seiner Verbindlichkeiten aus der übernommenen Mithaftung an den Treuhänder leistet bzw. leisten kann, Restschuldbefreiung erlangt, solange er nur seine Obliegenheiten erfüllt und sich wenigstens um Arbeit bemüht.

6. Versagung der Restschuldbefreiung

Verstößt der Schuldner schuldhaft gegen seine Obliegenheiten aus § 295 Abs. 1 InsO, so versagt das Insolvenzgericht auf Antrag eines Insolvenzgläubigers die Restschuldbefreiung. Die Entscheidung über die Gewährung oder Versagung der Restschuldbefreiung erfolgt regelmäßig am Ende der Wohlverhaltensperiode (§ 300 InsO). Ein **zulässiger Antrag auf Versagung der Restschuldbefreiung** während der Laufzeit der Abtretungserklärung setzt voraus, dass der Insolvenzgläubiger nicht nur die Obliegenheitsverletzung des Schuldners, sondern auch eine darauf beruhende **Beeinträchtigung der Befriedigung der Insolvenzgläubiger** glaubhaft macht. Letzteres liegt vor, wenn bei wirtschaftlicher Betrachtung eine konkret messbare Schlechterstellung der Gläubiger wahrscheinlich ist[1]. Die Entscheidung kann gem. § 296 InsO auf Antrag eines Gläubigers auch schon während der Wohlverhaltensperiode erfolgen, womit die Wohlverhaltensperiode zur Erlangung der Restschuldbefreiung vorzeitig abgebrochen wird[2]. Allerdings muss ein Gläubiger bei Verletzung einer Schuldnerobliegenheit aus § 295 InsO den Antrag auf Versagung der Restschuldbefreiung innerhalb eines Jahres nach Kenntnis der Obliegenheitsverletzung stellen (§ 296 Abs. 2 InsO). Dabei ist es nicht Sache des Insolvenzgerichts, den Antragsteller bei der Beschaffung der erforderlichen Beweismittel zur Glaubhaftmachung durch Amtsermittlungen oder durch Vernehmung des Schuldners zu unterstützen[3]. Gegen die Entscheidung steht dem Antragsteller und dem Schuldner die sofortige Beschwerde zu. Die Versagung ist öffentlich bekannt zu machen (§ 296 Abs. 3 Satz 2 InsO). 10.61

Auch in folgenden Fällen wird gem. §§ 297, 298, 300 Abs. 2 InsO durch Gerichtsbeschluss die Restschuldbefreiung schon vorzeitig während der Dauer der sechsjährigen Wohlverhaltensperiode oder nach Ablauf der Wohlverhaltensperiode versagt: 10.62

– Auf Gläubigerantrag bei rechtskräftiger Verurteilung des Schuldners wegen einer Insolvenzstraftat nach §§ 283 bis 283c StGB.

1 BGH v. 5. 4. 2006 – IX ZB 50/05, ZInsO 2006, 547; vgl. auch AG Regensburg v. 20. 4. 2004 – 2 IN 217/02, ZInsO 2004, 692 = ZVI 2004, 499. Das Gericht stellt den Schuldner als Geschäftsführer der GmbH seiner Tochter hinsichtlich seiner Entscheidungsbefugnis einem Selbständigen gleich, weil er sich selbst den Lohn anweise. Er sei deshalb verpflichtet, Beträge an den Treuhänder abzuführen, die denen eines selbständig tätigen Schuldners entsprechen.

2 Begr. RegE InsO v. 15. 4. 1992, BT-Drucks. 12/2443, § 245 RegE, S. 193.

3 AG Duisburg v. 29. 1. 2002 – 62 IN 53/00, NZI 2002, 328.

– Auf Antrag des Treuhänders, wenn die an ihn abgeführten Beträge des jeweiligen Jahres nicht zur Deckung seiner Mindestvergütung ausreichen und der Schuldner den fehlenden Betrag nicht nach Aufforderung des Gerichts binnen zwei Wochen – z.B. aus dem unpfändbaren Vermögen – zahlt[1].

10.63 Eine vorzeitige **Beendigung des Restschuldbefreiungsverfahrens** auf Grund einer Versagungsentscheidung des Gerichts beendet nach der ausdrücklichen Regelung des § 299 InsO vorzeitig auch die Laufzeit der Abtretungserklärung an den Treuhänder, dessen Amt und die Beschränkung der Gläubigerrechte. Deren freies Nachforderungsrecht lebt wieder auf und es können wieder Zwangsvollstreckungsmaßnahmen betrieben werden[2]. Gleiches gilt für die Gläubigerrechte auch dann, wenn die Restschuldbefreiung am Ende der Wohlverhaltensperiode versagt wird, weil in diesem Fall die Wirkungen der Restschuldbefreiung aus § 301 InsO nicht eintreten und die Beschränkungen für die Verfolgung der titulierten Insolvenzforderungen durch Zwangsvollstreckung aus § 294 Abs. 1 InsO durch Zeitablauf enden.

7. Erteilung der Restschuldbefreiung

10.64 Nach Ablauf der Wohlverhaltensperiode entscheidet das Insolvenzgericht nach Anhörung aller Beteiligten durch Beschluss über die **Erteilung der Restschuldbefreiung** (§ 300 InsO). Um es noch einmal deutlich zu machen: Diese wird gewährt, sofern keine Obliegenheitsverletzung von einem Gläubiger geltend gemacht worden ist, ohne dass es darauf ankommt, ob und in welcher Höhe die Gläubiger befriedigt worden sind[3]. Für den Beschluss ist ein Termin nicht zwingend erforderlich, sondern das Insolvenzgericht kann im schriftlichen Verfahren entscheiden[4]. Der Beschluss ist öffentlich bekannt zu machen.

a) Vorzeitige Erteilung der Restschuldbefreiung

10.65 In Rechtsprechung und Schrifttum ist die Frage umstritten, ob der Schuldner auch dann die Wohlverhaltensphase durchlaufen muss, wenn keine Forderun-

1 § 298 Abs. 2 Satz 2 Halbsatz 2 InsO eröffnet dem Schuldner, der zwar die in § 54 InsO genannten Kosten berichtigen konnte, in der Wohlverhaltensperiode aber nicht mehr in der Lage ist, die Mindestvergütung für den Treuhänder aufzubringen, die Möglichkeit, noch während der Wohlverhaltensperiode unter den Voraussetzungen des § 4a Abs. 1 InsO Stundung zu beantragen. Der Antrag kann noch bis zur rechtskräftigen Entscheidung über den Versagungsantrag des Treuhänders gestellt werden. Da bis zur Entscheidung über die Stundung die in § 4a Abs. 3 Satz 1 InsO genannten Wirkungen der Stundung einstweilig eintreten, hat das Insolvenzgericht erst nach Rechtskraft der Entscheidung über den Stundungsantrag eine Entscheidung über den Versagungsantrag des Treuhänders zu treffen. Denn von dieser Entscheidung hängt es wiederum ab, ob die Mindestvergütung des Treuhänders gedeckt ist oder nicht.

2 Begr. RegE InsO v. 15. 4. 1992, BT-Drucks. 12/2443, § 247 RegE, S. 193.

3 *Obermüller*, Insolvenzrecht in der Bankpraxis, Rz. 1.564.

4 Rechtsausschuss, Beschlussempfehlung und Bericht zum RegE InsO v. 19. 4. 1994, BT-Drucks. 12/7302, § 346o RegE, S. 189.

gen angemeldet worden sind oder er sämtliche angemeldeten Forderungen begleicht oder er sich vergleichweise mit sämtlichen teilnehmenden Gläubigern einigt[1].

Nach einer Meinung kommt eine Erteilung der Restschuldbefreiung bereits im Schlusstermin trotz fehlender Gläubigeranmeldungen nicht in Betracht, weil auch den Insolvenzgläubigern, die nicht am Verfahren teilgenommen hätten, die Möglichkeit offen gehalten werden müsse, Versagungsanträge nach §§ 296, 297 InsO zu stellen[2]. Nach der Gegenmeinung kann dem Schuldner bei fehlender Gläubigeranmeldung die Restschuldbefreiung bereits im Schlusstermin erteilt werden[3]. 10.66

Der **Bundesgerichtshof**[4] billigt im Grundsatz die zuletzt genannte Ansicht. Er spricht sich ebenfalls für eine **vorzeitige Erteilung der Restschuldbefreiung im Schlusstermin** aus, sofern der Schuldner belegt, dass die Verfahrenskosten und die sonstigen Masseverbindlichkeiten getilt sind. Ergebe sich dagegen erst **während der Wohlverhaltensperiode** aus einer der vom Treuhänder jährlich vorzunehmenden Abrechnungen, dass keine Kosten mehr offen und sämtliche Verbindlichkeiten getilgt sind, könne der Schuldner analog § 299 InsO einen Antrag auf vorzeitige Beendigung der Wohlverhaltensperiode stellen. Dann sei ihm vor Ablauf der Frist die Restschuldbefreiung zu erteilen. 10.67

b) Die Wirkung der Restschuldbefreiung

Die Wirkung der Restschuldbefreiung richtet sich gem. § 301 InsO **gegen alle Insolvenzgläubiger**, auch gegen solche, die ihre Forderungen nicht angemeldet haben, und erfasst grundsätzlich alle Arten von Schulden, also die verbliebenen Verbindlichkeiten aus der Mithaftung für die gescheiterte GmbH ebenso wie die Privatschulden aus einem Konsumentenkredit oder Unterhalts- oder Steuerschulden. **Ausgenommen sind** lediglich deliktische Ansprüche aus vorsätzlich begangenen unerlaubten Handlungen des Schuldners sowie Geldstrafen und diesen gleichgestellte Verbindlichkeiten **(§ 302 InsO)**[5]. Mit Erteilung der Restschuldbefreiung erlöschen aber nicht etwa die davon erfassten verbliebenen Forderungen, sondern sie werden lediglich – wie § 301 Abs. 3 InsO deutlich macht – zu sog. unvollkommenen Verbindlichkeiten, die erfüllbar, 10.68

1 LG Bochum v. 28. 6. 2006 – 10 T 107/04 (unveröff.).
2 LG Traunstein v. 14. 8. 2003 – 4 T 2025/03, ZInsO 2003, 814; LG Oldenburg v. 5. 3. 2003 – 6 T 141/03, NZI 2004, 44; AG Köln v. 28. 1. 2002 – 71 IK 1/00, NZI 2002, 218; *Uhlenbruck/Vallender*, § 291 InsO Rz. 37 ff.; *Kübler/Prütting/Bork/Wenzel*, § 299 InsO Rz. 3; *Fuchs*, ZInsO 2002, 298, 308 ff.
3 LG Frankfurt a.M. v. 16. 6. 2003 – 09 Z 309/03, ZVI 2003, 426; *Ahrens* in Frankfurter Kommentar zur InsO, § 300 InsO Rz. 12a; *Braun/Lang*, § 299 InsO Rz. 3; *Lohmann*, ZInsO 2000, 445; *Winter*, ZVI 2003, 451; *Pape*, NZI 2004, 1.
4 BGH v. 17. 3. 2005 – IX 214/04, NZI 2005, 399.
5 Die Forderung eines Gläubigers, die auf einer vorsätzlich begangenen unerlaubten Handlung des Schuldners beruht, wird von der Restschuldbefreiung erfasst, wenn der Gläubiger bei der Anmeldung seiner Forderung nicht die Tatsachen angibt, aus denen sich nach seiner Einschätzung ergibt, dass ihr eine vorsätzlich begangene unerlaubte Handlung des Schuldners zugrunde liegt (§ 174 Abs. 2 InsO).

aber nicht erzwingbar sind[1]. Nach § 301 Abs. 2 Satz 1 InsO werden Rechte der Insolvenzgläubiger, die gegen Mitschuldner und Bürgen bestehen, durch die Erteilung der Restschuldbefreiung ebenso wenig berührt wie ihre Zugriffsrechte auf dingliche Sicherheiten.

8. Widerruf der Restschuldbefreiung

10.69 Auch wenn die Restschuldbefreiung bereits erteilt worden ist, muss dies noch nicht in jedem Fall das Ende des jetzt schon langen Verfahrens sein. Denn gem. § 303 InsO kann es **ausnahmsweise zu einem Widerruf der Restschuldbefreiung** durch das Insolvenzgericht kommen. Der Widerruf erfolgt auf Antrag eines Insolvenzgläubigers, wenn sich noch nachträglich herausstellt, dass der Schuldner eine seiner Obliegenheiten vorsätzlich verletzt und dadurch die Befriedigung der Insolvenzgläubiger erheblich beeinträchtigt hat. Der Antrag muss aus Gründen der Rechtssicherheit innerhalb eines Jahres nach Rechtskraft der Entscheidung über die Restschuldbefreiung gestellt und die Versagungsgründe müssen glaubhaft gemacht werden[2]. Mit öffentlich bekannt zu machendem rechtskräftigen Widerruf entfallen die Wirkungen der Restschuldbefreiung und das uneingeschränkte Nachforderungsrecht der Gläubiger lebt wieder auf.

1 *Wenzel,* ZRP 1993, 161, 162; Begr. RegE InsO v. 15. 4. 1992, BT-Drucks. 12/2443, § 251 RegE, S. 194.
2 Begr. RegE InsO v. 15. 4. 1992, BT-Drucks. 12/2443, § 252 RegE, S. 194.

11. Teil: Haftungs- und Strafbarkeitsrisiken bei Verfahrensverschleppung und Insolvenzverursachung

A. Haftung wegen Verfahrensverschleppung

I. Geschäftsführerhaftung wegen Verletzung des § 15a InsO (§ 64 Abs. 1 GmbHG a.F., § 130a Abs. 1 HGB a.F.)

1. Bedeutung der sog. „Insolvenzantragspflicht“

§ 15a InsO regelt die **sog. Insolvenzantragspflicht bei Überschuldung und Zahlungsunfähigkeit**. Statt, wie üblich, von einer Insolvenzantragspflicht sollte allerdings richtigerweise von **insolvenzrechtlichen Organpflichten** gesprochen werden. Diese zielen nicht notwendig auf die Stellung eines Insolvenzantrags, sondern ggf. auf rechtzeitige Sanierung (Rz. 1.109 ff.). Die **Geschäftsführerhaftung** wegen Verletzung der sog. Insolvenzantragspflicht ist im Kern nicht eine Haftung für unterlassene Verfahrenseinleitung, sondern eine **Haftung für verbotene Unternehmensfortführung**: Sie ist die deutsche Variante des „Wrongful Trading“ (vgl. Rz. 11.30 ff.)[1]. Hier liegt auch der Rechtfertigungsgrund für die Anwendung der Insolvenzverschleppungshaftungsregeln nicht nur zu Lasten von Geschäftsführern, sondern auch zu Lasten von sog. faktischen Geschäftsführern. Diese können, obwohl gar nicht zum Insolvenzantrag berechtigt (s. aber Rz. 5.298), wegen Insolvenzverschleppung haften (dazu auch sogleich bei Rz. 11.30). Normadressaten sind demgemäß nicht nur die **Geschäftsführer bzw. Liquidatoren** der GmbH, sondern auch sog. **faktische Geschäftsführer**[2], insbesondere solche, die sogar, wenn auch unwirksam, zu Geschäftsführern bestellt sind[3]. Keine Normadressaten des § 15a InsO sind dagegen die Aufsichtsratsmitglieder[4], ebenso wenig bloße Bevollmächtigte der GmbH[5]. Auf eine mögliche Gesellschafterverantwortlichkeit nach § 15a InsO wird zurückzukommen sein (Rz. 11.51). Die sog. Insolvenzantragspflicht korreliert mit den Selbstprüfungspflichten der Geschäftsführer (zu ihnen vgl. Rz. 1.110). Mit Recht hat der BGH zu § 64 Abs. 1 GmbHG a.F. ausgesprochen[6]: 11.1

---

1 Eingehend *Karsten Schmidt* in Lutter, Das Kapital der Aktiengesellschaft in Europa, 2006, S. 188, 198 ff.

2 BGH v. 21. 3. 1988 – II ZR 194/87, BGHZ 104, 44 = GmbHR 1988, 299; BGH v. 28. 6. 1966 – 1 StR 414/65, BGHSt 21, 101, 103; BGH v. 22. 9. 1982 – 3 Str 287/82, BGHSt 31, 118 = GmbHR 1983, 43; BayObLG v. 20. 2. 1997 – 5 StR 159/96, NJW 1997, 1936; *Scholz/Karsten Schmidt*, 9. Aufl., § 64 GmbHG Rz. 7; *Karsten Schmidt*, FS Rebmann, 1989, S. 435 ff.; str.; Überblick bei *Haas* in Gottwald, Insolvenzrechts-Handbuch, § 92 Rz. 34 ff.; *Scholz/Tiedemann*, 9. Aufl., § 84 GmbHG Rz. 27 ff.

3 Dazu näher *Scholz/Tiedemann*, 9. Aufl., § 84 GmbHG Rz. 28.

4 *Scholz/Karsten Schmidt*, 9. Aufl., § 64 GmbHG Rz. 8; zur AG vgl. BGH v. 9. 7. 1979 – II ZR 118/77, BGHZ 75, 96, 106 = NJW 1979, 1823, 1826; BGH v. 9. 7. 1979 – II ZR 211/76, NJW 1979, 1829, 1831.

5 KG v. 3. 4. 2001 – 9 U 725/00, KGR Berlin 2001, 278.

6 BGH v. 20. 2. 1995 – II ZR 9/94, NJW-RR 1995, 669.

„1. Der Geschäftsführer einer GmbH hat in Erfüllung der ihm insbesondere durch das Gesetz (§§ 43 Abs. 1, 49 Abs. 3 GmbHG) vorgeschriebenen Pflichten, in Angelegenheiten der Gesellschaft die Sorgfalt eines ordentlichen Kaufmanns anzuwenden, die wirtschaftliche Lage des Unternehmens laufend zu beobachten und sich bei Anzeichen einer krisenhaften Entwicklung durch Aufstellung einer Zwischenbilanz oder eines Vermögensstatus einen Überblick über den Vermögensstand zu verschaffen. Denn nur dadurch kann er dem Gebot des § 49 Abs. 3 GmbHG und ggf. seiner Konkursantragspflicht nach § 64 Abs. 1 GmbHG (scl.: jetzt § 15a InsO) gerecht werden.

2. Um diese Aufgaben erfüllen zu können, muss der Geschäftsführer für eine Organisation sorgen, die ihm die dafür erforderliche Übersicht über die wirtschaftliche und finanzielle Situation der Gesellschaft jederzeit ermöglicht."

11.2 Das hier zugrundegelegte und auch von den Geschäftsführern zugrundezulegende Konzept der sog. Insolvenzantragspflicht als **Verbot unerlaubter Geschäftsführung** kann nicht nachdrücklich genug herausgestellt werden: Das Management der GmbH genügt den angeblichen Insolvenzantragspflichten nicht dadurch am besten, dass es beizeiten einen Insolvenzantrag stellt, sondern am besten genügt es der zu Grunde liegenden Selbstprüfungspflicht, wenn es die drohende Insolvenz frühzeitig erkennt, diese abwendet oder ein sanierungsunfähiges Unternehmen rechtzeitig liquidiert. Pflichtgemäß handelt das Management auch, wenn es eine sich etwa doch anbahnende Insolvenz alsbald durch Sanierungsmaßnahmen beseitigt. Erst wenn dies versäumt wird, konkretisiert sich die insolvenzrechtliche Organpflicht zu einer Insolvenzantragspflicht. Wer die sog. Insolvenzantragspflicht als Verbot des Wrongful Trading versteht, wird auch den Sinn und Zweck der in § 15a InsO (früher § 64 Abs. 1 GmbHG, § 130a Abs. 1 HGB) enthaltenen **Drei-Wochen-Frist** verstehen. Das Verbot unerlaubter Geschäftsführung greift grundsätzlich schon mit Eintritt der materiellen Insolvenz ein (Überschuldung oder Zahlungsunfähigkeit), also nicht etwa erst nach drei Wochen[1]. Die Drei-Wochen-Frist ist nur das Maximum, das zur Wahrung etwa noch bestehender Sanierungschancen genutzt werden kann (vgl. schon oben Rz. 1.111)[2]. Klärend waren insofern die Leitsätze des BGH-Urteils v. 7. 11. 1994[3]:

„1. Bei der Annahme einer – für die Haftung wegen Konkursverschleppung nach § 64 Abs. 1 GmbHG erforderlichen – objektiv bestehenden Überschuldung ist zu berücksichtigen, dass die laufenden Betriebskosten durch Einnahmen nicht mehr vollständig gedeckt wurden.

2. Hinsichtlich des subjektiven Konkursverschleppungstatbestandes entfällt eine Haftung des Geschäftsführers nicht deshalb, weil er auf überdurchschnittliche Geschäfte gehofft hatte, obwohl nicht einmal die laufenden Betriebskosten erwirtschaftet wurden."

2. Haftungstatbestände und Sanktionen

11.3 **a)** Die zu Grunde liegenden **Rechtsnormen** waren bis 2008 in §§ 64 Abs. 1 GmbHG a.F., 130a Abs. 1 HGB a.F. enthalten. Die Bestimmungen werden hier

1 BGH v. 9. 7. 1979 – II ZR 118/77, BGHZ 75, 96, 111 f. = DB 1979, 1689, 1692 f.; allg. M.
2 *Scholz/Karsten Schmidt*, 9. Aufl., § 64 GmbHG Rz. 14, 16 m.w.N.
3 BGH v. 7. 11. 1994 – II ZR 8/93, ZIP 1995, 124 = GmbHR 1995, 125.

zum besseren Verständnis und zum Vergleich mit dem seit 2008 geltenden § 15a InsO noch einmal im Wortlaut mitgeteilt.

§ 64 Abs. 1 GmbHG a.F. lautete: „Wird die Gesellschaft zahlungsunfähig, so haben die Geschäftsführer ohne schuldhaftes Zögern, spätestens aber drei Wochen nach Eintritt der Zahlungsunfähigkeit, die Eröffnung des Insolvenzverfahrens zu beantragen. Dies gilt sinngemäß, wenn sich eine Überschuldung der Gesellschaft ergibt."

Dem entsprach für die GmbH & Co. KG **§ 130a Abs. 1 HGB a.F.**: „Wird eine Gesellschaft, bei der kein Gesellschafter eine natürliche Person ist, zahlungsunfähig oder ergibt sich die Überschuldung der Gesellschaft, so ist die Eröffnung des Insolvenzverfahrens zu beantragen; dies gilt nicht, wenn zu den Gesellschaftern der offenen Handelsgesellschaft eine andere offene Handelsgesellschaft oder Kommanditgesellschaft gehört, bei der ein persönlich haftender Gesellschafter eine natürliche Person ist. Antragspflichtig sind die organschaftlichen Vertreter der zur Vertretung der Gesellschaft ermächtigten Gesellschafter und die Liquidatoren. Der Antrag ist ohne schuldhaftes Zögern, spätestens aber drei Wochen nach Eintritt der Zahlungsunfähigkeit oder der Überschuldung der Gesellschaft zu stellen."

Seit dem 1. 11. 2008 gilt **§ 15a Abs. 1 InsO n.F.**:

„Wird eine juristische Person zahlungsunfähig oder überschuldet, haben die Mitglieder des Vertretungsorgans oder die Abwickler ohne schuldhaftes Zögern, spätestens aber drei Wochen nach Eintritt der Zahlungsunfähigkeit oder Überschuldung, einen Insolvenzantrag zu stellen. Das Gleiche gilt für die organschaftlichen Vertreter der zur Vertretung der Gesellschaft ermächtigten Gesellschafter oder die Abwickler bei einer Gesellschaft ohne Rechtspersönlichkeit, bei der kein persönlich haftender Gesellschafter eine natürliche Person ist; dies gilt nicht, wenn zu den persönlich haftenden Gesellschaftern eine andere Gesellschaft gehört, bei der ein persönlich haftender Gesellschafter eine natürliche Person ist."

11.4 Man hat das **Konzept der „Insolvenzantragspflichten"** hiernach als ein Verbot des Wrongful Trading in dem Sinne zu verstehen, dass die der sog. Insolvenzantragspflicht zu Grunde liegenden Selbstprüfungspflichten kontinuierlich bestehen, allerdings in der sanktionsfähigen Pflicht zur Stellung des Insolvenzantrags mit Eintritt der materiellen Insolvenz kulminieren können.

11.5 **Auslösungstatbestände** sind sowohl die **Zahlungsunfähigkeit** als auch die **Überschuldung** der Gesellschaft[1]. Der objektive Eintritt des Insolvenztatbestands und die schuldhafte Verletzung der sog. Antragspflicht reicht für die Haftung aus. Dass sich der Insolvenztatbestand aus einer Bilanz ergibt, war entgegen dem früheren Wortlaut der Bestimmung und entgegen der bis 1991 vom BGH[2] vertretenen Auffassung bereits nach früherem Recht nicht erforderlich[3]. Die früher streitige Frage ist seit zwei Jahrzehnten durch die Neufassung nach dem Bilanzrichtliniengesetz geklärt[4]. Die Haftung setzt dann nur noch ein Verschulden (i.d.R. Fahrlässigkeit) voraus, aber dafür genügt die Vernachlässigung der bei Rz. 1.109 ff. dargestellten Selbstprüfungspflichten.

1 Eingehend *Poertzgen*, Organhaftung wegen Insolvenzverschleppung, 2006, S. 151 ff.; *Goette*, ZInsO 2001, 529 ff.

2 BGH v. 3. 2. 1987 – VI ZR 268/85, BGHZ 100, 19, 21 ff. = GmbHR 1987, 260, 261; BGH v. 9. 7. 1991 – VI ZR 14/91, LM § 64 GmbHG Nr. 9 m. krit. Anm. *Heidenhain* = GmbHR 1991, 412 = ZIP 1991, 1137 m. krit. Anm. *Karsten Schmidt*.

3 Vgl. 2. Aufl., Rz. 1230; anders die damalige strafrechtliche Rechtsprechung.

4 Gesetz v. 15. 5. 1986, BGBl. I 1986, 721.

11.6 Auf die Bedeutung der Prognose bei der Überschuldungsfeststellung und auf ihre dominierende Rolle bei der Selbstprüfung seitens der Geschäftsführung wurde schon unter Rz. 1.111 hingewiesen. Es versteht sich, dass die Haftung nicht schon dann entfällt, wenn der Geschäftsführer auf ertragreiche Geschäfte gehofft hat, hierzu vielleicht sogar Anlass hatte. Das galt schon unter der Herrschaft des § 64 GmbHG a.F. und der prognoseorientierten Überschuldungsmessung nach der in der Redeweise der 90er Jahre „neuen" Überschuldungsmessung (vgl. zu dieser Rz. 5.58 ff.). Der verbreiteten Annahme, die in diesem Buch favorisierte und in § 19 Abs. 2 InsO wieder etablierte „neue zweistufige" Prüfungsmethode rechtfertige eine auf unbestimmte Erwartungen gestützte Insolvenzverfahrensverschleppung, wurde schon unter Rz. 5.59 widersprochen. Eine Geschäftsverteilung unter den Geschäftsführern entbindet keinen Geschäftsführer von den Pflichten aus § 64 GmbHG (Rz. 11.11).

b) Als **Straf- und Haftungssanktionen** sind die Folgenden hervorzuheben:

11.7 **aa)** Die schuldhafte Verletzung des § 15a Abs. 1 InsO (vgl. bis 2008 § 64 Abs. 1 GmbHG, § 130a Abs. 1 HGB) ist **mit Strafe bedroht** (§ 15a Abs. 4 InsO, bis 2008 § 84 Abs. 1 Nr. 2 GmbHG, § 130b HGB). Auf Rz. 11.55 ff. ist zu verweisen.

11.8 **bb)** § 15a Abs. 1 InsO (bis 2008 § 64 Abs. 1 GmbHG a.F., § 130a Abs. 1 HGB) ist, wie heute wohl nicht mehr ernsthaft bestritten wird, **Schutzgesetz i.S. von § 823 Abs. 2 BGB** zu Gunsten der Gläubiger, so dass die vorsätzliche oder fahrlässige Verletzung zum Schadensersatz führt[1]. Geschützt sind

- **Altgläubiger**, deren Forderungen vor der Insolvenzverschleppungsphase begründet wurden[2],
- **Neugläubiger**, deren Forderungen während der Insolvenzverschleppungsphase begründet wurden[3],
- **Sicherungsgeber**, deren Rückgriffsmöglichkeit durch die verschleppte Insolvenz verschlechtert wird[4].

11.9 Altgläubiger und Neugläubiger sind allesamt Insolvenzgläubiger, aber Schaden und Schadensverlauf unterscheiden sich. Die sog. Altgläubiger sind durch die Insolvenzverschleppung nur insoweit geschädigt, als sich ihre Insolvenzquote verschlechtert hat. Die Neugläubiger können dagegen, sofern sie Vertragsgläubiger sind, geltend machen, dass sie im Vertrauen auf die Solvenz kontrahiert, also einen Vertrauensschaden erlitten haben (Geltendmachung des negativen Interesses). Die regressberechtigten Sicherungsgeber können Alt- oder Neugläubiger sein. Der individuelle Schutz der Neugläubiger setzt voraus, dass der Vertragsschluss in die Insolvenzverschleppungsphase fällt, also nicht etwa in eine Phase zwischenzeitlicher Erholung der Gesellschaft[5].

1 Überblick bei *Haas* in Krieger/Uwe H. Schneider, Handbuch Managerhaftung, 2007, § 27 Rz. 52 ff.; *Haas*, DStR 2003, 423 ff.; gegen Schutzgesetzeigenschaft *Altmeppen/Wilhelm*, NJW 1999, 673, 679; *Altmeppen*, ZIP 2001, 2201, 2205.
2 BGH v. 6. 6. 1994 – II ZR 292/91, BGHZ 126, 181 = GmbHR 1994, 539; std. Rspr.
3 BGH v. 6. 6. 1994 – II ZR 292/91, BGHZ 126, 181 = GmbHR 1994, 539; s. auch BGH v. 30. 3. 1998 – II ZR 146, 96, BGHZ 138, 211 = ZIP 1998, 776; std. Rspr.
4 A.M. OLG Rostock v. 8. 4. 2004 – 7 W 19/04, ZBB 2004, 417.
5 BGH v. 25. 7. 2005 – II ZR 390/03, BGHZ 164, 50 = GmbHR 2005, 1425.

c) Der **Schadensersatzanspruch** setzt dreierlei voraus: (1.) die objektive Insolvenzsituation (Überschuldung oder Zahlungsunfähigkeit), (2.) die schuldhafte Verkennung des Insolvenztatbestands oder Übertretung des Verschleppungsverbots, (3.) den Schadenseintritt sowie (4.) die Vermeidbarkeit des Schadens durch pflichtgemäßes Handeln[1]. Die **Beweislast** trifft hinsichtlich des objektiven Tatbestands den Anspruchsteller, während sich der Geschäftsführer durch **Exkulpation** von der Verschuldensvermutung entlasten muss[2]. Die Einrichtung eines Risiko-Warnsystems in der GmbH (Rz. 1.103 f., 1.113 ff.) kann bei der Exkulpation helfen. 11.10

Mehrere Geschäftsführer haften gesamtschuldnerisch. Zwar haftet jeder nur für das eigene Verschulden, aber es besteht eine **Gesamtverantwortung** auch bei einer arbeitsteilig organisierten Geschäftsführung[3]. Durch Arbeitsteilung – z.B. regionale oder sachliche Spaltung der Finanzierungsverantwortung – kann kein Geschäftsführer der Haftung aus § 64 GmbHG zuverlässig entgehen, denn die Verantwortlichkeit besteht in diesem Fall als Kontrollverantwortung fort, so dass eine Haftung wegen Insolvenzverfahrensverschleppung durch Kontrollverschulden in Betracht kommt[4]. Nur wenn ein Geschäftsführer den ihm obliegenden Überwachungspflichten nachgekommen ist, kann er sich unter Berufung auf geschäftsordnungsmäßige Unzuständigkeit entlasten[5]. 11.11

d) Unter den Voraussetzungen einer vorsätzlichen sittenwidrigen Schädigung kann der Geschäftsführer in Fällen der Insolvenzverschleppung auch nach **§ 826 BGB** in Anspruch genommen werden[6]. Diese Anspruchsgrundlage enthebt den die Haftung geltend machenden Gläubiger aber nicht der Beweislast bezüglich des Schadens und seiner Verursachung durch den Verschleppungssachverhalt (hier liegt der Unterschied gegenüber der bei Rz. 11.89 ff. zu besprechenden Insolvenzverursachungshaftung)[7]. Der BGH hat deshalb die auf § 826 BGB gestützte Klage der Bundesagentur für Arbeit auf Erstattung geleisteten Insolvenzgeldes abgewiesen[8]. 11.12

e) Für die **Verjährung** gelten die §§ 195, 199 BGB. Ansprüche verjähren in drei Jahren ab Kenntnis oder grob fahrlässiger Unkenntnis des Sachverhalts[9]. 11.13

1 Vgl. BGH v. 5. 2. 2007 – II ZR 234/05, BGHZ 171, 46 = LMK 2007, I 98 m. Anm. *Eilmann* = DZWiR 2007, 337 m. Anm. *Böcker* = EWiR 2007, 305 (*Haas/Reiche*) = GmbHR 2007, 482.
2 OLG Koblenz v. 27. 2. 2003 – 5 U 917/02, GmbHR 2003, 419 = ZIP 2003, 571.
3 Dazu *Scholz/Karsten Schmidt*, 9. Aufl., § 64 GmbHG Rz. 54.
4 BGH v. 1. 3. 1993 – II ZR 61/92, GmbHR 1994, 460.
5 Vgl. sinngemäß BGH v. 1. 3. 1993 – II ZR 61/92, GmbHR 1994, 460 = JZ 1994, 961 m. Anm. *Grunewald*.
6 BGH v. 18. 12. 2007 – VI ZR 231/06, BGHZ 175, 58 = GmbHR 2008, 315.
7 BGH v. 18. 12. 2007 – VI ZR 231/06, BGHZ 175, 58 = GmbHR 2008, 315.
8 BGH v. 18. 12. 2007 – VI ZR 231/06, BGHZ 175, 58 = GmbHR 2008, 315.
9 OLG Saarbrücken v. 6. 5. 2008 – 4 U 484/07, GmbHR 2008, 1036.

3. Der Umfang des Schadensersatzes: Quotenschaden, Gesamtschaden und Individualschaden

11.14 **a)** Der **Umfang des Schadensersatzes** war lange umstritten. Der unter dem § 64 GmbHG a.F. entstandene Meinungsstreit und die daraus resultierenden Lösungsangebote verunsichern die Praxis bis heute. Viel zu wenig auseinander gehalten wurden und werden noch immer **zwei Fragen**:

- die Frage nach dem **Umfang des zu ersetzenden Schadens** und
- die Frage nach der **Schadensabwicklung**.

11.15 Beide Fragen greifen in einer häufig verkannten Weise ineinander, und dies wirkt sich bis in die gegenwärtige Gerichtspraxis aus. Bis 1994 herrschte in der Rechtsprechung die **Lehre vom sog. Quotenschaden** vor[1]. Diese oft missverstandene Lehre war am Modell der Schadensliquidation im eröffneten Insolvenzverfahren (damals noch Konkursverfahren) orientiert und beruhte auf folgenden Grundgedanken[2]:

- Das Verschleppungsverbot, also die sog. Insolvenzantragspflicht nach § 15a Abs. 1 InsO (damals § 64 Abs. 1 GmbHG a.F., resp. § 130a Abs. 1 HGB a.F.) schützt die Gläubiger in ihrer Gesamtheit, also alle Gläubiger gleichermaßen.
- Der Schadensersatz wegen Verletzung des § 15a Abs. 1 InsO (damals § 64 Abs. 1 GmbHG a.F., resp. § 130a Abs. 1 HGB a.F.) führt im eröffneten Insolvenzverfahren auf der Basis des § 823 Abs. 2 BGB zu einer Auffüllung der Masse zu Gunsten aller Gläubiger durch Gesamtschadensliquidation (d.h. heute: nach § 92 InsO).
- Die Verletzung des § 15a InsO (damals noch § 64 GmbHG, resp. § 130a Abs. 1 HGB a.F.) führt demnach im Fall einer Ablehnung der Verfahrenseröffnung mangels Masse nur zu einem auf § 823 Abs. 2 BGB gestützten Anspruch jedes einzelnen Gläubigers auf das, was er zusätzlich aus der Masse erhalten hätte (sog. Quotenschaden), der im Insolvenzverfahren kollektiv durch den Verwalter durchgesetzt wurde.
- Der Schadensersatz wegen Verletzung der Antragspflicht ist deshalb von rechtspolitischem Gewicht (nur) in Bezug auf die Gesamtheit der Gläubiger.

11.16 **b)** Diese sog. Lehre vom Quotenschaden befasste und beschränkte sich auf den **durch Insolvenzverschleppung herbeigeführten Gesamtgläubigerschaden** und zielte in erster Linie auf seine Liquidation im eröffneten Insolvenzverfahren. Über sie ist deshalb gespottet worden, weil ein einzelner Gläubiger kaum

---

1 BGH v. 16. 12. 1958 – VI ZR 245/57, BGHZ 29, 100, 104 ff. = GmbHR 1959, 110, 111; BGH v. 3. 2. 1987 – VI ZR 268/85, BGHZ 100, 19, 23 f. = GmbHR 1987, 260, 262; BGH v. 26. 6. 1989 – II ZR 289/88, BGHZ 108, 134, 136 = GmbHR 1990, 69; OLG Hamm v. 25. 1. 1993 – 8 U 250/91, GmbHR 1993, 584 = NJW 1993, 1445; OLG Celle v. 28. 2. 2002 – 13 U 219/01, ZInsO 2002, 1031; zusammenfassend *Uhlenbruck*, DStR 1991, 357.

2 *Karsten Schmidt*, Gesellschaftsrecht, S. 1083 ff.; *Karsten Schmidt*, NZI 1998, 13 f.; *Karsten Schmidt*, KTS 2001, 381 ff.; *Scholz/Karsten Schmidt*, 9. Aufl., § 64 GmbHG Rz. 38 ff., 59 ff.

je seinen Quotenschaden einklagen wird[1] und weil die Führung eines Quotenschadensprozesses für ihn auch praktisch undurchführbar[2], die ganze Rechtsfigur gar nur eine „juristische Spielerei" sei[3]. Ursache für diese Polemik waren Missverständnisse. Die Rechtskonstruktion des Quotenschadens war nicht erfunden worden, um die Einträglichkeit von Quotenschadensprozessen für einzelne Gläubiger zu verdeutlichen, sondern um die Liquidation des Gesamtgläubigerschadens vom Individualschadensersatz für geschädigte Neugläubiger abzuheben und die unterschiedlichen Voraussetzungen dieser Schadensersatzleistungen zu demonstrieren[4]. Der Stand war der folgende:

- Der **Gesamtgläubigerschaden** wird im Fall der Insolvenzverfahrenseröffnung **vom Verwalter kollektiv liquidiert** (vgl. heute ausdrücklich § 92 InsO). Der so eingetriebene Schadensersatz wird an alle Gläubiger verteilt, die selbstverständlich jeweils nur die Quotendifferenz erhalten. Bei Insolvenzverwalterklagen im eröffneten Insolvenzverfahren hat sich noch niemand über die so sonderbar scheinende „Lehre vom Quotenschaden" gewundert. Der Gesamtgläubigerschaden, den der Verwalter nach § 92 InsO geltend machen kann, ist nichts anderes als der akkumulierte Quotenschaden aller Gläubiger. Die im Fall der Verfahrensablehnung eintretende scheinbar absurde Lage (wer wird schon die Quotendifferenz einklagen?) beruht nicht auf der Absurdität eines Anspruchs auf Ersatz der Quotendifferenz, sondern auf den unerquicklichen Konsequenzen der Verfahrensablehnung mangels Masse (dazu Rz. 6.11 ff.). Die Schwierigkeit, den Gesamtgläubigerschaden in Fällen der Masselosigkeit außerhalb des Insolvenzverfahrens geltend zu machen, ist nichts als ein Resultat der abgelehnten Insolvenzverfahrenseröffnung. Zur Prozessführung werden in diesen Fällen nur geschädigte Neugläubiger bereit sein (sie verlangen Ersatz ihres negativen Interesses), nicht dagegen die auf die Quotendifferenz verwiesenen Altgläubiger, denn eine Aufbesserung der durch die Verschleppung reduzierten Insolvenzquote ist kein attraktives Klagziel. Zugegebenermaßen ist eine kollektive Gesamtschadensliquidation zu Gunsten aller Gläubiger außerhalb des Insolvenzverfahrens, d.h. ohne § 92 InsO, nicht möglich. Aber dieser Mangel sollte an seiner Quelle bekämpft werden: bei der Verfahrensablehnung mangels Masse nach § 26 InsO.
- Vom Gesamtgläubigerschaden, der naturgemäß nur zum Ausgleich der Quotendifferenz für alle Alt- und Neugläubiger führt, müssen die **Individualschäden der im Vertrauen auf die Solvenz der Gesellschaft noch kontrahierenden Neugläubiger** unterschieden werden. **Neugläubiger** sind diejenigen Gläubiger, deren Forderungen erst nach Beginn der Verfahrensverschleppung begründet wurden[5]. **Altgläubiger** sind die Gläubiger von Forderungen

1 Vgl. die Hinweise bei BGH v. 6. 6. 1994 – II ZR 292/91, BGHZ 126, 181, 197 f. = GmbHR 1994, 539, 544; *Mertens*, FS Lange, 1992, S. 577.

2 *Schanze*, AG 1993, 380; s. auch *Bauder*, BB 1993, 2473.

3 *Gerd Müller*, GmbHR 1994, 212.

4 Näher *Karsten Schmidt*, Wege zum Insolvenzrecht, S. 66 f., 84 ff.; *Karsten Schmidt*, KTS 2001, 382 f.; *Scholz/Karsten Schmidt*, 9. Aufl., § 64 GmbHG Rz. 28 ff., 37 ff., 41 ff., 59 ff.

5 BGH v. 6. 6. 1994 – II ZR 292/91, BGHZ 126, 181 = GmbHR 1994, 539; BGHZ 171, 46 = LMK 2007, I 98 m. Anm. *Eilmann* = DZWiR 2007, 337 m. Anm. *Böcker* = GmbHR

aus der Vor-Verschleppungsphase. Genau genommen werden nicht Gläubigergruppen unterschieden, sondern Forderungsgruppen. Derselbe Gläubiger kann mit seinen Forderungen teils Alt- und teils Neugläubiger sein[1]. Beispielsweise ist eine Bank im Kontokorrentverhältnis Neugläubigerin, soweit sich das von der GmbH in Anspruch genommene Kreditvolumen in der Phase der Insolvenzverschleppung erhöht hat[2]. Die Lehre von der Quotendifferenz wurde nun ursprünglich dahin missverstanden, dass auch Neugläubiger ihr über den Quotenschaden hinausgehendes negatives Interesse nicht ersetzt erhalten[3]. Diese Deutung konnte nicht richtig sein. Die Lehre vom Quotenschaden konnte nur besagen, dass der vom Gesamtschaden zu unterscheidende **Individualschaden** neuer Gläubiger **vom Gesamtschaden (Quotenschaden) zu unterscheiden** und separat zu liquidieren ist[4]. Gestützt wird der Individualschadensersatz nach der vom Verfasser vertretenen Ansicht auf das Konzept der Eigenhaftung als Geschäftsführer aus culpa in contrahendo, nach der neueren BGH-Praxis dagegen gleichfalls auf die §§ 823 Abs. 2 BGB, 15a InsO (bis 2008 § 64 Abs. 1 GmbHG). Dies war der bis zum Jahr 1994 maßgebliche Stand. Die Eigenhaftung aus culpa in contrahendo kann seit dem Schuldrechtsänderungsgesetz auf §§ 280, 311, 241 Abs. 2 BGB gestützt werden, insbesondere unter Beachtung des § 311 Abs. 3 Satz 2 BGB.

4. Der Stand seit BGHZ 126, 181

11.17 **a)** Seit einem **Grundlagenurteil des BGH vom 6. 6. 1994** steht für die Praxis fest[5]: Die (Neu-)Gläubiger, die ihre Forderungen gegen die GmbH nach dem Eintritt der Konkursantragspflicht erworben haben, können von dem schuldhaft pflichtwidrig handelnden Geschäftsführer gem. § 823 Abs. 2 BGB, § 15a InsO (vormals § 64 Abs. 1 GmbHG a.F. bzw. § 130a Abs. 1 HGB a.F.) Ausgleich des vollen Schadens verlangen, der ihnen dadurch entsteht, dass sie in Rechtsbeziehungen zu einer überschuldeten oder zahlungsunfähigen Gesellschaft getreten sind. Sie erhalten also als Schadensersatz das nicht auf den Quotenschaden verkürzte negative Interesse. Der BGH hat diese neue Rechtsprechung mehrfach bestätigt[6], und zwar **auch für die GmbH & Co. KG**[7]. Die vollständigen Leitsätze des Grundlagenurteils vom 6. 6. 1994 lauten:

2007, 483 = EWiR 2007, 305 (*Haas/Reiche*); *Scholz/Karsten Schmidt*, 9. Aufl., § 64 GmbHG Rz. 37.

1 BGH v. 12. 3. 2007 – II ZR 315/06, GmbHR 2007, 599 = ZIP 2007, 1060.

2 BGH v. 5. 2. 2007 – II ZR 234/05 = LMK 2007, I 98 m. Anm. *Eilmann* = DZWiR 2007, 337 m. Anm. *Böcker* = GmbHR 2007, 483 = EWiR 2007, 305 (*Haas*).

3 Vgl. mit umfangreichen Nachw. BGH v. 3. 2. 1987 – VI ZR 268/85, BGHZ 100, 19, 23 f. = GmbHR 1987, 260.

4 Vgl. *Karsten Schmidt*, ZIP 1988, 1503 ff.

5 BGH v. 6. 6. 1994 – II ZR 292/91, BGHZ 126, 181 = GmbHR 1994, 539; seither st. Rspr.; vgl. nur BGH v. 5. 2. 2007 – II ZR 234/05, BGHZ 171, 46, 52 = DZWiR 2007, 337 m. Anm. *Böcker* = EWiR 2007, 305 (*Haas/Reiche*) = GmbHR 2007, 482, 484; weitere Nachw. bei *Scholz/Karsten Schmidt*, 9. Aufl., § 64 GmbHG Rz. 39.

6 BGH v. 7. 11. 1994 – II ZR 8/93, GmbHR 1995, 125; BGH v. 7. 11. 1994 – II ZR 108/93, ZIP 1995, 211 = GmbHR 1995, 226 und ausführlich *Karollus*, ZIP 1995, 269 ff.

7 BGH v. 7. 11. 1994 – II ZR 138/92, ZIP 1995, 31 = GmbHR 1995, 130.

„1. Ein Geschäftsführer haftet unter dem Gesichtspunkt des Verschuldens bei Vertragsschluss nicht deswegen persönlich für eine Verbindlichkeit der GmbH, weil er zu Gunsten der Gesellschaft Sicherheiten aus seinem eigenen Vermögen zur Verfügung gestellt hat.

2. Die (Neu-)Gläubiger, die ihre Forderungen gegen die GmbH nach dem Zeitpunkt erworben haben, zu dem Konkursantrag hätte gestellt werden müssen, haben gegen den insoweit schuldhaft pflichtwidrig handelnden Geschäftsführer einen Anspruch auf Ausgleich des vollen – nicht durch den ‚Quotenschaden' begrenzten – Schadens, der ihnen dadurch entsteht, dass sie in Rechtsbeziehungen zu einer überschuldeten oder zahlungsunfähigen GmbH getreten sind (insoweit Aufgabe von BGHZ 29, 100).

3. Zur Frage der Beweislast in Fällen der Haftung des Geschäftsführers wegen Verstoßes gegen die Konkursantragspflicht."

b) Überwiegend wird **die durch das Urteil von 1994 eingeleitete Praxis** begrüßt[1], verschiedentlich aber auch kritisiert[2]. Eine **Stellungnahme** muss davon ausgehen, dass die Zuerkennung eines Individualanspruchs der Neugläubiger auf Ersatz ihres negativen Interesses ein **großer Fortschritt** war[3]. Wer gegen das Verschleppungsverbot verstößt, muss nicht nur den **Gesamtgläubigerschaden** aller Alt- und Neugläubiger ersetzen, sondern auch den jedem **Neugläubiger** entstandenen **Individualschaden (negatives Interesse)**. Insofern kann ernsthaft nur um die Frage gestritten werden, ob diese Haftung auf das negative Interesse von Neugläubigern überzeugend auf § 823 Abs. 2 BGB zu stützen ist (BGH) oder nach §§ 280, 311, 241 Abs. 2 BGB auf culpa in contrahendo (so der Verfasser)[4]. Der BGH hält die Haftung aus § 823 Abs. 2 BGB auch bezüglich der Neugläubiger-Individualschäden für gesetzesnäher als die bei (Rz. 11.16, 11.19) vorgestellte Lösung des Verfassers[5], was nach der Schuldrechtsreform bestritten werden könnte (§§ 280, 311, 241 BGB). Die Praxis wird den Unterschied wenig spüren, solange es um vertragliche Neugläubiger geht, so dass die **Divergenz** in diesem Punkt **mehr dogmatische als praktische Relevanz** hat[6]. **Für die Praxis** war nach diesem Stand festzuhalten: 11.18

– Der Geschäftsführer muss im Fall schuldhafter Insolvenzverfahrensverschleppung allen Gläubigern, den Alt- wie den Neugläubigern, nach § 823 Abs. 2 BGB i.V.m. § 15a Abs. 1 InsO (bis 2008 § 64 Abs. 1 GmbHG a.F. [dazu

1 Vgl. nur *Goette*, § 8 Rz. 242 ff.; *Lutter/Hommelhoff/Kleindiek*, § 64 GmbHG Rz. 48; *Michalski/Nerlich*, § 64 GmbHG Rz. 59 ff.; *Rowedder/Schmidt-Leithoff/Pentz*, § 64 GmbHG Rz. 40; *Karollus*, ZIP 1995, 269 ff.; *Bork*, ZGR 1994, 505 ff.; *Kübler*, ZGR 1995, 481 ff.; *Wilhelm*, ZIP 1993, 1833; *Bayer/Lieder*, WM 2006, 1 ff.

2 *Baumbach/Hueck/Schulze-Osterloh*, § 64 GmbHG Rz. 93; *Scholz/Karsten Schmidt*, 9. Aufl., § 64 GmbHG Rz. 40; *Karsten Schmidt*, Gesellschaftsrecht, S. 1084 ff.; *Ulmer*, ZIP 1993, 771; *Schüppen*, DB 1994, 200 ff. m.w.N.; grundsätzlich kritisch *Gerd Müller*, GmbHR 1996, 393 ff.

3 Diese Fortentwicklung entsprach auch den Forderungen des *Verfassers*, der den unzureichenden Neugläubigerschutz durch die ältere Rechtsprechung abgelehnt hatte; Verkennung der Diskussion bei *Michalski/Nerlich*, § 64 GmbHG Rz. 61 f.

4 Näher *Scholz/Karsten Schmidt*, 9. Aufl., § 64 GmbHG Rz. 40, 43; insoweit ähnlich *Altmeppen/Wilhelm*, NJW 1999, 673 ff.

5 Wie der BGH z.B. auch OLG Koblenz v. 27. 2. 2003 – 5 U 917/02, GmbHR 2003, 419 = ZIP 2003, 5712; insoweit auch *Poertzgen*, Organhaftung wegen Insolvenzverschleppung, 2006, S. 95 ff., 345 ff.

6 *Karsten Schmidt*, Gesellschaftsrecht, S. 1088 f.; *Karsten Schmidt*, ZGR 1996, 209.

Rz. 11.3]) die Quotendifferenz ersetzen, was sich regelmäßig nur durch Eröffnung eines Insolvenzverfahrens bewerkstelligen lässt und bei Insolvenzverfahrensablehnung mangels Masse kaum zu realisieren ist, weil eine kollektive Quotenschadensersatzklage außerhalb des Insolvenzverfahrens nicht gegeben ist. Es handelt sich um eine **kollektive Quotenersatzklage**, gezielt auf **Ersatz des Gesamtgläubigerschadens** durch Zahlung in die Insolvenzmasse (heute § 92 InsO).

- Der Geschäftsführer, der im Stadium schuldhafter Insolvenzverfahrensverschleppung noch mit **Neugläubigern** kontrahiert, ohne sie vor dem möglichen Forderungsausfall zu warnen, muss diesen Gläubigern das negative Interesse (also nicht nur den Quotenschaden) ersetzen, wobei die nunmehr dem BGH folgende herrschende Meinung auch diesen Anspruch auf § 823 Abs. 2 BGB i.V.m. § 15a Abs. 1 InsO (bis 2008 § 64 Abs. 1 GmbHG resp. § 130a Abs. 1 HGB a.F.) stützt, während der Verfasser die Eigenhaftung aus culpa in contrahendo für vorzugswürdig hält (Rz. 11.19). Ein Anspruch auf Ersatz des Ausfallschadens über den Quotenschaden hinaus ist nach der hier vertretenen Auffassung auf **Vertragsgläubiger** begrenzt[1]. Somit ist die Literatur noch nicht festgelegt[2], jedoch hat der BGH ganz im hier vertretenen Sinne entschieden[3]:

  „Eine über den Ersatz des sog. ‚Quotenschadens' hinausgehende Insolvenzverschleppungshaftung des Geschäftsführers einer GmbH aus §§ 823 Abs. 2 BGB, 64 Abs. 1 GmbHG erstreckt sich nur auf den Vertrauensschaden, der einem Neugläubiger dadurch entsteht, dass er der aktuell insolvenzreifen GmbH Kredit gewährt oder eine sonstige Vorleistung an sie erbringt (vgl. Senat, BGHZ 126, 181)."

  Damit zeigt sich noch mehr, dass die Ergebnisse bis hierher konvergieren. Fest steht: Den **Individualschaden** muss jeder Neugläubiger selbst gegen den Geschäftsführer geltend machen.

11.19 **c) Die praktischen Unterschiede** reduzieren sich einerseits auf die Verschiedenbehandlung gesetzlicher Gläubiger und anderseits auf die Frage, ob die Schadensersatzhaftung schon vor dem Zeitpunkt der gesetzlichen Insolvenzantragspflicht (Überschuldung oder Zahlungsunfähigkeit) einsetzen kann. Für die BGH-Lösung (§ 823 Abs. 2 BGB, § 15a InsO) ist das zu verneinen, während die vom Verfasser favorisierte Lösung über §§ 280, 241 Abs. 2, 311 Abs. 2 Nr. 1 BGB (culpa in contrahendo) die Frage aufwirft: Gibt es **Offenbarungspflichten** auch schon **in der Krise**, also vor Eintritt der Überschuldung bzw. Zahlungsunfähigkeit[4]? Der vom Verfasser vertretenen Culpa-in-contrahendo-Lösung wohnt also gegenüber der Rechtsprechung ein Potential an Haftungs*verschärfung* inne. Sicher ist aber, dass die Offenbarungspflichten der Geschäftsführer gegenüber Neugläubigern spätestens mit Beginn der Insolvenzverschleppung einsetzen[5], und eben diese Fälle erfasst auch der BGH mit der

1 *Scholz/Karsten Schmidt*, 9. Aufl., § 64 GmbHG Rz. 43, 64 ff.

2 *Altmeppen* in Roth/Altmeppen, § 64 GmbHG Rz. 70 f.; für Einbeziehung gesetzlicher Neugläubiger *Lutter/Hommelhoff/Lutter/Kleindiek*, § 64 GmbHG Rz. 50.

3 BGH v. 25. 7. 2005 – II ZR 390/03, BGHZ 164, 50 = ZIP 2005, 1743; dazu *Bayer/Lieder*, WM 2006, 1 ff.

4 Zum Beginn der Offenbarungspflicht vgl. *Scholz/Karsten Schmidt*, 9. Aufl., § 64 GmbHG Rz. 69.

5 *Scholz/Karsten Schmidt*, 9. Aufl., § 64 GmbHG Rz. 69.

Deliktshaftung nach § 15a InsO, § 823 Abs. 2 BGB. Ein Haftungs*beschränkungs*potential liegt in der culpa-in-contrahendo-Lösung insofern, als diese auf Vertragsgläubiger beschränkt ist und gesetzliche Gläubiger, denen das Anbahnungsinteresse fehlt, ausnimmt. Aber die Unterschiede waren nur ausnahmsweise erkennbar. Wesentliche praktische Divergenzen zwischen der BGH-Praxis und der hier vertretenen Ansicht ergaben sich erst bei der **Schadensabwicklung**, und gerade insofern hat sich die BGH-Lösung in der Fortentwicklung als fragwürdig erwiesen (dazu sogleich unter Rz. 11.20 ff.).

5. Quotenschaden und Gesamtschadensliquidation nach § 92 InsO

a) Im Schrifttum ist die im Jahr 1994 eingeleitete Rechtsprechung des BGH als „Abschied vom Quotenschaden" gefeiert worden[1]. Das ist missverständlich. **Die Unterscheidung zwischen dem Gesamtgläubigerschaden (Quotenschaden) und den Individualschäden einzelner (Neu-)Gläubiger ist unvermeidlich**, und das wird unter der Geltung des **§ 92 InsO** noch deutlicher[2]: Nach § 92 InsO können Ansprüche der Insolvenzgläubiger auf Ersatz eines Schadens, den sie gemeinschaftlich durch Verminderung der Insolvenzmasse erlitten haben (Gesamtgläubigerschaden), während der Dauer des Insolvenzverfahrens nur vom Verwalter geltend gemacht werden (dazu Rz. 11.16)[3]. Es gibt also keinen „Abschied vom Quotenschaden", sondern die Insolvenzverwalterklage nach **§ 92 InsO zielt geradezu auf den kollektiven Quotenschadensersatz**. Die Rechtsprechung hat inzwischen mehrfach bestätigt, dass der Quotenschaden und sein Ersatz nach wie vor eine Rolle spielen[4]. Klargestellt hat sie vor allem, dass der Quotenschaden (bei der Verwalterklage also die Differenz zwischen der Soll-Masse und der Ist-Masse) nur aus der für die Gläubigerbefriedigung zur Verfügung stehenden „freien" Masse, insbesondere also unter Abrechnung von Absonderungsrechten, berechnet werden muss[5]. Das leuchtet ein, weil eben der Quotenschaden nichts anderes ist als die Differenz zwischen der Befriedigungserwartung der Gläubiger aus vorhandener Masse und der gebotenen, jedoch nur noch hypothetischen Soll-Befriedigung im Fall rechtzeitiger Insolvenzantragstellung. Daneben kann jeder Neugläubiger auch im eröffneten Insolvenzverfahren seinen Individualschaden selbst einklagen. Alle anderen – nach der hier vertretenen Auffassung: alle – Gläubiger müssen dagegen die Liquidation ihres „Quotenschadens" nach § 92 InsO in die Hand des Verwalters legen. Das ist das Konzept des Gesetzes. 11.20

b) Für die **praktische Handhabung des § 92 InsO** ist nun die Frage ausschlaggebend, **welche Gläubiger an der Gesamtschadensliquidation teilhaben**: nur 11.21

1 *Hirte*, Abschied vom Quotenschaden, ZIP-Sonderdruck 1994; *Hirte*, NJW 1995, 1202.
2 *Karsten Schmidt*, ZGR 1996, 209 ff.; *Karsten Schmidt*, KTS 2001, 384 ff.
3 Zu § 92 InsO vgl. ausführlich m.w.N. *Heitsch*, ZInsO 2006, 568 ff.
4 BGH v. 28. 4. 1997 – II ZR 20/96, GmbHR 1997, 898 = ZIP 1997, 1542; BGH v. 30. 3. 1998 – II ZR 146/96, BGHZ 138, 211 = ZIP 1998, 776.
5 BGH v. 30. 3. 1998 – II ZR 146/96, BGHZ 138, 211 = ZIP 1998, 776; vgl. bereits BGH v. 28. 4. 1997 – II ZR 20/96, GmbHR 1997, 898 = ZIP 1997, 1542; dazu *Dauner-Lieb*, ZGR 1998, 617 ff.

die Altgläubiger oder alle Gläubiger? Von beträchtlicher Bedeutung für die Handhabung des § 92 InsO ist ein **Urteil des II. Zivilsenats vom 30. 3. 1998** über die Nichteinbeziehung der Neugläubiger in die Quotenschadensklage des Verwalters[1]. Dieses Urteil **spricht den Neugläubigern jede Teilnahme an der in § 92 InsO geregelten Gesamtschadensliquidation ab**. In dem vom BGH entschiedenen Fall hatte der Konkursverwalter gem. § 823 Abs. 2 BGB i.V.m. § 15a Abs. 1 InsO (bis 2008 § 64 Abs. 1 GmbHG) Klage gegen den Geschäftsführer auf Ersatz eines Quotenschadens sämtlicher Konkursgläubiger erhoben. Der Senat entschied[2]: „Der Verwalter im Konkurs einer GmbH ist nicht berechtigt, einen Quotenschaden oder sonstigen Schaden der Neugläubiger wegen schuldhaft verspäteter Stellung des Konkursantrags gegen den Geschäftsführer geltend zu machen". Die Entscheidungsgründe schließen an die Grundsatzentscheidung vom 6. 6. 1994 (Rz. 11.17 ff.) an: Danach seien die einzelnen Neugläubiger befugt, ihren nicht auf Ersatz eines Quotenschadens begrenzten Anspruch auf Ausgleich ihres negativen Interesses gem. § 823 Abs. 2 BGB i.V.m. § 15a Abs. 1 InsO (bisher § 64 Abs. 1 GmbHG a.F.) gegenüber dem Geschäftsführer – auch in deren Konkurs – selbst geltend zu machen. Für eine konkurrierende, im Senatsurteil vom 6. 6. 1994 noch offen gelassene Befugnis des Insolvenzverwalters zur Geltendmachung eines Quotenschadens der Neugläubiger nach § 823 Abs. 2 BGB, § 92 InsO oder eines solchen Schadens als Gesellschafterschaden sei daneben kein Raum. Der **Begründungsansatz des Urteils vom 30. 3. 1998** ist teils praktischer, zum überwiegenden Teil aber rein rechtsdogmatischer Art.

11.22 Drei Wege zur Geltendmachung eines eventuellen Quotenschadens der Neugläubiger stellt der Senat im Urteil vom 30. 3. 1998 zur Diskussion:

- Wollte man den Quotenschaden der Neugläubiger in die Insolvenzverwalterklage einbeziehen, so müsste für jeden einzelnen Neugläubiger ermittelt werden, um wie viel sich dessen Quote vom Zeitpunkt der Begründung seiner Forderungen durch die weitere Konkursverschleppung verringert hat, was in der Insolvenzpraxis nicht darstellbar sei und für den einzelnen Gläubiger auch nur zu einer minimalen Quotenaufbesserung führe.
- Die Bildung einer Sondermasse auf Grund von § 92 InsO für jeden einzelnen (in unterschiedlicher Höhe quotengeschädigten) Neugläubiger liefe dem Zweck des Insolvenzverfahrens und der Funktion des Insolvenzverwalters zuwider.
- Ebenso wenig könne aber auch von einem einheitlichen Quotenschaden der Alt- und Neugläubiger gesprochen werden. Die Annahme eines solchen Schadens durch eine bis zu dem Urteil vom 6. 6. 1994 vorherrschende Ansicht könne seit diesem den Neugläubigern einen Schadensersatz in Höhe des negativen Interesses zuerkennenden Urteil nicht aufrechterhalten werden. Dies würde nämlich zu einer schadensersatzrechtlich nicht begründbaren Aufspaltung der einheitlichen Ansprüche der Neugläubiger führen.

1 BGH v. 30. 3. 1998 – II ZR 146/96, BGHZ 138, 211 = ZIP 1998, 776.
2 Leitsatz 1.

Dieses Konzept des II. Zivilsenats bestimmt heute die **Gerichtspraxis**[1]. Durch Urteil vom 5. 2. 2007 hat der BGH die Haftung gegenüber Neugläubigern dadurch verschärft, dass er das negative Interesse des Neugläubigers nicht mehr[2] um die für diesen zu erwartende Insolvenzquote kürzt[3]. Das ist konsequent. Wie bei der Haftung für „verbotene Zahlungen" lässt der BGH den Geschäftsführer auf das Ganze haften und gibt ihm nur einen Anspruch analog § 255 BGB auf Abtretung der dem Neugläubiger zustehenden Insolvenzforderung gegen die Gesellschaft[4]. Auch im Fall der Insolvenzablehnung mangels Masse lehnt der BGH sogar eine Kürzung des Schadensersatzanspruchs um solche Teilbeträge ab, die die GmbH an den geschädigten Neugläubiger auf Altforderungen gezahlt hatte[5]. Ein Neugläubiger, der keinen Individualschaden belegen kann, erhält dagegen nichts, auch nicht den Quotenschaden[6]. 11.23

c) Die **Erwägungen des BGH** haben vielfach Zustimmung gefunden[7]. Sie führen jedoch zu praktisch schwer erträglichen Konsequenzen (Rz. 11.26) und sind auch in rechtsdogmatischer Hinsicht **abzulehnen**[8]. Richtig an ihnen ist, dass die Vermögenseinbuße jedes Neugläubigers, also der jedem Neugläubiger zu ersetzende Schaden, unterschiedlich ist. Richtig ist weiter, dass der Verwalter nach § 92 InsO nicht befugt ist, die individuellen, auf das negative Interesse gerichteten Neugläubigerschäden durch Einforderung zur Masse zu liquidieren. Das ist nicht der Sinn und Zweck des § 92 InsO und auch praktisch nicht durchführbar. Die individuell verschiedenen Schäden können nicht kollektiv eingeklagt werden und gehören auch nicht in die Hand des Insolvenzverwalters. Sonst müsste der einzelne Neugläubiger im Insolvenzverfahren einer GmbH ja zusehen, wie sich die Masse seinen Ersatzanspruch einverleibt und diese Massevermehrung allen Gläubigern einschließlich der Altgläubiger zugute käme. Nach § 92 InsO ist eine solche Quersubventionierung der Altgläubiger durch die Neugläubiger auch nicht ernsthaft zu befürchten. Bis hier verdienen die Überlegungen des II. Zivilsenats also Zustimmung. 11.24

1 BGH v. 5. 2. 2007 – II ZR 234/05, BGHZ 171, 46 = DB 2007, 791 = DZWiR 2007, 337 m. Anm. *Böcker* = EWiR 2007, 305 (*Haas/Reiche*) = GmbHR 2007, 482; BGH v. 18. 12. 2007 – IV ZR 231/06, DB 2008 460 = GmbHR 2008, 315.

2 Anders noch BGH v. 6. 6. 1994 – II ZR 292/91, BGHZ 126, 181 = GmbHR 1994, 539.

3 Zust. *Casper* in Großkommentar zum GmbHG, § 64 GmbHG Rz. 128.

4 BGH v. 5. 2. 2007 – II ZR 234/05, BGHZ 171, 46 = DZWiR 2007, 337 m. Anm. *Böcker* = EWiR 2007, 305 (*Haas/Reiche*) = GmbHR 2007, 482; BGH v. 18. 12. 2007 – IV ZR 231/06, GmbHR 2008, 315 = ZIP 2008, 361.

5 BGH v. 12. 3. 2007 – II ZR 315/05, GmbHR 2007, 599 = ZIP 2007, 1060.

6 BGH v. 7. 7. 2003 – II ZR 241/02, GmbHR 2003, 1133 = ZIP 2003, 1713 m. Anm. *Karsten Schmidt* (Klage einer Sozialversicherung auf Ersatz ausgefallener Arbeitnehmeranteile).

7 Vgl. nur OLG Karlsruhe v. 20. 6. 2002 – 19 150/01, GmbHR 2002, 1076 = ZIP 2002, 2001; *Rowedder/Schmidt-Leithoff/Pentz*, § 64 GmbHG Rz. 44; *Brandes* in Münchener Kommentar zur InsO, § 92 InsO Rz. 34; *Kübler/Prütting/Bork/Lüke*, § 92 InsO Rz. 48 ff.; *Jaeger/H.-F. Müller*, § 92 InsO Rz. 15; *Uhlenbruck/Hirte*, § 92 InsO Rz. 12 ff.; *Haas*, DStR 2003, 423, 429.

8 Vgl. *Scholz/Karsten Schmidt*, 9. Aufl., § 64 GmbHR Rz. 40, 43; näher *Karsten Schmidt*, ZGR 1998, 665 ff.; *Karsten Schmidt*, NZI 1998, 9 ff.; *Karsten Schmidt*, KTS 2001, 381 ff.; *Karsten Schmidt*, ZIP 2005, 2177, 2182 ff.; so auch *Poertzgen*, Organhaftung wegen Insolvenzverschleppung, 2006, S. 322 ff.; *Poertzgen*, DZWiR 2007, 101 ff.

Bedenklich und unpraktisch ist dagegen die Annahme des Senats, der Verwalter könne nicht einen einheitlichen Quotenschaden der Alt- und Neugläubiger geltend machen, „wodurch die Neu- den Altgläubigern gleichgestellt und so behandelt würden, als ob sie ihre Forderungen schon bei Eintritt der Konkursreife erworben hätten". Dass die Verletzung der Insolvenzantragspflicht zum Ersatz eines solchen Gesamtgläubigerschadens führt[1], sieht der Senat als eine „petitio principii" an und gibt zu bedenken, dass es einen einheitlichen bzw. „gemeinschaftlichen" Schaden von Alt- und Neugläubigern nicht gebe und ein solcher auch nicht durch die Zugehörigkeit beider zum Kreis der Konkursgläubiger geschaffen werde[2]. Außerdem gehe es nicht an, den einheitlichen Anspruch des Neugläubigers auf Ersatz seines Vertrauensschadens ohne schadensersatzrechtlich überzeugenden Grund aufzuspalten und ihn der Geltendmachung durch verschiedene Anspruchsinhaber zu überantworten.

11.25 Die **Existenz eines für jeden Insolvenzgläubiger oder auch nur für jeden Neugläubiger identischen Quotenschadens** will der Senat nicht anerkennen, weil der Quotenschaden jedes Neugläubigers je nachdem, ob dieser sogleich nach Konkursreife oder erst kurz vor der Verfahrenseröffnung mit der Schuldner-Gesellschaft kontrahiert hat, sehr unterschiedlich sei[3]. Diese Doktrin basiert auf einem **Missverständnis des § 92 InsO**. Sie geht davon aus, dass § 92 InsO nur diejenigen Gläubiger umfasst, deren Schaden sich im Gesamtgläubigerschaden (also der Quotendifferenz) erschöpft. Sie geht außerdem davon aus, dass der Schaden des Gläubigers unteilbar und entweder mit der Quotendifferenz (Altgläubiger) oder mit dem negativen Interesse (Neugläubiger) deckungsgleich ist. Da jeder Neugläubiger nur einen einzigen, dafür aber individuell verschiedenen Schaden hat, kann der Neugläubigerschaden – so die Gerichtspraxis – nicht mit der Quotendifferenz identisch sein, und hieraus wird weiter gefolgert, dass es diesen Quotenschaden der Neugläubiger nicht gibt. Diese Annahme ist unrichtig, denn **§ 92 InsO ist keine Vorschrift über die Schadensfeststellung, sondern eine Vorschrift über die kollektive Schadensabwicklung.** Der Schaden aller Insolvenzgläubiger wird, soweit vom Gesamtschaden erfasst, nach § 92 InsO liquidiert. Es gibt keinen Insolvenzgläubiger, der nicht mindestens in dieser Höhe geschädigt wäre. Die Neugläubiger sind von § 92 InsO mit erfasst, nicht weil sie zwei Löcher im Vermögen haben (die Quotendifferenz und den Individualschaden), sondern weil die auf jeden Gläubiger entfallende Quotendifferenz in ihrem Schaden enthalten ist. Der allen Insolvenzgläubigern – auch den Neugläubigern – gemeinsame Quotenschaden ist also bereits berücksichtigt, bevor es zur Berechnung des überschießenden Individualschadens eines Neugläubigers kommt. Und der Quotenschaden ist allen Gläubigern – nicht nur den Altgläubigern – zu ersetzen, weil sich der Verstoß des Geschäftsführers gegen § 64 GmbHG gegen alle auf die Insolvenz-

---

1 Der Senat wendet sich hier gegen *Scholz/Karsten Schmidt*, 8. Aufl. 1995, § 64 GmbHG Rz. 33.

2 Entscheidungsgründe unter II 1b.

3 Entscheidungsgründe unter II 1c; vgl. demgegenüber *Scholz/Karsten Schmidt*, 9. Aufl., § 64 GmbHG Rz. 38, 43; seither auch *Poertzgen*, Organhaftung wegen Insolvenzverschleppung, 2006, S. 322 ff.; *Casper* in Großkommentar zum GmbHG, § 64 GmbHG Rz. 130.

quote angewiesenen Gläubiger einheitlich richtet[1]. Man darf sich deshalb auch nicht darüber wundern, dass der Quotenschaden eines Neugläubigers teils vor, teils nach der Begründung seiner Forderung verursacht wird. Selbst wer noch am Tag vor der Insolvenzantragstellung kontrahiert hat, nimmt an der Quote und am Quotenschadensersatz teil. Da der auf diese Weise nicht liquidierte überschießende Individualschaden jedes Neugläubigers, also sein negatives Interesse, durch die Höhe seines Ausfalls bestimmt wird, kann er nicht unabhängig von der Frage sein, wie viel über § 92 InsO zur Verteilung an alle Insolvenzgläubiger gelangt. Das bedeutet: Nicht, wie der Bundesgerichtshof befürchtet, der Quotenschaden jedes Neugläubigers ist unterschiedlich, sondern **unterschiedlich sind nur die überschießenden Individualschäden der einzelnen Neugläubiger**[2]. Die Auffassung des BGH ist also schon in der Begründung abzulehnen. Sie beruht auf falsch verstandener Zivilrechtsdogmatik.

d) Regelrecht besorgniserregend ist aber die **praktische Konsequenz**, die der II. Senat aus der von ihm vertretenen Auffassung **für den Verwalter** ableitet: 11.26
Da zwischen den Schadensersatzansprüchen der Neu- und Altgläubiger zu differenzieren sei und der Verwalter nur die Altgläubigeransprüche soll geltend machen können, darf er die hierauf eingezogenen Beiträge **nach dem Urteil vom 30. 3. 1998 nur für die Altgläubiger** verwenden und muss dies bei der Masseverteilung entsprechend berücksichtigen. Beschwichtigend fügt der Senat hinzu, dass hiergegen nach Erklärung des IX. Zivilsenats auch aus konkursrechtlicher Sicht keine Bedenken bestünden. Das wird in der Insolvenzabwicklungspraxis offenbar anders gesehen[3]. Das BGH-Modell **geht an der durch § 92 InsO vorgegebenen Aufgabe des Insolvenzverwalters hinsichtlich der Schadensliquidation vorbei**. Der Insolvenzverwalter hat seine Aufgabe gerade nicht darin zu sehen, für verschiedene Gläubigergruppen unterschiedliche Kassen zu führen, sondern er zieht die nach § 92 InsO von ihm zu liquidierenden Schadensersatzsummen ein, als gehörten sie zur Masse. Auch etwaige Vergleichsgespräche zur Streitbeilegung mit dem haftenden Geschäftsführer haben nur Aussicht, wenn der Verwalter über den Gesamtschaden aller Gläubiger sprechen kann[4]. Der BGH bringt hier ein durchdachtes Aufgabenprogramm des Insolvenzverwalters in Gefahr und macht seine Erfüllung nachgerade unmöglich. Soll wirklich der Insolvenzverwalter vor der Erhebung einer Gesamtschadensklage nach § 92 InsO definitiv festlegen, welche der Gläubiger er als Altgläubiger aus der Zeit vor der Insolvenzreife der Gesellschaft einschätzt? Soll er, wenn er gegen die Geschäftsführer aus § 823 Abs. 2 BGB i.V.m. § 15a InsO resp. § 64 GmbHG a.F. prozessiert, verantwortlich (§ 60 InsO!) festlegen, welche Gläubiger er hieraus zu bedienen gedenkt? Wer sagt ihm, wann genau die Überschuldung eingetreten und von welchem Tag an genau der Antrag schuldhaft versäumt worden ist? Wie soll er eine Haftung gegenüber denjenigen vermeiden, die er zu Recht oder zu Unrecht für Neugläubiger hält und deshalb nach dem Urteil des BGH übergehen muss? Soll er vielleicht denen den Streit verkünden, die er als Neugläubiger unberücksich-

1 *Karsten Schmidt*, NZI 1998, 13 f.; *Karsten Schmidt*, KTS 2001, 383 ff.
2 *Karsten Schmidt*, KTS 2001, 384.
3 *T. Wellensiek*, BB 1998, 1278 f.
4 *Karsten Schmidt*, KTS 2001, 386.

tigt lassen will? Und soll er Vergleichsverhandlungen mit dem Geschäftsführer stets nur mit dem Vorbehalt führen, dass er die Gläubiger, über deren Quotenschaden er verhandelt, nicht mit Gewissheit identifizieren kann? Da der Insolvenzverwalter gar nicht im Stande sein wird, die Gesamtgläubigerschaft zuverlässig in Altgläubiger und Neugläubiger zu teilen (er müsste dazu den Beginn der Insolvenzverschleppung nach Tag und Stunde festlegen können), **macht die Rechtsprechung aus § 92 InsO auf seinem wichtigsten Aufgabenfeld totes Recht**[1]. Schadensersatzklagen wegen Insolvenzverschleppung (§ 823 BGB i.V.m. § 15a InsO resp. § 64 Abs. 1 GmbHG a.F. oder § 130a HGB a.F.) versprechen nach diesem Modell praktisch nur noch als Individualklagen, z.B. von Neugläubigern, Erfolg[2]. Die vom Gesetz intendierte Auffüllung der Masse durch Gesamtschadensersatzklagen des Verwalters wird durch die Rechtsprechung unnötigerweise vereitelt[3].

6. Aufruf zu einer Änderung der Rechtsprechung

11.27 **a)** Sowohl in dogmatisch-grundsätzlicher Hinsicht als auch in den Konsequenzen für die praktische Rechtsdurchsetzung ist der ganze Ansatz der hier geschilderten Rechtsprechung verfehlt. Dabei darf es nicht bleiben. Es bedarf dringend der **Revision der** durch das Urteil vom 30. 3. 1998 eingeleiteten **Rechtsprechung**. Den Vorzug verdient ein auf praktische Belange zugeschnittenes und mit § 92 InsO ebenso wie mit der Dogmatik des Delikts- und Insolvenzrechts verträgliches **Rechtsbild der Haftungsabwicklung bei Insolvenzverschleppung**[4]:

- Hinsichtlich der **Tathandlung** ist zwischen dem alle Gläubiger treffenden **„Dauerdelikt Insolvenzverschleppung"** und der **individuellen Schädigung eines Neugläubigers** zu unterscheiden (was für die einheitlich deliktsrechtliche BGH-Konstruktion schwerer zu erkennen ist als bei der hier favorisierten Unterscheidung zwischen § 823 Abs. 2 BGB und culpa in contrahendo). Vom ersten Tag der Insolvenzverschleppung an schädigt der pflichtwidrig handelnde Geschäftsführer die bereits vorhandenen und die künftigen Gläubiger und fügt ihnen sukzessiv einen Schaden in Höhe der ex ante nicht präzisierbaren Quotendifferenz zu (unerlaubte Handlung nach § 823 Abs. 2 BGB, § 15a InsO, vor der Reform § 64 GmbHG a.F. resp. § 130a Abs. 1 HGB a.F.). Daneben fügt er in der Insolvenzverschleppungsphase jedem neuen Vertragspartner durch Einzelhandlungen einen vom Quotenschadensersatz nicht gedeckten Individualschaden zu (culpa in contrahendo

---

1 *Karsten Schmidt*, ZIP 2005, 2177, 2178.

2 Charakteristisch der Fall BGH v. 12. 3. 2007 – II ZR 315/05, GmbHR 2007, 599 = ZIP 2007, 1060: s. auch BGH v. 5. 2. 2007 – II ZR 234/05, BGHZ 171, 46 = LMK 2007, I 98 m. Anm. *Eilmann* = DZWiR 2007, 337 m. Anm. *Böcker* = EWiR 2007, 305 (*Haas*) = GmbHR 2007, 482.

3 Vgl. *Altmeppen* in Roth/Altmeppen, § 64 GmbHG Rz. 66: „Es ist nicht bekannt, dass eine derartige Berechnung des Quotenschadens der Altgläubiger auch nur in einem Fall funktioniert hätte."

4 Vgl. *Scholz/Karsten Schmidt*, 9. Aufl., § 64 GmbHG Rz. 41 ff.; *Karsten Schmidt*, ZGR 1998, 668 f.; *Karsten Schmidt*, NZI 1998, 13 f.; *Karsten Schmidt*, KTS 2001, 380 ff.; zustimmend *Poertzgen*, DZWiR 2007, 101 ff.; *Fritsche/Lieder*, DZWiR 2004, 93 ff.

bzw. nach dem Ansatz des BGH wiederum § 823 Abs. 2 BGB i.V.m. § 15a InsO, vormals § 64 Abs. 1 GmbHG a.F. resp. § 130a Abs. 1 HGB a.F.). Die Höhe dieser Schäden kann stets nur ex post präzisiert werden, typischerweise im Zivilprozess.

- Hinsichtlich der **Schadensposten** ist zwischen dem in § 92 InsO beschriebenen (selbstverständlich nicht für jeden Neugläubiger unterschiedlichen) **Gesamtschaden aller Gläubiger** und den **Individualschäden der Neugläubiger** zu unterscheiden. Der Gesamtschaden ist die Summe, die der Masse zugeführt werden muss, damit die bei rechtzeitigem Insolvenzantrag gewährleistete Insolvenzquote erreicht wird. Er deckt die **Quotendifferenz aller Gläubiger**, auch der Neugläubiger (anders insofern der BGH). Die Neugläubiger sind sowohl durch das Insolvenzverschleppungsdelikt als auch durch die Individualschädigung betroffen. Jeder Neugläubiger erleidet einen individuell unterschiedlichen Schaden, in dem aber die Quotendifferenz als Teil des Gesamtschadens aller Gläubiger enthalten ist (insofern a.M. der BGH).
- Hinsichtlich der **Befugnis zur individuellen Geltendmachung der Schäden** ist im eröffneten Insolvenzverfahren gleichfalls zwischen dem Gesamtschaden (§ 92 InsO) und den Individualschäden zu unterscheiden. Die Altgläubiger haben außerhalb des § 92 InsO keinerlei Schaden, also auch keinerlei Anspruch. Ihr Schaden und Schadensersatz erschöpft sich in der als Gesamtschaden vom Insolvenzverwalter zu liquidierenden Quotendifferenz (das ist unstreitig). Anderes gilt für die Neugläubiger (auch dies ist unstreitig). Jeder Neugläubiger kann und muss ggf. neben der Gesamtschadensliquidation nach § 92 InsO aber nur seinen überschießenden Individualschaden außerhalb des Insolvenzverfahrens geltend machen (a.M. der BGH).

b) Die praktischen Folgen für die Schadensabwicklung sind nach diesem Modell wesentlich einfacher als alles, was der BGH anbietet[1]: 11.28

- Im eröffneten Insolvenzverfahren klagt der Insolvenzverwalter nach § 92 InsO den an der Masse entstandenen Insolvenzverschleppungsschaden, also den kumulierten Quotenschaden aller Insolvenzgläubiger ein, also nicht nur für die Altgläubiger. Die erforderliche Summe kann, da der exakte Zeitpunkt der materiellen Insolvenz und Beginn der Verschleppung kaum ermittelbar ist, meist nur geschätzt werden (§ 287 ZPO). Was der Insolvenzverwalter auf diese Weise erlangt, gebührt quotengerecht allen Insolvenzgläubigern (anders bisher der BGH).
- Wird das Insolvenzverfahren nicht eröffnet (z.B. auf Grund Masselosigkeit), so kann jeder Gläubiger seinen ganzen Schaden selbst einklagen: die Altgläubiger den Quotenschaden (das bleibt Theorie), die Neugläubiger ihren ungekürzten Individualschaden (das ist unbestritten).
- Zur Geltendmachung ihrer individuellen Schadensersatzansprüche außerhalb des Insolvenzverfahrens sind selbstverständlich nur die Neugläubiger

1 Vgl. *Scholz/Karsten Schmidt*, 9. Aufl., § 64 GmbHG Rz. 41 ff.; *Karsten Schmidt*, ZGR 1998, 668 f.; *Karsten Schmidt*, NZI 1998, 13 f.; *Karsten Schmidt*, KTS 2001, 380 ff.; *Karsten Schmidt*, ZIP 2003, 1716; ausführlich dazu seither *Poertzgen*, Organhaftung wegen Insolvenzverschleppung, 2006, S. 322 ff., 343 f.

befugt, weil nur sie einen über den Gesamtschaden (§ 92 InsO) hinausgehenden Individualschaden erlitten haben. Die Höhe dieses Schadens und des vom Geschäftsführer an sie zu zahlenden Ersatzes ist das ungeteilte – auch nach der hier vertretenen Auffassung ungeteilte! – negative Interesse, und dieses bestimmt sich nach dem Ausfall der Neugläubiger im Insolvenzverfahren[1].

11.29 Die hier angebotene Lösung verhilft dem § 92 InsO zu praktischer Geltung. Aber noch steht das Grundlagenurteil vom 30. 3. 1998[2] im Wege. Zu hoffen ist, dass sich dies ändert.

II. Haftung für „verbotene Zahlungen" nach § 64 GmbHG bzw. § 130a HGB

1. Gesetzesrecht

11.30 **a)** Während die Schadensersatzhaftung für Insolvenzverschleppung (also für „Verletzung der Konkursantragspflicht") durch die BGH-Praxis zurückgedrängt worden ist, hat sie die **Haftung für verbotene Zahlungen** nach § 64 GmbHG bzw. § 130a i.V.m. § 177a HGB (bis zur Reform von 2008 handelte es sich um die Absätze 2 dieser Bestimmungen) in den Vordergrund gerückt[3]. Diese Bestimmungen bergen so, wie die Rechtsprechung sie versteht, **brandgefährliches Haftungspotential.** Danach müssen die Geschäftsführer – auch sog. faktische Geschäftsführer[4] – der Gesellschaft Zahlungen ersetzen, die nach dem Eintritt der Zahlungsunfähigkeit oder nach der Feststellung der Überschuldung geleistet wurden. Die „Zahlungen" können auch solche durch einen vom Geschäftsführer angewiesenen Dritten[5] und auch andere geldwerte Leistungen sein[6]. Entscheidend ist, dass im Zeitpunkt des Vermögenstransfers materielle Insolvenz der Gesellschaft (Zahlungsunfähigkeit oder Überschuldung) vorlag[7]. Die für die GmbH und die GmbH & Co. KG maßgeblichen Bestimmungen haben seit 2008 folgenden Wortlaut[8]:

§ 64 GmbHG lautet in seinen Sätzen 1 und 2:

„Die Geschäftsführer sind der Gesellschaft zum Ersatz von Zahlungen verpflichtet, die nach Eintritt der Zahlungsunfähigkeit der Gesellschaft oder nach Feststellung ihrer Überschuldung geleistet werden. Dies gilt nicht von Zahlungen, die auch nach diesem Zeitpunkt mit der Sorgfalt eines ordentlichen Geschäftsmanns vereinbar sind."

---

1 *Scholz/Karsten Schmidt*, 9. Aufl., § 64 GmbHG Rz. 43.
2 BGH v. 30. 3. 1998 – II ZR 146/96, BGHZ 138, 211 = GmbHR 1998, 594.
3 Vgl. *Henze/Bauer* in Kölner Schrift zur InsO, S. 1320 ff.; *Goette*, ZInsO 2001, 529 ff.; *Gross/Schork*, NZI 2004, 358 ff.; *Haas*, NZG 2004, 737; *Haas*, FS Gero Fischer, 2008, S. 209 ff.; *Uhlenbruck*, WiB 1996, 457 ff.; *Karsten Schmidt*, ZHR 168 (2004), 637 ff.; *Karsten Schmidt*, GmbHR 2000, 1229 ff.; *Karsten Schmidt*, ZIP 2005, 2177, 2179 ff.; *Karsten Schmidt*, ZIP 2008, 1401 ff.
4 BGH v. 11. 7. 2005 – II ZR 235/03, GmbHR 2005, 1987 = ZIP 2005, 1550.
5 OLG Schleswig v. 14. 2. 2007 – 9 U 97/06.
6 *Casper* in Großkommentar zum GmbHG, § 64 GmbHG Rz. 83.
7 OLG Hamburg v. 25. 5. 2007 – 11 U 116/06, GmbHR 2007, 1036.
8 Überblick über die Rechtslage vor dem MoMiG bei *Karsten Schmidt*, KTS 2001, 287; *Karsten Schmidt*, ZIP 2005, 2177 ff.; *Karsten Schmidt*, ZIP 2008, 481 ff.

Dem entspricht **§ 130a HGB** für die GmbH & Co. KG. Die beiden ersten Sätze dieser Bestimmung lauten: 11.31

„Nachdem bei einer Gesellschaft, bei der kein Gesellschafter eine natürliche Person ist, die Zahlungsunfähigkeit eingetreten ist oder sich ihre Überschuldung ergeben hat, dürfen die organschaftlichen Vertreter der zur Vertretung der Gesellschaft ermächtigten Gesellschafter und die Liquidatoren für die Gesellschaft keine Zahlungen leisten. Dies gilt nicht von Zahlungen, die auch nach diesem Zeitpunkt mit der Sorgfalt eines ordentlichen und gewissenhaften Geschäftsleiters vereinbar sind.“

Die Bestimmung wird ergänzt durch **§ 177a HGB**, wonach Kommanditgesellschaften auch erfasst sind, wenn als Kommanditisten (aber nur als Kommanditisten) natürliche Personen beteiligt sind. 11.32

b) Die in § 64 GmbHG und § 130a HGB enthaltenen **„Zahlungsverbote“** waren bis 2008 in den Absätzen 2 dieser Bestimmungen enthalten und direkt an die damals in den Absätzen 1 enthaltenen Regelungen über die **„Insolvenzantragspflicht“**, also die **Verschleppungsverbote**, angehängt. Diese Systematik unterstrich die Zusammengehörigkeit beider Komplexe. Verbotene Zahlungen sind nichts anderes als Elemente der durch das Dauerdelikt des „Wrongful Trading“ herbeigeführten Insolvenzverschleppungsschadens[1]. Die **Reform von 2008 (MoMiG)** hat die „Insolvenzantragspflicht“ in § 15a InsO zusammengefasst und dadurch die in § 64 GmbHG, § 130a HGB verbliebenen „Zahlungsverbote“ im Gesetzesaufbau hiervon getrennt. Dies gibt der Verkennung des Einheitskonzepts des Verbots des „Wrongful Trading“ und der zunehmenden Verselbständigung der „Zahlungsverbote“[2] weiteren Auftrieb. **Neu** angehängt wurden außerdem **Regeln über die Geschäftsführerhaftung für insolvenzauslösende Zahlungen** (§ 64 Satz 3 GmbHG, § 130a Abs. 1 Satz 3 HGB). Diese Tatbestände werden im Zusammenhang mit der Insolvenzverursachungshaftung behandelt (dazu Rz. 11.87 ff.). 11.33

c) Die rechtsdogmatischen Grundlagen der „Zahlungsverbote“ sind umstritten[3], und dieser Streit hat **Bedeutung für die praktische Handhabung**[4]: 11.34

- *Schulze-Osterloh* meint[5], hier werde die Gläubigergleichbehandlung gesichert. § 64 GmbHG bzw. § 130a HGB sei die Sanktion für die Vorwegbefriedigung eines Gläubigers. Doch ist diese Auffassung abzulehnen. Nach ihr müsste § 64 GmbHG ein Sonderfall des Anfechtungsrechts sein, und es wäre unbegreiflich, warum nicht der Empfänger der Zahlung, sondern der Geschäftsführer das Geld herausrücken soll[6].

1 *Scholz/Karsten Schmidt*, 9. Aufl., § 64 GmbHG Rz. 23 ff., 35 ff.; str.
2 Kritisch dazu *Karsten Schmidt*, ZIP 2008, 1401, 1403.
3 Vgl. zum Folgenden wörtlich schon *Karsten Schmidt*, KTS 2001, 288.
4 Beschönigend *Haas*, FS Gero Fischer, 2008, S. 209, 210; nach ihm sollten „Die Auswirkungen ... nicht überbewertet werden“, weil der ausbezahlte Betrag dem Gesamtgläubigerschaden entspreche; Beobachtung und Überlegung zeigen aber, dass genau dies nicht der Fall ist.
5 *Baumbach/Hueck/Schulze-Osterloh*, § 64 GmbHG Rz. 78; *Schulze-Osterloh*, FS Bezzenberger, 2001, S. 419 ff.
6 So auch *Bitter*, WM 2001, 669 in Fn. 34; dagegen aber *Baumbach/Hueck/Schulze-Osterloh*, § 64 GmbHG Rz. 78.

- Nach *Auffassung des BGH* begründet § 64 GmbHG bzw. § 130a HGB einen eigenartigen Anspruch der GmbH, der nichts mit dem bis 2008 in § 64 Abs. 1 GmbHG geregelten, durch die Reform 2008 (MoMiG) in die Insolvenzordnung ausgewanderten Insolvenzverschleppungsverbot und mit dem Schadensersatz wegen Insolvenzverschleppung zu tun hat[1]. Dieser Anspruch sui generis geht nach der Rechtsprechung einfach auf Wiederherstellung des durch die Zahlung verminderten Gesellschaftsvermögens. Kausalitäts- oder Schadensüberlegungen und Massekalkulationen werden nicht angestellt. Anders lautet allerdings § 130a Abs. 2 Satz 1 HGB (bis 2008 § 130a Abs. 3 Satz 1 HGB a.F.). Während § 64 GmbHG vom „Ersatz von (verbotenen) Zahlungen" spricht, ist nach dieser Bestimmung der Geschäftsführer „zum Ersatz des entstandenen Schadens" verpflichtet. Der BGH hat aber durch Urteile vom 5. 2. 2007[2] und vom 26. 3. 2007[3] ausdrücklich entschieden, dass § 130a Abs. 2 HGB – wie § 64 GmbHG – im Sinne einer strikten Erstattungspflicht für jede unerlaubte Zahlung zu lesen ist, weil der in § 130a Abs. 2 HGB apostrophierte „Schaden" schon durch den Abfluss von Mitteln aus dem Gesellschaftsvermögen bewirkt sei[4].
- *Altmeppen*[5] bestreitet den Schutzgesetzcharakter der „Insolvenzantragspflicht" (jetzt also des § 15a InsO). Was der Gesetzgeber ungeschickt als Verbot von Zahlungen beschreibt, sei ein allgemeines Verbot der Masseschmälerung durch Insolvenzverschleppung. Diese Masseschmälerung sei nach § 64 GmbHG, § 130a HGB (bis 2008 nach den Absätzen 2 dieser Bestimmungen) auszugleichen[6].
- Richtig scheint eine **dritte Auffassung**[7]. Aus dem Verschleppungsverbot (§ 15a InsO) und dem sog. Zahlungsverbot (§ 64 GmbHG, § 130a HGB) ergibt sich ein **einheitlicher Verbots- und Haftungstatbestand des Wrongful Trading mit Schadensersatzfolge**. § 64 Satz 1 GmbHG (also der vormalige Absatz 2) ist nichts als eine Darlegungs- und Beweiserleichterung für den durch die Auszahlung an der Masse angerichteten Schaden. § 64 GmbHG ist gleichsam der Urvater des § 92 InsO, ergänzt durch eine Darlegungs- und Beweiserleichterung, und bringt zugleich zum Ausdruck, dass der am Gesellschaftsvermögen entstandene Gesamtgläubigerschaden auch außerhalb

1 BGH v. 8. 1. 2001 – II ZR 88/99, BGHZ 146, 264, 278 = WM 2001, 317, 322; BGH v. 11. 2. 2008 – II ZR 291/06, DB 2008, 1202; std. Rspr.; ausführlich und zustimmend *Haas*, FS Gero Fischer, 2008, S. 209 f.; unstimmig *Casper* in Großkommentar zum GmbHG , wo das „zweigleisige Modell" de lege lata befürwortet (§ 64 GmbHG Rz. 7), dann aber die Folge des Zahlungsverbots i.S. eines Schadensersatzes korrigiert wird (§ 64 GmbHG Rz. 82).

2 BGH v. 5. 2. 2007 – II ZR 51/06, GmbHR 2007, 936 = ZIP 2007, 1501.

3 BGH v. 26. 3. 2007 – II ZR 310/05, GmbHR 2007, 596 = ZIP 2007, 1006.

4 BGH v. 5. 2. 2007 – II ZR 51/06, GmbHR 2007, 936 = ZIP 2007, 1501; so im Ergebnis auch schon OLG Schleswig v. 27. 10. 2005 – 5 U 82/05, GmbHR 2005, 1625 = ZIP 2005, 2211.

5 Vgl. auch schon *Altmeppen/Wilhelm*, NJW 1999, 673 ff.

6 *Altmeppen*, ZIP 2001, 2201 ff.

7 *Scholz/Karsten Schmidt*, 9. Aufl., § 64 GmbHG, Rz. 25 ff., 35 ff.; in gleicher Richtung schon *Karsten Schmidt*, GmbHR 2000, 1226 f.; *Bitter*, WM 2001, 666, 670 f.; sympathisierend *Casper* in Großkommentar zum GmbHG, § 64 GmbHG Rz. 79 ff.

des Insolvenzverfahrens durch Leistung in das Gesellschaftsvermögen liquidiert werden kann. Indem der Verwalter aus § 64 GmbHG gegen den Geschäftsführer vorgeht, liquidiert er den durch die Zahlungen angerichteten mutmaßlichen Gesamtgläubigerschaden. § 64 GmbHG (bzw. § 130a HGB) steht deshalb nicht in einem Gegensatz zu § 15a InsO, sondern die Vorschrift ist Bestandteil der heute über § 823 Abs. 2 BGB konstruierten Schadensersatzhaftung wegen Insolvenzverschleppung. Die Höhe der Zahlungen begründet nur die Vermutung eines entsprechenden Masseschadens. Dieser Zusammenhang war bis 2008 aus dem Gesetz klarer abzulesen als heute. Bis damals waren nämlich die Verschleppungsverbote in den Absätzen 1 der § 64 GmbHG, § 130a HGB niedergelegt, die „Zahlungsverbote" jeweils in den Absätzen 2. Die GmbH-Reform 2008 hat diese Regelungen redaktionell auseinander gerissen, vermag jedoch deren Sinneinheit nicht zu zerstören.

2. Eine drakonische Rechtsprechung

a) Die **Schlagkraft der Geschäftsführerhaftung für „verbotene Zahlungen"** ist 11.35
erheblich. Sie ist Resultat der vom BGH zugrundegelegten theoretischen Deutung der § 64 GmbHG, § 130a HGB. Die **Kasuistik der höchstrichterlichen Rechtsprechung** gibt hiervon einen Eindruck. Der BGH nimmt jede einzelne Zahlung an einen Gläubiger und addiert aus diesen Zahlungen eine Gesamthaftung des Geschäftsführers auf Erstattung „verbotener Zahlungen", ohne ein Gesamtbild der Schadensentwicklung zu entwerfen. Hier einige charakteristische Fälle, die auf der Basis des bisherigen Gesetzeswortlauts entschieden worden sind:

- Am **18. 12. 1995** entschied der II. Zivilsenat, dass der nach § 64 (Abs. 2 a.F.) GmbHG in Anspruch genommene Geschäftsführer nicht berechtigt sei, die Erfüllung dieser Verpflichtung mit der Begründung zu verweigern, der Insolvenzverwalter habe die aussichtsreiche Möglichkeit einer Insolvenzanfechtung durch Verstreichenlassen der Anfechtungsfrist (jetzt: Verjährungsfrist) versäumt[1]. **Der Geschäftsführer haftet** nach der Rechtsprechung **primär**, selbst wenn gleichzeitig im Anfechtungswege gegen den Empfänger geklagt wird[2]. Das ist konsequent, wenn man die Haftung mit dem BGH vom Schadensersatz streng trennt (vgl. Rz. 11.34).
- Nach dem wichtigen Urteil vom **29. 11. 1999** ist auch der von dem Geschäftsführer einer insolventen GmbH veranlasste **Einzug eines Kundenschecks** über ein debitorisches Bankkonto grundsätzlich als eine zur Ersatzpflicht nach § 64 (Abs. 2 a.F.) Satz 1 GmbHG führende „Zahlung" zu Gunsten der Bank zu qualifizieren[3]. Der Senat hat diesen – wahrhaftig nicht

1 BGH v. 18. 12. 1995 – II ZR 277/94, BGHZ 131, 325 = LM § 64 GmbHG Nr. 13 m. Anm. *Wilhelm* = GmbHR 1996, 221; dazu eingehend *Paulus* in Prütting, Insolvenzrecht 1996, 1997, S. 211 ff.; *Gerd Müller*, ZIP 1996, 1153 ff.; *Uhlenbruck*, WiB 1996, 1641.

2 OLG Oldenburg v. 10. 5. 2004 – 15 U 13/04, GmbHR 2004, 1014 = MDR 2004, 1383.

3 BGH v. 29. 11. 1999 – II ZR 273/98, BGHZ 143, 184 = LM § 64 GmbHG Nr. 18 m. Anm. *Heidenhain* = GmbHR 2000, 182 m. Anm. *Frings* = DStR 2000, 210 m. Anm. *Goette* = EWiR 2000, 295 (*Noack*) = WuB II C. § 64 GmbHG 1.01 m. Anm. *Bitter*; vgl.

selbstverständlichen – Standpunkt am 11. 9. 2000 noch einmal bekräftigt[1]. Wie aus einem rechtskräftigen Urteil des OLG Oldenburg ersichtlich ist, macht auch die Zusendung von Rechnungen an Schuldner der Gesellschaft aus der Zahlung der Rechnungsbeträge auf das debitorische Konto eine verbotene Zahlung (!) des Geschäftsführers an die Bank[2].

- Das Urteil des BGH vom **11. 9. 2000** spricht darüber hinaus aus, dass der Ersatzanspruch der GmbH aus § 64 (Abs. 2 a.F.) GmbHG im Fall ihrer masselosen Insolvenz der **Pfändung durch einen Gesellschaftsgläubiger** zugänglich ist[3]. Es ist unverkennbar, dass hierdurch die Insolvenzverschleppung bis zur Masselosigkeit unter ein früher ganz unbekanntes Risiko gestellt wird.
- Sodann hat der BGH am **8. 1. 2001** entschieden[4]: „Zahlungen, die der Geschäftsführer dem Verbot des § 64 (Abs. 2 a.F.) GmbHG zuwider geleistet hat, sind von ihm **ungekürzt zu erstatten** (Abweichung von BGHZ 143, 184 = KTS 2000, 115). Ihm ist in dem Urteil vorzubehalten, seinen Gegenanspruch, der sich nach Rang und Höhe mit dem Betrag deckt, den der begünstigte Gesellschaftsgläubiger im Insolvenzverfahren erhalten hätte, nach Erstattung an die Masse gegen den Insolvenzverwalter zu verfolgen. Etwa bestehende Erstattungsansprüche der Masse gegen Dritte sind Zug um Zug an den Geschäftsführer abzutreten."[5] Dieser **Vorbehalt hinsichtlich seines Verfolgungsrechts** gegen den Insolvenzverwalter wird nach einem BGH-Urteil vom 11. 7. 2005[6] von Amts wegen in das Zahlungsurteil gegen den Geschäftführer aufgenommen. Das ist jetzt ständige Gerichtspraxis, ist aber ein schwacher Trost für den primär haftenden Geschäftsführer.
- Die ganze **Härte der Rechtsprechung** kommt in einem BGH-Urteil vom **31. 3. 2003** ans Licht[7]. Hier hatte im Rahmen einer umsatz- und gewerbesteuerlichen Organschaft der Geschäftsführer einer Holdinggesellschaft von einer Bau-Tochtergesellschaft eine Gutschrift entgegengenommen und sodann aus dem kreditorischen Bankkonto mittels Scheck die Zahlung an das Finanzamt vorgenommen. Im Saldo war dies ein neutraler, die Gläubiger nicht schädigender Vorgang[8]. Dennoch entschied der BGH: „Der Geschäftsführer einer GmbH verletzt seine Pflicht, das Gesellschaftsvermögen zur ranggerechten und gleichmäßigen Befriedigung aller künftigen Insolvenzgläubiger zusammenzuhalten, auch dann, wenn er bei Insolvenzreife der Gesellschaft Mittel von einem Dritten zu dem Zweck erhält, eine be-

---

schon OLG Hamm v. 21. 4. 1995 – 11 U 195/93, GmbHR 1995, 521 = ZIP 1995, 913; dagegen hier noch die 2. Aufl., Rz. 1245.

1 BGH v. 11. 9. 2000 – II ZR 370/99, GmbHR 2000, 1149 = ZIP 2000, 1896.

2 OLG Oldenburg v. 10. 3. 2004 – 1 W 2/04, GmbHR 2004, 1340 = ZIP 2004, 1315.

3 BGH v. 11. 9. 2000 – II ZR 370/99, GmbHR 2000, 1149 = ZIP 2000, 1896; dazu *Karsten Schmidt*, GmbHR 2000, 1225.

4 BGH v. 8. 1. 2001 – II ZR 88/99, BGHZ 146, 264 = ZIP 2001, 235.

5 *Haas* (FS Gero Fischer, 2008, S. 209, 212 ff.) begründet dies analog § 144 InsO.

6 BGH v. 11. 7. 2005 – II ZR 235/03, GmbHR 2005, 1187 = ZIP 2005, 1550.

7 BGH v. 31. 3. 2003 – II ZR 150/02, DB 2003, 1213 = ZIP 2003, 1005.

8 So in der Vorinstanz OLG Brandenburg v. 10. 4. 2002 – 7 U 147/01, GmbHR 2002, 910.

stimmte Schuld zu tilgen, und kurze Zeit später dementsprechend die Zahlung an den Gesellschaftsgläubiger erwirkt."

- Bei Manuskriptabschluss noch nicht rechtskräftig war ein Urteil des **OLG Celle** vom 20. 6. 2007 über **eine Vermögensverschiebung innerhalb einer GmbH & Co. KG**. Der Geschäftsführer hatte nach Stellung des Insolvenzantrags bezüglich der Kommanditgesellschaft (1) das Bankguthaben der Komplementär-GmbH in Höhe von 34 000 Euro an die Kommanditgesellschaft überwiesen. Das OLG hielt den Geschäftsführer für ersatzpflichtig, obwohl die Gläubiger der GmbH weitgehend dieselben waren wie die der KG.
- Die Dramatik bei der **Durchleitung von Liquidität im Konzern** zeigt sich in einem Urteil des OLG München vom 15. 10. 2008 („Taunus GmbH & Co. KG")[1]. Der erste Leitsatz dieses Urteils lautet:

  „Der Geschäftsführer mehrerer Gesellschaften haftet für Zahlungen nach Insolvenzreife bei jeder einzelnen Gesellschaft gesondert, wenn ein und dieselbe Zahlung durch mehrere Gesellschaften gelaufen ist."
- Mit einem blauen Auge davongekommen ist der Geschäftsführer einer **Konzerngesellschaft** in einem auf den ersten Blick ähnlichen, vom BGH am **5. 5. 2008** entschiedenen Fall[2]. Hier hatten die Muttergesellschaft und mehrere Schwestergesellschaften Beträge in Höhe von mehr als einer halben Mio. Euro auf das Konto der GmbH geleitet, um diese Summen dem Zugriff ihrer Hausbanken zu entziehen. Diese treuhänderisch gehaltenen Geldsummen hatte dann der Geschäftsführer auf Weisung der Konzerngesellschaften an deren Gläubiger gezahlt. Das OLG hatte, gestützt auf das Urteil von 2003, der Klage stattgegeben. Aber der BGH wies sie ab, freilich ohne den Grundansatz des Urteils von 2003 aufzugeben. Das Urteil trägt folgenden, naturgemäß auf die alte Fassung des § 64 GmbHG bezogenen Leitsatz:

  „Der Geschäftsführer einer GmbH verletzt seine Massesicherungspflicht aus § 64 Abs. 2 Satz 1 GmbHG auch dann, wenn er mit Geldern, die von anderen Konzerngesellschaften auf das Geschäftskonto der GmbH gezahlt worden sind, Schulden dieser Gesellschaften begleicht; seine Haftung ist aber nach § 64 Abs. 2 Satz 2 GmbHG ausgeschlossen, weil er bei den Auszahlungen angesichts des Zusammentreffens der Massesicherungspflicht mit der – durch § 266 StGB strafbewehrten – Pflicht zur weisungsgemäßen Verwendung fremder Gelder mit der Sorgfalt eines ordentlichen Geschäftsmannes gehandelt hat."

  Erkennbar bestätigt der erste Teil dieses Leitsatzes den Ansatz aus dem Jahr 2003, während der zweite Teil Rettung bei der Exkulpationsregel sucht. Das Ergebnis überzeugt mehr als die Begründung. Angenommen, die anderen Konzerngesellschaften wären gleichfalls insolvent geworden, so hätte der BGH möglicherweise deren Geschäftsführer für zahlungspflichtig gehalten, denn mittelbar hatten sie aus dem Treuhandkonto gezahlt.

d) Dass die unklare Normstruktur des § 64 GmbHG (bis 2008 § 64 Abs. 2 GmbHG a.F.) **praktische Folgen** auch bei der schlichten Unternehmensfortführung haben kann, zeigt das folgende, bereits an anderer Stelle entworfene **Beispiel**[3]: 11.36

1 OLG München v. 15. 10. 2008 – 7 U 4972/07, ZIP 2008, 2169.
2 BGH v. 5. 5. 2008 – II ZR 38/07, DB 2008, 1428 = ZIP 2008, 1229.
3 Vgl. bereits *Karsten Schmidt*, KTS 2001, 288 f.

Der Geschäftsführer hat die Insolvenz nach der Behauptung des klagenden Verwalters seit Januar verschleppt. Er hat in dieser Zeit durch Einzug von Kundenschecks und durch Zahlung an Lieferanten Zahlungen in Höhe von 1 Mio. Euro vorgenommen. In dieser Höhe in Anspruch genommen, macht er neben dem üblichen Bestreiten der ganzen Verschleppung Folgendes geltend: Durch die Scheckeinziehungen und Zahlungen, selbst wenn sie verboten gewesen sein sollten, habe er die Weiterführung des Unternehmens finanziert und Einnahmen möglich gemacht. Die seit Januar eingetretene Masseschmälerung betrage nicht 1 Mio., sondern allenfalls 100 000 Euro. Würde das Gericht einen solchen Geschäftsführer in Höhe von 1 Mio. Euro verurteilen, ohne Beweis über die eingetretene Masseschmälerung zu erheben? Müsste es den Geschäftsführer sogar dann voll verurteilen, wenn der klagende Verwalter die Verteidigung des beklagten Geschäftsführers nicht einmal bestreitet? Der BGH müsste das wohl bejahen. Nach seiner Auffassung werden ja einfach die Zahlungsbeträge summiert und eingefordert, und seien es Millionenbeträge, ohne dass es auf die vielleicht viel geringere Einbuße in der Masse ankäme. Doch wäre eine solche Lösung im Ergebnis schwerlich zu akzeptieren.

11.37 Diese Überlegung legt den Gedanken nahe, dass es sich der BGH mit seiner Deutung der „Zahlungsverbote" schon in theoretischer Hinsicht zu leicht macht. Der Hauptfehler liegt darin, dass der BGH den Gesetzeswortlaut buchstäblich liest und statt auf den Vermögens- und Schadensablauf auf jede einzelne Zahlung blickt[1]. Nicht einmal – was angemahnt wird[2], jedoch das Problem nicht löst – ein Leistungsaustausch wird gegengerechnet. Der Fall zeigt aber auch, dass die Insolvenzverschleppungsrisiken für Geschäftsführer durch die neue Rechtsprechung im Vergleich zu der konventionellen Haftung wegen Verletzung des § 15a InsO (§ 64 Abs. 1 GmbHG a.F.) buchstäblich potenziert werden[3].

3. Umgang mit kreditorischen und debitorischen Girokonten

11.38 **a)** Durch die Praxis der unbaren Zahlungen ist das Haftungsrisiko vollends unabschätzbar geworden. Die Rechtsprechung behandelt **Zahlungen vom Bankkonto und auf das Bankkonto der Gesellschaft** vollständig unterschiedlich, je nachdem, ob das Konto kreditorisch oder debitorisch ist[4]. **Beim kreditorischen Konto** ist die Rechtslage einfach: Unbare Zahlungen aus dem Girokonto der Gesellschaft sind Zahlungen, unbare Eingänge auf diesem Konto sind Eingänge. **Beim debitorischen Konto** dreht sich die Rechtslage nach der Rechtsprechung um. Das hatte schon das bei Rz. 11.35 zitierte Urteil vom 29. 11. 1999 gezeigt, wonach der Einzug von Kundenschecks eine verbotene Zahlung an die kontoführende Bank sein kann[5]. Darauf, ob Eingänge auf dem Konto der Aufrechterhaltung des Zahlungsverkehrs dienen, kommt es nach

1 *Karsten Schmidt*, ZIP 2008, 1401, 1408.
2 *Casper* in Großkommentar zum GmbHG, § 64 GmbHG Rz. 86 ff.
3 Das leugnet zu Unrecht *Haas*, FS Gero Fischer, 2008, S. 209, 210.
4 Eingehend *Karsten Schmidt*, ZIP 2008, 1401 ff.
5 BGH v. 29. 11. 1999 – II ZR 273/98, BGHZ 143, 184 = GmbHR 2000, 182 = ZIP 2000, 184.

der Rechtsprechung nicht an[1]. **Zahlungseingänge** auf dem debitorischen Konto, die der Geschäftsführer veranlasst oder nicht verhindert, sind nach der Rechtsprechung „Zahlungen" (nämlich an die Bank!). Charakteristisch für die Rechtsprechung ist ein **Urteil des BGH vom 26. 3. 2007**[2]. Hier hatte der Geschäftsführer von dem debitorischen Bankkonto der Gesellschaft – es war eine GmbH & Co. KG – 33 362,15 Euro ausgezahlt, und 20 108,73 Euro waren auf dem Konto eingegangen. Das OLG hatte den Geschäftsführer zur Zahlung von 33 362,15 Euro verurteilt. Der II. Zivilsenat erkannte auf Erstattung von 20 108,83 Euro. Der dritte Leitsatz des Urteils lautet:

> „Der Geschäftsführer einer insolvenzreifen GmbH (oder GmbH & Co. KG) muss auf Grund seiner Masseerhaltungspflicht dafür sorgen, dass Zahlungen von Gesellschaftsschuldnern nicht auf ein debitorisch geführtes Bankkonto der Gesellschaft geleistet werden; andernfalls haftet er für die Zahlungen gem. § 64 Abs. 2 GmbHG, § 130a Abs. 3 HGB (Ergänzung zum Senatsurt. v. 29. 11. 1999, BGHZ 143, 184 = ZIP 2000, 184)."

Dies war der Grund, weshalb die **Eingänge auf dem debitorischen Konto** (20108,73 Euro) nach der Ansicht des BGH **als unerlaubte Zahlungen** an die Bank eine Zahlungspflicht begründeten. Die **Zahlungen vom Girokonto** (33362,15 Euro), auf die das OLG abgestellt hatte, waren dagegen nach der Ansicht des II. Zivilsenats **keine „verbotenen Zahlungen"**! Der diesbezügliche zweite Leitsatz des Urteils lautet: 11.39

> „Zahlungen mit Kreditmitteln aus einem debitorisch geführten Bankkonto einer insolvenzreifen GmbH oder GmbH & Co. KG fallen nicht unter die – dem Schutz ihrer Gläubigergesamtheit dienenden – § 64 Abs. 2 GmbHG, § 130a Abs. 2, 3 Satz 1 HGB, sondern gehen allein zum Nachteil der Bank."

Die Rechtsprechung rät dem Geschäftsführer einer in die Krise geratenen Gesellschaft, **neben dem debitorisch geführten Konto ein anderes kreditorisches Konto zu begründen**[3]. Sie lässt den Umgang mit einem kreditorischen und einem debitorischen Konto völlig unterschiedlich erscheinen[4]: 11.40

- **Überweisungen und Abbuchungen vom kreditorischen Konto** können „verbotene Zahlungen" sein; **Eingänge** auf dem kreditorischen Konto sind dagegen haftungsneutral, weil sie nicht gegen das Verbot der Masseschmälerung verstoßen.
- **Überweisungen und Abbuchungen vom debitorischen Konto** sind haftungsneutral, weil sie allein auf Kosten der kontoführenden Bank geschehen; **Eingänge** auf dem debitorischen Konto können dagegen „verbotene Zahlungen" an die Bank darstellen.

b) Für die **Strategie der Geschäftsführung einer GmbH oder GmbH & Co. KG in der Krise** bedeutet dies[5]: Solange das Konto **debitorisch** ist, muss der Geschäftsführer, um „verbotene Zahlungen" zu vermeiden, Eingänge auf diesem Konto verhindern. Dazu muss er nicht nur Einzahlungen aus der Tageskasse 11.41

1 Krit. *Casper* in Großkommentar zum GmbHG, § 64 GmbHG Rz. 87.
2 BGH v. 26. 3. 2007 – II ZR 310/05, GmbHR 2007, 596 = ZIP 2007, 1006.
3 BGH v. 29. 11. 1999 – II ZR 273/98, BGHZ 143, 184, 188 = ZIP 2000, 184, 186.
4 *Karsten Schmidt*, ZIP 2008, 1401, 1404 ff.
5 *Karsten Schmidt*, ZIP 2008, 1401, 1404 ff.

und Scheckeinreichungen bei der kontoführenden Bank vermeiden, sondern auch die Schuldner (!) der GmbH von Zahlungen auf das debitorische Konto abhalten. Er muss, wenn er sich an die vom BGH aufgestellten Maximen halten will, Gutschriften auf dem debitorischen Bankkonto auch insoweit verhindern, als diese auf Daueraufträgen oder auf früher mitgeteilten Kontoangaben gegenüber dem Schuldner beruhen. Solange das Konto **kreditorisch** ist, kann der Geschäftsführer ohne Haftungsrisiko Schuldnerzahlungen auf diesem Konto einsammeln, muss aber Abbuchungen von diesem Konto vermeiden. Er muss also, um „verbotene Zahlungen" zu vermeiden, nicht nur eigene Überweisungen von diesem Konto unterlassen, sondern auch Gläubiger der Gesellschaft an Abbuchungen und sonstigen Zugriffen auf das Konto hindern[1]. Kurz gesagt: Ein **Geschäftsführer, der sich an die Rechtsprechung des BGH hält**, wird, solange die Bank mitmacht, dafür sorgen, dass das debitorische Konto immer weiter ins Soll sinkt; zugleich wird er dafür sorgen, dass ein kreditorisches Konto unangetastet bleibt und durch Eingänge immer mehr gefüllt wird. Dieses Vorgehen steht naturgemäß unter dem Vorbehalt einer Verrechnung seitens der Bank. Es ist wider jede Vernunft, aber es ist die Antwort auf die Rechtsprechung des BGH.

4. Vermutetes Verschulden und Exkulpation bei den „Zahlungsverboten"

11.42 **a)** Die Haftung setzt ein Verschulden voraus[2]. Nach **§ 64 Satz 2 GmbHG bzw. § 130a Abs. 1 Satz 2 HGB** greift die Haftung nicht ein bei Zahlungen, die auch nach dem Zeitpunkt materieller Insolvenzreife mit der Sorgfalt eines ordentlichen Geschäftsleiters vereinbar sind (bis 2008 § 64 Abs. 2 Satz 2 GmbHG). Dieser Tatbestand wird eng ausgelegt[3]. Es genügt insbesondere nicht, dass der Zahlungsanspruch des Gläubigers begründet und die Forderung fällig ist. Zulässig sind nach h.M. in erster Linie Zahlungen, die auch ein Insolvenzverwalter vorgenommen hätte[4] und die keine Verkürzung der Masse bewirken[5]. Unschädlich sind im Übrigen diejenigen Zahlungen, die auch unter Berücksichtigung der Insolvenzantragspflicht dem Interesse der Gesellschaft (der Masse) dienen. Das ist insbesondere der Fall, wenn durch die Zahlung größere Nachteile für die Insolvenzmasse abgewendet werden sollen[6] oder wenn vorteilhafte Austauschverträge geschlossen bzw. erfüllt werden[7]. Zulässig sind insbesondere Zahlungen, die der besseren Durchführung eines Insolvenzverfahrens dienen[8]. Es ge-

1 *Karsten Schmidt*, ZIP 2008, 1401, 1404 ff.; s. auch OLG Oldenburg v. 10. 3. 2004 – 1 W 2/04, GmbHR 2004, 1340 = ZIP 2004, 1315.
2 *Baumbach/Hueck/Schulze-Osterloh*, § 64 GmbHG Rz. 83 m.w.N.
3 BGH v. 14. 5. 2007 – II ZR 48/06, NJW 2007, 2118 = GmbHR 2007, 757 = ZIP 2007, 1265; *Altmeppen* in Roth/Altmeppen, § 64 GmbHG Rz. 87.
4 OLG Celle v. 23. 12. 2003 – 9 U 176/03, GmbHR 2004, 568 = ZIP 2004, 1210.
5 BGH v. 8. 1. 2001 – II ZR 88/99, BGHZ 146, 264, 275 = ZIP 2001, 235, 238; OLG Celle v. 23. 12. 2003 – 9 U 176/03, GmbHR 2004, 568 = ZIP 2004, 1210.
6 BGH v. 8. 1. 2001 – II ZR 88/99, BGHZ 146, 264, 274 f. = ZIP 2001, 235, 238; BGH v. 5. 11. 2007 – II ZR 262/06, GmbHR 2008, 142; OLG Dresden v. 21. 9. 2004 – 2 U 1441/04, GmbHR 2005, 173, 174 m. Anm. *Lindemann*.
7 OLG Celle v. 23. 12. 2003 – 9 U 176/03, GmbHR 2004, 568 = ZIP 2004, 1210.
8 So OLG Hamburg v. 29. 12. 2003 – 11 W 90/03, GmbHR 2004, 797, 798; das OLG ergänzt: „oder auch im Interesse einer ernstlich erwarteten Sanierung".

nügt nicht, dass durch die Zahlungen die (rechtswidrige!) Fortführung des Unternehmens ermöglicht wird, sondern zulässig sind nur solche Zahlungen, die einen unkontrollierten, auch durch sofortige Stellung des Insolvenzantrags nicht behebbaren Zusammenbruch mit weiteren Gläubigerschäden verhindern[1].

b) Die **Beweislast** für fehlendes Verschulden trägt im Streitfall der Geschäftsführer[2]. Für die Exkulpation genügt es nicht, dass der Geschäftsführer die Zahlungsunfähigkeit oder Überschuldung nicht gekannt hat. Ein Verstoß gegen die unter Rz. 1.110, 11.2 dargestellte Selbstprüfungspflicht reicht für die Haftung aus[3]. Ist die Zahlungsunfähigkeit oder Überschuldung im maßgeblichen Zeitpunkt nachgewiesen, so wird deren Erkennbarkeit vermutet und der Geschäftsführer muss sich exkulpieren[4]. Als Vorsorge kann die Einholung qualifizierter externer Berater hilfreich sein. Der Geschäftsführer verletzt seine insolvenzrechtlichen Pflichten nicht schuldhaft, wenn er zur Klärung ihm nicht aus eigener Sachkunde erkennbarer Tatsachen oder Würdigungen den Rat eines qualifizierten und unabhängigen Sachverständigen einholt, den er über die entscheidenden Tatsachen informiert hat[5]. Er muss den sachverständigen Rat allerdings einer Plausibilitätskontrolle unterwerfen[6]. Fehlt es an einer solchen Absicherung, so genügt die bloße Befragung eines Sachverständigen nicht für die Exkulpation[7]. 11.43

5. Normenkollisionen: Zahlungsverbote trotz Zahlungspflicht?

a) Umstritten war das Verhältnis zwischen dem sog. Zahlungsverbot nach § 64 GmbHG und dem Straftatbestand des § 266a StGB. Nach dieser Bestimmung ist die Nichtabführung von Sozialversicherungsbeiträgen durch den Arbeitgeber strafbar. Die Strafbestimmung gilt auch in der Unternehmenskrise, insbesondere auch in der Insolvenzverschleppungsphase[8]. Sie ist Schutzgesetz i.S. von § 823 Abs. 2 BGB, so dass eine Verletzung auch zur Schadensersatzpflicht führt[9]. Hieraus resultierte eine **Pflichtenkollision:** Dem Geschäftsfüh- 11.44

1 OLG Dresden v. 21. 9. 2004 – 2 U 1441/04, GmbHR 2005, 173, 174 m. Anm. *Lindemann*.
2 BGH v. 14. 5. 2007 – II ZR 48/06, GmbHR 2007, 757, 758 m. Anm. *Schröder* = ZIP 2007, 1265, 1265 f.; OLG Hamburg v. 29. 12. 2003 – 11 Q 90/03, GmbHR 2004, 797; OLG München v. 28. 11. 2007 – 7 U 5444/05, GmbHR 2008, 320 = DB 2008, 457.
3 BGH v. 6. 6. 1994 – II ZR 292/91, BGHZ 126, 181, 200 = GmbHR 1994, 539, 545.
4 BGH v. 6. 6. 1994 – II ZR 292/91, BGHZ 126, 181, 200 = GmbHR 1994, 539, 545; BGH v. 29. 11. 1999 – II ZR 273/98, BGHZ 143, 184, 185 = GmbHR 2000, 182, 183; OLG Hamburg v. 29. 12. 2003 – 11 W 90/03, GmbHR 2004, 797, 798; OLG München v. 28. 11. 2007 – 7 U 5444/05, DB 2008, 457 = GmbHR 2008, 320.
5 BGH v. 14. 5. 2007 – II ZR 48/06, BB 1801, 1803 = GmbHR 2007, 757; eingehend *Arends/Möller*, GmbHR 2008, 169, 171; *Groß*, KSI 2007, 226, 239.
6 BGH v. 14. 5. 2007 – II ZR 48/06, BB 1801, 1803 = GmbHR 2007, 757.
7 BGH v. 16. 7. 2007 – II ZR 226/06, DStR 2006, 1641.
8 BGH v. 30. 7. 2003 – 5 StR 221/03, GmbHR 2004, 122; BGH v. 9. 8. 2005 – 5 StR 67/05, GmbHR 2005, 1419; a.M. noch BGH v. 18. 4. 2005 – II ZR 61/03, GmbHR 2005, 874, 875; *Sontheimer*, DStR 2004, 1005 ff.
9 BGH v. 15. 10. 1996 – VI ZR 319/95, BGHZ 133, 370, 371 = ZIP 1996, 2017, 2018; *Wagner* in Münchener Kommentar zum BGB, § 823 BGB Rz. 390 ff.; *Streit/Bürk*, DB 2008, 742, 744.

rer ist bei Strafe verboten, die Sozialversicherungsbeiträge einzubehalten (**§ 266a StGB**), gleichzeitig aber muss er verbotene Zahlungen erstatten (§ 64 GmbHG bzw. § 130a HGB). Der II. Zivilsenat hatte im Jahr 2005 ausgesprochen, dass die gesellschaftsrechtliche Erstattungspflicht von diesen strikten Zahlungsgeboten unberührt bleibe[1]. Das bedeutete, dass der Geschäftsführer durch die strafrechtlich gebotene Zahlung unweigerlich in die Haftung wegen Verstoßes gegen das gesellschaftsrechtliche „Zahlungsverbot" geriet. Diese Rechtsprechung war hier in der Vorauflage auf Kritik gestoßen[2]. Sie wurde aufgegeben durch das eine Aktiengesellschaft betreffende Urteil des II. Zivilsenats vom 14. 5. 2007[3]:

> „Ein organschaftlicher Vertreter, der bei Insolvenzreife der Gesellschaft den sozial- oder steuerrechtlichen Normbefehlen folgend Arbeitnehmeranteile der Sozialversicherung oder Lohnsteuer abführt, handelt mit der Sorgfalt eines ordentlichen und gewissenhaften Geschäftsleiters und ist nicht nach § 92 Abs. 3 AktG oder § 64 Abs. 2 GmbHG der Gesellschaft gegenüber erstattungspflichtig (– insoweit – Aufgabe von BGH, Urt. v. 8. Januar 2001, II ZR 88/99, BGHZ 146, 264; Urt. v. 18. April 2005, II ZR 61/03, ZIP 2005, 1026)."

11.45 Das **Fazit** lautet: Der Geschäftsführer kann und muss, um eine Strafbarkeit nach § 266a StGB und eine Schadensersatzpflicht wegen Verletzung dieser Bestimmung zu vermeiden, die Arbeitnehmerbeiträge zur Sozialversicherung pünktlich an den Sozialversicherungsträger abführen, und zwar buchstäblich bis zum letzten Sous, selbst wenn keine Löhne mehr gezahlt werden können. Er verstößt in diesem Fall nicht gegen das Zahlungsverbot des § 64 GmbHG (bzw. § 130a HGB). Die strafbewehrte Pflicht zur Abführung von Sozialversicherungsbeiträgen hat absoluten Vorrang[4]. Dass sie keine Exkulpation bezüglich anderer Zahlungen zur Folge hat[5], dürfte sich von selbst verstehen.

11.46 **b)** Ein ähnlicher Konflikt ergab sich im Verhältnis zu **§ 69 AO**. Der Geschäftsführer muss nach § 34 AO als gesetzlicher Vertreter der GmbH deren steuerliche Pflichten erfüllen und haftet nach § 69 AO für die unberechtigte Nichtabführung von Steuern. In diesem Fall erlässt das Finanzamt – übrigens ungestört durch § 93 InsO selbst noch nach der Eröffnung eines Insolvenzverfahrens über das Vermögen der Gesellschaft[6] – Haftungsbescheide gegen die Geschäftsführer. Wiederum war die Frage zu klären, was Vorrang hat: das Zahlungsgebot des § 69 AO oder das Zahlungsverbot des § 64 GmbHG (§ 130a HGB). Auch hier gilt, dass die strikten steuerrechtlichen Pflichten ungeachtet

1 BGH v. 18. 4. 2005 – II ZR 61/03, GmbHR 2005, 874 = ZIP 2005, 1026; grundlegend BGH v. 8. 1. 2001 – II ZR 88/99, BGHZ 146, 264 = ZIP 2001, 235; eingehend *Köhler* in Beck/Depré, Praxis der Insolvenz, § 24 Rz. 167 ff.

2 Vgl. 3. Aufl., Rz. 714 (*Uhlenbruck*).

3 BGH v. 14. 5. 2007 – II ZR 48/06, GmbHR 2007, 757 = ZIP 2007, 1265; bestätigend BGH v. 2. 5. 2008 – II ZR 27/07, ZIP 2008, 1275; eingehend dazu *Arends/Möller*, GmbHR 2008, 169 ff.; *Streit/Bürk*, DB 2008, 742 ff.

4 Dazu statt vieler *Casper* in Großkommentar zum GmbHG, § 64 GmbHG Rz. 91 f.; vgl. schon *Karsten Schmidt*, WPg-Sonderheft 2003, 141, 146.

5 BGH v. 29. 9. 2008 – II ZR 162/07, GmbHR 2008, 1324 m. Anm. *Podewils*.

6 BFH v. 2. 11. 2001 – VII B 155/01, ZInsO 2002, 126 = ZIP 2002, 179; s. auch BGH v. 4. 7. 2002 – IX ZR 265/01, BGHZ 151, 245 = ZIP 2002, 1492.

der Insolvenzantragspflicht weiterlaufen[1]. Es gibt keinen Vorrang der Massesicherungspflicht und damit der sog. Zahlungsverbote[2]. Vielmehr tritt insofern das Zahlungsverbot zurück. Steuerschulden – es geht in der Praxis vor allem um abzuführende Lohn- und Umsatzsteuer – müssen auch nach Eintritt der materiellen Insolvenz abgeführt werden. Dies entlastet zwar nicht von der allgemeinen Insolvenzverschleppungshaftung (Rz. 11.3 ff.), aber die Steuerzahlung ist nicht nach § 64 GmbHG oder § 130a HGB zu erstatten.

c) Die neue Rechtsprechung zum Vorrang der § 266a StGB, § 69 AO stellt eine lange erwartete **Befreiung der Praxis aus einer zuvor schwer auflösbaren Pflichtenkollision** dar. Der Geschäftsführer kann und muss seinen Pflichten aus § 266a StGB, §§ 34, 69 AO ohne Einschränkung nachkommen[3]. Diskutiert wurde allerdings, ob die Nichtzahlung von Arbeitnehmeranteilen und Steuern jedenfalls innerhalb der Drei-Wochen-Frist des § 15a InsO (§ 64 GmbHG a.F., 130a HGB a.F.) straffrei sei. Das ist jedoch zu verneinen[4]. Der 5. Strafsenat des BGH und der 7. Senat des BFH haben ihre Urteile auf die Pflichtenkollision zwischen zwingenden Vorschriften gestützt[5], und eine solche Pflichtenkollision während der Drei-Wochen-Frist nicht erkennbar ist, eine Privilegierung also unbegründet ist, wenn die Zahlungspflicht Vorrang hat[6]. 11.47

6. Verbotene Verpflichtungsgeschäfte?

Ob neben der Begleichung von Schulden der Gesellschaft auch die Begründung solcher Schulden Ansprüche nach § 64 GmbHG auslöst, ist umstritten. Die bisher wohl herrschende Lehre bejahte diese Frage[7]. Der BGH hat sie inzwischen mit Bezug auf sein strenges Verständnis der Ersatzpflicht verneint: Wolle man § 64 GmbHG anwenden, so müssten die Neugläubigerforderungen vom Geschäftsführer durch Zahlung in die Masse ausgeglichen werden, und das sei nicht gewollt[8]. Richtig ist, dass der Individualschaden der Neugläubiger durch Zahlung an diese selbst und nicht durch Zahlung in die Masse ausgeglichen wird (Rz. 11.18). Richtig ist aber auch, dass die durch die Begründung neuer Insolvenzverbindlichkeiten entstehende Belastung der Masse (Quotenschaden der Gläubiger) Bestandteil des nach § 92 InsO zu liquidierenden Schadens ist, sei es nun über § 15a InsO oder über § 64 GmbHG 11.48

1 BFH v. 27. 2. 2007 – VII R 67/05, BFHE 216, 491 = GmbHR 2007, 999.
2 BFH v. 27. 2. 2007 – VII R 67/05, BFHE 216, 491 = GmbHR 2007, 999.
3 BFH v. 27. 2. 2007 – VII R 67/05, BFHE 216, 491 = GmbHR 2007, 999, 1000; BFH v. 23. 9. 2008 – VII R 27/07, ZIP 2009, 122.
4 BFH v. 23. 9. 2008 – VII R 27/07, ZIP 2009, 122.
5 Vgl. BFH v. 4. 7. 2007 – VII B 268/06, BFH NV 2007, 2059; BFH v. 9. 9. 2007 – VII R 39/05, BFH NV 2008, 18; BFH v. 4. 12. 2007 – VII R 18/06, GmbHR 2008, 386, 389 f.; *Beck*, ZInsO 2007, 1233, 1237 f.; *Streit/Bürk*, DB 2008, 742, 746.
6 BFH v. 23. 9. 2008 – VII R 27/07, ZIP 2009, 122.
7 *Baumbach/Hueck/Schulze-Osterloh*, 16. Aufl. 1996, § 64 GmbHG Rz. 14. *Altmeppen* in Roth/Altmeppen, § 64 GmbHG Rz. 80; *Flume*, ZIP 1994, 337, 341; unentschieden jetzt *Lutter/Hommelhoff/Lutter/Kleindiek*, § 64 GmbHG Rz. 59; a.M. bereits *Hachenburg/Ulmer*, § 64 GmbHG Rz. 40.
8 BGH v. 30. 3. 1998 – II ZR 146/96, BGHZ 138, 211 = ZIP 1998, 776, 778; vgl. auch *Baumbach/Hueck/Schulze-Osterloh*, § 64 GmbHG Rz. 79.

(vor 2008 über Abs. 1 oder über Abs. 2 des § 64 GmbHG)[1]. Es liegt also eine eher akademische Frage vor, wenn § 64 GmbHG auf der Rechtsfolgenseite domestiziert und auf Schadensersatzfolgen reduziert wird (dazu Rz. 11.34 ff.).

III. Gesellschafterhaftung wegen Verfahrensverschleppung

1. Gesellschafterhaftung in der führungslosen GmbH

11.49 Neu ist die Insolvenzverschleppungshaftung der Gesellschafter im Fall der Führungslosigkeit (zu diesem Tatbestand vgl. Rz. 5.236 ff.). § 15a Abs. 3 InsO n.F. lautet:

„Im Fall der Führungslosigkeit einer Gesellschaft mit beschränkter Haftung ist auch jeder Gesellschafter, im Fall der Führungslosigkeit einer Aktiengesellschaft oder einer Genossenschaft ist auch jedes Mitglied des Aufsichtsrats zur Stellung des Antrags verpflichtet, es sei denn, diese Person hat von der Zahlungsunfähigkeit und der Überschuldung oder der Führungslosigkeit keine Kenntnis."

11.50 Die Zahlungsverbote der § 64 GmbHG, § 130a HGB enthalten eine solche Erweiterung nicht. Deshalb wird die Effektivität der neuen Bestimmung im Insolvenzverfahren davon abhängen, ob sich die Rechtsprechung wieder auf § 92 InsO besinnt (dazu Rz. 11.34, 11.24 ff.). Wird das Verfahren mangels Masse nicht eröffnet, so mag die neue Vorschrift mehr Effektivität versprechen. Ihre Hauptaufgabe wird in der Abschreckungswirkung liegen.

2. Deliktshaftung

11.51 **a)** Die Haftung aus § 823 Abs. 2 BGB i.V.m. § 15a Abs. 1 InsO trifft die **Normadressaten** und nur die Normadressaten, also nur bestellte und sog. faktische Geschäftsführer oder Liquidatoren (vgl. Rz. 11.1). Gesellschafter sind als solche nicht Normadressaten des § 15a InsO. Damit sind aber nicht-geschäftsführende Gesellschafter nicht von jeder Haftungsgefahr frei. Sie sind zwar nicht taugliche Täter, wohl aber ist an eine Teilnehmerhaftung über § 830 Abs. 2 BGB zu denken, soweit die Gesellschafter als mittelbare Normadressaten – bzw. besser: als garantenpflichtige Teilnehmer des Delikts – in Betracht gezogen werden dürfen. Anstiftung und Beihilfe setzen im Strafrecht allerdings vorsätzliche Teilnahme an vorsätzlicher Tat voraus. Dem Vorschlag, die Teilnehmerhaftung nach § 830 BGB autonom, also nicht strafrechtsakzessorisch, auszulegen[2], scheint der BGH nicht zu folgen[3]. Die herrschende Auffassung versteht den Anstifter- und Gehilfenbegriff wie im Strafrecht und verlangt beiderseits jedenfalls bedingten Vorsatz[4]. Immerhin kann die Haftung

1 *Scholz/Karsten Schmidt*, 9. Aufl., § 64 GmbHG Rz. 35; *Bitter*, WM 2001, 672.

2 Zum Streitsand *Scholz/Karsten Schmidt*, 9. Aufl., § 64 GmbHG Rz. 54; zuerst *Karsten Schmidt*, JZ 1978, 661, 666; ausführlich z.B. *Ehricke*, ZGR 2000, 351, 356 ff. m.w.N.

3 BGH v. 25. 7. 2005 – II ZR 390/03, BGHZ 164, 50 = ZIP 2005, 1734; ausführlich *Bayer/Lieder*, WM 2006, 1 ff.

4 Vgl. nur *Baumbach/Hueck/Schulze-Osterloh*, § 64 GmbHG Rz. 99; *Bayer/Lieder*, WM 2006, 1, 4 ff.

zum Zuge kommen, wenn die Gesellschafter den Geschäftsführer durch Weisung vom Insolvenzantrag abhalten.

b) Keine Teilnehmerhaftung der Gesellschafter gibt es nach der herrschenden Auffassung für **die verbotenen Zahlungen** nach § 64 GmbHG bzw. §§ 130a, 177a HGB. Diese Haftung ist nach dem Verständnis der Rechtsprechung keine deliktische Schadensersatzhaftung, sondern eine Erstattungshaftung eigener Art (Rz. 11.34). Diese trifft nur die gesetzlichen Normadressaten, also die Geschäftsführer bzw. faktischen Geschäftsführer[1]. 11.52

3. Haftung aus der Gesellschafterverantwortung

Es muss aber an die Rechtsprechung zur Eigenhaftung der Gesellschafter für die **Veranlassung verbotener Ausschüttungen** erinnert werden. Wie bei Rz. 1.35 ausgeführt, hatte der BGH einen Gesellschafter, der durch zustimmende Mitwirkung bei verbotenen Ausschüttungen einen Verstoß gegen die Kapitalerhaltungsregel des § 30 GmbHG mit herbeigeführt hatte, bereits im Jahr 1984 auf Schadensersatz haften lassen[2]. Es handelt sich hierbei nicht, wie in der Diskussion dieser Entscheidung behauptet wurde, um eine Ausdehnung des Normadressatenkreises von §§ 30, 31 GmbHG[3], sondern um eine Haftung aus der gesellschaftsrechtlichen Sonderrechtsbeziehung zwischen dem Gesellschafter und der Gesellschaft[4]. Diese Haftung setzt ein Verschulden voraus und ist auf **Ersatz des der Gesellschaft entstandenen Schadens** gerichtet[5]: Die Gesellschafterhaftung wegen verbotener Schädigung ihrer Gesellschafter zum Nachteil der Gläubiger ist aber in der nachfolgenden **Rechtsprechung** zunehmend **entschärft** worden. Nach dem BGH-Urteil vom 21. 6. 1999 haften Gesellschafter, die nicht selbst Empfänger verbotener Auszahlungen sind, grundsätzlich nur gem. § 31 Abs. 3 GmbHG (dazu Rz. 1.33 ff.) und nicht auch auf Schadensersatz[6]. Auch die Existenzvernichtungshaftung ist seit dem „Trihotel"-Urteil vom 16. 7. 2007[7] und dem „Gamma"-Urteil vom 28. 4. 2008[8] auf den Tatbestand einer vorsätzlichen sittenwidrigen Schädigung nach § 826 BGB beschränkt (vgl. Rz. 11.88)[9]. Richtig ist, dass sich die Gesellschafterhaftung in kalkulierbaren Grenzen halten muss. Die Vorauflagen haben im Hin- 11.53

1 *Scholz/Karsten Schmidt*, 9. Aufl., § 64 GmbHG Rz. 6 f.
2 BGH v. 10. 12. 1984 – II ZR 308/83, BGHZ 93, 146 = GmbHR 1985, 191; dazu näher in der 2. Aufl., Rz. 67, 1247.
3 So der Diskussionsansatz von *Ulmer*, ZGR 1985, 600 ff.
4 Näher 2. Aufl., Rz. 1247; *Karsten Schmidt*, ZIP 1988, 1506.
5 Grundlegend *Wilhelm*, Rechtsform und Haftung der juristischen Person, 1981, S. 334 ff.; zum rechtsdogmatischen Konzept vgl. *Karsten Schmidt*, Gesellschaftsrecht, S. 243 f., 1220 ff., 1225 ff.; *Karsten Schmidt*, ZIP 1986, 141; *Karsten Schmidt*, ZIP 1991, 1325, 1330; *Karsten Schmidt*, ZIP 1993, 549, 552; *Karsten Schmidt*, NJW 2001, 3577; *Ulmer*, ZIP 2001, 2021 ff.; *Ulmer*, JZ 2002, 1049 ff.
6 BGH v. 21. 6. 1999 – II ZR 47/98, BGHZ 142, 92 = NJW 1999, 2817.
7 BGH v. 16. 7. 2007 – II ZR 3/04, BGHZ 173, 246 = GmbHR 2007, 927 = ZIP 2007, 1552 (Trihotel); dazu namentlich *Osterloh-Konrad*, ZHR 172 (2008), 274 ff.
8 BGH v. 28. 4. 2008 – II ZR 264/06, BGHZ 176, 204 = ZIP 2008, 1232; dazu ausführlich *Altmeppen*, ZIP 2008, 1201 ff.
9 BGH v. 28. 4. 2008 – II ZR 264/06, BGHZ 176, 204 = ZIP 2008, 1232.

blick auf diese Gesellschafterhaftung deshalb vor der **Gefahr einer Ausuferung** gewarnt und hervorgehoben, dass die Gesellschafter einer GmbH nicht deren Aufsichtsrat sind[1]. Durch fahrlässige Verkennung der Insolvenzsituation und Vernachlässigung von Aufsichtskompetenzen gegenüber dem Management handeln sie zunächst gegen die eigenen Interessen, machen sich aber noch nicht schadensersatzpflichtig. Nach der bei Rz. 1.19 geschilderten neueren Rechtsprechung machen sie sich erst dann schadensersatzpflichtig, wenn sie durch rechtswidrige Maßnahmen die Gesellschaft vorsätzlich existenziell schädigen, z.B. durch die Weisung, das Unternehmen trotz Insolvenz unter Verstoß gegen § 15a InsO fortzuführen. Aber ihr aktives Finanzierungsgebaren wurde in der Vergangenheit von der Rechtsprechung zum Eigenkapitalersatz an ihrer sog. „Finanzierungs(folgen)verantwortung" gemessen, und sie können bei aktiver Mitwirkung an ruinösen Finanzierungsmaßnahmen auch schadensersatzpflichtig werden (Rz. 11.91; über weiter gehende Überlegungen vgl. Rz. 1.20 f.).

1 Vgl. *Karsten Schmidt*, NJW 2001, 3580.

B. Strafbarkeit wegen Insolvenzverschleppung

I. Geschäftsführung und Insolvenzstrafrecht

Unter **Insolvenzstrafrecht** versteht man die Gesamtheit der Strafnormen, die das Verfahren zur gleichmäßigen Befriedigung der Gläubiger schützen, sowie alle Straftatbestände, die in der Krise des Schuldners zum Nachteil von Gläubigern und Dritten begangen werden[1]. Seit vielen Jahren führen Unternehmen in der Rechtsform der GmbH und der GmbH & Co. KG die Insolvenzstatistik an[2]. Erfahrungsgemäß besonders gefährdet sind **Alleingesellschafter-Geschäftsführer** einer GmbH, weil sie oftmals übersehen, dass auch der alleinige Gesellschafter einer GmbH als ihr Geschäftsführer Untreue zum Nachteil der GmbH begehen kann[3]. Ein schuldhafter Verstoß gegen das **Auszahlungsverbot** (§ 30 GmbHG) oder das **Kreditgewährungsverbot** (§ 43a GmbHG) kann sich ebenso als Treubruch i.S. von § 266 Abs. 1 StGB darstellen, wie die **Rückgewähr oder Sicherung kapitalersetzender Leistungen (§ 32a GmbHG)** in der Krise der GmbH oder ein **existenzgefährdender Eingriff** durch Entzug notwendiger Betriebsmittel[4]. Im Insolvenzstrafrecht unterscheidet man wiederum **Insolvenzstraftaten im engeren Sinne** und **Insolvenzstraftaten im weiteren Sinne**[5]. Zu den Insolvenzstraftaten im engeren Sinne gehört auch der in § 15a Abs. 4 InsO n.F. (früher § 84 Abs. 1 Nr. 2 GmbHG) geregelte Tatbestand der **Insolvenzverschleppung**. Die Insolvenzverschleppung als Straftatbestand hat in den letzten Jahren nicht nur haftungsrechtlich an Bedeutung gewonnen, sondern Strafermittlungs- und Strafverfahren beschäftigen sich in zunehmendem Maße bei Zusammenbrüchen von beschränkt haftenden Kapitalgesellschaften mit der Frage, ob die organschaftlichen Vertreter, vor allem die Geschäftsführer einer GmbH, den nach dem Gesetz (§ 15a Abs. 1 InsO) gebotenen Insolvenzantrag rechtzeitig gestellt haben. Die Strafvorschrift des § 15a 11.54

1 Vgl. *Tiedemann*, Insolvenzstrafrecht, vor § 283 StGB Rz. 2; *Heß*, Insolvenzrecht, 2007, Bd. III Anh. D Rz. 9; *Weyand/Diversy*, Insolvenzdelikte, 7. Aufl. 2006, S. 26 Rz. 9.

2 Vgl. *Scholz/Tiedemann*, 9. Aufl., vor §§ 82 ff. GmbHG Rz. 1; *Weyand/Diversy*, Insolvenzdelikte, S. 23 Rz. 4; *Uhlenbruck*, BB 1985, 1277, 1278 ff.; *Uhlenbruck*, WiB 1996, 409; *Hoffmann/Liebs*, Der GmbH-Geschäftsführer, Kap. 8 Rz. 856; *Liebl*, GmbHR 1983, 113; *Liebl*, wistra 1988, 73; *Wiedemann*, JZ 1980, 206; *Schüppen*, DB 1994, 197; *Pfeifer*, FS Rowedder, 1994, S. 347.

3 Instruktiv hierzu *Hoffmann/Liebs*, Der GmbH-Geschäftsführer, Rz. 856.1 u. Rz. 872.1–874. Zur Untreue (§ 266 StGB) zu Lasten von ausländischen Gesellschaften mit faktischem Sitz in Deutschland s. *Radtke*, GmbHR 2008, 729 ff.

4 Vgl. BGHSt 34, 379, 382; BGHSt 35, 333; *Gribbohm*, ZGR 1990, 1 ff.; *Gribbohm*, DStR 1991, 249; *Maurer*, GmbHR 2004, 1549; *Kohlmann*, Die strafrechtliche Verantwortlichkeit des GmbH-Geschäftsführers, 1990, S. 193; *C. Schäfer*, GmbHR 1992, 509 ff.; *Karsten Schmidt*, Gesellschaftsrecht, § 37 III 2 S. 1138 ff. Zur Strafbarkeit eines existenzgefährdenden Eingriffs instruktiv auch BGH v. 17. 9. 2001 – II ZR 178/99, GmbHR 2001, 1036.

5 Einzelheiten bei *Uhlenbruck*, 3. Aufl., Rz. 693 ff.; *Hartung* in Kraemer, Handbuch zur Insolvenz, Fach 7, Kap. 1 Rz. 19 ff. u. Rz. 110 ff. S. auch *Heß*, Insolvenzrecht, Bd. III Anh. D Rz. 1 ff.; *Bittmann*, Insolvenzstrafrecht, 2004, Kap. 11–Kap. 22; *Müller-Gugenberger/Bieneck*, Wirtschaftsstrafrecht, 4. Aufl. 2006, 4. Teil, S. 2123 ff.

Abs. 4 InsO erfasst auch den **faktischen Geschäftsführer** einer GmbH sowie **Liquidatoren**[1]. Das Risiko einer Strafbarkeit wegen Insolvenzverschleppung kann vor allem bei Krisenunternehmen nicht hoch genug eingeschätzt werden, weil die unterlassene Antragstellung oftmals von einer Fehleinschätzung der zivilrechtlichen Beurteilung der Insolvenzgründe „Zahlungsunfähigkeit" und „Überschuldung" abhängt. Wer als Geschäftsführer einer GmbH nicht weiß, ob bestehende Zahlungsschwierigkeiten noch eine Zahlungsstockung oder schon eine Zahlungsunfähigkeit i.S. von § 17 InsO darstellen, muss bei Versäumung der gesetzlichen Insolvenzantragspflicht ebenso mit einer Bestrafung nach § 15a Abs. 4, 5 InsO rechnen wie ein Geschäftsführer, der außer Stande ist, eine Überschuldung i.S. von § 19 InsO zu prüfen.

II. Strafbarkeit nach § 15a Abs. 4 InsO

11.55 Die bislang im Gesellschaftsrecht angesiedelten Strafvorschriften des § 84 Abs. 1 Nr. 2, Abs. 2 GmbHG a.F., § 130b HGB a.F. (§ 177a HGB a.F.) wegen Insolvenzverschleppung sind durch das **MoMiG** nunmehr – wenn auch inhaltlich gleichlautend – im Insolvenzrecht geregelt[2].

11.56 Nach § 15a Abs. 4 InsO drohen einem Geschäftsführer oder einem Liquidator eine **Freiheitsstrafe bis zu drei Jahren** oder Geldstrafe, wenn er es entgegen § 15a Abs. 1 InsO unterlässt, bei Zahlungsunfähigkeit oder Überschuldung unverzüglich, spätestens aber innerhalb von drei Wochen, die Eröffnung des Insolvenzverfahrens zu beantragen oder wenn er den Antrag nicht richtig stellt. Schon eine **fahrlässige Insolvenzverschleppung** ist mit Freiheitsstrafe bis zu einem Jahr oder mit Geldstrafe bedroht (§ 15a Abs. 5 InsO). Die in § 15a Abs. 1 InsO geregelte **Insolvenzantragspflicht** bereitet in der Praxis erhebliche Schwierigkeiten, weil – wie oben bei den Insolvenzgründen (Rz. 5.77 ff.) aufgezeigt wurde – viele Fragen umstritten sind, z.B. was eine geringfügige Liquiditätslücke ist, oder ob eine die Überschuldung ausmachende streitige Forderung zum Insolvenzantrag wegen Überschuldung verpflichtet. Die Gefahr einer Bestrafung wegen Insolvenzverschleppung ist allerdings durch die Neufassung des § 19 Abs. 2 InsO durch Art. 5 des **Finanzmarktstabilisierungsgesetzes** für die Zeit seines Inkrafttretens (18. 10. 2008 bis 1. 1. 2011) dadurch erheblich reduziert worden, dass die überwiegende Wahrscheinlichkeit einer Unternehmensfortführung eine Überschuldung der GmbH bzw. GmbH & Co. KG ausschließt. Eine mittelfristig angelegte, auf professionelle

1 Zur strafrechtlichen Verantwortlichkeit des faktischen Geschäftsführers s. BGHSt 3, 32, 37; BGHSt 6, 314, 315; BGHSt 21, 101, 104; BGHSt 46, 63; BayObLG v. 20. 2. 1997 – 5 St RR 159/96, NJW 1997, 1936; BGH v. 11. 12. 1997 – 4 StR 323/97, MDR 1998, 423; *C. Schäfer*, GmbHR 1993, 717, 722; *Heß*, Insolvenzrecht, Bd. III Anh. D Rz. 227 ff.; *Altmeppen* in Roth/Altmeppen, § 84 GmbHG Rz. 9 f.; *Baumbach/Hueck/Schulze-Osterloh/Servatius*, § 84 GmbHG Rz. 30; *Hartung* in Kraemer, Handbuch zur Insolvenz, Fach 7, Kap. 1 Rz. 153 ff. Nach Auffassung des BGH (v. 22. 9. 1982 – 3 StR 287/82, NJW 1983, 240) muss der faktische Geschäftsführer aber eine überragende Stellung im Unternehmen haben und das äußere Erscheinungsbild auf eine Geschäftsführerstellung schließen lassen.

2 S. *Weyand*, ZInsO 2008, 702 ff.

und objektivierbare Finanzpläne gestützte positive Fortbestehensprognose lässt die Antragspflicht der Geschäftsführer jedenfalls bis zum 1. 1. 2011 entfallen. Festzustellen ist, dass die **gesetzliche Drei-Wochen-Frist** eine Höchstfrist ist. Selbst aussichtsreiche Sanierungsversuche vermögen eine Überschreitung nicht zu rechtfertigen[1]. Aus der Insolvenzantragspflicht erwächst als Nebenpflicht zugleich eine **Verpflichtung zur ständigen Eigenprüfung**[2]. Nach h.M.[3] ist der Geschäftsführer einer GmbH ebenso wie die Geschäftsführung einer GmbH & Co. KG zur permanenten Eigenprüfung gezwungen, ob ein Insolvenzgrund vorliegt. Diese Verpflichtung trifft bei **erkannter Führungslosigkeit** der Gesellschaft die **Gesellschafter** (§ 15a Abs. 3 InsO). Die Krise der GmbH als Anzeichen für die Insolvenzreife verpflichtet den Geschäftsführer und bei Führungslosigkeit den Gesellschafter, die Zahlungsunfähigkeit auf Grund eines Liquiditätsstatus und die Überschuldung anhand eines Überschuldungsstatus zu prüfen.

Die **Insolvenzantragspflicht beginnt** nach neuerer Rechtsprechung[4] und nach 11.57
überwiegender Meinung in der Literatur[5] mit dem objektiven Eintritt und der Erkennbarkeit der Insolvenzreife für den Geschäftsführer. Besteht die Geschäftsführung aus mehreren Personen, so ist **jeder Geschäftsführer** zum Insolvenzantrag verpflichtet und damit strafrechtlich verantwortlich. § 15a InsO gilt wegen der Rechtsformneutralität auch für vergleichbare **Auslandsgesellschaften**, die ihren Sitz im Inland haben, also auch für **„Limiteds"**. Ob die Geschäftsführer im Einzelfall Gesamtvertretungsberechtigung haben, ist für die Antragspflicht unerheblich. Bei **Führungslosigkeit der Gesellschaft** (§ 35 Abs. 1 Satz 2 GmbHG) trifft die Antragspflicht grundsätzlich **jeden Gesellschafter**; jedoch wird dem kleinbeteiligten Gesellschafter (10 %) in den meisten Fällen die Entlastung gelingen, dass er von dem Vorliegen eines Insolvenzgrundes oder der Führungslosigkeit keine Kenntnis hatte (§ 15a Abs. 3 InsO). Voraussetzung für die Insolvenzantragspflicht des Gesellschafters ist im Übrigen die **positive Kenntnis** von dem Insolvenzgrund oder der Führungslosigkeit.

Umstritten ist die Frage, ob der Geschäftsführer einer **Vor-GmbH** wegen Ver- 11.58
letzung der Insolvenzantragspflicht nach § 15a Abs. 4 InsO belangt werden kann[6]. Nach Feststellung von *Hoffmann/Liebs*[7] bereitet der Nachweis der Fristüberschreitung der Staatsanwaltschaft zumindest hinsichtlich eines fahrlässigen Vorwurfs meist keine Schwierigkeiten. Die besondere Bedeutung der

1 Vgl. *Uhlenbruck*, § 13 InsO Rz. 33–35.
2 *Uhlenbruck*, § 13 InsO Rz. 32; 3. Aufl., Rz. 57, 86 ff., 682.
3 Vgl. *Uhlenbruck*, GmbH & Co. KG, S. 366 f.; *Hartung* in Kraemer, Handbuch zur Insolvenz, Fach 7, Kap. 1 Rz. 101.1.
4 Vgl. BGH v. 29. 11. 1999 – II ZR 273/98, BGHZ 143, 184, 185 = GmbHR 2000, 182 m. Anm. *Frings*.
5 Vgl. *Uhlenbruck*, § 11 InsO Rz. 69; *Kübler/Prütting/Bork/Pape*, § 15 InsO Rz. 7; *Lutter/Kleindiek* in Lutter/Hommelhoff, § 64 GmbHG Rz. 28; *Baumbach/Hueck/Schulze-Osterloh*, § 64 GmbHG Rz. 50.
6 So *C. Schäfer*, GmbHR 1993, 717, 721, 722; ablehnend *Billmann/Pikarski*, wistra 1995, 91, 92; offen lassend *Heß*, Insolvenzrecht, Bd. III Anh. D Rz. 224.
7 Der GmbH-Geschäftsführer, Rz. 864.

Strafvorschrift des § 15a Abs. 4 InsO erkläre sich auch daraus, „dass sie als Auffangtatbestand fungiert, wenn andere gravierendere Tatbestände (z.B. Bankrottstraftaten) nicht nachgewiesen werden können". Eine Strafbarkeit wegen Insolvenzverschleppung kommt auch in Betracht, wenn der Geschäftsführer **bedingt vorsätzlich** den fristgerechten Insolvenzantrag unterlässt, weil er ohne nachprüfbare Unterlagen lediglich hofft, ein Insolvenzgrund liege nicht vor oder eine eingetretene Überschuldung sei inzwischen durch Gewinne wieder beseitigt worden[1]. Zu beachten hat der Geschäftsführer einer GmbH, dass nach § 15a Abs. 3 InsO eine Strafbarkeit auch dann gegeben ist, wenn er einen **Insolvenzantrag nicht richtig stellt**, also einen nicht den Formvorschriften entsprechenden oder einen unvollständigen Antrag stellt[2]. Wird in einem Insolvenzplanverfahren nach den §§ 217 ff. InsO ein sanierender Insolvenzplan bestätigt, so entfällt hierdurch nicht etwa die Strafbarkeit der antragspflichtigen Geschäftsführer wegen einer zuvor verwirklichten Insolvenzverschleppung[3]. Die **Insolvenzverschleppung** als Dauerstraftat ist erst dann **beendet**, wenn ein Insolvenzantrag gestellt, ein Insolvenzverfahren eröffnet, die Krise beseitigt oder die Gesellschaft wegen Vermögenslosigkeit im Handelsregister gelöscht wird. Sie lebt auch dann nicht wieder auf, wenn ein Insolvenzantrag mangels Masse (§ 26 InsO) abgewiesen wird[4].

III. Strafbarkeit von Gesellschaftern bei Führungslosigkeit (§ 15a Abs. 4, 5 InsO)

11.59 Wie bereits oben (Rz. 11.56) dargestellt wurde, ist nach § 15a Abs. 3 InsO im Falle der Führungslosigkeit der GmbH, d.h. wenn die Gesellschaft keinen Geschäftsführer hat, auch **jeder Gesellschafter** zur Stellung eines Insolvenzantrags verpflichtet, es sei denn, dass er von der Zahlungsunfähigkeit, der Überschuldung oder Führungslosigkeit keine Kenntnis hat. Die Strafvorschrift des § 15a Abs. 4 InsO, wonach die schuldhafte Insolvenzverschleppung mit **Freiheitsstrafe bis zu drei Jahren** oder mit **Geldstrafe** bedroht ist, bezieht sich ausdrücklich auch auf antragspflichtige Gesellschafter. Allerdings gilt für die führungslose GmbH und deren Gesellschafter die Strafmaßbeschränkung, dass in Fällen **fahrlässiger Insolvenzverschleppung** die Freiheitsstrafe bis zu einem Jahr oder Geldstrafe ist (§ 15 Abs. 5 InsO). Der antragspflichtige Gesellschafter kann sich nur mit dem Nachweis exkulpieren, dass er von den Umständen, die auf das Vorliegen eines Insolvenzgrundes oder auf die Geschäftsführerlosigkeit schließen lassen, keine Kenntnis gehabt hat. Unterlässt er es im Fall der Führungslosigkeit nachzuforschen, wie es um die Vermögensverhältnisse der Gesellschaft steht, handelt er fahrlässig i.S. von § 15a Abs. 5 InsO. Eine Ausnahme besteht nur für den Kleinbeteiligtengesellschafter, der mit 10 % und weniger an der GmbH beteiligt ist. Das Gesetz verlangt zwar **positive Kenntnis** des Gesellschafters von den Voraussetzungen der Antrags-

1 *Hoffmann/Liebs*, Der GmbH-Geschäftsführer, Rz. 864.5.
2 Vgl. *Weyand*, ZInsO 2008, 702, 705.
3 *Scholz/Tiedemann*, 9. Aufl., § 84 GmbHG Rz. 81; *Pelz*, Strafrecht in Krise und Insolvenz, 2004, Rz. 176.
4 Zutr. *Pelz*, Strafrecht in Krise und Insolvenz, 2004, Rz. 179.

pflicht, jedoch lässt es die strafgerichtliche Rechtsprechung in vergleichbaren Fällen genügen, dass sich der Gesellschafter bewusst der Kenntnisnahme verschlossen hat. Insoweit steht das bewusste Verschließen der positiven Kenntnis gleich. Im Übrigen gelten die gleichen Voraussetzungen für die Strafbarkeit, wie sie oben (Rz. 11.56) für die Strafbarkeit des Geschäftsführers dargestellt worden sind.

IV. Ausschluss vom Geschäftsführeramt durch strafrechtliche Verurteilung

Die Ausschlusstatbestände in § 6 Abs. 2 GmbHG sind durch das MoMiG[1] erweitert worden. Nach § 6 Abs. 2 Nr. 3 GmbHG kann **Geschäftsführer nicht sein**, wer wegen einer oder mehrerer vorsätzlich begangener Straftaten 11.60

a) der Insolvenzverschleppung,

b) nach den §§ 283–283d StGB (Insolvenzstraftaten),

c) der falschen Angaben nach § 82 GmbHG oder § 399 AktG,

d) der unrichtigen Darstellung nach § 400 AktG, § 331 HGB, § 313 UmwG oder § 17 PublG,

e) nach den §§ 263–264a StGB oder §§ 265b–266a StGB

zu einer **Freiheitsstrafe von mindestens einem Jahr** verurteilt worden ist. Der Ausschluss gilt für die **Dauer von fünf Jahren** seit der Rechtskraft des Urteils, wobei die Zeit nicht eingerechnet wird, in welcher der Täter auf behördliche Anordnung in einer Anstalt verwahrt worden ist. Die Vorschrift des § 6 Abs. 2 Satz 2 Nr. 3 GmbHG gilt entsprechend bei einer **Verurteilung im Ausland** wegen einer Tat, die mit den in § 6 Abs. 2 Satz 2 Nr. 3 GmbHG genannten Taten, also auch einer Insolvenzverschleppung, vergleichbar ist (§ 6 Abs. 2 Satz 3 GmbHG). Allerdings finden die Vorschriften des § 6 Abs. 2 Nr. 3a, c, d und e GmbHG keine Anwendung auf Personen, die vor dem Inkrafttreten des Gesetzes zum Geschäftsführer bestellt worden sind, wenn die Verurteilung vor dem Inkrafttreten rechtskräftig geworden ist (§ 3 Abs. 2 Satz 1 EG GmbHG). Erfolgt also nach dem Inkrafttreten des neuen GmbH-Gesetzes eine Verurteilung nach den früher geltenden inhaltsgleichen Strafvorschriften der §§ 84 Abs. 1 Nr. 2 GmbHG oder § 130b HGB i.V.m. § 177a HGB, so kommt es für den Ausschluss darauf an, ob die Verurteilung vor oder nach dem Inkrafttreten der neuen Vorschriften rechtskräftig geworden ist. Entsprechendes gilt bei einer Verurteilung im Ausland wegen einer Tat, die mit den in § 6 Abs. 2 Nr. 3 GmbHG genannten Taten vergleichbar ist (§ 3 Abs. 2 Satz 2 EG GmbHG). Im Zweifel hat das Registergericht ausländische Gerichtsentscheidungen zu prüfen und die Gleichwertigkeit der angewendeten ausländischen Strafnormen festzustellen, was oftmals nicht ohne Rechtsgutachten möglich ist[2]. Bei der **Feststellung der mindestens einjährigen Freiheitsstrafe** kommt es auf die verhängte **Gesamtstrafe** an, nicht auf die Einzelstrafen[3].

1 BGBl. I 2008, 2026.
2 Vgl. *Weyand*, ZInsO 2008, 702, 703.
3 So *Weyand*, ZInsO 2008, 702, 704.

4. Die Insolvenzverschleppung bei der GmbH & Co. KG

11.61 Besteht das Gesellschaftsvermögen der Komplementär-GmbH ausschließlich in ihrer Beteiligung an der GmbH & Co. KG, so führt die Überschuldung der KG regelmäßig auch zu einer **Überschuldung der GmbH**. Hat die Komplementär-GmbH außer ihrer Beteiligung an der KG noch weiteres Vermögen, so ist Überschuldung der GmbH nur gegeben, wenn der die Überschuldung der KG ausmachende Teil der Verbindlichkeiten das Aktivvermögen der GmbH übersteigt[1]. Da die Verpflichtung zur Insolvenzantragsstellung für die Komplementär-GmbH aus § 15a Abs. 1 Satz 1 InsO und für die KG aus § 15a Abs. 2 i.V.m. Abs. 1 InsO folgt, entsteht eine **doppelte Strafbarkeit** (§ 15a Abs. 4, 5 InsO), falls die Insolvenzverschleppung für beide Gesellschaften zu bejahen ist. Die Strafbarkeit des Geschäftsführers nach § 15a Abs. 4 InsO kann jedoch im Einzelfall entfallen, wenn er für die GmbH & Co. KG rechtzeitig Insolvenzantrag gestellt hat mit dem Ziel, eine Sanierung der Gesellschaft durch ein Insolvenzplanverfahren (§§ 217 ff. InsO) herbeizuführen. Würde die Komplementär-GmbH vorzeitig wegen Vermögenslosigkeit gelöscht (§ 141 FGG, ab 1. 9. 2009: § 393 FamFG), so könnte die KG nur noch als Personengesellschaft saniert werden. Einzelheiten hierzu oben Rz. 4.23.

V. Strafbarkeitsrisiken des Sanierungsberaters

1. Vorbemerkung

11.62 Der hohe Anteil der Unternehmensinsolvenzen in den letzten Jahrzehnten hat dazu geführt, dass sich Staatsanwaltschaften und Gerichte in zunehmendem Maße mit Straftaten zu befassen hatten, die sich als **Teilnahme an einer Insolvenzverschleppung** darstellten. Die Sanierungsberatung ist nicht nur eine Herausforderung für wirtschaftsberatende Berufe, sondern zugleich auch eine Gratwanderung zwischen strafloser Beratung und Beihilfe zu Insolvenzdelikten[2]. Nach Feststellung von *K. Tiedemann*[3] ist die Möglichkeit strafbarer Teilnahme durch Angehörige rechtsberatender Berufe sowie von Steuerberatern und Wirtschaftsprüfern nicht abschließend geklärt. Eine mit nur bedingtem Vorsatz begangene Förderungshandlung im Rahmen der Ausübung des Berufes sei regelmäßig nicht als strafbare Teilname zurechenbar, auch wenn es zu einer Haupttat nach § 82 GmbHG komme[4]. Nach wie vor ist ungeklärt,

1 Vgl. *Uhlenbruck*, GmbH & Co. KG, S. 275 ff.; *Binz/Sorg*, Die GmbH & Co. KG, 10. Aufl. 2005, § 12 Rz. 22, 23.

2 Vgl. *Uhlenbruck*, WPg 1978, 661 ff.; *Uhlenbruck*, 3. Aufl., Rz. 1904 ff.; *Leibner*, Der Steuerberater als Krisen- und Insolvenzberater, 2004, S. 35 ff.; *Leibner*, ZInsO 2002, 1020 ff.; *Pelz*, Strafrecht in Krise und Insolvenz, 2004, Rz. 563 ff.; *Scholz/Tiedemann*, 9. Aufl., § 82 GmbHG Rz. 25; *Hartung* in Kraemer, Handbuch zur Insolvenz, Fach 7 Kap. 1 Rz. 166 ff.; *Weyand/Diversy*, Insolvenzdelikte, Rz. 165 ff.; *Müller-Gugenberger/Bieneck/Häcker*, Wirtschaftsstrafrecht, 4. Aufl. 2006, § 96 Rz. 14 ff.; *Geyer* in Bittmann, Insolvenzstrafrecht, 2004, § 28 Rz. 34 ff. Zur Haftung des Steuerberaters wegen Mitwirkung bei einer Insolvenzverschleppung s. *Zugehör*, NZI 2008, 652 ff.; *Wagner/Zabel*, NZI 2008, 660 ff.; *Ehlers*, NZI 2008, 211 ff.

3 *Scholz/Tiedemann*, 9. Aufl., § 82 GmbHG Rz. 25.

4 Vgl. auch BGHSt 46, 107 m. krit. Anm. *Lesch*, JR 2001, 383.

ob die bloße Erteilung von Rechtsauskünften gegenüber dem Mandanten nicht einen Sonderfall darstellt, der straflos ist[1].

2. Der Sanierungsberater als Täter der Insolvenzverschleppung

Die Insolvenzverschleppung nach den § 15a Abs. 4, 5 InsO ist ein Sonder- 11.63
delikt, das grundsätzlich den oder die Geschäftsführer bzw. die Liquidatoren einer GmbH oder GmbH & Co. KG betrifft. Übernimmt jedoch der Berater selbst die Geschäftsführung im Krisenunternehmen oder lässt er sich zum Liquidator bestellen, so treffen ihn unmittelbar die Insolvenzantragspflichten[2]. Ob im Einzelfall ein Rechtsanwalt, Wirtschaftsprüfer, Steuerberater oder vereidigter Buchprüfer als Täter oder Teilnehmer einer Insolvenzverschleppung in Betracht kommt, richtet sich nach allgemeinen strafrechtlichen Kriterien[3]. In den letzten Jahren wurde vor allem bei insolventen Großunternehmen oftmals ein versierter Insolvenzberater als geschäftsführender Vorstand in das notleidende Unternehmen eingewechselt, vor allem, um die Voraussetzungen für eine Eigenverwaltung nach den §§ 270 ff. InsO zu schaffen[4]. Wird der Berater im Unternehmen des Mandanten zum Geschäftsführer, Vorstand oder Liquidator bestellt, so treffen ihn unmittelbar sämtliche Verpflichtungen eines solchen. Er kann Täter sämtlicher Insolvenzdelikte sein und entsprechend bestraft werden. Dies gilt auch, wenn er als sogen. **faktischer Geschäftsführer** handelt[5].

3. Der Berater als Teilnehmer einer Insolvenzverschleppung

a) Teilnahme an der Insolvenzverschleppung

Häufiger als eine Täterschaft kommen für den Unternehmensberater strafbare 11.64
Teilnahmehandlungen an einer Insolvenzverschleppung in Form der **Anstiftung** (§ 26 StGB) **oder der Beihilfe** (§ 27 StGB) in Betracht. Steuerberater oder Wirtschaftsprüfer bemerken oftmals noch vor den Geschäftsführern die Krise der GmbH oder GmbH & Co. KG. Grundsätzlich hat der Berater, vor allem, wenn er langjährig für das Unternehmen tätig ist oder als Sanierungsberater zugezogen worden ist, die Geschäftsführung oder die Liquidatoren über die Verpflichtung, unverzüglich, spätestens aber innerhalb von drei Wochen, In-

---

1 Vgl. *Mallison*, Rechtsauskunft als strafbare Teilnahme, 1979; *Baumgarte*, wistra 1992, 41, 44; *Müller-Gugenberger/Bieneck/Häcker*, Wirtschaftsstrafrecht, 4. Aufl. 2006, § 95 Rz. 12; *Krekeler*, NStZ 1989, 146, 147; *Pelz*, Strafrecht in Krise und Insolvenz, 2004, Rz. 569 ff.

2 Vgl. *Müller-Gugenberger/Bieneck/Häcker*, Wirtschaftsstrafrecht, 4. Aufl. 2006, § 95 Rz. 7 ff.; *Pelz*, Strafrecht in Krise und Insolvenz, 2004, Rz. 564; *Hartung* in Kraemer, Handbuch zur Insolvenz, Fach 7 Kap. 1 Rz. 166; *Weyand*, ZInsO 2000, 413 f.; *Baumgarte*, wistra 1992, 41 ff.; *Braun/Uhlenbruck*, Unternehmensinsolvenz, S. 765 f.

3 S. *Weyand/Diversy*, Insolvenzdelikte, Rz. 165; *Sondermeier/Gruber*, DStR 2000, 929, 933 ff.

4 Vgl. z.B. *K. H. Görg*, Grundzüge der finanziellen Restrukturierung der Philipp Holzmann AG im Winter 1999/2000, FS Uhlenbruck, 2000, S. 117 ff.

5 Vgl. *Scholz/Tiedemann*, 9. Aufl., § 84 GmbHG Rz. 27 ff.; *Hartung* in Kraemer, Handbuch zur Insolvenz, Fach 7 Kap. 1 Rz. 166.

solvenzantrag bei dem zuständigen Insolvenzgericht zu stellen, zu informieren[1]. Die **Verpflichtung**, den Mandanten zur **Erfüllung der Insolvenzantragspflichten anzuhalten**, besteht grundsätzlich nur, wenn sich eine solche Verpflichtung als vertragliche Nebenpflicht aus dem Beratungsverhältnis oder aus der Berufsordnung ergibt, wie z.B. aus §§ 2, 43 Abs. 4 Nr. 1 WPO[2]. In der Regel umfasst die **Informationspflicht des Beraters** auch den Hinweis auf die haftungs- und strafrechtlichen Folgen einer Insolvenzverschleppung (§ 15a Abs. 4, 5 InsO). Berät ein Sanierungsberater die Geschäftsführung einer zahlungsunfähigen oder überschuldeten GmbH bzw. GmbH & Co. KG dahingehend, trotz des Laufs der Drei-Wochen-Frist zunächst einen **außergerichtlichen Vergleich** mit den Gläubigern zu versuchen und von einem Insolvenzantrag einstweilen Abstand zu nehmen, so scheidet er selbst zwar als Täter des Sonderdelikts nach § 84 GmbHG aus, da er nicht Geschäftsführer ist. Strafbar ist der Berater jedoch wegen **Anstiftung zur Insolvenzverschleppung** (§ 15a Abs. 4 InsO, § 26 StGB). Der Geschäftsführer, der diesen Rat befolgt, hat sich wegen unterlassenem Insolvenzantrag als Täter nach § 15a Abs. 4 InsO zu verantworten, wenn die Sanierung nicht innerhalb der Drei-Wochen-Frist gelingt. Ist sich der Berater nicht sicher, ob Insolvenzreife vorliegt, erkennt er aber ein „Strafbarkeitsrisiko", dem er „vorsichtshalber" nicht weiter nachgeht, so liegt nach Auffassung von *Pelz*[3] „die Annahme bedingten Vorsatzes oftmals nahe"[4]. In der Beratungspraxis wird oftmals übersehen, dass selbst **aussichtsreiche Sanierungsbemühungen** von der Insolvenzantragspflicht nicht befreien. Ein **außergerichtlicher Vergleich** mit den Gläubigern ist in der Regel nur dann sinnvoll, wenn die Vergleichsverhandlungen vor Eintritt der Insolvenzreife stattfinden[5]. Dem Berater ist zu empfehlen, die **Information der Geschäftsführung zu dokumentieren**. Weigern sich die Geschäftsführer, ihrer gesetzlichen Insolvenzantragspflicht nach den § 15a Abs. 1 Satz 1 InsO nachzukommen, sollte der Berater das **Mandat beenden**. Andernfalls besteht für ihn bei einer Fortsetzung der Beratung zumindest das **Risiko einer Beihilfestrafbakeit**[6]. Der Berater muss wissen und ggf. darauf hinweisen, dass die Insolvenzantragspflicht auch deutschen juristischen Personen entsprechende Auslandsgesellschaften trifft, die ihren Verwaltungssitz und Betrieb im Inland haben und deutschem Insolvenzrecht unterfallen.

---

1 Weitergehend *Geyer* in Bittmann, Insolvenzstrafrecht, 2004, § 28 Rz. 34, die eine Verpflichtung des Beraters bejahen, den Mandanten anzuhalten, die entsprechenden Pflichten zu erfüllen. Für Wirtschaftsprüfer ergebe sich dies aus §§ 2, 43 Abs. 4 Nr. 1 WPO, beim Steuerberater sei es vertragliche Nebenpflicht aus dem Beratungsverhältnis.

2 So zutr. *Müller-Gugenberger/Bieneck/Häcker*, Wirtschaftsstrafrecht, 4. Aufl. 2006, § 96 Rz. 14.

3 Strafrecht in Krise und Insolvenz, 2004, Rz. 573.

4 S. auch *Reck*, ZInsO 2000, 121, 123; *Baumgarte*, wistra 1992, 41, 44; *Müller-Gugenberger/Bieneck/Häcker*, Wirtschaftsstrafrecht, 4. Aufl. 2006, § 96 Rz. 17, 18.

5 So auch *Müller-Gugenberger/Bieneck/Häcker*, Wirtschaftsstrafrecht, 4. Aufl. 2006, § 96 Rz. 18; *Pelz*, Strafrecht in Krise und Insolvenz, 2004, Rz. 573; *Braun/Uhlenbruck*, Unternehmensinsolvenz, S. 768.

6 So *Leibner*, Der Steuerberater als Krisen- und Insolvenzberater, 2004, S. 38, der zutreffend darauf hinweist, dass schriftliche Warnungen und Belehrungen gegenüber dem Mandanten nicht ausreichen, um die Strafbarkeit auszuschließen.

Für die strafbare Teilnahme des Beraters an Insolvenzverschleppungsdelikten in Form einer Anstiftung oder Beihilfe ist zwingende Voraussetzung, dass er den antragspflichtigen GmbH-Geschäftsführer zu einer **vorsätzlichen Tat** anstiftet oder zu einer solchen Beihilfe leistet. Handelt der GmbH-Geschäftsführer **fahrlässig,** so macht er sich nach § 15a Abs. 5 InsO strafbar. Eine **Strafbarkeit des Sanierungsberaters** scheidet in diesen Fällen aus, denn sowohl die Anstiftung (§ 26 StGB) als auch die Beihilfe (§ 27 StGB) sind nur strafbar, wenn die Haupttat vorsätzlich begangen wird (§ 15a Abs. 4 InsO). Eine Strafbarkeit wegen Anstiftung ist auch ausgeschlossen, wenn der GmbH-Geschäftsführer zur Begehung der konkreten Tat bereits fest entschlossen ist. In solchen Fällen kommt allenfalls eine Bestrafung wegen Beihilfe in Betracht[1]. Letztlich macht sich der Berater wegen Beihilfe zur Insolvenzverschleppung nur strafbar, wenn er das Unterlassen eines Insolvenzantrags **vorsätzlich unterstützt**, sich also mit dem Täter solidarisiert. Eine **Beihilfe zur Insolvenzverschleppung** (§ 15a Abs. 4 InsO, § 27 StGB) scheidet jedoch aus, wenn der Berater oder Wirtschaftsprüfer **irrtümlich** eine **falsche Fortführungsprognose** stellt und auf Grund falscher Bewertung die Überschuldung verneint[2]. Informiert der Berater den oder die Geschäftsführer über das Vorliegen eines Insolvenzgrundes und die damit verbundene Insolvenzantragspflicht nach § 15a Abs. 1 InsO, so bleibt er grundsätzlich straflos, selbst wenn er erkennt, dass die organschaftlichen Vertreter versuchen wollen, das Insolvenzverfahren zu vermeiden. Entscheidend ist immer, ob der Berater durch seinen Rat die **Insolvenzverschleppung fördern** will[3]. Verhandelt der Berater nach Eintritt der Krise mit den Gläubigern, um Stundungen oder Teilverzichte zu erreichen, so liegt die Annahme einer **strafbaren Beihilfe** besonders nahe[4]. Wer als Berater trotz bestehender Insolvenzantragspflicht an der Abwicklung der weiteren Geschäftstätigkeit eines Unternehmens mitwirkt oder eine außergerichtliche Liquidation betreibt, überschreitet die „Grenze zur strafbaren psychischen Beihilfe"[5] und wird zum Teilnehmer an der Tat. 11.65

b) Teilnahme an der Insolvenzverschleppung bei Führungslosigkeit der Gesellschaft

Nach § 15a Abs. 3 InsO ist im Fall der Führungslosigkeit der Gesellschaft (§ 35 Abs. 1 Satz 2 GmbHG) oder bei unbekanntem Aufenthalt der Geschäfts- 11.66

1 *Hartung*, Insolvenzbedrohte und insolvente Mandanten, 1990, Rz. 327, 329, der darauf hinweist, dass insoweit eine Strafbarkeitslücke besteht, als der Berater straflos bleibt, wenn er dem Mandanten das Vorliegen des Insolvenzgrundes verschweigt, so dass dieser nicht wegen vorsätzlicher Insolvenzverschleppung bestraft werden kann. Eine Täterschaft des Beraters scheidet aus, weil die Bestrafung wegen Anstiftung und Beihilfe eine Vorsatztat des Haupttäters voraussetzt.

2 S. auch *Geyer* in Bittmann, Insolvenzstrafrecht, 2004, § 28 Rz. 37.

3 Instruktiv auch BGH v. 6. 5. 1960 – 2 StR 65/60, BGHSt 14, 280; BGH v. 20. 9. 1999 – 5 StR 729/98, wistra 1999, 459; *Weyand/Diversy*, Insolvenzdelikte, Rz. 167; *Heß*, Insolvenzrecht, Bd. III Anh. D Rz. 235.

4 *Pelz*, Strafrecht in Krise und Insolvenz, 2004, Rz. 573; *Köhler* in Beck/Depré, Praxis der Insolvenz, Rz. 225; *Leibner*, ZInsO 2002, 1020, 1021; *Leibner*, Der Steuerberater als Krisen- und Insolvenzberater, 2004, S. 37 f.

5 *Pelz*, Strafrecht in Krise und Insolvenz, 2004, Rz. 573.

führer auch **jeder Gesellschafter zur Stellung des Antrags verpflichtet**, es sei denn, er hat von der Zahlungsunfähigkeit und der Überschuldung oder der Führungslosigkeit keine Kenntnis. Das **Antragsrecht** ergibt sich in solchen Fällen aus § 15a Abs. 1 Satz 2 InsO. Die Strafvorschrift des § 15a Abs. 4 InsO bezieht sich in der neuen Fassung auch auf Gesellschafter, so dass die Informations- und Hinweispflichten des Beraters bei Führungslosigkeit der GmbH oder GmbH & Co. KG gegenüber den Gesellschaftern bestehen. Hier ist im Einzelfall zu unterscheiden, ob der Berater **im eigenen Interesse** an der Verzögerung eines Insolvenzantrags interessiert ist[1] oder ob er das Bestreben seines Mandanten fördert, den Insolvenzantrag schuldhaft zu verzögern. Der Berater ist grundsätzlich verpflichtet, die Gesellschafter **im Falle der Führungslosigkeit** der Gesellschaft oder der **Vertreterlosigkeit**, wenn der Aufenthalt der Geschäftsführer unbekannt ist, darüber zu informieren, dass die **Insolvenzantragspflicht** nach den § 15a Abs. 3 InsO auf sie übergegangen ist und so lange weiter besteht, bis ein Geschäftsführer bestellt wird. Da die Gesellschafter einer führungslosen GmbH die **volle Beweislast** dafür trifft, dass sie von dem Insolvenzgrund oder der Geschäftsführerlosigkeit keine Kenntnis hatten, gehört es grundsätzlich zu den Beraterpflichten, bei Führungslosigkeit die Gesellschafter über das Vorliegen der Zahlungsunfähigkeit oder Überschuldung zu informieren und auf die Insolvenzantragspflicht hinzuweisen. Dies gilt allerdings nicht für Steuerberater oder Wirtschaftsprüfer, die lediglich die steuerliche Beratung der Gesellschaft oder die Prüfung der Bilanzen übernommen haben. Ein jahrelanges Mandat oder Berufspflichten nach §§ 2, 43 Abs. 4 Nr. 1 WPO können ebenso wie vertragliche Vereinbarungen sogar die vertragliche Nebenpflicht begründen, die **Gesellschafter zum Insolvenzantrag anzuhalten**. Allerdings ist es Sache der Gesellschafter, bei Kenntnis vom Insolvenzgrund nachzuforschen, warum der oder die Geschäftsführer keinen Insolvenzantrag stellen. Erkennt der Sanierungsberater die **Führungslosigkeit der GmbH**, so besteht nicht nur für die Gesellschafter, sondern auch für ihn Anlass zur Nachforschung, wie es um die Vermögensverhältnisse der Gesellschaft bestellt ist. **Strafbare Beihilfe zur Insolvenzverschleppung** ist dann zu bejahen, wenn der Berater das Bemühen der Gesellschafter fördert, der Insolvenzantragspflicht zu entgehen. Das strafrechtliche Risiko wird erhöht, wenn der Berater von den Gesellschaftern gebeten wird, die Aufgaben eines Geschäftsführers, wenn auch nur vorübergehend, zu übernehmen. Bei **faktischer Geschäftsführung** droht dem Berater eine unmittelbare Strafbarkeit nach § 15a Abs. 4, 5 InsO.

4. Der Berater als „Firmenbestatter"

11.67 Seit Beginn der neunziger Jahre wird immer wieder in Tageszeitungen von unseriösen Geschäftemachern angeboten, Geschäftsanteile insolvenzbedrohter Gesellschaften aufzukaufen und die Altgeschäftsführer von den Haftungsrisiken freizustellen. Inzwischen sind solche Offerten auch im Internet zu finden. Die Anbieter kaufen die Gesellschaftsanteile der notleidenden GmbH

1 Vgl. den Beispielsfall bei *Müller-Gugenberger/Bieneck/Häcker*, Wirtschaftsstrafrecht, 4. Aufl. 2006, § 96 Rz. 15.

zu einem symbolischen Preis, bestellen einen Gefälligkeitsgeschäftsführer und verlegen den Gesellschaftssitz unter Änderung der Firmenbezeichnung in andere Gerichtsbezirke[1]. Teilweise wird auch versucht, die GmbH nach **Sitzverlegung ins Ausland** dort still zu liquidieren und sich auf diese Weise der Gläubiger bzw. der Verbindlichkeiten zu entledigen[2]. Wird den Gläubigern durch Umfirmierung und Sitzverlegung unter Liquidation noch vorhandenen Aktivvermögens Haftungsmasse entzogen, ist regelmäßig der **Tatbestand eines Bankrottdelikts i.S. von § 283 Abs. 1 Nr. 1 StGB** (Beiseiteschaffen von Vermögen) durch die Altgesellschafter erfüllt. Allerdings ist zu beachten, dass gem. § 283 Abs. 6 StGB die Tat nur dann strafbar ist, wenn das Unternehmen seine Zahlungen eingestellt hat oder über sein Vermögen das Insolvenzverfahren eröffnet oder der Eröffnungsantrag mangels Masse abgewiesen worden ist. Die Zahlungseinstellung wird jedoch in den meisten Fällen ebenso zu bejahen sein wie eine **Untreue des Geschäftsführers i.S. von § 266 Abs. 1 StGB.** Der Geschäftsführer schafft zwar nicht sein eigenes Vermögen beiseite, jedoch wird ihm nach der sog. **Interessentheorie**[3] über § 14 Abs. 1 StGB das Verhalten strafrechtlich zugeordnet. Zweifelhaft ist dies allerdings, wenn der Geschäftsführer **sämtliche Geschäftsanteile** der GmbH hält[4]. Der Berater, der den Geschäftsführern und Gesellschaftern einer insolvenzreifen GmbH die Veräußerung an einen Firmenbestatter empfiehlt, macht sich u.U. nicht nur der **Anstiftung zur Insolvenzverschleppung des Altgeschäftsführers** schuldig (§ 15a Abs. 4 InsO, § 26 StGB), sondern bei Mitwirkung auch der **Beihilfe zur Insolvenzverschleppung** (§ 15a Abs. 4 InsO, § 27 StGB) und der **Anstiftung zur Untreue** (§§ 266, 26 StGB)[5]. Zu beachten ist, dass die Strafbarkeit des Beraters nicht etwa entfällt, wenn der Geschäftsführer nach Ablauf der Drei-Wochen-Frist des § 15a Abs. 1 Satz 1 InsO sein **Amt niederlegt**, denn die strafrechtliche Verantwortlichkeit wird durch Amtsniederlegung oder Abberufung nicht beendet, wenn der Straftatbestand des § 15a Abs. 4 InsO bereits verwirklicht ist. Eine Teilnahme an der **Insolvenzverschleppung durch einen Neugeschäftsführer** kommt für den Berater der Altgesellschaft meist deswegen nicht in Betracht, weil er keinerlei Einfluss auf dessen Verhalten i.S. von §§ 26, 27 StGB nimmt. Nach Feststellung von *Singer*[6] kann angesichts der Haftungsgefahren

1 Einzelheiten zu dieser Praxis bei *Gerloff* in Bittmann, Insolvenzstrafrecht, 2004, § 29 S. 687 ff.; *Müller-Gugenberger/Bieneck/Häcker*, Wirtschaftsstrafrecht, 4. Aufl. 2006, § 88 Rz. 24 ff. u. § 96 Rz. 19; *Pananis/Börner*, GmbHR 2006, 513 ff.; Die Zeit Nr. 22 v. 24. Mai 2007, S. 23 f.

2 Vgl. zur Anfechtbarkeit BGH v. 22. 12. 2005 – IX ZR 190/02, ZIP 2006, 244 = NZI 2006, 155; OLG Karlsruhe v. 30. 5. 2005 – 15 AR 8/05, ZIP 2005, 1475; OLG Hamm v. 4. 7. 2002 – 27 U 187/01, ZIP 2002, 2321; AG München v. 1. 4. 2005 – 1506 IN 356/04, ZIP 2005, 1052; zur Gehilfenhaftung des Notars s. *Schröder*, DNotZ 2005, 596. Eingehend auch *Hey/Regel*, GmbHR 2000, 115 ff.

3 Vgl. BGHSt 28, 371; BGHSt 30, 127, 128; BGHSt 34, 221; *Gerloff* in Bittmann, Insolvenzstrafrecht, 2004, § 29 Rz. 55.

4 Vgl. hierzu *Schönke/Schröder/Stree/Heine*, 27. Aufl. 2006, § 283 StGB Rz. 4a, § 14 StGB Rz. 26 (*Lenckner/Perron*), § 266 StGB Rz. 21a (*Lenckner/Perron*); *Gerloff* in Bittmann, Insolvenzstrafrecht, 2004, § 29 Rz. 57.

5 Vgl. auch *Hey/Regel*, GmbHR 2000, 115, 122 f.; *Gerloff* in Bittmann, Insolvenzstrafrecht, 2004, § 29 Rz. 54 ff., 102; *Pananis/Börner*, GmbHR 2006, 513, 517 ff.

6 ZAP Nr. 13 v. 5. 7. 2006, Fach 15, S. 524; *Singer/Greck*, StuB 2006, 82.

und „auch der möglichen Nichtigkeitsfolgen im Hinblick auf die notwendigen Verschleierungsmaßnahmen"[1] ein seriöser Anwalt jedem an diesem „Entsorgungsmodell" (GmbH-Bestattung im Ausland) Interessierten eigentlich nur abraten, „zumal er sich andernfalls auch selbst schnell eines strafrechtlichen Vorwurfs der Beteiligung an einem Insolvenzdelikt ausgesetzt sehen könnte".

1 Vgl. AG München v. 1. 4. 2005 – 1506 IN 356/04, ZIP 2005, 1052.

C. Haftungsrisiken für Kreditinstitute

Die Haftungsrisiken, die sich für Kreditinstitute in der Krise oder bei der Insolvenz aus ihrer Rolle als Kreditgeber der insolventen GmbH ergeben können[1], werden häufig pauschal unter **Stichworten**, vor allem dem der **unerlaubten Konkursverschleppung**, aber auch unter den Begriffen der **Aussaugung**, der **stillen Geschäftsinhaberschaft**, des **Kreditbetruges** und der **Gläubigergefährdung** erörtert, die noch auf eine Entscheidung des Reichsgerichts zurückgehen[2]. Da der BGH diesen Tatbeständen nur die Bedeutung von Anhaltspunkten zuerkennt, empfiehlt es sich stattdessen, um die Haftungsrisiken im Kreditgeschäft beurteilen zu können, danach zu differenzieren, welche **Art der Kreditentscheidung** auf Seiten des Kreditgebers getroffen wird. Dabei befinden sich Kreditinstitute häufig in einem Dilemma, das als Wahl zwischen Scylla und Charybdis beschrieben wird[3]: 11.68

Will das Kreditinstitut mit der **Gewährung neuer Kredite** an der Sanierung mitwirken, vor allem um die drohende Zahlungsunfähigkeit des Kreditnehmers abzuwenden und als Folge der dadurch ermöglichten Sanierung die bereits gewährten Kredite zu retten, so kann dies bei einem Scheitern der Sanierung Schadensersatzansprüche wegen Insolvenzverschleppung aus § 826 BGB nach sich ziehen. 11.69

Wird dagegen die **Kündigung der bereits gewährten Kredite** gewählt, um im besten Fall noch die Rückzahlung der Kredite vor dem Zusammenbruch des Kreditnehmers zu erreichen, so sieht sich das Kreditinstitut Vorwürfen der Gesellschafter, der Geschäftsführung, der Arbeitnehmer und u.U. der Öffentlichkeit ausgesetzt, der Kreditgeber habe seine „Bankenmacht" im eigenen Interesse rücksichtslos ausgenutzt und damit Arbeitsplätze vernichtet[4]. 11.70

Angesichts dieser Risiken scheint häufig das sog. **Stillhalten**, also die Weitergewährung bereits vereinbarter Kredite ohne deren Kündigung, aber auch ohne Ausweitung zugesagter Kreditlinien oder Gewährung neuer Kredite, diejenige Verhaltensweise zu sein, die die geringsten Haftungsrisiken mit sich bringt, aber naturgemäß dem Kreditinstitut auch am wenigsten Möglichkeiten bietet, selbst zur Rettung seiner Kreditforderungen beizutragen. Dennoch wird sich das Stillhalten insbesondere dann anbieten, wenn die Informationen für eine fundierte Beurteilung der weiteren Aussichten des Kreditnehmers noch nicht ausreichen, weil damit dem Kreditnehmer Gelegenheit gegeben wird, ein Sanierungskonzept zu erstellen, auf dessen Basis dann über eine Unterstützung 11.71

---

1 Zu den Haftungsrisiken für Kreditinstitute auch *Theewen*, BKR 2003, 141. *Obermüller*, Insolvenzrecht in der Bankpraxis, Rz. 5.10 ff.

2 RG v. 9. 4. 1932 – IX 74/31, RGZ 136, 247; zu diesen Fallgruppen auch *Obermüller*, Insolvenzrecht in der Bankpraxis, Rz. 5.11 ff.

3 So die mittlerweile geflügelten Worte von *Rümker*, KTS 1981, 493 ff.; dazu auch *Uhlenbruck*, Gläubigerberatung in der Insolvenz, S. 103 ff.; *Groß*, Sanierung durch Fortführungsgesellschaften, II. Kap. Rz. 215 ff.; *Obermüller*, Insolvenzrecht in der Bankpraxis, Rz. 5.98 ff.

4 So schon *Rümker*, KTS 1981, 494.

der Sanierungsmaßnahmen durch Beiträge des Kreditinstituts (dazu oben bei Rz. 2.227 ff.) oder – bei fehlenden Sanierungschancen – über die Kündigung entschieden werden kann[1].

1. Neue Kredite

11.72 Die Voraussetzungen, unter denen sich Kreditinstitute mit neuen Krediten an der Sanierung einer insolvenzbedrohten GmbH oder eines anderen Unternehmens beteiligen können und die damit verbundenen Haftungsrisiken sind oben (bei Rz. 2.234 ff.) ebenso ausführlich dargestellt worden wie die Möglichkeiten und Grenzen der Besicherung von Sanierungskrediten (bei Rz. 1.287 ff.). Zusammenfassend wird dem Kreditgeber hier nochmals **besondere Vorsicht** anzuraten sein, weil mit der Gewährung neuer Kredite in der Krise sich die Kreditinstitute für den Fall eines Scheiterns der Sanierung dem Risiko von Schadensersatzansprüchen anderer Gläubiger aus § 826 BGB wegen Insolvenzverschleppung oder Gläubigergefährdung aussetzen und u.U. vom Insolvenzverwalter mit dem Verlangen nach Rückgabe der Sicherheiten wegen Nichtigkeit nach § 138 BGB konfrontiert werden[2].

2. Kündigung bestehender Kredite

11.73 Die strengen Voraussetzungen, unter denen ein Kreditinstitut in der Krise des Kunden neue Kredite einräumen darf, und die damit verbundenen Haftungsrisiken legen es nahe, sich aus dem Kreditengagement zurückzuziehen, wenn die kreditnehmende GmbH oder ein anderer Kreditnehmer in wirtschaftliche Schwierigkeiten geraten. Dies kann durch **ordentliche und außerordentliche Kündigung** geschehen. Die Voraussetzungen einer wirksamen Kreditkündigung und die Haftungsrisiken bei unberechtigter Kündigung sind oben (bei Rz. 1.304 ff.) detailliert erörtert.

3. Stillhalten

a) Bloße Weitergewährung vereinbarter Kredite

11.74 Wenn auch, wie oben gezeigt, Kreditinstituten bei unmittelbar drohender Insolvenz des Kreditnehmers in aller Regel ein Kündigungsrecht zusteht, werden Kreditinstitute von ihrem **Kündigungsrecht nicht leichtfertig Gebrauch machen**, auch nicht in der Krise des Kreditnehmers. Denn das Vertrauen der Kunden in ihr Kreditinstitut ist eine wesentliche Voraussetzung für die erfolgreiche geschäftliche Tätigkeit der Kreditinstitute. Und dieses Vertrauen beruht nicht zuletzt auch auf der Erwartung der Kreditnehmer, das Kreditinstitut werde sich nicht scheuen, das Unternehmen des Kreditnehmers auch in der Krise zu stützen, zumindest durch Weitergewährung der bereits eingeräumten Kredite und Kreditlinien[3].

---

1 *Groß*, Sanierung durch Fortführungsgesellschaften, II. Kap. Rz. 222 f.

2 Zu dieser vorsichtigen Beurteilung rät auch *Groß*, Sanierung durch Fortführungsgesellschaften, II. Kap. Rz. 234.

3 *Uhlenbruck*, Gläubigerberatung in der Insolvenz, S. 105.

Zu einer solchen Unterstützung sind Kreditinstitute auch berechtigt. In der Krise eines ihrer Kreditnehmer **können sich Kreditinstitute grundsätzlich darauf beschränken, abwartend stillzuhalten**. Selbst wenn das Kreditinstitut Kenntnis von der wirtschaftlich aussichtslosen Lage seines Kreditnehmers hat, begründet allein die unterlassene Kündigung eines bestehenden Kredits keine Haftung des Kreditinstituts. Vielmehr bleibt es dem Kreditinstitut zu eigener Entscheidung überlassen, ob und wann ein Not leidendes Unternehmen, dem ein Kredit gewährt wird, fallen gelassen werden soll[1]. Kreditinstitute sind also nicht verpflichtet, den Kredit fällig zu stellen und den Kreditnehmer dadurch zu einem Insolvenzantrag zu zwingen[2]. Dritte können dem Kreditinstitut bei einem solchen Stillhalten auch keine sittenwidrige Schädigung vorwerfen. Denn deren Interessen braucht das Kreditinstitut bei seinen eigenen Entschließungen über Stillhalten oder Kündigung des Kredits nicht zu berücksichtigen, und zwar selbst dann nicht, wenn das Kreditinstitut erkennt, dass dritte Gläubiger des Kreditnehmers möglicherweise zu Schaden kommen, weil sie die drohende Insolvenz ihres Geschäftspartners nicht erkennen[3]. Auch die guten Sitten fordern von einem Kreditinstitut nicht, die Wahrnehmung seiner eigenen Interessen hinter die Belange anderer Gläubiger zurücktreten zu lassen[4]. 11.75

Insbesondere sind Kreditinstitute **nicht verpflichtet, selbst den Insolvenzantrag zu stellen**. Kreditinstitute können aber dem Kreditnehmer als sachkundiger Ansprechpartner bei der Erörterung der Frage zur Verfügung stehen, zu welchem Zeitpunkt der Kreditnehmer zweckmäßigerweise den unumgänglich gewordenen Insolvenzantrag stellt. Dabei sollten Kreditinstitute auch im Auge behalten, dass nur der rechtzeitige Antrag auf Eröffnung eines Insolvenzverfahrens mit anschließendem Insolvenzplanverfahren die Aussichten auf eine Sanierung im gerichtlichen Insolvenzverfahren offen hält[5]. 11.76

Eine andere Beurteilung der Haftungsrisiken bei bloßem Stillhalten ist auch dann nicht gerechtfertigt, wenn das Kreditinstitut **aus dem Stillhalten Vorteile zieht**, beispielsweise wenn der Kreditnehmer während der Zeit, in der der Kreditgeber stillhält, Sicherungsgut des Kreditinstituts z.B. durch Weiterverarbeitung aufwertet. Denn einem Kreditinstitut kann nicht zugemutet werden, eigene Interessen derart zurückzustellen, dass es zum eigenen Schaden zur Vergrößerung der Insolvenzmasse beiträgt[6]. 11.77

1 So zuletzt BGH v. 29. 5. 2001 – VI ZR 114/00, ZIP 2001, 1412.

2 BGH v. 27. 6. 1963 – III ZR 166/61, WM 1963, 1094; BGH v. 14. 4. 1964 – VI ZR 219/62, WM 1964, 671, 673; BGH v. 9. 2. 1965 – VI ZR 153/63, WM 1965, 476; BGH v. 9. 12. 1969 – VI ZR 50/68, WM 1970, 400; *Theewen*, BKR 2003, 141; *Obermüller*, Insolvenzrecht in der Bankpraxis, Rz. 5.22 f.

3 BGH v. 27. 6. 1963 – III ZR 166/61, WM 1963, 1094; BGH v. 9. 2. 1965 – VI ZR 153/63, WM 1965, 476; *Uhlenbruck*, Gläubigerberatung in der Insolvenz, S. 111; *Rümker*, KTS 1981, 493, 512.

4 BGH v. 9. 12. 1969 – VI ZR 50/68, WM 1970, 400; BGH v. 8. 3. 1982 – II ZR 60/81, WM 1982, 480; BGH v. 14. 11. 1983 – II ZR 33/83, WM 1983, 1406.

5 So schon zum Vergleichsverfahren *Uhlenbruck*, Gläubigerberatung in der Insolvenz, S. 105.

6 BGH v. 9. 12. 1963 – VII ZR 101/62, WM 1964, 117; *Obermüller*, Insolvenzrecht in der Bankpraxis, Rz. 5.26; allerdings umstritten, a.A. *Rümker*, KTS 1981, 493, 512.

11.78 Die oben dargestellten Grundsätze gelten aber **nur, wenn sich das Kreditinstitut völlig passiv verhält**. Dazu zählen vor allem der Verzicht auf die Ausübung eines ordentlichen oder außerordentlichen Kündigungsrechts und der Verzicht auf die Beitreibung von Forderungen, die ohne Kündigung fällig geworden sind. Ein völliges Stillhalten in diesem Sinne ist aber auch gegeben, wenn die Inanspruchnahme eines bisher noch nicht ausgeschöpften Kreditrahmens zugelassen und damit die Zahlungsfähigkeit aufrechterhalten wird. Denn ohne eine Kündigung, zu der das Kreditinstitut nicht verpflichtet ist, bleibt der Kreditgeber auf Grund seiner Kreditzusage auch in der Krise zur Auszahlung des Kredits verpflichtet[1]. Von einem Stillhalten kann erst dann nicht mehr die Rede sein, wenn der Kreditgeber in die Geschäftsführung seines Kreditnehmers eingreift oder auf dessen Vertragspartner Einfluss nimmt.

b) Eingriffe in die Geschäftsführung

11.79 Ein Kreditinstitut kann sich gegenüber dritten Gläubigern schadensersatzpflichtig machen, wenn es die **Geschäftsführung des Schuldnerunternehmens zu seinem Vorteil und zu Lasten anderer Gläubiger praktisch entmachtet** und sie selbst durch Vertrauensleute übernimmt oder zumindest wesentlich beeinflusst und beispielsweise jede Verfügung über Vermögenswerte an seine vorherige Zustimmung knüpft[2]. Zwar ist dem Schuldner eine gewisse Kontrolle der Geschäftsführung durch den Kreditgeber zuzumuten, solange ihm noch eine ausreichende wirtschaftliche Bewegungsfreiheit und die Möglichkeit bleiben, auch andere Gläubiger in angemessenem Rahmen zu befriedigen[3]. Das Kreditinstitut darf sich auch das Recht zur Überprüfung der geschäftlichen Unterlagen eines Kunden vorbehalten, sofern ihm bedeutende Kredite eingeräumt worden sind[4].

11.80 **Sittenwidrig** handelt aber eine Bank, die „den Schuldner zu ihrem Strohmann erniedrigt, der nur noch nach außen hin als Inhaber des Geschäfts erscheint; ihr gegenüber in Wirklichkeit nur noch die Stellung eines abhängigen Verwalters hat, und zwar so, dass der ganze Gewinn des Geschäfts dem Sicherungsnehmer zufließt, ein etwaiger Verlust von ihm nicht getragen und jede Haftung für die Geschäftsschulden auch bei fehlender Deckung von ihm abgelehnt wird“[5].

c) Information von Geschäftspartnern des Kunden

11.81 Ein **Kreditinstitut darf weder die Öffentlichkeit noch Geschäftspartner des Kreditnehmers über dessen wirtschaftliche Schwierigkeiten unterrichten**.

1 *Obermüller,* Insolvenzrecht in der Bankpraxis, Rz. 5.19 f.

2 Im Überblick dazu auch *Theewen,* BKR 2003, 141; *Ahnert,* BKR 2002, 254, 255; *Neuhof,* NJW 1999, 20, 21 f. Für Beispiele aus der Rechtsprechungspraxis BGH v. 14. 4. 1964 – VI ZR 219/62, WM 1964, 671, 673; OLG Köln v. 10. 9. 1999 – 19 U 93/97, ZIP 2000, 742.

3 BGH v. 9. 11. 1955 – IV ZR 196/54, WM 1955, 1667; BGH v. 20. 12. 1957 – VI ZR 188/56, WM 1958, 250; BGH v. 11. 10. 1961 – VIII ZR 113/60, WM 1961, 1297, 1298.

4 BGH v. 4. 3. 1955 – I ZR 183/53, WM 1955, 916.

5 RG v. 9. 4. 1932 – IX 74/31, RGZ 136, 253, ausführlich dazu *Obermüller,* Insolvenzrecht in der Bankpraxis, Rz. 5.27 ff.

Nicht nur das Bankgeheimnis verpflichtet das Kreditinstitut zur Verschwiegenheit. Auch aus dem Darlehensvertrag ergibt sich eine Nebenpflicht zur Interessenwahrung und Loyalität; insbesondere mit dem Inhalt, die Kreditwürdigkeit des Darlehensnehmers weder durch Tatsachenbehauptungen, auch wenn sie wahr sind, noch durch Werturteile oder Meinungsäußerungen zu gefährden[1]. Auch wenn die Geschäftspartner seines Kreditnehmers selbst zu dem Kundenkreis des Kreditinstituts gehören, ist der Kreditgeber deshalb weder berechtigt noch verpflichtet, sie auf die Risiken des vorgesehenen Geschäfts hinzuweisen, und zwar selbst dann nicht, wenn das Kreditinstitut erkennt, dass die Geschäftspartner des Kreditnehmers sich über dessen fehlende Kreditwürdigkeit im Unklaren sind und von einem ihnen drohenden Ausfall nichts ahnen. Vielmehr ist es die Aufgabe dessen, der mit dem Not leidenden Unternehmen in Geschäftsverbindung treten will oder steht, sich aus anderen Quellen über das damit verbundene Risiko zu informieren[2].

Von diesem Grundsatz der Verschwiegenheit gibt es **Ausnahmen**, in denen 11.82
das Kreditinstitut zur Aufklärung Dritter über die schwierige wirtschaftliche Situation des Kreditnehmers verpflichtet sein kann und Schweigen **Schadensersatzpflichten des Kreditinstituts gegenüber anderen Gläubigern des Kreditnehmers** auslöst. Voraussetzung dafür ist aber stets, dass über den Informationsvorsprung des Kreditinstituts hinaus auf Grund besonderer Umstände ein besonderes Schutz- und Aufklärungsbedürfnis des Verhandlungspartners besteht und sich das Kreditinstitut bewusst darüber hinwegsetzt[3]. Dies ist in folgenden Situationen anzunehmen:

Ein Ausnahmefall, in dem eine Haftung des Kreditinstituts in Betracht 11.83
kommt, liegt vor, wenn sich der **Kreditgeber aktiv in die Sanierungsbemühung einschaltet**, weil er Hauptgeldgeber des in der Krise befindlichen Unternehmens und daher an dessen Sanierung wirtschaftlich interessiert ist[4]. Wirkt in einer solchen Position das Kreditinstitut aktiv an der Werbung der insolvenzbedrohten GmbH oder eines anderen Unternehmens mit, neue Geldgeber zu finden, indem der Kreditgeber selbst potentielle Geldgeber anspricht und deren Engagement befürwortet, so haftet das Kreditinstitut, wenn die Neugläubiger einen Schaden durch den Ausfall in der Insolvenz erleiden, sofern sie nicht vollständig über die mit ihrem Engagement verbundenen Risiken aufgeklärt worden sind[5].

Ein weiterer Fall, in dem ausnahmsweise Kreditinstitute in die Haftung ge- 11.84
nommen werden können, ist gegeben, wenn ein Kreditinstitut einen **Ver-**

1 BGH v. 24. 1. 2006 – XI ZR 384/03, WM 2006, 380; dazu *Höpfner/Seibl*, BB 2006, 673; *Möllers/Beutel*, NZG 2006, 338; *Bitter*, WM 2007, 1953.

2 BGH v. 27. 6. 1963 – III ZR 166/61, WM 1963, 1094; BGH v. 29. 5. 1978 – II ZR 173/77, WM 1978, 897; BGH v. 8. 6. 1978 – III ZR 136/76, WM 1978, 1038; BGH v. 8. 3. 1982 – II ZR 60/81, ZIP 1982, 545; BGH v. 14. 7. 1983 – III ZR 177/82, WM 1983, 1039; *Uhlenbruck*, Gläubigerberatung in der Insolvenz, S. 111; ausführlich *Obermüller*, Insolvenzrecht in der Bankpraxis, Rz. 5.35; *Ahnert*, BKR 2002, 254, 256.

3 *Ahnert*, BKR 2002, 254, 256.

4 So bestätigt durch BGH v. 29. 5. 2001 – VI ZR 114/00, ZIP 2001, 1412.

5 BGH v. 29. 5. 1978 – II ZR 173/77, WM 1978, 897; *Uhlenbruck*, Gläubigerberatung in der Insolvenz, S. 112 f.

trauensmann in das Unternehmen entsendet, der das Geschäftsgebaren des Kreditnehmers wesentlich beeinflusst und vor allem seinerseits Geschäftspartner zum Stillhalten bewegt[1].

11.85 Schließlich können sich für Kreditinstitute **Warn- und Hinweispflichten bei Abwicklung des Zahlungsverkehrs** ergeben. Grundsätzlich werden Kreditinstitute im bargeldlosen Zahlungsverkehr zwar nur zum Zweck der technisch einwandfreien, einfachen und schnellen Abwicklung tätig und haben sich schon wegen dieses begrenzten Geschäftszwecks und der Massenhaftigkeit der Geschäftsvorgänge nicht um die Interessen ihrer Kunden zu kümmern. In Ausnahmefällen können aber Warn- und Hinweispflichten der Kreditinstitute zum Schutz ihrer Kunden vor drohenden Schäden bestehen. Eine solche Pflicht ist im Überweisungs- und Lastschriftverkehr anzunehmen, wenn dem ausführenden Kreditinstitut der ersichtlich unmittelbar bevorstehende wirtschaftliche Zusammenbruch des Zahlungsempfängers oder der Empfängerbank bekannt ist[2]. Dies folgt aus dem allgemeinen Grundsatz, dass Vertragsparteien sich bei der Abwicklung eines Schuldverhältnisses so verhalten müssen, dass die Rechtsgüter, auch das Vermögen, des anderen Teils nicht verletzt werden. Entsprechend ergibt sich auch aus einem Girovertrag für das jeweilige Kreditinstitut die Schutzpflicht, die Interessen seines Kunden zu wahren[3]. Allerdings sind die Voraussetzungen für eine Warn- und Hinweispflicht sehr hoch, um die Kreditinstitute nicht unzumutbar zu belasten. Kreditinstitute müssen weder generell prüfen, ob die Abwicklung eines Zahlungsverkehrsvorgangs Risiken für einen Beteiligten begründet, noch Kontobewegungen allgemein und ohne besondere Anhaltspunkte überwachen. Eine Warnpflicht besteht erst dann, wenn ohne nähere Prüfung schon im Rahmen der normalen Bearbeitung eines Zahlungsverkehrsvorgangs die mögliche Schädigung des Auftraggebers der Zahlung objektiv evident ist[4]. Dies wird man nur dann annehmen können, wenn der wirtschaftliche Zusammenbruch des Zahlungsempfängers oder der Empfängerbank bereits öffentlich bekannt ist, weil nur so im Übrigen auch der Konflikt einer Warnpflicht mit den Vertraulichkeitsverpflichtungen gegenüber dem Empfänger aufzulösen ist. Solange die drohende Insolvenz noch nicht öffentlich ist oder noch Sanierungsanstrengungen unternommen werden, scheidet eine Warnpflicht gegenüber dein Auftraggeber der Zahlung dagegen aus, weil dies im Ergebnis sämtliche Versuche einer stillen Sanierung vereiteln würde[5].

---

1 *Uhlenbruck*, Gläubigerberatung in der Insolvenz, S. 112 f.

2 BGH v. 20. 10.1960 – II ZR 141/59, WM 1960, 1321, 1322; BGH v. 9. 3. 1961 – II ZR 105/60, WM 1961, 510, 511; BGH v. 20. 6. 1963 – II ZR 185/61, WM 1963, 829, 830; BGH v. 29. 5. 1978 – II ZR 89/76, WM 1978, 588, 589; BGH v. 29. 9. 1986 – II ZR 283/85, WM 1986, 1409 f.; BGH v. 6. 5. 2008 – XI ZR 56/07, WM 2008, 1252, Rz. 14 ff.

3 BGH v. 6. 5. 2008 – XI ZR 56/07, WM 2008, 1252, Rz. 14.

4 Zu diesen engen Voraussetzungen BGH v. 6. 5. 2008 – XI ZR 56/07, WM 2008, 1252, Rz. 16.

5 *Obermüller*, Insolvenzrecht in der Bankpraxis, Rz. 3.52.

d) Stillhalten

Hält ein Kreditinstitut im vorbeschriebenen Sinne lediglich abwartend still, kann dem Kreditgeber **kein sittenwidriges Handeln** vorgeworfen werden. Dementsprechend können, wenn es trotz des Stillhaltens zu einer Insolvenz der GmbH kommt, dritte Gläubiger gegen den Kreditgeber keine Schadensersatzansprüche aus § 826 BGB herleiten. Ebenso kann der Insolvenzverwalter nicht geltend machen, dass bereits vor der Krise abgeschlossene Kreditsicherungsverträge nach § 138 BGB nichtig sind, so dass auch die Verwertung der Kreditsicherheiten möglich bleibt[1]. 11.86

1 *Obermüller*, Insolvenzrecht in der Bankpraxis, Rz. 5.45 f.

D. Insolvenzverursachungshaftung

I. Gesellschafterhaftung?

1. Grundlagen

11.87 **a)** Es gibt keine allgemeine Unterkapitalisierungshaftung im geltenden GmbH-Recht (oben Rz. 1.18). Auch die hier in der dritten Auflage[1] noch erwogene **Kapitalausstattungspflicht** kraft Finanzierungsverantwortung **der Gesellschafter** hat in der Gerichtspraxis **keine Grundlage** gefunden. Ein nicht unerheblicher Teil der früher vom BGH entschiedenen angeblichen Konzernhaftungsfälle (Autokran, Video, TBB etc.), die seit den Urteilen „Bremer Vulkan"[2] und „KBV"[3] von der Existenzvernichtungshaftung aufgefangen wurden (Rz. 1.19), könnte sachlich in diesen Bereich fallen.

Das „KBV"-Urteil sagte in den amtlichen Leitsätzen:

„Zugriffe der Gesellschafter auf das Gesellschaftsvermögen, welche die auf Grund dieser Zweckbindung gebotene angemessene Rücksichtnahme auf die Erhaltung der Fähigkeit der Gesellschaft zur Bedienung ihrer Verbindlichkeiten in einem ins Gewicht fallenden Maße vermissen lassen, stellen deshalb einen Missbrauch der Rechtsform der GmbH dar, der zum Verlust des Haftungsprivilegs führt, soweit nicht der der GmbH durch den Eingriff insgesamt zugefügte Nachteil bereits nach §§ 30, 31 GmbHG ausgeglichen werden kann. Bei Vorliegen der genannten Voraussetzungen sind die Gesellschaftsgläubiger deshalb außerhalb des Insolvenzverfahrens grundsätzlich berechtigt, ihre Forderungen unmittelbar gegen die an den Eingriffen in das Gesellschaftsvermögen mitwirkenden Gesellschafter geltend zu machen soweit sie von der Gesellschaft keine Befriedigung erlangen können."

11.88 Die Geltendmachung dieser Außenhaftung in der Insolvenz war ein viel diskutiertes Thema[4]. Dieses hat sich allerdings **weitgehend erledigt**, seitdem der BGH im **„Trihotel"-Urteil** von 2007[5] die Haftung zu einer Innenhaftung erklärt und sie hier wie auch im **„Gamma"-Urteil** von 2008[6] auf vorsätzliche sittenwidrige Schädigungen beschränkt hat (Rz. 1.19). Ob damit jede Gesellschafterhaftung für Insolvenzverursachung ausgeschlossen ist[7], bleibt abzuwarten. Noch 1993 hieß es im konzernrechtlichen Urteil „EDV-Peripherie"[8], erst nach einer Zurückverweisung in die Tatsacheninstanz werde „sich auch beurteilen lassen, ob der Bekl. die von ihm beherrschte GmbH mit ihrem beschränkten Haftungsvermögen etwa für ein Projekt missbraucht hat, das

---

1 Rz. 1944 ff.

2 BGH v. 25. 2. 2002 – II ZR 196/00, BGHZ 150, 61 = ZIP 2002, 848.

3 BGH v. 24. 6. 2002 – II ZR 300/00, BGHZ 151, 181 = GmbHR 2002, 902 = ZIP 2002, 1578.

4 Vgl. nur *Bork*, KTS 2006, 39 ff.

5 BGH v. 16. 7. 2007 – II ZR 3/04, BGHZ 173, 246 = DB 2007, 1802 m. Anm. *Paefgen* = GmbHR 2007, 927 m. Anm. *Schröder*.

6 BGH v. 28. 4. 2008 – II ZR 264/06, BGHZ 176, 204 = BB 2008, 1697 m. Anm. *Möller* = GmbHR 2008, 8059 m. Komm. *Ulrich*.

7 Vgl. dazu *Altmeppen*, ZIP 2008, 1201.

8 BGH v. 13. 12. 1993 – II ZR 89/93, AG 1994, 171, 172 = NJW 1994, 446, 447 m. Anm. *Karsten Schmidt*; eingehende Besprechung bei *Raiser*, ZGR 1995, 156 ff.

von vornherein mit Risiken in einer Größenordnung behaftet war, die seine Durchführung als Spekulation auf Kosten der Gläubiger erscheinen ließ (vgl. auch OLG Hamburg, BB 1973, 1231 [1232])." In einem seinerzeit noch gleichfalls konzernrechtlich eingeordneten Urteil von 1996 heißt es zur negativen Abgrenzung der Haftung aus § 826 BGB allerdings[1]:

„Ein derartiges Unwerturteil scheitert daran, dass die Gesellschafter einer GmbH nicht verpflichtet sind, deren Geschäftsbetrieb im Interesse von Gesellschaftsgläubigern im bisherigen Umfang fortzuführen. Sie können die Beendigung des Geschäftsbetriebs und die Auflösung der Gesellschaft beschließen, Warenbestände veräußern, die Geschäftstätigkeit einschränken und auf vielfache andere Weise Maßnahmen treffen, durch die sich die Vollstreckungsaussichten von Gesellschaftsgläubigern vermindern. An solche Maßnahmen können sich Rechtsfolgen knüpfen (wie Liquidation, Konkursantragspflicht, Erstattungspflicht, Anfechtbarkeit), die auch dem Gläubigerschutz dienen, bei Unternehmensübertragung auf einen anderen Träger u.U. auch dessen Haftung nach § 25 Abs. 1 HGB oder § 419 Abs. 1 BGB, nicht aber – jedenfalls solange keine besondere Verwerflichkeit begründenden Umstände hinzutreten – eine Schadensersatzpflicht nach § 826 BGB."

b) Ausnahmsweise kommt eine **Direkthaftung der Gesellschafter und Geschäftsführer aus § 826 BGB** gegenüber einzelnen Gesellschaftsgläubigern in Betracht[2]: Wer im Namen einer unterkapitalisierten GmbH größere Aufträge an Unternehmer vergibt, die auf die Finanzkraft der Gesellschaft vertrauen, kann den Gläubigern, wenn er den Ausfall ihrer Forderungen in Kauf nimmt, wegen vorsätzlich sittenwidriger Schädigung zum Ersatz ihrer Ausfälle verpflichtet sein[3]. Neben der wegen Insolvenzverschleppung und vorvertraglichem Verschulden (Rz. 11.3) wäre diese Haftung aber wohl nur von eingeschränkter Bedeutung. 11.89

2. Verschuldenshaftung aus mitgliedschaftlicher Finanzierungsverantwortung?

a) Im Hinblick hierauf wurde hier in der 3. Aufl. über mitgliedschaftliche Pflichten der Gesellschafter gegenüber ihrer Gesellschaft diskutiert[4]. Aber durchgesetzt hat sich dieser Haftungsdurchgriff zunächst nicht[5]. Nach den Urteilen „Trihotel" und „Gamma" wird es zunächst dabei bleiben. 11.90

b) Auf längere Sicht verdient aber eine **mitgliedschaftsrechtliche Verschuldenshaftung gegenüber der Gesellschaft** doch wieder vermehrte Aufmerksam- 11.91

1 BGH v. 12. 2. 1996 – II ZR 279/94, GmbHR 1996, 366 = DB 1996, 1028.

2 Dazu BGH v. 12. 2. 1996 – II ZR 279/94, GmbHR 1996, 366 = DStR 1996, 839 m. Anm. *Goette* = ZIP 1996, 637; *Mertens* in Münchener Kommentar zum BGB, 3. Aufl. 1997, § 826 BGB Rz. 89; *Wüst*, JZ 1995, 994; *Karsten Schmidt*, NJW 2001, 3580.

3 Vgl. BGH v. 30. 11. 1978 – II ZR 204/76, NJW 1979, 2104; BGH v. 25. 4. 1988 – II ZR 175/87, NJW-RR 1988, 1181 = DB 1988, 1848; OLG Oldenburg v. 10. 2. 2000 – 8 U 187/99, GmbHR 2000, 720 = NZG 2000, 558 m. Anm. *Emmerich*; *Wüst*, JZ 1995, 994.

4 3. Aufl., Rz. 1945 f. mit Nachw.; *Eckholdt*, Materielle Unterkapitalisierung, 2002, S. 621 ff.; *Karsten Schmidt*, Gesellschaftsrecht, S. 525 f.; *Karsten Schmidt*, Wege zum Insolvenzrecht, S. 86 ff.; *Karsten Schmidt*, NJW 2001, 3579 f.; *Altmeppen*, ZIP 2001, 1842 ff.

5 Vgl. nur *Rowedder/Schmidt-Leithoff/Pentz*, § 13 GmbHG Rz. 133 ff. m.w.N.: nur bei Hinzutreten weiterer Umstände; zu den Folgen des „Gamma"-Urteils *Altmeppen*, ZIP 2008, 1201 ff.

keit[1]: Den Gesellschaftern – auch einem Alleingesellschafter[2] – obliegen im Interesse des Rechtsverkehrs korporative Schutzpflichten gegenüber ihrer Gesellschaft. Sie unterliegen zwar keiner allgemeinen Kontrollpflicht und haften nicht wie Aufsichtsräte (Rz. 11.53)[3]. Auch dürfen sie, ohne sich schadensersatzpflichtig zu machen, nach dem gesetzlich vorgesehenen Ritual auflösen und liquidieren (arg. § 60 Abs. 1 Nr. 1 GmbHG)[4], nicht aber dürfen sie die Gesellschaft zu deren und der Gläubiger Schaden in den absehbaren Ruin treiben[5]. Auch nachdem der BGH die zuvor tendenziell überzogene Verschuldenshaftung der Gesellschafter für existenzgefährdende Eingriffe radikal reduziert hat (Rz. 1.35)[6], sollte es für klare Fälle der gläubigerschädigenden Existenzvernichtung durchaus eine Insolvenzverursachungshaftung der Gesellschafter geben. Die künftige Entwicklung wird von der **Konkretisierung des Kriteriums der Existenzvernichtung** und von der Schärfe der von ihm praktizierten Finanzierungsmitverantwortung der Gesellschafter abhängen (dazu Rz. 1.20)[7]. Doch muss hier die Arbeit nach den Urteilen „Trihotel" und „Gamma" neu beginnen.

II. Geschäftsführerhaftung

1. Missmanagement

11.92 **a)** Eine Haftung der Geschäftsführer nach **§ 43 GmbHG** kommt bei Missmanagement in Betracht, und zwar wiederum nicht nur für die wirksam bestellten, sondern auch für die „faktischen Geschäftsführer". Die meisten Geschäftsführer-Haftungsprozesse haben eigensüchtige oder grob unkaufmännische Maßnahmen zum Gegenstand – z.B. Selbstbereicherungen oder Eigenanmaßungen von Geschäftschancen[8] oder der Abschluss eines nachteiligen Beratervertrages[9] –, aber auch schlichtes Missmanagement kann die Haftung auslösen[10], ebenso Fehlleitungen monetärer Mittel bei der Finanzierung auf Kosten des Gesellschaftervermögens[11], wobei sich die Beweislast mehr und

1 Eingehend *Eckhold*, Materielle Unterkapitalisierung, 2002, S. 327 ff.; *Altmeppen*, ZIP 2001, 1842 ff.; *Karsten Schmidt*, Gesellschaftsrecht, S. 525 f.; *Karsten Schmidt*, Wege zum Insolvenzrecht, S. 86 ff.; *Karsten Schmidt*, ZIP 1988, 1497 ff.; *Karsten Schmidt*, ZIP 1989, 546 f.; *Karsten Schmidt*, NJW 2001, 3579 f.; *Ulmer*, ZIP 2001, 2026 f.; *Wilhelm*, NJW 2003, 178 ff.

2 BGH v. 17. 9. 2001 – II ZR 178/99, BGHZ 149, 10 = GmbHR 2001, 1036; *Priester*, ZGR 1993, 512 ff.

3 Dazu noch ausführlicher in der 3. Aufl., Rz. 1950.

4 Vgl. BGH v. 12. 2. 1996 – II ZR 279/94, DB 1994, 1028.

5 *Karsten Schmidt*, Gesellschaftsrecht, S. 525 f.; *Karsten Schmidt*, NJW 2001, 3580.

6 BGH v. 17. 9. 2001 – II ZR 178/99, BGHZ 149, 10 = GmbHR 2001, 1036.

7 Ausführlicher 3. Aufl., Rz. 1947 f.

8 Vgl. nur BGH v. 8. 7. 1985 – II ZR 198/84, GmbHR 1986, 19 = EWiR 1985, 787 (*Fleck*); BGH v. 23. 9. 1985 – II ZR 246/84, GmbHR 1986, 42 = NJW 1986, 585; BGH v. 12. 6. 1989 – II ZR 334/87, GmbHR 1989, 365 = NJW-RR 1989, 1255; BGH v. 26. 1. 1990 – II ZR 223/89, WM 1991, 281 = GmbHR 1991, 101.

9 BGH v. 9. 12. 1996 – II ZR 240/95, WM 1997, 224 = GmbHR 1997, 163.

10 Zur Problematik vgl. *Baumbach/Hueck/Zöllner*, § 43 GmbHG Rz. 23.

11 BGH v. 9. 12. 1991 – II ZR 43/91, WM 1992, 223 = GmbHR 1992, 166.

mehr zu Lasten der Geschäftsführung verschiebt[1]. Dasselbe gilt für die wechselseitige Beaufsichtigung[2]. Bei all dem gilt aber die GmbH-spezifische Variante der sog. business judgment rule[3]: Den Geschäftsführern steht im operativen wie im finanzstrategischen Bereich ein Handlungsermessen zu[4], das allerdings durch die Pflicht zur Vorlage wichtiger Grundentscheidungen an die Gesellschafter im Vergleich zum AG-Vorstand erheblich eingeschränkt ist[5].

b) Die **bloße Verletzung des § 43 GmbHG genügt nicht**, um den Geschäftsführer für den gesamten Insolvenzverursachungsschaden aufkommen zu lassen. Die Bestimmung ist auf die Haftung für die durch einzelne Geschäftsführungsakte herbeigeführten Schäden zugeschnitten. Da Unternehmenszusammenbrüche vielfach auf Managementfehler zurückgeführt werden (Rz. 2.120), könnte dies zu exorbitanten Haftungsrisiken führen. Eine echte Insolvenzverursachungshaftung kommt nur in Betracht, wenn **unvertretbares Geschäftsführerhandeln unmittelbar in die Insolvenz geführt** hat. 11.93

2. Verbotene Zahlungen an Gesellschafter

Neu eingeführt ist ein die § 64 GmbHG, § 130a HGB jeweils ergänzendes **Verbot insolvenzauslösender Zahlungen** an Gesellschafter (**§ 64 Satz 3 GmbHG n.F., § 130a Abs. 1 Satz 3 HGB n.F.**). Diese Haftungsbestimmungen dehnen die bei Rz. 11.30 ff. behandelten „Zahlungsverbote" des § 64 GmbHG bzw. § 130a HGB und ihre Sanktionen aus auf „Zahlungen an Gesellschafter, soweit diese zur Zahlungsunfähigkeit der Gesellschaft führen mussten, es sei denn, dies war auch bei Beachtung der in Satz 2 bezeichneten Sorgfalt nicht erkennbar." Diese neuen Zahlungsverbote sind als Regelungen über die „Insolvenzverursachungshaftung" bezeichnet worden[6]. Das ist im Vergleich mit der Verschleppungshaftung des § 15a InsO richtig, allerdings zielt die Bestimmung nicht auf Ersatz des aus der Insolvenzverursachung resultierenden Schadens. Das Konzept der neuen Haftungsbestimmung ist zweifelhaft. Sie ist nicht zuletzt als Ersatz für die durch das MoMiG beseitigten Rechtsprechungsregeln über Gesellschafterdarlehen zu verstehen[7], die allerdings bald mehr und mehr in Vergessenheit geraten werden. Deshalb zur Erinnerung: Die dem MoMiG vorausgegangenen **„Rechtsprechungsregeln"** führten in der Krise der Gesellschaft dazu, dass „eigenkapitalersetzende Gesellschafterdarlehen" analog § 30 11.94

1 BGH v. 4. 11. 2002 – II ZR 224/00, NJW 2003, 358; eingehend *Goette*, ZGR 1995, 648 ff.
2 Dazu *Baumbach/Hueck/Zöllner*, § 43 GmbHG Rz. 26.
3 Vgl. für die AG BGH v. 21. 4. 1997 – II ZR 175/95, BGHZ 135, 244 = NJW 1997, 1926.
4 Vgl. OLG Oldenburg v. 13. 7. 2000 – 1 U 35/00, GmbHR 2001, 76 (L); OLG Jena v. 8. 8. 2000 – 8 U 1387/98, GmbHR 2001, 863 (L) = NZG 2001, 86.
5 BGH v. 14. 7. 2008 – II ZR 202/07, NJW 2008, 3361 = JuS 2008, 1128 (*Karsten Schmidt*).
6 *Casper* in Großkommentar zum GmbHG, § 64 GmbHG Rz. 103; *Greulich/Brunnemann*, NZG 2006, 681, 684; *Greulich/Rau*, NZG 2008, 284 ff.; *Knof*, DStR 2007, 1536 ff., 1580 ff.; *Susanne Meyer*, BB 2008, 1742, 1745; s. auch *Karsten Schmidt*, GmbHR 2007, 1072, 1074.
7 Vgl. Begr. RegE MoMiG, BT-Drucks. 16/6140, S. 42, 46.

GmbHG im Gesellschaftsvermögen gesperrt waren und dass eine etwaige Rückzahlung in der Krise den Gesellschafter analog § 31 GmbHG zur Wiedereinzahlung in das Gesellschaftsvermögen (die Insolvenzmasse) verpflichtete (Rz. 2.73). Diese Gesellschafterhaftung gibt es nicht mehr (§ 30 Abs. 1 Satz 3 GmbHG n.F.; zur Anfechtung gem. § 135 Abs. 1 InsO vgl. aber Rz. 2.82). Dafür muss nun der **Geschäftsführer** (!) diese Beträge erstatten, wenn sie zur Zahlungsunfähigkeit führen mussten.

11.95 **a)** Zu erstatten sind **Zahlungen an Gesellschafter**. Ein Kleinbeteiligungsprivileg gibt es nicht[1]. Ob gesellschafterähnliche Dritte gleichgestellt sind, stellt das Gesetz nicht klar. Man wird die Anwendung aber bejahen müssen, soweit die Rechtshandlung einem Gesellschafterdarlehen wirtschaftlich entspricht (vgl. § 39 Abs. 1 Nr. 5 InsO)[2]. Erfasst werden dieselben Dritten, die auch auf der Basis des § 39 Abs. 1 Nr. 5 InsO (§ 32a Abs. 3 Satz 1 GmbHG a.F.) einem Gesellschafter entsprechen (dazu Rz. 2.61). Die von einem Gesellschafter für seine Rechnung veranlasste Zahlung an einen Dritten reicht immer aus[3].

11.96 **b) Zahlungen** können auch zahlungsgleiche Leistungen sein (Aufrechnungen, Verrechnungsverträge, Leistungen an Erfüllungs Statt usw.)[4]. Erfasst sind Leistungen, die die Liquidität der Gesellschaft beeinträchtigen[5]. Im Gegensatz zu § 30 GmbHG geht es nicht um Ausschüttungen, sondern (zumindest auch) um die Zahlung geschuldeten Geldes an die Gesellschafter.

11.97 **c)** Erfasst sind **Zahlungen, die zur Zahlungsunfähigkeit der Gesellschaft führen mussten**. Dazu gehört zunächst, dass diese Zahlungen objektiv auch zur Zahlungsunfähigkeit (§ 17 Abs. 2 InsO) geführt haben. Der Eintritt und die Verursachung einer bloßen Überschuldung genügt nicht[6]. Nicht erforderlich ist, dass das Insolvenzverfahren nach § 17 Abs. 2 InsO auch eröffnet worden ist. Der Eintritt der Insolvenzlage genügt. Hinzu kommen muss ein spezifischer Zusammenhang mit der Zahlung. Dieser wird im Fall der Inanspruchnahme zwar ex post festgestellt, jedoch in Form einer Prognose. Entscheidend sind Ursächlichkeit und Unausweichlichkeit. **Ursächlichkeit** liegt vor, wenn die Zahlung, sei es auch neben anderen Ursachen, die Zahlungsunfähigkeit herbeigeführt oder verschärft hat. Monokausalität im Wortsinn ist nicht erforderlich[7]. Adäquate Verursachung gibt den Ausschlag[8], aber hinzukommen muss eine sachliche und zeitliche Nähe zum Eintritt der materiellen Insolvenz[9]. **Unausweichlichkeit** bedeutet, dass die Ursächlichkeit ex ante erkennbar und überwiegend wahrscheinlich war[10].

1 *Casper* in Großkommentar zum GmbHG, § 64 GmbHG Rz. 106.
2 Undeutlich *Casper* in Großkommentar zum GmbHG, § 64 GmbHG Rz. 106.
3 Dazu *Casper* in Großkommentar zum GmbHG, § 64 GmbHG Rz. 106.
4 *Knof*, DStR 2007, 1536, 1537 f.
5 *Greulich/Rau*, NZG 2008, 284, 287.
6 A.M. *Casper* in Großkommentar zum GmbHG, § 64 GmbHG Rz. 107.
7 *Greulich/Rau*, NZG 2008, 284, 288.
8 *Casper* in Großkommentar zum GmbHG, § 64 GmbHG Rz. 108 f.
9 Vgl. *Greulich/Rau*, NZG 2008, 284, 288: „Weichenstellung ins Aus".
10 Vgl. *Knof*, DStR 2007, 1536, 1540 f., 1580 ff.

d) Ein **Verschulden** ist im Sinne der Vorhersehbarkeit (Erkennbarkeit) erforderlich[1]. Diese wird jedoch nach dem klaren Gesetzwortlaut („es sei denn") vermutet, so dass sich der leitende Geschäftsführer im Streitfall entlasten muss[2]. 11.98

e) Das strikte **Zahlungsverbot** ist stärker als eine Weisung der Gesellschafter. Der Geschäftsführer darf einer solchen Weisung also nicht folgen. Ein entsprechender Gesellschafterbeschluss wäre nichtig, der Gesellschafter zur Rückzahlung verpflichtet. Da die Geschäftsführerhaftung nach § 64 Satz 3 GmbHG, § 130a Abs 1 Satz 3 HGB keine Schadensersatzhaftung ist, sondern auf Zahlungsersatz geht, kann der Geschäftsführer zu seiner Entlastung nicht auf eine Primärhaftung des Empfängers verweisen. Er haftet selbst primär. 11.99

III. Haftung für fehlerhafte Beratung

1. Beratungsfehler im Vorfeld der Insolvenz

Beratungsfehler im Vorfeld der Insolvenz sind haftungsrelevant. Bemerkenswerterweise hat der BGH seit 1995 mehrfach eine Sachverständigenhaftung für Vermögensschäden nicht nur gegenüber dem Vertragspartner, sondern auch gegenüber potentiell Drittgeschädigten bejaht[3]. Er hat auch in neueren Entscheidungen an diesem viel diskutierten Ansatz festgehalten[4]. Wendet man diese Rechtsprechung auf die Krisenberatung an, so ist nicht mehr auszuschließen, dass **Krisenberater und Krisenmanager** gegenüber potentiell geschädigten dritten Gläubigern für Vermögensschäden haften können, und zwar schon bei einfacher Fahrlässigkeit. Das wäre gegenüber dem vorherigen Stand eine gravierende Verschärfung (über die Teilnehmerhaftung bei Insolvenzverschleppungsfällen vgl. schon oben Rz. 11.51 f.). 11.100

2. Allgemeine Berufshaftung der freiberuflichen Rechtsberater und Wirtschaftsprüfer

a) Eine spezifische Berufshaftung[5] kann hinzukommen. Gesellschafter können, wenn sie vom Insolvenzverwalter auf Neueinzahlung verklagt werden, in vielen Fällen ihren Beratern mit Erfolgsaussicht den Streit verkünden (§ 72 ZPO). Zur notariellen Beratungspflicht hat der BGH entschieden[6]: „Der Notar, dem bei der Beurkundung eines Kapitalerhöhungsbeschlusses erklärt wird, die neuen Einlagen seien bereits voll ‚eingezahlt', muss sich darüber vergewissern, dass die Beteiligten die Bedeutung dieses Begriffs im Zusammenhang 11.101

1 *Greulich/Rau*, NZG 2008, 284, 288.
2 *Casper* in Großkommentar zum GmbHG, § 64 GmbHG Rz. 111.
3 BGH v. 10. 11. 1994 – III ZR 50/94, BGHZ 127, 378 = NJW 1995, 392; dazu *Canaris*, JZ 1995, 441 ff.
4 BGH v. 13. 11. 1997 – X ZR 144/94, NJW 1998, 1059; dazu *Canaris*, JZ 1998, 603 ff.; BGH v. 14. 11. 2000 – X ZR 203/98, DStR 2001, 545 m. Anm. *Klanten* = ZIP 2001, 574; BGH v. 26. 6. 2001 – X ZR 231/99, DB 2001, 2090; BGH v. 17. 9. 2000 – X ZR 237/01, NJW 2002, 3625.
5 Dazu grundlegend *Hirte*, Berufshaftung, 1996, S. 11 ff.
6 BGH v. 16. 11. 1995 – IX ZR 14/95, AG 1996, 175.

mit der Übernahme einer Bareinlageverpflichtung kennen; notfalls muss er sie darüber aufklären." Auch Steuerberater sind schon wegen schuldhafter Schädigung der Gesellschaft durch Entzug gebundenen Kapitals in Anspruch genommen worden[1]: Ein Steuerberater S einer GmbH hatte, ohne deren Überschuldung zu erkennen, zur Zahlung einer überhöhten Abfindung an einen ausscheidenden Gesellschafter geraten. Als sich die wahre Vermögenslage der Gesellschaft herausstellte, nahm diese den S auf Schadensersatz in Anspruch. S verwies die Gesellschaft auf ihre Ansprüche gegen den Empfänger des Geldes. In der Tat hatte der BGH zuvor für die Kapitalaufbringung entschieden, dass die Schadensersatzhaftung eines Gründungsprüfers für mangelnde Kapitalaufbringung so lange nicht in Betracht komme, wie ein realisierbarer Deckungsanspruch gegen den Gesellschafter bestehe[2]. Der IVa-Senat des BGH meinte nun aber im Steuerberater-Fall, bei Verstößen gegen die Kapitalerhaltungsregeln sei die Lage anders, weil hier nicht nur der ursprüngliche Einlageanspruch gefährdet, sondern das Gesellschaftsvermögen nachträglich verkürzt worden sei. Der Berater müsse sogleich zahlen.

11.102 **b)** Wendet man dies auf die **Insolvenzverschleppung** (Rz. 11.1) an, so steht die Fehlberatung eines Geschäftsführers in der Krise deshalb unter einem erheblichen Haftungsrisiko. Die Rechtsprechung ist indes gerade im Zusammenhang mit der Unternehmenskrise zur Zurückhaltung in der Annahme berufsrechtlicher Prüfungs- und Warnpflichten (Rz. 1.180 ff.) aufgerufen, soll nicht das Insolvenzrisiko von den Gesellschaftern und Geschäftsführern auf die Berater abgewälzt werden. Eine Verurteilung von Beratern wegen schuldhafter Insolvenzverursachung wird auf Fälle krasser Pflichtverletzungen beschränkt bleiben müssen.

---

1 BGH v. 17. 2. 1982 – IVa ZR 284/80, VersR 1982, 580; dazu *Karsten Schmidt*, Gesellschaftsrecht, S. 1146.
2 BGH v. 27. 2. 1975 – II ZR 111/72, BGHZ 64, 52, 62 f. = DB 1975, 778, 780.

12. Teil: Grenzüberschreitende GmbH-Insolvenzen

A. Einleitung

Durch die vielfachen wirtschaftlichen Verflechtungen zwischen den Rechtssubjekten innerhalb und außerhalb der Europäischen Gemeinschaft kommt es immer häufiger zu **grenzüberschreitenden Insolvenzverfahren**. Die Geschäftstätigkeit von Unternehmen greift mehr und mehr über die einzelstaatlichen Grenzen hinaus. Dies führt dazu, dass das Vermögen von Unternehmen und Personen sich nicht auf den Verwaltungs- oder Wohnsitz beschränkt, sondern über verschiedene Staaten verteilt ist. Damit untersteht es voneinander unabhängigen Rechtsordnungen[1]. Für die Attraktivität eines Handelsplatzes ist ein funktionierendes Insolvenzrecht eine zentrale Voraussetzung. Es gewährleistet eine optimale Befriedigung sämtlicher Gläubiger, schafft die Voraussetzungen für die Durchsetzbarkeit von Sicherungsrechten und baut Barrieren auf, die Vermögensverschiebungen verhindern sollen. Auf internationaler Ebene ist ein funktionierendes Insolvenzrecht die Voraussetzung dafür, dass multinationale Unternehmen und Unternehmensgruppen bei Vorliegen eines Insolvenzgrundes rasch und kostengünstig grenzüberschreitend entschuldet und saniert werden können[2]. 12.1

1 *Stephan* in Heidelberger Kommentar zur InsO, Vor §§ 335 ff. InsO Rz. 1.
2 *Walther* in DACH (Hrsg.), Grenzüberschreitendes Insolvenzrecht, 2004, S. 59.

B. Gesetzliche Grundlagen zur Koordinierung von internationalen Insolvenzen

12.2 Bis zum 31. 5. 2002 gab es keinen rechtlichen Rahmen zur Koordinierung von internationalen Insolvenzen im Bereich der Europäischen Gemeinschaft. Mit dem Inkrafttreten der **Europäischen Insolvenzverordnung**[1] hat sich diese Situation grundlegend gewandelt. Innerhalb ihres sachlichen und zeitlichen Anwendungsbereichs ersetzt die EuInsVO andere zwischen den Mitgliedstaaten geschlossene Übereinkünfte[2]. Sie ist als Sekundärrechtsakt gem. Art. 249 Abs. 2 Satz 2 EG-Vertrag in all ihren Teilen verbindlich und entfaltet in jedem Mitgliedstaat unmittelbare Geltung[3]. Im Verhältnis zu Drittstaaten findet die Verordnung indes keine Anwendung (Ziffer 14 der Erwägungsgründe zur Verordnung). Vielmehr gelten insoweit die am 20. 3. 2003 in Kraft getretenen Vorschriften der §§ 335 bis 358 InsO des autonomen deutschen Internationalen Insolvenzrechts.

I. Europäische Insolvenzverordnung (EuInsVO)

12.3 Die EuInsVO enthält eine umfassende **Normierung des Internationalen Insolvenzrechts**. Sie gilt ausschließlich im Verhältnis zu Mitgliedstaaten der Europäischen Union mit Ausnahme Dänemarks und erfasst entsprechend ihrer Zielsetzung allein grenzüberschreitende Insolvenzverfahren innerhalb des Binnenmarktes[4]. Innerhalb der Europäischen Union hat sie Vorrang vor dem deutschen Internationalen Insolvenzrecht. Die Anwendung ihrer Vorschriften setzt voraus, dass das beantragte bzw. eröffnete Insolvenzverfahren in den Anwendungsbereich des Gemeinschaftsrechtsakts fällt[5]. Dafür bedarf es des Vorliegens des zeitlichen (Art. 43 EuInsVO), persönlichen (Art. 1 Abs. 2 EuInsVO), sachlichen (Art. 1 Abs. 1 EuInsVO) und räumlichen Anwendungsbereichs (Art. 3 EuInsVO). Darüber hinaus muss ein besonderes innergemeinschaftliches – im Sinne eines zwischenmitgliedstaatlichen – **grenzüberschreitendes Moment (Auslandsbezug)** vorliegen. Davon ist z.B. auszugehen, wenn die GmbH Vermögen in anderen Mitgliedstaaten besitzt[6] oder Rechtsverhältnisse mit Auslandsbezug abgeschlossen wurden. Mithin ist der (räumliche) Anwendungsbereich der EuInsVO auf die Fälle zu beschränken, in denen der Mittelpunkt der hauptsächlichen Schuldnerinteressen in einem Mitgliedstaat liegt und ein Bezug zu mindestens einem weiteren Mitglied-

---

1 Verordnung (EG) Nr. 1346/2000 des Rates v. 29. 5. 2000 (ABl. EG Nr. L 160 v. 30. 6. 2000, S. 1, in Kraft getreten am 31. 5. 2002).

2 *Leible/Staudinger*, KTS 2000, 533, 536.

3 Allerdings kann jeder Mitgliedstaat für das nationale Recht gewisse Anpassungen vornehmen. Deutschland hat in Art. 102 EGInsO §§ 1–11 (Gesetz v. 14. 2. 2003, BGBl. I 2003, 345) die Anpassung des nationalen Rechts an die sich aus der EuInsVO ergebenden Fragen vorgenommen.

4 Vgl. Erwägungsgründe 1 bis 5.

5 *Duursma-Kepplinger*, NZI 2003, 87.

6 Davon geht offensichtlich auch der deutsche Gesetzgeber aus, vgl. Art. 102 EGInsO § 2.

staat gegeben ist[1]. Ein rein nationales Verfahren, bei dem die Auswirkungen der Insolvenz auf das Gebiet eines Mitgliedstaats beschränkt sind[2], unterliegt dagegen nicht ihrem Anwendungsbereich.

Die EuInsVO erfasst neben den eigentlichen Insolvenz- auch die meisten der im Binnenmarkt bekannten Sanierungs- sowie Reorganisationsverfahren. Aus Art. 2 lit. a und c EuInsVO in Verbindung mit den Anhängen A und B folgt dabei, welche mitgliedsstaatlichen Verfahren in concreto dem Gemeinschaftsrechtsakt zuzuordnen sind[3]. 12.4

II. Art. 102 §§ 1 bis 11 EGInsO

Auch wenn die Europäische Insolvenzverordnung allgemein und unmittelbar in jedem Mitgliedstaat gilt und keiner besonderen Umsetzung bedarf (Art. 249 EG), bleibt es den einzelnen Mitgliedstaaten unbenommen, für das **nationale Recht** gewisse **Anpassungen** vorzunehmen, um dadurch die Effizienz des Verfahrens zu steigern[4]. Von dieser Möglichkeit hat der deutsche Gesetzgeber mit dem Gesetz zur Neuregelung des Internationalen Insolvenzrechts vom 14. 3. 2003[5] Gebrauch gemacht, mit dem u.a. **Art. 102 EGInsO** neu gefasst wurde. Bei der Vorschrift handelt es sich um eine **Ausführungsvorschrift zur EuInsVO**. Sie findet nur bei internationalen Insolvenzverfahren im Geltungsbereich der EuInsVO Anwendung. Gegenüber den Regelungen in Art. 102 §§ 1 bis 11 EGInsO hat die EuInsVO Vorrang[6]. 12.5

Die Ausführungsvorschrift (Art. 102 EGInsO) sieht insbesondere Regelungen zur örtlichen Zuständigkeit (§ 1) und der Verfahrensweise bei Kompetenzkonflikten vor (§§ 2 bis 4). In den §§ 5 bis 7 finden sich Umsetzungsregelungen für die sich aus Art. 21 und 22 EuInsVO ergebenden Bekanntmachungs- und Eintragungspflichten[7]. § 8 enthält Regelungen zur Vollstreckung aus der Eröffnungsentscheidung. § 9 (Insolvenzplan) setzt die Vorschrift des Art. 34 Abs. 2 12.6

1 *Carstens,* Die Internationale Zuständigkeit im europäischen Insolvenzrecht, 2004, S. 35; ähnlich *U. Huber* in FS Gerhardt, 2004, S. 397, 403, der die Auffassung vertritt, die Verordnung finde Anwendung, wenn in einem Mitgliedstaat der Union ein Insolvenzverfahren anhängig ist und der Fall in irgendeiner Weise Auslandsberührung zu einem anderen Mitgliedstaat der Europäischen Union aufweist. Einschränkend *Balz,* ZIP 1996, 948; *P. Huber*, EuZW 2002, 490, 491; *Ehricke/Ries,* JuS 2003, 313; *Paulus,* ZIP 2003, 1725, 1726 ff., die unter Berufung auf Erwägungsgrund 14 der EuInsVO („Diese Verordnung gilt nur für Verfahren, bei denen der Mittelpunkt der hauptsächlichen Interessen des Schuldners in der Gemeinschaft liegt.") fordern, dass der Schuldner in einem Mitgliedstaat den „Mittelpunkt seiner hauptsächlichen Interessen hat". Diese Ansicht verkennt, dass die Verordnung auch dann zur Anwendung gelangt, wenn ein Gericht eines Mitgliedstaats zu Unrecht angenommen hat, der Mittelpunkt der hauptsächlichen Interessen liege in diesem Mitgliedstaat (s. den Nachweis bei *U. Huber* in FS Gerhardt, 2004, S. 403, 404).

2 *P. Huber*, ZZP 114 (2001), 133, 136.

3 *Leible/Staudinger*, KTS 2000, 533, 541.

4 *Kindler* in Münchener Kommentar zum BGB, IntInsR Rz. 867.

5 BGBl. I, 345.

6 *Pannen/Riedemann*, NZI 2004, 301.

7 *Stephan* in Heidelberger Kommentar zur InsO, Art. 102 EGInsO Vorbem.

EuInsVO i.S. des § 355 Abs. 2 InsO um. § 10 (Aussetzung der Verwertung) bezweckt den Schutz absonderungsberechtigter Gläubiger bei einer Aussetzung der Verwertung in einem inländischen Sekundärinsolvenzverfahren[1]. § 11 regelt die Unterrichtung der ausländischen Gläubiger über die Verfahrenseröffnung und ihre Wirkungen.

III. Autonomes deutsches Internationales Insolvenzrecht

12.7 Die im Elften Teil der Insolvenzordnung verankerten Regelungen der **§§ 335 ff. InsO** haben mit ihrem Inkrafttreten am 20. 3. 2003 auf Grund des „Gesetzes zur Neuregelung des Internationalen Insolvenzrechts"[2] die fragmentarische Regelung des Internationalen Insolvenzrechts in Art. 102 EGInsO a.F. abgelöst und enthalten eine **umfassende Kodifikation des deutschen Internationalen Insolvenzrechts**. Sie schaffen Rechtsklarheit im Rechtsverkehr zu Drittstaaten, die nicht unter den Anwendungsbereich der EuInsVO fallen[3].

12.8 Fraglich erscheint, ob die Regelungen der §§ 335 ff. InsO ohne weiteres zur Schließung von Lücken, die der Verordnungsgeber der EuInsVO gelassen hat, herangezogen werden können. Bei einer bewussten Regelungslücke ist ein **Rückgriff auf das autonome deutsche Internationale Insolvenzrecht** möglich[4]. Dies gilt indes nicht ohne weiteres für planwidrige Lücken. Soweit sie sich aus dem Zusammenhang der Normen der EuInsVO erschließen lassen, ist das autonome nationale Recht nicht heranzuziehen[5].

12.9 Ebenso wie die EuInsVO geht auch das autonome internationale Insolvenzrecht vom Grundsatz der **eingeschränkten Universalität** aus[6]. Danach unterliegen die Wirkungen eines Insolvenzverfahrens – d.h. sowohl eines Inlandsverfahrens wie auch eines Auslandsverfahrens – grundsätzlich dem Recht des Staates, in dem das Verfahren eröffnet wurde (§ 335 InsO). Die Eröffnung eines Insolvenzverfahrens über das Vermögen einer GmbH in Deutschland erfasst das **weltweite Vermögen der Gesellschaft**. Der vom Insolvenzgericht eingesetzte Verwalter hat die Befugnis, weltweit tätig zu werden, um das in anderen Ländern befindliche Vermögen des Schuldners zu verwerten. Dies setzt indes voraus, dass die ausländische Rechtsordnung die Eröffnung des Insolvenzverfahrens über das Vermögen der GmbH in Deutschland anerkennt (näher dazu Rz. 12.42 ff.).

---

1 Näher dazu *Vallender*, FS Kreft, 2004, S. 565 ff.

2 BGBl. I 2003, 345.

3 Hierzu zählen neben Dänemark auch Norwegen und Island.

4 *Wenner* in Mohrbutter/Ringstmeier, Handbuch der Insolvenzverwaltung, § 20 Rz. 13 führt als Beispiel das in Art. 32 Abs. 3 EuInsVO genannte Mitwirkungsrecht des Insolvenzverwalters durch § 341 Abs. 3 InsO an.

5 *Stephan* in Heidelberger Kommentar zur InsO, Vor §§ 335 ff. InsO Rz. 20; *Wenner* in Mohrbutter/Ringstmeier, Handbuch der Insolvenzverwaltung, § 20 Rz. 13; *Kübler/Prütting/Bork/Kemper*, Vor §§ 334–358 InsO Rz. 14; *Reinhart* in Münchener Kommentar zur InsO, Art. 102 EGInsO Rz. 6; s. auch *Pannen/Riedemann*, NZI 2004, 301.

6 *Liersch*, NZI 2003, 302, 303.

IV. Staatsverträge

Mit Einführung der EuInsVO sind die in Art. 44 Abs. 1 der Verordnung aufgezählten zweiseitigen Staatsverträge am 31. 5. 2002 außer Kraft getreten (Art. 44, 47 EuInsVO)[1]. Dies gilt namentlich für den zwischen Deutschland und Österreich abgeschlossenen Vertrag vom 25. 5. 1979[2] auf dem Gebiet des Konkurs- und Vergleichs- (Ausgleichs-)Rechts sowie für den Deutsch-Niederländischen Vollstreckungsvertrag vom 30. 8. 1962[3]. Dagegen sind für den außergemeinschaftlichen Raum weiterhin zwei insolvenzrechtliche Abkommen zu beachten, die die Krone Württemberg und das Königreich Bayern mit der Mehrzahl der Schweizer Kantone abgeschlossen haben: „Die Übereinkunft des Vorortes der Schweiz. Eidgenossenschaft mit der Krone Württembergs betreffend die Konkursverhältnisse und Gleichbehandlung der beiderseitigen Staatsangehörigen in Konkursfällen vom 13.5.1826"[4] und die „Übereinkunft der königlich-bayerischen Staatsregierung mit mehreren Schweizer Kantonen, die gleichen Konkurs- und Klassifikationsrechte bei Insolvenz-, Erklärungs- und Konkursfällen der gegenseitigen Staatsangehörigkeiten betreffend vom 11.5.1834[5]". 12.10

1 *Kindler* in Münchener Kommentar zum BGB, InterInsR, Rz. 23.
2 BGBl. 1985 II, 420.
3 BGBl. 1965 II, 27.
4 S. dazu Urteil des schweizerischen Bundesgerichts v. 15. 6. 2005 – BGE 7B.31/2005, ZInsO 2007, 608.
5 Vgl. den Text zum Übereinkommen in ZIP 1983, 143.

C. Eröffnung eines Insolvenzverfahrens über das Vermögen einer GmbH in Deutschland mit Auslandsbezug

I. Insolvenzverfahren mit Bezug zu mindestens einem weiteren Mitgliedstaat der Europäischen Gemeinschaft

12.11 Weist das in Deutschland über das Vermögen der GmbH beantragte Insolvenzverfahren einen Bezug zu mindestens einem weiteren Mitgliedstaat der Europäischen Gemeinschaft auf, finden die **Vorschriften der EuInsVO Anwendung**. Im Verhältnis der Mitgliedsstaaten der Europäischen Gemeinschaft untereinander bestimmt sich die internationale Zuständigkeit zur Eröffnung von Insolvenzverfahren ausschließlich nach Art. 3 EuInsVO. Dabei ist zwischen **Haupt-, Sekundär- und Partikularinsolvenzverfahren** zu unterscheiden, Art. 3 EuInsVO.

12.12 Das **Hauptinsolvenzverfahren** kann nur in dem Mitgliedsstaat eröffnet werden, in dem der Schuldner den Mittelpunkt seiner hauptsächlichen Interessen hat. Nach Art. 3 Abs. 1 Satz 2 EuInsVO wird „bei Gesellschaften und juristischen Personen bis zum Beweis des Gegenteils vermutet, dass der Mittelpunkt ihrer hauptsächlichen Interessen der Ort des satzungsmäßigen Sitzes ist"[1].

12.13 Die **Durchführung eines Sekundärinsolvenzverfahrens** hat die Eröffnung eines Hauptverfahrens zur Voraussetzung. Das Sekundärinsolvenzverfahren selbst kann nur als Liquidationsverfahren durchgeführt werden, Art. 3 Abs. 3 Satz 2 EuInsVO[2]. Nach Art. 2 lit. c EuInsVO ist ein „Liquidationsverfahren" ein Insolvenzverfahren ..., das zur Liquidation des Schuldnervermögens führt, und zwar auch dann, wenn dieses Verfahren durch einen Vergleich oder eine andere die Insolvenz des Schuldners beendende Maßnahme oder wegen unzureichender Masse beendet wird. Diese Verfahren sind in Anhang B aufgeführt. Bezogen auf Deutschland sind dies das Konkursverfahren, das Gesamtvollstreckungsverfahren und das Insolvenzverfahren.

12.14 Ein **Partikularverfahren** hingegen ist gem. Art. 3 Abs. 4 EuInsVO nur vor der Eröffnung des Hauptverfahrens am Ort der Niederlassung des Schuldners (Art. 3 Abs. 2 Satz 1 EuInsVO) zulässig. Außerdem kann das Verfahren nur in folgenden Fällen durchgeführt werden:

- Nach dem Recht des jeweiligen Mitgliedsstaates ist die Durchführung eines Hauptverfahrens nicht zulässig. (Beispiel: Der Schuldner ist kein Kaufmann,

---

1 Diese können sich aus dem Vorbringen des Schuldners oder eines sonstigen Beteiligten, den Medien oder sonstigen aktenkundigen Umständen ergeben (*Duursma-Kepplinger/Duursma/Chalupsky*, Europäische Insolvenzverordnung, Kommentar, 2002, Art. 3 EuInsVO Rz. 25).

2 *Paulus* (NZI 2001, 505, 514) spricht sich mit guten Gründen dafür aus, unbeschadet des klaren Wortlauts das „muss" in Art. 3 Abs. 3 Satz 2 EuInsVO in ein „soll" oder „kann" umzuinterpretieren.

nach dem Recht des Mitgliedsstaates kann daher über sein Vermögen kein Insolvenzverfahren durchgeführt werden.), Art. 3 Abs. 4, lit. a EuInsVO.

- Die Eröffnung des Partikularinsolvenzverfahrens wird von einem Gläubiger beantragt, der seinen Wohnsitz, gewöhnlichen Aufenthalt oder Sitz in dem Mitgliedsstaat hat, in dem sich die betreffende Niederlassung befindet, Art. 3 Abs. 4, lit. b, 1. Alt. EuInsVO.
- Die Eröffnung des Partikularinsolvenzverfahrens wird von einem Gläubiger beantragt, dessen Forderung auf einer sich aus dem Betrieb dieser Niederlassung ergebenden Verbindlichkeit beruht, Art. 3 Abs. 4, lit. b, 2. Alt. EuInsVO.

1. Hauptverfahren (Art. 3 Abs. 1 EuInsVO)

Art. 3 EuInsVO regelt die internationale Zuständigkeit für die in Art. 1 Abs. 1 EuInsVO genannten insolvenzrechtlichen Gesamtverfahren für alle Mitgliedsstaaten der EU (mit Ausnahme Dänemarks)[1]. Nach Abs. 1 Satz 1 der Vorschrift sind für die Eröffnung des Insolvenzverfahrens die Gerichte des Mitgliedsstaats zuständig, in dessen Gebiet die GmbH den Mittelpunkt ihrer hauptsächlichen Interessen hat. Nach Art. 3 Abs. 1 Satz 2 EuInsVO wird „bei Gesellschaften und juristischen Personen bis zum Beweis des Gegenteils vermutet, dass der Mittelpunkt ihrer hauptsächlichen Interessen der Ort des satzungsmäßigen Sitzes ist." Diese **Vermutung** entbindet das Gericht nicht davon, den tatsächlichen Interessenmittelpunkt des Schuldners von Amts wegen zu prüfen[2]. Damit die Prüfpflicht nicht zum fast gänzlichen Verlust der praktischen Bedeutung des Art. 3 Abs. 1 Satz 2 EuInsVO führt, sind die Insolvenzgerichte nur dann zur **Amtsermittlung** verpflichtet, wenn Anhaltspunkte für ein Auseinanderfallen von im Gesellschaftsvertrag bestimmtem und tatsächlichem Verwaltungssitz vorliegen. 12.15

Art. 3 Abs. 1 EuInsVO „hierarchisiert"[3] insoweit parallel eröffnete Insolvenzverfahren, als die Vorschrift ein einziges Verfahren in den Rang eines Hauptinsolvenzverfahrens erhebt, während die anderen Verfahren den Rang eines nachgeordneten Verfahrens erhalten. 12.16

a) Mittelpunkt der hauptsächlichen Interessen gem. Art. 3 Abs. 1 EuInsVO

Die Bestimmung des Mittelpunkts der hauptsächlichen Interessen des Schuldners („COMI = center of main interests")[4] nach Maßgabe des Art. 3 Abs. 1 EuInsVO ist für alle Verfahrensbeteiligten von erheblicher Bedeutung. Dies wird vor allem deutlich, wenn man sich die Rechtsfolgen der Eröffnung eines **Hauptinsolvenzverfahrens** im Gegensatz zu denen eines Sekundär- bzw. Parti- 12.17

1 *Smid*, Deutsches und Europäisches Internationales Insolvenzrecht, 2004, Art. 3 EuInsVO Rz. 3.
2 So die h.M. in der deutschsprachigen Literatur, a.A. *Mair*, ZIK 2008, 83, 84.
3 *Paulus*, Europäische Insolvenzverordnung, 2006, Art. 3 EuInsVO Rz. 11.
4 S. dazu *Pannen/Riedemann*, NZI 2004, 646; *Freitag/Leible*, RIW 2006, 641; *Mankowski*, BB 2006, 1753; *Armour*, The Cambridge Law Journal 2006, 505; *Decleercq*, Nederlands tijdschrift voor Europees recht, 2006, 188; *Dammann*, Recueil Le Dalloz 2006, 1752.

kularinsolvenzverfahrens vor Augen führt. So entfaltet **ein Hauptinsolvenzverfahren** in den anderen Mitgliedstaaten die Wirkungen, die ihm nach dem Recht des Eröffnungsstaates zukommen (Art. 17 Abs. 1 EuInsVO). In das Verfahren wird das **gesamte Vermögen der GmbH** im Eröffnungsstaat sowie in allen anderen europäischen Mitgliedstaaten einbezogen. Dagegen hat das **Sekundärinsolvenzverfahren keine universale Wirkung,** sondern beschränkt sich gem. Art. 3 Abs. 2 Satz 2 EuInsVO auf das Vermögen des Schuldners, das in dem jeweiligen Mitgliedstaat belegen ist.

12.18 In einem **Hauptinsolvenzverfahren** hat der **Insolvenzverwalter weit reichende Kompetenzen**. So darf er in den anderen Mitgliedstaaten alle Befugnisse ausüben, die ihm sein Heimatrecht verleiht (Art. 18 Abs. 1 EuInsVO). Er kann die Aussetzung der Verwertung in einem Sekundärinsolvenzverfahren beantragen (Art. 33 EuInsVO) und Vorschläge für verfahrensbeendende Maßnahmen im Sekundärinsolvenzverfahren unterbreiten (Art. 34 Abs. 1 EuInsVO). Bereits diese Wirkungen und Kompetenzen zeigen auf, dass vor allem **Konzerne** ein besonderes Interesse daran haben, die Eröffnung des Insolvenzverfahrens über das Vermögen ihrer Tochter, einer selbstständigen juristischen Person, nicht am satzungsmäßigen Sitz der Tochter sondern am Sitz der Mutter zu erreichen[1].

aa) Erwägungsgrund 13

12.19 Ausgehend von der in Erwägungsgrund 13 der Verordnung enthaltenen Vorgabe für die Bestimmung des COMI haben **rein interne Regelungen** außer Betracht zu bleiben. Vielmehr ist auf **äußere Kriterien** abzustellen, die den **Verwaltungsort für Dritte feststellbar machen**. Deshalb reichen Organisationsstrukturen, Betriebsabläufe, strategische Vorgaben, die Finanzierung durch die Muttergesellschaft, Buchhaltung, Berichtspflichten und Genehmigungserfordernisse nicht aus, um die **Vermutung des Art. 3 Abs. 1 Satz 2 EuInsVO,** derzufolge bei Gesellschaften an den Satzungssitz anzuknüpfen ist, zu widerlegen. Sie betreffen lediglich das Innenverhältnis zwischen dem Firmensitz der Schuldnerin und der in einem anderen Mitgliedstaat gelegenen Managementzentrale[2]. Für potenzielle Gläubiger sind sie typischerweise nicht ersichtlich.

bb) Operative Leitung des Schuldnerunternehmens

12.20 Da nach Erwägungsgrund 13 maßgeblich darauf abzustellen ist, wo der Schuldner für die Gläubiger erkennbar gewöhnlich der „Verwaltung" seiner Interessen nachgeht, kommt es nicht darauf an, wo sich die meisten Gläubiger aufhalten. Vielmehr wird ein Unternehmen dort verwaltet, wo es geleitet wird[3]. Dies muss für Gläubiger erkennbar sein, so dass es **nicht auf die strate-**

1 Die Dynamik der Fortentwicklung im Bereich internationaler Konzerninsolvenzen beschreibt *Braun* höchst instruktiv in seinem editorial in NZI 2004, Heft 1, V ff.

2 Dagegen entspricht es vor allem der englischen Auslegungsart, auf die „head office functions" bzw. die Belegenheit des „mind of management" abzustellen.

3 *Konecny*, ZIK 2005, 1, 4.

gische Führung ankommt, sondern auf die **operative Leitung des Schuldnerunternehmens**[1]. Diese erfordert organisatorische Strukturen wie Büros, Personal, EDV und Kommunikationseinrichtungen. Meist befindet sich dort auch der Ort des Geschäftskontos der Schuldnerin, von dem aus der Zahlungsverkehr mit den Gläubigern erfolgt. In diesem Zusammenhang kann auch die Bereitstellung von Kreditsicherheiten durch Dritte für Gläubiger des Schuldners von Bedeutung sein. Diesen Anforderungen ist das AG Mönchengladbach in seinem Beschluss vom 27. 4. 2004[2] in besonderer Weise gerecht geworden, weil es wegen der Anknüpfung des COMI an den Ort des operativen Geschäfts auf Kriterien des Geschäftsbetriebs der Schuldnerin Bezug genommen hat, die auch für außen stehende Dritte – Gläubiger des Schuldners – erkennbar waren[3]. Dabei ist nicht auf die konkrete Erkennbarkeit abzustellen. Vielmehr reicht es aus, dass der Ort für Gläubiger erkennbar wäre, wenn sie sich darüber informieren wollten. *Kübler*[4] weist in diesem Zusammenhang mit Recht darauf hin, dass bei anderer Betrachtungsweise der Insolvenzrichter erhebliche Probleme hätte, zeitnah Aufschluss über die eigene internationale Zuständigkeit zu gewinnen und somit im Sinne einer schnellen Verfahrensabwicklung frühzeitig Sicherungsmaßnahmen zu treffen und das Insolvenzverfahren zu eröffnen.

Soweit die operative Leitung eines Unternehmens mit nach außen erkennbaren Einrichtungen in verschiedenen Mitgliedstaaten durchgeführt wird, ist für die Bestimmung des COMI entscheidend, wo die **zentralen Geschäftsführungsmaßnahmen** vorgenommen werden[5]. Dabei hat der Insolvenzrichter eine Gesamtwürdigung aller Umstände vorzunehmen. Nur dann, wenn es sich bei dem Schuldner um eine wirtschaftliche und faktische Betriebsabteilung einer ausländischen Gesellschaft statt um eine tatsächlich selbständige juristische Person handelt, erscheint es ausnahmsweise vertretbar, im Hinblick auf die konzerninternen Beziehungen und Abhängigkeiten zur Beurteilung des Mittelpunkts der hauptsächlichen Interessen auf den Ort der strategischen Geschäftsentscheidungen abzustellen[6]. 12.21

cc) Widerlegung der Vermutung des Art. 3 Abs. 1 Satz 2 EuInsVO

Handelt es sich bei dem **Schuldner** um eine **Tochtergesellschaft,** deren satzungsmäßiger Sitz in einem anderen Mitgliedstaat liegt als der der Muttergesellschaft, kann nach der **Entscheidung des EuGH** vom 2. 5. 2006[7] die **Vermutung des Art. 3 Abs. 1 Satz 2 EuInsVO** nur **widerlegt werden**, sofern objektive und für Dritte feststellbare Elemente belegen, dass in Wirklichkeit die Lage 12.22

1 So mit Recht *Konecny,* ZIK 2005, 1, 5; *Wimmer,* ZInsO 2005, 122 m.w.N.; ähnlich *Kübler*, FS Gerhardt, 2004, S. 554; a.A. Tribunal de Commerce de Nanterre v. 15. 2. 2006 – PLC 2006J00174, EWIR Art. 3 EuInsVO, 4/06, S. 207, *Penzlin.*

2 NZI 2004, 382 m. Anm. *Lautenbach* = ZIP 2004, 2004, 1064; dazu auch *Bähr/Riedemann*, ZIP 2004, 1066.

3 *Kübler*, FS Gerhardt, 2004, S. 527, 549.

4 *Kübler*, FS Gerhardt, 2004, S. 557.

5 AG Köln v. 19. 2. 2008 – 73/E 1/08, NZI 2008, 257; *Konecny,* ZIK 2005, 1, 5.

6 *Lautenbach*, NZI 2004, 384, 386.

7 Eurofood, Rs. C-341/04, ZIP 2006, 907.

nicht derjenigen entspricht, die die Verortung am genannten satzungsmäßigen Sitz widerspiegeln soll. Dies könne insbesondere bei einer Gesellschaft der Fall sein, die im Gebiet des Mitgliedsstaats, in dem sich ihr satzungsmäßiger Sitz befindet, keiner Tätigkeit nachgeht („Briefkastenfirma"). Wenn jedoch eine Gesellschaft ihrer Tätigkeit im Gebiet des Mitgliedsstaates, in dem sich ihr satzungsmäßiger Sitz befindet, nachgehe, so reiche die Tatsache, dass ihre wirtschaftlichen Entscheidungen von einer Muttergesellschaft mit Sitz in einem anderen Mitgliedsstaat kontrolliert werden, nicht aus, um die mit der Verordnung aufgestellte Vermutung zu entkräften[1].

12.23 Auch wenn sich durch die Entscheidung des Europäischen Gerichtshofs vom 2. 5. 2006 (Eurofood)[2] ein Teil der Diskussion über den Begriff „COMI" erledigt haben dürfte, belegt vor allem das Insolvenzverfahren über das Vermögen der in Deutschland ansässigen Hans Brochier Holdings Limited, das sich am englischen Rechtsverständnis in internationalen Insolvenzsachverhalten nichts Grundlegendes geändert hat[3].

b) Verlagerung des Mittelpunkts der hauptsächlichen Interessen nach Antragstellung

12.24 Während nach deutschem Recht die örtliche und sachliche Zuständigkeit des angerufenen Gerichts durch Veränderung der sie begründenden Umstände nach Eintritt der Rechtshängigkeit nicht entfällt (vgl. § 261 Abs. 3 Nr. 2 ZPO), enthält die EuInsVO keine Regelung zu der Frage, ob durch Verlagerung des Mittelpunkts der hauptsächlichen Interessen die Eröffnungszuständigkeit bei dem angerufenen Gericht verbleibt oder auf das örtlich und sachlich zuständige Insolvenzgericht des anderen Mitgliedstaats übergeht. Der BGH hat diese Frage mit einem am 27. 11. 2003 erlassenen ersten Vorlagebeschluss[4] dem EuGH gem. Art. 68 Abs. 1 Satz 1 i.V.m. Art. 234 EG zur Entscheidung unterbreitet. In dem Ausgangsverfahren hatte die Schuldnerin, eine Einzelunternehmerin, ihren Wohnsitz und Tätigkeitsort nach Antragstellung, aber vor Verfahrenseröffnung von Deutschland nach Spanien verlegt.

12.25 Mit **Urteil vom 17. 1. 2006 hat der EuGH**[5] entschieden, Art. 3 EuInsVO sei dahin auszulegen, dass das Gericht des Mitgliedsstaats, in dessen Gebiet der Schuldner bei Stellung des Antrags auf Eröffnung des Insolvenzverfahrens den Mittelpunkt seiner hauptsächlichen Interessen hat, für die Entscheidung über die Eröffnung dieses Verfahrens zuständig bleibt, wenn der Schuldner nach Antragstellung, aber vor der Eröffnungsentscheidung den Mittelpunkt seiner hauptsächlichen Interessen in das Gebiet eines anderen Mitgliedsstaats verlegt. Im Anschluss an diese Entscheidung hat der BGH[6] klargestellt, dass das

1 EuGH v. 2. 5. 2006 – Rs. C-341/04, ZIP 2006, 907.
2 NZI 2006, 360.
3 High Court of Justice London v. 15. 8. 2006 – No. 5618/06, NZI 2007, 187; AG Nürnberg v. 1. 10. 2006 – 8034 IN 1326/06, NZI 2007, 186; dazu *Andres/Grund*, NZI 2007, 137.
4 NZI 2004, 139 = ZIP 2004, 94.
5 Rs. C-1/04, ZIP 2006, 188.
6 BGH v. 2. 3. 2006 – IX ZB 192/04, ZIP 2006, 767.

Gericht eines Mitgliedsstaats, in dessen Gebiet der Schuldner bei Stellung eines Antrags auf Eröffnung des Insolvenzverfahrens den Mittelpunkt seiner hauptsächlichen Interessen hat, auch für weitere Eröffnungsanträge zuständig ist, die nach Verlegung des Mittelpunkts der hauptsächlichen Interessen des Schuldners in einem anderen Mitgliedstaat, aber vor rechtkräftiger Erledigung des Erstantrags bei ihm eingehen[1].

2. Sekundärinsolvenzverfahren (Art. 3 Abs. 3 EuInsVO)

Sekundärinsolvenzverfahren sind **reine Territorialverfahren**[2]. Vom Vermögensbeschlag werden nur solche Vermögenswerte des Schuldners erfasst, die im betreffenden Mitgliedstaat belegen sind (Art. 27, 2 lit g EuInsVO). Um welche Verfahren es sich dabei handelt, ergibt sich aus Anhang B zur EuInsVO. Art. 27 Abs. 1 Satz 2 EuInsVO stellt dies noch einmal klar. In Deutschland zählen zu den in Anhang B aufgeführten Verfahren das Konkurs-, das Gesamtvollstreckungs- und das Insolvenzverfahren. Die Eröffnung eines Sekundärinsolvenzverfahrens setzt zwingend die Eröffnung eines Hauptinsolvenzverfahrens im Bereich der Mitgliedstaaten voraus. 12.26

Gem. Art. 28 EuInsVO ist das Sekundärinsolvenzverfahren nach den **Rechtsvorschriften des Mitgliedstaates**, in dessen Gebiet das Sekundärinsolvenzverfahren eröffnet worden ist, durchzuführen – freilich vorbehaltlich abweichender Vorschriften in der Verordnung. Dies hat zur Folge, dass bei einem in Deutschland eröffneten Sekundärinsolvenzverfahren über das Vermögen einer GmbH die Vorschriften der Insolvenzordnung anzuwenden sind. Eine zeitliche Schranke hat der Verordnungsgeber für die Eröffnung eines Sekundärinsolvenzverfahrens nicht vorgesehen[3]. 12.27

Anträge auf Eröffnung eines Sekundärinsolvenzverfahrens über das Vermögen einer GmbH nach Art. 3 Abs. 2, 3 EuInsVO beschäftigen auch zunehmend die deutschen Insolvenzgerichte[4]. Die Gründe hierfür sind mannigfach[5]. So kann das Vermögen des Schuldners zu verschachtelt sein, um als Ganzes verwaltet zu werden[6]. Des Weiteren können die Unterschiede in den betroffenen 12.28

1 S. auch LG Leipzig v. 27. 2. 2006 – 12 T 1207/05, ZInsO 2006, 378. Danach reicht die Verlegung des Verwaltungssitzes durch bloßes Verbringen der Geschäftsunterlagen an einen anderen Ort zur Verlagerung des Mittepunkts der hauptsächlichen Interessen des Schuldners nach Art. 3 Abs. 1 EuInsVO nicht aus.

2 Das Sekundärinsolvenzverfahren selbst kann nur als Liquidationsverfahren durchgeführt werden, Art. 3 Abs. 3 Satz 2 EuInsVO; kritisch dazu *Paulus*, EWS 2002, 497, 502 („fragwürdige gesetzliche Vorgabe").

3 *Leible/Staudinger*, KTS 2000, 533, 569.

4 AG Köln v. 27. 4. 2004 – 19 IN 54/04, NZI 2004, 151; AG Düsseldorf v. 12. 3. 2004 – 502 IN 126/03, NZI 2004, 269; AG Mönchengladbach v. 23. 1. 2004 – 71 IN 1/04, NZI 2004, 383; vgl. ferner LG Innsbruck v. 11. 5. 2004 – 9 S 15/04m, ZIK 2004, 107.

5 Die Erwägungsgründe zur EuInsVO sowie der Erläuternde Bericht zum Europäischen Insolvenzübereinkommen (abgedr. in Stoll, Vorschläge und Gutachten des EU-Übereinkommens über Insolvenzverfahren im Deutschen Recht, 1997) nennen verschiedene Konstellationen, bei denen ein solcher Antrag näher in Betracht zu ziehen sein kann oder sogar geboten erscheint.

6 *Wimmer*, ZIP 1998, 985.

Rechtsordnungen so groß sein, dass Schwierigkeiten unvermeidbar erscheinen, wenn das Recht des Staates der (Haupt-)Verfahrenseröffnung seine Wirkungen in allen anderen Staaten entfaltet (Art. 4, 16, 17 EuInsVO), in denen Vermögensgegenstände des Schuldners belegen sind[1]. Um **mit Sicherungsrechten Dritter belastete Gegenstände**, die sich in einem anderen Mitgliedstaat als dem eröffnenden befinden (vgl. Art. 5 Abs. 1 EuInsVO), einer Verwertung zuführen zu können, eröffnet Art. 29 lit. a EuInsVO deshalb dem Hauptverwalter die Möglichkeit, die Eröffnung eines Sekundärinsolvenzverfahrens im Belegenheitsstaat zu beantragen. Ferner kann durch die Einleitung eines Sekundärinsolvenzverfahrens verhindert werden, dass die im Gebiet des Eröffnungsstaats belegene Partikularmasse zur Finanzierung der durch das Hauptinsolvenzverfahren hervorgerufenen Masseverbindlichkeiten herangezogen wird[2]. Schließlich sind gerade bei organschaftlichen Vertretern einer deutschen juristischen Person Unsicherheiten hinsichtlich der Insolvenzantragspflicht bei vorangegangener Eröffnung eines Hauptinsolvenzverfahrens in einem anderen Mitgliedstaat zu beobachten[3]. Offensichtlich befürchtet man, sich ohne Stellung eines weiteren Antrags auf Eröffnung eines Sekundärinsolvenzverfahrens in Deutschland schadensersatzpflichtig oder strafbar zu machen[4].

a) Antragsvoraussetzungen

12.29 Bei einem Antrag eines der in Art. 29 EuInsVO aufgeführten Antragsberechtigten auf **Eröffnung eines Sekundärinsolvenzverfahrens** über das Vermögen einer GmbH hat das angerufene Gericht zu prüfen, ob es sich bei dem in einem anderen Mitgliedstaat eröffneten Verfahren um ein wirksam eröffnetes Hauptinsolvenzverfahren i.S. des Art. 3 Abs. 1 EuInsVO handelt, seine internationale Zuständigkeit für die Eröffnung des Sekundärinsolvenzverfahrens vorliegt und auch seine innerstaatliche Zuständigkeit gegeben ist. Nach Art. 3 Abs. 2 Halbsatz 2 EuInsVO ist zwingende Voraussetzung für die internationale Zuständigkeit des angerufenen Gerichts eine den Anforderungen des Art. 2 lit. h EuInsVO genügende „**Niederlassung**" in seinem Gebiet. Die Eröffnungsvoraussetzungen ergeben sich grundsätzlich aus dem Recht des Eröffnungsstaats (Art. 28 EuInsVO). Zu den weiteren vom Insolvenzrichter zu prüfenden Eröffnungsvoraussetzungen zählen die Insolvenzfähigkeit des Schuldners und die Antragsbefugnis des Antragstellers (Art. 29 EuInsVO). Dagegen entbindet Art. 27 EuInsVO das Gericht von der Prüfung des Insolvenzgrundes[5].

---

1 *Duursma-Kepplinger/Duursma/Chalupsky*, Europäische Insolvenzverordnung, Kommentar, 2002, Art. 27 EuInsVO Rz. 12; Erwägungsgrund Nr. 19; *Virgos/Schmidt*, Erläuternder Bericht in Stoll (Hrsg.), Vorschläge und Gutachten des EU-Übereinkommens über Insolvenzverfahren im Deutschen Recht, 1997, Rz. 33.

2 *Bloching*, Pluralität und Partikularinsolvenz, 2000, S. 211, 212; *Smid*, Deutsches und Europäisches Internationales Insolvenzrecht, 2004, Art. 27 EuInsVO Rz. 6.

3 Näher dazu *Vallender/Fuchs*, ZIP 2004, 829.

4 Näher dazu *Vallender/Fuchs*, ZIP 2004, 829, 830; *Smid*, DZWIR 2004, 397, 404 ff.

5 S. AG Köln v. 23. 1. 2004 – 71 IN 1/04, NZI 2004, 151; LG Klagenfurt v. 2. 7. 2004 – 41 S 75/04h, EWiR 2005, 217 (*Beutler/Debus*).

b) Niederlassung i.S. des Art. 2 lit. h EuInsVO

Der **Begriff der Niederlassung** ist das wesentliche Anknüpfungskriterium für die internationale Zuständigkeit zur Eröffnung eines Sekundärinsolvenzverfahrens. Nach der recht weiten Legaldefinition bezeichnet die Niederlassung jeden Tätigkeitsort, an dem der Schuldner einer wirtschaftlichen Aktivität von nicht vorübergehender Art nachgeht, die den Einsatz von Personal und Vermögenswerten voraussetzt. Der bloße Umstand, dass sich allenfalls Vermögen des Schuldners im Zweitstaat befindet, reicht nicht aus[1]. 12.30

Nach Auffassung des AG Köln[2] hindert die Eröffnung eines Hauptinsolvenzverfahrens nicht die Eröffnung eines Sekundärinsolvenzverfahrens in dem Mitgliedstaat, in dem der Schuldner seinen satzungsmäßigen (und eingetragenen) Sitz hat, soweit die weiteren Eröffnungsvoraussetzungen gegeben sind[3]. Bedenken gegen diese **Qualifikation des Hauptsitzes als Niederlassung** i.S. des Art. 2 lit. h EuInsVO könnten sich daraus ergeben, dass das Sekundärinsolvenzverfahren quasi das gesamte Vermögen des Schuldners erfasst, so dass die Gefahr besteht, dass das in einem anderen Mitgliedstaat eröffnete Hauptverfahren entwertet und ausgehöhlt wird (s. dazu auch Rz. 12.28). Dem hält *Sabel*[4] mit Recht entgegen, dass das Sekundärinsolvenzverfahren gerade kein zweites, konkurrierendes Hauptverfahren sei. Durch die territoriale Einschränkung der Wirkungen des Sekundärinsolvenzverfahrens werde dem Gedanken des Vorrangs und der Leitfunktion des Hauptverfahrens Rechnung getragen. Zudem könne in diesen Fällen nur über ein Sekundärinsolvenzverfahren in die dinglichen Rechte der Gläubiger eingegriffen werden, so dass die Eröffnung des Sekundärinsolvenzverfahrens auch im Interesse des Insolvenzverwalters des Hauptinsolvenzverfahrens zulässig sein müsse[5]. 12.31

Eine **juristisch selbstständige Tochtergesellschaft** eines insolventen Rechtsträgers fällt dagegen nicht unter den Niederlassungsbegriff des Art 2 lit. h[6]. Das Sekundärinsolvenzverfahren richtet sich nach dem eindeutigen Wortlaut 12.32

1 OLG Wien v. 30. 9. 2004 – 28 R 210/04i, ZIK 2005, 37, 38. S. auch LG Hannover v. 10. 4. 2008 – 20 T 5/08, NZI 2008, 631 m. abl. Stellungnahme von *Vallender*, NZI 2008, 632.

2 NZI 2004, 151 („automold"); zustimmend AG Düsseldorf v. 12. 3. 2004 – 501 IN 126/03, ZIP 2004, 623, 625; *Huber*, FS Gerhardt, 2004, S. 397, 412; *Konecny*, ZIK 2005, 2, 4 Fn. 29.

3 Dieser Auffassung sind inzwischen zahlreiche Gerichte gefolgt, vgl. LG Innsbruck v. 11. 5. 2004 – 9 S 15/04, ZIP 2004, 1721; LG Klagenfurt v. 2. 7. 2004 – 41 S 75/04h, EWiR 2005, 217; zustimmend *Beutler/Debus*, EWiR 2005, 217, 218; kritisch dagegen *Kübler/Prütting/Bork/Kemper*, Art. 27 EuInsVO Rz. 5, die in der Niederlassung kein Minus zum Mittelpunkt der hauptsächlichen Interessen, sondern ein Aliud sieht. *Paulus* (FS Kreft, 2004, S. 469, 476) sieht in der Feststellung des AG Köln, dass eine selbständige Tochter als solche sämtliche Tatbestandsmerkmale einer Niederlassung erfülle, zwar ein durchaus buchstabengetreu hergeleitetes Ergebnis, das allerdings einen „schalen Nachgeschmack" hinterlasse.

4 NZI 2004, 126, 127.

5 Ebenso *Deyda*, Der Konzern im europäischen internationalen Insolvenzrecht, 2008, S. 187.

6 Näher dazu *Deyda*, Der Konzern im europäischen internationalen Insolvenzrecht, 2008, S. 20 ff.

des Art. 3 Abs. 2 EuInsVO gegen den Insolvenzschuldner des Hauptinsolvenzverfahrens. Das Sekundärinsolvenzverfahren ist gerade kein gesellschaftsrechtliches Liquidationsverfahren gegen Unternehmen, an denen der Insolvenzschuldner des Hauptinsolvenzverfahrens Anteile hält[1]. Dies gilt selbst dann, wenn die Tochtergesellschaft mehrheitlich oder zu 100 % vom Schuldner beherrscht wird[2].

3. Anwendbares Recht (Art. 4, 28 EuInsVO)

12.33 Mit der internationalen Zuständigkeit verbunden ist die aus ihr folgende Entscheidung über das anwendbare Recht (vgl. Art. 4, 28 EuInsVO). Die **lex fori concursus** bestimmt, unter welchen Voraussetzungen das Haupt- oder Sekundärinsolvenzverfahren eröffnet wird, wie es durchzuführen und zu beenden ist und welche materiell-privatrechtlichen Wirkungen von der Eröffnung des Verfahrens ausgehen[3]. Mithin finden auf ein in Deutschland eröffnetes Insolvenzverfahren über das Vermögen einer GmbH mit Bezug zu mindestens einem Mitgliedstaat der Europäischen Gemeinschaft die Vorschriften der Insolvenzordnung Anwendung. Nach der lex fori concursus bestimmen sich auch die **Befugnisse des Verwalters eines Hauptinsolvenzverfahrens** (s. Art. 18 Abs. 1 EuInsVO). Die vorgenannte Bestimmung gestattet es ihm, grundsätzlich auch in allen anderen Mitgliedstaaten seine ihm nach dem Recht des Eröffnungsstaats zustehenen Befugnisse auszuüben. Zu den Wirkungen des Insolvenzverfahrens i.S. des Art. 4 EuInsVO gehört auch die **Haftung des Geschäftsführer der GmbH nach § 64 Satz 2 GmbHG**[4].

12.34 **Besonderheiten** gelten für dingliche Rechte (Art. 5 EuInsVO)[5], die Anfechtung (Art. 6 EuInsVO), den Eigentumsvorbehalt (Art. 7 EuInsVO), Verträge über unbewegliche Gegenstände (Art. 8 EuInsVO), Zahlungssysteme und Finanzmärkte (Art. 9 EuInsVO), den Arbeitsvertrag (Art. 10 EuInsVO), Gemeinschaftspatente und -marken (Art.12 EuInsVO) sowie die Anfechtung (Art. 13 EuInsVO) und den Schutz von gutgläubigen Dritterwerbern (Art. 14 EuInsVO). Hierfür sieht die EuInsVO besondere Anknüpfungen vor[6].

4. Anordnung von Sicherungsmaßnahmen im Insolvenzeröffnungsverfahren

12.35 Wie im nationalen Insolvenzverfahren ist auch in Verfahren nach der EuInsVO eine **zügige und effektive Sicherung der Masse** für die Abwicklung grenzüberschreitender Verfahren von besonderer Bedeutung[7]. Art. 3 Abs. 1 EuInsVO umfasst die internationale Zuständigkeit des Eröffnungsgerichts für die An-

---

1 *Smid,* DZWIR 2004, 397, 400.
2 *Gottwald,* Grenzüberschreitende Insolvenzen, 1997, S. 21 ff.
3 *Gottwald,* Insolvenzrechts-Handbuch, § 129 Rz. 52.
4 Vgl. *Gottwald,* Insolvenzrechts-Handbuch, § 131 Rz. 79.
5 *Wenner* in Mohrbutter/Ringstmeier, Handbuch der Insolvenzverwaltung, § 20 Rz. 294, sieht in der Regelung den Versuch des Gesetzgebers, lokale Gläubiger zu bevorzugen.
6 *Taupitz,* ZZP 111 (1998), 315, 327 ff.
7 S. Erwägungsgrund 16.

ordnung von Sicherungsmaßnahmen ab dem Zeitpunkt des Antrags auf Verfahrenseröffnung[1]. Zwar lässt sich dies nicht ohne weiteres dem Wortlaut der Vorschrift entnehmen. Ein Indiz für die Richtigkeit dieser Annahme ergibt sich indes aus Art. 25 Abs. 1 Unterabs. 3 EuInsVO, wonach Entscheidungen über Sicherungsmaßnahmen ohne weitere Förmlichkeit anerkannt werden[2]. Darüber hinaus betont Erwägungsgrund 16, dass das für die Eröffnung des Hauptinsolvenzverfahrens zuständige Gericht zur Anordnung einstweiliger Sicherungsmaßnahmen ab dem Zeitpunkt des Antrags auf Verfahrenseröffnung befugt sein soll. Ob und ggf. welche Sicherungsmaßnahmen der Insolvenzrichter anordnet, bestimmt sich in einem Verfahren, auf das die Vorschriften der Insolvenzordnung Anwendung finden (Art. 4, 28 EuInsVO), nach §§ 21, 22 InsO.

Sobald feststeht, dass es sich bei dem beantragten Verfahren über das Vermö- 12.36
gen der GmbH um ein Hauptverfahren i.S. des Art. 3 Abs. 1 InsVO handeln wird, stellt sich für das angerufene Gericht in aller Regel die Frage nach den **vorläufigen Sicherungsmöglichkeiten in den anderen Mitgliedstaaten**. Bei einer Antragstellung in Deutschland kann das Insolvenzgericht zur Sicherung der künftigen Masse nach Maßgabe der §§ 21 ff. InsO sowohl in einem Haupt- als auch in einem Sekundärinsolvenzverfahren einen vorläufigen Insolvenzverwalter bestellen, weil dieser gem. Art. 2 lit. b EuInsVO i.V.m. Anhang C als ein möglicher Akteur vom Anwendungsbereich der Verordnung erfasst wird. Nach Art. 25 Abs. 1 Unterabs. 3 EuInsVO sind die in einem Hauptinsolvenzverfahren getroffenen Sicherungsmaßnahmen in allen Mitgliedstaaten ohne weitere Förmlichkeiten anzuerkennen[3]. Zur Vollstreckung bedarf es indes – anders als im Fall der Verfahrenseröffnung – eines Beschlussverfahrens nach Art. 38 ff. EuGVVO. Soweit einzelne Gläubiger im Wege der Zwangsvollstreckung auf die künftige Insolvenzmasse Zugriff zu nehmen versuchen, kommt eine Anordnung gem. § 21 Abs. 2 Nr. 3 InsO in Betracht (vgl. Art. 4 Abs. 1 EuInsVO). Auch wenn in einem anderen Mitgliedstaat bereits Sicherungsmaßnahmen über das Vermögen desselben Schuldners angeordnet worden sind, aber eine Verfahrenseröffnung noch aussteht, beansprucht der Grundsatz des gegenseitigen Vertrauens noch keine Geltung. Deshalb tritt eine Sperrwirkung zu Gunsten der ersten Sicherungsmaßnahme nicht ein.

1 *Virgos/Schmidt*, Erläuternder Bericht v. 3. 5. 1996 (Zum Entwurf eines Europäischen Insolvenzübereinkommens), abgedr. u.a. in Stoll, Vorschläge und Gutachten zur Umsetzung des EU-Übereinkommens über Insolvenzverfahren im deutschen Recht, 1997, Rz. 78; *Kübler/Prütting/Bork/Kemper*, Art. 3 EuInsVO Rz. 8; *Wimmer*, ZInsO 2005, 119, 126.

2 BGH v. 27. 11. 2003 – IX ZB 418/02, NZG 2004, 197; vgl. auch Erwägungsgrund 16.

3 Da sich die Befugnisse eines in einem Sekundärinsolvenzverfahren eingesetzten vorläufigen Insolvenzverwalters auf das im Gebiet der Niederlassung belegene Vermögen des Schuldners beschränken und die Einleitung eines Sekundärinsolvenzverfahrens die Eröffnung eines Hauptinsolvenzverfahrens voraussetzt, kann es in diesem Verfahren nicht zu dem beschriebenen Konflikt kommen.

a) Konkurrierende Sicherungsmaßnahmen

12.37 Es liegt auf der Hand, dass konkurrierende Sicherungsmaßnahmen verschiedener Insolvenzgerichte der Mitgliedstaaten über das Vermögen der schuldnerischen GmbH zu Konflikten führen können. So hat der vorläufige Insolvenzverwalter die schuldnerische Masse zu sichern. Bei gleichzeitiger Bestellung eines ausländischen vorläufigen Insolvenzverwalters wird auch dieser bestrebt sein, wegen des universellen Charakters das im Ausland belegene Vermögen der GmbH zu sichern. Damit ist ein Streit um die Befugnis zur Sicherung derselben Masse programmiert. Eine Lösung des Problems ist gem. Art. 25 Abs. 1 Unterabs. 1 EuGVÜ über das Beschlussverfahren nach Art. 38 ff. EuGVVO herbeizuführen. Insoweit regelt der über Art. 43, 45 EuGVVO anwendbare Art. 34 Nr. 3 EuGVVO, dass eine ausländische Entscheidung im Inland nicht anzuerkennen ist, wenn sie mit einer zwischen denselben Parteien im Inland ergangenen Entscheidung unvereinbar ist. Auf die zeitliche Priorität kommt es in diesem Fall nicht an. Die inländische Entscheidung genießt – entgegen dem Grundsatz des Art. 27 EuGVVO – stets den Vorrang[1].

b) Art. 38 EuInsVO

12.38 Art. 38 EuInsVO erweitert die Möglichkeiten zur Sicherung der Masse in der Weise, dass der vom Gericht des Hauptinsolvenzverfahrens eingesetzte vorläufige Insolvenzverwalter – ohne Rücksicht auf die Kompetenzen, die ihm sein Heimatrecht verleiht – sich zusätzlich der in einem anderen Mitgliedstaat, in dem ein Sekundärinsolvenzverfahren eröffnet werden könnte, vorgesehenen Sicherungsmaßnahmen bedienen kann[2]. Da die Vorschrift das Stadium vor der Eröffnung eines Sekundärinsolvenzverfahrens regelt, wird das Vorhandensein einer Niederlassung des Schuldners in dem betreffenden Mitgliedstaat vorausgesetzt[3]. Nach Art. 102 EGInsO § 1 Abs. 2 ist die inländische Niederlassung, die nach Art. 3 Abs. 2 EuInsVO im Rahmen der internationalen Zuständigkeit zuständigkeitsbegründend wirkt, auch für die örtliche Zuständigkeit des deutschen Insolvenzgerichtes maßgebend.

c) Aufhebung der Sicherungsmaßnahmen

12.39 Die Aufhebung oder Änderung von Sicherungsmaßnahmen erfolgt entweder **durch das Sekundärinsolvenzgericht** nach Eröffnung des Hauptinsolvenzverfahrens auf entsprechenden Antrag des Hauptverwalters **oder durch Anordnung des Gerichts des Hauptinsolvenzverfahrens**. Dessen Befugnis ergibt sich daraus, dass die von dem Sekundärinsolvenzgericht angeordneten Sicherungsmaßnahmen den im Laufe des Hauptverfahrens getroffenen Entscheidungen

---

1 *Zöller/Geimer*, ZPO, 27. Aufl. 2009, Anhang I Art. 34 EuGVVO Rz. 38.

2 Dem vorläufigen Insolvenzverwalter des Hauptverfahrens steht neben Art. 38 EuInsVO auch der Weg über Art. 25 Abs. 1 Unterabs. 3 EuInsVO zu (*Leible/Staudinger*, KTS 2000, 533, 570; *Paulus* in Konecny, Insolvenzforum 2001, S. 140).

3 *Virgos/Schmidt*, Erläuternder Bericht, in Stoll, Vorschläge und Gutachten zur Umsetzung des EU-Übereinkommens über Insolvenzverfahren im deutschen Recht, 1997, Rz. 262.

des nach Art. 3 Abs. 1 EuInsVO zuständigen Gerichts untergeordnet sind[1]. Die universale Geltung des Hauptinsolvenzverfahrens und damit auch die Befugnis des Gerichtes des Hauptinsolvenzverfahrens zur vorgenannten Anordnung entfällt indes bei Eröffnung des Sekundärinsolvenzverfahrens. In diesem Falle erlöschen die getroffenen Maßnahmen ex lege, es sei denn, der Insolvenzrichter hält die Sicherungsmaßnahmen aufrecht. Hierzu bedarf es eines besonderen Beschlusses.

5. Kooperations- und Unterrichtungspflichten der Insolvenzverwalter[2]

Eine **effiziente Durchführung von Haupt- und Sekundärinsolvenzverfahren** ist nur dann möglich, wenn die Verwalter beider Verfahren über den jeweiligen Stand informiert sind und beide Verwalter **eng und vertrauensvoll zusammenarbeiten**[3]. Um mögliche Widersprüche, die sich insbesondere dadurch ergeben können, dass der Verwalter des Sekundärinsolvenzverfahrens eine eigenverantwortliche und selbständige Rechtsstellung gegenüber dem Verwalter des Hauptverfahrens einnimmt, zu beseitigen, hat der Verordnungsgeber die als Sachnorm ausgestaltete Kooperations- und Unterrichtungspflicht der Verwalter des Haupt- und Sekundärinsolvenzverfahrens gem. Art. 31 EuInsVO eingeführt, die in den Mitgliedstaaten unmittelbare Wirkung entfaltet. 12.40

Auch wenn die Art. 32 Abs. 2 und 3, 33 Abs. 1, 34 und 35 EuInsVO die dominierende Rolle des Hauptinsolvenzverwalters in dem eröffneten Sekundärinsolvenzverfahren dokumentieren, bedeutet dies nicht, dass der Hauptinsolvenzverwalter „Herr dieses Verfahrens" ist. Es besteht vielmehr ein **Nebeneinander von in- und ausländischen Verwaltern**. Vor diesem Hintergrund ist ein Mindestmaß an Kooperation und Informationsaustausch zwischen den verschiedenen Verwaltern unabdingbar, wenn ein aufeinander abgestimmter Ablauf der Parallelverfahren sichergestellt werden soll. Diesem Ziel dient Art. 31 EuInsVO, der damit zu einer der wichtigsten Vorschriften der Verordnung wird. Die vorgenannten Grundsätze finden sich in Erwägungsgrund 20 der EuInsVO wieder. 12.41

6. Automatische Anerkennung der Eröffnungsentscheidung

Nach **Art. 16 Abs. 1 EuInsVO** wird die Eröffnung eines Insolvenzverfahrens durch ein nach Art. 3 EuInsVO zuständiges Gericht eines Mitgliedsstaats in allen übrigen Mitgliedstaaten anerkannt, sobald die Entscheidung im Staat der Verfahrenseröffnung wirksam ist. Für den **Wirkungseintritt** sind keine Förmlichkeiten erforderlich; er erfolgt vielmehr **automatisch**. Das Gericht kann grundsätzlich davon ausgehen, dass ein Insolvenzverfahren i.S. des Art. 16 EuInsVO von einem Gericht oder einer Behörde mit entsprechender Funktion 12.42

1 *Virgos/Schmidt*, Erläuternder Bericht, in Stoll, Vorschläge und Gutachten zur Umsetzung des EU-Übereinkommens über Insolvenzverfahren im deutschen Recht, 1997, Rz. 78 fünfter Abs.

2 Näher dazu *Vallender* in Insolvenz-Forum 2006, 2007, S. 191 f.

3 *Paulus*, ZIP 2001, 505, 515; *Staak*, NZI 2004, 480, 481.

durchgeführt wird[1]. Selbst wenn das eröffnende Gericht seine internationale Zuständigkeit fälschlicherweise angenommen hat oder die Eröffnungsentscheidung mangelhaft begründet wurde, sind die Gerichte der Mitgliedstaaten verpflichtet, die Entscheidung des Gerichts eines anderen Mitgliedsstaats über die Eröffnung eines Hauptinsolvenzverfahrens i.S. des Art. 3 EuInsVO anzuerkennen[2].

12.43 Nach Auffassung des EuGH[3] ist Art. 16 Abs. 1 Unterabs. 1 EuInsVO dahin auszulegen, dass die von einem Gericht eines Mitgliedsstaats auf einen entsprechenden, auf die Insolvenz des Schuldners gestützten Antrag auf Eröffnung eines in Anhang A der Verordnung genannten Verfahrens hin erlassene Entscheidung eine Eröffnung eines Insolvenzverfahrens darstellt, wenn sie den Vermögensbeschlag gegen den Schuldner zur Folge hat und durch sie ein in Anhang C der Verordnung genannter Verwalter bestellt wird. Ein solcher Vermögensbeschlag – so der EuGH – bedeute, dass der Schuldner die Befugnisse zur Verwaltung seines Vermögens verliert.

a) Ordre-public-Klausel

12.44 Nur dann, wenn ausnahmsweise Zweifel bestehen sollten, dass die Eröffnungsentscheidung tatsächlich von einem Gericht i.S. des Art. 2 lit. d EuInsVO getroffen worden ist, bietet die **ordre-public-Klausel des Art. 26 EuInsVO** eine Grundlage dafür, die Anerkennung der Eröffnungsentscheidung zu verweigern. Dagegen stellt die fehlerhafte Beurteilung der internationalen Zuständigkeit regelmäßig keinen ordre-public-Verstoß dar[4]. Wohl kann ein Mitgliedstaat einem in einem anderen Mitgliedstaat eröffneten Insolvenzverfahren die Anerkennung versagen, wenn die Eröffnungsentscheidung unter **offensichtlichem Verstoß gegen das Grundrecht auf rechtliches Gehör** einer von einem solchen Verfahren betroffenen Person ergangen ist[5]. Bedeutung erlangt die Vorschrift des Art. 16 EuInsVO vor allem bei einem Antrag auf Eröffnung eines Sekundärinsolvenzverfahrens (näher dazu Rz. 12.26 ff.).

b) Keine Prüfungsbefugnis

12.45 Das Insolvenzgericht hat die Annahme der internationalen Zuständigkeit durch das Eröffnungsgerichts auf Grund des Prinzips des gemeinschaftsweiten Vertrauens in die Gerichte der Mitgliedstaaten („community trust") grundsätzlich nicht nachzuprüfen[6]. Entscheidend ist nicht, ob nach Auffassung des

---

1 Nach Art. 2 lit. d EuInsVO ist unter „Gericht" das Justizorgan oder jede sonstige zuständige Stelle eines Mitgliedstaats zu verstehen, die befugt ist, ein Insolvenzverfahren zu eröffnen oder im Laufe des Verfahrens Entscheidungen zu treffen (*Lehr*, KTS 2000, 578).

2 EuGH v. 2. 5. 2006 – Rs. C-341/04, ZIP 2006, 907 = NZI 2006, 360; OLG Graz v. 20. 10. 2005 – 3 R 149/05, ZIP 2006, 1544.

3 EuGH v. 2. 5. 2006 – Rs. C-341/04, ZIP 2006, 907 m. Anm. *Knof/Mock* = NZI 2006, 360.

4 *Herchen*, ZInsO 2004, 61, 65 m.w.N.

5 EuGH v. 2. 5. 2006 – Rs. C-341/04, ZIP 2006, 907 m. Anm. *Knof/Mock* = NZI 2006, 360.

6 Vgl. Erwägungsgrund 22.

Gerichts des Zweitstaats das Eröffnungsgericht tatsächlich international zuständig war, sondern ausschließlich, ob dieses die Zuständigkeit nach Art. 3 Abs. 1 EuInsVO in Anspruch genommen hat[1]. Eine **Überprüfung des Eröffnungsbeschlusses** ist nur im Eröffnungsstaat mit den dort vorgesehenen **Rechtsbehelfen** möglich[2]. Denn die Nachprüfung der internationalen Zuständigkeit obliegt allein den Gerichten des Staates, in dem die Entscheidung ergangen ist. Betroffene, die Einwände gegen die Zuständigkeit geltend machen wollen, müssen im Staat der Verfahrenseröffnung ein Rechtsmittel gegen die Entscheidung, mit der die Zuständigkeit beansprucht wird, einlegen[3].

7. Wirkungen der Anerkennung eines Insolvenzverfahrens

Art. 17 Abs. 1 EuInsVO erstreckt die Wirkung, die ein Mitgliedstaat einem der in Anfang A der Verordnung aufgelisteten Verfahren beimisst, auf das Gesamtterritorium sämtlicher Mitgliedstaaten[4]. Das in einem anderen Vertragsstaat eröffnete Verfahren wird hinsichtlich seiner Wirkung nicht einem inländischen Verfahren gleichgestellt, sondern wird in den anderen Mitgliedsstaaten mit genau denselben Wirkungen anerkannt, die ihm das Recht des Staates der Verfahrenseröffnung beilegt[5]. Eine Durchbrechung erfährt die Universalität des Hauptverfahrens nicht nur durch die Eröffnung des Sekundärinsolvenzverfahrens, sondern auch auf Grund der Regelungen in Art. 5 bis 15 EuInsVO. Diese Bestimmungen sehen vom lex-fori-Grundsatz des Art. 4 EuInsVO abweichende Anknüpfungen vor[6]. 12.46

Art. 17 Abs. 2 EuInsVO befasst sich mit der **Wirkung der Anerkennung von Partikularverfahren** i.S. des Art. 3 Abs. 2 EuInsVO. Hierzu zählt auch das Sekundärinsolvenzverfahren. Das Sekundärinsolvenzverfahren entfaltet nur hinsichtlich des im eröffnenden Mitgliedsstaats belegenen Vermögens seine Wirkungen[7]. Gleichzeitig begrenzt es die exterritorialen Wirkungen des Hauptverfahrens. 12.47

II. Insolvenzverfahren mit ausschließlichem Drittstaatenbezug

Liegt der **Interessenmittelpunkt der GmbH in Deutschland** und bestehen **grenzüberschreitende Bezüge allein zu Drittstaaten**, so ist der räumliche Anwendungsbereich der EuInsVO nicht eröffnet. Das Verfahren richtet sich nach 12.48

1 OLG Wien v. 9. 11. 2004 – 28 R 224/04w, NZI 2005, 56, 58 m.w.N.

2 *Carstens*, Die Internationale Zuständigkeit im Europäischen Insolvenzrecht, 2005, S. 98 m.w.N.

3 *Virgos/Schmidt*, Erläuternder Bericht v. 3. 5. 1996 (zum Entwurf eines Europäischen Insolvenzübereinkommens), in Stoll, Vorschläge und Gutachten zur Umsetzung des EU-Übereinkommens über Insolvenzverfahren im deutschen Rechts, 1997, Rz. 202.

4 *Paulus*, Europäische Insolvenzverordnung, 2006, Art. 16 EuInsVO Rz. 2.

5 *Virgos/Schmidt*, Erläuternder Bericht v. 3. 5. 1996 (zum Entwurf eines Europäischen Insolvenzübereinkommens), in Stoll, Vorschläge und Gutachten zur Umsetzung des EU-Übereinkommens über Insolvenzverfahren im deutschen Rechts, 1997, Rz. 153.

6 *Duursma-Kepplinger/Duursma/Chalupsky*, Europäische Insolvenzverordnung, Kommentar, 2002, Art. 17 EuInsVO Rz. 12.

7 *Graf-Schlicker/Kebekus/Sabel*, Kommentar zur InsO, 2006, Art. 17 EuInsVO Rz. 4.

dem **autonomen deutschen Internationalen Insolvenzrecht (§§ 335 ff. InsO)**, nach dem sich auch die internationale Eröffnungszuständigkeit bestimmt.

1. Internationale Zuständigkeit des angerufenen Gerichts

12.49 Das deutsche Internationale Insolvenzrecht enthält keine Regelung der internationalen Zuständigkeit. Es ist deshalb entsprechend dem allgemeinen Prozessrecht auf die Regeln der örtlichen Zuständigkeit in § 3 InsO zurückzugreifen. Ein **deutsches Insolvenzgericht** ist demnach örtlich zuständig, wenn der Mittelpunkt der selbstständigen wirtschaftlichen Tätigkeit der GmbH in dessen Bezirk liegt. Es ist darauf abzustellen, wo die grundsätzlichen Entscheidungen der Unternehmensleitung in laufende Geschäftsführungsakte umgesetzt werden[1]. Liegen die Voraussetzungen des vorrangig zu prüfenden § 3 Abs. 1 Satz 2 InsO nicht vor, ist maßgeblich, wo der Schuldner im Inland seinen allgemeinen Gerichtsstand i.S. des § 3 Abs. 1 Satz 1 InsO hat. Dieser entspricht bei einer GmbH ihrem eingetragenen Sitz, § 17 ZPO. Er bleibt maßgeblich, wenn die Gesellschaft ihre Tätigkeit eingestellt hat. Dies gilt auch dann, wenn der Verwaltungssitz danach – z.B. zu Liquidationszwecken – verlegt wurde[2].

2. Sekundärinsolvenzverfahren über das Inlandsvermögen

12.50 Nach **§ 356 InsO** schließt die Anerkennung eines **ausländischen Hauptinsolvenzverfahrens** ein Sekundärinsolvenzverfahren über das inländische Vermögen nicht aus. Die **Wirkungen** eines solchen Verfahrens erstrecken sich auf das inländische (deutsche) Vermögen. **Allgemeines Insolvenzstatut** des Sekundärinsolvenzverfahrens ist deutsches Recht[3]. Neben dem Gläubiger (§ 354 Abs. 1 InsO) ist auch der ausländische Insolvenzverwalter antragsberechtigt (§ 356 Abs. 2 InsO). Dagegen steht dem Schuldner nach dem Wortlaut des § 354 Abs. 1 InsO ein Antragsrecht nicht zu. § 354 Abs. 3 InsO sieht in Anlehnung an Art. 27 Satz 1 EuInsVO vor, dass das zuständige Insolvenzgericht einen Eröffnungsgrund nicht feststellen muss.

3. Lex fori concursus und Sonderanknüpfungen

12.51 Nach **§ 335 InsO** unterliegen das Insolvenzverfahren und seine Wirkungen dem Recht des Staates, in dem das Verfahren eröffnet worden ist (lex fori concursus). Die Vorschrift ist als allseitige Kollisionsnorm ausgestaltet. Sie regelt zum einen, dass bei **Eröffnung eines Verfahrens im Inland deutsches Recht** anzuwenden ist, zum anderen erkennt sie an, dass bei **Eröffnung eines Verfahrens im Ausland** das ausländische Recht auch im Inland anerkannt wird. Zu dem Begriff „Insolvenzverfahren und seine Wirkungen" zählen das Insolvenzantragsverfahren, die Eröffnung und die Beendigung des Verfahrens.

---

1 Vgl. BGH v. 21. 3. 1986 – V ZR 10/85, BGHZ 97, 269, 272; AG Köln v. 1. 2. 2008 – 73 IN 682/07, NZI 2008, 254.
2 *Kirchhof* in Heidelberger Kommentar zur InsO, § 3 InsO Rz. 16.
3 *Graf-Schlicker/Kebekus/Sabel*, Kommentar zur InsO, 2006, § 356 InsO Rz. 2.

Zu den Wirkungen des Insolvenzverfahrens i.S. des § 335 InsO gehört auch die **Haftung des Geschäftsführer der GmbH nach § 64 Satz 2 GmbHG**[1]. Die Vorschrift umfasst sowohl das **Verfahrensrecht als auch das materielle Insolvenzrecht**[2].

Abweichende Anknüpfungen finden sich im autonomen deutschen Internationalen Insolvenzrecht insbesondere in §§ 336, 337, 339, 340, 351 Abs. 2 und § 354 Abs. 3 InsO. 12.52

4. Anerkennung der deutschen Eröffnungsentscheidung im Ausland

Während nach Art. 16 Abs. 1 EuInsVO die Eröffnungsentscheidung des deutschen Insolvenzgerichts über das Vermögen einer GmbH im Anwendungsbereich der Verordnung automatisch anerkannt wird (näher dazu Rz. 12.42), entscheidet bei einem Drittstaatenbezug jeder ausländische Staat nach seinem autonomen internationalen Insolvenzrecht, ob er ein in Deutschland eröffnetes Verfahren über das Vermögen einer GmbH anerkennt und ihm ganz oder teilweise Inlandswirkungen beimisst[3]. 12.53

a) Schweiz

Verfügt eine **GmbH,** über deren Vermögen in Deutschland ein Insolvenzverfahren eröffnet worden ist, z.B. über ein **Konto in der Schweiz**, ist es dem deutschen Insolvenzverwalter verwehrt, in der Schweiz belegenes Vermögen des Schuldners zwangsweise in Ausland zu schaffen. Dies folgt aus dem in der Schweiz geltenden Grundsatz der passiven Territorialität, wonach **ausländische Insolvenzverfahren in der Schweiz grundsätzlich keine Wirkungen** entfalten[4]. Aus Sicht des Schweizer Kreditinstituts bleibt die GmbH trotz Eröffnung des Insolvenzverfahrens über ihr Vermögen in Deutschland über ihr Schweizer Konto verfügungsberechtigt, so dass die Bank weiterhin zur Erfüllung gegenüber dem ausländischen Schuldner verpflichtet bleibt[5]. Wohl können ausländische und inländische Gläubiger auf das Vermögen der GmbH einen Ausländerarrest legen[6]. Zugunsten des deutschen Hauptinsolvenzverfahrens kann in der Schweiz indes ein sog. „Hilfs- bzw. Anschlusskonkurs" durchgeführt werden. Die Eröffnung eines solchen Verfahrens setzt die Anerkennung eines vollstreckbaren ausländischen Konkursdekrets gem. Art. 166 IPRG in der Schweiz voraus. Das schweizerische Vermögen des Schuldners wird sodann in einem abgekürzten Konkursverfahren liquidiert. Die entsprechenden Wirkungen richten sich gem. Art. 170 Abs. 1 IPRG nach schweizerischem Konkursrecht. Befriedigung erhalten indes nur die pfandgesicherten und die privilegierten Forderungen von Gläubigern mit Wohnsitz in der Schweiz. Nur dann, wenn sichergestellt ist, dass die schweizerischen Dritt- 12.54

1 Vgl. *Gottwald*, Insolvenrechts-Handbuch, § 131 Rz. 79.
2 *Stephan* in Heidelberger Kommentar zur InsO, § 335 InsO Rz. 9.
3 *Gottwald*, Insolvenzrechts-Handbuch, § 130 Rz. 140.
4 Näher dazu *Liersch/Walther*, ZInsO 2007, 582.
5 *Walther* in DACH (Hrsg.), Grenzüberschreitendes Insolvenzrecht, 2004, S. 67.
6 BGE 107 II 484 ff.

klassgläubiger auch im ausländischen Insolvenzverfahren angemessen berücksichtigt werden, wird ein etwaiger Überschuss aus der Verwertung der ausländischen Masse zur Verfügung gestellt[1].

b) Vereinigte Staaten von Amerika

12.55 Nach § 1571 (a) (1) (2) BC (Bankruptcy Code) des am 17. 10. 2005 in Kraft getretenen Bankruptcy Abuse Prevention und Consumer Protection Act of 2005, das unter anderem eine umfangreiche Neuregelung des Internationalen Insolvenzrechts (Chapter 15 „Ancillary and other cross border cases") enthält, setzt die Anerkennung eines ausländischen Insolvenzverfahrens in den USA voraus, dass es der Definition eines foreign proceeding in § 101 (23) BC genügt und ein main proceeding oder nonmain proceeding (§ 1502 (4), (5) BC ist. Sowohl der Insolvenzverwalter als auch der Treuhänder eines deutschen Insolvenzverfahrens fallen regelmäßig unter den Begriff des foreign representative (§ 101 (24) BC). Der deutsche Verwalter hat seinen Antrag auf Anerkennung des deutschen Insolvenzverfahrens beim zuständigen Bankruptcy Court (28 U.S.C. § 1408 (1) zu stellen[2]. Bei Vorliegen der formellen und materiellen Voraussetzungen ist die Anerkennung auszusprechen. Soweit eine Anerkennung der deutschen Eröffnungsentscheidung in den Vereinigten Staaten erforderlich erscheint, dürfte es die Anerkennungsentscheidung erleichtern helfen, wenn im Eröffnungsbeschluss das deutsche Verfahren und die Stellung des Insolvenzverwalters unter Rückgriff auf den Gesetzeswortlaut kurz charakterisiert werden[3]. Auf diese Weise wird eine aus amerikanischer Sicht hinreichende Grundlage für die Vermutungen nach § 1516 (a) BC[4] geschaffen.

12.56 Auf Grund der Anerkennung der deutschen Eröffnungsentscheidung tritt das **umfassende Beitreibungsverbot (automatic stay)** in Kraft. Es verhindert jegliches Vorgehen gegen den Schuldner persönlich (§ 362 (a) (1) BC und Vollstreckungen in die Masse (§ 362 (a) (2) BC. Daneben tritt bei der Anerkennung des main proceeding ein allgemeines Verfügungsverbot für die GmbH hinsichtlich ihres in den USA belegenen Vermögens ein (§ 1520 (a) (2) BC. Die Verwaltungsbefugnis über das in den USA belegene Vermögen geht auf den deutschen Verwalter über (§ 150 (a) (3) BC. Im Falle eines nonmain proceeding kann das Gericht Sicherungsmaßnahmen anordnen, die an den Schutz im main proceeding heranreichen.

12.57 Der Insolvenzverwalter über das Vermögen der GmbH muss ein **Anerkennungsverfahren** durchlaufen, bevor einen sogen. „full case" (selbständiges Insolvenzverfahren, § 1511 BC) einleiten kann[5]. Ein solches Verfahren bietet sich an, wenn der deutsche Verwalter von den Vorschriften des Bankruptcy

1 *Walther* in DACH (Hrsg.), Grenzüberschreitendes Insolvenzrecht, 2004, S. 70; ausführlich *Bürgi* in DACH (Hrsg.), Grenzüberschreitendes Insolvenzrecht, 2004, S. 79 ff.
2 Näher zu den Antragvoraussetzungen *Rüfner*, ZIP 2005, 1859, 1861.
3 *Rüfner*, ZIP 2005, 1859, 1861.
4 Nach dieser Vorschrift darf das Gericht vermuten, dass das Verfahren und der Verwalter den Anforderungen an ein foreign proceeding bzw. einen foreign representative entsprechen.
5 *Rüfner*, ZIP 2005, 1859, 1864.

Code, insbesondere den weit reichenden Anfechtungsmöglichkeiten, Gebrauch machen will.

5. Anerkennung der ausländischen Eröffnungsentscheidung in Deutschland (§ 343 InsO)

Das deutsche Internationale Insolvenzrecht wird vom Grundsatz der automatischen Anerkennung bestimmt. Wegen der nationalen Rechtsunterschiede sieht § 343 Abs. 1 InsO eine gewisse Kontrolle der ausländischen Entscheidung vor. Anerkennungsvoraussetzungen sind[1]: 12.58

Es muss sich bei dem ausländischen Verfahren um ein „Insolvenzverfahren" handeln; das ausländische Gericht muss nach deutschem Recht für die Eröffnung des Verfahrens international zuständig sein; die Anerkennung der Eröffnung eines ausländischen Verfahrens oder darin ergehender Entscheidungen darf nicht zu einem Ergebnis führen, das mit wesentlichen Grundsätzen des deutschen Rechts offensichtlich unvereinbar ist („ordre public-Vorbehalt). 12.59

6. Kooperations- und Informationspflichten von Insolvenzverwaltern

Für grenzüberschreitende Insolvenzverfahren außerhalb des Anwendungsbereichs der EuInsVO enthält **§ 357 InsO** eine ähnliche Regelung wie Art. 31, 32 Abs. 3 EuInsVO. Die Vorschrift normiert die Verpflichtung für die Insolvenzverwalter des Sekundärverfahrens und des Hauptverfahrens zur Zusammenarbeit. Auch wenn die Vorschrift nach ihrem Wortlaut allein auf die Kooperation des inländischen Sekundärinsolvenzverwalters mit dem ausländischen Verwalter des Hauptverfahrens zugeschnitten ist, lassen sich die Grundgedanken der Norm auch auf die Kooperation eines inländischen Hauptverfahrens mit einem ausländischen Sekundärverfahren und auch zwischen mehreren Sekundärverfahren entsprechend anwenden. 12.60

1 *Stephan* in Heidelberger Kommentar zur InsO, § 343 InsO Rz. 4.

D. Eröffnung eines Insolvenzverfahrens über das Vermögen einer GmbH in einem anderen Mitgliedstaat der Europäischen Gemeinschaft

I. „Konzerninsolvenzgerichtsstand" im Ausland?

12.61 Schon ein Jahr nach Inkrafttreten der EuInsVO wandten sich die Geschäftsführer **deutscher Tochtergesellschaften** insolventer **englischer Muttergesellschaften** – in den meisten Fällen handelte es sich bei der Tochtergesellschaft um eine GmbH – an ein englisches Gericht, um dort einen Antrag auf Eröffnung des Insolvenzverfahrens zu stellen, dem die angerufenen Gerichte auf Grund einer weiten Auslegung des Art. 3 Abs. 1 EuInsVO regelmäßig entsprachen[1]. Bestimmend für dieses Verhalten war insbesondere das Bestreben der Insolvenzverwalter der Muttergesellschaften, „alles in der Hand zu behalten", um durch diese verfahrensrechtliche Konzentration leichter zu einer konzernweiten Sanierung zu gelangen[2]. Zwar enthält die EuInsVO keine Regelung für eine **Konzerninsolvenz**[3]. Unbeschadet der rechtlichen Selbständigkeit von Mutter- und Tochtergesellschaft kommt die Argumentation englischer Gerichte, der „Mittelpunkt der hauptsächlichen Interessen" der Tochtergesellschaften liege wegen der Beherrschung durch die Muttergesellschaft ebenfalls an deren Sitz, der faktischen Annahme einer Konzerninsolvenz mit einem „Konzerinsolvenzgerichtsstand" gleich.

1. Gefahren für die Tochtergesellschaften

12.62 Nach der Eröffnung des Hauptinsolvenzverfahrens im Ausland über das Vermögen der deutschen GmbH mit Satzungs- und Verwaltungssitz in Deutschland wurde diesem Unternehmen nicht immer die Zuwendung durch den ausländischen Insolvenzverwalter zuteil, wie dies bei Eröffnung eines Hauptinsolvenzverfahrens in Deutschland mit Bestellung eines deutschen Verwalters der Fall gewesen wäre. Die Folge war häufig der Verlust von Arbeitsplätzen, wenn das deutsche Unternehmen im Konzernverbund „ausgedient" hatte und liquidiert wurde. Zwar wurden die angestrebten Ergebnisse gelegentlich dadurch torpediert, dass **in Deutschland ein Sekundärinsolvenzverfahren** beantragt und eröffnet wurde (näher dazu Rz. 12.26 ff.), das vor allem aus Sicht des Hauptinsolvenzverwalters geeignet ist, die Umsetzung des Konzeptes einer europaweiten Sanierung zu gefährden. Dies änderte aber nichts an dem Bestreben der Beteiligten, die Eröffnung des Hauptinsolvenzverfahrens in England zu erreichen.

---

1 Z.B. High Court of Leeds („Daisytek"), ZIP 2003, 818; High Court of Justice Leeds, ZIP 2004, 963; Trib. Civ. Di Parma, ZIP 2004, 1220; High Court of Justice Birmingham („automold") NZI 2005, 467.

2 So Tribunal de Commerce de Nanterre, Urt. v. 15. 2. 2006 – PLC 2006J00174, EWIR Art. 3 EuInsVO, 4/06, S. 207 (*Penzlin*).

3 *Gottwald*, Insolvenzrechts-Handbuch, § 129 Rz. 19; *Deyda*, Der Konzern im internationalen europäischen Insolvenzrecht, 2008.

2. Strategien zur Vermeidung „störender" Sekundärinsolvenzverfahren

Die Eröffnung eines Sekundärinsolvenzverfahrens am Sitz der Tochtergesellschaft nach Eröffnung des Hauptinsolvenzverfahrens am Sitz der Muttergesellschaft hat regelmäßig zur Folge, dass (fast) das gesamte Vermögen der Tochtergesellschaft dem **Beschlag des Sekundärinsolvenzverfahrens** unterliegt. Denn die Produktion bzw. sonstige Geschäftstätigkeit der Tochtergesellschaft findet typischerweise im Staat ihres eigenen satzungsmäßigen Sitzes statt, so dass sich dort auch (fast) ihr gesamtes Vermögen befindet[1]. 12.63

Um „störende" Sekundärinsolvenzverfahren zu vermeiden, haben die englischen Verwalter im Rover- und Collins&Aikman-Verfahren den – erfolgreichen – Versuch unternommen, die ausländischen Gläubiger durch **Abgabe einer bestimmten Erklärung** in ihre Strategie einzubinden[2]. Für den Fall, dass keine Sekundärinsolvenzverfahren eröffnet würden, werde die finanzielle Stellung der Gläubiger nach dem anwendbaren Insolvenzrecht des (nicht eröffneten) Sekundärinsolvenzverfahrens auch in der englischen administration so weit wie möglich berücksichtigt[3]. Der High Court of Justice trat den administrators zur Seite, indem er sie ermächtigte, die Verteilung entsprechend den jeweiligen nationalen Verteilungsregelungen vorzunehmen[4]. Im Ergebnis erzielten die englischen Hauptinsolvenzverwalter einen Mehrerlös in Höhe von 45 Mio. Euro im Vergleich zu den prognostizierten Erlösen[5]. Ob dieses Beispiel eines kreativen Insolvenzmanagements Schule machen wird, bleibt abzuwarten. Das erzielte Ergebnis wird jedenfalls für eine bestimmte Gruppe von Beteiligten ein weiterer Beleg dafür sein, dass das englische Insolvenzrecht bessere Sanierungschancen bietet. Damit nimmt der Konkurrenzdruck auf das deutsche Insolvenzrecht weiter zu. Gleichwohl ist nicht zu verkennen, dass der **pragmatische Ansatz englischer Insolvenzverwalter und -gerichte** auch **Schwächen** hat. Die in den Verfahren Rover und Collins&Aikmann praktizierte Verfahrensweise vermag es nicht, die Einbeziehung von dinglichen Rechten Dritter an Gegenständen, die sich Staat der Niederlassung befinden, in das Hauptinsolvenzverfahren zu ermöglichen, Art. 5 EuInsVO. Hinzu kommt, das nicht jede nationale Rechtsordnung die praktizierte flexible Verteilung des Verwertungserlöses zulässt. Soweit bestimmte Gläubiger mit der angebotenen Lösung nicht einverstanden sind, steht es ihnen frei, einen Antrag auf Eröffnung eines Sekundärinsolvenzverfahrens zu stellen. 12.64

1 *Deyda*, Der Konzern im internationalen europäischen Insolvenzrecht, 2008, S. 182 mit zahlreichen Rechtsprechungsbeispielen.
2 High Court of Justice Birmingham, Beschl. v. 30. 3. 2006 – No. 2377/2006, NZI 2006, 416 m. Anm. *Mankowski* und High Court of Justice London, Urt. v. 9. 6. 2006 – EWHC 1343 (Ch.), NZI 2006, 654.
3 *Meyer-Löwy/Plank*, NZI 2006, 622. 623.
4 NZI 2006, 654.
5 *Meyer-Löwy/Plank*, NZI 2006, 622. 623.

II. Migration einer GmbH ins Ausland

12.65 Seit einigen Jahren ist in Europa eine neue Variante grenzüberschreitender sanierungs- bzw. insolvenzrechtlicher Migration zu beobachten. Von der Insolvenz betroffene deutsche GmbHs oder AGs richten ihren Fokus insbesondere nach England, um auf der Insel im neuen Mantel einer englischen juristischen Person ihre Restrukturierung zu versuchen und beim Scheitern dieser Bemühungen das englische Sanierungs- und Insolvenzrecht als eine vermeintlich bessere Möglichkeit der Gläubigerbefriedigung zu nutzen. Das **gezielte Ausnützen der nicht aufeinander abgestimmten nationalen Rechtsordnungen** mit dem Bestreben, das für das Unternehmen jeweils günstigste Recht zu wählen, ist kein europäisches Phänomen[1]. Bereits in den 80er Jahren des vorigen Jahrhunderts waren US-amerikanische Unternehmen, begünstigt durch die dortigen insolvenzrechtlichen Bestimmungen, auf die Idee verfallen, ein Insolvenzverfahren an dem Gericht zu beantragen, das ihnen die für die Durchführung des Verfahrens günstigsten Bedingungen bot[2].

1. Verlegung des Verwaltungssitzes

12.66 Die **Verlegung des Verwaltungssitzes der GmbH ins Ausland** war bis zum Inkrafttreten des MoMiG nicht gestattet. Aus § 4a Abs. 1 GmbHG bzw. § 5 Abs. 1 AktG folgte, dass als Sitz der Gesellschaft nur ein genau bestimmter Ort im Sinne einer politischen Gemeinde gewählt werden kann[3]. Da dieser Ort im Bundesgebiet liegen musste, ließ die Rechtsprechung die Sitzverlegung einer GmbH aus dem In- ins Ausland nicht zu[4]; sachlich rechtlich wurde der Verlegungsbeschluss als Beschluss zur Auflösung der Gesellschaft gedeutet. Durch die Streichung des Absatzes 2 des § 4a GmbHG und der älteren Parallelnorm des § 5 Abs. 2 AktG ist es deutschen Gesellschaften nunmehr möglich, einen Verwaltungssitz zu wählen, der nicht notwendig mit dem Satzungssitz übereinstimmt. Der Gesetzgeber will ihnen damit ein level playing field, also gleiche Ausgangsbedingungen gegenüber vergleichbaren Auslandsgesellschaften, schaffen. Die Gesellschaften müssen aber eine Geschäftsanschrift im Inland im Register eintragen und aufrechterhalten.

12.67 Entfaltet die GmbH ihre **Geschäftsaktivitäten in einem Mitgliedstaat der EU**, hat dieser Staat auf Grund der EuGH-Rechtsprechung nach den Urteilen Überseering vom 5. 11. 2002[5] und Inspire Art vom 30. 9. 2003[6] die GmbH als „Auslandsgesellschaft" anzuerkennen. Soweit der einzige Bezug der GmbH zu Deutschland die Eintragung im Handelsregister ist, dürfte die Vermutung des

1 Näher dazu *Willcock*, How Europe became the capital of Forum Shopping, INSOL World III, 2003, 8 f.
2 Näher dazu Vallender, NZI 2007, 129, 130.
3 *Scholz/Emmerich*, § 4a GmbHG Rz. 9 m.w.N.
4 Vgl. RGZ 59, 106; BGH v. 21. 11. 1955 – II ARZ 1/55, BGHZ 19, 102, 105; BayObLG v. 11. 2. 2004 – 3 Z BR 175/03, GmbHR 2004, 490, 491; OLG Brandenburg v. 30. 11. 2004 – 6 Wx 4/04, GmbHR 2005, 484, 485.
5 Rs. C-208/00, GmbHR 2002, 1137.
6 Rs. C-167/01, GmbHR 2003, 1260 m. Anm. *Meilicke*.

Art. 3 Abs. 1 Satz 2 EuInsVO widerlegt sein und für eine Eröffnung des Insolvenzverfahrens über das Vermögen der GmbH das Gericht des Ortes international zuständig sein, an dem die GmbH ihren Verwaltungssitz begründet hat. Damit sind auch die Vorschriften des Staates des Verwaltungssitzes maßgeblich dafür, ob und unter welchen Voraussetzungen die GmbH ein Insolvenzverfahren zu beantragen hat (Art. 4 Abs. 1 EuInsVO). Die Regelung des § 15a Abs. 1 InsO findet in diesen Fällen keine Anwendung.

2. Umwandlung der GmbH

Auch ohne Verlegung des Verwaltungssitzes ins Ausland gibt es für die GmbH noch andere Möglichkeiten, in der Krise des Unternehmens Vorteile einer ausländischen Rechtsordnung für die angestrebte Sanierung des Unternehmens oder die Durchführung eines Insolvenzverfahrens zu nutzen[1]. Es bieten sich einige gesellschaftsrechtliche Gestaltungsmöglichkeiten mit Auslandsbezug an[2]. So kommt z.B. die Umwandlung einer GmbH in eine GmbH & Co. KG in Betracht, der eine englische public limited company oder Limited als persönlich haftender Gesellschafter beitritt[3]. Bei einem Ausscheiden der beiden anderen Gesellschafter wächst sämtliches Vermögen bei der public limited company oder der limited an; die KG erlischt. 12.68

3. Grenzüberschreitende Herausverschmelzung

Näher in Erwägung zu ziehen ist auch eine grenzüberschreitende „Herausverschmelzung" über die deutsche Grenze[4]. Nach § 1 Abs. 1 UmwG sind zwar alle Rechtsträger mit ausländischem Sitz aus dem Anwendungsbereich des UmwG ausgeschlossen. Soweit ein ausländisches Recht die grenzüberschreitende Verschmelzung einer ausländischen Gesellschaft zulässt und als rein nationalen Vorgang bewertet, wäre auch nach dem UmwG ein solcher Vorgang möglich und zulässig, wenn die deutsche Rechtsordnung eine „Mitwirkung" nicht voraussetzt. 12.69

Auf Grund des Zweiten Gesetzes zur Änderung des Umwandlungsgesetzes vom 19. 4. 2007 (BGBl. I 2007, 542) kann eine GmbH leichter über die Grenzen hinweg mit anderen Unternehmen aus der Europäischen Union fusionieren (§ 122b UmwG). Für eine grenzüberschreitende Verschmelzung müssen u.a. ein gemeinsamer Verschmelzungsplan, der Verschmelzungsbericht und die Verschmelzungsprüfung vorliegen sowie die Sonderregeln zum Schutz von Minderheitsaktionären und Gläubigern beachtet sein. Sind diese Voraussetzungen 12.70

1 *Bücker* in Hirte/Bücker, Grenzüberschreitende Gesellschaften, 2005, § 3 Rz. 13 führt eine Vielzahl strategischer, operativer, steuerlicher, regulatorischer und gesellschaftsrechtlicher Gründe für gesellschaftsrechtliche Gestaltungen mit Auslandsbezug an.

2 *Bücker* in Hirte/Bücker, Grenzüberschreitende Gesellschaften, 2005, § 3 Rz. 31 ff.

3 Nach st. Rechtsprechung zahlreicher Oberlandesgerichte ist anerkannt, dass eine ausländische Kapitalgesellschaft die Funktion eines Komplementärs in einer deutschen KG (z.B. Ltd. & Co. KG) übernehmen kann; s. die Nachweise bei *Baumbach/Hopt*, § 105 HGB Rz. 28.

4 *Schelo*, NZI 2006, Heft 12, VII.

zungen für eine deutsche Gesellschaft erfüllt, kann sie bei dem zuständigen Registergericht eine sog. Verschmelzungsbescheinigung beantragen. Für die Eintragung der Verschmelzung im ausländischen Register ist dann nur noch die Vorlage dieser Bescheinigung erforderlich. Das Gesetz setzt den gesellschaftsrechtlichen Teil der Europäischen Richtlinie 2005/56/EG über die Verschmelzung von Kapitalgesellschaften aus verschiedenen Mitgliedstaaten in deutsches Recht um, die am 15. 12. 2005 in Kraft getreten ist.

12.71 Außerdem trägt das Gesetz der Entscheidung des Europäischen Gerichtshofs vom 13. 12. 2005 in der Sache „SEVIC Systems AG"[1] Rechnung. Das Gericht hatte entschieden, dass in Deutschland Umwandlungen unter Beteiligung von Kapitalgesellschaften aus einem anderen Mitgliedstaat der Europäischen Union möglich sein müssen. Das Umwandlungsgesetz wurde so ergänzt, dass für grenzüberschreitende Verschmelzungen größtenteils dieselben Bestimmungen wie für innerstaatliche Verschmelzungen gelten. Neue Vorschriften gibt es lediglich dort, wo der grenzüberschreitende Charakter der Verschmelzung und die Richtlinie dies erfordern.

4. Risiken einer Migration

12.72 Im Falle der Insolvenz muss sich die GmbH, die von den gesellschaftsrechtlichen Mobilitätsvorgaben Gebrauch gemacht hat, an den maßgeblichen Bestimmungen der EuInsVO bzw. den nationalen insolvenzrechtlichen Regelungen messen lassen, ob sie im Ausland ein Insolvenzverfahren über ihr Vermögen herbeiführen kann.

12.73 Durch die Wahl des Anknüpfungspunktes des „Mittelpunkts der hauptsächlichen Interessen" im Sinne des Art. 3 Abs. 1 EuInsVO hat der Europäische Verordnungsgeber einen Weg gesucht, dem forum shopping und der dadurch eintretenden Verzerrung des Wettbewerbs, die gleichzeitig eine Gefahr für das Funktionieren des Binnenmarkts bedeutet, wirksam begegnen zu können[2]. Der **Regelung über die internationale Zuständigkeit** kommt deshalb eine besondere Bedeutung zu, weil mit ihr gleichzeitig die Entscheidung über das anwendbare Recht getroffen wird. Vor allem einheitliche Kollisionsnormen wie die Regelungen in Art. 4 und 28 EuInsVO sollen verhindern, dass es für den insolventen Schuldner beziehungsweise einzelne Gläubiger vorteilhafter ist, Vermögensgegenstände oder Rechtsstreitigkeiten von einem Mitgliedstaat in einen anderen zu verlagern, um auf diese Weise eine verbesserte Rechtsstellung zu erlangen[3]. Allerdings stellen die zahlreichen Sonderanknüpfungen und die in der Verordnung normierten Ausnahmen (Art. 5 bis 15 EuInsVO) eine Durchbrechung eines gemeinschaftsweiten Einheitskonkurses dar und

1 EuGH v. 13. 12. 2005 – Rs. C-411/03, GmbHR 2006, 140.

2 *Duursma-Kepplinger/Duursma/Chalupsky*, Europäische Insolvenzverordnung, Kommentar, 2002, Vorbem. Rz. 11, 13, Art. 3 EuInsVO Rz. 17.

3 Erläuternder Bericht in Stoll, Vorschläge und Gutachten zur Umsetzung des EU-Übereinkommens über Insolvenzverfahren im Deutschen Recht, 1997, Rz. 9; *Kolmann*, Kooperationsmodelle im Internationalen Insolvenzrecht – Empfiehlt sich für das deutsche Internationale Insolvenzrecht eine Neuorientierung?, 2001, S. 265.

tragen mit dazu bei, dass die Idee des forum shopping nach wie vor, wenn auch mit immer neuen Varianten, weit verbreitet ist.

Gegen diese Maßnahmen trifft die EuInsVO keine Vorsorge, sondern **überlässt sie dem nationalen Recht**. Extremen Auswüchsen möchte *Duursma-Kepplinger*[1] daher im Wege der Versagung der Anerkennung infolge Ordre-Public-Widrigkeit (Art. 26 EuInsVO) entgegenwirken[2]. *Smid*[3] hält diesem Postulat entgegen, dass es eines besonderen Schutzes nicht bedürfe, weil die Sitzverlegung dem schuldnerischen Unternehmen bei dem Versuch eines forum shopping nicht „helfe". Die Verlagerung des Mittelpunkts der Interessen im Sinne einer faktischen Verlagerung der wirtschaftlichen Tätigkeit erfordere den Einsatz erheblicher finanzieller Mittel. Derartiges scheitere regelmäßig in einer Liquiditätskrise. Werde dagegen eine Sitzverlegung mit Satzungsinstrumentarien vollzogen und „ziehe" der Mittelpunkt der wirtschaftlichen Interessen nicht nach, stehe die Regelung des Art. 3 Abs. 1 EuInsVO einem forum shopping entgegen. Diese Überlegungen treffen zwar zu, schließen aber im Einzelfall nicht aus, dass ein ausländisches Gericht gleichwohl ein Hauptinsolvenzverfahren über das Vermögen der GmbH im Ausland eröffnet. Anschauliche Beispiele dafür liefern das Daisytek-, Automold- und Collins-Aikmann-Verfahren. 12.74

III. Insolvenzantragspflicht der organschaftlichen Vertreter

Für den Geschäftsführer der deutschen GmbH, deren Verwaltungssitz sich in einem anderen Mitgliedsstaat der Europäischen Gemeinschaft befindet, stellt sich spätestens bei Eintritt der Insolvenz die Frage, ob er die Antragspflicht gem. § 15a Abs. 1 InsO zu beachten hat oder sich eine etwaige Antragspflicht nach dem Recht des Staates richtet, in dem die GmbH ihren Verwaltungssitz genommen hat[4]. Für das materielle Insolvenzrecht ist gem. Art. 4 EuInsVO maßgebend das **Recht des „Staates der Verfahrenseröffnung**", also das Recht des Staates, in dem ein Gericht das Verfahren eröffnet hat (lex fori concursus)[5]. Dieses Recht des Staates der Verfahrenseröffnung ist auch maßgeblich für die Entscheidung des zuständigen Gerichts darüber, „unter welchen Voraussetzungen das Verfahren eröffnet wird" (Art. 4 Abs. 1 Satz 2 EuInsVO)[6]. 12.75

1 *Duursma-Kepplinger/Duursma/Chalupsky*, Europäische Insolvenzverordnung, Kommentar, 2002, Art. 3 EuInsVO Rz. 17.

2 Das autonome französische Recht lässt z.B. einen Sitzwechsel innerhalb eines Zeitraums von sechs Monaten vor Stellung eines Insolvenzeröffnungsantrags unberücksichtigt, vgl. *Dostal*, ZIP 1998, 970. Nach der Rechtsprechung des Bundesgerichtshofs (BGH v. 20. 3. 1996 – X ARZ 90/96, BGHZ 132, 195, 197 ff.) kann eine missbräuchliche Inanspruchnahme der Zuständigkeit nicht allein daraus abgeleitet werden, dass eine große Anzahl von Firmen übernommen und anschließend deren Sitz verlegt worden ist. Es reiche jedoch aus, dass der Antrag auf Eröffnung des Insolvenzverfahrens innerhalb von drei Wochen nach Beurkundung des Beschlusses über die Sitzverlegung gestellt wurde.

3 Deutsches und Europäisches Internationales Insolvenzrecht, 2004, Art. 3 EuInsVO Rz. 14.

4 Näher dazu *Vallender/Fuchs*, ZIP 2004, 830.

5 *Huber*, FS Gerhardt, 2004, S. 397 ff., 414.

6 *Huber*, FS Gerhardt, 2004, S. 425, 426.

Solange es indes kein mit der Sache befasstes Konkursgericht gibt, findet die EuInsVO und damit auch die Vorschrift des Art. 4 keine Anwendung[1]. Es erscheint vielmehr sachgerecht, hinsichtlich der Insolvenzantragspflicht auf das Recht des Staates abzustellen, dessen Gerichte **für die Eröffnung des Hauptinsolvenzverfahrens international zuständig wären**, wenn ein Insolvenzantrag gestellt würde[2]. Befindet sich der Mittelpunkt der hauptsächlichen Interessen der GmbH in einem anderen Mitgliedstaat der europäischen Gemeinschaft, ist nach deutschem Kollisionsrecht **§ 15a Abs. 1 InsO unanwendbar**[3]. Die organschaftlichen Vertreter der GmbH haben vielmehr eine **Insolvenzantragspflicht des betreffenden ausländischen Rechts zu beachten**. Etwaige Haftungsfolgen richten sich nicht nach deutschem Recht (vgl. § 64 GmbHG), sondern nach dem Recht des ausländischen Staates.

IV. Realisierung von Forderungen

12.76 Ist über das Vermögen einer GmbH bzw. einer umgewandelten oder verschmolzenen Gesellschaft ein Insolvenzverfahren im Ausland eröffnet worden, stellt sich für die Gläubiger dieser Gesellschaft die Frage, welche Möglichkeiten ihnen zur Realisierung ihrer Forderungen zur Verfügung stehen. Soweit es sich um ein **Verfahren im Anwendungsbereich der EuInsVO** handelt, bestimmt Art. 32 Abs. 1 EuInsVO, dass jeder Gläubiger seine Forderung im Hauptinsolvenzverfahren und in jedem Sekundärinsolvenzverfahren grundsätzlich zum vollen Nominalwert anmelden kann (vgl. Art. 20 Abs. 2 EuInsVO). Handelt es sich allerdings um einen dinglich gesicherten Gläubiger, der bereits im Wege der abgesonderten Befriedigung eine spezielle Befriedigung erhalten hat, kann er nur wegen des unbefriedigten Teilbetrags seine Forderung anmelden, wenn dies das entsprechende Recht vorsieht. Nach Art. 32 Abs. 2 EuInsVO steht den jeweiligen Verwaltern darüber hinaus das Recht der „Sammelanmeldung" zu, das zahlreiche Probleme aufwirft[4].

12.77 Nach der **lex fori concursus** richtet sich wiederum, welche **Forderungen** als Insolvenzforderungen anzumelden sind und wie Forderungen zu behandeln sind, die nach der Eröffnung des Insolvenzverfahrens entstehen (Art. 4 Abs. 2 lit. g EuInsVO). Dabei kommt es nicht darauf an, ob die Forderungen privilegiert oder nachrangig oder gleich zu behandeln sind (vgl. Art. 4 Abs. 2 lit. i EuInsVO). Für das deutsche Recht sind demnach die §§ 38 ff. InsO maßgeblich[5]. Ebenso richtet sich die **verfahrensrechtliche Seite** der Anmeldung, die Prüfung und Feststellung von Forderungen, nach der lex fori concursus (Art. 4 Abs. 2 lit. h EuInsVO).

1 So mit Recht *Huber*, FS Gerhardt, 2004, S. 426.

2 *H.-F. Müller*, NZG 2003, 414, 416; *Zimmer*, NJW 2003, 3585, 3589; vgl. auch *Wenner* in Mohrbutter/Ringstmeier, Handbuch der Insolvenzverwaltung, § 20 Rz. 266.

3 *Vallender/Fuchs*, ZIP 2004, 833 ff.; *Baumbach/Hueck/Schulze-Osterloh*, § 64 GmbHG Rz. 3; *Huber*, FS Gerhardt, 2004, S. 426.

4 *Beck*, NZI 2007, 1, 5.

5 *Paulus*, Europäische Insolvenzverordnung, 2006, Art. 4 EuInsVO Rz. 29.

Im Falle der Eröffnung eines Insolvenzverfahrens über das Vermögen einer GmbH in Deutschland mit Auslandsbezug finden §§ 28, 174 ff. InsO Anwendung. 12.78

Zu beachten sind darüber hinaus die Vorschriften der Art. 39 ff. EuInsVO. Art. 39 EuInsVO sieht vor, dass jeder Gläubiger, der seinen gewöhnlichen Aufenthalt, Wohnsitz oder Sitz in einem anderen Mitgliedstaat als dem Staat der Verfahrenseröffnung hat, seine Forderung in dem Insolvenzverfahren **schriftlich anmelden** kann. Nach Art. 40 EuInsVO sind die außerhalb des Mitgliedsstaats der Verfahrenseröffnung residierenden Gläubiger von der Eröffnung und Anmeldemöglichkeit zu unterrichten. 12.79

Soweit Gläubiger nicht oder verspätet unterrichtet werden und dadurch einen Schaden erleiden, stellt sich für den betroffenen Gläubiger zunächst die Frage, wer Adressat der **Unterrichtungspflicht** ist und ob das Recht des Eröffnungsstaates bei Pflichtverletzungen Haftungsansprüche vorsieht. Nach deutschem Recht (Art. 102 EGInsO § 11) ist entweder das Insolvenzgericht oder der von diesem Gericht bestellte Verwalter (vgl. §§ 8 Abs. 3, 28 Abs. 1 Satz 1, 30 Abs.2 InsO) zur Unterrichtung der Gläubiger verpflichtet. 12.80

Die **Verteilung des Erlöses** aus der Verwertung des Vermögens, der Rang der Forderungen und die Rechte der Gläubiger, die nach der Eröffnung des Insolvenzverfahrens auf Grund eines dinglichen Rechts oder infolge einer Aufrechnung teilweise befriedigt werden, bestimmt sich ebenfalls nach dem Recht des Staates der Verfahrenseröffnung (Art. 4 Abs. 2 lit. i EuInsVO). So kann nach der Insolvenzordnung eine gesicherte Forderung zwar in voller Höhe angemeldet werden. Der Gläubiger kann indes bei der Schlussverteilung Befriedigung nur insoweit verlangen, als er bei der Verwertung ausgefallen ist (§ 52 InsO). 12.81

Im Falle der Eröffnung eines Hauptinsolvenzverfahrens und eines oder mehrerer Sekundärinsolvenzverfahren finden auf Grund der verschiedenen Verteilungsverfahren **getrennte Auszahlungen an die Gläubiger** statt. Um den Grundsatz der Gläubigergleichbehandlung zu wahren, sieht Art. 20 Abs. 2 EuInsVO vor, dass „ein Gläubiger, der in einem Insolvenzverfahren eine Quote auf seine Forderung erlangt hat, an der Verteilung im Rahmen eines anderen Verfahrens erst dann teilnimmt, wenn die Gläubiger gleichen Rangs oder gleicher Gruppenzugehörigkeit in diesem Verfahren die gleiche Quote erhalten haben. Dem Verteilungsverfahren liegen vier Axiome zugrunde[1] 12.82

- Kein Gläubiger erhält mehr als 100 % seiner Forderung.
- In jedem Verfahren kann die Forderung mit ihrem vollen Wert angemeldet werden.
- Eine Forderung wird bei der Verteilung nicht berücksichtigt, bis nicht alle Forderungen gleichen Rangs prozentual gleich befriedigt wurden.
- In jedem Verfahren richtet sich der Rang der Forderung nach dem nationalen Recht.

Ist das **Verfahren in einem Drittstaat eröffnet** worden, sind die **nationalen Vorschriften** maßgeblich. 12.83

1 *Beck*, NZI 2007, 1, 6.

Stichwortverzeichnis

Verfasserin: RAin Iris Theves-Telyakar

Die fetten Zahlen bezeichnen die Teile, magere Zahlen die Randziffern innerhalb der Teile.

Bitte beachten Sie
die nachfolgenden Verlagsanzeigen

Obermüller

Insolvenzrecht in der Bankpraxis

Von Dr. *Manfred Obermüller*. 7. neu bearbeitete Auflage 2007, 1566 Seiten Lexikonformat, gbd. 149,– €.
ISBN 978-3-504-43003-0

Die umfangreiche Rechtsentwicklung der letzten Jahre – darunter das Gesetz zur Vereinfachung des Insolvenzverfahrens vom 13.4.2007 und über 800 neue einschlägige Gerichtsentscheidungen – wurden in die 7. Auflage des bekannten Standardwerks eingearbeitet. In bewährter Weise werden anhand der typischen Geschäftsvorgänge innerhalb der Bank die Auswirkungen der Insolvenz des Kunden in den verschiedenen Sparten des Bankgeschäfts dargestellt. Neu aufgenommen wurden Kapitel zum Verkauf und zur Verbriefung von Bankforderungen, zu den Finanzsicherheiten und zum Kreditkartengeschäft. Die Ausführungen zu den Kreditsicherheiten und zum Derivate-Geschäft wurden ihrer zunehmenden Bedeutung entsprechend erheblich erweitert. Grundlegende Änderungen hat es auch bei der Verrechnung von Zahlungseingängen und dem Widerspruch gegen Lastschriften gegeben. Im Vordergrund stehen stets die Konsequenzen, die sich aus der Rechtsprechung für die Praxis ergeben. Mustertexte und Formulare zu allen wichtigen Maßnahmen innerhalb einer Insolvenz helfen dem Praktiker im Insolvenz- und Bankrecht bei der täglichen Arbeit.

Scholz

Kommentar zum GmbH-Gesetz

Mit Anhang Konzernrecht. Von Prof. Dr. *Georg Bitter*, Prof. Dr. *Georg Crezelius*, Prof. Dr. *Volker Emmerich*, Notar a.D. Prof. Dr. *Hans-Joachim Priester*, Prof. Dr. Dres. h.c. *Karsten Schmidt*, Prof. Dr. *Uwe H. Schneider*, RA Prof. Dr. *Christoph H. Seibt*, LL.M. (Yale), Prof. Dr. *Rolf Sethe,* LL.M. (London), Prof. Dr. Dr. h.c. mult. *Klaus Tiedemann*, Prof. Dr. *Rüdiger Veil*, Prof. Dr. Dr. h.c. *Harm Peter Westermann* und RA Dr. *Heinz Winter* †. 10. neu bearbeitete und erweiterte Auflage. I. Band 2006, Lexikonformat, gbd. Ln. 149,– €, II. Band 2007, Lexikonformat, gbd. Ln. 149,– €, III. Band in Vorbereitung für 2009, Lexikonformat, gbd. Ln. ca. 150,– €. Gesamtabnahmeverpflichtung für alle drei Bände.
ISBN 978-3-504-32550-3

Der Scholz ist ein vorzüglicher Großkommentar auf allerhöchstem (wissenschaftlichem) Niveau. Und dafür gibt es gute Gründe:

- Gründlichkeit, Qualität, Umfang zeichnen ihn aus
- Sorgfältige und vollständige Auswertung aller aktuellen Entwicklungen in Rechtsprechung und Literatur
- Hilfreiche Systematisierung der Rechtsprechung gerade in stark durch Richterrecht geprägten Bereichen
- Überblick über das komplette Meinungsspektrum
- Tiefgehende und umfassende Analyse zu allen (auch entlegenen) Rechtsfragen
- Praxisgerechte, richtungsweisende Lösungen

Das Inkrafttreten des MoMiG zum 1.11.2008 bringt die tiefgreifendsten Änderungen des GmbH-Rechts seit 1892 mit sich. Um die Reform seit dem ersten Gesetzentwurf begleiten und auf die anstehenden Änderungen reagieren zu können, erscheint die 10. Auflage des Scholz dreibändig. In Band I und II sind ausführliche Hinweise auf das MoMiG eingearbeitet. Band III erscheint 2009 mit allen Änderungen durch die Reform – auch die für Band I und II.

Verlag Dr. Otto Schmidt · Köln

Notizen

Notizen

Karsten Schmidt/Uhlenbruck (Hrsg.), **Die GmbH in Krise, Sanierung und Insolvenz**, 4. Auflage

- Hinweise und Anregungen: ______________________________

- Auf Seite ________ Rz. ________ Zeile ________ von oben/unten

muss es statt ______________________________

richtig heißen ______________________________

Karsten Schmidt/Uhlenbruck (Hrsg.), **Die GmbH in Krise, Sanierung und Insolvenz**, 4. Auflage

- Hinweise und Anregungen: ______________________________

- Auf Seite ________ Rz. ________ Zeile ________ von oben/unten

muss es statt ______________________________

richtig heißen ______________________________

Absender

Informationen unter **www.otto-schmidt.de**

So können Sie uns auch erreichen:
lektorat@otto-schmidt.de

Wichtig: Bitte immer den Titel des Werkes angeben!

Antwortkarte

Verlag Dr. Otto Schmidt KG
Lektorat
Gustav-Heinemann-Ufer 58
50968 Köln

Absender

Informationen unter **www.otto-schmidt.de**

So können Sie uns auch erreichen:
lektorat@otto-schmidt.de

Wichtig: Bitte immer den Titel des Werkes angeben!

Antwortkarte

Verlag Dr. Otto Schmidt KG
Lektorat
Gustav-Heinemann-Ufer 58
50968 Köln